◊ **get up to** v/t mischief hacer; **what have those two been getting up to?** qué han estado haciendo esos dos?; **what are you getting up to these days?** qué haces ahora?
get•a•way from robbery fuga f, huida f; '**get•a•way car** coche m utilizado en la fuga; '**get-to•geth•er** reunión f; '**get-up** F indumentaria f
gey•ser ['gaɪzər] GEOL géiser m
ghast•ly ['gæstlɪ] adj terrible
gher•kin ['gɜːrkɪn] pepinillo m
ghet•to ['getoʊ] (pl -o(e)s) gueto m
ghost [goʊst] fantasma m
ghost•ly ['goʊstlɪ] adj fantasmal
'**ghost sto•ry** historia f de fantasmas; '**ghost town** ciudad f fantasma; '**ghost train** tren m fantasma; '**ghost writ•er** negro(-a) m(f)
ghoul [guːl] macabro(-a) m(f), morboso(-a) m(f)
ghoul•ish ['guːlɪʃ] adj macabro, morboso
gi•ant ['dʒaɪənt] I n gigante m II adj gigantesco, gigante
gi•ant kil•lers npl matagigantes m inv
gib•ber ['dʒɪbər] v/i farfullar
gib•ber•ish ['dʒɪbərɪʃ] F memeces fpl F, majaderías fpl F; **talk ~** decir memeces
gib•bon ['gɪbən] gibón m
gibe [dʒaɪb] pulla f
gib•lets ['dʒɪblɪts] npl menudillos mpl
gid•di•ness ['gɪdɪnɪs] mareo m
gid•dy ['gɪdɪ] adj mareado; **feel ~** estar mareado; **become ~** marearse
gift [gɪft] regalo m; **have a ~ for sth** tener un don para algo
gift cer•ti•fi•cate vale m de regalo
gift•ed ['gɪftɪd] adj con talento
'**gift shop** tienda f de artículos de regalo; '**gift to•ken** vale m de regalo; '**gift-wrap** I n papel m de regalo II v/t (pret & pp -ped) envolver para regalo
gig [gɪg] F concierto m, actuación f
gi•ga•byte ['gɪgəbaɪt] COMPUT gigabyte m
gi•gan•tic [dʒaɪ'gæntɪk] adj gigantesco
gig•gle ['gɪgl] I v/i soltar risitas II n risita f; **get the ~s** tener un ataque de risa
gig•gly ['gɪglɪ] adj que suelta risitas
gild [gɪld] v/t dorar
gill [gɪl] of fish branquia f
gilt [gɪlt] dorado m; **~s** FIN valores mpl del Estado

Título de página
Running title

Phrasal verbs entered as headwords

Compuestos ingleses
English compounds

Transcripción fonética
International phonetic alphabet

Plurales irregulares
Irregular plurals

Información gramatical
Grammatical information

' identifica la sílaba acentuada
Stress shown in headwords

Formas de los verbos
Verb forms

Indicación de división
Hyphenation points

Dominio de uso
Subject area labels

Langenscheidt

Diccionario Moderno Inglés

Español – Inglés
Inglés – Español

Editado por la
Redacción Langenscheidt

Langenscheidt
Nueva York · Berlín · Múnich · Viena · Zúrich

Langenscheidt

Standard Spanish Dictionary

Spanish – English
English – Spanish

Edited by the
Langenscheidt Editorial Staff

Langenscheidt

New York · Berlin · Munich · Vienna · Zurich

Compiled by LEXUS with / Redactado por el equipo LEXUS:
Beatriz Membrado Dolz
José A. Gálvez · Jane Goldie
Tim Gutteridge · Jane Horwood
Roy Russell · Peter Terrell

on the basis of Langenscheidt's Pocket Spanish Dictionary revised by /
basado en el Diccionario Básico Inglés de Langenscheidt revisado por
José A. Gálvez · Roy Russell
Jane Goldie · Peter Terrell
Monica Tamariz-Martel Mirêlis · Rafael Alarcón Gaeta
Andrew Wilkes · Stephanie Parker
Mike Gonzalez

© 2004 Langenscheidt KG, Berlin and Munich
Printed in Germany — Impreso en Alemania
ISBN 1-58573-352-0 (USA, plain)
ISBN 1-58573-355-5 (USA, thumb-indexed)
ISBN 3-468-96053-0 (España)

3. 4. 5. 08 07 06 05

Preface

This is a new dictionary of English and Spanish, a tool with well over 90,000 headwords, compounds and phrases for those who work with the English and Spanish languages at beginner's or intermediate level.

The dictionary offers a broad coverage of everyday language and includes vocabulary from areas such as computers, business and sport. American English is used as the standard, with rich coverage of British English too. Spanish is both European Spanish and Latin American, with an extensive range of country labels to identify the language of the Latin American continent.

Ease and speed of reference are facilitated by the clearly set out blue headwords and compounds. The use of paragraphed grammatical and sense categories avoids the occurrence of unwieldly or over-dense blocks of text. And within these categories there is a wealth of indicating words to guide you, the dictionary user, to whatever particular sense or usage you may be wanting to translate.

In this dictionary you'll also find the grammatical information that you need to be able to construct correct sentences in a foreign language. There are irregular verb forms, in both English and Spanish, irregular English plural forms, guidance on Spanish feminine endings and on prepositional usage with verbs.

And where a translation equivalent in English or Spanish requires a full context of usage in order to be meaningfully demonstrated, concise and idiomatic example phrases are given to show how the two languages correspond in specific contexts.

This dictionary will, we think, become a valuable part of your language toolkit.

Prólogo

Éste es nuestro nuevo diccionario de inglés y español, una obra con más de 90.000 palabras, compuestos y locuciones, destinado a todos aquellos usuarios que trabajan con la lengua inglesa y española a nivel principiante o intermedio.

El diccionario cubre ampliamente el lenguaje cotidiano e incluye vocabulario especializado de áreas como la informática, los negocios y el deporte. Se ha tomado como lengua de referencia el inglés americano, aunque el inglés británico también está ricamente representado. En cuanto al español, incluye la variedad europea y la latinoamericana, y se utiliza un amplio abanico de marcas para identificar el país o países de procedencia de las palabras latinoamericanas.

Para facilitar y agilizar la consulta, las palabras y compuestos del diccionario aparecen en color azul. El uso de categorías gramaticales y de significado dispuestas en párrafos independientes evita que se formen farragosos bloques de texto, difíciles de manejar. Además, dentro de estas categorías abundan indicadores que ayudan a encontrar fácilmente las distintas acepciones y el uso de cualquier palabra que se quiera traducir.

En este diccionario encontrará la información gramatical necesaria para poder construir frases correctas en un idioma extranjero. También se señalan las formas verbales irregulares, tanto inglesas como españolas, las formas plurales irregulares en inglés, y se dan orientaciones sobre las terminaciones femeninas en español y el régimen preposicional de los verbos.

Cuando un vocablo español o inglés requiere ser bien contextualizado para que la traducción sea correcta, el diccionario ofrece valiosos y concisos ejemplos de construcciones idiomáticas que permiten establecer la equivalencia de los dos idiomas en contextos específicos.

Creemos que este diccionario puede ser una de las herramientas más útiles a su alcance para el aprendizaje del idioma.

Contents
Índice

Preface / Prólogo 5

Contents / Índice.. 6

How to use the dictionary............................ 7

Cómo utilizar el diccionario.......................... 12

The pronunciation of Spanish 18

Written Spanish.. 21

La pronunciación del inglés 22

Diferencias entre la pronunciación del inglés americano y la del inglés británico 24

Diferencias entre la ortografía del inglés americano y la del inglés británico 25

English pronunciation 26

Spanish-English dictionary / Vocabulario Español-Inglés .. 27

Vocabulario Inglés-Español / English-Spanish dictionary .. 537

Spanish verb conjugations............................ 1127

Notas sobre el verbo inglés........................... 1144

Currículum vitae...................................... 1148

Résumé... 1149

Numerals / Numerales................................ 1150

Abbreviations / Abreviaturas.............. inside back cover / contracubierta interior

How to use the dictionary

To get the most out of your dictionary you should understand how and where to find the information you need. Whether you are yourself writing text in a foreign language or wanting to understand text that has been written in a foreign language, the following pages should help.

1. How and where do I find a word?

1.1 Spanish and English headwords. The word list for each language is arranged in alphabetical order and also gives irregular forms of verbs and nouns in their correct alphabetical order.

Sometimes you might want to look up terms made up of two separate words, for example **shooting star**, or hyphenated words, for example **absent-minded**. These words are treated as though they were a single word and their alphabetical ordering reflects this.

There are two exceptions to this strict alphabetical ordering. One is made for English phrasal verbs - words like **go off, go out, go up**. These are positioned in a block directly after their main verb (in this case **go**), rather than being split up and placed apart in strict alphabetical order. The other is for Spanish compounds. These are identified with a ◇ and grouped in a block directly after the entry for the first word of the compound.

Spanish words beginning with **ch** and **ll** are positioned in their alphabetical position in letters C and L. Words beginning with **ñ** are listed after N.

1.2 Spanish feminine headwords are shown as follows:

> **abogado** *m*, **-a** *f* lawyer
> **embajador** *m*, **～a** *f* ambassador
> **danzarín** *m*, **-ina** *f* dancer
> **pibe** *m*, **-a** *f Rpl* F kid F
> **aprendiz** *m*, **～a** *f* apprentice, trainee

The feminine forms of these headwords are: **abogada, fumadora, bailarina, piba** and **aprendiza**.

When a Spanish headword has a feminine form which translates differently from the masculine form, the feminine is entered as a separate headword in alphabetical order:

> **empresaria** *f* businesswoman; **empresario** *m* businessman

1.3 Running heads

If you are looking for a Spanish or English word you can use the **running heads** printed in bold in the top corner of each page. The running head on the left tells you the *first* headword on the left-hand page and the one on the right tells you the *last* headword on the right-hand page.

2. How do I split a word?

The bold dots in English headwords show you where you can split a word at the end of a line but you should avoid having just one letter before or after the hyphen as in **a•mend** or **thirst•y**. In such cases it is better to take the entire word over to the next line.

2.1 If a word is split at the end of a line in the dictionary, a hyphen is used to indicate this split. So that you can tell which hyphens are really part of the way a word is written, we use the following system:

> **despampanante** *adj* F striking, eye-
> -catching

The repeated hyphen before '-catching' means that the word is written 'eye-catching'.
But in:

> **rebrote** *m* BOT new shoot; *fig* new out-
> break

the hyphen is a 'dictionary' hyphen only. The word is written 'outbreak'.

3. Swung dashes and long dashes

3.1 A swung dash (~) replaces the entire headword when the headword is repeated within an entry:

> **face** [feɪs] I *n* **1** cara *f*; ~ **to** ~ cara a cara ...

Here ~ **to** ~ means **face to face**.

> **rencor** *m* resentment; *guardar* ~ *a alguien* bear s.o. a grudge

Here *guardar* ~ *a alguien* means *guardar rencor a alguien*.

3.2 When a headword changes form in an entry, for example if it is put in the past tense or in the plural, then the past tense or plural ending is added to the swung dash – but only if the rest of the word doesn't change:

> **flame** [fleɪm] **1** llama *f*; *go up in ~s* ser pasto de las llamas ...
> **parch** [pɑːrtʃ] *v/t* secar; *be ~ed* F *of person* estar muerto de sed F

But:

> **sur•vive** [sərˈvaɪv] I *v/i* sobrevivir; *how are you? – I'm surviving* ¿cómo estás? – voy tirando
> **saltón** *adj*: *ojos saltones* bulging eyes

3.3 Double headwords are replaced by a single swung dash:

> **Pan•a•ma Ca'nal:** *the* ~ el Canal de Panamá

one-track 'mind *hum:* **have a ~** ser un obseso

3.4 In the Spanish-English part of the dictionary, when a headword is repeated in a phrase or compound with an altered form, a long dash is used:

escaso *adj* … **-as posibilidades de** not much chance of, little chance of

Here **-as posibilidades** means **escasas posibilidades**

4. **What do the different numbers mean?**

Roman numbers are used to identify different grammatical categories:

sil•hou•ette [sɪluːˈet] **I** *n* silueta *f* **II** *v/t:* **be ~d against** perfilarse *or* recortarse sobre

recluso I *adj* reclusive; **población -a** prison population **II** *m,* **-a** *f* prisoner

Arabic numbers are used to identify distinct senses or uses of a word:

let•ter [ˈletər] **1** *of alphabet* letra *f* **2** *in mail* carta *f*

enviado *m,* **-a** *f* **1** POL envoy **2** *de periódico* reporter, correspondent

5. **What do the different typefaces mean?**

5.1 All Spanish and English headwords and the Roman and Arabic numbers appear in **bold**:

neoyorquino I *adj* New York *atr* **II** *m,* **-a** *f* New Yorker

◆ **go into** *v/t* **1** *room, building* entrar en **2** *profession* meterse en **3** (*discuss*) entrar en

5.2 *Italics* are used for:

a) abbreviated grammatical labels: *adj, adv, v/i, v/t* etc

b) gender labels: *m, f, mpl* etc

c) all the indicating words which are the signposts pointing to the correct translation for your needs:

sport•y [ˈspɔːrtɪ] *adj person* deportista; *clothes* deportivo

◆ **work out I** *v/t problem, puzzle* resolver; *solution* encontrar, hallar **II** *v/i* **1** *at gym* hacer ejercicios **2** *of relationship etc* funcionar, ir bien

completo *adj* complete; *autobús, teatro* full

5.3 All phrases (examples and idioms) are given in **secondary bold italics**:

sym•pa•thet•ic [sɪmpəˈθetɪk] *adj* (*showing pity*) compasivo; (*understanding*) comprensivo; **be ~ toward a person / an idea** simpatizar con una persona / idea

salsa 1 *f* GASTR sauce; **en su ~** *fig* in one's element **2** *baile* salsa

5.4 The normal typeface is used for the translations.

5.5 If a translation is given in italics, and not in the normal typeface, this means that the translation is more of an *explanation* in the other language and that an explanation has to be given because there just is no real equivalent:

> 'walk-up *apartamento en un edificio sin ascensor*
> adobera *f Méx type of mature cheese*

6. **What do the various symbols and abbreviations tell you?**

6.1 A solid blue diamond is used to indicate a phrasal verb:

> ◆ **call off** *v/t* (*cancel*) cancelar; *strike* desconvocar

6.2 A white diamond ◇ is used to indicate a Spanish compound:

> ◇ **imagen de archivo** library photograph; *imágenes de archivo* archive footage *sg*
> ◇ **imagen pública** public image

Where more than two Spanish compounds occur consecutively, they are put in a block and only the first is given the ◇.

6.3 The abbreviation F tells you that the word or phrase is used colloquially rather than in formal contexts. The abbreviation V warns you that a word or phrase is vulgar or taboo. Words or phrases labeled P are slang. Be careful how you use these words.

These abbreviations, F, V and P, are used both for headwords and phrases (placed after) and for the translations of headwords and phrases (placed after). If there is no such label given, then the word or phrase is neutral.

6.4 A colon before an English or Spanish word or phrase means that usage is restricted to this specific example (at least as far as this dictionary's translation is concerned):

> **catch-22** [kætʃtwentɪ'tuː]: *it's a ~ situation* es como la pescadilla que se muerde la cola
> **co-au•thor** ['koʊɒːθər] … II *v/t:* ~ *a book* escribir un libro conjuntamente
> **decantarse** *v/r:* ~ *por* opt for

7. **Does the dictionary deal with grammar too?**

7.1 All English headwords are given a part of speech label:

> **tooth•less** ['tuːθlɪs] *adj* desdentado
> **top•ple** ['tɑːpl] I *v/i* derrumbarse II *v/t government* derrocar

But if a headword can only be used as a noun (in ordinary English) then no part of speech is given, since none is needed and the Spanish gender label makes it clear that this is a noun:

> 'tooth•paste pasta *f* de dientes, dentífrico *m*

7.2 Spanish headwords have part of speech labels. Spanish gender markers are given:

> **barbacoa** *f* barbecue – feminine noun
> **bocazas** *m/f inv* F loudmouth F – masculine or feminine noun with no distinct plural form
> **budista** *m/f & adj* Buddhist – masculine or feminine noun or adjective

7.3 If an English translation of a Spanish adjective can only be used in front of a noun, and not after it, this is marked with *atr*:

> **bursátil** *adj* stock market *atr*
> **campestre** *adj* rural, country *atr*

7.4 If an English translation of a Spanish adjective can only be used after a noun, and not in front of it, this is marked with *pred*:

> **adormilado** *adj* asleep *pred*

7.5 If the Spanish, unlike the English, doesn't change form if used in the plural, this is marked with *inv*:

> **cortacircuitos** *m inv* circuit breaker
> **microondas** *m inv* microwave

7.6 If the English, in spite of appearances, is not a plural form, this is marked with *nsg*:

> **nu•cle•ar 'phys•ics** *nsg* física *f* nuclear
> **mea•sles** ['miːzlz] *nsg* sarampión *m*

English translations are given a *pl* or *sg* label (for plural or singular) in cases where this does not match the Spanish:

> **...** *acciones* *pl* stock *sg*, *Br* shares
> **entarimado** *m* **1** (*suelo*) floorboards *pl* ...

7.7 Cross-references are given to the tables of Spanish conjugations at the back of this dictionary:

> **gemir** ⟨3l⟩ *v/i* moan, groan
> **esconder** ⟨2a⟩ *v/t* hide, conceal

7.8 Grammatical information is provided on the prepositions you'll need in order to create complete sentences:

> **'switch•o•ver** *to new system* cambio *m* (**to** a)
> **sneer** [sniːr] **I** *n* mueca *f* desdeñosa **II** *vi* burlarse (**at** de)
> **escindirse** *v/r* **1** (*fragmentarse*) split (**en** into) **2** (*segregarse*) break away (**de** from)
> **enviciarse** *v/r* get addicted (**con** to), get hooked (**con** on)

Cómo utilizar el diccionario

Para sacar el máximo partido al diccionario es necesario saber dónde y cómo buscar la información. En las próximas páginas encontrará información que le ayudará tanto si está escribiendo en el idioma extranjero como si quiere entender algo escrito en ese mismo idioma.

1.   **¿Dónde encuentro las palabras?**

1.1   **Lemas españoles e ingleses.** La lista de lemas de cada idioma está ordenada alfabéticamente. Contiene las formas irregulares de verbos y nombres, ordenadas también alfabéticamente.

Habrá ocasiones en las que busque términos formados por dos palabras, por ejemplo **shooting star**, o palabras compuestas como **absent-minded**. Estas palabras reciben el mismo tratamiento que las palabras sencillas y aparecen por tanto en orden alfabético.

Hay dos excepciones a esta ordenación alfabética estricta. Una de ellas son los *phrasal verbs* ingleses, palabras como **go off, go out, go up**, que aparecen en un bloque, inmediatamente después del verbo principal (en este caso **go**), en vez de estar desperdigadas en su correspondiente posición alfabética.

La otra excepción la constituyen los compuestos españoles, que aparecen identificados con un ◇ y están agrupados en un bloque, inmediatamente después del lema de la primera palabra del compuesto.

Las palabras españolas que empiezan con **ch** y **ll** están colocadas en orden alfabético dentro de las letras C y L. Las palabras que empiezan con **ñ** aparecen después de N.

1.2   Las formas femeninas del español aparecen así:

> **abogado** *m*, **-a** *f* lawyer
> **embajador** *m*, **~a** *f* ambassador
> **danzarín** *m*, **-ina** *f* dancer
> **pibe** *m*, **-a** *f Rpl* F kid F
> **aprendiz** *m*, **~a** *f* apprentice, trainee

Cuando un lema español tiene una forma femenina cuya traducción es diferente a la de la masculina, la forma femenina aparece presentada como un lema aparte, en orden alfabético:

> **empresaria** *f* businesswoman; **empresario** *m* businessman

1.3   **Título de página**

Los **títulos de página** le permiten encontrar palabras españolas e inglesas. Éstos aparecen en negrita en la esquina superior de cada página. En el título de la izquierda aparece la *primera* palabra de la página izquierda mientras que en el de la derecha aparece la *última* palabra de la página derecha.

1.4 ¿Cómo se escribe una palabra?

Con este diccionario también podrá comprobar cómo se escriben correctamente las palabras. Las variantes del inglés británico aparecen marcadas con *Br.*

2. ¿Cómo se parte una palabra?

La partición de palabras inglesas es muy difícil para los hablantes de español. En este diccionario no tiene más que buscar los círculos negros que aparecen entre las sílabas. Estos círculos muestran dónde se puede partir una palabra al final de una línea, aunque es mejor evitar dejar una sola letra colgada como en **a•mend** o **thirst•y**. En esos casos es mejor pasar toda la palabra a la línea siguiente.

2.1 Si una palabra queda partida al final de una línea del diccionario, se utiliza un guión. Para que estos guiones se puedan distinguir de los que forman parte de la propia palabra, utilizamos el siguiente sistema:

> **despampanante** *adj* F striking, eye-
> -catching

El guión repetido antes del lema '-catching' indica que la palabra se escribe 'eye-catching'.

Sin embargo, en:

> **rebrote** *m* BOT new shoot; *fig* new out-
> break

el guión que aparece es un guión propio del diccionario. La palabra se escribe 'outbreak'.

3. Tildes y rayas

3.1 Una tilde (~) reemplaza al lema cuando éste aparece dentro de una entrada:

> **face** [feɪs] I *n* **1** cara *f*; ~ **to** ~ cara a cara …

En este caso ~ **to** ~ quiere decir **face to face**.

> **rencor** *m* resentment; **guardar** ~ **a alguien** bear s.o. a grudge

Aquí **guardar ~ a alguien** quiere decir **guardar rencor a alguien**.

3.2 En los casos en los que el lema cambia de forma en la entrada, por ejemplo si aparecen pasados o plurales, se le añade al lema la terminación del pasado o del plural, pero sólo si el resto de la palabra no cambia:

> **flame** [fleɪm] **1** llama *f*; **go up in** ~**s** ser pasto de las llamas …
> **parch** [pɑːrtʃ] *v/t* secar; **be** ~**ed** F *of person* estar muerto de sed F

En cambio:

sur•vive [sər'vaɪv] I *v/i* sobrevivir; *how are you? – I'm surviving* ¿cómo estás? – voy tirando …
saltón *adj*: *ojos saltones* bulging eyes

3.3   A los lemas compuestos los sustituye una única tilde:

Pan•a•ma Ca'nal: *the ~* el Canal de Panamá
one-track 'mind *hum*: *have a ~* ser un obseso

3.4   En la parte Español-Inglés del diccionario se utiliza una raya para reemplazar el lema cuando éste aparece repetido en una frase:

escaso *adj* … *-as posibilidades de* not much chance of, little chance of

Aquí *-as posibilidades* quiere decir **escasas posibilidades**.

4.   ¿Qué significan los distintos números?

Los números romanos se utilizan para identificar categorías gramaticales diferentes:

sil•hou•ette [sɪluː'et] I *n* silueta *f* II *v/t*: *be ~d against* perfilarse *or* recortarse sobre
recluso I *adj* reclusive; *población -a* prison population II *m*, **-a** *f* prisoner

Los números arábigos se utilizan para mostrar distintas acepciones o usos de una palabra:

let•ter ['letər] **1** *of alphabet* letra *f* **2** *in mail* carta *f*
enviado *m*, **-a** *f* **1** POL envoy **2** *de periódico* reporter, correspondent

5.   ¿Qué significan los diferentes tipos de letra?

5.1   Todos los lemas españoles e ingleses, así como los números romanos y arábigos aparecen en **negrita**:

neoyorquino I *adj* New York *atr* II *m*, **-a** *f* New Yorker
◆ **go into** *v/t* **1** *room, building* entrar en **2** *profession* meterse en **3** (*discuss*) entrar en

5.2   *La cursiva* se utiliza para:

a) las abreviaturas de categorías gramaticales: *adj, adv, v/i, v/t*, etc.

b) marcas de género: *m, f, mpl*, etc.

c) todas las palabras que se utilizan para indicar cuál es la traducción correcta para cada contexto:

sport•y ['spɔːrtɪ] *adj person* deportista; *clothes* deportivo
◆ **work out** I *v/t problem, puzzle* resolver; *solution* encontrar, hallar II *v/i* **1** *at gym* hacer ejercicios **2** *of relationship etc* funcionar, ir bien
completo *adj* complete; *autobús, teatro* full
grano *m* **1** *de café* bean; *de cereales* grain … **2** *en la piel* pimple, spot

5.3 Todas las frases (ejemplos y expresiones idiomáticas) aparecen en **negrita y cursiva**:

> **sym•pa•thet•ic** [sɪmpə'θetɪk] *adj* (*showing pity*) compasivo; (*understanding*) comprensivo; ***be ~ toward a person / an idea*** simpatizar con una persona / idea
>
> **salsa** *f* **1** GASTR sauce; ***en su ~*** *fig* in one's element **2** *baile* salsa

5.4 El tipo de letra normal se utiliza para las traducciones.

5.5 Si una traducción aparece en cursiva y no en el tipo de letra normal, quiere decir que esta traducción es más una *explicación* en el otro idioma, explicación necesaria porque no hay un equivalente natural:

> **'walk-up** *apartamento en un edificio sin ascensor*
> **adobera** *f Méx type of mature cheese*

6. Acento

La marca de acento tónico ' aparece delante de la sílaba sobre la que recae el principal acento en las palabras inglesas:

> **mo•tif** [moʊ'tiːf] motivo *m*
> **rec•ord¹** ['rekɔːrd] *n* **1** MUS disco *m* **2** SP *etc* récord *m* …
> **re•cord²** [rɪ'kɔːrd] *v/t electronically* grabar; *in writing* anotar

El acento aparece en la transcripción fonética o, si ésta no aparece, en el mismo lema o palabra compuesta:

> **'rec•ord hold•er** plusmarquista *m/f*

7. ¿Qué indican los diferentes símbolos y abreviaturas?

7.1 Un rombo azul identifica un *phrasal verb* (verbo con partícula):

> ◆ **call off** *v/t* (*cancel*) cancelar; *strike* desconvocar

7.2 Un rombo blanco ◇ se utiliza para identificar un compuesto español:

> ◇**imagen de archivo** library photograph; ◇***imágenes de archivo*** archive footage *sg*
> ◇**imagen pública** public image

Cuando aparecen seguidos más de dos compuestos españoles, éstos se colocan en un bloque y sólo el primero está identificado con el ◇.

7.3 La abreviatura **F** indica que la palabra o frase se utiliza más en contextos coloquiales que formales. La abreviatura **V** alerta sobre una palabra vulgar o tabú. Tenga cuidado al utilizar estas palabras. Las palabras con la abreviatura **P** son de argot.

Las abreviaturas **F**, **V** y **P** aparecen tanto con lemas y ejemplos (colocadas detrás) como con sus traducciones (colocadas detrás). Cuando no aparece ninguna abreviatura la palabra o frase es neutra.

7.4   Los dos puntos delante de una frase o ejemplo en inglés o español indican que el uso se restringe al ejemplo que aparece en el texto (por lo menos en lo que respecta a la traducción ofrecida en este diccionario):

> **catch-22** [kætʃtwentɪ'tu:]: *it's a ~ situation* es como la pescadilla que se muerde la cola
> **co-au•thor** ['koʊɒ:θər] … II *v/t:* ~ *a book* escribir un libro conjuntamente
> **decantarse** ⟨1a⟩ *v/r:* ~ *por* opt for

8.   **¿Este diccionario contiene también información gramatical?**

8.1   Todos los lemas ingleses llevan una marca de categoría gramatical:

> **tooth•less** ['tu:θlɪs] *adj* desdentado
> **top•ple** ['tɑːpl] I *v/i* derrumbarse II *v/t government* derrocar

Pero si un lema sólo se puede utilizar como nombre (en inglés corriente), no aparece ninguna marca de categoría gramatical porque no hace falta y, además, la marca de género de la palabra española deja bien claro que se trata de un nombre.

> **'tooth•paste** pasta *f* de dientes, dentífrico *m*

8.2   Todos los lemas españoles llevan abreviatura de categoría gramatical y, si corresponden, marcas de género:

> **barbacoa** *f* barbecue
> **bocazas** *m/f inv* F loudmouth F
> **budista** *m/f & adj* Buddhist

8.3   Si la traducción al inglés de un adjetivo español sólo se puede utilizar delante de un nombre, y nunca detrás, se identifica con la marca *atr*:

> **bursátil** *adj* stock market *atr*
> **campestre** *adj* rural, country *atr*

8.4   Si la traducción al inglés de un adjetivo español sólo se puede utilizar detrás de un nombre, y nunca delante, se identifica con la marca *pred*:

> **adormilado** *adj* asleep *pred*

8.5   Si la forma del plural del español es invariable, al contrario que la del inglés, se identifica con la marca *inv*:

> **cortacircuitos** *m inv* circuit breaker
> **microondas** *m inv* microwave

8.6   Cuando, a pesar de su apariencia, el inglés no es una forma plural, se identifica con *nsg*:

> **nu•cle•ar 'phys•ics** *nsg* física *f* nuclear
> **mea•sles** ['mi:zlz] *nsg* sarampión *m*

Las traducciones inglesas reciben una marca *pl* o *sg* (para plural o singular) en los casos en los que no se corresponden con el español:

... **acciones** *pl* stock *sg*, *Br* shares
entarimado *m* **1** (*suelo*) floorboards *pl* ...

8.7 Los plurales ingleses irregulares aparecen identificados:

the•sis ['θiːsɪs] (*pl* **theses** ['θiːsiːz]) tesis *f inv*
thief [θiːf] (*pl* **thieves** [θiːvz]) ladrón(-ona) *m(f)*
trout [traʊt] (*pl* **trout**) trucha *f*

8.8 Si el plural de un nombre inglés que acaba en **-o** se forma simplemente añadiendo una **-s**, no se identifica con ninguna marca. En cambio, si el plural de un nombre inglés que acaba en **-s** se forma añadiendo **-es**, o bien añadiendo indistintamente **-es** o **-s**, esto aparece indicado:

car•go ['kɑːrɡoʊ] (*pl* **-o(e)s**) cargamento *m*
to•ma•to [təˈmeɪtoʊ] (*pl* **-oes**) tomate *m*, *Mex* jitomate *m*

8.9 Las formas irregulares y semi-irregulares de los verbos aparecen identificadas:

sim•pli•fy ['sɪmplɪfaɪ] *v/t* (*pret & pp* **-ied**) simplificar
sing [sɪŋ] *v/t & v/i* (*pret* **sang**, *pp* **sung**) cantar
la•bel ['leɪbl] **I** *n* etiqueta *f* ... **II** *v/t* (*pret & pp* **-ed**, *Br* **-led**) bags etiquetar

8.10 Se incluyen remisiones a las conjugaciones verbales españolas que se encuentran al final del diccionario:

gemir ⟨3l⟩ *v/i* moan, groan
esconder ⟨2a⟩ *v/t* hide, conceal

8.11 Se ofrece información gramatical sobre las preposiciones necesarias para formar frases:

'**switch•o•ver** to new system cambio *m* (**to** a)
sneer [snɪːr] **I** *n* mueca *f* desdeñosa **II** *v/i* burlarse (**at** de)
escindirse *v/r* **1** (*fragmentarse*) split (**en** into) **2** (*segregarse*) break away (**de** from)
enviciarse *v/r* get addicted (**con** to), get hooked (**con** on)

The pronunciation of Spanish

Stress

1. If a word ends in a vowel, or in *n* or *s*, the penultimate syllable is stressed: **espada**, **biblioteca**, **hablan**, **telefonean**, **edificios**.

2. If a word ends in a consonant other than *n* or *s*, the last syllable is stressed: **dificultad**, **hablar**, **laurel**, **niñez**.

3. If a word is to be stressed in any way contrary to rules 1 and 2, an acute accent is written over the stressed vowel: **rubí**, **máquina**, **crímenes**, **carácter**, **continúa**, **autobús**.

4. **Diphthongs and syllable division.** Of the 5 vowels *a*, *e*, *o* are considered "strong" and *i* and *u* "weak":

   a) A combination of weak + strong forms a diphthong, the stress falling on the stronger element: **reina**, **baile**, **cosmonauta**, **tiene**, **bueno**.

   b) A combination of weak + weak forms a diphthong, the stress falling on the second element: **viuda**, **ruido**.

   c) Two strong vowels together remain two distinct syllables, the stress falling according to rules 1 and 2: **ma/estro**, **atra/er**.

   d) Any word having a vowel combination not stressed according to these rules has an accent: **traído**, **oído**, **baúl**, **río**.

Sounds

Since the pronunciation of Spanish is (unlike English) adequately represented by the spelling of words, Spanish headwords have not been given a phonetic transcription. The sounds of Spanish are described below.

The pronunciation described is primarily that of a Spaniard. But the main features of Latin American pronunciation are also covered.

Vowels

a As in English *father*: **paz**, **pata**.

e Like *e* in English *they* (but without the following sound of *y*): **grande**, **pelo**. A shorter sound when followed by a consonant in the same syllable, like *e* in English *get*: **España**, **renta**.

i Like *i* in English *machine*, though somewhat shorter: **pila**, **rubí**.

o As in English *November*, *token*: **solo**, **esposa**. A shorter sound when followed by a consonant in the same syllable, like *au* in English *fault* or the *a* in *fall*: **costra**, **bomba**.

u Like *oo* in English *food*: **pura**, **luna**. Silent after **q** and in **gue**, **gui**, unless marked with a dieresis (**antigüedad**, **argüir**).

y when occurring as a vowel (in the conjunction **y** or at the end of a word), is pronounced like *i*.

Diphthongs

ai   like *i* in English *right*: **baile**, **vaina**.

ei   like *ey* in English *they*: **reina**, **peine**.

oi   like *oy* in English *boy*: **boina**, **oigo**.

au   like *ou* in English *bout*: **causa**, **audacia**.

eu   like the vowel sounds in English *may-you*, without the sound of the *y*: **deuda**, **reuma**.

Semiconsonants

i, y   like *y* in English *yes*: **yerno**, **tiene**; in some cases in *L.Am.* this *y* is pronounced like the *s* in English *measure*: **mayo**, **yo**.

u   like *w* in English *water*: **huevo**, **agua**.

Consonants

b, v   These two letters represent the same value in Spanish. There are two distinct pronunciations:
1. At the start of a word and after *m* and *n* the sound is like English *b*: **batalla**, **ventaja**; **tromba**, **invierno**.
2. In all other positions the sound is what is technically a "bilabial fricative". This sound does not exist in English. Go to say a *b* but do not quite bring your lips together: **estaba**, **cueva**, **de Vigo**.

c   1. *c* before *a*, *o*, *u* or a consonant is like English *k*: **café**, **cobre**.
2. *c* before *e*, *i* is like English *th* in *thin*: **cédula**, **cinco**. In *L.Am.* this is pronounced like an English *s* in *chase*.

ch   like English *ch* in *church*: **mucho**, **chocho**.

d   Three distinct pronunciations:
1. At the start of a word and after *l* and *n*, the sound is like English *d*: **doy**, **aldea**, **conde**.
2. Between vowels and after consonants other than *l* and *n* the sound is relaxed and approaches English *th* in *this*: **codo**, **guardar**; in parts of Spain it is further relaxed and even disappears, particularly in the **-ado** ending.
3. In final position, this type 2 is further relaxed or omitted altogether: **usted**, **Madrid**.

f   like English *f*: **fuero**, **flor**.

g   Three distinct pronunciations:
1. Before *e* and *i* it is the same as the Spanish j (below): **coger**, **general**.
2. At the start of a word and after *n*, the sound is that of English *g* in *get*: **granada**, **rango**.
3. In other positions the sound is like 2 above, but much softer, the *g* almost disappearing: **agua**, **guerra**. N.B. In the group **gue**, **gui** the **u** is silent (**guerra**, **guindar**) unless marked with a dieresis (**antigüedad**, **argüir**). In the group **gua** all letters are sounded.

h	always silent: **honor**, **búho**.
j	A strong guttural sound not found in English, but like the *ch* in Scots *loch*, German *Achtung*: **jota**, **ejercer**.
k	like English *k*: **kilogramo**, **ketchup**.
l	like English *l*: **león**, **pala**.
ll	approximating to English *lli* in *million*: **millón**, **calle**. In *L.Am.* like the *s* in English *measure*.
m	like English *m*: **mano**, **como**.
n	like English *n*: **nono**, **pan**; except before **v**, when the group is pronounced like *mb*: **enviar**, **invadir**.
ñ	approximating to English *ni* in *onion*: **paño**, **ñoño**.
p	like English *p*: **Pepe**, **copa**.
q	like English *k*; always in combination with **u**, which is silent: **que**, **quiosco**.
r	a single trill stronger than any *r* in English, but like Scots *r*: **caro**, **querer**. Somewhat relaxed in final position. Pronounced like **rr** at the start of a word and after **l**, **n**, **s**: **rata**.
rr	strongly trilled: **carro**, **hierro**.
s	like *s* in English *chase*: **rosa**, **soso**. But before **b**, **d**, hard **g**, **l**, **m** and **n** it is like English *s* in *rose*: **desde**, **mismo**, **asno**. Before "impure *s*" in loanwords, an extra *e*-sound is inserted in pronunciation: **e-sprint**, **e-stand**.
t	like English *t*: **patata**, **tope**.
v	see **b**.
w	found in a few recent loan-words only and pronounced pretty much as the English *w*, but sometimes with a very slight *g* sound before it: **whisky**, **windsurf**. In one exceptional case it is pronounced like an English *v* or like Spanish **b** and **v**: **wáter**.
x	like English *gs* in *big sock*: **máximo**, **examen**. Before a consonant like English *s* in *chase*: **extraño**, **mixto**.
z	like English *th* in *thin*: **zote**, **zumbar**. In *L.Am.* like English *s* in *chase*.

The Spanish Alphabet

a [ah]	f ['ef-feh]	l ['eleh]	p [peh]	u [oo]
b [beh]	g [Heh]	ll ['el-yeh]	q [koo]	v ['ooveh]
c [theh]	h ['acheh]	m ['emeh]	r ['ereh]	w ['oovehdoh-bleh]
ch [cheh]	i [ee]	n ['eneh]	rr ['erreh]	x ['ekees]
d [deh]	j ['Hota]	ñ ['en-yeh]	s ['eseh]	y [eegree-'eh-ga]
e [eh]	k [ka]	o [oh]	t [teh]	z ['theh-ta]

H is pronounced as in the Scottish way of saying loch

Written Spanish

I. Capitalization

The rules for capitalization in Spanish largely correspond to those for the English language. In contrast to English, however, adjectives derived from proper nouns are not capitalized (*americano* American, *español* Spanish).

II. Word division

Spanish words are divided according to the following rules:

1. If there is a **single consonant** between two vowels, the division is made between the first vowel and the consonant (*di-ne-ro*, *Gra-na-da*).

2. **Two consecutive consonants** may be divided (*miér-co-les*, *dis-cur-so*). If the second consonant is an *l* or *r*, however, the division comes before the two consonants (*re-gla*, *nie-bla*; *po-bre*, *ca-bra*). This also goes for ch, ll and rr (*te-cho*, *ca-lle*, *pe-rro*).

3. In the case of **three consecutive consonants** (usually including an *l* or *r*), the division comes after the first consonant (*ejem-plo*, *siem-pre*). If the second consonant is an *s*, however, the division comes after the *s* (*cons-tan-te*, *ins-ti-tu-to*).

4. In the case of **four consecutive consonants** (the second of these is usually an *s*), the division is made between the second and third consonants (*ins-tru-men-to*).

5. **Diphthongs** and **triphthongs** may not be divided (*bien*, *buey*). Vowels which are part of different syllables, however, may be divided (*frí-o*, *acre-e-dor*).

6. **Compounds**, including those formed with prefixes, can also be divided morphologically (*nos-otros*, *des-ali-ño*, *dis-cul-pa*).

III. Punctuation

In Spanish a comma is often placed after an adverbial phrase introducing a sentence (*sin embargo, todos los esfuerzos fueron inútiles* however, all efforts were in vain). A subsidiary clause beginning a sentence is also followed by a comma (*si tengo tiempo, lo haré* if I have time, I'll do it, **but:** *lo haré si tengo tiempo* I'll do it if I have time).

Questions and exclamations are introduced by an inverted question mark and exclamation point respectively, which immediately precedes the question or exclamation (*Perdone, ¿está en casa el señor Pérez?* Excuse me, is Mr. Pérez at home?; *¡Que lástima!* What a shame!).

La pronunciación del inglés

A. Vocales y diptongos

[ɑː] sonido largo parecido al de *a* en *raro*: *far* [fɑːr], *father* ['fɑːðər].

[ʌ] *a* abierta, breve y oscura, que se pronuncia en la parte anterior de la boca sin redondear los labios: *butter* ['bʌtər], *come* [kʌm], *color* ['kʌlər], *blood* [blʌd], *flourish* ['flʌrɪʃ].

[æ] sonido breve, bastante abierto y distinto, algo parecido al de *a* en *parra*: *fat* [fæt], *ran* [ræn], *after* ['æftər].

[ɒː] vocal larga, bastante cerrada, entre *a* y *o*; más cercana a la *a* que a la *o*: *fall* [fɒːl], *fault* [fɒːlt], *inaudible* [ɪnˈɒːdəbl].

[e] sonido breve, medio abierto, parecido al de *e* en *perro*: *bed* [bed], *less* [les], *hairy* ['herɪ].

[aɪ] sonido parecido al de *ai* en *estáis*, *baile*: *I* [aɪ], *lie* [laɪ], *dry* [draɪ].

[aʊ] sonido parecido al de *au* en *causa*, *sauce*: *house* [haʊs], *now* [naʊ].

[eɪ] *e* medio abierta, pero más cerrada que la *e* de *hablé*; suena como si la siguiese una [ɪ] débil, sobre todo en sílaba acentuada: *date* [deɪt], *play* [pleɪ], *obey* [oʊˈbeɪ].

[ə] 'vocal neutra', siempre átona; parecida al sonido de la *a* final de *cada*: *about* [əˈbaʊt], *butter* ['bʌtər], *connect* [kəˈnekt].

[iː] sonido largo, parecido al de *i* en *misa*, *vino*: *scene* [siːn], *sea* [siː], *feet* [fiːt], *ceiling* ['siːlɪŋ].

[ɪ] sonido breve, abierto, parecido al de *i* en *silba*, *tirria*, pero más abierto: *big* [bɪg], *city* ['sɪtɪ].

[oʊ] *o* larga, más bien cerrada, sin redondear los labios ni levantar la lengua: *note* [noʊt], *boat* [boʊt], *below* [bɪˈloʊ].

[ɔː] vocal larga, bastante cerrada; es algo parecida a la *o* de *por*: *abnormal* [æbˈnɔːrml], *before* [bɪˈfɔːr].

[ɔɪ] diptongo cuyo primer elemento es una *o* abierta, seguido de una *i* abierta pero débil; parecido al sonido de *oy* en *doy*: *voice* [vɔɪs], *boy* [bɔɪ], *annoy* [əˈnɔɪ].

[ɜː] forma larga de la 'vocal neutra' [ə], algo parecida al sonido de *eu* en la palabra francesa *leur*: *word* [wɜːrd], *girl* [gɜːrl].

[uː] sonido largo, parecido al de *u* en *cuna*, *duda*: *fool* [fuːl], *shoe* [ʃuː], *you* [juː], *rule* [ruːl].

[ʊ] *u* pura pero muy rápida, más cerrada que la *u* de *burra*: *put* [pʊt], *look* [lʊk].

B. Consonantes

[b] como la *b* de *cambiar*: *bay* [beɪ], *brave* [breɪv].

[d] como la *d* de *andar*: *did* [dɪd], *ladder* ['lædər].

[f] como la *f* de *filo*: *face* [feɪs], *baffle* ['bæfl].

[g] como la *g* de *golpe*: *go* [goʊ], *haggle* ['hægl].

[h] se pronuncia con aspiración fuerte, sin la aspereza gutural de la *j* en *Gijón*: *who* [huː], *ahead* [ə'hed].

[j] como la *y* de *cuyo*: *you* [juː], *million* ['mɪljən].

[k] como la *c* de *casa*: *cat* [kæt], *kill* [kɪl].

[l] como la *l* de *loco*: *love* [lʌv], *goal* [goʊl].

[m] como la *m* de *madre*: *mouth* [maʊθ], *come* [kʌm].

[n] como la *n* de *nada*: *not* [nɑːt], *banner* ['bænər].

[p] como la *p* de *padre*: *pot* [pɑːt], *top* [tɑːp].

[r] Cuando se pronuncia, es un sonido muy débil, más bien semivocal, que no tiene nada de la vibración fuerte que caracteriza la *r* española; se articula elevando la punta de la lengua hacia el paladar duro: *rose* [roʊz], *pride* [praɪd], *there* [ðer]. (v. también 'Diferencias entre la pronunciación del inglés americano y la del inglés británico').

[s] como la *s* de *casa*: *sit* [sɪt], *scent* [sent].

[t] como la *t* de *pata*: *take* [teɪk], *patter* ['pætər].

[v] inexistente en español; a diferencia de *b*, *v* en español, se pronuncia juntando el labio inferior con los dientes superiores: *vein* [veɪn], *velvet* ['velvɪt].

[w] como la *u* de *huevo*: *water* ['wɒːtər], *will* [wɪl].

[z] como la *s* de *mismo*: *zeal* [ziːl], *hers* [hɜːrz].

[ʒ] inexistente en español; como la *j* en la palabra francesa *jour*: *measure* ['meʒər], *leisure* ['liːʒər]. Aparece a menudo en el grupo [dʒ], que se pronuncia como el grupo *dj* de la palabra francesa *adjacent*: *edge* [edʒ], *gem* [dʒem].

[ʃ] inexistente en español; como *ch* en la palabra francesa *chose*: *shake* [ʃeɪk], *washing* ['wɑːʃɪŋ]. Aparece a menudo en el grupo [tʃ], que se pronuncia como la *ch* en *mucho*: *match* [mætʃ], *natural* ['nætʃrəl].

[θ] como la *z* de *zapato* en castellano: *thin* [θɪn], *path* [pæθ].

[ð] forma sonorizada del anterior, algo como la *d* de *todo*: *there* [ðer], *breathe* [briːð].

[ŋ] como la *n* de *banco*: *singer* ['sɪŋər], *tinker* ['tɪŋkər].

El alfabeto inglés

a [eɪ]	e [iː]	i [aɪ]	m [em]	q [kjuː]	u [juː]	y [waɪ]
b [biː]	f [ef]	j [dʒeɪ]	n [en]	r [ɑːr]	v [viː]	z [ziː],
c [siː]	g [dʒiː]	k [keɪ]	o [oʊ]	s [es]	w ['dʌbljuː]	*Br* [zed]
d [diː]	h [eɪtʃ]	l [el]	p [piː]	t [tiː]	x [eks]	

Diferencias entre la pronunciación del inglés americano y la del inglés británico

Entre la pronunciación del inglés en Gran Bretaña (British English, BE) y la del inglés en Estados Unidos (American English, AE) existen múltiples diferencias que es imposible tratar aquí en forma adecuada. Señalamos únicamente las diferencias más notables:

1. Las palabras que tienen dos sílabas o más después del acento principal ['] llevan en AE un acento secundario que no tienen en BE, p.ej. *dictionary* [AE ''dɪkʃə'nerɪ = BE 'dɪkʃənrɪ], *secretary* [AE ''sekrə'terɪ = BE 'sekrətrɪ].

2. La **r** en posición final después de una vocal o entre vocal y consonante es normalmente muda en BE, pero se pronuncia claramente en AE, p.ej. *car* [AE kɑːr = BE kɑː], *care* [AE ker = BE keə], *border* [AE 'bɔːrdər = BE 'bɔːdə].

3. Una de las peculiaridades más notables del AE es la **nasalización** de las vocales antes y después de las consonantes nasales [m, n, ŋ].

4. La **o** [BE ɒ] suele pronunciarse en AE casi como una **a** oscura [AE ɑː], p.ej. *dollar* [AE 'dɑːlər = BE 'dɒlə], *college* [AE 'kɑːlɪdʒ = BE 'kɒlɪdʒ], *lot* [AE lɑːt = BE lɒt], *problem* [AE 'prɑːbləm = BE 'prɒbləm].

5. La **a** [BE ɑː] se pronuncia en AE como [æ] en palabras del tipo *pass* [AE pæs = BE pɑːs], *answer* [AE 'ænsər = BE 'ɑːnsə], *dance* [AE dæns = BE dɑːns], *laugh* [AE læf = BE lɑːf].

6. La **u** [BE juː] en sílaba acentuada se pronuncia en AE como [uː], p.ej. *Tuesday* [AE 'tuːzdeɪ = BE 'tjuːzdeɪ], *student* [AE 'stuːdnt = BE 'stjuːdnt], pero no en *music* [AE, BE = 'mjuːzɪk], *fuel* [AE, BE = 'fjʊəl].

7. La sílaba final **-ile** (BE generalmente [-aɪl]) se pronuncia a menudo en AE como [-əl] o bien [-ɪl], p.ej. *missile* [AE 'mɪs(ə)l, 'mɪsɪl = BE 'mɪsaɪl].

8. Hay otras palabras que se pronuncian de distinto modo en BE y AE, p.ej. *lever* [AE 'levər = BE 'liːvə], *lieutenant* [AE lʊ'tenənt = BE lef'tenənt], *tomato* [AE tə'meɪtoʊ = BE tə'mɑːtəʊ], *clerk* [AE klɜːrk = BE klɑːk], *vase* [AE veɪz = BE vɑːz], leisure [AE 'liːʒər = BE 'leʒə].

Diferencias entre la ortografía del inglés americano y la del inglés británico

Existen ciertas diferencias entre el inglés escrito de Gran Bretaña (British English, BE) y el inglés escrito de Estados Unidos (American English, AE).

Son las principales:

1. La **u** que se escribe en BE en las palabras que terminan en **-our** (p.ej. col*our*) se suprime en AE: col*o*r, hum*o*r, hon*o*rable.

2. Muchas palabras que en BE terminan en **-re** (p.ej. cent*re*) se escriben en AE **-er**, p.ej. cent*er*, met*er*, theat*er* (pero no massacre).

3. En muchos casos, las palabras que en BE tienen **ll** en posición media en sílabas no acentuadas se escriben en AE con una **l**, p.ej. counci*l*or, quarre*l*ed, trave*l*ed. Sin embargo, hay palabras que en BE se escriben con una **l** que en AE se escriben con **ll**, p.ej. enro*ll*(s), ski*ll*ful, insta*ll*ment.

4. En ciertos casos, las palabras que en BE terminan en **-ence** se escriben en AE con **-ense**, p.ej. defe*nse*, offe*nse*.

5. Ciertas vocales finales, que no tienen valor en la pronunciación, se escriben en BE (p.ej. catalog*ue*) pero no en AE: catalog, dialog, prolog, program.

6. Se ha extendido más en AE que en BE la costumbre de escribir **e** en lugar de **ae** y **oe**, p.ej. an(a)*e*mia, an(a)*e*sthetic.

7. Algunas consonantes que en BE se escriben dobles pueden en AE escribirse sencillas, p.ej. kidna(p)*p*ed, worshi(p)*p*ed.

8. En AE se suprime a veces la **u** del grupo **ou** que tiene BE, p.ej. m*o*(u)ld, sm*o*(u)lder, y se escribe en AE pl*ow* en lugar del BE pl*ou*gh.

9. En AE suele suprimirse la **e** muda en las palabras como judg(*e*)ment, acknowledg(*e*)ment.

10. Hay otras palabras que se escriben de distinto modo en BE y AE, p.ej. BE cosy = AE *cozy*, BE moustache = AE *mustache*, BE sceptical = AE *skeptical*, BE grey = AE *gray*.

English pronunciation

Vowels

[ɑː]	*father*	['fɑːðər]
[æ]	*man*	[mæn]
[e]	*get*	[get]
[ə]	*about*	[ə'baʊt]
[ɜː]	*absurd*	[əb'sɜːrd]
[ɪ]	*stick*	[stɪk]
[iː]	*need*	[niːd]
[ɒ]	*in-laws*	['ɪnlɒːz]
[ɔː]	*more*	[mɔːr]
[ʌ]	*mother*	['mʌðər]
[ʊ]	*book*	[bʊk]
[uː]	*fruit*	[fruːt]

Diphthongs

[aɪ]	*time*	[taɪm]
[aʊ]	*cloud*	[klaʊd]
[eɪ]	*name*	[neɪm]
[ɔɪ]	*point*	[pɔɪnt]
[oʊ]	*oath*	[oʊθ]

Consonants

[b]	*bag*	[bæg]
[d]	*dear*	[dɪr]
[f]	*fall*	[fɒːl]
[g]	*give*	[gɪv]
[h]	*hole*	[hoʊl]
[j]	*yes*	[jes]
[k]	*come*	[kʌm]
[l]	*land*	[lænd]
[m]	*mean*	[miːn]
[n]	*night*	[naɪt]
[p]	*pot*	[pɑːt]
[r]	*right*	[raɪt]
[s]	*sun*	[sʌn]
[t]	*take*	[teɪk]
[v]	*vain*	[veɪn]
[w]	*wait*	[weɪt]
[z]	*rose*	[roʊz]
[ŋ]	*bring*	[brɪŋ]
[ʃ]	*she*	[ʃiː]
[ʧ]	*chair*	[ʧer]
[dʒ]	*join*	[dʒɔɪn]
[ʒ]	*leisure*	['liːʒər]
[θ]	*think*	[θɪŋk]
[ð]	*the*	[ðə]
[']	means that the following syllable is stressed: *ability* [ə'bɪlətɪ]

Vocabulario Español-Inglés
Spanish-English Dictionary

A

a *prp* **1** *dirección* to; **al este de** to the east of; **~ casa** home; **ir ~ la cama / al cine** go to bed / to the movies; **¡~ trabajar!** get to work!; **vamos ~ Buenos Aires** we're going to Buenos Aires; **voy ~ casa de Marta** I'm going to Marta's (house)

2 *situación* at; **~ la mesa** at the table; **al lado de** next to; **~ la derecha** on the right; **al sol** in the sun; **~ treinta kilómetros de Cuzco** thirty kilometers from Cuzco; **está ~ cinco kilómetros** it's five kilometers away

3 *tiempo*: **¿~ qué hora llegas?** what time do you arrive?; **~ las tres** at three o'clock; **de once ~ doce** from eleven (o'clock) to twelve; **estamos ~ quince de febrero** it's February fifteenth; **~ los treinta años** at the age of thirty; **~ la llegada del tren** when the train arrives

4 *modo*: **~ la española** the Spanish way; **~ mano** by hand; **~ pie** on foot; **~ 50 kilómetros por hora** at fifty kilometers an hour

5 *precio*: **¿~ cómo o cuánto está?** how much is it?; **están ~ dos pesos el kilo** they are two pesos a kilo

6 *objeto indirecto*: **dáselo ~ tu hermano** give it to your brother

7 *objeto directo*: **vi ~ mi padre** I saw my father

8 *en perífrasis verbal*: **empezar ~** begin to; **jugar ~ las cartas** play cards; **decidirse ~ hacer algo** decide to do sth; **voy ~ comprarlo** I'm going to buy it; **~ decir verdad** to tell the truth

9 *para introducir pregunta*: **¿~ que no lo sabes?** I bet you don't know; **~ ver** OK, right; **~ ver lo que pasa ahora** let's see what happens now

(a) *abr* (= *alias*) aka (= also known as)

AA.EE. *abr* (= **Asuntos Exteriores**) foreign affairs

abacería *f* grocery store, *Br* grocer's

abacero *m*, **-a** *f* grocer

abacial *adj*: **iglesia ~** abbey (church)

ábaco *m* abacus

abad *m* abbot

abadejo *m pez* pollack

abadía *f* abbey

abajeño *m*, **-a** *f L.Am.* lowlander

abajo I *adv* **1** *situación* below, underneath; *en edificio* downstairs; **ponlo ahí ~** put it down there; **el ~ firmante** the undersigned; **el cajón de ~ siguiente** the drawer underneath *o* below; *último* the bottom drawer

2 *dirección* down; *en edificio* downstairs; **cuesta ~** downhill; **empuja hacia ~** push down; **ir para ~** *fig* drop, go down

3 *con cantidades*: **de diez para ~** ten or under, ten or below

II *prp*: **~ de** *L.Am.* under

III *int*: **¡~ los traidores!** down with the traitors!

abalanzarse ⟨1f⟩ *v/r* rush *o* surge forward; **~ sobre algo / alguien** leap *o* pounce on sth / s.o.

abalaustrado *adj*: **columna -a** ARQUI baluster

abalear ⟨1a⟩ *v/t S.Am.* shoot

abaleo *m Andes, C.Am., Ven* shootout

abalón *m* ZO abalone

abalorio *m* bead

abanderado I *m*, **-a** *f* standard-bearer **II** *part* ☞ **abanderar**

abanderar ⟨1a⟩ *v/t* register

abandonado I *adj* abandoned **II** *part* ☞ **abandonar**

abandonar ⟨1a⟩ **I** *v/t* **1** *lugar* leave; *a alguien* abandon; *a esposa, hijos* desert; *objeto* abandon, dump **2** *idea* give up, abandon; *actividad* give up, drop **II** *v/i* DEP pull out; **abandonarse** *v/r* let o.s. go; **~ a** abandon o.s. to

abandono *m* **1** abandonment; **~ del do-**

micilio conyugal desertion; **~ de la energía nuclear** abandonment of nuclear power **2** DEP *de carrera* retirement **3: en un estado de ~** in a state of neglect

abanicar ⟨1g⟩ *v/t* fan; **abanicarse** *v/r* fan o.s.

abanico *m* **1** fan **2** *fig* range
◇ **abanico eléctrico** *Méx* electric fan

abaratar ⟨1a⟩ *v/t* reduce *o* lower the price of; *precio* reduce, lower; **abaratarse** *v/r* become cheaper; *de precio* drop, go down

abarca *f* sandal

abarcable *adj pormenores, historia, vista* which can be taken in; **la historia del país no es ~ en una hora** the history of the country cannot be dealt with *o* covered in one hour

abarcar ⟨1g⟩ *v/t* **1** *territorio* cover; *fig* comprise, cover **2** *L.Am.* (*acaparar*) hoard, stockpile **3: ~ con la vista** take in

abarrotado I *adj* packed **II** *part* ☞ **abarrotar**

abarrotar ⟨1a⟩ *v/t* **1** *lugar* pack **2** *L.Am.* COM buy up, stockpile; **abarrotarse** *v/r L.Am. del mercado* become glutted

abarrotería *f Méx, C.Am.* grocery store, *Br* grocer's

abarrotero *m*, **-a** *f Méx, C.Am.* storekeeper, *Br* shopkeeper

abarrotes *mpl L.Am.* (*mercancías*) groceries; (*tienda de*) **~s** grocery store, *Br* grocer's

abastecer ⟨2d⟩ *v/t* supply (*de* with); **abastecerse** *v/r* stock up (*de* on *o* with)

abastecimiento *m* supply

abasto *m*: **no dan ~** (*con*) they can't cope (with)

abatí *m* **1** *Rpl* corn, *Br* maize **2** *Parag*: *fermented maize drink*

abatible *adj* collapsible, folding *atr*

abatido I *adj* depressed **II** *part* ☞ **abatir**

abatimiento *m* depression

abatir ⟨3a⟩ *v/t* **1** *edificio* knock *o* pull down; *árbol* cut down, fell; AVIA shoot *o* bring down **2** *fig* kill; (*deprimir*) depress; **abatirse** *v/r*: **~ sobre** swoop down on

abdicación *f* abdication

abdicar ⟨1g⟩ *v/t* abdicate; **~ en alguien** abdicate in favor *o Br* favour of s.o.

abdomen *m* abdomen

abdominal *adj* abdominal

abdominales *mpl* sit-ups *pl*

abecé *m fig* ABCs *pl*, *Br* ABC, basics *pl*

abecedario *m* alphabet

abedul *m* birch

abeja *f* ZO bee
◇ **abeja obrera** worker bee
◇ **abeja reina** queen bee

abejarrón *m* bumblebee

abejaruco *m* bee eater

abejón *m* drone

abejorro *m* bumblebee

aberración *f* aberration

aberrante *adj* aberrant

abertura *f* opening

abeto *m* fir (tree)
◇ **abeto blanco** silver fir
◇ **abeto rojo** spruce

abiertamente *adv* openly

abierto I *part* ☞ **abrir II** *adj tb persona* open; **está ~ a nuevas ideas** *fig* he's open to new ideas

abigarrado *adj* multicolored, *Br* multicoloured

abisal *adj* deep-sea *atr*; **fauna ~** creatures of the deep

abismal *adj diferencias* deep, huge

abismarse ⟨1a⟩ *v/r fig*: **~ en** become engrossed in

abismo *m* abyss; *fig* gulf; **estar al borde del ~** be staring into the abyss

abjurar ⟨1a⟩ **I** *v/t* foreswear, renounce **II** *v/i*: **~ de** foreswear, renounce

ablación *f* MED removal

ablandamiento *m tb fig* softening

ablandar ⟨1a⟩ *v/t* **1** *tb fig* soften **2** *CSur, Cuba* AUTO run in; **ablandarse** *v/r* soften, get softer; *fig* relent

ablución *f* REL ablution, cleansing

abnegación *f* self-denial

abnegado *adj* selfless

abobado *adj* dim-witted

abocado I *adj* doomed; **~ al fracaso** doomed to failure, destined to fail **II** *part* ☞ **abocar**

abocar ⟨1g⟩ *v/i* **1: ~ en un puerto** enter port **2: ~ a una calle** lead to a street; **abocarse** *v/r* **1** head (*hacia* for) **2** *CSur*: **~ a algo** face up to sth; **verse abocado a algo** be faced with sth

abochornado I *adj* embarrassed **II** *part* ☞ **abochornar**

abochornante *adj* embarrassing

abochornar ⟨1a⟩ *v/t* embarrass; **abochornarse** *v/r* feel embarrassed
abofetear ⟨1a⟩ *v/t* slap
abogacía *f* law
abogado *m*, **-a** *f* lawyer, *Br* solicitor; *en tribunal superior* attorney, *Br* barrister; **no le faltaron ~s** *fig* there were plenty of people who defended him
◇ **abogado del Estado** attorney general
◇ **abogado de oficio** court-appointed lawyer
abogar ⟨1h⟩ *v/i*: **~ por alguien** defend s.o., plead for s.o.; **~ por algo** advocate sth
abolengo *m* ancestry; **de rancio ~** of noble ancestry
abolición *f* abolition
abolir ⟨3a⟩ *v/t* abolish
abolladura *f* dent
abollar ⟨1a⟩ *v/t* dent
abombado I *adj S.Am.* 1 (*tonto*) dopey 2 *comida* rotten, bad II *part* ☞ **abombar**
abombar ⟨1a⟩ *v/t*: **~ algo** make sth sag, warp sth; **abombarse** *v/r* 1 sag, warp 2 *S.Am. de comida* go off, go bad
abominable *adj* abominable
abominación *f* abomination
abominar ⟨1a⟩ I *v/t* detest, loathe II *v/i*: **de** detest, loathe
abonable *adj* COM payable
abonado I *adj* 1: *campo o terreno* ~ *fig* fertile ground 2: **estar ~ a** TEA have a season ticket for II *m*, **-a** *f a revista* subscriber; *a teléfono, gas, electricidad* customer; *a ópera, teatro* season-ticket holder
abonar ⟨1a⟩ *v/t* 1 COM pay; **~ en cuenta a alguien** credit s.o.'s account with 2 *Méx* pay on account 3 AGR fertilize; **~ el terreno** *fig* sow the seeds; **abonarse** *v/r*: **~ a espectáculo** buy a season ticket for; *revista* take out a subscription to
abono *m* 1 COM payment; **pagar en ~s** *Méx* pay in installments *o Br* instalments 2 AGR fertilizer 3 *para espectáculo, transporte* season ticket
◇ **abono mensual** monthly season ticket; **abono orgánico** organic fertilizer; **abono químico** chemical fertilizer; **abono semanal** weekly season ticket

abordable *adj fig* approachable
abordaje *m* MAR boarding
abordar ⟨1a⟩ *v/t* 1 MAR board 2 *tema, asunto* broach, raise 3 *problema* tackle, deal with 4 *a una persona* approach
aborigen I *adj* native *atr*, indigenous II *m/f* native
aborrascado *adj tiempo* stormy
aborrascarse ⟨1g⟩ *v/r* become stormy
aborrecer ⟨2d⟩ *v/t* loathe, detest
aborrecible *adj* detestable
aborrecido *adj* detested, loathed
aborrecimiento *m* loathing
aborregarse ⟨1h⟩ *v/r* lose one's individuality
abortar ⟨1a⟩ I *v/i* MED *espontáneamente* miscarry; *de forma provocada* have an abortion II *v/t plan* foil
abortista *m/f* abortionist
abortivo *adj* abortion *atr*; **píldora -a** abortion pill; **clínica -a** abortion clinic
aborto *m espontáneo* miscarriage; *provocado* abortion; *fig* F freak F; **tener un ~** have a miscarriage
abota(r)garse ⟨1h⟩ *v/r fig* become bloated
abota(r)gado *adj por gordura* bloated, swollen; *por hinchazón* swollen
abotonar ⟨1a⟩ *v/t* button up
abovedado *adj* ARQUI vaulted, arched
abra *f L.Am.* clearing
abrasador *adj* scorching, burning
abrasar ⟨1a⟩ I *v/t* burn II *v/i* 1 *del sol* be scorching 2 *de bebida, comida* be boiling hot; **abrasarse** *v/r*: **~ de calor** F be sweltering; **~ de pasión** *lit* be aflame with passion *lit*
abrasión *f* abrasion
abrasivo *m* TÉC abrasive; **~ líquido** abrasive fluid
abrazadera *f* TÉC (hose) clamp
abrazar ⟨1f⟩ *v/t* hug, embrace; *fig* embrace; **abrazarse** *v/r* hug (each other), embrace (each other)
abrazo *m* hug, embrace; **dar un ~ a alguien** hug s.o., embrace s.o.; **un ~ en carta** best wishes; **más íntimo** love
abrebotellas *m inv* bottle opener
abrecartas *m inv* letter opener
abrelatas *m inv* can opener, *Br tb* tin opener
abrevadero *m* watering hole
abrevar ⟨1a⟩ *v/t* water
abreviación *f* shortening

abreviadamente *adv* in brief
abreviar ⟨1b⟩ *v/t* shorten; *palabra tb* abbreviate; *texto tb* abridge
abreviatura *f* abbreviation
abridor *m* bottle opener
abrigado I *adj* sheltered II *part* ☞ **abrigar**
abrigar ⟨1h⟩ *v/t* 1 wrap up 2 *esperanzas* hold out; *duda* entertain; abrigarse *v/r* 1 wrap up warmly 2: ~ *del frío* (take) shelter from the cold
abrigo *m* 1 coat; ~ *de entretiempo* light coat 2 (*protección*) shelter; *ropa de* ~ warm clothes; *al* ~ *de* in the shelter of 3: *de* ~ F real; *un proyecto de* ~ a huge project
◇ **abrigo de pieles** fur coat
abril *m* April; *de quince* ~*es* 15 fifteen years old
abrillantado *adj Rpl* (*esarchado*) glacé
abrillantador *m* polish
abrillantar ⟨1a⟩ *v/t* polish
abrir ⟨3a; abierto⟩ I *v/t* 1 open; *nuevos mercados* open (up); ~ *los ojos* open one's eyes; ~ *al tráfico* open to traffic; ~ *camino* fig pave the way; *le abrió el apetito* it gave him an appetite 2 *túnel* dig 3 *grifo* turn on
II *v/i de persona* open up; *de ventana, puerta* open (*a* onto); *a medio* ~ half--open; *en un* ~ *y cerrar de ojos* in the twinkling of an eye
abrirse *v/r* open; ~ *la cabeza* split one's head open; ~ *paso* get through; ~ *paso entre* make one's way through; ~ *a algo* fig open up to sth
abrochador *m*, ~a *f Rpl* stapler
abrochar ⟨1a⟩ *v/t* 1 do up; *cinturón de seguridad* fasten 2 *Rpl* (*grapar*) staple; abrocharse *v/r* do up; *de cinturón de seguridad* fasten; *tendremos que abrocharnos el cinturón* fig we'll have to tighten our belts
abrogación *f* repeal
abrogar ⟨1h⟩ *v/t* repeal
abroncar ⟨1g⟩ *v/t* F tell off
abrumador *adj* overwhelming
abrumar ⟨1a⟩ *v/t* overwhelm (*con* o *de* with); *abrumado de* o *con trabajo* snowed under with work; abrumarse *v/r* be overwhelmed
abrupto *adj* 1 *terreno* rough; *pendiente* steep 2 *tono, respuesta* abrupt; *cambio* sudden

absceso *m* MED abscess
absenta *f* absinthe
absentismo *m* absenteeism
◇ **absentismo escolar** truancy
absentista I *adj* absentee *atr* II *m/f* absentee
ábside *m* ARQUI apse
absolución *f* 1 JUR acquittal; *el juez anunció la* ~ *por falta de pruebas* the judge acquitted the accused for lack of evidence 2 REL absolution; *dar la* ~ *a alguien* give s.o. absolution
absolutamente *adv* absolutely; *no entendió* ~ *nada* he didn't understand a thing, he understood absolutely nothing
absolutismo *m* absolutism
absoluto *adj* absolute; *en* ~ not at all; *nada en* ~ absolutely nothing; *la casa no ha cambiado nada en* ~ the house hasn't changed at all, the house hasn't changed in the slightest; *se negó en* ~ he refused outright
absolutorio *adj*: *sentencia -a* JUR not--guilty verdict
absolver ⟨2h; absuelto⟩ *v/t* 1 JUR acquit 2 REL absolve
absorbente *adj* absorbent; *ser muy* ~ *papel de cocina* be highly absorbent; *libro* be engrossing; *persona* demand a great deal of attention
absorber ⟨2a⟩ *v/t* 1 absorb 2 (*consumir*) take (up) 3 (*cautivar*) absorb 4 COM take over; absorberse *v/r* become absorbed (*en* in)
absorción *f* 1 absorption 2 COM take-over
absorto *adj* 1 absorbed (*en* in), engrossed (*en* in); ~ *en sus pensamientos* absorbed o engrossed in his thoughts II *part* ☞ **absorber**
abstemio I *adj* teetotal II *m*, *-a f* teetotaler, *Br* teetotaller
abstención *f* abstention
abstencionismo *m* abstentionism
abstenerse ⟨2l⟩ *v/r* 1 refrain (*de* from) 2 POL abstain; ~ *de votar* abstain (from voting)
abstinencia *f* abstinence; *síndrome de* ~ MED withdrawal symptoms *pl*
abstracción *f* abstraction; *hacer* ~ *de* leave aside, exclude
abstracto *adj* abstract
abstraer ⟨2p⟩ *v/t* abstract; **abstraerse**

v/r shut o.s. off (*de* from)

abstraído *adj* preoccupied; **~ en algo** engrossed in sth

abstruso *adj* abstruse

absuelto *part* ☞ **absolver**

absurdo I *adj* absurd **II** *m* **1** absurdity; **es un ~ que** it's absurd that **2**: **teatro del ~** theater *o Br* theatre of the absurd

abubilla *f* ZO hoopoe

abuchear ⟨1a⟩ *v/t* boo

abucheo *m* booing, boos *pl*; **~s** booing, boos *pl*

abuela *f* **1** grandmother; **¡cuéntaselo a tu ~!** F tell me another one F, *Br* pull the other one! F; **no tener ~**, **no necesitar ~** F be good at blowing one's own trumpet **2** F *persona mayor* old lady

abuelo *m* **1** grandfather **2** F *persona mayor* old man **3**: **~s** grandparents

abulia *f* apathy, lack of energy

abúlico *adj* apathetic, lacking in energy

abultado *adj* **1** bulging **2** *derrota* heavy

abultar ⟨1a⟩ **I** *v/t* **1** swell **2** (*aumentar*) increase **II** *v/i* be bulky; **no abulta casi nada** it takes up almost no room at all

abundamiento *m* **1** abundance **2**: **a mayor ~** moreover

abundancia *f* abundance; **había comida en ~** there was plenty of food; **nadar en la ~** be rich

abundante *adj* plentiful, abundant

abundantemente *adv* **1** abundantly; **estar ~ plagado de faltas de ortografía** be absolutely riddled with spelling mistakes; **una zona ~ habitada por liebres** an area with an abundance of hares *o* an abundant population of hares **2** *llover* heavily

abundar ⟨1a⟩ *v/i* be plentiful *o* abundant; **~ en** abound in

abundoso *adj* C. Am., *Méx* abundant, plentiful

aburguesado *adj desp* bourgeois

aburguesarse ⟨1a⟩ *v/r desp* become bourgeois *o* middle class

aburrido *adj que aburre* boring; *que se aburre* bored; **~ de algo** bored *o* fed up F with sth

aburrimiento *m* boredom

aburrir ⟨3a⟩ *v/t* bore; **aburrirse** *v/r* get bored; **~ de algo** get bored *o* fed up F with sth; **~ como una ostra** F get bored stiff F

abusado *adj Méx* **1** smart, clever **2**: **¡~!** look out!

abusador *adj L.Am.* bullying

abusar ⟨1a⟩ *v/i*: **~ de poder, confianza** abuse; *persona* take advantage of; **~ sexualmente de alguien** sexually abuse s.o.; **~ del alcohol** drink too much

abusivo *adj* **1** JUR unfair **2** *precio* exorbitant

abuso *m* abuse; **estos precios son un ~** these prices are outrageous *o* an outrage

◇ **abuso de autoridad** abuse of one's authority; **abuso de confianza** breach of trust; **abuso sexual** sexual abuse; **abusos deshonestos** indecent assault

abusón *m*, **-ona** *f* F bully

abyecto *adj* despicable

a.C. *abr* (= **antes de Cristo**) BC (= before Christ)

a/c *abr* (= **a cuenta**) on account

acá *adv* **1** here; **~ y allá** here and there; **de ~ para allá** from here to there; **¡ven ~!** come here! **2**: **de entonces para ~** since then

acabado I *adj persona* finished; **producto ~** finished product **II** *m* TÉC finish

acabar ⟨1a⟩ **I** *v/t* **1** finish **2**: **acabé haciéndolo yo** I ended up doing it myself **II** *v/i* **1** *de persona* finish; *de función, acontecimiento* finish, end; **~ con** put an end to; *caramelos* finish off; *persona* destroy; **~ en** end in; **~ en punta** end in a point; **~ bien / mal** end well / badly; **va a ~ mal** F this is going to end badly; *persona* he'll come to no good *o* to a bad end; **acabó por comprender** in the end he understood; **no acabo de comprender** I still don't understand; **~ con sus huesos en** end up in; **es cosa de nunca ~** it's never-ending; **¡acabáramos!** now I get it!; **¡acaba ya!** hurry up and finish!; **la cosa no acaba aquí** and that's not all, and there's worse

2: **~ de hacer algo** have just done sth; **acabo de escribirlo** I've just written it

acabarse *v/r de actividad* finish, end; *de pan, dinero* run out; **se nos ha acabado el azúcar** we've run out of sugar; **¡se acabó!** that's it!, that's that!

acabóse *m* F: **¡es el ~!** it's the limit!

acacia *f* acacia

◇ **acacia blanca, acacia falsa** locust tree, false acacia

academia

academia *f* academy

◇ **academia de idiomas** language school

◇ **academia militar** military academy

académico I *adj* academic **II** *m,*-**a** *f* academician, *member of an academy*

acaecer ⟨2d⟩ *v/i* occur

acalenturarse ⟨1a⟩ *v/r L.Am.* (*afiebrarse*) get a temperature *o* fever

acallar ⟨1a⟩ *v/t tb fig* silence

acalorado *adj fig* heated; *estar* ~ be agitated

acaloramiento *m fig* heat, passion; *de persona* agitation

acalorar ⟨1a⟩ *v/t fig* inflame; **acalorarse** *v/r* **1** (*enfadarse*) get agitated **2** (*sofocarse*) get embarrassed

acampada *f* camp; *ir de* ~ go camping

acampanado *adj* bell-shaped; *falda* -*a* flared skirt

acampar ⟨1a⟩ *v/i* camp

acanalado *adj* **1** grooved, corrugated **2** ARQUI fluted

acanaladura *f* ARQUI flute; *diseño* fluting

acantilado *m* cliff

acanto *m* BOT acanthus

acantonamiento *m* MIL quarters *pl*

acantonar ⟨1a⟩ *v/t* MIL quarter

acaparador *adj* greedy

acaparar ⟨1a⟩ *v/t* **1** hoard, stockpile **2** *tiempo* take up **3** *interés* capture **4** F (*monopolizar*) monopolize, hog F

acápite *m L.Am.* **1** section **2** (*párrafo*) paragraph

acaramelado *adj fig* F lovey-dovey F

acaramelarse ⟨1a⟩ *v/r* whisper sweet nothings to each other, bill and coo

acariciar ⟨1b⟩ *v/t* **1** caress; *perro* stroke **2**: ~ *una idea fig* contemplate an idea

ácaro *m* mite

acarrear ⟨1a⟩ *v/t* **1** carry **2** *fig* give rise to, cause

acarreo *m* transportation

acartonado *adj piel, persona* wizened

acartonarse ⟨1a⟩ *v/r de piel* become wizened

acaso *adv* by any chance, perhaps; *por si* ~ just in case; *si* ~ maybe; *¿* ~ *crees que* ...? do you really think that ...?

acatamiento *m* compliance (*de* with)

acatar ⟨1a⟩ *v/t* comply with, obey

acatarrado *adj*: *estar* ~ have a cold

acatarrarse ⟨1a⟩ *v/r* catch a cold

acaudalado *adj* wealthy, well-off

acaudillar ⟨1a⟩ *v/t* lead

acceder ⟨2a⟩ *v/i* **1** (*ceder*) agree (*a* to), *fml* accede (*a* to); ~ *a un ruego* agree to a request; ~ *a los deseos de alguien* bow to s.o.'s wishes **2**: ~ *a lugar* gain access to, access; *cargo* accede to

accesibilidad *f* accessibility

accesible *adj* accessible

accésit *m* second prize

acceso *m* **1** *a un lugar* access; *de difícil* ~ inaccessible, difficult to get to **2** INFOR access; ~ *a Internet* Internet access **3** *de fiebre* attack, bout; *de tos* fit; ~ *de rabia* fit of anger

accesorio I *adj* incidental **II** *m* accessory

accidentado I *adj* **1** *terreno, camino* uneven, rough **2** *viaje* eventful **3**: *personas* -*as* people who have had an accident; *el vehículo* ~ the vehicle involved in the accident **II** *m,*-**a** *f* casualty

accidental *adj* **1** (*no esencial*) incidental **2** (*casual*) chance

accidentalidad *f*: *nivel de* ~ *de tráfico* accident rate

accidentarse ⟨1a⟩ *v/r* have an accident, be involved in an accident

accidente *m* **1** accident; *sufrir un* ~ have an accident, be involved in an accident **2** (*casualidad*) chance **3** GEOG feature

◇ **accidente aéreo** plane crash; **accidente en cadena** multiple vehicle pile-up; **accidente de circulación** road (traffic) accident; **accidente laboral** accident in the workplace; **accidente de trabajo** accident in the workplace; **accidente de tráfico** road (traffic) accident

acción *f* **1** action; *entrar en* ~ come into action; *poner en* ~ put into action **2** COM share; *acciones pl* stock *sg, Br* shares

◇ **acción civil** JUR civil action; **acción popular** JUR class action; **acciones nominativas** registered stock; **acciones al portador** bearer stock; **acciones preferentes** preference stock

accionamiento *m* TÉC activation

accionar ⟨1a⟩ *v/t* activate

accionariado *m* stockholders *pl*, shareholders *pl*

accionarial *adj* stock *atr, Br* share *atr*

accionista *m/f* stockholder, shareholder

◇ **accionista mayoritario** majority stockholder *o* shareholder

◇ **accionista principal** main stockholder *o* shareholder

acebo *m* BOT holly

acebuche *m* BOT wild olive (tree)

acechar ⟨1a⟩ *v/t* lie in wait for

acecho *m*: **al ~** lying in wait

acedera *f* BOT sorrel

◇ **acedera menor** ☞ **acederilla**

acederilla *f* BOT sheep sorrel

acéfalo *adj* headless

aceite *m* oil; **echar ~ al fuego** add fuel to the fire

◇ **aceite de girasol** sunflower oil; **aceite de hígado de bacalao** cod-liver oil; **aceite de linaza** linseed oil; **aceite lubricante** lubricating oil; **aceite de oliva** olive oil; **aceite de oliva virgen** virgin olive oil; **aceite vegetal** vegetable oil

aceitera *f* **1** TÉC oilcan **2** GASTR cruet

aceitero *adj* oil *atr*; **molino ~** oil mill

aceitoso *adj* oily

aceituna *f* olive

aceitunado *adj* olive *atr*

aceitunero *m*, **-a** *f* **1** olive seller **2** *peón* olive picker

aceleración *f* acceleration

acelerado I *adj* **1** nervous, het-up **2**: **curso ~** intensive course **II** *part* ☞ **acelerar**

acelerador *m* gas pedal, accelerator; **pisar el ~ a fondo** step on the gas, *Br* put one's foot down

acelerar ⟨1a⟩ **I** *v/t motor* rev up; *fig* speed up; **aceleró el coche** she accelerated; **~ el paso** walk faster **II** *v/i* accelerate; **acelerarse** *v/r L.Am.* (*enojarse*) lose one's cool

acelerón *m*: **dar un ~** step on the gas, *Br* put one's foot down; **dio semejante ~ con el coche que ...** he accelerated so hard that ...

acelgas *fpl* BOT Swiss chard *sg*

acémila *f* mule

acendrado *adj* pure

acendrar ⟨1a⟩ *v/t fig* purify

acento *m* **1** *en ortografía*, *pronunciación* accent; **hablar sin ~** speak without an accent **2** *énfasis* stress, emphasis; **poner el ~ en** *fig* stress, emphasize

acentuación *f* accentuation

acentuado *adj* pronounced, distinct

acentuar ⟨1e⟩ *v/t* stress; *fig* accentuate, emphasize; **acentuarse** *v/r* become more pronounced

acepción *f* sense, meaning

aceptable *adj* acceptable

aceptación *f* **1** acceptance; **encontrar buena ~ de plan** receive a warm welcome, be welcomed; *de producto*, *novela* be successful (**entre** with) **2** *éxito* success

aceptar ⟨1a⟩ *v/t* accept

acequia *f* irrigation ditch

acera *f* sidewalk, *Br* pavement; **ser de la otra ~, ser de la ~ de enfrente** F be gay

acerbo *adj* **1** *sabor* sour, sharp **2** *comentario* sharp, acerbic

acerca *adv*: **~ de** about

acercamiento *m tb fig* approach

acercar ⟨1g⟩ *v/t* **1** bring closer **2**: **~ a alguien a un lugar** give s.o. a ride *o* lift somewhere **3** (*pasar*): **acércame el pan** pass me the bread

acercarse *v/r* **1** approach; *de fecha* draw near; **se acercó a mí** she came up to me *o* approached me; **no te acerques a la pared** don't get close to the wall; **¡acércate!** come closer! **2** *ir* go; **me acercaré a tu casa** I'll drop by **3** *de grupos*, *países* develop closer ties

acería *f* steel mill

acerico *m* **1** cushion **2** *costura* pin cushion

acero *m* steel; **tener nervios de ~** have nerves of steel

◇ **acero dulce** mild steel

◇ **acero inoxidable** stainless steel

acérrimo *adj* staunch

acertado I *adj* **1** *comentario* apt **2** *elección* good, wise; **estar ~** F be right; **estar muy ~** F be dead right F **II** *part* ☞ **acertar**

acertante *m/f de apuesta* winner

acertar ⟨1k⟩ **I** *v/t respuesta* get right; *al hacer una conjetura* guess; **~ el blanco, ~ en la diana** *fig* hit the nail on the head **II** *v/i* **1** be right; **~ con algo** get sth right **2**: **no acierto a hacerlo** I don't seem to be able to do it

acertijo *m* riddle, puzzle

acervo *m fig* heritage

◇ **acervo cultural** cultural heritage

acetato *m* acetate

acético *adj* acetic

acetileno *m* acetylene
acetilsalicílico *adj*: **ácido** ~ aspirin
acetona *f* acetone
achacar ⟨1g⟩ *v/t* attribute (**a** to); ~ **la culpa a alguien** blame s.o., put the blame on s.o.
achacoso *adj* ailing
achampanado, achampañado *adj* sparkling
achantarse ⟨1a⟩ *v/r* F keep quiet, keep one's mouth shut F
achaparrado *adj persona* squat
achaque *m* ailment; ~**s de la edad** ailments typical of old age
achatado *adj* flattened
achatar ⟨1a⟩ *v/t* flatten; **achatarse** *v/r* be flattened
achicar ⟨1g⟩ *v/t* **1** make smaller **2** MAR bail out; **achicarse** *v/r* get smaller; *fig* feel intimidated
achicharrar ⟨1a⟩ *v/t* burn; **achicharrarse** *v/r fig* F roast F
achicoria *f* BOT chicory
achinado *adj* L.Am. oriental-looking
achinero *m* C.Am. vendedor peddler
achique *m* MAR bailing; **bomba de** ~ bilge pump
achiquitarse ⟨1a⟩ *v/r* L.Am. become frightened *o* scared
¡achís! *onomatopeya* atchoo!
achisparse ⟨1a⟩ *v/r* F get tipsy
acholar ⟨1a⟩ *v/t* S.Am. embarrass
achuchado *adj* F tough
achuchar ⟨1a⟩ *v/t fig* F pester, nag
achuchón *m* F **1** squeeze, hug **2** (*empujón*) push **3**: **le dio un** ~ desmayo she felt faint
achurar ⟨1a⟩ *v/t* Arg animal gut; *persona* knife, kill
achuras *fpl* S.Am. variety meat *sg*, *Br* offal *sg*
aciago *adj* fateful; **día** ~ fateful day
acíbar *m* BOT aloes *pl*
acicalarse ⟨1a⟩ *v/r* get dressed up
acicate *m fig* incentive, stimulus
acicatear ⟨1a⟩ *v/t* spur on
acidez *f* acidity
◇ **acidez de estómago** heartburn
acidificar ⟨1g⟩ *v/t* acidify
ácido I *adj* **1** *sabor* sour, sharp **2** *comentario* caustic, acid **II** *m* acid
◇ **ácido acético** acetic acid; **ácido ascórbico** ascorbic acid; **ácido butírico** butyric acid; **ácido carbónico** carbonic

acid; **ácido clorhídrico** hydrochloric acid; **ácido fólico** folic acid; **ácido fórmico** formic acid; **ácido graso** fatty acid; **ácido láctico** lactic acid; **ácido sulfhídrico** hydrogen sulfide; **ácido sulfúrico** sulfuric *o Br* sulphuric acid; **ácido úrico** uric acid
acídulo *adj* acidic
acierto *m* **1** (*idea*) good idea; **fue un** ~ it was a wise decision *o* good move **2** (*respuesta*) correct answer **3** (*habilidad*) skill
aclamación *f* acclaim
aclamado I *adj* acclaimed **II** *part* ☞ **aclamar**
aclamar ⟨1a⟩ *v/t* acclaim
aclaración *f* clarification
aclarar ⟨1a⟩ **I** *v/t* **1** *duda, problema* clarify, clear up **2** *ropa, vajilla* rinse **II** *v/i* **1** *de día* break, dawn **2** *de tiempo* clear up; **aclararse** *v/r* **1**: ~ **la voz** clear one's throat **2**: **no me aclaro** F I can't decide, I can't make my mind up; (*no entiendo*) I don't understand; *por cansancio, ruido etc* I can't think straight
aclimatación *f* acclimatization
aclimatar ⟨1a⟩ *v/t* acclimatize; **aclimatarse** *v/r* acclimatize, become acclimatized
acné *m* acne
acobardar ⟨1a⟩ *v/t* intimidate; **acobardarse** *v/r* get frightened, lose one's nerve
acodado I *adj* elbow *atr*, offset **II** *part* ☞ **acodar**
acodar ⟨1a⟩ *v/t* **1** bend **2** AGR layer; **acodarse** *v/r* lean (one's elbows) (**en** on)
acodo *m* AGR layer
acogedor *adj* welcoming; *lugar* cozy, *Br* cosy
acoger ⟨2c⟩ *v/t* **1** receive; ~ **con satisfacción** welcome **2** *en casa* take in, put up; **acogerse** *v/r*: ~ **a algo** have recourse to sth
acogida *f* **1** reception; **una calurosa** ~ a warm reception; **tener buena** ~ get a good reception, be well received **2**: **centro de** ~ reception center *o Br* centre; **casa de** ~ (*para mujeres maltratadas*) women's shelter
acogotar ⟨1a⟩ *v/t* F **1** intimidate **2** (*matar*): ~ **a alguien** break s.o.'s neck
acojonado *adj*: **está** ~ V he's scared

shitless V

acojonante *adj* V terrifying F

acojonar ⟨1a⟩ V *v/t* **1** (*asustar*) scare the shit out of V **2** (*asombrar*) knock out F, blow away P; **acojonarse** *v/r* be scared shitless V

acolchado *Rpl* **I** *adj* quilted **II** *m* bedspread

acolchar ⟨1a⟩ *v/t* quilt, pad

acolchonar ⟨1a⟩ *v/t Rpl* quilt

acólito *m tb fig* acolyte

acomedido *L.Am.* **I** *adj* obliging, helpful **II** *part* ☞ **acomedirse**

acomedirse ⟨3l⟩ *v/r Méx* offer to help

acometer ⟨2a⟩ **I** *v/t* **1** attack **2** *tarea, proyecto* undertake, tackle **II** *v/i* attack; **~ contra algo** attack sth

acometida *f* **1** attack **2** TÉC supply

acometimiento *m* **1** undertaking **2** (*ataque*) attack

acometividad *f* commitment

acomodable *adj* adaptable

acomodación *f* **1** accommodation **2** (*acuerdo*) agreement, accommodation

acomodadizo *adj* accommodating, adaptable

acomodado I *adj* well-off **II** *part* ☞ **acomodar**

acomodador *m*, **~a** *f* usher; *mujer* usherette

acomodamiento *m* agreement

acomodar ⟨1a⟩ *v/t* **1** (*adaptar*) adapt **2** *a alguien* accommodate; **acomodarse** *v/r* **1** make o.s. comfortable **2** (*adaptarse*) adapt (**a** to)

acomodaticio *adj* accommodating; *desp* weak

acomodo *m* lodgings *pl*

acompañamiento *m* accompaniment

acompañante *m/f* **1** companion **2** MÚS accompanist

acompañar ⟨1a⟩ *v/t* **1** (*ir con*) go with, accompany **2** (*permanecer con*): **~ a alguien** keep s.o. company **3** MÚS accompany **4** GASTR accompany, go with

acompaño *m C.Am.* (*reunión*) meeting

acompasado *adj* regular, rhythmic

acompasar ⟨1a⟩ *v/t* keep in time

acomplejado I *adj*: **un niño ~** a child with a complex **II** *part* ☞ **acomplejar**

acomplejar ⟨1a⟩ *v/t*: **~ a alguien** give s.o. a complex; **estar acomplejado** have a complex; **acomplejarse** *v/r* get a complex

acondicionado *adj*: **aire ~** air conditioning

acondicionador *m* conditioner

acondicionamiento *m* equipping, fitting-out

◇ **acondicionamiento de aire** air conditioning

acondicionar ⟨1a⟩ *v/t* **1** *un lugar* equip, fit out **2** *pelo* condition

aconfesional *adj* non-confessional

acongojar ⟨1a⟩ *v/t lit* grieve *lit*, distress

acónito *m* BOT aconite

aconsejable *adj* advisable

aconsejado *adj*: **mal ~** badly advised

aconsejar ⟨1a⟩ *v/t* advise

acontecer ⟨2d⟩ *v/i* take place, occur

acontecimiento *m* event

acopiar ⟨1b⟩ *v/t* gather, stockpile

acopio *m* stockpile; **hacer ~ de** gather, stockpile; **hacer ~ de valor** pluck up courage

acoplado *m Rpl* trailer

acoplamiento *m* TÉC, EL connection

acoplar ⟨1a⟩ *v/t piezas* fit together; **acoplarse** *v/r* **1** *de persona* fit in (**a** with) **2** *de nave espacial* dock (**a** with); *de piezas* fit together

acoquinar ⟨1a⟩ *v/t* intimidate; **acoquinarse** *v/r* feel intimidated

acorazado I *adj* armored, *Br* armoured; **división -a** armored division **II** *m* MAR battleship

acorazar ⟨1f⟩ *v/t* armor-plate, *Br* armour-plate; **acorazarse** *v/r fig* protect o.s. (**contra** against)

acorazonado *adj* heart-shaped

acordado I *adj* agreed **II** *part* ☞ **acordar**

acordar ⟨1m⟩ *v/t* agree; **lo acordado** what was agreed; **acordarse** *v/r* remember; **¿te acuerdas de él?** do you remember him?; **si mal no me acuerdo** if I remember right

acorde I *adj*: **~ con** in keeping with; **estar ~ con** *con alguien* be in agreement with; *de reglamento, principios, creencias etc* be in keeping with **II** *m* MÚS chord

acordeón *m* **1** accordion **2** *Méx* F *en examen* cheat sheet, *Br* crib

acordeonista *m/f* accordionist

acordonamiento *m* cordoning off

acordonar ⟨1a⟩ *v/t* cordon off

acorralar ⟨1a⟩ *v/t tb fig* corner

acortar ⟨1a⟩ **I** *v/t* shorten **II** *v/i* take a

short cut; **acortarse** *v/r* get shorter

acosar ⟨1a⟩ *v/t* hound, pursue; *me acosaron a preguntas* they bombarded me with questions

acosijar ⟨1a⟩ *v/t Méx* badger, pester

acoso *m fig* hounding, harassment

◇ **acoso sexual** sexual harassment

acostar ⟨1m⟩ *v/t* put to bed; *estar acostado* be in bed; **acostarse** *v/r* **1** go to bed; (*tumbarse*) lie down; **~ con las gallinas** go to bed very early **2**: **~ con alguien** go to bed with s.o., sleep with s.o.

acostumbrado *adj* **1** (*habitual*) usual **2**: *estar ~ a algo* be used to sth

acostumbrar ⟨1a⟩ **I** *v/t* get used (*a* to) **II** *v/i*: *acostumbraba a venir a este café todas las mañanas* he used to come to this café every morning; **acostumbrarse** *v/r* get used (*a* to); *se acostumbró a levantarse temprano* he got used to getting up early

acotación *f* **1** *en texto* note, annotation **2** *de terreno* fencing-off

acotamiento *m* **1** fencing-off **2** *Méx* AUTO hard shoulder

acotar ⟨1a⟩ *v/t* **1** *terreno* fence off **2** *texto* annotate

ácrata I *adj* anarchist *atr* **II** *m/f* anarchist

acre I *adj* **1** *olor* acrid **2** *crítica* biting **II** *m* acre

acrecentamiento *m* increase, growth

acrecentar ⟨1k⟩ *v/t* increase; **acrecentarse** *v/r* increase, grow

acreditación *f documento* credentials *pl*

acreditado I *adj* well-known, reputable **II** *part* ☞ **acreditar**

acreditar ⟨1a⟩ *v/t* **1** *diplomático, etc* accredit (*como* as) **2** (*avalar*) prove; *un documento que lo acredita como el propietario* a document that proves his ownership **3** FIN: **~ en cuenta** credit an account; **acreditarse** *v/r* gain a good reputation, achieve fame

acreditativo *adj* supporting; *documento ~* supporting document

acreedor I *adj fig* worthy (*de* of), deserving (*de* of) **II** *m*, **~a** *f* **1** creditor; *junta de ~es* creditors' meeting **2**: *hacerse ~ de la confianza de alguien* gain s.o.'s confidence

acreencia *f L.Am.* credit

acribillar ⟨1a⟩ *v/t*: **~ a alguien a balazos** riddle s.o. with bullets; *me acribillaron a preguntas* they bombarded me with questions

acrílico *m/adj* acrylic

acrimonia *f fig* bitterness, acrimony

acristalamiento *f* glazing

acristalar ⟨1a⟩ *v/t* glaze

acrítico *adj* uncritical, non-critical

acritud *f* harshness

acrobacia *f* acrobatics *pl*

acróbata *m/f* acrobat

acrobático *adj* acrobatic; *vuelo ~* stunt flight

acrofobia *f* fear of heights

acrónimo *m* acronym

acta(s) *f(pl)* **1** minutes *pl*; **~ de una sesión** minutes of a meeting; *hacer constar algo en ~* include sth in the minutes, minute sth; *levantar ~* take the minutes **2**: **~s** *pl* JUR proceedings

◇ **acta judicial** record of proceedings

◇ **acta notarial** notarial deed

actitud *f* **1** (*disposición*) attitude **2** (*posición*) position

activación *f* **1** *de economía* boosting, stimulation **2** *de bomba*, activation, setting off; *de sistema de seguridad tb* triggering

activar ⟨1a⟩ *v/t* **1** (*estimular*) stimulate **2** *bomba* activate, set off; *sistema de seguridad tb* trigger

actividad *f* activity; **~ comercial** trade

activista *m/f* POL activist

activo I *adj* **1** active; *en ~* on active service **2** LING: *voz -a* active voice **II** *m* COM assets *pl*

acto *m* **1** TEA act **2** (*ceremonia*) ceremony **3** (*acción*): **~ violento** act of violence; *en ~ de servicio* on active service; *hacer ~ de presencia* put in an appearance **4**: **~ seguido** immediately afterward(s); *en el ~* instantly, there and then

◇ **acto de clausura** closing ceremony; **acto inaugural** opening ceremony; **acto oficial** official ceremony; **acto reflejo** reflex action; **acto sexual** sexual intercourse, sex act

actor *m* actor

◇ **actor de cine** movie *o* film actor

◇ **actor de reparto, actor secundario** supporting actor

actriz *f* actress, actor

actuación *f* **1** TEA performance **2** (*inter-*

vención) intervention **3**: *actuaciones pl* JUR proceedings

actual *adj* **1** present, current **2**: *un tema muy ~* a very topical issue

actualidad *f* **1** current situation; *en la ~* at present, presently; (*hoy en día*) nowadays **2**: *de gran ~* very topical **3**: *~es pl* current affairs

actualización *f* updating

actualizar ⟨1f⟩ *v/t* bring up to date, update

actualmente *adv* at the moment

actuar ⟨1e⟩ *v/i* **1** (*obrar, ejercer*), TEA act; *~ de* act as **2** MED work, act

actuario *m* JUR clerk of the court

◇ **actuario de seguros** actuary

acuarela *f* watercolor, *Br* watercolour

acuarelista *m/f* watercolorist, *Br* watercolourist

acuariano *L.Am* **I** *adj* Aquarian; *ser ~* be (an) Aquarius, be (an) Aquarian **II** *m*, *-a f* Aquarian

acuario *m* aquarium

Acuario ASTR **I** *adj* Aquarian; *soy ~* I'm (an) Aquarian, I'm (an) Aquarius **II** *m/f inv* Aquarius

acuartelamiento *m* **1** quartering **2** *lugar* barracks *pl*

acuartelar ⟨1a⟩ *v/t* quarter; *en casas particulares* billet

acuático *adj* aquatic, water *atr*; *deporte ~* water sport

acuchillar ⟨1a⟩ *v/t* stab

acuciante *adj* pressing, urgent

acuciar ⟨1b⟩ *v/t* pester, hassle

acuclillarse ⟨1a⟩ *v/r* squat, crouch down

acudir ⟨3a⟩ *v/i* come; *~ a alguien* turn to s.o.; *~ al médico* go to the doctor; *~ a las urnas* go to the polls; *~ al trabajo* go to work

acueducto *m* aqueduct

acuerdo *m* **1** agreement; *~ comercial* trade agreement; *estar de ~ con* agree with, be in agreement with; *llegar a un ~, ponerse de ~* come to *o* reach an agreement (*con* with); *tomar un ~* reach an agreement; *de común ~* by mutual agreement; *¡de ~!* all right!, OK! **2**: *de ~ con algo* in accordance with sth

◇ **Acuerdo General sobre Aranceles y Comercio** General Agreement on Tariffs and Trade (GATT)

◇ **acuerdo marco** enabling agreement

acuicultura *f* aquaculture

acuífero *m* aquifer

acullá elsewhere; *acá y ~* here and there

acumulación *f* accumulation

acumulador *m* EL accumulator, storage battery

acumular ⟨1a⟩ *v/t* accumulate; **acumularse** *v/r* accumulate

acunar ⟨1a⟩ *v/t* rock

acuñación *f* minting

acuñar ⟨1a⟩ *v/t* **1** *monedas* mint **2** *término, expresión* coin

acuoso *adj* watery

acupuntor *m*, *~a f* acupuncturist

acupuntura *f* acupuncture

acupunturista *m/f* acupuncturist

acurrucarse ⟨1g⟩ *v/r* curl up

acusación *f* accusation

◇ **acusación particular, acusación privada** private prosecution

acusado I *adj fig* marked, pronounced **II** *m*, *-a f* accused, defendant

acusador *m* **1** accuser **2** JUR prosecuting attorney

◇ **acusador privado** *person bringing a private law suit*

acusar ⟨1a⟩ *v/t* **1** accuse (*de* of) **2** JUR charge (*de* with) **3** (*manifestar*) show **4**: *~ recibo de* acknowledge receipt of

acusativo *m* GRAM accusative

acusatorio *adj* accusing

acuse *m*: *~ de recibo* acknowledgement of receipt

acusetas *m/f inv S.Am.* F tattletale F, *Br* tell-tale F

acusica *m/f* F tattletale F, *Br* tell-tale F

acusón *m* tattletale F, *Br* tell-tale F

acústica *f* acoustics *pl*

acústico acoustic

adagio *m* MÚS adagio

adalid *m fig* champion (*of* de)

Adán *m* **1** ANAT: *bocado o nuez de ~* Adam's apple **2**: *ir hecho un ~* look a mess

adaptabilidad *f* adaptability

adaptable *adj* adaptable

adaptación *f* adaptation

◇ **adaptación cinematográfica** movie *o* screen version

◇ **adaptación escénica** stage version

adaptado *adj* adapted (*a* for)

adaptador *m* adaptor

adaptar ⟨1a⟩ *v/t* adapt; **adaptarse** *v/r*

adapt (*a* to)

adarme *m*: (*ni*) **un ~ de** *de compasión, verdad* an ounce of; *de comida, pintura* a little bit of; *no hizo* (*ni*) **un ~ de frío** it wasn't the slightest bit cold

adecentar ⟨1a⟩ *v/t* straighten up, tidy up; **adecentarse** *v/r* F clean o.s. up, tidy o.s. up

adecuación *f* suitability, appropriateness; *... gracias a la ~ de los servicios a las necesidades de la clientela ...* because services have been adapted to customer requirements

adecuado *adj* suitable, appropriate

adecuar ⟨1d⟩ *v/t* adapt (*a* to); **adecuarse** *v/r* fit in (*a* with)

adefesio *m fig* F **1** monstrosity, hideous thing **2** *persona* freak F; *estar hecho un ~* look a sight

adelantado *adj* **1** advanced; *estar muy ~* be very well advanced **2**: *ir ~ de reloj* be fast **3**: *por ~* in advance; *pagar por ~* pay in advance **II** *part* ☞ **adelantar**

adelantamiento *m* AUTO passing maneuver, *Br* overtaking manoeuvre

adelantar ⟨1a⟩ **I** *v/t* **1** (*mover*) move forward; *reloj* put forward **2** AUTO pass, *Br* overtake **3** *dinero* advance **4** (*conseguir*) achieve, gain **II** *v/i* **1** *de reloj* be fast **2** (*avanzar*) make progress **3** AUTO pass, *Br* overtake; **adelantarse** *v/r* **1** (*mover*) move forward; (*ir delante*) go on ahead; *se me adelantó* she beat me to it, she got there first **2** *de estación, cosecha* come early **3** *de reloj* gain

adelante **I** *adv* **1** *en espacio* forward; *un paso ~ tb fig* a step forward; *llevar o sacar ~ familia* bring up; *salir ~ fig de persona* succeed; *de proyecto* go ahead; *seguir ~* carry on, keep going; *¡~!* come in! **2** *en tiempo*: *más ~* later on; *de ahora o aquí en ~* from now on **II** *prp*: *~ de L.Am.* in front of

adelanto *m tb* COM advance; *~s* advances

adelfa *f* BOT oleander

adelgazamiento *m* slimming; *cura de ~* controlled weight loss; *dieta de ~* (weight-loss) diet

adelgazante *adj* weight-reducing, slimming *atr*

adelgazar ⟨1f⟩ **I** *v/t* lose **II** *v/i* lose weight

ademán *m* **1** gesture; *en ~ de* in a gesture of; *hacer ~ de* make as if to **2**: *ademanes pl* manners *pl*

además **I** *adv* as well, besides **II** *prp*: *~ de* as well as

ADENA *f abr Esp* (= *Asociación para la Defensa de la Naturaleza*) *wildlife and habitat conservancy organization*

adenoma *m* MED adenoma

adentrarse ⟨1a⟩ *v/r tb fig* go deep (*en* into); *en tema* go into (in depth)

adentro **I** *adv* **1** inside; *¡~!* get inside!; *mar ~* out to sea; *tierra ~* inland **2** *L.Am. ~ de* inside **II** *mpl*: *para sus ~s* to o.s.; *decir para sus ~s* say to o.s.

adepto *m* follower; *fig* supporter

aderezar ⟨1f⟩ *v/t con especias* season; *ensalada* dress; *fig* liven up; **aderezarse** *v/r* F dress up

aderezo *m* GASTR *con especias* seasoning; *para ensalada* dressing

adeudar ⟨1a⟩ *v/t* owe; *~ en cuenta* debit an account; **adeudarse** *v/r* get into debt

adeudo *m* **1** debit **2** *Méx* (*deuda*) debt
◇ **adeudo en cuenta** debit from an account

adherencia *f* MED adhesion
◇ **adherencia al suelo** AUTO roadholding

adherente *adj* adhesive

adherir ⟨3i⟩ *v/t* stick; **adherirse** *v/r* **1** *a superficie* stick (*a* to), adhere (*a* to) *fml* **2**: *~ a una organización* become a member of *o* join an organization **3**: *~ a una idea* support an idea

adhesión *f* FÍS adhesion

adhesivo **I** *adj* adhesive **II** *m* adhesive

adicción *f* addiction; *~ a las drogas* drug addiction

adición *f* **1** MAT addition **2** *Rpl en restaurante* check, *Br* bill

adicional *adj* additional

adicionar ⟨1a⟩ *v/t* MAT add, add up

adictivo *adj* addictive

adicto **I** *adj* **1** addicted (*a* to); *ser ~ al trabajo* be a workaholic **2**: *ser ~ al régimen* be a supporter of the regime, support the regime **II** *m*, *-a f* addict

adiestramiento *m* training

adiestrar ⟨1a⟩ *v/t* train; **adiestrarse** *v/r*: *~ (en)* train (in)

adinerado *adj* wealthy

adiós **I** *int* **1** goodbye, bye; *al cruzarse* hi, hello **2**: *¡~! F sorpresa* good heavens!;

disgusto oh no!, oh god! **II** *m* goodbye; **decir** ~ (**a**) say goodbye (to)

adiposo *adj* adipose; **tejido** ~ adipose tissue

aditamento *m* accessory

aditivo *m* additive

adivinación *f* **1** guessing **2** *de adivino* prediction

adivinanza *f* riddle

adivinar ⟨1a⟩ *v/t* **1** guess **2** *de adivino* foretell

adivino *m*, **-a** *f* fortune teller

adjetivo *m* adjective

adjudicación *f* awarding; ~ **de una obra** award of a contract

adjudicar ⟨1g⟩ *v/t* award; **adjudicarse** *v/r* win

adjudicatorio *m*, **-a** *f* successful bidder *o* tenderer

adjuntar ⟨1a⟩ *v/t* enclose

adjunto I *adj* deputy *atr*; **profesor** ~ assistant teacher; *en universidad* associate professor, *Br* lecturer **II** *m*, **-a** *f* assistant **III** *adv*: ~ **le remitimos …** please find enclosed …

adlátere *m* crony

adminículo *m* accessory

administración *f* **1** management, administration; *de empresa* management **2** (*gobierno*) administration, government
◇ **administración de bienes** asset management; **administración de fincas** property management; **administración de justicia** justice system; **administración de lotería** lottery outlet; **administración municipal** local council; **administración pública** government, administration

administrador *m*, **~a** *f* administrator; *de empresa* manager

administrar ⟨1a⟩ *v/t* **1** *medicamento, sacramentos* administer, give **2** *empresa* run, manage; *bienes* manage

administrativo I *adj* administrative **II** *m*, **-a** *f* administrative assistant

admirable *adj* admirable

admiración *f* **1** admiration **2** TIP: **signo de** ~ exclamation mark

admirado I *adj*: **quedarse** ~ be amazed **II** *part* ☞ **admirar**

admirador *m*, **~a** *f* admirer

admirar ⟨1a⟩ *v/t* admire; **admirarse** *v/r* be amazed (**de** at *o* by)

admisible *adj* admissible, acceptable

admisión *f* admission; **derecho de** ~ right of admission

admitir ⟨3a⟩ *v/t* **1** (*aceptar*) accept; ~ **en pago** accept as payment **2** (*reconocer*) admit **3** (*permitir*): **el poema admite varias interpretaciones** the poem can be interpreted in different ways, the poem admits of various interpretations *fml*; **no admite duda** there's no doubt about it

admonición *f* reprimand

ADN *m abr* (= **ácido desoxirribonucleico**) DNA (= deoxyribonucleic acid)

adobar ⟨1a⟩ *v/t* GASTR marinate

adobe *m* adobe

adobera *f* *Méx type of mature cheese*

adobo *m* GASTR marinade

adoctrinar ⟨1a⟩ *v/t* indoctrinate

adolecer ⟨2d⟩ *v/i* suffer (**de** from)

adolescencia *f* adolescence, teens *pl*

adolescente I *adj* teenage *atr*, adolescent *atr* **II** *m/f* teenager, adolescent

adonde *adv* where

adónde *interr* where; *¿~ **vas?*** where are you going?

adondequiera *adv* wherever

adopción *f* adoption

adoptar ⟨1a⟩ *v/t* adopt

adoptivo *adj* padres adoptive; **hijo** ~ adopted child; **patria -a** adopted country

adoquín *m* paving stone

adoquinado *m* paving

adoquinar ⟨1a⟩ *v/t* pave

adorable *adj* adorable

adoración *f* adoration, worship

adorador *m* **1** admirer **2** REL worshipper

adorar ⟨1a⟩ *v/t* **1** adore **2** REL worship

adormecedor *adj* soporific

adormecer ⟨2d⟩ *v/t* make sleepy; **adormecerse** *v/r* doze off

adormecido *adj* **1** asleep *pred* **2** *extremidades* numb

adormecimiento *m* **1** sleepiness **2** *de extremidades* numbness

adormidera *f* BOT poppy

adormilado *adj* asleep *pred*

adormilarse ⟨1a⟩ *v/r* doze off

adornar ⟨1a⟩ *v/t* decorate; **adornarse** *v/r* dress up

adorno *m* ornament; *de Navidad* decoration

adosar ⟨1a⟩ v/t: ~ *algo a algo* put sth (up) against sth

adquirir ⟨3i⟩ v/t **1** acquire **2** (*comprar*) buy, purchase *fml*

adquisición f acquisition; *hacer una buena* ~ make a good purchase; *gastos de* ~ acquisition costs; ~ *de clientes* client acquisition

adquisidor m, ~a f buyer, purchaser *fml*

adquisitivo adj: *poder* ~ purchasing power

adrede adv on purpose, deliberately

adrenalina f adrenaline; *descarga de* ~ adrenaline rush

Adriático m Adriatic; *mar* ~ Adriatic Sea

adscribir ⟨3a; adscrito⟩ v/t assign; **adscribirse** v/r POL join

aduana f customs; *derechos de* ~ customs duty *sg*; *exento de* ~ duty-free

aduanero I adj customs atr **II** m, -a f customs officer

aducir ⟨3o⟩ v/t **1** *razones, argumentos* give, put forward **2** (*alegar*) claim

adueñarse ⟨1a⟩ v/r: ~ *de* take possession of

adulación f flattery

adulador adj flattering atr, sycophantic

adular ⟨1a⟩ v/t flatter

adulón I adj S.Am. fawning **II** m, -ona f flatterer

adulteración f adulteration

adulterador adj adulterating

adulterar ⟨1a⟩ v/t adulterate; **adulterarse** v/r become adulterated

adulterino adj adulterous

adulterio m adultery; *cometer* ~ commit adultery

adúltero I adj adulterous **II** m, -a f adulterer; *mujer* adulteress

adultez f adulthood

adulto I adj *persona* adult atr, *opinión, comportamiento* adult; *edad* -a adulthood **II** m, -a f adult

adusto adj **1** *paisaje* harsh **2** *persona* stern, severe **3** L.Am. (*inflexible*) stubborn

advenedizo I adj upstart, parvenu atr **II** m, -a f upstart, parvenu

advenimiento m advent

adventicio adj adventitious

adventista I adj Adventist atr **II** m/f Adventist

adverbio m adverb

adversario m, -a f adversary, opponent

adversidad f adversity, hard times pl

adverso adj adverse; *suerte* -a bad luck

advertencia f warning

advertido part ☞ advertir

advertir ⟨3i⟩ v/t **1** warn (*de* about, of); *quedas o estás advertido* you have been warned **2** (*notar*) notice

adviento m REL Advent

advierto vb ☞ advertir

adyacente adj adjacent

AENA f abr (= *Aeropuertos Españoles y Navegación Aérea*) Spanish civil aviation organization

AENOR f abr (= *Asociación Española de Normalización y Certificación*) Spanish standardization association

aéreo adj **1** air atr; *compañía* -a airline; *navegación* -a flying, flight **2** *vista, fotografía* aerial atr

aerobic, aeróbic m aerobics *sg*

aeróbica f L.Am. aerobics *sg*

aerobús m airbus

aeroclub m flying club

aerodeslizador m hovercraft

aerodinámico adj aerodynamic

aeródromo m airfield, aerodrome

aeroespacial adj aerospace atr

aerofagia f MED wind, aerophagia *fml*

aerofaro m AVIA beacon, runway marker

aerograma m air mail letter, air letter

aerolínea f airline

aeromodelismo m model airplane making

aeromodelo m model aircraft

aeromozo m, -a f L.Am. flight attendant

aeronáutica f aeronautics *sg*

aeronáutico adj aeronautical; *industria* -a aviation industry

aeronaval adj MIL, MAR air and sea atr; *fuerzas* ~es naval and air forces

aeronave f airplane, Br aeroplane

aeroplano m airplane, Br aeroplane

aeroportuario adj airport atr

aeropuerto m airport

aerosilla f Arg, Chi chair lift

aerosol m aerosol

aerostático adj aerostatic

aeróstato, aerostato m balloon

aerotaxi m air taxi

aerotransportado adj: *tropas* -as airborne troops

aerovía *f* air route
afabilidad *f* affability, pleasantness
afable *adj* affable, pleasant
afamado *adj* famous
afán *m* **1** (*esfuerzo*) effort **2** (*deseo*) eagerness; **~ de aprender** eagerness to learn; **~ de saber** hunger *o* thirst for knowledge; **~ de poder** hunger for power; **sin ~ de lucro** *organización* not-for-profit, non-profit; **con ~** enthusiastically
afanador *m*, **~a** *f Méx* cleaner
afanar ⟨1a⟩ **I** *v/i C.Am.* (*ganar dinero*) make money **II** *v/t* **1** *C.Am. dinero* make **2** *Rpl* F (*robar*) swipe F, *Br tb* pinch F; **afanarse** *v/r* F make a real effort
afanoso *adj* painstaking, industrious
afasia *f* aphasia
afear ⟨1a⟩ *v/t*: **~ algo / a alguien** make sth / s.o. look ugly
afección *f* MED complaint, condition
afectación *f* affectation
afectado I *adj* **1** (*afligido*) upset (**por** by) **2** (*amanerado*) affected **II** *m*, **-a** *f*: **es un ~** he is so affected
afectar ⟨1a⟩ *v/t* **1** (*producir efecto en*) affect **2** (*conmover*) upset, affect **3** (*fingir*) feign
afectividad *f* affectivity
afectivo *adj* emotional
afecto I *adj*: **~ a algo** keen on sth; POL sympathetic to sth **II** *m* affection; **tener ~ a alguien** be fond of s.o.
afectuosidad *f* affection
afectuoso *adj* affectionate
afeitada *f* shave
afeitado *m* shave
afeitadora *f* electric razor
afeitar ⟨1a⟩ *v/t* shave; *barba* shave off; **afeitarse** *v/r* shave, have a shave
afelpado *adj* velvety
afeminado I *adj* effeminate **II** *m*: **es un ~** he is very effeminate
afeminar ⟨1a⟩ *v/t* soften, feminize; **~ sus cualidades varoniles** get in touch with one's feminine side
aferrado *part* ☞ **aferrar**
aferramiento *m* clinging (**a** to)
aferrar ⟨1k⟩ *v/i* cling to; **aferrado a** clinging to; **aferrarse** *v/r fig* cling (**a** to)
Afganistán *m* Afghanistan
afgano I *adj* Afghan **II** *m*, **-a** Afghan
afianzamiento *m* strengthening

afianzar ⟨1f⟩ *v/t fig* strengthen; **afianzarse** *v/r* become stronger
afiche *m L.Am.* poster
afición *f* **1** love (**por** of); **tener ~ por algo** like sth; **tomar ~ a algo** take a liking to sth **2** *pasatiempo* pastime, hobby; **por ~** as a hobby **3**: **la ~** DEP the fans *pl*
aficionado I *adj*: **ser ~ a** be interested in, *Br tb* be keen on **II** *m*, **-a** *f* **1** enthusiast; **~ a la música** music enthusiast *o* buff; **~ al deporte** sports fan **2** *no profesional* amateur; **un partido de ~s** an amateur game
aficionar ⟨1a⟩ *v/t* get interested (**a** in); **aficionarse** *v/r* become interested (**a** in)
afiebrarse ⟨1a⟩ *v/r L.Am.* develop a fever
afilado I *adj* sharp **II** *m* sharpening
afilador *m* sharpener; *Chi* pencil sharpener
afiladora *f* **1** sharpener **2** *L.Am.* (*piedra*) whetstone
afilalápices *m inv* pencil sharpener
afilar ⟨1a⟩ *v/t* **1** sharpen **2** *L.Am.* F (*halagar*) flatter, butter up F **3** *S.Am* (*seducir*) seduce; **afilarse** *v/r S.Am.* F (*prepararse*) get ready
afiliación *f* affiliation (**a** to), becoming a member (**a** of)
afiliado *m*, **-a** *f* member; **~ a un sindicato** member of a union, union member
afiliar ⟨1b⟩ *v/t* enroll (**a** in); **afiliarse** *v/r* become a member, join; **~ a un partido** become a member of a party, join a party
afín *adj* related, common
afinación *f* MÚS tuning
afinador *m*, **~a** *f* MÚS (piano) tuner
afinar ⟨1a⟩ **I** *v/t* **1** MÚS tune; *fig* fine-tune **2** *punta* sharpen **II** *v/i* play in tune; **afinarse** *v/r* become thinner
afincarse ⟨1g⟩ *v/r* settle
afinidad *f* affinity
afirmación *f* **1** statement **2** *declaración positiva* affirmation
afirmar ⟨1a⟩ *v/t* state, declare; **~ con la cabeza** nod; **afirmarse** *v/r*: **~ en algo** repeat sth
afirmativa *f* affirmative answer
afirmativo *adj* affirmative; **en caso ~** if so, if that turns out to be the case
aflicción *f* grief, sorrow
aflictivo *adj* very sad

afligido *adj* upset

afligir ⟨3c⟩ *v/t* **1** afflict **2** (*apenar*) upset **3** *L.Am. F* (*golpear*) beat up; **afligirse** *v/r* get upset

aflojamiento *m* loosening

aflojar ⟨1a⟩ **I** *v/t* **1** *nudo, tornillo* loosen **2** *F dinero* hand over **3**: ~ **el paso** slow down **II** *v/i de tormenta* abate; *de viento, fiebre* drop; **aflojarse** *v/r* come *o* work loose

afloramiento *m* appearance, coming to the surface

aflorar ⟨1a⟩ *v/t* surface, come to the surface

afluencia *f fig* influx, flow; **horas de ~** peak times

afluente I *adj* **1** *calle* adjoining; *río* tributary *atr* **2** *persona* vociferous **II** *m* tributary

afluir ⟨3g⟩ *v/i* flock, flow

afonía *f* loss of voice, aphonia *fml*

afónico *adj*: **está ~** he has lost his voice

aforado *adj* which holds a royal charter

aforismo *m* aphorism

aforo *m* capacity; **el teatro tiene un ~ de mil personas** the theater has a capacity of *o* holds a thousand people

afortunadamente *adv* fortunately, luckily

afortunado *adj* fortunate, lucky

afrancesado *adj* Frenchified

afrancesarse ⟨1a⟩ *v/r* become Frenchified

afrecho *m Arg* bran

afrenta *f* insult, affront

afrentar ⟨1a⟩ *v/t* insult, affront

África *f* Africa

◇ **África del Sur** South Africa

africano I *adj* African **II** *m*, **-a** *f* African

afroantillano, afrocaribeño *adj* Afro--Caribbean

afrodisíaco *m* aphrodisiac

afrontar ⟨1a⟩ *v/t* face (up to); *desafío* face; **~ un peligro** face up to a danger

afrutado *adj* fruity

afta *f MED* sore, ulceration

aftoso *adj*: **fiebre -a** foot-and-mouth disease

afuera I *adv* outside; **de ~** from the outside; **¡~!** get out! **II** *prp*: **~ de** *L.Am.* outside

afueras *fpl* outskirts *pl*

agachadiza *f ZO* snipe

agachar ⟨1a⟩ *v/i* duck; **agacharse** *v/r* **1** bend down **2** (*acuclillarse*) crouch down **3** *L.Am.* (*rendirse*) give in

agalla *f* **1** ZO gill **2**: **tener ~s** F have guts F

ágape *m* banquet

agarrada *f* F run-in F, fight

agarradera *f L.Am.* handle

agarrado *adj* **1** F mean, stingy F **2**: **bailar ~** dance close together

agarrador *m* oven mitt

agarrar ⟨1a⟩ **I** *v/t* **1** (*asir*) grab **2** (*atrapar, pescar*), *resfriado* catch **3** *L.Am.* (*tomar*) take **4** *L.Am. velocidad* gather, pick up **5** *L.Am.* **~ una calle** go up *o* along a street **II** *v/i* **1** (*asirse*) hold on **2** *de planta* take root **3** *L.Am. por un lugar* go; *agarró y se fue* he upped and went; **agarrarse** *v/r* **1** (*asirse*) hold on **2** *L.Am.* **a golpes** get into a fight

agarrón *m* **1** *Rpl* (*pleito*) fight, argument **2** *L.Am.* (*tirón*) pull, tug

agarrotar ⟨1a⟩ *v/t* make stiff; **agarrotarse** *v/r* **1** *de músculo* stiffen up **2** TÉC seize up

agasajado *adj* acclaimed

agasajar ⟨1a⟩ *v/t* fête

agasajo *m*: **en ~ de** in honor *o Br* honour of

ágata *f MIN* agate

agave *f* agave

agavilladora *f AGR* reaper

agazaparse ⟨1a⟩ *v/r* **1** crouch (down) **2** (*ocultarse*) hide

agencia *f* agency

◇ **agencia de colocación** recruitment agency; **agencia inmobiliaria** real estate office, *Br* estate agency; **agencia de marketing** marketing agency; **agencia matrimonial** marriage bureau; **agencia de noticias** news agency; **agencia de prensa** press agency; **agencia de publicidad** advertising agency; **agencia de transportes** freight company; **Agencia Tributaria** *Esp* IRS office, tax office; **agencia de viajes** travel agency

agenciar ⟨1b⟩ *v/t* F wangle F, get hold of; **agenciarse** *v/r* F wangle F, get hold of; **agenciárselas para ...** F manage to ...

agenda *f* **1** (*diario*) diary **2** (*programa*) schedule; **tener una ~ muy apretada** have a very busy schedule **3** *de mitin* agenda

agente I *m* agent II *m/f* agent
◇ **agente de aduanas** customs officer;
agente de cambio y bolsa stockbroker; **agente comercial** sales representative, sales rep; **agente forestal** (forest) ranger; **agente patógeno** MED pathogen; **agente de policía** police officer; **agente de la propiedad inmobiliaria** realtor, *Br* estate agent; **agente de publicidad** advertising agent; **agente secreto** secret agent; **agente de seguridad** security man; **agente de seguros** insurance agent; **agente de tráfico** traffic officer; **agente de transportes** freight forwarder, shipping agent; **agentes sociales** POL social partners

agigantado *adj* gigantic; *a pasos ~s* by leaps and bounds

ágil *adj* agile

agilidad *f* agility

agilizar ⟨1f⟩ *v/t* speed up; **agilizarse** *v/r* be speeded up; *si no se agiliza lo del visado...* if the visa doesn't come through quickly ...

agio *m* COM speculation

agiotaje *m* speculation

agiotista *m/f* speculator

agitación *f* POL unrest

agitado *adj* **1** *mar* rough, choppy **2** *día* hectic

agitador *m*, **~a** *f* agitator

agitanado *adj* gypsy-like

agitar ⟨1a⟩ *v/t* **1** shake; *fig* stir up **2** *brazos, pañuelo* wave; **agitarse** *v/r* become agitated *o* worked up

aglomeración *f de gente* crowd
◇ **aglomeración urbana** built-up area

aglomerado *m* particle board
◇ **aglomerado de madera** chipboard

aglomerar ⟨1a⟩ *v/t* pile up; **aglomerarse** *v/r* crowd together

aglutinante I *adj* agglutinating *atr* II *m* agglutinating agent

aglutinar ⟨1a⟩ *v/t fig* bring together

agobiado *adj fig* stressed out; *~ de trabajo* snowed under with work

agobiante *adj* **1** *trabajo* exhausting **2** *calor* stifling

agobiar ⟨1b⟩ *v/t* **1** *de calor* stifle **2** *de problemas* get on top of, overwhelm; *~ de trabajo* overload with work; **agobiarse** *v/r* F get stressed out

agobio *m*: *es un ~* it's unbearable, it's a nightmare F

agolparse ⟨1a⟩ *v/r* crowd together

agonía *f* agony; *la espera fue una ~* the wait was unbearable

agónico *adj* dying

agonizante *adj* dying

agonizar ⟨1f⟩ *v/i* **1** *de persona* be dying **2** *de régimen* be crumbling, be in its death throes

agorafobia *f* MED agoraphobia

agorero I *adj* ominous; *ave ~a* bird of ill omen II *m*, **~a** *f* prophet of doom

agosto *m* August; *hacer su ~* F make a fortune *o* F a killing

agotado *adj* **1** (*cansado*) exhausted, worn out **2** (*terminado*) exhausted **3** (*vendido*) sold out; *~as las localidades* TEA sold out

agotador *adj* exhausting

agotamiento *m* exhaustion

agotar ⟨1a⟩ *v/t* **1** (*cansar*) wear out, exhaust **2** (*terminar*) use up, exhaust; **agotarse** *v/r* **1** (*cansarse*) get worn out, exhaust o.s. **2** (*terminarse*) run out, become exhausted **3** (*venderse*) sell out; *la primera edición se ha agotado* the first edition has sold out

agracejo *m* BOT West Indian box

agraciado *adj* **1** *persona* attractive **2**: *salir ~* be a winner; *número ~* winning number

agraciar ⟨1b⟩ *v/t* suit

agradable *adj* pleasant, nice; *~ a la vista* good-looking

agradar ⟨1a⟩ *v/i fml*: *me agrada la idea* I like the idea; *nos ~ía mucho que ...* we would be delighted *o* very pleased if ...

agradecer ⟨2d⟩ *v/t*: *~ algo a alguien* thank s.o. for sth; *te lo agradezco* I appreciate it; *se agradece como respuesta* I really appreciate it

agradecido *adj* grateful, appreciative; *le estaría muy ~ si* (+*subj*) I would be very grateful if

agradecimiento *m* gratitude, appreciation

agrado *m*: *ser del ~ de alguien* be to s.o.'s liking; *recibió la invitación con ~* he was delighted to receive the invitation

agrandamiento *m* enlargement

agrandar ⟨1a⟩ *v/t* make bigger, enlarge; **agrandarse** *v/r* get bigger

agrario *adj* land *atr*, agrarian; *política* agricultural; **reforma -a** agrarian reform

agravación *f* MED worsening

agravante I *adj* JUR aggravating *atr*, **circunstancia ~** aggravating circumstance **II** *f* aggravating factor *o* circumstance

agravar ⟨1a⟩ *v/t* make worse, aggravate; **agravarse** *v/r* get worse, deteriorate

agraviar ⟨1b⟩ *v/t* offend, affront

agravio *m* offense, *Br* offence

agredir ⟨3a⟩ *v/t* attack, assault

agregado *m*, **-a** *f* **1** *en universidad* senior lecturer; *en colegio* senior teacher **2** POL attaché
◇ **agregado cultural** cultural attaché

agregar ⟨1h⟩ *v/t* add; **agregarse** *v/r:* **~ a algo** join sth

agresión *f* aggression; **una ~** an assault, an attack
◇ **agresión sexual** sexual assault

agresividad *f* aggression, aggressiveness

agresivo *adj* aggressive

agresor *m*, **~a** *f* aggressor; **no pudo identificar a su ~** she could not identify her attacker
◇ **agresor sexual** sex attacker

agreste *adj terreno* rough; *paisaje* wild

agriar ⟨1b *o* 1c⟩ *v/t fig* sour, turn sour; **agriarse** *v/r* **1** *de vino* go sour **2** *de carácter* become bitter

agrícola *adj* agricultural, farming *atr*

agricultor *m*, **~a** *f* farmer

agricultura *f* agriculture

agridulce *adj* bittersweet

agriera *f L.Am.* heartburn

agrietado *adj jarrón de barro, pared* cracked; *labios, manos* chapped

agrietarse ⟨1a⟩ *v/r* crack; *de manos, labios* chap

agrimensor *m*, **~a** *f* surveyor

agrimensura *f* surveying

agringarse ⟨1h⟩ *v/r L.Am.* become Americanized

agrio *adj* **1** *fruta* sour **2** *disputa, carácter* bitter

agrios *mpl* BOT citrus fruit *sg*

agriparse ⟨1a⟩ *v/r Méx* catch the flu

agro *m* field

agronomía *f* agronomy

agrónomo *adj:* **ingeniero ~** agronomist

agropecuario *adj* farming *atr*, agricultural

agroturismo *m* agrotourism, rural tourism

agrupación *f* group, association

agrupar ⟨1a⟩ *v/t* group, put into groups; **agruparse** *v/r* form a group, gather

agua *f* **1** water; **claro como el ~** obvious, as plain as day; **como ~ de mayo** a godsend; **te ha estado esperando como ~ de mayo** he's been longing to see you; **es ~ pasada** it's water under the bridge; **está con el ~ al cuello** *fig con problemas* he's up to his neck in problems F; *con deudas* he's up to his neck in debt F; **ha corrido mucha ~** a lot of water has flowed under the bridge since then; **estar como ~ para el chocolate** *Méx* F be fuming, be hopping mad F; **hacer ~** MAR take in water, have a leak; **pasado por ~** *huevo* soft-boiled; *(muy lluvioso)* very wet; **llevar ~ al mar** be a waste of time, *Br tb* carry coals to Newcastle; **se me hace la boca ~** it makes my mouth water

2: ~s *pl* waters; **~s abajo** downstream; **~s arriba** upstream; **hacer ~s mayores** defecate, move one's bowels; **hacer ~s menores** urinate, pass water; **las ~s vuelven a su cauce** *fig* things are getting back to normal; **estar entre dos ~s** *para satisfacer a otros* be caught in the middle; **rompió ~s** her waters broke; **tomar las ~s** take the waters
◇ **agua bendita** holy water; **agua de la canilla** *Rpl* branch water, *Br* tap water; **agua de Colonia** eau de cologne; **agua corriente** running water; **agua destilada** distilled water; **agua dulce** fresh water; **agua fuerte** nitric acid; **agua del grifo** branch water, *Br* tap water; **agua de la llave** *L.Am.* branch water, *Br* tap water; **agua de mar** seawater; **agua mineral** mineral water; **agua oxigenada** (hydrogen) peroxide; **agua potable** drinking water; **agua salada** salt water; **agua de Seltz** soda water, seltzer (water); **aguas bravas** rough waters, white water *sg*; **aguas freáticas** water table *sg*; **aguas jurisdiccionales** territorial waters; **aguas residuales** effluent *sg*, sewage *sg*; **aguas subterráneas** underground water *sg*; **aguas termales** thermal waters

aguacate *m* BOT avocado

aguacero *m* downpour

aguachento *adj CSur* watery

aguachirle *f* F dishwater F

aguacil *m Rpl* dragonfly

aguada *f* 1 MAR water supply 2 PINT wash drawing

aguado *adj* 1 watered-down, weak 2 *C.Am., Méx, Ven* F boring

aguafiestas *m/f inv* partypooper, killjoy

aguafuerte *m* PINT etching

aguaitar ⟨1a⟩ *v/t S.Am.* spy on

aguamala *f S.Am.* jellyfish

aguamanil *m* 1 pitcher, *Br* jug 2 *lavamanos* wash basin; *palangana* wash bowl

aguamarina *f* MIN aquamarine

aguamiel *f* 1 *L.Am.* water and honey 2 *Méx* (*jugo de maguey*) agave sap

aguanieve *f* sleet

aguantable *adj* bearable

aguantar ⟨1a⟩ I *v/t* 1 *un peso* bear, support 2 *respiración* hold 3 (*soportar*) put up with; *no lo puedo ~* I can't stand *o* bear it II *v/i*: *no aguanto más* I can't take (it) any more, I can't bear it any longer; **aguantarse** *v/r* 1 (*contenerse*) keep quiet 2 (*conformarse*): *me tuve que aguantar* I had to put up with it

aguante *m* 1 patience; *tener mucho ~* be very patient, have a lot of patience 2 *física* stamina, endurance

aguar ⟨1a⟩ *v/t* spoil; *~ la fiesta* spoil the fun

aguardar ⟨1a⟩ I *v/t* wait for, await *fml* II *v/i* wait

aguardiente *m* *fruit-based alcoholic spirit*

aguarrás *m* turpentine, turps F

aguatero *m*, *-a f S.Am.* water-seller

aguatinta *f* PINT aquatint

aguaturma *f* BOT Jerusalem artichoke

aguaviva *f Rpl* jellyfish

agudeza *f* 1 *de voz, sonido* high pitch 2 MED intensity 3 (*perspicacia*) sharpness

◇ **agudeza visual** sharp-sightedness

agudizar ⟨1f⟩ *v/t* 1 *sentido* sharpen 2: *~ un problema* make a problem worse; **agudizarse** *v/r* 1 MED get worse 2 *de sentido* become sharper

agudo *adj* 1 acute 2 (*afilado*) sharp 3 *sonido* high-pitched 4 (*perspicaz*) sharp 5 LING: *acento ~* acute accent

agüero *m* omen; *ser de mal ~* be a bad omen; *pájaro de mal ~* prophet of doom

aguerrido *adj* brave, valiant

aguijada *f* goad

aguijón *m* ZO sting; *fig* spur

aguijonear ⟨1a⟩ *v/t* ZO goad; *fig* drive

águila *f* 1 eagle; *ser un ~ fig* be very sharp 2 *Méx*: *¿~ o sol?* heads or tails?

◇ **águila bicéfala** two-headed eagle; **águila caudal** golden eagle; **águila imperial** imperial eagle; **aguila pescadora** fish eagle, *Br* osprey; **aguila ratonera** buzzard; **águila real** golden eagle

aguileño *adj*: *nariz -a* aquiline nose

aguilucho *m* eaglet

aguinaldo *m* 1 *Esp* tip given at Christmas 2 *L.Am. month's salary paid as a bonus at Christmas*

agüita *f L.Am.* F 1 (*agua*) water 2 (*infusión*) infusion

aguja *f* 1 needle; *buscar una ~ en un pajar fig* look for a needle in a haystack 2 *de reloj* hand 3 FERR switch, *Br* point 4 GASTR rib roast

◇ **aguja de coser** (sewing) needle; **aguja de hacer media, aguja de hacer punto** knitting needle; **aguja de zurcir** darning needle

agujerear ⟨1a⟩ *v/t* make holes in; *billete* punch; **agujerearse** *v/r* develop holes

agujeta *f Méx* shoelace

agujero *m* hole

◇ **agujero en la capa de ozono** hole in the ozone layer

◇ **agujero negro** AST black hole

agujetas *fpl* stiffness *sg*; *tener ~* be stiff

agutí *m* agouti

aguzanieves *f* ZO pied wagtail

aguzar ⟨1f⟩ *v/t* sharpen; *~ el ingenio* sharpen one's wits; *~ el oído* prick up one's ears

ah *interj* ah!

ahí *adv* there; *~ mismo* right there; *está por ~* it's (somewhere) over there; *dando direcciones* it's that way; *irse por ~* go out; *por ~ voy* that's what I'm getting at; *~ me las den todas* F I couldn't *o* could care less, *Br* I couldn't care less; *¡~ va!* F there you go! F; *de ~ que* that is why

ahijado *m*, *-a f* 1 *en bautizo* godchild 2 (*adoptado*) adopted child

ahijar ⟨1a⟩ *v/t* adopt

ahínco *m* effort; *trabajar con ~* work hard; *poner ~ en* put a lot of effort into

ahíto *adj* sated

ahogado I *adj* **1** *en agua* drowned; *~ en lágrimas* in floods of tears **2** (*asfixiado*) suffocated **II** *m*, *-a f* drowned person, victim of drowning

ahogar ⟨1h⟩ *v/t* **1** *en agua* drown **2** (*asfixiar*) suffocate; *protestas* stifle **3** AUTO flood; *ahogarse v/r* **1** *en agua* drown; *~ en un vaso de agua* fig F get in a state over nothing, make a mountain out of a molehill **2** *con comida* choke **3** (*asfixiarse*) suffocate **4** AUTO flood

ahogo *m* breathlessness

ahondar ⟨1a⟩ **I** *v/i*: *~ en algo* go into sth in depth **II** *v/t* make ... deeper; *ahondarse v/r* go deeper (*en* into)

ahora *adv* **1** (*pronto*) in a moment; *¡hasta ~!* see you soon! **2** (*en este momento*) now; *~ mismo* right now; *por ~* for the present, for the time being; *desde ~*, *de ~ en adelante* from now on; *~ que* now that; *es ~ o nunca* it's now or never **3**: *~ bien* however; *y ¿~ qué?, esperas que ...* and then you expect ...

ahorcado *m*, *-a f* hanged person; *jugar al ~* play hangman

ahorcar ⟨1g⟩ *v/t* hang; *ahorcarse v/r* hang o.s.

ahorita *adv* **1** *L.Am.* (*en este momento*) (right) now **2** *Méx*, *C.Am.* (*pronto*) in a moment **3** *Méx*, *C.Am.* (*hace poco*) just now

ahorrador I *adj* thrifty **II** *m*, *~a f* saver, investor; *pequeño ~* small saver, small investor

ahorrar ⟨1a⟩ **I** *v/t* save; *~ algo a alguien* save s.o. (from) sth; *no ~ sacrificios* make all sorts of sacrifices **II** *v/i* save (up); *ahorrarse v/r dinero* save; fig spare o.s., save o.s.

ahorrativo *adj* thrifty

ahorro *m* **1** saving; *~ energético*, *~ de energía* energy saving **2**: *~s pl* savings *pl*; *caja de ~s* savings bank

ahuecar ⟨1g⟩ *v/t* **1** hollow out **2** *pelo* give volume to **3**: *~ la voz* deepen one's voice **4**: *~ el ala* F beat it F; *ahuecarse v/r* F get bigheaded, get a swollen head

ahulado *m C.Am.*, *Méx* oilskin

ahumado *adj* **1** smoked **2**: *cristal ~* tinted glass

ahumar ⟨1a⟩ *v/t* smoke; *ahumarse v/r* get blackened by smoke

ahuyentar ⟨1a⟩ *v/t* scare off *o* away; *ahuyentarse v/r L.Am.* run away

AI *abr* (= *Amnistía Internacional*) AI (= Amnesty International)

airado *adj* angry

airbag *m* AUTO airbag

◇ **airbag lateral** side airbag

airbus *m* AVIA airbus

aire *m* **1** air; *al ~ libre* in the open air; *traer ~ fresco a algo* bring a breath of fresh air to sth; *estar en el ~* fig F be up in the air F; *dejar en el ~* fig leave ... up in the air; *vivir del ~* F live on thin air; *a mi ~* in my own way **2** MÚS tune **3** (*viento*): *hace mucho ~* it is very windy; *corre mucho ~* it is very windy; *cambiar de ~s* have a change of scene **4**: *darse ~s* F give o.s. airs, put on airs and graces

◇ **aire acondicionado** air-conditioning; **aire comprimido** compressed air; **aire enrarecido** stuffy atmosphere; **aire popular** MÚS traditional tune; **aire viciado** stuffy atmosphere

airear ⟨1a⟩ *v/t tb* fig air; *airearse v/r* get some air

airoso *adj*: *salir ~ de algo* do well in sth

aislacionismo *m* POL isolationism

aislado *adj* isolated

aislador *m* insulator

aislamiento *m* TÉC, EL insulation; *fig* isolation

◇ **aislamiento acústico** soundproofing

◇ **aislamiento térmico** thermal insulation

aislante I *adj* insulating *atr*, insulation *atr* **II** *m* insulator

aislar ⟨1a⟩ *v/t* **1** isolate **2** EL insulate; *aislarse v/r* cut o.s. off

ajá *int* aha

ajado *adj* **1** *flores* withered **2** (*desgastado*) worn

ajar ⟨1a⟩ *v/t* **1** *flores* wither **2** (*desgastar*) wear; *ajarse v/r* **1** *de flores* wither **2** (*desgastarse*) wear

ajardinado *adj* landscaped; *zona -a* area with parks and gardens

ajardinar ⟨1a⟩ *v/t* landscape

a.J.C. *abr* (= *antes de Jesucristo*) BC (= before Christ)

ajedrea *f* BOT savory
ajedrecista *m/f* chess player
ajedrez *m* chess
ajedrezado *adj* checked
ajenjo *m* **1** BOT wormwood **2** *bebida* absinthe
ajeno *adj* **1** *propiedad, problemas etc* someone else's; **me era totalmente ~** it was completely alien to me; **lo ~** *fig* other people's property **2**: **por razones -as a nuestra voluntad** for reasons beyond our control **3**: **estar ~ a** be unaware of, be oblivious to
ajete *m* BOT garlic shoot
ajetrearse ⟨1a⟩ *v/r* F get het up F
ajetreo *m* bustle
ají *m S.Am.* chili, *Br* chilli
ajiaceite *m* GASTR garlic dressing; *mayonesa* garlic mayonnaise, aïoli
ajiaco *m Col:* spicy potato stew
ajilimoje, ajilimójili *m* **1** GASTR spicy garlic sauce **2**: **~s** *pl fig* F trimmings F
ajillo *m*: **al ~** with garlic
ajo *m* BOT garlic; **estar** *o* **andar en el ~** F be in the know F
ajoaceite *m* GASTR garlic dressing; *mayonesa* garlic mayonnaise, aïoli
ajoarriero *m* GASTR *Basque dish containing salt cod, garlic, and eggs*
ajonjolí *m* BOT sesame
ajuar *m de novia* trousseau
ajuntarse ⟨1a⟩ *v/r* start living together
ajustable *adj* adjustable
ajustado I *adj* tight **II** *part* ☞ **ajustar**
ajustador *m Cu* bra
ajustar ⟨1a⟩ **I** *v/t* **1** *máquina etc* adjust; *tornillo* tighten **2** *precio* set; **~(le) las cuentas a alguien** *fig* have a settling of accounts with s.o., settle accounts with s.o. **II** *v/i* fit; **ajustarse** *v/r* **1** *el cinturón* tighten **2**: **~ a algo** *fig* keep within sth; **~ a la ley** comply with the law, keep within the law
ajuste *m* adjustment; **~ de cuentas** settling of scores
ajusticiamiento *m* execution
ajusticiar ⟨1b⟩ *v/t* execute
al *prp* **a** *y art* **el**; **~ entrar** on coming in, when we / they *etc* came in
ala *f* **1** wing; **cortar las ~s a alguien** clip s.o.'s wings; **hacer ~s a alguien** encourage s.o. **2** MIL flank; DEP wing; *en baloncesto* forward **3** *Esp:* **está tocado del ~** he's mad, he's not right in the head F
◇ **ala delta** hang glider; **ala pivot** *en baloncesto* power forward; **ala del sombrero** hat brim
Alá *m* Allah
alabanza *f* acclaim
alabar ⟨1a⟩ *v/t* praise, acclaim
alabastro *m* alabaster
alacena *f* larder
alacrán *m* ZO scorpion
alacridad *f lit* alacrity
alado *adj* winged
alambicado *adj* **1** (*inteligente*) sharp, ingenious **2** (*complicado*) complicated, complex
alambique *m* still
alambrada *f* wire fence
alambrar ⟨1a⟩ *v/t* fence
alambre *m* wire
◇ **alambre de espino, alambre de púas** barbed wire
alameda *f* **1** boulevard **2** *de álamos* poplar grove
álamo *m* BOT poplar
◇ **álamo blanco** white poplar
◇ **álamo temblón** aspen
alarde *m* show, display; **hacer ~ de** make a show of
alardear ⟨1a⟩ *v/i* show off (**de** about)
alargado *adj cuello, nariz* long and thin; *habitación, mesa* long and narrow
alargador *m* TÉC extension cord, *Br* extension lead
alargamiento *m* lengthening, extension
alargar ⟨1h⟩ *v/t* **1** lengthen; *prenda* let down **2** *en tiempo* prolong **3** *mano, brazo* stretch out; **alargarse** *v/r de sombra, día* get longer, lengthen
alargue *m Rpl* extension cord, *Br* extension lead
alarido *m* shriek; **dar ~s** shriek
alarma *f* (*mecanismo, miedo*) alarm; **dar la voz** *o* **el grito de ~** raise the alarm; **falsa ~** false alarm; **dispositivo de ~** alarm; **hacer saltar la ~** set off *o* trigger the alarm; **señal de ~** alarm (signal)
◇ **alarma social** public disquiet; **para evitar la ~** so as not to alarm people
alarmante *adj* alarming
alarmar ⟨1a⟩ *v/t* alarm; **alarmarse** *v/r* become alarmed
alarmismo *m* alarmism
alarmista *m/f* alarmist

alazán *m* sorrel

alba *f* dawn; *al rayar el ~* at first light; *levantarse con el ~* get up at the crack of dawn

albacea *m/f* executor

albahaca *f* BOT basil

Albania *f* Albania

albañil *m* bricklayer

albano I *adj* Albanian **II** *m*, **-a** *f* Albanian

albanés *f* **I** *adj* Albanian **II** *m*, **-esa** *f* Albanian **III** *m idioma* Albanian

albarán *m* delivery note

albarda *f* packsaddle

albardear ⟨1a⟩ *v/t C.Am.* F bug F, pester

albardilla *f* light saddle

albaricoque *m* BOT apricot

albaricoquero *m* apricot tree

albatros *m inv* ZO albatross

albedrío *m*: *libre ~* free will; *a su ~* of his own free will

alberca *f* **1** reservoir **2** *Méx* (swimming) pool

albergar ⟨1h⟩ *v/t* **1** (*hospedar*) put up **2** (*contener*) house **3** *esperanzas* hold out **4** INFOR host; **albergarse** *v/r* to lodge

albergue *m* hostel; *benéfico* refuge, shelter; *dar ~ a alguien* take s.o. in
◇ **albergue de carreteras** motel
◇ **albergue juvenil** youth hostel

albino *m*, **-a** *f* albino

albis: *me quedé en ~* I didn't understand a thing; *estupefacto* I was speechless; *en blanco* my mind was a complete blank

albo *adj lit* white

albóndiga *f* meatball

albor *m lit* dawn, daybreak; *~es fig* dawn *sg*; *en los ~es de la vida* in one's youth

alborada *f* dawn

alborear ⟨1a⟩ *v/i*: *alboreaba* day was breaking

albornoz *m* (bath)robe

alborotado I *adj* **1** rowdy **2** (*imprudente*) reckless **II** *part* ☞ **alborotar**

alborotador I *adj* rowdy, noisy **II** *m*, **-a** *f* rioter

alborotar ⟨1a⟩ **I** *v/t* **1** stir up **2** (*desordenar*) disturb **II** *v/i* make a racket; **alborotarse** *v/r* **1** get excited **2** (*inquietarse*) get worked up

alboroto *m* commotion

alborozado *adj* delighted, overjoyed

alborozar ⟨1f⟩ *v/t* fill with joy; **alborozarse** *v/r* be overjoyed, rejoice

alborozo *m* rejoicing

albricias *fpl* congratulations; *¡~!* hooray!

albufera *f* lagoon

álbum *m* album
◇ **álbum de fotos** photo album
◇ **álbum de sellos** stamp album

albúmina *f* albumin

albuminoso *adj* albuminous

albur *m* **1** fate, chance **2** ZO dace

albura *f lit* whiteness

alcachofa *f* **1** BOT artichoke **2** *de ducha* shower head **3** F mike

alcahuete *m*, **-a** *f* **1** go-between **2** *Rpl* (*chivato*) snitch F, tattletale F, telltale F; *entre delincuentes* stool pigeon, *Br tb* grass F

alcahuetear ⟨1a⟩ *v/i* act as a go-between

alcaide *m* **1** warden, *Br* governor **2** HIST keeper

alcaldable *m* mayoral hopeful, *potential future mayor*

alcaldada *f* abuse of authority

alcalde *m*, **-esa** *f* mayor
◇ **alcalde de barrio** district mayor

alcaldía *f* mayor's office, city hall, *Br* town hall

álcali *m* alkali

alcalino *adj* alkaline

alcaloide *m* alkaloid

alcance *m* **1** reach; *al ~ de la mano* within reach; *poner algo al ~ de alguien* put sth within s.o.'s reach; *dar ~ a alguien* catch up with s.o.; *al ~ de la vista* visible, in view; *¿está al ~ de tu bolsillo?* can you afford it? **2** *de arma etc* range; *de largo ~* long-range **3** *de medida* scope **4** *de tragedia* extent, scale **5** *fig*: *un hombre de mucho ~* a talented o gifted man; *de pocos ~s* F untalented

alcancía *f L.Am.* piggy bank

alcanfor *m* camphor

alcantarilla *f* **1** sewer **2** (*sumidero*) drain

alcantarillado *m* **1** sewer system **2** *de sumideros* drainage system

alcanzar ⟨1f⟩ **I** *v/t a alguien* catch up with; *lugar* reach, get to; *en nivel* reach; *objetivo* achieve; *cantidad* amount to; *~ la cifra de* amount to, stand at **II** *v/i* **1** *en altura* reach **2** *en cantidad* be enough; *el*

dinero no alcanza I / we *etc* can't afford it **3**: **~ a oír** / **ver** manage to hear / see

alcaparra *f* BOT caper

alcatraz *f* ZO gannet

alcaucil *f* Rpl artichoke

alcaudón *m* ZO shrike

alcayata *f* hook

alcazaba *f* citadel, castle

alcázar *m* fortress

alce *m* ZO elk

alcista *adj en bolsa* rising, bull *atr*; **tendencia ~** upward trend

alcoba *f S.Am.* bedroom

alcohol *m* **1** alcohol; **prueba** / **test de ~** breath test; **la policía le sometió a la prueba de ~** the police breathalyzed him; **bajo la influencia** *o* **los efectos del ~** under the influence of alcohol **2** MED rubbing alcohol, *Br* surgical spirit
◇ **alcohol etílico** ethyl alcohol; **alcohol metílico** methyl alcohol; **alcohol de quemar** denatured alcohol, *Br* methylated spirits *sg*

alcoholemia *f* blood alcohol level; **prueba de ~** drunkometer test, *Br* Breathalyser® test

alcohólico I *adj* alcoholic II *m*, **-a** *f* alcoholic

alcoholímetro *m* Breathalyzer®, *Br* Breathalyser®; **soplar en el ~** F blow into the bag

alcoholismo *m* alcoholism

alcoholizado *adj*: **persona -a** drunk, alcoholic; **estar ~** be a drunk *o* an alcoholic

alcoholizarse ⟨1f⟩ *v/r* become an alcoholic

alcornoque *m* BOT cork oak; **pedazo de ~** F blockhead F

alcotán *m* ZO hobby

alcurnia *f* ancestry; **de noble ~** of noble birth *o* ancestry

aldaba *f* doorknocker

aldabón *m* doorknocker

aldea *f* (small) village
◇ **aldea global** global village

aldeanismo *m desp* parochialism

aldeano I *adj* village *atr* II *m*, **-a** *f* villager

aldehído *m* QUÍM aldehyde

¡ale! ☞ **¡hala!**

aleación *f* alloy

alear ⟨1a⟩ *v/t* alloy

aleatorio *adj* random

aleccionador *adj* instructive

aleccionamiento *m* **1** instruction **2** (*reprimenda*) lecture

aleccionar ⟨1a⟩ *v/t* **1** instruct **2** (*regañar*) lecture

aledaño *adj* bordering, neighboring, *Br* neighbouring

aledaños *mpl* surrounding area *sg*; *de ciudad* outskirts

alegación *f* JUR declaration, statement

alegador *adj L.Am.* argumentative

alegar ⟨1h⟩ I *v/t motivo, razón* cite; **~ que** claim *o* allege that II *v/i L.Am.* **1** (*discutir*) argue **2** (*quejarse*) complain, gripe F

alegato *m* JUR *fig* speech; *Andes* argument

alegoría *f* allegory

alegórico *adj* allegorical

alegrar ⟨1a⟩ *v/t* **1** make happy **2** (*animar*) cheer up; **alegrarse** *v/r* **1** cheer up; **¡alegra esa cara!** cheer up! **2** F *bebiendo* get tipsy **3**: **me alegro** I am pleased; **me alegro de que hayas venido** I'm pleased you could make it; **~ por alguien** be pleased *o* happy for s.o. (*de* about)

alegre *adj* **1** (*contento*) happy; *por naturaleza* happy, cheerful **2** F (*bebido*) tipsy

alegría *f* happiness; **me has dado una gran ~** you've made me very happy
◇ **alegría de vivir** joie de vivre, ebullience

alegrón *m* thrill; **llevarse un ~** be thrilled

alejado *adj* remote, far away

alejamiento *m* removal, separation; *fig* distancing

alejar ⟨1a⟩ *v/t* **1** move away **2** *pensamiento* banish; **debes tratar de ~ de ti esa idea absurda** you must try to get that absurd idea out of your head; **alejarse** *v/r* move away (*de* from); *de situación, ámbito* get away (*de* from); **¡no te alejes mucho!** don't go too far away!

alelado *adj*: **estar ~** be in a daze

alelar ⟨1a⟩ *v/t* stupefy

aleluya *m & interj* hallelujah

alemán I *adj* German II *m*, **-ana** *f persona* German III *m idioma* German

Alemania *f* Germany

alentado *adj L.Am.* encouraged

alentador *adj* encouraging

alentar ⟨1k⟩ *v/t* **1** (*animar*) encourage **2** *esperanzas* cherish; **alentarse** *v/r* *L.Am.* get better

aleonado *adj*: *melena -a* mane

alerce *m* BOT larch

alergénico I *adj* allergenic **II** *m* allergen

alergia *f* allergy

alérgico *adj* allergic (**a** to)

alergólogo *m*, **-a** *f* MED allergist

alero *m* **1** *de tejado* eave; *estar en el* ~ *fig* F be up in the air **2** *en baloncesto* forward

alerón *m* **1** AVIA aileron **2** AUTO spoiler

alerta I *adv*: *estar* ~ be on the alert; *estar ojo* ~ keep an eye out; *¡~!* watch out!, be careful! **II** *f* alert; *dar la* ~ raise the alarm; *poner en* ~ alert; *en estado de* ~ on alert, in a state of alert

◇ **alerta roja** red alert

◇ **alerta por vibración** TELEC vibration mode

alertar ⟨1a⟩ *v/t* alert (**de** to)

aleta *f* **1** ZO fin **2** *de buzo* flipper **3** *de la nariz* wing

aletargar ⟨1h⟩ *v/t* make feel lethargic; **aletargarse** *v/r* feel lethargic

aletear ⟨1a⟩ *v/i* flap one's wings

alevín *m* **1** ZO young fish **2** *fig* beginner; DEP junior

alevosía *f* treachery; *con* ~ treacherously

alevoso *adj* treacherous

alfa *f* alpha

alfabético *adj* alphabetical; *por orden* ~ in alphabetical order

alfabetización *f* teaching of basic literacy

alfabetizar ⟨1f⟩ *v/t* **1** *lista etc* put into alphabetical order **2**: ~ *a alguien* teach s.o. to read and write

alfabeto *m* alphabet

alfajor *m* almond sweet, traditionally associated with Christmas

alfalfa *f* BOT alfalfa

alfanumérico *adj* alphanumeric

alfar *m*, **alfarería** *f* pottery

alfarero *m*, **-a** *f* potter

alféizar *m* sill, windowsill

alfeñique *m* F wimp F

alférez *m* second lieutenant

◇ **alférez de fragata** ensign

◇ **alférez de navío** second lieutenant

alfil *m* bishop

alfiler *m* pin; *no cabe un* ~ *fig* F there's no room for anything else; *prendido con* ~ *fig* held together with spit

◇ **alfiler de corbata** tiepin

◇ **alfiler de gancho** *Arg* safety pin

alfiletero *m* **1** (*cojín*) pincushion **2** (*estuche*) needlecase

alfombra *f* carpet; *más pequeña* rug

◇ **alfombra persa** Persian carpet *o* rug

alfombrado *m* *L.Am.* carpeting, carpets *pl*

alfombrar ⟨1a⟩ *v/t* carpet

alfombrilla *f* **1** mat **2** MED *illness similar to measles*

◇ **alfombrilla de baño** bathmat

◇ **alfombrilla de ratón** INFOR mouse pad, mouse mat

alfóncigo, alfónsigo *m* BOT pistachio

alforfón *m* BOT buckwheat

alforja *f* saddlebag

alga *f* BOT alga; *marina* seaweed

algalia *f* civet

algarabía *f* *fig* rejoicing, jubilation

algarada *f* HIST incursion; *fig* brawl, commotion

algarroba *f* BOT carob, carob bean

algarrobo *m* BOT carob, carob tree

álgebra *f* algebra

algebraico *adj* algebraic

álgido *adj* *fig* decisive; *punto* ~ climax, high point

algo I *pron* **1** *en frases afirmativas* something; ~ *es* ~ it's something, it's better than nothing; *o* ~ *así* or something like that; *unas 5.000 personas o* ~ *así* 5,000 or so people, 5,000 people more or less; *por* ~ *será* there must be a reason **2** *en frases interrogativas o condicionales* anything **II** *adv* rather, somewhat

algodón *m* cotton; *criado entre algodones* F mollycoddled, pampered

◇ **algodón hidrófilo** absorbent cotton, *Br* cotton wool

◇ **algodón en rama** raw cotton

algodonero I *adj* cotton *atr* **II** *m*, **-a** *f* cotton farmer

algorítmico *adj* algorithmic

algoritmo *m* algorithm

alguacil *m*, **~esa** *f* bailiff

alguacilillo *m* TAUR (bullfight) official

alguien *pron* **1** *en frases afirmativas* somebody, someone; *en su empresa*

es ~ he's a somebody in his company **2** *en frases interrogativas o condicionales* anybody, anyone

algún *adj* **1** *en frases afirmativas* some; ~ **día** some day **2** *en frases interrogativas o condicionales* any

alguno I *adj* **1** *en frases afirmativas* some; ~ **que otro de sus libros** a few of his books; ~ **que otro jueves** occasionally on a Thursday; **fumo** ~ **que otro cigarrillo de vez en cuando** I smoke the odd cigarette, I have a cigarette from time to time; **de modo** ~ in the slightest, at all; **de -a manera** somehow; **en -a parte** somewhere **2** *en frases negativas, interrogativas o condicionales* any; **no la influyó de modo** ~ it didn't influence her in any way; **si -a vez ...** if at any time ... **II** *pron: persona* someone, somebody; ~**s opinan que** some people think that; ~ **se podrá usar** *objeto* we'll be able to use some of them; **si** ~ **de vosotros / aquéllos ...** if one of you / them ...

alhaja *f* piece of jewelry *o Br* jewellery; *fig* gem; ~**s** jewelry *sg*; **¡buena** ~**!** F he's / she's a real so-and-so! F

alhelí *m* BOT wallflower

alheña *f* BOT henna

alhucema *f* BOT lavender

aliado I *adj* allied **II** *m*, **-a** *f* ally

alianza *f* **1** POL alliance **2** *anillo* wedding band, wedding ring

aliar ⟨1c⟩ *v/t conocimientos* pool, combine; ~ **fuerzas** join forces; **aliarse** *v/r* form an alliance (**con** with)

alias I *m inv* alias **II** *adv* alias

alicaído *adj* F down *pred*

alicatado *m* tiling, tiles *pl*

alicatar ⟨1a⟩ *v/t* tile

alicates *mpl* **1** pliers **2** *L.Am. (cortauñas)* nail clippers

aliciente *m* **1** *(estímulo)* incentive **2** *(atractivo)* attraction

alienación *f* JUR alienation
◇ **alienación mental** insanity

alienado I *adj* alienated **II** *part* ☞ **alienar**

alienar ⟨1a⟩ *v/t* alienate

alienígena I *adj* alien **II** *m/f* alien

aliento *m* **1** breath; **mal** ~ bad breath; **cobrar** ~ catch one's breath, get one's breath back; **perder el** ~ be out of breath, be breathless; **cortar el** ~ **a alguien** take s.o.'s breath away; **sin** ~ breathless, out of breath; **que quita el** ~ breathtaking; **hasta el último** ~ to his / her dying day **2** *fig* encouragement

aligátor *m* ZO alligator

aligerar ⟨1a⟩ *v/t* **1** *carga* lighten **2**: ~ **el paso** quicken one's pace; **aligerarse** *v/r*: ~ **de ropa** take off some of one's clothes, shed a layer or two

aligustre *m* BOT privet

alijo *m* MAR consignment

alimaña *f* pest; ~**s** *pl* vermin *pl*

alimentación *f* **1** *(dieta)* diet **2** *acción* feeding; ~ **de papel** INFOR paper feed **3** EL power supply

alimentador *m* TÉC feed, feeder

alimentar ⟨1a⟩ **I** *v/t tb* TÉC, *fig* feed; EL power **II** *v/i* be nourishing; **alimentarse** *v/r* feed o.s.; ~ **de algo** *de persona, animal* live on sth; *de máquina* run on sth

alimentario, alimenticio *adj* food *atr*; **industria -a** food industry; **producto** ~ foodstuff

alimento *m* **1** *(comida)* food **2**: **tiene poco** ~ it has little nutritional value
◇ **alimentos básicos** basic foods; **alimentos congelados** frozen foods; **alimentos dietéticos (de régimen)** slimming aids; **alimentos infantiles** baby foods

alimón *m*: **al** ~ in chorus

alineación *f* DEP line-up

alinear ⟨1a⟩ *v/t* **1** line up, align **2** DEP select **3**: **países no alineados** POL non-aligned countries; **alinearse** *v/r* **1** *(ponerse en fila)* line up **2** POL align o.s. (**con** with)

aliñar ⟨1a⟩ *v/t* dress; **aliñarse** *v/r* get dressed up

aliño *m* dressing

alioli *m* GASTR garlic mayonnaise, aïoli

alirón *m* DEP: **cantar** *o* **entonar el** ~ sing a victory song

alisar ⟨1a⟩ *v/t* smooth

aliscafo *m Rpl* hydrofoil

alisios *mpl* trade winds

aliso *m* BOT alder

alistamiento *m* MIL enlistment

alistar ⟨1a⟩ MIL *v/t* draft; **alistarse** *v/r* **1** enlist **2** *L.Am. (prepararse)* get ready

aliteración *f* alliteration

aliviar ⟨1b⟩ *v/t* alleviate, relieve; **aliviarse** *v/r de dolor* ease (off); **¡que se alivie!** get well soon!

alivio *m* **1** relief **2**: *de* ~ F horrendous; *me he dado un golpe de* ~ I gave myself a helluva knock F

aljibe *m* cistern, tank

allá *adv* **1** *de lugar* (over) there; ~ *abajo* down there; ~ *arriba* up there; *más* ~ further on; *más* ~ *de* beyond; *muy* ~ a long way off; *el más* ~ the hereafter; *¡~ voy!* here I come! **2** *de tiempo*: ~ *por los años veinte* back in the twenties **3** F: ~ *él* / *ella* that's up to him / her; ~ *se las arregle* that's his problem

allanamiento *m*: ~ *de morada* JUR breaking and entering

allanar ⟨1a⟩ *v/t* **1** (*alisar*) smooth **2** (*aplanar*) level (out) **3** *obstáculos* overcome

allegado **I** *adj* close **II** *m*, *-a f* relation, relative

allende *prep* beyond, on the other side of

allí *adv* there; *por* ~ over there; *dando direcciones* that way; *¡~ está!* there it is! ~ *mismo* right there; *de* ~ from there; *hasta* ~ that far

alma *f* soul; *se me cayó el* ~ *a los pies* F my heart sank; *llegar al* ~ *conmover* move deeply; *herir* hurt deeply; *lo siento en el* ~ I am truly sorry; *¡~ mía!* my love!; *arrancarle a uno el* ~, *destrozar o partir el* ~ *a uno* break s.o.'s heart; *como* ~ *que lleva el diablo* like a bat out of hell; *con el* ~ *en un hilo* worried sick; *con toda el* ~ with all one's heart; *me duele en el* ~ it hurts me deeply; *romperle a uno el* ~ F beat the living daylights out of s.o. F; *no se ve un* ~ there isn't a soul to be seen
◇ **alma de cántaro** kind soul; **alma de Dios** kind-hearted person; **alma en pena** lost soul

almacén *m* **1** warehouse **2** (*tienda*) store, *Br* shop; **grandes almacenes** *pl* department store *sg* **3** *Andes, Rpl* grocery store, *Br* grocer's

almacenaje *m* storage; *derechos de* ~ storage charges

almacenamiento *m* storage
◇ **almacenamiento de datos** data storage

almacenar ⟨1a⟩ *v/t tb* INFOR store; ~ *en disquete* save to disk

almacenero *m*, *-a f* storekeeper, shopkeeper

almacenista *m/f* wholesaler

almagre *m* MIN red ocher *o Br* ochre

almanaque *m* almanac

almazara *f* olive press

almeja *f* ZO clam

almenas *fpl* battlements

almendra *f* almond
◇ **almendra amarga** bitter almond
◇ **almendra garrapiñada** caramel-coated almond

almendrado **I** *adj* almond-shaped **II** *m* almond candy

almendro *m* almond tree

almendruco *m* unripe almond

almíbar *m* syrup; *en* ~ in syrup

almibarado *adj fig* syrupy

almibarar ⟨1a⟩ *v/t fruta* preserve in syrup

almidón *m* starch

almidonado *adj fig* stuffy, starchy

almidonar ⟨1a⟩ *v/t* starch

alminar *m* minaret

almirantazgo *m* admiralty

almirante *m* admiral

almirez *m* mortar

almizcle *m* ZO musk

almizclero *m* ZO musk deer

almohada *f* pillow; *consultarlo con la* ~ sleep on it

almohadilla *f* **1** small cushion **2** TÉC pad **3** *en béisbol* bag

almohadillado *adj codera, hombrera* padded

almohadón *m* large cushion

almoneda *f* auction

almorranas *fpl* piles

almorta *f* BOT vetch

almorzada *f Méx* lunch

almorzar ⟨1f & 1m⟩ **I** *v/i al mediodía* have lunch; *a media mañana* have a mid-morning snack **II** *v/t*: ~ *algo al mediodía* have sth for lunch; *a media mañana* have sth as a mid-morning snack; *vengo almorzado* I've already eaten

almuerzo *m al mediodía* lunch; *a media mañana* mid-morning snack
◇ **almuerzo de trabajo** working lunch

¿alo? *L.Am. por teléfono* hello?

alocado **I** *adj* crazy **II** *m*, *-a f* crazy fool

alocución *f* speech, address

aloe, áloe *m* BOT aloe

alojamiento *m* accommodations *pl, Br* accommodation

alojar ⟨1a⟩ *v/t* accommodate; **alojarse** *v/r* **1** stay (*en* in) **2** (*colocarse*) lodge (*en* in); *la bala se alojó en el pulmón* the bullet lodged in the lung

alojo *m* L.Am. ☞ *alojamiento*

alondra *f* ZO lark

alopatía *f* MED allopathy

alopecia *f* MED alopecia

alpaca *f animal, lana* alpaca

alpargata *f Esp* espadrille

alpargatería *f Esp shop where espa-drilles are sold*

alpinismo *m* mountaineering, climbing

alpinista *m/f* mountaineer, climber

alpino *adj* Alpine

alpiste *m* 1 birdseed 2: *le gusta mucho el* ~ F he likes a drink, he's very fond of the bottle F

alquería *f* farm

alquilar ⟨1a⟩ *v/t de usuario* rent; *de dueño* rent out; **alquilarse** *v/r* 1 *de casa* be for rent; *se alquila* for rent, *Br tb* to let 2 *de persona* hire o.s. out

alquiler *m* 1 *acción: de coche etc* rental; *de casa* renting; *de* ~ rental *atr*, *Br tb* hire *atr* 2 *dinero* rental, *Br tb* rent ◇ **alquiler de bicicletas** bicycle rental, *Br tb* bicycle hire ◇ **alquiler de coches** car rental, *Br tb* car hire

alquimia *f* alchemy

alquimista *m* alchemist

alquitrán *m* tar

alquitranado *m* tarring

alquitranar ⟨1a⟩ *v/t* tar

alrededor I *adv* around; *a mi* ~ around me II *prp*: ~ *de* around

alrededores *mpl* surrounding area *sg*

alta *f* 1 MED discharge; *dar de* ~ *a al-guien*, *dar el* ~ *a alguien* discharge s.o.; *recibir el* ~ be allowed to go back to work 2: *darse de* ~ *en organismo* register ◇ **alta médica** discharge

altamente *adv* highly

altanería *f* arrogance

altanero *adj* arrogant

altar *m* altar; *llevar al* ~ marry, lead to the altar; *elevar a los* ~*es* canonize ◇ **altar mayor** high altar

altavoz *m* loudspeaker

alterable *adj* changeable, volatile

alteración *f* alteration

alterado *adj* 1 *persona* upset 2 (*modifi-cado*): ~ *genéticamente* genetically al-tered *o* modified

alterar ⟨1a⟩ *v/t* 1 (*cambiar*) alter 2 *a al-guien* upset 3: ~ *el orden público* cause a breach of the peace; **alterarse** *v/r* 1 (*cambiarse*) change, alter 2 get upset (*por* because of)

altercado *m* argument, altercation *fml*

altercar ⟨1g⟩ *v/i* argue

alternador *m* EL alternator

alternancia *f* alternation

alternar ⟨1a⟩ I *v/t* alternate; ~ *el trabajo con el descanso* alternate work and relaxation II *v/i* 1 *de persona* mix 2: ~ *con* alternate with; **alternarse** *v/r* alter-nate, take turns

alternativa *f* 1 alternative 2 TAUR: *dar la* ~ *a alguien* confirm s.o. as a fully--fledged bullfighter; *tomar la* ~ become a fully-fledged bullfighter

alternativamente *adv* alternately, turn and turn about; ~ *rojo y verde* now red, now green

alternativo *adj* alternative

alterne *m* F hospitality *in hostess bars*; *bar de* ~ hostess bar; *chica de* ~ hostess

alterno *adj* 1 alternate; *en días* ~*s* on alternate days 2 EL: *corriente -a* alter-nating current

Alteza *f título* Highness ◇ **Alteza Real** Royal Highness

altibajos *mpl* ups and downs

altillo *m* 1 (*desván*) attic 2 *en armario* top (part) of the closet

altímetro *m* altimeter

altiplanicie *f*, **altiplano** *m* high plateau; *El Altiplano* the Bolivian plateau, the Bolivian Altiplano

altísimo *adj* 1 very high 2 REL: *el Altí-simo* the Almighty

altisonante *adj* high-flown

altitud *f* altitude; ~ *sobre el nivel del mar* height above sea level

altivez *f* pride, haughtiness

altivo *adj* proud, haughty

alto[1] I *adj persona* tall; *precio, número, montaña* high; *en -a mar* on the high seas; *el* ~ *Salado* the upper (reaches of the) Salado; *los pisos* ~*s* the top floors; *en voz -a* out loud; *a -as horas de la noche* in the small hours; *clase -a* high class; *-a calidad* high quality II *adv volar, saltar* high; *hablar* ~ speak loudly; *pasar por* ~ overlook; *poner más* ~ TV, RAD turn up; *por todo lo* ~ F lavishly; *en* ~ on high ground, high up; **llegar ~** go far

III *m* **1** (*altura*) height; **dos metros de ~** two meters high **2** *Chi* pile **3**: **los altos de Golán** GEOG the Golan Heights

◇ **alta sociedad** high society; **altas presiones** high pressure *sg*; **alto horno** blast furnace

alto[2] *m* **1** halt; **¡~!** halt!; **dar el ~ a alguien** order s.o. to stop; **¡~ ahí!** stop right there! **2** (*pausa*) pause; **hacer un ~** stop

◇ **alto el fuego** ceasefire

altoparlante *m* *L.Am.* loudspeaker

altorrelieve *m* high relief

altozano *m* hillock

altramuz *m* *planta* lupin; *semilla* lupin seed

altruismo *m* altruism

altruista **I** *adj* altruistic **II** *m/f* altruist

altura *f* **1** height; **de diez metros de ~** 10 meters in height, 10 meters high; **a la ~ de** on a par with; **estar a la ~ de algo** be up to sth; **a estas ~s** by this time, by now **2** MÚS pitch **3** AVIA altitude; **tomar ~** gain altitude **4** GEOG latitude

◇ **altura de vuelo** cruising altitude

alubia *f* BOT kidney bean

alucinación *f* hallucination

alucinado *adj* F blown away P, *Br tb* gobsmacked F

alucinante *adj* F incredible

alucinar ⟨1a⟩ **I** *v/i* hallucinate **II** *v/t* F amaze

alucine *m*: **de ~** F amazing

alucinógeno *m* hallucinogen

alud *m* avalanche

aludido: **darse por ~** take it personally; **no darse por ~** take no notice

aludir ⟨3a⟩ *v/i*: **~ a algo** allude to sth

alumbrado **I** *adj* lit **II** *m* lighting

◇ **alumbrado público** street lighting

alumbramiento *m* birth

alumbrar ⟨1a⟩ **I** *v/t* (*dar luz a*) light (up) **II** *v/i* give off light

alúmina *f* QUÍM aluminum oxide, *Br* aluminium oxide

aluminio *m* aluminum, *Br* aluminium; **papel de ~** aluminum foil

alumnado *m* students *pl*, student body

alumno *m*, **-a** *f* student

alunizaje *m* moon landing

alunizar ⟨1f⟩ *v/i* land on the moon

alusión *f* allusion (**a** to); **hacer ~ a** refer to, allude to; **en ~ a** with reference to

alusivo *adj*: **~ a** regarding

aluvión *m* **1** flood *tb fig* **2** GEOL alluvium

alvéolo, alveolo *m* ANAT, TÉC alveolus

alverja *f* ☞ **arveja**

alza *f* rise; **~ de precios** price rise; **en ~** en bolsa rising; **jugar al ~ en bolsa** gamble on a bull market; **revisar al ~ precios** revise upward

alzacuellos *m inv* clerical collar, dog collar F

alzada *f* JUR appeal

alzado **I** *adj* **1** (*elevado*) high, raised **2** (*rebelde*) rebel *atr* **3** (*soberbio*) arrogant **4** *L.Am.* **un animal ~** an animal that has escaped into the wild **5**: **precio ~** fixed building cost **II** *m*, **-a** *f L.Am.* insurgent **III** *m* **1** ARQUI elevation **2** TIP pagination

alzamiento *m* MIL, POL uprising

◇ **alzamiento de bienes** JUR concealment of assets

alzapaño *m* tieback

alzar ⟨1f⟩ *v/t barrera, brazo* lift, raise; *precios* raise; **~ velas** hoist the sails; **~ la vista** raise one's eyes, look up; **~ el vuelo** take off; **alzarse** *v/r* rise; **en armas** rise up; **~ con el triunfo** win; **~ con el dinero** run off with the money

alzo *m* *C.Am.* theft

a.m. *abr* (= **ante meridiem**) a.m. (= ante meridiem)

ama *f* (*dueña*) owner

◇ **ama de casa** housewife, homemaker; **ama de cría, ama de leche** *L.Am.* wetnurse; **ama de llaves** housekeeper

amabilidad *f* kindness; **tener la ~ de hacer algo** be kind enough to do sth

amable *adj* kind (**con** to); **¿sería tan ~ de ayudarme?** would you be so kind as to help me?; **muy ~, es Vd muy ~** it's very good *o* kind of you

amado *m*, **-a** *f* love, sweetheart

amaestrado *adj* trained

amaestrar ⟨1a⟩ *v/t* train

amagar ⟨1h⟩ **I** *v/t* **1**: **la tarde amaga lluvia** it looks like rain this afternoon **2** *enfermedad* show symptoms of **3**: **~ una sonrisa** try to smile **II** *v/i* **1** fake **2** DEP dummy

amago *m* **1** threat **2**: **hizo ~ de levantarse** she made as if to get up **3** DEP dummy

◇ **amago de infarto** minor heart attack

amainar ⟨1a⟩ v/i *de lluvia, viento* ease up, slacken off

amalgama *f* amalgam, mixture

amalgamar ⟨1a⟩ v/t *fig* combine; *amalgamarse* v/r amalgamate

amamantar ⟨1a⟩ v/t *bebé* breastfeed; *cría* feed

amancebamiento *m* living together

amancebarse ⟨1a⟩ v/r move in together

amanecer ⟨2d⟩ **I** v/i **1** get light **2** *de persona* wake up **II** *m* dawn; *al* ~ at dawn, at daybreak; *amanecerse* v/r *Andes, Carib, Méx* stay up all night

amanerado *adj* affected

amaneramiento *m* affectation

amanerarse ⟨1a⟩ v/r become affected

amanita *f* BOT amanita

amansar ⟨1a⟩ v/t break in, tame; *amansarse* v/r become tame, become quieter

amante **I** *adj* loving; *es* ~ *de la buena vida* he's fond of good living; *ser* ~ *de los animales* be an animal lover **II** *m/f en una relación* lover; *los* ~*s de la naturaleza* nature lovers

amanuense *m/f* scribe

amañar ⟨1a⟩ v/t F rig F; *partido* fix F; *amañarse* v/r manage

amaño *m* cunning trick

amapola *f* BOT poppy

amar ⟨1a⟩ v/t love; *hacerse* ~ be lovable

amarrado *adj Méx* F mean, stingy F

amaraje *m* AVIA landing *on water*

amarar ⟨1a⟩ v/i AVIA land *on water*

amargado *adj fig* bitter, embittered

amargamente *adv fig* bitterly

amargar ⟨1h⟩ v/t **1** *día, ocasión* spoil **2**: ~ *a alguien* make s.o. bitter; *amargarse* v/r **1** get bitter **2**: ~ *la vida* get upset

amargo *adj tb fig* bitter

amargor *m* bitterness

amargura *f tb fig* bitterness

amariconado *adj* P *fig* effeminate, camp

amarilis *f* BOT amaryllis

amarillear ⟨1a⟩ v/t go yellow, turn yellow

amarillento *adj* yellowish

amarillez *f* yellowness

amarillismo *m* muckraking journalism

amarillo *m/adj* yellow

amarizaje *m* splashdown

amarizar ⟨1f⟩ v/i splash down

amarra *f* MAR mooring rope; *soltar o largar las* ~*s* cast off her moorings; *tener buenas* ~*s fig* have contacts; *cortar o romper las* ~*s fig* strike out on one's own; *cortar las* ~*s del hogar familiar* leave home

amarradero *m* MAR bollard

amarraje *m* MAR wharfage

amarrar ⟨1a⟩ v/t *(atar)* tie

amarre *m* MAR mooring, berth

amasar ⟨1a⟩ v/t **1** *pan* knead **2** *fortuna* amass

amasijo *m* jumble

amateur **I** *adj* amateur *atr* **II** *m/f* amateur

amatista *f* amethyst

amatorio *adj* love *atr*, love-making *atr*

amazacotado *adj* sticky, stodgy

amazona *f* horsewoman

Amazonas: *el* ~ the Amazon

amazónico *adj* GEOG Amazonian

ambages *mpl*: *decirlo sin* ~ say it straight out, come straight out with it

ámbar **I** *adj* amber; *luz* yellow, *Br* amber **II** *m* amber; *el semáforo está en* ~ the lights are yellow, *Br* the lights are at amber

ambición *f* ambition; *sin ambiciones* unambitious

ambicionar ⟨1a⟩ v/t aspire to

ambicioso *adj* ambitious

ambidextro, ambidiestro *adj* ambidextrous

ambientación *f de película, obra de teatro* setting

ambientado *part* ☞ **ambientar**

ambientador *m* air freshener

ambiental *adj* environmental

ambientar ⟨1a⟩ v/t *película, novela* set; *estar ambientado en* be set in; *ambientarse* v/r be set

ambiente **I** *adj*: *medio* ~ environment; *temperatura* ~ room temperature **II** *m* **1** *(entorno)* environment **2** *(situación)* atmosphere; *crear* ~ create an atmosphere **3** *Andes, Rpl (habitación)* room

◇ **ambiente laboral, ambiente de trabajo** work environment

ambigú *m* buffet

ambigüedad *f* ambiguity

ambiguo *adj* ambiguous

ámbito *m* **1** area **2** *(límite)* scope

ambivalencia *f* ambivalence

ambivalente *adj* ambivalent

ambo *m Arg* two-piece suit

ambos, ambas I *adj* both **II** *pron* both (of us / you / them)

ambrosía *f* MYTH ambrosia

ambulancia *f* ambulance

ambulante I *adj* traveling, *Br* travelling; **venta** ~ peddling, hawking; **vendedor** ~ hawker, street seller **II** *m/f L.Am.* vendedor hawker, street seller

ambulatorio I *adj* MED out-patient *atr* **II** *m* out-patient clinic

ameba *f* ameba, *Br* amoeba

amebiano *adj* amebic, *Br* amoebic

amedrentar ⟨1a⟩ *v/t* terrify; **amedrentarse** *v/r* be terrified, feel terrified

amén I *m* amen; **en un decir** ~ in a flash; **decir a todo** ~ agree to everything **II** *prp*: ~ **de** as well as

amenaza *f* threat

◇ **amenaza de bomba** bomb scare

amenazador *adj* threatening

amenazante *adj* threatening

amenazar ⟨1f⟩ **I** *v/t* threaten (**con, de** with); ~ **a alguien de muerte** threaten to kill s.o.; ~ **ruina** threaten to collapse, be on the verge of collapse; **amenaza tempestad** there's a storm brewing **II** *v/i*: ~ **con** threaten to

amenidad *f* interest, enjoyment

amenizar ⟨1f⟩ *v/t*: ~ **algo** make sth more entertaining *o* enjoyable

ameno *adj* enjoyable

amento *m* BOT catkin

América *f* America; **hacer las** ~**s** make a fortune

◇ **América Central** Central America; **América Latina** Latin America; **América del Norte** North America; **América del Sur** South America

americana *f* **1** American woman **2** *prenda* jacket

americanismo *m* Americanism

americanizar ⟨1f⟩ *v/t* Americanize

americano *m/adj* American

amerindio I *adj* Amerindian **II** *m, -a f* Amerindian

ameritar ⟨1a⟩ *v/t L.Am.* deserve, merit

amerizaje *m de avión* landing *on water*; *de nave espacial* splashdown

amerizar ⟨1f⟩ *v/i de avión* land *on water*; *de nave espacial* splash down

ametralladora *f* machine gun

ametrallar ⟨1a⟩ *v/t* machine-gun, fire at … with a machine gun

amianto *m* MIN asbestos

amiba *f* ☞ **ameba**

amigable *adj* friendly

amígdala *f* ANAT tonsil

◇ **amígdala faríngea** adenoids *pl*, pharyngeal tonsil *fml*

amigdalitis *f* MED tonsillitis *sg*

amigo I *adj* friendly; **ser** ~ **de algo** be fond of sth; **no soy** ~ **de esquiar** I'm not a big skier, I'm not fond of skiing; **ser** ~ **de lo ajeno** be light-fingered F **II** *m, -a f* friend; **hacerse** ~**s** make friends; **somos muy** ~**s** we're very close, we're very good friends; ~ **de la naturaleza** nature lover

amigote *m* F buddy F, pal F

amiguete *m* F crony F

amiguismo *m* nepotism, cronyism F

amilanar ⟨1a⟩ *v/t* daunt; **amilanarse** *v/r* be daunted

amina *f* QUÍM amine

aminoácido *m* QUÍM amino acid

aminorar ⟨1a⟩ *v/t* reduce; ~ **la marcha** slow down

amistad *f* **1** friendship; **hacer** *o* **trabar** ~ **con alguien** strike up a friendship with s.o.; **hacer las** ~**es** make it up **2**: ~**es** *pl* friends

amistosamente *adv* amicably

amistoso I *adj* friendly; **partido** ~ DEP friendly (game) **II** *m* DEP friendly

amnesia *f* amnesia

amniocentesis *f* MED amniocentesis

amniótico *adj*: **bolsa -a** amniotic sac; **líquido** ~ amniotic fluid

amnistía *f* amnesty

◇ **Amnistía Internacional** Amnesty International

amnistiar ⟨1c⟩ *v/t* grant an amnesty to, amnesty

amo *m* **1** (*dueño*) owner **2** HIST master; **ser el** ~ **del cotarro** be the leader of the pack

amoblado *S.Am.* **I** *adj* furnished **II** *m* furniture

amoblar ⟨1a⟩ *v/t S.Am.* furnish

amodorramiento *m* drowsiness

amodorrarse ⟨1a⟩ *v/r* feel sleepy

amolar ⟨1a⟩ *v/t*: ~ **a alguien** F get on s.o.'s nerves, *Br* get up s.o.'s nose F; *de muelas, artritis etc* bother s.o., give s.o. trouble; **¡no amueles!** F you're jok-

ing!, you're kidding (me)! F; **amolarse**
v/r grin and bear it

amoldar ⟨1a⟩ *v/t* adapt (*a* to); **amol-**
darse *v/r* adapt (*a* to)

amonestación *f* **1** warning; DEP *tb* caution **2**: *amonestaciones pl* REL banns

amonestar ⟨1a⟩ *v/t* **1** *reñir* reprimand **2**
DEP caution

amoniacal *adj* ammoniac(al)

amoníaco, amoniaco *m* ammonia

amonio *m* ammonium

amontillado *m* amontillado

amontonamiento *m* stack, pile; *de gen-*
te crowd

amontonar ⟨1a⟩ *v/t* pile up; **amonto-**
narse *v/r de objetos, problemas* pile
up; *de gente* crowd together

amor *m* **1** love; **~ mío** my love, darling; **~**
al prójimo love for one's fellow man; **~**
por ~ a alguien for the love of s.o.;
por ~ al arte *fig* just for the fun of it;
por ~ de Dios for God's sake; **hacer**
el ~ a alguien *uso antiguo* court *o*
woo s.o.
2 (*acto sexual*): **hacer el ~** make love;
hacer el ~ con alguien make love to
o with s.o.
3: **de** *o* **con mil ~es** with the greatest of
pleasure
4: **al ~ de la lumbre** around the fire

◇ **amor brujo** true love

◇ **amor propio** self-respect

amoral *adj* amoral

amoratado *adj* bruised; **~ de frío** blue
with cold

amordazar ⟨1f⟩ *v/t* gag; *animal, prensa*
muzzle

amorfo *adj* shapeless

amorío *m* affair

amoroso *adj* amorous

amortajar ⟨1a⟩ *v/t* shroud

amortiguador *m* AUTO shock absorber

amortiguar ⟨1i⟩ *v/t impacto* cushion;
sonido muffle

amortizable *adj* redeemable

amortización *f* repayment, redemption

amortizar ⟨1f⟩ *v/t* **1** pay off **2** COM *bie-*
nes charge off, *Br* write off

amotinado I *adj* rebel *atr*, insurgent *atr*
II *m*, **-a** *f* rebel, insurgent

amotinamiento *m* mutiny, uprising

amotinar ⟨1a⟩ *v/t* incite to rebellion *o*
mutiny; **amotinarse** *v/r* rebel, mutiny

amp. *abr* (= *amperios*) amp (= am-

peres)

amparar ⟨1a⟩ *v/t* protect; (*ayudar*) help;
ampararse *v/r* **1** seek shelter (*de* from); **~**
en algo seek protection in sth

amparo *m* protection; (*cobijo*) shelter;
al ~ de under the protection of

amperímetro *m* EL ammeter

amperio *m* EL ampere, amp

ampliable *adj contrato de trabajo, alqui-*
ler renewable; **es ~** it can be extended

ampliación *f* **1** increase; *de negocio* expansion; *de plazo, edificio* extension **2**
FOT enlargement, blow-up

◇ **ampliación de capital** COM increase in capital

ampliadora *f* FOT enlarger

ampliamente *adv* widely

ampliar ⟨1c⟩ *v/t* **1** *plantilla* increase; *ne-*
gocio expand; *plazo, edificio* extend; **~**
estudios continue one's education; **~**
sus horizontes broaden one's horizons **2** FOT enlarge, blow up; **ampliarse**
v/r broaden

amplificación *f* amplification

amplificador *m* amplifier

amplificar ⟨1g⟩ *v/t* amplify

amplio *adj casa* spacious; *gama, margen*
wide; *falda* full

amplitud *f* **1** breadth; **~ de miras** broad-
mindedness; **~ de surtido** COM range,
choice **2** FÍS amplitude

ampolla *f* **1** MED blister; **levantar ~s** *fig*
get people's backs up **2** (*botellita*) vial,
ampoule, *Br* phial

ampollarse ⟨1a⟩ *v/r* blister

ampolleta *f Arg, Chi* light bulb

ampulosidad *f* pomposity, pompous-
ness

ampuloso *adj* pompous

amputación *f* amputation

amputar ⟨1a⟩ *v/t brazo, pierna* ampu-
tate

amueblar ⟨1a⟩ *v/t* furnish

amuermar ⟨1a⟩ F *v/t* bore; **amuer-**
marse *v/r* be bored

amuleto *m* charm

amurallar ⟨1a⟩ *v/t* wall, build a wall
around

anabaptista *m/f* REL Anabaptist

anabolizante *m* anabolic steroid

anacarado *adj* mother-of-pearl *atr*

anacardo *m* BOT cashew

anaconda *f* ZO anaconda

anacoreta *m/f* hermit

anacrónico *adj* anachronistic
anacronismo *m* anachronism
ánade *m* ZO duck
◇ **ánade real** mallard
◇ **ánade silbón** wigeon
anadón *m* duckling
anaerobio I *adj* anaerobic **II** *m* anaerobe
anagrama *m* anagram
anal *adj* anal
anales *mpl* annals
analfabetismo *m* illiteracy
analfabeto I *adj* illiterate **II** *m*, -a *f* illiterate
analgesia *f* MED analgesia
analgésico I *adj* painkilling, analgesic **II** *m* painkiller, analgesic
análisis *m inv* analysis
◇ **análisis de mercado** market research; **análisis de sangre** blood test; **análisis de sistemas** INFOR systems analysis
analista *m/f* analyst
◇ **analista programador** INFOR programmer-analyst
analítico *adj* analytic
analizar ⟨1f⟩ *v/t* analyze
analogía *f* analogy
analógico *adj* analog, *Br* analogue
análogo *adj* analogous
ananá(s) *m S.Am.* BOT pineapple
anaquel *m* shelf
anaranjado *adj* orangish
anarco *m/f* F anarchist
anarquía *f* anarchy
anárquico *adj* anarchic
anarquismo *m* anarchism
anarquista I *adj* anarchist *atr* **II** *m/f* anarchist
anatema *m* anathema
anatematizar ⟨1f⟩ *v/t* anathematize, condemn
anatomía *f* anatomy
anatómico *adj* anatomical; **asiento ~** AUTO ergonomically designed seat
anca *f* haunch
◇ **ancas de rana** GASTR frogs' legs
ancestral *adj* ancestral
ancestro *m* ancestor
ancho I *adj* **1** wide, broad **2** (*cómodo, tranquilo*): **a sus -as** at ease, relaxed; **quedarse tan ~** F carry on as if nothing had happened **3** (*orgulloso*): **ponerse muy ~** be very proud **4**: **venir ~ a** be too much for; **le viene ~ el cargo** the

job is too much for her **II** *m* width; **dos metros de ~** two meters wide
◇ **ancho de banda** bandwidth
◇ **ancho de vía** FERR gauge
anchoa *f* anchovy
anchura *f* width, breadth
anciana *f* old woman
ancianidad *f* old age
anciano I *adj* old **II** *m* old man
ancla *f* MAR anchor; **echar ~s** drop anchor; **levar ~s** weigh anchor
anclado *adj*: **estar ~** MAR be at anchor; *fig* be rooted (**en** in)
anclaje *m* **1** TÉC anchoring, fixing **2** MAR anchorage
anclar ⟨1a⟩ **I** *v/i* MAR anchor **II** *v/t* **1** TÉC anchor, fix **2** MAR anchor
áncora *f* anchor
andadas *fpl*: **volver a las ~** F fall back into one's old ways
andaderas *fpl* baby harness *sg*, reins *pl*
andador I *adj*: **una persona ~a** (*que anda mucho*) a person who walks a lot; (*que le gusta andar*) a person who is fond of walking **II** *m* **para bebé** baby walker; **para anciano** walker, Zimmer®
andadura *f* journey
andamiaje *m* (*conjunto de andamios*) scaffolding
andamio *m* scaffolding
◇ **andamio colgante** cradle
andante I *adj*: **caballero ~** knight errant **II** *m* MÚS andante
andanzas *fpl* adventures
andar ⟨1q⟩ **I** *v/i* **1** (*caminar*) walk; **andando** on foot; **¡andando!** come on!, move it! F
2 (*funcionar*) work
3: **~ alegre / triste** be happy / sad; **~ bien / mal** do well / badly; **~ bien / mal de algo** have a lot of / be short of sth; **~ con cuidado** be careful; **~ con alguien** mix with s.o., hang out with s.o. F; **~ en algo** (*buscar*) rummage in sth; **~ en el cajón** rummage around in the drawer; **~ en o por los 30 años** be around 30; **~ tras algo** be after sth F; **~ haciendo algo** be doing sth; **~ a golpes**, **~ a palos** be always fighting; **~ a una** work together; **¡anda!** *sorpresa* wow!; *incredulidad* come on!
II *v/t* walk
III *m*: **~es** gait, walk

andarse v/r: **~ con bromas** kid around F; **todo se andará** F all will become clear

andariego adj fond of walking

andarín adj fond of walking

andarivel m Rpl DEP lane

andarríos m ZO sandpiper

andas fpl: **llevar en ~** carry on one's shoulders

andén m **1** platform **2** L.Am. sidewalk, Br pavement

Andes mpl Andes

andinismo m L.Am. mountaineering, climbing

andinista m/f L.Am. mountaineer, climber

andino adj Andean

Andorra f Andorra

andrajoso adj ragged

andrógino BIO **I** adj androgynous **II** m, **-a** f hermaphrodite

andurriales mpl: **por estos ~** F around here, in this neck of the woods F

anea f BOT cattail

anécdota f anecdote

anecdótico adj anecdotal

anegar ⟨1h⟩ v/t flood; **anegarse** v/r de campo, terreno be flooded; **~ en llanto** dissolve into tears

anejo I adj attached **II** m annex, Br annexe

anélidos mpl ZO annelids

anemia f MED anemia, Br anaemia

anémico adj anemic, Br anaemic

anemómetro m anemometer, wind gauge

anemona, anémona f BOT anemone

◇ **anemona de mar** ZO sea anemone

anestesia f MED anesthesia, Br anaesthesia

◇ **anestesia general** general anesthetic o Br anaesthetic

◇ **anestesia local** local anesthetic o Br anaesthetic

anestesiado adj anesthetized, Br anaesthetized, under F

anestesiar ⟨1b⟩ v/t anesthetize, Br anaesthetize

anestésico m anesthetic, Br anaesthetic

anestesista m/f anesthesiologist, Br anaesthetist

aneurisma m MED aneurism, aneurysm

anexar ⟨1a⟩ v/t territorio annex; comentario append

anexión f POL annexation

anexionar ⟨1a⟩ v/t POL annex

anexo I adj attached **II** m edificio annex, Br annexe

anfeta F, **anfetamina** f MED amphetamine, speed F

anfibio I adj amphibious; **vehículo ~** amphibious vehicle **II** m amphibian

anfiteatro m amphitheater, Br amphitheatre; de teatro dress circle

anfitrión m host

anfitriona f hostess

ánfora f **1** L.Am. POL ballot box **2** HIST amphora

anfractuoso adj rough, uneven

ángel m angel; **tener ~** (tener gracia) be witty; (tener encanto) have charm

◇ **ángel custodio** guardian angel; **ángel exterminador** en Biblia angel of death; **ángel de la guarda** guardian angel

angélica f BOT angelica

angelical adj angelic

angélico adj REL angelic

angelino I adj of / from Los Angeles, Los Angeles atr **II** m, **-a** f Angelino

angelito m little angel

angelote m angel

ángelus m angelus

angina f MED: **~s** pl sore throat sg, strep throat sg

◇ **angina de pecho** angina

angioma m MED angioma

anglicanismo m Anglicanism

anglicano I adj Anglican **II** m, **-a** f Anglican

anglicismo m Anglicism

angloamericano adj Anglo-American

anglófono adj English-speaking

angloparlante adj English-speaking

anglosajón I adj Anglo-Saxon **II** m, **-ona** f Anglo-Saxon

angoleño I adj Angolan **II** m, **-a** f Angolan

angora f angora; **gato / conejo de Angora** Angora cat / rabbit

angosto adj narrow

angostura f angostura

anguila f ZO eel

angula f ZO, GASTR elver

angular I adj angular; **piedra ~** cornerstone **II** m **1** TÉC angle iron **2** FOT: **gran ~** wide-angle lens sg

ángulo *m* MAT, *fig* angle
◇ **ángulo agudo** acute angle; **ángulo complementario** complementary angle; **ángulo obtuso** obtuse angle; **ángulo recto** right angle
anguloso *adj* angular
angustia *f* anguish
angustiado *adj* distraught
angustiante *adj* distressing
angustiar ⟨1b⟩ *v/t* distress; **angustiarse** *v/r* agonize (**por** over)
angustioso *adj* agonizing
anhelante *adj* longing (**de** for)
anhelar ⟨1a⟩ *v/t* long for
anhelo *m* longing, desire (**de** for)
anheloso *adj* ☞ **anhelante**
anhídrido *m* QUÍM anhydride
◇ **anhídrido carbónico** carbon dioxide
◇ **anhídrido sulfuroso** sulfur *o Br* sulphur dioxide
anidación *f* 1 nesting 2 MED implanting
anidar ⟨1a⟩ *v/i* nest; **anidarse** *v/r* MED implant
anilina *f* QUÍM aniline
anilla *f* 1 ring; **cuaderno de ~s** ring binder 2: **~s** *pl* DEP rings
anillar ⟨1a⟩ *v/t* ring
anillo *m* ring; **te viene como ~ al dedo** F it suits you perfectly; **no se te caerán los ~s** it won't kill you
◇ **anillo de boda** wedding ring *o* band
ánima *f* 1 REL soul; **~ en pena** *fig* soul in torment 2 TÉC bore
◇ **ánima bendita, ánima del purgatorio** soul in purgatory
animación *f* 1 liveliness; **hay mucha ~** it's very lively 2 *en películas* animation
animado *adj* lively
animador *m* TV host
◇ **animador turístico** events organizer
animadora *f* 1 TV hostess 2 DEP cheerleader
animadversión *f* antagonism, hostility
animal I *adj* 1 animal *atr*, **reino ~** animal kingdom 2 *fig* stupid II *m tb fig* animal
◇ **animal de carga** beast of burden; **animal de compañía** pet; **animal de costumbres** *fig* creature of habit; **animal doméstico** *mascota* pet; *de granja* domestic animal; **animal experimental, animal de experimentación** laboratory animal; **animal de presa** predator

animalada *f*: **decir / hacer una ~** F say / do something nasty
animar ⟨1a⟩ *v/t* 1 cheer up 2 (*alentar*) encourage; **animarse** *v/r* cheer up; **¿te animas?** do you feel like it?, are you interested?
anímico *adj* mental; **estado ~** state of mind
ánimo *m* 1 spirit; **tener ~s de** *o* **para** feel up to 2 (*coraje*) encouragement; **dar** *o* **infundir ~ a alguien** give s.o. encouragement; **¡~!** cheer up! 3 (*mente*): **presencia de ~** presence of mind; **estado de ~** state of mind 4 (*intención*): **con ~ de** with the intention of
animosidad *f* animosity
animoso *adj* spirited
aniñado *adj* childlike
anión *m* anion
aniquilación *f*, aniquilamiento *m* annihilation
aniquilar ⟨1a⟩ *v/t* annihilate
anís *m* 1 BOT aniseed 2 *bebida* anisette
◇ **anís estrellado** star anis
anisado I *adj* aniseed-flavored, *Br* aniseed-flavoured II *m* anisette
anisete *m* anisette
aniversario *m* anniversary; **~ de muerte** anniversary of s.o.'s death; **el quinto ~ de muerte del abuelo** the fifth anniversary of grandfather's death
◇ **aniversario de boda** wedding anniversary
ano *m* ANAT anus
◇ **ano artificial, ano contra natura** colostomy
anoche *adv* last night; **antes de ~** the night before last
anochecer I ⟨2d⟩ *v/i* get dark; **anocheció** night fell, it got dark II *m* dusk; **al ~** at dusk, at nightfall
anodino *adj* anodyne; *fig* bland
ánodo *m* EL anode
anomalía *f* anomaly
anómalo *adj* anomalous
anonadar ⟨1a⟩ *v/t*: **~ a alguien** take s.o. aback
anonimato *m* anonymity; **guardar** *o* **mantener el ~** remain anonymous; **salir del ~** reveal one's identity; (*sobresalir*) emerge from obscurity
anónimo I *adj* anonymous II *m* poison pen letter
anorak *m* anorak

anorexia *f* MED anorexia
anoréxico *adj* anorexic
anormal *adj* abnormal
anormalidad *f* abnormality
anotación *f* note
anotado *adj* annotated
anotador *m*, **~a** *f* DEP scorer
anotar ⟨1a⟩ *v/t* note down; **anotarse** *v/r*
  tanto, victoria notch *o* rack up
anovulatorio *m* MED anovulant
anquilosarse ⟨1a⟩ *v/r* **1** get stiff, stiffen
  up **2** *fig: de planes, creación de empleo*
  grind to a halt
ánsar *m* ZO goose
ansia *f* **1** yearning; **~ de saber** thirst for
  knowledge; **~ de poder** desire *o* yearning for power **2** (*inquietud*) anxiety, an-
  xiousness **3**: **~s** *pl* nausea *sg*
ansiar ⟨1b⟩ *v/t* yearn for, long for
ansiedad *f* anxiety
ansioso *adj* **1** anxious **2**: **está ~ por ver-
los** he's longing to see them; **~ de placer** anxious *o* eager to please
anta *f* *L.Am.* ZO tapir
antagónico *adj* conflicting
antagonismo *m* antagonism
antagonista *m/f* antagonist
antaño *adv* long ago
antártico *adj* *paisaje, fauna* Antarctic
Antártico *m* Antarctic
Antártida *f* Antarctica
anteanoche *adv* the night before last
anteayer *adv* the day before yesterday
antebrazo *m* forearm
antecámara *f* anteroom
antecedente **I** *adj* previous; **~ a** prior to
  II *m* **1** precedent; **sin ~s** unprecedented
  2: **poner a alguien en ~s** put s.o. in the
  picture, bring s.o. up to speed; **estar en
~s** be up to speed **3** JUR: **sin ~s** without
  precedent; **tener ~s** have a criminal record
◇ **antecedentes penales** previous
  convictions; **sin ~** without a criminal
  record
anteceder ⟨2a⟩ *v/t* precede, come before
antecesor *m*, **~a** *f* **1** predecessor **2** *familia* ancestor
antedatar ⟨1a⟩ *v/t* backdate
antedicho *adj* aforesaid, aforementioned
antediluviano *adj* prehistoric *hum*
antefechar ⟨1a⟩ *v/t* backdate

ante I *m* **1** suede **2** ZO moose **3** *Méx*
  (*postre*) egg and coconut dessert **II** *prp*
  posición before; *dificultad* faced with;
  ~ todo above all
antelación *f*: **con ~** in advance; **con la
debida ~** with plenty of notice; **con
la mayor ~ posible** in plenty of time
antemano: **de ~** beforehand
antena *f* **1** TV, RAD antenna, *Br* aerial;
  estar en ~ be on the air **2** ZO antenna
◇ **antena colectiva** communal antenna, *Br* communal aerial
◇ **antena parabólica** satellite dish
antenista *m/f* antenna *o Br* aerial instal-
  ler
anteojeras *fpl inv* blinders, *Br* blinkers
antojitos *mpl Méx* snacks, appetizers
anteojos *mpl inv* **1** binoculars **2** *L.Am.*
  (*gafas*) glasses, eyeglasses
antepasado *m*, **-a** *f* ancestor; **~s** ances-
  tors, forefathers
antepecho *m* **1** *de ventana* sill **2** (*barandilla*) parapet
antepenúltimo *adj* third last
anteponer ⟨2r⟩ *v/t*: **~ algo a algo** put sth
  before sth
anteproyecto *m* draft
anterior *adj* previous, former
anterioridad *f*: **con ~** before, previously; **con ~ a** before
anteriormente *adv* **1** previously, before;
  **sus amigos habían acudido ~ a la ca-
sa** his friends had gone to the house
  earlier *o* beforehand **2**: **~ a** prior to
antes I *adv* before; **cuanto ~, lo ~ posible** as soon as possible; **poco ~** shortly
  before; **~ que nada** first of all; **~ bien** on
  the contrary; **de ~** old **II** *prp*: **~ de** before; **~ de hora, ~ de tiempo** early,
  ahead of time; **~ de llegar el tren** before the train arrived **III** *conj*: **~ de
que** *subj* before
antesala *f* lobby; **hacer ~** hang around
antiabortista *m/f* right-to-lifer, anti-
  abortionist
antiadherente *adj* non-stick
antiaéreo I *adj* anti-aircraft *atr* **II** *m* anti-
  -aircraft gun
antialérgico *adj* anti-allergy *atr*
antiarrugas *adj* antiwrinkle *atr*
antiautoritario *adj* antiauthoritarian
antibala(s) *adj* bulletproof; **cristal ~**
  bulletproof glass
antibelicista *adj* anti-war *atr*

antibiótico *m* antibiotic

antibloqueo *adj*: **sistema ~ de frenos** AUTO ABS

antichoque(s) *adj* shock-resistant

anticiclón *m* anticyclone

anticiclónico *adj* anticyclonic

anticipación *f* anticipation; **con ~** in advance

anticipadamente *adv pagar* in advance; *presentarse, reunirse* ahead of time

anticipado *adj pago* advance *atr; elecciones* early; **por ~** in advance

anticipar ⟨1a⟩ *v/t* **1** *sueldo* advance **2** *fecha, viaje* move up, *Br* bring forward **3** *información, noticias* give a preview of; **anticiparse** *v/r* **1** *de suceso* come early **2**: **~ a alguien** get there ahead of s.o.

anticipo *m* advance

anticlericalismo *m* anticlericalism

anticoncepción *f* contraception

anticonceptivo I *adj* contraceptive *atr* **II** *m* contraceptive

anticongelante *m* antifreeze

anticonstitucional *adj* unconstitutional

anticontaminante *adj* non-polluting, which does not harm the environment; *energía* clean

anticorrosivo *m/adj* anticorrosive

anticristo *m* Antichrist

anticuado *adj* antiquated

anticuario *m* antique dealer

anticuarse ⟨1d⟩ *v/r* become old-fashioned

anticuerpo *m* BIO antibody

antideportivo *adj* unsporting, unsportsmanlike

antidepresivo *m* antidepressant

antideslizante *adj* non-slip

antideslumbrante *adj* anti-glare

antidetonante AUTO **I** *adj* anti-knock *atr* **II** *m* anti-knock agent

antidisturbios *adj*: **policía ~** riot police

antidopaje, antidoping *adj*: **control o prueba ~** dope test, drugs test; **dar positivo en el test ~** fail the drugs test

antídoto *m* MED antidote; *fig* cure

antidroga *adj* drug *atr; campaña, proyecto* anti-drug

antieconómico *adj* uneconomic

antiespasmódico *adj* MED antispasmodic

antiestético *adj* unattractive, unesthetic, *Br* unaesthetic

antifascista *m/f & adj* anti-Fascist

antifaz *m* mask

antígeno *m* BIO antigen

antigripal *adj* influenza *atr,* flu *atr*

antigualla *f* F piece of old junk F; **~s** *pl* old junk F *sg*

antiguamente *adv* in the past

antigubernamental *adj* antigovernment

antigüedad *f* **1** age **2** *en el trabajo* length of service, seniority **3**: **~es** *pl* antiques

antiguo *adj* old; *del pasado remoto* ancient; **su ~ novio** her old *o* former boyfriend; **a la -a** in the old-fashioned way; **edad -a** ancient times *pl*

antihéroe *m* antihero

antihigiénico *adj* unhygienic

antiincendios *adj*: **sistema ~** fire detection and alarm system

antiinflacionista *adj* anti-inflation *atr*

antiinflamatorio *adj* MED anti-inflammatory

antillano *adj* West Indian

Antillas *fpl* West Indies; **Grandes / Pequeñas Antillas** Greater / Lesser Antilles

antílope *m* ZO antelope

antimateria *f* antimatter

antimilitarista *adj* antimilitarist

antimísil *m* antimissile

antimonio *m* QUÍM antimony

antinatural *adj* unnatural

antinuclear *adj* anti-nuclear *atr*

antioxidante *m/adj* antioxidant

antiparasitario I *adj*: **producto ~** antiparasitic product **II** *m* antiparasitic

antiparras *fpl* F specs F

antipatía *f* antipathy, dislike

antipático *adj* disagreeable, unpleasant

antipirético *m* MED antipyretic

antípodas *mpl* antipodes

antiquísimo *adj* incredibly ancient *o* old

antirreglamentario *adj* DEP *posición* offside; **una jugada -a** a foul

antirrobo *m* AUTO antitheft device

antisemita *m/f* anti-Semite

antisemítico *adj* anti-Semitic

antisemitismo *m* anti-Semitism

antiséptico *m/adj* antiseptic

antisida *adj* Aids *atr;* **vacuna ~** Aids vaccine

antisísmico *adj* earthquake-proof

antisocial *adj* antisocial

antitabaco *adj*: **campaña ~** anti-smoking campaign

antitérmico *m* MED antifebrile

antiterrorista *adj brigada* antiterrorist; **la lucha ~** the fight against terrorism

antítesis *f inv* antithesis

antivirus *adj*: **programa ~** INFOR virus program

antojadizo *adj*: **ser ~** want everything one sees

antojarse ⟨1a⟩ *v/r* **1** (*apetecer*): **se le antojó salir** he felt like going out **2** (*parecer*): **se me antoja que ...** it seems to me that ...; **se me antoja que va a llover** it looks like rain to me

antojo *m* whim; *de embarazada* craving; **a mi ~** as I please

antología *f* anthology; **de ~** *fig* F fantastic, incredible F

antónimo *m* antonym

antonomasia *f*: **por ~** par excellence

antorcha *f* torch

antracita *f* MIN anthracite

ántrax *m* MED anthrax

antro *m* F dive F, dump F

antropofagia *f* cannibalism

antropófago *m*, -a *f* cannibal

antropología *f* anthropology

antropólogo *m*, -a *f* anthropologist

antropomorfo *adj* anthropomorphic

anual *adj* annual

anualidad *f* annual payment

anualmente *adv* yearly

anuario *m* yearbook

anubarrado *adj* cloudy, overcast

anudar ⟨1a⟩ *v/t* knot; *corbata* knot, tie; **anudado a mano** *alfombra, moqueta* hand-knotted; **anudarse** *v/r fig*: **se le anudaba la garganta** he got a lump in his throat; *de miedo* he found it difficult to swallow

anulación *f* cancellation; *de matrimonio* annulment

anular[1] ⟨1a⟩ *v/t* cancel; *matrimonio* annul; *gol* disallow; *ley* repeal

anular[2] *adj* ring-shaped; **dedo ~** ring finger

anunciación *f* **1** announcement **2** REL: **Anunciación** Annunciation

anunciante *m/f* COM advertiser

anunciar ⟨1b⟩ *v/t* **1** announce **2** COM advertise; **anunciarse** *v/r* **1** take out a newspaper advertisement, advertise

2 *en forma de comunicado* be announced

anuncio *m* **1** announcement **2** (*presagio*) sign **3** COM advertisement; **sección de ~s** advertisement section; **~ luminoso** illuminated sign

◊ **anuncios clasificados** classified advertisements *o* ads, *Br* small ads F

◊ **anuncios por palabras** classified advertisements *o* ads, *Br* small ads F

anverso *m* obverse

anzuelo *m* (fish) hook; **echar el ~** cast; **morder** *o* **tragar el ~** *fig* F take the bait

añada *f* year

añadido **I** *adj* added **II** *m* extra piece

añadidura *f*: **por ~** in addition

añadir ⟨3a⟩ *v/t* add

añejo *adj* mature

añicos *mpl*: **hacer ~** F smash to smithereens; **estar hecho ~** *fig* be shattered

añil *m* indigo

año *m* **1** year; **~ tras ~** year after year; **el ~ que viene** next year; **el ~ pasado** last year; **los ~s veinte** the twenties; **¡por muchos ~s!** long may it last!; **ser del ~ de la nanita** *o* **de la pera** F be as old as the hills

2 *de edad*: **cumplir diez ~s** be ten (years old), turn ten; **¿cuándo cumples ~s?** when's your birthday?; **¿cuántos ~s tienes?** how old are you?; **a los diez ~s** at the age of ten; **a mis ~s** at my age; **entrado** *o* **metido en ~s** elderly; **quitarse ~s** claim to be younger than one is; **por ti no pasan los ~s** you don't seem to age at all

◊ **año bisiesto** leap year; **año civil** calendar year; **año eclesiástico** ecclesiastic year; **año fiscal** fiscal year, *Br* tax year; **año litúrgico** ecclesiastic year; **año luz** light year; **estar a años luz** be light years ahead; **año nuevo** New Year; **día de Año Nuevo** New Year's Day; **año sabático** sabbatical

añoranza *f* yearning, longing (**de** for)

añorar ⟨1a⟩ *v/t* miss

añublo *m* AGR rust

aorta *f* ANAT aorta

aovar ⟨1a⟩ *v/i* lay eggs

apabullante *adj* overwhelming

apabullar ⟨1a⟩ *v/t* overwhelm

apacentar ⟨1k⟩ *v/t* graze

apache *m/f & adj* Apache

apacible *adj* mild-mannered

apaciguador *adj* pacifying

apaciguar ⟨1i⟩ *v/t* pacify, calm down; **apaciguarse** *v/r* calm down

apadrinar ⟨1a⟩ *v/t* **1** be godparent to **2**: ~ *a la novia* give the bride away **3** *político* support, back **4** *artista etc* sponsor

apagado *adj* **1** *fuego* out; *luz* off **2** *persona* dull **3** *color* subdued

apagador *m* **1** snuffer **2** *Méx* EL switch

apagar ⟨1h⟩ *v/t televisor, luz* turn off; *fuego* put out; *vela* snuff, put out; *apaga y vámonos* we may as well call it a day; **apagarse** *v/r de luz* go off; *de fuego* go out

apagón *m* blackout

apaisado *adj* landscape *atr*

apalabrar ⟨1a⟩ *v/t* agree (verbally); **apalabrarse** *v/r* reach an agreement

apalancar ⟨1g⟩ *v/t* lever; **apalancarse** *v/r* F settle

apaleamiento *m* beating

apalear ⟨1a⟩ *v/t* beat; *ha sido apaleada por la vida* she's had a hard life

apañado **I** *adj* F resourceful **II** *part* ☞ **apañar**

apañar ⟨1a⟩ *v/t* **1** tidy up **2** *aparato* repair **3** *resultado* rig F, fix F **4**: *estamos apañados* F we've had it F; **apañarse** *v/r* manage; *apañárselas* manage, get by

apaño *m fig* F makeshift repair

aparador *m* **1** sideboard **2** *Méx* (*escaparate*) store window, *Br* shop window

aparato *m* **1** piece of equipment; *doméstico* appliance; *al ~* TELEC speaking **2** BIO, ANAT system **3** *de partido político* machine

◇ **aparato administrativo** state machinery; **aparato circulatorio** ANAT circulatory system; **aparato digestivo** digestive system; **aparato respiratorio** respiratory system; **aparato locomotor** ANAT skeletomuscular system

aparatosidad *f* **1** *de vestido, collar* fanciness **2** *de caída* spectacular nature **3** *de vendaje, armazón* bulkiness

aparatoso *adj* **1** *vestido, collar* fancy **2** *caída* spectacular **3** *vendaje, armazón* bulky

aparcacoches *m inv* valet

aparcamiento *m* parking lot, *Br* car park

◇ **aparcamiento subterráneo** underground parking garage, *Br* underground car park

aparcar ⟨1g⟩ **I** *v/t* **1** park; ~ *en batería* angle park; ~ *en línea* parallel park; ~ *en doble fila* double park **2** *tema, proyecto* shelve **II** *v/i* park

aparcería *f* AGR sharecropping

aparcero *m*, **-a** *f* AGR sharecropper

apareamiento *m* zo mating

aparear ⟨1a⟩ ZO *v/t* mate; **aparearse** *v/r* mate

aparecer ⟨2d⟩ *v/i* appear; **aparecerse** *v/r* turn up

aparecido *m* ghost

aparejado *part* ☞ **aparejar**

aparejador *m*, **-a** *f* architectural technician, *Br* quantity surveyor

aparejar ⟨1a⟩ *v/t* **1** prepare **2** *caballo* saddle **3** MAR rig **4**: *traer o llevar aparejado* entail, bring with it

aparejo *m* **1** preparation **2** MAR rigging **3**: ~*s pl* tack *sg*

◇ **aparejos de pesca** fishing gear *sg*

aparentar ⟨1a⟩ *v/t* **1** pretend; ~ *hacer algo* pretend to do sth **2**: *no aparenta la edad que tiene* she doesn't look her age

aparente *adj* **1** (*evidente*) apparent **2** *L.Am.* (*fingido*) feigned

aparentemente *adv* apparently

aparición *f* **1** appearance; *hacer su* ~ make one's appearance **2** (*fantasma*) apparition

apariencia *f* appearance; *en* ~ outwardly; *las* ~*s engañan* appearances can be deceptive; *salvar las* ~*s* keep up appearances; *según todas las* ~*s* judging by appearances

apart(h)otel *m* apartment hotel

apartadero *m* FERR siding

apartado **I** *adj* isolated **II** *m* section

◇ **apartado de correos** P.O. Box

apartamento *m Esp* apartment, *Br* flat

apartamiento *m* **1** separation **2** *L.Am.* (*apartamento*) apartment, *Br* flat

apartar ⟨1a⟩ *v/t* **1** separate; *para después* set *o* put aside; *de un sitio* move away (*de* from) **2**: ~ *a alguien de hacer algo* dissuade s.o. from doing sth; **apartarse** *v/r* move aside (*de* from); ~ *del camino* leave the main road; ~ *del tema* stray from the subject; *no se aparta de mi lado* he won't move from my side, F he sticks like glue; *¡apártate!* move!

aparte **I** *adv* **1** to one side; *llevar a al-*

guien ~ take s.o. aside *o* to one side **2** (*por separado*) separately **3**: ~ ***de*** aside from; *Br* apart from; ~ ***de guapa, es ri-ca*** she's not only pretty, she's rich too, she's rich as well as pretty; ~ ***de que*** apart from the fact that **II** *m* **1** TEA aside **2** TIP new line; ***punto y*** ~ new paragraph

apasionado **I** *adj* passionate **II** *m/f* enthusiast

apasionamiento *m* passion

apasionante *adj* fascinating

apasionar ⟨1a⟩ *v/t* fascinate; **apasio-narse** *v/r* develop a passion (*por* for)

apatía *f* apathy

apático *adj* apathetic

apátrida *adj* stateless

apdo. *abr* (= ***apartado*** (***de correos***)) P.O. Box (= Post Office Box)

apeadero *m* FERR halt

apear ⟨1a⟩ *v/t* **1** get ... off **2**: ~ ***a alguien del cargo*** remove s.o. from their posi-tion; **apearse** *v/r* get off, alight *fml*; ~ ***de algo*** get off sth, alight from sth *fml*

apechar *vb* ☞ **apechugar**

apechugar ⟨1h⟩ *v/i*: ~ ***con algo*** cope with sth

apedrear ⟨1a⟩ *v/t* throw stones at; *matar* stone (to death)

apegado *adj*: ~ ***a alguien / algo*** be at-tached to s.o. / sth

apego *m* attachment

apelable *adj* JUR appealable

apelación *f* JUR, DEP appeal; ***interpo-ner*** ~ appeal

apelar ⟨1a⟩ *v/t tb* JUR appeal (*a* to)

apelativo *m* form of address; ~ ***cariño-so*** pet name

apellidarse ⟨1a⟩ *v/r*: ***¿cómo se apelli-da?*** what's your / his / her surname?; ***se apellida Ocaña*** his / her surname is Ocaña

apellido *m* surname

◇ **apellido de soltera** maiden name

apelmazado *adj lana* matted; *arroz* stodgy

apelmazarse ⟨1f⟩ *v/r de lana* get matted; *de arroz* stick together

apelotonarse ⟨1a⟩ *v/r* crowd together

apenado *adj* **1** sad **2** *L.Am.* (*avergonza-do*) ashamed **3** *L.Am.* (*incómodo*) em-barrassed **4** *L.Am.* (*tímido*) shy

apenar ⟨1a⟩ *v/t* sadden; **apenarse** *v/r* **1**

be upset *o* distressed **2** *L.Am.* (*aver-gonzarse*) be ashamed **3** *L.Am.* (*sentir-se incómodo*) be embarrassed **4** *L.Am.* (*ser tímido*) be shy

apenas **I** *adv* hardly, scarcely; ***falta*** ~ ***una hora*** there's barely an hour left; ***la película ha comenzado hace*** ~ ***unos minutos*** the movie started just a few minutes ago, the movie has only just started; ~ ***nada*** hardly anything **II** *conj* as soon as

apéndice *m* appendix

◇ **apéndice cecal, apéndice vermi-forme** vermiform appendix

apendicitis *f* MED appendicitis

apercibimiento *m* warning

apercibir ⟨3a⟩ *v/t* warn (*de* of); **aperci-birse** *v/r*: ~ ***de algo*** notice sth

apergaminado *adj fig* wrinkled

aperitivo *m* **1** *comida* appetizer **2** *bebi-da* aperitif

apero *m* **1** *utensilio* implement **2** *L.Am.* (*arneses*) harness

◇ **aperos de labranza** farming imple-ments

apertura *f* **1** opening **2** FOT aperture **3** POL opening up

apesadumbrado *adj* heavy-hearted

apesadumbrar ⟨1a⟩ *v/t* sadden; **apesa-dumbrarse** *v/r* be saddened

apestado *part* ☞ **apestar**

apestar ⟨1a⟩ **I** *v/t* stink out **II** *v/i* reek, stink (*a* of); ***huele que apesta*** it stinks

apestoso *adj* smelly

apetecer ⟨2d⟩ **I** *v/i*: ***me apetece ir a dar un paseo*** I feel like going for a walk; ***¿qué te apetece?*** what do you feel like? **II** *v/t*: ***me apetece una cerveza*** I feel like a beer

apetecible *adj* appetizing

apetito *m* appetite; ***falta de*** ~ lack of ap-petite

apetitoso *adj* appetizing

API *m/f abr* (= ***agente de la propiedad inmobiliaria***) realtor, real estate agent, *Br* estate agent

apiadarse ⟨1a⟩ *v/r* take pity (*de* on)

ápice *m*: ***ni un*** ~ *fig* not an ounce; ***no ceder ni un*** ~ *fig* not give an inch; ***no falta un*** ~ not a thing is *o* absolutely nothing is missing

apícola *adj* beekeeping *atr*

apicultor *m*, ~**a** *f* beekeeper

apicultura *f* beekeeping

apilar ⟨1a⟩ v/t pile up; **apilarse** v/r pile up

apiñado adj packed, squashed

apiñar ⟨1a⟩ v/t pack, squash; **apiñarse** v/r crowd together, squash together

apio m BOT celery

apiolar ⟨1a⟩ v/t F bump off F

apisonadora f steamroller

apisonar ⟨1a⟩ v/t roll

aplacar ⟨1g⟩ v/t **1** hambre satisfy; sed quench **2** a alguien calm down, placate fml; **aplacarse** v/r calm down, die down

aplanado part ☞ **aplanar**

aplanadora f L.Am. steamroller

aplanar ⟨1a⟩ v/t **1** level, flatten **2** C.Am., Pe: ~ **las calles** hang around the streets; **aplanarse** v/r fig (descorazonarse) lose heart

aplastante adj overwhelming; calor suffocating; **una mayoría** ~ an overwhelming majority

aplastar ⟨1a⟩ v/t tb fig crush

aplaudida f L.Am. applause

aplaudir ⟨3a⟩ **I** v/i applaud, clap **II** v/t tb fig applaud

aplauso m round of applause

aplazable adj which can be postponed

aplazamiento m de visita, viaje postponement

◇ **aplazamiento de pago** deferred terms pl

aplazar ⟨1f⟩ v/t **1** visita, viaje put off, postpone **2** Arg fail

aplicable adj applicable

aplicación f application

aplicado adj hard-working

aplicar ⟨1g⟩ v/t apply; sanciones impose; **aplicarse** v/r apply o.s.

aplique m wall light

aplomado adj self-assured, composed

aplomo m composure, aplomb

apnea f MED apnea, Br tb apnoea; ~ **del sueño** sleep apnea

apocado adj timid

Apocalipsis f Apocalypse

apocalíptico adj apocalyptic

apocar ⟨1g⟩ v/t daunt; **apocarse** v/r be intimidated, be daunted

apócrifo adj apocryphal

apodado part ☞ **apodar**

apodar ⟨1a⟩ v/t nickname, call; **apodarse** v/r be nicknamed o called

apoderado m, -a f COM agent

apoderamiento m authorization

apoderar ⟨1a⟩ v/t authorize; **apoderarse** v/r take possession o control (**de** of); **se apoderó de todo el dinero** he took all the money

apodo m nickname

apogeo m fig height, peak; **estar en su** ~ be at its height

apolillado adj moth-eaten

apolillarse ⟨1a⟩ v/r get moth-eaten

apolíneo adj fig handsome

apolítico adj apolitical

apolo m fig Greek god

apologético adj apologetic

apología f defense, Br defence

apologista m/f apologist

apoltronarse ⟨1a⟩ v/r en asiento settle down; en trabajo, rutina get into a rut

apoplejía f MED apoplexy; **ataque de** ~ stroke; ~ **cerebral** stroke

apoquinar ⟨1a⟩ v/t & v/i F cough up F

aporrear ⟨1a⟩ v/t pound on

aportación f **1** contribution **2** COM investment

aportar ⟨1a⟩ v/t contribute; ~ **pruebas** JUR provide evidence; ~ **al matrimonio** JUR bring to the marriage

aposentar ⟨1a⟩ v/t settle; **aposentarse** v/r settle in

aposento m room, chamber

aposición f GRAM apposition

apósito m dressing

aposta adv on purpose, deliberately

apostante m person who places a bet, Br punter

apostar ⟨1m⟩ **I** v/t bet (**por** on); ~ **doble contra sencillo** bet double or quits; **¿qué apostamos?** do you want to bet? **II** v/i **1** bet **2**: ~ **por algo** opt for sth; ~ **fuerte por** be firmly in favor of; **apostarse** v/r MIL position o.s.

apostasía f apostasy

apóstata m/f apostate

a posteriori adj & adv a posteriori

apostilla f comment, note

apostillar ⟨1a⟩ v/t add

apóstol m **1** apostle **2** fig: de la paz, la solidaridad etc advocate

apostolado m ministry

apostólico adj apostolic

apóstrofe, apóstrofo m apostrophe

apoteósico adj spectacular

apoteosis f fig climax, apotheosis fml

apoyabrazos m inv armrest

apoyacabezas *m inv* headrest

apoyar ⟨1a⟩ *v/t* **1** lean (**en** against), rest (**en** against) **2** (*respaldar, confirmar*) support; **apoyarse** *v/r* **1** lean (**en** on; **contra** against) **2** *en persona* rely (**en** on) **3**: *¿en qué te apoyas para decir eso?* what are you basing that comment on?

apoyatura *f* MÚS appoggiatura

apoyo *m fig* support; *en ~ de* in support of

apreciable *adj* **1** (*visible*) appreciable, noticeable **2** (*considerable*) considerable, substantial

apreciación *f* appreciation

apreciado *adj* valued

apreciar ⟨1b⟩ *v/t* **1** appreciate **2** (*sentir afecto por*) be fond of, think highly of; **apreciarse** *v/r* FIN appreciate

apreciativo *adj* appreciative

aprecio *m* respect; *tener un gran ~ por alguien* have a great deal of respect for s.o.

aprehender ⟨2a⟩ *v/t* apprehend, capture

aprehensión *f* capture, seizure

apremiante *adj* pressing, urgent

apremiar ⟨1b⟩ **I** *v/t* pressure, put pressure on **II** *v/i*: *el tiempo apremia* time is pressing

apremio *m* pressure, harassment; *~ de tiempo* pressure of time

aprender ⟨2a⟩ *v/t* learn; *~ a leer / conducir* learn to read / drive; *~ de la experiencia* learn from experience; **aprenderse** *v/r* learn; *se aprendió la lección* he learned his lesson; *~ algo de memoria* learn sth (off) by heart

aprendiz *m*, *~a f* apprentice, trainee; *estar de ~* be a trainee

aprendizaje *m* **1** apprenticeship; *puesto o plaza de ~* apprenticeship **2**: *capacidad de ~* ability to learn

aprensión *f* **1** (*miedo*) apprehension **2** (*asco*) squeamishness; *me da ~ hacerlo* I don't like the thought of doing it

aprensivo *adj* apprehensive

apresamiento *m* **1** MAR seizure **2** *de ladrón, animal* capture

apresar ⟨1a⟩ *v/t* **1** *nave* seize **2** *ladrón, animal* catch, capture

aprestarse ⟨1a⟩ *v/r*: *~ a* get ready to

apresurado *adj* quick, rushed

apresuramiento *m* hurry, haste

apresurar ⟨1a⟩ *v/t* hurry; **apresurarse** *v/r* hurry up; *~ a hacer algo* hurry *o* rush to do sth

apretado *adj* **1** tight **2**: *iban muy ~s en el coche* they were very cramped *o* squashed in the car

apretar ⟨1k⟩ **I** *v/t* **1** *botón* press; *apretó contra el pecho la fotografía / el niño* she held the photograph / the child close, she pressed the photograph / the child to her breast; *~ los puños* clench one's fists; *~ los dientes* grit one's teeth **2** (*pellizcar, pinzar*) squeeze **3** *tuerca* tighten **4**: *~ el paso* quicken one's pace **II** *v/i* **1** *de ropa, zapato* be too tight **2**: *~ a correr* start to run, start running

apretarse *v/r* **1** squeeze *o* squash together **2**: *~ el cinturón fig* tighten one's belt

apretón *m* squeeze

◇ **apretón de manos** handshake

apretujar ⟨1a⟩ *v/t* F squeeze, squash; **apretujarse** *v/r* F squash *o* squeeze together

apretujón *m* F hug

apretura *f* crush

aprieto *m* predicament; *poner a alguien en un ~* put *o* place s.o. in a predicament

a priori *adj & adv* a priori

aprisa *adv* quickly

aprisco *m* fold, pen

aprisionar ⟨1a⟩ *v/t fig* trap

aprobación *f* approval; *de ley* passing

aprobado I *adj* passed **II** *m* EDU pass

aprobar ⟨1m⟩ *v/t* **1** approve; *comportamiento, idea* approve of; *ley* pass **2** *examen* pass

aprobatorio *adj* approving *atr*

aprontar ⟨1a⟩ *Rpl v/t* get ready; **aprontarse** *v/r* get ready

apropiación *f* appropriation

◇ **apropiación indebida** JUR misappropriation

apropiado *adj* appropriate, suitable

apropiarse ⟨1b⟩ *v/r*: *~ de algo* take sth

aprovechable *adj* usable

aprovechado I *adj desp* opportunistic **II** *m*, *-a f desp* opportunist

aprovechamiento *m* exploitation, use; *~ de residuos* waste recycling

aprovechar ⟨1a⟩ **I** *v/t* **1** take advantage

of **2** *tiempo, espacio* make good use of; **quiero ~ la ocasión para ...** I would like to take this opportunity to ... **II** *v/i* **1** take the opportunity (*para* to) **2**: **¡que aproveche!** enjoy your meal!; **aprovecharse** *v/r* take advantage (*de* of)

aprovisionamiento *m* provisioning, supply

aprovisionar ⟨1a⟩ *v/t* provision, supply; **aprovisionarse** *v/r* stock up (*de* on)

aproximación *f* **1** approximation **2** (*acercamiento*) approach **3** *en lotería* consolation prize (*won by those with numbers immediately before and after the winning number*)

aproximadamente *adv* approximately

aproximado *adj* approximate

aproximar ⟨1a⟩ *v/t* bring closer; **aproximarse** *v/r* approach; **~ a la verdad** get close to the truth; **~ a los setenta** be approaching seventy; **se aproxima el invierno** winter is coming

aproximativo *adj* approximate, rough

aptitud *f* aptitude (*para* for), flair (*para* for)

apto *adj* **1** suitable (*para* for); **~ para menores** *película* suitable for under-age children; **~ para todos los públicos** G (general audiences), *Br* universal **2** *para servicio militar* fit **3** EDU pass

apuesta *f* bet

apuesto *adj* handsome

apunado *adj Andes* suffering from altitude sickness

apunamiento *m Andes* altitude sickness

apunarse ⟨1a⟩ *v/r Andes* get altitude sickness

apuntado *part* ☞ **apuntar**

apuntador *m*, **~a** *f* TEA prompter

apuntalar ⟨1a⟩ *v/t edificio* shore up; *fig* prop up

apuntar ⟨1a⟩ **I** *v/t* **1** (*escribir*) note down, make a note of **2** TEA prompt **3** *en curso, para viaje etc* put one's name down (*en, a* on; *para* for) **4**: **~ con el dedo** point at *o* to **II** *v/i* **1** *con arma* aim; **~ alto** *fig* aim high, have big ambitions **2**: **apunta el día** lit day is breaking

apuntarse *v/r* **1** put one's name down (*en, a* on; *para* for); **~ a la victoria** take all the credit; **¡me apunto!** count me

in! **2**: **~ un tanto** score a point

apunte *m* note; **~s** *pl* EDU notes; **tomar ~s** take notes

apuñalar ⟨1a⟩ *v/t* stab

apurado *adj* **1** *L.Am.* (*con prisa*) in a hurry; **ir ~ de tiempo** be pressed for time, be short of time **2** (*pobre*) short (of cash); **ir ~ de dinero** be short of cash, be strapped for cash; **estoy ~** F I'm struggling

apurar ⟨1a⟩ **I** *v/t* **1** *vaso* finish off **2** *a alguien* pressure, put pressure on **II** *v/i Chi*: **no me apura** I'm not in a hurry for it; **apurarse** *v/r* **1** worry; **¡no te apures!** don't worry! **2** *L.Am.* (*darse prisa*) hurry (up); **¡no te apures!** there's no rush

apuro *m* **1** predicament, tight spot F; **sacar a alguien de un ~** F get s.o. out of trouble *o* a jam F; **en caso de ~** in case of trouble **2** (*estrechez, necesidad*): **pasar ~s** suffer hardship **3** (*compromiso*): **poner a alguien en un ~** put s.o. in an awkward situation **4** (*vergüenza*) embarrassment; **me da ~** I'm embarrassed **3** *L.Am.* (*prisa*) rush

aquaplaning *m* hydroplaning, *Br* aquaplaning

aquejado *adj*: **estar ~ de** be suffering from

aquejar ⟨1a⟩ *v/t* afflict; **le aqueja una rara enfermedad** he suffers from *o* is afflicted with a rare disease

aquél, aquélla, aquéllos, aquéllas *pron singular* that (one); *plural* those (ones)

aquel, aquella, aquellos, aquellas *det singular* that; *plural* those

aquelarre *m* witches' sabbath

aquello *pron* that

aquí *adv* **1** *en el espacio* here; **desde ~** from here; **por ~** here; **¡ven ~!** come here!; **ir de ~ para allá** go backwards and forwards; *ociosamente* wander around; **he ~** this / that is **2** *en el tiempo* now; **de ~ en adelante** from now on; **~ que ocurra** by the time it happens; **de ~ a ocho días** within the next week, by next week

aquiescente *adj* acquiescent

aquietarse ⟨1a⟩ *v/r* calm down

ara *f* **1** altar **2**: **en ~s de** in the interests of

árabe I *m/f* & *adj* Arab **II** *m idioma* Ara-

bic
arabesco I *adj* Arabic **II** *m* arabesque
Arabia Saudí *f* Saudi Arabia
arábico, arábigo *adj* Arabic
arabista *m/f* Arabist
arable *adj* arable; *suelo* ~ arable land
arácnidos *mpl* ZO arachnids
arado *m* plow, *Br* plough
arador *m* ZO mite
arancel *m* tariff
arancelario *adj* tariff *atr*; *barreras -as* tariff barriers
arándano *m* blueberry
arandela *f* washer
araña *f* **1** ZO spider **2** *lámpara* chandelier
◇ **araña de mar** ZO spider crab
arañar ⟨1a⟩ *v/t* scratch; **arañarse** *v/r* scratch (*con* on); *se arañó los brazos con las ramas* he scratched his arms on the branches
arañazo *m* scratch
arar ⟨1a⟩ *v/t* plow, *Br* plough
arbitraje *m* **1** arbitration **2** DEP refereeing
arbitral *adj* arbitration *atr*
arbitrar ⟨1a⟩ *v/t* **1** *en conflicto* arbitrate **2** *en fútbol, boxeo* referee; *en tenis, béisbol* umpire
arbitrariedad *f* arbitrariness
arbitrario *adj* arbitrary
árbitro *m* **1** *en fútbol, boxeo* referee; *en tenis, béisbol* umpire **2** *en conflicto* arbitrator
◇ **árbitro asistente** DEP assistant referee
árbol *m* **1** tree **2** TÉC shaft
◇ **árbol caducifolio** deciduous tree; **árbol de la ciencia** tree of knowledge; **árbol de hoja caduca** deciduous tree; **árbol de levas** camshaft; **árbol de Navidad** Christmas tree; **árbol genealógico** family tree
arbolado I *adj* wooded **II** *m* woodland
arboladura *f* MAR spars *pl*
arbolar ⟨1a⟩ *v/t* MAR mast, fit the mast on
arboleda *f* grove
arbóreo *adj* **1** tree *atr*, arboreal **2** *zona* wooded
arboricultor *m*, **~a** *f* forest worker
arboricultura *f* forestry
arbotante *m* ARQUI flying buttress
arbusto *m* shrub, bush

arca *f* chest
◇ **arca de la alianza** REL Ark of the Covenant
◇ **arca de Noé** Noah's Ark
arcada *f* MED: *me provocó* ~*s* it made me retch *o* heave F
arcaico *adj* archaic
arcaísmo *m* archaism
arcángel *m* archangel
arce *m* BOT maple
arcén *m* shoulder, *Br* hard shoulder
archiconocido *adj* extremely well known
archidiócesis *f inv* archdiocese
archifamoso *adj* super famous
archipiélago *m* archipelago
archisabido *adj* very well known
archivador *m* file cabinet, *Br* filing cabinet
archivar ⟨1a⟩ *v/t* **1** *papeles, documentos* file **2** *asunto* shelve
archivero *m*, **-a** *f* archivist
archivo *m* **1** archive **2** INFOR file
arcilla *f* clay
arcilloso *adj* clayey
arcipreste *m* archpriest
arco *m* **1** ARQUI arch **2** MÚS bow **3** *para tirar flechas* bow **4** *L.Am.* DEP goal
◇ **arco iris** rainbow; **arco de medio punto** round arch; **arco ojival** gothic arch; **arco triunfal** triumphal arch; **arco voltaico** electrical arc
arcón *m* chest
arder ⟨2a⟩ *v/i* **1** burn; ~ *de o en* be burning with **2** *estar muy caliente* be exceedingly hot; *la reunión está que arde* F the meeting is about to erupt F
ardid *m* trick, ruse
ardiente *adj* **1** *persona, amor* passionate; *defensor* ardent **2** *bebida* scalding
ardilla *f* ZO squirrel
ardor *m* *entusiasmo* fervor, *Br* fervour; *en el* ~ *de la batalla o disputa* in the heat of battle
◇ **ardor de estómago** heartburn
ardoroso *adj* ardent, passionate
arduo *adj* arduous
área *f* area; ~ *de influencia* area of influence
◇ **área de castigo** DEP penalty area; **área de descanso** rest area, *Br* lay-by; **área de embarque** AVIA departure lounge; **área grande** *en fútbol* eighteen-yard box; **área metropolitana**

metropolitan area; **área de no fumar** no-smoking area; **área operativa** *de policía* area, *Br* F patch; **área de penalty** DEP penalty area; **área pequeña** *en fútbol* six-yard box; **área de servicio** service area

arena *f* **1** sand **2** TAUR, *de gladiadores* arena

◇ **arenas movedizas** quicksand *sg*

arenal *m* sandy area

arenga *f* morale-boosting speech; (*sermón*) harangue

arengar ⟨1h⟩ *v/i* harangue

arenilla *f* **1** grit, sand **2**: **~s** *pl* MED gravel *sg*

arenisca *f* MIN sandstone

arenoso *adj* sandy

arenque *m* herring

◇ **arenque ahumado** kipper

aréola *f*, **areola** *f* ANAT, MED areola

arepa *f* *C.Am.*, *Ven cornmeal roll*

arete *m* *L.Am. joya* earring

argamasa *f* mortar

Argel *m* Algiers

Argelia *f* Algeria

argelino I *adj* Algerian **II** *m*, **-a** *f* Algerian

argénteo *adj* silver *atr*

argentífero *adj* silver-bearing

Argentina *f* Argentina

argentino I *adj* Argentinian **II** *m*, **-a** *f* Argentinian

argolla *f* *L.Am.* ring

argón *m* QUÍM argon

argot *m* slang

argucia *f* clever argument

argüir ⟨3g⟩ *v/t* & *v/i* argue

argumentación *f* argumentation

argumentar ⟨1a⟩ *v/t* argue

argumento *m* **1** *razón* argument **2** *de libro, película etc* plot

aria *f* aria

ariano *L.Am.* **I** *adj* Arian; **ser ~** be (an) Aries, be (an) Arian **II** *m*, **-a** *f* Aries, Arian

aridez *f* aridity, dryness

árido *adj* arid, dry; *fig* dry

Aries ASTR **I** *adj* Arian; **soy ~** I'm (an) Arian, I'm (an) Aries **II** *m/f inv* Aries

ariete *m* **1** HIST battering ram **2** DEP striker

arisco *adj* unfriendly

arista *f* **1** MAT edge **2** BOT beard

aristocracia *f* aristocracy

aristócrata *m/f* aristocrat

aristocrático *adj* aristocratic

aritmética *f* arithmetic

arma *f* weapon; **alzarse en ~s** rise up in arms; **tomar las ~s** take up arms; **llamar a las ~** call to arms; **pasar por las ~s** shoot; **presentar ~** present arms; **de ~s tomar** *fig* F formidable

◇ **arma blanca** knife; **armas de destrucción masiva** weapons of mass destruction, WMDs; **arma de doble filo**, **arma de dos filos** *fig* two-edged sword; **arma de fuego** firearm; **arma punzante** sharp weapon; **armas nucleares** nuclear weapons

armada *f* **1** navy **2** HIST: **la Armada** the (Spanish) Armada

armadillo *m* ZO armadillo

armado *adj* armed

armador *m*, **~a** *f* MAR shipowner

armadura *f* **1** armor, *Br* armour **2** TÉC framework

armamentista, **armamentístico** *adj* armaments *atr*, arms *atr*

armamento *m* armaments *pl*

armar ⟨1a⟩ *v/t* **1** MIL arm **2** TÉC assemble, put together **3**: **~ un escándalo** F kick up a fuss F, make a scene F; **~la** cause trouble; **armarse** *v/r* **1** arm o.s. **2**: **~ de valor** pluck up courage; **~ de paciencia** be patient **3**: **la que se va a armar** F all hell will break loose F, the shit will really hit the fan P

armario *m* closet, wardrobe; *de cocina* cabinet, *Br* cupboard

◇ **armario de luna** closet *o Br* wardrobe with mirrors

◇ **armario ropero** closet, *Br* wardrobe

armatoste *m* F huge thing

armazón *f* skeleton, framework; *Rpl* (*de gafas*) frame

armería *f* gunstore

armero *m* gunsmith

armiño *m* **1** ZO stoat **2** *piel* ermine

armisticio *m* armistice

armonía *f* harmony

armónica *f* harmonica, mouth organ

armónico I *adj* harmonic **II** *m* MÚS harmonic

armonio *m* MÚS harmonium

armonioso *adj* harmonious

armonizar ⟨1f⟩ **I** *v/t* harmonize; *diferencias* reconcile **II** *v/i* **1** *de color, estilo* blend (**con** with) **2** *de persona* get on

(**con** with)

arnés m **1** harness **2** para niños leading strings pl, Br leading reins pl **3**: **arneses** pl tack sg

árnica f BOT arnica

aro m **1** hoop; **entrar** o **pasar por el ~** fig F bite the bullet, knuckle under; **hacer pasar a alguien por el ~** make s.o. knuckle under o toe the line **2** L.Am. (pendiente) earring

aroma m aroma; de flor scent

aromaterapia f aromatherapy

aromático adj aromatic

aromatizar ⟨1f⟩ v/t perfume

arpa f harp

arpegiar ⟨1a⟩ v/i MÚS play an arpeggio

arpegio m MÚS arpeggio

arpía f harpy

arpista m/f harpist

arpón m harpoon

arponear ⟨1a⟩ v/t harpoon

arponero m harpooner

arqueado adj curved; **tener las piernas -as** be bowlegged

arquear ⟨1a⟩ v/t espalda arch; cejas raise; **~ el lomo de** gato arch its back; **arquearse** v/r de balda bend, sag; **se le está arqueando la espalda** he's becoming stooped o hunched

arqueo m **1** MAR capacity **2** COM: **~ (de caja)** cashing up

arqueología f archeology, Br tb archaeology

arqueológico adj archeological, Br tb archaeological

arqueólogo m, -a f archeologist, Br tb archaeologist

arquería f ARQUI arcade

arquero m **1** archer **2** L.Am. en fútbol goalkeeper

arqueta f small chest

arquetipo m archetype

arquitecto m, -a f architect

arquitectónico adj architectural

arquitectura f architecture

arquitrabe m ARQUI architrave

arrabal m poor outlying area

arrabalero adj of / from a poor outlying area

arraigado adj entrenched

arraigar ⟨1h⟩ v/i take root; **arraigarse** v/r de persona settle (**en** in); de costumbre, idea take root

arraigo m: **tener ~** be deep-rooted

arramblar ⟨1a⟩ v/t (destruir) destroy

arrancada f: **pegar una ~, salir en una ~** pull away quickly

arrancado part ☞ **arrancar**

arrancar ⟨1g⟩ I v/t **1** planta, página pull out **2** vehículo start (up) **3** (quitar) snatch; **le ~on el bolso** they snatched her purse II v/i **1** de vehículo, máquina start (up) **2** INFOR boot (up) **3**: **~ a hacer algo** start to do sth, start doing sth **4** Chi (huir) run away; **arrancarse** v/r **1** Chi run away **2**: **~ por sevillanas** start dancing a sevillana

arranque m **1** AUTO starter (motor); **no hay ningún problema con el ~** there's no problem starting it **2** INFOR start (-up), boot **3** (energía) drive **4** (ataque) fit

◇ **arranque en frío** INFOR cold start o boot

arras fpl **1** en una boda coins (given by the bridegroom to the bride) **2** (depósito) deposit

arrasar ⟨1a⟩ I v/t devastate II v/i F be a big hit

arrastrado I adj wretched, miserable II part ☞ **arrastrar**

arrastrar ⟨1a⟩ I v/t **1** por el suelo, INFOR drag (**por** along) **2** (llevarse) carry away II v/i **1** por el suelo trail on the ground **2** en juegos de cartas draw trumps; **arrastrarse** v/r crawl; fig (humillarse) grovel, crawl (**delante de** to)

arrastre m: **estar para el ~** fig F be fit to drop F

arrayán m BOT myrtle

arre int gee up!

arreada f Rpl round-up

arrear ⟨1a⟩ I v/t **1**: **~ una bofetada a alguien** thump s.o. F, hit s.o. **2** el ganado drive II v/i: **¡arrea!** F get on with it!

arrebatado part ☞ **arrebatar**

arrebatador adj breathtaking, dazzling

arrebatamiento m anger

arrebatar ⟨1a⟩ v/t snatch (**a** from); **el ladrón le arrebató el bolso** the thief snatched her purse

arrebato m fit; **~ de cólera** fit of rage

arrebujarse ⟨1a⟩ v/r F wrap o.s. up; en cama snuggle up

arrechucho m F **1** (ataque) fit **2**: **me dio un ~** indisposición I felt strange

arreciar ⟨1b⟩ v/i de tormenta get worse; de viento get stronger

arrecife *m* reef
◇ **arrecife de coral** coral reef
arredrar ⟨1a⟩ *v/t* intimidate; **arredrarse**
v/r be intimidated (**ante** by)
arreglado I *adj* **1** *casa, escritorio etc* neat
2 (*bien vestido*) well-groomed **3**: *si empieza a llover estamos ~s irón* if it
starts to rain, that'll be just dandy **II** *part*
☞ **arreglar**
arreglar ⟨1a⟩ *v/t* **1** (*reparar*) fix, repair **2**
(*ordenar*) tidy (up) **3** (*solucionar*) sort
out; **~ cuentas** settle up; *fig* settle
scores **4** MÚS arrange **5**: *¡ya te arreglaré yo! amenaza* I'll show you!, I'll soon
settle your hash! F
arreglarse *v/r* **1** get (o.s.) ready **2** *de
problema* get sorted out; *¡todo se arreglará!* everything will work out **3**: *el
tiempo se arregla* it's clearing up **4**
(*apañarse*) manage; **arreglárselas**
manage; *¡arréglate como puedas!*
you'll just have to manage!, you'll just
have to sort something out!; *~ con algo*
get by with sth, make do with sth
arreglista *m/f* MÚS arranger
arreglo *m* **1** (*reparación*) repair **2** (*solución*) solution; *esto no tiene ~* there's
nothing to be done; *no tienes ~* you're
the limit, you're impossible **3** (*acuerdo*)
arrangement, agreement **4** MÚS arrangement **5**: *con ~ a* in accordance
with **6** F *amoroso* affair
◇ **arreglo de cuentas** settling of
scores
arrejuntarse ⟨1a⟩ *v/r* F shack up (together) F
arrellanarse ⟨1a⟩ *v/r* settle
arremangarse ⟨1h⟩ *v/r* roll up one's
sleeves
arremeter ⟨2a⟩ *v/i*: *~ contra* charge (at);
fig (*criticar*) attack
arremetida *f* MIL charge
arremolinarse ⟨1a⟩ *v/r* mill around
arrendajo *m* ZO (blue) jay
arrendamiento *m* renting; *dar en ~* rent
(out); *tomar en ~* rent
arrendar ⟨1k⟩ *v/t* L.Am. **1** (*dar en alquiler*) rent (out), let; *se arrienda* for rent
2 (*tomar en alquiler*) rent
arrendatario *m*, *-a f* tenant
arreo *m* **1** *Rpl* driving, herding **2** *Rpl*
(*manada*) herd **3**: *~s pl* tack *sg*
arrepentido *part* ☞ **arrepentirse**
arrepentimiento *m* **1** repentance **2**

(*cambio de opinión*) change of heart
arrepentirse ⟨3i⟩ *v/r* **1** be sorry; *~ de algo* regret sth; *estar arrepentido de algo* regret sth, be sorry for sth **2** (*cambiar de opinión*) change one's mind,
have a change of heart
arrestado I *adj* arrested, under arrest **II**
part ☞ **arrestar**
arrestar ⟨1a⟩ *v/t* arrest
arresto *m* **1** arrest; *orden de ~* arrest
warrant **2**: *~s pl* spirit *sg*, daring *sg*
◇ **arresto domiciliario** house arrest
arriar ⟨1c⟩ *v/t* lower, strike; *~ velas* lower *o* strike the sails
arriba I *adv* **1** *situación* up; *ponlo ahí ~*
put it up there; *el cajón de ~ siguiente*
the next drawer up, the drawer above;
último the top drawer; *más ~* higher
(up), further up; *~ del todo* right at
the top; *las plantas de ~* the top floors;
los de ~ the ones on top; *~ mencionado* above-mentioned; *véase ~* see
above; *de o desde ~* from above; *~
de* above; (*encima de*) on top of; *volver
lo de ~ abajo* turn everything upside
down
2 *en edificio* upstairs; *vete ~* go upstairs
3 *dirección* up; *sigan hacia ~* keep
going up; *me miró de ~ abajo fig* she
looked me up and down
4 *con cantidades*: *de diez para ~* ten or
above; *de cincuenta* (*años*) *para ~*
over 50, 50 and over
II *prp*: *~ de L.Am.* on, on top of
III *interj*: *¡~! long live …!*
arribada *f*, **arribaje** *m* MAR arrival
arribar ⟨1a⟩ *v/i* MAR arrive, put in
arribeño *m*, *-a f L.Am.* uplander, highlander
arribismo *m* social climbing
arribista *m/f* social climber, arriviste
arriesgado *adj* risky
arriesgar ⟨1h⟩ *v/t* risk; **arriesgarse** *v/r*
take a risk; *~ a hacer algo* risk doing
sth
arrimar ⟨1a⟩ *v/t* move closer; *~ el hombro* F pull one's weight; **arrimarse** *v/r*
move closer (*a* to); *~ al sol que más
calienta* swim with the tide
arrinconar ⟨1a⟩ *v/t* **1** (*acorralar*) corner
2 *libros etc* put away **3** *persona* cold-shoulder
arritmia *f* MED arrhythmia
arroba *f* INFOR at sign, @; *josé ~ …* josé

at …

arrocero I *adj* rice-growing *atr* **II** *m*, -a *f* rice grower

arrodillarse ⟨1a⟩ *v/r* kneel (down)

arrogancia *f* arrogance

arrogante *adj* arrogant

arrogarse ⟨1h⟩ *v/r* assume

arrojadizo *adj*: **arma -a** throwing weapon

arrojado I *adj* brave, daring **II** *part* ☞ **arrojar**

arrojar ⟨1a⟩ *v/t* **1** (*lanzar*) throw **2** *resultado* produce **3** (*vomitar*) throw up; **arrojarse** *v/r* throw o.s.; **~ por la ventana** throw o.s. out of the window

arrojo *m* bravery, daring

arrolladito *m Rpl*: **~ de primavera** spring roll

arrollador *adj* overwhelming

arrollar ⟨1a⟩ *v/t* **1** AUTO run over **2** *fig* crush, overwhelm

arropar ⟨1a⟩ *v/t* wrap up; *fig* protect; **arropado por** protected by; **arroparse** *v/r* cover o.s. up, wrap up

arrope *m Rpl, Chi, Pe* fruit syrup

arroyo *m* stream; **sacar a alguien del ~** *fig* pull s.o. out of the gutter

arroz *m* rice

◇ **arroz integral** brown rice; **arroz largo** long-grain rice; **arroz con leche** rice pudding

arrozal *m* ricefield, paddy

arruga *f* wrinkle

arrugado *adj* wrinkled

arrugar ⟨1h⟩ *v/t* wrinkle; **~ el ceño** *o* **la frente** frown; **arrugarse** *v/r de piel, ropa* get wrinkled

arruinado *adj* ruined, broke F

arruinar ⟨1a⟩ *v/t* ruin; **arruinarse** *v/r* be ruined

arrullar ⟨1a⟩ **I** *v/t* (*adormecer*) to lull to sleep **II** *v/i de paloma* coo

arrullo *m* **1** *de paloma* cooing **2** *para niño* lullaby

arrumaco *m* F: **~s** kissing and cuddling; **hacer ~s** bill and coo

arrumbar ⟨1a⟩ **I** *v/t* put away **II** *v/i* MAR: **~ hacia el norte** steer a course north

arsenal *m* arsenal

arsénico *m* arsenic

art *abr* (= **artículo**) art. (= article)

arte *m* (*pl f*) **1** art; **bellas ~s** *pl* fine art *sg*; **el séptimo ~** cinema, the movies *pl*; (*como*) **por ~ de magia** as if by magic;

no tener ~ ni parte have absolutely no say **2** (*argucia*): **malas ~s** *pl* guile *sg*

◇ **arte dramático** dramatic art; **artes de pesca** fishing tackle *sg*; **artes plásticas** plastic arts

artefacto *m* (*dispositivo*) device

artemisa *f* BOT artemisia

arteria *f* artery

arterial *adj* arterial; **tensión ~** blood pressure

arterio(e)sclerosis *f* arteriosclerosis

artero *adj* artful, cunning

artesa *f* trough

artesana *f* craftswoman

artesanado *m* craftspeople *pl*

artesanal *adj* craft *atr*

artesanía *f* (handi)crafts *pl*

artesano *m* craftsman

artesiano *adj*: **pozo ~** artesian well

artesonado I *adj* coffered **II** *m* coffering

ártico *adj paisaje, fauna* Arctic

Ártico *m zona, océano* Arctic

articulación *f* **1** ANAT, TÉC joint **2** *de sonidos* articulation

articulado I *adj* **1** *lenguaje* articulated **2** TÉC: **tren ~** articulated train **II** *mpl*: **~s** ZO articulate animals

articular I *adj* ANAT of the joint **II** ⟨1a⟩ *v/t* **1** TÉC articulate **2** *palabras* articulate, say

articulista *m/f* columnist

artículo *m* **1** *de periódico*, GRAM, JUR article **2** COM product, item; **~s de escritorio** stationery *sg*

◇ **artículo de consumo** consumer item; **artículo de fe** article of faith; **artículo de fondo** editorial; **artículo de lujo** luxury item; **artículo de primera necesidad** essential (item); **artículos de marca** brand goods

artífice *m/f* author

artificial *adj* artificial

artificio *m* **1** trick **2** (*artefacto*) device

artificioso *adj* **1** sly **2** (*falto de naturalidad*) affected, contrived

artillería *f* artillery

◇ **artillería antiaérea** antiaircraft guns *pl*; **artillería ligera** light artillery; **artillería pesada** heavy artillery

artillero *m* artillery gunner

artilugio *m aparato* gadget

artimaña *f* trick

artista *m/f* artist; **~ de circo** circus performer

artístico *adj* artistic
artritis *f* MED arthritis
artrópodos *mpl* ZO arthropods
artroscopia *f* MED arthroscopy
artrosis *f* MED rheumatoid arthritis
arveja *f Rpl, Chi, Pe* BOT pea
arzobispado *m* archbishopric
arzobispal *adj* archbishop's, archiepiscopal
arzobispo *m* archbishop
as *m tb fig* ace; ~ **del volante** ace driver
asa *f* handle
asadera *f CSur* roasting dish
asadero *m* griddle; *fig* F oven F
asado **I** *adj* roast *atr* **II** *m* **1** roast **2** *Rpl* (*barbacoa*) barbecue
asador *m* rotisserie
asadura *f* offal
asaetear ⟨1a⟩ *v/t:* ~ **a** *o* **con preguntas** bombard with questions
asalariado *m*, -a *f* **1** wage earner **2** *de empresa* employee
asaltante *m/f* assailant
asaltar ⟨1a⟩ *v/t* **1** *persona* attack; *banco* rob **2** *fig:* **le asaltó una duda** he was suddenly struck by doubt
asalto *m* **1** *a persona* attack (**a** on); *robo* robbery, raid; **tomar por** ~ take by storm **2** *en boxeo* round
asamblea *f* **1** *reunión* meeting **2** *ente* assembly
◇ **asamblea general** general meeting; **asamblea general anual** COM stockholders' meeting, *Br* annual general meeting; **asamblea plenaria** plenary session; **asamblea de trabajadores** employees' meeting, *Br* works meeting
asambleísta *m/f* assembly member
asar ⟨1a⟩ *v/t* roast; ~ **a la parrilla** broil, *Br* grill; **asarse** *v/r fig* F be roasting F
asaz *adv lit* extremely
asbesto *m* MIN asbestos
ascendencia *f* ancestry
ascendente **I** *adj* rising, upward **II** *m* ASTR ascendant
ascender ⟨2g⟩ **I** *v/t a empleado* promote **II** *v/i* **1** *de precios, temperatura etc* rise **2** *de montañero* climb **3** DEP, *en trabajo* be promoted (**a** to)
ascendiente *m/f* ancestor
ascensión *f* ascent
◇ **ascensión al trono** ascent to the throne
Ascensión *f* REL Ascension

ascenso *m* **1** *de temperatura, precios* rise (**de** in) **2** *de montaña* ascent **3** DEP, *en trabajo* promotion
ascensor *m* elevator, *Br* lift
ascensorista *m/f* elevator operator, *Br* lift operator
asceta *m/f* ascetic
ascético *adj* ascetic
ascetismo *m* asceticism
asco *m* disgust; **me da** ~ I find it disgusting; **¡qué** ~! how revolting *o* disgusting!; **estar hecho un** ~ be a real mess; **morirse de** ~ be bored to death; **no hacer** ~**s a** not turn one's nose up at
ascua *f* ember; **estar en** *o* **sobre** ~**s** be on tenterhooks; **tener a alguien sobre** ~**s** keep s.o. in suspense *o* on tenterhooks; **arrimar el** ~ **a su sardina** *fig* work things to one's own advantage
aseado *adj* clean
asear ⟨1a⟩ *v/t* clean; **asearse** *v/r* wash up, *Br* have a wash
asechanza *f* trap
asediar ⟨1b⟩ *v/t tb fig* besiege
asedio *m* **1** MIL siege, blockade **2** *a alguien* hounding
asegurado **I** *adj* insured **II** *m*, -a *f* insured
asegurador **I** *adj* insurance *atr* **II** *m* insurer
aseguradora *f* **1** insurance company **2** *persona* insurer
asegurar ⟨1a⟩ *v/t* **1** (*afianzar*) secure **2** (*prometer*) assure; **te lo aseguro** I assure you **3** (*garantizar*) guarantee **4** COM insure; ~ **algo contra incendios** insure sth against fire, take out fire insurance on sth; **asegurarse** *v/r* make sure
asemejarse ⟨1a⟩ *v/r:* ~ **a** look like
asentaderas *fpl* F behind, rear end F
asentado *adj* **1** located, situated **2** (*establecido*) settled
asentamiento *m* settlement
asentar ⟨1k⟩ *v/t* **1** *refugiados* place, settle **2** *objeto* place; **asentarse** *v/r* settle
asentimiento *m* approval, agreement
asentir ⟨3i⟩ *v/i* **1** agree (**a** to), consent (**a** to) **2** *con la cabeza* nod
aseo *m* **1** cleanliness **2** (*baño*) restroom, *Br* toilet
◇ **aseo personal** personal hygiene
asepsia *f* asepsis
aséptico *adj* aseptic

asequible *adj* **1** *precio* affordable **2** *obra* accessible

aserción *f* assertion

aserradero *m* sawmill

aserrar ⟨1k⟩ *v/t* saw

aserrín *m L.Am.* sawdust

asesinar ⟨1a⟩ *v/t* murder; POL assassinate

asesinato *m* murder; POL assassination

asesino *m*, **-a** *f* murderer; POL assassin
◇ **asesino en serie** serial killer
◇ **asesino a sueldo** hired killer, hitman

asesor I *adj* advisory **II** *m*, **~a** *f* consultant, advisor, *Br* adviser
◇ **asesor financiero** financial advisor *o Br* adviser; **asesor fiscal** tax advisor *o Br* adviser; **asesor de imagen** public relations consultant, image consultant; **asesor jurídico** legal advisor *o Br* adviser

asesoramiento *m* advice; **~ de empresas** management consultancy

asesorar ⟨1a⟩ *v/t* advise; **asesorarse**: **~ con alguien** consult s.o.

asesoría *f* consultancy

asestar ⟨1a⟩ *v/t golpe* deal (**a** to); **me asestó una puñalada** he stabbed me

asexual *adj* asexual

asfaltado I *adj* asphalted **II** *m* asphalting

asfaltadora *f* asphalting machine

asfaltar ⟨1a⟩ *v/t* asphalt

asfalto *m* asphalt

asfixia *f* asphyxiation, suffocation

asfixiante *adj* asphyxiating, suffocating

asfixiar ⟨1b⟩ *v/t* asphyxiate, suffocate; **asfixiarse** *v/r* asphyxiate, suffocate

así I *adv* **1** (*de este modo*): **~ de grande** this big; **~ o asá** this way or that (way)
2 (*de ese modo*) like that; **una cosa ~ a** thing like that, something like that; **soy ~ (yo)** that's how I am; **una casa ~ a** house like that; **~ es** that's right; **~ no más** *S.Am.* just like that; **~ como** **~** just like that; **~** so-so
II *conj*: **~ como** al igual que while, whereas; **~ y todo** even so; **~ pues** so; **~ que** so; **~ (es) que** so that's how, so that's why; **¿~ que no vienes?** so you're not coming?; **tanto es ~, que** ... and (as a result) ...; **... tanto es ~, que varias estaciones han cerrado** ... and (as a result) a number of sta-

tions are closed

Asia *f* Asia
◇ **Asia Menor** Asia Minor

asiático I *adj* Asian **II** *m*, **-a** *f* Asian

asidero *m* handle

asiduidad *f* frequency; **con ~** con frecuencia regularly

asiduo *adj* regular; **cliente ~** regular customer

asiento *m* **1** seat; **tomar ~** take a seat **2** COM entry
◇ **asiento del acompañante** front passenger seat; **asiento abatible** folding seat; **asiento catapulta** AVIA ejector seat; **asiento del conductor** driver's seat; **asiento delantero** front seat; **asiento eyectable** AVIA ejector seat; **asiento de pasillo** aisle seat; **asiento trasero** back seat; **asiento de ventanilla** window seat

asignación *f* **1** *acción* allocation **2** *dinero* allowance

asignar ⟨1a⟩ *v/t* allocate; *persona, papel* assign

asignatura *f* EDU subject
◇ **asignatura facultativa** elective *o* optional subject; **asignatura obligatoria** compulsory *o* required subject; **asignatura optativa** elective *o* optional subject; **asignatura pendiente** EDU failed subject; *asunto* unfinished business, unresolved matter

asilado *m*, **-a** *f* POL asylum seeker

asilarse ⟨1a⟩ *v/r* POL seek asylum

asilo *m* **1** home, institution **2** POL asylum; **derecho de ~** right to asylum; **solicitante de ~** asylum seeker
◇ **asilo de ancianos** retirement home, old people's home

asilvestrarse ⟨1a⟩ *v/r* go wild

asimetría *f* assymetry

asimétrico *adj* asymmetrical

asimilable *adj* which can be assimilated, assimilable

asimilación *f* assimilation

asimilar ⟨1a⟩ *v/t* assimilate; **asimilarse** *v/r*: **~ a** resemble

asimismo *adv* **1** (*también*) also **2** (*igualmente*) in the same way, likewise

asintomático *adj* MED asymptomatic

asir ⟨3a; asgo, ases⟩ *v/t* grab (hold of); **asirse** *v/r*: **~ de** grab onto, grab hold of

asistemático *adj* unsystematic

asistencia *f* **1** (*ayuda*) assistance; **~ a**

(los) ancianos home help (for the elderly) **2** *a lugar* attendance (*a* at); **récord de ~** attendance record; **~ a las urnas** voter turnout **3** DEP assist

◇ **asistencia en carretera** AUTO roadside assistance; **asistencia a domicilio** home help; **asistencia jurídica** legal aid; **asistencia médica** medical care; **asistencia social** social work; **asistencia técnica** technical support

asistenta *f* cleaner, cleaning woman

asistente *m/f* **1** (*ayudante*) assistant **2**: **los ~s** *pl* those present

◇ **asistente social** social worker

asistir ⟨3a⟩ **I** *v/t* help, assist **II** *v/i* be present; **~ a una boda** go to a wedding; **~ a clase** attend class, go to class

asma *m o f* asthma

asmático *adj* asthmatic

asno *m* **1** ZO donkey **2** *persona* idiot

asociación *f* association; **~ de ideas** association of ideas

◇ **asociación de consumidores** consumer association; **asociación empresarial** employers' association; **asociación de padres de alumnos** parent-teacher association, PTA; **asociación profesional** professional association; **asociación de vecinos** residents' association

asociado *m*, **-a** *f* member

asocial *adj* antisocial

asociar ⟨1b⟩ *v/t* associate; **~ a alguien con algo** associate s.o. with sth; **asociarse** *v/r* **1** team up (*con* with), go into partnership (*con* with) **2**: **~ a grupo, club** become a member of, join

asolador *adj* devastating

asolar ⟨1m⟩ *v/t* devastate

asoleada *f*: **pegarse una ~** *Bol, Pe* sunbathe

asolearse ⟨1a⟩ *v/r* *L.Am.* sunbathe

asomar ⟨1a⟩ **I** *v/t* put *o* stick out **II** *v/i* show; **asomarse** *v/r* lean out; **~ a o por la ventana** lean out of the window

asombrado *adj* amazed

asombrar ⟨1a⟩ *v/t* amaze, astonish; **asombrarse** *v/r* be amazed *o* astonished

asombro *m* amazement, astonishment; **no salía de su ~** he couldn't get over his amazement *o* astonishment

asombroso *adj* amazing, astonishing

asomo *m*: **ni por ~** no way

asonante *adj* *rima* assonant

asorocharse ⟨1a⟩ *v/r* *Pe, Bol* get altitude sickness

aspa *f* *de molino* sail; *de ventilador* blade

aspavientos *mpl* waving *sg*, flapping *sg*; **hacer muchos ~** wave *o* flap one's arms wildly

aspecto *m* **1** *de persona, cosa* look, appearance; **tener buen ~** look good; **tener ~ de ser / estar** seem (to be); **tenía ~ de ser una persona simpática** he seemed (to be) *o* he looked a nice guy **2** (*faceta*) aspect

aspereza *f* roughness, unevenness; **limar ~s** knock the rough edges off

áspero *adj* **1** *superficie* rough **2** *sonido* harsh **3** *persona* abrupt

aspersión *f* **1** AGR sprinkler system **2** REL sprinkling with holy water

aspersor *m* sprinkler

◇ **aspersor para césped** lawn sprinkler

◇ **aspersor circular** rotary sprinkler

áspid *m* ZO asp

aspiración *f* **1** TÉC draft, aspiration **2** GRAM aspiration

aspiraciones *fpl* aspirations

aspirado **I** *adj*: **sonido ~** GRAM aspirated sound **II** *part* ☞ **aspirar**

aspirador *m*, **~a** *f* vacuum cleaner; **pasar la ~** vacuum

aspirante **I** *adj* aspiring **II** *m/f* a cargo candidate (*a* for); *a título* contender (*a* for)

aspirar ⟨1a⟩ **I** *v/t* **1** suck up **2** *al respirar* inhale, breathe in **II** *v/i*: **~ a** aspire to

aspirina *f* aspirin

asqueado *adj* disgusted

asquear ⟨1a⟩ *v/t* disgust

asquerosidad *f* **1** filthiness **2**: **es una ~** it is disgusting

asqueroso **I** *adj* **1** (*sucio*) filthy **2** (*repugnante*) revolting, disgusting **II** *m*, **-a** *f* creep

asta *f* **1** flagpole, flagstaff; **a media ~** at half-staff, *Br* at half-mast **2** (*pitón*) horn; **dejar a alguien en las ~s del toro** drop s.o. right in it F

astenia *f* asthenia

aster *m* BOT aster

asterisco *m* asterisk

astigmatismo *m* astigmatism

astilla *f* **1** splinter **2**: **~s** *pl para fuego* kindling *sg*; **hacer ~s algo** *fig* smash sth to pieces **3**: **~s pl** *fig* F bribe *sg*, kickback F *sg*

astillar ⟨1a⟩ *v/t* splinter; **astillarse** *v/r* splinter

astillero *m* shipyard

astracán *m* astrakhan

astrágalo *m* ANAT astragalus, anklebone

astral *adj* astral

astringente *m/adj* astringent

astro *m* AST, *fig* star; **~ de la pantalla** movie star, film star

◇ **astro rey** sun

astrofísica *f* astrophysics *sg*

astrofísico *m*, **-a** *f* astrophysicist

astrología *f* astrology

astrólogo *m*, **-a** *f* astrologer

astronauta *m/f* astronaut

astronáutica *f* space travel, astronautics *sg fml*

astronave *f* spaceship

astronomía *f* astronomy

astronómico *adj* astronomical

astrónomo *m*, **-a** *f* astronomer

astucia *f* shrewdness, astuteness

Asturias: **el Príncipe de ~** *title conferred on the king of Spain's eldest son*

astuto *adj* shrewd, astute

asueto *m* time off; **día de ~** day off, rest day

asumir ⟨3a⟩ *v/t* **1** assume **2** (*aceptar*) accept, come to terms with

asunceno **I** *adj* of / from Asunción, Asunción *atr* **II** *m*, **-a** *f* native of Asunción

Asunción *f* **1** REL Assumption **2** GEOG Asunción

asunción *f* assumption; **bajo la ~ de que** on the assumption that

asunto *m* **1** matter; **mal ~** that's bad (news); **no es ~ tuyo** it's none of your business **2** F (*relación*) affair

◇ **asunto de Estado** matter of State

◇ **asuntos exteriores** foreign affairs

asustadizo *adj* easily frightened

asustar ⟨1a⟩ *v/t* frighten, scare; **asustarse** *v/r* be frightened *o* scared

atacante *m/f* **1** attacker, assailant **2** DEP forward

atacar ⟨1g⟩ **I** *v/t* **1** attack; **le atacó un fuerte lumbago** he had a severe attack of lumbago; **me atacaron ganas de ...** I was seized *o* gripped by a desire to ...

2 *fig*: *tarta* attack, tackle; *tema* address, tackle **II** *v/i* attack

atadijo *m* bundle

atado *m Arg* packet

atadura *f* tie

atajar ⟨1a⟩ **I** *v/t* **1** check the spread of, contain **2** *L.Am. pelota* catch **II** *v/i* take a short cut

atajo *m* short cut

atalaya **I** *f* watchtower **II** *m/f* sentinel

atañer ⟨2f⟩ *v/t* concern; **eso no me atañe** that's no concern of mine, that doesn't concern me

ataque *m* **1** (*agresión*), DEP attack **2** (*acceso*) fit; **le dio un ~ de risa** she burst out laughing

◇ **ataque cardíaco, ataque al corazón** MED heart attack

atar ⟨1a⟩ *v/t* **1** tie (up); **~ a alguien de pies y manos** tie s.o.'s hands and feet, truss s.o. up; **loco de ~** mad as a hatter **2** *fig* tie down; **los niños atan mucho** kids really tie you down; **~ corto a alguien** *fig* keep s.o. on a tight leash; **atarse** *v/r fig* tie o.s. down

atardecer **I** ⟨2d⟩ *v/i* get dark **II** *m* dusk; **al ~** at sunset

atareado *adj* busy

atarearse ⟨1a⟩ *v/r* busy o.s.

atascar ⟨1g⟩ *v/t* block; **atascarse** *v/r* **1** *de mecanismo* jam, stick; *de cañería* get blocked; **se ha atascado el tubo** the pipe's blocked **2** *al hablar* dry up

atasco *m* AUTO traffic jam; **~ de papel de impresora** paper jam

ataúd *m* coffin, casket

ataviar ⟨1c⟩ *v/t* dress s.o. up; **ataviarse** *v/r* dress up

ate *m Méx* quince jelly

ateísmo *m* atheism

atemorizar ⟨1f⟩ *v/t* frighten; **atemorizarse** *v/r* be frightened (**de** of)

atemperar ⟨1a⟩ *v/t* temper

atenazar ⟨1f⟩ *v/t* grip

atención *f* **1** attention; **¡~!** your attention, please!; **falta de ~** lack of attention, inattentiveness; **prestar ~** pay attention (**a** to); **llamar la ~ a alguien** reñir tell s.o. off; *por ser llamativo* attract s.o.'s attention; **llamar la ~ de alguien sobre algo** call s.o.'s attention to sth; **dar un toque de ~ a alguien** pull s.o. up **2** (*cortesía*) courtesy; **atenciones** *pl* attentiveness *sg*; **nos han tratato con mil atenciones** they were extremely attentive

3: **a la ~ de** *carta* for the attention of; **en ~ a** *fml* with regard to

◇ **atención a domicilio, atención domiciliaria** home help

◇ **atención médica** medical attention

atender ⟨2g⟩ **I** *v/t* **1** *a enfermo* look after **2** *en tienda* attend to, serve **II** *v/i* **1** pay attention (**a** to) **2**: **que atiende por el nombre de ...** whose name is ...; who answers to the name of ...

ateneo *m Esp* atheneum, *Br* athenaeum

atenerse ⟨2l⟩ *v/r*: **~ a** *normas* abide by; *consecuencias* face, accept; **me atengo a lo dicho** I'm sticking to what I said; **saber a qué ~** know where one stands

atentado *m* attack (**contra, a** on)

◇ **atentado con bomba** bomb attack

◇ **atentado terrorista** terrorist attack

atentamente *adv* **1** attentively **2** *en carta* sincerely, Yours truly, *Br* Yours sincerely

atentar ⟨1k⟩ *v/i*: **~ contra** *vida* make an attempt on; *moral etc* be contrary to

atento *adj* attentive; **estar ~ a algo** pay attention to sth

atenuación *f* lessening

atenuante *adj* JUR extenuating; **circunstancia ~** extenuating circumstance

atenuar ⟨1e⟩ *v/t* lessen, reduce; **atenuarse** *v/r* **1** *de violencia, dolor* lessen, die down **2**: **se atenuan los castigos por ...** the penalties for ... are being made less severe; **se han atenuado las medidas de seguridad** security has been scaled down

ateo I *adj* atheistic **II** *m*, **-a** *f* atheist

aterciopelado *adj tb fig* velvety

aterido *adj*: **~ (de frío)** frozen

atero(e)sclerosis *f* MED arteriosclerosis

aterrador *adj* frightening, terrifying

aterrar[1] ⟨1a⟩ *v/t persona* frighten, terrify

aterrar[2] ⟨1k⟩ *v/t con tierra* fill with earth

aterrizaje *m* AVIA landing

◇ **aterrizaje de emergencia, aterrizaje forzoso** emergency landing

aterrizar ⟨1f⟩ *v/i* land

aterrorizado *adj* terrified, petrified

aterrorizar ⟨1f⟩ *v/t* **1** terrify, petrify **2**

(*amenazar*) terrorize; **aterrorizarse** *v/r* be terrified *o* petrified

atesorar ⟨1a⟩ *v/t* amass

atestado *adj* overcrowded

atestiguar ⟨1i⟩ *v/t* JUR testify; *fig* bear witness to

atiborrar ⟨1a⟩ *v/t* cram; **atiborrarse** *v/r* F stuff o.s. F (**de** with)

ático *m piso* top floor; *apartamento* top floor apartment *o Br* flat; (*desván*) attic

atinado *part* ☞ **atinar**

atinar ⟨1a⟩ *v/i* **1** manage (**a** to) **2**: **no atinó con la respuesta correcta** she couldn't come up with the right answer; **~ en el blanco** hit the bull's eye

atiparse ⟨1a⟩ *v/r* eat one's fill

atípico *adj* atypical

atirantar ⟨1a⟩ *v/t* tighten; **atirantarse** *v/r de situación* become more tense

atisbar ⟨1a⟩ *v/t* see, make out

atisbo *m* sign

atizador *m* poker

atizar ⟨1f⟩ *v/t* **1** *fuego* poke **2** *pasiones* stir up **3**: **le atizó un golpe** she hit him **4**: **¡atiza!** wow!; **atizarse** *v/r bebida, comida* put away; **~ un trago** F knock back a drink F; **se atizó un trago de coñac** he took a gulp of brandy; **me he atizado tres horas de gimnasio** I put in a solid three hours at the gym

Atlántico *m/adj* Atlantic

atlas *m inv* atlas

atleta *m/f* athlete

atlético *adj* athletic

atletismo *m* athletics *sg*

atmo. *abr* (= **atentísimo**): **su ~** Yours truly

atmósfera *f* atmosphere

atmosférico *adj* atmospheric; **presión -a** atmospheric pressure

atn *abr* (= **atención**) attn (= for the attention of)

atoar ⟨1a⟩ *v/t* MAR *barco* tow

atole *m Méx flavored hot drink made with maize flour*

atolladero *m fig*: **sacar a alguien del ~** F get s.o. out of a jam *o* a tight spot; **estar en un ~** F be in a jam *o* a tight spot

atollarse ⟨1a⟩ *v/r* get stuck

atolón *m* atoll

atolondrado *adj* scatterbrained

atolondramiento *m* bewilderment

atolondrar ⟨1a⟩ *v/t* **1** *de golpe, noticia*

stun, daze **2** (*confundir*) bewilder, confuse; **atolondrarse** *v/r* **1** be stunned, be dazed **2** (*confundirse*) be bewildered, be confused

atómico *adj* atomic

atomización *f* **1** spraying **2** TÉC atomization

atomizador *m* spray

atomizar ⟨1f⟩ *v/t* **1** spray **2** TÉC atomize

átomo *m* atom; **ni un ~ de** *fig* not an iota of

atonal *adj* MÚS atonal

atonía *f* MED, *fig* sluggishness

atónito *adj* astonished, amazed; **me dejas ~** you astonish o amaze me

átono *adj* GRAM unstressed

atontado *adj* dazed, stunned

atontamiento *m* dazed state

atontar ⟨1a⟩ *v/t* **1** make groggy *o* dopey; (*volver tonto*) turn into a zombie **2** *de golpe* stun, daze; **atontarse** *v/r* go into a daze

atontolinar ⟨1a⟩ *v/t* F ☞ **atontar**

atorar ⟨1a⟩ *L.Am.* *v/t cañería etc* block (up); **atorarse** *v/r* **1** choke **2** *de cañería etc* get blocked (up)

atormentar ⟨1a⟩ *v/t* torment; **atormentarse** *v/r* torment o.s.

atornillador *m CSur* screwdriver

atornillar ⟨1a⟩ *v/t* screw on

atorrante *m Rpl, Chi* F **1** bum F, *Br* tramp **2** (*holgazán*) bum F, *Br* layabout F

atosigar ⟨1h⟩ *v/t* pester

atrabancado *adj Méx* clumsy

atracadero *m* MAR mooring

atracador *m, ~a f* robber

atracar ⟨1g⟩ **I** *v/t* **1** *banco, tienda* hold up; *a alguien* mug **2** *Chi* F make out with F, neck with *Br* F **II** *v/i* MAR dock; **atracarse** *v/r* stuff o.s. (**de** with), pig out (**de** on) F

atracción *f* **1** attraction; **fuerza de ~** force of attraction **2**: **parque de atracciones** amusement park

atraco *m de banco, tienda* robbery; *de persona* mugging

◇ **atraco a mano armada** armed robbery

atracón *m*: **darse un ~ de** stuff o.s. with F; **hoy me he dado un ~ de trabajar** F I've done more than enough work for the day

atractivo I *adj* attractive **II** *m* appeal, at-

traction

atraer ⟨2p⟩ *v/t* attract; **~ todas las miradas** be the center *o Br* centre of attention; **atraerse** *v/r* **1** be attracted (to each other) **2** *simpatía etc* draw, attract; **~ el odio de la gente** be greatly disliked

atragantarse ⟨1a⟩ *v/r* choke (**con** on); **se le ha atragantado** *fig* she can't stand *o* stomach him

atrajo *vb* ☞ **atraer**

atrancar ⟨1g⟩ *v/t puerta* barricade; **atrancarse** *v/r fig* get stuck

atrapada *f en béisbol* catch

atrapar ⟨1a⟩ *v/t* catch, trap

atraque *m* MAR mooring

atrás I *adv* **1** *para indicar posición* at the back, behind; **sentarse ~** sit at the back; *en coche* sit in back, *Br* sit at the back; **de** *o* **por ~** behind, in back of; **quedarse ~** get left behind; **dejar ~** leave behind; **años ~** years ago *o* back

2 *para indicar movimiento* back; **hacia ~** back, backwards; **echar ~ el asiento** push one's seat back; *¡~!* get back!; **venir de ~** come from behind; *fig* go back a long way; **mi amistad con Carlos viene de ~** *fig* Carlos and I go back a long way; **venir por ~** come from behind; **volverse** *o* **echarse ~** *fig* F back out

II *prp*: **~ de** *L.Am.* behind

atrasado *adj* **1** *en estudios, pago* behind (**en** in *o* with) **2** *reloj* slow; **ir ~** be slow **3** *pueblo* backward

atrasar ⟨1a⟩ **I** *v/t reloj* put back; *fecha* postpone, put back **II** *v/i de reloj* lose time; **atrasarse** *v/r* fall behind

atraso *m* **1** backwardness **2** COM: **~s** *pl* arrears

atravesado *adj*: **~ en algo** stuck across sth; **tener a alguien ~** *fig* F not be able to stand s.o.

atravesar ⟨1k⟩ *v/t* **1** cross; **~ el lago nadando** swim across the lake **2** (*perforar*) go through, pierce **3** *crisis* go through; **atravesarse** *v/r* **1** (*cruzar*) cross **2** (*atascarse*) get stuck **3**: **se me ha atravesado la física** I can't stand physics

atrayente *adj* appealing

atreverse ⟨2a⟩ *v/r* **1** dare; **~ a hacer algo** dare (to) do sth; *¿cómo te atreves?*

how dare you? **2: ~ a algo** take sth on; **~ con alguien** take s.o. on

atrevido *adj* **1** (*insolente*) sassy F, *Br* cheeky F **2** (*valiente*) brave, daring

atrevimiento *m* nerve

atrez(z)o *m* TEA props *pl*

atribución *f* attribution

atribuible *adj*: **ser ~ a algo** be attributable to sth

atribuir ⟨3g⟩ *v/t* attribute (**a** to); **atribuirse** *v/r* claim

atributo *m* attribute

atril *m* lectern

atrincherarse ⟨1a⟩ *v/r* MIL dig o.s. in, entrench o.s.; **se atrincheró en su postura** *fig* he dug his heels in

atrio *m* atrium

atrocidad *f* **1** atrocity **2** (*disparate*): **decir / hacer ~es** say / do stupid things **3**: **una ~ de película / libro** F an atrocious movie / book

atrofia *f* atrophy, degeneration

atrofiado *adj* atrophied

atrofiarse ⟨1b⟩ *v/r* atrophy

atronador *adj* deafening

atropellado *adj* in a rush

atropellamiento *m* running over

atropellar ⟨1a⟩ *v/t* knock down; **le atropelló un coche** he was knocked down by a car; **atropellarse** *v/r* rush

atropello *m* **1** running over **2** *escándalo* outrage

atroz *adj* **1** appalling, atrocious **2**: **un éxito ~** a smash hit

ATS *m/f abr* (= **ayudante técnico sanitario**) registered nurse

atte. *abr* (= **atentamente**) sincerely (yours), *Br* Yours sincerely

atuendo *m* outfit

atufar ⟨1a⟩ F **I** *v/t* stink out F **II** *v/i* (*apestar*) stink to high heaven F

atún *m* tuna (fish)

atunero *m* tuna boat

aturdido *adj* dazed, in a daze

aturdimiento *m* bewilderment

aturdir ⟨3a⟩ *v/t* **1** *de golpe, noticia* stun, daze **2** (*confundir*) bewilder, confuse; **aturdirse** *v/r* **1** be stunned, be dazed **2** (*confundirse*) be bewildered, be confused

aturullar ⟨1a⟩ *v/t* confuse; **aturullarse** *v/r* get confused

atusar ⟨1a⟩ *v/t* smooth (down); **atusarse** *v/r* smooth (down)

audacia *f* audacity

audaz *adj* daring, bold, audacious

audible *adj* audible

audición *f* **1** hearing **2** *Rpl* RAD program, *Br* programme **3** TEA audition **4** JUR hearing

audiencia *f* **1** audience; **~ pontificia** audience with the Pope **2** TV: **índice de ~** ratings *pl* **3** JUR court

audífono I *m para sordos* hearing aid **II ~s** *mpl L.Am.* (*cascos*) headphones

audímetro, audiómetro *m* MED, TÉC audiometer

audiovisual *adj* audiovisual; **medios ~es** audiovisual equipment *sg*, audiovisual aids

auditar ⟨1a⟩ *v/t* audit

auditivo *adj* auditory; *problema* hearing *atr*, **conducto ~** auditory canal

auditor *m*, **~a** *f* auditor

auditoría *f* audit

auditorio *m* (*público*) audience; *sala* auditorium

auge *m* peak; **estar en ~** *aumento* be enjoying a boom

augurar ⟨1a⟩ *v/t de persona* predict, foretell; *de indicio* augur

augurio *m* omen, sign; **un buen / mal ~** a good / bad omen

augusto *adj* august

aula *f* classroom; *en universidad* lecture hall, *Br* lecture theatre

◇ **aula magna** main lecture hall

aulaga *f* BOT gorse

aullar ⟨1a⟩ *v/i* howl

aullido *m* howl

aumentable *adj* which may be increased; **la dosis es ~** the dose may be increased

aumentar ⟨1a⟩ **I** *v/t* increase; *precio* increase, raise, put up **II** *v/i de precio, temperatura* rise, increase, go up

aumentativo *m* GRAM augmentative

aumento *m de precios, temperaturas etc* rise (**de** in), increase (**de** in); **~ salarial** *o* **de sueldo** raise, *Br* (pay) rise; **ir en ~** be increasing

aún *adv* **1** *en oraciones no negativas* still **2** *en oraciones negativas* yet; **~ no** not yet **3** *en comparaciones* even

aun *adv* even; **~ así** even so; **~ cuando** even if, even when; **ni ~** not even

aunar ⟨1a⟩ *v/t* combine; **~ esfuerzos** join forces; **si aunamos ideas** if we put our heads together

aunque *conj* **1** although, even though **2** + *subj* even if

aúpa *int* F **1** up you get! **2**: *de* ~ tremendous; *comida* enormous, *Br* F slap-up *atr*; *una borrachera / un follón de* ~ one hell of a hangover / a fight F

au pair *m/f* au pair

aupar ⟨1a⟩ *v/t* lift up; **auparse** *v/r* stand on something; ~ *encima de una silla* stand on a chair

aura *f* **1** aura **2** *L.Am.* ZO turkey buzzard

áureo *adj lit* golden

aureola *f* halo

aurícula *f* ANAT auricle

auricular *m* **1** *de teléfono* receiver; *descolgar el* ~ take the phone off the hook **2**: ~*es pl* headphones, earphones

aurífero *adj* gold-bearing

aurora *f* dawn

◇ **aurora austral** southern lights *pl*; **aurora boreal** northern lights *pl*; **aurora polar** polar lights *pl*

auscultación *f* MED auscultation

auscultar ⟨1a⟩ *v/t*: ~ *a alguien* listen to s.o.'s chest

ausencia *f* **1** *de persona* absence; *en* ~ *de* in the absence of; *brillaba por su* ~ he was conspicuous by his absence **2** *no existencia* lack (*de* of)

ausentarse ⟨1a⟩ *v/r* leave, go away

ausente *adj* absent; *últimamente está siempre* ~ *fig* his mind has been elsewhere lately

auspiciar ⟨1b⟩ *v/t* sponsor

auspicio *m* sponsorship; *bajo los* ~*s de* under the auspices of

austeridad *f* austerity; *programa de* ~ POL austerity program

austero *adj* austere

austral *adj* southern

Australia *f* Australia

australiano I *adj* Australian **II** *m*, -a *f* Australian

Austria *f* Austria

austríaco, austriaco I *adj* Austrian **II** *m* -a *f* Austrian

austriano I *adj* Austrian **II** *m*, -a *f* Austrian

autarquía *f* self-sufficiency

autárquico *adj* self-sufficient

autenticar ⟨1g⟩ *v/t* authenticate

autenticidad *f* authenticity

auténtico *adj* authentic

autentificar ⟨1g⟩ *v/t* authenticate

autillo *m* ZO tawny owl

autismo *m* autism

autista I *adj* autistic **II** *m/f* autistic person

autito *m* *CSur* bumper car

auto[1] *m* **1** JUR order; *dictar* ~ *de detención* issue an arrest warrant **2**: ~*s pl* JUR proceedings; *consta en* ~*s* it is a matter of record **3**: *lugar de* ~*s* crime scene **4** *L.Am.* AUTO car

◇ **auto de choque** *L.Am.* AUTO bumper car; **auto de fe** HIST auto-da-fé; **auto de procesamiento** JUR committal proceedings *pl*; **auto sacramental** TEA mystery play

auto[2] *pref* self

autoabastecerse ⟨2d⟩ *v/r* be self-sufficient (*de* in)

autoabastecimiento *m* self-sufficiency

autoadhesivo *adj* self-adhesive

autoafirmación *f* self-affirmation

autoayuda *f* self-help

autobanco *m* ATM, cash machine

autobiografía *f* autobiography

autobiográfico *adj* autobiographical

autobombo *m* F self-glorification

autobronceador *m* artificial tanning lotion

autobús *m* bus

◇ **autobús escolar** school bus; **autobús interurbano** (long-distance) bus, *Br tb* coach; **autobús de línea** (long--distance) bus, *Br tb* coach

autocar *m* *Esp* bus, *Br tb* coach

autocaravana *f* camper van

autocine *m* drive-in (movie theater)

autoclave *m o f* autoclave

autocompadecerse ⟨2d⟩ *v/r* feel sorry for o.s.

autocomplacencia *f* smugness

autoconfianza *f* self-confidence

autocontrol *m* self-control

autocrítica *f* self-criticism

autocross *m* autocross

autóctono I *adj* indigenous, native **II** *m* indigenous person, native

autodefensa *f* self-defense, *Br* self-defence

autodenominarse ⟨1a⟩ call o.s., refer to o.s. as

autodeterminación *f* self-determination

autodidacta I *adj* self-taught **II** *m/f* self--taught person

autodisciplina f self-discipline

autodisparador m FOT automatic shutter release

autodominio m self-control

autódromo m racetrack

autoedición f desktop publishing, DTP

autoescuela f driving school; ***profesor de ~*** driving school instructor

autoestima f self-esteem

autoestop m hitchhiking

autoestopista m/f hitchhiker

autofinanciación f self-financing

autofinanciarse ⟨1b⟩ v/r finance o.s.

autofoco m FOT autofocus

autoformato m INFOR automatic formatting

autógeno adj autogenous; ***soldadura -a*** welding

autogestión f self-management

autogobierno m POL self-government

autogol m own goal

autógrafo m autograph

autómata m automaton, automatic system

automático I adj automatic **II** m L.Am. AUTO automatic

automatización f automation

automatizar ⟨1f⟩ v/t automate

automedicación f self-medication

automoción f self-propulsion

automotor I adj self-propelled **II** m motor vehicle

automóvil m car, automobile

automovilismo m driving

automovilista m/f motorist

automovilístico adj automobile atr

automutilación f self-mutilation

autonomía f **1** autonomy **2** en España autonomous region

autonómico adj autonomous; ***elecciones -as*** Esp elections in the autonomous regions

autónomo I adj autonomous; ***trabajador*** self-employed **II** m, -a f self-employed person

autopista f freeway, Br motorway

◇ **autopista de la comunicación** INFOR information (super)highway; **autopista de cuota** Méx turnpike, Br toll motorway; **autopista de la información** INFOR information (super)highway; **autopista de peaje** turnpike, Br toll motorway

autopropulsión f TÉC self-propulsion

autopsia f post mortem, autopsy

autor m, ***~a*** f author; ***de crimen*** perpetrator; ***los ~es del atentado*** those who carried out the attack; ***con bomba*** the bombers

◇ **autor material** JUR actual perpetrator

◇ **autor teatral** playwright

autoría f ***de un acto*** responsibility; ***de un libro*** authorship

autoridad f authority; ***hacer valer toda su~*** fig assert one's authority, bring the full weight of one's authority to bear

autoritario adj authoritarian

autoritarismo m authoritarianism

autorización f authority

autorizado adj authorized; ***~ a firmar*** authorized to sign; ***no ~*** unauthorized

autorizar ⟨1f⟩ v/t authorize

autorradio m car radio

autorretrato m self-portrait

autoservicio m **1** supermarket **2** restaurante self-service restaurant

autostop m hitchhiking; ***hacer ~*** hitch (-hike)

autostopista m/f hitchhiker

autosuficiencia f self-sufficiency; desp smugness

autosuficiente adj self-sufficient; desp smug

autosugestión f autosuggestion

autovía f divided highway, Br dual carriageway

auxiliar I adj **1** auxiliary; ***verbo ~*** auxiliary verb **2** profesor assistant atr **II** m/f assistant **III** f Rpl AUTO spare wheel **IV** ⟨1b⟩ v/t help

◇ **auxiliar administrativo** administrative assistant; **auxiliar de clínica** nurses' aide, Br nursing auxiliary; **auxiliar de geriatría** geriatric nurse; **auxiliar de vuelo** stewardess, flight attendant

auxilio m help; ***primeros ~s*** pl first aid sg

◇ **auxilio en carretera** AUTO breakdown assistance

Avda abr (= ***Avenida***) Ave (= Avenue)

aval m guarantee

◇ **aval bancario** bank guarantee

avalancha f avalanche; ***~ de coches*** stream of cars

avalar ⟨1a⟩ v/t guarantee; fig back

avalista m/f guarantor

avalúo *m L.Am.* valuation

avance *m* **1** advance; ~ *de papel en impresora* paper advance **2** *en cine* trailer ◇ **avance informativo** newsflash ◇ **avance de programas** (program) preview

avanzada *f* MIL scouting party

avanzadilla *f* MIL scouting party; *fig* vanguard

avanzado *adj* advanced

avanzar ⟨1f⟩ **I** *v/t* **1** move forward, advance; ~ *un pie* take a step forward **2** *dinero* advance **II** *v/i* **1** advance, move forward; MIL advance (**hacia** on) **2** *en trabajo* make progress

avaricia *f* greed, avarice

avaricioso *adj* greedy, avaricious

avaro **I** *adj* miserly; *ser ~ de algo* be sparing with sth; *es muy ~ de su vida personal* he gives very little away about his private life **II** *m*, -a *f* miser

avasallador *adj* domineering

avasallar ⟨1a⟩ *v/t* subjugate; *no dejes que te avasallen fig* don't let them push you around

avatares *mpl* changes

ave *f* **1** bird **2** *S.Am.* (*pollo*) chicken ◇ **ave migratoria** migratory bird; **ave del paraíso** bird of paradise; **ave de paso** migratory bird; **ave de presa, ave de rapiña** bird of prey; **aves de corral** poultry

AVE *m abr* (= **alta velocidad española**) high speed train

avechucho *m* **1** *desp* ugly bird **2** *fig* ugly customer

avecinarse ⟨1a⟩ *v/r* approach

avefría *f* ZO lapwing

avejentado *adj* aged

avejentar ⟨1a⟩ *v/t* age; *avejentarse v/r* age

avellana *f* BOT hazelnut

avellano *m* BOT hazel

avemaría *f* REL Hail Mary

avena *f* oats *pl*

avenamiento *m* draining

avenar ⟨1a⟩ *v/t terreno* drain

avenida *f* avenue

avenido *adj*: *bien ~* well-matched; *mal ~* badly-matched

avenirse ⟨3s⟩ *v/r* agree (*a* to)

aventajado *adj* outstanding

aventajar ⟨1a⟩ *v/t* be ahead of

aventar ⟨1k⟩ *L.Am v/t* **1** throw **2** (*empu-*

jar) push; *aventarse v/r* **1** F throw o.s. **2**: ~ *a hacer algo* dare to do sth

aventón *m Andes, C.Am., Méx* F: *dar ~ a alguien* give s.o. a ride *o* lift

aventura *f* **1** adventure **2** (*riesgo*) venture **3** *amorosa* affair

aventurado *adj* risky, hazardous

aventurar ⟨1a⟩ *v/t* **1** risk **2** *opinión* venture; *aventurarse v/r* venture; ~ *a hacer algo* dare (to) do sth

aventurero **I** *adj* adventurous; *espíritu* ~ sense *o* spirit of adventure **II** *m*, -a *f* adventurer

avergonzado *adj* **1** embarrassed **2** *de algo reprensible* ashamed

avergonzar ⟨1n & 1f⟩ *v/t* **1** (*aborchornar*) embarrass **2**: *le avergüenza de algo reprensible* she's ashamed of it; *avergonzarse v/r* be ashamed (**de** of)

avería *f* **1** TÉC fault **2** AUTO breakdown

averiado *adj* broken down

averiarse ⟨1c⟩ *v/r* break down

averiguar ⟨1i⟩ **I** *v/t* find out **II** *v/i C.Am., Méx* (*discutir*) argue

aversión *f* aversion

avestruz *m* ZO ostrich; *del ~ política, táctica* head-in-the-sand *atr*

avetoro *m* ZO bittern

aviación *f* **1** aviation; *campo de ~* airfield **2** MIL air force ◇ **aviación deportiva** flying (*as a hobby*), leisure flying

aviador *m*, -a *f* pilot, aviator

avícola *adj* poultry *atr*; *granja ~* poultry farm

avicultor *m*, -a *f* poultry farmer

avicultura *f* poultry farming

avidez *f* eagerness

ávido *adj* eager (*de* for), avid (*de* for)

avifauna *f* birds *pl*

avinagrado *adj* vinegary

avinagrar ⟨1a⟩ *v/t* turn vinegary; *fig* make bitter; *avinagrarse v/r de vino* turn vinegary; *fig* become bitter *o* sour

avío *m* useful item; ~*s de coser pl* sewing kit *sg*

avión *m* airplane, plane; *por ~ mandar una carta* (by) airmail; *ir en ~* fly ◇ **avión de carga** cargo airplane; **avión chárter** chartered airplane; **avión a chorro** jet (plane); **avión cisterna** tanker aircraft; **avión de combate** fighter (plane); **avión comercial** commercial airplane; **avión de hélice** propeller aircraft; **avión nodriza** tanker aircraft; **avión a reacción** jet (plane); **avión de reconocimiento** reconnaissance airplane; **avión supersónico** supersonic airplane

avionazo *m Méx* airplane crash, plane crash

avioneta *f* light plane, light aircraft

avisador *m* 1 warning light; *sonoro* alarm 2 *L.Am.* (*anunciante*) advertiser

avisar ⟨1a⟩ *v/t* 1 (*notificar*) tell, inform; *de peligro* warn, inform; *sin* ~ without warning (*llamar*) call, send for

aviso *m* 1 (*comunicación*) notice; *hasta nuevo* ~ until further notice; *sin previo* ~ without any notice *o* warning; *último* ~ AVIA final call; ~ *de llamada por vibración* TELEC vibration mode 2 (*advertencia*) warning; *estar sobre* ~ have been warned; *poner a alguien sobre* ~ give s.o. a warning, warn s.o. 3 *L.Am.* (*anuncio*) advertisement

◇ **aviso de recibo** *de correos* acknowledgement of receipt

avispa *f* ZO wasp

avispado *adj* bright, sharp

avisparse ⟨1a⟩ *v/r* wake up, become more alert; *se ha avispado mucho* he's a lot more on the ball F

avispero *m* wasps' nest; *meterse en un* ~ *fig* get o.s. into trouble

avispón *m* ZO hornet

avistar ⟨1a⟩ *v/t* sight, spot

avitaminosis *f* MED vitamin deficiency

avituallamiento *m*: *nos hicimos con un* ~ *de vino* we stocked up on wine

avivar ⟨1a⟩ *v/t* 1 *fuego* revive 2 *interés* arouse 3: ~ *el paso* speed up; **avivarse** *v/r* 1 *de fuego* flare up 2 *de persona* get one's act together

avizor *adj*: *estar ojo* ~ be alert

avutarda *f* ZO bustard

axial *adj* axial

axil *adj* axial

axila *f* armpit

axioma *m* axiom

axiomático *adj* axiomatic

ay *interj de dolor* ow!, ouch!; *de susto* oh!; *¡~ de mí!* *lit* woe is me! *lit*

ayer *adv* yesterday; ~ *por la mañana* yesterday morning; *de* ~ yesterday's; *parece que fue* ~ it seems like yesterday

ayuda I *f* help, assistance; ~ *financiera* financial help *o* aid *o* assistance; *con*

la ~ *de* with the help of; *prestar* ~ help; *pedir* ~ *a alguien* ask s.o. for help; *venir en* ~ *de* come to the aid *o* help of **II** *m* aide

◇ **ayuda de cámara** valet

◇ **ayuda al desarrollo** development aid *o* assistance

ayudante *m/f* assistant

◇ **ayudante técnico sanitario** registered nurse

ayudar ⟨1a⟩ *v/t* help; *¿le ayudo?* can I help?, would you like some help?; *le ayudó a ponerse el abrigo* he helped her put on her coat

ayudarse *v/r* help o.s.; ~ *con las manos para hacer algo* use one's hands to do sth; *se ayudó con las manos para levantarse del sofá* he levered himself up off the sofa

ayunar ⟨1a⟩ *v/i* fast

ayunas: *estoy en* ~ I haven't eaten anything; *quedarse en* ~ *fig* be left completely in the dark

ayuno *m* fast

ayuntamiento *m* city council, town council; *edificio* city hall, town hall

◇ **ayuntamiento carnal** carnal knowledge

azabache *m* MIN jet

azada *f* hoe

azadón *m* mattock

azafata *f* flight attendant

◇ **azafata de congresos** hostess

azafato *m* flight attendant

◇ **azafato de congresos** steward

azafrán *m* BOT saffron

azahar *m* BOT orange *o* lemon blossom

azalea *f* BOT azalea

azar *m* fate, chance; *al* ~ at random; *por* ~ by chance

azarar *vb* ☞ *azorar*

azaroso *adj* 1 risky, daring 2: *una vida* -*a* an eventful life

Azerbaiján, Azerbaiyán *m* Azerbaijan

ázimo *adj* unleavened

azogue *m* mercury

azor *m* ZO hawk

azorar ⟨1a⟩ *v/t* embarrass; **azorarse** *v/r* be embarrassed

azotador *m Méx* caterpillar

azotaina *f* F spanking

azotar ⟨1a⟩ *v/t* 1 *con látigo* whip, flog; *con mano* smack 2 *de enfermedad, hambre* grip 3 *Méx puerta* slam

azote *m* **1** *con látigo* lash; *con mano* smack; *dar un ~ a alguien* smack s.o. **2** *fig* scourge

azotea *f* flat roof; *estar mal de la ~ fig* F be crazy

azteca *m/f & adj* Aztec

azúcar *m* (*also f*) sugar

◊ **azúcar cande, azúcar candi** candy cane; **azúcar de caña** cane sugar; **azúcar de cortadillo** sugar lumps *pl o* cubes *pl*; **azúcar glas** confectioners' sugar, *Br* icing sugar; **azúcar impalpable** *Rpl* confectioners' sugar, *Br* icing sugar; **azúcar lustre** superfine sugar, *Br* castor sugar; **azúcar moreno** brown sugar; **azúcar en terrones** sugar lumps *pl o* cubes *pl*

azucarado *adj* sweetened, *fig* sugary

azucarar ⟨1a⟩ *v/t* add sugar to, sugar

azucarera *f* sugar bowl

azucarero I *adj* sugar *atr* **II** *m* sugar bowl

azucarillo *m* sugar cube, lump of sugar

azucena *f* BOT Madonna lily

azufre *m* sulfur, *Br* sulphur

azul I *adj* blue **II** *m* blue

◊ **azul celeste** sky-blue; **azul claro** light blue; **azul marino** navy(-blue); **azul turquesa** turquoise

azulado *adj* bluish

azulejo *m* **1** tile **2** BOT cornflower **3** ZO bee-eater

azulete *m* bluing

azulino *adj* bluish

azulón *adj* dark-bluish

azuzar ⟨1f⟩ *v/t*: *~ los perros a alguien* set the dogs on s.o.; *fig* egg s.o. on

B

B.A. *abr* (= *Buenos Aires*) Buenos Aires

baba *f* drool, dribble; *se le caía la ~* F he was drooling F (*con* over); *tener mala ~* be mean

babear ⟨1a⟩ *v/i* dribble

babel *m* (*also f*) chaos

babero *m* bib

babi *m* smock, overall

Babia *f*: *estar en ~* be miles away

bable *m* dialect of Asturias

babor *m* MAR port

babosa *f* ZO slug

babosada *f L.Am.* F stupid thing to do / say

baboso *L.Am.* F **I** *adj* stupid **II** *m*, **-a** *f* idiot

babucha *f* slipper

babuino *m* ZO baboon

baca *f* AUTO roof rack

bacaladilla *f pescado* blue whiting

bacalao *m* cod; *cortar el ~* F call the shots F

◊ **bacalao seco** salt cod

bacán *m Arg* F big shot F

bacanal f 1 MYTH bacchanal **2** *fig* orgy

bacante *f* MYTH bacchante

bacar(r)á *m juego de naipes* baccarat

bache *m* **1** *en carretera* pothole **2** *fig* rough patch

bachicha I *m/f Rpl, Chi desp* wop *desp* **II** *f Méx* cigarette stub

bachiller *m/f* high school graduate

bachillerato *m Esp high school leaver's certificate*; *estudiar el ~* be in high school, *Br* be at secondary school

bacía *f* shaving bowl

bacilar *adj* bacillary

bacilo *m* bacillus

bacín *m* chamber pot

backup *m* INFOR backup

Baco *m* MYTH Bacchus

bacón *m* bacon

bacteria *f* bacteria

bacteriano *adj* bacterial

bactericida I *adj* bactericidal, antibacterial **II** *m* bactericide

bacteriología *f* bacteriology

bacteriológico *adj* bacteriological

bacteriólogo *m*, **-a** *f* bacteriologist

báculo *m* staff; *fig* support

badajo *m* clapper

badana *f* F: *zurrar a alguien la ~* give s.o. a good hiding

badén *m* dip

badil *m*, **badila** *f* fire shovel

bádminton *m* badminton

badulaque *m/f* F idiot F, fool

bafle *m* loudspeaker

bagaje *m fig* heritage

bagatela f trinket
baguette f baguette, French stick
¡bah! int bah
bahía f bay
bailable adj: **música** ~ dance music
bailador I adj: **ser muy** ~ love dancing II m, ~a f dancer
bailaor m, ~a f flamenco dancer
bailar ⟨1a⟩ I v/i 1 dance; ~ **al son que le tocan** toe the line; ~ **con la más fea** draw the short straw 2 de zapato be loose II v/t dance; **se lo bailó** Méx F he swiped it F; ~**le a alguien el agua** suck up to s.o.; **¡que me quiten lo bailado!** nobody can take away the good times I've had
bailarín I adj: **es muy** ~ he loves dancing II m, -ina f dancer
baile m 1 dance 2 fiesta formal ball
◇ **baile de disfraces** costume ball, fancy dress ball; **baile de máscaras** masked ball; **baile de salón** ballroom dancing; **baile de San Vito** St. Vitus's dance
bailón I adj F: **ser muy** ~ love dancing II m, -ona f F big dancer F
bailongo m F dance
bailotear ⟨1a⟩ v/i dance
bailoteo m dancing
baja f 1 descenso fall, drop; **jugar a la** ~ FIN gamble on a bear market 2 persona casualty; ~**s** pl MIL casualties 3 (dimisión, cese): **causar** ~ resign, leave; **dar de** ~ dismiss; **darse de** ~ resign, leave (**por** because of); **estar de** ~ (**por enfermedad**) be off sick, be on sick leave
◇ **Baja California** Baja, Lower California; **baja por enfermedad** sick leave; **darse de** ~ resign for health reasons; **baja por maternidad** maternity leave
bajá m pasha
bajada f fall, drop
◇ **bajada de tipos** drop in interest rates
bajamar f low tide
bajante m drainpipe, downspout, Br downpipe
bajar ⟨1a⟩ I v/t 1 voz, precio lower; ~ **la mirada** lower one's eyes o gaze, look down; ~ **algo de arriba** get sth down 2 TV, radio turn down 3 escalera go down 4 INFOR download II v/i 1 go down 2 de intereses fall, drop; **bajarse**

v/r 1 get down 2 de automóvil get out (**de** of); de tren, autobús get off (**de** sth)
3: ~ **los pantalones** drop one's pants o Br trousers
bajel m lit ship
bajeza f 1 (calidad) baseness 2 (acto) despicable thing to do
bajinis: **por lo** ~ F under one's breath
bajío m L.Am. lowland
bajista I adj: **tendencia** ~ downward trend II m/f 1 FIN bear 2 MÚS bass player, bassist
bajo I adj 1 low; ~ **en sal** low in salt 2 persona short II m 1 MÚS bass 2 piso first floor, Br ground floor; de edificio first floor apartment, Br ground floor flat 3 de vestido, pantalón hem 4: **por lo** ~ at least III adv 1 cantar, hablar quietly, softly 2 volar low IV prp under; **tres grados** ~ **cero** three degrees below zero; ~ **juramento** o **palabra** on o under oath
◇ **bajo continuo** MÚS continuo
bajón m sharp decline; **dar un** ~ decline sharply, slump; **tener un** ~ de salud take a turn for the worse
bajorrelieve m bas-relief
bakalao m MÚS F techno
bala f bullet; **como una** ~ like lightning; **ni a** ~ L.Am. F no way F
◇ **bala de fogueo** blank
balacear ⟨1a⟩ v/t L.Am. shoot
balaceo m L.Am., **balacera** f L.Am. shooting
balada f ballad
baladí adj trivial
baladronada f boast
baladronear ⟨1a⟩ v/i boast, brag
balance m COM balance; **hacer** ~ do the books; **hacer el** ~ fig: de situación take stock
balancear ⟨1a⟩ v/t caderas swing, sway; **balancearse** v/r 1 swing, sway 2 MAR rock
balanceo m 1 swinging, swaying 2 MAR rocking
balancín m 1 TÉC rocker 2 (mecedora) rocking chair
bálano m ANAT glans penis
balanza f scales pl; ~ **para cartas** letter scales pl; **inclinar la** ~ fig tip the balance o scales
◇ **balanza comercial** balance of trade; **balanza de pagos** balance of pay-

ments; **balanza de precisión** precision scales pl

balar ⟨1a⟩ v/i de oveja, cabra bleat

balasto m ballast

balaustrada f balustrade

balaustre m spindle

balazo m shot

balboa m FIN balboa

balbucear ⟨1a⟩ I v/i 1 stammer 2 de niño babble II v/t stammer

balbuceo m stammer

balbucir ⟨3f; defective⟩ v/t & v/i ☞ **balbucear**

Balcanes mpl Balkans

balcánico adj Balkan

balcón m balcony

◇ **balcón corrido** ☞ **balconada**

balconada f continuous balcony

balda f shelf

baldado adj fig F bushed F

baldaquín m canopy

balde I m bucket II adv: **de ~** for nothing; **en ~** in vain

baldear ⟨1a⟩ v/t MAR wash down, sluice

baldío I adj terreno uncultivated; fig useless II m uncultivated land

baldón m dishonor, Br dishonour

baldosa f floor tile

baldosín m tile

baldragas m F wimp F

balear¹ I adj Balearic; **las islas Baleares** the Balearic Islands II m/f native of the Balearic Islands

balear² ⟨1a⟩ v/t L.Am. shoot

Baleares fpl Balearics

baleárico adj Balearic

baleo m L.Am. shooting

balido m bleat

balín m pellet

balística f ballistics sg

balístico adj ballistic

baliza f 1 MAR buoy 2 AVIA runway light

balizamiento m AVIA runway lights pl; **~ luminoso** en carretera warning lights pl

balizar ⟨1f⟩ v/t carretera mark with warning lights

ballena f ZO whale

ballenato m ZO whale calf

ballenero I adj whaling atr; **barco ~** whaler II m persona, barco whaler

ballesta f 1 crossbow 2 TÉC spring

ballestero m crossbowman

ballet m ballet

balneario m spa

balneoterapia f balneotherapy

balompédico adj soccer atr, Br tb football atr

balompié m soccer, Br tb football

balón m ball; **echar balones fuera** avoid the issue; **recibir un ~ de oxígeno** fig get a boost

◇ **balón muerto** en baloncesto dead ball

balonazo m DEP: **recibir un ~** get hit by the ball

baloncestista m/f basketball player

baloncestístico adj basketball atr

baloncesto m basketball

balonmano m handball

balonvolea m volleyball

balotaje m L.Am. POL ballot(t)ing

balsa f raft; **como una ~ de aceite** fig like a mill pond

balsámico adj soothing

bálsamo m balsam

balsera f 1 ferrywoman 2 inmigrante illegal Cuban immigrant

balsero m 1 ferryman 2 inmigrante illegal Cuban immigrant

báltico I adj Baltic; **el mar Báltico** the Baltic Sea II m: **el Báltico** the Baltic

baluarte m 1 MIL stronghold 2 persona pillar, stalwart

balumba f 1 L.Am. F heap, pile 2 (ruido) noise, racket F

bambolearse ⟨1a⟩ v/r 1 de persona sway 2 (oscilar) swing, rock

bamboleo m 1 de persona swaying 2 (oscilación) swinging, rocking

bambolla f L.Am. F fuss

bambú m BOT bamboo

banal adj banal

banalidad f banality

banana f L.Am. banana

bananero I adj banana atr II m banana tree

banano m banana tree

banasta f basket

banasto m round-bottomed basket

banca f 1 actividad banking; conjunto de bancos banks pl 3 en juego bank; **saltar la ~** break the bank 4 Méx DEP (asiento) bench

◇ **banca electrónica** electronic banking

bancal m 1 en pendiente terrace 2 divi-

sión de terreno plot

bancario *adj* bank *atr*

bancarrota *f* bankruptcy; *estar en ~* be bankrupt; *hacer ~* go bankrupt

banco *m* **1** COM bank **2** *para sentarse* bench

◇ **banco de arena** sand bank; **banco de carpintero** carpenter's bench; **banco en casa** home banking; **Banco Central Europeo** Central European Bank; **banco de crédito** credit bank; **banco de datos** data bank; **banco emisor** issuing bank; **Banco Europeo de Inversiones** European Investment Bank; **Banco Europeo de Reconstrucción y Desarrollo** European Bank for Reconstruction and Development; **banco de genes** gene bank; **banco de hielo** ice floe; **Banco Mundial** World Bank; **banco de niebla** bank of fog, fog bank; **banco de órganos** organ bank; **banco de peces** shoal of fish; **banco de pruebas** test bed; **banco de sangre** blood bank; **banco de semen** sperm bank; **banco de trabajo** workbench

banda *f* **1** MÚS (*grupo*) band **2** *de delincuentes* gang **3** (*cinta*) sash **4** *en fútbol* touchline **5** *de billar* cushion **6**: *cerrarse en ~* F stand firm, dig one's heels in F

◇ **banda de frecuencia** frequency band; **banda magnética** INFOR magnetic strip *o* stripe; **banda de rodadura de ruedas** tread; **banda sonora** soundtrack; **banda terrorista** terrorist group

bandada *f de pájaros* flock; *a ~s* *fig* in hordes

bandazo *m*: *dar ~s de coche* swerve

bandeja *f* **1** tray; *servir en ~* hand on a plate; *pasar la ~* pass the plate around **2** *en balconcesto* lay-up

bandera *f* flag; (*lleno*) *hasta la ~* packed (out); *bajar la ~ de taxi* start the meter running; *de ~* F great F, fantastic F; *jurar la ~* swear allegiance to the flag

banderilla *f* **1** TAUR banderilla (*dart stuck into bull's neck during bullfight*) **2** GASTR *tapa on a cocktail stick*

banderillear ⟨1a⟩ *v/t* TAUR stick the *banderilla* in

banderillero *m* TAUR banderillero (*person who wields the banderillas*)

banderín *m* pennant; *en fútbol* flag

◇ **banderín de córner** *en fútbol* (corner) flag

bandido *m*, *-a f* bandit

bando *m* **1** (*aviso*) edict **2** *en disputa* side

bandolera *f* **1** MIL bandoleer; *en ~* across one's chest **2** *mujer* bandit

bandolerismo *m* banditry

bandolero *m* bandit

bandoneón *m Rpl* MÚS *large accordion*

bandurria *f* MÚS mandolin

banjo *m* MÚS banjo

banquero *m*, *-a f* banker

banqueta *f* **1** (*taburete*) stool **2** AUTO: *~ trasera* back seat **3** *L.Am.* (*acera*) sidewalk, *Br* pavement

banquete *m* banquet

◇ **banquete de bodas** wedding reception

banquetear ⟨1a⟩ *v/i* feast

banquillo *m* **1** JUR dock **2** DEP bench; *estar en el ~* DEP be on the bench

◇ **banquillo de los acusados** dock

◇ **banquillo de suplentes** DEP bench

banquina *f Rpl* AUTO shoulder, *Br* hard shoulder

banquisa *f* ice field

bañadera *f Rpl* (*baño*) bath

bañador *m* swimsuit

bañar ⟨1a⟩ *v/t* **1** *de sol, mar* bathe **2** *a un niño, un enfermo* bathe, *Br* bath; *bañado en lágrimas* bathed in tears **3** GASTR coat (*con* with, *en* in); *bañarse v/r* **1** have a bath **2** *en el mar* go for a swim

bañera *f* (bath)tub, bath

◇ **bañera de hidromasaje** whirlpool, Jacuzzi®

bañero *m*, *-a f Rpl* lifeguard

bañista *m/f* swimmer

baño *m* **1** *en la bañera* bath; *celebraron su victoria con un ~ de masas o de multitudes* they a huge crowd celebrated their victory **2** *en el mar* swim **3** *esp L.Am.* bathroom; (*ducha*) shower **4** TÉC plating **5**: *~s pl* spa *sg*

◇ **baño de asiento** hip bath; **baño de azúcar** sugar coating; **baño fijador** FOT fixing bath; **baño María** bain-marie; **baño de sangre** blood bath; **baño de sol** sunbathing session; **baño termal** (thermal) baths *pl*; **baño de vapor** steam bath; **baños de sol** sunbathing *sg*; **baños termales** thermal baths, thermal spa *sg*

baobab *m* BOT baobab, monkey bread tree

baptista *m/f* REL Baptist

baptisterio *m* baptistry

baqueta *f* **1** MIL ramrod; ***correr ~s*** run the gauntlet **2** MÚS drumstick

baqueteado *adj fig* experienced

baquetear ⟨1a⟩ *v/t fig:* ***~ a alguien*** give s.o. a hard time

baquiano *L.Am.* **I** *adj* expert *atr* **II** *m*, -a *f* guide

báquico *adj* drunken; MYTH Bacchanalian

bar *m* bar
◇ **bar de copas** nightclub

barahúnda *f* commotion

baraja *f* deck of cards; ***jugar con dos ~s*** *fig* not play straight; ***se rompe la ~*** *fig* the whole deal's off

barajar ⟨1a⟩ **I** *v/t* **1** *naipes* shuffle **2** *fig* consider **II** *v/i* quarrel

baranda *f en billar* cushion

barandilla *f* handrail, banister

barata *f* **1** *Méx (engaño)* bargain counter **2** *Méx (saldo)* sale **3** *Chi (cucaracha)* cockroach

baratear ⟨1a⟩ *v/t* sell off

baratero *m*, -a *f Chi tendero* junk-shop owner

baratija *f* trinket

baratillo *m* **1** *tienda* cut-price store **2** *(mercadillo)* street market

barato *adj* cheap

baratura *f* cheapness

baraúnda *f* ☞ **barahúnda**

barba *f tb* BOT beard; ***dejarse (la) ~*** grow a beard; ***en las ~s de alguien*** under s.o.'s nose; ***subirse a las ~s de alguien*** get fresh with s.o. F, *Br* be cheeky to s.o. F; ***por ~*** F a head, per person
◇ **barba de chivo, barba en punta** goatee (beard)

barbacana *f* MIL barbican

barbacoa *f* barbecue

barbado I *adj fml* bearded **II** *m* BOT rooted cutting

Barbados *m* Barbados

barbaridad *f* **1** barbarity **2** *(disparate)*: ***decir ~es*** say outrageous things; ***¡qué ~!*** what a thing to say / do! **3**: ***una ~ de*** F a load of F, loads of F; ***costar una ~*** cost a fortune

barbarie *f* barbarism

barbarismo *m* **1** GRAM *(extranjerismo)* loan word **2** *(incorrección)* barbarism

bárbaro I *adj* F tremendous, awesome F; ***¡qué ~!*** amazing!, wicked! F; ***lo pasamos ~*** F we had a whale of a time **II** *m*, -a *f* F punk F

barbechar ⟨1a⟩ *v/t* AGR plow, *Br* plough

barbecho *m* AGR fallow land; ***estar de ~*** be lying fallow

barbería *f* barber's shop

barbero *m* barber

barbilampiño *adj* beardless

barbilla *f* chin

barbitúrico *m* barbiturate

barbo *m pescado* barbel

barbotar ⟨1a⟩, **barbotear** ⟨1a⟩ *v/t & v/i* mutter

barbudo *adj* bearded

barca *f boat*; ***dar un paseo en ~*** go on a boat trip
◇ **barca de pesca** fishing boat

barcada *f* boatload

barcaza *f* MAR barge

barcelonés *adj* of / from Barcelona, Barcelona *atr*

barco *m* boat; *más grande* ship; ***estar en el mismo ~*** *fig* be in the same boat
◇ **barco ballenero** whaler; **barco de escolta** escort ship; **barco pesquero** fishing boat; **barco salvador** *L.Am.* lifeboat; **barco de vela** sailing ship

barda *f Méx* wall

bardana *f* BOT burdock

bardo *m* bard

baremo *m* *(tabla)* scale; *fig* scale of values

bargueño *m* bureau *(furniture)*

bario *m* QUÍM barium

barítono *m* MÚS baritone

barlovento *m* MAR windward

barman *m* bartender, barman

barniz *m para madera* varnish

barnizado *m* varnishing

barnizar ⟨1f⟩ *v/t* varnish

barómetro *m* barometer

barón *m* baron

baronesa *f* baroness

barquero *m* boatman

barquillo *m* **1** *(galleta crujiente)* wafer **2** *Méx, C.Am.* ice-cream cone

barra *f* **1** *de metal, en bar* bar; ***en la ~*** at the bar; ***no te fíes de ellos, que no se paran en ~s*** *fig* don't trust them, they'll stop at nothing **2** *de cortinas* rod **3** MÚS bar; **doble** ~ double bar

◊ **barra adhesiva** glue stick; **barra americana** hostess bar; **barra de comandos** INFOR command bar; **barra desodorante** deodorant stick; **barra de equilibrio** DEP beam; **barra diagonal** INFOR slash; **barra diagonal inversa** INFOR backslash; **barra espaciadora** space-bar; **barra fija** DEP horizontal bar; **barra de herramientas** INFOR tool bar; **barra invertida** backslash; **barra de labios** lipstick; **barra libre** free bar; **barra de menús** INFOR menu bar; **barra de pan** baguette; **barra de protección lateral** AUTO side protection bar, side impact bar; **barras asimétricas** DEP asymmetric bars; **barras paralelas** DEP parallel bars

barrabasada *f* F mean trick

barraca *f* **1** (*chabola*) shack **2** *de tiro* stand; *de feria* stall **3** *L.Am.* (*depósito*) shed **4**: ~**s** *pl L.Am.* shanty town *sg*

barracón *f* MIL barrack room

barracuda *m* barracuda

barranco *m* ravine

barredera I *f* street sweeper II *adj*: **red** ~ trawl net

barredora *f* ☞ **barredera**

barredura *f* sweeping; ~**s** *pl* sweepings

barrena *f* **1** gimlet **2** AVIA: **entrar en** ~ go into a spin

barrenar ⟨1a⟩ *v/t* drill

barrendero *m*, **-a** *f* street sweeper

barreno *m* drill hole

barreño *m* washing up bowl

barrer ⟨2a⟩ *v/t* sweep; ~ **hacia dentro** *o* **para casa** look after number one; ~ **algo bajo la alfombra** *fig* sweep sth under the carpet

barrera *f* **1** barrier; **sin** ~**s** (**arquitectónicas**) readily accessible (to the disabled), with easy disabled access; ~**s comerciales** *pl* trade barriers **2** DEP jump; *de carreras* hurdle; *en fútbol* wall

◊ **barrera del sonido** sound barrier

◊ **barreras aduaneras, barreras arancelarias** tariff barriers

barretina *f* traditional Catalan cap

barriada *f* C.Am. (*barrio marginal*) slum, shanty town

barrial *m L.Am.* bog

barrica *f* barrel

barricada *f* barricade

barrida *f L.Am.* **1** sweep **2** (*redada*) police raid

barrido *m* sweep; **servir lo mismo para un** ~ **que para un fregado** F be able to turn one's hand to anything

barriga *f* belly; **echar** ~ *fig* F get a belly *o* paunch; **rascarse la** ~ *fig* F sit on one's butt F

barrigudo F I *adj* pot-bellied, paunchy II *m*, **-a** *f*: **es un** ~ he has a pot belly, he has a paunch

barril *m* barrel

barrilero *m*, **-a** *f* cooper

barrilete *m* **1** cask **2** *Arg* (*cometa*) kite

barrio *m* neighborhood, *Br* neighbourhood, area; **irse al otro** ~ *fig* F kick the bucket P

◊ **barrio de chabolas** *Esp* shanty town; **barrio chino** red-light district; **barrio obrero** working-class area; **barrio residencial** residential area; **barrios bajos** poor areas

barriobajero I **1** *adj* slum *atr* **2** *desp* common II *m*, **-a** *f* **1** slum dweller **2** *desp* common person

barritar ⟨1a⟩ *v/i de elefante* trumpet

barrizal *m* mire

barro *m* mud

barroco *m*/*adj* *tb fig* baroque

barroquismo *m* **1** ARQUI, PINT Baroque **2** *fig*: *de diseño, lenguaje* extravagance

barroso *adj* muddy

barrote *m* bar; **entre** ~**s** *fig* F behind bars

barruntar ⟨1a⟩ *v/t* suspect

barrunto *m* suspicion, feeling

bartola: **tumbarse a la** ~ F take it easy

bártulos *mpl* F things, gear *sg* F; **liar los** ~ pack one's bags

barullero I *adj* careless II *m*, **-a** *f* shoddy worker

barullo *m* uproar, racket

basa *f* ARQUI base

basal *adj* basal

basalto *m* MIN basalt

basamento *m* ARQUI pedestal

basar ⟨1a⟩ *v/t* base (**en** on); **basarse** *v/r* be based (**en** on)

basca *f* crowd, gang

báscula *f* scales *pl*

bascular ⟨1a⟩ *v/i* swing

base I *f* **1** QUÍM, MAT, MIL, DEP base **2**: ~**s** *pl de concurso etc* conditions **3**: **una**

dieta a ~ *de frutas* a diet based on fruit, a fruit-based diet; *consiguió comprarse una casa a ~ de ahorrar* he managed to buy a house by (dint of) saving; *nos divertimos a ~ de bien* we had a really o F a real good time **II** *m/f en baloncesto* guard

◇ **base aérea** MIL air base; **base por bolas** *en béisbol* base on balls, walk; **base de datos** INFOR database; **base imponible** tax base; **base de maquillaje** foundation (cream); **base naval** MIL naval base; **base robada** *en béisbol* stolen base

básicamente *adv* basically

básico *adj* basic

basílica *f* basilica

basilisco *m* MYTH basilisk; *estar hecho un ~* *fig* F be furious

basket *m* basketball

básquet *m* L.Am. basketball

basquetbol, básquetbol *m* L.Am. basketball

basquetbolista *m/f* L.Am. basketball player

basta *f* basting stitch, *Br* tacking stitch

bastante I *adj* **1** enough **2** *número o cantidad considerable* plenty of; *quedan ~s plazas* there are plenty of seats left **II** *adv con adjetivos* quite, fairly; *bebe ~* she drinks quite a lot

bastar ⟨1a⟩ *v/i* be enough; *basta con uno* one is enough; *¡basta!* that's enough!; *basta y sobra* I've / you've etc got more than enough; *bastarse* *v/r.* ~ *solo para hacer algo* be perfectly able to do sth on one's own

bastardilla *f* italics *pl*

bastardo I *adj* bastard *atr* **II** *m* bastard

bastedad, basteza *f* roughness, coarseness

bastidor *m* **1** (*armazón*) frame **2** TEA wing; *entre ~es* *tb* *fig* behind the scenes

bastión *m* bastion

basto I *adj* rough, coarse **II** *mpl:* ~s (*en naipes*) suit in Spanish deck of cards; *pintar ~s de situación* get rough

bastón *m* **1** (*vara*) stick; *empuñar el ~* *fig* take charge o command **2** ANAT rod

◇ **bastón de esquí** ski pole o stick

bastonazo *m* blow with a stick

bastoncillo *m* ANAT (retinal) rod

◇ **bastoncillo de algodón** Q-Tip®, *Br*

cotton bud

basura *f* *tb* *fig* trash, *Br* rubbish; *cubo de la ~* garbage o trash can, *Br* rubbish bin

◇ **basura doméstica** domestic waste

◇ **basura orgánica** organic waste

basural *m* L.Am. dump, *Br* *tb* tip

basurero *m* garbage collector, *Br* dustman

bat *m* Méx DEP bat

bata *f* **1** *de estar por casa* robe, *Br* dressing gown **2** MED (white) coat **3** TÉC lab coat

◇ **bata de cola** *dress with a train, as worn by flamenco dancer*

batacazo *m* F bang; *darse o pegarse un ~* give o.s. a bang, bang o.s.; *fig* fail

batahola *f* F racket, din

batalla *f* battle; *de ~ ropa* everyday

◇ **batalla campal** *fig* pitched battle

batallar ⟨1a⟩ *v/i* battle

batallita *f* F story, anecdote

batallón *m* battalion

batán *m* TÉC fulling machine

batata *f* BOT sweet potato

batazo *m* *en béisbol* hit

◇ **batazo de línea** *en béisbol* line drive; **batazo de sacrificio** *en béisbol* sacrifice hit

bate *m* DEP bat

◇ **bate de béisbol** baseball bat

batea *f* **1** (*bandeja*) tray **2** MAR flat-bottomed boat

bateador *m*, ~a *f* batter

◇ **bateador corredor** *en béisbol* hitter runner

◇ **bateador designado** *en béisbol* designated hitter

batear ⟨1a⟩ **I** *v/t* hit **II** *v/i* bat

bateo *m* DEP batting

batería I *f* **1** MIL, EL, AUTO *en béisbol* battery; *aparcar en ~* AUTO angle park **2** MÚS drums *pl*, drum kit **II** *m/f* MÚS drummer

◇ **batería de cocina** set of pans

baterista *m/f* MÚS L.Am. drummer

batiborrillo *m*, **batiburrillo** *m* F jumble

batida *f* **1** *de caza* beating **2** *de policía* search

batido I *adj camino* well-trodden **II** *m* GASTR milkshake

batidor I *m* GASTR *manual* whisk; *eléctrico* hand mixer **II** *m*, ~a *f* **1** *de caza* beater **2** MIL scout

batidora *f* mixer

batiente *m* jamb

batín *m* robe, *Br* dressing gown

batir ⟨3a⟩ *v/t* **1** *huevos* beat; *nata* whip **2** *récord* break **3** *territorio* comb **4** *monedas* mint; **batirse** *v/r* beat a retreat; **~ en duelo** fight a duel

batiscafo *m* bathyscaph(e)

Batuecas: *estar en las* **~** F be in a world of one's own

baturro I *adj* **1** Aragonese **2** *fig* dumb **II** *m*, **-a** *f* Aragonese

batuta *f* MÚS baton; *bajo la* **~** *de* MÚS under the baton of; *llevar la* **~** *fig* F be the boss F, rule the roost F

baúl *m* **1** *mueble* chest, trunk; *salir del* **~** *de los recuerdos* *fig* F come flooding back; *henchir o llenar el* **~** *fig* P fill one's belly F, stuff one's face F **2** *L.Am.* AUTO trunk, *Br* boot

bauprés *m* MAR bowsprit

bautismal *adj* baptismal

bautismo *m* baptism, christening; *partida de* **~** certificate of baptism

◇ **bautismo de fuego** baptism of fire

bautizar ⟨1f⟩ *v/t* baptize, christen; *barco* name; *vino* F water down

bautizo *m* baptism, christening

bauxita *f* MIN bauxite

baya *f* berry

bayeta *f* cloth

bayo I *adj horse* cream-colored, *Br* cream-coloured **II** *m*, **-a** *f* cream-colored *o Br* cream-coloured horse

bayoneta *f* bayonet

bayunco *adj C.Am.* P dumb F, stupid

baza *f* **1** *en naipes* trick; *fig* trump card; *jugar sus* **~s** *fig* play one's cards right **2:** *meter* **~** F interfere; *no dejar a alguien meter* **~** F not let s.o. get a word in edgewise

bazar *m* **1** *tienda* hardware and fancy goods store **2** *mercado* bazaar

bazo *m* ANAT spleen

bazofia *f fig* F load of trash F

bazoka *f*, **bazuca** *f* MIL bazooka

BCE *m abr* (= *Banco Central Europeo*) CEB (= Central European Bank)

be *f* letter 'b'

beatería *f desp* exaggerated piety

beatificación *f* REL beatification

beatificar ⟨1g⟩ *v/t* REL beatify

beatífico *adj* REL beatific

beatitud *f* REL beatitude

beato I *adj* pious; *desp* over-pious **II** *m*, **-a** *f* pious person; *desp* Holy Joe F

bebé *m* baby

bebedero *m para pájaros* water bowl

bebedizo I *adj* drinkable **II** *m* magic potion; *del amor* love potion

bebedor *m*, **~a** *f* **1** *de café, té* drinker **2** *de alcohol* (heavy) drinker

bebé-probeta *m* test-tube baby

beber ⟨2a⟩ **I** *v/i* drink; **~ a o por** drink to; **~ en exceso** drink too much, drink to excess; **~ en un vaso** drink from a glass; **~ de la botella** drink straight from the bottle **II** *v/t* drink; **~ los vientos por alguien** *fig* be crazy about s.o.; **~ las palabras de alguien** *fig* hang on *o* drink in s.o.'s every word; **beberse** *v/r* drink up

bebestible, bebible *adj* drinkable

bebida *f* drink

◇ **bebida energética** energy drink

◇ **bebida refrescante** soft drink

bebido I *pp* ☞ **beber II** *adj* drunk

bebistrajo *m* F vile concoction

beca *f* **1** *de organización* scholarship **2** *del estado* grant

becada *f* ZO woodcock

becado *m*, **-a** *f* **1** *de organización* scholarship holder **2** *del estado* grant holder

becar ⟨1g⟩ *v/t* **1** *de organización* award a scholarship to **2** *del estado* award a grant to

becario *m*, **-a** *f* ☞ **becado**

becerrada *f* bullfight *featuring young bulls*

becerrillo *m* calfskin

becerro *m*, **-a** *f* calf

◇ **becerro de oro** golden calf

béchamel *f* GASTR béchamel (sauce)

becuadro *m* MÚS natural sign

bedel *m* porter

beduino I *adj* Bedouin **II** *m*, **-a** *f* Bedouin

befa *f* mockery; *hacer* **~** *de* mock, make fun of

befar ⟨1a⟩ *v/t* mock, make fun of; **befarse de** *v/r* mock, make fun of

befo *adj* thick-lipped

begonia *f* BOT begonia

BEI *m abr* (= *Banco Europeo de Inversiones*) EIB (= European Investment Bank)

beicon *m* bacon

beige *adj* beige

Beijing *m* Beijing
beisbol *m Cu, Méx* baseball
béisbol *m* baseball
beisbolero *m*, **-a** *f L.Am.* baseball player
beisbolista *m/f L.Am.* baseball player
Belcebú *m* Beelzebub
beldad *f lit* beauty
belén *m* crèche, *Br tb* nativity scene
beleño *m* BOT henbane
belfo I *adj* thick-lipped **II** *m de animal* lip
belga *m/f & adj* Belgian
Bélgica *f* Belgium
Belice *m* Belize
beliceño I *adj* Belizean **II** *m*, **-a** *f* Belizean
belicismo *m* warmongering
belicista I *adj* warmongering **II** *m/f* warmonger
bélico *adj* war *atr*
belicosidad *f* bellicosity, aggressiveness
belicoso *adj* **1** warlike, bellicose **2** *fig persona* belligerent
beligerancia *f* belligerence
beligerante *adj nación, pueblo etc* belligerent
bellaco I *adj* rascally, roguish **II** *m*, **-a** *f* rascal, rogue
belladona *f* BOT deadly nightshade, belladonna
bellaquería *f* rascally trick
belleza *f* beauty
bellísimo *adj* extremely beautiful; *una* **-a persona** a lovely person
bello *adj* beautiful
bellota *f* BOT acorn
bemba *f L.Am.* thick lips *pl*
bemol *m* MÚS flat; *mi* ~ E flat; *tener* ~ *es fig* F be tricky F
benceno *m* QUÍM benzene
bencina *f* **1** QUÍM benzine **2** *Pe, Bol (gasolina)* gas, *Br* petrol
bendecir ⟨3p⟩ *v/t* bless; ~ *la mesa* say grace
bendición *f* blessing; *con la* ~ *de* F with the blessing of; *ser una* ~ *(de Dios / del cielo) fig* be a godsend
◇ **bendición de la mesa** grace
◇ **bendiciones nupciales** wedding ceremony *sg*
bendigo *vb* ☞ *bendecir*
bendijo *vb* ☞ *bendecir*
bendito I *adj* blessed **II** *m*, **-a** *f* simple

soul; *dormir como un* ~ sleep like a baby, sleep the sleep of the just
benedictino I *adj* Benedictine **II** *m*, **-a** *f* Benedictine
benefactor *adj* charitable
beneficencia *f* charity
beneficiar ⟨1b⟩ *v/t* **1** benefit; ~ *a alguien* benefit s.o. **2** *Rpl ganado* slaughter; **beneficiarse** *v/r* benefit (*de*, *con* from)
beneficiario I *adj*: *la persona -a de* the recipient of; *la parte -a* the beneficiary / beneficiaries **II** *m*, **-a** *f* beneficiary
beneficio *m* **1** *(ventaja)* benefit; *en* ~ *de* in aid of **2** COM profit **3** *Rpl para ganado* slaughterhouse **3** *C.Am.* coffee-processing plant
beneficioso *adj* beneficial
benéfico *adj* charity *atr*; *función -a* charity function *o* event; *para fines* ~ *s* for charity
Benemérita *f Esp*: *la* ~ the Civil Guard
benemérito *adj* distinguished
beneplácito *m* approval; *dar su* ~ give one's approval
benevolencia *f* benevolence
benevolente *adj* ☞ *benévolo*
benévolo *adj* **1** *(bondadoso)* benevolent, kind **2** *(indulgente)* lenient
bengala *f* flare
bengalí I *adj* Bengali **II** *m/f* Bengali **III** *m idioma* Bengali
benigno *adj* **1** MED benign **2** *clima* mild **3** *persona* benevolent
benito *m*, **-a** *f* Benedictine
benjamín *m* youngest son
benjamina *f* youngest daughter
beodez *f fml* drunkenness
beodo *fml* **I** *adj* drunk, inebriated *fml* **II** *m*, **-a** *f* drunkard, drunk
berberecho *m* ZO cockle
berbiquí *m* brace
BERD *m abr* (= *Banco Europeo de Reconstrucción y Desarrollo*) EBRD (= European Bank for Reconstruction and Development)
beréber, bereber *m/f* Berber
berenjena *f* BOT eggplant, *Br* aubergine
berenjenal *m*: *meterse en un* ~ *fig* F get o.s. into a jam F
bergamota *f* BOT bergamot
bergante *m* scoundrel
bergantín *m* MAR brigantine, brig

berilio *m* QUÍM beryllium
berilo *m* MIN beryl
Berlín *m* Berlin
berlina *f* AUTO four-door sedan, *Br* four-door saloon
berlinés I *adj* of / from Berlin, Berlin *atr* **II** *m*, **-esa** *f* Berliner
berma *f Andes* (hard) shoulder
bermejo *adj* reddish; **Mar Bermejo** Gulf of California
bermellón *m* vermilion, *Br* vermillion
bermudas *mpl*, *fpl* Bermuda shorts
berrear ⟨1a⟩ *v/i* **1** *de animal*, *persona* bellow **2** *de niño* bawl, yell
berrido *m* **1** *de animal*, *persona* bellow **2** *de niño* yell
berrinche *m* F tantrum; **agarrar un ~** F throw a tantrum
berro *m* BOT watercress
berrueco *m* granite rock *o* crag
berza *f* BOT cabbage
berzas, berzotas *m/f inv* F dope F
besamel *f* GASTR béchamel (sauce)
besar ⟨1a⟩ *v/t* kiss; **~ el suelo** *fig* F fall flat on one's face; **lo suyo fue llegar y ~ el santo, quedó primero en su primera carrera** he was incredibly lucky and won his first race; **besarse** *v/r* kiss
besito *m* little kiss
beso *m* kiss; **comerse a alguien a ~s** smother s.o. in kisses
◇ **beso de tornillo** French kiss
bestia I *f* beast; **trabajar como una ~** work like a dog **II** *m/f* **1** (*zopenco*) F brute; *antipático* swine F; *mujer* bitch; **ser un ~** be a brute **2**: **conducir a lo ~** F drive like a madman
◇ **bestia de carga** *tb fig* beast of burden
◇ **bestia negra** bête noire
bestial *adj* F tremendous F
bestialidad *f* act of cruelty
bestiario *m* bestiary
best-seller *m* best-seller
besugo *m* **1** ZO bream; **ojos de ~** bulging eyes **2** *fig* F idiot; **no seas ~** F don't be stupid
besuquear ⟨1a⟩ *v/t* F smother with kisses
besuqueo *m* F necking, *Br* F snogging
betabel *m Méx* red beet, *Br* beetroot
betabloqueador *m* MED beta-blocker
betarraga *f Andes* red beet, *Br* beetroot
betún *m* shoe polish

BEX *m abr* (= **Banco Exterior de España**) *Overseas Bank of Spain*
bianual *adj* biannual, twice-yearly
biatleta *m/f* biathlete
biatlón *m* biathlon
biberón *m* baby's bottle
Biblia *f* Bible
bíblico *adj* biblical
bibliobús *m* bookmobile, *Br* mobile library
bibliófilo *m*, **-a** *f* bibliophile
bibliografía *f* bibliography
bibliográfico *adj* bibliographic
biblioteca *f* **1** library **2** *mueble* bookcase
◇ **biblioteca de consulta (directa)**, **biblioteca presencial** reference library
bibliotecario *m*, **-a** *f* librarian
biblioteconomía *f* librarianship, library science
bicameralismo *m* POL two-chamber system
bicampeón *m*, **-ona** *f* DEP two-times champion
bicarbonato *m*: **~ (de sodio)** bicarbonate of soda, bicarb F
bicéfalo *adj* two-headed
bicentenario *m* bicentennial, *Br* bicentenary
bíceps *mpl* biceps *sg*
bicha *f* F snake
bicharraco *m*, **-a** *f fig* F nasty piece of work
bicherío *m L.Am.* bugs *pl*, *Br tb* creepy-crawlies *pl*
bichero *m* MAR boat hook
bicho *m* **1** (*insecto*) bug, *Br tb* creepy-crawly; **¿qué ~ te ha picado?** what's eating you?; **no hay ~ viviente** F there isn't a living soul **2** (*animal*) creature; **(mal) ~** *fig* F nasty piece of work; **~ raro** weirdo
bici *f* F bike
bicicleta *f* bicycle; **ir** *o* **montar en ~** go cycling
◇ **bicicleta de carreras** racing bicycle; **bicicleta de ejercicio**, **bicicleta estática** exercise bicycle; **bicicleta de montaña** mountain bike; **bicicleta plegable** folding bicycle
bicicross *m* cyclocross
bicoca *f* F bargain
bicolor *adj* two-colored, *Br* two-col-

oured

BID *m abr* (= *Banco Interamericano de Desarollo*) IADB (= Inter-American Development Bank)

bidé *m* bidet

bidón *m* drum

biela *f* TÉC connecting rod

Bielorrusia *f* Belarus

bielorruso I *adj* Belarussian **II** *m, -a f* Belarussian

bien I *m* good; **por tu ~** for your own good; **~es** *pl* goods, property *sg*; **hombre de ~** good man; **estar por encima del ~ y del mal** be above the law

II *adj*: **¡está ~!** it's OK!, it's alright!; **estoy ~** I'm fine, I'm OK; **¿estás ~ aquí?** are you comfortable here?; **la gente ~** well-to-do people

III *adv* **1** well; (*muy*) very; **¡~ hecho!** well done!; **~ está lo que ~ acaba** all's well that ends well **2** (*correctamente*) well, properly **3** *en locuciones*: **más ~** rather; **tener a ~ hacer algo** see fit to do sth; **hicieron ~ en reservar los billetes con tanta antelación** they did the right thing booking the tickets so far ahead; **haces ~ en llevarte el paraguas** it's a good idea to take your umbrella; **estar (a) ~ con alguien** be on good terms with s.o.

IV *conj*: **o ~ ... o ...** either ... or ...; **si ~,** **~ que** although; **no ~** as soon as

V *int*: **¡ya está ~!** that's it!, that's enough!; **pues ~** well

◇ **bienes de capital** capital goods; **bienes de consumo** consumer goods, consumer durables; **bienes de equipo** capital goods; **bienes immuebles** real estate *sg*; **bienes muebles** moveable items, personal property *sg*

bienal I *adj* biennial **II** *f* biennial event

bienaventurado *adj* REL blessed

bienaventuranza *f* REL eternal life; **las Bienaventuranzas** the Beatitudes

bienestar *m* well-being

bienhablado *adj* well-spoken

bienhechor I *adj* beneficent **II** *m, -a f* benefactor

bienintencionado *adj* well-meant

bienio *m* period of two years

bienquerencia *f* **1** affection **2** (*buena voluntad*) good will

bienquisto *adj fml* well-liked

bienvenida *f* welcome; **dar la ~ a alguien** welcome s.o.

bienvenido *adj* welcome

bienvivir ⟨3a⟩ *v/i* live comfortably

bies *m en costura* bias; **al ~** on the cross

bifásico *adj* EL two-phase

bife *m Rpl* steak

bifocal *adj* bifocal

biftec *m* steak

bifurcación *f de camino, río etc* fork; *de línea férrea* junction

bifurcado *adj* forked

bifurcarse ⟨1g⟩ *v/r de camino, río etc* fork

bigamia *f* bigamy

bígamo I *adj* bigamous **II** *m, -a f* bigamist

bigardo *m* F bruiser F, beefy type

bígaro *m* ZO winkle

bigote *m* mustache, *Br* moustache; **tener ~s** have a mustache; **~s** *pl de gato etc* whiskers; **de ~s** F fantastic, amazing

bigotudo *adj* with a big mustache *o Br* moustache

bikini *m* bikini

bilateral *adj* bilateral

bilbaíno I *adj* of / from Bilbao **II** *m, -a f* native of Bilbao

bilet *m Méx* lipstick

biliar *adj* ANAT bile *atr*

bilingüe *adj* bilingual

bilingüismo *m* bilingualism

bilioso *adj tb fig* bilious

bilis *f* **1** bile **2** *fig* spleen; **tragar ~** put up with it, grin and bear it

billar *m* billiards *sg*; **jugar al ~** play billiards

◇ **billar americano** pool

billete *m* ticket

◇ **billete abierto** open ticket; **billete de autobús** bus ticket; **billete de avión** plane ticket; **billete de banco** bill, *Br* banknote; **billete de ida** one-way ticket, *Br* single (ticket); **billete de ida y vuelta** round-trip ticket, *Br* return (ticket); **billete infantil** child's ticket; **billete de lotería** lottery ticket; **billete premiado** *lotería* winning ticket; **billete sencillo** one-way ticket, *Br* single (ticket)

billetera *f L.Am.*, **billetero** *m* billfold, *Br* wallet

billón *m* trillion

bimensual *adj* twice-monthly, *Br tb* fortnightly

bimestral *adj* bimonthly, two-monthly
bimotor I *adj* twin-engined **II** *m* twin-engined plane
binar ⟨1a⟩ *v/t* dig over
binario *adj* binary
bingo *m* **1** *juego* bingo **2** *lugar* bingo hall
binocular *adj* binocular
binóculo *m* pince-nez
binóculos *mpl L.Am.* binoculars, pair of binoculars *sg*
binomio *m* MAT binomial
bioactivo *adj* bioactive
biodegradable *adj* biodegradable
biodinámico *adj* biodynamic
biodiversidad *f* biodiversity
biofísica *f* biophysics *sg*
biogás *m* biogas
biogenético *adj* biogenetic
biografía *f* biography
biográfico *adj* biographical
biógrafo *m*, **-a** *f* biographer
biología *f* biology
biológico *adj* biological; AGR organic
biólogo *m*, **-a** *f* biologist
biomasa *f* biomass
biombo *m* folding screen
biopsia *f* MED biopsy
bioquímica *f* biochemistry
bioquímico I *adj* biochemical **II** *m*, **-a** *f* biochemist
biorritmo *m* biorhythm
biosfera *f* biosphere
biotecnología *f* biotechnology
biotopo *m* biotope
bipartidismo *m* POL two-party system
bipartidista *adj* POL two-party
bípedo I *adj* bipedal, biped **II** *m* biped
biplano *m* AVIA biplane
biplaza *m/adj* two-seater *atr*
bipolar *adj* bipolar
biquini *m* bikini
BIRD *m abr* (= *Banco Internacional de Reconstrucción y Desarrollo*) IBRD (= International Bank for Reconstruction and Development)
birlar ⟨1a⟩ *v/t* F lift F, swipe F
birlibirloque *m* F: *por arte de ~* as if by magic
Birmania *f* Burma
birmano I *adj* Burmese **II** *m*, **-a** *f* Burmese **III** *m idioma* Burmese
birome *m Rpl* ballpoint (pen)
birra *f* F beer
birreta *f de cardenal* biretta

birrete *m de catedrático* mortarboard
birria *f* F piece of junk F; *va hecha una ~* F she looks a real mess F
bis *m* encore; *9 ~* 9A
bisabuela *f* great-grandmother
bisabuelo *m* great-grandfather
bisagra *f* hinge
bisbisar, bisbisear ⟨1a⟩ *v/t* whisper
biscocho *m* ☞ *bizcocho*
biscote *m* rusk
bisecar ⟨1g⟩ *v/t* bisect
bisección *f* MAT bisection
bisector *adj* MAT bisecting
bisel *m* bevel
biselado *adj* beveled, *Br* bevelled
biselar ⟨1a⟩ *v/t* bevel
bisemanal *adj* twice-weekly
bisexual *m/f & adj* bisexual
bisiesto *adj*: *año ~* leap year
bisílabo *adj* with two syllables, two-syllable
bismuto *m* QUÍM bismuth
bisnieta *f* great-granddaughter
bisnieto *m* great-grandson
bisojo *adj* cross-eyed
bisonte *m* ZO bison
bisoñé *m* hairpiece, toupee
bisoño I *adj* **1** *en un oficio* inexperienced, green F **2** MIL inexperienced, raw **II** *m*, **-a** *f* **1** F (*novato*) greenhorn F **2** MIL rookie F
bisté, bistec *m* steak
bisturí *m* MED scalpel
bisutería *f* costume jewelry *o Br* jewellery
bit *m* INFOR bit
bitácora *f* MAR binnacle; *cuaderno de ~* logbook
bíter *m aperitivo* bitters *pl*
bituminoso *adj* bituminous
Bizancio *m* Byzantium
bizantino *adj fig* pointless
bizarría *f lit* valor, *Br* valour, bravery
bizarro *adj lit* valiant, brave
bizcar ⟨1g⟩ *v/i* squint, be cross-eyed
bizco *adj* cross-eyed
bizcocho *m* sponge (cake)
biznieta *f* great-granddaughter
biznieto *m* great-grandson
bizquear ⟨1a⟩ *v/i* F squint, be cross-eyed
bizquera *f* F squint
blanca *f* **1** *persona* white **2** MÚS half note, *Br* minim **3**: *estar sin ~ fig* F

be broke F

Blancanieves *f* Snow White

blanco I *adj* **1** white; *no distinguir lo ~ de lo negro* not know what's what; *ponerse o quedarse ~* go white **2** (*sin escrito*) blank; *en ~* COM blank; *me quedé en ~, me quedé con la mente en ~* my mind went blank; *pasar la noche en ~* have a sleepless night **3**: *arma -a* knife

II *m* **1** *persona* white **2** (*diana*), *fig* target; *dar en el ~* hit the nail on the head; *errar el ~* miss the target; *hacer ~* hit the target; *ser el ~ de todas las miradas* be the center *o Br* centre of attention

◇ **blanco de España** whiting; **blanco de plomo** white lead; **blanco y negro** GASTR *iced coffee with cream*

blancor *m*, **blancura** *f* whiteness

blancuzco *adj* whitish

blandengue F *desp* **I** *adj* soft **II** *m/f* softy F

blandir ⟨3a⟩ *v/t arma* brandish

blando I *adj* soft **II** *m*, **-a** *f*: *ser un ~* be too soft

blanducho *adj desp* soft

blandura *f* softness

blanquear ⟨1a⟩ **I** *v/t* **1** whiten; *pared* whitewash; *ropa* bleach **2** *dinero* launder **3** GASTR blanch **II** *v/i* go white

blanquecino *adj* off-white

blanqueo *m de pared* whitewashing; *con lejía* bleaching

◇ **blanqueo de dinero** money laundering

blanquillo I *adj* whitish **II** *m Méx* egg

blanquinegro *adj* black-and-white

blasfemar ⟨1a⟩ *v/i* **1** (*maldecir*) curse, swear **2** REL blaspheme

blasfemia *f* REL blasphemy

blasfemo I *adj* blasphemous **II** *m*, **-a** *f* blasphemer

blasón *m* coat of arms

blasonar ⟨1a⟩ **I** *v/t* emblazon **II** *v/i*: *~ de* lit boast about

blazer *m* blazer

bledo *m* F: *me importa un ~* I don't give a damn F

blenorragia *f* MED gonorrhea, *Br tb* gonorrhoea

blindado *adj* **I 1** *vehículo* armored, *Br* armoured, **2** *puerta* reinforced **3** EL shielded **II** *m* armored *o Br* armoured

vehicle

blindaje *m* **1** *de vehículo* armor *o Br* armour plating **2** EL shield

blindar ⟨1a⟩ *v/t* **1** *vehículo* armor-plate, *Br* armour-plate **2** EL shield

blíster *m* (*envase*) blister pack, bubble pack

bloc *m* pad

◇ **bloc de cartas** writing pad

◇ **bloc de notas** notepad

blocao *m* MIL blockhouse

blocar ⟨1g⟩ *v/t* DEP *balón* stop; *jugador* bodycheck

blof *m L.Am.* bluff

blofear ⟨1a⟩ *v/i L.Am.* bluff

blondo *adj* lit flaxen *lit*

bloomer *m Cu* panties *pl*

bloque *m* **1** *de piedra* block **2** POL bloc; *en ~* en masse

◇ **bloque de apartamentos** apartment building, *Br* block of flats

bloquear ⟨1a⟩ *v/t* **1** block **2** DEP obstruct; *en baloncesto* screen **3** (*atascar*) jam **4** MIL blockade **5** COM freeze

bloqueo *m* **1** MIL blockade **2** *en baloncesto* screen

bluf(f) *m L.Am.* bluff

blusa *f* blouse

blusón *m* loose blouse *o* shirt

BM *m abr* (= *Banco Mundial*) World Bank

B.o *abr* (= *visto bueno*) approved, OK

boa *f* ZO boa constrictor

boato *m* ostentation

bob *m* DEP bob

bobada *f* piece of nonsense

bobalicón *m*, **-ona** *f* F dope F, *Br tb* twit F

bobear ⟨1a⟩ *v/i* fool around, act the fool

bobería *f*: *hacer / decir una ~* do / say something silly

bóbilis: *de ~ ~* F (*sin esfuerzo*) just like that F; (*gratis*) for nothing

bobina *f* **1** *de hilo* bobbin **2** FOT reel, spool **3** EL coil

bobinado *m* EL winding

bobinar ⟨1a⟩ *v/t* wind

bobo I *adj* silly, foolish **II** *m*, **-a** *f* fool; *pájaro ~* penguin

bobsleigh *m* bob(sled), *Br* bob(sleigh)

boca *f* **1** mouth; *~ a ~* mouth to mouth; *hacer el ~ a ~ a alguien* MED give s.o. mouth-to-mouth resuscitation; *~ abajo* upside down; *persona, cartas, libro* face down; ~ *arriba* right way up; *persona, cartas, libro* face up; *dejar con la ~ abierta* leave open-mouthed; *quedarse con la ~ abierta* be dumbfounded, be open-mouthed with astonishment; *se me hace la ~ agua* my mouth is watering; *abrir o hacer ~* whet one's appetite; *a pedir de ~* perfectly; *andar o ir o correr de ~ en ~* circulate, go around; *callar la ~* shut up; *estar en ~ de todos* be on everybody's lips; *hablar por ~ de ganso o de otro* F parrot someone else's views; *no decir esta ~ es mía* not say a word; *meterse en la ~ del lobo* put one's head in the lion's mouth; *taparle la ~ a alguien* fig keep s.o. quiet, F shut s.o. up; *con la ~ chica* without much conviction; *partirle la ~ a alguien* P smash s.o.'s face in F; *poner algo en ~ de alguien* attribute sth to s.o.; *quitarle a alguien la palabra de la ~* take the words right out of s.o.'s mouth; *llenarse la ~ (hablando) de* fig talk of nothing but; *quitarse algo de la ~* fig go o do without sth, deny o.s. sth **2** ZO crab claw

◇ **boca de incendios** fireplug, *Br* fire hydrant; **boca de metro** subway entrance; **boca de riego** fireplug, *Br* fire hydrant; **boca de subte** *CSur* subway entrance; **Bocas del Amazonas** Amazon estuary

bocacalle *f* side street

bocadillería *f* sandwich shop

bocadillo *m* sandwich

bocado *m* **1** mouthful, bite; *no probar ~* not have a bite to eat, not eat a thing **2** *para caballos* bit

◇ **bocado de Adán** ANAT Adam's apple

bocajarro *m*: *a ~* at point-blank range; *fig decir* point-blank, straight out

bocallave *f* keyhole

bocamanga *f* cuff

bocamina *f* MIN pithead

bocana *f* river mouth

bocanada *f* **1** mouthful **2** *de viento* gust

bocata *m* F ☞ *bocadillo*

bocazas *m/f inv* F loudmouth F

bocera *f* mustache, *Br* moustache (*left by food or drink*)

boceras *m/f inv* loudmouth

boceto *m* sketch

bocha *f* bowl; *~s pl juego* bowls *sg*

bochar ⟨1a⟩ *v/t* **1** *Rpl* F *en examen* fail, flunk F **2** *Méx* (*rechazar*) cold-shoulder, rebuff

boche *m* *Ven, Chi* brawl, fight

bochinche *m* *Méx* uproar

bochorno *m* **1** sultry weather **2** *fig* embarrassment

bochornoso *adj* **1** *tiempo* sultry **2** *fig* embarrassing

bocina *f* MAR, AUTO horn; *tocar la ~* blow o toot one's horn

bocinazo *m* MAR, AUTO toot

bocio *m* MED goiter, *Br* goitre

boda *f* wedding

◇ **bodas de oro** golden wedding *sg*; **bodas de diamante** diamond wedding *sg*; **bodas de plata** silver wedding *sg*

bodega *f* **1** wine cellar **2** MAR, AVIA: ~ (*de carga*) hold **3** *L.Am.* bar **4** *C.Am., Pe, Bol* grocery store, *Br* grocer's

bodegón *m* PINT still life

bodeguero *m*, -a *f C.Am., Pe, Ven* storekeeper, *Br* shopkeeper

bodrio *m* fig piece of garbage

body *m* *prenda* body

BOE *m abr* (= *Boletín Oficial del Estado*) Official Gazette of Spain

bofe *m* ZO lights *pl*; *echar los ~s* work one's butt off F, *Br* slog one's guts out F

bofetada *f* slap

bofetear ⟨1a⟩ *v/t L.Am.* slap

bofetón *m* hard slap (in the face)

bofia *f* F cops *pl* F

boga *f*: *estar en ~* fig be in fashion

bogador *m*, *~a f* rower

bogar ⟨1h⟩ *v/i* row

bogavante *m* ZO lobster

Bogotá *m* Bogota

bogotano I *adj* of / from Bogota, Bogota *atr* **II** *m*, -a *f* native of Bogota

bohemio I *adj* bohemian **II** *m*, -a *f* bohemian

bohío *m* *Cu, Ven* hut

boicot *m* boycott

boicotear ⟨1a⟩ *v/t* boycott

boicoteo *m* boycotting

boiler *m* *Méx* boiler

boina *f* beret

boj *m* BOT box

bojote *m* *L.Am.* fig bundle

bol *m* bowl

bola *f* **1** ball; *no dar pie con ~* get every-

thing wrong; **dejar que ruede la** ~ *fig*
let things take their course **2** TÉC ball
bearing **3** *de helado* scoop **4** F (*menti-*
ra) fib F **5**: **~s** *pl* P balls P, nuts P; **en ~s**
F stark naked

◇ **bola de billar** billiard ball; **bola bue-**
na *en béisbol* fair ball; **bola con curva**
en béisbol curve ball; **bola de fuego**
fireball; **bola mala** *en béisbol* foul ball;
bola muerta *en béisbol* dead ball; **bola**
del mundo globe; **bola de nieve** snow-
ball; **bola rápida** *en béisbol* fast ball
bolada *f* **1** *L.Am.* (*tiro*) throw **2** (*suerte*)
piece of luck
bolado *m* **1** *S.Am.* deal **2** *L.Am.* F (*men-*
tira) fib F
bolchevique *m/f & adj* Bolshevik
bolchevismo *m* Bolshevism
boleada *f Arg* hunt
boleador *m*, **~a** *f Méx* (*limpiabotas*)
bootblack
boleadoras *fpl L.Am. para cazar* bolas
bolear ⟨1a⟩ **I** *v/i L.Am.* DEP have a
knockabout **II** *v/t* **1** *L.Am.* DEP bowl
2 *Rpl con boleadoras* bring down **3**
Méx zapatos shine; **bolearse** *v/r* **1**
Rpl fall **2** (*apenarse*) get embarrassed
bolera *f* bowling alley
bolero I *m* MÚS bolero **II** *m*, **-a** *f Méx* F
bootblack
boleta *f* **1** *L.Am. de tren, cine* ticket **2**
L.Am. (*pase*) pass, permit **3** *L.Am.* (*vo-*
to) ballot paper; **dar** (**la**) ~ **a alguien** F
break with s.o.
boletería *f L.Am.* **1** *en estación* ticket office **2** *en cine, teatro* box office
boletero *m*, **-a** *f L.Am.* **1** *en estación*
ticket clerk **2** *en cine, teatro* box office
employee
boletín *m* bulletin, report

◇ **boletín de evaluación** report card;-
boletín informativo news bulletin; **bo-**
letín meteorológico weather report;
boletín oficial official bulletin; **boletín**
de pedido order form
boleto *m L.Am.* ticket
◇ **boleto de autobús** *L.Am.* bus ticket
◇ **boleto de ida y vuelta** *L.Am.*, **bole-**
to redondo *Méx* round-trip ticket, *Br*
return
boli *m* ballpoint (pen)
boliche *m* **1** AUTO jack **2** (*bolera*) bowling alley **3** *CSur* (*tienda*) grocery store,
Br grocer's **4** *CSur* (*bar*) bar **5** *L.Am.*

juego cup and ball game
bólido *m* **1** racing car **2** AST meteor; **co-**
mo un ~ *fig* F like greased lightning
bolígrafo *m* ballpoint pen
bolillo *m* **1** *para labores* bobbin; **encaje**
de ~s (handmade) lace **2** *Méx* bread
roll
bolina *f* MAR bowline; **ir** *o* **navegar de** ~
sail close to the wind
bolita *f CSur* (*canica*) marble
bolívar *m* bolivar (*currency unit of Vene-*
zuela)
Bolivia *f* Bolivia
boliviano I *adj* Bolivian **II** *m*, **-a** *f* Bolivian
bollería *f* bakery
bollo *m* **1** *de repostería* bun **2** (*abolladu-*
ra) bump
bolo *m* **1** *para el juego* pin **2** *C.Am., Méx*
regalo christening present
bolos *mpl* **1** bowling *sg*, *Br* tenpin bowling *sg*; **jugar a los** ~ go bowling, *Br* play
tenpin bowls **2** TEA: **hacer** ~ tour
bolsa *f* **1** bag **2** COM stock exchange; **sa-**
lida a ~ flotation **3** *L.Am.* (*bolsillo*)
pocket **4** *C.Am., Méx de mujeres* purse,
pocketbook, *Br* handbag **5** (*dinero*):
aflojar la ~ F fork out F **6** ANAT: **~s ba-**
jo los ojos bags under the eyes
◇ **bolsa de agua caliente** hot-water
bottle; **bolsa de aseo** toilet kit, *Br*
sponge bag; **bolsa de la basura** garbage bag, *Br* bin bag; **bolsa de la com-**
pra shopping bag; **bolsa de deporte**
sport bag; **bolsa de estudios** (study)
grant; **bolsa isotérmica** cool bag; **bol-**
sa nevera cool bag; **bolsa de trabajo**
employment exchange; **bolsa de va-**
lores stock exchange; **bolsa de viaje**
travel bag
bolsero *m*, **-a** *f Méx* F scrounger
bolsillo *m* pocket; **de** ~ pocket *atr*; **me-**
terse a alguien en el ~ F win s.o. over;
rascarse el ~ F fork out F; **llenarse los**
~s *fig* make a fortune; **los tuvo a todos**
en el ~ **en seguida** he soon had them
all eating out of his hand; **el Boca Ju-**
niors tiene la liga en el ~ the league is
in the bag for Boca Juniors
◇ **bolsillo trasero** back pocket
bolsín *m* COM small stock exchange
bolsista *m/f* stockbroker
bolso *m* purse, *Br* handbag
◇ **bolso de bandolera** shoulder bag

bolsón m Arg, Pe travel bag

bomba f 1 (explosivo) bomb; **caer como una ~** fig F come as a bombshell 2 TÉC pump 3 S.Am. gas station, Br petrol station 4 Esp: **pasarlo ~** F have a great time

◇ **bomba de aire** pump; **bomba aspiradora** suction pump; **bomba atómica** atomic bomb; **bomba de calor** heat pump; **bomba de cobalto** MED cobalt bomb; **bomba fétida** stink bomb; **bomba de fragmentación** fragmentation bomb; **bomba de gasolina** gas pump, Br petrol pump; **bomba de hidrógeno** hydrogen bomb; **bomba de humo** smoke bomb; **bomba incendiaria** incendiary bomb; **bomba de inyección** injection pump; **bomba lacrimógena** tear gas canister; **bomba de mano** hand grenade; **bomba de neutrones, bomba neutrónica** neutron bomb; **bomba de presión** pressure pump; **bomba de relojería** time bomb; **bomba de vacío** vacuum pump

bombacha f Arg panties pl, Br tb knickers pl

bombacho m: **~s** pl, **pantalón ~** baggy pants pl

bombardear ⟨1a⟩ v/t desde el aire bomb; con artillería bombard

bombardeo m desde el aire bombing; con artillería bombardment

bombardero m bomber

bombástico adj bombastic

bombazo m 1 explosion 2 fig F bombshell

bombear ⟨1a⟩ v/t 1 líquido pump 2 balón lob

bombeo m de líquido pumping

bombero m, -a f firefighter; **~s** pl fire department sg, Br fire brigade sg; **llamar a los ~s** call the fire department

bombilla f 1 light bulb; **se me encendió la ~** fig I had a brainstorm o Br brainwave 2 Rpl metal drinking tube for maté 3 en baloncesto key

bombillo m C.Am., Pe, Bol light bulb

bombín m derby, Br bowler hat

bombita f Arg light bulb

bombo m 1 MÚS bass drum; persona bass drummer; **dar ~ a algo** F hype sth up F; **darse ~** F blow one's own trumpet F; **a ~ y platillo** F with a great song and dance F, with a lot of hoo-ha

F; **tengo la cabeza como un ~** fig my head is splitting 2 TÉC drum 3 fig F de embarazada bump

bombón m 1 dulce chocolate 2 fig F persona babe F

◇ **bombón helado** ice-cream bomb

bombona f de oxígeno, líquido etc cylinder

◇ **bombona de gas** gas cylinder

bombonera f candy box, Br sweet box

bombonería f candy store, Br sweet shop

bonachón adj good-natured

bonaerense I adj of / from Buenos Aires, Buenos Aires atr II m/f native of Buenos Aires

bonanza f fig boom, bonanza

bondad f goodness, kindness; **tenga la ~ de** please be so kind as to

bondadoso adj caring

bonete m 1 sombrero mortarboard 2 ZO reticulum

bongo m L.Am. bongo

boniato m BOT sweet potato

bonificación f 1 (gratificación) bonus 2 (descuento) discount

bonificar ⟨1g⟩ v/t 1 (gratificar) give a bonus to 2 (descontar) give a discount of

bonísimo adj sup (bueno) very good

bonito I adj pretty II m ZO tuna III adv L.Am. well

bono m 1 (vale) voucher 2 COM bond

◇ **bono del Tesoro** Treasury bond

bonsái m bonsai

boñiga f dung

bookmark m INFOR bookmark

boom m boom

boqueada f por sorpresa, dolor etc gasp; **dar la última ~** breathe one's last

boquear ⟨1a⟩ I v/i 1 por sorpresa, dolor etc gasp 2 fig be at death's door II v/t palabra utter

boquera f cold sore

boquerón m ZO anchovy

boquete m hole

boquiabierto adj fig F speechless; **quedarse ~** be speechless

boquilla f 1 MÚS mouthpiece 2 TÉC de manguera nozzle 3: **lo dice de ~** he doesn't mean a word of it; **promete mucho de ~ pero luego no hace nada** he's all talk and no action

boquirroto adj garrulous

borbollar ⟨1a⟩ v/i bubble
borbollón m ☞ **borbotón**
Borbones mpl: **los ~** the Bourbons
borborigmo(s) m(pl) rumbling sg
borbotar ⟨1a⟩ v/i bubble
borbotón m: **salir a borbotones** de agua gush out; **hablaba a borbotones** fig it all came out in a rush
borceguí m ankle boot
borda f MAR gunwale; **echar** o **tirar por la ~** throw overboard
bordado I adj embroidered; **~ a mano** hand-embroidered **II** m embroidery
bordador m, **~a** f embroiderer
bordar ⟨1a⟩ v/t embroider; **~ algo** fig do sth brilliantly
borde[1] adj F persona rude, uncouth
borde[2] m edge; **al ~ de** fig on the verge o brink of
bordear ⟨1a⟩ v/t (rodear) border
bordillo m curb, Br kerb
bordo m: **a ~** MAR, AVIA on board; **ir** o **subir a ~** go on board
bordó m Rpl burgundy
bordón m **1** (bastón) staff **2** MÚS bass string
boreal adj northern
borgoña m Burgundy (wine)
bórico adj QUÍM boric; **ácido ~** boric acid
borla f en cojín, cortina etc tassel
borne m TÉC, EL terminal
boro m QUÍM boron
borona f corn, Br maize
borrachera f drunkenness; **agarrar una ~** get drunk; **~ de poder** excitement that power brings
borrachería f Méx, Rpl ☞ **borrachera**
borrachín m, **-ina** f F boozer F
borracho I adj drunk; **~ de poder** drunk with power **II** m, **-a** f drunk
borrador m **1** para pizarra eraser **2** de texto draft **3** (boceto) sketch
borraja f BOT borage
borrajear ⟨1a⟩ v/t & v/i scribble
borrar ⟨1a⟩ v/t **1** erase **2** INFOR delete **3** pizarra clean **4** recuerdo blot out **5** huellas wipe off; **borrarse** v/r **1** de imagen, rótulo fade **2** de club resign
borrasca f area of low pressure
borrascoso adj **1** tiempo stormy; viento squally **2** fig: vida tempestuous
borrego m **1** ZO lamb **2** fig persona sheep; **~s** pl fluffy white clouds

borreguillo m sheepskin
borricada f fig F stupid thing, dumb thing F
borrico[1] m TÉC ☞ **borriqueta**
borrico[2] m, **-a** f **1** ZO donkey **2** fig F (torpe) dummy F
borriqueta f, **borriquete** m TÉC sawhorse
borrón m **1** (tachón) blot; **hacer ~ y cuenta nueva** fig wipe the slate clean; **¡~ y cuenta nueva!** let's wipe the slate clean! **2** mancha smudge
borronear ⟨1a⟩ v/t scribble on
borroso adj escritura, perfil, foto blurred, fuzzy
boscaje m thicket
boscoso adj wooded
Bósforo m Bosphorus
Bosnia f Bosnia
Bosnia-Herzegovina f Bosnia-Herzegovina
bosnio I adj Bosnian **II** m, **-a** f Bosnian
bosque m wood; grande forest
bosquejar ⟨1a⟩ v/t **1** dibujo sketch **2** fig concepto, plan outline
bosquejo m **1** de dibujo sketch **2** fig de concepto, plan outline
bosta f de caballo dropping, roadapple F; de vaca cowpat
bostezar ⟨1f⟩ v/i yawn
bostezo m yawn
bota[1] f de vino wineskin
bota[2] f boot; **ponerse las ~s** fig F coin it F, rake it in F; (comer mucho) make a pig of o.s. F; **morir con las ~s puestas** fig die with one's boots on; **colgar las ~s** DEP hang up one's boots
◇ **bota campera** cowboy boot; **bota de caña alta** knee-high boot; **bota de esquiar** ski boot; **bota de fútbol** football boot; **bota de media caña** calf-length boot; **bota de montar** riding boot
botado L.Am. F **I** adj (barato) dirt cheap **II** m, **-a** f abandoned child
botador m MAR punt pole
botadura f MAR launching
botalón m MAR boom
botana f Méx snack
botánica f botany
botánico I adj botanical **II** m, **-a** f botanist
botar ⟨1a⟩ **I** v/t **1** MAR launch **2** pelota bounce; **está que bota** F he's seething **3** L.Am. (echar) throw **4** L.Am. (dese-

char) throw out **5** *L.Am.* (*despedir*) fire **II** *v/i de pelota* bounce

botavara *f* MAR boom

bote *m* **1** (*barco*) boat **2** *de pelota* bounce; ***pegar un ~ de persona*** jump; ***a ~ pronto*** off the top of one's head; ***darse el ~*** *Esp* F take off **3** *L.Am.* (*lata*) can, *Br tb* (*tarro*) jar; ***tener a alguien en el ~*** F have s.o. in one's pocket F; ***chupar del ~*** *fig* F line one's pockets F; ***de ~ en ~*** packed out **5** *para propinas* kitty **6** *Méx* F (*cárcel*) slammer P

◇ **bote de la basura** *Méx* trash can, *Br* rubbish bin; **bote neumático** rubber dinghy; **bote salvavidas** lifeboat

botella *f* **1** bottle; ***verde ~ color*** bottle-green; ***~ de vino con viño*** bottle of wine; *envase* wine bottle **2** *en baloncesto* key

◇ **botella no retornable** non-returnable bottle

◇ **botella retornable** returnable bottle

botellero *m* wine rack

botellín *m* small bottle (*esp of beer*)

botepronto *m* DEP drop kick; ***a ~*** off the top of one's head

botica *f* pharmacy, *Br* chemist's (shop)

boticario *m*, **-a** *f* pharmacist, *Br tb* chemist

botija *f* earthenware pitcher

botijo *m* *container with a spout for drinking water*

botín *m* **1** *de dinero, provisiones etc* loot **2** *calzado* ankle boot

botiquín *m* **1** *armario* medicine chest **2** *estuche* first-aid kit

botón *m* **1** *en prenda*, TÉC button; ***dar al ~*** press the button **2** BOT bud

◇ **botón de muestra** *fig* example; **botón de oro** BOT buttercup; **botón de presión** F snap fastener, *Br* press stud

botonadura *f* buttons *pl*

botones *m inv en hotel* bellhop, bellboy

botulismo *m* MED botulism

boutique *f* boutique

bóveda *f* ARQUI vault

◇ **bóveda celeste** firmament, vault of heaven

◇ **bóveda craneal** ANAT cranial cavity

bovino **I** *adj* bovine **II** *mpl*: **~s** cattle *pl*

box *m* **1** DEP pit **2** *Méx* (*boxeo*) boxing

boxeador *m*, **~a** *f* boxer

boxear ⟨1a⟩ *v/i* box

boxeo *m* boxing

bóxer *m* boxer (dog)

boya *f* **1** MAR buoy **2** *de caña* float

boyada *f* drove of oxen

boyante *adj fig* buoyant

boyera *f*, **boyeriza** *f* cattle shed

boyero *m* drover

bozal *m para perro* muzzle

bozo *m* fuzz (*on a boy's face*)

BPI *m abr* (= *Banco de Pagos Internacionales*) BIS (= Bank for International Settlements)

bracear ⟨1a⟩ *v/i* wave one's arms around, flail one's arms

bracero *m*, **-a** *f* agricultural laborer, *Br* farm labourer

bracete *m*: ***de ~*** F arm in arm

bracista *m/f* breaststroke swimmer

braga-pañal *m* pull-up diaper, *Br* pull-up nappy

bragas *fpl* panties, *Br tb* knickers; ***estar / quedarse en ~s*** *fig* not have a cent *o Br* penny / be left without a cent *o Br* penny

bragazas *m inv* F henpecked husband

braguero *m* MED truss

bragueta *f* fly

braguetazo *m* P: ***dar un*** *o* ***el ~*** marry for money

brahmán *m* Brahmin

braille *m* braille

brama *f* bream

bramante *m* twine

bramar ⟨1a⟩ *v/i* **1** *de animal* bellow, roar **2** *del viento* howl; *del mar* roar

bramido *m* roar, bellow

brandy *m* brandy

branquia *f* ZO gill

branquial *adj* ZO branchial, gill *atr*

braquial *adj* brachial

brasa *f* ember; ***a la ~*** GASTR char-broiled, *Br* char-grilled

brasero *m* **1** *de carbón* brazier **2** *eléctrico* electric heater

brasier *m* *C.Am.*, *Méx* bra

Brasil *m* Brazil

brasileño **I** *adj* Brazilian **II** *m*, **-a** *f* Brazilian

brasilero *L.Am.* **I** *adj* Brazilian **II** *m*, **-a** *f* Brazilian

bravata *f* **1** (*fanfarronada*) boast **2** (*amenaza*) threat

braveza *f* **1** *de animal* ferocity **2** *de persona* bravery **3** *de mar* wildness

bravío *adj* **1** *animal* fierce **2** *persona*

brave **3** *mar* wild
bravo I *adj* **1** *animal* fierce **2** *mar* rough, choppy **3** *persona* brave **4** *L.Am.* (*furioso*) angry **5**: *a o por las -as* forcibly, by force **II** *int* well done!; *en concierto etc* bravo!
bravucón I *adj* boastful **II** *m*, **-ona** *f* boaster, braggart
bravuconada *f* boast
bravura *f* **1** *de animal* ferocity **2** *de persona* bravery
braza *f* **1** *en natación* breaststroke **2** MAR fathom
brazada *f* **1** *en natación* stroke **2** *cantidad* armful
brazado *m* armful
brazal *m distintivo* armband
brazalete *m* **1** (*pulsera*) bracelet **2** (*banda*) armband
brazo *m* **1** arm; (*cogidos*) *del* ~ arm in arm; *con los* ~*s abiertos* with open arms; *dar su* ~ *a torcer* give in; *no dar su* ~ *a torcer* hold out, not give in; *luchar a* ~ *partido* fight tooth and nail; *cruzarse de* ~*s*, *quedarse con los* ~*s cruzados* sit back and do nothing; *echarse en los* ~*s de alguien* fig put o.s. in s.o.'s hands; *ser el* ~ *derecho de alguien* be s.o.'s right-hand man / woman **2** TÉC: *de tres* ~*s lámpara* three-arm *atr* **3**: ~*s pl* (*trabajadores*) hands *pl*
◇ *brazo armado* fig armed wing; *brazo de gitano* GASTR jelly roll, *Br* Swiss roll; *brazo de mar* inlet; *estar hecho un* ~ F be smartly dressed
brea *f* tar, pitch
brear ⟨1a⟩ *v/t* F: ~ *a alguien a preguntas* bombard s.o. with questions; ~ *a alguien a palos* give s.o. a hiding
brebaje *m desp* concoction
brecha *f* **1** *en pared, valla etc* breach; *abrir* ~ break through; *seguir en la* ~ F hang on in there F; *estar siempre en la* ~ be always in the thick of things **2** *fig* F gap **3** MED gash
brécol *m* broccoli
brega *f* **1** (*lucha*) struggle **2** (*trabajo*) hard work; *andar a la* ~ work hard, toil
bregar ⟨1h⟩ *v/i* **1** (*luchar*) struggle **2** (*trabajar*) work hard
breque *m C.Am.* brake
bresca *f* honeycomb
Bretaña *f* Brittany

brete *m fig* F: *poner a alguien en un* ~ put s.o. on the spot; *estar en un* ~ be in a jam F
bretel *m CSur* strap
breva *f* BOT early fig; *no caerá esa* ~ fig F no such luck!
breve *adj* brief, short; *en* ~ shortly; *ser* ~ be brief
brevedad *f* briefness, shortness; *a la mayor* ~ *posible* as soon as possible
brevemente *adv* briefly
breviario *m* breviary
brezal *m* heathland
brezo *m* BOT heather
bribón I *adj* rascally **II** *m*, **-ona** *f* rascal
bribonada *f* trick
bricolador *m*, ~**a** *f* do-it-yourself enthusiast, DIY enthusiast
bricolaje *m* do-it-yourself, DIY
brida *f* **1** *de caballo* bridle; *a toda* ~ at top speed **2** TÉC clamp
bridge *m* bridge
brigada I *f* **1** MIL brigade **2** *en policía* squad **II** *m* MIL warrant officer
brillante I *adj* **1** (*luminoso*) bright **2** *fig* brilliant **II** *m* diamond
brillantez *f* **1** (*luminosidad*) brightness, brilliance **2** *fig* brilliance
brillantina *f* brilliantine
brillar ⟨1a⟩ *v/i fig* shine
brillo *m de ojos, madera* shine; *de estrella, luz* brightness; *dar o sacar* ~ *a algo* polish sth
brincar ⟨1g⟩ *v/i* jump up and down
brinco *m* F leap, bound; *dar* ~*s* jump up and down; *dar o pegar un* ~ *fig* jump, start
brindar ⟨1a⟩ **I** *v/t* **1** *oportunidad, ayuda* offer **2** TAUR dedicate (*a* to) **II** *v/i* drink a toast (*por* to); *brindarse* *v/r* offer, volunteer
brindis *m inv* toast; *hacer un* ~ drink a toast (*por* to)
brío *m fig* F verve, spirit
brioche *m* brioche
brioso *adj* F spirited, lively
brisa *f* MAR breeze
brisca *f Esp*: popular card game
brisera *f L.Am.* windshield, *Br* windscreen
británico I *adj* British **II** *m*, **-a** *f* Briton, Brit F
brizna *f* **1** *de hierba* blade **2**: *una* ~ *de pan, tela* a tiny bit of; *verdad* a grain

of; *esperanza* a gleam *o* ray of; *viento* a breath of

broca *f* TÉC (drill) bit

brocado *m* brocade

brocal *m* *de pozo* parapet

brocha *f* brush

◇ **brocha de afeitar** shaving brush

brochazo *m* brush stroke

broche *m* **1** (*prendedor*) brooch **2** (*cierre*) fastener **3** *L.Am.* (*pinza*) clothes pin

◇ **broche de oro** *fig* perfect end (**de** to)

brocheta *f* skewer

brócoli *m* broccoli

broma *f* joke; *en ~* as a joke; *entre ~s y veras* half joking; *~s aparte* joking apart; *gastar ~s* play jokes; *estaba de ~* he was joking; *tomar algo a ~* take sth as a joke; *no estoy para ~s* I'm not in the mood for jokes

◇ **broma de mal gusto** joke in bad taste

◇ **broma pesada** bad joke

bromatología *f* food science, nutrition

bromatólogo *m*, -a *f* nutritionist

bromear ⟨1a⟩ *v/i* joke

bromista I *adj*: *es muy ~* he loves a joke **II** *m/f* joker

bromo *m* QUÍM bromine

bromuro *m* QUÍM bromide

bronca *f* **1** F telling off F; *echar la ~ a alguien* F give s.o. a telling off, tell s.o. off **2** *Méx* P fight; *armar una ~* start a fight **3**: *armar ~* (*hacer ruido*) cause a rumpus; *se armó ~ tras anunciarse la subida de los impuestos* there was an outcry *o* a rumpus when the tax increase was announced

broncazo *m* F: *un ~* a real telling-off

bronce *m* bronze; *edad del ~* Bronze Age

bronceado I *adj* tanned **II** *m* suntan; *centro de ~* solarium

bronceador *m* suntan lotion

broncearse ⟨1a⟩ *v/r* get a tan

bronco *adj voz* harsh, gruff

bronconeumonía *f* MED bronchopneumonia

broncoscopia *f* MED bronchoscope

bronquedad *f* harshness, gruffness

bronquial *adj* bronchial

bronquios *mpl* bronchial tubes, bronchi

bronquitis *f* MED bronchitis

broquel *m* tb fig shield

broqueta *f* skewer

brotar ⟨1a⟩ *v/i* **1** BOT sprout, bud **2** *fig de sospecha, chispa* appear, arise; *de epidemia* break out

brote *m* **1** BOT shoot **2** MED, *fig* outbreak

◇ **brotes de bambú** bamboo shoots

◇ **brotes de soja** beansprouts

broza *f* **1** dead leaves *pl* **2** *en artículo* padding

bruces: *de ~* face down; *caer de ~* F fall flat on one's face; *darse de ~ con alguien* bump into s.o.

bruja *f* **1** witch; *caza de ~s* tb fig witch hunt **2** *Méx*: *andar o estar ~* F be broke F

brujería *f* witchcraft

brujo I *adj* bewitching **II** *m* wizard

brújula *f* compass; *perder la ~* *fig* lose one's bearings

bruma *f* mist

brumoso *adj* misty

bruñido *m* burnishing, polishing

bruñir ⟨3h⟩ *v/t* **1** burnish, polish **2** *C.Am.* F (*molestar*) annoy

brusco *adj* **1** *cambio* abrupt, sudden **2** *respuesta, persona* brusque, curt

Bruselas *f* Brussels

brusquedad *f* **1** *de cambio* sharpness, abruptness **2** *de respuesta, persona* brusqueness, curtness; *con ~* curtly, brusquely

brut *adj* dry

brutal *adj* **1** *procedimiento, lenguaje* brutal **2** P *fiesta* incredible F, terrific

brutalidad *f* brutality

brutalizar ⟨1f⟩ *v/t* harden, brutalize

bruto I *adj* **1** brutish; *a lo ~* using brute force **2** (*inculto*) ignorant **3** (*torpe*) clumsy **4** COM gross; *peso ~* gross weight **5** *diamante* uncut; *en ~ petróleo* crude; **II** *m*, -a *f* brute; (*idiota*) idiot

bu *m* F boogeyman, bogeyman

buba *f*, **bubón** *m* MED bubo

bucal *adj* oral

buceador *m*, -a *f* diver

bucear ⟨1a⟩ *v/i* **1** dive **2** *fig* (*investigar*) delve (*en* into)

buceo *m* diving

◇ **buceo deportivo** diving

buche *m* **1** *de ave* crop; *guardar algo en el ~* *fig* F keep sth under one's hat F **2** *de persona* F belly F

bucle *m* **1** (*rizo*) curl **2** INFOR loop
bucólica *f* pastoral poem
bucólico *adj* bucolic
Buda *m* Buddha
budín *m* pudding
budismo *m* Buddhism
budista *m/f & adj* Buddhist
buen *adj* ☞ **bueno**
buenamente *adv* **1** (*fácilmente*) easily **2** (*voluntariamente*) willingly
buenaventura *f* fortune; *decir la ~ a alguien* tell s.o.'s fortune
buenazo I *adj* kind-hearted **II** *m,-a f: ser un ~* F be a softy F
buenísimo *sup* very good
bueno I *adj* **1** good; *-a voluntad* goodwill; *lo ~ es que ...* the best thing about it is that ...; *estar de -as* be in a good mood; *ponerse ~* get well; *dar algo por ~* approve sth; *ahora viene lo ~* irón here comes the good bit; *¡ésta sí que es -a!* irón F that's a good one!; *¡estaría ~!* irón F oh, terrific!; *lo ~, si breve, dos veces ~* brevity is the soul of wit
2 (*bondadoso*) kind; *ser -a gente* be nice
3 (*sabroso*) nice
4: *por las -as* willingly; *por las -as o por las malas* whether we / they / etc like it or not; *de -as a primeras* without warning; *a la -a de Dios* any which way, *Br* any old how
II *int: ¡~!* well!; *¿~?* Méx hello; *¡-as!* hello!; *~s días, Rpl ~ día* good morning; *-as noches* good evening; *-as tardes* good evening
Buenos Aires *m* Buenos Aires
buey *m* ZO ox
búfalo *m* ZO buffalo
bufanda *f* **1** scarf **2** *fig* F (*gratificación*) perk F
bufar ⟨1a⟩ *v/i* **1** *de gato* spit; *de caballo, toro* snort **2**: *está que bufa* *fig* F he's seething
bufé *m* buffet
búfer *m* INFOR buffer
bufete *m* lawyer's office; *abrir ~* start up a law practice, F put up one's shingle
buffet *m* GASTR buffet
◇ **buffet de desayuno** breakfast buffet
◇ **buffet frío** cold buffet
bufido *m* **1** *de gato* spit; *de caballo, toro*

snort **2** *fig*: *por enfado* snort
bufo *adj* comic; *ópera -a* comic opera
bufón *m* buffoon, fool
bufonada *f* silly joke
buganvilla *f* BOT bougainvillea
bugle *m* MÚS bugle
buhardilla *f* attic, *Br tb* loft
búho *m* ZO owl
buhonero *m* peddler, *Br* pedlar
buitre *m* ZO vulture
◇ **buitre negro** black buzzard
bujía *f* AUTO spark plug
bula *f* REL bull; *tiene ~* *fig* F he's got pull F *o* connections
bulbo *m* BOT bulb
bulboso *adj* bulbous
buldog *m* ZO bulldog
bulevar *m* boulevard
Bulgaria *f* Bulgaria
búlgaro I *adj* Bulgarian **II** *m,-a f* Bulgarian **III** *m idioma* Bulgarian
bulimia *f* MED bulimia
bulla *f* din, racket; *meter o armar ~* make a din *o* racket
bullabesa *f* GASTR fish soup, bouillabaisse
bullanguero F **I** *adj* rowdy **II** *m, -a f* troublemaker
bulldog *m* ☞ **buldog**
bullicio *m* **1** (*ruido*) hubbub, din **2** (*actividad*) bustle
bullicioso *adj* bustling
bullir ⟨3h⟩ *v/i fig* **1** *de sangre* boil **2** *de lugar* swarm, teem (*de* with)
bulo *m* F rumor, *Br* rumour
bulto *m* **1** (*paquete*) package; *escurrir el ~* F duck out F **2** MED lump **3** *en superficie* bulge **4** (*silueta*) (vague) shape **5** (*pieza de equipaje*) piece of baggage; *~s pl* baggage *sg*, *Br tb* luggage *sg*; *~s de mano* hand baggage *sg*, *Br tb* hand luggage *sg* **6** (*volumen*): *hacer ~* swell the numbers; *de ~ error* glaring; *a ~* roughly, at a guess
bumerán *m* boomerang
búnker *m* MIL bunker
buñuelo *m* Esp fritter
◇ **buñuelo de viento** GASTR *cream donut*
buqué *m* bouquet (*of wine*)
buque *m* ship
◇ **buque almirante** flagship; **buque de carga** freighter; **buque cisterna** tanker; **buque escuela** training ship;

buque frigorífico refrigerated vessel, reefer F; **buque de guerra** warship; **buque insignia** flagship; **buque mercante** merchant ship; **buque nodriza (de aviones)** mother ship; **buque de pasajeros** passenger ship; **buque portacontenedores** container ship; **buque de vapor** steamship

burbuja *f* bubble

burbujear ⟨1a⟩ *v/i* **1** (*bullir*) bubble **2** *de champán* fizz

burdel *m* brothel

Burdeos *m* Bordeaux

burdo *adj* rough

bureta *f* buret, *Br* burette

burgalés *adj* of / from Burgos

burgo *m* **1** fortified town **2** (*pueblo*) village

burgués I *adj* middle-class, bourgeois **II** *m*, **-esa** *f* middle-class person, member of the bourgeoisie

burguesía *f* middle class, bourgeoisie; **alta / pequeña ~** upper / lower middle class

buril *m* burin, graver

burilar ⟨1a⟩ *v/t* engrave

burla *f* **1** (*mofa*) joke; **hacer ~ de alguien** F make fun of s.o. **2** (*engaño*) trick

burladero *m* TAUR *barrier behind which a bullfighter can hide*

burlador *m* Don Juan

burlar ⟨1a⟩ **I** *v/t* **1** *riesgo, dificultad* get round **2** (*engañar*) trick, take in **II** *v/i* mock; **burlarse** *v/r* make fun (**de** of)

burlesco *adj* **1** *tono* joking **2** *gesto* rude

burlete *m* L.Am. draft excluder, *Br* draught excluder

burlón I *adj* mocking **II** *m*, **-ona** *f* mocker

buró *m* bureau

burocracia *f* bureaucracy

burócrata *m/f* bureaucrat

burocrático *adj* bureaucratic

burocratizar ⟨1f⟩ *v/t* bureaucratize

burrada *f fig* F piece of nonsense; **hay una ~** F there's loads F; **costar una ~** F

cost a packet F

burro *m*, **-a** *f* **1** ZO donkey; **caer** *o* **bajarse** *o* **apearse del ~** F back down; **no ver tres en un ~** be as blind as a bat **2** F *persona* idiot **3** *Méx* (*tabla de planchar*) ironing board

bursátil *adj* stock market *atr*

bus *m* **1** (*autobús*) bus **2** INFOR bus

busca I *f* search; **en ~ de** in search of; **encontrarse en ~ y captura** have a warrant out for one's arrest **II** *m* F pager

◇ **busca de tesoros** treasure hunt

buscador I *m*, **~a** *f* searcher **II** *m* INFOR search engine

buscapersonas *m inv* pager

buscapiés *m inv type of firecracker, Br jumping jack*

buscapleitos *m/f inv* F troublemaker

buscar ⟨1a⟩ *v/t* search for, look for; **ir / venir a ~** fetch; **se la estaba buscando** he was asking for trouble *o* for it

buscón *m* rogue

buscona *f* prostitute

busilis *m* F snag, problem; **ahí está el ~** F that's the problem

búsqueda *f* search; **~ en el texto** INFOR search *o* find in the text

◇ **búsqueda automática** TV, RAD automatic channel search

bustier *m* bustier

busto *m* bust

butaca *f* **1** (*sillón*) armchair **2** TEA seat

butano *m* butane

butén: de ~ F terrific, fantastic F

butifarra *f type of sausage*

butrón *m hole made by robbers in order to break into a building*

buzo *m* **1** *persona* diver **2** *CSur prenda* tracksuit **3** *Urug* (*jersey*) sweater

buzón *m* mailbox, *Br* postbox

◇ **buzón electrónico** INFOR mailbox

◇ **buzón de voz** TELEC voicemail

buzoneo *m* direct mailing

bypass *m* bypass

byte *m* INFOR byte

C

C *abr* **1** (= **centígrado**) C (= centigrade) **2** (= **compañía**) Co. (= company) **3** c (= **calle**) St. (= street) **4** (= **capítulo**) ch. (= chapter)

cabal *adj*: **no estar en sus ~es** not be in one's right mind; **un hombre ~** a man of integrity

cábala *f fig* intrigue; **hacer ~s** speculate

cabalgadura *f* mount

cabalgar ⟨1h⟩ *v/i* ride

cabalgata *f* procession

caballa *f* ZO mackerel

caballada *f Rpl*: **decir / hacer una ~** say / do sth stupid

caballar *adj* horse *atr*; **cría ~** horse breeding

caballeresco *adj* chivalrous

caballerete *m desp* youth

caballería *f* **1** MIL cavalry **2** (**caballo**) horse

caballeriza *f* stable

caballerizo *m*, **-a** *f* groom

caballero I *adj* gentlemanly, chivalrous **II** *m* **1** *hombre educado* gentleman; *hombre* gentleman, man; (**servicio de**) **~s** *pl* men's room *sg*, *Br* gents *sg*; *en tienda de ropa* menswear *sg* **2** HIST knight; **armar a alguien ~** HIST knight s.o. **3** *trato* sir
◇ **caballero blanco** COM white knight

caballerosidad *f* chivalry

caballeroso *adj* gentlemanly, chivalrous

caballete *m* **1** PINT easel **2** TÉC trestle

caballista I *m* horseman **II** *f* horsewoman
◇ **caballito del diablo** ZO dragonfly
◇ **caballito de mar** ZO seahorse

caballitos *mpl* carousel *sg*, merry-go-round *sg*

caballo *m* **1** horse; **a ~** on horseback; **montar** *o* **andar** *Rpl* **a ~** ride (a horse); **me gusta montar a ~** I like riding; **ir a ~** go on horseback; **a ~ entre** halfway between; **a mata ~** at breakneck speed; **a ~ regalado no le mires el diente** don't look a gift horse in the mouth **2** *en ajedrez* knight
◇ **caballo con arcos** *en gimnasia*

(pommel) horse; **caballo balancín** rocking horse; **caballo de carreras** racehorse; **caballo de montar** saddle horse; **caballo de saltos** *en gimnasia* vaulting horse; **caballo de Troya** MYTH Trojan horse; **caballo de vapor** horsepower

cabaña *f* **1** cabin **2** *Méx en fútbol* goal

cabaret *m* cabaret

cabaretero I *adj* cabaret *atr* **II** *m*, **-a** *f* cabaret artist

cabeceada *f L.Am.* **1** nod **2** *en fútbol* header

cabecear ⟨1a⟩ **I** *v/i* nod **II** *v/t* **el balón** head

cabeceo *m* nod

cabecera *f* **1** *de mesa, cama* head **2** *de periódico* masthead **3** *de texto* top **4** INFOR header

cabecero *m de cama* headboard

cabecilla *m/f* ringleader

cabellera *f* **1** hair; **le cortaron la ~** they cut his hair; **con la ~ a lo Sid Vicious** with a Sid Vicious hairstyle **2** *de cometa* tail

cabello *m* hair
◇ **cabello de ángel** GASTR confectionery made from pumpkin

cabelludo *adj* hairy

caber ⟨2m⟩ *v/i* **1** fit; **ya no me cabe el vestido** the dress doesn't fit me anymore
2 *en un sitio*: **caben tres litros** it holds three liters *o Br* litres; **cabemos todos** there's room for all of us; **aquí no cabe nadie más** there's no room here for anyone else; **no me cabe en la cabeza** I just don't understand, I just can't get my head around it; **no ~ en sí de alegría** *o* **de gozo** be beside o.s. with joy **3** (*ser posible*): **no cabe duda** *fig* there's no doubt; **cabe preguntarse si** I wonder if; **no cabe / cabe esperar que ...** there's no hope that... / it is to be hoped that ...; **si cabe** if that's possible

cabestrillo *m* MED sling; **tener el brazo en ~** have one's arm in a sling

cabestro *m* halter

cabeza I *f* **1** ANAT head; **de ~** *caerse, ti-*

rarse etc headlong; **estar mal** *o* **no estar bien de la ~** F not be right in the head F; **írsele la ~** feel giddy *o* dizzy; **con la ~ alta** with one's head held high; **subírsele a alguien a la ~** *fig* go to s.o.'s head; **llevarse las manos a la ~** *fig* throw one's hands up (in the air); **andar** *o* **ir de ~** be snowed under; **sentar la ~** settle down; **levantar ~** (*recuperarse*) pick up; **no levantar ~** *fig* be knocked sideways; **tras la derrota, el equipo no consiguió levantar ~** the team was knocked sideways by the defeat

2 (*razón*): **perder la ~** *fig* lose one's head; **llevar** *o* **traer a alguien de ~** drive s.o. crazy;

3 (*memoria*): **tener mala ~** have a bad memory

4 (*pensamiento*): **pasarle a alguien por la ~** occur to s.o.; **se me viene a la ~** ... it occurs to me ...; **meterse algo en la ~** get sth into one's head; **quitarse algo de la ~** get sth out of one's head; **calentarle la ~ a alguien** *fig* fill s.o.'s head with ideas; **calentarla la ~** get worked up; **mantener la ~ fría** keep a cool head; **romperse la ~** *fig* rack one's brains

5 (*persona*): **por ~** per head, per person
6: **el equipo a la ~** *o* **en ~** the team at the top; **estar a la ~** be out in front, be the leader

II *m/f de familia, grupo* head

◇ **cabeza de ajo** head of garlic; **cabeza cuadrada** F bigot; **cabeza de familia** head of the family; **cabeza de ganado** head of cattle; **cabeza lectora** INFOR read head; **cabeza de lista** POL *candidate heading an electoral list*; **cabeza loca** fool, *Br tb* thickhead F; **cabeza nuclear** nuclear warhead; **cabeza de partido** major town, county town; **cabeza de puente** MIL bridgehead; **cabeza rapada** skinhead; **cabeza de turco** scapegoat

cabezada *f* **1**: **echar una ~** have a nap **2** (*golpe*) bang on the head

cabezal *m* TÉC head

cabezazo *m* **1** *con la cabeza* head butt; *en la cabeza* bang on the head; **darse un ~** hit one's head **2** *en fútbol* header; **~ en plancha** diving header

cabezo *m* **1** hillock **2** *de montaña* peak

cabezón I *adj*: **mi hermana es muy cabezona** my sister has a very large head; *fig* my sister is very pigheaded **II** *m* large head **III** *m*, **-ona** *f*: **es un ~** he's so pigheaded

cabezonada *f* pigheaded thing to do
cabezonería *f* pigheadedness; *acto* pigheaded thing to do

cabezota I *adj* pigheaded **II** *m/f* pigheaded person

cabezudo I *adj*: **es ~** he has a very large head **II** *m* large-headed carnival figure

cabida *f* capacity; **dar ~ a** hold; **tener ~ en** have room in

cabildo *m* POL council

cabina *f* cabin

◇ **cabina del piloto** AVIA cockpit

◇ **cabina telefónica** phone booth

cabizbajo *adj* dejected, downhearted

cable *m* **1** EL cable; **se le cruzaron los ~s** F he got mixed up **2** MAR line, rope; **echar un ~ a alguien** give s.o. a hand

◇ **cable de fibra óptica** fiber-optic cable, *Br* fibre-optic cable

◇ **cable de remolque** tow rope

cableado *m* wiring
cablear ⟨1a⟩ *v/t* wire up
cablegrafiar ⟨1c⟩ *v/t* cable

cabo *m* **1** end; **al ~ de** after; **de ~ a rabo** F from start to finish; **estar al ~ de la calle** know the score F, be clued up F; **llevar a ~** carry out **2** GEOG cape **3** MAR rope; **quedan muchos ~s sueltos** *fig* there are still a lot of loose ends; **atar ~s** F put two and two together F **4** MIL corporal

◇ **Cabo de Buena Esperanza** Cape of Good Hope

◇ **Cabo de Hornos** Cape Horn

cabra *f* ZO goat; **estar como una ~** F be nuts F; **la ~ siempre tira al monte** a leopard never changes its spots

◇ **cabra montesa** *Esp* mountain goat, Spanish ibex

cabracho *m* ZO scorpion fish

cabreado *adj*: **estar ~** F be annoyed *o* furious

cabrear ⟨1a⟩ *v/t* P bug F; **cabrearse** *v/r* P get mad F

cabreo *m* P: **tener un ~** be in a foul mood

cabrerizo *m*, **-a** *f*, **cabrero** *m*, **-a** *f* goatherd

cabrestante *m* **1** TÉC winch **2** MAR

capstan
cabria f hoist
cabrillas fpl MAR whitecaps, white horses
cabrillear ⟨1a⟩ v/i MAR form whitecaps o white horses
cabrío adj goat atr; **macho ~** billy goat
cabrio m rafter
cabriola f: **hacer ~s** de niño jump around
cabritas fpl Chi popcorn sg
cabritilla f kid(skin)
cabrito m kid
cabro m Chi boy; **~ chico** Chi baby
cabrón m V bastard P, son of a bitch P
cabronada f P dirty trick
cabruno adj goat atr
caca f F **1** poop F, Br pooh F; **hacer ~** poop F, Br do a pooh F **2** cosa mala piece of trash F
cacahuate m Méx peanut
cacahuete m peanut
cacalote m C.Am., Cuba, Méx crow
cacao m **1** cocoa; **no valer un ~** L.Am. fig F not be worth a bean F **2** de labios lip salve
cacaotal m cocoa plantation
cacarear ⟨1a⟩ **I** v/i de gallo crow; de gallina cluck **II** v/t F crow about F, boast about
cacareo m de gallo crowing; de gallina clucking; fig F crowing F, boasting
cacatúa f ZO cockatoo
cacería f hunt
cacerola f pan
cacha f: **estar metido hasta las ~s en algo** F be up to one's neck in sth F
cachalote m ZO sperm whale
cachar ⟨1a⟩ v/t **1** L.Am. (engañar) trick **2** L.Am. (sorprender) catch out **3**: ¿me **cachas?** Chi get it?
cacharrería f kitchenware store
cacharro m **1** pot; **lavar los ~s** Méx, C.Am. wash the dishes **2** Méx, C.Am. (trasto) piece of junk **3** Méx, C.Am. coche junkheap
cachas adj: **estar ~** F be a real hunk F
cachaza f F: **la gente de hoy tiene mucha ~** people today are very laidback F
cachazudo adj F laidback F
caché m cachet
cachear ⟨1a⟩ v/t frisk
cachemira f cashmere
cacheo m frisking

cácher m/f en béisbol catcher
cachería f L.Am. small business
cachet m cachet
cachetada f slap
cachete m cheek
cachetear ⟨1a⟩ v/t L.Am. slap
cachetudo adj chubby-cheeked
cachilo m Rpl F old jalopy F, Br tb old banger F
cachimba f pipe
cachimbo m L.Am. pipe
cachipolla f ZO mayfly
cachiporra f billy club, Br truncheon
cachivache m thing; **~s** pl (cosas) things, stuff sg F; (basura) junk sg
cacho m **1** F bit **2** Rpl (cuerno) horn **3** Ven, Col F (marijuana) joint F **4**: **jugar al ~** Bol, Pe play dice **5**: **ponerle ~s a alguien** cheat on s.o. **6** Rpl de bananas bunch
cachondearse ⟨1a⟩ v/r F make fun (**de** of)
cachondeo m: **estar de ~** F be joking; **tomar a ~** F take as a joke; **¡vaya ~!** F what a laugh! F
cachondo adj F **1** (caliente) horny F; **poner ~ a alguien** F make s.o. horny F **2** (gracioso) funny
cachorro m ZO pup
cachucha f Andes, C.Am., Méx cap
cacillo m (small) saucepan
cacique m **1** chief **2** POL local political boss **3** fig F tyrant
caciquismo m system of rule by a local political boss
cacle m Méx shoe
caco m thief
cacofonía f cacophony
cacto, cactus m inv BOT cactus
cacumen m F brains pl F; **qué poco ~ tienes** you don't have any brains
cada adj **1** considerado por separado each; con énfasis en la totalidad every; **~ cosa en su sitio** everything in its place; **~ uno, ~ cual** each one; **~ vez** every time, each time; **~ tres días** every three days; **uno de ~ tres** one out of every three; **uno de ~** one of each **2**: **~ vez más** more and more, increasingly
cadalso m scaffold
cadáver m (dead) body, corpse
cadavérico adj cadaverous
cadena f **1** chain; **~ humana** human chain; **~ de tiendas** chain of stores; **~**

hotelera hotel chain **2** *de perro* leash, *Br tb* lead **3** TV channel **4**: *~s pl* AUTO snow chains

◇ **cadena alimentaria** BIO food chain; **cadena de montaje** assembly line; **cadena de montañas** mountain range; **cadena perpetua** life sentence; **cadena de producción** TÉC production line; **cadena de música, cadena de sonido** hi-fi, sound system

cadencia *f* MÚS rhythm, cadence

cadencioso *adj* rhythmic

cadeneta *f de decoración* chain stitch

cadera *f* hip

cadete *m* **1** MIL cadet **2** *Rpl, Chi* office junior, errand boy

cadí *m* caddy

cadmio *m* QUÍM cadmium

caducado *adj documento* out of date, expired; *alimento* past its sell-by date / use-by date; **está** *~ de tarjeta* it is out of date

caducar ⟨1g⟩ *v/i* expire

caducidad *f*: **fecha de** *~* expiration date, *Br* expiry date; *de alimentos, medicinas* use-by date

caducifolio *adj* BOT deciduous

caduco *adj* **1** BOT deciduous **2** *persona* senile **3** *belleza* faded

caer ⟨2o⟩ I *v/i* **1** fall; *~ sobre* fall on; *dejar ~ algo* drop sth; *~ enfermo* fall ill; *~ en lunes* fall on a Monday; *al ~ la noche* at sunset *o* nightfall; *caiga quien caiga* no matter whose head has to roll; *~ muy bajo fig* stoop very low; *dejarse ~ F* flop down

2: *me cae bien / mal fig* I like / don't like him

3 *de un lugar*: *cae cerca* it's not far; *¿por dónde cae este pueblo?* whereabouts is this village?

4: *estar al ~* be about to arrive; *¡ahora caigo! fig* now I get it!

caerse *v/r* fall (down); *~ de risa* fall about laughing; *~ de sueño* be ready to drop; *~ de viejo* be falling apart with age; *este coche se cae de viejo* the car is so old it's falling apart; *no tener dónde ~ muerto* not have a penny to one's name

café *m* **1** coffee **2** *(bar)* café

◇ **café cantante** *café with live entertainment*; **café descafeinado** decaffeinated coffee, decaf F; **café exprés**

espresso; **café instantáneo** instant coffee; **café irlandés** Irish coffee; **café con leche** white coffee; **café solo** black coffee; **café soluble** instant coffee; **café torrefacto, café tostado** high-roast coffee

cafeína *f* caffeine

cafetal *m* coffee plantation

cafetalero *m*, **-a** *f L.Am.* coffee grower

cafetera *f* coffee maker *o* pot; *para servir* coffee pot

◇ **cafetera automática** coffee machine

◇ **cafetera exprés** espresso coffee pot

cafetería *f* coffee shop

cafetero I *adj coffee atr*; **ser muy** *~* F be very fond of coffee, be a big coffee drinker **II** *m*, **-a** *f* coffee grower

cafeto *m* coffee bush

cafre *m/f & adj* savage

caftán *m* caftan

cafúa *f Rpl* F *(cárcel)* slammer P

cagada *f* P *tb fig* shit V, crap P

cagado *I adj* P scared shitless V; **estar** *~ de miedo* P be scared shitless V **II** *m*, **-a** *f* P coward

cagalera *f* P: **tener una** *~* have the runs F

cagar ⟨1h⟩ V **I** *v/i* have a shit V **II** *v/t*: *~la* screw up P, *Br tb* cock up F; *¡ya la hemos cagado!* F now we've really screwed up! F; **cagarse** *v/r* shit o.s. V; *~ de miedo* shit o.s. V; *me cago en diez o en tu tía* P shit! V

cagarruta *f* dropping, pellet

cagón F I *adj*: **es muy** *~ bebé* he's always pooping in his diaper F, *Br* he's always poohing in his nappy F **II** *m*, **-ona** *f* wimp F

caguama *f Méx (tortuga)* turtle

cagueta *m/f* F chicken F

caída *f* fall; *a la ~ del sol* at sunset; *a la ~ de la tarde* at sunset; *~ del gobierno* fall of the government; *~ del pelo* hair loss

◇ **caída libre** free fall

caído I *adj* **1** fallen; *~ de ánimo* downhearted, dispirited **2** *hombros* sagging **II** *mpl*: *los ~s* MIL the fallen, the (war) dead

caigo *vb* ☞ **caer**

caimán *m* **1** ZO alligator **2** *Méx, C.Am. útil* monkey wrench

Caín *m* Cain; *pasar las de ~ fig* go

through hell F

Cairo: *El* ~ Cairo

cairota *adj* of / from Cairo, Cairo *atr*

caja *f* **1** box; *la* ~ *tonta* F the idiot box F, *Br* the goggle-box F; *echar a alguien con* ~ *s destempladas* F send s.o. packing **2** *de reloj, ordenador* case, casing **3** COM cash desk; *en supermercado* checkout; *hacer* ~ COM cash up **4**: *entrar en* ~ MIL enlist, *Br* join up

◇ **caja de ahorros** savings bank; **caja de cambios** gearbox; **caja de cambios automática** AUTO automatic gearbox; **caja de cartón** cardboard box; **caja de caudales** safe, strongbox; **caja de cerillas** matchbox; **caja de colores** box of crayons; **caja de la escalera** stairwell; **caja fuerte** safe, strongbox; **caja de herramientas** tool box; **caja de música** music box; **caja negra** AVIA black box; **caja nido** nesting box; **caja de pinturas** paint box; **caja postal** post office savings bank; **caja de reclutamiento** MIL recruiting office; **caja registradora** cash register; **caja de resonancia** sound box; **caja de seguridad** safe-deposit box; **caja torácica** rib cage; **caja de zapatos** shoe box

cajero *m*, **-a** *f* cashier; *de banco* teller

◇ **cajero automático** ATM, *Br tb* cash point

cajeta *f Méx* caramel spread

cajetilla *f* pack, packet

cajilla *f Rpl de tabaco* packet

cajista *m/f* compositor, typesetter

cajita *f* (small) box

cajón *m* **1** drawer **2** *L.Am.* casket, coffin **3**: *ser de* ~ F be obvious **4** *Méx* AUTO parking space

◇ **cajón del bateador** *en béisbol* batter's box; **cajón del receptor** *en béisbol* catcher's box; **cajón de sastre** F hodgepodge F, *Br* hotchpotch F

cajuela *f Méx* AUTO trunk, *Br* boot

cajuelita *f C.Am., Méx* glove compartment

cal *f* lime; *una de* ~ *y otra de arena* F mixed fortunes; *cerrar algo a* ~ *y canto* *fig* shut sth tight

◇ **cal viva** quicklime

cala *f* cove

calabacín *m* BOT zucchini, *Br* courgette

calabacita *f Méx* zucchini, *Br* courgette

calabaza *f* pumpkin; *dar* ~ *s a alguien* F

en examen fail s.o., flunk s.o. F; *en relación* give s.o. the brush off F

calabobos *m* F drizzle

calabozo *m* cell

calada *f* puff, drag F

caladero *m* fishing ground

calado I *adj* soaked; ~ *hasta los huesos* soaked to the skin **II** *m* **1** MAR draft, *Br* draught; *de gran* ~ *fig* important, significant **2** AUTO stall

calamar *m* ZO squid

calambre *m* **1** EL shock **2** MED cramp

calambur *m* play on words

calamidad *f* calamity

calamina *f* MIN calamine

calamita *f* MIN lodestone

calamitoso *adj* catastrophic

cálamo *m* BOT stem

calandria *f* **1** ZO lark **2** *Méx* (*carroza*) carriage

calaña *f desp* sort, type; *de mala* ~ *gente* nasty; *son de la misma* ~ they're as bad as each other

calar ⟨1a⟩ **I** *v/t* **1** (*mojar*) soak; *techo, tela* soak through **2** *persona, conjura* see through **II** *v/i* **1** *de zapato* leak **2** *de ideas, costumbres* take root; ~ *hondo en* make a big impression on; *calarse v/r* **1** *de motor* stall **2**: ~ *hasta los huesos* get soaked to the skin

calato *adj Chi, Pe* naked

calavera I *f* skull **II** *m fig* F rake, libertine

calcáneo *m* ANAT heel bone

calcañar *m* heel

calcar ⟨1g⟩ *v/t* trace

calcáreo *adj* limy

calce *m* wedge

calceta *f*: *hacer* ~ knit

calcetín *m* sock

calcificación *f* MED calcification

calcificarse ⟨1g⟩ *v/r* calcify

calcinación *f* calcination

calcinado *adj* burned, burnt

calcinar ⟨1a⟩ *v/t* burn; *calcinarse v/r* be reduced to ashes

calcio *m* calcium

calco *m* tracing; *fig* copy

calcomanía *f* decal, *Br* transfer

calculable *adj* calculable

calculador *adj fig* calculating

calculadora *f* calculator

◇ **calculadora de bolsillo** pocket calculator

calcular ⟨1a⟩ *v/t tb fig* calculate

cálculo _m_ **1** calculation **2** MED stone
◇ **cálculo biliar** MED gallstone; **cálculo de costes** estimate of costs; **cálculo diferencial** differential calculus; **cálculo integral** integral calculus; **cálculo mental** mental arithmetic; **cálculo de probabilidades** calculation of probabilities; **cálculo renal** MED kidney stone

caldas _fpl_ hot springs

caldear ⟨1a⟩ _v/t_ **1** warm up **2** _ánimos_ inflame; **caldearse** _v/r_ heat up, warm up

caldera _f_ **1** boiler **2** _Rpl_, _Chi_ kettle
◇ **caldera de vapor** steam boiler

calderero _m_ boilermaker

caldereta _f_ GASTR _de carne_ lamb stew; _de pescado_ fish stew

calderilla _f_ small change

caldero _m_ (small) boiler

calderón _m_ MÚS _tb signo_ pause

caldillo _m_ _Méx_ GASTR stock

caldo _m_ GASTR stock; **hacer el ~ gordo a alguien** F make things easy for s.o.; **poner a ~ alguien** F tell s.o. off
◇ **caldo de carne** meat stock; **caldo de cultivo** _fig_ breeding ground; **caldo de verduras** vegetable stock

caldoso _adj_ watery

calé I _adj_ gypsy _atr_ **II** _m/f_ gypsy

calefacción _f_ heating
◇ **calefacción central** central heating
◇ **calefacción individual** individually controlled central heating

calefactor I _m_ heater **II** _m_, **~a** _f_ heating engineer

calefón _m_ _Rpl_ (water) heater

caleidoscopio _m_ ☞ **calidoscopio**

calendario _m_ **1** calendar **2** (_programa_) schedule
◇ **calendario escolar** school year; **calendario de pared** wall calendar; **calendario de taco** tear-off calendar

caléndula _f_ BOT marigold

calentador _m_ heater; **~ de agua** water heater

calentamiento _m_ **1** heating **2** DEP warm-up
◇ **calentamiento global** global warming

calentar ⟨1k⟩ _I v/t_ **1** heat (up) **2**: **~ a alguien** _fig_ provoke s.o.; _P sexualmente_ get s.o. hot F **II** _v/i_ DEP warm up; **calentarse** _v/r_ warm up, have a warm-up; _fig_: _de discusión, disputa_ become heated

calentito _adj_ F _noticia_ hot F

calentón _m_ F: **darse un ~** feel horny F

calentura _f_ fever; **estar con ~** have a temperature

calenturiento _adj_ feverish

calenturón _m_ fever

calera _f_ quarry

calero _adj_ lime _atr_

calesita _f_ _Rpl_ merry-go-round

caleta _f_ cove

caletre _m_ F gumption F

calibración _f_ calibration

calibrador _m_ TÉC gauge

calibrar ⟨1a⟩ _v/t_ gauge, calibrate; _fig_ gauge, weigh up

calibre _m_ _tb fig_ caliber, _Br_ calibre

calidad _f_ **1** quality; **de primera ~** top-quality _atr_; **de ~ inferior**, **de baja ~** poor-quality _atr_; **de ~ superior** superior-quality _atr_, high-quality _atr_ **2**: **en ~ de médico** as a doctor
◇ **calidad de vida** quality of life

cálido _adj_ _tb fig_ warm

calidoscopio _m_ kaleidoscope

calientapiernas _m inv_ legwarmers _pl_

calientapiés _m inv_ foot warmer

calientaplatos _m inv_ plate warmer

caliente _adj_ **1** hot; **en ~** in the heat of the moment **2** (_cachondo_) horny F

calificable _adj_ gradable

calificación _f_ **1** description **2** EDU grade, _Br_ mark

calificado _adj_ qualified; _trabajador_ skilled

calificar ⟨1g⟩ _v/t_ **1** describe, label (**de** as) **2** EDU grade, _Br_ mark; **calificarse** _v/r_: **con esa actitud se califica él solo** _fig_ that attitude sums him up

calificativo I _adj_ qualifying **II** _m_ description

California _f_ California

caligrafía _f_ calligraphy

caligráfico _adj_ handwriting _atr_

calígrafo _m_ calligrapher; (_perito_) **~** handwriting expert

calima, calina _f_ haze

calimocho _m_ red wine and cola

cáliz _m_ BOT calyx

caliza _f_ limestone

calizo _adj_ limy

callada _f_: **dar la ~ por respuesta** not reply, remain silent; **de ~** secretly

callado _adj_ quiet

callampas _fpl_ _Chi_ shanty town _sg_

callar ⟨1a⟩ **I** v/i (*dejar de hablar*) go quiet; (*guardar silencio*) be quiet, keep quiet; **¡calla!** be quiet!, shut up! **II** v/t silence; **callarse** v/r (*dejar de hablar*) go quiet; (*guardar silencio*) be quiet, keep quiet; **~ algo** keep sth quiet

calle f **1** street; **echar a alguien a la ~** fig throw s.o out on the street; **quedarse en la ~** fig fall on hard times; **llevarse a alguien de ~** have s.o. chasing after one; **traer** o **llevar a alguien por la ~ de la amargura** make s.o.'s life a misery; **hacer la ~** F *de prostituta* turn tricks F, *Br* walk the streets **2** DEP lane
◇ **calle comercial** shopping street; **calle de dirección única** one-way street; **calle lateral** side street; **calle mayor** main street, *Br* high street; **calle peatonal** pedestrian street; **calle principal** main street, *Br* high street

calleja f narrow street, side street

callejear ⟨1a⟩ v/i stroll (around the streets)

callejero I adj street atr **II** m street directory

callejón m alley
◇ **callejón sin salida** blind alley; fig dead end

callejuela f narrow street, side street

callicida m corn remover

callista m/f podiatrist, *Br* chiropodist

callo m **1** callus; **dar el ~** fig F slog away F **2** fig F ugly man / woman; **ser un ~** be plug ugly F, be as ugly as sin **3**: **~s** pl GASTR tripe sg

callosidad f callus

calloso adj callused, rough

calma f calm; **¡~!** calm down!; **tómatelo con ~** take it easy; **la ~ que precede a la tormenta** the calm before the storm
◇ **calma chicha** dead calm

calmante I adj soothing **II** m MED sedative

calmar ⟨1a⟩ v/t **1** calm (down) **2** *sed* quench; **calmarse** v/r calm down

calmoso adj calm; *desp* slow

caló m **1** *language spoken by Spanish gypsies* **2** *Méx* criminal slang

calor m **1** heat; **hace mucho ~** it's very hot; **tengo ~** I'm hot **2** fig warmth; **entrar en ~** get warm **3**: **al ~ de** fig: *ayuda económica, contactos* thanks to

caloría f calorie; **comida baja / rica en ~s** low- / high-calorie food

calorífero adj heat-producing

calorífico adj calorific

calostro m BIO colostrum

calumnia f oral slander; *por escrito* libel

calumniador I adj oral slanderous; *por escrito* libelous, *Br* libellous **II** m, **~a** f oral slanderer; *por escrito* libeler, *Br* libeller

calumniar ⟨1b⟩ v/t *oralmente* slander; *por escrito* libel

calumnioso adj oral slanderous; *por escrito* libelous, *Br* libellous

caluroso adj hot; fig warm; **una acogida ~a** a warm welcome

calva f bald patch

calvario m fig torment

calvero m clearing

calvicie f baldness

calvo I adj **1** bald; **estar ~** be bald; **ni tanto ni tan ~** fig F there's no need to go to extremes **2** *región* bare, barren **II** m bald man

calza f **1** wedge **2**: **~s** fpl HIST hose pl

calzada f road (surface), pavement; **salirse de la ~** go off the road

calzado I adj with shoes on; **iba ~ de botas** he had boots on, he was wearing boots **II** m footwear

calzador m shoe horn; **entrar con ~** F squeeze in

calzar ⟨1f⟩ v/t **1** *zapato, bota etc* put on; **¿qué número calza?** what size (shoe) do you take? **2** *mueble, rueda* wedge; **calzarse** v/r *zapato, bota etc* put on

calzo m chock

calzón m **1** DEP shorts pl **2** *L.Am. de hombre* shorts pl, *Br* (under)pants pl; *L.Am. de mujer* panties pl, *Br tb* knickers pl **3**: **calzones** pl *L.Am.* shorts, *Br* (under)pants

calzonazos m inv F *marido* henpecked husband

calzoncillos mpl shorts, *Br* (under-)pants

cama f bed; **hacer la ~** make the bed; **irse a la ~** go to bed; **estar en ~** be in bed; **guardar ~** be confined to bed
◇ **cama de agua** water bed; **cama camera** three-quarter bed; **cama de campaña** cot, *Br* camp bed; **cama con dosel** four-poster bed; **cama elástica** trampoline; **cama individual** single bed; **cama de matrimonio** double bed; **cama nido** truckle bed, trundle

bed; **cama plegable** folding bed; **cama turca** divan (bed)

camachuelo *m* ZO: **~ común** common bullfinch

camada *f* ZO litter; *fig desp* gang; **ser de la misma ~** be as bad as each other

camafeo *m* cameo

camaleón *m* chameleon

camaleónico *adj* chameleon-like

camama *f* F lie

camandulero *m*, **-a** *f* hypocrite

cámara I *f* **1** FOT, TV camera; **chupar ~** F TV hog the limelight F; **a ~ lenta** in slow motion **2** (*sala*) chamber; **de ~** MÚS chamber *atr* **II** *m/f* cameraman; *mujer* camerawoman

◇ **cámara acorazada** strong room; **cámara de aire** AUTO inner tube; **cámara alta** POL upper house, upper chamber; **cámara baja** POL lower house, lower chamber; **cámara de comercio e industria** chamber of commerce and industry; **cámara de diputados** chamber of deputies (*Spanish lower house*); **cámara fotográfica** camera; **cámara frigorífica** cold room; **cámara de gas** gas chamber; **cámara oscura** camera obscura; **cámara de televisión** television camera; **cámara de video**, *Esp* **cámara de vídeo** video camera

camarada *m/f* **1** comrade **2** *de trabajo* colleague, co-worker

camaradería *f* camaraderie, comradeship

camarera *f* waitress

camarero *m* waiter

camarilla *f* POL inner circle; *fig* clique

camarín *m* **1** dressing room **2** REL chapel

camarógrafo *m*, **-a** *f* L.Am. camera operator

camarón *m* L.Am. ZO shrimp, *Br* prawn

camarote *m* MAR cabin

camarotero *m* L.Am. steward

camastro *m* uncomfortable old bed

cambalache *m* Arg F second-hand store

cambalachear ⟨1a⟩ *v/t* F swap F

cambiable *adj* changeable

cambiador *m* money changer

◇ **cambiador de calor** heat exchanger

cambiante *adj* changing; *tiempo* changeable

cambiar ⟨1b⟩ **I** *v/t* change (**por** for); *compra* exchange (**por** for) **II** *v/i* change; **~ de lugar** change places; **~ de marcha** AUTO shift gear, *Br* change gear; **~ de domicilio** move house; **~ de tren** change trains; **~ de coche** get a new car; **~ de opinión** *o* **parecer** change one's mind; **cambiarse** *v/r* change; **~ de ropa** change (one's clothes)

cambiario *adj* COM exchange *atr*

cambiazo *m* F switch; **dar el ~** (**a alguien**) F pull a switch (on s.o.) F

cambio *m* **1** change; **~ de domicilio** change of address; **~ de aires** change of scene; **~ de turno** change of shift; **~ de aceite** AUTO oil change; **¡~!** *al hablar por radio* over!

2 COM exchange rate; **el ~ del día** the day's (exchange) rate; **libre ~** COM free trade

3 (*suelto*): **¿tiene ~?** do you have change?

4: **no se admiten ~s** goods will not be exchanged

5 *en locuciones*: **a ~ de** in exchange for; **en ~** on the other hand

◇ **cambio automático (de marchas)** automatic transmission; **cambio climático** climate change; **cambio de marchas** AUTO gear shift, *Br* gear change; **cambio de sentido** U-turn; *señal de tráfico* exit here to join opposite highway; **cambio del tiempo** change in the weather

cambista *m/f* money changer

cambriano, cámbrico *adj* GEOL Cambrian

camelar ⟨1a⟩ *v/t* F sweet-talk F; **~ a alguien para que haga algo** F sweet-talk s.o. into doing sth F

camelia *f* BOT camellia

camella *f* (female) camel

camello I *m* ZO camel **II** *m/f* F (*vendedor de drogas*) pusher F, dealer

camellón *m* Méx median strip, *Br* central reservation

camelo *m* F con F; (*broma*) joke; **dar el ~ a alguien** F pull s.o.'s leg F

camerino *m* TEA dressing room

camilla *f* **1** stretcher **2**: **mesa ~** small round table

camillero *m*, **-a** *f* stretcher bearer

caminante *m/f* traveler, *Br* traveller

caminar ⟨1a⟩ **I** *v/i* **1** walk; *fig* move; *caminando* on foot **2** *L.Am.* (*funcionar*) work **II** *v/t* walk

caminata *f* long walk

caminero *adj*: *peón* ~ road mender, *Br* navvy

camino *m* **1** (*senda*) path; *no es* (*todo*) *un* ~ *de rosas* it isn't all a bed of roses **2** INFOR path
3 (*ruta*) way; *a medio* ~ halfway; *de* ~ *a* on the way to; *por el* ~ on the way; ~ *de* on the way to; *abrirse* ~ *fig* make one's way; *estar en* ~ be on the way; *ponerse en* ~ set out; *abrirse* ~ *en la vida* get on; *ir por buen / mal* ~ *fig* be on the right / wrong track; *abrir* ~ *hacia algo fig* pave the way for sth; *quedarse a medio o mitad de* ~ *fig* leave sth half finished

◇ **camino forestal** forest track; **camino de herradura** bridle path; **camino rural** country road; **camino vecinal** minor road

camión *m* **1** truck, *Br tb* lorry **2** *Méx* bus

◇ **camión de la basura** garbage truck; **camión cisterna** tanker; **camión frigorífico** refrigerated truck; **camión de mudanzas** moving van, *Br* removal van; **camión pesado** heavy truck, *Br* heavy goods vehicle

camionero *m*, -a *f* **1** truck driver, *Br tb* lorry driver **2** *Méx* bus driver

camioneta *f* van; ~ (*de reparto*) delivery van

camisa *f* shirt; *dejar a alguien sin* ~ *fig* F leave s.o. without a cent; *meterse en* ~ *de once varas* F stick one's nose in (s.o. else's business) F; *no le llegaba la* ~ *al cuerpo* he was petrified; *cambiar de* ~ *fig* POL switch allegiance

◇ **camisa de fuerza** straitjacket

camisería *f* men's outfitters

camisero I *adj*: *blusa* -a woman's shirt; *vestido* ~ shirt dress **II** *m*, -a *f* shirtmaker

camiseta *f* **1** T-shirt **2** DEP jersey, *Br* shirt

camisola *f* sport shirt

camisón *m* nightdress

camomila *f* BOT camomile

camorra *f* F fight; *armar* ~ F cause trouble; *buscar* ~ F look for a fight *o* for trouble

camorrista *m/f* F troublemaker

camote *m Andes, C.Am., Méx* sweet potato

campal *adj*: *batalla* ~ pitched battle

campamento *m* camp

campana *f* **1** bell; *doblar las* ~s toll the bells; *echar las* ~s *al vuelo fig* get excited, get carried away; *dar una vuelta de* ~ AUTO flip over **2** *de chimenea* hood

◇ **campana de buzo** diving bell

◇ **campana extractora** extractor hood

campanada *f* chime; *dar la* ~ cause a stir; *la noticia fue una* ~ F the news came as a bombshell

campanario *m* bell tower; *política de* ~ local politics, *Br* parish-pump politics

campanazo *m L.Am.* warning

campaneo *m* pealing

campanero *m*, -a *f* bell ringer

campaniforme *adj* bell-shaped

campanil *m* bell tower

campanilla *f* **1** small bell; *de muchas* ~s high-class **2** ANAT uvula **3** BOT bell flower, campanula

campante *adj*: *tan* ~ F as calm as anything F

campanudo *adj* **1** *voz* resonant **2** *persona* pompous

campánula *f* BOT campanula

campaña *f* campaign; ~ *antitabaco* anti-smoking campaign

◇ **campaña electoral** election campaign

◇ **campaña publicitaria** advertising campaign

campar ⟨1a⟩ *v/i* **1** *fig* stand out **2**: ~ *por sus respetos* do as one likes; ~ *a sus anchas* do as one pleases

campear ⟨1a⟩ *v/i* stand out

campechanía *f* down-to-earth nature

campechano *adj* down-to-earth

campeón *m*, -ona *f* champion

campeonato *m* championship; *de* ~ F terrific F

◇ **campeonato mundial, campeonato del mundo** world championship

campera *f* **1** *L.Am.* jacket **2**: ~s *pl botas* cowboy boots

campero *adj* country *atr*, rural

campesinado *m* peasantry, peasants *pl*

campesino I *adj* peasant *atr* **II** *m*, -a *f* peasant

campestre *adj* rural, country *atr*

camping *m* campground, *Br tb* campsite; **ir de ~** go camping

campiña *f* countryside

campista *m/f* camper

campo *m* **1** field

2: **el ~** (*área rural*) the country; **en el ~** in the country(side); **ir al ~** go to the country; **a ~ abierto** *o* **raso** in (the) open country; **a ~ traviesa, ~ a través** cross-country

3 DEP field, *Br tb* pitch; (*estadio*) stadium, *Br tb* ground

4: **en el ~ de la técnica** in the technical field; **dejar el ~ libre** leave the field free (**a** for), make way (**a** for); **tener ~ libre para hacer algo** have a free hand to do sth

◇ **campo de acción** scope; **la empresa está ampliando su ~** the firm is expanding (the scope of) its operations; **campo de acogida** reception camp; **campo de aplicación** scope; **campo atrás** *en baloncesto* backcourt violation; **campo de aviación** airfield; **campo de batalla** battlefield; **campo de concentración** concentration camp; **campo de deportes** sports field; **campo para entradas** INFOR entry field; **campo de exterminio** death camp; **campo de golf** golf course; **campo magnético** magnetic field; **campo de opción** INFOR optional field; **campo de refugiados** refugee camp; **campo de tiro** firing range; **campo visual** field of vision

camposanto *m* cemetery

campus *m inv*: **~ universitario** university campus

camuflaje *m* camouflage

camuflar ⟨1a⟩ *v/t* camouflage

can *m lit, hum* dog

cana *f* **1** (*pelo gris*) gray *o Br* grey hair; (*pelo blanco*) white hair; **echar una ~ al aire** F let one's hair down F; **peinar ~s** be getting on, be getting old **2** *Cu, Rpl* F (*cárcel*) can F **3** *Rpl* F (*policía*): **la ~** the cops F *pl*

Canadá *m* Canada

canadiense *m/f & adj* Canadian

canal *m* **1** channel **2** TRANSP canal **3**: **abrir en ~** cut open (from top to bottom)

canalete *m* paddle

canalización *f* **1** *de río* canalization **2** *de ideas* channeling, *Br* channelling

canalizar ⟨1f⟩ *v/t* **1** channel **2** *río* canalize

canalla **I** *m/f* swine F, rat F **II** *f* riff-raff

canallada *f* rotten trick

canallesco *adj* rotten, mean

canalón *m* gutter

canana *f* cartridge belt

canapé *m* **1** (*sofá*) couch **2** *para cama* base **3** GASTR canapé

Canarias *fpl* Canaries; **Islas ~** Canary Islands

canario **I** *adj* Canary *atr* **II** *m* ZO canary

canasta *f* **1** basket **2** *juego* canasta

◇ **canasta de dos puntos** *en baloncesto* two-pointer

◇ **canasta de tres puntos** *en baloncesto* three-pointer

canastero *m*, **-a** *f* basket maker; *vendedor* basket seller

canastilla *f*, **canastillo** *m* (small) basket

canasto *m* basket

cáncamo *m* TÉC eyebolt

cancel *m* inner door

cancela *f* (wrought-iron) gate

cancelación *f* **1** cancellation; *de billetes* punching **2** *de deuda, cuenta* settlement, payment

cancelar ⟨1a⟩ *v/t* **1** *tb* INFOR cancel **2** *deuda, cuenta* settle, pay

cáncer *m* MED, *fig* cancer

◇ **cáncer de mama** breast cancer

◇ **cáncer hepático** liver cancer

Cáncer ASTR **I** *adj* Cancerian; **soy ~** I'm (a) Cancer, I'm (a) Cancerian **II** *m/f inv* Cancer

cancerbero *m* **1** DEP goalkeeper **2**: **el Cancerbero** MYTH Cerberus

canceriano *L.Am.* ASTR **I** *adj* Cancerian; **soy ~** I'm (a) Cancer, I'm (a) Cancerian **II** *m*, **-a** *f* Cancerian, Cancer

cancerígeno *adj* carcinogenic

cancerología *f* MED oncology

cancerólogo *m*, **-a** *f* cancer specialist, oncologist

canceroso *adj* cancerous

cancha *f* **1** DEP court; *L.Am. de fútbol* field, *Br tb* pitch; **~ de tenis** tennis court **2** *Rpl*: **¡~!** gangway!; **abrir** *o* **hacer ~** make room

canchear ⟨1a⟩ *v/i L.Am.* climb

canciller *m* **1** Chancellor **2** *S.Am. de asuntos exteriores* Secretary of State, *Br* Foreign Minister cancillería f **1** de gobierno chancellorship **2** de embajada chancellery

canción f song; **esa** o **eso es otra ~** fig F that's another story F; **siempre la misma ~** F the same old story F

◇ **canción de cuna** lullaby; **canción popular** folk song; **canción de protesta** protest song

cancionero m song book

candado m padlock

candeal adj: **trigo ~** durum wheat

candela f L.Am. fire; **¿me das ~?** do you have a light?; **dar** o **arrear ~ a alguien** beat s.o. up

candelabro m candelabra

Candelaria f REL Candlemas

candelero m candlestick; **estar en el ~** de persona be in the limelight

candente adj **1** red-hot **2** tema topical

candidato m, -a f candidate

candidatura f candidacy; **presentar su ~ para** apply for

candidez f naivety

cándido adj naïve

candil m oil lamp

candileja f **1** small oil lamp **2**: **~s** pl TEA footlights

candor m innocence; (franqueza) candor, Br candour

candoroso adj innocent; (franco) candid

canear ⟨1a⟩ v/i go gray o Br grey

canela f cinnamon; **ser ~ fina** fig F be very fine, be wonderful

◇ **canela en rama** stick cinnamon

canelo **I** adj cinnamon atr; **color -a** cinnamon-colored, Br cinnamon-coloured **II** m cinnamon tree; **hacer el ~** F make a fool of o.s.

canelón m de tejado gutter

canelones mpl GASTR cannelloni sg

canesú m bodice

cangilón m scoop, bucket

cangreja f MAR gaff sail

cangrejo m ZO crab

◇ **cangrejo de mar** crab

◇ **cangrejo de río** crawfish, Br crayfish

canguelo m F: **tener ~** be scared stiff F; **entrarle a alguien el ~** get jittery F

canguro **I** m ZO kangaroo **II** m/f F babysitter

caníbal **I** adj cannibal atr **II** m/f cannibal

canibalismo m cannibalism

canica f marble

caniche m poodle

canícula f dog days pl

canijo adj F puny

canilla f L.Am. faucet, Br tap

canillita m/f CSur newspaper vendor

canino **I** adj dog atr, canine; **diente ~** canine (tooth); **tener un hambre -a** be ravenous **II** m canine (tooth)

canje m exchange

canjeable adj exchangeable (**por** for)

canjear ⟨1a⟩ v/t exchange (**por** for)

cano adj (pelo: blanco) white; (gris) gray, Br grey

canoa f canoe

canódromo m dog track

canon m MÚS, REL canon; **como mandan los cánones** fig in accordance with the rules

canónico adj canonical; **derecho ~** canon law

canónigo m canon

canonización f canonization

canonizar ⟨1f⟩ v/t canonize

canoro adj tuneful; **aves -as** songbirds

canoso adj (gris: pelo) gray, Br grey; persona gray-haired, Br grey-haired; (blanco: pelo) white; persona white-haired

canotier m straw hat, boater

cansado adj tired; **vista -a** farsightedness, Br longsightedness

cansancio m tiredness

cansar ⟨1a⟩ v/t **1** tire **2** (aburrir) bore; **cansarse** v/r **1** get tired; **~ de algo** get tired of sth **2** (aburrirse) get bored

cansino adj weary

cantable adj singable

Cantabria f Cantabria

cantábrico m/adj: **el (mar) Cantábrico** the Bay of Biscay

cantada f F en fútbol (goalkeeping) error

cantado adj: **estaba ~** F it was a foregone conclusion

cantamañanas m/f inv F: **ser un ~** be all talk

cantante m/f singer

cantaor m, **~a** f flamenco singer

cantar ⟨1a⟩ **I** v/i **1** sing **2** P de delincuente squeal P **II** v/t sing **III** m: **ése es otro ~** fig F that's a different story

cántara f pitcher

cántárida f ZO Spanish fly

cantarín adj **1** persona fond of singing **2**

voz singsong

cántaro *m* pitcher; **llover a ~s** F pour (down); **alma de ~** F simple soul

cantata *f* cantata

cantautor *m*, **~a** *f* singer-songwriter

cante *m*: **dar el ~** *fig* F make an exhibition of o.s.

◇ **cante flamenco, cante hondo, cante jondo** flamenco singing

cantegril *m Urug* shanty town

cantera *f* 1 quarry; *fig* source 2 DEP youth squad

cantero *m* 1 quarryman 2 *S.Am.* (*parterre*) flowerbed

cántico *m* canticle

cantidad I *f* quantity, amount; **había ~ de** there was (*pl* were) a lot of; **en ~** in large amounts; **tenemos seda en ~** we have lots of *o* plenty of silk II *adv*: **es ~ de barato** it's really cheap; **nos divertimos ~** we had a really great time

cantil *m* 1 coastal shelf 2 (*acantilado*) cliff

cantilena *f* ☞ **cantinela**

cantimplora *f* water bottle

cantina *f* canteen

cantinela *f fig* F: **la misma ~** the same old story

canto[1] *m* 1 singing 2 *de pájaro* song

◇ **canto coral** choral singing

◇ **canto del gallo** cockcrow

canto[2] *m* 1 edge; **de ~** on its side (*pl* on their sides); **por el ~ de un duro** *fig* F by the skin of one's teeth F 2 (*roca*) stone; **darse con un ~ en los dientes** count o.s. lucky

◇ **canto rodado** boulder

cantón *m* 1 POL canton 2 MIL cantonment

cantonera *f* corner piece

cantor I *adj* singing; **niño ~** choirboy; **pájaro ~** songbird II *m*, **~a** *f* singer

canturrear ⟨1a⟩ *v/t* sing softly

canutas: **las pasé ~** F it was really tough F

canutillo *m*: **paño de ~** needlecord

canuto *m* 1 tube 2 F *de marihuana* joint F

caña *f* 1 BOT reed 2 *L.Am.* straw 3 (*tallo*) stalk 4 *bambú* cane; **muebles de ~** cane furniture 5 *Esp cerveza* small glass of beer 6: **dar** *o* **meter ~ a alguien** F pull s.o.'s leg, *Br tb* wind s.o. up F; **¡dale ~!** F

get off your butt! F; *no tengas compasión* give him hell! F; *animando* go for it!, come on! 7 *L.Am. type of rum*

◇ **caña de azúcar** sugar cane

◇ **caña de pescar** fishing rod

cañada *f* 1 ravine 2 *L.Am.* (*arroyo*) stream

cañadilla *f* ZO whelk

cáñamo *m* 1 hemp 2 *L.Am.* marijuana plant

cañamón *m* hemp seed

cañaveral *m* 1 reedbed 2 *L.Am.* sugar-cane plantation

cañazo *m L.Am.* cane liquor

cañería *f* pipe; **~ de agua** water pipe

cañero I *adj L.Am.* sugar-cane *atr* II *m*, **-a** *f* plantation worker

cañí I *adj* gypsy *atr* II *m/f* gypsy

cañizal *m*, **cañizar** *m* reedbed

cañizo *m* wattle

caño *m* 1 pipe 2 *de fuente* spout

◇ **caño de escape** *Rpl* AUTO exhaust (pipe)

cañón I *adj* F great, fantastic F; **lo pasamos ~** we had a great time II *m* 1 HIST cannon 2 *antiaéreo, antitanque etc* gun 3 *de fusil* barrel 4 GEOG canyon

◇ **cañón de agua** water cannon

cañonazo *m* 1 gunshot 2: **lanzar un ~ en** *fútbol* hit a powerful shot, fire off a tremendous kick

cañonear ⟨1a⟩ *v/t* shell, bombard

cañoneo *m* shelling, bombardment

cañonera *f* gunboat

cañonero I *adj*: **lancha -a** gunboat II *m* gunboat

caoba I *adj* mahogany *atr* II *f* mahogany

caolín *m* MIN china clay, kaolin

caos *m* chaos; **~ circulatorio** traffic chaos

caótico *adj* chaotic

cap *abr* (= **capítulo**) ch. (= chapter)

CAP *m abr* (= **Centro de Atención Primaria**) Primary Care Center *o Br* Centre

capa *f* 1 layer; **~ de nieve** layer of snow; **~ social** social stratum

2 *prenda* cloak; **andar** *o* **ir de ~ caída** F *de persona* be down F; *de negocio* not be doing well, be on the skids F; **defender algo a ~ y espada** fight tooth and nail for something; **hacer de su ~ un sayo** do as one likes; **bajo la ~ de hacer algo** on the pretext of doing sth

3 TAUR cape

◇ **capa de ozono** ozone layer

◇ **capa de pintura** coat of paint

capacho *m* basket

capacidad *f* **1** capacity; *medida de ~* cubic measure **2** (*aptitud*) competence

◇ **capacidad de almacenamiento** INFOR storage capacity; **capacidad de carga** freight capacity; **capacidad competitiva** competitiveness; *un sector con una alta ~* a highly competitive industry; **capacidad jurídica** legal authority; *el magistrado no tiene ~ alguna para actuar en ese caso* the case is outside the judge's jurisdiction, the judge has no jurisdiction over the case; **capacidad de memoria** INFOR memory capacity; **capacidad organizativa** organizational ability

capacitación *f* training; *curso de ~* training course

capacitado *adj* trained, qualified

capacitar ⟨1a⟩ *v/t* train, prepare; *~ a alguien para hacer algo* qualify s.o. to do sth; **capacitarse** *v/r* train, qualify

capadura *f* castration

capar ⟨1a⟩ *v/t* castrate

caparazón *m* ZO shell

capataz *m* foreman

capataza *f* forewoman

capaz *adj* able (*de* to); *ser ~ de* be capable of; *ser ~ de todo* be capable of anything

capazo *m* basket

capcioso *adj*: *pregunta -a* trick question

capea *f* TAUR *bullfight featuring young bulls*

capear ⟨1a⟩ *v/t* **1** *temporal* weather **2** TAUR make passes at with one's cape

capacete *m* *Méx* bonnet

capellán *m* chaplain

capellanía *f* chaplaincy

capelo *m* cardinal's hat

Caperucita *f*: *~ Roja* Little Red Riding Hood

caperuza *f* **1** *tb* TÉC hood **2** *de bolígrafo* top

capicúa *adj*: *número ~* reversible number

capilar **I** *adj* capillary *atr*; *loción* hair *atr* **II** *m* capillary; *vaso ~* ANAT capillary

capilla *f* chapel; *estar en ~* be on tenterhooks

◇ **capilla ardiente** chapel of rest

capirotada *f* *Méx*: *type of French toast with honey, cheese, raisins etc*

capirotazo *m* F flick

capirote *m* F hood; *ser tonto de ~* F be dumb F, be a complete idiot

capitación *f* HIST capitation, poll tax

capital **I** *adj importancia* prime; *pena ~* capital punishment **II** *f de país* capital **III** *m* COM capital

◇ **capital circulante** circulating capital; **capital de explotación** working capital; **capital fijo**, **capital inmovilizado** fixed capital; **capital de inversión** investment capital; **capital líquido** liquid assets *pl*; **capital (de) riesgo** venture capital; **capital social** share capital

capitalidad *f* capital city status

capitalino **I** *adj* of / from the capital city, capital *atr* **II** *m*, *-a f* native of the capital city

capitalismo *m* capitalism

capitalista **I** *adj* capitalist *atr* **II** *m/f* capitalist

capitalización *f* capitalization

capitalizar ⟨1f⟩ *v/t* capitalize; *fig* capitalize on

capitán *m*, *-ana f* captain

◇ **capitán de fragata** lieutenant commander; **capitán general** *Esp* field marshal; **capitán de navío** captain, sea captain

capitanear ⟨1a⟩ *v/t* captain

capitanía *f* **1** captaincy **2** *edificio* headquarters *sg o pl*

capitel *m* ARQUI capital

Capitolio *m* Capitol

capitoste *m* F bigwig F

capitulación *f* **1** capitulation, surrender **2** (*pacto*) agreement; *capitulaciones matrimoniales* marriage settlement *sg*

capitular ⟨1a⟩ **I** *v/i* surrender, capitulate **II** *adj* REL: *sala ~* chapterhouse

capítulo *m* chapter; *ser ~ aparte* F be a separate issue; *llamar a alguien a ~* call s.o. to account

capo *m*, *-a f* **1** *de mafia* capo, don **2** *CSur* star

capó *m* AUTO hood, *Br* bonnet

capón *m* **I** *adj* castrated **II** *Rpl* mutton

capot *m* ☞ **capó**

capota *f* AUTO top, *Br* hood

capotar ⟨1a⟩ *v/i* AUTO, AVIA overturn

capote *m* cloak; MIL greatcoat; *decir algo para su* ~ say sth to o.s.; *echar un* ~ *a alguien* *fig* F give s.o. a hand F

capotear ⟨1a⟩ *v/t* TAUR make passes at with one's cape

capotera *f L.Am.* coat stand

capricho *m* **1** whim; *a* ~ at the drop of a hat; *sin orden aparente* willy-nilly, at random **2** MÚS capriccio

caprichoso *adj* capricious

capricorniano *L.Am.* ASTR **I** *adj* *soy* ~ I'm (a) Capricorn **II** *m*, -a *f* Capricornian, Capricorn

Capricornio ASTR **I** *adj* Capricornian; *soy* ~ I'm (a) Capricorn, I'm (a) Capricornian **II** *m/f inv* Capricorn

cápsula *f* capsule

◇ **cápsula espacial** space capsule

capsular *adj* capsular

captación *f* **1** *(percepción)* understanding **2** RAD reception **3** *de aguas* channeling, *Br* channelling **4** *de clientes* gaining, acquiring; *la* ~ *de clientes* expansion of the customer base

captar ⟨1a⟩ *v/t* **1** understand **2** RAD pick up **3** *aguas* channel **4** *clientes* acquire, win **5** *negocio* take **6** FOT, *datos* capture

captor *m*, ~*a f de personas, animales* captor

captura *f* capture; *en pesca* catch; *tasa de* ~*s* fishing quota

capturar ⟨1a⟩ *v/t* capture; *peces* catch

capturista *m/f Méx* keyboarder

capucha *f* hood

capuchina *f* BOT nasturtium

capuchino *m* **1** GASTR cappuccino **2** REL Capuchin

capuchón *m de bolígrafo* top; *de ropa* hood

capullo *m* **1** ZO cocoon **2** BOT bud **3** P *persona* jerk F, *Br* dickhead P

caqui I *adj* khaki **II** *m* **1** BOT persimmon **2** *(tela)* khaki

cara *f* **1** face; *a* ~ *descubierta* not wearing a mask; ~ *a algo* facing sth; ~ *a* ~ face to face; *en el* ~ *a* ~ face to face; *de* ~ *a* facing; *fig* with regard to; *de* ~ *al exterior* on the surface, outwardly; *hacer* ~ *a* face up to; *dar la* ~ face the consequences; *sacar la* ~ *por alguien* stick one's neck out for s.o.; *plantar* ~ *a* stand up to; *echar algo en* ~ *a alguien* remind s.o. of sth; *decir algo en o a la* ~ *de alguien* say sth to

s.o.'s face; *lo hizo por su* ~ *bonita o por su linda* ~ *fig* he did it just because he felt like it; *cruzar la* ~ *a alguien* slap s.o. in the face, slap s.o.'s face; *romper o partir la* ~ *a alguien* P smash s.o.'s face in; *¡nos veremos las* ~*s!* you haven't heard the last of this!; *tenían el viento / el sol de* ~ they had the wind in their faces / the sun in their eyes; *todo le sale de* ~ everything goes right for him **2** *(expresión)* look; *tiene* ~ *de pocos amigos* he doesn't look very friendly; *tiene* ~ *de preocupación / alegría* he looks worried / happy; ~ *larga* long face; *tener buena / mala* ~ *de comida* look good / bad; *de persona* look well / sick; *poner buena* ~ *a mal tiempo* look on the bright side **3** *fig* nerve; *tener* ~ *dura* have a nerve **4**: *la otra* ~ *de la moneda* *fig* the other side of the coin

◇ **cara o cruz** heads or tails

carabina *f* carbine; *fig* F chaperone

carabinero *m* **1** GASTR (large) shrimp, *Br* prawn **2** *(agente de aduana)* border guard

cárabo *m* ZO tawny owl

Caracas *m* Caracas

caracol *m* **1** snail **2**: *¡*~*es!* wow! F; *enfado* damn! F

caracola *f* ZO conch

caracolear ⟨1a⟩ *v/i de caballo* prance

carácter *m* **1** character **2** INFOR,TIP character; *caracteres de imprenta* block letters **3** *(naturaleza)* nature

característica *f* **1** characteristic **2** *L.Am.* TELEC area code

característico *adj* characteristic (*de* of)

caracterización *f* characterization; TEA portrayal

caracterizar ⟨1f⟩ *v/t* characterize; TEA play (the part of); *caracterizarse v/r* be characterized (*por* by)

caradura *m/f* F guy / woman with a nerve, *Br* cheeky devil F

carajillo *m coffee with a shot of liquor*

carajo *m*: *irse al* ~ F go down the tubes F; *¡*~*!* F damn! F

¡caramba! *int* wow! F; *enfado* damn! F

carámbano *m* icicle

carambola *f billar* carom, *Br* cannon; *por o de* ~ F by sheer chance

caramelizar ⟨1f⟩ *v/t* coat in caramel

caramelo *m* **1** *dulce* candy, *Br* sweet **2** (*azúcar derretido*) caramel
◇ **caramelo de palo** lollipop
caramillo *m* MÚS flageolet
carantoña *f* caress; ***hacer ~s a alguien*** caress s.o.
carapacho *m* ZO shell
caraqueño I *adj* of / from Caracas, Caracas *atr* **II** *m*, **-a** *f* native of Caracas
carátula *f* **1** *de disco* jacket, *Br tb* sleeve **2** *L.Am. de reloj* face
caravana *f* **1** (*remolque*) trailer, *Br* caravan **2** *de tráfico* traffic jam, *Br* queue of traffic **3** *Méx* (*reverencia*) bow **4** *Urug* (*pendiente*) earring
caravaning *m touring with car and trailer*, *Br* caravanning
caray *int* F wow! F; *enfado* damn! F
carbohidrato *m* carbohydrate
carbón *m* coal
◇ **carbón de leña** charcoal; **carbón mineral, carbón de piedra** coal; **carbón vegetal** charcoal
carbonato *m* carbonate
carboncillo *m* charcoal; ***dibujo al ~*** charcoal drawing
carbonera *f* **1** coal cellar **2** MAR collier
carbonería *f* coalyard
carbonero I *adj* coal *atr* **II** *m* **1** ZO coal tit **2** (*vendedor*) coal merchant
carbonífero I *adj* carboniferous **II** *m* GEOL Carboniferous period
carbonilla *f* coal dust
carbonizar ⟨1f⟩ *v/t* **1** char **2** QUÍM carbonize; **carbonizarse** *v/r* be reduced to ashes
carbono *m* QUÍM carbon
carbunco *m* MED anthrax
carburador *m* AUTO carburet(t)or
carburante *m* fuel
carburo *m* carbide
carca *m/f & adj* F reactionary
carcacha *f Méx* F old jalopy F, *Br tb* old banger F
carcaj *m* quiver
carcajada *f* laugh, guffaw; ***reír a ~s*** roar with laughter; ***estallar en ~s*** burst out laughing; ***soltar una ~*** burst out laughing
carcajear ⟨1a⟩ *v/i* roar with laughter; **carcajearse** *v/r* have a good laugh (***de*** at)
carcamal *m/f* F old crock F
carcasa *f* TÉC casing

cárcava *f* gully
cárcel *f* prison
carcelero I *adj* prison *atr* **II** *m*, **-a** *f* guard, *Br* warder
carcinógeno *adj* ☞ ***cancerígeno***
carcinoma *f* MED carcinoma
carcoma *f* ZO woodworm
carcomer ⟨2a⟩ *v/t* eat away; *fig: de envidia* eat away at, consume; **carcomerse** *v/r* be eaten away; ***~ de*** *fig* be consumed with
carcomido *adj* worm-eaten; ***~ de envidia*** *fig* eaten up with envy
carda *f* TÉC carding; *máquina* carding machine
cardamomo *m* BOT cardamom
cardán *m* TÉC universal joint
cardar ⟨1a⟩ *v/t lana* card; *pelo* backcomb
cardenal *m* **1** REL cardinal **2** (*hematoma*) bruise
cardenillo *m* verdigris
cárdeno *adj* purple
cardiaco, cardíaco I *adj* cardiac **II** *m*, **-a** *f* heart patient
cárdigan *m* cardigan
cardinal *adj* cardinal; ***número ~*** cardinal number; ***puntos ~es*** points of the compass, cardinal points; ***virtudes ~es*** cardinal virtues
cardiocirujano *m*, **-a** *f* heart surgeon
cardiograma *m* MED cardiogram
cardiología *f* cardiology
cardiólogo *m*, **-a** *f* cardiologist
cardiópata I *adj*: ***ser ~*** have heart trouble **II** *m/f* heart patient
cardiopatía *f* heart disease
cardiovascular *adj* cardiovascular
cardo *m* BOT thistle
cardumen *m* shoal
carear ⟨1a⟩ *v/t* bring face to face
carecer ⟨2d⟩ *v/i*: ***~ de algo*** lack sth; ***~ de interés*** not be interesting, be lacking in interest
carena *f* MAR careening
carenar ⟨1a⟩ *v/i* MAR careen
carencia *f* lack (***de*** of)
carencial *adj dieta* deficient; ***enfermedad ~*** wasting disease
carente *adj*: ***~ de*** lacking in
careo *m* confrontation
carestía *f* high cost
◇ **carestía de la vida** high cost of living

careta *f* mask; ***quitar la ~ a alguien*** *fig* unmask s.o.

◇ **careta antigás** gas mask

carey *m* ZO turtle

carga *f* **1** load; *de buque* cargo **2** MIL, EL charge **3**: ***volver a la ~*** return to the attack **4** (*responsabilidad*) burden; ***llevar la ~*** take responsibility; ***ser una ~ para alguien*** be a burden to s.o.

◇ **carga explosiva** explosive charge; **carga fiscal, carga impositiva** tax burden; **carga de profundidad** MIL depth charge; **cargas sociales** social security contributions; **carga útil** payload

cargadero *m* loading bay

cargado *adj* **1** loaded (***de*** with) **2**: ***~ de años*** bowed with old age; ***~ de espaldas o hombros*** bowed **3** *aire* stuffy **4** *ambiente* tense **5** *café* strong

cargador I *m* **1** *de arma* magazine **2** EL (battery) charger II *m, ~a f* loader; ***~ (de muelle)*** MAR longshoreman, *Br* docker

cargadores *mpl Col* suspenders, *Br* braces

cargamento *m* load

cargante *adj* F annoying

cargar ⟨1h⟩ I *v/t* **1** *arma, camión* load **2** *batería, acusado* charge **3** COM charge (***en*** to); ***~ algo en cuenta a alguien*** charge sth to s.o.'s account **4** *L.Am.* (*traer*) carry **5**: ***esto me carga*** *L.Am.* I can't stand this

II *v/i* **1** (*apoyarse*) rest (***sobre*** on) **2** (*fastidiar*) be annoying **3**: ***~ con algo*** carry sth; ***~ con la culpa*** *fig* shoulder the blame; ***tuvo que ~ con toda la familia durante las vacaciones*** I had the whole family to contend with during the vacation **4**: ***~ contra alguien*** MIL, DEP charge (at) s.o.

cargarse *v/r* **1** *con peso, responsabilidad* weigh o.s. down **2** F (*matar*) bump off F **3** F (*romper*) wreck F **4** INFOR load

cargazón *f* heaviness

cargo *m* **1** position; ***alto ~*** high-ranking position; *persona* high-ranking official; ***~ ministerial*** ministerial post **2** JUR charge **3**: ***a ~ de la madre*** in the mother's care; ***tener algo a su ~, estar a ~ de algo*** be in charge of sth; ***está a ~ de Gómez*** Gómez is in charge of it; ***hacerse ~***

de algo take charge of sth; ***tomar a su ~*** take charge of **4** COM: ***con ~ a nosotros*** on our account **5**: ***me da ~ de conciencia*** it makes me feel guilty

carguero *m* MAR cargo ship, freighter

cariacontecido *adj* crestfallen

cariado *adj* decayed

cariarse ⟨1b⟩ *v/r* decay

cariátide *f* ARQUI caryatid

caribe *adj* Carib

Caribe *m* Caribbean

caribeño *adj* Caribbean

caricato *m fig* comedian, impressionist

caricatura *f* **1** caricature **2** *Méx* (*dibujos animados*) cartoon

caricaturista *m/f* caricaturist

caricaturizar ⟨1f⟩ *v/t* caricature

caricia *f* caress; ***hacer~s a*** caress, stroke

caridad *f* charity

caries *f* MED caries *sg*

carilla *f de papel* side

cariño *m* **1** affection, fondness; ***con ~*** with love; ***tener ~ a alguien*** be fond of s.o.; ***tomar ~ a*** become fond of **2**: ***hacer ~ a alguien*** *L.Am.* (*acariciar*) caress s.o.; (*abrazar*) hug s.o. **3**: ***¡~!*** darling! **4** *Rpl*: ***~s*** (*en carta*) love

cariñoso *adj* affectionate

carioca *adj* of / from Rio de Janeiro, Rio de Janeiro *atr*

carisma *m* charisma

carismático *adj* charismatic

caritativo *adj* charitable

cariz *m* look; ***tomar mal ~*** start to look bad

carlinga *f* AVIA cockpit

carmelita REL I *adj* Carmelite II *m/f* Carmelite

carmen *m*: (***orden del***) ***Carmen*** Carmelite order

carmesí *m/adj* crimson

carmín *m de labios* lipstick

carnada *f* bait

carnal I *adj* **1** carnal; ***acto ~*** sex, sex act **2** *primo* first; *sobrino, tío*: related by blood, as opposed to marriage; ***mi sobrino ~*** my brother's / sister's boy; ***mi tío ~*** my mother's / father's brother II *m Méx* F (*amigo*) chum F, pal F

carnaval *m* carnival

carnavalesco *adj* carnival *atr*

carnaza *f* bait

carne *f* 1 meat; *echar o poner toda la ~ en el asador* pull out all the stops; *ni ~ ni pescado* fig neither fish, flesh, nor fowl 2 *de persona* flesh; *de ~ y hueso* flesh and blood; *de color ~* flesh-colored, Br flesh-coloured; *tenía la rodilla en ~ viva* his knee was raw; *sufrir algo en sus propias ~s* fig go through sth o.s.; *echar ~s* put on weight

◇ **carne adobada** marinaded meat; **carne ahumada** smoked meat; **carne de ave** poultry; **carne de cañón** fig cannon fodder; **carne de cerdo** pork; **carne congelada** frozen meat; **carne en conserva** canned meat, Br tinned meat; **carne de gallina** fig goose bumps *pl*, Br goose pimples *pl*; **carne de lata** canned meat, Br tinned meat; **carne de membrillo** quince jelly; **carne molida** *L.Am.* ground meat, Br mince; **carne picada** ground meat, Br mince; **carne de vacuno** beef

carné *m* ☞ **carnet**

carnear ⟨1a⟩ *v/t L.Am.* slaughter

carnero *m* ram

carnet *m* card

◇ **carnet de conducir** driver's license, Br driving licence; **carnet de identidad** identity card; **carnet de socio** membership card

carnicería *f* butcher's; fig carnage

carnicero **I** *m*, -a *f* butcher **II** *adj animal* carnivorous

cárnico *adj* meat *atr*; *industria -a* meat industry

carnívoro **I** *adj* carnivorous **II** *m* carnivore

carnoso *adj* fleshy

caro *adj* expensive, dear; *costar ~* fig cost dear

carota *m/f* F guy / woman with a nerve, Br cheeky devil F; *es un ~* he's got a nerve

caroteno *m* QUÍM carotene

carótida *f* ANAT carotid (artery)

carotina *f* QUÍM carotene

carozo *m Chi, Rpl* pit

carpa *f* 1 *de circo* big top 2 ZO carp 3 *L.Am. para acampar* tent 4 *L.Am. de mercado* stall

carpanta *f* F: *tener ~* be starving F

carpeta *f* 1 file; *~ portadocumentos* briefcase 2 INFOR folder 3 *Cu en hotel* reception

◇ **carpeta de anillas** ring binder

carpetazo: *dar ~ a algo* F shelve sth

carpintería *f* 1 carpentry 2 *de obra* joinery

carpintero **I** *adj* ZO: *pájaro ~* woodpecker **II** *m*, -a *f* 1 carpenter 2 *de obra* joiner

carpir ⟨3a⟩ *v/t L.Am.* hoe

carpo *m* ANAT carpus

carraca *f* 1 rattle 2 *persona* wreck 3 ZO common roller

carraspear ⟨1a⟩ *v/i* clear one's throat

carraspeo *m*: *los ~s del público la distrajeron* the sound of people in the audience clearing their throats distracted her

carraspera *f* hoarseness

carrasposo *adj voz* rough, gravelly

carrera *f* 1 race; *a las ~s* at top speed; *con prisas* in a rush; *hacer la ~* F *de prostituta* turn tricks F, Br be on the game F 2 EDU degree course; *dar ~ a alguien* put s.o. through college, Br put s.o. through university 3 *profesional* career; *hacer ~* pursue a career; *militar de ~* professional soldier 4 *en béisbol* run 5 *Méx en el pelo* part, Br parting

◇ **carrera de armamento** arms race; **carrera de caballos** horse race; **carrera de coches** motor race; **carrera completa** *en béisbol* home run; **carrera de fondo** long-distance race; **carrera del émbolo** AUTO piston stroke; **carrera de medio fondo** middle-distance race; **carreras de caballos** horse racing *sg*, races; **carreras de coches** motor racing *sg*

carrerilla *f*: *tomar ~* take a run up; *decir algo de ~* reel sth off

carreta *f* cart

carretada *f* cartload; *a ~s* F by the cartload F

carrete *m* FOT (roll of) film

◇ **carrete de hilo** reel of thread

carretear ⟨1a⟩ *v/t L.Am. avión* taxi

carretera *f* highway, (main) road

◇ **carretera de circunvalación** beltway, Br ring road

carretero **I** *m*: *fumar como un ~* fig F smoke like a chimney F; *jurar o blasfemar como un ~* swear like a trooper **II** *adj* road *atr*; road-traffic *atr*

carretilla *f* wheelbarrow

◇ **carretilla elevadora, carretilla de horquilla** forklift (truck)

carretón *m* small cart

carricoche *m* **1** covered wagon **2** AUTO F old jalopy F, *Br tb* old banger F

carril *m* lane

◇ **carril-bici** cycle lane; **carril-bus** bus lane; **carril de adelantamiento** fast lane, passing lane

carrillo *m* cheek; **comer a dos ~s** F stuff o.s. F

carrilludo *adj* chubby-cheeked

carrito *m* cart, *Br* trolley

◇ **carrito de bebé** buggy, *Br* pushchair; **carrito de la compra** shopping cart, *Br* shopping trolley; **carrito para equipajes** baggage cart, *Br* luggage trolley; **carrito de servicio, carrito de té** hostess cart, *Br* tea trolley

carrizal *m* reedbed

carrizo *m* reed

carro *m* **1** cart; **subirse al ~** *fig* jump on the bandwagon; **¡para el ~!** F hold your horses! F; **poner el ~ delante de los bueyes** *fig* put the cart before the horse; **untar el ~ a alguien** F grease s.o.'s palm F **2**: **el Carro** AST the Charioteer **3** *L.Am.* (*coche*) car **4** *L.Am.* (*taxi*) taxi, cab **5** *Méx* FERR car

◇ **carro de combate** tank; **carro comedor** *Méx* FERR dining car; **carro de compra** shopping cart, *Br* supermarket trolley; **carro-patrulla** *L.Am.* F patrol car

carrocería *f* AUTO bodywork

carrocero *m*, **-a** *f* bodybuilder, *Br* coachbuilder

carromato *m* covered wagon

carroña *f* carrion

carroñero *adj* **1** ZO carrion *atr* **2** *persona* scavenging

carroza I *adj* old **II** *f* carriage **III** *m/f* F old fog(e)y F

carruaje *m* carriage

carrusel *m* merry-go-round, carousel

carta *f* **1** letter **2** GASTR menu; **a la ~** à la carte **3** (*naipe*) playing card; **jugar a las ~s** play cards; **jugar a ~s vistas** play straight; **jugarse todo a una ~** risk everything on one throw; **tomar ~s en el asunto** intervene in the matter; **poner las ~s boca arriba** *fig* put one's cards on the table; **honrado a ~ cabal**

utterly honest; **no saber a qué ~ quedarse** not know what to do; **echar las ~s a alguien** tell s.o.'s fortune **4** (*mapa*) chart

◇ **carta abierta** open letter; **carta de agradecimiento** thank-you letter; **carta de ajuste** TV test card; **carta blanca** *fig* free hand, carte blanche; **dar ~ a alguien** give s.o. carte blanche *o* a free hand; **carta-bomba** letter bomb; **carta certificada** registered letter; **carta comercial** business letter; **carta de crédito** letter of credit; **carta de despido** dismissal letter; **Carta Magna** POL Magna Carta; **carta de naturaleza** naturalization papers *pl*; **tomar ~** be naturalized; **carta pastoral** pastoral letter; **carta de pésame** letter of condolence; **carta de portes** bill of lading; **carta de presentación** letter of introduction; **carta de recomendación** letter of recommendation; **carta registrada** registered letter; **carta de solicitud** application letter; **carta de vinos** wine list; **carta urgente** special-delivery letter; **carta verde** green card; **cartas al director** letters to the editor

cartabón *m* set square

cartapacio *m* folder

cartearse ⟨1a⟩ *v/r* write to each other

cártel *m* cartel

cartel *m* **1** poster; **estar en ~ de película, espectáculo** be on **2**: **de ~** famous; **tener buen ~** be well known

◇ **cartel publicitario** advertising poster

cartelera *f* **1** billboard **2** *de periódico* listings *pl*, entertainments section

◇ **cartelera cinematográfica** billboard

cartelero *m*, **-a** *f* billposter, billsticker

cartelista *m/f* poster designer

carteo *m* correspondence

cárter *m* **1** TÉC housing **2**: **~(de aceite)** AUTO crankcase, sump

cartera *f* **1** wallet **2** *L.Am.* purse, *Br* handbag **3** (*maletín*) briefcase; *de colegio* knapsack, *Br* satchel **4** COM, POL portfolio **5** *mujer* mailwoman, *Br* postwoman

◇ **cartera de clientes** client portfolio; **cartera de pedidos** order book; **cartera de valores** *de banco* securities portfolio

cartería f sorting office
carterista m/f pickpocket
cartero m mailman, Br postman
cartilaginoso adj ANAT cartilaginous
cartílago m cartilage
cartilla f **1** reader; *leerle a alguien la* ~ F give s.o. a telling off **2** Méx identity card
◇ **cartilla de ahorros** savings book
◇ **cartilla sanitaria** health card
cartografía f cartography
cartografiar ⟨1a⟩ v/t chart
cartógrafo m, **-a** f cartographer
cartomancia f fortune-telling (*using cards*)
cartomántico m, **-a** f fortune-teller
cartón m **1** cardboard **2** de tabaco carton **3** Méx DEP scoreboard
◇ **cartón ondulado** corrugated cardboard
◇ **cartón piedra** pap(i)er-mâché
cartoné m: *en* ~ hardback
cartuchera f **1** cartridge belt **2**: ~*s pl* F flabby hips
cartucho m **1** de arma cartridge; *quemar el último* ~ fig make a last-ditch attempt
◇ **cartucho sin bala** blank (cartridge)
◇ **cartucho de tinta** ink cartridge
cartuja f monastery
cartulina f sheet of card
◇ **cartulina roja** DEP red card
casa f **1** house; *como una* ~ F huge F; *comenzar la* ~ *por el tejado* fig put the cart before the horse; *echar o tirar la* ~ *por la ventana* spare no expense; *se me cayó la* ~ *encima* fig the bottom fell out of my world
2 DEP: *jugar en* ~ play at home; *jugar fuera de* ~ play away, play on the road
3 (*hogar*) home; *en* ~ at home; *estás en tu* ~ make yourself at home; *de andar por* ~ *ropa* for (wearing) around the house; *fig*: *arreglo* makeshift; *llevar la* ~ run the home; *ser muy de su* ~ be a real home-lover; *todo queda en* ~ everything stays in the family
◇ **casa adosada** *house sharing one or more walls with other houses*; **casa de campo** country house; **casa de citas** brothel; **casa cuna** children's home; **casa de empeño** pawnshop; **casa de huéspedes** rooming house, Br board-

ing house; **casa de locos** madhouse; **casa matriz** head office; **casa mortuoria** funeral home; **casa pareada** semi-detached house; **casa de pisos** apartment house, Br block of flats; **casa prefabricada** prefab; **casa pública** brothel; **casa de putas** brothel; **casa real** royal household; **casa rodante** Rpl trailer, mobile home; **casa de socorro** first aid post; **casa de vecindad** tenement
casaca f cassock
casación f JUR cassation, annulment
casadero adj marriageable
casado adj married; *recién* ~ newly--wed
casamentero m, **-a** f matchmaker
casamiento m marriage
casar ⟨1a⟩ **I** v/i fig match (up); ~ *con* go with **II** v/t **1** de sacerdote marry; de padres marry off **2** JUR sentencia quash; **casarse** v/r get married; ~ *con alguien* marry s.o.; *no* ~ *con nadie* fig refuse to compromise
cascabel m small bell; *poner el* ~ *al gato* bell the cat
cascada f waterfall; fig flood, avalanche
cascado adj **1** voz hoarse **2** F persona worn out
cascajo m fig F: *estar hecho un* ~ be a wreck F
cascanueces m inv nutcracker
cascar ⟨1g⟩ **I** v/t **1** crack; algo quebradizo break **2** F whack F **3**: ~*la* peg out **II** v/i F chat; **cascarse** v/r crack, chip
cáscara f de huevo shell; de naranja, limón peel
cascarón m shell; *salir del* ~ hatch (out)
◇ **cascarón de nuez** MAR, fig cockleshell
cascarrabias m/f inv F grouch F
casco m **1** helmet **2** de barco hull **3** (botella vacía) empty (bottle) **4** edificio shell **5** de caballo hoof **6** de vasija fragment **7**: ~*s pl* (auriculares) headphones **8**: *ligero de* ~*s* reckless; *calentarse o romperse los* ~*s* fig agonize (*por* over)
◇ **casco antiguo** old quarter; **casco retornable** returnable bottle; **casco urbano** urban area; **cascos azules** MIL blue berets, UN peace-keeping troops
cascote m piece of rubble
caseína f QUÍM casein

casera *f* landlady

caserío *m* country house

casero I *adj* home-made; *comida -a* home cooking **II** *m* landlord

caserón *m* big old barn

caseta *f* **1** hut; *de feria* stall; *~ de baño* beach hut; *~ de(l) perro* doghouse, kennel **2** (*vestuario*) locker room, *Br tb* changing room

casete I *f* cassette **II** *m* cassette player

casetón *m* ARQUI caisson

casi *adv* almost, nearly; *en frases negativas* hardly

casilla *f* **1** *en formulario* box; *en tablero* square; *sacar a alguien de sus ~s* drive s.o. crazy **2** *de correspondencia* pigeon hole **3** *S.Am.* post office box, P.O. Box

casillero *m mueble* pigeonholes *pl*

casino *m* casino

caso *m* **1** case; *en ese ~* in that case; *en tal ~* in such a case; *en ~ contrario* otherwise, if not; *en ~ de que, ~ de* in the event that, in case of; *en todo ~* in any case, in any event; *en el peor de los ~s* if the worst comes to the worst; *en el mejor de los ~s* at best; *en último ~* as a last resort; *en ningún ~* never, under no circumstances; *dado o llegado el ~* if it comes to it; *dado el ~ que* in the event that; *si se da el ~* if the situation arises; *el ~ es que …* the thing is that …; *no venir al ~* be irrelevant; *¡vamos al ~!* let's get to the point; *en su ~* in his / her case; *ponerse en el ~ de alguien* put o.s. in s.o.'s shoes **2**: *~ aislado* isolated case; *~ perdido fig* hopeless case; *ser un ~* F be a real case F **3** (*atención*): *hacer ~* take notice; *hacer ~ de algo* pay attention to sth; *hacer ~ a alguien* pay attention to s.o.; *¡no le hagas ~!* take no notice of him!

casorio *m desp* wedding

caspa *f* dandruff

caspiroleta *f S.Am.* eggnog

¡cáspita! *int* F goodness me!

casquería *f* butcher's shop specializing in offal

casquete *m* skullcap

◇ **casquete polar** polar icecap

casquijo *m* gravel

casquillo *m* **1** *de cartucho* case **2** EL socket, bulb holder **3** *L.Am. de caballo* horseshoe

casquivano *adj* F flighty

cassette *m* (*also f*) cassette

◇ **cassette de video,** *Esp* **cassette de vídeo** video cassette

◇ **cassette virgen** blank cassette

casta *f* caste; *de ~* thoroughbred

castaña *f* chestnut; *~ asada* roasted chestnut; *sacar las ~s del fuego a alguien fig* F pull s.o.'s chestnuts out of the fire F; *a toda ~* F hell for leather F; *¡toma ~!* F how about that! F

◇ **castaña de Indias** horse chestnut

castañazo *m* F thump, bump

castañero *m*, **-a** *f* roast chestnut seller

castañeta *f de dedos* snap

castañetear ⟨1a⟩ **I** *v/i de dientes* chatter **II** *v/t*: *~ los dedos* snap one's fingers

castaño I *adj color* chestnut, brown **II** *m* **1** chestnut (tree) **2** *color* chestnut, brown; *ya pasa de ~ oscuro* F it's gone too far, it's beyond a joke

◇ **castaño de Indias** horse chestnut (tree)

castañuela *f* castanet; *estar como unas ~s* F be over the moon F

castellano I *adj* Castilian **II** *m* (Castilian) Spanish **III** *m*, **-a** *f* Castilian

castellanohablante *adj* Spanish-speaking

casticidad *f*, **casticismo** *m* purity

castidad *f* chastity

castigar ⟨1h⟩ *v/t* punish

castigo *m* punishment

◇ **castigo físico** corporal punishment

Castilla *f* Castile

◇ **Castilla la Nueva** HIST New Castile

◇ **Castilla la Vieja** HIST Old Castile

castillo *m* castle; *hacer ~s en el aire fig* build castles in the air

◇ **castillo de arena** sandcastle; **castillo de fuegos artificiales** firework display; **castillo de naipes** house of cards; **castillo de popa** MAR afterdeck; **castillo de proa** MAR forecastle, fo'c'sle

casting *m* TEA, *cine* casting

castizo *adj* pure

casto *adj* chaste

castor *m* ZO beaver

castración *f* castration

castrar ⟨1a⟩ *v/t* castrate; *fig* emasculate

castrense *adj* army *atr*; *capellán ~* army chaplain

casual *adj* chance *atr*

causa

casualidad *f* chance, coincidence; *por o de* ~ by chance; *da la* ~ *que* it just so happens that
casualmente *adv* by chance
cata *f* tasting
◇ **cata de vinos** wine tasting
cataclismo *m* cataclysm, catastrophe
catacumbas *fpl* catacombs
catador *m*, ~a *f* taster
catadura *f* tasting; *de mala* ~ nasty-looking
catafalco *m* catafalque
catafaro, catafoto *m* AUTO cat's eye, reflector
catalán I *adj* Catalan **II** *m*, -ana *f* Catalan **III** *m idioma* Catalan
catalejo *m* telescope
catalepsia *f* MED catalepsy
cataléptico *adj* MED cateleptic
catalizador *m* **1** catalyst **2** AUTO catalytic converter
catalizar ⟨1f⟩ *v/t* catalyze
catalogación *f* cataloging, *Br* cataloguing
catalogar ⟨1h⟩ *v/t* catalog, *Br* catalogue; *fig* class
catálogo *m* catalog, *Br* catalogue
Cataluña *f* Catalonia
catamarán *m* MAR catamaran
cataplasma *f* **1** MED poultice **2** *fig: persona* bore
cataplines *mpl* P nuts P
¡cataplum! *int* crash!
catapulta *f* slingshot, *Br* catapult
catapultar ⟨1a⟩ *v/t* catapult
catar ⟨1a⟩ *v/t* taste
catarata *f* **1** GEOG waterfall **2** MED cataract
catarral *adj* catarrhal, catarrh *atr*
catarro *m* **1** cold **2** *inflamación* catarrh
catarsis *f* catharsis
catastral *adj* land registry *atr*
catastro *m* land registry
catástrofe *f* catastrophe
◇ **catástrofe ambiental** environmental disaster; **catástrofe ecológica** ecological disaster; **catástrofe natural** natural disaster
catastrófico *adj* catastrophic
catastrofismo *m* doom and gloom
catastrofista I *adj* catastrophist **II** *m/f* prophet of doom
catavinos *m/f inv* wine taster
catchup *m* ketchup

cate *m* EDU F fail, flunk F
catear ⟨1a⟩ *v/t* F fail, flunk F
catecismo *m* catechism
catecúmeno *m*, -a *f* catechumen
cátedra *f* EDU chair; *sentar o poner* ~ pontificate, sound off
catedral *f* cathedral; *una mentira como una* ~ F a whopping great lie F
catedrático *m*, -a *f en universidad* professor; *en colegio* head of department
categoría *f* category; *social* class; (*estatus*) standing; *fig: de local, restaurante* class; DEP division; *de* ~ first-rate, top-class; *de segunda* ~ second rate, second class; *actor de primera* ~ first-rate actor
categórico *adj* categorical
categorizar ⟨1f⟩ *v/t* classify, categorize
catenaria *f* EL overhead power cable
catequesis *f* catechism
catequista *m/f* catechist
catequizar ⟨1f⟩ *v/t* catechize
caterva *f* load
catéter *m* MED catheter
cateterizar ⟨1f⟩ *v/t* MED catheterize
cateto I *m* MAT leg **II** *m*, -a *f* P hick F, yokel F
cátodo *m* cathode
catolicismo *m* (Roman) Catholicism
católico I *adj* (Roman) Catholic; *no estar muy* ~ *fig* F be under the weather F **II** *m*, -a *f* (Roman) Catholic
catorce *adj* fourteen
catre *m* bed
caucásico *adj* Caucasian
Cáucaso *m*: *el* ~ the Caucasus
cauce *m* riverbed; *fig* channel; *volver a su* ~ *fig* get back to normal
caucho *m* **1** rubber **2** *L.Am.* (*neumático*) tire, *Br* tyre
caución *f* guarantee, security
cauda *f L.Am. de cometa* tail
caudal *m de río* volume of flow; *fig* wealth
caudaloso *adj río* with a great volume of flow
caudillaje, caudillismo *m* rule, leadership
caudillo *m* leader
causa *f* **1** cause; *hacer* ~ *común con* make common cause with; ~ *perdida fig* lost cause **2** (*motivo*) reason; *a* ~ *de* because of; *por mi* ~ on my account **3** JUR lawsuit

◇ **causa civil** lawsuit

◇ **causa penal** criminal proceedings *pl*

causal *adj* causal

causalidad *f* causality

causante I *adj* causal II *m* cause

causar ⟨1a⟩ *v/t daño* cause; *placer* provide, give

causticidad *f tb fig* causticity

cáustico *adj tb fig* caustic

cautela *f* caution; **con ~** cautiously

cautelar *adj* precautionary; **medida ~** precautionary measure, precaution

cautelarmente *adv* as a precaution

cauteloso *adj* cautious

cauterizar ⟨1f⟩ *v/t* cauterize

cautivador *adj* captivating

cautivar ⟨1a⟩ *v/t fig* captivate

cautiverio *m*, **cautividad** *f* captivity

cautivo I *adj* captive II *m*, **-a** *f* captive; **es ~ a la droga** he's a drug addict

cauto *adj* cautious

cava I *m* cava (*sparkling wine*) II *f* (*wine*) cellar

cavar ⟨1a⟩ *v/t* dig

caverna *f* cavern

cavernícola I *adj* cave-dwelling II *m* caveman III *f* cavewoman

caviar *m* caviar

cavidad *f* cavity

◇ **cavidad abdominal** abdominal cavity

◇ **cavidad torácica** thoracic cavity

cavilaciones *fpl* deliberation *sg*

cavilar ⟨1a⟩ *v/t* meditate on

caviloso *adj* suspicious

cayado *m* AGR crook

cayo *m* cay, key

cayó *vb* ☞ **caer**

caza I *f* hunt; *actividad* hunting; **andar a la ~ de algo / alguien** be after sth / s.o.; **dar ~ a** give chase to II *m* AVIA fighter

◇ **caza mayor** big game

◇ **caza menor** small game

cazabombardero *m* fighter-bomber

cazacerebros *m/f inv* headhunter

cazador *m* hunter

◇ **cazador furtivo** poacher

cazadora *f* 1 hunter 2 *prenda* jacket

cazadotes *m inv* fortune-hunter

cazaminas *m inv* MAR minesweeper

cazar ⟨1f⟩ I *v/t* 1 *animal* hunt; *fig: información* track down 2 (*pillar, captar*) catch; **~ un buen trabajo** get o.s. a good

job II *v/i* hunt; **ir a ~** go hunting

cazarrecompensas *m/f inv* bounty hunter

cazasubmarinos *m inv* MIL submarine chaser

cazatalentos *m/f inv* talent scout

cazatesoros *m/f inv* treasure hunter

cazatorpedero *m* MIL torpedo patrol boat

cazo *m* saucepan

cazoleta *f* small saucepan

cazón *m* ZO dogfish

cazuela *f* pan; *de barro, vidrio* casserole

cazurro *adj* 1 stubborn 2 (*basto*) coarse 3 (*lento de entender*) dense F, *Br tb* thick F

c.c. *abr* (= **centímetro cúbico**) c.c. (= cubic centimeter)

c/c *abr* (= **cuenta corriente**) C/A (= checking account)

CC.AA. *fpl abr* (= **Comunidades Autónomas**) Autonomous Regions

CC.OO. *fpl abr* (= **Comisiones Obreras**) Spanish labor union

CD *m* (= **disco compacto**) 1 CD (= compact disc) 2 *reproductor* CD-player

CD-ROM *m* CD-Rom

CE *f abr* 1 (= **Comisión Europea**) European Commission 2 (= **Comunidad Europea**) HIST EC (= European Community)

ce *f letra* C; **~ por be** F in minute detail; **por ~ o por be** somehow or other

cebada *f* barley

cebador *m Rpl* AUTO choke

cebar ⟨1a⟩ *v/t* 1 fatten 2 *anzuelo* bait 3 TÉC prime 4 *L.Am. mate* prepare; **cebarse** *v/r* 1 feed (**en** on) 2: **~ con alguien** vent one's fury on s.o.

cebo *m* bait

cebolla *f* onion

cebolleta *f*, **cebollino** *m planta* scallion, *Br* spring onion; **¡vete a escardar ~s!** F scram! F, get lost! F

cebón I *adj* fat

cebra *f* zebra; **paso de ~** crosswalk, *Br* zebra crossing

Ceca *f*: **ir de la ~ a la Meca** rush around

cecear ⟨1a⟩ *v/i* 1 *en acento regional* pronounce Spanish "s" as "th" 2 *como defecto* lisp

ceceo *m* 1 *en acento regional* pronunciation of Spanish "s" as "th" 2 *como defecto* lisp

cecina *f* cured meat
cedazo *m* sieve
cedente *m/f* JUR assignor
ceder ⟨2a⟩ **I** *v/t* give up; (*traspasar*) transfer, cede; **~ el paso** AUTO yield, *Br* give way **II** *v/i* **1** give way, yield **2** *de viento, lluvia* ease off
cederrón *m* CD-Rom
cedro *m* BOT cedar
cédula *f* *L.Am.* identity document
◇ **cédula hipotecaria** mortgage title; **cédula de identidad** *L.Am.* identity document; **cédula personal** *Esp* identity document
cefalea *f* MED migraine
cefalópodos *mpl* ZO cephalopods
cefalorraquideo *adj*: **líquido ~** ANAT cerebrospinal fluid
céfiro *m* zephyr
cegador *adj* blinding
cegar ⟨1h & 1k⟩ **I** *v/t* **1** blind **2** *tubería* block **II** *v/i* go blind; **cegarse** *v/r* **1** *fig* become blinded **2** (*obstruirse*) get blocked
cegato *adj* F *fig* nearsighted, short-sighted
ceguedad, ceguera *f tb fig* blindness
◇ **ceguedad nocturna** MED night blindness
ceja *f* eyebrow; **arquear las ~s** raise one's eyebrows; **lo tiene entre ~ y ~** F she can't stand him F; **estar hasta las ~s de alguien** have had it up to here with s.o. F; **estar entrampado hasta las ~s** be up to one's eyes in debt; **quemarse las ~s** F burn the midnight oil
cejar ⟨1a⟩ *v/i fml* give up; **no ~ en** not let up in
cejijunto *adj*: **es ~** his eyebrows meet in the middle
cejilla *f* MÚS bridge
cejudo *adj* with bushy eyebrows
celada *f* ambush; *fig* trap
celador *m*, **~a** *f* **1** *de hospital* orderly **2** *de cárcel* guard **3** *de museo* attendant
celar ⟨1a⟩ *v/t* **1** watch over **2** (*ocultar*) conceal
celda *f* cell
◇ **celda de castigo** punishment cell
celdilla *f* cell
celebérrimo *adj* very famous, celebrated
celebración *f* celebration

celebrante *m* REL celebrant
celebrar ⟨1a⟩ *v/t* **1** *misa* celebrate; *reunión, acto oficial* hold; *fiesta* have, hold **2**: **lo celebro mucho** I'm extremely pleased
célebre *adj* famous
celebridad *f* **1** fame **2** (*persona*) celebrity
celentéreos *mpl* ZO coelenterates
celeridad *f* speed
celeste *adj* light blue, sky blue; **azul ~** sky blue
celestial *adj* celestial; *fig* heavenly
celestina *f* matchmaker
celibato *m* celibacy
célibe *m/f & adj* celibate
cellisca *f* sleet
celo *m* **1** zeal **2** (*cinta adhesiva*) Scotch® tape, *Br* Sellotape® **3**: **~s** *pl* jealousy *sg*; **tener ~s de** be jealous of; **dar ~s a alguien** make s.o. jealous **4**: **en ~** ZO in heat
celofán *m* cellophane
celosía *f* lattice
celoso *adj* jealous (**de** of)
celtibérico *adj* Celtiberian
célula *f* cell
◇ **célula fotoeléctrica** photoelectric cell
◇ **célula solar** solar cell
celular I *adj* cellular **II** *m L.Am.* cellular *o* cell phone, *Br* mobile (phone)
celulitis *f* cellulite
celuloide *m* celluloid
celulosa *f* cellulose
cementar ⟨1a⟩ *v/t* **1** TÉC case-harden **2** *L.Am. suelo* cement
cementerio *m* cemetery
◇ **cementerio de coches** wrecker's yard, *Br* scrapyard
◇ **cementerio nuclear** nuclear waste dump
cemento *m* **1** cement **2** *L.Am.* (*pegamento*) glue
◇ **cemento armado** reinforced concrete
cena *f* dinner; *más tarde* supper; **la Última Cena** the Last Supper
cenáculo *m fig* circle, group
cenador *m* arbor, *Br* arbour
cenagal *m* **1** bog **2** *fig* mess
cenagoso *adj* boggy
cenar ⟨1a⟩ **I** *v/t*: **~ algo** have sth for dinner **II** *v/i* have dinner

cenceño *adj* very thin

cencerro *m* cowbell; *estar como un* ~ F be as nutty as a fruit cake F

cenefa *f* border

cenicero *m* ashtray

Cenicienta *f* Cinderella

ceniciento *adj* ash-gray, *Br* ash-grey

cenit *m* AST zenith; *fig* peak

cenital *adj* zenithal

ceniza *f* ash; ~s ashes; *reducir a* ~s reduce to ashes

cenizo I *adj* ash-gray, *Br* ash-grey; *de color* ~ gray, *Br* grey II *m* 1 F jinx 2 BOT goosefoot

cenobio *m* monastery

cenozoico *m* Cenozoic

censar ⟨1a⟩ *v/t* take a census of

censo *m* census

◇ censo electoral voting register, electoral roll

censor *m*, ~a *f* censor

◇ censor jurado de cuentas certified public accountant, *Br* chartered accountant

censual *adj* census *atr*

censura *f* censorship

censurable *adj* reprehensible

censurar ⟨1a⟩ *v/t* 1 censor 2 *tratamiento* condemn

cent *abr* (= *céntimo*) cent

centauro *m* MYTH centaur

centavo *m* cent

centella *f* 1 spark 2 (*rayo*) flash of lightning

centelleante *adj* sparkling; *estrella* twinkling

centellear ⟨1a⟩ *v/i* sparkle; *de estrella* twinkle

centelleo *m* sparkle; *de estrella* twinkle

centena *f* hundred; *una* ~ *de* ... about a hundred ...

centenar *m* hundred; *un* ~ *de* a hundred; *regalos a* ~*es* hundreds of gifts

centenario I *adj* hundred-year-old *atr* II *m* centennial, *Br* centenary

centeno *m* BOT rye

centesimal *adj* MAT centesimal

centésimo I *adj* hundredth II *m*, -a *f* hundredth

centígrado *adj* centigrade; *dos grados* ~*s* two degrees centigrade

centigramo *m* centigram

centilitro *m* centiliter, *Br* centilitre

centímetro *m* centimeter, *Br* centimetre

◇ centímetro cuadrado square centimeter *o Br* centimetre

◇ centímetro cúbico cubic centimeter *o Br* centimetre

céntimo *m* cent; *estar sin un* ~ not have a red cent F, *Br* be flat broke F

◇ céntimo de euro euro cent

centinela *m/f* 1 MIL sentry 2 *de banda criminal* lookout

centolla *f*, centollo *m* ZO spider crab

centrado *adj* stable, well-balanced

central I *adj* central; (*principal*) main, central II *f* head office III *m/f en fútbol* central defender, center-back, *Br* centre-back

◇ central atómica atomic power station; central de correos main post office; central eléctrica power station; central eólica wind generated power station; central hidroeléctrica hydroelectric power station; central maremotriz tidal power station; central nuclear nuclear power station; central telefónica telephone exchange; central térmica coal-fired / oil-fired power station

centralismo *m* POL centralism

centralita *f* TELEC switchboard

centralizar ⟨1f⟩ *v/t* centralize

centrar ⟨1a⟩ *v/t* 1 center, *Br* centre; DEP *tb* cross 2 *esfuerzos* focus (*en* on); ~ *la atención* focus, center, *Br* centre (*en* on); centrarse *v/r* concentrate (*en* on)

céntrico *adj* central

centrifugación *f*, centrifugado *m* spin

centrifugadora *f* 1 centrifuge 2 *para ropa* spin-dryer

centrifugar ⟨1h⟩ *v/t* spin

centrífugo *adj* centrifugal; *fuerza -a* centrifugal force

centrípeto *adj* centripetal; *fuerza -a* centripetal force

centrista I *adj* POL center *atr*, *Br* centre *atr*, of the center *o Br* centre II *m/f* POL centrist

centro *m* 1 center, *Br* centre 2 DEP cross 3 *Méx* (*traje*) suit (and shirt and tie)

◇ centro de atención *fig* center *o Br* centre of attention; centro de atención primaria primary care center *o Br* centre; centro de cálculo computer center *o Br* centre; centro comercial (shopping) mall, *Br tb* shopping centre;

centro de día day center *o Br* centre, daycare center *o Br* centre; **centro de estética** beauty parlor *o Br* parlour, beauty salon; **centro de gravedad** center *o Br* centre of gravity; **centro hospitalario** health *o* medical center *o Br* centre; **centro de investigación** research center *o Br* centre; **centro de mesa** centerpiece, *Br* centrepiece; **centro sanitario** health *o* medical center *o Br* centre; **centro urbano** *en señal* town center *o Br* centre

centroafricano *adj*: **República Centroafricana** Central African Republic

Centroamérica *f* Central America

centroamericano *adj* Central American

centrocampista *m/f* DEP midfield player, midfielder

Centroeuropa Central Europe

centroeuropeo *adj* Central European

centuplicar ⟨1g⟩ *v/t* multiply by a hundred

céntuplo I *adj* centuple, hundredfold **II** *m* centuple

centuria *f* century

ceñido *adj* tight

ceñidor *m* sash

ceñir ⟨3h & 3l⟩ *v/t fig*: **las fábricas ciñen la ciudad** the plants surround the city; **la ciñó con los brazos** he wrapped his arms around her; **ceñirse** *v/r*: **~ a algo** *fig* stick to sth

ceño *m* forehead; **fruncir el ~** frown

ceñudo *adj* frowning

CEOE *f abr* (= **Confederación Española de Organizaciones Empresariales**) *Confederation of Spanish Industry and Trade*

cepa *f de vid* stock; **peruano de pura ~** Peruvian through and through

cepellón *m* AGR root ball

cepilladora *f* plane

cepillar ⟨1a⟩ *v/t* brush; **cepillarse** *v/r* **1** brush **2** F (*comerse*) polish off F **3** F (*matar*) kill, knock off F

cepillo *m* brush; **con el pelo cortado a ~** with a crew cut

◇ **cepillo de dientes** toothbrush; **cepillo para limosnas** poor box; **cepillo de uñas** nailbrush

cepo *m* **1** trap; **caer en el ~** fall into the trap **2** AUTO Denver boot F, (wheel) clamp

ceporro *m*, **-a** *f* **1** *fig* idiot **2**: **dormir como un ~** sleep like a log

cera *f* **1** wax; **museo de ~** waxworks *sg*, wax museum; **no hay más ~ que la que arde** F that's it, that's all there is to it; **ser (como) una ~** *fig* be very quiet and pleasant **2** *de los oídos* (ear) wax **3** *para pisos* wax (floor) polish **4** *Méx* (*vela*) candle

◇ **cera depilatoria** hair-removing wax, depilatory wax

cerámica *f* ceramics *sg*

cerámico *adj* ceramic

ceramista *m/f* potter

cerbatana *f* blowpipe

cerca[1] *f* fence

cerca[2] *adv* **1** near, close; **de ~** close up; **seguir de ~** follow closely; **vivo muy ~**, **me coge muy ~** I live very close by; **~ de** near, close to **2** (*casi*) nearly

cercado *m* fence

cercanías *fpl* **1** surrounding area *sg*, vicinity *sg* **2** (*suburbios*) outskirts, suburbs; **tren de ~** suburban train

cercano *adj* nearby; **~ a** close to, near to

cercar ⟨1g⟩ *v/t* **1** surround **2** *con valla* fence in

cercenar ⟨1a⟩ *v/t* **1** cut off **2** *libertades, derechos* curtail

cerceta *f* ZO teal

cerciorarse ⟨1a⟩ *v/r* make sure (**de** of)

cerco *m* **1** *de mancha* ring **2**: **poner ~ a** lay siege to **3** *de puerta* frame **4** *L.Am.* fence **5** AST ring

cerda *f* **1** *animal* sow; *fig* F *persona* pig F **2** *de brocha* bristle

cerdada *f fig* dirty trick

Cerdeña *f* Sardinia

cerdo *m* hog, *Br* pig; *fig* F *persona* pig F

cerdoso *adj* bristly

cereal I *adj* cereal *atr* **II** *m* cereal; **~es** *pl* (breakfast) cereal *sg*

cerebelo *m* ANAT cerebellum

cerebral *adj* cerebral

cerebro *m* ANAT brain; *fig*: *persona* brains *sg*

ceremonia *f* ceremony; **sin ~s** without ceremony

ceremonial *m/adj* ceremonial

ceremonioso *adj* ceremonious

céreo *adj* waxen

cereza *f* **1** cherry **2** *L.Am.* (*grano*) bean

cerezo *m* cherry (tree)

cerilla *f* match

cerillo *m C.Am., Méx* match

cerner ⟨2g⟩ *v/t* sieve, sift; **cernerse** *v/r:* ~ **sobre** *fig* hang over

cernícalo *m* ZO kestrel; *fig* F lout

cero *m* 1 zero; *bajo / sobre* ~ below / above zero; *empezar desde* ~ *fig* start from scratch; *quedarse a* ~ *fig* be left with nothing; *ser un* ~ *a la izquierda* F be a nonentity; *pelado al* ~ with one's head shaven 2 EDU zero, *Br tb* nought 3 DEP zero, *Br* nil; *en tenis* love; *vencer por tres a* ~ win three-zero

◇ **cero absoluto** absolute zero

cerquillo *m L.Am.* bangs *pl*, *Br* fringe

cerquita *adv* F close by

cerrado *adj* 1 closed; *oler a* ~ smell stuffy 2 *persona* narrow-minded 3 (*tímido*) introverted 4 *cielo* overcast 5 *acento* broad 6: *curva* -*a* tight curve

cerradura *f* lock; *ojo de la* ~ keyhole

◇ **cerradura de dirección** AUTO steering lock

◇ **cerradura de seguridad** safety lock

cerrajería *f* locksmith's

cerrajero *m*, -a *f* locksmith

cerramiento *m* 1 *de acuerdo* closure 2 *de terreno, finca* enclosure

cerrar ⟨1k⟩ I *v/t* 1 close; *para siempre* close down; ~ *con llave* lock; ~ *de golpe* slam; ~ *al tráfico* close to traffic 2 *tubería* block 3 *grifo* turn off 4 *terreno, finca* enclose; *frontera* close 5 *acuerdo* close

II *v/i* close; *para siempre* close down; *la puerta no cierra bien* the door doesn't shut properly; *al* ~ *el día* at the end of the day

cerrarse *v/r* 1 close; ~ *de golpe* slam shut 2 *de cielo* cloud over 3 *de persona* shut o.s. off (*a* from)

cerrazón *f fig* narrow-mindedness

cerrero *adj L.Am. persona* rough

cerril *adj animal* wild; (*terco*) stubborn, pig-headed F; (*torpe*) F dense F

cerro *m* hill; *irse por los* ~*s de Úbeda fig* stray from the point

cerrojazo *m*: *dar el* ~ *a algo* bring sth to a (sudden) close

cerrojo *m* bolt; *echar el* ~ bolt the door

certamen *m* competition

certero *adj* accurate

certeza *f* certainty; *saber algo con* ~ know sth for sure

certidumbre *f* certainty

certificación *f* certification

certificado I *adj carta* registered II *m* certificate

◇ **certificado de aptitud** certificate of attainment; **certificado de defunción** death certificate; **certificado de estudios** high school diploma, *Br* school leaving certificate; **certificado de origen** certificate of origin; **certificado médico** medical certificate

certificar ⟨1g⟩ *v/t* 1 certify 2 *carta* register

cerumen *m* earwax

cerval *adj*: *miedo* ~ terrible fear

cervato *m* fawn

cervecería *f* bar

cervecero I *adj empresa* -*a* brewery II *m*, -a *f* brewer

cerveza *f* beer; *fábrica de* ~ brewery

◇ **cerveza de barril** draft, *Br* draught (beer); **cerveza negra** stout; **cerveza de presión** draft, *Br* draught (beer); **cerveza rubia** lager

cervical *adj* 1 neck; *vértebras* ~*es* cervical vertebrae 2 (*del útero*) cervical

cérvidos *mpl* ZO cervids *fml*, deer *pl*

cerviz *f* nape of the neck; *doblar la* ~ give in, submit

cesación *f* cessation; ~ *de pagos Rpl* suspension of payments

cesante *Chi* I *adj* unemployed, jobless; *dejar* ~ *a alguien* let s.o. go II *m/f* unemployed person

cesantía *f Chi* unemployment

cesar ⟨1a⟩ I *v/i* 1 stop; *no* ~ *de hacer algo* keep on doing sth; *sin* ~ non-stop 2: ~ *en sus funciones* resign II *v/t* dismiss

cesárea *f* MED Cesarean *o Br* Caesarean (section)

cese *m* cessation; ~ *de las hostilidades* MIL ceasefire, cessation of hostilities; *liquidación por* ~ *de negocio* closing up sale, *Br* closing down sale

◇ **cese el fuego** *L.Am.* ceasefire

cesio *m* QUÍM cesium, *Br* caesium

cesión *f* transfer; ~ *al portero* DEP backpass

cesionario *m*, -a *f* grantee, assignee

cesionista *m/f* grantor, assignor

césped *m* lawn; *prohibido pisar el* ~ keep off the grass

cesta *f* basket

◇ **cesta de la compra** shopping basket

cestería *f* 1 basketwork 2 (*tienda*) bas-

ketwork store
cestero *m*, **-a** *f* basket maker
cesto *m* large basket; **en baloncesto** basket
cesura *f* caesura
ceta *f* letter 'z'
cetáceos *mpl* ZO cetaceans
cetona *f* QUÍM ketone
cetrería *f* falconry
cetrero *m*, **-a** *f* falconer
cetrino *adj* sallow
cetro *m*: **empuñar el ~** ascend to the throne
C.F. *abr* (= **club de fútbol**) FC (= football club)
cfc *m abr* (= **clorofluorocarbono**) CFC (= chlorofluorocarbon)
cg. *abr* (= **centigramo**) centigram
CGPJ *abr* (= **Consejo General del Poder Judicial**) *Spanish Judiciary Council*
CGT *f abr* (= **Confederación General del Trabajo**) *Spanish labor union*
ch *abr* (= **cheque**) check, *Br* cheque
chabacanería *f* vulgarity, tackiness F
chabacano **I** *adj* vulgar, tacky F **II** *m Méx* apricot
chabola *f* shack; **barrio de ~s** shanty town
chabolismo *m* shanty towns *pl*
chacal *m* ZO jackal
chacarero *m*, **-a** *f Rpl*, *Chi* smallholder, farmer
chacha *f* **1** F girl, kid F **2** (*criada*) maid
cháchara *f* chatter
chácharas *fpl L.Am.* junk *sg*, bits and pieces
chacharear ⟨1a⟩ *v/i* F chatter
chacharero *m*, **-a** *f* chatterbox
chachi *adj* F great F; **pasarlo ~** have a great time F
chacho *m* F boy, kid F
chacinería *f* pork butcher's
chacinero *m*, **-a** *f* sausage producer, pork butcher
chacolí *m* light, *sharp wine*
chacota *f* F joke; **hacer ~ de** make fun of; **tomarse algo a ~** treat sth as a joke
chacotear ⟨1a⟩ *v/i* have fun
chacotero *adj*: **es ~** he likes a joke
chacra *f L.Am.* AGR smallholding
Chad *m* Chad
chafar ⟨1a⟩ *v/t* **1** squash; *cosa erguida* flatten **2** F *planes etc* ruin

chaflán *m* corner
chaira *f* steel
chal *m* shawl
chalado *adj* F crazy F (**por** about)
chaladura *f* F crazy idea F
chalán *m*, **-ana** *f* horse dealer
chalaneo *m* wheeling and dealing
chalanería *f* trick, con F
chalarse ⟨1a⟩ *v/r* F go crazy F (**por** about)
chalé *m* ☞ **chalet**
chaleco *m de traje* vest, *Br* waistcoat; *de sport* gilet, bodywarmer
◇ **chaleco antibalas** bulletproof vest
◇ **chaleco salvavidas** life preserver, life jacket
chalet *m* chalet
◇ **chalet adosado** *house sharing one or more walls with other houses*
◇ **chalet pareado** semi-detached house
chalina *f* cravat
chalote *m* BOT shallot
chalupa *f* **1** MAR small boat **2** *Méx* stuffed tortilla
chamaca *f C.Am.*, *Méx* girl
chamaco *m C.Am.*, *Méx* boy
chamán *m* shaman
chamarilería *f* junk shop
chamarilero *m*, **-a** *f* secondhand dealer
chamarra *f Méx* (*saco*) (short) jacket
chamba *f* **1** *Méx* F job **2**: **de ~** F by sheer luck
chambelán *m* HIST chamberlain
chambergo *m* broad-brimmed hat
chambón *m*, **-ona** *f Méx* F klutz F, clumsy idiot F
champán, **champaña** *m* champagne
champiñón *m* BOT mushroom
champión *m Urug* sneaker, *Br* trainer
champú *m* shampoo; **~ colorante** tint shampoo
chamullar ⟨1a⟩ **I** *v/i* P jabber F **II** *v/t idioma* P have a smattering of F
chamuscar ⟨1g⟩ *v/t* **1** scorch; *pelo* singe **2** *Méx* (*vender*) sell cheap
chamusquina *f*: **oler a ~** F smell fishy F
chance **I** *m L.Am.* chance; **dame ~** let me have a go **II** *conj Méx* perhaps, maybe
chancear ⟨1a⟩ *v/i* joke, make wisecracks; **chancearse** *v/r*. **~ de alguien** make fun of s.o.
chanchería *f L.Am.* pork butcher's

chancero adj: *es* ~ he likes a joke

chanchita f CSur piggy bank

chancho m 1 L.Am. hog, Br pig 2 carne pork

chanchullero m, -a f F crook F

chanchullo m F trick, scam F; *hacer un ~* do a dodgy deal F, do some shady business

chancla f 1 thong, Br flip-flop 2 Méx, C.Am. (zapato) slipper

chancleta f 1 thong, Br flip-flop 2 S.Am. F baby girl

chancletear ⟨1a⟩ v/i wear thongs; *ir chancleteando* walk around in thongs

chanclo m clog

chancro m MED chancre

chándal m sweats pl, Br tracksuit

chanfaina f GASTR lamb casserole

changa f Rpl odd job

changarse ⟨1o⟩ v/r F break, bust F

chango Méx I adj sharp, smart II m, -a f monkey

chanquetes mpl GASTR whitebait sg

chantaje m blackmail; *hacer ~ a alguien* blackmail s.o.

chantajear ⟨1a⟩ v/t blackmail

chantajista m/f blackmailer

chanza f wisecrack

chao int bye

chapa f 1 (tapón) cap 2 (plancha) sheet (of metal) 3 de madera veneer 4 (insignia) badge 5 AUTO bodywork 6 Rpl AUTO license plate, Br number plate 7 Méx (cerradura) lock

chapado adj plated; con madera veneered; ~ *en oro* gold-plated; ~ *a la antigua* old-fashioned

chapalear ☞ **chapotear**

chapar ⟨1a⟩ v/t 1 plate 2 con madera veneer 3 Arg, Pe catch

chaparro I adj Méx small II m BOT kermes oak

chaparrón m downpour; fig F de insultos barrage; *aguantar el ~* F weather the storm

chapear ⟨1a⟩ v/t 1 plate 2 con madera veneer

chapero m F male prostitute, rent boy F

chapín C.Am., Méx I adj Guatemalan II m, -ina f Guatemalan

chapista m body shop worker, Br panel beater

chapistería f AUTO body shop

chapitel m ARQUI 1 spire 2 de columna capital

¡chapó! int well done!, bravo!

chapopote m Méx tar

chapotear ⟨1a⟩ v/i splash

chapucear ⟨1a⟩ v/t botch

chapucería f botched job

chapucero I adj shoddy, slapdash II m, -a f shoddy worker

chapulín m C.Am., Méx 1 grasshopper 2 (niño) kid F

chapurr(e)ar ⟨1a⟩ v/t: ~ *el francés* speak poor French

chapuza f 1 (trabajo mal hecho) shoddy piece of work 2 (trabajo menor) odd job; *hacer ~s* do odd jobs

chapuzar ⟨1f⟩ v/t duck; **chapuzarse** v/r dive in

chapuzón m dip; *darse un ~* go for a dip

chaqué m morning coat

chaqueta f jacket; *cambiar de ~* F POL change sides

◇ **chaqueta de punto** cardigan

chaquetear ⟨1a⟩ v/i POL switch allegiance

chaquetero m, -a f F turncoat

chaquetilla f bolero

chaquetón m three-quarter length coat

charada f charade

charanga f brass band

charango m Pe, Bol five-string guitar

charca f pond

charco m puddle; *pasar o cruzar el ~* cross the Atlantic, cross the pond F

charcutería f delicatessen

charcutero m, -a f 1 pork butcher 2 propietario deli owner

charla f 1 chat 2 organizada talk

charlar ⟨1a⟩ v/i chat

charlatán I adj talkative II m, -ana f chatterbox

charlatanería f talkativeness

charlestón m charleston

charlotada f farce

charnela f hinge

charol m patent leather; *zapatos de ~* patent leather shoes

charola f C.Am., Méx tray

charqui m L.Am. beef jerky

charrán m rascal

charranada f dirty trick

charrar ⟨1a⟩ v/i F chat

charretera f MIL epaulette

charro I adj desp garish, gaudy II m Méx

(Mexican) cowboy

chárter *adj* charter *atr*

¡chas! *int* smack!

chascar ⟨1g⟩ ☞ **chasquear**

chascarrillo *m* funny story

chasco *m* joke; **llevarse un ~** be disappointed

chasis *m inv* AUTO chassis

chasquear ⟨1a⟩ *v/t* **1** click; **~ la lengua** click one's tongue, make a clicking noise with one's tongue **2** *látigo* crack

chasquido *m* **1** click; *de lengua* click, clicking noise **2** *de látigo* crack

chasquilla *f Chi* bangs *pl*, *Br* fringe

chat *m* INFOR chatroom

chata *f* **1** bedpan **2** *Rpl* truck, *Br tb* lorry

chatarra *f* scrap

chatarrería *f* scrap metal business

chatarrero *m*, **-a** *f* scrap merchant

chatear ⟨1a⟩ *v/i* INFOR chat

chato I *adj* **1** *nariz* snub **2** *L.Am. nivel* low **II** *m* wine glass

chau *int Rpl* bye

chaucha *f Rpl* French bean

chaval *m* F kid F, boy

chavala *f* F kid F, girl

chavalo *m C.Am.* F kid F, boy

chavea *m* F kid F, boy

chaveta *f* TÉC (cotter) pin; **estar ~** be crazy F, be nuts F; **perder la ~** go off one's rocker F

chavo *m*, **-a** *f Méx* F **1** (*chico*) kid F **2** *novio etc* partner

che *int Rpl* hey!, look!

checar ⟨1g⟩ *v/t Méx* check

Chechenia *f* Chechnya

checheno I *adj* Chechen **II** *m*, **-a** *f* Chechen

checo I *adj* Czech **II** *m idioma* Czech **III** *m*, **-a** *f* Czech

chef *m* chef

cheli *m* Madrid slang

chelista *m/f* cellist

chelo *m* MÚS cello

chepa I *f* F hump; **subírsele a la ~** get too familiar **II** *m/f* (*persona jorobada*) humpback, hunchback

cheposo I *adj* humped **II** *m*, **-a** *f* humpback, hunchback

cheque *m* check, *Br* cheque; **cobrar un ~** cash a check

◇ **cheque abierto** open check *o Br* cheque; **cheque en blanco** blank check *o Br* cheque; *fig* carte blanche; **cheque cruzado** check for deposit only, *Br* crossed cheque; **cheque sin fondos** bad check *o Br* cheque; **cheque al portador** check *o Br* cheque made payable to bearer; **cheque-regalo** gift certificate, *Br* gift token, *Br* gift voucher; **cheque de viaje** traveler's check, *Br* traveller's cheque

chequear ⟨1a⟩ *v/t* **1** check **2** *C.Am. equipaje* check in

chequeo *m* MED check-up; **~ oncológico** cancer check-up

chequera *f* checkbook, *Br* chequebook

cherna *f*, **cherne** *m pez* stone bass

chévere *adj L.Am.* F cool F

chic *m* chic

chica *f* girl

chicarrón *m* F big strapping fellow

chicha *f L.Am.* corn liquor; **no ser ni ~ ni limonada** F be neither one thing nor the other

chícharo *m Méx* pea

chicharra *f* **1** ZO cicada **2** *Méx* (*timbre*) buzzer

chicharro *m* ☞ **jurel**

chicharrones *mpl* cracklings, *Br* pork scratchings

chiche I *adj C.Am.* F (*fácil*) easy **II** *m* **1** *S.Am.* (*juguete*) toy **2** (*adorno*) trinket

chichera *f C.Am.* F slammer, jail

chichería *f L.Am.* bar selling corn liquor

chichi *f Méx* F breast, boob F

chichón *m* bump

chicle *m* chewing gum

chico I *adj* small, little; **dejar ~ a alguien** *fig* F put s.o. to shame F **II** *m* boy; **peinado a lo ~** with short hair, with a boyish haircut

chicota *f* great big girl

chicote *m* **1** great big boy **2** *L.Am.* (*látigo*) whip

chifa *m Pe* **1** Chinese restaurant **2** (*comida china*) Chinese food

chifla *f Méx* whistling

chiflado *adj* F crazy F (*por* about), nuts F (*por* about) **II** *m*, **-a** *f* nutcase F, basketcase F

chifladura *f* **1** whistling **2** F (*locura*) craziness F **3** F (*idea*) crazy idea F

chiflar ⟨1a⟩ **I** *v/t* boo **II** *v/i* whistle; **chiflarse** *v/r* F be crazy F (*por* about)

chifón *m tejido* chiffon

chiísmo *m* REL Shiite religion

chiíta I *adj* Shiite **II** *m/f* Shiite

Chile *m* Chile

chile *m* chilli (pepper)

chilena *f en fútbol* scissors kick, overhead kick

chileno I *adj* Chilean **II** *m*, **-a** *f* Chilean

chilindrón *m* GASTR: **al ~** cooked in a tomato and pepper sauce

chillar ⟨1a⟩ *v/i* scream, shriek; *de cerdo* squeal

chillería *f* screaming, shrieking

chillido *m* scream, shriek; *de cerdo* squeal

chillón I *adj* **1** *voz* shrill **2** *color* loud **II** *m*, **-ona** *f* loudmouth

chilmol(e) *m* C.Am., Méx GASTR tomato and chilli sauce

chilote *m* C.Am. baby corn

chimenea *f* **1** chimney **2** *de salón* fireplace

chimichurri *m* Rpl hot sauce

chimpancé *m* ZO chimpanzee

China *f* China

china[1] *f* **1** Chinese woman **2** Rpl (*criada*) waitress **3** Rpl (*niñera*) nursemaid

china[2] *f piedra* small stone; *me ha tocado la ~ fig* I've drawn the short straw

chinchar ⟨1a⟩ *v/t* F pester; **chincharse** *v/r* put up with it; *¡que se chinche!* tough!

chinche *f* **1** ZO bedbug **2** L.Am. (*chincheta*) thumbtack, Br drawing pin

chincheta *f* thumbtack, Br drawing pin

chinchilla *f* chinchilla

¡chinchín! *int* bottoms up!, chinchin!

chinchorrero *adj* annoying, irritating

chinchorro *m* hammock

chinchoso *adj* F annoying, irritating

chinear ⟨1a⟩ *v/t* C.Am. niños look after

chinela *f* slipper

chinesco *adj* Chinese

chingar ⟨1h⟩ *v/t* Méx V screw V, fuck V; *¡chinga tu madre!* screw you! V, fuck you! V; *no chingues* don't screw me around V; **chingarse** *v/r* put up with it

chino I *adj* **1** Chinese **2** Méx (*rizado*) curly **II** *m* **1** Chinese man; *trabajo de ~s* F hard work **2** *idioma* Chinese; *me suena a ~* F it's all Chinese *o* double Dutch to me **F 3** L.Am. desp halfbreed desp **4** Méx (*rulo*) curler

chip *m* INFOR chip

chipirón *m* baby squid

Chipre *f* Cyprus

chipriota *m/f & adj* Cypriot

chiquero *m* TAUR bull pen

chiquilla *f* girl, kid F

chiquillada *f* childish trick

chiquillería *f* kids *pl* F

chiquillo *m* boy, kid F

chiquito *m* little; *no andarse con -as* F not beat about the bush

chiribita *f* spark; *los ojos me hacen ~s* I'm seeing spots before my eyes; *está que echa ~s* F he's fuming

chirigota *f* joke

chirimbolo *m* F doodad F, Br doodah F

chirimoya *f* BOT custard apple

chiringuito *m* beach bar

chiripa *f*: *de ~* F by sheer luck

chirivía *f* BOT parsnip

chirla *f* baby clam

chirona *f*: *en ~* F in the can F, inside F; *meter a alguien en ~* put s.o. in the can F *o* inside F

chirriar ⟨1c⟩ *v/i* squeak

chirrido *m* squeak

¡chis! *int* ssh!, hush!

chisgarabís *m/f inv* F waste of space F

chisme *m* F **1** bit of gossip; *~s pl* (*cotilleos*) gossip *sg* **2** *objeto* doodad F, Br doodah F

chismear ⟨1a⟩ *v/i* gossip

chismografía *f* F gossip

chismorrear ⟨1a⟩ *v/i* F gossip

chismorreo *m* F gossip

chismoso I *adj* gossipy **II** *m*, **-a** *f* F gossip

chispa I *adj*: *estar ~* F be tipsy **II** *f* **1** spark; *echar ~s* be fuming F **2** *fig* F wit **3** (*cantidad pequeña*) spot; *ni ~* not one iota; *una ~ de …* a touch of …; *eres una ~ revolucionario* you're a bit of a revolutionary

chispazo *m* spark

chispeante *adj* **1** sparking; *fig* sparkling **2** *lluvia* spitting

chispear ⟨1a⟩ *v/i* **1** spark; *fig* sparkle **2** *de lluvia* spit

chisporrotear ⟨1a⟩ *v/i* **1** *de leña* crackle **2** *de aceite* spit

¡chist! *int* ssh!

chistar ⟨1a⟩ *v/i*: *sin ~* without saying a word

chiste *m* joke; *tener ~* L.Am. F be funny

chistera *f* top hat

chistorra *f* spicy sausage

chistoso *adj* funny

chita *f*: *a la ~ callando* F on the quiet

¡chitón! *int* ssh!, hush!

chiva *f* **1** *L.Am.* goat; *estar como una ~* F be nuts F **2** *C.Am., Col* bus

chivarse ⟨1a⟩ *v/r* F rat F (*a* to); *~ de alguien* rat on s.o. F

chivatazo *m* F tip-off F; *dar el ~ a alguien* F tip s.o. off F, rat to s.o. F

chivato *m*, *-a f* F stool pigeon F

chivo *m* **1** ZO kid **2** *C.Am., Méx* wages *pl*

◇ **chivo expiatorio** scapegoat

chocante *adj* **1** (*sorprendente*) startling **2** *que ofende* shocking **3** (*extraño*) odd **4** *L.Am.* (*antipático*) unpleasant

chocar ⟨1g⟩ *v/t*: *¡choca esos cinco!* give me five!, put it there! **II** *v/i* **1** crash (*con*, *contra* into), collide (*con* with); *~ frontalmente* crash head on; *~ con un problema* come up against a problem **2**: *~le a alguien* (*sorprender*) surprise s.o.; (*ofender*) shock s.o **3**: *me choca ese hombre* that guy disgusts me

chocarrería *f* coarseness

chocarrero *adj* coarse

chocha *f* ZO woodcock

chochear ⟨1a⟩ *v/i* F be senile

chochera *f*, **chochez** *f* F senility

chochín *m* ZO wren

chocho I *adj* F senile; *estar ~ con* dote on **II** *m* P beaver P, cunt V

choclo *m Rpl* corn, *Br* corn on the cob

choco *m* ZO cuttlefish

chocolate *m* **1** chocolate **2** F (*hachís*) hashish, hash F

chocolatería *f* chocolate factory

chocolatero I *adj* **1** chocolate *atr* **2** *persona* fond of chocolate **II** *m*, *-a f* chocolate maker

chocolatina *f* chocolate bar

chofer *L.Am.*, **chófer** *m* driver

chollo *m* F bargain

cholo *m L.Am.* half-caste *desp*

chomba *f* sweater, *Br tb* jumper; *Arg* polo shirt

chompa *f S.Am.* sweater, *Br tb* jumper

chongo *m Méx* (*moño*) bun

chop *m L.Am.* large beer

chopera *f* poplar grove

chopo *m* BOT poplar

choque *m* **1** collision, crash **2** DEP, MIL clash **3** MED shock

◇ **choque en cadena** pile-up; **choque frontal** head-on collision; **choque múltiple** pile-up

chorar ⟨1a⟩ *v/t* P rip off F

chorbo *m* P guy F

choricear ⟨1a⟩, **chorizar** ⟨1f⟩ *v/t* P swipe F

chorizo I *m* **1** chorizo (*spicy cured sausage*) **2** *Rpl* (*filete*) rump steak **II** *m*, *-a f* F thief

chorlito *m* plover; *cabeza de ~* F featherbrain F

chorra I *f* luck **II** *m/f* idiot

chorrada *f* F piece of junk; *decir ~s* F talk garbage, *Br* talk rubbish

chorrear ⟨1a⟩ *v/i* **1** gush out, stream out **2** (*gotear*) drip

chorreo *m* gushing

chorrera *f de líquido* stream; *de gas* jet

chorro *m* **1** *líquido* jet, stream; *fig* stream; *sangraba / sudaba a ~s* he was bleeding / sweating heavily; *como los ~s del oro* F clean as a new pin; *un ~ de Méx* F loads of F **2** *C.Am.* faucet, *Br* tap

◇ **chorro de voz** strong voice

chota *f* ZO kid; *estar como una ~* *fig* F be nuts F

chotearse ⟨1a⟩ *v/r* F: *~ de* make fun of

choteo *m* F joking

choto *m* ZO *de vaca* calf; *de cabra* kid

chova *f* ZO chough

chovinismo *m* chauvinism

chovinista I *adj* chauvinist(ic) **II** *m/f* chauvinist

choza *f* hut

christmas *m* Christmas card

chubasco *m* shower

chubasquero *m* raincoat

chuchería *f* **1** knick-knack **2** (*golosina*) candy, *Br* sweet

chucho I *adj C.Am.* mean **II** *m* F **1** (*perro*) mutt F, mongrel **2** *Chi* (*cárcel*) can F, *Br* nick F

chucrut *m* GASTR sauerkraut

chueco *adj L.Am.* (*torcido*) twisted

chufa *f* BOT tiger nut

chufla *f* joke; *estar de ~* be joking

chulada *f*: *¡qué ~ de ...!* what a lovely ...!

chulapo *m* ☞ **chulo**

chulearse ⟨1a⟩ *v/r* brag; *~ de que* brag that

chulería *f* bragging

chuleta *f* GASTR chop

chulo I *adj* **1** fantastic F, great F **2** *Méx* (*guapo*) attractive **3** (*presuntuoso*) cocky F; **ponerse** ~ get cocky **II** *m* pimp

chumbera *f* prickly pear

chumbo *adj*: **higo** ~ prickly pear

chumpipe *m* C.Am. turkey

chunga *f* F joke; **tomar algo a** ~ treat sth as a joke

chungo *adj* F **1** terrible, crap V **2** *persona* mean F, nasty

chungón *m*, **-ona** *f* joker

chunguearse ⟨1a⟩ *v/r* F: ~ **de** make fun of

chupa *f* **1** jacket; **poner a alguien como** ~ **de dómine** lay into s.o. F, *Br* tear s.o. off a strip F **2** *L.Am.* (*ebriedad*) drunkenness

chupada *f* **1** suck; **dar una** ~ **a** suck **2** *de cigarrillo* puff

chupado *adj* **1** F (*delgado*) skinny F **2** F (*fácil*) dead easy F **3** *L.Am.* F (*borracho*) drunk

chupaflor *m* *L.Am.* hummingbird

chupar ⟨1a⟩ **I** *v/t* **1** suck **2** (*absorber*) soak up; ~ **rueda** *en ciclismo* tuck in, follow **II** *v/i*: ~ **del bote** F line one's pockets; **chuparse** *v/r*: ~ **algo** suck sth; *fig* F put up with sth; ~ **los dedos** F lick one's fingers; **estar para** ~ **los dedos** *de comida* be delicious, be finger-licking good F

chuparrueda(s) *m/f* (*inv*) hanger-on

chupasangre *m fig* F bloodsucker

chupatintas *m inv* F pencil pusher, pen pusher

chupete *m* **1** *de bebé* pacifier, *Br* dummy **2** (*sorbete*) Popsicle®, *Br* ice lolly

chupetear ⟨1a⟩ *v/t* lick, suck

chupetín *m* *Rpl* Popsicle®, *Br* ice lolly

chupi *adj* F great F, fantastic F

chupito *m* F shot

chupón **I** *m* **1** BOT sucker **2** *L.Am. de bebé* pacifier, *Br* dummy **II** *m*, **-ona** *f* sponger

chupóptero *m*, **-a** *f* F sponger F

churrasco *m* *Rpl* steak

churre *m* F grease

churrería *f* fritter stall

churrete *m* F mark, stain

churro *m* **1** fritter **2** (*chapuza*) botched job

churruscarse ⟨1g⟩ *v/r* crisp

churumbel *m* F kid F

chusco **I** *adj* funny **II** *m* piece of bread

chusma *f desp* rabble *desp*

chutar ⟨1a⟩ *v/i* **1** DEP shoot **2**: *esto va*

que chuta F this is working out fine; **y vas que chutas** F and that's your lot! F; **chutarse** *v/r* F *con drogas* shoot up F

chute *m* F fix F

chuzo *m* **1** *Chi* F *persona* dead loss F **2**: **caer** ~**s de punta** F pelt down F

Cía. *abr* (= **compañía**) Co. (= company)

cianuro *m* cyanide

◇ **cianuro de potasio** potassium cyanide

ciática *f* MED sciatica

ciático *adj* sciatic; **nervio** ~ sciatic nerve

cibercafé *m* Internet café, cyber café

ciberespacio *m* cyberspace

cibernauta *m/f* Internet surfer

cibernética *f* cybernetics *sg*

cibernético *adj* cybernetic

cicatear ⟨1a⟩ *v/i* be stingy

cicatería *f* stinginess

cicatero **I** *adj* stingy **II** *m*, **-a** *f* miser, tightwad F

cicatriz *f* scar

cicatrización *f* healing, formation of scar tissue

cicatrizar ⟨1f⟩ *v/i & v/t* heal; **cicatrizarse** *v/r* heal

cicerone *m/f* guide

ciclamen *m* BOT cyclamen

cíclico *adj* cyclical

ciclismo *m* cycling

ciclista **I** *adj* cycling *atr*; **carrera** ~ cycle race **II** *m/f* cyclist

ciclo *m* **1** cycle **2** *de cine* season; *de conferencias* series *sg*

ciclocross *m* DEP cyclo-cross

ciclomotor *m* moped

ciclón *m* cyclone

ciclópeo *adj fig* gigantic

ciclotrón *m* cyclotron

cicloturismo *m* bicycle touring

cicloturista *m/f* touring cyclist

ciclovía *f* *L.Am.* cycle lane

cicuta *f* BOT hemlock

cidra *f* BOT citron

ciega *f* blind woman

ciego **I** *adj* **1** blind; **quedar(se)** ~ go blind; ~ **de ira** blind with rage; **a -as** blindly **2** ANAT: **intestino** ~ cecum, *Br* caecum **II** *m* **1** blind man; **¡eso lo ve un** ~**!** even a blind man can see that! **2** ANAT cecum, *Br* caecum

cielito *m* *Rpl* folk dance

cielo *m* **1** sky; **minería a** ~ **abierto** MIN

strip mining, *Br* opencast mining; **poner a alguien por los ~s** F praise s.o. to the skies; **llovido del ~** out of the blue; **remover ~ y tierra** F move heaven and earth **2** REL heaven; **estar en el séptimo ~** *fig* be in seventh heaven; **ver el ~ abierto** F see one's chance; **ser un ~** F be an angel F; **¡~s!** good heavens!

◇ **cielo raso** ceiling

ciempiés *m inv* ZO centipede

cien *adj* a *o* one hundred; **poner a alguien a ~** F irritate s.o., get on s.o.'s nerves; **~ por ~** *fig* F a hundred per cent, totally

ciénaga *f* marsh

ciencia *f* **1** science; **a ~ cierta** for certain, for sure; **ser un pozo de ~** F be a fount of knowledge **2**: **~s** *pl* EDU science *sg*; **~s (naturales)** natural sciences

◇ **ciencia ficción** science fiction; **ciencias de la comunicación** communication sciences; **ciencias económicas** economics *sg*

cieno *m* silt

científico I *adj* scientific **II** *m*, **-a** *f* scientist

cientista *m/f L.Am.* scientist

ciento *pron* **1** a *o* one hundred; **~s de** hundreds of; **~ y la madre** F the world and his wife F **2**: **el cinco por ~** five percent; **cien por ~** one hundred per cent, totally

cierne(s): **en ~** *fig* potential, in the making; **estar en ~** be in its infancy

cierre *m* **1** *de prenda, maleta etc* fastener **2** *de negocio*: *permanente* closure; *a diario* closing; **~ de la Bolsa** close of the stock exchange; **al ~ de la edición** at the time of going to press

◇ **cierre centralizado** AUTO central locking; **cierre de las emisiones** TV close, closedown; **cierre metálico** metal shutter; **cierre patronal** lockout; **cierre relámpago** *L.Am.* zipper, *Br* zip

ciertamente *adv* certainly

cierto *adj* **1** (*seguro*) certain **2** (*verdadero*): **es ~** it's true; **lo ~ es que ...** the fact is that ...; **estar en lo ~** be right **3**: **hasta ~ punto** up to a point; **un ~ encanto** a certain charm; **~ día** one day **4**: **por ~** incidentally

cierva *f* ZO doe

ciervo *m* ZO buck

◇ **ciervo volante** stag beetle

cierzo *m* north wind

c.i.f. *abr* (= **costo, seguro y flete**) cif (= cost, insurance, freight)

cifra *f* **1** figure **2**: **en ~** in code

◇ **cifra de negocios, cifra de ventas** sales figures *pl*, turnover

cifrado *adj* coded

cifrar ⟨1a⟩ *v/t* write in code; **~ su esperanza en** pin one's hopes on; **cifrarse** *v/r*: **~ en** come to, amount to

cigala *f* ZO crawfish, *Br* crayfish

cigarra *f* ZO cicada

cigarrera *f* cigar / cigarette box, cigar / cigarette case

cigarrería *f L.Am.* shop selling cigarettes etc

cigarrillo *m* cigarette

cigarro *m* **1** cigar **2** *L.Am.* (*cigarrillo*) cigarette

cigüeña *f* ZO stork

cigüeñal *m* AUTO crankshaft

cigüeñuela *f* ZO black-winged stilt

cilantro *m* BOT coriander

cilicio *m* hair shirt

cilindrada *f* AUTO cubic capacity

cilíndrico *adj* cylindrical

cilindro *m* cylinder

cilio *m* BIO cilium

cima *f* summit; *fig* peak; **dar ~ a** complete successfully

cimarrón I *adj* **1** *L.Am. animal* wild **2** *L.Am. esclavo* runaway **3** *Arg*: **mate ~** unsweetened maté **II** *L.Am. m*, **-ona** *f* **1** wild animal **2** *esclavo* runaway slave

címbalo *m* MÚS cymbal

cimborio *m* ARQUI dome

cimbr(e)ar ⟨1a⟩ *v/t* swing; **cimbr(e)arse** *v/r* sway

cimbreante *adj* swaying

cimentación *f* **1** foundation laying **2** (*cimientos*) foundations *pl*

cimentar ⟨1k⟩ *v/t* lay the foundations of; *fig* base (**en** on)

cimero *adj* highest; *fig* finest

cimientos *mpl* foundations

cimitarra *f* scimitar

cinabrio *m* cinnabar

cinc *m* zinc

cincel *m* chisel

cincelado *m* **1** *de metal* engraving **2** *de piedra* chiseling, *Br* chiselling

cincelar ⟨1a⟩ *v/t* **1** *metal* engrave **2** *pie-*

dra chisel

cincha *f* girth, cinch

cinchar ⟨1a⟩ *v/t* girth, do up the girth of

cincho *m* **1** belt **2** (*aro*) hoop

cinco I *adj* five **II** *m* five; *no tener ni ~* F not have a red cent F

cincuenta *adj* fifty

cincuentena *f* fifty; *una ~ de ...* about fifty ...

cincuentenario *m* fiftieth anniversary

cincuentón I *adj* in one's fifties **II** *m*, *-ona f* person in his / her fifties

cine *m* **1** movies *pl*, cinema; *llevar al ~* make into a movie; *de ~ fig* F magnificent **2** *edificio* movie theater, *Br* cinema

◇ **cine de barrio** local movie theater, *Br* local cinema; **cine club** film club *o* society; **cine de estreno** *movie house showing new releases*; **cine mudo** silent movies *pl*; **cine sonoro** talkies *pl*

cineasta *m/f* film-maker

cinéfilo *m*, *-a f* movie buff

cinegética *f* (art of) hunting

cinegético *adj* hunting *atr*

cinemateca *f* movie library, *Br* film library

cinematografía *f* cinematography

cinematográfico *adj* movie *atr*

cinematógrafo *m* projector

cinerario *adj*: *urna -a* funerary urn

cinética *f* kinetics *sg*

cinético *adj* kinetic

cíngaro I *adj* gypsy **II** *m*, *-a f* gypsy

cínico I *adj* cynical **II** *m*, *-a f* cynic

cinismo *m* cynicism

cinta *f* **1** ribbon **2** *de música*, *vídeo* tape **3** BOT spider plant

◇ **cinta adhesiva** adhesive tape; **cinta aislante** electrical tape, friction tape, *Br* insulating tape; **cinta de audio** audio tape; **cinta correctora** correction ribbon; **cinta magnética** magnetic tape; **cinta métrica** tape measure; **cinta transportadora** conveyor belt; **cinta de video**, *Esp* **cinta de vídeo** video tape

cinto *m* belt

cintura *f* waist; *meter a alguien en ~ fig* F take s.o. in hand

cinturón *m* **1** belt; *apretarse el ~ fig* tighten one's belt **2** AUTO: *llevar el ~ (abrochado)* have one's seatbelt on

◇ **cinturón de castidad** HIST chastity belt; **cinturón con pretensor** AUTO inertia-reel seatbelt; **cinturón de ronda** beltway, *Br* ring road; **cinturón de seguridad** AUTO seatbelt; **cinturón de tres puntos (de anclaje)** AUTO three-point seatbelt

cíper *m Méx* zipper, *Br* zip

ciprés *m* BOT cypress

circense *adj* circus *atr*

circo *m* circus

circón *m* MIN zircon

circuito *m* circuit; *corto ~* EL short circuit

◇ **circuito cerrado** EL closed circuit

circulación *f* **1** movement; *libre ~* POL freedom of movement **2** FIN, MED circulation; *poner en ~* put into circulation; *retirar de la ~* withdraw from circulation *fuera de ~* out of circulation **3** AUTO traffic

◇ **circulación sanguínea** circulation (of the blood)

circular I *adj* circular **II** *f* circular **III** ⟨1a⟩ *v/i* **1** circulate **2** AUTO drive, travel **3** *de persona* move (along); *¡circulen!* move along!

circulatorio *adj* MED circulatory; *trastornos ~s* circulation problems

círculo *m* **1** MAT circle **2**: *en ~s artísticos* in artistic circles

◇ **Círculo Polar Antártico** Antarctic Circle; **Círculo Polar Ártico** Arctic Circle; **círculo vicioso** vicious circle

circuncidar ⟨1a⟩ *v/t* circumcise

circuncisión *f* circumcision

circunciso *adj* circumcised

circundante *adj* surrounding

circundar ⟨1a⟩ *v/t* surround

circunferencia *f* circumference

circunloquio *m* circumlocution

circunnavegación *f* circumnavigation

circunnavegar ⟨1h⟩ *v/t* circumnavigate

circunscribir ⟨3a⟩ *v/t* limit (*a* to)

circunscripción *f* POL electoral district, *Br* constituency

circunscrito I *part* ☞ **circunscribir II** *adj* limited (*a* to)

circunspección *f* circumspection, caution

circunspecto *adj* circumspect, cautious

circunstancia *f* **1** circumstance; *dadas la ~s* in view of the circumstances; *en estas ~s* in these circumstances **2**: *de ~s (provisional)* temporary circunstanciado *adj* detailed

circunstancial *adj* circumstantial

circunstante **I** *adj* present **II** *mpl*: **los ~s** those present

circunvalación *f*: **(carretera de) ~** beltway, *Br* ring road

circunvalar ⟨1a⟩ *v/t* go around

circunvolución *f* circumvolution

cirio *m* candle; **armar** *o* **montar un ~** *F* kick up a fuss *F*

cirro *m* cirrus

cirrosis *f* MED cirrhosis

◇ **cirrosis hepática** cirrhosis of the liver

ciruela *f* plum

◇ **ciruela claudia** greengage

◇ **ciruela pasa** prune

ciruelo *m* plum tree

cirugía *f* surgery

◇ **cirugía estética** cosmetic surgery

◇ **cirugía plástica** plastic surgery

cirujano *m*, -a *f* surgeon

ciscar ⟨1g⟩ *v/t* soil, dirty; **ciscarse** *v/r F* do a poop *F*, *Br* do a pooh *F*

cisco *m*: **hacer~** smash; **armar~** kick up a fuss

Cisjordania *f* the West Bank

cisma *m* REL schism; *fig* split

cisne *m* ZO swan; **canto del ~** swansong; **jersey de cuello~** turtleneck (sweater)

Císter *m* Cistercian order

cisterciense *adj* Cistercian

cisterna *f de* WC cistern

cístico *adj* ANAT: **conducto ~** bile duct

cistitis *f* MED cystitis

cisura *f* crack

cita *f* **1** appointment; **~ previa** prior appointment, previous engagement; **concertar una ~** arrange an appointment; **darse ~** arrange to meet **2** *de texto* quote, quotation

citación *f* JUR summons *sg*, subpoena

citadino *L.Am.* **I** *adj* city *atr*, urban **II** *m*, -a *f* city dweller, person from the city

citar ⟨1a⟩ *v/t* **1** *a reunión* arrange to meet **2** *a juicio* summon **3** *(mencionar)* mention **4** *de texto* quote; **citarse** *v/r* arrange to meet

cítara *f* MÚS zither

citología *f* Pap test, *Br* smear test

cítrico **I** *adj* citric; **ácido~** citric acid **II** *m* citrus fruit; **~s** *pl* citrus fruit *sg*

citricultura *f* citrus fruit growing

ciudad *f* town; *más grande* city

◇ **Ciudad del Cabo** Cape Town; **Ciudad Condal**: **la ~** Barcelona; **ciudad dormitorio** bedroom community, *Br* dormitory town; **ciudad-estado** city state; **Ciudad Eterna**: **la ~** the Eternal City; **Ciudad de Guatemala** Guatemala City; **ciudad jardín** garden city; **Ciudad de México** Mexico City; **ciudad universitaria** university campus; **Ciudad del Vaticano** Vatican City

ciudadanía *f* citizenship

ciudadano **I** *adj* civic; **seguridad -a** public safety **II** *m*, -a *f* citizen; **el ~ de a pie** the man in the street

ciudadela *f* citadel

civeta *f* ZO civet

cívico *adj* civic; **deber~** civic duty, public duty

civil **I** *adj* civil; **casarse por lo ~** have a civil wedding **II** *m/f* civilian **III** *m* civil guard

civilidad *f* civility

civilista *m/f* JUR civil lawyer

civilización *f* civilization

civilizado *adj* civilized

civilizar ⟨1f⟩ *v/t* civilize; **civilizarse** *v/r* become civilized

civismo *m* civility

cizalla *f* metal shears *pl*

cizaña *f*: **sembrar** *o* **meter~** cause trouble

cizañero *m*, -a *f F* troublemaker

cl. *abr* (= **centilitro**) cl. (= centiliter)

clamar ⟨1a⟩ *v/i*: **~ por algo** clamor for sth, *Br* clamour for sth, cry out for sth; **~ al cielo** *fig* be an outrage

clamor *m* roar; *fig* clamor, *Br* clamour

clamoroso *adj* clamorous; **ovación** rapturous; *éxito, fracaso* resounding

clan *m* clan

clandestinidad *f* POL clandestine nature

clandestino *adj* POL clandestine, underground; **movimiento ~** underground movement

claque *f* TEA claque

claqué *m* tap dancing; **bailar ~** tap-dance

claqueta *f* clapperboard

clara *f* **1** *de huevo* white **2** *bebida* shandy-gaff, *Br* shandy

claraboya *f* skylight

claramente *adv* clearly

clarear ⟨1a⟩ *v/i del cielo* get light; **al ~ el**

día at daybreak
clarete *m* claret
claridad *f* light; *fig* clarity
clarificación *f* explanation, clarification
clarificar ⟨1g⟩ *v/t* clarify
clarín *m* bugle
clarinazo *m* bugle call
clarinete *m* clarinet
clarinetista *m/f* clarinetist
clarividencia *f* clairvoyance
clarividente I *adj* clairvoyant **II** *m/f* clairvoyant

claro I *adj* **1** *tb fig* clear; **poner en ~** make clear; **dejar ~** make plain; **quedar ~** be clear; **tener algo ~** be sure *o* clear about sth; **pasar la noche en ~** lie awake all night, not sleep a wink; **a las -as** clearly **2** *color* light **3** (*luminoso*) bright **4** *salsa* thin
II *adv*: **hablar ~** speak plainly; **¡~!** of course!; **~ está** of course
III *m* **1** METEO clear spell **2** *en bosque* clearing
◊ **claro de luna** moonlight
claroscuro *m* chiaroscuro
clase *f* **1** EDU class; **dar ~(s)** teach **2** (*variedad*) kind, sort **3** *social* class; **la ~ obrera** the working class **4**: **tener ~** have class; **una mujer con ~** a classy woman

◊ **clase media** middle class; **clase particular** private lesson; **clase turista** AVIA tourist class; **clases altas** upper classes; **clases bajas** lower classes; **clases pasivas** *people in receipt of state pensions*
clasemediero *adj Méx* middle-class
clasicismo *m* classicism
clásico I *adj* classical **II** *m* classic
clasificable *adj* classifiable
clasificación *f* **1** DEP *en competición* qualification **2** *de liga* league table **3**: **hacer la ~ de los documentos** sort the documents out
clasificado *m L.Am.* classified ad
clasificador *m* file cabinet, *Br* filing cabinet
clasificadora *f* sorter
clasificar ⟨1g⟩ *v/t* classify; **clasificarse** *v/r* DEP qualify; **~ tercero** come in *o* place third
clasismo *m* classism
clasista *adj* classist; **sociedad ~** class-conscious society

claudia *f* BOT greengage
claudicación *f* capitulation
claudicar ⟨1g⟩ *v/i* give in, capitulate
claustro *m* **1** ARQUI cloister **2** *de profesores* staff
claustrofobia *f* claustrophobia
cláusula *f* clause
◊ **cláusula penal** penalty clause
clausura *f* **1** *de acto* closing ceremony **2** *de bar, local* closure **3** REL cloister
clausurar ⟨1a⟩ *v/t* **1** *acto oficial* close **2** *por orden oficial* close down
clavadista *m/f Méx* diver
clavado I *adj*: **ser ~ a alguien** be the spitting image of s.o. F; **dejar a alguien ~** *fig* F dumbfound s.o. **II** *m Méx* (*salto*) dive
clavar ⟨1a⟩ *v/t* **1** stick (**en** into) **2** *clavos, estaca* drive (**en** into); *uñas* sink (**en** into) **3**: **~ los ojos en alguien** fix one's eyes on s.o. **4**: **~ a alguien por algo** F overcharge s.o. for sth; **clavarse** *v/r*: **~ un cuchillo en la mano** stick a knife into one's hand

clave I *f* **1** *de problema* key **2** (*código*) code; **en ~** in code **II** *adj importante* key; **figura ~** key figure; **puesto ~** key post **III** *m* MÚS harpsichord
◊ **clave de fa** bass clef
◊ **clave de sol** treble clef
clavecín *m* harpsichord
clavecinista *m/f* harpsichord player
clavel *m* BOT carnation
clavellina *f* BOT pink
clavetear ⟨1a⟩ *v/t* adorn with studs, stud
clavicémbalo *m* harpsichord
clavicordio *m* clavichord
clavícula *f* ANAT collarbone
clavija *f* EL pin; **apretarle a alguien las ~s** put the screws on s.o. F
clavo *m* **1** *de metal* nail; **dar en el ~** hit the nail on the head; **como un ~** on the dot; **está tan desesperado que se agarraría a un ~ ardiendo** he's so desperate he'd do anything; **remachar el ~** make matters worse **2** GASTR clove **3** *CSur* F *persona* dead loss F
claxon *m* AUTO horn; **tocar el ~** sound one's horn
clemátide *f* BOT clematis
clemencia *f* clemency, mercy
clemente *adj lit* clement, merciful
clementina *f* BOT clementine

cleptómano I *adj* kleptomaniac **II** *m*, **-a** *f* kleptomaniac
clerical *adj* clerical
clericalismo *m* clericalism
clérigo *m* priest, clergyman
◇ **clérigo secular** lay preacher
clero *m* clergy
clic *m* INFOR click; *hacer ~ en* click on; *doble ~* double click; *hacer doble ~* double click
clicar ⟨1g⟩ *v/i* click
cliché *m* **1** TIP plate **2** (*tópico*) cliché
clienta *f* ☞ *cliente*
cliente *m/f de tienda* customer; *de empresa* client
◇ **cliente fijo, cliente habitual** regular (customer)
clientela *f* clientele, customers *pl*
clima *m* climate
◇ **clima continental** continental climate
climaterio *m* MED climacteric *fml*, menopause
climático *adj* climatic
climatización *f* air conditioning
climatizado *adj* air-conditioned
climatizador *m* air conditioner
climatizar ⟨1f⟩ *v/t* air-condition
climatología *f* climatology
clímax *m fig* climax
clínic *m en baloncesto* clinic
clínica *f* clinic
◇ **clínica abortiva** abortion clinic; **clínica dental** dental clinic; **clínica ginecológica** gynecological clinic; **clínica veterinaria** veterinary clinic
clínico *adj* clinical
clip *m* **1** *para papeles* paperclip **2** *para el pelo* bobby pin, *Br* hairgrip
clisé *m* **1** TIP plate **2** (*tópico*) cliché
clítoris *m* ANAT clitoris
cloaca *f tb fig* sewer
clon *m* BIO clone
clonación *f* BIO cloning
clonar ⟨1a⟩ *v/t* clone
clónico *adj* BIO clonal, clone *atr*
cloquear ⟨1a⟩ *v/i* cluck
clorar ⟨1a⟩ *v/t* chlorinate
cloro *m* **1** QUÍM chlorine **2** *Méx* (*lejía*) bleach
clorofila *f* chlorophyll
clorofluorocarbono *m* chlorofluorocarbon
cloroformizar ⟨1f⟩ *v/t* chloroform

cloroformo *m* QUÍM chloroform
cloruro *m* QUÍM chloride
◇ **cloruro sódico, cloruro de sodio** sodium chloride
clóset *m L.Am.* closet, *Br* wardrobe
club *m* club
◇ **club deportivo** sports club; **club náutico** yacht club; **club nocturno** nightclub
clueca *f* broody hen
cm *abr* (= *centímetro*) cm (= centimeter)
CNI *m abr* (= *Centro Nacional de Inteligencia*) Spanish Intelligence Service
CNT *f abr* (= *Confederación Nacional de Trabajo*) *Spanish labor union*
coacción *f* coercion
coaccionar ⟨1a⟩ *v/t* coerce
coactivo *adj* coercive
coadyuvante *adj*: *factor ~* contributing factor
coadyuvar ⟨1a⟩ *v/i* contribute (*a* to)
coagulación *f* coagulation; *de sangre* clotting
coagular ⟨1a⟩ *v/t* coagulate; *sangre* clot; **coagularse** *v/r* coagulate; *de sangre* clot
coágulo *m* clot
coala *m* ZO koala
coalición *f* coalition
coaligarse ⟨1h⟩ *v/r tb* POL work together, join forces
coartada *f* JUR alibi
coartar ⟨1a⟩ *v/t* restrict
coautor *m*, *~a f* co-author
coba *f*: *dar ~ a alguien* F soft-soap s.o. F
cobalto *m* cobalt
cobarde I *adj* cowardly **II** *m/f* coward
cobardía *f* cowardice
cobaya *m/f* guinea pig
cobertera *f* lid
cobertizo *m* shed
cobertor *m* (*manta*) blanket
cobertura *f* **1** *de seguro* cover **2** TV *etc* coverage **3**: *~ de chocolate* covering of chocolate, chocolate coating
cobija *f L.Am.* blanket
cobijar ⟨1a⟩ *v/t* **1** give shelter to **2** (*acoger*) take in; **cobijarse** *v/r* take shelter
cobijo *m* shelter, refuge
cobista *m/f* F con artist F
cobra *f* ZO cobra
cobrable *adj dinero* recoverable
cobrador *m*, *~a f a domicilio* collector

cobranza *f* collection

cobrar ⟨1a⟩ **I** *v/t* **1** charge **2** *subsidio, pensión* receive; *deuda* collect; *cheque* cash **3** *salud, fuerzas* recover **4** *importancia* acquire **II** *v/i* **1** be paid, get paid **2**: *vas a ~* F *(recibir un palo)* you're going to get it! F; **cobrarse** *v/r* **1**: *cóbrese por favor* can I pay, please? **2**: *el huracán se cobró diez víctimas mortales* the hurricane claimed ten lives

cobre *m* copper

cobrizo *adj* copper-colored, *Br* copper--coloured

cobro *m* **1** charging; *llamar a ~ revertido* call collect, *Br tb* reverse the charges **2** *de subsidio* receipt; *de deuda* collection; *de cheque* cashing

coca *f* **1** BOT coca **2** F *droga* coke F **3**: *de ~ Méx* free

cocacho *m S.Am.* F whack on the head F

cocada *f L.Am.* coconut cookie

cocaína *f* cocaine

cocainómano I *adj* addicted to cocaine **II** *m*, **-a** *f* cocaine addict

cocción *f* cooking; *en agua* boiling; *al horno* baking

cóccix *m* ANAT coccyx

cocear ⟨1a⟩ *v/i* kick

cocer ⟨2b & 2h⟩ **I** *v/t* cook; *en agua* boil; *al horno* bake **II** *v/i* cook; *en agua* boil; *a medio ~* half done, half cooked; *sin ~* uncooked; **cocerse** *v/r* cook; *en agua* boil; *al horno* bake; *fig* F *de persona* be roasting F

coces ☞ *coz*

cochambre *m/f* F **1** filth **2** *(basura)* trash, *Br* rubbish

cochambroso *adj* F filthy

coche *m* **1** car **2** *Méx (taxi)* cab, taxi **3** FERR car, *Br* carriage

◇ **coche de alquiler** rental car, *Br* hire car; **coche bomba** car bomb; **coche de caballos** horse-drawn carriage; **coche cama** sleeping car; **coche de carreras** racing car; **coche celular** patrol wagon, *Br* police van; **coche de choque** bumper car, *Br tb* dodgem; **coche deportivo** sports car; **coche comedor** *L.Am.* dining car; **coche de época** vintage car; **coche fúnebre** hearse; **coche de línea** (long-distance) bus; **coche de ocasión** used car, second-hand car;

coche oficial official car; **coche patrulla** police car, patrol car; **coche restaurante** restaurant car; **coche usado** used car, second-hand car

cochecito *m*: *~ de niño* stroller, *Br* pushchair

cochera *f* **1** garage **2** *de trenes* locomotive shed

cochero I *adj*: *puerta -a* carriage entrance **II** *m* coachman

cochifrito *m* GASTR *dish made with goat and lamb*

cochina *f* sow; F *persona* pig F

cochinada *f* F filth

cochinilla *f* ZO woodlouse

◇ **cochinilla de (la) humedad** woodlouse

cochinillo *m* suckling pig, sucking pig

cochino I *adj* **1** *fig* filthy, dirty **2** *(asqueroso)* disgusting **II** *m* hog, *Br* pig; F *persona* pig F

cochiquera *f tb fig* pigpen, *Br* pig sty

cocido I *adj* boiled **II** *m* stew

cociente *m* quotient

◇ **cociente intelectual** intelligence quotient, IQ

cocina *f* **1** *habitación* kitchen **2** *aparato* stove, cooker **3** *actividad* cooking **4**: *la ~ francesa* French cuisine

◇ **cocina eléctrica** electric stove *o* cooker

◇ **cocina de gas** gas stove *o* cooker

cocinar ⟨1a⟩ **I** *v/t* **1** cook **2** *fig* F plot **II** *v/i* cook

cocinero *m*, **-a** *f* cook

cocinilla *f* camp stove, *Br* camping stove

coclearia *f* scurvy grass

coco *m* **1** BOT coconut **2** *monstruo* bogeyman F **3**: *comer el ~ a alguien* F softsoap s.o.; *más fuerte* brainwash s.o.; *comerse el ~* F worry; *estar hasta el ~* F be fed up

cococha *f* GASTR cheek *of cod, hake etc*

cocodrilo *m* crocodile; *lágrimas de ~ fig* crocodile tears

cocoliche *m Arg* pidgin Spanish

cocorota *f* F head, nut F

cocotazo *m L.Am.* F whack on the head F

cocotero *m* coconut palm

cóctel *m* cocktail

◇ **cóctel de gambas** shrimp cocktail, *Br* prawn cocktail

◇ **cóctel Molotov** Molotov cocktail

coctelera *f* cocktail shaker

coctelería *f* cocktail bar

cód *abr* (= **código**) code

coda *f* MÚS coda

codazo *m*: **dar a alguien un** ~ elbow s.o.

codear ⟨1a⟩ *v/t & v/i* nudge; *con fuerza* elbow; **codearse** *v/r*: ~ **con alguien** rub shoulders with s.o.

codeína *f* codeine

codera *f* elbow patch

codeso *m* BOT laburnum

códice *m* HIST codex

codicia *f* greed

codiciable *adj* desirable

codiciar ⟨1b⟩ *v/t* covet

codicilo *m* codicil

codicioso *adj* greedy, covetous

codificación *f* codification, encoding

codificado *adj* TV encrypted

codificar ⟨1g⟩ *v/t* 1 JUR codify 2 (*cifrar*) encode; TV encrypt

código *m* code

◇ **código de barras** COM barcode; **código de la circulación** drivers' manual, *Br* highway code; **código civil** civil code; **código de honor** code of honor *o Br* honour; **código penal** penal code; **código postal** zip code, *Br* postcode

codillo *m* 1 ZO elbow 2 TÉC elbow (joint) 3 GASTR knuckle

codo *m* ANAT elbow; ~ **con** ~ *fig* F side by side; **hablar por los** ~**s** F talk nineteen to the dozen F; **romperse los** ~**s** F bust a gut F

◇ **codo de tenista** MED tennis elbow

codorniz *f* ZO quail

coeducación *f* coeducation

coeficiente *m* coefficient

coerción *f* coercion

coercitivo *adj* coercive

coetáneo I *adj* contemporary **II** *m*, **-a** *f* contemporary

coexistencia *f* coexistence

coexistente *adj* coexistent

coexistir ⟨3a⟩ *v/i* coexist (**con** with)

cofia *f* cap

cofrade *m* member of a *cofradía*

cofradía *f* 1 fraternity 2 (*gremio*) guild

cofre *m* 1 *de tesoro* chest 2 *para alhajas* jewelry box, *Br* jewellery box

cofundador *m*, ~**a** *f* co-founder

cogedor *m* dustpan

coger ⟨2c⟩ **I** *v/t* 1 (*asir*) take (hold of);

del suelo pick up 2 *L.Am.* V screw V 3 *ladrón, enfermedad* catch 4 TRANSP catch, take; ~ **el tren / bus** catch the train / bus 5 (*entender*) get 6 *emisora de radio* pick up **II** *v/i* 1 *en un espacio* fit 2 *L.Am.* V screw V 3 *de una planta* take, take root 4: ~ **por la primera a la derecha** take the first right **cogerse** *v/r* hold on (tight); ~ **de algo** hold on to sth

cogestión *f* joint management

cogida *f* TAUR goring

cognición *f* cognition

cognitivo *adj* cognitive

cogollo *m de lechuga, fig* heart

cogorza *f*: **agarrar una** ~ F get plastered F

cogotazo *m* rabbit punch

cogote *m* F nape of the neck; **estar hasta el** ~ **de algo** F have had it up to here with sth

cogulla *f* cowl

cohabitación *f* cohabitation, living together

cohabitar ⟨1a⟩ *v/i* live together, cohabit

cohechar ⟨1a⟩ *v/t* bribe

cohecho *m* JUR bribery

coheredero *m*, **-a** *f* joint heir

coherencia *f* coherence

coherente *adj* coherent; **ser** ~ **con** be consistent with

cohesión *f* cohesion

cohesionar ⟨1a⟩ *v/t* unite

cohete *m* rocket

cohibición *f* inhibition

cohibido *adj* inhibited

cohibir ⟨3a⟩ *v/t* inhibit; **cohibirse** *v/r* feel shy

cohombro *m* BOT cucumber

◇ **cohombro de mar** ZO sea cucumber

cohonestar ⟨1a⟩ *v/t* cover up

COI *abr* (= **Comité Olímpico Internacional**) IOC (= International Olympic Committee)

coima *f L.Am.* bribe

coimear ⟨1a⟩ *v/t L.Am.* bribe

coincidencia *f* coincidence

coincidente *adj* coincident

coincidir ⟨3a⟩ *v/i* coincide

coito *m* intercourse

cojear ⟨1a⟩ *v/i* 1 *de persona* limp, hobble 2 *de mesa, silla* wobble

cojera *f* limp

cojín *m* cushion

cojinete *m* TÉC bearing

◇ **cojinete de bolas** ball bearing

cojo *adj* **1** *persona* lame; *es* ~ he walks with a limp; *andar a la pata -a* hop **2** *mesa, silla* wobbly

cojón *m* V ball V; *tener cojones* P have balls V, have guts F; *estar hasta los cojones* V be pissed off V; *¡cojones!* V fuck! V, shit! P

cojonudo *adj* P awesome F, brilliant

col *f* cabbage; *entre* ~ *y* ~, *lechuga* variety is the spice of life

◇ **col blanca** white cabbage

◇ **col de Bruselas** Brussels sprout

col. *abr* (= *columna*) col. (= column)

cola[1] *f* (*pegamento*) glue

cola[2] *f* **1** AVIA, *de animal* tail; *traer* ~ have repercussions; *estar a la* ~ be in last place **2** *de gente* line, *Br* queue; *hacer* ~ stand in line, *Br* queue (up) **3** *L.Am.* F *de persona* butt F, *Br* bum F

◇ **cola de caballo 1** ponytail **2** BOT horsetail

cola[3] *f* BOT cola, kola; *nuez de* ~ cola nut, kola nut

colaboración *f* collaboration

colaboracionista *m/f* POL collaborator, collaborationist

colaborador *m*, ~a *f* collaborator; *en periódico* contributor

colaborar ⟨1a⟩ *v/i* collaborate

colación *f*: *traer* o *sacar a* ~ bring up

colada *f*: *hacer la* ~ do the laundry o washing

coladero *m* ☞ **colador**

colado *adj*: *estar* ~ *por alguien* F be nuts about s.o. F

colador *m* colander; *para té etc* strainer

coladura *f* **1** straining **2** (*error*) blunder

colágeno *m* BIO collagen

colapsar ⟨1a⟩ **I** *v/t* paralyze; ~ *el tráfico* bring traffic to a standstill **II** *v/i L.Am.* collapse; *colapsarse* *v/r* **1** grind to a halt **2** *de edificio* collapse

colapso *m* collapse; *provocar un* ~ *en la ciudad* bring the city to a standstill

colar ⟨1m⟩ **I** *v/t* **1** *líquido* strain **2** *billete falso* pass; ~ *algo por la aduana* F smuggle sth through customs **II** *v/i fig* F: *no cuela* I'm not buying it F; *colarse* *v/r* F **1** *en un lugar* get in **2** *en una fiesta* gatecrash; *en una cola* cut in line, *Br* push in **3**: ~ *por alguien* F

fall for s.o.

colcha *f L.Am.* bedspread

colchón *m* mattress; *fig* buffer

◇ **colchón de muelles** spring mattress

◇ **colchón neumático** air mattress, *Br* air bed

colchoneta *f* **1** DEP mat **2** *hinchable* air mattress, *Br* air bed

cole *m* F school

colear ⟨1a⟩ *fig* **I** *v/i*: *todavía colea la polémica* the controversy is still dragging on **II** *v/t toro* pull the tail of

colección *f* collection

coleccionable *adj* collectable

coleccionar ⟨1a⟩ *v/t* collect

coleccionista *m/f* collector

colecta *f* collection

colectar ⟨1a⟩ *v/t dinero* collect

colectivero *m*, -a *f Arg* bus driver

colectividad *f* community

colectivizar ⟨1f⟩ *v/t* collectivize

colectivo I *adj* collective **II** *m* **1** *L.Am.* bus **2** *Méx, C.Am.* taxi **3** *para regalo* collection, *Br tb* whip-round

colector *m* **1** TÉC manifold **2** EL collector

◇ **colector solar** solar panel

colega *m/f* **1** *de trabajo* colleague **2** F pal F

colegiado I *adj* belonging to a professional body **II** *m*, -a *f* **1** schoolchild **2** DEP referee **3** *member of a professional body*

colegial I *adj* school *atr* **II** *m* student, *Br tb* schoolboy

colegiala *f* student, *Br tb* schoolgirl

colegiarse ⟨1b⟩ *v/r* join a professional body

colegio *m* school

◇ **colegio electoral** electoral college; *lugar* polling place; **colegio de médicos** *professional medical body*; **colegio mayor** dormitory, dorm F, *Br* hall of residence; **colegio profesional** professional institute

colegir ⟨3l & 3c⟩ *v/t* deduce (*de, por* from)

colegui *m/f* F buddy F, pal F

coleóptero *m* ZO coleopteran

cólera I *f* anger; *montar en* ~ get in a rage **II** *m* MED cholera

colérico *adj* angry

colesterol *m* cholesterol

coleta *f* **1** ponytail; ~s *pl de pelo*

bunches **2**: *cortarse la* ~ *de torero* retire
coletazo *m* swish of the tail
coletilla *f* tag
coleto *m*: *decir para su* ~ *fig* say to o.s.;
echarse al ~ F *comida, bebida* put
away; *libro* get through
colgado *adj* **1**: *dejar* ~ *a alguien* F let
s.o. down; *estar o quedarse* ~ be (left)
on one's own **2**: *estar* ~ *por alguien* F
be nuts about s.o. F
colgador *m L.Am.* hanger
colgaduras *fpl* hangings
colgajo *m* **1** *de tela* shred **2** *de frutas*:
bunch of fruit hung up to dry
colgante **I** *adj* hanging **II** *m* pendant
colgar ⟨1h & 1m⟩ **I** *v/t* **1** hang **2** TELEC
put down **3**: ~ *los estudios* give up
one's studies **II** *v/i* **1** hang (*de* from) **2**
TELEC hang up; *¡no cuelgue!* hold
the line!; **colgarse** *v/r* **1** hang o.s. **2**:
~ *de algo* hang from sth; ~ *de alguien*
hang onto s.o. **3** INFOR F freeze **4** *a telecomedia, pasatiempo etc* get hooked
colibrí *m* ZO hummingbird
cólico *m* MED colic
◇ **cólico gástrico** gastric colic; **cólico
hepático** hepatic colic; **cólico nefríti-
co** renal colic
coliflor *f* cauliflower
coligarse ⟨1h⟩ *v/r* ☞ *coaligarse*
colilla *f* cigarette butt *o Br tb* end
colín *m* GASTR bread stick
colina *f* hill
colinabo *m* kohlrabi
colindante *adj* adjoining
colindar ⟨1a⟩ *v/i* be adjacent (*con* to)
colirio *m* MED eyedrops *pl*
coliseo *m* HIST colosseum, coliseum
colisión *f* collision; *fig* clash
◇ **colisión en cadena** multiple vehicle
pile-up; **colisión frontal** head-on collision; **colisión múltiple** multiple vehicle pile-up
colisionar ⟨1a⟩ *v/i* collide (*con* with); ~
frontalmente collide head-on
colista *m* DEP bottom team in the
league
colitis *f* MED colitis
collado *m* hill
collage *m* collage
collar *m* **1** necklace **2** *para animal* collar
collarín *m* MED surgical collar
colleras *fpl Chi* cuff links
colmado **I** *adj* overflowing (*de* with);

una cucharada -a a heaped spoonful
II *m* grocery store, *Br* grocer's (shop)
colmar ⟨1a⟩ *v/t deseos, ambición etc* fulfill, *Br* fulfil; ~ *un vaso* fill a glass to the
brim; ~ *a alguien de elogios* heap
praise on s.o.
colmena *f* beehive
colmenar *m* apiary
colmenero *m*, *-a f* beekeeper
colmillo *m* ANAT eye tooth; *de perro*
fang; *de elefante* tusk; *de rinoceronte*
horn; *escupir por el* ~ F brag; *enseñar
los* ~*s* F show one's teeth
colmo *m*: *¡es el* ~*!* this is the last straw!;
para ~ to cap it all; *para* ~ *de desgracias o de males* to make matters worse
colocación *f* **1** positioning, placing **2**
(*trabajo*) position
colocar ⟨1g⟩ *v/t* put, place; ~ *a alguien
en un trabajo* get s.o. a job; **colocarse**
v/r **1** *de persona* position o.s.; *se colo-
có a mi lado* he stood next to me; *se
colocaron en primer lugar* they
moved into first place **2** F get plastered
F; *con droga* get stoned F
colocón *m* F bender F; *con droga* high F
colofón *m fig* culmination; *como* ~ to
finish
coloide *m* QUÍM colloid
Colombia *f* Colombia
colombiano **I** *adj* Colombian **II** *m*, *-a f*
Colombian
colombicultor *m*, ~*a f* pigeon breeder
colombicultura *f* pigeon breeding
colombino *adj* of Columbus, Colum-
bian
colombofilia *f* pigeon keeping
colombófilo *m*, *-a f* pigeon enthusiast,
Br pigeon fancier
Colón Columbus
colón *m* FIN colon
colon *m* ANAT colon
colonia *f* **1** colony; *la* ~ *venezolana en
Washington* the Venezuelan commu-
nity in Washington **2** *perfume* cologne
3 *Méx* (*barrio*) district
◇ **colonia de verano** summer camp
colonial *adj* colonial; *estilo* ~ colonial
style
colonialismo *m* colonialism
colonialista *m/f* colonialist
colonización *f* colonization
colonizador *m*, ~*a f* colonizer
colonizar ⟨1f⟩ *v/t* colonize

colono *m*, **-a** *f* **1** colonist **2** AGR tenant farmer

coloquial *adj* colloquial

coloquio *m* talk

color *m* color, *Br* colour; **de ~** black, colored, *Br* coloured; **sacarle a alguien los ~es** embarrass s.o., make s.o. blush; **salirle a alguien los ~** flush, blush; **se puso de mil ~es** he turned bright red; **subido de ~** risqué; **mudar** *o* **cambiar de ~** *fig* change color, go pale ◇ **color café** coffee-colored, *Br* coffee-coloured; *L.Am.* brown; **color complementario** complementary color *o Br* colour; **color local** local color, *Br* local colour

coloración *f* coloration

colorado *adj* red; **ponerse ~** blush

colorante *m* coloring, *Br* colouring

colorar ⟨1a⟩ *v/t* color, *Br* colour

coloratura *f* MÚS coloratura

colorear ⟨1a⟩ *v/t* color, *Br* colour; **libro para ~** coloring book, *Br* colouring book

colorete *m* blusher

colorido *m* colors *pl*, *Br* colours *pl*

colorín *m* **1** ZO goldfinch **2** (*color*) bright color *o Br* colour

colorterapia *f* color therapy, *Br* colour therapy

colosal *adj* colossal

coloso *m* colossus

columbrar ⟨1a⟩ *v/t* (*ver*) make out, glimpse; *fig* perceive

columna *f* column ◇ **columna de dirección** AUTO steering column ◇ **columna vertebral** ANAT spinal column

columnata *f* colonnade

columnista *m/f* columnist

columpiar ⟨1b⟩ *v/t* push; **columpiarse** *v/r* swing

columpio *m* swing

colutorio *m* MED mouthwash

colza *f* BOT rape

coma I *f* GRAM comma **II** *m* MED coma

comadre *f L.Am.* godmother

comadrear ⟨1a⟩ *v/i* F gossip

comadreja *f* **1** ZO weasel **2** *Arg* opossum

comadreo *m* gossip

comadrona *f* midwife

comandancia *f* **1** *distrito* command **2** (*cuartel*) command headquarters *sg o pl* **3** *Méx* police station

comandante *m* **1** MIL commander **2** *rango* major **3** AVIA captain **4** *Méx de policía* captain, *Br* superintendent ◇ **comandante en jefe** commander-in-chief

comandar ⟨1a⟩ *v/t* command

comanditario *adj* COM: **socio ~** silent partner, *Br* sleeping partner

comando *m* **1** commando **2** INFOR command

comarca *f* area

comarcal *adj* local

comarcano *adj* neighboring, *Br* neighbouring

comba *f* jump rope, *Br* skipping rope; **jugar** *o* **saltar a la ~** jump rope, *Br* skip; **no perder ~** not miss a trick

combar ⟨1a⟩ *v/t* bend; **combarse** *v/r* bend

combate *m* **1** *acción* combat; MIL engagement **2** DEP fight; **fuera de ~** out of action

combatiente *m* combatant

combatir ⟨3a⟩ *v/t* & *v/i* fight

combatividad *f* fighting spirit

combativo *adj* combative

combi *m Méx* minibus

combinación *f* **1** combination; **~ numérica** combination of numbers **2** *prenda* slip **3**: **hacer ~** TRANSP change

combinada *f* DEP combined (event)

combinado *m* **1** cocktail **2** GASTR ☞ **plato**

combinar ⟨1a⟩ *v/t* combine; **combinarse** *v/r* get together

combinatorio *adj* combinatorial

combo *adj* bent

combustibilidad *f* combustibility

combustible I *adj* combustible **II** *m* fuel ◇ **combustible fósil** fossil fuel

combustión *f* combustion

comecocos *m/f inv* F con artist F

comedero *m* trough

comedia *f* **1** comedy; **hacer ~** *fig* put on an act **2** *L.Am.* (*telenovela*) soap ◇ **comedia de capa y espada** cloak-and-dagger drama (*seventeenth-century Spanish dramatic genre*); **comedia de costumbres** comedy of manners; **comedia de enredo** comedy of intrigue; **comedia musical** musical

comedianta *f* actress

comediante *m* actor

comedido *adj* moderate

comedimiento *m* moderation

comediógrafo *m*, **-a** *f* playwright

comedirse ⟨3l⟩ *v/r* show restraint (**en** in)

comedón *m* MED blackhead

comedor I *adj*: **es muy** ~ he's a big eater **II** *m* dining room
◇ **comedor universitario** refectory

comején *m* termite

comendador *m* HIST commander

comensal *m/f* diner

comentador *m*, **~a** *f* commentator

comentar ⟨1a⟩ *v/t* **1** *libro* comment on **2** (*mencionar*) comment, remark

comentario *m* **1** comment; *¡sin* ~*s!* no comment! **2**: ~*s pl* gossip *sg*
◇ **comentario de texto** textual analysis

comentarista *m/f* commentator

comenzar ⟨1f & 1k⟩ *v/t* begin

comer ⟨2a⟩ **I** *v/t* eat; *a mediodía* have for lunch
II *v/i* eat; *a mediodía* have lunch; *dar de* ~ *a alguien* feed s.o.; *no tienen qué* ~ they haven't a thing to eat; *sin* ~*lo ni beberlo* F all of a sudden
comerse *v/r* **1** *tb fig* eat up; ~ *de envidia* be consumed with envy; *está para comértela* F she's really tasty F **2** *de color* fade **3**: *se comió una palabra* she missed out a word

comerciable *adj* marketable, saleable

comercial I *adj* commercial; *de negocios* business *atr*; *el déficit* ~ the trade deficit **II** *m/f* representative **III** *m L.Am.* (*anuncio*) commercial

comercialización *f* marketing; *desp* commercialization

comercializar ⟨1f⟩ *v/t* market, sell; *desp* commercialize

comerciante *m/f* trader
◇ **comerciante al por mayor** wholesaler
◇ **comerciante al por menor** retailer

comerciar ⟨1b⟩ *v/i* trade (**con** with; **en** in), do business (**con** with)

comercio *m* **1** *actividad* trade; *fig* dealings *pl*; *libre* ~ free trade **2** *local* store, shop
◇ **comercio al detalle** retail trade; **comercio electrónico** INFOR e-commerce; **comercio exterior** foreign trade; **comercio interior** domestic trade; **comercio al por mayor** wholesale trade; **comercio al por menor** retail trade; **comercio de ultramar** overseas trade

comestible I *adj* eatable, edible **II** *m* foodstuff; ~*s pl* food *sg*

cometa I *m* comet **II** *f* kite

cometer ⟨2a⟩ *v/t* commit; *error* make

cometido *m* task

comezón *f* itch; *sentir* ~ *por hacer algo* F be itching to do sth F

comible *adj* F eatable

cómic *m* comic

comicastra *f* ham actress

comicastro *m* ham actor

comicidad *f* humor, *Br* humour, comic nature

comicios *mpl* elections *pl*

cómico I *adj* comical **II** *m*, **-a** *f* comedian

comida *f* **1** (*comestibles*) food **2** *ocasión* meal
◇ **comida basura** junk food; **comida de negocios** business lunch; **comida rápida** fast food; **comida de trabajo** working lunch

comidilla *f*: *ser la* ~ *de* be the talk of

comido I *part* ☞ **comer II** *adj*: *estoy* ~ I've already eaten; *llegó* ~ he had eaten before he arrived

comienzo *m* beginning; *al* ~, *en un* ~ at first, in the beginning; *desde el o un* ~ from the start; *a* ~*s de junio* at the beginning of June

comillas *fpl* quotation marks, *Br* inverted commas; *poner entre* ~ put in quotation marks *o Br* in inverted commas

comilón I *adj* greedy **II** *m*, **-ona** *f* big eater

comilona *f* F feast, blowout F

comino *m* BOT cumin; *me importa un* ~ F I don't give a damn F; *no vale un* ~ F it isn't worth anything

comisaría *f* precinct (house), *Br* police station

comisariado *m* POL commission

comisario *m* **1** commissioner; ~ *europeo* European Commissioner **2** *de policía* captain, *Br* superintendent

comisión *f* **1** committee; *de gobierno* commission; ~ *parlamentaria* parliamentary committee **2** (*recompensa*) commission; *trabajar a* ~ work on com-

mission
◊ **Comisión Europea** European Commission
comisionado *m*, **-a** *f* commissioner
comisionar ⟨1a⟩ *v/t* commission
comisionista *m/f* commission agent
comiso *m* confiscation
comistrajo *m desp* terrible meal
comisura *f* ANAT: **~ de los labios** corner of the mouth
comité *m* committee
◊ **comité de empresa** *committee of workers that discusses industrial relations*, *Br* works council
comitiva *f* retinue
◊ **comitiva fúnebre** cortège, funeral procession
como I *adv* **1** as; **~ amigo** as a friend **2** (*aproximadamente*): **había ~ cincuenta** there were about fifty; **hace ~ una hora** about an hour ago **3**: **así ~** as well as **II** *conj* **1** if; **~ si** as if; **~ si fuera tonto** as if he were *o* was an idiot; **~ no bebas vas a enfermar** if you don't drink you'll get sick **2** *expresando causa* as, since; **~ no llegó, me fui solo** as *o* since she didn't arrive, I went by myself **3**: **me gusta ~ habla** I like the way he talks; **~ quiera** any way you want
cómo *adv* **1** how; **¿cómo estás?** how are you?; **¿a ~?** how much?; **¿~ dice?** what did you say?; **no voy a ir - ¿~ que no?** I'm not going – what do you mean, you're not going? **2** *en exclamaciones*: **¡~ me gusta!** I really like it; **¡~ no!** *L.Am.* of course!
cómoda *f* chest of drawers
comodidad *f* **1** comfort **2**: **~es** *pl* home comforts
comodín *m* **1** *en naipes* joker **2** INFOR wild card **3** *palabra* stand-in word
cómodo *adj* comfortable; **¡póngase ~!** make yourself at home, make yourself comfortable
comodón *adj* F **1** comfort-loving **2** (*perezoso*) idle
comodoro *m* MAR commodore
comoquiera *adv*: **~ que** however, in whatever way
comp. *abr* (= **compárese**) cf (= confer)
compacidad *f* compactness
compactar ⟨1a⟩ *v/t* compact, compress
compacto *adj* compact
compadecer ⟨2d⟩ *v/t* feel sorry for;

compadecerse *v/r* feel sorry (**de** for)
compadre *m L.Am.* F buddy F
compadrear ⟨1a⟩ *v/i Arg* F brag
compadreo *m desp* nepotism, *Br* old-boy network
compadrito *m Arg* F show-off
compaginable *adj* compatible
compaginación *f* **1** combination **2** TIP makeup
compaginar ⟨1a⟩ *v/t* **1** *fig* combine (**con** with) **2** TIP make up; **compaginarse** *v/r* tally (**con** with)
compañerismo *m* comradeship
compañero *m*, **-a** *f* companion; **en una relación**, *un juego* partner
◊ **compañero de clase** classmate; **compañero de fatigas** fellow sufferer; **compañero de trabajo** coworker, colleague; **compañero de viaje** traveling companion, *Br* travelling companion
compañía *f* company; **en ~ de** with, in the company of; **hacer ~ a alguien** keep s.o. company; **malas ~s** *pl* bad company *sg*
◊ **compañía aérea** airline; **compañía chárter** charter airline; **compañía matriz** COM parent company; **compañía de navegación**, **compañía naviera** shipping line; **compañía de seguros** insurance company
comparable *adj* comparable
comparación *f* comparison; **en ~ con** in comparison with; **no tiene (ni punto de) ~ con** there's no comparison with
comparado *adj*: **~ con** compared with
comparar ⟨1a⟩ *v/t* compare (**con** with, to)
comparativo I *adj* comparative **II** *m* GRAM comparative
comparecencia *f* JUR appearance
comparecer ⟨2d⟩ *v/i* appear
comparsa I *f* TEA: **la ~** the extras *pl* **II** *m/f* TEA extra; *fig* rank outsider
comparsería *f* TEA extras *pl*
compartimentar ⟨1a⟩ *v/t* compartmentalize
compartimento *m* FERR car, *Br* compartment
compartir ⟨3a⟩ *v/t* share (**con** with)
compás *m* **1** MAT compass **2** MÚS rhythm; **al ~** to the beat; **llevar el ~** MÚS keep time; **perder el ~** lose the beat
◊ **compás de espera** MÚS bar rest; *fig*

temporary interruption; **estar en un ~** be on hold

compasión *f* compassion; **sin ~** without compassion

compasivo *adj* compassionate

compatibilidad *f* compatibility

compatibilizar ⟨1f⟩ *v/t* **1** reconcile; **~ el negocio con el placer** combine business with pleasure **2** INFOR make compatible

compatible *adj* INFOR compatible

compatriota *m/f* compatriot

compeler ⟨2a⟩ *v/t* compel

compendiar ⟨1b⟩ *v/t* summarize

compendio *m* summary

compendioso *adj* summarized

compenetración *f* understanding

compenetrado *adj*: **están muy ~s** they are very much in tune with each other

compenetrarse ⟨1a⟩ *v/r*: **~ con alguien** reach a good understanding with s.o.

compensación *f* compensation

compensador *adj* compensatory

compensar ⟨1a⟩ **I** *v/t* compensate (**por** for) **II** *v/i fig* be worthwhile

competencia *f* **1** (*habilidad*) competence **2** *entre rivales* competition; **hacer la ~ a alguien / algo** compete with s.o. / sth **3** (*incumbencia*) area of responsibility, competency; **eso no es de mi ~** that's not my department **4** *L.Am.* DEP competition

◇ **competencia desleal** unfair competition

competente *adj* competent

competer ⟨2a⟩ *v/i*: **~ a** be the responsibility of

competición *f* DEP competition

competidor I *adj* rival **II** *m*, **~a** *f* competitor

competir ⟨3l⟩ *v/i* compete (**con** with)

competitividad *f* competitiveness

competitivo *adj* competitive

compilación *f* compilation

compilador *m* INFOR compiler

compilar ⟨1a⟩ *v/t* compile

compincharse ⟨1a⟩ *v/r* F work together

compinche *m/f* F buddy F; *desp* crony F

compinchería *f*: **hay ~ entre ellos** they are planning *o* plotting something together

compite *vb* ☞ **competir**

compito *vb* ☞ **competir**

complacencia *f* **1** (*placer*) pleasure **2** (*tolerancia*) indulgence

complacer ⟨2x⟩ *v/t* please; **complacerse** *v/r* take pleasure (**en** in)

complacido *adj* pleased

complaciente *adj* obliging, helpful

complejidad *f* complexity

complejo I *adj* complex **II** *m* PSI, *industrial etc* complex

◇ **complejo de Edipo** Oedipus complex; **complejo de inferioridad** inferiority complex; **complejo industrial** industrial complex; **complejo turístico** tourist resort

complementar ⟨1a⟩ *v/t* complement

complementario *adj* complementary

complemento *m* **1** complement **2** GRAM complement, object

◇ **complemento circunstancial** GRAM adverbial complement

◇ **complementos de moda** fashion accessories

completamente *adv* completely, totally

completar ⟨1a⟩ *v/t* complete

completo *adj* complete; *autobús, teatro* full; **por ~** completely; **al ~** whole, entire

complexión *f* constitution

complicación *f* complication

complicado *adj* complicated

complicar ⟨1g⟩ *v/t* **1** complicate **2**: **~ a alguien en algo** involve s.o. in sth; **complicarse** *v/r* get complicated; **~ la vida** make life *o* things difficult for o.s.

cómplice *m/f* accomplice

complicidad *f* complicity

complot *m* plot

complotar ⟨1a⟩ *v/i L.Am.* plot

componedor *m*, **~a** *f* mediator; **amigable ~** JUR arbitrator

componenda *f* shady deal

componente *m* component; **~s de automóviles** vehicle parts *o* components

componer ⟨2r⟩ *v/t* **1** make up, comprise **2** *sinfonía, poema etc* compose **3** *algo roto* fix, mend; **componerse** *v/r* **1** be made up (**de** of) **2** *L.Am.* MED get better **3**: **componérselas** manage

comportamiento *m* behavior, *Br* behaviour

comportar ⟨1a⟩ *v/t* involve, entail; **comportarse** *v/r* behave

composición *f* composition

compositor *m*, **~a** *f* composer
compost *m* compost
compostura *f fig* composure
compota *f* compote
compotera *f* serving dish (for dessert)
compra *f* **1** *acción* purchase; **hacer la ~**, **ir a la ~** do the shopping; **ir de ~s** go shopping **2** (*cosa comprada*) purchase, buy
◇ **compra a plazos** installment plan, *Br* hire purchase
comprador *m*, **~a** *f* buyer, purchaser
comprar ⟨1a⟩ *v/t* buy, purchase
compraventa *f* buying and selling; **contrato de ~** bill *o* deed of sale
comprender ⟨2a⟩ *v/t* **1** understand; **hacerse ~** make o.s. understood; **~ mal** misunderstand **2** (*abarcar*) include
comprensible *adj* understandable
comprensión *f* **1** understanding **2** *de texto, auditiva* comprehension
comprensivo *adj* understanding
compresa (**higiénica**) *f* sanitary napkin, *Br* sanitary towel
compresible *adj* compressible
compresión *f tb* INFOR compression
compresor *m* compressor
comprimido *m* MED pill
comprimir ⟨3a⟩ *v/t* compress; *fig* summarize
comprobable *adj* verifiable
comprobación *f* check
comprobador *m* TÉC tester
comprobante *m* **1** proof **2** (*recibo*) receipt
comprobar ⟨1m⟩ *v/t* **1** check **2** (*darse cuenta de*) realize
comprometer ⟨2a⟩ *v/t* **1** compromise **2** (*obligar*) commit; **comprometerse** *v/r* **1** promise (**a** to) **2** *a una causa* commit o.s. **3** *de novios* get engaged
comprometido *adj* **1** committed **2**: **estar ~ en algo** be implicated in sth **3**: **estar ~ de novios** be engaged
compromisario *m*, **-a** *f* delegate
compromiso *m* **1** commitment **2** (*obligación*) obligation; **sin ~** COM without commitment; **soltero y sin ~** F footloose and fancy-free **3** (*acuerdo*) agreement **4** (*apuro*) awkward situation **5**: **~** (**matrimonial**) engagement
compuerta *f* sluice gate
compuesto I *adj* composed; **estar ~ de** be composed of **II** *m* compound

compulsa *f* **1** certification **2** (*copia*) certified copy
compulsar ⟨1a⟩ *v/t* certify
compulsión *f* PSI compulsion
compulsivo *adj* PSI compulsive
compunción *f* remorse, compunction
compungido *adj* remorseful
compungir ⟨3c⟩ *v/t* make sorry *o* sad; **compungirse** *v/r* feel sorry *o* sad
computable *adj*: **ser ~ para algo** count toward sth
computación *f* *L.Am.* **1** calculation **2** INFOR computer science
computador *m*, **computadora** *f* *L.Am.* computer
◇ **computadora de a bordo** AUTO on-board computer; **computadora de escritorio** desktop (computer); **computadora de mano** palmtop; **computadora personal** personal computer; **computadora portátil** laptop
computar ⟨1a⟩ *v/t* count; (*calcular*) calculate
computarizar ⟨1f⟩ *v/t* computerize
cómputo *m* **1** count **2** (*cálculo*) calculation
comulgante *m/f* REL communicant
comulgar ⟨1h⟩ *v/i* REL take communion; **~ con alguien** (**en algo**) *fig* F think the same way as s.o. (on sth); **~ con ruedas de molino** F swallow anything
común I *adj* common; **poco ~** unusual, rare; **por lo ~** generally; **en ~** in common; **tener algo en ~** have sth in common **II** *m*: **el ~ de las gentes** the common man
comuna *f* **1** commune **2** *L.Am.* (*población*) town
comunal *adj* **1** communal **2**: **elecciones ~es** *pl L.Am.* municipal elections
comunicación *f* **1** communication **2** TRANSP link; TELEC connection, link; **comunicaciones** *pl* communications **3**: **estar en ~ con alguien** be in touch with s.o.
comunicado I *adj* connected; **el lugar está bien ~** the place has good transport links **II** *m* POL press release, comuniqué
comunicante *m/f* informant
comunicar ⟨1g⟩ **I** *v/t* **1** TRANSP connect, link **2**: **~ algo a alguien** inform s.o. of sth **II** *v/i* **1** communicate **2** TELEC be

busy, *Br tb* be engaged; **está comunicando** it's busy, *Br* it's engaged; **comunicarse** *v/r* communicate

comunicativo *adj* communicative

comunicología *f* communication(s) theory

comunidad *f* community; **~ sucesoria o hereditaria** heirs *pl*

◊ **comunidad autónoma** autonomous region

comunión *f* **1** REL communion; **hacer la primera ~** make one's first communion **2**: **~ de ideología** common ideology

comunismo *m* Communism

comunista *m/f & adj* Communist

comunitario *adj* POL EU *atr*, Community *atr*

comúnmente *adv* commonly

con *prp* **1** with; **voy ~ ellos** I'm going with them; **pan ~ mantequilla** bread and butter; **estar ~ alguien** *tb fig* be with s.o. **2**: **~ todo eso** in spite of all that; **~ tal de que** provided that, as long as; **~ hacer eso** by doing that; **para ~ alguien** to s.o., toward s.o.; **~ este calor** in this heat; **¡~ lo que he hecho por él!** after all I've done for him! **3**: **ser amable ~ alguien** be kind to s.o.

conato *m*: **~ de violencia** minor outbreak of violence; **~ de incendio** small fire

concatenación *f* linking

concatenar ⟨1a⟩ *v/t* link together; **concatenarse** *v/r fig* come together, coincide

concavidad *f* concavity

cóncavo *adj* concave

concebible *adj* conceivable

concebir ⟨3l⟩ *v/t* conceive

conceder ⟨2a⟩ *v/t* concede; *entrevista, permiso* give; *premio* award; *importancia* attach

concejal *m*, **~a** *f* councilor, *Br* councillor

concejalía *f* council seat *o* post

concejo *m* council

concentración *f* concentration; *de personas* gathering

◊ **concentración de masas** mass gathering

concentrado I *m* concentrate **II** *adj*: **estar ~ en algo** be concentrating on sth

concentrar ⟨1a⟩ *v/t* concentrate; **concentrarse** *v/r* **1** concentrate (**en** on) **2** *de gente* gather

concéntrico *adj* concentric

concepción *f* BIO, *fig* conception; **la Inmaculada Concepción** REL the Immaculate Conception

concepto *m* **1** concept **2** (*opinión*): **tener un alto ~ de alguien** think highly of s.o. **3** (*condición*): **bajo ningún ~** on no account; **bajo todos los ~s** in every way, in every respect **4**: **en ~ de algo** COM (in payment) for sth

conceptual *adj* conceptual

conceptuar ⟨1e⟩ *v/t* regard; **~ a alguien de** regard s.o. as

concerniente *adj*: **~ a** concerning, regarding; **en lo ~ a** with regard to

concernir ⟨3i⟩ *v/i* concern; **en lo que concierne a X** as far as X is concerned

concertación *f* POL agreement

concertar ⟨1k⟩ **I** *v/t* **1** *cita* arrange **2** *precio* agree **3** *esfuerzos* coordinate **II** *v/i* agree; **concertarse** *v/r* work together

concertino *m/f* MÚS concertmaster, *Br* leader (of the orchestra)

concertista *m/f* MÚS soloist

concesión *f* **1** concession; **hacer concesiones** make concessions **2** COM dealership

concesionario *m*, **-a** *f* dealer

concha *f* ZO shell; **meterse en su ~** *fig* withdraw into one's shell

conchabar ⟨1a⟩ *v/t L.Am. trabajador* hire; **conchabarse** *v/r* F plot

conciencia *f* conscience; **a ~** conscientiously; **con plena ~ de** fully conscious of; **en ~** in all conscience; **tener la ~ tranquila** have a clear conscience; **tener buena / mala ~** have a clear / guilty conscience; **tener o tomar ~ de algo** be / become aware of sth

concienciación *f* consciousness-raising

concienciar ⟨1b⟩ *v/t*: **~ a alguien de algo** make s.o. aware of sth; **concienciarse** *v/r* realize (**de** sth)

concientizar ⟨1f⟩ *L.Am.* ☞ **concienciar**

concienzudo *adj* conscientious

concierto *m* MÚS concert; *fig* agreement; **sin orden ni ~** without rhyme or reason

conciliable *adj* reconcilable

conciliábulo *m* secret meeting

conciliación *f* JUR conciliation, reconciliation

conciliador *adj* conciliatory

conciliar ⟨1b⟩ *v/t* **1** reconcile **2**: **~ el sueño** get to sleep

concilio *m* council

concisión *f* conciseness

conciso *adj* concise

concitar ⟨1a⟩ *v/t* arouse, incite; **concitarse** *v/r* gain

conciudadano *m*, **-a** *f* fellow citizen

cónclave *m* **1** REL conclave **2** (*reunión*) meeting, *hum* conclave

concluir ⟨3g⟩ *v/t* & *v/i* conclude

conclusión *f* conclusion; **en ~** in short; **llegar a la ~ de que ...** come to the conclusion that ...

concluso *part* ☞ **concluir**

concluyente *adj* conclusive

concomerse ⟨2a⟩ *v/r fig*: **se concome de envidia** he is consumed with *o* eaten up with envy

concomitante *adj* concomitant

concordancia *f* agreement

concordar ⟨1m⟩ **I** *v/t* reconcile **II** *v/i* agree (**con** with)

concordato *m* concordat

concorde *adj*: **estar ~s** agree, be in agreement

concordia *f* harmony, concord

concreción *f* **1** precision **2** GEOL concretion **3** MED stone

concretamente *adv* specifically, precisely

concretar ⟨1a⟩ *v/t* **1** specify **2** (*hacer concreto*) realize; **concretarse** *v/r* **1** materialize; *de esperanzas* be fulfilled **2**: **~ a** limit o.s. to

concretizar ⟨1f⟩ *v/t* fix, set

concreto I *adj* **1** specific; **en ~** specifically; **nada en ~** nothing specific **2** (*no abstracto*) concrete **II** *m L.Am.* concrete

concubina *f* concubine

conculcar ⟨1g⟩ *v/t derecho etc* infringe

concupiscencia *f* lust

concupiscente *adj* lustful

concurrencia *f* **1** audience **2** *de circunstancias* combination

concurrente I *adj* concurrent **II** *m/f*: **los ~s** the audience

concurrido *adj* crowded

concurrir ⟨3a⟩ *v/i*: **~ a** attend

concursante *m/f* competitor

concursar ⟨1a⟩ *v/i* compete

concurso *m* **1** competition **2** COM tender; **sacar a ~** put out to tender

◇ **concurso de acreedores** JUR creditors' meeting

◇ **concurso-oposición** competitive exam

condado *m* county

condal *adj* ☞ **ciudad**

conde *m* count

condecoración *f* decoration

condecorar ⟨1a⟩ *v/t* decorate

condena *f* **1** JUR sentence **2** (*desaprobación*) condemnation

condenable *adj* reprehensible

condenación *f* REL damnation

condenado I *adj* **1** destined, doomed (*a* to) **2** JUR convicted; **~ a muerte** condemned to death **3** REL damned **4** (*maldito*) F damn F **II** *m*, **-a** *f* **1** prisoner **2** REL one of the damned; **los ~s** the damned *pl*; **como un ~** *fig* F like a maniac *o* lunatic F

condenar ⟨1a⟩ *v/t* **1** JUR sentence (*a* to) **2** (*desaprobar*) condemn; **condenarse** *v/r* REL be damned

condenatorio *adj* condemnatory

condensación *f* condensation

condensado *adj* condensed

condensador *m* condenser

condensar ⟨1a⟩ *v/t* **1** condense **2** *libro* abridge; **condensarse** *v/r* condense

condesa *f* countess

condescendencia *f* condescension

condescender ⟨2g⟩ *v/i* condescend (*a* to); **~ en hacer algo** agree to do sth

condescendiente *adj actitud* accommodating; *desp* condescending

condición *f* **1** condition; **a ~ de que** on condition that; **~ previa** precondition; **sin condiciones** with no conditions attached **2** (*situación, estado*): **estar en condiciones de** be in a position to; **~ física** physical condition; **estar en buenas / malas condiciones** be in good / bad condition; **estar en condiciones** be fit

condicional I *adj* conditional **II** *m* GRAM conditional

condicionante I *adj* determining **II** *m* determinant, determining factor

condicionar ⟨1a⟩ *v/t*: **~ algo en** make sth conditional on

condimentar ⟨1a⟩ *v/t* flavor, *Br* flavour

condimento *m* seasoning

condiscípulo *m*, **-a** *f en universidad* fellow student; *en colegio* fellow student, *Br* fellow pupil

condolencia *f*: **una carta de ~** a letter of condolence; **expresar sus ~s** express one's condolences

condolerse ⟨2h⟩ *v/r* sympathize (*de* with)

condominio *m* **1** JUR joint ownership **2** *L.Am.* apartment building, *Br* block of flats

condón *m* condom

condonación *f* writing off, cancellation

condonar ⟨1a⟩ *v/t* condone

cóndor *m* ZO condor

conducción *f* **1** AUTO driving **2** *de calor, electricidad* conduction **3** (*tuberías*) piping; (*cables*) cables *pl*, cabling

conducir ⟨3o⟩ **I** *v/t* **1** *vehículo* drive **2** (*dirigir*) lead (**a** to); **esto no conduce a nada** this is getting us nowhere **3** EL, TÉC conduct **4** *programa de TV, radio* host **5** MÚS conduct **II** *v/i* **1** drive **2** *de camino* lead (**a** to); **conducirse** *v/r* conduct o.s. *fml*, behave (o.s.)

conducta *f* conduct, behavior, *Br* behaviour

conductibilidad *f* FÍS conductivity

conducto *m* pipe; *fig* channel; **por ~ de** through

◇ **conducto biliar** bile duct

conductor I *adj* **1** guiding **2** FÍS conductive **II** *m*, **~a** *f* driver **III** *m* FÍS conductor

◇ **conductor de orquesta** *L.Am.* conductor

condujo *vb* ☞ **conducir**

conectador *m* EL connector

conectar ⟨1a⟩ **I** *v/t* **1** connect, link **2** EL connect; **~ a tierra** ground, *Br* earth **II** *v/i* connect; **conectarse** *v/r* INFOR connect (to the Internet), go on line (to the Internet)

conejera *f* burrow

conejillo *m*: **~ de Indias** *tb fig* guinea pig

conejo *m* rabbit

conexión *f tb* EL connection; **~ a Internet** Internet connection; **~ telefónica** INFOR dial-up connection

◇ **conexión a la red** EL mains connection

conexo *adj* connected

confabulación *f* plot, conspiracy

confabularse ⟨1a⟩ *v/r* plot, conspire

confección *f* **1** *de aparatos* making **2** *de vestidos* dressmaking; *de trajes* tailoring

confeccionar ⟨1a⟩ *v/t* **1** *aparatos* make **2** *plan* devise

confeccionista *m/f* clothes manufacturer

confederación *f* confederation

confederarse ⟨1a⟩ *v/r* form a confederation, confederate

conferencia *f* **1** lecture **2** (*reunión*) conference **3** TELEC long-distance call

◇ **conferencia de cobro revertido** TELEC collect call, *Br tb* reverse-charge call

◇ **conferencia de prensa** press conference

conferenciante *m/f* lecturer

conferenciar ⟨1b⟩ *v/i* hold talks

conferencista *m/f L.Am.* lecturer

conferir ⟨3i⟩ *v/t* award

confesar ⟨1k⟩ **I** *v/t* REL confess; *delito* confess to, admit **II** *v/i* JUR confess; **confesarse** *v/r* confess; (*declararse*) admit to being

confesión *f* confession

confesional *adj* denominational

confes(i)onario *m* confessional

confeso *adj* self-confessed

confesor *m* REL confessor

confeti *m* confetti

confiabilidad *f L.Am. esp* TÉC reliability

confiable *adj L.Am.* reliable

confiado *adj* trusting

confianza *f* **1** confidence; **~ en sí mismo** self-confidence **2** (*amistad*): **de ~** *persona* trustworthy; **amigo de ~** good friend; **en ~** in confidence **3**: **tomarse demasiadas ~s** take liberties

confiar ⟨1c⟩ **I** *v/t* **1** *secreto* confide (**a** to) **2**: **~ algo a alguien** entrust s.o. with sth, entrust sth to s.o. **II** *v/i* **1** trust (**en** in) **2** (*estar seguro*) be confident (**en** of); **confiarse** *v/r*: **~ a alguien** confide in s.o.

confidencia *f* confidence

confidencial *adj* confidential

confidencialidad *f* confidentiality

confidente I *m* **1** (*soplón*) informer **2** (*amigo*) confidant **II** *f* **1** (*soplón*) informer **2** (*amiga*) confidante

configuración *f* **1** configuration **2** IN-

FOR set-up, configuration
configurar ⟨1a⟩ v/t **1** shape **2** INFOR set up, configure; **configurarse** v/r form
confín m lit: *los confines de la tierra* the ends of the earth; *los confines del horizonte* the horizon
confinamiento m confinement
confinar ⟨1a⟩ **I** v/t confine **II** v/i border (*con* on); **confinarse** v/r shut o.s. away
confirmación f confirmation
confirmar ⟨1a⟩ v/t confirm; **confirmarse** v/r be confirmed
confirmatorio adj confirmatory
confiscación f confiscation
confiscar ⟨1g⟩ v/t confiscate
confitar ⟨1a⟩ v/t crystallize
confite m dragée
confitería f confectioner's
confitero m, -**a** f confectioner
confitura f preserve
conflagración f **1** conflagration **2** (*guerra*) war
◇ **conflagración mundial** world war
conflictividad f controversial nature
conflictivo adj **1** *época, zona* troubled **2** *persona* troublemaking
conflicto m conflict
confluencia f *de ríos* confluence; *de calles* intersection, *Br* junction
confluente adj confluent
confluir ⟨3g⟩ v/i meet, converge
conformación f shape
conformar ⟨1a⟩ **I** v/t **1** (*constituir*) make up **2** (*dar forma a*) shape **II** v/i agree (*con* with); **conformarse** v/r make do (*con* with)
conforme I adj **1** satisfied (*con* with) **2**: ¡~! agreed!; *estar ~ con* agree with **3**: *ser ~ a* comply with **II** prp: *~ a* in accordance with **III** conj as
conformidad f **1** (*acuerdo*) agreement; *de o en ~ con* in accordance with **2** (*consentimiento*) consent
conformismo m conformity
conformista I adj conformist **II** m/f conformist
confort m comfort
confortabilidad f comfort
confortable adj comfortable
confortante adj comforting
confortar ⟨1a⟩ v/t: *~ a alguien* comfort s.o.
confraternidad f fraternity
confraternizar ⟨1f⟩ v/i fraternize

confrontación f confrontation
confrontar ⟨1a⟩ v/t **1** compare **2** *a personas* bring face to face **3** *peligro, desafío* face up to; **confrontarse** v/r: *~ con* face up to
confundido adj confused
confundir ⟨3a⟩ v/t **1** confuse **2** (*equivocar*) mistake (*con* for); **confundirse** v/r **1** make a mistake; *~ de calle* get the wrong street **2** *fig* mingle with; *~ entre la gente* disappear into the crowd
confusión f confusion
confuso adj confused
congelación f **1** freezing; *~ de precios / de salarios* price / wage freeze **2** MED frostbite
congelado adj frozen; *alimentos ~s* frozen food *sg*
congelador m freezer
congelar ⟨1a⟩ v/t freeze; **congelarse** v/r freeze
congénere m/f: *este chico y sus ~s* this boy and others like him
congeniar ⟨1b⟩ v/i get on well (*con* with)
congénito adj congenital
congestión f MED congestion
◇ **congestión del tráfico** traffic congestion
congestionar ⟨1a⟩ v/t congest; **congestionarse** v/r MED become congested
conglomerado m GEOL conglomerate
conglomerarse ⟨1a⟩ v/r conglomerate
Congo m Congo
congoja f anguish
congoleño, congolés I adj Congolese **II** m, -**a** f, -**esa** f Congolese
congraciarse ⟨1b⟩ v/r ingratiate o.s. (*con* with)
congratulaciones fpl congratulations
congratular ⟨1a⟩ v/t congratulate; **congratularse** v/r: *~ de o por algo* congratulate o.s. on sth
congregación f REL congregation
congregar ⟨1h⟩ v/t bring together; **congregarse** v/r congregate, assemble
congresal m/f *L.Am.*, **congresista** m/f conference *o* convention delegate, conventioneer
congreso m **1** conference, convention **2**: *Congreso en EE.UU.* Congress
◇ **Congreso de los diputados** *lower house of Spanish parliament*

consciente

congrio *m* ZO conger eel

congruencia *f* **1** consistency **2** MAT congruence

congruente *adj* **1** consistent **2** MAT congruent

cónico *adj* conical; *sección -a* conic section

conífera *f* BOT conifer

conjetura *f* conjecture

conjeturar ⟨1a⟩ *v/t* conjecture

conjugación *f* **1** GRAM conjugation **2** *fig* combination

conjugar ⟨1h⟩ *v/t* **1** GRAM conjugate **2** *fig* combine

conjunción *f* GRAM conjunction

conjuntado *adj* coordinated, matching

conjuntamente *adv* jointly

conjuntar ⟨1a⟩ *v/t* coordinate

conjuntiva *f* ANAT conjunctiva

conjuntivitis *f* MED conjunctivitis

conjuntivo *adj* **1** GRAM conjunctive **2** ANAT connective

conjunto I *adj* joint **II** *m* **1** *de personas, objetos* collection; *en ~* as a whole **2** *de prendas* outfit **3** MAT set

conjura *f*, **conjuración** *f* plot, conspiracy

conjurado *m*, **-a** *f* plotter, conspirator

conjurar ⟨1a⟩ **I** *v/i* plot, conspire **II** *v/t* **1** *espíritu* exorcise **2** *peligro* ward off; **conjurarse** *v/r* plot, conspire

conjuro *m* spell

conllevar ⟨1a⟩ *v/t* entail

conmemoración *f* commemoration; *en ~ de algo* to commemorate sth, in commemoration of sth

conmemorar ⟨1a⟩ *v/t* commemorate

conmemorativo *adj* commemorative

conmigo *pron* with me

conminar ⟨1a⟩ *v/t*: *~ a alguien a hacer algo* order s.o. to do sth

conminatorio *adj* threatening

conmiseración *f* commiseration

conmoción *f* **1** shock **2** *(agitación)* upheaval

◇ **conmoción cerebral** concussion

conmocionar ⟨1a⟩ *v/t* shock

conmovedor *adj* moving

conmover ⟨2h⟩ *v/t* move; **conmoverse** *v/r* be moved

conmutación *f* **1** JUR commutation **2** EL, INFOR switching

conmutador *m* **1** EL switch **2** *L.Am.* TELEC switchboard

conmutar ⟨1a⟩ *v/t* **1** exchange **2** JUR commute **3** EL switch

connatural *adj* innate; *ser ~ a alguien* be inherent in s.o.

connivencia *f* JUR connivance, collusion; *en ~ con* in collusion with

connotación *f* connotation

connotar ⟨1a⟩ *v/t* connote, have connotations of

cono *m tb* GASTR cone

conocedor I *adj*: *ser ~ de* know about **II** *m*, *~a f* expert *(de* on)

conocer ⟨2d⟩ **I** *v/t* **1** know; *dar a ~* make known; *darse a ~* reveal one's identity; *de artista* become famous **2** *por primera vez* meet **3** *tristeza, amor etc* experience, know **4** *(reconocer)* recognize **II** *v/i*: *~ de* know about

conocerse *v/r* **1** know each other **2** *por primera vez* meet each other **3** *a sí mismo* know o.s. **4**: *se conoce que* it seems that

conocido I *adj* well-known **II** *m*, **-a** *f* acquaintance

conocimiento *m* **1** knowledge; *con ~ de causa hacer algo* fully aware of the consequences; *poner alguien en ~ de algo* inform s.o. of sth; *para su ~* for your information; *~s pl (nociones)* knowledge *sg* **2** MED consciousness; *perder el ~* lose consciousness; *sin ~* unconscious; *recobrar el ~* regain consciousness

◇ **conocimientos generales** general knowledge *sg*

conque *conj* so

conquista *f* conquest

conquistador I *adj* conquering **II** *m*, *~a f* conqueror **III** *m* HIST conquistador

conquistar ⟨1a⟩ *v/t* conquer; *persona* win over

consabido *adj* usual

consagración *f* REL consecration

consagrado *adj* REL consecrated; *fig* acclaimed

consagrar ⟨1a⟩ *v/t* **1** REL consecrate **2** *(hacer famoso)* make famous **3** *vida* devote; **consagrarse** *v/r* **1** devote o.s. *(a* to) **2** *como escritor etc* establish o.s.

consanguíneo *adj*: *pariente ~* blood relation

consanguinidad *f* blood relationship

consciencia *f* ☞ **conciencia**

consciente *adj* **1** MED conscious **2**: *~ de*

aware of, conscious of; **ser ~ de algo** be aware o conscious of sth

conscripción *f* MIL draft, *Br* conscription

conscripto *m* draftee, *Br* conscript

consecución *f* achievement, attainment

consecuencia *f* consequence; **a ~ de** as a result of; **en ~** consequently; **pagar las ~s** take o pay the consequences

consecuente *adj* consistent

consecuentemente *adv* consequently

consecutivo *adj* **1** consecutive; **tres años ~s** three years in a row **2** GRAM consecutive

conseguido *adj* successful

conseguir ⟨3l & 3d⟩ *v/t* **1** get; *objetivo* achieve **2**: **~ hacer algo** manage to do sth

consejería *f Esp* ministry, department; *de ayuntamiento* department

consejero *m*, -a *f* **1** adviser **2** COM, *de ayuntamiento* director **3** *Esp* minister

◇ **consejero matrimonial** marriage guidance counselor, *Br* marriage guidance counsellor

consejo *m* **1** piece of advice; **~s** *pl* advice *sg* **2**: **el Consejo de Seguridad de la ONU** the UN Security Council

◇ **consejo de administración** board of directors; **consejo de guerra** court-martial; **consejo de ministros** *grupo* cabinet; *reunión* cabinet meeting

consenso *m* consensus; **llegar a un ~** reach a consensus

consensuar ⟨1d⟩ *v/t* reach a consensus on

consentido *adj* spoiled, spoilt

consentimiento *m* consent

consentir ⟨3i⟩ **I** *v/t* **1** allow **2** *a niño* indulge **II** *v/i*: **~ en algo** agree to sth

conserje *m/f* superintendent, super F, *Br* caretaker

conserjería *f* superintendent's o super's F office, *Br* caretaker's office

conserva *f*: **en ~** canned, *Br* tinned; **~s** *pl* canned o *Br* tinned food *sg*

conservación *f* **1** *de alimentos* preservation **2** *de edificios, especies* conservation

conservacionista *m/f* conservationist

conservado *adj*: **bien ~** *persona* well preserved

conservador I *adj* conservative **II** *m*, ~a

f **1** *de museo* curator **2** POL conservative

conservadurismo *m* conservatism

conservante *m* preservative

conservar ⟨1a⟩ *v/t* **1** conserve **2** *alimento* preserve; **conservarse** *v/r* **1** *de costumbres, edificio etc* survive, remain **2** *de fruta* keep

conservatorio *m* conservatory

conservero I *adj* canning *atr*; **industria -a** canning industry **II** *m*, -a *f* canner

considerable *adj* considerable

consideración *f* **1** consideration; **en ~ a** out of consideration for; **tener** o **tomar en ~** take into consideration; **falta de ~** lack of consideration **2**: **de ~** *herida* serious

considerado *adj* considerate

considerar ⟨1a⟩ *v/t* consider; **considerarse** *v/r* consider o.s.

consigna *f* **1** order **2** *de equipaje* baggage checkroom, *Br* left luggage

◇ **consigna automática** baggage lockers *pl*, *Br* left-luggage lockers *pl*

consignación *f* COM consignment

consignar ⟨1a⟩ *v/t* consign

consignatario *m*, -a *f* consignee

consigo *pron* (*con el, con ella*) with him / her; (*con ellos, con ellas*) with them; (*con usted, con ustedes*) with you; (*con uno*) with you, with one *fml*

consiguiente *adj* consequent; **por ~** and so, therefore

consistencia *f* consistency

consistente *adj* **1** consistent **2** (*sólido*) solid

consistir ⟨3a⟩ *v/i* consist (**en** of)

consistorial *adj* council; **casa ~** town hall

consocio *m*, -a *f* fellow member

consola *f* INFOR console

◇ **consola de mezclas** mixing panel o console

consolación *f* consolation

consolador I *adj* consoling **II** *m* dildo

consolar ⟨1m⟩ *v/t* console; **consolarse** *v/r* take comfort

consolidación *f* consolidation

consolidar ⟨1a⟩ *v/t* consolidate; **consolidarse** *v/r* strengthen

consomé *m* GASTR consommé

consonancia *f*: **en ~ con** in keeping with

consonante I *adj*: **~ con** in keeping with

ll *f* consonant
consorcio *m* consortium
consorte *m/f* spouse
conspicuo *adj* eminent
conspiración *f* conspiracy
conspirador *m*, **~a** *f* conspirator
conspirar ⟨1a⟩ *v/i* conspire
constancia *f* **1** constancy **2**: *dejar ~ de* leave a record of; *tengo ~ de que* I have evidence *o* proof that
constante I *adj* constant **ll** *f* MAT constant
◇ **constantes vitales** MED vital signs
constantemente *adv* constantly
constar ⟨1a⟩ *v/i* **1** be recorded; *hacer ~* put on record; *para que conste* for the record **2**: *~ de* consist of **3**: *me consta que* I know for a fact that
constatación *f* verification
constatar ⟨1a⟩ *v/t* verify
constelación *f* AST constellation
consternación *f* consternation, dismay
consternado *adj* dismayed
consternar ⟨1a⟩ *v/t* dismay
constipado I *adj*: *estar ~* have a cold **ll** *m* cold
constiparse ⟨1a⟩ *v/r* get a cold
constitución *f* constitution
constitucional *adj* constitutional
constituir ⟨3g⟩ *v/t* **1** constitute, make up **2** *empresa, organismo* set up; **constituirse** *v/r* **1** *(reunirse)* meet **2**: *~ en algo (convertirse)* become sth
constitutivo *adj* constituent
constituyente *adj* POL constituent
constreñir ⟨3h & 3l⟩ *v/t* **1** constrain, oblige **2** *(limitar)* restrict; **constreñirse** *v/r* restrict o.s.
constricción *f* constriction
construcción *f* **1** *actividad, sector* construction; *~ naval* shipbuilding **2** *(edificio)* building
◇ **construcción de la frase** sentence construction
constructivo *adj* constructive
constructor *m*, **~a** *f* builder
construir ⟨3g⟩ *v/t* build, construct
consuegra *f* mother of one's son- / daughter-in-law
consuegro *m* father of one's son- / daughter-in-law
consuelo *m* consolation
consuetudinario *adj* **1** habitual, customary **2**: *derecho ~* common law

cónsul *m/f* consul
◇ **cónsul general** consul general
◇ **cónsul honorario** honorary consul
consulado *m* consulate
consular *adj* consular
consulta *f* **1** consultation **2** MED *local* office, *Br* surgery; *pasar ~* have office hours, *Br* have a surgery
consultar ⟨1a⟩ *v/t* consult; *~ algo en el diccionario* look sth up in the dictionary
consultivo *adj* consultative
consultor I *adj*: *empresa -a* consulting firm, consultancy **ll** *m*, **~a** *f* consultant
consultoría *f* consultancy
consultorio *m* MED office, *Br* surgery
consumación *f* **1** JUR commission **2** *de matrimonio* consummation
consumado *adj* consummate
consumar ⟨1a⟩ *v/t* **1** complete, finish **2** *crimen* carry out **3** *matrimonio* consummate
consumición *f* **1** consumption **2**: *pago yo la ~ en bar* I'll pay, I'll get the drinks
consumido *adj* drawn, haggard
consumidor *m*, **~a** *f* COM consumer
consumir ⟨3a⟩ *v/t & v/i* consume; *~ preferentemente antes de ...* COM best before ...; **consumirse** *v/r* **1** *por enfermedad* waste away **2** *por envidia* be consumed
consumismo *m* consumerism
consumista *adj* consumer *atr*
consumo *m* consumption; *de bajo ~* economical; *artículo de gran ~* high--volume item
consunción *f* MED consumption
consustancial *adj* REL consubstantial
contabilidad *f* accountancy; *llevar la ~* do the accounts
◇ **contabilidad por partida doble** double-entry bookkeeping
◇ **contabilidad por partida simple** single-entry bookkeeping
contabilizar ⟨1f⟩ *v/t* enter
contable I *adj* countable **ll** *m/f* accountant
contactar ⟨1a⟩ *v/i*: *~ con alguien* contact s.o.
contacto *m* **1** *tb* EL contact **2** AUTO ignition **3**: *ponerse en ~* get in touch *(con* with)
contado I *m*: *al ~* in cash **ll** *adj*: *~s* few; *-as veces* seldom

contador I *m* meter II *m*, **~a** *f L.Am.* accountant
◇ **contador público** *L.Am.* certified public accountant, *Br* chartered accountant
contaduría *f L.Am.* accountancy
contagiar ⟨1b⟩ *v/t:* **~ la gripe a alguien** give s.o. the flu; **nos contagió su entusiasmo** he infected us with his enthusiasm; **contagiarse** *v/r* become infected
contagio *m* contagion
contagioso *adj* contagious
contaminación *f de agua etc* contamination; *de río, medio ambiente* pollution; **residuos de baja ~** low-level waste
◇ **contaminación acústica** noise pollution; **contaminación ambiental** environmental pollution; **contaminación atmosférica** air pollution; **contaminación radiactiva** radioactive contamination
contaminante I *adj* polluting; **no ~** non-polluting, non-contaminating II *m* pollutant
contaminar ⟨1a⟩ *v/t agua etc* contaminate; *río, medio ambiente* pollute; *fig* corrupt; **contaminarse** *v/r* become contaminated
contante *adj:* **pagar en dinero ~ y sonante** pay hard cash
contar ⟨1m⟩ I *v/t* **1** count **2** *(narrar)* tell; **¡a quién se lo vas a ~!**, **¡me lo vas a ~ a mí!** you're telling me!; **¿qué (me) cuentas?** what's new? II *v/i* **1** count **2**: **~ con** count on
contemplación *f:* **sin contemplaciones** without ceremony
contemplar ⟨1a⟩ *v/t* **1** *(mirar)* look at, contemplate **2** *posibilidad* consider
contemplativo *adj* contemplative
contemporáneo I *adj* contemporary II *m*, **-a** *f* contemporary
contemporizador *adj* accommodating
contemporizar ⟨1f⟩ *v/i:* **~ con alguien** come to an arrangement with s.o., compromise with s.o.
contención *f* containment
contencioso *adj* JUR contentious; **asunto ~** JUR subject of litigation
contender ⟨2g⟩ *v/i* **1** fight, struggle **2** DEP compete
contendiente *m/f* contender

contenedor *m* TRANSP container
◇ **contenedor de basura** dumpster, *Br* skip
◇ **contenedor de vidrio** bottle bank
contener ⟨2l⟩ *v/t* **1** contain **2** *respiración* hold; *muchedumbre* hold back; **contenerse** *v/r* control o.s.
contenido *m* content
contentadizo *adj* easy to please
contentamiento *m* contentment
contentar ⟨1a⟩ *v/t* please; **contentarse** *v/r* be satisfied (**con** with)
contento I *adj* **1** *(satisfecho)* pleased **2** *(feliz)* happy; **y tan ~s** F and that is / was no problem F II *m* joy
conteo *m* count
contertulio *m*, **-a** *f* fellow member of a *tertulia*
contestable *adj* debatable
contestación *f* answer; **en ~ a su carta** in reply to your letter
contestador *m:* **~ automático** TELEC answer machine
contestar ⟨1a⟩ I *v/t* answer, reply to II *v/i* **1** reply (**a** to), answer (**a** sth) **2** *de forma insolente* answer back
contestatario I *adj* anti-establishment II *m*, **-a** *f* rebel
contestón *adj* F argumentative, lippy F
contexto *m* context; **fuera de ~** out of context; **sacar de ~** take out of context
contextura *f de persona* build
contienda *f* **1** conflict **2** DEP contest
contigo *pron* with you
contigüidad *f* proximity
contiguo *adj* adjoining, adjacent
continencia *f* continence
continental *adj* continental
continente[1] *m* continent
continente[2] *adj* continent
contingencia *f* contingency
contingente I *adj* contingent II *m* **1** contingent **2** COM quota
continuación *f* continuation; **a ~** *(ahora)* now; *(después)* then
continuar ⟨1e⟩ I *v/t* continue II *v/i* continue; **continuará** to be continued; **~ haciendo algo** continue *o* carry on doing sth; **continuó nevando** it kept on snowing
continuidad *f* continuity; **sin solución de ~** uninterrupted
continuo *adj* **1** *(sin parar)* continuous; **de ~** constantly **2** *(frecuente)* continual

contonearse ⟨1a⟩ *v/r* wiggle one's hips

contoneo *m* swinging of the hips

contorno *m* **1** outline **2** GEOG contour **3**: ~s *pl* (*cercanías*) surrounding area *sg*

contorsión *f* contortion

contorsionarse ⟨1a⟩ *v/r* contort o.s.

contorsionista *m/f* contortionist

contra I *prp* against; *en ~ de* against; *en ~* against **II** *f fig*: *llevar o hacer la ~ a alguien* contradict s.o.

contraatacar ⟨1g⟩ *v/i* counterattack

contraataque *m* counterattack; *en baloncesto tb* fast break

contrabajista *m/f* MÚS double bass player

contrabajo *m* double bass

contrabandista *m/f* smuggler

contrabando *m* contraband, smuggled goods *pl*; *acción* smuggling; *hacer ~* smuggle; *pasar algo de ~* smuggle sth in

contracarro(s) *adj* MIL anti-tank *atr*

contracción *f tb* GRAM contraction

contracepción *f* contraception

contraceptivo *m/adj* contraceptive

contrachapado I *adj*: *madera -a* plywood **II** *m* plywood

contracorriente *f* crosscurrent; *ir a ~ fig* swim against the tide

contráctil *adj* contractile

contractual *adj* contractual

contractura *f* MED contraction, spasm

contracultura *f* counterculture

contradecir ⟨3p⟩ *v/t* contradict

contradicción *f* contradiction; *estar en ~ con algo* contradict sth, be a contradiction of sth

contradictorio *adj* contradictory

contraer ⟨2p; *part contraído*⟩ *v/t* **1** contract **2** *músculo* tighten **3**: *~ matrimonio* marry; *contraerse* *v/r* contract

contraespionaje *m* counterespionage

contrafuerte *m* ARQUI buttress

contrahacer ⟨2s; *part contrahecho*⟩ *v/t* copy

contrahecho I *part* ☞ *contrahacer* **II** *adj* deformed

contraindicación *f* MED contraindication

contraindicado *adj* MED contraindicated

contralto MÚS **I** *m* countertenor **II** *f* contralto

contraluz *f*: *a ~* against the light

contramaestre *m* MAR boatswain

contramanifestación *f* counterdemonstration

contramano *adv*: *a ~* the wrong way, in the wrong direction

contramedida *f* countermeasure

contraofensiva *f* MIL counter-attack, counter-offensive

contraoferta *f* counteroffer

contraorden *f* countermand

contrapartida *f* COM balancing entry; *como ~ fig* in contrast

contrapelo: *a ~ fig* the wrong way

contrapesar ⟨1a⟩ *v/t* counterbalance

contrapeso *m* counterweight

contrapie *adv*: *a ~ fig* off guard

contraponer ⟨2r; *part contrapuesto*⟩ *v/t* compare (*a* to); *contraponerse* *v/r* contrast (*a* with)

contraportada *f de libro* half-title

contraposición *f*: *en ~ a* in comparison to

contraprestación *f* consideration

contraproducente *adj* counterproductive

contraprogramación *f* TV competitive programming

contraproposición *f* counterproposal

contrapuerta *f portón* storm door

contrapuesto *part* ☞ *contraponer*

contrapunto *m* MÚS *fig* counterpoint

contrariado *adj* upset

contrariamente *adv*: *~ a* contrary to

contrariar ⟨1c⟩ *v/t* **1** (*obstaculizar*) oppose **2** (*enfadar*) annoy

contrariedad *f* **1** setback **2** (*disgusto*) annoyance

contrario I *adj* **1** contrary; *sentido* opposite; *al ~*, *por el ~* on the contrary; *todo lo ~* just the opposite; *de lo ~* otherwise; *ser ~ a algo* be opposed to sth; *llevar la -a a alguien* contradict s.o. **2** *equipo* opposing **II** *m*, *-a f* adversary, opponent

contrarreloj *f* DEP time trial

contrarrestar ⟨1a⟩ *v/t* counteract

contrarrevolución *f* counterrevolution

contrasentido *m* contradiction

contraseña *f tb* INFOR password

contrastar ⟨1a⟩ *v/t & v/i* contrast (*con* with)

contraste *m* **1** contrast; *en ~ con* in contrast to **2**: (*sustancia / medio de*) ~ MED contrast substance / medium

contrata *f* contract

contratación *f* **1** *de trabajadores* hiring, recruitment **2**: **~** *bursátil* trading

contratar ⟨1a⟩ *v/t trabajadores* hire, take on; *servicios* contract

contratenor *m* MÚS countertenor

contratiempo *m* setback, hitch

contratista *m/f* contractor; **~** *de obras* main contractor

contrato *m* contract

◇ **contrato de alquiler** rental contract; **contrato indefinido** permanent contract; **contrato laboral** (work) contract; **contrato de obra** contract of employment, job contract; **contrato temporal** temporary contract

contravalor *m* exchange value

contravención *f* contravention

contraveneno *m* antidote

contravenir ⟨3s⟩ **I** *v/t* contravene **II** *v/i*: **~** *a* contravene

contraventana *f* shutter

contrayentes *mpl*: *los* **~** the bride and groom

contribución *f* **1** contribution **2** (*impuesto*) tax

◇ **contribuciones sociales** social security contributions

contribuir ⟨3g⟩ *v/t* contribute (*a* to)

contribuyente *m/f* taxpayer

contrición *f* contrition

contrincante *m/f* opponent

contrito *adj* contrite

control *m* **1** control; *perder el* **~** lose control; *tenerlo todo bajo* **~** have everything under control **2** (*inspección*) check

◇ **control de calidad** quality control; **control de divisas** exchange controls *pl*; **control fronterizo** border checkpoint; **control de pasaportes** passport control; **control remoto** remote control; **control de tráfico aéreo** air traffic control

controlable *adj* controllable

controlador *m*, **~a** *f*: **~** *aéreo* air traffic controller

controlar ⟨1a⟩ *v/t* **1** control **2** (*vigilar*) check; **controlarse** *v/r* control o.s.

controversia *f* controversy

controvertible *adj* debatable

controvertido *adj* controversial

controvertir ⟨3i⟩ *v/i* & *v/t* debate

contumacia *f* obstinacy

contumaz *adj* obstinate

contundencia *f* forcefulness; *con* **~** forcefully

contundente *adj arma* blunt; *fig*: *derrota* overwhelming

conturbación *f* dismay

conturbar ⟨1a⟩ *v/t* upset, perturb; **conturbarse** *v/r* get upset, become perturbed

contusión *f* MED bruise

contusionar ⟨1a⟩ *v/t* bruise

contuso *adj* bruised; *herida* **-a** bruise

convalecencia *f* convalescence

convalecer ⟨2d⟩ *v/i* convalesce; **~** *de* recover from

convaleciente *m/f* convalescent

convalidación *f* validation

convalidar ⟨1a⟩ *v/t* validate

convecino *m*, **-a** *f* neighbor, *Br* neighbour

convencer ⟨2b⟩ *v/t* convince; **convencerse** *v/r* become convinced

convencimiento *m* conviction

convención *f* convention

convencional *adj* conventional

conveniencia *f* **1** *de hacer algo* advisability **2**: *hacer algo por* **~** to do sth in one's own interest; *matrimonio de* **~** marriage of convenience

conveniente *adj* **1** convenient **2** (*útil*) useful **3** (*aconsejable*) advisable

convenio *m* agreement

◇ **convenio colectivo** collective agreement

convenir ⟨3s⟩ **I** *v/t* agree; *a* **~** to be agreed **II** *v/i* **1** be advisable **2**: *no te conviene* it's not in your interest; **~** *a alguien hacer algo* be in s.o.'s interests to do sth **3**: **~** *en* agree on

conventillo *m* CSur tenement

convento *m de monjes* monastery; *de monjas* convent

convergencia *f* convergence

convergente *adj* convergent

converger ⟨2c⟩ *v/i*, **convergir** ⟨3c⟩ *v/i* converge (*en* on)

conversa *f* L.Am. chat

conversación *f* conversation; **~** *telefónica* telephone conversation

conversador I *adj* good at making conversation **II** *m*, **~a** *f* conversationalist

conversar ⟨1a⟩ *v/i* make conversation

conversión *f* conversion

converso *m*, **-a** *f* REL convert

conversor *m* ☞ **convertidor**

convertibilidad *f* convertibility
convertible I *adj* COM convertible **II** *m*
L.Am. convertible
convertidor *m* TÉC converter
convertir ⟨3i⟩ *v/t* convert; **convertirse**
v/r **1**: **~ en algo** turn into sth **2** REL
be converted
convexidad *f* convexity
convexo *adj* convex
convicción *f* conviction
convicto *adj* JUR convicted
convidado *m*, **-a** *f* guest
convidar ⟨1a⟩ *v/t* invite (**a** to)
convincente *adj* convincing
convite *m* banquet
convivencia *f* living together
convivir ⟨3a⟩ *v/i* live together
convocar ⟨1g⟩ *v/t* **a** *personas* summon;
oposiciones organize; *huelga* call; **~**
elecciones call elections
convocatoria *f* *de oposiciones* announcement; *de huelga* call; **~ electoral**
calling of elections
convoy *m* convoy
convulsión *f* convulsion; *fig* upheaval
convulsionar ⟨1a⟩ *v/t* throw into confusion
convulsivo *adj* convulsive
convulso *adj* convulsed
conyugal *adj* conjugal
cónyuge *m/f* spouse; **~s** *pl* married couple *sg*
coña *f*: **1**: **decir algo de ~** F say sth as a
joke; **¡ni de ~ !** F no way! F **2**: **darle la ~**
a alguien F bug s.o. F
coñac *m* (*pl* **~s**) brandy, cognac
coñazo *m* V pain in the butt P, drag F;
dar el ~ V be a pain in the butt P
coño *m* V cunt V; **¡~!** V shit! V, fuck! V;
¡qué ~ ...! V fuck! V; **en el quinto ~** V
out in the frigging boonies P
cooperación *f* cooperation
cooperador *adj* cooperative, helpful
cooperar ⟨1a⟩ *v/i* cooperate
cooperativa *f* cooperative
cooperativista *m/f* member of a cooperative
cooperativo *adj* cooperative
coordenada *f* MAT coordinate
coordinación *f* coordination
coordinador I *adj* coordinating **II** *m*, **~a**
f coordinator, organizer
coordinar ⟨1a⟩ *v/t* coordinate
copa *f* **1** *de vino etc* glass; **tomar una ~**

have a drink; **ir de ~s** go out for a drink;
beber unas ~s de más F have one too
many F; **levantar la ~** raise one's glass **2**
DEP cup **3**: **~s** *pl* (*en naipes*) suit in
Spanish deck of cards
◇ **copa balón** balloon glass, brandy
glass; **copa de helado** bowl of ice
cream; **Copa del Mundo** World Cup;
copa de la UEFA UEFA cup
copar ⟨1a⟩ *v/t* **1** MIL take **2**: **~ el merca-**
do corner the market
coparticipación *f* participation
copartícipe *m/f* collaborator
copear ⟨1a⟩ *v/i* F go out drinking
Copenhague *m* Copenhagen
copeo *m* F: **ir de ~** go out drinking
copete *m* **1** *de ave* tuft; **de alto ~** F *dama*
aristocratic; *fiesta, restaurante* grand,
ritzy F **2** *de persona* quiff
copia *f* copy
◇ **copia pirata** pirate copy
◇ **copia de seguridad** INFOR back-up
(copy)
copiadora *f* (photo)copier
copiar ⟨1b⟩ *v/t* copy
copiloto *m/f* copilot
copioso *adj* copious
copla *f* **1** verse **2** (*canción*) popular song
copo *m* flake
◇ **copos de avena** rolled oats; **copos**
de maíz cornflakes; **copos de nieve**
snowflakes
copra *f* copra
coproducción *f* co-production
coproductor *m*, **~a** *f* co-producer
copropiedad *f* co-ownership, joint
ownership
copropietario *m*, **-a** *f* co-owner, joint
owner
cópula *f* **1** BIO copulation **2** GRAM co-
pula
copulación *f* copulation
copular ⟨1a⟩ *v/i* copulate
copulativo *adj* GRAM copulative
coque *m* coke
coquetear ⟨1a⟩ *v/i* flirt
coqueteo *m* flirting
coquetería *f* flirtatiousness
coqueto *adj* **1** flirtatious **2** *lugar* pretty **3**
(*presumido*): **ser muy ~** be very con-
cerned about one's appearance
coraje *m* courage; **me da ~** *fig* F it makes
me mad F
corajudo *adj* *L.Am.* brave

coral[1] *m* ZO coral

coral[2] MÚS I *adj* choral II *f* choir

Corán *m* Koran

coraza *f* 1 cuirasse; *fig* shield 2 ZO shell

corazón *m* 1 heart; *a ~ abierto* MED *operación* open-heart *atr*; *ser todo ~* be all heart; *te digo, con el ~ en la mano, que ...* I can say, hand on heart, that ...; *de todo ~* with all one's heart; *de buen ~* good-hearted; *tener un ~ de oro* have a heart of gold; *con el ~ encogido* upset; *se me encoge el ~* I get upset; *se me parte o rompe el ~* my heart breaks; *no tener ~* be heartless; *¡(mi) ~!, ¡~ (mío)!* (my) darling!, sweetheart!

2 *de fruta* core

corazonada *f* hunch

corbata *f* tie

◇ **corbata de moño** *Méx* bow tie

corbatero *m* tie rack

corbatín *m* bow tie

corbeta *f* MAR corvette

Córcega *f* Corsica

corcel *m lit* steed

corchea *f* MÚS eighth note, *Br* quaver

corchero *adj* cork *atr*

corcheta *f* eye (*of hook and eye*)

corchete *m* 1 hook and eye 2: *~s pl* TIP brackets, *Br* square brackets 3 *Chi* (*grapa*) staple

corchetera *f Chi* stapler

corcho *m* cork

¡córcholis! *int* F wow! F

corcova *f* hump(back), hunchback

corcovado *adj* humpbacked, hunchbacked

cordada *f* roped team

cordaje *m* MAR rigging

cordel *m* string

cordero *m*, -a *f* lamb; (*carne de*) *~* lamb; (*piel de*) *~* sheepskin

◇ **Cordero de Dios** Lamb of God

cordial I *adj* cordial II *m* cordial, tonic

cordialidad *f* cordiality

cordialmente *adv* cordially

cordillera *f* mountain range; *la Cordillera de los Andes* the Andes

córdoba *m* FIN cordoba

cordobés I *adj* Cordovan II *m*, -esa *f* Cordovan

cordón *m* 1 cord; *de zapato* shoelace 2 *Cu, Rpl*: *de la acera* curb, *Br* kerb

◇ **cordón policial** police cordon; **cordón sanitario** cordon sanitaire; **cordón umbilical** ANAT umbilical cord

cordura *f* 1 sanity 2 (*prudencia*) good sense

Corea *f* Korea

◇ **Corea del Norte** North Korea

◇ **Corea del Sur** South Korea

coreano I *adj* Korean II *m*, -a *f* Korean III *m idioma* Korean

corear ⟨1a⟩ *v/t palabras* chorus; *canto* sing together; *consigna* chant

coreografía *f* choreography

coreografiar ⟨1c⟩ *v/t* choreograph

coreográfico *adj* choreographic

coreógrafo *m*, -a *f* choreographer

coriandro *m* BOT coriander

corindón *m* MIN corundum

corintio I *adj* Corinthian II *m*, -a *f* Corinthian

corista I *m/f* chorister II *f* TEA chorus girl

cormorán *m* ZO cormorant

cornada *f* TAUR goring

cornamenta *f de toro* horns *pl*; *de ciervo* antlers *pl*

cornamusa *f* MÚS 1 (*gaita*) bagpipes *pl* 2 (*trompeta*) horn

córnea *f* cornea

cornear ⟨1a⟩ *v/t* gore

corneja *f* ZO crow

◇ **corneja negra** carrion crow, hooded crow

córneo *adj* horny, hornlike

córner *m en fútbol* corner (kick)

corneta I *f* MIL bugle II *m/f* bugler

cornetín I *m* cornet II *m/f* cornet player

cornezuelo *m* BOT ergot

cornisa *f* ARQUI cornice

corno *m* MÚS horn

◇ **corno inglés** English horn, *Br* cor anglais

cornucopia *f* cornucopia, horn of plenty

cornudo I *adj* horned II *m* cuckold

coro *m* MÚS choir; *de espectáculo, pieza musical* chorus; *a ~* together, in chorus; *hacer ~ con alguien* back s.o. up

corola *f* BOT corolla

corolario *m* corollary

corona *f* crown

◇ **corona de flores** garland

◇ **corona fúnebre** wreath

coronación *f* coronation

coronar ⟨1a⟩ *v/t* crown; *coronado por*

el éxito crowned with success
coronario *adj* MED coronary
coronel *m* MIL colonel
coronilla *f* ANAT crown; *estoy hasta la ~ F* I've had it up to here F
corotos *mpl L.Am.* bits and pieces
corpachón *m* hefty frame
corpiño *m* **1** bodice **2** *Arg* (*sujetador*) bra
corporación *f* corporation
corporal *adj placer, estética* physical; *fluido* body *atr*
corporativo *adj* corporate
corpóreo *adj* corporeal
corpulencia *f* burliness
corpulento *adj* solidly built, burly
Corpus (Christi) *m* Corpus Christi
corpus *m inv* corpus
corpúsculo *m* corpuscle
corral *m* **1** farmyard **2** *cercado* corral
correa *f de perro* leash, *Br* lead; *de reloj* strap; (*cinturón*) belt; *tener mucha ~ fig* be long-suffering
◇ **correa de transmisión** TÉC drive belt
◇ **correa del ventilador** AUTO fan belt
corrección *f* **1** *de error, test etc* correction **2** *en el trato* correctness
correccional I *adj* corrective **II** *m* reformatory
corre-corre *m en béisbol* rundown
correctivo I *adj* corrective **II** *m* punishment
correcto *adj* **1** correct; *políticamente ~* politically correct **2** (*educado*) polite
corrector I *adj* correcting *atr* **II** *m*, *~a f* TIP: *~* (*de pruebas*) proofreader
corredera *f* TÉC slide; *puerta ~* sliding door
corredizo *adj* sliding
corredor I *adj* ZO flightless **II** *m*, *~a f* **1** DEP runner **2** COM agent **III** *m* ARQUI corridor
◇ **corredor aéreo** air corridor; **corredor de apuestas** bookmaker, bookie F; **corredor de bolsa** stockbroker; **corredor de fincas** real estate broker, *Br* estate agent; **corredor de fondo** long-distance runner; **corredor de medio fondo** middle-distance runner
correduría *f* brokerage
corregible *adj* correctable
corregidor *m* HIST chief magistrate
corregir ⟨3c & 3l⟩ *v/t* correct; **corre-**

girse *v/r* correct o.s.
correlación *f* correlation
correlativo *adj* correlative
correligionario *m*, *-a f*: *sus ~s republicanos* his fellow republicans
corremundos *m/f inv* F globetrotter F
correntada *f L.Am.* current
correntoso *adj L.Am.* fast-flowing
correo *m* **1** mail, *Br tb* post; *por ~* by mail; *por ~ aparte o separado* under separate cover; *echar al ~* mail, *Br tb* post **2**: *~s pl* post office *sg*
◇ **correo aéreo** airmail; **correo electrónico** e-mail; *enviar algo por ~* e-mail sth, send sth by e-mail; **correo de voz** INFOR voicemail
correoso *adj* leathery, tough
correr ⟨2a⟩ **I** *v/i* **1** run; *a todo ~* at top speed **2** (*apresurarse*) rush **3** *de tiempo* pass **4** *de agua* run, flow **5** *fig*: *~ con los gastos* pay the expenses; *~ con algo* meet the cost of sth; *~ a cargo de alguien* be s.o.'s responsibility, be down to s.o. F
II *v/t* **1** run **2** *cortinas* draw; *mueble* slide, move **3**: *~ la misma suerte* suffer the same fate
correrse *v/r* **1** move; *de tinta* run **2** P *orgasmo* come F
correría *f* **1** MIL raid **2**: *~s pl* adventures
correspondencia *f* **1** correspondence **2** TRANSP connection (*con* with)
corresponder ⟨2a⟩ *v/i* **1**: *~ a alguien de bienes* be for s.o., be due to s.o.; *de responsabilidad* be up to s.o.; *de asunto* concern s.o.; *a un favor* repay s.o. (*con* with) **2**: *actuar como corresponde* do the right thing; **corresponderse** *v/r*: *~ con algo* match sth, tally with sth
correspondiente *adj* corresponding
corresponsable *adj* jointly responsible
corresponsal *m/f* correspondent
◇ **corresponsal de guerra** war correspondent
corresponsalía *f* post of correspondent
corretaje *m* brokerage
corretear ⟨1a⟩ *v/i* run around
correveidile *m/f* F snitch F, *Br* telltale
corrida *f* run; *decir algo de ~ fig* rattle sth off
◇ **corrida de toros** bullfight
corrido *adj*: *decir algo de ~ fig* say sth parrot-fashion
corriente I *adj* **1** (*actual*) current **2** (*co-*

mún) ordinary; **~ y moliente** F run-of-
-the-mill **3: estar al ~** be up to date; **poner alguien al ~ de algo** bring s.o. up to
date on sth **II** *f* EL, *de agua* current; **~ de
aire** draft, *Br* draught; **ir o nadar contra la ~** *fig* swim against the tide; **llevar
o seguir a alguien la ~** play along with
s.o.; **dejarse llevar por la ~** *fig* go with
the flow

◇ **corriente alterna** alternating current; **corriente continua** direct current; **Corriente del Golfo** Gulf Stream

corrientemente *adv* normally, commonly

corrillo *m* small group

corrimiento *m*: **~ de tierras** landslide

corro *m* ring; **hacer ~** gather round; **hacer ~ aparte** form a separate group

corroboración *f* corroboration

corroborar ⟨1a⟩ *v/t* corroborate

corroer ⟨2a⟩ *v/t* corrode; *fig* eat up; **corroerse** *v/r* corrode

corromper ⟨2a⟩ *v/t* corrupt; **corrom-
perse** *v/r* become corrupted

corrompido *adj* ☞ **corrupto**

corrosión *f* corrosion

corrosivo *adj* corrosive; *fig* caustic

corrupción *f* decay; *fig* corruption

◇ **corrupción de menores** corruption
of minors

corruptela *f* corruption

corruptibilidad *f* corruptibility

corruptible *adj* corruptible

corrupto *adj* corrupt

corruptor I *adj* corruptive **II** *m*, **~a** *f* cor-
rupter

corsario *m* HIST corsair, privateer

corsé *m* corset

corsetería *f* lingerie store

cortaalambres *m inv* wire cutters *pl*

cortabordes *m inv* edger

cortacésped *m* lawnmower

cortacircuitos *m inv* circuit breaker

cortacristales *m inv* glasscutter

cortada *f L.Am.* cut

cortado I *adj* **1** cut **2** *calle* closed **3** *leche*
curdled **4** *persona* shy; **quedarse ~** be
embarrassed **II** *m* coffee with a dash
of milk

cortador *m*, **~a** *f de prendas de vestir, zapatos* cutter

cortadura *f* cut

cortafrío *m* cold chisel

cortafuego *m* firebreak; *muro* fire wall

cortante *adj* **1** *filo* sharp **2** *viento* cutting

cortapapeles *m inv* letter opener, *Br tb*
paper knife

cortapisa *f* restriction; **poner ~s a** *fig*
put obstacles in the way of, obstruct

cortaplumas *m inv* penknife

cortar ⟨1a⟩ **I** *v/t* **1** cut; *electricidad* cut off
2 *calle* close **3: ~ la respiración** *fig* take
one's breath away **II** *v/i* cut; **~ con alguien** split up with s.o.; **cortarse** *v/r*
1 cut o.s.; **~ el pelo** have one's hair
cut **2: la línea se ha cortado** TELEC
the line has gone dead **3** *fig* F get embarrassed

cortaúñas *m inv* nail clippers *pl*

cortavidrios *m inv* glasscutter

cortavientos *m inv* windbreak

corte[1] *m* **1** *con cuchillo* cut **2: me da ~**
I'm embarrassed **3: hacerle un ~ de
mangas a alguien** F give s.o. the finger
F

◇ **corte de luz** power outage, power
cut; **corte de pelo** haircut; **corte publicitario** TV commercial break; **corte
de tráfico** F road closure

corte[2] *f* **1** *real* court; **hacer la ~ a alguien** woo s.o. **2** *L.Am.* JUR (law)
court **3: las Cortes** Spanish parliament

cortedad *f* shortness; **~ de miras** short-
sightedness

cortejar ⟨1a⟩ *v/t* court

cortejo *m* entourage

◇ **cortejo fúnebre** cortège, funeral
procession

cortés *adj* courteous

cortesana *f* courtesan

cortesano I *adj* court *atr* **II** *m* courtier

cortesía *f* courtesy; **tener la ~ de hacer
algo** be kind enough to do sth; **por ~ de
...** by courtesy of ...

corteza *f de árbol* bark; *de pan* crust; *de
queso* rind

◇ **corteza cerebral** ANAT cerebral cor-
tex

◇ **corteza terrestre** earth's crust

cortijo *m* farmhouse

cortina *f* curtain

◇ **cortina de baño** shower curtain

◇ **cortina de niebla** blanket of fog

cortisona *f* cortisone

corto *adj* short; **ir de ~** be wearing a
short dress; **~ de vista** nearsighted;
de ~a edad young; **ni ~ ni perezoso**
as bold as brass; **quedarse ~** fall short;

(*calcular mal*) underestimate; **a la -a o a la larga** sooner or later

cortocircuito *m* EL short circuit

corva *f* back of the knee

corvejón *m de caballo* hock

corvina *f* meager, *Br* meagre

corvo *adj* curved

corzo *m*, **-a** *f* ZO roe deer

cosa *f* thing; **¿sabes una ~?** do you know something?; **alguna ~** something; **ser ~ fina** be really something F, be something else F; **son ~s que pasan** these things happen; **son ~s de la vida** that's life; **entre otras ~s** among other things; **como si tal ~** if nothing had happened; **decir a alguien cuatro ~s** give s.o. a piece of one's mind; **eso es otra ~** that's another matter; **¿qué pasa? – poca ~** what's new? – nothing much; **~ de** about; **hace ~ de un año** about a year ago; **le dijo que había ganado la lotería como quien no quiere la ~** he told her that he had won the lottery as though it happened to him every day; **este pintor no es gran ~** he's not much of a painter; **no hay tal ~** there's no such thing; **¡qué ~!** that's odd *o* strange!; **lo que son las ~s** well, well!, imagine that!; **~ rara** oddly enough, strangely enough; **son ~s de Juan** that's typical of Juan, that's Juan all over

coscorrón *m* bump on the head

cosecha *f* **1** harvest; *fig* tally, score **2**: **de ~ propia** one's own; **no ser de su ~** *fig* F not be one's own work

cosechadora *f* combine (harvester)

cosechar ⟨1a⟩ *v/t* harvest; *fig* gain, win

cosedor *m*, **~a** *f* machinist

coseno *m* MAT cosine

coser ⟨2a⟩ *v/t* sew; **ser ~ y cantar** F be dead easy F; **~ a tiros** riddle with bullets

cosido *m* sewing; **~ a mano** hand sewing

cosmética *f* cosmetics (industry)

cosmético *m/adj* cosmetic

cósmico *adj* cosmic

cosmología *f* cosmology

cosmonauta *m/f* cosmonaut

cosmopolita *m/f & adj* cosmopolitan

cosmopolitismo *m* cosmopolitanism

cosmos *m* cosmos

cosmovisión *f L.Am.* world view

coso *m* enclosure; TAUR bullring

cosquillas *fpl*: **hacer ~ a alguien** tickle s.o.; **tener ~** be ticklish; **buscarle las ~ a alguien** annoy s.o.

cosquillear ⟨1a⟩ *v/t* tickle

cosquilleo *m* tickle

cosquilloso *adj* ticklish; *fig* touchy

costa[1] *f*: **a ~ de** at the expense of; **a toda ~** at all costs

costa[2] *f* GEOG coast

◇ **Costa Azul** Côte d'Azur

costado *m* side; **por los cuatro ~s** *fig* throughout, through and through

costal *m* sack, bag

costar ⟨1m⟩ **I** *v/t* **1** *en dinero* cost; **¿cuánto cuesta?** how much does it cost? **2** *trabajo, esfuerzo etc* take **II** *v/i* **1** *en dinero* cost; **cueste lo que cueste** at all costs; **~ caro** *fig* cost dear **2**: **me costó** it was hard work

Costa Rica *f* Costa Rica

costarricense *m/f & adj* Costa Rican

coste *m* ☞ **costo**

costear[1] ⟨1a⟩ *v/t* pay for

costear[2] ⟨1a⟩ *v/i* MAR sail along the coast

costeño, costero *adj* coastal

costilla *f* **1** ANAT rib; **medirle a alguien las ~s** beat s.o. **2** GASTR sparerib

costillar *m* GASTR ribs *pl*; *de cordero* rack

costo *m* cost; **abaratar ~s** cut costs

◇ **costo de la vida** cost of living *sg*; **costos fijos** fixed costs; **costos procesales** JUR court costs

costoso *adj* costly; *fig* difficult

costra *f* MED scab

costumbre *f* **1** *de país* custom **2** *de una persona* habit; **mala ~** bad habit; **persona de ~s** creature of habit; **tengo la ~ de madrugar** I usually get up early; **de ~** usual; **como de ~** as usual

costumbrismo *m literary genre focusing on social customs*

costura *f* **1** sewing; **alta ~** haute couture **2**: **sin ~** seamless

costurar ⟨1a⟩ *v/t*, **costurear** ⟨1a⟩ *v/t L.Am.* sew

costurera *f* seamstress

costurero *m* sewing box

cota *f* height above sea level; **~ de nieve** snow level

cotangente *f* MAT cotangent

cotarro *m*: **manejar el ~** F be the boss F;

animar el ~ F liven things up
cotejar ⟨1a⟩ *v/t* compare
cotejo *m* comparison
cotidianidad *f* daily life
cotidiano *adj* daily; *vida* **-a** daily life
cotiledón *m* BOT cotyledon
cotilla *m/f* F gossip
cotillear ⟨1a⟩ *v/i* F gossip
cotizable *adj* FIN listed; ~ *en bolsa* quoted on the Stock Market
cotización *f* **1** (*precio*) price; ~ *bursátil* stock price; share price; (*valor*) value; *la* ~ *del actor subió después de obtener el Óscar* the actor became more sought-after after winning the Oscar **2** (*cuota*) contribution
cotizado *adj* COM quoted; *fig* sought-after
cotizante *m/f* contributor
cotizar ⟨1f⟩ **I** *v/i* **1** *de trabajador* pay social security, *Br* pay National Insurance **2** *de acciones, bonos* be listed (*a* at); ~ *en bolsa* be listed on the stock exchange **II** *v/t* **1** (*pagar*) pay **2** *acciones, bonos* quote; **cotizarse** *v/r* COM be quoted (*a* at); *fig* be valued (*a* at)
coto[1] *m*: ~ *de caza* hunting reserve; *poner* ~ *a algo fig* put a stop to sth
coto[2] *m S.Am.*, MED goiter, *Br* goitre
cotonete *m Méx* Q-Tip®, *Br* cotton bud
cotorra *f* ZO parrot; F *persona* motormouth
cotorrear ⟨1a⟩ *v/i* F chatter
cotorreo *m* F chatter
coturno *m* sandal; *de alto* ~ *fig* upscale, *Br* upmarket
covacha *f* small cave; *casa* hovel
coxal *adj*: *hueso* ~ coccyx
coxis *m* ANAT coccyx
coyote *m* ZO coyote
coyuntura *f* **1** situation **2** ANAT joint
coyuntural *adj* interim, temporary
coz *f* kick; *dar coces* kick
C.P. *abr* (= *código postal*) zip code, *Br* post code
crac *m* **1** (*crujido*) snap, crack **2** COM crash
crack *m* DEP star, ace
craneal *adj* ANAT cranial
cráneo *m* ANAT skull, cranium
craso *adj ignorancia* crass; *error, engaño* terrible
cráter *m* crater
crayón *m L.Am.* crayon

creación *f* creation
◇ **creación de empleo** job creation
creador **I** *adj* creative **II** *m*, *~a f* creator
crear ⟨1a⟩ *v/t* create; *empresa* set up
creatividad *f* creativity
creativo *adj* creative
crecer ⟨2d⟩ *v/i* grow; **crecerse** *v/r* rise to the challenge *o* occasion
creces *fpl*: *con* ~ *superar* by a comfortable margin; *pagar* with interest
crecida *f* rise in river level; (*inundación*) flooding
crecido *adj persona* big; *número* large; *pelo* long
creciente **I** *adj cantidad* growing; *luna* waxing **II** *f*: ~ (*lunar*) crescent (of the moon)
crecimiento *m* growth; ~ *demográfico* population growth
◇ **crecimiento cero** zero growth
credencial **I** *f* document **II** *adj*: *cartas* *~es* credentials
credibilidad *f* credibility
crediticio *adj* credit *atr*
crédito *m* **1** COM credit; *a* ~ on credit; ~ *bancario* (bank) credit **2**: *no dar* ~ *a sus oídos / ojos* F not believe one's ears / eyes; *dar* ~ *a algo* believe sth; *digno de* ~ reliable, trustworthy
credo *m* REL, *fig* creed
credulidad *f* credulity
crédulo *adj* credulous
creencia *f* belief
creer ⟨2e⟩ **I** *v/i* believe (*en* in); ~ *en Dios* believe in God
II *v/t* think; (*dar por cierto*) believe; *hacer* ~ *algo a alguien* make s.o. think *o* believe sth; *no creo que esté aquí* I don't think he's here; *eso no te lo crees ni tú* F you must be nuts! F; *¡quién iba a creerlo!* who would have believed it!; *¡ya lo creo!* F you bet! F
creerse *v/r*: ~ *que ...* believe that ...; *se cree muy lista* she thinks she's very clever; *¡qué te has creído!* you must be joking!
creíble *adj* credible
creído I *part* ☞ **creer II** *adj* conceited
crema I *adj*: *color* ~ cream(-colored, *Br* -coloured) **II** *f* GASTR cream
◇ **crema solar** suntan lotion
cremación *f* cremation
cremallera I *f* **1** zipper, *Br* zip **2** TÉC rack **II** *m* cog railway, *Br* rack railway

cremátistico *adj* financial
crematorio I *adj*: **horno** ~ crematory oven II *m* crematory, *Br* crematorium
cremoso *adj* creamy
crep *m* ☞ **crepé**
crepe *f* GASTR crêpe, pancake
crepé *m tela* crêpe
crepitación *f* crackling
crepitar ⟨1a⟩ *v/i* crackle
crepuscular *adj* twilight *atr*
crepúsculo *m tb fig* twilight
crespo *adj* curly
crespón *m* 1 *tela* crêpe 2 *en bandera* black armband
cresta *f* crest; **estar en la ~ de la ola** *fig* be riding high, be on the crest of a wave
Creta *f* Crete
creta *f* GEOL chalk
cretáceo GEOL I *adj* cretaceous II *m* Cretaceous (period)
cretense *m/f & adj* Cretan
cretino I *adj* 1 MED cretinous 2 F cretinous F, moronic F II *m*, **-a** *f* 1 MED cretin 2 F cretin F, moron F
cretona *f* cretonne
creyente REL I *adj*: **ser** ~ believe in God II *m/f* believer
creyó *vb* ☞ **creer**
cría *f* 1 *acción* breeding 2 *de zorro, león* cub; *de perro* puppy; *de gato* kitten; *de oveja* lamb; **sus** ~**s** her young
criada *f* maid
criadero *m* 1 *de animales* breeder's, breeding establishment; *de ratas* breeding ground 2 *de plantas* nursery
criadilla *f* GASTR testicle
◇ **criadilla de tierra** BOT truffle
criado I *part* ☞ **criar** II *adj* raised, brought up; **bien** ~ well-bred; **mal** ~ bad-mannered III *m*, **-a** *f* servant
criador *m* breeder
crianza *f* 1 *de niños* upbringing 2 *de animales* breeding
criar ⟨1c⟩ *v/t* 1 *niños* raise, bring up 2 *animales* breed; **criarse** *v/r* grow up
criatura *f* 1 creature 2 F *(niño)* baby, child
criba *f* sieve
cribado *m* sieving, sifting
cribar ⟨1a⟩ *v/t* sift, sieve; *fig* select
cric *m* TÉC jack
crimen *m* crime; ~ **sexual** sex crime
criminal *m/f & adj* criminal
◇ **criminal de guerra** war criminal

criminalidad *f* crime; ~ **informática** computer crime
criminalista *m/f* criminal lawyer
criminología *f* criminology
crin *f* mane; ~**es** *pl* mane *sg*
crío *m*, **-a** *f* F kid F
criollo I *adj* Creole II *m*, **-a** *f* Creole III *f* idioma Creole
cripta *f* crypt
críptico *adj* cryptic
criptografía *f* cryptography
criptograma *m* cryptogram
críquet *m* cricket
crisálida *f* ZO chrysalis
crisantemo *m* BOT chrysanthemum
crisis *f inv* crisis
◇ **crisis nerviosa** attack of hysteria
crisma I *f* F head, nut F; **romper la ~ a alguien** F smash s.o.'s face in F II *m* Christmas card
crismas *m inv* Christmas card
crisol *m* 1 crucible 2 *fig* melting pot
crispación *f* irritation
crispado *adj* irritated
crispar ⟨1a⟩ *v/t* irritate; ~**le a alguien los nervios** get on s.o.'s nerves; **crisparse** *v/r* get irritated
cristal *m* 1 crystal 2 *(vidrio)* glass 3 *(lente)* lens 4 *de ventana* pane
◇ **cristal líquido** liquid crystal
◇ **cristal de roca** MIN rock crystal
cristalera *f* 1 *puerta* glass door 2 *(ventana)* window 3 *(armario)* display cabinet
cristalería *f* 1 *fábrica* glassworks *sg* 2 *objetos* glassware
cristalero *m*, **-a** *f* glazier
cristalino *adj* crystal-clear
cristalizar ⟨1f⟩ *v/i* 1 FÍS, MIN crystallize 2 *de idea, proyecto* jell, gel
cristianar ⟨1a⟩ *v/t* christen, baptize
cristiandad *f* Christendom
cristianismo *m* Christianity
cristianizar ⟨1f⟩ *v/t* convert to Christianity
cristiano I *adj* Christian II *m*, **-a** *f* Christian III *m*: **hablar en** ~ use everyday language, talk plain English
Cristo Christ; **todo** ~ F everyone; **donde** ~ **dio las tres voces** F in the middle of nowhere F
cristo *m* crucifix
criterio *m* 1 criterion 2 *(juicio)* judg(e)ment

crítica *f* criticism; *muchas ~s* a lot of criticism

criticable *adj* reprehensible

criticar ⟨1g⟩ *v/t* criticize

crítico I *adj* critical **II** *m*, **-a** *f* critic

criticón F I *adj* nit-picking **II** *m*, **-ona** *f* nit-picker

Croacia *f* Croatia

croar ⟨1a⟩ *v/i* croak

croata I *adj* Croatian **II** *m/f* Croat

crocante I *adj Rpl* crunchy **II** *m* nougat

croché *m*, **crochet** *m* crochet

crol *m* crawl; *nadar a ~* do the crawl

cromar ⟨1a⟩ *v/t* chromium-plate

cromático *adj* chromatic

crómico *adj* chrome *atr*; *ácido ~* chromic acid

cromo *m* **1** QUÍM chromium, chrome **2** (*estampa*) picture card, trading card

cromosoma *m* BIO chromosome

crónica *f* chronicle; *en periódico* report

crónico *adj* MED chronic

cronista *m/f* reporter

cronoescalada *f* mountain time trial

cronología *f* chronology

cronológico *adj* chronological

cronometrador *m*, **~a** *f* DEP timekeeper

cronometrar ⟨1a⟩ *v/t* DEP time

cronómetro *m* stopwatch

cróquet *m* croquet

croqueta *f* GASTR croquette

croquis *m inv* sketch

cross *m* DEP cross-country (running); *con motocicletas* motocross

crótalo *m* ZO rattlesnake

crotorar ⟨1a⟩ *v/i* clatter its bill / their bills

cruasán *m* croissant

cruce *m* **1** *de especies* cross **2** *de carreteras* crossroads *sg* **3**: *~ en las líneas* TELEC crossed line **4** DEP crossfield pass, cross

cruceiro *m* FIN cruzeiro

crucero *m* **1** cruise **2** MIL cruiser **3** ARQUI transept

cruceta *f* crosspiece

crucial *adj* crucial

cruciferas *fpl* BOT Cruciferae

crucificar ⟨1g⟩ *v/t* crucify

crucifijo *m* crucifix

crucifixión *f* crucifixion

crucigrama *m* crossword

crucis *m* REL Stations *pl* of the Cross, Way of the Cross; *pasar por un ~ fig* go through hell

cruda *f Méx* F hangover

crudeza *f de clima* harshness; *de enfrentamiento* severity; *de lenguaje, imágenes* crudeness, coarseness; *de descripción* harshness; *con toda ~* in all its gory detail

crudo I *adj alimento* raw; *fig* harsh; *voy a tenerlo ~ para aprobar* F I'm going to have a hard job passing the exam, passing the exam isn't going to be easy **II** *m* crude (oil)

cruel *adj* cruel

crueldad *f* cruelty

cruento *adj* bloody

crujido *m de tarima* creak; *al arder* crackle; *de grava* crunch

crujiente *adj* GASTR crunchy

crujir ⟨3a⟩ *v/i de tarima* creak; *al arder* crackle; *de grava* crunch

crup *m* MED croup

crupier *m/f* croupier

crustáceos *mpl* ZO crustaceans

cruz *f* cross; *cargar con su ~ fig* have one's cross to bear; *con los brazos en ~* with one's arms outstretched; *hacerse cruces* F be astonished (*de cómo* that)

◇ **cruz gamada** swastika

◇ **Cruz Roja** Red Cross

cruza *f L.Am.* cross

cruzada *f* HIST, *fig* crusade

cruzado I *adj* **1** *piernas, cheque* crossed **2** *chaqueta* double-breasted **3**: *había un tronco ~ en el camino* there was a tree trunk lying across the road **II** *m* HIST, *fig* crusader

cruzamiento *m* BIO crossing

cruzar ⟨1f⟩ *v/t* cross; *cruzarse v/r* **1** pass one another; *~ con alguien* pass s.o. **2**: *~ de brazos* cross one's arms

c.s.f. *abr* (= *costo*, *seguro*, *flete*) cif (= cost, insurance, freight)

cta *abr* (= *cuenta*) A/C (= account)

cuaderna *f* MAR rib

cuaderno *m* notebook; EDU exercise book

◇ **cuaderno de bitácora** log, logbook

cuadra *f* **1** stable **2** *L.Am.* (*manzana*) block

cuadrado I *adj* square; *cabeza -a* F bigot **II** *m* square; *al ~* MAT squared; *elevar al ~* MAT square

cuadragésimo *m* fortieth

cuadrangular I *adj* quadrangular **II** *m L.Am. en béisbol* home run

cuadrante *m* MAT quadrant

cuadrar ⟨1a⟩ **I** *v/t* MAT square **II** *v/i* tally (**con** with); **cuadrarse** *v/r* MIL stand to attention

cuadratura *f*: **la ~ del círculo** squaring the circle

cuadrícula *f* grid

cuadriculado *adj* **1** *persona* rigid, unbending **2**: *papel* **~** graph *o* squared paper

cuadricular ⟨1a⟩ *v/t* draw a grid on

cuadrilátero *m/adj* quadrilateral

cuadrilla *f* squad, team

cuadro *m* **1** painting; (*grabado*) picture **2** (*tabla*) table **3** DEP team; POL, MIL staff, cadre; **~ de actores** TEA cast **4**: **de o a ~s** checked; **estar o quedarse a ~s** be short of staff

◇ **cuadro clínico** MED condition, manifestations *pl*; **cuadro de diálogo** INFOR dialog *o Br* dialogue box; **cuadro de distribución** EL switchboard; **cuadro de instrumentos, cuadro de mandos** AUTO dashboard; **cuadro sinóptico** tree diagram

cuadrúpedo *m* quadruped

cuádruple *m/adj* quadruple

cuadruplicar ⟨1g⟩ *v/t* quadruple

cuadruplo ☞ **cuádruple**

cuajada *f* GASTR curd

cuajado *adj* **1** *leche* curdled **2** (*lleno*): **~ de algo** crammed with sth

cuajaleche *m* BOT bedstraw

cuajar ⟨1a⟩ **I** *v/i* **1** *de leche* curdle; *de nieve* settle; *fig: de idea, proyecto etc* come together, jell, gel **2 F** (*llenar*) cover **II** *v/t leche* curdle; **cuajarse** *v/r de leche* curdle; *de nieve* settle

cuajo *m*: **de ~** by the roots

cual I *pron rel*: **el ~, la ~** *etc cosa* which; *persona* who; **por lo ~** (and) so; **tiene dos coches, a cuál más caro** he has two cars, both (of them) equally expensive **II** *adv* like; **dejó la habitación tal ~ la encontró** she left the room just as she found it

cuál *interr* which (one); **~ más, ~ menos** to a certain extent, to a greater or lesser extent; **¿~ de vosotros ...?** which one of you ...?

cualidad *f* quality

cualificación *f* qualification

cualificado *adj*: (**altamente**) **~** (highly) qualified

cualificar ⟨1g⟩ *v/t* qualify

cualitativo *adj* qualitative

cualquier *adj* any; **~ día** any day; **~ cosa** anything; **de ~ modo o forma** anyway; **en ~ caso** in any case

cualquiera *pron* **1** *persona* anyone, anybody; **un ~** a nobody; **¡~ lo comprende!** nobody can understand it!; **¡así ~!** anyone can do it like that!; **~ diría ...** you *o* anyone would think ... **2** *cosa* any (one); **~ que sea *o* fuera** whichever it is *o* was

cuán *adv* how

cuando I *conj* when; *condicional* if; **~ quieras** whenever you want **II** *adv* when; **de ~ en ~** from time to time; **~ menos** at least; **~ más, ~ mucho** at (the) most

cuándo *interr* when

cuantía *f* amount, quantity; *fig* importance

cuántico *adj* FÍS quantum *atr*; **mecánica -a** quantum mechanics *sg*; **teoría -a** quantum theory

cuantificar ⟨1g⟩ *v/t* quantify

cuantioso *adj* substantial

cuantitativo *adj* quantitative

cuanto[1] **I** *adj*: **~ dinero quieras** as much money as you want; **unos ~s chavales** a few boys

II *pron* all, everything; **se llevó ~ podía** she took all *o* everything she could; **le dio ~ necesitaba** he gave her everything she needed; **unas -as** a few; **todo ~** everything

III *adv*: **~ antes, mejor** the sooner the better; **en ~** as soon as; **en ~ a** as for; **~ más** the more; **~ más, mejor** the more the better; **~ más ... más ...** the more ..., the more ...; **por ~** inasmuch as; **todos ~s** all those who

cuanto[2] *m* FÍS quantum; **teoría de los ~s** quantum theory

cuánto I *interr adj* how much; *pl* how many; **¿~ café?** how much coffee?; **¿~s huevos?** how many eggs?; **¿~ tiempo?** how long?

II *pron* how much; *pl* how many; **¿~ necesita Vd.?** how much do you need?; **¿~s ha dicho?** how many did you say?; **¿a ~ están?** how much are they?;

¿a ~s estamos? what's the date today?

III *exclamaciones*: **¡cuánta gente había!** there were so many people!; **¡~ me alegro!** I'm so pleased!; **¡~ lo siento!** I can't tell you how sorry I am!

cuáquero *m*, -a *f* Quaker

cuarenta *adj* forty; **cantar las ~ a alguien** *fig* F give s.o. a piece of one's mind

cuarentena *f* quarantine; **una ~** a quarantine period

cuarentón I *adj* in one's forties II *m*, -ona *f* person in his / her forties, forty-something F

Cuaresma *f* Lent

cuaresmal *adj* Lent *atr*

cuarta *f* MÚS fourth

cuartear ⟨1a⟩ *v/t* cut up, quarter; **cuartearse** *v/r* crack

cuartel *m* **1** barracks *pl* **2**: **lucha sin ~** fight to the death; **no dar ~** give no quarter, show no mercy
◇ **cuartel general** headquarters *sg o pl*

cuartelazo *m* *L.Am.* military uprising

cuartelero *adj* barracks *atr*

cuarterón *m*, -ona *f* *L.Am.* quadroon

cuarteto *m* MÚS quartet; **~ de cuerda** string quarter

cuartilla *f* sheet of paper

cuarto I *adj* fourth II *m* **1** (*habitación*) room **2** (*parte*) DEP quarter; **~ de hora** quarter of an hour; **~ de kilo** quarter of a kilo; **las diez y ~** (a) quarter after *o Br* past ten; **las tres menos ~** a quarter to three, quarter of three; **de tres al ~** F third-rate; **tres ~s prenda** three-quarter length **3**: **~s** *pl* P dough *sg* F, *Br tb* dosh *sg* F; **estar sin un ~** be broke F
◇ **cuarto de baño** bathroom; **cuarto creciente** *de luna* first quarter; **cuarto de estar** living room; **cuartos de final** DEP quarter finals; **cuarto menguante** *de luna* last quarter

cuartucho *m desp* horrible little room

cuarzo *m* quartz

cuate *m* *Méx* **1** (*gemelo*) twin **2** F (*tío*) guy F

cuaternario GEOL I *adj* quaternary II *m* Quaternary

cuatrero *m* rustler

cuatrienal *adj* quadrennial, four-year *atr*; **plan ~** four-year plan

cuatrillizos *mpl* quad(ruplet)s

cuatrimestral *adj* four-monthly

cuatrimotor *m* AVIA four-engined plane

cuatripartito *adj* POL four-party *atr*

cuatro *adj* four; **~ gotas** F a few drops

cuatrocientos *adj* four hundred

Cuba *f* Cuba

cuba *f*: **estar como una ~** F be plastered F

cubalibre *m* rum and coke, cubalibre

cubano I *adj* Cuban II *m*, -a *f* Cuban

cubata *m* F ☞ **cubalibre**

cubero *m* cooper; **a ojo de buen ~** roughly

cubertería *f* (set of) flatware, *Br* cutlery

cubeta *f* **1** *rectangular* tray **2** (*cubo*) bucket **3** (*cubitera*) ice tray

cubicaje *m* AUTO cubic capacity

cubicar ⟨1g⟩ *v/t* MAT cube

cúbico *adj* MAT cubic

cubículo *m* cubicle

cubierta *f* **1** MAR deck **2** AUTO tire, *Br* tyre **3** ARQUI roof

cubierto I *part* ☞ **cubrir** II *adj* covered (**de** with, in) III *m* **1** piece of flatware, *Br* piece of cutlery; **~s** *pl* flatware *sg*, *Br* cutlery *sg* **2** *en la mesa* place setting **3**: **ponerse a ~** take cover (**de** from)

cubil *m* den

cubilete *m* cup (*for dice*)

cubismo *m* cubism

cubista *m/f & adj* cubist

cubitera *f* **1** *bandeja* ice tray **2** (*cubo*) ice bucket

cúbito *m* ANAT ulna

cubito *m*: **~ (de hielo)** ice cube
◇ **cubito de caldo** bouillon cube, *Br* stock cube

cubo *m* **1** *figura* cube **2** *recipiente* bucket
◇ **cubo de la basura** *dentro* garbage can, *Br* rubbish bin; *fuera* garbage can, *Br* dustbin; **cubo de hielo** ice cube; **cubo de pedal** pedal bin

cubrecama *f* bedspread

cubreobjetos *m inv* slide cover

cubrir ⟨3a⟩ *v/t* cover (**de** with); **cubrirse** *v/r* cover o.s.

cucamonas *fpl* F: **hacerle ~ a alguien** get around s.o., sweet-talk s.o.

cucaña *f* greasy pole

cucaracha *f* ZO cockroach

cuchara *f* **1** spoon; **meter su ~** *L.Am.* F stick one's oar in F **2** *L.Am.* (*paleta*) trowel

cucharada f spoonful
cucharadita f teaspoonful
cucharilla f teaspoon
cucharón m ladle
cuchichear ⟨1a⟩ v/i whisper
cuchicheo m whispering
cuchilla f razor blade
cuchillada f stab; *herida* stab wound
cuchillo m knife; **~ de monte** hunting knife; *pasar a* **~** put to the sword
cuchipanda f F *comida* blow-out P, *Br tb* slap-up meal
cuchitril m desp hovel
cuchufleta f F joke
cuclillas: *en* **~** squatting
cuclillo m ZO cuckoo
cuco I m ZO cuckoo; *reloj de* **~** cuckoo clock **II** adj (*astuto*) sharp, crafty
cucurucho m **1** *de papel etc* cone **2** *sombrero* pointed hat
cuece vb ☞ **cocer**
cuelgo vb ☞ **colgar**
cuelgue m F high F
cuello m **1** ANAT neck; *estar metido hasta el* **~** *en algo* be up to one's neck in sth **2** *de camisa etc* collar; **~** *postizo* detachable collar **3** *de botella* neck
◇ **cuello uterino** ANAT cervix, neck of the uterus
cuelo vb ☞ **colar**
cuenca f **1** GEOG basin; **~** *hidrográfica* (river) basin **2:** **~** *hullera o minera* coalfield **3** *del ojo* socket
cuenco m bowl; *el* **~** *de la mano* the hollow of one's hand
cuenta f **1** (*cálculo*) sum; *echar* **~s** *de algo* work sth out; *perder la* **~** lose count
2 *de restaurante* check, *Br* bill; *pasar la* **~** *a alguien* send s.o. the bill; *no me gusta pedirle favores porque siempre te pasa la* **~** *fig* I don't like asking him for favors because he always wants something in return; *tener una* **~** *pendiente con alguien* F have unfinished business with s.o.
3 COM account; *a* **~** on account; *póngamelo en la* **~** put it on the slate
4 (*justificación*): *dar* **~** give an account of; *pedir* **~s** *a alguien* ask s.o. for an explanation
5 (*responsabilidad*): *corre por mi* / *su* **~** I'll / he'll pay for it; *por su propia* **~** off one's own bat; *trabajar por* **~** *ajena* / *propia* be employed / self-employed
6: *más de la* **~** too much; *caer en la* **~** realize; *darse* **~** *de algo* realize sth; *tener o tomar en* **~** take into account; *en resumidas* **~s** in short; *dar buena* **~** *de* finish off, polish off F; *a fin de* **~s** after all
◇ **cuenta de ahorros** savings account, *Br* deposit account; **cuenta atrás** countdown; **cuenta bancaria** bank account; **cuenta bloqueada** frozen account; **cuenta corriente** checking account, *Br* current account; **cuenta de gastos** expense account; **cuenta de pérdidas y ganancias** profit and loss account
cuentagotas m inv dropper; *a o con* **~** fig F in dribs and drabs
cuentakilómetros m inv odometer, *Br* mileometer
cuentapropista m/f L.Am. self-employed person
cuentarrevoluciones m inv tachometer, *Br* rev counter
cuentista m/f tb F (*mentiroso*) storyteller
cuento m **1** (short) story; **~** *de nunca acabar* fig never-ending story; *ir con el* **~** *a alguien* tell s.o. tales **2** (*pretexto*) excuse; *tener mucho* **~** put it on F; *vivir del* **~** F live off other people **3:** *venir a* **~** be relevant; *eso no viene a* **~** that's irrelevant; *traer a* **~** bring up
◇ **cuento chino** F tall story F; **cuento de hadas** fairy tale; **cuento de viejas** old wives' tale
cuerda f **1** rope; **~** *de trepar* climbing rope; **~** *para tender la ropa* clothes line; *poner a alguien contra las* **~s** get s.o. on the ropes; *bajo* **~** on the side **2** *de guitarra, violín* string; *ser de la misma* **~** be two of a kind
3 *mecanismo*: *dar* **~** *al reloj* wind the clock up; *dar* **~** *a algo* fig F string sth out F; *dar* **~** *a alguien* encourage s.o.; *cuando cuenta historias, mi abuelo tiene* **~** *para rato* when he's telling stories, my grandfather can talk for hours
◇ **cuerda floja** tightrope; *andar o bailar en la* **~** fig F be walking a tightrope; **cuerda de tripa** MÚS gut string; **cuerdas vocales** pl ANAT vocal chords

cuerdo *adj* **1** sane **2** (*sensato*) sensible
cuerna *f* horns *pl*; *de ciervo* antlers *pl*
cuerno *m* horn; *de caracol* feeler; *irse al
~* F fall through, be wrecked; *¡un ~!* F
you must be joking!; *¡vete al ~!* F go to
hell! F; *romperse los ~s* F break one's
back F, slog one's guts out F; *poner los
~s a alguien* F be unfaithful to s.o.
◇ *cuerno de la abundancia* horn of
plenty, cornucopia
cuero *m* **1** leather **2** *Rpl* (*fuete*) whip **3**:
en ~s F naked; *dejar a alguien en ~s*
fig leave s.o. broke F, leave s.o. penniless
◇ *cuero cabelludo* scalp
cuerpo *m* **1** body; *~ a ~* hand-to-hand;
retrato de ~ entero / de medio ~
full-length / half-length portrait; *a ~
de rey* like a king; *en ~ y alma* body
and soul; *aún estaba de ~ presente*
he had not yet been buried; *me lo pide
el ~* I feel like it; *hacer del ~ euph* do
one's business **2** *de policía* force; *~ (de
ejército)* corps **3**: *tomar ~* take shape
◇ *cuerpo de baile* corps de ballet *sg*;
cuerpo de bomberos fire department,
Br fire brigade; *cuerpo celeste* heavenly body; *cuerpo del delito* JUR corpus delicti; *cuerpo diplomático* diplomatic corps *sg*; *cuerpo docente* teachers *pl*, teaching staff *sg o pl*; *cuerpo
extraño* MED foreign body
cuervo *m* ZO raven, crow
cuesta *f* slope; *~ abajo* downhill; *~ arriba* uphill; *se me hace ~ arriba levantarme a las 7 todos los días* I find it
very hard to get up at 7am every
day; *a ~s* on one's back
cuestación *f* collection for charity
cuestión *f* **1** question **2** (*asunto*) matter,
question; *en ~ de dinero* as far as
money is concerned; *no es ~ de dinero*
it's not a question of money; *en ~* in
question; *la ~ es que* the thing is
cuestionable *adj* questionable
cuestionar ⟨1a⟩ *v/t* question
cuestionario *m* questionnaire
cuete *adj* *Méx* F (*borracho*) blitzed F,
plastered F
cueva *f* cave; *~ de ladrones* den of
thieves
cuévano *m* large, deep basket
cuezo *m*: *meter el ~* (*meter la pata*) put
one's foot in it; (*ser indiscreto*) poke

one's nose in
cuidado *m* care; *¡~!* look out!; *andar
con ~* tread carefully; *tener ~* be careful; *me tiene sin ~* I couldn't *o* could
care less, *Br* I couldn't care less; *es
un niño de ~* you really have to watch
that boy; *¡pierda Vd. ~!* don't worry!
cuidador *m* **1** *de niños* childminder; *de
ancianos* carer **2** *de animales* keeper
cuidadora *f* **1** *de niños* childminder; *de
ancianos* carer **2** *de animales* keeper **3**
Méx nursemaid
cuidadoso *adj* careful
cuidar ⟨1a⟩ **I** *v/t* look after, take care of **II**
v/i: *~ de* look after, take care of; *cuidarse* *v/r* **1** look after o.s., take care
of o.s. **2**: *~ de hacer algo* take care
to do sth
cuita *f* trouble, worry
cuitado *adj* troubled, worried
culantro *m* cilantro, coriander
culata *f* butt
culatazo *m* kick, recoil
culebra *f* ZO snake
culebrear ⟨1a⟩ *v/i de persona, animal*
wriggle; *de carretera, río* wind
culebrilla *f* MED F shingles *sg*
culebrón *m* TV soap
culera *f* seat
culinario *adj* cooking *atr*, culinary
culminación *f* culmination
culminante *adj*: *punto ~* peak, climax
culminar ⟨1a⟩ **I** *v/i* culminate (*en* in); *fig*
reach a peak *o* climax **II** *v/t* finish
culo *m* V ass V, *Br* arse V; F butt F, *Br*
bum F; *caer(se) de ~* fall on one's ass;
lamer el ~ a alguien V brown-nose s.o.
F; *ir de ~ fig* F do badly; *ser ~ de mal
asiento* *fig* F be restless, have ants in
one's pants F; *en el ~ del mundo* *fig*
in the boondocks F, in the middle of
nowhere
culpa *f* fault; *echar la ~ de algo a alguien* blame s.o. for sth; *ser por ~
de alguien* be s.o.'s fault; *tener la ~*
be to blame (*de* for); *sentimiento de
~* feeling of guilt
culpabilidad *f* guilt
culpabilizar ⟨1f⟩ *v/t* blame
culpable **I** *adj* guilty; *declarar ~ a alguien* find s.o. guilty; *ser ~ de algo*
be guilty of sth **II** *m/f* culprit
culpar ⟨1a⟩ *v/t*: *~ a alguien de algo*
blame s.o. for sth

cultismo *m* learned word / expression
cultivable *adj* cultivable
cultivador *m* grower
cultivadora *f* **1** *máquina* cultivator **2** *mujer* grower
cultivar ⟨1a⟩ *v/t* AGR grow; *tierra* farm; *fig* cultivate
cultivo *m* **1** AGR crop **2** AGR *acto* growing, cultivation **3** BIO culture
◇ **cultivo extensivo** AGR extensive farming
culto I *adj* educated **II** *m* worship; *rendir ~ a* worship; *~ a o de la personalidad* personality cult
cultura *f* culture
◇ **cultura general** general knowledge
cultural *adj* cultural; *un nivel ~ muy pobre* a very poor standard of education
culturismo *m* bodybuilding
culturista *m/f* bodybuilder
culturizar ⟨1f⟩ *v/t* enlighten, educate; **culturizarse** *v/r* get o.s. an education
cumbre *f tb* POL summit; *~ de la economía mundial* world economic summit
cumpleaños *m inv* birthday
cumplido I *part* ☞ **cumplir II** *adj* **1** (*cortés*) polite **2**: *tener 50 años ~s* be 50 years old **III** *m* compliment; *no andarse con ~s* not stand on ceremony; *por ~* out of politeness
cumplidor *adj* reliable
cumplimentar ⟨1k⟩ *v/t trámite* carry out
cumplimiento *m de promesa* fulfillment, *Br* fulfilment; *de ley* compliance (*de* with), observance (*de* of),
cumplir ⟨3a⟩ *v/t* **1** *orden* carry out; *promesa* fulfill, *Br* fulfil **2** *condena* serve **3**: *~ diez años* reach the age of ten, turn ten **II** *v/i* **1**: *~ con algo* carry sth out; *~ con su deber* do one's duty **2**: *te invita sólo por ~* he's only inviting you out of politeness; **cumplirse** *v/r de plazo* expire
cúmulo *m* (*montón*) pile, heap
cuna *f cama* crib, *Br* cot; *con balancín, fig* cradle
cundir ⟨3a⟩ *v/i* **1** *de noticia* spread **2** (*dar mucho de sí*) go a long way; *me cunde el trabajo* I get a lot of work done; *nadie la conocía cuando llegó, pero con lo que cunde ...* nobody knew her when she got here, but the way she's going ...
cuneiforme *adj* cuneiform

cuneta *f* ditch; *dejar a alguien en la ~ fig* F leave s.o. way behind
cunicultor *m*, *~a f* rabbit breeder
cunicultura *f* rabbit breeding
cuña *f* wedge
◇ **cuña anticiclónica** ridge of high pressure
◇ **cuña publicitaria** commercial break
cuñada *f* sister-in-law
cuñado *m* brother-in-law
cuño *m* stamp; *de nuevo ~* brand new
cuota *f* **1** share **2** *de club, asociación* fee; *~ de abono* TELEC line rental **3** *L.Am.* (*plazo*) installment, *Br* instalment
◇ **cuota empresarial** employer's contribution; **cuota de mercado** COM market share; **cuota patronal** employer's contribution
cupé *m* AUTO coupe, *Br* coupé
cuplé *m* type of light cabaret song
cupletista *m/f* singer of **cuplés**
cupo¹ *m* quota
cupo² *vb* ☞ **caber**
cupón *m* coupon
cúprico *adj* cupric, copper *atr*
cuprífero *adj* copper-bearing, cupriferous
cúpula *f* **1** dome, cupola **2** *esp* POL leadership; *~ directiva* board of directors
cura I *m* priest **II** *f* **1** cure; *tener ~* be curable **2** (*tratamiento*) treatment **3** *Méx, C.Am.* hangover
◇ **cura de reposo** rest cure
◇ **cura de urgencia** emergency treatment
curable *adj* curable
curación *f* **1** (*recuperación*) recovery **2** (*tratamiento*) treatment
curado *adj* **1** *Méx, C.Am.* drunk **2**: *~ de espanto fig* unshockable
curador *m*, *~a f* JUR guardian
curaduría *f* JUR guardianship
curanderismo *m* folk medicine
curandero *m*, *-a f* faith healer
curar ⟨1a⟩ **I** *v/t* **1** *tb* GASTR cure **2** (*tratar*) treat; *herida* dress **3** *pieles* tan **II** *v/i* MED recover (*de* from); **curarse** *v/r* **1** MED recover; *~ en salud* F play safe **2** *Méx, C.Am.* get drunk
curativo *adj* curative; *poder ~* healing power
curato *m* parish
curda *f*: *agarrarse una ~* F get plastered F

curdo I *adj* Kurdish **II** *m*,**-a** *f* Kurd
curia *f* JUR legal profession
curiosamente *adv* strangely, oddly
curiosear ⟨1a⟩ **I** *v/t* **1** (*fisgonear*) pry into **2** (*mirar*) look around **II** *v/i* (*mirar*) look around
curiosidad *f* curiosity
curioso I *adj* **1** *persona* curious **2** (*raro*) curious, odd, strange **II** *m*,**-a** *f* onlooker
curita *f L.Am.* Band-Aid®, *Br* Elastoplast®
currante *m/f* F worker
currar ⟨1a⟩ *v/i* F work
curre *m* F work
currelar P *☞* **currar**
currículo *m* curriculum
currículum vitae *m* résumé, *Br* CV, *Br* curriculum vitae
curro *m* P work
curry *m* GASTR curry
cursar ⟨1a⟩ *v/t* **1** *carrera* take **2** *orden, fax* send; *instancia* deal with
cursi I *adj persona* affected **II** *m/f*: **es un ~** he is so affected
cursilería *f* affectation
cursillo *m* short course
cursiva *f* italics *pl*
cursivo *adj* italic
curso *m* **1** course; **en el ~ de** in the course of **2** COM: **moneda de ~ legal** legal tender **3** EDU: **pasar de ~** move up a grade; **perder el ~** miss the school year; **repetir ~** repeat a grade
◇ **curso acelerado** crash course; **curso por correspondencia** correspondence course; **curso a distancia** correspondence course; **curso escolar** academic year; **curso intensivo** crash course, intensive course
cursor *m* INFOR cursor
curtido I *adj* weather-beaten **II** *m* tanning; **~s** *pl* tanned hides
curtidor *m* tanner
curtiduría *f* tannery
curtiente *m* tanning agent
curtir ⟨3a⟩ *v/t* tan; *fig* harden; **curtirse** *v/r* become tanned
curul *m Méx* POL seat
curva *f* curve
curvar ⟨1a⟩ *v/t* bend; **curvarse** *v/r* bend; *de estante* sag
curvatura *f* curvature
curvilíneo *adj* curvilinear, curved
curvo *adj* curved
cuscurro *m* end, tip
cuscús *m* GASTR couscous
cúspide *f de montaña* summit; *de fama etc* height
custodia *f* JUR custody; **bajo la ~ de alguien** in s.o.'s custody
custodiar ⟨1b⟩ *v/t* guard
custodio *m*,**-a** *f* custodian
cususa *f C.Am.* corn liquor
cutáneo *adj* skin *atr*
cúter *m* MAR cutter
cutis *m* skin
cutre *adj* F shabby, dingy
cutrez *f* F shabbiness, dinginess
cuyo, -a *adj* whose
CV¹ *m abr* (= **caballo(s) de vapor**) HP (= horsepower)
CV² *m* resumé, *Br* CV

D

D. *abr* (= **Don**) Mr.
Da. *abr* (= **Doña**) Mrs
dabute(n), dabuti *adj* F great F, fantastic F
dactilar *adj* finger *atr*
dactilografía *f* typing
dadá, dadaísmo *m* Dada, Dadaism
dádiva *f* gift
dadivosidad *f* generosity
dadivoso *adj* generous
dado¹ *m* dice; **jugar a los ~s** play dice
dado² I *part* *☞* **dar II** *adj* given; **ser ~ a algo** be given to sth **III** *conj*: **~ que** since, given that **IV** *prp* given
dador *m*,**~a** *f* COM drawer
daga *f* dagger
dalia *f* BOT dahlia
dallar ⟨1a⟩ *v/t hierba* scythe
dálmata *m perro* Dalmatian
daltónico *adj* color-blind, *Br* colour-blind
daltonismo *m* color-blindness, *Br* colour-blindness
dama *f* **1** lady; **primera ~** First Lady **2**:

(*juego de*) **~s** checkers *sg*, *Br* draughts *sg*

◇ **dama de compañía** (lady's) companion

◇ **dama de honor** bridesmaid

damajuana *f* demijohn

Damasco *m* Damascus

damasco *m* **1** damask **2** *L.Am. fruta* apricot; *árbol* apricot tree

damasquinado *m* damascene

damero *m* checkerboard, *Br* draughtboard

damisela *f* damsel

damnificado I *adj* affected **II** *m*, -a *f* victim

damnificar ⟨1g⟩ *v/t persona* harm; *cosa* damage

dandi *m* dandy

danés I *adj* Danish **II** *m*, -esa *f* Dane **III** *m idioma* Danish

danta *f L.Am.* ZO tapir

dantesco *adj fig* nightmarish

Danubio *m* Danube

danza *f* dance; **estar en ~** *fig* be on the go; **meter a alguien en la ~** F involve s.o.

◇ **danza macabra** danse macabre, dance of death

◇ **danza del vientre** belly dance

danzar ⟨1f⟩ *v/i* dance

danzarín *m*, -ina *f* dancer

dañado *adj* damaged

dañar ⟨1a⟩ *v/t* harm; *cosa* damage; **dañarse** *v/r de persona* harm o.s.; *de objeto* get damaged

dañino *adj* harmful; *fig* malicious

daño *m* **1** harm; *a un objeto* damage; **hacer ~ a** hurt; **hacerse ~** hurt o.s. **2**: **~s** *pl* damage *sg*; **~s ecológicos** *o* **ambientales** environmental damage, damage to the environment **3** *L.Am* F evil eye

◇ **daños materiales** damage *sg* to property; **daños personales** personal injury *sg*; **daños y perjuicios** damages

dañoso *adj* harmful

dar ⟨1r; *part* **dado**⟩ **I** *v/t* **1** give; *fiesta* give, have; **~ un salto** / **una patada** jump / kick, give a jump / kick; **~ miedo a** frighten; **el jamón me dio sed** the ham made me thirsty; **~ de comer** / **beber a alguien** give s.o. something to eat / drink

2 *fruta* bear; *luz* give off; *beneficio* yield **3** *película* show, screen

4: **el reloj dio las tres** the clock struck three

5: **¡dale (que dale)!** F don't keep on! F; **y siguió dale que te pego** F and he kept on and on

II *v/i* **1** give; *de cartas en juego* deal; **dame** give it to me, give it me

2: **~ a de ventana** look onto

3: **~ con algo** / **alguien** come across sth / s.o., find sth / s.o.; **no di con el nombre** I couldn't think of the name

4: **~ de sí** *de material* stretch, give; **~ para** be enough for; **no da para más** it's past its best

5: **le dio por insultar a su madre** F she started insulting her mother

6: **¡qué más da!** what does it matter!; **da igual** it doesn't matter

7: **~ contra** *o* **en algo** hit sth; **el sol le daba en la cara** he had the sun in his eyes, the sun was in his eyes

8: **~ por muerto a alguien** give s.o. up for dead

9: **~ que hablar** give people something to talk about; **da que pensar** it makes you think, it gives you something to think about

darse *v/r* **1** *de situación* arise **2**: **~ a algo** take to sth **3**: **esto se me da bien** I'm good at this **4**: **dárselas de algo** make o.s. out to be sth, claim to be sth **5**: **a mí no me las das** F you don't fool me

dardo *m* dart

dársena *f* dock

datación *f* dating

datar ⟨1a⟩ **I** *v/i*: **~ de** date from **II** *v/t* date

dátil *m* BOT date

datilera *f* date palm; **palmera ~** date palm

dativo *m* GRAM dative

dato *m* piece of information; **~s** *pl* information *sg*, data *sg*

◇ **datos personales** personal details

D.C. *abr* (= **después de Cristo**) AD (= Anno Domini)

dcho., dcha. *abr* (= **derecho**, **derecha**) r (= right)

de *prp* **1** *origen* from; **~ Nueva York** from New York; **~ ... a** from ... to

2 *posesión* of; **el coche ~ mi amigo** my friend's car

3 *material* (made) of; **un anillo ~ oro** a gold ring

4 *contenido* of; **un vaso ~ agua** a glass

of water

5 *cualidad*: *una mujer ~ 20 años* a 20 year old woman

6 *causa* with; *temblaba ~ miedo* she was shaking with fear

7 *hora*: *~ noche* at night, by night; *~ día* by day

8 *en calidad de* as; *trabajar ~ albañil* work as a bricklayer; *~ niño* as a child

9 *agente* by; *~ Goya* by Goya

10 *condición* if; *~ haberlo sabido* if I'd known

11 *en aposición*: *la ciudad ~ Lima* the city of Lima

dé *vb* ☞ *dar*

d. de J.C. *abr* (= *después de Jesucristo*) AD (= Anno Domini)

deambular ⟨1a⟩ *v/i* wander around

deán *m* REL dean

debacle *f* debacle

debajo I *adv* underneath **II** *prp*: (*por*) *~ de* under; *un grado por ~ de lo normal* one degree below normal

debate *m* debate, discussion

debatir ⟨3a⟩ **I** *v/t* debate, discuss **II** *v/i* struggle; *debatirse v/r*: *~ entre la vida y la muerte* fight for one's life

debe *m* COM debit

deber I *m* **1** duty **2**: *~es pl* homework *sg* **II** ⟨2a⟩ *v/t* owe; *~ a alguien 500 pesos* owe s.o. 500 pesos

III ⟨2a⟩ *v/i* **1** *en presente* must, have to; *debo llegar a la hora* I must be on time, I have to be on time; *no debo llegar tarde* I mustn't be late

2 *en pretérito* should have; *debería haberme callado* I should have kept quiet

3 *en futuro* will have to; *deberán terminar imediatamente* they must finish *o* they will have to finish immediately

4 *en condicional* should; *¿qué debería hacer?* what should I do?; *no deberías hacer eso* you shouldn't do that; *debería ser lo suficientemente largo* that should be long enough

5 *como suposición*: *debe de hacer frío* it must be cold; *debe de tener quince años* he must be about 15; *debe de hacer poco que viven aquí* they can't have lived here for long; *ya deben de haber llegado* they must *o* should have arrived by now

deberse *v/r*: *~ a* be due to, be caused by

debidamente *adv* properly, correctly

debido I *part* ☞ *deber* **II** *adj* **1** due; *como es ~* properly; *a su ~ tiempo* in due course **2** *en locuciones*: *~ a* due to, owing to, on account of; *ser ~ a* be due to

débil *adj* weak

debilidad *f* weakness

debilitación *f*, **debilitamiento** *m* debilitation, weakening

debilitar ⟨1a⟩ *v/t* weaken; *debilitarse v/r* weaken, become weaker; *de salud* deteriorate

debitar ⟨1a⟩ *v/t* COM debit

débito *m* COM debit

◇ **débito bancario** *L.Am.* direct billing, *Br* direct debit

debut *m* debut

debutante *m/f* beginner

debutar ⟨1a⟩ *v/i* make one's debut

década *f* decade

decadencia *f* decadence; *de imperio* decline

decadente *adj* decadent

decaer ⟨2o; *part* **decaído**⟩ *v/i tb fig* decline; *de rendimiento* fall off, decline; *de salud* deteriorate

decaído I *part* ☞ *decaer* **II** *adj fig* depressed, down F

decaimiento *m* decline; *de salud* deterioration; *sufre un ~* she feels run down

decálogo *m* REL decalogue

decanato *m* deanship

decano *m*, **-a** *f* dean

decantar ⟨1a⟩ *v/t* decant; *decantarse v/r*: *~ por* opt for

decapitar ⟨1a⟩ *v/t* behead, decapitate

decatleta *m/f* DEP decathlete

decatlón *m* DEP decathlon

deceleración *f* deceleration

decelerar ⟨1a⟩ *v/i* decelerate

decena *f* ten; *una ~ de* about ten

decenal *adj* ten-yearly

decencia *f* decency

decenio *m* decade

decente *adj* decent

decepción *f* disappointment

decepcionado *adj* disappointed

decepcionante *adj* disappointing

decepcionar ⟨1a⟩ *v/t* disappoint

deceso *m* death

dechado *m fig* model

decibel *m L.Am.* decibel

decibelio *m* decibel

decidido I part ☞ **decidir II** adj decisive; **estar** ~ be determined (**a** to)

decidir ⟨3a⟩ **I** v/t decide, **II** v/i decide, make up one's mind; **decidirse** v/r make up one's mind, decide

decigramo m decigram

decilitro m deciliter, Br decilitre

décima f **1** tenth **2**: **tener ~s** MED have a slight fever, Br have a slight temperature

decimal I adj decimal; **número** ~ decimal number; **sistema** ~ decimal system **II** m decimal

decímetro m decimeter, Br decimetre

décimo I adj tenth **II** m de lotería: share of a lottery ticket

decimonónico adj fig old-fashioned

decir ⟨3p; part **dicho**⟩ **I** v/t **1** say; (contar) tell; ~ **misa** say mass; ~ **que sí** say yes; ~ **que no** say no; **se dice que** ... they say that ..., it's said that ...; **diga lo que diga** whatever he says; **¿qué quieres que te diga?** what do you expect me to say?; ~ **entre** o **para sí** say to o.s.
2 con infinitivo: **querer** ~ mean; **es** ~ in other words; **dar que** ~ set people talking; **ni que** ~ **tiene (que)** it goes without saying (that); **por así** ~**lo** so to speak; **ya es** ~ that's saying something; **que ya es** ~ which is really something; **es mucho** ~ that's saying a lot
3 con participio: **¡quién hubiera dicho que María se iba casar!** who would have thought that Maria would get married!; **dicho y hecho** no sooner said than done; **mejor dicho** or rather; **dicho sea de paso** incidentally; **está dicho, lo dicho** as I have already said
4: **no es rico, que digamos** let's say he's not rich; **¡no me digas!** you're kidding!; **¡dímelo a mí!** tell me about it!, you're telling me!; **como quien dice** so to speak; **y que lo digas** you bet; **¿y qué me dices de ...?** so what do you think of ...?; **usted dirá** how can I help you?; **ya decía yo que iba a acabar mal** I knew it would end badly; **¡quién lo diría!** who would believe it!; **¡cualquiera diría que tiene setenta años!** who would have thought he was seventy!, you wouldn't think o believe he was seventy!
II v/i: **¡diga!, ¡dígame!** Esp TELEC hello
III m saying; **es un** ~ it's just a figure of

speech

decisión f **1** decision; **tomar una** ~ make o take a decision **2** fig decisiveness

decisivo adj critical, decisive

declamación f declamation

declamar ⟨1a⟩ v/i declaim

declamatorio adj declamatory

declaración f **1** declaration; a la prensa, la policía statement; **hacer una** ~ make a statement; **tomar** ~ **a alguien** take a statement from s.o. **2** JUR: **prestar** ~ testify, give evidence

◊ **declaración de aduana** customs declaration; **declaración de impuestos** tax return; **declaración jurada** sworn statement, affidavit; **declaración de quiebra** declaration of bankruptcy; **declaración de la renta** tax return; **declaración testimonial** witness statement

declarado I part ☞ **declarar II** adj self--confessed

declarante m/f JUR deponent

declarar ⟨1a⟩ **I** v/t **1** state **2** bienes declare **3**: ~ **culpable a alguien** find s.o. guilty **II** v/i JUR give evidence; **declararse** v/r **1** declare o.s.; ~ **inocente** JUR plead not guilty, plead innocent; ~ **a alguien** declare one's love for s.o. **2** de incendio break out

declinación f **1** GRAM declension **2** fig decline

declinar ⟨1a⟩ v/t & v/i decline

declive m fig decline; **en** ~ in decline; **ir en** ~ decline

decocción f decoction

decodificación f ☞ **descodificación**

decodificador m ☞ **descodificador**

decodificar ⟨1g⟩ v/t ☞ **descodificar**

decolaje m L.Am. takeoff

decolar ⟨1a⟩ v/i L.Am. take off

decolorante m bleaching agent

decolorar ⟨1a⟩ v/t bleach; **decolorarse** v/r bleach one's hair

decomisar ⟨1a⟩ v/t confiscate

decomiso m confiscation

decompresión f decompression

decomprimir ⟨3a⟩ v/t decompress

decoración f decoration

decorado m TEA set

decorador m, ~**a** f: ~ (**de interiores**) interior decorator; TEA set designer

decorar ⟨1a⟩ v/t decorate

decorativo adj decorative

decoro *m* decorum; *guardar el ~* maintain decorum

decoroso *adj* decorous

decrecer ⟨2d⟩ *v/i* decrease, diminish

decreciente *adj* decreasing, diminishing

decremento *m* decrease

decrépito *adj* decrepit

decrepitud *f* decrepitude

decretar ⟨1a⟩ *v/t* order, decree; *~ sanciones económicas* impose economic sanctions

decreto *m* decree

decreto-ley *m* government decree

decúbito *m* position; *~ prono / supino* prone / supine position

décuplo *adj* tenfold

decurso *m* course; *en el ~ de los años* over the years

dedal *m* thimble

dedalera *f* BOT foxglove

dédalo *m* labyrinth

dedicación *f* dedication

dedicar ⟨1g⟩ *v/t* dedicate; *esfuerzo* devote; *dedicarse* *v/r* **1** devote o.s. (*a* to) **2**: *¿a qué se dedica?* what do you do (for a living)?

dedicatoria *f* dedication

dedillo *m*: *conocer algo al ~* F know sth like the back of one's hand; *saber algo al ~* F know sth off by heart

dedo *m* finger; *a dos ~s* inches away; *se pueden contar con los ~s de la mano* they can be counted on the fingers of one hand; *a ~ viajar* hitchhike; *no tiene dos ~s de frente* he doesn't have much commonsense; *no mover (ni) un ~* *fig* F not lift a finger F; *pillarse los ~s* *fig* F get one's fingers burned

◇ **dedo anular** ring finger; **dedo del corazón** middle finger; **dedo gordo** thumb; **dedo índice** forefinger, index finger; **dedo del pie** toe; **dedo meñique** little finger; **dedo pulgar** thumb

deducción *f* deduction

deducible *adj* **1** *conclusión* deducible **2** COM deductible

deducir ⟨3o⟩ *v/t* **1** deduce **2** COM deduct

defecación *f* defecation

defecar ⟨1g⟩ *v/i* defecate

defección *f* defection

defectivo *adj* defective

defecto *m* **1** defect; *moral* fault **2** INFOR default **3**: *en ~ de* for lack of, for want of; *en su ~* failing that

◇ **defecto de fabricación** manufacturing defect

defectuoso *adj* defective, faulty

defender ⟨2g⟩ I *v/t* **1** defend (*de* against) **2** *en fútbol* mark II *v/i en fútbol* mark; **defenderse** *v/r* **1** defend o.s. (*de* against); *~ del frío* ward off the cold **2** *fig* F manage, get by; *me voy defendiendo* I'm managing *o* coping

defendible *adj* defensible

defenestración *f fig* ousting

defenestrar ⟨1a⟩ *v/t fig* oust

defensa I *f* **1** JUR, DEP defense, *Br* defence; *legítima ~* self-defense, *Br* self-defence; *salir en ~ de alguien* come to s.o.'s defense **2** *L.Am.* AUTO fender, *Br* mudguard **3**: *~s pl* MED defenses, *Br* defences
II *m/f* DEP defender

◇ **defensa antiaérea** MIL anti-aircraft defenses *pl o Br* defences *pl*; **defensa central** *en fútbol* central defender, center-back, *Br tb* centre-back; **defensa al hombre** DEP man-to-man defense *o Br* defence; **defensa personal** self-defense, *Br* self-defence; **defensa en zona** *en baloncesto* zone defense *o Br* defence

defensiva *f* defensive; *estar / ponerse a la ~* be / go on the defensive; *¡no hace falta que te pongas tan a la ~!* stop being so defensive!; *jugar a la ~* DEP play defensively, play a defensive game

defensivo *adj* defensive

defensor *m*, *~a f* **1** defender, champion; *~ de la naturaleza* environmentalist **2** JUR defense lawyer, *Br* defending counsel

◇ **defensor de oficio** JUR court-appointed lawyer

◇ **defensor del pueblo** *en España* ombudsman

deferencia *f* deference; *por ~ a* in deference to

deferente *adj* deferential

defeño *m*, *-a f Méx* inhabitant of Mexico City, person from Mexico City

deficiencia *f* deficiency; *con ~ auditiva* with a hearing problem

◇ **deficiencia mental** mental handicap

deficiente I *adj* **1** *dieta* deficient **2** (*insatisfactorio*) inadequate II *m/f* mentally handicapped person

◇ **deficiente visual** visually impaired person; *los ~s visuales* the visually impaired

déficit *m* deficit

deficitario *adj* loss-making

definible *adj* definable

definición *f* definition; *de alta ~* TV high definition

definido *adj* GRAM definite

definir ⟨3a⟩ *v/t* define; **definirse** *v/r* come down (*por* in favor of)

definitivo *adj conclusión* definitive; *respuesta* definite; *en -a* all in all

deflación *f* COM deflation

deflacionario *adj* deflationary

deflagrar ⟨1a⟩ *v/i* QUÍM deflagrate *fml*, burst into flames

defoliación *f* defoliation

defoliar ⟨1b⟩ *v/i* defoliate

deforestación *f* deforestation

deforestar ⟨1a⟩ *v/t* deforest

deformación *f* deformation

deformar ⟨1a⟩ *v/t* **1** *forma, sonido* distort **2** MED deform

deforme *adj* **1** MED deformed **2** *zapatos* out of shape, misshapen

deformidad *f* deformity

defraudación *f* fraud

defraudador *m*, *~a f* fraudster

◇ **defraudador fiscal** tax evader

defraudar ⟨1a⟩ *v/t* **1** *expectativas* disappoint **2** (*estafar*) defraud; *~ a Hacienda* evade taxes

defunción *f* death, demise *fml*; *certificado de ~* death certificate

degeneración *f* degeneration

degenerado I *adj* degenerate **II** *m*, *-a f* degenerate

degenerar ⟨1a⟩ *v/i* degenerate (*en* into)

deglución *f* swallowing

deglutir ⟨3a⟩ *v/t* swallow

degollar ⟨1n⟩ *v/t* cut the throat of; *fig* F murder F

degollina *f* slaughter

degradación *f* **1** degradation **2** MIL demotion

degradante *adj* degrading

degradar ⟨1a⟩ *v/t* **1** degrade **2** MIL demote **3** PINT gradate; **degradarse** *v/r* demean o.s.

degüello *m* (*degollina*) slaughter

degustación *f* tasting

◇ **degustación de vino** wine tasting

degustar ⟨1a⟩ *v/t* taste

dehesa *f* meadow

deidad *f* deity

deificar ⟨1g⟩ *v/t* deify

dejación *f* JUR abandonment; *de derechos* relinquishment

dejadez *f* **1** slovenliness **2** (*negligencia*) neglect

dejado I *part* ☞ **dejar II** *adj* slovenly

dejar ⟨1a⟩ **I** *v/t* **1** leave; *estudios* give up, quit F; *~ mucho que desear* leave a lot to be desired; *~ algo para mañana* leave sth until tomorrow; *dejémoslo aquí* let's leave it here; *¡déjalo! persona* leave him alone!; *asunto* drop it!

2 (*permitir*) let, allow; *déjale marcharse* let him go; *~ que algo ocurra* let sth happen, allow sth to happen

3 (*prestar*) lend

4 *beneficios* yield

5: *déjame en la esquina* drop me at the corner; *~ caer algo* drop sth

II *v/i* **1** (*parar*): *~ de hacer algo* stop doing sth; *~ de fumar* give up smoking, stop *o* quit smoking; *no deja de fastidiarme* he keeps (on) annoying me; *no puedo ~ de pensar en ellos* I can't stop thinking about them **2**: *no dejes de visitarnos* be sure to visit us

dejarse *v/r* **1** let o.s. go; *~ llevar* let o.s. be carried along **2**: *déjate de lloros / de quejas* stop crying / complaining **3**: *ya se deja sentir el invierno* it's getting a bit wintry; *¡qué poco te dejas ver!* we hardly ever see you!

deje, dejo *m* **1** *acento* slight accent **2** *gusto* aftertaste

del *prp de y art el*

delación *f* denunciation

delantal *m* apron

delante *adv* **1** in front; *lo tengo ~* I have it in front of me; *el asiento de ~* the front seat; *se abrocha por ~* it does up at the front; *tener algo por ~* have sth ahead of *o* in front of one **2** (*más avanzado*) ahead; *por ~* ahead; *¡pase usted ~!* you first!, after you! **3** (*enfrente*) opposite **4**: *~ de* in front of

delantera *f* DEP forward line; *llevar la ~* be ahead, lead; *tomar la ~ a alguien* take the lead from s.o.

delantero I *adj* front *atr* **II** *m*, *-a f* DEP forward **III** *m de prenda* front

◇ **delantero centro** DEP center forward, *Br* centre forward

delatar ⟨1a⟩ *v/t*: **~ a alguien** inform on s.o.; *fig* give s.o. away; **delatarse** *v/r* give o.s. away

delator *m*, **~a** *f* informer

delco *m* AUTO distributor

dele *m* deletion mark, delete

delectación *f* delectation

delegación *f* **1** delegation **2** *oficina* local office

◇ **delegación de Hacienda** tax office

◇ **delegación de policía** *Méx* police station, station house

delegado *m*, **-a** *f* delegate; COM representative

delegar ⟨1h⟩ *v/t* delegate

deleitable *adj* delightful

deleitar ⟨1a⟩ *v/t* delight; **deleitarse** *v/r* take delight (**con**, **en** in)

deleite *m* delight

deleitoso *adj* delightful

deletéreo *adj* deleterious

deletrear ⟨1a⟩ *v/t* spell

deleznable *adj* contemptible

delfín *m* ZO dolphin

delgadez *f de cuerpo* slimness; (*esbeltez*) thinness

delgado *adj* slim; *lámina, placa* thin

delgaducho *adj* F skinny F

deliberación *f* deliberation

deliberado *adj* deliberate

deliberar ⟨1a⟩ **I** *v/i* deliberate (**sobre** on) **II** *v/t* discuss

delicadeza *f* **1** *de movimientos* gentleness **2** *de acabado, tallado* delicacy **3** (*tacto*) tact; **tener la ~ de hacer algo** be kind enough to do sth

delicado *adj* delicate

delicia *f* delight; **hacer las ~s de alguien** delight s.o.

delicioso *adj* delightful; *comida* delicious

delictivo *adj* criminal; **acto o hecho ~** criminal act

delimitar ⟨1a⟩ *v/t* delimit

delincuencia *f* crime

◇ **delincuencia informática** computer crime

◇ **delincuencia juvenil** juvenile delinquency

delincuente *m/f* criminal

◇ **delincuente habitual** habitual criminal, repeat offender; **delincuente juvenil** juvenile delinquent; **delincuente**

sexual sex offender

delineador *m* eyeliner

◇ **delineador de labios** lip pencil

delineante *m/f* draftsman, *Br* draughtsman; *mujer* draftswoman, *Br* draughtswoman

delinear ⟨1a⟩ *v/t* draft; *fig* draw up

delinquir ⟨3e⟩ *v/i* offend

delirante *adj* delirious; *fig*: *idea* crazy

delirar ⟨1a⟩ *v/i* be delirious; **¡tú deliras!** *fig* you must be crazy!

delirio *m* MED delirium; **con ~** *fig* deliriously; **tener ~ por el fútbol** *fig* be mad about soccer

◇ **delirios de grandeza** delusions of grandeur

delito *m* offense, *Br* offence

◇ **delito ecológico** ecological crime, eco-crime; **delito fiscal** tax offense, *Br* tax offence; **delito informático** computer crime; **delito de sangre** violent crime; **delito sexual** sex crime

delta *m* GEOG delta

demacrado *adj* haggard

demacrarse ⟨1a⟩ *v/r* waste away

demagogia *f* demagogy

demagógico *adj* demagogic

demagogo *m*, **-a** *f* demagogue

demanda *f* **1** demand (**de** for); **en ~ de** (asking) for **2** COM demand; **tener mucha ~** be very popular; **tiene poca ~** there's not much demand for it, it's not very popular **3** JUR lawsuit, claim; **presentar o interponer una ~ contra alguien** take legal action against s.o.

◇ **demanda civil** JUR civil (law)suit; **demanda de divorcio** JUR divorce suit; **demanda de empleo** demand for work

demandado *m*, **-a** *f* JUR defendant

demandante *m/f* JUR plaintiff

◇ **demandante de trabajo** job seeker

demandar ⟨1a⟩ *v/t* JUR sue

demarcación *f* demarcation

demarcar ⟨1g⟩ *v/t* demarcate

demás I *adj* remaining **II** *pron*: **lo ~** the rest; **los ~** the rest, the others **III** *adv*: **por lo ~** apart from that; **y ~** and so on; **por ~** extremely

demasía *f* excess; **en ~** too much

demasiado I *adj* too much; *antes de pl* too many; **-a gente** too many people; **hace ~ calor** it's too hot **II** *adv antes de adj, adv* too; *con verbo* too much;

¡esto es ~! *fig* this is too much!

demencia *f* MED dementia; *fig* madness
◇ **demencia senil** MED senile dementia

demencial *adj fig* crazy, mad

demente I *adj* demented, crazy **II** *m/f* mad person

democracia *f* democracy

demócrata I *adj* democratic **II** *m/f* democrat

democrático *adj* democratic

democratizar ⟨1f⟩ *v/t* democratize

democristiano I *adj* Christian Democrat *atr* **II** *m*, **-a** *f* Christian Democrat

demografía *f* demographics *sg*

demográfico *adj* demographic

demoledor *adj* demolition *atr*; *fig* devastating

demoler ⟨2h⟩ *v/t* demolish

demolición *f* demolition

demoniaco, demoníaco *adj* demonic

demonio *m* demon; **¡~s!** F hell! F, damn! F; **a ~s** F *oler, saber* terrible, hellish F; **al ~ con ...** F to hell with ... F; **como un ~** F like a madman F; **tener el ~ en el cuerpo** be a handful

demora *f* delay; **sin ~** without delay

demorar ⟨1a⟩ **I** *v/i* **1** stay on **2** *L.Am.* (*tardar*) be late; **no demores** don't be long **II** *v/t* delay; **demorarse** *v/r* **1** be delayed **2**: **¿cuánto se demora de Concepción a Santiago?** how long does it take to get from Concepción to Santiago?

demorón *adj L.Am.* F: **es ~** he's always late

demoscópico *adj*: **instituto ~** opinion poll institute

demostrable *adj* demonstrable

demostración *f* **1** proof **2** *de método* demonstration **3** *de fuerza, sentimiento* show

demostrar ⟨1m⟩ *v/t* **1** prove **2** (*enseñar*) demonstrate **3** (*mostrar*) show

demostrativo *adj* demonstrative

demudar ⟨1a⟩ *v/t* change, alter; *fig: expresión de la cara* distort, contort; **demudarse** *v/r* change, alter

denegación *f* refusal

denegar ⟨1h & 1k⟩ *v/t* refuse

dengue *m* **1** *afectación* fussiness; **no le hace ~s a nada** he never makes a fuss about anything **2** MED dengue

denigración *f* denigration

denigrante *adj* **1** *trato* degrading **2** *artículo* denigrating

denigrar ⟨1a⟩ *v/t* **1** degrade **2** (*criticar*) denigrate

denodado *adj* tireless

denominación *f* name
◇ **denominación de origen** *guarantee of provenance and quality of a wine or other product*

denominador *m*: **~ común** *fig* common denominator

denominar ⟨1a⟩ *v/t* designate; **denominarse** *v/r* be called

denostar ⟨1m⟩ *v/t* insult

denotación *f* indication

denotar ⟨1a⟩ *v/t* indicate, denote

densidad *f* density
◇ **densidad de población** population density

densificar ⟨1g⟩ *v/t* make denser

densitometría *f*: **~ ósea** MED bone-mass measurement

denso *adj bosque* dense; *fig* weighty

dentado *adj* serrated; **rueda -a** cogwheel

dentadura *f*: **~ postiza** false teeth *pl*, dentures *pl*

dental *adj* dental

dentellada *f* **1** bite; **rompió la cuerda a ~s** he bit through the rope **2** *herida* teeth mark

dentera *f*: **darle ~ a alguien** set s.o.'s teeth on edge

dentición *f* **1** teething; **estar con la ~** be teething **2** (*dientes*) teeth *pl*

dentífrico *adj*: **pasta -a** toothpaste **II** *m* toothpaste

dentista *m/f* dentist

dentro I *adv* inside; **por ~** inside; *fig* inside; **de ~** from inside **II** *prp*: **~ de** en *espacio* in, inside; *en tiempo* in, within

denuedo *m* valor, *Br* valour; **con ~** valiantly

denuesto *m* insult

denuncia *f* report; **poner una ~** make a formal complaint

denunciante *m/f* person who reports a crime

denunciar ⟨1b⟩ *v/t* report; *fig* condemn, denounce

deontología *f* professional ethics *pl*

deontológico *adj*: **código ~** code of ethics

deparar ⟨1a⟩ *v/t alegrías* bring; **¿qué**

nos deparará el futuro? what does the future have in store *o* hold for us?

departamento *m* **1** department **2** *L.Am.* (*apartamento*) apartment, *Br* flat

◇ **departamento de comercio exterior** foreign trade department; **departamento de contabilidad** accounts *sg* (department); **departamento de ventas** sales *sg* (department)

departir ⟨3a⟩ *v/i* talk, converse *fml*

depauperación *f* impoverishment

depauperar ⟨1a⟩ *v/t* impoverish; **depauperarse** *v/r* become impoverished

dependencia *f* **1** dependence, dependency (*de* on) **2** COM department

depender ⟨2a⟩ *v/i* **1** depend (*de* on); *eso depende* that all depends **2**: ~ *de alguien en una jerarquía* report to s.o.

dependiente I *adj* dependent **II** *m*, -a *f* sales clerk, *Br* shop assistant

depilación *f* hair removal; *con cera* waxing; *con pinzas* plucking

depilar ⟨1a⟩ *v/t con cera* wax; *con pinzas* pluck

depilatorio I *adj* hair-removing, depilatory; *crema -a* hair-removing cream, depilatory **II** *m* hair remover, depilatory

deplorable *adj* deplorable

deplorar ⟨1a⟩ *v/t* deplore

deponer ⟨2r; *part* **depuesto**⟩ **I** *v/t* **1** *ministro, presidente* dismiss; *rey* depose **2** *armas* lay down **II** *v/i* JUR give evidence, testify

deportación *f* deportation

deportar ⟨1a⟩ *v/t* deport

deporte *m* sport; *hacer* ~ play sports; ~ *en pista cubierta* indoor sport

◇ **deporte de alta competición** high-level sport; **deporte de alto riesgo** high-risk sport; **deporte de aventura** adventure activity; **deporte blanco** winter sport; **deporte de invierno** winter sport; **deporte náutico** water sports *pl*; **deporte rey**: *el* ~ the beautiful game

deportista I *adj* sporting **II** *m* sportsman **III** *f* sportswoman

◇ **deportista náutico** sailor

deportividad *f* sportsmanship

deportivo *adj* sports *atr*; *actitud* sporting

deposición *f* deposition

depositante *m/f* COM depositor

depositar ⟨1a⟩ *v/t tb fig* put, place; *dinero* deposit (*en* in); **depositarse** *v/r* settle

depositario *m*, -a *f* COM depositor

depósito *m* **1** COM deposit; *tomar algo en* ~ take sth as a deposit **2** (*almacén*) store **3** *de agua*, AUTO tank

◇ **depósito de cadáveres** morgue, *Br* mortuary

depravación *f* depravity

depravado *adj* depraved

depravar ⟨1a⟩ *v/t* deprave

depre F I *adj* depressed, down **F II** *f* depression

deprecación *f* supplication, entreaty

deprecar ⟨1g⟩ *v/t* beg, entreat

depreciación *f* depreciation

depreciar ⟨1b⟩ *v/t* lower the value of; **depreciarse** *v/r* depreciate, lose value

depredación *f* depredation

depredador I *adj* predatory **II** *m*, ~a *f* ZO predator

depredar ⟨1a⟩ *v/t* ZO prey on

depresión *f* MED depression

◇ **depresión atmosférica** low pressure area, low, depression

depresivo *adj* depressive

deprimente *adj* depressing

deprimido *adj* depressed

deprimir ⟨3a⟩ *v/t* depress; **deprimirse** *v/r* get depressed

deprisa *adv* fast, quickly; ~ *y corriendo* in a rush

depuesto *part* ☞ **deponer**

depuración *f* **1** purification **2** POL purge

depuradora *f* purifier; *planta* ~ *de aguas residuales* sewage treatment plant

depurar ⟨1a⟩ *v/t* **1** purify **2** POL purge

derbi *m* derby

derecha *f tb* POL right; *de* ~*s* POL right-wing, of the right; *la* ~ the right(-hand); *a la* ~ *posición* on the right; *dirección* to the right; *a* ~*s* right

derechazo *m en boxeo* right

derechista POL **I** *adj* right-wing **II** *m/f* right-winger

derecho I *adj* **1** *lado* right **2** (*recto*) straight **3** *C.Am. fig* straight, honest **II** *adv* straight; *siga* ~ carry straight on; *tenerse* ~ stand up / sit up straight; *poner* ~ *algo* straighten sth; *vertical* right sth, set sth upright; *vamos* ~ *a casa*

we're going straight home
III *m* **1** (*privilegio*) right; **con ~ a** with a right to; **dar ~ a alguien a algo** entitle s.o. to sth; **la tarjeta da ~ a entrar gratuitamente** the card entitles you to free entry; **tener ~ a** have a right to, be entitled to; **tener el ~ de** have the right to, be entitled to; **estar en su ~** be within one's rights; **no hay ~** it's not fair, it's not right; **miembro de pleno ~** full member **2** JUR law; **estudiar ~** study law **3**: **del ~ vestido**, *jersey* on the right side
IV *mpl*: **~s** fees; **~s de almacenaje** storage charges
◇ **derecho administrativo** administrative law; **derecho de asilo** right to asylum; **derecho civil** civil law; **derecho exclusivo de venta** exclusive sales rights *pl*; **derecho internacional** international law; **derecho del más fuerte** law of the jungle; **derecho mercantil** commercial law; **derecho penal** criminal law; **derecho procesal** law of procedure; **derecho de voto** right to vote; **derechos de aduana** customs duties; **derechos de autor** royalties; **derechos cívicos** civil rights; **derechos humanos** human rights; **derechos de inscripción** registration fee *sg*
derechura *f* **1** straightness; **en ~** straight away **2** *C.Am.*, *Pe* luck
deriva *f*: **ir a la ~** MAR, *fig* drift
derivación *f* derivation
derivado *m* QUÍM, GRAM derivative
derivar ⟨1a⟩ *v/i* **1** derive (**de** from) **2** *de barco* drift; **derivarse** *v/r* be derived (**de** from)
dermatitis *f* MED dermatitis
dermatología *f* dermatology
dermatólogo *m*, **-a** *f* dermatologist
dérmico *adj* skin *atr*
dermis *f* ANAT dermis
dermofarmacia *f* cosmetology, cosmetic science
derogación *f* repeal
derogar ⟨1h⟩ *v/t* repeal
derrama *f* apportionment
derramamiento *m* spilling
◇ **derramamiento de sangre** bloodshed
derramar ⟨1a⟩ *v/t* **1** spill; *luz, sangre, lágrimas* shed; *fig* waste **2** (*esparcir*) scatter; **derramarse** *v/r* **1** spill **2** *de gen-*

te scatter
derrame *m* MED: **~ cerebral** stroke
derrapar ⟨1a⟩ *v/i* AUTO skid
derredor *m*: **en o al ~** around
derrengado *adj* exhausted
derrengar ⟨1h⟩ *v/t*: **~ a alguien** break s.o.'s back; *fig* exhaust s.o., wear s.o. out; **derrengarse** *v/r fig* collapse
derretimiento *m* melting
derretir ⟨3l⟩ *v/t* melt; **derretirse** *v/r* melt; *fig* be besotted (**por** with); **~ por alguien** be crazy about s.o. F
derribar ⟨1a⟩ *v/t* **1** *edificio, persona* knock down **2** *avión* shoot down **3** POL bring down
derribo *m* **1** *de edificio* demolition **2** *de persona* knocking down **3** *de avión* shooting down **4** POL overthrow
derrocamiento *m* POL overthrow
derrocar ⟨1g⟩ *v/t* POL overthrow
derrochador I *adj* wasteful **II** *m*, **~a** *f* spendthrift
derrochar ⟨1a⟩ *v/t* **1** *dinero* waste **2** *salud, felicidad* exude, be bursting with
derroche *m* waste
derrota *f* defeat; **~ electoral** election defeat; **sufrir una ~** be defeated, suffer a defeat
derrotado *adj fig* **1** (*cansado*) exhausted **2** (*deprimido*) depressed
derrotar ⟨1a⟩ *v/t* MIL defeat; DEP beat, defeat; *fig*: *salud* ruin
derrotero *m* MAR, *fig* course; **ir por otros ~s** *fig* change tack
derrotismo *m* defeatism
derrotista *m/f* defeatist
derruir ⟨3g⟩ *v/t edificio* demolish
derrumbamiento *m accidental* collapse; *intencionado* demolition
derrumbar ⟨1a⟩ *v/t* knock down; **derrumbarse** *v/r* **1** collapse, fall down **2** *de persona* go to pieces
derrumbe *m* ☞ **derrumbamiento**
derviche *m* dervish
desabastecer ⟨2d⟩ *v/t*: **~ a alguien de algo** stop s.o.'s supply of sth
desabastecimiento *m* shortage
desabollar ⟨1a⟩ *v/t* take the dents out of
desaborido I *adj* bland, insipid **II** *m*, **-a** *f* bore
desabotonar ⟨1a⟩ *v/t* unbutton; **desabotonarse** *v/r* unbutton
desabrido *adj* **1** (*soso*) bland, insipid **2** *persona* surly **3** *tiempo* unpleasant

desabrigado *adj*: *salir* ~ go out without warm enough clothes on

desabrigarse ⟨1h⟩ *v/r* take off one's coat; *no te desabrigues* keep your coat on

desabrimiento *m* tastelessness, blandness

desabrochar ⟨1a⟩ *v/t* undo, unfasten; ~ *el cinturón* AVIA unfasten one's safety belt

desacatar ⟨1a⟩ *v/t orden* disobey; *ley, regla* break

desacato *m* JUR contempt

desaceleración *f* deceleration

desacelerar ⟨1a⟩ *v/t & v/i* slow down

desacertado *adj* misguided

desacertar ⟨1k⟩ *v/i* be wrong

desacierto *m* mistake

desacomplejarse ⟨1a⟩ *v/r* get rid of one's complexes

desaconsejable *adj* inadvisable

desaconsejado *adj*: *esta* ~ *el consumo de bebidas alcohólicas durante el embarazo* drinking during pregnancy is not advised, it is not advisable to drink during pregnancy

desaconsejar ⟨1a⟩ *v/t* advise against

desacoplar ⟨1a⟩ *v/t* uncouple

desacostumbrado *adj*: *estar* ~ *a algo* be unaccustomed to sth, be unused to sth

desacostumbrar ⟨1a⟩ *v/t*: ~ *a alguien de algo* get s.o. out of the habit of sth; **desacostumbrarse** *v/r*: ~ *a algo* get out of the habit of sth

desacreditado *adj* discredited

desacreditar ⟨1a⟩ *v/t* discredit

desactivación *f* deactivation

desactivar ⟨1a⟩ *v/t bomba etc* deactivate

desacuerdo *m* disagreement; *estar en* ~ *con* disagree with

desafecto **I** *adj* hostile (*a* to) **II** *m* disaffection

desafiador, desafiante *adj* defiant

desafiar ⟨1c⟩ *v/t* challenge; *peligro* defy

desafinado *adj* MÚS out of tune

desafinar ⟨1a⟩ *v/i* MÚS be out of tune; *fig* speak out of turn

desafío *m* challenge; *al peligro* defiance

desaforado *adj* **1** *ambición* boundless **2** *grito* ear-splitting

desafortunadamente *adv* unfortunately

desafortunado *adj* unfortunate, unlucky

desafuero *m* outrage

desagradable *adj* unpleasant, disagreeable

desagradar ⟨1a⟩ *v/i*: *me desagrada tener que ...* I dislike having to ...; *les desagradó lo que hizo* they were unhappy with what he did; *no me desagradaría ...* I wouldn't mind ...

desagradecido *adj* ungrateful; *una tarea -a* a thankless task

desagradecimiento *m* ingratitude

desagrado *m* displeasure

desagraviar ⟨1b⟩ *v/t*: ~ *a alguien (por algo)* make amends to s.o. (for sth)

desagravio *m* apology

desaguadero *m* drain

desaguar ⟨1i⟩ **I** *v/t* drain **II** *v/i* **1** *de agua* drain away **2** *de río* flow, drain (*en* into)

desagüe *m* **1** *orificio* drain; (*cañería*) drainpipe **2** *acción* drainage

desaguisado *m* crime

desahogado *adj* spacious

desahogar ⟨1h⟩ *v/t sentimiento* vent; **desahogarse** *v/r fig* F let off steam F, get it out of one's system F

desahogo *m* comfort; *con* ~ comfortably

desahuciar ⟨1b⟩ *v/t* **1**: ~ *a alguien* declare s.o. terminally ill **2** *inquilino* evict

desahucio *m* JUR eviction; *demanda de* ~ eviction order

desairar ⟨1a⟩ *v/t* snub

desaire *m* snub; *hacer un* ~ *a alguien* snub s.o.

desajustar ⟨1a⟩ *v/t* **1** *tornillo, pieza* loosen **2** *mecanismo, instrumento* affect, throw out of balance; **desajustarse** *v/r* TÉC work loose

desajuste *m* **1** disruption **2** COM imbalance **3**: *existe un* ~ *en el engranaje* the gears are not adjusted correctly

desalación *f* **1** *de agua* desalination **2** GASTR soaking (*to remove salt*)

desaladora *f* desalination plant

desalar ⟨1a⟩ *v/t* **1** *agua* desalinate **2** GASTR soak (*to remove salt*)

desalentador *adj* disheartening

desalentar ⟨1k⟩ *v/t* discourage; **desalentarse** *v/r* become disheartened *o* discouraged

desaliento *m* discouragement

desalinización *f* desalination

desalinizador *adj*: *planta ~a* desalination plant

desalinizar ⟨1f⟩ *v/t* desalinate

desaliñado *adj* slovenly

desaliño *m* slovenliness

desalmado I *adj* heartless **II** *m*, -a *f*: *es un ~* he is heartless

desalojar ⟨1a⟩ **I** *v/t* **1** *ante peligro* evacuate **2** (*desahuciar*) evict **3** (*vaciar*) vacate **II** *v/i* move out

desalojo *m* **1** *ante peligro* evacuation **2** *de inquilinos* eviction **3** *de ocupantes* removal

desamor *m* coldness, lack of affection

desamparado *adj* defenseless, *Br* defenceless

desamparar ⟨1a⟩ *v/t*: *~ a alguien* abandon s.o., leave s.o. defenseless *o Br* defenceless

desamparo *m* neglect

desamueblado *adj* unfurnished

desandar ⟨1q⟩ *v/t*: *~ el camino* retrace one's steps; *~ lo andado* *fig* go back to square one

desangelado *adj lugar* soulless; *persona* dull, charmless

desangrar ⟨1a⟩ *v/t* bleed; **desangrarse** *v/r* bleed to death

desanimado *adj* discouraged, disheartened

desanimar ⟨1a⟩ *v/t* discourage, dishearten; **desanimarse** *v/r* become discouraged *o* disheartened

desánimo *m* discouragement

desanudar ⟨1a⟩ *v/t* untie, undo

desapacible *adj* nasty, unpleasant

desaparecer ⟨2d⟩ **I** *v/i* disappear, vanish **II** *v/t L.Am.* disappear F, make disappear

desaparecido I *adj* missing **II** *m*, -a *f* **1**: *el ~* the deceased **2** *L.Am. un ~* one of the disappeared

desaparición *f* disappearance

desapasionado *adj* dispassionate

desapegarse ⟨1h⟩ *v/r fig* lose touch, become distanced

desapego *m* indifference; (*distancia*) distance, coolness

desapercibido *adj* unnoticed; *pasar ~* go unnoticed; *pillar ~ a alguien* catch s.o. unawares

desaplicación *f* laziness, lack of application

desaplicado *adj* lazy

desapoderar ⟨1a⟩ *v/t*: *~ a alguien de algo* strip s.o. of sth

desaprensión *f* unscrupulousness

desaprensivo *adj* unscrupulous

desaprobación *f* disapproval

desaprobar ⟨1m⟩ *v/t* disapprove of

desaprovechado *adj oportunidad, talento* wasted

desaprovechamiento *m* waste

desaprovechar ⟨1a⟩ *v/t oportunidad* waste

desarbolar ⟨1a⟩ *v/t* MAR dismast

desarmado *adj* unarmed

desarmador *m Méx, tb* F *bebida* screwdriver

desarmante *adj fig* disarming

desarmar ⟨1a⟩ *v/t* **1** MIL disarm **2** TÉC take to pieces, dismantle

desarme *m* MIL disarmament

desarraigar ⟨1h⟩ *v/t tb fig* uproot

desarraigo *m fig* rootlessness

desarreglado *adj* **1** *habitación, aspecto* untidy **2** *vida* disorganized, chaotic

desarreglar ⟨1a⟩ *v/t* **1** *habitación* make untidy **2** *horario* disrupt

desarreglo *m* **1** *hormonal* disorder **2** *de horarios* disruption

desarrollar ⟨1a⟩ *v/t* **1** develop **2** *tema* explain **3** *trabajo* carry out; **desarrollarse** *v/r* **1** develop, evolve **2** (*ocurrir*) take place

desarrollo *m* development

desarrugar ⟨1h⟩ *v/t ropa* remove the creases from

desarticular ⟨1a⟩ *v/t* **1** *banda criminal* break up **2** MED dislocate

desaseado *adj* F scruffy, untidy

desaseo *m* scruffiness, untidiness

desasirse ⟨3a⟩ *v/r*: *~ de* get free of, free o.s. from

desasnar ⟨1a⟩ *v/t* F enlighten, educate

desasosegar ⟨1h & 1k⟩ *v/t* make uneasy; **desasosegarse** *v/r* become uneasy *o* restless

desasosiego *m* disquiet, unease

desastrado *adj* untidy

desastre *m tb fig* disaster; *ser un ~ fig* F be a disaster F

◇ **desastre ecológico** environmental disaster

◇ **desastre natural** natural disaster

desastroso *adj* disastrous

desatar ⟨1a⟩ *v/t* untie; *fig* unleash; **desatarse** *v/r* **1** *de animal, persona* get free **2** *de cordón* come undone; *fig* be unleashed, break out; **~ en insultos** let fly a string of insults

desatascar ⟨1g⟩ *v/t* unblock

desatención *f* lack of attention, inattention

desatender ⟨2g⟩ *v/t* **1** *amigos, profesión etc* neglect **2** (*ignorar*) ignore

desatento *adj* **1** (*desconsiderado*) discourteous **2** (*distraído*) inattentive

desatinado *adj* foolish

desatinar ⟨1a⟩ *v/i* (*actuando*) act foolishly; (*hablando*) talk nonsense

desatino *m* mistake

desatornillador *m esp L.Am.* screwdriver

desatornillar ⟨1a⟩ *v/t* unscrew

desatrancar ⟨1g⟩ *v/t cañería* unblock

desautorizado *adj* unauthorized

desautorizar ⟨1f⟩ *v/t* **1** (*prohibir*) refuse permission for **2** (*desacreditar*) discredit

desavenencia *f* disagreement

desavenir ⟨3s⟩ *v/t* make trouble between; **desavenirse** *v/r* fall out (**con** with)

desaventajado *adj* unfavorable, *Br* unfavourable

desayunar ⟨1a⟩ **I** *v/i* have breakfast **II** *v/t*: **~ algo** have sth for breakfast; **desayunarse** *v/r* **1** have breakfast; **~ con algo** have sth for breakfast **2**: **~ de algo** hear about sth

desayuno *m* breakfast

desazón *f* (*ansiedad*) uneasiness, anxiety

desazonado *adj* worried, anxious

desazonar ⟨1a⟩ *v/t* worry, make anxious

desbancar ⟨1g⟩ *v/t fig* displace, take the place of; *a un alto cargo* oust

desbandada *f*: **a la ~** in all directions; **salir en ~** scatter

desbandarse ⟨1a⟩ *v/r* disband; *de grupo de personas* scatter

desbarajuste *m* mess

desbaratar ⟨1a⟩ *v/t* **1** *planes* ruin, spoil; *organización* disrupt **2** *dinero* squander; **desbaratarse** *v/r* be spoiled

desbarrancar ⟨1g⟩ *L.Am. v/t* push over the edge of a cliff; **desbarrancarse** *v/r* go over the edge of a cliff

desbarrar ⟨1a⟩ *v/i* talk nonsense

desbastar ⟨1a⟩ *v/t* smooth down

desbloquear ⟨1a⟩ *v/t* **1** *carretera* clear; *mecanismo* free up, unjam; *tubería etc* clear, unblock; *proceso de paz* break the logjam in **2** *cuenta bancaria* unfreeze

desbloqueo *m* **1** *de carretera* clearing; *de mecanismo* freeing up, unjamming; *de tubería etc* clearing, unblocking; **hasta el ~ del proceso de paz** until such time as the logjam in the peace process has been broken **2** *de cuenta bancaria* unfreezing

desbocado *adj* **1** *caballo* runaway **2** (*malhablado*) foulmouthed

desbocarse ⟨1g⟩ *v/r de caballo* bolt

desbordamiento *m* overflow

desbordante *adj energía, entusiasmo etc* boundless; **~ de** bursting with, overflowing with

desbordar ⟨1a⟩ **I** *v/t* **1** *de río* overflow, burst **2** *de multitud* break through **3** *de acontecimiento* overwhelm; *fig* exceed **II** *v/i* overflow; **desbordarse** *v/r de río* burst its banks, overflow; *fig* get out of control

desbrozar ⟨1f⟩ *v/t* clear

descabalgar ⟨1h⟩ *v/i* dismount

descabellado *adj*: **idea -a** F harebrained idea F

descabellar ⟨1a⟩ *v/t TAUR kill with a knife-thrust in the neck*

descabello *m* knife thrust to the neck

descabezado *adj persona* beheaded; *organización* leaderless; *fig* crazy

descabezar ⟨1f⟩ *v/t* **1** *persona* behead, decapitate; *cosa* take the top off; *organización* remove the leader of **2**: **~ un sueño** F have forty winks

descacharrante *adj* F hilarious

descafeinado *adj* decaffeinated; *fig* watered-down

descalabrar ⟨1a⟩ *v/t*: **~ a alguien** split s.o.'s head open

descalabro *m* calamity, disaster

descalcificación *f* calcium deficiency

descalcificador *m* water softener

descalcificar ⟨1g⟩ *v/t* **1** *water* soften **2** MED decalcify

descalificación *f* disqualification

descalificar ⟨1g⟩ *v/t* disqualify

descalzar ⟨1f⟩ *v/t*: **~ a alguien** take s.o.'s shoes off; **descalzarse** *v/r* take one's shoes off

descalzo *adj* barefoot

descamar ⟨1a⟩ *v/t pescado* scale; **descamarse** *v/r de piel* flake off
descambiar ⟨1a⟩ *v/t* F *artículo* exchange, swap
descaminado *adj fig* misguided; **andar** *o* **ir ~** be on the wrong track
descamisado *adj* shirtless; *fig* ragged
descampado *m* open ground
descansado *adj trabajo* light, undemanding
descansar ⟨1a⟩ **I** *v/i* rest, have a rest; **¡que descanses!** sleep well **II** *v/t* **1** rest (**sobre** on) **2**: **¡descansen armas!** MIL order arms!
descansillo *m* landing
descanso *m* **1** rest; **sin ~** without a break; **tomarse un ~** take a break, have a rest **2** DEP half-time; TEA interval **3** *L.Am.* (*descansillo*) landing
descapitalización *f* decapitalization
descapotable *m* AUTO convertible
descarado *adj* rude, impertinent
descararse ⟨1a⟩ *v/r* be rude *o* impertinent
descarga *f* **1** EL, MIL discharge **2** *de mercancías* unloading **3** INFOR downloading
◇ **descarga eléctrica** electric shock
descargadero *m* wharf
descargar ⟨1h⟩ **I** *v/t* **1** *arma*, EL discharge; *fig: ira etc* take out (**en**, **sobre** on) **2** *mercancías* unload **3** *de responsabilidad, culpa* clear (**de** of) **4** INFOR download **II** *v/i de tormenta etc* hit; **descargarse** *v/r de pila* go flat
descargo *m* defense, *Br* defence; **decir algo en ~ de alguien** say sth in s.o.'s defense
descargue *m* unloading
descarnado *adj* **1** *persona* emaciated **2** *relato* stark
descaro *m* nerve
descarriado *adj*: **ir ~** go astray
descarriar ⟨1c⟩ *v/t* misdirect; **descarriarse** *v/r* lose one's way
descarrilamiento *m* FERR derailment
descarrilar ⟨1a⟩ *v/t* derail
descartable *adj L.Am.* disposable
descartar ⟨1a⟩ *v/t* rule out; **descartarse** *v/r en naipes* discard
descascarar ⟨1a⟩ *v/t fruta* peel; *nuez* shell
descascarillar ⟨1a⟩ *v/t* chip
descastado *adj* cold, uncaring

descendencia *f* descendants *pl*
descendente *adj* downward; *escala* descending
descender ⟨2g⟩ **I** *v/i* **1** *para indicar alejamiento* go down, descend; *para indicar acercamiento* come down, descend; *fig* go down, decrease, diminish **2**: **~ de** *de civilización* descend from **II** *v/t escalera* go down; *para indicar acercamiento* come down
descendiente *m/f* descendant
descendimiento *m* descent
descenso *m* **1** *de precio etc* drop; *de montaña*, AVIA descent; **la prueba de ~ en esquí** the downhill (race *o* competition) **2** DEP relegation
descentralización *f* decentralization
descentralizar ⟨1f⟩ *v/t* decentralize
descentrar ⟨1a⟩ *v/t fig* shake; **descentrarse** *v/r fig* lose one's concentration
descerebrado *adj* mindless
descerrajar ⟨1a⟩ *v/t* **1** *tiro* fire **2** *puerta* force
descifrar ⟨1a⟩ *v/t* decipher; *fig* work out
desclasificar ⟨1g⟩ *v/t* declassify
desclavar ⟨1a⟩ *v/t clavo, chincheta* take out, remove
descocado *adj* daring
descodificación *f* decoding
descodificador *m* decoder
descodificar ⟨1g⟩ *v/t* decode
descolgar ⟨1h & 1m⟩ *v/t* **1** take down **2** TELEC pick up; **descolgarse** *v/r* **1** *por una cuerda* lower o.s. **2** *de grupo* break away **3** *de póster, cortina* come down **4** *L.Am.* **~ con algo** come out with sth; **te descuelgas con que no quieres** F out of the blue you say you don't want to **5** *L.Am.* **~ por un sitio** F turn up somewhere unexpectedly
descollante *adj* outstanding
descollar ⟨1m⟩ *v/i* stand out (**sobre** among)
descolonización *f* decolonization
descolonizar ⟨1f⟩ *v/t* decolonize
descolorar ⟨1a⟩ *v/t* bleach; **descolorarse** *v/r* fade
descolorido *adj* faded; *fig* colorless, *Br* colourless
descombrar ⟨1a⟩ *v/t* clear (up)
descomedido *adj* **1** immoderate **2** (*descortés*) rude
descomedirse ⟨3l⟩ *v/r* be rude (**con** to)
descompaginar ⟨1a⟩ *v/t plan* upset

descompasado *adj*: **están ~s** MÚS they're not keeping time

descompensar ⟨1a⟩ *v/t* unbalance

descomponer ⟨2r; *part* **descompuesto**⟩ *v/t* **1** (*dividir*) break down **2** *L.Am.* (*romper*) break **3** (*pudrir*) cause to decompose **4** *plan* upset; **descomponerse** *v/r* **1** (*pudrirse*) decompose, rot **2** TÉC break down **3** *Rpl* (*emocionarse*) break down (in tears) **4**: **se le descompuso la cara** he turned pale

descomposición *f* **1** breaking down **2** (*putrefacción*) decomposition; **en avanzado estado de ~** in an advanced state of decay *o* decomposition **3** (*diarrea*) diarrhea, *Br* diarrhoea

descompostura *f L.Am.* (*avería*) breakdown, fault

descompuesto I *part* ☞ **descomponer** **II** *adj* **1** *alimento* rotten; *cadáver* decomposed **2** *persona* upset **3** *L.Am.* tipsy **4** *L.Am. máquina* broken down

descomunal *adj* huge, enormous

desconcentrarse ⟨1a⟩ *v/r* lose one's concentration

desconcertado *adj* disconcerted

desconcertar ⟨1k⟩ *v/t a persona* disconcert; **desconcertarse** *v/r* be disconcerted, be taken aback

desconchado *m place where the paint is peeling*; *en porcelana* chip

desconcharse ⟨1a⟩ *v/r de porcelana* chip; **se había desconchado la pared** the paint had peeled off the wall

desconchón *m* ☞ **desconchado**

desconcierto *m* uncertainty

desconectar ⟨1a⟩ **I** *v/t* EL disconnect **II** *v/i fig* switch off; **desconectarse** *v/r fig* lose touch (**de** with)

desconexión *f* disconnection

desconfiado *adj* mistrustful, suspicious

desconfianza *f* mistrust, suspicion

desconfiar ⟨1c⟩ *v/i* be mistrustful (**de** of), be suspicious (**de** of)

descongelación *f* **1** *de comida* thawing, defrosting **2** *de precios* unfreezing

descongelar ⟨1a⟩ *v/t* **1** *comida* thaw, defrost; *refrigerador* defrost **2** *precios* unfreeze; **descongelarse** *v/r* defrost, thaw

descongestión *f* decongestion

descongestionar ⟨1a⟩ *v/t* **1** MED clear **2**: **~ el tráfico** relieve traffic congestion

desconocer ⟨2d⟩ *v/t* not know

desconocido I *adj* unknown **II** *m*, **-a** *f* stranger

desconocimiento *m* ignorance

desconsideración *f* lack of consideration

desconsiderado *adj* inconsiderate

desconsolado *adj* inconsolable

desconsolador *adj* distressing

desconsolar ⟨1m⟩ *v/t* distress

desconsuelo *m* grief

descontado I *part* ☞ **descontar** **II** *adj*: **dar por ~** take for granted; **por ~** certainly

descontaminación *f* decontamination

descontaminar ⟨1a⟩ *v/t* decontaminate

descontar ⟨1m⟩ *v/t* COM deduct, take off; *fig* exclude

descontentadizo *adj* hard to please

descontentar ⟨1a⟩ *v/t* displease

descontento I *adj* dissatisfied **II** *m* dissatisfaction

descontrol *m* chaos

descontrolado *adj* out of control

descontrolarse ⟨1a⟩ *v/r* get out of control; (*enojarse*) lose control

desconvocar ⟨1g⟩ *v/t* call off

descoordinación *f* lack of coordination

descorazonamiento *m* discouragement

descorazonar ⟨1a⟩ *v/t* discourage; **descorazonarse** *v/r* get discouraged

descorchador *m Rpl* corkscrew

descorchar ⟨1a⟩ *v/t botella* uncork

descorrer ⟨2a⟩ *v/t cortina, pestillo* draw (back)

descortés *adj* impolite, rude

descortesía *f* discourtesy, impoliteness

descortezar ⟨1f⟩ *v/t* strip the bark from

descoser ⟨2a⟩ *v/t costura* unpick; **descoserse** *v/r de costura, dobladillo etc* come unstitched; *de prenda* come apart at the seams

descosido I *adj fig* disjointed **II** *m*, **-a** *f*: **como un ~** F like mad F; **hablar como un ~** F talk non-stop

descoyuntamiento *m* dislocation

descoyuntar ⟨1a⟩ *v/t* dislocate

descrédito *m* discredit; **caer en ~** be discredited

descreído I *adj* skeptical, *Br* sceptical **II** *m*, **-a** *f* skeptic, *Br* sceptic

descreimiento *m* skepticism, *Br* scepticism

descremado *adj* skimmed
descremar ⟨1a⟩ *v/t leche* skim
describir ⟨3a; *part* **descrito**⟩ *v/t* describe
descripción *f* description
descriptivo *adj* descriptive
descriptor *m* INFOR descriptor
descrito *part* ☞ **describir**
descuajaringarse ⟨1h⟩ *v/r* F fall apart, fall to bits; ~ **(de risa)** split one's sides (with laughter)
descuartizar ⟨1f⟩ *v/t* quarter
descubierta *f* MIL reconnaissance
descubierto I *part* ☞ **descubrir II** *adj* **1** uncovered; *persona* bare-headed; **al ~** in the open; **dormir al ~** sleep outdoors *o* out in the open; **poner al ~** *fig* expose; **quedar al ~** *fig* be exposed; **dejar algo al ~** leave sth uncovered *o* exposed **2** *cielos* clear **3** *piscina* open-air **III** *m* COM overdraft; **en ~ cuenta** overdrawn
descubridor *m*, **~a** *f* discoverer
descubrimiento *m* **1** *de territorio, cura etc* discovery **2** *(revelación)* revelation
descubrir ⟨3a; *part* **descubierto**⟩ *v/t* **1** *territorio, cura etc* discover **2** *(averiguar)* discover, find out **3** *poner de manifiesto* uncover, reveal; *estatua* unveil; **descubrirse** *v/r* take one's hat off; *fig* give o.s. away
descuento *m* **1** discount **2** DEP stoppage time
descuerar ⟨1a⟩ *v/t L.Am.* skin; ~ **a alguien** *fig* tear s.o. to pieces
descuidado *adj* careless
descuidar ⟨1a⟩ **I** *v/t* neglect **II** *v/i*: ¡**descuida!** don't worry!; **descuidarse** *v/r* **1** get careless **2** *en cuanto al aseo* let o.s. go **3** *(despistarse)* let one's concentration lapse
descuidero *m*, **-a** *f* sneak thief
descuido *m* **1** carelessness; **en un ~** *L.Am.* in a moment of carelessness; **por ~** through carelessness **2** *(error)* mistake **3** *(omisión)* oversight
desde *prp* **1** *en el tiempo* since; ~ **1993** since 1993; ~ **que** since; ~ **hace tres días** for three days; ~ **hace mucho / poco** for a long / short time; ~ **mañana** from tomorrow; ~ **ya** *Rpl* right away **2** *en el espacio* from; ~ **arriba / abajo** from above / below; **te veo ~ aquí** I can see you from here **3** *en escala* from; ~ **... hasta ...** from ... to ... **4**: ~ **luego**

of course
desdecir ⟨3p; *part* **desdicho**⟩ *v/i*: **la decoración desdice de un lugar tan formal** the decor is not in keeping with such formal surroundings; **la corbata desdice de la camisa** the tie does not go with the shirt; **desdecirse** *v/r*: ~ **de algo** withdraw *o* retract sth
desdén *m* disdain, contempt
desdentado *adj* toothless
desdeñable *adj* contemptible; **nada ~** far from insignificant
desdeñar ⟨1a⟩ *v/t* scorn
desdeñoso *adj* disdainful, contemptuous
desdibujado *adj* blurred
desdibujar ⟨1a⟩ *v/t* blur; **desdibujarse** *v/r* become blurred
desdicha *f* **1** *(desgracia)* misfortune **2** *(infelicidad)* unhappiness
desdichado I *adj* **1** unhappy **2** *(sin suerte)* unlucky **II** *m*, **-a** *f* poor soul
desdicho *part* ☞ **desdecir**
desdoblamiento *m* **1** unfolding **2** *(división)* splitting; ~ **de la personalidad** PSI split personality
desdoblar ⟨1a⟩ *v/t* **1** unfold **2** *(dividir)* split; **desdoblarse** *v/r* split in two, divide
desdorar ⟨1a⟩ *v/t fig* tarnish
desdoro *m* dishonor, *Br* dishonour
desdramatizar ⟨1f⟩ *v/t* take the drama out of; *situación* play down
deseable *adj* desirable
deseado *adj* desired; **niño ~** wanted child; **no ~** unwanted
desear ⟨1a⟩ *v/t* **1** wish for; *suerte etc* wish **2**: ¿**qué desea?** what would you like?; ¿**desea algo más?** would you like anything else?
desecación *f de comestibles* drying; *de terreno* drainage
desecar ⟨1g⟩ *v/t comestibles* dry; *terreno* drain; **desecarse** *v/r* dry up, dry out
desechable *adj* disposable
desechar ⟨1a⟩ *v/t* **1** *(tirar)* throw away **2** *(rechazar)* reject
desechos *mpl* waste *sg*
◇ **desechos espaciales** space garbage *sg*; **desechos nucleares** nuclear waste *sg*; **desechos reciclables** recyclable waste *sg*; **desechos tóxicos** toxic waste *sg*
desembalaje *m* unpacking

desembalar ⟨1a⟩ *v/t* unpack

desembarazar ⟨1f⟩ *v/t* clear; **desembarazarse** *v/r:* ~ *de* get rid of

desembarazo *m* ease

desembarcadero *m* MAR landing stage

desembarcar ⟨1g⟩ **I** *v/i* disembark **II** *v/t personas* land; *mercancías* unload

desembarco *m*, **desembarque** *m de personas* disembarkation; *de mercancías* landing

desembarrancar ⟨1g⟩ *v/t & v/i* refloat

desembocadura *f de calle* end; *de río* mouth

desembocar ⟨1g⟩ *v/i* 1 *de río* flow (**en** into); *de calle* come out (**en** into) 2 *de situación* end (**en** in)

desembolsar ⟨1a⟩ *v/t* pay out

desembolso *m* expenditure, outlay

desembozar ⟨1f⟩ *v/t* unmask

desembragar ⟨1h⟩ **I** *v/t embrague* release **II** *v/i* release the clutch, declutch

desembrague *m* declutching

desembrollar ⟨1a⟩ *v/t* untangle; *fig* sort out

desembuchar ⟨1a⟩ *v/i fig* F spill the beans F, come out with it F; *¡desembucha!* F out with it! F

desemejante *adj* dissimilar

desemejanza *f* dissimilarity, difference

desempacar ⟨1g⟩ *v/t* unpack

desempacho *m* ease

desempapelar ⟨1a⟩ *v/t pared* strip (the wallpaper from)

desempaquetar ⟨1a⟩ *v/t* unwrap

desempatar ⟨1a⟩ *v/i* DEP, POL decide the winner

desempate *m:* *fue necesaria una votación de* ~ POL a vote was necessary to decide the winner; (*partido de*) ~ DEP decider, deciding game

desempeñar ⟨1a⟩ *v/t* 1 *deber, tarea* carry out 2 *cargo* hold 3 *papel* play 4 *cosa empeñada* redeem

desempeño *m* 1 *de tarea, deber* execution, performance 2 *de papel* performance 3 *de cosa empeñada* redemption

desempleado I *adj* unemployed **II** *m,* -**a** *f* unemployed person; *los* ~**s** *pl* the unemployed

desempleo *m* unemployment; ~ *de larga duración* long-term unemployment

desempolvar ⟨1a⟩ *v/t* 1 dust 2 *fig* dust off; *conocimientos teóricos* brush up

desenamorarse ⟨1a⟩ *v/r* fall out of love

desencadenamiento *m* setting off, triggering

desencadenante I *adj:* *factor* ~ trigger **II** *m fig* trigger

desencadenar ⟨1a⟩ *v/t fig* set off, trigger; **desencadenarse** *v/r fig* be triggered

desencajar ⟨1a⟩ *v/t* 1 *mecanismo, puerta* remove 2 *mandíbula* dislocate; **desencajarse** *v/r* 1 *de pieza* come out 2: *se le ha desencajado la mandíbula* he has dislocated his jaw

desencallar ⟨1a⟩ *v/t* MAR refloat

desencaminar ⟨1a⟩ *v/t* misdirect; **desencaminarse** *v/r* take the wrong road

desencantado *adj fig* disillusioned, disenchanted (**con** with)

desencantar ⟨1a⟩ *v/t fig* disillusion, disenchant

desencanto *m fig* disillusionment, disenchantment

desenchufar ⟨1a⟩ *v/t* EL unplug

desencolarse ⟨1a⟩ *v/r* come unstuck *o* unglued

desencriptar ⟨1a⟩ *v/t* INFOR decrypt, decode

desencuentro *m fig* mix-up

desenfadado *adj* 1 self-assured 2 *programa* light, undemanding

desenfadarse ⟨1a⟩ *v/r* calm down

desenfado *m* ease

desenfocado *adj* FOT out of focus

desenfocar ⟨1g⟩ *v/t* FOT: ~ *algo* get sth out of focus

desenfrenado *adj* frenzied, hectic

desenfrenarse ⟨1a⟩ *v/r de persona* lose control

desenfreno *m* frenzy

desenfundar ⟨1a⟩ *v/t arma* take out, draw

desenganchar ⟨1a⟩ *v/t caballo* unhitch; *carro* uncouple; **desengancharse** *v/r* 1 get loose 2 *fig* F kick the habit F

desengañar ⟨1a⟩ *v/t* disillusion; **desengañarse** *v/r* 1 become disillusioned (*de* with) 2 (*dejar de engañarse*) stop kidding o.s.

desengaño *m* disappointment

desengrasar ⟨1a⟩ *v/t* clean the grease off

desenlace *m* outcome, ending

desenlazar ⟨1f⟩ *v/t* untie; **desenla-**

zarse *v/r de obra de teatro* end
desenmarañar ⟨1a⟩ *v/t* untangle
desenmascarar ⟨1a⟩ *v/t fig* unmask, expose
desenredar ⟨1a⟩ *v/t* **1** untangle **2** *situación confusa* straighten out, sort out; **desenredarse** *v/r* extricate o.s.
desenredo *m* disentanglement
desenrollar ⟨1a⟩ *v/t rollo de tela, papel etc* unroll; *cable* unwind
desenroscar ⟨1g⟩ *v/t* unscrew
desensillar ⟨1a⟩ *v/t caballo* unsaddle
desentenderse ⟨2g⟩ *v/r* not want to know (*de* about)
desentendido *adj:* **hacerse el ~** F pretend not to notice
desenterramiento *m* disinterment
desenterrar ⟨1k⟩ *v/t* disinter, dig up; *fig: viejo amor, odios* resurrect; *escándalo* dig up
desentonar ⟨1a⟩ *v/i* MÚS go off key; **~ con** *fig* clash with; **decir algo que desentona** say something out of place
desentrañar ⟨1a⟩ *v/t fig* unravel
desentrenado *adj* out of condition
desentrenamiento, desentreno *m* lack of training
desentumecerse ⟨2d⟩ *v/r* loosen up; **~ las piernas** stretch one's legs
desenvainar ⟨1a⟩ *v/t espada* draw, unsheathe
desenvoltura *f* ease
desenvolver ⟨2h; *part* **desenvuelto**⟩ *v/t* unwrap; **desenvolverse** *v/r fig* cope
desenvuelto I *part* ☞ **desenvolver II** *adj* self-confident
deseo *m* wish
deseoso *adj:* **~ de hacer algo** eager to do sth
desequilibrado I *adj* unbalanced **II** *m*, **-a** *f:* **ser un ~ mental** be mentally unbalanced
desequilibrar ⟨1a⟩ *v/t* unbalance; **~ a alguien** throw s.o. off balance; **desequilibrarse** *v/r* lose one's balance
desequilibrio *m* imbalance; **~ Norte-Sur** North-South divide
◇ **desequilibrio mental** mental instability
deserción *f* desertion
desertar ⟨1a⟩ *v/i* **1** MIL desert **2** POL defect
desértico *adj* desert *atr*
desertización *f* desertification

desertizar ⟨1f⟩ *v/t* desertify; **desertizarse** *v/r* become desertified, turn into a desert
desertor *m,* **~a** *f* **1** MIL deserter **2** POL defector
desescombrar ⟨1a⟩ *v/t* clear (up), remove the rubble from
desescombro *m* clearing (up), removal of rubble
desesperación *f* **1** despair **2:** **ser una ~ tener que hacer cola, esperar etc** be infuriating
desesperado *adj* in despair; **a la -a** out of desperation
desesperante *adj* infuriating, exasperating
desesperanzador *adj* gloomy
desesperanzar ⟨1f⟩ *v/t* make lose hope; **desesperanzarse** *v/r* give up hope, lose hope
desesperar ⟨1a⟩ **I** *v/t* infuriate, exasperate **II** *v/i* give up hope (*de* of), despair (*de* of); **desesperarse** *v/r* get exasperated
desespero *m* desperation
desestabilizar ⟨1f⟩ *v/t* POL destabilize
desestatización *f L.Am.* privatization
desestatizar ⟨1f⟩ *v/t L.Am.* privatize
desestimar ⟨1a⟩ *v/t queja, petición* reject
desfachatez *f* impertinence
desfalcar ⟨1g⟩ *v/t dinero* embezzle
desfalco *m* embezzlement
desfallecer ⟨2d⟩ *v/i* faint; **sus fuerzas desfallecieron** *fig* he lost heart
desfallecimiento *m* **1** (*debilidad*) weakness **2** (*desmayo*) fainting fit
desfasado *adj fig* old-fashioned
desfasarse ⟨1a⟩ *v/r* become old-fashioned
desfase *m fig* gap
desfavorable *adj* unfavorable, *Br* unfavourable
desfavorecer ⟨2d⟩ *v/t* **1** (*no ser favorable a*) not favor, *Br* not favour, be disadvantageous to **2** *de ropa etc* not suit
desfiguración *f* disfigurement
desfigurar ⟨1a⟩ *v/t* disfigure
desfiladero *m* ravine
desfilar ⟨1a⟩ *v/i* parade
desfile *m* parade
◇ **desfile de modas, desfile de modelos** fashion show
desfloración *f* defloration

desflorar ⟨1a⟩ v/t deflower
desfogarse ⟨1h⟩ v/r fig vent one's emotions
desfoliación f ☞ **defoliación**
desfondar ⟨1a⟩ v/t **1** recipiente knock the bottom out of **2** MAR stave in; **desfondarse** v/r **1**: **se desfondó la bolsa** the bottom fell out of the bag **2** fig: en competición run out of steam
desforestación f deforestation
desgajar ⟨1a⟩ v/t rama break off; **desgajarse** v/r de rama break off
desgalichado adj F slovenly
desgana f loss of appetite; **con ~** fig reluctantly, half-heartedly
desganado adj: **estar ~** not have an appetite
desganarse ⟨1a⟩ v/r lose one's appetite
desgano m L.Am. ☞ **desgana**
desgañitarse ⟨1a⟩ v/r F yell one's head off F
desgarbado adj F ungainly
desgarrado adj heart-rending
desgarrador adj heart-rending
desgarrar ⟨1a⟩ v/t tear up; fig: corazón break; **desgarrarse** v/r tear, rip; **se me desgarra el corazón** it breaks my heart
desgarro m MED tear
desgarrón m rip, tear
desgastado adj worn out
desgastar ⟨1a⟩ v/t **1** zapatos wear out **2** defensas wear down; **desgastarse** v/r fig wear o.s. out
desgaste m wear (and tear); **guerra de ~** war of attrition
desglosar ⟨1a⟩ v/t coste break down, itemize
desglose m breakdown, itemization
desgobernar ⟨1k⟩ v/t misgovern
desgobierno m misrule, misgovernment
desgracia f **1** misfortune; **por ~** unfortunately **2** suceso accident; **las ~s nunca vienen solas** when it rains, it pours **3** (vergüenza) disgrace; **caer en ~** fall from favor o Br favour o grace
◇ **desgracias personales** casualties
desgraciadamente adv unfortunately
desgraciado I adj **1** unfortunate **2** (miserable) wretched II m, **-a** f **1** (infeliz) wretch **2** (sinvergüenza) swine F
desgraciar ⟨1b⟩ v/t injure, hurt; **desgraciarse** v/r de máquina break down;

de persona do o.s. an injury
desgranar ⟨1a⟩ v/t guisantes shell
desgrapadora f staple remover
desgravable adj tax-deductible
desgravación f deduction
◇ **desgravación fiscal** tax relief
desgravar ⟨1a⟩ I v/t deduct II v/i be tax-deductible
desgreñado adj disheveled, Br dishevelled
desgreñar ⟨1a⟩ v/t dishevel
desguace m MAR, AUTO scrapping; **estar para el ~** be ready for the scrapheap
desguazar ⟨1f⟩ v/t scrap
deshabitado adj uninhabited
deshabitar ⟨1a⟩ v/t desert
deshabituar ⟨1e⟩ v/t: **~ a alguien de la televisión / las drogas etc** get s.o. out of the habit of watching TV / taking drugs etc; **deshabituarse** v/r break the habit; **~ de fumar** break the smoking habit
deshacer ⟨2s; part **deshecho**⟩ v/t undo; costura unpick **2** maleta unpack; cama strip **3** pastilla crush **4** nieve, mantequilla melt **5** tratado break; planes wreck, ruin; **eso lo obligó a ~ todos sus planes** this forced them to cancel their plans
deshacerse v/r **1** de nudo de corbata, lazo etc come undone **2** de hielo melt; fig go to pieces **3**: **~ de** get rid of **4**: **~ en elogios** be full of praise; **~ en insultos** let fly a series of insults **5**: **~ por alguien** F bend over backward for s.o.
desharrapado adj ragged
deshecho I part ☞ **deshacer** II adj F **1** anímicamente devastated F **2** de cansancio beat F, exhausted
deshelar ⟨1k⟩ v/t thaw; **deshelarse** v/r thaw, melt
desherbar ⟨1k⟩ v/t weed
desheredar ⟨1a⟩ v/t disinherit
deshice vb ☞ **deshacer**
deshidratación f dehydration
deshidratar ⟨1a⟩ v/t dehydrate; **deshidratarse** v/r become dehydrated
deshielo m thaw
deshilachar ⟨1a⟩ v/t fray; **deshilacharse** v/r fray
deshilar ⟨1a⟩ v/t unpick; **deshilarse** v/r fray
deshilvanado adj fig disjointed

deslinde

deshinchado *adj* deflated
deshinchar ⟨1a⟩ *v/t globo* deflate, let down; **deshincharse** *v/r* deflate, go down; *fig* lose heart
deshojar ⟨1a⟩ *v/t* **1** *planta* pull the leaves off; *flor* pull the petals off **2** *libro* tear the pages out of; **deshojarse** *v/r de árbol* lose its leaves; *de flor* lose its petals
deshollinador *m*, ~a *f* chimney sweep
deshollinar ⟨1a⟩ *v/t chimenea* sweep
deshonestidad *f* dishonesty
deshonesto *adj* dishonest
deshonor *m* dishonor, *Br* dishonour
deshonra *f* dishonor, *Br* dishonour
deshonrar ⟨1a⟩ *v/t* dishonor, *Br* dishonour
deshonroso *adj* dishonorable, *Br* dishonourable
deshora *f*: *a ~(s)* at the wrong time
deshuesar ⟨1a⟩ *v/t fruta* stone; *carne* bone
deshumanizar ⟨1f⟩ *v/t* dehumanize
deshumidificación *f* dehumidification
deshumidificador *m* dehumidifier
deshumidificar ⟨1g⟩ *v/t* dehumidify
desidia *f* apathy, lethargy
desidioso *adj* apathetic, lethargic
desierto I *adj* **1** *lugar* empty, deserted; *isla -a* desert island **2**: *el premio fue declarado ~* the prize was not awarded **II** *m* desert; *predicar o clamar en el ~* cry in the wilderness
Desierto Atacama *m* Atacama Desert
designación *f* appointment, naming; *de lugar* selection; *de candidato* designation
designar ⟨1a⟩ *v/t* appoint, name; *lugar* select; *candidato* designate
designio *m* plan
desigual *adj* **1** *reparto* unequal **2** *terreno* uneven, irregular
desigualdad *f* inequality
desilusión *f* disappointment; *llevarse una ~* be disappointed
desilusionado *adj* disappointed
desilusionar ⟨1a⟩ *v/t* **1** disappoint **2** (*quitar la ilusión a*) disillusion; **desilusionarse** *v/r* **1** be disappointed **2** (*perder la ilusión*) become disillusioned
desinencia *f* GRAM ending
desinfección *f* disinfection
desinfectante *m/adj* disinfectant
desinfectar ⟨1a⟩ *v/t* disinfect

desinflado *adj* deflated
desinflar ⟨1a⟩ *v/t globo, neumático* let the air out of, deflate; **desinflarse** *v/r* **1** *de neumático* deflate **2** *fig* lose heart
desinformación *f* disinformation
desinformar ⟨1a⟩ *v/t* misinform
desinhibición *f* lack of inhibition
desinhibido *adj* uninhibited
desinhibir ⟨3a⟩ *v/t*: *~ alguien* get rid of s.o.'s inhibitions; **desinhibirse** *v/r* lose one's inhibitions
desinsectación *f* fumigation
desinstalar ⟨1a⟩ *v/t* INFOR uninstall
desintegración *f tb* FÍS disintegration
desintegrar ⟨1a⟩ *v/t* **1** FÍS cause to disintegrate, disintegrate **2** *grupo de gente* break up; **desintegrarse** *v/r* **1** FÍS disintegrate **2** *de grupo de gente* break up
desinterés *m* **1** lack of interest **2** (*generosidad*) unselfishness, disinterestedness
desinteresado *adj* unselfish, disinterested
desinteresarse ⟨1a⟩ *v/r* lose interest
desintoxicación *f* detoxification; *hacer una cura de ~* go into detox F, have treatment for drug / alcohol abuse
desintoxicar ⟨1g⟩ *v/t* detoxify; **desintoxicarse** *v/r* undergo treatment for drug / alcohol abuse, go into detox F
desistir ⟨3a⟩ *v/i* give up; *tuvo que ~ de hacerlo* she had to stop doing it; *hacer ~ a alguien de algo* make s.o. stop sth
deslavazado *adj tela* limp; *fig* disjointed
deslave *m L.Am.* landslide
desleal *adj* disloyal
deslealtad *f* disloyalty
deslegalizar ⟨1f⟩ *v/t*: *~ algo* make sth illegal
deslegitimar ⟨1a⟩ *v/t* (*minar*) undermine
desleír ⟨3m⟩ *v/t* dissolve; **desleírse** *v/r* dissolve
deslenguado I *adj* foul-mouthed **II** *m*, *-a* *f* foul-mouthed person
desliar ⟨1c⟩ *v/t* untie, undo; **desliarse** *v/r* come undone
desligar ⟨1h⟩ *v/t* separate (*de* from); *fig*: *persona* cut off (*de* from); **desligarse** *v/r fig* cut o.s. off (*de* from)
deslindar ⟨1a⟩ *v/t* mark the boundaries of; *fig* define
deslinde *m* demarcation; *fig* definition

desliz *m fig* F slip-up F

deslizadero *m* **1** slide **2** *lugar* slippery place

deslizamiento *m* slip

◇ **deslizamiento de tierras** landslip, landslide

deslizante *adj* slippery; **puerta ~** sliding door

deslizar ⟨1f⟩ **I** *v/t* **1** slide, run (*por* along); **~ algo por debajo de la puerta** slip sth under the door **2** *idea, frase* slip in **II** *v/i* slide; **deslizarse** *v/r* **1** slide; **~ sobre el hielo** slide over the ice **2**: **se me ha deslizado un error** I've slipped up

deslomarse ⟨1a⟩ *v/r fig* kill o.s.

deslucido *adj* **1** *metal, espejo* tarnished **2** *colores* dull, drab

deslucir ⟨3f⟩ *v/t* tarnish; *fig* spoil; **deslucirse** *v/r* **1** *de colores* fade **2** *de persona* be discredited

deslumbrador *adj* dazzling

deslumbramiento *m* dazzle, glare

deslumbrante *adj* dazzling

deslumbrar ⟨1a⟩ *v/t fig* dazzle; **deslumbrarse** *v/r fig* be dazzled

deslustrado *adj* unpolished

deslustrar ⟨1a⟩ *v/t*: **~ algo** take the shine off sth

desmadejado *adj persona* tired, weak

desmadrado *adj* F unruly

desmadrarse ⟨1a⟩ *v/r* F run wild

desmadre *m* F chaos

desmán *m* outrage

desmanchar ⟨1a⟩ *v/t L.Am.* remove stains from

desmandado *adj* unruly, disobedient

desmandarse ⟨1a⟩ *v/r de animal* break loose

desmano: **a ~** out of the way

desmantelamiento *m* dismantling

desmantelar ⟨1a⟩ *v/t* **1** *fortificación, organización* dismantle **2** *barco* demast

desmaña *f* clumsiness

desmañado *adj* clumsy

desmaquillador I *adj*: **crema ~a** make-up remover; **leche ~a** cleansing milk; **discos ~es** make-up removal pads **II** *m* make-up remover

desmaquillante *m* make-up remover

desmaquillar ⟨1a⟩ *v/t* remove make-up from; **desmaquillarse** *v/r* remove one's make-up

desmarcarse ⟨1g⟩ *v/r* **1** DEP lose one's marker, shake off one's marker **2**: **~ de** distance o.s. from

desmayado *adj* **1** *persona* unconscious **2** *voz* weak; *color* pale

desmayar ⟨1a⟩ *v/i* lose heart; **desmayarse** *v/r* faint

desmayo *m* fainting fit; **sin ~** without flagging

desmedido *adj* excessive

desmejorar ⟨1a⟩ **I** *v/t* spoil **II** *v/i* MED get worse, go downhill; **ha desmejorado mucho con la edad** he's lost a lot of his good looks as he's got older; **desmejorarse** *v/r* MED get worse, go downhill

desmelenar ⟨1a⟩ *v/t*: **~ a alguien** muss s.o.'s hair; **desmelenarse** *v/r fig* F **1** let one's hair down F **2** (*enfurecerse*) hit the roof F

desmembración *f*, **desmembramiento** *m* dismemberment

desmembrar ⟨1k⟩ *v/t* dismember; **desmembrarse** *v/r* break up, fall apart

desmemoriado *adj* forgetful

desmentido *m* denial

desmentir ⟨3i⟩ *v/t* **1** *acusación* deny **2** *a alguien* contradict

desmenuzar ⟨1f⟩ *v/t* crumble up; *fig* break down; **desmenuzarse** *v/r* crumble

desmerecedor *adj* undeserving

desmerecer ⟨2d⟩ **I** *v/t* not do justice to **II** *v/i* **1** be unworthy (*con* of) **2**: **~ de** not stand comparison with; **no ~ de** be in no way inferior to

desmesura *f* lack of moderation

desmesurado *adj* excessive

desmigajar ⟨1a⟩ *v/t*, **desmigar** ⟨1h⟩ *v/t* crumble; **desmigajarse** *v/r* crumble

desmilitarización *f* demilitarization

desmilitarizar ⟨1f⟩ *v/t* demilitarize

desmirriado *adj* F skinny F, scrawny F

desmitificar ⟨1g⟩ *v/t* demystify, demythologize

desmochar ⟨1a⟩ *v/t* pollard

desmoche *m* pollarding

desmontable *adj* easily dismantled

desmontaje *m* dismantling

desmontar ⟨1a⟩ **I** *v/t* **1** dismantle, take apart; *tienda de campaña* take down **2** *terreno* level **II** *v/i* dismount; **desmontarse** *v/r*: **~ del caballo** dismount, get off one's horse

desmonte *m* leveling, *Br* levelling

desmoralización f demoralization
desmoralizado adj demoralized
desmoralizador, desmoralizante adj demoralizing
desmoralizar ⟨1f⟩ v/t demoralize
desmoronamiento m tb fig collapse
desmoronar ⟨1a⟩ v/t bring down, cause the collapse of; **desmoronarse** v/r tb fig collapse
desmotivar ⟨1a⟩ v/t demotivate, discourage
desmovilizar ⟨1f⟩ v/t MIL demobilize
desnacionalizar ⟨1f⟩ v/t denationalize, privatize
desnatado adj skim, skimmed
desnatar ⟨1a⟩ v/t leche skim
desnaturalizado adj QUÍM denatured
desnaturalizar ⟨1f⟩ v/t QUÍM denature; **desnaturalizarse** v/r give up one's nationality
desnivel m 1 del terreno unevenness 2 entre personas disparity
desnivelar ⟨1a⟩ v/t upset the balance of; **desnivelarse** v/r fig become one-sided, become unbalanced
desnucar ⟨1g⟩ v/t: ~ **a alguien** break s.o.'s neck; **desnucarse** v/r break one's neck
desnuclearizado adj nuclear-free
desnudar ⟨1a⟩ v/t 1 undress 2 fig: en el juego fleece; **desnudarse** v/r 1 undress 2 fig bare one's soul
desnudez f nudity; fig nakedness
desnudo I adj 1 persona naked 2 (sin decoración) bare II m 1 PINT nude 2: **al ~ realidad** harsh; verdad unvarnished, plain and simple; **poner al ~** lay bare
desnutrición f undernourishment
desnutrido adj undernourished
desobedecer ⟨2d⟩ v/t disobey
desobediencia f disobedience
desobediente adj disobedient
desobstruir ⟨3g⟩ v/t poros unblock, unclog
desocupación f L.Am. unemployment
desocupado I adj 1 apartamento vacant, empty 2 L.Am. sin trabajo unemployed II m, **-a** f unemployed person; **los ~s** the unemployed pl
desocupar ⟨1a⟩ v/t vacate; **desocuparse** v/r de casa, piso fall vacant; **espera a que se desocupe el baño** wait until the bathroom's free
desodorante I adj deodorant; **barra ~**

deodorant stick II m deodorant
◇ **desodorante de bola** roll-on deodorant
desoído part ☞ **desoír**
desoír ⟨3q; part **desoído**⟩ v/t ignore, turn a deaf ear to
desolación f desolation
desolado adj 1 lugar desolate 2 fig grief-stricken, devastated
desolador adj devastating
desolar ⟨1m⟩ v/t tb fig devastate
desollar ⟨1m⟩ v/t skin; **¡te voy a ~ vivo!** I'll skin you alive!; **~ a alguien / algo vivo** fig F de crítica pull s.o. / sth to pieces o shreds
desorbitado adj 1 precio, cantidad etc astronomical 2: **con ojos ~s** pop-eyed
desorbitar ⟨1a⟩ v/t fig exaggerate; **desorbitarse** v/r de precios sky-rocket, go sky-high
desorden m 1 disorder; de habitación untidiness 2: **desórdenes** pl disturbances
desordenado adj untidy, messy F; fig disorganized
desordenar ⟨1a⟩ v/t make untidy o messy; **desordenarse** v/r get untidy o messy
desorganización f lack of organization
desorganizado adj disorganized
desorganizar ⟨1f⟩ v/t disrupt; **desorganizarse** v/r become disorganized
desorientación f disorientation; fig confusion
desorientador adj disorienting
desorientar ⟨1a⟩ v/t disorient; (confundir) confuse; **desorientarse** v/r get disoriented, lose one's bearings; fig get confused
desovar ⟨1a⟩ v/i de peces, anfibios spawn; de insectos lay eggs
desove m de peces, anfibios spawning; de insectos egg laying
desoxidar ⟨1a⟩ v/t deoxidize
despabilado adj fig bright
despabilar ⟨1a⟩ I v/t wake up II v/i wake up; **¡despabila!** fig get your act together!; **despabilarse** v/r fig get one's act together
despachar ⟨1a⟩ I v/t 1 a persona, cliente attend to 2 problema sort out 3 (vender) sell 4 (enviar) send (off), dispatch 5 L.Am. (facturar) check in II v/i meet (con with); **despacharse** v/r 1 F polish

off F **2**: *~ a su gusto* speak one's mind
despacho *m* **1** office **2** *diplomático, a periódico* dispatch
◇ **despacho de aduana** customs clearance
◇ **despacho de billetes** ticket office
despachurrar ⟨1a⟩ *v/t* F crush
despacio *adv* **1** slowly; *¡~!* slow down! **2** *L.Am. (en voz baja)* in a low voice
despacioso *adj* slow
despacito *adv* F slowly
despampanante *adj* F striking, eye-catching
despanzurrar ⟨1a⟩ *v/t* F rip apart
desparejado, desparejo *adj calcetín* odd
desparpajo *m* self-confidence; *con mucho ~* with great self-confidence, very self-confidently
desparramado *adj* scattered
desparramar ⟨1a⟩ *v/t* **1** scatter; *líquido* spill **2** *dinero* squander; **desparramarse** *v/r* spill; *fig* scatter
despatarrado *adj* sprawled out, spread out
despatarrarse ⟨1a⟩ *v/r* F sprawl
despavorido *adj* terrified
despechado *adj* offended; *(enfadado)* angry
despecho *m* spite; *a ~ de* in spite of
despechugado *adj* F *hombre* bare-chested; *mujer* topless
despectivo *adj* contemptuous; GRAM pejorative
despedazar ⟨1f⟩ *v/t* tear apart; *fig: honra* destroy; **despedazarse** *v/r* smash
despedida *f* **1** farewell; *carta de ~* goodbye letter; *función de ~* farewell performance **2** *en carta* close
◇ **despedida de soltera** wedding shower, *Br* hen party
◇ **despedida de soltero** stag party
despedir ⟨3l⟩ *v/t* **1** see off **2** *empleado* dismiss **3** *perfume* give off **4** *de jinete* throw; *salir despedido del coche* be thrown out of the car; **despedirse** *v/r* say goodbye (*de* to); *~ a la francesa* F leave without saying goodbye; *~ de algo fig* kiss sth goodbye
despegado *adj fig* distant
despegar ⟨1h⟩ **I** *v/t* remove, peel off **II** *v/i* AVIA, *fig* take off; **despegarse** *v/r* **1** come unstuck (*de* from), come off (*de* sth) **2** *de persona* distance o.s.

(*de* from)
despego *m* ☞ **desapego**
despegue *m* AVIA, *fig* take-off
despeinado *adj* disheveled, *Br* dishevelled; *está -a* her hair's a mess
despeinar ⟨1a⟩ *v/t*: *~ a alguien* muss s.o.'s hair; **despeinarse** *v/r* mess one's hair up
despejado *adj cielo, cabeza* clear
despejar ⟨1a⟩ *v/t* **1** *calle, sala etc* clear **2** *persona* wake up **3** DEP *pelota* clear; **despejarse** *v/r* **1** *de cielo* clear up; *~ la cabeza* clear one's head **2** *fig* wake o.s. up
despeje *m* DEP clearance
despellejar ⟨1a⟩ *v/t* skin; *~ a alguien fig* tear s.o. to pieces
despelotarse ⟨1a⟩ *v/r* **1** *(desnudarse)* strip off **2** *de risa* split one's sides
despenalización *f* decriminalization
despenalizar ⟨1f⟩ *v/t* decriminalize
despensa *f* larder
despeñadero *m* cliff, precipice
despeñar ⟨1a⟩ *v/t*: *~ a alguien* throw s.o. off a cliff; **despeñarse** *v/r* throw o.s. off a cliff
despepitar ⟨1a⟩ *v/t* remove the pips from; **despepitarse** *v/r* **1** yell **2**: *~ por algo / hacer algo* F long for sth / to do sth
desperdiciar ⟨1b⟩ *v/t oportunidad* waste
desperdicio *m* waste; *~s pl* waste *sg*; *no tener ~* be worthwhile
◇ **desperdicios biológicos** biological waste *sg*
◇ **desperdicios industriales** industrial waste *sg*
desperdigar ⟨1h⟩ *v/t* scatter; **desperdigarse** *v/r* be scattered
desperezarse ⟨1f⟩ *v/r* stretch
desperfecto *m* **1** *(defecto)* flaw **2** *(daño)* damage
despertador *m* alarm (clock)
despertar ⟨1k⟩ **I** *v/t* **1** wake, waken **2** *apetito* whet; *sospecha* arouse; *recuerdo* reawaken, trigger **II** *v/i* wake up; **despertarse** *v/r* wake (up) **IV** *m* awakening
despiadado *adj* ruthless
despido *m* **1** dismissal **2** *(indemnización)* severance pay
◇ **despido colectivo, despido masivo** mass dismissal
despiece *m* carving up

despierto *adj* **1** awake; *soñar ~* daydream **2** *fig* bright

despiezar ⟨1f⟩ *v/t* **1** *máquina* take apart **2** *animal* cut up

despilfarrador I *adj* wasteful **II** *m,-a f* spendthrift

despilfarrar ⟨1a⟩ *v/t* squander, waste

despilfarro *m* waste

despintar ⟨1a⟩ *v/t* take the paint off, remove the paint from; **despintarse** *v/r*: *la pared se estaba despintando* the paint was coming off the wall

despiojar ⟨1a⟩ *v/t* delouse

despistado I *adj* scatterbrained **II** *m,-a f* scatterbrain

despistar ⟨1a⟩ *v/t* **1**: *~ alguien en persecución* lose s.o., shake s.o. off; *en investigación* throw s.o. off the scent **2** (*confundir*) confuse; **despistarse** *v/r* get distracted

despiste *m* distraction; *tener un ~* become distracted

desplantar ⟨1a⟩ *v/t planta* uproot

desplante *m*: *dar o hacer un ~ a alguien fig* be rude to s.o.

desplazado I *adj fig* out of place **II** *m,-a f* displaced person

desplazamiento *m* **1** trip **2** (*movimiento*) movement

desplazar ⟨1f⟩ *v/t* **1** move **2** (*suplantar*) take over from; **desplazarse** *v/r* **1** (*moverse*) move **2** travel

desplegable *adj* folding

desplegar ⟨1h & 1k⟩ *v/t* **1** unfold, open out **2** MIL deploy; **desplegarse** *v/r* **1** unfold, open out **2** MIL deploy

despliegue *m* **1** MIL deployment **2** *fig*: *con gran ~ de astucia, riqueza* with a great show of

desplomarse ⟨1a⟩ *v/r* collapse

desplome *m* collapse

desplumar ⟨1a⟩ *v/t* **1** *ave* pluck **2** *fig* fleece

despoblación *f* depopulation

despoblado I *adj* uninhabited, deserted **II** *m* deserted place

despoblar ⟨1m⟩ *v/t* depopulate; **despoblarse** *v/r* become depopulated *o* deserted

despojar ⟨1a⟩ *v/t* strip (*de* of); **despojarse** *v/r*: *~ de prenda* take off

despojos *mpl* **1** (*restos*) left-overs **2** (*desperdicios*) waste *sg*; *fig* spoils **3** *de animal* variety meat *sg*, *Br* offal *sg*

◇ **despojos mortales** *pl* mortal remains

desportillar ⟨1a⟩ *v/t plato* chip

desposados *mpl*: *los ~* the bride and groom

desposar ⟨1a⟩ *v/t* marry; **desposarse** *v/r* **1** (*casarse*) get married **2** (*prometerse*) get engaged

desposeer ⟨2e⟩ *v/t de títulos, medalla* strip (*de* of); **desposeerse** *v/r* relinquish

desposeídos *mpl*: *los ~* the dispossessed

desposorios *mpl* **1** *ceremonia* marriage *sg* **2** (*compromiso*) betrothal *sg*

déspota *m/f* despot

despótico *adj* despotic

despotismo *m* despotism

despotricar ⟨1g⟩ *v/i* F rant and rave F (*contra* about)

despreciable *adj* **1** *comportamiento* contemptible, despicable **2** *cantidad, coste etc* neglible; *nada ~ cantidad* large, not inconsiderable

despreciar ⟨1b⟩ *v/t* **1** look down on, despise **2** *propuesta* reject

despreciativo *adj* contemptuous

desprecio *m* **1** (*desdén*) contempt **2** *acto* slight **3** (*indiferencia*) disregard

desprender ⟨2a⟩ *v/t* **1** detach, separate **2** *olor* give off; **desprenderse** *v/r* **1** come off **2**: *~ de fig*: *posesión* part with **3**: *de este estudio se desprende que* what emerges from the study is that

desprendido *adj* generous

desprendimiento *m* detachment

◇ **desprendimiento de retina** MED detached retina

◇ **desprendimiento de tierras** landslide

despreocupación *f* indifference

despreocupado *adj* **1** (*descuidado*) careless **2** (*sin preocupaciones*) carefree

despreocuparse ⟨1a⟩ *v/r* not worry (*de* about)

desprestigiar ⟨1b⟩ *v/t* discredit; **desprestigiarse** *v/r* be discredited

desprestigio *m* loss of prestige

despresurización *f* AVIA depressurization

desprevenido *adj* unprepared; *pillar o L.Am. agarrar ~* catch unawares

desproporción *f* disproportion

desproporcionado *adj* disproportionate

despropósito *m* stupid thing

desprotección *f* vulnerability

desprotegido *adj* unprotected

desproveer ⟨2a⟩ **v/t**: **~ a alguien de algo** deprive s.o. of sth

desprovisto *adj*: **~ de** lacking in

después *adv* **1** (*más tarde*) afterward, later **2** *seguido en orden* next; **yo voy ~** I'm next; **~ de que se vaya** after he's gone **3** *en el espacio* after; **~ de** after; **~ de la parada** after the bus stop **4** *en locuciones*: **~ de todo** after all

despuntar ⟨1a⟩ **I** *v/t* blunt **II** *v/i* **1** *de planta* sprout **2** *de día* dawn; **al ~ el día** at daybreak **3** *de persona* excel (**en** in); **despuntarse** *v/r* be blunted

desquiciado *adj fig* crazed, unhinged

desquiciamiento *m fig* chaos (**de** in)

desquiciar ⟨1b⟩ *v/t* **1** *fig* drive crazy **2** *puerta* take off its hinges; **desquiciarse** *v/r fig* lose one's mind

desquitar ⟨1a⟩ *v/t* compensate (**de** for); **desquitarse** *v/r* get one's own back (**de** for)

desquite *m* compensation; **tomarse el ~** F get one's own back

desratización *f* rat catching

desregulación *f* deregulation

desrielar ⟨1a⟩ *v/t Chi* derail

desrizar ⟨1f⟩ *v/t cabello* straighten; **desrizarse** *v/r de cabello* go all straight

destacable *adj* noteworthy, notable

destacado *adj* outstanding

destacamento *m* **1** MIL detachment **2** *de policía* (rural) police station

destacar ⟨1g⟩ **I** *v/i* stand out **II** *v/t* emphasize; **destacarse** *v/r* stand out (**por** because of); (*ser excelente*) be outstanding (**por** because of)

destajero *m*, **-a** *f*, **destajista** *m/f* pieceworker

destajo *m*: **trabajar a ~** do piecework

destapar ⟨1a⟩ *v/t* open, take the lid off; *fig* uncover; **destaparse** *v/r* take one's coat off; *en cama* kick off the bedcovers; *fig* strip (off)

destape *m* nudity

destaponar ⟨1a⟩ *v/t* unblock

destartalado *adj vehículo, casa* dilapidated

destellar ⟨1a⟩ *v/i de estrella* twinkle; *de faros* gleam

destello *m de estrella* twinkling; *de faros*

gleam; *fig* brief period, moment

destemplado *adj* out of tune

destemplanza *f* tunelessness

destemplar ⟨1a⟩ *v/t* **1** MÚS put out of tune **2** *persona* upset; **destemplarse** *v/r fig* become unwell

destemple *m* ☞ **destemplanza**

desteñir ⟨3h & 3l⟩ *v/t* discolor, *Br* discolour, fade; **desteñirse** *v/r* fade

desternillante *adj* F hilarious

desternillarse ⟨1a⟩ *v/r*: **~ (de risa)** F kill o.s. laughing F

desterrar ⟨1k⟩ *v/t* exile

destetar ⟨1a⟩ *v/t niño, cría* wean

destete *m* weaning

destiempo *m*: **a ~** at the wrong moment

destierro *m* exile

destilación *f* distillation

destilador *m* still

destilar ⟨1a⟩ *v/t* distill; *fig* exude

destilería *f* distillery

destinado *adj* **1**: **~ en** MIL stationed in **2**: **~ a** *dinero, comida, ayuda* intended for, meant for; *programa, producto* aimed at, targeted at **3**: **estar ~ a hacer algo** be destined to do sth

destinar ⟨1a⟩ *v/t* **1** *fondos* allocate (**para** for) **2** *a persona* post (**a** to)

destinatario *m*, **-a** *f* addressee

destino *m* **1** fate, destiny **2** *de viaje etc* destination; **el tren con ~ a** the train for **3** *en el ejército etc* posting

destitución *f* dismissal

destituir ⟨3g⟩ *v/t* dismiss; **~ del cargo** remove from one's post

destornillado *adj* F crazy F, screwy F

destornillador *m* screwdriver

destornillar ⟨1a⟩ *v/t* unscrew

destreza *f* skill

destripar ⟨1a⟩ *v/t* **1** *animal* gut **2** *cosa* tear open

destronamiento *m* dethronement, overthrow

destronar ⟨1a⟩ *v/t* depose

destrozar ⟨1f⟩ *v/t* **1** destroy **2** *emocionalmente* shatter, devastate; **destrozarse** *v/r* be destroyed

destrozos *mpl* damage *sg*

destrucción *f* destruction

destructivo *adj* destructive

destructor **I** *adj* destructive; **máquina ~a de documentos** document shredder **II** *m barco* destroyer

destruir ⟨3g⟩ *v/t* **1** destroy **2** (*estropear*)

ruin, wreck
desunido *adj* divided
desunión *f* lack of unity
desunir ⟨3a⟩ *v/t* divide
desusado *adj* obsolete
desusarse ⟨1a⟩ *v/r* become obsolete
desuso *m* disuse; *caer en ~* fall into disuse
desvaído *adj* **1** *color, pintura* faded **2** *fig* dull
desvalido *adj* helpless
desvalijador *m,* *~a f* burglar
desvalijar ⟨1a⟩ *v/t persona* rob; *apartamento* burglarize, burgle
desvalimiento *m* robbery
desvalorización *f* devaluation
desvalorizar ⟨1f⟩ *v/t* devalue
desván *m* attic
desvanecer ⟨2d⟩ *v/t sospechas, temores* dispel; **desvanecerse** *v/r* **1** *de niebla* disperse; *~ en el aire* vanish into thin air **2** MED faint
desvanecimiento *m* MED fainting fit
desvariar ⟨1c⟩ *v/i* **1** (*decir disparates*) rave **2** MED be delirious
desvarío *m* **1** delirium **2**: *~s pl* ravings
desvelado *adj* wide awake
desvelar ⟨1a⟩ *v/t* **1** keep awake **2** *secreto* reveal; **desvelarse** *v/r* **1** stay awake **2** *fig* do one's best (*por* for)
desvelo *m* **1** sleeplessness **2**: *~s pl* efforts
desvencijado *adj* rickety
desvencijarse ⟨1a⟩ *v/r* fall to pieces
desventaja *f* disadvantage
desventajoso *adj* disadvantageous
desventura *f* misfortune
desventurado **I** *adj* unfortunate **II** *m,-a f* unfortunate
desvergonzado *adj* shameless
desvergüenza *f* shamelessness
desvestir ⟨3l⟩ *v/t* undress; **desvestirse** *v/r* get undressed, undress
desviación *f* detour, *Br tb* diversion
desviacionista *m/f & adj* POL deviationist
desviar ⟨1c⟩ *v/t* **1** *golpe* deflect, parry; *pelota* deflect; *tráfico* divert; *río* divert, alter the course of; *~ la conversación* change the subject; *~ la mirada* look away **2**: *~ a alguien del buen camino* lead s.o. astray; **desviarse** *v/r* **1** (*girar*) turn off **2** (*bifurcarse*) branch off **3** (*apartarse*) stray (*de* from)

desvincular ⟨1a⟩ *v/t* dissociate (*de* from); **desvincularse** *v/r* dissociate o.s. (*de* from)
desvío *m* detour, *Br tb* diversion
desvirgar ⟨1h⟩ *v/t* deflower
desvirtuar ⟨1e⟩ *v/t* detract from; *fig* (*distorsionar*) distort; **desvirtuarse** *v/r* deteriorate
desvivirse ⟨3a⟩ *v/r:* *~ por alguien fig* F live for s.o., be devoted to s.o.
detallado *adj* detailed
detallar ⟨1a⟩ *v/t* **1** explain in detail, give details of **2** COM itemize
detalle *m* **1** detail; *en ~* in detail; *con todo lujo de ~s* in great detail; *entrar en ~s* go into details **2** *fig* thoughtful gesture **3**: *al ~* COM retail
detallista *m/f* COM retailer
detección *f* detection
◇ **detección precoz** MED early detection
detectable *adj* detectable
detectar ⟨1a⟩ *v/t* detect
detective *m/f* detective
◇ **detective privado** private detective
detector *m* detector
◇ **detector de humos** smoke detector; **detector de mentiras** lie detector; **detector de metales** metal detector; **detector de minas** mine detector; **detector de movimientos** motion detector
detención *f* detention, arrest; *orden de ~* arrest warrant
◇ **detención ilegal** unlawful arrest
◇ **detención preventiva** (police) custody
detener ⟨2l⟩ *v/t* **1** stop **2** *de policía* arrest, detain; **detenerse** *v/r* stop
detenidamente *adv* at length, thoroughly; *leer algo ~* read something through carefully
detenido **I** *adj* **1** *coche* held up, delayed **2** (*minucioso*) detailed **3**: *llevar ~ delincuente* detain **II** *m,-a f* person under arrest
detenimiento *m:* *con ~* thoroughly
detentar ⟨1a⟩ *v/t* hold
detergente **I** *adj* detergent **II** *m* detergent
deteriorado *adj* damaged
deteriorar ⟨1a⟩ *v/t* damage; **deteriorarse** *v/r* deteriorate
deterioro *m* deterioration
determinación *f* **1** (*intrepidez*) determi-

nation **2** (*decisión*) decision
determinado *adj* certain
determinante I *adj* decisive **II** *f* MAT determinant
determinar ⟨1a⟩ *v/t* **1** (*establecer*) determine **2**: *eso me determinó a llamarlo* that made me decide to call him; **determinarse** *v/r* decide (*a* to)
detestable *adj* terrible
detestar ⟨1a⟩ *v/t* detest
detonación *f* detonation
detonador *m* detonator
detonante I *adj* explosive **II** *m* explosive; *fig* trigger
detonar ⟨1a⟩ **I** *v/i* detonate, go off **II** *v/t* detonate, set off
detracción *f* disparagement
detractor I *adj* critical **II** *m*, **~a** *f* detractor, critic
detrás *adv* behind; *el que está ~* the one behind; *por o de ~* at the back; *fig* behind your / his etc back; *sentarse ~* sit at the back; *en coche* sit in back, *Br* sit at the back; *~ de* behind; *uno ~ de otro* one after the other; *estar ~ de algo fig* be behind sth; *ir / andar ~ de algo* be after sth; *venir por ~* come from behind
detrimento *m*: *en ~ de* to the detriment of; *ir en ~ de algo* be at the expense of sth
detrito, detritus *m* detritus
detuvo *vb* ☞ **detener**
deuda *f* debt; *cargado de ~s* deep in debt; *libre de ~s* free of debts; *estar en ~ con alguien fig* be in s.o.'s debt, be indebted to s.o.
◇ **deuda externa** foreign debt
◇ **deuda pública** national debt
deudo *m*, **-a** *f* relative
deudor I *adj* debtor *atr* **II** *m*, **~a** *f* debtor
devaluación *f* devaluation
devaluar ⟨1e⟩ *v/t* devalue
devanadera *f* spool
devanar ⟨1a⟩ *v/t* wind; **devanarse** *v/r*: *~ los sesos* F rack one's brains F
devaneo *m* **1** (*lío amoroso*) affair **2**: *dejarse de ~s* stop wasting one's time
devastación *f* devastation
devastar ⟨1a⟩ *v/t* devastate
devengar ⟨1h⟩ *v/t* yield, pay
devengo *m* fee
devenir ⟨3s⟩ *v/i*: *~ en* become
devoción *f tb fig* devotion; *hacer algo con ~* do sth devoutly

devocionario *m* prayer book
devolución *f* return; *de dinero* refund
devolver ⟨2h; *part* **devuelto**⟩ *v/t* **1** back, return; *devuélvase al remitente* return to sender **2**: *~ el cambio* give change **3** *fig*: *visita, saludo* return **4** F (*vomitar*) throw up F; **devolverse** *v/r L.Am.* go back, return
devorador *adj hambre* ravenous; *fig* all-consuming
devorar ⟨1a⟩ *v/t* devour; *~ a alguien con los ojos* devour s.o. with one's eyes; *el fuego devoró el bosque* the forest was consumed by the fire; *le devora la envidia* he is consumed with jealousy
devoto I *adj* devout **II** *m*, **-a** *f* devotee (*de* of)
devuelto *part* ☞ **devolver**
deyección *f* (*tb* **deyecciones**) **1** MED bowel movement, motion **2** GEOL ejecta *pl*, volcanic ash and lava
D.F. *abr Méx* (= ***Distrito Federal***) Mexico City
dg. *abr* (= ***decigramo***) decigram
DGT *f abr* (= ***Dirección General de Tráfico***) *Spanish Road Transport Department*
di *vb* ☞ **dar**
día *m* **1** (*veinticuatro horas*) day; *¿qué ~ es hoy?, ¿a qué ~ estamos?* what day is it today?; *al ~ siguiente* the following *o* next day, the day after; *el otro ~* the other day; *un ~ sí y otro no* every other day; *un ~ sí y otro también* every day, day in day out; *~ por medio* every other day; *~ tras ~* day after day; *de un ~ a o para otro* from one day to the next; *de ~ en ~* from day to day; *todo el santo ~* all day long; *todos los ~s* every day; *de hoy en ocho ~s* a week from today *o* from now; *a los pocos ~s* a few days later; *mañana será otro ~* tomorrow's another day
2 *actualidad*: *al ~* up to date; *poner al ~* update, bring up to date
3: *de ~* by day, during the day; *ya es de ~* it's light already; *se hizo de ~* dawn *o* day broke; *~ y noche* night and day; *¡buenos ~s!* good morning!
4: *hace mal ~ tiempo* it's a nasty day
5: *algún ~, un ~* some day, one day; *un ~ de estos* one of these days; *un ~ es un ~* this is a special occasion; *el ~ me-*

nos pensado when you least expect it; *el ~ de mañana* in the future, one day; *el ~ a ~* the day-to-day routine; *hoy en ~* nowadays; *en su ~* in due course; *tiene sus ~s contados* his / her / its days are numbered; *¡hasta otro ~!* see you around!; *del ~ pan* fresh ◇ *día de clase* school day; *día feriado L.Am.* (public) holiday; *día de fiesta* holiday; *día de los fieles difuntos* All Souls' Day; *día festivo* holiday; *día hábil* work day; *día laborable* work day; *día de la madre* Mother's Day; *día de los Muertos L.Am.* All Souls' Day; *día de puertas abiertas* open house, *Br* open day; *día del santo* saint's day; *día útil* workday

diabetes *f* diabetes *sg*
diabético I *adj* diabetic **II** *m*, -a *f* diabetic
diabla, diablesa *f* F she-devil
diablillo *m* F little devil F, little horror F
diablo *m* devil; *un pobre ~ fig* a poor devil; *el ~ anda suelto* F it's a terrible mess; *tener el ~ en el cuerpo* be a handful; *mandar a alguien al ~* F tell s.o. to go to hell F; *¡vete al ~!* F go to hell! F; *¡al ~ con …!* F to hell with …! F; *quema como un o el ~* F it's really hot; *de mil ~s*, *de (todos) los ~s* F terrible; *¿qué ~s pasa aquí?* F what the hell is going on here? F
diablura *f* prank, lark
diabólico *adj* diabolical
diácono *m* deacon
diadema *f* tiara; *para el pelo* Alice band, hairband
diafanidad *f* clarity
diáfano *adj* clear
diafragma *m* diaphragm
diagnosis *f* diagnosis
diagnosticar ⟨1g⟩ *v/t* diagnose
diagnóstico I *adj* diagnostic **II** *m* diagnosis
◇ *diagnóstico precoz* early diagnosis
diagonal I *adj* diagonal **II** *f* diagonal (line); *en ~* diagonally
diagrama *m* diagram
◇ *diagrama de barras* bar chart
◇ *diagrama de flujo* flow chart
dial *m* TELEC, RAD dial
dialectal *adj* dialect *atr*
dialéctica *f* dialectics *pl*
dialéctico *adj* dialectical
dialecto *m* dialect

diálisis *f* MED dialysis
dialogar ⟨1h⟩ *v/i* **1** talk (*sobre* about), discuss (*sobre* sth) **2** (*negociar*) hold talks (*con* with)
diálogo *m* dialog, *Br* dialogue; *es un ~ de sordos* it's a dialog of the deaf
diamante *m tb* en *béisbol* diamond; *~ (en) bruto tb fig* rough diamond
diamantino *adj* diamond-like
diametral *adj* diametrical
diametralmente *adv*: *~ opuesto* diametrically opposed
diámetro *m* diameter
diana *f* **1** MIL reveille **2** *para jugar a los dardos* dartboard **3** (*blanco*) target; (*centro de blanco*) bull's eye; *dar en la ~* hit the bull's eye; *fig* hit the nail on the head
diantre *int* F hell! F
diapasón *m* tuning fork; *~ normal* tuning fork
diapositiva *f* FOT slide, transparency
diariero *m*, -a *f Arg* newspaper vendor
diario I *adj* **1** daily **2**: *a ~*, *de ~* every day, daily **II** *m* **1** diary **2** (*periódico*) daily newspaper, daily
diarrea *f* MED diarrhea, *Br* diarrhoea
diatriba *f* diatribe
dibujante I *m* draftsman, *Br* draughtsman **II** *f* draftswoman, *Br* draughtswoman **III** *m/f de viñetas* cartoonist
dibujar ⟨1a⟩ *v/t* draw; *fig* describe; *dibujarse v/r fig* appear
dibujo *m arte* drawing; *ilustración* drawing, sketch; *estampado* pattern; *con ~(s)* with illustrations
◇ *dibujo lineal* technical drawing; *dibujo técnico* technical drawing; *dibujos animados* cartoons; *película de ~* animation
dic.[e] *abr* (= *diciembre*) Dec. (= December)
dicción *f* diction
diccionario *m* dictionary
dice *vb* ☞ *decir*
díceres *mpl L.Am.* sayings
dicha *f* **1** (*felicidad*) happiness **2** (*suerte*) good luck
dicharachero I *adj* **1** chatty **2** (*gracioso*) witty **II** *m*, -a *f* witty conversationalist
dicho I *part* ☞ *decir* **II** *adj* said **III** *m* saying; *del ~ al hecho hay gran trecho* easier said than done
dichoso *adj* **1** happy **2** F (*maldito*)

damn F

diciembre *m* December

diciendo *vb* ☞ **decir**

dictado *m* dictation; **al ~ de** dictated by

dictador *m*, **~a** *f* dictator

dictadura *f* dictatorship

dictáfono *m* dictaphone

dictamen *m* **1** (*informe*) report; **emitir un ~** publish a report **2** (*opinión*) opinion

◇ **dictamen facultativo, dictamen médico** medical report

dictaminar ⟨1a⟩ **I** *v/t* state **II** *v/i*: **~ sobre algo** report on sth

dictar ⟨1a⟩ *v/t* **1** *lección, texto* dictate **2** *ley* announce; **~ sentencia** JUR pass sentence **3** *L.Am. clase, conferencia* give

dictatorial *adj* dictatorial

didáctica *f* didactics *sg*

didáctico *adj* educational; **material ~** teaching aids *pl*; **método ~** teaching method

diecinueve *adj* nineteen

dieciocho *adj* eighteen

dieciséis *adj* sixteen

diecisiete *adj* seventeen

diente *m* tooth; **echar los ~s** teethe; **daba ~ con ~** his teeth were chattering; **enseñar los ~s** bare one's teeth; *fig* show one's teeth; **armado hasta los ~s** armed to the teeth; **hablar entre ~s** mutter under one's breath; **tener buen ~** have a hearty appetite; **poner los ~s largos a alguien** make s.o. jealous

◇ **diente de ajo** clove of garlic; **diente de leche** milk tooth; **diente de león** BOT dandelion

diéresis *f* GRAM dieresis *sg*, *Br* diaeresis *sg*

diesel *m* diesel

diestra *f* right hand

diestro I *adj*: **a ~ y siniestro**, *L.Am.* **a -a y siniestra** *fig* F left and right **II** *m* TAUR bullfighter

dieta *f* **1** diet; **estar a ~** be on a diet; **poner a alguien a ~** put s.o. on a diet **2**: **~s** *pl* travel expenses

dietario *m* ledger, account book

dietética *f* dietetics *sg*; **tienda de ~** health food store

dietético *adj* dietary

dietista *m/f* dietician, dietitian

diez *adj* ten

diezmar ⟨1a⟩ *v/t* decimate

difamación *f* defamation; *de palabra* slander; *por escrito* libel

difamador I *adj* defamatory; *de palabra* slanderous; *por escrito* libelous, *Br* libellous **II** *m*, **~a** *f de palabra* slanderer; *por escrito* libeler, *Br* libeller

difamar ⟨1a⟩ *v/t* defame; *de palabra* slander; *por escrito* libel

difamatorio *adj* defamatory; *de palabra* slanderous *por escrito* libelous, *Br* libellous

diferencia *f* **1** difference; **hay una ~ como del día a la noche** it's like the difference between night and day; **a ~ de** unlike; **con ~** *fig* by a long way **2**: **~s** *pl* (*desacuerdo*) differences

diferenciable *adj* distinguishable

diferencial I *adj* **1** distinguishing **2** MAT differential **II** *m* AUTO differential **III** *f* MAT differential

diferenciar ⟨1b⟩ *v/t* differentiate; **diferenciarse** *v/r* differ (**de** from); **no se diferencian en nada** there's no difference at all between them

diferente *adj* different

diferido *adj* TV: **en ~** prerecorded

diferir ⟨3i⟩ **I** *v/t* postpone **II** *v/i* differ (**de** from)

difícil *adj* **1** difficult; **ponerlo ~ a alguien** make it difficult for s.o.; **~ de decir** hard *o* difficult to say **2** (*poco probable*): **es ~ que venga** he's unlikely to come, it's unlikely that he'll come

difícilmente *adv* with difficulty

dificultad *f* difficulty; **sin ~** easily; **con ~es** with difficulty; **poner ~es** make it difficult

dificultar ⟨1a⟩ *v/t* hinder

dificultoso *adj* difficult, awkward

difracción *f* FÍS diffraction

difteria *f* MED diphtheria

difuminar ⟨1a⟩ *v/t* PINT, *fig* blur; **difuminarse** *v/r* fade

difundir ⟨3a⟩ *v/t* **1** spread **2** *programa* broadcast; **difundirse** *v/r* spread

difunto I *adj* late **II** *m*, **-a** *f* deceased

difusión *f* spread(ing)

difuso *adj* **1** *idea, conocimientos* vague, sketchy **2** *luz* diffuse

digerible *adj* digestible

digerir ⟨3i⟩ *v/t* **1** digest; **no puedo ~ a Juan** I can't stomach Juan **2** *ofensa,* *desgracia* accept; *noticia* take in, absorb

digestibilidad *f* digestibility

digestible *adj* digestible

digestión *f* digestion

digestivo *adj* digestive; *aparato ~* digestive system

digitador *m*, *~a f L.Am.* keyboarder

digital I *adj* digital **II** *f* BOT foxglove

digitalizar ⟨1f⟩ *v/t* INFOR digitalize

digitar ⟨1a⟩ *v/t L.Am* key

dígito *m* digit

dignarse ⟨1a⟩ *v/r* deign (*a* to)

dignatario *m*, *-a f* dignitary

dignidad *f* **1** dignity **2** (*cargo*) position

dignificar ⟨1g⟩ *v/t* dignify

digno *adj* **1** worthy; *~ de mención* worth mentioning; *~ de confianza* trustworthy **2** *trabajo* decent, respectable

digo *vb* ☞ *decir*

digresión *f* digression

dije *vb* ☞ *decir*

dijo *vb* ☞ *decir*

dilación *f*: *sin ~* without delay; *sin más dilaciones* without further delay

dilapidación *f* waste, squandering

dilapidar ⟨1a⟩ *v/t* waste, squander

dilatación *f* dilation

dilatado *adj* dilated

dilatar ⟨1a⟩ **I** *v/t* **1** *pupilas* dilate **2** (*prolongar*) prolong **3** (*aplazar*) postpone **II** *v/i Méx* (*tardar*) be late; *no me dilato* I won't be long

dilatorio *adj*: *táctica -a* delaying tactics *pl*

dilema *m* dilemma

diletante *m/f* dilettante

diligencia *f* **1** (*prontitud*) diligence **2** *vehículo* stagecoach **3**: *~s pl* JUR procedures, formalities **4**: *hacer ~s* do some business

diligente *adj* diligent

dilucidación *f* clarification

dilucidar ⟨1a⟩ *v/t* clarify

dilución *f* dilution

diluir ⟨3g⟩ *v/t* dilute; *fig* water down; **diluirse** *v/r fig* be watered down

diluviar ⟨1b⟩ *v/i* pour down

diluvio *m* downpour; *fig* deluge

diluyente *m* solvent

dimanar ⟨1a⟩ *v/i*: *~ de* de situación, dificultades arise from

dimensión *f* **1** dimension; *fig*: *de catástrofe* size, scale **2**: *dimensiones pl*

measurements, dimensions; *de grandes dimensiones* large

dimes y diretes *mpl* F **1** gossip *sg*, tittle-tattle *sg* **2**: *andar en ~ con alguien* squabble with s.o.

diminutivo *m/adj* diminutive

diminuto *adj* tiny, diminutive

dimisión *f* resignation; *presentar su ~* hand in one's resignation

dimisionario *adj* outgoing

dimitir ⟨3a⟩ *v/i* resign

dimos *vb* ☞ *dar*

Dinamarca *f* Denmark

dinámica *f* dynamics *sg*

◇ **dinámica de grupo** group dynamics *pl*

dinámico *adj* fig dynamic

dinamismo *m* dynamism

dinamita *f* dynamite

dinamitar ⟨1a⟩ *v/t* dynamite

dinamizar ⟨1f⟩ *v/t* invigorate

dínamo, dinamo *f o L.Am. m* dynamo

dinastía *f* dynasty

dinástico *adj* dynastic

dineral *m* F fortune

dinero *m* money; *andar o estar mal de ~* be short of money *o* cash; *el ~ no hace la felicidad* money doesn't bring happiness

◇ **dinero en efectivo** cash; **dinero fácil** easy money; **dinero en metálico** cash; **dinero negro** undeclared money; **dinero de plástico** plastic money; **dinero suelto** loose change

dinosaurio *m* dinosaur

dintel *m* lintel

diñar ⟨1a⟩ *v/t*: *~la* P kick the bucket F

dio *vb* ☞ *dar*

diócesis *f* diocese

diodo *m* diode

dionisíaco, dionisiaco *adj* MYTH Dionysian

Dios *m* God; *¡~ mío!* my God!; *¡por ~!* for God's sake!; *~ mediante* God willing; *si ~ quiere* God willing; *¡~ nos libre!* God forbid!; *¡válgame ~!* good God!; *¡vaya por ~!* oh dear!; *sabe ~ lo que dijo* God knows what he said; *hazlo como ~ manda* do it properly; *a la buena de ~* any old how; *costar ~ y ayuda* be very difficult; *vivir como ~* F live like a king; *armar la de ~* F raise hell F

dios *m tb fig* god

diosa *f* goddess

dióxido *m* dioxide

◇ **dióxido de azufre** sulfur dioxide, *Br* sulphur dioxide

◇ **dióxido de carbono** carbon dioxide

dioxina *f* QUÍM dioxin

diploma *m* diploma

diplomacia *f* diplomacy

diplomado I *adj* qualified **II** *m*, -a *f* person with a diploma

diplomar ⟨1a⟩ *v/t*: ~ **a alguien** give s.o. a diploma; **diplomarse** *v/r* receive one's diploma, graduate

diplomático I *adj* diplomatic **II** *m*, -a *f* diplomat

diplomatura *f* diploma

dipsomanía *f* MED dipsomania

dipsómano I *adj* dipsomaniac **II** *m*, -a *f* dipsomaniac

díptico *m* PINT diptych

diptongo *m* GRAM diphthong

diputación *f* deputation

◇ **diputación provincial** *Esp* provincial authority *o* council

diputado *m*, -a *f* representative, *Br* Member of Parliament

diputar ⟨1a⟩ *v/t* depute, delegate

dique *m* dike, *Br* dyke

◇ **dique de contención** dam; **dique flotante** floating dock; **dique seco** dry dock

dirá *vb* ☞ **decir**

diré *vb* ☞ **decir**

dirección *f* **1** (*sentido*) direction; **en aquella** ~ that way, in that direction; ~ **obligatoria** one way only **2** COM management; POL leadership **3** *de coche* steering **4** TEA, *de película* direction; **bajo la** ~ **de** under the direction of, directed by **5** *en carta* address **6** (*rumbo*): **con** ~ **a Lima** for Lima; **en** ~ **a** heading for; **en** ~ **sur** heading south **7**: **direcciones** *pl* (*instrucciones*) guidelines

◇ **dirección asistida** AUTO power steering

◇ **dirección de correo electrónico** e--mail address

directa *f* AUTO top (gear)

directiva *f* *de empresa* board of directors; POL executive committee

directivo I *adj* governing; COM managing **II** *m*, -a *f* COM manager; **alto** ~ top executive

directo I *adj* **1** direct; **tren** ~ direct train, *Br tb* through train **2**: **en** ~ TV, RAD live **3**: **ir** ~ **al asunto** get straight to the point **II** *m en boxeo* jab

director I *adj* leading **II** *m*, ~**a** *f* **1** *de empresa* manager **2** EDU principal, *Br* head (teacher) **3** TEA, *de película* director

◇ **director espiritual** spiritual director; **director de orquesta** conductor; **director de recursos humanos** director of human resources; **director técnico** *en fútbol* director of football; **director de ventas** sales manager

directorio *m tb* INFOR directory

directriz *f* guideline

dirigente I *adj* ruling **II** *m/f* leader

dirigible I *adj* steerable **II** *m* dirigible

dirigir ⟨3c⟩ *v/t* **1** TEA, *película* direct; MÚS conduct **2** COM manage, run **3**: ~ **una carta a** address a letter to; ~ **una pregunta a** direct a question to **4** (*conducir*) lead; **dirigirse** *v/r* make, head (**a, hacia** for)

dirimir ⟨3a⟩ *v/t disputa* settle

discapacidad *f* disability

discapacitado I *adj* disabled **II** *m*, -a *f* disabled person

discar ⟨1g⟩ *v/t L.Am.* TELEC dial

discernimiento *m* discernment

discernir ⟨3i⟩ *v/t* distinguish, discern

disciplina *f* discipline

◇ **disciplina de voto** POL party discipline

disciplinado *adj* disciplined

disciplinar ⟨1a⟩ *v/t* discipline

disciplinario *adj* disciplinary

discípulo *m*, -a *f* REL, *fig* disciple

disco *m* **1** disk, *Br* disc **2** DEP discus **3** MÚS record; **cambiar de** ~ *fig* F change the record **4** (*discoteca*) disco

◇ **disco de algodón** cotton pad; **disco compacto** compact disc; **disco duro** INFOR hard disk; **disco magnético** IN-FOR magnetic disk; **disco rígido** *L.Am.* INFOR hard disk

discóbolo *m* HIST discus thrower

discografía *f* records *pl*

discográfica *f* record label *o* company

discográfico *adj* record *atr*; **industria** -a recording industry

díscolo *adj* unruly

disconforme *adj*: **estar** ~ disagree (**de**

with)

discontinuo *adj* discontinuous; *línea -a* AUTO broken line

discordancia *f* discord

discordante *adj* discordant

discordar ⟨1m⟩ *v/i* **1** clash (*de* with) **2** MÚS be out of tune

discorde *adj* **1** clashing **2** MÚS discordant

discordia *f* **1** discord **2** (*colección de discos*) record collection

discreción *f* **1** (*sensatez*) discretion **2**: *a ~ de* at the discretion of **3**: *a ~ disparar* at will

discrecional *adj* **1** *potestad* discretionary **2**: *parada ~* flag stop, *Br* request stop; *servicio ~ autobús* private service

discrepancia *f* **1** discrepancy **2** (*desacuerdo*) disagreement

discrepante *adj* dissenting

discrepar ⟨1a⟩ *v/i* disagree

discreto *adj* discreet

discriminación *f* discrimination

discriminante *adj* discriminatory

discriminar ⟨1a⟩ *v/t* **1** discriminate against **2** (*diferenciar*) differentiate

discriminatorio *adj* discriminatory

disculpa *f* apology; *pedir ~s a alguien* apologize to s.o. (*por* for)

disculpable *adj* excusable

disculpar ⟨1a⟩ *v/t* excuse; **disculparse** *v/r* apologize

discurrir ⟨3a⟩ *v/i* **1** *de tiempo* pass; *de acontecimiento* pass off **2** *de río* run **3** (*reflexionar*) reflect (*sobre* on)

discursivo *adj* discursive

discurso *m* **1** speech **2** *de tiempo* passage, passing

◇ **discurso electoral** election speech

◇ **discurso inaugural** inaugural address

discusión *f* **1** discussion **2** (*disputa*) argument

discutible *adj* debatable

discutido I *part* ☞ **discutir II** *adj* controversial

discutir ⟨3a⟩ **I** *v/t* discuss **II** *v/i* argue (*sobre* about)

disecación *f* **1** *de animal* stuffing **2** *de planta* drying

disecar ⟨1g⟩ *v/t* **1** *animal* stuff **2** *planta* dry

disección *f* dissection

diseccionar ⟨1a⟩ *v/t* dissect

diseminación *f* scattering; *fig* spreading

diseminar ⟨1a⟩ *v/t* scatter; *fig* spread; **diseminarse** *v/r situación* be scattered; *acción* scatter

disensión *f* disagreement; **disensiones** disagreements, dissension

disentería *f* MED dysentery

◇ **disentería amebiana** amebic *o Br* amoebic dysentery

disentimiento *m* disagreement, dissent

disentir ⟨3i⟩ *v/i* disagree (*de* with), dissent (*de* from); *disiento de tu opinión* I disagree with you

diseñador *m*, *~a f* designer

◇ **diseñador publicitario** commercial artist

diseñar ⟨1a⟩ *v/t* design

diseño *m* design

◇ **diseño gráfico** graphic design; **diseño industrial** industrial design; **diseño publicitario** commercial art

disertación *f* dissertation

disertar ⟨1a⟩ *v/i*: *~ sobre algo* lecture about sth, speak on sth

disfraz *m para ocultar* disguise; *para fiestas* costume, *Br* fancy dress

disfrazar ⟨1f⟩ *v/t para ocultar* disguise (*de* as); *para divertir* dress up (*de* as); **disfrazarse** *v/r para ocultarse* disguise o.s. (*de* as); *para divertirse* dress up (*de* as)

disfrutar ⟨1a⟩ **I** *v/t* enjoy **II** *v/i* **1** have fun, enjoy o.s. **2**: *~ de buena salud* be in *o* enjoy good health

disfrute *m* enjoyment

disfunción *f* MED dysfunction

disgregación *f* disintegration, breaking up

disgregar ⟨1h⟩ *v/t* break up; **disgregarse** *v/r* disintegrate

disgustado *adj* upset (*con* with); *estar ~ con alguien* be upset with s.o.

disgustar ⟨1a⟩ *v/t* upset; **disgustarse** *v/r* get upset; *~ con alguien* get upset with s.o.

disgusto *m* **1** (*pesar*): *me causó un gran ~* I was very upset; *llevarse un ~* get upset **2** (*enfado*): *tener un ~* have an argument; *tener un ~ con alguien* have an argument with s.o., fall out with s.o **3** (*accidente*): *tener un ~* have an accident **4**: *a ~* unwillingly; *sentirse a ~* feel uncomfortable, feel ill at ease

disidencia *f* dissidence

disidente I *adj* dissident **II** *m/f* dissident

disimulación *f* dissimulation

disimulado *adj* furtive, sly

disimular ⟨1a⟩ **I** *v/t* disguise **II** *v/i* pretend

disimulo *m*: **con ~** unobtrusively

disipación *f* dissipation

disipado *adj* dissipated

disipador I *adj* spendthrift **II** *m*, **-a** *f* spendthrift

disipar ⟨1a⟩ *v/t* **1** *duda* dispel **2** *dinero* fritter away, squander; **disiparse** *v/r* **1** *de niebla* clear **2** *de duda* vanish

diskette *m* diskette, floppy (disk)

dislate *m* piece of nonsense

dislexia *f* dyslexia

disléxico I *adj* dyslexic **II** *m*, **-a** *f* dyslexic

dislocación *f* MED dislocation; *fig* distortion

dislocar ⟨1g⟩ *v/t* dislocate; *fig* distort; **dislocarse** *v/r* be dislocated

disminución *f* decrease

disminuido I *adj* handicapped **II** *m*, **-a** *f* handicapped person

◇ **disminuido físico** physically handicapped person

disminuir ⟨3g⟩ **I** *v/t* *gastos, costos* reduce, cut; *velocidad* reduce **II** *v/i* decrease, diminish

disociación *f* dissociation

disociar ⟨1b⟩ *v/t* dissociate; **disociarse** *v/r* *fig*: **~ de alguien / algo** dissociate o.s. from s.o. / sth

disoluble *adj* soluble

disolución *f* dissolution

disoluto *adj* dissolute

disolvente *m* solvent

disolver ⟨1h; *part* **disuelto**⟩ *v/t* **1** dissolve **2** *manifestación* break up; **disolverse** *v/r* **1** dissolve **2** *de manifestación* break up

disonancia *f* dissonance

disonar ⟨1m⟩ *v/i* be out of tune

dispar *adj* different

disparada *f* *L.Am.* **a la ~** in a rush

disparadero *m* *de arma* trigger; **poner a alguien en el ~** *fig* F drive s.o. to distraction

disparado *adj*: **salir ~** rush off; *de un edificio etc* rush out

disparador *m* FOT shutter release

disparar ⟨1a⟩ **I** *v/t* **1** *tiro, arma* fire **2** *foto* take **3** *precios* send (rocketing F) up **3** *en fútbol* shoot **II** *v/i* **1** shoot, fire; **~ al aire** fire in the air **2** *en fútbol* shoot; **dispararse** *v/r* **1** *de arma, alarma* go off **2** *de precios* rise dramatically, rocket F

disparatado *adj* *fig* F absurd, crazy F

disparatar ⟨1a⟩ *v/i* talk nonsense

disparate *m* F **1** piece of nonsense; **es un ~ hacer eso** it's crazy to do that; **¡qué ~ !** what a stupid thing to say / do! **2**: **costar un ~** cost an arm and a leg F

disparidad *f* disparity

disparo *m* **1** *con pistola* shot; **~ al aire** shot in the air **2** *en fútbol* shot

dispendio *m* waste

dispendioso *adj* expensive, costly

dispensa *f* **1** *por defecto físico* exemption **2** REL dispensation

dispensable *adj* dispensable

dispensador *m* *recipiente* dispenser

◇ **dispensador de jabón** soap dispenser

dispensar ⟨1a⟩ *v/t* **1** dispense; *recibimiento* give; *ayuda* give, afford *fml* **2** (*eximir*) excuse (**de** from)

dispensario *m* MED clinic

dispepsia *f* MED dyspepsia

dispersar ⟨1a⟩ *v/t* disperse; **dispersarse** *v/r* disperse

dispersión *f* dispersion

disperso *adj* scattered

display *m* INFOR display

displicencia *f* disdain

displicente *adj* disdainful

disponer ⟨2r; *part* **dispuesto**⟩ **I** *v/t* **1** (*arreglar*) arrange **2** (*preparar*) prepare **3** (*ordenar*) stipulate **II** *v/i*: **~ de algo** have sth at one's disposal; **disponerse** *v/r*: **~ a hacer algo** get ready to do sth

disponibilidad *f* **1** COM availability **2**: **~es** *pl* (financial) resources

disponible *adj* available

disposición *f* **1** disposition; **estar en ~ de hacer algo** be prepared *o* willing to do sth **2**: **~ para** aptitude for **3**: **estar a ~ de alguien** be at s.o.'s disposal; **poner algo a ~ de alguien** put sth at s.o.'s disposal; **pasar a ~ judicial** come before the courts **4** *de objetos* arrangement

◇ **disposición de ánimo** state of mind

◇ **disposición legal** legal requirement

dispositivo *m* device

dispuesto I *part* ☞ **disponer II** *adj* para

expresar preparación ready (*a* to); *para expresar voluntad* willing, disposed (*a hacer algo* to do sth)

disputa *f* dispute; *sin ~* undoubtedly

disputable *adj* debatable, disputable

disputar ⟨1a⟩ **I** *v/t* **1** dispute; *premio* compete for **2** *partido* play **II** *v/i* argue (*sobre* about); **disputarse** *v/r* compete for

disquera *f L.Am.* record company

disquería *f L.Am.* record store

disquete *m* INFOR diskette, floppy (disk)

◇ **disquete de arranque** INFOR boot disk

◇ **disquete de seguridad** INFOR back-up disk

disquetera *f* disk drive

distancia *f tb fig* distance; *a ~* at a distance; *acortar ~s tb fig* bridge the gap, catch up; *guardar (las) ~s fig* keep one's distance

◇ **distancia de frenado** AUTO braking distance; **distancia focal** focal length *o* distance; **distancia de seguridad** AUTO safe distance

distanciamiento *m afectivo, de posturas* distancing

distanciar ⟨1b⟩ *v/t* space out; **distanciarse** *v/r* distance o.s. (*de* from)

distante *adj tb fig* distant

distar ⟨1a⟩ *v/i* be far (*de* from); *~ mucho de* be very far from

distender ⟨2g⟩ *v/t* **1** MED strain **2** *fig: relaciones, ambiente* ease

distendido *adj ambiente* relaxed

distensible *adj* MED distensible, distendible

distensión *f* **1** MED strain **2** *fig: de relaciones, ambiente* easing **3** POL détente

distinción *f* distinction; *sin ~* without distinction; *hacer una ~ entre* make a distinction between; *a ~ de* unlike

distingo *m* subtle distinction

distinguible *adj* distinguishable

distinguido *adj* distinguished

distinguir ⟨3d⟩ *v/t* **1** distinguish (*de* from) **2** (*divisar*) make out; *~ algo lejano* make out sth in the distance **3** *con un premio* honor, *Br* honour; **distinguirse** *v/r* distinguish o.s.

distintivo I *adj* distinctive **II** *m* emblem; MIL insignia

distinto *adj* **1** different; *ser ~ de* be dif-

ferent from **2**: *~s* (*varios*) several

distorsión *f* **1** distortion **2** MED sprain

distorsionar ⟨1a⟩ *v/t* **1** *verdad* distort **2** MED sprain

distracción *f* **1** distraction **2** (*descuido*) absent-mindedness; *por ~* out of absent-mindedness **3** (*diversión*) entertainment **4** (*pasatiempo*) pastime

distraer ⟨2p; *part* **distraído**⟩ *v/t* **1** distract **2**: *la radio la distrae* she enjoys listening to the radio; **distraerse** *v/r* **1** get distracted **2** (*disfrutar*) enjoy o.s.

distraído I *part ☞* **distraer II** *adj* absent- -minded; *temporalmente* distracted

distribución *f* TÉC, COM distribution

distribuidor *m* COM, EL, *de película* distributor

◇ **distribuidor automático** vending machine

distribuidora *f* distributor

distribuir ⟨3g⟩ *v/t* **1** distribute; *beneficio* share out **2**: *~ en grupos* divide into groups; **distribuirse** *v/r* be distributed

distributivo *adj* distributive

distrito *m* district

◇ **distrito electoral** (legislative) district, *Br* constituency

◇ **distrito postal** zip code, *Br* post code

disturbio *m* disturbance

disuadir ⟨3a⟩ *v/t* dissuade; POL deter; *~ a alguien de hacer algo* dissuade s.o. from doing sth

disuasión *f* dissuasion

disuasivo, disuasorio *adj* disuasive; POL deterrent *atr*

disuelto *part ☞* **disolver**

disyuntiva *f* dilemma

disyuntivo *adj* GRAM disjunctive

DIU *m abr* (= *dispositivo intrauterino*) coil, IUD (= intra-uterine device)

diurético *adj* diuretic

diurno *adj* day *atr; servicio de trenes etc* daytime *atr; luz -a* daylight

diva *f* diva, prima donna

divagación *f* digression

divagar ⟨1h⟩ *v/i* digress

diván *m* couch

divergencia *f* divergence

divergente *adj* divergent

divergir ⟨3c⟩ *v/i* diverge

diversidad *f* diversity

diversificar ⟨1g⟩ *v/t* diversify; **diversificarse** *v/r* diversify

diversión f **1** fun **2** (*pasatiempo*) pastime; *aquí no hay muchas diversiones* there's not much to do around here

diverso *adj* diverse; ~s several, various

divertido *adj* **1** funny **2** (*entretenido*) entertaining

divertimiento m fun

divertir ⟨3i⟩ v/t entertain; **divertirse** v/r have fun, enjoy o.s.; *¡que te diviertas!* have fun!, enjoy yourself!

dividendo m dividend

dividir ⟨3a⟩ v/t divide; **dividirse** v/r divide

divinamente *adv fig* wonderfully

divinidad f divinity

divinizar ⟨1f⟩ v/t deify

divino *adj tb fig* divine

divisa f currency; ~s pl foreign currency sg

divisar ⟨1a⟩ v/t make out, see

divisibilidad f divisibility

divisible *adj* divisible

división f **1** MAT, MIL, DEP division **2**: *hubo ~ de opiniones* there were differences of opinion

◇ **división acorazada** MIL armored o Br armoured division

divisor m MAT divisor

divisoria f: ~ de aguas watershed

divisorio *adj* dividing; *línea -a* dividing line

divo m star

divorciado I *adj* divorced II m, -a f divorcee

divorciar ⟨1b⟩ v/t divorce; **divorciarse** v/r get divorced

divorcio m divorce

divulgación f spread

divulgar ⟨1h⟩ v/t spread; **divulgarse** v/r spread

divulgativo *adj* informative

dizque *adv Méx* F apparently, supposedly

d.J.C. *abr* (= *después de Jesucristo*) A.D. (= Anno Domini)

dl. *abr* (= *decilitro*) deciliter, *Br* decilitre

dm. *abr* (= *decímetro*) decimeter, *Br* decimetre

Dn. *abr* (= *Don*) title of respect used before a man's first name

DNI m *abr* (= *documento nacional de identidad*) identity card, ID

D.O. *abr* (= *denominación de origen*) guarantee of origin

do m: ~ *sostenido* C sharp

dobladillo m hem

doblado *adj película* dubbed

doblador m, ~a f de película dubber

dobladura f dubbing

doblaje m de película dubbing; *actor / actriz de* ~ dubber

doblar ⟨1a⟩ I v/t **1** fold; *pierna, brazo* bend **2** *cantidad* double; *me dobla la edad* he's twice my age **3** *película* dub **4** MAR round; *en una carrera* pass, *Br* overtake; ~ *la esquina* go round o turn the corner II v/i **1** turn; ~ *a la derecha* turn right **2** *de campana* toll; ~ *a muerto* sound the death knell; **doblarse** v/r bend; *fig* give in

doble I *adj* double; *nacionalidad* dual II m **1**: *el* ~ twice as much (*de* as); *el* ~ *de gente* twice as many people, double the number of people; *me ofrecieron el* ~ *que la otra gente* they offered me double what the others did **2**: ~s pl en tenis doubles; *en baloncesto* double dribble; *un partido de* ~s a doubles (match); *hacer* ~s *en baloncesto* double dribble **3** *en béisbol* double III m/f *en película* double

◇ **doble barbilla** double chin; **doble clic** double click; *hacer* ~ *en* double-click on; **doble falta** double fault; **doble jugada** *en béisbol* double play

doblegar ⟨1h⟩ v/t fig: *voluntad* break; *orgullo* humble; **doblegarse** v/r fig yield

doblete m: *hacer* ~ TEA double up, play two roles; DEP do the double

doblez I m fold II f fig deceit

doce *adj* twelve

docena f dozen; *a* ~s by the dozen

docencia f teaching

docente I *adj* teaching atr; *cuerpo* ~ teaching staff; *centro* ~ school II m/f teacher

dócil *adj* docile

docilidad f docility

docto *adj* learned

doctor m, ~a f doctor

◇ **doctor honoris causa** honorary doctor

◇ **doctor de la Iglesia** Doctor of the Church

doctorado m doctorate

doctoral *adj* **1** doctoral **2** *desp* pompous

doctorando *m*, **-a** *f* PhD student
doctorarse ⟨1a⟩ *v/r* receive one's doctorate *o* PhD
doctrina *f* doctrine
doctrinario I *adj* doctrinaire **II** *m*, **-a** *f* doctrinarian
documentación *f* **1** documentation **2** *de persona* papers
documentado *adj persona* with papers
documental *m/adj* documentary
documentalista *m/f* documentary maker
documentar ⟨1a⟩ *v/t* document; **documentarse** *v/r* do research
documento *m* document
◇ **documento adjunto** INFOR attachment
◇ **documento nacional de identidad** national identity card
dodecafonía *f*, **dodecafonismo** *m* twelve-tone system
dogal *m para ahorcar* noose
dogaut *m Méx* DEP dugout
dogma *m* dogma
dogmático I *adj* dogmatic **II** *m*, **-a** *f* dogmatist
dogo *m* ZO mastiff
dólar *m* dollar
dolencia *f* ailment
doler ⟨2h⟩ *v/t tb fig* hurt; **me duele el brazo** my arm hurts; **le duele la tripa** he has a stomach-ache; **me duele la garganta** I have a sore throat, my throat hurts; **le dolió que le mintieran** *fig* she was hurt that they had lied to her; **ahí le duele** *fig* that's his problem **dolerse** *v/r* **1**: ~ *de* (*sentir tristeza por*) regret; (*estar disgustado por*) be upset about **2**: **se duele de la rodilla** his knee hurts
dolido *adj fig* hurt
doliente *adj* **1** sick, *Br* ill **2** (*apenado*) bereaved
dolmen *m* dolmen
dolo *m* JUR fraud
dolor *m tb fig* pain; **dar ~es de cabeza a alguien** *fig* cause s.o. problems
◇ **dolor de cabeza** headache; **dolor de estómago** stomach-ache; **dolor de muelas** toothache; **dolores de parto** labor pains, *Br* labour pains
dolorido *adj* sore, aching; *fig* hurt
dolorosa *f* F check, *Br* bill
doloroso *adj tb fig* painful

doloso *adj* JUR fraudulent
doma *f* taming; *de caballo* breaking in
domador *m*, **-a** *f* tamer
◇ **domador de caballos** horse-breaker
domar ⟨1a⟩ *v/t tb fig* tame; *caballo* break in
domesticable *adj* which can be domesticated
domesticar ⟨1g⟩ *v/t* domesticate
doméstico I *adj* domestic, household *atr* **II** *m*, **-a** *f* servant
domiciliación *f de sueldo* credit transfer; *de pagos* direct billing, *Br* direct debit
domiciliado *adj* resident (**en** in)
domiciliar ⟨1b⟩ *v/t pago* pay by direct billing, *Br* pay by direct debit; **tengo la nómina domiciliada** my salary is paid directly into my bank account
domiciliario *adj* home *atr*; **arresto ~** house arrest
domicilio *m* address; **sin ~ fijo** of no fixed abode; **repartir a ~** do home deliveries; **una victoria a ~** DEP away win
◇ **domicilio social** COM registered address
dominación *f* domination
dominador *adj* dominant
dominancia *f* BIO dominance
dominante *adj* dominant; *desp* domineering
dominar ⟨1a⟩ **I** *v/t* **1** *persona, mercado* dominate **2** *idioma* have a good command of **II** *v/i* dominate; **dominarse** *v/r* control o.s.
domingas *fpl* P tits P, boobs P
domingo *m* Sunday
◇ **domingo de Ramos** Palm Sunday
◇ **domingo de Resurrección** Easter Sunday
dominguero I *adj* Sunday *atr* **II** *m*, **-a** *f* F weekender, *Br tb* Sunday tripper
dominical *adj* Sunday *atr*; **suplemento ~** Sunday supplement
dominicano GEOG **I** *adj* Dominican **II** *m*, **-a** *f* Dominican
dominico *m monje* Dominican
dominio *m* **1** control; **~ de sí mismo** self-control **2** *fig*: *de idioma* command **3** INFOR domain **4**: **ser del ~ público** be in the public domain
dominó *m* dominoes *pl*

domótica *f* home automation

don[1] *m* gift; **~ de gentes** way with people; **~ de lenguas** gift for languages

don[2] *m* Mr.; **~ Enrique** Mr. Sanchez *English uses the surname while Spanish uses the first name*

dona *f Méx* donut, *Br* doughnut

donación *f* donation

◇ **donación de órganos** organ donation

◇ **donación de sangre** blood donation

donaire *m al hablar* wit; *al moverse* grace

donante *m/f* donor

◇ **donante de sangre** blood donor

donar ⟨1a⟩ *v/t sangre, órgano, dinero* donate

donatario *m*, **-a** *f* recipient (*of a donation*)

donativo *m* donation

doncel *m* **1** youth **2** HIST squire

doncella *f* maid

donde **I** *adv* where **II** *prp esp L.Am.* **fui ~ el médico** I went to the doctor's

dónde *interr* where; **¿de ~ eres?** where are you from?; **¿hacia ~ vas?** where are you going?; **¿en ~?** where?

dondequiera *adv* wherever

dondiego *m*: **~ (de noche)** BOT marvel of Peru

donjuán *m fig* womanizer, Don Juan

donoso *adj al hablar* witty; *al moverse* graceful

donostiarra *adj* of / from San Sebastián, San Sebastián *atr*

doña *f* Mrs; **~ Estela** Mrs Sanchez *English uses the surname while Spanish uses the first name*

dopaje, doping *m* doping

dopar ⟨1a⟩ *v/t* dope; **doparse** *v/r* take drugs

doquier(a) *adv*: **por ~** *lit* everywhere

dorada *f* ZO gilthead

dorado *f* ZO gold; *montura* gilt **II** *m* gilt

dorar ⟨1a⟩ *v/t* **1** TÉC gild **2** GASTR brown

dórico *adj* ARQUI Doric

dorífora *f* ZO potato beetle

dormido *adj* asleep; **quedarse ~** fall asleep

dormilón *m*, **-ona** *f* F sleepyhead F

dormir ⟨3k⟩ **I** *v/i* sleep; (*estar dormido*) be asleep **II** *v/t* **1** put to sleep; **dejar ~**

algo fig let sth lie **2**: **~ a alguien** MED give s.o. a general anesthetic; **dormirse** *v/r* **1** go to sleep; (*quedarse dormido*) fall asleep; **no podía dormirme** I couldn't get to sleep; **se me durmió la pierna** my leg has gone to sleep **2** (*no despertarse*) oversleep

dormitar ⟨1a⟩ *v/i* doze

dormitorio *m* bedroom

dorsal **I** *adj* dorsal **II** *m* DEP number

dorso *m* back; **al ~** on the back; **~ de la mano** back of the hand

dos *adj* **1** two; **de ~ en ~** in twos, two by two; **los ~** both; **conozco a los ~ hermanos** I know both (of the) brothers; **anda con ojo con los ~** watch out for both of *o* the pair of them; **~ contra uno** *en baloncesto* double team **2**: **cada ~ por tres** all the time, continually; **en un ~ por tres** in a flash

doscientos *adj* two hundred

dosel *m* canopy; **cama con ~** four-poster bed

dosificación *f* dosage

dosificador *m* dispenser

◇ **dosificador de jabón** soap dispenser

dosificar ⟨1g⟩ *v/t* cut down on

dosis *f inv* dose; **una buena ~ de** a good deal of

◇ **dosis de choque** MED large dose

◇ **dosis letal** lethal dose

dotación *f* **1**: **la ~ del premio es de 10 millones de dólares** the total amount of prize money is 10 million dollars; **una ayuda con una ~ de 10 millones de dólares** aid totaling 10 million dollars **2**: **la ~ de doctores es ...** the number of doctors is ...

dotado *adj* **1** gifted; **~ para las lenguas** with a gift for languages **2**: **~ de algo** equipped with sth

dotar ⟨1a⟩ *v/t*: **~ de** equip with; *fondos* provide with; *cualidades* endow with; **la organización fue dotada con el premio a ...** the organization was awarded the prize for ...

dote *f* **1** *a novia* dowry **2**: **tener ~s para algo** have a gift for sth

doy *vb* ☞ **dar**

dpto. *abr* (= **departamento**) dept (= department)

Dr. *abr* (= **doctor**) Dr (= doctor)

Dra. *abr* (= **doctora**) Dr (= doctor)

draconiano *adj* draconian; **medidas -as** draconian measures

draga *f máquina* dredge; *barco* dredger

dragado *m* dredging

dragaminas *m inv* minesweeper

dragar ⟨1h⟩ *v/t* dredge

drago *m* BOT dragon tree

dragón *m* **1** MYTH dragon **2** MIL dragoon

drama *m* drama; **hacer un ~ de algo** *fig* make a drama out of sth, make a big deal out of sth

dramático *adj* dramatic; **arte ~** dramatic art

dramatismo *m* dramatic quality, drama

dramatizar ⟨1f⟩ *v/t* dramatize

dramaturgia *f* drama

dramaturgo *m*, **-a** *f* playwright, dramatist

dramón *m desp* melodrama

drástico *adj* drastic

drenaje *m* drainage

drenar ⟨1a⟩ *v/t* drain

driblar ⟨1a⟩ DEP **I** *v/i* dribble **II** *v/t* dribble past

dribling *m* dribbling, dribble

dril *m* drill

droga *f* drug

◇ **droga blanda** soft drug; **droga de diseño** designer drug; **droga dura** hard drug

drogadicción *f* drug addiction

drogadicto I *adj*: **una mujer -a** a woman addicted to drugs **II** *m*, **-a** *f* drug addict

drogarse ⟨1h⟩ *v/r* take drugs, do drugs F

drogata *m/f* F junkie F

drogodependencia *f* drug dependency

drogodependiente I *adj* drug-dependent **II** *m/f* drug addict

droguería *f* hardware store (*selling cleaning and household products*)

droguero *m*, **-a** *f*, **droguista** *m/f* owner of a **droguería**

dromedario *m* ZO dromedary

d.to *abr* (= **descuento**) discount

dubitativo *adj* doubtful

ducado *m* dukedom

ducal *adj* ducal

ducha *f* shower; **ser una ~ de agua fría** *fig* come as a shock

duchar ⟨1a⟩ *v/t*: **~ a alguien** give s.o. a shower; (*mojar*) soak s.o.; **ducharse** *v/r* have a shower, shower

ducho *adj* knowledgeable

dúctil *adj* ductile

ductilidad *f* ductility

duda *f* doubt; **sin ~** without doubt; **poner en ~** call into question; **estar fuera de** (**toda**) **~** be beyond (any) doubt; **no cabe la menor ~** there is absolutely no doubt; **salir de ~s** get things clear; **todavía tengo mis ~s** I still have (my) doubts, I'm still dubious

dudar ⟨1a⟩ **I** *v/t* doubt; **¡no lo dudes!** of course!, no problem! **II** *v/i* **1** hesitate (**en** to); **no ~ en hacer algo** not hesitate to do sth **2**: **~ de alguien** not trust s.o.

dudoso *adj* **1** (*incierto*) doubtful, dubious **2** (*indeciso*) hesitant

duela *f* **1** stave **2** *Méx* parquet parquet

duele *vb* ☞ **doler**

duelista *m* duelist, *Br* duellist

duelo *m* **1** grief **2** (*combate*) duel; **batirse en ~** fight a duel

duende *m* **1** imp **2** *cualidad* magic; **tener ~** have a magical quality

dueño *m*, **-a** *f* **1** COM owner; **de perro** owner, master **2**: **eres muy ~ de hacer lo que quieras** you are free to do as you wish, you are your own master; **hacerse ~ de la situación** take command *o* control of the situation; **no ser ~ de sí mismo** be out of control; **no ser ~ de sus actos** not be responsible for one's actions

duermo *vb* ☞ **dormir**

dueto *m* MÚS duet

dulce I *adj* sweet; *fig: carácter* gentle **II** *m* candy, *Br* sweet; **~s** sweet things

dulcería *f* candy store, *Br* sweetshop

dulcificar ⟨1g⟩ *v/t* GASTR sweeten; *fig* soften

dulzaina *f* MÚS *oboe-like instrument*

dulzón *adj* sickly sweet

dulzor *m*, **dulzura** *f tb fig* sweetness

dumping *m* dumping

duna *f* dune

duo *m* MÚS duo

duodécimo *adj* twelfth

duodeno *m* ANAT duodenum

dúplex *m* duplex (apartment)

duplicación *f* duplication

duplicado I *adj* duplicate; **por ~** in duplicate **II** *m* duplicate

duplicar ⟨1g⟩ *v/t* duplicate

duplicidad *f fig* duplicity

duplo *m*: **el ~ de tres es seis** two times

three is six, twice three is six

duque *m* **1** duke; **los ~s de** the Duke and Duchess of **2** ZO: **gran ~** eagle owl

duquesa *f* duchess

durabilidad *f* durability

durable *adj* durable

duración *f* duration; **de larga ~** long-life *atr*

duradero *adj* lasting; *ropa, calzado* hard-wearing

durante *prp indicando duración* during; *indicando período* for; **~ seis meses** for six months

durar ⟨1a⟩ *v/i* last

duraznero *m L.Am.* BOT peach (tree)

durazno *m L.Am.* BOT peach

Durex® *m Méx* Scotch tape®, *Br* Sellotape®

dureza *f* **1** *de material* hardness; *de carne* toughness **2** *de clima, fig* harshness

durmiente I *adj* sleeping **II** *m/f* sleeper; **la Bella Durmiente** Sleeping Beauty **III** *m* FERR tie, *Br* sleeper

duro I *adj* **1** *material* hard; *carne* tough **2** *clima, fig* harsh **3**: **~ de oído** F hard of hearing; **~ de corazón** hard-hearted; **ser ~ de pelar** be a tough nut to crack **II** *adv* hard **III** *m* five peseta coin

DVD *m abr* (= **disco de vídeo digital**) DVD (= digital versatile *o* video disc)

E

e *conj* (*instead of* **y** *before words starting with* **i** *or* **hi**) and

E *abr* (= **este**) E (= East, Eastern)

¡ea! *int* come on!

EAU *abr* (= **Emiratos Árabes Unidos**) UAE *pl* (= United Arab Emirates)

ebanista *m/f* cabinetmaker

ebanistería *f* cabinetmaking

ébano *m* ebony

ebriedad *f* drunkenness; *fig* delirium; **en estado de ~** in a state of intoxication

ebrio *adj* drunk; **~ de éxito, felicidad** drunk with; **~ de amor** blinded by love; **~ de ira** blind with rage

ebullición *f*: **punto de ~** boiling point

ebúrneo *adj* ivory *atr*

eccema *m* eczema

echado I *part* ☞ **echar II** *adj* **1** lying down **2**: **~ para (a)delante** F self-reliant

echadora *f*: **~ de cartas** fortune-teller

echar ⟨1a⟩ **I** *v/t* **1** (*lanzar*) throw; *de un lugar* throw out; **lo han echado del trabajo** he's been fired; **~ abajo** pull down, destroy **2** *humo* give off **3** (*poner*) put **4** *carta* mail, *Br tb* post **5**: **~ la culpa a alguien** blame s.o., put the blame on s.o.; **me echó 40 años** he thought I was 40

II *v/i*: **~ a** start to, begin to; **~ a correr** start *o* begin to run, start running

echarse *v/r* **1** (*tirarse*) throw o.s.; **~ al agua** jump into the water; **~ al suelo** throw o.s. to the ground; **échate a un lado** move to one side; **~ sobre algo** throw o.s. on sth; **~ detrás de alguien** go after s.o. **2** (*tumbarse*) lie down **3** (*ponerse*) put on **4**: **~ a llorar / reír** start *o* begin to cry / laugh, start crying / laughing **5**: **echárselas de algo** make out that one is sth, make o.s. out to be sth **6** F *novia, coche etc* get

echarpe *m* scarf

eclesiástico I *adj* ecclesiastical, church *atr* **II** *m* clergyman

eclipsar ⟨1a⟩ *v/t* eclipse; **eclipsarse** *v/r* **1** *de persona* disappear, vanish **2**: **la luna se eclipsará a las diez** there will be a lunar eclipse at ten o'clock

eclipse *m* eclipse

◇ **eclipse de luna** lunar eclipse, eclipse of the moon

◇ **eclipse de sol** solar eclipse, eclipse of the sun

eclosión *f* **1** ZO hatching **2** *fig* sudden emergence *o* appearance

eclosionar ⟨1a⟩ *v/i* **1** ZO hatch **2** *fig* appear, emerge

eco *m* echo; **hacerse ~ de algo** echo sth; **tener ~** *fig* make an impact

ecografía *f* (ultrasound) scan

ecología *f* ecology

ecológico *adj* ecological; *alimentos* organic

ecologismo *m* environmentalism, conservationism

ecologista *m/f* ecologist, environmentalist

ecólogo *m*, **-a** *f* ecologist

economato *m* co-operative (store)

economía *f* **1** economy; **hacer ~s** economize, make economies **2** *ciencia* economics *sg*

◇ **economía doméstica** home economics *sg*; **economía informal** *L.Am.* black economy; **economía de mercado** market economy; **economía planificada** planned economy; **economía política** political economy; **economía sumergida** black economy

económico *adj* **1** economic **2** (*barato*) economical

economista *m/f* economist

economizar ⟨1f⟩ *v/t* economize on, save; **~ esfuerzos** save one's energy; **no debemos ~ esfuerzos** we must spare no effort

ecosistema *m* ecosystem

ecotest *m* ecotest

ecotienda *f* ecostore, *Br tb* ecoshop

ecoturismo *m* ecotourism

ectoplasma *m* ectoplasm

ecuación *f* equation

Ecuador *m* Ecuador

ecuador *m* equator; **paso del ~** *fig* crossing the line

ecualizador *m* TÉC equalizer

ecuánime *adj* **1** (*sereno*) even-tempered **2** (*imparcial*) impartial

ecuanimidad *f* even temper, equanimity; (*imparcialidad*) impartiality

ecuatorial *adj* equatorial

ecuatoriano **I** *adj* Ecuadorean **II** *m*, **-a** *f* Ecuadorean

ecuestre *adj* equestrian; **estatua ~** equestrian statue

ecuménico *adj* ecumenical

ecumenismo *m* REL ecumenicalism

eczema *m* eczema

ed. *abr* (= **edición**) ed (= edition)

edad *f* **1** age; **a la ~ de** at the age of; **a mi ~** at my age; **¿qué ~ tienes?** how old are you?; **de corta ~** *niño* young; **en ~ escolar** school-age, of school age; **en ~ penal** old enough to be sent to prison; **de mediana ~** middle-aged; **la tercera ~** the over 60s; **una señora de ~** an elderly lady; **estar en la ~ del pavo** be at that awkward age **2** (*época*): **la Edad Media** the Middle Ages *pl*; **la ~ dorada** *o* **de oro** *fig* the golden age

◇ **edad de jubilación** retirement age; **edad moderna** modern era; **edad de piedra** Stone Age

edecán *m* MIL aide-de-camp

edema *m* MED edema, *Br tb* oedema

edén *m* Eden; *fig* paradise

edición *f* edition

◇ **edición de bolsillo** pocket edition

◇ **edición pirata** pirate edition

edicto *m* edict

edificable *adj* available for development; **zona ~** development area

edificación *f* construction, building

edificante *adj* edifying

edificar ⟨1g⟩ *v/t* construct, build

edificio *m* building

◇ **edificio de pisos, edificio de viviendas** apartment building, *Br* block of flats

edil *m* councilor, *Br* councillor, councilman

edila *f* councilor, *Br* councillor, councilwoman

Edimburgo *m* Edinburgh

Edipo Oedipus; **complejo de ~** Oedipus complex

editar ⟨1a⟩ *v/t* **1** edit **2** (*publicar*) publish

editor **I** *m*, **-a** *f* editor **II** *m* INFOR editor

editorial **I** *adj* publishing *atr* **II** *m* editorial, leading article **III** *f* publishing company *o* house, publisher

editorialista *m/f* editorialist, *Br* leader writer

edredón *m* eiderdown; *utilizado sin sábanas* duvet, *Br tb* continental quilt

educación *f* **1** (*crianza*) upbringing **2** (*modales*) manners *pl*; **con mucha ~ persona** extremely polite; **pedir** extremely politely; **no tener ~** have no manners

◇ **educación de adultos** adult education; **educación cívica** civics *sg*; **educación especial** special-needs education; **educación física** physical education, PE; **educación preescolar** preschool education; **educación primaria** elementary education, *Br* primary education; **educación secundaria** secondary education; **educación sexual** sex education; **educación viaria** traffic safety classes *pl*

educado **I** *adj* polite, well-mannered;

bien ~ polite, well-mannered; **mal** ~ rude, ill-mannered **II** *part* ☞ **educar**

educador *m*, **-a** *f* teacher, educator

educar ⟨1g⟩ *v/t* **1** educate **2** (*criar*) bring up **3** *voz* train

educativo *adj* educational; **política -a** education(al) policy; **sistema** ~ education(al) system

edulcorante *m* sweetener

edulcorar ⟨1a⟩ *v/t* sweeten

EE. UU. *abr* (= **Estados Unidos**) US(A) (= United States (of America))

EEB *f abr* (= **encefalopatía espongiforme bovina**) BSE (= bovine spongiform encephalopathy)

efebo *m* youth

efectismo *m* theatricality

efectista *adj* theatrical, dramatic

efectivamente *adv* indeed

efectividad *f* effectiveness; **tener** ~ be effective

efectivo I *adj* **1** effective **2** COM: **hacer** ~ cash **II** *m* COM: **en** ~ (in) cash

efecto *m* **1** effect; **surtir** ~ take effect, work; ~ **a largo plazo** long-term effect; **aplicarse con** ~ **retroactivo** be applied retroactively; **la subida con** ~ **retroactivo de las pensiones** the retroactive increase in pensions; **llevar a** ~ carry out; **dejar sin** ~ negate, undo **2**: **hacer buen / mal** ~ give *o* create a good / bad impression **3**: **al** ~ for the purpose; **en** ~ indeed

◇ **efecto invernadero** greenhouse effect; **efectos especiales** *en película* special effects; **efectos personales** personal effects *o* belongings; **efectos secundarios** side effects

efectuar ⟨1e⟩ *v/t* carry out; **efectuarse** *v/r*: **la inauguración se efectuará ...** the inauguration will take place ...

efeméride *f* anniversary

efervescencia *f* effervescence

efervescente *adj* **1** effervescent; **tableta** ~ effervescent tablet **2** *bebida* carbonated, sparkling

eficacia *f* efficiency

eficaz *adj* **1** (*efectivo*) effective **2** (*eficiente*) efficient

eficiencia *f* efficiency

eficiente *adj* efficient

efigie *f* effigy

efímera *f* ZO mayfly

efímero *adj* ephemeral, short-lived

eflorescente *adj* efflorescent

efluvio *m* smell, scent

efusión *f* effusiveness; **con** ~ effusively

efusivo *adj* effusive

Egeo *m/adj*: **el** (**mar**) ~ the Aegean (Sea)

égida *f*: **bajo la** ~ **de** under the aegis of

egipcio I *adj* Egyptian **II** *m*, **-a** *f* Egyptian

Egipto *m* Egypt

ego *m* ego

egocéntrico *adj* egocentric, self-centered, *Br* self-centred

egoísmo *m* selfishness, egoism

egoísta I *adj* selfish, egoistic **II** *m/f* egoist

egregio *adj* distinguished, eminent

egresado *m*, **-a** *f* L.Am. graduate

egresar ⟨1a⟩ *v/i* L.Am. *de universidad* graduate; *de colegio* graduate from high school, *Br* leave school

egreso *m* **1** L.Am. graduation **2** *Méx* (*retirada*) withdrawal

eh *int para llamar atención* hey!; **¿~?** eh?

eje *m* **1** axis; **partir a alguien por el** ~ *fig* mess up s.o.'s plans **2** TÉC shaft; AUTO *de ruedas* axle; *fig* linchpin

ejecución *f* **1** (*realización*) implementation, carrying out, execution; **poner en** ~ execute, carry out **2** *de condenado* execution **3** INFOR running, execution **4** MÚS performance

◇ **ejecución forzosa** JUR enforced execution *o* implementation

ejecutante *m/f* MÚS performer

ejecutar ⟨1a⟩ *v/t* **1** (*realizar*) carry out, implement, execute **2** *condenado* execute **3** INFOR run, execute **4** MÚS play, perform

ejecutiva *f* executive

ejecutivo I *adj* executive; **el poder** ~ POL the executive **II** *m* **1** executive; **alto** ~ top executive **2**: **el Ejecutivo** the government

ejecutor *m* executor

ejecutora *f* executor, executrix

ejecutorio *adj* executory

ejemplar I *adj* *alumno, padre etc* model *atr*, exemplary **II** *m* **1** *de libro* copy; *de revista tb* issue **2** *animal, planta* specimen

◇ **ejemplar gratuito** *de publicación* free copy

ejemplaridad *f* exemplary nature; **la** ~ **de su comportamiento** his exemplary behavior

ejemplarizar ⟨1f⟩ *v/t* set a good example to

ejemplificar ⟨1g⟩ *v/t* exemplify

ejemplo *m* example; ***dar buen ~*** set a good example; ***por ~*** for example; ***poner por ~*** quote as an example; ***tomar ~ de alguien*** follow s.o.'s example; ***predicar con el ~*** practice what one preaches

ejercer ⟨2b⟩ **I** *v/t* **1** *cargo* practice, *Br* practise **2** *influencia* exert **II** *v/i de profesional* practice, *Br* practise; ***ejerce de médico*** he's a practicing doctor

ejercicio *m* **1** exercise; ***hacer ~*** exercise **2** COM fiscal year, *Br* financial year **3** MIL: ***en ~(s)*** on maneuvers, *Br* on manoeuvres

◇ **ejercicios espirituales** REL retreat *sg*

ejercitado *adj* experienced (**en** in)

ejercitar ⟨1a⟩ *v/t músculo, derecho* exercise; **ejercitarse** *v/r* train; ***~ en*** practice, *Br* practise

ejército *m* army

◇ **ejército de(l) aire** air force

◇ **ejército profesional** professional army

ejido *m Méx* traditional communal farming unit

ejote *m L.Am.* green bean

el I *art* the **II** *pron*: ***~ de ...*** that of ...; ***~ de Juan*** Juan's; ***~ más grande*** the biggest (one); ***~ que está ...*** the one that is ...

él *pron sujeto* he; *cosa* it; *complemento* him; *cosa* it; ***de ~*** his; ***esto es para ~*** this is for him

elaboración *f* production, making; *de metal etc* working; *de plan* drawing up

elaborar ⟨1a⟩ *v/t* produce, make; *metal etc* work; *plan* devise, draw up

elasticidad *f* elasticity

elástico I *adj* elastic **II** *m* **1** elastic **2** (*goma*) elastic band, *Br* rubber band

eléboro *m* BOT hellebore

elección *f* choice

eleccionario *adj L.Am.* election *atr*, electoral

elecciones *fpl* election *sg*, elections

◇ **elecciones generales** general election *sg*; **elecciones legislativas** parliamentary elections; **elecciones municipales** municipal elections; **elecciones presidenciales** presidential election *sg*

electivo *adj* elective

electo *adj* elect

elector *m*, ***~a*** *f* voter

electorado *m* electorate

electoral *adj* election *atr*, electoral

electricidad *f* electricity

electricista *m/f* electrician

eléctrico *adj luz, motor* electric; *aparato* electrical

electrificación *f* electrification

electrificar ⟨1g⟩ *v/t* electrify

electrizar ⟨1f⟩ *v/t tb fig* electrify

electrocardiograma *m* electrocardiogram

electrochoque *m* electroshock therapy

electrocución *f* electrocution

electrocutar ⟨1a⟩ *v/t* electrocute; **electrocutarse** *v/r* be electrocuted, electrocute o.s

electrodinámica *f* electrodynamics *sg*

electrodo *m* electrode

electrodoméstico *m* electrical appliance

electroencefalograma *m* electroencephalogram

electroimán *m* electromagnet

electrólisis *f* electrolysis

electrón *m* electron

electrónica *f* electronics *sg*

◇ **electrónica de consumo** consumer electronics *sg o pl*

electrónico *adj* electronic

electrotecnia *f* electrical engineering

electrotécnico *adj* electrical; ***el equipo ~*** the electricians *pl*

electroterapia *f* MED electrotherapy

elefante *m* ZO elephant; ***como un ~ en una cacharrería*** like a bull in a china shop

◇ **elefante marino** elephant seal, sea elephant

elegancia *f* elegance, stylishness

elegante *adj* elegant, stylish

elegantoso *adj L.Am.* F stylish, classy F

elegía *f* elegy

elegible *adj* eligible

elegir ⟨3c & 3l⟩ *v/t* choose; *por votación* elect

elemental *adj* **1** (*esencial*) fundamental, essential **2** (*básico*) elementary, basic

elemento *m* element; ***estar en su ~*** *fig* be in one's element

elenco *m* TEA cast

elepé *m* LP, album

elevación *f* GEOG elevation

elevado *adj* high; *fig* elevated

elevador *m* **1** hoist **2** *L.Am.* elevator, *Br* lift

elevadorista *m/f L.Am.* elevator operator, *Br* lift operator

elevalunas *m inv* AUTO: ~ *eléctrico* electric window

elevar ⟨1a⟩ *v/t* **1** raise **2** MAT: ~ *al cuadrado* raise to the power of four; **elevarse** *v/r* **1** rise **2** *de monumento* stand **3**: ~ *a de cantidad, número etc* stand at, have reached

elfo *m* MYTH elf

eliminación *f* **1** elimination **2** *de desperdicios* disposal **3** INFOR deletion
◇ **eliminación de desechos, eliminación de residuos** waste disposal

eliminado *adj* DEP out *pred*

eliminar ⟨1a⟩ *v/t* **1** eliminate **2** *desperdicios* dispose of **3** INFOR delete

eliminatoria *f* DEP qualifying round, heat

eliminatorio *adj* DEP qualifying *atr*

elipse *f* ellipse

elíptico *adj* elliptical

élite *f* elite

elitista *adj* elitist

elixir *m* elixir
◇ **elixir bucal** mouthwash

ella *pron sujeto* she; *cosa* it; *complemento* her; *cosa* it; *de* ~ her; *es de* ~ it's hers; *con / para* ~ with / for her

ellas *pron sujeto* they; *complemento* them; *de* ~ their; *es de* ~ it's theirs

ello *pron* it; *por* ~ for this reason; *¿has reparado la televisión? – estoy en* ~ have you mended the television? – I'm working on it *o* I'm doing it

ellos *pron sujeto* they; *complemento* them; *de* ~ their; *es de* ~ it's theirs

elocuencia *f* eloquence

elocuente *adj* eloquent

elogiable *adj* praiseworthy

elogiar ⟨1b⟩ *v/t* praise

elogio *m* praise

elogioso *adj* full of praise, highly complimentary

elote *m L.Am.* **1** corncob **2** *granos* corn, *Br* sweetcorn

El Salvador *m* El Salvador

elucidar ⟨1a⟩ *v/t* elucidate

elucubrar ⟨1a⟩ *v/t* muse on, ponder

eludir ⟨3a⟩ *v/t* evade, avoid

e-mail *m* e-mail; *mandar un* ~ *a alguien* e-mail s.o., send s.o. an e-mail

emanación *f* emanation *fml*, emission

emanar ⟨1a⟩ **I** *v/i fml* emanate (*de* from) *fml*; *fig* stem (*de* from), derive (*de* from) **II** *v/t* exude, emit

emancipación *f* emancipation

emancipar ⟨1a⟩ *v/t* **I** emancipate; **emanciparse** *v/r* become emancipated

emascular ⟨1a⟩ *v/t* castrate

embadurnar ⟨1a⟩ *v/t* smear (*de* with)

embajada *f* embassy

embajador *m*, ~**a** *f* ambassador

embalador *m*, ~**a** *f* packer

embalaje *m* packing

embalar ⟨1a⟩ *v/t* pack; **embalarse** *v/r* **1** *de persona* get excited **2**: *el coche se embaló* the car went faster and faster; *no te embales* don't go so fast

embaldosado *m* **1** *suelo* tiled floor **2** *acto* tiling

embaldosar ⟨1a⟩ *v/t* tile

embalsamar ⟨1a⟩ *v/t* embalm

embalsar ⟨1a⟩ *v/t* dam up

embalse *m* reservoir

embarazada **I** *adj* pregnant **II** *f* pregnant woman

embarazar ⟨1f⟩ *v/t* **1** (*preñar*) get pregnant **2** (*obstaculizar*) hinder, hamper; **embarazarse** *v/r* get embarrassed

embarazo *m* pregnancy; *interrupción del* ~ termination, abortion

embarazoso *adj* awkward, embarrassing

embarcación *f* vessel, craft

embarcadero *m* wharf

embarcar ⟨1g⟩ **I** *v/t* **1** *pasajeros* board, embark; *mercancías* load **2** *fig* involve (*en* in) **II** *v/i* board, embark; **embarcarse** *v/r* board, embark; *en avión* board; ~ *en fig* embark on

embargar ⟨1h⟩ *v/t* **1** JUR seize **2** *fig* overwhelm, overcome

embargo *m* **1** embargo **2** JUR seizure **3**: *sin* ~ however

embarque *m* **1** AVIA boarding; *puerta de* ~ gate; *zona de* ~ departure area **2** *de mercancías* loading

embarrancar ⟨1g⟩ *v/i* MAR run aground; **embarrancarse** *v/r* MAR run aground

embarrarse ⟨1a⟩ *v/r* get covered in mud

embarullar ⟨1a⟩ *v/t* confuse, mix up

embarullarse ⟨1a⟩ *v/r* get mixed up

embate *m del mar, del viento* beating, battering; *de las olas* pounding, battering

embaucador I *adj* deceitful **II** *m*, ~a *f* trickster

embaucar ⟨1g⟩ *v/t* trick, deceive

embeber ⟨2a⟩ *v/t* soak up, absorb; **embeberse** *v/r* get absorbed *o* engrossed (**en** in)

embelesar ⟨1a⟩ *v/t* captivate; **embelesarse** *v/r* be captivated

embeleso *m* captivation

embellecer ⟨2d⟩ *v/t* make more beautiful, beautify; **embellecerse** *v/r* grow more beautiful

embellecimiento *m* beautification

embestida *f* charge

embestir ⟨3l⟩ **I** *v/t* charge **II** *v/i* charge (**contra** at)

embetunar ⟨1a⟩ *v/t zapatos* polish

emblandecerse ⟨2d⟩ *v/r* go soft

emblema *m* emblem

emblemático *adj* emblematic

embobar ⟨1a⟩ *v/t* fascinate

embobarse ⟨1a⟩ *v/r* be fascinated

embocadura *f* MÚS mouthpiece

embolarse ⟨1a⟩ *v/r C.Am., Méx* F get plastered F

embole *m Rpl* F bore

embolia *f* MED embolism

◊ **embolia pulmonar** MED pulmonary embolism

émbolo *m* TÉC piston

embolsar ⟨1a⟩ *v/t* pocket; **embolsarse** *v/r* pocket

emboquillado I *adj* tipped **II** *m* filter tip

emborrachar ⟨1a⟩ *v/t* make drunk, get drunk; **emborracharse** *v/r* get drunk

emborronar ⟨1a⟩ *v/t* blot, smudge

emboscada *f* ambush

emboscar ⟨1g⟩ *v/t* ambush; **emboscarse** *v/r* lie in ambush

embotelladora *f* bottling plant

embotellamiento *m* **1** traffic jam **2** *de bebidas* bottling

embotellar ⟨1a⟩ *v/t* bottle

embozar ⟨1f⟩ *v/t* **1** (*obstruir*) block **2** *cara* cover

embozo *m de sábana* turndown; **sin** ~ openly

embragar ⟨1h⟩ AUTO **I** *v/t* engage **II** *v/i* engage the clutch

embrague *m* AUTO clutch

embravecer ⟨2d⟩ *v/t* enrage, infuriate; **embravecerse** *v/r* **1** *de mar* get rough **2** *de persona* become enraged *o* infuriated

embriagador *adj* intoxicating, heady

embriagar ⟨1h⟩ *v/t fig* intoxicate; **embriagarse** *v/r* become intoxicated

embriaguez *f* intoxication; **en estado de** ~ *fig* delirious (with joy)

embridar ⟨1a⟩ *v/t caballo* put a bridle on, bridle

embrión *m* embryo; **en** ~ in an embryonic state, in embryo

embrionario *adj* embryonic; **en estado** ~ *fig* in embryo

embrollar ⟨1a⟩ *v/t* muddle, mix up; **embrollarse** *v/r* **1** get complicated; **la situación se embrolla cada vez más** the situation is getting more and more complicated **2** *de hilos* get tangled up

embrollo *m* tangle; *fig* mess, muddle

embromar ⟨1a⟩ *v/t Rpl* F (*molestar*) annoy

embrujar ⟨1a⟩ *v/t tb fig* bewitch

embrujo *m tb fig* enchantment

embrutecer ⟨2d⟩ *v/t* brutalize; **embrutecerse** *v/r* become brutalized

embrutecimiento *m* brutalization

embuchado *m* GASTR *type of dry sausage*

embuchar ⟨1a⟩ *v/t salchicha* stuff; *fig* wolf down

embudo *m* funnel

embuste *m* lie

embustero I *adj* deceitful **II** *m*, -a *f* liar

embutido *m* GASTR *type of dry sausage*

embutir ⟨3a⟩ *v/t salchicha, cojín, colchón* stuff; *fig* wolf down; **embutirse** *v/r:* ~ **en una prenda** squeeze o.s. into

emergencia *f* emergency; **estado de** ~ state of emergency

emergente *adj* emergent, emerging; **país** ~ emergent nation

emerger ⟨2c⟩ *v/i* emerge

emérito *adj* emeritus

emético *m* MED emetic

emigración *f* emigration

emigrante *m* emigrant

emigrar ⟨1a⟩ *v/i* **1** emigrate **2** ZO migrate

eminencia *f* **1** *cualidad* eminence **2** *persona* eminent figure; **Su / Vuestra Eminencia** REL His / Your Eminence

◊ **eminencia gris** *fig* éminence grise

eminente *adj* eminent

emir *m* emir

emirato *m* emirate

emisario *m*, **-a** *f* emissary

emisión *f* **1** emission; ***emisiones contaminantes*** emissions of pollutants; ***de baja ~ contaminante*** low-emission **2** COM issue **3** RAD, TV broadcast

emisor I *adj* **1** *banco* issuing *atr* **2** *centro* broadcasting *atr* **3**: ***una fuente ~a de luz / calor*** a light- / heat-emitting source **II** *m* transmitter

emisora *f* radio station

◇ **emisora pirata** pirate radio station

emitir ⟨3a⟩ *v/t* **1** *calor, sonido* give out, emit **2** *moneda* issue **3** *opinión* express, give; *veredicto* deliver **4** RAD, TV broadcast **5** *voto* cast

emoción *f* emotion; *¡qué ~!* how exciting!

emocionado *adj* excited

emocional *adj* emotional

emocionante *adj* **1** (*excitante*) exciting **2** (*conmovedor*) moving

emocionar ⟨1a⟩ *v/t* **1** excite **2** (*conmover*) move; **emocionarse** *v/r* **1** get excited **2** (*conmoverse*) be moved

emoliente *adj* emollient

emolumentos *mpl* emoluments

emoticón *m* INFOR emoticon

emotivo *adj* **1** emotional **2** (*conmovedor*) moving

empacar ⟨1g⟩ *v/t & v/i* L.Am. pack; **empacarse** *v/r* L.Am. **1** (*ponerse tozudo*) dig one's heels in **2** *tragar* devour

empachar ⟨1a⟩ *v/t*: ***el chocolate me empacha*** chocolate gives me an upset stomach, chocolate upsets my stomach; **empacharse** *v/r* F **1** get an upset stomach (*de* from) **2**: *~ de* fig overdose on

empacho *m* F **1** upset stomach; *fig* bellyful F **2**: *sin ~* unashamedly; ***no tener ~ en hacer algo*** not be ashamed to do sth

empadronamiento *m* registration

empadronar ⟨1a⟩ *v/t* register; **empadronarse** *v/r* register

empalagar ⟨1h⟩ *v/t*: ***el chocolate me empalaga*** I find chocolate too cloying *o* sickly sweet; ***me empalaga*** *fig* I find it too much

empalago *m* sickliness; *fig* sickly sweetness, cloyingness

empalagoso *adj* sickly; *fig* sickly sweet, cloying

empalizada *f* palisade

empalmar ⟨1a⟩ **I** *v/t* connect, join **II** *v/i* **1** connect (*con* with), join up (*con* with) **2** *de idea, conversación* run *o* follow on (*con* from)

empalme *m* **1** TÉC connection **2** *de carreteras* intersection, *Br* junction

empanada *f* pie

empanadilla *f* turnover, *Br tb* pasty

empanar ⟨1a⟩ *v/t* coat in breadcrumbs

empantanar ⟨1a⟩ *v/t* **1** flood **2** *fig* bring to a halt; **empantanarse** *v/r* **1** become swamped *o* waterlogged **2** *fig* get bogged down

empañado *adj* misty

empañar ⟨1a⟩ *v/t* **1** steam up, mist up **2** *fig* tarnish, sully; **empañarse** *v/r de vidrio* steam up, mist up

empapado *adj* soaked, dripping wet

empapar ⟨1a⟩ *v/t* soak; (*absorber*) soak up; **empaparse** *v/r* **1** get soaked *o* drenched **2**: *~ de algo* immerse o.s. in sth

empapelado *m* papering, wallpaper hanging

empapelador *m*, **-a** *f* wallpaper hanger

empapelar ⟨1a⟩ *v/t* wallpaper

empaque *m* **1** presence **2** (*seriedad*) solemnity

empaquetado *m* packing

empaquetador *m*, **-a** *f* packer

empaquetar ⟨1a⟩ *v/t* pack

emparedado *m* sandwich

emparedar ⟨1a⟩ *v/t* wall up

emparejar ⟨1a⟩ *v/t personas* pair off; *calcetines* match up; **emparejarse** *v/r* **1** (*formar parejas*) pair up (*con* with) **2** (*igualarse*) catch up (*con* with)

emparentado *adj* related; ***estar bien ~*** be well connected

emparentar ⟨1k⟩ *v/i*: *~ con alguien* become related to s.o. by marriage

empastador *m*, **-a** *f L.Am.* bookbinder

empastar ⟨1a⟩ *v/t* **1** *muela* fill **2** *libro* bind

empaste *m* filling

empatar ⟨1a⟩ *v/i* tie, *Br* draw; (*igualar*) tie the game, *Br* equalize; *~ a cero* tie zero-zero, *Br* draw nil-nil

empate *m* tie, *Br* draw; *gol del ~ en fútbol* equalizer; *~ a cero* goalless tie *o Br* draw

empecinado *adj* stubborn; ***estar ~ en***

(*hacer*) *algo* be set on (doing) sth
empecinarse ⟨1a⟩ *v/r* get an idea into one's head; **~ en algo** insist on sth
empedernido *adj*: **fumador ~** inveterate smoker; **solterón ~** confirmed bachelor
empedrado *m* paving
empedrar ⟨1k⟩ *v/t* pave
empeine *m* instep
empellón *m* shove; **entró a empellones** he shoved his way in
empelotarse ⟨1a⟩ *v/r L.Am.* P take one's clothes off, strip off
empeñado *adj* 1 (*endeudado*) in debt 2: **estar ~ en hacer algo** be determined to do sth
empeñar ⟨1a⟩ *v/t* pawn; **empeñarse** *v/r* 1 (*endeudarse*) get into debt 2 (*esforzarse*) strive (**en** to), make an effort (**en** to) 3: **~ en hacer** *obstinarse* insist on doing, be determined to do
empeñero *Méx* I *adj* determined II *m*, -a *f* determined person
empeño *m* 1 (*obstinación*) determination; **con ~** insistently 2 (*esfuerzo*) effort 3 *Méx* pawn shop
empeñoso *adj L.Am.* hard-working
empeoramiento *m* deterioration, worsening
empeorar ⟨1a⟩ I *v/t* make worse II *v/i* deteriorate, get worse; **empeorarse** *v/r* deteriorate, get worse
empequeñecer ⟨2d⟩ *v/t fig* diminish; **empequeñecerse** *v/r fig* feel small *o* insignificant
emperador *m* 1 emperor 2 *pez* swordfish
emperatriz *f* empress
emperejilarse, emperifollarse ⟨1a⟩ *v/r* F doll o.s. up F, *Br* tart o.s. up
empero *adv lit* however, nevertheless
emperramiento *m* F stubbornness
emperrarse ⟨1a⟩ *v/r* F: **~ en hacer algo** have one's heart set on doing sth; **~ con algo** set one's heart on sth
empezar ⟨1f & 1k⟩ I *v/t* start, begin II *v/i* 1 start, begin; **~ a hacer algo** start to do sth, start doing sth; **~ por hacer algo** start *o* begin by doing sth; **~ por alguien** start with s.o.; **para ~** to begin with; **ya empezamos** F here we go again
empiezo *m S.Am.* start, beginning
empinado *adj* steep

empinar ⟨1a⟩ *v/t* raise; **~ el codo** F raise one's elbow F; **empinarse** *v/r* stand on tiptoe
empiparse ⟨1a⟩ *v/r* F down F, knock back F
empírico *adj* empirical
empitonar ⟨1a⟩ *v/t* TAUR gore
emplaste *m* mess
emplasto *m* MED poultice; *fig* soggy mess
emplazamiento *m* 1 site, location 2 JUR subpoena, summons *sg*
emplazar ⟨1f⟩ *v/t* locate, situate
empleada *f* (female) employee
◇ **empleada del hogar** maid
empleado I *adj* 1: **le está bien ~** it serves him right 2: **dar algo por bien ~** consider sth well worthwhile; **doy el dinero / tiempo por bien ~** I consider it money / time well spent II *m*, -a *f* employee; **~ a tiempo parcial** part-time employee
empleador *m*, -a *f* employer
emplear ⟨1a⟩ *v/t* 1 (*usar*) use 2 *persona* employ; **emplearse** *v/r* 1 spend one's time (**en hacer algo** doing sth) 2: **~ como** be employed as, have a job as
empleo *m* 1 employment; **crear ~** create employment *o* jobs; **plan de ~** employment plan; **pleno ~** full employment 2 (*puesto*) job 3 (*uso*) use; **modo de ~** instructions for use *pl*, directions *pl*
emplomar ⟨1a⟩ *v/t S.Am.* fill
empobrecer ⟨2d⟩ I *v/t* impoverish, make poor II *v/i* become impoverished, become poor; **empobrecerse** *v/r* become impoverished, become poor
empobrecimiento *m* impoverishment
empollar ⟨1a⟩ I *v/i* F cram F, *Br* swot F II *v/t* 1 ZO sit on, incubate 2 F (*estudiar*) cram F, *Br* swot up on F
empollón *m*, -ona *f* F grind F, *Br* swot F
empolvar ⟨1a⟩ *v/t* powder; **empolvarse** *v/r* get dusty
emponzoñamiento *m* poisoning
emponzoñar ⟨1a⟩ *v/t* poison
emporio *m L.Am. almacén* department store
emporrarse ⟨1a⟩ *v/r* F get high F
empotrado *adj* built-in, fitted
empotrar ⟨1a⟩ *v/t* build (**en** into); **empotrarse** *v/r* crash (**contra** into)
emprendedor *adj* enterprising; **espíritu ~** entrepreneurship; **con espíritu ~** per-

sona entrepreneurial
emprender ⟨2a⟩ *v/t* **1** embark on, undertake **2**: **~la con alguien** F take it out on s.o.; **~la a golpes con alguien** exchange blows with s.o.; **~la a tiros con alguien** start shooting at s.o.
emprendimiento *m CSur* initiative
empreñar *vb* ☞ **preñar**
empresa *f* **1** company; **gran ~** large company; **pequeña ~** small business; **mediana ~** medium-sized business **2** *fig* venture, undertaking
◇ **empresa fantasma** dummy corporation, front; **empresa de seguridad y vigilancia** security firm; **empresa de servicios públicos** public utility (company); **empresa de trabajo temporal** temping agency
empresaria *f* businesswoman
empresariado *m* employers *pl*
empresarial *adj* business *atr*; **ciencias ~es** business studies *sg*
empresario *m* businessman
empréstito *m* loan
empujar ⟨1a⟩ *v/t* push; *fig* urge on, spur on
empuje *m* push; *fig* drive
empujón *m* push, shove; **salían a empujones** F they were pushing and shoving their way out; **dar un ~ a algo** *fig* give sth a push
empuñadura *f de espada* hilt; *de daga, paraguas* handle
empuñar ⟨1a⟩ *v/t* grasp
emú *m ZO* emu
emulación *f* emulation
emular ⟨1a⟩ *v/t* emulate
emulsión *f* emulsion
emulsionar ⟨1a⟩ *v/t* emulsify
en *prp* **1** (*dentro de*) in; **~ un mes** in a month; **~ junio** in June; **~ casa** at home; **~ el cielo** in heaven **2** (*sobre*) on; **~ la mesa** on the table; **~ la calle** on the street, *Br tb* in the street **3** *con medios de transporte*: **~ coche / tren** by car / train **4**: **~ inglés** in English; **póngamelo ~ la cuenta** put it on my account; **aumentar ~ un 10 %** grow (by) 10%, increase (by) 10%
enagua(s) *f(pl)* petticoat *sg*
enajenable *adj* transferable
enajenación *f JUR* transfer
◇ **enajenación mental** insanity
enajenado *adj* insane, out of one's mind

enajenar ⟨1a⟩ *v/t* **1** JUR transfer **2** (*trastornar*) drive insane **3**: **~ algo** dispose of sth; **enajenarse** *v/r* go crazy, lose one's mind
enaltecer ⟨2d⟩ *v/t* **1** ennoble **2** (*alabar*) extol, praise
enamoradizo *adj*: **es muy ~** he falls in love very easily, he falls in love at the drop of a hat
enamorado *adj* in love (**de** with)
enamoramiento *m* falling in love
enamorar ⟨1a⟩ *v/t*: **lo enamoró** she captivated him; **enamorarse** *v/r* fall in love (**de** with)
enanismo *m MED* dwarfism
enano I *adj* **1** tiny **2** *perro, árbol* miniature, dwarf *atr* **II** *m* dwarf; **trabajar como un ~** *fig* F work like a dog F
enarbolar ⟨1a⟩ *v/t* hoist, raise
enarcar ⟨1g⟩ *v/t*: **~ las cejas** raise one's eyebrows; **enarcarse** *v/r por edad* become hunched
enardecer ⟨2d⟩ *v/t fig* **1** *discusión* inflame; *lucha* intensify **2** *persona* excite, arouse; **enardecerse** *v/r* **1** *de discusión* become heated; *de lucha* intensify **2** *de persona* get excited, get aroused
encabezado *m* **1** INFOR header **2** *Méx* headline
encabezamiento *m* heading
encabezar ⟨1f⟩ *v/t* head; *movimiento, revolución* lead
encabritarse ⟨1a⟩ *v/r* **1** *de caballo* rear up **2** *de persona* F get mad F, blow one's stack F
encabronar ⟨1a⟩ *v/t*: **~ a alguien** V make s.o. angry, piss s.o. off P; **encabronarse** *v/r* V get fucking angry V, get fucking pissed off V
encadenamiento *m* chaining
encadenar ⟨1a⟩ *v/t* chain (up); *fig* link *o* put together; **encadenarse** *v/r* chain o.s. (**a** to)
encajar ⟨1a⟩ **I** *v/t* **1** *piezas* fit **2** *golpe* take; *gol* concede **II** *v/i* fit (**en** in; **con** with); **encajarse** *v/r* **1** (*ponerse*) put on **2** (*atascarse*) get stuck
encaje *m* lace
encajonar ⟨1a⟩ *v/t fig* shut in
encalado *m* whitewashing
encalar ⟨1a⟩ *v/t* whitewash
encallar ⟨1a⟩ *v/i* **1** MAR run aground **2** *fig* grind to a halt

encallecerse ⟨2d⟩ *v/r*: *se me han encallecido las manos* I've got calluses on my hands

encallecido *adj* callused

encamar ⟨1a⟩ *v/t* confine to bed

encaminar ⟨1a⟩ *v/t* direct; **encaminarse** *v/r* set off (*a* for), head (*a* for); *fig* be aimed *o* directed (*a* at)

encanar *vt Cu, Rpl* F put in the slammer F

encandilar ⟨1a⟩ *v/t* dazzle

encanecer ⟨2d⟩ *v/i* go gray, *Br* go grey; **encanecerse** *v/r* go gray *o Br* grey

encantado *adj* 1 (*contento*) delighted; **~ de algo** / **de hacer algo** delighted with *o* at sth / to do sth; **¡~ (de conocerle)!** nice to meet you 2 *castillo* enchanted

encantador I *adj* charming II *m*, **~a** *f* magician; **~ de serpientes** snake charmer

encantamiento *m* enchantment

encantar ⟨1a⟩ *v/t*: *me* / *le encanta* I love / he loves it; *me encanta el chocolate* I love chocolate

encanto *m* 1 (*atractivo*) charm 2 (*hechizo*): *como por* **~** as if by magic 3: *eres un* **~** you're an angel; *¡~!* love of my life!

encañonar ⟨1a⟩ *v/t* 1 point one's gun at 2 *agua* pipe

encapotarse ⟨1a⟩ *v/r del cielo* cloud over, become cloudy

encapricharse ⟨1a⟩ *v/r* fall in love (*de* with)

encapuchada *f* hooded woman

encapuchado I *adj* hooded II *m* hooded man

encaramarse ⟨1a⟩ *v/r* climb

encarar ⟨1a⟩ *v/t* 1 approach 2 *desgracia etc* face up to; **encararse** *v/r*: **~ con alguien** confront s.o.

encarcelamiento *m* imprisonment

encarcelar ⟨1a⟩ *v/t* put in prison, imprison

encarecer ⟨2d⟩ I *v/t* put up the price of, make more expensive II *v/i* become more expensive; *de precios* increase, rise; **encarecerse** *v/r* become more expensive; *de precios* increase, rise

encarecidamente *adv*: *le ruego* **~** *que* ... I beg *o* urge you to ...

encarecimiento *m* 1 *de precios* increase, rise 2 (*alabanza*) (exaggerated) praise 3 (*empeño*) insistence

encargado I *adj* in charge (*de* of), responsible (*de* for) II *m*, **-a** *f* 1 person in charge 2 *de negocio* manager

◇ **encargado de negocios** chargé d'affaires

encargar ⟨1h⟩ *v/t* (*pedir*) order; *le encargué que me trajera* ... I asked him to bring me ...; **encargarse** *v/r* (*tener responsabilidad*) be in charge; (*asumir reponsabilidad*) take charge; *yo me encargo de la comida* I'll take care of *o* see to the food

encargo *m* 1 job, errand; *¿te puedo hacer un* **~**? can I ask you to do something for me? 2 COM order; *hecho por* **~** made to order 3: *por* **~** *de* at the request of

encariñarse ⟨1a⟩ *v/r*: **~ con alguien** / **algo** grow fond of s.o. / sth, become attached to s.o. / sth

encarnación *f* 1 REL incarnation 2 *fig* embodiment

encarnado *adj* 1 red; *ponerse* **~** blush 2: *uña* **-a** ingrowing nail

encarnar ⟨1a⟩ I *v/t* 1 *cualidad etc* embody 2 TEA play II *v/i de herida* heal up; **encarnarse** *v/r* 1 REL become incarnate 2 *de uña* become ingrown

encarnizado *adj* bitter, fierce

encarnizar ⟨1f⟩ *v/t* make cruel; **encarnizarse** *v/r* show no mercy (*con* to)

encarrilar ⟨1a⟩ *v/t fig* direct, guide; **encarrilarse** *v/r* get on the right track

encasillar ⟨1a⟩ *v/t* 1 class, classify 2 (*estereotipar*) pigeonhole

encasquetar ⟨1a⟩ *v/t* 1 *gorro etc* pull down 2: *me lo encasquetó* F he landed me with it F

encasquillarse ⟨1a⟩ *v/r de arma* jam

encausar ⟨1a⟩ *v/t* prosecute

encauzar ⟨1f⟩ *v/t tb fig* channel

encefálico *adj* brain *atr*, encephalic *fml*

encéfalo *m* brain

encefalopatía *f*: **~ espongiforme bovina** bovine spongiform encephalopathy, BSE

encendedor *m* lighter

encender ⟨2g⟩ *v/t* 1 *fuego* light; *luz, televisión* switch on, turn on 2 *fig* inflame, arouse, stir up; **encenderse** *v/r* 1 *de luz, televisión* come on 2 *fig*: *se le encendió la cara* her face went bright red; *se le encendió la sangre* his blood boiled; **~ de rabia** be furious, be incandescent with rage *lit*

encendido I *adj* **1** *luz, televisión* (switched) on; *fuego* lit **2** *cara* red **II** *m* AUTO ignition

encerado *m* blackboard

enceradora *f* polishing machine, polisher

encerar ⟨1a⟩ *v/t* polish, wax

encerrar ⟨1k⟩ *v/t* **1** lock up, shut up **2** (*contener*) contain; **encerrarse** *v/r* shut o.s. up

encerrona *f tb fig* trap

encestador *m*,∼**a** *f en baloncesto* scorer

encestar ⟨1a⟩ *v/t & v/i en baloncesto* score

enceste *m en baloncesto* basket

encharcado *adj* flooded, waterlogged

encharcar ⟨1g⟩ *v/t* flood, waterlog; **encharcarse** *v/r* get flooded, get waterlogged

enchicharse ⟨1a⟩ *v/r* **1** *L.Am.* (*emborracharse*) get drunk **2** *Rpl* (*enojarse*) get angry, get mad F

enchilada *f Méx* GASTR enchilada (*tortilla with a meat or cheese filling*)

enchilarse ⟨1a⟩ *v/r C.Am.* get angry

enchiloso *adj C.Am., Méx* hot

enchironar ⟨1a⟩ *v/t* P put inside F, *Br* bang up F

enchufado *m*: **es un** ∼ F he has connections, he has friends in high places

enchufar ⟨1a⟩ *v/t* EL plug in

enchufe *m* **1** EL *macho* plug; *hembra* socket **2**: **tener** ∼ *fig* F have pull F, have connections

enchufismo *m* string-pulling

enchufista *m/f* F person with friends in high places

encía *f* gum

enciclopedia *f* encyclopedia, *Br tb* encyclopaedia; **ser una** ∼ **viviente** *fig* be a walking encyclopedia

enciclopédico *adj* encyclopedic, *Br tb* encyclopaedic

encierro *m* **1** *protesta* sit-in **2** *de toros* bull running

encima *adv* **1** on top; ∼ **de** on top of, on; **por** ∼ **de** over, above; **por** ∼ **de todo** above all; **estar por** ∼ **de** be above; **echarse** ∼ **de alguien** *fig* pounce on s.o.; **estar** ∼ **de alguien** *fig*: *para que haga algo* keep on top of s.o.; **hacerle caso** be all over s.o.; **la noche se nos echó** ∼ night overtook us
2: **hacer algo muy por** ∼ do sth very

quickly; **leí el artículo por** ∼ I skimmed (through) the article
3: **no lo llevo** ∼ I haven't got it on me; **ponerse algo** ∼ put sth on
4 (*cercano*): **el final del curso ya está** ∼ we're nearly at the end of the course already
5 (*además*): **lo ayudo, y** ∼ **se queja** I help him and then he goes and complains

encimera *f* **1** *sábana* top sheet **2** *Esp mostrador* worktop

encina *f* BOT holm oak

encinar *m* (holm) oak wood

encinta *adj* pregnant

enclaustrarse ⟨1a⟩ *v/r fig* shut o.s. away

enclave *m* enclave

enclavijar ⟨1a⟩ *v/t* peg

enclenque I *adj* sickly, weak **II** *m/f* weakling

encofrado *m* formwork, *Br* shuttering

encofrar ⟨1a⟩ *v/t* put formwork around, *Br* put shuttering around

encoger ⟨2c⟩ **I** *v/t* **1** shrink; *las piernas* tuck in **2** *fig* intimidate **II** *v/i de material* shrink; **encogerse** *v/r* **1** *de material* shrink; ∼ **de hombros** shrug (one's shoulders) **2** *fig*: *de persona* be intimidated, cower

encogido *adj fig* shy

encogimiento *m* **1** *de material* shrinkage; ∼ **de hombros** shrug **2** *de persona* shyness

encolado I *adj L.Am.* sticky **II** *m* gluing, sticking

encolar ⟨1a⟩ *v/t* glue, stick

encolerizar ⟨1f⟩ *v/t* anger, make angry; **encolerizarse** *v/r* get angry

encomendar ⟨1k⟩ *v/t* entrust (**a** to); ∼ **algo a alguien** entrust sth to s.o., entrust s.o. with sth; **encomendarse** *v/r* commend o.s. (**a** to)

encomiable *adj* commendable

encomiar ⟨1b⟩ *v/t* praise

encomienda *f L.Am.* **1** (*paquete*) parcel **2** HIST *grant of land and labor by colonial authorities after the Conquest*

encomio *m* praise

enconado *adj* fierce, heated

enconar ⟨1a⟩ *v/t lucha* intensify; *discusión* inflame; **enconarse** *v/r de discusión, persona* get heated; *de lucha* intensify

encono *m* rancor, *Br* rancour

encontradizo *adj*: **hacerse el ~** engineer a meeting

encontrado *adj* opposing

encontrar ⟨1m⟩ *v/t* find; **encontrarse** *v/r* **1** (*reunirse*) meet; **~ con alguien** meet s.o., run into s.o. **2** (*estar*) be; **me encuentro bien** I'm fine, I feel fine

encontronazo *m* smash, crash

encopetado *adj* grand, *Br tb* posh F

encorajinarse ⟨1a⟩ *v/r* get angry

encorbatado *adj* wearing a tie

encorsetar ⟨1a⟩ *v/t* confine, restrict

encorvado *adj persona*, *espalda* stooped

encorvadura *f*, **encorvamiento** *m* curve, curvature

encorvar ⟨1a⟩ *v/t* **1** hunch **2** *estantería* (cause to) buckle

encrespado *adj* **1** *pelo* curly **2** *mar* rough, choppy **3** *debate, ambiente* heated; *ánimos* inflamed, aroused

encrespar ⟨1a⟩ *v/t* **1** *pelo* curl **2** *mar* make rough *o* choppy **3** *fig ánimos* arouse, inflame; *su intervención encrespó el debate / el ambiente* her intervention made the debate / the atmosphere even more heated; **encresparse** *v/r* **1** *del mar* turn choppy **2** *fig de ánimos* become aroused *o* inflamed; *del pelo* curl; *de debate, ambiente* become more heated

encriptado *m* INFOR encrypted

encriptar ⟨1a⟩ *v/t* encrypt

encrucijada *f* crossroads *sg*; *fig* dilemma; *estar en una ~* be in a dilemma; *al tomar una decisión* be at a crossroads

encuadernación *f* **1** binding; **~ en piel** leather binding; **~ en tela** cloth binding **2** *acto* bookbinding

encuadernador I *m*, **~a** *f* bookbinder **II** *f* binder, binding machine

encuadernar ⟨1a⟩ *v/t* bind

encuadrar ⟨1a⟩ *v/t* **1** *en marco* frame **2** *en grupo* include, place

encuadre *m* **1** framing **2** FOT setting, background

encuartelar ⟨1a⟩ *v/t L.Am.* billet

encubierto *part* ☞ **encubrir**

encubridor *m*, **~a** *f* accessory after the fact

encubrimiento *m de delincuente* harboring, *Br* harbouring; *de delito* concealment

encubrir ⟨3a; *part* **encubierto**⟩ *v/t delincuente* harbor, *Br* harbour; *delito* cover up, conceal

encuentro *m* **1** meeting, encounter; *salir o ir al ~ de alguien* meet s.o., greet s.o. **2** DEP game

encuerado *adj L.Am.* naked

encuerar ⟨1a⟩ *L.Am. v/t* undress; **encuerarse** *v/r* get undressed, undress

encuesta *f* **1** survey **2** (*sondeo*) (opinion) poll

◇ **encuesta demoscópica, encuesta de opinión** opinion poll

encuestado *m*, **-a** *f*: *el 75% de los ~s* 75% of those surveyed *o* polled

encuestador *m*, **~a** *f* pollster

encuestar ⟨1a⟩ *v/t* poll

encumbrado *adj* **1** *árbol, edificio* lofty, tall **2** *persona* distinguished, important

encumbramiento *m* elevation

encumbrar ⟨1a⟩ *v/t* **1** elevate, raise **2** (*alabar*) praise, extol; **encumbrarse** *v/r fig* rise to the top

encurtidos *mpl* pickles

ende *adv*: *por ~* therefore, consequently

endeble *adj* weak, feeble

endemia *f* MED endemic disease

endémico *adj* endemic

endemoniado *adj* **1** possessed **2** *fig* F terrible, awful

enderezar ⟨1f⟩ *v/t* straighten out; **enderezarse** *v/r* straighten up, stand up straight; *fig* straighten o.s. out, sort o.s out

ENDESA *f abr Esp* (= *Empresa Nacional de Electricidad, Sociedad Anónima*) Spanish power company

endeudado *adj* in debt

endeudamiento *m* indebtedness

endeudarse ⟨1a⟩ *v/r* get (o.s.) into debt

endiablado *adj fig* **1** (*malo*) terrible, awful **2** (*difícil*) tough

endibia *f* BOT endive

endilgar ⟨1h⟩ *v/t* **1**: *me lo endilgó a mí* F he landed me with it F **2**: *~ un sermón a alguien* F lecture s.o., give s.o. a lecture

endiñar ⟨1a⟩ *v/t* F: *~ algo a alguien* foist sth on s.o.

endiosamiento *m fig* arrogance

endiosar ⟨1a⟩ *v/t* deify; *fig* treat like a god; **endiosarse** *v/r* become arrogant

endocardio *m* ANAT endocardium

endocrino *adj* endocrine

endocrinología *f* endocrinology

endomingado *adj* in one's Sunday best

endomingarse ⟨1h⟩ *v/r* put on one's Sunday best

endosable *adj* COM endorsable

endosante *m/f* COM endorser

endosar ⟨1a⟩ *v/t* COM endorse; *me lo endosó a mí* F she landed me with it F

endosatario *m*, *-a* *f* COM endorsee

endoscopia *f* MED endoscopy

endoscopio *m* endoscope

endoso *m* COM endorsement

endrina *f* BOT sloe

endrino *m* BOT blackthorn

endrogarse ⟨1h⟩ *v/r* *Méx*, *C.Am.* get into debt

endulzar ⟨1f⟩ *v/t* 1 sweeten 2 (*suavizar*) soften

endurecer ⟨2d⟩ *v/t* harden; *fig* toughen up; **endurecerse** *v/r* harden, become harder; *fig* become harder, toughen up

endurecimiento *m* hardening; *fig* toughening up

ene. *abr* (= *enero*) Jan. (= January)

enea *f* BOT bulrush

enebrina *f* BOT juniper berry

enebro *m* BOT juniper

eneldo *m* BOT dill

enema *m* MED enema

enemigo I *adj* enemy *atr* **II** *m*, *-a* *f* enemy; *ser ~ de* *fig* be opposed to, be against

enemistad *f* enmity

enemistarse ⟨1a⟩ *v/r* fall out

energético *adj* 1 *crisis* energy *atr* 2 *alimento* energy-giving; *bebida* energy *atr*

energía *f* energy; *sin ~ golpe* weak, feeble; *persona* listless, lacking in energy; *hacer algo* listlessly; *con ~ hacer algo* energetically; *chutar* hard; *abrir la puerta con ~* fling open the door

◊ **energía alternativa** alternative (form of) energy; **energía eólica** wind power; **energía nuclear** nuclear power *o* energy; **energía renovable** renewable form of energy; **energía solar** solar power *o* energy; **energía térmica** thermal power *o* energy

enérgico *adj* energetic; *fig* forceful, strong

energúmeno *m* lunatic; *ponerse hecho un ~* go crazy F, blow a fuse F; *como un ~ fig* like a madman, like one possessed

enero *m* January

enervante *adj fml* 1 (*debilitador*) debilitating, enervating *fml* 2 (*irritante*) irritating

enervar ⟨1a⟩ *v/t fml* 1 (*debilitar*) weaken, enervate *fml* 2 (*irritar*) irritate, get on the nerves of; **enervarse** *v/r* get irritated

enésimo *adj* nth; *por -a vez* for the umpteenth time

enfadadizo *adj* irritable

enfadado *adj* 1 annoyed (*con* with) 2 (*encolerizado*) angry (*con* with)

enfadar ⟨1a⟩ *v/t* 1 (*molestar*) annoy 2 (*encolerizar*) make angry, anger; **enfadarse** *v/r* 1 (*molestarse*) get annoyed (*con* with) 2 (*encolerizarse*) get angry (*con* with)

enfado *m* 1 (*molestia*) annoyance 2 (*cólera*) anger

enfadoso *adj* annoying

enfangar ⟨1h⟩ *v/t* get muddy, cover with mud; **enfangarse** *v/r* 1 get muddy 2: *~ en fig* get (o.s.) mixed up in

énfasis *m* emphasis; *poner ~ en* emphasize, stress

enfático *adj* emphatic

enfatizar ⟨1f⟩ *v/t* emphasize

enfermar ⟨1a⟩ **I** *v/t* drive crazy **II** *v/i* get sick, *Br tb* get ill; **enfermarse** *v/r Rpl* F have one's period

enfermedad *f* illness, disease

◊ **enfermedad infecciosa** infectious disease; **enfermedad mental** mental illness; **enfermedad profesional** occupational disease *o* illness; **enfermedad del sueño** sleep disorder; **enfermedad tropical** tropical disease *o* illness; **enfermedad de las vacas locas** mad cow disease

enfermería *f* 1 *sala* infirmary, sickbay 2 *carrera* nursing

enfermero *m*, *-a* *f* nurse

◊ **enfermero jefe** head nurse, *Br* senior nursing officer

enfermizo *adj* unhealthy

enfermo I *adj* sick, ill; *gravemente ~* seriously ill; *ponerse ~* get sick, *Br* fall ill **II** *m*, *-a* *f* sick person; *~ mental* mentally ill person

◊ **enfermo terminal** terminally ill patient, terminal patient

enfermoso *adj L.Am.* sickly, unhealthy

enfervorizar ⟨1f⟩ *v/t* rouse; **enfervori-**

zarse *v/r* go wild

enfiestarse ⟨1a⟩ *v/r L.Am.* party F, live it up F

enfilar ⟨1a⟩ *v/t* **1** *camino* take **2** *perlas* thread, string

enfisema *m* MED emphysema
◇ **enfisema pulmonar** pulmonary emphysema

enflaquecer ⟨2d⟩ **I** *v/t* cause to lose weight **II** *v/i* lose weight

enflaquecimiento *m* weight loss

enfocar ⟨1g⟩ *v/t* **1** *cámara* focus; *imagen* get in focus **2** *fig: asunto* look at, consider

enfoque *m fig* approach

enfrentamiento *m* clash, confrontation; **~ verbal** heated argument

enfrentar ⟨1a⟩ *v/t* confront, face up to; **enfrentarse** *v/r* **1** DEP meet **2**: **~ con alguien** confront s.o. **3**: **~ a algo** face (up to) sth

enfrente *adv* opposite; **~ del colegio** opposite the school, across (the street) from the school; **la casa de ~** the house opposite, the house across the way; **tiene a todos los miembros del comité ~** *fig* all the committee members are against him *o* oppose him

enfriamiento *m* **1** chill **2** *acto* chilling; *fig* cooling

enfriar ⟨1c⟩ *v/t vino* chill; *algo caliente* cool (down); *fig* cool; **enfriarse** *v/r* **1** (*perder calor*) cool down; (*perder demasiado calor*) get cold, go cold; *fig* cool, cool off **2** MED catch a cold, catch a chill

enfundar ⟨1a⟩ *v/t espada* sheathe; *paraguas* put the cover on; **enfundó su pistola** he put his pistol (back) in its holster

enfurecer ⟨2d⟩ *v/t* infuriate, make furious; **enfurecerse** *v/r* get furious, get into a rage

enfurecido *adj* furious, enraged

enfurruñado *adj* F sulky

enfurruñarse ⟨1a⟩ *v/r* F go into a huff F

engalanar ⟨1a⟩ *v/t* decorate, deck; **engalanarse** *v/r* dress (o.s.) up

enganchar ⟨1a⟩ **I** *v/t* **1** hook **2** *caballo* harness **3** F *novia, trabajo* land F; **engancharse** *v/r* **1** get caught (**en** on) **2** MIL sign up, enlist **3**: **~ a la droga** F get hooked on drugs F

enganche *m* **1** hooking (up) **2** *de caba-*

llo harnessing **3** *mecanismo* catch **4** FERR coupling

engañabobos *m inv* F **1** *persona* swindler, conman F **2** *cosa* swindle, con F

engañadizo *adj* gullible

engañar ⟨1a⟩ *v/t* **1** deceive, cheat; **~ el hambre** take the edge off one's appetite; **te han engañado** you've been had F **2** (*ser infiel a*) cheat on, be unfaithful to; **engañarse** *v/r* **1** (*mentirse*) deceive o.s., kid o.s. F **2** (*equivocarse*) be wrong

engañifa *f* F swindle, con F

engaño *m* **1** (*mentira*) deception, deceit **2** (*ardid*) trick; **llamarse a ~** claim to have been cheated

engañoso *adj persona, palabras* deceitful; *apariencias* deceptive

engarce *m* **1** setting, mount **2** *acción* setting, mounting

engarzar ⟨1f⟩ *v/t joya* set, mount

engastar ⟨1a⟩ *v/t joya* set, mount

engaste *m* **1** setting, mount **2** *acción* setting, mounting

engatusar ⟨1a⟩ *v/t* F sweet-talk F

engendrar ⟨1a⟩ *v/t* father; *fig* breed, engender

engendro *m* **1** (*persona fea*) freak, monster **2** *fig* eyesore; **esa estatua es un ~** that statue is a monstrosity

englobado *m L.Am. en béisbol* fly ball

englobar ⟨1a⟩ *v/t* include, embrace *fml*

engolado *adj* pompous

engomar ⟨1a⟩ *v/t* glue, put glue on

engordar ⟨1a⟩ **I** *v/t* put on, gain **II** *v/i* **1** *de persona* put on weight, gain weight **2** *de comida* be fattening

engorde *m* fattening (up); **ganado de ~** feeder cattle

engorrar ⟨1a⟩ *v/t Méx, Carib* annoy

engorro *m* F nuisance, hassle F

engorroso *adj* tricky

engrampadora *f Rpl* stapler

engrampar ⟨1a⟩ *v/t Rpl* staple

engranaje *m* TÉC gears *pl; fig* machinery

engranar ⟨1a⟩ *v/i* mesh, engage

engrandecer ⟨2d⟩ *v/t* **1** enlarge **2** (*ensalzar*) praise, extol; **engrandecerse** *v/r* grow in stature

engrandecimiento *m* **1** enlargement **2** (*ensalzamiento*) praise

engrapadora *f L.Am.* stapler

engrapar ⟨1a⟩ *v/t L.Am.* staple

engrasar ⟨1a⟩ v/t **1** grease, lubricate **2** *manchar* get grease on, make greasy; **engrasarse** v/r get greasy

engrase m greasing, lubrication

engreído adj conceited

engreimento m conceit

engreírse ⟨3m⟩ v/r become conceited

engripado adj Rpl: **estar ~** have the flu

engriparse ⟨1a⟩ v/r Rpl get the flu

engrosar ⟨1m⟩ I v/t swell, increase II v/i put on weight, gain weight

engrudo m (flour and water) paste

engullir ⟨3h⟩ v/t bolt (down)

enharinar ⟨1a⟩ v/t dip in flour, flour

enhebrar ⟨1a⟩ v/t thread, string

enhiesto adj lit **1** *persona* erect, upright **2** *torre, árbol* lofty

enhorabuena f congratulations pl; **dar la ~ a** congratulate (**por** on); **estar de ~** have good reason to celebrate

enigma m enigma

enigmático adj enigmatic

enjabonar ⟨1a⟩ v/t soap

enjaezar ⟨1f⟩ v/t *caballo* harness

enjambre m tb fig swarm

enjaulado adj caged; fig jailed, locked up

enjaular ⟨1a⟩ v/t cage, put in a cage; fig jail, lock up

enjoyado adj bejeweled, Br bejewelled

enjuagar ⟨1h⟩ v/t rinse; **enjuagarse** v/r rinse the soap off

enjuague m **1** *acto* rinsing **2** *líquido* mouthwash

enjugar ⟨1h⟩ v/t **1** *deuda etc* wipe out **2** *líquido* mop up; *lágrimas* wipe away

enjuiciamiento m **1** indictment; **ley de ~ civil / criminal** code of civil / criminal procedure **2** fig judg(e)ment

enjuiciar ⟨1b⟩ v/t **1** JUR institute proceedings against **2** fig judge

enjundia f fig substance

enjuto adj lean, thin

enlace m link, connection

◇ **enlace ferroviario** rail link

◇ **enlace matrimonial** marriage

enlatar ⟨1a⟩ v/t can, Br tb tin; **música enlatada** canned o piped music, Muzak®

enlazar ⟨1f⟩ I v/t **1** link (up), connect **2** L.Am. con cuerda rope, lasso II v/i de carretera link up (**con** with); AVIA, FERR connect (**con** with); **enlazarse** v/r link up (**con** with)

enlentecer ⟨2d⟩ v/t slow down; **enlentecerse** v/r slow down

enlodar ⟨1a⟩ v/t, **enlodazar** ⟨1f⟩ v/t cover in mud

enloquecer ⟨2d⟩ I v/t drive crazy o mad II v/i go crazy o mad; **me enloquece el chocolate** I'm mad about chocolate

enloquecimiento m madness

enlosado m flagstones pl

enlosar ⟨1a⟩ v/t pave (with flagstones)

enlozado adj L.Am. enameled, Br enamelled

enlucido m plaster

enlucir ⟨3f⟩ v/t plaster

enlutado adj (dressed) in mourning

enlutar ⟨1a⟩ v/t plunge into mourning; **enlutarse** v/r go into mourning

enmadrado adj: **niño ~** Mama's boy, Br Mummy's boy

enmadrarse ⟨1a⟩ v/r be tied to one's mother's apron strings

enmarañar ⟨1a⟩ v/t **1** *pelo* tangle **2** *asunto* complicate, muddle; **enmarañarse** v/r **1** de pelo get tangled **2**: **~ en algo** get entangled o embroiled in sth

enmarcación f framing

enmarcar ⟨1g⟩ v/t frame; **enmarcarse** v/r: **~ en algo** o **dentro de algo** fig be in line with sth, be in keeping with sth

enmascaramiento m de la verdad concealment

enmascarar ⟨1a⟩ v/t hide, disguise

enmendar ⟨1k⟩ v/t **1** *asunto* rectify, put right **2** JUR, POL amend **3**: **~le la plana a alguien** find fault with what s.o. has done; **enmendarse** v/r mend one's ways

enmicado m L.Am. laminating

enmicar ⟨1g⟩ v/t L.Am. laminate

enmienda f POL amendment

enmohecer ⟨2d⟩ v/t: **~ algo** turn sth moldy o Br mouldy; *metal* rust sth; **enmohecerse** v/r go moldy o Br mouldy; de metal rust

enmoquetado adj carpeted, with wall--to-wall carpeting

enmoquetar ⟨1a⟩ v/t carpet

enmudecer ⟨2d⟩ I v/t silence II v/i fall silent

ennegrecer ⟨2d⟩ v/t blacken; **ennegrecerse** v/r turn black, go black

ennoblecer ⟨2d⟩ v/t ennoble

enojadizo *adj* irritable

enojado *adj L.Am.* angry

enojar ⟨1a⟩ *v/t* **1** (*molestar*) annoy **2** *L.Am.* (*encolerizar*) make angry; **enojarse** *v/r L.Am.* **1** (*molestarse*) get annoyed **2** (*encolerizarse*) get angry

enojo *m L.Am.* anger; **con ~** angrily

enojón *adj L.Am.* irritable, touchy

enojoso *adj* **1** (*delicado*) awkward **2** (*aburrido*) tedious, tiresome

enología *f* enology, *Br tb* oenology

enorgullecer ⟨2d⟩ *v/t* make proud, fill with pride; **enorgullecerse** *v/r* be proud (**de** of)

enorme *adj* enormous, huge

enormidad *f* **1** (*barbaridad*) enormity **2** *cantidad* enormous *o* huge amount **3**: *eso que dijo es una ~* what an appalling thing for him to say

enquistarse ⟨1a⟩ *v/r* **1** MED form a cyst **2** *fig: de economía* stagnate

enraizado *adj fig* deep-rooted

enraizar ⟨1f⟩ *v/i* take root

enrarecer ⟨2d⟩ *v/t* **1** *aire* rarefy **2** *relaciones* strain; **enrarecerse** *v/r* **1** *de aire* become rarefied **2** *de relaciones* become strained

enrarecido *adj* **1** *aire* rarefied **2** *relaciones* strained

enredadera *f* BOT creeper, climbing plant

enredador *m*, **~a** *f* troublemaker

enredar ⟨1a⟩ **I** *v/t* **1** tangle, get tangled **2** *fig* complicate, make complicated **II** *v/i* make trouble; **enredarse** *v/r* **1** get tangled **2** *fig* get complicated *o* **3**: **~ en algo** get mixed up *o* involved in sth; **~ con alguien** get involved with s.o.

enredo *m* **1** tangle **2** (*confusión*) mess, confusion **3** (*intriga*) intrigue **4** *amoroso* affair

enrejar ⟨1a⟩ *v/t ventana* put bars on

enrevesado *adj* complicated, involved

enriquecer ⟨2d⟩ *v/t* make rich; *fig* enrich; **enriquecerse** *v/r* get rich; *fig* be enriched

enriquecimiento *m* enrichment

enrocar ⟨1g⟩ *v/t & v/i en ajedrez* castle; **enrocarse** *v/r* castle

enrojecer ⟨2d⟩ **I** *v/t* turn red **II** *v/i* blush, go red; **enrojecerse** *v/r de persona* blush, go red; *de cosa* turn red

enrolar ⟨1a⟩ *v/t* MIL enlist; **enrolarse** *v/r*: **~ en** *partido* join; *el ejército, la marina* enlist in, join

enrollar ⟨1a⟩ *v/t* **1** roll up; *cable* coil; *hilo* wind **2**: *me enrolla* F I like it, I think it's great F; **enrollarse** *v/r* F **1** *hablar* go on and on F; *¡no te enrolles!* get to the point! **2**: *se enrolló mucho con nosotros* he was great to us F **3**: *~ con alguien fig* F neck with s.o.

enronquecer ⟨2d⟩ **I** *v/t* make hoarse **II** *v/i* go hoarse

enroque *m en ajedrez* castling

enroscar ⟨1g⟩ *v/t* **1** *tornillo* screw in **2** *cable, cuerda* coil; **enroscarse** *v/r* coil up

enrostrar ⟨1a⟩ *v/t L.Am.* **~ algo a alguien** reproach s.o. for sth

ensaimada *f* GASTR *pastry in the form of a spiral*

ensalada *f* GASTR salad

ensaladera *f* salad bowl

ensaladilla *f*: **~ rusa** GASTR Russian salad

ensalmo *m*: *como por ~* as if by magic

ensalzamiento *m* extolling, praising

ensalzar ⟨1f⟩ *v/t* extol, praise

ensamblador *m* INFOR assembler

ensambladura *f*, **ensamblaje** *m* TÉC assembly

ensamblar ⟨1a⟩ *v/t* assemble

ensanchamiento *m de calle, avenida* broadening; *de falda, pantalón* letting out

ensanchar ⟨1a⟩ *v/t* widen; *prenda* let out; **ensancharse** *v/r* widen, get wider; *de prenda* stretch

ensanche *m* **1** *de carretera* widening **2** *de ciudad* new suburb

ensangrentado *adj* bloodstained

ensangrentar ⟨1k⟩ *v/t* stain with blood, cover with blood

ensañamiento *m* mercilessness, cruelty

ensañarse ⟨1a⟩ *v/r* show no mercy (**con** to)

ensartar ⟨1a⟩ *v/t* **1** *en hilo* string **2** *aguja* thread **3** *con espada* run through **4** *L.Am.* (*engañar*) trick, trap; **ensartarse** *v/r L.Am. en discusión* get involved, get caught up

ensayar ⟨1a⟩ *v/t* **1** test, try (out) **2** TEA rehearse

ensayista *m/f* essayist

ensayo *m* **1** test **2** TEA rehearsal **3** *escri-*

to essay

◇ **ensayo general** TEA dress rehearsal

enseguida *adv* immediately, right away

ensenada *f* inlet, cove

enseña *f* emblem

enseñanza *f* **1** teaching; *dedicarse a la ~* take up teaching, become a teacher **2**: *sacar una ~ de algo* learn a lesson from sth

◇ **enseñanza a distancia** distance learning; **enseñanza media** secondary education; **enseñanza primaria** elementary education, *Br* primary education; **enseñanza secundaria** secondary education; **enseñanza superior** higher education; **enseñanza universitaria** university education

enseñar ⟨1a⟩ *v/t* **1** (*dar clases*) teach; *~ a leer a alguien* teach s.o. to read **2** (*mostrar*) show

enseñorearse ⟨1a⟩ *v/r*: *~ de algo* take possession of sth

enseres *mpl de persona* tools and equipment; *de casa* fixtures and fittings; *de oficina* furniture and equipment *sg*

ensillar ⟨1a⟩ *v/t* saddle

ensimismado *adj* deep in thought

ensimismarse ⟨1a⟩ *v/r* **1** become lost in thought **2** *L.Am.* get conceited *o* big-headed F

ensombrecer ⟨2d⟩ *v/t* cast a shadow over

ensoñar ⟨1a⟩ *v/i* dream

ensordecedor *adj* deafening

ensordecer ⟨2d⟩ **I** *v/t* deafen **II** *v/i* go deaf

ensortijado *adj* in ringlets

ensortijar ⟨1a⟩ *v/t* curl; **ensortijarse** *v/r* form ringlets

ensuciar ⟨1b⟩ *v/t* (get) dirty; *fig* sully, tarnish; **ensuciarse** *v/r* get dirty; *fig* get one's hands dirty

ensueño *m*: *de ~ fig* fairy-tale *atr*, dream *atr*

entablado *m* floorboards *pl*

entablar ⟨1a⟩ **I** *v/t* strike up, start **II** *v/i* DEP tie, *Br* draw

entablillar ⟨1a⟩ *v/t* splint, put in a splint

entallado *adj* tailored, fitted

entallar ⟨1a⟩ *v/t* tailor

entarimado *m* **1** (*suelo*) floorboards *pl* **2** (*plataforma*) stage, platform

entarimar ⟨1a⟩ *v/t* put floorboards on, floor

ente *m* **1** (*ser*) being, entity **2** F (*persona rara*) oddball F **3** (*organización*) body

entejar ⟨1a⟩ *v/t L.Am.* tile

entendederas *fpl*: *tener malas ~* F be dumb F, be thick F

entender ⟨2g⟩ **I** *v/t* **1** understand; *~ mal algo* misunderstand sth; *hacerse ~* make o.s. understood; *ya me entiendes* do you catch my drift?, do you know what I mean?; *dar a ~ a alguien* give s.o. to understand **2** (*creer*): *entendemos que sería mejor ...* we believe it would be better ...

II *v/i* **1** understand; *si entiendo bien* if I understand correctly **2**: *~ de algo* know about sth **3**: *~ en* JUR hear

III *m*: *a mi ~* in my opinion, to my mind

entenderse *v/r* **1** communicate; *a ver si nos entendemos* let's get this straight; *para entendernos, para que me entiendas* not to put too fine a point on it **2**: *yo me entiendo* I know what I'm doing **3**: *~ con alguien* get along with s.o., get on with s.o.

entendido I *adj* understood; *¿~?* do you understand?, understood?; *tengo ~ que* I gather *o* understand that **II** *m*, *-a f* expert, authority (*en* on)

entendimiento *m* **1** understanding **2** (*inteligencia*) mind

enterado *adj* **1** knowledgeable, well-informed; *estar ~ de* know about, have heard about **2**: *darse por ~* get the message, take the hint

enteramente *adv* entirely, wholly

enterar ⟨1a⟩ *v/t* **1** inform, notify (*de* of) **2** *Méx* (*pagar*) pay; **enterarse** *v/r* **1** find out, hear (*de* about) **2**: *¡para que te enteres!* F so there! F; *¡se va a enterar!* F he's in for it! F

entereza *f* fortitude

entérico *adj* enteric

enteritis *f* MED enteritis

enterito *m Rpl* coveralls *pl*, *Br* overalls *pl*

enternecer ⟨2d⟩ *v/t* move, touch; **enternecerse** *v/r* be moved, be touched

entero I *adj* **1** (*completo*) whole, entire; *por ~* completely, entirely; *10 años / días ~s* 10 whole years / days **2** (*no roto*) intact, undamaged **II** *m* **1** (*punto*) point **2** *Rpl* (*mono*) coveralls *pl*, *Br* overalls *pl*

enteropostal *m* aerogram, *Br tb* aerogramme

enterrador *m*, **~a** *f* gravedigger

enterramiento *m* burial

enterrar ⟨1k⟩ *v/t* bury; **~ a todos** *fig* outlive everybody; **enterrarse** *v/r*. **~ en vida** turn one's back on everything, drop out F

entibiar ⟨1b⟩ *v/t tb fig* cool down; **entibiarse** *v/r tb fig* cool down

entidad *f* entity, body
◇ **entidad bancaria** bank, banking institution

entierro *m* **1** burial **2** (*funeral*) funeral

entlo. *abr* (= **entresuelo**) mezzanine

entoldado *m de tienda* awning; *para fiesta* tent, *Br* marquee

entoldar ⟨1a⟩ *v/t* cover with an awning

entomología *f* entomology

entomólogo *m*, **-a** *f* entomologist

entonación *f* intonation

entonado *adj* in tune

entonar ⟨1a⟩ **I** *v/t* **1** intone, sing **2** *fig* F perk up **II** *v/i* sing in tune; **entonarse** *v/r con bebida* get tipsy

entonces *adv* then; **desde ~** since, since then; **por ~**, **en aquel ~** in those days, at that time; **hasta ~** until then; **¡pues ~ ...!** then ...!; **¿y ~ qué?** and then what?; *expresando irritación* so?, so what!

entontecer ⟨2d⟩ *v/t*: **la televisión entontece a los niños** television addles kids' brains, TV dumbs kids down; **entontecerse** *v/r* get stupid

entorchado *m* **1** MÚS string **2** MIL braid

entornar ⟨1a⟩ *v/t puerta* leave ajar; *ojos* half close

entorno *m tb* INFOR environment

entorpecer ⟨2d⟩ *v/t* **1** hold up, hinder; *paso* obstruct **2** *entendimiento* dull; **entorpecerse** *v/r* slow down

entrada *f* **1** *acción* entry; **se prohíbe la ~** no entry; **hacer su ~** make one's entrance

2 *lugar* entrance; **~ a la autopista** on ramp, *Br* slip road

3 *localidad* ticket

4 *pago* deposit, downpayment

5 (*comienzo*): **~ del año** start *o* beginning of the year; **de ~** from the outset, from the start

6 *de comida* starter

7: **~s** *pl en frente* receding hairline *sg*

8 *Cu, Méx en béisbol* inning

9 *en fútbol* tackle; **hacer una ~ a alguien** tackle s.o., make a tackle on s.o.

◇ **entrada de artistas** TEA stage door; **entrada en escena** entrance, appearance on stage; **entrada libre** free admission; **entrada en plancha** *en fútbol* sliding tackle; **entrada en vigor** coming into effect

entramado *m* ARQUI framework; *fig* network

entrampar ⟨1a⟩ *v/t* **1** burden with debts **2** *animal* trap; **entramparse** *v/r* get into debt

entrante I *adj semana, mes* next, coming **II** *m* GASTR starter

entrañable *adj amistad* close, deep; *amigo* close, dear; *recuerdo* fond

entrañar ⟨1a⟩ *v/t* entail, involve

entrañas *fpl* entrails; **no tener ~** be cruel *o* hard-hearted

entrar ⟨1a⟩ **I** *v/i* **1** *para indicar acercamiento* come in, enter; **¡entre!** come in!; **yo en eso no entro ni salgo** that has nothing to do with me, I have nothing to do with that

2 *para indicar alejamiento* go in, enter

3 *caber* fit; **el pantalón no me entra** these pants don't fit me; **la llave no entra** the key doesn't fit; **no me entra en la cabeza** I can't understand it

4: **¿cuántos plátanos entran en un kilo?** how many bananas are there in a kilo?

5: **me entró frío / sueño** I got cold / sleepy, I began to feel cold / sleepy; **me entró miedo** I got scared, I began to feel scared

6: **~ en** go into; **~ en los 40 años** turn 40

7 (*gustar*): **este tipo no me entra** I don't like the look of the guy, I don't like the guy's face

8 (*empezar*): **~** (**a trabajar**) **a las ocho** start (work) at eight o'clock

II *v/t* **1** *para indicar acercamiento* bring in **2** *para indicar alejamiento* take in **3** INFOR enter **4** *en fútbol* tackle

entre *prp* **1** *dos cosas, personas* between; **~ las dos y las tres** between two and three

2 *más de dos* among(st), between; **~ nosotros** among *o* between us; **repartir algo ~ tres** split sth three ways

3 *expresando cooperación* between; **lo pagamos ~ todos** we paid for it among *o* between us; *lo hicieron ~ tres* they did it between the three of them; *la relación~ ellos* the relationship between them; *te cuento ~ mis amigos* I regard you as a friend

4 MAT: *ocho ~ cuatro son dos* eight divided by four is two, four into eight is two

entreabierto I *part* ☞ **entreabrir II** *adj* half-open; *puerta* ajar

entreabrir ⟨3a; *part* **entreabierto**⟩ *v/t* half-open

entreacto *m* TEA interval

entrecano *adj pelo* graying, *Br* greying

entrecejo *m: fruncir el ~* frown

entrecerrar ⟨1a⟩ *v/t ojos* narrow; *puerta* leave ajar

entrechocar ⟨1g⟩ *v/t espadas* clash; *vasos* clink

entrecomillar ⟨1a⟩ *v/t* put in quotation marks

entrecortado *adj respiración* difficult, labored; *habla* halting; *con la voz -a por lágrimas* in a voice choked with tears

entrecortarse ⟨1a⟩ *v/r: su voz se entrecortaba* his voice faltered, he spoke falteringly

entrecot *m* GASTR entrecote

entrecubierta *f* MAR between-decks

entredicho *m: poner en ~* call into question, question; *estar en ~* be in question o doubt

entredós *m* decorative trim

entrega *f* **1** handing over; *~ de premios* prize-giving, presentation; *hacer ~ de algo a alguien* present s.o. with sth **2** *de mercancías* delivery; *~ a domicilio* (home) delivery **3** (*dedicación*) dedication, devotion

◇ **entrega de equipajes** baggage reclaim

◇ **entrega contra reembolso** collect on delivery, *Br* cash on delivery, COD

entregar ⟨1h⟩ *v/t* **1** give, hand over **2** *trabajo, deberes* hand in **3** *mercancías* deliver **4** *premio* present; **entregarse** *v/r* **1** give o.s. up **2**: *~ a algo fig* devote o.s. to, dedicate o.s. to

entrelazar ⟨1f⟩ *v/t* interweave, intertwine; **entrelazarse** *v/r* interweave, intertwine; *sus manos se entrelazaron* their fingers intertwined

entremedias *adv* **1** (*en medio*) in between **2** (*entretanto*) meanwhile, in the meantime

entremeses *mpl* GASTR appetizers, hors d'oeuvres

entremeter ⟨2a⟩ *v/t* insert; **entremeterse** *v/r* ☞ **entrometerse**

entremetido *m* ☞ **entrometido**

entremezclar ⟨1a⟩ *v/t* intermingle, mix; **entremezclarse** *v/r* intermingle, mix

entrenador *m*, *~a f* coach

entrenamiento *m* coaching

entrenar ⟨1a⟩ *v/t* train, coach; **entrenarse** *v/r* train

entreoír ⟨3q⟩ *v/t* half-hear

entrepaño *m* **1** shelf **2** ARQUI pier

entrepierna *f* **1** ANAT crotch **2** *medida* inside leg

entresacar ⟨1g⟩ *v/t* extract, select

entresijos *mpl fig* details, complexities; *tener muchos ~* be extremely complex

entresuelo *m* **1** mezzanine **2** TEA dress circle

entretanto *adv* meanwhile, in the meantime

entretecho *m Arg, Chi* attic

entretejer ⟨2a⟩ *v/t* interweave

entretener ⟨2l⟩ **I** *v/t* **1** (*divertir*) entertain, amuse **2** (*retrasar*) keep, detain **3** (*distraer*) distract **II** *v/i* be entertaining; **entretenerse** *v/r* **1** (*divertirse*) amuse o.s. (*en hacer algo* doing sth; *con algo* with sth) **2** (*distraerse*) keep o.s. busy **3** (*retrasarse*) linger (*en* over)

entretenido *adj* **1** (*divertido*) entertaining, enjoyable **2**: *estar ~ ocupado* be busy

entretenimiento *m* entertainment, amusement

entretiempo *m* **1**: *de ~ ropa* mid-season **2** *CSur* DEP half-time

entrever ⟨2v; *part* **entrevisto**⟩ *v/t* make out, see

entreverar ⟨1a⟩ *v/t* intersperse

entrevero *m* **1** *S.Am.* (*lío*) mix-up, mess **2** *Chi* (*discusión*) argument

entrevía *f* gage, *Br* gauge

entrevista *f* interview

◇ **entrevista de trabajo** job interview

entrevistador *m*, *~a f* interviewer

entrevistar ⟨1a⟩ *v/t* interview; **entrevistarse** *v/r: ~ con alguien* meet (with) s.o.

entrevisto *part* ☞ **entrever**

entristecer ⟨2d⟩ *v/t* sadden; **entriste-**

cerse *v/r* grow sad

entrometerse ⟨2a; *part* **entrometido**⟩ *v/r* meddle (**en** in)

entrometido I *part* ☞ **entrometerse II** *adj* meddling *atr*, interfering **III** *m* meddler, busybody

entromparse ⟨1a⟩ *v/r* F get sloshed F, tie one on F

entroncar ⟨1g⟩ *v/t* establish a relationship between

entronización *f* enthronement

entronizar ⟨1f⟩ *v/t* **1** enthrone **2** *fig* install

entronque *m* **1** (*parentesco*) relationship **2** FERR junction

entubar ⟨1a⟩ *v/t* MED intubate

entuerto *m* F wrong, injustice; **deshacer un ~** right a wrong

entumecer ⟨2d⟩ *v/t* numb; **entumecerse** *v/r* go numb, get stiff

entumecido *adj* numb

entumecimiento *m* numbness

enturbiar ⟨1b⟩ *v/t tb fig* cloud

entusiasmado *adj* excited, delirious

entusiasmar ⟨1a⟩ *v/t* excite, make enthusiastic; **entusiasmarse** *v/r* get excited, get enthusiastic (**con** about)

entusiasmo *m* enthusiasm

entusiasta I *adj* enthusiastic **II** *m/f* enthusiast

entusiástico *adj* enthusiastic

enumeración *f* list, enumeration

enumerar ⟨1a⟩ *v/t* list, enumerate

enunciación *f*, **enunciado** *m* **1** GRAM statement **2** MAT formulation

enunciar ⟨1b⟩ *v/t* state

enuresis *f* MED enuresis

envainar ⟨1a⟩ *v/t espada* sheathe

envalentonar ⟨1a⟩ *v/t* make bolder *o* more daring; **envalentonarse** *v/r* **1** become bolder *o* more daring **2** (*insolentarse*) become defiant

envanecer ⟨2d⟩ *v/t* make conceited *o* vain; **envanecerse** *v/r* become conceited *o* vain

envanecimiento *m* conceit, vanity

envarado *adj* haughty

envararse ⟨1a⟩ *v/r* stiffen

envasador I *m*, **-a** *f* packer **II** *f*: **~ de latas / conservas** canning company, cannery

envasar ⟨1a⟩ *v/t en botella* bottle; *en lata* can; *en paquete* pack

envase *m* **1** container; **~ de cartón** carton; **~ ahorro** economy pack **2** *botella* (empty) bottle; **~ no retornable** nonreturnable bottle; **~ retornable** returnable bottle **3** *lata* can, *Br tb* tin **4** *caja* box

envejecer ⟨2d⟩ **I** *v/t* age, make look older **II** *v/i* age, grow old; **envejecerse** *v/r* age, grow old

envejecido *adj* old-looking; (*viejo*) aged

envejecimiento *m* ag(e)ing

envenenamiento *m* poisoning

envenenar ⟨1a⟩ *v/t tb fig* poison

envergadura *f* AVIA wingspan; MAR breadth; *fig* magnitude, importance; **de gran** *o* **mucha ~** *fig* of great importance

envés *m de hoja* underside; *de tela* wrong side

enviado *m*, **-a** *f* **1** POL envoy **2** *de periódico* reporter, correspondent

◇ **enviado especial 1** POL special envoy **2** *de periódico* special correspondent

enviar ⟨1c⟩ *v/t* send

enviciar ⟨1b⟩ *v/t*: **~ a alguien con la droga** get s.o. addicted to drugs; **enviciarse** *v/r* get addicted (**con** to), get hooked (**con** on)

envidia *f* envy, jealousy; **me da ~** I'm envious *o* jealous; **tener ~ a alguien de algo** envy s.o. sth

envidiable *adj* enviable

envidiar ⟨1b⟩ *v/t* envy; **~ a alguien por algo** envy s.o. sth; **no tiene nada que ~le** you have no reason to be envious of her; **los Rioja no tienen nada que ~les** Riojas can easily stand comparison with them

envidioso *adj* envious, jealous

envilecer ⟨2d⟩ *v/t* degrade, debase; **envilecerse** *v/r* degrade o.s., debase o.s.

envilecimiento *m* degradation, debasement

envío *m* shipment; *mercancías* shipment, consignment; **gastos de ~** shipping charges; **~ rehusado** delivery not accepted

◇ **envío contra reembolso** collect on delivery, *Br* cash on delivery, COD

envite *m* **1** *en naipes* stake **2**: **al primer ~** right from the start

enviudar ⟨1a⟩ *v/i* be widowed

envoltorio *m* wrapper

envoltura f cover, covering; *de regalo* wrapping; *de caramelo* wrapper

envolvente *adj* pervasive

envolver ⟨2h; *part* **envuelto**⟩ *v/t* **1** wrap (up) **2** (*rodear*) surround, envelop **3** (*involucrar*) involve; ~ **a alguien en algo** involve s.o. in sth; **envolverse** *v/r* **1** wrap o.s. up **2**: ~ **en** *fig* become involved in

envuelto *part* ☞ **envolver**

enyesado *m* plastering

enyesar ⟨1a⟩ *v/t* **1** *pared* plaster **2** MED put in plaster

enzarzarse ⟨1f⟩ *v/r* get involved (**en** in)

enzima *f o m* BIO enzyme

eñe *f* letter 'ñ'

eoceno *m* GEOL Eocene

eólico *adj* wind *atr*

EPA *f abr* (= **Encuesta de Población Activa**) labor *o Br* labour force survey, manpower report

E.P.D. *abr* (= **en paz descanse**) RIP (= requiescat in pace, rest in peace)

épica *f* epic poetry

épico *adj* epic

epicúreo I *adj* epicurean **II** *m*, **-a** *f* epicure

epidemia *f* epidemic

epidémico *adj* epidemic

epidermis *f* epidermis

epidural *f/adj* MED epidural

Epifanía *f* Epiphany

epiglotis *f inv* ANAT epiglottis

epígrafe *m* epigraph

epigrama *m* epigram

epilepsia *f* MED epilepsy

epiléptico I *adj* epileptic **II** *m*, **-a** *f* epileptic

epílogo *m* epilogue

episcopado *m* **1** *cargo* bishopric, episcopate **2** (*tiempo conjunto de obispos*) episcopate

episcopal *adj* episcopal; *sede* ~ bishopric

episódico *adj* episodic

episodio *m* episode

epístola *f* epistle

epistolar *adj* epistolary

epistolario *m* collected letters *pl*

epitafio *m* epitaph

epitelio *m* ANAT epithelium

epíteto *m* epithet

época *f* **1** time, period; *en aquella* ~ at that time; *hacer* ~ be epoch-making **2** *parte del año* time of year **3** GEOL epoch

epopeya *f* epic, epic poem

equidad *f* fairness

equidistante *adj* equidistant

equidistar ⟨1a⟩ *v/i*: ~ **de** be equidistant from

equilátero *adj* MAT equilateral

equilibrado *adj* well-balanced

equilibrar ⟨1a⟩ *v/t* balance; **equilibrarse** *v/r de balanza, barco* be balanced; *de efecto* be balanced out

equilibrio *m* **1** balance; *falta de* ~ imbalance; *mantener / perder el* ~ keep / lose one's balance ~ **ecológico** ecological balance **2** FÍS equilibrium

equilibrista *m/f* acrobat; *con cuerda* tightrope walker

equino I *adj* equine **II** *m* horse

equinoccio *m* equinox

equipaje *m* baggage

◇ **equipaje de mano** hand baggage

equipamiento *m* AUTO: ~ **de serie** standard features *pl*; ~ **base** entry-level equipment

equipar ⟨1a⟩ *v/t* equip (**con** with)

equiparable *adj* comparable (**a, con** with)

equiparar ⟨1a⟩ *v/t* put on a level (**a, con** with); ~ **algo con algo** *fig* compare *o* liken sth to sth

equipo *m* **1** DEP team **2**: ~ **investigador** investigating team **3** *accesorios* equipment; ~ **de esquiar** skiing equipment; *caerse con todo el* ~ *fig* F fall flat

◇ **equipo de alta fidelidad** hi-fi (system); **equipo local** local team; **equipo de música** sound system; **equipo de sonido** sound system; **equipo visitante** visiting team

equis *f* **1** letter 'x' **2**: *el señor* ~ Mr. So-and-so; *estar a* ~ *dólares* cost so many dollars

equitación *f* riding; *escuela de* ~ riding school

equitativo *adj* fair, equitable

equivalencia *f* equivalence

equivalente *m/adj* equivalent

equivaler ⟨2q⟩ *v/i* be equivalent (**a** to)

equivocación *f* mistake; *por* ~ by mistake

equivocado *adj* wrong; *estar* ~ be wrong, be mistaken

equivocar ⟨1g⟩ *v/t*: ~ **a alguien** make

s.o. make a mistake; **equivocarse** *v/r* make a mistake; **te has equivocado** you are wrong *o* mistaken; **~ de número** TELEC get the wrong number; **~ de camino** take the wrong road; **si no me equivoco** if I'm not mistaken

equívoco I *adj* ambiguous, equivocal **II** *m* **1** misunderstanding **2** (*error*) mistake

era *f* era

erario *m* treasury; **el ~ público** the treasury, the public purse

erección *f* erection

erecto *adj* erect

eremita *m/f* hermit

eres *vb* ☞ **ser**

ergonomía *f* ergonomics *sg*

ergonómico *adj* ergonomic

erguido *adj cuerpo, cabeza* erect; *espalda* straight

erguir ⟨3n⟩ *v/t* **1** raise, lift **2** (*poner derecho*) straighten; **erguirse** *v/r* **1** *de persona* stand up, rise **2** *de edificio* rise

erial *m* uncultivated land

erigir ⟨3c⟩ *v/t* **1** erect **2** *persona* set up (**en** as); **erigirse** *v/r*: **~ en** set o.s. up as

erisipela *f* MED erysipelas *sg*

eritema *m* MED erythema

erizado *adj* bristling (**de** with)

erizarse ⟨1f⟩ *v/r de pelo* stand on end

erizo *m* ZO hedgehog

◇ **erizo de mar** ZO sea urchin

ermita *f* chapel

ermitaño I *m* ZO hermit crab **II** *m*, **-a** *f* hermit

erogación *f Méx, S.Am.* expenditure, outlay

erogar ⟨1h⟩ *v/t Méx, S.Am.* spend

erógeno *adj* erogenous

erosión *f* erosion

erosionar ⟨1a⟩ *v/t* GEOL erode; **erosionarse** *v/r* **1** GEOL erode, be eroded **2** *fig: de confianza, apoyo* crumble; *de relación* deteriorate

erótica *f* eroticism

erótico *adj* erotic

erotismo *m* eroticism

erradicación *f* eradication

erradicar ⟨1g⟩ *v/t* eradicate, wipe out

errado *adj* **1** *respuesta, decisión* wrong; **estar ~** *persona* be wrong *o* mistaken **2** DEP: **un disparo ~** a mishit

errante *adj* wandering

errar ⟨1l⟩ **I** *v/t* miss; **~ el tiro / golpe**

miss; **~ el cálculo** miscalculate, make a mistake in one's figures **II** *v/i* miss; **~ es humano** to err is human

errata *f* mistake, error; *de imprenta* misprint

errático *adj* erratic

erre *f*: **~ que ~** F doggedly, stubbornly

erróneamente *adv* wrongly

erróneo *adj* wrong, erroneous *fml*

error *m* mistake, error; **por ~** by mistake; **caer en un ~** make a mistake; **estar en un ~** be wrong *o* mistaken

◇ **error de cálculo** error of judg(e)ment; **error humano** human error; **error judicial** miscarriage of justice; **error médico** medical error; **error de sistema** INFOR system error; **error tipográfico** misprint, typo; **error de transmisión** INFOR transmission error

eructar ⟨1a⟩ *v/i* belch, burp

eructo *m* belch, burp

erudición *f* learning, erudition

erudito I *adj* learned, erudite **II** *m*, **-a** *f* scholar

erupción *f* **1** GEOL eruption; **entrar en ~** erupt; **estar en ~** be erupting **2** MED: **~ (cutánea)** rash

es *vb* ☞ **ser**

esa *det* ☞ **ese**

ésa *det* ☞ **ése**

esbeltez *f* slimness, slenderness

esbelto *adj* slim, slender

esbirro *m* henchman

esbozar ⟨1f⟩ *v/t* sketch; *idea, proyecto etc* outline

esbozo *m* sketch; *de idea, proyecto etc* outline

escabechar ⟨1a⟩ *v/t* **1** GASTR marinade (in **escabeche**) **2** *fig* (*suspender a*) fail

escabeche *m* type of marinade

escabechina *f* **1** bloodbath, massacre; **hacer una ~ en la cocina** F leave the kitchen looking as if a bomb had hit it F **2**: **hacer una ~** *fig* F *de profesor* pass very few people

escabel *m* footstool

escabrosidad *f* **1** *de terreno* roughness **2** *de problema* trickiness **3** *de relato* indecency

escabroso *adj* **1** *terreno* rough **2** *problema* tricky **3** *relato* indecent

escabullirse ⟨3h⟩ *v/r* escape, slip away

escachar, escacharrar ⟨1a⟩ F *v/t* bust F; **escacharse** *v/r* bust F, break down

escafandra f **1** diving suit **2** AST space suit

escala f **1** tb MÚS scale; **a ~** to scale, life-sized; **a ~ mundial** on a world scale; **en o a gran ~** large-scale atr, on a large scale **2** AVIA stopover; **hacer ~ en** stop over in

◊ **escala de cuerda** rope ladder
◊ **escala de valores** scale of values

escalada f **1** DEP climb, ascent **2**: **~ de los precios** increase in prices, escalation of prices

◊ **escalada libre** DEP free climbing

escalador m, **~a** f climber

escalafón m fig ladder

escalar ⟨1a⟩ **I** v/t climb, scale; **~ un alto puesto** rise to a high position **II** v/i climb

escaldado adj scalded; fig **salió ~ del proyecto** he got his fingers burned in the project

escaldar ⟨1a⟩ v/t **1** GASTR blanch **2** manos scald; **escaldarse** v/r scald o.s.

escaleno adj scalene

escalera f stairs pl, staircase

◊ **escalera de caracol** spiral staircase; **escalera de emergencia** fire escape; **escalera extensible** extension ladder; **escalera de incendios** fire escape; **escalera de mano** ladder; **escalera mecánica** escalator

escalerilla f de avión steps pl; en barco gangway

escalfar ⟨1a⟩ v/t poach

escalinata f (flight of) steps pl, staircase

escalofriante adj horrifying

escalofrío m shiver

escalón m step; de escalera de mano rung

escalonado adj **1** proceso gradual, cumulative **2** corte de pelo layered

escalonar ⟨1a⟩ v/t **1** en tiempo stagger **2** terreno terrace

escalonia, escaloña f BOT escallonia

escalopa f L.Am., **escalope** m escalope

escalpelo m scalpel

escama f **1** ZO scale **2** de jabón, piel flake

escamar ⟨1a⟩ v/t **1** scale, remove the scales from **2** fig make suspicious; **escamarse** v/r become suspicious

escamoso adj **1** ZO scaly **2** piel flaky

escamotear ⟨1a⟩ v/t **1** (ocultar) hide, conceal **2** (negar) withhold

escamoteo m **1** (ocultación) concealment **2** (negación) withholding

escampada f (claro) clear spell

escampar ⟨1a⟩ v/i clear up, stop raining

escanciador m wine waiter

escanciar ⟨1b⟩ v/t fml pour

escandalizar ⟨1f⟩ v/t shock, scandalize; **escandalizarse** v/r be shocked

escandallo m **1** MAR lead **2** COM pricing

escándalo m **1** (asunto vergonzoso) scandal **2** (jaleo) racket, ruckus; **armar un ~** make a scene

escandaloso adj **1** (vergonzoso) scandalous, shocking **2** (ruidoso) noisy, rowdy

Escandinavia f Scandinavia

escandinavo I adj Scandinavian **II** m, **-a** f Scandinavian

escanear ⟨1a⟩ v/t scan

escáner m scanner

◊ **escáner en color** color o Br colour scanner

escaño m POL seat

escapada f escape

escapar ⟨1a⟩ v/t **1** escape (de from) **2**: **dejar ~ oportunidad** pass up, let slip; **suspiro** let out, give; **escaparse** v/r **1** (huir) escape (de from); de casa run away (de from); **~ de situación** get out of **2** (dejar pasar): **se me ha escapado el tren** I missed the train **3**: **no se te escapa nada** nothing gets past you o escapes you

escaparate m store window, Br tb shop window

escaparatismo m window-dressing

escaparatista m/f window dresser

escapatoria f: **no tener ~** have no way out

escape m **1** de gas leak **2** AUTO exhaust **3**: **salir a ~** rush out

escapista m/f escape artist, escapologist

escápula f ANAT shoulder blade, scapula fml

escapular adj ANAT scapular

escapulario m REL scapular

escaque m square

escara f MED crust

escarabajo m ZO beetle

◊ **escarabajo de la patata** Colorado beetle, potato beetle

escaramujo *m flor* wild rose; *fruto* (rose) hip

escaramuza *f* skirmish

escarapela *f* rosette

escarbadientes *m inv* toothpick

escarbar ⟨1a⟩ **I** *v/i tb fig* dig around (**en** in) **II** *v/t* dig around in

escarceo *m* **1** white caps *pl*, white horses *pl* **2**: **~s** *pl* (*incursiones*) forays (**en, con** into), dabbling *sg* (**en, con** in) ◇ **escarceos amorosos** romantic *o* amorous adventures

escarcha *f* frost

escarchar ⟨1a⟩ *v/t* GASTR crystallize

escarda *f* AGR **1** hoeing **2** (*azada*) hoe

escardar ⟨1a⟩ *v/t* hoe

escarlata *adj inv & m* scarlet

escarlatina *f* MED scarlet fever

escarmentar ⟨1k⟩ **I** *v/t* teach a lesson to **II** *v/i* learn one's lesson; **~ en cabeza ajena** learn from other people's mistakes

escarmiento *m* lesson; **le sirvió de ~** it taught him a lesson

escarnecer ⟨2d⟩ *v/t* ridicule, deride

escarnio *m* ridicule, derision

escarola *f* endive, escarole

escarpa *f* escarpment

escarpado *adj* sheer, steep

escarpadura *f* escarpment

escarpia *f* hook

escarpín *m zapato* pump, *Br* court shoe

escasamente *adv* barely, hardly

escasear ⟨1a⟩ **I** *v/i* be scarce, be in short supply **II** *v/t* use sparingly, be sparing with

escasez *f* shortage, scarcity

escaso *adj* **1** *recursos* limited; **-as posibilidades de** not much chance of, little chance of **2**: **andar ~ de algo** *falto* be short of sth **3** (*justo*): **falta un mes ~** it's barely a month away; **un kilo ~** a scant kilo, barely a kilo

escatimar ⟨1a⟩ *v/t* be mean with, be very sparing with; **no ~ esfuerzos** be unstinting in one's efforts, spare no effort

escayola *f* (plaster) cast

escayolar ⟨1a⟩ *v/t* put in a (plaster) cast; **llevar el pie escayolado** have one's foot in a cast, *Br* have one's foot in plaster

escayolista *m/f* plasterer

escena *f* **1** scene; **hacer una ~** *fig* make a scene; **desaparecer de la ~** *fig* vanish from the scene; **robarle a alguien la ~** steal the show from s.o. **2** *escenario* stage; **entrar en ~, salir a ~** come on stage; **poner en ~** stage; **llevar a la ~ obra de teatro** direct; (*adaptar*) adapt for the stage

escenario *m* stage; *fig* scene

escénico *adj* stage *atr*

escenificación *f* staging

escenificar ⟨1g⟩ *v/t* stage

escenografía *f* **1** *arte* set design **2** (*decorados*) scenery

escenógrafo *m*, **-a** *f* set designer

escepticismo *m* skepticism, *Br* scepticism

escéptico I *adj* skeptical, *Br* sceptical **II** *m*, **-a** *f* skeptic, *Br* sceptic

escindible *adj* separable, splittable

escindir ⟨3a⟩ *v/t* split; **escindirse** *v/r* **1** (*fragmentarse*) split (**en** into) **2** (*segregarse*) break away (**de** from)

escisión *f* **1** (*fragmentación*) split **2** (*segregación*) break

esclarecer ⟨2d⟩ **I** *v/t* **1** throw *o* shed light on **2** *misterio* clear up **II** *v/i* dawn

esclarecido *adj* illustrious

esclarecimiento *m* **1** clarification **2** *de misterio* solving

esclava *f* **1** (female) slave **2** (*pulsera*) bangle

esclavina *f* short cape

esclavitud *f* slavery

esclavizar ⟨1f⟩ *v/t* enslave; *fig* tie down

esclavo I *adj tb fig* slave *atr* **II** *m* slave

esclerosis *f* MED: **~ múltiple** multiple sclerosis; **~ arterial** arteriosclerosis

esclusa *f* lock

escoba *f* broom

escobajo *m* BOT stem

escobazo *m*: **dar un ~ a algo** give sth a sweep; **echar a alguien a ~s** *o* **a ~ limpio** F kick s.o. out F

escobén *m* MAR hawse (hole)

escobilla *f* **1** small brush **2** AUTO wiper blade

escobón *m* long-handled broom

escocer ⟨2b & 2h⟩ *v/i* **1** sting, smart **2** *fig*: **todavía le escuece la derrota** he's still smarting from the defeat; **escocerse** *v/r* **1** chafe **2** *fig* be irritated *o* irked

escocés I *adj* Scottish; **falda escocesa** kilt; **tela escocesa** tartan **II** *m* Scot,

Scotsman

escocesa f Scot, Scotswoman

Escocia f Scotland

escofina f rasp, file

escoger ⟨2c⟩ v/t choose, select

escogido adj select

escolanía f boys' choir

escolar I adj school atr **II** m/f student

escolaridad f schooling, education; **libro de ~** school record

escolarización f education, schooling
◇ **escolarización obligatoria** compulsory education

escolarizar ⟨1f⟩ v/t educate, provide schooling for

escolástica f scholasticism

escolástico adj scholarly

escoleta f Méx rehearsal

escoliosis f MED scoliosis

escollera f breakwater

escollo m **1** MAR reef **2** (obstáculo) hurdle, obstacle

escolta I f escort **II** m/f **1** motorista outrider **2** (guardaespaldas) bodyguard **3** en baloncesto shooting guard

escoltar ⟨1a⟩ v/t escort

escombrera f dump

escombros mpl rubble sg

esconder ⟨2a⟩ v/t hide, conceal; **esconderse** v/r hide

escondidas fpl **1** S.Am. hide-and-seek sg **2**: **a ~** in secret, secretly; **a ~ de alguien** behind s.o.'s back

escondite m **1** lugar hiding place **2** juego hide-and-seek

escondrijo m hiding place

escopeta f shotgun
◇ **escopeta de aire comprimido** air gun, air rifle
◇ **escopeta de caza** shotgun

escopetado adj: **salir ~** F shoot o dash off F

escopetazo m gunshot

escopetero m hunter

escoplo m chisel

escora f MAR load line

escorar ⟨1a⟩ **I** v/t shore up **II** v/i MAR list, heel over

escorbuto m scurvy

escoria f slag; desp dregs pl

Escorpio m/f inv ASTR Scorpio

escorpión m ZO scorpion

escorrentía f torrent

escorzo m PINT foreshortening

escota f MAR sheet

escotado adj low-cut

escotar ⟨1a⟩ v/t **1** prenda cut low in the front **2** precio cut

escote m **1** neckline; de mujer cleavage **2**: **~ en pico** V-neck **3**: **pagar a ~** share the expenses, go Dutch F

escotilla f MAR hatch

escotillón m **1** MAR hatch **2** TEA trapdoor

escozor m **1** burning sensation, stinging **2** fig bitterness

escriba m scribe

escribanía f **1** set of writing materials **2** mueble writing desk, escritoire **3** L.Am. (notaría) notary's office

escribano I m HIST scribe **II** m, -a f L.Am. notary

escribiente m/f clerk

escribir ⟨3a; part **escrito**⟩ **I** v/t **1** write; **~ a mano** hand-write, write by hand; **~ a máquina** type **2** (deletrear) spell **II** v/i write; **escribirse** v/r **1** write to each other, correspond **2**: **¿cómo se escribe?** how do you spell it?

escrito I part ☞ **escribir II** adj **1** written; **por ~** in writing; **~ a mano** handwritten **2**: **estaba ~** it was inevitable **III** m **1** document **2**: **~s** pl writings

escritor m, **~a** f writer, author

escritorio m **1** desk; **artículos de ~** stationery; **juego de ~** desk set **2** INFOR desktop **3** L.Am. (oficina) office

escritura f **1** writing **2** JUR deed **3**: **Sagradas Escrituras** Holy Scripture sg
◇ **escritura pública** JUR public deed

escriturar ⟨1a⟩ v/t register

escroto m ANAT scrotum

escrúpulo m scruple; **sin ~s** unscrupulous

escrupulosidad f (cuidado) meticulousness

escrupuloso adj **1** (cuidadoso) meticulous **2** (honrado) scrupulous **3** (aprensivo) fastidious

escrutador I adj mirada penetrating **II** m, **~a** f scrutineer, Br returning officer

escrutar ⟨1a⟩ v/t **1** scrutinize **2** votos count

escrutinio m **1** de votos count **2** (inspección) scrutiny

escuadra f **1** MAT set square; de carpintero square **2** MIL squad; MAR squadron **3** DEP: **el balón entró por la ~**

the ball went in the top corner

escuadrilla *f* MAR, AVIA squadron

escuadrón *m* squadron

escualidez *f* skinniness

escuálido *adj* skinny, emaciated

escualo *m* ZO dogfish

escucha *f*: *estar a la ~* be listening out ◇ *escuchas telefónicas* wire-tapping *sg*, *Br tb* phone-tapping *sg*

escuchar ⟨1a⟩ **I** *v/t* **1** listen to **2** *L.Am.* (*oír*) hear **II** *v/i* listen; **escucharse** *v/r* like the sound of one's own voice

escuchimizado *adj* F puny F, scrawny F

escudar ⟨1a⟩ *v/t* shield; **escudarse** *v/r fig* hide (*en* behind)

escudería *f* stable

escudero *m* HIST squire

escudilla *f* bowl

escudo *m* **1** *arma* shield **2** *insignia* badge **3** *moneda* escudo ◇ *escudo de armas* coat of arms

escudriñar ⟨1a⟩ *v/t* **1** (*mirar de lejos*) scan **2** (*examinar*) scrutinize

escuela *f* school; *hacer o crear ~ fig* create a trend; *de la vieja ~ fig* of the old school ◇ *escuela de arte dramático* drama school; **escuela de Bellas Artes** art school; **escuela de comercio** business school; **escuela de educación especial** special-needs school; **escuela de hostelería** hotel school; **escuela de idiomas** language school; **escuela primaria** elementary school, *Br* primary school; **escuela técnica superior** *Esp* technical college; **escuela universitaria** *Esp junior* college, *Br* university college teaching three-year diploma courses

escuelero **I** *adj L.Am.* school *atr* **II** *m*, *-a f* **1** *L.Am.* (*maestro*) teacher **2** *Pe, Bol* (*alumno*) student

escueto *adj* succinct, concise

escuincle *m/f Méx, C.Am.* kid

esculpir ⟨3a⟩ *v/t* sculpt

escultismo *m* scouting, scout movement

escultor *m*, *~a f* sculptor

escultura *f* sculpture

escultural *adj* **1** sculptural **2** *persona, cuerpo* statuesque

escupidera *f* **1** spittoon **2** *L.Am.* chamber pot

escupir ⟨3a⟩ **I** *v/i* spit; *~ a alguien a o en la cara* spit in s.o.'s face **II** *v/t* spit out; *~ fuego* spew out flames

escupitajo *m* F gob of spit F

escurreplatos *m inv* plate rack

escurrevasos *m inv* drainer

escurridizo *adj* slippery; *fig* evasive

escurrido I *part* ☞ *escurrir* **II** *adj* skinny; *~ de caderas* with narrow hips, narrow-hipped

escurridor *m* **1** (*colador*) colander **2** (*escurreplatos*) plate rack

escurrir ⟨3a⟩ **I** *v/t* **1** *ropa* wring out **2** *platos, verduras* drain **II** *v/i* **1** *de platos* drain **2** *de ropa* drip-dry; **escurrirse** *v/r* **1** *de líquido* drain away **2** (*deslizarse*) slip; (*escaparse*) slip away

escusado *m* bathroom

esdrújula *f* word with the stress on the third syllable from the end (*e.g. teléfono*)

esdrújulo *adj* stressed on the third last syllable

ese[1] *f* letter 's'; *ir haciendo ~s* zigzag

ese[2], **esa, esos, esas** *det singular* that; *plural* those; *eso mismo* exactly that; *aun con eso* even then

ése, ésa, ésos, ésas *pron singular* that (one); *plural* those (ones); *le ofrecí dinero pero ni por ésas* I offered him money but even that wasn't enough; *no soy de ésos que* I'm not one of those who

esencia *f* essence; *en ~* essentially, in essence

esencial *adj* essential; *lo ~ es que* the main *o* essential thing is that

esencialmente *adv* essentially, in essence

esfera *f* sphere; *~ de actividad fig* field *o* sphere (of activity); *las altas ~s fig: de la sociedad* the upper echelons

esférico I *adj* spherical **II** *m* DEP F ball

esfinge *f* sphinx

esfínter *m* ANAT sphincter

esforzar ⟨1f & 1m⟩ *v/t* strain; **esforzarse** *v/r* make an effort, try hard

esfuerzo *m* effort; *hacer un ~* make an effort; *sin ~* effortlessly

esfumar ⟨1a⟩ *v/t* PINT blur; **esfumarse** *v/r* F *tb fig* disappear

esfumino *m* PINT stump

esgrafiado *m* PINT sgraffito

esgrima *f* fencing

esgrimidor *m*,**-a** *f* fencer
esgrimir ⟨3a⟩ *v/t* **1** *arma* wield **2** *fig: argumento* put forward, use
esguín *m* ZO young salmon
esguince *m* sprain
eslabón *m* link; **el ~ perdido** the missing link
eslabonar ⟨1a⟩ *v/t* link (together)
eslalon *m* ☞ **slalom**
eslavo I *adj* Slavic, Slav *atr* **II** *m*,**-a** *f* Slav
eslogan *m* slogan
eslora *f* length
eslovaco I *adj* Slovakian, Slovak **II** *m*,**-a** *f* Slovak **III** *m idioma* Slovak
Eslovaquia *f* Slovakia
Eslovenia *f* Slovenia
esloveno I *adj* Slovene, Slovenian **II** *m*, **-a** *f* Slovene, Slovenian **III** *m idioma* Slovene
esmachar ⟨1a⟩ *v/t & v/i en baloncesto* dunk, slam dunk
esmaltado *m* enamel
esmaltar ⟨1a⟩ *v/t* enamel; **~ las uñas** put nail polish on
esmalte *m* enamel; **~ (dental)** (tooth) enamel
◊ **esmalte de uñas** nail polish, *Br tb* nail varnish
esmerado *adj* meticulous
esmeralda *f* emerald
esmerarse ⟨1a⟩ *v/r* take great care (**en** over)
esmeril *m* emery
esmerilado I *adj:* **cristal ~** frosted glass **II** *m* grinding
esmerilar ⟨1a⟩ *v/t* grind
esmero *m* care; **con ~** carefully
esmirriado *adj* F skinny, scrawny F
esmoquin *m* tuxedo, *Br* dinner jacket
esnifar ⟨1a⟩ *v/t* F *pegamento* sniff F; *cocaína* snort F
esnob I *adj* snobbish **II** *m/f* snob
esnobismo *m* snobbishness
ESO *f abr Esp* (= **educación secundaria obligatoria**) compulsory secondary education
eso *pron* **1** that; **en ~** just then, just at that moment; **~ mismo, ~ es** that's it, that's the way; **por ~** that's why; **¿y ~?** why's that?; **~ sí** yes of course **2** *en locuciones:* **y ~ que le dije que no se lo contara** and after I told him not to tell her; **a ~ de las dos** at around two

esófago *m* ANAT esophagus, *Br tb* oesophagus
esotérico *adj* esoteric
esoterismo *m* occult
espabilado *adj* **1** (*listo*) bright, smart **2** (*vivo*) sharp, on the ball F
espabilar ⟨1a⟩ **I** *v/t* **1** (*quitar el sueño*) wake up, revive **2**: **lo ha espabilado** (*lo ha avivado*) she's got him to wise up F **II** *v/i* **1** (*darse prisa*) hurry up, get a move on **2** (*avivarse*) wise up **3** *del sueño* wake up; **espabilarse** *v/r* **1** *del sueño* wake o.s. up **2** (*darse prisa*) hurry up, get a move on **3** (*avivarse*) wise up F
espaciador *m* space bar
espacial *adj* **1** *cohete, viaje* space *atr* **2** FÍS, MAT spatial
espaciar ⟨1a⟩ *v/t* **1** *en el espacio* space out **2**: **ha empezado a ~ las visitas a sus hijos** his visits to his children have started to become less frequent; **espaciarse** *v/r* become more (and more) infrequent
espacio *m* **1** space; **~ en blanco** (blank) space; **~ de tiempo** space of time; **no tengo suficiente ~** I don't have enough space *o* room; **en el ~ de tres meses** in the space of three months; **por ~ de una hora** for a full hour **2** TV program, *Br* programme
◊ **espacio aéreo** airspace; **espacio informativo** TV news program *o Br* programme; **espacio vital** living space; **espacios verdes** green spaces
espaciosidad *f* spaciousness, roominess
espacioso *adj* spacious, roomy
espada I *f* **1** sword; **estar entre la ~ y la pared** be between a rock and a hard place **2**: **~s** *pl* (*en naipes*) suit in Spanish deck of cards **II** *m* TAUR matador
◊ **espada de Damocles** *fig* sword of Damocles
espadachín *m* skilled swordsman
espadaña *f* BOT bulrush
espaguetis *mpl* spaghetti *sg*
espalda *f* back; **ancho de ~s** broad-shouldered; **de ~s a** with one's back to; **caerse de ~s** fall flat on one's back; **nadar a ~** swim backstroke; **por la ~** from behind; **a ~s de alguien** behind s.o.'s back; **no me des la ~** don't sit with your back to me; **tener cubiertas las**

~s *fig* keep one's back covered; **cubrirse las ~s** cover one's back; **volver la ~ a alguien** *fig* turn one's back on s.o.; **echarse algo sobre las ~s** *fig* take on sth, shoulder sth; **tiene muchos años sobre las ~s y sabe cómo ...** he has many years of experience behind him and knows how to ...; **echarse algo a la(s) ~(s)** *fig* stop worrying about sth, forget sth

espaldarazo *m* **1** slap on the back **2** (*reconocimiento*) recognition; **dar el ~ a alguien** *fig* give s.o. support

espalderas *fpl* wall bars

espaldilla *f* ANAT, ZO shoulder blade; **~ de cordero** shoulder of lamb

espantadizo *adj* nervous, easily frightened

espantajo *m* scarecrow; *fig* sight

espantapájaros *m inv* scarecrow

espantasuegras *m inv Méx* party blower

espantar ⟨1a⟩ *v/t* **1** (*asustar*) frighten, scare **2** (*ahuyentar*) frighten away, shoo away **3** F (*horrorizar*) horrify, appall; **espantarse** *v/r* **1** get frightened, get scared **2** F (*horrorizarse*) be horrified, be appalled

espanto *m* **1** (*susto*) fright **2** *L.Am.* (*fantasma*) ghost **3**: **nos llenó de ~** desagrado we were horrified; **¡qué ~!** how awful!; **de ~** terrible; **estar curado de ~(s)** F have seen it all before

espantoso *adj* **1** horrific, appalling **2** *para enfatizar* terrible, dreadful; **hace un calor ~** it's terribly *o* incredibly hot

España *f* Spain

español I *adj* Spanish **II** *m idioma* Spanish **III** *m*, **~a** *f* Spaniard; **los ~es** the Spanish

españolada *f old-fashioned Spanish movie*

españolismo *m* **1** (*afición*) love of Spain **2** *cualidad* Spanishness

esparadrapo *m* Band-Aid®, *Br* plaster

esparceta *f* BOT sainfoin

esparcimiento *m* (*ocio*) recreation

esparcir ⟨3b⟩ *v/t papeles* scatter; *rumor* spread; **esparcirse** *v/r de papeles* be scattered; *de rumor* spread

espárrago *m* BOT asparagus; **¡vete a freír ~s!** F get lost! F

◇ **espárrago triguero** wild asparagus

Esparta *f* HIST Sparta

espartano *adj* spartan

esparto *m* BOT esparto grass

espasmo *m* spasm

espasmódico *adj* spasmodic

espatarrarse *vb* ☞ **despatarrarse**

espato *m* MIN spar

espátula *f en cocina* spatula; *en pintura* palette knife

especia *f* spice

especial *adj* **1** special; **en ~** especially; **nada en ~** nothing special **2** (*difícil*) fussy

especialidad *f* specialty, *Br* speciality

especialista *m/f* **1** specialist, expert **2** *en cine* stuntman; *mujer* stuntwoman

especialización *f* specialization

especializarse ⟨1f⟩ *v/r* specialize (**en** in)

especialmente *adv* specially

especie *f* **1** BIO species **2** (*tipo*) kind, sort; **una ~ de** a kind *o* sort of **3**: **en ~** in kind

especiero *m* spice rack

especificación *f* specification

especificar ⟨1g⟩ *v/t* specify

específico *adj* specific

espécimen *m* specimen

espectacular *adj* spectacular

espectacularidad *f* spectacular nature

espectáculo *m* **1** TEA show; **dar el ~** *fig* make a spectacle of o.s. **2** (*escena*) sight; **dar un triste ~** be a sorry sight

espectador *m*, **~a** *f en cine* member of the audience; DEP spectator **2** (*observador*) on-looker, observer

espectral *adj* FÍS spectral; **análisis ~** spectrum analysis

espectro *m* **1** FÍS spectrum; **un amplio ~** *fig* a wide range, a broad spectrum **2** (*fantasma*) ghost; **el ~ de la guerra** the specter *o Br* spectre of war

especulación *f* speculation

especulador *m*, **~a** *f* speculator

especular ⟨1a⟩ *v/i* speculate

especulativo *adj* speculative

espéculo *m* MED speculum

espejismo *m* mirage

espejo *m* mirror; (*limpio*) **como un ~** spotless, clean as a whistle; (*liso*) **como un ~ mar** like a millpond; **lámina de madera** smooth as silk

◇ **espejo deformante** distorting mirror

◇ **espejo retrovisor** rear-view mirror

espeleología f spelunking, Br potholing

espeleólogo m, **-a** f spelunker, Br potholer

espeluznante adj horrific, horrifying

espeluznar ⟨1a⟩ v/t scare, frighten; **espeluznarse** v/r get scared o frightened

espera f wait; **sala de ~** waiting room; **en ~ de** pending; **estar a la ~ de** be waiting for

esperanza f hope; **estar en estado de** (**buena**) **~** be pregnant, be expecting (a baby)

◇ **esperanza de vida** life expectancy

esperanzador adj hopeful, encouraging

esperar ⟨1a⟩ **I** v/t **1** (aguardar) wait for; **hacerse ~** keep people waiting **2** con esperanza hope; (así) **lo espero** I hope so, hopefully; **espero que no** I hope not, hopefully not; **es de ~ que** it is to be hoped that **3** (suponer, confiar en) expect **4**: **~ un hijo** be expecting a baby **5**: **de aquí te espero** F incredible F

II v/i (aguardar) wait; **puedes ~ sentado** you're in for a long wait

esperma f sperm

◇ **esperma de ballena** spermaceti

espermatozoide m spermatozoid

espermatozoo m BIO spermatozoon, sperm

esperpento m fig sight

espesante m thickener

espesar ⟨1a⟩ v/t thicken; **espesarse** v/r thicken, become thick

espeso adj thick; vegetación, niebla thick, dense

espesor m thickness

espesura f dense vegetation

espetar ⟨1a⟩ v/t **1** run through **2** GASTR put on a spit; en pincho skewer **3** decir come out with, blurt out

espetón m spit; (pincho) skewer

espía m/f spy

espiar ⟨1c⟩ **I** v/t spy on **II** v/i spy

espichar ⟨1a⟩ v/t P die, kick the bucket F

espiga f BOT ear, spike; **dibujo de ~** herringbone

espigado adj fig tall and slim

espigarse ⟨1h⟩ v/r shoot up

espigón m MAR breakwater

espina f de planta thorn; de pez bone; **dar mala ~ a alguien** F make s.o. feel uneasy; **por fin me he sacado la ~** F at last I have managed to do it

◇ **espina dorsal** spine, backbone

espinacas fpl BOT spinach sg

espinal adj spinal

espinazo m spine, backbone; **doblar el ~** fig (trabajar mucho) work o.s. into the ground; (humillarse) kowtow (**ante** to)

espineta f MÚS spinet

espingarda f fig F beanpole F

espinilla f **1** de la pierna shin **2** en la piel pimple, spot

espinillera f shinguard, shinpad

espino m BOT hawthorn

◇ **espino albar, espino blanco** BOT whitethorn

espinoso adj thorny, prickly; fig thorny, knotty

espionaje m spying, espionage

◇ **espionaje industrial** industrial espionage

espira f spiral; de concha whorl

espiración f exhalation

espiral I adj spiral **II** f spiral; **~ precios-salarios** wage-price spiral

espirar ⟨1a⟩ v/t & v/i exhale

espiritismo m spiritualism

espiritista m/f spiritualist

espiritoso adj ☞ **espirituoso**

espíritu m **1** spirit; **pobre de ~** timid; **ser el ~ de la contradicción** be very contrary, be a contrary old buzzard F **2** REL: **el Espíritu Santo** the Holy Ghost, the Holy Spirit

◇ **espíritu aventurero** sense o spirit of adventure; **espíritu de equipo** team spirit; **espíritu de vino** spirits pl of wine

espiritual adj spiritual

espiritualidad f spirituality

espirituoso adj: **bebidas -as** spirits

esplendidez f **1** splendor, Br splendour, magnificence **2** (generosidad) generosity

espléndido adj **1** splendid, magnificent **2** (generoso) generous

esplendor m splendor, Br splendour

esplendoroso adj splendid, magnificent

esplénico adj ANAT splenic

espliego m BOT lavender

espolear ⟨1a⟩ *v/t tb fig* spur on
espoleta *f* 1 MIL fuse 2 ZO wishbone
espolón *m* 1 *de ave* spur; *de caballo* fetlock 2 ARQUI buttress 3 MED: ~ **(calcáneo)** (bone) spur
espolvorear ⟨1a⟩ *v/t* sprinkle
esponja *f* sponge; *beber como una* ~ F drink like a fish
esponjar ⟨1a⟩ *v/t* make fluffy; **esponjarse** *v/r* 1 *de masa* rise 2 *fig* puff up, swell with pride
esponjoso *adj* 1 *bizcocho* spongy 2 *toalla* soft, fluffy
esponsales *mpl* betrothal *sg*
espónsor *m/f* sponsor
esponsorizar ⟨1f⟩ *v/t* sponsor
espontáneamente *adv* spontaneously
espontaneidad *f* spontaneity
espontáneo *adj* spontaneous
espora *f* BOT spore
esporádico *adj* sporadic
esposa *f* wife; *~s pl* handcuffs
esposar ⟨1a⟩ *v/t* handcuff, cuff F
esposo *m* husband
esprint *m* sprint
espuela *f* spur
◇ **espuela de caballero** BOT larkspur
espuerta *f: ganar dinero a ~s* F make money hand over fist F
espulgar ⟨1h⟩ *v/t* delouse
espuma *f* foam; *de jabón* lather; *de cerveza* froth; *crecer o subir como la* ~ shoot up
◇ **espuma de afeitar** shaving foam; **espuma de mar** meerschaum; **espuma moldeadora** styling mousse
espumadera *f* slotted spoon, skimmer
espumarajo *m* froth, foam
espumilla *f* C.Am. GASTR meringue
espumillón *m* tinsel
espumoso *adj* 1 frothy, foamy 2 *caldo* sparkling
esqueje *m* cutting
esquela *f aviso* death notice, obituary
esquelético *adj* skeletal
esqueleto *m* 1 ANAT skeleton; *ser un ~, estar en el ~* be a walking skeleton; *mover o menear el ~ hum* shake a leg, dance 2: ~ **(arquitectónico)** framework 3 *Méx, C.Am., Pe, Bol fig* blank form
esquema *m* 1 *(croquis)* sketch, diagram; *en ~ mostrar* in diagrammatic form; *explicar* briefly 2 *(sinopsis)* outline, summary

esquemático *adj* 1 *dibujo* schematic, diagrammatic 2 *resumen* simplified, outline *atr*
esquí *m* 1 *tabla* ski 2 *deporte* skiing
◇ **esquí acuático** waterskiing; **esquí de fondo** cross-country skiing; **esquí náutico** waterskiing
esquiador *m*, *~a f* skier
◇ **esquiador acuático** waterskier
◇ **esquiador de fondo** cross-country skier
esquiar ⟨1a⟩ *v/i* ski
esquila *f* 1 *de ovejas* shearing 2 *(cencerro)* cowbell
esquilador *m*, *~a f* (sheep) shearer
esquilar ⟨1a⟩ *v/t* shear
esquilmar ⟨1a⟩ *v/t* 1 *fuente de riqueza* overexploit 2 *a alguien* suck dry
esquina *f* corner
esquinado *adj fig* awkward, difficult
esquinar ⟨1a⟩ *v/t fig* set at odds; **esquinarse** *v/r fig* fall out **(con** with), quarrel **(con** with)
esquinazo *m* 1 *Arg, Chi* serenade 2: *dar ~ a alguien* F give s.o. the slip F
esquirla *f* splinter
esquirol *m/f* strikebreaker, scab F
esquisto *m* schist
esquite *m* C.Am., Méx popcorn
esquivar ⟨1a⟩ *v/t* avoid, dodge F
esquivo *adj* 1 *(huraño)* unsociable 2 *(evasivo)* shifty, evasive
esquizofrenia *f* schizophrenia
esquizofrénico I *adj* schizophrenic II *m, -a f* schizophrenic
esta *det* this
está *vb* ☞ **estar**
estabilidad *f* stability; ~ *de precios* price stability
estabilización *f* stabilization
estabilizador *m* TÉC, MAR stabilizer
estabilizante *m* stabilizer
estabilizar ⟨1f⟩ *v/t* stabilize; **estabilizarse** *v/r* stabilize
estable *adj* stable
establecer ⟨2d⟩ *v/t* 1 establish 2 *negocio* set up; **establecerse** *v/r* 1 *en lugar* settle 2 *en profesión* set up
establecimiento *m* establishment
establo *m* stable
estabulación *f* stabling
estaca *f* stake
estacada *f: dejar a alguien en la* ~ F

leave s.o. in the lurch

estación f **1** station **2** *del año* season **3** *L.Am.* (*emisora*) station

◇ **estación de autobuses** bus station; **estación central** main station, central station; **estación climática** season; **estación espacial** space station; **estación de esquí** ski resort; **estación de invierno, estación invernal** winter resort; **estación de las lluvias** rainy season; **estación meteorológica** weather station; **estación de metro** subway station, *Br* underground station; **estación orbital** space station; **estación de servicio** service station; **estación termal** spa; **estación de trabajo** INFOR workstation

estacional *adj* seasonal

estacionamiento m AUTO **1** parking; **~ indebido** illegal parking; **~ prohibido** no parking **2** *L.Am.* parking lot, *Br* car park

◇ **estacionamiento en batería** angle parking

◇ **estacionamiento en línea** parallel parking

estacionar ⟨1a⟩ *v/t* AUTO park; **estacionarse** *v/r* stabilize

estacionario *adj* **1** *estado, situación* stable **2** *vehículo* stationary

estacionómetro m *Méx* parking meter

estada f *L.Am.* stay

estadía f *L.Am.* stay

estadio m DEP stadium

estadista I m statesman **II** f stateswoman

estadística f **1** *cifra* statistic **2** *ciencia* statistics *sg*

estadístico I *adj* statistical **II** m, **-a** f statistician

estado m **1** state **2** MED condition; **en buen / mal ~** in good / bad condition **3**: **el Estado** the State

◇ **estado de alarma, estado de alerta** state of alert; **estado del bienestar** welfare state; **estado civil** marital status; **estado de la cuenta** bank statement; **estado de derecho** democracy; **estado de emergencia** state of emergency; **estado de excepción** state of emergency; **estado federal, estado federado** federal state; **estado de guerra** state of war; **Estado Mayor** MIL general staff; **estado satélite** satellite state; **estado de salud** state of health; **estado de sitio** state of siege

Estados Unidos (de América) the United States (of America)

estadounidense I *adj* American, US *atr* **II** m/f American

estafa f swindle, cheat

estafador m, **~a** f con artist F, fraudster

estafar ⟨1a⟩ *v/t* swindle, cheat; **~ algo a alguien** cheat s.o. out of sth, defraud s.o. of sth

estafeta f: **~ (de correos)** mail office, *Br* sub-post office

estalactita f stalactite

estalagmita f stalagmite

estallar ⟨1a⟩ *v/i* **1** explode **2** *de guerra* break out; *de escándalo* break; **estalló en llanto** she burst into tears

estallido m **1** explosion **2** *de guerra* outbreak

estambre m BOT stamen

Estambul m Istanbul

estamento m stratum, class

◇ **estamento social** social class

estampa f **1** *de libro* illustration **2** (*aspecto*) appearance; **de buena ~** good-looking, handsome; **ser la viva ~ de alguien** be the spitting image of s.o. **3** REL prayer card

estampación f printing

estampado I *adj tejido* patterned **II** m **1** *acción* printing **2** *diseño* pattern

estampar ⟨1a⟩ *v/t* **1** *sello* put **2** *tejido* print **3** *pasaporte* stamp **4**: **le estampó una bofetada en la cara** F she smacked him one F; **estamparse** *v/r* crash (**en, contra** into)

estampida f stampede; **salir de ~** stampede out

estampido m bang

estampilla f *L.Am.* stamp

estampillar ⟨1a⟩ *v/t L.Am.* stamp

estancado *adj agua* stagnant; *fig* at a standstill

estancamiento m *tb fig* stagnation

estancar ⟨1g⟩ *v/t río* dam up, block; *fig* bring to a standstill; **estancarse** *v/r* stagnate; *fig* come to a standstill

estancia f **1** stay **2** *Rpl* farm, ranch

estanciero m, **-a** f *Rpl* farmer, rancher

estanco I *adj* watertight **II** m tobacco store, *Br* tobacconist's (*also selling stamps*)

estándar m standard

estandarización f standardization
estandarizar ⟨1f⟩ v/t standardize
estandarte m standard, banner
estanque m pond
estanquero m, **-a** f tobacco store clerk, Br tobacconist
estante m shelf
estantería f shelves pl; para libros bookcase
estaño m tin; **hoja de ~** tinfoil
estar ⟨1p⟩ v/i **1** situación temporal be; **¿cómo está Vd.?** how are you?; **estoy mejor** I'm (feeling) better; **estoy bien / mal** I'm fine / I'm not feeling too great; **~ de tres meses** be three months pregnant; **~ sin dinero** have no money; **¡ya estoy!** I'm ready!
2 situación espacial: **¿está Javier?** is Javier in?; **mi padre no está** my father isn't here; **¡ahí está!** there it is!; **ahora estoy con Vd.** I'll be with you in just a moment; **¿dónde estábamos?** where were we?
3: ~ haciendo algo be doing sth; **estoy leyendo** I'm reading
4 (sentar): **te está grande** it's too big for you; **el vestido te está bien** the dress suits you
5: ~ de ocupación work as, be; **está de camarero** he's working as a waiter
6 (padecer de): **~ del corazón / estómago** have heart / stomach problems
7 indicando fechas, precios: **estamos a 3 de enero** it's January 3rd; **el kilo está a un peso** they're one peso a kilo
8: ~ con alguien agree with s.o.; (apoyar) support s.o.; **~ a bien / mal con alguien** be on good / bad terms with s.o.; **~ en algo** be working on sth; **~ para hacer algo** be about to do sth; **no ~ para algo** not be in a mood for sth; **~ por algo** be in favor of sth; **está por hacer** it hasn't been done yet; **¡ya está!** that's it!
estarse v/r stay; **~ quieto** keep still; **~ muriendo** be dying
estárter m choke
estatal adj state atr
estático adj static; **electricidad -a** static (electricity)
estatización f L.Am. nationalization
estatizar vt L.Am. nationalize
estatua f statue
estatuilla f statuette

estatura f height; **de baja ~** short; **de mediana ~** of medium height
estatus m status
estatutario adj statutory
estatuto m **1** statute **2: ~s** pl articles of association
este[1] m east
este[2], **esta, estos, estas** det singular this; plural these; **a todas estas** in the meanwhile
éste, ésta, éstos, éstas pron singular this (one); plural these (ones)
estela f MAR wake; AVIA, fig trail
estelar adj star atr; **figura ~** fig star; **momento ~** fig highlight
estenotipia f **1** stenotype **2** máquina stenotype machine
estentóreo adj stentorian, booming
estepa f **1** steppe **2** BOT white-leaded rock rose
estepario adj steppe atr
éster m QUÍM ester
estera f mat
estercolero m dunghill, dung heap
estéreo I adj stereo **II** m stereo
estereofonía f stereophony
estereofónico adj stereophonic
estereotipado adj stereotyped
estereotipar ⟨1a⟩ v/t stereotype
estereotipo m stereotype
estéril adj **1** MED sterile **2** trabajo, esfuerzo etc futile
esterilidad f sterility
esterilización f sterilization
esterilizar ⟨1f⟩ v/t tb persona sterilize
esterilla f mat
esterlina adj: **libra ~** pound sterling
esternón m breastbone, sternum
estero m Rpl marsh
estertor m death rattle
esteta m/f esthete, Br aesthete
estética f **1** esthetics sg, Br aesthetics sg; **centro de ~** beauty parlor o Br parlour o salon **2** MED cosmetic surgery
esteticista m/f beautician
estético adj esthetic, Br aesthetic
estetoscopio m MED stethoscope
estiaje m **1** low water level **2** duración low water
estiba f MAR stowage
estibador m, **~a** f longshoreman, Br docker, Br stevedore
estibar ⟨1a⟩ v/t MAR stow
estiércol m **1** dung **2** (abono) manure

estigma *m* BOT, REL, *fig* stigma
estigmatizar ⟨1f⟩ *v/t* stigmatize
estilarse ⟨1a⟩ *v/r* be fashionable
estilete *m* **1** *arma* stiletto **2** HIST stylus
estilista *m/f* stylist; *de modas* designer
estilístico *adj* stylistic
estilizado *adj* stylized; *fig* slender
estilizar ⟨1f⟩ *v/t* stylize
estilo *m* style; *al ~ de* in the style of; *algo por el ~* something like that; *son todos por el ~* they're all the same
◇ *estilo directo* GRAM direct speech; *estilo indirecto* GRAM indirect speech; *estilo libre* DEP *en natación* freestyle
estilográfica *f* fountain pen
estima *f* esteem, respect; *tener a alguien en mucha o gran ~* hold s.o. in high regard *o* esteem
estimable *adj* estimable
estimación *f* **1** (*cálculo*) estimate **2** (*estima*) esteem, respect
estimar ⟨1a⟩ *v/t* **1** respect, hold in high regard; *~ (en) poco* not think much of **2** (*considerar*): *estimo conveniente que* I consider it advisable to **3** (*calcular*): *~ en* estimate at; *objeto* value at
estimarse *v/r* **1** (*calcularse*): *se estima que el 80% de ...* it is estimated that 80% of ... **2** (*considerarse*): *si se estima necesario* if it is thought *o* deemed necessary
estimativo *adj* estimated
estimulante I *adj* stimulating II *m* stimulant; *~ del apetito* appetite enhancer
estimular ⟨1a⟩ *v/t* **1** stimulate **2** (*animar*) encourage
estímulo *m* **1** stimulus **2** (*incentivo*) incentive
estío *m lit* summertime
estipendio *m* **1** (*sueldo*) salary **2** (*tarifa*) fee
estipulación *f* stipulation
estipular ⟨1a⟩ *v/t* stipulate
estirada *f en fútbol* flying save
estirado I *adj* snooty F, stuck-up F II *m* face-lift; *hacerse un ~* have a face-lift
estiramiento *m* **1** stretching **2** MED: *~ (facial)* face-lift
estirar ⟨1a⟩ *v/t* **1** stretch; *dinero* stretch, make go further; *~ las piernas* stretch one's legs; *~ la pata* F kick the bucket F **2** (*alisar*) smooth out; *estirarse v/r* stretch; *fig* last, go on

estirón *m* **1** (*tirón*) tug **2**: *dar un ~* F *de niño* shoot up
estirpe *f* stock
estival *adj* summer *atr*; *época ~* summertime
esto *pron* this; *~ es* that is to say; *por ~* this is why; *a todo ~* (*mientras tanto*) meanwhile; (*a propósito*) incidentally; *en ~* just then, at that moment; *hablar de ~ y aquello* talk of this and that
estocada *f* **1** sword thrust **2** *herida* sword wound **3** TAUR *thrust with the estoque that kills the bull*
Estocolmo *m* Stockholm
estofa *f*: *de baja ~ desp* low-class *desp*
estofado I *adj* stewed II *m* stew
estofar ⟨1a⟩ *v/t* stew
estoicismo *m* stoicism
estoico I *adj* stoic(al) II *m*, *-a f* stoic
estola *f* stole
estomacal *adj* stomach *atr*
estómago *m* stomach; *estar enfermo del ~* have stomach problems; *tener ~ fig* have a strong stomach; *tengo el ~ en los talones fig* F I'm starving, my stomach thinks my throat's cut F
estomatología *f* MED stomatology
Estonia *f* Estonia
estonio I *adj* Estonian II *m*, *-a f* Estonian III *m idioma* Estonian
estopa *f* tow; *tela* burlap
estoque *m* (bullfighter's) sword
estor *m* shade, *Br* blind
estorbar ⟨1a⟩ I *v/t* (*dificultar*) hinder; *nos estorbaba* he was in our way II *v/i* get in the way
estorbo *m* hindrance, nuisance
estornino *m* ZO starling
estornudar ⟨1a⟩ *v/i* sneeze
estornudo *m* sneeze
estos ☞ *este²*
estoy *vb* ☞ *estar*
estrábico *adj* squinting
estrabismo *m* squint
estrado *m* platform
◇ *estrado de testigos* JUR witness stand, *Br* witness box
estrafalario *adj* F eccentric; *ropa* outlandish
estragón *m* BOT tarragon
estragos *mpl* devastation *sg*; *causar ~ entre* wreak havoc among
estrambótico *adj* F eccentric; *ropa* outlandish

estrangulación *f* strangulation
estrangulador I *m*, ~a *f* strangler II *m*
TÉC: ~ *(de aire)* choke
estrangular ⟨1a⟩ *v/t* strangle; **estrangularse** *v/r* strangle o.s.
estraperlo *m* black market; **de ~** on the black market
Estrasburgo *m* Strasbourg
estratagema *f* stratagem
estratega *m/f* strategist
estrategia *f* strategy
estratégico *adj* strategic
estratificación *f* GEOL stratification
estrato *m fig* stratum; **~ social** social stratum
estratosfera *f* stratosphere
estraza *f* 1 rag 2: **papel de ~** gray paper, *Br* grey paper
estrechamiento *m* narrowing
estrechar ⟨1a⟩ *v/t* 1 *ropa* take in 2 *mano* shake 3: **~ entre los brazos** hug, embrace; **estrecharse** *v/r* narrow, get narrower
estrechez *f* 1 *fig* hardship; **pasar estrecheces** suffer hardship 2: **~ de miras** narrow-mindedness
estrecho I *adj* 1 narrow; **~ de miras** narrow-minded 2 *(apretado)* tight; **el vestido me queda ~** the dress is too tight 3 *amistad* close 4: **estar o ir ~s** be cramped (for space) II *m* strait, straits *pl*; **el Estrecho de Gibraltar** the Strait(s) of Gibraltar; **Estrecho de Magallanes** Magellan Straits
estregar ⟨1h & 1k⟩ *v/t* rub; **estregarse** *v/r* rub
estrella *f tb de cine etc* star; **tener buena / mala ~** be born lucky / unlucky; **nació con buena ~** he was born under a lucky star; **ver las ~s** *fig* F see stars F; **hotel de tres ~s** three-star hotel
◇ **estrella de cine** movie star, *Br tb* film star; **estrella fugaz** falling star, *Br tb* shooting star; **estrella de mar** ZO starfish; **estrella de Navidad** BOT star-of-Bethlehem; **estrella polar** Pole star
estrellado *adj* 1 *(en forma de estrella)* star-shaped 2 *(que tiene estrellas)* starry; **cielo ~** star-studded sky
estrellar ⟨1a⟩ *v/t* smash; **~ algo contra algo** smash sth against sth; **estrelló el coche contra un muro** he smashed the car into a wall; **estrellarse** *v/r* crash

(**contra** into)
estrellato *m* stardom
estrellón *m* Pe, Bol crash
estremecedor *adj* terrifying
estremecer ⟨2d⟩ *v/t* shock, shake F; **estremecerse** *v/r* shake, tremble; *de frío* shiver; *de horror* shudder
estremecimiento *m* shaking, trembling; *de frío* shiver; *de horror* shudder
estrenar ⟨1a⟩ *v/t* 1 *ropa* wear for the first time, christen F; *objeto* try out, christen F; **a ~** brand new; **piso a ~** new apartment 2 *obra de teatro, película* premiere; **estrenarse** *v/r* make one's debut
estreno *m* 1 *obra de teatro, película* premiere 2 *de persona* debut 3: **estar de ~** be wearing new clothes
estreñimiento *m* constipation
estreñir ⟨3h & 3l⟩ *v/t* MED make constipated, constipate
estrépito *m* noise, racket
estrepitoso *adj* noisy
estreptococo *m* MED streptococcus
estreptomicina *f* MED streptomycin
estrés *m* stress
estresado *adj* under stress, stressed out
estresante *adj* stressful
estresar ⟨1a⟩ *v/t*: **~ a alguien** cause s.o. stress, subject s.o. to stress
estría *f en piel* stretch mark
estriado *adj* 1 *músculo, fibra* striated 2 *madera, piedra* grooved
estribación *f* spur; **las estribaciones de los Pirineos** the foothills of the Pyrenees
estribar ⟨1a⟩ *v/i*: **~ en** stem from, lie in
estribillo *m* chorus, refrain; *fig* frequently used word or expression
estribo *m* stirrup; **perder los ~s** *fig* fly off the handle F; **estar con un pie en el ~** *fig* be on the point of leaving
estribor *m* MAR starboard
estricnina *f* strychnine
estrictez *f S.Am.* strictness
estricto *adj* strict
estridencia *f* shrillness, stridency
estridente *adj* shrill, strident
estrofa *f* stanza, verse
estrógeno *m* estrogen, *Br tb* oestrogen
estroncio *m* strontium
estropajo *m* scourer
estropajoso *adj* 1 *persona* wiry 2 *boca* dry 3 *camisa* scruffy

estropeado *adj* (*averiado*) broken; **está muy estropeada** *fig* she is really showing her age

estropear ⟨1a⟩ *v/t* **1** *aparato* break **2** *plan* ruin, spoil; **estropearse** *v/r* **1** break down **2** *de comida* go off, go bad **3** *de plan* go wrong **4**: **~ la vista** ruin one's eyesight

estropicio *m* mess

estroquear ⟨1a⟩ *v/i L.Am. en béisbol* be struck out

estructura *f* structure

estructuración *f* **1** structure **2** *acción* structuring

estructural *adj* structural

estructurar ⟨1a⟩ *v/t* structure, organize; **estructurarse** *v/r*: **~ en** *de poema, organismo* consist of, be made up of

estruendo *m* racket, din

estruendoso *adj* thunderous

estrujar ⟨1a⟩ *v/t* **1** F crumple up, scrunch up F **2** *trapo* wring out **3** *persona* squeeze, hold tightly; **estrujarse** *v/r* squeeze (**en** into)

estuario *m* estuary

estucado *m* stucco, plasterwork

estucar ⟨1g⟩ *v/t* stucco, plaster

estuche *m* case, box; **~ de violín** violin case

estuco *m* stuccowork

estudiado *adj fig sonrisa* affected; *gesto* studied

estudiantado *m* students *pl*, student body

estudiante *m/f* student

estudiantil *adj* student *atr*

estudiar ⟨1b⟩ *v/t & v/i* study

estudio *m* **1** *disciplina* study **2** *apartamento* studio, *Br* studio flat **3** *de cine, música* studio **4**: **~s** (**universitarios**) *pl* university education *sg*; **tener ~s** have a degree; **una persona sin ~s** a person with no formal education

◇ **estudio de mercado** market research; *resultado* market survey

estudioso *adj* studious

estufa *f* **1** heater **2** *L.Am.* (*cocina*) stove

◇ **estufa eléctrica** space heater, electric fire

estulticia *f* foolishness, folly

estupa *m* F narcotics cop F, *Br* member of the drug squad

estupefacción *f* amazement, stupefaction

estupefaciente *m* narcotic (drug)

estupefacto *adj* stupefied, speechless

estupendo *adj* fantastic, wonderful

estupidez *f* **1** *cualidad* stupidity **2** *acción* stupid thing

estúpido I *adj* stupid **II** *m*, **-a** *f* idiot

estupor *m* **1** astonishment, amazement **2** MED stupor

esturión *m* ZO sturgeon

estuve *vb* ☞ **estar**

estuvo *vb* ☞ **estar**

esvástica *f* swastika

ETA *f abr* (= **Euskadi Ta Askatasuna**) ETA, *Basque separatist movement*

etano *m* QUÍM ethane

etapa *f* **1** DEP stage, leg **2** stage; **por ~s** in stages; **quemar ~s** cut corners

etarra *m/f* member of ETA

etc *abr* (= **etcétera**) etc (= etcetera)

etcétera *m* etcetera, and so on; **y un largo ~ de ...** and a long list of ..., and many other ...

éter *m* ether

etéreo *adj* ethereal

eternidad *f* eternity

eternizarse ⟨1f⟩ *v/r fig* drag on; **se eterniza arreglándose** she takes forever to get ready

eterno *adj* eternal; **la película se me hizo ~-a** the movie seemed to go on for ever

ética *f* **1** *en filosofía* ethics *sg* **2** *comportamiento* principles *pl*

◇ **ética profesional** professional ethics *pl*

ético *adj* ethical

etílico *adj* ethyl *atr*; **intoxicación ~-a** alcohol poisoning

etimología *f* etymology

etimológico *adj* etymological

etíope *m/f & adj* Ethiopian

Etiopía *f* Ethiopia

etiqueta *f* **1** label; **~ adhesiva** sticky label **2** (*protocolo*) etiquette; **traje de ~** formal wear; **ir** *o* **vestir de ~** wear evening dress

etiquetado *m* labeling, *Br* labelling

etiquetar ⟨1a⟩ *v/t tb fig* label

etmoides *m inv* ANAT ethmoid bone

etnia *f* ethnic group

étnico *adj* ethnic

etnología *f* ethnology

etología *f* ethology

ETS *abr* (= **escuela técnica superior**)

technical university

ETT *abr* (= *empresa de trabajo temporal*) temp agency
eucalipto *m* BOT eucalyptus
eucaristía *f* Eucharist
eufemismo *m* euphemism
eufemístico *adj* euphemistic
eufonía *f* euphony
euforia *f* euphoria
eufórico *adj* euphoric
eunuco *m* eunuch
Eurasia *f* Eurasia
euro *m* euro
eurocheque *m* Eurocheck, *Br* Eurocheque
eurocomisario *m*, **-a** *f* Commission member
Eurocopa *f* DEP European Cup
Eurocuerpo *m* MIL Euro-army, European army
eurodiputado *m*, **-a** *f* MEP, member of the European Parliament
eurodólar *m* eurodollar
euroescéptico *m*, **-a** *f* euroskeptic, *Br* eurosceptic
euromercado *m* euromarket
Europa *f* Europe
europarlamentario *m*, **-a** *f* Member of the European Parliament, MEP
europeísmo *m* Europeanism
europeísta *m/f* pro-European
europeo I *adj* European **II** *m*, **-a** *f* European
eurotúnel *m* Channel Tunnel
eurozona *f* Eurozone, Euroland
Euskadi *m* Basque Country
eusquera *m/adj* Basque
eutanasia *f* euthanasia
evacuación *f* evacuation
evacuar ⟨1d⟩ *v/t* **1** evacuate **2**: ~ *el vientre* have a bowel movement
evadir ⟨3a⟩ *v/t* avoid; *impuestos* evade; **evadirse** *v/r tb fig* escape
evaluable *adj* which can be assessed *o* evaluated
evaluación *f* **1** evaluation, assessment **2** (*prueba*) test
evaluar ⟨1e⟩ *v/t* assess, evaluate
evanescente *adj* fleeting, evanescent *fml*
evangélico *adj* evangelical
evangelio *m* gospel
evangelista *m* evangelist
evangelizar ⟨1f⟩ *v/t* evangelize

evaporación *f* evaporation
evaporarse ⟨1a⟩ *v/r* evaporate; *fig* F vanish into thin air
evasión *f tb fig* escape; *literatura de* ~ escapist literature
◇ **evasión de capitales** flight of capital
◇ **evasión fiscal** tax evasion
evasiva *f* evasive reply
evasivo *adj* evasive
evento *m* event
eventual *adj* **1** possible; *en el caso* ~ *de* in the event of **2** *trabajo* casual, temporary
eventualidad *f* eventuality
eventualmente *adv* **1** possibly **2** *trabajar* on a casual basis
evidencia *f* **1** evidence, proof; *poner en* ~ demonstrate **2**: *poner a alguien en* ~ show s.o. up
evidenciar ⟨1b⟩ *v/t* demonstrate; **evidenciarse** *v/r*: *se evidenciaba su nerviosismo* his nervousness was evident, he was clearly nervous
evidente *adj* evident, clear
evitable *adj* avoidable
evitar ⟨1a⟩ *v/t* **1** avoid; *no puedo ~lo* I can't help it **2** (*impedir*) prevent **3** *molestias* save
evocación *f* evocation
evocar ⟨1g⟩ *v/t* evoke
evolución *f* **1** BIO evolution **2** (*desarrollo*) development
evolucionar ⟨1a⟩ *v/i* **1** BIO evolve **2** (*desarrollar*) develop
evolucionismo *m* BIO evolutionism
evolutivo *adj* evolutionary
ex I *pref* ex-; *mi* ~ *marido* F my former husband, my ex F **II** *m/f* F ex F
exabrupto *m* sharp remark
exacerbar ⟨1a⟩ *v/t* **1** exacerbate, make worse **2** (*irritar*) exasperate; **exacerbarse** *v/r* **1** worsen, become exacerbated *fml* **2** *de deseo, hambre* become more acute
exactamente *adv* exactly; *más* ~ more precisely; *¡~!* exactly!, precisely!
exactitud *f* accuracy; *de medida* accuracy, precision
exacto *adj* **1** *medida* exact, precise; *informe* accurate **2**: *¡~!* exactly!, precisely!
exageración *f* exaggeration
exagerado *adj* exaggerated; *¡eres un ~!*

you always overdo things *o* go too far!;
al contar una anécdota you do exaggerate!

exagerar ⟨1a⟩ *v/t* exaggerate
exaltación *f* **1** (*alabanza*) exaltation **2**
(*entusiasmo*) agitation, excitement
exaltado *adj* excited, worked up
exaltar ⟨1a⟩ *v/t* excite, get worked up;
exaltarse *v/r* get excited, get worked
up (**por** about)
examen *m* **1** test, exam **2** MED examination **3** (*análisis*) study
◇ **examen de conducir** driving test
◇ **examen de ingreso** entrance exam
examinador *m*, **~a** *f* examiner
examinando *m*, **-a** *f* examinee
examinar ⟨1a⟩ *v/t* examine; **exami-
narse** *v/r* take an exam
exasperación *f* exasperation
exasperante *adj* exasperating
exasperar ⟨1a⟩ *v/t* exasperate; **exaspe-
rarse** *v/r* get exasperated
excarcelación *f* release (from prison)
excarcelar ⟨1a⟩ *v/t* release (from prison)
excavación *f* excavation
excavadora *f* digger
excavar ⟨1a⟩ *v/t* excavate; *túnel* dig
excedencia *f* extended leave of absence
excedentario *adj* surplus
excedente I *adj* **1** surplus **2** *empleado*
on extended leave of absence **II** *m* surplus
exceder ⟨2a⟩ *v/t* exceed; **excederse** *v/r*
go too far, get carried away
excelencia *f* **1** excellence; **por ~** par excellence **2**: *Su Excelencia la señora
embajadora* Her Excellency the Ambassador
excelente *adj* excellent
excelentísimo *adj*: *el ~ señor presidente ...* the President, President ...
excelso *adj* lofty, sublime
excentricidad *f* eccentricity
excéntrico I *adj* eccentric **II** *m*, **-a** *f* eccentric
excepción *f* exception; **a ~ de** except
for; **sin ~** without exception; **de ~** exceptional; **como ~** as an exception, as
a one-off
excepcional *adj* exceptional
excepcionalmente *adv* for once
excepto *prp* except
exceptuar ⟨1e⟩ *v/t* except; **exceptuan-**

do with the exception of, except for
excesivo *adj* excessive
exceso *m* excess; **en ~** *beber, fumar* to
excess; *preocuparse* in excess, too
much; **ser amable en ~** be extremely
nice; **trabajar en ~** overwork
◇ **exceso de equipaje** excess baggage;
exceso de peso excess weight; **exceso
de velocidad** speeding
excipiente *m* MED excipient
excitable *adj* excitable
excitación *f* excitement, agitation
excitado *adj* **1** excited **2** *sexualmente*
aroused
excitante I *adj* exciting **2**: *una bebida
~* a stimulant **II** *m* stimulant
excitar ⟨1a⟩ *v/t* **1** excite **2** *sentimientos,
sexualmente* arouse; **excitarse** *v/r* **1** get
excited **2** *sexualmente* get aroused
exclamación *f* exclamation
exclamar ⟨1a⟩ *v/t* exclaim
excluir ⟨3g⟩ *v/t* **1** leave out (**de** of), exclude (**de** from) **2** *posibilidad* rule out,
exclude
exclusión *f* exclusion; **con ~ de** with the
exception of, except for
exclusiva *f* **1** *privilegio* exclusive rights
pl (**de** to) **2** *reportaje* exclusive
exclusivamente *adv* exclusively
exclusive *adv* exclusively; **hasta junio ~**
up to but not including June
exclusividad *f* exclusiveness; **no ser
una ~ de** not be exclusive to
exclusivo *adj* exclusive
Excmo. *abr* ☞ **excelentísimo**
excombatiente *m* (war) veteran, vet F,
Br ex-serviceman
excomulgar ⟨1h⟩ *v/t* REL excommuni-
cate
excomunión *f* excommunication
excoriar ⟨1a⟩ *v/t* chafe
excremento *m* excrement
excretar ⟨1a⟩ *v/t & v/i* excrete
excretor(io) *adj* ANAT excretory
exculpación *f* exoneration
exculpar ⟨1a⟩ *v/t* exonerate; **excul-
parse** *v/r* apologize
excursión *f* trip, excursion; **~ a pie** *por
ciudad* walk; *por montañas* hike
excursionista *m/f* excursionist; *por ciudad* walker; *por montañas* hiker
excusa *f* **1** excuse **2**: **~s** *pl* apologies
excusable *adj* excusable
excusado I *adj* excused; **~ es decir que**

... it goes without saying that ..., needless to say, ... ‖ *m* bathroom

excusar ⟨1a⟩ *v/t* **1** excuse; **~ a alguien de hacer algo** excuse s.o. from doing sth **2**: **excuso decirte ...** I need not remind you ...; **excusarse** *v/r* apologize (**por hacer algo** for doing sth; **por algo** for sth)

execrable *adj* abominable, execrable *fml*

execrar ⟨1a⟩ *v/t* abhor

exégesis *f* exegesis

exención *f* exemption

◇ **exención fiscal** tax exemption

exento *adj* exempt (**de** from); **~ de impuestos** tax-exempt, tax-free

exequias *fpl* funeral *sg*

exfoliación *f* exfoliation

exfoliante *m* face scrub

exfoliar ⟨1b⟩ *v/t* exfoliate; **exfoliarse** *v/r* lose its leaves

exhalación *f*: **salir como una ~** *fig* rush *o* dash out

exhalar ⟨1a⟩ *v/t* **1** *olor* give off **2** *suspiro* heave, let out

exhaustivo *adj* exhaustive

exhausto *adj* exhausted

exhibición *f* **1** display, demonstration **2** *de película* screening, showing

exhibicionista *m/f* exhibitionist

exhibir ⟨3a⟩ *v/t* **1** show, display **2** *película* screen, show; *cuadro* exhibit **3** *Méx* (*pagar*) pay; **exhibirse** *v/r* **1** show o.s., let o.s. be seen **2** *de película* be showing

exhortación *f* exhortation

exhortar ⟨1a⟩ *v/t* exhort (**a** to)

exhumación *f* exhumation

exhumar ⟨1a⟩ *v/t* exhume

exigencia *f* demand

exigente *adj* demanding

exigible *adj* JUR enforceable

exigir ⟨3c⟩ *v/t* **1** demand **2** (*requerir*) call for, demand **3**: **le exigen mucho** they ask a lot of him

exigüidad *f* meagerness, *Br* meagreness

exiguo *adj* meager, *Br* meagre

exilado *L.Am.* ☞ **exiliado**

exiliado I *adj* exiled, in exile *pred* ‖ *m*, **-a** *f* exile

exiliar ⟨1a⟩ *v/t* exile; **exiliarse** *v/r* go into exile

exilio *m* exile; **en el ~** in exile

eximente *adj* JUR: **circunstancias ~s** mitigating *o* extenuating circumstances

eximio *adj* distinguished, eminent

eximir ⟨3a⟩ *v/t* exempt (**de** from)

existencia *f* **1** existence **2** (*vida*) life **3**: **~s** *pl* COM supplies, stocks; **hasta que se agoten las ~s** while stocks last

existencial *adj* existential

existencialismo *m* existentialism

existencialista *m/f* & *adj* existentialist

existente *adj* **1** existing **2** *problema, situación* current, present

existir ⟨3a⟩ *v/i* exist; **existen muchos problemas** there are a lot of problems

exitazo *m* F smash hit

éxito *m* success; **con ~** successfully; **sin ~** without success; **~** (*musical*) hit; **tener ~** be successful, be a success

◇ **éxito de taquilla** box office hit

◇ **éxito de ventas** best-seller

exitoso *adj* successful

Exmo. *abr* ☞ **excelentísimo**

éxodo *m* exodus; **~ rural** rural exodus, flight from the land

exoneración *f de culpa* exoneration; *de obligación* exemption

exonerar ⟨1a⟩ *v/t* **1** *de culpa* exonerate; *de obligación* exempt **2**: **~ del cargo** relieve of duty

exorbitante *adj* exorbitant

exorcismo *m* exorcism

exorcista *m/f* exorcist

exorcizar ⟨1f⟩ *v/t* exorcize

exótico *adj* exotic

exotismo *m* exoticism

expandir ⟨3a⟩ *v/t* expand; **expandirse** *v/r* **1** expand **2** *de noticia* spread

expansión *f* **1** expansion; **en ~** growing, expanding; **estar en ~** be growing *o* expanding; **~ económica** economic growth *o* expansion **2** (*recreo*) recreation

expansionarse ⟨1a⟩ *v/r* **1** *de empresa, país* expand **2** (*relajarse*) relax **3** (*desahogarse*) open one's heart (**con** to)

expansivo *adj* expansive

expatriar ⟨1b⟩ *v/t* expel; **expatriarse** *v/r* **1** (*emigrar*) leave one's country **2** (*exiliarse*) go into exile

expectación *f* sense of anticipation; **causar mucha ~** arouse a great deal of excitement

expectante *adj* expectant

expectativa *f* **1** (*esperanza*) expectation; **responder a las ~s** live up to expecta-

tions **2**: *estar a la ~ de algo* be waiting for sth **3**: *~s pl (perspectivas)* prospects
◇ **expectativa de vida** life expectancy
expectoración *f* MED expectoration
expectorante I *adj* expectorant *atr* **II** *m* expectorant
expectorar ⟨1a⟩ *v/t* expectorate, cough up
expedición *f* expedition
expedicionario I *adj* expeditionary **II** *m*, **-a** *f* expedition member
expedidor *m*, **~a** *f* sender
expedientar ⟨1a⟩ *v/t*: *~ a alguien* take disciplinary action against s.o.
expediente *m* **1** file, dossier; *cubrir el ~* do only what is required **2** *(investigación)* investigation, inquiry; *abrir un ~ a alguien* take disciplinary action against s.o.
◇ **expediente académico** student record
◇ **expediente disciplinario** disciplinary proceedings *pl*
expedir ⟨3l⟩ *v/t* **1** *documento* issue **2** *mercancías* send, dispatch
expeditar ⟨1a⟩ *v/t L.Am.* **1** *(apresurar)* hurry **2** *(concluir)* finish, conclude
expeditivo *adj* expeditious
expedito *adj camino* clear
expeler ⟨2a⟩ *v/t* expel
expendedor *adj*: *máquina ~a* vending machine
◇ **expendedora de bebidas** drinks machine; **expendedora de billetes** ticket machine; **expendedora de tabaco** cigarette machine
expendeduría *f*: *~ de tabaco* shop selling cigarettes, *Br* tobacconist's (shop)
expendio *m L.Am.* store, shop
expensas *fpl*: *a ~ de* at the expense of
experiencia *f* experience; *por ~* from experience; *sin ~* inexperienced
experimentación *f* **1** *con drogas, nuevo método etc* experimentation **2** *en laboratorio* experiments *pl*
experimentado *adj* experienced; *no ~* inexperienced
experimental *adj* experimental
experimentar ⟨1a⟩ **I** *v/t* try out, experiment with **II** *v/i* experiment (*con* on)
experimento *m* experiment
experto I *adj* expert; *~ en hacer algo* expert *o* very good at doing sth **II** *m*, **-a** *f* expert (*en* on)

expiación *f* expiation, atonement
expiar ⟨1c⟩ *v/t* expiate, atone for
expiatorio *adj* expiatory
expiración *f* expiry, expiration
expirar ⟨1a⟩ *v/i* expire
explanada *f* open area; *junto al mar* esplanade
explanar ⟨1a⟩ *v/t* **1** *terreno* level **2** *fig* explain, set forth
explayarse ⟨1a⟩ *v/r* **1** speak at length; *~ sobre algo* expound on sth **2** *(desahogarse)* unburden o.s. **3** *(distraerse)* relax, unwind
explicable *adj* explainable, explicable
explicación *f* explanation; *pedir explicaciones a alguien* ask s.o. for an explanation; *no tengo que dar explicaciones* I don't need to explain myself; *dar explicaciones de* account for
explicar ⟨1g⟩ *v/t* explain; **explicarse** *v/r* **1** *(comprender)* understand; *no me lo explico* I can't understand it, I don't get it F **2** *(hacerse comprender)* express o.s.; *¿me explico?* any questions?, do you see what I'm getting at?
explicativo *adj* explanatory
explícito *adj* explicit
exploración *f* exploration
explorador *m*, **~a** *f* **1** explorer **2** MIL scout
explorar ⟨1a⟩ *v/t* explore
exploratorio *adj* exploratory
explosión *f* explosion; *hacer ~* go off, explode; *~ de ira* outburst of anger
◇ **explosión demográfica** population explosion
explosionar ⟨1a⟩ *v/t & v/i* explode
explosivo *m/adj* explosive
explotable *adj* **1** MIN *terreno, mina* workable, exploitable **2** *bosque, fig* exploitable
explotación *f* **1** *de mina, tierra* exploitation, working **2** *de negocio* running, operation **3** *de trabajador* exploitation
◇ **explotación a cielo abierto** MIN *actividad* open-cast mining; *mina* open-cast mine
explotador *m*, **~a** *f* **1** *de mina* operator **2** *desp* exploiter
explotar ⟨1a⟩ **I** *v/t* **1** *tierra, mina* work, exploit **2** *situación* take advantage of, exploit **3** *trabajador* exploit **II** *v/i* go off, explode; *fig* explode, blow a fuse F
expoliación *f* plunder, pillage

expoliar ⟨1b⟩ v/t plunder, pillage
expolio m plunder, pillage
exponente m exponent
exponer ⟨2r; *part* **expuesto**⟩ v/t **1** *idea, teoría* set out, put forward **2** (*revelar*) expose **3** *pintura, escultura* exhibit, show **4** (*arriesgar*) risk; **exponerse** v/r: ~ **a algo** (*arriesgarse*) lay o.s. open to sth
exportación f export
exportador m, ~a f exporter
exportar ⟨1a⟩ v/t export
exposición f exhibition
◇ **exposición itinerante** traveling exhibition, *Br* travelling exhibition
◇ **exposición universal** world fair
exposímetro m FOT light meter
expositor m, ~a f exhibitor
exprés m ☞ **expreso**
expresamente adv specifically, expressly
expresar ⟨1a⟩ v/t express; **expresarse** v/r express o.s.
expresión f expression
expresionismo m expressionism
expresionista m/f & adj expressionist
expresivo adj expressive
expreso I adj express atr; **tren** ~ express (train) II m **1** *tren* express (train) **2** *café* espresso
exprimidor m lemon squeezer; *eléctrico* juicer
exprimir ⟨3a⟩ v/t squeeze; (*explotar*) exploit
expropiación f expropriation
◇ **expropiación forzosa** compulsory purchase
expropiar ⟨1b⟩ v/t expropriate
expuesto I part ☞ **exponer** II adj **1** exposed **2** (*peligroso*) dangerous
expugnar ⟨1a⟩ v/t take by storm
expulsar ⟨1a⟩ v/t **1** expel, throw out F **2** DEP expel from the game, *Br* send off
expulsión f **1** expulsion **2** DEP expelling from the game, *Br* sending off
expulsor m TÉC ejector
expurgar ⟨1h⟩ v/t expurgate
expuso vb ☞ **exponer**
exquisitez f **1** *cualidad* exquisiteness **2** (*cosa exquisita*) delicacy
exquisito adj **1** *comida* delicious **2** (*bello*) exquisite **3** (*refinado*) refined
extasiarse ⟨1c⟩ v/r be enraptured, go into raptures
éxtasis m tb *droga* ecstasy
extender ⟨2g⟩ v/t **1** *brazos* stretch out; *tela, papel* spread out; **me extendió la mano** she held out her hand to me **2** (*untar*) spread **3** (*ampliar*) extend; **extenderse** v/r **1** *de campos* stretch **2** *de influencia* extend **3** (*difundirse*) spread **4** (*durar*) last **5** (*explayarse*) go into detail
extendido I part ☞ **extender** II adj **1** *costumbre* widespread **2** *brazos* outstretched; *mapa* spread out
extensamente adv extensively
extensible adj extending
extensión f **1** tb TELEC extension; **por** ~ by extension **2** *superficie* expanse, area; **en toda la** ~ **de la palabra** in the broadest sense of the word
extensivo adj extensive; **hacer algo** ~ **a** extend sth to, apply sth to; **ser** ~ **a** extend to, apply to
extenso adj **1** extensive, vast; *informe* lengthy, long **2**: **por** ~ in full
extensor I adj extensor II m DEP chest expander
extenuación f exhaustion
extenuante adj exhausting
extenuar ⟨1e⟩ v/t exhaust, tire out; **extenuarse** v/r exhaust o.s., tire o.s. out
exterior I adj **1** *aspecto* external, outward; *capa* outer; **la parte** ~ **del edificio** the exterior o the outside of the building **2** *apartamento* overlooking the street **3** POL foreign; **deudas** ~**es** foreign debt sg
II m **1** (*fachada*) exterior, outside **2** *aspecto* exterior, outward appearance **3**: **viajar al** ~ (*al extranjero*) travel abroad **4**: ~**es** pl TV etc location shots; **rodar en** ~**es** film on location
◇ **exterior central** en *béisbol* center field
◇ **exterior centro** en *béisbol* center fielder
exteriorizar ⟨1f⟩ v/t externalize
exteriormente adv outwardly, on the outside, externally
exterminación f ☞ **exterminio**
exterminar ⟨1a⟩ v/t exterminate, wipe out
exterminio m extermination
externalización f **1** PSI externalization **2** COM outsourcing

externalizar ⟨1f⟩ *v/t* **1** PSI externalize **2** COM outsource

externo I *adj* **1** *aspecto* external, outward; *influencia* external, outside; *capa* outer **2** *deuda* foreign II *m*,-**a** *f* EDU *student who attends a boarding school but returns home each evening*, *Br* day boy / girl

extinción *f*: **en peligro de ~** threatened with extinction, facing extinction

extinguidor *m* *L.Am.* **~** **(de incendios)** (fire) extinguisher

extinguir ⟨3d⟩ *v/t* **1** BIO, ZO wipe out **2** *fuego* extinguish, put out; **extinguirse** *v/r* **1** BIO, ZO become extinct, die out **2** *de fuego* go out **3** *de plazo* expire

extinto *adj* extinct

extintor *m* fire extinguisher

extirpación *f* **1** MED removal **2** *de vicio* eradication

extirpar ⟨1a⟩ *v/t* **1** MED remove **2** *vicio* eradicate, stamp out

extorsión *f* extortion

extorsionar ⟨1a⟩ *v/t* extort money from

extorsionista *m/f* extortionist

extra I *adj* **1** *excelente* top quality **2** *adicional* extra; **horas ~** *pl* overtime *sg*; **paga ~** extra month's pay II *m/f de cine* extra III *m* **1** *gasto* additional expense **2** AUTO extra

extracción *f* **1** extraction; **~ de sangre** taking blood **2**: **de baja ~** of lowly origins, of humble extraction

extracomunitario *adj* non-EU

extraconyugal *adj* extramarital

extracto *m* **1** extract **2** (*resumen*) summary **3** GASTR, QUÍM extract, essence; **~ de carne** beef extract

◇ **extracto de cuenta** bank statement

extractor *m* extractor

◇ **extractor de humos** extractor fan

extradición *f* extradition

extraditar ⟨1a⟩ *v/t* extradite

extraer ⟨2p⟩ *v/t* **1** extract, pull out **2** *conclusión* draw

extraescolar *adj* after-school

extrafino *adj* extra fine

extraíble *adj* removable

extrajudicial *adj* out-of-court

extralimitarse ⟨1a⟩ *v/r* go too far, exceed one's authority

extramarital *adj* extramarital

extramatrimonial *adj* extramarital

extramuros *adv* outside the city, out of town

extranjería *f*: **ley de ~** immigration laws *pl*; **oficina de ~** INS, Immigration and Naturalization Service

extranjerismo *m* LING loan word

extranjero I *adj* foreign II *m*,-**a** *f* foreigner III *m*: **en el ~** abroad

extranjis: **de ~** F on the quiet F, on the sly F

extrañar ⟨1a⟩ *v/t* *L.Am.* miss; **extrañarse** *v/r* be surprised (**de** at); **no me extrañaría** I wouldn't be surprised; **no es de ~ que** it's not surprising that

extrañeza *f* **1** strangeness, oddness **2** (*sorpresa*) surprise, astonishment

extraño I *adj* strange, odd II *m*,-**a** *f* stranger

extraoficial *adj* unofficial

extraordinario I *adj* extraordinary; **horas -as** overtime *sg* II *m* special issue

extraparlamentario *adj* extraparliamentary

extrapolable *adj*: **esta solución no es ~ a otras partes del mundo** this solution cannot be exported to other parts of the world

extrapolación *f* extrapolation

extrapolar ⟨1a⟩ *v/t* extrapolate

extrarradio *m* outlying districts *pl*, outskirts *pl*

extrasensorial *adj* extrasensory

extraterrestre *adj* extraterrestial, alien

extravagancia *f* eccentric behavior *o Br* behaviour; **una de sus ~s** one of his eccentricities

extravagante I *adj* eccentric II *m/f* eccentric

extravertido I *adj* extrovert II *m*,-**a** *f* extrovert

extraviado *adj* **1** *lugar* out of the way **2** *perro* lost, stray

extraviar ⟨1c⟩ *v/t* lose, mislay; **extraviarse** *v/r* get lost, lose one's way

extravío *m* loss

extremadamente *adv* extremely

extremado *adj* extreme

extremar ⟨1a⟩ *v/t* maximize; **extremarse** *v/r* take great care (**en** over)

extremaunción *f* REL extreme unction

extremeño I *adj* Extremaduran II *m*,-**a** *f* Extremaduran

extremidad *f* **1** end **2**: **~es** *pl* ANAT extremities

extremismo *m* POL extremism
extremista I *adj* extreme II *m/f* POL extremist
extremo I *adj* 1 extreme 2 POL: *la -a derecha / izquierda* the far right / left II *m* 1 extreme; *ir o pasar de un ~ a otro* go from one extreme to another; *los ~s se tocan* opposites attract; *en ~* in the extreme 2 *parte primera o última* end 3 (*punto*) point; *llegar al ~ de* reach the point of III *m/f*: *~ derecho / izquierdo* DEP right / left wing
extrínseco *adj* extrinsic
extrovertido I *adj* extrovert II *m*,-a *f* extrovert
exuberancia *f* 1 exuberance 2 *de vegetación* lushness
exuberante *adj* 1 exuberant 2 *vegetación* lush
exudación *f* exudation
exudar ⟨1a⟩ *v/t* exude
exultante *adj* elated
exultar ⟨1a⟩ *v/i* exult, rejoice (*de* with)
exvoto *m* ex-voto, votive offering
eyaculación *f* ejaculation
eyacular ⟨1a⟩ *v/t & v/i* ejaculate
eyección *f* ejection
eyectar ⟨1a⟩ *v/t* eject

F

fa *m* F; *~ sostenido* F sharp
fabada *f* GASTR *Asturian stew with pork sausage, bacon and beans*
fábrica *f* 1 plant, factory; *en ~* COM *de precio* ex works 2 ARQUI stonework; *de ~* stone *atr*
◇ **fábrica de sueños** *fig* dream factory
fabricación *f* manufacturing
◇ **fabricación en serie** mass production
fabricante *m/f* manufacturer, maker
fabricar ⟨1g⟩ *v/t* manufacture, make
fabril *adj* manufacturing *atr*
fábula *f* 1 fable; *de ~* F fabulous, terrific 2 (*mentira*) lie
fabulador *m*,~a *f fig* person with a vivid imagination; *es un ~* he has a vivid imagination, he lets his imagination run away with him
fabular ⟨1a⟩ *v/t* make up, invent
fabulista *m/f* fabulist, writer of fables
fabuloso *adj* fabulous, marvelous, *Br* marvellous
facción *f* 1 POL faction 2: *facciones pl* (*rasgos*) features
faccioso I *adj* rebel *atr* II *m*,-a *f* rebel
faceta *f tb fig* facet
facha I *f* 1 look 2 (*cara*) face II *m/f desp* fascist
fachada *f tb fig* façade
facho *m*,-a *f L.Am. desp* fascist
facial *adj* facial
fácil I *adj* 1 easy; *~ de entender* easy to understand; *~ de manejar* easy to use, user-friendly; *~ de usar* user-friendly; *eso se dice ~* that's easy for you / him etc to say, that's easily said; *ponerlo ~ a alguien* make things o life easy for s.o.; *sería lo más ~* that would be easiest o simplest
2: *mujer ~* loose woman
3: *es ~ que* it's likely that
facilidad *f* ease; *con ~* easily; *~ de manejo / uso* user-friendliness; *tener ~ para algo* have a gift for sth; *tener ~ de palabra* have a way with words
◇ **facilidades de pago** credit facilities, credit terms
facilitar ⟨1a⟩ *v/t* 1 facilitate, make easier 2 (*hacer factible*) make possible 3 *medios, dinero etc* provide
fácilmente *adv* easily
facilón *adj* F very easy, dead easy F
facineroso I *adj* criminal II *m*,-a *f* criminal
facistol *m* lectern
facsímil(e) *m* facsimile
factible *adj* feasible
fáctico *adj* factual
factor *m* factor
◇ **factor de protección** protection factor; **factor Rhesus** rhesus factor; **factor de riesgo** risk factor
factoría *f esp L.Am.* plant, factory
factoring *m* COM factoring
factura *f* COM invoice; *de luz, gas etc* bill; *seguro que luego te pasa la ~* I'm sure there'll be a price to pay; *to-*

dos los excesos de su juventud le están empezando a pasar ~ he's starting to pay the price for all his youthful excesses, all his youthful excesses are starting to take their toll

facturación *f* **1** COM invoicing **2** (*volumen de negocio*) turnover **3** AVIA check-in

facturar ⟨1a⟩ *v/t* **1** COM invoice, bill **2** *volumen de negocio* turn over **3** AVIA check in

facultad *f* **1** EDU, *de la vista* faculty **2** (*autoridad*) authority **3:** **~es** *pl mentales* faculties

facultar ⟨1a⟩ *v/t:* **~ a alguien para hacer algo** authorize s.o. to do sth

facultativo I *adj* optional **II** *m*, **-a** *f* doctor, physician

facundo *adj* eloquent

faena *f* **1** task, job; **~s agrícolas** farmwork *sg*; **~s de la casa** household chores **2** TAUR *series of passes with the cape* **3:** **hacer una ~ a alguien** play a dirty trick on s.o. **4** *Chi, Rpl de ganado* slaughtering

faenar ⟨1a⟩ **I** *v/t Chi, Rpl ganado* slaughter **II** *v/i* fish

fagot MÚS **I** *m instrumento* bassoon **II** *m/f músico* bassoonist

faisán *m* ZO pheasant

faja *f prenda interior* girdle; (*banda*) sash

fajar ⟨1a⟩ **I** *v/t herida* dress; *brazo, pierna* bandage; *paquete* tie up **II** *v/t Méx* F (*enrollarse*) neck F; **fajarse** *v/r Méx, Ven* F **1** get into a fight **2** (*enrollarse*) neck F

fajín *m* sash

fajo *m de billetes* wad; *de periódicos* bundle

falacia *f* **1** fallacy **2** (*engaño*) fraud

falange *f* **1** ANAT phalange **2** MIL phalanx

falaz *adj* false

falda *f* **1** skirt; **ser muy aficionado a las ~s** *fig* be a ladies' man; **por un asunto de ~s** *dejar de hablarse* because of some woman or other; **por un asunto de ~s con una de las empleadas** because of his affair with one of the employees **2** *de montaña* side

◇ **falda pantalón** divided skirt, culottes *pl*; **falda plisada** pleated skirt; **falda recta** straight skirt; **falda tableada** pleated skirt

faldero *adj:* **perro ~** lap dog

faldón *m* tail

falencia *f L.Am.* bankruptcy

falibilidad *f* fallibility

falible *adj* fallible

fálico *adj* phallic; **símbolo ~** phallic symbol

falla *f* **1** GEOL fault; **la ~ de San Andrés** the San Andreas Fault **2** *de fabricación* flaw **3:** **~s** *pl celebrations held in Valencia to mark the feast day of St Joseph*

fallar ⟨1a⟩ **I** *v/i* **1** fail **2** (*no acertar*) miss **3** *de sistema etc* go wrong **4** JUR find (**en favor de** for; **en contra de** against) **5:** **~ a alguien** let s.o. down **II** *v/t* **1** JUR pronounce judg(e)ment in **2** *pregunta* get wrong **3:** **~ el tiro** miss

fallecer ⟨2d⟩ *v/i* pass away

fallecido *m*, **-a** *f* deceased

fallecimiento *m* demise, passing

fallero 1 *adj* relating to the Fallas **2** *m*, **-a** *f person taking part in the Fallas*

fallido *adj* **1** *esfuerzo* failed, unsuccessful **2:** *disparo* **~** DEP miss

fallo *m* **1** mistake; **~ del sistema** INFOR system error **2** TÉC fault **3** JUR judg(e)ment

◇ **fallo cardíaco** heart failure

◇ **fallo humano** human error

falo *m* phallus

falocracia *f* male chauvinism

falsamente *adv* falsely

falseador *m*, **~a** *f* ☞ **falsificador**

falseamiento *m de la verdad, los hechos* distortion

falsear ⟨1a⟩ *v/t* falsify

falsedad *f* **1** falseness **2** (*mentira*) lie

falsete *m* MÚS falsetto

falsificación *f de moneda* counterfeiting; *de documentos, firma* forgery

falsificador *m*, **~a** *f de moneda* counterfeiter; *de documentos, firma* forger

falsificar ⟨1g⟩ *v/t moneda* counterfeit; *documento, firma* forge, falsify

falso *adj* **1** false **2** *joyas* fake; *documento, firma* forged; *monedas, billetes* counterfeit **3:** **jurar** *o* **declarar en ~** commit perjury **4** *persona* false

falta *f* **1** (*escasez*) lack, want; **~ de** lack of, shortage of; **a** *o* **por ~ de** due to *o* for lack of; **por ~ de tiempo** due to *o* for *o* through lack of time; **por ~ de capital** for lack of capital

2 (*error*) mistake; **sin ~s** perfect

3 (*ausencia*) absence; **echar en ~ a alguien** miss s.o.
4 *en tenis* fault; *en fútbol, baloncesto* foul; **hacer una ~** *en fútbol* commit a foul, foul; **hacerle ~ a alguien** foul s.o.; **doble ~** *en tenis* double fault; **cometer doble ~** double-fault
5 DEP (*tiro libre*) free kick; **lanzar una ~** take a free kick; **marcar de ~** score from a free kick; **pitar ~** blow one's whistle for a free kick
6: **hacer ~** be necessary; **buena ~ le hace** it's about time; **no me hace ~** I don't need it; **ni ~ que hace** he / it won't be missed, he's / it's no great loss
7: **sin ~** without fail
◇ **falta antideportiva** *en baloncesto* unsportsmanlike foul; **falta en ataque** *en baloncesto* offensive foul; **falta libre** *en fútbol* free kick; **falta libre directa** *en fútbol* direct free kick; **falta libre indirecta** *en fútbol* indirect free kick; **falta personal** *en baloncesto* personal foul
faltante *m L.Am.* deficit
faltar ⟨1a⟩ *v/i* **1** be missing; **cuando falten mis padres** when my parents die **2** (*quedar*): **falta una hora** there's an hour to go; **faltan 10 kilómetros** there are 10 kilometers to go; **sólo falta hacer la salsa** there's only the sauce to do; **falta poco para las diez** it's almost *o* nearly ten o'clock; **falta poco para que empiece la película** it won't be long before the film starts, the film will be starting soon; **faltó poco para que me cayera** I almost *o* nearly fell; **y por si faltaba algo ...** and as if that wasn't enough ...
3: **~ a** be absent from; **~ a clase** miss class, be absent from class
4: **~ a alguien** be disrespectful to s.o.; **~ a su palabra** not keep one's word
5: **¡no faltaba o faltaría más!** (*por supuesto*) certainly!, of course!; (*de ninguna manera*) certainly not!; **¡lo que faltaba!** that's all I / we *etc* needed!
falto *adj*: **~ de** lacking in, devoid of; **~ de recursos** short of resources
faltón *adj* F nervy F, *Br* cheeky F; **es muy ~** he's got real nerve, *Br* he's got the cheek of the devil
faltriquera *f* pouch

falúa *f* MAR tender; **de vela** felucca
fama *f* **1** fame; **de ~ mundial** world-famous **2** (*reputación*) reputation; **tener mala ~** have a bad reputation
famélico *adj* starving
familia *f* family; **sentirse como en ~** feel at home; **ser de la ~** be one of the family; **de buena ~** from a good family
◇ **familia numerosa** large family
familiar I *adj* **1** family *atr*; **envase ~** family-size pack **2** (*conocido*) familiar; **su cara me es o resulta ~** his face is familiar **3** LING colloquial **II** *m/f* relation, relative
familiaridad *f* familiarity
familiarizar ⟨1f⟩ *v/t* familiarize (**con** with); **familiarizarse** *v/r* familiarize o.s. (**con** with)
famoso I *adj* famous **II** *m*, **-a** *f* celebrity; **los ~s** celebrities, famous people *pl*
fan *m/f* fan
fanático I *adj* fanatical **II** *m*, **-a** *f* fanatic
fanatismo *m* fanaticism
fandango *m* fandango
faneca *f* *type of fish common in the Mediterranean*
fanfarria *f* brass band
fanfarrón I *adj* boastful **II** *m*, **-ona** *f* boaster
fanfarronada *f* boast
fanfarronear ⟨1a⟩ *v/i* boast, brag
fanfarronería *f* boasting, bragging
fango *m* *tb fig* mud; **aplicación de ~** MED mud wrap; **arrastrar por el ~** *fig* drag through the mud; **cubrir de ~** *fig* cast slurs on, attack; **su nombre quedó cubierto de ~** his name was mud F
fangoso *adj* muddy
fantasear ⟨1a⟩ *v/i* fantasize
fantasía *f* **1** fantasy **2** (*imaginación*) imagination **3**: **joyas de ~** costume jewelry *o Br* jewellery
fantasioso *adj*: **es una -a** she tends to imagine things *o* to fantasize
fantasma I *m* ghost; *fig* specter, *Br* spectre **II** *m/f* F show-off F
fantasmagórico *adj* fantastical, dreamlike
fantasmal *adj* ghostly
fantasmón *adj* F bigheaded F
fantástico *adj* fantastic
fantoche *m* puppet; F sight F
fanzine *m* fanzine

faquir *m* fakir

faralá *m*: ***traje de faralaes*** flounced dress (*as worn by flamenco dancers*)

farándula *f* show business; ***el mundo de la ~*** show business, show biz F

faraónico *adj* **1** of the pharaohs, Pharaonic *fml* **2** *fig* massive, enormous

fardar ⟨1a⟩ *v/i*: ***~ de algo*** F boast about sth, show off about sth

fardo *m* bundle

farero *m* lighthouse-keeper

farfullar ⟨1a⟩ *v/t & v/i* gabble, jabber

farfullero *m*, **-a** *f* jabberer

faringe *f* ANAT pharynx

faringitis *f* MED inflammation of the pharynx, pharyngitis

fariña *f* S.Am. manioc flour, cassava

fario *m*: ***mal ~*** F bad luck; ***le persigue el mal ~*** he is plagued by bad luck

farisaico *adj fig* hypocritical

fariseo *m*, **-a** *f fig* hypocrite

farmacéutico I *adj* pharmaceutical; ***industria -a*** pharmaceutical industry, pharmaceuticals **II** *m*, **-a** *f* pharmacist, *Br* chemist

farmacia *f* **1** pharmacy, *Br tb* chemist's **2** *estudios* pharmacy

◇ **farmacia de guardia** 24-hour pharmacy, *Br tb* emergency chemist

fármaco *m* medicine

farmacología *f* pharmacology

farmacólogo *m*, **-a** *f* pharmacologist

faro *m* **1** MAR lighthouse **2** AUTO headlight, headlamp

◇ **faro antiniebla** fog light

◇ **faro halógeno** halogen headlight *o* headlamp

farol *m* **1** lantern **2** (*farola*) streetlight, streetlamp **3** *en juegos de cartas* bluff; ***tirarse un ~*** F (*presumir*) shoot a line F

farola *f* streetlight, streetlamp

faroleo *m* F shooting a line F

farolero *m*, **-a** *f* blowhard F, boaster

farolillo *m* **1** Chinese lantern **2** BOT Canterbury bell **3**: ***ser el ~ rojo*** *fig* F be bottom of the league

farra *f* L.Am. F partying; ***irse de ~*** go out on the town F

fárrago *m* jumble, farrago *fml*

farragoso *adj texto* dense

farrear ⟨1a⟩ *v/i* L.Am. F go out on the town F

farrista *adj* L.Am. hard-drinking

farruco *adj* F cocky F

farsa *f tb fig* farce

farsante *m/f* fraud, fake

FAS *fpl abr* (= ***Fuerzas Armadas***) armed forces

fas: ***por ~ o por nefas*** for some reason or another

fascículo *m* installment, *Br* instalment

fascinación *f* fascination

fascinante *adj* fascinating

fascinar ⟨1a⟩ *v/t* fascinate

fascismo *m* fascism

fascista *m/f & adj* fascist

fase *f* phase

faso *m* Rpl F cigarette, *Br tb* fag F

fastidiado *adj*: ***estoy ~*** F I'm not feeling too great

fastidiar ⟨1b⟩ **I** *v/t* **1** annoy; ***¿no te fastidia?*** F would you believe *o* credit it! **2** F (*estropear*) spoil **II** *v/i*: ***¡no fastidies!*** F you're kidding! F; **fastidiarse** *v/r* **1** grin and bear it; ***si no les gusta que se fastidien*** if they don't like it they can lump it

fastidio *m* annoyance; ***¡qué ~!*** what a nuisance!

fastidioso *adj* annoying

fasto *m* splendor, *Br* splendour

fastuosidad *f* lavishness

fastuoso *adj* lavish

fatal I *adj* **1** fatal **2** (*muy malo*) dreadful, awful **II** *adv* very badly; ***lo he pasado ~*** F I had an awful time

fatalidad *f* misfortune

fatalismo *m* fatalism

fatalista I *adj* fatalistic **II** *m/f* fatalist

fatídico *adj* fateful

fatiga *f* tiredness, fatigue

fatigado *adj* tired

fatigar ⟨1h⟩ *v/t* tire; **fatigarse** *v/r* get tired

fatuo *adj* **1** conceited **2** (*necio*) fatuous

fauces *fpl* ZO jaws

faul *f* L.Am. foul

faulear ⟨1a⟩ *v/t* L.Am. foul

fauna *f* fauna

fauno *m* MYTH faun

favor *m* **1** favor, *Br* favour; ***hacer un ~*** do a favor; ***¿me harías el ~ de echarme esta carta?*** could you do me a favor and mail this letter?, could you (please) mail this letter for me?; ***haz el ~ de callarte*** would you please be quiet!; ***pedir un ~ a alguien*** ask s.o. for a favor **2** *en locuciones*: ***a ~ de*** in

feo

favor *o* *Br* favour of; **por ~** please

favorable *adj* favorable, *Br* favourable

favorecedor *adj* flattering

favorecer ⟨2d⟩ *v/t* **1** favor, *Br* favour **2** *de ropa, color* suit

favorecido *m*, **-a** *f* *L.Am.* winner

favoritismo *m* favoritism, *Br* favouritism

favorito I *adj* favorite, *Br* favourite **II** *m*, **-a** *f* favorite, *Br* favourite

fax *m* fax; **enviar un ~ a alguien** send s.o. a fax, fax s.o.

faxear ⟨1a⟩ *v/t* fax, send by fax

fayuca *f* *Méx* smuggling

fayuquear ⟨1a⟩ *v/t* *Méx* smuggle

fayuquero *m*, **-a** *f* *Méx* dealer in smuggled goods

faz *f* face

F.C. *abr* (= **Fútbol Club**) FC (= Football Club)

fdo. *abr* (= **firmado**) signed

fe *f* **1** faith (**en** in); **tener ~ en** believe in, have faith in; **la ~ mueve montañas** faith moves mountains **2** (*intención*): **de buena / mala ~** in good / bad faith **3**: **dar ~ de** testify to; **dar ~ de que** vouch for the fact that; JUR testify that ◇ **fe de erratas** errata *pl*

fealdad *f* ugliness

feb. *abr* (= **febrero**) Feb. (= February)

febrero *m* February

febrícula *f* slight fever, *Br* slight temperature

febril *adj* feverish

fecal *adj* fecal, *Br tb* faecal

fecha *f* date; **hasta la ~** to date; **en estas ~s** at this time of year; **sin ~** undated ◇ **fecha de caducidad** *de medicamento* expiry date; *de alimento* use-by date; **fecha límite de consumo** best before date; **fecha de nacimiento** date of birth

fechador *m* *Chi*, *Méx* postmark

fechar ⟨1a⟩ *v/t* date; **fechado el ...** dated the ...

fechoría *f* misdemeanor, *Br* misdemeanour

fécula *f* starch

fecundación *f* fertilization ◇ **fecundación artificial** artificial insemination ◇ **fecundación in vitro** MED in vitro fertilization

fecundar ⟨1a⟩ *v/t* fertilize

fecundidad *f* fertility, fecundity *fml*

fecundizar ⟨1f⟩ *v/t* fertilize

fecundo *adj* fertile, fecund *fml*

FEDER *m* *abr* (= **Fondo Europeo de Desarrollo Regional**) ERDF (= European Regional Development Fund)

federación *f* federation

federal *adj* federal

federalismo *m* federalism

federar ⟨1a⟩ *v/t* form into a federation, federate; **federarse** *v/r* form a federation, federate

féferes *mpl* *L.Am.* junk *sg* F, bits and pieces F

felación *f* fellatio

feldespato *m* MIN feldspar

felicidad *f* **1** happiness **2**: **¡~es!** congratulations!

felicitación *f* **1** letter of congratulations **2**: **¡felicitaciones!** congratulations!

felicitar ⟨1a⟩ *v/t* congratulate (**por** on)

feligrés *m*, **-esa** *f* REL parishioner

felino I *adj* *tb* *fig* feline **II** *m*, **-a** *f* feline, cat

feliz *adj* happy; **¡~ Navidad!** Merry Christmas!; **¡~ Año Nuevo!** Happy New Year!

felonía *f* crime, felony

felpa *f* toweling, *Br* towelling

felpudo I *adj* *abrigo, tejido* plush; *pijama, sábanas* soft, downy **II** *m* doormat

femenil *adj* *Méx* women's *atr*

femenino I *adj* **1** feminine **2** *moda, equipo* women's *atr* **II** GRAM feminine

femin(e)idad *f* femininity

feminismo *m* feminism

feminista *m/f* & *adj* feminist

fémur *m* ANAT femur

fenecer ⟨2d⟩ *v/i* pass away

fenecimiento *m* passing, demise *fml*

fenicio I *adj* Phoenician **II** *m*, **-a** *f* Phoenician

fénico *adj*: **ácido ~** QUÍM phenol, carbolic acid

fénix *m* MYTH phenix, *Br* phoenix

fenol *m* QUÍM phenol, carbolic acid

fenomenal I *adj* F fantastic F, phenomenal F **II** *adv*: **lo pasé ~** F I had a fantastic time F

fenómeno I *m* **1** phenomenon **2** *persona* genius **II** *adj* F fantastic F, great F

fenotipo *m* BIO phenotype

feo I *adj* ugly; *fig* nasty; **la(s) cosa(s) se pone(n) ~(s)** *fig* things are looking grim **II** m: *hacer un ~ a alguien* F snub s.o. **III** adv Méx oler, saber bad

féretro m casket, coffin

feria f **1** COM fair **2** L.Am. (mercado) market **3** Méx (calderilla) small change

◇ **feria de muestras** trade fair

feriado I adj L.Am. **día ~** (public) holiday **II** m L.Am. (public) holiday; *abierto ~s* open on public holidays

ferial I adj: *recinto ~* fairground **II** m fair

feriante m/f exhibitor

fermentación f fermentation

fermentar ⟨1a⟩ v/t ferment

fermento m ferment

ferocidad f ferocity

feroz adj fierce; (cruel) cruel

férreo adj **1** tb fig iron atr **2** del ferrocarril rail atr

ferretería f hardware store, Br tb ironmonger's

ferretero m, -a f hardware dealer, Br tb ironmonger

ferrocarril m **1** railroad, Br railway **2** Urug en examen cheat sheet, Br crib

ferrocarrilero m L.Am. railroad o Br railway worker

ferroviario I adj rail atr **II** m, -a f railroad o Br railway worker

ferry m ferry

fértil adj fertile; *en edad ~* of child-bearing age

fertilidad f fertility

fertilización f fertilization

◇ **fertilización in vitro** MED in vitro fertilization, IVF

fertilizante m fertilizer

fertilizar ⟨1f⟩ v/t fertilize

ferviente adj fig fervent

fervor m fervor, Br fervour

fervoroso adj fervent

festejar ⟨1a⟩ v/t **1** persona wine and dine **2** L.Am. celebrate

festejo m celebration; *~s pl* festivities

festín m banquet

festival m festival; *~ cinematográfico* film festival; *~ de música* music festival

festividad f feast; *~es pl* festivities

festivo adj festive

feta f Rpl slice

fetal adj fetal

fetén I adj F **1** (auténtico) real, genuine; *es ~* it's the real McCoy o the real thing F, it's the genuine article F **2** (estupen-

do) fantastic F, terrific F **II** f F truth; *es la pura ~* it's the pure and simple truth

fetiche m fetish

fetichismo m fetishism

fetichista I adj fetishistic **II** m/f fetishist

fétido adj fetid

feto m fetus, Br tb foetus

feúcho adj F homely, plain

feudal adj feudal

feudalismo m feudalism

feudo m **1** fig domain **2**: *jugar en su ~* DEP play at home

fez m fez

FF. AA. abr (= *Fuerzas Armadas*) armed forces

FF. CC. abr (= *ferrocarriles*) railroads, Br railways

fiable adj trustworthy; datos, máquina etc reliable

fiado adj: *al ~* F on credit

fiador I m TÉC safety catch **II** m, -a f JUR guarantor; *salir ~ de alguien* act as guarantor for s.o.

fiambre m **1** cold cut, Br cold meat **2** P (cadáver) stiff P

fiambrera f lunch pail, Br lunch box

fiambrería f L.Am. delicatessen

fianza f **1** deposit **2** JUR bail; *bajo ~* on bail

fiar ⟨1c⟩ I v/i **1** give credit **2**: *ser de ~* be trustworthy **II** v/t COM sell on credit; *fiarse* v/r: *~ de alguien* trust s.o.; *no me fío* I don't trust him / them etc

fiasco m fiasco

fibra f **1** en tejido, alimento fiber, Br fibre **2** Méx (estropajo) scourer

◇ **fibra de vidrio** fiberglass, Br fibreglass; **fibra muscular / nerviosa** ANAT muscle / nerve fiber o Br fibre; **fibra óptica** optical fiber o Br fibre; **fibra sintética** synthetic o man-made fiber o Br fibre

fibrilación f MED fibrillation

fibroso adj fibrous

ficción f fiction

ficha f **1** file card, index card **2** en juegos de mesa counter; en un casino chip; en damas checker, Br draught; en ajedrez man, piece **3** TELEC token **4** L.Am. *ser una ~* F be tough o formidable

fichaje m DEP signing

fichar ⟨1a⟩ I v/t **1** DEP jugador sign up **2** JUR open a file on; *la policía le tiene fichado* he's got a (criminal) record **II**

v/i DEP sign (up) (*por* for)

fichero *m* **1** file cabinet, *Br* filing cabinet **2** INFOR file

◇ **fichero adjunto** INFOR attachment

ficticio *adj* fictitious

ficus *m* BOT rubber plant

fidedigno *adj* reliable

fideicomisario *m*, **-a** *f* trustee

fideicomiso *m* trust

fidelidad *f* fidelity; **alta** ~ high fidelity, hi-fi

fideo *m* noodle

fiduciario I *adj* fiduciary; **circulación -a** fiduciary currency **II** *m*, **-a** *f* fiduciary, trustee

fiebre *f* fever; **tiene (mucha)** ~ he's got a (high) temperature

◇ **fiebre amarilla** yellow fever; **fiebre del heno** hay fever; **fiebre del oro** gold fever; **fenómeno** ~ gold rush; **fiebre palúdica** malaria

fiel I *adj* faithful; (*leal*) loyal **II** *mpl*: **los** ~**es** REL the faithful *pl*

fieltro *m* felt; (*sombrero de*) ~ felt hat

fiera *f* wild animal; **ponerse hecho una** ~ F go wild

fiero *adj* fierce

fierrero *m*, **-a** *f L.Am.* weightlifter

fierro *m L.Am.* **1** iron **2** *en ganado* brand **3** F (*pistola*) gun

fiesta *f* **1** festival; **¡felices** ~**s!** *de pueblo* enjoy the fiesta!; *en Navidad* Happy Holidays!, Merry Christmas! **2** (*reunión social*) party; **estar de** ~ be in a party mood; **no estar para** ~**s** be in no mood for jokes; **¡se acabó la** ~**!** the party's over! **3** (*día festivo*) public holiday; **hacer** ~ have a day off

◇ **fiesta de guardar** REL day of obligation; **fiesta mayor** major festival; **fiesta nacional** public holiday; **fiesta de precepto** REL day of obligation

FIFA *f abr* (= *Fédération Internationale de Football Association*) FIFA

fifar ⟨1a⟩ *v/t & v/i Rpl* V fuck V, screw V

fifí *m L.Am.* P (*afeminado*) sissy F

figura *f* **1** figure; **tener buena** ~ have a good figure **2** (*estatuilla*) figurine **2** (*forma*) shape **3** *naipes* face card, *Br* picture card

◇ **figura paterna** father figure

figuración *f* **1** *de cine* extras *pl* **2**: **son figuraciones tuyas** it's a figment of your imagination, you're imagining

things

figurado *adj* figurative; **sentido** ~ figurative sense

figurante *m*, **-a** *f en película* extra; TEA walk-on

figurar ⟨1a⟩ **I** *v/i* appear (**en** in); **aquí figura como** ... she appears *o* is down here as ... **II** *v/t* **1** (*simular*) pretend **2** (*representar*) represent; **figurarse** *v/r* imagine; **¡figúrate!** just imagine!

figurita *f Rpl* picture card

figurativo *adj* figurative

figurilla *f* figurine

figurín *m* **1** design **2** *persona* fashion plate; **ir hecho un** ~ look like a fashion plate

fijación *f* **1** *acción* fixing **2** (*obsesión*) fixation

fijado *m* FOT fixing

fijador *m* **1** FOT, PINT fixative, fixer **2** *para el pelo* hairspray

fijapelo *m* hairspray, hair lacquer

fijar ⟨1a⟩ *v/t* **1** *espejo, balda* fix; *cartel* stick **2** *fecha, objetivo* set **3** *residencia* establish **4** *atención* focus; **fijarse** *v/r* **1** (*establecerse*) settle **2** (*prestar atención*) pay attention (**en** to); ~ **en algo** (*darse cuenta*) notice sth; **¡fíjate!** look!; **¡fíjate bien!** look closely!; *aviso* be careful!, mind now!

fijativo *m* PINT fixative

fijeza *f* **1** (*firmeza*) firmness **2** (*persistencia*) persistence

fijo I *adj* **1** *espejo, balda* fixed **2** *trabajo* permanent **3** *fecha* definite **4**: **idea -a** idée fixe, obsession **II** *adv*: **mirar** ~ stare at

fila *f* **1** line, *Br* queue; **en** ~ **india** in single file

2 *de asientos* row; **de primera / segunda** ~ first- / second-rate; **en primera** ~ *fig: flores, fotos, medallas* prominently displayed; **siempre tiene que estar en primera** ~ he always has to be the center *o Br* centre of attention

3: ~**s** *pl* MIL ranks; **cerrar** ~**s** *fig* close ranks; **romper** ~**s** break ranks; **llamar a alguien a** ~**s** draft s.o., *Br* call s.o. up

filamento *m* **1** thread **2** EL, BOT filament

filamentoso *adj textura* stringy

filantropía *f* philanthropy

filantrópico *adj* philanthropic

filántropo *m*, **-a** *f* philanthropist

filarmónica *f* philharmonic (orchestra)

filarmónico *adj* philharmonic; **orques-ta -a** philharmonic (orchestra)

filatelia *f* philately, stamp collecting

filatélico I *adj* stamp *atr*, philatelic **II** *m*, **-a** *f* ☞ **filatelista**

filatelista *m/f* philatelist, stamp collector

fildeador *m*, **~a** *f* *L.Am.* *en béisbol* fielder

fildear ⟨1a⟩ *v/t & v/i* *L.Am* *en béisbol* field

filete *m* GASTR fillet

filfa *f* fake

filiación *f* 1 *política* affiliation 2 *datos* personal details *pl*

filial I *adj* filial **II** *f* COM subsidiary

filibustero *m* HIST buccaneer

filigrana *f* filigree; **hacer ~s** *fig* F do marvels

filípica *f* diatribe

Filipinas *fpl* Philippines

filipino I *adj* Philippine, Filipino **II** *m*, **-a** *f* Filipino **III** *idioma* Philipino, Filipino

filisteo REL, *fig* **I** *adj* Philistine **II** *m*, **-a** *f* Philistine

film(e) *m* movie, film

filmación *f* filming, shooting

filmadora *f* movie camera, *Br* cine camera

filmar ⟨1a⟩ *v/t* film, shoot

filmografía *f* movies *pl*, *Br* films *pl*

filmoteca *f* film library

filo *m* 1 *de mesa* edge 2 *de navaja* cutting edge; **arma de dos ~s** *o* **de doble ~** double-edged sword; **estar en el ~ de la navaja** be on a knife edge; **sacar ~ a** sharpen, put an edge on 3: **al ~ de las siete** around 7 o'clock; **al ~ del mediodía** twelve o'clock on the dot, on the stroke of twelve

filología *f* philology; **~ hispánica** EDU Spanish language and literature; **~ clásica** EDU classics *sg*

filológico *adj* philological

filólogo *m*, **-a** *f* philologist

filón *m* vein, seam; *fig* goldmine

filoso *adj* *L.Am.* sharp

filosofal *adj* philosophical; **la piedra ~** the philosopher's stone

filosofar ⟨1a⟩ *v/i* philosophize

filosofía *f* philosophy

filosófico *adj* philosophical

filósofo *m*, **-a** *f* philosopher

filtración *f* 1 filtration, filtering 2 (*gotera*) leak

filtrar ⟨1a⟩ *v/t* 1 *agua* filter 2 *información* leak; **filtrarse** *v/r* filter (**por** through); *de agua, información* leak

filtro *m* filter; **~ (mágico)** *lit* love potion, philter *lit*, *Br* philtre *lit*

◇ **filtro solar** sun cream

fin *m* 1 end; **al** *o* **por ~** finally, at last; **~es de mayo** at the end of May; **sin ~** endless, never-ending; **dar** *o* **poner ~ a** end, bring to an end; *abuso, disputa* put an end to; **tocar a su ~** draw to a close, come to an end

2 (*objetivo*) aim, purpose; **a ~** *o* **con el de que acabemos a tiempo** in order to finish on time, to ensure that we finish on time; **el ~ justifica los medios** the end justifies the means; **a ~ de** in order to

3 *locuciones*: **al ~ y al cabo** at the end of the day, after all; **en ~** anyway

◇ **fin de semana** weekend; **el ~** on the weekend

finado *m*, **-a** *f* deceased

final *f & adj* final

final *m* end; **al ~** in the end; **a ~es de mayo** at the end of May

◇ **final a cuatro** *en baloncesto* final four

finalidad *f* purpose, aim

finalista I *adj*: **las dos selecciones ~s** the two teams that reached the final **II** *m/f* finalist

finalización *f* completion

finalizado *adj* complete

finalizar ⟨1f⟩ *v/t & v/i* end, finish

finalmente *adv* eventually

financiación *f*, **financiamiento** *L.Am.* *m* funding

financiar ⟨1b⟩ *v/t* finance, fund

financiero I *adj* financial; (*sociedad*) **-a** finance company **II** *m*, **-a** *f* financier

financista *m/f* *L.Am.* financier

finanzas *fpl* finances

finca *f* 1 (*bien inmueble*) property; **~ rústica** / **urbana** rural / urban property 2 *L.Am.* (*granja*) farm

finés I *adj* Finnish **II** *m*, **-esa** Finn **III** *m* *idioma* Finnish

fineza *f* 1 *cualidad* fineness; **un jarrón de una ~ excepcional** an exceptionally fine vase 2 *dicho* compliment

fingido *adj* false

fingimiento *m* pretense, *Br* pretence

fingir ⟨3c⟩ *v/t* feign *fml*; **fingió no haberlo oído** he pretended he hadn't heard; **fingió dormir** he pretended to be asleep; **fingirse** *v/r*: **~ enfermo** pretend to be ill, feign illness *fml*

finiquitar ⟨1a⟩ *v/t* COM settle; *fig*: *guerra, crisis, relación* put an end to, bring to an end

finiquito *m* COM settlement

finisecular *adj* turn-of-the-century, fin de siècle

finito *adj* finite

finlandés **I** *adj* Finnish **II** *m*,-**esa** *f* Finn **III** *m* idioma Finnish

Finlandia *f* Finland

fino **I** *adj* **1** *calidad* fine **2** *libro, tela* thin; *(esbelto)* slim **3** *modales, gusto* refined **4** *sentido de humor* subtle **II** *m* dry sherry, fino

finolis F **I** *adj* affected, precious **II** *m/f* affected *o* precious person

finta *f en baloncesto tb* feint

fintar ⟨1a⟩ *v/i* feint

finura *f* **1** *de calidad* fineness **2** *de tela* thinness; *(esbeltez)* slimness **3** *de modales, gusto* refinement, refined nature **4** *de sentido de humor* subtlety

firma *f* **1** signature; *acto* signing; **recoger ~s** collect signatures **2** COM firm

firmamento *m* firmament

firmante *m/f & adj* signatory

firmar ⟨1a⟩ *v/t* sign

firme **I** *adj* **1** firm; *(estable)* steady; *(sólido)* solid; **en ~** COM firm **2** MIL: **¡ ~s!** attention!; **poner~ a alguien** *fig* F take a firm line with s.o. **II** *m* pavement, *Br* road surface **III** *adv*: **trabajar ~** work hard

firmeza *f* firmness

fiscal **I** *adj* tax *atr*, fiscal; **sistema ~** tax system **II** *m/f* district attorney, *Br* public prosecutor

◇ **fiscal general del Estado** *Spanish equivalent of Attorney General o Br Director of Public Prosecutions*

fiscalía *f* **1** *oficio* position of district attorney *o Br* public prosecutor **2** *oficina* district attorney's office, *Br* public prosecutor's office

fiscalidad *f* taxation; *(impuestos)* taxes *pl*, taxation

fiscalización *f* tax audit

fiscalizar ⟨1f⟩ *v/t* audit

fisco *m* Treasury, *Br* Exchequer

fisgar ⟨1h⟩ *v/i* F snoop F; **~ en algo** snoop around in sth

fisgón **I** *adj* nosy **II** *m*, -**ona** *f* snoop

fisgonear ⟨1a⟩ *v/i* F snoop around F *(en* in)

fisgoneo *m* F snooping F

física *f* physics *sg*

◇ **física cuántica** quantum physics *sg*

◇ **física nuclear** nuclear physics *sg*

físico **I** *adj* physical **II** *m*,-**a** *f* physicist **III** *m de una persona* physique

fisiología *f* physiology

fisiológico *adj* physiological

fisiólogo *m*, -**a** *f* physiologist

fisión *f* fission

◇ **fisión nuclear** nuclear fission

fisionomía *f ☞* **fisonomía**

fisioterapeuta *m/f* physical therapist, *Br* physiotherapist

fisioterapia *f* physical therapy, *Br* physiotherapy

fisonomía *f* features *pl*

fistol *m Méx* tie pin

fístula *f* MED fistula

fisura *f* crack; MED fracture

fitófago *adj* plant-eating, phytophagous *fml*

fitoterapia *f* herbal medicine

FIV *f abr* (= **fecundación in vitro**) IVF (= in vitro fertilization)

flac(c)idez *f* flabbiness

flác(c)ido *adj* flabby

flaco **I** *adj* **1** *(delgado)* thin **2** *(débil)*: **punto ~** weak point; **~ de memoria** forgetful **II** *m*, -**a** *f* thin person

flacón *adj L.Am.* skinny

flacuchento *adj L.Am.* F skinny

flagelar ⟨1a⟩ *v/t* flagellate

flagrante *adj* flagrant; **en ~ delito** red-handed, in flagrante delicto

flama *f Méx* flame

flamable *adj Méx* flammable

flamante *adj (nuevo)* brand-new

flambear ⟨1a⟩ *v/t* GASTR flambé

flamear ⟨1a⟩ **1** *v/i de vela* burn brightly **2** *de bandera* flutter

flamenco **I** *adj* MÚS flamenco *atr*; **ponerse ~** get smart *o* fresh; **estar muy ~ para su edad** F be in pretty good shape for one's age **II** *m* **1** MÚS flamenco **2** ZO flamingo

flamígero *adj lit* fiery

flan *m* crème caramel; **estar hecho un ~**

be shaking like a leaf
flanco m flank
flanera f ramekin
flanquear ⟨1a⟩ v/t flank
flaquear ⟨1a⟩ v/i de fuerzas weaken; de entusiasmo flag
flaqueza f fig weakness
flash m FOT flash
flashback, flash-back m flashback
flato m MED stitch
flatulencia f MED flatulence
flauta f 1 MÚS flute 2 Méx fried taco
◊ **flauta dulce** recorder; **flauta de pan** baguette, French loaf o stick; **flauta travesera** (transvera) flute
flautín I m instrumento piccolo II m/f músico piccolo player
flautista m/f flautist; **el ~ de Hamelin** the Pied Piper of Hamelin
flebitis f MED phlebitis
flecha f arrow; **fue al aeropuerto como una ~** he shot off o dashed off to the airport; **regresó al restaurante como una ~** he shot back o dashed back to the restaurant
flechazo m fig love at first sight
fleco m del pelo fringe, bangs pl
flecos mpl de vestido, cortinas fringe sg
flema f tb fig phlegm
flemático adj phlegmatic
flemón m MED gumboil
flequillo m del pelo fringe, bangs pl
fletador m, **~a** f charterer
fletamiento m chartering
fletar ⟨1a⟩ v/t 1 avión charter 2 (embarcar) load
flete m L.Am. freight, cost of transport
fletero adj L.Am. hire atr, charter atr
flexibilidad f flexibility
flexible I adj flexible II m EL cord, Br tb flex
flexión f 1 en gimnasia push-up, Br press-up; de piernas squat; **~ de rodillas** knee bend 2 de la voz inflection
flexionar ⟨1a⟩ v/t flex; **flexionarse** v/r bend
flexo m desk lamp
flexor m/adj: (músculo) ~ flexor (muscle)
flipado adj P 1 (asombrado) blown away P, Br gobsmacked F 2 (drogado) stoned F
flipar ⟨1a⟩ P v/i 1: **le flipa el cine** he's mad about the movies F 2 con sorpresa

flip P: **yo flipé con ...** ... blew my mind F
flirt m 1 relación fling 2 (novio) boyfriend; (novia) girlfriend
flirtear ⟨1a⟩ v/i flirt (**con** with)
flirteo m flirting
flojear ⟨1a⟩ v/i weaken, become o get weak
flojedad f weakness
flojera f L.Am. laziness; **me da ~** I can't be bothered
flojo adj 1 lazada loose; **me la trae -a** P I couldn't give a damn F 2 café, argumento weak; vino without any body 3 COM actividad slack 4 novela etc weak, poor; redacción, montaje slack, sloppy 5 L.Am. (perezoso) lazy
flor f flower; **de ~es** vestido, cortinas, papel flower-patterned, flowery; **en ~** in bloom, in flower; **echar ~es** bloom, flower; fig flatter; **la ~ y nata de la sociedad** the cream of society; **tengo los nervios a ~ de piel** I'm o my nerves are all on edge
◊ **flor de Pascua** poinsettia
◊ **flores cortadas** cut flowers
flora f flora
◊ **flora intestinal** MED intestinal flora
floración f flowering
floral adj floral
floreado adj tejido flowery
florear ⟨1a⟩ I v/t 1 decorate with flowers 2 Méx (halagar) flatter, compliment II v/i flower, bloom
florecer ⟨2d⟩ v/i BOT flower, bloom; de negocio, civilización etc flourish; **florecerse** v/r 1 bloom, flower 2 de pan, queso go moldy o Br mouldy
floreciente adj flourishing
florecimiento m tb fig flowering
Florencia f Florence
florero m vase
floresta f grove
florete m foil
floricultor m, **~a** f flower grower
floricultura f flower growing
florido adj 1 estilo florid, flowery 2: **lo más ~ de la sociedad** the cream
floripondio m desp flowery monstrosity
florista m/f florist
floristería f florist's, flower shop
florituras fpl MÚS fiorituras; fig embellishments; **no se andó con ~** he didn't beat about the bush, he didn't mince

his words; **se andaba con muchas ~** there was a lot of humming and hawing

florón *m* ARQUI fleuron

flota *f* fleet

◇ **flota de guerra** fleet; **flota mercante** merchant fleet; **flota pesquera** fishing fleet

flotación *f* flotation; **línea de ~** water line

flotador *m* **1** float; *para la cintura* (inflatable) ring; *salvavidas* life preserver **2** *Rpl* (*michelín*) spare tire *o Br* tyre

flotante *adj* floating

flotar ⟨1a⟩ *v/i* float

flote *m* MAR: **a ~** afloat; **mantenerse a ~** *fig* stay afloat; **poner** *o* **sacar algo a ~** refloat sth; *fig* get sth back on its feet; **salir a ~** *fig* get back on one's feet

flotilla *f* MAR flotilla

fluctuación *f* fluctuation

fluctuante *adj* fluctuating

fluctuar ⟨1e⟩ *v/i* fluctuate

fluidez *f* fluidity

fluido I *adj sustancia* fluid; *tráfico* free-flowing; *lenguaje* fluent **II** *m* fluid

fluir ⟨3g⟩ *v/i* flow

flujo *m* flow; **~ de información** flow of information

◇ **flujo de caja** cashflow

flúor *m* fluoride

fluorescencia *f* fluorescence

fluorescente I *adj* fluorescent **II** *m* strip light

fluvial *adj* river *atr*

fly *m en béisbol* fly ball

FM *f abr* (= **frecuencia modulada**) FM (= frequency modulation)

FMI *m abr* (= **Fondo Monetario Internacional**) IMF (= International Monetary Fund)

fobia *f* phobia; *fig* loathing; **les tengo ~ a las comidas familiares** / **le tengo ~ a ir de compras con ella** I hate *o* detest family meals / going shopping with her

foca *f* ZO seal

focal *adj* focal

focalizar ⟨1f⟩ *v/t cámara, atención* focus; *fig: gasto social, inversiones* concentrate, focus

foco *m* **1** MAT, FÍS focus **2** *de infección* center, *Br* centre, focus; *de incendio* seat **3** *de auto* headlight; *de calle* streetlight; TEA, TV spotlight; *L.Am.* (*bombilla*) lightbulb

fofo *adj* flabby

fogata *f* bonfire

fogón *m* **1** *de cocina* stove **2** TÉC burner **3** *L.Am. fuego* bonfire

fogonazo *m* flash

fogosidad *f* ardor, *Br* ardour

fogoso *adj* fiery, ardent

foguear ⟨1a⟩ *v/t* MIL, *fig* give a baptism of fire; **foguearse** *v/r fig* go through a baptism of fire

folclore *m* folklore

folclórico *adj* folk *atr*

foliación *f* BOT foliation

foliar ⟨1a⟩ *v/t* TIP *libro, cuaderno* paginate, number the pages of; *páginas* number

fólico *adj:* **ácido ~** folic acid

folículo *m* ANAT follicle

folio *m* sheet (of paper)

folklore *m* folklore

folklórico *adj* folk *atr*

follaje *m* foliage

follar ⟨1a⟩ *v/t* & *v/i* V fuck V, screw V

folletín *m* newspaper serial; *desp libro* trashy novel; TV (melodramatic) soap opera

folleto *m* pamphlet

◇ **folleto informativo** information leaflet

follón *m* **1** argument **2** (*lío*) mess **3**: **armar un ~** kick up a fuss

follonero *m*, **-a** *f* F troublemaker

fomentar ⟨1a⟩ *v/t solidaridad* foster; COM promote; *rebelión* foment, incite

fomento *m* COM promotion

fonazo *m Méx* F call

fonda *f* **1** (*simple*) restaurant **2** (*pensión*) boarding house

fondeadero *m* MAR anchorage

fondear ⟨1a⟩ *v/t* MAR anchor; **fondearse** *v/r L.Am.* get rich

fondeo *m* MAR anchoring

fondero *m*, **-a** *f L.Am.* restaurant owner

fondillos *mpl*: **los ~ de los pantalones** the seat of the pants

fondista *m/f* DEP long-distance runner

fondo *m* **1** bottom; **doble ~** false bottom; **~ marino** seabed; **tocar ~** *fig* reach bottom; **los bajos ~s** the underworld *sg*

2 (*profundidad*) depth; **hacer una limpieza a ~ de algo** give sth a thorough clean, clean sth thoroughly; **emplearse a ~** *fig* give one's all; **ir al ~ de algo** look

at sth in depth; **en el ~** deep down
3 *de sala, cuarto etc* back; *de pasillo* end
4 PINT, FOT background; **música de ~** background music
5 *de un museo etc* collection
6 COM fund; **~s** *pl* money *sg*, funds; **a ~ perdido** non-refundable; **sin ~s** *cheque* dud
7 DEP: **de medio ~** middle distance *atr*
8 (*disposición*): **tiene buen ~** he's got a good heart
◊ **fondo de inversión** investment fund; **Fondo Monetario Internacional** International Monetary Fund; **fondo del ojo** ANAT funduscopy, ophthalmoscopy; **fondo de pensiones** pension fund; **fondos públicos** public funds; **fondos reservados** secret funds

fondón *adj* F broad in the beam F
fonema *m* phoneme
fonética *f* phonetics *sg*
fonético *adj* phonetic
foniatra *m/f* speech therapist
foniatría *f* speech therapy
fono *m* L.Am. F phone
fontanería *f* plumbing
fontanero *m* plumber
footing *m* DEP jogging; **hacer ~** go jogging, jog
foque *m* MAR jib
forajido *m*, **-a** *f* outlaw
foral *adj* charter *atr*
foráneo *adj* foreign
forastero I *adj* foreign **II** *m*, **-a** *f* outsider, stranger
forcejear ⟨1a⟩ *v/i* struggle
forcejeo *m* struggle
fórceps *m inv* forceps *pl*
forense I *adj* forensic **II** *m/f* forensic scientist
forestación *f* afforestation
forestal *adj* forest *atr*
forestar ⟨1a⟩ *v/t* L.Am. afforest
forfait *m* **1** COM fixed price; **viaje a ~** package tour **2** *para el cibercafé, el cine* pass
forja *f* **1** *taller* forge **2** *acción* forging
forjador *m*, **~a** *f* *de metal* forger
forjar ⟨1a⟩ *v/t metal* forge; **forjarse** *v/r futuro* carve out; **~ ilusiones** get one's hopes up
forma *f* **1** form
2 (*apariencia*) shape; **en ~ de** in the shape of; **dar ~ a algo** shape sth

3 (*manera*) way; **de ~ que** in such a way that; **de todas ~s** in any case, anyway; **de alguna ~**, **en cierta ~** in a way; **de cualquier ~** anyway; **de ninguna ~** not in the slightest, F no way; **no hay ~ de que coma / estudie** nothing will make him eat / study, it's impossible to get him to eat / study
4: **~s** *pl* proprieties; **guardar las ~s** keep up appearances
5: **estar en ~** be fit; **mantenerse en ~** stay in shape
6 *Méx* (*formulario*) form

formación *f* **1** *de palabras, asociación* formation **2** (*entrenamiento*) training; **alumno de ~ profesional** student doing a vocational course
◊ **formación de adultos** adult education; **formación continuada** in-service training; **formación profesional** vocational training; **formación universitaria** university education

formal *adj* **1** formal **2** *niño* well-behaved **3** (*responsable*) responsible
formalidad *f* formality
formalismo *m* formalism, excessive formality
formalizar ⟨1f⟩ *v/t* formalize; *relación* make official
formar ⟨1a⟩ *v/t* **1** form; *asociación* form, set up **2** (*educar*) educate; **formarse** *v/r* form
formatear ⟨1a⟩ *v/t* INFOR format
formateo *m* INFOR formatting
formativo *adj jornada, curso, materiales, centro* training *atr*
formato *m* format; **en gran / pequeño ~** *dibujo, mueble* large- / small-format, large- / small-size
◊ **formato de caracteres (de impresión)** INFOR character format; **formato horizontal** INFOR landscape; **formato vertical** INFOR portrait

formidable *adj* huge; (*estupendo*) tremendous
formol *m* QUÍM formalin
fórmula *f* **1** MAT formula **2**: **por pura ~** as a matter of form
◊ **fórmula de cortesía** *acción* polite custom; *en documento* polite phrase; *en carta* standard opening; *en la despedida* standard closure
◊ **fórmula magistral** prescription medicine

formulación f formulation
formular ⟨1a⟩ v/t teoría formulate; queja make, lodge
formulario m form
fornicación f fornication
fornicar ⟨1g⟩ v/i fornicate
fornido adj well-built
foro m forum; **irse** o **desaparecer por el ~** slip out, slip away
forofo m, **-a** f F fan
forrado adj **1** prenda lined; libro covered **2** fig F (rico) loaded F
forraje m fodder
forrajero adj fodder atr; **planta -a** fodder plant
forrar ⟨1a⟩ v/t prenda line; libro, silla cover; **forrarse** v/r **1** F make a fortune F **2** L.Am. F (llenarse) stuff o.s. F, have a good feed
forro m **1** de prenda lining; de libro cover; **no se le parece ni por el ~** he looks nothing like him; **pasarse algo por el ~** F not give a damn about sth F **2** Méx F (bombón) good looker F **3** Rpl F (condón) rubber F
fortachón I adj F big and strong, burly **II** m, **-ona** f burly man; mujer woman
fortalecedor adj strengthening
fortalecer ⟨2d⟩ v/t tb fig strengthen; **fortalecerse** v/r strengthen
fortalecimiento m strengthening
fortaleza f **1** strength of character **2** MIL fortress
fortificación f fortification
fortificar ⟨1g⟩ v/t MIL fortify
fortín m MIL small fort
fortísimo sup ☞ **fuerte**
fortuito adj chance atr, accidental
fortuna f **1** fortune; **hacer una ~** make a fortune **2** (suerte) luck; **por ~** fortunately, luckily; **probar ~** try one's luck
forúnculo m MED boil
forzado adj forced
forzar ⟨1f & 1m⟩ v/t **1** force; **~ la voz** strain one's voice **2** (violar) rape; **forzarse** v/r force o.s. (**a hacer algo** to do sth)
forzosamente adv of necessity; **tienes que pasar ~ por el centro de la ciudad** you have no option but to go through the city center
forzoso adj aterrizaje forced
forzudo adj brawny
fosa f **1** pit **2** (tumba) grave **3** GEOL basin

◇ **fosa común** common grave
◇ **fosas nasales** nostrils
fosfato m phosphate
fosforescencia f phosphorescence
fosforescente adj phosphorescent
fosfórico adj: **ácido ~** phosphoric acid
fósforo m **1** QUÍM phosphorus **2** L.Am. (cerilla) match
fósil I adj fossilized **II** m fossil
fosilizarse ⟨1f⟩ v/r fossilize, become fossilized
foso m **1** ditch; de castillo, DEP en campo moat; en béisbol dugout **2** TEA, MÚS pit
foto f photo
◇ **foto fija** still
fotocomposición f TIP photocomposition, Br filmsetting
fotocopia f photocopy
fotocopiadora f photocopier
fotocopiar ⟨1a⟩ v/t photocopy
fotofobia f photophobia
fotogenia f photogenic nature; **gracias a su ~** because she is so photogenic
fotogénico adj photogenic
fotograbado m photogravure
fotografía f **1** técnica photography **2** imagen photograph
◇ **fotografía aérea** técnica aerial photography; imagen aerial photograph; **fotografía en blanco y negro** técnica black and white photography; imagen black and white photograph; **fotografía en color** técnica color o Br colour photography; imagen color o Br colour photograph
fotografiar ⟨1c⟩ v/t photograph
fotográfico adj photographic
fotógrafo m, **-a** f photographer
◇ **fotógrafo de prensa** press photographer
fotómetro m light meter
fotomontaje m photomontage
fotosensible adj photosensitive
fotosíntesis f BIO photosynthesis
fototeca f photo library
foul m L.Am. en béisbol foul ball
foyer m Rpl foyer
FP f abr (= **formación profesional**) vocational training
frac m tail coat
fracasado I adj unsuccessful **II** m, **-a** f loser
fracasar ⟨1a⟩ v/i fail

fracaso *m* failure

◇ **fracaso escolar** academic failure

fracción *f* fraction; POL faction

fraccionador *m*, **~a** *f Méx* realtor, *Br* estate agent

fraccionamiento *m* **1** *L.Am.* (housing) project, *Br* (housing) estate **2** (*división*) division

fraccionar ⟨1a⟩ *v/t* **1** break up **2** FIN pay in installments *o Br* instalments; **fraccionarse** *v/r* break up (**en** into); **un metro se fracciona en 100 centímetros** a meter divides into 100 centimeters

fraccionario *adj* fractional

fractura *f* MED fracture; **tener una ~ craneal** have a fractured skull

fracturar ⟨1a⟩ *v/t* MED fracture; **fracturarse** *v/r* **costillas**, **fémur**, **pierna** break, fracture; **cráneo** fracture

fragancia *f* fragrance

fraganti: in ~ *adv* F in the act F

fragata *f* MAR frigate

frágil *adj* fragile

fragilidad *f* fragility; **de condición física** frailty

fragmentación *f* fragmentation

fragmentar ⟨1a⟩ *v/t* fragment; **fragmentarse** *v/r* fragment

fragmentario *adj* fragmentary

fragmento *m* fragment; **extracto de novela**, **poema** excerpt, extract

fragor *m* clamor, *Br* clamour, din

fragoroso *adj* deafening

fragoso *adj* **terreno** rough, uneven; **montaña** rocky; **bosque** dense

fragua *f* forge

fraguar ⟨1i⟩ **I** *v/t* **1** forge **2** **plan** devise; **complot** hatch **II** *v/i* **de cemento** set; **fraguarse** *v/r* **de proyecto**, **sistema** take shape; **de revuelta**, **revolución** brew

fraile *m* friar, monk

frambuesa *f* raspberry

frambueso *m* raspberry cane

francachela *f* F binge F

francamente *adv* **1** (*sinceramente*) frankly **2** (*realmente*) really

francés I *adj* French **II** *m* **1** Frenchman **2** *idioma* French

francesa *f* Frenchwoman

franchute *m/f & adj desp* F Frog *desp* F

Francia *f* France

franciscano REL **I** *adj* Franciscan **II** *m*, **-a** *f* Franciscan

francmasón *m* freemason

francmasonería *f* freemasonry

franco I *adj* **1** (*sincero*) frank **2** (*evidente*) distinct, marked **3** COM free **4** *L.Am.* **estar ~** have a day off (work) **II** *m* **moneda** franc

◇ **franco en almacén** ex warehouse; **franco en fábrica** ex works; **franco de porte** carriage free

francófilo I *adj* Francophile **II** *m*, **-a** *f* Francophile

francófobo I *adj* Francophobe **II** *m*, **-a** *f* Francophobe

francófono I *adj* French-speaking **II** *m*, **-a** *f* French-speaker

francotirador *m*, **~a** *f* sniper

franela *f* **1** flannel **2** *Rpl* (*trapo del polvo*) duster

franja *f* **1** (*orilla*) fringe **2** **de tierra** strip

◇ **franja horaria** TV time slot

franqueable *adj* passable

franquear ⟨1a⟩ *v/t* **1** *carta* pay the postage on; **sin ~** unstamped; **a ~ en destino** postage paid **2** *camino*, *obstáculo* clear; **franquearse** *v/r* open up, open one's heart (**con** to)

franqueo *m* postage; **sin gastos de ~** postage paid

franqueza *f* frankness; **con toda ~**, **...** quite frankly, ..., to be perfectly frank, ...

franquicia *f* **1** (*exención*) exemption **2** COM franchise

◇ **franquicia postal** free postage

franquiciado *m*, **-a** *f* COM franchisee

franquiciador *m*, **~a** *f* COM franchisor

franquismo *m* HIST Francoism

franquista HIST **I** *adj* supporting Franco, pro-Franco **II** *m/f* Franco supporter

frasco *m* bottle

frase *f* phrase; (*oración*) sentence

◇ **frase hecha** set phrase

fraseo *m* MÚS phrasing

fraseología *f* phraseology

fraternal *adj* brotherly

fraternidad *f* brotherhood, fraternity

fraternizar ⟨1f⟩ *v/i* POL fraternize

fratricida *m/f* fratricide

fratricidio *m* fratricide

fraude *m* fraud

◇ **fraude electoral** election *o* electoral fraud

◇ **fraude fiscal** tax evasion, tax fraud

fraudulento *adj* fraudulent

fray *m* REL friar, brother; *Fray Juan* Brother Juan

frazada *f L.Am.* blanket

freático *adj*: *aguas -as* ground water; *capa -a* water table

frecuencia *f* frequency; *con ~* frequently
◊ **frecuencia modulada** RAD frequency modulation

frecuentado *adj* popular

frecuentar ⟨1a⟩ *v/t* frequent

frecuente *adj* frequent; (*común*) common

frecuentemente *adv* often, frequently

freezer *m L.Am.* freezer

fregadero *m* sink

fregado I *adj L.Am.* annoying II *m* 1 *de platos* washing; *del suelo* mopping; *frotando* scrubbing 2 F (*lío*) mess; *meterse en un buen ~ fig* F get into a fine mess F

fregaplatos *m inv* ☞ **friegaplatos**

fregar ⟨1h & 1k⟩ *v/t* 1 *platos* wash; *suelo* mop; *frotando* scrub 2 *L.Am.* F (*molestar*) bug F

fregasuelos *m inv* ☞ **friegasuelos**

fregón I *adj* annoying II *m L.Am.* F nuisance, pain in the neck F

fregona *f* 1 mop 2 *L.Am.* F nuisance, pain in the neck F

freidora *f* deep fryer

freidura *f* frying

freír ⟨3m; *part frito*⟩ *v/t* 1 fry 2 F (*matar*) waste P

frenada *f esp L.Am.* *dar una ~* F slam the brakes on, hit the brakes F

frenado *m* braking

frenar ⟨1a⟩ I *v/i* AUTO brake; *~ en seco* brake sharply II *v/t fig* slow down; *impulsos* check; *frenarse v/r fig* control o.s.

frenazo *m*: *pegar o dar un ~* F slam the brakes on, hit the brakes F

frenesí *m* frenzy

frenético *adj* frenetic

freno *m* brake; *poner ~ a algo fig* curb sth, check sth
◊ **freno de disco** disc brake; **freno de mano** parking brake, *Br* handbrake; **freno de tambor** drum brake

frente I *f* forehead; *con la ~ alta / erguida fig* with (one's) head held high; *lo lleva escrito en la ~ fig* it's written all over him

II *m* 1 MIL, METEO front 2 *en locuciones*: *de ~ colisión* head-on; *de ~ al grupo L.Am.* facing the group; *foto de ~* head and shoulders photograph; *~ a ~ fig* face to face; *estar al ~ de algo* head sth, lead sth; *hacer ~ a situación* face up to; *deudas* meet, be able to pay; *ponte más al ~* move further forward, move closer to the front; *ponerse al ~ de la situación fig* take charge (of the situation)

III *prp*: *~ a* opposite; *estar ~ a crisis* be faced with, be facing
◊ **frente cálido** warm front
◊ **frente frío** cold front

fresa *f* strawberry

fresal *m* strawberry field

fresca *f* 1 cool air; *la ~ de la mañana* the cool of the morning; *de la tarde* the cool of the evening 2: *soltar una ~ a alguien* F get fresh with s.o., *Br* be cheeky to s.o.

frescales *m/f inv*: *¡eres un ~!* F you have some nerve! F

fresco I *adj* 1 cool; *conservar en lugar ~* keep cool, keep in a cool place 2 *pescado etc* fresh 3 *persona* F fresh F, *Br* cheeky F; *quedarse tan ~* F stay calm, F keep one's cool
II *m, -a f*: *¡eres un ~!* F you've got some nerve! F, *Br* you've got a cheek! F
III *m* 1 fresh air; *tomar el ~* get some fresh air 2: *hace ~* it's cool; *me trae al ~* F I couldn't *o* could care less, *Br* I couldn't care less F 3 *C.Am. bebida* fruit drink

frescor *m* freshness

frescura *f* 1 freshness; (*frío*) coolness 2 *fig* nerve

fresno *m* BOT ash tree

fresón *m* strawberry

fresquería *f L.Am.* soda fountain, store selling soda *o* soft drinks

friable *adj* friable

frialdad *f tb fig* coldness

fricasé *m* fricassee

fricativo I *adj* fricative II *f* fricative

fricción *f* TÉC, *fig* friction

friccionar ⟨1a⟩ *v/t* rub

friega *f L.Am.* hassle F, drag F

friegaplatos *inv* I *m* dishwasher II *m/f* dishwasher

friegasuelos *m inv* 1 floor cleaner 2 *utensilio* floor mop

frigider *m Andes* icebox, fridge
frigidez *f* frigidity
frígido *adj* frigid
frigorífico I *adj* refrigerated **II** *m* fridge
frigorista *m/f* refrigeration engineer
fríjol, frijol *m L.Am.* bean
frío I *adj tb fig* cold; *quedarse* ~ get cold; *fig* be astonished **II** *m* cold; *hace* ~ it's cold; *tener* ~ be cold; *pillar o Esp tb coger* ~ catch cold
friolento *L.Am.* ☞ **friolero**
friolera *f irón*: *gana la* ~ *de 2 millones al mes* he earns a cool 2 million a month
friolero *adj*: *es* ~ he feels the cold
frisar ⟨1a⟩ *v/i*: ~ *en los setenta fig* be getting on for seventy
friso *m* ARQUI frieze
fritada *f*: *una* ~ *de cerdo para mí, por favor* (a piece of) fried pork for me, please
fritanga *f desp* fried food, greasy food
fritar ⟨1a⟩ *v/t L.Am.* fry
frito I *part* ☞ **freír II** *adj* **1** GASTR fried **2**: *estar* ~ F be dead to the world F; *quedarse* ~ F fall asleep, crash F; **3**: *los vecinos me traen* ~ F I'm sick to death of the people next door F **III** *mpl*: ~*s* fried food *sg*
fritura *f* ☞ **fritada**
frivolidad *f* frivolity
frivolizar ⟨1f⟩ *v/t tema* trivialize
frívolo *adj* frivolous
fronda *f* leaves *pl*, foliage; *de helecho* frond
frondosidad *f* leafiness
frondoso *adj* leafy
frontal I *adj* **1** frontal; *ataque etc* head-on **2** (*delantero*) front *atr* **II** *m* **1** ANAT frontal bone **2** *de coche* front end
frontera *f* border; *fig* boundary, dividing line; *no hay* ~*s para su ambición* his ambition knows no bounds
fronterizo *adj* border *atr*
frontis *m inv* façade
frontispicio *m* **1** ARQUI façade **2** *de libro* frontispiece
frontón *m* DEP **1** *pelota* **2** *cancha* pelota court; *pared* fronton
frotar ⟨1a⟩ *v/t* rub; **frotarse** *v/r* rub; ~ *las manos* rub one's hands; *fig* rub one's hands with glee
frotis *m* MED Pap test, smear
fructífero *adj* fruitful, productive

fructificar ⟨1a⟩ *v/i* bear fruit
fructosa *f* fructose
fructuoso *adj fig* fruitful
frugal *adj persona* frugal
frugalidad *f* frugality
fruición *f* delight; *con* ~ with delight, delightedly
frunce *m* gather
fruncimiento *m de material* gathering; ~ *del entrecejo o de ceño* frown; *a juzgar por el* ~ *de boca* judging by his pursed lips
fruncir ⟨3b⟩ *v/t material* gather; ~ *el ceño* frown
fruslería *f* knick-knack, trinket
frustración *f* frustration
frustrante *adj* frustrating
frustrar ⟨1a⟩ *v/t persona* frustrate; *plan* thwart; **frustrarse** *v/r* **1** get frustrated **2** *de plan* fail
fruta *f* fruit
◊ **fruta bomba** *Cu* papaya
◊ **fruta del tiempo** seasonal fruit
frutal I *adj* fruit *atr* **II** *m* fruit tree
frutera *f Rpl* fruit bowl
frutería *f* fruit store, *Br* greengrocer's
frutero I *adj* fruit *atr* **II** *m* fruit bowl
frutícola *adj* fruit-growing *atr*
fruticultor *m*, ~*a f* fruit grower
fruticultura *f* fruit growing
frutilla *f S.Am.* strawberry
fruto *m tb fig* fruit; *nuez, almendra etc* nut; *dar* ~(*s*) *tb fig* bear fruit
◊ **frutos del mar** seafood *sg*
◊ **frutos secos** nuts
fu: *ni* ~ *ni fa* F so-so
fuagrás *m* liver pâté
fucsia I *adj inv* fuchsia **II** *m* fuchsia **III** *f* BOT fuchsia
fue *vb* ☞ **ir, ser**
fuego *m* **1** fire; *pegar o prender* ~ *a* set fire to; *jugar con* ~ *fig* be playing with fire **2**: *a* ~ *lento / vivo cocinar* over a low / high heat *o* flame **3**: *¿tienes* ~? *para cigarro* do you have a light? **4**: *romper o abrir el* ~ MIL open fire; *estar entre dos* ~*s fig* be between a rock and a hard place
◊ **fuego cruzado** crossfire; **fuego fatuo** will-o'-the-wisp; **fuego de Santelmo** St Elmo's fire; **fuegos artificiales** fireworks
fuel(-oil) *m* fuel oil
fuelle *m* bellows *pl*; *perder* ~ *fig* F run

out of steam

fuente *f* 1 fountain; *fig* source 2 *recipiente* dish 3 INFOR font 4 *L.Am. bar* soda fountain

fuera I *vb* ☞ **ir, ser**

II *adv* outside; (*en otro lugar*) away; (*en otro país*) abroad; **por ~** on the outside; **de ~** *de otro departamento, cuerpo de policía etc* from outside, outside *atr*; *de otro lugar* strange; *persona* stranger; *de otro país* foreign; *persona* foreigner; **¡~!** get out!

III *prp*: **~ de** outside; **¡sal ~ de aquí!** get out of here!; **está ~ del país** he's abroad, he's out of the country; **~ de eso** aside from that, apart from that; **estar ~ de sí** be beside o.s.

◇ **fuera de juega** DEP offside; **estar en ~** be offside

fueraborda *m* outboard motor; *barca* boat with an outboard motor

fuereño *m*, **-a** *f Méx* stranger

fuero *m*: **en el ~ interno** deep down

fuerte I *adj* 1 strong 2 *dolor* intense; *lluvia* heavy 3 *aumento* sharp 4 *ruido* loud 5: **estoy ~ en idiomas** I'm good at languages 6 *fig* P incredible F; **¡qué ~!**, **¡esto es muy ~!** F God, this is awful! F

II *adv* hard; **hablar ~** speak loudly; **jugar ~** bet heavily

III *m* MIL fort; **hacerse ~** dig o.s. in

fuerza *f* 1 strength; **hacer ~** try hard, make an effort; **hacer ~ a alguien** put pressure on s.o., pressure s.o.; **sacar ~s de flaqueza** make a superhuman effort; **cobrar ~** *fig* gather *o* gain strength 2 (*violencia*) force; **este domingo voy a tener que trabajar a la ~ o por ~** I have no choice *o* option but to work this Sunday 3 EL power 4: **la ~ de la costumbre** force of habit; **a ~ de ...** by (dint of) 5: **~ es reconocer que ...** it has to be admitted that ...

◇ **fuerza aérea** air force; **fuerza bruta** brute force; **fuerza física** physical strength; **fuerza de gravedad** force of gravity; **fuerza mayor** JUR force majeure; *en seguro* act of God; **fuerza pública** police *pl*, police force; **fuerza de reacción rápida** rapid deployment force; **fuerza de voluntad** willpower;

fuerzas armadas armed forces; **fuerzas de orden público** police *pl*, police force; **fuerzas de seguridad** security forces

fuese *vb* ☞ **ir, ser**

fuet *m* dried sausage from Catalonia

fuetazo *m L.Am.* lash

fuete *m L.Am.* whip

fuga *f* 1 escape; **~ masiva** mass escape; **darse a la ~** flee 2 *de gas, agua* leak ◇ **fuga de capitales** flight of capital ◇ **fuga de cerebros** brain drain

fugacidad *f* fleetingness, fleeting nature

fugarse ⟨1h⟩ *v/r* run away; *de la cárcel* escape

fugaz *adj fig* fleeting

fugitivo I *adj* runaway *atr* **II** *m*, **-a** *f* fugitive

fui *vb* ☞ **ir, ser**

fuimos *vb* ☞ **ir, ser**

fula *f Cu* dollar, buck F

fulana *f* 1 so-and-so 2 F (*prostituta*) hooker P, whore P, *Br* tart F

fulano *m* so-and-so

fular *m* scarf

fulero *adj* shoddy, slapdash

fulgor *m* brightness

fulgurante *adj fig* dazzling

fulgurar ⟨1a⟩ *v/i* shine; *de foco, mirada* blaze

fullería *f* 1 (*trampa*) trick; **hacer ~s** cheat (**a alguien** s.o.) 2 (*astucia*) cunning

fullero I *adj* deceitful **II** *m*, **-a** *f* cheat

fulminante I *adj* 1 *enfermedad* sudden 2 *mirada* withering **II** *m* percussion cap

fulminar ⟨1a⟩ *v/t*: **lo fulminó un rayo** he was killed by lightning; **~ a alguien con la mirada** look daggers at s.o. F

fumadero *m*: **~ de opio** opium den

fumador I *adj*: **las personas ~as** smokers **II** *m*, **~a** *f* smoker; **no ~** non-smoker

fumar ⟨1a⟩ **I** *v/t* smoke **II** *v/i* smoke; **prohibido ~** no smoking; **~ en pipa** smoke a pipe; **fumarse** *v/r* 1 smoke 2 *dinero* F blow F 3: **~ una clase** F skip a class

fumigación *f* fumigation

fumigar ⟨1h⟩ *v/t* fumigate

fumo *m Rpl* F (*maría*) dope F

funámbulo *m*, **-a** *f* tightrope walker

función *f* 1 purpose, function 2 *en el trabajo* duty 3: **en funciones** acting; **en-**

trar en funciones take office **4** TEA
performance **5**: *en ~ de* according to
◇ **función matinal** TEA matinée
funcional *adj* functional
funcionalidad *f* functional nature; *de
software* functionality; *una lavadora
de excelente~* an extremely functional
washing machine
funcionamiento *m* working; *en (perfecto) estado de~* in (perfect) working
order
funcionar ⟨1a⟩ *v/i* work; *no funciona*
out of order
funcionariado *m* government employees *pl*, civil servants *pl*
funcionario *m*, *-a f* **1** government employee, civil servant **2** *L.Am.* (*empleado*) employee
funda *f* cover; *de gafas* case; *de almohada* pillowcase; *~ portadocumentos*
credit card holder
fundación *f* foundation; *acto* foundation, founding
fundacional *adj* founding *atr*
fundador *m*, *~a f* founder
fundamental *adj* fundamental
fundamentalismo *m* fundamentalism
fundamentalista I *adj* fundamentalist **II**
m/f fundamentalist
fundamentalmente *adv* essentially
fundamentar ⟨1a⟩ *v/t* base (*en* on); **fundamentarse** *v/r de teoría, argumento,
éxito* be based (*en* on)
fundamento *m* **1** foundation; *carecer
de ~* lack foundation, be groundless
2: *~s pl* (*nociones*) fundamentals
fundar ⟨1a⟩ *v/t fig* base (*en* on); **fundarse** *v/r* be based (*en* on)
fundición *f* **1** *acción* smelting **2** *fábrica*
foundry
fundido I *adj hierro, acero* molten **II** *m
en TV, película* fade
◇ **fundido en negro** fade-out, fade (to
black)
fundir ⟨3a⟩ *v/t* **1** *hielo* melt **2** *metal* smelt
3 COM merge **4** *en TV, película* fade;
fundirse *v/r* **1** melt **2** *de bombilla* fuse;
de plomos blow **3** COM merge **4** *L.Am.
fig: de empresa* go under
fúnebre *adj* funeral *atr; fig: ambiente*
gloomy
funeral I *adj* funeral *atr* **II** *m* funeral;
(*honras fúnebres*) memorial service
funerala *f*: *a la~* MIL reversed; *ojo a la~*

black eye
funeraria *f* funeral parlor, *Br* undertaker's
funerario *adj* funeral *atr*; *empresa -a*
funeral director
funesto *adj* disastrous
fungir ⟨3c⟩ *v/i Méx*: *~ como* act as
funicular *m* funicular; (*teleférico*) cable
car
furcia *f* P whore P
furgón *m* van; FERR boxcar, *Br* goods
van
◇ **furgón de cola** caboose, *Br* guard's
van; *ser el ~ de algo* be last in sth
◇ **furgón de equipajes** baggage car,
Br luggage van
furgoneta *f* van
furia *f* fury; *ponerse hecho una ~* get
into a fury *o* rage
furibundo *adj* furious
furioso *adj* furious
furor *m*: *hacer ~ fig* be all the rage F
◇ **furor uterino** nymphomania
furtivo *adj* furtive
furúnculo *m* MED boil
fusa *f* MÚS thirty-second note, *Br* demisemiquaver
fuselaje *m* fuselage
fusible *m* EL fuse
fusil *m* rifle
◇ **fusil ametrallador** machine gun; **fusil de asalto** assault rifle; **fusil automático** automatic (rifle); **fusil de repetición** repeater
fusilamiento *m* execution (*by firing
squad*)
fusilar ⟨1a⟩ *v/t* **1** shoot **2** *fig* F (*plagiar*)
lift F
fusilero *m* HIST fusilier
fusión *f* **1** FÍS fusion **2** COM merger
◇ **fusión nuclear** nuclear fusion
fusionar ⟨1a⟩ *v/t* COM, *equipos, partidos
políticos* merge; *~ fuerzas* join forces;
fusionarse *v/r* merge
fusta *f* riding crop
fuste *m* **1** ARQUI shaft **2** *fig* importance,
significance; *de~ fig* important, of consequence
fustigar ⟨1h⟩ *v/t* whip
futbito *m* indoor five-a-side soccer, *Br
tb* five-a-side football
futbol *m Méx* ☞ *fútbol*
fútbol *m* soccer, *Br tb* football
◇ **fútbol americano** football, *Br tb*

American football
◇ **fútbol sala** indoor five-a-side soccer *o Br tb* football
futbolín *m* Foosball®, table football
futbolista *m/f* soccer player, *Br tb* footballer, *Br tb* football player
futbolístico *adj* soccer *atr*, *Br tb* football *atr*
fútil *adj* trivial

futilidad *f* triviality
futón *m* futon
futre *m Chi* dandy
futurible *adj* possible
futurismo *m* futurism
futuro I *adj* future *atr* **II** *m* future; **en el ~** in (the) future
futurología *f* futurology
futurólogo *m*, **-a** *f* futurologist

G

g. *abr* (= **gramo(s)**) gr(s) (= gram(s))
gabacho *m*, **-a** *f* F *desp* **1** Frog F, Frenchie F **2** *Méx* (*yanqui*) Yank
gabán *m* overcoat
gabardina *f* **1** *prenda* raincoat **2** *material* gabardine
gabarra *f* MAR barge
gabela *f* tax
gabinete *m* **1** (*despacho*) office; **en una casa** study **2** POL cabinet **3** *L.Am. de médico* office, *Br* surgery
◇ **gabinete de crisis** POL crisis cabinet
◇ **gabinete en la sombra** POL shadow cabinet
Gabón *m* Gabon
gacela *f* ZO gazelle
gaceta *f* gazette
gacetilla *f* short news story
gachas *fpl* porridge *sg*
gachí *f* P chick F, *Br tb* bird F
gacho *adj* **1** turned downward; **con las orejas -as** ashamed; **con la cabeza -a** hanging one's head **2** *Méx* F (*cutre*) ugly, horrible
gachó *m* P guy F
gachupín *m Méx desp* Spaniard
gacilla *f C.Am.* safety pin
gaditano *adj* of / from Cadiz, Cadiz *atr*
gaélico *adj* Gaelic
gafar ⟨1a⟩ *v/t* F jinx
gafas *fpl* glasses; **llevar ~** wear glasses
◇ **gafas de alta graduación** strong glasses; **gafas de buceo** diving goggles; **gafas de lectura** reading glasses; **gafas de sol** sunglasses
gafe I *adj* jinxed **II** *m* jinx **III** *m/f*: **es un ~** he's jinxed
gafotas *m/f fig* four-eyes *sg* F
gag *m* gag

gaita *f* MÚS bagpipes *pl*; **templar ~s** F tread carefully; **estar de ~** be happy
gaitero *m*, **-a** *f* piper
gajes *mpl*: **~ del oficio** *irón* occupational hazards
gajo *m* segment
GAL *mpl abr* (= **Grupos Antiterroristas de Liberación**) anti-ETA death squads
gala[1] *f* gala; **traje de ~** formal dress; **vestirse de ~** wear formal dress; **función de ~** gala event; **hacer ~ de** show off; **tener algo a ~** pride o.s. on sth
gala[2] *f* (*francesa*) Frenchwoman
galán *m* **1** *actor* leading man **2** F (*hombre guapo*) gorgeous *o* cute guy F
◇ **galán de noche** *mueble* valet
galante *adj* gallant
galanteo *m* wooing
galápago *m* ZO turtle
galardón *m* award
galardonado I *adj* prize-winning, award-winning **II** *m*, **-a** *f* prizewinner, award winner
galardonar ⟨1a⟩ *v/t*: **fue galardonado con ...** he was awarded ...
galaxia *f* galaxy
galeno *m* F doctor
galeón *m* HIST galleon
galeote *m* HIST galley slave
galera *f* HIST galley
galerada *f* TIP galley proof
galería *f* gallery; **para la ~**, **de cara a la ~** *fig* for *o* to the gallery
◇ **galería de arte** art gallery
◇ **galería comercial** shopping mall
galerista *m/f* gallery owner
galerna *f* strong north-west wind (*that blows on the north coast of Spain*)
galés I *adj* Welsh **II** *m* **1** Welshman; **los**

galeses the Welsh **2** *idioma* Welsh
Gales *m*: (*País de*) ~ Wales
galesa *f* Welshwoman
galgo *m*, -a *f* greyhound
gálibo *m* **1** gauge, gage **2**: *luces de* ~ AUTO marker lamps, clearance lamps
galimatías *m* gibberish
gallardía *f* gallantry
gallardo *adj* gallant
gallego I *adj* **1** Galician **2** *Rpl* F Spanish **II** *m*, -a *f* **1** Galician **2** *Rpl* F Spaniard **III** *m idioma* Galician
gallera *f L.Am.* cockpit
galleta *f* **1** cookie, *Br* biscuit **2** *Méx* F strength
gallina I *f* hen; *matar la* ~ *de los huevos de oro* kill the goose that lays the golden eggs **II** *m/f* F chicken
◇ **gallina ciega** blind man's bluff *o Br* buff
gallinazo *m L.Am.* turkey buzzard
gallinero *m* henhouse
gallo *m* **1** ZO rooster, *Br* cock; *en menos que canta un* ~ in an instant, in no time at all; *otro* ~ *le cantaría si* it would be different if; *alzar o levantar el* ~ *fig* get on one's high horse **2**: *soltó un* ~ F his voice cracked
◇ **gallo de pelea** fighting cock, game cock
galo *m* (*francés*) Frenchman
galón *m* **1** *adorno* braid **2** MIL stripe **3** *medida* gallon
galopada *f* gallop
galopante *adj* galloping
galopar ⟨1a⟩ *v/i* gallop
galope *m* gallop; *a(l)* ~ at a gallop; *a* ~ *tendido* at full gallop; *fig* in a mad rush
galpón *m* **1** *L.Am.* large shed **2** *Carib* HIST slave quarters *pl*
galvanizar ⟨1f⟩ *v/t* galvanize
galvanoplastia *f* electroplating
gama *f* **1** *de tonalidades* range **2** MÚS scale
gamba *f* ZO, GASTR shrimp, *Br* prawn
gamberrada *f*: *las* ~*s de los vecinos* the neighbors' loutish behavior; *el accidente ferroviario pudo ser debido a una* ~ the rail crash may be due to (an act of) vandalism
gamberrear ⟨1a⟩ *v/i* behave like a lout
gamberrismo *m* loutishness
gamberro *m*, -a *f* lout, troublemaker
gambito *m* gambit

gameto *m* BIO gamete
gamín *m*, -ina *f Col* street kid
gamo *m* ZO fallow deer
gamonal *m Pe, Bol desp* chief
gamulán *m Rpl* sheepskin coat
gamuza *f* ZO, *piel* chamois
gana *f* **1**: *no me da la* ~ I don't want to; *hace lo que le da la* ~ he does what he likes, he does as he pleases; *... me da* ~*s de ... ...* makes me want to ...; *tener* ~*s de algo / de hacer algo* feel like sth / like doing sth; *quedarse con las* ~*s* never get (the chance) to do sth **2** (*voluntad*): *de mala* ~ unwillingly, grudgingly; *de buena* ~ willingly
◇ **gana(s) de comer** appetite
ganadería *f* stockbreeding
ganadero I *adj* (*del ganado*) cattle *atr*; (*de la ganadería*) stockbreeding *atr* **II** *m*, -a *f* stockbreeder
ganado *m* cattle *pl*
◇ **ganado bovino** cattle *pl*; **ganado cabrío** goats *pl*; **ganado lanar** sheep *pl*; **ganado mayor** *cattle or horses*; **ganado menor** *goats, pigs or sheep*; **ganado ovino** sheep *pl*; **ganado porcino** hogs *pl*, pigs *pl*
ganador I *adj* winning **II** *m*, -a *f* winner
ganancia *f* profit
ganancial *adj* profit *atr*; *bienes* ~*es* JUR joint possessions, joint property *sg*; *sociedad de* ~*es* joint ownership *sg* (*on marriage*)
ganar ⟨1a⟩ **I** *v/t* **1** win; *le gané cincuenta dólares* I won fifty dollars off him; ~ *a alguien* beat s.o. **2** *mediante el trabajo* earn **II** *v/i* **1** *mediante el trabajo* earn **2** (*vencer*) win; ~ *por dos sets a uno* win (by) two sets to one **3** (*mejorar*) improve; *salir ganando con algo* be better off with sth **4** (*aventajar*): *le gano en velocidad / inteligencia* I'm faster / more intelligent than him *o* than he is
ganarse *v/r* **1** earn; *te has ganado unas vacaciones* you've earned a vacation; ~ *la vida* earn one's living **2** *a alguien* win over
ganchillo *m* crochet; *hacer* ~ crochet
gancho *m* **1** hook **2** *L.Am.*, *Arg fig* F sex-appeal; *tener* ~ F *de un grupo, una campaña* be popular; *de una persona* have that certain something **3** *L.Am.* *hacer* ~ (*ayudar*) lend a hand

275

4 *L.Am.* (*grapa*) staple **5** *L.Am.* (*percha*) coat hanger
ganchudo *adj* hook-shaped; ***nariz -a*** hook nose
gandul I *adj* idle **II** *m*,**~a** *f* lazybones *sg*
gandulear ⟨1a⟩ *v/i* F loaf around F
ganga *f* bargain
ganglio *m* ANAT ganglion
gangoso *adj* nasal
gangrena *f* MED gangrene
gangrenarse ⟨1a⟩ *v/r* become gangrenous
gángster *m* gangster
ganguear ⟨1a⟩ *v/r* speak through one's nose
ganoso *adj*: ***estar ~ de algo / de hacer algo*** be dying for sth / to do sth; ***estar ~ de poder*** be hungry for power
gansada *f* F piece of nonsense; ***decir ~s*** talk nonsense
ganso *m* ZO goose; *macho* gander
ganzúa *f* picklock
gañán *m fig* oaf
gañido *m de perro* yelping; *de pájaro* cawing
gañir ⟨3h⟩ *v/i de perro* yelp; *de pájaro* caw
garabatear ⟨1a⟩ *v/i & v/t* doodle
garabateo *m* scrawl, scribble
garabato *m* doodle
garage *m L.Am.* garage
garagista *m/f L.Am.* garage attendant
garaje *m* garage; ***~ de reparaciones*** repair shop, garage
garajista *m/f* garage attendant
garante *m/f* FIN guarantor; ***salir ~*** stand surety (***de*** for)
garantía *f* guarantee
◇ **garantía por defectos** warranty against defects
garantizador *m* guarantor
garantizar ⟨1f⟩ *v/t* guarantee
garañón *m L.Am.* stallion
garapiña *f Cuba, Méx* pineapple squash
garbanzo *m* BOT chickpea; ***el ~ negro*** *fig* F the black sheep F
garbeo *m* stroll; ***darse un ~*** go for a stroll
garbo *m al moverse* grace
garboso *adj* graceful
garceta *f* ZO egret
gardenia *f* BOT gardenia
garete *m*: ***irse al ~*** *fig* F go to pot F
garfio *m* hook

gargajo *m* piece of phlegm
garganta *f* **1** ANAT throat **2** GEOG gorge
gargantilla *f* choker
gárgaras *fpl*: ***hacer ~*** gargle; ***mandar a alguien a hacer ~*** F tell s.o. to get lost F
gárgola *f* gargoyle
garita *f* sentry box
garito *m* gambling den
garra *f* **1** *de gato* claw; *de ave* talon; ***caer en las ~s de alguien*** *fig* fall into s.o.'s clutches **2**: ***tener ~*** F be compelling
garrafa *f* **1** carafe **2** *Rpl* (*bombona*) cylinder
garrafal *adj error etc* terrible
garrafón *m* demijohn
garrapata *f* ZO tick
garrapiñar ⟨1a⟩ *v/t almendras* coat in caramel
garrocha *f* **1** goad **2** *L.Am.* DEP pole; *deporte* pole-vault; ***salto con ~*** pole-vault
garrochista *m/f L.Am.* pole-vaulter
garronear ⟨1a⟩ *v/t & v/i Rpl* F scrounge F
garronero *m*, **-a** *f Rpl* F scrounger F
garrotazo *m* blow with a club, blow with a stick
garrote *m* **1** *tipo de ejecución* garrotte **2** *palo* club, stick
◇ **garrote vil** *tipo de ejecución* garrotte
gárrulo *adj persona* garrulous; *pájaro* twittering; *corriente* babbling
garúa *f L.Am.* drizzle
garuar ⟨1e⟩ *v/i L.Am.* drizzle
garza *f* ZO heron
◇ **garza real** gray *o Br* grey heron
garzón *m Rpl* (*mesero*) waiter
gas *m* **1** FÍS, QUÍM gas; ***con ~*** sparkling, carbonated; ***sin ~*** still **2**: ***~es*** *pl* MED gas *sg*, wind *sg* **3**: ***a todo ~*** flat out; ***a medio ~*** *fig* at reduced capacity; ***perder ~*** *fig* run out of steam
◇ **gas ciudad** town gas; **gas hilarante** laughing gas; **gas invernadero** greenhouse gas; **gas lacrimógeno** tear gas; **gas mostaza** mustard gas; **gas natural** natural gas; **gas nervioso** nerve gas; **gas noble** rare *o* noble gas; **gas propelente** propellant (gas); **gas tóxico** poison gas
gasa *f* gauze
gasear ⟨1a⟩ *v/t* gas
gaseosa *f* lemonade

gaseoso *adj* gaseous
gasfitero *m Pe, Bol* plumber
gasificación *f* QUÍM gasification
gasificar ⟨1g⟩ *v/t* QUÍM gasify
gasoducto *m* gas pipeline
gasoil, gasóleo *m* oil; *para motores* diesel
gasolina *f* gas, gasoline, *Br* petrol
◇ **gasolina con plomo** leaded gasoline, *Br* leaded petrol; **gasolina normal** regular (gasoline), *Br* two-star (petrol); **gasolina sin plomo** unleaded (gasoline *o Br* petrol); **gasolina súper** premium gasoline, *Br* four-star (petrol)
gasolinera *f* gas station, *Br* petrol station
gasolinero *m* gas station attendant, *Br* petrol station attendant
gasómetro *m* gasometer
gastado *adj* worn out
gastador *adj* spendthrift
gastar ⟨1a⟩ *v/t* **1** *dinero* spend; *energía, electricidad etc* use **2** (*llevar*) wear; *¿qué número gastas?* what size do you take?, what size are you? **3** (*desperdiciar*) waste **4** (*desgastar*) wear out; **gastarse** *v/r* **1** *dinero* spend **2** *de gasolina, agua* run out; *de pila* run down **3** *de ropa, zapatos* wear out
gasto *m* expense; **~s** expenses; *meterse en ~s* spend money; *cubrir ~s* cover one's costs, break even; *pagar los ~s de juicio* pay the costs; *de viaje* pay the expenses
◇ **gastos por desplazamiento** travel expenses; **gastos de mantenimiento** maintenance costs; **gastos de producción** production costs; **gastos de viaje** travel expenses
gástrico *adj* gastric; *jugos ~s* gastric juices
gastritis *f* gastritis
gastroenteritis *f* gastroenteritis
gastrointestinal *adj* gastrointestinal
gastronomía *f* gastronomy
gastronómico *adj* gastronomic
gastrónomo *m*, **-a** *f* gastronome
gata *f* **1** ZO (female) cat; *a ~s* F on all fours; *andar a ~s* F crawl **2** *Méx* servant, maid **3** *Chi para vehículo* jack
gatear ⟨1a⟩ *v/i* crawl
gatillero *m Méx* gunman; *~ a sueldo* hired gunman, hitman
gatillo *m* trigger; *apretar el ~* squeeze *o* pull the trigger
gato *m* **1** ZO cat; *aquí hay ~ encerrado* F there's something fishy going on here F; *cuatro ~s* a handful of people; *dar ~ por liebre a alguien* F con s.o. F; *llevarse el ~ al agua* *fig* F pull it off F; *~ escaldado del agua fría huye* once bitten, twice shy; *de noche todos los ~s son pardos* all cats look gray in the dark; *lavarse a lo ~* *fig* have a quick wash, have a cat lick **2** AUTO jack **3** *Méx* (*tres en raya*) tick-tack-toe, *Br* noughts and crosses *sg*
◇ **gato montés** ZO wild cat
gatuno *adj* feline, cat *atr*
gaucho *Rpl* **I** *adj* gaucho *atr* **II** *m* gaucho
gaveta *f* drawer
gavia *f* MAR topsail
gavilán *m* ZO sparrowhawk
gaviota *f* (sea)gull
gay **I** *adj* gay **II** *m* gay (man)
gayola *f Rpl* F slammer F
gayuba *f* BOT bearberry
gayumbos *mpl* F shorts, *Br* underpants
gazapo *m* **1** ZO young rabbit **2** F (*equivocación*) boo-boo F
gazmoño **I** *adj* **1** (*recatado*) prudish **2** (*santurrón*) sanctimonious **II** *m*, **-a** *f* **1** (*recatado*) prude **2** (*santurrón*) sanctimonious person
gaznápiro **I** *adj* dumb **II** *m*, **-a** *f* dimwit, dummy F
gaznate *m* gullet
gazpacho *m* gazpacho (*cold soup made with tomatoes, peppers, garlic etc*)
géiser *m* geyser
gel *m* gel
◇ **gel de baño** bath gel
gelatina *f* **1** gelatin(e) **2** GASTR Jell-O®, *Br* jelly
gelatinoso *adj* gelatinous
gélido *adj* icy
gelificar ⟨1g⟩ *v/t* set; **gelificarse** *v/r* set
gema *f* gem
gemebundo *adj fml* groaning
gemelo **I** *adj* **1** twin *atr*; *hermano ~* twin brother **II** *mpl*: *~s* **1** twins **2** *de camisa* cuff links **3** (*prismáticos*) binoculars
gemido *m* moan, groan
Géminis *m/f inv* ASTR Gemini
geminiano *L.Am.* ASTR **I** *adj* Gemini; *soy ~* I'm (a) Gemini **II** *m*, **-a** *f* Gemini
gemir ⟨3l⟩ *v/i* moan, groan

gemología *f* gemology
gen *m* gene
genciana *f* BOT gentian
gendarme *m* gendarme
gendarmería *f* gendarmerie
genealogía *f* genealogy
genealógico *adj*: **árbol ~** family tree
generación *f* generation
generacional *adj* generation *atr*; **conflicto ~** generation gap; **cambio** *o* **relevo ~** passage from one generation to the next
generador I *adj*: **ser ~ de algo** generate sth II *m* EL generator
general I *adj* general; **en ~** in general; **por lo ~** usually, generally II *m* general
generalidad *f* 1 (*mayoría*) majority 2 (*vaguedad*) general nature
generalización *f* generalization
generalizador *adj* general; **afirmación** sweeping, general
generalizar ⟨1f⟩ I *v/t* spread II *v/i* generalize; **generalizarse** *v/r* spread
generalmente *adv* generally
generar ⟨1a⟩ *v/t* generate
generativo *adj* generative
generatriz *f* MAT generatrix
genérico *adj* generic; **nombre ~** BIO generic name
género *m* 1 (*tipo*) type 2 PINT, *de literatura* genre; **pintura de ~** genre painting 3 GRAM gender 4 COM goods *pl*, merchandise 4 BIO genus; **el ~ humano** the human race
◇ **géneros de punto** knitwear *sg*
generosidad *f* generosity
generoso *adj* 1 *persona* generous 2 *vino* full-bodied
génesis *f* genesis
Génesis *m* Genesis
genética *f* genetics *sg*
genéticamente *adv* genetically; **~ alterado** *o* **manipulado** *o* **modificado** genetically altered *o* engineered *o* modified
genético *adj* genetic
genetista *m/f* geneticist
genial *adj* brilliant; F (*estupendo*) fantastic F, great F; **lo pasamos ~** F we had a fantastic F *o* a great F time
genialidad *f* brilliance
génico *adj* BIO gene *atr*; **terapia -a** gene therapy
geniecillo *m* elf

genio *m* 1 *talento*, *persona* genius 2 (*carácter*) temper; **tener mal ~** be bad-tempered; **estar de buen / mal ~** be in a good / bad mood
genital *adj* genital; **órgano ~** genital organ
genitales *mpl* genitals
genitivo *m* GRAM genitive
genocidio *m* genocide
genoma *m* BIO genome
Génova *f* Genoa
gente *f* 1 people *pl*; **buena ~** good *o* respectable people *pl*; **ser buena ~** be nice; **la ~ mayor** grown-ups *pl*; *ancianos* elderly people *pl*, old people *pl*; **mi ~** my family 2 *L.Am.* (*persona*) person
◇ **gente bien** well-off *o* well-to-do people *pl*; **gente de bien** good *o* respectable people *pl*; **gente bonita** *Méx*, **gente guapa** beautiful people *pl*; **gente menuda** children *pl*
gentil *adj* 1 kind, courteous 2 REL Gentile
gentileza *f* kindness; **por ~ de** by courtesy of
gentilhombre *m* gentleman
gentilicio *m* word used to indicate nationality or regional origin
gentilmente *adv* kindly
gentío *m* crowd
gentuza *f* rabble
genuflexión *f* genuflection
genuino *adj* genuine, real
GEO *m abr* (= **Grupo Especial de Operaciones**) SWAT team
geodesia *f* geodesy
geodésico *adj* geodesic
geofísica *f* geophysics *sg*
geografía *f* geography; **en toda la ~ española** all over Spain
geográfico *adj* geographical
geógrafo *m*, **-a** *f* geographer
geología *f* geology
geológico *adj* geological
geólogo *m*, **-a** *f* geologist
geometría *f* geometry
geométrico *adj* geometric, geometrical
geopolítica *f* geopolitics *sg*
geotérmico *adj* geothermal
geranio *m* BOT geranium
gerbera *f* BOT gerbera
gerencia *f* 1 management 2 *oficina* manager's office 3 *tiempo* time as manager

gerenciar ⟨1b⟩ v/t *L.Am.* manage
gerente m/f manager
geriatra m/f geriatrician
geriatría f geriatrics *sg*
geriátrico *adj* geriatric; **centro ~** old people's home
gerifalte m ZO gyrfalcon; F bigwig F
germánico *adj* Germanic
germano I *adj* Germanic II m, -a f German
germen m germ
◇ **gérmenes de trigo** *pl* wheatgerm *sg*
germinación f germination
germinal *adj* germinal; **célula ~** germ cell
germinar ⟨1a⟩ v/i tb fig germinate
gerontocracia f POL gerontocracy
gerontología f gerontology
gerontólogo m, -a f gerontologist
gerundense *adj* of / from Gerona, Gerona *atr*
gerundio m GRAM gerund
gesta f heroic deed; **cantar de ~** chanson de geste, epic poem
gestación f gestation; **en avanzado estado de ~** heavily pregnant; **en ~** fig in gestation
gestante f expectant mother
gestarse ⟨1a⟩ v/r: **se está gestando una rebelión** a rebellion is brewing; **se está gestando un nuevo plan** a new plan is being developed
gesticulación f gesticulation
gesticular ⟨1a⟩ v/i gesticulate
gestión f 1 management; **mala ~** mismanagement, poor management 2: **gestiones** *pl* (*trámites*) formalities, procedure *sg*; **hacer gestiones** attend to some business
◇ **gestión de empresa, gestión empresarial** business management; **gestión de patrimonios** asset management; **gestión de residuos** waste management; **gestión de sistemas** INFOR systems administration
gestionar ⟨1a⟩ v/t 1 *trámites* take care of 2 *negocio* manage
gesto m 1 *movimiento* gesture; **hacer~s** gesture, make gestures 2 (*expresión*) expression; **torcer el ~** make a face, Br pull a face
gestor m, ~a f *Esp person who works in a gestoría*
◇ **gestor de redes** INFOR network administrator
gestoría f *Esp agency offering clients help with official documents*
gestual *adj:* **lenguaje ~** sign language
giba f hump, hunch
gibar ⟨1a⟩ v/t F bug F, pester F; **¿no te giba?** F would you believe it!; **gibarse** v/r F lump it F
gibón m ZO gibbon
giboso *adj* humpbacked, hunchbacked
gibraltareño *adj* Gibraltarian
gigabyte m gigabyte
gigante I *adj* giant *atr* II m giant
gigantesco *adj* gigantic
gigantismo m MED gigantism
gigoló m gigolo
gilí *adj* F dumb F, silly; **no seas ~** don't be so dumb F
gilipollas m/f inv P jerk P
gilipollez f *Esp* V bullshit V
gilipuertas m/f inv F ☞ **gilipollas**
gimió vb ☞ **gemir**
gimnasia f gymnastics *sg*; **hacer ~** do exercises
◇ **gimnasia correctiva** remedial exercises *pl*; **gimnasia preparto** antenatal exercises *pl*; **gimnasia rítmica** rhythmic gymnastics *sg*
gimnasio m gym
gimnasta m/f gymnast
gimnástico *adj* gymnastic
gimo vb ☞ **gemir**
gimotear ⟨1a⟩ v/i whine, whimper
gimoteo m whining, whimpering
gincana f gymkhana
ginebra f gin
Ginebra f Geneva
ginebrino *adj* Genevan
ginecología f gynecology, Br tb gynaecology
ginecológico *adj* gynecological, Br tb gynaecological
ginecólogo m, -a f gynecologist, Br tb gynaecologist
gingivitis f gingivitis
gin-tonic m gin and tonic, G and T F
gira f tour
girador m, ~a f drawer
girar ⟨1a⟩ I v/i 1 (*dar vueltas, torcer*) turn; **~ a la derecha / izquierda** turn to the right / left; *de coche, persona* turn right / left, take a right / left 2 *alrededor de algo* revolve; **~ en torno a algo** fig revolve around sth II v/t COM

golf

transfer
girasol *m* BOT sunflower
giratorio *adj* revolving
giro *m* 1 turn; ~ *a la derecha / izquierda* right / left turn; POL shift to the right / left 2 GRAM idiom
◇ **giro postal** COM money order
gis *m L.Am.* chalk
gitano I *adj* gypsy *atr* II *m*, -a *f* gypsy
glaciación *f* GEOL glaciation
glacial *adj* icy; *período o época* ~ Ice Age
glaciar I *adj*: *lago* ~ glacier lake II *m* glacier
gladiador *m* HIST gladiator
gladiola *f Méx* BOT gladiolus
gladíolo, gladiolo *m* BOT gladiolus
glamoroso *adj* glamorous
glamour *m* glamor, *Br* glamour
glamuroso *adj* glamorous
glande *m* ANAT glans *sg*
glándula *f* ANAT gland
◇ **glándula lacrimal** tear gland
◇ **glándula pituitaria** pituitary gland
glasé *m* (*tela*) *type of thick silk*
glasear ⟨1a⟩ *v/t* GASTR, *papel* glaze
glauco *adj* glaucous
glaucoma *m* MED glaucoma
glicerina *f* glycerin, glycerine
glicin(i)a *f* BOT wisteria
global *adj* 1 (*de todo el mundo*) global 2 *visión, resultado* overall; *cantidad* total
globalidad *f*: *en su* ~ in its entirety
globalización *f* globalization
globalizar ⟨1f⟩ *v/t* (*internacionalizar*) globalize
globo *m* 1 *aerostático, de niño* balloon 2 *terrestre* globe 3 DEP lob
◇ **globo aerostático** hot air balloon; **globo ocular** ANAT eyeball; **globo sonda** observation balloon; **globo terráqueo** globe
globoso *adj* globular
globular *adj* globular
glóbulo *m* globule; ANAT blood cell
gloria *f* 1 (*fama*) glory; *cubrirse de* ~ cover o.s. in glory 2 (*delicia*) delight; *saber a* ~ taste wonderful 3: *estar en la* ~ F be in seventh heaven F
gloriado *m Pe, Bol, Ecuad*: *type of punch*
glorieta *f* traffic circle, *Br* roundabout
glorificación *f* glorification
glorificar ⟨1g⟩ *v/t* glorify

glorioso *adj* glorious
glosa *f* gloss
glosar ⟨1a⟩ *v/t* gloss
glosario *m* glossary
glosopeda *f* foot-and-mouth (disease)
glotis *f* ANAT glottis
glotón I *adj* greedy, gluttonous II *m*, -ona *f* glutton
glotonear ⟨1a⟩ *v/i* stuff o.s.
glotonería *f* gluttony
glucemia *f* glycemia, *Br tb* glycaemia
glúcido *m* QUÍM glycide
glucosa *f* glucose
gluten *m* gluten
glúteo *m* gluteus
gnomo *m* gnome
gobernabilidad *f* governability
gobernable *adj* governable
gobernación *f* 1 government 2 *Méx*: *Gobernación* Department of the Interior, *Br* Home Office
gobernador I *adj* governing *atr* II *m*, ~a *f* governor
gobernanta *f* 1 *de hotel* housekeeper 2 *L.Am.* (*institutriz*) governess
gobernante *m* leader
gobernar ⟨1k⟩ *v/t & v/i* rule, govern
gobierno *m* 1 POL government 2 MAR steering
◇ **gobierno de la casa** housekeeping
◇ **gobierno en la sombra** POL shadow cabinet
gobio *m pez* gudgeon
goce *m* pleasure, enjoyment
godo I *adj* Gothic II *m*, -a *f L.Am. desp* Spaniard
gofre *m* waffle
gogó *f* go-go; (*chica*) ~ go-go dancer
gol *m* DEP goal; *marcar o meter un* ~ score (a goal); *meter un* ~ *a alguien* *fig* F put one over on s.o. F
◇ **gol del empate** tying goal, *Br* equalizer; **gol de oro** golden goal; **gol en propia meta, gol en propia puerta** own goal
gola *f* ruff
golazo *m* terrific *o* amazing goal
goleada *f* DEP F massacre F, crushing win / defeat
goleador *m*, ~a *f* DEP (goal) scorer
golear ⟨1a⟩ *v/t* beat, thrash F
golero *m*, -a *f Rpl* goalkeeper
goleta *f* MAR schooner
golf *m* DEP golf; *campo de* ~ golf course

golfa _f_ P whore P

golfante _m_ F ☞ **golfo** II

golfear ⟨1a⟩ _v/i_ **1** loaf around **2** (_meterse en líos_) get up to no good

golfillo _m_ (street) urchin

golfista _m/f_ golfer

golfito _m_ _L.Am._ mini-golf

golfo I _m_ GEOG gulf **II** _m_, **-a** _f_ good-for--nothing; _niño_ little devil

◇ **Golfo de Arica** Chile-Peru Trench; **Golfo de California** Gulf of California; **Golfo de México** Gulf of Mexico

golondrina _f_ ZO swallow; _una ~ no hace verano_ one swallow doesn't make a summer

golondrino _m_ MED _tumor in the armpit_

golosina _f_ candy, _Br_ sweet

goloso I _adj_ sweet-toothed **II** _m_, **-a** _f_ person with a sweet tooth

golpazo _m_ thump

golpe _m_ **1** knock, blow; _un duro ~ fig_ a heavy blow; _no da ~_ F she doesn't do a thing, she doesn't lift a finger **2**: _de ~_ suddenly; _de ~ y porrazo_ suddenly

◇ **golpe bajo** _en boxeo_ low punch, blow below the belt; _no invitarla fue un ~ fig_ not inviting her was a low blow _o_ a bit below the belt; **golpe de calor** heatstroke; **golpe de Estado** coup d'état; _dar un ~_ stage a coup (d'état); **golpe de fortuna** stroke of luck; **golpe franco** DEP free kick; **golpe de gracia** coup de grâce; **golpe de mar** huge wave; **golpe militar** military coup; **golpe de tos** coughing fit; **golpe de suerte** stroke of luck; **golpe de viento** gust of wind; **golpe de vista** glance

golpear ⟨1a⟩ _v/t cosa_ bang, hit; _persona_ hit; **golpearse** _v/r_: _se golpeó la cabeza_ he hit his head

golpismo _m_: _el ~ es característico de la vida política en el país_ coups (d'état) are a feature of the country's political life; _fue condenado por ~_ he was convicted of involvement in the coup (d'état)

golpista I _adj_: _un militar ~_ a participant in a military coup (d'état) **II** _m/f_ coup participant, participant in a coup (d'état)

golpiza _f_ _L.Am._ beating

goma _f_ **1** (_caucho_) rubber **2** (_pegamento_) glue **3** (_banda elástica_) elastic band, _Br_ rubber band **4** F (_preservativo_) condom, rubber P **5** _C.Am._ F hangover **6** BOT gum **7** _Méx en béisbol_ home plate **8** _CSur_ (_neumático_) tire, _Br_ tyre

◇ **goma de borrar** eraser; **goma espuma** foam rubber; **goma de mascar** chewing gum

gomina _f_ hair gel

gominola _f_ jelly bean

gomorresina _f_ gum resin

gónada _f_ BIO gonad

góndola _f_ _Chi_ bus

gong _m_ gong

gonorrea _f_ gonorrhea, _Br tb_ gonorrhoea

gordezuelo _adj_ plump

gordinflón _m_, **-ona** _f_ F fatso F

gordo I _adj_ **1** fat **2**: _me cae ~_ F I can't stand him; _se va a armar la -a_ F all hell will break loose F; _¡ésta sí que es -a!_ F this is a disaster!; _no veo ni -a_ F I can't see a damn thing F **II** _m_, **-a** _f_ fat person **III** _m_ _premio_ jackpot; _me ha caído o tocado el ~_ I've won the jackpot; _fig_ I've hit the jackpot

gorgorito _m_ trill, warble

gorgotear ⟨1a⟩ _v/i_ gurgle; _al hervir_ bubble

gorigori _m_ F wailing; _armar el ~_ F make a racket F

gorila _m_ ZO gorilla

gorjear ⟨1a⟩ _v/i de pájaro_ chirp, warble; _de niño_ gurgle

gorjeo _m_ _de pájaro_ chirping, warbling; _de niño_ gurgling

gorra _f_ cap; _de ~_ F for free F; _vivir de ~_ scrounge F

◇ **gorra de béisbol** baseball cap

◇ **gorra de plato**, **gorra visera** peaked cap

gorrinada, **gorrinería** _f_ _fig_ dirty trick

gorrinera _f_ pigpen, _Br_ pigsty

gorrino _m_ _fig_ pig

gorrión _m_ ZO sparrow

gorro _m_ **1** cap; _estar hasta el ~ de algo_ F be fed up to the back teeth with sth F **2** _en baloncesto_ block

gorrón _m_, **-ona** _f_ F scrounger F

gorronear ⟨1a⟩ _v/t & v/i_ F scrounge F

gota I _f_ drop; _ni ~_ F _de cerveza, leche etc_ not a drop; _de pan_ not a scrap; _no ver ni ~_ F not see a thing; _la ~ que colma o hace rebosar el vaso_ the last straw; _parecerse como dos ~s de agua_ be like two peas in a pod; _una ~ en el_

mar *fig* a drop in the ocean ‖ *m:* ~ **a** ~ MED drip
◇ **gota fría** cold front
gotear ⟨1a⟩ *v/i* drip; *filtrarse* leak
goteo *m* dripping
gotera *f* **1** leak **2** (*mancha*) stain
gotero *m* **1** MED drip **2** *L.Am.* (eye)-dropper
gótico I *adj* Gothic ‖ *m* ARQUI Gothic
gouache *m* gouache
gozada *f* F: *fue una* ~ it was fantastic, it was brilliant
gozar ⟨1f⟩ *v/i* **1** (*disfrutar*) enjoy o.s.; ~ **de** (*disfrutar de*) enjoy; ~**la** have a good time **2**: ~ **de** (*poseer*) have, enjoy
gozne *m* hinge
gozo *m* **1** (*alegría*) joy; *no caber en sí de* ~ be overjoyed; *mi* ~ *en un pozo* F that's the end of that!, so much for that idea! **2** (*placer*) pleasure
gozoso *adj* happy
grabación *f* recording
grabado *m* engraving
grabador *m* tape recorder
grabadora *f* tape recorder
grabar ⟨1a⟩ *v/t* **1** *en video, cinta* record **2** PINT, *fig* engrave; *el accidente quedó* ~ *en su memoria* the accident was engraved *o* etched on her memory; **grabarse** *v/r* be engraved (**en** on)
gracejo *m* wit
gracia *f* **1** (*humor*): *tener* ~ be funny; *me hace* ~ I think it's funny, it makes me laugh; *no le veo la* ~ I don't think it's funny, I don't see the joke; *tiene* ~ *que* ... it's funny that ...; *eso no tiene la menor* ~ that isn't the least *o* slightest bit funny; *¡qué* ~*!* *irón* well that's just great!
2: *dar las* ~*s a alguien* thank s.o., say thank you to s.o.; ~*s* thank you; *¡muchas* ~*s!* thank you very much, thanks very much; ~*s a* thanks to; *¡*~*s a Dios!* thank God, thank goodness; *con la entrada tienes derecho a una bebida, y* ~*s* F the ticket entitles you to one drink, and that's it
3 (*simpatía*): *le has caído en* ~ he's taken a liking to you
4: *en estado de* ~ REL in a state of grace
5 *de movimientos* gracefulness; *tener* ~ be graceful
grácil *adj* dainty

gracilidad *f* gracefulness
gracioso I *adj* funny; *¡muy* ~*!* *irón* very funny! ‖ *m* TEA comic character
gradas *fpl* DEP stands, grandstand *sg*
gradería *f* *L.Am.* stands *pl*
graderío *m* stands *pl*
grado *m* **1** degree; *de primer grado quemaduras* first-degree **2**: *de buen* ~ with good grace, readily; *de mal* ~ with bad grace, reluctantly
graduable *adj* adjustable
graduación *f* **1** TÉC *etc* adjustment **2** *de alcohol* alcohol content **3** EDU graduation **4** MIL rank; *de alta* ~ high-ranking
◇ **graduación de gafas** eyeglass prescription
graduado I *adj* **1** *aparato de medida* graduated **2** *lentes, gafas* prescription *atr* **3** EDU graduate *atr* ‖ *m*, *-a f* graduate
◇ **graduado escolar** *Esp* elementary school certificate; *persona* person with an elementary school certificate
gradual *adj* gradual
gradualmente *adv* gradually
graduar ⟨1e⟩ *v/t* **1** TÉC *etc* adjust **2**: ~ *las gafas o la vista* have one's eyes tested; **graduarse** *v/r* EDU graduate, get one's degree
graffiti *mpl* graffiti
grafía *f* spelling
gráfica *f* graph
gráfico I *adj* graphic; *artes* ~*as* graphic arts ‖ *m* **1** MAT graph **2** INFOR graphic
grafismo *m* graphic design, graphic art
grafista *m/f* graphic designer, graphic artist
grafito *m* MIN graphite
grafología *f* graphology
grafólogo *m*, *-a f* graphologist
gragea *f* tablet, pill
grajo *m* ZO rook
Gral. *abr* (= *general*) Gen (= general)
grama *f* **1** BOT Bermuda grass **2** *L.Am.* (*césped*) lawn
gramática *f* grammar; *tener mucha* ~ *parda* be worldly-wise
gramatical *adj* grammatical
gramático I *adj* grammatical ‖ *m*, *-a f* grammarian
gramíneas *fpl* BOT grasses
gramo *m* gram
gramófono *m* phonograph, *Br* gramophone

gran *short form of* **grande** *before a noun*

Gran Bretaña *f* Great Britain

grana *f* / *adj* deep red

granada *f* **1** BOT pomegranate **2** MIL grenade

◇ **granada de carga hueca** MIL dummy grenade

◇ **granada de mano** MIL hand grenade

granadilla *f* **1** BOT passionflower **2** *fruta* passion fruit

granadino I *adj* of / from Granada, Granada *atr* **II** *m,-a* *f* native of Granada

granado I *adj* **1** (*destacado*) select; **lo más ~ de** *fig* the cream of **2** (*maduro*) mature **II** *m* BOT pomegranate tree

granangular *m* wide-angle lens

granate *adj inv* dark crimson

grancanario *adj* of / from Gran Canaria, Gran Canaria *atr*

grande I *adj* **1** big, large; **el vestido me está** *o* **me viene ~** the jacket is too big for me; **el cargo le viene ~** the job is too much for him **2**: **a lo ~** in style; **pasarlo en ~** have a great time **II** *m/f* **1** *L.Am.* (*adulto*) grown-up, adult; **~s y pequeños** young and old **2** (*mayor*) eldest

◇ **grande de España** (Spanish) nobleman *o* grandee

grandeza *f* greatness

◇ **grandeza de alma** nobility

grandilocuencia *f* grandiloquence

grandilocuente *adj* grandiloquent

grandiosidad *f* grandeur

grandioso *adj* impressive, magnificent

grandullón *m,-ona* *f* F big kid F

granel *m*: **vender a ~** COM sell in bulk; **había comida a ~** F there was loads of food F

granero *m* granary

granítico *adj* granite *atr*

granito¹ *m* MIN granite

granito² *m*: **aportar su ~ de arena** *fig* do one's bit

granizada *f* hailstorm

granizado *m* type of soft drink made with crushed ice

granizar ⟨1f⟩ *v/i* hail

granizo *m* hail

granja *f* farm

◇ **granja marina** fish farm

granjearse ⟨1a⟩ *v/r* win, earn

granjero *m,-a* *f* farmer

grano *m* **1** *de café* bean; *de cereales* grain; **separar** *o* **apartar el ~ de la paja** separate the wheat from the chaff; **ir al ~** get (straight) to the point **2** *en la piel* pimple, spot

◇ **grano de uva** grape

granoso *adj* grainy

granuja *m/f* rascal

granujada *f* dirty trick

granulación *f* granulation

granuloma *m* MED granuloma

grapa *f* staple

grapadora *f* stapler

grapar ⟨1a⟩ *v/t* staple

grasa *f* **1** BIO, GASTR fat; **bajo en ~** low in fat, low-fat *atr* **2** *lubricante, suciedad* grease **3** *Méx* (*betún*) shoe polish

◇ **grasa animal** animal fat

◇ **grasa vegetal** vegetable fat

grasiento *adj* greasy, oily

graso *adj* greasy; *carne* fatty

gratén *m*: **al ~** GASTR au gratin

gratificación *f* **1** *por satisfacción* gratification **2** *a un empleado* bonus

gratificante *adj* gratifying

gratificar ⟨1g⟩ *v/t* reward; *a un empleado* give a bonus to

gratinar ⟨1a⟩ *v/t* GASTR cook au gratin

gratis *adj & adv* free

gratitud *f* gratitude

grato *adj* pleasant

gratuidad *f*: **~ de la enseñanza** / **los medicamentos** free education / medicine

gratuito *adj* free; **ser ~** *fig* be gratuitous

grava *f* gravel

gravable *adj* taxable

gravamen *m* tax

gravar ⟨1a⟩ *v/t* tax; **la casa está gravada con una hipoteca** the house is mortgaged

grave *adj* **1** serious; *tono* grave, solemn; **estar ~** be seriously ill **2** *voz* deep; *nota* low **3** LING *acento* grave

gravedad *f* **1** seriousness, gravity; **herido de ~** seriously injured **2** FÍS gravity

gravemente *adv* seriously; **~ enfermo** seriously ill

gravidez *f* pregnancy

grávido *adj* pregnant; **el útero ~** the uterus during pregnancy

gravilla *f* gravel

gravitación *f* gravitation

gravitar ⟨1a⟩ *v/i* **1** FÍS gravitate; **~ alre-**

dedor de *fig* center round, *Br* centre around **2** (*recaer*) rest (**sobre** on)

gravitatorio *adj* gravitational

gravoso *adj* expensive, costly

graznar ⟨1a⟩ *v/i de cuervo* caw; *de pato* quack; *de ganso* honk

graznido *m de cuervo* cawing; *de pato* quacking; *de ganso* honking

greca *f* frieze

Grecia *f* Greece

gregario *adj* gregarious; **instinto ~** gregariousness

gregoriano *adj* Gregorian; **canto ~** Gregorian chant

grelos *mpl* GASTR turnip greens

gremial *adj* HIST guild *atr*

gremio *m* HIST guild; *fig* F (*oficio manual*) trade; (*profesión*) profession

greña *f* **1**: **andar a la ~** F quarrel, argue **2**: **~s** messy hair *sg*

greñudo *adj* unkempt, disheveled, *Br* dishevelled

gres *m* (*arcilla*) earthenware; *para artesano* potter's clay

gresca *f* **1** (*pelea*) fight; **armar ~** start a fight **2** (*escándalo*) din, uproar

grey *f* flock

Grial *m*: **el Santo ~** the Holy Grail

griego **I** *adj* Greek **II** *m,*-a *f* Greek **III** *m idioma* Greek

grieta *f* crack

grifa *f* F dope F

grifería *f* faucets *pl, Br* taps *pl*

grifo **I** *adj Méx* F high **II** *m* **1** faucet, *Br* tap **2** *Pe* (*gasolinera*) gas station, *Br* petrol station

grifón *m* griffon

grillado *adj* F crazy, loopy F

grillarse ⟨1a⟩ *v/r* F go crazy

grillete *m* shackle, fetter

grillo *m* **1** ZO cricket **2**: **~s** *pl* shackles, fetters

grima *f* **1** *Esp*: **me da~ de ruido,** *material etc* it sets my teeth on edge; *de algo asqueroso* it gives me the creeps F **2** *Pe*: **en ~** alone

gringo *m,*-a *f L.Am. desp* gringo *desp*, foreigner

gripa *f Méx* flu

gripal *adj* MED flu *atr,* influenza *atr*

griparse ⟨1a⟩ *v/r* TÉC seize (up)

gripe *f* flu, influenza

◇ **gripe intestinal** gastric flu

griposo *adj*: **estar ~** have flu

gris **I** *adj* gray, *Br* grey **II** *m*: **~ perla** pearl gray *o Br* grey

grisáceo *adj* grayish, *Br* greyish

grisú *m* firedamp

gritar ⟨1a⟩ *v/t & v/i* shout, yell

griterío *m* shouting

grito *m* cry, shout; **dar ~s** shout; **a ~ pelado** at the top of one's voice; **pedir algo a ~s** F be crying out for sth; **poner el ~ en el cielo** hit the roof F; **el último ~ en teléfonos móviles** the last word in cell phones

grogui *adj* groggy, dazed

grosella *f* redcurrant

◇ **grosella silvestre** gooseberry

grosería *f* rudeness

grosero **I** *adj* rude **II** *m,*-a *f* rude person

grosor *m* thickness

grotesco *adj* grotesque

grúa *f* **1** crane **2** AUTO wrecker, *Br* breakdown truck

◇ **grúa flotante** floating crane

grueso **I** *adj* **1** *muro, tela* thick **2** *persona* stout **3**: **mar -a** rough sea **II** *m* thickness

grulla *f* ZO crane

grumete *m* cabin boy

grumo *m* lump

grumoso *adj* lumpy

gruñido *m* grunt; *de perro* growl

gruñir ⟨3h⟩ *v/i* **1** (*quejarse*) grumble, moan F **2** *de perro* growl; *de cerdo* grunt

gruñón **I** *adj* F grumpy **II** *m, -*ona *f* F grouch F

grupa *f* hindquarters *pl*; **volver ~s** turn back

grupo *m* group; **en ~s** in groups

◇ **grupo electrógeno** generator; **grupo parlamentario** POL parliamentary group; **grupo de presión** POL pressure group, special interest group; **grupo sanguíneo** blood group

grupúsculo *m esp* POL splinter group

gruta *f* cave; *artificial* grotto

guacamayo *m ave* macaw

guacamol, guacamole *m* guacamole

guache *m* ☞ **gouache**

guachimán *m Chi* watchman

guacho *S.Am.* **I** *adj* **1** (*sin casa*) homeless **2** (*huérfano*) orphaned **II** *m,*-a *f* **1** *sin casa* homeless person **2** (*huérfano*) orphan

guadaña *f* scythe

guadaño *m Cuba, Méx* small boat

guagua f 1 Carib, Ven, Canaries bus 2 Pe, Bol, Chi (niño) baby

guajiro m, -a f Cu peasant

guajolote m Méx, C.Am. turkey

guanábana f BOT soursop (tree)

guanaco I adj L.Am. F dumb F, stupid **II** m ZO guanaco **III** m, -a f persona idiot

guano m guano

guantazo m slap

guante m glove; echar el ~ a alguien catch s.o., nab s.o. F; arrojar el ~ a alguien throw down the gauntlet to s.o.; recoger el ~ take up the challenge; sentar como un ~ F fit like a glove; tratar a alguien con ~ de seda fig handle s.o. with kid gloves

guantera f AUTO glove compartment

guaperas m/f F good-looker

guapetón adj F gorgeous F

guapo I adj 1 hombre handsome, good-looking; mujer beautiful 2 S.Am. gutsy **II** m handsome o good-looking man **III** -a f beautiful woman

guapura f good looks pl

guaracha f Carib street band

guarache ☞ huarache

guaraní m FIN guaraní

guarapo m L.Am. alcoholic drink made from sugar cane and herbs

guarda m/f keeper
◇ guarda de campo estate guard; guarda forestal forest ranger, warden; guarda jurado security guard; guarda rural estate guard

guardabarrera m FERR grade crossing keeper, Br level crossing keeper

guardabarros m inv AUTO fender, Br mudguard

guardabosque(s) m/f (inv) forest ranger, warden

guardacoches m/f inv parking lot attendant, Br car park attendant

guardacostas I m inv coastguard vessel **II** m/f inv coastguard

guardaespaldas m/f inv bodyguard

guardafango m L.Am. AUTO fender, Br mudguard

guardagujas FERR **I** m inv switchman, Br pointsman **II** f switchwoman, Br pointswoman

guardameta m/f DEP goalkeeper

guardapolvo m 1 (bata) overall 2 (funda) dust sheet, dust cover

guardar ⟨1a⟩ v/t 1 keep; ~ silencio re-

main silent, keep silent 2 poner en un lugar put (away) 3 recuerdo have 4 apariencias keep up 5 INFOR save 6: ~ cama stay in bed; guardarse v/r 1 keep 2: ~ de refrain from; me guardaré muy mucho I'll be very careful

guardarraíl m safety barrier

guardarropa m 1 en lugar público checkroom, Br cloakroom 2 (ropa) wardrobe; armario closet, Br wardrobe

guardarropía f TEA wardrobe

guardavallas m/f inv L.Am. goalkeeper

guardavida m/f Rpl lifeguard

guardería f nursery

guardia I f 1 guard; bajar la ~ fig lower one's guard; poner a alguien en ~ put s.o. on their guard; la vieja ~ fig the old guard 2: de ~ on duty **II** m/f 1 MIL guard 2 (policía) police officer
◇ guardia civil Esp civil guard; guardia de corps bodyguard; guardia de seguridad security guard; guardia de tráfico traffic warden; guardia urbano city police officer

guardián I adj: perro ~ guard dog **II** m, -ana f guard; fig guardian

guarecer ⟨2d⟩ v/t shelter; guarecerse v/r shelter (de from), take shelter (de from)

guarida f 1 ZO den 2 de personas hideout

guarismo m figure

guarnecer ⟨2d⟩ v/t 1 adorn (de with) 2 GASTR garnish (con with)

guarnición f 1 GASTR accompaniment; con ~ with garnish 2 MIL garrison

guaro m C.Am. sugar-cane liquor

guarrada, guarrería f F filth; es una ~ it's disgusting

guarrear ⟨1a⟩ v/i F make a mess

guarro I adj F sucio filthy **II** m tb fig F pig

guarura m Méx 1 (guardaespaldas) bodyguard 2 (gamberro) thug

guasa f L.Am. joke; de ~ as a joke

guaso I adj S.Am. rude **II** m, -a f Chi peasant

guasón I adj: es muy ~ he treats everything as a joke **II** m, -ona f joker

guata f L.Am. F paunch

Guatemala f Guatemala

guatemalteco I adj Guatemalan **II** m, -a f Guatemalan

guateque m party

guatón *adj* pot-bellied, big-bellied

guau *int* **1** *por asombro, sorpresa etc* wow **2**: *¡~!, ¡~! de perro* bow-wow!

guay *int Esp* F cool F, neat F

guayaba *f* BOT guava

guayabera *f Méx., C.Am., Carib* loose embroidered shirt

guayabo *m* BOT guava tree

guayaco *m* BOT guaiacum

gubernamental *adj* governmental, government *atr*

gubernativo *adj* government *atr*

guepardo *m* ZO cheetah

güero I *adj Méx, C.Am.* fair, light--skinned **II** *m*, **-a** *f Méx, C.Am.* blonde, blond

guerra *f* war; *dar ~ a alguien* F give s.o. trouble

◇ **guerra civil** civil war; **guerra fría** cold war; **guerra mundial** world war; **guerra de precios** price war; **guerra relámpago** blitzkrieg; **guerra de sucesión** HIST War of Spanish Succession

guerrear ⟨1a⟩ *v/i* wage war

guerrera *f* military jacket

guerrero I *adj* warlike **II** *m* warrior

guerrilla *f* **1** *organización* guerillas *pl* **2** *guerra* guerrilla warfare

guerrillero *m*, **-a** *f* guerilla

gueto *m* ghetto

guevear ☞ **huevear**

guevón ☞ **huevón**

güey *adj Méx* F stupid, dumb F

guía I *m/f* guide **II** *f libro* guide (book)

◇ **guía de montaña** mountain guide; **guía telefónica, guía de teléfonos** phone book; **guía turístico** tourist guide

guiar ⟨1c⟩ *v/t* guide; **guiarse** *v/r*: *~ por* follow

guijarro *m* pebble

guillarse ⟨1a⟩ *v/r* go crazy F

guillotina *f* guillotine; *ventana de ~* sash window

guillotinar ⟨1a⟩ *v/t* guillotine

guinche, güinche *m L.Am.* winch, pulley

guinda I *adj L.Am.* purple **II** *f fresca* morello cherry; *en dulce* glacé cherry

guindar ⟨1a⟩ *v/t* F lift F, *Br* nick F

guindilla *f* GASTR chil(l)i

guindo *m* BOT cherry tree

guiñapo *m* rag; *estar hecho un ~* F be a wreck; *poner a alguien como un ~* F

tear a strip off s.o.

guiñar ⟨1a⟩ **I** *v/t*: *le guiñó un ojo* she winked at him **II** *v/i* wink

guiño *m* wink; *hacer un ~ a alguien* wink at s.o.

guiñol *m* puppet show; *muñeco de ~* puppet

guión *m* **1** *de película* script **2** GRAM *corto* hyphen; *largo* dash

guionista *m/f* scriptwriter

guiri *m Esp* P (light-skinned) foreigner

guirigay *m* F jargon, gibberish

guirnalda *f* garland

guisa *f*: *a ~ de* as, like; *de esta ~* thus, in this way; *de tal ~ (que)* in such a way (that)

guisado *m* GASTR stew, casserole

guisante *m* pea

guisar ⟨1a⟩ *v/t* GASTR stew, casserole; *ellos se lo guisan y ellos se lo comen fig* they keep it all in the family

guiso *m* GASTR stew, casserole

güisqui *m* whiskey, *Br* whisky

guita *f* **1** string **2** P dough P, cash

guitarra *f* guitar

guitarrista *m/f* guitarist

gula *f* gluttony

guripa *m* F **1** *soldado* private, grunt P **2** *guardia* cop F

gurú *m* guru

gusanillo *m*: *me tomé una manzana para matar el ~* F I had an apple to keep myself going

gusano *m* worm; *de mosca* maggot

◇ **gusano de luz** glowworm

◇ **gusano de seda** silkworm

gustar ⟨1a⟩ *v/i*: *me gusta viajar, fml me gusta de viajar* I like to travel, I like *o* enjoy traveling; *¿te gusta el ajo?* do you like garlic?; *no me gusta* I don't like it; *me gusta Ana* I like Ana, *Br tb* I fancy Ana F; *me gustaría ...* I would like ...; *cuando guste* whenever you like; *¿Vd. gusta?* would you like some? **II** *v/t* taste

gustativo *adj* taste *atr*

gustazo *m* great pleasure

gustillo *m* (slight) taste; *tiene un ~ amargo* it has a slightly bitter taste

gusto *m* **1** (*preferencias, sabor*) taste; *sobre ~s no hay nada escrito* there's no accounting for taste; *de buen ~* in good taste, tasteful; *de mal ~* in bad taste, tasteless; *tomar el ~ a algo* get

to like sth, acquire a taste for sth
2 (*placer*) pleasure; *con mucho ~* with pleasure; *da ~ hacer negocios con usted* it's a pleasure doing business with you; *dar ~ a alguien* please s.o.; *tener el ~ de* have the pleasure of; *mucho o tanto ~* how do you do
3: *a ~* at ease; *sentirse a ~* feel comfortable *o* at ease

gustoso *adj* gladly, with pleasure
gutural *adj* guttural
Guyana *f* Guyana
Guyana Francesa *f* French Guyana
guyanés I *adj* Guyanese **II** *m*, **-esa** Guyanese
gymkhana *f* gymkhana

H

ha *vb* ☞ **haber**
haba *f* broad bean; *en todas partes se cuecen ~s* it's the same the world over; *o vienes o te quedas, son ~s contadas* either you come or you stay, it's as simple as that
Habana: *La ~* Havana
habanera *f* habanera
habanero I *adj* of / from Havana, Havana *atr*, **II** *m*, **-a** *f* citizen of Havana
habano I *adj* of / from Havana, Havana *atr* **II** *m*, **-a** *f* citizen of Havana **III** *m* Havana (cigar)
haber ⟨2k⟩ **I** *v/aux* **1** *en tiempos compuestos* have; *hemos llegado* we've arrived; *lo he oído* I've heard it; *¿la ha visto?* has he seen her? **2** *expresando obligación, deber*: *he de levantarme pronto* I have to *o* I've got to get up early **3**: *de ~lo sabido* if I'd known; *has de ver* Méx you have *o* ought to see it; *habérselas con alguien* have it out with s.o.; *años ha* lit years ago
II *v/impers* **1** (*existir*): *hay* there is *sg*, there are *pl*; *hubo un incendio* there was a fire; *había mucha gente* there were a lot of people; *hoy no hay clase* there aren't any lessons today, school is closed today; *ya no hay más* there's none left; there are none left; *no hay como ...* there's nothing like ...; *esto es de lo que no hay* this is the limit! **2** *expresando obligación, deber*: *hay que hacerlo* it has to be done; *no hay de qué* not at all, don't mention it; *no hay más que decir* there's nothing more to be said; *no hay que pagar para entrar* you don't have to pay to go in; *no hay que hablar con la boca llena* you mustn't *o* shouldn't talk with

your mouth full
3: *¿qué hay?*, Méx *¿qué hubo?* how's it going?, what's happening?; *es ingenioso donde los haya* he's as ingenious as they come
III *m* asset; *pago* fee; *tiene en su ~ 50.000 pesos* she's 50,000 pesos in credit; *~es pl* (*bienes*) assets; (*sueldo*) salary *sg*
habichuela *f* kidney bean
hábil *adj* **1** skilled **2** (*capaz*) capable **3** (*astuto*) clever, smart **4**: *día ~* working day
habilidad *f* **1** skill **2** (*capacidad*) ability **3** (*astucia*) cleverness
habilidoso *adj* **1** *con las manos* good with one's hands, handy **2** (*inteligente*) clever, skillful, Br skilful
habilitación *f* **1** *de lugar* fitting out **2** (*autorización*) permission
habilitado *m*, **-a** *f* paymaster
habilitar ⟨1a⟩ *v/t* **1** *lugar* fit out **2** *persona* authorize
habitable *adj* habitable, fit for habitation
habitación *f* room; (*dormitorio*) bedroom
◇ **habitación doble** double room; **habitación con dos camas** twin room; **habitación individual** single room
habitacional *adj* L.Am. housing *atr*
habitáculo *m* **1** dwelling **2** AUTO passenger compartment
habitante *m/f* inhabitant
habitar ⟨1a⟩ **I** *v/i* live (*en* in) **II** *v/t* inhabit, live in
hábitat *m* habitat
hábito *m* **1** (*costumbre*) habit; *crear ~* be addictive, be habit-forming **2** REL habit; *colgar los ~s* fig de sacerdote give

up the priesthood; **tomar el ~** REL *de hombre* become a monk, take holy orders; *de mujer* become a nun, take the veil **3** (*práctica*) knack

habitual I *adj* usual, regular **II** *m/f* regular

habitualmente *adv* usually

habituar ⟨1e⟩ *v/t*: **~ a alguien a algo** get s.o. used to sth; **habituarse** *v/r*: **~ a algo** get used to sth

habla *f* **1** speech; **quedarse sin ~** *fig* be speechless **2** (*idioma*): **de ~ española** Spanish-speaking **3**: **ponerse al ~ con alguien** contact s.o., get in touch with s.o. **¡al ~!** TELEC speaking

hablada *f* *L.Am.* piece of gossip; **~s** *pl* gossip *sg*

hablado *adj* **1** *lengua* spoken **2**: **mal ~** foulmouthed; **bien ~** well-spoken

hablador I *adj* talkative; *Méx* boastful **II** *m*, **~a** *f* chatterbox

habladurías *fpl* gossip *sg*

hablante *m/f*

hablar ⟨1a⟩ *v/i* **1** speak; **~ alto / bajo** speak loudly / softly; **~ claro** *fig* say what one means; **~ por sí solo** *fig* speak for o.s.

2 (*conversar*) talk; **~ con alguien** talk to s.o., talk with s.o.

3: **~ de** *de libro etc* be about, deal with **4**: **¡ni ~!** no way!; **~ por ~** talk for the sake of it; **¡mira quién habla!** look who's talking!; **no me hagas ~ más** I don't want to have to say this again!; **no se hable más** (**del asunto**) I don't want to hear anything more about it; **por no ~ de ...** not to mention ...

hablarse *v/r* speak to one another; **no se hablan** they're not speaking (to each other)

hablilla *f* rumor, *Br* rumour

habón *m* MED bump (*on the skin*)

hacedero *adj* feasible, practicable

hacedor *m*, **~a** *f* maker

hacendado I *adj* land-owning **II** *m*, **-a** *f* land-owner

hacendoso *adj* hardworking

hacer ⟨2s; *part* **hecho**⟩ **I** *v/t* **1** (*realizar*) do; **¡haz algo!** do something!; **~ una pregunta** ask a question; **tengo que ~ los deberes** I have to do my homework; **!**; **no hace más que quejarse** all he does is complain; **no hay nada que ~** there's nothing we can do; **se hace lo que se puede** one does one's best; **¡eso no se hace!** that's just not done! **2** (*elaborar, crear*) make; **~ la comida** make *o* cook a meal; **~ que algo ocurra** make sth happen

3 (*obligar a*): **~ que alguien haga algo** make s.o. do sth; **le hicieron ir** they made him go

4 (*cumplir*): **hoy hago veinte años** I am twenty today, today is my twentieth birthday

5 (*equivaler a*): **esta botella hace un litro** this bottle holds a liter

6: **¡qué le vamos a ~!** that's life

II *v/i* **1**: **haces bien / mal en ir** you are doing the right / wrong thing by going **2** (*sentar*): **me hace mal** it's making me ill

3 (*servir de*): **esto hará de mesa** *de objeto* this will do as a table

4 (*fingir*): **~ como que** *o* **como si** act as if

5 *L.Am.* **no le hace** it doesn't matter

6 *L.Am.* (*parecer*): **se me hace que** it seems to me that

7 (*apetecer*): **¿hace?** F does that sound good?

8: **~ de malo** TEA play the villain

III *v/impers*: **hace calor / frío** it's hot / cold; **hace tres días** three days ago; **hace mucho** (**tiempo**) a long time ago, long ago; **desde hace un año** for a year

hacerse *v/r* **1** *traje* make; *casa* build o.s. **2** (*cocinarse*) cook

3 (*convertirse, volverse*) get, become; **~ viejo** get old; **~ de noche** get dark; **se hace tarde** it's getting late; **¿qué se hizo de aquello?** what happened with that?

4: **~ el sordo / el tonto** pretend to be deaf / stupid

5: **~ a algo** get used to sth

6: **~ con algo** get hold of sth

hacha *f* **1** ax, *Br* axe; **enterrar el ~ de guerra** *fig* bury the hatchet **2**: **ser un ~ para algo** F be brilliant at sth

hachazo *m* blow with an ax, *Br* blow with an axe

hache *f* letter 'h'; **por ~ o por be** for one reason or another

hachís *m* hashish

hacia *prp* **1** *en el espacio* toward; **~ adelante** forward; **~ abajo** down; **~ arriba** up; **~ atrás** back(ward); **~ aquí** in this direction, this way **2** *en el tiempo*: **~ las cuatro** about four (o'clock)

hacienda *f L.Am.* (*granja*) ranch, estate

Hacienda *f* **1** *ministerio* Treasury Department, *Br* Treasury **2** *oficina* Internal Revenue Service, *Br* Inland Revenue **3**: *la ~ pública* public funds *pl*, the public purse

hacinamiento *m* overcrowding

hacinar ⟨1a⟩ *v/t* stack; **hacinarse** *v/r* crowd together

hacker *m/f* INFOR hacker

hada *f* fairy

hado *m lit* fate, destiny

haga *vb* ☞ **hacer**

hagiografía *f* hagiography

hago *vb* ☞ **hacer**

Haití *m* Haiti

haitiano I *adj* Haitian **II** *m*, **-a** *f* Haitian

¡hala! *int animando* come on!; *sorpresa* wow!

halagador *adj* flattering

halagar ⟨1h⟩ *v/t* flatter

halago *m* flattery

halagüeño *adj* encouraging, promising

halar ⟨1a⟩ *v/t L.Am.* haul, pull

halcón *m* ZO falcon

◇ **halcón peregrino** peregrine falcon

halconero *m*, **-a** *f* falconer

¡hale! ☞ **¡hala!**

halibut *m* ZO halibut

hálito *m lit* breath

halitosis *f* MED halitosis, bad breath

hall *m* hall

hallar ⟨1a⟩ *v/t* **1** *objeto* find; *muerte, destino* meet **2** (*descubrir*) discover; **hallarse** *v/r* **1** be **2** (*sentirse*) feel

hallazgo *m* find; (*descubrimiento*) discovery

halo *m* AST, *de santo* halo; *fig* aura

halógeno[1] *adj* halogen

halógeno[2] *m* QUÍM halogen

haltera DEP **I** *f* barbell **II** *m/f* ☞ **halterófilo**

halterofilia *f* DEP weight lifting

halterófilo *m*, **-a** *f* weight lifter

hamaca *f* **1** hammock **2** (*tumbona*) deck chair **3** *L.Am.* (*mecedora*) rocking chair, rocker **4** *Rpl* (*columpio*) swing

hamacar ⟨1g⟩ *v/t L.Am.* swing; **hamacarse** *v/r Rpl* swing

hamaquear ⟨1a⟩ *v/t L.Am.* swing

hambre *f* hunger; **tener ~** be hungry; **tener un ~ canina** be ravenous; **pasar ~**

be starving; **morirse de ~** *fig* be starving; **ser un muerto de ~** be on the bread line; *en relaciones* have no luck with the opposite sex

hambreado *adj L.Am.* starving

hambriento *adj tb fig* hungry (**de** for)

hambrón *adj* greedy

hambruna *f* **1** famine **2** *L.Am.* ravenous hunger

hamburguesa *f* GASTR hamburger

hamburguesería *f* hamburger joint

hampa *f* underworld; **gente del ~** criminals *pl*, underworld figures *pl*

hampón *m* criminal, underworld figure

hámster *m* ZO hamster

handicap *m* DEP *tb fig* handicap

hangar *m* hangar

haragán *m*, **-ana** *f* shirker

haraganear ⟨1a⟩ *v/i* laze around, idle

haraganería *f* laziness, idleness

harapiento *adj* ragged

harapo *m* rag

hardware *m* INFOR hardware

haré *vb* ☞ **hacer**

harina *f* flour; *eso es ~ de otro costal fig* F that's a different kettle of fish; *estar metido en ~* F be in the middle of things

◇ **harina integral** wholemeal flour

◇ **harina de trigo** wheat flour

harinero *adj* flour *atr*

harinoso *adj* floury

harmonía *f* ☞ **armonía**

harnero *m* sieve

hartar ⟨1a⟩ *v/t*: **~ a alguien con algo** tire s.o. with sth; **~ a alguien de algo** give s.o. too much of sth; **hartarse** *v/r* **1** get sick (**de** of) F, get tired (**de** of) **2** (*llenarse*) stuff o.s. (**de** with); **~ de dormir** sleep for hours on end

hartazgo *m* surfeit, excess; *nos dimos un ~ de pasteles* we stuffed ourselves with cake F; *me di un ~ de ver la televisión* I watched television until I was sick of it F

harto I *adj* **1** fed up F; *estar ~ de algo* be sick of sth F, be fed up with sth F **2** (*lleno*) full (up) **3**: *había ~s pasteles* there were cakes in abundance **II** *adv* very much; *delante del adjetivo* extremely; *me gusta ~ L.Am.* I like it a lot; *hace ~ frío L.Am.* it's very cold

hartón I *adj L.Am.* greedy **II** *m*: *darse un ~ de algo* overdose on sth

has *vb* ☞ **haber**

hasta I *prp* until, till; **~ que** until; **llegó ~ Bilbao** he went as far as Bilbao; **~ aquí** up to here; **~ ahora** so far; **¿~ cuándo?** how long?; **no se levanta ~ las diez** he doesn't get up until ten o'clock; **¡~ luego!** see you (later); **¡~ la vista!** see you (later)

II *adv* even; **~ un niño podría hacerlo** even a child could do it

hastial *m* ARQUI gable, gable end

hastiar ⟨1c⟩ *v/t* bore; **hastiarse** *v/r* get tired (**de** of), get bored (**de** with)

hastío *m* boredom

hatajo *m* bunch

hato *m* *L.Am.* bundle

hawaiana *f Rpl* thong, *Br* flip-flop

hay *vb* ☞ **haber**

Haya: **La ~** The Hague

haya I *vb* ☞ **haber II** *f* BOT beech

hayuco *m* beechnut

haz I *m* **1** (*manojo*) bundle **2** *de luz* beam **II** *f de tela* right side **III** *vb* ☞ **hacer**

hazaña *f* achievement

hazmerreír *m* laughing stock

HB *m abr* (= **Herri Batasuna**) HIST *radical Basque nationalist party*

he I *vb* ☞ **haber II** *adv:* **~ aquí** *sg* here is; *pl* here are; **~ me aquí** here I am

hebdomadario *m/adj* weekly

hebilla *f* buckle

hebra *f* thread; **pegar la ~** F start a conversation, get talking F

hecatombe *f* **1** disaster, catastrophe **2** *muertes* loss of life

heces *fpl* ☞ **hez**

hechicera *f* sorceress

hechicería *f* sorcery, witchcraft

hechicero I *adj* bewitching, captivating **II** *m* **1** (*mago*) sorcerer **2** *de tribu* witch-doctor

hechizado *adj* spellbound

hechizar ⟨1f⟩ *v/t fig* bewitch, captivate

hechizo I *m* spell, charm; **romper el ~** break the spell **II** *adj Méx* makeshift

hecho I *part* ☞ **hacer**, (*confeccionado*): **~ a mano** hand-made; **un traje ~** an off-the-peg suit; **muy ~** *carne* well-done; **¡bien ~!** well done!; **¡~!, ¡eso está ~!** done!, it's a deal!; **a lo ~, pecho** what's done is done

II *adj* finished; **un hombre ~ y derecho** a fully grown man

III *m* **1** (*realidad*) fact; **de ~** in fact; **el ~ es que** the fact is that **2** (*suceso*) event **3** (*obra*) action, deed; **un ~ consumado** a fait accompli

hechura *f de ropa* making

hectárea *f* hectare (*approx 2½ acres*)

hectómetro *m* hectometer, *Br* hectometre

heder ⟨2g⟩ *v/i* stink

hediondo *adj* stinking, foul-smelling

hedonismo *m* hedonism

hedonista I *adj* hedonistic **II** *m/f* hedonist

hedor *m* stink, stench

hegemonía *f* hegemony

helada *f* frost

heladera *f Rpl* fridge

heladería *f* ice-cream parlor *o Br* parlour

helado I *adj* frozen; *fig* icy; **quedarse ~** be stunned **II** *m* ice cream

heladora *f* ice-cream maker

helar ⟨1k⟩ **I** *v/t* freeze **II** *v/i* freeze; **anoche heló** there was a frost last night; **helarse** *v/r tb fig* freeze

helecho *m* BOT fern

helero *m* ice pocket

hélice *f* propeller

helicoidal *adj* TÉC helicoidal

helicóptero *m* helicopter

◇ **helicóptero de rescate** rescue helicopter

helio *m* QUÍM helium

heliograbado *m* TIP photoengraving

helipuerto *m* heliport

helvético I *adj* Swiss **II** *m*, **-a** *f* Swiss

hematoma *m* bruise

hembra *f* ZO, TÉC female

hembrilla *f* TÉC ring, socket

hemeroteca *f* newspaper library

hemiciclo *m* (semicircular) chamber

hemiplejía *f* MED hemiplegia

hemipléjico I *adj* hemiplegic **II** *m*, **-a** *f* hemiplegic

hemisférico *adj* hemispherical

hemisferio *m* hemisphere

hemodiálisis *f* MED (kidney) dialysis

hemofilia *f* MED hemophilia, *Br tb* haemophilia

hemofílico I *adj* hemophiliac, *Br tb* haemophiliac **II** *m*, **-a** hemophiliac, *Br tb* haemophiliac

hemoglobina *f* hemoglobin, *Br tb* haemoglobin

hemorragia *f* MED hemorrhage, *Br* haemorrhage, bleeding

◇ **hemorragia nasal** nosebleed

hemorroides *fpl* MED hemorrhoids, *Br* haemorrhoids, piles

henchir ⟨3l & 3h⟩ *v/t* fill, fill up (**de** with); **henchirse** *v/r* swell (**de** with)

hender ⟨2g⟩ *v/t* crack; **henderse** *v/r* crack, split

hendidura *f* crack

hendir *vb* ☞ **hender**

heno *m* hay

hepático *adj* liver *atr*, hepatic

hepatitis *f* MED hepatitis

heptágono *m* heptagon

heptatlón *m* DEP heptathlon

heráldica *f* heraldry

heráldico *adj* heraldic

heraldo *m* herald

herbáceo *adj* herbaceous

herbaje *m* grass

herbario *m* herbarium

herbicida *m* herbicide, weedkiller

herbívoro I *adj* herbivorous **II** *m*, **-a** *f* herbivore

herbolario *m* health-food store

herborista *m* ☞ **herbolario**

herboristería *f* herbalist

herboso *adj* grassy

hercio *m* FÍS hertz

hercúleo *adj* Herculean

heredable *adj* that can be inherited, inheritable

heredad *f* estate

heredar ⟨1a⟩ *v/t* **1** inherit (**de** from) **2** *Méx* (*legar*) leave, bequeath

heredera *f* heiress

heredero *m* heir

◇ **heredero del trono** heir to the throne

hereditario *adj* hereditary

hereje *m/f* heretic

herejía *f* heresy

herencia *f* inheritance

herético *adj* heretical

herida *f* **1** *de arma* wound; (*lesión*) injury; **sufrir ~s de gravedad** be seriously wounded; *lesionado* be seriously injured **2** *mujer* wounded woman; *mujer lesionada* injured woman

herido I *adj de arma* wounded; (*lesionado*) injured **II** *m de arma* wounded man; (*lesionado*) injured man; **los ~s** the wounded; (*lesionados*) the injured; *el*

atentado dejó cuatro heridos graves y dos leves the attack left four people seriously injured and two slightly

herir ⟨3i⟩ *v/t con arma* wound; (*lesionar*) injure; *fig* (*ofender*) hurt

hermafrodita I *adj* hermaphroditic, hermaphrodite *atr* **II** *m/f* hermaphrodite

hermana *f* sister

hermanado *adj*: **dos ciudades -as** twinned cities

hermanamiento *m de ciudades* twinning

hermanar ⟨1a⟩ *v/t* **1** *personas* unite **2** *ciudades* twin; **hermanarse** *v/r* **1** (*combinar*) combine **2** *de ciudades* twin

hermanastra *f* stepsister

hermanastro *m* stepbrother

hermandad *f de hombres* brotherhood, fraternity; *de mujeres* sisterhood

hermano *m* brother; **~s** *pl sólo varones* brothers; *varones y mujeres* brothers and sisters, siblings

hermético *adj* **1** *al aire* airtight; *al agua* watertight; *con cierre ~* hermetically sealed **2** *fig: persona* inscrutable

hermetismo *m* **1** secretiveness **2** *de recipiente: al aire* airtightness; *al agua* watertightness

hermetizar ⟨1f⟩ *v/t* seal hermetically

hermosear ⟨1a⟩ *v/t* beautify

hermoso *adj* beautiful

hermosura *f* beauty

hernia *f* MED hernia

◇ **hernia discal** slipped disk, *Br* slipped disc; **hernia estrangulada** strangulated hernia; **hernia inguinal** inguinal hernia; **hernia umbilical** umbilical hernia

herniado *adj* suffering from a hernia

herniarse ⟨1a⟩ *v/r* **1** F get a hernia, rupture o.s. **2** *fig* F bust a gut F

Herodes *m*: Herod; *ir de ~ a Pilatos* go from pillar to post

héroe *m* hero

heroicidad *f* **1** *hecho* heroic deed, heroic act **2** *cualidad* heroism

heroico *adj* heroic

heroína *f* **1** *mujer* heroine **2** *droga* heroin

heroinómano I *adj* addicted to heroin **II** *m*, **-a** *f* heroin addict

heroísmo *m* heroism

herpes *m* MED herpes *sg*

◇ **herpes zoster** herpes zoster, shingles *sg*

herradura *f* **1** horseshoe **2**: *camino de ~* bridle path

herraje *m* ironwork, iron fittings *pl*

herramienta *f* tool

herrar ⟨1k⟩ *v/t* **1** *caballo* shoe **2** *ganado* brand

herrería *f* smithy, blacksmith's shop

herrerillo *m* ZO great tit; *con manchas azules* blue tit

herrero *m*, **-a** *f* blacksmith

herrumbrarse ⟨1a⟩ *v/r* rust, get rusty

herrumbre *f* rust

herrumbroso *adj* rusty

hertz(io) *m* FÍS hertz

hervidero *m fig* hotbed; *un ~ de levantamientos* a hotbed of rebellion; *esto es un ~ de gente* the place is teeming with people

hervido *m S.Am.* stew

hervidor *m* kettle

hervir ⟨3i⟩ **I** *v/i* boil; *fig* swarm, seethe (*de* with) **II** *v/t* boil

hervor *m*: *dar un ~ a algo* boil sth

heterodoxo *adj método* unorthodox

heterogeneidad *f* heterogeneity

heterogéneo *adj* heterogeneous

heterosexual *adj* heterosexual

hexágono *m* hexagon

hez *f* **1** *de la sociedad* scum, dregs *pl* **2**: *heces pl* feces, *Br* faeces

hibernación *f* hibernation

hibernal *adj* winter *atr*

hibernar ⟨1a⟩ *v/i* hibernate

hibisco *m* BOT hibiscus

hibridar ⟨1a⟩ *v/t* BIO hybridize

híbrido I *adj* hybrid *atr* **II** *m* hybrid

hice *vb* ☞ **hacer**

hicimos *vb* ☞ **hacer**

hidalgo *m* nobleman

hidratante *adj* moisturizing; *crema ~* moisturizing cream

hidratar ⟨1a⟩ *v/t* hydrate; *piel* moisturize

hidrato *m*: *~ de carbono* carbohydrate

hidráulica *f* hydraulics *sg*

hidráulico *adj* hydraulic

hídrico *adj* water *atr*

hidroala *m* hydrofoil

hidroavión *m* seaplane

hidrocarburo *m* hydrocarbon

hidrocefalia *f* MED hydrocephalus, water on the brain

hidrocultivo *m* BOT hydroponics *sg*

hidroeléctrico *adj* hydroelectric

hidrofobia *f* MED hydrophobia

hidrofoil *m* hydrofoil

hidrógeno *m* hydrogen

hidrografía *f* hydrography

hidrología *f* hydrology

hidropesía *f* MED dropsy

hidroplano *m avión* seaplane

hidrosfera *f* hydrosphere

hidrosoluble *adj* water-soluble

hidroterapia *f* hydrotherapy

hidróxido *m* QUÍM hydroxide

hiedra *f* BOT ivy

hiel *f* bile

hiela *vb* ☞ **helar**

hielo *m* ice; *romper el ~ fig* break the ice

◇ **hielo seco** dry ice

◇ **hielos flotantes** pack ice *sg*

hiena *f* ZO hyena

hierático *adj* hieratical; *fig* severe, stern

hierba *f* **1** grass; *mala ~* weed; *mala ~ nunca muere* only the good die young; *sentir o ver crecer la ~ fig* be very sharp **2** *condimento* herb

◇ **hierba medicinal** medicinal herb

hierbabuena *f* BOT mint

hierbaluisa *f* BOT lemon verbena

hiere *vb* ☞ **herir**

hierro *m* iron; *de ~* iron *atr*; *salud de ~* iron constitution; *quitar ~ a algo fig* downplay sth, play sth down

◇ **hierro colado** cast iron; **hierro forjado** wrought iron; **hierro fundido** cast iron

hierve *vb* ☞ **hervir**

higa *f*: *me importe una ~* F I couldn't *o* could care less, *Br* I couldn't care less

higadillo *m* liver

hígado *m* liver; *ser un ~ C.Am., Méx* F be a pain in the butt F; *tener ~s* have guts

higiene *f* hygiene; *~ bucal / corporal* oral / personal hygiene

higiénico *adj* hygienic

higienista *m/f* hygienist

◇ **higienista dental** dental hygienist

higienizar ⟨1f⟩ *v/t* clean, sanitize

higo *m* BOT fig; *de ~s a brevas* F once in a blue moon F; *me importa un ~* F I couldn't care less F

higrómetro *m* hygrometer

higuera *f* BOT fig tree; *estar en la ~ fig* F be miles away F

hija *f* daughter

hijastra f stepdaughter

hijastro m stepson

hijo m 1 son; *como cada o cualquier o todo ~ de vecino* like everybody else 2: *~s* children pl

◇ **hijo de mamá** F momma's boy F, Br mummy's boy F; **hijo de papá** spoilt rich kid; **hijo político** son-in-law; **hijo predilecto** favorite o Br favourite son; **hijo de puta** P son of a bitch V, bastard P; **hijo único** only child

híjole interj Méx F hell! F

hilacha f loose thread

hilachos mpl Méx rags

hilada f row, line

hilado I adj spun II m 1 *acción* spinning 2 *fibra* thread

hilador m spinner

hiladora f spinning machine

hilandería f 1 *arte* spinning 2 *lugar* spinning mill

hilandero m, **-a** f spinner

hilar ⟨1a⟩ I v/t spin II v/i: *~ delgado o fino* fig split hairs

hilarante adj hilarious

hilaridad f hilarity

hilatura f 1 *arte* spinning 2 *lugar* spinning mill

hilera f row, line

hilo m 1 *para coser* thread; *colgar o pender de un ~* fig hang by a thread; *mover los ~s* fig pull strings; *perder el ~* fig lose the thread 2: *sin ~s* TELEC cordless 3: *con un ~ de voz* fig in a barely audible voice

◇ **hilo conductor** conductor; fig central theme; **hilo de coser** thread; **hilo dental** dental floss; **hilo musical** piped music

hilván m 1 basting; *puntada* basting stitch 2 *hilo* basting thread

hilvanar ⟨1a⟩ v/t baste; fig *no podía ~ una frase* he couldn't string half a dozen words together

himen m ANAT hymen

himno m hymn

◇ **himno nacional** national anthem

hincapié m: *hacer ~* put special emphasis (*en* on)

hincar ⟨1g⟩ v/t thrust, stick (*en* into); *~ el diente* F sink one's teeth (*en* into); *~ el diente a algo* fig F get one's teeth into sth; **hincarse** v/r: *~ de rodillas* kneel down

hincha I m/f fan, supporter II f: *tener ~ a alguien* F have a grudge against s.o.

hinchable adj inflatable

hinchada f fans pl, supporters pl

hinchado adj swollen

hinchar ⟨1a⟩ v/t 1 inflate, blow up 2 Rpl annoy; **hincharse** v/r 1 MED swell 2 (*mostrarse orgulloso*) swell with pride 3 fig stuff o.s (*de* with)

hinchazón f swelling

hinduismo m Hinduism

hinojo m BOT fennel

hipar ⟨1a⟩ v/i hiccup, hiccough

híper m F supermarket, Br tb hypermarket

hiperactividad f hyperactivity

hiperactivo adj hyperactive

hipérbola f MAT hyperbola

hipérbole f hyperbole

hipercrítico adj hypercritical

hiperenlace m INFOR hyperlink

hiperfunción f MED hyperfunction

hipermercado m supermarket, Br tb hypermarket

hipermétrope adj MED far-sighted, Br long-sighted

hipermetropía f MED far-sightedness, Br long-sightedness

hipersensibilidad f hypersensitivity

hipersensible adj hypersensitive

hipertensión f MED high blood pressure, hypertension

hipertenso adj hypertensive, with high blood pressure

hipertexto m hypertext

hipervínculo m INFOR hyperlink

hípica f equestrian sports pl

hípico adj equestrian; *concurso ~* show-jumping event; *carrera -a* horse race

hipismo m horse racing

hipnosis f hypnosis

hipnótico adj hypnotic

hipnotizador m, **~a** f hypnotist

hipnotizar ⟨1f⟩ v/t hypnotize

hipo m hiccups pl, hiccoughs pl; *quitar el ~* F take one's breath away

hipocalórico adj low-calorie

hipocampo m ZO sea horse

hipocondría f MED hypochondria

hipocondríaco I adj hypochondriac II m, **-a** f hypochondriac

hipocrático adj Hippocratic

hipocresía f hypocrisy

hipócrita I *adj* hypocritical II *m/f* hypocrite

hipodérmico *adj* MED hypodermic

hipódromo *m* racetrack

hipófisis *f* ANAT pituitary gland

hipopótamo *m* ZO hippopotamus

hipoteca *f* COM mortgage

hipotecar ⟨1g⟩ *v/t* COM mortgage; *fig* compromise

hipotecario *adj* mortgage *atr*

hipotensión *f* MED low blood pressure

hipotenusa *f* MAT hypotenuse

hipotermia *f* MED hypothermia

hipótesis *f* hypothesis

hipotético *adj* hypothetical

hiriente *adj* wounding, hurtful

hirsuto *adj* 1 hairy, *fml* hirsute 2 *fig* surly, brusque

hirviente *adj* boiling

hisopo *m* 1 REL holy water sprinkler, aspergillum 2 BOT hyssop

hispalense *adj* of / from Seville, Seville *atr*

hispánico *adj* Hispanic

hispanidad *f*: la ∼ the Spanish-speaking world

hispanista *m/f* Hispanicist

hispanizar ⟨1f⟩ *v/t* Hispanicize

hispano I *adj* 1 (*español*) Spanish 2 (*hispanohablante*) Spanish-speaking 3 *en EE.UU.* Hispanic II *m*, -a *f* 1 (*español*) Spaniard 2 (*hispanohablante*) Spanish speaker 3 *en EE.UU.* Hispanic

hispanoamericano I *adj* Latin American, Latino F II *m*, -a *f* Latin American, Latino F

hispanohablante *adj* Spanish-speaking

histeria *f* hysteria

histérico I *adj* hysterical II *m*, -a *f* hysteric

histerismo *m* hysteria

histología *f* MED histology

historia *f* 1 history; *pasar a la ∼* go down in history 2 (*cuento*) story; *una ∼ de drogas* F some drugs business; *déjate de ∼s* F stop making excuses

◇ historia clínica MED medical history

◇ historia universal world history

historiador *m*, ∼a *f* historian; *∼ del arte* art historian

historial *m* record

◇ historial delictivo criminal record;

historial médico medical history; historial profesional career history

historiar ⟨1b⟩ *v/t*: *∼ algo* write the history of sth

histórico *adj* 1 *de la historia* historical 2 (*importante*) historic

historieta *f* 1 anecdote 2 (*viñetas*) comic strip

historiografía *f* historiography

historiógrafo *m*, -a *f* historiographer

histriónico *adj* histrionic

hito *m* *tb* *fig* milestone; *marcar (un) ∼* be o mark a milestone; *mirar a alguien de ∼ en ∼* stare at s.o.

hizo *vb* ☞ *hacer*

Hnos. *abr* (= *hermanos*) Bros (= brothers)

hobby *m* hobby

hocico *m* snout; *de perro* muzzle; *desp de persona* mouth, *Br* gob P; *dar o caer de ∼s* fall flat on one's face

hockey *m* hockey

◇ hockey sobre hielo hockey, *Br* ice hockey; hockey sobre hierba field hockey, *Br* hockey; hockey sobre patines roller hockey

hogar *m* *fig* home

hogareño *adj* 1 home *atr* 2 *persona* home-loving

hogaza *f* type of large loaf

hoguera *f* bonfire

hoja *f* 1 BOT leaf 2 *de papel* sheet; *de libro* page 3 *de cuchillo* blade

◇ hoja de afeitar razor blade; hoja de cálculo INFOR spreadsheet; hoja de lata ☞ hojalata; hoja de pedido order form; hoja de servicios work record

hojalata *f* tin

hojalatería *f* 1 tinsmith's workshop 2 *Méx* (*chapistería*) body shop

hojalatero *m* 1 tinsmith 2 *Méx* (*chapista*) panel-beater

hojaldre *m* GASTR puff pastry

hojarasca *f* 1 fallen leaves *pl* 2 *fig* padding

hojear ⟨1a⟩ *v/t* leaf through, flip through

hojuela *f* pancake; *es miel sobre ∼s* F that's the cherry on the cake

hola *int* hello, hi F; *Rpl* TELEC hello?

Holanda *f* Holland

holandés I *adj* Dutch II *m* Dutchman; *los holandeses* the Dutch III *m idioma* Dutch

holandesa *f* Dutchwoman

holding *m* holding company

holgado *adj ropa* loose, comfortable;
estar ~ de tiempo have time to spare

holganza *f* idleness

holgar ⟨1h & 1m⟩ *v/i* **1** *fml* be idle **2**:
huelga decir que ... needless to say,
..., it goes without saying that ...

holgazán *m* idler

holgazanear ⟨1a⟩ *v/i* laze around

holgazanería *f* laziness, idleness

holgura *f* **1** (*sin dificultad*) ease **2** *de ro-pa* looseness **3** TÉC play **4**: ***vivir con ~***
live comfortably

hollar ⟨1m⟩ *v/t fml* set foot on

hollejo *m* skin, peel

hollín *m* soot

holocausto *m* holocaust

holograma *m* hologram

hombrada *f* manly thing to do

hombre *m* **1** man; ***de ~ a ~*** man to man;
~ hecho a sí mismo self-made man;
pobre ~ poor man *o* soul; ***¡~ al agua!***
man overboard! **2**: ***el ~*** (*la humanidad*)
man, mankind **3**: ***¡claro, ~!*** you bet!,
sure thing!; ***¡~, qué alegría!*** that's
great!
◇ **hombre de acción** man of action;
hombre-anuncio sandwich man;
hombre de bien good man; **hombre
de la calle** *fig* man in the street; **hombre de Estado** statesman; **hombre de
letras** man of letters; **hombre lobo**
werewolf; **hombre medio** Mr. Average,
your average Joe F; **hombre de negocios** businessman; **hombre de paja** *fig*
puppet; **hombre rana** frogman; **hombre del saco** bogeyman

hombrera *f* shoulder pad; MIL epaulette

hombría *f* manliness

hombro *m* shoulder; ***~ con ~*** shoulder to
shoulder; ***encogerse de ~s*** shrug
(one's shoulders); ***mirar a alguien
por encima del ~*** *fig* look down on
s.o.

hombruno *adj mujer* mannish, butch F

homenaje *m* homage; ***rendir ~ a alguien*** pay tribute to s.o.; ***en ~ a alguien***
in honor *o* Br honour of s.o.

homenajeado *m*, **-a** *f* guest of honor *o*
Br honour

homenajear ⟨1a⟩ *v/t* honor, Br honour,
pay homage to

homeópata *m/f* homeopath

homeopatía *f* homeopathy

homeopático *adj* homeopathic

homérico *adj* Homeric

homicida **I** *adj* homicidal; ***el arma ~*** the
murder weapon **II** *m/f* murderer

homicidio *m* homicide

homilía *f* REL homily

homo *m* F gay (man)

homofobia *f* homophobia

homogeneizar ⟨1f⟩ *v/t* homogenize

homogéneo *adj* homogenous

homologación *f* approval; *de título, diploma* official recognition

homologar ⟨1h⟩ *v/t* certify

homólogo **I** *adj* equivalent **II** *m*, **-a** *f*
counterpart, opposite number

homónimo *m* homonym

homosexual *m/f* & *adj* homosexual

homosexualidad *f* homosexuality; ***hacer pública la ~ de alguien*** out s.o.

honda *f de cuero* sling(shot); *Rpl* (*tirachinas*) slingshot, Br catapult

hondo *adj* deep

hondonada *f* hollow

hondura *f* depth; ***meterse en ~s*** *fig* F
get into deep water

Honduras *f* Honduras

hondureño **I** *adj* Honduran **II** *m*, **-a** *f*
Honduran

honestidad *f* honesty, decency

honesto *adj* honorable, Br honourable,
decent

hongo *m* **1** fungus; ***brotar como ~s*** *fig* F
mushroom **2** *L.Am.* (*seta*) mushroom

honor *m* **1** honor, Br honour; ***en ~ a*** in
honor of; ***en ~ a la verdad*** to be honest;
palabra de ~ word of honor; ***hacer ~ a***
live up to **2**: ***~es*** *pl* (*pompa*) honors, Br
honours

honorabilidad *f* honorableness, Br
honourableness

honorable *adj* honorable, Br honourable

honorario *adj* honorary

honorarios *mpl* fees

honorífico *adj* honorary

honra *f* honor, Br honour; ***¡a mucha ~!***
I'm honored *o* Br honoured; ***tener algo a mucha ~*** be very proud of sth
◇ **honras fúnebres** funeral rites

honradez *f* honesty

honrado *adj* honest

honrar ⟨1a⟩ *v/t* honor, Br honour; ***su
humildad le honra*** his humility does

him credit; **honrarse** *v/r*: **~ de hacer algo** be honored *o Br* honoured to do sth

honroso *adj* honorable, *Br* honourable

hora *f* **1** hour; **~ y media** an hour and a half; **~s muertas** hour after hour **2** (*momento indeterminado*): **a todas ~s** all the time; **a última ~** at the last minute; **a última ~ de la tarde** late in the afternoon; **a altas ~s de la madrugada** in the (wee) small hours, in the early hours of the morning; **a primera ~ de la tarde** first thing in the afternoon; **¡ya era ~!** about time too!; **ya es ~ de que te pongas a estudiar** it's time you started studying; **comer entre ~s** eat between meals; **le ha llegado** *o* **tocado su ~** his time has come; **a la ~ de ...** *fig* when it comes to ... **3** (*cita*): **pedir ~** make an appointment; **tengo ~ con el dentista** I have an appointment with the dentist **4** (*momento justo*): **dar la ~ de reloj** strike (the hour); **poner en ~ reloj** set; **¿tiene ~?** do you have the time?, have you got the time?; **¿qué ~ es?** what time is it?; **llegó a la ~** he arrived on time

◇ **hora de cierre** closing time; **hora feliz** happy hour; **hora lectiva** class time; **hora de llegada** arrival time; **hora local** local time; **hora pico** *L.Am.* rush hour; **hora punta** rush hour; **hora de salida** departure time; **horas extraordinarias** overtime *sg*; **horas de máxima audiencia** TV prime time *sg*, peak viewing time *sg*; **horas de oficina** office hours

horadar ⟨1a⟩ *v/t* bore through, drill through

horario I *adj* hourly **II** *m* schedule, *Br* timetable; **(con) ~ continuado** open all day

◇ **horario de apertura, horario de atención al público** hours (of business) *pl*, opening hours *pl*; **horario comercial** business hours *pl*; **horario flexible** flextime, *Br* flexitime; **horario de trabajo** (working) hours *pl*; **horario de trenes** train schedule, *Br* train timetable; **horario de visitas** visiting hours *pl*; **horario de vuelos** AVIA flight times *pl*

horca *f* gallows *pl*

horcajadas *fpl*: **a ~** astride

horchata *f* drink made from tiger nuts

horchatería *f* bar selling horchata

horda *f* horde

horizontal *f* / *adj* horizontal

horizonte *m* horizon

horma *f* form, mold, *Br* mould; *de zapatos* last

hormiga *f* ant

◇ **hormiga blanca** white ant, termite

hormigón *m* concrete

◇ **hormigón armado** reinforced concrete

◇ **hormigón pretensado** prestressed concrete

hormigonera *f* cement mixer

hormiguear ⟨1a⟩ *v/i*: **me hormiguea la pierna** I have pins and needles in my leg

hormigueo *m* pins and needles *pl*

hormiguero *m* ant hill; **la sala era un ~ de gente** the hall was swarming with people

hormona *f* hormone

hormonal *adj* hormonal, hormone *atr*

hornacina *f* niche

hornada *f* batch

hornear ⟨1a⟩ *v/t* bake

hornilla *f* ring

hornillo *m de fogón* burner; *de gas* gas ring; *transportable* camping stove

horno *m* **1** oven; **recién sacado** *o* **salido del ~** freshly baked; **no está el ~ para bollos** F this isn't a good time *o* the right moment **2** *de cerámica* kiln; **alto ~** blast furnace

horóscopo *m* horoscope

horqueta *f L.Am. de camino* fork

horquilla *f para pelo* hairpin

horrendo *adj* horrendous

hórreo *m* granary

horrible *adj* horrible, dreadful

horripilante *adj* horrible

horripilar ⟨1a⟩ *v/t* horrify; **horripilarse** *v/r* be horrified

horror *m* **1** horror (**a** of); **tener ~ a** be terrified of; **me da ~ pensar en ...** I dread to think of ...; **¡qué ~!** how awful! **2**: **me gusta ~es** F I like it a lot

horrorizar ⟨1f⟩ *v/t* horrify; **horrorizarse** *v/r* be horrified (**de** at, by)

horroroso *adj* terrible; (*de mala calidad*) dreadful; (*feo*) hideous

hortaliza *f* vegetable

hortelano *m*, **-a** *f* truck farmer, *Br* market gardener

hortensia *f* BOT hydrangea

hortera I F *adj* tacky F **II** *m/f* F tacky person F

horterada *f* F tacky thing F; *es una ~* it's tacky F

hortícola *adj* horticultural, garden *atr*

horticultor *m*, **~a** *f* horticulturist

horticultura *f* horticulture

hortofrutícola *adj* fruit and vegetable *atr*

hortofruticultura *f* fruit and vegetable growing

hosco *adj* sullen

hospedaje *m* accommodations *pl*, *Br* accommodation; *dar ~ a alguien* put s.o. up

hospedar ⟨1a⟩ *v/t* give accommodations *o Br* accommodation to; INFOR host; **hospedarse** *v/r* stay (**en** at)

hospicio *m* **1** *para niños* orphanage **2** HIST *para peregrinos* hospice

hospital *m* hospital
◇ **hospital militar** military hospital
◇ **hospital de sangre** field hospital

hospitalario *adj* **1** *gentes* hospitable **2** MED hospital *atr*

hospitalidad *f* hospitality

hospitalización *f* hospitalization

hospitalizar ⟨1f⟩ *v/t* hospitalize

hosquedad *f* surliness, brusqueness; *con ~* sullenly, brusquely

hostal *m* hostel

hostelera *f* landlady

hostelería *f* **1** hotel industry **2** *como curso* hotel management

hostelero I *adj* hotel *atr* **II** *m* landlord

hostia *f* **1** REL host **2** P (*golpe*) sock P, wallop F; *dar una ~ a alguien* P slap s.o. in the face F; *darse una ~* P bash o.s. F **3**: *¡~s!* P Christ! P; *es la ~* P it's amazing F; *a toda ~ conducir, moverse* P flat out F, balls out P

hostigamiento *m* harassment

hostigar ⟨1h⟩ *v/t* **1** pester **2** MIL harass **3** *caballo* whip

hostil *adj* hostile

hostilidad *f* hostility; *romper las ~es* MIL commence hostilities

hostilizar ⟨1f⟩ *v/t* harass

hotel *m* hotel

hotelero I *adj* hotel *atr*; *industria -a* hotel industry *o* trade **II** *m*, **-a** *f* hotelier

hoy *adv* today; *de ~* of today; *por ~* for today; *~ mismo* today, this very day; *los padres de ~* today's parents, parents today; *de ~ en adelante* from now on; *~ por ~* at the present time; *~ en día* nowadays; *de ~ a o para mañana* from one day to the next; *¡que es para ~!* F get a move on!

hoya *f* **1** hole **2** *de tumba* grave **3** GEOG plain **4** *S.Am.* river basin

hoyo *m* **1** hole **2** *de tumba* grave; *estar con un pie en el ~* *fig* have one foot in the grave F **3** (*depresión*) hollow **4** *de golf* hole
◇ **hoyo negro** *Méx* black hole

hoyuelo *m* dimple

hoz *f* sickle

huachafo *adj* *Pe* (*cursi*) affected, pretentious

huarache *m* *Méx* rough sandal

huayno *m* *Pe*, *Bol* Andean dance rhythm

hubo *vb* ☞ **haber**

hucha *f* money box

hueco I *adj* hollow; (*vacío*) empty; *fig: persona* shallow **II** *m* **1** *en pared, escrito* gap **2** (*agujero*) hole; *de ascensor* shaft

huele *vb* ☞ **oler**

huelga *f* strike; *declararse en ~*, *ir a la ~* go on strike; *estar en ~* be on strike
◇ **huelga de brazos caídos** sit-down strike; **huelga de celo** work-to-rule; **huelga general** general strike; **huelga de hambre** hunger strike

huelguista *m/f* striker

huelguístico *adj* strike *atr*

huella *f* mark; *de animal* track; *seguir las ~s de alguien* follow in s.o.'s footsteps
◇ **huellas dactilares** fingerprints

huelo *vb* ☞ **oler**

huérfano I *adj* orphan *atr*; *quedarse ~* be orphaned **II** *m*, **-a** *f* orphan

huero *adj* **1** *fig* empty **2** *L.Am.* blond

huerta *f* truck farm, *Br* market garden

huerto *m* kitchen garden; *llevar a alguien al ~* F put one over on s.o. F

huesear ⟨1a⟩ *v/t* *C.Am.* beg

huesillo *m* *S.Am.* sun-dried peach

hueso *m* **1** ANAT bone; *estar en los ~s* be all skin and bone; *moler / romper los ~s a alguien* beat s.o. up; *dar con sus ~s en la cárcel* end up in jail **2** *de fruta* pit, stone; *persona* tough guy;

~ duro de roer *fig* F hard nut to crack F **3** *Méx* F cushy number F **4** *Méx* F (*influencia*) influence, pull F

huésped *m/f* guest

huestes *fpl lit* host *sg lit*, army *sg*

huesudo *adj* bony

huevada *f* P stupid thing to say / do

huevas *fpl* roe *sg*

huevear ⟨1a⟩ *v/i Chi* P mess around

huevera *f para servir* eggcup; *para almacenar* egg box

huevería *f* egg store

huevo *m* **1** egg **2** P (*testículo*) ball F; **estar hasta los ~s** V be fucking fed up V; **me importa un ~** V I don't give a fuck V, I don't give a shit P; **¡y un ~!** P no way! F; **un ~ de** P a load of F; **costar un ~** P cost an arm and a leg F

◇ **huevo duro** hard-boiled egg; **huevo escalfado** poached egg; **huevo estrellado** *Méx* fried egg; **huevo frito** fried egg; **huevo pasado por agua** soft-boiled egg; **huevo tibio** *Méx* soft-boiled egg; **huevos revueltos** scrambled eggs

huevón *m*, **-ona** *f* **1** *Chi* P idiot **2** *L.Am.* F (*flojo*) idler F

huida *f* flight, escape

huidizo *adj persona* elusive

huido *adj* on the run

huipil *m C.Am., Méx* type of dress traditionally worn by Native American women

huir ⟨3g⟩ **I** *v/i* **1** flee, escape (*de* from) **2**: **~ de algo** avoid sth **II** *v/t* avoid

huitlacoche *m C.Am., Méx* corn smut

hulado *m C.Am., Méx* rubberized cloth

hule *m* **1** *para mesa* oilcloth **2** *L.Am.* (*caucho*) rubber

hulla *f* coal

hullero *adj* coal *atr*

humanamente *adv* **1** humanely **2**: **hacer lo ~ posible** do everything humanly possible

humanidad *f* **1** humanity **2**: **~es** *pl* EDU humanities

humanismo *m* humanism

humanista *m/f* humanist

humanístico *adj* humanistic

humanitario *adj* humanitarian

humanización *f* humanization

humanizar ⟨1f⟩ *v/t* humanize; **humanizarse** *v/r* become more human

humano I *adj* human **II** *m* human, human being

humareda *f* cloud of smoke

humear ⟨1a⟩ *v/i* **1** *con humo* smoke **2** *con vapor* steam

humedad *f* **1** humidity; **~ atmosférica** *o* **del aire** relative humidity **2** *de una casa* damp(ness)

humedal *m* wetland

humedecer ⟨2d⟩ *v/t* dampen; **humedecerse** *v/r* become wet *o* damp; *fig* fill with tears

húmedo *adj* **1** *clima, aire* humid **2** *toalla* damp

húmero *m* ANAT humerus

humidificador *m*: **~ (de aire)** humidifier

humidificar ⟨1g⟩ *v/t* humidify

humildad *f* humility

humilde *adj* **1** humble; (*sin orgullo*) modest **2** *clase social* lowly

humillación *f* humiliation

humillante *adj* humiliating

humillar ⟨1a⟩ *v/t* humiliate; **humillarse** *v/r* humiliate o.s.

humita *f S.Am.* meat and corn paste wrapped in leaves

humo *m* **1** *de fuego* smoke; **echar ~** *fig* be furious, be fuming; **me echa ~ la cabeza** *fig* F I'm fuming F **2** (*vapor*) steam **3**: **~s** *pl* fumes; **tener muchos ~s** F be a real bighead F; **bajarle los ~s a alguien** F take s.o. down a peg or two; **se le han subido los ~s (a la cabeza)** he's gotten really high and mighty

humor *m* **1** humor, *Br* humour; **sentido del ~** sense of humor *o Br* humour **2** (*estado de ánimo*) mood; **estar de buen / mal ~** be in a good / bad mood; **estar de ~ para hacer algo** be in the mood to do sth **3** (*genio*): **tener un ~ de perros** F be bad-tempered

humorada *f* joke, witty comment

humorado *adj*: **bien ~** good-tempered, good-humored, *Br* good-humoured; **mal ~** bad-tempered

humorismo *m* humor, *Br* humour

humorista *m/f* humorist; (*cómico*) comedian

humorístico *adj* humorous

humoso *adj* smoky

humus *m* GASTR hummus

hundido *adj fig*: *persona* devastated

hundimiento *m* sinking

hundir ⟨3a⟩ *v/t* sink; *fig*: *empresa* ruin,

bring down; *persona* devastate; **hundirse** *v/r* sink; *fig: de empresa* collapse, go under; *de persona* go to pieces

húngaro I *adj* Hungarian **II** *m*, **-a** *f* Hungarian **III** *m idioma* Hungarian

Hungría *f* Hungary

huracán *m* hurricane

huracanado *adj* hurricane-force, gale-force

huraño *adj* unsociable

hurgar ⟨1h⟩ *v/i* rummage (**en** in); **hurgarse** *v/r:* ~ **la nariz** pick one's nose

hurgón *m* poker

hurón *m* ZO ferret

huronear ⟨1a⟩ *v/i fig* pry, snoop

hurtadillas *fpl:* **a** ~ furtively

hurtar ⟨1a⟩ *v/t* steal; **hurtarse** *v/r:* ~ **a alguien** hide from s.o.

hurto *m* theft

húsar *m* MIL hussar

husmear ⟨1a⟩ **I** *v/i* **1** (*olfatear*) sniff around **2** F (*cotillear*) sniff *o* nose around F, snoop F (**en** in) **II** *v/t* sniff

husmeo *m* **1** (*olfateo*) sniffing **2** F (*cotilleo*) sniffing *o* nosing around F, snooping F

huso *m* spindle

◇ **huso horario** time zone

¡huy! *int sorpresa* wow!; *dolor* ouch!

huyo *vb* ☞ **huir**

I

I, i *f* letter 'i'

ib., ibid. *abr* (= *ibídem*) ibid (= ibidem)

iba *vb* ☞ **ir**

ibérico *adj* Iberian; **la Península Ibérica** the Iberian Peninsula

ibero, íbero *m*, **-a** *f* Iberian

Iberoamérica *f* Latin America

iberoamericano I *adj* Latin American **II** *m*, **-a** *f* Latin American

IBI *m abr* (= *impuesto sobre bienes inmuebles*) property tax, *Br* rates *pl*

ibicenco *adj* Ibizan

ibis *m inv* ZO ibis

iceberg *m* iceberg; **la punta del** ~ *fig* the tip of the iceberg

ICEX *m abr* (= *Instituto Español de Comercio Exterior*) Spanish Overseas Trade Association

icono *m tb* INFOR icon

ictericia *f* MED jaundice

I+D *abr* (= *investigación y desarrollo*) R&D (= research and development)

ida *f* outward journey; (**billete de**) ~ **y vuelta** round trip (ticket), *Br* return (ticket); **~s y venidas** comings and goings

idea *f* idea; **dar** (**una**) ~ **de algo** give an idea of sth; **hacerse a la ~ de que** ... get used to the idea that ...; **no tener ni** ~ not have a clue

ideal *m/adj* ideal

idealismo *m* idealism

idealista I *adj* idealistic **II** *m/f* idealist

idealizar ⟨1f⟩ *v/t* idealize

idear ⟨1a⟩ *v/t* think up, come up with

ideario *m* ideology

ídem *pron* ditto; *fml* idem

idéntico *adj* identical; **es** ~ **a su padre** he's the spitting image of his father

identidad *f* identity

identificable *adj* identifiable

identificación *f* **1** *acto* identification **2** INFOR user ID, user name

identificar ⟨1g⟩ *v/t* identify; **identificarse** *v/r* identify o.s.; ~ **con** identify with

identikit *m Rpl* identikit

ideología *f* ideology

ideológico *adj* ideological

ideólogo *m*, **-a** *f* ideologist

idílico *adj* idyllic

idilio *m* **1** idyll **2** (*relación amorosa*) romance

idioma *m* language

idiomático *adj* idiomatic

idiosincrasia *f* idiosyncrasy

idiota I *adj* idiotic **II** *m/f* idiot

idiotez *f* stupid thing to say *o* do; **es una** ~ **hacer eso** that's a stupid thing to do

idiotismo *m* **1** LING idiom **2** MED idiocy

idiotizar ⟨1f⟩ *v/t* turn into an idiot; **idiotizarse** *v/r* turn into an idiot

ido I *part* ☞ **ir II** *adj* F (*chiflado*) nuts F; **estar** ~ be miles away F

idólatra I *adj* idolatrous *tb fig* **II** *m/f* idolater; *fig* worshipper

idolatrar ⟨1a⟩ *v/t tb fig* worship
idolatría *f* idolatry
ídolo *m tb fig* idol
idoneidad *f* suitability
idóneo *adj* suitable
IES *m abr* (= **instituto de educación secundaria**) High School, *Br* Secondary School
iglesia *f* church; **casarse por la ~** have a church wedding, get married in church
iglú *m* igloo
ígneo *adj* igneous
ignición *f* **1** combustion **2** AUTO ignition
ignífugo *adj* fireproof, fire-resistant
ignominia *f* ignominy, disgrace
ignominioso *adj* ignominious, disgraceful
ignorancia *f* ignorance
ignorante I *adj* ignorant **II** *m/f* ignoramus
ignorar ⟨1a⟩ *v/t* not know, not be aware of; **ignoro cómo sucedió** I don't know how it happened
ignoto *adj* unknown
igual I *adj* **1** (*idéntico*) same (**a, que** as); **es ~ a su padre** he's just like his father; **al ~ que** like, the same as **2** (*proporcionado*) equal (**a** to) **3** (*constante*) constant
II *m/f* equal; **tratar de ~ a ~** treat as an equal; **no tener ~** have no equal; **sin ~** unequalled, *Br* unequalled
III *m* MAT equals sign
IV *adv*: **~ vengo mañana** I may come tomorrow; **me da ~** I don't mind
igualación *f*: **buscan la ~ de los derechos** they are trying to achieve equal rights
igualado *adj* even
igualar ⟨1a⟩ **I** *v/t* **1** *precio, marca* equal, match; **~ algo** MAT make sth equal (**con, a** to) **2** (*nivelar*) level off **II** *v/i* DEP tie the game, *Br* equalize; **~ a cero** tie *o Br* draw nil-nil; **igualarse** *v/r* match
igualdad *f* equality
◇ **igualdad de derechos** equal rights *pl*
◇ **igualdad de oportunidades** equal opportunities *pl*
igualitario *adj* egalitarian
igualmente *adv* equally
iguana *f* ZO iguana

ijada *f*, **ijar** *m* ANAT *de persona* side; *de animal* side, flank
ilegal *adj* illegal
ilegalidad *f* illegality
ilegalizar ⟨1f⟩ *v/t* make illegal, outlaw
ilegible *adj* illegible
ilegitimar ⟨1a⟩ *v/t* make illegal
ilegitimidad *f* illegitimacy
ilegítimo *adj* **1** (*ilegal*) unlawful **2** *hijo* illegitimate
íleon *m* ANAT ileum
ilerdense *adj* of / from Lerida, Lerida *atr*
ileso *adj* unhurt
iletrado *adj* (*analfabeto*) illiterate; (*inculto*) uneducated
ilícito *adj* illicit
ilimitado *adj* unlimited
Ilmo. *abr* (= **ilustrísimo**) His / Your Excellency
ilocalizable *adj*: **está ~** he cannot be found
ilógico *adj* illogical
iluminación *f* illumination
iluminado I *m*, **-a** *f* REL visionary **II** *part* ☞ **iluminar**
iluminador *m*, **~a** *f* TEA lighting technician
iluminar ⟨1a⟩ *v/t edificio, calle etc* light, illuminate; *monumento* light up, illuminate; *fig* light up
ilusión *f* **1** (*ficción*) illusion **2** (*deseo, esperanza*) hope; **hacerse ilusiones** get one's hopes up **3** (*entusiasmo*): **me hace mucha ~** I'm really looking forward to it
ilusionar ⟨1a⟩ *v/t*: **~ a alguien** get s.o.'s hopes up; **ilusionarse** *v/r* get one's hopes up **2** (*entusiasmarse*) get excited (**con** about)
ilusionismo *m* magic, illusionism
ilusionista *m/f* conjurer, illusionist
iluso I *adj* gullible **II** *m*, **-a** *f* dreamer
ilusorio *adj* illusory
ilustración *f* **1** illustration **2** (*saber*) learning; **la Ilustración** HIST the Enlightenment
ilustrado *adj* **1** illustrated **2** (*culto*) learned
ilustrador *m*, **~a** *f* illustrator
ilustrar ⟨1a⟩ *v/t* **1** illustrate **2** (*aclarar*) explain; **ilustrarse** *v/r* learn, acquire knowledge
ilustrativo *adj* illustrative

ilustre *adj* illustrious

imagen *f tb fig* image; **ser la viva ~ de** be the spitting image of

◇ **imagen de archivo** library photograph; **imágenes de archivo** archive footage *sg*

◇ **imagen pública** public image

imaginable *adj* imaginable

imaginación *f* imagination; **ni me pasó por la ~** it never crossed my mind

imaginar ⟨1a⟩ *v/t* imagine; **imaginarse** *v/r* imagine; **¡ya me lo imagino!** I can just imagine it!; **¡imagínate!** just imagine!

imaginario *adj* imaginary

imaginativo *adj* imaginative

imán *m* magnet

iman(t)ar ⟨1a⟩ *v/t* magnetize

imbatibilidad *f* invincibility

imbatible *adj* unbeatable

imbatido *adj* unbeaten

imbécil I *adj* **1** stupid **2** MED imbecilic **II** *m/f* idiot, imbecile

imbecilidad *f* **1** stupidity; **¡qué ~ decir eso!** what a stupid thing to say! **2** MED imbecility

imberbe *adj*: **un joven ~** a beardless youth

imborrable *adj* indelible

imbricar ⟨1g⟩ *v/t* overlap; **imbricarse** *v/r* overlap

imbuir ⟨3g⟩ *v/t* imbue (**de** with)

imitable *adj* imitable

imitación *f* imitation; **de ~** imitation *atr*; **a ~ de** in imitation of, imitating

imitador *m*, **~a** *f* **1** *de producto, técnica* imitator **2** (*cómico*) impressionist

imitar ⟨1a⟩ *v/t* imitate

impaciencia *f* impatience

impacientar ⟨1a⟩ *v/t* make impatient; **impacientarse** *v/r* lose (one's) patience

impaciente *adj* impatient

impactante *adj imagen, espectáculo* stunning; *belleza* striking

impactar ⟨1a⟩ *v/t* **1** hit **2** (*impresionar*) have an impact on

impacto *m tb fig* impact; **~ ecológico / medioambiental** ecological / environmental impact

◇ **impacto de bala** bullet hole

impagable *adj* unpayable

impagado I *adj* unpaid **II** *m* unpaid item, outstanding item

impago *m* non-payment

impala *m* ZO impala

impalpable *adj* impalpable

impar *adj número* odd

imparable *adj* unstoppable

imparcial *adj* impartial

imparcialidad *f* impartiality

impartir ⟨3a⟩ *v/t* impart; *clase, bendición* give

impasibilidad *f* impassivity

impasible *adj* impassive

impavidez *f* **1** (*valor*) fearlessness **2** (*impasibilidad*) impassivity

impávido *adj* **1** (*valiente*) fearless, undaunted **2** (*impasible*) impassive

impecable *adj* impeccable

impedido *adj* disabled

impedimento *m* impediment

impedir ⟨3l⟩ *v/t* prevent; (*estorbar*) impede

impeler ⟨2a⟩ *v/t* **1** (*impulsar*) propel, drive **2** (*incitar*) impel, drive

impenetrable *adj* impenetrable

impenitente *adj* unrepentant

impensable *adj* unthinkable

impensado *adj* unexpected

impepinable *adj* F certain

imperante *adj* ruling; *fig* prevailing

imperar ⟨1a⟩ *v/i* rule; *fig* prevail

imperativo I *adj* **1** GRAM imperative **2** *obligación* pressing **II** *m* imperative *also* GRAM

imperceptible *adj* imperceptible

imperdible *m* safety pin

imperdonable *adj* unpardonable, unforgivable

imperecedero *adj* perpetual, everlasting

imperfección *f* **1** (*defecto*) imperfection, flaw **2** (*cualidad*) imperfection

imperfecto I *adj* imperfect **II** *m* GRAM imperfect

imperial *adj* imperial

imperialismo *m* imperialism

imperialista *m/f & adj* imperialist

impericia *f* lack of skill

imperio *m* empire

imperioso *adj* **1** *necesidad* compelling, pressing **2** *persona* imperious

impermeabilidad *f* impermeability

impermeabilizar ⟨1f⟩ *v/t* waterproof, make waterproof

impermeable I *adj* waterproof **II** *m* raincoat

impersonal *adj* impersonal
impertérrito *adj* unperturbed, unmoved
impertinencia *f* impertinence; **una ~** an impertinent remark
impertinente I *adj* impertinent **II** *m/f*: **¡eres un ~!** you're so impertinent!
imperturbable *adj* imperturbable
ímpetu *m* impetus
impetuosidad *f* impetuosity, impetuousness
impetuoso *adj* impetuous
impiedad *f* impiety
impío *adj* **1** (*sin piedad*) impious **2** (*sin fe*) godless, heathen
implacable *adj* implacable
implantación *f* **1** *de programa, reforma* implementation; *de democracia* establishment; *de pena de muerte* introduction **2** MED implantation
implantar 〈1a〉 *v/t* **1** *programa, reforma* implement; *democracia* establish; *pena de muerte* introduce, bring in **2** MED implant; **implantarse** *v/r* be introduced
implante *m* MED implant
implementación *f* implementation
implementar 〈1a〉 *v/t* implement
implemento *m* implement
implicación *f* (*participación*) involvement; *en un delito* implication, involvement
implicar 〈1g〉 *v/t* **1** mean, imply; **eso no implica que ...** that does not mean that ... **2** (*involucrar*) involve (**en** in); *en un delito* implicate (**en** in); **implicarse** *v/r* get involved
implícito *adj* implicit
implorar 〈1a〉 *v/t* beg for
impoluto *adj* (*sin mancha*) unmarked, unstained; (*sin contaminar*) unpolluted, uncontaminated; *fig: expediente, trayectoria profesional* impeccable
imponderable *adj & m* imponderable
imponente I *adj* **1** impressive, imposing **2** F terrific **II** *m/f* FIN depositor
imponer 〈2r; *part* **impuesto**〉 **I** *v/t* **1** impose; *impuesto* impose, levy **2** *miedo, respeto* inspire **II** *v/i* be imposing *o* impressive; **imponerse** *v/r* **1** (*hacerse respetar*) assert o.s. **2** DEP win **3** (*prevalecer*) prevail **4** (*ser necesario*) be imperative **5**: **~ una tarea** set o.s. a task
imponible *adj* taxable; **base ~** tax base
impopular *adj* unpopular
impopularidad *f* unpopularity
importación *f* **1** *acción* import, importation **2** *artículo* import
importador I *adj* importing *atr* **II** *m*, **~a** *f* importer
importancia *f* importance; **dar ~ a** attach importance to; **quitar** *o* **restar ~ a algo** make light of sth, play sth down; **tener ~** be important; **no tiene ~** it's not important, it doesn't matter; **sin ~** unimportant; **darse ~** give o.s. airs
importante *adj* important
importar[1] 〈1a〉 *v/i* **1** matter; **no importa** it doesn't matter; **¿qué importa?** what does it matter? **2**: **eso a ti no te importa** that's none of your business **3**: **¿le importa ...?** do you mind ...?; **¿te importaría que pase por tu casa?** would you mind if I dropped by?
importar[2] 〈1a〉 *v/t* COM import
importe *m* **1** *de factura, compra* amount **2** (*coste*) cost
importunar 〈1a〉 *v/t* bother
importuno *adj* inopportune
imposibilidad *f* impossibility
imposibilitado *adj* **1** disabled **2**: **~ para hacer algo** unable to do sth
imposibilitar 〈1a〉 *v/t*: **~ algo** make sth impossible, prevent sth
imposible *adj* impossible; **hacer lo ~** do everything in one's power
imposición *f* **1** imposition **2** (*exigencia*) demand **3** COM deposit
◇ **imposición de manos** laying on of hands
impositivo *adj* tax *atr*; **tipo ~** rate of tax
impositor *m*, **~a** *f* depositor
impostergable *adj*: **es ~** it can't be put off
impostor *m*, **~a** *f* impostor
impostura *f* deception
impotencia *f* **1** helplessness, impotence **2** MED impotence
impotente *adj* **1** helpless, powerless, impotent **2** MED impotent
impracticable *adj* impracticable
imprecación *f* curse
imprecar 〈1g〉 *v/t* curse
imprecisión *f* lack of precision
impreciso *adj* imprecise
impredecible *adj* unpredictable
impregnación *f* **1** saturation (**de** with) **2** TÉC impregnation (**de** with)
impregnar 〈1a〉 *v/t* **1** *esponja* saturate

(**de** with); *fig* pervade **2** TÉC impregnate (**de** with); **impregnarse** *v/r*: *se impregna de ...* it is filled with ...
impremeditado *adj* unpremeditated
imprenta *f* **1** *taller* printer's **2** *arte, técnica* printing **3** *máquina* printing press; *dar a la ~* send for printing
imprescindible *adj* essential; *persona* indispensable
impresentable *adj* unpresentable
impresión *f* **1** impression; *causar ~* make an impression; *causar buena ~* make a good impression **2**: *la sangre le da ~* he can't stand the sight of blood **3** *acto* printing; *~ en color* color printing, *Br* colour printing **4** (*tirada*) print run
impresionable *adj* impressionable
impresionante *adj* impressive
impresionar ⟨1a⟩ *v/t*: *~le a alguien* impress s.o.; (*conmover*) move s.o.; (*alterar*) shock s.o.; **impresionarse** *v/r* be shocked
impresionismo *m* Impressionism
impresionista **I** *adj* impressionist, impressionistic **II** *m/f* Impressionist
impreso **I** *part* ☞ *imprimir* **II** *m* **1** form **2**: *~s pl* printed matter *sg*
impresor *m* printer
impresora *f* INFOR, *mujer* printer
◇ **impresora de chorro de tinta** inkjet (printer); **impresora en color** color printer, *Br* colour printer; **impresora de inyección de tinta** inkjet (printer); **impresora láser** laser (printer); **impresora matricial** dot-matrix printer
imprevisible *adj* unpredictable
imprevisión *f* lack of foresight
imprevisor *adj* shortsighted; *ser ~* not plan ahead
imprevisto **I** *adj* unforeseen, unexpected **II** *m* unexpected event
imprimación *f* PINT primer
imprimar ⟨1a⟩ *v/t* PINT prime
imprimir ⟨3a; *part* *impreso*⟩ *v/t tb* INFOR print; *fig* transmit
improbabilidad *f* improbability
improbable *adj* unlikely, improbable
ímprobo *adj* massive, enormous
improcedencia *f* inadmissibility
improcedente *adj* improper
improductividad *f* unproductiveness
improductivo *adj* unproductive

impronta *f* mark
impronunciable *adj* unpronounceable
improperio *m* insult
impropiedad *f* inappropriateness
impropio *adj* inappropriate; *ser ~ de alguien* be inappropriate for s.o.
improrrogable *adj* non-extendable
improvisación *f* improvisation
improvisado *adj* improvised
improvisar ⟨1a⟩ *v/t* improvise
improviso *adj*: *de ~* unexpectedly
imprudencia *f* recklessness, rashness
◇ **imprudencia temeraria** criminal negligence
imprudente *adj* reckless, rash
impudicia *f* shamelessness
impúdico *adj* shameless, immodest
impudor *m* shamelessness, immodesty
impuesto **I** *part* ☞ *imponer* **II** *m* tax
◇ **impuesto sobre bienes inmuebles** *Esp* property tax; **impuesto sobre el patrimonio** wealth tax; **impuesto sobre la renta** income tax; **impuesto sobre sociedades** corporate tax, *Br* corporation tax; **impuesto sobre sucesiones** inheritance tax; **impuesto sobre el valor añadido** *o* *L.Am.* agregado sales tax, *Br* value-added tax
impugnable *adj* challengeable, contestable
impugnación *f* challenge
impugnar ⟨1a⟩ *v/t* challenge, contest
impulsar ⟨1a⟩ *v/t* **1** TÉC propel **2** COM, *fig* boost
impulsivo *adj* impulsive
impulso *m* **1** (*arrebato*) impulse **2** (*empuje*) impetus; COM boost; *fig* urge, impulse; *tomar ~* take a run up
impulsor **I** *adj* driving *atr* **II** *m, ~a f* driving force
impune *adj* unpunished
impunidad *f* impunity
impuntual *adj* unpunctual
impuntualidad *f* unpunctuality
impureza *f* impurity
impuro *adj* impure
imputable *adj* attributable
imputación *f* attribution
imputar ⟨1a⟩ *v/t* **1** attribute **2** COM assign
IMSERSO *m abr* (= *Instituto de Migraciones y Servicios Sociales*) Spanish Social Services and Immigration Department

inabarcable *adj* which cannot be dealt with

inabordable *adj* unapproachable, inaccessible

inacabable *adj* endless, never-ending

inacabado *adj* unfinished

inaccesibilidad *f* inaccessibility

inaccesible *adj* inaccessible; *persona* distant, inaccessible

inacción *f* inactivity, inaction

inaceptable *adj* unacceptable

inactivar ⟨1a⟩ *v/t* deactivate

inactividad *f* inactivity

inactivo *adj* inactive

inadaptación *f* maladjustment, failure to adapt

inadaptado *adj* maladjusted

inadecuado *adj* inadequate

inadmisibilidad *f* inadmissibility

inadmisible *adj* inadmissible

inadvertencia *f* oversight

inadvertido *adj*: **pasar ~** go unnoticed

inagotable *adj* inexhaustible

inaguantable *adj* unbearable

inalámbrico TELEC **I** *adj* cordless **II** *m* cordless (telephone)

inalcanzable *adj* unattainable, unachievable

inalienable *adj* inalienable

inalterable *adj* **1** *color* permanent, fast; **materiales ~s** materials that do not deteriorate **2** *principios* immutable **2** *carácter* impassive

inalterado *adj* unchanged, unaltered

inamovible *adj* immovable

inane *adj* pointless

inanición *f* starvation

inanimado *adj* inanimate

inapelable *adj* JUR unappealable; *fig* indisputable

inapetencia *f* lack of appetite

inapetente *adj*: **está ~** she has no appetite, she has lost her appetite

inaplazable *adj* impossible to postpone

inaplicable *adj* inapplicable

inapreciable *adj* **1** (*valioso*) priceless **2** (*insignificante*) negligible

inaprensible *adj*: **ser ~** be hard to get hold of

inapropiado *adj* inappropriate

inaprovechado *adj* unused, unexploited

inaptitud *f* unsuitability

inapto *adj* unsuitable

inarrugable *adj* crease-resistant

inasequible *adj* **1** *objetivo* unattainable **2** *precio* prohibitive

inasistencia *f* absence; **~ a clase** absence from class

inastillable *adj* shatterproof

inatacable *adj* unassailable

inatención *f* lack of attention

inaudible *adj* inaudible

inaudito *adj* unprecedented

inauguración *f* official opening

inaugural *adj* opening, inaugural

inaugurar ⟨1a⟩ *v/t* (officially) open

inca *m/f* & *adj* Inca

incaico *adj* Incan

incalculable *adj* incalculable

incalificable *adj* indescribable

incandescencia *f* incandescence

incandescente *adj* incandescent

incansable *adj* tireless

incapacidad *f* **1** disability **2** (*falta de capacidad*) inability; **~ mental** mental incapacity **3** (*ineptitud*) incompetence ◇ **incapacidad laboral** unfitness for work

incapacitación *f* JUR disqualification

incapacitado *adj* disabled, handicapped; **~ para el trabajo** unfit for work

incapacitar ⟨1a⟩ *v/t* JUR disqualify

incapaz *adj* incapable (**de** of)

incautación *f* seizure

incautarse ⟨1a⟩ *v/r*: **~ de** seize

incauto *adj* unwary

incendiar ⟨1b⟩ *v/t* set fire to; **incendiarse** *v/r* burn, catch fire

incendiario I *adj* incendiary; *fig* inflammatory **II** *m*, **-a** *f* arsonist

incendio *m* fire ◇ **incendio forestal** forest fire ◇ **incendio provocado** arson attack

incentivación *f* motivation

incentivar ⟨1a⟩ *v/t* motivate

incentivo *m* incentive

incertidumbre *f* uncertainty

incesante *adj* incessant

incesto *m* incest

incestuoso *adj* incestuous

incidencia *f* **1** (*efecto*) effect **2** (*frecuencia*) incidence **3** (*incidente*) incident

incidental *adj* incidental

incidente *m* incident

incidir ⟨3a⟩ **I** *v/i*: **~ en** (*afectar*) have an effect on, affect; (*recalcar*) stress; **~ en**

un error make a mistake ‖ *v/t* incise
incienso *m* incense
incierto *m* uncertain
incineración *f de basuras* incineration; *de cadáver* cremation
◊ **incineración de basuras** waste incineration
incinerador *adj* incinerator *atr*; **planta ~a de basuras** *o* **residuos** waste incineration plant
incinerar ⟨1a⟩ *v/t basuras* incinerate; *cadáver* cremate
incipiente *adj* incipient
incisión *f* incision
incisivo *adj* cutting; *fig* incisive; **diente ~** incisor
inciso *m* **1** (*oración*) digression **2** (*comentario*) interruption
incitación *f* incitement (**a** to)
incitador *m*, **~a** *f* agitator
incitante *adj* provocative
incitar ⟨1a⟩ *v/t* incite
incivil *adj* uncivil
incivilizado *adj* uncivilized
inclasificable *adj* impossible to classify
inclemencia *f del tiempo* inclemency
inclemente *adj* inclement
inclinación *f* **1** inclination; **tener ~ a hacer algo** have an inclination to do sth **2** *fig: propensión* tendency **3** *de un terreno* slope **4** *muestra de respeto* bow
inclinado *adj* sloping
inclinar ⟨1a⟩ *v/t* **1** tilt; **~ la cabeza** nod (one's head) **2: me inclina a creer que ...** it makes me think that ...; **inclinarse** *v/r* **1** *desde la horizontal* bend (down); *desde la vertical* lean; *de un terreno* slope **2** *en señal de respeto* bow **3: ~ a** *fig* tend to, be inclined to
ínclito *adj* illustrious
incluido *prp* inclusive
incluir ⟨3g⟩ *v/t* include; (*comprender*) comprise
inclusa *f* children's home
inclusión *f* inclusion
inclusive *adv* inclusive
incluso *adv*, *prp* & *conj* even
incoar ⟨1a⟩ *v/t* JUR *procedimiento*, *proceso* initiate
incobrable *adj deuda* irrecoverable, bad
incógnita *f* unknown factor; MAT unknown (quantity)
incógnito *adj*: **de ~** incognito

incoherencia *f* incoherence; **eso que has dicho es una ~** what you said makes no sense
incoherente *adj* incoherent
incoloro *adj* colorless, *Br* colourless
incólume *adj* unharmed, unscathed
incombustible *adj* fireproof; *fig* **ser ~** go on for ever
incomible *adj* inedible
incomodar ⟨1a⟩ *v/t* **1** inconvenience **2** (*enfadar*) annoy; **incomodarse** *v/r* **1** feel uncomfortable **2** (*enfadarse*) get annoyed (**por** about, over)
incomodidad *f* **1** uncomfortableness **2** (*fastidio*) inconvenience
incómodo *adj* **1** uncomfortable **2** (*fastidioso*) inconvenient
incomodo *m* inconvenience, trouble
incomparable *adj* incomparable
incomparecencia *f* JUR non-appearance, failure to appear
incompatibilidad *f* incompatibility
incompatible *adj tb* INFOR incompatible
incompetencia *f* incompetence
incompetente *adj* incompetent
incompleto *adj* incomplete
incomprendido *adj* misunderstood
incomprensible *adj* incomprehensible
incomprensión *f* lack of understanding, incomprehension
incomprensivo *adj* unsympathetic
incomunicación *f* **1** lack of communication **2** JUR solitary confinement
incomunicado *adj* **1** isolated, cut off **2** JUR in solitary confinement
incomunicar ⟨1g⟩ *v/t* **1** cut off **2** JUR put in solitary confinement
inconcebible *adj* inconceivable
inconciliable *adj* irreconcilable
inconcluso *adj* unfinished
inconcreción *f* imprecision
inconcreto *adj* imprecise
incondicional I *adj* unconditional **II** *m/f* staunch supporter, stalwart
inconexo *adj* unconnected
inconfesable *adj* shameful
inconforme *adj* nonconformist
inconformismo *m* non-conformism
inconformista *m/f* non-conformist
inconfundible *adj* unmistakable
incongruencia *f* incongruity
incongruente *adj* incongruous
inconmensurable *adj* immeasurable

inconmovible *adj* unmoved, implacable

inconquistable *adj* unconquerable

inconsciencia *f* **1** MED unconsciousness **2** (*desconocimiento*) lack of awareness, unawareness **3** (*irreflexión*) thoughtlessness

inconsciente *adj* **I 1** MED unconscious **2** (*ignorante*) unaware **3** (*irreflexivo*) thoughtless **II** *m* PSI: **el ~** the unconscious (mind)

inconsecuencia *f* inconsistency

inconsecuente *adj* inconsistent

inconsideración *f* lack of consideration, inconsiderateness

inconsiderado *adj* inconsiderate

inconsistencia *f* flimsiness, weakness

inconsistente *adj* flimsy, weak

inconsolable *adj* inconsolable

inconstancia *f* fickleness

inconstante *adj* fickle

inconstitucional *adj* unconstitutional

inconstitucionalidad *f* unconstitutionality

incontable *adj* uncountable

incontenible *adj* uncontainable, uncontrollable

incontestable *adj* indisputable

incontestado *adj* undisputed

incontinencia *f*: **~** (*urinaria*) MED incontinence

incontinente *adj* MED incontinent

incontrastable *adj que no se puede discutir* incontrovertible

incontrolable *adj* uncontrollable

incontrolado *adj* uncontrolled

incontrovertible *adj* incontrovertible

inconveniencia *f* **1** inconvenience **2** (*impertinencia*) inappropriate remark

inconveniente I *adj* **1** (*inoportuno*) inconvenient **2** (*impropio*) inappropriate **II** *m* **1** (*desventaja*) drawback, disadvantage **2** (*estorbo*) problem; **no tengo ~** I don't mind

incordiar ⟨1b⟩ *v/t* annoy

incordio *m* nuisance

incorporación *f* incorporation

incorporar ⟨1a⟩ *v/t* incorporate; **incorporarse** *v/r* **1** sit up **2** **~ a** MIL join

incorpóreo *adj* incorporeal

incorrección *f* **1** error, mistake **2** (*descortesía*) discourtesy

incorrecto *adj* **1** incorrect, wrong **2** (*descortés*) impolite, discourteous

incorregible *adj* incorrigible

incorruptible *adj* incorruptible

incredibilidad *f* incredibility, incredible nature

incredulidad *f* disbelief, incredulity

incrédulo *adj* incredulous

increíble *adj* incredible

incrementar ⟨1a⟩ *v/t* increase; **incrementarse** *v/r* increase

incremento *m* growth

increpación *f* rebuke

increpar ⟨1a⟩ *v/t* **1** (*reprender*) reproach **2** (*insultar*) insult

incriminación *f* incrimination

incriminar ⟨1a⟩ *v/t* incriminate

incruento *adj* bloodless

incrustación *f* incrustation; **un collar con incrustaciones de marfil** a necklace inlaid with ivory

incrustar ⟨1a⟩ *v/t* incrust (**de** with); **incrustarse** *v/r de la suciedad* become ingrained

incubación *f* incubation; **período de ~** incubation period

incubadora *f* incubator

incubar ⟨1a⟩ *v/t* incubate; **incubarse** *v/r* incubate

incuestionable *adj* unquestionable

inculcar ⟨1g⟩ *v/t* instill, Br instil (**en** in)

inculpación *f* accusation

inculpado *m*, **-a** *f*: **el ~** the accused

inculpar ⟨1a⟩ *v/t* JUR accuse

inculto *adj* **1** ignorant, uneducated **2** AGR uncultivated

incultura *f* ignorance, lack of education

incumbencia *f* responsibility, duty; **no es de mi ~** it's not my responsibility

incumbir ⟨3a⟩ *v/i*: **~ a alguien** (**hacer algo**) be s.o.'s responsibility (to do sth)

incumplimiento *m* non-fulfillment (**de** of), Br non-fulfilment (**de** of), non-compliance (**de** with); **~ contractual** breach of contract

incumplir ⟨3a⟩ *v/t* break

incurable *adj* incurable

incurrir ⟨3a⟩ *v/i* **1**: **~ en un error** make a mistake **2**: **~ en gastos** incur costs

incursión *f* MIL raid; *fig* foray

indagación *f* investigation

indagar ⟨1h⟩ *v/i* investigate

indebido *adj* unjustified

indecencia *f* indecency; *de película* obscenity

indecente *adj* indecent; *película* ob-

scene
indecible *adj* indescribable, unspeakable
indecisión *f* indecisiveness
indeciso *adj* undecided; *por naturaleza* indecisive
indecoroso *adj* indecorous
indefectible *adj* inevitable, unfailing
indefendible *adj* undefendable; *fig* indefensible
indefensión *f* defenselessness, *Br* defencelessness
indefenso *adj* defenseless, *Br* defenceless
indefinible *adj* indefinable
indefinidamente *adv* indefinitely
indefinido *adj* **1** (*impreciso*) vague **2** (*ilimitado*) indefinite; *contrato* permanent **3** GRAM indefinite
indeformable *adj* *material* that keeps its shape
indeleble *adj* indelible
indelicadeza *f* indelicacy, indiscretion
indelicado *adj* indelicate
indemne *adj* unhurt, unscathed; *salir* ~ escape unscathed *o* unharmed
indemnidad *f* indemnity
indemnización *f* compensation
indemnizar ⟨1f⟩ *v/t* compensate (*por* for)
indemostrable *adj* impossible to demonstrate
independencia *f* independence; *con* ~ *de* independently of
independentismo *m* POL pro-independence movement
independentista I *adj* pro-independence *atr* II *m/f* supporter of independence
independiente *adj* independent
independientemente *adv* independently; ~ *de* regardless of
independizarse ⟨1f⟩ *v/r* become independent
indescifrable *adj* indecipherable
indescriptible *adj* indescribable
indeseable I *adj* undesirable II *m/f* undesirable
indeseado *adj* unwanted
indesmallable *adj* run-resist, *Br* ladderproof
indestructible *adj* indestructible
indeterminable *adj* indeterminable
indeterminación *f* indecisiveness

indeterminado *adj* indeterminate; (*indefinido*) indefinite
indexación *f* indexing
indexar ⟨1a⟩ *v/t* index
India: (*la*) ~ India
indiada *f* *L.Am.* group of Indians
indiano *m* Spaniard who has returned *from Latin America after making his fortune*
indicación *f* **1** indication; *por* ~ *médica* on medical advice **2** (*señal*) sign **3**: *indicaciones para llegar* directions; (*instrucciones*) instructions
indicado *adj* **1** (*adecuado*) suitable; *lo más / menos* ~ the best / worst thing **2**: *hora -a* specified time
indicador *m* indicator
◇ **indicador de dirección** AUTO indicator
indicar ⟨1g⟩ *v/t* **1** show, indicate **2** (*señalar*) point out **3** (*sugerir*) suggest
indicativo I *adj* indicative II *m* **1** GRAM indicative **2** TELEC code
índice *m* **1** index; ~ *de precios al consumo* consumer price index, *Br tb* retail price index; ~ *bursátil* stock market index, *Br* share index; ~ *de desempleo* unemployment rate **2**: *dedo* ~ index finger
indicio *m* indication, sign; (*vestigio*) trace
índico *adj* Indian; *Océano Índico* Indian Ocean
indiferencia *f* indifference
indiferente *adj* **1** indifferent **2** (*irrelevante*) immaterial
indígena I *adj* indigenous, native *atr* II *m/f* native
indigencia *f* destitution
indigente I *adj* destitute II *m/f* poor person; *los* ~*s* the poor *pl*
indigerible *adj* indigestible
indigestarse ⟨1a⟩ *v/r de persona* get indigestion; *de comida* cause indigestion
indigestión *f* indigestion
indigesto *adj* indigestible
indignación *f* indignation
indignado *adj* indignant
indignante *adj* infuriating
indignar ⟨1a⟩ *v/t*: ~ *a alguien* make s.o. indignant; **indignarse** *v/r* become indignant
indignidad *f* unworthiness
indigno *adj* unworthy (*de* of)

índigo *adj* indigo; **azul** ~ indigo
indio I *adj* Indian **II** *m*, **-a** *f* Indian; **hacer el** ~ F clown around F, play the fool F
indirecta *f* insinuation; (*sugerencia*) hint
indirecto *adj* indirect
indisciplina *f* lack of discipline, indiscipline
indisciplinado *adj* undisciplined
indiscreción *f* **1** indiscretion, lack of discretion **2** (*declaración*) indiscreet remark
indiscreto *adj* indiscreet
indiscriminado *adj* indiscriminate
indiscutible *adj* indisputable
indiscutido *adj* undisputed
indisoluble *adj* **1** *sustancia* insoluble **2** *matrimonio, amistad* indissoluble
indispensable *adj* indispensable
indisponer ⟨2r; *part* **indispuesto**⟩ *v/t* **1** (*enfermar*) make unwell, upset **2**: ~ **a alguien con alguien** (*enemistar*) set s.o. against s.o.; **indisponerse** *v/r* **1** become unwell **2**: ~ **con alguien** fall out with s.o.
indisposición *f* indisposition
indispuesto *adj* indisposed, unwell
indisputable *adj* undeniable
indistintamente *adv* **1** (*sin claridad*) indistinctly **2** (*sin distinción*) without distinction
indistinto *adj* *forma* indistinct, vague; *noción* vague; *sonido* faint
individual *adj* individual; *cama, habitación* single
individualidad *f* individuality
individualismo *m* individualism
individualista I *adj* individualistic **II** *m/f* individualist
individualizar ⟨1f⟩ *v/t* set apart; *para crítica, elogio* single out
individuo *m* individual
indivisible *adj* indivisible
indiviso *adj* undivided
indócil *adj* troublesome
indocumentado *adj*: **un hombre** ~ a man with no identity papers
índole *f* nature; **de esta** ~ of this nature
indolencia *f* laziness, indolence
indolente *adj* lazy, indolent
indoloro *adj* painless
indomable *adj* *animal* untameable; *persona* indomitable
indómito *adj* indomitable
Indonesia *f* Indonesia

inducción *f* induction
inducido *m* EL armature
inducir ⟨3o⟩ *v/t* **1** (*persuadir*) lead, induce (**a** to) **2** EL induce
inductivo *adj* EL, *en lógica* inductive
inductor *m* EL inductor
indudable *adj* undoubted
indudablemente *adv* undoubtedly
indulgencia *f* indulgence
indulgente *adj* indulgent
indultar ⟨1a⟩ *v/t* pardon
indulto *m* pardon
indumentaria *f* clothing
industria *f* **1** *actividad, sector* industry **2** (*esfuerzo*) industriousness, industry
◇ **industria automovilística** automobile industry; **industria electrónica** electronics industry; **industria ligera** light industry; **industria pesada** heavy industry; **industria de transformación, industria transformadora** processing industry; **industria turística** tourist industry
industrial I *adj* industrial; **cantidad** ~ F massive amount F **II** *m/f* industrialist
industrialización *f* industrialization
industrializar ⟨1f⟩ *v/t* industrialize; **industrializarse** *v/r* industrialize
industrioso *adj* industrious
INE *m abr* (= **Instituto Nacional de Estadística**) Spanish National Statistics Office
inédito *adj* **1** unpublished **2** *fig* unprecedented
ineducado *adj* uneducated
inefable *adj* indescribable, ineffable *fml*
inefectivo *adj* ineffective
ineficacia *f* inefficiency; *de un procedimiento* ineffectiveness
ineficaz *adj* inefficient; *procedimiento* ineffective
ineficiencia *f* inefficiency
ineficiente *adj* inefficient
inelegible *adj* ineligible
ineludible *adj* unavoidable
INEM *m abr* (= **Instituto Nacional de Empleo**) Spanish Employment Office
inenarrable *adj* inexpressible, indescribable
ineptitud *f* ineptitude, incompetence
inepto I *adj* inept, incompetent **II** *m*, **-a** *f* incompetent fool
inequívoco *adj* unequivocal
inercia *f* inertia

inerme *adj* **1** (*sin defensa*) defenseless, *Br* defenceless **2** (*sin armas*) unarmed

inerte *adj fig* lifeless; FÍS inert

inescrutable *adj* inscrutable

inesperado *adj* unexpected

inestabilidad *f* instability

inestable *adj situación, persona* unstable; *tiempo* unsettled

inestimable *adj* invaluable

inevitable *adj* inevitable

inexactitud *f* inaccuracy

inexacto *adj* inaccurate

inexcusable *adj* inexcusable

inexistencia *f* lack

inexistente *adj* non-existent

inexorable *adj* inexorable

inexperiencia *f* lack of experience, inexperience

inexperto *adj* inexperienced

inexplicable *adj* inexplicable

inexplorado *adj* unexplored

inexpresable *adj* inexpressible

inexpresividad *f* lack of expression

inexpresivo *adj* inexpressive, expressionless

inexpugnable *adj* impregnable

inextinguible *adj* **1** *fuego* inextinguishable **2** *sed* unquenchable

inextricable *adj* inextricable

infalibilidad *f* infallibility

infalible *adj* infallible

infalsificable *adj documento etc* impossible to forge *o* fake

infamante *adj* defamatory

infamatorio *adj* defamatory

infame *adj* vile, loathsome; (*terrible*) dreadful, awful

infamia *f* **1** (*deshonra*) disgrace **2** (*acción infame*) dreadful *o* awful thing to do **3** (*dicho infame*) slander, slur

infancia *f* childhood; *fig* infancy

infanta *f* infanta, princess

infante *m* infante, prince

infantería *f* MIL infantry

infanticida *m/f* child killer, *fml* infanticide

infanticidio *m* infanticide

infantil *adj* **1** children's **2** *naturaleza* childlike; *desp* infantile, childish

infarto *m*: ~ (**de miocardio**) heart attack; **de** ~ *fig* F heart-stopping, incredible; **nos dio una alegría de** ~ we were incredibly happy

infatigable *adj* tireless, indefatigable

infausto *adj* unfortunate, unhappy

infección *f* MED infection; ~ **viral** viral infection

infeccioso *adj* infectious

infectar ⟨1a⟩ *v/t* infect; **infectarse** *v/r* become infected

infecto *adj* **1** revolting, disgusting **2** MED infected

infecundidad *f* infertility

infecundo *adj tb fig* infertile

infelicidad *f* unhappiness, misery

infeliz I *adj* **1** unhappy, miserable **2** (*inocente*) naive **II** *m/f* **1** poor devil **2** (*inocente*) naive person

inferior I *adj* inferior (**a** to); *en el espacio* lower (**a** than) **II** *m/f* inferior

inferioridad *f* inferiority

inferir ⟨3i⟩ *v/t* **1** infer (**de** from) **2** *daño* do, cause (**a** to)

infernal *adj* **1** *ruido, calor* infernal **2** (*muy malo*) diabolical

infértil *adj* infertile

infertilidad *f* infertility

infestación *f* infestation

infestar ⟨1a⟩ *v/t* **1** infest; *fig* corrupt **2** (*invadir*) overrun

infición *f Méx* pollution

inficionar ⟨1a⟩ *v/t* infect; *fig* corrupt

infidelidad *f* infidelity

infiel I *adj* **1** *amante* unfaithful **2** (*inexacto*) inaccurate **II** *m/f* unbeliever

infiernillo *m* portable stove

infierno *m* hell; **vivir en el quinto** ~ *fig* F live in the back of beyond F

infiltración *f* infiltration; **aguas de** ~ seepage water

infiltrar I ⟨1a⟩ *v/t* infiltrate; **infiltrarse** *v/r*: ~ **en** infiltrate; *de agua* seep into

ínfimo *adj* **1** *cantidad* very small **2** *calidad* very poor

infinidad *f*: ~ **de** countless

infinitesimal *adj* infinitesimal; **cálculo** ~ infinitesimal calculus

infinitivo *m* GRAM infinitive

infinito I *adj* infinite **II** *m* infinity

infinitud *f* infinite nature

inflable *adj* inflatable

inflación *f* COM inflation; **tasa de** ~ inflation rate

inflacionista *adj* inflationary

inflador *m Rpl* bicycle pump

inflamable *adj* flammable

inflamación *f* MED inflammation

inflamar ⟨1a⟩ *v/t tb fig* inflame; **infla-**

marse *v/r* MED become inflamed
inflamatorio *adj* MED inflammatory
inflar ⟨1a⟩ *v/t* inflate; **inflarse** *v/r* **1** swell (up) **2** *fig* F get a swollen head F
inflexibilidad *f* inflexibility
inflexible *adj fig* inflexible
inflexión *f* inflection; ~ **de la tendencia** change in the trend
infligir ⟨3c⟩ *v/t* inflict (**a** on)
influencia *f* influence; **tener** ~**s** have contacts
influenciable *adj* easily influenced
influenciar ⟨1b⟩ *v/t* influence
influir ⟨3g⟩ *v/i*: ~ **en alguien / algo** influence s.o. / sth, have an influence on s.o. / sth
influjo *m* influence
influyente *adj* influential
infografía *f* computer graphics *pl*
información *f* **1** information; ~ **genética** BIO genetic information **2** (*noticias*) news *sg*
informador *m*, ~**a** *f* **1** *de noticias* informant **2** (*chivato*) informer
informal *adj* **1** informal **2** *irresponsable* unreliable
informalidad *f* **1** informality **2** (*irresponsabilidad*) unreliability
informante *m/f* informer
informar ⟨1a⟩ *v/t* inform (**de, sobre** about); **informarse** *v/r* find out (**de, sobre** about)
informática *f* information technology
informático **I** *adj* computer *atr* **II** *m*, -a *f* IT specialist
informativo **I** *adj* **1** informative; **folleto** ~ (information) leaflet **2** *programa* news *atr* **II** *m* TV, RAD news *sg*
informatización *f* computerization
informatizar ⟨1f⟩ *v/t* computerize
informe **I** *adj* shapeless **II** *m* **1** report **2**: ~**s** *pl* (*referencias*) references
◇ **informe anual** annual report
◇ **informe médico** medical report
infortunado *adj* unfortunate, unlucky
infortunio *m* misfortune, ill fortune
infracción *f* offense, *Br* offence
infractor **I** *adj* offending *atr* **II** *m*, ~**a** *f* offender
infraestructura *f* infrastructure
infrahumano *adj* subhuman
infranqueable *adj barrera, río* impassable; *obstáculo, diferencia* insurmountable

infrarrojo *adj* infrared
infrautilización *f* under-use
infrautilizado *adj* under-used
infravaloración *f* undervaluation
infravalorar ⟨1a⟩ *v/t* undervalue
infrecuencia *f* infrequency
infrecuente *adj* infrequent
infringir ⟨3c⟩ *v/t* JUR infringe, violate
infructuoso *adj* fruitless
ínfulas *fpl fig*: **tener** *o* **darse** ~ give o.s. airs
infumable *adj* unsmokable; *fig* unbearable
infundado *adj* unfounded, groundless
infundio *m* unfounded rumor, *Br* unfounded rumour
infundir ⟨3a⟩ *v/t* inspire; *terror* instill, *Br* instil; *sospechas* arouse
infusión *f* infusion; *de tila, manzanilla* tea
ingeniarse ⟨1b⟩ *v/r*: **ingeniárselas para** manage to
ingeniería *f* engineering
◇ **ingeniería genética** genetic engineering
ingeniero *m*, -a *f* engineer
◇ **ingeniero aeronáutico** aeronautical engineer; **ingeniero agrónomo** agronomist; **ingeniero de minas** mining engineer; **ingeniero de montes** forestry expert; **ingeniero naval** naval architect; **ingeniero de redes** systems engineer; **ingeniero de sonido** sound engineer; **ingeniero técnico** engineer (*after three-year university course*)
ingenio *m* **1** ingenuity; **golpe de** ~ flash of inspiration **2** (*aparato*) device
◇ **ingenio azucarero** *L.Am.* sugar refinery
ingeniosidad *f* ingenuity
ingenioso *adj* ingenious
ingente *adj* enormous, huge
ingenuidad *f* naivety
ingenuo **I** *adj* naive **II** *m*, -a *f* naive person, sucker F
ingerir ⟨3i⟩ *v/t* consume
ingestión *f* consumption
Inglaterra *f* England
ingle *f* groin
inglés **I** *adj* English **II** *m* **1** Englishman; **los ingleses** the English **2** *idioma* English
inglesa *f* Englishwoman
ingobernable *adj* ungovernable

ingratitud f ingratitude
ingrato adj persona ungrateful; tarea thankless
ingravidez f weightlessness
ingrávido adj weightless
ingrediente m ingredient
ingresar ⟨1a⟩ **I** v/i: ~ en en universidad go to; en asociación, cuerpo join; en hospital be admitted to **II** v/t cheque pay in, deposit
ingreso m **1** entry; en una asociación joining; examen de ~ entrance exam **2** en hospital admission **3** COM deposit **4**: ~s pl income sg
◇ **ingresos fiscales, ingresos impositivos** tax revenue sg
inguinal adj ANAT groin atr
inhábil adj **1** unskillful, Br unskilful **2**: día ~ non-working day
inhabilidad f lack of skill, ineptitude
inhabilitación f JUR disqualification
inhabilitar ⟨1a⟩ v/t disqualify (para from)
inhabitable adj uninhabitable
inhabitado adj uninhabited
inhabitual adj unusual
inhalación f inhalation
inhalador m inhaler
inhalar ⟨1a⟩ v/t inhale
inherente adj inherent
inhibición f **1** inhibition **2** JUR disqualification
inhibir ⟨3a⟩ v/t inhibit; inhibirse v/r keep one's distance (de from)
inhibitorio adj disqualifying atr
inhospitalario, inhóspito adj inhospitable
inhumación f interment, burial
inhumanidad f inhumanity
inhumano adj inhuman; (cruel) inhumane
inhumar ⟨1a⟩ v/t inter, bury
iniciación f initiation
iniciador I adj: la persona ~a de ... the person initiating ..., the initiator of ... **II** m, ~a f initiator
inicial f/adj initial
inicialista m/f en béisbol first base
inicializar ⟨1f⟩ v/t INFOR initialize
iniciar ⟨1b⟩ v/t initiate; curso start, begin; iniciarse v/r begin, commence; ~ en be initiated into
iniciativa f initiative; tomar la ~ take the initiative

inicio m start, beginning; estar todavía en los ~s be still in the early stages; ~ en caliente INFOR warm start
inicuo adj iniquitous, wicked
inidentificable adj unidentifiable
inigualable adj incomparable; precio unbeatable
inigualado adj unequaled, Br unequalled
inimaginable adj unimaginable
inimitable adj inimitable
ininflamable adj non-flammable
ininteligible adj unintelligible
ininterrumpido adj uninterrupted
iniquidad f iniquity, wickedness
injerencia f interference
injerirse ⟨3i⟩ v/r interfere (en in)
injertar ⟨1a⟩ v/t graft
injerto m graft
injuria f insult
injuriar ⟨1b⟩ v/t insult
injurioso adj insulting
injusticia f injustice
injustificado adj unjustified
injusto adj unjust
INM m abr (= Instituto Nacional de Meteorología) Spanish Meteorological Service
inmaculado adj immaculate
inmadurez f immaturity
inmaduro adj immature
inmanente adj immanent
inmaterial adj immaterial
inmediaciones fpl immediate area sg (de of), vicinity sg (de of)
inmediatamente adv immediately
inmediato adj immediate; de ~ immediately
inmejorable adj unbeatable
inmemorial adj age-old; desde tiempo ~ from time immemorial
inmensidad f immensity
inmenso adj immense
inmerecido adj undeserved; el equipo se llevó una victoria -a the team did not deserve to win
inmersión f immersion; de submarino dive
inmerso adj fig immersed (en in)
inmigración f immigration
inmigrante m/f immigrant
inmigrar ⟨1a⟩ v/i immigrate
inmigratorio adj immigrant atr
inminencia f imminence

inminente *adj* imminent
inmiscuirse ⟨3g⟩ *v/r* meddle (**en** in)
inmisericorde *adj* unmerciful
inmobiliaria *f* realtor's office, *Br* estate agent's
inmobiliario *adj* real estate *atr*, property *atr*; **agente ~** realtor, *Br* estate agent
inmoderación *f* lack of moderation
inmoderado *adj* excessive, immoderate
inmodestia *f* immodesty, lack of modesty
inmodesto *adj* immodest
inmolación *f* sacrifice
inmolar ⟨1a⟩ *v/t* sacrifice; **inmolarse** *v/r* sacrifice o.s.
inmoral *adj* immoral
inmoralidad *f* immorality
inmortal *adj* immortal
inmortalidad *f* immortality
inmortalizar ⟨1f⟩ *v/t* immortalize
inmotivado *adj* motiveless
inmóvil *adj persona* motionless; *vehículo* stationary
inmovilidad *f* immobility
inmovilización *f* immobilization
inmovilizador *m* AUTO: **~ antirrobo** (anti-theft) immobilizer
inmovilizar ⟨1f⟩ *v/t* immobilize; *fig* paralyze
inmueble I *adj* JUR: **bienes ~s** immovable assets **II** *m* building
inmundicia *f* filth
inmundo *adj* filthy
inmune *adj* immune
inmunidad *f* MED, POL immunity
inmunitario *adj* immune; **sistema ~** immune system
inmunizar ⟨1f⟩ *v/t* immunize
inmunodeficiencia *f* immunodeficiency
inmunología *f* immunology
inmunoterapia *f* immunotherapy
inmutable *adj* unchanging
inmutarse ⟨1a⟩ *v/r*: **no ~** not bat an eyelid; **sin ~** without batting an eyelid
innato *adj* innate, inborn
innecesario *adj* unnecessary
innegable *adj* undeniable
innoble *adj* ignoble
innovación *f* innovation
innovador I *adj* innovative **II** *m*, **~a** *f* innovator
innovar ⟨1m⟩ *v/t*: **~ algo** introduce innovations into sth

innumerable *adj* innumerable, countless
inobservancia *f* non-observance
inocencia *f* innocence
inocentada *f* practical joke (*played esp on December 28*)
inocente *adj* innocent
inocuidad *f* harmlessness, innocuousness
inoculación *f* inoculation
inocular ⟨1a⟩ *v/t* inoculate
inocuo *adj* **1** *comentario*, *materia* harmless, innocuous **2** *película* bland
inodoro I *adj* odorless, *Br* odourless **II** *m* toilet
inofensivo *adj* inoffensive, harmless
inoficioso *adj* L.Am. (*inútil*) useless
inolvidable *adj* unforgettable
inoperable *adj* MED inoperable
inoperante *adj* ineffective
inopia *f*: **estar en la ~** F (*distraído*) be miles away F; (*alejado de la realidad*) be on another planet F
inopinado *adj* unexpected
inoportunidad *f* inconvenience, *fml* inopportuneness
inoportuno *adj* inopportune; (*molesto*) inconvenient
inorgánico *adj* inorganic
inoxidable *adj*: **acero ~** stainless steel
input *m* INFOR input
inquebrantable *adj* unshak(e)able, unyielding
inquietante *adj* worrying
inquietar ⟨1a⟩ *v/t* worry; **inquietarse** *v/r* worry, get worried *o* anxious
inquieto *adj* worried, anxious
inquietud *f* **1** worry, anxiety **2** *intelectual* interest
inquilino *m*, **-a** *f* tenant
inquina *f* aversion, dislike; **tener ~ a alguien** have sth against s.o., have a grudge against s.o.
inquirir ⟨3i⟩ *v/t* investigate, inquire into
inquisición *f* **1** investigation, inquiry **2**: **la Inquisición** HIST the Inquisition
inquisidor I *adj* inquiring **II** *m* HIST inquisitor
inquisitivo *adj* inquisitive
inquisitorial *adj* inquisitorial
inri *m*: **para más ~** to cap it all, on top of all that
insaciabilidad *f* insatiability

insaciable *adj* insatiable
insalubre *adj* unhealthy
insalubridad *f* unhealthiness
INSALUD *m abr* (= **Instituto Nacional de la Salud**) Spanish Health Service
insalvable *adj obstáculo* insuperable
insano *adj* unhealthy
insatisfacción *f* dissatisfaction
insatisfactorio *adj* unsatisfactory
insatisfecho *adj* dissatisfied
inscribir ⟨3a; *part* **inscrito**⟩ *v/t* **1** (*grabar*) inscribe **2** *en lista, registro* register, enter; *en curso,* enroll, *Br* enrol, register; *en concurso* enter; **inscribirse** *v/r en curso* enroll, *Br* enrol, register; *en concurso* enter
inscripción *f* **1** inscription **2** *en lista, registro* registration, entry; *en curso* enrollment, *Br* enrolment, registration; *en concurso* entry
inscrito *part* ☞ **inscribir**
insecticida *m* insecticide
insectívoro I *adj* insectivorous **II** *m, -a f* insectivore
insecto *m* insect
inseguridad *f* **1** *de una persona* insecurity **2** *de estructura* unsteadiness **3** (*peligro*) lack of safety, danger; **está aumentando la ~ ciudadana** the coutry is becoming increasingly dangerous
inseguro *adj* **1** *persona* insecure **2** *estructura* unsteady **3** (*peligroso*) dangerous, unsafe
inseminación *f* insemination
◇ **inseminación artificial** artificial insemination
inseminar ⟨1a⟩ *v/t* inseminate
insensatez *f* foolishness
insensato *adj* foolish
insensibilidad *f* insensitivity
insensibilizar ⟨1f⟩ *v/t tb fig* desensitize; **insensibilizarse** *v/r* become desensitized
insensible *adj* insensitive (**a** to)
insensiblemente *adv* imperceptibly
inseparable *adj* inseparable
insepulto *adj* unburied
inserción *f* insertion
insertar ⟨1a⟩ *v/t* insert
inservible *adj* useless
insidia *f* treachery; **actuar con ~** act treacherously
insidioso *adj* insidious
insigne *adj* famous

insignia *f* insignia; *bandera, estandarte* standard
insignificancia *f* **1** insignificance **2** *cosa* trifle
insignificante *adj* insignificant
insinceridad *f* insincerity
insincero *adj* insincere
insinuación *f* insinuation
insinuante *adj* suggestive
insinuar ⟨1e⟩ *v/t* insinuate; **insinuarse** *v/r.* **~ a alguien** make advances to s.o.
insipidez *f* insipidness
insípido *adj* insipid
insistencia *f* insistence
insistente *adj* insistent
insistir ⟨3a⟩ *v/i* **1** insist; **~ en hacer algo** insist on doing sth **2**: **~ en algo** stress sth
insobornable *adj* incorruptible, impossible to bribe
insociable *adj* unsociable
insolación *f* MED sunstroke
insolencia *f* insolence
insolentarse ⟨1a⟩ *v/r* become insolent
insolente *adj* insolent
insolidario *adj* unsupportive
insólito *adj* unusual
insoluble *adj* insoluble
insolvencia *f* insolvency
insolvente *adj* insolvent
insomne I *adj* insomniac; **una noche ~** a sleepless night **II** *m/f* insomniac
insomnio *m* insomnia
insondable *adj* unfathomable
insonorización *f* soundproofing
insonorizar ⟨1f⟩ *v/t* soundproof
insonoro *adj* soundless, noiseless
insoportable *adj* unbearable, intolerable
insoslayable *adj* inevitable, unavoidable
insospechable *adj* unimaginable
insospechado *adj* unexpected
insostenible *adj* **1** *situación* unsustainable **2** *tesis* untenable
inspección *f* inspection
◇ **inspección fiscal** tax audit
◇ **inspección ocular** visual inspection
inspeccionar ⟨1a⟩ *v/t* inspect
inspector *m,* **~a** *f* inspector
◇ **inspector de Hacienda** tax inspector
inspiración *f* **1** inspiration **2** MED inhalation

inspirar ⟨1a⟩ **I** v/t **1** inspire **2** MED inhale **II** v/i inhale; **inspirarse** v/r draw inspiration, be inspired

instalación f acto installation

◇ **instalaciones deportivas** sports facilities

instalador m fitter

instalar ⟨1a⟩ v/t **1** install, Br instal; (colocar) put **2** un negocio set up; **instalarse** v/r en un sitio install o.s., Br instal o.s.

instancia f **1** JUR petition **2** (petición por escrito) application; **a ~s de** at the request of **3: en última ~** as a last resort

instantánea f FOT snapshot

instantáneo adj immediate, instantaneous

instante m moment, instant; **a cada ~** every moment; **al ~** right away, immediately; **en un ~** in a flash

instar ⟨1a⟩ v/t urge, press

instauración f establishment

instaurar ⟨1a⟩ v/t establish

instigación f instigation; **por ~ de** at the instigation of

instigador m, **~a** f instigator

instigar ⟨1h⟩ v/t incite (**a** to)

instilar ⟨1a⟩ v/t instill, Br instil

instintivo adj instinctive

instinto m instinct

◇ **instinto de conservación** survival instinct

◇ **instinto sexual** sex drive

institución f institution

◇ **institución benéfica** charitable organization, charity

institucional adj institutional

instituir ⟨3g⟩ v/t institute

instituto m **1** institute **2** Esp high school, Br secondary school

◇ **instituto de belleza** beauty salon

◇ **instituto de enseñanza media** Esp high school, Br secondary school

institutriz f governess

instrucción f **1** education; (formación) training **2** MIL drill **3** INFOR instruction **4** JUR hearing

◇ **instrucciones de uso** instructions, directions (for use)

instructivo adj educational

instructor I adj JUR: **juez ~** examining magistrate **II** m, **~a** f instructor

instruido adj educated

instruir ⟨3g⟩ v/t **1** educate; (formar) train **2** JUR pleito hear; **instruirse** v/r broaden one's mind, educate o.s.

instrumentación f MÚS scoring, orchestration

instrumental I adj instrumental **II** m MED instruments pl

instrumentalizar ⟨1f⟩ v/t exploit

instrumentar ⟨1a⟩ v/t MÚS score, orchestrate

instrumentista m/f MÚS instrumentalist

instrumento m instrument; (herramienta) tool, instrument; fig tool

◇ **instrumento de cuerda** string instrument; **instrumento didáctico** teaching aid; **instrumento musical** musical instrument; **instrumento de percusión** percussion instrument; **instrumento de viento** wind instrument

insubordinación f insubordination

insubordinado adj **1** con un superior insubordinate **2** (rebelde) rebellious

insubordinarse ⟨1a⟩ v/r **1** con un superior be insubordinate **2** (rebelarse) rebel

insuficiencia f **1** lack **2** MED failure

◇ **insuficiencia cardíaca** heart failure, fml cardiac insufficiency

insuficiente I adj insufficient, inadequate **II** m EDU nota fail

insuflar ⟨1a⟩ v/t MED blow; fig transmit

insufrible adj insufferable

insular adj island atr

insulina f insulin

insulsez f blandness, insipidness

insulso adj bland, insipid

insultada f L.Am. (insultos) string of insults

insultante adj insulting

insultar ⟨1a⟩ v/t insult

insulto m insult

insumergible adj unsinkable

insumiso I adj rebellious **II** m person who refuses to do military service or an alternative social service

insuperable adj insurmountable

insurgente m/f & adj insurgent

insurrección f insurrection

insurreccionarse ⟨1a⟩ v/r revolt

insurrecto I adj rebel atr, insurgent atr **II** m, **-a** f rebel, insurrectionist

insustancial adj **1** conferencia lightweight **2** estructura flimsy

insustituible *adj* irreplaceable

intachable *adj* faultless

intacto *adj* **1** (*íntegro*) intact **2** (*sin tocar*) untouched

intangible *adj* intangible

integración *f* integration

integral I *adj* **1** complete **2** *alimento* wholewheat, *Br* wholemeal **3** MAT integral; *cálculo ~* integral calculus **II** *f* integral

integrante I *adj* integral **II** *m/f* member

integrar ⟨1a⟩ *v/t* integrate; *equipo* make up; **integrarse** *v/r* integrate

integridad *f* **1** entirety; *el texto en su ~* the text in full, the text in its entirety **2** (*honradez*) integrity

integrismo *m* fundamentalism

integrista *m/f* fundamentalist

íntegro *adj* whole, entire; *un hombre ~ fig* a man of integrity

intelecto *m* intellect

intelectual *m/f & adj* intellectual

inteligencia *f* intelligence; *servicio de ~* POL intelligence service

◇ **inteligencia artificial** artificial intelligence

inteligente *adj* intelligent

inteligible *adj* intelligible

intemperancia *f* **1** (*intolerancia*) intransigence **2** (*falta de moderación*) intemperance

intemperie *f*: *a la ~* in the open air

intempestivo *adj* untimely

intemporal *adj* timeless

intemporalidad *f* timelessness

intención *f* intention; *con buena / mala ~* with good / bad intentions, in good / bad faith; *doble o segunda ~* ulterior motive; *con / sin ~* intentionally / unintentionally; *tener la ~ de* intend to

intencionado *adj* deliberate

intencional *adj* intentional

intencionalidad *f* intent

intendencia *f* **1** quartermaster corps *sg* **2** *Rpl* city council; *edificio* city hall

intendente *m* **1** MIL quartermaster general **2** *Rpl* (*gobernador*) military governor; (*alcalde*) mayor

intensidad *f* **1** intensity **2** (*fuerza*) strength

intensificación *f* intensification

intensificar ⟨1g⟩ *v/t* intensify; **intensificarse** *v/r* intensify

intensivo *adj* intensive

intenso *adj* **1** intense **2** (*fuerte*) strong

intentar ⟨1a⟩ *v/t* try, attempt

intento *m* **1** attempt, try **2** *Méx* (*intención*) aim

intentona *f*: *~* (*golpista*) POL attempted putsch, attempted coup

interacción *f* interaction

interactividad *f* interaction

interactivo *adj* interactive

interbancario *adj* inter-bank *atr*

intercalar ⟨1a⟩ *v/t* insert

intercambiable *adj* interchangeable

intercambiador *m* interchange

◇ **intercambiador de calor** heat exchanger

intercambiar ⟨1a⟩ *v/t* exchange, swap

intercambio *m* exchange, swap; *~ de datos / opiniones* exchange of information / ideas

interceder ⟨2a⟩ *v/i* intercede (*por* for)

intercepción, interceptación *f* interception

interceptar ⟨1a⟩ *v/t tb* DEP intercept

interceptor *m* MIL interceptor

intercesión *f* intercession

intercesor *m*, **-a** *f* intercessor

intercomunicador *m* intercom

intercomunicar ⟨1g⟩ *v/t* interconnect; **intercomunicarse** *v/r* interconnect

interconexión *f* interconnection

intercontinental *adj* intercontinental

intercostal *adj* ANAT intercostal

interdependencia *f* interdependence

interdependiente *adj* interdependent

interdicción *f* prohibition

◇ **interdicción civil** JUR prohibition, banning order

interdisciplinar(io) *adj* interdisciplinary

interés *m* **1** interest **2** COM interest; *sin ~* interest free **3** *desp* self-interest **4**: *intereses pl* (*bienes*) interests

◇ **interés compuesto** compound interest

interesado I *adj* interested **II** *m*, **-a** *f* interested party

interesante *adj* interesting; *hacerse el ~* draw attention to o.s.

interesar ⟨1a⟩ *v/t* interest; **interesarse** *v/r*: *~ por* take an interest in

interestatal *adj* interstate *atr*

interface *m*, **interfaz** *f* INFOR interface

interfecto *m*, **-a** *f* murder victim, de-

ceased
interferencia f interference
interferir ⟨3i⟩ I v/t interfere with II v/i interfere (**en** in)
interfono m intercom, Br entryphone
interglaciar adj GEOL interglacial; **período** ~ interglacial period
intergubernamental adj intergovernmental
ínterin m interim; **en el** ~ in the interim
interinidad f temporary status
interino I adj 1 substitute atr, replacement atr 2 (provisional) provisional, acting; **médico** ~ covering doctor, Br locum II m, -a f temporary worker
interior I adj 1 interior; bolsillo inside atr 2 COM, POL domestic II m 1 interior; **en su** ~ fig inwardly 2 DEP inside-forward, central midfielder 3: ~**es** pl TV etc indoor shots
◇ **interior izquierdo** DEP inside left
◇ **interior derecho** DEP inside right
interioridades fpl personal o private matters
interiorismo m interior design
interiorista m/f interior designer, interior decorator
interiorizar ⟨1f⟩ v/t internalize
interiormente adv inwardly
interjección f GRAM interjection
interlínea f TIP (inter)line spacing, leading
interlineal adj interlinear, between the lines
interlocutor m, ~a f speaker; **mi** ~ the person I was talking to
◇ **interlocutores sociales** social partners
interludio m tb fig interlude
intermediario I adj intermediary II m COM intermediary, middle man
intermedio I adj nivel intermediate; tamaño medium; calidad average, medium II m intermission
interminable adj interminable, endless
intermitente I adj intermittent II m AUTO turn signal, Br indicator
internacional I adj international II m/f DEP international III f POL himno Internationale
internacionalizar ⟨1f⟩ v/t internationalize
internado m boarding school
internamiento m 1 POL internment 2

MED admission (to hospital)
internar ⟨1a⟩ v/t 1 POL intern 2 MED admit (to hospital); **internarse** v/r: ~ **en** go into
internauta m/f INFOR Internet user, Net surfer
Internet f INFOR Internet; **navegar por** ~ surf the Net; **en** ~ on the Net
internista m/f MED internist
interno I adj internal; POL domestic, internal II m, -a f 1 EDU boarder 2 (preso) inmate 3 MED intern, Br houseman
interpelación f POL question
interpelar ⟨1a⟩ v/t question
interpersonal adj interpersonal
interplanetario adj interplanetary
interpolar ⟨1a⟩ v/t insert, fml interpolate
interponer ⟨2r; part **interpuesto**⟩ v/t 1 interpose, place 2 JUR lodge; **interponerse** v/r intervene
interposición f 1 placing 2 JUR lodging
interpretación f 1 interpretation 2 TEA performance (**de** as)
interpretar ⟨1a⟩ v/t 1 interpret 2 TEA play
interpretativo adj interpretational
intérprete m/f interpreter
interpuesto part ☞ **interponer**
interrelación f interrelation
interrelacionar ⟨1a⟩ v/t interrelate; **interrelacionarse** v/r be interrelated
interrogación f interrogation; **signo de** ~ question mark
interrogador I adj questioning II m, ~a f interrogator
interrogante I adj questioning II m (also f) question; fig question mark, doubt
interrogar ⟨1h⟩ v/t question; de policía interrogate, question
interrogativo adj interrogative
interrogatorio m questioning, interrogation
interrumpir ⟨3a⟩ I v/t interrupt; servicio suspend; reunión, vacaciones cut short, curtail II v/i interrupt
interrupción f interruption; de servicio suspension; de reunión, vacaciones curtailment; **sin** ~ non-stop
interruptor m EL switch
intersección f intersection; de carreteras intersection, Br junction
intersticio m gap
interurbano adj long-distance

intervalo *m* **1** *tb* MÚS interval; *a ~s* at intervals **2** (*espacio*) gap

intervención *f* **1** intervention; *en debate, congreso* participation; *en película, espectáculo* appearance **2** MED operation

intervenir ⟨3s⟩ **I** *v/i* intervene; *en debate, congreso* take part, participate; *en película, espectáculo* appear **II** *v/t* **1** TELEC tap **2** *contrabando* seize **3** MED operate on

interventor *m*, *~a* *f* **1** *de cuentas* auditor **2** (*revisor*) (ticket) inspector **3** *electoral* canvasser, *Br* scrutineer

interviú *f* interview

intestado *adj* intestate

intestinal *adj* intestinal

intestino I *adj* internal **II** *m* intestine; *~s* intestines

◇ **intestino delgado** small intestine

◇ **intestino grueso** large intestine

intimar ⟨1a⟩ *v/i* **1** (*hacerse amigos*) become friendly (*con* with) **2** (*tratar*) mix (*con* with)

intimidación *f* intimidation

intimidad *f* **1** intimacy **2** (*lo privado*) privacy; *en la ~* in private

intimidar ⟨1a⟩ *v/t* intimidate

intimidatorio *adj* intimidating

íntimo *adj* **1** intimate; *somos ~s amigos* we're close friends **2** (*privado*) private

intocable *adj* **1** (*sagrado*) sacrosanct **2** *tema* taboo

intolerable *adj* intolerable, unbearable

intolerancia *f* intolerance

intolerante *adj* intolerant

intoxicación *f* poisoning

◇ **intoxicación alimenticia** food poisoning

intoxicar ⟨1g⟩ *v/t* poison

intracomunitario *adj* POL intracommunitary

intraducible *adj* untranslatable

intragable *adj* unacceptable; *persona* unbearable

intramuscular *adj* MED intramuscular

intranquilidad *f* **1** *por preocupación* unease **2** (*nerviosismo*) restlessness

intranquilizar ⟨1f⟩ *v/t* make uneasy

intranquilo *adj* **1** (*preocupado*) uneasy **2** (*nervioso*) restless

intransferible *adj* non-transferable

intransigencia *f* intransigence

intransigente *adj* intransigent

intransitable *adj* impassable

intransitivo *adj* GRAM intransitive

intrascendencia *f* insignificance

intrascendente *adj* insignificant

intratable *adj*: *es ~* he is impossible (to deal with)

intravenoso *adj* MED intravenous

intrepidez *f* intrepidness

intrépido *adj* intrepid

intriga *f* intrigue; *de novela* plot

intrigado *adj* intrigued

intrigante I *adj* **1** scheming **2** (*curioso*) intriguing **II** *m/f* schemer

intrigar ⟨1h⟩ **I** *v/t* (*interesar*) intrigue **II** *v/i* plot, scheme

intrincado *adj* intricate

intrincar ⟨1g⟩ *v/t* complicate

intríngulis *m inv* F snag

intrínseco *adj* intrinsic

introducción *f* **1** introduction **2** *acción de meter* insertion **3** INFOR input

introducir ⟨3o⟩ *v/t* **1** introduce **2** (*meter*) insert **3** INFOR input; **introducirse** *v/r*: *~ en* get into; *~ en un mercado* gain access to *o* break into a market

introductor *adj* introductory

introito *m* **1** prolog, *Br* prologue **2** REL introit

intromisión *f* interference

introspección *f* introspection

introvertido I *adj* introverted **II** *m*, *-a* *f* introvert

intrusión *f* intrusion

intrusismo *m*: *~ profesional* entry into a profession of people without appropriate qualifications

intruso *m*, *-a* *f* intruder

intubación *f* MED intubation

intubar ⟨1a⟩ *v/t* intubate

intuición *f* intuition

intuir ⟨3g⟩ *v/t* sense

intuitivo *adj* intuitive

inundación *f* flood

inundadizo *adj* L.Am. prone to flooding

inundar ⟨1a⟩ *v/t* flood

inusitado *adj* unusual, uncommon

inusual *adj* unusual

inútil I *adj* **1** useless **2** MIL unfit **II** *m/f*: *es un ~* he's useless

inutilidad *f* uselessness

inutilizar ⟨1f⟩ *v/t*: *~ algo* render sth useless

inútilmente *adv* uselessly
invadir ⟨3a⟩ *v/t* **1** invade; **~ el carril contrario** go onto the wrong side of the road **2** *de un sentimiento* overcome
invalidar ⟨1a⟩ *v/t* invalidate
invalidez *f* disability
◇ **invalidez permanente** permanent disability *o* invalidity
inválido I *adj* **1** *persona* disabled **2** *documento, billete* invalid **II** *m*, **-a** *f* disabled person
◇ **inválido de guerra** disabled veteran, *Br* disabled ex-serviceman
invariabilidad *f* invariability
invariable *adj* invariable
invasión *f* MIL invasion
invasivo *adj* MED invasive
invasor I *adj* invading *atr* **II** *m*, **~a** *f* invader
invectiva *f* invective
invencible *adj* invincible; *miedo* insurmountable
invención *f* invention
invendible *adj* unsaleable, unsellable
inventar ⟨1a⟩ *v/t* invent
inventariar ⟨1b⟩ *v/t* inventory, make an inventory of
inventario *m* inventory
inventiva *f* inventiveness
inventivo *adj* inventive
invento *m* invention
inventor *m*, **~a** *f* inventor
invernada *f* *Rpl* winter pasture
invernadero *m* greenhouse
invernal *adj* winter *atr*
invernar ⟨1k⟩ *v/i* **1** winter, spend the winter **2** ZO hibernate
inverosímil *adj* unlikely
inverosimilitud *f* unlikeliness
inversión *f* **1** reversal **2** COM investment
inversionista *m/f* COM investor
inverso *adj* opposite; *orden* reverse; **a la ~a** the other way round
inversor *m*, **~a** *f* investor
invertebrado *m/adj* ZO invertebrate
invertido *adj* inverted, upside down
invertir ⟨3i⟩ *v/t* **1** reverse **2** COM invest (**en** in) **3** INFOR invert
investidura *f* investiture
investigación *f* **1** *policial* investigation **2** EDU, TÉC research; **~ genética** genetic research
◇ **investigación y desarrollo** research and development

investigador I *adj* research *atr*; **comisión ~a** committee of inquiry **II** *m*, **~a** *f* researcher
◇ **investigador privado** private investigator
investigar ⟨1h⟩ *v/t* **1** *crimen* investigate **2** EDU, TÉC research
investir ⟨3l⟩ *v/t* **1**: **ser investido algo** be sworn in as sth **2**: **~ a alguien de algo** confer sth on s.o.
inveterado *adj* deep-rooted, deep-seated
inviabilidad *f* nonviability
inviable *adj* nonviable
invicto *adj* unconquered; *equipo* unbeaten, undefeated
invidencia *f* blindness
invidente I *adj* blind **II** *m/f* blind person
invierno *m* winter
inviolabilidad *f* inviolability
inviolable *adj* inviolable
invisibilidad *f* invisibility
invisible *adj* invisible
invitación *f* invitation
invitado *m*, **-a** *f* guest
invitar ⟨1a⟩ *v/t* **1** invite (**a** to) **2** (*convidar*) treat (**a** to)
invocación *f* invocation
invocar ⟨1g⟩ *v/t* invoke
involución *f* regression
involucrar ⟨1a⟩ *v/t* involve (**en** in)
involuntario *adj* involuntary
involutivo *adj* regressive
invulnerabilidad *f* invulnerability
invulnerable *adj* invulnerable
inyección *f* MED, AUTO injection; **motor de ~** fuel-injected engine
inyectable MED **I** *adj* injectable **II** *m* injection
inyectar ⟨1a⟩ *v/t* **1** *tb* TÉC inject **2** *fig*: *valor, fuerza* instill, *Br* instil
inyector *m* AUTO injector
ion *m* ion
ionosfera *f* ionosphere
IPC *m abr* (= *índice de precios al consumo*) CPI (= consumer price index), *Br* RPI (= retail price index)
ir ⟨3t; *part ido*⟩ **I** *v/i* **1** go (**a** to); **~ a pie** walk, go on foot; **~ en avión** fly; **~ en coche / en tren** go by car / train; **~ a por algo** go and fetch sth; **¡ya voy!** I'm coming!; **¿quién va?** who goes there?
2 (*vestir*): **iba de amarillo / de unifor-**

me she was wearing yellow / a uniform

3: *van dos a dos* DEP the score is two all

4 (*tratar*): *¿de qué va la película?* what's the movie about?; *el libro va de vampiros* the book's about vampires

5 (*agradar*): *el clima no me va* the climate doesn't suit me, I don't like the climate; *ella no me va* she's not my kind of person; *no me va ni me viene* I'm not bothered, I don't care one way or the other

6 (*marchar, evolucionar*) go; *~ bien / mal* go well / badly

7 (*abarcar*): *va de la página 12 a la 16* it goes from page 12 to page 16

8: *¡qué va!* you must be joking!; *¡vamos!* come on!; *¡vaya!* well!; *¿ha dicho eso? – ¡vamos!* he said that? – no way!; *¡vaya una sorpresa!* irón what a surprise!; *a eso voy* I'm just getting to that; *eso va por ti también* that goes for you too

II *v/aux* **1** *con referencia al futuro*: *va a llover* it's going to rain; *va para abogado* he's going to be a lawyer

2 *expresando proceso*: *ya voy comprendiendo* I'm beginning to understand; *~ para viejo* be getting old; *ya va anocheciendo* it's getting dark

3 *con referencia al pasado*: *ya va para dos años* it's been almost two years now; *van tirados 3.000* 3,000 have been printed

irse *v/r* go (away), leave; *¡vete!* go away!; *¡vámonos!* let's go

ira *f* anger
iracundia *f* irascibility
iracundo *adj* irascible
Irak *m* Irak
Irán *m* Iran
iraní *m/f & adj* Iranian
Iraq *m* Iraq
iraquí *m/f & adj* Iraqi, Iraki
irascible *adj* irascible
irguiendo *vb* ☞ **erguir**
iridio *m* QUÍM iridium
iridiscente *adj* iridescent
iris *m inv* ANAT iris
irisar *v/i* be iridescent
Irlanda *f* Ireland
◇ **Irlanda del Norte** Northern Ireland
irlandés I *adj* Irish **II** *m* Irishman; *los ir-*

landes the Irish **III** *idioma* Irish
irlandesa *f* Irishwoman
ironía *f* irony
irónico *adj* ironic
ironizar ⟨1f⟩ **I** *v/i* speak ironically, be ironic (*sobre* about) **II** *v/t* ridicule
IRPF *m abr* (= *impuesto sobre la renta de las personas físicas*) Income Tax
irracional *adj tb* MAT irrational
irracionalidad *f* irrationality
irradiación *f* irradiation
irradiar ⟨1b⟩ *v/t* **1** FÍS, *fig* radiate **2** MED irradiate
irrazonable *adj* unreasonable
irreal *adj* unreal
irrealizable *adj* unattainable; *proyecto* unfeasible
irrebatible *adj* irrefutable
irreconciliable *adj* irreconcilable
irreconocible *adj* unrecognizable
irrecuperable *adj* irretrievable
irrecusable *adj* unchallengeable
irreductible *adj* uncompromising
irreflexivo *adj* rash
irrefrenable *adj* uncontrollable
irrefutable *adj* irrefutable
irregular *adj* **1** irregular **2** *superficie* uneven
irregularidad *f* **1** irregularity **2** *de superficie* unevenness
irrelevante *adj* irrelevant
irreligioso *adj* irreligious
irremediable *adj fig* irremediable
irremisible *adj* irremissible
irrenunciable *adj* inalienable
irreparable *adj* irreparable
irrepetible *adj* unrepeatable
irreprimible *adj* irrepressible
irreprochable *adj* irreproachable
irreproducible *adj* which cannot be reproduced, non-reproducible
irresistible *adj* irresistible
irresoluble *adj* unsolvable, unresolvable
irresolución *f* **1** *de problema* failure to resolve **2** *de persona* indecision, indecisiveness
irresoluto *adj* indecisive
irrespetuoso *adj* disrespectful
irrespirable *adj* unbreathable
irresponsabilidad *f* irresponsibility
irresponsable *adj* irresponsible
irresuelto *adj* ☞ **irresoluto**
irreverencia *f* irreverence

irreverente *adj* irreverent
irreversible *adj* irreversible
irrevocable *adj* irrevocable
irrigación *f* MED, AGR irrigation
◇ **irrigación sanguínea** blood supply
irrigador *m* MED, AGR irrigator
irrigar ⟨1h⟩ *v/t* MED, AGR irrigate
irrisorio *adj* laughable, derisory; *precio*
ridiculously low
irritabilidad *f* irritability
irritable *adj* irritable
irritación *f tb* MED irritation
irritante *adj tb* MED irritating
irritar ⟨1a⟩ *v/t tb* MED irritate; **irritarse**
v/r tb MED get irritated
irrompible *adj* unbreakable
irrumpir ⟨3a⟩ *v/i* burst in
irrupción *f*: **hacer ~ en** burst into
isla *f* island
islam *m* Islam
islámico *adj* Islamic
islamismo *m* Islam
islamizar ⟨1f⟩ *v/t* convert to Islam
isleño I *adj* island *atr* **II** *m*, **-a** *f* islander
isleta *f* islet
islote *m* islet, small island
isobara *f* isobar
isósceles *adj* MAT isosceles
isoterma *f* isotherm
isotérmico, isotermo *adj* isothermal;
camión ~ refrigerated truck

isótopo *m* isotope
Israel *m* Israel
israelí *m/f* & *adj* Israeli
istmo *m* isthmus
Italia *f* Italy
italiano I *adj* Italian **II** *m*, **-a** *f* Italian **III** *m*
idioma Italian
itálico *adj* TIP italic
iterar ⟨1a⟩ *v/t* repeat
iterativo *adj* recurrent
itinerante *adj* traveling, *Br* travelling,
itinerant
itinerario *m* itinerary
ITV *f abr Esp* (= **inspección técnica de
vehículos**) *compulsory annual test of
motor vehicles of a certain age*, *Br*
MOT
IU *f abr* (= **Izquierda Unida**) *Spanish
Communist coalition*
IVA *m abr* (= **impuesto sobre el valor
añadido** *o* **L.Am. agregado**) *sales
tax*, *Br* VAT (= value-added tax)
izada *f* hoisting, raising
izar ⟨1f⟩ *v/t* hoist, raise
izdo., izda *abr* (= **izquierdo, izquierda**)
l (= left)
izquierda *f tb* POL left; **por la ~** on the
left
izquierdista POL **I** *adj* left-wing **II** *m/f*
left-winger
izquierdo *adj* left

J

ja *int* ha!; **~, ~!** ha, ha!
jabalí *m* ZO wild boar
jabalina *f* **1** DEP javelin; **el lanzamiento
de ~** the javelin **2** ZO wild sow
jabalinista *m/f* DEP javelin thrower
jabato *m* **1** ZO young wild boar **2** *fig*
daredevil, tough guy F
jabón *m* soap; **dar ~ a alguien** F soft-
-soap s.o. F
◇ **jabón de afeitar** shaving soap; **jabón
de sastre** tailor's chalk, French chalk;
jabón de tocador toilet soap
jabonar ⟨1a⟩ *v/t* soap
jaboncillo *m* tailor's chalk, French
chalk
jabonera *f* soap dish
jabonero I *adj* soap *atr* **II** *m*, **-a** *f* soap

maker
jabonoso *adj* soapy
jaca *f* pony
jacal *m Méx* hut
jacarandá *m* BOT jacaranda
jacarandoso *adj* F jaunty, jolly
jacinto *m* hyacinth
jactancia *f* boasting
jactancioso I *adj* boastful **II** *m*, **-a** *f* braggart
jactarse ⟨1a⟩ *v/r* boast (**de** about), brag
(**de** about)
jaculatoria *f* short prayer
jacuzzi *m* jacuzzi®
jade *m* MIN jade
jadear ⟨1a⟩ *v/i* pant
jadeo *m* panting

jaez *m* **1** kind, sort; *de ese ~ desp* of that sort, like that **2**: *jaeces pl de caballo* trappings

jaguar *m* ZO jaguar

jaiba *f Méx* **1** crab **2**: *la ~* F the cops *pl* F

jalada *f L.Am.* pull

jalar ⟨1a⟩ I *v/t* **1** *L.Am.* pull; *con esfuerzo* haul **2** *Méx (atraer)* attract; *¿te jala el arte?* do you feel drawn to art? **3** *Méx* F *(dar aventón a)* give a ride *o Br* a lift to **4** *Esp* F *(zampar)* wolf down II *v/i* **1** *L.Am.* pull **2** *(trabajar mucho)* work hard **3** *Méx* F *(tener influencia)* have pull **4** F: *~ hacia* head toward; *~ para la casa* clear off home F

jalarse *v/r Méx* **1** *(irse)* go, leave **2** F *(emborracharse)* get plastered F

jalea *f* jelly

◇ **jalea real** royal jelly

jalear ⟨1a⟩ *v/t* cheer on, urge on

jaleo *m* **1** *(ruido)* racket, uproar; *armar ~* F kick up a fuss F **2** *(lío)* mess, muddle

jalón *m L.Am.* pull; *dar un ~ a algo* pull sth; *de un ~ Méx fig* in one go

jalonar ⟨1a⟩ *v/t fig* mark out

jamaica *f Méx* F fair, street party

Jamaica *f* Jamaica

jamaicano I *adj* Jamaican II *m*, *-a f* Jamaican

jamaiquino *L.Am.* I *adj* Jamaican II *m*, *-a* Jamaican

jamar ⟨1a⟩ *v/t & v/i* scoff

jamás *adv* never; *~ te olvidaré* I'll never forget you; *¿viste ~ algo así?* did you ever see anything like it?; *nunca ~* never ever; *por siempre ~* for ever and ever

jamba *f* jamb

jamelgo *m* hack, old nag

jamón *m* ham; *¡y un ~!* F *(¡no!)* no way! F; *(¡bromeas!)* come off it! F

◇ **jamón cocido**, **jamón en dulce** boiled ham; **jamón serrano** cured ham; **jamón de York** boiled ham

jamona *f* F big, busty woman

jangada *f S.Am.* F dirty trick

Japón *m* Japan

japonés I *adj* Japanese II *m*, *-esa f* Japanese III *m idioma* Japanese

japuta *f* ZO pomfret

jaque *m* check; *dar ~ a* checkmate; *tener en ~ a alguien* have s.o. scared, have s.o. sweating F

◇ **jaque mate** checkmate

jaqueca *f* MED migraine

jara *f* BOT rockrose, cistus

jarabe *m* **1** syrup; *dar a alguien ~ de palo fig* F wallop s.o. **2** *Méx*: type of folk dance

jarana *f* F **1** partying F; *irse de ~* go out on the town F, go out partying F **2** *(alboroto)* racket

jaranear ⟨1a⟩ *v/i* F go out on the town F, go out partying F

jaranero *adj* F: *es muy ~* he's a real party animal F

jarcias *fpl* MAR rigging *sg*

jardín *m* garden; *jardines pl en béisbol* outfield *sg*

◇ **jardín botánico** botanic(al) gardens *pl*; **jardín central** *L.Am. en béisbol* center field; **jardín exterior** *L.Am. en béisbol* outfield; **jardín de infancia** kindergarten; **jardín de infantes** *Rpl* kindergarten; **jardín zoológico** zoo

jardinear ⟨1a⟩ *v/i Chi* do the gardening

jardinera *f* jardiniere

jardinería *f* gardening

jardinero *m*, *-a f* **1** gardener **2** *Cu, Méx en béisbol* outfielder **3** *Rpl (mono)* dungarees *pl*

jarra *f* pitcher, *Br* jug; *en ~s* with hands on hips

jarro *m* pitcher, *Br* jug; *un ~ de agua fría fig* a real blow, a kick in the stomach

jarrón *m* vase

jaspe *m* MIN jasper

jauja *f*: *¡esto es ~!* this is the life!

jaula *f* cage

jauría *f* pack

jazmín *m* BOT jasmine

jazz *m* jazz

jazzero *m*, *-a f*, **jazzista** *m/f* jazz musician

jazzman *m* jazz musician, jazzman

J.C. *abr* (= *Jesucristo*) J.C. (= Jesus Christ)

jean *m*, **jeans** *mpl L.Am.* jeans

jefatura *f* **1** *lugar* headquarters *sg o pl* **2** *(dirección)* leadership

◇ **jefatura del Estado** position of head of State

◇ **jefatura de policía** police headquarters *sg o pl*

jefazo *m* F big boss F

jefe *m*, *-a f de departamento, organización* head; *(superior)* boss; POL leader; *de tribu* chief **3** *Méx* F: *mi ~* my dad F;

mi -a my mom F

◇ **jefe de cocina** (head) chef; **jefe de departamento** head of department; **jefe de estación** station manager; **jefe de estado** head of state; **jefe de gobierno** prime minister; **jefe de partido** party leader; **jefe de sección** section chief; **jefe de ventas** sales manager

jején *m L.Am.* mosquito

jengibre *m* BOT ginger

jeque *m* sheik

jerarca *m* leader

jerarquía *f* hierarchy

jerárquico *adj* hierarchic(al)

jerarquizar ⟨1f⟩ *v/t* organize into a hierarchy

jerez *m* sherry

jerezano *adj* of o from Jerez, Jerez *atr*

jerga *f* jargon; (*argot*) slang; **~ del hampa** underworld slang

jergón *m* straw mattress, palliasse

jeribeque *m* grimace; **hacer ~s** grimace

jerigonza *f* **1** gobbledygook **2** (*jerga*) jargon

jeringa *f* MED syringe

jeringar ⟨1h⟩ F *v/t* bug F; **jeringarse** *v/r*: **si no le gusta, que se jeringue** he can like it or lump it F

jeringuilla *f* MED syringe

◇ **jeringuilla desechable, jeringuilla de un solo uso** disposable syringe

jeroglífico *m* **1** hieroglyphic **2** *rompecabezas* puzzle

jersey *m* sweater

Jesucristo *m* Jesus Christ

jesuita *m/adj* Jesuit

jesuítico *adj* Jesuitic, Jesuitical

Jesús *m* Jesus; **¡~!** good grief!; *por estornudo* bless you!; **Compañía de ~** Society of Jesus

jet I *m* AVIA jet II *f o L.Am. m:* **~ (set)** jet set

jeta *f* F **1** face, mug F; **¡qué ~ tiene!** F he's got nerve! F, *Br* what a cheek! F **2** *Méx* (*siesta*) nap; **echar una ~** have a nap, grab some sleep

ji *int*: **¡~, ~!** hee, hee!

jibia *f* ZO cuttlefish

jícara *f Méx* drinking bowl

jícaro *m L.Am.* BOT calabash

jilguero *m* ZO goldfinch

jilote *m C.Am., Méx* young corn

jineta *f* ZO civet

jinete *m* rider; *en carrera* jockey

jinetear ⟨1a⟩ I *v/i* ride (on horseback) II *v/t L.Am.* break (in)

jinetera *f Cu* F prostitute

jingle *m* TV jingle

jipijapa *f* jipijapa (*strips of palm leaf used for making hats*)

jirafa *f* ZO giraffe

jirón *m* shred, rag

jitomate *m Méx* tomato

JJ.OO. *abr* (= **Juegos Olímpicos**) Olympic Games

¡jo! *int* F *expresando fastidio* darn! F, damn! F; *expresando sorpresa* wow! F, gee! F; *expresando protesta* oh!; **~, ~** *expresando risa* ho, ho!

jockey *m* jockey

jocosidad *f* **1** humor, *Br* humour **2** *dicho, hecho* joke

jocoso *adj* humorous, joking

jocundo *adj lit* jovial

joder ⟨2a⟩ I *v/i* V screw V, fuck V II *v/t* V **1** (*follar*) screw V, fuck V **2** (*estropear*) screw up V, fuck up V **3** *L.Am.* F (*fastidiar*) annoy, irritate; **¡~!** fuck! V; **¡que se joda!** V fuck him! V; **me jode un montón** V it really pisses me off P; **¡no me jodas!** V don't jerk me around! P; **¡no te jode!** V would you damn well believe it! F, would you fucking believe it! V

jodido *adj* V *persona, máquina etc* fucked V; *situación* fucked up V

jodienda *f* V fucking pain V

jofaina *f* washbowl, washbasin

jol *m L.Am.* hall

jolgorio *m* F partying F

jolín *int* F wow! F, jeez! F

jolines *int* F darn! F, heck! F

jónico *adj* ARQUI Ionic

jonrón *m L.Am. en béisbol* home run

jornada *f* **1** (*working*) day; **media ~** half--day **2** *distancia* day's journey **3** DEP round of games

◇ **jornada intensiva** *working day with no lunch break in order to finish early*; **jornada laboral** work day; **jornada partida** split shift

jornal *m* day's wage

jornalero *m*, **-a** *f* day laborer, *Br* day labourer

joroba I *f* hump; *fig* pain F, drag F II *int* F darn! F, heck! F

jorobado I *adj* **1** hump-backed **2** *fig* F in a bad way F II *m*, **-a** *f* humpback, hunchback

jorobar ⟨1a⟩ *v/t* F **1** (*molestar*) bug F **2** *planes* ruin; **jorobarse** *v/r* lump it F

jorongo *m Méx* poncho

jota *f* letter 'j'; *no saber ni ~* F not have a clue F; *no ver ni ~* F not see a thing F

joven I *adj* young **II** *m/f* young man; *mujer* young woman; *los jóvenes* young people *pl*

jovial *adj* cheerful

jovialidad *f* cheerfulness

joya *f* **1** jewel; *~s pl* jewelry *sg, Br* jewellery *sg*; *~ de la corona* jewel in the crown **2** *persona* gem

joyería *f* jewelry store, *Br* jeweller's

joyero *m* **I** *m*, *-a f* jeweler, *Br* jeweller **II** *m* jewelry *o Br* jewellery box

juanete *m* MED bunion

jubilación *f* retirement

◇ **jubilación anticipada** early retirement

◇ **jubilación forzosa** compulsory retirement

jubilado I *adj* retired **II** *m*, *-a f* retiree, *Br* pensioner

jubilar ⟨1a⟩ *v/t* **1** retire **2** (*desechar*) get rid of; **jubilarse** *v/r* **1** retire **2** *C.Am.* play hooky F, be truant, *Br* play truant

jubileo *m* REL jubilee

júbilo *m* jubilation

jubiloso *adj* jubilant

jubón *m* doublet

judaico *adj* Jewish, Judaic

judaísmo *m* Judaism

judería *f* Jewish quarter

judía *f* BOT bean

◇ **judía verde** green bean, runner bean

judicatura *f* **1** *cargo* judgeship **2** (*jueces*) judiciary

judicial *adj* judicial; *recurrir a la vía ~* have recourse to law; *el asunto se resolverá por la vía ~* the matter will be settled in court

judío I *adj* Jewish **II** *m*, *-a f* Jew

judo *m* DEP judo

judoka *m* judoka

juego *m* **1** game; *acción* play; *fuera de ~* DEP offside; *entrar en ~ de jugador* enter the game; *de factor* come into play; *en ~ en baloncesto* alive; *hacer el ~ a alguien* play along with s.o., go along with s.o. **2** *por dinero* gambling; *estar en ~ fig* be at stake; *poner en ~* put at risk **3** (*conjunto de objetos*) set; *ha-*

cer ~ con go with, match

◇ **juego aéreo** *en fútbol* aerial game; **juego de azar** game of chance; **juego de café** coffee set; **juego de cama** set of matching bed linen; **juego electrónico** computer game; **juego de manos** conjuring trick; **juego de mesa** board game; **juego de niños** *fig* child's play; **juego de palabras** play on words, pun; **juego de rol** role-playing game; **juego de sociedad** game; **juegos florales** *poetry contest with a flower as the first prize*; **Juegos Olímpicos** Olympic Games; **juegos parolímpicos** paralympic games, paralympics

juerga *f* F partying F; *irse de ~* go out on the town F, go out partying F; *correrse una ~* have a ball F

juerguista *m/f* F party animal F

jueves *m inv* Thursday; *no es cosa del otro ~* F it's nothing special, it's nothing to write home about F

juez *m/f* judge

◇ **juez de instrucción** examining magistrate; **juez instructor** examining magistrate; **juez de línea** *en fútbol* assistant referee, linesman; *en fútbol americano* line judge; **juez de paz** Justice of the Peace; **juez de silla** *en tenis* umpire

jueza *f* ☞ **juez**

jugada *f* play, *Br* move; *en ajedrez,* DEP move; *~ individual o personal* DEP solo effort; *hacerle una mala ~ a alguien* play a dirty trick on s.o.

◇ **jugada a balón parado** set piece; **jugada de cuatro puntos** *en baloncesto* four-point play; **jugada de elección** *en béisbol* fielder's choice

jugador *m*, *~a f* player

◇ **jugador internacional** international (player); **jugador de primera base** first baseman; **jugador profesional** professional (player *o* sportsperson); **jugador de segunda base** second baseman; **jugador titular** first-team player

jugar ⟨1o⟩ **I** *v/t* play

II *v/i* **1** play; *~ al baloncesto* play basketball; *~ a la bolsa* play the stock market; *~ con fuego fig* play with fire; *~ limpio / sucio* play clean / dirty **2** *con dinero* gamble

jugarse *v/r* **1** risk; *~ la vida* risk one's life; *¿qué te juegas?* what do you want to bet?; **~ el todo por el todo** *fig* go for broke 2: **jugársela a alguien** F do the dirty on s.o. F

jugarreta *f* F dirty trick F

juglar *m* HIST minstrel, jongleur

jugo *m* juice; *de carne* gravy; **en su ~** GASTR in its own juices; **sacar ~ a algo** get the most out of sth; **sacar el ~ a alguien** bleed s.o. dry

jugoso *adj tb fig* juicy

juguera *f Rpl* juicer, juice extractor

juguete *m* toy

◇ **juguetes bélicos** war toys

juguetear ⟨1a⟩ *v/i* play

juguetería *f* toy store, *Br* toy shop

juguetón *adj* playful

juicio *m* 1 judg(e)ment; **a mi ~** in my opinion 2 JUR trial; **el ~ final** REL the Last Judg(e)ment 3 *(sensatez)* sense 4 *(cordura)* sanity; **estar en su ~** be in one's right mind; **perder el ~** lose one's mind

◇ **juicio oral** JUR trial

juicioso *adj* judicious, sensible

julepe *m C.Am. fig* F fright; **dar (un) ~ a alguien** F give s.o. a real fright

juliana *f* GASTR julienne; **cortar en ~** cut into julienne strips

julio *m* 1 July 2 FÍS joule

jumento *m* ZO donkey

juncal *m* BOT reed bed

junco *m* BOT reed

jungla *f* jungle

junio *m* June

júnior *tb* DEP **I** *adj* junior **II** *m/f* junior

junta *f* 1 POL *(regional)* government 2 *militar* junta 3 COM board 4 *(sesión)* meeting 5 TÉC joint

◇ **junta de accionistas** stockholders' *o* shareholders' meeting; **junta directiva** board of directors; **junta general** general meeting; **junta general anual** annual general meeting

juntamente *adv* together, jointly

juntar ⟨1a⟩ *v/t* 1 put together; *bienes* collect, accumulate 2 *gente* gather together; **juntarse** *v/r* 1 *(reunirse)* meet, assemble 2 *de pareja: empezar a salir* start going out; *empezar a vivir juntos* move in together 3: **~ con alguien socialmente** mix with s.o. 4 *de caminos, ríos* meet, join

junto I *adj* together; **todo ~** altogether **II** *prp*: **~ a** next to, near; **~ con** together with

juntura *f* TÉC joint

jupa *f C.Am., Méx fig* F head, nut F

jura *f* 1 *(promesa)* oath 2 *ceremonia* swearing (of an oath)

◇ **jura de bandera** swearing allegiance to the flag

◇ **jura del cargo** swearing-in

jurado I *adj* sworn **II** *m* JUR jury

juramentar ⟨1a⟩ *v/t* swear in, administer the oath to

juramento *m* oath; **bajo ~** under oath; **tomar ~ a alguien** swear s.o. in, administer the oath to s.o.

◇ **juramento falso** perjury

◇ **juramento hipocrático** Hippocratic oath

jurar ⟨1a⟩ **I** *v/i* swear; **~ en falso** commit perjury **II** *v/t* swear; **te lo juro** I swear; **~ la bandera** swear allegiance to the flag; **~ el cargo** be sworn in; **tenérsela jurada a alguien** have it in for s.o.

jurásico GEOL **I** *adj* Jurassic **II** *m* Jurassic (period)

jurel *m* ZO jurel

jurídico *adj* legal

jurisconsulto *m*, **-a** *f* jurist

jurisdicción *f* jurisdiction

jurisperito *m*, **-a** *f* jurist, legal expert

jurisprudencia *f* jurisprudence

jurista *m/f* jurist

justa *f* HIST joust, tournament; *fig* competition, contest

justamente *adv* 1 fairly 2 *(precisamente)* precisely

justicia *f* 1 justice; **hacer ~ a** do justice to; **es de ~ que le devuelvan lo que le pertenece** it is only right that they give him back what belongs to him 2: **la ~** *(la ley)* the law; **tomarse la ~ por su mano** take the law into one's own hands

justiciero *adj*: **un héroe ~** a hero who metes out justice

justificable *adj* justifiable

justificación *f tb* TIP justification

justificado *adj tb* TIP justified

justificante *m* 1 *de pago* receipt; **hay que presentar un ~ de compra** you will have to present proof of purchase 2 *de ausencia, propiedad* certificate

justificar ⟨1g⟩ *v/t* 1 justify; *mala conducta* justify, excuse 2 TIP justify; **justificarse** *v/r* justify o.s.

justificativo *adj* justificatory; *documento* explaining the reasons, explanatory
justipreciar ⟨1b⟩ *v/t* value
justiprecio *m* valuation
justo I *adj* **1** just, fair **2** (*exacto*) right, exact; **3**: *este vestido me está muy ~* this dress is very tight
II *adv* **1** (*exactamente*): *~ a tiempo* just in time; *~ después* right after, just after; *~ en aquel momento* just at that moment; *¡~!* right!, exactly! **2**: *aprobó muy ~* he only just passed; *lo ~* just enough

III *m*, **-a** *f* just person; *los ~s* the just *pl*
juvenil *adj* youthful
juventud *f* youth
juzgado I *part* ☞ **juzgar II** *m* court
juzgar ⟨1h⟩ *v/t* **1** JUR try **2** (*valorar*) judge; *~ bien a alguien* judge s.o. fairly; *~ mal a alguien* judge s.o. unfairly, misjudge s.o.; *~ bien las intenciones de alguien* think that s.o.'s intentions are honest; *a ~ por* to judge by, judging by **3** *considerar* consider, judge; *~ a alguien capaz de hacer algo* consider s.o. capable of doing sth

K

kafkiano *adj* Kafkaesque
kantiano *adj* Kantian
karaoke *m* karaoke
kárate *m* DEP karate
karateca *m/f* karate expert
kart *m* DEP kart, *Br* go-kart
karting *m* karting, *Br* go-kart racing
kayak *m* DEP kayak
kéfir *m* kefir
keniano I *adj* Kenyan **II** *m*, **-a** *f* Kenyan
kermés *f* charity fête
keroseno *m* kerosene
ketchup *m* ketchup
kg. *abr* (= *kilogramo*) kg (= kilogram)
kib(b)utz *m inv* kibbutz
kikos *mpl* toasted corn snack
kilim *m* kilim
kilo 1 kilo **2** *fig* F million
kilobyte *m* INFOR kilobyte
kilocaloría *f* kilocalorie
kilociclo *m* EL kilocycle
kilogramo *m* kilogram, *Br* kilogramme
kilometraje *m* *number of kilometers*

covered, mileage
kilométrico *adj* **1** *distancia* in kilometers, *Br* in kilometres **2** F very long
kilómetro *m* kilometer, *Br* kilometre
◇ **kilómetro cuadrado** square kilometer *o Br* kilometre
◇ **kilómetro cúbico** cubic kilometer *o Br* kilometre
kilotón *m* kiloton
kilovatio *m* kilowatt
◇ **kilovatio hora** kilowatt-hour
kinesiterapia *f* physiotherapy
kiosco *m* kiosk
kit *m* kit
kiwi *m* **1** BOT kiwi (fruit) **2** ZO kiwi
kleenex® *m inv* Kleenex®, tissue
km. *abr* (= *kilómetro*) km (= kilometer)
km/h *abr* (= *kilómetros por hora*) kph (= kilometers per hour)
koala *m* ZO koala (bear)
kuwaití I *adj* Kuwaiti **II** *m/f* Kuwaiti
kv. *abr* (= *kilovatio*) kw (= kilo-watt)

L

la¹ I *art* the **II** *pron complemento directo sg* her; *a usted* you; *algo* it; *~ que está embarazada* the one who is pregnant; *~ más grande* the biggest (one); *dame ~ roja* give me the red one
**la² ** *m* MÚS A; *~ bemol* A flat

laberíntico *adj* *fig* labyrinthine
laberinto *m* labyrinth, maze
labia *f*: *tener mucha ~* have the gift of the gab
labial *adj* labial
labio *m* lip; *~ inferior / superior*

upper / lower lip; ~s de vulva labia pl; **despegar los ~s** fig not say a word; **morderse los ~s** fig bite one's lip
◇ **labio leperino** harelip
◇ **labios vulvares** labia pl
labor f work; (tarea) task, job; **hacer~es** do needlework; **no estar por la ~** F not be enthusiastic about the idea
◇ **labores agrícolas** AGR farmwork sg; **labores de la casa, labores del hogar** housework sg; **labores de punto** knitting sg
laborable adj 1 AGR cultivatable 2: **día ~** workday
laboral adj labor atr, Br labour atr
laboralista m/f labor o Br labour relations lawyer
laborar ⟨1a⟩ I v/t tierra work II v/i work, strive
laboratorio m laboratory, lab F
laborear ⟨1a⟩ v/t MIN, AGR work
laboreo m 1 AGR working, cultivation 2 MIN working
laboriosidad f 1 de tarea laboriousness 2 de persona industriousness
laborioso adj 1 tarea laborious 2 persona industrious, hard-working
laborista adj I Br POL Labor, Br Labour II m/f Labor o Br Labour party supporter
labrado m 1 de metal working 2 de piedra, madera carving
labrador m, ~a f farm worker
labrantío adj arable
labranza f de la tierra cultivation
labrar ⟨1a⟩ v/t 1 tierra, metal work 2 piedra, madera carve
labriego m, -a f farm worker
laburante m/f Rpl F worker
laburar ⟨1a⟩ v/i Rpl F work
laburo m Rpl F job
laca f 1 lacquer 2 para el cabello hairspray
◇ **laca de uñas** nail varnish o polish
lacar ⟨1g⟩ v/t lacquer
lacayo m fig pej lackey
lacear ⟨1a⟩ v/t Rpl lasso
lacerante adj 1 dolor shooting 2 palabras cutting
lacerar ⟨1a⟩ v/t 1 herir lacerate 2 fig hurt, wound
lacio adj limp; pelo lank
lacón m GASTR ham
lacónico adj lenguaje, persona laconic

laconismo m laconic manner
lacra f 1 scar 2 L.Am. (llaga) sore 3: **la corrupción es una ~ social** corruption is a blot on society
lacrar ⟨1a⟩ v/t seal (with sealing wax)
lacre m sealing wax
lacrimal adj tear atr; **glándula ~** tear gland
lacrimógeno adj fig: **una novela / película -a** a tearjerker (of a novel / movie)
lacrimoso adj 1 persona tearful, lachrymose fml 2 novela, película tear-jerking
lactancia f lactation
lactante I adj madre nursing; **un bebé ~** a baby who is still being breastfed II m/f child who is still breast-feeding
lácteo adj: **Vía Láctea** Milky Way; **productos ~s** dairy products
láctico adj lactic; **ácido ~** lactic acid
lactosa f lactose
lacustre adj lake atr
ladeado adj tilted
ladear ⟨1a⟩ v/t 1 tilt 2 fig: **~ a alguien** leave s.o. out
ladera f slope
ladilla f crab louse
ladino I adj cunning, sly II m C.Am. Indian who has become absorbed into white culture
lado m side; (lugar) place; **al ~** nearby; **al ~ de** beside, next to; **al otro ~ de** on the other side of; **de ~** sideways; **por todos ~s** everywhere; **ir por otro ~** go another way; **mirar a otro ~** look the other way; **andar de un ~ para otro** run around; **por un ~ ... por otro ~** on the one hand ... on the other hand; **dejar a un ~** leave aside; **hacerse a un ~** tb fig stand aside; **dar a alguien de ~** leave s.o. out; **estar del ~ de alguien** be on s.o.'s side; **ponerse del ~ de alguien** take s.o.'s side; **cada uno va por su ~** everyone goes their own way; **mirar a alguien de (medio) ~** look sideways at s.o.; **por el ~ de mi padre** on my father's side
ladrar ⟨1a⟩ v/i bark
ladrido m bark; **~s** pl barks, barking sg
ladrillo m brick
ladrón[1] m EL F adapter
ladrón[2] m, **-ona** f thief
ladronzuelo m, **-a** f petty thief
lagaña f Rpl ☞ **legaña**
lagar m de vino wine press; de aceite oil

press

lagarta *f fig* F bitch P

lagartija *f* ZO small lizard

lagarto I *m* **1** ZO lizard **2** *Méx* caiman alligator **II** *int:* **¡~, ~!** God help us!

lago *m* lake

lágrima *f* tear; *llorar a ~ viva* cry one's eyes *o* heart out

lagrimal *m* ANAT tear duct

laguna *f* **1** lagoon **2** *fig* gap

laica *f* laywoman, layperson

laico I *adj* lay **II** *m* layman, layperson

lama *m* **1** REL lama **2** *Méx moho* moss **3** *L.Am. musgo* slime

lameculos *m inv* V asslicker V, brownnose P, *Br* arselicker V

lamentable *adj* deplorable

lamentablemente *adv* regretfully

lamentaciones *fpl* **1** (*lamentos*) groans, groaning *sg* **2** (*quejas*) complaints, complaining *sg*

lamentar ⟨1a⟩ *v/t* **1** regret, be sorry about; *lo lamento* I'm sorry **2** *muerte* mourn; **lamentarse** *v/r* complain (*de* about)

lamento *m* whimper; *por dolor* groan

lamer ⟨2a⟩ *v/t* lick

lamido *adj fig* sharp

lámina *f* **1** *de metal* sheet **2** (*grabado*) print

laminar ⟨1a⟩ *v/t* laminate

laminero *adj* fond of sweet things; *ser muy ~* have a sweet tooth

lámpara *f* lamp

◇ **lámpara de cabecera** bedside lamp *o* light; **lámpara halógena** halogen lamp; **lámpara de mesa** table lamp; **lámpara de minero** miner's lamp; **lámpara de pared** wall lamp; **lámpara de pie** floor lamp, *Br tb* standard lamp; **lámpara solar** sun lamp; **lámpara de techo** ceiling light

lamparilla *f* oil lamp

lamparón *m* F grease mark

lampazo *m* BOT burdock

lampiño *adj* (*sin barba*) smooth-faced, beardless; (*sin vello*) smooth, hairless

lampista *m/f* plumber

lamprea *f* ZO lamprey

lana *f* **1** wool; *pura ~ virgen* pure new wool **2** *Méx* P (*dinero*) dough F

lanar *adj* wool *atr;* *ganado ~* sheep *pl*

lance *m* incident, episode; *de ~* second--hand

◇ **lance de honor** duel

lancero *m* HIST lancer

lanceta *f* MED lancet

lancha *f* launch

◇ **lancha fueraborda** outboard; **lancha motora** motor launch; **lancha neumática** inflatable (dinghy); **lancha rápida** speedboat

lanero I *adj* wool *atr* **II** *m, -a f* wool merchant, wool trader

langosta *f* ZO *insecto* locust; *crustáceo* spiny lobster

langostino *m* ZO king prawn

languidecer ⟨2d⟩ *v/i* languish

lánguido *adj* languid

lanolina *f* lanolin

lanoso, lanudo *adj* *oveja, cabra* wooly, *Br* woolly; *perro* shaggy, long-haired

lanza *f* lance; *romper una ~ por alguien* *fig* come to s.o.'s defense *o Br* defence, stick up for s.o.

lanzacohetes *m inv* rocket launcher

lanzadera *f* shuttle

◇ **lanzadera espacial** space shuttle

lanzado I *adj fig* go-ahead; *es muy ~ con las chicas* he's not shy with girls **III** *part* ☞ **lanzar**

lanzador *m, -a f* en *béisbol* pitcher

◇ **lanzador de cuchillos** knife thrower; **lanzador de disco** discus thrower; **lanzador de jabalina** javelin thrower; **lanzador de martillo** hammer thrower; **lanzador de peso** shot-putter

lanzagranadas *m inv* grenade launcher

lanzallamas *m inv* flamethrower

lanzamiento *m* **1** DEP throw; *en béisbol tb* pitch **2** MIL, COM launch

◇ **lanzamiento de bala** *L.Am.* shot (put); **lanzamiento de disco** discus; **lanzamiento de dos puntos** *en baloncesto* two-pointer; **lanzamiento de jabalina** javelin; **lanzamiento malo** *en béisbol* wild pitch; **lanzamiento de martillo** hammer; **lanzamiento de peso** shot (put); **lanzamiento de tres puntos** *en baloncesto* three-pointer

lanzamisiles *m inv* missile launcher

lanzar ⟨1f⟩ *v/t* **1** throw; *bomba* drop; *en béisbol* throw, pitch **2** *cohete, producto* launch; **lanzarse** *v/r* throw o.s. (*en* into); (*precipitarse*) pounce (*sobre* on); *~ al agua* dive into the water; *~ en paracaídas* parachute; *~ a hacer algo* rush into doing sth

lanzaroteño *adj* of / from Lanzarote, Lanzarotean

lanzatorpedos *m inv* torpedo tube, torpedo launcher

lapa *f* ZO limpet; *pegarse como una ~ a alguien fig* F stick to s.o. like a limpet *o* like glue F; *bomba ~* limpet bomb

lapicera *f Rpl*, *Chi* (ballpoint) pen
◇ **lapicera fuente** *L.Am.* fountain pen

lapicero *m L.Am.* automatic pencil, *Br* propelling pencil

lápida *f* memorial stone
◇ **lápida funeraria** tombstone

lapidación *f* stoning

lapidar ⟨1a⟩ *v/t* stone

lapidario *adj* memorable

lapislázuli *m* MIN lapis lazuli

lápiz *m* pencil
◇ **lápiz de cejas** eyebrow pencil; **lápiz de cera** crayon; **lápiz de color** colored *o Br* coloured pencil; **lápiz fluorescente** highlighter; **lápiz labial**, **lápiz de labios** lipstick; **lápiz de ojos** eyeliner; **lápiz óptico** light pen

lapón I *adj* Lapp, of / from Lapland **II** *m*, **-ona** *f* Laplander **III** *m idioma* Lapp

Laponia *f* Lapland

lapso *m de tiempo* space, period; (*error*)
☞ **lapsus**

lapsus *m inv* slip; *tener un ~* have a momentary lapse
◇ **lapsus linguae** slip of the tongue

laqueado *m* lacquered

laquear ⟨1a⟩ *v/t* lacquer

lar *m* hearth; *~es pl* MYTH lares, household gods

larga *f*: *poner las ~s* put the headlights on full beam; *dar ~s a alguien* F put s.o. off

largamente *adv* at length

largar ⟨1h⟩ *v/t* drive away; *persona* get rid of; *~ un discurso* F make a speech; **largarse** *v/r* F clear off *o* out F; *¡lárgate!* beat it!, get lost!

largavistas *m inv Rpl* binoculars *pl*

largo I *adj* long; *persona* tall; *esto va para ~* this will take some time; *pasar de ~* go (straight) past; *tener setenta años ~s* be a good seventy years old
II *m* length; *tener tres metros de ~* be three meters long; *poner a alguien de ~* dress s.o. in a long dress
III *int*: *¡~ (de aquí)!* get out of here!; *¡~!* F scram! F

IV: *a la ~a* in the long run; *~ y tendido* at great length; *a lo ~ del día* throughout the day; *a lo ~ de muchos años* over the course of many years; *a lo ~ de la calle* along the street

largometraje *m* feature film

larguero *m* DEP crossbar

larguirucho *adj* F lanky, gangling

largura *f* length

laringe *f* larynx

laringitis *f* MED laryngitis

larva *f* ZO larva

las I *art fpl* the **II** *pron complemento directo pl* them; *a ustedes* you; *llévate ~ que quieras* take whichever ones you want; *~ de ...* those of ...; *~ de Juan* Juan's; *~ que llevan falda* the ones *o* those that are wearing dresses

lasaña *f* GASTR lasagne

lasca *f* chip, chipping

lascivia *f* lewdness, lasciviousness

lascivo *adj* lewd, lascivious

láser *m inv* laser; *rayo ~* laser beam

laserterapia *f* laser therapy

lástima *f* **1** pity, shame; *es una ~* it's a pity *o* shame; *¡qué ~!* what a pity *o* shame!; *me da ~ no usarlo* it's a shame *o* pity not to use it **2**: *estar hecho una ~* be in terrible shape

lastimar ⟨1a⟩ *v/t* (*herir*) hurt; **lastimarse** *v/r* hurt o.s.

lastimero *adj* pitiful

lastimoso *adj* pitiful; (*deplorable*) shameful

lastrar ⟨1a⟩ *v/t* MAR ballast; *fig* burden

lastre *m* ballast; *fig* burden; *soltar ~* drop ballast

lata *f* **1** can, *Br tb* tin **2** *fig* F nuisance, drag F, pain F; *dar la ~* F be a nuisance *o* a drag F *o* a pain F; *¡qué ~!* what a nuisance *o* a drag F *o* a pain F !; *es una ~* it's a drag F *o* a pain F

latazo *m* F pain in the neck F; *dar el ~* be a real pain in the neck F

latencia *f* **1** latency **2** *de enfermedad* incubation period

latente *adj* latent

lateral I *adj* side *atr*; *cuestiones ~es* side issues **II** *m* DEP back
◇ **lateral derecho** DEP right back
◇ **lateral izquierdo** DEP left back

latería *f L.Am.* tin works *sg*

latero *m*, **-a** *f L.Am.* tinsmith

látex *m* BOT, QUÍM latex

latido *m* beat

◇ **latido cardiaco** heartbeat

latifundio *m* large estate

latifundista *m/f* owner of a large estate

latigazo *m* **1** lash; (*chasquido*) crack **2** F *de whisky* shot F

látigo *m* whip

latiguillo *m* (*muletilla*) filler (word)

latín *m* Latin; **saber mucho ~** be really sharp

latinajo *m* F *palabra* Latin word; *frase* Latin phrase; (*latín incorrecto*) dog Latin

latino *adj* Latin

Latinoamérica Latin America

latinoamericano I *adj* Latin American **II** *m*, **-a** *f* Latin American

latir ⟨3a⟩ *v/i* beat

latitud *f* GEOG latitude

lato *adj* broad, wide; **en sentido ~** in a broad sense, broadly

latón *m* brass

latoso F **I** *adj* annoying **II** *m*, **-a** *f* pain F, nuisance

latrocinio *m* larceny

laucha *f S.Am.* mouse

laúd *m* MÚS lute

laudable *adj* praiseworthy, laudable

laudatorio *adj* laudatory *fml*

laudo *m* JUR decision

laureado *adj* prize-winning

laurear ⟨1a⟩ *v/t*: **~ a alguien con algo** *fml* award sth to s.o.

laurel *m* BOT laurel; **dormirse en los ~es** *fig* rest on one's laurels

lava *f* lava

lavable *adj* washable

lavabo *m* washbowl

lavacoches *m/f inv* carwash employee

lavada *f L.Am.* wash

lavadero *m* utility room, laundry room

lavado *m* wash; **de fácil ~** easy wash

◇ **lavado de cerebro** *fig* brainwashing; **lavado de estómago, lavado gástrico** stomach pump; **hacer un ~ a alguien** MED pump s.o.'s stomach; **lavado en seco** dry cleaning

lavadora *f* washing machine

lavamanos *m inv L.Am.* ☞ **lavabo**

lavanda *f* BOT lavender

lavandera *f* washerwoman, laundress

lavandería *f* laundry

lavandina *f Arg* bleach

lavándula *f* BOT lavender

lavaplatos *m inv* **1** dishwasher **2** *L.Am.* sink

lavar ⟨1a⟩ **I** *v/t* wash; **~ los platos** wash the dishes, *Br* do the washing-up; **~ la ropa** do the laundry, *Br tb* do the washing; **~ en seco** dry clean **II** *v/i* (*lavar los platos*) do the dishes; *de detergente* clean; **lavarse** *v/r* wash up, *Br* have a wash; **~ los dientes** brush one's teeth; **~ las manos** wash one's hands; **yo me lavo las manos** *fig* I wash my hands of it

lavarropas *m inv L.Am.* washing machine

lavativa *f* MED enema

lavatorio *m Rpl* washbasin

lavavajillas *m inv* **1** *líquido* dish-washing liquid, *Br* washing-up liquid **2** *electrodoméstico* dishwasher

lavotear ⟨1a⟩ F *v/t* wash quickly; **lavotearse** *v/r* wash up quickly, have a quick wash

lavoteo *m* F quick wash F

laxante *m/adj* MED laxative

laxar ⟨1a⟩ *v/t* MED give a laxative to, dose with a laxative

laxativo *m/adj* MED laxative

laxitud *f* laxness, laxity

laxo *adj* **1** relaxed **2** (*poco estricto*) lax

lazada *f* bow

lazarillo *m* guide; **perro ~** seeing eye dog, *Br* guide dog

lazo *m* **1** knot **2** *de adorno* bow **3** *para atrapar animales* lasso; **caer en el ~** *fig* fall into the trap **4**: **~s** *pl* ties

le *pron sg complemento indirecto* (to) him; (*a ella*) (to) her; (*a usted*) (to) you; (*a algo*) (to) it; *complemento directo* him; (*a usted*) you

leal *adj* loyal

lealtad *f* loyalty

leasing *m* leasing

lebrada *f* GASTR hare stew

lebrel *m* coursing dog

lección *f* lesson; **dar una ~ a alguien** *fig* teach s.o. a lesson; **esto le servirá de ~** that will teach him a lesson

◇ **lección inaugural** initial class *given by an eminent figure*

◇ **lección magistral** master class

lechada *f* **1** *de cal* whitewash **2** *de argamasa* grout **3** *de papel* pulp

lechal I *adj* sucking, suckling **II** *m* suckler, suckling

lechar ⟨1a⟩ *v/t L.Am.* (*ordeñar*) milk

leche *f* milk; *es la* ~ P (*bueno*) he's / it's the best; (*malo*) he's / it's the pits F; *estar de mala* ~ P be in a foul mood; *tener mala* ~ P be out to make trouble; *tener* ~ *L.Am.* F be lucky

◇ **leche condensada** condensed milk; **leche descremada** skim milk, *Br* skimmed milk; **leche desmaquillante** cleansing cream; **leche desnatada** skim milk, *Br* skimmed milk; **leche entera** whole milk; **leche limpiadora** cleansing cream; **leche en polvo** powdered milk; **leche semidescremada**, **leche semidesnatada** low-fat milk, *Br tb* semi-skimmed milk

lechecillas *fpl* sweetbreads

lechera *f para guardar* milk churn; *para hervir* milk pan; *para servir* creamer, *Br* milk jug; *es el cuento o las cuentas de la* ~ *fig* it's pie in the sky F, it's pure fantasy

lechería *f* dairy

lechero I *adj* dairy *atr* **II** *m* milkman

lecho *m tb de río* bed; *ser un* ~ *de rosas fig* be a bed of roses

◇ **lecho de muerte** deathbed

lechón *m* suckling pig, sucking pig

lechoso *adj* milky

lechuga *f* lettuce; *ser más fresco que una* ~ F have a lot of nerve

◇ **lechuga iceberg** iceberg lettuce

lechuguino *m* F dandy

lechuza *f* **1** ZO barn owl **2** *Cuba, Méx* (*prostituta*) hooker F

lecitina *f* BIO lecithin

lectivo *adj*: *día* ~ school day; *día no* ~ non-school day; *hora* ~*a* class time

lector *m*, ~*a f* **1** reader **2** EDU language assistant

◇ **lector de CD-ROM** CD ROM player

lectorado *m* assistantship

lectura *f* reading; *dar* ~ *a algo* read sth (out); *tener varias* ~*s fig* have several interpretations

leer ⟨2e⟩ *v/t & v/i* read; ~ *en voz alta* read aloud, read out loud; ~ *música* read music

lega *f* laywoman, layperson; *en orden religiosa* lay sister

legación *f* legation

legado *m* legacy; *persona* legate

legajo *m* file

legal *adj* **1** legal **2** F *persona* great F, terrific F

legalidad *f* legality

legalización *f* legalization

legalizar ⟨1f⟩ *v/t* legalize

legaña *f*: *tener* ~*s en los ojos* have sleep in one's eyes

legañoso *adj ojos* bleary, sleep-filled

legar ⟨1h⟩ *v/t* leave

legatario *m*, -*a f* legatee

legendario *adj* legendary

legibilidad *f* legibility

legible *adj* legible

legión *f* legion

legionario *m* **1** *en Roma* legionary **2** *en la actualidad* legionnaire; *enfermedad del* ~ MED legionnaire's disease

legionella *f* legionnaire's disease

legislación *f* legislation

legislador I *adj* legislative **II** *m*, ~*a f* legislator

legislar ⟨1a⟩ *v/i* legislate

legislativo *adj* legislative; *poder* ~ legislature

legislatura *f cuerpo* legislature; *periodo* term of office

legista *m/f* jurist

legitimación *f* **1** legitimization **2** *de documento* authentication

legitimar ⟨1a⟩ *v/t* **1** justify **2** *documento* authenticate **2** *hijo* legitimize

legitimidad *f* **1** legitimacy **2** (*autenticidad*) authenticity

legítimo *adj* **1** legitimate **2** (*verdadero*) authentic

lego *adj* **1** lay *atr* **2** *fig* ignorant; *ser* ~ *en la materia* know little about the subject **II** *m* layman, layperson; *en orden religiosa* lay brother

legrado *m* MED D & C, dilation and curettage

legrar ⟨1a⟩ *v/t* curette, scrape

legua *f*: *se ve a la* ~ *fig* F you can see it a mile off F; *hecho* it's blindingly obvious F

leguleyo *m*, -*a f desp* shyster F

legumbre *f* BOT pulse, legume

leguminosas *fpl* BOT leguminous plants

leída *f L.Am.* reading

leído *adj libro* widely read; *persona* well-read

lejanía *f* distance; *en la* ~ in the distance

lejano *adj* distant

lejía *f* bleach

lejos I *adv* far, far away; *Navidad queda ~* Christmas is a long way off; *a lo ~* in the distance; *sin ir más ~* to give you an example; *estar muy ~ de algo fig* be a long way from sth; *ir demasiado ~ fig* go too far, overstep the mark; *llegar ~ fig* go far; *nada más ~ de mi intención* nothing was further from my mind II *prp:* ~ *de* far from; *desde ~* from afar, from far away

lele *adj* C.Am. stupid

lelo *adj* slow(-witted)

lema *m* **1** slogan **2** LING lemma

lempira *m* FIN lempira

lencería *f* lingerie

lengua *f* tongue; *darle a la ~* F chatter; *~ afilada o de doble filo* sharp tongue; *tirar a alguien de la ~* get information out of s.o.; *con la ~ fuera fig* with one's tongue hanging out; *irse de la ~* let the cat out of the bag; *morderse la ~ fig* bite one's tongue; *sacar la ~ a alguien* stick one's tongue out at s.o.; *lo tengo en la punta de la ~* it's on the tip of my tongue

◇ **lengua de gato** GASTR langue de chat; **lengua materna** mother tongue; **lengua de signos** sign language; **lengua de tierra** strip of land

lenguado *m* ZO sole

lenguaje *m* language

◇ **lenguaje de programación** INFOR programming language

lenguaraz *adj* (*mal hablado*) foul--mouthed

lengüeta I *f* **1** *de zapato* tongue **2** (*pestaña*) tab **3** MÚS: ~ (*de caña*) MÚS reed; *doble ~* double reed II *adj:* *ser ~* S.Am. be a gossip

lengüetazo *m* big lick

lenidad *f fml* lenience

lenitivo *m* balm

lente *f* lens

◇ **lente de aumento** magnifying glass

◇ **lentes de contacto** contact lenses, contacts

lenteja *f* BOT lentil

lentejuela *f* sequin

lentes *mpl* LAm. glasses

◇ **lentes de sol** L.Am. sunglasses

lentillas *fpl* contact lenses

lentisco *m* BOT mastic tree

lentitud *f* slowness

lento *adj* slow; *a fuego ~* on a low heat

leña *f* (fire)wood; *echar ~ al fuego fig* add fuel to the fire

leñador *m* woodcutter

leñazo *m* F wallop; *darse un ~* take a wallop

¡leñe! *int* P hey!

leño *m* log

leñoso *adj* woody

Leo *m/f inv* ASTR Leo

león *m* ZO lion; *L.Am.* puma

◇ **león marino** sealion

leona *f* lioness

leonado *adj* tawny

leonera *f* **1** lion's den; *jaula* lion's cage **2** *Rpl, Chi fig* F pigpen F, *Br* pigsty F **3** *L.Am.* F *para prisioneros* bullpen F, *Br* communal cell for holding prisoners temporarily

leonino I *adj* **1** leonine **2** *L.Am.* ASTR Leo; *soy ~* I'm a Leo II *m, -a f L.Am.* ASTR Leo

leopardo *m* ZO leopard

leotardo *m de gimnasta* leotard; *~s pl* tights, *Br* heavy tights

lépero *adj* C.Am., *Méx* coarse

lepidópteros *mpl* ZO lepidoptera *pl*

leporino *adj: labio ~* MED harelip

lepra *f* MED leprosy

leprosería *f* leper colony

leproso I *adj* leprous II *m, -a f* leper

lerdo *adj* (*torpe*) slow(-witted)

les *pron pl complemento indirecto* (to) them; (*a ustedes*) (to) you; *complemento directo* them; (*a ustedes*) you

lesbiana *f* lesbian

lesbiano *adj* lesbian

lésbico *adj* lesbian

lesión *f* injury

lesionado *adj* injured

lesionar ⟨1a⟩ *v/t* injure; *lesionarse v/r* hurt o.s.

lesivo *adj* harmful

leso *adj: delito de lesa majestad* lese--majesty, treason

letal *adj* lethal

letanía *f tb desp* litany

letárgico *adj* lethargic

letargo *m* **1** lethargy **2** ZO hibernation

◇ **letargo invernal** ZO hibernation

letón I *adj* Latvian II *m, -ona f* Latvian III *m idioma* Latvian, Lettish

Letonia *f* Latvia

letra *f* **1** letter; *escribir en ~s de molde*

print; **la ~ pequeña** o **menuda** *fig* the fine print, *Br* the small print; **al pie de la ~** word for word **2** *de canción* lyrics *pl* **3**: **~s** *pl* (*literatura*) literature *sg*; EDU arts **4**: **tener buena / mala ~** have good / bad handwriting

◇ **letra de cambio** COM bill of exchange; **letra de imprenta** block capital; **letra mayúscula** capital letter; **letra a la vista** COM sight draft, sight bill

letrado I *adj* learned **II** *m*, -a *f* lawyer
letrero *m* sign
letrina *f* latrine
letrista *m/f* MÚS lyricist
leucemia *f* MED leuk(a)emia
leucocito *m* ANAT leucocyte
leva *f* **1** MIL levy **2** TÉC cam **3**: **la ~ de la flota tendrá lugar cuando** … the fleet will weigh anchor when …
levadura *f* yeast
◇ **levadura de cerveza** brewer's yeast
◇ **levadura en polvo** baking powder
levantador *m*, **~a** *f*: **~ de pesas** DEP weightlifter
levantamiento *m* **1** raising **2** (*rebelión*) rising **3** *de embargo* lifting **4** *de cadáver* removal
◇ **levantamiento de peso, levantamiento de pesas** weightlifting
◇ **levantamiento topográfico** topographical survey
levantar ⟨1a⟩ *v/t* **1** raise; *bulto* lift (up); *del suelo* pick up; **~ los ojos** raise one's eyes, look up; **~ la voz** raise one's voice (**a** to); **¡levanta los ánimos!** cheer up!; **~ sospechas** arouse suspicion; **el vuelo** *de pájaro* fly away, fly off; *de avión* take off **2** *edificio, estatua* put up, erect **3** *embargo* lift **4** F (*robar*) lift F, *Br tb* pinch F
levantarse *v/r* **1** get up; (*ponerse de pie*) stand up **2** *de un edificio, una montaña* rise **3** *de un telón* go up, rise **4** *en rebelión* rise up
levante *m* east
levar ⟨1a⟩ *v/t*: **~ anclas** weigh anchor
leve *adj* slight; *sonrisa* faint
levedad *f* lightness
levita *f* frock coat
levitación *f* levitation
levitar ⟨1a⟩ *v/i* levitate
lexema *m* lexeme
lexicalizar ⟨1f⟩ *v/t* lexicalize
léxico *m* lexicon

ley *f* law; **es la ~ del más fuerte** might is right; **una ~ no escrita** an unwritten law; **con todas las de la ~** fairly and squarely
◇ **ley fundamental** constitutional law; **ley marcial** martial law; **ley seca** Prohibition; **ley de la selva** law of the jungle; **ley del Talión** principle of an eye for an eye; **ley de la ventaja** DEP advantage law; **aplicar la ~** play advantage
leyenda *f* legend
leyendo *vb* ☞ **leer**
leyó *vb* ☞ **leer**
liana *f* BOT liana, creeper
liar ⟨1c⟩ *v/t* **1** tie (up) **2** *en papel* wrap (up); *cigarillo* roll **3** *persona* confuse; **liarse** *v/r de una persona* get confused; **~ a hacer algo** get tied up doing sth; **~ con alguien** F get involved with s.o.; **~ a golpes** start fighting
libanés I *adj* Lebanese **II** *m*, -**esa** *f* Lebanese
Líbano *m* Lebanon
libar ⟨1a⟩ *v/t néctar* suck; *fml: licor* sip
libelo *m* libel
libélula *f* ZO dragonfly
liberación *f* release; *de un país* liberation
liberal I *adj* liberal **II** *m/f* liberal
liberalidad *f* generosity
liberalismo *m* liberalism
liberalización *f* liberalization
liberalizar ⟨1f⟩ *v/t* liberalize
liberar ⟨1a⟩ *v/t* (set) free, release; *país* liberate; *energia* release; **liberarse** *v/r*: **~ de algo** free o.s. of sth
líbero *m en fútbol* sweeper
libérrimo *adj fml* most free
libertad *f* freedom, liberty; **dejar a alguien en ~** release s.o., let s.o. go; **hablar con toda ~** speak freely; **tomarse ~es** take liberties; **tomarse la ~ de hacer algo** take the liberty of doing sth
◇ **libertad bajo fianza** JUR bail
◇ **libertad condicional** JUR probation
libertador I *adj* liberating **II** *m*, **~a** *f* liberator
libertar ⟨1a⟩ *v/t* (set) free, release
libertario I *adj* libertarian **II** *m*, -a *f* libertarian
libertinaje *m* licentiousness
libertino I *adj* dissolute, libertine **II** *m* libertine

Libia f Libya
libidinoso adj lustful, libidinous fml
líbido f libido
libio I adj Libyan **II** m, **-a** f Libyan
libra f pound; **~ esterlina** pound (sterling)
Libra m/f inv ASTR Libra
libraco m **1** desp (libro malo) bad book **2** (libro grueso) thick book, brick F
librado I part ☞ **librar**, **salir bien / mal ~ de algo** come out of sth well / badly **II** m, **-a** f COM drawee
librador m, **~a** f COM drawer
librano L.Am. ASTR **I** adj Libran; **soy ~** I'm a(a) Libra(n) **II** m, **-a** f Libra(n)
libranza f order to pay
librar ⟨1a⟩ **I** v/t free (**de** from); cheque draw; batalla fight **II** v/i: **libro los lunes** I have Mondays off; **librarse** v/r: **~ de algo** get out of sth; **de buena nos hemos librado** F that was lucky
libre adj free; tiempo spare, free; **eres ~ de** you're free to; **trabajar por ~** be self-employed; **~ de impuestos** tax free
librea f livery
librecambio m free trade
librepensador I adj freethinking **II** m, **~a** f freethinker
librera f bookseller
librería f bookstore
◇ **librería de lance, librería de viejo** second-hand bookstore
librero m bookseller; L.Am. mueble bookcase
libreta f notebook
◇ **libreta de ahorros** bankbook, passbook
◇ **libreta de cheques** Rpl checkbook, Br chequebook
libretista m/f **1** librettist **2** L.Am. en cine etc scriptwriter
libreto m **1** libretto **2** en cine etc script
libriano L.Am. ☞ **librano**
libro m book; **colgar los ~s** quit studying; **hablar como un ~** talk like a book, use highfalutin language
◇ **libro de bolsillo** paperback (book); **libro de cabecera** bedtime book; **¿cuál es tu ~ ahora mismo?** what's your bedtime reading at the moment?; **libro de caja** COM cash book; **libro de cocina** cookbook, Br tb cookery book; **libro de cuentos** book of short stories; **libro diario** COM day book; **libro elec-**

trónico e-book; **libro de escolaridad** school record; **libro de familia** booklet recording family births, marriages and deaths; **libro mayor** COM ledger; **libro de pedidos** order book; **libro de reclamaciones** complaints book; **libro de texto** textbook
licencia f **1** permit, license, Br licence **2** (permiso) permission **3** MIL leave **4**: **tomarse demasiadas ~s** take liberties **5** L.Am. AUTO license, Br licence
◇ **licencia absoluta** MIL absolute discharge; **licencia de armas** gun permit, Br gun licence; **licencia de caza** hunting permit; **licencia de conducir, licencia de manejar** L.Am. driver's license, Br driving licence; **licencia de obras** planning permission; **licencia de pesca** fishing permit; **licencia poética** poetic license o Br licence
licenciado I adj MIL: **está ~** he has completed his military service **II** m, **-a** f graduate
licenciamiento m MIL discharge
licenciar ⟨1b⟩ v/t MIL discharge; **licenciarse** v/r **1** graduate **2** MIL be discharged
licenciatura f EDU degree
licencioso adj licentious
liceo m L.Am. high school, Br secondary school
licitación f L.Am. bidding
licitador m, **~a** f L.Am. bidder
licitar ⟨1a⟩ v/t L.Am. en subasta bid for
lícito adj **1** legal **2** (razonable) fair, reasonable
licitud f fml legality
licor m liquor, Br spirits pl
licorera f decanter
licorería f liquor store, Br off-licence
licorista m/f liquor store clerk, Br off-licence assistant
licuado m Méx fruit milkshake
licuadora f blender
licuar ⟨1d⟩ v/t blend, liquidize
licuefacción f liquefaction
lid f lit battle
líder I m/f leader **II** adj leading
liderar ⟨1a⟩ v/t lead
liderazgo m leadership
lidia f bullfighting
lidiar ⟨1b⟩ **I** v/i fig go battle, struggle **II** v/t toro fight
liebre f ZO hare; **levantar la ~** fig let the

cat out of the bag, spill the beans
liendre f ZO nit
lienzo m canvas
lifting m facelift; **~ facial** facelift; **hacerse un ~** have a facelift
liga f **1** POL, DEP league; **la Liga de los Campeones** the Champions League **2** de medias garter
ligado I adj connected, linked **II** m MÚS slur
ligadura f MED ligature; **~s** pl fig ties
ligamento m ANAT ligament; **~ cruzado** cruciate ligament
ligar ⟨1h⟩ **I** v/t **1** bind **2** (atar) tie **3** GASTR blend **II** v/i: **~ con** F pick up; **ligarse** v/r pick up
ligazón f connection, link
ligereza f **1** lightness **2** (rapidez) speed **3** de movimiento agility, nimbleness **4** de carácter shallowness, superficiality
ligero I adj **1** light; **~ de ropa** scantily clad; **a la -a** (sin pensar) lightly, casually; **tomarse algo a la -a** not take sth seriously **2** (rápido) rapid, quick **3** movimiento agile, nimble **4** (leve) slight **II** adv quickly
lignito m lignite
ligón m F: **es un ~** he's a real Don Juan F
ligue m/f F persona pick-up F; **estar de ~** be on the pick-up F, Br be on the pull F
liguero I m garter belt, Br suspender belt **II** adj DEP: **partido ~** league game
lija f: **papel de ~** sandpaper
lijar ⟨1a⟩ v/t sand
lila I adj inv lilac **II** f lilac **III** m color lilac **IV** m/f F dimwit F
lima f **1** file **2** BOT lime **3**: **comer como una ~** fig F eat like a horse F
◇ **lima de uñas** nail file
limaco m ZO ☞ **limaza**
limadura f filing
limar ⟨1a⟩ v/t file; fig polish
limaza f ZO slug
limbo m REL limbo; **estar en el ~** be miles away
limeño I adj of / from Lima, Lima atr **II** m, -a f native of Lima
limitación f limitation
limitado I adj limited **II** part ☞ **limitar**
limitar ⟨1a⟩ **I** v/t limit; (restringir) limit, restrict **II** v/i: **~ con** border on; **limitarse** v/r limit o restrict o.s. (**a** to)
límite I m **1** limit; **sin ~s** limitless **2** (línea de separación) boundary **II** adj: **situación ~** extreme situation; **caso ~** borderline case
◇ **límite de velocidad** speed limit
limítrofe adj neighboring, Br neighbouring; **país ~** neighboring country
limo m silt; **en el suelo** mud
limón m **1** lemon **2** Méx lima lime
◇ **limón francés** Méx lemon
limonada f lemonade
limonero m lemon tree
limosna f: **una ~, por favor** can you spare some change?
limosnear ⟨1a⟩ v/i beg
limosnero L.Am. **I** adj beggar atr, begging atr **II** m, -a f beggar
limpiabotas m/f inv bootblack
limpiacristales m inv window cleaner
limpiada f L.Am. clean
limpiador I adj cleansing **II** m, **~a** f cleaner **III** m Méx (limpiaparabrisas) windshield wiper, Br windscreen wiper
limpiahogar m cleaning liquid
limpiamanos m inv L.Am. hand towel
limpiamente adv cleanly
limpiametales m inv metal cleaner
limpiamuebles m inv furniture polish
limpiaparabrisas m inv AUTO windshield wiper, Br windscreen wiper
◇ **limpiaparabrisas trasero** rear windshield wiper, Br rear windscreen wiper
limpiar ⟨1b⟩ v/t clean; con un trapo wipe; fig clean up; **~ a alguien** F clean s.o. out F; **~ en seco** dry-clean; **limpiarse** v/r clean o.s.
limpiasuelos m inv floor cleaner
limpiavidrios m inv L.Am. window cleaner
límpido adj lit limpid
limpieza f estado cleanliness; acto cleaning; **hacer la ~** do the cleaning; **~ en seco** dry-cleaning
◇ **limpieza de cutis** skin cleansing; **limpieza étnica** ethnic cleansing; **limpieza general** spring cleaning
limpio adj **1** clean; **poner algo en ~** make a fair copy of sth; **pasar a ~** copy out neatly; **gana $5.000 ~s al mes** he takes home $5,000 a month; **quedarse ~** S.Am. F be broke F; **sacar algo en ~** fig make sense of sth **2** (ordenado) neat, tidy **3** político honest
limusina f limousine

linaje *m* lineage

linaza *f* BOT linseed

lince *m* ZO lynx; ***ojos*** *o* ***vista de*** ~ *fig* eyes like a hawk; ***ser un*** ~ be very sharp

◊ **lince ibérico** Iberian lynx, Spanish lynx

linchamiento *m* lynching

linchar ⟨1a⟩ *v/t* lynch

lindante *adj* adjacent (**con** to), bordering (**con** on)

lindar ⟨1a⟩ *v/i*: ~ **con algo** adjoin sth; *fig* border on sth

linde *m* o *f* boundary

lindero **I** *adj*: **ser** ~ **con** border on **II** *m* boundary

lindeza *f* prettiness, loveliness; ~**s** *pl* *irón* insults, offensive remarks

lindo *adj* lovely; **de lo** ~ a lot, a great deal

línea *f* line; ***mantener la*** ~ watch one's figure; ***de primera*** ~ *fig* first-rate; ***tecnología de primera*** ~ state-of-the art technology; ***perdieron en toda la*** ~ they were soundly beaten; ***entre*** ~**s** *fig* between the lines; ***escribir*** *o* ***poner unas*** *o* ***dos*** *o* ***cuatro*** ~**s a alguien** drop s.o. a line; ***la*** ~ **se ha cortado** TELEC the line's gone dead; ***no hay*** ~ TELEC the line's dead

◊ **línea aérea** airline; **línea de alta tensión** EL high voltage cable; **línea directa** TELEC direct line; **línea divisoria** dividing line; **línea eléctrica** power cable *o* line; **línea erótica** sex phone line; **línea férrea** railroad, *Br* railway; **línea de flotación** water line; **línea de fondo** *en fútbol* goal line; *en baloncesto* end line; **línea de gol** *en fútbol* goal line; **línea de llegada** DEP finishing line, finish; **línea marítima** shipping line; **línea media** *en fútbol* midfield line, *Br* halfway line; **línea de meta** *en fútbol* goal line; **línea de productos** COM product line; **línea de salida** DEP starting line; **línea de seis veinticinco** *en baloncesto* three-point line; **línea de tiros libres** *en baloncesto* free throw line

lineal *adj* linear

linfa *f* lymph

linfático *adj* lymphatic

linfocito *m* ANAT lymphocyte

lingotazo *m* F *de vodka* shot F

lingote *m* ingot; ~ **de oro** gold bar

lingual *adj* lingual

lingüista *m/f* linguist

lingüística *f* linguistics *sg*

lingüístico *adj* linguistic

linier *m* DEP assistant referee, linesman

linimento *m* MED liniment

lino *m* linen; BOT flax

linóleo *m* linoleum, lino

linotipia *f* TIP Linotype®

linotipista *m/f* TIP Linotype® operator

linterna *f* **1** flashlight, *Br* torch **2** *Méx* F ojo eye

◊ **linterna mágica** magic lantern

lío *m* **1** bundle **2** F (*desorden*) mess; ~ **amoroso** F affair; ***estar hecho un*** ~ be all confused; ***hacerse un*** ~ get into a muddle; ***meterse en*** ~**s** get into trouble **3** F (*jaleo*) fuss; ***armar un*** ~ F kick up a fuss F

liofilización *f* freeze-drying

liofilizado *adj* freeze-dried

liofilizar ⟨1f⟩ *v/t* freeze-dry

lioso *adj* confusing

liposucción *f* MED liposuction

lipotimia *f* MED blackout

liquen *m* BOT lichen

liquidación *f* **1** COM *de cuenta, deuda* settlement **2** *de negocio* liquidation

◊ **liquidación de fin de temporada** end of season sale

◊ **liquidación total** clearance sale

liquidador *m*, ~**a** *f* liquidator

liquidar ⟨1a⟩ *v/t* **1** *cuenta, deuda* settle **2** COM *negocio* wind up, liquidate **3** *existencias* sell off **4** F (*matar*) liquidate F, bump off F

liquidez *f* COM liquidity

líquido **I** *adj* **1** liquid **2** COM net **II** *m* liquid

lira *f* **1** lira **2** MÚS lyre

lírica *f* lyric poetry

lírico *adj* lyrical

lirio *m* BOT lily

◊ **lirio de los valles** lily of the valley

lirismo *m* lyricism

lirón *m* ZO dormouse; ***dormir como un*** ~ *fig* F sleep like a log

lisa *f* ZO grey mullet

lisboeta *adj* Lisboan

lisiado **I** *adj* crippled **II** *m*, -**a** *f* cripple

lisiar ⟨1b⟩ *v/t* cripple

liso *adj* **1** smooth **2** *terreno* flat; ***cien metros*** ~**s** DEP one hundred meter sprint, one hundred meters **3** *pelo* straight **4** (*sin adornos*) plain; ***-a y llanamente***

plainly and simply
lisonja *f* flattery
lisonjear ⟨1a⟩ *v/t* flatter
lisonjero *adj* flattering
lista *f* **1** list; *pasar* ~ take the roll call, *Br* call the register **2** *en tela* stripe
◊ **lista de boda** wedding list; **lista civil** civil list; **lista de correos** general delivery, *Br* poste restante; **lista de espera** waiting list; *estar en* ~ be on the waiting list, be waitlisted; **lista de precios** price list
listado I *adj* striped **II** *m* INFOR printout
listar ⟨1a⟩ *v/t* list
listillo F I *adj* smart II *m*, -a *f* smart alec F
listín *m*: ~ (*telefónico*) phone book
listo *adj* **1** (*inteligente*) clever; *pasarse de* ~ F try to be too smart F; *ser más* ~ *que el hambre* F be a smart cookie **2** (*preparado*) ready; *estar* ~ *fig* F be finished
listón *m* **1** *de madera* strip **2** DEP bar; *poner el* ~ *muy alto fig* set very high standards
lisura *f Rpl, Pe* curse, swearword
litera *f* bunk; *de tren* couchette
literal *adj* literal
literario *adj* literary
literata *f* woman of letters
literato *m* man of letters
literatura *f* literature
litigante *m/f & adj* JUR litigant
litigar ⟨1h⟩ *v/i* JUR go to litigation
litigio *m* lawsuit
litigioso *adj persona* litigious
litio *m* QUÍM lithium
litografía *f* lithography
litoral I *adj* coastal **II** *m* coast
litro *m* liter, *Br* litre
litrona *f* F *liter bottle of beer*
Lituania *f* Lithuania
lituano I *adj* Lithuanian **II** *m*, -a *f* Lithuanian **III** *m idioma* Lithuanian
liturgia *f* REL liturgy
litúrgico *adj* liturgical
liviano *adj* **1** light **2** (*de poca importancia*) trivial
lividez *f* paleness, pallor
lívido *adj* pale, pallid
living *m* living room
liza *f* HIST lists *pl*; *entrar en* ~ *fig* enter the fray
llaga *f* sore; *poner o meter el dedo en la* ~ *fig* put one's finger on it

llagar ⟨1h⟩ *v/t* cause *o* create a sore on
llama *f* **1** flame **2** ZO llama
◊ **llama piloto** pilot light
llamada *f* **1** call; *hacer una* ~ make a call; ~ *al orden* call to order; *última* ~ AVIA last call **2** *en una puerta* knock; *en timbre* ring
◊ **llamada de auxilio** distress call; **llamada a cobro revertido** collect call; **llamada interurbana** long-distance call; **llamada urbana** local call
llamado I *adj* called, named **II** *m L.Am.* call
llamador *m* (door) knocker
llamamiento *m* call; *hacer un* ~ *a algo* call for sth
◊ **llamamiento a filas** MIL draft, *Br* call-up
◊ **llamamiento al orden** call to order
llamar ⟨1a⟩ **I** *v/t* call; TELEC call, *Br tb* ring **II** *v/i* TELEC call, *Br tb* ring; ~ *a la puerta* knock at the door; *con timbre* ring the bell; *llaman* (*a la puerta*) there's someone at the door; *el fútbol no me llama nada* football doesn't appeal to me in the slightest; *llamarse v/r* be called; *¿cómo te llamas?* what's your name?
llamarada *f* flare-up
llamativo *adj* eyecatching; *color* loud
llamear ⟨1a⟩ *v/i* blaze
llamón *adj Méx* moaning
llana *f* trowel
llaneza *f en el trato* naturalness; *en el habla* plainness, plain speech
llanito *m*, -a *f* F Gibraltarian
llano I *adj* **1** *terreno* level **2** *trato* natural; *persona* unassuming **3** *palabra* stressed on the penultimate syllable **II** *m* flat ground
llanta *f* **1** wheel rim **2** *C.Am., Méx* (*neumático*) tire, *Br* tyre **3** *Méx: flotador* rubber ring **3**: ~*s pl Méx* F spare tire *sg*, *Br* spare tyre *sg*
◊ **llanta de refacción** *Méx* spare tire, *Br* spare tyre
llantén *m* BOT plantain
llanto *m* sobbing
llanura *f* plain
llave *f* **1** key; *bajo* ~ under lock and key; *cerrar con* ~ lock; *echar la* ~ lock the door, lock up **2** *para tuerca* wrench, *Br tb* spanner
◊ **llave de contacto** AUTO ignition

key; **llave inglesa** TÉC monkey wrench; **llave maestra** master key; **llave en mano** available for immediate occupancy; **llave de paso** stop cock

llavero *m* key ring

llavín *m* small key

llegada *f* arrival; DEP finish

llegar ⟨1h⟩ *v/i* **1** arrive; *ha llegado la primavera* spring is here, spring has arrived; *está al ~* he'll arrive momentarily, he's about to arrive

2 (*alcanzar*) reach; *me llega hasta las rodillas* it comes down to my knees; *el agua me llegaba a la cintura* the water came up to my waist; *no llego a comprender por qué ...* I don't understand why ...; *la comida no llegó para todos* there wasn't enough food for everyone; *¡hasta ahí podíamos ~!* F that's going too far!, that's a bit much! F; *~ a saber* find out; *~ a ser* get to be; *~ a viejo* live to a ripe old age; *~ a presidente* get to be president, become president

llegarse *v/r*: *llégate al vecino* F run over to the neighbor's

llenar ⟨1a⟩ **I** *v/t* fill; *impreso* fill out *o* in **II** *v/i* be filling; **llenarse** *v/r* fill up; *me he llenado* I have had enough (to eat)

llenazo *m* F full house

lleno I *adj* full (*de* of); *pared* covered (*de* with); *estar ~* F be full **II** *m* TEA full house; *hubo un ~ total* it was a complete sellout **III** *adv*: *de ~* fully; *meterse de ~ en algo* put all one's energy into sth

llevadero *adj* bearable

llevar ⟨1a⟩ **I** *v/t* **1** take; *~ a alguien en coche* drive s.o., take s.o. in the car; *~ dinero encima* carry money

2 *ropa, gafas* wear

3 *ritmo* keep up

4: *~ las de perder* be likely to lose; *me lleva dos años* he's two years older than me; *llevo ocho días aquí* I've been here a week; *llevo una hora esperando* I've been waiting for an hour; *¿te llevó dos horas hacer eso?* it took you two hours to do that?

II *v/i* lead (*a* to)

llevarse *v/r* **1** take **2** *susto, sorpresa* get **3**: *~ bien / mal* get on well / badly **4**: *se lleva el color rojo* red is fashionable

llorar ⟨1a⟩ **I** *v/i* cry, weep; *~ a moco tendido* F cry one's eyes out **II** *v/t lágrimas*

cry, weep; *muerte* mourn

llorera *f* F: *le entró una ~* she burst into tears

llorica *m/f* F crybaby F

lloriquear ⟨1a⟩ *v/i* snivel, whine

lloro *m* weeping, crying

llorón I *adj* F: *ser ~* be a crybaby F **II** *m*, **-ona** *f* F crybaby F

lloroso *adj* tearful; *ojos* full of tears

llovedera *f L.Am.*, **llovedero** *m L.Am.* rainy season

llover ⟨2h⟩ *v/i* rain; *llueve* it is raining; *~ sobre mojado fig* F be one thing after another; *es como quien oye ~* it's like talking to a wall; *nunca llueve a gusto de todos* you can't please everybody

llovizna *f* drizzle

lloviznar ⟨1a⟩ *v/i* drizzle

llueve *vb* ☞ **llover**

lluvia *f* **1** rain **2** *Rpl* (*ducha*) shower

◇ **lluvia ácida** acid rain

◇ **lluvia de estrellas** meteor shower

lluvioso *adj* rainy

lo I *art sg* the; *~ bueno* the good thing; *no sabes ~ difícil que es* you don't know how difficult it is **II** *pron sg*: *a él* him; *a usted* you; *algo* it; *~ sé* I know **III** *pron rel sg*: *~ que* what; *~ cual* which

loa *f* praise

loable *adj* praiseworthy, laudable

loar ⟨1a⟩ *v/t* praise

loba *f* she-wolf

lobato, lobezno *m* wolf cub

lobo *m* wolf

◇ **lobo de mar** *fig* sea dog

◇ **lobo marino** seal

lóbrego *adj* gloomy

lóbulo *m* lobe; *~ de la oreja* earlobe

loca *f* madwoman

locador *m S.Am.* landlord

local I *adj* local **II** *m* premises *pl*; *~ comercial* commercial premises *pl*; *~ nocturno* nightspot

localidad *f* **1** town **2** TEA seat

localizable *adj*: *estar ~* be easily found

localización *f* **1** location **2** INFOR localization

localizador *m Méx* pager

localizar ⟨1f⟩ *v/t* **1** locate; *incendio* contain, bring under control **2** INFOR localize

locatis *m/f inv* F loony F, nutcase F

loción *f* lotion

◇ **loción capilar** hair lotion; **loción**

corporal body lotion; **loción facial** skin lotion; **loción hidratante** moisturizer, moisturizing lotion

loco I *adj* mad, crazy; *a lo ~* F (*sin pensar*) hastily; *es para volverse ~* it's enough to drive you mad *o* crazy; *~ de atar o remate* completely mad; *estar ~ de alegría* be insanely happy; *estar ~ por alguien* be mad *o* crazy about s.o. **II** *m* **1** madman; *cada ~ con su tema* each to his own; *hacer el ~* make a fool of o.s. **2** *Rpl* F guy; *~, ayudame* help me, pal

locomoción *f* locomotion; *medio de ~* means of transportation

locomotor *adj* ANAT locomotory

locomotora *f* locomotive

locomotriz *adj* ANAT locomotory

locro *m* *S.Am.* stew of meat, corn and potatoes

locuacidad *f* talkativeness, loquacity *fml*

locuaz *adj* talkative, loquacious *fml*

locución *f* phrase

locura *f* madness; *es una ~* it's madness; *de ~* F crazy

locutor *m, -a* *f* RAD, TV presenter

locutorio *m* TELEC phone booth

lodazal *m* quagmire

lodo *m* mud; *arrastrar por el ~* *fig* drag through the mud

◇ **lodos de depuración, lodos residuales** sludge

logaritmo *m* logarithm

logia *f* **1** *masónica* lodge **2** ARQUI loggia

lógica *f* logic

lógico *adj* logical

logística *f* logistics *sg*

logístico *adj* logistical

logopeda *m/f* speech therapist

logopedia *f* speech therapy

logotipo *m* logo

logrado *adj* excellent

lograr ⟨1a⟩ *v/t* achieve; (*obtener*) obtain; *~ hacer algo* manage to do sth; *~ que alguien haga algo* (manage to) get s.o. to do sth; **lograrse** *v/r* succeed

logrero *m* *L.Am.* F profiteer

logro *m* achievement

LOGSE *f abr* (= *Ley de Ordenación General del Sistema Educativo*) Education Act

lola *f* *Rpl* F tit F

loma *f* *L.Am.* small hill

lombarda *f* BOT red cabbage

lombriz *f*: *~ de tierra* earthworm

◇ **lombriz intestinal** tapeworm

lomo *m* back; GASTR loin; *a ~s de burro* on a donkey

lona *f* canvas

loncha *f* slice

lonche *m* *L.Am.* afternoon snack

lonchería *f* *L.Am.* diner, luncheonette

londinense I *adj* of / from London, London *atr* **II** *m/f* Londoner

Londres *m* London

loneta *f* canvas, sailcloth

longaniza *f* type of dried sausage

longevidad *f* longevity

longevo *adj* long-lived

longitud *f* **1** longitude **2** (*largo*) length; *tener dos metros de ~* be two meters long

◇ **longitud de onda** wavelength

longitudinal *adj* longitudinal

longui(s) *m/f* *Esp*: *hacerse el ~* F play *o* act dumb F

lonja *f* **1** *de pescado* fish market **2** (*loncha*) slice

lontananza *f* **1** *lit* distance; *en ~* in the distance **2** *de cuadro* background

loor *m* REL, *lit* praise

loquear ⟨1a⟩ *v/i* *L.Am.* horse around

loquera *f* *L.Am.* F shrink F; *enfermera* psychiatric nurse

loquero *m* **1** *L.Am.* F shrink F; *enfermero* psychiatric nurse **2** (*manicomio*) mental hospital, funny farm F

loro *m* parrot; *estar al ~* F (*enterado*) be clued up F, be on the ball F

los *mpl* **I** *art* the **II** *pron complemento directo pl* them; *a ustedes* you; *llévate ~ que quieras* take whichever ones you want; *~ de ...* those of ...; *~ de Juan* Juan's; *~ que juegan* the ones *o* those that are playing

losa *f* flagstone

loseta *f* floor tile

lote *m* **1** *en reparto* share, part **2** *L.Am.* (*solar*) lot **3** P: *darse el ~* make out F

lotería *f* lottery; *le cayó o tocó la ~* he won the lottery

lotero *m, -a* *f* lottery ticket seller

loto I *m* BOT lotus **II** *f* F lottery

loza *f* *material* china; (*vajilla*) china, crockery; *de ~* china *atr*

lozanía *f* **1** *de persona* healthiness **2** *de*

planta lushness

lozano *adj* **1** *persona* healthy-looking **2** *planta* lush

lubina *f* ZO sea bass

lubri(fi)cación *f* lubrication

lubri(fi)cante I *adj* lubricating **II** *m* lubricant

lubri(fi)car ⟨1g⟩ *v/t* lubricate

lubricidad *f* lewdness

lucerna *f*, **lucernario** *m* skylight

lucero *m* **1** bright star **2** (*Venus*) Venus

◇ **lucero del alba, lucero matutino** morning star

◇ **lucero de la tarde, lucero vespertino** evening star

luces ☞ **luz**

lucha *f* **1** fight, struggle **2** DEP wrestling **3** *en baloncesto* jump ball

◇ **lucha libre** all-in wrestling

luchador I *adj espíritu* fighting **II** *m*, ~a *f* fighter

luchar ⟨1a⟩ *v/i* fight (*por* for); *fig* fight, struggle (*por* for)

lucidez *f* lucidity

lúcido *adj* lucid, clear

lucido *adj* splendid, magnificent

luciérnaga *f* ZO glowworm

lucimiento *m* (*brillo*) splendor, *Br* splendour; **le ofrece oportunidades de** ~ it gives him a chance to shine

lucio *m* ZO pike

lucir ⟨3f⟩ *v/i* **1** shine **2** *L.Am.* (*verse bien*) look good **II** *v/t ropa, joya* wear; **lucirse** *v/r tb irón* excel o.s., surpass o.s.

lucrarse ⟨1a⟩ *v/r* make a profit (*de* from)

lucrativo *adj* lucrative

lucro *m* profit; **afán de** ~ profit-making; **sin ánimo de** ~ non-profit (making), not-for-profit

luctuoso *adj* sad, sorrowful

lúdico *adj* playful

ludópata *m/f* compulsive gambler

ludopatía *f* compulsive gambling

ludoteca *f* toy library

luego I *adv* **1** (*después*) later; **¡hasta** ~**!** see you (later) **2** *en orden, espacio* then **3** *L.Am.* (*en seguida*) right now; ~ ~ *Méx* straight away **4**: **¡desde** ~**!** of course! **II** *conj* therefore; ~ **que** *L.Am.* after; ~ **de hacer algo** after doing sth

lugar *m* place; **en** ~ **de** instead of; **en primer** ~ in the first place, first(ly); **fuera de** ~ out of place; **yo en tu** ~ if I were you, (if I were) in your place; **ponte en mi** ~ put yourself in my place; **dar** ~ **a** give rise to; **tener** ~ take place; ~ **de destino** posting; **sin** ~ **a dudas** without a doubt

◇ **lugar de autos** JUR scene of the crime; **lugar común** cliché, commonplace; **lugar de los hechos** JUR scene of the crime; **lugar de nacimiento** place of birth

lugareño I *adj* local **II** *m*, -a *f* local

lugarteniente *m/f* deputy

lúgubre *adj* gloomy

lujo *m* luxury; **de** ~ luxurious, luxury *atr*; **permitirse el** ~ **de ...** afford to ...; **¡cómo se permite el** ~ **de decirme lo que tengo que hacer!** how dare he tell me what to do!

lujoso *adj* luxurious

lujuria *f* lust

lujurioso I *adj* lecherous **II** *m*, -a *f* lecher

lumbago *m* MED lumbago

lumbar *adj* lumbar; **vértebra** ~ lumbar vertebra

lumbre *f* fire

lumbrera *f* genius

luminaria *f* REL altar lamp

luminiscencia *f* FÍS luminescence

luminosidad *f* luminosity; *de lámpara, habitación* brightness

luminoso *adj* luminous; *lámpara, habitación* bright

luminotecnia *f* lighting

luminotécnico I *adj* lighting *atr* **II** *m*, -a *f* lighting engineer

luna *f* **1** moon; **a la luz de la** ~ in the moonlight; **estar en la** ~ F have one's head in the clouds F; **pedir la** ~ ask for the moon, ask the impossible; **quedarse a la** ~ **de Valencia** F have one's head in the clouds; **media** ~ *L.Am.* GASTR croissant **2** *de tienda* window; *de vehículo* windshield, *Br* windscreen

◇ **luna llena** full moon; **luna de miel** honeymoon; **luna nueva** new moon

lunar I *adj* lunar **II** *m en la piel* mole; **de** ~**es** spotted, polka-dot

lunático *adj* lunatic

lunes *m inv* Monday

◇ **lunes de Pascua** Easter Monday

luneta *f*: ~ **térmica** AUTO heated windshield, *Br* heated windscreen

lunfardo *m Arg*: *slang used in Buenos*

Aires

lúnula *f* ANAT lunule

lupa *f* magnifying glass; *mirar algo con ~ fig* go through sth with a fine-tooth comb

lúpulo *m* BOT hop

luso I *adj* Portuguese **II** *m*, **-a** *f* Portuguese

lustrabotas *m/f inv L.Am.* bootblack

lustrador *m*, **~a** *f L.Am.* bootblack

lustrar ⟨1a⟩ *v/t* polish

lustre *m* **1** shine; *sacar ~ a algo* polish sth **2** *fig* luster, *Br* lustre; *dar ~ a fig* give added luster to

lustro *m* period of five years

lustroso *adj* **1** shiny **2** *fig* healthy-looking

luthier *m* luthier, maker of stringed instruments

luto *m* mourning; *estar de ~ por alguien* be in mourning for s.o.; *llevar ~, ir de ~* wear mourning, be in mourning

◊ **luto nacional, luto oficial** national *o* official mourning

luxación *f* MED dislocation

luxar ⟨1a⟩ *v/t* dislocate

Luxemburgo *m* Luxemb(o)urg

luxemburgués I *adj* of / from Luxemb(o)urg, Luxemb(o)urg *atr* **II** *m*, **-guesa** *f* Luxemb(o)urger

luz *f* light; *a la ~ del día* in daylight; *dar la ~* turn on the light; *arrojar ~ sobre algo fig* shed light on s.th.; *ver la ~ de publicación* be published, see the light of day; *dar a ~* give birth to; *sacar a la ~ fig* bring to light; *salir a la ~ fig* come to light; *a todas luces* evidently, clearly; *de pocas luces fig* F dim F, not very bright

◊ **luces altas** *L.Am.* AUTO full *o* main beam headlights; **luces bajas** *L.Am.* AUTO dipped headlights; **luces de carretera** AUTO full *o* main beam headlights; **luces cortas, luces de cruce** AUTO dipped headlights; **luces de emergencia** emergency lights; **luces largas** AUTO full *o* main beam headlights; **luz antiniebla** AUTO foglamp; **luz diurna** daylight; **luz intermitente** AUTO turn signal, *Br* indicator (light); **luz de marcha atrás** AUTO reversing light; **luz trasera** AUTO rear light; **luz verde** *tb fig* green light

M

m *abr* (= *metro*) m (= meter); (= *minuto*) m (= minute)

maca *f fig* flaw

macabro *I adj* macabre **II** *m*, **-a** *f* ghoul

macaco I *m* ZO macaque **II** *adj L.Am.* ugly

macana *f L.Am.* **1** (*porra*) billyclub, *Br* truncheon **2** F (*mentira*) lie, fib F; *hizo / dijo una ~* he did / said something stupid; *¡qué ~! Rpl* P what a drag!

macanear ⟨1a⟩ *v/t L.Am.* (*aporrear*) beat

macanudo *adj S.Am.* F great F, fantastic F

macarra I *m* P pimp **II** *adj* F: *ser ~* be a bastard P

macarrones *mpl* macaroni *sg*

macarrónico *adj* F: *habla un francés ~* he speaks atrocious French; *latín ~* dog Latin

Macedonia *f* Macedonia

◊ **macedonia de frutas** *f* fruit salad

◊ **macedonia de verduras** *f* green salad

macerar ⟨1a⟩ *v/t* GASTR (*golpear*) tenderize (*by beating*); (*poner en líquido*) macerate

maceta *f* **1** *para plantas* flowerpot **2** TÉC *de metal* club hammer; *de madera* mallet **3** *Méx* F head

macetero *m* **1** *para macetas* flowerpot holder **2** *L.Am. para plantas* flowerpot

machacar ⟨1g⟩ **I** *v/t* **1** (*triturar*) crush **2** *fig* (*vencer*) thrash **3** *en baloncesto* dunk **II** *v/i* **1** (*insistir*) go on (*con* about) **2** *en baloncesto* dunk

machacón *adj* insistent

machaconería *f* insistence

machamartillo: *a ~* firmly

machaque *m en baloncesto* dunk

machetazo *m* blow with a machete

machete *m* machete

machihembrado *m* TÉC tongue and groove

machihembrar ⟨1a⟩ *v/t* TÉC tongue- -and-groove

machismo *m* male chauvinism, machismo

machista I *adj* sexist **II** *m* sexist, male chauvinist

macho I *adj* **1** (*de sexo masculino*) male **2** (*varonil*) tough **3** *desp* macho **II** *m* **1** *animal* male **2** *apelativo* F man F, *Br* mate F **3** *L.Am.* (*plátano*) banana

machota *f desp* F butch woman F

machote F **I** *adj* macho **II** *m* tough guy

macilento *adj* haggard, gaunt

macillo *m* hammer

macis *f inv* mace

macizo I *adj madera, oro* solid; (*grande*) massive; **estar ~** F *hombre, mujer* be dishy F **II** *m* GEOG massif
◇ **Macizo de Brasil** Brazilian Highlands *pl*; **Macizo de las Guayanas** Guiana Highlands *pl*; **macizo de flores** flower bed

macro *m* INFOR macro

macrobiótico *adj* macrobiotic

macroeconomía *f* macroeconomics *sg*

macroeconómico *adj* macroeconomic

mácula *f* blemish; **sin ~** unblemished

macuto *m* backpack

Madagascar *m* Madagascar

madalena *f* cupcake

madeja *f de lana, hilo* hank

madera *f* wood; **tener ~ de** *fig* have the makings of; **tocar ~** knock on wood, *Br* touch wood; **¡toca ~!** knock on wood, *Br* touch wood

maderaje, maderamen *m* lumber, timber

maderería *f* timber merchant

maderero I *adj* timber *atr* **II** *m*, **-a** *f* timber merchant

madero *m* P *fig* cop P

madrastra *f* step-mother

madraza *f* doting mother

madre I *f* mother; **dar en la ~ a alguien** *Méx* F hit s.o. where it hurts; **sacar a alguien de ~** F insult s.o. (*by saying rude things about his / her mother*); **salirse de ~** *de un río* burst its banks; *fig* F get out of hand; **esa es la ~ del cordero** that's the trouble, that's the problem; **de puta ~** V fucking fantastic V; **¡~ mía!** good heavens!; **¡me vale ~!** *Méx*

V I don't give a fuck! V
II *adj Méx, C.Am.* F great F, fantastic F
◇ **madre alquilada, madre de alquiler** surrogate mother; **madre patria** *L.Am.* Spain, mother country; **madre política** mother-in-law; **madre soltera** single mother

madreperla *f* mother-of-pearl

madreselva *f* BOT honeysuckle

Madrid *m* Madrid

madriguera *f* **1** (*agujero*) burrow **2** (*guarida*) *tb fig* den

madrileño I *adj* of / from Madrid, Madrid *atr* **II** *m*, **-a** *f* native of Madrid

madrina *f* godmother

madrugada *f* **1** *por la noche* early morning; **a las dos de la ~** at two in the morning; **de ~** in the small hours **2** (*amanecer*) dawn

madrugador I *adj:* **ser ~** be an early riser **II** *m*, **~a** *f* early riser

madrugar ⟨1h⟩ *v/i* **1** *L.Am.* (*quedarse despierto*) stay up till the small hours **2** (*levantarse temprano*) get up early; **a quien madruga, Dios le ayuda** the early bird catches the worm; **madrugarse** *v/r L.Am.* **~ a alguien** get in ahead of s.o.

maduración *f* **1** *de persona* maturing **2** *de fruta* ripening

madurar ⟨1a⟩ **I** *v/t fig: idea* think through **II** *v/i* **1** *de persona* mature **2** *de fruta* ripen

madurez *f* **1** *mental* maturity **2** *edad* middle age **3** *de fruta* ripeness

maduro *adj* **1** *mentalmente* mature **2** *de edad* middle-aged **3** *fruta* ripe

maestra *f* teacher; **~ de preescolar** kindergarten teacher

maestre *m* **1** MAR mate **2**: **gran ~** Grand Master

maestría *f* **1** mastery; **con ~** skillfully, *Br* skilfully **2** *Méx* EDU master's (degree)

maestro I *adj* master *atr* **II** *m* **1** EDU teacher; **~ de preescolar** kindergarten teacher **2** *en oficio* master **3** MÚS maestro
◇ **maestro de ceremonias** master of ceremonies, emcee F
◇ **maestro de obras** foreman

mafia *f* mafia

mafioso I *adj* mafia *atr* **II** *m de la Mafia* mafioso; (*gángster*) gangster

magazine *m* magazine

magdalena *f* cupcake; **llorar como una ~** *fig* F cry one's eyes out

magenta *m* MIN magenta

magia *f tb fig* magic
◇ **magia negra** black magic

mágico *adj* **1** *truco, varita* magic **2** *lugar, momento* magical

magisterio *m* teaching profession

magistrado *m*, **-a** *f* judge

magistral *adj* masterly

magistratura *f* magistracy

magma *m* GEOL magma

magnanimidad *f* magnanimity

magnánimo *adj* magnanimous

magnate *m* magnate, tycoon

magnesia *f* magnesia

magnesio *m* QUÍM magnesium

magnético *adj* magnetic

magnetismo *m* magnetism

magnetizar ⟨1f⟩ *v/t* **1** magnetize **2** *fig* (*fascinar*) mesmerize

magneto *m* AUTO magneto

magnetofón, magnetófono *m* tape recorder

magnetoscopio *m* VCR, video (cassette recorder)

magnicidio *m* assassination

magnificar ⟨1g⟩ *v/t fig* praise, extol

magnificencia *f* magnificence

magnífico *adj* wonderful, magnificent

magnitud *f* magnitude; **de primera ~** *fig* full-scale, of the first magnitude

magno *adj fig* great

magnolia *f* BOT magnolia

mago I *m* magician; (*brujo*) wizard; *fig* magician, wizard **II** *adj*: **los Reyes Magos** the Three Wise Men, the Three Kings

magrear ⟨1a⟩ *v/t* F feel up F

Magreb *m* Maghreb

magrebí *adj* of / from the Maghreb, Maghreb *atr*

magreo *m* F feel-up F

magro *adj* **I** *carne* lean **II** *m* loin

magulladura *f* bruise

magullar ⟨1a⟩ *v/t* bruise

magullón *m* *L.Am.* bruise

maharajá *m* maharaja

mahometano I *adj* Muslim, Moslem **II** *m*, **-a** *f* Muslim, Moslem

mahonesa *f* mayonnaise

mailing *m* mass mailing, mailshot

maillot *m* DEP jersey

maître *m* maitre d'

maíz *m* corn, *Br* maize

maizal *m* cornfield, *Br* field of maize

majada *f* *CSur* flock of sheep

majaderear ⟨1a⟩ *L.Am.* F **I** *v/t* bug F **II** *v/i* keep going on F

majadería *f*: **decir / hacer una ~** say / do sth stupid

majadero F I *adj* idiotic, stupid **II** *m*, **-a** *f* idiot

majar ⟨1a⟩ *v/t* crush

majareta *adj* F nutty F, screwy F

maje *adj* *Méx* F silly

majestad *f* majesty

majestuosidad *f* majesty

majestuoso *adj* majestic

majeza *f* **1** (*simpatía*) charm, pleasant character **2** (*belleza*) beauty

majo I *adj* F nice; (*bonito*) pretty **II** *m*, **-a** *f*: **¿qué tal estás, ~?** how are you (buddy, *Br* mate)?; **¿qué quieres, maja?** what can I do for you (honey, *Br* love)?

majorero *adj* of / from Fuerteventura, Fuerteventura *atr*

majuelo *m* BOT hawthorn

mal I *adj* ☞ **malo**
II *adv* badly; **~ que bien** one way or the other; **¡no está ~!** it isn't bad!; **¡menos ~!** thank goodness!; **no hay ~ que por bien no venga** every cloud has a silver lining; **hacer ~ en hacer algo** be wrong to do sth; **ir de ~ en peor** go from bad to worse; **estar a ~ con alguien** be on bad terms with s.o.; **hablar ~ de alguien** speak ill of s.o.; **poner ~ a alguien** criticize s.o.; **ponerse a ~ con alguien** fall out with s.o.; **tomarse algo a ~** take sth badly; **ponerse ~** get sick
III *m* MED illness; **el ~ menor** the lesser of two evils
◇ **mal de altura** altitude sickness; **mal de amores** lovesickness; **mal de mar** seasickness; **mal de ojo** evil eye

malabar *m/adj*: (*juegos*) **~es** *pl* juggling *sg*

malabarismo *m* juggling; **hacer ~s** juggle; **hacer ~s con algo** juggle sth

malabarista *m/f* juggler

malaconsejado *adj* ill-advised

malacostumbrado *adj* (*mimado*) spoiled, pampered; **está muy ~** (*tiene malos hábitos*) he has some very bad habits

malacrianza *f* *L.Am.* rudeness

malagueño *adj* of / from Malaga, Ma-

laga *atr*
malandanza *f* misfortune
malaria *f* MED malaria
Malasia *f* Malaysia
malasio I *adj* Malaysian **II** *m*, **-a** *f* Malaysian
malasombra I *adj* tiresome **II** *m/f* nuisance
malaventura *f* misfortune
malaventurado *adj* unfortunate
malayo I *adj* Malay **II** *m*, **-a** *f* Malay **III** *m idioma* Malay
malbaratar ⟨1a⟩ *v/t* sell at a loss
malcarado *adj* ugly
malcasado *adj* unhappily married
malcomer ⟨2a⟩ *v/i* eat badly
malcontento *adj* discontented
malcriadez *f L.Am.* bad upbringing
malcriado *adj* spoilt
malcrianza *f L.Am.* rudeness
malcriar ⟨1c⟩ *v/t* spoil
maldad *f* evil; **es una ~ hacer eso** it's a wicked thing to do
maldecir ⟨3p⟩ *v/i* curse; **~ de alguien** speak ill of s.o. **II** *v/t* curse
maldiciente I *adj* slanderous **II** *m/f* slanderer
maldición *f* curse
maldispuesto *adj* ill-disposed
maldito *adj* F damn F; **¡-a sea!** (god-)damn it!
maleable *adj* malleable
maleante *m/f* & *adj* criminal
malear ⟨1a⟩ *v/t* corrupt; **malearse** *v/r* go bad
malecón *m* **1** (*rompeolas*) breakwater **2** *C.Am., Cuba: área* seafront
maledicencia *f* slander
maleducado *adj* rude, bad-mannered
maleducar ⟨1g⟩ *v/t* spoil
maleficio *m* curse
maléfico *adj* evil
malentender ⟨2a⟩ *v/t* misunderstand
malentendido *m* misunderstanding
malestar *m* **1** MED discomfort **2** *entre grupo de personas* malaise **3** *social* unrest
maleta I *f* **1** bag, suitcase; **hacer la ~** pack one's bags **2** *L.Am.* AUTO trunk, *Br* boot **II** *m/f* F DEP: **era un ~** he was hopeless
maletera *f Andes* trunk, *Br* boot
maletero *m* trunk, *Br* boot
maletilla *m* TAUR would-be bullfighter

maletín *m* briefcase
malevolencia *f* malevolence
malévolo *adj* malevolent
maleza *f* undergrowth
malformación *f* MED malformation
malgache *m/f* & *adj* Madagascan, Malagasy
malgastar ⟨1a⟩ *v/t* waste
malgenioso *adj Méx* bad-tempered
malhablado *adj* foul-mouthed
malhadado *adj lit* ill-fated
malhechor *m*, **~a** *f* criminal
malherir ⟨3i⟩ *v/t* hurt badly
malhumorado *adj* bad-tempered
malicia *f* **1** (*mala intención*) malice; **no tener ~** F be very naive **2** (*astucia*) cunning, slyness
maliciar ⟨1b⟩ *v/t* suspect; **maliciarse** *v/r* suspect
malicioso *adj* **1** (*malintencionado*) malicious **2** (*astuto*) cunning, sly
malignidad *f* **1** (*maldad*) harmfulness **2** MED malignancy
maligno *adj* **1** (*malicioso*) harmful **2** MED malignant
malinchismo *m Méx* treason
malintencionado *adj* malicious
malinterpretar ⟨1a⟩ *v/t* misinterpret
malísimo *adj sup* (*malo*) very bad
malla *f* **1** *de metal, plástico* mesh **2** *Rpl* (*bañador*) swimsuit **3**: **~s** *pl* pantyhose, *Br* tights
◇ **malla metálica** *de armadura* chain mail
Mallorca *f* Majorca
mallorquín I *adj* Majorcan **II** *m*, **-quina** *f* Majorcan **III** *m idioma* Majorcan
malmandado *adj* disobedient
malnacido I *adj* swinish **II** *m*, **-a** *f* swine
malnutrición *f* malnutrition
malnutrido *adj* malnourished
malo I *adj* **1** bad **2** *calidad* poor **3** (*enfermo*) sick, ill; **ponerse ~** get sick, fall ill **4**: **por las buenas o por las -as** whether he / she *etc* likes it or not; **estar de -as** be in a bad mood; **por las -as** by force; **andar a -as con alguien** be on bad terms with s.o.; **lo ~ es que** unfortunately **II** *m hum* bad guy, baddy
malogrado *adj* **1** *muerto* dead before one's time; *plan* failed **2** *Andes* broken-down
malograr ⟨1a⟩ *v/t* **1** *tiempo* waste **2** *tra-*

bajo spoil, ruin; **malograrse** *v/r* **1** fail **2** *de plan* come to nothing **3** *fallecer* die before one's time, die young **4** *S.Am.* (*descomponerse*) break down; (*funcionar mal*) go wrong

maloliente *adj* stinking

malparado *adj*: **quedar** *o* **salir ~ de algo** come out badly from sth

malparido P ☞ **malnacido**

malpensado *adj*: **ser ~** have a nasty mind

malquerencia *f* dislike

malquerer ⟨2u⟩ *v/t* dislike

malquistarse ⟨1a⟩ *v/r* fall out (**con** with)

malsano *adj* unhealthy

malsonante *adj* rude

malta *f* malt

Malta *f* Malta

maltear ⟨1a⟩ *v/t* malt

maltés I *adj* Maltese **II** *m*, **-esa** *f* Maltese **III** *m idioma* Maltese

maltosa *f* maltose

maltratamiento *m* ill-treatment, abuse

maltratar ⟨1a⟩ *v/t* ill-treat, mistreat

maltrato *m* ill-treatment, mistreatment

maltrecho *adj cosa* damaged; **dejar ~** *persona, salud* weaken, damage; **quedar ~** *de persona, salud* be weakened, be damaged

malva I *adj* mauve **II** *f* BOT mallow; **estar criando ~s** *fig* F be pushing up daisies; **ser (como) una ~** *fig* be as gentle as a lamb

malvado I *adj* evil **II** *m*, **-a** *f* evil man; *mujer* evil woman

malvasía *f uva* malvasia

malvavisco *m* BOT marshmallow

malvender ⟨2a⟩ *v/t*: **~ algo** sell sth off cheap

malversación *f*: **~ de fondos** embezzlement

malversar ⟨1a⟩ *v/t* embezzle

Malvinas: **las ~** the Falklands, the Falkland Islands

malvivir ⟨3a⟩ *v/i* scrape by

mama *f* breast

mamá *f* mom, *Br* mum

◇ **mamá grande** *Méx* F grandma

mamada *f* **1** F *de leche materna* feed **2** *S.Am.* (*embriaguez*) binge **3**: **decir ~s** *Méx* F talk garbage F

mamadera *f L.Am.* feeding bottle

mamar ⟨1a⟩ *v/i* suck; **dar de ~ a** (breast-)feed; **mamarse** *v/r* F get drunk, get sloshed F

mamario *adj* mammary; **glándula -a** mammary gland

mamarrachada *f* F mess

mamarracho *m*, **-a** *f*: **vas hecho un ~** F *persona* you look a mess F; **ser un ~** / **una -a** (*chapuza*) look a mess; (*extravagancia*) look ridiculous

mameluco *m L.Am. para niño* rompers *pl*; *para obrero* coveralls *pl*, *Br* overalls *pl*

mamífero *m* mammal

mamila *f Méx* feeding bottle

mamografía *f* MED mammography

mamón I *adj Méx* P cocky F **II** *m* P bastard P

mamona *f* P bitch P

mamotreto *m* F *libro* hefty tome

mampara *f* screen

mamparo *m* MAR bulkhead

mamporro *m* F punch; **darse un ~ contra algo** wallop o.s. against sth

mampostería *f* masonry

mamut *m* ZO mammoth

maná *m fig* manna

manada *f de elefantes, ciervos* herd; *de lobos* pack; *fig: de gente* herd

manantial *m* **1** spring **2** *fig* (*origen*) source

manar ⟨1a⟩ *v/i de líquidos, ideas* flow

manatí *m* ZO manatee

manazas *m/f inv*: **ser un ~** F be ham-handed F, *Br* be ham-fisted

mancebo *m* youth

mancera *f* AGR plow handle, *Br* plough handle

mancha *f* **1** *de suciedad* (dirty) mark; *de grasa, sangre etc* stain **2** *fig: en reputación* blot; **sin ~s** spotless

Mancha: **Canal de la ~** English Channel; **la ~** La Mancha

manchado *adj* stained

manchar ⟨1a⟩ *v/t* get dirty; *de grasa, sangre etc* stain; **mancharse** *v/r* get dirty

manchego I *adj* of / from La Mancha, La Mancha *atr* **II** *m*: (**queso**) **~** Manchego cheese

mancilla *f* blemish; **sin ~** immaculate, unblemished

mancillar ⟨1a⟩ *v/t fig* sully

manco *adj de mano* one-handed; *de brazo* one-armed; **no ser** *o* **quedarse**

~ *fig* F be pretty useful

mancomunar ⟨1a⟩ *v/t* combine; **mancomunarse** *v/r* join together

mancomunidad *f* association; **la Mancomunidad Británica** the (British) Commonwealth

mancornas *fpl Pe, Bol* cufflinks

mancuernas *fpl* **1** *C.Am.* cufflinks **2** DEP weights, dumbbells

mandadero *m Rpl* errand boy

mandado I *m* **1** (*recado*) errand **2** *Méx, C.Am.* **los ~s** *pl* the shopping *sg* **II** *m,* **-a** *f* subordinate **II** *Méx* F: **es muy~** he's always taking advantage!; **¡no sea ~, quieto con las manos!** you're going too far, keep your hands to yourself!

mandamás *m/f inv* F big shot F

mandamiento *m* **1** (*orden*) order **2** JUR warrant **3** REL commandment; **los Diez Mandamientos** the Ten Commandments

mandanga *f.* **~s** *pl* garbage *sg* F, *Br* rubbish *sg* F; **tener ~** F be very laidback; **tiene una ~ que no veas** F he's so amazingly laidback, he's Mr. Cool F

mandar ⟨1a⟩ **I** *v/t* **1** (*ordenar*) order; **a mí no me manda nadie** nobody tells me what to do; **~ hacer algo** have sth done **2** (*enviar*) send **II** *v/i* **1** be in charge **2**: **¿mande?** (*¿cómo?*) what did you say?, excuse me?; *Méx* can I help you?; *Méx* TELEC hallo?

mandarín *m* HIST mandarin

mandarina *f* mandarin (orange)

mandatario *m* leader; **primer ~** *Méx* President

mandato *m* **1** (*orden*) order **2** POL mandate

mandíbula *f* ANAT jaw; **reírse a ~ batiente** laugh one's head off F

mandil *m* leather apron

mandioca *f* cassava

mando *m* command; **alto ~** high command; **~ a distancia** TV remote control; **cuadro de ~s** AVIA instrument panel; **tablero de ~s** AUTO dashboard; **estar al ~ de** be in charge of

mandolina *f* MÚS mandolin

mandón I *adj* bossy **II** *m,* **-ona** *f* bossy person

mandrágora *f* BOT mandrake

mandril *m* **1** ZO mandrill **2** TÉC mandrel

manduca *f* F food, grub F

manducar F ⟨1g⟩ **I** *v/t* scoff F **II** *v/i* stuff

o.s. F

manecilla *f de reloj* hand

manejabilidad *f* maneuverability, *Br* manoeuvrability

manejable *adj* **1** *objeto* easy to handle **2** *automóvil* maneuverable, *Br* manoeuvrable

manejar ⟨1a⟩ **I** *v/t* **1** handle **2** *máquina* operate **3** *negocio* manage, run **4** *L.Am.* AUTO drive **II** *v/i L.Am.* AUTO drive; **manejarse** *v/r* **1** manage, get by; **manejárselas** F manage, get by F **2** (*comportarse*) behave

manejo *m* **1** *de situación* handling **2** *de una máquina* operation; **de fácil ~** easy to use **3** *de un negocio* management, running **4**: **~s** *pl* scheming *sg,* machinations

manera *f* way; **esa es su ~ de ser** that's the way he is; **~s** *pl* manners; **lo hace a su ~** he does it his way; **a ~ de** like; **un cuadro a la ~ de los cubistas** a Cubist-style picture; **no hay ~ de** it is impossible to; **de mala ~** *tratar* badly; *responder* rudely; **de ~ que** so (that); **de ninguna ~** certainly not; **en gran ~** greatly; **sobre ~** exceedingly; **de todas ~s** anyway, in any case; **de alguna ~** somehow; **de cualquier ~** anyway, anyhow; **de la misma ~ que** in the same way that; **de otra ~** if not; **de tal ~ que** in such a way that, so that

manga *f* **1** *de camisa* sleeve; **sin ~s** sleeveless; **de ~ corta / larga** short-sleeved / long-sleeved; **en ~s de camisa** in shirtsleeves; **traer algo en la ~** F have sth up one's sleeve; **sacarse algo de la ~** *fig* make sth up; **sacarse un as de la ~** *fig* pull a rabbit out of the hat; **tener** *o* **ser de ~ ancha** *fig* be (too) lenient **2** TÉC hose

◇ **manga de agua** heavy shower; **manga pastelera** GASTR pastry bag; **manga de riego** hosepipe; **manga de viento** windsock

manganeso *m* manganese

mangante *m/f* P thief

mangar ⟨1h⟩ *v/t* P swipe F, *Br tb* pinch F

manglar *m* BOT mangrove swamp

mangle *m* BOT mangrove

mango *m* **1** *de instrumento, utensilio etc* handle **2** BOT mango **3** *CSur* F (*dinero*) dough F, cash; **estoy sin un ~** *CSur* F I'm broke F, I don't have a bean F **4**

mano

L.Am. F *tío bueno* good-looking guy F; *tía buena* good-looking girl *o* chick F

mangoneador F I *adj* 1 (*mandón*) bossy F 2 (*entrometido*) nosey F II *m*, ~a *f* 1 (*mandón*) bossy person F 2 (*entrometido*) nosey parker F

mangonear ⟨1a⟩ F I *v/i* 1 boss people around 2 (*entrometerse*) meddle II *v/t*: ~ **a alguien** boss s.o. around

mangoneo *m* 1 F bossiness F 2 F (*entrometimiento*) nosiness F

mangosta *f* ZO mongoose

manguera *f* hose(pipe)

mangui *m/f* P thief

manguito *m* TÉC sleeve; ~**s** *pl para nadar* waterwings, armbands

mani *f* P demo F

maní *m* S.Am. peanut

manía *f* 1 (*costumbre*) habit, mania; **tiene sus -s** she has her little ways 2 (*antipatía*) dislike; **tener ~ a alguien** F have it in for s.o. F 3 (*obsesión*) obsession ◇ **manía persecutoria** persecution complex

maniaco I *adj* maniacal II *m*, -a *f* maniac ◇ **maniaco sexual** sex maniac

maniacodepresivo *adj* MED manic-depressive

maniatar ⟨1a⟩ *v/t*: ~ **a alguien** *tb fig* tie s.o.'s hands

maniático I *adj* F fussy II *m*, -a *f* fusspot; **es un ~ de la limpieza** he has an obsession with cleaning, he's a cleaning freak F

manicomio *m* lunatic asylum

manicorto *adj* stingy

manicura *f* manicure; **hacerse la ~** have a manicure

manicuro *m*, -a *f* manicurist

manido *adj fig* clichéd, done to death F

manierismo *m* Mannerism

manierista I *adj* mannerist II *m/f* mannerist

manifestación *f* 1 *de gente* demonstration 2 (*muestra*) show 3 (*declaración*) statement

manifestante *m/f* demonstrator

manifestar ⟨1k⟩ *v/t* 1 (*demostrar*) show 2 (*declarar*) declare, state; **manifestarse** *v/r* 1 (*protestar*) demonstrate 2 (*aparecer*) become apparent

manifiesto I *adj* clear, manifest; **poner de ~** make clear II *m* manifesto

manigua *f Carib* thicket, bush

manija *f L.Am.* (*asa*) handle, crank

manilla *f* 1 *de reloj* hand 2 *de puerta* handle

manillar *m* handlebars *pl*

maniobra *f* maneuver, *Br* manoeuvre; ~**s** MIL maneuvers, *Br* manoeuvres; **hacer** ~**s** (*manejar*), *Br* manoeuvre

maniobrabilidad *f* maneuverability, *Br* manoeuvrability

maniobrable *adj* maneuverable, *Br* manoeuvrable

maniobrar ⟨1a⟩ *v/i* maneuver, *Br* manoeuvre

manipulable *adj* manipulable, manipulatable

manipulación *f* 1 *de información, persona* manipulation 2 (*manejo*) handling

manipular ⟨1a⟩ *v/t* 1 *información, persona* manipulate 2 (*manejar*) handle

maniquí I *m* dummy II *m/f* model

manirroto I *adj* extravagant II *m*, -a *f* spendthrift

manisero *m*, -a *f Carib, S.Am.* peanut seller

manitas I *m/f inv* F: **ser un** ~ be handy II *fpl*: **hacer** ~ make out F, neck F

manito *m Méx* pal, buddy

manivela *f* handle

manjar *m* delicacy

mano I *f* 1 ANAT hand; *de animal* paw; (*dispositivo*) ~**s libres** TELEC hands-free (kit); **¡~s arriba!** hands up!; **lo hicieron** ~ **a** ~ they did it between them; **un** ~ **a** ~ a contest; **de** ~ **en** ~ from hand to hand; **a cuatro** ~**s** MÚS for four hands; **a** ~ **derecha / izquierda** on the right / lefthand side; **a** ~**s llenas** *fig* generously; **con las** ~**s vacías** *fig* empty-handed; **ser** ~ **de santo** work wonders; **bajo** ~ on the quiet; **de segunda** ~ second-hand; **de primera** ~ first-hand; **ser la** ~ **derecha de alguien** *fig* be s.o.'s right hand; **tener mucha** ~ **izquierda** be very skillful *o Br* skilful; **atar las** ~**s a alguien** *fig* tie s.o.'s hands; **dejado de la** ~ **de Dios** *fig* godforsaken; **echar** ~ **a** F grab; **echar** ~ **de** *fig* use, make use of; **echar una** ~ **a alguien** give s.o. a hand; **estar a** ~**s** *L.Am.* F be even, be quits; **hecho a** ~ handmade; **llegar** *o* **venir a las** ~**s** come to blows; **pedir la** ~ **de alguien** ask for s.o.'s hand in marriage; **poner la**

~ en el fuego *fig* swear to it; **poner ~s a la obra** get down to work; **se le fue la ~ con** *fig* he overdid it with; **tender la ~ a alguien** *fig* hold out a helping hand to s.o.; **tener a ~** have to hand; **tener buena / mala ~ para (hacer) algo** be good / bad at (doing) sth; **con ~ dura** *o* **de hierro** with a firm hand *o* with an iron fist; **estar en buenas ~s** be in good hands; **lo dejo en sus ~s** I'll leave it in your hands; **traerse algo entre ~s** be plotting sth; **alzar** *o* **levantar la ~ contra** *o* **a alguien** raise one's hand to s.o.; **llevarse las ~s a la cabeza** *fig* throw up one's hands (in horror); **andar cogidos de la ~** walk hand in hand; **tomar a alguien de la ~** take s.o. by the hand, take s.o.'s hand; **meter ~ a alguien** F feel s.o. up F, grope s.o. F; **dar la última ~ a algo** finish sth off **II** *m Méx* F pal F, buddy F

◇ **mano de obra** labor, *Br* labour, manpower

◇ **mano de pintura** coat of paint

manojo *m* handful; **~ de llaves** bunch of keys; **~ de nervios** *fig* bundle of nerves

manómetro *m* pressure gauge, manometer

manopla *f* mitten

◇ **manopla de baño** washcloth, *Br* facecloth

manoseado *adj* **1** *libro* well-thumbed **2** *tema* well-worn, hackneyed

manosear ⟨1a⟩ *v/t* **1** *fruta* handle **2** *persona* F grope F

manotada *f* slap

manotazo *m* slap

manotear ⟨1a⟩ *Arg, Méx* **I** *v/t* grab **II** *v/i* wave one's hands around

mansalva *f:* **a ~** *gente* in vast numbers; *bebida, comida* in vast amounts

mansarda *f* attic

mansedumbre *f* **1** *de animal* docility **2** *de persona* mildness

mansión *f* mansion

manso **I** *adj* **1** *animal* docile **2** *persona* mild **II** *m* gentle-natured bull, ram etc that leads the herd, flock etc

manta **I** *f* blanket; **a ~** F in abundance; **tirar de la ~** *fig* uncover the truth; **liarse la ~ a la cabeza** *fig* F throw caution to the wind **II** *m/f:* **ser un ~** F *fig* be a lazy so-and-so F

◇ **manta eléctrica** electric blanket

manteca *f* **1** (*grasa*) fat **2** *Rpl* butter

◇ **manteca de cacao** cocoa butter

◇ **manteca de cerdo** lard

mantecado *m* GASTR *type of cupcake, traditionally eaten at Christmas*

mantecoso *adj* greasy

mantel *m* tablecloth; **~ individual** table mat

mantelería *f* table linen; **una ~** a set of table linen

mantención *f L.Am.* ☞ **manutención**

mantener ⟨2l⟩ *v/t* **1** (*sujetar*) hold; *techo etc* hold up **2** (*preservar*) keep **3** *conversación, relación* have **4** *económicamente* support **5** (*afirmar*) maintain; **mantenerse** *v/r* **1** (*sujetarse*) be held **2** *económicamente* support o.s. **3** *en forma* keep

mantenimiento *m* **1** *de edificio, paz* maintenance **2** *económico* support **3:** **gimnasia de ~** keep-fit

mantequera *f* churn

mantequería *f* dairy

mantequilla *f* butter

mantequillera *f L.Am.* butter dish

mantilla *f de mujer* mantilla; **estar en ~s** *fig* F be in its infancy

mantillo *m* humus

manto *m* **1** GEOL layer, stratum **2** (*capa*) cloak; **un ~ de nieve** a blanket of snow

mantón *m* shawl

mantuvo *vb* ☞ **mantener**

manual *m/adj* manual

manualidades *fpl* handicrafts

manubrio *m* **1** (*manija*) handle **2** *S.Am.* handlebars *pl*

manufactura *f* manufacture

manufacturar ⟨1a⟩ *v/t* manufacture

manumisión *f* HIST emancipation, manumission *fml*

manumitir ⟨3a⟩ *v/t fml* emancipate, manumit *fml*

manuscrito **I** *adj* handwritten **II** *m* manuscript

manutención *f* maintenance

manzana *f* **1** BOT apple; **~ asada** GASTR baked apple **2** *de casas* block

◇ **manzana de Adán** ANAT Adam's apple

◇ **manzana de la discordia** *fig* bone of contention

manzanilla *f* camomile tea

manzano *m* apple tree

maña *f* **1** (*habilidad*) skill; **darse** *o* **tener**

~ para be good at **2** *desp* (*astucia*) guile; **tiene muchas ~s** *L.Am.* she's got lots of tricks up her sleeve F

mañana I *f* morning; **por la ~** in the morning; **~ por la ~** tomorrow morning; **de la ~ a la noche** from morning until night; **de la noche a la ~** *fig* overnight; **esta ~** this morning; **muy de ~** very early (in the morning)

II *adv* tomorrow; **pasado ~** the day after tomorrow; **~ será otro día** tomorrow is another day; **no dejes para ~ lo que puedas hacer hoy** don't put off till tomorrow what you can do today

mañanero *adj* morning *atr*; **ser ~** be an early riser

mañanita *f* shawl

mañero *adj Rpl* (*animal: terco*) stubborn; (*nervioso*) skittish, nervous

maño F I *m*, **-a** *f* Aragonese **II** *adj* Aragonese

mañoso *adj* **1** (*habilidoso*) skillful, *Br* skilful **2** *desp* (*astuto*) crafty **3** *L.Am. animal* stubborn

mapa *m* map; **desaparecer del ~** F disappear off the face of the earth

◇ **mapa de carreteras** road map; **mapa mudo** skeleton map, outline map; **mapa del tiempo** weather map

mapache *m* raccoon

mapamundi *m* map of the world

maqueta *f* **1** *de edificio, barco* model **2** TIP dummy

maquetista *m/f* TIP compositor, page make-up artist

maquiavélico *adj tb fig* Machiavellian

maquillador *m*, **~a** *f* make-up artist

maquillaje *m* make-up

maquillar ⟨1a⟩ *v/t* make up; **maquillarse** *v/r* put on one's make-up

máquina *f* **1** machine **2** FERR locomotive; **a toda ~** at top speed **3** *C.Am., Carib* car **4**: **pasar algo a ~** type sth

◇ **máquina de afeitar** (electric) shaver; **máquina de coser** sewing machine; **máquina de escribir** portable typewriter; **máquina expendedora de bebidas / billetes / tabaco** drinks / ticket / cigarette machine; **máquina fotográfica, máquina de fotos** camera; **máquina herramienta** machine tool; **máquina recreativa** arcade game; **máquina de vapor** steam locomotive, *Br* steam engine

maquinaciones *fpl* scheming *sg*

maquinador I *adj* scheming **II** *m*, **~a** *f* schemer

maquinal *adj fig* mechanical

maquinar ⟨1a⟩ *v/t* plot

maquinaria *f* machinery

◇ **maquinilla de afeitar** *f* razor

◇ **maquinilla eléctrica** *f* electric razor

maquinista *m/f* FERR engineer, *Br* train driver

mar *m* (*also f*) GEOG sea; **los ~es del Sur** the South Seas; **alta ~** high seas *pl*; **sudaba a ~es** *fig* F the sweat was pouring off him F; **llover a ~es** *fig* F pour, bucket down F; **la ~ de bien** (*muy bien*) really well; **hacerse a la ~** put to sea

◇ **mar Bermejo** Gulf of California; **mar Caribe** Caribbean Sea; **mar de fondo** ground swell; **mar interior** inland sea; **mar Muerto** Dead Sea; **mar Negro** Black Sea; **mar del Norte** North Sea; **mar Rojo** Red Sea

marabunta *f* F mob, gang; **~ turística** swarm of tourists

maraca *f* MÚS maraca

maracuyá *m* BOT passion fruit

marajá *m* maharaja

maraña *f* **1** *de hilos* tangle **2** (*lío*) jumble

marañero *m*, **-a** *f* troublemaker

marasmo *m fig* stagnation

maratón *m* (*also f*) marathon

maratoniano *adj* marathon *atr*

maravilla *f* **1** (*portento*) marvel, wonder; **de ~** marvelously, *Br* marvellously, wonderfully; **a las mil ~s** marvelously, wonderfully **2** BOT marigold

maravillar ⟨1a⟩ *v/t* amaze, astonish; **maravillarse** *v/r* be amazed *o* astonished (**de** at)

maravilloso *adj* marvelous, *Br* marvellous, wonderful

marbellí *adj* of / from Marbella, Marbella *atr*

marca *f* **1** (*señal*) mark **2** MED scar, mark **3** COM brand; **de ~** brand-name *atr* **4** DEP score; **batir** *o* **superar una ~** break a record; **mejor ~ personal** personal best; **sus 9,93 segundos son la segunda mejor ~** his 9.93 seconds is the second best time; **de ~ mayor** *fig* tremendous

◇ **marca de calidad** top brand; **marca de fábrica** trademark; **marca de fuego** *en res* brand; **marca registrada** registered trademark

marcación *f* MAR bearing

marcado *adj* marked

marcador *m* **1** DEP scoreboard **2** (*rotulador*) marker pen

◇ **marcador fluorescente** highlighter

marcaje *m* DEP marking

marcapasos *m inv* MED pacemaker

marcar ⟨1g⟩ *v/t* **1** mark **2** *número de teléfono* dial **3** *gol* score **4** *res* brand **5** *de termómetro, contador etc* read, register **6** *naipes* mark **7** *fig: persona* affect **8** *en fútbol etc* mark; **marcarse** *v/r:* ~ *unos pasos de baile* have a dance

marcha *f* **1** (*salida*) departure **2** (*velocidad*) speed; *a toda* ~ at top speed; *a* ~*s forzadas fig* flat out **3** (*avance*) progress; *hacer algo sobre la* ~ do sth as one goes along **4** MIL march **5** DEP walk; ~ *a pie en manifestación* march **6** AUTO gear **7** *de máquina* running; *estar en* ~ (*estar en funcionamiento*) be working, be running; *de coche* be moving; *bajarse del tren en* ~ get off the train while it is moving; *poner en* ~ set in motion; *ponerse en* ~ get started, get going **8** MÚS march **9** *Esp: tener mucha* ~ F be very lively; *aquí hay mucha* ~ F this place is cool F; *ir de* ~ F go out partying F

◇ **marcha atrás** AUTO reverse (gear); *dar* ~ go into reverse; *fig* backpedal

◇ **marcha fúnebre** MÚS dead march

marchador *m,* ~*a f* walker

marchamo *m* **1** *en aduana* label **2** *fig* stamp

marchante *m/f L.Am. cliente* regular customer

marchantería *f* merchandise

marchar ⟨1a⟩ *v/i* **1** (*progresar*) go **2** (*funcionar*) work **3** (*caminar*) walk **4** MIL march; **marcharse** *v/r* leave, go

marchitamiento *m* withering

marchitarse ⟨1a⟩ *v/r* wilt

marchito *adj* **1** *flor* withered **2** *juventud, lozanía* faded

marchoso *adj* F lively

marcial *adj* martial; *artes* ~*es* martial arts

marciano *m/adj* Martian

marco *m* **1** *moneda* mark **2** *de cuadro, puerta* frame **3** *fig* framework

marea *f* tide; *fig: de gente* sea

◇ **marea alta** high tide; **marea baja** low tide; **marea negra** oil slick; **marea viva** spring tide

mareado *adj: estoy* ~ I feel nauseous, *Br* I feel sick; *sin equilibrio* I feel dizzy

marear ⟨1a⟩ **I** *v/t* **1** make feel nauseous, *Br* make feel sick **2** *fig* (*confundir*) confuse **II** *v/i* navigate; **marearse** *v/r* feel nauseous, *Br* feel sick; *me mareo en barco, avión etc* I get nauseous; *sin equilibrio* I get dizzy

marejada *f* heavy sea

marejadilla *f* slight swell

maremagno, maremágnum *m* mountain

maremoto *m* tidal wave

marengo *adj: gris* ~ dark gray, *Br* dark grey

mareo *m* **1** *por movimiento del barco* seasickness **2** F (*fastidio*) pain F

marfil *m* ivory; (*de color*) ~ ivory *atr*

marfileño *adj* ivory *atr*

margarina *f* margarine

margarita *f* **1** BOT daisy; *estar criando* ~*s* F be pushing up daisies F; *deshojar la* ~ *fig* play 'she loves me, she loves me not'; *echar* ~*s a los puercos* cast pearls before swine **2** TÉC daisy wheel

margen *m tb fig* margin; *al* ~ *de eso* apart from that; *mantenerse al* ~ keep out

◇ **margen de beneficios** profit margin; **margen comercial** margin; **margen de error** margin of error

margen *f de río* bank

marginación *f* marginalization

marginado I *adj* marginalized **II** *m,* -a *f* social outcast; ~*s sociales* social outcasts, people on the fringes of society

marginal *adj* marginal; *nota* ~ note in the margin

marginar ⟨1a⟩ *v/t* marginalize

maría *f* **1** ☞ **maruja 2** (*marihuana*) grass F, marijuana **3** *asignatura* easy option F

mariachi I *m* mariachi band **II** *m/f* mariachi player

mariano *adj* REL Marian

marica *m* F fag P, *Br* poof P

Maricastaña: *en tiempos de* ~ F in the stone age F

maricón *m* P fag P, *Br* poof P

mariconada f P dirty trick F
maridaje m fig (good) combination
marido m husband
mariguana f Méx marijuana
marihuana f marijuana
marimacho m 1 F (machota) butch woman 2 P (lesbiana) dyke P
marimandón m, **-ona** f F domineering person, bossy-boots sg F
marimba f MÚS marimba
marimorena f F row F, fuss F; **armar la ~** kick up a row F, kick up a fuss F
marina f navy
◇ **marina mercante** merchant marine, Br merchant navy
marinada f GASTR marinade
marinar ⟨1a⟩ v/t GASTR marinade
marinería f 1 profesión sailing 2 (conjunto de marineros) sailors pl; (tripulación) crew
marinero I adj sea atr II m sailor
marino I adj brisa sea atr; planta, animal marine; **azul ~** navy blue II m sailor
marioneta f tb fig puppet
marionetista m/f puppeteer
mariposa f butterfly; (estilo) **~** DEP butterfly; **a otra cosa, ~** F let's move on
mariposear ⟨1a⟩ v/i flutter around; fig flit from one subject / job etc to another
mariposón m 1 F (afeminado) fairy F 2 (ligón) flirt
mariquita f I ladybug, Br ladybird II F m fag P, Br poof P
marisabidilla f F know-it-all, Br know-all
mariscada f GASTR seafood platter
mariscal m marshal
◇ **mariscal de campo** field marshal
marisco m, **mariscos** mpl L.Am. seafood sg
marisma f salt marsh
marisquería f seafood o shellfish restaurant / bar
marital adj marital; **hacer vida ~** live as husband and wife
marítimo adj maritime
marketing m marketing
marmita f pot, pan
mármol m marble
marmóreo adj marble atr
marmota f ZO marmot; **dormir como una ~** F sleep like a log
◇ **marmota de América** groundhog

maroma f rope; **hacer ~s** L.Am. tb fig walk a tightrope
maromo m F boyfriend, guy F
marqués m marquis
marquesa f marchioness
marquesina f marquee, Br canopy
marquetería f marquetry
marrana f sow
marranada f F dirty trick
marrano I adj filthy II m 1 hog, Br pig 2 F persona pig F
marrar ⟨1a⟩ v/t tiro, golpe miss
marras adv: **el computador de ~** the darned computer
marrón m/adj brown; **comerse un ~** F own up; **meterse en un ~** F get in a fix F
marroquí m/f & adj Moroccan
marroquinería f leather goods pl
Marruecos m Morocco
marrullería f dirty trick
marrullero I adj underhand(ed) II m cheat
Marsella f Marseilles
marsopa f ZO porpoise
marsupiales mpl ZO marsupials
marta f ZO marten
Marte m AST Mars
martes m inv Tuesday
martillar ⟨1a⟩ v/t & vi hammer
martillazo m blow with a hammer, hammer blow
martillear ⟨1a⟩ v/t & v/i hammer
martilleo m hammering
martillero m S.Am. auctioneer
martillo m hammer
◇ **martillo neumático** pneumatic drill
martín m: **~ pescador** ZO kingfisher
martinete m 1 ZO heron 2 TÉC pile driver 3 MÚS hammer
martingala f F trick
mártir m/f tb fig martyr
martirio m tb fig martyrdom
martirizar ⟨1f⟩ v/t tb fig martyr
maruja f F housewife
marzo m March
mas conj but
más I adj more
II adv 1 comp more; **~ grande / peque-ño** bigger, larger / smaller; **~ importante** more important; **trabajar ~** work harder; **éste me gusta ~** I like this one better; **~ que, ~ de lo que** more than; **~ de** more than; **si quieres algo no tie-**

nes ~ *que pedirlo* if you want anything you only have to ask; *¿qué ~?* what else?; *me gustaría ~ ...* I would prefer ...; *~ lejos* further; *el que ~ y el que menos* some more than others
2 *sup* most; *el ~ grande / pequeño* the biggest *o* largest / smallest; *el ~ importante* the most important; *a lo ~* at most; *tiene tres coches, a cuál ~ caro* he has three cars, all (of them) equally expensive; *¡qué vestido ~ bonito!* what a pretty dress!; *lo ~ pronto posible* as soon as possible
3 MAT plus
III *m* MAT plus (sign); *tener sus ~ y sus menos* have its pros and cons
IV *en locuciones*: *~ o menos* more or less; *poco ~ o menos* roughly; *comimos a ~ y mejor* we ate a great deal; *~ y más* more and more; *ni ~ ni menos* neither more nor less; *no ~ L.Am.* ☞ *nomás*; *por ~ que* however much; *sin ~* without more ado; *tanto ~ cuanto que* particularly since; *~ bien* rather; *ir a ~* be on the up; *como el que ~* as *o* like anyone else; *estar de ~* be superfluous

masa *f* **1** (*volumen*) mass; *en ~* en masse **2** GASTR dough; *pillar a alguien con las manos en la ~* F catch s.o. red-handed **3**: *las ~s* (*el pueblo*) the masses
◇ *masa de bienes* assets *pl*
◇ *masa quebrada* puff pastry
masacrar ⟨1a⟩ *v/t* massacre
masacre *f* massacre
masaje *m* massage; *dar un ~ a alguien, dar ~s a alguien* give s.o. a massage
masajear ⟨1a⟩ *v/t* massage
masajista *m/f* *hombre* masseur; *mujer* masseuse
mascada *f Méx* scarf
mascar ⟨1g⟩ **I** *v/t* chew **II** *v/i L.Am.* chew tobacco
máscara *f* **1** (*careta*) mask; *quitarse la ~* *fig* show one's true colors *o Br* colours **2** *cosmetic* mascara
◇ *máscara antigás* gas mask
mascarada *f* masquerade
mascarilla *f* **1** (*antifaz*) mask **2** *cosmética* face pack
◇ *mascarón de proa* *m* MAR figurehead
mascota *f* **1** *de equipo, olimpiada* mas-

cot **2** *animal doméstico* pet
masculinidad *f* masculinity
masculino **I** *adj* masculine **II** *m* GRAM masculine
mascullar ⟨1a⟩ *v/t* mutter
masificación *f* overcrowding
masificarse ⟨1g⟩ *v/r* get overcrowded
masilla *f* putty
masita *f L.Am.* small sweet cake or bun
masivo *adj* massive
masoca *m/f* F masochist
masón *m* mason
masonería *f* masonry
masónico *adj* masonic
masoquismo *m* masochism
masoquista **I** *adj* masochistic **II** *m/f* masochist
máster *m* master's (degree)
masticación *f* chewing
masticar ⟨1g⟩ *v/t* chew
mástil *m* **1** MAR mast **2** *de tienda, bandera* pole
mastín *m* ZO mastiff
mastitis *f* MED mastitis
mastodonte *m* mastodon; *cosa* whopping great thing F; *fig* giant of a man / woman
mastodóntico *adj* colossal, enormous
mastuerzo *m* BOT cress
masturbación *f* masturbation
masturbarse ⟨1a⟩ *v/r* masturbate
mata *f* bush; *~ de pelo* mop of hair
matacaballo *adv* F: *a ~* at loggerheads
matachín *m* bully
matadero *m* slaughterhouse
matador **I** *adj* killing *atr* **II** *m* TAUR matador
matagigantes *m inv* *equipo* giant killers *pl*
matalahúga, matalahúva *f* anis, aniseed
matamoscas *m inv* fly swatter; *papel ~* flypaper
matanza *f de animales* slaughter; *de gente* slaughter, massacre
matar ⟨1a⟩ **I** *v/t* **1** *persona, tiempo* kill; *~ a tiros* shoot dead, shoot to death; *~las callando* F be a wolf in sheep's clothing **2** *ganado* slaughter **3** *hambre* satisfy; *sed* quench, slake **II** *v/i* kill; *no matarás* thou shalt not kill; *estar a ~ con alguien* be at daggers drawn with s.o.
matarse *v/r* **1** (*suicidarse*) kill o.s.; *~ a*

trabajar work o.s. to death **2** *morir* be killed

matarife *m* slaughterman

matarratas *m inv* rat poison

matasanos *m/f inv* F quack F

matasellar ⟨1a⟩ *v/t* frank, cancel

matasellos *m inv* postmark

matasuegras *m inv* party blower

mate I *adj* matt **II** *m* **1** *en ajedrez* mate **2** *L.Am.* (*infusión*) maté **3** *en baloncesto* dunk

matear ⟨1a⟩ **I** *v/t CSur* checkmate **II** *v/i L.Am.* drink maté

matemáticas *fpl* mathematics *sg*

matemático I *adj* mathematical **II** *m*, -a *f* mathematician

materia *f* **1** matter **2** (*material*) material **3** (*tema*) subject; ***entrar en ~*** get on to the subject; ***en ~ de*** as regards

◇ **materia gris** ANAT *tb fig* F grey matter

◇ **materia prima** raw material

material *m/adj* material

◇ **material didáctico** *en enseñanza* teaching materials *pl*

◇ **material escolar** (*artículos de papelería*) school supplies *pl*

materialismo *m* materialism

materialista I *adj* materialistic **II** *m/f* **1** materialist **2** *Méx* building contractor **III** *m Méx* builder's truck

materializar ⟨1f⟩ *v/t*: ***~ algo*** make sth a reality; **materializarse** *v/r* materialize

materialmente *adv* absolutely, completely; ***~ imposible*** absolutely *o* completely impossible

maternal *adj* maternal

maternidad *f* maternity, motherhood; ***casa de ~*** maternity hospital

materno *adj*: ***por parte -a*** on one's mother's side, maternal

matero *m*, -a *f L.Am.* maté drinker

matinal *adj* morning *atr*

matiz *m* **1** *de ironía* touch **2** *de color* shade

matizar ⟨1f⟩ *v/t comentarios* qualify

matón *m* **1** *de colegio* bully **2** (*criminal*) thug; ***~ a sueldo*** hired killer

matorral *m* thicket

matraca *f* rattle

matraz *m* flask

matriarcado *m* matriarchy

matricida *m/f* matricide

matricidio *m* matricide

matrícula *f* **1** AUTO license plate, *Br* numberplate **2** EDU enrollment, *Br* enrolment, registration

matriculación *f* AUTO registration

matricular ⟨1a⟩ *v/t* AUTO, EDU register; **matricularse** *v/r* EDU enroll, register

matrimonial *adj* marriage *atr*, marital

matrimonio *m* **1** (*unión conyugal*) marriage; ***pedir a alguien en ~*** ask for s.o.'s hand in marriage **2** *boda* wedding

◇ **matrimonio civil** civil wedding *o* ceremony

◇ **matrimonio religioso** church wedding

matriz *f* **1** MAT, TÉC, GEOL matrix **2** ANAT womb

matrona *f* (*comadrona*) midwife

matute *m* smuggling; ***de ~*** (*de contrabando*) smuggled; *fig* (*de manera clandestina*) clandestinely; ***colar de ~*** smuggle

matutero *m* smuggler

matutino *adj* morning *atr*; ***periódico ~*** morning paper

maula *m/f* annoying person

maullar ⟨1a⟩ *v/i* miaow

maullido *m* miaow

Mauritania *f* Mauritania

mauritano I *adj* Mauritanian **II** *m*, -a *f* Mauritanian

mausoleo *m* mausoleum

maxilar ANAT **I** *adj* maxillary **II** *m* jaw (-bone); ***~ superior / inferior*** upper / lower jaw

máxima *f* **1** (*dicho*) maxim **2** *temperatura* maximum

máxime *adv* especially

maximizar ⟨1f⟩ *v/t* maximize

máximo *adj* maximum

máximum *m* maximum

maya *m/f & adj* Mayan

mayar ⟨1a⟩ *v/i* miaow

mayate *m Méx* F *desp* fag F, *Br* poof F

mayestático *adj* majestic

mayo *m* May

mayólica *f* majolica

mayonesa *f* GASTR mayonnaise

mayor I *adj* **1** *comp*: *en tamaño* larger, bigger; *en edad* older; *en importancia* greater; ***~ que*** greater than, larger than; ***ser ~ de edad*** be an adult; ***ser (muy) ~*** be (very) elderly; ***~ que*** older than **2** *sup*: *el ~ en edad* the oldest *o* eldest; *en tamaño* the largest *o* biggest; *en im-*

portancia the greatest; *los ~es* the adults; *la ~ parte* the majority
3 MÚS *tono*, *modo* major; *do ~* MÚS C major
4 COM: *al por ~* wholesale
II *m* MIL major
III: *ir o pasar a ~es* get serious

mayoral *m* **1** (*capataz*) foreman **2** AGR farm manager

mayordomo *m* butler

mayoreo *m*: *vender al ~* Méx sell wholesale

mayoría *f* majority; *~ de votos* majority of votes; *alcanzar la ~ de edad* come of age; *la ~ de* the majority of, most (of); *en la ~ de los casos* in the majority of cases, in most cases; *la ~ de las veces* most of the time

◇ **mayoría absoluta** absolute majority

◇ **mayoría relativa, mayoría simple** simple majority

mayorista I *adj* wholesale **II** *m/f* wholesaler

mayoritariamente *adv* mostly

mayoritario *adj* majority *atr*

mayormente *adv* mainly

mayúscula *f* capital (letter), upper case letter

mayúsculo *adj* capital, uppercase

maza *f* mace

mazacote *m* F stodgy mass F

mazamorra *f* S.Am. kind of porridge *made from corn*

mazapán *m* marzipan

mazazo *m fig* blow

mazmorra *f* dungeon

mazo *m* mallet

mazorca *f* cob

me *pron pers* **I** *complemento directo* me **II** *complemento indirecto* (to) me; *~ dio el libro* he gave me the book, he gave the book to me **III** *reflexivo* myself

meada *f* P pee F; *echar una ~* P have a pee F

meadero *m* P john F, *Br* loo F

meandro *m* meander

mear ⟨1a⟩ F *v/i* pee F; *mearse* *v/r* pee o.s. F; *~ de risa* wet o.s. laughing F

meato *m* ANAT meatus

meca *f fig* mecca

Meca: La ~ Mecca

¡mecachis! *int* F blast! F

mecánica *f* mechanics *sg*

◇ **mecánica cuántica** quantum mechanics *sg*

◇ **mecánica de precisión** precision engineering

mecánico I *adj* mechanical **II** *m*, **-a** *f* mechanic

◇ **mecánico de automóviles** garage mechanic, auto mechanic

◇ **mecánico dentista** dental technician

mecanismo *m* mechanism

mecanización *f* mechanization

mecanizar ⟨1f⟩ *v/t* mechanize

mecanografía *f* typing

mecanografiar ⟨1c⟩ *v/t* type

mecanógrafo *m*, **-a** *f* typist

mecate *m* Méx string, cord

mecedora *f* rocking chair

mecenas *m inv* patron, sponsor

mecer ⟨2b⟩ *v/t* rock; **mecerse** *v/r* rock

mecha *f* **1** *de vela* wick **2** *de explosivo* fuse **3** *del pelo* highlight; *hacerse ~s* have highlights put in **4** Méx F fear **5**: *a toda ~* like greased lightning; *aguantar ~* F put up with it

mechero *m* cigarette lighter

mechón *m de pelo* lock

medalla *f* medal; *~ de oro / plata / bronce* gold / silver / bronze medal

medallero *m* medal table

medallista *m/f* medalist, *Br* medallist

medallón *m* medallion

médano *m* dune

media *f* **1** *hasta el muslo* stocking; *~s pl* pantyhose *pl*, *Br* tights *pl* **2** L.Am. calcetín sock **3** MAT mean

◇ **media corta** knee highs *pl*

◇ **media de rejilla** fishnet stocking

mediación *f* mediation

mediado *adj*: *a ~s de junio* in mid-June, halfway through June

mediador I *m*, **-a** *f* mediator **II** *adj* mediating

medialuna *f* L.Am. croissant

mediana *f* AUTO median strip, *Br* central reservation

medianería *f* party wall, dividing wall

medianero *adj* party *atr*, dividing

medianía *f persona* mediocrity

mediano *adj* **1** *tamaño*, *altura* medium, average; *de ~a edad* middle-aged **2** (*no bueno*) average

medianoche *f* **1** midnight **2** GASTR sweet roll

mediante *prp* by means of; *Dios ~* God

willing

mediar ⟨1b⟩ *v/i* **1** (*arbitrar*) mediate **2** (*interceder*) intercede **3** (*intervenir*) intervene **4** *de tiempo* elapse; *median 4km entre los dos pueblos* the two towns are 4km apart **5**: *sin ~ palabra* without a word

mediateca *f* media library

mediático *adj* media *atr*

mediatizar ⟨1f⟩ *v/t* influence

mediatriz *f* MAT bisector

medicación *f* medication

medicamento *m* medicine, drug

◇ **medicamentos genéricos** generic drugs

medicamentoso *adj* medicinal

medicar ⟨1g⟩ *v/t* administer medication to; **medicarse** *v/r* take medication

medicastro *m* quack

medicina *f* medicine

◇ **medicina convencional** conventional medicine; **medicina deportiva** sports medicine; **medicina forense** forensic medicine; **medicina general** general medicine; **medicina legal** forensic medicine; **medicina de la reproducción** reproductive medicine

medicinal *adj* medicinal

medición *f* (act of) measuring

médico I *adj* medical **II** *m/f* doctor

◇ **médico de cabecera, médico de familia** family physician *o* doctor, *Br* GP, *Br* general practitioner; **médico forense** forensic scientist; **médico de guardia** duty doctor; **médico de urgencia** emergency doctor

medida *f* **1** (*unidad*) measure; *acto* measurement; *hecho a ~* made to measure; *está hecho a ~ de mis necesidades* it's tailor-made for me; *tomar las ~s a alguien* take s.o.'s measurements; *tomar ~s* *fig* take measures *o* steps **2** (*grado*) extent; *en mayor ~* to a greater extent **3**: *a ~ que* as

medidor *m* S.Am. meter

medieval *adj* medieval, *Br tb* mediaeval

medievalista *m/f* medievalist, *Br tb* mediaevalist

medievo *m* Middle Ages *pl*

medio I *adj* **1** half; *las tres y -a* half past three, three-thirty; *a ~ camino* halfway **2** *tamaño* medium **3** (*de promedio*) average **4** *posición* middle

II *m* **1** (*entorno*) environment **2** *en fút-*

bol midfielder **3** (*centro*) middle; *en ~ de* in the middle of **4** (*manera*) means; *por ~ de* by means of; *~s pl dinero* means, resources

III *adv* half; *hacer algo a -as* half do sth; *ir a -as* go halves; *a ~ hacer* half done; *de ~ a ~* completely; *día por ~* L.Am. every other day; *quitar de en ~ algo* F move sth out of the way; *quitarse de en ~* get out of the way

◇ **medio ambiente** environment; **medio tiempo** L.Am. DEP half-time; **medios de comunicación, medios de información** (mass) media; **medios de masas** mass media; **medios de transporte** means of transportation

medioambiental *adj* environmental

mediocampista *m/f* DEP midfield player, midfielder

mediocre *adj* mediocre

mediocridad *f* mediocrity

mediodía *m* midday; *a ~* (*a las doce*) at noon, at twelve o'clock; (*a la hora de comer*) at lunchtime

medioevo *m* Middle Ages *pl*

mediofondista *m/f* DEP middle-distance runner

medir ⟨3l⟩ **I** *v/t* measure; *~ sus palabras* *fig* weigh one's words **II** *v/i*: *mide 2 metros de ancho / largo / alto* it's 2 meters wide / long / tall; **medirse** *v/r* measure o.s.

meditabundo *adj* pensive

meditación *f* meditation

meditar ⟨1a⟩ **I** *v/t* ponder **II** *v/i* meditate

meditativo *adj* meditative

mediterráneo I *adj* Mediterranean; *el mar Mediterráneo* the Mediterranean Sea **II** *m*: *el Mediterráneo* the Mediterranean

médium *m/f inv* medium

medrar ⟨1a⟩ *v/i* **1** *de planta, animal* grow **2** *de persona* prosper, flourish

medroso *adj* fearful

médula *f* marrow; *hasta la ~* *fig* through and through, to the core

◇ **médula espinal** spinal cord

◇ **médula ósea** bone marrow

medular *adj* bone-marrow *atr*

medusa *f* ZO jellyfish

megabyte *m* megabyte

megaciclo *m* megacycle

megafonía *f* public-address *o* PA system

megáfono *m* bullhorn, *Br* loud-hailer
megalomanía *f* megalomania
megalómano *adj* megalomaniacal
megatón *m* megaton
mejicano I *adj* Mexican II *m*, -a *f* Mexican
Méjico *m* 1 *país* Mexico 2 (*DF*) Mexico City
mejilla *f* cheek
mejillón *m* ZO mussel
mejor I *adj* 1 *comp* better; **está ~** that's better; **ir a ~** get better; **tanto ~** all the better 2 *sup*: **el ~** the best; **lo ~** the best thing; **lo ~ posible** as well as possible; **dar lo ~ de sí mismo** do one's best II: **~ para ti** good for you; **a lo ~** perhaps, maybe
mejora *f* improvement
mejorable *adj* improvable; **es ~** it can be improved
mejoramiento *m* improvement
mejorana *f* BOT marjoram
mejorar ⟨1a⟩ I *v/t* improve II *v/i* improve; **mejorarse** *v/r* get better; **¡que te mejores!** get well soon!
mejoría *f* improvement
mejunje *m desp* concoction
melancolía *f* melancholy
melancólico[1] *adj* gloomy, melancholic
melancólico[2] *adj* melancholy
melanina *f* BIO melanin
melanoma *m* MED melanoma
melaza *f* molasses
melena *f* 1 *de persona* long hair 2 *de león* mane
melenudo I *adj* long-haired II *m* long-haired boy *o* guy
melifluo *adj fig* sickly sweet; **~s** *pl* (*afectación*) affected ways; **andarse con ~s** be affected
melindroso *adj* affected
melisa *f* BOT lemon balm
mella *f*: **hacer ~ en alguien** have an effect on s.o., affect s.o.
mellado *adj dentadura* gap-toothed
mellar ⟨1a⟩ *v/t* nick, chip
mellizo I *adj* twin *atr* II *m*, -a *f* twin
melocotón *m* peach
melocotonero *m* peach tree
melodía *f* melody
melódico *adj* melodic
melodioso *adj* melodious
melodrama *m* melodrama
melodramático *adj* melodramatic

melómano *m*, -a *f* music lover
melón *m* 1 BOT melon; **~es** *pl hum* F boobs F, melons F 2 *fig* F (*bobo*) dummy F
meloncillo *m* ZO mongoose
meloso *adj* F sickly sweet
membrana *f* membrane
membrete *m* heading, letterhead; **papel con ~** letterhead, headed paper
membrillo *m* quince; **dulce de ~** quince jelly
membrudo *adj* muscular
memela *f Méx* corn tortilla
memez *f* stupid thing
memo F I *adj* dumb F II *m*, -a *f* idiot
memorable *adj* memorable
memorándum *m* memo
memoria *f* 1 *tb* INFOR memory; **si no me falla la ~** if my memory serves me well; **traer a la ~** remind; **venir a la ~** come to mind; **hacer ~** remember; **de ~** by heart 2 (*informe*) report; **~s** *pl* (*biografía*) memoirs
◇ **memoria de trabajo** INFOR working memory
memorial *m* memorial
memorizar ⟨1f⟩ *v/t* memorize
mena *f* MIN ore
menaje *m* household equipment
mención *f*: **hacer ~ de** mention
mencionar ⟨1a⟩ *v/t* mention
mendaz *adj fml* mendacious *fml*
mendicante I *adj* begging II *m/f* beggar
mendicidad *f* begging
mendigar ⟨1h⟩ *v/t* beg for
mendigo *m*, -a *f* beggar
menear ⟨1a⟩ *v/t* 1 (*agitar*) shake 2 *las caderas* sway; **~ la cola** wag its tail; **~ la cabeza** shake one's head; **menearse** *v/r* 1 (*moverse*) fidget 2 (*apresurarse*) hurry up
meneo *m* F telling-off; **dar un ~ a alguien** tell s.o. off, give s.o. a telling-off
menester *m* (*trabajo*) job; **~es** *pl* tools, gear *sg*; **ser ~** (*necessario*) be necessary
menesteroso *adj* needy
menestra *f* vegetable stew
mengano *m*, -a *f* F so-and-so F
mengua *f* decrease, diminution; **ir en ~ de** be to the detriment of
menguado *adj* diminished, reduced
menguante *adj* 1 *cantidad, intensidad* decreasing, diminishing 2 *luna* waning

menguar ⟨1i⟩ **I** v/i **1** *de cantidad, intensidad* decrease, diminish **2** *de la luna* wane **II** v/t decrease, diminish

meninge f ANAT meninx

meningitis f MED meningitis

menisco m ANAT cartilage

menopausia f MED menopause

menopáusico adj menopausal

menor I adj **1** *comp* less; *en tamaño* smaller; *en edad* younger; **ser ~ de edad** be a minor **2** *sup:* **el ~ en tamaño** the smallest; *en edad* the youngest; **el número ~** the lowest number; **no tengo la ~ idea** I don't have the slightest idea **3** MÚS *tono, modo* minor; **mi ~** E minor **4** COM: **al por ~** retail **II** m/f minor

Menorca f Minorca

menorquín I adj Minorcan **II** m, **-quina** f Minorcan

menos I adj **1** *en cantidad* less; **cien dólares de ~** 100 dollars short, 100 dollars too little; **hay cinco calcetines de ~** we are five socks short **2** *en número* fewer **II** adv **1** *comp: en cantidad* less; **es ~ guapa que Ana** she is not as pretty as Ana **2** *sup: en cantidad* least; **al ~, por lo ~** at least **3** MAT minus; **tres ~ dos** three minus two **III** m MAT minus (sign) **IV:** **a ~ que** unless; **todos ~ yo** everyone but o except me; **echar de ~** miss; **tener a alguien en ~** look down on s.o.; **eso es lo de ~** that's the least of it; **ir a ~** come down in the world; **ni mucho ~** far from it; **no es para ~** quite right too; **son las dos ~ diez** it's ten of two, *Br* it's ten to two

menoscabar ⟨1a⟩ v/t **1** *autoridad* diminish, reduce **2** *(dañar)* harm

menoscabo m **1** *(mengua)* reduction, diminution **2** *(daño)* harm

menospreciable adj contemptible

menospreciar ⟨1b⟩ v/t **1** *(subestimar)* underestimate **2** *(desdeñar)* look down on

menosprecio m contempt

mensaje m message

◇ **mensaje publicitario** commercial

mensajería f messenger company, *Br* courier service

mensajero m, **-a** f **1** *de recados, información* messenger **2** COM messenger, *Br* courier

menso adj *Méx* F dumb F

menstruación f menstruation

menstruar ⟨1h⟩ v/i menstruate

mensual adj monthly

mensualidad f COM monthly installment o *Br* instalment, monthly payment

mensualmente adv monthly

mensurable adj measurable

menta f BOT mint

mental adj mental

mentalidad f mentality

mentalizar ⟨1f⟩ v/t: **~ a alguien** make s.o. aware; **mentalizarse** v/r mentally prepare o.s.

mentalmente adv mentally

mentar ⟨1k⟩ v/t mention

mente f mind; **no se me va de la ~** I can't stop thinking about it, I can't get it out of my mind

mentecato I adj F dim F **II** m, **-a** f F fool

mentir ⟨3i⟩ v/i lie

mentira f lie; **¡parece ~!** that's incredible!

mentirijillas fpl: **de ~** F in jest, jokingly

mentiroso I adj: **ser muy ~** tell a lot of lies **II** m, **-a** f liar

mentís m inv denial; **dar un ~ a algo** deny sth

mentol m menthol

mentón m chin; **doble ~** double chin

mentor m mentor

menú m tb INFOR menu

◇ **menú de ayuda** INFOR help menu

◇ **menú desplegable** INFOR drop-down menu

menudear ⟨1a⟩ **I** v/t: **~ algo** do sth frequently; **la guerrilla menudeó los ataques** the guerrillas attacked frequently **II** v/i *L.Am.* be frequent; *(ocurrir)* happen frequently

menudencia f trifle

menudencias fpl *Méx* giblets

menudeo m *L.Am.* COM retail trade

menudillos mpl giblets

menudo I adj small; **¡a suerte!** fig F lucky devil!; **¡-as vacaciones!** irón F some vacation!; **¡~ lío!** what a mess!; **a ~** often **II** m *L.Am.* small change; **~s** pl GASTR giblets

meñique m/adj: **(dedo) ~** little finger

meollo m fig heart

meón m, **-ona** f: **ser un ~** have a weak bladder

mequetrefe F *m* good-for-nothing

meramente *adv* merely

mercachifle *m desp fig* money-grubbing store-keeper

mercadear ⟨1a⟩ **I** *v/t* market **II** *v/i* trade

mercadeo *m* marketing

mercader *m* trader

mercadería *f L.Am.* merchandise

mercadillo *m* street market

mercado *m* market; *abrir nuevos ~s* open up new markets

◇ **mercado interior** domestic market; **mercado laboral** job market; **mercado negro** black market; **mercado de valores** stock market

mercadotecnia *f* marketing

mercancía *f* merchandise; *tren de ~s* freight train, *Br* goods train

mercante *adj* merchant *atr*; *buque ~* merchant ship *o* vessel

mercantil *adj* commercial

merced *f*: *estar a ~ de alguien* be at s.o.'s mercy; *~ a* thanks to

mercenario *m/adj* mercenary

mercería *f* notions *pl*, *Br* haberdashery

MERCOSUR *m abr* (= *Mercado Común del Sur*) *Common Market including Argentina, Brazil, Paraguay and Uruguay*

mercurial *adj* mercurial

mercurio *m* mercury

Mercurio *m* MYTH, AST Mercury

merecedor *adj* deserving; *ser ~ de* deserve, be worthy of; *~ de confianza* trustworthy; *hacerse ~ de algo fig* earn sth

merecer ⟨2d⟩ *v/t* deserve; *no merece la pena* it's not worth it; *no se lo merece* he doesn't deserve it; *en edad de ~* old enough to have a boyfriend / girlfriend

merecido I *adj* well-deserved; *bien ~ lo tiene* it serves him right **II** *m* just deserts *pl*

merendar ⟨1k⟩ **I** *v/t*: *~ algo* have sth as an afternoon snack **II** *v/i* have an afternoon snack; **merendarse** *v/r* **1** *fig*: *rival* thrash F **2** *fig*: *tarea* finish off

merendero *m* outdoor café

merengue *m* GASTR meringue

meretriz *f fml* prostitute

meridiano *m/adj* meridian

meridional I *adj* southern **II** *m/f* southerner

merienda *f* afternoon snack

◇ **merienda de negros** bedlam, confusion

merino *adj* merino *atr*; *lana / oveja -a* merino wool / sheep

mérito *m* merit; *hacer ~s* work hard; *de ~* worthy

meritorio I *adj* commendable **II** *m*, *-a f* (unpaid) trainee

merluza *f* ZO hake; *agarrar una ~ fig* F get plastered F

merluzo *m*, *-a f* F idiot

merma *f* reduction, decrease

mermar ⟨1a⟩ **I** *v/t* reduce **II** *v/i* diminish

mermelada *f* jam

mero I *adj* mere; *el ~ jefe Méx* F the big boss **II** *m* ZO grouper

merodear ⟨1a⟩ *v/i* loiter

mersa[1] *adj* Rpl F tacky F

mersa[2] *mf* Rpl F tacky person F

mersada *f* Rpl F tacky thing F

mes *m* month; *en el ~ de mayo* in the month of May; *al ~ de haber llegado* a month after she arrived

mesa *f* **1** *mueble* table; *poner / quitar o alzar o levantar la ~* set / clear the table; *sentarse a la ~* sit at the table **2** GEOG plateau **3** POL committee

◇ **mesa auxiliar** side table; **mesa de centro** coffee table; **mesa electoral** *people who organize a polling station in an election*; **mesa extensible** extending table; **mesa de negociaciones** negotiating table; **mesa redonda** *fig* round table

mesada *f L.Am.* monthly allowance

mesana *f* MAR *mástil* mizzenmast

mesarse ⟨1a⟩ *v/r barba* pull; *~ los cabellos* tear one's hair

mescalina *f* mescaline

mescolanza *f* ☞ *mezcolanza*

mesera *f L.Am.* waitress

mesero *m L.Am.* waiter

meseta *f* plateau; *Meseta Mato Grosso* Plateau of the Mato Grosso

mesías *m inv* messiah

mesilla, mesita *f*: *~ (de noche)* night stand, *Br* bedside table

mesón *m traditional restaurant decorated in rustic style*

mesonera *f* **1** landlady, person who runs a mesón **2** *Ven* waitress

mesonero *m* **1** landlord, person who runs a mesón **2** *m Ven* waiter

mesozoico *m* GEOL Mesozoic

mestizo *m* person of mixed race

mesura *f*: **con** ~ in moderation

mesurado *adj* moderate

mesurar ⟨1a⟩ *v/t* moderate; **mesurarse** *v/r* restrain o.s., control o.s.

meta I *f* **1** *en fútbol* goal; **marcar en propia** ~ score an own goal **2** *en carrera* finishing line **3** *en béisbol* home **4** *fig* (*objetivo*) goal, objective; **fijarse una** ~ set o.s. an objective *o* a goal **II** *m/f* goalkeeper

metabólico *adj* metabolic

metabolismo *m* metabolism

◇ **metabolismo basal** basal metabolism

metabolizar ⟨1f⟩ *v/t* metabolize

metacarpo *m* ANAT metacarpus

metadona *f* methadone

metafísica *f* metaphysics *sg*

metáfora *f* metaphor

metafórico *adj* metaphorical

metal *m* **1** metal **2** MÚS heavy metal

◇ **metal no férrico** non-ferrous metal; **metal noble** precious metal; **metal pesado** heavy metal; **metal precioso** precious metal

metálico I *adj* metallic **II** *m*: **en** ~ (in) cash

metalizado *adj*: **pintura -a** AUTO metallic paint

metalurgia *f* metallurgy

metalúrgico I *adj* metallurgical **II** *m*, **-a** *f* *trabajador del metal* metalworker; *científico* metallurgist

metamorfosear ⟨1a⟩ *v/t* metamorphose; **metamorfosearse** *v/r* metamorphose

metamorfosis *f inv* transformation, metamorphosis

metano *m* methane

metedura *f*: ~ **de pata** F blunder

metegol *m* *Arg* table football

meteórico *adj* meteoric

meteorito *m* meteorite

meteoro *m* meteor

meteorología *f* meteorology

meteorológico *adj* weather *atr*, meteorological; **mapa** ~ weather map; **parte** ~ weather report; **pronóstico** ~ weather forecast

meteorólogo *m*, **-a** *f* meteorologist

metepatas *m/f inv* F: **ser un** ~ be prone to making bloopers F, be always putting one's foot in it F

meter ⟨2a⟩ *v/t* **1** put (**en** in, into) **2** *gol* score **3** (*involucrar*) involve (**en** in); ~ **a alguien en un lío** get s.o. into a mess; ~ **a todo** ~ at full speed

meterse *v/r*: ~ **en algo** get into sth; (*involucrarse*) get involved in sth, get mixed up in sth; ~ **donde no le llaman** stick one's nose in where it doesn't belong; **no saber dónde** ~ *fig* not know what to do with o.s.; ~ **a hacer algo** start doing sth, start to do sth; ~ **con alguien** pick on s.o.; ~ **de administrativo** get a job in admin; **se metió a bailar** he became a dancer; **¿dónde se ha metido?** where has he got to?

meterete *m/f Rpl* F busybody F

metiche *m/f Méx* F busybody F

meticulosidad *f* meticulousness

meticuloso *adj* meticulous

metida *f*: ~ **de pata** *L.Am.* F blooper F, blunder

metido *adj* **1** (*involucrado*) involved; **estar muy** ~ **en algo** be very involved in sth **2** *L.Am.* nosy F **3**: ~ **en años** elderly; ~ **en carnes** plump; ~ **en sí** inward-looking

metódico *adj* methodical

metodista REL **I** *adj* Methodist **II** *m/f* Methodist

método *m* method

metomentodo *m/f* F busybody F

metraje *m* *de película* length

metralla *f* *pedazos* shrapnel; HIST grapeshot; ~ **de preguntas** *fig* F barrage of questions

metralleta *f* sub-machine gun

métrico *adj* metric

metro *m* **1** *medida* meter, *Br* metre **2** *para medir* rule **3** *transporte* subway, *Br* underground

◇ **metro cuadrado** square meter *o Br* metre

◇ **metro cúbico** cubic meter *o Br* metre

metrónomo *m* MÚS metronome

metrópoli(s) *f* (*inv*) metropolis

metropolitano I *adj* metropolitan **II** *m* subway, *Br* underground

mexicano I *adj* Mexican **II** *m*, **-a** Mexican

México *m* **1** *país* Mexico **2** (*DF*) Mexico City

mezcal *m* *Méx* mescal

mezcla *f* **1** mixture; *de tabaco, café etc*

blend **2** *acto* mixing; *de tabaco, café etc* blending

mezclador *m*, **~a** *f*: **~** (*de sonido*) (sound) mixer

mezclar ⟨1a⟩ *v/t* mix; *tabaco, café etc* blend; **~ a alguien en algo** get s.o. mixed up *o* involved in sth; **mezclarse** *v/r* mix; **~ en algo** get mixed up *o* involved in sth

mezclilla *f Méx* denim; **pantalón de ~** jeans *pl*

mezcolanza *f* F jumble

mezquinar ⟨1a⟩ *v/t L.Am.* skimp on

mezquindad *f* meanness

mezquino *adj* mean

mezquita *f* mosque

mg. *abr* (= **miligramo**) mg (= milligram)

mi[1] *m* MÚS E; **~ bemol** E flat

mi[2], **mis** *adj pos* my

mí I *pron* me; **¿y a ~ qué?** so what?, what's it to me? **II** *reflexivo* myself

miaja *f* crumb; **una ~** *fig* F a scrap, a bit

mialgia *f* MED myalgia

mica *f* MIN mica

micción *f fml* micturition

michelín *m* F spare tire, *Br* spare tyre

michino *m* F puss F, pussy F

mico *m* ZO monkey

micología *f* mycology

micosis *f* MED mycosis

micro I m 1 F (*micrófono*) mike F **2** (*microbús*) minibus **II** *m o f Chi* bus

microbio *m* microbe

microbús *m* minibus

microchip *m* (micro)chip

microcirugía *f* MED microsurgery

microclima *m* microclimate

microcomputador *m L.Am.* microcomputer

microcomputadora *f L.Am.* microcomputer

micro-espía *m fig* F bug F, listening device

microficha *f* microfiche

microfilm(e) *m* microfilm

microfilmar ⟨1a⟩ *v/t* microfilm

micrófono *m* microphone; **~ oculto** bug

microondas *m inv* microwave

microordenador *m* microcomputer

microprocesador *m* microprocessor

microscópico *adj* microscopic; *fig* (*diminuto*) minute, tiny

microscopio *m* microscope

◇ **microscopio electrónico** electron microscope

mide *vb* ☞ **medir**

mieditis *f*: **tener ~** F be scared

miedo *m* fear (**a** of); **dar ~** be frightening; **~ a volar** fear of flying; **me da ~ la oscuridad** I'm frightened of the dark; **meter ~ a** frighten; **tener ~ de que** be afraid that; **por ~ a** for fear of; **de ~** F great F, awesome F

miedoso *adj* timid; **¡no seas tan ~!** don't be scared!

miel *f* honey; **quedarse con la ~ en los labios** have the gift of the gab; **ser ~ sobre hojuelas** be even better

◇ **miel de flores** honey

mielga *f* **1** BOT alfalfa, *Br* lucerne **2** ZO spiny dogfish

miembro *m* **1** (*socio*) member; **estado / país ~** member state / country **2** (*extremidad*) limb, member *fml*; **~s** *pl* ANAT limbs

◇ **miembro viril** ANAT male organ

mientes *fpl*: **parar ~ en** consider, contemplate; **pasarle por las ~ a alguien** occur to s.o.

mientras I *conj* while; **~ que** whereas **II** *adv*: **~ tanto** in the meantime, meanwhile

miércoles *m inv* Wednesday

◇ **miércoles de ceniza** REL Ash Wednesday

mierda I *f* P shit P, crap P; **una ~ de película** a crap movie P; **¡una ~!** no way! F; **¡vete a la ~!** go to hell! F; **a la ~ con ...** to hell with ... F; **me importa una ~** I don't give a shit P **II** *m/f* P *persona* shit P, piece of shit P

mies *f* (ripe) grain

miga *f de pan* crumb; **~s** *pl* crumbs; **hacer algo ~s** smash sth to bits; **hacer buenas / malas ~s** *fig* F get on well / badly; **tiene ~** F there's more to it than meets the eye

migajas *fpl* **1** *de pan* (bread)crumbs **2** *fig* (*restos*) scraps

migra *f Méx* F: **la ~** the INS (*the Immigration and Naturalization Service*)

migración *f* migration

migraña *f* MED migraine

migratorio *adj* migratory

mijo *m* BOT millet

mil I *adj* thousand **II** *m* thousand; **a ~es** by the thousands

milagro *m* miracle; **hacer ~s** work mir-

acles; **de ~** miraculously, by a miracle
milagroso *adj* miraculous
Milán *m* Milan
milano *m* ZO kite
mildiu, mildiú *m* BOT mildew
milenario I *adj* thousand-year-old **II** *m* **1**
(*mil años*) millennium **2** *aniversario*
thousandth anniversary
milenio *m* millennium
milenrama *f* BOT yarrow
milésimo I *adj* thousandth **II** *f:* **una -a de**
segundo a thousandth of a second
milhojas *m inv* GASTR millefeuille
mili *f* F military service
milibar *m* millibar
milicia *f* militia
miliciano *m* militiaman
milico *m S.Am. desp* soldier
miligramo *m* milligram
mililitro *m* milliliter, *Br* millilitre
milímetro *m* millimeter, *Br* millimetre
militancia *f* militancy
militante I *adj* (politically) active **II** *m/f*
activist
militar I *adj* military **II** *m/f* soldier; **los**
~es *pl* the military **III** ⟨1a⟩ *v/i* POL: **~**
en be a member of
militarista I *adj* militaristic **II** *m/f* militarist
milla *f* mile
◇ **milla marina, milla náutica** nautical
mile
millar *m* thousand; **~es de** thousands of
millón *m* million; **mil millones** a billion
millonario I *adj* millionaire *atr;* **un yate**
~ a yacht that cost millions **II** *m,-a f* millionaire
milpa *f Méx, C.Am.* **1** corn, *Br* maize **2**
terreno cornfield, *Br* field of maize
milpiés *m inv* ZO millipede
mimar ⟨1a⟩ *v/t* spoil, pamper
mimbre *m* BOT willow; **muebles** *pl* **de ~**
wicker furniture *sg*
mimbrera *f* BOT willow
mimetismo *m* mimicry
mimetizar ⟨1f⟩ *v/t* mimic
mímica *f* mime
mímico *adj* mimic *atr*
mimo *m* **1** TEA mime **2** (*caricia*) cuddle;
con ~ *tb fig* affectionately
mimosa *f* BOT mimosa
mimoso *adj:* **es muy ~** he likes being
pampered
mina *f* **1** MIN, MIL mine **2** *Rpl* F (*mujer*)

broad F, *Br* bird F
◇ **mina antipersonal** MIL antipersonnel mine
◇ **mina terrestre** landmine
minar ⟨1a⟩ *v/t* **1** (*excavar*) mine **2** *fig* (*dañar*) undermine
minarete *m* minaret
mineral *m/adj* mineral
mineralogía *f* mineralogy
minería *f* mining
minero I *adj* mining **II** *m* miner
mingitorio *m fml* urinal *fml*
miniatura *f* miniature
miniaturista *m/f* miniaturist
minifalda *f* miniskirt
minigolf *m* miniature golf, mini-golf
minimizar ⟨1f⟩ *v/t* minimize
mínimo I *adj* minimum; **como ~** at the
very least; **no me interesa lo más ~** I'm
not in the least interested **II** *m* minimum
mínimum *m* minimum
minino *m* F puss F, pussy (cat) F
miniserie *f* TV miniseries *sg*
ministerial *adj* (*de ministro*) ministerial;
(*de ministerio*) departmental
ministerio *m* POL department
◇ **Ministerio de Asuntos Exteriores**
State Department, *Br* Foreign Office;
Ministerio de Hacienda Treasury Department, *Br* Treasury; **ministerio fiscal** JUR Attorney General's office;
Ministerio del Interior Department
of the Interior, *Br* Home Office; **Ministerio de Relaciones Exteriores**
L.Am. State Department, *Br* Foreign
Office
ministro *m,* **-a** *f* minister; **primer ~**
Prime Minister
◇ **ministro del Interior** Secretary of
the Interior, *Br* Home Secretary
◇ **ministro sin cartera** minister without portfolio
minoría *f* minority
◇ **minoría de edad** minority
minoridad *f* minority
minorista COM **I** *adj* retail *atr* **II** *m/f* retailer
minoritario *adj* minority *atr*
mintió *vb* ☞ **mentir**
minucia *f* minor detail
minuciosidad *f* attention to detail
minucioso *adj* meticulous, thorough
minué *m* MÚS minuet

minúscula *f* small letter, lower case letter

minúsculo *adj* **1** (*diminuto*) tiny, minute **2** *letra* small, lower-case

minusvalía *f* disability

minusválido I *adj* disabled **II** *m*, -a *f* disabled person; **los ~s** the disabled, disabled people

minusvalorar ⟨1a⟩ *v/t* undervalue

minuta *f* GASTR menu; (*cuenta de los honorarios*) bill

minutero *m* minute hand

minuto *m* minute

◇ **minutos de la basura** *en baloncesto* garbage time

mío, mía *pron* mine; **el ~** / **la -a** mine; **un amigo ~** a friend of mine; **los ~s** my family; **no es lo ~** it isn't my thing

mioma *m* MED myoma

miope I *adj* near-sighted, short-sighted **II** *m/f* near-sighted *o* short-sighted person

miopía *f* near-sightedness, short-sightedness

miosotis *m inv* BOT forget-me-not

MIR *m abr* (= **médico interno residente**) intern, resident

mira *f*: **con ~s a** with a view to; **estar en el punto de ~ de alguien** be the focus of s.o.'s attention; **está en el punto de ~ de los Lakers** the Lakers have an eye on him

◇ **mira telescópica** telescopic sight

mirada *f* look; **echar una ~** take a look (**a** at); **ser el centro de todas las ~s** be the center *o Br* centre of attention

mirado *adj* considerate, thoughtful; **bien ~** well thought of, highly regarded; *fig* all things considered

mirador *m* viewpoint

miramiento *m* consideration, thoughtfulness; **sin ~s** *tratar a alguien* without consideration; *decir algo* abruptly, without ceremony

mirar ⟨1a⟩ **I** *v/t* **1** look at **2** (*observar*) watch; **3** *fig* (*considerar*) look at, consider; **no ~ el precio** not worry about the cost; **mira bien lo que haces** think carefully about what you're doing **4** *L.Am.* (*ver*) see; **¿qué miras desde aquí?** what can you see from here? **II** *v/i* look; **~ a** / **hacia algo** face sth; **~ al norte** *de una ventana etc* face north; **~ por** look through; (*cuidar*) look after; **~**

por la ventana look out of the window; **¡mira!** look!; **¡mira por dónde!** would you believe it?; **mirándolo bien** thinking about it, now that I *etc* come to think about it

mirarse *v/r* look at o.s.; **~ en el espejo** look at o.s. in the mirror; **si bien se mira** all things considered

mirilla *f* spyhole

miriñaque *m* crinoline

mirlo *m* ZO blackbird; **ser un ~ blanco** *fig* be a rare bird

mirón F I *adj* nosy **II** *m*, -ona *f* busybody, nosy parker F

mirra *f* BOT myrrh

mirto *m* BOT myrtle

mis *adj pos* my

misa *f* REL mass; **ayudar a ~** serve at mass; **ir a ~** go to mass; **no sabe de la ~ la media** F he doesn't know a thing about it; **ir a ~** *fig* F be the last word

◇ **misa de difuntos** requiem mass; **misa de gallo** Christmas Eve midnight mass; **misa mayor** high mass; **misa rezada** low mass

misal *m* missal

misántropo *m*, -a *f* misanthropist

miscelánea *f* **1** miscellany **2** *Méx* convenience store, *Br* corner shop

misceláneo *adj* miscellaneous

miserable I *adj* wretched **II** *m/f* **1** (*tacaño*) skinflint **2** (*canalla*) swine

miseria *f* **1** poverty **2** *fig* (*sufrimiento*) misery

misericordia *f* mercy, compassion

misericordioso *adj* merciful, compassionate

mísero *adj* **1** *condición, persona* wretched **2** *sueldo* miserable; **ni un ~ dólar** not a miserable dollar

misil *m* missile

◇ **misil de corto alcance** short-range missile; **misil de crucero** cruise missile; **misil de largo alcance** long-range missile; **misil de medio alcance** medium-range missile; **misil tierra-aire** surface-to-air missile, SAM

misión *f* mission

misionero *m*, -a *f* missionary

misiva *f* missive

mismamente *adv* **1** *como respuesta* exactly, precisely **2** (*justo*) just; **ayer ~** just yesterday

mismo I *adj* same; **el ~** the (self)same; **lo**

~ the same; **lo ~ que** the same as; **yo ~** I myself; **da lo ~** it doesn't matter, it's all the same; **me da lo ~** I don't care, it's all the same to me; **el ~ rey** the king himself **II** adv: **aquí ~** right here; **ahí ~** right there; **ahora ~** right now, this very minute; **hoy ~** today, this very day; **lo ~ llueve que hace sol** you never know whether it's going to be rainy or sunny

misógino I adj misogynistic **II** m misogynist

misterio m mystery

misterioso adj mysterious

mística f mysticism

místico I adj mystic(al) **II** m, **-a** f mystic

mistificación f mystification

mistificar ⟨1g⟩ v/t mystify

mitad f half; **en ~ de calle, noche** etc in the middle of; **a ~ del camino** halfway; **a ~ de la película** halfway through the movie; **a ~ de precio** half-price; **~ y ~** half and half

mítico adj mythical

mitificar ⟨1g⟩ v/t mythicize

mitigar ⟨1h⟩ v/t **1** pobreza, contaminación etc mitigate **2** ansiedad, dolor etc ease; **mitigarse** v/r ease

mitin m POL meeting

mito m myth

mitología f mythology

mitológico adj mythological

mitón m fingerless glove

mitra f miter, Br mitre

mixto I adj **1** colegio mixed **2** comisión joint **II** m toasted ham and cheese sandwich

mixtura f mixture, mix

mm. abr (= **milímetro**) mm (= millimeter)

moaré m moire

mobiliario m furniture

◇ **mobiliario urbano** street furniture

moblaje m furniture

moca m ☞ **moka**

mocasín m moccasin

mocedad f youth

mocetón m, **-ona** f fine strapping boy / girl

mochales adj F nuts F

mochila f backpack

mochilero m, **-a** f backpacker

mocho I adj blunt **II** m (blunt) end

mochuelo m ZO little owl; **cargar con el ~** F be landed with the job

moción f POL motion

◇ **moción de censura** vote of no confidence

◇ **moción de confianza** vote of confidence

moco m: **tener ~s** have a runny nose; **se sacó un ~ de la nariz** he picked a booger o Br bogey out of his nose F; **no es ~ de pavo** F it's not to be sniffed at

mocoso I adj snotty **II** m, **-a** F snotty--nosed kid F

moda f fashion; **~ de diseño** designer fashion; **~ femenina / masculina** men's / women's fashion; **de ~** fashionable, in fashion; **estar de ~** be in fashion; **estar pasado de ~** be out of fashion; **pasarse de ~** go out of fashion; **vestirse a la ~** wear the latest fashions, dress fashionably

modal adj GRAM modal

modales mpl manners; **buenos ~** good manners

modalidad f **1** (modo) form **2** DEP discipline

◇ **modalidad de pago** method of payment

modelar ⟨1a⟩ v/t model

modélico adj model atr

modelismo m model making

modelo I m **1** (maqueta) model **2** (ejemplo) model, example **II** m/f persona model

módem m INFOR modem

moderación f moderation

moderado I adj moderate **II** m, **-a** f moderate

moderador I adj moderating **II** m, **~a** f TV presenter

moderar ⟨1a⟩ v/t **1** exigencias moderate; impulsos control, restrain **2** velocidad, gastos reduce **3** debate chair; **moderarse** v/r control o.s., restrain o.s.

modernidad f modernity

modernismo m modernism

modernización f modernization

modernizar ⟨1f⟩ v/t modernize

moderno adj modern

modestia f modesty; **~ aparte** though I say so myself

modesto adj modest

módico adj precio reasonable

modificación f modification

modificar ⟨1g⟩ v/t modify; **modificarse** v/r change, modify

modismo *m* idiom

modista *m/f* **1** (*costurero*) dressmaker **2** (*diseñador*) fashion designer

modisto *m* fashion designer

modo *m* **1** way; **a mi ~ de ver** to my way of thinking; **dicho de otro ~** to put it another way; **de este ~** like this; **~ de ser** personality **2** GRAM mood **3** MÚS mode **4**: **~s** *pl* manners; **de malos ~s** rudely **5**: **a ~ de** as; **de ~ que** so that; **de ningún ~** not at all; **de otro ~** otherwise; **de tal ~ que** so much that; **de todos ~s** anyway; **de cualquier ~** anyway, anyhow; **en cierto ~** in a way *o* sense

modorra *f* drowsiness

modorro *adj* drowsy

modulación *f tb* MÚS modulation

modular I ⟨1a⟩ *v/t* modulate **II** *adj* modular

módulo *m* **1** module **2** EDU module, unit

mofa *f* mockery; **hacer ~ de** make fun of

mofarse ⟨1a⟩ *v/r*: **~ de** make fun of

mofeta *f* ZO skunk

mofle *m Méx* AUTO muffler

mofletes *mpl* chubby cheeks

mofletudo *adj* chubby-cheeked

mogol *adj* ☞ **mongol**

mogollón *m* F (*discusión*) argument; **~ de** loads of F; **de ~** for free F, without paying

mogrebí *adj* ☞ **magrebí**

mohín *m* face; **hacer un ~** make a face

mohíno *adj* **1** (*triste*) depressed **2** (*enfadado*) annoyed

moho *m* mold, *Br* mould; **criar ~** go moldy; **no criar ~** *fig* not let the grass grow beneath one's feet

mohoso *adj* moldy, *Br* mouldy

moisés *m inv* Moses basket

Moisés *m* Moses

mojado I *adj* (*húmedo*) damp, moist; (*empapado*) wet **II** *m*, **-a** *f Méx* F wetback

mojama *f* salted dried tuna

mojar ⟨1a⟩ *v/t* **1** (*humedecer*) dampen, moisten; (*empapar*) wet **2** *galleta* dunk, dip; **mojarse** *v/r* **1** get wet **2** F (*orinarse*) wet o.s. **3** (*tener parte en un asunto*) get involved **4** (*comprometerse*) commit o.s.

mojiganga *f* **1** *fig* farce **2** HIST masquerade

mojigatería *f* prudishness

mojigato I *adj* prudish **II** *m*, **-a** *f* prude

mojón *m tb fig* milestone

moka *m* mocha

molar[1] **I** *adj*: **diente ~** molar **II** *m* molar

molar[2] ⟨2h⟩ **I** *v/t*: **me mola ese tío** P I like the guy a lot; **me mola ...** P *actividad, objeto* I love ... F **II** *v/i* P be cool P; **no ~** *fig* it's not working out

molcajete *m Méx, C.Am.* (*mortero*) grinding stone

molde *m para metal, cera* mold, *Br* mould; *para bizcocho* (cake) tin; **romper ~s** *fig* break the mold

moldeable *adj* malleable

moldeado *m* molding, *Br* moulding

moldear ⟨1a⟩ *v/t* mold, *Br* mould

moldura *f* ARQUI molding, *Br* moulding

mole I *f* mass **II** *m Méx* mole (*spicy sauce made with chilies and tomatoes*)

molécula *f* molecule

molecular *adj* molecular

moledor *adj* grinding

moler ⟨2h⟩ *v/t* **1** grind; **carne molida** ground meat, *Br* mince **2** *fruta* mash; **~ a alguien a palos** *fig* beat s.o. to a pulp

molestar ⟨1a⟩ *v/t* **1** bother, annoy **2** (*doler*) trouble; **no ~** do not disturb; **molestarse** *v/r* **1** get upset **2** (*ofenderse*) take offense, *Br* take offence **3** (*enojarse*) get annoyed; **~ en hacer algo** take the trouble to do sth

molestia *f* (*incordio*) nuisance; **~s** *pl* MED discomfort *sg*; **tomarse la ~ de** go to the trouble of

molesto *adj* **1** (*fastidioso*) annoying **2** (*incómodo*) inconvenient **3** (*embarazoso*) embarrassing

molestoso *adj L.Am.* annoying

molicie *f* **1** *al tacto* softness **2** (*comodidad*) comfort

molido *adj* F bushed F

molienda *f* grinding

molinero I *adj* milling *atr* **II** *m*, **-a** *f* miller

molinete *m* pinwheel

◇ **molinillo de café** *m* coffee grinder *o* mill

molino *m* mill

◇ **molino de viento** windmill

mollar *adj fruta* easy to peel; *almendra* easy to shell; **carne ~** lean meat

molleja *f de ave* gizzard; **~s** *pl* GASTR sweetbreads

mollera *f* F head; **cerrado** *o* **duro de ~** pigheaded F

molón *adj* P cool P

molturar ⟨1a⟩ *v/t* grind, mill

Molucas *fpl*: **(islas) ~** Moluccas, Moluccan Islands

molusco *m* ZO mollusk, *Br* mollusc

momentáneo *adj* momentary

momento *m* moment; **a cada ~** all the time; **al ~** at once; **por el ~**, **de ~** for the moment; **hasta el ~** up to now, so far; **de un ~ a otro** from one minute to the next; **desde un primer ~** right from the beginning; **por ~s** by the minute; **no es el ~** the time isn't right; **atravesar un mal ~**, **pasar por un ~ difícil** go through a bad patch; **estar en su mejor ~** be at one's peak *o* best

momia *f* mummy

momificar ⟨1g⟩ *v/t* mummify

momio *m* F cushy job F

mona *f* ZO (female) monkey; **dormir la ~** F sleep it off

◇ **mona de Pascua** Easter cake

monacal *adj* monastic

Mónaco *m* Monaco

monada *f*: **su hija es una ~** her daughter is lovely; **¡qué ~!** how lovely!

monaguillo *m* REL altar boy

monarca *m* monarch

monarquía *f* monarchy

monárquico I *adj* monarchic; POL monarchist **II** *m/f* monarchist

monasterio *m* monastery

monástico *adj* monastic

monda *f* **1** *de frutos* peel; *de patata etc* peelings *pl* **2** *acción* peeling **3**: **¡es la ~!** P it's unbelievable!

mondadientes *m inv* toothpick

mondadura *f* **1** peel; **~s** *pl* peelings **2** *acción* peeling

mondar ⟨1a⟩ *v/t* **1** *fruta, patata* peel **2** *árbol* prune; **mondarse** *v/r*: **~ de risa** F split one's sides laughing

mondo *adj* **1** *(sin complemento)* plain; **~ y lirondo** *fig* pure and simple **2** *cabeza* bald

mondongo *m* tripe

moneda *f* **1** coin; **casa de la ~** mint; **ser ~ corriente** *fig* be an everyday occurrence; **pagar a alguien con** *o* **en la misma ~** *fig* pay s.o. back in their own coin **2** *(divisa)* currency

◇ **moneda extranjera** foreign currency; **moneda falsa** counterfeit currency; **moneda única** single currency

monedero *m* **1** change purse, *Br* purse **2** *L.Am.* TELEC pay phone

◇ **monedero electrónico** electronic purse *o* wallet

monegasco I *adj* Monegasque **II** *m*, **-a** *f* Monegasque

monería *f* ☞ **monada**

monetario *adj* monetary

mongol *m/f & adj* Mongol, Mongolian

Mongolia *f* Mongolia

mongólico *adj*: **niño ~** MED child with Down's syndrome

monicaco *m desp* F silly young kid F

monigote *m* **1** *(muñeco)* rag doll; **~ de nieve** snowman **2** F *(tonto)* F idiot

monises *mpl* F dough *sg* F, *Br* dosh *sg* F

monitor[1] *m* TV, INFOR monitor

monitor[2] *m*, **~a** *f* *(profesor)* instructor

monitorear *vt L.Am.* monitor

monitoreo *m L.Am.* monitoring

monja *f* nun

monje *m* monk

mono I *m* **1** ZO monkey **2** *prenda* coveralls *pl*, *Br* boilersuit **3**: **ser el último ~** be the low man on the totem pole; **tratar como al último ~** treat like dirt **II** *adj* pretty, cute

monoambiente *m Arg* studio apartment, *Br* studio flat

monocolor *adj* self-colored, *Br* self-coloured, monochrome

monóculo *m* monocle

monocultivo *m* AGR monoculture

monogamia *f* monogamy

monógamo *adj* monogamous

monograma *m* monogram

monolingüe *adj* monolingual

monólogo *m* monolog(ue)

monomando *m* TÉC mixing faucet, *Br* mixer tap

monomotor AVIA **I** *adj* single-engine **II** *m* single-engine plane

monoparental *adj*: **familia ~** one-parent family, single-parent family

monopartidismo *m* POL one-party system

monopatín *m* **1** skateboard **2** *Rpl* patinete scooter

monoplano *m* AVIA monoplane

monoplaza *m* single-seater

monopolio *m* monopoly

monopolizar ⟨1f⟩ *v/t tb fig* monopolize

monorraíl *m* monorail

monosílabo *adj* monosyllabic

monoteísmo *m* monotheism

monotonía *f* monotony

monótono *adj* monotonous

monovolumen *m* AUTO minivan, *Br* people carrier, MPV

monóxido *m* monoxide

◇ **monóxido de carbono** carbon monoxide

monseñor *m* REL monsignor

monsergas *fpl*: **déjate de** ~ F stop going on F

monstruo *m* **1** (*adefesio*) monster **2** (*fenómeno*) phenomenon

monstruosidad *f* eyesore, monstrosity

monstruoso *adj* **1** (*deforme, feo*) monstrous **2** (*escandaloso*) outrageous, monstrous

monta *f*: **de poca** ~ unimportant

montacargas *m inv* hoist

montada *f L.Am.* mounted police

montado *adj*: ~ **a caballo** on horseback

montador *m*, ~**a** *f* **1** TÉC fitter **2** *de película* editor

montaje *m* **1** TÉC assembly **2** *de película* editing **3** TEA staging; *fig* F con F

◇ **montaje fotográfico** photomontage

montante *m* COM total

montaña *f* mountain; **hacer una** ~ **de algo** *fig* make a mountain out of sth; **tener** ~**s de trabajo** have piles of work

◇ **montaña rusa** rollercoaster

montañero *m*, ~**a** *f* mountaineer

montañés I *adj* mountain *atr* **II** *m*, ~**esa** *f* person who lives in the mountains

montañismo *m* mountaineering

montañoso *adj* mountainous

montaplatos *m inv* dumb waiter

montar ⟨1a⟩ **I** *v/t* **1** TÉC assemble **2** *tienda* put up **3** *negocio* set up **4** TEA stage **5** *película* edit **6** *caballo* mount; ~ **la guardia** mount guard

II *v/i*: ~ **en bicicleta** ride a bicycle; ~ **a caballo** ride a horse; **tanto monta** it makes no difference

montarse *v/r* **1** *en coche, moto etc* get in; *en caballo* get on **2** *un negocio* set up **3** F *jaleo, bronca* kick up F; **montárselo** F set things up F

montaraz *adj* **1** *persona* uncouth, boorish **2** *animal* wild

monte *m* mountain; (*bosque*) woodland; **echarse** *o* **tirarse al** ~ *fig* take to the hills

◇ **monte alto** forest; **monte bajo** scrubland; **monte de piedad** pawnshop

montera *f* **1** (*gorra*) cap **2** TAUR bullfighter's hat; **ponerse el mundo por** ~ F take a risk

montería *f* (art of) hunting

montero *m*, -**a** *f* hunter

montés *adj*: **cabra montesa** mountain goat; **gato** ~ wildcat

montevideano I *adj* Montevidean **II** *m*, -**a** *f* Montevidean

montículo *m* mound

monto *m* COM total

montón *m* pile, heap; **ser del** ~ *fig* be average, not stand out; **montones de** F piles of F, loads of F; **tiene coches a montones** she has loads of cars; **había gente a montones** there were loads of people; **me gusta un** ~ F I'm crazy about him / her F

montuoso *adj* mountainous

montura *f de gafas* frame

monumental *adj* monumental

monumento *m* monument; **ser un** ~ *fig* F be very good-looking

◇ **monumento funerario** memorial

monzón *m* monsoon

moña *f Esp* P: **cogerse una** ~ get plastered F

moñita *f Urug* bow tie

moñito *m Rpl* bow tie

moño *m con el cabello* bun; **estar hasta el** ~ F be sick and tired

moquear ⟨1a⟩ *v/i*: **estar moqueando** *de persona* have a runny nose; *de nariz* run

moqueta *f* (wall-to-wall) carpet

moquillo *m* ZO distemper

mor *m lit*: **por** ~ **de** because of

mora *f* BOT *de zarza* blackberry; *de morera* mulberry

morada *f* dwelling; **la última** ~ *lit* one's final resting place

morado *adj* purple; **pasarlas -as** F have a rough time; **ponerse** ~ **de** F stuff o.s. with F

morador *m*, ~**a** *f* inhabitant

moral[1] **I** *adj* moral **II** *f* **1** (*moralidad*) morals *pl* **2** (*ánimo*) morale; **estar bajo de** ~ be feeling low; **levantar la** ~ cheer up

moral[2] *m* BOT mulberry tree

moraleja *f* moral

moralidad *f* morality
moralina *f* moral
moralista *m/f* moralist
moralizar ⟨1f⟩ **I** *v/t* raise the moral tone of **II** *v/i* moralize
morapio *m* F cheap (red) wine, *esp Br* plonk F
morar ⟨1a⟩ *v/i lit* dwell *lit*
moratón *m* bruise
moratoria *f* moratorium
mórbido *adj* **1** (*morboso*) morbid **2** *lit* soft
morbo *m* F perverted kind of pleasure; **le da~ ver un accidente** accidents hold a morbid fascination for him
morbosidad *f* morbidness, morbidity
morboso *adj* perverted
morcilla *f* blood sausage, *Br* black pudding; **¡que te den ~!** *fig* F go to hell! F
mordacidad *f* sharpness
mordaz *adj* biting, sharp
mordaza *f para la boca* gag
mordedura *f* bite
morder ⟨2h⟩ *v/t* bite; **está que muerde** *fig* F he's / she's furious F
mordida *f Méx* F bribe
mordisco *m* bite
mordisquear ⟨1a⟩ *v/t* nibble
morena *f* ZO moray eel
moreno **I** *adj* **1** *pelo, piel* dark **2** (*bronceado*) tanned **II** *m* tan, suntan
morera *f* BOT white mulberry tree
morería *f* **1** HIST Moorish lands *pl* **2** *barrio* Moorish quarter
moretón *m L.Am.* bruise
morfar *vt Rpl* F eat
morfe *m Rpl* F grub F
morfema *m* morpheme
morfina *f* morphine
morfinómano **I** *adj* addicted to morphine **II** *m*, **-a** *f* morphine addict
morfología *f* morphology
morgue *f L.Am.* morgue
moribundo **I** *adj* dying **II** *m*, **-a** *f* dying man / woman
morigerado *adj* well-behaved
morilla *f* BOT wild artichoke
morir ⟨3k; *part* **muerto**⟩ *v/i* die (*de* of); **~ de hambre** die of hunger, starve to death; **morirse** *v/r* die; **~ de** *fig* die of; **~ por** *fig* be dying for; **~ de sed** die of thirst; **~ de risa** laugh one's head off, die laughing
morisco **I** *adj* Moorish **II** *m*, **-a** *f* HIST Moorish convert to Christianity in post-Reconquest Spain
mormón *m*, **-ona** *f* Mormon
moro **I** *adj* **1** North African **2** HIST Moorish **II** *m*, **-a** *f* **1** North African **2** HIST Moor; **no hay ~s en la costa** F the coast is clear
morocho *adj S.Am. persona* dark
morondo *adj* **1** *persona* bald **2** *árbol* bare
moronga *f C.Am., Méx* blood sausage, *Br* black pudding
morosidad *f* COM slowness in paying
moroso COM **I** *adj* slow to pay **II** *m*, **-a** *f* slow payer
morral *m* knapsack
morralla *f Méx* small change
morrear ⟨1a⟩ P **I** *v/t* kiss, *Br tb* snog F; **morrearse** *v/r* kiss, *Br tb* snog F
morrena *f* GEOL moraine
morriña *f* homesickness
morro *m* ZO snout; **~s** *pl* F mouth *sg*, kisser *sg* F; **beber a ~** drink straight from the bottle; **estar de ~s** F be annoyed (**con** with); **tener mucho ~** have a real nerve; **caer** *o* **caerse de ~s** fall flat on one's face
morrocotudo *adj* F massive
morrón *m Rpl* red pepper
morrongo *m* F pussycat F
morsa *f* ZO walrus
mortaja *f* **1** (*sudario*) shroud **2** *L.Am.* cigarette paper
mortal **I** *adj* **1** *criatura* mortal **2** *accidente, herida* fatal; *dosis* lethal **II** *m/f* mortal
mortalidad *f* mortality; (**tasa de**) **~** mortality rate
◇ **mortalidad infantil** infant mortality rate
mortalmente *adv* fatally
mortandad *f* loss of life
mortecino *adj luz* dim; *color* dull
mortero *m tb* MIL mortar
mortífero *adj* lethal
mortificación *f* mortification
mortificante *adj* mortifying
mortificar ⟨1g⟩ *v/t* torment; **mortificarse** *v/r fig* **1** (*angustiarse*) distress o.s. **2** *Méx* (*apenarse*) be embarrassed *o* ashamed
mortuorio *adj* funeral *atr*; **casa -a** funeral home
moruno *adj desp* Moorish
mosaico *m* **1** mosaic **2** *L.Am. baldosa*

tile

mosca f fly; **~ muerta** F hypocrite; **estar ~ F** smell a rat F; **estar con** o **tener la ~ detrás de la oreja** F smell a rat F; **por si las ~s** F just to be on the safe side; **¿qué ~ te ha picado?** what's biting you?; **soltar** o **aflojar la ~** F pay up, cough up F; **caer** o **morir como ~s** *fig* drop like flies; **estar papando ~s** F be miles away F; **no es capaz de matar una ~** he wouldn't hurt a fly ◇ **mosca azul, mosca de la carne** ZO bluebottle

moscada *adj:* **nuez ~** nutmeg

moscarda f bluebottle, blowfly

moscardón m hornet

moscovita I *adj* Muscovite **II** *m/f* Muscovite

Moscú m Moscow

mosqueado F *adj Esp* **1** (*molesto*) riled F **2** (*receloso*) suspicious

mosquear ⟨1a⟩ F *v/t Esp* **1** (*molestar*) rile F **2** F (*hacer sospechar*) make suspicious; **mosquearse** *v/r* **1** (*enfadarse*) get hot under the collar F **2** (*sentir recelo*) smell a rat F

mosquete m musket

mosquetero m musketeer

mosquetón m musket

mosquita f: **~ muerta** F hypocrite

mosquitero m mosquito net

mosquito m mosquito

mostacho m mustache, *Br* moustache

mostaza f mustard

mosto m grape juice

mostrador m *en tienda, banco etc* counter; *en bar* bar; *Rpl en cocina* worktop ◇ **mostrador de facturación** check-in desk

mostrar ⟨1m⟩ *v/t* show; **mostrarse** *v/r:* **~ contento** seem happy

mostrenco *adj* **1** (*torpe*) dense **2** (*gordo*) fat

mota f **1** *de polvo* speck **2** *en diseño* dot

mote m **1** (*apodo*) nickname **2** *S.Am.* boiled corn o *Br* maize

motear ⟨1a⟩ *v/t* speckle

motejar ⟨1a⟩ *v/t* nickname; **~ a alguien de algo** brand sb sth

motel m motel

motero m, **-a** f F biker

motete m MÚS motet

motín m **1** (*rebelión*) mutiny **2** *en una cárcel* riot

motivación f motivation

motivar ⟨1a⟩ *v/t* motivate

motivo m **1** motive, reason; **por ~s de salud** for health reasons; **sin ~** for no reason at all; **con ~ de** because of; **con ~ de la visita** on the occasion of the visit **2** MÚS, PINT motif

moto f motorcycle, motorbike; **ir** / **estar como una ~** *fig* F be very agitated, *Br tb* be in a flat spin ◇ **moto acuática, moto de agua** jet ski

motocicleta f motorcycle

motociclismo m motorcycle racing

motociclista m/f motorcyclist

motocross m motocross

motonáutica f motorboat racing

motonave f motorboat

motoneta f *L.Am.* scooter

motor I *adj* ANAT motor **II** m engine; **eléctrico** motor ◇ **motor de búsqueda** INFOR search engine; **motor de cuatro tiempos** four-stroke engine; **motor de dos tiempos** two-stroke engine; **motor eléctrico** electric motor; **motor de inyección** fuel-injected engine; **motor de explosión** internal combustion engine

motora f motorboat

motorismo m motorcycling

motorista m/f motorcyclist

motosierra f chain saw

motovelero m sailing boat (*with a back-up engine*)

motriz *adj* motor; **fuerza ~** driving force

mouse m *L.Am.* INFOR mouse

movedizo *adj fig* restless

mover ⟨2h⟩ *v/t* **1** move **2** (*agitar*) shake **3** (*impulsar, incitar*) drive; **moverse** *v/r* move; **¡muévete!** get a move on! F, hurry up!

movible *adj* movable; *fig precio, opinión* fickle

movida f F scene

movido *adj* **1** *foto* blurred **2** *mar* rough **3** *mañana, jornada* busy

móvil I *adj* mobile **II** m TELEC cell phone, *Br* mobile (phone)

movilidad f mobility

movilización f MIL mobilization

movilizar ⟨1f⟩ *v/t* mobilize; **movilizarse** *v/r* mobilize

movimiento m **1** movement **2** COM, *fig* activity

moza *f* **1** girl; *buena ~* good-looking girl **2** (*camarera*) waitress

mozalbete *m* lad, boy

mozambiqueño *adj* Mozambican

mozárabe I *adj* Mozarabic **II** *m/f* Mozarab

mozo I *adj*: *en mis años ~s* in my youth **II** *m* **1** boy; *buen ~* good-looking boy **2** (*camarero*) waiter

mu *m* moo; *no decir ni ~* F not tell a soul

muaré *m* ☞ *moaré*

mucama *f Rpl* maid

mucamo *m Rpl* servant

muchacha *f* girl

muchachada *f Arg* group of youngsters

muchacho *m* boy

muchedumbre *f* crowd

mucho I *adj* **1** *singular* a lot of, lots of; *en frases interrogativas y negativas tb* much; *~ tiempo* a lot of time; *no tengo ~ tiempo* I don't have a lot of time *o* much time; *tengo ~ frío* I am very cold; *es ~ coche para mí* this car's too much for me
2 *plural* a lot of, lots of; *en frases interrogativas y negativas tb* many; *~s amigos* a lot of friends; *no tengo ~s amigos* I don't have a lot of friends *o* many friends
II *pron* **1** *singular* a lot; *en frases interrogativas y negativas tb* much; *no tengo ~* I don't have much *o* a lot
2 *plural* a lot; *en frases interrogativas y negativas tb* many; *no tengo ~s* I don't have many *o* a lot; *~s creen que ...* a lot of people *o* many people think that ...
III *adv* **1** a lot; *en frases interrogativas y negativas tb* much; *¿cuesta ~?* does it cost a lot *o* much?; *nos vemos ~* we see each other often *o* a lot; *hace ~ que no te veo* I haven't seen you for a long time; *¿dura / tarda ~?* does it last / take long?
2: *como ~* at the most; *10 meses dan para ~ o dan ~ de sí* you can do a lot in 10 months; *no es ni con ~* he is far from being ...; *ni ~ menos* far from it; *por ~ que* however much

mucosa *f* ANAT mucous membrane

mucosidad *f* mucus

mucoso *adj* mucous

muda *f de ropa* change of clothes

mudable *adj viento* changeable; *fig opi-nión, gustos* fickle

mudanza *f de casa* move

mudar ⟨1a⟩ **I** *v/t* **1** change **2** ZO shed **II** *v/i*: *~ de* **1** change **2** ZO shed; **mudarse** *v/r*: *~ de casa* move house; *~ de ropa* change (one's clothes)

mudéjar *adj* Mudéjar (*permitted to live under Christian rule*)

mudez *f* dumbness, muteness

mudo *adj* **1** *persona* mute **2** *letra* silent

mueble I *m* piece of furniture; *~s pl* furniture *sg*; *~s de época* period furniture; *~s por elementos modulares* modular furniture **II** *adj* JUR: *bienes ~s* movable items, personal property *sg*
◇ **mueble bar** cocktail cabinet
◇ **mueble-cama** foldaway bed, Murphy bed

mueblería *f* furniture store

mueblista *m/f artesano* furniture maker; *comerciante* furniture seller

mueca *f de dolor* grimace; *hacer ~s* make faces

muecín *m* REL muezzin

muela *f* tooth; ANAT molar; *dolor de ~s* toothache
◇ **muela del juicio** wisdom tooth

muelle *m* **1** TÉC spring **2** MAR wharf
◇ **muelle de carga** loading bay
◇ **muelle de descarga** off-loading bay

muérdago *m* BOT mistletoe

muerde *vb* ☞ *morder*

muere *vb* ☞ *morir*

muermo *m fig* F boredom; *ser un ~ fig* be a drag F

muerte *f* death; *a ~* to the death; *odiar a ~* loathe, detest; *me dio un susto de ~* it frightened me to death; *dar ~ a alguien* kill s.o.; *de mala ~ fig* F lousy F, awful F
◇ **muerte cerebral** brain death
◇ **muerte súbita** *en tenis* tiebreaker, tiebreak

muerto I *part* ☞ *morir*
II *adj* dead; *~ de hambre* starving; *fig, desp* penniless, down and out; *~ de sueño* dead-tired; *más ~ que vivo fig* half-dead; *no tener dónde caerse ~* F be as poor as a church mouse F
III *m*, *-a f* dead person; *hacer el ~ en el agua* float on one's back; *cargar(le) o colgar(le) a alguien el ~ fig* get s.o. to do the dirty work

muesca *f* notch, groove

muestra f 1 de un producto sample 2 (señal) sign 3 (prueba) proof; **como ~, un botón** for example 4 (modelo) model 5 (exposición) show
◇ **muestra gratuita** free sample
muestrario m collection of samples
muestreo m en estadística sample; acto sampling
mueve vb ☞ **mover**
mugido m moo
mugir ⟨3c⟩ v/i moo
mugre f filth
mugriento adj filthy
mugrón m AGR shoot
mugroso adj dirty
muguete m BOT lily-of-the-valley
mui f P mouth, kisser F; **irse de la ~** P talk, sing F
mujer f 1 woman 2 (esposa) wife
◇ **mujer de faenas, mujer de la limpieza** cleaning woman; **mujer de mala vida** prostitute; **mujer de la vida** prostitute
mujeriego I m womanizer II adj: **montar a -as** ride sidesaddle
mujerío m F group of women
mujerona f big fat woman
mujerzuela f F slut
mújol m ZO gray o Br grey mullet
mula f 1 ZO mule 2 Méx trash, Br rubbish
muladar m garbage dump, Br rubbish dump
mulato m,-a f person of mixed race, mulatto
mulero m mule driver
muleta f 1 MED crutch 2 TAUR cape
muletilla f favorite expression, Br favourite expression
muletón m flannelette
mullido adj soft
mullir ⟨3h⟩ v/t 1 almohada plump up 2 tierra loosen
mulo m ZO mule
multa f fine; **poner una ~ a alguien** fine s.o.
multar ⟨1a⟩ v/t fine
multicine m multiscreen
multicolor adj multicolored, Br multicoloured
multicopiar ⟨1b⟩ v/t duplicate
multicopista f duplicating machine
multicultural adj multicultural
multidisciplinar(io) adj multidisciplinary

multiétnico adj multiethnic
multifacético adj multifaceted
multifamiliar m L.Am. apartment house, Br block of flats
multifuncional adj multifunctional
multilateral adj multilateral
multilingüe adj multilingual
multimedia f/adj multimedia
multimediático adj multimedia
multimillonario m, **-a** f multimillionaire
multinacional I adj multinational II f multinational
multipartidismo m POL multiparty system
multipartidista adj multiparty atr
múltiple adj multiple; **de ~ uso** re-useable
multiplicación f multiplication
multiplicador m MAT multiplier
multiplicando m MAT multiplicand
multiplicar ⟨1g⟩ v/t multiply; **multiplicarse** v/r multiply
multiplicidad f multiplicity
múltiplo m MAT multiple
multipropiedad f timeshare
multirracial adj multiracial
multitud f crowd; **~ de** thousands of
multitudinario adj mass atr
multiuso adj multipurpose
mundanal adj worldly
mundano adj 1 persona, fiesta society atr 2 REL worldly
mundial I adj world atr II m: **el Mundial (de fútbol)** the World Cup
mundialización f globalization
mundialmente adv throughout the world
mundillo m world, circle
mundo m world; **el Nuevo Mundo** the New World; **el Tercer Mundo** the Third World; **el otro ~** the next world; **nada del otro ~** nothing out of the ordinary; **todo el ~** everybody, everyone; **medio ~** just about everybody; **tiene mucho ~** he's seen life; **correr o ver ~** see the world; **traer a alguien al ~** bring s.o. into the world, give birth to s.o; **venir al ~** come into the world, be born; **desde que el ~ es ~** since time immemorial; **por nada del ~** not for anything in the world; **se le hundió el ~, se le vino o cayó el ~ encima** his / her world fell

apart
mundología *f* worldly wisdom
Múnich *m* Munich
munición *f* ammunition
municionar ⟨1a⟩ *v/t:* ~ *a alguien* supply s.o. with ammunition, supply ammunition to s.o.
municipal *adj* municipal
municipalidad *f*, **municipio** *m* municipality
munificencia *f* generosity, munificence *fml*
muñeca *f* **1** *juguete* doll **2** *de sastre* dummy **3** ANAT wrist
muñeco *m* **1** *juguete* doll **2** *fig* puppet ◇ **muñeco de nieve** snowman
muñequera *f* wristband
muñir ⟨3h⟩ *v/t* (*amañar*) provide, supply
muñón *m* MED stump
mural I *adj* wall *atr* **II** *m* mural
muralla *f de ciudad* wall
murciélago *m* ZO bat
murga *f* band of street musicians; *dar la* ~ *a alguien* F bug s.o. F
murió *vb* ☞ *morir*
murmullo *m* murmur
murmuración *f*, **murmuraciones** *fpl* gossip *sg*
murmurador *m*, ~**a** *f* F gossip
murmurar ⟨1a⟩ **I** *v/i* **1** *hablar* murmur **2** *criticar* gossip **II** *v/t* murmur
muro *m* wall
murria *f* F gloom, depression
murrio *adj* F gloomy, depressed; *estar* ~ F be down F
mus *m card game, played with a partner*
musa *f* MYTH *tb fig* muse
musaraña *f* ZO shrew; *pensar en las* ~*s* F daydream
musculación *f* bodybuilding
muscular *adj* muscular
musculatura *f* muscles *pl*
músculo *m* muscle
musculoso *adj* muscular
muselina *f* muslin
museo *m de ciencias, historia* museum; *de pintura* art gallery
musgo *m* BOT moss

musgoso *adj* mossy
música *f* **I** music; *leer* ~ read music; *poner algo en* ~, *poner* ~ *a algo* set sth to music; *hacer* ~ make music; *ir con la* ~ *a otra parte fig* go somewhere else **II** *adj Méx* F: *ser* ~ be mean; *ser* ~ *para algo* be useless at sth
◇ **música de cámara** chamber music; **música celestial** *fig* empty words *pl*, hot air F; **música enlatada** piped *o* canned music, Muzak®; **música de fondo** background music; **música instrumental** instrumental music; **música ligera** easy listening, light music; **música rock** rock music
musical *m*/*adj* musical
musicalidad *f* musicality
music-hall *m* vaudeville, *Br* music hall
músico I *adj* musical **II** *m*, **-a** *f* musician
musicología *f* musicology
musicólogo *m*, **-a** *f* musicologist
musicoterapia *f* music therapy
musiquilla *f desp* (simple) music
musitar ⟨1a⟩ *v/i* mumble
muslo *m* thigh
mustiarse ⟨1b⟩ *v/r de planta* wither
mustio *adj* **1** *planta* withered **2** *fig* (*deprimido*) down F
musulmán I *adj* Muslim **II** *m*, **-ana** *f* Muslim
mutación *f* **1** BIO mutation **2** TEA scene change
mutar ⟨1a⟩ *v/t* BIO mutate; **mutarse** *v/r* mutate
mutilación *f* mutilation
mutilado *m*, **-a** *f* disabled person
◇ **mutilado de guerra** disabled war veteran, *Br* disabled ex-serviceman
mutilar ⟨1a⟩ *v/t* mutilate
mutis *m inv* TEA exit; *hacer* ~ exit; *fig* keep quiet; *hacer* ~ *por el foro fig* make o.s. scarce
mutismo *m* silence
mutualidad *f* benefit society, *Br* friendly society
mutuo *adj* mutual
muy *adv* **1** very; ~ *valorado* highly valued; *Muy Señor mío* Dear Sir **2** (*demasiado*) too

N

N *abr* (= **norte**) N (North(ern))

naba *f* BOT turnip

nabo *m* **I** *adj Arg* F dumb F **II** *m* turnip

nácar *m* mother-of-pearl

nacarado *adj* pearly

nacatamal *m* C.Am., Méx meat, rice and corn in a banana leaf

nacer ⟨2d⟩ *v/i* **1** be born; *de un huevo* hatch **2** *de una planta* sprout **3** *de un río, del sol* rise **4** (*surgir*) arise (*de* from)

nacido born; *mal* ~ wicked; *haber* ~ *de pie* be born lucky; *no nací* ~ *ayer* I wasn't born yesterday

naciente *adj* **1** *país, gobierno* newly formed **2** *sol* rising

nacimiento *m* **1** birth; *de* ~ *defecto físico etc* congenital, that he / she *etc* is born with; *es ciego de* ~ he was born blind **2** *de Navidad* crèche, nativity scene

nación *f* nation

nacional *adj* national

nacionalidad *f* nationality; *doble* ~ dual nationality

nacionalismo *m* nationalism

nacionalista *m/f & adj* nationalist

nacionalización *f* COM nationalization

nacionalizar I ⟨1f⟩ *v/t* **1** COM nationalize **2** *persona* naturalize; **nacionalizarse** *v/r* become naturalized

naco *m Col* purée

nada I *pron* nothing; *no hay* ~ there isn't anything; *no es* ~ it's nothing; ~ *más* nothing else; ~ *menos que* no less than; ~ *de* ~ nothing at all; *para* ~ not at all; *no lo entiendes para* ~ you don't understand at all; *lo dices como si* ~ you talk about it as if it was nothing; *más que* ~ more than anything; *no lo haría por* ~ *del mundo* I wouldn't do it if you paid me; *por menos de* ~ for no reason at all; ~ *más llegar* as soon as I arrived; *antes de* ~ first of all; *¡* ~ *de eso!* F you can put that idea out of your head; *¡casi* ~*!* peanuts!; *¡de* ~*!* you're welcome, not at all; *pues* ~, ... well, ...

II *adv* not at all; *no ha llovido* ~ it hasn't rained; *no estoy* ~ *contento* I'm not at all happy

III *f* nothingness

nadador *m*, ~*a f* swimmer; ~ *de fondo* long-distance swimmer

nadar ⟨1a⟩ *v/i* swim; ~ *y guardar la ropa fig* have one's cake and eat it; ~ *en dinero fig* be rolling in money

nadería *f* trifle

nadie *pron* nobody, no-one; *no había* ~ there was nobody there, there wasn't anyone there; *no hablé con* ~ I didn't speak to anybody, I spoke to no-one; *un don* ~ F a nonentity, a nobody

nado *m* **1** *L.Am.* swimming **2**: *atravesar a* ~ swim across

nafta *f Arg* gas(oline), *Br* petrol

naftalina *f* naphthalene

naïf *adj* naive

nailon *m* nylon

naipe *m* (playing) card

nalga *f* buttock; ~*s pl* F butt *sg* F, *Br* backside *sg* F

Namibia *f* Namibia

namibio I *adj* Namibian **II** *m*, -a *f* Namibian

nana *f* **1** lullaby **2** *Rpl* F (*abuela*) grandma

napias *fpl* F schnozzle *sg* F, *Br* hooter *sg* F

Nápoles *m* Naples

naranja I *f* orange; *media* ~ F (*pareja*) other half **II** *adj* orange

naranjada *f* orangeade

naranjado *adj* orange

naranjal *m* orange grove

naranjero *m*, -a *f* orange grower

naranjo *m* orange tree

narcisismo *m* narcissism

narcisista *adj* narcissistic

narciso *m* BOT daffodil

narco *m/f* F drug trafficker

narcosis *f* narcosis

narcótico *m/adj* narcotic

narcotizar ⟨1f⟩ *v/t* drug

narcotraficante *m/f* drug trafficker

narcotráfico *m* drug trafficking

nardo *m* BOT nard

narguile *m* hookah, hubble-bubble

narigón, narigudo *adj* big nose, P schnozzle

nariz *f* nose; **¡narices!** F nonsense!; **caerse de narices con** F bump into; **estar hasta las narices de algo** F be sick of sth F, be up to here with sth F; **se le hincharon las narices** F he blew his top F; **hincharle las narices a alguien** F get on s.o.'s nerves F, *Br tb* get up s.o.'s nose F; **meter las narices en algo** F stick one's nose in sth F; **nos restriegan por las narices su victoria** they're rubbing our noses in the fact that they won; **no ve más allá de sus narices** *fig* he can't see further than the end of his nose; **quedarse con un palmo de narices** F have the wind taken out of one's sails F

narizón *m* F big nose, schnozzle P, *Br* conk F

narizotas *m/f inv* F person with a big nose *o* schnozzle P

narración *f* narration

narrador *m*, ~a *f* narrator

narrar ⟨1a⟩ *v/t*: ~ **algo** tell the story of sth

narrativa *f* **1** narrative **2** *género literario* fiction

narrativo *adj* narrative

narval *m* ZO narwhal

nasal *adj* nasal

nasofaríngeo *adj* ANAT nose and throat *atr*

nata *f* cream

◇ **nata montada** whipped cream

natación *f* swimming

natación sincronizada synchronized swimming

natal I *adj* native; **ciudad** ~ city of one's birth, home town; **casa** ~ house one was born in, birthplace II *m/f Méx* native

natalicio I *adj* birthday *atr* II *m* birthday

natalidad *f* birthrate; **control de** ~ birth control; **de alta / baja** ~ with a high / low birthrate

natillas *fpl* custard *sg*

Natividad *f* Nativity

nativo I *adj* native (**de** to) II *m*, -a *f* native

nato *adj* born; **un poeta** ~ a born poet

natural I *adj* **1** natural; **es** ~ it's only natural **2** MÚS nota natural **3**: **ser** ~ **de** come from II *m*: **fruta al** ~ fruit in its own juice

naturaleza *f* **1** nature **2** (*índole*) kind, type

◇ **naturaleza muerta** PINT still life

naturalidad *f* naturalness; **con toda** ~ very naturally, as if it were the most natural thing in the world

naturalismo *m* naturalism

naturalista *m/f* naturalist

naturalizar ⟨1f⟩ *v/t* I naturalize; **naturalizarse** *v/r* become naturalized

naturalmente *adv* naturally

naturismo *m* MED naturopathy

naturista I *adj* **1** nudist, naturist **2** *medicina* natural; **médico** ~ naturopath II *m/f* nudist, naturist

naturópata *m/f* naturopath

naturopatía *f* natural medicine, naturopathy

naufragar ⟨1h⟩ *v/i* be shipwrecked; *fig* fail

naufragio *m* shipwreck

náufrago I *adj* shipwrecked II *m*, -a *f* shipwrecked person

nauseabundo *adj* nauseating

náuseas *fpl* nausea *sg*; **tengo** ~ I feel nauseous, *Br* I feel sick; **dar** ~ *fig* be sickening

náutica *f* navigation

náutico *adj* nautical

navaja *f* knife

◇ **navaja de afeitar** straight razor, *Br* cutthroat razor

navajada *f*, navajazo *m* knife wound, slash

navajero *m*: **le asaltó un** ~ he was attacked by a man with a knife

naval *adj* naval; **base** ~ MIL naval base; **construcción** ~ shipbuilding

navarro *adj* of Navarre, from Navarre, Navarre *atr*

nave *f* **1** ship; **quemar las** ~**s** *fig* burn one's boats **2** *de iglesia* nave

◇ **nave espacial** spacecraft

◇ **nave industrial** industrial premises *pl*

navegabilidad *f* navigability

navegable *adj* navigable

navegación *f* navigation

◇ **navegación aérea** air travel; **navegación de altura** celestial navigation; **navegación espacial** space travel; **navegación a vela** sailing

navegador *m* INFOR browser

navegante *m/f* **1** MAR navigator **2**: ~ (**por Internet**) (web) surfer, (net) surfer

navegar ⟨1h⟩ I *v/i* **1** *por el mar* sail **2** *por*

el aire, espacio fly **3**: **~ por la red** *o por* ***Internet*** surf the Net ‖ *v/t* sail

Navidad *f* Christmas; **¡Feliz ~!** Merry *o* Happy Christmas!

navideño *adj* Christmas *atr*

naviero I *adj* shipping *atr* ‖ *m*, **-a** *f* ship-owner

navío *m* ship

náyade *f* MYTH naiad, water nymph

nazi *m/f & adj* Nazi

nazismo *m* Nazi(i)sm

N.B. *abr* (= **nótese bien**) NB (= *nota bene*)

NE *abr* (= **nordeste**) NE, Northeast

neblina *f* mist

neblinoso *adj* misty

nebulosa *f* AST nebula

nebuloso *adj fig* hazy, nebulous

necedad *f* foolishness

necesariamente *adv* necessarily; **no ~** not necessarily

necesario *adj* necessary

neceser *m* toilet kit, *Br* toilet bag; **~ de viaje** overnight bag

necesidad *f* **1** need; **en caso de ~** if necessary; **por ~** out of necessity; **hacer de la ~ virtud** make a virtue out of a necessity **2** (*cosa esencial*) necessity; **de primera ~** essential **3**: **hacer sus ~es** F relieve o.s. **4**: **pasar ~es** suffer hardship

necesitado *adj* needy; **estar ~ de algo** be in need of sth

necesitar ⟨1a⟩ *v/t* need; **necesito hablarte** I need to talk to you

necio I *adj* brainless ‖ *m*, **-a** *f* fool, idiot

nécora *f* ZO, GASTR edible sea crab

necrología, necrológica *f* obituary

necrológico *adj* necrological

necrópolis *f* HIST necropolis

necrosis *f* MED necrosis

néctar *m* BOT nectar

nectarina *f* BOT nectarine

neerlandés I *adj* Dutch ‖ *m* **1** Dutchman **2** *idioma* Dutch

neerlandesa *f* Dutchwoman

nefando, nefasto *adj* harmful

nefritis *f* nephritis

negación *f* **1** negation **2** *de acusación* denial **3** (*prohibición*) refusal **4** GRAM negative

negado *adj* useless F; **ser ~ para algo** be useless at sth F

negar ⟨1h & 1k⟩ *v/t* **1** *acusación* deny **2**

(*no conceder*) refuse; **negarse** *v/r* refuse (**a** to)

negativa *f* **1** refusal **2** *de acusación* denial

negativo I *adj* negative; **dar ~ de test** be negative ‖ *m* FOT negative

negligencia *f* JUR negligence

negligente *adj* negligent

negociable *adj* negotiable

negociación *f* negotiation; **negociaciones** *pl* talks, negotiations

◇ **negociación colectiva** collective bargaining

negociado *m* department

negociador I *adj* negotiating ‖ *m*, **~a** *f* negotiator

negociante *m/f* businessman; *mujer* businesswoman; *desp* money-grubber

negociar ⟨1b⟩ *v/t* negotiate

negocio *m* **1** business **2** (*trato*) deal

negra *f* **1** black woman **2** MÚS quarter note, *Br* crotchet **3** *L.Am.* (*querida*) honey, dear **4**: **tener la ~** F be out of luck

negrero *m*, **-a** *f fig* slave driver

negrilla, negrita *f* bold

negro I *adj* black; **estar ~** F be furious; **poner ~ a alguien** F make s.o. furious, make s.o. see red; **verse ~ para hacer algo** F have one's work cut out to do sth; **las he pasado -as** I've had a rough time ‖ *m* **1** black man; **trabajar como un ~** F work one's butt off F **2** *L.Am.* (*querido*) honey, dear

negrura *f* blackness

negruzco *adj* blackish

nel *adv Méx* F no, nope F

nena *f* F little girl, kid F

nene *m* F little boy, kid F

nenúfar *m* BOT water lily

neocelandés ☞ **neozelandés**

neofascismo *m* neofascism

neofascista I *adj* neofascist *atr* ‖ *m/f* neofascist

neófito *m* REL, *fig* neophyte

neolítico *m* GEOL Neolithic period

neologismo *m* neologism

neón *m* neon

neonazi I *adj* neonazi ‖ *m/f* neonazi

neonazismo *m* neonazism

neoyorquino I *adj* New York *atr* ‖ *m*, **-a** New Yorker

neozelandés I *adj* New Zealand *atr* ‖ *m*, **-esa** *f* New Zealander

neozoico *m* GEOL Neozoic *o* Cenozoic period

Nepal *m* Nepal

nepalés I *adj* Nepalese **II** *m*, **-esa** *f* Nepalese

nepotismo *m* nepotism

nervadura, nervatura *f* **1** BOT vein structure, veins *pl* **2** ARQUI ribbing

nervio *m* ANAT nerve; **tener ~s** be nervous; **tener ~s de acero** have nerves of steel; **crispar los ~s a alguien, poner los ~s de punta a alguien** get on s.o.'s nerves; **perder los ~s** fly off the handle

nerviosismo *m* nervousness

nervioso *adj* nervous; **ponerse ~** get nervous; *(agitado)* get agitated; **poner a alguien ~** get on s.o.'s nerves

nervudo *adj persona* robust; *mano* sinewy

netiqueta *f* INFOR netiquette

neto *adj* COM net

neumático I *adj* pneumatic **II** *m* AUTO tire, *Br* tyre
◇ **neumático sin cámara** tubeless tire *o Br* tyre

neumonía *f* MED pneumonia

neura *f* F: **le entró la ~** she got uptight F

neural *adj* neural

neuralgia *f* neuralgia

neurálgico *adj* neuralgic; **punto ~** nerve center *o Br* centre; *fig* key point

neurastenia *f* nervous exhaustion

neuritis *f* MED neuritis

neurocirugía *f* neurosurgery, brain surgery

neurocirujano *m*, **-a** *f* brain surgeon

neurología *f* neurology

neurológico *adj* neurological

neurólogo *m*, **-a** *f* neurologist

neurona *f* neurone

neuropatía *f* neuropathy

neurosis *f inv* neurosis

neurótico *adj* neurotic

neutral *adj* neutral

neutralidad *f* neutrality

neutralismo *m* neutralism

neutralizar ⟨1f⟩ *v/t* neutralize

neutro I *adj* neutral **II** *m* L.Am. AUTO neutral

neutrón *m* neutron

nevada *f* snowfall

nevado *adj* snow-covered; *fig* snow-white

nevar ⟨1k⟩ *v/i* snow

nevasca *f* snowstorm

nevazón *f Arg, Chi* snowstorm

nevera *f* refrigerator, fridge
◇ **nevera portátil** cooler

nevería *f Méx, C.Am.* ice-cream parlor, *Br* ice-cream parlour

nevero *m* snowdrift

nevisca *f* light snowfall

neviscar ⟨1g⟩ *v/i* snow gently

nexo *m* link; GRAM connective

ni *conj* neither; **~ ... ~** neither ... nor; **~ siquiera** not even; **no di ~ una** I made a real mess of things; **~ que** not even if

nica *adj & m/f L.Am.* F Nicaraguan

Nicaragua *f* Nicaragua

nicaragüense *m/f & adj* Nicaraguan

nicho *m* niche
◇ **nicho ecológico** BIO (ecological) niche
◇ **nicho del mercado** COM market niche

nicotina *f* nicotine; **bajo en ~** low in nicotine

nidada *f* clutch

nidificar ⟨1g⟩ *v/i* nest

nido *m* nest

niebla *f* fog

nieta *f* granddaughter

nieto *m* **1** grandson **2**: **~s** *pl* grandchildren

nieve *f* **1** snow; **~ polvo** powder snow **2** *Méx* water ice, sorbet
◇ **nieves perpetuas** perpetual *o* permanent snow *sg*

NIF *m abr* (= **Número de Identificación Fiscal**) Fiscal Identification Number

nihilismo *m* nihilism

nihilista I *adj* nihilistic **II** *m/f* nihilist

nilón *m* nylon

nimbo *m* **1** AST nimbus **2** *de santo* halo

nimiedad *f* triviality

nimio *adj* trivial

ninfa *f* ZO, MYTH nymph

ninguno *adj* no; **no hay -a razón** there's no reason why, there isn't any reason why

niña[1] *f* **1** girl **2** *forma de cortesía* young lady

niña[2] *f* ANAT pupil; **es la ~ de sus ojos** *fig* he is the apple of her eye; **guardar algo como la ~ de sus ojos** take very good care of sth, guard sth with one's life

niñada f **1** childishness **2** acto childish thing to do

niñato[1] adj desp bighead

niñato[2] m, **-a** f brat

niñera f nanny

niñería f: **una ~** a childish thing

niñero adj fond of children

niñez f childhood

niño I adj young; desp childish; **¡no seas ~!** don't be childish! **II** m **1** boy; **como ~ con zapatos nuevos** like a child with a new toy **2** forma de cortesía young man **3**: **~s** pl children
◇ **niño bien** rich kid F; **niño de pecho** infant; **niño probeta** test-tube baby

nipón I adj Japanese **II** m, **-ona** f Japanese

níquel m nickel

niquelar ⟨1a⟩ v/t nickel-plate

níscalo m saffron milk cap

níspero m BOT loquat

nitidez f **1** clarity **2** FOT sharpness

nítido adj **1** clear **2** imagen sharp

nitrato m nitrate
◇ **nitrato de Chile** saltpeter, Br saltpetre

nítrico adj nitric; **ácido ~** nitric acid

nitrógeno m nitrogen

nitroglicerina f nitroglycerin

nitroso adj nitrous

nivel m **1** level; **a ~ mundial / nacional** at o on a global / national level; **un incremento del 4% a ~ nacional** a 4% increase nationwide **2** (altura) height
◇ **nivel del aceite** AUTO oil level; **nivel del agua** water level; **nivel de aire** spirit level; **nivel cero** Ground Zero; **nivel freático** water table; **nivel del mar** sea level; **nivel de ruido, nivel sonoro** noise level; **nivel de vida** standard of living

nivelación f leveling, Br levelling

niveladora f TÉC bulldozer

nivelar ⟨1a⟩ v/t **1** terreno, superficie level, grade **2** diferencias even out

níveo adj lit snowy

nixtamal m Méx, C.Am. dough from which corn tortillas are made

no I adv **1** no; **~ del todo** not entirely; **~ ya por el gobierno sino por los habitantes del país** not for the government but for the people; **ya ~** not any more; **~ más** L.Am. ☞ **nomás**; **así ~ más** L.Am. just like that

2 para negar verbo not; **no entiendo** I don't understand, I do not understand; **~ mejora nada** it doesn't improve at all; **~ te vayas** don't go
3 (tan pronto como): **~ bien** as soon as; **~ bien entramos nos recibió una ovación** no sooner had we entered than we received an ovation
4: **te gusta, ¿~?** you like it, don't you?; **te ha llamado, ¿~?** he called you, didn't he?; **¿a que ~?** I bet you don't / can't etc
5 con adjetivos, sustantivos non-; **~ optativo** non-optional; **para ~ fumadores** for non-smokers
II m no; POL tb nay

n.o abr (= **número**) No. (= number)

NO abr (= **noroeste**) NW, Northwest

nobiliario adj noble

noble m/f & adj noble

nobleza f nobility

noche f night; **¡buenas ~s!** saludo good evening; despedida good night; **de ~, por la ~,** L.Am. **en la ~** at night; **hacerse de ~** get dark; **muy de ~, muy entrada la ~** well into the night; **llegó a casa muy entrada la ~** he got home very late; **de la ~ a la mañana** fig overnight

Nochebuena f Christmas Eve

nochecita f L.Am. evening

nochero m L.Am. night watchman

Nochevieja f New Year's Eve

noción f **1** notion **2**: **nociones** pl rudiments, basics

nocividad f harmfulness

nocivo adj harmful

noctámbulo m, **-a** f sleepwalker

nocturno adj **1** night atr; **clase -a** evening class **2** ZO nocturnal

nódulo m nodule

nogal m BOT walnut

nómada I adj nomadic **II** m/f nomad

nomás adv L.Am. **1** just, only; **llévaselo ~** just take it away; **siga ~** just carry on **2** (tan pronto como): **~ lo vio, echó a llorar** as soon as she saw him she started to cry; **~ llegue, te avisaré** as soon as he arrives, I'll let you know

nombrado adj famous, renowned

nombramiento m appointment

nombrar ⟨1a⟩ v/t **1** mention **2** para un cargo appoint

nombre m **1** name; **un barco de ~ desconocido** a boat whose name is not known, an unknown boat; *un caballo de ~ Arquero* a horse by the name of Arquero, a horse called Arquero; *es abogado sólo de ~* he is a lawyer in name only; *de ~ amenazador* with a threatening sounding name; *llamar las cosas por su ~* call a spade a spade; *no tener ~ fig* be inexcusable **2** GRAM noun

◇ **nombre artístico** stage name; **nombre de familia** family name, last name, surname; **nombre de guerra** nom de guerre, pseudonym; **nombre de pila** first name; **nombre propio** proper noun; **nombre de soltera** maiden name

nomenclatura *f* nomenclature
nomeolvides *f inv* BOT forget-me-not
nómina *f* pay slip
nominación *f* nomination
nominal *adj* nominal
nominar ⟨1a⟩ *v/t* nominate
non I *adj* odd **II** *m* odd number
nonagenario I *adj* nonagenarian **II** *m, -a f* nonagenarian, person in his / her nineties
nonagésimo *adj* ninetieth
nonato *adj* born by Cesarean *o Br* Caesarean section
nono *adj* ninth
nopal *m L.Am.* BOT prickly pear
noquear ⟨1a⟩ *v/t* knock out
nor(d)este I *adj* northeastern **II** *m* northeast
noray *m* MAR (mooring) bollard
norcoreano I *adj* North Korean **II** *m, -a f* North Korean
nórdico I *adj* **1** (*del norte*) Northern European **2** *esquí* nordic **II** *m, -a f* Northern European
noria *f de agua* waterwheel; *en feria* Ferris wheel
norirlandés I *adj* of / from Northern Ireland, Northern Ireland *atr* **II** *m*, **-esa** *f* man / woman from Northern Ireland
norma *f* **1** standard **2** (*regla*) rule, regulation
normal *adj* normal
normalidad *f* normality; *volver a la ~* return to normal
normalización *f* **1** normalization **2** TÉC standardization
normalizar ⟨1f⟩ *v/t* **1** normalize **2** TÉC

standardize; **normalizarse** *v/r* normalize
normalmente *adv* normally
normativa *f* rules *pl*, regulations *pl*
normativo *adj código, sistema etc* regulatory
nornordeste *m* north-northeast
nornoroeste *m* north-northwest
noroccidental *adj* northwestern
noroeste *m* northwest
nororiental *adj* northeastern
norte *m* north; *al ~ de* north of; *perder el ~ fig* lose one's way
Norteamérica *f* North America
norteamericano I *adj* North American **II** *m*, **-a** *f* North American
norteño I *adj* northern **II** *m*, **-a** *f* northerner
Noruega *f* Norway
noruego I *adj* Norwegian **II** *m*, **-a** *f* Norwegian
nos I *pron complemento directo* us; *complemento indirecto* (to) us; *~ dio el dinero* he gave us the money, he gave the money to us **II** *reflexivo* ourselves
nosotras, nosotros *pron* we; *complemento* us; *ven con ~* come with us; *somos ~* it's us; *esto queda entre ~* this is just between us
nostalgia *f* nostalgia; *por la patria* homesickness
nostálgico *adj* nostalgic; *por la patria* homesick
nota *f* **1** MÚS note; *~ discordante fig* discordant note; *dar la ~* F draw attention to o.s. **2** EDU grade, mark; *sacar buenas / malas ~s* get good / bad grades **3** (*anotación*): *tomar ~s* take notes; *tomar ~ de algo* make a note of sth
◇ **nota adhesiva** Post-it® note; **nota de entrega** delivery note; **nota marginal** note in the margin; **nota a pie de página** footnote
notable I *adj* remarkable, notable **II** *m* **1** EDU *B* **2**: *~s pl* dignitaries
notación *f* MÚS notation
notar ⟨1a⟩ *v/t* **1** notice; *hacer ~ algo a alguien* point sth out to s.o.; *se nota que* you can tell that; *hacerse ~* draw attention to o.s. **2** (*sentir*) feel
notaría *f* notary's office
notario *m*, **-a** *f* notary
notebook *m* INFOR notebook (computer)

noticia *f* piece of news; *en noticiario* news story, item of news; *tener ~ de algo* have news of sth; *~s pl* news *sg*; *no tengo ~s de él* I haven't had any news from him

noticiario, noticierio *m L.Am.* RAD, TV news *sg*

notificación *f* notification

notificar ⟨1g⟩ *v/t* notify

notoriedad[1] *f* clarity, clearness

notoriedad[2] *f* **1** clarity, clearness **2** (*fama*) fame

notorio *adj* **1** (*claro*) clear **2** (*famoso*) famous, well-known

novatada *f* practical joke

novato I *adj* inexperienced **II** *m*, **-a** *f* beginner, rookie F

novecientos *adj* nine hundred

novedad *f* **1** novelty **2** *cosa* new thing; *acontecimiento* new development; *sin ~* no change, same as always; *llegar sin ~* arrive safely **3** (*noticia*) piece of news

novedoso *adj* novel, new; *invento* innovative

novel *adj* new

novela *f* novel

◇ **novela corta** novella; **novela de costumbres** novel of manners; **novela por entregas** serial; **novela negra** crime novel; **novela policíaca** detective novel; **novela rosa** romantic novel

novelar ⟨1a⟩ *v/t* turn into a novel

novelista *m/f* novelist

novelística *f* novel

novelón *m* long novel

noveno *adj* ninth

noventa *adj* ninety

novia *f* **1** girlfriend **2** (*prometida*) fiancée **3** *el día de la boda* bride

noviar ⟨1b⟩ *v/i L.Am.* F: *~ con alguien* go out with s.o.

noviazgo *m* engagement

noviciado *m* novitiate

novicio *m*, **-a** *f* REL novice

noviembre *m* November

novilla *f* ZO heifer

novillada *f* bullfight featuring novice bulls

novillero *m* novice (bullfighter)

novillo *m* ZO young bull; *hacer ~s* F play hooky F, play truant

novio *m* **1** boyfriend **2** (*prometido*) fiancé **3** *el día de la boda* bridegroom;

quedarse compuesta y sin ~ tb fig F be left high and dry F **4**: *los ~s* the bride and groom; (*recién casados*) the newly-weds

novísimo *adj* newest, latest

nubarrón *m* storm cloud

nube *f* cloud; *~ tóxica* toxic cloud, cloud of poison gas; *estar en las ~s* fig be miles away, be day-dreaming; *estar por las ~s* fig F be incredibly expensive; *poner en las ~s* fig praise to the skies

núbil *adj* nubile

nublado I *adj* cloudy, overcast **II** *m* storm cloud

nublarse ⟨1a⟩ *v/r* cloud over

nubosidad *f* clouds *pl*

nuboso *adj* cloudy

nuca *f* nape of the neck

nuclear *adj* nuclear

núcleo *m* **1** nucleus; *~* (*celular*) BIO (cell) nucleus **2** *de problema* heart

nudillo *m* knuckle

nudismo *m* nudism

nudista *m/f* nudist; *playa~* nudist beach

nudo *m* **1** *tb* BOT knot; *se me hace un ~ en la garganta* F I get a lump in my throat **2**: *~ ferroviario* railroad *o Br* railway junction

◇ **nudo corredizo** slipknot; **nudo gordiano** Gordian knot; **nudo marinero** sailor's knot, *Br* reef knot

nudoso *adj* *madera* knotty

nuera *f* daughter-in-law

nuestro I *adj pos* our **II** *pron* ours; *es ~* it's ours

nueva *f* lit piece of news

Nueva York *f* New York

Nueva Zelanda *f* New Zealand

nuevamente *adv* again

nueve *adj* nine

nuevo *adj* **1** new; *sentirse como ~* feel like new; *¿qué hay de ~?* what's new? **2** (*otro*) another; *de ~* again

nuez *f* **1** BOT walnut **2** ANAT Adam's apple

◇ **nuez del Brasil** Brazil nut

◇ **nuez moscada** nutmeg

nueza *f* BOT bryony, bryonia

nulidad *f* nullity; *fig* F dead loss F

nulo *adj* **1** JUR null and void **2** F *persona* hopeless **3** (*inexistente*) non-existent, zero **4** DEP: *salida -a* false start

núm. *abr* (= *número*) No. (= number)

numeración *f* **1** numbering **2** (*números*) numbers *pl*

numerador *m* MAT numerator

numeral I *adj:* **valor ~** numerical value; **sistema ~** numeric system **II** *m* numeral

numerar ⟨1a⟩ *v/t* number

numerario I *adj socio* full; *empleado, profesor* permanent; *catedrático* tenured **II** *m* cash

numérico *adj* numerical; **teclado ~** numeric keypad, number pad

número *m* **1** number; **un gran ~ de** a large number of; **sin ~** countless; **ser el ~ uno** be number one, be the best; **en ~s redondos** in round figures; **en ~s rojos** *fig* in the red; **hacer ~s** F add up the figures, *Br* do one's sums **2** *de publicación* issue **3** *de zapato* size **4**: **montar un ~** F make a scene **5**: **de ~** *socio* full; *empleado, profesor* permanent; *catedrático* tenured

◇ **número complementario** *en lotería* bonus number; **número entero** whole number; **número de identificación fiscal** ☞ **NIF**; **número premiado** winning number; **número primo** prime number; **número secreto** PIN (number)

numeroso *adj* numerous

numismática *f* numismatics *sg*

numismático I *adj* numismatic, coin *atr*; **colección -a** coin collection **II** *m*, **-a** *f* coin collector, *fml* numismatist

nunca *adv* never; **~ jamás** *o* **más** never

again; **más que ~** more than ever

nunciatura *f* REL nunciature

nuncio *m* REL nuncio

nupcial *adj* wedding *atr*

nupcias *fpl* wedding *sg*, nuptials; **casarse en segundas ~** remarry, marry for the second time

nutria *f* ZO otter

nutrición *f* nutrition

nutricional *adj* nutritional; **valor ~** nutritional value

nutricionista *m/f* nutritionist

nutrido *adj fig* large

nutriente *m* nutrient

nutrir ⟨3a⟩ *v/t* nourish; *fig: esperanzas* cherish; **nutrirse** *v/r* receive nourishment; **~ de algo** feed on sth

nutritivo *adj* nutritious, nourishing

nylon *m* nylon

ñame *m* BOT yam

ñandú *m* ZO rhea

ñandutí *m Parag:* type of lace

ñaña *f L.Am.* shit F, crap F

ñapa *f S.Am.* extra, bonus; **le di dos de ~** I threw in an extra two

ñato *adj Rpl* snub-nosed

ñeque *m S.Am.* strength; **de ~** F gutsy F; **tener mucho ~** F have a lot of guts F

ñoñería, ñoñez *f* feebleness F, wimpish behavior *o Br* behaviour F

ñoño I *adj* feeble F, wimpish F **II** *m*, **-a** *f* drip F, wimp F

ñoqui *m:* **~s** *pl* GASTR gnocchi *sg*

ñu *m* ZO gnu

O

o *conj* or; **~ (bien) ... ~** either ... or; **~ sea** in other words

O *abr* (= **oeste**) W (= West(ern))

oasis *m inv* oasis

obcecación *f* obstinacy

obcecado *adj* **1** (*terco*) obstinate, stubborn **2** (*obsesionado*) obsessed (*con* with)

obcecar ⟨1g⟩ *v/t* blind; **obcecarse** *v/r* **1** (*insistir*) stubbornly insist (*en que* that) **2** (*obsesionarse*) become obsessed (*con* with)

obedecer ⟨2d⟩ **I** *v/t* obey **II** *v/i* **1** obey; *la profesora no sabe hacerse ~* the tea-

cher cannot control the class *o* cannot command obedience **2** *de una máquina* respond **3**: **~ a** *fig* (*ser causa de*) be due to

obediencia *f* obedience

obediente *adj* obedient

obelisco *m* obelisk

obertura *f* MÚS overture

obesidad *f* obesity

obeso *adj* obese

óbice *m* obstacle; **esto no es ~ para que acuda a la reunión** *fml* this doesn't prevent me from going to the meeting

obispal *adj* episcopal

obispo *m* bishop

óbito *m fml* demise *fml*

obituario *m* **1** REL register of deaths **2** *en periódico* obituary

objeción *f* objection

◇ **objeción de conciencia** conscientious objection

objetar ⟨1a⟩ **I** *v/t* object; *tener algo que* ~ have any objection **II** *v/i* become a conscientious objector

objetivar ⟨1a⟩ *v/t* objectivize

objetividad *f* objectivity

objetivo I *adj* objective **II** *m* **1** objective **2** MIL target **3** FOT lens

objeto *m* **1** object; *~s de regalo pl* gifts, gift items **2**: *con ~ de* with the aim of

objetor *m*, *~a f* objector

◇ **objetor de conciencia** conscientious objector

oblea *f* (communion) wafer

oblicuo *adj* oblique, slanted

obligación *f* **1** obligation, duty **2** COM bond

◇ **obligación convertible** convertible bond

obligado *adj* obliged (*a* to)

obligar ⟨1h⟩ *v/t* **1**: *~ a alguien* oblige *o* force s.o. (*a hacer algo* to do sth) **2** *de una ley* apply to s.o.; **obligarse** *v/r*: *~ a hacer algo* force o.s. to do sth, make o.s. do sth

obligatoriedad *f* obligatory nature

obligatorio *adj* obligatory, compulsory

obliterar ⟨1a⟩ *v/t* **1** *fml huellas, recuerdos etc* obliterate, wipe away **2** MED block

oblongo *adj* oblong

obnubilar ⟨1a⟩ *v/t* cloud

oboe *m* MÚS oboe

oboísta *m/f* oboist

obra *f* **1** work; *~s completas* complete works **2** (*acción*): *hacer buenas ~s* do good deeds; *por ~ de* thanks to, as a result of; *poner por o L.Am. en ~* set in motion; *¡manos a la ~!* let's get to work! **3**: *de ~ muro, chimenea* brick *atr* **4**: *~s pl de construcción* building work *sg*; *en la vía pública* road works

◇ **obra de arte** work of art; **obra de consulta** reference book; **obra maestra** masterpiece; **obra de referencia** reference work; **obra de teatro** play; **obras públicas** public works

obrador *m* workshop; *de pan* bakery

obraje *m Méx* butcher's

obrar ⟨1a⟩ **I** *v/i* **1** act **2**: *su carta obra en mi poder* his / her letter is in my possession **II** *v/t* work

obrero I *adj* working **II** *m*, *-a f* worker

◇ **obrero de la construcción** construction worker, hard hat F; **obrero especializado** skilled worker; **obrero portuario** longshoreman, *Br* dock worker

obscenidad *f* obscenity

obsceno *adj* obscene

obscu... ☞ **oscu...**

obsequiar ⟨1b⟩ *v/t*: *~ a alguien con algo* present s.o. with sth

obsequio *m* gift; *en ~ de alguien* in honor *o Br* honour of s.o.

obsequioso *adj* attentive

observación *f* **1** observation **2** JUR observance

observador I *adj* observant; *ser muy ~* be very observant **II** *m*, *~a f* observer

observancia *f* observance

observar ⟨1a⟩ *v/t* **1** *con la mirada* observe **2** (*advertir*) notice, observe **3** (*comentar*) remark, observe

observatorio *m* observatory

◇ **observatorio astronómico** observatory

◇ **observatorio meteorológico** weather station

obsesión *f* obsession

obsesionado *adj* obsessed

obsesionar I ⟨1a⟩ *v/t* obsess; **obsesionarse** *v/r* become obsessed (*con* with)

obsesivo *adj* obsessive

obseso *adj* obsessed

obsoleto *adj* obsolete

obstaculizar ⟨1f⟩ *v/t* hinder, hamper

obstáculo *m* obstacle; *carrera de ~s* obstacle race; *ponerle ~s a alguien* make things difficult for s.o.; *ponerle ~s a algo* make sth difficult

obstante: *no ~* nevertheless, nonetheless

obstetra *m/f* obstetrician

obstetricia *f* obstetrics *sg*

obstinación *f* obstinacy

obstinado *adj* obstinate

obstinarse ⟨1a⟩ *v/r* insist; *~ en hacer algo* insist on doing sth

obstrucción *f* obstruction, blockage; *~ de la justicia* obstruction of justice

obstruccionismo *m* POL obstructionism

obstruir ⟨3g⟩ *v/t* obstruct, block; **obstruirse** *v/r* get blocked

obtener ⟨2l; *part* **obtuvo**⟩ *v/t* get, obtain *fml*

obtenible *adj* obtainable

obturación *f de tubo, orificio etc* blocking, blockage

obturador *m* shutter

obturar ⟨1a⟩ *v/t* plug

obtuso *adj tb fig* obtuse

obtuvo *vb* ☞ **obtener**

obús *m* MIL shell

obviar ⟨1c⟩ *v/t* avoid, *fml* obviate

obviedad *f* obviousness

obvio *adj* obvious

oca *f* goose

ocarina *f* MÚS ocarina

ocasión *f* **1** occasion; **con ~ de** on the occasion of; **en ocasiones** on occasion **2** (*oportunidad*) chance, opportunity; **la ~ hace al ladrón** F don't put temptation in a thief's way; **la ~ la pintan calva** F strike while the iron is hot F **3** COM: **de ~** cut-price, bargain *atr*; **de segunda mano** second-hand, used

ocasional *adj* occasional

ocasionar ⟨1a⟩ *v/t* cause

ocaso *m* **1** *del sol* setting **2** *de imperio, poder* decline

occidental I *adj* western II *m/f* Westerner

occidente *m* west

occipucio *m* ANAT occiput

occiso *adj* JUR: **persona -a** victim

OCDE *f abr* (= **Organización de Cooperación y Desarrollo Económico**) OECD (= Organization for Economic Cooperation and Development)

Oceanía *f* Oceania

oceánico *adj* oceanic

océano *m* ocean

◇ **Océano Atlántico** Atlantic Ocean; **Océano Glacial Antártico** Antarctic Ocean; **Océano Glacial Ártico** Arctic Ocean; **Océano Índico** Indian Ocean; **Océano Pacífico** Pacific Ocean

oceanografía *f* oceanographic

oceanógrafo *m*, **-a** *f* oceanographer

ocelote *m* ZO ocelot

ochenta *adj* eighty

ocho I *adj* eight II *m* eight

ochocientos *adj* eight hundred

ocio *m* leisure time, free time; *desp* idleness; **industria del ~** leisure industry

ociosear ⟨1a⟩ *v/i S.Am.* laze around

ociosidad *f* idleness

ocioso *adj* idle

oclusivo *adj*: **consonante -a** GRAM occlusive

ocre *m/adj* ocher, *Br* ochre

oct. *abr* (= **octubre**) Oct. (= October)

octagonal *adj* ☞ **octogonal**

octágono *m* ☞ **octógono**

octano *m* octane

octava *f* MÚS octave

octavilla *f* leaflet

octavo I *adj* eighth II **1** eighth **2** DEP: **~s de final** *pl* last 16

octeto *m* **1** MÚS octet **2** INFOR byte

octogenario I *adj* octogenarian II *m*, **-a** *f* octogenarian, person in his / her eighties

octogonal *adj* octagonal

octógono *m* octagon

octubre *m* October

OCU *f abr* (= **Organización de Consumidores y Usuarios**) Consumers' Association

ocular I *adj* eye *atr* II *m* eyepiece

oculista *m/f* ophthalmologist

ocultación *f* concealment

ocultar ⟨1a⟩ *v/t* hide, conceal; **ocultarse** *v/r* hide

ocultismo *m* occult

oculto *adj* **1** hidden **2** (*sobrenatural*) occult; **las ciencias -as** the occult

ocupación *f* **1** *tb* MIL occupation **2** (*actividad*) activity **3**: **~ hotelera** hotel occupancy

ocupacional *adj* occupational; **terapia ~** occupational therapy

ocupado *adj* **1** busy **2** *asiento* taken

ocupante I *adj* MIL occupying II *m/f* occupant; **~s** *pl* MIL occupying forces

ocupar ⟨1a⟩ *v/t* **1** *espacio* take up, occupy **2** (*habitar*) live in, occupy **3** *obreros* employ **4** *periodo de tiempo* spend, occupy **5** MIL occupy; **ocuparse** *v/r* **1**: **~ de** deal with **2** (*cuidar de*) look after

ocurrencia *f* **1** occurrence **2** (*chiste*) quip, witty remark

ocurrente *adj* witty

ocurrir ⟨3a⟩ I *v/i* **1** happen, occur; **¿qué ocurre?** what's going on?; **¿qué te ocurre?** what's the matter? II *v/i Méx* go; **ocurrirse** *v/r*: **se me ocurrió**

it occurred to me, it struck me
oda *f* ode
odiar ⟨1b⟩ *v/t* hate
odio *m* hatred, hate
odioso *adj* odious, hateful
odisea *f fig* odyssey
odómetro *m* odometer, *Br* mil(e)-ometer
odontología *f* dentistry
odontólogo *m*, **-a** *f* dental surgeon
odorífero *adj* fragrant
OEA *f abr* (= *Organización de los Estados Americanos*) OAS (= Organization of American States)
oeste *m* west; **al ~ de** west of
ofender ⟨2a⟩ *v/t* offend; **ofenderse** *v/r* take offense (*por* at)
ofensa *f* insult
ofensiva *f* offensive
ofensivo *adj* offensive
ofensor I *adj* offending **II** *m*, **~a** *f* offender
oferta *f* offer; **~ especial** special offer; **tener en ~** have on offer
◇ **oferta de empleo** job offer
◇ **oferta pública de adquisición** takeover bid
ofertante *m/f* bidder
ofertar ⟨1a⟩ *v/t* COM put on special offer
oficial I *adj* official **II** *m/f* MIL officer
oficialidad *f* MIL officers *pl*
oficialista *adj* L.Am. pro-government
oficializar ⟨1f⟩ *v/t* make official
oficiante *m* REL celebrant
oficiar ⟨1b⟩ **I** *v/i* officiate (*de* at) **II** *v/t* REL conduct, officiate at
oficina *f* office
◇ **oficina de correos** post office; **oficina de empleo** employment office; **oficina de objetos perdidos** lost and found, *Br* lost property; **oficina de turismo** tourist office
oficinesco *adj* office *atr*, *desp* bureaucratic
oficinista *m/f* office worker
oficio *m* **1** *trabajo* trade; **sin ~ ni beneficio** F with no trade **2**: **abogado de ~** public defender, *Br* duty solicitor **3**: **Santo Oficio** HIST Holy Office, Inquisition
◇ **oficio de difuntos** funeral service, office of the dead
◇ **oficio divino** divine office
oficioso *adj* unofficial

ofimática *f* INFOR office automation
ofrecer ⟨2d⟩ *v/t* offer; **ofrecerse** *v/r* **1** volunteer, offer one's services (*de* as) **2** (*presentarse*) appear **3** *fml*: **¿qué se le ofrece?** what can I do for you?
ofrecimiento *m* offer
ofrenda *f* offering
ofrendar ⟨1a⟩ *v/t* offer
oftalmóloga *f* ophthalmology
oftalmología *f* ophthalmology
oftalmólogo *m*, **-a** *f* ophthalmologist
ofuscamiento *m* blinding rage
ofuscar ⟨1g⟩ *v/t tb fig* blind
ogro *m tb fig* ogre
ohmio *m* EL ohm
oída *f*: **conocer algo de ~s** have heard of sth
oído *m* **1** *sentido* hearing; **tener el ~ fino** have sharp hearing
2 ear; **dolor de ~** earache; **me pitan los ~s por música alta** my ears are ringing; **de ~** MÚS by ear; **¡cómo le debían estar pitando los ~s!** *fig* his ears must have been burning; **dar o prestar~s** listen; **hacer ~s sordos** turn a deaf ear; **entrarle por un ~ y salirle por el otro** go in one ear and come out the other; **llegar a ~s de alguien** come to s.o.'s attention; **ser todo ~** *fig* be all ears
◇ **oído medio** ANAT middle ear
oigo *vb* ☞ **oír**
oír ⟨3q⟩ *v/t* **1** *tb* JUR hear **2** (*escuchar*) listen to; **hacerse ~** make o.s. heard; **¡oiga!** TELEC hello!; **¡oye!** listen!, hey! F; **como quien oye llover** F he turned a deaf ear
OIT *f abr* (= *Organización Internacional de Trabajo*) ILO (= International Labor Organization)
ojal *m* buttonhole
ojalá *int*: **¡~!** let's hope so; **¡~ venga!** I hope he comes; **¡~ tuvieras razón!** I only hope you're right
ojeada *f* glance; **echar una ~ a alguien** glance at s.o.
ojeador *m* DEP scout
ojear ⟨1a⟩ *v/t* look at, have a look at
ojeras *fpl* bags under the eyes
ojeriza *f* grudge; **tener ~ a alguien** have a grudge against s.o.
ojeroso *adj*: **estar ~** have bags under one's eyes
ojete I *m* eyelet **II** *m/f Méx* V bastard F, son of a bitch P

ojo *m* ANAT eye; ***abrir los ~s*** open one's eyes; ***abrir los ~s como platos*** open one's eyes really wide; ***con mis propios ~s*** with my own eyes; ***en un abrir y cerrar de ~s*** in an instant; ***¡~!*** F watch out!, mind! F; ***andar con ~*** F keep one's eyes open F; ***a ~*** roughly; ***a ~s vistas*** visibly; ***abrir los ~s a alguien*** *fig* open s.o.'s eyes; ***cerrar los ~s ante algo*** turn a blind eye to sth; ***no tener ~s en la cara*** *fig* be blind; ***costar un ~ de la cara*** F cost an arm and a leg F; ***no pegar ~*** F not sleep a wink F; ***echar el ~ a algo / alguien*** eye sth / s.o. up; ***no quitar ~ de*** not take one's eyes off; ***comer(se) a alguien con los ~s*** *fig* devour s.o. with one's eyes, ogle s.o.; ***se le iban los ~s*** *fig* his / her eyes wandered; ***mirar a algo con otros ~s*** *fig* look at sth differently; ***no ver con buenos ~s*** have a low opinion of, not approve of; ***tener mucho ~ para hacer algo*** be very good at doing sth; ***tener ~ clínico*** have a good eye; ***tener ~ clínico o mucho ~ para descubrir errores*** have a good eye for mistakes, be good at spotting mistakes; ***~ por ~ y diente por diente*** an eye for an eye and a tooth for a tooth; ***~s que no ven, corazón que no siente*** what you don't see won't hurt you

◇ **ojo de buey** MAR porthole; **ojo de la cerradura** keyhole; **ojo del culo** V asshole V, *Br* arsehole V; **ojo de gallo** corn

ojota *f* **1** *C.Am.*, *Méx* sandal **2** *Rpl* thong, *Br* flip-flop

okey *interj L.Am.* ok

okupa *m/f Esp* F squatter

ola *f* wave

◇ **ola de calor** heat wave; **ola de frío** cold spell; **ola de gripe** outbreak of flu

¡olé!, ¡ole! *int* olé!

oleada *f fig* wave, flood

oleaginoso *adj* oleaginous

oleaje *m* swell

óleo *m* oil; ***pintura al ~*** oil painting

oleoducto *m* (oil) pipeline

oleoso *adj* oily

oler ⟨2i⟩ **I** *v/i* **1** smell (***a*** of) **2**: ***me huelo algo*** *fig* there's something fishy going on, I smell a rat **II** *v/t* smell

olfatear ⟨1a⟩ *v/t* sniff

olfato *m* sense of smell; *fig* nose; ***tener ~ para algo*** have a good nose for sth

oligoceno *m* GEOL Oligocene

oligopolio *m* COM oligopoly

olimpíada, olimpiada *f* Olympics *pl*

olímpico *adj* Olympic; ***villa -a*** Olympic village

olisquear ⟨1a⟩ *v/t* sniff

oliva *f* BOT olive

olivar *m* olive grove

olivarero *adj* olive *atr*, olive-producing

olivicultor *m*, ***~a*** *f* olive grower

olivo *m* olive tree

olla *f* pot

◇ **olla exprés** pressure cooker; **olla de grillos** *fig* F madhouse; **olla podrida** GASTR *type of stew containing different kinds of meat*; **olla a presión** pressure cooker

olmo *m* BOT elm

olor *m* **1** smell; *de flores, perfume tb* scent **2**: ***en ~ de santidad*** like a saint; ***fue acogido en ~ de multitud(es)*** he was received by a huge crowd

◇ **olor corporal** body odor, *Br* body odour, BO

oloroso *adj* scented

OLP *f abr* (= *Organización para la Liberación de Palestina*) PLO (= Palestine Liberation Organization)

olvidadizo *adj* forgetful

olvidar ⟨1a⟩ *v/t* forget; ***olvidarse*** *v/r*: ***~ de algo*** forget sth; ***se le olvidó*** it slipped his mind, he forgot

olvido *m* **1** oblivion; ***caer en el ~*** fall into oblivion **2** (*omisión*) oversight

ombligo *m* ANAT navel; ***el ~ del mundo*** the center *o Br* centre of the universe; ***mirarse el ~*** *fig* contemplate one's navel; ***encogérsele a alguien el ~*** *fig* F get the wind up F

OMC *f abr* (= *Organización Mundial de Comercio*) WTO (= World Trade Organization)

omelet, omelette *f L.Am.* omelet, *Br* omelette

ominoso *adj* **1** (*despreciable*) detestable **2** (*de mal agüero*) ominous

omisión *f* omission

omiso *adj*: ***hacer caso ~ de algo*** ignore sth

omitir ⟨3a⟩ *v/t* omit, leave out

ómnibus *m inv Cu, Urug* bus

omnímodo *adj fml poder* absolute, all--embracing

omnipotente *adj* omnipotent

omnipresencia *f* omnipresence

omnipresente *adj* omnipresent

omnisciente *adj* omniscient

omnívoro I *adj* omnivorous **II** *m* omnivore

omóplato, omoplato *m* ANAT shoulder blade

OMS *f abr* (= **Organización Mundial de la Salud**) WHO (= World Health Organization)

OMT *f abr* (= **Organización Mundial del Turismo**) World Tourism Organization

onanismo *m* onanism

ONCE *f abr* (= **Organización Nacional de Ciegos de España**) Spanish National Association for the Blind

once I *adj* eleven **II** *m* DEP team

onceavo I *adj* eleventh **II** *m* eleventh

oncología *f* MED oncology

oncólogo *m*, **-a** *f* oncologist

onda *f* **1** wave; *captar la* ~ F get it F; *estar en la* ~ F be with it F **2** *Méx:* *¿qué* ~? F what's happening? F

◊ **onda corta** short wave; **onda expansiva** shock wave; **onda larga** long wave; **onda media** medium wave; **onda sonora** sound wave

ondear ⟨1a⟩ *v/i de bandera* wave

ondulación *f* undulation

ondulado *adj* wavy; *cartón* corrugated; *terreno* undulating

ondular ⟨1a⟩ **I** *v/i* undulate **II** *v/t pelo* wave

ondulatorio *adj:* *movimiento* ~ waving motion

oneroso *adj* onerous

ONG *f abr* (= **Organización no Gubernamental**) NGO (= non-governmental organization)

ónice *m* MIN onyx

onomástica *f* saint's day

onomástico *m L.Am.* **1** saint's day **2** (*cumpleaños*) birthday

onomatopeya *f* onomatopoeia

onomatopéyico *adj* onomatopoeic

ONU *f abr* (= **Organización de las Naciones Unidas**) UN (= United Nations)

onza *f* ounce

OPA *f abr* (= **oferta pública de adquisición**) takeover bid; *lanzar una* ~ *hostil* launch a takeover bid

opacar ⟨1g⟩ *v/t L.Am.* darken, cast a shadow over

opacidad *f* opacity

opaco *adj* **1** *cristal* opaque **2** *voz, persona etc* dull

ópalo *m* MIN opal

opción *f* **1** option, choice **2** (*posibilidad*) chance

◊ **opción de compra** COM option to buy

◊ **opción de venta** COM option to sell

opcional *adj* optional

OPEP *f abr* (= **Organización de Países Exportadores de Petróleo**) OPEC (= Organization of Petroleum Exporting Countries)

ópera *f* MÚS opera

◊ **ópera bufa, ópera cómica** comic opera

◊ **ópera prima** first work

operable *adj* MED operable

operación *f* operation

operador *m*, **~a** *f* TELEC, INFOR operator

◊ **operador turístico** tour operator

operar ⟨1a⟩ **I** *v/t* **1** MED operate on **2** *cambio* bring about **3** *L.Am. manejar* operate **II** *v/i* **1** operate **2** COM do business (*con* with); **operarse** *v/r* **1** MED have an operation (*de* on) **2** *de un cambio* occur

operario *m*, **-a** *f* operator, operative

operatividad *f de sistema, máquina etc* operating capacity

operativo I *adj* operational; *sistema* ~ INFOR operating system **II** *m L.Am.* operation

operatorio *adj* MED operating

opereta *f* MÚS operetta

operístico *adj* operatic, opera *atr*

opiáceo I *adj* opiate **II** *m* opiate

opinar ⟨1a⟩ **I** *v/t* think (*de* about) **II** *v/i* express an opinion

opinión *f* opinion; *la* ~ *pública* public opinion; *en mi* ~ in my opinion; *tener buena / mala* ~ *de alguien* think highly / little of s.o.

opio *m* opium

opíparo *adj* sumptuous

oponente *m/f* opponent

oponer ⟨2r; *part* **opuesto**⟩ *v/t resistencia* put up (*a* to), offer (*a* to); *razón, argumento* put forward (*a* against); **oponerse** *v/r* be opposed (*a* to); (*manifestar oposición*) object (*a* to)

oporto *m* port

oportunidad *f* **1** opportunity; **~ de gol** DEP chance to score **2**: **~es** *pl* COM sales

oportunista I *adj* opportunistic **II** *m/f* opportunist

oportuno *adj* **1** timely; *momento* opportune **2** *respuesta, medida* suitable, appropriate

oposición *f* **1** POL opposition **2**: **oposiciones** *pl* official entrance exams

opositar ⟨1a⟩ *v/i* take an exam

opositor I *adj* opposition *atr* **II** *m, ~a f* opponent

opresión *f* oppression

opresivo *adj* oppressive

opresor I *adj* oppressive **II** *m, ~a f* oppressor

oprimir ⟨3a⟩ *v/t* **1** *pueblo* oppress **2** *botón* press **3** *de zapatos* be too tight for

oprobio *m* ignominy, shame

optar ⟨1a⟩ *v/i* **1** (*elegir*) opt (*por* for); **~ por hacer algo** opt to do sth **2**: **~ a** be in the running for

optativo *adj* optional; *asignatura tb* elective

óptica *f* **1** optician's **2** FÍS optics *sg*; *fig* point of view

óptico I *adj* optical; **nervio ~** optic nerve **II** *m, -a f* optician

optimar ⟨1a⟩ *v/t* optimize

optimismo *m* optimism

optimista I *adj* optimistic **II** *m/f* optimist

optimización *f* optimization

optimizar ⟨1f⟩ *v/t* optimize

óptimo *adj* ideal

optometría *f* optometry

opuesto I *part* ☞ **oponer II** *adj* **1** *en el espacio* opposite **2** *opinión* contrary

opulencia *f* opulence

opulento *adj* opulent

opuso *vb* ☞ **oponer**

OPV *f abr* (= **oferta pública de venta**) Public Offering

oquedad *f* cavity

ora *conj* **~ ... ~ ...** now ..., now ...

oración *f* **1** REL prayer **2** GRAM sentence; **~ principal / subordinada** main / subordinate clause

oráculo *m* oracle

orador *m, ~a f* orator

oral *adj* oral; **prueba de inglés ~** English oral (exam)

órale *interj Méx* F come on

orangután *m* ZO orang-utan

orar ⟨1a⟩ *v/i* pray (*por* for)

orate *m/f* F lunatic

oratoria *f* oratory

oratorio *m* MÚS oratorio

orbe *m* AST world

órbita *f* orbit; **colocar** *o* **poner en ~** put into orbit

orbital *adj* orbital

orbitar ⟨1a⟩ *v/i* orbit; **~ en torno a** orbit, orbit around

orca *m* ZO killer whale

órdago *m*: **de ~** F terrific F

orden[1] *m* **1** order; **por ~ alfabético** in alphabetical order; **por ~ de altura** in order of height; **poner en ~** tidy up, straighten up; **sin ~ ni concierto** without rhyme or reason **2** (*clase*): **de todo ~** of all kinds *o* types; **de primer ~** top-ranking, leading **3**: **llamar al ~** call to order **4** ARQUI order

◇ **orden de bateo** batting order

◇ **orden del día** agenda

orden[2] *f* (*mandamiento*) order; **por ~ de** by order of, on the orders of; **hasta nueva ~** until further notice; **¡a la ~!** yes, sir

◇ **orden de caballería** HIST order of knighthood; **orden de pago** order to pay; **orden de registro** JUR search warrant

ordenación *f* REL ordination

ordenado *adj* tidy

ordenador *m Esp* INFOR computer; **asistido por ~** computer-aided

◇ **ordenador de a bordo** *Esp* onboard computer; **ordenador doméstico** *Esp* home computer; **ordenador de escritorio** *Esp* desktop (computer); **ordenador de mano** *Esp* palmtop; **ordenador personal** *Esp* personal computer; **ordenador portátil** *Esp* portable (computer), laptop

ordenamiento *m* set of laws

ordenanza I *f* by-law **II** *m* **1** office junior, gofer F **2** MIL orderly

ordenar ⟨1a⟩ *v/t* **1** *habitación* tidy up **2** *alfabéticamente* arrange; INFOR sort **3** (*mandar*) order **4** *L.Am.* (*pedir*) order; **ordenarse** *v/r* REL be ordained

ordeñadora *f* milking machine

ordeñar ⟨1a⟩ *v/t* milk

ordinal I *adj* ordinal **II** *m* ordinal (number)

ordinariez *f* vulgarity

ordinario *adj* **1** ordinary; *de ~* usually, ordinarily **2** *desp* vulgar

orear ⟨1a⟩ *v/t* air; **orearse** *v/r* air

orégano *m* BOT oregano; *no todo el monte es ~* F it's not all plain sailing

oreja *f* **1** ear; *~s despegadas* protruding ears; *una sonrisa de ~ a ~* a smile from ear to ear; *aguzar las ~s* L.Am. prick one's ears up; *parar la ~* pay attention; *asomar o enseñar o descubrir la ~* show one's true colors *o* Br colours; *ver las ~s al lobo* fig F wake up to the danger; *bajar o agachar las ~s* fig back down; *calentarle a alguien las ~s* fig tell s.o. off; *hasta las ~s* fig up to one's eyes *o* ears **2** *Méx* F (*delator*) informer

◇ **oreja de mar** ZO abalone

orejeras *fpl* earmuffs

orejudo *adj* big-eared

orfanato *m* orphanage

orfebre *m/f* goldsmith / silversmith

orfebrería *f* goldsmith / silversmith work

orfelinato *m* orphanage

organdí *m* organdy

orgánico *adj* organic; *ley ~* organic law

organigrama *m* flow chart; *de empresa* organization chart, tree diagram

organillo *m* barrel organ

organismo *m* **1** organism **2** POL agency, organization

◇ **organismo modificado genéticamente** genetically modified organism

organista *m/f* organist

organización *f* organization

◇ **Organización de Cooperación y Desarrollo Económico** Organization for Economic Cooperation and Development; **Organización de los Estados Americanos** Organization of American States; **Organización Internacional de Trabajo** International Labor Organization; **Organización para la Liberación de Palestina** Palestine Liberation Organization; **Organización Mundial de Comercio** World Trade Organization; **Organización Mundial de la Salud** World Health Organization; **Organización de las Naciones Unidas** United Nations; **Organización de Países Exportadores de Petróleo** Organization of Petroleum Exporting Countries; **Organización**

del Tratado del Atlántico Norte North Atlantic Treaty Organization

organizado *adj* organized

organizador I *adj* organizing **II** *m*, *~a f* organizer

◇ **organizador personal** personal organizer

organizar ⟨1f⟩ *v/t* organize; **organizarse** *v/r de persona* organize one's time

organizativo *adj*: *capacidad ~a* organizational skill

órgano *m* MÚS, ANAT, *fig* organ

◇ **órgano sensorial** sense organ

◇ **órgano sexual** sex organ

organza *f* organdy

orgasmo *m* orgasm

orgía *f* orgy

orgiástico *adj* orgiastic

orgullo *m* pride

orgulloso *adj* proud (*de* of)

orientable *adj lámpara, antena etc* adjustable

orientación *f* **1** orientation **2** (*ayuda*) guidance **3**: *sentido de la ~* sense of direction

◇ **orientación profesional** vocational guidance, *Br tb* careers advice

orientador *m*, *~a f* counselor, *Br* counsellor

oriental I *adj* **1** oriental, eastern **2** *S.Am.* Uruguayan **II** *m/f* **1** Oriental **2** *S.Am.* Uruguayan

orientar ⟨1a⟩ *v/t* **1** (*aconsejar*) advise **2**: *~ algo hacia algo* turn sth toward sth; **orientarse** *v/r* **1** get one's bearings **2** *de una planta* turn (*hacía* toward)

oriente *m* **1** east **2**: *Oriente* Orient; *Extremo o Lejano Oriente* Far East; *Próximo Oriente* Near East

◇ **Oriente Medio** Middle East

orificio *m* hole; *en cuerpo* orifice; *~ de entrada* de proyectil entry wound

origen *m* origin; *ser de ~ ...* be of ... origin *o* extraction; *tener su ~ en* have its origin in; *dar ~ a* give rise to

original *m/adj* original

originalidad *f* originality

originar ⟨1a⟩ *v/t* give rise to; **originarse** *v/r* originate; *de un incendio* start

originario *adj* **1** (*primero*) original **2** (*nativo*) native (*de* of)

orilla *f* shore; *de un río* bank; *~s L.Am. pl de ciudad* outskirts

orillar ⟨1a⟩ v/t **1** *dificultades* avoid **2** *tela* edge

orín m rust

orina f urine

orinal m urinal

orinar ⟨1a⟩ v/i urinate; **orinarse** v/r wet o.s.

orita adv *C.Am., Méx* F right away; ~ **voy** I'll be right there

oriundo adj native (**de** to); **ser** ~ **de** de persona come from, be a native of

orla f border

orlar ⟨1a⟩ v/t edge

ornamentación f ornamentation

ornamental adj ornamental

ornamentar ⟨1a⟩ v/t adorn

ornamento m **1** ornament **2**: ~**s** pl REL vestments

ornar ⟨1a⟩ v/t adorn

ornato m adornment

ornitología f ornithology

ornitólogo m, **-a** f ornithologist

oro m **1** gold; **de** ~ gold; **no es** ~ **todo lo que reluce** all that glitters is not gold; **guardar como** ~ **en paño** con mucho cariño treasure sth; con mucho cuidado guard sth with one's life; **prometer el** ~ **y el moro** promise the earth; **hacerse de** ~ get rich **2**: ~**s** en naipes: suit in Spanish deck of cards

◇ **oro blanco** white gold

◇ **oro negro** black gold, oil

orondo adj **1** fat **2** fig smug

oropel m fig glitter

oropéndola f ZO golden oriole

orozuz m BOT licorice, *Br* liquorice

orquesta f orchestra

◇ **orquesta de cámara** chamber orchestra

◇ **orquesta sinfónica** symphony orchestra

orquestación f orchestration

orquestal adj orchestral

orquestar ⟨1a⟩ v/t fig orchestrate

orquídea f BOT orchid

ortega f ZO sand grouse

ortiga f BOT nettle

orto m AST rising

ortodoncia f MED orthodontics sg

ortodoncista m/f orthodontist

ortodoxia f orthodoxy

ortodoxo adj orthodox

ortografía f spelling

ortográfico adj spelling atr; **falta -a**

spelling mistake

ortopedia f orthopedics sg, *Br tb* orthopaedics sg

ortopédico I adj orthopedic, *Br tb* orthopaedic II m, **-a** f orthopedist, *Br tb* orthopaedist

ortopedista m/f orthopedist, *Br tb* orthopaedist

oruga f **1** ZO caterpillar **2** TÉC (caterpillar) track

orujo m liquor made from the remains of grapes

orzuelo m MED stye

os pron complemento directo you; complemento indirecto (to) you; reflexivo yourselves; ~ **lo devolveré** I'll give you it back, I'll give it back to you

osa f AST: **Osa Mayor** Great Bear; **Osa Menor** Little Bear

osadía f **1** daring **2** (descaro) audacity

osado adj daring

osamenta f bones pl

osar ⟨1a⟩ v/i dare

oscense adj of / from Huesca, Huesca atr

oscilación f oscillation; de precios fluctuation

oscilante adj oscillating

oscilar ⟨1a⟩ v/i oscillate; de precios fluctuate

ósculo m lit kiss

oscurecer ⟨2d⟩ I v/t **1** darken **2** logro, triunfo overshadow II v/i get dark; **al** ~ when it gets dark; **oscurecerse** v/r darken

oscurecimiento m darkening

oscuridad f darkness

oscuro adj **1** dark; **a -as** in the dark **2** fig obscure

óseo adj bone atr

osezno m cub

osito m: ~ **de peluche** teddy bear

oso m bear; **hacer el** ~ F fool around, monkey around F

◇ **oso hormiguero** anteater; **oso panda** panda; **oso pardo** brown bear; **oso polar** polar bear

ostensible adj obvious

ostentación f ostentation; **hacer** ~ **de** flaunt

ostentar ⟨1a⟩ v/t **1** flaunt **2** cargo hold

ostentoso adj ostentatious

osteoporosis f MED osteoporosis

ostra f **1** ZO oyster **2**: ¡~**s!** F hell! F

ostracismo *m* ostracism

ostrero *m* ZO oyster-catcher

OTAN *f abr* (= *Organización del Tratado del Atlántico Norte*) NATO (= North Atlantic Treaty Organization)

otárido *m*, **-a** *f* ZO sealion

otear ⟨1a⟩ *v/t horizonte* scan

otero *m* hillock

OTI *f abr* (= *Organización de Televisiones Iberoamericanas*) Association of Latin American TV stations

otitis *f* MED earache

otomano *adj* HIST Ottoman

otoñal *adj* fall *atr*, *Br* autumnal

otoño *m* fall, *Br* autumn

otorgamiento *m* award; *de favor* granting

otorgar ⟨1h⟩ *v/t* award; *favor* grant

otorrino *m*, **-a** *f* F, **otorrinolaringólogo** *m*, **-a** *f* MED ear, nose and throat *o* ENT specialist

otro I *adj* **1** (*diferente*) another; **~s** other; **ser muy ~** be very different **2** (*adicional*): **~s dos libros** another two books **3** *con el, la* other
II *pron* **1** (*adicional*) another (one) **2** (*persona distinta*) someone *o* somebody else; *fue ~, no fui yo* it wasn't me, it was someone else **3** (*cosa distinta*) another one, a different one; **~s** others; *entre ~s* among others **4** *siguiente*: *¡hasta otra!* see you soon **III** *pron recíproco*: *amarse el uno al ~* love one another, love each other

otrora *adv* formerly

ovación *f* ovation

ovacionar ⟨1a⟩ *v/t* cheer, give an ovation to

oval, ovalado *adj* oval

óvalo *m* oval

ovario *m* ANAT ovary

oveja *f* sheep

◇ **oveja negra** *fig* black sheep

ovejuno *adj* sheep *atr*

overol *m Méx* overalls *pl*, *Br* dungarees *pl*

ovetense *adj* of / from Oviedo, Oviedo *atr*

oviducto *m* ANAT oviduct

ovillar ⟨1a⟩ *v/t* roll into a ball; **ovillarse** *v/r* curl up (into a ball)

ovillo *m* ball; *hacerse un ~ fig* curl up (into a ball)

ovino I *adj* sheep *atr* **II** *m* sheep; **~s** sheep *pl*

OVNI *m abr* (= *objeto volante no identificado*) UFO (= unidentified flying object)

ovoide *adj* ovoid

ovulación *f* ovulation

ovular ⟨1a⟩ *v/i* ovulate

óvulo *m* egg

oxálico *adj*: **ácido ~** oxalic acid

oxidable *adj* oxidizable

oxidación *f* oxidation

oxidado *adj* rusty

oxidar ⟨1a⟩ *v/t* rust; **oxidarse** *v/r* rust, go rusty

óxido *m* **1** QUÍM oxide **2** (*herrumbre*) rust

oxigenado *adj* oxygenated

oxigenar ⟨1a⟩ *v/t* oxygenate

oxigenarse ⟨1a⟩ *v/r fig* get some fresh air, get some air in one's lungs

oxígeno *m* oxygen

oxiuro *m* ZO pinworm, threadworm

oye *vb* ☞ *oír*

oyendo *vb* ☞ *oír*

oyente *m/f* **1** listener **2** EDU auditor, *Br* occasional student

oyó *vb* ☞ *oír*

ozono *m* ozone; *capa de ~* ozone layer; *agujero en la capa de ~* hole in the ozone layer

P

pabellón *m* **1** *de exposiciones, deportes* pavilion **2** *edificio* block **3** MÚS bell **4** MAR flag

◇ **pabellón de la oreja** ANAT outer ear

pábilo, pabilo *m* wick

pábulo *m*: *dar ~ a rumores* encourage

PAC *f abr* (= *Política Agraria Común*) CAP (= Common Agricultural Policy)

pacana *f* BOT pecan

pacato *adj* prudish, prim and proper

pacer ⟨2d⟩ *v/t & v/i* graze

pachanga f: *ir de* ~ *Méx, Carib, C.Am.* go on a spree F

pachanguero *adj Esp: música -a* party music

pacharán *m drink similar to sloe gin*

pachocha f *L.Am.* slowness

pachorra f F slowness

pachucho *adj* MED F poorly

pachulí *m* patchouli

paciencia f patience; *se me acaba la* ~ I'm running out of patience; ~ *y barajar fig* keep trying

paciente *m/f & adj* patient

pacificación f pacification

pacificador I *adj* peace *atr*, pacifying **II** *m*, ~**a** f peace-maker

pacificar ⟨1g⟩ *v/t* pacify; **pacificarse** *v/r* calm down

pacífico I *adj* peaceful; *persona* peaceable; *el océano Pacífico* the Pacific Ocean **II** *m: el Pacífico* the Pacific

pacifismo *m* pacifism

pacifista I *adj* pacifist *atr* **II** *m/f* pacifist

pack *m* COM pack

paco *m*, *-a* f *L.Am.* F (*policía*) cop F

pacotilla f: *de* ~ third-rate, lousy F

pacotillero *m*, *-a* f *L.Am.* street vendor

pactar ⟨1a⟩ **I** *v/t* agree; ~ *un acuerdo* reach (an) agreement **II** *v/i* reach (an) agreement

pacto *m* agreement, pact; ~ *de no agresión* non-aggression pact

paddle(-tenis) *m* DEP paddle tennis

padecer ⟨2d⟩ **I** *v/t* suffer **II** *v/i* suffer; ~ *de* have trouble with; ~ *del estómago / corazón* have stomach / heart trouble

padecimiento *m* suffering

pádel *m* ☞ **paddle(-tenis)**

padrastro *m* **1** *familiar* stepfather **2** *en los dedos* hangnail

padrazo *m* indulgent father

padre *m* father; REL *el Padre Martín* Father Martin; ~**s** *pl* parents; *de* ~ *y muy señor mío* terrible; *¡qué* ~*! Méx* brilliant!

◇ **padre espiritual** (father) confessor; **padre de familia** father, family man; **padre político** father-in-law; **Padre Santo** Holy Father

padrenuestro *m* Lord's Prayer

padrillo *m* *Rpl* stallion

padrino *m* **1** *en bautizo* godfather **2** (*en boda*) man who gives away the bride **3**

fig: tener buenos ~*s* know the right people

padrón *m* register of local inhabitants

paella f paella

paellera f paella dish

¡paf! *int* wham!, bang!, kapow!

pág. *abr* (= *página*) p. (= page)

paga f **1** (*jornal*) pay **2** *de niño* allowance, *Br* pocket money

pagadero *adj* payable

pagado *adj* paid; ~ *de sí mismo fig* smug, self-satisfied

pagador *m*, ~**a** f payer

págalo *m* ZO skua

paganismo *m* paganism

pagano I *adj* pagan **II** *m*, *-a* f pagan; *ser el* ~ *fig* pay (*de* for), be the one who suffers

pagar ⟨1h⟩ **I** *v/t* **1** pay; *¡me las pagarás!* you'll pay for this! **2** *compra, gastos, crimen* pay for **3** *favor* repay **II** *v/i* pay; ~ *a escote* F go Dutch F; ~ *a cuenta* pay on account; ~ *al contado* pay in cash

pagaré *m* IOU

pagel *m* ZO pandora, red sea bream

página f page

◇ **página web** web page

◇ **páginas amarillas** yellow pages

paginación f TIP pagination

paginar ⟨1a⟩ *v/t* TIP paginate

pago *m* **1** COM payment; *en* ~ *de* in payment for *o* of **2** *Rpl* (*quinta*) piece of land; *por estos* ~*s* F in this neck of the woods F

◇ **pago anticipado** payment in advance; **pago al contado** payment in cash; **pago a cuenta** payment on account; **pago en efectivo** payment in cash; **pago por visión** TV pay per view

paila f *L.Am* frypan, *Br* frying pan

país *m* country; ~ *en vías de desarrollo* developing country; ~ *productor* producer country; ~ *comunitario* EU country; *los Países Bajos* the Netherlands

paisaje *m* landscape

paisajista *m/f* **1** *pintor* landscape artist **2** *jardinero* landscape gardener

paisajístico *adj* landscape *atr*

paisana f compatriot, (fellow) countrywoman

paisano *m* **1** compatriot, (fellow) countryman **2**: *de* ~ MIL in civilian clothes; *policía* in plain clothes

paja f straw; *hacerse una o L.Am. la ~* V jerk off V; *por un quítame allá esas ~s* over nothing

pajar m hayloft

pájara f fig desp mujer cow desp, bitch desp

pajarera f aviary

pajarería f pet shop

pajarita f 1 corbata bow tie 2 de papel paper bird

pájaro m 1 bird; *matar dos ~s de un tiro* kill two birds with one stone; *más vale ~ en mano que ciento volando* a bird in the hand is worth two in the bush 2 fig (granuja) ugly customer F, nasty piece of work F

◊ **pájaro bobo** penguin; **pájaro carpintero** woodpecker; **pájaro mosca** hummingbird

pajarraco m weird-looking bird

paje m page

pajel m ☞ **pagel**

pajita f drinking straw, straw

pajizo adj 1 pelo straw-colored, Br straw-coloured 2 techo thatched

pajolero adj F damn F

pajoso adj pelo strawlike

pajuerano m, **-a** f Rpl desp hick

Pakistán m Pakistan

pakistaní m/f & adj Pakistani

pala f 1 AGR spade 2 raqueta paddle 3 para servir slice 4 para recoger dustpan

◊ **pala mecánica** mechanical shovel

palabra f tb fig word; *~ por ~* word for word; *bajo ~* on parole; *en una ~* in a word; *en pocas ~s* briefly; *tomar la ~* speak; *de ~ acuerdo* verbal; *de pocas ~s persona* of few words; *tomar a alguien la ~* take s.o. at his / her word; *dejar a alguien con la ~ en la boca* fig cut s.o. off in mid-sentence; *buenas ~s* fine words; *lo de tener un hijo son ~s mayores* having a child is a serious business o is not something to be undertaken lightly; *con medias ~s dijo ...* he hinted that ..., he half said that ...

◊ **palabra compuesta** GRAM compound

◊ **palabra de honor** word of honor, Br word of honour

palabrería f, **palabrerío** m talk, hot air

palabrota f swearword

palacete m small palace

palaciego adj palace atr

palacio m palace

◊ **palacio de deportes** sport center, Br sports centre; **palacio de justicia** law courts; **palacio real** royal palace

paladar m 1 palate; *tener un ~ fino, tener buen ~* fig have a discerning palate 2 Cu: small restaurant in a private house

paladear ⟨1a⟩ v/t savor, Br savour

paladín m HIST paladin

paladino adj patently obvious

palafito m HIST stilt house

palanca f lever; *tener ~ Méx* fig have pull o clout

◊ **palanca de cambios** AUTO gear shift, Br gear lever

palangana f plastic bowl for washing dishes, Br washing-up bowl

palanganear ⟨1a⟩ v/i S.Am. show off

palanquear ⟨1a⟩ v/t L.Am. pull some strings for

palanqueta f crowbar

palatal adj palatal

palatino adj 1 LING palatal 2 de palacio palace atr

palco m TEA box

◊ **palco de platea** box level with the stage

palenque m L.Am. cockpit (in cock fighting)

palentino adj of / from Palencia, Palencia atr

paleocristiano adj paleochristian

paleolítico m Paleolithic (period)

paleontología f paleontology

Palestina f Palestine

palestino I adj Palestinian II m, **-a** f Palestinian

palestra f arena; *salir o saltar a la ~* fig hit the headlines

palet m TÉC pallet

paleta f 1 PINT palette 2 TÉC trowel 3 Méx: polo popsicle®, Br ice lolly

paletada f de tierra trowelful; *a ~s* fig in huge numbers; *los refugiados llegaban a las costas a ~s* the refugees were reaching the coasts in huge numbers

paletilla f GASTR shoulder

paleto F I adj hick atr F, provincial II m, **-a** f hick F, Br yokel F

paliar ⟨1b⟩ v/t problema, efecto dañoso alleviate; dolor relieve

paliativo m/adj palliative

palidecer ⟨2d⟩ *v/i* turn pale; *fig (parecer menos importante)* pale
palidez *f* paleness
pálido *adj* pale
palillero *m* toothpick holder
palillo *m* **1** *para dientes* toothpick **2** *para comer* chopstick
palíndromo *m* palindrome
palique *m*: **estar de ~** F have a chat
palisandro *m* rosewood
palito *m Rpl* popsicle®, *Br* ice lolly
paliza I *f* **1** *(azotaina)* beating **2** *(derrota)* thrashing F, drubbing F **3** F *(pesadez)* drag F; **dar la ~ a alguien** F pester s.o. F **II** *m/f* F drag
palma *f* palm; **dar ~s** clap (one's hands); **batir ~s** clap one's hands; **el modelo diésel se lleva la ~ en cuanto a ventas** when it comes to sales, the diesel model wins hands down; **en cuanto a casos de sida, África se lleva la ~** Africa leads the world in Aids cases; **conocer algo como la ~ de su mano** *fig* know sth like the back of one's hand
palmada *f* **1** *de ánimo, consuelo* pat **2** *(manotazo)* slap
palmar I ⟨1a⟩ *v/t*: **~la** P kick the bucket F **II** *m* palm grove
palmarés *m* DEP list of winners
palmario *adj fml* clear, obvious
palmatoria *f* candlestick
palmear ⟨1a⟩ **I** *v/i* clap **II** *v/t* **1** *hombro* slap **2** *en baloncesto* tip in
palmense *adj* of / from Las Palmas (de Gran Canaria), Las Palmas *atr*
palmeo *m en baloncesto* tip-in
palmera *f* **1** BOT palm tree **2** *(dulce)* heart-shaped pastry
palmeral *m* palm grove
palmesano *adj* of / from Palma de Majorca, Palma de Majorca *atr*
palmeta *f* cane
palmita *f Rpl*: heart-shaped pastry
palmito *m* **1** BOT palmetto **2** GASTR palm heart **3** *fig* F attractiveness
palmo *m* hand's breadth; **~ a ~** inch by inch
palmotear ⟨1a⟩ **I** *v/i* clap **II** *v/t*: **~ (las espaldas) a alguien** slap s.o. on the back
palo *m* **1** *de madera etc* stick; **de tal ~ tal astilla** a chip off the old block F; **dar ~s de ciego** *(no saber cómo actuar)* grope in the dark; *(criticar)* lash out wildly **2** MAR mast; **que cada ~ aguante su ve-**

la everybody has to stand up and be counted **3** *de portería* post, upright **4** *fig* blow **5**: **a medio ~** *L.Am.* half--drunk; **a ~ seco** whiskey straight up **6** *L.Am.* **ser un ~** be fantastic **7**: **echarse un ~** *Méx* V have a screw V
◇ **palo dulce** licorice, *Br* liquorice; **palo de golf** golf club; **palo mayor** MAR mainmast
paloma *f* pigeon; *blanca* dove
◇ **paloma de la paz** dove of peace; **paloma mensajera** carrier pigeon; **paloma torcaz** ZO wood pigeon
palomar *m* pigeon loft
palometa *f* ZO pompano
palomilla *f C.Am., Méx* gang
palomino *m* ZO **1** young pigeon, squab **2** *L.Am*: *caballo* palomino
palomita *f* **1** *Méx* checkmark, *Br* tick **2** *en fútbol* diving save
◇ **palomitas de maíz** popcorn *sg*
palomo *m* ZO (cock) pigeon
palpable *adj fig* palpable
palpación *f* MED palpation
palpar ⟨1a⟩ *v/t* **con las manos** feel, touch; *fig: descontento, miedo* feel
palpitación *f* palpitation
palpitante *adj* **1** *corazón* pounding **2** *cuestión* burning
palpitar ⟨1a⟩ *v/i* **1** *del corazón* pound **2** *Rpl fig* have a hunch F, have a feeling
pálpito *m Rpl* feeling, hunch F; **me da el ~ que ...** F I have a feeling *o* hunch F that ...
palta *f S.Am.* BOT avocado
palto *m S.Am.* jacket
palúdico *adj terreno* marshy; *vegetación, fauna* marsh *atr*
paludismo *m* MED malaria
palurdo I *adj* F hick *atr* F, provincial **II** *m*, *-a f* F hick F, *Br* yokel F
palustre I *adj de la laguna* lake *atr*; *del pantano* marsh *atr* **II** *m* trowel
pamela *f* picture hat
pampa *f* GEOG pampa, prairie; **la ~ argentina** the Argentinian Pampas *pl*; **a la ~** *Rpl* in the open
pámpano *m* (vine) tendril
pampeano *adj* pampas *atr*, prairie *atr*
pampero I *adj* ☞ **pampeano II** *m* cold wind that blows from the pampas
pamplinas *fpl* nonsense *sg*; **¡no me vengas con ~!** F don't try to soft-soap me! F

pamplonés, pamplonica *adj* of / from Pamplona, Pamplona *atr*

pan *m* bread; **un ~** a loaf (of bread); **ser ~ comido** F be easy as pie F; **con su ~ se lo coma** that's his / her problem; **está más bueno que el ~** F he's gorgeous F; **es más bueno que el ~** he's a good-natured sort; **llamar al ~, ~ y al vino, vino** call a spade a spade

◇ **pan de azúcar** sugarloaf; **pan de barra** *Méx* French bread; **pan de caja** *Méx* sliced bread; **pan francés** *L.Am.* French bread; **pan integral** wholemeal bread; **pan lactal** *Arg* sliced bread; **pan de molde** sliced bread; **pan rallado** breadcrumbs *pl*; **pan tostado** toast

pana *f* corduroy

panacea *f* panacea

panadería *f* baker's shop

panadero *m*, **-a** *f* baker

panal *m* honeycomb

panamá *m* panama hat

Panamá *m* Panama; **el Canal de ~** the Panama Canal; **Ciudad de ~** Panama city

panameño I *adj* Panamanian **II** *m*, **-a** *f* Panamanian

pancarta *f* placard

panceta *f* belly pork

pancho I *adj* F: **quedarse tan ~** act as if nothing had happened **II** *m* *Rpl* hot dog

páncreas *m inv* ANAT pancreas

panda¹ *f* ☞ **pandilla**

panda² *m* ZO panda

pandemia *f* MED pandemic

pandereta *f* tambourine

pandero *m* tambourine

pandilla *f* *de amigos* group; *de delincuentes* gang

panecillo *m* (bread) roll

panecito *m* *L.Am.* (bread) roll

panegírico I *adj* panegyrical **II** *m* panegyric

panel *m tb grupo de personas* panel
◇ **panel solar** solar panel

panela *f* *L.Am.* brown sugar loaf

panera *f* bread basket

pánfilo *adj* gullible

pangolín *m* ZO pangolin

paniaguada *f* protégée

paniaguado *m* protégé

pánico *m* panic; **sembrar el ~** spread panic; **me entró ~** I panicked; **tener ~**

a alguien be scared stiff of s.o.

panificadora *f* bakery

panizo *m* BOT millet

panocha, panoja *f* ear

panoli I *adj* F dopey F **II** *m/f* F nitwit

panoplia *f fig* panoply

panorama *m* panorama

panorámico I *adj*: **vista -a** panoramic view **II** *f vista* view, panorama; FOT panning shot

panqueque *m* *L.Am.* pancake

pantagruélico *adj fig* huge

pantaleta *f* *C.Am.*, *Méx* panties *pl*

pantalla *f* **1** TELEC, INFOR screen, monitor; TV, *de cine* screen; **la pequeña ~** *fig* the small screen; **la gran ~** *fig* the big screen; **llevar a la ~** make a movie *o* *Br* film of **2** *de lámpara* shade **3** *fig* front, cover

◇ **pantalla chica** *L.Am.* small screen; **pantalla de cristal líquido** liquid crystal screen; **pantalla panorámica** wide screen; **pantalla plana** TV flat screen; **pantalla táctil** INFOR touch screen

pantalón *m*, **pantalones** *mpl* pants *pl*, *Br* trousers *pl*; **llevar los pantalones** *fig* F wear the pants *o* *Br* trousers F

pantanal *m* marshland

pantano *m* **1** (*embalse*) reservoir **2** (*ciénaga*) marsh

pantanoso *adj* marshy

panteísmo *m* pantheism

panteón *m* pantheon

pantera *f* ZO panther

pantimedia *f* *Méx* pantyhose *pl*, *Br tb* tights *pl*

pantomima *f* pantomime

pantorrilla *f* ANAT calf

pants *mpl* *Méx* tracksuit *sg*

pantufla *f* slipper

panty *m* pantyhose *pl*, *Br* tights *pl*

panza *f* *de persona* belly, paunch

panzudo *adj* potbellied, paunchy

pañal *m* diaper, *Br* nappy; **estar aún en ~es** *fig*: *persona* be inexperienced, be a novice; *proyecto*, *plan* be in its infancy

pañería *f* dry goods store, drapery

paño *m* cloth; **conocer el ~** *fig* F know what's what F, know the score F; **~s calientes** *o* **tibios** *fig* half measures; **en ~s menores** in one's underwear

◇ **paño de cocina** dishtowel
◇ **paño de lágrimas** *fig* shoulder to cry on

pañol *m* MAR store
pañuelo *m* handkerchief; *el mundo es un ~ fig* F it's a small world
◇ **pañuelo de cabeza** (head)scarf
◇ **pañuelo de cuello** scarf
Papa *m* Pope
papa *f L.Am.* potato
papas fritas *fpl L.Am. de sartén* French fries, *Br* chips; *de bolsa* chips, *Br* crisps
papá *m* F pop F, dad F; *~s L.Am.* parents
◇ **Papá Noel** Santa Claus
papada *f* double chin
papado *m* papacy
papagayo *m* ZO parrot
papal I *adj* papal II *m L.Am.* potato field
papalote *m Méx* kite
papamoscas *m* 1 ZO flycatcher 2 *fig* F dope F, dimwit F
papamóvil *m* popemobile
papanatas *m/f inv* F dope F, dimwit F
Papanicolau *m L.Am.* Pap smear, *Br* smear test
paparruchadas, paparruchas *fpl* F baloney *sg* F
papaya *f* BOT papaya
papear ⟨1a⟩ F I *v/t* eat II *v/i* chow down F, eat
papel 1 *m* paper; *trozo* piece of paper; *ser ~ mojado fig* not be worth the paper it's written on 2 TEA, *fig* role; *hacer buen / mal ~ fig* prove useful / useless; *perder los ~es* lose control
◇ **papel de aluminio** aluminum foil, *Br* aluminium foil; **papel de calco** carbon paper; **papel carbón** carbon paper; **papel de cartas** notepaper, writing paper; **papel de cocina** kitchen roll; **papel confort** *Chi* toilet paper; **papel continuo** continuous paper; **papel cuché** coated paper; **papel de embalar** wrapping paper; **papel de envolver** wrapping paper; **papel de fumar** cigarette paper; **papel higiénico** toilet paper *o* tissue; **papel moneda** paper money; **papel mural** *Chi* wallpaper; **papel de música, papel pautado** music paper; **papel (de) pergamino** parchment; **papel pintado** wallpaper; **papel de plata** aluminum foil, kitchen foil; **papel principal, papel de protagonista** leading role; **papel de regalo** giftwrap; **papel reciclado** recycled paper; **papel secundario** supporting role;

papel tapiz *Méx* coated wallpaper; **papel térmico** thermal paper
papelada *f L.Am.* farce
papeleo *m* paperwork
papelera *f* wastepaper basket
papelería *f* stationer's shop
papelerío *m L.Am.* muddle, mess
papelero I *adj* paper *atr* II *m Rpl* wastepaper basket
papeleta *f* 1 *de rifa* raffle ticket 2 *fig* (*engorro*) chore
◇ **papeleta de voto** ballot paper
papelina *f* wrap
paperas *fpl* MED mumps
papilla *f para bebés* baby food; *para enfermos* puree; *hacer ~ a alguien* F beat s.o. to a pulp F
papiloma *m* MED papilloma
papiroflexia *f* paper-folding
papista *adj*: *ser más ~ que el papa* hold extreme views
papo *m* ZO dewlap
paquete *m* 1 package, parcel 2 *de cigarrillos* packet 3 F *en moto* (pillion) passenger
◇ **paquete accionarial, paquete de acciones** block of shares; **paquete bomba** parcel bomb; **paquete turístico** package tour
paquetería *f* parcels office
paquidermo *m* ZO pachyderm
Paquistán *m* Pakistan
paquistaní *m/f & adj* Pakistani
par I *f* par; *es bella a la ~ que inteligente* she is beautiful as well as intelligent, she is both beautiful and intelligent; *a la ~* COM at par (value); *sin ~* unequaled, *Br* unequalled, unparalleled II *m* pair; *un ~ de* a pair of; *a ~es* in pairs, two by two; *abierto de ~ en ~* wide open
para *prp* 1 for; *~ mí* for me
2 *dirección* toward(s); *ir ~* head for; *va ~ directora* she's going to end up as manager
3 *tiempo* for; *listo ~ mañana* ready for tomorrow; *~ siempre* forever; *diez ~ las ocho L.Am.* ten of eight, ten to eight; *~ Pascua iremos de vacaciones a Lima* we're going to Lima for Easter; *espero que ~ Pascua haya terminado la crisis* I hope the crisis is over by Easter; *¿~ cuándo?* when for?
4 *finalidad*: *lo hace ~ ayudarte* he does

it (in order) to help you; ~ *que* so that; *¿~ qué te marchas?* what are you leaving for?; ~ *eso no hace falta* it's not necessary just for that

5 *en comparaciones*: ~ *su edad es muy maduro* he's very mature for his age **6**: *lo heredó todo* ~ *morir a los 30* he inherited it all, only to die at 30

parabién *m*, **parabienes** *mpl* congratulations *pl*

parábola *f* **1** MAT parabola **2** REL parable

parabólico I *adj* parabolic **II** *f* satellite dish

parabrisas *m inv* AUTO windshield, *Br* windscreen

paracaídas *m inv* parachute; *lanzarse o saltar en* ~ parachute

paracaidismo *m* parachuting

paracaidista *m/f* **1** DEP parachutist **2** MIL paratrooper

parachoques *m inv* AUTO bumper

parada *f* **1** stop **2** DEP save, stop
◊ **parada de autobús** bus stop
◊ **parada de taxis** taxi stand, *Br* taxi rank

paradero *m* **1** whereabouts *sg*; *está en* ~ *desconocido* his / her whereabouts are unknown **2** *L.Am.* ☞ *parada 1*

paradigma *m* paradigm

paradigmático *adj* paradigmatic

paradisiaco, paradisíaco *adj* heavenly

parado I *adj* **1** unemployed **2** *L.Am.* (*de pie*) standing (up) **3**: *quedarse* ~ stand still; *dejar* ~ *a alguien de noticia, sorpresa* stun s.o.; *salir bien / mal* ~ come off well / badly; **II** *m*, *-a f* unemployed person; *los* ~*s de larga duración* the long-term unemployed

paradoja *f* paradox

paradójico *adj* paradoxical

parador *m Esp* parador (*state-run luxury hotel*)

paraestatal *adj* government agency *atr*

parafarmacia *f* drug store (*not authorized to sell prescription medicines*)

parafernalia *f* F paraphernalia

parafina *f* kerosene, *Br* paraffin

parafrasear ⟨1a⟩ *v/t* paraphrase

paráfrasis *f inv* paraphrase

paragolpes *m inv Rpl* bumper

parágrafo *m L.Am.* paragraph

paraguas *m inv* umbrella

Paraguay *m* Paraguay

paraguaya *f* BOT peach

paraguayo 1 *adj* Paraguayan **2** *m*, *-a f* Paraguayan

paragüero *m* umbrella stand

paraíso *m* paradise
◊ **paraíso fiscal** tax haven

paraje *m* place, spot

paralela *f* **1** MAT parallel **2** DEP: ~*s pl* parallel bars
◊ **paralelas asimétricas** asymmetric bars

paralelismo *m* parallel; *establecer un* ~ draw a parallel

paralelo *m/adj* parallel; *no admite* ~ there is no parallel *o* comparison

paralelogramo *m* parallelogram

paralímpico *adj* ☞ *parolímpico*

parálisis *f tb fig* paralysis
◊ **parálisis infantil** infantile paralysis

paralítico I *adj* paralytic **II** *m*, *-a f* person who is paralyzed

paralización *f tb fig* paralysis

paralizar ⟨1f⟩ *v/t* **1** MED paralyze **2** *actividad* bring to a halt **3** *país, economía* paralyze, bring to a standstill; *paralizarse v/r por miedo* be paralyzed (*por* by); *fig: de actividad* be brought to a halt

parámetro *m* parameter

paramilitar *adj* paramilitary

páramo *m* upland moor

parangón *m*: *sin* ~ incomparable

parangonar ⟨1a⟩ *v/t* compare (*con* to, with)

paraninfo *m de universidad* auditorium (*used only on very special occasions*)

paranoia *f* paranoia

paranoico I *adj* MED paranoid **II** *m*, *-a f* MED person suffering from paranoia

paranormal *adj* paranormal

parapente *m artilugio* hang glider; *actividad* hang gliding

parapentista *m/f* hang glider

parapetarse ⟨1a⟩ *v/r* shelter, hide (*tras* behind)

parapeto *m* parapet

parapléjico I *adj* MED paraplegic **II** *m*, *-a f* paraplegic

parapsicología *f* parapsychology

parar ⟨1a⟩ **I** *v/t* **1** (*detener*) stop **2** *L.Am.* (*poner de pie*) stand up

II *v/i* **1** stop; ~ *de llover* stop raining; *ha estado lloviendo tres horas sin* ~ it's been raining for three hours non-stop **2** *en alojamiento* stay; **no sé dónde para** I don't know where he's staying **3:** *ir a* ~ end up; *¿cómo va a* ~ *todo eso?* where is this all going to end?; *¿dónde quieres ir a* ~*?* what are you getting at?

pararse *v/r* **1** (*detenerse*) stop **2** *L.Am.* (*ponerse de pie*) stand up

pararrayos *m inv* lightning rod, *Br* lightning conductor

parasitario *adj* parasitic

parásito *m* parasite; ~*s pl en radio* interference *sg*, atmospherics

parasol *m* parasol; *en la playa* (beach) umbrella

paratiroides *adj:* **glándula** ~ ANAT thyroid (gland)

parcela *f* lot, *Br* plot

parcelar ⟨1a⟩ *v/t* divide into lots, *Br* divide into plots

parchar ⟨1a⟩ *v/t* **1** *L.Am. ropa* patch **2** (*arreglar*) repair

parche *m* **1** *para ojo, agujero* patch **2** *fig* (*remedio temporal*) band-aid, patch-up

parchear *vb* ☞ **parchar**

parchís *m* Parcheesi®

parcial *adj* (*partidario*) bias(s)ed

parco *adj* moderate, frugal; *es* ~ *en palabras* he's a man of few words

pardiez *int* good heavens!

pardillo I *adj* gullible, easily fooled **II** *m* ZO linnet **III** *m*, **-a** *f F persona* hick

pardo I *adj* **1** *color* dun **2** *L.Am. desp* half-breed *desp*, *Br tb* half-caste *desp* **II** *m* **1** *color* dun **2** *L.Am. desp* half-breed *desp*, *Br tb* half-caste *desp*

pardusco *adj* dun

parear ⟨1a⟩ *v/t* match up, put into pairs

parecer I *m* opinion, view; *al* ~ apparently; *de buen* ~ well-dressed; *dar su* ~ give one's opinion **II** ⟨2d⟩ *v/i* seem, look; *me parece que* I think (that), it seems to me that; *me parece bien* it seems fine to me; *¿qué te parece?* what do you think?; *si a usted le parece* if you're agreeable, if it suits you; *parece que va a llover* it looks like rain, it looks like it's going to rain

parecerse *v/r* resemble each other; ~ *a alguien* resemble s.o., be like s.o.; *ese chico se parece a tu novio* that guy looks like your boyfriend

parecido I *adj* similar; *bien* ~ good--looking; *no mal* ~ not bad-looking **II** *m* similarity; *tener un gran* ~ look a lot alike

pared *f* wall; *subirse por las* **-es** hit the roof; *las* ~*es oyen* walls have ears; *hacer la* ~ *en fútbol* play a give and go, *Br* play a one-two; *poner a alguien contra la* ~ *fig* force s.o. into a corner ◇ **pared maestra** supporting wall

paredón *m* thick wall; *para ejecuciones* wall

pareja *f* **1** (*conjunto de dos*) pair **2** *en una relación* couple; *hacen buena* ~ they make a good couple **3** *de una persona* partner **4** *de un objeto* other one

parejita *f* F couple; *pero estaba lleno de* ~*s* but the whole place was full of couples

parejo *adj L.Am. suelo* level, even; *andar o correr o ir* ~*s* be neck and neck; *llegaron* ~*s* they arrived at the same time

parental *adj* BIO parental

parentela *f* relatives *pl*, family

parentesco *m* relationship

paréntesis *m inv* **1** parenthesis; *entre* ~ *fig* by the way **2** *fig* (*pausa*) break

pareo *m* wrap-around skirt

paria *m/f* pariah

parida *f* P stupid thing to say / do

paridad *f* COM parity

parienta *f* F wife, old lady F

pariente *m/f* relative; ~ *cercano* close relative

parietal *adj:* (*hueso*) **parietal** ANAT parietal bone

parihuela(s) *f*(*pl*) stretcher *sg*

paripé *m: hacer el* ~ F put on an act F

parir ⟨3a⟩ **I** *v/i* give birth **II** *v/t* give birth to; *poner a alguien a* ~ *fig* F tear s.o. to pieces F

París *m* Paris

parisiense *m/f & adj* Parisian

parisino I *adj* Parisian **II** *m*, **-a** *f* Parisian

paritario *adj comité* joint

paritorio *m* MED delivery room

parka *f* parka

parking *m* parking lot, *Br* car park

parlamentar ⟨1a⟩ *v/i* talk, hold talks

parlamentario I *adj* parliamentary **II** *m*, **-a** *f* member of parliament

parlamentarismo *m* parliamentarianism

parlamento *m* parliament

◇ **Parlamento Europeo** European Parliament

parlanchín I *adj* chatty **II** *m*, **-ina** *f* chatterbox

parlante *m L.Am.* loudspeaker

parlar ⟨1a⟩ **I** *v/i* chatter **II** *v/t* reveal, talk about

parlotear ⟨1a⟩ *v/i* chatter

parmesano *m/adj* Parmesan

parné *m* P dough P, *Br* dosh P

paro *m* **1** unemployment; *estar en ~* be unemployed; *cobrar el ~* collect unemployment benefits **2** ZO tit(mouse)

◇ **paro cardíaco** MED cardiac arrest; **paro forzoso** lay-off; **paro respiratorio** MED respiratory failure

parodia *f* parody

parodiar ⟨1b⟩ *v/t* parody

parolímpico *adj*: *juegos -s* paralympic games, paralympics

parón *m* sudden stop, dead stop

parótida *f* ANAT parotid gland

paroxismo *m* MED, *fig* paroxysm

parpadear ⟨1a⟩ *v/i* **1** *de persona* blink **2** *de luz, llama* flicker

parpadeo *m* **1** *de persona* blinking **2** *de luz, llama* flickering

párpado *m* eye lid

parque *m* **1** *zona verde* park **2** *para bebé* playpen

◇ **parque acuático** aquatic *o* water park; **parque de atracciones** amusement park; **parque de bomberos** fire station; **parque de diversiones** amusement park; **parque eólico** wind farm; **parque infantil** children's playground; **parque móvil** fleet of official vehicles; **parque nacional** national park; **parque natural** nature reserve; **parque tecnológico** technology park; **parque temático** theme park

parqué *m* parquet

◇ **parqué flotante** suspended flooring, floating floor

parqueadero *m*, **-a** *f L.Am.* parking lot, *Br* car park

parquear ⟨1a⟩ *v/t L.Am.* park

parquedad *f* moderation, frugality

parquet *m* parquet

parquímetro *m* parking meter

parra *f* (grape)vine; *subirse a la ~* F (*vanagloriarse*) get bigheaded F; (*enfurecerse*) hit the roof F

párrafo *m* paragraph; *echar un ~ fig* F have a chat F

parral *m* **1** (*plantación*) vineyard **2** (*parras*) vine arbor, *Br* vine arbour

parranda *f*: *andar o irse de ~* F go out on the town F

parricida *m/f* parricide

parricidio *m* parricide

parrilla *f* broiler, *Br* grill; *a la ~* broiled, *Br* grilled

◇ **parrilla de salida** *en carreras* starting grid

parrillada *f* **1** GASTR *dish consisting of various kinds of broiled meat, Br* mixed grill; *L.Am.* barbecue **2** *L.Am.* baca roof rack

párroco *m* parish priest

parroquia *f* **1** REL parish **2** COM clientele, customers *pl*

parroquial *adj* parish *atr*, parochial; *iglesia ~* parish church

parroquiano *m*, **-a** *f* parishioner

parsimonia *f* calm; *con ~* calmly

parte I *m* report; *dar ~ a alguien* inform s.o.; *dar ~* file a report

II *f* **1** *trozo* part; *en ~* partly; *en gran ~* largely; *la mayor ~ de* the majority of, most of; *formar ~ de* form part of; *tomar ~ en* take part in; *tener ~ en algo* play a part in sth; *la ~ del león* the lion's share; *ir por ~s* do a job in stages *o* bit by bit; *llevar la mejor / peor ~* be at an advantage / a disadvantage

2 JUR party; *~s contratantes* contracting parties, parties to the contract

3 (*lugar*): *alguna ~* somewhere; *en cualquier ~* anywhere; *otra ~* somewhere else; *en o por todas ~s* everywhere; *en ninguna ~* nowhere; *no llevar o conducir a ninguna ~ fig* be going nowhere; *en otra ~* elsewhere

4: *de ~ de* on *o* in behalf of

5: *por ~ de madre / padre* on one's mother's / father's side; *estar de ~ de alguien* be on s.o.'s side; *ponerse de ~ de alguien* take s.o.'s side; *por una ~ ... por otra ~* on the one hand ... on the other (hand)

6: *por otra ~* moreover

7: *desde un tiempo a esta ~* up to now, up until now

◇ **parte contraria** JUR opposing party, other side; **parte médico** medical report; **parte meteorológico** weather report

partera *f* midwife
parterre *m* flowerbed
partición *f de bienes* division; *de país* partition
participación *f* participation
participante *m/f* participant
participar ⟨1a⟩ I *v/t una noticia* announce II *v/i* take part (**en** in), participate (**en** in)
partícipe *adj*: **hacer ~ de algo a alguien** (*comunicar*) tell s.o. about sth, inform s.o. of sth; (*compartir*) share sth with s.o.
participio *m* GRAM participle
partícula *f* particle
particular I *adj* **1** *clase, propiedad* private; *asunto* personal **2** (*específico*) particular; **caso ~** particular case; **en ~** in particular **3** (*especial*) peculiar II *m* **1** (*persona*) individual **2**: **~es** *pl* particulars **3**: **sin otro ~ se despide atentamente** sincerely yours, *Br* yours faithfully **4**: **sobre el ~** on the subject
particularidad *f* peculiarity
particularizar ⟨1f⟩ I *v/t* **1** (*detallar*) particularize, go into detail about **2** (*distinguir*) distinguish II *v/i*: **no particularices, la responsabilidad fue de todos** don't point the finger *o* name names, everyone was responsible; **particularizarse** *v/r* stand out, distinguish o.s. (**por** by)
particularmente *adv* particularly, especially
partida *f* **1** *en juego* game; **tenemos la ~ ganada** *fig* it's in the bag **2** (*remesa*) consignment **3** *documento* certificate
◊ **partida de bautismo** certificate of baptism; **partida de defunción** death certificate; **partida de nacimiento** birth certificate
partidario I *adj*: **ser ~ de** be in favor of, *Br* be in favour of II *m*, **-a** *f* supporter
partidismo *m* partisanship
partidista *adj* party *atr*, partisan
partido *m* **1** POL party **2** DEP game; **~ en casa** home game **3**: **sacar ~ de** take advantage of; **tomar ~** take sides
◊ **partido amistoso** friendly; **partido benéfico** benefit game; **partido centrista** center party, party of the center; **partido de consolación** consolation final; **partido ecologista** POL green party; **partido de homenaje** testimo-

nial; **partido de ida** DEP first leg; **partido judicial** *area under the jurisdiction of a court of first instance*; **partido laborista** Labor *o Br* Labour party; **partido de vuelta** DEP second leg
partir ⟨3a⟩ I *v/t* **1** (*dividir, repartir*) split **2** (*romper*) break open, split open **3** (*cortar*) cut II *v/i* (*irse*) leave; **~ de** *fig* start from; **a ~ de hoy** (starting) from today; **a ~ de ahora** from now on; **partirse** *v/r* (*romperse*) break; **~ la cabeza** split one's head open; **~ de risa** F split one's sides laughing F
partisano *m*, **-a** *f* partisan
partitura *f* MÚS score
parto *m* **1** birth; **sala de ~s** delivery room; **estar de ~** be in labor *o Br* labour **2** *fig*: *de artículo, libro* creation
parturienta *f en parto* woman in labor *o Br* labour; *que ya parió* woman who has just given birth
parva *f* AGR heap of grain
parvulario *m* kindergarten
párvulo *m* (young) child
pasa *f* raisin
◊ **pasa de Corinto** currant
◊ **pasa de Esmirna** sultana
pasable *adj* passable
pasada *f* **1** *con trapo* wipe; **dar una ~ a algo** (*retocar, repasar*) put the finishing touches to sth, go over sth again **2** *de pintura* coat **3**: **jugar una mala ~ a alguien** play a dirty trick on s.o. **4** F: **¡qué ~!** that's incredible! F; **este coche es una ~** this car is so cool! F, this car is something else! F **5**: **de ~** in passing
pasadizo *m* passage
pasado I *adj tiempo* last; **el lunes ~** last Monday; **~ de moda** old-fashioned II *m* past
pasador *m* **1** *para el pelo* barrette, *Br* (hair) slide **2** (*pestillo*) bolt **3** GASTR strainer
pasaje *m* **1** (*billete*) ticket **2** MÚS *de texto* passage
pasajero I *adj situación* temporary; *relación* brief II *m*, **-a** *f* passenger
pasamano(s) *m(inv)* handrail
pasamontañas *m inv* balaclava (helmet)
pasante *m/f* trainee
pasaporte *m* passport; **dar ~ a alguien** *fig* sack s.o. F, fire s.o. F
pasapurés *m inv* food mill

pasar ⟨1a⟩ **I** *v/t* **1** pass; **~ *la mano por*** run one's hand through

2 *el tiempo* spend; ***para ~ el tiempo*** (in order) to pass the time; **~*lo bien*** have a good time; **¡*que lo pases bien!*, *¡a pasarlo bien!*** enjoy yourself!, have fun *o* a good time!

3 *un lugar* pass, go past; *frontera* cross

4 *problemas, dificultades* experience

5 AUTO (*adelantar*) pass, *Br* overtake

6 *una película* show

7 TELEC: ***le paso al Sr. Galvez*** I'll put you through to Mr. Galvez

8: **~ *algo a máquina*** type sth

II *v/i* **1** (*suceder*) happen; **¿*qué ha pasado?*** what's happened?; **¿*qué pasa?*** what's happening?, what's going on?; **¿*qué te pasa?*** what's the matter?; ***pase lo que pase*** whatever happens, come what may; ***ya ha pasado lo peor*** the worst is over; ***en el viaje nos pasó de todo*** F just about everything happened on that trip, it was a very eventful trip

2 *en juegos* pass

3: **¡*pasa!*, ¡*pase usted!*** come in!; ***pasé a visitarla*** I dropped by to see her; **~ *por*** go by; ***pasa por aquí*** come this way; ***pasé por la tienda*** I stopped off at the shop; ***pasaré por tu casa*** I'll drop by your house

4: ***dejar ~*** *oportunidad* miss

5 F: **~ *de alguien*** not want anything to do with s.o.; ***paso de ir al gimnasio*** I can't be bothered to go to the gym

6: **~ *de los 60 años*** be over 60 (years old); **~ *de moda*** go out of fashion; ***hacerse ~ por*** pass o.s. off as; ***poder ~ sin algo*** be able to get by *o* to manage without sth; ***puede ~*** it's OK, it'll do

pasarse *v/r* **1** *tb fig* go too far **2** *del tiempo* pass, go by **3** *tiempo* spend **4** *de molestia, dolor* go (away); **~ *al enemigo*** go over to the enemy; ***se me pasó*** it slipped my mind, I forgot; ***se le pasó llamar*** he forgot to call

pasarela *f* **1** *de modelos* runway, *Br* catwalk **2** MAR gangway, gangplank

◊ ***pasarela telescópica*** AVIA jetty

pasatiempo *m* pastime

Pascua *f* Easter; **~*s*** (*Navidad*) Christmas *sg*; **¡*felices ~s!*** Merry Christmas!; ***de ~s a Ramos*** once in a blue moon; ***estar como unas ~s*** F be over the

moon F, be ecstatic F; ***hacer la ~ a alguien*** F (*molestar*) bother s.o., bug s.o. F; (*perjudicar*) wreck s.o.'s plans; **¡*y santas ~s!*** F and that's all!

◊ **Pascua florida, Pascua de Resurrección** Easter

pascual *adj* Easter *atr*, paschal

pase *m* **1** *tb* DEP, TAUR pass **2** *en el cine* showing

◊ **pase de modelos** fashion show

paseante *m/f* stroller, walker

pasear ⟨1a⟩ **I** *v/t* **1** *perro* take for a walk, walk **2** (*exhibir*) show off **II** *v/i* walk; **pasearse** *v/r* walk

paseíllo *m* TAUR *parade at the beginning of a bullfight*

paseo *m* walk; ***dar un ~*** go for a walk; ***mandar a alguien a ~*** *fig* F tell s.o. to get lost F

◊ **paseo marítimo** seafront

pasillo *m* **1** *en vivienda, hospital* corridor **2** *en avión, cine* aisle

◊ **pasillo aéreo** air corridor

◊ **pasillo rodante** AVIA moving walkway

pasión *f* passion

pasional *adj* passionate; ***crimen ~*** crime of passion, crime passionel

pasionaria *f* BOT passionflower

pasividad *f* passivity

pasivo **I** *adj* passive; ***voz -a*** GRAM passive voice **II** *m* **1** COM liabilities *pl* **2** GRAM passive (voice)

pasma *f* P cops *pl*

pasmado *adj* **1** (*aturdido*) stunned **2** (*quieto*) still

pasmar ⟨1a⟩ *v/t* **1** (*asombrar*) amaze, astonish **2** (*dar frío a*) freeze; **pasmarse** *v/r* **1** be amazed, be astonished **2**: **~ *de frío*** freeze

pasmarote *m* F half-wit

pasmoso *adj* amazing, astonishing

paso[1] *m* **1** step; **~ *a ~*** step by step; ***a cada ~*** at every step; ***a dos ~s de*** *fig* a stone's throw (away) from; ***volver sobre sus ~s*** retrace one's steps; ***dar un mal ~ o un ~ en falso*** make a false move; ***seguir los ~s a alguien*** follow s.o., dog s.o.'s footsteps; ***seguir los ~s de alguien*** follow in s.o.'s footsteps; **~*s pl en baloncesto* traveling *sg*, *Br* travelling *sg*; ***hacer ~s en baloncesto*** travel

2 (*manera de andar*) walk

3 (*ritmo*) pace, rate; *a este ~ fig* at this rate; *al ~ que vamos* at the rate we're going; *a ~ ligero* at the double; *llevar el ~* MIL keep in step; *marcar el ~* MIL mark time

4 *de agua* flow; *de tráfico* movement; *cerrar el ~ de la calle* block off *o* close the street; *prohibido el ~* no entry; *ceda el ~* yield, *Br* give way; *observaba el ~ del agua / de la gente* he watched the water flow past / the world go by

5 (*cruce*) crossing

6 *de tiempo* passing

7 (*huella*) footprint

8 (*camino*): *de ~* on the way; *estar de ~* be passing through; *dicho sea de ~* and incidentally; *¡~!* make way!, let me through!; *abrirse ~* push one's way through; *fig* carve out a path for o.s.; *salir al ~ de alguien* waylay s.o.; *salir del ~* get out of a tight spot

◇ **paso elevado** overpass, *Br* flyover; **paso a nivel** grade crossing, *Br* level crossing; **paso de peatones** crosswalk, *Br* pedestrian crossing; **paso subterráneo** underpass, *Br* subway

paso² *m* REL *float in Holy Week procession*

pasodoble *m* paso doble

pasota F **I** *adj actitud, comportamiento* couldn't-care-less; *estás muy ~ últimamente* you couldn't care less about anything lately **II** *m/f*: *es un ~* he couldn't care less about anything

pasta *f* **1** *sustancia* paste **2** GASTR pasta **3** P (*dinero*) dough P, *Br* dosh P; *una ~* (*gansa*) F a fortune; *soltar la ~* P cough up F, hand over the cash; *de buena ~* good-natured; *son de la misma ~ fig* they're two of a kind

◇ **pasta de dientes** toothpaste; **pasta quebrada** short pastry; **pastas de té** *type of cookie o Br biscuit*

pastar ⟨1a⟩ *v/i* graze

paste(u)rización *f* pasteurization

paste(u)rizar ⟨1f⟩ *v/t* pasteurize

pastel *m* **1** GASTR cake **2** *pintura, color* pastel **3**: *descubrirse el ~* F come to light

pastelería *f* cake shop

pastelero *m*, **-a** *f* pastry cook

pastelista *m/f* PINT pastel painter

pastiche *m* pastiche

pastilla *f* **1** *medicina* tablet **2** *de jabón*

bar **3**: *a toda ~* F at top speed F, flat out F

pastillero *m* pillbox

pastizal *m* pastureland

pasto *m* (*dehesa*) pasture; *a todo ~* F for all one is worth F; *el edificio fue ~ de las llamas* the building was engulfed by flames; *fueron ~ de las murmuraciones* they were the subject of rumors; *dar ~ a fig* (*fomentar*) encourage

pastón *m* F fortune; *gastarse un ~* spend a fortune

pastor I *adj*: *perro ~* sheepdog **II** *m* **1** *de ovejas* shepherd **2** REL pastor

◇ **pastor alemán** German shepherd

pastoral *f/adj* pastoral

pastorear ⟨1a⟩ **I** *v/i de ganado* pasture, graze **II** *v/t* (*cuidar, atender*) tend

pastoreo *m* pasturage

pastoril *adj* pastoral

pastoso *adj* **1** *masa* doughy **2** *lengua* furry **3** *voz* rich

pata¹ *m/f Pe* F pal F, buddy F

pata² *f* leg; *a cuatro ~s* on all fours; *ir a la ~ coja* hop; *meter la ~* F put one's foot in it F; *tener mala ~* F be unlucky; *~s arriba* upside down, in a mess; *a la ~ la llana fig comportarse* naturally, in a down-to-earth way

◇ **pata de gallo** houndstooth (check); **pata de palo** wooden leg; **patas de gallo** crow's feet

patada *f* kick; *dar una ~* kick; *dar la ~ a alguien fig* kick s.o. out; *echar a alguien a ~s fig* kick s.o. out; *tratar a alguien a ~s* treat s.o. like dirt

Patagonia *f* Patagonia

patagónico *adj* Patagonian

patalear ⟨1a⟩ *v/i* stamp one's feet; *fig* kick and scream

pataleo *m* stamping; *derecho al ~* right to complain

pataleta *f* F tantrum

patán *desp* **I** *adj* loutish **II** *m* lout

patata *f* potato; *no saber ni ~ fig* F know nothing at all

◇ **patata caliente** *fig* F hot potato F

◇ **patatas fritas** *de sartén* French fries, *Br* chips; *de bolsa* chips, *Br* crisps

patatús *m*: *le dio un ~* F he had a fit F

paté *m* paté

patear ⟨1a⟩ **I** *v/t* **1** *L.Am. de animal* kick **2** (*recorrer*) go all over, walk all around **II** *v/i L.Am. de animal* kick

patena f paten; *limpio como una ~* fig spick-and-span

patentar ⟨1a⟩ v/t patent

patente I adj clear, obvious II f 1 patent; *oficina de ~s* patent office 2 L.Am. AUTO license plate, Br numberplate ◇ **patente de corso** fig free hand, carte blanche

patera f small boat

paternal adj paternal, fatherly

paternalismo m paternalism

paternidad f paternity, fatherhood; *prueba de ~* paternity test

paterno adj paternal

patético adj pitiful

patetismo m pathos sg

patíbulo m scaffold

paticojo m, -a f F gimp F, cripple

patidifuso adj F staggered F, flabbergasted F

patilla f de gafas arm; *~s pl barba* sideburns

patín m 1 skate 2 Méx: *a ~* on foot; *fuimos a ~* we walked ◇ **patín de ruedas** roller skate; **patín (de ruedas) en línea** rollerblade®, inline skate; **patín a vela** catamaran

pátina f patina

patinador m, *~a* f skater

patinaje m skating ◇ **patinaje artístico** figure skating; **patinaje sobre hielo** ice-skating; **patinaje sobre ruedas** roller-skating

patinar ⟨1a⟩ v/i 1 skate; *~ sobre hielo* (ice)skate; *~ sobre ruedas* (roller-) skate 2 AUTO skid 3 fig (equivocarse) slip up

patinazo m 1 AUTO skid; *dar un ~* skid 2 fig F (equivocación) slip-up

patinete m scooter

patio m courtyard, patio ◇ **patio de butacas** TEA orchestra, Br stalls pl; **patio de luces** (light) well; **patio de recreo** schoolyard, Br playground; **patio trasero** back yard

patita f: *poner a alguien de ~s en la calle* F kick s.o. out F

patitieso adj fig F 1 por el frío frozen stiff 2 por sorpresa staggered F, flabbergasted F

patituerto adj bowlegged

patizambo adj knock-kneed

pato m ZO duck; *pagar el ~* F take the rap F, Br carry the can F

patochada f piece of nonsense; *~s pl* nonsense sg

patógeno I adj pathogenic II m pathogen

patojo m C.Am. squat

patología f pathology

patológico adj pathological

patólogo m, -a f pathologist

patoso adj clumsy

patraña f tall story

patria f homeland ◇ **patria chica** home town

patriarca m patriarch

patriarcado m patriarchy

patriarcal adj patriarchal

patricio I adj patrician II m, -a f patrician

patrimonial adj hereditary

patrimonio m heritage ◇ **patrimonio artístico** artistic heritage; **patrimonio cultural** cultural heritage; **patrimonio de la humanidad** world heritage

patrio adj: *amor ~* love of one's country; *lengua -a* native tongue

patriota I adj patriotic II m/f patriot

patriotería f jingoism, chauvinism

patriotero I adj jingoistic, chauvinistic II m, -a f jingoist, chauvinist

patriótico adj patriotic

patriotismo m patriotism

patrocinador m, *~a* f sponsor

patrocinar ⟨1a⟩ v/t 1 sponsor 2 Méx JUR defend

patrocinio m 1 sponsorship 2 Méx JUR defense, Br defence

patrón m 1 (jefe) boss; MAR skipper 2 REL patron saint 3 para costura pattern 4 (modelo) standard; *cortado por el mismo ~* fig cast in the same mold o Br mould ◇ **patrón oro** gold standard

patrona f 1 (jefa) boss 2 REL patron saint

patronaje m pattern-making

patronal I adj 1 employers atr 2: *fiesta ~* patron saint's day II m employers pl

patronato m de fundación benéfica trustees pl; de organización board

patronista m/f pattern-maker

patrono m 1 COM employer 2 REL patron saint

patrulla f 1 patrol; *estar de ~* be on patrol 2 Méx patrol car

patrullar ⟨1a⟩ v/t patrol

patrullero I *m barco* patrol boat; *Ecuad, Rpl: coche* patrol car **II** *m, -a f* patrolman; *mujer* patrolwoman

patucos *mpl* bootees

paulatino *adj* gradual

paupérrimo *adj* poverty-stricken, impoverished

pausa *f* **1** *en conversación* pause; *en actividad* break **2** MÚS rest
◇ **pausa publicitaria** commercial break

pausado *adj* slow, deliberate

pauta *f* guideline; *marcar la ~* set the guidelines

pautar ⟨1a⟩ *v/t* set down guidelines for

pava *f* **1** *animal* (hen) turkey **2** F *(colilla)* cigarette butt, *Br* dog end F **3**: *pelar la ~* F whisper sweet nothings
◇ **pava real** peahen

pavada *f* F silly thing

pavimentar ⟨1a⟩ *v/t* surface

pavimento *m* pavement, *Br* road surface

pavisoso *adj* dull

pavo I *adj L.Am.* stupid **II** *m* ZO turkey; *se le subió el ~ fig* F she blushed
◇ **pavo real** peacock

pavón *m mariposa* peacock butterfly; *ave* peacock

pavonearse ⟨1a⟩ *v/r* boast (*de* about)

pavor *m* terror; *me da ~* it terrifies me

pavoroso *adj* terrifying

pay *m Méx* pie

payada *f Rpl* improvised ballad

payador *m Rpl* gaucho singer

payasadas *fpl* antics; *hacer ~* fool *o* clown around

payasear ⟨1a⟩ *v/i L.Am.* clown around

payaso *m, -a f* clown

payo *m, -a f* non-gypsy, Gorgio

paz *f* peace; *amante de la ~* peace-loving; *dejar en ~* leave alone; *hacer las paces* make it up, make things up; *quedar en ~* F be quits; *¡y en ~!* F and that's that!

pazguato I *adj* dopey F, dumb F **II** *m, -a f* dope F, dummy F

PBI *m abr Rpl* (= *producto bruto interno*) GDP (= Gross Domestic Product)

PBN *m abr L.Am.* (= *producto bruto nacional*) GNP (= Gross National Product)

PC *m abr* (= *Partido Comunista*) CP (= Communist Party)

P.D. *abr* (= *posdata*) PS (= postscript)

pe: *de ~ a pa* F from start to finish

peaje *m dinero, lugar* toll

peatón *m* pedestrian

peatonal *adj* pedestrian *atr*

pebete *m, -a f Rpl* F kid F

peca *f* freckle

pecado *m* sin
◇ **pecado capital** deadly sin; *los siete pecados capitales* the seven deadly sins; **pecado mortal** mortal sin; **pecado original** original sin

pecador *m, ~a f* sinner

pecaminoso *adj* sinful

pecar ⟨1g⟩ *v/i* sin; *~ de ingenuo / generoso* be very naive / generous

pécari *m*, **pecarí** *m* ZO peccary

pecera *f* fish tank, aquarium

pecho *m* **1** *(caja torácica)* chest **2** *(mama)* breast; *dar el ~* breastfeed; *de ~s planos* flat-chested; *tomar algo a ~* take sth to heart; *a ~ descubierto* luchar bare-handed; *hablar* openly, frankly; *echarse o meterse entre ~ y espalda* F *comida* put away F; *bebida* knock back F; *sacar~* stick one's chest out; *fig* stick one's neck out; *partirse el ~ fig* knock o.s. out **3** *L.Am.* DEP breaststroke

pechuga *f* **1** GASTR breast **2** *L.Am. fig (caradura)* nerve *f*

pechugona *adj* busty F

peciolo, pecíolo *m* BOT petiole

pécora *f*: *mala ~* F bitch F

pecoso *adj* freckled

pectina *f* QUÍM pectin

pectoral *m/adj* ANAT pectoral

peculiar *adj* **1** *(singular)* peculiar, odd **2** *(característico)* typical

peculiaridad *f (característica)* peculiarity

pecuniario *adj fml* pecuniary *fml*

pedagogía *f* education

pedagógico *adj* educational

pedagogo *m, -a f* teacher

pedal *m* pedal
◇ **pedal de freno** brake pedal
◇ **pedal del acelerador** gas pedal, accelerator pedal

pedalear ⟨1a⟩ *v/i* pedal

pedaleo *m* pedaling, *Br* pedalling

pedante I *adj* **1** *(perfeccionista)* pedantic **2** *(presuntuoso)* pretentious **II** *m/f* **1** *(perfeccionista)* pedant **2** *(presuntuoso)* pretentious individual

pedantería f **1** (*perfeccionismo*) pedantry **2** (*presunción*) pretentiousness

pedazo m piece, bit; ~ **de bruto** F blockhead F; **ser un** ~ **de pan** be really nice; **hacer** ~**s** F smash to bits F; **caerse a** ~**s** fall to pieces; **hecho** ~**s** F shattered F

pederasta m pederast

pederastia f pederasty

pedernal m flint

pedestal m pedestal; **poner / tener a alguien en / sobre un** ~ *fig* put / have s.o. on a pedestal

pedestre *adj* pedestrian; **carrera** ~ footrace

pediatra m/f pediatrician, *Br tb* paediatrician

pediatría f pediatrics *sg*, *Br tb* paediatrics *sg*

pedicura f pedicure

pedicuro m, -a f podiatrist, *Br* chiropodist

pedido m order; **a** ~ **de** *L.Am.* at the request of; **hacer un** ~ place an order

pedigrí m pedigree

pedigüeño m, -a f person who is always asking to borrow things, moocher F

pedir ⟨3l⟩ I v/t **1** ask for; ~ **algo a alguien** ask s.o. for sth; **me pidió que no fuera** he asked me not to go; **te lo pido** I beg you **2** (*necesitar*) need **3** *en bar, restaurante* order II v/i **1** (*mendigar*) beg **2** *en bar, restaurante* order

pedo I *adj* drunk II m F fart F; **tirarse** o **echar un** ~ F fart F; **agarrarse un** ~ F get plastered F

pedorreta f F Bronx cheer F, *Br* raspberry F

pedrada f blow with a stone; **me dio una** ~ **en la cabeza** he hit me over the head with a stone

pedregal m stony ground

pedregoso *adj* stony

pedrera f quarry

pedrería f precious stones *pl*

pedrero m stonecutter

pedrisco m hail

Pedro m: **como** ~ **por su casa** *fig* F as if he / she owned the place

pedrusco m rough stone

pedúnculo m BOT, ANAT peduncle

peerse ⟨2e⟩ v/r F fart F

pega f F snag F, hitch F; **poner** ~**s** raise objections; **de** ~ fake, bogus

pegadizo *adj* catchy

pegado *adj* (*adherido*) stuck (**a** to); **estar** ~ **a** (*cerca de*) be right up against; **estar** ~ **a alguien** *fig* follow s.o. around, be s.o.'s shadow

pegajoso *adj* **1** (*pringoso*) sticky **2** *fig*: *persona* clingy

pegamento m glue

pegar ⟨1h⟩ I v/t **1** (*golpear*) hit **2** (*adherir*) stick, glue **3** *bofetada, susto, resfriado* give; ~ **un grito** shout, give a shout; **no me pega la gana** *Méx* I don't feel like it II v/i **1** (*golpear*) hit **2** (*adherir*) stick **3** *del sol* beat down **4** (*armonizar*) go (together); **pegarse** v/r **1** *resfriado* catch **2** *acento* pick up **3** *susto* give o.s.; ~ **un golpe / un tiro** hit / shoot o.s. **4**: ~ **a alguien** *fig* stick to s.o.; **pegársela a alguien** F con s.o. F

pegatina f sticker

pego m F: **dar el** ~ look the part, look real

pegote m F (*cosa fea*) eyesore

peinado I *adj*: **bien** ~ well-groomed; **va muy mal** ~ his hair is a mess II m hairstyle

peinador m, ~**a** f *L.Am.* hairdresser

peinar ⟨1a⟩ v/t tb *fig* comb; ~ **a alguien** comb s.o.'s hair; **peinarse** v/r comb one's hair

peine m comb; **¡te vas a enterar de lo que vale un** ~**!** F you're going to find out what's what!

peineta f ornamental comb

p. ej. *abr* (= **por ejemplo**) e.g. (= exempli gratia, for example)

pékari m *S.Am.* ☞ **pécari**

Pekín m Peking; *China actual* Beijing

pela f F peseta

peladero m *L.Am.* vacant lot

peladilla f sugared almond

pelado *adj* **1** peeled; *fig* bare; F (*sin dinero*) broke F **2** *Méx* F *grosero* rude

peladura f *acción* peeling; ~**s** *pl* peelings, peel *sg*

pelagatos m *inv* F nobody

pelaje m **1** ZO coat **2** *fig* (*aspecto*) look, appearance

pelambre m, **pelambrera** f F mop of hair

pelandusca f F whore F

pelapapas m *inv* *L.Am.* potato peeler

pelapatatas m *inv* potato peeler

pelar ⟨1a⟩ v/t *manzana, patata etc* peel;

hace un frío que pela F it's freezing;
pelarse *v/r* **1** (*cortarse el pelo*) have a
haircut **2** *Rpl* F (*chismear*) gossip
pelazón *f C.Am.* backbiting
peldaño *m* step
pelea *f* fight
pelear ⟨1a⟩ *v/i* fight; **pelearse** *v/r* **1** *con
fuerza física* fight **2** (*discutir*) argue,
fight
pelele *m* puppet
peleón *adj* argumentative; *vino ~* F jug
wine, *Br* plonk F
peletería *f* furrier's
peli *f* F movie, film
peliagudo *adj* tricky
pelícano *m* ZO pelican
película *f* **1** movie, film; *de ~* F awesome
F, fantastic F **2** FOT film
◇ **película de acción** action movie;
película en blanco y negro black-
and-white movie; **película muda** silent
movie; **película del Oeste** Western;
película sonora talkie; **película de terror** horror movie
peliculón *m* F fantastic movie
peligrar ⟨1a⟩ *v/i* be at risk; *hacer ~ algo*
put sth at risk
peligro *m* danger; *correr ~* be in danger;
poner en ~ endanger, put at risk; *su vida no corre ~* his life is not at risk; *fuera de ~* out of danger; *sin ~* without risk
◇ **peligro de incendio** fire hazard
◇ **peligro de muerte** danger
peligroso *adj* dangerous
pelilargo *adj* long-haired
pelillo *m*: *~s a la mar* *fig* F let's bury the
hatchet
pelín : *un ~* F a (little) bit; *por un ~* F just
pelirrojo *adj* red-haired, red-headed
pellejo *m de animal* skin, hide; *salvar el
~ fig* F save one's (own) skin F; *arriesgarse o jugarse el ~* F risk one's neck
F; *estar en el ~ de alguien* F be in s.o.'s
shoes; *dejarse el ~ en algo* *fig* slog
one's guts out on sth; *no caber en
su ~* F be bursting with joy
pellizcar ⟨1g⟩ *v/t* pinch
pellizco *m* pinch; *un buen ~* F a tidy
sum F
pelma I *adj* annoying II *m/f* pain F
pelmazo I *adj* annoying II *m*, **-a** *f* F pain
F
pelo *m* **1** *de persona, de perro* hair; *tiene
el ~ muy largo* he has very long hair;

por los ~s by a hair's-breadth, by
a whisker F; *por un ~* just, barely;
los ~s se me ponen de punta *fig* my
hair stands on end; *tirarse de los ~s*
fig F tear one's hair out; *traído por
los ~s* *fig* far-fetched; *soltarse el ~*
fig F let one's hair down F
2 *de animal* fur; *a ~* F (*sin preparación*)
unprepared; *montar a ~* ride bareback;
tomar el ~ a alguien F pull s.o.'s leg F;
con ~s y señales in minute detail;
hombre de ~ en pecho real man;
(ni) un ~ not at all; *no cortarse* (*ni*)
un ~ not be shy; *no tiene un ~ de tonto*
fig F there are no flies on him F, he's no
fool; *no tener ~s en la lengua* *fig* F not
mince one's words F
pelón *adj Méx* F tough
pelota I *f* **1** ball; *~s* F nuts F, balls F; *en
~s* P stark naked; *dejar a alguien en ~s*
F clean s.o. out F; *hacer la ~ a alguien*
suck up to s.o. F; *devolver la ~* *fig* give
as good as one gets; *la ~ está o queda
en el tejado* *fig* the whole thing is up in
the air **2** *L.Am.* DEP baseball II *m/f* F
creep F
◇ **pelota vasca** jai alai, pelota
pelotari *m/f* jai alai player, pelota player
pelotazo *m*: *rompió el cristal de un ~*
he smashed the window with a ball;
darle a alguien un ~ hit s.o. with a ball;
pegar el ~ *fig* make a quick buck F
pelotera *f* F row F, argument
pelotero *m*, **-a** *f L.Am.* (base)ball player
pelotilla *f*: *hacer la ~ a alguien* suck up
to s.o. F
pelotillero F I *adj* crawling, toadying II
m, **-a** *f* crawler F, toady
pelotón *m* **1** MIL squad **2** DEP bunch,
pack
◇ **pelotón de ejecución** firing squad
peluca *f* wig
peluche *m* soft toy; *oso de ~* teddy bear
peludo *adj persona* hairy; *animal* furry
peluquearse ⟨1a⟩ *v/r L.Am.* get one's
hair cut
peluquería *f* hairdresser's
peluquería de caballeros barber's,
gentlemen's hairdresser's; **peluquería
canina** canine hairdresser's; **peluquería de señoras** ladies' hairdresser's
peluquero *m*, **-a** *f* hairdresser
peluquín *m* toupee, hairpiece
pelusa *f* fluff

pelviano, pélvico *adj* ANAT pelvic
pelvis *f inv* ANAT pelvis
pena *f* **1** (*tristeza*) sadness, sorrow; *da* ~
it's sad
2 (*congoja*) grief, distress
3 (*lástima*) pity; *es una* ~ it's a shame *o*
pity; *¡qué* ~*!* what a shame *o* pity!
4 *L.Am.* (*vergüenza*) embarrassment;
me da ~ I'm embarrassed
5 JUR sentence
6: *no vale o no merece la* ~ it's not
worth it; *a duras* ~*s* with great difficulty; *so* ~ *de* on pain of; *con más* ~
que gloria ingloriously; *sin* ~ *ni gloria*
almost unnoticed
◇ **pena capital** death penalty, capital
punishment; **pena máxima** DEP penalty; **pena de muerte** death penalty;
pena privativa de libertad custodial
sentence
penal I *adj* penal; *derecho* ~ criminal
law **II** *m* **1** penitentiary, pen F, *Br* prison
2 *L.Am.* (*penalti*) penalty
penalidad *f fig* hardship
penalista *m/f* criminal law specialist
penalización *f* **1** *acción* penalization **2**
DEP penalty
penalizar ⟨1f⟩ *v/t* penalize
penalti *m* DEP penalty; *cometer un* ~
concede a penalty; *marcar de* ~ score
a penalty; *ganar por* ~*s* win on penalties
penalty *m* DEP penalty; *casarse de* ~ F
have to get married
penar ⟨1a⟩ **I** *v/t* punish **II** *v/i* suffer
penca I *adj* Chi soft, weak **II** *f L.Am.*
(*nopal*) leaf of the prickly pear plant
pendejada *f L.Am.* stupid thing to do
pendejo I *m* (*pelea*) fight **II** *m*, *-a f*
L.Am. F dummy F
pendenciero *m*, *-a f* troublemaker
pender ⟨2a⟩ *v/i* hang (*sobre* over)
pendiente I *adj* **1** unresolved, unfinished; *estar* ~ be pending; ~ *de solu-*
ción awaiting a solution, still to be resolved **2** *cuenta* unpaid **3** (*alerta*): *estar*
~ *de* be waiting for **II** *m* earring **III** *f*
slope
pendón I *adj* swinging F **II** *m*, *-ona f* F
swinger F
pendular *adj* pendular; *movimiento* ~
pendular motion
péndulo *m* pendulum
pene *m* ANAT penis

penetración *f* penetration
penetrante *adj* **1** *mirada* penetrating **2**
sonido piercing **3** *frío* bitter **4** *herida*
deep **5** *análisis* incisive
penetrar ⟨1a⟩ **I** *v/t* penetrate **II** *v/i* (*atra-*
vesar) penetrate **2** (*entrar*) enter **3** *de*
un líquido seep in
penicilina *f* penicillin
península *f* peninsula
◇ **Península Ibérica** Iberian Peninsula
◇ **Península del Yucatan** Yucatan
Peninsula
peninsular *adj* peninsular
penique *m* penny
penitencia *f* penitence
penitenciaría *f* penitentiary, pen F, *Br*
prison
penitenciario *adj* penitentiary *atr*, prison *atr*; *centro* ~ prison
penitente *m/f* penitent
penosamente *adv* with difficulty
penoso *adj* **1** (*angustiante*) distressing **2**
trabajo laborious **3** *C.Am.*, *Cu*, *Méx*:
que causa vergüenza embarrassing **4**
C.Am., *Cu*, *Méx*: *que siente vergüenza*
shy
pensado *adj* thought-out; *lo tengo*
bien ~ I've thought about it carefully
pensador *m*, ~*a f* thinker
pensamiento *m* **1** (*reflexión*) thought **2**
BOT pansy
pensar ⟨1k⟩ **I** *v/t* **1** think about; *¡ni* ~*lo!*
don't even think about it! **2** (*opinar*)
think **II** *v/i* think (*en* about); *¿en qué*
piensas? what are you thinking
about?; *sin* ~ without thinking
pensativo *adj* thoughtful
pensión *f* **1** *hotel* rooming house, *Br*
guesthouse; *media* ~ bed and breakfast
and one main meal, *Br* half board **2** *di-*
nero pension
◇ **pensión alimenticia** child support,
Br maintenance; **pensión completa**
American plan, *Br* full board; **pensión**
de invalidez disability *o* invalidity pension
pensionista *m/f* pensioner
pentágono *m* pentagon; *el Pentágono*
the Pentagon
pentagrama *m* MÚS stave
pentatleta *m/f* DEP pentathlete
pentatlón *m* DEP pentathlon
Pentecostés *m* Pentecost
penúltimo *adj* penultimate

penumbra *f* half-light
penumbroso *adj* shadowy
penuria *f* **1** (*pobreza*) poverty; **sufrir ~s** suffer hardship **2** *fml: de medios, espacio* shortage (**de** of)
peña *f* **1** *cerro* crag, cliff;(*roca*) rock **2** F *de amigos* group, circle; **~ quinielística** syndicate of people doing the sports lottery, *Br* pools syndicate (*for soccer*)
peñasco *m* boulder
peñazo *m* F pain (in the neck) F
peñón *m*: **el Peñon de Gibraltar** the Rock of Gibraltar
peón *m* **1** *en ajedrez* pawn **2** *trabajador* laborer, *Br* labourer
◇ **peón caminero** road mender, *Br tb* navvy
peonada *f trabajo* day's work; *trabajadores* gang of laborers *o Br* labourers
peonía *f* BOT peony
peor *adj* **1** *comp* worse; **de mal en ~** from bad to worse; **ir a ~** get worse, deteriorate; **~ que ~, tanto ~** it will make matters worse **2** *sup:* **lo ~** the worst (thing); **haber pasado lo ~** be over the worst
pepa *f L.Am.* (*semilla*) seed; **soltar la ~** spill the beans
pepenador *m*, **-a** *f C.Am., Méx* scavenger
pepinillo *m* gherkin
pepino *m* cucumber; **me importa un ~** F I don't give a damn F
pepita *f* pip
pepito *m* steak sandwich
pepitoria *f* meat stew in sauce which contains egg yolk
pepsina *f* pepsin
peque *m/f* F kid F
pequeñez *f* smallness
pequeño I *adj* small, little; **de ~** when I was small *o* little; **en ~** in miniature **II** *m*, **-a** *f* little one
◇ **pequeños anuncios** classified advertisements *o* ads, *Br tb* small ads
Pequín *m* Peking; **en la China actual** Beijing
pequinés I *adj* of / from Peking, Peking *atr*; **en la China actual** of / from Beijing, Beijing *atr* **II** *m* ZO Pekinese, Peke F
pera *f* pear; **pedir ~s al olmo** ask the impossible; **poner a alguien las ~s al cuarto** *fig* F give s.o. a piece of one's

mind F; **ser la ~** *fig* P be the limit
peral *m* pear tree
peralte *m* camber
perca *f pez* perch
percal *m* percale
percance *m* mishap
percatarse ⟨1a⟩ *v/r* notice; **~ de algo** notice sth
percebe *m* ZO barnacle
percebista *m/f* barnacle collector
percepción *f* **1** perception **2** COM *acto* receipt
perceptible *adj* perceptible, noticeable
perceptivo *adj* perceptive
perceptor I *adj* receiving **II** *m*, **-a** *f* recipient
percha *f* (*colgador*) coat hanger; *gancho* coat hook; **tener buena ~** *fig* F have a good figure
perchero *m* coat rack
percibir ⟨3a⟩ *v/t* **1** perceive **2** COM *sueldo* receive
percusión *f* MÚS percussion
percusionista *m/f* MÚS percussionist
percusor *m* hammer
percutáneo *adj* MED percutaneous
percutir ⟨3a⟩ *v/t* MED sound
percutor *m* ☞ **percusor**
perdedor I *adj* losing **II** *m*, **-a** *f* loser; **ser buen / mal ~** *en juegos* be a good / bad loser
perder ⟨2g⟩ **I** *v/t* **1** *objeto* lose; **¡piérdete!** get lost!; **no te lo pierdas** *película, acontecimiento* don't miss it; **no tener nada que ~** have nothing to lose **2** *tren, avión etc* miss **3** *el tiempo* waste **II** *v/i* lose; **echar a ~** ruin; **echarse a ~** *de alimento* go bad; **llevar o tener las de ~** be at a disadvantage; **salir perdiendo** come off worst
perderse *v/r* get lost; **no se te ha perdido nada aquí** *fig* there's nothing here for you
perdición *f* downfall
pérdida *f* **1** loss; **no tiene ~** you can't miss it; **~ de tiempo** waste of time **2** *en baloncesto* turnover
perdidamente *adv* hopelessly; **estar ~ enamorado** be hopelessly in love
perdido *adj* lost; **ponerse ~** get filthy; **estar ~** F be crazy (**por** about) F, be madly in love (**por** with) F; **loco ~** absolutely crazy
perdigón *m* pellet

perdigonada *f* **1** *tiro* shot **2** *herida* gun-shot wound

perdiguero *adj:* **perro ~** gundog

perdiz *f* ZO partridge; *marear la ~ fig* waste time; *~ blanca o nival* rock ptarmigan

perdón *m* **1** *disculpa* pardon; *¡~!* sorry!; *¿~?* excuse me?, pardon me?; *pedir ~* say sorry, apologize; *con ~* pardon my French **2** REL forgiveness

perdonable *adj* forgivable

perdonar ⟨1a⟩ **I** *v/t* **1** forgive; *~ algo a alguien* forgive s.o. sth **2** JUR pardon **II** *v/i:* ¡*perdone!* sorry!; *perdone, ¿tiene hora?* excuse me, do you have the time?

perdonavidas *m inv* F tough guy F, thug

perdurable *adj* enduring, lasting

perdurar ⟨1a⟩ *v/i* endure

perecedero *adj* perishable

perecer ⟨2d⟩ *v/i* perish; *~ ahogado* drown

peregrinación *f* pilgrimage

peregrinar ⟨1a⟩ *v/i* go on a pilgrimage

peregrino I *adj* **1** *ave* migratory **2** *idea* strange, outlandish **II** *m, -a f* pilgrim

perejil *m* BOT parsley

perengano *m, -a f* so-and-so

perenne *adj* BOT perennial

perennifolio *adj* BOT evergreen

perentorio *adj* **1** (*urgente*) urgent, pressing **2** (*apremiante*) peremptory

pereza *f* laziness; *me da ~* I can't be bothered

perezoso I *adj* lazy **II** *m* ZO sloth

perfección *f* perfection; *a la ~* perfectly, to perfection

perfeccionamiento *m* perfecting; *~ (profesional)* (professional) training

perfeccionar ⟨1a⟩ *v/t* perfect

perfeccionista I *adj* perfectionist **II** *m/f* perfectionist

perfectamente *adv* perfectly; *¡~!* agreed!, all right!; *lo vi ~* I saw it as clear as day; *te comprendo ~* I know exactly what you mean

perfecto I *adj* perfect **II** *m* GRAM perfect (tense)

perfidia *f* treachery

pérfido *adj* treacherous

perfil *m* profile; *de ~* in profile, from the side; *dar el ~ para un cargo* fit the profile

perfilado *adj rostro, nariz* long and thin; *estar muy ~ proyecto* be at an advanced stage

◇ **perfilador de labios** lip pencil

perfilar ⟨1a⟩ *v/t* **1** *dibujo* outline **2** *proyecto* put the finishing touches to; *perfilarse v/r* emerge

perforación *f* **1** (*orificio*) puncture; *perforaciones pl* perforations **2** *en la calle* hole; *hacer una ~* make *o* dig a hole

perforadora *f de papeles* punch

perforar ⟨1a⟩ *v/t* **1** (*agujerear*) pierce **2** *calle* dig up

perfumador *m utensilio* atomizer

perfumar ⟨1a⟩ *v/t* perfume

perfume *m* perfume

perfumería *f* perfume shop

perfumista *m/f* perfumer, perfume-maker

pergamino *m* parchment

pergenio *m, -a f Rpl* F kid F

pergeñar ⟨1a⟩ *v/t* F throw together

pérgola *f* pergola

pericardio *m* ANAT pericardium

pericia *f* expertise

pericial *adj* expert; *informe o dictamen ~* technical report

perico *m* parakeet

pericote *m Chi, Pe* ZO large rat

periferia *f de circunferencia* periphery; *de ciudad* outskirts *pl*

periférico I *adj* peripheral; *barrio* outlying **II** *m* INFOR peripheral

perifollo *m* BOT chervil

perifrástico *adj* periphrastic

perilla *f* **1** goatee; *me viene de ~* F that'll be very useful; *tu visita me viene de ~* F you've come at just the right time **2** *L.Am. pomo* doorknob

perímetro *m* perimeter

perinatal *adj* MED perinatal

perineo *m* ANAT perineum

periodicidad *f* periodicity; *se publica con ~ trimestral* it is published quarterly *o* every three months; *con ~* periodically

periódico I *adj* periodic **II** *m* newspaper

periodismo *m* journalism

periodista *m/f* journalist; *~ deportivo* sport writer *o* columnist

periodístico *adj* journalistic

período, periodo *m* period

periostio *m* ANAT periosteum

peripecia *f* adventure

periplo *m* tour, (long) journey

periquete *m*: **en un ~** F in a second, in no time F

periquito *m* ZO budgerigar

periscopio *m* periscope

peritaje *m* **1** *informe* expert's report, specialist report **2** *trabajo* specialist work

peritar ⟨1a⟩ *v/t* value (**en** at)

perito I *adj* expert **II** *m*, **-a** *f* **1** (*especialista*) expert **2** COM *en seguros* loss adjuster

peritoneo *m* ANAT peritoneum

peritonitis *f* MED peritonitis

perjudicar ⟨1g⟩ *v/t* harm, damage

perjudicial *adj* harmful, damaging; **~ para la salud** harmful to one's health

perjuicio *m* harm, damage; **sin ~ de** without affecting

perjurar ⟨1a⟩ *v/i* commit perjury, perjure o.s.

perjurio *m* perjury

perla *f* pearl; **nos vino de ~s** F it suited us fine F

◇ **perla cultivada** cultured pearl

permanecer ⟨2d⟩ *v/i* remain, stay

permanencia *f* stay

permanente I *adj* permanent **II** *f o Méx m* (*moldeado*) perm

permeabilidad *f* permeability

permeable *adj* permeable; **ser ~ al agua / la luz** let in water / light

permisible *adj* permissible

permisividad *f* permissiveness

permisivo *adj* permissive

permiso *m* **1** (*consentimiento*) permission; **dar ~** give permission **2** *documento* permit **3**: **estar de ~** be on leave; **con ~** excuse me

◇ **permiso de circulación** AUTO car registration document; **permiso de conducir** driver's license, *Br* driving licence; **permiso de residencia** residence permit; **permiso de trabajo** work permit

permitir ⟨3a⟩ *v/t* permit, allow; **permitirse** *v/r* afford; **~ el lujo de** permit o.s. the luxury of

permuta *f* exchange

permutable *adj* exchangeable

permutación *f* **1** (*permuta*) exchange **2** MAT permutation

permutar ⟨1a⟩ *v/t* exchange

pernera *f* (pants, *Br* trouser) leg

pernicioso *adj* harmful

pernil *m* **1** *de pantalón* leg **2** GASTR ham

perno *m* bolt

pernoctar ⟨1a⟩ *v/i* spend the night

pero I *conj* but **II** *m* flaw, defect; **no hay ~s que valgan** no excuses; **poner ~s** raise problems

perogrullada *f* platitude

peronismo *m* Peronism

peronista *m/f* & *adj* Peronist

perorata *f* F lecture

perpendicular *f/adj* perpendicular

perpetrar ⟨1a⟩ *v/t crimen* perpetrate, commit

perpetuación *f* perpetuation

perpetuar ⟨1e⟩ *v/t* perpetuate; **perpetuarse** *v/r* be perpetuated

perpetuidad *f*: **a ~** in perpetuity

perpetuo *adj fig* perpetual

perplejidad *f* perplexity

perplejo *adj* puzzled, perplexed

perra *f* dog; **el perro y la ~** the dog and the bitch; **~s** *pl* F pesetas

perrada *f fig* F dirty trick

perrera *f* **1** *sitio* dog pound, *Br* dogs' home **2** *furgoneta* dog catcher's van, *Br* dog warden's van

perrería *f* F dirty trick

perrero *m*, **-a** *f* dog catcher, *Br* dog warden

◇ **perrito caliente** *m* GASTR hot dog

perro *m* dog; **hace un tiempo de ~s** F the weather is lousy F; **llevarse como el ~ y el gato** *fig* fight like cat and dog; **a otro ~ con ese hueso** *fig* F tell that to the marines! F, *Br* pull the other one (it's got bells on)! F; **~ ladrador poco mordedor** his bark is worse than his bite

◇ **perro callejero** stray; **perro de caza** hound; **perro faldero** lap dog; **perro guardián** guard dog; **perro lazarillo** seeing eye dog, *Br* guide dog; **perro lobo** German shepherd, *Br tb* Alsatian; **perro pastor** sheepdog; **perro perdiguero** gundog; **perro de Terranova** Newfoundland; **perro viejo** *fig* F old hand F

perruno *adj* dog *atr*, canine

persecución *f* **1** (*búsqueda*) pursuit **2** (*acoso*) persecution

perseguidor I *adj* in pursuit **II** *m*, **~a** *f* persecutor

perseguir ⟨3l & 3d⟩ *v/t* **1** *objetivo* pur-

sue **2** *delincuente* look for **3** (*molestar*)
pester **4** (*acosar*) persecute
perseverancia *f* perseverance
perseverante *adj* persistent, persevering
perseverar ⟨1a⟩ *v/i* persevere (**en** with)
persiana *f de tablillas fijas* shade, *Br* blind; *enrollable* shade, *Br* roller blind
pérsico *adj* Persian
persignarse ⟨1a⟩ *v/r* cross o.s.
persistencia *f* persistence
persistente *adj* persistent
persistir ⟨3a⟩ *v/i* persist
persona *f* person; *quince ~s* fifteen people; *~* (*humana*) human being; *~ mayor* elderly person *buena / mala ~* nice / nasty person; *en ~* in person
personaje *m* **1** TEA character **2** *famoso* celebrity
personal I *adj* personal II *m* **1** personnel, staff; *~ docente* teaching staff **2** *en baloncesto* personal foul
◇ **personal de a bordo** AVIA flight crew
◇ **personal de tierra** AVIA ground crew
personalidad *f* personality
personalizar ⟨1f⟩ I *v/t* personalize II *v/i* get personal
personarse ⟨1a⟩ *v/r* arrive, turn up
personificación *f* personification, embodiment
personificar ⟨1g⟩ *v/t* personify, embody
perspectiva *f* **1** (*vista, ángulo*) perspective **2** *fig* point of view; *~s pl* outlook *sg*, prospects; *tener algo en ~* have the possibility of sth
perspicacia *f* shrewdness, perspicacity *fml*
perspicaz *adj* shrewd, perspicacious *fml*
persuadir ⟨3a⟩ *v/t* persuade; **persuadirse** *v/r* become convinced
persuasión *f* persuasion
persuasivo *adj* persuasive
pertenecer ⟨2d⟩ *v/i* belong (*a* to)
perteneciente *adj*: *~ a* belonging to
pertenencias *fpl* belongings
pértiga *f* pole; *salto con ~* DEP pole vault
pertiguista *m/f* DEP pole-vaulter
pertinaz *adj* **1** (*prolongado*) persistent **2** (*terco*) obstinate

pertinencia *f* relevance, pertinence
pertinente *adj* relevant, pertinent
pertrechar ⟨1a⟩ *v/t* equip, supply (*de* with); **pertrecharse** *v/r* equip o.s.
pertrechos *mpl* MIL equipment *sg*
perturbación *f* disturbance
◇ **perturbación mental** mental disturbance
perturbado *m*, **-a** *f*: *~* (*mental*) mentally disturbed person
perturbador *adj* disturbing
perturbar ⟨1a⟩ *v/t* **1** (*producir desorden en*) disturb **2** *reunión* disrupt
Perú *m* Peru
peruano I *adj* Peruvian II *m*, **-a** *f* Peruvian
perversidad *f* wickedness, evil
perversión *f* perversion
perverso *adj* wicked, evil
pervertido I *adj* perverted II *m*, **-a** *f* pervert
pervertir ⟨3i⟩ *v/t* pervert; **pervertirse** *v/r* become perverted *o* corrupted
pervivencia *f* survival
pervivir ⟨3a⟩ *v/i* survive, remain
pesa *f* **1** *para balanza* weight **2** DEP shot; *hacer ~s* do weight-training **3** *C.Am., Carib* butcher's shop
pesabebés *m inv* baby scales *pl*
pesadamente *adv* heavily
pesadez *f fig* drag F
pesadilla *f* nightmare
pesado I *adj* **1** *objeto* heavy **2** *libro, clase etc* tedious, boring **3** *trabajo* tough F, difficult II *m*, **-a** *f* bore; *¡qué ~ es!* he's a real pain F
pesadumbre *f* grief, sorrow
pésame *m* condolences *pl*; *dar el ~* offer one's condolences
pesar ⟨1a⟩ I *v/t* weigh
II *v/i* **1** (*ser muy pesado*) be heavy; *casi no pesa* it weighs next to nothing **2** (*influir*) carry weight **3** *fig de responsabilidad* weigh heavily (*sobre* on); *me pesa tener que informarle ...* I regret to have to inform you ...; *mal que me / le pese* like it or not, whether I / you like it or not
III *m* sorrow
IV: *a ~ de* in spite of, despite; *a ~ de ello* nevertheless; *a ~ de eso* in spite of that, despite that; *a ~ de que* in spite of *o* despite the fact that, even though; *a ~ mío* against my wishes

pesario *m* MED pessary
pesaroso *adj* 1 (*apenado*) sad 2 (*arrepentido*) sorry
PESC *f abr* (= *Política Exterior y de Seguridad Común*) CFSP (= Common Foreign and Security Policy)
pesca *f* 1 *actividad* fishing 2 (*peces*) fish *pl* 3: **y toda la ~** *fig* F the whole gang
◊ **pesca de altura** deep-sea fishing; **pesca de arrastre** trawling; **pesca de bajura**, **pesca de costera** coastal fishing; **pesca submarina** underwater fishing
pescadería *f* fish shop
pescadero *m*, **-a** *f* fishmonger
pescadilla *f pez* whiting
pescado *m* GASTR fish
pescador *m* fisherman
◊ **pescador de caña** angler
pescante *m* MAR davit
pescar ⟨1g⟩ I *v/t* 1 *un pez*, *resfriado* catch; *trabajo*, *marido* land F 2 (*intentar tomar*) fish for II *v/i* fish; **~ con caña** go angling
pescozón *m* slap on the neck
pescuezo *m* neck
pese: ~ a despite, in spite of; **~ a ello** nevertheless; **~ a que** in spite of *o* despite the fact that, even though
pesebre *m* 1 (*comedero*) manger 2 (*belén*) crèche
pesero *m* 1 *L.Am.* minibus 2 *Méx* (collective) taxi
peseta *f* peseta
pesetero *adj* F money-grubbing F
pesimismo *m* pessimism
pesimista I *adj* pessimistic II *m/f* pessimist
pésimo *adj sup* awful, terrible
pesista *m/f L.Am.* weightlifter
peso *m* 1 weight; **ganar ~** put on *o* gain weight; **perder ~** lose weight; *fig* become less important; **de ~** *fig* weighty; **se cae de** *o* **por su propio ~** it goes without saying; **se me quitó un ~ de encima** it took a real load off my mind 2 FIN peso
◊ **peso específico** specific gravity; **peso gallo** *en boxeo* bantamweight; **peso mosca** *en boxeo* flyweight; **peso pesado** *en boxeo*, *fig* heavyweight; **peso pluma** *en boxeo* featherweight; **peso semipesado** *en boxeo* light-heavyweight

pespuntar ⟨1a⟩ *v/t* ☞ **pespuntear**
pespunte *m* backstitch
pespuntear ⟨1a⟩ *v/t* backstitch
pesquería *f* fishing industry
pesquero I *adj* fishing *atr* II *m* fishing boat
pesquisa *f* investigation; **hacer ~s** investigate
pestaña *f* eyelash; **quemarse las ~s** F burn the midnight oil
pestañear ⟨1a⟩ *v/i* blink; **sin ~** *fig* without batting an eyelid
pestañeo *m* blink
peste *f* 1 MED plague 2 *olor* stink F 3: **echar ~s** F curse and swear
◊ **peste porcina** hog cholera, *Br* swine fever
pesticida *m* pesticide
pestilencia *f* stench
pestilente *adj* foul-smelling
pestillo *m* 1 (*picaporte*) door handle 2 (*cerradura*) bolt
petaca *f* 1 *para tabaco* tobacco pouch 2 *para bebida* hip flask 3 *C.Am.* F *insecto* ladybug, *Br* ladybird
petacas *fpl Méx* F buttocks
pétalo *m* petal
petanca *f* type of bowls
petar ⟨1a⟩ *v/i* P: **me peta / no me peta …** I feel like / don't feel like …
petardear ⟨1a⟩ *v/i* backfire
petardo I *m* firecracker II *m*, **-a** *f* F (*plasta*) nerd F; **ser un ~ de persona** be a pain in the neck F
petate *m* 1 (*lío*) kit bag; **liar el ~** *fig* F pack one's bags 2 *L.Am.* F *en el suelo* mat
petenera *f* type of flamenco song; **salir(se) por ~s** *fig* F go off at a tangent F
petición *f* request; **a ~ de** at the request of
petigrís *m* ZO gray squirrel, *Br* grey squirrel
petirrojo *m* ZO robin
petiso *L.Am.* I *adj* short, tiny II *m*, **-a** *f* shorty F III *m* pony
peto *m* bib; **pantalón de ~** overalls *pl*, *Br* dungarees *pl*
petrel *m* ZO petrel
pétreo *adj* (*de piedra*) stone *atr*; (*similar a la piedra*) stonelike, stony; *fig* stony
petrificación *f* petrification
petrificado *adj* petrified

petrificar ⟨1g⟩ v/t petrify (a fig); **petrificarse** v/r become petrified

petrodólar m petrodollar

petróleo m oil, petroleum

petrolero I adj oil atr; **compañía -a** oil company; **flota -a** fleet of oil tankers **II** m MAR oil tanker

petrolífero adj oil atr

petroquímica f petrochemical

petulancia f smugness

petulante adj smug

petunia f BOT petunia

peyorativo adj pejorative

pez I m ZO fish; **estar ~ en algo** F be clueless about sth F; **estar como ~ en el agua** be in one's element **II** f pitch, tar

◇ **pez espada** swordfish; **pez gordo** F big shot F; **pez volador** flying fish

pezón m nipple

pezuña f ZO hoof

PHN m abr (= **Plan Hidrológico Nacional**) National Hydrological Plan

piadoso adj pious

pianista m/f pianist

piano m piano

◇ **piano de cola** grand piano

◇ **piano de media cola** baby grand

piar ⟨1c⟩ v/i tweet, chirrup

piara f herd

PIB m abr (= **producto interior bruto**) GDP (= gross domestic product)

pibe m, **-a** f Rpl F kid F

pica f **1** TAUR goad **2** palo de la baraja spade **3**: **poner una ~ en Flandes** fig pull off a coup

picacho m peak

picada f **1** de serpiente bite; de abeja sting **2** L.Am. para comer snacks pl, nibbles pl **3** Rpl (camino) path

picadero m escuela riding school

picadillo m GASTR de lomo: marinated ground meat; **añada un ~ de cebolla y ajo** add finely chopped onion and garlic; **hacer ~ a alguien** fig F beat s.o. up

picado I adj **1** diente decayed **2** mar rough, choppy **3** carne ground, Br minced; verdura minced, Br finely chopped **3** fig (resentido) offended **II** m L.Am. dive; **caer en ~ de precios** nosedive, plummet

picador m **1** TAUR picador **2** MIN face worker

picadora f en cocina meat grinder, Br mincer

picadura f **1** de reptil, mosquito bite; de avispa sting **2** tabaco cut tobacco

picaflor m L.Am. **1** ZO hummingbird **2** fig womanizer

picajoso adj touchy

picante I adj **1** comida hot, spicy **2** chiste risqué **II** m hot spice

picapedrero m stone cutter

picapleitos m/f inv F shyster F, Br unethical lawyer

picaporte m door handle

picar ⟨1g⟩ **I** v/t **1** de mosquito, serpiente bite; de avispa sting; de ave peck **2** carne grind, Br mince; verdura mince, Br chop finely **3** piedra break (up) **4** TAUR jab with a lance **5** (molestar) annoy **6** la curiosidad pique **7** MÚS pick **II** v/i **1** tb fig take the bait **2** L.Am. de la comida be hot o spicy **3** (producir picor) itch **4** del sol burn

picarse v/r **1** (agujerearse) rust **2** (cariarse) decay **3** F (molestarse) get mad F

picardía f **1** (astucia) craftiness, slyness **2** (travesura) mischievousness **3** Méx (taco, palabrota) swearing, swearwords pl

picaresco adj picaresque

pícaro I adj **1** persona crafty, sly **2** comentario mischievous **II** m rogue

picarón m Méx, Chi, Pe (buñuelo) fritter

picatoste m piece of fried bread

picazón f itching; fig unease, disquiet

picha f V prick V

pícher m/f en béisbol pitcher

pichi m **1** jumper, Br pinafore dress **2** DEP top scorer

pichicato m Pe, Bol P coke P

pichichi m leading goalscorer

pichincha f L.Am. bargain

pichón m L.Am. **1** chick **2** F (novato) rookie F

Picio: **más feo que ~** F as ugly as sin F

pick up m L.Am. pick-up (truck)

picnic m (pl ~s) picnic

pico m **1** ZO beak **2** F (boca) mouth; **cerrar el ~** F shut one's mouth F; **abrir / no abrir el ~** open / not open one's mouth; **ser un ~ de oro** have the gift of the gab **3** de montaña peak **4** herramienta pickax, Br pickaxe **5**: **a las tres y ~** some time after three o'clock; **mil**

pesetas y ~ just over a thousand pesetas; **irse de ~s pardos** F paint the town red F

picor *m* itch

picota *f* 1 BOT bigarreau (*type of sweet cherry*) 2 *fig*: **poner en la ~** pillory

picotazo *m* peck

picotear ⟨1a⟩ *v/t* 1 *de pájaro* peck 2 *comer* nibble

pictograma *m* pictogram

pictórico *adj* pictorial

pido *vb* ☞ **pedir**

pie *m* 1 *de estatua, lámpara* base 2 *de persona* foot; **a ~** on foot; **al ~ de** at the foot of; **de ~** standing; **estar de ~** be standing (up); **ponerse de** *o* **en ~** stand up; **no tenerse en** *o* **de ~** *fig*: *por cansancio* be ready to drop; **de ~s a cabeza** from head to foot; **no tiene ni ~s ni cabeza** it doesn't make any sense at all, I can't make head nor tail of it; **a ~s juntillas** *creer* blindly; **levantarse con el ~ izquierdo** get out of bed on the wrong side; **con buen / mal ~** *empezar* get off to a good / bad start; **con los ~s** *fig* badly; **andarse con ~s de plomo** tread warily; **estar en ~** be up, be out of bed; **estar en ~ de guerra** be on a war footing; **buscar tres** *o* **cinco ~s al gato** *fig* make things difficult, complicate things; **dar ~ para** *o* **a** give rise to, generate; **echar ~ a tierra** go ashore; **estar al ~ del cañón** *fig* be hard at work; **hacer ~** touch bottom; **no hacer ~ en piscina** be out of one's depth; **no dar ~ con bola** F get *o* do everything wrong; **parar los ~s a alguien** take s.o. down a peg or two F; **saber de qué ~ cojea alguien** *fig* know where s.o. is coming from; **poner ~s en polvorosa** F take to one's heels F; **salir por ~s** hotfoot it F, make o.s. scarce; **~ de la cama** foot of the bed; **~s planos** flat feet

◇ **pie de atleta** MED athlete's foot; **pie equino** MED clubfoot; **pie de página** TIP foot *o* bottom of the page; **pie de pivote** *en béisbol* pivot foot

piedad *f* 1 (*compasión*) pity 2 (*clemencia*) mercy 3 REL piety

piedra *f tb* MED stone; **quedarse de ~** *fig* F be stunned; **el ejército invasor no dejó ~ sobre ~ de la ciudad** *fig* the invading army razed the city to the ground *o* did not leave a stone standing in the city; **tirar ~s a su propio tejado** *fig* F shoot o.s. in the foot F; **tirar la ~ y esconder la mano** do things on the sly; **poner** *o* **colocar la primera ~** lay the foundation stone; **pasar por la ~** V lay F, screw V

◇ **piedra angular** cornerstone; **piedra fundamental** foundation stone; **piedra preciosa** precious stone; **piedra semipreciosa** semiprecious stone; **piedra de toque** touchstone

piel *f* 1 *de persona, fruta* skin; **~ de naranja** orange peel; **dejarse la ~** sweat blood F 2 *de animal* hide, skin; **abrigo de ~es** fur coat; **la ~ de toro** *fig* the Iberian Peninsula 3 (*cuero*) leather

◇ **piel roja** redskin

pienso¹ *vb* ☞ **pensar**

pienso² *m* animal feed, fodder

piercing *m* (body) piercing

pierdo *vb* ☞ **perder**

pierna *f* leg; **~ ortopédica** artificial leg; **dormir a ~ suelta** sleep like a log; **salir por ~s** F hotfoot it F, make o.s. scarce

pieza *f* 1 *de un conjunto*, MÚS piece; *de aparato* part; **de dos / tres ~s** two--piece / three-piece 2 TEA play 3 (*habitación*) room 4 F: **quedarse de una ~** be amazed

◇ **pieza de recambio** spare (part)

pífano *m* MÚS fife

pifia *f* 1 F (*error*) booboo F 2 *Chi, Pe, Rpl* defect

pifiar ⟨1a⟩ *v/t* F mess up F

pigmentación *f* pigmentation

pigmentar ⟨1a⟩ *v/t* color, *Br* colour

pigmento *m* pigment

pigmeo *m*, **-a** *f* pigmy

pignoración *f* pawning

pignorar ⟨1a⟩ *v/t* pawn

pija *f* V cock V, dick V

pijada *f* F stupid thing

pijama *m* pajamas *pl*, *Br* pyjamas *pl*

pijo I *adj* posh II *m* V (*pene*) prick V III *m*, **-a** *f persona* rich kid F

pijotero *adj* F nitpicking, niggling

pila *f* 1 EL battery; **cargar las ~s** *fig* F recharge one's batteries; **se le acabaron** *o* **agotaron las ~s** *fig* F he ran out of steam 2 (*montón*) pile 3 (*fregadero*) sink

◇ **pila bautismal** font; **pila botón** EL watch battery; **pila seca** dry battery

pilar *m tb fig* pillar

píldora *f* pill; **la ~** (*anticonceptiva*) the (contraceptive) pill; **dorar la ~** *fig* F sweeten the pill

pileta *f* **1** *Rpl* sink **2** (*alberca*) swimming pool

pillaje *m* pillage

pillar ⟨1a⟩ *v/t* **1** (*tomar*) seize **2** (*atrapar*) catch **3** (*atropellar*) hit **4** *chiste* get **4: me pilla muy cerca** it's very handy for me; **me pilla de camino** it's on my way; **~ a alguien de sorpresa** catch s.o. by surprise

pillastre *m* F rogue, scoundrel

pillín *m*, **-ina** *f* F rascal

pillo I *adj* mischievous **II** *m*, **-a** *f* rascal

pilluelo *m*, **-a** *f* F scamp, little rascal

pilón *m Méx:* **me dio dos de ~** he gave me two extra

pilonga *f:* (*castaña*) **~** dried chestnut

píloro *m* ANAT pylorus

pilosidad *f* hairiness

pilotar ⟨1a⟩ *v/t* **1** AVIA fly, pilot **2** AUTO drive **3** MAR steer

pilote *m* pile

piloto I *m/f* **1** AVIA, MAR pilot **2** AUTO driver **II** *m* EL pilot light

◇ **piloto automático** autopilot, automatic pilot

◇ **piloto de pruebas** AVIA test pilot

piltra *f* F bed; **estar en la ~** F be in bed, be in the sack F

piltrafa *f:* **~s** rags; **estar hecho una ~** *fig* be a total wreck F

pimentero *m* BOT pepper plant

pimentón *m* paprika

pimienta *f* pepper

pimiento *m* pepper; **me importa un ~** F I couldn't *o* could care less, *Br* I couldn't care less

◇ **pimiento morrón** red pepper

pimplar ⟨1a⟩ *v/i* F *de alcohol* booze; **pimplarse** *v/r* F drink

pimpón *m* ping-pong

PIN *m* PIN

pinacoteca *f* art gallery

pináculo *m* ARQUI, *fig* pinnacle

pinar *m* pine forest

pincel *m* paintbrush; **ir como un ~** *fig* F look very sharp, be all dressed up

pincelada *f:* **dar la(s) última(s) ~(s) a** *fig* put the finishing touches to

pinchadiscos *m/f inv* F disc jockey, DJ

pinchar ⟨1a⟩ **I** *v/t* **1** (*agujerear*) prick; **~le**

a alguien MED give s.o. a shot **2** AUTO puncture **3** TELEC tap **4** F (*molestar*) bug F, needle F

II *v/i* **1** (*agujerear*) prick **2** AUTO get a flat tire, *Br* get a puncture **3: no ~ ni cortar** F not count for anything; **pincharse** *v/r* **1** *con aguja etc* prick o.s. **2** F (*inyectarse*) shoot up P **3: se nos pinchó una rueda** we got a flat (tire) *o Br* a puncture

pinchazo *m* **1** *herida* prick **2** *dolor* sharp pain **3** AUTO flat (tire), *Br* puncture **4** F (*fracaso*) flop F

pinche[1] *m* cook's assistant

pinche[2] *adj* **1** *Méx* F (*mezquino*) rotten F **2** *C.Am.*, *Méx* (*tacaño*) tight-fisted F

pinchito *m* GASTR bar snack, tapa

pincho *m* GASTR bar snack

pineda *f* ☞ **pinar**

pingajo *m* F rag; **estar hecho un ~** F be a mess

pingajoso *adj* shabby

pingo *m:* **poner a alguien como un ~** F give s.o. a piece of one's mind

ping-pong *m* ping-pong

pingüe *adj fig beneficios* fat, large

pingüino *m* ZO penguin

pinitos *mpl* first steps

pino *m* BOT pine; **hacer el ~** do a handstand; **vivir en el quinto ~** F live out in the boondocks F

pinol(e) *m* **1** *C.Am.*, *Méx* cornstarch, *Br* cornflour **2** *L.Am.* roasted corn

pinrel *m* F: **~es** *pl* feet

pinta *f* **1** *medida* pint **2** *aspecto* looks *pl*; **tener buena ~** *fig* look inviting; **tener ~ de** look like

pintada *f* piece of graffiti; **~s** *pl* graffiti *pl o sg*

pintado *adj:* **siempre va muy -a** F she always slaps on loads of makeup F; **este regalo me viene que ni ~** it's just what I wanted (as a gift); **me está que ni ~ de prenda** it's perfect for me

pintalabios *m inv* lipstick

pintamonas *m* **1** F *pintor* dauber F **2** (*don nadie*) nobody

pintar ⟨1a⟩ *v/t* paint; **~ algo de rojo** paint sth red; **no ~ nada** *fig* F not count; **¿qué pintas tu aquí?** what are you doing here?; **pintarse** *v/r* put on one's makeup

pintarraj(e)ar ⟨1a⟩ *v/t* F daub

pintarrajo *m* F daub

pintarroja *f* ZO dogfish
pintor *m*, **~a** *f* painter; **~** *(de brocha gorda)* (house) painter
pintoresco *adj* picturesque
pintura *f* **1** *sustancia* paint **2** *obra* painting; **no le puedo ver ni en ~** *fig* F I can't stand the sight of him
◇ **pintura al agua** watercolor, *Br* watercolour
◇ **pintura al dedo** finger paint; *obra* finger painting
pinza *f* **1** clothespin, *Br* clothes peg **2** ZO claw **3** *L.Am.* *(alicates)* pliers *pl*; **~s** tweezers; **pantalón de ~s** pleated pants *pl*, *Br* pleated trousers *pl*
pinzón *m* ZO finch
piña *f del pino* pine cone; *fruta* pineapple; **formar una ~ en torno a alguien** *fig* close ranks around s.o.
piñón *m* **1** BOT pine nut **2** TÉC pinion **3**: **estar a partir un ~ con alguien** F be bosom buddies with s.o.
pío[1] *adj* pious
pío[2] *m* tweet, chirrup; **no decir ni ~** F not say a word
piojo *m* ZO louse; **~s** *pl* lice *pl*
piojoso *adj* lousy, full of lice
piola *f L.Am.* cord, twine
piolet *m* ice ax, *Br* ice axe
piolín *m Arg* cord, twine
pionero I *adj* pioneering **II** *m*, **-a** *f tb fig* pioneer
pipa *f* **1** *de fumar* pipe; **pasarlo ~** F have a great time **2**: **~s** *pl semillas* sunflower seeds **3** *Méx camión* tanker
pipeta *f* pipette
pipí *m* F pee F; **hacer ~** F pee F
pipiolo *m C.Am.*, *Méx* F kid F; **~s** *pl C.Am.* F *(dinero)* cash *sg*
pique *m* **1** *(disgusto)* resentment **2** *(rivalidad)* rivalry **3**: **irse a ~** MAR sink; *fig* go under, go to the wall; **echar a ~** MAR sink; *fig* ruin, wreck **4** *L.Am. de pelota* bounce
piqueta *f* **1** *herramienta* pickax, *Br* pickaxe **2** *en cámping* tent peg
piquete *m* **1** POL picket **2** *Méx picadura* bite **3** *Méx punzada* sharp pain
pira *f* pyre
pirado F I *adj* crazy F **II** *m*, **-a** *f* madman, madwoman
piragua *f* canoe
piragüismo *m* canoeing
◇ **piragüismo en aguas bravas** DEP

white-water canoeing
piragüista *m/f* canoeist
piramidal *adj* pyramidal
pirámide *f* pyramid
◇ **pirámide de edades** age graph
piraña *f* ZO piranha
pirarse ⟨1a⟩ *v/r* F *(marcharse)* clear off F; **pirárselas** F clear off F; **~ por alguien** F lose one's head over s.o. F
pirata I *adj* pirate *atr* **II** *m/f* pirate
◇ **pirata aéreo** hijacker
◇ **pirata informático** hacker
piratear ⟨1a⟩ *v/t* INFOR pirate
piratería *f* piracy
pirenaico *adj* Pyrenean
Pirineos *mpl* Pyrenees
piripi *adj* F tipsy F
pirita *f* MIN pyrite
piro *m*: **darse el ~** P hotfoot it F, make o.s. scarce
pirograbado *m* poker-work
pirómano I *adj* MED pyromaniac **II** *m*, **-a** *f* MED pyromaniac; JUR arsonist
piropear ⟨1a⟩ *v/t* pay a flirtatious compliment to
piropo *m* flirtatious compliment
pirotecnia *f* fireworks *pl*, pyrotechnics *pl*
pirotécnico I *adj* fireworks *atr* **II** *m*, **-a** *f* fireworks expert, pyrotechnist
pirrarse ⟨1a⟩ *v/r*: **~ por** F *(chiflar)* be crazy about F; *(desear con vehemencia)* be dead set on, have one's heart set on
pírrico *adj*: **victoria -a** pyrrhic victory
pirueta *f* pirouette
piruleta *f*, **pirulí** *m* lollipop
pis *m* F pee F; **hacer ~** F have a pee F
pisada *f* **1** *(paso)* footstep; **seguir las ~s de alguien** *fig* follow in s.o.'s footsteps **2** *huella* footprint
pisapapeles *m inv* paperweight
pisar ⟨1a⟩ **I** *v/t* **1** step on; **~ a alguien** step on s.o.'s foot **2** *uvas* tread **3** *fig (maltratar)* walk all over **4** *idea* steal **II** *v/i*: **~ firme** *o* **fuerte** *fig* make a big impact; **piso fuerte en latín** I'm good at *o* strong in Latin
pisciano *L.Am.* **I** *adj* **ser ~** be (a) Pisces, be a Piscean **II** *m*, **-a** *f* Pisces, Piscean
piscícola *adj* fish-farming *atr*
piscicultura *f* fish farming
piscifactoría *f* fish farm
piscina *f* swimming pool
◇ **piscina cubierta** indoor pool

Piscis *m/f inv* ASTR Pisces
pisco *m Chi, Pe* grape liquor
piscolabis *m inv* F snack
piso *m* **1** apartment, *Br* flat **2** (*planta*)
floor; **primer ~** second floor, *Br* first
floor; **en edificio con piso principal**
third floor, *Br* second floor; **~ principal**
second floor, *Br* first floor; **de tres ~s**
hamburguesa triple-decker *atr*; tarta
three-layer *atr*
◇ **piso franco** safe house
pisotear ⟨1a⟩ *v/t* trample
pisotón *m* stamp; **me dio un ~** he
stamped on my foot
pispajo *m* F little rascal
pispar ⟨1a⟩ *v/t* F steal, filch F
pista *f* **1** *vía* track, trail; **seguir la ~ a alguien** be on the trail of s.o. **estar sobre
la buena ~** be on the right track **2** *de
atletismo* track; *de tenis etc* court **3** *de
circo* ring **4** (*indicio*) clue; **dar una ~**
give a clue
◇ **pista de aterrizaje** AVIA runway;
pista de baile dance floor; **pista cubierta** indoor track; **atletismo en ~** indoor athletics *sg o pl*; **pista de despegue** AVIA runway; **pista de esquí** ski
slope *o* run; **pista de fondo** cross-country trail; **pista forestal** forest trail; **pista de hielo** ice rink, skating rink; **pista
de rodadura** AVIA taxiway; **pista de
squash** squash court; **pista de tenis**
tennis court
pistache *m Méx* BOT pistachio
pistacho *m* BOT pistachio
pistilo *m* BOT pistil
pisto *m* **1** GASTR *mixture of tomatoes,
peppers etc cooked in oil* **2** *C.Am.,
Méx* F (*dinero*) cash, dough F **3**: **darse
~** give o.s. airs
pistola *f* pistol; **~ pulverizadora** *para
pintar* spray gun
pistolera *f* holster
pistolero *m* gunman
pistoletazo *m* pistol shot
◇ **pistoletazo de salida** DEP starting
signal
pistón *m* **1** *de motor* piston **2** MÚS key
pita *f* BOT agave, pita
pitada *f* **1** (*abucheo*) whistle **2** *S.Am. de
cigarillo* puff
pitar ⟨1a⟩ **I** *v/i* **1** whistle **2** *con bocina*
beep, hoot **3** *L.Am.* (*fumar*) smoke **4**
F: **salir pitando** dash off F **II** *v/t* **1** (*abu-

chear*) whistle at; *penalti, falta etc* call,
Br blow for; **~ el final** DEP blow the final whistle **2** *silbato* blow
pitazo *m L.Am.* whistle
pitcher *m/f en béisbol* pitcher
pitear ⟨1a⟩ *v/i L.Am.* blow a whistle
pitido *m* **1** *con silbato* whistle **2** *con bocina* beep, hoot
◇ **pitido final** DEP final whistle
◇ **pitido inicial** DEP whistle to start
pitillera *f* cigarette case
pitillo *m* cigarette; *hecho a mano* roll-
up; **~s** *pl pantalón* drainpipes
pito *m* **1** (*silbato*) whistle; **me importa
un ~** F I don't give a hoot F; **entre
~s y flautas** F with one thing and an-
other **2** (*bocina*) horn **3** *fig*: *pene* willie
F
pitón *m* ZO python
pitonisa *f* fortune-teller
pitorrearse ⟨1a⟩ *v/r*: **~ de alguien** F
make fun of s.o.
pitorreo *m* F joke, farce; **tomar algo a ~**
F take sth lightly, think sth is a joke
pitorro *m* spout
pitote *m* F ruckus F
pituitario *adj* ANAT: **membrana -a** pituitary membrane
pívot *m en baloncesto* center, *Br* centre
pivotar ⟨1a⟩ *v/i* pivot
pivote *m* **1** TÉC pivot **2** *en baloncesto*
center, *Br* centre
piyama *m L.Am.* pajamas *pl, Br* pyjamas *pl*
pizarra *f* **1** *en aula* blackboard **2** *piedra*
slate
pizarrón *m L.Am.* blackboard
pizca *f* **1** pinch; **ni ~ de** not a bit of; **una ~**
a little bit **2** *Méx* AGR harvest
pizpireta *adj* flirtatious, coquettish
pizza *f* pizza
placa *f* **1** (*lámina*) sheet; **~s de hielo**
patches of ice **2** (*plancha*) plate **3** (*letrero*) plaque **4** *Méx* AUTO license
plate, *Br* number plate
◇ **placa conmemorativa** commemorative plaque; **placa dental** plaque;
placa madre INFOR motherboard; **placa de matrícula** AUTO license plate,
Br number plate
placaje *m en fútbol* tackle
placar ⟨1g⟩ **I** *v/t en fútbol* tackle **II** *m Rpl*
closet, *Br* built-in wardrobe
placebo *m* placebo

plantón

pláceme *m* message of congratulations

placenta *f* MED placenta

placentero *adj* pleasant, agreeable

placentino *adj* of / from Plasencia, Plasencia *atr*

placer ⟨2x⟩ **I** *v/i* please; *siempre hace lo que le place* he always does as he pleases **II** *m* pleasure; *es un ~ para mí* it is my pleasure

plácet *m* assent

placidez *f* placidness

plácido *adj* placid

¡plaf! *int* crash!, bang!

plafón *m* (*lámpara*) ceiling light

plaga *f* **1** AGR pest **2** MED plague **3** *fig* scourge; (*abundancia*) glut

plagado *adj de hormigas, ortigas* infested; (*lleno*) full; *~ de gente* swarming with people

plagiar ⟨1b⟩ *v/t* **1** (*copiar*) plagiarize **2** *L.Am.* (*secuestrar*) kidnap

plagio *m* **1** (*copia*) plagiarism **2** *L.Am.* (*secuestro*) kidnap

plaguicida *m* pesticide

plan *m* plan; *~ de emergencia* emergency plan; *lo dije en ~ de broma* F I said it as a joke; *tener un ~* F be playing around, be having an affair; *esto no es ~* F this isn't good enough

◇ **plan de estudios** syllabus, program, *Br* programme

plana *f*: *primera ~ de periódico* front page; *a toda ~ de periódico* full-page; *enmendar la ~ a alguien* correct s.o., put s.o. right

◇ **plana mayor** MIL staff *pl*; *fig* top brass *pl*

plancha *f* **1** *para planchar* iron; *no precisa ~* it doesn't need ironing **2** *en cocina* broiler, *Br* grill; *a la ~* broiled, *Br* grilled **3** *de metal* sheet **4** F (*metedura de pata*) goof F **5** TIP plate

planchado I *adj* F shattered F, beat F; *quedarse ~* F be shattered *o* beat **II** *m* ironing

planchar ⟨1a⟩ *v/t* **1** *ropa* iron **2** *Méx* F (*dar plantón a*) stand up F **3** *L.Am.* (*lisonjear*) flatter

planchazo *m* F booboo F, foul-up F

plancton *m* BIO plankton

planeación *f Méx* planning

planeador *m* glider

planeadora *f* MAR speedboat

planeamiento *m* planning

planear ⟨1a⟩ **I** *v/t* plan **II** *v/i* AVIA glide

planeo *m* gliding

planeta *m* planet

planetario I *adj* planetary **II** *m* planetarium

planicie *f* plain

planificación *f* planning

◇ **planificación familiar** family planning

planificar ⟨1g⟩ *v/t* plan; *planificarse v/r* be planned

planilla *f L.Am. formulario* form

planisferio *m* planisphere; *~ celeste* star map

plano I *adj* flat **II** *m* **1** ARQUI plan; *de ciudad* map **2** *en cine* shot **3** MAT plane **4** *fig* (*aspecto*) level **5**: *primer / segundo ~* foreground / middle ground; *pasar / relegar a un segundo ~* *fig* fade / push into the background; *estar en el primer ~ de la actualidad* be in the spotlight *o* limelight; *de ~* completely; *negar* categorically; *rechazar* outright

◇ **plano inclinado** inclined plane

planta *f* **1** BOT plant **2** (*piso*) floor; *edificio de nueva ~* new building

◇ **planta baja, planta calle** first floor, *Br* ground floor; **planta de interior** houseplant, pot plant; **planta medicinal** medicinal plant; **planta del pie** sole of the foot; **planta de reciclaje** recycling plant

plantación *f* plantation

plantado *adj*: *dejar a alguien ~* F stand s.o. up F; *bien ~* handsome

plantar ⟨1a⟩ *v/t* **1** *árbol etc* plant **2** *tienda de campaña* put up **3** F: *~ a alguien* stand s.o. up F; *plantarse v/r* **1** put one's foot down **2** (*aparecer*) show up, turn up

planteamiento *m* **1** *de problema* posing **2** (*perspectiva*) approach

plantear ⟨1a⟩ *v/t* **1** *dificultad, problema* pose, create **2** *cuestión* raise

plantel *m* **1** (*equipo*) team **2** *L.Am.* staff

plantilla *f* **1** *para zapato* insole **2** (*personal*) staff; *reducción de ~* staff cuts *pl* **3** DEP squad **4** *para cortar*, INFOR template

◇ **plantilla ortopédica** orthopedic insole

plantío *m* patch

plantón *m*: *dar un ~ a alguien* F stand

s.o. up F; **tener a alguien de** ~ F leave
s.o. waiting, stand s.o. up F

plañir ⟨3h⟩ *v/i* lament, grieve

plaqueta *f* ANAT: ~ **(sanguínea)** plate-
let

plasenciano, plasentino *adj* of / from
Plasencia, Plasencia *atr*

plasma *m* plasma

plasmar ⟨1a⟩ *v/t* **1** (*modelar*) shape **2** *fig*
(*representar*) express; **plasmarse** *v/r* be
expressed (**en** in)

plasta I *m/f* F pain F, drag F **II** *adj:* **ser** ~
F be a pain *o* drag F

plástica *f* EDU *handicrafts*

plasticidad *f* plasticity

plástico *m/adj* plastic

plastificado *adj* laminated

plastificar ⟨1g⟩ *v/t documento* laminate

plastilina *f* Plasticine®

plata *f* **1** *metal* silver **2** *L.Am.* (*dinero*).
money; **gano mucha** ~ I earn a lot of
money **3**: **hablando en** ~ to put it
bluntly

plataforma *f tb* POL platform; ~ **cívica** *o*
ciudadana civic platform; ~ **negociadora** negotiating platform

◇ **plataforma continental** GEOL continental shelf

◇ **plataforma petrolífera** oil rig

platal *m L.Am.* fortune

plátano *m* banana

platea *f* TEA orchestra, *Br* stalls *pl*

plateado *adj Méx* wealthy

platense *adj* of / from the River Plate,
River Plate *atr*

plática *f Méx* chat, talk

platicar ⟨1g⟩ **I** *v/t L.Am.* tell **II** *v/i Méx*
chat, talk

platija *f* plaice

platillo *m:* ~**s** *pl* MÚS cymbals

◇ **platillo volante** flying saucer

platina *f* **1** *de microscopio* slide **2** *de estéreo* tape deck

platino *m* platinum; ~**s** *pl* AUTO points

plató *m cine* set; TV studio

plato *m* **1** *recipiente* plate; **parece no haber roto un** ~ **en su vida** she looks as
though butter wouldn't melt in her
mouth; **pagar los** ~**s rotos** F carry
the can F **2** GASTR dish **3** *Méx: en béisbol* home plate

◇ **plato combinado** GASTR mixed
platter; **plato del día** dish of the day;
plato hondo soup dish; **plato llano**

dinner plate; **plato precocinado, plato
preparado** ready meal, precooked
meal; **plato principal** main course; **plato sopero** soup dish

platónico *adj* platonic

platudo *adj Chi* rich

plausible *adj* plausible

playa *f* beach

◇ **playa de estacionamiento** *L.Am.*
parking lot, *Br* car park

playeras *fpl* canvas shoes

playera *f Méx* T-shirt

playero *adj* beach *atr*; **vestido** ~ beach
dress

playo *adj Rpl* shallow

plaza *f* **1** (*glorieta*) square **2** *en vehículo*
seat; **de dos** ~**s** two-seater *atr* **3** *de trabajo* position; (*vacante*) job opening,
Br vacancy

◇ **plaza de aparcamiento** parking
space; **plaza mayor** main square; **plaza
de parking** parking space; **plaza de
toros** bull ring

plazo *f* **1** *de tiempo* period; **a corto / largo** ~ in the short / long term; **en el** ~ **de
tres meses** within three months **2** (*pago*) installment, *Br* instalment; **a** ~**s** in
installments; **meter su dinero a** ~ **fijo**
put one's money on fixed-term deposit

◇ **plazo de entrega** *de solicitud* deadline; *de paquete* delivery time

plazoleta, plazuela *f* small square

pleamar *f* high tide

plebe *f:* **la** ~ HIST the masses; *desp* the
rabble, the plebs

plebeyo I *adj* plebeian **II** *m*, -**a** *f* plebeian

plebiscito *m* plebiscite

plegable *adj* collapsible, folding

plegamiento *m* GEOL *proceso* folding;
resultado fold

plegar ⟨1h & 1k⟩ *v/t* fold (up); **plegarse**
v/r fig submit (**a** to)

plegaria *f* prayer

pleistoceno *m* GEOL Pleistocene

pleitesía *f* respect

pleito *m* **1** JUR lawsuit; **poner un** ~ **a alguien** sue s.o. **2** *fig* dispute **3** *Méx* DEP
fight

plenamente *adv* fully, completely

plenario I *adj* plenary **II** *m Am reg* plenary session

plenilunio *m* full moon

plenipotenciario I *adj* plenipotentiary
II *m*, -**a** *f* plenipotentiary

plenitud f height, pinnacle; **en la ~ de su carrera** at the height of his career; **estar en la ~ de la vida** be in the prime of life; **estar en ~ de facultades mentales** be in full possession of one's mental faculties

pleno I adj full; **en ~ día** in broad daylight; **a ~ sol** in the sun; **toda la familia estaba allí en ~** the family turned out in force, the entire family was there; **en ~ invierno** in the depths o middle of winter **II** m plenary session; **salón de ~s** meeting room; **acertar un ~, hacer ~ en quiniela** win the sports lottery o Br pools
◇ **pleno empleo** full employment

pletina f TÉC platen; **~ (de cassette)** tape deck, cassette deck

plétora f plethora

pletórico adj: **~ de** full of, brimming with; **~ de salud** bursting with health

pleuresía, pleuritis f MED pleurisy

pléyade f fml famous group

pliego I vb ☞ **plegar II** m **1** (hoja de papel) sheet (of paper) **2** (carta) sealed letter o document
◇ **pliego de cargos** JUR list of charges
◇ **pliego de condiciones** COM specifications pl, terms and conditions pl

pliegue m de tela, papel fold, crease

plin m F: **a mí, ~** I don't care

plinto m plinth

plioceno m GEOL Pliocene

plisado adj pleated

plisar ⟨1a⟩ v/t tela put pleats in

plis-plas m F: **en un ~** in no time at all

plomería f Méx plumbing

plomero m, **-a** f Méx plumber

plomizo adj leaden

plomo m **1** metal lead; **sin ~** AUTO unleaded **2** EL fuse **3** fig F (pelma) drag F

pluma f **1** ZO feather **2** para escribir fountain pen; **escribir algo a vuela ~** scribble sth down **3** Méx grifo faucet, Br tap
◇ **pluma atómica** f Méx ball-point pen

plumada f ☞ **plumazo**

plumado adj feathered

plumaje m plumage

plumazo m: **de un ~ suprimir** with one stroke of the pen

plúmbeo adj fml **1** (de plomo) leaden fml **2** (pesado) heavy

plumero m **1** para limpiar feather duster

2 CSur: para maquillaje powder puff **3**: **vérsele el ~ a alguien** fig F see what s.o. is up to F

plumier m pencil case

plumífero m F down jacket

plumón m down

plural I adj plural **II** m GRAM plural

pluralidad f plurality

pluralismo m POL pluralism

plurianual adj lasting several years

pluridisciplinar(io) adj multidisciplinary

pluriempleo m having more than one job

plurilingüe adj multilingual

plurilingüismo m multilingualism

pluripartidismo m POL multi-party system

plus m bonus
◇ **plus de antigüedad** long-service bonus

plusmarca f record

plusmarquista m/f record holder

plusvalía f COM capital gain

plutonio m QUÍM plutonium

pluvial adj rain atr

pluviómetro m rain gauge, pluviometer

pluviosidad f rainfall

PM abr (= **Policía Militar**) MP (= Military Police)

PNB m abr (= **producto nacional bruto**) GNP (= gross national product)

PNV m abr (= **Partido Nacionalista Vasco**) Basque National Party

p.o. abr (= **por orden**) p.p. (= per procurationem, by proxy)

P.o. abr (= **paseo**) Ave (= avenue)

poblacho m desp dump desp, dead-and-alive hole desp

población f **1** gente population **2** (ciudad) city, town; (pueblo) village **3** Chi shanty town
◇ **población activa** labor o Br labour force
◇ **población callampa** Chi shanty town

poblado I adj **1** área populated; **~ de** fig full of **2** barba bushy **II** m (pueblo) settlement

poblador m, **~a** f Chi shanty town dweller

poblar ⟨1m⟩ v/t populate (de with); **poblarse** v/r con personas be settled (de by); con animales be populated (de with); *fig* (*colmarse*) cover

pobre I *adj económicamente, en calidad* poor; **~ hombre** poor man; **¡~ de mí!** poor me! **II** *m/f* poor person; **los ~s** the poor

pobretón *adj* (*desdichado*) miserable

pobreza *f* poverty

pocho *adj* **1** *planta* sick **2** *de ánimo* down **3** (*con mala salud*) off-color, *Br* off-colour

pochoclo *m Arg* popcorn

pocilga *f* pigpen, *Br* pigsty

pócima *f* concoction

poción *f* potion

poco I *adj sg* little, not much; *pl* few, not many; **un ~ de** a little; **unos ~s** a few **II** *adv* little; **trabaja ~** he doesn't work much; **ahora se ve muy ~** it's seldom seen now; **estuvo ~ por aquí** he wasn't around much; **~ conocido** little known; **~ a ~** little by little; **dentro de ~** soon, shortly; **hace ~** a short time ago, not long ago; **desde hace ~** (for) a short while; **por ~** nearly, almost; **¡a ~ no lo hacemos!** *Méx* don't tell me we're not doing it; **de a ~ me fui tranquilizando** *Rpl* little by little I calmed down; **por si fuera ~** as if that weren't *o* wasn't enough **III** *m*: **un ~** a little, a bit

poda *f* AGR pruning

podadera *f* AGR *cuchillo* pruning knife, billhook; *tijeras* pruning shears *pl*

podar ⟨1a⟩ *v/t* AGR prune

podenco *m* hound

poder ⟨2t⟩ **I** *v/aux* **1** *capacidad* can, be able to; **no pude hablar con ella** I wasn't able to talk to her **2** *permiso* can, be allowed to; **¿puedo ir contigo?** can *o* may I come with you? **3** *posibilidad* may, might; **¡podías habérselo dicho!** you could have *o* you might have told him
II *v/i*: **~ con** (*sobreponerse a*) manage, cope with; **me puede** he can beat me; **es franco a más no ~** F he's as frank as they come F; **comimos a más no ~** F we ate to bursting point F; **no puedo más** I can't take any more, I've had enough; **a ~ ser** if possible; **puede ser** perhaps, maybe; **¡no puede ser!** it can't be!, that can't be right!; **puede que** perhaps, maybe; **puede ser que no lo sepa** maybe *o*

perhaps he doesn't know; **¿se puede?** can I come in?, do you mind if I come in?; **no pude menos de insultarle** insulting him was the least I could do
III *m tb* POL power; **en ~ de alguien** in s.o.'s hands; **plenos ~es** *pl* full authority *sg*; **por ~es,** *L.Am.* **por ~** JUR by proxy; **los ~ es públicos** the authorities

◇ **poder adquisitivo** purchasing power

◇ **poder judicial** judiciary

poderío *m* power

poderoso I *adj* powerful **II** *mpl*: **los ~s** the people with power

podiatra *m/f L.Am.* podiatrist, *Br* chiropodist

podio *m* podium

podólogo *m*, **-a** *f* MED podiatrist, *Br* chiropodist

podómetro *m* pedometer

podredumbre *f* rottennness, putrefaction

podrido *adj tb fig* rotten; **~ de dinero** F filthy rich F

podrir ⟨3a⟩ *v/t* ☞ **pudrir**

poema *m* poem

◇ **poema épico** epic poem

◇ **poema sinfónico** MÚS symphonic poem

poemario *m* collection of poems

poesía *f* **1** *género* poetry **2** (*poema*) poem

poeta *m/f* poet

poético *adj* poetic

poetisa *f* poet

póker *m* ☞ **póquer**

polaco I *adj* Polish **II** *m*, **-a** *f* Pole **III** *m idioma* Polish

polar *adj* polar

polaridad *f* polarity

polarizar ⟨1f⟩ *v/t* polarize; **polarizarse** *v/r* polarize, become polarized

polea *f* TÉC pulley

polémica *f* controversy

polémico *adj* controversial

polemista *m/f* polemicist

polemizar ⟨1f⟩ *v/i* argue (**sobre** about)

polen *m* BOT pollen

poleo *m* BOT pennyroyal

polera *f Chi* turtle neck (sweater)

poli *m/f* F cop F; **la ~** F the cops *pl* F

policía I *f* **1** *cuerpo* police **2** *agente* police officer, policewoman **II** *m* police offi-

cer, policeman
◇ **policía montada** mounted police
policíaco, policiaco *adj* detective *atr*
policial *adj* police *atr*
policlínica *f* MED private hospital
policromía *f* polychromy
policromo, polícromo *adj* polychrome
polideportivo *m* sports center, *Br* sports centre
poliedro *m* MAT polyhedron
poliéster *m* polyester
polifacético *adj* versatile, multifaceted
polifásico *adj* EL multiphase
polifonía *f* polyphony
polifónico *adj* polyphonic
poligamia *f* polygamy
polígamo *adj* polygamous
políglota I *adj* polyglot *atr* II *m/f* polyglot
polígloto, poligloto *adj* polyglot
polígono *m* MAT polygon
◇ **polígono de tiro** shooting range; **polígono industrial** industrial zone, *Br* industrial estate; **polígono residencial** housing development
polilla *f* ZO moth
Polinesia *f* Polynesia
polinesio I *adj* Polynesian II *m*, -a *f* Polynesian
polinización *f* BOT pollination
polinizar ⟨1f⟩ *v/t* BOT pollinate
polinosis *f* MED hay fever
polio *f* MED polio
poliomielitis *f* MED poliomyelitis
pólipo *m* MED, ZO polyp
polisemia *f* polysemy
polista *m/f* DEP polo player
politécnico *adj instituto* polytechnic; *universidad* -a technical college
política *f* 1 politics *sg* 2 *orientación* policy; ~ **ambiental** environmental policy
◇ **política exterior** foreign policy
políticamente *adv*: ~ **correcto** politically correct, PC
político I *adj* political II *m*, -a *f* politician
politizar ⟨1f⟩ *v/t* politicize
politólogo *m*, -a *f* political scientist
polivalente *adj* 1 QUÍM polyvalent 2 *fig*: *objeto* multipurpose; *persona* versatile
póliza *f* policy
◇ **póliza de seguros** insurance policy
polizón *m/f* stowaway
polizonte *m/f* F cop F
polla *f* V prick V, cock V

◇ **polla de agua** ZO moorhen
pollada *f* brood
pollera *f* *L.Am.* skirt
pollería *f* poulterer's
pollino *m* 1 ZO young donkey 2 F idiot, ass F
pollito *m* chick
pollo *m* ZO, GASTR chicken
◇ **pollo asado** GASTR roast chicken
polluelo *m* ZO chick
polo *m* 1 GEOG, EL pole; *los* ~*s opuestos se atraen* opposites attract 2 *prenda* polo shirt 3 DEP polo
◇ **polo acuático** *L.Am.* waterpolo; **Polo Norte** North Pole; **Polo Sur** South Pole
polola *f* *Chi* girlfriend
pololear ⟨1a⟩ *v/i Chi* be going steady
pololo *m Chi* boyfriend
Polonia *f* Poland
poltrona *f* easy chair
polución *f* pollution; ~ **atmosférica** air pollution, atmospheric pollution
polucionar ⟨1a⟩ *v/t* pollute
polvareda *f* dust cloud; *levantar una* ~ *fig* cause an uproar
polvera *f* powder compact
polvo *m* 1 *del camino, de muebles* dust; *limpiar o quitar el* ~ dust; *morder el* ~ F bite the dust F; *hacer morder el* ~ *a alguien* F crush s.o., wipe the floor with s.o. F 2 *en química, medicina etc* powder 3 F: *estar hecho* ~ be all in F 4 V: *echar un* ~ have a screw V; *nada de* ~*s durante dos semanas* no nooky V *o* sex for two weeks
pólvora *f* gunpowder; *no ha inventado la* ~ he'll never set the world on fire; *gastar la* ~ *en salvas* *fig* waste one's energy
polvoriento *adj* dusty
polvorín *m* 1 *almacén* magazine 2 *fig* powder keg
polvorón *m* GASTR *type of small cake*
◇ **polvos de talco** *mpl* talcum powder *sg*
pomada *f* cream
pomelo *m* BOT grapefruit
pómez *f*: *piedra* ~ pumice stone
pomo *m* 1 doorknob 2 *Méx frasco* bottle
pompa *f* 1 (*ostentación*) pomp 2 *de jabón* bubble
◇ **pompas fúnebres** *ceremonia* funeral ceremony *sg*; *establecimiento* fun-

eral home *sg*, funeral parlor *sg*, *Br* funeral parlour *sg*

pompis *m* F bottom F

pomposo *adj* pompous

pómulo *m* ANAT cheekbone

pon *vb* ☞ **poner**

ponchadura *f Méx* flat, *Br* puncture

ponchar ⟨1a⟩ *v/t L.Am.* **1** puncture **2** *en béisbol* strike out; **poncharse** *v/r* **1** *Méx* get a flat *o Br* puncture **2** *L.Am. en béisbol* strike out

ponche *m* **1** punch **2** *L.Am. en béisbol* strike

ponchera *f* punch bowl

poncho *m* poncho; **pisarse el ~** *S.Am.* be mistaken

ponderación *f* **1** *mesura* deliberation **2** *en estadísticas* weighting

ponderar ⟨1a⟩ *v/t* **1** *fml* (*alabar*) praise, speak highly of **2** (*considerar*) consider, ponder

ponedero *m* nest(ing) box

ponencia *f* **1** (*charla*) presentation **2** EDU paper

ponente *m/f* speaker

poner ⟨2r; *part* **puesto**⟩ *v/t* **1** put; **~ en escena** stage; **~ en marcha** set in motion; **pongamos que** let's suppose *o* assume that
2 *ropa* put on
3 (*añadir*) put in
4 RAD, TV turn on, switch on
5 *la mesa* set
6 (*escribir*) put down
7 *en periódico, libro etc* say; **la crítica puso muy bien su última película** the critics gave his last film very good reviews
8 *negocio* set up
9 *telegrama* send
10 *huevos* lay
11 AUTO *marcha* put the car in, move into
12 *dinero* deposit
13: **~ a alguien furioso** make s.o. angry; **~le a alguien con alguien** TELEC put s.o. through to s.o.; **~le una multa a alguien** fine s.o.

ponerse *v/r* **1** *ropa* put on; **~ de luto** dress in mourning; **~ de verano** put on summer clothes
2 *en un estado*: **~ palido** turn pale; **~ furioso** get angry; **~ enfermo** become *o* fall ill; **¡no te pongas así!** don't get so

upset!, don't take it like that!; **~ bien** recover, get better; **~ en marcha** get started, get going
3: **ponte en el banco** go and sit on the bench; **se puso ahí** she stood over there; **dile que se ponga** TELEC tell her to come to the phone; **~ a** start to; **al ~ el sol** at sunset

poney *m* ☞ **poni**

pongo[1] *vb* ☞ **poner**

pongo[2] *m Pe: indentured Indian laborer*

poni *m* ZO pony

poniente *m* west

pontificado *m* pontificate

pontificar ⟨1g⟩ *v/i* REL, *fig* pontificate

pontífice *m* pontiff; **sumo ~** Pope

pontificio *adj* pontifical

pontón *m* pontoon

ponzoñoso *adj* poisonous

pop I *adj* pop; **música ~** pop music **II** *m* pop

popa *f* MAR stern

popote *m Méx* straw

populachero *adj desp* vulgar, common

populacho *m desp* rabble, plebs *pl*

popular I *adj* **1** (*afamado*) popular **2** (*del pueblo*) folk *atr* **3** *barrio* lower-class **II** *mpl*: **los ~es** *Esp* POL the Popular Party

popularidad *f* popularity

popularizar ⟨1f⟩ *v/t* popularize; **popularizarse** *v/r* become popular

populismo *m* populism

populista *m/f* populist

populoso *adj* populous

popurrí *m* MÚS, *fig* potpourri

póquer *m* poker; **cara de ~** poker face

poquito *adj*: **un ~** a little, a (little) bit

por *prp* **1** *motivo* for, because of; **lo hace ~ mí** he does it for me; **lo hizo ~ amor** she did it out of *o* for love; **luchó ~ sus ideales** he fought for his ideals; **~ miedo a ofenderle** for fear of upsetting her; **vino ~ verme** he came to see me
2 *medio* by; **~ avión** by air; **~ correo** by mail, *Br* by post
3 *tiempo*: **~ un año / un segundo** for a year / a second; **~ la mañana** in the morning; **~ Navidad** around Christmas
4 *movimiento*: **~ la calle** down the street; **~ un tunel** through a tunnel; **~ aquí** this way
5 *posición aproximada* around, about; **está ~ aquí** it's around here (some-

where); **vive ~ el centro de la ciudad** she lives somewhere around the center of town

6 *cambio:* **~ cincuenta pesos** for fifty pesos; **~ cabeza** each, a head

7 *otros usos:* **~ hora** an *o* per hour; **¿~ qué?** why?; **el ~ dos** two times two; **¿~ qué?** why?; **el motivo ~ el cual** *o* **~ el que ...** the reason why ...; **esa factura aún está ~ pagar** that invoice still has to be paid; **tomar ~ esposa** marry; **~ difícil que sea** however difficult it might be

porcelana *f* porcelain, china; **de ~** porcelain *atr*, china *atr*

porcentaje *m* percentage

porcentual *adj* percentage *atr*

porche *f* porch

porcicultor *m*, **~a** *f* hog *o* pig breeder, hog *o* pig farmer

porcicultura *f* hog *o* pig breeding, hog *o* pig farming

porcino *adj* pig *atr*, porcine *fml*; **ganado ~** *sg* hogs *pl*, pigs *pl*

porción *f* portion

pordiosero *m*, **-a** *f* beggar

porfía *f* (*insistencia*) insistence

porfiar ⟨1c⟩ *v/i* insist (**en** on)

pormenor *m* detail

pormenorizar ⟨1f⟩ *v/t* describe in detail

porno I *adj* porn *atr* **II** *m* porn

pornografía *f* pornography

pornográfico *adj* pornographic

poro *m* **1** pore **2** *Chi, Méx: puerro* leek

porosidad *f* porosity, porousness

poroso *adj* porous

poroto *m Rpl, Chi* bean

◇ **porotos verdes** *L.Am.* green beans

porque *conj* because; **~ sí** just because

porqué *m* reason

porquería *f* **1** (*suciedad*) filth **2** F *cosa de poca calidad* piece of trash F

porqueriza *f* pigpen, *Br* pigsty

porra *f* **1** *de policía* night stick, *Br* baton **2** (*palo*) club **3**: **¡vete a la ~!** F go to hell! F

porrada *f*: **una ~ de** F loads of F

porrazo *m*: **darle un ~ a alguien** F hit s.o.; **darse** *o* **pegarse un ~** crash (**contra** into)

porreta *f*: **en ~s** F stark naked, in one's birthday suit F

porrillo: **a ~** F by the truckload F; **gana dinero a ~** he makes a bundle F, he makes loads of money F

porro *m* F joint F

porrón *m* container from which wine is poured straight into the mouth

portaaviones *m inv* aircraft carrier

portacontenedores *m inv* container ship

portada *f* **1** TIP front page; **de revista** cover **2** ARQUI front

portador *m*, **~a** *f* **1** COM bearer **2** MED: **~ de gérmenes** carrier

portaequipajes *m inv* **1** AUTO trunk, *Br* boot **2** FERR luggage rack

portaesquís *m inv* AUTO ski rack

portafolios *m inv* briefcase

portahelicópteros *m inv* MAR helicopter carrier

portal *m* **1** *de casa, pisos* foyer **2** (*entrada*) doorway **3** INFOR portal

portalámparas *m inv* EL (bulb) socket

portaligas *m inv* Arg, Chi garter belt, *Br* suspender belt

portamaletas *m inv* ☞ **portaequipajes**

portaminas *m inv* automatic *o* mechanical pencil, *Br* propelling pencil

portamonedas *m inv* coin purse, *Br* purse

portante *m*: **tomar el ~** *fig* F clear off

portaobjeto, portaobjetos *m inv* (microscope) slide

portarrollos *m inv* **de papel higiénico** toilet-roll holder

portarse ⟨1a⟩ *v/r* behave

portátil *adj* portable

portatrajes *m inv* suit carrier

portavelas *m inv* candle holder

portavoz *m/f hombre* spokesman; *mujer* spokeswoman

◇ **portavoz del gobierno** government spokesperson

portazo *m*: **dar un ~** F slam the door

porte *m* **1** (*aspecto*) appearance, air **2** (*gasto de correo*) postage; **a ~s debidos** collect on delivery, *Br* cash on delivery; **a ~s pagados** freight paid, *Br* carriage paid **3**: **de este ~** about this big

porteador *m*, **~a** *f* porter, bearer

portear ⟨1a⟩ *v/t* carry, transport

portento *m* **1** (*fenómeno*) wonder **2** *persona* genius

portentoso *adj* incredible, prodigious

porteño *Arg* **I** *adj* of / from Buenos Aires, Buenos Aires *atr* **II** *m*, **-a** *f* native of Buenos Aires

portería *f* **1** (*conserjería*) reception **2** *ca-*

sa superintendent's apartment, *Br* caretaker's flat **3** DEP goal

portero *m* **1** doorman **2** *de edificio* superintendent, *Br* caretaker **3** DEP goalkeeper

◇ **portero automático** intercom, *Br* entryphone

portezuela *f* door

pórtico *m* portico

portilla *f* MAR porthole

portillo *m* **1** *de muralla* wicket (gate) **2** *entre dos montañas* defile

portón *m* large door

portorriqueño I *adj* Puerto Rican **II** *m*, **-a** *f* Puerto Rican

portuario *adj* port *atr*

Portugal *m* Portugal

portugués I *adj* Portuguese **II** *m*, **-esa** *f persona* Portuguese **III** *m idioma* Portuguese

porvenir *m* future

pos *adv*: **en ~ de** in pursuit of

pos(t)venta *adj inv* after-sales *atr*

posada *f* **1** *C.Am., Méx* Christmas party **2** *(fonda)* inn

posaderas *fpl* bottom *sg* F, backside *sg* F

posar ⟨1a⟩ *v/t mano* lay, place (*sobre* on); ~ *la mirada en* gaze at; **posarse** *v/r de ave, insecto*, AVIA land

posavasos *m inv* coaster

posdata *f* postscript

pose *f* pose

poseedor *m*, **~a** *f de acciones, licencia* holder; *de armas* owner

poseer ⟨2e⟩ *v/t* possess; *(ser dueño de)* own, possess

poseído I *adj* possessed (*de, por* by) **II** *m*, **-a** *f*: *gritar como un ~* scream like one possessed

posesión *f* possession; *tomar ~* (*de un cargo*) POL take up office; *estar en ~ de la verdad* know the truth; *estar en ~ de las facultades* be in possession of one's faculties

posesivo *adj* GRAM, *persona* possessive

poseso ☞ *poseído*

posguerra *f* postwar period

posibilidad *f* possibility; *vivir por encima de sus ~es* live beyond one's means

posibilitar ⟨1a⟩ *v/t* make possible

posible I *adj* possible; *en lo ~* as far as possible; *hacer ~* make possible; *hacer todo lo ~* do everything possible; *es ~ que ...* perhaps ...; *es muy ~ que* it's very possible that; *¿será ~?* F I don't believe it! F **II** *mpl ~s*: means *pl*; *con ~s* well-off, well-to-do

posiblemente *adv* possibly

posición *f* **1** *tb* MIL, *fig* position; *en buena ~ en clasificación* in a good position, well-placed; *en ~ de espera* on standby **2** *social* standing, status; *de ~* of some standing

positivo I *adj* positive; *dar ~ en test de alcoholemia* test positive (*on the breathalyzer test*) **II** *m* FOT print

posmodernidad *f* postmodernity

posmoderno *adj* postmodern

poso *m* dregs *pl*; *los ~s del café* the coffee grounds

posología *f* dosage

posoperatorio MED **I** *adj* postoperative **II** *m* postoperative period

posponer ⟨2r; *part* **pospuesto**⟩ *v/t* postpone

pospuesto *part* ☞ **posponer**

posta *f*: *a ~* on purpose

postal I *adj* mail *atr*, postal; *tarjeta ~* postcard **II** *f* postcard

postas *fpl* L.Am. relay race *sg*

poste *m* **1** post; *~ alto / bajo en baloncesto* high / low post **2** *en baloncesto*: *jugador* center, *Br* centre

◇ **poste kilométrico** distance marker

◇ **poste telegráfico** telegraph pole

póster *m* poster

postergar ⟨1a⟩ *v/t* postpone

posteridad *f* posterity; *pasar a la ~* go down in history

posterior *adj* **1** *(consecutivo)* later, subsequent **2** *(trasero)* rear *atr*, back *atr*

posterioridad *f*: *con ~* later, subsequently; *con ~ a* later than, subsequent to

posteriormente *adv* subsequently

postigo *m* shutter

postín *m*: *de ~ comida* sumptuous; *una vida de ~* a life of ease; *darse ~* show off

postinero *adj* *(presuntuoso)* pretentious

postizo I *adj* false **II** *m* hairpiece

postor *m* bidder; *al mejor ~* to the highest bidder

postrar ⟨1a⟩ *v/t*: *la gripe lo postró dos*

semanas he was laid up with flu for two weeks; **postrarse** v/r prostrate o.s.

postre m dessert; **llegar a los ~s** arrive very late; **a la ~** in the end

postrer(o) adj last

postrimerías fpl end sg, final years; **en las ~ de** del reino at the end of, in the final years of

postulado m postulate

postulante m/f en una colecta collector

postular ⟨1a⟩ v/t hipótesis put forward, advance

póstumo adj posthumous

postura f tb fig position

potabilizador adj: **planta ~a de agua** waterworks sg

potabilizadora f waterworks sg

potabilizar ⟨1f⟩ v/t make drinkable

potable adj 1 drinkable; **agua ~** drinking water 2 fig F passable

potaje m GASTR stew

potasa f potash

potasio m potassium

pote m 1 (olla) pot 2 GASTR stew 3 fig F: **darse ~** show off

potencia f power; **en ~** potential; **elevar a la décima ~** MAT raise to the power of ten

◇ **potencia nuclear** nuclear power

potencial m/adj potential

potenciar ⟨1b⟩ v/t fig foster, promote

potentado m, **-a** f tycoon

potente adj powerful

potestad f authority; **patria ~** parental authority

potingue m F desp lotion, cream

potito m jar of baby food

Potosí m: **valer un ~** fig be worth a fortune

potra f 1 ZO filly 2 F (suerte) luck; **tener ~** F be lucky

potranca f ZO filly

potranco m ZO colt

potrero m L.Am. pasture

potro m ZO colt

pozo m 1 de agua well; MIN shaft; **un ~ sin fondo** fig a bottomless pit; **salir del ~** fig F get out of the hole 2 Rpl pothole

◇ **pozo negro** cesspit

pozol m C.Am. corn liquor

pozole m Méx corn stew

PP m abr (= **Partido Popular**) Popular Party

p.p. abr (= **por poder**) by proxy

PPE m abr (= **Partido Popular Europeo**) European Popular Party

práctica f practice; **en la ~** in practice; **llevar a la ~, poner en ~** put into practice; **perder la ~** get out of practice; **tener ~ en algo** have experience in sth; **~s** pl work experience sg; **hacer ~s** do a work placement

practicable adj 1 tarea feasible, practicable 2 camino passable

practicante I adj practicing, Br practising II m/f nurse (who gives injections, does tests, dresses wounds, etc.)

practicar ⟨1g⟩ v/t practice, Br practise; deporte play; **~ la equitación / la esgrima** ride / fence

práctico I adj practical II m MAR pilot

pradera f prairie, grassland

prado m meadow

Praga f Prague

pragmático I adj pragmatic II m, **-a** f pragmatist

pragmatismo m pragmatism

pral. abr (= **principal**) first

preacuerdo m outline agreement

prealerta f initial alert

preámbulo m preamble; **sin ~s** without further ado

preaviso m notice; **sin ~** without notice o warning

prebenda f sinecure

preboste m HIST provost; fig: de asociación, comunidad leader

precalentamiento m DEP warm-up

precalentar ⟨1k⟩ v/t preheat

precariedad f 1 (escasez) poverty, deprivation 2 (inseguridad) precariousness

precario adj precarious

precaución f precaution; **tomar precauciones** take precautions

precaver ⟨2a⟩ v/t guard against; **precaverse** v/r take precautions (**contra** against); **~ de** guard against

precavido adj cautious

precedencia f precedence, priority

precedente I adj previous II m precedent; **sin ~s** unprecedented, without precedent; **sentar un ~** set a precedent

preceder ⟨2a⟩ v/t precede

preceptiva f regulations pl

preceptivo adj compulsory, mandatory

precepto m precept

preceptor m (private) tutor

preciado *adj* precious

preciarse ⟨1b⟩ *v/r:* **cualquier fontanero que se precie ...** any self-respecting plumber ...

precintar ⟨1a⟩ *v/t paquete* seal; *lugar* seal off

precinto *m* seal

precio *m* price; **~ por unidad** unit price; **a bajo ~** at a low price; **a mitad de ~** at half price; **estar bien de ~** be reasonably priced; **a buen ~** at a good price; **pagar a ~ de oro** pay a fortune for; **no tener ~** *fig* be priceless

◇ **precio al contado** cash price; **precio de coste** cost price; **precio de lanzamiento** (special) introductory price; **precio al por mayor** wholesale price; **precio al por menor** retail price; **precio de venta** sale price; **precio de venta al público** recommended retail price

preciosidad *f:* **esa casa / chica es una ~** that house / girl is gorgeous *o* beautiful

precioso *adj* **1** (*de valor*) precious **2** (*hermoso*) beautiful

preciosura *f L.Am.* F ☞ **preciosidad**

precipicio *m* precipice; **estar al borde del ~** *fig* be on the edge of the precipice

precipitación *f* **1** (*prisa*) hurry, haste **2**: **precipitaciones** *pl* rain *sg*

precipitado I *adj* hasty, sudden **II** *m* QUÍM precipitate

precipitar ⟨1a⟩ *v/t* **1** (*lanzar*) throw, hurl **2** (*acelerar*) hasten **3** QUÍM precipitate; **precipitarse** *v/r* **1** (*correr*) rush **2** *fig* be hasty

precisamente *adv* precisely

precisar ⟨1a⟩ *v/t* **1** (*aclarar*) specify **2** (*necesitar*) need

precisión *f* precision; **de ~** precision *atr*

preciso *adj* precise, accurate; **ser ~** be necessary

precocidad *f* precocity, precociousness

precocinado *adj* precooked

precolombino *adj* pre-Columbian

preconcebido *adj* preconceived; **idea -a** preconceived idea, preconception

preconizar ⟨1f⟩ *v/t* advocate

precontrato *m* precontract

precoz *adj* **1** (*anticipado*) early **2** *niño* precocious

precursor *m,* **~a** *f* precursor, forerunner

predador I ZO *adj* predatory **II** *m,* **~a** *f*

(*saqueador*) predator

predecesor *m,* **~a** *f* predecessor

predecible *adj* predictable

predecir ⟨3p; *part* **predicho**⟩ *v/t* predict

predestinación *f* predestination

predestinado I *adj* predestined **II** *m, -a f:* **un ~ a algo** a person who is predestined to sth

predestinar ⟨1a⟩ *v/t* predestine

predeterminar ⟨1a⟩ *v/t* predetermine

predicado *m* predicate

predicador *m,* **~a** *f* preacher

predicar ⟨1g⟩ *v/t* preach; **~ con el ejemplo** practice *o Br* practise what one preaches

predicativo *adj* GRAM predicative

predicción *f* prediction, forecast

◇ **predicción meteorológica** weather forecast

predicho *part* ☞ **predecir**

predilección *f* predilection

predilecto *adj* favorite, *Br* favourite

predio *m L.Am.* building

predisponer ⟨2r⟩ *v/t* **1** (*influir*) prejudice **2** MED predispose; **predisponerse** *v/r* be predisposed

predisposición *f* **1** MED predisposition **2** (*tendencia*) tendency; **una ~ en contra de** a prejudice against

predispuesto *adj* **1** (*proclive*) predisposed (**a** to) **2** (*parcial*) bias(s)ed, prejudiced

predominante *adj* predominant

predominar ⟨1a⟩ *v/i* predominate

predominio *m* predominance

preelectoral *adj* pre-election *atr*

preeminencia *f* preeminence

preeminente *adj* preeminent

preescolar *adj* preschool

preestreno *m* preview

preexistente *adj* pre-existing

preexistir ⟨3a⟩ *v/i* pre-exist

prefabricado *adj* prefabricated

prefacio *m* preface, foreword

prefecto *m* REL prefect

preferencia *f* preference; **de ~** preferably; **~ de paso** AUTO right of way, *Br tb* priority

preferente *adj* preferential

preferentemente *adv* preferably

preferible *adj* preferable (**a** to); **es ~ que ...** it's better if ...

preferiblemente *adv* preferably

preferido I *part* ☞ **preferir II** *adj* favorite, *Br* favourite

preferir ⟨3i⟩ *v/t* prefer; ***prefiero hacerlo solo*** I'd rather do it on my own, I'd prefer to do it on my own

prefijar ⟨1a⟩ *v/t* arrange in advance

prefijo *m* **1** GRAM prefix **2** TELEC area code, *Br tb* dialling code

prefranqueado *adj* prefranked, prepaid

pregón *m* proclamation

pregonar ⟨1a⟩ *v/t* proclaim, make public

pregonero *m*, **-a** *f* HIST town crier

pregunta *f* question; ***hacer una ~*** ask a question

preguntar ⟨1a⟩ **I** *v/t* ask **II** *v/i* ask; ***~ por algo*** ask about sth; ***~ por alguien** paradero* ask for s.o.; *salud etc* ask about s.o.; **preguntarse** *v/r* wonder

preguntón **I** *adj* nosy **II** *m*, **-ona** *f* busybody, nosy parker

prehistoria *f* prehistory

prehistórico *adj* prehistoric

prejubilación *f* early retirement

prejuicio *m* prejudice

prejuzgar ⟨1h⟩ *v/t* prejudge

prelado *m* prelate

prelavado *m* prewash

preliminar **I** *adj* **1** *estudio, comentario* preliminary **2** DEP qualifying **II** *m L.Am.* qualifier

preludiar ⟨1b⟩ *v/t* MÚS, *fig* herald

preludio *m* prelude

premamá *adj* maternity *atr*

prematrimonial *adj* premarital

prematuro **I** *adj* premature **II** *m*, **-a** *f* premature baby

premeditación *f* premeditation; ***con ~*** deliberately

premeditado *adj* premeditated

premeditar ⟨1a⟩ *v/t* JUR premeditate

premiado **I** *adj* prizewinning **II** *m*, **-a** *f* prizewinner

premiar ⟨1b⟩ *v/t* award a prize to

premio *m* prize

◇ ***premio de consolación*** consolation prize

◇ ***premio gordo*** jackpot

premisa *f* premise

premonición *f* premonition

premonitorio *adj* premonitory

premura *f* haste; ***~ de tiempo*** pressure of time; ***hacer algo con ~ de tiempo*** be pressed for time when doing something

prenatal *adj* prenatal, *Br* antenatal; ***vestido ~*** maternity dress

prenavideño *adj* pre-Christmas

prenda *f* **1** *de vestir* item of clothing, garment; ***~s deportivas** pl* sportswear *sg* **2** *garantía* security **3** *en juegos* forfeit; ***juego de ~s*** forfeits *sg* **4**: ***no soltar ~*** not say a word (***sobre*** about); ***no me duelen ~s admitir que me equivoqué*** I don't mind admitting that I was wrong

prendar ⟨1a⟩ *v/t* captivate; **prendarse** *v/r*: ***~ de algo*** be captivated by sth; ***~ de alguien*** fall in love with s.o.

prender ⟨2a; *part* ***preso***⟩ **I** *v/t* **1** *a fugitivo* capture **2** *sujetar* pin up **3** *L.Am. fuego* light; *luz* switch on, turn on; ***~ fuego a*** set fire to **II** *v/i* **1** *de planta* take **2** (*empezar a arder*) catch **3** *de moda* catch on

prendería *f Esp* pawnbroker's, pawn shop

prensa *f* press; ***~ diaria*** daily newspapers *pl*, dailies *pl*; ***~ especializada*** specialist press; ***tener buena / mala ~** tb fig* have a good / bad press

◇ ***prensa amarilla*** gutter press

prensado *m* pressing

prensar ⟨1a⟩ *v/t* press

prensil *adj* ZO prehensile; ***cola ~*** prehensile tail

preñado *adj* **1** (*embarazada*) pregnant **2** *fig lit*: ***~ de*** filled with

preñar ⟨1a⟩ *v/t* impregnate, make pregnant

preocupación *f* worry, concern

preocupado *adj* worried (***por*** about), concerned (***por*** about)

preocupante *adj* worrying

preocupar ⟨1a⟩ *v/t* worry, concern; **preocuparse** *v/r* worry (***por*** about); ***~ de*** (*encargarse*) look after, take care of; ***¡no se preocupe!*** don't worry!

preparación *f* **1** (*preparativo*) preparation **2** (*educación*) education **3** *para trabajo* training

preparado **I** *adj* ready, prepared; ***¡~s, listos, ya!*** ready, set, go! **II** *m* preparation

preparador *m*, **-a** *f*: ***~ físico*** trainer

preparar ⟨1a⟩ *v/t* prepare, get ready; **prepararse** *v/r* **1** get ready (***para*** for), prepare o.s. (***para*** for) **2** *de tor-*

menta, crisis be brewing

preparativos *mpl* preparations

preparatorio *adj* preparatory; **curso ~** preparatory course

preponderancia *f* preponderance

preponderante *adj* predominant

preponderar ⟨1a⟩ *v/i* predominate

preposición *f* preposition

prepotencia *f* arrogance

prepotente *adj* arrogant

prepucio *m* ANAT foreskin, prepuce *fml*

prerrogativa *f* prerogative

presa *f* **1** (*dique*) dam **2** (*embalse*) reservoir **3** (*víctima*) prey; **ser ~ del pánico** be panic-stricken **4** *L.Am. para comer* bite to eat

presagiar ⟨1b⟩ *v/t* presage, forebode; **no hacer ~ nada bueno** not be a good omen, not augur well

presagio *m* **1** (*agüero*) omen, sign **2** (*premonición*) premonition

presbicia *f* MED farsightedness, longsightedness

presbiterio *m* presbytery

prescindir ⟨3a⟩ *v/i*: **~ de 1** (*privarse de*) do without; **no poder ~ de algo** not be able to do without sth **2** (*omitir*) leave out, dispense with **3** (*no tener en cuenta*) disregard

prescribir ⟨3a; *part* **prescrito**⟩ **I** *v/i* JUR prescribe **II** *v/t* MED prescribe

prescripción *f* JUR *de contrato* expiry, expiration

◇ **prescripción médica** prescription

prescrito *part* ☞ **prescribir**

presencia *f* presence; **en ~ de** in the presence of; **buena ~** smart appearance; **~ de ánimo** presence of mind

presenciar ⟨1b⟩ *v/t* **1** *accidente* witness **2** (*estar presente en*) attend, be present at

presentable *adj* presentable

presentación *f* **1** presentation **2** COM launch **3** *entre personas* introduction

presentador *m*, **~a** *f* TV presenter

presentar ⟨1a⟩ *v/t* **1** TV present **2** *a alguien* introduce **3** *producto* launch **4** *solicitud* submit; **presentarse** *v/r* **1** *en sitio* show up **2** (*darse a conocer*) introduce o.s. **3** *a examen* take **4** *de problema, dificultad* arise **5** *a elecciones* run

presente I *adj* present; **en el caso ~** in the present case *o* situation; **tener algo**

~ bear sth in mind; **¡~!** here!; **mejorando lo ~** just like you **II** *m tiempo* present **III** *m/f*: **los ~s** those present **IV** *f*: **por la ~ le informamos que ...** we hereby wish to inform you that ...

presentimiento *m* premonition; **tengo el ~ que ...** I have a feeling that...

presentir ⟨3i⟩ *v/t* foresee; **presiento que vendrá** I have a feeling he'll come

preservación *f* (*protección*) preservation; *de naturaleza* preservation, conservation

preservar ⟨1a⟩ *v/t* protect; *naturaleza* preserve, conserve

preservativo *m* condom

presidencia *f de gobierno, organización* presidency; *de compañía* presidency, *Br* chairmanship; *de comité* chairmanship; **bajo la ~ de ...** when ... was president, under the presidency of ...

presidenciable *m/f L.Am.* potential presidential candidate

presidencial *adj* presidential

presidente *m*, **-a** *f* president; *de gobierno* premier, prime minister; *de compañía* president, *Br* chairman, *Br mujer* chairwoman; *de comité* chair

◇ **presidente de honor, presidente honorífico** honorary president *o* chairman

presidiario *m*, **-a** *f* prisoner

presidio *m* prison

presidir ⟨3a⟩ *v/t organización* be president of; *reunión* chair, preside over

presión *f* **1** pressure; **hacer ~ sobre** put pressure on, pressure **2** *en baloncesto* press; **~ en toda la cancha** full-court press

◇ **presión arterial** blood pressure; **presión fiscal** tax burden; **presión sanguínea** blood pressure

presionar ⟨1a⟩ **I** *v/t* **1** *botón, en baloncesto* press **2** *fig* put pressure on, pressure **II** *v/i en baloncesto* press

preso I *part* ☞ **prender II** *adj*: **hacer ~ a alguien** take s.o. prisoner **III** *m*, **-a** *f* prisoner

◇ **preso preventivo** remand prisoner

prestación *f* provision

◇ **prestación por desempleo** unemployment benefit *o* compensation; **prestación social sustitutoria** MIL community service in lieu of military service; **prestaciones sociales** welfare *sg*, *Br* social security *sg*

prestado *adj*: **dejar algo ~ a alguien** lend sth to s.o., lend s.o. sth; **pedir ~ algo a alguien** borrow sth from s.o.

prestamista *m/f* moneylender

préstamo *m* 1 *de dinero* loan; **~ bancario** bank loan; **pedir un ~ para algo** apply for a loan for sth 2 GRAM loanword

prestancia *f fml* distinction; **tener ~** be distinguished

prestar ⟨1a⟩ *v/t dinero* lend; *ayuda* give; *L.Am.* borrow; **~ atención** pay attention; **prestarse** *v/r* 1: **~ a** give rise to 2: **~ a hacer algo** volunteer to do sth

presteza *f* promptness

prestidigitación *f* conjuring

prestidigitador *m*, **~a** *f* conjurer

prestigiar ⟨1b⟩ *v/t* lend prestige to; **~ algo con su presencia** honor *o Br* honour sth with one's presence

prestigio *m* prestige; **de ~** prestigious; **de ~ mundial** respected worldwide

prestigioso *adj* prestigious

presumible *adj*: **era ~ que ocurriera** that was predictable

presumido I *adj* 1 (*creído*) conceited 2 (*coqueto*) vain **II** *m*, **-a** *f* bighead

presumir ⟨3a⟩ **I** *v/t* presume **II** *v/i* show off; **~ de algo** boast *o* brag about sth; **presume de listo** he thinks he's very clever

presunción *f* 1 (*vanidad*) presumptuousness 2 (*suposición*) presumption, supposition

presuntamente *adv* allegedly

presunto *adj* alleged, suspected

presuntuosidad *f* conceit, conceitedness

presuntuoso *adj* conceited

presuponer ⟨2r; *part* **presupuesto**⟩ *v/t* assume

presupuestal *adj L.Am.* budgetary

presupuestar ⟨1a⟩ *v/t* budget for

presupuestario *adj* budget *atr*

presupuesto I *part* ☞ **presuponer II** *m* POL budget

presurizado *adj*: **cabina -a** AVIA pressurized cabin

presurizar ⟨1f⟩ *v/t* AVIA pressurize

presuroso *adj* hurried

pretemporada *f* DEP pre-season

pretencioso *adj* pretentious

pretender ⟨2a⟩ *v/t*: **~ hacer algo** try to

do sth

pretendiente I *m de mujer* suitor **II** *m/f*: **~ al trono** *o* **a la corona** pretender to the throne

pretensión *f L.Am.* (*arrogancia*) vanity; **sin pretensiones** unpretentious

pretensor *m*: **cinturón con ~** AUTO inertia-reel seatbelt

pretérito I *adj* past, bygone *lit* **II** *m* GRAM preterite

pretextar ⟨1a⟩ *v/t fml* claim

pretexto *m* pretext; **con (el) ~, a ~ de** under the pretext of

pretil *m* parapet

prevalecer ⟨2d⟩ *v/i* prevail (**sobre** over)

prevaleciente *adj* prevailing

prevaricación *f* corruption

prevaricar ⟨1g⟩ *v/i* pervert the course of justice

prevención *f* prevention; **tomar prevenciones** take precautions

prevenido I *part* ☞ **prevenir II** *adj* well-prepared

prevenir ⟨3s⟩ *v/t* 1 (*evitar*) prevent; **más vale ~ que curar** prevention is better than cure 2 (*avisar*) warn (**contra** against); **prevenirse** *v/r* (*prepararse*) prepare, get ready

preventiva *f Méx* yellow light, *Br* amber light

preventivo *adj* preventive, preventative; **medicina -a** preventive *o* preventative medicine

prever ⟨2v; *part* **previsto**⟩ *v/t* foresee

previamente *adv* previously

previo *adj* 1 previous; **sin ~ aviso** without (prior) warning 2 *fml*: **~ pago de** on payment of

previsible *adj* foreseeable

previsión *f* 1 (*predicción*) forecast; **~ del tiempo** weather forecast 2 (*preparación*) foresight

previsor *adj* farsighted

previsto I *part* ☞ **prever II** *adj* foreseen, expected; **tener ~** have planned

prieto *adj L.Am.* dark-skinned

prima *f* 1 *de seguro* premium 2 (*pago extra*) bonus

primacía *f* 1 (*supremacía*) supremacy, primacy 2 (*prioridad*) priority

primado *m* REL primate

primar ⟨1a⟩ **I** *v/i* take priority, take precedence (**sobre** over) **II** *v/t* 1 (*priorizar*) give priority to 2 (*recompensar*) give a bonus to

primario *adj* primary; *elecciones -as* POL primaries, primary elections

primate *m* ZO primate

primavera *f* **1** spring **2** BOT primrose

primaveral *adj* spring *atr*

primer *adj* first; ~ *piso* second floor, *Br* first floor; *en edificio con piso principal* third floor, *Br* second floor

◇ **primer ministro** Prime Minister

primera *f* **1** first class; *de* ~ *producto, pintor* first-class, first-rate **2** AUTO first (gear); *poner la* ~ put the car in first (gear) **3** DEP first division **4**: *a la* ~ first-time; *a la* ~ *de cambio* at the drop of a hat; *me viene de* ~ F it's just what I needed

◇ **primera base** *f en béisbol* first base; *jugador* first baseman

primeriza *f* first-time mother, *fml* primigravida

primerizo **I** *adj* (*principiante*) inexperienced, green F; *madre* new, first-time **II** *m, -a* novice, greenhorn F

primero **I** *adj* first **II** *m, -a f* first (one); *a* ~*s de enero* at the beginning of January; *el* ~ *de mayo* the first of May; *ser el* ~ *de la clase* be top of the class **III** *pron: lo* ~ (*lo más importante*) the most important thing **IV** *adv* **1** *en posición* first **2** (*primeramente*) first of all

◇ **primeros auxilios** first aid *sg*

primicia *f* scoop

primitivo *adj* **1** (*prehistórico, rudimentario*) primitive **2** (*original*) original

primo **I** *adj número* prime **II** *m, -a f* cousin; ~ *hermano / prima hermana* first cousin; *hacer el* ~ *fig* F be taken for a ride F

primogénito **I** *adj* first **II** *m, -a f* first child

primor *m* skill; *cocina que es un* ~ she's a wonderful cook; *con* ~ finely, exquisitely

primordial *adj* fundamental

primoroso *adj* exquisite

prímula *f* BOT primrose

princesa *f* princess

principado *m* principality

principal **I** *adj* main, principal; *lo* ~ the main *o* most important thing **II** *m* second floor, *Br* first floor

príncipe *m* prince

◇ **príncipe de Asturias** *heir to the* Spanish *throne;* **príncipe azul** *fig* Prince Charming; **príncipe consorte** prince consort; **príncipe p Gales** Prince of Wales; **príncipe heredero** crown prince

principesco *adj* princely

principiante **I** *adj* inexperienced **II** *m/f* beginner

principio *m* **1** *ley, moral* principle; *en* ~ in principle; *por* ~ on principle **2** *en tiempo* beginning; *a* ~*s de abril* at the beginning of April; *al* ~, *en un* ~ at first; *el* ~ *del fin* the beginning of the end

pringar ⟨1h⟩ *v/t* **1** (*ensuciar*) get greasy **2** *fig* F get involved (*en* in); ~*la* P kick the bucket F; **pringarse** *v/r* **1** (*ensuciarse*) get greasy **2** *fig* F get mixed up (*en* in)

pringoso *adj* greasy

pringue *m* (*also f*) grease

prior *m* prior

priora *f* prioress

prioridad *f* priority; ~ *de paso* AUTO right of way, *Br* priority

prioritario *adj* priority *atr*

priorizar ⟨1f⟩ *v/t & v/i* prioritize

prisa *f* hurry, rush; *darse* ~ hurry (up); *tener* ~ be in a hurry *o* rush; *a toda* ~ as fast *o* as quickly as possible; *de* ~ fast, quickly; *correr* ~ be urgent; *meter* ~ *a alguien* hurry s.o. along, make s.o. hurry

prisión *f* prison, jail

◇ **prisión de alta seguridad** high-security prison; **prisión incomunicada** solitary confinement, solitary F; **prisión preventiva** preventive detention

prisionero **I** *adj* captive **II** *m, -a f* prisoner; *caer* ~ be taken prisoner

◇ **prisionero de guerra** prisoner of war, POW

prisma *m* prism

prismáticos *mpl* binoculars

prístino *adj* pristine

priva *f Esp* F booze F; *dar a la* ~ hit the bottle

privacidad *f* privacy

privación *f acción* deprivation; *sufrir privaciones* suffer privation(s) *o* hardship

privado **I** *part* ☞ **privar II** *adj* private; *en* ~ in private

privar ⟨1a⟩ **I** *v/t:* ~ *a alguien de algo* deprive s.o. of sth **II** *v/i* F: *me priva la cer-*

veza I love beer; **le privan los coches** he's mad about cars F, he's car-mad F; **privarse** v/r deprive o.s.; **~ de algo** deprive o.s. of sth, go without sth

privatización f privatization

privatizar ⟨1f⟩ v/t privatize

privilegiado I adj **1** (*favorecido*) privileged **2** (*excelente*) exceptional **II** m, **-a** f privileged person; **los ~s** the privileged

privilegiar ⟨1b⟩ v/t **1** (*dar un privilegio a*) grant a privilege to **2** (*dar importancia a*) favor, Br favour

privilegio m privilege

pro I prp for, in aid of; **en ~ de** for **II** m pro; **los ~s y los contras** the pros and cons; **hombre de ~** worthy o upright man

proa f MAR bow, prow; **poner ~ a** set course for

probabilidad f probability

probable adj probable, likely; **es ~ que venga** she'll probably come

probador m fitting room

probar ⟨1m⟩ **I** v/t **1** *teoría* test, try out **2** (*comer un poco de*) taste, try; (*comer por primera vez*) try **3** (*justificar*) prove **II** v/i try; **~ a hacer** try doing; **probarse** v/r try on

probeta f test tube

problema m problem; **sin ~** without difficulty, without any problems

problemático adj problematic

procaz adj lewd, indecent

procedencia f origin, provenance

procedente adj: **~ de** from; **el tren ~ de Bogotá** the train from Bogota

proceder ⟨2a⟩ **I** v/i **1** (*venir*) come (**de** from) **2** (*actuar*) proceed; **~ a** proceed to; **~ contra alguien** initiate proceedings against s.o. **3** (*ser conveniente*) be fitting **II** m conduct

procedimiento m **1** (*proceso*) procedure, method **2** JUR proceedings pl

procesado m, **-a** f accused, defendant

procesador m INFOR processor

◇ **procesador de textos** word processor

procesal adj JUR *costos* legal; *derecho* procedural

procesamiento m **1** INFOR processing **2** JUR prosecution

◇ **procesamiento de textos** word processing

procesar ⟨1a⟩ v/t **1** INFOR process **2** JUR prosecute

procesión f procession; **la ~ va por dentro** fig he's / she's putting on a brave front

procesionaria f ZO processionary moth

proceso m **1** (*procedimiento*) process; **~ de paz** peace process **2** JUR trial **3** INFOR: **~ de datos / textos** data / word processing

proclama f proclamation

proclamación f proclamation

proclamar ⟨1a⟩ v/t **1** (*decir públicamente*) proclaim **2** (*revelar*) show; **proclamarse** v/r (*anunciar públicamente*) proclaim o.s.; **~ campeón del mundo** be crowned world champion; **~ vencedor** achieve victory

proclive adj given (**a** to)

procreación f breeding, procreation fml

procrear ⟨1a⟩ **I** v/i breed, procreate fml **II** v/t breed

procurador m, **-a** f JUR attorney, lawyer

procurador de justicia Méx attorney general

procurar ⟨1a⟩ v/t try; **procura no llegar tarde** try not to be late; **procurarse** v/r secure

prode m Arg sports lottery, Br football pools pl

prodigar ⟨1h⟩ v/t be generous with; **~ algo a alguien** atenciones lavish sth on s.o.; **prodigarse** v/r (*aparecer*) be seen in public; **no se prodiga mucho por aquí** you don't see much of him around here

prodigio m **1** suceso wonder, miracle **2** persona prodigy; **niño ~** child prodigy

prodigioso adj prodigious

pródigo I adj **1** (*generoso*) generous **2** (*derrochador*) extravagant; **el hijo ~** the prodigal son **II** m, **-a** f spendthrift

producción f production

◇ **producción en serie** mass production

producir ⟨3o⟩ v/t **1** (*crear*) produce **2** (*causar*) cause; **producirse** v/r happen, occur; **se produjo un ruido tremendo** there was a tremendous noise

productividad f productivity

productivo adj **1** *metodo, mañana* pro-

ductive **2** *empresa* profitable
producto *m* product; **~ acabado** finished product
◇ **producto bruto interno** *Rpl* gross domestic product; **producto bruto nacional** *Rpl* gross national product; **producto interior bruto** gross domestic product; **producto nacional bruto** gross national product
productor I *adj* producing *atr*; **país ~ de petróleo / café** oil-producing / coffee--producing country, oil / coffee producer **II** *m*, **~a** *f* producer
◇ **productos de belleza** beauty products; **productos manufacturados** manufactured goods, manufactures; **productos químicos** chemicals
produjo *vb* ☞ **producir**
produzco *vb* ☞ **producir**
proemio *m* (*prólogo*) preface
proeza *f* feat, exploit
profana *f* laywoman
profanación *f* desecration
profanar ⟨1a⟩ *v/t* defile, desecrate
profano I *adj fig atr* **II** *m* layman
profe *m/f* F teacher
profecía *f* prophecy
proferir ⟨3i⟩ *v/t* **1** *palabras, sonidos* utter **2** *insultos* hurl
profesar ⟨1a⟩ *v/t* **1** REL profess **2** *fig: admiración* feel, have
profesión *f* profession; **la ~ más antigua del mundo** the oldest profession in the world
◇ **profesión de fe** profession of faith
◇ **profesión liberal** profession
profesional I *adj* professional **II** *m/f* professional
◇ **profesional liberal** professional
profesionalidad *f* professionalism
profesionista *m/f Méx* professional
profesor *m*, **~a** *f* teacher; *de universidad* professor, *Br* lecturer; **~ de educación infantil** kindergarten teacher
◇ **profesor particular** private teacher *o* tutor
profesorado *m* faculty, *Br* staff *pl*
profeta *m* prophet; **nadie es ~ en su tierra** no-one is a prophet in his own country
profético *adj* prophetic
profetizar ⟨1f⟩ *v/t* prophesy
profiláctico I *adj* preventive, prophylactic *fml* **II** *m* condom

profilaxis *f* prophylaxis
prófugo *m*, **-a** *f* **1** JUR fugitive **2** MIL deserter
profundidad *f* depth; **en ~** *analizar* in depth; **tener dos metros de ~** be two meters deep
profundizar ⟨1f⟩ *v/i*: **~ en algo** go into sth in depth
profundo *adj cavidad* deep; *pensamiento, persona* profound, deep
profusión *f* profusion, abundance; **con gran ~ de** with an abundance of
profuso *adj* abundant, plentiful
progenitor *m*, **~a** *f* ancestor; **~es** *pl* parents
programa *m* **1** TV, RAD program, *Br* programme; **~ de mano** *de concierto* program, *Br* programme **2** INFOR program **3** EDU syllabus, curriculum
◇ **programa de estudios** syllabus, curriculum
programable *adj* programmable
programación *f* **1** RAD, TV programs *pl*, *Br* programmes *pl* **2** INFOR programming
programador *m*, **~a** *f* programmer
programar ⟨1a⟩ *v/t* **1** *aparato* program, *Br* programme **2** INFOR program **3** (*planear*) schedule
progre *adj* F trendy
progresar ⟨1a⟩ *v/i* progress, make progress
progresión *f* progression
progresista *m/f & adj* progressive
progresivamente *adv* progressively
progresivo *adj* progressive
progreso *m* progress
prohibición *f* ban (**de** on)
prohibido *adj* forbidden
prohibir ⟨3a⟩ *v/t* forbid; *oficialmente* ban; **~ a alguien hacer algo** forbid s.o. to do sth; **prohibido fumar** no smoking
prohibitivo *adj precio* prohibitive
prohijar ⟨1a⟩ *v/t* adopt
prohombre *m* great man
prójimo *m* fellow human being
prolapso *m* MED prolapse
prole *f* offspring
prolegómeno *m fml* (*prefacio*) preface
proletariado *m* proletariat
proletario I *adj* proletarian **II** *m*, **-a** *f* proletarian
proliferación *f* proliferation

proliferar ⟨1a⟩ *v/i* proliferate
prolífico *adj* prolific
prolijidad *f* long-windedness, prolixity *fml*
prolijo *adj* **1** (*extenso*) long-winded, prolix *fml* **2** (*minucioso*) detailed **3** *Rpl*: *limpio* tidy
prologar ⟨1h⟩ *v/t* write the preface for
prólogo *m* preface
prolongación *f* extension; **~ del plazo** extension of the deadline
prolongado *adj* prolonged, lengthy
prolongar ⟨1h⟩ *v/t* extend, prolong; **prolongarse** *v/r* **1** *en tiempo* go *o* carry on **2** *en espacio* extend
promediar ⟨1a⟩ **I** *v/t* average out **II** *v/i* reach halfway; **promediaba el año** halfway *o* midway through the year
promedio *m* average; **como** *o* **en ~** on average; **~ de bateo** batting average
promesa *f* promise; **~ electoral** election promise
prometedor *adj* bright, promising
prometer ⟨2a⟩ *v/t* promise; **prometerse** *v/r* get engaged; **~ algo** promise o.s. sth; **prometérselas (muy) felices** F have high hopes
prometida *f* fiancée
prometido I *part* ☞ **prometer II** *adj* engaged **III** *m* fiancé
prominencia *f* prominence
prominente *adj* prominent
promiscuidad *f* promiscuity
promiscuo *adj* promiscuous
promoción *f* **1** *en empresa* promotion **2** EDU class, *Br* year **3** DEP play-offs *pl*
◇ **promoción de ventas** COM sales promotion
promocional *adj* promotional
promocionar ⟨1a⟩ *v/t* promote
promontorio *m* promontory
promotor *m*, **~a** *f* promoter
◇ **promotor inmobiliario** (property) developer
◇ **promotor de ventas** sales representative, sales rep F
promover ⟨2h⟩ *v/t* **1** (*fomentar*) promote **2** (*causar*) provoke, cause
promulgación *f* promulgation
promulgar ⟨1h⟩ *v/t ley* promulgate
pronombre *m* GRAM pronoun
◇ **pronombre demostrativo** demonstrative pronoun
pronominal *adj* GRAM pronominal

pronosticar ⟨1g⟩ *v/t* forecast
pronóstico *m* MED prognosis; **sus heridas son de ~ reservado** the hospital is making no statement about his injuries; **~ del tiempo** weather forecast; **contra todo ~** against all odds
prontitud *f* promptness
pronto I *adj* **1** prompt; **por lo** *o* **de ~** for now, for the moment **2** *Rpl*: *preparado* ready
II *adv* **1** (*dentro de poco*) soon; **tan ~ como** as soon as; **lo más ~ posible** as soon as possible; **¡hasta ~!** see you soon!; **más ~ o más tarde** sooner or later **2** (*temprano*) early; **de ~** suddenly; **eso se dice ~** that's easy for you / him *etc* to say, that's easily said
III *m* F: **le dio un ~ y dejó el trabajo** he left his job on impulse; **tiene unos ~s de celos inaguantables** he has fits of unbearable jealousy
pronunciación *f* pronunciation
pronunciamiento *m* **1** JUR *de sentencia* passing **2** (*rebelión*) military uprising
pronunciar ⟨1b⟩ *v/t* **1** *palabra* pronounce **2** (*decir*) say; **~ un discurso** give a speech; JUR **~ sentencia** pass judgment; **pronunciarse** *v/r* **1** (*rebelarse*) rise up, revolt **2** (*declararse*): **~ a favor / en contra de algo** declare o.s. *o* come out in favor of / against sth
propagación *f* spread
propaganda *f* **1** *de producto* advertising **2** POL propaganda
propagar ⟨1h⟩ *v/t* spread; **propagarse** *v/r* spread
propano *m* propane
propasarse ⟨1a⟩ *v/r* go too far
propensión *f* tendency (**a** to); **tiene ~ a la gripe** he tends to catch flu easily
propenso *adj* prone (**a** to); **ser ~ a hacer** be prone to do, have a tendency to do
propiamente *adv* exactly; **~ dicho** strictly speaking
propiciar ⟨1b⟩ *v/t* **1** (*favorecer*) promote **2** (*causar*) bring about
propicio *adj* favorable, *Br* favourable **ser ~ para** be favorable to
propiedad *f* property; **ser ~ de alguien** be s.o.'s property
◇ **propiedad horizontal** condominium; **propiedad industrial** industrial property; **propiedad intelectual** intel-

lectual property; **propiedad pública** public ownership

propietario *m*, **-a** *f* owner; **ser ~ de** be the owner of

propina *f* tip; **de ~** as a tip; *fig* (*por añadidura*) on top

propinar ⟨1a⟩ *v/t golpe, paliza* give

propio *adj* **1** (*de uno mismo*) own **2** (*característico*) characteristic (**de** of), typical (**de** of) **3** (*adecuado*) suitable (**para** for); **hacer lo ~** do the right *o* appropriate thing **4**: **la -a directora** the director herself

proponer ⟨2r; *part* **propuesto**⟩ *v/t* propose, suggest; **el hombre propone y Dios dispone** man proposes and God disposes; **proponerse** *v/r*: **~ hacer algo** decide to do sth, make up one's mind to do sth

proporción *f* proportion; **en ~ a** in proportion to

proporcionado *adj*: **bien ~** well-proportioned; **~ a** proportionate to

proporcional *adj* proportional

proporcionalmente *adv* proportionally

proporcionar ⟨1a⟩ *v/t* (*suministrar*) provide, supply; *satisfacción* give

proposición *f* proposal, suggestion; **~ de matrimonio** proposal of marriage

propósito *m* **1** (*intención*) intention **2** (*objetivo*) purpose **3**: **a ~** on purpose; (*por cierto*) by the way; **a ~ de** about; **venir muy a ~ de comentario** be spot on, hit the nail on the head

propuesta *f* proposal; **a ~ de** at the suggestion of

propuesto *part* ☞ **proponer**

propugnar ⟨1a⟩ *v/t* advocate

propulsar ⟨1a⟩ *v/t* TÉC propel; *fig* promote

propulsión *f* TÉC propulsion ◇ **propulsión a chorro, propulsión por reacción** jet propulsion

propulsor I *m* (*motor*) engine **II** *m*, **~a** *f* promoter

prorrata *f* share; **a ~** pro rata, on a pro rata basis

prórroga *f* DEP overtime, *Br* extra time

prorrogable *adj plazo* extendable

prorrogar ⟨1h⟩ *v/t plazo* extend

prorrumpir ⟨3a⟩ *v/i* burst (**en** into)

prosa *f* prose

prosaico *adj* mundane, prosaic

proscenio *m* TEA proscenium

proscribir ⟨3a; *part* **proscrito**⟩ *v/t* **1** (*prohibir*) ban, proscribe *fml* **2** (*desterrar*) banish, exile

proscrito *part* ☞ **proscribir**

proseguir ⟨3d & 3l⟩ **I** *v/t* carry on, continue **II** *v/i* continue (**con** with)

proselitismo *m* proselytism

prospección *f* **1** MIN prospecting **2** COM study, survey; **~ de mercado** market research

prospectar ⟨1a⟩ *v/t* **1** *terreno* prospect **2** *fig*: *mercado* research, test

prospectiva *f* forecast

prospectivo *adj* future *atr*, prospective

prospecto *m* **1** *de medicamento* directions for use *pl* **2** *de propaganda* leaflet

prosperar ⟨1a⟩ *v/i* prosper, thrive

prosperidad *f* prosperity; **~ económica** (economic) prosperity

próspero *adj* prosperous, thriving; **¡ ~ año nuevo!** Happy New Year!

próstata *f* prostate

prostíbulo *m* brothel

prostitución *f tb fig* prostitution; **~ infantil** child prostitution

prostituir ⟨3g⟩ *v/t* prostitute; **prostituirse** *v/r* prostitute o.s.

prostituta *f* prostitute

prostituto *m* male prostitute

protagonismo *m*: **tener ~** occupy center stage *o Br* centre stage; **afán de ~** longing to be in the limelight

protagonista *m/f* **1** *personaje* main character **2** *actor, actriz* star; **papel de ~** leading role **3** *de una hazaña* hero; *mujer* heroine

protagonizar ⟨1f⟩ *v/t* **1** *película* star in, play the lead in **2** *incidente* play a leading role in

protección *f* protection; **~ solar** suntan lotion *o* cream, sunblock ◇ **protección de datos** data protection; **protección del medio ambiente** environmental protection, protection of the environment; **protección de menores** child protection

proteccionismo *m* protectionism

protector I *adj* protective **II** *m*, **~a** *f* protector; **~ labial** lip salve

protectorado *m* protectorate

proteger ⟨2c⟩ *v/t* protect (**de** from); **protegerse** *v/r* protect *o* defend o.s.

protegeslip *m* panty liner

protegida *f* protégée
protegido I *adj* protected II *m* protégé
proteico *adj* 1 BIO protein *atr* 2 *lit: persona* protean
proteína *f* protein
protésico *m*, -a *f*: ~ **dental** dental technician
prótesis *f* prosthesis; ~ **auditiva** hearing aid; ~ **dental** *o* **dentaria** denture, false tooth / teeth
protesta *f* 1 protest 2 *Méx* promesa promise; **cumplir con su** ~ keep one's promise
protestante *m/f* & *adj* Protestant
protestantismo *m* Protestantism
protestar ⟨1a⟩ I *v/t* protest II *v/i* 1 (*quejarse*) complain (*por, de* about) 2 (*expresar oposición*) protest (*contra, por* about, against)
protestón I *adj* grouchy II *m*, -ona *f* grouch
protocolario *adj* established by protocol; *como requiere* required by protocol
protocolo *m* protocol
protón *m* proton
protoplasma *m* BIO protoplasm
prototipo *m* TÉC prototype
protuberancia *f* protuberance
prov. *abr* (= *provincia*) province
provecho *m* benefit; **¡buen ~!** enjoy (your meal)!; **sacar** ~ **de** benefit from; **de** ~ useful
provechoso *adj* beneficial, useful
provecto *adj fml* advanced; **edad -a** advanced age
proveedor *m*, ~a *f* supplier; ~ **de** (**acceso a**) **Internet** Internet Service Provider, ISP
proveer ⟨2e; *part* **provisto**⟩ *v/t* supply; ~ **a alguien de algo** supply s.o. with sth; **proveerse** *v/r* equip o.s. (**de** with)
provenir ⟨3s⟩ *v/i* come (**de** from)
proverbial *adj* proverbial
proverbio *m* proverb
providencia *f* providence; **tomar** ~**s** take precautions
provincia *f* province
provincial I *adj* provincial II *m* REL provincial
provincianismo *m desp* provincialism, provincial attitudes *pl*
provinciano I *adj* provincial II *m*, -a *f* provincial
provisión *f* COM provision; ~ **de fondos**

provision of funds; **provisiones** *pl* (*alimentos*) provisions
provisional *adj* provisional, temporary
provisionalidad *f* provisional nature, temporary nature
provisorio *adj* S.Am. provisional
provisto I *part* ☞ **proveer** II *adj*: ~ **de** equipped with
provocación *f* 1 (*incitación*) provocation 2 *de parto* induction
provocador I *adj* provocative II *m*, ~a *f* agitator
provocar ⟨1g⟩ *v/t* 1 cause 2 *el enfado* provoke 3 *sexualmente* lead on 4 *parto* induce 5: **¿te provoca un café?** S.Am. how about a coffee?
provocativo *adj* provocative
proxeneta *m* pimp
proxenetismo *m* procuring
próximamente *adv* shortly
proximidad *f* proximity
próximo *adj* 1 (*siguiente*) next; **el** ~ **año** next year; **¡hasta la -a!** see you next time! 2 (*cercano*) near, close (**a** to)
◇ **Próximo Oriente** Near East
proyección *f* 1 MAT, PSI projection 2 *de película* showing
proyeccionista *m/f* projectionist
proyectar ⟨1a⟩ *v/t* 1 *luz, imagen* project 2 (*planear*) plan 3 *película* show 4 *sombra* cast
proyectil *m* missile
proyectista I *m/f* designer II *m* draftsman, *Br* draughtsman III *f* draftswoman, *Br* draughtswoman
proyecto *m* 1 (*plan*) plan; **tener en** ~ **hacer algo** plan to do sth 2 *trabajo* project ◇ **proyecto de ley** bill
proyector *m* projector; ~ **de transparencias** slide projector
prudencia *f* caution, prudence; **con** ~ cautiously, prudently
prudencial *adj* 1 (*aproximado*) rough, approximate 2 (*moderado*) modest
prudente *adj* careful, cautious
prueba *f* 1 *tb* TIP proof; **en** ~ **de** as proof of; **dar** ~**s de** prove, give proof of 2 JUR piece of evidence; **por falta de** ~**s** for lack of evidence 3 DEP event 4 EDU test; ~ **de acceso** *o* **admisión** entrance exam 5 *resistencia*: **a** ~ **de bala** bulletproof; **a** ~ **de agua** waterproof; **a** ~ **de aire** airtight; **a** ~ **de fuego** fireproof; **a** ~ **de choques** shock-resistant; **poner**

algo a ~ put sth to the test
◇ **prueba de alcoholemia** drunkometer test, *Br* Breathalyzer® test; **prueba de aptitud** aptitude test; **prueba nuclear** nuclear test
prurito *m* itching
P.S. *abr* (= *postscriptum* (*posdata*)) PS (= postscript)
pseudo... *pref* pseudo-
pseudónimo *m* pseudonym
psicoanálisis *f* (psycho)analysis
psicoanalista *m/f* (psycho)analyst
psicodélico *adj* psychedelic
psicodrama *m* psychodrama
psicofármaco *m* psychoactive drug
psicología *f* psychology
psicológico *adj* psychological
psicólogo *m*, **-a** *f* psychologist
psicópata *m/f* psychopath
psicopatía *f* psychopathy
psicosis *f inv* psychosis
◇ **psicosis colectiva** mass hysteria
◇ **psicosis maniacodepresiva** manic-depressive psychosis
psicosomático *adj* psychosomatic
psicoterapeuta *m/f* psychotherapist
psicoterapia *f* psychotherapy
psique *f* psyche
psiquiatra *m/f* psychiatrist
psiquiatría *f* psychiatry
psiquiátrico I *adj* psychiatric **II** *m* psychiatric hospital
psíquico *adj* psychic
PSOE *m abr* (= *Partido Socialista Obrero Español*) Spanish Socialist Workers Party
psoriasis *f* MED psoriasis
P.V.P. *abr* (= *precio de venta al público*) RRP (= recommended retail price)
pta *abr* (= *peseta*) peseta
ptas *abr* (= *pesetas*) pesetas
púa *f* **1** ZO spine, quill **2** MÚS plectrum, pick **3** *de alambre* barb
pub *m* bar
púber *adj* pubescent, adolescent
pubertad *f* puberty
pubiano, púbico *adj* ANAT pubic
pubis *m inv* ANAT pubis
publicación *f* publication
publicar ⟨1g⟩ *v/t* publish; **publicarse** *v/r* come out, be published
publicidad *f* **1** (*divulgación*) publicity **2** COM advertising; **hacer** ~ advertise; **dar** ~ **a algo** publicize *o* advertise sth

3 (*anuncios*) advertisements *pl*
◇ **publicidad directa** direct advertising
◇ **publicidad encubierta** surreptitious advertising
publicista *m/f* advertising executive
publicitar ⟨1a⟩ *v/t* advertise, publicize
publicitario I *adj* advertising *atr* **II** *m*, **-a** *f* advertising executive
público I *adj* public; *escuela* public, *Br* state; **hacer** ~ make public, announce; **hacerse** ~ become public *o* known **II** *m* public; TEA audience; DEP spectators *pl*, crowd; **el gran** ~ the general public; **en** ~ in public
publirreportaje *m* advertorial, advertising feature
pucherazo *m* F vote rigging
puchero *m* GASTR (cooking) pot; **hacer** ~**s** *fig* pout
pucho *m S.Am.* P cigarette butt, *Br* fag end F; **no valer un** ~ be completely worthless
pude *vb* ☞ *poder*
pudendo *adj*: **partes -as** pudenda *pl*, private parts
pudibundez *f* prudishness
pudibundo *adj* prudish
púdico *adj* modest
pudiente *adj* (*poderoso*) powerful; (*rico*) wealthy
pudín *m* pudding
pudo *vb* ☞ *poder*
pudor *m* modesty
pudoroso *adj* modest
pudrir ⟨3a⟩ *v/t* rot; **pudrirse** *v/r* rot; ~ **de envidia** be green with envy
pueblerino *desp* **I** *adj* provincial, small-town **II** *m*, **-a** *f* hick *desp*, *Br* yokel *desp*
pueblero *m*, **-a** *f* L.Am. villager; *de pueblo más grande* townsperson
pueblo *m* village; *más grande* town; **es de** ~ he's a country boy; *desp* he's a hick *o Br* yokel *desp*
puedo *vb* ☞ *poder*
puente *m* bridge; **hacer** ~ *have a day off between a weekend and a public holiday*; **hacer el** ~ DEP do a bridge; **hacer un** ~ **a un coche** hot-wire a car; **tender un** ~ *tb fig* build a bridge
◇ **puente aéreo** AVIA shuttle service; MIL airlift; **puente colgante** suspension bridge; **puente levadizo** drawbridge; **puente de mando** MAR bridge

puenting *m* bungee jumping
puerca *f* ZO sow; *fig* F slut F
puerco I *adj* dirty; *fig* filthy F **II** *m* **1** ZO pig; *fig persona* slob **2** *Méx: cerdo* pork
◇ **puerco espín** porcupine
puericultor *m*, **~a** *f* childcare specialist
puericultura *f* childcare
pueril *adj* childish, puerile
puerilidad *f* childishness, *fml* puerility
puerro *m* BOT leek
puerta *f* **1** *en pared* door; *en valla* gate; ***a ~ cerrada*** JUR in camera; ***por la ~ grande*** *fig* in triumph; ***estar a la ~ o en ~s*** be very near; ***abrir la(s) ~(s) a algo*** *fig* open one's doors to sth; ***dar ~ a alguien*** F show s.o. the door; ***dar a alguien con la ~ en las narices*** *tb fig* slam the door in s.o.'s face; ***de ~ en ~*** *mendigando* door to door; ***de ~s (para) adentro*** in private, behind closed doors; ***de ~s (para) afuera*** in public **2** DEP goal; ***disparos a ~*** shots on goal
◇ **puerta atrás** *en baloncesto* backdoor play; **puerta corrediza** sliding door; **puerta de embarque** gate; **puerta falsa** secret door; **puerta giratoria** revolving door; **puerta de servicio** service entrance, *Br* tradesman's entrance; **puerta trasera** back door
puerto *m* **1** MAR port; ***tomar ~*** arrive in port; ***llegar a buen ~*** *tb fig* arrive safely **2** GEOG pass **3** INFOR port
◇ **puerto marítimo** seaport
◇ **puerto pesquero** fishing port
Puerto Rico *m* Puerto Rico
puertorriqueño I *adj* Puerto Rican **II** *m*, **-a** *f* Puerto Rican
pues *conj* **1** well; ***~ bien*** well; ***¡~ sí!*** of course! **2** *fml (porque)* as, since
puesta *f*: ***~ al día*** update; ***~ en libertad*** freeing
◇ **puesta en escena** TEA staging; **puesta en marcha** launch; *de central nuclear* commissioning; **puesta a punto** tune-up; **puesta de sol** sunset; **puesta en servicio** launch; *de central nuclear* commissioning
puestero *m*, **-a** *f L.Am.* market trader, *Br* stallholder
puesto I *part* ☞ **poner**, ***bien ~*** well--dressed **II** *m* **1** *lugar* place **2** *en mercado* stand, stall **2** MIL post **III** *conj*: ***~ que*** since, given that
◇ **puesto de policía** police post; **pues-**

to de socorro first aid station; **puesto de trabajo** job
pufo *m* F con F, trick
púgil *m* boxer
pugilato *m* boxing
pugna *f* **1** *(oposición)* conflict; ***estar en ~ con*** be in conflict with **2** *(lucha)* struggle
pugnar ⟨1a⟩ *v/i* fight (***por*** for; ***por hacer*** to do)
puja *f* **1** *(lucha)* struggle **2** *en subasta* bid
pujante *adj empresa, economía* booming
pujanza *f de empresa, economía* strength
pujar ⟨1a⟩ *v/i* **1** *(luchar)* struggle **2** *en subasta* bid
pulcritud *f* **1** *apariencia* immaculate appearance **2** *(esmero)* extreme care
pulcro *adj* **1** *(aseado)* immaculate **2** *(esmerado)* extremely careful
pulga *f* ZO flea; ***tener malas ~s*** *fig* F be bad-tempered
pulgada *f* inch
pulgar *m* thumb
pulgón *m* ZO aphid, *Br* greenfly
pulido I *adj tb estilo* polished **II** *m acción* polishing; *efecto* polish
pulidora *f* buffer
pulimentar ⟨1a⟩ *v/t* polish
pulir ⟨3a⟩ *v/t* polish; *fig* F *(mejorar)* polish (up) F
pulla *f* gibe
pulmón *m* lung; ***respirar a pleno ~ en la montaña*** breathe in the clean mountain air
pulmonar *adj* pulmonary, lung *atr*
pulmonaria *f* BOT lungwort
pulmonía *f* MED pneumonia
pulpa *f* pulp
pulpería *f L.Am.* mom-and-pop store, *Br* corner shop
pulpero *m*, **-a** *f S.Am.* storekeeper, shopkeeper
púlpito *m* pulpit
pulpo *m* **1** ZO octopus **2** *m/f Esp* F *(persona pegajosa)* clingy person
pulque *m Méx* pulque *(alcoholic drink made from cactus)*
pulquería *f Méx* pulque bar
pulsación *f* **1** *(latido)* beat **2** *al escribir a máquina* key stroke
pulsador *m* TÉC button
pulsar ⟨1a⟩ *v/t botón, tecla* press

pulsera *f* bracelet

pulsión *f* drive, impulse

pulso *m* **1** pulse; *tomar el ~ a alguien* take s.o.'s pulse; *tomar el ~ a algo fig* take the pulse of sth **2** *fig* steady hand; *tener buen ~* have a steady hand **3**: *echar un ~ a alguien tb fig* armwrestle s.o.; *ganarse algo a ~* earn sth (by one's own efforts)

pulular ⟨1a⟩ *v/i* mill around

pulverización *f* **1** *de líquido* spraying **2** *de sólido* pulverization, crushing

pulverizador *m* spray

pulverizar ⟨1f⟩ *v/t* **1** *líquido* spray **2** *(convertir en polvo)* pulverize, crush **3** *argumentación* demolish

¡pum! *int* bang!

puma *m* ZO puma, mountain lion

¡pumba! *int* bang! crash!, kapow!

puna *f L.Am.* **1** GEOG high Andean plateau **2** MED altitude sickness

pundonor *m* pride

pundonoroso *adj* honorable, *Br* honourable

punible *adj* punishable; *... es un acto ~* ... calls for disciplinary action

punitivo *adj* punitive

punk **I** *adj* punk *atr* **II** *m/f* punk

punki *m/f* F punk

punta *f* **1** *de dedo, nariz, pie* tip **2** *(extremo)* end; *de ~ a ~ (de principio a fin)* from beginning to end; *(de un extremo a otro)* from one extreme to the other **3** *de lápiz*, GEOG point; *sacar ~ a* sharpen **4** *L.Am. (grupo)* group **5**: *a ~ de pistola* at gunpoint; *ir de ~ en blanco* be dressed up **6** *en fútbol* forward

puntada *f* **1** *con aguja* stitch **2** *(indirecta)* hint

puntapié *m* kick; *tratar a ~s fig* treat badly

puntazo *m* TAUR jab; *el concierto fue un ~* P the concert was real cool P

puntera *f* toe

puntería *f* aim; *tener buena / mala ~* be a good / bad shot

puntero **I** *adj* leading **II** *m* pointer

puntiagudo *adj* pointed, sharp

puntilla *f*: *de ~s* on tippy-toe, *Br* on tip-toe; *ponerse de ~s* stand on tippy-toe

puntillismo *m* PINT pointillism

puntilloso *adj* particular, punctilious *fml*

punto *m* **1** point; *~ por ~* point by point;

ganar por ~s win on points **2** *señal* dot; *en ~* on the dot; *a las tres en ~* at three sharp, at three on the dot **3** *signo de puntuación* period, *Br* full stop; *dos ~s* colon; *~ y coma* semicolon; *con ~s y comas fig* in full detail; *poner ~ final a algo fig* end sth, put an end to sth; *y ~* period; *poner los ~s sobre las íes* F make things crystal clear; *empresa ~.com* dot.com (company) **4** *en costura, sutura* stitch; *hacer ~* knit; *de ~* knitted **5**: *a ~ (listo)* ready; *(a tiempo)* in time *llegar a ~ para ...* arrive just in time to ...; *estar a ~ be* ready; *estar a ~ de* be about to; *el arroz está en su ~* the rice is ready; *poner a ~* TÉC tune; *puesta a ~* tune-up **6** *alcance*: *hasta cierto ~* up to a point; *hasta qué ~* to what extent; *me pregunto hasta qué ~ lo que dice es verdad o una exageración* I wonder how much of what he says is true and how much is exaggeration; *hasta tal ~ que* to such an extent that **7**: *batir las claras a ~ de nieve* beat the egg whites until they form stiff peaks

◇ *punto de congelación* freezing point; *punto de cruz* cross stitch; *punto débil* weak point; *punto fatídico en fútbol* penalty spot; *punto final* period, *Br* full stop; *punto flaco* weak point; *punto de fusión* melting point; *punto muerto* AUTO neutral; *punto de partida* starting point; *punto de recogida* pickup point; *punto de referencia* reference point; *punto de reunión* meeting place; *punto de sutura* stitch, suture; *punto de venta* point of sale; *punto de vista* point of view; *puntos suspensivos* suspension points

puntuación *f* punctuation; DEP score; EDU grade, mark

puntual *adj* punctual

puntualidad *f* punctuality

puntualización *f* clarification, further point

puntualizar ⟨1f⟩ *v/t* **1** *(señalar)* point out **2** *(aclarar)* clarify

puntuar ⟨1e⟩ *v/t* **1** GRAM punctuate **2** *(calificar)* grade, mark

punzada *f* sharp *o* stabbing pain

punzante *adj* stinging; *fig (mordaz)* biting, incisive

punzar ⟨1f⟩ *v/t fig* (*molestar*) torment
puñado *m* handful; *a ~s* by the handful; *había ... a ~s* there were loads of ... F
puñal *m* dagger; *poner a alguien el ~ en el pecho fig* put a gun to s.o.'s head
puñalada *f* stab wound; *matar a ~s* stab to death; *ser una ~ fig* hurt; *vaya ~* that hurts
puñeta *f*: *¡~(s)!* F for heaven's sake! F; *hacer la ~ a alguien* F give s.o. a hard time F; *en la quinta ~* P in the boondocks F
puñetazo *m* punch; *dar un ~* punch
puñetero P **I** *adj* damn F, damned F, *Br* bloody P; *no seas ~* stop being such a damn pain F **II** *m*, *-a f* jerk F
puño *m* **1** *de mano* fist; *de su ~ y letra* in his / her very own handwriting **2** *de camisa* cuff **4** *de bastón, paraguas* handle; *de espada* hilt **5**: *es una verdad como un ~* F you never spoke a truer word
pupa *f* **1** ZO pupa **2** *en labio* cold sore; *hacerse ~ lenguaje infantil* hurt o.s.
pupila *f* pupil
pupilente *m Méx* contact lens
pupilo *m*, *-a f* pupil
pupitre *m* desk
pupusa *f L.Am.* filled dumpling
puramente *adv* purely
purasangre *m* thoroughbred
puré *m* purée; *sopa* cream; *~ de patatas o papas L.Am.* mashed potatoes
pureza *f* purity
purga *f* POL purge
purgaciones *f pl* MED F gonorrh(o)ea
purgante *m/adj* purgative, laxative
purgar ⟨1h⟩ *v/t* MED, POL purge; *purgarse v/r* take a laxative
purgatorio *m* REL purgatory
puridad *f*: *en ~* (*claramente*) plainly; (*en realidad*) strictly speaking
purificación *f* purification
purificador **I** *adj* purifying **II** *m* purifier
◇ *purificador de aire* air filter, air purifier
purificar ⟨1g⟩ *v/t* purify
purista **I** *adj* purist **II** *m/f* purist
puritano **I** *adj* puritanical **II** *m*, *-a f* puritan
puro **I** *adj* **1** pure; *la -a verdad* the honest truth **2** *casualidad, coincidencia* sheer; *de ~ miedo* out of sheer fright **3** *Méx* (*único*) sole, only; *te sirven la -a comida* they just serve food **II** *m* cigar
púrpura **I** *adj*: (*de color*) ~ purple **II** *f* purple
purpúreo *adj* purple
pus *m* pus
puse *vb* ☞ *poder*
pusilánime *adj* fainthearted
puso *vb* ☞ *poder*
pústula *f* MED pustule
puta *f* P whore; *ir(se) de ~s* P go whoring
putada *f* P dirty trick; *¡qué ~!* shit! P
putativo *adj* putative
putear ⟨1a⟩ *v/t L.Am.* P swear at; *~ alguien Esp* give s.o. a hard time, make life difficult for s.o.
putero *m* P whoremonger
puticlub *m* red-light bar, pick up joint F
puto *adj* P goddamn F, *Br* bloody F; *de -a madre* P great F, fantastic F; *las he pasado -as* P I've been to hell and back F; *no tener ni -a idea* P not have a damned clue F
putrefacción *f* putrefaction
putrefacto, pútrido *adj* putrid
puya *f* **1** TAUR *point of the picador's lance* **2** *fig* gibe
puyazo *m* **1** TAUR *jab with the lance* **2** *fig* gibe
puzzle *m* jigsaw (puzzle)
PVC *m abr* (= *cloruro de polivinilo*) PVC (= polyvinyl chloride)
PYMES *fpl abr* (= *pequeñas y medianas empresas*) SMES (= small and medium-sized enterprises)
pza. *abr* (= *plaza*) sq (= square)

Q

q.e.p.d. *abr* (= **que en paz descanse**) RIP (= requiescat in pace, rest in peace)

qué I *adj & pron interr* what; **¿~ pasó?** what happened?; **¿~ día es?** what day is it?; **¿~ vestido prefieres?** which dress do you prefer?; **¿de ~ estás hablando?** what are you talking about?; **¿~ hubo?** C.Am., Méx how are things? **II** *adj & pron interj*: **¡~ moto!** what a motorbike!; **¡~ de flores!** what a lot of flowers! **III** *adv*: **¡~ alto es!** he's so tall!; **¡~ bien!** great!; **¡~ ruido!** what a noise!; **¡y ~!** so what?; **¿a mí ~?** so what?; **un no sé ~** a thingamajig; **el ~ dirán** what people say

que I *pron rel sujeto*: *persona* who, that; *cosa* which, that; *complemento*: *persona* that, whom *fml*; *cosa* that, which; **el coche ~ ves** the car you can see, the car that *o* which you can see; **el ~** the one that; **la ~** the one that; **lo ~** what **II** *conj* that; **lo mismo ~ tú** the same as you; **¡~ entre!** tell him to come in; **¡~ descanses!** sleep well; **¡~ sí!** I said yes; **¡~ no!** I said no; **es ~ ...** the thing is ...; **yo ~ tú** if I were you; **¡~ no se repita!** make sure it doesn't happen again!; **¡~ me pase esto a mí!** I can't believe this is happening to me!; **eso sí ~ no** definitely not!; **alguno ~ otro** the odd

quebrada *f* L.Am. stream

quebradero *m*: **~s de cabeza** *pl* F headaches

quebradizo *adj* brittle

quebrado I *adj* broken **II** *m* MAT fraction

quebrantahuesos *m inv* ZO lammergeier

quebrantamiento *m* breaking

quebrantar ⟨1a⟩ *v/t ley, contrato* break; *fig* break, undermine; **quebrantarse** *v/r* be broken, be undermined

quebranto *m* suffering

quebrar ⟨1k⟩ **I** *v/t* break **II** *v/i* COM go bankrupt; **quebrarse** *v/r* break

quedar ⟨1a⟩ *v/i* **1** (*permanecer*) stay; **esto queda entre nosotros** this is just between us; **~ cerca** be nearby

2 *en un estado* be; **quedó sin resolver** it remained unresolved, it wasn't sorted out; **¿cómo quedó?** how did it end up?; **queda por hacer** it still has *o* needs to be done

3 (*sentar*): **te queda bien / mal** de estilo it suits you / doesn't suit you; *de talla* it fits you / doesn't fit you

4 (*sobrar*) be left; **¿queda mucho tiempo?** is there much time left?; **no queda nada** *de tiempo* time's almost up; *distancia* it's not far now

5 (*encontrarse*): **~ con alguien** F arrange to meet (with) s.o.; **¿dónde habíamos quedado?** where had we arranged to meet?

6 (*acordar*): **~ en algo** agree to sth; **¿en qué quedamos?** what did we agree?

7: **por mí que no quede** it's fine by me

quedarse *v/r* **1** stay **2** *en un estado*: **~ ciego** go blind; **~ sin dinero** run out of money; **~ contento** be happy; **~ atrás** be left behind **3** (*apropiarse*): **~ con algo** keep sth **4**: **me quedé sin comer** I ended up not eating

quedo *vb* ☞ **quedar**

quehaceres *mpl* tasks

queja *f* complaint; **no tener ~ de alguien** have no complaints about s.o.

quejarse *v/r* **1** complain (*a* to; *de* about) **2** *de dolor* moan, groan

quejica F I *adj* whining F **II** *m/f* crybaby

quejido *m* moan, groan

quejigo *m* BOT gall oak, dyer's oak

quejumbroso *adj* moaning

quema *f* burning

quemada *f* Méx burn

quemado *adj* **1** burnt; **oler a ~** smell of burning; **por el sol** sunburnt; **estar ~** *fig* be burned out **2** *Méx* (*desvirtuado*) discredited

quemador *m* TÉC burner

quemadura *f* burn

◇ **quemadura de sol, quemadura solar** sunburn

quemar ⟨1a⟩ **I** *v/t* **1** burn **2** *con agua* scald **3** F *recursos* use up; *dinero* blow F **II** *v/i* be very hot; **quemarse** *v/r* **1**

burn o.s.; *de tostada, papeles* burn; *fig* get burned out **2** *Méx (desvirtuarse)* become discredited

quemarropa: *a* ~ *tb fig* point-blank

quemazón *f* burning

quena *f S.Am.* Indian flute

quepis *m* kepi

quepo *vb* ☞ **caber**

queque *m L.Am.* cake

queratina *f* keratin

querella *f* JUR lawsuit

querellante *m/f* JUR plaintiff

querellarse ⟨1a⟩ *v/r* JUR bring a lawsuit (**contra** against)

querer[1] ⟨2u⟩ *v/t* **1** *(desear)* want; *quisiera ...* I would like ...; *quieras que no ...* like it or not ...; *sin* ~ unintentionally

2 *(amar)* love; ~ *bien a alguien* be fond of s.o.; ~ *mal a alguien* not care for s.o.; *por lo que más quieras* for pity's sake, for the love of God

3 *(esperar):* *¡qué más quieres!* what more do you want *o* expect!; *¿qué quieres que (le) haga?* what do you expect me to do?

4: ~ *decir* mean; *quiere decir* it means; *¡que si quieres!* *irón* no way!

5: *como quiera que* however

querer[2] *m* love

querido I *part* ☞ **querer**[1] **II** *adj* dear **III** *m,* **-a** *f* darling

querosén *m L.Am.* kerosene

queroseno *m* kerosene

querrá *vb* ☞ **querer**[1]

querría *vb* ☞ **querer**[1]

querubín *m* cherub

quesadilla *f* quesadilla *(folded tortilla)*

quesera *f* cheese dish

quesería *f* cheese store

quesero *m,* **-a** *f* cheese maker

queso *m* cheese; *dársela a alguien con* ~ F fool s.o. F

◇ **queso azul** blue cheese; **queso de bola** *cheese similar to Edam*; **queso fundido** melted cheese; **queso rallado** grated cheese; **queso para untar** cheese spread

quetzal *m* FIN quetzal

quicio *m:* *sacar de* ~ *a alguien* F drive s.o. crazy F

quid *m:* *el* ~ *de la cuestión* the nub of the question

quiebra *f* COM bankruptcy; *fig* bankruptcy, failure; *declararse en* ~ file for *o* declare bankruptcy

quiebro I *vb* ☞ **quebrar II** *m* feint

quien *pron rel sujeto* who, that; *objeto* who, whom *fml*, that; *no soy* ~ *para hacerlo* I'm not the right person to do it; *hay* ~ there are people; *no hay* ~ *lo haga* nobody can do it; *la mujer con* ~ *llegó* the woman he arrived with; ~ *más (y)* ~ *menos* some more, (and) some less

quién *pron* who; *¿* ~ *es?* who is it?; *¿a* ~ *viste?* who did you see?; *¿* ~ *es son estas personas?* who are those people?; *¿de* ~ *es este libro?* whose is this book?, who does this book belong to?; *¿con* ~ *has hablado?* who have you spoken to?

quienquiera *pron* whoever

quiero *vb* ☞ **querer**[1]

quieto *adj* still; *¡estáte* ~*!* keep still!

quietud *f* peacefulness

quihubo *interj* C.Am., Méx how are things?

quijada *f* ANAT jawbone

quijote *m* idealist

quijotesco *adj* quixotic

quilate *m* carat

quilla *f* keel

quilo *m* ☞ **kilo**

quilombo *m* **1** *Arg* F whorehouse **2** *fig* mess F

quimera *f* pipe dream

quimérico *adj* chimerical

química *f* chemistry

químico I *adj* chemical; *productos* **-s** chemicals **II** *m,* **-a** *f* chemist

quimioterapia *f* MED chemotherapy

quimio *m* MED chemo, chemotherapy

quimono *m* kimono

quina *f* BOT cinchona bark; *tragar* ~ F grin and bear it F

quincalla *f* junk

quince *adj* fifteen; *dentro de* ~ *días* in two weeks

quinceañero I *adj* teenage **II** *m,* **-a** *f* teenager

quincena *f* two weeks, *Br tb* fortnight

quincenal *adj* bimonthly, *Br tb* fortnightly

quincuagenario I *adj* fifty-year-old **II** *m,* **-a** *f* person in his / her fifties

quiniela *f* *lottery where the winners are decided by soccer results, Br football* pools *pl*

quinielista *m/f* person who plays the sports lottery, *Br* person who does the football pools

quinientos *adj* five hundred

quinina *f* quinine

quinqué *m* kerosene lamp, *Br* oil lamp

quinquenal *adj* five-yearly

quinquenio *m* five-year period

quinta *f* MIL draft, *Br* call-up; *es de mi ~* he's my age

quintaesencia *f* quintessence

quintal *m* (short) hundredweight, *Br* a hundred pounds

◇ **quintal métrico** a hundred kilos

quinteto *m* MÚS quintet

quintillizos *mpl* quintuplets

quinto I *adj* fifth II *m* 1 fifth 2 MIL conscript 3 (*botellín*) bottle of beer

quintuplicar ⟨1g⟩ *v/t* quintuple

quíntuplo I *adj* quintuple II *m* quintuple; *el ~ de algo* five times sth

quiosco *m* kiosk; *de prensa* newsstand, *Br* newsagent's; *de flores* flower stall

quiosquero *m*, *-a f* newspaper vendor

quirófano *m* operating room, *Br* operating theatre

quiromancia, quiromancía *f* palmistry

quiromántico *m*, *-a f* palmist, palm reader

quiromasaje *m* massage

quiropráctica *f* chiropractic

quiropráctico *m*, *-a f* chiropractor

quirúrgico *adj* surgical

quise *vb* ☞ *querer¹*

quisiera *vb* ☞ *querer¹*

quiso *vb* ☞ *querer¹*

quisque F: *todo ~* everyone and his brother F, *Br* the world and his wife F; *cada ~* everybody

quisquilla *f* ZO shrimp

quisquilloso *adj* touchy

quiste *m* MED cyst

quitaesmalte *m* nail varnish remover

quitamanchas *m inv* stain remover

quitamiedos *m inv* safety barrier

quitanieves *m* snowplow, *Br* snowplough

quitar ⟨1a⟩ I *v/t ropa* take off, remove; *obstáculos* remove; *~ el polvo* dust; *~ algo a alguien* take sth (away) from s.o.; *~ la mesa* clear the table; *de quita y pon* F removable II *v/i*: *¡quita!* get out of the way!; **quitarse** *v/r* 1 *ropa, gafas* take off 2 (*apartarse*) get out of the way; *~ algo / a alguien de encima* get rid of s.th / s.o.; *¡quítate de en medio!* F get out of the way!

quitasol *m* sunshade

quite *m* 1 TAUR movement to draw the bull away 2 *en esgrima* parry 3: *estar al ~ fig* be on hand to help

quiteño I *adj* of / from Quito, Quito *atr* II *m*, *-a f* native of Quito

quizá(s) *adv* perhaps, maybe

quórum *m* quorum; *alcanzar el ~* have a quorum

R

rabadilla *f* ANAT coccyx

rabanillo, rabanito *m* BOT wild radish

rábano *m* BOT radish; *me importa un ~* F I don't give a damn F

rabia *f* MED rabies *sg*; *dar ~ a alguien* make s.o. mad; *¡qué ~!* how annoying!; *tener ~ a alguien* have it in for s.o.

rabiar ⟨1b⟩ *v/i* 1: *~ de dolor* be in agony; *hacer ~ a alguien fig* F jerk s.o.'s chain F, pull s.o.'s leg F; *~ por* be dying for 2 F: *aplaudir a ~* applaud like crazy F; *me gusta a ~* I'm crazy about him F

rabieta *f* tantrum

rabillo *m* 1 BOT stalk 2: *~ del ojo* corner

of one's eye; *mirar con el ~ del ojo* look out of the corner of one's eye

rabino *m* rabbi

rabioso *adj* 1 MED rabid 2 *fig* F furious; *de -a actualidad* highly topical

rabo *m* tail; *irse o salir con el ~ entre las piernas* F leave with one's tail between one's legs; *queda el ~ por desollar fig* F the worst is yet to come

rabón *adj* L.Am. animal short-tailed

rabona *f Rpl* F: *hacerse la ~* play hooky F, play truant

rabudo *adj* 1 F (*engreído*) bigheaded 2 *animal* long-tailed

racanear ⟨1a⟩ *v/i* F be a tightwad F *o* skinflint F

racanería *f* stinginess

rácano I *adj* F stingy F, mean **II** *m*, **-a** *f* tightwad F, skinflint F

RACE *m abr* (= *Real Automóvil Club de España*) Royal Spanish Automobile Club

racha *f* spell; *buena / mala ~* F good / bad spell

racheado *adj* gusty

racial *adj* racial; *odio ~* racial hatred

racimo *m* bunch

raciocinio *m* reason

ración *f* **1** *de problemas, culpa etc* share **2** (*porción*) serving, portion

racional *adj* rational

racionalidad *f* rationality

racionalismo *m* rationalism

racionalista I *adj* rationalistic **II** *m/f* rationalist

racionalización *f* rationalization

racionalizar ⟨1f⟩ *v/t* rationalize

racionamiento *m* rationing

racionar ⟨1a⟩ *v/t* ration

racismo *m* racism

racista *m/f & adj* racist

rada *f* MAR roadstead

radar *m* radar; *control por ~* radar control; *de tráfico* radar check

radarista *m/f* radar operator

radiación *f* radiation; *de baja ~* low-radiation

◇ **radiación solar** solar radiation

radiactividad *f* radioactivity

radiactivo *adj* radioactive

radiador *m* radiator

radial *adj* radial

radiante *adj* radiant

radiar ⟨1b⟩ *v/t* radiate

radicación *f* **1** *de costumbre, vicio etc* roots *pl* **2** MAT extraction

radical I *adj* radical **II** *m/f persona* radical **III** *m* GRAM, MAT root

radicalismo *m* radicalism

radicalizar ⟨1f⟩ *v/t* radicalize

radicar ⟨1g⟩ *v/i* stem (*en* from), lie (*en* in); **radicarse** *v/r* settle

radiestesista *m/f* water dowser

radio I *m* **1** MAT radius; *en un ~ de* within a radius of **2** QUÍM radium **3** *L.Am.* radio **II** *f* radio

◇ **radio de acción** range; **radio despertador** clock radio; **radio de giro** AUTO lock, turning circle

radioaficionado *m*, **-a** *f* radio ham

radiobaliza *f* MAR, AVIA radio beacon

radiocasete *m* radio cassette player

radiocomunicación *f* radio communication

radiodespertador *m* radioalarm

radiodiagnóstico *m* X-ray diagnosis

radiodifusión *f* broadcasting

radioescucha *m/f* listener

radiofaro *m* MAR, AVIA radio beacon

radiofonía *f* radio

radiofónico *adj* radio *atr*

radiografía *f* X-ray

radiografiar ⟨1c⟩ *v/t* X-ray

radiología *f* radiology

radiológico *adj* radiological

radiólogo *m*, **-a** *f* radiologist

radiomensaje *m* radio message

radiopatrulla *f* radio patrol car

radioscopia *f* MED X-ray

radiosonda *f* radiosonde

radiotaxi *m* radio taxi

radiotecnia *f* radio technology

radiotécnico *m*, **-a** *f* radio technician

radiotelefonía *f* radio telephony

radioteléfono *m* radio telephone

radiotelegrafía *f* radio telegraphy

radiotelegrafista *m/f* radio operator

radiotelevisado *adj* broadcast

radioterapia *f* radiotherapy

radiotransmisor *m* radio transmitter

radioyente *m/f* listener

radón *m* radon

RAE *f abr* (= *Real Academia Española*) Royal Spanish Academy

raedera *f utensilio* scraper

raedura *f* scraping

raer ⟨2z⟩ *v/t* scrape

ráfaga *f de viento* gust; *de balas* burst; *~ de luz* blaze of light

rafia *f* raffia

rafting *m* rafting

ragú *m* GASTR ragout

raído *adj* threadbare

raigambre *m* BOT, *fig* roots *pl*; *de honda ~ fig* deep-rooted

rail, raíl *m* rail

raíz *f* **1** root; *echar raíces de persona* put down roots; *de costumbre* take root; *arrancar de ~* pull up by the root; *cortar algo de ~ fig* nip sth in the bud; *a ~ de* as a result of **2** MAT: *~ cuadrada / cúbica* square / cube root

raja f **1** (*rodaja*) slice **2** (*corte*) cut **3** (*grieta*) crack

rajar ⟨1a⟩ I v/t **1** *fruta* cut, slice **2** *cerámica* crack **3** *neumático* slash II v/i F gossip; **rajarse** v/r *fig* F back out F

rajadura f crack

rajatabla: *a* ~ strictly, to the letter

ralea f *desp*: *de la misma* ~ as bad as each other

ralentí m: *al* ~ AUTO idling; FOT in slow motion

ralentizar ⟨1f⟩ v/t slow down

rallador m grater

rallar ⟨1a⟩ v/t GASTR grate

ralladura f: ~ *de limón* grated lemon rind

rally(e) m rally

rama f **1** branch; *andarse por las* ~s beat about the bush; *canela en* ~ stick cinnamon **2** POL wing

ramaje m branches pl

ramal m branch

ramalazo m fit

rambla f **1** promenade, boulevard **2** *de río* dry riverbed

ramera f whore, prostitute

ramificación f ramification

ramificarse ⟨1g⟩ v/r branch out

ramillete m bunch

ramo m **1** COM sector **2**: ~ *de flores* bunch of flowers

ramoso adj with a lot of branches

rampa f ramp

◇ **rampa de lanzamiento** launch pad

ramplón adj vulgar

ramplonería f vulgarity

rana f ZO frog; *salir* ~ F be a let-down; *cuando la(s)* ~*(s) críe(n) pelo fig* not in a month of Sundays

ranchera f typical Mexican song

ranchero I adj **1**: *canción* -*a* romantic ballad; *música* -*a* music of northern Mexico **2** Méx F (*tímido*) shy II m, -a f L.Am. rancher

rancho m **1** Méx small farm **2** L.Am. (*barrio de chabolas*) shanty town **3**: *hacer* ~ *aparte fig* keep o.s. to o.s.

rancio adj rancid; *fig* ancient

rango m rank; *de alto* ~ high-ranking

ranking m ranking

ranúnculo m BOT buttercup

ranura f slot

rapaces fpl ZO birds of prey, raptors

rapapolvo m F telling-off F; *echar un* ~

a alguien tell s.o. off

rapar ⟨1a⟩ v/t *pelo* crop

rapaz I adj predatory; *ave* ~ bird of prey II m, -*a* f F kid F

rape m *pescado* anglerfish; *al* ~ *pelo* cropped

rapé m snuff

rapel m DEP rappel; *descender a o en* ~ rappel down

rapidez f speed, rapidity

rápido I adj quick, fast II m rapids pl

rapiña f pillage; *ave de* ~ bird of prey

raposa f ZO vixen

rappel m ☞ **rapel**

rapsodia f rhapsody

raptar ⟨1a⟩ v/t kidnap

rapto m kidnap

raptor m, -*a* f kidnapper

raqueta f **1** DEP racket **2** *de nieve* snowshoe

raquis m ANAT rachis, spine

raquítico adj *fig* rickety

raquitismo m MED rickets sg

raramente adv seldom, rarely

rareza f rarity

raro adj **1** rare **2** (*extraño*) strange; *¡qué* ~*!* how strange!

ras m: *a* ~ *de tierra* at ground level; *a* ~ *de* level with

rasante adj *vuelo* low; *cambio de* ~ brow of a hill

rasca f L.Am. *pegarse una* ~ F get plastered F

rascacielos m inv skyscraper

rascado adj L.Am. F plastered F

rascar ⟨1g⟩ v/t scratch; *superficie* scrape, scratch; ~ *el chelo* scrape away at the cello; **rascarse** v/r **1** scratch o.s. **2** L.Am. (*emborracharse*) get drunk

rasero m: *medir por el mismo* ~ treat equally

rasgado adj *boca* wide; *ojos* ~*s* almond-shaped eyes

rasgar ⟨1h⟩ v/t tear (up); **rasgarse** v/r scratch o.s.

rasgo m feature; *a grandes* ~*s* broadly speaking

rasgón m rip, tear

rasguear ⟨1a⟩ v/t *guitarra* strum

rasguñar ⟨1a⟩ v/t scratch

rasguño m scratch

raso I adj flat, level; *soldado* ~ private II m **1** *material* satin **2**: *al* ~ in the open air

raspa f **1** *de pescado* (fish)bone **2** L.Am.

(*reprimanda*) telling-off

raspado *m* **1** *Méx* water ice **2** MED D and C

raspadura *f* scrape; **~ de limón** grated lemon rind

raspar ⟨1a⟩ **I** *v/t* **1** *tb* MED scrape **2** *con lija* sand **II** *v/i* be scratchy

raspón, rasponazo *m* scratch, graze

rasposo *adj tejido* rough, scratchy

rasqueta *f* scraper

rastra *f*: **entrar a ~s** drag o.s. in, crawl in; **llevar a ~s** drag, drag along; **sacar a alguien a ~s** drag s.o. out

rastreador *adj*: **perro ~** tracker dog

rastrear ⟨1a⟩ **I** *v/t* **1** *persona* track **2** *bosque, zona* comb **II** *v/i* rake

rastrero *adj* mean, low; **planta -a** creeper

rastrillo *m* **1** *para jardín* rake **2** (*mercadillo*) flea market **3** *Méx: para rasurarse* razor

rastro *m* **1** street market **2** (*huella*) trace; **desaparecer sin dejar ~** vanish without trace; **seguir el ~ a alguien** follow s.o.'s trail

rastrojo *m* stubble

rasurado *m* *L.Am.* shave

rasurar ⟨1a⟩ *v/t L.Am.* shave; **rasurarse** *v/r* shave

rata I *f* ZO rat; **más pobre que las ~s** *o* **una ~** poor as a church mouse **II** *m/f* F rat F

ratear ⟨1a⟩ *v/t* F swipe, *Br tb* pinch F

ratero *m*, **-a** *f* petty thief

raticida *m* rat poison

ratificación *f* ratification

ratificar ⟨1g⟩ *v/t* POL ratify; **ratificarse** *v/r*: **~ en** reaffirm

rato *m* **1** time, while; **~s libres** spare time *sg*; **al poco ~** after a short time *o* while; **todo el ~** all the time; **a ~s** at times, from time to time; **a ~s perdidos** now and again; **a cada ~** always; **un buen ~** a good while, a pretty long time; **pasar el ~** pass the time; **he pasado un buen / mal ~** I've had a great / an awful time; **¡hasta otro ~!** see you later!

2 (*mucho*): **hay para ~** there is a lot to do; **saber un ~ largo de algo** know a lot about sth

ratón *m* ZO, INFOR mouse

◇ **ratón de biblioteca** *fig* F bookworm

ratonera *f* mouse trap; *fig* trap

raudal *m*: **tienen dinero a ~es** they've got loads of money F

raudo *adj* swift

raya *f* **1** line; **a** *o* **de ~s** striped; **pasarse de la ~** overstep the mark, go too far; **mantener** *o* **tener a ~** keep under control; **poner raya** *o* **make s.o. toe the line; **tres en ~** tic-tac-toe, *Br* noughts and crosses **2** GRAM dash **3** ZO ray **4** *de pelo* part, *Br* parting **5** *de pantalón* crease **6** *de droga* line

◇ **raya diplomática** pin stripe

rayado *adj disco, superficie* scratched

rayano *adj* bordering (**en** on)

rayar ⟨1a⟩ **I** *v/t* **1** *coche* scratch **2** (*tachar*) cross out **3** *Méx cobrar*: **~ a alguien** pay s.o. **II** *v/i* **1** border (**en** on), verge (**en** on) **2** *Méx cobrar* get paid; **rayarse** *v/r* get scratched

rayo *m* **1** FÍS ray; **~ de luz** *de sol* ray of sunlight, sunbeam **2** METEO (bolt of) lightning; **como un ~** *fig* like a streak of lightning; **echar ~s** F fume, be furious; **oler a ~s** F smell terrible, stink to high heaven

◇ **rayo láser** laser beam; **rayos ultravioleta** ultraviolet rays; **rayos X** X-rays

rayón *m* rayon

rayuela *f juego de niños* hopscotch

raza *f* **1** *humana* race **2** *de animal* breed; **de ~** pedigree *atr* **3** *Méx* F *gente* gang F

razón *f* **1** reason; **sin ~** for no reason; **~ de más** all the more reason; **con mucha ~** with good reason **2**: **tener ~** be right; **dar la ~ a alguien** admit that s.o. is right **3** (*sentido común*): **entrar en ~** see sense; **hacer entrar a alguien en ~** make s.o. see sense; **perder la ~** lose one's mind **4** (*causa*): **en ~ a** *o* **de** because of; **por razones de edad** on the grounds of age **5**: **a ~ de** *precio* at

◇ **razón de ser** raison d'être

◇ **razón social** registered name

razonable *adj precio* reasonable

razonado *adj* reasoned

razonamiento *m* reasoning

razonar ⟨1a⟩ **I** *v/i* reason **II** *v/t* think, reason

RDSI *abr* (= **Red Digital de Servicios Integrados**) ISDN (= Integrated Services Digital Network)

reabierto *part* ☞ **reabrir**

reabrir ⟨3a; *part* **reabierto**⟩ *v/t tb* JUR

caso, sesión etc reopen
reacción *f* reaction (**a** to); **avión a ~** jet (aircraft)
◇ **reacción en cadena** chain reaction
reaccionar ⟨1a⟩ *v/i* react (**a** to)
reaccionario I *adj* reactionary **II** *m*, -a *f* reactionary
reacio *adj* reluctant (**a** to)
reactivación *f* COM revival, upturn
reactivar ⟨1a⟩ *v/t* COM revive
reactivo I *adj* reactive **II** *m* QUÍM reactant, reagent
reactor *m* 1 reactor 2 *motor* jet engine
◇ **reactor nuclear** nuclear reactor
readaptar ⟨1a⟩ *v/t* retrain; **readaptarse** *v/r* readapt, readjust
readmisión *f* readmission
readmitir ⟨3a⟩ *v/t* readmit
reafirmar ⟨1a⟩ *v/t* reaffirm; **reafirmarse** *v/r:* **~ en idea** reassert
reagrupación *f*, **reagrupamiento** *m* regrouping; **~ familiar** *tras guerra, exilio etc* family reunion
reagrupar ⟨1a⟩ *v/t* regroup
reajustar ⟨1a⟩ *v/t* readjust
reajuste *m* readjustment
◇ **reajuste ministerial** POL cabinet reshuffle
real I *adj* 1 (*regio*) royal 2 (*verdadero*) real **II** *m fig:* (**a**)**sentar sus -es** set up camp
realce *m:* **dar ~ a algo** highlight sth
realeza *f* royalty
realidad *f* reality; **en ~** in fact, in reality
◇ **realidad virtual** virtual reality
realismo *m* realism
realista I *adj* realistic **II** *m/f* realist
realimentación *f* ☞ **retroalimentación**
realización *f* 1 *personal, de sueños* fulfillment, *Br* fulfilment 2 RAD, TV production
realizador *m*, **~a** *f* *de película* director; RAD, TV producer
realizar ⟨1f⟩ *v/t* 1 *tarea* carry out 2 RAD, TV produce 3 COM realize; **realizarse** *v/r de persona* fulfill o.s., *Br* fulfil o.s.
realmente *adv* really
realojamiento *m* rehousing
realojar ⟨1a⟩ *v/t* rehouse
realojo *m* rehousing
realquilado I *adj* sublet **II** *m* sublessee; **ser un ~** be subletting
realquilar ⟨1a⟩ *v/t* sublet
realzar ⟨1f⟩ *v/t* highlight

reanimación *f* revival
reanimar ⟨1a⟩ *v/t* revive; **reanimarse** *v/r* revive
reanudación *f* resumption
reanudar ⟨1a⟩ *v/t* resume
reaparecer ⟨2d⟩ *v/i* reappear
reaparición *f* reappearance
reapertura *f* reopening
rearme *m* rearming
reasegurar ⟨1a⟩ *v/t* reinsure
reaseguro *m* reinsurance
reasumir ⟨3a⟩ *v/t* reassume
reavivar ⟨1a⟩ *v/t* revive; **reavivarse** *v/r* be revived
rebaja *f* reduction; **~s de verano** / **invierno** summer / winter sale
rebajar ⟨1a⟩ *v/t precio* lower, reduce; *mercancías* reduce; *Rpl: peso* lose; **rebajarse** *v/r* 1 lower o.s., humble o.s. 2 *Rpl: adelgazar* lose weight; **~ mucho** lose a lot of weight
rebajamiento *m:* **vaya ~ por su parte** she has sunk pretty low
rebanada *f* slice
rebanar ⟨1a⟩ *v/t* slice
rebañar ⟨1a⟩ *v/t:* **~ algo** wipe sth clean
rebaño *m* flock
rebasar ⟨1a⟩ *v/t* 1 *Méx* AUTO pass, *Br* overtake 2 *límite* go beyond
rebatible *adj* refutable
rebatir ⟨3a⟩ *v/t razones* rebut, refute
rebato *m:* **tocar a ~** sound the alarm
rebeca *f* cardigan
rebeco *m* ZO chamois
rebelarse ⟨1a⟩ *v/r* rebel
rebelde I *adj* rebel *atr* **II** *m/f* rebel
rebeldía *f* rebelliousness; **en ~** JUR in absentia
rebelión *f* rebellion
reblandecer ⟨2d⟩ *v/t* soften; **reblandecerse** *v/r* go soft, soften
reblandecimiento *m* softening
rebobinar ⟨1a⟩ *v/t* rewind
rebosante *adj vaso, plato* overflowing, brimming; *fig* brimming
rebosar ⟨1a⟩ *v/i* overflow; (*lleno*) **a ~** full to the brim *o* to overflowing
rebotar ⟨1a⟩ **I** *v/t* 1 *pelota* bounce 2 (*disgustar*) annoy **II** *v/i* bounce, rebound
rebote *m* bounce; *contra poste etc* rebound; **de ~** on the rebound; **~ defensivo** / **ofensivo** *en baloncesto* defensive / offensive rebound
reboteador *m*, **~a** *f en baloncesto* re-

bounder

rebozar ⟨1f⟩ *v/t* GASTR coat

rebrotar ⟨1a⟩ *v/i* BOT produce new shoots; *fig* begin again

rebrote *m* BOT new shoot, *fig* new outbreak

rebujo *m* ball, mass

rebullicio *m* hubbub

rebullir ⟨3h⟩ *v/i* move; **rebullirse** *v/r* stir, move

rebuscado *adj* over-elaborate

rebuscamiento *m del lenguaje, concepto etc* overelaborate nature

rebuscar ⟨1g⟩ *v/t* AGR glean; *fig* search for

rebuznar ⟨1a⟩ *v/i* bray

rebuzno *m* bray, braying

recabar ⟨1a⟩ *v/t* gather, obtain

recadero *m*, -a *f* messenger

recado *m* **1** (*mensaje*) message; **chico de los ~s** errand boy; **dejar un ~** leave a message; **dar un ~ a alguien** give s.o. a message; **hacer un ~** run an errand **2** *Rpl* (*arnés*) harness

recaer ⟨2o⟩ *v/i* **1** *fig: de responsabilidad* fall (**en** to) **2** MED have *o* suffer a relapse **3** JUR reoffend

recaída *f* MED relapse

recalar ⟨1a⟩ *v/i* MAR put in (**en** at), call (**en** at)

recalcar ⟨1g⟩ *v/t* stress, emphasize

recalcitrante *adj* recalcitrant

recalentamiento *m* overheating

recalentar ⟨1k⟩ *v/t comida* warm *o* heat up; **recalentarse** *v/r* overheat

recámara *f* **1** *de arma de fuego* chamber **2** *L.Am.* (*dormitorio*) bedroom

recambio *m* COM spare part; **de ~** spare; **pieza de ~** spare part

recapacitar ⟨1a⟩ *v/t* think over, reflect on

recapitular ⟨1a⟩ *v/t* recap

recargable *adj* rechargeable

recargado *adj* **1** *cuadro* overelaborate; *habitación* overfurnished **2** *texto* verbose

recargar ⟨1h⟩ *v/t* **1** *batería* recharge; *recipiente* refill **2**: **~ un 5%** charge 5% extra, add on 5%

recargo *m* surcharge

recatado *adj* **1** modest **2** (*cauto*) cautious

recato *m* **1** modesty **2** (*prudencia*) caution

recauchutado *m* retread

recauchutar ⟨1a⟩ *v/t neumáticos* retread

recaudación *f* **1** *acción* collection **2** *cantidad* takings *pl*; **la ~ del día** the day's takings

recaudador *m*, ~a *f* collector

recaudar ⟨1a⟩ *v/t dinero* collect

recaudo *m*: **poner a buen ~** put in a safe place

recelar ⟨1a⟩ *v/t* suspect; **~ de alguien** not trust s.o.

recelo *m* mistrust; **con ~** suspiciously, warily

receloso *adj* suspicious

recensión *f* review

recepción *f* **1** *en hotel* reception **2** *en béisbol* catch

recepcionista *m/f* receptionist

receptáculo *m* receptacle

receptividad *f* receptivity

receptivo *adj* receptive

receptor I *m* RAD,TV receiver **II** *m*, ~a *f en béisbol* catcher

recesión *f* recession

receta *f* **1** GASTR recipe **2** MED prescription; **sin ~** without a prescription

recetar ⟨1a⟩ *v/t* MED prescribe

recetario *m* recipe book

rechace *m en fútbol* clearance

rechazar ⟨1f⟩ *v/t* reject; MIL repel

rechazo *m* rejection

rechifla *f* jeering, jeers *pl*

rechiflar ⟨1a⟩ *v/t* jeer; **rechiflarse** *v/r*: **~ (de alguien**) jeer (s.o.)

rechinar ⟨1a⟩ **I** *v/i* creak, squeak **II** *v/t*: **~ los dientes** grind one's teeth

rechistar ⟨1a⟩ *v/i* protest; **sin ~** F without a murmur, without complaining

rechoncho *adj* F dumpy F

rechupete: **de ~** F delicious

recibidor *m* entrance hall

recibimiento *m* reception

recibir ⟨3a⟩ *v/t* receive; **recibirse** *v/r* L.Am. graduate

recibo *m* (sales) receipt; **ser de ~** be acceptable

reciclable *adj* recyclable

reciclado I *part* ☞ **reciclar II** *m* ☞ **reciclaje**

reciclaje *m* recycling; **curso de ~ profesional** retraining course

reciclar ⟨1a⟩ *v/t tb concepto* recycle; **reciclarse** *v/r* retrain

recién *adv* **1** newly; ~ **casados** newly-weds; ~ **nacido** newborn; ~ **pintado** wet paint **2** *L.Am.* (*hace poco*) recently, just; ~ **llegamos** we only just arrived

reciente *adj* recent; **de ~ publicación** recently published

recientemente *adv* recently

recinto *m* **1** premises *pl* **2** *área* grounds *pl*

recio I *adj* sturdy, tough **II** *adv Méx*: **hablar** ~ speak loudly, shout; **no me hables** ~ don't shout at me

recipiente *m* container

reciprocidad *f* reciprocity

recíproco *adj* reciprocal; **y a la -a** and vice-versa

recitado *m* MÚS recital

recital *m* MÚS recital; *poético* poetry reading

recitar ⟨1a⟩ *v/t* recite

reclamación *f* **1** COM complaint **2** POL claim, demand

reclamar ⟨1a⟩ **I** *v/t* claim, demand **II** *v/i* complain

reclame *m L.Am.* advertisement

reclamo *m* **1** lure **2** *L.Am. queja* complaint **3** *L.Am. reivindicación* claim

reclinable *adj*: **asiento** ~ reclining seat

reclinar ⟨1a⟩ *v/t* rest; **reclinarse** *v/r* lean, recline (**contra** against)

recluir ⟨3g⟩ *v/t* imprison, confine; **recluirse** *v/r* become a recluse

reclusión *f* JUR imprisonment, confinement

◇ **reclusión perpetua** life imprisonment

recluso I *adj* reclusive; **población -a** prison population **II** *m*, **-a** *f* prisoner

recluta *m/f* recruit

reclutamiento *m* MIL recruitment

reclutar ⟨1a⟩ *v/t tb* COM recruit

recobrar ⟨1a⟩ *v/t* recover; ~ **el conocimiento** regain consciousness, come around; ~ **las fuerzas** get one's strength back; **recobrarse** *v/r* recover (**de** from)

recodo *m* bend

recogedor *m* dustpan

recogepelotas *m/f inv* ball boy; *niña* ball girl

recoger ⟨2c⟩ *v/t* **1** pick up, collect; ~ **firmas** collect signatures; ~ **las cartas** collect one's mail **2** *habitación* tidy up; ~ **la mesa** clear the table **3** AGR harvest **4** (*mostrar*) show **5**: ~ **las piernas** lift up one's legs; **recogerse** *v/r* go home

recogida *f* **1** collection **2** AGR harvest

◇ **recogida de basuras** garbage collection, *Br* refuse collection

◇ **recogida de equipajes** AVIA baggage (re)claim

recogido *adj* **1** *habitación* tidy, neat **2** *modo de vida* quiet

recogimiento *m* meditation

recolección *f* harvest

recolectar ⟨1a⟩ *v/t* AGR harvest, bring in

recomendable *adj* recommendable

recomendación *f* recommendation; **por ~ de** on the recommendation of

recomendar ⟨1k⟩ *v/t* recommend

recomenzar ⟨1f & 1k⟩ *v/t* start again, begin again

recomerse *vb* ☞ **reconcomerse**

recompensa *f* reward

recompensar ⟨1a⟩ *v/t* reward

recomponer ⟨2r; *part* **recompuesto**⟩ *v/t* repair, mend

recompostura *f Am* repair

recompra *f* COM buyback, repurchase

recompuesto *part* ☞ **recomponer**

reconciliación *f* reconciliation

reconciliar ⟨1b⟩ *v/t* reconcile; **reconciliarse** *v/r* make up (**con** with), be reconciled (**con** with)

reconcomerse ⟨2a⟩ *v/r* be consumed; ~ **de envidia** be consumed by envy

recóndito *adj* remote

reconfortante *adj* comforting

reconfortar ⟨1a⟩ *v/t* comfort

reconocer ⟨2d⟩ *v/t* **1** recognize **2** *error* admit, acknowledge **3** *área* reconnoiter, *Br* reconnoitre **4** MED examine

reconocido *adj* grateful, obliged; **te quedo muy ~ por ...** *fml* I am very grateful to you for...

reconocimiento *m* **1** recognition; **en ~ a** (*agradecimiento*) in recognition of **2** *de error* acknowledg(e)ment **3** MED examination, check-up **4** MIL reconnaissance

reconquista *f* reconquest

reconquistar ⟨1a⟩ *v/t* reconquer

reconsiderar ⟨1a⟩ *v/t* reconsider

reconstituir ⟨3g⟩ *v/t escena* reconstruct

reconstituyente *m* tonic

reconstrucción f reconstruction
reconstruir ⟨3g⟩ v/t fig reconstruct
reconvenir ⟨3s⟩ v/i JUR counterclaim
reconversión f COM restructuring
reconvertir ⟨3i⟩ v/t restructure
recopilación f compilation
recopilar ⟨1a⟩ v/t compile
récord I adj record(-breaking); **en un tiempo** ~ in record time II m record; ~ **de taquilla** box office record
recordar ⟨1m⟩ I v/t remember, recall; ~ **algo a alguien** remind s.o. of sth II v/i 1: **si mal no recuerdo** if my memory serves me right 2 Méx wake up; **recordarse** v/r Arg, Méx wake up
recordatorio m reminder
recorrer ⟨2a⟩ v/t 1 distancia cover, do; a pie walk; territorio, país go around, travel around; camino go along, travel along 2: ~ **algo con la vista** look sth over, run one's eyes over sth
recorrido m 1 route; **tren de largo** ~ long-distance train 2 DEP round
recortable I adj cut-out-and-keep II m cutout
recortar ⟨1a⟩ v/t cut out; fig cut; exceso reduce, cut back on
recorte m fig cutback; ~ **de periódico** cutting, clipping; ~ **salarial** salary cut; ~ **de personal** reduction in personnel, personnel cutback; ~**s sociales** pl cutbacks in public services
recostar ⟨1m⟩ v/t lean
recostarse ⟨1m⟩ v/r lie down
recoveco m 1 en casa, jardín nook, cranny 2 en camino bend
recreación f recreation
recrear ⟨1a⟩ v/t recreate; **recrearse** v/r amuse o.s.
recreativo adj recreational; **juegos** ~**s** amusements; **máquina** -**a** slot machine; **salón** ~ arcade, Br amusement arcade
recreo m 1 (distracción) recreation 2 EDU recess, Br break
recriminación f recrimination, reproach
recriminar ⟨1a⟩ v/t reproach
recrudecer ⟨2d⟩ v/t worsen; **recrudecerse** v/r intensify
recrudecimiento m worsening, intensification
recta f DEP straight; ~ **final** tb fig home straight
rectal adj MED rectal

rectangular adj rectangular
rectángulo m rectangle; **triángulo** ~ right-angled triangle
rectificación f 1 correction, rectification 2 en baloncesto double pump
rectificar ⟨1g⟩ v/t 1 error correct, rectify 2 camino straighten
rectilíneo adj rectilinear
rectitud f rectitude, probity
recto I adj 1 straight; **ángulo** ~ right angle 2 (honesto) honest II m ANAT rectum III adv: **seguir todo** ~ go straight ahead
rector m rector, Br vice-chancellor
rectorado m rector's office, Br vice-chancellor's office
rectoscopia f MED proctoscopy
recuadro m TIP inset, box
recubierto part ☞ **recubrir**
recubrimiento m covering
recubrir ⟨3a; part **recubierto**⟩ v/t cover (de with)
recuento m count; ~ **de votos** count; **hacer el** ~ **de algo** count sth
recuerdo m 1 memory, recollection; **en** ~ **de** in memory of 2: **da** ~**s a Luís** give Luís my regards; **mandar** ~**s a alguien** send s.o. one's regards
recular ⟨1a⟩ v/i back up
recuperable adj recoverable
recuperación f 1 tb fig recovery 2 en baloncesto steal
recuperar ⟨1a⟩ v/t 1 tiempo make up 2 algo perdido recover, get back 3 examen retake, Br re-sit 4 en baloncesto steal; **recuperarse** v/r recover (de from)
recurrente adj recurring, recurrent
recurrir ⟨3a⟩ I v/t JUR appeal against II v/i: ~ **a** resort to, turn to
recurso m 1 JUR appeal; ~ **de apelación** appeal 2 material resource; **sin** ~**s** with no means of support
◇ **recursos económicos** financial resources; **recursos energéticos** energy resources; **recursos humanos** human resources; **recursos naturales** natural resources
red f 1 para pescar, DEP etc net; **echar la** ~ cast the net; **caer en las** ~**es de** fig fall into the clutches of 2 INFOR, fig network; **la** ~ INFOR the Web; ~ **de transportes / comunicaciones** transportation / communications network

◇ **red de arrastre** *en pesca* trawl net; **red barredera** trawl net; **red de carreteras** road network; **Red Digital de Servicios Integrados** Integrated Services Digital Network; **red de distribución** distribution network; **red de espionaje** spy ring; **red fija** TELEC land line network; **red ferroviaria** railroad *o Br* railway network; **red telefónica** telephone network; **red de telefonía móvil** cell phone *o Br* mobile phone network; **red vial, red viaria** road network

redacción *f* *acto* writing **2** *de editorial* editorial department **3** EDU essay

redactar ⟨1a⟩ *v/t* write, compose

redactor *m*, **~a** *f* editor; **~ jefe** editor in chief; **~ publicitario** copy-writer

redada *f* raid

redaño *m* ANAT mesentery; **tener~s** *fig* F have guts F

redecilla *f* hairnet

rededor *m*: **al** *o* **en ~** around; **al ~ de la plaza** around the square

redención *f* redemption

redentor *m*, **~a** *f* COM redeemer; **el Redentor** REL the Savior, *Br* the Saviour

redil *m* fold, enclosure; **volver al ~** *fig* return to the fold

redimir ⟨3a⟩ *v/t* redeem

redistribución *f* redistribution

redistribuir ⟨3g⟩ *v/t* redistribute

rédito *m* return, yield

redoblar ⟨1a⟩ *v/t* redouble; **redoblarse** *v/r* double

redoble *m* MÚS (drum)roll

redomado *adj* F total, out-and-out

redonda *f*: **a la ~** around, round about

redondear ⟨1a⟩ *v/t* **1** *para más* round up; *para menos* round down **2** *(rematar)* round off

redondel *m* ring

redondeo *m* rounding off

redondez *f* roundness

redondo *adj* **1** *forma* round **2** *negocio* excellent **3**: **caer ~** flop down; **en ~ girar** around

reducción *f* **1** reduction; **~ de empleo** job cuts *pl*; **~ de impuestos** tax cut; **~ de la jornada laboral** shortening of the working day; **~ de personal** *o* **plantilla** cutbacks *pl*, job cuts *pl* **2** MED setting

reducido *adj* *precio* reduced; *espacio* small, confined

reducir ⟨3o⟩ *v/t* **1** reduce (*a* to); *gastos* cut; **~ personal** cut jobs, reduce staff numbers; **~ la marcha** AUTO downshift, shift into a lower gear **2** MIL overcome; **reducirse** *v/r* come down (*a* to)

reducto *m* redoubt

reductor I *adj* reducing; **agente ~** reducing agent **II** *m*: **~ de velocidad** AUTO differential

redujo *vb* ☞ **reducir**

redundancia *f* LING tautology

redundante *adj* redundant, tautologous

redundar ⟨1a⟩ *v/i* have an impact (*en* on); **~ en beneficio de** be to the advantage of

reduplicar ⟨1g⟩ *v/t* reduplicate

reedición *f* TIP reprint

reedificación *f* rebuilding

reedificar ⟨1g⟩ *v/t* rebuild

reeditar ⟨1a⟩ *v/t* republish, reissue

reeducación *f* reeducation

reeducar ⟨1g⟩ *v/t* reeducate

reelección *f* reelection

reelegir ⟨3c & 3l⟩ *v/t* reelect

reembolsar ⟨1a⟩ *v/t* refund

reembolso *m* refund; **contra ~** collect on delivery, *Br* cash on delivery, COD

reemplazar ⟨1f⟩ *v/t* diseño, *máquina* replace; *persona* replace, stand in for; DEP substitute for; **~ a alguien con alguien** replace s.o. with s.o.

reemplazo I *m* **1** *acción* replacement **2** MIL recruit **II** *m/f persona* replacement, stand-in; DEP substitute

reencarnación *f* REL reincarnation

reencontrarse ⟨1m⟩ *v/r* meet again

reencuentro *m* reunion

reestrenar ⟨1a⟩ *v/t obra de teatro, película* re-release

reestreno *m* re-release

reestructuración *f* restructuring

reestructurar ⟨1a⟩ *v/t* restructure

reexpedir ⟨3l⟩ *v/t* forward

reexportación *f* reexport

reexportar ⟨1a⟩ *v/t* reexport

ref. *abr* (= **referencia**) reference, Ref.

refacción *f* L.Am. **1** *de edificio* refurbishment **2** AUTO spare part

refectorio *m* refectory

referencia *f* **1** reference; **hacer ~ a** refer to, make reference to; **con ~ a** with reference to **2**: **~s** *pl* COM references

referéndum *m* referendum

referente *adj*: **~ a** referring to, relating to

referí *m/f L.Am.* referee

referir ⟨3i⟩ *v/t* tell, relate; **referirse** *v/r* refer (**a** to)

refilón *m*: **mirar de ~** glance at

refinado I *adj tb fig* refined II *m* refining

refinamiento *m* refining

refinar ⟨1a⟩ *v/t* TÉC refine; **refinarse** *v/r* become more refined

refinería *f* TÉC refinery

reflectante *adj* reflecting, reflective

reflectar *vb* ☞ **reflejar**

reflector *m* 1 *en prenda, bicicleta* reflector 2 EL spotlight

reflejar ⟨1a⟩ *v/t tb fig* reflect; **reflejarse** *v/r* be reflected

reflejo I *adj* reflex *atr* II *m* 1 *acción, movimiento* reflex; **tener buenos ~s** have good reflexes 2 *imagen* reflection

reflexión *f* reflection, thought

reflexionar ⟨1a⟩ *v/t* reflect on, ponder

reflexivo *adj* GRAM reflexive

reflexología *f* reflexology

reflexoterapia *f* reflexology

reflotar ⟨1a⟩ *v/t* COM refloat

reflujo *m* ebb

reforestación *f* reforestation

reforestar ⟨1a⟩ *v/t* reforest

reforma *f* 1 reform; **~ educativa / tributaria** education / tax reform 2: **~s** *pl* (*obras*) refurbishment *sg*; (*reparaciones*) repairs

reformador I *adj* reform *atr* II *m*, **~a** *f* reformer

reformar ⟨1a⟩ *v/t* 1 *ley, organización* reform 2 (*reparar*) repair; *edificio* refurbish; **reformarse** *v/r* mend one's ways, reform

reformatorio *m* reform school, reformatory

reformismo *m* POL reformism

reformista I *adj* reformist, reform *atr* II *m/f* reformer

reforzamiento *m* reinforcement

reforzar ⟨1f & 1m⟩ *v/t estructura, idea* reinforce; *vigilancia* increase, step up; **reforzarse** *v/r* be reinforced

refracción *f* FÍS refraction

refractario *adj* TÉC heat-resistant, fireproof; *fig* **ser ~ a algo** be against sth

refrán *m* saying

refranero *m* book of sayings

refregar ⟨1h & 1k⟩ *v/t* scrub; **~ algo en**
las narices de alguien *fig* F rub s.o.'s nose in sth

refrenar ⟨1a⟩ *v/t* restrain, contain

refrendar ⟨1a⟩ *v/t* 1 *documento* countersign 2 *decisión* approve

refrendo *m* 1 *firma* countersignature 2 *aprobación* approval

refrescante *adj* refreshing

refrescar ⟨1g⟩ I *v/t* 1 *tb fig* refresh 2 *conocimientos* brush up II *v/i* cool down; **refrescarse** *v/r* cool down

refresco *m* soda, *Br* soft drink

refriega *f* MIL clash, skirmish

refrigeración *f* 1 *de alimentos* refrigeration 2 *aire acondicionado* air-conditioning 3 *de motor* cooling

refrigerador *m* refrigerator

refrigerante *m para motor* coolant; *para frigorífico* refrigerant

refrigerar ⟨1a⟩ *v/t* 1 *alimentos* refrigerate 2 *motor* cool

refrigerio *m* snack

refrito *m* 1 GASTR: **un ~ de pimiento y cebolla** fried peppers and onions 2 *fig* rehash

refuerzo *m* reinforcement; **~s** *pl* MIL reinforcements

refugiado *m*, **-a** *f* refugee

refugiarse ⟨1b⟩ *v/r* take refuge

refugio *m* refuge; **buscar ~** look for shelter, seek refuge

◊ **refugio antiaéreo** air-raid shelter

◊ **refugio atómico** nuclear fallout shelter

refulgente *adj* dazzling

refunfuñar ⟨1a⟩ *v/i* grumble

refunfuñón I *adj* grouchy, grumpy II *m*, **-ona** *f* grouch, grump

refutar ⟨1a⟩ *v/t* refute

regable *adj* irrigable; **zona ~** irrigated land

regadera *f* 1 *para plantas* watering can; **estar como una ~** F be nuts F 2 *Méx* (*ducha*) shower

regadío *m*: **tierra de ~** irrigated land

regalado *adj* very cheap; **a precio ~** at giveaway prices

regalar ⟨1a⟩ *v/t*: **~ algo a alguien** give sth to s.o., give s.o. sth; **~ el oído o los oídos con** delight one's ears with

regaliz *m* BOT licorice, *Br* liquorice

regalo *m* gift, present; **~ para los ojos** sight for sore eyes; **~ para los oídos** delight to the ear; **es un ~** it's dead cheap;

~ **publicitario** free gift

regañadientes: *a* ~ reluctantly

regañar ⟨1a⟩ I *v/t* tell off II *v/i* quarrel

regañina *f* F telling off

regaño *m* scolding, telling off

regar ⟨1h & 1k⟩ *v/t plantas* water; AGR irrigate; *fig (inundar)* flood; ~**la** *Méx* F put one's foot in it

regata *f* **1** DEP regatta **2** (*reguera*) irrigation channel *o* ditch

regate *m* DEP sidestep, *Br* dummy

regatear ⟨1a⟩ I *v/t* **1** COM haggle over; *no* ~ *esfuerzos* spare no effort **2** DEP sidestep, *Br* dummy II *v/i* DEP sidestep, *Br* dummy

regatista *m/f* competitor (*in a sailing or rowing race*)

regazo *m* lap

regencia *f* regency

regeneración *f* regeneration

regenerar ⟨1a⟩ *v/t* regenerate; **regenerarse** *v/r* **1** *de persona* reform **2** *de zona* be regenerated

regentar ⟨1a⟩ *v/t* **1** *negocio* run, manage **2** *cargo* hold

regente *m/f* **1** regent **2** *Méx*: *de ciudad* mayor

regicida *m/f* regicide

regicidio *m* regicide

regidor I *adj* governing, ruling II *m*, ~*a f* TEA stage manager

régimen *m* **1** POL regime **2** MED diet; *estar a* ~ be on a diet; *poner a* ~ put on a diet **3** (*programa*): *preso en* ~ *abierto* JUR prisoner in an open prison **4** (*normativa*): ~ *fiscal* tax regime

regimiento *m* MIL regiment

regio *adj* **1** regal, majestic **2** *S.Am.* F (*estupendo*) great F, fantastic F

región *f* region; ~ *lumbar* ANAT lumbar region

regional *adj* regional

regionalismo *m* regionalism

regionalista *m/f* regionalist

regir ⟨3l & 3c⟩ I *v/t* rule, govern II *v/i* apply, be in force; **regirse** *v/r* be guided (*por* by)

registrador *adj* measuring

registrar ⟨1a⟩ *v/t* **1** (*inscribir*) register **2** *casa* search; (*a mí*) *que me registren* F search me! F; **registrarse** *v/r* be recorded; *se registró un máximo de 45°C* a high of 45°C was recorded

registro *m* **1** (*archivo*) register **2** *de casa* search **3**: *tocar todos los* ~*s fig* F pull out all the stops F

◇ **registro civil** register of births, marriages and deaths; **registro domiciliario** house search; **registro mercantil** register of companies; **registro de la propiedad inmobiliaria** land registry

regla *f* **1** (*norma*) rule; *por* ~ *general* as a rule; ~*s del juego pl tb fig* rules of the game; *en* (*toda*) ~ in order **2** *para medir* ruler **3** MED period **4** MAT: *las cuatro* ~*s* addition, subtraction, multiplication and division

◇ **regla de cálculo** slide rule

◇ **regla de tres** MAT rule of three

reglaje *m* TÉC adjustment

reglamentación *f* regulations *pl*, rules *pl*

reglamentar ⟨1a⟩ *v/t* regulate

reglamentario *adj* regulation *atr*

reglamento *m* regulation

reglar ⟨1a⟩ *v/t* regulate

regleta *f* EL circuit board

regocijarse ⟨1a⟩ *v/r* rejoice (*de* at), take delight (*de* in)

regocijo *m* delight

regodearse ⟨1a⟩ *v/r* gloat (*con* over), delight (*en* in)

regoldar ⟨1m⟩ *v/i* F burp F

regordete *adj* F chubby

regresar ⟨1a⟩ I *v/i* return II *v/t Méx* return, give back; **regresarse** *v/r L.Am.* return

regresión *f* regression

regresivo *adj* regressive

regreso *m* return

regüeldo *m* F belch

reguero *m* trail; *como un* ~ *de pólvora fig* like wildfire

regulable *adj* adjustable; *asiento* ~ *en altura* adjustable-height seat

regulación *f* **1** regulation; ~ *de empleo ley* reduction in the workforce **2** *de temperatura* control; ~ *del tráfico* traffic control

regulador *m* TÉC regulator, control

regular[1] *adj* **1** *sin variar* regular **2** (*común*) ordinary **3** (*habitual*) regular, normal **4** (*no muy bien*) so-so

regular[2] ⟨1a⟩ *v/t* TÉC regulate; *temperatura* control, regulate

regularidad *f* regularity; *con* ~ regularly

regularización *f* regularization

regularizar ⟨1f⟩ v/t regularize; **regularizarse** v/r be regularized
regularmente adv regularly
regurgitar ⟨1a⟩ v/i regurgitate
regusto m aftertaste; **un ~ amargo** a bitter aftertaste
rehabilitación f **1** MED, fig rehabilitation **2** ARQUI restoration
rehabilitar ⟨1a⟩ v/t **1** MED, fig rehabilitate **2** ARQUI restore
rehacer ⟨2s; part rehecho⟩ v/t **1** película, ropa, cama remake **2** trabajo, ejercicio do over, do again **3** casa, vida rebuild; **rehacerse** v/r: **~ de** get over, overcome
rehago vb ☞ **rehacer**
rehecho part ☞ **rehacer**
rehén m hostage; **toma de rehenes** hostage taking
rehice vb ☞ **rehacer**
rehizo vb ☞ **rehacer**
rehogar ⟨1h⟩ v/t GASTR fry
rehuir ⟨3g⟩ v/t shy away from
rehusar ⟨1a⟩ v/t refuse, decline; **rehusarse** v/r: **~ a hacer algo** refuse to do sth
reimplantar ⟨1a⟩ v/t MED reimplant
reimpresión f reprinting
reimprimir ⟨3a⟩ v/t reprint
reina f tb en naipes queen
◇ **reina madre** queen mother
reinado m reign
reinante adj tb fig reigning
reinar ⟨1a⟩ v/i tb fig reign
reincidencia f JUR reoffending
reincidente I adj repeat II m/f repeat offender
reincidir ⟨3a⟩ v/i reoffend
reincorporación f return
reincorporar ⟨1a⟩ v/t reinstate, restore; **reincorporarse** v/r return (**a** to)
reineta f BOT pippin
reingresar ⟨1a⟩ v/i return
reiniciar ⟨1b⟩ v/t restart; INFOR reboot, restart
reinicio m restart; INFOR reboot, restart
reino m tb fig kingdom
◇ **reino animal** animal kingdom; **reino de los cielos** kingdom of heaven; **reino mineral** mineral kingdom; **Reino Unido** United Kingdom; **reino vegetal** vegetable kingdom
reinserción f: **~ social** social rehabilitation

reinsertar ⟨1a⟩ v/t rehabilitate
reinstaurar ⟨1a⟩ v/t bring back
reintegración f reinstatement; de dinero refund
reintegrar ⟨1a⟩ v/t reinstate; dinero refund (**a** to); **reintegrarse** v/r return (**a** to)
reintegro m (en lotería) prize in the form of a refund of the stake money
reinversión f reinvestment
reinvertir ⟨3i⟩ v/t reinvest
reír ⟨3m⟩ I v/i laugh; **hacer ~ a alguien** make s.o. laugh; **no me hagas ~** fig F don't make me laugh F; **quien ríe último, ríe mejor** he who laughs last laughs longest II v/t laugh at; **reírse** v/r laugh (**de** at)
reiteración f repetition, reiteration
reiteradamente adv repeatedly
reiterar ⟨1a⟩ v/t repeat, reiterate
reiterativo adj repetitive, reiterative
reivindicación f claim
reivindicar ⟨1g⟩ v/t claim; **~ un atentado** claim responsibility for an attack
reja f **1** AGR plowshare, Br ploughshare **2** (barrote) bar; **meter entre ~s** fig F put behind bars
rejilla f FERR luggage rack
rejón m lance
rejoneador m bullfighter mounted on horseback
rejuvenecer ⟨2d⟩ v/t rejuvenate
rejuvenecimiento m rejuvenation
relación f **1** relationship; **la ~ calidad-precio es muy buena** it's good value for money; **~ causa-efecto** cause and effect relationship; **mantener relaciones (amorosas) con alguien** have an affair with s.o. **2** (conexión) relation; **no guardar ~ con** bear no relation to; **con o en ~ a** with o in relation to
◇ **relación de pareja** relationship; **relaciones comerciales** trade relations; **relaciones diplomáticas** diplomatic relations; **relaciones públicas** pl public relations, PR sg; **relaciones sexuales** sexual relations
relacionado adj related (**con** to); **bien ~** well connected
relacionar ⟨1a⟩ v/t relate (**con** to), connect (**con** with); **relacionarse** v/r **1** be connected (**con** to), be related (**con** to) **2** (mezclarse) mix
relajación f relaxation

relajado *adj* relaxed

relajamiento *m* relaxation

relajante *adj* relaxing

relajar ⟨1a⟩ *v/t* relax; **relajarse** *v/r* relax

relajo *m* **1** *C.Am., Méx* uproar **2** (*relajación*) relaxation

relamer ⟨2a⟩ *v/t* lick; **relamerse** *v/r* lick one's lips

relamido *adj* F **1** (*persona*) smooth **2** (*adorno*) refined

relámpago *m* flash of lightning; *viaje ~* flying visit; *como un ~ fig* like lightning

relampaguear ⟨1a⟩ *v/i*: *relampagueó y tronó mucho* there was a lot of thunder and lightning

relampagueo *m* lightning

relanzar ⟨1f⟩ *v/t fig* relaunch

relatar ⟨1a⟩ *v/t* tell, relate

relatividad *f* relativity

relativizar ⟨1f⟩ *v/t* put in context

relativo *adj* relative; *~ a* regarding, about; *pronombre ~* GRAM relative pronoun

relato *m* short story

relax *m* relaxation

relé *m* EL relay

releer ⟨2e⟩ *v/t* reread

relegar ⟨1h⟩ *v/t* relegate

relevancia *f* relevance

relevante *adj* relevant

relevar ⟨1a⟩ *v/t* MIL relieve; *~ a alguien de algo* relieve s.o. of sth

relevista *m/f* DEP relay runner

relevo *m* MIL change; (*sustituto*) relief, replacement; *tomar el ~ de alguien* take over from s.o., relieve s.o.; *carrera de ~s* DEP relay (race)

relicario *m* shrine

relieve *m* relief; *alto / bajo ~* high / bas relief; *de ~ fig* important; *poner de ~* highlight; *dar ~ a* (*realzar*) highlight

religión *f* religion

religiosa *f* nun

religiosamente *adv* religiously

religiosidad *f* religiousness

religioso I *adj* religious **II** *m* monk

relinchar ⟨1a⟩ *v/i* neigh

relincho *m* neigh

reliquia *f* relic

rellamada *f*: *~* (*automática*) TELEC automatic redial

rellano *m* landing

rellenar ⟨1a⟩ *v/t* fill; GASTR *pollo, pimientos* stuff; *formulario* fill out, fill in

relleno I *adj* **1** GASTR *pollo, pimientos* stuffed; *pastel* filled **2** *fig* F *persona* plump F **II** *m tb en cojín* stuffing; *en pastel* filling

reloj *m* clock; *de pulsera* watch, wristwatch; *~ para fichar* time clock; *ser un ~* F be as regular as clockwork F; *ir o marchar como un ~* go *o* run like clockwork; *contra ~* against the clock; *carrera contra ~* DEP race against the clock

◇ *reloj de arena* hourglass; *reloj de bolsillo* pocket watch; *reloj de cuarzo* quartz watch; *reloj de pared* wall clock; *reloj de pie* grandfather clock; *reloj de sol* sundial

relojería *f* watchmaker's

relojero *m*, *-a f* watchmaker

reluciente *adj* sparkling, glittering

relucir ⟨3f⟩ *v/i* sparkle, glitter; *sacar a ~* F bring up; *salir a ~* F come out

reluctante *adj* reluctant

relumbrar ⟨1a⟩ *v/i* shine brightly

relumbrón *m*: *es un ~* it's flashy; *de ~* fake

remachar ⟨1a⟩ *v/t* **1** *mesa, silla* rivet **2** *instrucción, orden* repeat

remache *m* rivet

remador *m*, *~a f* rower

remanente *m* remainder, surplus

remangar ⟨1h⟩ *v/t* roll up

remanso *m* backwater; *~ de paz fig* haven of peace

remar ⟨1a⟩ *v/i* row

remarcar ⟨1g⟩ *v/t* stress, emphasize

rematado *adj*: *ser un loco ~* F be completely crazy

rematar ⟨1a⟩ **I** *v/t* **1** (*acabar del todo*) finish off **2** *L.Am.* COM auction **II** *v/i en fútbol* shoot; *~ de cabeza* head the ball; *~ a puerta* shoot at goal, take a shot at goal

remate *m* **1** *L.Am.* COM auction, sale **2** *en fútbol* shot; *~ de cabeza* header **3** (*fin*): *dar ~ a algo* finish sth off; *para ~ ...* to top it all off, ... **4** *para enfatizar*: *ser tonto de ~* be a complete idiot; *estar loco de ~* be completely crazy

remedar ⟨1a⟩ *v/t* mimic, ape

remediar ⟨1b⟩ *v/t daños* repair; *error* remedy; *no puedo ~lo* I can't do anything about it

remedio *m* remedy; *~ casero* homemade remedy; *sin ~* hopeless; *no tiene*

~ there's no solution; **no hay más ~ que ...** there's no alternative but to ...; **poner ~ a algo** remedy sth; **¡qué ~!** I have no choice

remedo *m* imitation, copy

rememoración *f* remembrance

rememorar ⟨1a⟩ *v/t* remember

remendar ⟨1k⟩ *v/t con parche* patch; (*zurcir*) darn

remera *f Rpl* T-shirt

remero *m* rower, oarsman

remesa *f* **1** (*envío*) shipment, consignment **2** *L.Am. dinero* remittance

remezón *m L.Am.* earth tremor

remiendo *m* (*parche*) patch; (*zurcido*) darn; **hacer** *o* **echar un ~ a algo** patch sth

remilgado *adj* fussy, finicky

remilgo *m*: **tener** *o* **hacer ~s** *pl* be fussy

reminiscencia *f* reminiscence

remisión *f* **1** REL, JUR, MED remission **2** *en texto* reference

remiso *adj* reluctant (**a** to)

remite *m en carta* return address

remitente *m/f* sender

remitir ⟨3a⟩ **I** *v/t* **1** (*enviar*) send, ship **2** *en texto* refer (**a** to) **II** *v/i* **1** MED go into remission **2** *de crisis* ease (off); **remitirse** *v/r* refer (**a** to)

remo *m pala* oar; *deporte* rowing; **meter el ~** *fig* F put one's foot in it

remodelación *f de casa, edificio* remodeling

◇ **remodelación ministerial** cabinet reorganization *o Br* reshuffle

remodelar ⟨1a⟩ *v/t* remodel

remojar ⟨1a⟩ *v/t* **1** *en líquido* soak **2** *L.Am.* F *acontecimiento* celebrate; **remojarse** *v/r* (*bañarse*) go for a quick swim

remojo *m*: **poner** *o* **en ~** leave to soak

remojón *m* drenching, soaking; **darse un ~** go for a dip

remolacha *f* beet, *Br* beetroot

◇ **remolacha azucarera** sugar beet

remolcador MAR **I** *adj* tug *atr* **II** *m* tug

remolcar ⟨1g⟩ *v/t* AUTO, MAR tow; **~ a alguien** *fig* drag s.o. along

remolino *m de aire* eddy; *de agua* whirlpool; **~ de gente** *fig* crowd of people

remolón F **I** *adj* idle, lazy **II** *m*, **-ona** *f* slacker; **hacerse el ~** slack (off)

remolque *m* AUTO trailer; **llevar a ~** to tow

remontada *f* comeback, recovery

remontar ⟨1a⟩ **I** *v/t* **1** *río* go up **2** *dificultad* overcome, surmount **II** *v/i* DEP stage a comeback, come from behind; **remontarse** *v/r en el tiempo* go back (**a** to)

remonte *m* ski lift

remorder ⟨2h⟩ *v/t*: **me remuerde la conciencia** I have a guilty conscience

remordimiento *m* remorse; **~s** *pl* regrets, remorse *sg*

remotamente *adv* remotely; **no se parecen ni ~** they don't look even remotely alike

remoto *adj* remote; **no tengo ni la más -a idea** I haven't the faintest idea

remover ⟨2h⟩ *v/t* **1** (*agitar*) stir **2** *L.Am.* (*destituir*) dismiss **3** *C.Am., Méx* (*quitar*) remove; **removerse** *v/r* move around

remozar ⟨1f⟩ *v/t* renovate

remplazar ⟨1f⟩ *v/t* ☞ **reemplazar**

remuneración *f* remuneration

remunerar ⟨1a⟩ *v/t* pay

renacentista *adj* Renaissance *atr*

renacer ⟨2d⟩ *v/i fig* be reborn

Renacimiento *m* Renaissance

renacuajo *m* **1** ZO tadpole **2** F *persona* shrimp F

renal *adj* ANAT renal, kidney *atr*

rencilla *f* fight, argument

rencor *m* resentment; **guardar ~ a alguien** bear s.o. a grudge

rencoroso *adj* resentful

rendición *f* surrender

rendido *adj* exhausted

rendija *f* (*raja*) crack; (*hueco*) gap

rendimiento *m* **1** performance; **de alto ~ coche** high-powered, performance *atr* **2** (*producción*) output **3** FIN yield; **de alto ~** high-yield

rendir ⟨3l⟩ **I** *v/t* **1** *honores* pay, do **2** *beneficio* produce, yield **3**: **~ las armas** surrender one's weapons **4**: **no tengo que ~ cuentas a nadie** I don't have to explain myself to anyone **II** *v/i* perform; **rendirse** *v/r* surrender; **~ a** *o* **ante la evidencia** bow to the evidence; **no te rindas** don't give up

renegado I *adj* renegade *atr* **II** *m*, **-a** *f* renegade

renegar ⟨1h & 1k⟩ *v/i*: **~ de alguien** disown s.o.; **~ de algo** renounce sth

renegrido *adj* blackened

RENFE *f abr* (= *Red Nacional de Ferro-carriles Españoles*) *Spanish rail operator*

renglón *m* line; *a ~ seguido* immediately after

rengo *adj CSur* lame

renguear ⟨1a⟩ *v/i CSur* limp, walk with a limp

renguera *f CSur* limp

reno *m* ZO reindeer

renombrado *adj* famous, renowned

renombre *m*: *de ~* famous, renowned; *de ~ universal* world-famous, known all over the world

renovable *adj* renewable

renovación *f* renewal

renovador *adj*: *las fuerzas ~es* the forces of renewal

renovar ⟨1m⟩ *v/t* renew

renquear ⟨1a⟩ *v/i* limp

renta *f* **1** (*ingresos*) income **2** *de casa* rent **3**: *de ~ fija* fixed-interest

◇ **renta per cápita** income per capita

◇ **renta vitalicia** life annuity, lifetime income

rentabilidad *f* profitability

rentabilizar ⟨1f⟩ *v/t* achieve a return on; *fig* make the most of

rentable *adj* profitable

rentar ⟨1a⟩ **I** *v/t* **1** (*arrendar*) rent out **2** (*alquiler*) rent **II** *v/i* be profitable

renuente *adj* reluctant, unwilling

renuncia *f* resignation

renunciar ⟨1b⟩ *v/i*: *~ a tabaco, alcohol etc* give up; *demanda* drop; *puesto* resign

reñido *adj batalla etc* hard fought, tough; *estar ~ con alguien* have fallen out with s.o.; *estar ~ con algo* be contrary to sth

reñir ⟨3h & 3l⟩ **I** *v/t* tell off **II** *v/i* quarrel, fight F

reo *m*, *-a f* accused

reojo *m*: *de ~* out of the corner of one's eye; *mirar de ~ a* look out of the corner of one's eye at; *fig* look down on

reordenación *f* reorganization

reordenar ⟨1a⟩ *v/t* reorganize

reorganización *f* reorganization

reorganizar ⟨1f⟩ *v/t* reorganize

reorientación *f* reorientation

reorientar ⟨1a⟩ *v/t* reorientate

reóstato *m* rheostat

repantigarse ⟨1h⟩ *v/r* lounge, sprawl

reparación *f* repair; *fig* reparation

reparador *adj sueño etc* refreshing

reparar ⟨1a⟩ **I** *v/t* repair; *~ fuerzas* get one's strength back **II** *v/i*: *~ en algo* notice sth; *no ~ en gastos* not worry about the cost

reparo *m*: *poner ~s a* find problems with; *no tener ~s en* have no reservations about; *sin ~* without reservation *o* hesitation; *me da ~ decirle* I have qualms about telling him

repartición *f S.Am.* department

repartida *f L.Am.* ☞ **repartición**

repartir ⟨3a⟩ *v/t* **1** (*dividir*) share out, divide up **2** *productos* deliver **3**: *~ los papeles de película, obra de teatro* cast; **repartirse** *v/r* share; *~ algo* share sth

repartidor *m* delivery man; *~ de periódicos* newspaper boy

reparto *m* **1** (*división*) share-out, distribution **2** TEA cast **3**: *~ a domicilio* home delivery

repasar ⟨1a⟩ *v/t* **1** *trabajo* go over again; EDU revise **2** TÉC *motor* service

repaso *m* **1** *de lección* review, revision; *de últimas novedades* review **2** TÉC *de motor* service **3**: *dar un ~ a alguien* tell s.o. off

repatear ⟨1a⟩ **I** *v/t*: *me repatea que* F it ticks me off that **II** *v/i*: *me repatea un montón* F it really ticks me off F

repatriación *f* repatriation

repatriar ⟨1b⟩ *v/t* repatriate

repecho *m* steep slope

repelente I *adj* **1** *fig* repellent, repulsive **2** F *niño* horrible **II** *m* repellent

repeler ⟨2a⟩ *v/t* repel

repelús *m*: *dar ~ a alguien* F give s.o. the creeps F

repeluzno *m por frío, miedo etc* shiver, shudder; *dar ~ a alguien* give s.o. the shivers

repensar ⟨1k⟩ *v/t* reconsider

repente *m*: *de ~* suddenly

repentino *adj* sudden

repera *f*: *ser la ~* F take the cake F

repercusión *f fig* repercussion

repercutir ⟨3a⟩ *v/i* have repercussions (*en* on)

repertorio *m* TEA, MÚS repertoire

repesca *f* EDU *second chance at an exam*, *Br* resit

repescar ⟨1g⟩ *v/t* pass (*after a second test*)

repetible *adj* repeatable

repetición *f* repetition

repetido *adj* repeated; *-as veces* over and over again; *lo tengo ~* I have two of these

repetidor I *adj* TÉC booster **atr II** *m* TÉC booster **III** *m*, *~a f* EDU student repeating a year

repetir ⟨3l⟩ **I** *v/t* repeat **II** *v/i de comida* repeat; **repetirse** *v/r* **1** happen again **2** (*insistir*) repeat o.s

repetitivo *adj* repetitive

repicar ⟨1g⟩ **I** *v/t* **1** *campanas* ring **2** *castañuelas* click **II** *v/i* ring out

repintar ⟨1a⟩ *v/t* repaint; **repintarse** *v/r* put on make-up

repipi *adj* F (*afectado*) affected; *es tan ~ niño* he's such a know-it-all F

repique *m* **1** *de campanas* ringing **2** *de castañuelas* clicking

repiquetear ⟨1a⟩ *v/t* **1** *campanas* ring **2** *con los dedos* drum

repiqueteo *m* ringing

repisa *f* shelf

replantar ⟨1a⟩ *v/t* replant, transplant

replantear ⟨1a⟩ *v/t pregunta, problema* bring up again

replegarse ⟨1h & 1k⟩ *v/r* MIL fall back, withdraw

repleto *adj* full (*de* of)

réplica *f* replica

replicar ⟨1g⟩ *v/t* reply

repliegue *m* **1** *de ejército* withdrawal **2** (*pliegue*) fold

repoblación *f* repopulation, restocking

◇ **repoblación forestal** reforestation

repoblar ⟨1m⟩ *v/t* repopulate

repollo *m* BOT cabbage

◇ **repollo morado** *L.Am.* red cabbage

reponer ⟨2r; *part* **repuesto**⟩ *v/t* **1** *existencias* replace **2** TEA *obra* revive; *~ una película* rerun the original version of a movie **3**: *~ fuerzas* get one's strength back; **reponerse** *v/r* recover (*de* from)

reportaje *m* story, report

◇ **reportaje gráfico** illustrated feature

◇ **reportaje publicitario** advertorial

reportar ⟨1a⟩ *v/t* **1** *beneficio, provecho* produce, bring **2** *L.Am. informar sobre* report

reporte *m L.Am.* report; *el ~ metereológico* the weather forecast

reportero *m*, *-a f* reporter

◇ **reportero gráfico** press photographer

reposabrazos *m inv* armrest

reposacabezas *m inv* AUTO headrest

reposado *adj* calm

reposapiés *m inv* footrest

reposar ⟨1a⟩ *v/i* **1** (*descansar*) rest **2** *de vino* settle; *dejar ~ algo té etc* let sth stand

reposera *f L.Am.* lounger

reposición *f* TEA revival; TV repeat

reposo *m* rest; *hacer ~* rest

repostar ⟨1a⟩ *v/i* refuel

repostería *f* pastries *pl*

reprender ⟨2a⟩ *v/t* scold, tell off F

reprensible *adj* reprehensible

represa *f* **1** (*dique*) dam **2** (*embalse*) reservoir

represalia *f* reprisal

represar ⟨1a⟩ *v/t agua* dam

representación *f* **1** representation **2** TEA performance **3** (*delegación*): *en ~ de* on behalf of

◇ **representación exclusiva** sole agency

representante *m/f tb* COM representative

representar ⟨1a⟩ *v/t* **1** (*simbolizar*) represent **2** *obra* put on, perform; *papel* play **3** (*aparentar*): *~ menos años* look younger

representativo *adj* representative

represión *f* repression

represivo *adj* repressive

represor I *adj* oppressive **II** *m*, *~a f* oppressor

reprimenda *f* reprimand

reprimir ⟨3a⟩ *v/t tb* PSI repress; **reprimirse** *v/r* repress one's feelings

reprobable *adj* reprehensible

reprobación *f* condemnation, disapproval

reprobador *adj* reproachful

reprobar ⟨1m⟩ *v/t* **1** *comportamiento, actitud* condemn **2** *L.Am.* EDU fail

reprobatorio *adj* ☞ **reprobador**

reprocesamiento *m* reprocessing

reprocesar ⟨1a⟩ *v/t* reprocess

reprochable *adj* reproachable

reprochar ⟨1a⟩ *v/t* reproach

reproche *m* reproach

reproducción *f* **1** BIO reproduction **2** (*copia*) copy, reproduction

reproducir ⟨3o⟩ *v/t* **1** (*reflejar*), BIO reproduce **2** (*copiar*) copy, reproduce; **reproducirse** *v/r* BIO reproduce, breed

reproductivo *adj* BIO reproductive; **en edad -a** *mujer* of child-bearing age

reproductor I *adj* breeding **II** *m*, **~a** *f* breeding animal

◇ **reproductor de discos compactos** compact disc player

reprografía *f* reprographics *sg*

reprogramar ⟨1a⟩ *v/t* reprogram

reptil *m* ZO reptile

república *f* republic

◇ **república bananera** *desp* banana republic; **república federal** federal republic; **República Dominicana** Dominican Republic

republicano I *adj* republican **II** *m*, -a *f* republican

repudiación *f* repudiation

repudiar ⟨1b⟩ *v/t* repudiate; *herencia* renounce

repuesto I *part* ☞ **reponer II** *m* spare part, replacement; **de ~** spare

repugnancia *f* disgust, repugnance

repugnante *adj* disgusting, repugnant

repugnar ⟨1a⟩ *v/t* disgust, repel

repujado *m* TÉC embossed

repujar ⟨1a⟩ *v/t metal* emboss

repulsa *f* condemnation, rejection

repulsión *f* repulsion

repulsivo *adj* repulsive, disgusting

repuntar ⟨1a⟩ *v/i* pick up, rally

repunte *m de valores, precios* rally, upturn; **~ económico** economic upturn

repuse *vb* ☞ **reponerse**

reputación *f* reputation; **de buena ~** with a good reputation; **tener buena / mala ~** have a good / bad reputation

requemar ⟨1a⟩ *v/t* burn

requerimiento *m* request; **a ~ de** at the request of

requerir ⟨3i⟩ *v/t* **1** (*necesitar*) require **2** JUR summons

requesón *m* cottage cheese

requete *pref* F very, super F

requetebién *adv* F really well, brilliantly F

réquiem *m* requiem

requisa *f* MIL requisition

requisar ⟨1a⟩ *v/t* MIL requisition

requisición *f* MIL requisition

requisito *m* requirement

res *f L.Am.* animal; **~es** *pl* cattle *pl*; **carne de ~** beef

resabio *m* aftertaste

resaca *f* **1** MAR undertow, undercurrent **2** *de beber* hangover

resalado *adj* F witty, funny

resaltar ⟨1a⟩ **I** *v/t* highlight, stress **II** *v/i* ARQUI jut out; *fig* stand out

resarcimiento *m* compensation, reimbursement; **~ de daños** compensation for damages

resarcir ⟨3b⟩ *v/t* compensate (*de* for), reimburse (*de* for); **resarcirse** *v/r* make up (*de* for)

resbaladizo *adj* **1** *superficie* slippery **2** *fig asunto, tema* tricky

resbalar ⟨1a⟩ *v/i* slide; *fig* slip up

resbalón *m* slip; *fig* F slip-up

resbaloso *adj L.Am.* slippery

rescatar ⟨1a⟩ *v/t persona, animal* rescue, save; *bienes* salvage, save

rescate *m* **1** *de peligro* rescue; **equipo de ~** rescue team **2** *en secuestro* ransom

rescindible *adj* which can be canceled *o Br* cancelled

rescindir ⟨3a⟩ *v/t* cancel; *contrato* terminate

rescisión *f* cancellation; *de contrato* termination

rescoldo *m* ember

reseco *adj* **1** (*seco*) parched **2** (*flaco*) skinny

resentido *adj* resentful

resentimiento *m* resentment

resentirse ⟨3i⟩ *v/r* **1** get upset; **~ con alguien** feel resentful toward s.o. **2** *de rendimiento, calidad* suffer; **~ de algo** suffer from the effects of sth

reseña *f* review

reseñar ⟨1a⟩ *v/t* review

reserva I *f* **1** reservation; **~ de asiento** FERR seat reservation; **hacer una ~** make a reservation **2** (*duda*): **sin ~s** without reservation **II** *m/f* DEP reserve, substitute

◇ **reserva natural** nature reserve

◇ **reservas hídricas** water reserves

reservación *f Méx* reservation

reservado I *adj* reserved **II** *m* private room

reservar ⟨1a⟩ *v/t* **1** (*guardar*) set aside, put by **2** *billete* reserve; **~ mesa** reserve a table; **reservarse** *v/r* save o.s. (*para* for)

reservista *m/f* MIL reservist

resfriado I *adj:* **estar ~** have a cold **II** *m* cold

resfriarse ⟨1c⟩ *v/r* catch cold

resfrío *m* *L.Am.* cold

resguardar ⟨1a⟩ *v/t* protect (**de** from); **resguardarse** *v/r* protect o.s. (**de** from)

resguardo *m* **1** COM counterfoil **2** (*cobijo*): **al ~ del frío** sheltered from the cold

residencia *f* residence; **segunda ~** second home; **~ habitual** domicile
◊ **residencia de ancianos** retirement home; **residencia de estudiantes** dormitory, *Br* hall of residence; **residencia geriátrica** retirement home; **residencia para la tercera edad** retirement home

residencial I *adj* residential **II** *f Arg, Chi* rooming house

residente I *adj* resident **II** *m/f* resident; **no ~** non resident

residir ⟨3a⟩ *v/i* reside; **~ en** *fig* lie in

residual *adj* **1** *de restos* residual **2** *de desecho* waste *atr*

residuo *m* **1** (*resto*) residue **2**: **~s** waste *sg*
◊ **residuos nucleares** nuclear waste *sg*; **residuos orgánicos** organic waste *sg*; **residuos radiactivos** radioactive waste *sg*; **residuos tóxicos** toxic waste *sg*

resiembra *f* AGR resowing

resiento *vb* ☞ **resentirse**

resignación *f actitud* resignation

resignarse ⟨1a⟩ *v/r* resign o.s. (**a** to)

resina *f* resin

resinoso *adj* resinous

resistencia *f* **1** (*oposición*) resistance **2** EL, TÉC *pieza* resistor

resistente *adj* **1** (*fuerte*) strong, tough **2** resistant(**a** to); **~ al calor** heat-resistant; **~ al fuego** fireproof

resistir ⟨3a⟩ **I** *v/i* **1** resist **2** (*aguantar*) hold out; **no resisto más** I can't take any more **II** *v/t* **1** *tentación* resist **2** *frío, dolor etc* stand, bear; **resistirse** *v/r* be reluctant (**a** to)

resollar ⟨1m⟩ *v/i* breathe heavily, puff

resoluble *adj* solvable

resolución *f* **1** *actitud* determination, decisiveness **2** *de problema* solution (**de** to) **3** JUR ruling **4** (*decisión*): **tomar una ~** make *o* take a decision **5** TÉC: **de alta ~** high resolution **6**: **en ~** to sum up

resolver ⟨2h; *part* **resuelto**⟩ *v/t problema* solve; **resolverse** *v/r* decide (**a** to; **por** on); *de problema* be solved; *de conflicto* be resolved

resonancia *f* **1** TÉC resonance **2** *fig*: **tener ~** have an impact
◊ **resonancia magnética nuclear** nuclear magnetic resonance; MED MRI scan

resonar ⟨1m⟩ *v/i* echo

resoplar ⟨1a⟩ *v/i* snort

resoplido *m* snort

resorción *f* TÉC reabsorption

resorte *m* spring; **tocar todos los ~s** *fig* pull all the strings one can

respaldar ⟨1a⟩ *v/t* back, support; **respaldarse** *v/r* sit back, lean back; **~ en** *fig* lean on, get support from

respaldo *m de silla* back; *fig* backing, support

respectar ⟨1a⟩ *v/i*: **por lo que respecta a ...** as regards ..., as far as ... is concerned

respectivo *adj* respective

respectivamente *adv* respectively

respecto *m*: **al ~** on the matter; **con ~ a** regarding, as regards; **a este ~** with regard to this

respetabilidad *f* respectability

respetable I *adj* respectable **II** *m*: **el ~** F the audience, the crowd

respetar ⟨1a⟩ *v/t* respect; **hacerse ~** gain *o* win respect; **respetarse** *v/r* have self-respect

respeto *m* **1** respect; **con todos los ~s** with all due respect; **falta de ~** lack of respect; **faltar el ~ a alguien** not show s.o. the proper respect, lack respect for s.o. **2** (*saludos*): **mis ~s a...** my regards to...

respetuosidad *f* respect, respectfulness

respetuoso *adj* respectful; **~ con el medio ambiente** with respect to the environment

respingo *m* start, jump; **dar un ~** jump

respingón *adj*: **nariz respingona** turned-up nose

respirable *adj* breathable

respiración *f* breathing; **me quedé sin ~** I was breathless; *fig* it took my breath away; **estar con ~ asistida** MED be on a respirator

respiradero *m* vent

respirador *m* MED ventilator, respira-

tor
respirar ⟨1a⟩ v/t & v/i breathe; **~ hondo**
breathe deeply; **no dejar ~ a alguien**
fig not leave s.o. alone for a minute
respiratorio *adj* respiratory
respiro *m fig* breather, break; **darse** o
tomarse un ~ take a break
resplandecer ⟨2d⟩ v/i shine, gleam
resplandeciente *adj* shining
resplandor *m* shine, gleam
responder ⟨2a⟩ **I** v/t answer **II** v/i **1: ~ a**
answer, reply to; MED respond to; *(descripción)* fit, match; *(ser debido a)* be
due to; **~ al nombre de ...** answer to
the name of ... **2: ~ de** take responsibility for **3: ~ por alguien** vouch for s.o.
respondón F **I** *adj* mouthy, nervy, *Br*
cheeky **II** *m*, **-ona** *f*: **es una respondo-
na** she's always answering back
responsabilidad *f* responsibility
◇ **responsabilidad civil** civil liability
responsabilizar ⟨1f⟩ v/t: **~ a alguien**
hold s.o. responsible (**de** for); **res-
ponsabilizarse** v/r take responsibility
(**de** for)
responsable I *adj* responsible (**de** for) **II**
m/f person responsible (**de** for); **los ~s
del crimen** those responsible for the
crime
respuesta *f (contestación)* reply, answer; *fig* response; **en ~ a** in reply to;
fig following
resquebra(ja)dura *f* crack, split
resquebrajar ⟨1a⟩ v/t crack; **resque-
brajarse** v/r crack
resquicio *m* gap
resta *f* MAT subtraction
restablecer ⟨2d⟩ v/t re-establish; *monarquía* restore; **restablecerse** v/r recover
restablecimiento *m* **1** re-establish-
ment; *de monarquía* restoration **2** *de
enfermo* recovery
restallar ⟨1a⟩ v/i crack
restallido *m* crack
restante I *adj* remaining **II** *m/fpl*: **los /
las ~s** the rest *pl*, the remainder *pl*
restar ⟨1a⟩ **I** v/t subtract; **~ importancia
a** play down the importance of **II** v/i remain, be left
restauración *f* restoration
restaurador *m*, **~a** *f* restorer
restaurant *m L.Am.* restaurant
restaurante *m* restaurant; **~ rápido** fast-

food restaurant
restaurar ⟨1a⟩ v/t restore; **~ fuerzas** get
one's strength back
restitución *f* **1** restitution; *de confianza,
calma* restoration **2** *en cargo* reinstatement
restituir ⟨3g⟩ v/t **1** *confianza, calma* restore **2** *en cargo* reinstate
resto *m* rest, remainder; **los ~s mortales** the (mortal) remains; **echar el ~**
go all out
restregar ⟨1h & 1k⟩ v/t scrub
restregón *m*: **dar un ~ a algo** give sth a
scrub
restricción *f* restriction; **sin ~** with no
restrictions
restrictivo *adj* restrictive
restringir ⟨3c⟩ v/t restrict, limit; **restrin-
girse** v/r limit o.s.
resucitar ⟨1a⟩ **I** v/t resuscitate; *fig* revive
II v/i *de persona* rise from o come back
from the dead
resuello *m* puffing, heavy breathing
resuelto I *part* ☞ **resolver II** *adj* decisive, resolute
resulta *f*: **de ~s de** as a result of
resultado *m* **1** result; **~ final** o **total** DEP
final score **2** *(rendimiento)*: **dar buen ~**
de coche, zapatos be a good buy **3**: **sin ~**
con sustantivo unsuccessful; *con verbo*
unsuccessfully
resultar ⟨1a⟩ v/i turn out; **~ caro** prove
expensive, turn out to be expensive; **~
muerto** die, be killed; **resulta que ...** it
turns out that ...
resumen *m* summary; **en ~** in short
resumir ⟨3a⟩ v/t summarize; **resumirse**
v/r sum up (**en** as)
resurgimiento *m* resurgence
resurgir ⟨3c⟩ v/i reappear, come back
resurrección *f* REL resurrection; *fig* resurgence, revival
retablo *m* altarpiece
retaguardia *f* MIL rearguard
retahíla *f* string
retal *m* remnant
retama *f* BOT broom
retar ⟨1a⟩ v/t **1** challenge **2** *Rpl (regañar)*
scold, tell off F
retardar ⟨1a⟩ v/t delay; **retardarse** v/r
be late
retardo *m* delay
retazo *m fig* snippet, fragment
retén *m L.Am.* MIL patrol

retención f 1 MED retention 2 *de persona* detention
◇ **retención fiscal** tax deduction; **retención en origen** deduction at source; **retención de orina** MED urine retention

retener ⟨2l⟩ v/t 1 *dinero etc* withhold, deduct 2 *persona* detain, hold

reticencia f 1 reticence; *sin ~s* without hesitation 2 *(indirecta):* **hablar con ~s** insinuate things

reticente adj reticent

retina f ANAT retina

retintín m: *con ~* F sarcastically

retirada f 1 MIL retreat, withdrawal; **batirse en ~** beat a retreat 2: **~ del carnet de conducir** suspension of one's driver's license

retirado adj 1 *(jubilado)* retired 2 *(alejado)* remote, out-of-the-way

retirar ⟨1a⟩ v/t *silla, obstáculo* take away, remove; *acusación, dinero* withdraw; **retirarse** v/r MIL withdraw

retiro m 1 *lugar* retreat 2 MIL retreat, withdrawal

reto m 1 challenge 2 *Rpl (regañina)* scolding, telling-off F

retobado adj *L.Am.* unruly

retocar ⟨1g⟩ v/t 1 FOT retouch, touch up 2 *(acabar)* put the finishing touches to

retomar ⟨1a⟩ v/t: **~ algo** fig take sth up again

retoñar ⟨1a⟩ v/i 1 BOT shoot 2 fig be rekindled

retoño m 1 BOT shoot 2 fig child; **sus ~s** their children pl, their offspring pl

retoque m 1 FOT touching-up 2 *(acabado)* finishing touch

retorcer ⟨2b & 2h⟩ v/t twist; **retorcerse** v/r writhe

retorcido adj fig twisted

retorcijón m cramps pl, Br stomach cramp

retorcimiento m twisting

retórica f rhetoric

retórico adj rhetorical

retornable adj returnable; **no ~** non-returnable

retornar ⟨1a⟩ v/t & v/i return

retorno m return

retortero m: **andar al ~** F be on the go; **traer a alguien al ~** F keep s.o. on the go

retortijón m cramps pl, Br stomach

cramp

retozar ⟨1f⟩ v/i frolic, romp

retozo m frolicking

retracción f withdrawal

retractación f retraction, withdrawal

retractar ⟨1a⟩ v/t retract, withdraw; **retractarse** v/r: **~ de algo** withdraw sth

retráctil adj retractile, retractable

retraer ⟨2p; part **retraido**⟩ v/t retract; **retraerse** v/r withdraw

retraído I part ☞ **retraer** II adj withdrawn

retranca f F crafty idea

retransmisión f RAD, TV transmission, broadcast; **~ en diferido** recorded transmission; **~ en directo** live broadcast

retransmitir ⟨3a⟩ v/t transmit, broadcast; **~ en directo** broadcast live

retrasado I part ☞ **retrasar** II adj 1 *tren, entrega* late 2 *con trabajo, pagos* behind; **está ~ en clase** he's lagging behind in class; **~ mental** mentally handicapped

retrasar ⟨1a⟩ I v/t 1 *proceso, movimiento* hold up, delay 2 *reloj* put back 3 *reunión* postpone, put back 4 *pelota* pass back II v/i 1 *de reloj* lose time 2 *en los estudios* be behind; **retrasarse** v/r 1 *(atrasarse)* be late 2 *de reloj* lose time 3 *con trabajo, pagos* get behind

retraso m delay; **ir con ~** be late; **llegar con ~** arrive late, be late o delayed; **llevar ~** be late o delayed
◇ **retraso mental** mental handicap

retratar ⟨1a⟩ v/t FOT take a picture of; fig depict

retratista m/f portrait artist

retrato m picture; **~-robot** composite photo, E-Fit®; **ser el vivo ~ de alguien** be the spitting image of s.o.

retreparse ⟨1a⟩ v/r lean back

retreta f 1 MIL retreat 2 *L.Am. (desfile)* parade

retrete m bathroom

retribución f salary

retribuir ⟨3g⟩ v/t 1 pay 2 *(recompensar)* reward

retro adj 1 old-fashioned, retro; **moda ~** retro fashion, retro look 2 POL reactionary

retroactivo adj retroactive

retroalimentación f feedback

retroceder ⟨2a⟩ v/i go back, move back;

fig back down

retroceso *m fig* backward step

retrógrado *adj* retrograde

retroproyector *m* overhead projector

retrospectiva *f* retrospective

retrospectivo *adj* retrospective

retrotraerse ⟨2p; *part* **retrotraido**⟩ *v/r* go back (**a** to)

retrovisor *m* AUTO rear-view mirror; ~ *exterior* wing mirror

retumbar ⟨1a⟩ *v/i* boom

retuve *vb* ☞ **retener**

reuma, reúma *m* MED rheumatism

reumático I *adj* rheumatic II *m*, -a *f* rheumatism sufferer

reumatismo *m* rheumatism

reumatólogo *m*, -a *f* rheumatologist

reunificación *f* POL reunification

reunificar ⟨1g⟩ *v/t* reunify, reunite

reunión *f* meeting; *de amigos* get-together

reunir ⟨3a⟩ *v/t* **1** *personas* bring together; *estar reunido* be in a meeting **2** *requisitos* meet, fulfill, *Br* fulfil **3** *datos* gather (together); **reunirse** *v/r de personas* meet up, get together; COM meet

reutilizable *adj* reusable

reutilización *f* re-use

reutilizar ⟨1f⟩ *v/t* re-use

reválida *f* final examination

revalidar ⟨1a⟩ *v/t examen* take

revalorización *f* appreciation, increase in value

revalorizar ⟨1f⟩ *v/t* revalue; **revalorizarse** *v/r* appreciate (**en** by), increase in value (**en** by)

revaluación *f* **1** *de una idea* re-assessment, re-evaluation **2** *de una moneda* appreciation; *por el gobierno* revaluation

revaluar ⟨1e⟩ *v/t* **1** *idea* re-assess, re-evaluate **2** *moneda* revalue; **revaluarse** *v/r* gain in value, appreciate

revancha *f* revenge; *tomarse la* ~ take *o* get one's revenge

revelación *f* revelation

revelado *m* development

revelador I *adj* revealing II *m* FOT developer

revelar ⟨1a⟩ *v/t* FOT develop; **revelarse** *v/r* show o.s.

revendedor *m*, ~a *f* scalper, *Br* ticket tout

revender ⟨2a⟩ *v/t ropa* resell; *entradas* scalp, *Br* tout

reventa *f* resale

reventado *adj* F beat F, shattered F

reventar ⟨1k⟩ I **1** *v/i* burst; *lleno a* ~ bursting at the seams, full to bursting; ~ *de risa* burst out laughing; ~ *de orgullo* be bursting with pride **2** (*molestar*): *me revienta que ...* it really irritates me that ... **3**: *si no va revienta* he'll be so disappointed if he doesn't go II *v/t puerta etc* break down; **reventarse** *v/r* **1** *de pelota* burst **2**: *se reventó a trabajar* *fig* he worked his butt off F

reventón *m* AUTO blowout; *tener un* ~ have a blow-out

reverberación *f* **1** shimmering, reflection **2** *de sonido* reverberation

reverberar ⟨1a⟩ *v/i* **1** *de luz* shimmer, reflect **2** *de sonido* reverberate

reverdecer ⟨2d⟩ *v/t* revive

reverencia *f* **1** (*respeto*) reverence **2** *saludo*: *de hombre* bow; *de mujer* curtsy

reverencial *adj* reverential

reverenciar ⟨1b⟩ *v/t* revere

reverendísimo *adj* REL *tratamiento* most reverend

reverendo *m* REL reverend

reversa *f* *Méx* reverse (gear)

reversible *adj* *ropa* reversible

reverso *m* reverse, back; *el* ~ *de la medalla* *fig* the exact opposite

revertir ⟨3i⟩ *v/i*: ~ *en beneficio de alguien* JUR benefit s.o.

revés *m* **1** (*contratiempo*) setback **2** *en tenis* backhand **3**: *al o del* ~ back to front; *con el interior fuera* inside out; *salir al* ~ *fig* go wrong

revestimiento *m* TÉC covering

revestir ⟨3l⟩ *v/t* **1** TÉC cover (*de* with) **2**: ~ *gravedad* be serious; ~ *importancia* be important; **revestirse** *v/r*: ~ *de paciencia* be patient; ~ *de valor* pluck up courage

revientapisos *m/f inv* F burglar

revisación *f* *L.Am.* check-up

revisada *f* *L.Am.* ☞ **revisión**

revisar ⟨1a⟩ *v/t* check, inspect

revisión *f* check, inspection; AUTO service

◇ **revisión médica** check-up

◇ **revisión técnica** roadworthiness test, *Br* MOT (test)

revisor *m*, ~a *f* FERR (ticket) inspector

revista *f* **1** magazine **2**: *pasar ~ a* MIL inspect, review; *fig* review
revistero *m* magazine rack
revitalizar ⟨1f⟩ *v/t* revitalize; **revitalizarse** *v/r* be revitalized
revivificar ⟨1g⟩ *v/t* revive
revivir ⟨3a⟩ I *v/i* revive II *v/t* relive
revocable *adj* revocable
revocación *f* revocation
revocar ⟨1g⟩ *v/t* **1** *pared* render **2** JUR revoke
revocatoria *f L.Am.* revocation
revolcarse ⟨1g & 1m⟩ *v/r* roll around
revolcón *m* **1** *caída* tumble **2** F *de amantes* roll in the hay F; *darse un ~* have a roll in the hay F
revolotear ⟨1a⟩ *v/t* flutter
revoloteo *m* fluttering
revoltijo, revoltillo *m* mess, jumble
revoltoso I *adj niño* naughty II *m*, *-a f* naughty child
revolución *f* revolution
revolucionar ⟨1a⟩ *v/t* revolutionize
revolucionario I *adj* revolutionary II *m*, *-a f* revolutionary
revolver ⟨2h; *part* **revuelto**⟩ I *v/t* **1** GASTR stir **2** *estómago* turn **3** (*desordenar*) mess up, turn upside down II *v/i* rummage (*en* in); **revolverse** *v/r* **1** *del tiempo* worsen **2** (*rebelarse*) rebel **3**: *se me revuelve el estómago fig* my stomach turns
revólver *m* revolver
revuelo *m* stir; *causar ~* cause a stir
revuelta *f* uprising
revuelta I *part* ☞ **revolver** II *adj* **1** *mar* rough **2** *gente* restless **3** *pelo* disheveled, *Br* dishevelled III *m* GASTR: *~ de gambas / setas* scrambled eggs with shrimps / mushrooms
revulsivo *fig* I *adj* salutary II *m* lesson
rey *m* king; *los ~es* the king and queen; *no quitar ni poner ~ fig* have no say
reyerta *f* fight
reyezuelo *m* ZO kinglet, *Br* goldcrest
rezagado I *adj* behind II *m*, *-a f* straggler
rezagarse ⟨1h⟩ *v/r* drop back, fall behind
rezar ⟨1f⟩ I *v/t oración* say II *v/i* **1** REL pray **2** *de texto* be worded
rezo *m* prayer
rezongar ⟨1h⟩ *v/i* grumble
rezongón *adj* F grumpy
rezumar ⟨1a⟩ *v/t & v/i* ooze

ría I *vb* ☞ **reír** II *f* estuary
riachuelo *m* stream
riada *f* flood
ribazo *m* bank, slope
ribera *f* shore, bank
riberano *L.Am.* I *adj* coastal; *de río* riverside *atr* II *m*, *-a f* person who lives by the sea / river
ribereño ☞ **riberano**
ribete *m* trimming, edging; *~s pl fig* elements
ribetear ⟨1a⟩ *v/t* edge, border, trim
rica *f* rich woman
ricacho *m*, *-a f*, **ricachón** *m*, *-ona f desp* rich person
ricamente *adv* splendidly
ricino *m* BOT castor-oil plant
rico I *adj* **1** rich; *~ en vitaminas* rich in vitamins **2** *comida* delicious **3** F *niño* cute F II *m* rich man; *nuevo ~* nouveau riche
rictus *m* grin
ricura *f* F: *es una ~ de niño* he's a real cutie F
ridi *m* F: *hacer el ~* look dumb F
ridiculez *f* absurdity *ser una ~* be ridiculous
ridiculizar ⟨1f⟩ *v/t* ridicule
ridículo I *adj* ridiculous II *m* ridicule; *hacer el ~, quedar en ~* make a fool of o.s.; *poner a alguien en ~* make a fool of s.o., make s.o. look stupid
ríe *vb* ☞ **reír**
riego I *vb* ☞ **regar** II *m* **1** AGR irrigation; *~ por aspersión* sprinkler irrigation **2** ANAT: *~ sanguíneo* blood flow
riel *m* **1** FERR rail **2**: *~ para cortinas* curtain rail
ríen *vb* ☞ **reír**
rienda *f* rein; *dar ~ suelta a* give free rein to; *a ~ suelta fig* out of control; *soltar las ~s* slacken the reins; *llevar las ~s fig* be in charge; *tomar las ~s (de) fig* take charge (of)
riesgo *m* risk; *a ~ de* at the risk of; *correr el ~* run the risk (*de* of); *correr un ~* to take a risk; *de alto / bajo ~* high / low risk; *~ de desplome* danger of collapse
riesgoso *adj L.Am.* risky
rifa *f* raffle
rifar ⟨1a⟩ *v/t* raffle; **rifarse** *v/r fig* fight over
rifirrafe *m* F fight, skirmish

rifle *m* rifle

rige *vb* ☞ **regir**

rigidez *f* **1** *de material* rigidity **2** *de carácter* inflexibility; *fig* strictness

rígido *adj* **1** *material* rigid **2** *carácter* inflexible; *fig* strict

rigor *m* **1** rigor, *Br* rigour; **ser de ~** be a must, be obligatory **2** (*precisión*) rigor, *Br* rigour; **~ científico** scientific rigor; **en ~** strictly **3** (*dureza*) rigor, *Br* rigour; **los ~es del invierno** the rigors of winter; **los ~es estivales** the extremes of summer

rigurosidad *f* rigorousness, harshness

riguroso *adj* rigorous, harsh

rima *f* rhyme

rimar ⟨1a⟩ *v/i* rhyme (**con** with)

rimbombancia *f* ostentation; *de estilo* elaborateness

rimbombante *adj* ostentatious; *estilo* very elaborate

rímel *m* mascara

rincón *m* corner

rinconera *f* corner unit, corner cupboard

rinde *vb* ☞ **rendir**

ring *m* ring

rinitis *f* MED rhinitis

rinoceronte *m* ZO rhino, rhinoceros

rinoplastia *f* MED rhinoplasty

riña *f* quarrel, fight

◇ **riña de gallos** cockfight

riñe *vb* ☞ **reñir**

riñón *m* ANAT kidney; **dolor de riñones** back pain; **costar un ~** F cost an arm and a leg F; **tener el ~ bien cubierto** *fig* be well-heeled

riñonera *f* fanny pack, *Br* bum bag

río I *m* river; **~ abajo / arriba** up / down river **II** *vb* ☞ **reír**

◇ **Río de la Plata** River Plate

riojano *adj* of / from La Rioja, Rioja *atr*

rioplatense *adj* of / from the River Plate area, River Plate *atr*

ripio *m* **1** *en discurso etc* padding, waffle **2** *en edificio, pared* rubble **3**: **no perder ~** not miss a thing

riqueza *f* wealth

risa *f* laugh; **~s** *pl* laughter *sg*; **dar ~** be funny; **morirse de ~** kill o.s. laughing; **tomar algo a ~** treat sth as a joke; **ser de ~** *película* be funny; *irón* be a joke

risco *m* crag

risible *adj* laughable

risotada *f* guffaw

ristra *f* string

risueño *adj* cheerful

rítmico *adj* rhythmic(al)

ritmo *m* **1** rate, pace; **a este ~** at this rate **2** MÚS rhythm

rito *m* rite

ritual *m/adj* ritual

ritualizar ⟨1f⟩ *v/t* ritualize

rival *m/f* rival; **no tener ~** be unrivaled *o Br* unrivalled

rivalidad *f* rivalry

rivalizar ⟨1f⟩ *v/i*: **~ con** rival

rizado *adj* curly

rizar ⟨1f⟩ *v/t* curl; **rizarse** *v/r* curl

rizo *m* curl; **rizar el ~** *fig* loop the loop

rizoma *m* BOT rhizome

rizoso *adj pelo* curly

RNE *f abr* (= **Radio Nacional de España**) Spanish National Radio

roano *adj caballo* roan

robar ⟨1a⟩ *v/t* **1** *persona, banco* rob; *objeto* steal **2** *naipe* take, pick up

roble *m* BOT oak; **ser un ~** *fig* be strong

robledal *m*, **robledo** *m* oak wood

robo *m de banco* robbery; *en casa* burglary; **ser un ~** *fig* be a rip-off F

robot *m* robot

◇ **robot de cocina** food processor

robótica *f* robotics *sg*

robotización *f* automation

robotizar ⟨1f⟩ *v/t* automate

robustecer ⟨2d⟩ *v/t* strengthen; **robustecerse** *v/r* become stronger

robustez *f* robustness, sturdiness

robusto *adj* robust, sturdy

roca *f* rock

rocalla *f* chunks of rock *pl*

rocambolesco *adj* bizarre

roce *m fig* friction; **tener ~s con** come into conflict with

rociada *f* **1** (*rocío*) dew **2** *de azúcar* sprinkling; *de agua* spraying

rociar ⟨1c⟩ **I** *v/t azúcar* sprinkle; *agua* spray **II** *v/i*: **rociaba casi todas las noches** dew fell almost every night

rocín *m* F nag F

rocío *m* dew

rock *m* MÚS rock

rockero I *adj* rock **II** *m*, **-a** *f* rock musician

rococó *adj* rococo

rocódromo *m* climbing wall

rocoso *adj* rocky

rocoto *m S.Am.* hot red pepper
rodaballo *m* ZO turbot
rodado *adj* **1** *caballo* pied **2** *tráfico* vehicular **3** *fig:* **venir ~** happen by chance
rodaja *f* slice
rodaje *m* **1** *de película* shooting, filming; **estar de ~** be shooting, be filming **2** AUTO breaking in, *Br* running in; **en ~** breaking in
rodamiento *m* TÉC bearing
◇ **rodamiento de bolas** ball bearing
rodapié *m* baseboard, *Br* skirting board
rodar ⟨1m⟩ **I** *v/i* **1** *de pelota* roll; **rodarán cabezas** *fig* heads will roll; **echarlo todo a ~** *fig* pack it all in **2** *de coche* go, travel (**a** at) **3** *sin rumbo fijo* wander **II** *v/t* **1** *película* shoot, film **2** AUTO break in, *Br* run in
rodear ⟨1a⟩ *v/t* surround; **rodearse** *v/r* surround o.s. (**de** with)
rodeo *m* **1** *en recorrido* detour; **andarse con ~s** beat about the bush; **hablar sin ~s** speak plainly, get straight to the point; **dejarse de ~s** stop beating about the bush **2** *con caballos y vaqueros etc* rodeo
rodilla *f* knee; **de ~s** kneeling, on one's knees; **hincarse o ponerse de ~s** kneel (down); **hasta la ~** *vestido, abrigo etc* knee-length
rodillera *f* DEP kneepad; **para las heridas** knee bandage
rodillo *m* **1** *para amasar* rolling pin **2** TÉC roller
rododendro *m* BOT rhododendron
rodrigón *m* stake, support
rodríguez: **estar de ~** be left on one's own
roedor *m* rodent
roedura *f* gnawing
roer ⟨2za⟩ *v/t* gnaw; *fig* eat away at
rogar ⟨1h & 1m⟩ *v/t* ask for; (*implorar*) beg for, plead for; **hacerse de ~** play hard to get
rogativa *f* REL rogation
rogatorio *adj* imploring, pleading
rojear ⟨1a⟩ *v/i* go red
rojez *f* redness
rojizo *adj* reddish
rojo I *adj* red; **estar al ~ vivo** *fig* be red hot; **ponerse ~** blush, go red **II** *m color* red **III** *m*, **-a** *f* POL red, commie F
rol *m* role
rolar ⟨1a⟩ *v/i del viento* come around

roleta *f L.Am. en béisbol* ground ball
roletazo *m L.Am. en béisbol* ground ball
rollista I *adj* cock and bull *atr* F **II** *m/f* bullshitter P
rollizo *adj* F chubby
rollo *m* **1** FOT roll **2** *fig* F drag F; **¡qué ~!** F what a drag! F **3** (*sermón*): **¡corta el ~!** F can it! F, shut up! F; **soltar el ~** F give a speech **4** (*lío*): **tener un ~ con alguien** have a thing with s.o. F **5** (*tema*): **me va el ~ de la cocina mexicana / la pintura** P I'm into Mexican cookery / painting F **6**: **buen / mal ~** P good / bad atmosphere
◇ **rollo de primavera** GASTR spring roll
Roma *f* Rome; **mover ~ con Santiago** *fig* move heaven and earth
romance *m* romance
romancero *m* collection of ballads
románico *m/adj* Romanesque
romano I *adj* Roman **II** *m*, **-a** *f* Roman **III:** **a la -a** GASTR in batter
romanticismo *m* romanticism
romántico I *adj* romantic **II** *m*, **-a** *f* romantic
romanza *f* MÚS romance
rombo *m* rhombus
romería *f* procession
romero *m* BOT rosemary
romo *adj* blunt
rompecabezas *m inv* puzzle
rompehielos *m inv* icebreaker
rompecorazones *m/f inv* F heartbreaker F
rompehuelgas *m inv L.Am.* strikebreaker
rompenueces *m inv L.Am.* nutcracker
rompeolas *m inv* breakwater
romper ⟨2a; *part* **roto**⟩ **I** *v/t* **1** break; (*hacer añicos*) smash; *tela, papel* tear **2** *relación* break off **II** *v/i* **1** break; **~ con alguien** break up with s.o. **2**: **~ a hacer algo** start doing sth, start to do sth; **~ a llorar** burst into tears, start crying **3**: **hombre de rompe y rasga** strong-minded man; **romperse** *v/r* break
rompopo *m C.Am., Méx bebida* eggnog
ron *m* rum
roncador *m*, **-a** *f* snorer
roncar ⟨1g⟩ *v/i* snore
roncha *f* **1** MED bump, swelling; **levantar ~s** *fig* put people's backs up **2**

(*loncha*) slice

ronco *adj* hoarse; **quedarse** ~ go hoarse

ronda *f* round; **pagar una** ~ buy a round; ~ **de conversaciones** round of discussions; ~ **negociadora** round of negotiations

rondalla *f* group of minstrels

rondar ⟨1a⟩ **I** *v/t* **1** *zona* patrol **2**: **me ronda una idea** I have an idea going around in my head **3** *mujer* serenade **4**: ~ **los treinta** be around thirty **II** *v/i* F hang around F

rondeño *adj* of / from Ronda, Ronda *atr*

rondón *m*: **de** ~ without permission; **entrar de** ~ gatecrash

ronquear ⟨1a⟩ *v/i* be hoarse

ronquera *f* hoarseness

ronquido *m* snore; ~**s** *pl* snoring *sg*

ronronear ⟨1a⟩ *v/i de gato* purr

ronroneo *m* purring

roña *f* grime

roñería *f* grime

roñoso *adj* grimy, grubby

ropa *f* clothes *pl*; ~ **para el tiempo libre** leisurewear; **a quema** ~ ☞ **quemarropa**

◇ **ropa blanca** whites *pl*; **ropa de calle** everyday clothes *pl*; **ropa de cama** bedclothes *pl*; **ropa de color** colors *pl*, *Br* coloureds *pl*; **ropa de confección** off-the-peg clothes *pl*; **ropa interior** underwear; **ropa íntima** *L.Am.* underwear; **ropa usada** secondhand clothes *pl*

ropaje *m* clothes *pl*, apparel *fml*

ropavejero *m*, -**a** *f* used clothes dealer, *Br* secondhand clothes dealer

ropero *m* closet, *Br* wardrobe

roque *m* **1** *en ajedrez* rook **2**: **quedarse** ~ *fig* F drop *o* doze off F, fall asleep

roquedal *m* rocky area

roqueño *adj* rocky

roquero *adj* ☞ **rockero**

rorcual *m* ZO finback whale

rorro *m* F baby

rosa I *adj* pink **II** *f* BOT rose; **fresco como una** ~ fresh as a daisy; **no hay** ~ **sin espinas** there is no rose without a thorn **III** *m* pink; ~ **pálido** pale pink; **ver algo de color de** ~ see sth through rose-colored glasses; **no es de color de** ~ *fig* it isn't a bed of roses

◇ **rosa náutica** compass rose; **rosa de té** BOT tea rose; **rosa de los vientos** compass rose

rosáceas *fpl* rosaceae *pl*

rosáceo *adj* pinkish

rosado I *adj* pink; *vino* rosé **II** *m* rosé

rosal *m* rosebush

rosaleda *f* rose garden

rosario *m* **1** REL rosary **2** *fig* string; **acabar como el** ~ **de la aurora** end badly

rosbif *m* GASTR roast beef

rosca *f* **1** TÉC thread; **pasarse de** ~ *de tornillo* have its thread stripped; *fig* go too far, overstep the mark **2** GASTR F *pastry similar to a donut*; **hacer la** ~ **a alguien** butter s.o. up, sweet-talk s.o.; **no comerse una** ~ F have no luck with the opposite sex

rosco *m* GASTR *pastry similar to a donut*; **no comerse un** ~ F ☞ **rosca**

roscón *m* GASTR *large ring-shaped cake*

◇ **roscón de Reyes** GASTR *large ring-shaped cake traditionally eaten at Epiphany*

roseta *f* rose window

rosetón *m* **1** ARQUI rose window **2** *de luz* ceiling rose

rosita *f*: **irse de** ~**s** (*sin ayudar*) be along for the ride

rosquilla *f* *pastry similar to a donut*; **venderse como** ~**s** F sell like hotcakes F

rosticería *f* *L.Am. type of deli that sells roast chicken*

rostro *m* face; **tener mucho** ~ *fig* F have a lot of nerve F

rotación *f* rotation

◇ **rotación de cultivos** AGR crop rotation

rotar ⟨1a⟩ *v/i de personas* take turns

rotativa *f* TIP rotary press

rotativo *m* newspaper

rotatorio *adj* rotary

rotisería *f* *L.Am.* deli, delicatessen

roto I *part* ☞ **romper II** *adj pierna etc* broken; (*hecho añicos*) smashed; *tela, papel* torn **III** *m*, -**a** *f Chi* one of the urban poor **IV** *m en prenda de vestir* tear, rip; **valer** *o* **servir lo mismo para un** ~ **que para un descosido** *fig* F be useful for lots of things

rotonda *f* traffic circle, *Br* roundabout

rotor *m* TÉC rotor

rotoso *adj Rpl* scruffy

rótula *f* **1** ANAT knee cap, *fml* patella **2** TÉC ball-and-socket joint

rotulación *f* labeling, *Br* labelling

rotulador *m* fiber-tip, *Br* fibre-tip, felt-tip

rotular ⟨1a⟩ *v/t* label

rotulista *m/f* signwriter

rótulo *m* sign

rotundamente *adv* categorically, emphatically

rotundidad *f*: **con ~** flatly, categorically

rotundo *adj fig* categorical

rotura *f* breakage; **una ~ de cadera** MED a broken hip

roturación *f* AGR plowing, *Br* ploughing

roturar ⟨1a⟩ *v/t* AGR plow, *Br* plough

rozadura *f* chafing, rubbing

rozagante *adj* healthy

rozamiento *m* rubbing; FÍS friction

rozar ⟨1f⟩ **I** *v/t* **1** rub **2** (*tocar ligeramente*) brush; *fig* (*tener relación con*) touch on **3**: **~ los sesenta** be pushing 60 **F II** *v/i* rub; **rozarse** *v/r* **1** (*rasparse*) rub **2** (*desgastarse*) wear

r.p.m. *abr* (= *revoluciones por minuto*) rpm (= revolutions per minute)

rte. *abr* (= *remitente*) sender

RTVE *f abr* (= *Radiotelevisión Española*) Spanish Radio and Television

ruana *f Ecuad* poncho

ruano *adj* ☞ **roano**

rubeola, rubéola *f* MED German measles *sg*

rubí *m* ruby

rubiales *m/f inv* blonde guy; *mujer* blonde (woman)

rubicundo *adj* ruddy

rubio *adj* blonde; **tabaco ~** Virginia tobacco

◇ **rubio ceniza** ash blonde

◇ **rubio platino** platinum blonde

rublo *m* rouble

rubor *m* flush

ruborizar ⟨1f⟩ *v/t* blush; **ruborizarse** *v/r* go red, blush

ruboroso *adj*: **estar ~** be blushing; **ser ~** blush easily

rúbrica *f* **1** *de firma* flourish **2** *fml* (*epígrafe*) heading

rubricar ⟨1g⟩ *v/t* **1** *fml documento* sign **2** *fig* endorse, sanction

rubro *m* L.Am. category, heading

rudeza *f* roughness

rudimentario *adj* rudimentary

rudimento *m* rudiment, basic; **~s** *pl* rudiments, basics

rudo *adj* **1** *al tacto* rough **2** *persona* rude

rueca *f* distaff

rueda *f* wheel; **ir o marchar sobre ~s** *fig* go *o* run smoothly; **hacer la ~ de pavón** display

◇ **rueda de auxilio** *Rpl* spare wheel; **rueda de Chicago** *Andes* Ferris wheel; **rueda dentada** cogwheel; **rueda gigante** *CSur* Ferris wheel; **rueda de prensa** press conference; **rueda de recambio** spare wheel; **rueda de reconocimiento** JUR line-up, *Br* ID parade

ruedo *m* TAUR bullring; **dar la vuelta al ~** do a lap of honor *o Br* honour

ruego I *vb* ☞ **rogar II** *m* request

rufián *m* rogue

rugby *m* rugby

rugido *m de león* roar; *de estómago* rumble, growl

rugir ⟨3c⟩ *v/i de león* roar; *de estómago* rumble, growl

rugosidad *f* roughness

rugoso *adj superficie* rough

ruibarbo *m* BOT rhubarb

ruido *m* noise; **hacer ~** make a noise; **armar mucho ~** make a lot of noise; *fig* make a fuss; **mucho ~ y pocas nueces** all talk and no action

◇ **ruido de fondo** background noise

◇ **ruido de sables** *fig* saber rattling

ruidoso *adj* noisy

ruin *adj* **1** (*despreciable*) despicable, mean **2** (*tacaño*) mean, miserly

ruina *f* **1** (*quiebra*) ruin; **amenazar ~** be on the point of collapse; **llevar a alguien a la ~** bankrupt s.o.; **estar en la ~** be in dire straits **2** *persona*: **estar hecho una ~** be a wreck **3** *de edificio*: **~s** *pl* ruins

ruinoso *adj* in ruins; **estado ~** dilapidated state

ruiseñor *m* ZO nightingale

ruleta *f* roulette

ruletero *m Méx* cab *o* taxi driver

rulo *m* roller

Rumania *f* Romania, Rumania

rumano I *adj* Romanian, Rumanian **II** *m*, **-a** *f* Romanian, Rumanian

rumbeador *m Rpl* tracker

rumbear ⟨1a⟩ *v/i L.Am.* head (**para** for)

rumbo *m* course; **tomar ~ a** head for;

perder el ~ *fig* lose one's way; *tomar otro* ~ *tb fig* take a different course

rumboso *adj* lavish

rumiante *m/adj* ruminant

rumiar ⟨1b⟩ *v/t fig* ponder

rumor *m* rumor, *Br* rumour

rumorearse ⟨1a⟩ *v/r* be rumored, *Br* be rumoured; *se rumorea que* it is rumored that

rumoreo *m* rumors *pl*, *Br* rumours *pl*

rumorología *f* F rumormongering, *Br* rumourmongering

runrún *m* F murmur

runrunear *vb* ☞ **ronronear**

rupestre *adj*: *pintura* ~ cave painting

rupia *f* rupee

ruptura *f de relaciones* breaking off; *de pareja* break-up

rural I *adj* rural II *m* 1 *Rpl* station wagon, *Br* estate car 2 *Méx*: ~*es pl* (rural) police

Rusia *f* Russia

ruso I *adj* Russian II *m*, *-a f* Russian

rústico *adj* 1 *mueble, casa* rustic 2 (*tosco*) coarse 3: *en -a libro* softcover *atr*

ruta *f* route

rutilante *adj* gleaming, twinkling

rutilar ⟨1a⟩ *v/i lit* gleam

rutina *f* routine

rutinario *adj* routine *atr*

S

S *abr* (= *sur*) S (= South(ern))

s. *abr* (= *siglo*) C (= century)

S.A. *abr* (= *sociedad anónima*) inc (= incorporated), *Br* plc (= public limited company)

sábado *m* Saturday; *Sábado Santo o de Gloria* Easter Saturday

sábalo *m* ZO shad

sabana *f* savanna(h)

sábana *f* sheet; *se le pegan las* ~*s* he oversleeps

◇ **sábana ajustable** fitted sheet

◇ **sábana encimera** top sheet

sabandija *f* 1 bug F, *Br* creepy-crawly F 2 *fig persona* louse F

sabañón *m* chilblain

sabatino *adj* Saturday *atr*

sabedor *adj*: *ser* ~ *de algo* know about sth

sabelotodo *m* F know-it-all, *Br* know-all

saber ⟨2n⟩ I *v/t* 1 know; *hacer* ~ *algo a alguien* let s.o. know sth; *¿cómo lo sabes?* how do you know?; *¡si lo sabré yo!* don't I know it!; *¡para que lo sepas!* so there!; *sabérselas todas* F know every trick in the book

2 (*ser capaz de*): ~ *hacer algo* know how to do sth, be able to do sth; *sé nadar / leer* I can swim / read; ~ *alemán* know German

3 (*enterarse*) find out; *lo supe ayer* I found out yesterday

II *v/i* 1 know (*de* about); *¡vete a* ~*!*, *¡va-ya usted a* ~*!* heaven knows; *¡quién sabe!* who knows!; *¡qué sé yo!* who knows?; *que yo sepa* as far as I know; *no que yo sepa* not as far as I know; *hace mucho que no sé de ella* I haven't heard from her for a long time 2 (*tener sabor*) taste (*a* of); *me sabe a quemado* it tastes burnt to me; *las vacaciones me han sabido a poco* my vacation went much too quickly; *me sabe mal fig* it upsets me

III *m* knowledge, learning

IV: *a* ~ namely

saberse *v/r*: *nunca se sabe* you never know

sabidillo *adj* F ☞ **sabihondo**

sabido *adj* well-known; *de todos es* ~ it is well known, everybody knows

sabiduría *f* wisdom; (*conocimientos*) knowledge

sabiendas *fpl*: *a* ~ knowingly; *a* ~ *que* knowing full well that

sabihondo F I *adj*: *es muy* ~ he's a real know-it-all, *Br* he's a real know-all II *m*, *-a f* know-it-all, *Br* know-all

sabio I *adj* 1 wise 2 (*sensato*) sensible II *m*, *-a f* 1 wise person 2 (*experto*) expert

sabiondo *adj* F ☞ **sabihondo**

sablazo *m*: *dar un* ~ *a alguien* F scrounge money off s.o. F

sable *m* saber, *Br* sabre

sablear ⟨1a⟩ *v/t & v/i L.Am.* F scrounge

(*a* from)

sablista *m/f* F scrounger F

sabor *m* flavor, *Br* flavour, taste; *dejar mal ~ de boca* *fig* leave a bad taste in the mouth

saborear ⟨1a⟩ *v/t* **1** *comida* savor, *Br* savour **2** *fig* relish

saborizante *m* flavoring, *Br* flavouring

sabotaje *m* sabotage

saboteador *m*, **~a** *f* saboteur

sabotear ⟨1a⟩ *v/t* sabotage

sabroso *adj* **1** *comida* tasty; *fig conversación* juicy **2** *L.Am.* (*agradable*) nice, pleasant

sabrosura *f L.Am.* tasty dish

sabueso *m* **1** ZO bloodhound **2** *fig* sleuth

saca *f* sack

sacacorchos *m inv* corkscrew

sacamuelas *m inv* F *desp* dentist

sacapuntas *m inv* pencil sharpener

sacar ⟨1g⟩ *v/t* **1** take out; *~ de paseo* take for a walk; *~ a alguien a bailar* ask s.o. to dance

2 *mancha* take out, remove

3 *disco, libro* bring out

4 *fotocopias* make; *le sacó bien* PINT, FOT that's a good picture of you

5 (*conseguir*) get; *~ información* get information; *¿de dónde has sacado el dinero?* where did you get the money from?; *~ un buen sueldo* make good money

6: *~ a alguien de sí* drive s.o. mad; *~ algo en claro* (*entender*) make sense of sth; *me saca dos años* he is two years older than me

sacarse *v/r* **1** *L.Am. ropa* take off **2**: *se sacó el carnet de conducir el año pasado* he got his license last year

sacarina *f* saccharin(e)

sacerdocio *m* priesthood

sacerdotal *adj* priestly

sacerdote *m* priest

sacerdotisa *f* priestess

saciar ⟨1b⟩ *v/t fig* satisfy, fulfill, *Br* fulfil; *saciarse* *v/r* be satisfied

saciedad *f* satiety; *repetir algo hasta la ~ fig* repeat sth time and again, repeat sth ad nauseam

saco *m* **1** sack; *mis consejos cayeron en ~ roto* my advice fell on stony ground; *tener algo / a alguien en el ~ fig* F have sth / s.o. in the bag **2**

L.Am. chaqueta jacket **3**: *entrar a ~ en* F burst into, barge into F

◇ **saco de dormir** sleeping bag

◇ **saco de punta** *L.Am.* cardigan

sacramental *adj* sacramental

sacramento *m* sacrament; *últimos ~s* last rites

sacrificado *adj* self-sacrificing

sacrificar ⟨1g⟩ *v/t* **1** (*ofrecer*) sacrifice **2** (*matar*) slaughter; **sacrificarse** *v/r* make sacrifices (*por* for)

sacrificio *m tb en béisbol* sacrifice

sacrilegio *m* sacrilege

sacrílego *adj* sacrilegious

sacristán *m* sexton

sacristía *f* vestry

sacro *adj* sacred, holy; *música -a* sacred music; *hueso ~* ANAT sacrum

sacrosanto *adj* sacrosanct

sacudida *f* **1** *a alfombra, de avión* shake **2** EL shock

sacudidor *m* duster

sacudimiento *m* **1** *a alfrombra, de avión* shake **2** EL shock

sacudir ⟨3a⟩ **I** *v/t* **1** *tb fig* shake **2** F *niño* beat, wallop F; **sacudirse** *v/r* shake off, shrug off; *~ alguien (de encima)* get rid of s.o.

sádico **I** *adj* sadistic **II** *m*, **-a** *f* sadist

sadismo *m* sadism

sadomasoquismo *m* sadomasochism

sadomasoquista **I** *adj* sadomasochistic **II** *m/f* sadomasochist

saeta *f* **1** (*flecha*) arrow; (*dardo*) dart **2** *de reloj* hand **3** REL: *verse sung at processions during Holy Week*

safari *m* safari; *ir de ~* go on safari

◇ **safari fotográfico** photo safari

saga *f* saga

sagacidad *f* shrewdness, sharpness

sagaz *adj* shrewd, sharp

sagitariano *L.Am.* ASTR **I** *adj* Sagittarian; *soy ~* I'm a (a) Sagittarian, I'm (a) Sagittarius **II** *m*, **-a** *f* Sagittarian, Sagittarius

Sagitario ASTR **I** *adj* Sagittarian; *soy ~* I'm a (a) Sagittarian, I'm (a) Sagittarius **II** *m/f inv* Sagittarius

sagrado *adj* sacred, holy

sagrario *m* tabernacle

Sahara *m* Sahara

sahariana *f* safari jacket

sahariano *adj* Saharan

SAI *m abr* (= *sistema de alimentación*

ininterrumpible) UPS (= uninterruptible power supply)

sainete *m* TEA short farce, one-act play

sajar ⟨1a⟩ *v/t* MED cut open

sajón I *adj* Saxon II *m*, **-ona** *f* Saxon

sal I *f* **1** salt; *sin* ~ salt-free, without salt; *bajo en* ~ low in salt, low-salt *atr* **2** *fig* (*garbo, gracia*) wit; ~ *y pimienta* spark, zest **3** *C.Am.*, *Méx* bad luck II *vb* ☞ *salir*

◇ **sal común** cooking salt; **sal gema** rock salt; **sal gorda**, **sal gruesa** cooking salt; **sal marina** sea salt; **sales de baño** bath salts

sala *f* room, hall; *de cine* screen; JUR court room

◇ **sala de lo civil** civil court; **sala de embarque** AVIA departure lounge; **sala de espera** waiting room; **sala de estar** living room; **sala de fiestas** night club; **sala de juntas** boardroom; **sala de máquinas** MAR engine room; **sala de lo penal** criminal court; **sala de sesiones** boardroom

saladero *m L.Am.* meat / fish salting factory

saladito *m Rpl* canapé

salado *adj* **1** (*con sal*) salted; (*con demasiada sal*) salty **2** (*no dulce*) savory, *Br* savoury **3** *fig* funny, witty **4** *C.Am.*, *Chi*, *Rpl* F pricey F

saladura *f* salting

salamandra *f* **1** ZO salamander **2** *estufa* portable heater

salamanquesa *f* ZO gecko

salami *m* salami

salar ⟨1a⟩ I *v/t* add salt to, salt; *para conservar* salt II *m Arg* salt mine

salarial *adj* salary *atr*

salario *m* salary, wage

◇ **salario base** basic wage

◇ **salario mínimo** minimum wage

salazón *f* **1** *acto* salting; *en* ~ salt *atr* **2**: *salazones pl carne* salted meat *sg*; *pescado* salted fish *sg*

salchicha *f* sausage

salchichería *f* pork butcher's (store), charcuterie

salchichón *m* type of spiced sausage

saldar ⟨1a⟩ *v/t* **1** *disputa* settle; *deuda* settle, pay **2** *géneros* sell off; **saldarse** *v/r* result (*con* in)

saldo *m* **1** COM balance **2** (*resultado*) result **3**: ~*s pl* clearance sale *sg*; *de* ~ *ar-*

tículo reduced, on sale

◇ **saldo acreedor** credit balance

◇ **saldo deudor** debit balance

saldré *vb* ☞ *salir*

saledizo ARQUI I *adj* projecting II *m* overhang, projection

salero *m* **1** *recipiente* salt cellar **2** *fig* wit

saleroso *adj* funny, witty

salesiano REL I *adj* Salesian II *m* Salesian

salga *vb* ☞ *salir*

salgo *vb* ☞ *salir*

salida *f* **1** *de edificio, zoo etc* exit, way out; *de autopista* exit **2** TRANSP departure **3** DEP *de carrera* start; *tomar la* ~ start; *dar la* ~ give the starting signal *o* the off **4** COM: *tiene* ~ there's a market for it; ~ *a bolsa* flotation **5** *fig* opportunity, opening; ~ *profesional* career opportunity

◇ **salida de emergencia** emergency exit; **salida nula** DEP false start; **salida del sol** sunrise; **salida de tono** ill-judged remark

saliente I *adj* **1** *borde, moldura* projecting, protruding **2** *presidente* retiring, outgoing II *m* ARQUI projection

salina *f* salt mine; ~*s pl* saltworks *sg*

salinidad *f* salinity

salino *adj* saline

salir ⟨3r⟩ *v/i* **1** leave, go out; ~ *de* (*ir fuera de*) leave, go out of; (*venir fuera de*) leave, come out of; ~ *a Avda. América* come out onto Avda. América; *de calle* lead to Avda. América; ~ *de apuros* get out of difficulties; ~ *corriendo* run off; ~ *con alguien* date s.o., go out with s.o.

2 (*aparecer*) appear, come out

3: ~ *a bolsa* float, be floated

4 DEP *en carrera* start; ~ *fuera de pelota* go out

5 INFOR *de programa* quit, exit

6 (*parecerse a*): ~ *a alguien de bebé* take after s.o.

7 (*resultar*): ~ *bien* / *mal* turn out well / badly; *salió caro tb fig* it worked out expensive; ~ *ileso* escape unharmed; ~ *perdiendo* end up losing; ~ *a 1000 colones* cost 1000 colons; *a lo que salga* any old how

8: *¡ya salió aquello!* F why did you have to bring that up?; ~ *con algo* F come out with sth; *¿y ahora me sales*

con que no tienes dinero? and you're telling me now that you don't have any money?
9 (*conseguir*): *el dibujo no me sale* F I can't get this drawing right; *no me salió el trabajo* I didn't get the job
10: *~ por alguien* stand up for s.o.
salirse *v/r* **1** *de líquido* overflow **2** (*dejar*) leave; *~ de* leave; *~ de la carretera* leave the road, go off the road **3**: *~ con la suya* get what one wants
salitre *m* saltpeter, *Br* saltpetre
saliva *f* saliva; *gastar ~ fig* F waste one's breath; *tragar ~ fig* F hold one's tongue
salivación *f* salivation
salival *adj* salivary; *glándula ~* ANAT salivary gland
salivar ⟨1a⟩ *v/i* **1** salivate **2** *L.Am.* escupir spit
salmantino *adj* of / from Salamanca, Salamanca *atr*
salmo *m* psalm
salmodia *f* F droning
salmón I *m* ZO salmon **II** *adj* salmon-pink; *color ~* salmon
salmonelosis *f* MED salmonella
salmonete *m* ZO red mullet
salmuera *f* pickle, brine
salobre *adj* salt; (*con demasiada sal*) salty
salomónico *adj* just, fair
salón *m* living room
◇ **salón de actos** auditorium, hall; **salón del automóvil** car show, *Br* motor show; **salón de baile** dance hall; **salón de belleza** beauty parlor, *Br* beauty parlour, beautician's; **salón de té** tearoom
salpicadera *f Méx* AUTO fender, *Br* mudguard
salpicadero *m* AUTO dash(board)
salpicadura *f* stain
salpicar ⟨1g⟩ **I** *v/t* **1** splash, spatter (*con* with); *fig* sprinkle, pepper **2** (*afectar negativamente*) tarnish, touch **II** *v/i* splash; *de aceite* spit
salpicón *m* GASTR *vegetable salad with chopped meat or fish*
salpimentar ⟨1k⟩ *v/t* season (with salt and pepper)
salsa *f* **1** GASTR sauce; *en su ~ fig* in one's element **2** *baile* salsa
salsera *f* sauce boat
salsifí *m* BOT salsify

saltador *m,* *~a f* DEP jumper
◇ **saltador de altura** high jumper; **saltador de esquí** ski jumper; **saltador de longitud** long jumper, broad jumper; **saltador de pértiga** pole-vaulter; **saltador de trampolín** diver
saltamontes *m inv* ZO grasshopper
saltar ⟨1a⟩ **I** *v/i* **1** jump, leap; *~ a la comba* jump rope, *Br* skip; *andar o estar a la que salta* never miss an opportunity **2** (*abalanzarse*): *~ sobre* pounce on; *~ a la vista fig* be obvious, be clear **3** *de fusible, plomos* blow; *~ por los aires* blow up, explode **4**: *saltó con una sarta de estupideces* he came out with one stupid thing after another
II *v/t* **1** *valla* jump **2**: *~ la banca* break the bank
saltarse *v/r* (*omitir*) miss, skip
saltarín *adj* fidgety, nervous
salteador *m*: *~ (de caminos)* highwayman
saltear ⟨1a⟩ *v/t* GASTR sauté
saltimbanqui *m* acrobat
salto *m* leap, jump; *dar un ~* jump; *dar un ~ adelante* jump forward; *~ atrás tb fig* step backwards; *de un ~* in one jump; *dar ~s de alegría* jump for joy; *triple ~* triple jump; *concurso de ~s* showjumping competition
◇ **salto de agua** waterfall; **salto alto** *L.Am.* high jump; **salto de altura** high jump; **salto de cama** negligee; **salto entre dos** *en baloncesto* jump ball; **salto con garrocha** DEP *L.Am.* pole vault; **salto inicial** *en baloncesto* tip-off; **salto largo** *L.Am.* long jump, broad jump; **salto de longitud** DEP long jump, broad jump; **salto mortal** somersault; **salto con pértiga** DEP pole vault; **salto de trampolín** DEP dive
saltón *adj*: *ojos saltones* bulging eyes
salubre *adj* healthy, salubrious *fml*
salubridad *f L.Am.* health; *Salubridad* Department of Health
salud *f* health; *¡(a tu) ~!* cheers!; *~ de hierro* iron constitution
saludable *adj* healthy
saludar ⟨1a⟩ *v/t* **1** say hello to, greet; *salúdele de mi parte* say hello to him for me **2** MIL salute
saludo *m* **1** greeting; *mandar ~s a alguien* send s.o. one's regards *o* one's

best wishes **2** *en carta:* **~s** best wishes; (**reciba**) **un cordial ~** regards, (with) best wishes **3** MIL salute

salva f: **~ de aplausos** round of applause

salvación f **1** REL salvation **2** (*rescate*) rescue

salvado m bran

salvador m REL savior, *Br* saviour

salvadoreño I *adj* Salvador(e)an **II** m, -a f Salvador(e)an

salvaguarda f ☞ **salvaguardia**

salvaguardar ⟨1a⟩ *v/t* safeguard, protect

salvaguardia f safeguard

salvajada f atrocity, act of savagery; **decir una ~** say something outrageous

salvaje I *adj* **1** *animal* wild **2** (*bruto*) brutal **II** m/f savage

salvajismo m savagery

salvamanteles m inv table mat

salvamento m rescue; **buque de ~** life boat

salvapantallas m inv INFOR screensaver

salvar ⟨1a⟩ *v/t* **1** *vida, matrimonio* save; **~ la vida a alguien** save s.o.'s life **2** *obstáculo* get round, get over **3** REL save; **salvarse** *v/r* **1** escape, get out; **sálvese quien pueda** *fig* every man for himself **2** REL be saved

salvaslip m panty liner

salvavidas I *adj:* **bote ~** lifeboat; **chaleco ~** life jacket **II** m inv **1** life belt; **chaleco** life jacket **2** *L.Am.* socorrista life guard

salvedad f (*excepción*) exception; **con la ~ de** with the exception of; **hacer una ~** make an exception

salvia f BOT sage

salvo I *adj:* **estar a ~** be safe (and sound); **ponerse a ~** reach safety **II** *adv & prp* except, save; **~ error u omisión** errors and omissions excepted; **~ que** unless

salvoconducto m safe-conduct

samaritano m, -a f: **el buen ~** the good Samaritan

sambenito m: **le han colgado el ~ de vago** F they've got him down as idle F

sambumbia f *L.Am.* watery drink

San *adj* Saint

sanable *adj* curable

sanalotodo m cure-all, panacea

sanar ⟨1a⟩ **I** *v/t* cure **II** *v/i de persona* get

well, recover; *de herida* heal

sanatorio m sanitarium, clinic

San Bernardo m/f *perro* St Bernard

sanción f JUR penalty, sanction; **~ económica** economic sanction

sancionable *adj* punishable

sancionar ⟨1a⟩ *v/t* **1** penalize **2** (*multar*) fine

sancocho m *Carib* type of stew

sandalia f sandal

sándalo m BOT sandalwood

sandez f nonsense; **decir sandeces** talk nonsense; **una ~** a piece of nonsense

sandía f watermelon

sandunga f wit

sandwich m tostado toasted sandwich; *L.Am.* sin tostar sandwich

saneamiento m **1** *de terreno, edificio* cleaning up **2** COM restructuring, rationalization

sanear ⟨1a⟩ *v/t* **1** *terreno, edificio* clean up **2** COM restructure, rationalize

sangrar ⟨1a⟩ **I** *v/t:* **~ a alguien** *fig* F bleed s.o. dry **II** *v/i* bleed; **~ por la nariz** have a nosebleed

sangre f blood; **echaba ~ por la nariz** his nose was bleeding; **hacerse mala ~** get all worked up; **tener mala ~** be mean; **la ~ se le subió a la cabeza** the blood rushed to his head; **lo lleva en la ~** it's in his blood; **no tener ~ en las venas** *fig* be a cold fish; **no llegará la ~ al río** it won't come to that, it won't be that bad; **sudar~** sweat blood; **a ~ y fuego** ruthlessly

◇ **sangre azul** blue blood

◇ **sangre fría** *fig* calmness, coolness; **a ~** in cold blood

sangría f **1** GASTR sangria **2** TIP indent

sangriento *adj* bloody

sangrigordo *adj Méx* tedious, boring

sanguijuela f ZO, *fig* leech

sanguina *adj:* **naranja ~** blood orange

sanguinario *adj* bloodthirsty

sanguíneo *adj* **1** MED blood *atr* **2** *temperamento* sanguine

sanguinolento *adj* **1** *herida, mancha* bleeding, bloody **2** *ojos* bloodshot

sanidad f health

sanitario I *adj* (public) health *atr* **II** m, -a f *Rpl* plumber

sanitarios mpl bathroom fittings

sano *adj* healthy; **~ y salvo** safe and well; **cortar por lo ~** take drastic mea-

sures
sánscrito *m* Sanskrit
sanseacabó: y ~ F and that's that F
santanderino *adj* of / from Santander, Santander *atr*
santiagués *adj* of / from Santiago de Compostela, Santiago *atr*
santiaguino *adj* of / from Santiago de Chile, Santiago *atr*
santiamén *m*: **en un ~** F in an instant
santidad *f*: **Su Santidad** His Holiness
santificación *f* sanctification
santificar ⟨1g⟩ *v/t* sanctify
santiguar ⟨1i⟩ *v/t* bless; **santiguarse** *v/r* cross o.s., make the sign of the cross
santísimo I *adj sup* (most) holy II *m* REL: **el Santísimo** the Holy Sacrament
santo I *adj* holy
  II *m*, **-a** *f* saint; **¿a ~ de qué?** F what on earth for? F; **no es ~ de mi devoción** F I don't like him very much, he isn't my favorite *o Br* favourite person; **quedarse para vestir ~s** F be left on the shelf; **tener el ~ de cara** be incredibly lucky, have the luck of the devil; **tener el ~ de espaldas** have no luck at all; **fue llegar y besar el ~** F everything fell into his lap; **se me ha ido el ~ al cielo** F it has gone right out of my head; **dormir como un ~** sleep like a baby *o* a log; **Todos los Santos** All Saints' (Day)
  III *m* (*onomástica*) saint's day
◇ **santo y seña** F password
santón *m* holy man
santoral *m* hagiography
santuario *m fig* sanctuary
santurrón I *adj* sanctimonious II *m*, **-ona** *f* sanctimonious person, *Br tb* Holy Willie F
saña *f* viciousness
sapiencia *f* wisdom
sapo *m* ZO toad; **echar ~s y culebras** *fig* curse and swear; **tragar(se) ~s** *fig* F grin and bear it
saque *m* **1** *en fútbol* kick; *con las manos* throw; *en tenis* serve **2**: **tener buen ~** F have a big appetite
◇ **saque de banda** *en fútbol* throw-in; **saque de esquina** *en fútbol* corner (kick); **saque de fondo** *en fútbol* goal kick; **saque inicial** *en fútbol* kick-off; **saque lateral** *Rpl*: *en fútbol* throw-in; **saque de puerta** *en fútbol* goal kick; **saque de valla** *Rpl*: *en fútbol* goal kick

saqueador *m*, **~a** *f* looter
saquear ⟨1a⟩ *v/t* sack, ransack
S.A.R. *abr* (= **Su Alteza Real**) HRH (= His / Her Royal Highness)
sarampión *m* MED measles *sg*
sarao *m* party
sarape *m Méx* poncho, blanket
sarasa *m* F fag V, *Br* poof F
sarcasmo *m* sarcasm
sarcástico *adj* sarcastic
sarcófago *m* sarcophagus
sarcoma *m* MED sarcoma
sardana *f* sardana (*traditional Catalan dance*)
sardina *f* sardine; **como ~s en lata** like sardines
sardinero I *adj* sardine *atr* II *m*, **-a** *f* sardine seller
sardónico *adj* sardonic
sargento *m* sergeant
◇ **sargento primero** sergeant 1st class, *Br* sergeant-major
sarna *f* MED scabies *sg*; **más viejo que la ~** as old as the hills
sarnoso *adj* scabby
sarpullido *m* MED rash
sarracina *f* brawl
sarraceno I *adj* Saracen II *m*, **-a** *f* Saracen
sarro *m* tartar
sarta *f* string, series *sg*; **~ de mentiras** pack of lies
sartén *f* frying pan; **saltar de la ~ y dar en las brasas** *fig* F jump out of the frying pan and into the fire; **tener la ~ por el mango** *fig* be the boss, be in the driving seat
sastra *f* tailor(ess)
sastre *m* tailor
sastrería *f* **1** *actividad* tailoring **2** (*taller*) tailor's shop
satán, satanás *m* Satan
satánico *adj* satanic
satélite *m* satellite; **ciudad ~** satellite town
◇ **satélite de comunicaciones** communications satellite; **satélite espía** spy satellite; **satélite meteorológico** weather satellite
satén *m*, **satín** *m* satin
satinado *adj papel, pintura* glossy
sátira *f* satire
satírico I *adj* satirical II *m*, **-a** *f* satirist
satirizar ⟨1f⟩ *v/t* satirize

sátiro *m* MYTH satyr; *fig* lecher

satisfacción *f* satisfaction; *se acabó a mi ~* it ended to my satisfaction, it ended satisfactorily; *dar ~* give satisfaction

satisfacer ⟨2s; *part* **satisfecho**⟩ *v/t* **1** satisfy **2** *requisito, exigencia* meet, fulfill, *Br* fulfil **3** *deuda* settle, pay off; **satisfacerse** *v/r* be satisfied (*con* with)

satisfactorio *adj* satisfactory

satisfecho I *part* ☞ **satisfacer II** *adj* **1** satisfied; *darse por ~* be satisfied (*con* with) **2** (*lleno*) full

saturación *f* QUÍM *tb fig* saturation; *~ del mercado* COM market saturation

saturar ⟨1a⟩ *v/t* saturate

saturnismo *m* lead poisoning

sauce *m* BOT willow

◇ **sauce llorón** weeping willow

saúco *m* BOT elder

saudí *m/f* & *adj* Saudi

saudita *m/f* Saudi

sauna *f* sauna

saurio *m* ZO saurian

savia *f* BOT sap; *fig* vitality

saxo *m* sax

saxofón, saxófono *m* saxophone, sax

saxofonista *m/f* saxophonist

saya *f* **1** skirt **2** (*enagua*) petticoat

sayal *m* *coarse cloth made from wool*

sayo *m* smock

sazón *f* **1** *lit*: *a la ~* at that time **2**: *estar en ~ fruta* be ripe

sazonado *adj* seasoned

sazonar ⟨1a⟩ *v/t* GASTR season

scooter *m* motor scooter

se 1 *pron complemento indirecto*: *a él* (to) him; *a ella* (to) her; *a usted, ustedes* (to) you; *a ellos* (to) them; *~ lo daré* I will give it to him / her / you / them **2** *reflexivo*: *con él* himself; *con ella* herself; *cosa* itself; *con usted* yourself; *con ustedes* yourselves; *con ellos* themselves; *~ vistió* he got dressed, he dressed himself; *se lavó las manos* she washed her hands; *~ sentó* he sat down; *~ abrazaron* they hugged each other

3 *oración impersonal*: *~ cree* it is thought; *~ habla español* Spanish spoken

SE *abr* (= *sudeste*) SE (= Southeast)

S.E. *abr* (= *Su Excelencia*) HE (= His / Her Excellency)

sé *vb* ☞ **saber**

sea *vb* ☞ **ser**

sebáceo *adj* sebaceous; *glándula -a* ANAT sebaceous gland

sebo *m* grease, fat

seboso *adj* greasy

secadero *m* drying shed

secado *m* drying; *de ~ rápido tejido* quick-dry

secador *m*: *~ (de pelo)* hair dryer

secadora *f* dryer

secano *m* unirrigated land

secante I *m* blotting paper **II** *f* MAT secant

secar ⟨1g⟩ *v/t* dry; **secarse** *v/r* dry; *de planta* wither

sección *f* **1** GEOM section **2** BOT cutting **3** *de documento, organización* section **4** MIL platoon

seccionar ⟨1a⟩ *v/t* **1** (*cortar*) cut (off) **2** (*dividir en secciones*) divide into sections

secesión *f* POL secession

seco *adj* **1** dry; *planta* dried up; *estar ~* F (*tener sed*) be parched F **2** *fig* (*antipático*) curt, brusque **3**: *dejar a alguien ~* F kill s.o. stone dead; *parar en ~* stop dead **4**: *llámala Carmen a -as* just call her Carmen

secreción *f* secretion

secretar ⟨1a⟩ *v/t* secrete

secretaria *f* secretary; *~ con idiomas* bilingual / trilingual secretary

◇ **secretaria de dirección** executive secretary

secretaría *f de colegio* secretary's office; *de organización* secretariat

secretariado *m* **1** *estudios* secretarial studies *pl* **2** *puesto* secretaryship, post of secretary **3** *organismo* secretariat

secretario *m tb* POL secretary

◇ **secretario de Defensa** Defense Secretary, Secretary of Defense, *Br* Minister of Defence; **secretario de Estado** *Esp* under secretary, *Br* junior minister; **secretario general** POL secretary-general

secretear *v/i* F ⟨1a⟩ whisper

secreteo *m* F whispering

secreter *m mueble* writing desk

secretismo *m* secrecy

secreto I *adj* secret **II** *m* secret; *un ~ a voces* an open secret; *en ~* in secret

◇ **secreto bancario** client confidentiality

◇ **secreto profesional** professional secrecy

secta *f* sect

sectario *adj* sectarian

sectarismo *m* sectarianism

sector *m* sector

◇ **sector (de) servicios** service sector

secuaz *m/f* follower

secuela *f* MED after-effect

secuencia *f* sequence

secuencial *adj* INFOR sequential

secuestrador *m*, ~a *f* kidnapper, abductor

◇ **secuestrador aéreo** hijacker

secuestrar ⟨1a⟩ *v/t barco, avión* hijack; *persona* kidnap, abduct

secuestro *m de barco, avión* hijacking; *de persona* kidnapping, abduction

◇ **secuestro aéreo** hijacking

secular *adj* secular, lay

secularizar ⟨1f⟩ *v/t* secularize

secundar ⟨1a⟩ *v/t* support, back

secundario *adj* secondary

sed *f tb fig* thirst (*de* for); **tener ~** be thirsty; **~ de libertad** thirst for freedom; **~ de poder** thirst for power

seda *f* silk; *de ~* silk *atr*; *como una* ~ F as smooth as silk

◇ **seda artificial** artificial silk

sedación *f* MED sedation

sedal *m* fishing line

sedante *m/adj* MED sedative

sedar ⟨1a⟩ *v/t* MED sedate

sedativo *adj* sedative

sede *f* **1** *de organización* headquarters *sg o pl*; **la Santa Sede** the Holy See **2** *de acontecimiento* site

◇ **sede social** head office

sedentario *adj* sedentary

sedición *f* sedition

sedicioso *adj* seditious

sediento *adj* thirsty; **estar ~ de** *fig* thirst for; **~ de venganza** thirsting for vengeance

sedimentación *f* sedimentation

sedimentar ⟨1a⟩ *v/t* deposit; **sedimentarse** *v/r* settle

sedimento *m* sediment

sedoso *adj* silky

seducción *f* **1** (*enamoramiento*) seduction **2** (*atracción*) attraction

seducir ⟨3o⟩ *v/t* **1** (*enamorar*) seduce **2** (*atraer*) attract **3** (*cautivar*) captivate, charm

seductor **I** *adj* **1** (*conquistador*) seductive **2** (*atractivo*) attractive **3** *oferta* tempting **II** *m* seducer

seductora *f* seductress

sefardí **I** *adj* Sephardic **II** *m/f* Sephardi

sefardita *m/f* Sephardi

segada *f en fútbol* scything tackle

segador *m* reaper, harvester

segadora *f* **1** *máquina* harvester **2** *mujer* reaper, harvester

◇ **segadora-atadora** binder

◇ **segadora-trilladora** combine harvester

segar ⟨1h & 1k⟩ *v/t* **1** AGR reap, harvest **2** *vida* cut short

seglar **I** *adj* secular, lay *atr* **II** *m* layman **III** *f* laywoman

segmentar ⟨1a⟩ *v/t* segment

segmento *m* segment

segregación *f* **1** segregation **2** BIO secretion

◇ **segregación racial** racial segregation

segregar ⟨1h⟩ *v/t* **1** (*aislar*) segregate **2** BIO secrete

seguida *f:* **en ~** at once, immediately

seguidamente *adv* immediately afterward

seguidilla *f* seguidilla (*popular Spanish dance*)

seguido **I** *adj* **1** consecutive, successive; **de ~** in a row, one after another **2** (*recto*): **ir todo ~** go straight on **II** *adv* L.Am. often, frequently

seguidor *m*, ~a *f* follower, supporter

seguimiento *m* **1** *de progreso, estudiante etc* monitoring **2** *de misil* tracking

seguir ⟨3l & 3d⟩ **I** *v/t* **1** *consejo, camino, moda etc* follow; **~ a alguien** follow s.o. **2** (*permanecer*): **~ fiel a alguien** remain faithful to s.o.

II *v/i* continue, carry on; **~ con algo** continue with sth, carry on with sth; **~ haciendo algo** go on doing sth, continue to do sth; **sigue cometiendo los mismos errores** he keeps on making the same mistakes; **sigue enfadado conmigo** he's still angry with me; **¡a ~ bien!** take care!, take it easy!

seguirse *v/r:* **~ de algo** follow from sth

según **I** *prp* according to; **~ él** according to him; **~ eso** which means; **~ el tiempo** depending on the weather; **~ y como, ~**

y conforme vaya depending on how things pan out **II** *adv* **1** it depends; *aceptaré o no*, ~ I might accept, it all depends **III** *conj* (*a medida que*): *la tensión crecía ~ se acercaba el final* the tension mounted as the end approached

segunda *f* **1**: *de ~ fig* second-rate **2** *en fútbol* second division

◇ **segunda base** *f en béisbol* second base; *jugador* second baseman

segundero *m* second hand

segundo I *adj* second; *prima -a* second cousin **II** *m* **1** second; *el ~ mejor* the second best **2** *de tiempo* second **3** *de una comida* second course **4** *de edificio*: *vivir en el ~* live on the third *o Br* second floor

segundogénito *m*, *-a f*, **segundón** *m*, *-ona f* second child

seguramente *adv* surely, probably

seguridad *f* **1** *de tratamiento, puente* safety; *cinturón de ~* seatbelt **2** *contra crimen* security **3** (*certeza*) certainty; *con toda ~* for sure

◇ **Seguridad Social** *Esp* Social Security

◇ **seguridad vial** road safety

seguro I *adj* **1** *tratamiento, puente* safe; *ir sobre ~* be on the safe side **2** (*estable*) steady **3** (*cierto*) sure; *es ~* it's a certainty; *dar algo por ~* be sure about sth; *no estoy tan ~* I'm not so sure; *a buen ~* definitely **4** *persona*: *~ de sí mismo* self-confident, sure of o.s. **II** *adv* for sure **III** *m* **1** COM insurance **2** *de puerta, coche* lock; *poner el ~* lock the door **3** *L.Am. para ropa etc* safety pin

◇ **seguro de desempleo** unemployment benefit *o* compensation; **seguro de equipajes** baggage insurance; **seguro del hogar** household insurance; **seguro de jubilación** pension plan; **seguro médico** medical insurance; **seguro de paro** unemployment benefit *o* compensation; **seguro a todo riesgo** all-risks insurance; **seguro de vida** life insurance

seis *m/adj* six

seiscientos *adj* six hundred

seísmo *m* earthquake

selección *f* selection; *~ de residuos* waste separation

◇ **selección nacional** DEP national team

◇ **selección natural** BIO natural selection

seleccionador *m* DEP: *~ nacional* national team manager

seleccionar ⟨1a⟩ *v/t* choose, select

selectividad *f Esp* university entrance exam

selectivo *adj* selective

selecto *adj* select, exclusive

selector *m* TÉC *de temperatura, función* switch

selenio *m* QUÍM selenium

sellado *m* **1** *de documento* stamp **2** (*precinto*) seal

sellar ⟨1a⟩ *v/t* **1** *documento* stamp **2** (*precintar*) seal

sello *m* **1** stamp; *~ de calidad* stamp of quality **2** *fig* hallmark

◇ **sello discográfico** record label

selva *f* **1** (*bosque*) forest **2** (*jungla*) jungle

◇ **selva tropical** tropical rain forest

◇ **selva virgen** virgin forest

selvático *adj* forest *atr*

semáforo *m* traffic light; *saltarse un ~ en rojo* run *o* jump a red light

semana *f* week; *entre ~* during the week, midweek

◇ **semana inglesa** five-day week

◇ **Semana Santa** Holy Week, Easter

semanal *adj* weekly

semanario *m* weekly

semántica *f* semantics *sg*

semántico *adj* semantic

semblante *m* face

sembrado *m* sown field

sembrador *m* sower

sembradora *f* **1** *máquina* seed drill **2** *mujer* sower

sembrar ⟨1k⟩ *v/t* **1** sow **2** *fig: pánico, inquietud etc* spread

semejante I *adj* similar; *jamás he oído ~ tontería* I've never heard such nonsense **II** *m* fellow human being, fellow creature; *mis ~s* my fellow men

semejanza *f* similarity

semejar ⟨1a⟩ *v/t* resemble; **semejarse** *v/r* look alike, resemble each other

semen *m* BIO semen

semental *m toro* stud bull; *caballo* stallion

sementera *f* sowing

semestral *adj* six-monthly, half-yearly
semestre *m* **1** six-month period **2** EDU semester
semi *pref* semi
semibreve *f* MÚS whole note, *Br* semi-breve
semicircular *adj* semicircular
semicírculo *m* semicircle
semiconductor *m* EL semiconductor
semidesnudo *adj* half-naked
semidiós *m* demigod
semiesfera *f* MAT hemisphere
semifinal *f* DEP semifinal
semifinalista *m/f* DEP semifinalist
semilla *f* seed
semillero *m* **1** seedbed **2** *fig: de disgustos, odio* breeding ground
seminal *adj* seminal
seminario *m* seminary
seminarista *m* seminarian
semiología *f* semiology
semiótica *f* semiotics *sg*
semita I *adj* Semitic **II** *m/f* Semite
semítico *adj* Semitic
semitono *m* MÚS semitone
sémola *f* semolina
sempiterno *adj* eternal
Sena: el ~ the Seine
senado *m* senate
senador *m*, ~**a** *f* senator
sencillamente *adv* simply
sencillez *f* simplicity
sencillo I *adj* simple; *gente(s) -a(s)* simple people **II** *m* **1** *L.Am.* small change **2** *en béisbol* base hit
senda *f* path, track
senderismo *m* trekking, hiking
senderista *m/f* walker, hiker
sendero *m* path, track
sendos, -as *adj pl*: *les entregó* ~ *diplomas* he presented each of them with a diploma; *recibieron* ~ *regalos* they each received a gift
senil *adj* senile
senilidad *f* senility
sénior *m/f & adj* senior
seno *m* **1** *tb fig* bosom; ~**s** breasts **2** MAT sine **3** ANAT sinus
sensación *f* feeling, sensation; *causar* ~ *fig* cause a sensation
sensacional *adj* sensational
sensacionalismo *m* sensationalism
sensacionalista *adj* sensationalist
sensatez *f* good sense

sensato *adj* sensible
sensibilidad *f* **1** *en parte del cuerpo* feeling **3** *(emotividad)* sensitivity
sensibilizar ⟨1f⟩ *v/t* make aware (*sobre* of)
sensible *adj* **1** *persona, dispositivo* sensitive; ~ *al calor* / *a la luz* heat- / light--sensitive **2** *(apreciable)* appreciable, noticeable
sensiblemente *adv* considerably
sensiblería *f* sentimentality, schmaltz F
sensiblero *adj* sentimental, schmaltzy F
sensitivo *adj* sensory
sensor *m* sensor
sensorial *adj* sensory
sensual *adj* sensual
sensualidad *f* sensuality
sentada *f* **1** *protesta* sit-down **2**: *de una* ~ F in one sitting
sentado *adj* **1** sitting, seated; *estar* ~ be sitting, be seated **2**: *dar por* ~ *fig* take for granted, assume
sentar ⟨1k⟩ *v/t fig* establish, create; ~ *las bases* lay the foundations, pave the way **II** *v/i*: ~ *bien* / *mal de propuesta* go down well / badly; ~ *bien a alguien de comida* agree with s.o.; *le sienta bien esa chaqueta* that jacket suits her, she looks good in that jacket; *sentarse* *v/r* sit down
sentencia *f* JUR sentence; *visto para* ~ ready for sentencing
sentenciar ⟨1b⟩ *v/t* JUR sentence
sentencioso *adj* sententious
sentido I *adj* heartfelt
II *m* **1** *oído etc* sense; *el sexto* ~ the sixth sense
2 *(significado)* meaning; *doble* ~ double meaning; *en el* ~ *propio de la palabra* in the true sense of the word; *en todos los* ~**s** *de la palabra* in every sense of the word; *en un* ~ *más amplio* in a wider sense; *en cierto* ~ in a way **3** *(dirección)* direction; *en el* ~ *de las agujas del reloj* clockwise
4 consciousness; *perder* / *recobrar el* ~ lose / regain consciousness
◊ **sentido común** common sense; **sentido del deber** sense of duty; **sentido del humor** sense of humor *o Br* humour
sentimental *adj* emotional; *ser* ~ be sentimental

sentimentalismo *m* sentiment

sentimiento *m* feeling; **lo acompaño en el ~** my condolences

sentir I *m* feeling, opinion; **en mi ~** in my opinion II ⟨3i⟩ *v/t* **1** feel; **siento calor** I feel hot **2** (*percibir*) sense; **sin ~lo llegar**, *acabar* before I / we knew it **3** (*aparecer*): **hacerse** *o* **dejarse ~** make itself felt **4**: **lo siento** I'm sorry; **sentirse** *v/r* **1** feel **2** *L.Am.* (*ofenderse*) take offense *o Br* offence

seña *f* **1** gesture, sign; **hacer ~s** wave; **me hizo una ~ para que entrara** he gestured to me to go in **2**: **~s** *pl* address *sg* **3** (*detalles*): **para** *o* **por más ~s** to be exact

◇ **señas personales** *pl* description *sg*

señal *f* **1** signal; **~ de prohibición** prohibition disk **2** *fig* sign, trace; **dar ~es de vida** get in touch; **en ~ de amistad**, *amor* as a token of, as a mark of **3** COM deposit, downpayment; **dejar una ~** leave a deposit *o* downpayment **4** TELEC tone

◇ **señal de la cruz** REL sign of the cross; **señal horaria** RAD time signal; **señal de llamada** dial tone; **señal de ocupado** busy signal *o* tone; **señal de tráfico** traffic sign, road sign

señalado *adj* special

señalar ⟨1a⟩ *v/t* **1** indicate, point out; **~ a alguien con el dedo** *tb fig* point at s.o. **2** *con símbolo, línea etc* mark **3** (*fijar*) set, decide on; **señalarse** *v/r* distinguish o.s. (*por* by)

señalero *m*, **-a** *f Arg* FERR signalman / signalwoman

señalización *f* **1** signposting **2** (*señales*) signs *pl*

señalizador *m Chi* turn signal, *Br* indicator

señalizar ⟨1f⟩ *v/t* signpost

señor I *m* **1** gentleman, man **2** *trato* sir **3** *antes de nombre* Mr; **pase, ~ García** come in, Mr García; **el ~ López** Mr López; **los ~es López** Mr and Mrs López; **el ~ Juan López** Mr Juan López II *adj* huge, enormous; **se ha comprado un ~ coche** F he's bought a huge *o* enormous car

Señor *m* Lord

señora *f* **1** lady, woman; **~s y señores** ladies and gentlemen **2** *trato* ma'am, *Br* madam **3** *antes de nombre* Mrs; *ca-sada o no casada* Ms; **la ~ López** Mrs Lopez; **la ~ María López** Miss María López; **mi ~** my wife

señoría *f* JUR: **su ~** your Honor *o Br* Honour

señorial *adj* lordly, noble

señorío *m* **1** HIST (feudal) estate **2** (*dominio*) rule

señorita *f* **1** young lady, young woman **2** *tratamiento* miss; *escrito* Miss; **la ~ López** Miss López; **la ~ Ana López** Ana López

señoritingo *m*, **-a** *f* F rich kid F

señorito *m* **1** F rich kid F **2** *tratamiento* young master

señuelo *m para aves* decoy; *fig* bait, lure

sepa *vb* ☞ **saber**

sépalo *m* BOT sepal

separable *adj* separable

separación *f* separation

◇ **separación de bienes** JUR division of property

◇ **separación del cargo** dismissal

separado *adj* separated; **por ~** separately

separar ⟨1a⟩ *v/t* separate; **separarse** *v/r* separate, split up F

separatismo *m* separatism

separatista *m/f & adj* separatist

sepelio *m fml* burial

sepia *f* **1** ZO cuttlefish **2** (*color*) sepia

SEPLA *m abr* (= **Sindicato Español de Pilotos de Líneas Aéreas**) Spanish Airline Pilots' Association

sept.e *abr* (= **septiembre**) Sept. (= September)

septentrión *m* north

septentrional *adj* northern

septeto *m* MÚS septet

septicemia *f* MED septicemia

séptico *adj* MED septic

septiembre *m* September

séptima *f* MÚS seventh

séptimo *m/adj* seventh

septuagenario I *adj* septuagenarian II *m*, **-a** *f* septuagenarian, person in his / her seventies

septuagésimo *adj* seventieth

sepulcral *adj fig*: *silencio, frío* deathly; *voz* sepulchral

sepulcro *m* tomb

sepultar ⟨1a⟩ *v/t* bury

sepultura *f* **1** burial; **dar ~ a alguien** bury s.o. **2** (*tumba*) tomb; **estar con** *un pie en la* ~ *fig* have one foot in the grave

sepulturero *m* gravedigger

sequedad *f fig* curtness

sequía *f* drought

séquito *m* retinue, entourage

ser ⟨2w; *part sido*⟩ **I** *v/i* **1** be; *¿quién es?* who is it?; *soy yo* it's me; *sea quien sea* whoever it is; *si yo fuera tú* if I were you; *yo soy de los que ...* I'm one of those people who ...; *si fuera por mí* if I had my way; *eso no es así* that's not right; *¿qué va a ser?* en bar etc what's it going to be? **2** *origen, naturaleza:* ~ *de madera / plata* be made of wood / silver; ~ *de Bogotá* be from Bogotá **3** (*pertenecer*): *es de Juan* it's Juan's, it belongs to Juan; ~ *para* be for **4** (*valer*): *¿cuánto es?* how much is it?; *la entrada es diez dólares* admission is 10 dollars **5** *para formar la pasiva:* ~ *vencido* be defeated; *fue vencido* he was defeated **6** (*sumar*): *dos y dos son cuatro* two and two are *o* make four **7** (*suceder*): *¿qué será de nosotros?* what is going to become of us?; *¿qué es de ti?* how's life?, how're things? **8**: *a no* ~ *que* unless; *de no* ~ *así* otherwise; *esto es* that is; *¡eso es!* exactly!, that's right!; *no sea que* in case; *es que ...* the thing is ...; *es de esperar* it's to be hoped; *o sea* in other words; *sea lo que sea, sea como sea* be that as it may; *siendo así* the way things are; *o lo que sea* or whatever; *¿cómo es eso?* how come? **II** *m* being

◇ **ser humano** human being

◇ **ser vivo** living creature

SER *f abr* (= *Sociedad Española de Radiodifusión*) network of independent Spanish radio stations

serafín *m* seraph

Serbia *f* Serbia

serbio I *adj* Serb(ian) **II** *m*, -*a f* Serb **III** *m idioma* Serb(ian)

serbocroata *adj* Serbo-Croat

serenar ⟨1a⟩ *v/t* calm; **serenarse** *v/r* **1** calm down **2** *del tiempo* clear up

serenata *f* MÚS serenade

serenidad *f* calmness, serenity

sereno I *m:* *dormir al* ~ sleep outdoors **II** *adj* calm, serene

serial *m* TV, RAD series *sg*

seriamente *adv* seriously

serie *f* **1** *de acontecimientos, artículos etc* series *sg* **2**: *fabricación en* ~ mass production; *de* ~ *prestaciones en coche* standard; *fuera de* ~ out of this world, extraordinary

◇ **Serie Mundial** *en béisbol* World Series *sg*

seriedad *f* seriousness

serigrafía *f* silk-screen printing

serio *adj* **1** serious; *ésto va en* ~ this is serious; *tomarse algo en* ~ take sth seriously **2** (*responsable*) reliable

sermón *m* sermon; F lecture, sermon; *echar un* ~ *a alguien fig* give s.o. a lecture

sermonear ⟨1a⟩ *v/i* preach; F lecture, preach

serología *f* serology

seropositivo *adj* MED HIV positive

serpentear ⟨1a⟩ *v/i de río, camino* wind, snake, meander

serpentín *m* TÉC coil

serpentina *f* streamer

serpiente *f* ZO snake

◇ **serpiente de cascabel** rattlesnake

serrado *adj* serrated

serraduras *fpl* sawdust *sg*

serranía *f* mountainous region

serrano I *adj* **1** mountain *atr* **2**: *cuerpo* ~ shapely body **II** *m*, -*a f* mountain dweller

serrar ⟨1k⟩ *v/t* saw

serrería *f* sawmill

serrín *m* sawdust

serrote *m* *Méx* handsaw

serrucho *m* handsaw

servible *adj* us(e)able

servicial *adj* obliging, helpful

servicio *m* **1** service; *estar al* ~ *de* be at the service of; *hacer un buen* ~ *a alguien* do s.o. a great service; *estar de* ~ be on duty; *libre de* ~ off duty **2**: ~*s pl* restroom *sg*, *Br* toilets **3** (*funcionamiento*): *fuera de* ~ TÉC out of order; *poner en* ~ put into service

◇ **servicio de atención al cliente** customer service; **servicio de averías** breakdown service; **servicio doméstico** domestic service; **servicio militar** military service; **servicio pos(t)venta** after-sales service; **servicio religioso** church service; **servicio secreto** secret service; **servicio de urgencias** emergency service; **servicios mínimos** skeleton service *sg*

servidor *m* **1** INFOR server **2**: *su atento, su seguro* ~ sincerely yours; *no sé vosotros, pero* ~ *no piensa ir hum* I don't know about you but yours truly is definitely not going

servidumbre *f* **1** (*criados*) servants *pl* **2** (*condición*) servitude

servil *adj* servile

servilismo *m* servility

servilleta *f* napkin, *Br tb* serviette

servilletero *m* napkin ring

servir ⟨3l⟩ **I** *v/t* serve; *¿le sirven ya?* are you being served?; *¿en qué puedo* ~*le?* what can I do for you?; *¡para* ~*le!* at your service!

II *v/i* **1** be of use; ~ *de* serve as; *esta habitación sirve de trastero* we use this room as a junk room; ~ *para* be (used) for; *¿para qué sirve esto?* what is this (used) for?; *no* ~ *de nada* be no use at all **2** MIL, DEP serve **3** *fig*: *ir servido* F have another think coming

servirse *v/r* **1**: ~ *de algo* use sth, make use of sth **2** *comida* help o.s. to

servo *pref* power

servodirección *f* power steering

servofreno *m* servo-brake

sésamo *m* sesame

sesear ⟨1a⟩ *v/i* pronounce Spanish 'c' before 'e', 'i' or 'z' as 's'

sesenta *adj* sixty

sesentón I *adj* sexagenarian, in one's sixties **II** *m*, -**ona** *f* sexagenerian, person in his / her sixties

sesera *f* F brains *pl*

sesgado *adj fig* skewed, biassed

sesgo *m fig* bias

sesión *f* **1** session **2** *en cine, teatro* show, performance

◇ **sesión golfa** *de cine* late show

◇ **sesión plenaria** plenary session

sesionar ⟨1a⟩ *v/i L.Am.* be in session

seso *m* **1** ANAT brain; *fig* brains *pl*, sense; *sorber el* ~ *a alguien, tener sorbido el* ~ *a alguien* have s.o. under one's spell **2** GASTR: ~*s pl* brains

sestear ⟨1a⟩ *v/i* have a siesta

sesudo *adj* sensible

set *m tenis* set

seta *f* BOT mushroom; *venenosa* toadstool

setecientos *adj* seven hundred

setenta *adj* seventy

setentón I *adj* septuagenarian, in one's seventies **II** *m*, -**ona** *f* septuagenarian, person in his / her seventies

setiembre *m* September

seto *m*: ~ (*vivo*) hedge

seudónimo I *adj* pseudonymous **II** *m* pseudonym

s.e.u.o. *abr* (= *salvo error u omisión*) E & OE (= errors and omissions excepted)

severidad *f* severity

severo *adj* severe

sevillanas *fpl* folk dance from Seville

sevillano *adj* of / from Seville, Seville *atr*

sexagenario I *adj* sexagenarian, in one's sixties **II** *m*, -**a** *f* sexagenarian, person in his / her sixties

sexagésimo *adj* sixtieth

sexismo *m* sexism

sexista *m/f & adj* sexist

sexo *m* **1** sex **2** (*órganos sexuales*) sex (-ual) organs

◇ **sexo oral** oral sex

sexología *f* sexology

sexta *f* MÚS sixth

sextante *m* MAR sextant

sexteto *m* MÚS sextet

sexto *adj* sixth

sexual *adj* sexual

sexualidad *f* sexuality

sexy *adj inv* sexy

SGAE *f abr* (= *Sociedad General de Autores y Editores*) Association of Authors and Editors

shock *m* MED: ~ (*nervioso*) shock

short *m L.Am.* shorts *pl*

si I *conj* if; ~ *no* if not; *me pregunto* ~ *vendrá* I wonder whether he'll come; *como* ~ as if; *por* ~ in case; *¡*~ *no lo sabía!* but I didn't know! **II** *m* MÚS B; ~ *bemol* B flat

sí I *adv* yes; *¡que* ~*!* I said yes!

II *pron tercera persona*: *singular masculino* himself; *femenino* herself; *cosa, animal* itself; *plural* themselves; *usted* yourself; *ustedes* yourselves; *es un asunto de por* ~ *complicado* it's a

complex subject; **ya es de por ~ bebe-dor como para que le alientes a beber más** he drinks quite enough as it is without you egging him on; **por ~ solo** by himself / itself, on his / its own; **entrar en ~** come around, come to
III *m* consent
siamés *adj* Siamese
sibarita *m/f* bon vivant, epicure
Siberia *f* Siberia
siberiano *adj* Siberian
sibila *f* MYTH sibyl
sibilante *f/adj* sibilant
sicario *m* hired assassin *o* killer
Sicilia *f* Sicily
siciliano **I** *adj* Sicilian **II** *m*, **-a** *f* Sicilian
sico... *pref* ☞ **psico...**
sicómoro, sicomoro *m* BOT sycamore
SIDA *m abr* (= **síndrome de inmunidad deficiente adquirida**) Aids (= acquired immune-deficiency syndrome)
sida *m* Aids; **enfermo de ~** person with Aids, Aids victim; **prueba de ~** Aids test
sidecar *m* sidecar
sideral *adj* **1** *viajes* space *atr*; **espacio ~** outer space **2** *Rpl* F *precio* astronomical
siderurgia *f* iron and steel making
siderúrgico *adj* iron and steel *atr*
sido *part* ☞ **ser**
sidoso **I** *adj* Aids *atr* **II** *m*, **-a** *f* Aids sufferer, Aids victim
sidra *f* cider
siega *f* reaping, harvesting
siembra *f* sowing
siempre *adv* always; **~ que** providing that, as long as; **de ~** usual; **sigue siendo la misma de ~** she's still the same as always, she's just the same as ever; **desde ~** always, F for ever; **lo de ~** the same old story; **para ~** for ever; **¡hasta ~!** goodbye, farewell
siempreviva *f* BOT sempervivum
sien *f* ANAT temple
siendo *vb* ☞ **ser**
siento *vb* ☞ **sentir**
sierra *f* **1** *herramienta* saw **2** GEOG mountain range
◇ **sierra de calar** fretsaw; **sierra de cinta** band saw; **sierra circular** circular saw; **sierra mecánica** power saw
siervo *m*, **-a** *f* HIST serf
siesta *f* siesta, nap; **dormir la ~** have a

siesta *o* nap
siete **I** *adj* seven **II** *m roto* tear
sietemesino **I** *adj bebé* born two months premature **II** *m*, **-a** *f* baby born two months premature
sífilis *f* MED syphilis
sifón *m* TÉC siphon
siga *vb* ☞ **seguir**
sigilo *m* (*secreto*) secrecy; (*disimulo*) stealth
◇ **sigilo profesional** professional secrecy
◇ **sigilo sacramental** secrecy of the confessional
sigiloso *adj* stealthy
sigla *f* abbreviation, acronym
siglo *m* century; **hace ~s** *o* **un ~ que no le veo** *fig* I haven't seen him in a long long time; **el Siglo de Oro** the Golden Age; **el Siglo de las Luces** HIST the (Age of) Enlightenment
signar ⟨1a⟩ *v/t* sign; **signarse** *v/r* cross o.s., make the sign of the cross
signatario *m*, **-a** *f* signatory
significación *f*, **significado** *m* meaning
significar ⟨1g⟩ *v/t* mean, signify; **significarse** *v/r* distinguish o.s. (*por* by)
significativo *adj* meaningful, significant
signo *m* sign
◇ **signo de admiración** exclamation mark; **signo de interrogación** question mark; **signo de puntuación** punctuation mark
sigo *vb* ☞ **seguir**
siguiente **I** *adj* next, following **II** *pron* next (one); **¡el ~!** next!
sílaba *f* syllable
silabario *m* spelling book
silabear ⟨1a⟩ *v/t* pronounce syllable by syllable
silba *f* whistling
silbar ⟨1a⟩ *v/i & v/t* whistle
silbato *m* whistle
silbido *m* whistle
silbo *m* whistle
silenciador *m* AUTO muffler, *Br* silencer
silenciar ⟨1b⟩ *v/t* silence
silencio *m* **1** silence; **en ~** in silence, silently; **el profesor impuso ~ a los alumnos** the teacher made the students be quiet; **guardar ~** keep quiet **2** MÚS rest

silencioso *adj* silent

sílex *m* MIN flint, silex

sílfide *f* sylph

sílice *f* QUÍM silica

silicio *m* QUÍM silicon

silicona *f* silicone

silla *f* chair

◇ **silla eléctrica** electric chair; **silla giratoria** swivel chair; **silla de montar** saddle; **silla plegable** folding chair; **silla de ruedas** wheelchair

silleta *f* MED bedpan

sillín *m* saddle

sillón *m* armchair, easy chair

◇ **sillón orejero** wing chair

silo *m* silo

silueta *f* **1** silhouette **2** (*cuerpo*) figure

silvestre *adj* wild

silvicultor *m*, **~a** *f* forester

silvicultura *f* forestry

sima *f* chasm, abyss

simbiosis *f* symbiosis

simbólico *adj* symbolic

simbolismo *m* symbolism

simbolizar ⟨1f⟩ *v/t* symbolize

símbolo *m* symbol

simetría *f* symmetry

simétrico *adj* symmetrical

simiente *f* seed

simiesco *adj* simian, apelike

símil *m* comparison; *figura retórica* simile

similar *adj* similar; **y ~es** and the like

similitud *f* similarity

simio *m* ZO ape

simpatía *f* warmth, friendliness

simpático *adj* nice, lik(e)able

simpatizante *m/f* sympathizer, supporter

simpatizar ⟨1f⟩ *v/i* sympathize

simple I *adj* **1** (*fácil*) simple **2** (*mero*) ordinary **II** *m/f* simpleton

simplemente *adv* simply, just

simpleza *f* simple-mindedness

simplicidad *f* simplicity

simplificación *f tb* MAT simplification

simplificar ⟨1g⟩ *v/t tb* MAT simplify

simplista *adj* simplistic

simplón *m*, **-ona** *f* F sucker F

simposio *m* symposium

simulación *f* simulation

simulacro *m* **1** (*cosa falsa*) pretense, *Br* pretence, sham **2** (*simulación*) simulation

◇ **simulacro de incendio** fire drill

◇ **simulacro de salvamento** mock rescue

simulador *m* simulator

◇ **simulador de vuelo** flight simulator

simular ⟨1a⟩ *v/t* simulate

simultanear ⟨1a⟩ *v/t*: **~ dos cargos** hold two positions at the same time; **~ el trabajo con los estudios** combine work and study, work and study at the same time

simultaneidad *f* simultaneity

simultáneo *adj* simultaneous

sin *prp* without; **~ preguntar** without asking; **~ decir nada** without (saying) a word; **~ paraguas** without an umbrella; **~ que** without; **y ~ más** and without further ado; **me lo dijo así, ~ más** that's all he said to me, just that

sinagoga *f* synagogue

sincerarse ⟨1a⟩ *v/r* be honest (**con** with), speak openly (**con** to)

sinceridad *f* sincerity

sincero *adj* sincere

síncopa *f* MÚS syncopation

síncope *m* MED blackout

sincrónico *adj* synchronized

sincronismo *m* synchronism

sincronizar ⟨1f⟩ *v/t* synchronize

sindical *adj* (labor, *Br* trade) union *atr*

sindicalismo *m* (labor, *Br* trade) union movement

sindicalista I *adj* (labor, *Br* trade) union *atr* **II** *m/f* (labor, *Br* trade) union member

sindicalizar ⟨1f⟩, **sindicar** ⟨1g⟩ *v/t* unionize; **sindicalizarse** *v/r* form a (labor, *Br* trade) union

sindicato *m* (labor, *Br* trade) union

síndico *m* trustee

◇ **síndico de la quiebra** receiver

síndrome *m* syndrome

sinecura *f* sinecure

sinergia *f* BIO, *fig* synergy

sinfín *m*: **un ~ de ...** no end of ...

sinfonía *f* MÚS symphony

sinfónico *adj* symphonic; **orquesta -a** symphony orchestra

singladura *f* MAR day's run

singular I *adj* **1** (*raro*) strange, *fml* singular **2** (*único*) outstanding, extraordinary **II** *m* GRAM singular

singularidad *f* **1** (*rareza*) strangeness, *fml* singularity **2** (*carácter único*) outstanding nature

singularizar ⟨1f⟩ *v/t* single out; **singularizarse** *v/r* stand out

singularmente *adv* singularly

sinhueso *f* F tongue; **darle a la ~** F talk, yap F

siniestrado *adj* wrecked

siniestralidad *f* accident rate

siniestro I *adj* sinister **II** *m* accident; (*catástrofe*) disaster

◇ **siniestro total** total wreck

sinnúmero *m*: **un ~ de** no end of

sino I *m* fate **II** *conj* **1** but; **no cena en casa, ~ en el bar** he doesn't have dinner at home, he has it in the bar; **¿quién ~ ?** who else but?; **¿quién ~ tú?** who else but you?; **no sólo ... ~ también** not only ... but also **2** (*salvo*) except; **nadie ~ él pudo hacerlo** nobody but him could do it

sínodo *m* synod

sinónimo I *adj* synonymous **II** *m* synonym

sinopsis *f inv* synopsis

sinóptico *adj* synoptic

sinovial *adj* ANAT synovial; **líquido ~** synovial fluid

sinrazón *f* injustice

sinsabores *mpl* troubles

sinsentido *m* nonsense

sintaxis *f* syntax

síntesis *f inv* synthesis; (*resumen*) summary; **en ~** in short, to sum up

sintético *adj* synthetic

sintetizador *m* MÚS synthesizer

sintetizar ⟨1f⟩ *v/t* synthesize

síntoma *m* symptom

sintomático *adj* symptomatic

sintonía *f* **1** *melodía* theme tune, signature tune **2** RAD tuning, reception; **estar en la ~ de** be tuned to; **estar en ~ con** *fig* be in tune with

sintonizador *m* tuner

sintonizar ⟨1f⟩ **I** *v/t radio* tune in **II** *v/i fig* be in tune (**con** with)

sinuosidad *f* sinuosity

sinuoso *adj* winding

sinusitis *f* MED sinusitis

sinvergüenza I *adj* shameless, unscrupulous **II** *m/f* swine; **¡qué ~!** (*descarado*) what a nerve!

sionismo *m* Zionism

siquiatra *m/f*, **síquico** *adj* ☞ **psiquiatra, psíquico**

siquiera I *adv*: **ni ~** not even; **~ bebe algo** L.Am. at least have a drink **II** *conj* even

sirena *f* **1** *pito* siren **2** MYTH mermaid

sirga *f* MAR towline

Siria *f* Syria

sirio I *adj* Syrian **II** *m*, **-a** *f* Syrian

sirlero *m*, **-a** *f Esp* mugger, robber *with a knife*

siroco *m* sirocco

sirope *m* syrup

sirve *vb* ☞ **servir**

sirvienta *f* maid

sirviente *m* servant

sisal *m* BOT sisal

sisar ⟨1a⟩ *v/t* F pilfer

siseo *m* hiss, hissing

sísmico *adj* seismic

sismo *m* earthquake; *temblor* earth tremor

sismógrafo *m* seismograph

sismología *f* seismology

sistema *m* system

◇ **sistema digestivo** ANAT digestive system; **sistema inmunológico** ANAT immune system; **sistema métrico** metric system; **sistema monetario** monetary system; **sistema nervioso** ANAT nervous system; **sistema operativo** operating system; **sistema periódico** QUÍM periodic system *o* table

sistemático *adj* systematic

sistematizar ⟨1f⟩ *v/t* systemize, systematize

sístole *f* systole

sitiar ⟨1b⟩ *v/t* surround, lay siege to

sitio *m* **1** place; **en ningún ~** nowhere; **poner las cosas en su ~** *fig* straighten things out **2** (*espacio*) room; **hacer ~** make room; **ocupar mucho ~** take up a lot of room *o* space

◇ **sitio web** web site

sito *adj fml* situated, located

situación *f* situation; **estar en ~ de** be in a position to

situado *adj* situated; **estar ~** be situated; **bien ~** *fig* in a good position

situar ⟨1e⟩ *v/t* place, put; **situarse** *v/r* be

S.L. *abr* (= **sociedad limitada**) Ltd (= limited)

slalom *m* slalom

slip *m* underpants *pl*

S.M. *abr* (= **Su Majestad**) HM (=His / Her Majesty)

SMI *m abr* (= *salario mínimo interprofesional*) minimum wage

s/n *abr* (= *sin número*) not numbered

snowboard *m* snowboard

so I *prep* under; **~ pena de muerte** on pain of death II *interj* 1: **¡~!** whoa! 2 *para enfatizar:* **¡~ burro o idiota!** you dumb idiot!

SO *abr* (= *sudoeste*) SW *abr* (= Southwest)

soba *f* F beating; **dar una ~ a alguien** give s.o. a beating

sobaco *m* armpit

sobado *adj ropa* worn; *tema* old

sobaquina *f* body odor, BO

sobar ⟨1a⟩ *v/t* 1 *libro, tejido etc* handle, finger 2 F *sexualmente* grope F

soberanía *f* sovereignty

soberano I *adj* 1 sovereign 2 *fig* F tremendous II *m*, **-a** *f* sovereign

soberbia *f* pride, arrogance

soberbio *adj* 1 *(altivo)* proud, arrogant 2 *fig* superb

sobón I *adj:* **es muy ~** he's always touching you II *m person who is always touching others*

sobornable *adj* venal, bribable

sobornar ⟨1a⟩ *v/t* bribe

soborno *m* bribe

sobra *f* 1 surplus, excess; **hay de ~** there's more than enough; **saber de ~** know perfectly well, know full well; **estar de ~** not be wanted, not be needed 2: **~s** *pl de comida* leftovers

sobradamente *adv conocido* well

sobrado I *adj:* **estar** *o* **andar ~ de algo** have plenty of sth; **no andar muy ~ de algo** not have much sth II *adv* easily; **te conozco ~** I know you well enough

sobrante *adj* remaining, left over

sobrar ⟨1a⟩ *v/t:* **sobra comida** there's food left over; **me sobró pintura** I had some paint left over; **me sobra dinero** *(soy rico)* I've got plenty of money; **sobraba uno** there was one left

sobrasada *f* GASTR spicy pork sausage

sobre I *m* envelope; **sopa de ~** packet soup II *prp* 1 on; **~ la mesa** on the table 2 *(acerca de):* **~ esto** about this 3 *(alrededor de):* **~ las tres** around three o'clock 4: **~ todo** above all, especially ◇ **sobre acolchado** padded envelope; **sobre de dormir** *Urug* sleeping bag;

sobre ventana window envelope

sobreabundancia *f* overabundance

sobreabundar ⟨1a⟩ *v/i:* **sobreabundan ...** there is an overabundance of ...

sobreactuar ⟨1e⟩ *v/i* TEA overact

sobrealimentación *f* overeating

sobrealimentar ⟨1a⟩ *v/t* overfeed

sobrecalentamiento *m* overheating

sobrecalentar ⟨1k⟩ *v/t* overheat

sobrecarga *f* overloading

sobrecargar ⟨1h⟩ *v/t* overload

sobrecargo *m/f* AVIA chief flight attendant, purser; MAR purser

sobrecogedor *adj* 1 *(que asusta)* horrific, shocking 2 *(que conmueve)* moving

sobrecoger ⟨2c⟩ *v/t* 1 *(asustar)* strike fear into 2 *(impresionar)* have an effect on; **sobrecogerse** *v/r* 1 *(asustarse)* be frightened 2 *(conmoverse)* be moved

sobrecubierta *f* dust jacket

sobredosis *f inv* overdose

sobreentender(se) ☞ **sobrentender(se)**

sobreesfuerzo *m* overexertion

sobreestimar ⟨1a⟩ *v/i* overestimate

sobreexcitar ⟨1a⟩ *v/t* get overexcited

sobreexponer ⟨2r⟩ *v/t* FOT overexpose

sobrehumano *adj* superhuman

sobreimpresión *f* 1 TV superimposition 2 TIP overprinting

sobreimprimir ⟨3a⟩ *v/t* 1 TV superimpose 2 TIP overprint

sobrellevar ⟨1a⟩ *v/t* endure, bear

sobremanera *adv* exceedingly

sobremesa *f:* **de ~** afternoon *atr*

sobrenatural *adj* supernatural

sobrenombre *m* nickname

sobrentender ⟨2g⟩ *v/t* guess, understand; **sobrentenderse** *v/r:* **se sobrentiende que ...** needless to say ..., it goes without saying that ...

sobrentendido *m something that goes without saying*

sobrepasar ⟨1a⟩ *v/t* exceed, surpass; **me sobrepasa en altura** he is taller than me; **sobrepasarse** *v/r* go too far

sobrepesca *f* overfishing

sobrepeso *m* excess weight

sobreponer ⟨2r; *part* **sobrepuesto**⟩ *v/t* superimpose; **sobreponerse** *v/r:* **~ a** overcome, get over

sobreproducción *f* overproduction

sobrepuesto I *part* ☞ **sobreponerse** II *adj* superimposed

sobresaliente I *adj* outstanding, excellent **II** *m* EDU top mark

sobresalir ⟨3r⟩ *v/t* stick out, protrude; *fig* excel; **~ entre** stand out among

sobresaltar ⟨1a⟩ *v/t* startle; **sobresaltarse** *v/r* jump, start

sobresalto *m* jump, start

sobreseer ⟨2e⟩ *v/t* JUR dismiss

sobreseimiento *m* JUR dismissal

sobrestimar ⟨1a⟩ *v/t* overestimate

sobresueldo *m* bonus

sobretasa *f* surcharge

sobretodo *m* overcoat

sobrevaloración *f* overvaluation

sobrevalorar ⟨1a⟩ *v/t* overrate

sobrevenir ⟨3s⟩ *v/i* happen; *de guerra* break out

sobreventa *f* overselling

sobreviviente I *adj* surviving **II** *m/f* survivor

sobrevivir ⟨3a⟩ *v/i* survive

sobrevolar ⟨1m⟩ *v/t* fly over, overfly

sobrexplotación *f* overexploitation

sobriedad *f* **1** soberness **2** *de comida, decoración* simplicity **3** (*moderación*) restraint

sobrina *f* niece

◇ **sobrina nieta** great-niece

sobrino *m* nephew

◇ **sobrino nieto** great-nephew

sobrio *adj* **1** sober **2** *comida, decoración* simple **3** (*moderado*) restrained

socaire *m* MAR lee; **al ~ de** sheltered by, in the lee of

socarrón *adj* sarcastic, snide F

socarronería *f* sarcasm

socavar ⟨1a⟩ *v/t tb fig* undermine

socavón *m* hollow

sociabilidad *f* sociability

sociable *adj* sociable

social *adj* social

socialdemocracia *f* POL social democracy

socialdemócrata I *adj* POL social democratic **II** *m/f* POL social democrat

socialismo *m* socialism

socialista *m/f & adj* socialist

socializar ⟨1f⟩ *v/t* socialize

sociedad *f* society; **alta ~** high society; **presentar en ~** present in society

◇ **sociedad anónima** public corporation, *Br* public limited company; **sociedad colectiva** collective; **sociedad comanditaria, sociedad en comandi**ta limited partnership; **sociedad de consumo** consumer society; **sociedad deportiva** sports club; **sociedad de la información** information society; **sociedad mercantil** trading company; **Sociedad de Naciones** HIST League of Nations; **sociedad de responsabilidad limitada** limited corporation, *Br* limited company; **sociedad protectora de animales** Society for the Prevention of Cruelty to Animals

socio *m*, **-a** *f* **1** *de club, asociación etc* member **2** COM partner

◇ **socio comanditario** partner with limited liability

◇ **socio de honor, socio honorario** honorary member

sociocultural *adj* sociocultural

socioeconómico *adj* socioeconomic

sociología *f* sociology

sociólogo *m*, **-a** *f* sociologist

sociopolítico *adj* sociopolitical

socorrer ⟨2a⟩ *v/t* help, assist

socorrido *adj fig* useful

socorrismo *m* life-saving

socorrista *m/f* lifeguard

socorro *m* help, assistance; **¡~!** help!; **pedir ~** ask for help

socucho *m L.Am.* tiny house, shoebox F

soda *f* soda (water)

sodio *m* sodium

sodomía *f* sodomy

soez *f* crude, coarse

sofá *m* sofa

◇ **sofá-cama** sofa bed

sofisma *m* sophism

sofisticación *f* sophistication

sofisticado *adj* sophisticated

sofocación *f* suffocation

sofocante *adj* suffocating

sofocar ⟨1g⟩ *v/t* **1** suffocate **2** *incendio* put out; **sofocarse** *v/r* **1** *fig* get embarrassed **2** (*irritarse*) get angry

sofoco *m* **1** *fig* embarrassment **2** (*disgusto*): **me llevé un ~ tremendo** I was terribly upset

sofocón *m* ☞ **sofoco**

sofreír ⟨3m⟩ *v/t* sauté

sofrito *m* GASTR *mixture of fried onions, peppers etc*

software *m* INFOR software; **~ de usuario** user software

soga *f* rope; **estar con la ~ al cuello** F be

in big trouble F

sois *vb* ☞ *ser*

soja *f* soy, *Br* soya; *~ transgénica* genetically modified soy

sojuzgar ⟨1h⟩ *v/t* subdue, subjugate

sol *m* **1** sun; *al caer el ~* at sunset; *de ~ a ~* from dawn to dusk; *hace ~* it's sunny; *tomar el ~* sunbathe; *eres un ~ fig* F you're a darling; *no dejar a alguien ni a ~ ni a sombra* pester s.o. all the time *o* morning, noon and night **2** FIN sol

solamente *adv* only

solana *f* sunny spot

solapa *f de chaqueta* lapel; *de libro* flap

solapado *adj* sly

solapar ⟨1a⟩ *v/t* hide; **solaparse** *v/r* overlap; *fig* match, fit together

solar I *adj* solar **II** *m* lot, *Br* plot

solariego *adj:* *casa -a* family seat

solario, solárium *m* solarium

solazo *m* F hot sun

soldadesca *f* military life

soldado *m/f* soldier

soldador *m*, *~a f* welder

soldadura *f* welding, soldering

◇ **soldadura autógena** oxyacetylene welding

soldar ⟨1m⟩ *v/t* weld, solder; **soldarse** *v/r* knit together, knit

soleado *adj* sunny

soledad *f* solitude, loneliness

solemne *adj* solemn; *una ~ tontería* an absolutely stupid thing

solemnidad *f* solemnity; *de ~* extremely

solemnizar ⟨1f⟩ *v/t* solemnize

soler ⟨2h⟩ *v/i:* *~ hacer algo* usually do sth; *suele venir temprano* he usually comes early; *como suele decirse* as is usually *o* normally said; *solía visitarme* he used to visit me

solera *f* **1** tradition; *de ~ fig* traditional **2** *Chi: de la acera* curb, *Br* kerb

solfa *f* (tonic) sol-fa; *poner en ~* F poke fun at

solfeo *m* (tonic) sol-fa

solicitante *m/f* applicant

◇ **solicitante de asilo** asylum-seeker

solicitar ⟨1a⟩ *v/t permiso* request; *empleo, beca* apply for

solícito *adj* attentive

solicitud *f* application, request

solidaridad *f* solidarity

solidario *adj* supportive, understanding

solidarizarse ⟨1f⟩ *v/r:* *~ con alguien* support s.o., back s.o.

solideo *m* REL cardinal's cap, biretta

solidez *f* solidity; *fig* strength

solidificación *f* solidification

solidificar ⟨1g⟩ *v/t* solidify; **solidificarse** *v/r* soldify, harden

sólido I *adj* solid; *fig: conclusion* sound **II** *m* FÍS solid

soliloquio *m* soliloquy

solista *m/f* soloist

solitaria *f* ZO tapeworm

solitario I *adj* **1** *persona* solitary; *actuó en ~* he acted alone **2** *lugar* lonely **II** *m juego* solitaire, *Br* patience

soliviantar ⟨1a⟩ *v/t* incite, stir up; **soliviantarse** *v/r* rise up, rebel

solla *f* ZO plaice

sollozar ⟨1f⟩ *v/i* sob

sollozo *m* sob

solo *adj* **1** single; *estar ~* be alone; *sentirse ~* feel lonely; *a -as* alone, by o.s.; *más ~ que la una* all alone, all by oneself; *por sí ~* by o.s. **2** *café* black **3** (*único*): *un ~ día* a single day **II** *m* MÚS solo

sólo *adv* only, just; *tan ~* just; *no ~ ... sino también* not only ... but also

solomillo *m* GASTR sirloin

solsticio *m* solstice

soltar ⟨1m⟩ *v/t* **1** let go of **2** (*librar*) release, let go **3** *olor* give off **4** *nudo, tuerca* undo **5** F *discurso* launch into **6:** *~ una bofetada a alguien* clobber s.o.; **soltarse** *v/r* **1** free o.s. **2:** *~ a andar / hablar* begin *o* start to walk / talk

soltera *f* single *o* unmarried woman

soltería *f* singledom; *cansada de su ~* tired of being single

soltero I *adj* single, not married **II** *m* bachelor, unmarried man

solterón *m* confirmed bachelor

solterona *f desp* old maid *desp*

soltura *f* fluency, ease; *con ~ hablar* fluently; *desenvolverse* with ease, with aplomb

solubilidad *f* solubility

soluble *adj* **1** soluble; *~ en agua* water-soluble **2** *problema* solvable, soluble

solución *f* solution; *no tener ~ fig* be hopeless

solucionar ⟨1a⟩ *v/t* solve

solvencia *f* **1** COM solvency **2** *de profesional* reliability

solventar ⟨1a⟩ *v/t* resolve, settle
solvente I *adj* **1** COM solvent **2** *profesional, artesano* reliable **II** *m* QUÍM solvent
somalí *m/f & adj* Somali
somanta *f* F beating
sombra *f* **1** shadow; *a la ~ de un árbol* in the shade of a tree; *estar a la ~* be in the shade; *a la ~ de fig* under the protection of; *hacer ~ a alguien fig* F to overshadow s.o., put s.o. in the shade; *mantenerse en la ~ fig* stay behind the scenes; *no es ni ~ de lo que era* he bears no resemblance to his former self; *tener mala ~* be a nasty piece of work **2**: *~s pl* PINT shading *sg*
◇ **sombra de ojos** eye shadow
sombreado *m* PINT shading
sombrear ⟨1a⟩ *v/t* **1** PINT shade, shade in **2**: *~ los ojos* shade one's eyes
sombrerera *f* hat box
sombrerería *f* hat shop, milliner's
sombrerero *m* milliner, hatter
sombrero *m* hat; *quitarse el ~ ante alguien / algo fig* take one's hat off to s.o. / sth
◇ **sombrero de copa** top hat
◇ **sombrero de tres picos** three-cornered hat
sombrilla *f* sunshade, beach umbrella; *me importa ~ Méx* F I couldn't *o* could care less, *Br* I couldn't care less
sombrío *adj fig* somber, *Br* sombre
somero *adj* superficial
someter ⟨2a⟩ *v/t* **1** subjugate **2**: *~ a alguien a algo* subject s.o. to sth **3**: *~ algo a votación* put sth to the vote; *someterse v/r* **1** yield (*a* to) **2** *a ley* comply (*a* with) **3** (*rendirse*) give in (*a* to) **4**: *~ a tratamiento* undergo treatment
sometimiento *m de un país, tribu* subjection
somier *m* bed base
somnámbulo ☞ **sonámbulo**
somnífero I *adj* soporific; *pastilla -a* sleeping pill **II** *m* sleeping pill
somnolencia *f* sleepiness, drowsiness
somnoliento *adj* sleepy, drowsy
somos *vb* ☞ **ser**
son I *m* sound; *al ~ de* to the sound of; *en ~ de broma* jokingly; *en ~ de paz* in peace **II** *vb* ☞ **ser**
sonado *adj* F famous, well-known
sonaja *f* rattle

sonajero *m* rattle
sonambulismo *m* sleepwalking
sonámbulo I *adj*: *voy medio ~* I'm half asleep **II** *m*, *-a f* sleepwalker
sonar ⟨1m⟩ **I** *v/i* **1** ring out **2** *de música* play; *así, tal como suena fig* as simple as that, just like that **3**: *~ a* sound like **4**: *me suena esa voz* I know that voice, that voice sounds familiar **II** *v/t la nariz* wipe; *sonarse v/r*: *~ la nariz* blow one's nose
sonata *f* MÚS sonata
sonda *f* MED catheter
◇ **sonda espacial** space probe
sondaje *m L.Am.* poll, survey
sondar ⟨1a⟩ *v/t* MED catheterize
sondear ⟨1a⟩ *v/t fig* survey, poll
sondeo *m*: *~ (de opinión)* survey, (opinion) poll; *~ de mercado* market survey
soneto *m* sonnet
sónico *adj* sonic
sonido *m* sound
◇ **sonido estereofónico** stereo sound
soniquete *m* droning
sonoridad *f* tone, sound
sonorizar ⟨1f⟩ *v/t película* add the soundtrack to
sonoro *adj voz, sonido* sonorous
sonreír ⟨3m⟩ *v/i* smile; *~ a alguien* smile at s.o.; *la suerte le sonríe* fortune smiles on him; *sonreírse v/r* smile
sonriente *adj* smiling
sonrisa *f* smile
sonrojar ⟨1a⟩ *v/t*: *~ a alguien* make s.o. blush; *sonrojarse v/r* blush
sonrojo *m* blush
sonrosado *adj* rosy, pink
sonsacar ⟨1g⟩ *v/t*: *~ algo* worm sth out (*a* of), wheedle sth out (*a* of)
sonso *adj L.Am.* silly
sonsonete *m* drone
soñación *f*: *ni por ~ fig* F not in a million years F
soñador I *adj* dreamy **II** *m*, *~a f* dreamer
soñar ⟨1m⟩ **I** *v/t* dream (*con* about) **II** *v/i* dream; *~ despierto* daydream; *¡ni ~lo!* dream on! F
soñolencia *f* ☞ **somnolencia**
soñoliento *adj* ☞ **somnoliento**
sopa *f* soup; *estar hecho una ~* F be sopping wet; *hasta en la ~* F all over the place F; *dar ~s con honda* F run rings around
◇ **sopa de sobre** packet soup

sopapo *m* F smack, slap

¡sopas! *interj Méx* F crash!, bang!, ka-pow!

sopera *f* soup tureen

sopero *adj* soup *atr*; **ser muy ~** F be a soup lover, be a big soup eater

sopesar ⟨1a⟩ *v/t fig* weigh up

sopetón *m*: **de ~** unexpectedly

soplado *m* blowing

◊ **soplado de vidrio** glassblowing

soplador *m* blower

◊ **soplador de vidrio** glassblower

soplagaitas *m/f inv* F twit F

soplamocos *m inv* F punch, slap

soplapollas *m/f inv* V cock-sucker V

soplar ⟨1a⟩ I *v/i del viento* blow II *v/t* 1 *vela* blow out 2 *polvo* blow away 3: **~ algo a la policía** tip the police off about sth; **soplarse** *v/r* F *bebida* knock back F; *comida* put away F

soplete *m* welding torch

soplo *m*: **en un ~** F in an instant; **~ de viento** breath of wind

soplón *m*, **-ona** *f* F informer, stool pigeon F

soponcio *m*: **le dio un ~** F he passed out

sopor *m* drowsiness, sleepiness

soporífero I *adj* soporific II *m* sleeping pill

soportable *adj* bearable

soportal *m* 1 porch 2: **~es** *pl* arcade *sg*

soportar ⟨1a⟩ *v/t fig* put up with, bear; **no puedo ~ a José** I can't stand José

soporte *m* 1 support, stand 2: **~ de sonido** audio media

◊ **soporte físico** INFOR hardware

◊ **soporte lógico** INFOR software

soprano MÚS I *m* soprano II *m/f* soprano

sor *f* REL sister

sorber ⟨2a⟩ *v/t* sip

sorbete *m* 1 sorbet 2 *C.Am.* ice cream

sorbetería *f C.Am.* ice-cream parlor *o Br* parlour

sorbo *m* sip; **tomar algo a ~s** sip sth

sordera *f* deafness

sordidez *f* sordidness

sórdido *adj* sordid

sordina *f* MÚS mute, damper

sordo I *adj* 1 deaf 2 *sonido* dull II *m*, **-a** *f* deaf person; **hacerse el ~** turn a deaf ear; **los ~s** the deaf *pl*

sordomudo I *adj* deaf and dumb II *m*, **-a** *f* deaf-mute

sorna *f* sarcasm; **con ~** sarcastically, mockingly

sorocharse ⟨1a⟩ *v/r Pe, Bol* get altitude sickness

soroche *m Pe, Bol* altitude sickness

sorprendente *adj* surprising

sorprender ⟨2a⟩ *v/t* 1 surprise; **me sorprende que ...** I'm surprised that ... 2 (*descubrir*) catch; **sorprenderse** *v/r* be surprised

sorpresa *f* surprise; **de o por ~** by surprise; **pillar a alguien de o por ~** F take s.o. by surprise; **llevarse una ~** be surprised, get a surprise

sortear ⟨1a⟩ *v/t* 1 *premio* draw lots for 2 *obstáculo* get round

sorteo *m* (*lotería*) lottery, (prize) draw

sortija *f* ring

sortilegio *m* spell, charm

SOS *m* SOS

sosa *f* QUÍM: **~ cáustica** caustic soda

sosaina I *adj* dull II *m/f* dull person

sosegado *adj* calm

sosegar ⟨1h & 1k⟩ *v/t* calm; **sosegarse** *v/r* calm down

sosera *f* ☞ **sosería**

soseras *m/f inv* F dull person

sosería *f* insipidness, dullness

sosia *m* double, look-alike

sosiego *m* calm, quiet; **con ~** calmly

soslayar ⟨1a⟩ *v/t* avoid, dodge

soslayo *adj*: **de ~** sideways; **mirar de ~** look sideways at; **dejar de ~** *fig* avoid

soso I *adj* tasteless, insipid; *fig* dull II *m*, **-a** *f* stick-in-the-mud F

sospecha *f* suspicion

sospechar ⟨1a⟩ I *v/t* suspect II *v/i* be suspicious; **~ de alguien** suspect s.o.

sospechoso I *adj* suspicious II *m*, **-a** *f* suspect

sostén *m* 1 brassiere, bra 2 *fig* pillar, mainstay

sostener ⟨2l⟩ I *v/t* 1 *familia* support 2 *opinión* hold; **sostenerse** *v/r* 1 support o.s. 2 *de pie* stand up 3 *en el poder* stay, remain

sostenido I *adj* sharp; **fa ~** MÚS F sharp II *m* MÚS sharp

sostenimiento *m* support

sota *f naipes* jack

sotabarba *f* double chin

sotana *f* REL cassock

sótano *m* basement, *Br* cellar

sotavento *m* MAR lee side, leeward

soterrado *adj recuerdo, objeto* buried
soterrar ⟨1k⟩ *v/t* bury
soto *m* grove, thicket
sotobosque *m* undergrowth
sotreta *f Arg: cosa* useless thing; *persona* useless person
soviético *adj* Soviet
soy *vb* ☞ **ser**
soya *f L.Am.* soy, *Br* soya
SP *abr* (= **Servicio Público**) Public Service
spot *m* TV commercial
spray *m* spray
sprint *m* sprint
◇ **sprint final** final sprint
sprintar ⟨1a⟩ *v/i* sprint
sprínter *m/f* sprinter
squash *m* DEP squash
Sr. *abr* (= **Señor**) Mr.
Sra. *abr* (= **Señora**) Mrs
Sres. *abr* (= **Señores**) Messrs (= Messieurs)
Srta. *abr* (= **Señorita**): Miss
SS.MM. *abr* (= **Sus Majestades**) Your / Their Majesties
Sta. *abr* (= **Santa**) St. (= Saint)
stand *m* COM stand
standing *m* standing; *de alto ~ vivienda* luxury *atr*
status *m* status
stick *m* stick
Sto. *abr* (= **Santo**) St. (= Saint)
stock *m* stock; *tener en ~* have in stock
su, sus *adj pos: de él* his; *de ella* her; *de cosa* its; *de usted, ustedes* your; *de ellos* their; *de uno* his, *Br* one's
suave *adj* **1** *al tacto* soft, smooth **2** *sabor, licor* mild
suavidad *f* **1** *al tacto* softness, smoothness **2** *de sabor, licor* mildness
suavizante *m de pelo, ropa* conditioner
suavizar ⟨1f⟩ *v/t tb fig* soften; **suavizarse** *v/r* become soft(er); *fig* become more amenable, soften
subacuático *adj* underwater
subalimentación *f* undernourishment
subalterno I *adj* subordinate **II** *m, -a f* subordinate
subarrendar ⟨1k⟩ *v/t* sublet
subarrendatario *m, -a f* sublessee
subarriendo *m* subletting
subasta *f* auction; *sacar a ~* put up for auction
subastador *m, ~a f* auctioneer

subastar ⟨1a⟩ *v/t* auction (off)
subcampeón *m*, **-ona** *f* DEP runner-up
subclase *f* subclass
subcomisión *f* subcommittee
subconsciencia *f* subconscious
subconsciente *m/adj* subconscious
subcontinente *m* subcontinent
subcontrata(ción) *f* subcontracting
subcontratar ⟨1a⟩ *v/t* subcontract
subcontratista *m/f* subcontractor
subcultura *f* subculture
subcutáneo *adj* MED subcutaneous
subdesarrollado *adj* underdeveloped
subdesarrollo *m* underdevelopment
subdirector *m*, **-a** *f* deputy manager
súbdito *m* subject
subdividir ⟨3a⟩ *v/t* subdivide
subdivisión *f* subdivision
subempleo *m* underemployment
subespecie *f* BIO subspecies
subestimar ⟨1a⟩ *v/t* underestimate
subida *f* rise, ascent; *~ de los precios* rise in prices
subido I *part* ☞ **subir II** *adj*: *~ de tono fig* risqué, racy
subir ⟨3a⟩ **I** *v/t* **1** *cuesta, escalera* go up, climb; *montaña* climb **2** *objeto* raise, lift; *intereses, precio* raise **II** *v/i* **1** *para indicar acercamiento* come up; *para indicar alejamiento* go up **2** *de precio* rise, go up **3** *a un tren, autobús* get on; *a un coche* get in **4**: *~ al poder* rise to power; *~ al trono* ascend to the throne
subirse *v/r* go up; *a un árbol* climb; *~ a una silla* get up onto a chair
súbito *adj*: *de ~* suddenly, all of a sudden
subjefe *m*, **-a** *f* deputy manager
subjetivo *adj* subjective
subjuntivo *m* GRAM subjunctive
sublevación *f* uprising, rebellion, revolt
sublevamiento *m* uprising, rebellion, revolt
sublevar ⟨1a⟩ *v/t* incite to revolt; *fig* infuriate, get angry; **sublevarse** *v/r* rise up, revolt
sublimación *f fig* sublimation
sublimado *m* QUÍM sublimate
sublimar ⟨1a⟩ *v/t* QUÍM, *fig* sublimate
sublime *adj* sublime
subliminal *adj* subliminal
submarinismo *m* scuba diving
submarinista *m/f* scuba diver

submarino I *adj* underwater **II** *m* submarine

subnormal I *adj* subnormal **II** *m/f desp* moron

suboficial *m* noncommissioned officer, NCO

suborden *m* BIO suborder

subordinación *f* subordination

subordinado I *adj* subordinate **II** *m*, -a *f* subordinate

subordinar ⟨1a⟩ *v/t* subordinate

subproducto *m* by-product

subrayar ⟨1a⟩ *v/t* underline; *fig* underline, emphasize

subrepticio *adj* surreptitious

subrogación *f* JUR transfer

subrogar ⟨1h⟩ *v/t* JUR transfer

subsanación *f de defecto, error* rectification; *de problema* resolution

subsanar ⟨1a⟩ *v/t defecto, error* rectify; *problema* resolve

subsecretario *m*, -a *f* undersecretary

subsecuente *adj* ☞ **subsiguiente**

subsidiar ⟨1a⟩ *v/t L.Am.* subsidize

subsidiario *adj* subsidiary

subsidio *m* welfare, *Br* benefit

◇ **subsidio de desempleo, subsidio de paro** unemployment compensation *o Br* benefit

subsiguiente *adj* subsequent

subsistencia *f* subsistence, survival; *de pobreza, tradición* persistence

subsistente *adj* which still exists

subsistir ⟨3a⟩ *v/i* live, survive; *de pobreza, tradición* live on, persist

subsuelo *m* **1** subsoil **2** *Rpl: en edificio* basement

subte *m CSur* subway, *Br* underground

subteniente *m/f* second lieutenant

subterfugio *m* subterfuge

subterráneo I *adj* underground **II** *m L.Am.* subway, *Br* underground

subtitular ⟨1a⟩ *v/t* subtitle

subtítulo *m* subtitle

subtropical *adj* subtropical

suburbano *adj* suburban

suburbio *m* slum area

subvalorar ⟨1a⟩ *v/t* undervalue

subvención *f* subsidy

subvencionar ⟨1a⟩ *v/t* subsidize

subversión *f* subversion

subversivo *adj* subversive

subvertir ⟨3i⟩ *v/t* subvert

subyacente *adj* underlying

subyugar ⟨1h⟩ *v/t* subjugate

succión *f* suction

succionar ⟨1a⟩ *v/t* suck

sucedáneo *m* substitute

suceder ⟨2a⟩ *v/i* **1** happen, occur; *¿qué sucede?* what's going on? **2**: ~ a follow; ~ *en el trono* succeed to the throne

sucesión *f* **1** *de acontecimientos, problemas* succession **2**: ~ *al trono* succession to the throne

sucesivamente *adv* successively; *y así* ~ and so on

sucesivo *adj* successive; *en lo* ~ from now on; *tres días* ~s three days in a row

suceso *m* event

sucesor *m*, ~a *f* successor; ~ *al trono* heir to the throne

sucesorio *adj* inheritance *atr*

suciedad *f* dirt

sucinto *adj* succint, concise

sucio *adj tb fig* dirty; *en* ~ in rough; *blanco* ~ off-white

sucre *m* FIN sucre

sucucho *m L.Am.* tiny house, shoebox F

suculento *adj* succulent

sucumbir ⟨3a⟩ *v/i* succumb, give in

sucursal *f* COM branch

sudaca *m/f desp* South American

sudadera *f* sweatshirt

sudado *adj* sweaty

Sudáfrica *f* South Africa

sudafricano I *adj* South African **II** *m*, -a *f* South African

Sudamérica *f* South America

sudamericano I *adj* South American **II** *m*, -a *f* South American

Sudán *m* Sudan

sudanés I *adj* Sudanese **II** *m*, -esa *f* Sudanese

sudar ⟨1a⟩ **I** *v/i* sweat; F *(trabajar duro)* work one's butt off F; ~ *la gota gorda* *fig* sweat blood **II** *v/t* make sweaty

sudario *m* REL shroud

sudeste *m* southeast

sudoccidental *adj* southwestern, southwest *atr*

sudoeste *m* southwest

sudor *m* sweat

sudoración *f* perspiration

sudoriental *adj* southeastern, southeast *atr*

sudoriento *adj* sweaty
sudorífero *adj* sweat-producing
sudoríparo *adj*: **glándulas -as** ANAT sweat glands
sudoroso *adj* sweaty
Suecia *f* Sweden
sueco I *adj* Swedish **II** *m*, **-a** *f* Swede; **hacerse el ~** F pretend not to hear, act dumb F **III** *m idioma* Swedish
suegra *f* mother-in-law
suegro *m* father-in-law
suela *f de zapato* sole
sueldo *m* salary; **asesino a ~** hired killer
suelo *m* **1** *en casa* floor; *en el exterior* earth, ground; **en el ~** on the ground; **estar por los ~s** F be at rock bottom F; **poner a alguien por los ~s** run s.o. down; **besar el ~** *fig* fall flat on one's face; **echar por los ~s** *fig* F (*arruinar, frustrar*) ruin **2** AGR soil
suelta *f* release; **dar ~ a alguien** give s.o. permission to leave
suelto I *adj* **1** (*libre*) loose, free; **estar o ir ~** be *o* go free; **andar ~** be at large **2** (*separado*): **un pendiente ~** a single *o* an odd earring **II** *m* loose change **III** *part* ☞ **soltar**
sueño *m* **1** (*estado de dormir*) sleep; **tener ~** be sleepy; **echar un ~** grab some sleep, take a nap; **caerse de ~** be dead tired, be out on one's feet; **quitar el ~ a alguien** keep s.o. awake **2** (*fantasía, imagen mental*) dream; **ni en ~s** *fig* not in a million years
suero *m* **1** MED saline solution **2** *sanguíneo* blood serum **3** *de la leche* whey
suerte *f* **1** luck; **¡~!** good luck!; **buena ~** good luck; **mala ~** bad luck; **tener la ~ de cara** be lucky; **tener una ~ loca** be *o* get incredibly lucky; **probar ~** try one's luck; **por ~** luckily **2** (*azar*): **caer o tocar a alguien en ~** fall to s.o.; **echar a ~s** toss for, draw lots for; **la ~ está echada** the die is cast **3** (*destino*): **abandonar o dejar a alguien a su ~** leave s.o. to their fate **4**: **toda ~ de** all kinds of; **de ~ que** so that
suertero ☞ **suertudo**
suertudo *L.Am.* **I** *adj*: **ser ~** be lucky **II** *m*, **-a** *f* F lucky devil F
suéter *m* sweater
suficiencia *f* ability, aptitude; *fig* smugness; **aire de ~** smug air

suficiente I *adj* enough, sufficient; **ser ~** be enough **II** *m* EDU pass
sufragar ⟨1h⟩ **I** *v/t* COM meet, pay **II** *v/i* L.Am. vote
sufragio *m*: **~ universal** universal suffrage
sufrido *adj* **1** *persona* long-suffering **2** *material* tough, hard-wearing
sufrimiento *m* suffering
sufrir ⟨3a⟩ **I** *v/t fig* suffer, put up with **II** *v/i* suffer (**de** from); **sufre del estómago** he has stomach problems
sugerencia *f* suggestion
sugerir ⟨3i⟩ *v/t* suggest
sugestión *f*: **es pura ~** it is all in the mind
sugestionable *adj* impressionable
sugestionar ⟨1a⟩ *v/t* influence
sugestivo *adj* suggestive
suicida I *adj* suicidal **II** *m/f* suicide victim
suicidarse ⟨1a⟩ *v/r* commit suicide
suicidio *m* suicide
suite *f tb* MÚS suite
Suiza *f* Switzerland
suizo I *adj* Swiss **II** *m*, **-a** *f* Swiss **III** *m* GASTR sugar topped bun
sujeción *f* holding, fixing
sujetador *m* brassiere, bra
sujetalibros *m inv* bookend
sujetapapeles *m inv* paperclip
sujetar ⟨1a⟩ *v/t* **1** (*fijar*) hold (down), keep in place **2** (*sostener*) hold; **sujetarse** *v/r* hold on
sujeto I *adj* **1** (*fijo*) secure **2**: **~ a** subject to **II** *m* **1** individual **2** GRAM subject
sulfamida *f* MED sulfonamide, *Br* sulphonamide
sulfatar ⟨1a⟩ *v/t* AGR sulfate, *Br* sulphate
sulfato *m* sulfate, *Br* sulphate
sulfurar ⟨1a⟩ *v/t* QUÍM sulfurize, *Br* sulphurize; **~ a alguien** *fig* F drive s.o. nuts F; **sulfurarse** *v/r fig* F blow one's top F
sulfuro *m* sulfur, *Br* sulphur
sulfuroso *adj* sulfurous, *Br* sulphurous
sultán *m* sultan
suma *f* sum; **en ~** in short
◇ **suma y sigue** COM balance carried forward
sumamente *adv* extremely, highly
sumar ⟨1a⟩ **I** *v/t* add; **5 y 6 suman 11** 5 and 6 make 11 **II** *v/i* add up; **sumarse** *v/r*: **~ a** join

sumario I *adj* brief **II** *m* **1** summary **2** JUR indictment

sumergible I *adj reloj* waterproof; *embarcación* submersible **II** *m* submersible

sumergir ⟨3c⟩ *v/t* submerge, immerse; **sumergirse** *v/r fig* immerse o.s. (*en* in), throw o.s. (*en* into)

sumersión *f* submersion

sumidero *m* drain

suministrador I *adj* supply *atr*; *empresa ~a* supplier, supply company **II** *m*, *~a f* supplier

suministrar ⟨1a⟩ *v/t* supply, provide

suministro *m* supply

sumir ⟨3a⟩ *v/t fig* plunge, throw (*en* into); **sumirse** *v/r fig* sink (*en* into)

sumisión *f* submission

sumiso *adj* submissive

sumo *adj* supreme; *con ~ cuidado* with the utmost care; *a lo ~* at the most

suntuario *adj* sumptuous

suntuosidad *f* sumptuousness, magnificence

suntuoso *adj* sumptuous

supe *vb* ☞ **saber**

supeditar ⟨1a⟩ *v/t* make conditional (*a* upon)

súper *adj* F super F, great F

superable *adj* surmountable

superabundancia *f* overabundance

superabundante *adj* overabundant

superabundar ⟨1a⟩ *v/i*: *superabundan los ...* there's an overbundance of ...

superación *f* overcoming, surmounting

superar ⟨1a⟩ *v/t persona* beat; *límite* go beyond, exceed; *obstáculo* overcome, surmount; **superarse** *v/r* surpass o.s., excel o.s.

superávit *m* surplus

superchería *f* trick, swindle

superdotado *adj* gifted

superestructura *f* superstructure

superficial *adj* superficial, shallow

superficialidad *f* superficiality, shallowness

superficie *f* surface; *salir a la ~ del agua* come to the surface; *grandes ~s (comerciales)* large stores

superfluo *adj* superfluous

superhombre *m* superman

superintendente *m/f* superintendent

superior I *adj* **1** *labio, piso etc* upper **2** *en jerarquía* superior; *ser ~ a* be superior

to **II** *m* superior

superiora *f* REL Mother Superior

superioridad *f* superiority

superlativo I *adj* superlative **II** *m* GRAM superlative

supermercado *m* supermarket

supermodelo *m/f* supermodel

superpoblación *f* overpopulation

superpoblado *adj* overpopulated

superponer ⟨2r⟩ *v/t* superimpose; **superponerse** *v/r* be superimposed; *al miedo se superpone el sentido del deber* fear becomes subordinate to a sense of duty

superposición *f* superimposition

superpotencia *f* POL superpower

superproducción *f* **1** COM overproduction **2** *película* blockbuster

superpuesto *adj* superimposed

supersónico *adj* supersonic

superstición *f* superstition

supersticioso *adj* superstitious

supervalorar ⟨1a⟩ *v/t* overvalue

supervisar ⟨1a⟩ *v/t* supervise

supervisión *f* supervision

supervisor *m*, *~a f* supervisor

supervivencia *f* survival

superviviente I *adj* surviving **II** *m/f* survivor

supiera *vb* ☞ **saber**

supino *adj* **1** *posición* supine **2**: *ignorancia ~a* crass ignorance

suplantación *f* **1** replacement **2** JUR impersonation

suplantar ⟨1a⟩ *v/t* **1** replace, take the place of **2** JUR impersonate

suplementario *adj* supplementary

suplemento *m* supplement; *~ dominical de periódico* Sunday supplement

suplencia *f* temporary job

suplente *m/f* substitute

supletorio I *adj* extra, additional **II** *m* TELEC extension

súplica *f* plea

suplicante I *adj* imploring, begging **II** *m/f* petitioner, supplicant

suplicar ⟨1g⟩ *v/t cosa* plead for, beg for; *persona* beg

suplicatorio *m* JUR request, petition

suplicio *m fig* torment, ordeal

suplir ⟨3a⟩ *v/t* **1** *carencia* make up for **2** (*sustituir*) substitute

supo *vb* ☞ **saber**

suponer ⟨2r; *part supuesto*⟩ *v/t* sup-

sustantivar

pose, assume; **supongamos que ...** let's suppose o assume that ...; **supongo que sí** I suppose so
suposición f supposition
supositorio m MED suppository
supranacional adj supranational
suprarrenal adj ANAT adrenal; **glándula** o **cápsula ~** adrenal gland
supremacía f supremacy
supremo adj supreme
supresión f de rebelión suppression; de impuesto, ley abolition; de restricción lifting; de servicio withdrawal; en texto deletion
suprimir ⟨3a⟩ v/t rebelión suppress, put down; ley, impuesto abolish; restricción lift; servicio withdraw; puesto de trabajo cut; en texto delete; **suprimió algunos detalles** she kept something back, she didn't give me / us the whole story
supuesto I part ☞ **suponer** II adj supposed, alleged; **~ que** (ya que) since; (en caso de que) if; **por ~** of course; **dar algo por ~** take sth as read III m assumption
supuración f weeping, oozing
supurar ⟨1a⟩ v/i weep, ooze
sur m south; **al ~ de** to the south of, south of
surafricano ☞ **sudafricano**
suramericano ☞ **sudamericano**
surcar ⟨1g⟩ v/i sail
surco m AGR furrow
surcoreano I adj South Korean II m, -a f South Korean
sureño adj southern
sureste m ☞ **sudeste**
surf(ing) m surfing
surfista m/f surfer
surgimiento m emergence
surgir ⟨3c⟩ v/i 1 fig emerge; de problema tb come up 2 de agua spout
Suriname m Suriname
surinamés I adj Surinamese II m, -esa f Surinamese
suroccidental adj ☞ **sudoccidental**
suroeste m ☞ **sudoeste**
suroriental adj ☞ **sudoriental**
surrealismo m surrealism
surrealista m/f & adj surrealist
surtido I adj 1 galletas assorted 2: **bien ~** COM well stocked II m assortment, range
surtidor m: **~ de gasolina** o **de nafta**

gas pump, Br petrol pump
surtir ⟨3a⟩ I v/t 1 supply 2: **~ efecto** have the desired effect II v/i spout; **surtirse** v/r stock up (**de** with)
susceptibilidad f touchiness
susceptible adj 1 persona touchy 2: **ser ~ de mejora** leave room for improvement
suscitar ⟨1a⟩ v/t enojo arouse; polémica generate; escándalo provoke
suscribir ⟨3a; part suscrito⟩ v/t 1 subscribe to; **estar suscrito a un periódico** have a subscription to a newspaper 2: **el que suscribe** the undersigned; **suscribirse** v/r subscribe
suscripción f subscription
suscriptor m, **~a** f subscriber
suscrito I part ☞ **suscribir** II m, -a f undersigned
susodicho adj aforementioned, abovementioned
suspender ⟨2a⟩ I v/t 1 empleado, alumno suspend 2 objeto hang, suspend 3 reunión adjourn 4 examen fail II v/i EDU fail
suspense m fig suspense; **película / novela de ~** thriller
suspensión f 1 de jugador, alumno suspension 2 de objeto hanging, suspension 3 de reunión adjournment 4 en baloncesto jump
◇ **suspensión de pagos** COM suspension of salary payments
suspensivo adj: **puntos ~s** pl suspension points
suspenso I adj 1: **alumnos ~s** students who have failed 2 (aplazado): **en ~** suspended 3: **dejar en ~** keep in suspense II m 1 fail 2 L.Am. (suspense) suspense
suspensores mpl L.Am. suspenders, Br braces
suspensorio m MED athletic support, jockstrap F
suspicacia f suspicion; **levantar ~s** arouse suspicion
suspicaz adj suspicious
suspirar ⟨1a⟩ v/i 1 sigh 2: **~ por algo** yearn for sth, long for sth
suspiro m sigh
sustancia f substance; **sin ~** fig insubstantial, lacking in substance
sustancial adj substantial
sustantivar ⟨1a⟩ v/t GRAM substantivize

sustantivo *m* GRAM noun
sustentación *f* AVIA lift
sustentamiento *m* **1** *comida etc* sustenance **2** *apoyo* base
sustentar ⟨1a⟩ *v/t* **1** sustain **2** *familia* support **3** *opinión* maintain; **sustentarse** *v/r* support o.s.
sustento *m* means of support
sustitución *f* DEP substitution
sustituible *adj* replaceable
sustituir ⟨3g⟩ *v/t*: **~ X por Y** replace X with Y, substitute Y for X
sustituto *m* substitute
sustitutorio *adj* substitute *atr*
susto *m* fright, scare; **dar** *o* **pegar un ~ a alguien** give s.o. a fright; **no gano para ~s** F nothing's going right for me, my world has gone haywire
sustracción *f* **1** *(robo)* theft **2** MAT subtraction
sustraendo *m* MAT subtrahend
sustraer ⟨2p; *part* **sustraido**⟩ *v/t* subtract, take away; *(robar)* steal; **sustraerse** *v/r*: **~ a** avoid, resist
sustraido *part* ☞ **sustraer**
sustrato *m* substrate, substratum
susurrar ⟨1a⟩ **I** *v/t* whisper **II** *v/i de viento* whisper
susurro *m* whisper
sutil *adj fig* subtle
sutileza *f fig* subtlety
sutura *f* MED suture
suturar ⟨1a⟩ *v/t* MED suture, stitch
suyo, suya *pron pos*: *de él* his; *de ella* hers; *de usted, ustedes* yours; *de ellos* theirs; **los ~s** his / her *etc* folks, his / her *etc* family; **hacer ~ algo** make sth one's own; **hacer de las -as** get up to one's old tricks; **ir a lo ~** think only of oneself; **salirse con la -a** get one's own way; **ser muy ~** keep to o.s.; **de esto sabe lo ~** he knows everything about this
switch *m L.Am.* switch

T

taba *f* ANAT ankle bone
tabacalero I *adj* tobacco *atr*; **compañía -a** cigarette company, tobacco company; **industria -a** tobacco industry **II** *m*, **-a** *f* tobacco grower
tabaco *m* tobacco
tábano *m* ZO horsefly
tabaquera *f para tabaco* tobacco tin; *para cigarrillos* cigarette case
tabaquero ☞ **tabacalero**
tabaquismo *m* nicotine poisoning
tabarra *f*: **dar la ~ a alguien** F bug s.o. F
taberna *f* bar
tabernario *adj (basto)* coarse
tabernero *m* bar owner, *Br* landlord; *(camarero)* bartender
tabicar ⟨1g⟩ *v/t* board up
tabique *m* partition, partition wall
tabla *f* **1** *de madera* board, plank **2** PINT panel; *(cuadro)* table **3** *en ajedrez*: **acabar** *o* **quedar en ~s** end in a tie **4**: **tener ~s** TEA be a natural actor
◇ **tabla de materias** table of contents; **tabla de multiplicar** multiplication table; **tabla de planchar** ironing board; **tabla de quesos** GASTR cheeseboard;

tabla rasa: **hacer ~ de algo** disregard sth; **tabla de salvación** *fig* last resort; **tabla de surf** surf board; **Tablas de la Ley** Ten Commandments, Tables of the Law
tablado *m en un acto* platform; *de escenario* stage
tablear ⟨1a⟩ *v/t* **1** *madero* cut into planks **2** *tela* pleat
tablero *m* board, plank; *de juego* board; *en baloncesto* backboard
◇ **tablero de instrumentos, tablero de mandos** AUTO dashboard
tableta *f*: **~ de chocolate** chocolate bar
tableteo *m de ametralladora* rat-a-tat-tat, chatter; *de trueno* boom; *de madera* rattle
tabloide *m* tabloid
tablón *m* **1** plank **2**: **llevar un ~** F be plastered F
◇ **tablón de anuncios** bulletin board, *Br* noticeboard
tabú *m* taboo
tabulador *m tb* INFOR tab key
tabular[1] *adj* tabular
tabular[2] ⟨1a⟩ *v/t* tabulate

taburete *m* stool

tacada *f* shot; *de una* ~ F in one shot

tacañería *f* F miserliness, stinginess F

tacaño I *adj* F miserly, stingy F **II** *m*, **-a** *f* F miser F, tightwad F

tacha *f* flaw, blemish; *sin* ~ beyond reproach

tachadura *f* crossing out

tachar ⟨1a⟩ *v/t* **1** cross out; *táchese lo que no proceda* delete as applicable **2** (*tildar*): *la tacharon de egoísta* she was branded *o* labeled as selfish

tachero *m*, **-a** *f* Rpl F cabby F

tacho *m* Rpl **1** (*papelera*) wastepaper basket; *en la calle* garbage can, *Br* litter basket **2** *taxi* cab, taxi

tachón *m* **1** (*tachadura*) crossing out **2** (*tachuela*) ornamental stud

tachonado *adj* studded (*de* with)

tachonar ⟨1a⟩ *v/t* stud

tachuela *f* thumbtack, *Br* drawing pin

tácito *adj* tacit

taciturno *adj* taciturn

taco *m* **1** F (*palabrota*) swearword; *soltar o decir un* ~ swear, utter an oath **2** *L.Am. de zapato* heel **3** GASTR taco (*filled tortilla*) **4** DEP stud **5**: *armar un* ~ F cause trouble

◇ *taco de salida* DEP starting block

tacógrafo *m* AUTO tachograph

tacómetro *m* AUTO tachometer

tacón *m de zapato* heel; *zapatos de* ~ high-heeled shoes

◇ *tacón de aguja* spike heel

taconazo *m en fútbol* backheeler

taconear ⟨1a⟩ *v/i* stamp one's heels

taconeo *m* heel stamping

táctica *f* tactics *pl*

táctico *adj* tactical

táctil *adj* tactile

tacto *m* **1** (sense of) touch **2** *fig* tact, discretion; *falta de* ~ tactlessness

TAE *f abr* (= *tasa anual efectiva*) APR (= annual percentage rate)

tafetán *m* taffeta

tahona *f* bakery

tahúr *m* card sharp

taita *m* S.Am. **1** F dad, pop F **2** (*abuelo*) grandfather

Taiwán *m* Taiwan

taiwanés I *adj* of / from Taiwan, Taiwanese **II** *m*, **-esa** *f* Taiwanese

tajada *f* **1** GASTR slice; *sacar* ~ F take a slice *o* cut F **2**: *agarrar una* ~ F get drunk

tajamar *m* S.Am. (*dique*) dike

tajante *adj* categorical

tajo *m* **1** cut **2** (*trabajo*): *ir al* ~ F go to work

tal I *adj* such; *no dije* ~ *cosa* I said no such thing; *el gerente era un* ~ *Lucas* the manager was someone called Lucas; *el* ~ *abogado resultó ser su padre* the lawyer (in question) turned out to be her father **II** *adv* **1**: *¿qué* ~? how's it going?; *¿qué* ~ *la película?* what was the movie like? **2**: ~ *como* such as; ~ *y como* exactly as, just as; *dejó la habitación* ~ *cual la encontró* she left the room just as she found it; *occurió así,* ~ *cual* that was exactly how it happened; *Marta está* ~ *cual* Marta is the same as ever, Marta hasn't changed a bit; *con* ~ *de que* + *subj* as long as, provided that **III** *pron*: ~ *y* ~, ~ *y cual* and so on, and so forth; ~ *para cual* two of a kind

◇ *tal vez* maybe, perhaps

tala *f de árboles* felling **II** *m* Arg, Bol grazing

taladradora *f* drill

taladrar ⟨1a⟩ *v/t* drill

taladro *m* drill

tálamo *m* ANAT thalamus

talante *m* (*genio, humor*) mood; *un* ~ *bonachón* a kindly nature; *estar de buen / mal* ~ be in a good / bad mood

talar ⟨1a⟩ *v/t árbol* fell, cut down

talasoterapia *f* MED seawater therapy, thalassotherapy

talco *m* talc, talcum; *polvos de* ~ *pl* talcum powder *sg*

talega *f* sack

talego *m* P 1000 pesetas

talento *m* talent

TALGO *m abr* (= *Tren Articulado Ligero Goicoechea Oriol*) TALGO (*Spanish long-distance train*)

talio *m* QUÍM thallium

talismán *m* talisman

talla *f* **1** size; *de gran* ~ *fig* outstanding; *dar la* ~ *fig* make the grade **2** (*estatura*) height **3** C.Am. (*mentira*) lie

tallado I *adj madera* carved; *piedra* sculpted; *piedra preciosa* cut **II** *m de madera* carving; *de piedra* sculpting; *de piedra preciosa* cutting

tallador *m*, ~**a** *f L.Am. en naipes* banker

tallar ⟨1a⟩ v/t **1** _madera_ carve; _piedra_ sculpt; _piedra preciosa_ cut **2** _Méx_ rub; _al lavarse_ scrub

tallarín m noodle

talle m waist

taller m workshop

◇ **taller mecánico** auto repair shop

◇ **taller de reparaciones** repair shop

tallo m BOT stalk, stem

talludo adj BOT tall

talón m **1** ANAT heel; _pisar los talones a alguien_ be hot on s.o.'s heels **2** COM stub

◇ **talón de Aquiles** _fig_ Achilles' heel

talonario m: _~ de cheques_ checkbook, _Br_ chequebook; _~ de recibos_ receipt book

talud m slope

talvez adv _L.Am._ maybe, perhaps

tamal m _Méx, C.Am._ tamale (_meat wrapped in a leaf and steamed_)

tamaño I adj: _~ fallo / problema_ such a great mistake / problem **II** m size; _a ~ natural_ life-size

tamarindo m **1** BOT tamarind **2** _Méx_ F traffic cop F

tamarisco m BOT tamarisk

tambalearse ⟨1a⟩ v/r stagger, lurch; _de coche_ sway

tambarria f _C.Am., Pe, Bol_ party

también adv also, too, as well; _yo ~_ me too; _él estudia inglés - yo ~_ he's studying English - me too _o_ so am I; _él ~ dice que ..._ he also says that ...

tambo m **1** _Rpl_ dairy farm **2** _Méx_: type of large container

tambor m drum; _tocar el ~_ beat the drum; _a ~ batiente_ (_triunfalmente_) in triumph **2** _persona_ drummer

tamborear vb ☞ **tamborilear**

tamboril m small drum

tamborilear ⟨1a⟩ v/i drum with one's fingers

tamborileo m drumming

tamborilero m, **-a** f drummer

tamiz m sieve; _pasar por el ~_ tb _fig_ sieve

tamizar ⟨1f⟩ v/t sieve, sift; _luz_ filter; _información_ sift

tampoco adv neither; _él ~ va_ he's not going either; _... ni ~ espero que lo haga ..._ and I don't expect him to do it

tampón m **1** _higiénico_ tampon **2** _de tinta_ ink pad

tan adv so; _era ~ grande que ..._ it was so

big that ...; _~ ... como ..._ as ... as ...; _~ grande como ..._ as big as ...; _~ sólo_ merely; _~ siquiera_ at least

tanatorio m funeral home, funeral parlor

tanda f **1** series sg, batch; _por ~s_ in batches **2** (_turno_) shift **3** _L.Am._ TV (commercial) break

◇ **tanda de penaltis** DEP penalty shootout

tándem m tandem

tanga m tanga

tangente f MAT tangent; _salir o irse por la ~_ F sidestep the issue, duck the question F

tangible adj _fig_ tangible

tango m tango

tanino m tannin

tano m, **-a** f _Rpl_ F Italian

tanque m tb MIL tank

tanteador m, **-a** f DEP scorer

tantear ⟨1a⟩ v/t **1** feel **2** (_calcular a ojo_) work out roughly **3** _situación_ size up; _persona_ sound out; _el terreno_ _fig_ see how the land lies **4** (_probar_) try out

tanteo m _marcador_ score

tantito adv _Méx_ a little

tanto I adj so much; _igual cantidad_ as much; _~s pl_ so many; _igual número_ as many; _comí ~s pasteles que me puse malo_ I ate so many candies that I was ill; _no vimos ~s pájaros como ayer_ we didn't see as many birds as we did yesterday

II pron so much; _igual cantidad_ as much; _un ~_ a little; _~s pl_ so many; _igual número_ as many; _uno de ~s_ one of many; _tienes ~_ you have so much; _no hay ~s como ayer_ there aren't as many as yesterday; _a las -as de la noche_ in the small hours

III adv so much; _igual cantidad_ as much; _periodo_ so long; _tardó ~ como él_ she took as long as him; _~ mejor_ so much the better; _no es para ~_ it's not such a big deal; _a ~ no llega_ things aren't as bad as that; _~ es así que ..._ so much so that...; _~ (me) da_ I don't really care; _¡y ~!_ yeah!, right on!

IV _en locuciones_: _por lo ~_ therefore, so; _entre ~_ meanwhile; _ella trabajaba en ~ que él veía la televisión_ she was working while he was watching television

V m **1** point; _apuntarse o marcar un ~_

DEP score a point; ~ *por ciento* percentage **2**: *estar al* ~ be informed (*de* about) **3**: *él es muy inteligente, y ella otro* ~ he is very intelligent and so is she *o* and she is too

Tanzania *f* Tanzania

tanzano I *adj* Tanzanian **II** *m*, **-a** *f* Tanzanian

tañer ⟨2f⟩ *v/t* MÚS: *instrumento* play; *campanas* ring

tapa *f* **1** *de tarro, cubo etc* lid; *se voló la* ~ *de los sesos* he blew his brains out **2** *de libro* cover; ~ *dura* hardback **3**: ~*s pl* GASTR tapas, bar snacks

tapabarros *m inv Andes* fender

tapacubos *m inv* AUTO hub cap

tapadera *f* lid; *fig* front

tapadillo *m*: *de* ~ on the sly

tapado *adj nariz* blocked (up)

tapado *m Arg, Chi* coat

tapadura *f Chi*: *en diente* filling

tapar ⟨1a⟩ *v/t cara* cover; *fig: nerviosismo* cover up; *recipiente* put the lid on; **taparse** *v/r* wrap up; ~ *los ojos* cover one's eyes

taparrabo *m* loincloth

tapear ⟨1a⟩ *v/i Esp* have some snacks

tapete *m* **1** tablecloth; ~ *de* card table; *poner algo sobre el* ~ bring sth up for discussion **2** *L.Am. alfombra* carpet

tapia *f* wall; *más sordo que una* ~ as deaf as a post

tapiar ⟨1b⟩ *v/t* **1** *terreno* wall in **2** *hueco* brick up

tapicería *f* **1** *de muebles* upholstery **2** (*tapiz*) tapestry; *arte* tapestry making

tapicero *m*, **-a** *f* **1** *de muebles* upholsterer **2** *arte* tapestry maker

tapioca *f* tapioca

tapir *m* tapir

tapiz *m* **1** tapestry **2** (*moqueta*) carpet

tapizar ⟨1f⟩ *v/t* upholster

tapón *m* **1** top, cap; *de baño* plug **2** *de tráfico* traffic jam; *de cera* blockage **3** *en baloncesto* block **4** *L.Am.* EL fuse

◇ **tapón de rosca** screw top

taponar ⟨1a⟩ *v/t* **1** *orificio* block **2** *herida* swab

tapujo *m*: *sin* ~*s* openly

taquicardia *f* MED tachycardia

taquigrafía *f* shorthand

taquigrafiar ⟨1c⟩ *v/t* take down in shorthand

taquigráfico *adj* shorthand *atr*

taquígrafo *m*, **-a** *f* stenographer, shorthand writer

taquilla *f* **1** FERR ticket office; TEA box-office **2** *C.Am.* (*bar*) small bar **3** *armario* locker; *para cartas* pigeonholes *pl*

taquillero I *adj cantante* popular; *una película* **-a** a hit movie, a box-office hit **II** *m*, **-a** *f* ticket clerk

taquillón *m* dresser

taquimecanógrafo *m*, **-a** *f* stenographer, *Br* shorthand typist

tara *f* **1** defect **2** COM tare

tarabilla *m/f* F *persona* chatterbox

taracea *f* inlay, marquetry

tarado *adj* F stupid, dumb F

tarambana *m/f* F scatterbrain F

tarántula *f* ZO tarantula

tararear ⟨1a⟩ *v/t* hum

tardanza *f* delay

tardar ⟨1a⟩ *v/i* **1** (*demorarse*) take a long time; *tardamos dos horas* we were two hours overdue *o* late; *¡no tardes!* don't be late; *a más* ~ at the latest; *sin* ~ without delay; *no tardó en volver* he soon came back, it wasn't long before he came back **2**: *¿cuánto se tarda …?* how long does it take to …?; **tardarse** *v/r Méx*: *no te tardes* don't be late

tarde I *adv* late; ~ *o temprano* sooner or later; *más vale* ~ *que nunca* better late than never; *llegar* ~ be late; *se me hace* ~ it's getting late

II *f hasta las 5 ó 6* afternoon; *desde las 5 ó 6* evening; *¡buenas* ~*s!* good afternoon / evening; *por la* ~ in the afternoon / evening; *de* ~ *en* ~ from time to time; *esta* ~ this afternoon / evening

tardío *adj fruto, primavera* late; *decisión* belated; *es un escritor de vocación tardía* he is a writer who found his calling late in life

tardón *adj* F **1** slow **2** (*impuntual*) late

tarea *f* task, job

◇ **tareas domésticas** housework *sg*

tarifa *f* rate; *de tren* fare; ~*s postales* postal rates

◇ **tarifa plana, tarifa única** flat rate

tarima *f* platform; *suelo de* ~ wooden floor

tarjeta *f* card

◇ **tarjeta amarilla** DEP yellow card; **tarjeta de crédito** credit card; **tarjeta de embarque** AVIA boarding pass *o* card;

tarjeta gráfica INFOR graphics card; **tarjeta inteligente** smart card; **tarjeta magnética** card with a magnetic strip; **tarjeta de memoria** INFOR memory card; **tarjeta postal** postcard; **tarjeta de prepago** prepaid card, *Br tb* prepayment card; **tarjeta roja** DEP red card; **tarjeta de sonido** INFOR sound card; **tarjeta telefónica** phone card; **tarjeta de visita** (business) card

tarjetero *m* **1** *caja* business card case **2** *cartera* credit card holder

tarrina *f de helado* tub

tarro *m* **1** jar **2** P (*cabeza*) nut F; **comerse el ~** F worry

tarso *m* ANAT tarsus

tarta *f* cake; *plana* tart
◇ **tarta helada** ice-cream cake

tartajear ⟨1a⟩ *v/i* F stammer, stutter

tartajoso *adj* F stammering, stuttering

tartamudear ⟨1a⟩ *v/i* stutter, stammer

tartamudez *f* stuttering, stammering

tartamudo I *adj* stuttering, stammering; **ser ~** stutter, stammer **II** *m*, **-a** *f* stutterer, stammerer

tartana *f* **1** (*carruaje*) light carriage, trap **2** (*coche*) jalopy F, *Br* old banger F

tartárico *adj*: **ácido ~** tartaric acid

tártaro *m* QUÍM tartar

tartera *f* lunch box

tarugo *m* F blockhead

tarumba *adj* F crazy F; **volverse ~** go crazy

tasa *f* **1** rate; **~ de crecimiento** rate of growth, growth rate **2** (*impuesto*) tax
◇ **tasa de capturas** fishing quota; **tasa de crecimiento** rate of growth, growth rate; **tasa de desempleo** unemployment rate; **tasa de inflación** rate of inflation, inflation rate; **tasa de paro** unemployment rate

tasación *f* valuation

tasador *m*, **-a** *f* valuer

tasar ⟨1a⟩ *v/t* fix a price for; (*valorar*) value

tasca *f* F bar

tata *m L.Am.* F (*abuelo*) grandpa F

tatarabuela *f* great-great-grandmother

tatarabuelo *m* great-great-grandfather

tataranieta *f* great-great-granddaughter

tataranieto *m* great-great-grandson

tate *interj* F **1** (*ahora caigo*) oh I see **2** (*cuidado*) look out!

ta-te-ti *m Rpl* tick-tack-toe, *Br* noughts and crosses *sg*

tatuador *m*, **~a** *f* tattooist

tatuaje *m* tattoo

tatuar ⟨1d⟩ *v/t* tattoo

taurino I *adj* **1** bullfighting *atr* **2** *L.Am.* ASTR Taurean; **soy ~** I'm Taurean, I'm (a) Taurus **II** *m*, **-a** *f L.Am.* ASTR Taurean, Taurus

Tauro ASTR **I** *adj* Taurean **II** *m*, **-a** *f* Taurean; **soy ~** I'm (a) Taurus, I'm (a) Taurus

tauromaquia *f* bullfighting

TAV *m abr* (= **tren de alta velocidad**) high speed train

taxi *m* cab, taxi

taxidermia *f* taxidermy

taxidermista *m/f* taxidermist

taxímetro *m* meter

taxista *m/f* cab *o* taxi driver

taza *f* **1** cup **2** *del wáter* bowl **3** *Rpl: en vehículo* hub cap

tazón *m* bowl

TC *m abr* (= **Tribunal Constitucional**) Constitutional Court

te *pron* **1** *directo* you; **no ~ había visto** I hadn't seen you **2** *indirecto* (to) you; **~ doy el libro** I'm giving you the book **3** *reflexivo* yourself

té *m* tea

tea *f* torch

teatral *adj fig* theatrical

teatro *m tb fig* theater, *Br* theatre

tebeo *m* children's comic

techado *m* roof

techar ⟨1a⟩ *v/t* roof

techo *m* ceiling; (*tejado*) roof; **falso ~** false ceiling; **los sin ~** homeless people, the homeless *pl*; **tocar ~** *fig* peak
◇ **techo corredizo, techo deslizante** AUTO sunroof
◇ **techo solar** AUTO sun-roof

techumbre *f* roof

tecla *f* key
◇ **tecla de borrado** INFOR delete key; **tecla de comando** INFOR command key; **tecla control** INFOR control key; **tecla cursor** INFOR arrow key, cursor key; **tecla de función** INFOR function key; **tecla de marcación rápida** TELEC speed-dial button; **tecla de mayúsculas** INFOR shift key; **tecla de movimiento del cursor** INFOR cursor control key, arrow key; **tecla de retroceso** INFOR backspace key

tecladista *m/f L.Am.* keyboard player
teclado *m* MÚS, INFOR keyboard
teclear ⟨1a⟩ *v/t* key; *fig* try to get
tecleteo *m* F keying
teclista *m/f* **1** INFOR keyboarder **2** MÚS keyboard player
técnica *f* **1** technique **2** *en baloncesto*: *infracción* technical foul
tecnicismo *m* technical nature; *término* technical term
técnico **I** *adj* technical **II** *m/f* **1** technician; *de televisor, lavadora etc* repairman; **~ de sistemas** INFOR systems technician **2** *en fútbol* coach, manager
tecnificación *f* increased use of technology
tecnificar ⟨1g⟩ *v/t* increase the use of technology in
tecno *m* MÚS techno
tecnología *f* technology; *alta ~* hi-tech
◇ **tecnología de la información** information technology
◇ **tecnología punta** state-of-the-art technology, leading-edge technology
tecnológico *adj* technological
tecolote *m Méx, C.Am. (búho)* owl
tedio *m* tedium
tedioso *adj* tedious
teja **I** *adj*: *(de color)* **~** terracotta *atr* **II** *f* roof tile; *a toca* **~** in hard cash
tejado *m* roof
tejano **I** *adj* Texan, of / from Texas **II** *m*, *-a f* Texan
tejanos *mpl* jeans
tejar ⟨1a⟩ **I** *v/t* tile **II** *m* tile factory
Tejas *m* Texas
tejedor *m* weaver
tejedora *f* **1** knitting machine **2** *mujer* weaver
tejemanejes *mpl* F scheming *sg*, plotting *sg*
tejer ⟨2a⟩ **I** *v/t* weave; *tela de araña* spin; *(hacer punto)* knit; F *intriga* devise **II** *v/i L.Am.* plot, scheme
tejido *m* **1** *(tela)* fabric **2** ANAT tissue
tejo *m* **1** BOT yew **2**: *tirar a alguien los* **~s** F hit on s.o. F, come on to s.o. F
tejón *m* ZO badger
Tel. *abr* (= *teléfono*) Tel. (= telephone)
tela *f* fabric, material; *poner en* **~** *de juicio* call into question; *hay* **~** *para rato* there's a lot to be done; *tener* **~** *(marinera)* F be tricky F, be tough F; *hay mucha* **~** *que cortar* F there's plenty

that could be said on the subject
◇ **tela de araña** spiderweb
◇ **tela metálica** wire netting
telar *m* loom
telaraña *f* spiderweb
tele *f* F TV, *Br* telly F
teleadicto *m*, *-a f* TV addict
telearrastre *m* drag lift
telebanca *f* telephone banking
telecabina *f* cable car
telecámara *f* TV camera
telecomedia *f* sitcom
telecompra *f* home shopping
telecomunicaciones *fpl* telecommunications
telediario *m* TV (television) news *sg*
teledirigido *adj* remote-controlled
teléf. *abr* (= *teléfono*) tel. (= telephone)
telefax *m* fax
teleférico *m* cable car
telefilm(e) *m* TV movie
telefonazo *m* F call
telefonear ⟨1a⟩ *v/t & v/i* call, phone
telefonema *m L.Am.* (phone) message
telefonía *f* telephony
◇ **telefonía móvil** cell phone telephony, *Br* mobile telephony
telefónico *adj* (tele)phone *atr*
telefonista *m/f* (telephone) operator
teléfono *m* (tele)phone; *hablar / llamar por* **~** make a phone call; *le llaman al* **~** you're wanted on the phone; *por* **~** by phone
◇ **teléfono fijo** fixed phone; **teléfono inalámbrico** cordless (phone); **teléfono de monedas** payphone; **teléfono monedero** *L.Am.* payphone; **teléfono móvil** cell phone, *Br* mobile (phone); **teléfono público** payphone, public telephone; **teléfono de tarjeta** card phone
telegénico *adj* telegenic
telegrafía *f* telegraphy
telegrafiar ⟨1c⟩ *v/t* telegraph
telegráfico *adj* telegraphic
telegrama *m* telegram
telekinesia, telekinesis *f* telekinesis
telele *m* F fit F; *le dio un* **~** he had a fit
telemando *m* remote control
telemática *f* data comms *sg*
telenovela *f* soap (opera)
teleobjetivo *m* FOT telephoto lens
telepatía *f* telepathy
telescópico *adj* telescopic

telescopio *m* telescope
teleserie *f* (television) series *sg*
telesilla *f* chair lift
telespectador *m*, **~a** *f* (television) viewer
telesquí *m* drag lift
teletexto *m* teletext
teletienda *f* home shopping
teletipo *m* Teletype®, *Br* teleprinter
teletrabajador *m*, **~a** *f* teleworker
teletrabajo *m* teleworking
televidente *m/f* (television) viewer
televisar ⟨1a⟩ *v/t* televise
televisión *f* television
◇ **televisión por cable** cable (television); **televisión digital** digital television; **televisión de pago** pay-per-view television; **televisión vía satélite** satellite television
televisivo *adj* television *atr*
televisor *m* TV (set), television (set)
◇ **televisor en color** color TV
televisora *f L.Am.* television company
télex *m* telex
telón *m* TEA curtain; **el ~ de acero** POL the Iron Curtain; **~ de fondo** *fig* backdrop, background
telonero *m*, **-a** *f* supporting artist
telúrico *adj* GEOL of the earth, earth *atr*
tema *m* **de conversación** subject, topic; MÚS, *de novela* theme
temario *m* syllabus
temática *f* subject matter
temático *adj* thematic
temblar ⟨1k⟩ *v/i* tremble, shake; *de frío* shiver
tembleque *m* trembling, shaking; *de frío* shivering
temblor *m* **1** trembling, shaking; *de frío* shivering **2** *L.Am.* (*terremoto*) earthquake
◇ **temblor de tierra** earth tremor
tembloroso *adj* trembling, shaking; *de frío* shivering
temer ⟨2a⟩ *v/t* be afraid of; **temerse** *v/r* be afraid; **me temo que no podrá venir** I'm afraid he won't be able to come; **~ lo peor** fear the worst
temerario *adj* rash, reckless
temeridad *f* rashness, recklessness
temeroso *adj* fearful, frightened
temible *adj* terrifying
temor *m* fear; **por ~ a** for fear of
◇ **temor de Dios** REL fear of God

témpano *m* ice floe
temperamental *adj* temperamental
temperamento *m* temperament
temperante *adj Méx* teetotal
temperar ⟨1a⟩ *v/t* temper
temperatura *f* temperature; **tener mucha ~** have a high fever, *Br* have a high temperature
tempestad *f tb fig* storm
tempestuoso *adj tb fig* stormy
templado *adj* warm; *clima* temperate; *fig* moderate, restrained
templanza *f* restraint
templar ⟨1a⟩ *v/t ira, nervios etc* calm
temple *m* **1** mettle, courage; **estar de buen / mal ~** be in a good / bad mood **2**: **pintura al ~** tempera, distemper
Temple *m* HIST Temple
templete *m* pavilion; *de música* bandstand; *templo* small temple
templo *m* temple; **es una verdad como un ~** *fig* F it's absolutely true
tempo *m* MÚS tempo
temporada *f* season; **una ~** a time, some time; **de ~** seasonal
◇ **temporada alta** high season
◇ **temporada baja** low season
temporal I *adj* **1** (*limitado en el tiempo*) temporary **2** REL temporal **3** *bienes* worldly **II** *m* storm
temporalero *m*, **-a** *f Méx* temporary worker
temporalidad *f* temporary nature
temporalmente *adv* temporarily
temporero I *adj trabajador* seasonal **II** *m*, **-a** *f* seasonal worker
temporariamente *adv L.Am.* temporarily
temporario *adj L.Am.* temporary
temporizador *m* timer
tempranear ⟨1a⟩ *v/i L.Am.* get up early
tempranero *adj fruta* early; **ser ~** *persona* be early
temprano *adj & adv* early; **a -a edad de** at an early age; **llegar ~** be early
ten *vb* ☞ **tener**
tenacidad *f* tenacity
tenacillas *fpl* tongs; **~ para rizar el pelo** curling tongs
tenaz *adj* determined, tenacious
tenaza *f* pincer, claw; **~s** pincers; *para las uñas* pliers
tenca *f* ZO tench
tendedero *m* airer

tendencia *f* **1** tendency; *tener~ a* have a tendency to **2** (*corriente*) trend; *~ al alza / a la baja* upward / downward trend

tendencioso *adj* tendentious

tendente *adj* tending (*a* towards)

tender ⟨2g⟩ I *v/t* **1** *ropa* hang out **2** *cable* lay **3**: *le tendió la mano* he held out his hand to her **4** *L.Am. cama* make; *mesa* set II *v/i*: *~ a* tend to; **tenderse** *v/r* lie down

tenderete *m* stall

tendero *m*, -a *f* storekeeper, shopkeeper

tendido *m* EL: *~ eléctrico* power lines *pl*

tendinitis *f* MED tendinitis, tendonitis

tendón *m* ANAT tendon

◇ **tendón de Aquiles** Achilles' tendon

tenebrosidad *f* darkness, gloom

tenebroso *adj* dark, gloomy

tenedor I *m* fork II *m*, -a *f* JUR holder

◇ **tenedor de libros** bookkeeper

teneduría *f* accountancy

◇ **teneduría de libros** bookkeeping

tenencia *f* possession

◇ **tenencia ilícita de armas** illegal possession of weapons

tener ⟨2l⟩ *v/t* **1** have; *~ 10 años* be 10 (years old); *~ un metro de ancho / largo* be one meter wide / long *o* in width / length
2: *ha tenido un niño* she's had a little boy
3: *~ a alguien por algo* regard s.o. as sth, consider s.o. to be sth
4: *tengo que madrugar* I must get up early, I have to *o* I've got to get up early; *tuve que madrugar* I had to get up early
5: *conque ¿esas tenemos?* so that's how it is *o* things stand, eh?; *no tuvo a bien saludarme* he did not see fit to greet me; *no las tengo todas conmigo* F I'm not one hundred per cent sure; *eso me tiene nervioso* that makes me nervous

tenerse *v/r* **1** stand up; *fig* stand firm **2**: *se tiene por atractivo* he thinks he's attractive; *me tengo por justa* I regard myself as fair, I think I'm fair

tenga *vb* ☞ **tener**

tengo *vb* ☞ **tener**

tenia *f* ZO tapeworm

teniente *m/f* MIL lieutenant

◇ **teniente de alcalde** deputy mayor; **teniente coronel** lieutenant colonel; **teniente general** lieutenant general; **teniente de navío** lieutenant

tenis *m* tennis

◇ **tenis de mesa** table tennis

tenista *m/f* tennis player

tenor *m* MÚS tenor; *a ~ de* along the lines of

tenorio *m* lady-killer

tensar ⟨1a⟩ *v/t* tighten; *músculo* tense, tighten

tensión *f* **1** tension **2** EL voltage; *alta ~* high tension, high voltage **3** MED: *~ (arterial*) blood pressure; *tener la ~ alta / baja* have high / low blood pressure; *tomarle la ~ a alguien* take s.o.'s blood pressure

tenso *adj* tense; *cuerda, cable* taut

tensor *m/adj*: (*músculo*) *~* ANAT tensor (muscle)

tentación *f* temptation

tentáculo *m* ZO, *fig* tentacle

tentador *adj* tempting

tentar ⟨1k⟩ *v/t* tempt, entice

tentativa *f* attempt

tentempié *m* F snack

tentetieso *m* tumbler

tenue *adj* faint

teñido *m* dyeing

teñir ⟨3h & 3l⟩ *v/t* dye; *fig* tinge; *~ algo de rojo* dye sth red; **teñirse** *v/r* dye

teocracia *f* theocracy

teodolito *m* theodolite

teología *f* theology

teológico *adj* theological

teólogo *m*, -a *f* theologian

teorema *m* theorem

teoría *f* theory; *en ~* in theory

teórico I *adj* theoretical II *m*, -a *f* theorist

teorizar ⟨1f⟩ *v/i* theorize

tequila *m* tequila

terapeuta *m/f* therapist

terapéutica *f* therapeutics *sg*

terapéutico *adj* therapeutic

terapia *f* therapy

◇ **terapia génica** gene therapy; **terapia de grupo** group therapy; **terapia intensiva** *L.Am.* intensive care; **terapia ocupacional** occupational therapy

tercer *adj* third

◇ **Tercer Mundo** Third World

tercera *f* **1** AUTO third gear **2** (*clase*) third class

◇ **tercera base** *f en béisbol* third base;

jugador third baseman
tercerización *f L.Am.*COM outsourcing
tercerizar ⟨1f⟩ *v/t L.Am.* COM outsource
terciarización *f L.Am.* COM outsourcing
terciarizar ⟨1f⟩ *v/t L.Am.* COM outsource
tercermundista *adj* Third-World
tercero *m/adj* third
terceto *m* MÚS trio
terciar ⟨1b⟩ *v/i* intervene; **terciarse** *v/r de oportunidad* come up
terciario I *adj* tertiary **II** *m* GEOL Tertiary
tercio *m* third
terciopelo *m* velvet; **de ~** velvet *atr*
terco *adj* stubborn
tereré *m Arg, Parag:* type of maté with lemon juice
tergiversación *f* distortion, twisting
tergiversar ⟨1a⟩ *v/t* distort, twist
termal *adj* thermal; **baño ~** hot *o* thermal bath
termas *fpl* hot springs
termes *m inv* ZO termite
térmico *adj* heat *atr*
terminación *f* GRAM ending
terminal I *adj* terminal; **estado ~** MED terminal phase **II** *m* INFOR terminal **III** *f* AVIA terminal; **~ de salidas** AVIA departure terminal; **~ de autobuses** bus station, bus terminal
terminante *adj* categorical
terminantemente *adv* strictly; **~ prohibido** strictly prohibited *o* forbidden
terminar ⟨1a⟩ **I** *v/t* end, finish **II** *v/i* 1 end, finish; **~ con algo / alguien** finish with sth / s.o.; **~ de hacer algo** finish doing sth **2** *(parar)* stop **3**: **~ por hacer algo** end up doing sth; **terminarse** *v/r* **1** run out; **se ha terminado la leche** we've run out of milk, the milk's all gone **2** *(finalizar)* come to an end
término *m* **1** end, conclusion; **poner ~ a algo** put an end to sth; **llevar a ~** bring to an end **2** *(palabra)* term; **en ~s generales** in general terms **3**: **~s** *pl de contrato, acuerdo etc* terms **4**: **por ~ medio** on average; **en primer ~** in the foreground; **en último ~** as a last resort **5** *(periodo)*: **en el ~ de** in the period of, in the space of
◇ **término municipal** municipal area

terminología *f* terminology
terminológico *adj* terminological
termita *f* ZO termite
termo *m* thermos® (flask)
termoaislante *adj* heat-insulating
termodinámica *f* thermodynamics *sg*
termómetro *m* thermometer
termostato *m* thermostat
termotécnia *f* heating technology
termoterapia *f* heat therapy
terna *f* short list of three
ternasco *m* sucking lamb, suckling lamb
ternera *f animal* calf; GASTR veal
ternero *m* calf
terno *m CSur* suit
ternura *f* tenderness
terquedad *f* stubbornness
terracota *f* terracotta
Terranova *f* Newfoundland
terraplén *m* embankment
terráqueo *adj:* **globo ~** globe
terrario *m* terrarium
terrateniente *m/f* landowner
terraza *f* **1** terrace **2** *(balcón)* balcony **3** *(café)* sidewalk café, *Br* pavement café
terremoto *m* earthquake
terrenal *adj* earthly, worldly
terreno I *adj* earthly, worldly **II** *m* land; *fig* field; **un ~** a lot, *Br* a plot *o* piece of land; **sobre el ~** in the field; **ganar / perder ~** *fig* gain / lose ground; **tantear el ~** *fig* see how the land lies; **llevar a alguien a su ~** get s.o. on one's home ground; **pisar ~ resbaladizo** *fig* be on slippery ground
◇ **terreno de juego** DEP field
terrero *adj* earthy; **saco ~** MIL sandbag
terrestre *adj animal* land *atr*; *transporte* surface *atr*; **la atmósfera ~** the earth's atmosphere
terrible *adj* terrible, awful
terrícola *m/f* earth dweller, earthling
terrífico *adj* ☞ **terrorífico**
terrina *f* GASTR terrine
territorial *adj* territorial
territorialidad *f* territoriality
territorio *m* territory
terrón *m* lump, clod
◇ **terrón de azúcar** sugar lump
terror *m* terror
terrorífico *adj* terrifying, frightening
terrorismo *m* terrorism
terrorista I *adj* terrorist *atr*; **organiza-**

ción ~ terrorist organization ‖ *m/f* terrorist

◇ **terrorista suicida** suicide bomber

terruño *m* **1** (*patria*) home ground, native soil **2** *tierra* lot, *Br* plot of land

terso *adj* smooth

tertulia *f* TV debate, round table discussion; (*reunión*) discussion group

tertuliano *m*, **-a** *f participant in a debate or round table discussion*

tertuliar ⟨1b⟩ *v/i L.Am.* get together for a discussion

tesela *f* tessera, tile

tesina *f* dissertation

tesis *f inv* thesis

◇ **tesis doctoral** doctoral thesis

tesitura *f* situation

tesón *m* tenacity, determination

tesorería *f* **1** *oficio* post of treasurer; *oficina* treasury **2** (*activo disponible*) liquid assets *pl*

tesorero *m*, **-a** *f* treasurer

tesoro *m* treasure

◇ **tesoro público** treasury

test *m* test; ~ **visual** eye test

testa *f* head

◇ **testa coronada** crowned head

testador *m* testator

testadora *f* JUR testatrix

testaferro *m* front man

testamentario I *adj* testamentary ‖ *m*, **-a** executor

testamento *m* JUR will; ***Antiguo / Nuevo Testamento*** REL Old / New Testament

testarazo *m* **1** bang *o* bump on the head **2** F *en fútbol* header

testarudez *f* stubbornness

testarudo *adj* stubborn

testear ⟨1a⟩ *v/t L.Am.* test

testículo *m* ANAT testicle

testificación *f* **1** testification **2** (*declaración*) testimony

testificar ⟨1g⟩ **I** *v/t* (*probar, mostrar*) be proof of; ~ **que** JUR testify that, give evidence that ‖ *v/i* testify, give evidence

testigo I *m/f* JUR witness; **ser** ~ be a witness; ~ **de boda** witness ‖ *m* DEP baton

◇ **testigo de cargo** witness for the prosecution; **testigo de la defensa** defense *o Br* defence witness, witness for the defense *o Br* defence; **testigo de descargo** witness for the defense

o Br defence; **testigo de Jehová** REL Jehovah's Witness; **testigo ocular** eye witness; **testigo presencial** eye witness

testimonial *adj presencia* token, symbolic

testimoniar ⟨1b⟩ **I** *v/t* (*testificar*) testify; (*demostrar*) testify to ‖ *v/i* testify

testimonio *m* testimony, evidence; ***jurar en falso*** ~ commit perjury, perjure o.s.; **dar** ~ **de algo** testify to sth

testosterona *f* testosterone

teta *f* **1** F boob F **2** ZO teat; ***niño de*** ~ little baby

tétanos *m* MED tetanus

tetera *f* teapot

tetilla *f* **1** *de hombre* nipple **2**: ***queso de*** ~ GASTR *type of soft cheese* **3** ☞ **tetina**

tetina *f de biberón* nipple, teat

tetrabrik® *m* Tetra Pak®, tetrapack®

tetrapléjico I *adj* MED tetraplegic ‖ *m*, **-a** *f* MED tetraplegic

tétrico *adj* gloomy

textil I *adj* textile *atr* ‖ *mpl*: ~**es** textiles

texto *m* text

◇ **texto completo** unabridged text

textual *adj* textual

textura *f* texture

tez *f* complexion

ti *pron* you; *reflexivo* yourself; *¿y a* ~ *qué te importa?* so what?, what's it to you?

tía *f* **1** aunt; *¡no hay tu* ~*!* F nothing doing!; ***cuéntaselo a tu*** ~ come off it!, tell that to the marines! **2** F (*chica*) girl, chick F; *¡* ~ *buena!* F hey gorgeous! F

◇ **tía abuela** great-aunt

tianguis *m inv Méx, C.Am.* market

tiara *f* REL tiara

tibetano I *adj* Tibetan ‖ *m*, **-a** *f* Tibetan

tibia *f* ANAT tibia

tibieza *f* tepidness

tibio *adj tb fig* lukewarm, tepid; ***poner a alguien*** ~ F lay into s.o. F

tiburón *m* **1** ZO, *fig* F shark **2** FIN raider

tic *m* MED tic; ~ **nervioso** nervous tic

ticket *m* (sales) receipt

tico *L.Am.* F **I** *adj* Costa Rican ‖ *m*, **-a** *f* Costa Rican

tictac *m* tick-tock

tiempo *m* **1** time; *a* ~ in time; *a un* ~, *al mismo* ~ at the same time; *antes de* ~ *llegar* ahead of time, early; *celebrar victoria* too soon; *a su* (*debido*) ~ in due course; *cada cosa a su* ~ all in good time; *con* ~ in good time, early; *dar* ~ *al* ~ give things time; *hacer* ~ while away the time; *desde hace mucho* ~ for a long time; *hace mucho* ~ a long time ago; *de* ~ *en* ~ from time to time; *de un* ~ *a esta parte* for some time now; *durante algún* ~ for some time; *por poco* ~ for a short time; *hace tanto* ~ it's so long ago; *el* ~ *es oro* time is money; *con el* ~, *andando el* ~ with time, in time; *trabajar a* ~ *completo / parcial* work full / part time; *le faltó* ~ *para* ... *fig* he couldn't wait to...; *poner al mal* ~ *buena cara fig* look on the bright side; *volver el* ~ *atrás fig* turn the clock back

2 (*época*): *en mis* ~*s* in my day

3 (*clima*) weather; *hace buen / mal* ~ the weather's fine / bad

4 GRAM tense

5 DEP *de juego* half; *medio* ~ half time

6 (*edad*): *¿qué* ~ *tiene? de un niño* how old is he?

◇ *tiempo añadido* DEP overtime, *Br* extra time; *tiempo de descuento* DEP injury *o* stoppage time; *tiempo libre* spare time, free time; *tiempo muerto* DEP time-out; *tiempo real* IN- FOR real time; *tiempo reglamentario* DEP normal time

tienda *f* store, shop; *ir de* ~*s* go shopping ◇ *tienda de abarrotes* *L.Am.* grocery store, *Br* grocer's; *tienda de campaña* tent; *tienda de comestibles* grocery store, *Br* grocer's; *tienda de departamentos* *Méx* department store; *tienda libre de impuestos* duty-free shop; *tienda de productos naturales* health food store

tiene *vb* ☞ *tener*

tientas *fpl*: *andar a* ~ *fig* feel one's way

tiento *m*: *con* ~ *fig* carefully

tierno *adj* soft; *carne* tender; *pan* fresh; *persona* tender-hearted; *en mi -a edad* at a tender age

tierra *f* **1** land; ~ *de labor*, ~ *cultivable* arable land, farmland; ~*s altas* highlands; ~*s bajas* lowlands; *poner* ~ *de por medio* flee, make o.s. scarce F; *por* ~ *viajar* by land; *tomar* ~ AVIA land **2** *materia* soil, earth; *echar* ~ *a algo fig* hush sth up; *echar por* ~ ruin, wreck; *como si se lo hubiera tragado la* ~

as if he had vanished off the face of the earth

3 (*patria*) native land, homeland; *de la* ~ locally produced, local

4 EL ground, *Br* earth

5: *la Tierra* the Earth

◇ *tierra firme* dry land, terra firma; *Tierra del Fuego* Tierra del Fuego; *tierra de nadie* no-man's land; *Tierra Santa* Holy Land

tieso *adj* stiff, rigid; *quedarse* ~ *fig* be astonished; *estar* ~ *fig* F be dead

tiesto *m* flowerpot; *mear fuera del* ~ F put one's foot in it F

tifoideo *adj* MED: *fiebre -a* typhoid

tifón *m* typhoon

tifus *m* MED typhus

tigre *m* ZO tiger; *L.Am.* puma; *L.Am.* (*leopardo*) jaguar

tigresa *f* tigress

tijeras *fpl* scissors; ~ *de podar* pruning shears

tijereta *f* **1** ZO earwig **2** DEP scissors kick, overhead kick

tijeretazo *m* DEP scissors kick, overhead kick

tila *f* lime blossom tea

tildar ⟨1a⟩ *v/t*: ~ *a alguien de* *fig* brand s.o. as

tilde *f* **1** accent **2** *en ñ* tilde

tiliche *m* *Méx* F junk, things *pl*

tilín *m*: *me hizo* ~ F I took an immediate liking to her

tilo *m* BOT lime (tree)

timador *m*, ~*a* *f* cheat

timar ⟨1a⟩ *v/t* cheat

timba *f* F gambling den

timbal *m* MÚS kettle drum

timbrado *adj* *sobre* stamped

timbre *m* **1** *de puerta* bell; *tocar el* ~ ring the bell **2** *Méx* (postage) stamp

timidez *f* shyness, timidity

tímido *adj* shy, timid

timo *m* confidence trick, swindle; *dar el* ~ *a alguien* con s.o.

timón *m* **1** MAR, AVIA rudder; *tomar el* ~ *fig* take charge, take the helm **2** *Andes* AUTO steering wheel

timonel MAR I *m* helmsman II *f* helmswoman

timorato I *adj* **1** (*mojigato*) prudish **2** (*tímido*) gutless, spineless II *m*, -a *f* **1** (*mojigato*) prude **2** (*persona tímida*) wimp F, coward

tímpano *m* ANAT eardrum

tina *f* **1** large earthenware jar **2** (*cuba*) vat **3** *L.Am.* (*bañera*) (bath)tub

tinaco *m* *Méx* water tank

tinaja *f* large earthenware jar

tinerfeño *adj* of / from Tenerife, Tenerife *atr*

tinglado *m* **1** *fig* F mess **2** (*maquinación*) set-up, racket

tinieblas *fpl* darkness *sg*

tino *m* **1** aim, marksmanship **2** (*sensatez*) judg(e)ment; **con mucho ~** wisely, sensibly; **sin ~** immoderately

tinta *f* ink; **sobre esto ha corrido ya mucha ~** a lot has already been written about this; **sudar ~** sweat blood F; **recargar las ~s** exaggerate; **de buena ~** *fig* on good authority; **medias ~s** *fig* half measures

tintar ⟨1a⟩ *v/t* dye

tinte *m* **1** dye **2** *fig* veneer, gloss

tinterillo *m* *L.Am.* F shyster F

tintero *m* inkwell; **dejarse algo en el ~** leave sth unsaid, not mention sth

tintin(e)ar ⟨1a⟩ *v/t* jingle

tinto 1 *adj*: **vino ~** red wine ‖ *m* *Col* black coffee

tintorería *f* dry cleaner's

tintorero *m*, **-a** *f* dry cleaner

tintorro *m* F cheap red wine

tintura *f* dye

tiña *f* MED ringworm; *fig* filth

tiñoso *adj* MED mangy; *fig* filthy

tío *m* **1** uncle **2** F (*tipo*) guy F; **~ bueno** good-looking guy F; **¡hola, ~s!** hi, guys! F **3** F *apelativo* pal F, man F

◇ **tío abuelo** great-uncle

tiovivo *m* carousel, merry-go-round

tipear *v/t & v/i* *L.Am.* type

tipejo *m*, **-a** *f* F **1** (*tonto*) moron F **2** (*antipático*) jerk F

típico *adj* typical (**de** of)

tipificar ⟨1g⟩ *v/t* **1** (*clasificar*) classify **2** (*representar*) typify

tiple *m/f* soprano

tipo *m* **1** type, kind; **no es mi ~** he's not my type **2** F *persona* guy F **3** COM rate **4**: **tener buen ~ de hombre** be well built; *de mujer* have a good figure; **jugarse el ~** F risk one's neck; **mantener** *o* **aguantar el ~** F keep one's cool

◇ **tipo de cambio** exchange rate; **tipo de conversión** exchange *o* conversion rate; **tipo de descuento** discount rate;

tipo impositivo tax rate; **tipo de interés** interest rate

tipografía *f* typography

tipográfico *adj* typographic(al); **falta ~a** typo, typographical error

tipógrafo *m*, **-a** *f* printer

tíquet, tiquete *m* *L.Am.* receipt

tiquismiquis *m/f* F fuss-budget F, *Br* fusspot F

tira I *f* **1** strip **2**: **la ~ de** F loads of F, masses of F; **hace la ~ que no hablo con ella** F I haven't spoken to her in a long time **3** *Méx* F: **la ~** the cops *pl* ‖ *m/f* *Méx* F cop

◇ **tira cómica** comic strip

◇ **tira y afloja** *fig* give and take

tirabuzón *m* **1** curl **2** (*sacacorchos*) corkscrew **3** *en béisbol* screwball

tirachinas *m inv* slingshot, *Br* catapult

tirada *f* **1** TIP print run **2**: **de una ~** in one shot **3** *Méx* F aim; **no sé cuál es su ~** I don't know what he is up to

tiradero *m* *Méx* dump

tirado *adj* P **1** (*barato*) dirt-cheap F **2** (*fácil*): **estar ~** F be a walkover F *o* a piece of cake F

tiradores *mpl* *Arg* suspenders, *Br* braces

tiraje *m* *L.Am.* print run

tiralíneas *m* ruling pen

tiranía *f* tyranny

tiránico *adj* tyrannical

tirano I *adj* tyrannical ‖ *m*, **-a** *f* tyrant

tirante I *adj* taut; *fig* tense ‖ *m* **1** strap **2**: **~s** *pl* suspenders, *Br* braces

tirantez *f* *fig* tension

tirar ⟨1a⟩ **I** *v/t* **1** throw; *edificio, persona* knock down; (*volcar*) knock over **2** *basura* throw away; *dinero* waste, throw away F **3** TIP print **4** F *en examen* fail **5** *foto* take **6** *tiro* fire

‖ *v/i* **1** *de coche* pull; **~ de algo** pull sth **2** (*disparar*) shoot

3 DEP *en fútbol*: **~ a puerta** shoot at goal; **~ fuera** shoot wide

4 (*atraer*) pull, attract; **no me tira la música** music doesn't turn me on

5: **~ a** tend toward; **~ a conservador / verde** have conservative / Green tendencies

6 (*girar*): **~ a la derecha** turn right, take a right

7: **ir tirando** F get by, manage

tirarse *v/r* **1** throw o.s. **2** F *en fútbol*

dive **3** F *tiempo* spend **4**: **~ a alguien** P screw s.o. P **5**: **tirárselas de algo** make out one is sth

tirita *f* MED Bandaid®, *Br* plaster

tiritar ⟨1a⟩ *v/i* shiver

tiro *m* **1** shot; *en fútbol tb* kick; **con las manos** throw; **~ al aire** shot in the air; **a ~** (with)in range; **al ~** *CSur* at once, right away; **ni a ~s** F for love nor money; **le salió el ~ por la culata** F it backfired on him; **le sentó como un ~** F he needed it like a hole in the head F; **la noticia me cayó como un ~** the news really shocked me; **saber por dónde van los ~s** *fig* know what's going on; **estar a un ~ de piedra** be a stone's throw away **2**: **de ~s largos** F dressed up
◇ **tiro con arco** archery; **tiro al blanco** target practice; **tiro de campo** *en baloncesto* field goal; **tiro de dos** *en baloncesto* two-pointer; **tiro de esquina** *en fútbol* corner (kick); **tiro libre** DEP free kick; *en baloncesto* free throw; **tiro libre directo** DEP direct free kick; **tiro libre indirecto** DEP indirect free kick; **tiro al plato** trapshooting, clay pigeon shooting; **tiro en suspensión** *en baloncesto* jump shot; **tiro a tabla** *en baloncesto* bank shot; **tiro de tres** *en baloncesto* three-pointer

tiroides *m* ANAT thyroid (gland)

tirón *m* **1** tug, jerk; **de un ~** at a stretch, without a break; **dormir de un ~** sleep through; **dar tirones** *de pelo* pull, tug **2** MED: **~ muscular** pulled muscle

tirotear ⟨1a⟩ *v/t* fire on, shoot at

tiroteo *m* shooting

tirria *f*: **tener ~ a alguien** F have it in for s.o. F

tisana *f* herbal tea

tísico MED **I** *adj* consumptive **II** *m*, **-a** *f* consumptive

tisis *f* MED consumption

tisú *m* lamé

titán *m* titan

titánico *adj* titanic

titanio *m* QUÍM titanium

títere *m tb fig* puppet; **teatro de ~s** puppet show; **no dejar ~ con cabeza** F spare no-one

titiritero *m*, **-a** *f* acrobat

titubear ⟨1a⟩ *v/i* waver, hesitate

titubeo *m* wavering, hesitation

titulación *f* qualifications *pl*

titulado I *adj* qualified **II** *m*, **-a** *f* graduate, degree holder

titular¹ I *adj*: **profesor ~** tenured professor **II** *m/f* DEP first-team player **III** *m de periódico* headline

titular² ⟨1a⟩ *v/t* title, entitle; **titularse** *v/r* be entitled

título *m* **1** *nobiliario, de libro* title **2** *universitario* degree; **tener muchos ~s** be highly qualified **3** JUR title **4** COM bond **5**: **a ~ de introducción** as an introduction, by way of introduction; **a ~ de representante** as a representative
◇ **títulos de crédito** credits

tiza *f* chalk

tiznar ⟨1a⟩ *v/t* blacken

tizne *m* soot

tizón *m* ember

tlapalería *f Méx* hardware store

TLC *m abr* (= *Tratado de Libre Comercio*) NAFTA (= North American Free Trade Agreement)

toalla *f* towel; **tirar** *o* **arrojar la ~** *fig* throw in the towel
◇ **toalla de baño** bath towel; **toalla femenina, toalla higiénica** *L.Am.* sanitary napkin, *Br* sanitary towel; **toalla de playa** beach towel

toallero *m* towel rail

toallita *f*: **~ refrescante** towelette

toar ⟨1a⟩ *v/t* MAR tow

tobillera *f* ankle support

tobillero *adj falda* ankle-length

tobillo *m* ankle

tobogán *m* **1** slide **2** (*trineo*) toboggan

toca *f* headdress; *de monja* wimple

tocadiscos *m inv* record player

tocado I *adj*: **estar ~** (*de la cabeza*) F be soft in the head F **II** *m* headdress

tocador *m* dressing table

tocamientos *mpl* touching *sg*

tocante: **en lo ~ a ...** with regard to ...

tocar ⟨1g⟩ **I** *v/t* **1** touch; **~ el corazón** touch one's heart; **~ a alguien de cerca** concern s.o. closely **2** MÚS play **II** *v/i* **1** *L.Am. a la puerta* knock (on the door); *L.Am.* (*sonar la campanita*) ring the doorbell; **las campanas de la iglesia tocaban a misa** the church bells were ringing for mass; **~ a muerto** toll the death knell **2** (*ser hora de*): **ya toca dar de comer al bebé** it's time to feed the baby **3** (*ser el turno de*): **te toca ju-**

gar it's your turn **4**: *por lo que toca a ...* as far as ... is concerned

tocarse *v/r* touch

tocateja: *a* ~ in hard cash

tocayo *m*, **-a** *f* namesake

tocho I *adj* (*tosco, tonto*) stupid **II** *m* **1** brick, block **2** F *libro* great big book, weighty tome

tocino *m* bacon

◇ **tocino de cielo** GASTR *type of egg custard*

tocología *f* MED obstetrics *sg*

tocólogo *m*, **-a** *f* MED obstetrician

tocón *m* stump

todavía *adv* still, yet; ~ *no ha llegado* he still hasn't come, he hasn't come yet; ~ *no* not yet

todo I *adj* all; ~*s los domingos* every Sunday; **-a la clase** the whole *o* the entire class

II *adv* all; *estaba* ~ *sucio* it was all dirty; *con* ~ all the same; *del* ~ entirely, absolutely

III *pron* all, everything; *pl* everybody, everyone; *estaban* ~*s* everybody was there; *esto es* ~ *cuanto sé* that's all I know

IV *en locuciones*: *o* ~ *o nada* all or nothing; *de -as -as* F without a shadow of a doubt; *ir a por -as* go all out; *estar en* ~ be on top of things

todopoderoso *adj* omnipotent, all-powerful; *el Todopoderoso* the Almighty

todoterreno I *adj* AUTO four-wheel *atr* **II** *m* AUTO off-road *o* all-terrain vehicle **III** *m/f fig* jack-of-all trades

toga *f* toga

Togo *m* Togo

togolés I *adj* of / from Togo, Togolese **II** *m*, **-esa** *f* Togolese

toilette *m* Rpl toilet

toldo *m* **1** awning **2** *L.Am.* Indian hut

toledano *adj* of / from Toledo, Toledo *atr*

tolerable *adj* tolerable

tolerancia *f* tolerance

tolerante *adj* tolerant

tolerar ⟨1a⟩ *v/t* tolerate

toma *f* FOT shot, take

◇ **toma de agua** water outlet; **toma de conciencia** realization; **toma de corriente** outlet, *Br* socket; **toma del poder** seizure of power; **toma de pose-**

sión POL taking office; *ceremonia* investiture; **toma de posición** (adoption of a) stance, position; **toma de tierra** EL ground (connection), *Br* earth (connection); AVIA landing

tomado *adj* **1** *voz* hoarse **2** *L.Am.* (*borracho*) drunk

tomador *m*, ~**a** *f L.Am.* (*borracho*) drunkard, drinker

tomadura *f*: ~ *de pelo* F joke

tomar ⟨1a⟩ **I** *v/t* take; *decisión tb* make; *bebida, comida* have; *tenerla tomada o* ~*la con alguien* F have it in for s.o. F; ~ *el sol* sunbathe; *¡toma!* here (you are); *¡toma ya!* serves you right!; *¿por quién me toma?* what do you take me for?; *toma y daca* give and take; ~ *las de Villadiego* F hightail it F

II *v/i* **1** *L.Am.* drink **2**: ~ *por la derecha* take a right, turn right

tomarse *v/r* **1** take; *se lo tomó a pecho* he took it to heart **2** *comida, bebida* have **3**: ~ *de las manos* hold hands

tomate *m* **1** tomato; *ponerse como un* ~ go bright red, turn as red as a beet, *Br* turn as red as a beetroot **2** *fig* mess

tomatera *f* tomato plant

tomavistas *m inv* movie camera, *Br* cinecamera

tómbola *f* tombola

tomillo *m* BOT thyme

tomo *m* volume, tome; *de tres* ~*s* three volume *atr*; *un timador de* ~ *y lomo* F an out-and-out conman

tomografía *f* MED tomography

ton *m*: *sin* ~ *ni son* for no particular reason

tonada *f* song

tonadilla *f popular song*

tonadillera *f* singer

tonal *adj* MÚS tonal

tonalidad *f* tonality

tonel *m* barrel, cask; *ser un* ~ *fig* F be like a barrel

tonelada *f peso* ton

tonelaje *m* tonnage

tóner *m* toner

tongo *m* DEP: *hubo* ~ it was fixed F *o* rigged F

tónica *f* **1** *bebida* tonic **2** (*tendencia*) trend, tendency **3** MÚS tonic

tonicidad *f* MED tonicity; ~ *muscular* muscle tone

tónico *m* MED tonic

tonificar ⟨1g⟩ *v/t* tone up

tono *m* MÚS, MED, PINT tone; *cambiar de* ~ *fig*: *al hablar* change one's tone; *fuera de* ~ *comentario, respuesta* inappropriate; *estar a* ~ *con algo* be in harmony with sth; *ponerse a* ~ get into the mood

◇ **tono de marcar** TELEC dial tone; **tono mayor** MÚS major key; **tono menor** MÚS minor key

tontada *f* ☞ **tontería**

tontaina **I** *adj* silly **II** *m/f* F dimwit F

tontear ⟨1a⟩ *v/i* F **1** (*hacer el tonto*) act the fool **2** (*coquetear*) flirt

tontera *f*: *llevar una* ~ *encima* be feeling dopey

tontería *f fig* stupid *o* dumb F thing; ~*s pl* nonsense *sg*

tonto **I** *adj* silly, foolish **II** *m*, **-a** *f* fool, idiot; ~ *del bote o haba* F complete idiot; ~ *del pueblo* village idiot; *hacer el* ~ play the fool; *hacerse el* ~ act dumb F; *a tontas y a locas* in a slapdash way

toña *f* **1** *Esp* (*borrachera*): *coger una* ~ P get blitzed F **2** F (*excremento*) turd F; *de vaca* cowpat

top *m prenda* top

topacio *m* MIN topaz

topadora *f Rpl* bulldozer

toparse ⟨1a⟩ *v/r*: ~ *con alguien* bump into s.o., run into s.o.

tope *m* **1** limit; *edad* ~ upper age limit; *estar hasta los* ~*s* F be bursting at the seams F; *pasarlo a* ~ F have a great time **2** *pieza* stop **3** *Méx*: *en la calle* speed bump

topetada *f* ☞ **topetazo**

topetar ⟨1a⟩ *v/i* (*topar*) bump

topetazo *m* bump, bang

tópico **I** *adj* MED: *de uso* ~ for external use **II** *m* cliché, platitude

topo *m* ZO mole; *ver menos que un* ~ F be as blind as a bat F

topografía *f* topography

topográfico *adj* topographic(al)

topógrafo *m*, **-a** *f* topographer

topónimo *m* place name

toque *m* **1** tap; ~ *de atención* warning **2** MÚS *de campana* chime **3**: *dar los últimos* ~*s* put the finishing touches (*a* to); ~ *personal* personal touch **4** DEP touch; *en béisbol* bunt

◇ **toque de diana** MIL reveille

◇ **toque de queda** MIL, *fig* curfew

toquetear ⟨1a⟩ *v/t* F fiddle with

toquilla *f* shawl

torácico *adj* ANAT thoracic; *caja* **-a** ANAT ribcage

tórax *m* ANAT thorax

torbellino *m* whirlwind

torcedura *f* twisting; MED sprain

torcer ⟨2b & 2h⟩ **I** *v/t* twist; (*doblar*) bend; (*girar*) turn **II** *v/i* turn; ~ *a la derecha* turn right; **torcerse** *v/r* **1** twist, bend; ~ *un pie* sprain one's ankle **2** *fig*: *de planes* go wrong

torcido *adj* twisted, bent

tordo *m* **1** *pájaro* thrush **2** *caballo* dapple-gray, *Br* dapple-grey

toreador *m*, **-a** *f esp L.Am.* bullfighter

torear ⟨1a⟩ **I** *v/i* fight bulls **II** *v/t* fight; *fig* dodge, sidestep

toreo *m* bullfighting

torera *f*: *saltarse algo a la* ~ F flout sth, disregard sth

torero **I** *adj* bullfighting *atr*; *chaqueta* **-a** bolero **II** *m*, **-a** *f* bullfighter

tormenta *f* storm

tormento *m* torture

tormentoso *adj* stormy

torna *f* return; *se han vuelto las* ~*s* the shoe is on the other foot, *Br* the boot is on the other foot

tornado *m* tornado, twister F

tornar ⟨1a⟩ **I** *v/t* make **II** *v/i* return; ~ *a hacer algo* do sth again; **tornarse** *v/r triste, difícil etc* become

tornasol *m* **1** BOT sunflower **2** QUÍM litmus

torneo *m* competition, tournament

tornillo *m* screw; *con tuerca* bolt; *le falta un* ~ F he's got a screw loose F; *apretarle a alguien los* ~*s* F put the screws on s.o.

◇ **tornillo de banco** vise, *Br* vice

torniquete *m* **1** *de entrada* turnstile **2** MED tourniquet

torno *m de alfarería* wheel; *en* ~ *a* around, about

toro *m* bull; *ir a los* ~*s* go to a bullfight; *tomar al* ~ *por los cuernos* take the bull by the horns

◇ **toro de lidia** fighting bull

toronja *f L.Am.* grapefruit

torpe *adj* clumsy; (*tonto*) dense, dim

torpedear ⟨1a⟩ *v/t* torpedo

torpedero *m* torpedo boat

torpedo *m* MIL torpedo

torpeza *f* **1** clumsiness **2** (*necedad*) stupidity

torpor *m* torpor

torrar ⟨1a⟩ *v/t* roast

torre *f* tower; **~ de alta tensión** EL high--voltage pylon

◇ **torre de control** AVIA control tower

◇ **torre de marfil** *fig* ivory tower

torrefacto *adj* roasted

torreja *f* *L.Am.* French toast

torrencial *adj* torrential

torrente *m* *fig* avalanche, flood

◇ **torrente circulatorio, torrente sanguíneo** bloodstream

torreón *m* tower

torrezno *m* GASTR fried slice *o Br* rasher of bacon

tórrido *adj* torrid

torrija *f* GASTR French toast

torsión *f* twisting; TÉC torsion

torso *m* ANAT, trunk, torso; *en artes plásticas* torso

torta *f* **1** cake; *plana* tart **2** F slap; *le pegó una* ~ F I slapped him; *darse una ~* F have an accident **3**: *no sabes ni ~ de fútbol* F you don't know diddly-squat about soccer P; *no ver ni ~* F not be able to see in front of one's nose F

tortazo *m* F crash; (*bofetada*) punch

tortícolis *m* MED crick in the neck

tortilla *f* **1** omelet, *Br* omelette; *se ha vuelto la* ~ the shoe is on the other foot, *Br* the boot is on the other foot **2** *L.Am.* tortilla

◇ **tortilla española** Spanish omelet *o Br* omelette

◇ **tortilla francesa** plain omelet *o Br* omelette

tortillera *f* V dyke F, lesbian

tórtola *f* ZO turtledove

tortuga *f* ZO tortoise; *marina* turtle; *a paso de* ~ *fig* at a snail's pace

tortuosidad *f* *fml* tortuousness

tortuoso *adj* *fig* tortuous

tortura *f* *tb fig* torture

torturador *m*, *~a f* torturer

torturar ⟨1a⟩ *v/t* torture

torvo *adj* fierce

tos *f* cough

◇ **tos ferina** whooping cough

toscano *m* Rpl cigar

tosco *adj* *fig* rough, coarse

toser ⟨2a⟩ *v/i* cough

tosquedad *f* roughness, coarseness

tostada *f* piece of toast; **~s** *spl* toast *sg*

tostadero *m* roaster

tostado *adj* **1** (*moreno*) brown, tanned **2**: *pan* ~ toast

tostador *m de pan* toaster; *de café* roaster

tostar ⟨1m⟩ **I** *v/t* toast; *café* roast; *al sol* tan; **tostarse** *v/r* tan, get brown

tostón *m* **1** F bore **2** GASTR crouton

total **I** *adj* total, complete; *en* ~ altogether, in total **II** *m* total; *un* ~ *de 50 personas* a total of 50 people **III** *adv*: ~, *que no conseguí estudiar* the upshot was that I didn't manage to get any studying done

totalidad *f* totality; *la* ~ *de los Estados Unidos* the whole of the United States

totalitario *adj* totalitarian

totalizar ⟨1f⟩ *v/t* total

totalmente *adv* totally, completely

tótem *m* totem

totémico *adj* totemic

toxicidad *f* toxicity

tóxico *adj* **I** toxic, poisonous **II** *m* toxin, poison

toxicomanía *f* drug addiction, drug dependency

toxicómano **I** *adj* addicted to drugs, drug-dependent **II** *m*, **-a** *f* drug addict

toxina *f* toxin

tozudez *f* obstinacy

tozudo *adj* obstinate

traba *f* obstacle; *poner* **~s** raise objections; *sin* **~s** without a hitch

trabajador **I** *adj* hard-working **II** *m*, **~a** *f* worker

◇ **trabajador eventual** casual worker

◇ **trabajador a tiempo parcial** part--time worker, part-timer

trabajar ⟨1a⟩ **I** *v/i* work; **~ de camarero** work as a waiter **II** *v/t* work; *tema, músculos* work on; **~ media jornada** work part-time

trabajo *m* work; (*tarea, puesto*) job; *buscar* ~ be looking for work, be looking for a job; *tengo un buen* ~ I have a good job; *costar* ~ be hard *o* difficult; *tomarse el* ~ *de* take the trouble to

◇ **trabajo de campo** fieldwork; **trabajo a destajo** piece work; **trabajo en equipo** team work; **trabajo a jornada completa** full-time work; *un* ~ a full-time job; **trabajo a media jornada**

part-time work; **un ~** a part-time job;
trabajo temporal temporary work;
un ~ a temporary job; **trabajo a tiempo
parcial** part-time work; **un ~** a part-
-time job; **trabajo por turnos** shift
work; **trabajos forzados** hard labor
sg o Br labour
trabajoso *adj* hard, laborious
trabalenguas *m inv* tongue twister
trabar ⟨1a⟩ *v/t conversación, amistad*
strike up; **trabarse** *v/r* get tangled up
trabilla *f para cinturón* belt loop
trabucarse ⟨1g⟩ *v/r* get all mixed up
traca *f* string of firecrackers
tracción *f* TÉC traction
◇ **tracción en las cuatro ruedas** four-
-wheel drive; **tracción delantera** front-
-wheel drive; **tracción trasera** rear-
-wheel drive
tracoma *m* MED trachoma
tracto *m* ANAT tract; **~ digestivo** digestive tract
tractor *m* tractor
tractorista *m/f* tractor driver
tradición *f* tradition
tradicional *adj* traditional
tradicionalista *m/f & adj* traditionalist
traducción *f* translation; **~ simultánea**
simultaneous translation
traducible *adj* translatable
traducir ⟨3o⟩ *v/t* translate; **~ algo al /
del alemán** translate sth into / from
German; **traducirse** *v/r* result (**en** in);
*los cambios se tradujeron en mejo-
ras* the changes resulted in *o* led to im-
provements
traductor *m*, **~a** *f* translator
traer ⟨2p; *part* traído⟩ *v/t* **1** bring; *¿qué
te trae por aquí?* what brings you
here? **2** (*acarrear*): **~ consigo** involve,
entail **3**: **~ a alguien de cabeza** be driving s.o. mad; **~ loco a alguien** drive s.o.
crazy **4**: *este periódico la trae en portada* this newspaper carries it on the
front page
traerse *v/r*: *este asunto se las trae* F
it's a very tricky matter
traficante *m/f* dealer
◇ **traficante de drogas** drug dealer
traficar ⟨1g⟩ *v/i* deal (**en** in)
tráfico *m* traffic
◇ **tráfico aéreo** air traffic; **tráfico de
armas** arms dealing *o* trafficking; **tráfico de drogas** drug trafficking; **en pe-**

queña escala drug dealing; **tráfico ferroviario** rail traffic; **tráfico fronterizo**
cross-border traffic; **tráfico de influen-
cias** influence-peddling; **tráfico de
mercancías pesadas** freight traffic,
Br tb heavy goods traffic; **tráfico rodado** road traffic
traga *m/f Rpl* F grind, *Br* swot
tragaderas *fpl* F gullet *sg*, throat *sg*; **tener buenas ~** *fig* have a good appetite
tragaldabas *m/f inv* F hog F, *Br* pig F
tragaluz *m* skylight
traganíqueles *f inv L.Am.* slot machine
tragaperras *f inv* slot machine
tragar ⟨1h⟩ **I** *v/t* **1** swallow; *no lo trago* I
can't stand him *o* bear him **2** *Rpl* F *empollar* cram, *Br* swot **II** *v/i Rpl* F *empollar* cram, *Br* swot; **tragarse** *v/r tb fig* F
swallow
tragasables *m inv* sword swallower
tragedia *f* tragedy
trágico *adj* tragic
tragicomedia *f* tragicomedy
tragicómico *adj* tragicomic
trago *m* **1** *de agua* mouthful **2** F *bebida*
drink; *echar o tomar un ~* take a swig *o*
drink; *de un ~* in one gulp; *pasar un
mal ~* *fig* have a hard time
tragón I *adj* greedy **II** *m*, **-ona** *f* glutton,
greedy person
traición *f* **1** treachery, betrayal; *a ~* treacherously **2** JUR treason; *alta ~* high
treason
traicionar ⟨1a⟩ *v/t* betray
traicionero *adj* treacherous
traída *f* bringing
◇ **traída de aguas** water supply
traído I *adj vestido* worn; **~ y llevado** *fig*
well-used **II** *part* ☞ **traer**
traidor I *adj* treacherous **II** *m*, **~a** *f* traitor
traigo *vb* ☞ **traer**
trailer *m Méx* trailer, *Br* caravan
tráiler *m* **1** *remolque* trailer **2** *de película*
trailer, preview
traína *f*, **traíña** *f* MAR trawl net
trainera *f* MAR *small fishing boat used
in northern Spain*
traje I *m* suit; **~ a medida** tailored suit **II**
vb ☞ **traer**
◇ **traje de baño** swimsuit; **traje de chaqueta** (woman's) two-piece suit; **traje
de etiqueta** dress suit; **traje de luces**
suit of lights, matador's outfit; **traje**

de noche evening dress; **traje de novia, traje nupcial** wedding dress; **traje-pantalón** pantsuit, *Br* trouser suit; **traje regional** regional costume; **traje sastre** (woman's) suit

trajeado *adj:* **bien / mal ~** well / badly dressed

trajín *m* hustle and bustle

trajinar ⟨1a⟩ *v/i* F rush around

trajo *vb* ☞ **traer**

trallazo *m* **1** lash **2** F *en fútbol* thumping shot

trama *f* (*tema*) plot

tramar ⟨1a⟩ *v/t complot* hatch

tramitación *f* processing; **el permiso se encuentra en ~** the permit is being processed

tramitar ⟨1a⟩ *v/t documento*: *de persona* apply for; *de banco etc* process

trámite *m* formality

tramo *m* section, stretch; *de escaleras* flight

tramoya *f* TEA piece of stage machinery; *fig* trick, deception

tramoyista *m/f* TEA scene shifter; *fig* trickster

trampa *f* **1** trap; **caer en la ~** fall into the trap; **tender una ~** *tb fig* set o lay a trap **2** (*truco*) scam F, trick; **hacer ~s** cheat

trampero *m*, **-a** *f* trapper

trampilla *f* trapdoor

trampolín *m* diving board

tramposo I *adj* crooked **II** *m*, **-a** *f* cheat, crook

tranca *f* **1** *de puerta* bar; **a ~s y barrancas** with great difficulty **2** (*borrachera*): **llevaba una ~ increíble** F he was wasted F *o* smashed F

trancar ⟨1g⟩ *v/t puerta* bar

trancazo *m* F dose of flu

trance *m* **1** (*momento difícil*) tough time; **pasar por un ~ amargo** go through a terrible time; **último ~** final moment; **a todo ~** at all costs **2** *de médium*: **en ~** in a trance

tranco *m*: **ir a grandes ~s** stride along

tranqui *adj* P relaxed, laidback; **¡~!** relax!, cool it! F

tranquilidad *f* calm, quietness; **para tu ~** for your peace of mind

tranquilizador *adj* **1** *música* soothing **2** *noticia* reassuring

tranquilizante I *adj* tranquilizing, *Br* tranquillizing **II** *m* tranquilizer, *Br* tranquillizer

tranquilizar ⟨1f⟩ *v/t:* **~ a alguien** calm s.o. down

tranquillo *m*: **pillar** *o Esp tb* **coger el ~ a algo** F get the hang of sth F

tranquilo *adj* **1** *lugar, mañana, persona* calm, quiet **2** *sin preocupaciones:* **¡~!** don't worry; **déjame ~** leave me alone **3** (*fresco*): **quedarse tan ~** not bat an eyelid

transacción *f* COM deal, transaction

transalpino *adj* transalpine

transar ⟨1a⟩ *v/i L.Am.* (*ser vendido*) sell out

transatlántico I *adj* transatlantic **II** *m* liner

transbordador *m* ferry

◇ **transbordador espacial** space shuttle

transbordo *m*: **hacer ~** TRANSP transfer, change

transcendental *adj* ☞ **trascendental**

transcribir ⟨3a; *part* **transcrito**⟩ *v/t* transcribe

transcripción *f* transcription

transcrito *part* ☞ **transcribir**

transcurrir ⟨3a⟩ *v/i de tiempo* pass, go by

transcurso *m* course; *de tiempo* passing; **en el ~ del año** in the course of the year

transeúnte *m/f* passer-by

transexual *m/f & adj* transsexual

transferencia *f* COM transfer; **~ de datos** data transfer

transferible *adj* transferable

transferir ⟨3i⟩ *v/t* transfer

transfiguración *f* transfiguration, transformation

transfigurar ⟨1a⟩ *v/t* transfigure, transform; **transfigurarse** *v/r* be transfigured, be transformed

transformación *f* transformation

transformador *m* EL transformer

transformar ⟨1a⟩ *v/t* **1** transform **2** DEP *penalti* score from

transformista *m/f* quick-change artist

transfronterizo *adj* cross-border

tránsfuga *m/f* POL defector

transfundir ⟨3a⟩ *v/t fml líquido* transfuse

transfusión *f*: **~ (de sangre)** (blood) transfusion

transgénico *adj* genetically modified

transgredir ⟨3a⟩ v/t infringe, transgress
transgresión f infringement, transgression
transgresor m, **~a** f transgressor
transición f transition; **de ~** transitional
transido adj: **~ de** racked with; **~ de frío** chilled to the bone
transigente adj accommodating
transigir ⟨3c⟩ v/i compromise, make concessions
transistor m transistor
transitable adj passable
transitar ⟨1a⟩ v/i de persona walk; de vehículo travel (**por** along)
transitivo adj GRAM transitive
tránsito m 1 transit; **de ~** mercancía, persona in transit; **pasajero en ~** passenger in transit, transit passenger 2 L.Am. (circulación) traffic
transitorio adj transitory; **periodo ~** transitional period
translúcido adj translucent
transmigración f transmigration
transmisible adj transmissible
transmisión f 1 transmission; **enfermedad de ~ sexual** sexually transmitted disease; **~ hereditaria** hereditary transmission 2 RAD, TV broadcasting, transmission
◊ **transmisión de archivos** INFOR file transfer; **transmisión de datos** data transfer o transmission; **transmisión en diferido** TV recorded broadcast; **transmisión en directo** TV live broadcast; **transmisión de ficheros** INFOR file transfer
transmisor I adj transmitting **II** m transmitter
transmitir ⟨3a⟩ v/t 1 enfermedad spread, transmit; noticia spread; **~ por herencia** pass on in one's genes 2 RAD, TV broadcast; señal transmit
transmutación f transmutation
transmutar ⟨1a⟩ v/t transmute
transparencia f transparency; para proyectar transparency, slide
transparentar ⟨1a⟩ **I** v/t reveal **II** v/i be transparent; **transparentarse** v/r **1**: **lleva un vestido que se transparenta** she is wearing a see-through dress **2** fig: nerviosismo, intenciones be obvious
transparente adj transparent
transpiración f perspiration

transpirar ⟨1a⟩ v/i perspire
transpirenaico adj trans-Pyrenean
transplantar ⟨1a⟩ v/t transplant
transportable adj transportable
transportación f Méx transportation
transportador m 1 MAT protractor 2 TÉC conveyor
transportar ⟨1a⟩ v/t transport; **transportarse** v/r be transported
transporte m transport
◊ **transporte colectivo, transporte público** mass transit, public transportation, Br public transport
transportista m/f haulage contractor
transversal adj transverse, cross atr
tranvía m streetcar, Br tram
trápala I f (embuste) lie **II** m/f persona liar
trapatiesta f F: **armar una ~** make a racket F
trapear ⟨1a⟩ v/t Méx mop
trapecio m 1 de circo trapeze 2 MAT trapezium
trapecista m/f trapeze artist(e)
trapense m REL Trappist
trapero m, **-a** f junk dealer, ragman, Br rag-and-bone man
trapiche m CSur sugar mill o press
trapichear ⟨1a⟩ v/i F deal (illicitly) (**con** in)
trapicheo m F shady deal F
trapo m 1 para limpiar cloth; viejo rag; **poner a alguien como un ~** F bad-mouth s.o. F; **tratar a alguien como un ~** F treat s.o. like dirt F; **estar hecho un ~** be worn out; **sacar los ~s sucios a relucir** fig reveal secrets 2: **~s** pl F clothes 3 MAR sail; **a todo ~** fig F flat out F
trapujear ⟨1a⟩ v/t & v/i C.Am. smuggle
tráquea f ANAT windpipe, trachea
traqueotomía f MED tracheotomy
traquetear v/i ⟨1a⟩ rattle, clatter
traqueteo m rattle, clatter
tras prp en el espacio behind; en el tiempo after; **ir o andar ~ alguien / algo** be after s.o. / sth
trascendencia f significance
trascendental, trascendente adj momentous; en filosofía transcendental
trascender ⟨2g⟩ **I** v/i 1 de noticia get out 2: **~ de** (sobrepasar) transcend **II** v/t transcend
trasero I adj rear atr, back atr **II** m F butt

F, *Br* rear end F

trasfondo *m* background; *fig* undercurrent

trasgo *m* goblin, imp

trashumancia *f* AGR transhumance, winter / summer migration

trasiego *m fig* bustle

traslación *f* AST movement

trasladar ⟨1a⟩ *v/t* move; *trabajador* transfer; **trasladarse** *v/r* move (**a** to); *se traslada* *Méx: en negocio* under new management

traslado *m* move; *de trabajador* transfer; **~** *al aeropuerto* airport transfer; **~** *de la producción* transfer of production

traslúcido *adj* translucent

traslucir ⟨3f⟩ *v/t* reveal, show; **traslucirse** *v/r* be visible; *fig* be evident, show; *su nerviosismo no se trasluce* his nervousness is not evident *o* doesn't show

trasluz *m*: *al* **~** against the light

trasnochado *adj* **1** *fig* outdated **2** (*persona*) *who has been awake all night*

trasnochar ⟨1a⟩ *v/i* (*acostarse tarde*) go to bed late, stay up late; (*no dormir*) stay up all night; *L.Am.* stay overnight, spend the night

traspapelar ⟨1a⟩ *v/t* mislay; **traspapelarse** *v/r* get mislaid

traspasar ⟨1a⟩ *v/t* **1** (*atravesar*) go through **2** COM transfer **3** (*exceder*) go beyond

traspaso *m* COM transfer

traspié *m* trip, stumble; *dar un* **~** *fig* slip up, blunder

trasplantar ⟨1a⟩ *v/t* AGR, MED transplant

trasplante *m* AGR, MED transplant; **~** *cardiaco* heart transplant

trasponer ⟨2r⟩ *v/t* **1** *fml* (*mover de sitio*) transfer **2** (*trasplantar*) transplant; **trasponerse** *v/r* doze off

traspuesto *adj*: *quedarse* **~** doze off

traspunte *m/f* TEA prompter

trasquilar ⟨1a⟩ *v/t* shear

trastabillar, trastabillear ⟨1a⟩ *v/i* **1** stumble **2** *al hablar* stutter, stammer

trastada *f* F prank, trick; *hacer* **~s** get up to mischief

trastazo *m* F bump

traste *m* **1**: *irse al* **~** F fall through, go down the tubes F; *dar al* **~** *con algo*

F ruin sth, trash sth F **2** *C.Am., Méx* dish; *lavar los* **~s** do the dishes **3** *CSur* F *trasero* butt F, *Br* bottom

trastear ⟨1a⟩ **I** *v/t muebles* move around **II** *v/i* move things around

trastero I *adj*: *cuarto* **~** lumber room **II** *m* lumber room

trastienda *f* back room (*of shop*)

trasto *m* **1** *desp* piece of junk; *tirarse los* **~s a la cabeza** F have a big fight **2** *persona* good-for-nothing

trastocar *vb* ☞ **trastrocar**

trastornar ⟨1a⟩ *v/t* **1** *plan* upset **2** (*molestar*) inconvenience **3** (*perturbar*): **~** *la mente de alguien* affect s.o. mentally; **trastornarse** *v/r* **1** *de plan* be upset (*por* by) **2** be affected mentally

trastorno *m* **1** inconvenience **2** MED disorder; **~** *alimentario* eating disorder; **~** *circulatorio* circulation problem ◇ **trastorno mental** mental disorder

trastrocar ⟨1g & 1m⟩ *v/t* change *o* switch around

trasvasar ⟨1a⟩ *v/t agua de río* transfer (*from one river to another*)

trasvase *m transfer of water from one river to another*

trata *f* trade

tratadista *m/f* author (*of a treatise*)

tratado *m esp* POL treaty ◇ **Tratado de Libre Comercio** North American Free Trade Agreement ◇ **tratado de paz** peace treaty

tratamiento *m* treatment ◇ **tratamiento de aguas residuales** sewage treatment; **tratamiento de datos** INFOR data processing; **tratamiento de residuos** waste treatment *o* processing; **tratamiento de textos** INFOR word processing

tratante *m/f* dealer, trader ◇ **tratante de ganado** cattle dealer

tratar ⟨1a⟩ **I** *v/t* **1** treat **2** (*manejar*) handle **3** (*dirigirse a*) address (**de** as); **~** *a alguien de tú* address s.o. informally, use the tú form with s.o.; **~** *a alguien de usted* address s.o. formally, use the usted form with s.o. **4** *gente* come into contact with **5** *tema* deal with **II** *v/i*: **~** *con alguien* deal with s.o. **2**: **~** *de* (*intentar*) try to **3** COM: **~** *en* deal in; **tratarse** *v/r*: *¿de qué se trata?* what's it about?

trato *m* **1** *de prisionero, animal* treatment; **malos ~s** *pl* ill treatment *sg*, abuse *sg*; **~ de favor** favorable *o* preferential treatment **2** COM deal; **hacer un ~** make a deal; **¡~ hecho!** it's a deal; **tener ~ con alguien** have dealings with s.o.; **estar en ~s con alguien** be negotiating with s.o., be talking to s.o.

trauma *m* trauma

traumático *adj* traumatic

traumatismo *m* MED trauma, injury ◇ **traumatismo craneoencefálico** head injury, cranial trauma *fml*

traumatizar ⟨1f⟩ *v/t* traumatize

traumatología *f* trauma surgery

traumatólogo *m*, **-a** *f* trauma specialist, traumatologist

través *m*: **a ~ de** through; **de ~** diagonally, crosswise; **mirar de ~** look sideways at

travesaño *m* en *fútbol* crossbar

travesía *f* crossing

travesti, travestido *m* **1** *que se viste de mujer* transvestite **2** *artista* drag artist

travesura *f* bit of mischief, prank

traviesa *f* FERR tie, *Br* sleeper

travieso *adj niño* mischievous

trayecto *m* journey; **10 dólares por ~** 10 dollars each way

trayectoria *f fig* course, path

traza *f* **1** (*aspecto*): **esta discusión lleva ~s de acabar mal** this argument looks as if it will end badly *o* looks like ending badly; **lleva ~s de llover** it looks as though it's going to rain, it looks like rain F; **por las ~s** judging by appearances **2** (*maña*): **darse (buena) ~ para** to be good at

trazado *m* **1** *acción* drawing; (*diseño*) plan, design **2** *de canal, camino* route

trazar ⟨1f⟩ *v/t* **1** (*dibujar*) draw **2** *ruta* plot, trace **3** (*describir*) outline, describe

trazo *m* line

trébol *m* BOT clover

trece *adj* thirteen; **mantenerse o seguir en sus ~** stand firm, not budge

trecho *m* stretch, distance; **de ~ en ~** at intervals

tregua *f* truce, ceasefire; **sin ~** relentlessly; **no dar ~** give no respite

treinta *adj* thirty

treintena *f* thirty; **una ~ de ...** about thirty ...

trekking *m* trekking

tremebundo *adj* horrendous, frightening

tremenda *f*: **echar por la ~** flip F, go crazy F; **tomarse algo a la ~** *fig* F make a big fuss about sth

tremendismo *m* sensationalism

tremendo *adj* **1** *susto, imagen* awful, dreadful **2** *éxito, alegría* tremendous

trementina *f* turpentine, turps F *sg*

trémolo *m* MÚS tremolo

trémulo *adj voz* tremulous, trembling; *luz* flickering

tren *m* FERR train; **ir en ~** go by train; **perder el ~** miss the train; *fig* miss the boat; **vivir a todo ~** F live in style; **... (como) para parar un ~** F loads of ... F, masses of ... F; **estar como un ~** F be absolutely gorgeous ◇ **tren de alta velocidad** high speed train; **tren de aterrizaje** AVIA undercarriage, landing gear; **tren de cercanías** local *o* suburban train; **tren de lavado** car wash; **tren de mercancías** freight train, *Br* goods train; **tren de pasajeros** pasenger train; **tren de vida** lifestyle

trena *f* P can P, slammer P

trenca *f* duffel coat

trencilla *f* **1** braid, *Br* plait **2** *en bordado* tassle **3** *m* F DEP ref F

trencito *m Urug* F *en examen* crib

trenza *f* plait; *de pelo* braid, *Br* plait

trenzado *m* plaiting; *de pelo* braiding, *Br* plaiting

trenzar ⟨1f⟩ *v/t* plait; *pelo* braid, *Br* plait

trepa *m/f* F *socialmente* social climber; *en el trabajo* careerist

trepador I *adj*: **planta ~a** BOT climber, climbing plant **II** *m* **1** climber, climbing plant **2** ZO: **~ (azul)** nuthatch **III** *m*, **~a** *f* social climber

trepar ⟨1a⟩ **I** *v/i* climb (*a* up), scale (*a* sth) **II** *v/t* climb (up), scale

trepidante *adj fig* frenetic

trepidar ⟨1a⟩ *v/i* vibrate, shake

tres I *adj* three; **no funciona ni a la de ~** there's no way it is going to work **II** *m* three ◇ **tres segundos** *en baloncesto* three--seconds violation

trescientos *adj* three hundred

tresillo *m* living-room suite, *Br* three--piece suite

treta *f* trick, ploy

tríada *f* triad
trial *m* DEP trials *pl*
triangular *adj* triangular
triángulo *m* triangle
◇ **triángulo de peligro** AUTO warning triangle
triásico *m* GEOL Triassic (period)
triatlón *m* DEP triathlon
tribal *adj* tribal
tribu *f* tribe
tribulaciones *fpl* tribulations
tribuna *f* **1** DEP grandstand **2**: ~ **de oradores** speaker's platform
tribunal *m* court
◇ **tribunal de apelación** court of appeals, *Br* Court of Appeal; **Tribunal Constitucional** constitutional court; **tribunal de cuentas** National Audit Commission; **Tribunal Europeo de Justicia** European Court of Justice; **tribunal de menores** juvenile court; **Tribunal Supremo** Supreme Court
tributar ⟨1a⟩ **I** *v/t impuesto, fig* pay **II** *v/i* pay taxes
tributario I *adj* **1** COM tax *atr*; **derecho / sistema ~** tax law / system **2** GEOG tributary *atr* **II** *m* tributary
tributo *m* **1** tribute; **rendir ~** *fig* pay tribute **2** (*impuesto*) tax
tricampeón *m*, **-ona** *f* DEP three times champion, triple champion
tricentenario *m* tercentennial, tercentenary
triciclo *m* tricycle
tricolor *adj* tricolor, *Br* tricolour
tricornio *m* three-cornered hat
tricotar ⟨1a⟩ *v/i & v/t* knit
tricotosa *f* knitting machine
tridente *m* trident
tridimensional *adj* three-dimensional
trienal *adj* triennial, three-yearly
trienio *m* period of three years
trifásico *adj* EL three-phase
trifulca *f* F brawl, *Br tb* punch-up F
trigal *m* wheat field
trigo *m* wheat; **no es ~ limpio** F *comerciante, propuesta comercial* he's / it's a bit shady F
◇ **trigo negro, trigo sarraceno** buckwheat, Saracen corn
trigonometría *f* MAT trigonometry
trigueño *adj pelo* corn-colored, *Br* corn-coloured; *piel* olive
triguero *adj* wheat *atr*

trilingüe *adj* trilingual
trilla *f* AGR threshing
trillado *adj fig* hackneyed, clichéd
trillador *m* thresher
trilladora *f* threshing machine, thresher; *mujer* thresher
trillar ⟨1a⟩ *v/t* AGR thresh
trillizos *mpl* triplets
trillo *m* threshing machine, thresher
trillón *m* quintillion, *Br* trillion
trilogía *f* trilogy
trimestral *adj* quarterly
trimestre *m* quarter; *escolar* semester, *Br* term
trimotor *m* three-engined plane
trinar ⟨1a⟩ *v/i* trill, warble; **está que trina** *fig* F he's fuming F, he's hopping mad F
trincar ⟨1g⟩ F **I** *v/t criminal* catch **II** *v/i* drink, booze F
trinchar ⟨1a⟩ *v/t* GASTR carve
trinchera *f* MIL trench
trinchero *m* sideboard
trineo *m* sled, sleigh
trinidad *f* REL trinity
trino *m* trill, warble
trinquete *m* **1** MAR foremast **2** TÉC pawl
trío *m* trio
tripa *f* F belly F, gut F; **hacer de ~s corazón** *fig* pluck up courage; **¿qué ~ se te ha roto?** F what's so urgent?; **echar las ~s** *fig* F bust a gut; **rascarse la ~** *fig* F do nothing; **se me revuelven las ~s** my stomach turns
triple I *adj* triple **II** *m* **1**: **el ~ que el año pasado** three times as much as last year **2** *en baloncesto* three-pointer
triplicado *adj*: **por ~** in triplicate
triplicar ⟨1g⟩ *v/t* triple, treble
trípode *m* tripod
tríptico *m* triptych
tripudo *adj* F potbellied
tripulación *f* AVIA, MAR crew
tripulado *adj* crewed, manned
tripulante *m/f* crew member
tripular ⟨1a⟩ *v/t* crew
triquinosis *f* MED trichinosis
triquiñuela *f* F dodge F, trick
tris *m*: **estuvo en un ~ de caerse** F she came within an inch of falling
triste *adj* sad
tristeza *f* sadness
tristón *adj* gloomy, sad
tritón *m* **1** ZO newt **2** MYTH triton

trituradora *f de papel* shredder; *de hielo, roca etc* crusher; *de carne* grinder, *Br* mincer

◇ **trituradora de basuras** waste disposal unit

triturar ⟨1a⟩ *v/t papel* shred; *hielo, roca etc* crush; *carne* grind, *Br* mince

triunfador I *adj* winning **II** *m*, **~a** *f* winner, victor

triunfal *adj* **1** *arco, desfile* triumphal **2** *comportamiento, sonrisa* triumphant

triunfalismo *m* triumphalism

triunfante *adj* triumphant; *salir* **~** emerge triumphant

triunfar ⟨1a⟩ *v/i* **1** triumph, win **2** *en naipes* ruff, trump

triunfo *m* **1** triumph, victory **2** *en naipes* trump

trivial *adj* trivial

trivialidad *f cualidad, cosa* triviality; *dicho* trivial remark, triviality

trivializar ⟨1f⟩ *v/t* trivialize

triza *f*: *hacer* **~s** F *jarrón* smash to bits; *papel, vestido* tear to shreds; *estar hecho* **~s** F be shattered

trocar ⟨1g & 1m⟩ *v/t* **1** (*intercambiar*) exchange **2** (*confundir*) mix up, confuse; *trocarse v/r* turn (*en* into)

trocear ⟨1a⟩ *v/t* cut into pieces, cut up

troche: *había errores a* **~** *y moche* F there were mistakes galore F

trofeo *m* trophy

trófico *adj* BIO alimentary, food *atr*

trofología *f* BIO food science

troglodita *m/f* cave dweller; *fig* F redneck, *Br* yob

troj(e) *f* granary

trola *f* F fib

trolebús *m* trolley bus

trolero F **I** *adj* lying **II** *m*, **-a** *f* liar

tromba *f*: **~** *de agua* downpour; *entrar / pasar en* **~** rush in / past

trombo *m* MED clot

trombón *m* MÚS trombone

trombonista *m/f* trombonist, trombone player

trombosis *f* MED thrombosis

trompa I *adj* F wasted F **II** *f* **1** MÚS horn; *instrumentista* horn player **2** ZO trunk **III** *m* MÚS horn player

◇ **trompa de Falopio, trompa uterina** ANAT Fallopian tube

trompada *f*, **trompazo** *m* *L.Am.* F whack F; *darse un* **~** *con algo* F bang

into sth

trompearse ⟨1a⟩ *L.Am.* F fight, lay into each other F

trompeta I *f* MÚS trumpet; *instrumentista* trumpet player, trumpeter **II** *m* trumpeter, trumpet player

trompetazo *m* trumpet blast

trompetilla *f* ear trumpet

trompetista *m/f* trumpeter, trumpet player

trompicar ⟨1g⟩ *v/i* stagger

trompicón *m*: *a trompicones* in fits and starts

trompo *m* spinning top

trona *f* high chair

tronada *f* thunderstorm

tronado *adj* crazy

tronar ⟨1m⟩ **I** *v/i* **1** thunder **2** *Méx*: *con persona* break up; **~** *con alguien* break up with s.o. **II** *v/t Méx* F (*catear*) flunk

troncal *adj* main

troncha *f* *S.Am.* slice, piece

tronchante *adj* F sidesplitting

tronchar ⟨1a⟩ *v/t palo, rama etc* snap; *fig* (*truncar*) cut short; *troncharse v/r*: **~** *de risa* F split one's sides laughing

troncho *m* stalk, stem

tronco *m* trunk; *cortado* log; *dormir como un* **~** sleep like a log

tronío *m*: *una mujer de* **~** extravagant woman

trono *m* throne; *acceder o subir al* **~** ascend *o* come to the throne

tropa *f* MIL (*soldado raso*) ordinary soldier, enlisted man; **~s** troops; **~s aerotransportadas** airborne troops

tropecientos *adj* F hundreds of

tropel *m*: *en* **~** in a mad rush; *salir en* **~** pour out

tropelía *f* outrage

tropezar ⟨1f & 1k⟩ *v/i* **1** trip, stumble **2** (*chocar*): **~** *con tb fig* bump into

tropezón *m* **1** trip, stumble; *dar un* **~** trip, stumble; *a tropezones* in fits and starts **2**: *tropezones mpl* pieces of meat or vegetable added to soup

tropical *adj* tropical

trópico *m* tropic

◇ **Trópico de Cáncer** Tropic of Cancer

◇ **Trópico de Capricornio** Tropic of Capricorn

tropiezo *m* *fig* setback

tropilla *f* *L.Am.* herd

troqueladora *f* stamping press

trotacalles *m/f inv* F bum F
trotamundos *m/f inv* globetrotter
trotar ⟨1a⟩ *v/i* trot; *fig* gad around
trote *m* trot; F rush; *ir al* ~ trot; *ya no estoy para esos* ~*s* I'm not up to it any more; *para todo* ~ *prenda de vestir* everyday *atr*
trovador *m* troubadour, minstrel
Troya *f* HIST Troy; *aquí o allí fue* ~ F it was chaos!; *arda* ~ F to hell with it! F
trozo *m* piece
trucaje *m* fixing, rigging
trucar ⟨1g⟩ *v/t concurso* fix, rig; *motor* soup up F
trucha *f* ZO trout
truco *m* trick; *pillar o Esp tb coger el* ~ *a algo* F get the hang of sth F
truculento *adj* horrifying
trueno *m* thunder
trueque *m* barter; *a* ~ *de* in exchange for
trufa *f* BOT truffle
trufar ⟨1a⟩ *v/t* stuff with truffles
truhán *m* rogue
trullo *m* F can P, slammer P
truncar ⟨1g⟩ *v/t* **1** GEOM truncate **2** *vida, esperanzas* cut short; *truncarse v/r* be cut short
trunco *adj L.Am.* incomplete; *sin punta* truncated
trust *m* cartel
TS *m abr* (= *Tribunal Supremo*) Supreme Court
Tte. *abr* (= *Teniente*) Lieut. (= Lieutenant)
tú *pron sg* you; *tratar de* ~ address as tú; *tratar o hablar de* ~ *a* ~ *con alguien* be on an equal footing with s.o., be on familiar terms with s.o.
tu, tus *adj pos* your
tuba *f* MÚS tuba
tubérculo *m* BOT tuber
tuberculosis *f* MED tuberculosis, TB
tuberculoso *adj* tubercular
tubería *f* pipe
tubo *m* **1** tube; *había gente / cartas por un* ~ F there were masses of people / letters F; *pasar por el* ~ F knuckle under **2** *Rpl* TELEC receiver
◇ **tubo digestivo** ANAT alimentary canal; **tubo de ensayo** test tube; **tubo de escape** AUTO exhaust (pipe); **tubo fluorescente** fluorescent tube
tubular *adj* tubular
tucán *m* ZO toucan

tuerca *f* TÉC nut; *dar una vuelta de* ~ *fig* tighten the screw
◇ **tuerca mariposa** wing nut
tuerto I *adj* (*sin un ojo*) one-eyed; (*ciego de un ojo*) blind in one eye **II** *m*, **-a** *f* (*sin un ojo*) one-eyed person; (*ciego de un ojo*) person who is blind in one eye
tuétano *m*: *hasta los* ~*s fig* through and through
tufarada *f* F whiff F
tugurio *m* hovel, dive
tulipa *f* lampshade
tulipán *m* BOT tulip
tullido I *adj* crippled **II** *m*, **-a** *f* cripple
tumba *f* tomb, grave; *revolverse en su* ~ *fig* turn in one's grave; *estar con un pie en la* ~ have one foot in the grave; *lanzarse a* ~ *abierta* go headlong; *ser una* ~ *fig* keep one's mouth shut
tumbar ⟨1a⟩ *v/t* knock down; **tumbarse** *v/r* lie down
tumbo *m* tumble; *ir dando* ~*s* stagger along
tumbona *f* (sun) lounger
tumefacto *adj* swollen, tumescent
tumor *m* MED tumor, *Br* tumour
túmulo *m* tumulus, burial mound
tumulto *m* uproar
tumultuario, tumultuoso *adj* uproarious
tuna *f* **1** MÚS *student musical group* **2** *Méx fruta* prickly pear
tunante *m*, **-a** *f* rogue
tunda *f* F beating
tundra *f* GEOG tundra
tunecino I *adj* Tunisian **II** *m*, **-a** *f* Tunisian
túnel *m* tunnel; *hacer un* ~ *a alguien* F *en fútbol* nutmeg s.o.
◇ **túnel aerodinámico** wind tunnel; **túnel de lavado** car wash; **túnel de viento** wind tunnel
Túnez *m país* Tunisia; *ciudad* Tunis
tungsteno *m* QUÍM tungsten
túnica *f* tunic
tuno *m*, **-a** *f* rogue
tuntún: *decir algo al buen*~ say sth off the top of one's head
tupé *m* F quiff
tupido *adj pelo* thick; *vegetación* dense, thick
turba *f* **1** (*muchedumbre*) throng **2** (*carbón*) peat
turbado *adj* **1** (*emocionado*) upset **2**

(avergonzado) embarrassed

turbador *adj* **1** *(emocionante)* upsetting **2** *belleza* disturbing **3** *(avergonzante)* embarrassing

turbante *m* turban

turbar ⟨1a⟩ *v/t* **1** *(emocionar)* upset **2** *paz, tranquilidad* disturb **3** *(avergonzar)* embarrass; **turbarse** *v/r* **1** *(emocionarse)* get upset **2** *de paz, tranquilidad* be disturbed **3** *(avergonzarse)* get embarrassed

turbera *f* peat bog

turbina *f* turbine

turbio *adj* cloudy, murky; *fig* shady, murky

turbión *m* METEO downpour

turbo I *adj* turbocharged II *m* AUTO turbo

turbocompresor *m* turbocharger

turbopropulsor *m* AVIA turboprop

turborreactor *m* AVIA turbojet

turbulencia *f* turbulence

turbulento *adj* turbulent

turco I *adj* Turkish II *m, -a f* Turk III *m idioma* Turkish

turgente *adj* swollen

turismo *m* **1** tourism **2** *automóvil* sedan, *Br* saloon (car)

◇ **turismo de aventura** adventure tourism; **turismo de masas** mass tourism; **turismo rural** tourism in rural areas

turista *m/f* tourist

turístico *adj* tourist *atr*

turnarse ⟨1a⟩ *v/r* take it in turns

turno *m* **1** turn; **por ~s** in turns; **es mi ~** it's my turn **2** *de trabajo* shift; **cambio de ~** change of shift; **trabajar por ~s** work shifts; **de ~** on duty

◇ **turno de día** day shift

◇ **turno de noche** night shift

turolense *adj* I of / from Teruel, Teruel *atr* II *m/f* person from Teruel

turón *m* ZO polecat

turoperador *m* tour operator

turquesa I *adj:* **azul ~** turquoise II *f piedra preciosa* turquoise

Turquía *f* Turkey

turrón *m* nougat

turulato *adj* F stunned, dazed

tururú I *int* no way! II *adj:* **estás ~** F you're crazy

tus *adj pos* your

tute *m* **1** *juego: Spanish card game* **2:** **darse un ~** F work like a dog F, slave F

tutear ⟨1a⟩ *v/t* address as 'tú'; **tutearse** *v/r* be on familiar terms

tutela *f* **1** JUR guardianship, tutelage; **bajo la ~ de** under the guardianship *o* protection of **2** EDU tutorship

tutelar I *adj* tutelary II ⟨1a⟩ *v/t fig* supervise

tuteo *m* use of tú

tutiplén: **había comida a ~** F there was loads *o* masses to eat F

tutor *m,* **~a** *f* **1** JUR guardian **1** EDU tutor

tutoría *f* **1** *cargo* tutorship **2** *clase* tutorial **3** *(tutela)* guardianship

tutú *m* tutu

tuve *vb* ☞ **tener**

tuvo *vb* ☞ **tener**

tuya *f* BOT white cedar, thuja

tuyo, tuya *pron pos* yours; **los ~s** your folks, your family; **este libro es ~** this book is yours; **un amigo ~** a friend of yours

TV *abr* (= *televisión*) TV (= television)

TVE *f abr* (= *Televisión Española*) Spanish State Television

U

u *conj* *(instead of* **o** *before words starting with* **o***)* or

ubicación *f* **1** *L.Am.* location **2** *(localización)* finding, location

ubicado *adj* located, situated

ubicar ⟨1g⟩ *v/t* **1** *L.Am.* place, put **2** *(localizar)* locate; **ubicarse** *v/r* **1** be located, be situated **2** *en un empleo* get a job

ubicuidad *f* ubiquity

ubicuo *adj* ubiquitous

ubre *f* udder

UCD *f abr* (= *Unión de Centro Democrático*) Central Democratic Union

UCE *f abr* (= *Unión de Consumidores*

de España) Spanish consumers association

UCI f abr (= **unidad de cuidados intensivos**) ICU (= intensive care unit)

ucrani(an)o I adj Ukrainian **II** m, -a f Ukrainian

Ud. pron ☞ **usted**

Uds. pron ☞ **ustedes**

UE f abr (= **Unión Europea**) EU (= European Union)

UEFA f abr (= **Unión Europea de Fútbol Associación**): **la ~** UEFA (= Union of European Football Associations)

¡uf! int oof!

ufanarse ⟨1a⟩ v/r boast (**con, de** of, about)

ufano adj **1** conceited **2** (**contento**) proud

ufología f study of UFOs, ufology

ugandés I adj Ugandan **II** m, -esa f Ugandan

UGT f abr (= **Unión General de Trabajadores**) Spanish trade union

ujier m usher

ukelele m MÚS ukulele

úlcera f MED ulcer

◇ **úlcera duodenal** duodenal ulcer

◇ **úlcera gástrica** gastric ulcer

ulceración f ulceration

ulcerarse ⟨1a⟩ v/r MED become ulcerous, ulcerate

ulceroso adj ulcerous

ulterior adj subsequent

ulteriormente adv fml later, subsequently

ultimación f de preparativos completion

últimamente adv lately

ultimar ⟨1a⟩ v/t **1** preparativos finalize **2** L.Am. (rematar) finish off

ultimátum m ultimatum

último adj **1** last; **ser el ~ en llegar** be the last (one) to arrive; **por ~** finally; **está en las -as** he doesn't have long (to live); **a ~s de mayo** at the end of May **2** (más reciente) latest; **-as noticias** latest news sg; **estar a la -a** be right up to date; **ir a la -a** (**moda**) wear the latest fashions; **es lo ~** it's the latest thing **3** piso top atr

ultra m POL right-wing extremist

ultra- pref ultra-

ultracongelado I adj deep frozen **II** m deep frozen product

ultraconservador adj ultra-conservative

ultraderecha f POL extreme right

ultraderechista I adj extreme right wing atr **II** m/f right-wing extremist

ultraizquierda f POL far left

ultraizquierdista I adj extreme left wing atr **II** m/f left-wing extremist

ultrajante adj fml outrageous; palabras insulting

ultrajar ⟨1a⟩ v/t fml outrage; (insultar) insult

ultraje m fml outrage; (insulto) insult

ultraligero m AVIA microlight

ultramar m: **de ~** overseas, foreign

ultramarino adj overseas, foreign

ultramarinos mpl groceries; **tienda de ~** grocery store, Br grocer's (shop)

ultramoderno adj ultramodern

ultranza: **a ~** for all one is worth; **un defensor a ~ de algo** an ardent defender of sth

ultrasónico adj ultrasonic

ultrasonido m ultrasound

ultratumba f: **la vida de ~** life beyond the grave

ultravioleta adj ultraviolet

ulular ⟨1a⟩ v/i de viento howl; de búho hoot

umbilical adj ANAT umbilical

umbral m fig threshold; **en el ~ de** on the threshold of

umbrío, umbroso adj shady

un, una art indet a; antes de vocal y h muda an; **~os coches / pájaros** some cars / birds

unánime adj unanimous

unanimidad f unanimity; **por ~** unanimously

unción f fig unction

uncir ⟨3b⟩ v/t yoke

undécimo adj eleventh

UNED f abr (= **Universidad Nacional de Educación a Distancia**) Spanish distance-learning university

ungir ⟨3c⟩ v/t REL anoint

ungüento m ointment

uni- pref uni-, one-

únicamente adv only

unicameral adj POL: **sistema ~** single-chamber system

unicelular adj BIO single-cell atr

unicidad f fml (excepcionalidad) uniqueness

único *adj* **1** only; *hijo* ~ only child; *su* ~ *hijo* her only son; *lo* ~ *que* ... the only thing that ... **2** (*sin par*) unique; *fig* (*excelente*) outstanding, extraordinary; *es* ~ it's unique

unicolor *adj* self-colored, *Br* self-colour *atr*

unicornio *m* MYTH unicorn

unidad *f* **1** unit; ~ *de máxima seguridad en prisión* maximum security unit **2** (*cohesión*) unity

◊ **unidad de cuidados intensivos** MED intensive care unit; **unidad de disco** INFOR disk drive; **unidad monetaria** monetary unity; **unidad móvil de radio**, *TV* mobile unit, outside broadcast unit; **unidad de tratamiento intensivo** *CSur* MED intensive care unit; **unidad de vigilancia intensiva** MED intensive care unit

unidimensional *adj* one-dimensional

unidireccional *adj* unidirectional, one-directional

unido *adj* united; *una familia -a* a close-knit family; *estar muy* ~*s* be very close

unifamiliar *adj* single-family *atr*; *vivienda* ~ single-family dwelling

unificación *f* unification

unificar ⟨1g⟩ *v/t* unify

uniformar ⟨1a⟩ *v/t fig* standardize

uniforme **I** *adj* uniform; *superficie* even **II** *m* uniform; *ir de* ~ be in uniform

uniformidad *f* uniformity

unigénito **I** *adj hijo* only **II** *m* REL: *el Unigénito* the only begotten Son of God

unilateral *adj* unilateral

unión *f* **1** union; *la* ~ *hace la fuerza* united we stand **2** TÉC joint

Unión Americana *f Méx* United States of America

Unión Europea *f* European Union

unipartidista *adj* one-party *atr*

unipersonal *adj* individual, single

unir ⟨3a⟩ *v/t* **1** join **2** *personas* unite **3** *características* combine (*con* with) **4** *ciudades* link; **unirse** *v/r* join together; ~ *a* join

unisex *adj inv* unisex

unísono *m* MÚS unison; *al* ~ in unison

unitario *adj* unitary; *precio* ~ unit price

universal *adj* universal

universalidad *f* universality

universalizar ⟨1f⟩ *v/t* universalize

universidad *f* university; ~ *a distancia* university correspondence school, *Br* Open University

universitario **I** *adj* university *atr* **II** *m*, -a *f estudiante* university student

universo *m* universe

unívoco *adj* univocal

uno **I** *pron* **1** one; *es la -a* it's one o'clock; ~ *a* ~, ~ *por* ~, *de* ~ *en* ~ one by one; *-a de dos* one thing or the other

2 *personal en singular* someone, somebody; *me lo dijo* ~ someone *o* somebody told me

3 *personal en plural*: ~*s cuantos* a few, some; ~*s y otros* everyone; ~*s niños* some children; ~*s a otros* one another, each other

4 *impersonal* you, one *fml*; *¿qué puede* ~ *hacer?* what can you *o* one *fml* do?

5 *aproximación*: *-as mil pesetas* about a thousand pesetas; ~*s 20 kilómetros* about 20 kilometers, some 20 kilometers

6: *a -a* at the same time; *-a y no más* never again; *no dar ni -a* F not get anything right

7 *en baloncesto*: ~ *contra* ~ one on one; ~ *más* ~ one-and-one **II** *art*: ~*s niños* some children

III *m* one; *el* ~ *de enero* January first, the first of January

untar ⟨1a⟩ *v/t* **1** spread **2**: ~ *a alguien* F (*sobornar*) grease s.o.'s palm; **untarse** *v/r* **1** smear o.s. (*con* with) **2** *fig* take a cut F, get a rake-off F

untuosidad *f tb fig* oiliness

untuoso *adj tb fig* oily

uña *f* ANAT nail; ZO claw; *comerse o morderse las* ~*s* bite one's nails; *defenderse con* ~*s y dientes fig* F fight tooth and nail; *ser* ~ *y carne personas* be extremely close; *enseñar o sacar las* ~*s fig* show one's teeth; *estar de* ~*s* be at daggers drawn (*con* with); *ponerse de* ~*s* F get upset

uñero *m inflamación* whitlow; *uña encarnada* ingrown toenail

uñeta *f L.Am.* plectrum

¡upa! *int* upsydaisy

upar ⟨1a⟩ *v/t* lift up

uperisado *adj*: *leche -a* UHT milk

uranio *m* uranium; ~ *enriquecido / empobrecido* enriched / depleted uranium

urbanidad *f* civility

urbanismo *m* city planning, *Br* town planning

urbanista *m/f* city planner, *Br* town planner

urbanístico *adj* city planning *atr*, *Br* town planning *atr*

urbanita *m/f* F urbanite, city dweller

urbanizable *adj*: **terreno ~** building land

urbanización *f* (urban) development; (*colonia*) housing development, *Br* housing estate

urbanizar ⟨1f⟩ *v/t* terreno develop

urbano *adj* **1** urban; **guardia ~** local police officer **2** (*cortés*) courteous

urbe *f* city

urdir ⟨3a⟩ *v/t* **1** complot hatch **2** hilos warp

urea *f* urea

uremia *f* MED uremia

uréter *m* ANAT ureter

uretra *f* ANAT urethra

urgencia *f* **1** urgency; (*prisa*) haste; **con la máxima ~** with the utmost urgency **2** MED emergency; **~s** *pl* emergency room *sg*, A&E *sg*, *Br* casualty *sg*

urgente *adj* urgent

urgir ⟨3c⟩ *v/i* be urgent

urinario I *adj* urinary **II** *m* urinal

urna *f* urn

◇ **urna electoral** ballot box

urología *f* MED urology

urólogo *m*, **-a** *f* MED urologist

urraca *f* ZO magpie

URSS *f abr* (= **Unión de Repúblicas Socialistas Soviéticas**) USSR (= Union of Soviet Socialist Republics)

urticaria *f* MED nettle rash, hives *sg*, urticaria *fml*

Uruguay *m* Uruguay

uruguayo I *adj* Uruguayan **II** *m*, **-a** *f* Uruguayan

usado *adj* **1** (*gastado*) worn **2** (*de segunda mano*) second-hand

usanza *f* usage, custom

usar ⟨1a⟩ **I** *v/t* **1** use **2** ropa, gafas wear **II** *v/i*: **listo para ~** ready to use; **usarse** *v/r* be used

◇ **usina eléctrica** *f* Andes, Rpl power station

◇ **usina nuclear** *f* Andes, Rpl nuclear power station

uso *m* **1** use; **obligatorio el ~ de casco** helmets must be worn; **de ~ externo o tópico** MED for external use; **de ~ personal, para ~ propio** for personal use, for one's own use; **de un solo ~** single-use *atr*, disposable; **para ~ doméstico** for domestic use; **en buen ~** still in use; **fuera de ~** técnica, *sistema etc* in disuse; **hacer ~ de** make use of; **hacer ~ de la palabra** *fml* speak; **desde que tengo ~ de razón** for as long as I can remember **2** (*costumbre*) custom; **los trajes al ~ eran ...** the costumes of the time were ...; **no es un político al ~** he is not your average politician

USO *f abr* (= **Unión Sindical Obrera**) Spanish trade union

usted *pron* you; **tratar de ~** address as 'usted'; **~es** *pl* you; **de ~ / ~es** your; **es de ~ / ~es** it's yours

usual *adj* common, usual

usuario *m*, **-a** *f* INFOR user

usufructo *m* JUR usufruct

usufructuario *m*, **-a** *f* usufructuary

usura *f* usury

usurario *adj* usurious

usurero *m*, **-a** *f* usurer

usurpación *f* usurpation

usurpador *m*, **~a** *f* usurper

usurpar ⟨1a⟩ *v/t* usurp

utensilio *m* tool; *de cocina* utensil; **~s** *pl* equipment *sg*; **~s de pesca** *pl* fishing tackle *sg*

uterino *adj* ANAT uterine

útero *m* ANAT womb, uterus

UTI *f abr* CSur (= **unidad de tratamiento intensivo**) ICU (= intensive care unit)

útil I *adj* useful; **día ~** working day **II** *m* tool; **~es de pesca** *pl* fishing tackle *sg*

utilería *f* L.Am. TEA props *pl*

utilero *m*, **-a** *f* L.Am. **1** TEA props manager **2** DEP boot boy

utilidad *f* **1** usefulness; **ser de gran ~** be very useful; **de ~ pública** of public benefit; **una asociación de ~ pública** a registered charity, a charitable organization **2**: **~es** *pl* L.Am. profits

utilitario I *adj* functional, utilitarian **II** *m* AUTO compact

utilitarismo *m* utilitarianism

utilizable *adj* usable

utilización *f* use

utilizar ⟨1f⟩ *v/t* use

utillaje *m* equipment, tools *pl*
utopía *f* utopia
utópico *adj* utopian
uva *f* BOT grape; *estar de mala* ~ F be in a foul mood; *tener mala* ~ F be a nasty piece of work F; *de* ~*s a brevas o pe-*
ras F once in a blue moon
uve *f* letter 'v'
◇ **uve doble** letter 'w'
UVI *f abr* (= *unidad de vigilancia intensiva*) ICU (= intensive care unit)
úvula *f* ANAT uvula

V

va *vb* ☞ *ir*
vaca *f* 1 cow; *mal o enfermedad de las* ~*s locas* F mad cow disease F; *las* ~*s flacas / gordas* the years of plenty / lean years 2 GASTR beef
◇ **vaca lechera** dairy cow; **vaca marina** manatee, sea cow; **vaca sagrada** sacred cow
vacacional *adj* vacation *atr*, *Br* holiday *atr*
vacaciones *fpl* vacation *sg*, *Br* holiday *sg*; ~ *escolares* school vacation, *Br* school holiday(s); ~ *retribuidas* paid vacation, *Br* paid holiday(s); *estar de* ~ be on vacation *o Br* holiday; *irse de* ~ go on vacation *o Br* holiday
vacacionar *v/i L.Am.* vacation, *Br* holiday
vacacionista *m/f L.Am.* vacationer, *Br* holiday-maker
vacante I *adj* vacant, empty II *f* job opening, position, *Br* vacancy; *cubrir una* ~ fill a position
vaciado *m* emptying; *de madera* hollowing out; *en escultura* casting
vaciar ⟨1b⟩ *v/t* empty; *madera* hollow out; *en escultura* cast; **vaciarse** *v/r* empty
vacilación *f* hesitation, vacillation *fml*
vacilante *adj* 1 unsteady 2 (*dubitativo*) hesitant
vacilar ⟨1a⟩ I *v/i* 1 hesitate; *de fe, resolución* waver 2 *de objeto* wobble, rock; *de persona* stagger 3 *Méx* F (*divertirse*) have fun II *v/t* F make fun of
vacío I *adj* empty II *m* FÍS vacuum; *fig*: *espacio* void; *dejar un* ~ *fig* leave a gap; *envasado al* ~ vacuum-packed; *hacer el* ~ *a alguien* *fig* ostracize s.o.; *caer en el* ~ *fig* fall on deaf ears F
◇ **vacío legal** (legal) loophole
◇ **vacío de poder** power vacuum

vacuidad *f fig* vacuity, vacuousness
vacuna *f* vaccine
vacunación *f* vaccination
vacunar ⟨1a⟩ *v/t* vaccinate
vacuno I *adj* bovine; *ganado* ~ cattle *pl* II *m* cattle *pl*
vacuo *adj fig* vacuous
vadeable *adj* fordable
vadear ⟨1a⟩ *v/t* 1 *río* ford 2 *dificultad* get around
vademécum *m* handbook, vade mecum
vado *m* 1 ford 2 *en la calle* entrance ramp
◇ **vado permanente** *letrero* keep clear
vagabundear ⟨1a⟩ *v/i* drift around
vagabundeo *m* wandering
vagabundo I *adj perro* stray II *m*, *-a f* hobo, *Br* tramp
vagancia *f* laziness, idleness
vagar ⟨1h⟩ *v/i* wander
vagido *m de bebé* cry
vagina *f* ANAT vagina
vaginal *adj* vaginal
vago I *adj* 1 (*holgazán*) lazy; *hacer el* ~ laze around 2 (*indefinido*) vague II *m* *-a f* idler, *Br* layabout F
vagón *m de carga* wagon; *de pasajeros* car, *Br* coach
◇ **vagón cisterna** tank car, *Br* tank wagon
◇ **vagón restaurante** dining car, *Br* restaurant car
vagoneta *f* flatbed truck
vaguear ⟨1a⟩ *v/i* laze around
vaguedad *f* vagueness; *hablar sin* ~*es* get right to the point
vahido *m* MED dizzy spell
vaho *m* 1 (*aliento*) breath 2 (*vapor*) steam
vaina *f* 1 BOT pod 2 *S.Am.* F (*molestia*)

drag F **3** *para armas* sheath

vainica *f* drawn-thread work

vainilla *f* vanilla

vais *vb* ☞ *ir*

vaivén *m* to-and-fro; **vaivenes** *pl fig* ups and downs

vajilla *f* dishes *pl*; *juego* dinner service, set of dishes

vale *m* voucher, coupon; **~ de comida** lunch voucher

valedero *adj* valid

valedor I *m Méx* F guy; **mi ~** buddy, pal **II** *m*, **~a** *f* protector, defender

valencia *f* QUÍM valence, *Br* valency

valenciano *adj* Valencian, Valencia *atr*

valentía *f* bravery

valer ⟨2q⟩ **I** *v/t* **1** be worth **2** (*costar*) cost **II** *v/i* **1** *de billete, carné* be valid **2** (*estar permitido*) be allowed **3** (*tener valor*): **vale mucho** it's worth a lot **4** (*servir*) be of use; **no ~ para algo** be no good at sth; **no ~ para nada** *de objeto* be useless; **sus consejos me valieron de mucho** his advice was very useful to me **5** (*costar*): **¿cuánto vale?** how much is it?; **vale más caro** it's more expensive **6** (*emplear*): **hacer ~** *autoridad* assert; **el presidente hizo valer su voto de calidad para ...** the president used his casting vote to ... **7**: **más vale ...** it's better to ...; **más te vale ...** *amenaza* you'd better ...; *consejo* you'd better to ... **8**: **¡vale!** okay, sure; **¿vale?** okay?; (*amenaza*) got it?; **¡eso no vale!** that's not fair!; **¡vale ya!**, **¡ya vale!** that's enough!

valerse *v/r* **1** manage (by o.s.) **2**: **~ de** make use of

valeriana *f* BOT valerian

valeroso *adj* valiant

valga *vb* ☞ *valer*

valgo *vb* ☞ *valer*

valía *f* worth

validación *f* validation

validar ⟨1a⟩ *v/t* validate

validez *f* validity; **tener ~** be valid

válido *adj* valid; **ser ~ hasta ...** *pasaporte, garantía etc* be valid until...; **no ser ~** *firma* be invalid; *tanto* not count

valiente *adj* **1** brave **2** *irón* fine; **¡~ sorpresa!** a fine surprise this is!; **¡en ~ lío**

te has metido! a fine mess you've gotten yourself into!; **¡~s vacaciones!** some vacation this is!

valija *f* (*maleta*) bag, suitcase, *Br tb* case

◇ **valija diplomática** diplomatic bag

valioso *adj* valuable

valla *f* **1** fence **2** DEP, *fig* hurdle; **carrera de ~s** hurdles

◇ **valla publicitaria** billboard, *Br* hoarding

vallado *m* fence

vallar ⟨1a⟩ *v/t* fence in

valle *m* valley

◇ **valle de lágrimas** *fig* vale of tears

vallisoletano *adj* of / from Valladolid, Valladolid *atr*

vallista *m/f* DEP hurdler

valor *m* **1** value; **de gran ~** very valuable; *fig* of great worth *o* value; **objetos de ~** valuables **2**: **~es** *pl* COM securities **3** (*valentía*) courage

◇ **valor agregado** *L.Am.* added value; **valor añadido** added value; **valor catastral** *local tax* value, *Br* rateable value; **valor nominal** *de acción* nominal value; *de título* par value; **valor nutritivo** nutritional value

valoración *f* **1** (*tasación*) valuation **2** *de situación* evaluation, assessment

valorar ⟨1a⟩ *v/t* **1** (*tasar*) value (**en** at) **2** (*estimar*) appreciate, value

valorización *f* valuation

valorizar ⟨1f⟩ *v/t* value

vals *m* waltz

valuación *f* valuation

valuar ⟨1e⟩ *v/t* value

valva *f* BOT, ZO valve

válvula *f* ANAT, EL valve

◇ **válvula de escape** TÉC, *fig* safety valve; **válvula mitral** ANAT mitral valve; **válvula de seguridad** TÉC safety valve

vampiresa *f* vamp, femme fatale

vampiro *m*, **-a** *f* vampire

van *vb* ☞ *ir*

vanagloria *f* boastfulness

vanagloriarse ⟨1b⟩ *v/r* boast (**de** about), brag (**de** about)

vanaglorioso *adj* boastful

vanamente *adv* in vain, vainly

vandálico *adj* destructive

vandalismo *m* vandalism

vándalo *m*, **-a** *f* vandal

vanguardia *f* **1** MIL vanguard **2** *cultural*

avant-garde; *de ~* avant-garde

vanguardista I *adj* avant-garde, modernist **II** *m/f* avant-gardist, modernist

vanidad *f* vanity

vanidoso *adj* conceited, vain

vano I *adj* futile, vain; *en ~* in vain **II** *m* ARQUI space, opening

vapor *m* vapor, *Br* vapour; *de agua* steam; *cocinar al ~* steam

vaporización *f* vaporization

vaporizador *m* vaporizer; *de parfume* spray

vaporizar ⟨1f⟩ *v/t* vaporize; *parfume* spray; **vaporizarse** *v/r* vaporize

vaporoso *adj* **1** vaporous **2** *fig: vestido* gauzy, filmy

vapulear ⟨1a⟩ *v/t* **1** beat up **2** (*reprender duramente*) tear a strip off

vapuleo *m* beating

vaquera *f* cowgirl

vaquero I *adj* **1** cattle-raising *atr* **2** *tela* denim *atr*; *pantalones ~s* jeans **II** *m* cowboy

vaqueta *f* calfskin

vaquilla *f* heifer

vaquita de San Antón *f Rpl* ladybug, *Br* ladybird

vara *f* **1** stick **2** TÉC rod **3** (*bastón de mando*) staff **4** TAUR lance **5** (*medida*): *measurement approximately equivalent to a yard*

varadero *m* MAR dry dock

varapalo *m* F (*contratiempo*) hitch F, setback

varar ⟨1a⟩ **I** *v/t barca* beach, run aground **II** *v/i de barca* run aground

varear ⟨1a⟩ *v/t* **1** *fruta* knock down; *alfombra* beat **2** *Arg: caballo* train

variabilidad *f* variability

variable I *adj* variable; *tiempo* changeable **II** *f* MAT variable

variación *f* variation

variado *adj* varied

variante *f* variant

variar ⟨1c⟩ **I** *v/t* vary; (*cambiar*) change **II** *v/i* vary; (*cambiar*) change; *para ~* for a change

varice *f* MED varicose vein

varicela *f* MED chickenpox

varices *fpl* ☞ *variz*

varicoso *adj* MED varicose

variedad *f* variety; *~es pl* vaudeville *sg*, *Br* variety *sg*

varilla *f* rod; *de paraguas* rib; *de gafas*

side; *de sujetador* wire

variopinto *adj* varied, diverse

varios *adj* several

varita *f*: *~ mágica* magic wand

variz *f* varicose vein

varón *m* man, male; *ser un santo ~* F be a saint, be an angel

varonil *adj* manly, virile

vas *vb* ☞ *ir*

vasallaje *m* HIST vassalage

vasallo *m* HIST vassal

vasco I *adj* Basque; *País Vasco* Basque country **II** *m idioma* Basque **III** *m*, *-a f* Basque

Vascongadas *fpl* Basque country *sg*

vascuence *m/adj* Basque

vascular *adj* ANAT vascular

vasectomía *f* MED vasectomy

vaselina *f* **1** Vaseline® **2** DEP lob

vasija *f* container, vessel

vaso *m* **1** glass; *un ~ de vino* a glass of wine; *un ~ para vino* a wine glass **2** ANAT vessel

◇ **vaso sanguíneo** blood vessel

vástago *m* **1** BOT shoot **2** TÉC rod **3** *lit* (*descendiente*) descendant

vastedad *f* vastness

vasto *adj* vast

váter *m* toilet, lavatory

Vaticano I *adj* Vatican *atr* **II** *m* Vatican

vaticinador *adj* prophetic

vaticinar ⟨1a⟩ *v/t* predict, forecast

vaticinio *m* prediction, forecast

vatio *m* EL watt

vaya *vb* ☞ *ir*

V.B. *abr* (= *visto bueno*) approved

Vd. *pron* ☞ *usted*

Vda. *abr* (= *viuda*) widow

Vds. *pron* ☞ *usted*

ve I *vb* ☞ *ir*, *ver* **II** *f L.Am. ~* (*corta*) (letter) v

V.E. *abr* (= *Vuestra Excelencia*) Your Excellency

vea *vb* ☞ *ver*

veces *fpl* ☞ *vez*

vecinal *adj* neighborhood *atr*, *Br* neighbourhood *atr*

vecindad *f Méx* poor area

vecindario *m* neighborhood, *Br* neighbourhood

vecino I *adj* neighboring, *Br* neighbouring; *país ~* neighboring country **II** *m*, *-a f* neighbor, *Br* neighbour

vector *m* FÍS, MAT vector

veda *f en caza* closed season, *Br* close season

vedado *m*: **~ de caza** game reserve

vedar ⟨1a⟩ *v/t* ban, prohibit

vedette *f* star

vega *f* plain

vegetación *f* **1** vegetation **2**: **vegetaciones** *pl* MED adenoids

vegetal I *adj* vegetable, plant *atr* **II** *m* vegetable

vegetar ⟨1a⟩ *v/i fig* vegetate

vegetarianismo *m* vegetarianism

vegetariano I *adj* vegetarian **II** *m*, **-a** *f* vegetarian

vegetativo *adj* **1** *estado* vegetative **2** BOT plant *atr*

vehemencia *f* vehemence

vehemente *adj* vehement

vehículo *m* **1** *tb fig* vehicle **2** MED carrier

◇ **vehículo espacial** spacecraft

◇ **vehículo todoterreno** four-wheel-drive (vehicle), 4 x 4

veinte *m/adj* twenty

veintena *f* twenty; **una ~ de ...** about twenty ...

vejación *f*, **vejamen** *m* humiliation

vejar ⟨1a⟩ *v/t* humiliate

vejatorio *adj* humiliating

vejestorio *m* F old fossil F, old relic F

vejete *m* F old guy F, old boy F

vejez *f* old age; **a la ~, viruelas** you're only as young / old as you feel

vejiga *f* ANAT bladder

vela *f* **1** *para alumbrar* candle; **estar a dos ~s** F be broke F; **pasar la noche en ~** stay up all night **2** DEP sailing; **deportista de ~** yachtsman; **mujer** yachtswoman **3** *de barco* sail; **recoger ~s** MAR take in sail; *fig* back down; **a toda ~** F flat out F, all out F

◇ **vela aromática** scented *o* perfumed candle

◇ **vela latina** MAR lateen sail

velada *f* evening

velador *m* **1** *L.Am. lámpara* bedlamp, *Br* bedside light **2** *Chi mueble* nightstand, *Br* bedside table

velamen *m* MAR sails *pl*

velar ⟨1a⟩ **I** *v/i*: **~ por algo** look after sth **II** *v/t* **1** *enfermo* sit up with, watch over; *cadáver* keep vigil over **2** FOT fog; **velarse** *v/r* FOT be exposed

velatorio *m* wake

velcro® *m* Velcro®

veleidad *f* fickleness

veleidoso *adj* fickle

velero *m* MAR sailing ship

veleta I *f* weathervane **II** *m/f fig* weathercock

vello *m* (body) hair

◇ **vello púbico, vello pubiano** pubic hair

vellocino, vellón *m* fleece

vellosidad *f* hairiness

velloso, velludo *adj* hairy

velo *m* veil; **correr un tupido ~ sobre algo** keep sth quiet; **tomar el ~** take the veil, become a nun

◇ **velo del paladar** ANAT soft palate

velocidad *f* **1** speed; **a gran ~** at high speed; **ir a toda ~** go at full speed; **ganar ~** pick up speed, gain momentum **2** (*marcha*) gear

◇ **velocidad de crucero** MAR, AVIA cruising speed

◇ **velocidad máxima, velocidad punta** top speed, maximum speed

velocímetro *m* speedometer

velocista *m/f* DEP sprinter

velódromo *m* velodrome

velomotor *m* moped

veloz *adj* fast, speedy

ven *vb* ☞ **venir, ver**

vena *f* **1** ANAT vein; **le dio la ~ y lo hizo** F she just upped and did it F; **estar en ~** F be on form; **tener ~ de algo** have the makings of sth; **tiene ~ de artista** he has an artistic streak; **lo lleva en las ~s** it's in his blood **2** GEOL aquifer

◇ **vena cava** ANAT vena cava

venado *m* ZO deer

vencedor I *adj* winning **II** *m*, **~a** *f* winner

vencejo *m* ZO swift

vencer ⟨2b⟩ **I** *v/t* defeat; *fig* (*superar*) overcome **II** *v/i* **1** win **2** COM *de plazo etc* expire

vencido *adj*: **darse por ~** admit defeat, give in; **a la tercera va la -a** third time lucky

vencimiento *m* expiration, *Br* expiry; *de bono* maturity

venda *f* bandage; **se le ha caído la ~ de los ojos** *fig* the scales have fallen from his eyes; **tener una ~ sobre los ojos** *fig* be blind

vendaje *m* MED dressing

vendar ⟨1a⟩ *v/t* MED bandage, dress; **~**

los ojos a alguien blindfold s.o.

vendaval *m* gale

vendedor *m*, **~a** *f* seller; **~ ambulante** peddler, street trader

vender ⟨2a⟩ *v/t* **1** sell; **~ caro algo a alguien** *fig* make s.o. pay dearly for sth **2** *fig* (*traicionar*) betray; **venderse** *v/r* sell o.s.; **~ al enemigo** sell out to the enemy

vendido *adj* sold

vendimia *f* grape harvest

vendimiador *m*, **~a** *f* grape picker

vendimiar ⟨1b⟩ *v/t uvas* harvest, pick

vendré *vb* ☞ **venir**

veneno *m* poison

venenoso *adj* poisonous

venerable *adj* venerable

veneración *f* veneration, worship

venerar ⟨1a⟩ *v/t* venerate, worship

venéreo *adj* MED venereal

venezolano I *adj* Venezuelan **II** *m*, **-a** *f* Venezuelan

Venezuela *f* Venezuela

venga *vb* ☞ **venir**

vengador I *adj* avenging **II** *m*, **~a** *f* avenger

venganza *f* vengeance, revenge

vengar ⟨1h⟩ *v/t* avenge; **vengarse** *v/r* take revenge (**de** on; **por** for)

vengativo *adj* vengeful

vengo *vb* ☞ **venir**

venia *f* consent, permission

venial *adj* venial

venida *f* (*llegada*) arrival, coming

venidero *adj* future

venir ⟨3s⟩ *v/i* **1** come; **~ de Lima** come from Lima; **~ por o F a por algo** come for sth, come to collect sth; **viene a ser lo mismo** it comes down to the same thing; **~ a menos** come down in the world; **le vino una idea** an idea occurred to him

2: **~ bien / mal** be convenient / inconvenient

3 (*sentar*): **el vestido me viene estrecho** this dress is too tight for me

4: **viene en la página 3** it's on page 3

5: **¿a qué viene eso?** why do you say that?; **no me vengas ahora con ...** I don't want to hear your...

6: **el año que viene** next year, the coming year, the year to come

7: **¡venga!** *venga aquí, no seas pesado* come on!

venirse *v/r*: **~ abajo** collapse; *fig*: *de*

persona fall apart, go to pieces; **¡lo que se nos viene encima!** things are going to be difficult!

venoso *adj* ANAT venous; *manos* veiny, veined

venta *f* sale; **en ~** for sale; **estar / poner a la ~** be / put on sale

◇ **venta ambulante** peddling, street trading; **venta anticipada** advance sales *pl*; **venta por catálogo** mail order; **venta al contado** cash sale; **venta por correo** mail order; **venta al detalle**, **venta al por menor** retail

ventaja *f* **1** advantage; **sacar ~ de algo** derive benefit from sth; **ganar ~** gain the advantage; **llevar ~ a alguien** have an advantage over s.o. **2** DEP *en carrera*, *partido* lead

◇ **ventaja fiscal** tax advantage

ventajista *m/f* opportunist

ventajoso *adj* advantageous

ventana *f* **1** window; **echar o tirar por la ~** throw out of the window; *fig* throw away **2** *de la nariz* nostril

ventanal *m* (large) window

ventanilla *f* AVIA, AUTO, FERR window; MAR porthole

ventano *m* small window

ventear ⟨1a⟩ *v/i* **1** *del viento* blow **2** *de un animal* sniff the air

ventilación *f* ventilation

ventilador *m* fan

ventilar ⟨1a⟩ *v/t* **1** air **2** *fig: problema* talk over; *opiniones* air

ventisca *f* blizzard

ventiscar ⟨1g⟩ *v/i* blow a blizzard

ventolera *f* gust of wind; **le dio la ~ de ...** F he took it into his head to ...

ventosa *f* ZO sucker

ventosear ⟨1a⟩ *v/i* F break wind

ventosidad *f* wind, flatulence

ventoso *adj* windy

ventrículo *m* ANAT ventricle

ventrílocuo *m*, **-a** *f* ventriloquist

ventura *f* **1** (*felicidad*) happiness **2** (*suerte*) good luck, good fortune **3** (*azar*) chance

venturoso *adj* fortunate

veo *vb* ☞ **ver**

ver ⟨2v; *part* **visto**⟩ **I** *v/t* **1** *L.Am.* (*mirar*) look at; *televisión* watch

2 see; **sin ser visto** unseen, without being seen; **la vi ayer en la reunión** I saw her yesterday at the meeting; **no**

puede verla *fig* he can't stand the sight of her; *tengo un hambre que no veo* F I'm starving o ravenous; *me lo veía venir* I could see it coming; *te veo venir* *fig* I know what you're after
3 (*visitar*): *fui a ~ al médico* I went to see the doctor
4 (*opinar*): *¿cómo lo ves?* what do you think?
5 (*entender*): *me hizo ~ que estaba equivocado* she made me see that I was wrong; *¿(lo) ves?* (do) you see?
6 JUR *pleito* hear
7: *no tiene nada que ~ con* it doesn't have anything to do with
ll *v/i* **1** *L.Am.* (*mirar*) look; *ve aquí dentro* look in here
2 see; *no veo bien sin gafas* I don't see too well without my glasses
3 (*considerar*): *está por ~* that remains to be seen; *ya veremos* we'll see; *vamos a ~* let's see; *a ~* let's see, now then
4 *locuciones*: *¡hay que ~!* would you believe it!; *¡para que veas!* so there!
verse *v/r* **1** see o.s.; *véase abajo* see below **2** (*encontrarse*) see one another; *~ con alguien* see s.o., date s.o. **3** *locuciones*: *¡habráse visto!* would you believe it!; *¡se las verá conmigo!* F he'll have me to deal with!; *se las vieron y desearon para salir del país* they had a tough time getting out of the country **lV** *m* **1** (*aspecto*): *de buen ~* good-looking **2**: *a mi / tu ~* as I / you see it, in my / your opinion
vera *f de río* bank; *a la ~ del camino* at the roadside, at the side of the road; *estaba a la ~ de su madre* he was at his mother's side
veracidad *f* truthfulness, veracity *fml*
veraneante *m/f* vacationer, *Br* holiday-maker
veranear ⟨1a⟩ *v/i* spend the summer vacation o *Br* holidays
veraneo *m* summer vacation o *Br* holidays; *ir de ~* go on one's summer vacation o *Br* holidays
veraniego *adj* summer *atr*
veranillo *m*: *~ de San Martín* Indian summer
verano *m* summer
veras *f*: *de ~* really, truly
veraz *adj* truthful
verbal *adj* GRAM verbal

verbalizar ⟨1f⟩ *v/t* verbalize, put into words
verbena *f* **1** (*fiesta*) party **2** BOT verbena
verbigracia *m* for example, e.g.
verbo *m* GRAM verb
◇ **verbo auxiliar** auxiliary verb
◇ **verbo pronominal** pronominal verb, *verb always used with a reflexive pronoun*
verborrea *f desp* verbosity, wordiness; *hum* F verbal diarrhea o *Br* diarrhoea
verbosidad *f* verbosity, wordiness
verboso *adj* verbose, wordy
verdad *f* **1** truth; *a decir ~* to tell the truth; *en ~* in truth; *la ~ es que ...* the truth (of the matter) is that ...; *es ~* it's true, it's the truth; *faltar a la ~* be untruthful; *media ~, ~ a medias* half truth; *decir cuatro ~es a alguien* tell s.o. a few home truths; *ser una ~ de Perogrullo* be blindingly obvious **2**: *de ~* real, proper; *es un amigo de ~* he's a real friend **3**: *no te gusta, ¿~?* you don't like it, do you?; *vas a venir, ¿~?* you're coming, aren't you?
verdaderamente *adv* really
verdadero *adj* **1** true; (*cierto*) real
verde l *adj* **1** green; *poner ~ a alguien* F criticize s.o. **2** *fruta* unripe **3** F *chiste* blue, dirty; *viejo ~* dirty old man **ll** *m* **1** green; *~ botella / oliva* bottle / olive green **2**: *los ~s* POL the Greens
verdear ⟨1a⟩ *v/i* (*parecer verde*) look green; (*volverse verde*) turn green
verdecer ⟨2d⟩ *v/i* turn green
verderón *m* ZO greenfinch
verdor *m* greenness
verdoso *adj* greenish
verdugo *m* executioner; *que ahorca* hangman
verdulería *f* fruit and vegetable store, *Br* greengrocer's
verdulero *m*, **-a** *f* (fruit and) vegetable seller, *Br* greengrocer
verdura *f*: *~(s)* (*hortalizas*) greens *pl*, (green) vegetables *pl*
verdusco *adj* dark green; *desp* dirty green
vereda *f S.Am.* sidewalk, *Br* pavement; *meter alguien en ~ fig* put s.o. back on the straight and narrow, bring s.o. into line
veredicto *m* JUR, *fig* verdict

verga *f* rod

vergel *m* orchard

vergonzante *adj* disgraceful, shameful

vergonzoso *adj* **1** disgraceful, shameful **2** (*tímido*) shy

vergüenza *f* **1** shame; *no sé cómo no se te cae la cara de ~* you should be ashamed (of yourself); *¿no te da ~?* aren't you ashamed of yourself?; *no tiene ~* he has no shame, he's shameless **2** (*escándalo*) disgrace; *es una ~* it's a disgrace **3**: *me da ~* I'm embarrassed; *sentir ~ ajena* feel embarrassed for s.o. **4**: *~s pl* (*órganos sexuales*) private parts

vericuetos *mpl camino* rough track *sg*; *fig* twists and turns

verídico *adj* true

verificación *f* **1** (*autentificación*) verification **2** (*comprobación*) checking

verificar ⟨1g⟩ *v/t* **1** (*autentificar*) verify **2** (*comprobar*) check; **verificarse** *v/r* **1** (*tener lugar*) take place **2** (*realizarse*) come true

verja *f* **1** railing **2** (*puerta*) iron gate

vermú, vermut *m* vermouth

vernáculo *adj* vernacular; *lengua -a* vernacular

verónica *f* TAUR veronica, *pass in which the cape is moved away from the bull*

verosímil *adj* realistic; (*creíble*) plausible

verosimilitud *f* realistic nature; (*credibilidad*) plausibility

verraco *m* ZO boar

verruga *f* wart; *en el pie* verruca

verrugoso *adj* warty, covered in warts

versado *adj* well-versed (*en* in)

versal *f/adj*: (*letra*) *~* capital (letter)

versalitas *fpl* TIP small capitals

versar ⟨1a⟩ *v/i*: *~ sobre* deal with, be about

versátil *adj* **1** (*voluble*) fickle **2** (*polivalente*) versatile

versatilidad *f* **1** (*volubilidad*) fickleness **2** (*polivalencia*) versatility

versículo *m* verse

versificar ⟨1g⟩ **I** *v/t* put into verse **II** *v/i* compose verse

versión *f* version; *en ~ original película* original language version

◇ **versión actualizada** INFOR update, updated version

verso *m* verse

◇ **verso blanco** blank verse

versus *esp* JUR versus

vértebra *f* ANAT vertebra

◇ **vértebra cervical** cervical vertebra

◇ **vértebra lumbar** lumbar vertebra

vertebrado *m/adj* ZO vertebrate

vertebral *adj* vertebral; *columna* spinal

vertebrar ⟨1a⟩ *v/t fig* give form to, structure

vertedero *m* dump, tip

vertedor *m* outlet

verter ⟨2g⟩ **I** *v/t* dump; (*derramar*) spill; *fig: opinión* voice; *el Ebro vierte sus aguas en el Mediterráneo* the Ebro flows into the Mediterranean **II** *v/i de un río* flow (*a* into); **verterse** *v/r* spill

vertical I *adj* vertical **II** *f* vertical (line)

vértice *m de triángulo, cono* apex, vertex; *de ángulo* vertex

vertido *m* **1** dumping; *~ incontrolado* unauthorized dumping **2**: *~s pl* waste *sg*; *~s tóxicos* toxic waste

vertiente *f* **1** L.Am. (*cuesta*) slope **2** (*lado*) side

vertiginoso *adj* **1** dizzy **2** (*rápido*) frantic

vértigo *m* MED vertigo; *darle a alguien ~* make s.o. dizzy; *de ~ fig* frenzied

vesícula *f* blister

◇ **vesícula biliar** ANAT gall bladder

vespa® *f* motorscooter

vespertino *adj* evening *atr*; *periódico ~* evening paper

vestíbulo *m de casa* hall; *de edifico público* lobby

vestido I *adj* dressed; *bien ~* well dressed **II** *m* **1** dress **2** L.Am. de hombre suit

◇ **vestido de cóctel** cocktail dress

vestidor *m* dressing room; *Méx* DEP locker room

vestiduras *fpl* **1** clothes, clothing *sg*; *rasgarse las ~ fig* tear one's hair **2** REL vestments

vestigio *m* vestige, trace

vestimenta *f* clothes *pl*, clothing

vestir ⟨3l⟩ **I** *v/t* dress; (*llevar puesto*) wear; *fig* (*disimular*) hide **II** *v/i* dress; *~ de negro* wear black, dress in black; *~ de uniforme* wear a uniform; *~ mucho de traje* look good; **vestirse** *v/r* get dressed; (*disfrazarse*) dress up; *~ de algo* wear sth; (*disfrazarse*) dress up as sth

vestuario *m* **1** DEP locker room, *Br* changing room **2** TEA wardrobe

veta *f* MIN, *en mármol* vein; *en madera* grain

vetar ⟨1a⟩ *v/t* POL veto

veteado *adj madera* grained; *mármol* veined

veterano I *adj* veteran; *(experimentado)* experienced **II** *m*, **-a** *f* veteran

veterinaria *f* veterinary science, veterinary medicine

veterinario I *adj* veterinary **II** *m*, **-a** *f* veterinarian, vet

veto *m* veto; ***poner el ~ a ...*** veto ...

vetustez *f* great age

vetusto *adj* ancient

vez *f* **1** time; ***a la ~*** at the same time; ***¿cuántas veces?*** how many times?, how often?; ***esta ~*** this time; ***la otra ~*** the other time; ***otra ~ será*** some other time; ***cada ~ que*** every time that; ***de ~ en cuando*** from time to time; ***otra ~*** again; ***una ~*** once; ***érase una ~*** once upon a time, there was; ***una ~ no cuenta*** just once doesn't count *o* matter; ***una ~ más*** once again; ***una ~ que hayamos llegado ...*** once we've arrived ...; ***de una ~ para siempre*** once and for all; ***una y otra ~*** time and time again; ***a veces*** sometimes; ***muchas veces*** *(con frecuencia)* often; ***ninguna ~*** never; ***rara ~*** seldom, rarely; ***tantas veces*** so many times, so often; ***varias veces*** several times; ***de una sola ~*** in just one shot; ***por primera ~*** for the first time;
2 *(turno)*: ***es mi ~*** it's my turn
3: ***hacer las veces de*** *de objeto* serve as; *de persona* act as; ***tal ~*** perhaps, maybe; ***a su ~*** for his / her part; ***en ~ de*** instead of

vi *vb* ☞ **ver**

vía I *f* **1** FERR track; *de autopista* lane; ***~s públicas*** *pl* public roads; ***~ rápida*** fast route; ***darle ~ libre a alguien*** *fig* give s.o. a free hand **2** *(medio)*: ***por ~ aérea*** by air; ***por ~ oral*** MED orally, by mouth; ***por ~ judicial*** through the courts **3**: ***en ~s de*** *fig* in the process of; ***en ~s de desarrollo*** developing **II** *prp* via
◇ ***vía de agua*** MAR leak; ***vía estrecha*** FERR narrow gauge; ***de ~*** narrow--gauge; ***vía férrea*** FERR railroad (track); ***Vía Láctea*** Milky Way; ***vía len-*** ta slow lane; ***vía marítima*** sea route, sea way; ***vía muerta*** FERR siding; ***entrar en ~*** *fig* grind to a halt; ***vías respiratorias*** ANAT respiratory tract *sg*, airways; ***vías urinarias*** ANAT urinary tract *sg*

viabilidad *f* viability, feasibility

viable *adj plan, solución* viable, feasible

viaducto *m* viaduct

viajante *m/f* sales rep

viajar ⟨1a⟩ *v/i* travel

viaje *m* trip, journey; ***sus ~s por ...*** his travels in ...; ***irse o salir de ~*** go away; ***estar de ~*** be traveling *o Br* travelling; ***¡buen ~!*** have a good trip!; ***~ con todo incluido*** all inclusive trip
◇ ***viaje de ida*** outward journey; ***viaje de negocios*** business trip; ***viaje de ida y vuelta*** round trip, *Br* return; ***viaje inaugural*** MAR maiden voyage; ***viaje de novios*** honeymoon; ***viaje organizado*** package tour; ***viaje de vuelta*** return journey

viajero *m*, **-a** *f* traveler, *Br* traveller

vial I *adj* road *atr*; ***seguridad ~*** road safety **II** *m* MED vial, phial

vianda *f* food

viandante *m/f* pedestrian

viario *adj* road *atr*; ***educación -a*** instruction in road safety

víbora *f tb fig* viper; ***lengua de ~*** *fig* sharp tongue

vibración *f* vibration

vibrador *m* vibrator

vibráfono *m* MÚS vibraphone

vibrante *adj fig* exciting

vibrar ⟨1a⟩ *v/i* vibrate; *fig: de voz* quiver

vicaría *f* pastor's house, vicarage; ***pasar por la ~*** F get married in church

vicario *m* vicar; ***el ~ de Cristo*** the Vicar of Christ

vicealmirante *m/f* MAR vice-admiral

vicecanciller *m/f* **1** vice-chancellor **2** *L.Am. de asuntos exteriores* Under Secretary of State, *Br* Deputy Foreign Minister

vicecónsul *m/f* vice-consul

vicepresidente *m*, **-a** *f* **1** POL vice-president **2** COM vice-president, *Br* deputy chairman

vicerrector *m* vice-rector, *Br* deputy vice-chancellor

vicetiple *f* chorus girl

viceversa *adv*: ***y ~*** and vice versa

viciado *adj* **1** *aire* stuffy **2** *persona* hooked

viciar ⟨1b⟩ *v/t* **1** *objeto* twist **2** *sentido* distort **3** JUR invalidate **4**: **~ a alguien con algo** get s.o. addicted to sth, get s.o. hooked on sth; **viciarse** *v/r* **1** *de persona* fall into bad habits **2** *de aire* go stale

vicio *m* **1** vice; **pasarlo de ~** F have a great time **2** COM defect; **~ oculto** hidden defect
◇ **vicio de forma** JUR legal technicality

vicioso *adj* **1** vicious **2** (*corrompido*) depraved

vicisitudes *fpl* ups and downs

víctima *f* victim; **~ mortal** fatality; **cobrarse muchas ~s** *de incendio, terremoto etc* claim many victims, kill many people; **ser ~ de alguien / algo** fall victim to s.o. / sth

victimar ⟨1a⟩ *v/t L.Am.* kill

victoria *f* victory; **cantar ~** claim victory; **~ en casa** DEP home win

victorioso *adj* victorious

vicuña *f* ZO vicuna

vid *f* vine

vida *f* life; *esp* TÉC life span; **de por ~** for life; **toda la ~** all one's life; **somos amigos de toda la ~** we have been friends all our lives; **en mi ~** never (in my life); **en ~** in his / her *etc* lifetime; **¿qué es de tu ~?** how are things?; **ganarse la ~** earn a living; **vivir su ~** live one's own life; **hacer la ~ imposible a alguien** make s.o.'s life impossible; **a ~ o muerte** life-or-death; **estar entre la ~ y la muerte** be hovering between life and death, be fighting for life; **darse buena ~ o la gran ~** live high on the hog F, live the life of Riley F; **pasar a mejor ~** pass away; **quitarse la ~** take one's own life, kill o.s.; **perder la ~** lose one's life; **salir con ~** come out alive; **sin ~** lifeless; **la ~ y milagros de alguien** s.o.'s life story; **~ en pareja** married life, life together; **~ familiar / sentimental** family / love life; **~ interior** inner self; **así es la ~** that's life; **~ mía** my love; **mujer de la ~** loose woman; **dar ~ a** TEA play the part of

vidente *m/f* seer, clairvoyant

vídeo, video *m L.Am.* video; **grabar en ~** video(tape)

videocámara *f* video camera

videocas(s)et(t)e *m* video cassette

videoclip *m* (pop) video

videoconferencia *f* video conference

videojuego *m* video game

videoteca *f* video library

videotex(to) *m* videotext

vidorra *f* F easy life, life of Riley F

vidriar ⟨1b⟩ *v/t* glaze

vidriera *f L.Am.* shop window

vidriería *f* glassworks *sg*

vidriero *m*, **-a** *f* glazier

vidrio *m* **1** *L.Am.* glass; **pagar los ~s rotos** *fig* take the blame **2** (*ventana*) window

vidrioso *adj* **1** *material* glass-like **2** *ojos, mirada* glassy **3** *cuestión* delicate, sensitive

vieira *f* ZO scallop

vieja *f* old woman

viejales *m* F old guy F

viejo I *adj* old **II** *m* old man; **mis ~s** *L.Am.* F my folks F

viendo *vb* ☞ **ver**

viene *vb* ☞ **venir**

viento *m* **1** wind; **hacer ~** be windy; **~ en popa** *fig* F splendidly; **ir o marchar ~ en popa** *fig* go extremely well; **~ de cara o frente** headwind; **contra ~ y marea** *fig* come what may; **soplan o corren malos ~s** times are bad; **proclamar a los cuatro ~s** *fig* shout from the rooftops; **quien siembra ~s recoge tempestades** they that sow the wind shall reap the whirlwind **2** MÚS wind instrument; **los ~s** the wind (section)

vientre *m* belly; **bajo ~** lower abdomen; **hacer de ~** have a bowel movement

viernes *m inv* Friday
◇ **Viernes Santo** Good Friday

Vietnam *m* Vietnam

vietnamita I *adj* Vietnamese **II** *m/f* Vietnamese **III** *m idioma* Vietnamese

viga *f de madera* beam, joist; *de metal* beam, girder

vigencia *f* validity; **entrar en ~** come into effect

vigente *adj legislación* in force

vigésimo *adj* twentieth

vigía I *f* watchtower **II** *m/f* lookout

vigilancia *f* watchfulness, vigilance

vigilante I *adj* watchful, vigilant **II** *m L.Am.* policeman
◇ **vigilante jurado** security guard
◇ **vigilante nocturno** night watchman

vigilar ⟨1a⟩ **I** *v/i* keep watch **II** *v/t* watch; *a un preso* guard

vigilia *f* **1** wakefulness **2** REL (*víspera*) vigil **3** REL (*abstinencia*) abstinence; (*día de*) ~ day of abstinence

vigor *m* vigor, *Br* vigour; **en** ~ in force; **estar en** ~ be in effect; **entrar / poner en** ~ come / put into effect

vigorizar ⟨1f⟩ *v/t* invigorate

vigoroso *adj* vigorous

vigués *adj* of / from Vigo, Vigo *atr*

VIH *m abr* (= **virus de inmunodeficiencia humana**) HIV (= human immunodeficiency virus)

vil *adj* vile, despicable

vileza *f* **1** vileness **2** *acción* despicable act

vilipendiar ⟨1b⟩ *v/t* insult, vilify *fml*; (*despreciar*) revile

villa *f* town

◇ **villa miseria** *Arg* shanty town

◇ **villa olímpica** Olympic village

villancico *m* (Christmas) carol

villanía *f* **1** villainy **2** *acción* villainous act

villano I *adj* villainous **II** *m*, **-a** *f* villain

vilo: en ~ in the air; *fig* in suspense, on tenterhooks; **tener a alguien en** ~ *fig* keep s.o. in suspense *o* on tenterhooks; **levantar en** ~ lift off the ground

vinagre *m* vinegar

◇ **vinagre de vino** wine vinegar

vinagrera *f* **1** vinegar bottle; ~**s** *pl* cruet *sg* **2** *S.Am.* (*indigestión*) indigestion

vinagreta *f* vinaigrette

vinatería *f* **1** wine merchant **2** *bar* wine bar

vinatero I *adj* wine *atr* **II** *m*, **-a** *f* vintner, *Br* wine merchant

vinazo *m* strong wine

vincha *f* *S.Am.* hairband

vinculación *f* links *pl*

vinculante *adj* binding

vincular ⟨1a⟩ *v/t* **1** link (**a** to) **2** (*comprometer*) bind

vínculo *m* link; *fig* (*relación*) tie, bond

vindicación *f* vindication

vindicar ⟨1g⟩ *v/t* vindicate

vindicatorio *adj* vengeful, vindictive

vine *vb* ☞ **venir**

vínico *adj* wine *atr*

vinícola *adj* *región, país* wine-growing *atr*; *industria* wine-making *atr*

vinicultor *m*, ~**a** *f* wine producer, wine grower

vinicultura *f* wine growing

viniendo *vb* ☞ **venir**

vinificación *f* vinification

vinilo *m* QUÍM vinyl

vino I *m* wine **II** *vb* ☞ **venir**

◇ **vino blanco** white wine; **vino espumoso** sparkling wine; **vino de mesa** table wine; **vino de misa** communion wine; **vino del país** local wine; **vino rojo** *Andes* red wine; **vino tinto** red wine

viña *f* vineyard

viñatero *m*, **-a** *f* *S.Am.* wine grower

viñedo *m* vineyard

viñeta *f* TIP vignette

vio *vb* ☞ **ver**

viola *f* MÚS viola

violáceo *adj* purplish

violación *f* **1** rape **2** *de derechos, en baloncesto* violation

violado *adj* violet

violador *m* rapist

violar ⟨1a⟩ *v/t* **1** rape **2** *derechos* violate

violencia *f* violence

violentar ⟨1a⟩ *v/t* **1** *puerta* force **2** (*incomodar*) embarrass

violento *adj* **1** violent; **morir de muerte -a** die a violent death **2** *situación* embarrassing; *persona* embarrassed

violeta I *f* BOT violet **II** *m/adj* violet

violín *m* violin

violinista *m/f* violinist

violista *m/f* viola player

violonc(h)elista *m/f* cellist

violonc(h)elo *m* cello

VIP *m/f* VIP

viperino *adj* malicious; **lengua -a** sharp tongue

virador *m* FOT toner

viraje *m* MAR tack; AVIA bank; AUTO swerve; *fig* change of direction

viral *adj* viral

virar ⟨1a⟩ **I** *v/i* MAR tack, go about; AVIA bank; AUTO swerve; *fig* change direction; *de orientación, procedimiento etc* change (completely) **II** *v/t* FOT tint

virgen I *adj* **1** virgin **2** *cinta* blank; **lana** ~ pure new wool **II** *f* virgin; **la Virgen** the Virgin; **ser un viva la** ~ F be unreliable

virginal *adj* virginal

virginiano *L.Am.* ASTR **I** *adj* Virgo; **soy** ~ I'm (a) Virgo **II** *m*, **-a** *f* Virgo

virginidad *f* virginity

Virgo *m/f inv* ASTR Virgo
virguería *f*: *hace ~s* P he's a whizz F
vírgula *f* punctuation mark
vírico *adj* viral
viril *adj* virile, manly
virilidad *f* virility, manliness; *edad* manhood
virilizarse ⟨1f⟩ *v/r de mujer* become more masculine
virología *f* MED virology
virrey *m* viceroy
virtual *adj* virtual
virtualmente *adv* virtually
virtud *f* virtue; *en ~ de* by virtue of
virtuosismo *~* m virtuosity
virtuoso I *adj* virtuous **II** *m,-a f* virtuoso
viruela *f* MED smallpox
virulé *adv*: *a la ~* F (*de medio lado*) crooked; *ojo a la ~* F black eye
virulencia *f* MED, *fig* virulence
virulento *adj* MED, *fig* virulent
virus *m inv* MED virus
◇ **virus informático** computer virus
◇ **virus del sida** Aids virus
viruta *f* shaving
vis *f*: *~ cómica* gift for comedy
visa *f* L.Am. visa
visado *m* visa
visaje *m* (funny) face; *hacer ~s* pull faces
visceral *adj fig* gut *atr*, visceral *fml*
vísceras *fpl* guts, entrails
viscosa *f* viscose
viscosidad *f* viscosity
viscoso *adj* viscous
visera *f de gorra* peak; *de casco* visor
visibilidad *f* visibility
visible *adj* visible; *fig* evident, obvious
visillo *m* sheer, *Br* net curtain
visión *f* 1 vision, sight; *fig* vision; *ver visiones* be seeing things 2 (*opinión*) view; *tener ~ de futuro* be forward-looking
visionar ⟨1a⟩ *v/t película* see, watch
visionario I *adj* visionary **II** *m, -a f* visionary
visir *m* HIST vizier
visita *f* visit; *hacer una ~ a alguien* visit s.o.; *~ de(l) médico* *fig* quick visit
◇ **visita de cumplido** courtesy call; **visita a domicilio** house call; **visita guiada** guided tour; **visita oficial** POL official visit
Visitación *f* REL Visitation

visitador *m, ~a f* inspector
◇ **visitador médico** drugs company salesperson, pharmaceuticals rep
visitante I *adj* visiting; DEP *tb* away; *victoria ~* away win **II** *m/f* visitor
visitar ⟨1a⟩ *v/t* 1 visit 2: *el doctor no visita los lunes* the doctor isn't on duty Mondays
vislumbrar ⟨1a⟩ *v/t* glimpse
visón *m* ZO mink; *abrigo de ~* mink coat
visor *m* 1 FOT viewfinder 2 *en arma de fuego* sight; *~ nocturno* night sight
visos *mpl*: *tener ~ de* show signs of
víspera *f* 1 eve; *en ~s de* on the eve of 2: *~s pl* REL vespers
vista I *f* 1 (eye)sight; *~ cansada* MED tired eyes; *tener buena / mala ~* have good / bad eyesight; *hacer la ~ gorda* *fig* F turn a blind eye; *tener ~ para algo* *fig* have a good eye for sth
2 JUR hearing
3: *a la ~* COM at sight, on demand
4 (*panorámica*): *la ciudad a ~ de pajaro* a bird's eye view of the city, the city seen from above; *~ aérea* FOT aerial view
5 (*perspectiva*): *con ~s a* with a view to; *en ~ de* in view of
6: *a simple ~* with the naked eye; *a primera ~* at first sight; *de ~* by sight; *estar a la ~* be in sight; *perder de ~* lose sight of; *no perder de ~ niño etc* not take one's eyes off; *a la ~ de todos* in full view of everyone; *poner la ~ en alguien / algo* look at s.o. / sth; *tener intención de conseguir algo* set one's sights on s.o. / sth; *volver la ~ atrás* *tb fig* look back; *hasta la ~* bye!, see you!
II *m/f*: *~ (de aduanas)* customs official *o* officer
◇ **vista oral** JUR hearing
vistazo *m* look; *echar un ~ a* take a (quick) look at
viste *vb* ☞ *ver, vestir*
visto I *part* ☞ *ver*
II *adj* 1: *está bien ~* it's the done thing; *está mal ~* it's not done, it's not the done thing; *estar muy ~* be old hat, not be original; *el espectáculo es lo nunca ~* the show is like nothing I have ever seen in my life; *~ y no ~* in a flash 2 *en locuciones*: *está ~ que* it's obvious

that; *por lo* ~ apparently 3: ~ *que* seeing that
III *m* check (mark), *Br* tick; *dar el* ~ *bueno* give one's approval
vistosidad *f* visual appeal
vistoso *adj* eye-catching
visual I *adj* visual **II** *f* line of sight
visualización *f* 1 visualization 2 *en pantalla* display
visualizar ⟨1f⟩ *v/t* 1 visualize 2 *en pantalla* display
vital *adj* 1 vital 2 *persona* lively
vitalicio *adj* life *atr*, for life; *renta -a* life annuity
vitalidad *f* vitality, liveliness
vitalizar ⟨1f⟩ *v/t* revitalize
vitamina *f* vitamin
vitaminado *adj* with added vitamins
vitamínico *adj* vitamin *atr*
vitícola *adj región, país* wine-growing *atr*
viticultor *m*, ~a *f* wine grower
viticultura *f* wine growing
vitola *f* cigar band
vitorear ⟨1a⟩ *v/t* cheer
vitores *mpl* cheers, acclaim *sg*
vitoriano *adj* of / from Vitoria, Vitoria *atr*
vitral *m* stained glass window
vítreo *adj* vitreous
vitrificar ⟨1g⟩ *v/t* vitrify
vitrina *f* 1 *en museo* display cabinet 2 *L.Am. de tienda* shop window
vitriolo *m* vitriol
vitrocerámica *f* ceramic stove top, *Br* ceramic hob
vituallas *fpl* victuals, provisions
vituperable *adj* reprehensible
vituperar ⟨1a⟩ *v/t* condemn
vituperio *m* condemnation
viuda *f* widow
viudedad *f de mujer* widowhood; *de hombre* widowerhood; *pensión de* ~ widow's pension
viudez *f de mujer* widowhood; *de hombre* widowerhood
viudo I *adj* widowed; *quedarse* ~ be widowed **II** *m* widower
viva *interj* hurrah!; *¡*~ *el rey!* long live the king!
vivac *m* bivouac
vivacidad *f* liveliness, vivacity
vivales *m/f inv* F sharp operator
vivamente *adv desear* fervently; *reco-*

mendar warmly; *describir* vividly; *interesado* deeply; *lo siento* ~ I'm deeply sorry
vivaque *m* bivouac
vivaquear ⟨1a⟩ *v/i* bivouac
vivaracho *adj* lively
vivaz *adj* lively, vivacious
vivencia *f* experience
víveres *mpl* provisions
vivero *m para plantas* nursery; *para peces* hatchery; *para ostras, mejillones etc* bed
viveza *f* liveliness
vivido *adj persona* lively
vívido *adj* vivid
vividor *m*, ~a *f (aprovechado)* freeloader
vivienda *f* 1 housing 2 *(casa)* house
◇ **vivienda de protección oficial** subsidized house / apartment
viviente *adj* living
vivificar ⟨1g⟩ *v/t* invigorate, energize
vivíparo *adj* ZO viviparous
vivir ⟨3a⟩ **I** *v/t* live through, experience **II** *v/i* live; ~ *de algo* live on sth; *no tienen con qué* ~ they don't have enough to live on; ~ *al día* live from day to day; *irse a* ~ *a* go to live in; *no dejar* ~ *a alguien fig* not let s.o. breathe; *¡*~ *para ver!* who would have believed it!; *¿quién vive?* who goes there?; *¡viva la república!* - *¡viva!* long live the republic! - hurrah! **III** *m* way of life
vivisección *f* vivisection
vivito: ~ *y coleando* F alive and kicking
vivo I *adj* 1 alive; *los seres* ~ living things; *en* ~ *concierto* live 2 *fig* F sharp, smart 3 *color* bright 4 *ritmo* lively **II** *m*, *-a f* sharp operator
vizcaíno *adj* of / from Biscay, Biscay *atr*
Vizcaya *f* Biscay; *Golfo de* ~ Bay of Biscay
vizconde *m* viscount
vizcondesa *f* viscountess
V.O., V.o. *abr* (= *versión original*) original language version
vocablo *m* word
vocabulario *m* vocabulary
vocación *f* vocation; *errar la* ~ get into the wrong line of work
vocacional *adj* vocational
vocal I *adj* vocal **II** *m/f* member **III** *f* vowel
vocalista *m/f* vocalist

vocalización f vocalization
vocalizar ⟨1f⟩ v/i vocalize
voceador m, ⁓a f Méx newspaper vendor
vocear ⟨1a⟩ v/t & v/i shout (out)
vocerío m uproar
vocero m, -a f esp L.Am. spokesperson
voces fpl ☞ **voz**
vociferar ⟨1a⟩ v/i shout
vodka m vodka
vol. abr (= **volumen**) vol. (= volume)
voladizo ARQUI I adj projecting II m projection
volado I adj 1 estar ⁓ F (colocado) be high o stoned 2 TIP superior II m ☞ **voladizo**
volador I adj flying II m 1 (cohete) rocket 2 pez flying fish; calamar: type of squid
voladura f blowing up
volandas: en ⁓ fig in the air
volante I adj flying II m 1 AUTO steering wheel; **ponerse al ⁓** take the wheel 2 de vestido flounce 3 MED referral (slip) 4 DEP shuttlecock
volantín m Chi kite
volar ⟨1m⟩ I v/i fly; fig vanish; **las horas pasaron volando** the hours flew past o by; **irse ⁓** rush off; **echarse a ⁓** fly away, fly off II v/t 1 fly 2 edificio blow up; **volarse** v/r 1 be blown away 2 L.Am. (desaparecer) disappear
volátil adj tb fig volatile
volatilizar ⟨1f⟩ v/t QUÍM volatilize; **volatilizarse** v/r QUÍM volatilize; fig vanish into thin air
volcán m volcano
volcánico adj volcanic; fig: pasión fiery
volcar ⟨1g & 1m⟩ I v/t 1 knock over 2 (vaciar) empty 3 barco, coche overturn II v/i de coche, barco overturn; **volcarse** v/r 1 tip over 2: **⁓ por alguien** F bend over backward for s.o., go out of one's way for s.o.; **⁓ en algo** throw o.s. into sth
volea f DEP volley; **golpear de ⁓** volley
volear ⟨1a⟩ v/t & v/i DEP volley
voleibol m volleyball
voleo m 1: **a ⁓** at random 2 AGR: **sembrar a ⁓** scatter seed
voley-playa m beach volleyball
volframio m QUÍM wolfram
volibol m Méx volleyball
volición f volition
volitivo adj volitional

volován m GASTR vol-au-vent
volquete m dump truck
vols. abr (= **volúmenes**) vols. (= volumes)
voltaje m EL voltage
voltear ⟨1a⟩ I v/t 1 L.Am. (invertir) turn over; **⁓ el jersey** turn the sweater inside out 2 Rpl (tumbar) knock over 3: **⁓ la cabeza** turn one's head II v/i 1 roll over 2 de campanas ring out
voltereta f somersault; **dar una ⁓** do a somersault
voltímetro m EL voltmeter
voltio m 1 EL volt 2: **darse un ⁓** fig F go for a stroll
volubilidad f erratic nature, unpredictability
voluble adj erratic, unpredictable
volumen m volume; **a todo ⁓** at full volume o blast; **en tres volúmenes** diccionario three-volume atr
◇ **volumen de negocios** COM turnover, volume of business
voluminoso adj objeto, maleta bulky; vientre ample; historial lengthy
voluntad f will; **buena / mala ⁓** good / ill will; **⁓ de hierro** fig iron will; **última ⁓** last wish; **por ⁓ propia** of one's own free will; **a ⁓** at will
voluntariado m 1 actividad voluntary work; (voluntarios) volunteers pl 2 MIL voluntary military service
voluntariedad f voluntariness, voluntary nature
voluntario I adj volunteer II m, -a f volunteer
voluntarioso adj willing, enthusiastic
voluptuosidad f voluptuousness
voluptuoso adj voluptuous
voluta f ARQUI scroll, volute
volver ⟨2h; part **vuelto**⟩ I v/t 1 página, mirada etc turn (a to; hacia toward); tortilla, filete turn (over); vestido turn inside outXXX; boca abajo turn upside down 2: **⁓ loco** drive crazy; **el humo volvío negra la pared** the smoke turned the wall black, the smoke made the wall go black
II v/i 1 return, go / come back; **⁓ a casa** go / come back home; **¿cuándo vuelven?** when do they get back?; **⁓ sobre algo** return to sth, go back to sth; **⁓ a la normalidad** return to normality
2: **⁓ en sí** come to, come around

3: ~ *a hacer algo* do sth again; ~ *a fumar* start smoking again

volverse *v/r* **1** turn around; *se volvió y me sonrió* he turned around and smiled at me **2**: *se volvió a preparar la cena* he went *o* got back to fixing dinner **3**: ~ *contra alguien* turn against s.o. **4**: ~ *loco* go crazy

vomitar ⟨1a⟩ **I** *v/t* throw up; *lava* hurl, spew **II** *v/i* throw up, be sick; *tengo ganas de* ~ I feel nauseous, *Br* I feel sick

vomitivo *m* MED emetic

vómito *m* MED vomit

vomitona *f* F: *tuvo una* ~ she threw up all over the place F

voracidad *f* voracity; *de incendio* ferocity

vorágine *f* (*remolino*) whirlpool; *fig* whirl

voraz *adj* voracious; *incendio* fierce

vórtice *m* vortex

VOS *abr* (= *versión original subtitulada*) original language version with subtitles

vos *pron pers sg Rpl, C.Am., Ven* you

vosear ⟨1a⟩ *v/t Rpl, C.Am., Ven* address as 'vos'

vosotros, vosotras *pron pers pl* you

votación *f* vote, ballot; ~ *a mano alzada* show of hands

votante *m/f* voter

votar ⟨1a⟩ **I** *v/t* (*aprobar*) approve **II** *v/i* vote

voto *m* **1** POL vote **2**: ~*s pl* REL vows **3**: *hacemos* ~*s por su recuperación fml* we are hoping for his recovery

◇ **voto en blanco** spoiled ballot paper; **voto de calidad** casting vote, deciding vote; **voto de censura** vote of no confidence; **voto de confianza** vote of confidence; **voto por correo** absentee ballot; **voto nulo** spoiled ballot paper

voy *vb* ☞ *ir*

voz *f* **1** voice; *a media* ~ in a hushed *o* low voice; *a* ~ *en grito* at the top of one's voice; *en* ~ *alta* aloud; *en* ~ *baja* in a low voice; *levantar o alzar la* ~ *a alguien* raise one's voice to s.o.; *conocer a alguien en la* ~ recognize s.o.'s voice; *a una* ~ with one voice, as one; *quería contártelo de viva* ~ he wanted to tell you in person; *llevar la* ~ *cantante fig* call the tune, call the shots; *no tener* ~ *ni voto fig* not have

a say; *tener* ~ *y voto* POL have full voting rights; *dar voces* shout; *estar pidiendo a voces algo* be crying out for sth; *hacer correr la* ~ spread the word; *a dos voces* MÚS for two voices **2** *fig* rumor, *Br* rumour

◇ **voz activa** GRAM active voice; **voz de mando** MIL command; **voz en off** voice-over; **voz pasiva** GRAM passive voice

vozarrón *m* loud voice

vuelapluma: *escribir unas líneas a* ~ dash off a few lines

vuelco I *vb* ☞ *volcar* **II** *m* AUTO roll; MAR capsize; *dar un* ~ *fig* F take a dramatic turn; *me dio un* ~ *el corazón* my heart missed a beat

vuelo I *vb* ☞ *volar* **II** *m* **1** flight; *en* ~ in flight; *cazar algo al* ~ catch sth in mid-air; *fig* catch *o* latch on to sth quickly; *de altos* ~*s boda, bautizo* big; *ceremonia* important; *restaurante* prestigious; *proyecto* big, prestigious **2**: *una falda con* ~ a full skirt

◇ **vuelo chárter** charter flight; **vuelo de conexión** connecting flight; **vuelo directo** direct flight; **vuelo sin escala** non-stop flight; **vuelo espacial** space flight; **vuelo internacional** international flight; **vuelo interplanetario** space flight; **vuelo de línea** scheduled flight; **vuelo sin motor** gliding; **vuelo nacional** domestic flight; **vuelo de reconocimiento** reconnaissance flight; **vuelo regular** scheduled flight; **vuelo a vela** gliding

vuelta *f* **1** (*regreso*) return; *a la* ~ on the way back; *estar de* ~ be back; *estar de* ~ *de todo* F have seen it all before; *no tiene* ~ *atrás* there is no turning back **2** (*devolución*): *me dio de* ~ *tres dólares* he gave me three dollars change **3** *en carrera* lap; *dar la* ~ *a llave etc* turn; *dar media* ~ turn round; *dar una* ~ *de campana* AUTO turn over; *dar* ~*s* go to and fro; (*girar*) go around; *la cabeza me da* ~*s* my head is spinning; *dar* ~ *a una idea* turn an idea over in one's mind; *dar una* ~ go for a walk; *dar cien* ~*s a alguien* F be a hundred times better than s.o. F; *poner a alguien de* ~ *y media* F give s.o. a dressing-down **4**: *a la* ~ *de la esquina fig* just around the corner; *a la* ~ *de pocos años* a few

years later; ***buscarle las ~s a alguien*** F
try to catch s.o. out; ***no tiene ~ de hoja***
there's no doubt about it
◇ **vuelta de carnero** *L.Am.* half-som-
ersault
◇ **vuelta al mundo** round-the-world
trip; ***dar la ~*** go around the world
vuelto I *part* ☞ ***volver*** **II** *m L.Am.*
change
vuelvo *vb* ☞ ***volver***
vuestro I *adj pos* your **II** *pron* yours; ***¿es
~?*** is it yours?
vulcanizar ⟨1f⟩ *v/t* vulcanize

vulgar *adj* vulgar, common; *abundante*
common
vulgaridad *f* vulgarity
vulgarizar ⟨1f⟩ *v/t* popularize; *desp* vul-
garize
vulgarmente *adv* commonly, popu-
larly; *desp* vulgarly
vulgo *m* lower classes *pl*, lower orders *pl*
vulnerabilidad *f* vulnerability
vulnerable *adj* vulnerable
vulnerar ⟨1a⟩ *v/t ley, norma* violate; *fig*
damage, harm
vulva *f* vulva

W

w. *abr* (= ***watio***) w (= watt)
walkman *m* personal stereo, walkman®
wáter *m* bathroom, toilet
waterpolo *m* DEP water polo
WC *m abr* WC
western *m* western

whisky *m* whiskey, *Br* whisky
windsurf *m* **1** *tabla* sailboard, windsurfer **2** (*tb* ***~ing***) windsurfing; ***hacer ~*** go
windsurfing
windsurfista *m/f* windsurfer
wolframio *m* QUÍM wolfram

X

xenofobia *f* xenophobia
xenófobo I *adj* xenophobic **II** *m, -a f*
xenophobe

xilófago *adj* ZO wood-eating
xilófono *m* MÚS xylophone

Y

y *conj* and
ya *adv* **1** already; ***~ lo sé*** I know
  2 (*ahora mismo*) now; ***~ viene*** she's
coming now
  3 ***¿lo puede hacer? - ¡~ lo creo!***; can
she do it ? - you bet!; ***¡~! incredulidad***
oh, yeah!, sure!; *comprensión* I know, I
understand; *asenso* OK, sure; *al terminar* finished!, done!; ***¡ah, ~!*** *al acordarse* oh, of course!
  4 *en frases negativas*: ***~ no vive aquí*** he
doesn't live here any more, he no long-
er lives here; ***~ no lo tengo*** I don't have
it any more, I no longer have it

  5: ***~ que*** since, as
  6: ***~ ... ~ ...*** either ... or ...
yacaré *m L.Am.* ZO cayman
yacente *adj* reclining, recumbent
yacer ⟨2y⟩ *v/i* lie; ***aquí yace ...*** here lies
...
yachting *m* yachting
yacimiento *m* MIN deposit
yanqui *m/f & adj* F Yankee F
yantar ⟨1a⟩ *lit* **I** *v/i* eat **II** *m* food
yapa *f* **1** *L.Am.* bit extra (for free) **2** *Pe,
Bol* (*propina*) tip
yarda *f medida* yard
yate *m* yacht

zambomba

yatismo *m CSur* yachting

yaya *f* grandma

yayo *m* grandpa

yedra *f* BOT ivy

yegua *f* ZO mare

yeguada *f* herd of horses

yelmo *m* HIST helmet

yema *f* **1** yolk **2**: **~ del dedo** fingertip

yemení, yemenita I *adj* Yemeni **II** *m/f* Yemeni

yendo *vb* ☞ *ir*

yerba *f L.Am.* grass

◇ **yerba mate** maté

yerbal *m* maté plantation

yerbatero *m*, **-a** *f Rpl* herbalist

yerbear ⟨1a⟩ *v/i Rpl* drink maté

yerbero *m Méx* herbal healer

yergo *vb* ☞ *erguir*

yermo I *adj* **1** *pueblo* uninhabited **2** *terreno* barren **II** *m* wasteland

yerno *m* son-in-law

yerro I *vb* ☞ *errar* **II** *m* error, mistake

yerto *adj* stiff, rigid; **~ de frío** frozen stiff

yesca *f* tinder

yesera *f* plaster works *sg*

yesero *m*, **-a** *f* plasterer

yeso *m* plaster

yesoso *adj terreno* rich in gypsum

yeta *Rpl* F **I** *adj* jinxed **II** *m/f*: **es un ~** he's jinxed, there's a jinx on him

yo *pron* I; **soy ~** it's me; **~ que tú** if I were you

yodado *adj* iodized

yodo *m* iodine

yoga *m* yoga

yogur *m* yog(h)urt

yogurtera *f* yog(h)urt maker

yonqui *m/f* F junkie F

yoquei, yóquey *m* ☞ *jockey*

yoyó *m* yo-yo

yuca *f* BOT yucca

yudo *m* ☞ *judo*

yugo *m* yoke; **sacudir el ~** *fig* throw off the yoke

Yugoslavia *f* Yugoslavia

yugoslavo I *adj* Yugoslav(ian) **II** *m*, **-a** *f* Yugoslav(ian)

yugular I *adj* ANAT jugular; **vena ~** jugular (vein) **II** ⟨1a⟩ *v/t* (*interrumpir bruscamente*): **~ algo** cut sth short

yunque *m* anvil

yunta *f* yoke, team

yute *m* jute

yuxtaponer ⟨2r⟩ *v/t* juxtapose

yuxtaposición *f* juxtaposition

yuyo *m L.Am.* weed

Z

zacatal *m C.Am., Méx* pasture

zacate *m C.Am., Méx* fodder

zafarrancho *m*: **~ de combate** call to action; **¡~ de combate!** action *o* battle stations!

zafarse ⟨1a⟩ *v/r* **1** get away (**de** from) **2** (*soltarse*) come undone **3**: **~ de algo** (*evitar*) get out of sth

zafio *adj* coarse

zafiro *m* sapphire

zafra *f C.Am., Cu, Méx* sugar-cane harvest

zaga *f*: **a la ~** behind, in the rear; **a la ~ del pelotón** behind the pack; **ir a la ~** bring up the rear; **es perezoso y su hermano no le va a la ~** he's lazy and his brother isn't far behind

zagal *m* boy

zagala *f* girl

zaguán *m* hall(way)

zaguero *m*, **-a** *f* DEP back, defender

zahorí *m/f* dowser

zahúrda *f* **1** pigpen, *Br* pigsty **2** *vivienda* hovel

zaino, zaíno *adj caballo* chestnut; *res vacuna* black

zalamería *f* flattery, sweet talk

zalamero I *adj* **1** flattering **2** *empalagoso* syrupy, sugary **II** *m*, **-a** *f* flatterer, sweet talker

zamarra *f chaqueta* sheepskin jacket

zamba *f Arg* (*baile*) Argentinian folkdance

Zambia *f* Zambia

zambiano I *adj* Zambian **II** *m*, **-a** *f* Zambian

zambo I *adj* knock-kneed, bandy-legged **II** *m*, **-a** *f L.Am.* person of mixed black and Indian descent

zambomba *f* MÚS type of drum

zambombazo *m* F **1** (*explosión*) bang, explosion **2**: *me di un ~ contra la puerta* I banged into the door

zambullida *f* dive

zambullir ⟨3h⟩ *v/t* plunge (*en* into); **zambullirse** *v/r* dive (*en* into); *fig* throw o.s. (*en* into), immerse o.s. (*en* in)

zamorano *adj* of / from Zamora, Zamora *atr*

zampabollos *m/f inv* F pig F, glutton F

zampar ⟨1a⟩ F *v/t* wolf down F; **zamparse** *v/r* wolf down F

zampón *m* F pig F, glutton F

zampoña *f* panpipes *pl*

zanahoria *f* carrot

zanca *f de ave* leg

zancada *f* stride; *dar ~s* stride; *en dos ~s fig* in a flash

zancadilla *f fig* obstacle; *poner o echar la ~ a alguien* trip s.o. up

zancadillear ⟨1a⟩ *v/t* trip up

zanco *m* stilt

zancudo I *adj* long-legged; *aves -as pl* waders **II** *m L.Am.* mosquito

zanfoña *f* MÚS hurdy-gurdy

zanganear ⟨1a⟩ *v/i* laze around

zángano *m* ZO drone; *fig* F lazybones *sg*

zanguango *L.Am.* F **I** *adj* lazy **II** *m* lazybones *sg*

zanja *f* ditch

zanjar ⟨1a⟩ *v/t fig* **1** *problemas* settle **2** *dificultades* overcome

zapa *f* (*pala*) spade

zapador *m* MIL sapper

zapallito *m Rpl* zucchini, *Br* courgette

zapallo *m CSur* zucchini, *Br* courgette; *calabaza* pumpkin

zapapico *m* pickax, *Br* pickaxe

zapata *f* TÉC brake shoe

zapateado *m Andalusian dance*

zapatear ⟨1a⟩ *v/i* tap one's feet

zapatería *f* shoe store, shoe shop

zapatero *m*, *-a f* shoemaker; *~ a tus zapatos* stick to what you know

◇ **zapatero remendón** shoe repairer

zapatiesta *f* F ☞ **trapatiesta**

zapatilla *f* slipper; *de deporte* sneaker, *Br* trainer

Zapatista *m/f Méx*: member or supporter of the Zapatista National Liberation Army

zapato *m* shoe; *no llegarle a alguien a la suela del ~* F not be a patch on s.o.; *sé dónde le aprieta el ~ fig* I know what his problem is

◇ **zapato de cordones** lace-up (shoe)

zapear ⟨1a⟩ *v/i* TV F channel-surf, *Br* channel-hop, *Br* zap

zapeo, zapping *m* TV F channel surfing, *Br* channel hopping, *Br* zapping

zapote *m árbol, fruta* sapodilla

Zaragoza *f* Saragossa

zaragozano *adj* of / from Zaragoza, Zaragoza *atr*

zarandajas *fpl* trifles; *estas ~ de teatro* this theater nonsense

zarandear ⟨1a⟩ *v/t* shake violently, buffet; *~ a alguien fig* give s.o. a hard time

zarandillo *m*: *llevar a alguien como un ~* F have s.o. running backward and forward

zarapito *m* ZO curlew

zarcillo *m* **1** earring **2** BOT tendril

zarco *adj esp ojos* pale-blue, light-blue

zarigüeya *f* ZO (o)possum

zarpa *f* paw; *echar la ~ a algo* F get one's hands on sth

zarpada *f* swipe

zarpar ⟨1a⟩ *v/i* MAR set sail (*para* for)

zarpazo *m* swipe (with a paw); *fig* blow

zarrapastroso *adj* shabby

zarza *f* BOT bramble

zarzal *m* bramble patch

zarzamora *f* BOT blackberry

zarzaparrilla *f* BOT, *bebida* sarsaparilla

zarzo *m Col* attic

zarzuela *f* **1** MÚS *type of operetta* **2** GASTR *seafood casserole*

zas *int* splash!; *con la mano* thwack!

zascandil *m* F bum F, good-for-nothing

zascandilear ⟨1a⟩ *v/i* mess around

zeta *f* letter 'z'

zigzag *m* zigzag

zigzaguear ⟨1a⟩ *v/i* zigzag

Zimbabue *m* Zimbabwe

zimbabuo I *adj* Zimbabwean **II** *m*, *-a f* Zimbabwean

zinc *m* zinc

zipear ⟨1a⟩ *v/t* INFOR zip (up)

zíper *m C.Am.*, *Méx* zipper, *Br* zip

zipizape *m* F row, ruckus F

zócalo *m* **1** baseboard, *Br* skirting board **2** *Méx*: *plaza mayor* main square

zodical *adj*: *signo ~* sign of the zodiac, star sign

zodíaco, zodiaco *m* AST zodiac

zona f **1** area, zone **2** *en baloncesto: parte del campo* key; *violación* three-seconds violation

◇ **zona ajardinada** green space; **zona azul** meter zone; **zona catastrófica** disaster area; **zona euro** euro zone; **zona franca** duty-free zone; **zona de influencia** sphere of influence; **zona de libre cambio** free-trade area; **zona peatonal** pedestrian mall *o* area, *Br* pedestrian precinct; **zona residencial** residential area; **zona roja** *L.Am.* red light district; **zona de strike** *en béisbol* strike zone; **zona verde** green space

zoncería f *L.Am.* stupid thing

zonzo *adj L.Am.* stupid

zoo *m* zoo

zoología f zoology

zoológico I *adj* zoological; **jardín** *o* **parque** ~ zoological garden, zoo II *m* zoo

zoólogo *m*, **-a** f zoologist

zoom *m* FOT zoom; **usar el** ~ zoom in

zootecnia f animal husbandry

zopenco I *adj* stupid, idiotic II *m*, **-a** f F dummy F

zopilote *m L.Am.* ZO turkey buzzard

zoquete *m/f* F dimwit F

zorra f **1** ZO vixen **2** P whore P

zorrería f slyness, craftiness

zorrillo *m* C.Am., *Méx* skunk

zorrino *m* Rpl skunk

zorro I *adj* sly, crafty II *m* **1** ZO fox; *fig* old fox **2**: **estar hecho unos** ~**s** F be worn out

zorzal *m* ZO thrush

zote F I *adj* dim-witted, dumb F II *m/f* dimwit F

zozobra f **1** MAR overturning, capsizing; *de negocio* collapse **2** (*inquietud*) anxiety

zozobrar ⟨1a⟩ *v/i* **1** MAR overturn, cap-

size; *de negocio* go under **2** *fig* worry, be anxious

zueco *m* clog

zulo *m* hiding place

zumaque *m* BOT sumac(h)

zumba f *L.Am.*, *Méx* (*paliza*) beating

zumbado *adj* F crazy

zumbador *m* buzzer

zumbar ⟨1a⟩ I *v/i* buzz; **me zumban los oídos** my ears are ringing; **pasar zumbando** shoot by, flash by; **salir zumbando** shoot off; *afuera* shoot out II *v/t golpe, bofetada* give; **zumbarse** *v/r Esp* P: ~ **de alguien** make fun of s.o.

zumbido *m* buzzing; ~ **de oídos** buzzing in one's ears

zumo *m* juice

zurcido *m de calcetines* darning; *de chaqueta, pantalones* patching

zurcir ⟨3b⟩ *v/t* **1** *calcetines* darn; *chaqueta, pantalones* patch **2**: **¡que te zurzan!** F get lost! F, go to hell! F

zurda f left hand; (*pie*) left foot

zurdo I *adj* left-handed II *m*, **-a** f left-hander

zurear ⟨1a⟩ *v/i* coo

zurra f TÉC tanning; *fig* F hiding F; **dar una** ~ **a alguien** beat s.o. up, give s.o. a beating *o* hiding

zurrapa f dregs *pl*; *del café* grounds *pl*

zurrar ⟨1a⟩ *v/t* TÉC tan; ~ **a alguien** F tan s.o.'s hide F; **zurrarse** *v/r* P (*cascarse*) jerk off P

zurriagazo *m* lash, stroke

zurriburri *m* F ruckus F

zurrón *m* bag

zurrullo *m* **1** F *de lana* ball **2** P *excremento* piece of shit P, turd P

zutano *m*, **-a** f so-and-so; **fulano, mengano y** ~ so-and-so and so-and-so

English-Spanish Dictionary
Vocabulario Inglés-Español

A

a [ə] *stressed* [eɪ] *art* un(a); *an island* una isla; *$5 ~ ride* 5 dólares por vuelta; *he's ~ lawyer* es abogado

A4 [eɪ'fɔːr] A4 *m*

a•back [ə'bæk] *adv:* *taken ~* desconcertado (*by* por)

a•ban•don [ə'bændən] *v/t* abandonar

a•base [ə'beɪs] *v/t:* *~ o.s.* humillarse, postrarse

a•bashed [ə'bæʃt] *adj* avergonzado

a•bate [ə'beɪt] *v/i of storm, flood* amainar

ab•at•toir ['æbətwɑːr] matadero *m*

ab•bey ['æbɪ] abadía *f*

ab•bot ['æbət] abad *m*

ab•bre•vi•ate [ə'briːvɪeɪt] *v/t* abreviar

ab•bre•vi•a•tion [əbriːvɪ'eɪʃn] abreviatura *f*

ABC [eɪbiː'siː] abecedario *m*, abecé *m*; *fig* (*basics*) *m*, nociones *fpl* básicas; *the ~s* el abecé *or* abecedario

ab•di•cate ['æbdɪkeɪt] *v/i* abdicar

ab•di•ca•tion [æbdɪ'keɪʃn] abdicación *f*

ab•do•men ['æbdəmən] abdomen *m*

ab•dom•i•nal [æb'dɑːmɪnl] *adj* abdominal

ab•duct [əb'dʌkt] *v/t* raptar, secuestrar

ab•duc•tion [əb'dʌkʃn] rapto *m*, secuestro *m*

ab•er•ra•tion [æbə'reɪʃn] aberración *f*

a•bet [ə'bet] *v/t* (*pret & pp -ted*) LAW: *aid and ~* auxiliar

a•bey•ance [ə'beɪəns]: *fall into ~* caer en desuso; *be in ~* estar en suspenso

ab•hor [əb'hɔːr] *v/t* (*pret & pp -red*) aborrecer

ab•hor•rence [əb'hɔːrəns] aborrecimiento *m* (*of* de), antipatía *f* (*of* por)

ab•hor•rent [əb'hɔːrənt] *adj crime, attitude* aborrecible, vergonzoso; *be ~ to s.o.* aborrecer a alguien

a•bide [ə'baɪd] *v/t:* *I cannot ~ him / it* no lo aguanto *or* soporto

♦ **abide by** *v/t* atenerse a

a•bid•ing [ə'baɪdɪŋ] *adj* duradero, inextinguible

a•bil•i•ty [ə'bɪlətɪ] capacidad *f*, habilidad *f*; *~ to pay* recursos *mpl* económicos; *to the best of one's ~ perform, play* lo mejor posible

ab•ject ['æbdʒekt] *adj* **1** *poverty, misery* extremo; *failure* absoluto, total **2** *apology* abyecto

a•blaze [ə'bleɪz] *adj* en llamas; *be ~* estar en llamas; *be ~ with light* resplandecer de la luz; *his eyes were ~ with anger* le chispeaban los ojos de la ira

a•ble ['eɪbl] *adj* (*skillful*) capaz, hábil; *be ~ to* poder; *I wasn't ~ to see / hear* no conseguí *or* pude ver / escuchar

a•ble-bod•ied [eɪbl'bɑːdiːd] *adj* sano

a•ble 'sea•man NAUT marinero *m* de primera

ab•ne•ga•tion [æbnɪ'geɪʃn] abnegación *f*

ab•nor•mal [æb'nɔːrml] *adj* anormal

ab•nor•mal•ly [æb'nɔːrməlɪ] *adv* anormalmente; *behave* de manera anormal

a•board [ə'bɔːrd] **I** *prep* a bordo de **II** *adv* a bordo; *be ~* estar a bordo; *go ~* subir a bordo

a•bode [ə'boʊd]: *place of ~* LAW domicilio *m*, residencia *f*; *of or with no fixed ~* sin domicilio *or* residencia permanente

a•bol•ish [ə'bɑːlɪʃ] *v/t* abolir

ab•o•li•tion [æbə'lɪʃn] abolición *f*

'A-bomb bomba *f* atómica

a•bom•i•na•ble [ə'bɑːmɪnəbl] *adj* abominable, horroroso

a•bom•i•na•ble 'snow•man abominable hombre *m* de las nieves

a•bom•i•na•tion [əbɑːmɪ'neɪʃn] **1** (*disgust*) abominación *f* (*of* de), repugnancia *f* (*of* hacia) **2** *detestable thing* abominación *f*, infamia *f*

Ab•o•rig•i•nal [æbəˈrɪdʒənl] I *adj* aborigen II *n* aborigen *m/f*

Ab•o•rig•i•ne [æbəˈrɪdʒənɪ] ☞ *Aboriginal* II

a•bort [əˈbɔːrt] *v/t* mission, *launch* suspender, cancelar; COMPUT cancelar

a•bor•tion [əˈbɔːrʃn] aborto *m* (*provocado*); *have an* ~ abortar

a•bor•tion•ist [əˈbɔːrʃənɪst] abortista *m/f*

a•bor•tive [əˈbɔːrtɪv] *adj* fallido

a•bound [əˈbaʊnd] *v/i* abundar; ~ *in or with sth* abundar en *or* de algo

a•bout [əˈbaʊt] I *prep* (*concerning*) acerca de, sobre; *what's it* ~*?* of book, movie ¿de qué trata? II *adv* (*roughly*) más o menos; *be* ~ *to do sth* be going to estar a punto de hacer algo; *I'm not* ~ *to sign that* no tengo la más mínima intención de firmar eso

a•bove [əˈbʌv] I *prep* (*higher than*) por encima de; *500m* ~ *sea level* 500 m sobre el nivel del mar; ~ *all* por encima de todo, sobre todo II *adv*: *on the floor* ~ en el piso de arriba; *all those aged 15 and* ~ todos aquellos mayores de 15 años

a•bove 'board *adj* lícito, claro

a•bove-men•tioned [əbʌvˈmenʃnd] I *adj* arriba mencionado II *n*: *the* ~ el arriba mencionado

ab•ra•sion [əˈbreɪʒn] abrasión *f*

ab•ra•sive [əˈbreɪsɪv] *adj* personality abrasivo

a•breast [əˈbrest] *adv* de frente, en fondo; *three* ~ tres juntos, tres uno al lado del otro; *they were marching six* ~ marchaban en columna de seis en fondo; *keep* ~ *of* mantenerse al tanto de; *keep* ~ *of the times* mantenerse al día

a•bridge [əˈbrɪdʒ] *v/t* abreviar, condensar

a•broad [əˈbrɔːd] *adv* live en el extranjero; *go* al extranjero; *from* ~ de fuera, del extranjero

ab•ro•gate ['æbrəgeɪt] *v/t* fml revocar, anular

a•brupt [əˈbrʌpt] *adj* 1 departure brusco, repentino; *come to an* ~ *halt* parar bruscamente 2 manner brusco, rudo

a•brupt•ly [əˈbrʌptlɪ] *adv* 1 (*suddenly*) repentinamente 2 (*curtly*) bruscamente

ABS [eɪbiːˈes] *abbr* (= *antilock braking system*) ABS *m* (= sistema *m* de frenos antibloqueo)

ab•scess ['æbsɪs] absceso *m*

ab•scond [əbˈskɑːnd] *v/i* fugarse, evadirse (*from* de)

ab•seil ['æbsaɪl] *v/i*: ~ *down a cliff* bajar en rappel por un precipicio

ab•sence ['æbsəns] *of person* ausencia *f*; (*lack*) falta *f*; *in the* ~ *of the President* en ausencia del presidente; *in the* ~ *of wine* ... a falta de vino ...

ab•sent[1] ['æbsənt] *adj* ausente

ab•sent[2] [æbˈsent] *v/t*: ~ *o.s.* ausentarse, marcharse (*from* de)

ab•sen•tee [æbsənˈtiː] ausente *m/f*

ab•sen•tee 'bal•lot voto *m* por correo

ab•sen•tee•ism [æbsənˈtiːɪzm] absentismo *m*

ab•sen•tee 'land•lord propietario *m* absentista

ab•sen•tee 'vot•er votante *m/f* ausente

ab•sent-'mind•ed *adj* distraído

ab•sent-mind•ed•ly [æbsəntˈmaɪndɪdlɪ] *adv* distraídamente

ab•sent-mind•ed•ness [æbsəntˈmaɪndɪdnɪs] descuido *m*, olvido *m*

ab•so•lute ['æbsəluːt] *adj* power absoluto; idiot completo; mess total

ab•so•lute•ly ['æbsəluːtlɪ] *adv* (*completely*) absolutamente, completamente; ~ *not!* ¡en absoluto!; *do you agree?* - ~ ¿estás de acuerdo? - ¡completamente!

ab•so•lu•tion [æbsəˈluːʃn] REL absolución *f*

ab•solve [əbˈzɑːlv] *v/t* absolver

ab•sorb [əbˈsɔːrb] *v/t* absorber; ~*ed in* absorto en

ab•sorb•en•cy [əbˈsɔːrbənsɪ] absorbencia *f*

ab•sorb•ent [əbˈsɔːrbənt] *adj* absorbente

ab•sorb•ent 'cot•ton algodón *m* hidrófilo

ab•sorb•ing [əbˈsɔːrbɪŋ] *adj* absorbente

ab•stain [əbˈsteɪn] *v/i* from voting abstenerse

ab•ste•mi•ous [əbˈstiːmɪəs] *adj* abstemio

ab•sten•tion [əbˈstenʃn] in voting abstención *f*

ab•sti•nence ['æbstɪnəns] abstinencia *f*

ab•stract ['æbstrækt] *adj* abstracto

ab•strac•tion [æbˈstrækʃn] abstracción *f*

ab•struse [əb'struːs] *adj* abstruso

ab•surd [əb'sɜːrd] *adj* absurdo

ab•surd•i•ty [əb'sɜːrdətɪ] lo absurdo

a•bun•dance [ə'bʌndəns] abundancia *f*

a•bun•dant [ə'bʌndənt] *adj* abundante

a•buse[1] [ə'bjuːs] *n* **1** (*insults*) insultos *mpl* **2** *of thing* maltrato *m*; (*child*) ~ *physical* malos tratos *mpl* a menores; *sexual* agresión *f* sexual a menores; *drug and alcohol* ~ consumo *m* de alcohol y drogas; ~ *of power* abuso *m* de poder

a•buse[2] [ə'bjuːz] *v/t* **1** *physically* abusar de **2** *verbally* insultar

a•bu•sive [ə'bjuːsɪv] *adj language* insultante, injurioso; *he became* ~ *toward me* se puso a insultarme

a•bys•mal [ə'bɪzml] *adj* F (*very bad*) desastroso F

a•byss [ə'bɪs] abismo *m*

AC ['eɪsiː] *abbr* (= *alternating current*) CA (= corriente *f* alterna)

a/c, A/C *abbr* (= *account*) cuenta *f*

a•ca•cia [ə'keɪʃə] BOT acacia *f*

ac•a•de•mi•a [ækə'diːmɪə] ámbito *m* académico

ac•a•dem•ic [ækə'demɪk] I *n* académico(-a) *m(f)*, profesor(a) *m(f)* II *adj* académico; *the exact reason is* ~ *now anyway* la razón exacta no tiene ya ninguna trascendencia

ac•a•dem•ic 'free•dom libertad *f* de cátedra

ac•a•dem•ic 'year año *m* escolar; *at university* año *m* académico

a•cad•e•my [ə'kædəmɪ] academia *f*

A•cad•e•my A'wards (**cer•e•mo•ny**) ceremonia *f* de los Oscar

ac•cel•e•rate [ək'seləreɪt] *v/t & v/i* acelerar

♦ **accelerate away** *v/i*: *he accelerated away* dio un acelerón y se marchó

ac•cel•e•ra•tion [əkselə'reɪʃn] aceleración *f*

ac•cel•e•ra•tor [ək'seləreɪtər] *of car* acelerador *m*

ac•cent ['æksənt] **1** *when speaking* acento *m* **2** (*emphasis*) énfasis *m*; *put the* ~ *on sth* poner énfasis en algo

ac•cen•tu•ate [ək'sentjuːeɪt] *v/t* acentuar

ac•cen•tu•a•tion [əksentjuː'eɪʃn] acentuación *f*

ac•cept [ək'sept] *v/t & v/i* aceptar

ac•cept•a•ble [ək'septəbl] *adj* aceptable

ac•cept•ance [ək'septəns] aceptación *f*; *gain* ~ encontrar *or* tener aceptación

ac'cept•ance speech discurso *m* de envestidura

ac•cept•ed [ək'septɪd] *adj* corriente, generalizado

ac•cess ['ækses] I *n* acceso *m*; *have* ~ *to computer* tener acceso a; *child* tener derecho a visitar II *v/t also* COMPUT acceder a

'ac•cess code COMPUT código *m* de acceso

ac•ces•si•ble [ək'sesəbl] *adj* accesible

ac•ces•sion [ək'seʃn] acceso *m*

ac•ces•so•ry [ək'sesərɪ] **1** *for wearing* accesorio *m*, complemento *m* **2** LAW cómplice *m/f*

'ac•cess road carretera *f* de acceso

'ac•cess time COMPUT tiempo *m* de acceso

ac•ci•dent ['æksɪdənt] accidente *m*; *by* ~ por casualidad; *it is no* ~ *that ...* no es una casualidad *or* coincidencia que ...; ~ *report* parte *m* de incidentes

ac•ci•den•tal [æksɪ'dentl] *adj* accidental

ac•ci•den•tal•ly [æksɪ'dentlɪ] *adv* sin querer

ac•ci•dent 'black•spot punto *m* negro

'ac•ci•dent in•sur•ance seguro *m* de accidentes

'ac•ci•dent-prone *adj* patoso, con tendencia a sufrir accidentes

ac•claim [ə'kleɪm] I *n* alabanza *f*, aclamación *f*; *meet with* ~ ser alabado *or* aclamado II *v/t* alabar, aclamar

ac•cla•ma•tion [æklə'meɪʃn] aclamación *f*

ac•cli•mate, ac•cli•ma•tize [ə'klaɪmət, ə'klaɪmətaɪz] *v/t* aclimatarse

ac•cli•ma•ti•za•tion [əklaɪmətaɪ'zeɪʃn] aclimatación *f*

ac•com•mo•date [ə'kɑːmədeɪt] *v/t* **1** (*have space for*) alojar **2** *requirements* satisfacer, hacer frente a

ac•com•mo•dat•ing [ə'kɑːmədeɪtɪŋ] *adj* considerado, benévolo

ac•com•mo•da•tion [əkɑːmə'deɪʃn] *Br* ☞ *accommodations*

ac•com•mo•da•tions [əkɑːmə'deɪʃnz] *npl* alojamiento *m*

ac•com•pa•ni•ment [ə'kʌmpənɪmənt]

MUS acompañamiento *m*

ac•com•pa•nist [ə'kʌmpənɪst] MUS acompañante *m/f*

ac•com•pa•ny [ə'kʌmpənɪ] *v/t (pret & pp -ied) also* MUS acompañar

ac•com•plice [ə'kʌmplɪs] cómplice *m/f*

ac•com•plish [ə'kʌmplɪʃ] *v/t* **1** *task* realizar **2** *goal* conseguir, lograr

ac•com•plished [ə'kʌmplɪʃt] *adj* consumado

ac•com•plish•ment [ə'kʌmplɪʃmənt] **1** *of a task* realización *f* **2** *(talent)* habilidad *f*; *(achievement)* logro *m*

ac•cord [ə'kɔːrd] acuerdo *m*; *of one's own* ~ de motu propio; *be in* ~ *with* estar de acuerdo con

ac•cord•ance [ə'kɔːrdəns]: *in* ~ *with* de acuerdo con

ac•cord•ing [ə'kɔːrdɪŋ] *adv:* ~ *to* según

ac•cord•ing•ly [ə'kɔːrdɪŋlɪ] *adv* **1** *(consequently)* por consiguiente **2** *(appropriately)* como corresponde

ac•cor•di•on [ə'kɔːrdɪən] acordeón *m*

ac•cor•di•on•ist [ə'kɔːrdɪənɪst] acordeonista *m/f*

ac•cost [ə'kɑːst] *v/t* abordar

ac•count [ə'kaʊnt] **1** *financial* cuenta *f*; *settle an* ~ *with s.o. fig* ajustar cuentas con alguien
2 *(report, description)* relato *m*, descripción *f*; *give an* ~ *of* relatar, describir; *by all* ~s para todos; *bring or call s.o. to* ~ hacer que alguien dé explicaciones
3: *on no* ~ de ninguna manera, bajo ningún concepto; *on* ~ *of* a causa de; *take sth into* ~, *take* ~ *of sth* tener algo en cuenta, tener en cuenta algo
4 *(customer)* cuenta *f*, cliente *m*

◆ **account for** *v/t* **1** *(explain)* explicar; *there's no accounting for tastes* sobre gustos no hay nada escrito **2** *(make up, constitute)* suponer, constituir;

ac•count•a•bil•i•ty [əkaʊntə'bɪlətɪ] responsabilidad *f*

ac•count•a•ble [ə'kaʊntəbl] *adj* responsable *(to* ante); *be held* ~ ser considerado responsable

ac•count•an•cy [ə'kaʊntənsɪ] contabilidad *f*

ac•count•ant [ə'kaʊntənt] contable *m/f*, *L.Am.* contador(a) *m(f)*

ac'count di•rec•tor director(a) *m(f)* de cuentas

ac'count hold•er titular *m/f* de una cuenta

ac•count•ing [ə'kaʊntɪŋ] contabilidad *f*

ac'count•ing pe•ri•od periodo *m* contable

ac'count num•ber número *m* de cuenta

ac•counts [ə'kaʊnts] *npl* contabilidad *f*

ac'counts de•part•ment (sección *f* de) contabilidad *f*

ac'counts soft•ware software *m* de contabilidad

ac•cred•it [ə'kredɪt] *v/t ambassador, official* acreditar

ac•crue [ə'kruː] *v/i of interest* acumularse; *the benefits will* ~ *to everyone in the community fml* todos los ciudadanos se beneficiarán

ac•cu•mu•late [ə'kjuːmjʊleɪt] **I** *v/t* acumular **II** *v/i* acumularse

ac•cu•mu•la•tion [əkjuːmjʊ'leɪʃn] acumulación *f*

ac•cu•mu•la•tor [ə'kjuːmjʊleɪtər] ELEC acumulador *m*

ac•cu•ra•cy ['ækjʊrəsɪ] precisión *f*

ac•cu•rate ['ækjʊrət] *adj* preciso

ac•cu•rate•ly ['ækjʊrətlɪ] *adv* con precisión

ac•cu•sa•tion [ækjuː'zeɪʃn] acusación *f*

ac•cu•sa•tive [ə'kjuːzətɪv] LING **I** *n* acusativo *m* **II** *adj* acusativo

ac•cuse [ə'kjuːz] *v/t:* ~ *s.o. of sth* acusar a alguien de algo; ~ *s.o. of doing sth* acusar a alguien de hacer algo; *be* ~*d of* LAW ser acusado de; *look, I'm not accusing you of anything* yo no te estoy acusando de nada

ac•cused [ə'kjuːzd] *n* LAW acusado(-a) *m(f)*

ac•cus•ing [ə'kjuːzɪŋ] *adj* acusador

ac•cus•ing•ly [ə'kjuːzɪŋlɪ] *adv say* en tono acusador; *he looked at me* ~ me lanzó una mirada acusadora

ac•cus•tom [ə'kʌstəm] *v/t* acostumbrar; *get* ~*ed to* acostumbrarse a; *be* ~*ed to* estar acostumbrado a

ace [eɪs] **I** *n in cards* as *m*; *(in tennis: shot)* ace *m*; *the* ~ *of spades* el as de espadas; *have an* ~ *up one's sleeve fig* tener un as escondido en la manga **II** *adj:* *an* ~ *reporter* un as como reportero

ac•e•tate ['æsɪteɪt] CHEM acetato *m*

a•ce•tic ac•id [əsiːtɪk'æsɪd] ácido *m* acético

a•cet•y•lene [ə'setɪliːn] acetileno *m*

ache [eɪk] I *n* dolor *m*; ~s and pains achaques *mpl* II *v/i* doler

a•chieve [ə'tʃiːv] *v/t* conseguir, lograr

a•chieve•ment [ə'tʃiːvmənt] 1 *of ambition* consecución *f*, logro *m* 2 *(thing achieved)* logro *m*; that's quite an ~ eso es todo un logro *or* una proeza

a•chiev•er [ə'tʃiːvər] persona que tiene éxito y llega lejos en cualquier actividad

A•chil•les heel [əkɪliːz'hiːl] *fig* talón *m* de Aquiles

A•chil•les 'ten•don ANAT tendón *m* de Aquiles

ac•id ['æsɪd] I *n* ácido *m* II *adj taste, comments* ácido

a•cid•i•ty [ə'sɪdətɪ] acidez *f*; *fig* sarcasmo *m*

ac•id 'rain lluvia *f* ácida

'ac•id test *fig* prueba *f* de fuego

ac•knowl•edge [ək'nɑːlɪdʒ] *v/t* reconocer; ~ having done sth reconocer haber hecho algo; ~ receipt of a letter acusar recibo de una carta

ac•knowl•edg(e)•ment [ək'nɑːlɪdʒmənt] reconocimiento *m*; *of a letter* acuse *m* de recibo; in ~ of en reconocimiento a

ac•me ['ækmɪ] *fig* súmmum *m*

ac•ne ['æknɪ] MED acné *m*, acne *m*

a•corn ['eɪkɔːrn] BOT bellota *f*

a•cous•tic [ə'kuːstɪk] *adj* acústico; ~ guitar guitarra *f* acústica

a•cous•tics [ə'kuːstɪks] *npl* acústica *f*

ac•quaint [ə'kweɪnt] *v/t fml*: be ~ed with conocer; we are already ~ed ya nos conocemos; become ~ed with s.o. llegar a conocer a alguien; become ~ed with sth familiarizarse con algo

ac•quaint•ance [ə'kweɪntəns] person conocido(-a) *m(f)*; make s.o.'s ~ conocer a alguien

ac•qui•esce [ækwɪ'es] *v/i fml* acceder

ac•qui•es•cence [ækwɪ'esns] *fml* aquiescencia *f*

ac•quire [ə'kwaɪr] *v/t* adquirir; it's an ~d taste es un gusto adquirido

ac•qui•si•tion [ækwɪ'zɪʃn] adquisición *f*

ac•quis•i•tive [ə'kwɪzətɪv] *adj person* afanoso; the ~ society la sociedad consumista

ac•quis•i•tive•ness [ə'kwɪzətɪvnɪs]

avaricia *f*, afán *m*

ac•quit [ə'kwɪt] *v/t (pret & pp -ted)* 1 LAW absolver 2: ~ o.s. well defenderse bien

ac•quit•tal [ə'kwɪtl] LAW absolución *f*

a•cre ['eɪkər] acre *m (4.047m2)*

ac•ri•mo•ni•ous [ækrɪ'moʊnɪəs] *adj* áspero, agrio

ac•ri•mo•ny ['ækrɪmənɪ] acrimonia *f*

ac•ro•bat ['ækrəbæt] acróbata *m/f*

ac•ro•bat•ic [ækrə'bætɪk] *adj* acrobático

ac•ro•bat•ics [ækrə'bætɪks] *npl* acrobacias *fpl*

ac•ro•nym ['ækrənɪm] acrónimo *m*

a•cross [ə'krɑːs] I *prep* al otro lado de; she lives ~ the street vive al otro lado de la calle; sail ~ the Atlantic cruzar el Atlántico navegando II *adv* de un lado a otro; it's too far to swim ~ está demasiado lejos como para cruzar a nado; once you're ~ cuando hayas llegado al otro lado; 10m ~ 10 m de ancho

a•cross-the-'board *adj* general, total

a•cryl•ic [ə'krɪlɪk] I *adj* acrílico II *n* acrílico *m*

act [ækt] I *v/i* 1 THEA actuar 2 *(pretend)* hacer teatro 3: ~ as actuar *or* hacer de II *v/t*: ~ the fool hacer el tonto III *n* 1 *(deed)*, *of play* acto *m*; ~ of God caso *m* fortuito; catch s.o. in the (very) ~ pillar a alguien en fraganti *(of doing sth* haciendo algo*)* 2 *in vaudeville* número *m*; put on an ~ fingir, hacer teatro; it's just an ~ *(pretense)* es puro teatro; get one's ~ together F ponerse las pilas F 3 *(law)* ley *f*

◆ act on *v/t advice* seguir; *information* actuar sobre la base de

◆ act up *v/i* F *of child* hacer de las suyas F, dar guerra F; *of machine, equipment* andar mal

act•ing ['æktɪŋ] I *n in a play* interpretación *f*; *as profession* teatro *m* II *adj (temporary)* en funciones

ac•tion ['ækʃn] acción *f*; out of ~ *machine* sin funcionar; *person* fuera de combate; take ~ actuar; bring an ~ against LAW demandar a; man of ~ hombre *m* de acción; put a plan into ~ poner un plan en marcha *or* acción; killed in ~ matado en combate

'ac•tion mov•ie película *f* de acción; 'ac•tion-packed *adj* ajetreado, lleno de acción; **ac•tion 're•play** TV repetición *f* (de la jugada)

ac•ti•vate ['æktɪveɪt] *v/t* activar

ac•tive ['æktɪv] *adj also* GRAM activo; *party member* en activo

ac•tiv•ism ['æktɪvɪzəm] POL activismo *m*

ac•tiv•ist ['æktɪvɪst] POL activista *m/f*

ac•tiv•i•ty [æk'tɪvətɪ] actividad *f*

Act of 'Con•gress ley *f* del Congreso

ac•tor ['æktər] actor *m*

ac•tress ['æktrɪs] actriz *f*

ac•tu•al ['æktʃʊəl] *adj* verdadero, real

ac•tu•al•ly ['æktʃʊəlɪ] *adv* (*in fact, to tell the truth*) en realidad; *did you ~ see her?* ¿de verdad llegaste a verla?; *he ~ did it!* ¡aunque parezca mentira lo hizo!; *~, I do know him* (*stressing converse*) pues sí, de hecho lo conozco; *~, it's not finished yet* el caso es que todavía no está terminado

ac•tu•ar•y ['æktʃuːerɪ] actuario(-a) *m(f)*

a•cu•men ['ækjʊmən] acumen *m*, agudeza *f*; *financial ~* olfato *m* financiero

ac•u•punc•ture ['ækjəpʌŋktʃər] acupuntura *f*

a•cute [ə'kjuːt] I *adj pain* agudo; *sense* muy fino II *n accent* acento *m* agudo

a•cute•ly [ə'kjuːtlɪ] *adv* (*extremely*) extremadamente; *~ aware* plenamente consciente

ad [æd] ☞ *advertisement*

AD [eɪ'diː] *abbr* (= *Anno Domini*) dC, d. de C. (= *después de Cristo*)

Ad•am ['ædəm]: *I don't know him from ~* F no tengo ni repajolera idea de quién es F

ad•a•mant ['ædəmənt] *adj* firme

ad•a•mant•ly ['ædəməntlɪ] *adv* firmemente

Ad•am's 'ap•ple nuez *f*

a•dapt [ə'dæpt] I *v/t* adaptar II *v/i of person* adaptarse

a•dapt•a•bil•i•ty [ədæptə'bɪlətɪ] adaptabilidad *f*

a•dapt•a•ble [ə'dæptəbl] *adj* adaptable

a•dap•ta•tion [ædæp'teɪʃn] *of play etc* adaptación *f*

a•dapt•er [ə'dæptər] *electrical* adaptador *m*

add [æd] I *v/t* añadir; MATH sumar II *v/i* MATH sumar

◆ **add on** *v/t 15% etc* sumar

◆ **add to** *v/t* incrementar, agrandar

◆ **add up** I *v/t* sumar II *v/i fig* cuadrar; *it just doesn't add up* no tiene sentido, no cuadra

◆ **add up to** *v/t* (*amount to*) sumar; *fig* (*mean*) equivaler

add•ed ['ædɪd] *adj* añadido, adicional

add•ed 'val•ue valor *m* añadido *or* L.*Am.* agregado

ad•den•dum [ə'dendəm] (*pl addenda* [ə'dendə]) apéndice *m*

ad•der ['ædər] víbora *f*

ad•dict ['ædɪkt] adicto(-a) *m(f)*; *drug ~* drogadicto(-a) *m(f)*; *he's a terrible TV ~* es un gran adicto a la televisión, es un teleadicto

ad•dic•ted [ə'dɪktɪd] *adj* adicto; *be ~ to* ser adicto a; *you could easily get ~ to it* eso podría crearte adicción facilmente

ad•dic•tion [ə'dɪkʃn] adicción *f*

ad•dic•tive [ə'dɪktɪv] *adj* adictivo

ad•di•tion [ə'dɪʃn] **1** MATH suma *f*; *~ sign* signo *m* más **2** *action: to list, company etc* incorporación *f*; *of new drive etc* instalación *f*; *the latest ~ to the department / the family* el nuevo miembro del departamento / de la familia **3**: *in ~* además; *in ~ to* además de

ad•di•tion•al [ə'dɪʃnl] *adj* adicional

ad•di•tive ['ædɪtɪv] aditivo *m*

add-on ['ædaːn] extra *m*, accesorio *m*

ad•dress [ə'dres] I *n* dirección *f*; *form of ~* tratamiento *m* II *v/t letter* dirigir; *audience* dirigirse a; *how do you ~ the judge?* ¿qué tratamiento se le da al juez?

ad'dress book agenda *f* de direcciones

ad•dress•ee [ædre'siː] destinatario(-a) *m(f)*

ad'dress la•bel etiqueta *f* de dirección

ad•e•noids ['ædənɔɪdz] *npl* MED vegetaciones *fpl*

ad•ept ['ædept] *adj* experto; *be ~ at* ser un experto en

ad•e•qua•cy ['ædɪkwəsɪ] idoneidad *f*, suficiencia *f*

ad•e•quate ['ædɪkwət] *adj* suficiente; (*satisfactory*) aceptable; *be ~ for* ser suficiente *or* aceptable para

ad•e•quate•ly ['ædɪkwətlɪ] *adv* suficientemente; (*satisfactorily*) aceptablemente

ad•here [əd'hɪr] *v/i* adherirse

◆ **adhere to** *v/t surface* adherirse a;

rules cumplir

ad•her•ence [əd'hɪrəns] adhesión *f*, afiliación *f*

ad•her•ent [əd'hɪrənt] seguidor(a) *m(f)*

ad•he•sion [əd'hi:ʒn] adherencia *f*

ad•he•sive [əd'hi:sɪv] adhesivo *m*

ad•he•sive 'plas•ter esparadrapo *m*

ad•he•sive 'tape cinta *f* adhesiva

ad hoc [æd'hɑːk] *adj* ad hoc, extraordinario; **~ committee** comité *m* extraordinario

ad in•fi•ni•tum [ædɪnfɪ'naɪtəm] *adv* infinitamente; **and so on, ~** y así hasta el infinito

ad•ja•cent [ə'dʒeɪsnt] *adj* adyacente

ad•jec•ti•val [ædʒɪk'taɪvl] *adj* adjetival

ad•jec•tive ['ædʒɪktɪv] adjetivo *m*

ad•join [ə'dʒɔɪn] *v/t* lindar con

ad•join•ing [ə'dʒɔɪnɪŋ] *adj* contiguo; **in the ~ room** en la habitación contigua *or* colindante

ad•journ [ə'dʒɜːrn] *v/i of court, meeting* aplazarse; **let's ~ until tomorrow morning** aplacémoslo hasta *or* dejémoslo para mañana por la mañana

ad•journ•ment [ə'dʒɜːrnmənt] aplazamiento *m*

ad•junct ['ædʒʌŋkt] adjunción *f*, agregación *f* (**to** a)

ad•just [ə'dʒʌst] *v/t* ajustar, regular

ad•just•a•ble [ə'dʒʌstəbl] *adj* ajustable, regulable

ad•just•ment [ə'dʒʌstmənt] ajuste *m*; *psychological* adaptación *f*

ad•ju•tant ['ædʒʊtənt] MIL *oficial ayudante*

ad lib [æd'lɪb] **I** *adj* improvisado **II** *adv* improvisadamente **III** *v/i* (*pret & pp* **-bed**) improvisar

ad•min ['ædmɪn] F administración *f*; *paperwork* papeleo *m* F

ad•min•is•ter [əd'mɪnɪstər] *v/t* administrar

ad•min•is•tra•tion [ədmɪnɪ'streɪʃn] administración *f*

ad•min•is•tra•tive [ədmɪnɪ'strətɪv] *adj* administrativo

ad•min•is•tra•tor [əd'mɪnɪstreɪtər] administrador(a) *m(f)*

ad•mi•ra•ble ['ædmərəbl] *adj* admirable

ad•mi•ra•bly ['ædmərəblɪ] *adv* admirablemente

ad•mi•ral ['ædmərəl] almirante *m*

ad•mi•ra•tion [ædmə'reɪʃn] admiración

f; **they were full of ~ for him** sentían una gran admiración por él

ad•mire [əd'maɪr] *v/t* admirar

ad•mir•er [əd'maɪrər] admirador(a) *m(f)*

ad•mir•ing [əd'maɪrɪŋ] *adj* de admiración

ad•mir•ing•ly [əd'maɪrɪŋlɪ] *adv* con admiración

ad•mis•si•ble [əd'mɪsəbl] *adj* admisible

ad•mis•sion [əd'mɪʃn] **1** (*confession*) confesión *f*; **~ of guilt** confesión de culpabilidad; **by** *or* **on his own ~** según sus propias palabras **2** *to a place* entrada *f*; *to organization* admisión *f*; *to hospital* ingreso *m*; **~ free** entrada gratis

ad'mis•sion fee entrada *f*

ad•mit [əd'mɪt] *v/t* (*pret & pp* **-ted**) **1** *to a place* dejar entrar; *to school, organization* admitir; *to hospital* ingresar **2** (*confess*) confesar; **~ doing sth / having done sth** admitir *or* reconocer hacer algo / haber hecho algo **3** (*accept*) admitir

♦ **admit to** *v/t error* admitir, reconocer; **she admitted to feeling guilty** confesó sentirse culpable

ad•mit•tance [əd'mɪtəns] admisión *f*; **no ~** prohibido el paso

ad•mit•ted•ly [əd'mɪtedlɪ] *adv*: **he didn't use those exact words, ~** es verdad que no utilizó exactamente esas palabras

ad•mon•ish [əd'mɑːnɪʃ] *v/t fml* reprender

ad•mo•ni•tion [ædmɑː'nɪʃn] *fml* admonición *f fml*

ad nau•se•am [æd'nɔːzɪæm] *adv* hasta la saciedad

a•do [ə'duː]: **without further ~** sin más dilación

a•do•be house [ə'doʊbeɪ] casa *f* de adobe

ad•o•les•cence [ædə'lesns] adolescencia *f*

ad•o•les•cent [ædə'lesnt] **I** *n* adolescente *m/f* **II** *adj* de adolescente

a•dopt [ə'dɑːpt] *v/t child, plan* adoptar; **~ed country** país *m* adoptivo

a•dop•tion [ə'dɑːpʃn] *of child* adopción *f*; **give a child up for ~** dar a un niño en adopción

a•dop•tive par•ents [ədɑːptɪv 'perənts] *npl* padres *mpl* adoptivos

a•dor•a•ble [ə'dɔːrəbl] *adj* encantador
ad•o•ra•tion [ædə'reɪʃn] adoración *f*
a•dore [ə'dɔːr] *v/t* adorar; *I ~ chocolate* me encanta el chocolate
a•dor•ing [ə'dɔːrɪŋ] *adj expression* lleno de adoración; *his ~ fans* sus entregados fans
a•dorn [ə'dɔːrn] *v/t* adornar
a•dorn•ment [ə'dɔːrnmənt] adorno *m*
ad•ren•al•in [ə'drenəlɪn] adrenalina *f*; *it really gets the ~ going* pone la adrenalina a cien
A•dri•at•ic [eɪdrɪ'ætɪk] mar *m* Adriático
a•drift [ə'drɪft] *adj* a la deriva; *fig* perdido; *our plans came ~* nos salieron mal los planes
a•droit [ə'drɔɪt] *adj* hábil (*at* en)
a•droit•ness [ə'drɔɪtnɪs] habilidad *f*
ad•u•la•tion [ædʊ'leɪʃn] adulación *f*
a•dult ['ædʌlt] **I** *n* adulto(-a) *m(f)* **II** *adj* adulto
a•dult ed•u•ca•tion educación *f* para adultos
a•dul•ter•ate [ə'dʌltəreɪt] *v/t* adulterar
a•dul•ter•er [ə'dʌltərər] adúltero *m*
a•dul•ter•ess [ə'dʌltərəs] adúltera *f*
a•dul•ter•ous [ə'dʌltərəs] *adj relationship* adúltero
a•dul•ter•y [ə'dʌltərɪ] adulterio *m*
'a•dult film *euph* película *f* para adultos
ad•vance [əd'væns] **I** *n* **1** *money* adelanto *m* **2** *in science, MIL* avance *m*; *make ~s* (*progress*) avanzar, progresar; *sexually* insinuarse **3**: *in ~* con antelación; *get money* por adelantado; *in ~ of* con anterioridad a, antes de; *48 hours in ~* con 48 horas de antelación
II *v/i MIL* avanzar; (*make progress*) avanzar, progresar
III *v/t* **1** *sum of money* adelantar **2** *human knowledge, a cause* hacer avanzar **3** *theory* presentar
ad•vance 'book•ing reserva *f* (anticipada)
ad•vanced [əd'vænst] *adj country, level, learner* avanzado
ad'vance man *POL* relaciones públicas *m* de un partido político; **ad•vance 'no•tice** aviso *m* previo; **ad•vance 'pay•ment** pago *m* por adelantado
ad•van•tage [əd'væntɪdʒ] ventaja *f*; *there's no ~ to be gained* no se gana nada; *it's to your ~* te conviene; *take ~ of* aprovecharse de; *have the ~* tener

ventaja (*over* sobre); *~ law or rule SP* ley *f* de la ventaja
ad•van•ta•geous [ædvən'teɪdʒəs] *adj* ventajoso
Ad•vent ['ædvent] *REL* Adviento *m*
ad•vent ['ædvent] *fig* llegada *f*
'ad•vent cal•en•dar calendario *m* de Adviento
ad•ven•ture [əd'ventʃər] aventura *f*
ad•ven•tur•er [əd'ventʃərər] **1** aventurero(-a) *m(f)* **2** *rogue* granuja *m/f*
ad•ven•tur•ous [əd'ventʃərəs] *adj person* aventurero; *investment* arriesgado
ad•verb ['ædvɜːrb] adverbio *m*
ad•ver•bi•al [əd'vɜːrbjəl] *adj* adverbial
ad•ver•sa•ry ['ædvərserɪ] adversario(-a) *m(f)*
ad•verse ['ædvɜːrs] *adj* adverso
ad•ver•si•ty [əd'vɜːrsətɪ] adversidad *f*
ad•vert ['ædvɜːrt] ☞ *advertisement*
ad•ver•tise ['ædvərtaɪz] **I** *v/t* anunciar **II** *v/i* anunciarse, poner un anuncio
ad•ver•tise•ment [ədvɜːr'taɪsmənt] anuncio *m*
ad•ver•tis•er ['ædvərtaɪzər] anunciante *m/f*
ad•ver•tis•ing ['ædvərtaɪzɪŋ] publicidad *f*
'ad•ver•tis•ing a•gen•cy agencia *f* de publicidad; 'ad•ver•tis•ing budg•et presupuesto *m* para publicidad; 'ad•ver•tis•ing cam•paign campaña *f* publicitaria; 'ad•ver•tis•ing rev•e•nue ingresos *mpl* por publicidad
ad•vice [əd'vaɪs] consejo *m*; *he gave me some ~* me dio un consejo; *take s.o.'s ~* seguir el consejo de alguien; *take my ~ and ...* hazme caso y ...; *a piece or bit of ~* un consejo; *at or on s.o.'s ~* por recomendación de alguien; *seek medical / legal ~* acudir a un médico / un abogado
ad•vis•a•ble [əd'vaɪzəbl] *adj* aconsejable
ad•vise [əd'vaɪz] *v/t person, caution* aconsejar; *government* asesorar; *I ~ you to leave* te aconsejo que te vayas; *you would be well ~d to go* es (muy) aconsejable que vayas
♦ advise against *v/t* desaconsejar
ad•vis•er, ad•vis•or [əd'vaɪzər] asesor(a) *m(f)*
ad•vi•so•ry [əd'vaɪzərɪ] *adj* asesor, consultivo; *in an ~ capacity* en calidad de

asesor

ad•vo•ca•cy ['ædvəkəsɪ] apoyo *m* (*of* de)

ad•vo•cate ['ædvəkeɪt] *v/t* abogar por

ae•gis ['iːdʒɪs]: *under the ~ of* bajo los auspicios de

a•er•ate ['ereɪt] *v/t blood* oxigenar; *drink* gasificar

aer•i•al ['erɪəl] I *adj* aérea; *~ game in soccer* juego *m* aéreo II *n* antena *f*

aer•i•al 'pho•to•graph fotografía *f* aérea

aer•o•bics [e'roʊbɪks] *nsg* aerobic *m*

aer•o•drome ['erədroʊm] *Br* aeródromo *m*

aer•o•dy•nam•ic [eroʊdaɪ'næmɪk] *adj* aerodinámico

aer•o•foil ['eroʊfɔɪl] *on car* aleta *f*

aer•o•gram ['erəgræm] aerograma *m*

aer•o•nau•ti•cal [eroʊ'nɒːtɪkl] *adj* aeronáutico

aer•o•plane ['eroʊpleɪn] *Br* avión *m*

aer•o•sol ['erəsɑːl] aerosol *m*

aer•o•space in•dus•try ['erəspeɪs] industria *f* aeroespacial

aes•thete *etc Br* ☞ **esthete** *etc*

a•far [ə'fɑːr] *adv*: *from ~* de lejos

af•fa•bil•i•ty [æfə'bɪlətɪ] afabilidad *f*, cortesía *f*

af•fa•ble ['æfəbl] *adj* afable

af•fair [ə'fer] 1 (*matter, business*) asunto *m*; *foreign ~s* asuntos *mpl* exteriores 2 (*love ~*) aventura *f*, lío *m*; *have an ~ with* tener una aventura *or* un lío con

af•fect [ə'fekt] *v/t also* MED afectar; *be deeply ~ed by sth* estar muy afectado por algo

af•fec•tion [ə'fekʃn] afecto *m*, cariño; *win s.o.'s ~s* ganarse el cariño de alguien

af•fec•tion•ate [ə'fekʃnət] *adj* afectuoso, cariñoso

af•fec•tion•ate•ly [ə'fekʃnətlɪ] *adv* con afecto, cariñosamente

af•fi•da•vit [æfə'deɪvɪt] LAW declaración *f* jurada

af•fil•i•ate [ə'fɪlɪeɪt] I *v/t*: *be ~d to or with* estar afiliado a; *~d company* COM compañía *f* afiliada *or* asociada II *v/i* afiliarse (*with* a)

af•fil•i•a•tion [əfɪlɪ'eɪʃn] 1 *membership* afiliación *f* 2 *fig*: *belief* afiliación *f*, ideología *f*

af•fin•i•ty [ə'fɪnətɪ] afinidad *f*

af•firm [ə'fɜːrm] *v/t* afirmar, asegurar

af•fir•ma•tion [æfər'meɪʃn] afirmación *f*

af•fir•ma•tive [ə'fɜːrmətɪv] I *adj* afirmativo II *n*: *answer in the ~* responder afirmativamente

af•fix *v/t* [ə'fɪks] *notice* adherir (*to* a); *signature* estampar (*to* en)

af•flict [ə'flɪkt] *v/t* afectar; *be ~ed with sth* padecer de algo

af•flic•tion [ə'flɪkʃn] afección *f*; *the ~s of old age* los achaques de la vejez

af•flu•ence ['æfluəns] prosperidad *f*, riqueza *f*

af•flu•ent ['æfluənt] *adj* próspero, acomodado; *~ society* sociedad *f* opulenta

af•ford [ə'fɔːrd] *v/t* permitirse; *be able to ~ sth financially* poder permitirse algo; *I can't ~ the time* no tengo tiempo

af•ford•a•ble [ə'fɔːrdəbl] *adj* asequible

af•for•est [æ'fɑːrɪst] *v/t* reforestar

af•for•est•a•tion [æfɑːrɪ'steɪʃn] reforestación *f*

af•front [ə'frʌnt] I *v/t* ofender, insultar II *n* insulto *m*

Af•ghan ['æfgæn] I *adj* afgano II *n* afgano(-a) *m(f)*

Af•ghan•i•stan [æf'gænɪstæn] Afganistán *m*

a•fi•cio•na•do [əfɪsjə'nɑːdoʊ] aficionado(-a) *m(f)*

a•field [ə'fiːld] *adv*: *further ~* a lo lejos, más allá

a•fire [ə'faɪər] *adj*: *be ~ with enthusiasm* refulgir de entusiasmo

a•float [ə'floʊt] *adj boat* a flote; *keep the company ~* mantener la compañía a flote

a•foot [ə'fʊt] *adv*: *what's ~?* ¿qué se está planeando?; *there's something strange ~ here* aquí se está cociendo algo raro

a•fore•men•tioned [əfɔːr'menʃənd] I *adj* ya mencionado II *n*: *the ~* el susodicho(-a) *m(f)*

a•fore•said [ə'fɔːrsed] *adj* ☞ **aforementioned**

a•fore•thought [ə'fɔːrθɒːt] *adj* LAW: *with malice ~* con malicia premeditada

a•fraid [ə'freɪd] *adj*: *be ~* tener miedo; *be ~ of* tener miedo de; *I'm ~ of cats* tengo miedo a los gatos; *he's ~ of the dark* le da miedo la oscuridad; *I'm ~ of annoying him* me da miedo enfadarle; *I'm ~ expressing regret* me temo; *he's very ill, I'm ~* me temo que está muy enfermo; *I'm ~ so* (me) temo que sí; *I'm ~ not* (me) temo que no

a•fresh [ə'freʃ] *adv* de nuevo

Af•ri•ca ['æfrɪkə] África *f*

Af•ri•can ['æfrɪkən] **I** *adj* africano **II** *n* africano(-a) *m(f)*

Af•ri•can-A'mer•i•can I *adj* afroamericano **II** *n* afroamericano(-a) *m(f)*

Af•ri•kaans [æfrɪ'kɑːns] afrikaans *m*

Af•ri•kan•er [æfrɪ'kɑːnər] afrikáner *m/f*

Af•ro-A•mer•i•can [æfrouə'merɪkən] **I** *adj* afroamericano **II** *n* afroamericano(-a) *m(f)*

Af•ro-Car'ib•be•an I *adj* afrocaribeño **II** *n* afrocaribeño(-a) *m(f)*

aft [æft] *adv* NAUT a popa, en popa

af•ter ['æftər] **I** *prep* después de; *~ all* después de todo; *~ that* después de eso; *it's ten ~ two* son las dos y diez **II** *adv* después; *the day ~* el día siguiente

'af•ter•birth MED placenta *f*; **'af•ter•care** MED posoperatorio *m*; **'af•ter•effects** *npl* efectos *mpl* secundarios, consecuencias *fpl*; **'af•ter•glow** recuerdo *m* placentero; **'af•ter•life** vida *f* después de la muerte

af•ter•math ['æftərmæθ] *time* periodo *m* posterior (*of* a); *state of affairs* repercusiones *fpl*

af•ter•noon [æftər'nuːn] tarde *f*; *in the ~* por la tarde; *this ~* esta tarde; *good ~* buenas tardes

af•ters ['ɑːftərz] *sg Br* F postre *m*

'af•ter sales serv•ice servicio *m* posventa; **'af•ter•shave** loción *f* para después del afeitado, after shave *m*; **'af•ter•shock** réplica *f*; **'af•ter•sun cream** crema *f* para después del sol, aftersun *m*; **'af•ter•taste** *also fig* regusto *m*; **'af•ter•thought**: *do / say sth as an ~* hacer / decir algo en el último momento; *their last child was an ~* su último hijo no fue buscado; **'af•ter•treat•ment** MED tratamiento *m* ulterior

af•ter•ward ['æftərwərd] *adv* después

a•gain [ə'geɪn] *adv* otra vez; *do sth ~* volver a hacer algo; *I never saw him ~* no lo volví a ver; *~ and ~* una y otra vez; *now and ~* de vez en cuando; *but then ~, ...* pero por otro lado ...

a•gainst [ə'genst] *prep lean* contra; *the*

USA ~ Brazil SP Estados Unidos contra Brasil; *I'm ~ the idea* estoy en contra de la idea; *what do you have ~ her?* ¿qué tienes en contra de ella?; *~ the law* ilegal

a•gape [ə'geɪp] *adv* con sorpresa *or* asombro

ag•ate ['ægət] MIN ágata *f*

age [eɪdʒ] **I** *n* **1** *of person, object* edad *f*; *at the ~ of ten* a los diez años; *under ~* menor de edad; *she's five years of ~* tiene cinco años; *what ~ is he?* ¿cuántos años tiene?, ¿qué edad tiene?; *when I was your ~* cuando tenía tu edad; *act your ~!* ¡no seas crío!; *come of ~* cumplir la mayoría de edad; *under ~* menor de edad; *be over ~ for the race* ser demasiado mayor para participar en la carrera; *old ~* vejez *f* **2** (*era*) era *f* **II** *v/i & v/t* envejecer

'age brack•et grupo *m* de edad

aged[1] [eɪdʒd] *adj*: *~ 16* con 16 años de edad

a•ged[2] ['eɪdʒɪd] **I** *adj*: *her ~ parents* sus ancianos padres **II** *npl*: *the ~* los ancianos

'age group grupo *m* de edades

age•ism ['eɪdʒɪzəm] ageísmo *m*

age•ist ['eɪdʒɪst] *adj* ageista

'age lim•it límite *m* de edad

a•gen•cy ['eɪdʒənsɪ] agencia *f*

a•gen•da [ə'dʒendə] orden *m* del día; *on the ~* en el orden del día

a•gent ['eɪdʒənt] agente *m/f*, representante *m/f*

'age-old *adj* ancestral, inmemorial

'age range grupo *m* de edad

ag•glom•er•a•tion [əglɑːmə'reɪʃn] aglomeración *f*, amalgama *f*

ag•gra•vate ['ægrəveɪt] *v/t* **1** *worsen* agravar **2** F (*annoy*) molestar

ag•gra•vat•ing ['ægrəveɪtɪŋ] *adj* **1** *factor* agravante **2** F (*annoying*) fastidioso, desagradable

ag•gra•va•tion [ægrə'veɪʃn] **1** (*worsening*) agravamiento *m* **2** F (*annoyance*) fastidio *m*, molestia *f*

ag•gre•gate ['ægrɪgət] **I** *n* SP: *win on ~* ganar en el total de la eliminatoria **II** *adj* final, total

ag•gres•sion [ə'greʃn] agresividad *f*

ag•gres•sive [ə'gresɪv] *adj* agresivo; (*dynamic*) agresivo, enérgico

ag•gres•sive•ly [ə'gresɪvlɪ] *adv* agresivamente

ag•gres•sive•ness [ə'gresɪvnɪs] agresividad *f*

ag•gres•sor [ə'gresər] *esp* MIL atacante *m/f*

ag•grieved [ə'griːvd] *adj* agraviado; *feel ~ about sth* estar agraviado por algo

a•ghast [ə'gæst] *adj* horrorizado

ag•ile ['ædʒəl] *adj* ágil

a•gil•i•ty [ə'dʒɪlətɪ] agilidad *f*

ag•i•tate ['ædʒɪteɪt] *v/i: ~ for* hacer campaña a favor de

ag•i•tat•ed ['ædʒɪteɪtɪd] *adj* agitado

ag•i•ta•tion [ædʒɪ'teɪʃn] agitación *f*

ag•i•ta•tor [ædʒɪ'teɪtər] agitador(a) *m(f)*

AGM [eɪdʒiː'em] *abbr Br* (= *annual general meeting*) consejo *m* general anual

ag•nos•tic [æg'nɑːstɪk] agnóstico(-a) *m(f)*

a•go [ə'goʊ] *adv:* **2 days ~** hace dos días; *long ~* hace mucho tiempo; *how long ~?* ¿hace cuánto tiempo?; *how long ~ did he leave?* ¿hace cuánto se marchó?

a•gog [ə'gɑːg] *adj:* **be ~ at sth** estar emocionado con algo

ag•o•nize ['ægənaɪz] *v/i* atormentarse (*over* por), angustiarse (*over* por)

ag•o•niz•ing ['ægənaɪzɪŋ] *adj* pain atroz; *wait* angustioso

ag•o•ny ['ægənɪ] agonía *f*; *he was in ~* se retorcía de dolor

'ag•o•ny aunt F consejero sentimental en un periódico o una revista

'ag•o•ny col•umn sección de consultas sentimentales en un periódico o una revista

ag•o•ra•pho•bi•a [ægərə'foʊbɪə] agorafobia *f*

a•grar•i•an [ə'greriən] *adj* agrario

a•gree [ə'griː] **I** *v/i* estar de acuerdo; *of figures* coincidir; (*reach agreement*) ponerse de acuerdo; *I ~* estoy de acuerdo; *it doesn't ~ with me* of food no me sienta bien; *as ~d* según lo acordado **II** *v/t price* acordar; *~ that something should be done* acordar que hay que hacer algo; *~ to differ* dejar por imposible

◆ **agree on** *v/t* ponerse de acuerdo en

◆ **agree to** *v/t suggestion, decision* aceptar; *I cannot agree to him doing that* no puedo aceptar que haga eso

a•gree•a•ble [ə'griːəbl] *adj* **1** (*pleasant*) agradable **2**: *be ~ fml* (*in agreement*) estar de acuerdo

a•gree•a•bly [ə'griːəblɪ] *adv:* **I was ~ surprised** me sorprendió positivamente

a•greed [ə'griːd] *adj* acordado, establecido; *we are ~ that ...* estamos de acuerdo en que ...

a•gree•ment [ə'griːmənt] (*consent, contract*) acuerdo *m*; *reach ~ on* llegar a un acuerdo sobre

ag•ri•busi•ness ['ægrɪbɪznɪs] industria *f* agroalimentaria

ag•ri•cul•tur•al [ægrɪ'kʌltʃərəl] *adj* agrícola

ag•ri•cul•ture ['ægrɪkʌltʃər] agricultura *f*

a•ground [ə'graʊnd] *adv* NAUT: *run ~* encallar

ah [ɑː] *int* ¡ah!, ¡alá!

a•ha [ɑː'hɑː] *int* ¡ah!

a•head [ə'hed] *adv position* delante; *movement* adelante; *in race* por delante, en cabeza; *be ~ of* estar por delante de; *be ~ of one's competitors* ir por delante de la competencia; *plan ~* planear con antelación; *think ~* pensar con anticipación

a•hoy [ə'hɔɪ] *int* NAUT ¡hola!

AI [eɪ'aɪ] *abbr* (= *artificial intelligence*) inteligencia *f* artificial

aid [eɪd] **I** *n* ayuda *f*; *come to s.o.'s ~* acudir a ayudar a alguien; *with the ~ of* con (la) ayuda de; *in ~ of* en ayuda a; *what's all this in ~ of?* F ¿para qué es eso? **II** *v/t* ayudar

'aid do•nor donante *m/f* de ayuda

aide [eɪd] asistente *m/f*

Aids [eɪdz] *nsg* sida *m*

ail•ing ['eɪlɪŋ] *adj economy* débil, frágil

ail•ment ['eɪlmənt] achaque *m*

aim [eɪm] **I** *n in shooting* puntería *f*; (*objective*) objetivo *m*; *take ~* apuntar (*at* a), poner la mira (*at* en) **II** *v/i in shooting* apuntar; *~ at doing sth, ~ to do sth* tener como intención hacer algo **III** *v/t remark* dirigir; *he ~ed the gun at me* me apuntó con la pistola; *be ~ed at of remark etc* estar dirigido a; *of gun* estar apuntando a

aim•less ['eɪmlɪs] *adj* sin objetivos

ain't [eɪnt] F *are not, am not, is not, have not, has not*

air[1] [er] I *n* **1** aire *m*; **by** ~ *travel* en avión; *send mail* por correo aéreo; **in the open** ~ al aire libre; *I need to get a bit of* ~ necesito tomar un poco el aire *or* el fresco; **on the** ~ RAD, TV en el aire **2** aire *m*; **an** ~ *of importance* un aire de importancia; **put on** ~s, **give o.s.** ~s darse aires II *v/t room* airear; *fig: views* airear, ventilar

air[2] [er] *n* MUS aire *m*

'air•bag airbag *m*, bolsa *f* de aire; **'air-base** base *f* aérea; **'air•bed** *Br* colchón *m* hinchable

'air•borne *adj*: **be** ~ estar volando; *I didn't relax until we were* ~ no me relajé hasta que despegamos

air•borne 'ra•dar radar *m* de a bordo

'air•borne troops *npl* MIL fuerzas *fpl* aerotransportadas

'air brake freno *m* neumático; **'air-brush** pistola *f* de aire comprimido; **'air•bus** AVIA aerobús *m*; **'air car•go** cargamento *m* aéreo; **'air-con•di-tioned** *adj* con aire acondicionado, climatizado; **'air-con•di•tion•ing** aire *m* acondicionado; **air-cooled** ['erkuːld] *adj* refrigerado por aire; **'air•craft** avión *m*, aeronave *f*; **'air•craft car•ri•er** portaaviones *m inv*; **'air cyl•in•der** *for diver* escafandra *f* autónoma; **'air•drop** *of supplies* lanzamiento *m* desde el aire; **'air fare** (precio *m* del) *Span* billete *m or L.Am.* boleto *m* de avión; **'air-field** aeródromo *m*, campo *m* de aviación; **'air force** fuerza *f* aérea; **'air freight** transporte *m* aéreo; **air fresh-en•er** ['erfreʃnər] ambientador *m*; **'air gun** pistola *f / rifle m* de aire comprimido; **'air•head** F cabeza hueca *m/f*; **'air host•ess** azafata *f, L.Am.* aeromoza *f*

air•ing ['erɪŋ]: *give sth an* ~ *room* ventilar algo; *idea* airear algo

'air lane ruta *f* aérea

air•less ['erləs] *adj* cargado, viciado

'air let•ter aerograma *m*; **'air•lift** I *n* puente *m* aéreo II *v/t* transportar mediante puente aéreo; **'air•line** línea *f* aérea; **'air•lin•er** avión *m* de pasajeros; **'air•mail**: **by** ~ por correo aéreo; **'air mar•shal** *Br* mariscal *m* del aire; **'air**

mile milla *f*; **collect** ~s juntar millas; **'air•plane** avión *m*; **'air•pock•et** bolsa *f* de aire; **'air pol•lu•tion** contaminación *f* del aire; **'air•port** aeropuerto *m*; **'air•port ho•tel** hotel *m* de aeropuerto; **'air•port lounge** sala *f* de aeropuerto; **'air•port tax** tasas *fpl* de aeropuerto; **'air pres•sure** presión *f* de aire; **'air pump** bomba *f* de aire; **'air raid** MIL ataque *m* aéreo; **'air raid shel•ter** refugio *m* durante ataques aéreos; **air 'res•cue serv•ice** servicio *m* de rescate aéreo; **'air•ship** dirigible *m*; **'air•show** exhibición *f* aérea; **'air•sick**: **get** ~ marearse (*en avión*); **'air•sick•ness** mareo *m*; **'air•space** espacio *m* aéreo; **'air-speed** velocidad *f* relativa al aire; **'air-strip** pista *f* de aterrizaje; **'air ter-mi•nal** terminal *f* aérea; **'air•tight** *adj container* hermético; **'air•time** tiempo *m* en antena; **air traf•fic** tráfico *m* aéreo; **air-traf•fic con'trol** control *m* del tráfico aéreo; **air-traf•fic con'trol•ler** controlador(a) *m(f)* del tráfico aéreo; **'air vent** orificio *m* de ventilación; **'air-waves** *npl* ondas *fpl*; **air way•bill** ['er-weɪbɪl] COM conocimiento *m* de embarque aéreo; **'air•wor•thy** *adj* AVIA aeronavegable

air•y ['erɪ] *adj room* aireado

air•y-'fair•y *adj* F fantasioso, poco realista

aisle [aɪl] pasillo *m*

'aisle seat asiento *m* de pasillo

a•jar [ə'dʒɑːr] *adj*: **be** ~ estar entreabierto

aka [eɪkeɪ'eɪ] *abbr* (= *also known as*) también conocido como

a•kim•bo [ə'kɪmbou] *adv*: **with arms** ~ con los brazos en jarras

a•kin [ə'kɪn] *adj* similar, afín (**to** a)

al•a•bas•ter ['æləbæstər] alabastro *m*

a•lac•ri•ty [ə'lækrəti] presteza *f*

a•larm [ə'lɑːrm] I *n* alarma *f*; **raise the** ~ dar la alarma II *v/t* alarmar

a'larm call *in hotel* llamada *f* para despertar

a'larm clock reloj *m* despertador

a•larm•ing [ə'lɑːrmɪŋ] *adj* alarmante

a•larm•ing•ly [ə'lɑːrmɪŋli] *adv* de forma alarmante

a•larm•ist [ə'lɑːrmɪst] alarmista *m/f*

a•las [ə'læs] *int* desafortunadamente, desgraciadamente

A•las•ka [ə'læskə] Alaska f

A•las•kan [ə'læskən] **I** adj de Alaska **II** n habitante m/f de Alaska

Al•ba•ni•a [æl'beɪnjə] Albania f

Al•ba•ni•an [æl'beɪnjən] **I** adj albanés **II** n **1** person albanés(-esa) m(f) **2** language albanés m

al•ba•tross ['ælbətrɑːs] ORN albatros m

al•be•it [ɔːl'biːɪt] conj aunque

al•bi•no [æl'biːnoʊ] BIO albino(-a) m(f)

al•bum ['ælbəm] for photographs, (record) álbum m

al•bu•men ['ælbjʊmən] BIO albumen m

al•che•my ['ælkəmɪ] alquimia f

al•co•hol ['ælkəhɑːl] alcohol m

al•co•hol•ic [ælkə'hɑːlɪk] **I** n alcohólico(-a) m(f) **II** adj alcohólico

al•co•hol•ism ['ælkəhɑːlɪzm] alcoholismo m

al•cove ['ælkoʊv] celdilla f, nicho m

al•der ['ɔːldər] BOT aliso m

ale [eɪl] cerveza f

a•lert [ə'lɜːrt] **I** n signal alerta f; **be on the ~** estar alerta **II** v/t alertar; **~ s.o. to sth** alertar or avisar a alguien de algo **III** adj alerta; **be ~ to** estar alerta de

A-lev•el ['eɪlevl] Br: examen que se realiza en el último curso del bachillerato a la edad de 18 años

al•fal•fa [æl'fælfə] alfalfa f

al•fres•co [æl'freskoʊ] adj & adv al aire libre

al•ga ['ælgə] (pl algae ['ældʒiː]) alga f

al•ge•bra ['ældʒɪbrə] álgebra f

al•ge•bra•ic ['ældʒɪbreɪk] adj algebraico

Al•ge•ri•a [æl'dʒɪərɪə] Argelia f

Al•ge•ri•an [æl'dʒɪərɪən] **I** adj argelino **II** n argelino(-a) m(f)

al•go•rithm ['ælgərɪðm] MATH algoritmo m

a•li•as ['eɪlɪəs] **I** n seudónimo m **II** adv alias

al•i•bi ['ælɪbaɪ] coartada f

al•ien ['eɪlɪən] **I** n **1** (foreigner) extranjero(-a) m(f) **2** from space extraterrestre m/f **II** adj **1** extraño **2**: **be ~ to s.o.** ser ajeno a alguien

al•ien•ate ['eɪlɪəneɪt] v/t alienar, provocar el distanciamiento de

al•ien•a•tion [eɪlɪən'eɪʃn] alienación f

a•light¹ [ə'laɪt] adj en llamas; **set sth ~** prender fuego a algo

a•light² [ə'laɪt] v/i **1** from car, train etc apearse, bajarse (**from** de) **2** of bird, butterfly etc posarse (**on** en)

a•lign [ə'laɪn] v/t alinear

a•lign•ment [ə'laɪnmənt] of wheels alineación f; of policies alianza f; **in ~ with** en concordancia con

a•like [ə'laɪk] **I** adj: **be ~** parecerse **II** adv igual; **old and young ~** viejos y jóvenes sin distinción

al•i•men•ta•ry ca•nal [ælɪ'mentərɪ] aparato m digestivo

al•i•mo•ny ['ælɪmənɪ] pensión f alimenticia

a•live [ə'laɪv] adj **1**: **be ~** estar vivo; **be burnt ~** ser quemado vivo; **~ and kicking** F vivito y coleando F **2** fig: **be ~ to** estar al tanto de, ser consciente de; **be ~ with** estar plagado de **3** in basketball en juego

al•ka•li ['ælkəlaɪ] CHEM álcali m

al•ka•line ['ælkəlaɪn] adj alcalino

all [ɔːl] **I** adj todo(s)

II pron todo; **~ of us / them** todos nosotros / ellos; **he ate ~ of it** se lo comió todo; **that's ~, thanks** eso es todo, gracias; **for ~ I care** para lo que me importa; **for ~ I know** por lo que sé

III adv: **~ at once** (suddenly) de repente; (at the same time) a la vez; **~ but** (except) todos menos; (nearly) casi; **~ the better** mucho mejor; **~ the time** todo el tiempo, desde el principio; **it's ~ different** es todo distinto; **they're not at ~ alike** no se parecen en nada; **that's not at ~ funny** eso no tiene nada de gracia, eso no es nada gracioso; **not at ~!** ¡en absoluto!; **thank you – not at all** gracias – de nada; **two ~** SP empate a dos; **~ right** ☞ **alright**

all-A'mer•i•can adj típicamente americano

al•lay [ə'leɪ] v/t apaciguar

all-'clear: give sth the ~ fig dar a algo el visto bueno

al•le•ga•tion [ælɪ'geɪʃn] acusación f

al•lege [ə'ledʒ] v/t alegar

al•leged [ə'ledʒd] adj presunto

al•leg•ed•ly [ə'ledʒɪdlɪ] adv presuntamente, supuestamente

al•le•giance [ə'liːdʒəns] lealtad f

al•le•gor•ic [ælɪ'gɑːrɪk], **al•le•gor•i•cal** [ælɪ'gɑːrɪkl] adj alegórico

al•le•go•ry ['ælɪgɔːrɪ] alegoría f

al•le•lu•ia [ælɪ'luːjə] aleluya m

al•len key ['ælən] llave *f* allen
al•ler•gen ['ælərdʒən] MED alergeno *m*
al•ler•gic [ə'lɜːrdʒɪk] *adj* alérgico; **be ~ to** ser alérgico a
al•ler•gist ['ælərdʒɪst] alergista *m/f*
al•ler•gy ['ælərdʒɪ] alergia *f*
al•le•vi•ate [ə'liːvɪeɪt] *v/t* aliviar
al•ley ['ælɪ] callejón *m*
al•li•ance [ə'laɪəns] alianza *f*
al•lied ['ælaɪd] *adj related* relacionado, afín; **be ~ to s.o.** / **sth** estar relacionado con alguien / algo
Al•lied ['ælaɪd] *adj* MIL HIST aliado
Al•lies ['ælaɪz] *npl* MIL HIST: **the ~** los Aliados
al•li•ga•tor ['ælɪgeɪtər] ZO aligátor *m*
'al•li•ga•tor clip pinza *f* cocodrilo
all-im•por•tant *adj* importantísimo, vital
'all-in *adj* (*inclusive*) final, total
all-in•clu•sive 'price precio *m* con todo incluido
all-in 'wres•tling lucha *f* libre
al•lit•er•a•tion [əlɪtə'reɪʃn] aliteración *f*
'all-night *adj party* nocturno, que dura toda la noche; *diner* abierto toda la noche
al•lo•cate ['æləkeɪt] *v/t* asignar
al•lo•ca•tion [ælə'keɪʃn] asignación *f*
al•lot [ə'lɑːt] *v/t* (*pret & pp* **-ted**) asignar
al•lot•ment [ə'lɑːtmənt] **1** (*portion*) cuota *f* **2** *Br: garden* huerta *f*, huerto *m*
'all-out *adj* F firme, que va a por todas F; **an ~ effort** un esfuerzo colosal
al•low [ə'laʊ] *v/t* **1** (*permit*) permitir; **it's not ~ed** no está permitido; **he ~ed us to leave** nos permitió salir; **be ~ed to do sth** tener permiso para hacer algo, poder hacer algo **2** (*calculate for*) calcular
◆ allow for *v/t* tener en cuenta
al•low•a•ble [ə'laʊəbl] *adj error* permisible
al•low•ance [ə'laʊəns] **1** *money* asignación *f*; *for kids* paga *f* **2**: **make ~s for** *weather etc* tener en cuenta; *person* disculpar
al•loy ['ælɔɪ] aleación *f*; **~ wheels** MOT llantas *fpl* de aleación
'all-pow•er•ful *adj* omnipotente; **'all--pur•pose** *adj* multiuso; **'all-round** *adj* completo; **all-risks in'sur•ance** seguro *m* a todo riesgo; **all-round•er** [ɒːl-'raʊndər]: **he's an ~** *at sport* es un de-

portista completo; *at school* se le dan bien todas las asignaturas; **All 'Saints' Day** REL día *m* de Todos los Santos; **All 'Souls' Day** REL día *m* de Difuntos; **all-ter•rain** *adj* todoterreno; **'all-time:** *be at an ~* **high** / **low** haber alcanzado un máximo / mínimo histórico; *one of the ~* **greats** uno de los grandes de todos los tiempos
◆ al•lude to [ə'luːd] *v/t* aludir a
al•lure [ə'luːr] atractivo *m*, encanto *m*; **lose its ~** perder su atractivo *or* encanto
al•lur•ing [ə'luːrɪŋ] *adj* atractivo, seductor
al•lu•sion [ə'luːʒn] alusión *f* (**to** a)
al•lu•vi•al [ə'luːvjəl] *adj* GEOL aluvial
'all-weath•er *adj* para cualquier condición atmosférica
all-wheel 'drive *adj* con tracción a las cuatro ruedas
al•ly ['ælaɪ] **1** *n* aliado(-a) *m(f)* II *v/t*: **~ o.s. to** aliarse con
al•might•y [ɒːl'maɪtɪ] I *adj* F potente, infernal II *n*: **the Almighty** el Todopoderoso
al•mond ['ɑːmənd] almendra *f*
al•most ['ɒːlmoʊst] *adv* casi
alms [ɑːmz] *npl* limosna *fsg*
al•oe ['æloʊ] BOT aloe *m*
a•loft [ə'lɑːft] *adv raise* en el aire
a•lone [ə'loʊn] *adj & adv* solo
a•long [ə'lɒːŋ] I *prep* (*situated beside*) a lo largo de; *walk ~ this path* sigue por esta calle II *adv*: **would you like to come ~?** ¿te gustaría venir conmigo / con nosotros?; *he always brings the dog ~* siempre trae al perro; **~ with** junto con; **all ~** (*all the time*) todo el tiempo, desde el principio
a•long•side [əlɒːŋ'saɪd] I *prep work* con, junto a; *exist, perform* junto con: (*parallel to*) al lado de II *adv*: *a police car drew up ~* un coche de policía se acercó *or* se aproximó al lado
a•loof [ə'luːf] *adj* distante, reservado; *keep (o.s.) ~*, *stand ~* mantenerse *or* quedarse al margen (*from* de)
a•loud [ə'laʊd] *adv* en voz alta
al•pha•bet ['ælfəbet] alfabeto *m*
al•pha•bet•i•cal [ælfə'betɪkl] *adj* alfabético; **~ order** orden *m* alfabético
al•pha•nu•mer•ic [ælfənju'merɪk] *adj* COMPUT alfanumérico

al•pha•nu•mer•ic 'key•board COMPUT teclado *m* alfanumérico

al•pha•test ['ælfətest] test *m* alfa

al•pine ['ælpaɪn] *adj* alpino

Al•pine ['ælpaɪn] *adj* alpino, de los Alpes

Alps [ælps] *npl:* **the ~** los Alpes

al•read•y [ɒːl'redɪ] *adv* ya

al•right [ɒːl'raɪt] *adj (not hurt, in working order)* bien; **is it ~ to leave now?** *(permitted)* ¿puedo irme / podemos irnos ahora?; **is it ~ to take these out of the country?** ¿se pueden sacar éstos del país?; **is it ~ with you if I …?** ¿te importa si …?; **~, you can have one!** de acuerdo, ¡puedes tomar uno!; **~, I heard you!** vale, ¡te he oído!; **everything is ~ now between them** vuelven a estar bien; **that's ~** *(don't mention it)* de nada; *(I don't mind)* no importa

Al•sa•tian [æl'seɪʃn] *Br* ZO pastor *m* alemán

al•so ['ɒːlsoʊ] *adv* también

'al•so-ran perdedor(a) *m(f)*

al•tar ['ɒːltər] altar *m*

al•ter ['ɒːltər] *v/t* alterar

al•ter•a•tion [ɒːltə'reɪʃn] alteración *f;* **make ~s to clothes** arreglar; **plan** *etc* modificar, cambiar

al•ter•ca•tion [ɒːltər'keɪʃn] altercado *m*

al•ter•nate I *v/i* ['ɒːltərneɪt] alternar II *adj* ['ɒːltərneɪt] alterno

al•ter•nate•ly [ɒːl'tɜːrnətlɪ] *adv* alternativamente, alternadamente

al•ter•nat•ing ['ɒːltərneɪtɪŋ] *adj* alterno, alternativo

'al•ter•nat•ing cur•rent corriente *f* alterna

al•ter•na•tive [ɒːlt'ɜːrnətɪv] I *n* alternativa *f;* **we had no ~ but to head back** no tuvimos otra *or* más alternativa que regresar II *adj* alternativo

al•ter•na•tive•ly [ɒːlt'ɜːrnətɪvlɪ] *adv* si no

al•ter•na•tor ['ɒːltərneɪtər] ELEC alternador *m*

al•though [ɒːl'ðoʊ] *conj* aunque, si bien

al•tim•e•ter ['æltɪmiːtər] PHYS altímetro *m*

al•ti•tude ['æltɪtuːd] *of plane, city* altitud *f; of mountain* altura *f*

'al•ti•tude sick•ness mal *m* de las alturas

alt key ['ɒːltkiː] COMPUT tecla *f* alt

al•to ['æltoʊ] MUS *voice* contralto *m; singer* contralto *m/f;* **~ (sax)** (saxo *m*) alto *m*

al•to•geth•er [ɒːltə'geðər] *adv* **1** *(completely)* completamente; **on another matter ~,** … pasando a algo completamente diferente, … **2** *(in all)* en total; **~, this is a great movie** en todos los sentidos, es una película estupenda

al•tru•ism ['æltruːɪzm] altruismo *m*

al•tru•ist ['æltruːɪst] altruista *m/f*

al•tru•is•tic [æltruː'ɪstɪk] *adj* altruista

a•lu•mi•num [ə'luːmənəm], *Br* **a•lu•min•i•um** [æljʊ'mɪnɪəm] aluminio *m*

a•lum•ni [ə'lʌmnaɪ] *npl* antiguos *mpl* alumnos

al•ways ['ɒːlweɪz] *adv* siempre; **you can ~ change your mind** siempre puedes cambiar de opinión

Alz•hei•mer's (dis•ease) ['æltshaɪmərz] MED (enfermedad *f* de) Alzheimer *m*

am [æm] ☞ **be**

a.m. ['eɪem] *abbr* (= *ante meridiem*) a.m.; **at 11 ~** a las 11 de la mañana

a•mal•gam [ə'mælgəm] CHEM, TECH amalgamación *f*, amalgamiento *m*

a•mal•gam•ate [ə'mælgəmeɪt] *v/i of companies* fusionarse

a•mal•ga•ma•tion [əmælgə'meɪʃn] **1** CHEM, TECH amalgama *f* **2** *mixture* amalgama *f*, unión *f*

a•mass [ə'mæs] *v/t* acumular

am•a•teur ['æmətʃʊr] *n unskilled* aficionado(-a) *m(f);* SP amateur *m/f*

am•a•teur•ish ['æmətʃʊrɪʃ] *adj pej* chapucero

a•maze [ə'meɪz] *v/t* asombrar

a•mazed [ə'meɪzd] *adj* asombrado; **we were ~ to hear …** nos asombró oír …; **you'll be ~** te vas a quedar pasmado F

a•maze•ment [ə'meɪzmənt] asombro *m;* **in ~** con (cara de) asombro; **to my ~** para mi asombro *or* sorpresa

a•maz•ing [ə'meɪzɪŋ] *adj (surprising)* asombroso; F *(very good)* alucinante F

a•maz•ing•ly [ə'meɪzɪŋlɪ] *adv* increíblemente

Am•a•zon ['æməzən]: **the ~** el Amazonas

Am•a•zon 'es•tu•a•ry Bocas *fpl* del Amazonas

Am•a•zo•ni•an [æmə'zoʊnɪən] *adj*

amazónico

am•bas•sa•dor [æm'bæsədər] embajador(a) *m(f)*

am•ber ['æmbər] *adj* ámbar; **at ~** en ámbar

am•bi•dex•trous [æmbɪ'dekstrəs] *adj* ambidiestro

am•bi•ence ['æmbɪəns] ambiente *m*

am•bi•gu•i•ty [æmbɪ'gjuːətɪ] ambigüedad *f*

am•big•u•ous [æm'bɪgjuəs] *adj* ambiguo

am•bi•tion [æm'bɪʃn] *also pej* ambición *f*

am•bi•tious [æm'bɪʃəs] *adj* ambicioso; **be ~ for s.o.** desear lo mejor para alguien

am•biv•a•lence [æm'bɪvələns] ambivalencia *f*

am•biv•a•lent [æm'bɪvələnt] *adj* ambivalente

am•ble ['æmbl] *v/i* deambular

am•bu•lance ['æmbjuləns] ambulancia *f*

am•bush ['æmbʊʃ] **I** *n* emboscada *f* **II** *v/t* tender una emboscada a

a•me•ba [ə'miːbə] ZO ameba *f*

a•mel•io•rate [ə'miːljəreɪt] *v/t fml* mejorar, aliviar

a•men [eɪ'men] *int* amén

a•me•na•ble [ə'miːnəbl] *adj person* manejable, fácil; *animal* dócil; **be ~ to sth** aceptar de buen grado algo, estar de acuerdo con algo

a•mend [ə'mend] *v/t* enmendar

a•mend•ment [ə'mendmənt] enmienda *f*

a•mends [ə'mendz] *npl*: **make ~ for** compensar

a•men•i•ties [ə'miːnətɪz] *npl* servicios *mpl*

A•mer•i•ca [ə'merɪkə] **1** *continent* América **2** (*USA*) Estados *mpl* Unidos

A•mer•i•can [ə'merɪkən] **I** *adj* (*North ~*) estadounidense **II** *n* (*North ~*) estadounidense *m/f*

A•mer•i•can•ism [ə'merɪkənɪzm] LING americanismo *m*, angloamericanismo *m*

A•mer•i•can•ize [ə'merɪkənaɪz] *v/t* americanizar

A'mer•i•can plan pensión *f* completa

am•e•thyst ['æmɪθɪst] amatista *f*

a•mi•a•bil•i•ty [eɪmjə'bɪlətɪ] afabilidad

f, amabilidad *f*

a•mi•a•ble ['eɪmɪəbl] *adj* afable, amable

a•mi•ca•ble ['æmɪkəbl] *adj* amistoso

a•mi•ca•bly ['æmɪkəblɪ] *adv* amistosamente

a•mid(st) [ə'mɪd(st)] *prep* entre, en medio de

a•miss [ə'mɪs] *adj & adv*: **take sth ~** tomarse algo a mal; **there is something ~ with** le pasa algo a; **a bit of help wouldn't go ~** un poco de ayuda no iría *or* no vendría mal

am•me•ter ['æmɪtər] ELEC amperímetro *m*

am•mo•ni•a [ə'moʊnjə] CHEM amoniaco *m*

am•mu•ni•tion [æmjʊ'nɪʃn] munición *f*; *fig* argumentos *mpl*

am•ne•si•a [æm'niːzɪə] amnesia *f*

am•nes•ty ['æmnəstɪ] amnistía *f*

am•ni•o•cen•te•sis [æmnɪoʊsen'tiːsɪs] MED amniocentesis *f*

am•ni•ot•ic flu•id [æmnɪ'ɑːtɪk] MED líquido *m* amniótico

a•moe•ba [ə'miːbə] *Br* ZO ☞ **ameba**

a•mok [ə'mɑːk] ☞ **amuck**

a•mong(st) [ə'mʌŋ(st)] *prep* entre; **~ other things** entre otras cosas

a•mor•al [eɪ'mɔːrəl] *adj* amoral

am•o•rous ['æmərəs] *adj*: **~ advances** insinuaciones *fpl* amorosas; **he started getting ~** empezó a acaramelarse

a•mor•phous [ə'mɔːfəs] *adj* amorfo

am•or•tize [ə'mɔːtaɪz] *v/t* FIN amortizar

a•mount [ə'maʊnt] cantidad *f*; (*sum of money*) cantidad *f*, suma *f*; **to the ~ of** por la cantidad de; **a large ~ of work** mucho trabajo

◆ **amount to** *v/t* ascender a; **his contribution didn't amount to much** su contribución no fue gran cosa; **he'll never amount to much** nunca llegará a mucho

amp [æmp] F ☞ **ampere, amplifier**

am•pere ['æmper] ELEC amperio *m*

am•per•sand ['æmpərsænd] TIP *símbolo* &

am•phet•a•mine [æm'fetəmiːn] anfetamina *f*

am•phib•i•an [æm'fɪbɪən] anfibio *m*

am•phib•i•ous [æm'fɪbɪəs] *adj animal, vehicle* anfibio

am•phi•the•a•ter, *Br* **am•phi•the•a•tre**

['æmfɪθɪətər] anfiteatro *m*

am•ple ['æmpl] *adj* abundante; *$4 will be ~* 4 dólares serán más que suficientes

am•pli•fi•ca•tion [æmplɪfɪ'keɪʃn] amplificación *f*

am•pli•fi•er ['æmplɪfaɪr] amplificador *m*

am•pli•fy ['æmplɪfaɪ] *v/t* (*pret & pp -ied*) *sound* amplificar

am•pli•tude ['æmplɪtjuːd] ELEC, PHYS amplitud *f*

am•pu•tate ['æmpjʊteɪt] *v/t* amputar

am•pu•ta•tion [æmpjʊ'teɪʃn] amputación *f*

am•pu•tee [æmpjʊ'tiː] amputado(-a) *m(f)*

Am•trak ['æmtræk] *empresa ferroviaria estadounidense*

a•muck [ə'mʌk] *adv*: *run ~* volverse loco, perder la cabeza

a•muse [ə'mjuːz] *v/t* **1** (*make laugh etc*) divertir; *they weren't very ~d* no les hizo mucha gracia; *you'll be ~d to hear that …* te va a hacer gracia escuchar que … **2** (*entertain*) entretener; *the kids are well able to ~ themselves* los niños pueden entretenerse *or* distraerse solos perfectamente

a•muse•ment [ə'mjuːzmənt] **1** (*merriment*) diversión *f*; *to our great ~* para nuestro regocijo; *this caused a lot of ~* esto hizo mucha gracia **2** (*entertainment*) entretenimiento *m*; *~s* (*games*) juegos *mpl*; *what do you do for ~?* ¿qué haces para entretenerte?

a'muse•ment ar•cade *Br* salón *m* de juegos recreativos

a'muse•ment park parque *m* de atracciones

a•mus•ing [ə'mjuːzɪŋ] *adj* divertido

an [æn] *unstressed* [ən] ☞ *a*

an•a•bol•ic ster•oid [ænə'bɑːlɪk] esteroide *m* anabolizante

a•nach•ro•nism [ə'nækrənɪzəm] anacronismo *m*

a•nach•ro•nis•tic [ənækrə'nɪstɪk] *adj* anacrónico

an•a•con•da [ænə'kɑːndə] ZO anaconda *f*

a•nae•mi•a *etc Br* ☞ *anemia etc*

an•aes•thet•ic *etc Br* ☞ *anesthetic etc*

an•a•log ['ænəlɑːg] *adj* COMPUT analógico

a•nal•o•gous [ə'næləgəs] *adj* análogo, semejante

a•nal•o•gy [ə'nælədʒɪ] analogía *f*; *by ~ with* por analogía con

an•al•y•sis [ə'næləsɪs] (*pl analyses* [ə'næləsiːz]) **1** análisis *m inv* **2** PSYCH psicoanálisis *m inv*

an•a•lyst ['ænəlɪst] **1** analista *m/f* **2** PSYCH psicoanalista *m/f*

an•a•lyt•i•cal [ænə'lɪtɪkl] *adj* analítico

an•a•lyze ['ænəlaɪz] *v/t* **1** analizar **2** PSYCH psicoanalizar

an•arch•y ['ænərkɪ] anarquía *f*

a•nath•e•ma [ə'næθəmə] REL anatema *m*; *it is ~ to the government fig* le resulta aborrecible al gobierno

a•nat•o•my [ə'nætəmɪ] anatomía *f*

an•ces•tor ['ænsestər] antepasado(-a) *m(f)*

an•ces•tral [æn'sestrəl] *adj* ancestral; *~ home* casa solar

an•ces•try ['ænsestrɪ] descendencia *f*; *I want to trace my ~* quiero reconstruirme mi genealogía *or* mi árbol genealógico

an•chor ['æŋkər] **I** *n* **1** NAUT ancla *f* **2** TV presentador(a) *m(f)* **II** *v/i* NAUT anclar

an•chor•age ['æŋkərɪdʒ] ancladero *m*

'an•chor•man TV presentador *m*

an•cho•vy ['æntʃoʊvɪ] anchoa *f*

an•cient ['eɪnʃənt] *adj* antiguo

an•cil•lar•y [æn'sɪlərɪ] *adj staff* auxiliar

and [ənd] *stressed* [ænd] *conj* y; *~ / or* y / o; *it's getting bigger ~ bigger* se está haciendo cada vez mayor; *they cried ~ cried* no paraban de llorar

An•da•lu•si•a [ændəluː'sɪə] Andalucía *f*

An•da•lu•si•an [ændæluː'sɪən] *adj* andaluz

An•de•an ['ændɪən] *adj* andino

An•des ['ændiːz] *npl*: *the ~* los Andes

An•dor•ra [æn'dɔːrə] Andorra *f*

an•droid ['ændrɔɪd] androide *m*

an•ec•dot•al [ænek'doʊtl] *adj* anecdótico, circunstancial

an•ec•dote ['ænɪkdoʊt] anécdota *f*

a•ne•mia [ə'niːmɪə] anemia *f*

a•ne•mic [ə'niːmɪk] *adj* anémico

an•e•mom•e•ter [ænɪ'mɑːmɪtər] PHYS anemómetro *m*

a•nem•o•ne [ə'nemənɪ] BOT anémona *f*

an•es•the•si•a [ænəs'θiːzɪə] anestesia *f*

an•es•the•si•ol•o•gist [ænəsθiːzɪ'ɑːlədʒɪst] anestesista *m/f*

an•es•thet•ic [ænəs'θetɪk] anestesia *f*

an•es•the•tist [ə'niːsθətɪst] anestesista *m/f*

a•new [ə'njuː] *adv* de nuevo, otra vez; *start ~* empezar de nuevo, empezar desde cero

an•gel ['eɪndʒl] REL ángel *m*; *fig* ángel *m*, cielo *m*

an•gel•ic [æn'dʒelɪk] *adj* angelical

An•gel•i•no [ændʒə'liːnou] **I** *adj* angelino **II** *n* angelino(-a) *m(f)*

an•ger ['æŋgər] **I** *n* enfado *m*, enojo *m* **II** *v/t* enfadar, enojar

an•gi•na [æn'dʒaɪnə] angina *f* (de pecho)

an•gle¹ ['æŋgl] *n* ángulo *m*; *be at an ~* estar torcido *or* en diagonal (*to* con respecto a); *see sth from a different ~ fig* ver algo desde otro punto de vista

an•gle² ['æŋgl] *v/i* pescar con caña
♦ **angle for** *v/t fig* ir detrás de, buscar

'an•gle brack•et paréntesis *m inv* angular

an•gler ['æŋglər] pescador(a) *m(f)* de caña

An•gli•can ['æŋglɪkən] REL **I** *adj* anglicano **II** *n* anglicano(-a) *m(f)*

An•gli•cism ['æŋglɪsɪzəm] LING anglicismo *m*

An•glo-A•mer•i•can [æŋglouə'merɪkən] **I** *n* angloamericano(-a) *m(f)* **II** *adj* angloamericano

An•glo-Sax•on [æŋglou'sæksən] **I** *n* anglosajón(-ona) *m(f)* **II** *adj* anglosajón

An•go•la [æŋ'goulə] Angola *f*

An•go•lan [æŋ'goulən] **I** *n* angoleño(-a) *m(f)* **II** *adj* angoleño

an•go•ra [æŋ'gɔːrə] *wool* angora *f*; *~ cat* gato *m* de Angora

an•gry ['æŋgrɪ] *adj* enfadado, enojado; *be ~ with s.o.* estar enfadado *or* enojado con alguien; *be ~ about sth* estar enfadado por algo; *get ~* enfadarse; *get ~ with s.o.* enfadarse con alguien; *get ~ about sth* enfadarse por algo

an•guish ['æŋgwɪʃ] angustia *f*

an•gu•lar ['æŋgjulər] *adj* anguloso

an•i•mal ['ænɪml] animal *m*

'an•i•mal king•dom reino *m* animal; **'an•i•mal lov•er** amante *m/f* de los animales; **an•i•mal 'wel•fare** protección *f* de los animales

an•i•mate ['ænɪmeɪt] *v/t* animar, alegrar

an•i•mat•ed ['ænɪmeɪtɪd] *adj* animado

an•i•mat•ed car'toon dibujos *mpl* animados

an•i•mat•ed 'film película *f* de animación

an•i•ma•tion [ænɪ'meɪʃn] (*liveliness*), *of cartoon* animación *f*

an•i•ma•tor ['ænɪmeɪtər] *draws cartoons* animador(a) *m(f)*

an•i•mos•i•ty [ænɪ'mɑːsətɪ] animosidad *f*

an•ise ['ænɪs] BOT anís *m*

an•i•seed ['ænɪsiːd] anís *m*, anisete *m*

an•kle ['æŋkl] tobillo *m*

an•klet ['æŋklət] **1** *jewellery* pulsera *f* para el tobillo **2** *clothing* calcetín *m* tobillero

an•nals ['ænlz] *npl* anales *mpl*; *go down in the ~ of history* incluirse en los anales de la historia

an•nex ['æneks] **I** *n building* edificio *m* anexo **II** *v/t state* anexionar

an•nex•a•tion [ænek'seɪʃn] anexión *f*, adhesión *f*

an•nexe ['æneks] *n Br* edificio *m* anexo

an•ni•hi•late [ə'naɪəleɪt] *v/t* aniquilar

an•ni•hi•la•tion [ənaɪə'leɪʃn] aniquilación *f*

an•ni•ver•sa•ry [ænɪ'vɜːrsərɪ] (*wedding ~*) aniversario *m*

An•no Do•mi•ni [ænou'dɑːmɪnaɪ] *adv* después de Cristo

an•no•tate ['ænəteɪt] *v/t report* anotar

an•no•ta•tion [ænə'teɪʃn] anotación *f*, nota *f* explicativa

an•nounce [ə'naʊns] *v/t* anunciar

an•nounce•ment [ə'naʊnsmənt] anuncio *m*

an•nounc•er [ə'naʊnsər] TV, RAD presentador(a) *m(f)*

an•noy [ə'nɔɪ] *v/t* molestar, irritar; *be ~ed* estar molesto *or* irritado

an•noy•ance [ə'nɔɪəns] **1** (*anger*) irritación *f* **2** (*nuisance*) molestia *f*

an•noy•ing [ə'nɔɪɪŋ] *adj* molesto, irritante

an•nu•al ['ænʊəl] **I** *adj* anual **II** *n* **1** *book*: *libro que se publica anualmente* **2** BOT planta *f* de un año

an•nu•al 'earn•ings *npl* ganancias *fpl* anuales; **an•nu•al gen•e•ral 'meet•ing** *Br* consejo *m* general anual; **an•nu•al 'in•come** ingresos *mpl* anuales; **an•nu•al per'cen•tage rate** FIN tasa *f* anual equivalente

an•nu•i•ty [ə'nu:ətɪ] anualidad *f*

an•nul [ə'nʌl] *v/t* (*pret & pp* **-led**) *marriage* anular

an•nul•ment [ə'nʌlmənt] anulación *f*

An•nun•ci•a•tion [ənʌnsɪ'eɪʃn] REL: **the ~** la Anunciación

an•ode ['ænoʊd] ELEC ánodo *m*

an•o•dyne ['ænoʊdaɪn] *adj* anodino, insubstancial

a•noint [ə'nɔɪnt] *v/t esp* REL ungir

a•nom•a•lous [ə'nɑːmələs] *adj* anómalo, anormal

a•nom•a•ly [ə'nɑːməlɪ] anomalía *f*, anormalidad *f*

an•o•nym•i•ty [ænə'nɪmətɪ] anonimato *m*; **preserve one's ~** permanecer en el anonimato

a•non•y•mous [ə'nɑːnɪməs] *adj* anónimo

an•o•rak ['ænəræk] *Br* anorak *m*

an•o•rex•i•a [ænə'reksɪə] anorexia *f*

an•o•rex•ic [ænə'reksɪk] *adj* anoréxico

an•oth•er [ə'nʌðər] **I** *adj* otro **II** *pron* otro(-a) *m(f)*; **they helped one ~** se ayudaron (el uno al otro); **do they know one ~?** ¿se conocen?

ANSI ['ænsɪ] *abbr* (= **American National Standards Institute**) código ANSI *m*, ANSI *m*

an•swer ['ænsər] **I** *n* **1** *to letter, person, question* respuesta *f*, contestación *f*; **in ~ to** en respuesta a, para responder a **2** *to problem* solución *f* **II** *v/t letter, person, question* responder, contestar; **~ the door** abrir la puerta; **~ the telephone** responder *or Span* coger al teléfono

◆ **answer for** *v/t* responder de

◆ **answer to** *v/t* **1** *person* responder ante **2** *description* responder a

an•swer•a•ble ['ænsərəbl] *adj*: **be ~ to s.o.** tener que responder ante alguien; **be ~ to s.o. for sth / s.o.** ser responsable de algo / alguien ante alguien

an•swer•ing ma•chine ['ænsərɪŋ] TELEC contestador *m* (automático)

'an•swer•phone TELEC contestador *m* (automático)

ant [ænt] hormiga *f*

ant•ac•id ['æntæsɪd] antiácido *m*

an•tag•o•nism [æn'tægənɪzm] antagonismo *m*

an•tag•o•nist [æn'tægənɪst] antagonista *m/f*, contrincante *m/f*

an•tag•o•nis•tic [æntægə'nɪstɪk] *adj* hostil

an•tag•o•nize [æn'tægənaɪz] *v/t* antagonizar, enfadar

Ant•arc•tic [ænt'ɑːrktɪk]: **the ~** el Antártico

Ant•arc•ti•ca [ænt'ɑːrktɪkə] GEOG Antártida *f*

Ant•arc•tic 'Cir•cle círculo *m* polar antártico

Ant•arc•tic 'O•cean océano *m* Antártico

ant•eat•er ['æntiːtər] ZO oso *m* hormiguero

an•te•ced•ent [æntɪ'siːdənt] **1** (*forerunner*) predecesor(a) *m(f)*, antecesor(a) *m(f)* **2**: **~s** (*background*) antecedentes *mpl*

an•te•di•lu•vi•an [æntɪdaɪ'luːvjən] *adj* antediluviano

an•te•lope ['æntɪloʊp] ZO antílope *m*

an•te•na•tal [æntɪ'neɪtl] *adj* prenatal; **~ class** clase *f* de preparación para el parto

an•ten•na [æn'tenə] *of insect, for TV* antena *f*

an•te•ri•or [æn'tɪərɪər] *adj* anterior

an•te•room ['æntɪrʊm] antesala *f*

an•them ['ænθəm] himno *m*

'ant•hill hormiguero *m*

an•thol•o•gy [æn'θɑːlədʒɪ] antología *f*

an•thra•cite ['ænθrəsaɪt] MIN antracita *f*

an•thro•poid ['ænθrəpɔɪd] ZO **I** *adj* antropoide **II** *n* antropoide *m/f*

an•thro•po•log•i•cal [ænθrəpə'lɑːdʒɪkl] *adj* antropológico

an•thro•pol•o•gist [ænθrə'pɑːlədʒɪst] antropólogo(-a) *m(f)*

an•thro•pol•o•gy [ænθrə'pɑːlədʒɪ] antropología *f*

an•ti... ['æntaɪ] *pref* anti ...

an•ti-a'bor•tion•ist antiabortista *m/f*

an•ti-'air•craft *adj* MIL antiaéreo

an•ti-'air•craft gun MIL cañón *m* antiaéreo

an•ti•bi•ot•ic [æntaɪbaɪ'ɑːtɪk] antibiótico *m*

'an•ti•bod•y anticuerpo *m*

an•tic•i•pate [æn'tɪsɪpeɪt] *v/t* esperar, prever

an•tic•i•pa•tion [æntɪsɪ'peɪʃn] expectativa *f*, previsión *f*

an•tic•i•pa•to•ry [æntɪsɪˈpeɪtərɪ] *adj* de anticipación

an•ti'cli•max *fig* anticlímax *m*, desilusión *f*

'an•ti-clock•wise *adv Br* en dirección contraria a las agujas del reloj

an•tics ['æntɪks] *npl* payasadas *fpl*

an•ti'cy•clone METEO anticiclón *m*

an•ti'daz•zle *adj* antirreflector

an•ti•de'pres•sant MED antidepresivo *m*

an•ti•dote ['æntɪdoʊt] antídoto *m*

an•ti'fas•cist I *n* antifascista *m/f* II *adj* antifascista

'an•ti•freeze anticongelante *m*

an•ti-'glare mir•ror espejo *m* antideslumbrante

an•ti•his•ta•mine [æntəˈhɪstəmiːn] MED antihistamínico *m*

An•til•les [ænˈtɪliːz] *npl*: *Greater / Lesser ~* Grandes / Pequeñas Antillas *fpl*

an•ti-lock 'brak•ing sys•tem MOT sistema *m* de frenos antibloqueo

'an•ti•mat•ter antimateria *f*

an•ti•pa•thy [ænˈtɪpəθɪ] antipatía *f*

an•ti•per•spi•rant [æntaɪˈpɜːrspərənt] antitranspirante *m*

An•tip•o•des [ænˈtɪpədiːz] *npl Br*: *the ~* las Antípodas

an•ti•quar•i•an book•sell•er [æntɪkwerɪənˈbʊksələr] librero(-a) *m(f)* especialista en libros antiguos

an•ti•quar•i•an 'book•store librería *f* de libros antiguos

an•ti•quat•ed ['æntɪkweɪtɪd] *adj* anticuado

an•tique [ænˈtiːk] antigüedad *f*

an'tique deal•er anticuario(-a) *m(f)*

an•tiq•ui•ty [ænˈtɪkwətɪ] antigüedad *f*

an•ti'rust *adj* antioxidante

an•ti-Sem•ite [æntərˈsiːmaɪt] antisemita *m/f*

an•ti-Se•mit•ic [æntaɪsəˈmɪtɪk] *adj* antisemita, antisemítico

an•ti-Sem•i•tism [æntərˈsemɪtɪzəm] antisemitismo *m*

an•ti•sep•tic [æntərˈseptɪk] I *adj* antiséptico II *n* antiséptico *m*

an•ti-'smok•ing *adj* campaign anti-tabaco

an•ti'so•cial *adj* antisocial, poco sociable

an•ti-'theft de•vice dispositivo *m* antirrobo

an•tith•e•sis [ænˈtɪθəsɪs] (*pl antitheses* [ænˈtɪθəsiːz]) antítesis *f*

an•ti-'trust laws *npl* COM ley *f* antimonopolio *or* antimonopolista

an•ti•vi•rus pro•gram COMPUT (*programa m*) antivirus *m inv*

ant•lers ['æntlərz] *npl* cuernos *mpl*

an•to•nym ['æntoʊnɪm] antónimo *m*

a•nus ['eɪnəs] ANAT ano *m*

an•vil ['ænvɪl] yunque *m*

anx•i•e•ty [æŋˈzaɪətɪ] ansiedad *f*

anx•ious ['æŋkʃəs] *adj* **1** preocupado **2** (*eager*) ansioso; *be ~ for* news etc esperar ansiosamente

an•y ['enɪ] I *adj*: *are there ~ diskettes / glasses?* ¿hay disquetes / vasos?; *is there ~ bread / improvement?* ¿hay algo de pan / alguna mejora?; *there aren't ~ diskettes / glasses* no hay disquetes / vasos; *there isn't ~ bread / improvement* no hay pan / ninguna mejora; *have you ~ idea at all?* ¿tienes alguna idea?; *~ one of them could win* cualquiera de ellos podría ganar

II *pron* alguno(-a); *do you have ~?* ¿tienes alguno(s)?; *there aren't ~ left* no queda ninguno; *there isn't ~ left* no queda; *~ of them could be guilty* cualquiera de ellos podría ser culpable

III *adv*: *is that ~ better / easier?* ¿es mejor / más fácil así?; *I don't like it ~ more* ya no me gusta

an•y•bod•y ['enɪbɑːdɪ] *pron* alguien; *there wasn't ~ there* no había nadie allí

an•y•how ['enɪhaʊ] *adv* en todo caso, de todos modos; *if I can help you ~, please let me know* si puedo ayudarte de alguna manera, por favor dímelo

an•y•one ['enɪwʌn] ☞ *anybody*

an•y•thing ['enɪθɪŋ] *pron* algo; *with negatives* nada; *I didn't hear ~* no oí nada; *~ but* todo menos; *~ else?* ¿algo más?; *I'll do absolutely ~ you want* haría cualquier cosa que me pidieses; *~ would be better than that* cualquier cosa (es) mejor que eso

an•y•way ['enɪweɪ] ☞ *anyhow*

an•y•where ['enɪwer] *adv* en alguna parte; *is Peter ~ around?* ¿está Peter por ahí?; *he never goes ~* nunca va a ninguna parte; *I can't find it ~* no lo encuentro por ninguna parte

a•or•ta [eɪ'ɔːrtə] ANAT aorta *f*

a•part [ə'pɑːrt] *adv* aparte; *the two cities are 250 miles ~* las dos ciudades están a 250 millas la una de la otra; *live ~ of people* vivir separado; *~ from* aparte de

a•part•ment [ə'pɑːrtmənt] apartamento *m*, *Span* piso *m*

a'part•ment block bloque *m* de apartamentos *or Span* pisos; **a'part•ment ho•tel** apartahotel *m*; **a'part•ment house** bloque *m* de apartamentos *or Span* pisos

ap•a•thet•ic [æpə'θetɪk] *adj* apático

ap•a•thy ['æpəθɪ] apatía *f*

ape [eɪp] **I** simio *m* **II** *v/t* copiar, imitar

a•pe•ri•tif [ə'perɪtiːf] aperitivo *m*

ap•er•ture ['æpərtʃər] PHOT apertura *f*

a•pex ['eɪpeks] (*pl* **apexes**) *also fig* cúspide *f*, cumbre *f*

a•phid ['eɪfɪd] ZO áfido *m*

aph•o•rism ['æfərɪzəm] aforismo *m*

aph•ro•dis•i•ac [æfrou'dɪzɪæk] **I** *n* afrodisiaco *m* **II** *adj* afrodisiaco

a•piece [ə'piːs] *adv* cada uno

a•poc•a•lypse [ə'pɑːkəlɪps] apocalipsis *f*

a•pol•o•get•ic [əpɑːlə'dʒetɪk] *adj letter* de disculpa; *he was very ~ about ...* pedía constantes disculpas por ...

a•pol•o•gize [ə'pɑːlədʒaɪz] *v/i* disculparse, pedir perdón

a•pol•o•gy [ə'pɑːlədʒɪ] disculpa *f*; *owe s.o. an ~* deber disculpas a alguien; *in ~ for* como disculpa por; *make or offer s.o. an ~* presentar *or* ofrecer disculpas a alguien (*for* por); *an ~ for a meal* una lástima de comida

ap•o•plec•tic [æpə'plektɪk] *adj fig* encorajinado

ap•o•plex•y ['æpəpleksɪ] MED apoplejía *f*

a•pos•tle [ə'pɑːsl] REL apóstol *m*

a•pos•tro•phe [ə'pɑːstrəfɪ] GRAM apóstrofo *m*

a•poth•e•o•sis [əpɑːθɪ'ousɪs] apoteosis *f*

ap•pall [ə'pɔːl] *v/t* horrorizar, espantar; *be ~ed* horrorizarse (*at, by* de, ante)

ap•pal•ling [ə'pɔːlɪŋ] *adj* horroroso

ap•pa•ra•tus [æpə'reɪtəs] aparatos *mpl*

ap•par•el [ə'pærəl] aparejo *m*, equipo *m*

ap•par•ent [ə'pærənt] *adj* aparente, evidente; *become ~ that ...* hacerse evidente que ...; *be ~ from* quedar claro (a juzgar) por; *for no ~ reason* sin motivo aparente, sin razón alguna

ap•par•ent•ly [ə'pærəntlɪ] *adv* al parecer, por lo visto

ap•pa•ri•tion [æpə'rɪʃn] (*ghost*) aparición *f*

ap•peal [ə'piːl] **I** *n* **1** (*charm*) atractivo *m* **2** *for funds etc* llamamiento *m* **3** LAW, *in sport* apelación *f*; *file or lodge an ~* entablar *or* presentar una apelación **II** *v/i* LAW, *in sport* apelar

◆ **appeal for** *v/t* solicitar

◆ **appeal to** *v/t* (*be attractive to*) atraer a

ap•peal•ing [ə'piːlɪŋ] *adj* **1** *idea, offer* atractivo **2** *glance* suplicante

ap•pear [ə'pɪr] *v/i* **1** aparecer; *in court* comparecer; *~ in public / on television* aparecer en público / en (la) televisión **2** (*look, seem*) parecer; *it ~s to me that ...* me parece que ...

ap•pear•ance [ə'pɪrəns] **1** aparición *f*; *in court* comparecencia *f*; *put in an ~* hacer acto de presencia; *public ~* aparición pública **2** (*look*) apariencia *f*, aspecto *m*; *~s are deceptive* las apariencias engañan; *to all or from all ~s* en apariencia; *keep up ~s* guardar las apariencias

ap•pease [ə'piːz] *v/t* apaciguar

ap•pease•ment [ə'piːzmənt] HIST contemporización *f*

ap•pend [ə'pend] *v/t* adjuntar (*to* a)

ap•pend•age [ə'pendɪdʒ] adjunción *f*, añadidura *f*

ap•pen•dec•to•my [æpen'dektəmɪ] MED apendectomía *f*

ap•pen•di•ci•tis [əpendɪ'saɪtɪs] apendicitis *m*

ap•pen•dix [ə'pendɪks] MED, *of book* apéndice *m*

ap•per•tain [æpər'teɪn] *v/i fml* referirse (*to* a)

ap•pe•tite ['æpɪtaɪt] *also fig* apetito *m*

ap•pe•tiz•er ['æpɪtaɪzər] aperitivo *m*

ap•pe•tiz•ing ['æpɪtaɪzɪŋ] *adj* apetitoso

ap•plaud [ə'plɔːd] **I** *v/i* aplaudir **II** *v/t also fig* aplaudir

ap•plause [ə'plɔːz] aplauso *m*

ap•ple ['æpl] manzana *f*; *be the ~ of s.o.'s eye* ser el ojito derecho de alguien

'ap•ple•cart: *upset the ~ fig* hacer la pascua; **'ap•ple•jack** licor *m* de manza-

na; **'ap•ple juice** zumo *m* de manzana;
ap•ple 'pie tarta *f* de manzana; **ap•ple-
-pie 'or•der:** *in* ~ F en su sitio, como
Dios manda F; **ap•ple pol•ish•er**
['æplpɑːlɪʃər] F peloteo(-a) *m(f)* F,
pelotillero(-a) *m(f)* F; **ap•ple 'sauce**
compota *f* de manzana; **'ap•ple tree**
manzano *m*

ap•pli•ance [ə'plaɪəns] **1** aparato *m*;
household electrodoméstico *m* **2**: *by
the* ~ *of a little logic* siguiendo un razonamiento lógico

ap•plic•a•ble [ə'plɪkəbl] *adj* aplicable;
it's not ~ *to foreigners* no se aplica
a extranjeros; *not* ~ no corresponde,
no se aplica

ap•pli•cant ['æplɪkənt] solicitante *m/f*

ap•pli•ca•tion [æplɪ'keɪʃn] **1** *for job,
passport etc* solicitud *f*; *for university*
solicitud *f* (de admisión); *details available on* ~ para más detalles, póngase
en contacto con nosostros **2** *of rules,
ointment, paint* aplicación *f* **3**: *have
no* ~ no tener relevancia (*to* para),
no tener relación (*to* con)

ap•pli•ca•tion form *for passport* impreso *m* de solicitud; *for university, membership* impreso *m* de solicitud de admisión

ap•pli•ca•tion soft•ware software *m* de
aplicaciones

ap•plied [ə'plaɪd] *adj* aplicado, práctico;
~ *sciences* ciencias *fpl* aplicadas

ap•ply [ə'plaɪ] **I** *v/t* (*pret & pp -ied*) *rules,
solution, ointment* aplicar; ~ *the brakes*
echar los frenos, frenar; ~ *one's mind
to sth* concentrarse *o* centrarse en algo; ~ *o.s. to sth* concentrarse en algo,
dedicarse a algo **II** *v/i* (*pret & pp -ied*)
of rule, law aplicarse

♦ **apply for** *v/t* *job, passport* solicitar;
university solicitar el ingreso en

♦ **apply to** *v/t* **1** (*contact*) dirigirse a **2**
(*affect*) aplicarse a

ap•point [ə'pɔɪnt] *v/t* *to position* nombrar, designar

ap•point•ee [əpɔɪn'tiː] *persona nom-
brada para desempeñar un cargo*

ap•point•ment [ə'pɔɪntmənt] **1** *to position* nombramiento *m*, designación *f* **2**
meeting cita *f*; *make an* ~ *with the doctor* pedir hora con el doctor; *keep an* ~
acudir a una cita; *by* ~ con cita previa

ap'point•ments di•a•ry agenda *f* de citas

ap•por•tion [ə'pɔːrʃn] *v/t* **1** *blame* atribuir, imputar (*to* a) **2** *money* distribuir,
repartir

ap•po•site ['æpəzɪt] *adj* apropiado,
adecuado

ap•prais•al [ə'preɪz(ə)l] evaluación *f*

ap•praise [ə'preɪz] *v/t* evaluar, valorar

ap•pre•ci•a•ble [ə'priːʃəbl] *adj* apreciable

ap•pre•ci•ate [ə'priːʃɪeɪt] **I** *v/t* **1** (*value*)
apreciar **2** (*be grateful for*) agradecer;
thanks, I ~ *it* te lo agradezco **3** (*acknowledge*) ser consciente de **II** *v/i*
FIN revalorizarse

ap•pre•ci•a•tion [əpriːʃɪ'eɪʃn] **1** *of
kindness etc* agradecimiento *m* **2** *of
music etc* aprecio *m*

ap•pre•ci•a•tive [ə'priːʃətɪv] *adj* agradecido

ap•pre•hend [æprɪ'hend] *v/t* **1** (*arrest*)
arrestar, detener **2** *fml* (*understand*)
aprehender

ap•pre•hen•sion [æprɪ'henʃn] **1** *arrest*
arresto *m*, detención *f* **2** *fear* aprensión
f, miedo *m*

ap•pre•hen•sive [æprɪ'hensɪv] *adj*
aprensivo, temeroso

ap•pren•tice [ə'prentɪs] aprendiz(a)
m(f)

ap•pren•tice•ship [ə'prentɪʃɪp] aprendizaje *m*

ap•proach [ə'proʊtʃ] **I** *n* **1** aproximación
f; *with the* ~ *of winter* con la llegada del
invierno **2** (*proposal*) propuesta *f*;
make ~*es to s.o.* contactar con alguien, ponerse en contacto con alguien
3 *to problem* enfoque *m* **II** *v/t* **1** (*get near
to*) aproximarse a **2** (*contact*) ponerse
en contacto con **3** *problem* enfocar **III**
v/i of winter, Christmas etc llegar; *of
car etc* acercarse

ap•proach•a•ble [ə'proʊtʃəbl] *adj* per-
son accesible

ap'proach lights *npl at aiport* luces *fpl*
de aproximación

ap'proach path *of airplane* trayectoria *f*
de aproximación

ap•pro•ba•tion [æproʊ'beɪʃn] aprobación *f*, conformidad *f*

ap•pro•pri•ate¹ [ə'proʊprɪət] *adj* apropiado, adecuado

ap•pro•pri•ate² [ə'proʊprɪeɪt] *v/t also
euph* apropiarse de

ap•pro•pri•a•tion [əprouprı'eıʃn] apropiación f

ap•prov•al [ə'pruːvl] aprobación f; **on ~** COM de prueba, en periodo de prueba; **meet with s.o.'s ~** contar con el beneplácito de alguien

ap•prove [ə'pruːv] **I** v/i: **my parents don't ~** a mis padres no les parece bien **II** v/t aprobar

◆ **approve of** v/t aprobar; **her parents don't approve of me** no les gusto a sus padres

ap•prox•i•mate [ə'prɑːksımət] adj aproximado

ap•prox•i•mate•ly [ə'prɑːksımətlı] adv aproximadamente

ap•prox•i•ma•tion [əprɑːksı'meıʃn] aproximación f

APR [eıpiː'ɑːr] abbr (= **annual percentage rate**) TAE f (= tasa f anual equivalente)

a•pri•cot ['æprıkɑːt] albaricoque m, L.Am. damasco m

A•pril ['eıprəl] abril m; **~ Fool's Day** día m de los (Santos) Inocentes (1 de abril)

a•pron ['eıprən] **1** delantal m **2** AVIA área m de estacionamiento

'a•pron strings npl: **be tied to one's mother's ~** fig estar cosido a las faldas de la madre

apt [æpt] adj **1** remark oportuno **2**: **be ~ to do sth** ser propenso a hacer algo

ap•ti•tude ['æptıtuːd] aptitud f; **he has a natural ~ for ...** tiene aptitudes naturales para ...

'ap•ti•tude test prueba f de aptitud

aq•ua•lung ['ækwəlʌŋ] escafandra f autónoma

aq•ua•ma•rine [ækwəmə'riːn] **1** MIN aguamarina f **2** color azul m verdoso

a•quar•i•um [ə'kwerıəm] acuario m

A•quar•i•us [ə'kwerıəs] ASTR Acuario m/f inv, L.Am. acuriano(-a) m(f); **be (an) ~** ser Acuariano, L.Am. ser acuariano

a•quat•ic [ə'kwætık] adj acuático

aq•ue•duct ['ækwıdʌkt] acueducto m

Ar•ab ['ærəb] **I** adj árabe **II** n árabe m/f

ar•a•besque [ærə'besk] arabesco m

A•ra•bi•a [ə'reıbıə] Arabia f

A•ra•bi•an [ə'reıbıən] adj arábigo, árabe

Ar•a•bic ['ærəbık] **I** adj árabe; **~ numerals** números arábigos **II** n árabe m

ar•a•ble ['ærəbl] adj: **~ land** tierra f de cultivo

ar•bi•ter ['ɑːrbıtər] árbitro(-a) m(f), mediador(a) m(f)

ar•bi•tra•ry ['ɑːrbıtrerı] adj arbitrario

ar•bi•trate ['ɑːrbıtreıt] v/i arbitrar

ar•bi•tra•tion [ɑːrbı'treıʃn] arbitraje m; **court of ~** tribunal m arbitral or de arbitraje

ar•bi•tra•tor ['ɑːrbı'treıtər] árbitro(-a) m(f)

ar•bor, Br **ar•bour** ['ɑːrbər] pérgola f

arc [ɑːrk] arco m, curva f

ar•cade [ɑːr'keıd] **1** of shops pasaje m or galería f comercial **2** ARCHIT pasaje m, galería f

arch[1] [ɑːrtʃ] **I** n arco m **II** v/t: **~ one's back** arquear or doblar la espalda

arch[2] [ɑːrtʃ] adj remark, expression malintencionado, retorcido

arch[3] [ɑːrtʃ] adj enemy malévolo

ar•chae•o•log•i•cal etc Br ☞ **archeological** etc

ar•cha•ic [ɑːr'keıık] adj arcaico

arch•an•gel ['ɑːrkeındʒəl] arcángel m

arch'bish•op arzobispo m

arch•bish•op•ric [ɑːrtʃ'bıʃəprık] arzobispado m

arch'duch•y archiducado m

arch'duke archiduque m

ar•che•o•log•i•cal [ɑːrkıə'lɑːdʒıkl] adj arqueológico

ar•che•ol•o•gist [ɑːrkı'ɑːlədʒıst] arqueólogo(-a) m(f)

ar•che•ol•o•gy [ɑːrkı'ɑːlədʒı] arqueología f

arch•er ['ɑːrtʃər] arquero(-a) m(f)

arch•er•y ['ɑːrtʃərı] arco m

ar•che•typ•al [ɑːrkı'taıpl] adj arquetípico

ar•che•type ['ɑːrkıtaıp] arquetipo m, modelo m

ar•chi•pel•a•go [ɑːrkı'peləgou] (pl **-go(e)s**) archipiélago m

ar•chi•tect ['ɑːrkıtekt] arquitecto(-a) m(f)

ar•chi•tec•tur•al [ɑːrkı'tektʃərəl] adj arquitectónico

ar•chi•tec•ture ['ɑːrkıtektʃər] arquitectura f

ar•chives ['ɑːrkaıvz] npl archivos mpl

ar•chi•vist ['ɑːrkıvıst] historiador(a) m(f)

'arch•way arco m

Arc•tic ['ɑ:rktɪk] **I** *n*: *the ~* el Ártico **II** *adj* ártico

Arc•tic 'Cir•cle círculo *m* Polar Ártico

Arc•tic 'O•cean océano *m* Ártico

ar•dent ['ɑ:rdənt] *adj* ardiente, ferviente

ar•dor, *Br* **ar•dour** ['ɑ:rdər] ardor *m*, fervor *m*

ar•du•ous ['ɑ:rdjʊəs] *adj* arduo

are [ɑ:r] ☞ **be**

ar•e•a ['erɪə] área *f*, zona *f*; *of activity, study etc* área *f*, ámbito *m*

'ar•e•a code TELEC prefijo *m*

ar•e•a 'man•ag•er gerente *m/f or* encargado(-a) *m(f)* de área

a•re•na [ə'ri:nə] SP estadio *m*

aren't [ɑ:rnt] F *are not.*

Ar•gen•ti•na [ɑ:rdʒən'ti:nə] Argentina *f*

Ar•gen•tin•i•an [ɑ:rdʒən'tɪnɪən] **I** *adj* argentino **II** *n* argentino(-a) *m(f)*

ar•gu•a•ble ['ɑ:rgjʊəbl] *adj* discutible; *it is ~ that ...* es discutible que ...

ar•gu•a•bly ['ɑ:rgjʊəblɪ] *adv* posiblemente

ar•gue ['ɑ:rgju:] **I** *v/i* **1** (*quarrel*) discutir; *don't ~!* ¡y a callar!, ¡sin rechistar! **2** (*reason*) argumentar **II** *v/t*: *~ that ...* argumentar que ...

◆ **argue against** *v/t* criticar, condenar

◆ **argue for** *v/t* defender, sostener

ar•gu•ment ['ɑ:rgjʊmənt] **1** (*quarrel*) discusión *f* **2** (*reasoning*) argumento *m*

ar•gu•men•ta•tion [ɑ:rgjʊmen'teɪʃn] **1** argumentación *f* **2** (*reasoning*) argumento *m*

ar•gu•ment•a•tive [ɑ:rgjʊ'mentətɪv] *adj* discutidor

a•ri•a ['ɑ:rɪə] MUS aria *f*

ar•id ['ærɪd] *adj land* árido

Ar•ies ['eri:z] ASTR Aries *m/f inv*; *be (an) ~* ser Aries

a•rise [ə'raɪz] *v/i* (*pret* **arose**, *pp* **arisen**) *of situation, problem* surgir

a•ris•en [ə'rɪzn] *pp* ☞ **arise**

ar•is•toc•ra•cy [ærɪ'stɑ:krəsɪ] aristocracia *f*

a•ris•to•crat [ə'rɪstəkræt] aristócrata *m/f*

a•ris•to•crat•ic [ærɪstə'krætɪk] *adj* aristocrático

a•rith•me•tic[1] [ə'rɪθmətɪk] aritmética *f*; *some complicated ~* algunos cálculos complicados

a•rith•me•tic[2], **ar•ith•met•i•cal** [ærɪθ'metɪk, ærɪθ'metɪkl] *adj* aritmético

ark [ɑ:rk]: *Noah's ~* el arca de Noé

arm[1] [ɑ:rm] *n of person, chair* brazo *m*; *take s.o. in one's ~s* abrazar a alguien; *welcome s.o. with open ~s* recibir a alguien con los brazos abiertos; *within ~'s reach* al alcance de las manos; *the long ~ of the law* el brazo de la ley; *keep s.o. at ~'s length* mantenerse alejado de alguien; F *cost an ~ and a leg* valer un riñón F; *walk ~ in ~* ir del brazo

arm[2] [ɑ:rm] *v/t* armar

Ar•ma•da [ɑ:r'mɑ:də] HIST: *the ~* la Armada Invencible

ar•ma•dil•lo [ɑ:rmə'dɪloʊ] *n* ZO armadillo *m*

ar•ma•ments ['ɑ:rməmənts] *npl* armamento *m*

'arm•band brazal *m*

'arm•chair sillón *m*; *~ traveler* viajante *m/f* de sillón

armed [ɑ:rmd] *adj* armado; *~ conflict* conflicto *m* armado

armed 'forc•es *npl* fuerzas *fpl* armadas

armed 'rob•ber•y atraco *m* a mano armada

arm•ful ['ɑ:rmfʊl] *quantity* brazado *m*

ar•mi•stice ['ɑ:rmɪstɪs] armisticio *m*

ar•mor, *Br* **ar•mour** ['ɑ:rmər] armadura *f*

ar•mored car, *Br* **ar•moured car** [ɑ:rmərd'kɑ:r] MIL coche *m* blindado

ar•mored 've•hi•cle, *Br* **ar•moured ve•hi•cle** vehículo *m* blindado

ar•mor-plat•ed, *Br* **ar•mour-plat•ed** ['pleɪtɪd] *adj* blindado

'arm•pit sobaco *m*

'arm•rest reposabrazos *m inv*

arms [ɑ:rmz] *npl* (*weapons*) armas *fpl*

'arms•con•trol control *m* de armas; **'arms deal•er** traficante *m/f* de armas; **'arms race** carrera *f* armamentística

arm-twist•ing ['ɑ:rmtwɪstɪŋ]: *it took some ~* hubo que convencerlo

ar•my ['ɑ:rmɪ] ejército *m*

a•ro•ma [ə'roʊmə] aroma *m*

a•ro•ma•ther•a•py [ə'roʊməθerəpɪ] aromatoterapia *f*

ar•o•mat•ic [æroʊ'mætɪk] *adj* aromático

a•rose [ə'roʊz] *pret* ☞ **arise**

a•round [ə'raʊnd] **I** *prep* (*encircling*) alrededor de; **it's ~ the corner** está a la vuelta de la esquina

ll adv **1** (*in the area*) por ahí; **he lives ~ here** vive por aquí; **walk ~** pasear; **she has been ~** (*has traveled, is experienced*) tiene mucho mundo; **he's still ~** F (*alive*) todavía está rondando por ahí F **2** (*encircling*) alrededor **3** (*roughly*) alrededor de, aproximadamente; (*with expressions of time*) en torno a

a•rouse [ə'rauz] v/t despertar; *sexually* excitar

ar•range [ə'reɪndʒ] v/t **1** (*put in order*) ordenar; *furniture* ordenar, disponer; *flowers, music* arreglar **2** *meeting, party etc* organizar; *time and place* acordar; **I've ~d to meet her** he quedado con ella

◆ **arrange for** v/t: **I arranged for Jack to collect it** quedé para que Jack lo recogiera

ar•range•ment [ə'reɪndʒmənt] **1** (*plan*) plan m, preparativo m **2** (*agreement*) acuerdo m; **make ~s** hacer los preparativos; **I've made ~s for the neighbors to water my plants** he quedado con los vecinos para que rieguen mis plantas **3** (*layout: of furniture etc*) orden m, disposición f; *of flowers, music* arreglo m

ar•ray [ə'reɪ] **l** v/t disponer, organizar **ll** n selección f, conjunto m

ar•rears [ə'rɪərz] npl atrasos mpl; **be in ~ of** person ir atrasado

ar•rest [ə'rest] **l** n detención f, arresto m; **be under ~** estar detenido or arrestado **ll** v/t detener, arrestar

ar•riv•al [ə'raɪvl] llegada f; **on your ~** al llegar; **~s at airport** llegadas fsg

ar'riv•al time hora f de llegada

ar•rive [ə'raɪv] v/i llegar

◆ **arrive at** v/t place, decision etc llegar a

ar•ro•gance ['ærəgəns] arrogancia f

ar•ro•gant ['ærəgənt] adj arrogante

ar•ro•gant•ly ['ærəgəntlɪ] adv con arrogancia

ar•row ['ærou] flecha f

'ar•row•head punta f or cabeza f de flecha

'ar•row key COMPUT tecla f (de movimiento del) cursor

arse [ɑːrs] Br P culo m P

ar•se•nal ['ɑːrsənl] MIL arsenal m

ar•se•nic ['ɑːrsənɪk] arsénico m

ar•son ['ɑːrsn] incendio m provocado

ar•son•ist ['ɑːrsənɪst] pirómano(-a) m(f)

art [ɑːrt] arte m; **the ~s** las artes

'art crit•ic crítico m/f de arte

ar•te•ri•al [ɑːr'tɪərɪəl] adj ANAT arterial

ar•te•ri•o•scle•ro•sis [ɑːrtɪrɪousklə-'rousɪs] MED arteriosclerosis f

ar•te•ry ['ɑːrtərɪ] MED arteria f

ar•te•sian well [ɑːrtiːzjən'wel] pozo m artesiano

art•ful ['ɑːrtful] adj astuto, hábil

'art gal•ler•y public museo m; private galería f de arte

art 'his•to•ry historia f del arte

ar•thrit•ic [ɑːr'θrɪtɪk] adj artrítico

ar•thri•tis [ɑːr'θraɪtɪs] artritis f

ar•ti•choke ['ɑːrtɪtʃouk] alcachofa f, L.Am. alcaucil m

ar•ti•cle ['ɑːrtɪkl] artículo m

ar•tic•u•late l adj [ɑːr'tɪkjulət] person elocuente **ll** v/t [ɑːr'tɪkjuleɪt] idea, feelings expresar, exteriorizar

ar•tic•u•lat•ed [ɑːr'tɪkjuleɪtɪd] adj TECH articulado

ar•tic•u•la•tion [ɑːrtɪkjuˈleɪʃn] of idea, feelings expresión f, exteriorización f

ar•ti•fice ['ɑːrtɪfɪs] artificio m

ar•ti•fi•cial [ɑːrtɪ'fɪʃl] adj artificial

ar•ti•fi•cial in•sem•i•na•tion inseminación f artificial; **ar•ti•fi•cial in'tel•li•gence** inteligencia f artificial; **ar•ti•fi•cial res•pi'ra•tion** respiración f artificial

ar•til•le•ry [ɑːr'tɪlərɪ] artillería f

ar•ti•san ['ɑːrtɪzæn] artesano(-a) m(f)

art•ist ['ɑːrtɪst] (*painter, artistic person*) artista m/f

ar•tis•tic [ɑːr'tɪstɪk] adj artístico

art•less ['ɑːrtlɪs] adj inocente, simple

'art school facultad f de Bellas Artes

'arts de•gree licenciatura f en letras

'arts fes•ti•val festival f cultural or de las artes

'art stud•ent estudiante m/f de Bellas Artes

'art•work ilustraciones fpl; **a piece of ~** una ilustración

as [æz] **l** conj **1** (*while, when*) cuando **2** (*because, like*) como **3**: **~ if** como si; **~ usual** como de costumbre; **~ necessary** como sea necesario

ll adv como; **~ high / pretty ~** ... tan alto / guapa como ...; **~ much ~ that?**

¿tanto?

III *prep* como; *work ~ a team* trabajar en equipo; *~ a child / schoolgirl* cuando era un niño / una colegiala; *work ~ a teacher / translator* trabajar como profesor / traductor; *~ for* por lo que respecta a; *~ Hamlet* en el papel del Hamlet

asap ['eɪzæp] *abbr* (= *as soon as possible*) cuanto antes

as•bes•tos [æz'bestɑːs] amianto *m*, asbesto *m*

as•cend [ə'send] **I** *v/i* ascender (*to* a) **II** *v/t* subir, escalar

as•cend•an•cy [ə'sendənsɪ] superioridad *f*, dominio *m* (*over* sobre); *gain the ~ over* ganar superioridad sobre

as•cend•ant [ə'sendənt]: *in the ~* *fig* en auge

as•cend•en•cy ☞ **ascendancy**

as•cend•ent ☞ **ascendant**

As•cen•sion [ə'senʃn] REL Ascensión *f*

As'cen•sion Day día *m* de la Ascensión

as•cent [ə'sent] ascenso *m*, subida *f*

as•cer•tain [æsər'teɪn] *v/t* determinar, establecer

as•cet•ic [ə'setɪk] *adj* ascético

as•cet•i•cism [ə'setɪsɪzəm] ascetismo *m*

ASCII ['æskiː] *abbr* (= *American Standard Code for Information Interchange*) código *m* ASCII, ASCII *m*

a•scor•bic ac•id [əskɔːrbɪk'æsɪd] CHEM ácido *m* ascórbico

as•cribe [ə'skraɪb] *v/t*: *~ sth to s.o.* atribuir algo a alguien

a•sep•tic [eɪ'septɪk] *adj* MED aséptico

a•sex•u•al [eɪ'sekʃʊəl] *adj* **1** BIO asexual **2** *relationship* sin sexo

ash[1] [æʃ] ceniza *f*; *~es of person* cenizas *fpl*

ash[2] [æʃ] **1** *tree* fresno *m* **2** *wood* madera *f* de fresno

a•shamed [ə'ʃeɪmd] *adj* avergonzado, *L.Am.* apenado; *be ~ of* estar avergonzado *or L.Am.* apenado de; *you should be ~ of yourself* debería darte vergüenza *or L.Am.* pena; *it's nothing to be ~ of* no tienes por qué avergonzarte *or L.Am.* apenarte

'ash can cubo *m* de la basura

ash•en ['æʃn] *adj* pálido, blanco

a•shore [ə'ʃɔːr] *adv* en tierra; *go ~* desembarcar

'ash•tray cenicero *m*

Ash 'Wednes•day Miércoles *m* de Ceniza

A•sia ['eɪʃə] Asia *f*

A•sia 'Mi•nor GEOG Asia *f* Menor

A•sian ['eɪʃən] **I** *adj* asiático **II** *n* asiático(-a) *m(f)*

A•sian A'mer•i•can norteamericano(-a) *m(f)* de origen asiático

A•si•at•ic [eɪʃɪ'ætɪk] *adj* asiático

a•side [ə'saɪd] *adv* a un lado; *move ~ please* apártense, por favor; *he took me ~* me llevó aparte; *~ from* aparte de

as•i•nine ['æsɪnaɪn] *adj* ignorante, estúpido

ask [æsk] **I** *v/t* **1** *person* preguntar; *question* hacer; *can I ~ you something?* ¿puedo hacerte una pregunta?; *he ~ed me to leave* me pidió que me fuera; *~ s.o. for sth* pedir algo a alguien *~ s.o. about sth* preguntar por algo a alguien; *~ a high price for sth* pedir mucho dinero por algo; *that is ~ing a lot* eso es mucho pedir; *don't ~ me* yo qué sé F, (a mi) no me preguntes **2** (*invite*) invitar; *favor* pedir

II *v/i*: *all you need to do is ~* no tienes más que pedirlo

◆ **ask after** *v/t person* preguntar por

◆ **ask around** *v/i* preguntar (por ahí)

◆ **ask for** *v/t* pedir; *person* preguntar por; *he was asking for it or trouble* F se la estaba buscando F, se la tenía ganada F; *don't get him to do it, that's asking for trouble* no le pidas que lo haga o te causará problemas; *well, you asked for that!* ¡tú te lo has buscado!

◆ **ask in** *v/t*: *ask s.o. in* invitar a alguien a entrar o pasar

◆ **ask out** *v/t*: *ask s.o. out* pedir salir a alguien

a•skance [ə'skæns] *adv*: *look ~ at s.o. / sth* mirar a alguien / algo con recelo

a•skew [ə'skjuː] *adv* torcido; *go ~ fig* salir torcido

ask•ing ['æskɪŋ]: *it's yours for the ~* es tuyo si lo quieres

'ask•ing price precio *m* de salida

a•sleep [ə'sliːp] *adj* dormido; *be (fast) ~* estar (profundamente) dormido; *fall ~* dormirse, quedarse dormido

as•par•a•gus [ə'spærəgəs] espárragos *mpl*

as•pect ['æspekt] aspecto *m*

as•pen ['æspən] BOT álamo *m* alpino

as•per•i•ty [æ'sperətɪ] gravedad *f*, severidad *f*

as•per•sion [ə'spɜːrʒn]: *cast ~s on sth* echar *or* decir pestes de algo

as•phalt ['æsfælt] asfalto *m*

as•phyx•i•a [æs'fɪksɪə] MED asfixia *f*

as•phyx•i•ate [æ'sfɪksɪeɪt] *v/t* asfixiar

as•phyx•i•a•tion [əsfɪksɪ'eɪʃn] asfixia *f*

as•pic ['æspɪk] GASTR *gelatina a base de jugo de carne*; *preserved in ~ fig* conservado tal cual, intacto

as•pi•rant [ə'spaɪərənt] aspirante *m/f*, candidato(-a) *m(f)*

as•pi•ra•tion [æspə'reɪʃn] aspiración *f*

◆ **as•pire to** [ə'spaɪər] *v/t* aspirar a

as•pi•rin ['æsprɪn] aspirina *f*

as•pir•ing [ə'spaɪərɪŋ] *adj*: *she is an ~ writer* es una escritora en ciernes

ass[1] [æs] (*idiot*) burro(-a) *m(f)*; *make an ~ of o.s.* ponerse en ridículo

ass[2] [æs] P (*backside*) culo *m* P; (*sex*) sexo *m*

as•sail [ə'seɪl] *v/t* 1 *fml: attack* asaltar 2 *fig* acometer, acosar; *~ed by doubt* acosado por las dudas

as•sai•lant [ə'seɪlənt] asaltante *m/f*

as•sas•sin [ə'sæsɪn] asesino(-a) *m(f)*

as•sas•sin•ate [ə'sæsɪneɪt] *v/t* asesinar

as•sas•sin•a•tion [əsæsɪ'neɪʃn] asesinato *m*

as•sault [ə'sɔːlt] **I** *n* agresión *f*, (*attack*) ataque *m*; *~ course* MIL campo *m* de entrenamiento, pista *f* americana; *~ and battery* LAW asalto y agresión; *indecent ~* agresión *f or* delito *m* sexual **II** *v/t* atacar, agredir

as•say [ə'seɪ] *of ore* ensayo *m*

as•sem•ble [ə'sembl] **I** *v/t parts* montar **II** *v/i of people* reunirse

as•sem•bler [ə'semblər] TECH ensamblador *m*

as•sem•bly [ə'semblɪ] 1 *of parts* montaje *m* 2 POL asamblea *f* 3 *in school*: reunión *f* de profesores y alumnos

as'sem•bly lan•guage COMPUT lenguaje *m* ensamblador; **as'sem•bly line** cadena *f* de montaje; **as'sem•bly plant** planta *f* de montaje

as•sent [ə'sent] **I** *v/i* asentir, dar el consentimiento **II** *n*: *by common ~* de común acuerdo, por consenso

as•sert [ə'sɜːrt] *v/t* afirmar, hacer valer;

~ o.s. mostrarse firme

as•ser•tion [ə'sɜːrʃn] afirmación *f*, aseveración *f*

as•ser•tive [ə'sɜːrtɪv] *adj person* seguro y firme

as•ser•tive•ness [ə'sɜːrtɪvnɪs] seguridad *f*, aplomo *m*

as•sess [ə'ses] *v/t* 1 *situation* evaluar 2 *value* valorar

as•sess•ment [ə'sesmənt] evaluación *f*

as•set ['æset] 1 FIN activo *m*; *~s and liabilities* activo y pasivo 2 *fig* ventaja *f*; *be a great ~* ser de gran valor, ser una figura destacable; *she's an ~ to the company* es un gran valor para la compañía

'ass•hole V 1 ojete *m* V 2 (*idiot*) Span gilipollas *m/f inv* V, *L.Am.* pendejo(-a) *m(f)* V; *make an ~ of o.s.* ponerse en ridículo

as•sid•u•ous [ə'sɪdjuəs] *adj fml* diligente, eficaz

as•sign [ə'saɪn] *v/t* asignar

as•sign•ment [ə'saɪnmənt] (*task, study*) trabajo *m*

as•sim•i•late [ə'sɪmɪleɪt] *v/t* 1 *information* asimilar 2 *person into group* integrar

as•sim•i•la•tion [əsɪmɪ'leɪʃn] 1 *of information* asimilación *f* 2 *into group* integración *f*

as•sist [ə'sɪst] **I** *v/t* ayudar **II** *n in basketball etc* asistencia *f*

as•sist•ance [ə'sɪstəns] ayuda *f*, asistencia *f*; *come to s.o.'s ~* ir *or* salir en ayuda de alguien

as•sist•ant [ə'sɪstənt] ayudante *m/f*; *Br. in store* dependiente(-a) *m(f)*

as•sist•ant di'rec•tor director(a) *m(f)* adjunto(-a); **as•sist•ant 'ed•i•tor** editor(a) *m(f)* adjunto(-a), co-editor(a) *m(f)*; **as•sist•ant 'man•ag•er** *of business* subdirector(a) *m(f)*; *of hotel, restaurant, store* subdirector(a) *m(f)*, subgerente *m/f*; **as•sist•ant pro'fes•sor** profesor(a) *m(f)* adjunto(-a); **as•sist•ant ref•er'ee** árbitro(-a) *m(f)* asistente

as•so•ci•ate I *v/t* [ə'souʃɪeɪt] asociar; *he has long been ~d with the Ballet* ha estado vinculado al Ballet durante mucho tiempo **II** *v/i* [ə'souʃɪeɪt]: *~ with* relacionarse con **III** *adj* [ə'souʃɪət] asociado **IV** *n* [ə'souʃɪət] colega *m/f*

as•so•ci•ate 'ed•i•tor editor(a) *m(f)*

asociado(-a), co-editor(a) *m(f)*

as•so•ci•ate pro'fes•sor profesor(a) *m(f)* adjunto(-a)

as•so•ci•a•tion [əsousɪ'eɪʃn] asociación *f*; **in ~ with** conjuntamente con

as•sort•ed [ə'sɔːrtɪd] *adj* surtido, diverso

as•sort•ment [ə'sɔːrtmənt] *of food* surtido *m*; *of people* diversidad *f*

as•sume [ə'suːm] *v/t (suppose)* suponer; **assuming that ...** suponiendo que ...; **I ~ so** eso supongo

as•sump•tion [ə'sʌmpʃn] suposición *f*; **on the ~ that** suponiendo que

As'sump•tion (Day) REL (día *m* de) la Asunción

as•sur•ance [ə'ʃurəns] **1** garantía *f* **2** *(confidence)* seguridad *f*

as•sure [ə'ʃur] *v/t* **1** *(reassure)* asegurar; **~ s.o. of sth** garantizar a alguien algo, asegurar a alguien algo **2** *Br* FIN asegurar

as•sured [ə'ʃurd] *adj (confident)* seguro; **you can rest ~ that ...** puedes estar tranquilo que ...

as•sur•ed•ly [ə'ʃurədlɪ] *adv* claramente, sin lugar a dudas

as•ter•isk ['æstərɪsk] asterisco *m*

a•stern [ə'stɜːrn] *adv* NAUT hacia atrás

asth•ma ['æsmə] asma *f*; **~ attack** ataque *m* de asma

asth•mat•ic [æs'mætɪk] *adj* asmático; **be ~** padecer de asma

a•stig•ma•tism [ə'stɪgmətɪzəm] MED astigmatismo *m*

as•ton•ish [ə'stɑːnɪʃ] *v/t* asombrar, sorprender; **be ~ed** estar asombrado *or* sorprendido

as•ton•ish•ing [ə'stɑːnɪʃɪŋ] *adj* asombroso, sorprendente

as•ton•ish•ing•ly [ə'stɑːnɪʃɪŋlɪ] *adv* asombrosamente

as•ton•ish•ment [ə'stɑːnɪʃmənt] asombro *m*, sorpresa *f*; **much to their ~** para su gran asombro

as•tound [ə'staund] *v/t* pasmar

as•tound•ing [ə'staundɪŋ] *adj* pasmoso

a•stray [ə'streɪ] *adv*: **go ~** extraviarse; *morally* descarriarse; **lead s.o. ~** *fig* descarriar a alguien, llevar a alguien por el mal camino

a•stride [ə'straɪd] **I** *adv* a horcajadas **II** *prep* a horcajadas sobre

as•trin•gent [ə'strɪndʒənt] **I** *adj liquid* astringente; *comment* mordaz, caústico **II** *n* astringente *m*

as•trol•o•ger [ə'strɑːlədʒər] astrólogo (-a) *m(f)*

as•tro•log•i•cal [æstrə'lɑːdʒɪkl] *adj* astrológico

as•trol•o•gy [ə'strɑːlədʒɪ] astrología *f*

as•tro•naut ['æstrənɔːt] astronauta *m/f*

as•tron•o•mer [ə'strɑːnəmər] astrónomo(-a) *m(f)*

as•tro•nom•ic [æstrə'nɑːmɪk] astronómico

as•tro•nom•i•cal [æstrə'nɑːmɪkl] *adj price etc* astronómico

as•tron•o•my [ə'strɑːnəmɪ] astronomía *f*

as•tro•phys•ics [æstrou'fɪzɪks] *nsg* astrofísica *f*

as•tute [ə'stuːt] *adj* astuto, sagaz

as•tute•ness [ə'stuːtnɪs] astucia *f*, sagacidad *f*

a•sy•lum [ə'saɪləm] **1** *(mental ~)* manicomio *m* **2** *political* asilo *m*; **ask for ~** solicitar asilo; **grant s.o. ~** conceder el asilo a alguien

a•sy•lum seek•er [ə'saɪləmsiːkər] solicitante *m/f* de asilo *(político)*

a•sym•met•ric, a•sym•met•ri•cal [eɪsɪ'metrɪk(l)] *adj* asimétrico

a•sym•me•try [eɪ'sɪmətrɪ] asimetría *f*

at [ət] *stressed* [æt] *prep with places* en; **~ Joe's house** en casa de Joe; **bar** en el bar de Joe; **~ the door** a la puerta; **~ 10 dollars** a 10 dólares; **~ the age of 18** a los 18 años; **~ 5 o'clock** a las 5; **~ 150km/h** a 150 km/h; **be good / bad ~ sth** ser bueno / malo haciendo algo

At•a•ca•ma de•sert [ætə'kɑːmə] desierto *m* Atacama

at•a•vis•tic [ætə'vɪstɪk] *adj* atávico, ancestral

ate [eɪt] *pret* ☞ **eat**

a•the•ism ['eɪθɪɪzm] ateísmo *m*

a•the•ist ['eɪθɪɪst] ateo(-a) *m(f)*

a•the•is•tic [eɪθɪ'ɪstɪk] *adj* ateísta, ateo

Ath•ens ['æθənz] Atenas *f*

ath•lete ['æθliːt] atleta *m/f*

ath•lete's 'foot MED pie *m* de atleta

ath•let•ic [æθ'letɪk] *adj* atlético

ath•let•ics [æθ'letɪks] *nsg* atletismo *m*; **~ field** pista *f* de atletismo

At•lan•tic [ət'læntɪk]: **the ~** el Atlántico

at•las ['ætləs] atlas *m inv*

ATM [eɪtiː'em] *abbr* (= *automated teller machine*) cajero *m* automático

at•mos•phere ['ætməsfɪr] **1** *of earth* atmósfera *f* **2** (*ambience*) ambiente *m*

at•mos•pher•ic pol•lu•tion [ætməsferɪkpə'luːʃn] contaminación *f* atmosférica

at•oll ['ætɑːl] GEOG atolón *m*

at•om ['ætəm] átomo *m*

'at•om bomb bomba *f* atómica

a•tom•ic [ə'tɑːmɪk] *adj* atómico

a•tom•ic 'bomb bomba *f* atómica; **a•tom•ic 'en•er•gy** energía *f* atómica *or* nuclear; **a•tom•ic 'pow•er** energía *f* atómica *or* nuclear; **a•tom•ic-powered** [ətɑːmɪk'paʊərd] *adj* propulsado por energía nuclear; **a•tom•ic 'power plant** central *f* nuclear; **a•tom•ic 'waste** desechos *mpl* radiactivos; **a•tom•ic 'weight** peso *m* atómico

a•tom•ize ['ætoumaɪz] *v/t* atomizar, pulverizar

a•tom•iz•er ['ætəmaɪzər] atomizador *m*

a•tone [ə'toun] *v/i*: **~ for** expiar

a•top [ə'tɑːp] *prep* sobre

a•tro•cious [ə'troʊʃəs] *adj* atroz, terrible

a•troc•i•ty [ə'trɑːsətɪ] atrocidad *f*

at•ro•phy ['ætrəfɪ] *v/i also fig* atrofiarse

'at-sign arroba *f*

at•tach [ə'tætʃ] *v/t* **1** sujetar, fijar; *importance* atribuir; **~ a file to an e-mail** adjuntar un archivo a un e-mail **2**: **be ~ed to** (*fond of*) tener cariño a

at•ta•ché [ə'tæʃeɪ] agregado(-a) *m(f)*

at'ta•ché case maletín *m*

at•tach•ment [ə'tætʃmənt] **1** (*fondness*) cariño *m* (**to** por) **2** *to e-mail* archivo *m* adjunto

at•tack [ə'tæk] **I** *n* ataque *m* **II** *v/t* atacar

at•tack•er [ə'tækər] atacador(a) *m(f)*

at•tain [ə'teɪn] *v/t* conseguir, lograr

at•tain•a•ble [ə'teɪnəbl] *adj* realizable, posible

at•tain•ment [ə'teɪnmənt] **1** logro *m*, consecución *f* **2**: **~s** habilidades *fpl*

at•tempt [ə'tempt] **I** *n* intento *m*; **an ~ on the world record** un intento de batir el récord del mundo; **make an ~ on s.o.'s life** atentar contra la vida de alguien **II** *v/t* intentar

at•tempt•ed [ə'temptɪd] *adj* LAW: **~ murder** / **suicide** asesinato *m* / suicidio *m* frustrado

at•tend [ə'tend] *v/t* acudir a

◆ **attend to** *v/t* ocuparse de; *customer* atender

at•tend•ance [ə'tendəns] asistencia *f*; **in ~** presente

at•tend•ant [ə'tendənt] *in museum etc* vigilante *m/f*

at•ten•dee [əten'diː] *at conference etc* asistente *m/f*

at•ten•tion [ə'tenʃn] **1** atención *f*; **bring sth to s.o.'s ~** informar a alguien de algo; **your ~ please** atención, por favor; **pay ~** prestar atención; (*for the*) **~ of** a la atención de **2**: **stand to ~** MIL ponerse firme

at•ten•tion seek•ing [ə'tenʃnsiːkɪŋ] búsqueda *f* de atención

at'ten•tion span capacidad *f* de concentración

at•ten•tive [ə'tentɪv] *adj listener* atento

at•ten•u•ate [ə'tenjʊeɪt] *v/t fig* atenuar, amortiguar

at•test [ə'test] **I** *v/t* atestiguar, probar **II** *v/i*: **~ to sth** dar testimonio de algo

at•tic ['ætɪk] ático *m*

at•tire [ə'taɪər] atuendo *m*, atavío *m*

at•ti•tude ['ætɪtuːd] actitud *f*; **he has an ~ problem** tiene un problema de actitud

attn *abbr* (= *for the attention of*) atn (= a la atención de)

at•tor•ney [ə'tɜːrnɪ] abogado(-a) *m(f)*; **power of ~** poder *m* (notarial)

at•tor•ney 'gen•er•al LAW fiscal *m/f* general

at•tract [ə'trækt] *v/t* atraer; **~ attention** llamar la atención; **~ s.o.'s attention** atraer la atención de alguien; **be ~ed to s.o.** sentirse atraído por alguien

at•trac•tion [ə'trækʃn] atracción *f*, atractivo *m*; *romantic* atracción *f*; **the ~ of this solution is …** el atractivo *or* lo llamativo de esta solución es …

at•trac•tive [ə'træktɪv] *adj* atractivo

at•trac•tive•ness [ə'træktɪvnɪs] atractivo *m*

at•trib•ute[1] [ə'trɪbjuːt] *v/t* atribuir (**to** a)

at•trib•ute[2] ['ætrɪbjuːt] *n* atributo *m*

at•trib•u•tive [ə'trɪbjʊtɪv] LING *adj* atributivo

at•tri•tion [ə'trɪʃn] desgaste *m*, debilitamiento *m*; **war of ~** guerra *f* de desgaste

a•typ•i•cal [eɪ'tɪpɪkl] *adj* atípico

au•ber•gine ['oʊbərʒiːn] *Br* berenjena *f*

au•burn ['ɔːbərn] *adj* cobrizo

auc•tion ['ɔːkʃn] **I** *n* subasta *f*, *L.Am.* remate *m*; **put sth up for ~** sacar algo a subasta **II** *v/t* subastar, *L.Am.* rematar

◆ **auction off** *v/t* subastar, *L.Am.* rematar

auc•tion•eer [ɔːkʃəˈnɪr] subastador(a) *m(f)*, *L.Am.* rematador(a) *m(f)*

au•da•cious [ɔːˈdeɪʃəs] *adj plan* audaz

au•dac•i•ty [ɔːˈdæsətɪ] audacia *f*

au•di•ble ['ɔːdəbl] *adj* audible

au•di•ence ['ɔːdɪəns] *in theater, at show* público *m*, espectadores *mpl*; *TV* audiencia *f*

au•di•o ['ɔːdɪoʊ] *adj* de audio

'au•di•o typ•ist audiomecanógrafo(-a) *m(f)*

au•di•o•vi•su•al *adj* audiovisual; **~ aids** herramientas *fpl* audiovisuales

au•dit ['ɔːdɪt] **I** *n* auditoría *f* **II** *v/t* **1** *FIN* auditar **2** *course* asistir de oyente a

au•di•tion [ɔːˈdɪʃn] **I** *n* audición *f* **II** *v/i* hacer una prueba

au•di•tor ['ɔːdɪtər] auditor(a) *m(f)*

au•di•to•ri•um [ɔːdɪˈtɔːrɪəm] *of theater etc* auditorio *m*

aug•ment [ɔːgˈment] *v/t* agrandar, incrementar

au•gur ['ɔːgər] *v/i:* **~ well / ill** presentar buenos / malos augurios (**for** para)

Au•gust ['ɔːgəst] agosto *m*

aunt [ænt] tía *f*

aunt•ie, aunt•y ['æntɪ] tía *f*

au pair [oʊˈper] au pair *m/f*

au•ra ['ɔːrə] aura *f*

au•ral ['ɔːrəl] *adj comprehension* auditivo

aus•pic•es ['ɔːspɪsɪz] *npl* auspicios *mpl*; **under the ~ of** bajo los auspicios de

aus•pi•cious [ɔːˈspɪʃəs] *adj* propicio

Aus•sie ['ɑːzɪ] F **I** *n* australiano(-a) *m(f)* **II** *adj* australiano

aus•tere [ɔːˈstiːr] *adj interior* austero

aus•ter•i•ty [ɔːsˈterətɪ] *economic* austeridad *f*; **~ program** programa *m* de austeridad

Aus•tra•la•sia [ɔːstrəˈleɪʒə] Australasia *f*

Aus•tra•la•sian [ɔːstrəˈleɪʒən] *adj* australasiano

Aus•tra•li•a [ɔːˈstreɪlɪə] Australia *f*

Aus•tra•li•an [ɔːˈstreɪlɪən] **I** *adj* australiano **II** *n* australiano(-a) *m(f)*

Aus•tri•a ['ɔːstrɪə] Austria *f*

Aus•tri•an ['ɔːstrɪən] **I** *adj* austriaco **II** *n* austriaco(-a) *m(f)*

au•then•tic [ɔːˈθentɪk] *adj* auténtico

au•then•ti•cate [ɔːˈθentɪkeɪt] *v/t* autenticar, autentificar

au•then•ti•ca•tion [ɔːθentɪkeɪʃn] autenticación *f*

au•then•tic•i•ty [ɔːθenˈtɪsətɪ] autenticidad *f*

au•thor ['ɔːθər] **I** *n of story, novel* escritor(a) *m(f)*; *of text* autor(a) *m(f)* **II** *v/t story, novel* escribir

au•thor•i•tar•i•an [əθɑːrɪˈterɪən] *adj* autoritario

au•thor•i•ta•tive [əˈθɑːrɪtətɪv] *adj* autorizado

au•thor•i•ty [əˈθɑːrətɪ] **1** (*power*) autoridad *f*; **the authorities** las autoridades **2** (*permission*) autorización *f* **3**: **be an ~ on sth** ser una autoridad en algo; **have sth on good ~** saber algo de buena tinta

au•thor•i•za•tion [ɔːθəraɪˈzeɪʃn] autorización *f*

au•thor•ize ['ɔːθəraɪz] *v/t* autorizar; **be ~d to do sth** estar autorizado para hacer algo

au•thor•ized cap•i•tal ['ɑːθəraɪzd] *FIN* capital *m* autorizado

au•thor•ship ['ɔːθərʃɪp] *origin* autoría *f*

au•tism ['ɔːtɪzəm] *MED* autismo *m*

au•tis•tic [ɔːˈtɪstɪk] *adj* autista

au•to... ['ɔːtoʊ] *pref* auto...

au•to ['ɔːtoʊ] F coche *m*, *L.Am.* carro *m*

au•to•bi•o•graph•i•cal [ɔːtəbaɪəˈgræfɪkl] *adj* autobiográfico

au•to•bi•og•ra•phy [ɔːtəbarˈɑːgrəfɪ] autobiografía *f*

au•toc•ra•cy [ɔːˈtɑːkrəsɪ] *POL* autocracia *f*

au•to•crat ['ɔːtəkræt] autócrata *m/f*

au•to•crat•ic [ɔːtəˈkrætɪk] *adj* autocrático

au•to•cue ['ɔːtəkjuː] *TV* autocue *m*, teleapuntador *m*

au•to•di•dact ['ɔːtoʊdaɪdækt] autodidacta *m/f*

au•to•di•dac•tic [ɔːtoʊdaɪˈdæktɪk] *adj* autodidáctico

au•to•graph ['ɔːtəgræf] autógrafo *m*; **~ album** álbum *m* de autógrafos

au•to•mate ['ɔːtəmeɪt] *v/t* automatizar

au•to•ma•ted tel•ler ma•chine [ɒːtəmeɪtəd'telərməʃiːn] cajero *m* automático

au•to•mat•ic [ɒːtə'mætɪk] **I** *adj* automático **II** *n car* (coche *m*) automático *m*; *gun* pistola *f* automática; *washing machine* lavadora *f* automática

au•to•mat•i•cal•ly [ɒːtə'mætɪklɪ] *adv* automáticamente

au•to•ma•tion [ɒːtə'meɪʃn] automatización *f*

au•tom•a•ton [ɒː'tɑːmətən] (*pl* **automata** [ɒː'tɑːmətə], **-tons**) *fig* autómata *m/f*, robot *m/f*

au•to•mo•bile ['ɒːtəmoubiːl] automóvil *m*, coche *m*, *L.Am.* carro *m*, *Rpl* auto *m*

'**au•to•mo•bile in•dus•try** industria *f* automovilística

au•to•mo•tive [ɔːtə'moutɪv] *adj* automovilístico

au•ton•o•mous [ɒː'tɑːnəməs] *adj* autónomo

au•ton•o•my [ɒː'tɑːnəmɪ] autonomía *f*

au•to•pi•lot ['ɒːtoupaɪlət] piloto *m* automático; *do sth on ~ fig* hacer algo sin pensar; *through force of habit* hacer algo por inercia

au•top•sy ['ɒːtɑːpsɪ] autopsia *f*

au•to-sug•ges•tion [ɒːtousə'dʒestʃən] PSYCH autosugestión *f*

au•tumn ['ɒːtəm] *Br* otoño *m*; *an ~ day* un día otoñal; *in (the) ~* en (el) otoño

au•tum•nal [ɔː'tʌmnəl] *adj* otoñal

aux•il•ia•ry [ɒːg'zɪljərɪ] *adj* auxiliar; *~ verb* verbo *m* auxiliar

a•vail [ə'veɪl] **I** *n*: *to no ~* en vano **II** *v/t fml*: *~ o.s. of* aprovechar

a•vail•a•bil•i•ty [əveɪlə'bɪlətɪ] disponibilidad *f*; *subject to ~* hasta agotar existencias

a•vai•la•ble [ə'veɪləbl] *adj* disponible; *make sth ~ to s.o.* poner algo a disposición de alguien; *they're no longer ~ of product* ya no los venden

av•a•lanche ['ævəlænʃ] avalancha *f*, alud *m*

a•vant-garde [ævɑːn'gɑːd] *adj* vanguardista, progresista

av•a•rice ['ævərɪs] avaricia *f*

a•venge [ə'vendʒ] *v/t* vengar; *~ o.s.* vengarse (*on* de)

av•e•nue ['ævənuː] avenida *f*; *fig* camino *m*

av•e•rage ['ævərɪdʒ] **I** *adj* **1** medio **2** (*of mediocre quality*) regular **II** *n* promedio *m*, media *f*; *above / below ~* por encima / por debajo del promedio; *on ~* como promedio, de media **III** *v/t*: *I ~ six hours of sleep a night* duermo seis horas cada noche como promedio *or* de media

◆ **average out** *v/t* calcular el promedio *or* la media de

◆ **average out at** *v/t* salir a

a•verse [ə'vɜːrs] *adj*: *not be ~ to* no ser reacio a

a•ver•sion [ə'vɜːrʃn] aversión *f*; *have an ~ to* tener aversión a

a•vert [ə'vɜːrt] *v/t one's eyes* apartar; *crisis* evitar

a•vi•a•tion [eɪvɪ'eɪʃn] aviación *f*

a•vi•a•tor ['eɪvɪeɪtər] aviador(a) *m(f)*

av•id ['ævɪd] *adj* ávido

av•o•ca•do [ɑːvə'kɑːdou] (*pl* **-o(e)s**) aguacate *m*, *S.Am.* palta *f*

a•void [ə'vɔɪd] *v/t* evitar; *you've been ~ing me* has estado huyendo de mí; *~ doing sth* evitar hacer algo

a•void•a•ble [ə'vɔɪdəbl] *adj* evitable, eludible

a•void•ance [ə'vɔɪdəns] evasión *f*

a•vow•al [ə'vauəl] declaración *f*, reconocimiento *m*

a•vowed [ə'vaud] *adj* declarado, reconocido

a•vun•cu•lar [ə'vʌŋkjulər] *adj* protector, paternalista

a•wait [ə'weɪt] *v/t* aguardar, esperar

a•wake [ə'weɪk] *adj* despierto; *it kept me ~* no me dejó dormir; *be ~ to sth fig* estar alerta de algo

a•wak•en•ing [ə'weɪkənɪŋ] aparición *f*, surgimiento *m*; *then you're in for a rude ~* entonces te vas a dar una bofetada F

a•ward [ə'wɔːrd] **I** *n* (*prize*) premio *m* **II** *v/t prize, damages* conceder

a'wards cer•e•mo•ny ceremonia *f* de entrega de premios

a'ward-win•ning *adj* galardonado, premiado

a•ware [ə'wer] *adj*: *be ~ of sth* ser consciente de algo; *become ~ of sth* darse cuenta de algo; *make s.o. ~ of sth* concienciar a alguien de algo

a•ware•ness [ə'wernɪs] conciencia *f*

a•wash [əˈwɑːʃ] *adj* **be ~ with** estar plagado de

a•way [əˈweɪ] *adv*: **look ~** mirar hacia otra parte; *I'll be ~ until ... traveling* voy a estar fuera hasta ...; *sick* no voy a ir hasta ...; *it's 2 miles ~* está a 2 millas; *Christmas is still six weeks ~* todavía quedan seis semanas para Navidad; *take sth ~ from s.o.* quitar algo a alguien

a'way game SP partido *m* fuera de casa; **a'way team** SP equipo *m* visitante; **a'way win** SP victoria *f* visitante

AWB *abbr* (= *air waybill*) conocimiento *m* de embarque aéreo

awe [ɒː] admiración *f*, respeto *m*; *be in ~ of s.o.* respetar a alguien; *hold s.o. in ~* tener respeto a alguien

awe-in•spir•ing [ˈɒːɪnspaɪrɪŋ] *adj* abrumador, apabullante

awe•some [ˈɒːsəm] *adj* F (*terrific*) alucinante F

'awe-struck *adj* estupefacto, anonadado

aw•ful [ˈɒːfəl] *adj* horrible, espantoso; *I feel ~* me siento fatal

aw•ful•ly [ˈɒːfəlɪ] *adv* F (*very*) tremendamente; *~ bad* malísimo

awk•ward [ˈɒːkwərd] *adj* **1** (*clumsy*) torpe **2** (*embarrassing*) embarazoso; *feel ~* sentirse incómodo **3** (*difficult*) difícil; *an ~ customer* F una persona difícil

awl [ɒːl] TECH alesna *f*

awn•ing [ˈɒːnɪŋ] toldo *m*

a•wry [əˈraɪ] *adv*: *go ~ fig* salir mal, fracasar

ax, *Br* **axe** [æks] **I** *n* hacha *f* **II** *v/t project etc* suprimir; *budget, jobs* recortar

ax•es [ˈæksiːz] ☞ *axis*

ax•i•om [ˈæksɪəm] axioma *m*

ax•i•o•mat•ic [æksɪəˈmætɪk] *adj* axiomático

ax•is [ˈæksɪs] (*pl* **axes** [ˈæksiːz]) MATH, POL *etc* eje *m*

ax•le [ˈæksl] eje *m*

ay(e) [aɪ] PARL voto *m* a favor; *the ~s have it* ganan los síes

aye [aɪ] *int* NAUT: *~ ~, captain!* ¡sí, mi capitán!

a•za•le•a [əˈzeɪljə] BOT azalea *f*

Az•er•bai•jan [æzərbaɪˈdʒɑːn] Azerbaiyán *m*

Az•er•bai•ja•ni [æzərbaɪˈdʒɑːnɪ] **I** *adj* azerbaiyaní **II** *n* azerbaiyaní *m/f*

Az•tec [ˈæztek] **I** *adj* azteca **II** *n* azteca *m/f*

az•ure [ˈæʒər] *adj* azuloso, azulado

B

BA [biːˈeɪ] *abbr* (= *Bachelor of Arts*) licenciatura *f* en Filosofía y Letras

baa [bɑː] **I** *v/i* balar **II** *n* balido *m*

bab•ble [ˈbæbl] **I** *v/i* **1** *of water* borbotar **2** *of baby* balbucear; *of adult* mascullar; *~ on about sth* refunfuñar acerca de algo **II** *m* balbuceo *m*

babe [beɪb] **1** *lit* (*baby*) bebé *m* **2** F (*attractive woman*) bombón *m* F, encanto *m* F **3** *term of endearment* cariño *m/f*, cielo *m/f*

ba•bel [ˈbeɪbl] babel *f*

ba•boon [bæˈbuːn] ZO babuino *m*

ba•by [ˈbeɪbɪ] bebé *m*; *have a ~* tener un bebé; *the ~ of the family* el pequeño de la familia; *don't be such a ~!* ¡no seas niño! **II** *adj animal, vegetable* pequeño **III** *v/t* (*pret* & *pp* **-ied**) tratar como un niño pequeño

'ba•by boom explosión *f* demográfica; **'ba•by bug•gy** cochecito *m or* silla *f* de bebé; **'ba•by car•riage** silla *f* de paseo; **'ba•by face** cara *f* de bebé

ba•by•hood [ˈbeɪbɪhʊd] lactancia *f*

ba•by•ish [ˈbeɪbɪʃ] *adj* infantil

'ba•by-mind•er *Br* niñera *f*; **'ba•by-sit** *v/i* (*pret* & *pp* **-sat**) hacer de *Span* canguro *or L.Am.* babysitter (**for** de); **'ba•by-sit•ter** *Span* canguro *m/f*, *L.Am.* babysitter *m/f*; **'ba•by sit•ting** cuidado *m* de niños, *L.Am.* baby sitting *m*; **'ba•by talk** lenguaje *m* infantil

bach•e•lor [ˈbætʃələr] soltero *m*; *Bachelor of Arts / Science* licenciado(-a) *m(f)* en letras / ciencias

bach•e•lor•hood [ˈbætʃələrhʊd] soltería *f*

'bach•e•lor pad piso *m* de soltero

ba•cil•lus [bə'sɪləs] (*pl bacilli* [bə'sɪlaɪ]) MED bacilo *m*

back [bæk] **I** *n* **1** *of person, clothes* espalda *f*; *of car, bus, house* parte *f* trasera *or* de atrás; *of paper, book* dorso *m*; *of drawer* fondo *m*; *of chair* respaldo *m*; **in ~** *in store* en la trastienda; **in the ~** **(of the car)** atrás (del coche); **at the ~ of the bus** en la parte trasera *or* de atrás del autobús; **~ to front** del revés; **at the ~ of beyond** en el quinto pino *SP* defensa *m/f*

II *adj* trasero; **~ road** carretera *f* secundaria

III *adv* atrás; **please stand ~** pongase más para atrás **2 meters ~ from the edge** a 2 metros del borde; **~ in 1935** allá por el año 1935; **give sth ~ to s.o.** devolver algo a alguien; **she'll be ~ tomorrow** volverá mañana; **when are you coming ~?** ¿cuándo volverás?; **take sth ~ to the store** *because unsatisfactory* devolver algo a la tienda; **they wrote / phoned ~** contestaron a la carta / a la llamada; **he hit me ~** me devolvió el golpe

IV *v/t* **1** (*support*) apoyar, respaldar **2** *horse* apostar por

V *v/i*: **he ~ed into the garage** entró en el garaje marcha atrás

◆ **back away** *v/i* alejarse (hacia atrás)
◆ **back down** *v/i* echarse atrás
◆ **back off** *v/i* echarse atrás
◆ **back onto** *v/t* dar por la parte de atrás a
◆ **back out** *v/i of commitment* echarse atrás
◆ **back up I** *v/t* **1** (*support*) respaldar **2** *file* hacer una copia de seguridad de **3**: **traffic was backed up all the way to ...** el atasco llegaba hasta ... **II** *v/i* **1** *in car* dar marcha atrás **2** *of drains* atascarse

'back•ache dolor *m* de espalda; **back 'al•ley** callejón *m*; **back•bench•er** [bæk'bentʃər] *Br* PARL *diputado que no forma parte del gabinete ministerial ni del fantasma*; **'back•bit•ing** cotilleo *m*, chismorreo *m*; **'back•board** *in basketball* tablero *m* de la canasta; **'back•bone** ANAT columna *f* vertebral, espina *f* dorsal; *fig* (*courage*) agallas *fpl*; *fig* (*mainstay*) columna *f* vertebral; **'back--break•ing** *adj* extenuante, deslomador; **back 'burn•er: put sth on the ~** aparcar

algo; **'back•chat** *Br* insolencias *fpl*; **'back cloth** *Br* **1** THEA telón *m* de foro **2** *fig* contexto *m*, coyuntura *f*; **'back-comb** *v/t hair* cardar; **back cop•y** *of newspaper* número *m* atrasado; **back-court vi•o'la•tion** *in basketball* campo *m* atrás; **'back•date** *v/t*: **a raise ~d to 1st January** una subida salarial con efecto retroactivo a partir del 1 de enero; **'back•door** puerta *f* trasera; **'back--door** *adj fig* clandestino, encubierto; **~ play** *in basketball* puerta *f* atrás; **'back drop 1** THEA telón *m* de foro **2** *fig* contexto *m*, coyuntura *f*

back•er ['bækər]: **the ~s of the movie** *financially* las personas que financiaron la película

back'fire *v/i* **1** MOT petardear **2** *fig*: **it ~d on us** nos salió el tiro por la culata; **'back for•ma•tion** LING derivación *f* regresiva; **'back•gam•mon** ['bækgæmən] backgammon *m*

'back•ground fondo *m*; *of person* origen *m*, historia *f* personal; *of situation* contexto *m*; **she prefers to stay in the ~** prefiere permanecer en un segundo plano; **~ music** música *f* de fondo; **against the ~ of ...** en el trasfondo de ...; **~ information** contexto *m*; **educational ~** formación *f* académica

'back•hand *in tennis* revés *m*
back•hand•ed ['bækhændɪd] *adj* **1** SP de revés **2** *compliment* ambiguo
back•hand•er ['bækhændər] (*bribe*) soborno *m*, *Andes, Rpl* coima *f*, *C.Am., Mex* mordida *f*

back heel•er ['hiːlər] *in soccer* taconazo *m*

back•ing ['bækɪŋ] **1** (*support*) apoyo *m*, respaldo *m*; **give sth one's ~** apoyar *or* respaldar algo **2** MUS acompañamiento *m*

'back•ing group MUS grupo *m* de acompañamiento

'back•lash reacción *f* violenta; **'back-log** acumulación *f*; **'back•pack I** *n* mochila *f* **II** *v/i* viajar con la mochila a cuestas; **'back•pack•er** ['bækpækər] mochilero(-a) *m(f)*; **'back•pack•ing** viajes *mpl* con la mochila a cuestas; **'back pass** *to goalkeeper* cesión *f* al portero; **'back pay** pago *m* de atrasos; **'back-ped•al** *v/i* (*pret & pp* **-ed**, *Br* **-led**) *fig* echarse atrás, dar marcha atrás;

'**back•room boys** *npl* F *gente que realiza una labor importante y permanecen en el anonimato*; '**back seat** *of car* asiento *m* trasero *or* de atrás; **back-seat** '**driv•er**: *he's a terrible* ~ va siempre incordiando al conductor con sus comentarios; '**back•side** F trasero *m*, posaderas *fpl* F; '**back•slash** COMPUT barra *f* inversa *or* invertida; '**back•slide** *v/i* (*pret & pp* -**slid**) retroceder, regresar; **back•slid•ing** ['bæk-slaɪdɪŋ] retroceso *m*, regresión *f*; '**back•space (key)** (tecla *f* de) retroceso *m*; '**back•spin** efecto *m* hacia atrás '**back•stage** I *adv* 1 THEA entre bastidores 2 *fig* entre bastidores, confidencialmente II *adj* 1 THEA entre bastidores 2 *fig* clandestino

'**back•stairs** *npl* escalera *f* de servicio; '**back straight** SP recta *f* final; '**back--street** *adj*: ~ *abortion* aborto *m* clandestino; ~ *abortionist* abortista *m/f*; '**back streets** *npl* callejuelas *fpl*; *poorer, dirtier part of a city* zonas *fpl* deprimidas; '**back•stroke** SP espalda *f*; '**back talk** insolencias *fpl*; '**back•track** *v/i* volver atrás, retroceder

'**back•up** 1 (*support*) apoyo *m*, respaldo *m*; *for police* refuerzos *mpl* 2 COMPUT copia *f* de seguridad; *take a* ~ hacer una copia de seguridad; ~ *copy* copia *f* de seguridad

'**back•up disk** COMPUT disquete *m* con la copia de seguridad

back•ward ['bækwərd] I *adj* 1 *child* retrasado; *society* atrasado 2 *glance* hacia atrás II *adv* hacia atrás

'**back•wash** 1 NAUT corriente *f* de expulsión 2 *fig* repercusión *f*, efecto *m*; '**back•wa•ter** 1 GEOG remanso *m* 2 *fig: isolated* lugar *m* apartado, enquilosamiento *m*; '**back•woods** *npl* monte *m*, alta montaña *f*

back'yard jardín *m* trasero; *in s.o.'s* ~ *fig* en la misma puerta de alguien; *the not-in-my-~ syndrome* apoyo de instalaciones, servicios etc sólo si no afectan directamente

ba•con ['beɪkn] tocino *m*, *Span* bacon *m*; *bring home the* ~ F *earn money* ganar el pan; *be successful* triunfar, conseguir los objetivos; *save s.o.'s* ~ *Br* F salvar el pellejo a alguien F

bac•te•ri•a [bæk'tɪərɪə] *npl* bacterias *fpl*

bac•te•ri•al [bæk'tɪərɪəl] *adj* bacteriano
bac•te•ri•o•log•i•cal [bæktɪərɪə'lɑːdʒ-ɪkl] *adj* bacteriológico
bac•te•ri•ol•o•gist [bæktɪərɪ'ɑːlədʒɪst] bacteriólogo(-a) *m(f)*
bac•te•ri•um [bæk'tɪərɪəm] (*pl bacteria* [bæk'tɪərɪə]) bacteria *f*
bac•tri•an cam•el ['bæktrɪən] camello *m*

bad [bæd] *adj* malo; *before singular masculine noun* mal; *cold, headache etc* fuerte; *mistake, accident* grave; *I've had a* ~ *day* he tenido un mal día; *smoking is* ~ *for you* fumar es malo; *not* ~ (*bastante*) bien; *it's not* ~ no está mal; *that's really too* ~ (*shame*) es una verdadera pena; *feel* ~ *about* (*guilty*) sentirse mal por; *I'm* ~ *at math* se me dan mal las matemáticas; *Friday's* ~, *how about Thursday?* el viernes me viene mal, ¿qué tal el jueves?; *that's too* ~ es una pena; *go from* ~ *to worse* ir de mal a peor; *go* ~ pasarse, ponerse malo

bad 'debt deuda *f* incobrable
bad•die ['bædɪ] F: *the* ~ el malo
badge [bædʒ] insignia *f*, chapa *f*; *of policeman* placa *f*; ~ *of office* chapa *f* del cargo

bad•ger ['bædʒər] I ZO tejón *m* II *v/t* acosar, importunar; ~ *s.o. into doing sth* machacar a alguien para que haga algo

bad 'lan•guage palabrotas *fpl*
bad•ly ['bædlɪ] *adv injured* gravemente; *damaged* seriamente; *work* mal; *I did really* ~ *in the exam* el examen me salió fatal; *he hasn't done* ~ *in life, business etc* no le ha ido mal; *you're* ~ *in need of a haircut* necesitas urgentemente un corte de pelo; *he is* ~ *off poor* anda mal de dinero

bad-man•nered ['mænərd] *adj*: *be* ~ tener malos modales
bad•min•ton ['bædmɪntən] bádminton *m*

'**bad-mouth** *v/t* F hablar mal de; **bad 'sec•tor** COMPUT sector *m* dañado; **bad-tem•pered** ['tempərd] *adj* malhumorado

baf•fle ['bæfl] *v/t* confundir, desconcertar; *be* ~*d* estar confundido *or* desconcertado; *I'm* ~*d why she left* no consigo entender por qué se fue

baf•fling ['bæflɪŋ] adj mystery, software desconcertante, incomprensible

bag [bæg] I n 1 bolsa f; for school cartera f 2 (purse) bolso m, S.Am. cartera f, Mex bolsa f 3 in baseball almohadilla f II v/t (pret & pp -ged) in hunting matar
◆ **bag up** v/t embolsar, meter en bolsas

ba•gel ['beɪgəl] panecillo en forma de rosquilla

bag•gage ['bægɪdʒ] equipaje m
'bag•gage al•low•ance AVIA límite m de equipaje; **'bag•gage car** RAIL vagón m de equipajes; **'bag•gage check** checkroom consigna f equipajes; for security control m de equipaje; **'bag•gage claim** punto m de recolección de equipaje, recogida f de equipajes; **'bag•gage claim area** zona f de recogida de equipajes; **bag•gage han•dler** ['bægɪdʒhændlər] manipulador(-a) m(f) or mozo(-a) m(f) de equipajes; **'bag•gage lock•er** consigna f automática; **'bag•gage re•claim** AVIA punto m de recolección de equipaje; **'bag•gage room** consigna f

bag•gy ['bægɪ] adj ancho, holgado
'bag la•dy vagabunda f, mendiga f; **'bag•pip•er** gaitero(-a) m(f); **'bag•pipes** npl gaita f; **bag•snatch•er** ['bægsnætʃər] mangante m/f de bolsos

ba•guette [bæ'get] bread baguette f, barra f de pan

bah [bɑː] int ¡bah!, ¡bueno!

Ba•ha•mas [bə'hɑːməz] npl: **the ~** las Bahamas

Bah•rain [bɑː'reɪn] Bahrein m

Bah•rain•i [bɑː'reɪnɪ] I adj bahreiní II n bahreiní m/f

bail [beɪl] LAW libertad f bajo fianza; money takes f; **on ~** bajo fianza; **be out on ~** estar libre bajo fianza; **stand ~ for s.o.** pagar la fianza a alguien
◆ **bail out** I v/t 1 LAW pagar la fianza de 2 company, person sacar de apuros (económico) II v/i 1 from airplane tirarse en paracaídas 2 (withdraw) retirarse

'bail bond fianza f, caución f
bail•iff ['beɪlɪf] 1 in courtroom alguacil m 2 Br agente m/f judicial

bail•i•wick ['beɪlɪwɪk] territorio m, terreno m

bait [beɪt] cebo m; **rise to or swallow or take the ~** fig caer or picar en el anzuelo

baize [beɪz] tapete m

bake [beɪk] v/t hornear, cocer al horno

baked beans [beɪkt'biːnz] npl judías blancas en salsa de tomate

baked po•ta•to (pl **-oes**) L.Am. papa f asada, Span patata f asada (con piel)

bak•er ['beɪkər] panadero(-a) m(f)

bak•er•y ['beɪkərɪ] panadería f

bak•ing hot ['beɪkɪŋ] adj achicharrante; **it was ~** hacía un calor asfixiante

'bak•ing pow•der levadura f

'baking sheet, 'baking tray bandeja f del horno

bal•a•cla•va [bælə'klɑːvə] Br pasamontañas m

bal•ance ['bæləns] I n 1 equilibrio m; **lose one's ~** perder el equilibrio 2 (remainder) resto m 3 of bank account saldo m II v/t 1 poner en equilibrio 2: **~ the books** cuadrar las cuentas; **~ a budget** hacer que cuadre un presupuesto III v/i 1 mantenerse en equilibrio 2 of accounts cuadrar

bal•anced ['bælənst] adj 1 (fair) objetivo 2 diet, personality equilibrado

bal•ance of 'pay•ments balanza f de pagos; **bal•ance of 'trade** balanza f comercial; **'bal•ance sheet** balance m

bal•anc•ing act ['bælənsɪŋ] fig malabares mpl, pirueta f; **do or perform a political ~** hacer malabares políticos

bal•bo•a [bæl'bouə] FIN balboa m

bal•co•ny ['bælkənɪ] 1 of house balcón m 2 in theater anfiteatro m

bald [bɔːld] adj calvo; tire desgastado **he's going ~** se está quedando calvo; **~ spot** calva f

bald 'ea•gle águila f de cabeza blanca

bal•der•dash ['bɔːldərdæʃ] bobadas fpl, sandeces fpl

bald-'head•ed adj calvo

bald•ing ['bɔːldɪŋ] adj medio calvo

bald•y ['bɔːldɪ] F calvorotas m F

bale [beɪl] I n of hay, cotton fardo m II v/t enfardar

Bal•e•ar•ics [bælɪ'ærɪks] npl: **the ~** las Baleares

bale•ful ['beɪlful] adj maligno, mezquino

balk [bɔːk] I v/i 1 of person quejarse, rebelarse; **~ at doing sth** negarse a hacer algo 2 of horse echarse atrás (at ante) II n in baseball balk m

Bal•kan [ˈbɒːlkən] *adj* balcánico

Bal•kans [ˈbɒːlkənz] *npl:* **the ~** los Balcanes

ball[1] [bɒːl] *tennis-ball size* pelota *f; football size* balón *m*, pelota *f; billiard-ball size, in baseball* bola *f;* **on the ~** *fig* despierto; **play ~** *fig* cooperar; **the ~'s in his court** le toca actuar a él, la pelota está en su tejado

ball[2] [bɒːl] *dance* baile *m* de salón *or* etiqueta; **have a ~** F pasárselo pipa *or* bomba F

bal•lad [ˈbæləd] balada *f*

ball-and-'sock•et joint ANAT, TECH articulación *f*

bal•last [ˈbæləst] NAUT lastre *m*, contrapeso *m*

ball 'bear•ing rodamiento *m* de bolas

ball•cock [ˈbɒːlkɑːk] válvula *f* de flotador

bal•le•ri•na [bæləˈriːnə] bailarina *f*

bal•let [bæˈleɪ] ballet *m*

'bal•let danc•er bailarín(-ina) *m(f)*

'ball game (*baseball game*) partido *m* de béisbol; **that's a different ~** F esa es otra cuestión F

bal•lis•tic mis•sile [bəˈlɪstɪk] misil *m* balístico

bal•lis•tics [bəˈlɪstɪks] *nsg* balística *f*

bal•loon [bəˈluːn] I *n* globo *m* II *v/i swell* hincharse, abombarse

bal•loon•ist [bəˈluːnɪst] piloto *m/f* de globo aerostático

bal•lot [ˈbælət] 1 *n* voto *m* 2 *v/t members* consultar por votación

'bal•lot box urna *f;* **'bal•lot pa•per** papeleta *f;* **'bal•lot rig•ging** fraude *m* electoral

'ball•park *for baseball* campo *m* de béisbol; **you're in the right ~** F no vas descaminado; **'ball•park fig•ure** F cifra *f* aproximada; **'ball•point (pen)** bolígrafo *m, Mex* pluma *f, Rpl* birome *m;* **'ball•room** salón *m* de baile; **ball•room 'danc•ing** bailes *mpl* de salón

balls [bɒːlz] *npl* V *also fig* huevos *mpl* V; **be going ~ out** dejarse la piel F

'balls-up *Br* V: **make a ~ of sth** jorobar *or* joder algo V

bal•ly•hoo [bælɪˈhuː] F revuelo *m*, alboroto *m*

balm [bɑːm] bálsamo *m*

balm•y [ˈbɑːmɪ] *adj* 1 *weather* templado, apacible 2 *Br* P (*crazy*) chiflado, tocado

ba•lo•ney [bəˈləʊnɪ] F chorrada *f* F, memez *f* F

Bal•tic [ˈbɒːltɪk] I *adj* báltico; **~ Sea** mar *m* Báltico; **the ~ states** los estados bálticos II *n:* **the ~** el Báltico

bal•us•trade [bæləˈstreɪd] barandilla *f*, pasamanos *m*

bam•boo [bæmˈbuː] bambú *m*

bam•boo•zle [bæmˈbuːzl] *v/t* F apabullar F; **~ s.o. into doing sth** liar *or* confundir a alguien para que haga algo

ban [bæn] 1 *n* prohibición *f* 2 *v/t* (*pret & pp* **-ned**) prohibir; **~ s.o. from doing sth** prohibir a alguien que haga algo

ba•nal [bəˈnæl] *adj* banal

ba•nal•i•ty [bəˈnælɪtɪ] banalidad *f*, trivialidad *f*

ba•na•na [bəˈnɑːnə] plátano *m, Rpl* nana *f;* **the audience went ~s** P el público se puso como loco; **he's completely ~s** P está como una cabra F

ba•na•na re•pub•lic *pej* república *f* bananera

ba•na•na tree platanero *m, Rpl* banano *m*

band[1] [bænd] MUS banda *f; pop* grupo *m*

◆ **band together** *v/i* unirse, juntarse

band[2] [bænd] *of metal, cloth* tira *f*, cinta *f*

ban•dage [ˈbændɪdʒ] 1 *n* vendaje *m* 2 *v/t* vendar

'Band-Aid® *Span* tirita *f, L.Am.* curita *f*

ban•dan•a [bænˈdænə] bandana *f*, pañoleta *f*

B & B [biːəndˈbiː] *abbr* (= **bed and breakfast**) *hostal familiar en el que está incluido el alojamiento y el desayuno*

ban•dit [ˈbændɪt] bandido *m*

'band•lead•er MUS líder *m/f* de un grupo musical; **'band•mas•ter** MUS director(a) *m(f)* de una banda de música; **'band•stand** MUS quiosco *m;* **'band•wag•on:** **jump on the ~** subirse al carro; **'band•width** ancho *m* de banda

ban•dy[1] [ˈbændɪ] *adj legs* arqueado

ban•dy[2] [ˈbændɪ] *v/t* intercambiar; **~ blows** pelear (**with** con); **~ words** discutir (**with** con)

◆ **bandy around** *v/t:* **a name that has been bandied around a lot** un nombre del que se ha hablado mucho

ban•dy-leg•ged ['bændɪlegd] *adj* estevado

bane [beɪn]: *be the ~ of s.o.'s existence* ser el tormento de alguien

bang [bæŋ] **I** *n* **1** *noise* estruendo *m*, estrépito *m m*; *the door closed with a ~* la puerta se cerró de un portazo; *~ goes another $50* F adiós a otros 50 dólares **2** (*blow*) golpe **II** *v/t* **1** *door* cerrar de un portazo **2** (*hit*) golpear; *~ o.s. on the head* golpearse la cabeza **III** *v/i* dar golpes; *the door~ed shut* la puerta se cerró de un portazo

Ban•gla•desh [bæŋglə'deʃ] Bangladesh *m*

Ban•gla•desh•i [bæŋglə'deʃɪ] **I** *adj* bangladesí **II** *n* bangladesí *m/f*

ban•gle ['bæŋgl] brazalete *m*, pulsera *f*

bangs [bæŋz] *npl* flequillo *m*

'bang-up *adj* F genial F, súper F

ban•ish ['bænɪʃ] *v/t* **1** *person* exiliar, desterrar **2** *worries, fears* desterrar, alejar

ban•ish•ment ['bænɪʃmənt] exilio *m*, destierro *m*

ban•is•ters ['bænɪstərz] *npl* barandilla *f*

ban•jo ['bændʒoʊ] banjo *m*

bank[1] [bæŋk] *n of river* orilla *f*

bank[2] [bæŋk] **I** *n* FIN banco *m* **II** *v/t money* ingresar, depositar

◆ **bank on** *v/t* contar con; *don't bank on it* no cuentes con ello

◆ **bank with** *v/t* tener una cuenta en

bank•a•ble ['bæŋkəbl] *adj fig* taquillero

'bank ac•count cuenta *f* (bancaria); **'bank bal•ance** saldo *m* bancario; **'bank bill** billete *m*; **'bank•book** cartilla *f or* libreta *f* (del banco); **'bank bor•row•ings** *npl* préstamos *mpl* bancarios; **'bank card 1** (*credit card*) tarjeta *f* de crédito **2** *for use in ATM* tarjeta *f* bancaria; **'bank charg•es** *npl* comisiones *fpl* bancarias; **'bank clerk** emplead•o(-a) *m(f)* de banco; **'bank de•tails** *npl* datos *mpl* bancarios; **'bank draft** giro *m* bancario

bank•er ['bæŋkər] banquero(-a) *m(f)*

'bank•er's card tarjeta *f* bancaria

bank 'hol•i•day *Br: día festivo en el que los bancos cierran*

bank•ing ['bæŋkɪŋ] banca *f*

'bank loan préstamo *m* bancario; **'bank man•ag•er** director(a) *m(f)* de banco; **'bank note** *Br* billete *m*; **'bank raid** atraco *m* a un banco; **'bank rate** tipo *m* de interés bancario; **'bank rob•ber** atracador(a) *m(f)* de bancos; **'bank rob•ber•y** atraco *m* a un banco; **'bank•roll** *v/t* F financiar

bank•rupt ['bæŋkrʌpt] **I** *adj* en bancarrota *or* quiebra; *go ~* quebrar, ir a la quiebra; *of person* arruinarse **II** *v/t* llevar a la quiebra **III** *n* quebrado(-a) *m(f)*

bank•rupt•cy ['bæŋkrʌpsɪ] *of person, company* quiebra *f*, bancarrota *f*

'bank•shot *in basketball* tiro *m* a tabla; **bank 'sort code** código *m* identificador de banco; **'bank state•ment** extracto *m* bancario, extracto *m* de cuenta; **'bank trans•fer** transferencia *f* bancaria

ban•ner ['bænər] pancarta *f*

banns [bænz] *npl Br* amonestaciones *fpl*

ban•quet ['bæŋkwɪt] banquete *m*

ban•quet•ing hall ['bæŋkwɪtɪŋ] sala *f* de banquetes

ban•quette [bæŋ'ket] banco *m*, bancada *f*

ban•tam•weight ['bæntəmweɪt] SP **I** *adj* peso gallo **II** *n* peso *m/f* gallo

ban•ter ['bæntər] bromas *fpl*

bap•tism ['bæptɪzm] bautismo *m*

bap•tis•mal font [bæp'tɪzml] pila *f* bautismal

Bap•tist ['bæptɪst] baptista *m/f*

bap•tize [bæp'taɪz] *v/t* bautizar

bar[1] [bɑːr] *n* **1** *of iron* barra *f*; *of chocolate* tableta *f*; *of soap* pastilla *f*; *be behind ~s* (*in prison*) estar entre barrotes **2** *for drinks* bar *m*; (*counter*) barra *f*

bar[2] [bɑːr] *v/t* (*pret & pp* -**red**) *from premises* prohibir la entrada a; *~ s.o. from doing sth* prohibir a alguien que haga algo

bar[3] [bɑːr] *prep* (*except*) excepto

barb [bɑːrb] **1** *on hook* lengüeta *f* **2** *remark* puyazo *m*, puya *f*

Bar•ba•dos [bɑːr'beɪdɑːs] Barbados *m*

bar•bar•i•an [bɑːr'beriən] bárbaro(-a) *m(f)*

bar•bar•ic [bɑːr'bærɪk] *adj* brutal, inhumano

bar•bar•ism ['bɑːrbərɪzm] barbarie *f*, crueldad *f*

bar•bar•i•ty [bɑːr'bærɪtɪ] **1** *act* atrocidad *f* **2** *cruelty* crueldad *f*, brutalidad *f*

'bar•ba•rous ['bɑːrbərəs] *adj* atroz,

bárbaro

bar•be•cue ['bɑːrbɪkjuː] **I** *n* barbacoa *f*, *RPl* asado *m* **II** *v/t* cocinar en la barbacoa; **~d** a la barbacoa

barbed [bɑːrbd] *adj* **1** *hook* con lengüeta **2** *remark* malicioso, malintencionado

barbed 'wire alambre *f* de espino

bar•bell ['bɑːrbel] *SP* pesas *f*

bar•ber ['bɑːrbər] barbero *m*

bar•bi•tu•rate [bɑːr'bɪtjərət] barbitúrico *m*

'bar chart *Br* diagrama *m or* gráfico *m* de barras; **'bar code** código *m* de barras; **'bar code read•er** lector *m* de código de barras

bare [ber] *adj* (*naked*) desnudo; (*empty: room*) vacío; *mountainside* pelado, raso; *floor* descubierto; **in one's ~ feet** descalzo

'bare•back *adv* sin silla de montar

'bare•boat chart•er flete *m* sin tripulación

bare•faced ['berfeɪst] *adj* sin vergüenza

'bare•foot *adj* descalzo

bare'head•ed *adj* sin sombrero

'bare•ly ['berlɪ] *adv* apenas; **he's ~ five** acaba de cumplir cinco años

barf [bɑːrf] *v/i* F devolver F, vomitar

bar•gain ['bɑːrgɪn] **1** *n* **1** (*deal*) trato *m*; **into the ~** además **2** (*good buy*) ganga *f* **2** *v/i* regatear, negociar

◆ **bargain for** *v/t* (*expect*) imaginarse, esperar; **I got more than I bargained for** me tocó más de lo que me esperaba

'bar•gain base•ment: at ~ prices a precio de saldo

'bar•gain hunt•er buscador(a) *m(f)* de gangas

bar•gain•ing ['bɑːrgɪnɪŋ] negociación *f*

'bar•gain•ing chip baza *f*

bar•gain 'of•fer oferta *m* especial; **'bar•gain price** precio *m* de ganga; **'bar•gain store** tienda *f* descuento

barge [bɑːrdʒ] NAUT barcaza *f*

◆ **barge into** *v/t person* tropezarse con; *room* irrumpir en

'barge pole *Br*: **I wouldn't touch him / it with a ~!** F *if I were you* yo lo dejaría estar

'bar graph diagrama *m* de barras

bar•i•tone ['bærɪtoʊn] barítono *m*

bark¹ [bɑːrk] **1** *n of dog* ladrido *m* **2** *v/i* ladrar; **be ~ing up the wrong tree** F estar en un error

bark² [bɑːrk] *n of tree* corteza *f*

'bar•keep•er camarero(-a) *m(f)*, *L.Am.* mesero(-a) *m(f)*, *Rpl* mozo(-a) *m(f)*

bar•ley ['bɑːrlɪ] cebada *f*

'bar•ley sug•ar *Br* azúcar *m* cande *or* candi

'bar•maid *Br* camarera *f*, *L.Am.* mesera *f*, *Rpl* moza *f*; **'bar•man** *Br* camarero *m*, *L.Am.* mesero *m*, *Rpl* mozo *m*; **'bar meal** *Br* comida *f* en un bar

bar mitz•vah [bɑːr'mɪtsvə] REL *ceremonia por la que el niño judío a los trece años entra en la edad adulta*

barm•y ['bɑːmɪ] *adj Br* P chiflado, tocado

barn [bɑːrn] granero *m*

bar•na•cle ['bɑːrnəkl] balano *m*

'barn dance *verbena de música tradicional*

'barn owl lechuza *f*

ba•rom•e•ter [bə'rɑːmɪtər] *also fig* barómetro *m*

bar•on ['bærən] barón *m*; **press / steel ~** magnate *m* de la prensa / del acero

bar•on•ess ['bærənes] baronesa *f*

Ba•roque [bə'rɑːk] *adj* barroco

bar•racks ['bærəks] *npl* MIL cuartel *m*

bar•ra•cu•da [bærə'kuːdə] barracuda *f*

bar•rage [bə'rɑːʒ] MIL barrera *f* (de fuego); *fig* aluvión *m*

bar•rel ['bærəl] *container* tonel *m*, barril *m*; **have s.o. over a ~** F tener a alguien entre la espada y la pared

bar•ren ['bærən] *adj land* yermo, árido

bar•rette [bə'ret] pasador *m*

bar•ri•cade [bærɪ'keɪd] **I** *n* barricada *f* **II** *v/t* encerrar; **~ o.s. in** encerrarse

bar•ri•er ['bærɪər] *also fig* barrera *f*; **language ~** barrera lingüística

bar•ring ['bɑːrɪŋ] *prep* salvo, excepto; **~ accidents** salvo imprevistos

bar•ris•ter ['bærɪstər] *Br* abogado(-a) *m(f)* (*que aparece en tribunales*)

bar•row ['bæroʊ] carretilla *f*

'bar staff *npl* camareros *mpl*, *L.Am.* meseros *mpl*, *RPl* mozos *mpl*

'bar tend•er camarero(-a) *m(f)*, *L.Am.* mesero(-a) *m(f)*, *Rpl* mozo(-a) *m(f)*

bar•ter ['bɑːrtər] **I** *n* trueque *m* **II** *v/t* cambiar, trocar (**for** por)

ba•salt ['bæsɔːlt] GEOL basalto *m*

base [beɪs] **1** *n bottom, center, in baseball* base *f*; **~ on balls** base por bolas

2 *v/t* basar (**on** en); **be ~d in** *of soldier* estar destinado en; *of company* tener su sede en **3** *adj fml* despreciable, vil

'**base•ball** *ball* pelota *f* de béisbol *or Cu, Mex* beisbol; *game* béisbol *m, Cu, Mex* beisbol, *L.Am.* pelota *f*

'**base•ball bat** bate *m* de béisbol; '**base•ball cap** gorra *f* de béisbol; '**base•ball play•er** jugador(a) *m(f)* de béisbol, *L.Am.* pelotero(-a) *m(f)*; '**base•board** rodapié *m*; '**base camp** campamento *m* base; '**base hit** *in baseball* sencillo *m*

base•less ['beɪslɪs] *adj* infundado

'**base line** SPORT línea *f* de saque

base•ment ['beɪsmənt] *of house, store* sótano *m*

'**base met•al** metal *m* base

'**base rate** FIN tipo *m* de interés básico, tasa *f* base

bash [bæʃ] F **1** *n* porrazo *m* F **2** *v/t* dar un porrazo a F

bash•ful ['bæʃful] *adj* retraído, tímido

ba•sic ['beɪsɪk] *adj* (*rudimentary*) básico; *room* modesto, sencillo; *language skills* elemental; (*fundamental*) fundamental; **~ salary** sueldo *m* base

ba•sic•al•ly ['beɪsɪklɪ] *adv* básicamente

ba•sics ['beɪsɪks] *npl*: **the ~** lo básico, los fundamentos; **get down to ~** centrarse en lo esencial

bas•il ['bæzɪl] albahaca *f*

ba•sin ['beɪsn] *for washing* barreño *m*; *in bathroom* lavabo *m*

ba•sis ['beɪsɪs] (*pl* **bases** ['beɪsiːz]) base *f*; **on the ~ of what you've told me** de acuerdo con lo que me has dicho

bask [bæsk] *v/i* tomar el sol

bas•ket ['bæskɪt] cesta *f*; *in basketball* canasta *f*

'**bas•ket•ball** *game* baloncesto *m, L.Am.* básquetbol *m*; *ball* balón *m or* pelota *f* de baloncesto; **~ player** baloncestista *m/f, L.Am.* basquetbolista *m/f*

'**bas•ket case** F pirado(-a) *m(f)* F, chiflado(-a) *m(f)* F

Basque [bæsk] **I** *adj* vasco **II** *n* **1** *person* vasco(-a) *m(f)* **2** *language* vasco *m*

'**Basque Coun•try**: **the ~** el País Vasco

bass [beɪs] **1** *n part, singer* bajo *m*; *instrument* contrabajo *m*; *guitar* bajo *m* **2** *adj* bajo

bas•set hound ['bæsɪt] basset *m*

'**bass gui•tar** bajo *m*

'**bass gui•tar•ist** bajo *m/f*

bass•ist ['beɪsɪst] MUS *on double bass* contrabajo *m/f*; *on bass guitar* bajo *m/f*

bas•soon [bə'suːn] MUS fagot *m*

bas•soon•ist [bə'suːnɪst] MUS fagotista *m/f*

bas•tard ['bæstərd] **1** P cabrón(-ona) *m(f)* P; **poor ~** pobre desgraciado; **stupid ~** desgraciado **2** (*illegitimate child*) ilegítimo(-a) *m(f)*, bastardo(-a) *m(f)*

baste [beɪst] *v/t* GASTR verter caldo o jugo

bas•tion ['bæstɪən] *also fig* bastión *m*, baluarte *m*

bat¹ [bæt] **1** *n for baseball* bate *m*; *for table tennis* pala *f* **2** *v/i* (*pret & pp* **-ted**) *in baseball* batear

bat² [bæt] *v/t* (*pret & pp* **-ted**): **he didn't ~ an eyelid** no se inmutó

bat³ [bæt] *n animal* murciélago *m*

batch [bætʃ] *of students* tanda *f*; *of data* conjunto *m*; *of bread* hornada *f*; *of products* lote *m*

'**batch com•mand** COMPUT comando *m* por lotes

bat•ed ['beɪtɪd] *adj*: **with ~ breath** con la respiración contenida

bath [bæθ] baño *m*; **have a ~, take a ~** darse *or* tomar un baño

bathe [beɪð] *v/i* (*swim, have a bath*) bañarse

bath•ing cap ['beɪðɪŋ] gorro *m* de baño; '**bath•ing suit** *of woman* traje *m* de baño, bañador *m*; '**bath•ing trunks** *npl of man* bañador *m*

'**bath mat** alfombra *f* de baño; '**bath•robe** albornoz *m*; '**bath•room** *for bath, washing hands* cuarto *m* de baño; (*toilet*) servicio *m, L.Am.* baño *m*; '**bath sheet**, '**bath tow•el** toalla *f* de baño; '**bath•tub** bañera *f*

ba•tik [bə'tiːk] batik *m*

bat•on [bə'tɑːn] *of conductor* batuta *f*; **under the ~ of** bajo la batuta de **2** SP testigo *m*

bat•tal•i•on [bə'tælɪən] MIL batallón *m*

◆ **bat•ten down** ['bætn] *v/t*: **batten down the hatches** NAUT cerrar las escotillas; *fig* estar sobre las armas

bat•ter¹ ['bætər] *n* GASTR masa *f*

bat•ter² ['bætər] *n in baseball* bateador(a) *m(f)*; **~ runner** bateador(a) corredor(a); **~'s box** cajón *m* del bateador

bat•ter[3] ['bætə] I *v/t* golpear, aporrear II *v/i*: ~ (*away*) *at the door* aporrear la puerta
◆ **batter down, batter in** *v/t* echar abajo
bat•tered ['bætərd] *adj* maltratado
bat•ter•ing ram ['bætərɪŋ] carnero *m*
bat•ter•y ['bætərɪ] **1** *in watch, flashlight* pila *f*; *in computer, car* batería *f* **2** *in baseball* batería *f*
'**bat•ter•y charg•er** cargador *m* de pilas / baterías; '**bat•ter•y farm•ing** AGR cría *f* intensiva; '**bat•ter•y hen** AGR gallina *f* de batería; '**bat•ter•y life** duración *f* de la batería / pila; **bat•tery 'low warn•ing** señal *f* de descarga de la batería / pila; **bat•ter•y-op•e•rat•ed** ['bætərɪːpəreɪtɪd] *adj* que funciona con pilas
bat•ting ['bætɪŋ] *in baseball* bateo *m*; ~ *order* orden *m* de bateo
'**bat•ting av•er•age** promedio *m* de bateo
bat•tle ['bætl] **1** *n also fig* batalla *f* **2** *v/i against illness etc* luchar
'**bat•tle-ax(e)** F generala *f* F; '**bat•tle-field, 'bat•tle•ground** campo *m* de batalla; '**bat•tle•ship** acorazado *m*
bat•ty ['bætɪ] *adj Br* P grillado P, barrenado P
bau•ble ['bɔːbl] joya *f* de bisutería, baratija *f*
baud rate ['bɔːdreɪt] COMPUT velocidad *f* de transmisión
baulk ☞ **balk**
baux•ite ['bɔːksaɪt] MIN bauxita *f*
bawd•y ['bɔːdɪ] *adj* picante, subido de tono
bawl [bɔːl] *v/i* **1** (*shout*) gritar, vociferar **2** (*weep*) berrear
◆ **bawl out** *v/t* F **1** *shout* gritar **2**: *bawl s.o. out* echar la bronca a alguien F
bay[1] [beɪ] *n* (*inlet*) bahía *f*
bay[2] [beɪ] *v/i of dogs etc* aullar
bay[3] [beɪ] *n*: *hold or keep s.o. / sth at* ~ mantener a alguien / algo alejado
'**bay leaf** hoja *f* de laurel
bay•o•net ['beɪənet] I *n* bayoneta *f* II *v/t* (*pret & pp* -*ed, Br* -*ted*) dar bayonetazos a
'**bay tree** laurel *m*
bay 'win•dow ventana *f* en saliente
ba•zaar [bə'zɑːr] bazar *m*
ba•zoo•ka [bəzuːkə] MIL bazuka *f*

BC [biːˈsiː] *abbr* (= *before Christ*) a.C. (= antes de Cristo)
B/E *abbr* (= *bill of exchange*) letra *f* de cambio
be [biː] **1** *v/i* (*pret was / were, pp been*) *permanent characteristics, profession, nationality* ser; *position, temporary condition* estar; *was she there?* ¿estaba allí?; *it's me* soy yo; *how much is / are ...?* ¿cuánto es / son ...?; *there is / are* hay; ~ *careful* ten cuidado; *don't* ~ *sad* no estés triste
2: *has the mailman been?* ¿ha venido el cartero?; *I've never been to Japan* no he estado en Japón; *I've been here for hours* he estado aquí horas
3 *tags*: *that's right, isn't it?* eso es, ¿no?; *she's Chinese, isn't she?* es china, ¿verdad?
4 *as auxiliary*: *I am thinking* estoy pensando; *he was running* corría; *you're* ~*ing stupid* estás siendo un estúpido
5 *obligation*: *you are to do what I tell you* harás lo que yo te diga; *I was to help him escape* se suponía que le iba a ayudar a escaparse; *you are not to tell anyone* no debes decírselo a nadie
6 *passive*: *he was arrested* fue detenido, lo detuvieron; *they have been sold* se han vendido
◆ **be in for** *v/t*: *he's in for a big disappointment* se va a llevar una gran desilusión
beach [biːtʃ] I *n* playa *f* II *v/t* NAUT hacer embarrancar en la orilla
'**beach ball** pelota *f* de playa; '**beach bug•gy** MOT buggy *m*; '**beach chair** tumbona *f*, hamaca *f*; **beach comb•er** ['biːtʃkoʊmər] *persona que se dedica a buscar objetos de valor en las playas*; '**beach-head** MIL cabeza *f* de playa; '**beach•wear** ropa *f* playera
bea•con ['biːkən] *fire* hoguera *f*; *light* baliza *f*
bead [biːd] *of sweat* gota *f*
bead•ing ['biːdɪŋ] ARCHIT moldura *f*
beads [biːdz] *npl* cuentas *fpl*
bead•y ['biːdɪ] *adj*: *I've got my* ~ *eye on you* te estoy vigilando
bea•gle ['biːgl] beagle *m*
beak [biːk] pico *m*
'**be-all**: *the* ~ *and end-all* lo más importante del mundo

beam [biːm] **I** *n in ceiling etc* viga *f* **II** *v/i* (*smile*) sonreír de oreja a oreja **III** *v/t* (*transmit*) emitir

bean [biːn] judía *f*, alubia *f*, *L.Am.* frijol *m*, *S.Am.* poroto *m*; **green ~s** judías *fpl* verdes, *Mex* ejotes *mpl*, *S.Am.* porotos *mpl* verdes; **coffee ~s** granos *mpl* de café; **be full of ~s** F estar lleno de vitalidad

'**bean•bag** *cojín relleno de bolitas*; **bean curd** ['biːnkɜːrd] tofu *m*; '**bean•pole** F palillo *m/f* F, fideo *m/f* F; '**bean•sprout** germen *m* de soja

bear[1] [ber] *n animal* oso(-a) *m(f)*

bear[2] [ber] **I** *v/t* (*pret* **bore**, *pp* **borne**) **1** *weight* resistir; *costs* correr con **2** (*tolerate*) aguantar, soportar **3** *child* dar a luz; **she bore him six children** le dio seis hijos **4**: **~ interest** devengar intereses **II** *v/i* (*pret* **bore**, *pp* **borne**): **bring pressure to ~ on** ejercer presión sobre

◆ **bear down on** *v/t*: **he saw the truck bearing down on him** vio el camión que se le venía encima

◆ **bear out** *v/t* (*confirm*) confirmar

bear•a•ble ['berəbl] *adj* soportable

beard [bɪrd] barba *f*

beard•ed ['bɪrdɪd] *adj* con barba

bear•er ['berər] **1** *of news* mensajero(-a) *m(f)*, avisador(a) *m(f)* **2** *of passport* titular *m/f* **3** *of coffin* portador(a) *m(f)*

'**bear•er bond** bono *m* al portador

'**bear hug**: **give s.o. a ~** dar a alguien un gran abrazo

bear•ing ['berɪŋ] **1** *in machine* rodamiento *m*, cojinete *m* **2**: **that has no ~ on the case** eso no tiene nada que ver con el caso

bear•ish ['berɪʃ] *adj* **1** *bad-tempered* malhumorado, arisco **2** FIN con tendencia a la baja

'**bear mar•ket** FIN mercado *m* a la baja

'**bear•skin** piel *f* de oso

beast [biːst] *animal* bestia *f*; *person* bestia *m/f*

beat [biːt] **I** *n of heart* latido *m*; *of music* ritmo *m*

II *v/i* (*pret* **beat**, *pp* **beaten**) *of heart* latir; *of rain* golpear; **~ about the bush** andarse por las ramas

III *v/t* (*pret* **beat**, *pp* **beaten**) **1** *in competition* derrotar, ganar a; *the defense* superar; **it ~s me** no logro entender; **this certainly ~s sitting at home** esto

es mucho mejor que quedarse en casa **2** (*hit*) pegar a; (*pound*) golpear **3**: **~ it!** F ¡lárgate! F

◆ **beat back** *v/t flames, enemy* hacer retroceder

◆ **beat out** *v/t* **1** *flames* apagar a golpes **2** *rhythm* marcar

◆ **beat up** *v/t* dar una paliza a

beat•en ['biːtən] **1** *adj*: **off the ~ track** retirado **2** *pp* ☞ **beat**

be•a•ti•fi•ca•tion [biːætɪfɪ'keɪʃən] REL beatificación *f*

be•a•ti•fy [biːætɪfaɪ] *v/t* REL beatificar

beat•ing ['biːtɪŋ] *physical* paliza *f*

'**beat-up** *adj* F destartalado F

beau•ti•cian [bjuː'tɪʃn] esteticista *m/f*

beau•ti•ful ['bjuːtəfəl] *adj woman, house, day, story, movie* bonito, precioso, *L.Am.* lindo; *smell, taste, meal* delicioso, *L.Am.* rico; *vacation* estupendo; **thanks, that's just ~!** ¡muchísimas gracias, está maravilloso!; **the ~ game** *soccer* el deporte rey

beau•ti•ful•ly ['bjuːtɪfəlɪ] *adv cooked, done* perfectamente, maravillosamente

beau•ti•fy ['bjuːtɪfaɪ] *v/t* embellecer

beau•ty ['bjuːtɪ] *of woman, sunset* belleza *f*; **that's the ~ of this new way of doing it** eso es lo bueno de esta nueva forma de hacerlo

'**beau•ty con•test** concurso *m* de belleza

'**beau•ty par•lor** salón *m* de belleza

bea•ver ['biːvər] ZO castor *m*

◆ **beaver away** *v/i* F trabajar como un burro F

be•came [bɪ'keɪm] *pret* ☞ **become**

be•cause [bɪ'kɑːz] *conj* porque; **~ it was too expensive** porque era demasiado caro; **~ of** debido a, a causa de; **~ of you, we can't go** gracias a ti, no podemos ir

beck [bek]: **be at s.o.'s ~ and call** estar a la entera disposición de alguien

beck•on ['bekn] *v/i* hacer señas

be•come [bɪ'kʌm] *v/i* (*pret* **became**, *pp* **become**) hacerse, volverse; **it became clear that ...** quedó claro que ...; **he became a priest** se hizo sacerdote; **she's becoming very forgetful** cada vez es más olvidadiza; **what's ~ of her?** ¿qué fue de ella?

be•com•ing [bɪ'kʌmɪŋ] *adj* favorecedor,

apropiado

bed [bed] **1** cama *f*; **go to ~** ir a la cama; **he's still in ~** aún está en la cama; **go to ~ with s.o.** irse a la cama *or* acostarse con alguien; **put a paper to ~** finalizar la edición de un periódico **2** *of flowers* macizo *m* **3** *of sea* fondo *m*; *of river* cauce *m*, lecho *m*

bed and 'break•fast 1 *place*: hostal familiar en el que está incluido el alojamiento y el desayuno **2** *type of accommodations* alojamiento y desayuno

be•daub [bɪ'dɔːb] *v/t* pintarrajear

'bed•bug ZO chinche *m or f*; **'bed•clothes** *npl* ropa *f* de cama; **'bed•cov•er** cubierta *f*, colcha *f*

bed•ding ['bedɪŋ] ropa *f* de cama

be•deck [bɪ'dek] *v/t*: **~ed with sth** engalanado con algo

be•dev•il [bɪ'devl] *v/t* (*pret & pp* **-ed**, *Br* **-led**) acosar, plagar

bed•lam ['bedləm] F locura *f*, jaleo *m*

'bed lin•en ropa *f* blanca de cama; **'bed•pan** orinal *m*; **'bed•post** pilar *m* de la cama

be•drag•gled [bɪ'drægld] *adj* desaliñado, andrajoso

'bed rest reposo *m* en cama

bed•rid•den ['bedrɪdən] *adj*: **be ~** estar postrado en cama

'bed•rock GEOL estrato *m* de roca; *fig* cimiento *m*, fundamento *m*; **get down to ~** *fig* ir a las bases; **'bed•room** dormitorio *m*, *L.Am.* cuarto *m*; **'bed•side**: **be at s.o.'s ~** estar junto a la cama de alguien; **bed•side 'lamp** *Br* lámpara *f* de mesilla; **bed•side 'table** *Br* mesilla *f or* mesita *f* de noche; **'bed-sit, bed--sit•ter, bed-'sit•ting room** *Br* habitación de alquiler que gen ralmente no incluye baño o cocina; **'bed•sore** MED úlcera *f* de decúbito; **'bed•spread** colcha *f*

bed•stead ['bedsted] armazón *m* de la cama

'bed•time hora *f* de irse a la cama; **~ reading** libro *m* de cabecera; **~ story** cuento *m* para dormir

bee [biː] abeja *f*

beech [biːtʃ] haya *f*

beef [biːf] **I** *n* **1** carne *f* de vaca *or* vacuna **2** F (*complaint*) queja *f*; **what's his ~?** ¿que le pasa? **II** *v/i* F (*complain*) quejarse

♦ **beef up** *v/t* reforzar, fortalecer

'beef tal•low sebo *m* de carne de vaca; **'beef•bur•ger** hamburguesa *f*; **'beef-steak** bistec *m*, filete *m* de ternera

beef•y ['biːfɪ] *adj* F cachas F, musculoso

'bee•hive colmena *f*

'bee•line: **make a ~ for** ir directamente a

been [bɪn] *pp* ☞ **be**

beep [biːp] **I** *n* pitido *m* **II** *v/i* pitar **III** *v/t on pager* llamar con el buscapersonas

beep•er ['biːpər] buscapersonas *m inv*, *Span* busca *m*

beer [bɪr] cerveza *f*

'beer•mat posavasos *m inv*

beer•y ['bɪərɪ] *adj* a *or* de cerveza; **~ breath** aliento *m* a cerveza

'bees•wax cera *f* (de abeja)

beet [biːt] remolacha *f*

bee•tle ['biːtl] escarabajo *m*

beet•root ['biːtruːt] *Br* remolacha *f*

be•fall [bɪfɔːl] *v/i* (*pret* **-fell**, *pp* **-fallen**) ocurrir, suceder

be•fit [bɪ'fɪt] *v/t* (*pret & pp* **-ted**) ajustarse a

be•fore [bɪ'fɔːr] **I** *prep* **1** *time* antes de; **~ tax** antes de impuestos **2** *space, order* antes de, delante de **II** *adv* antes; **I've seen this movie ~** ya he visto esta película; **have you been to Japan ~?** ¿habías estado antes *or* ya en Japón?; **the week / day ~** la semana / el día anterior **III** *conj* antes de que; **~ we start** antes de comenzar, antes de que empecemos

be•fore•hand [bɪ'fɔːrhænd] *adv* de antemano

be•friend [bɪ'frend] *v/t* hacerse amigo de

be•fud•dled [bɪ'fʌdld] *adj* confuso, aturdido

beg [beg] **1** *v/i* (*pret & pp* **-ged**) mendigar, pedir **2** *v/t* (*pret & pp* **-ged**): **~ s.o. to do sth** rogar *or* suplicar a alguien que haga algo

be•gan [bɪ'gæn] *pret* ☞ **begin**

beg•gar ['begər] **I** *n* mendigo(-a) *m(f)*; **lucky ~** F ¡qué chiripa F *or* suerte! **II** *v/t*: **~ belief / description** costar creer / describir

be•gin [bɪ'gɪn] **1** *v/i* (*pret* **began**, *pp* **begun**) empezar, comenzar; **to ~ with** (*at first*) en un primer momento, al principio; (*in the first place*) para empezar **2** *v/t* (*pret* **began**, *pp* **begun**) empezar, comenzar; **~ to do sth, ~ doing sth** empezar *or* comenzar a hacer algo

be•gin•ner [bɪ'gɪnər] principiante *m/f*; **~'s luck** suerte *f* del principiante

be•gin•ning [bɪ'gɪnɪŋ] principio *m*, comienzo *m*; (*origin*) origen *m*; **in the ~** al principio

be•gon•ia [bɪ'gounjə] BOT begoña *f*

be•grudge [bɪ'grʌdʒ] *v/t* (*envy*) envidiar; (*give reluctantly*) dar a regañadientes

be•guile [bɪ'gaɪl] *v/t* **1** *enchant* encantar, cautivar **2** *deceive* engatusar, engañar

be•gun [bɪ'gʌn] *pp* ☞ **begin**

be•half [bɪ'hɑːf]: **in ~ of, on ~ of** en nombre de; *sign, accept* por; *more formally* en nombre de; **in my / his ~** en nombre mío / suyo

be•have [bɪ'heɪv] *v/i* comportarse, portarse; **~ (o.s.)** comportarse *or* portarse bien; **~ (yourself)!** ¡pórtate bien!

be•hav•ior [bɪ'heɪvjər] comportamiento *m*, conducta *f*

be•hav•ior•al [bɪ'heɪvjərəl] *adj* PSYCH del comportamiento, de la conducta; **~ disorder** problema *m* de conducta

be•hav•ior•ism [bɪ'heɪvjərɪzm] PSYCH behaviorismo *m*, conductismo *m*

be•hav•ior•ist [bɪ'heɪvjərɪst] PSYCH **I** *adj* conductista **II** *n* conductista *m/f*

be•hav•iour *etc Br* ☞ **behavior** *etc*

be•head [bɪ'hed] *v/t* decapitar

be•hind [bɪ'haɪnd] **1** *prep in position, order* detrás de; *in progress* por detrás de; **be ~ ...** (*responsible for*) estar detrás de ...; (*support*) respaldar ... **2** *adv* (*at the back*) detrás; **be ~ with sth** estar atrasado con algo; **leave sth ~** dejarse algo

be•hind•hand [bɪ'haɪndhænd] *adv*: **be ~ with sth** ir atrasado con algo

be•hold [bɪ'hould] *v/t* (*pret & pp* **-held**) contemplar

be•hold•er [bɪ'houldər]: **beauty is in the eye of the ~** todo depende del cristal con que se mire

be•hoove [bɪ'huːv] *v/t fml*: **it ~s s.o. to do sth** le corresponde a alguien hacer algo

beige [beɪʒ] *adj* beige, *Span* beis

Bei•jing [beɪ'ʒɪŋ] Beijing *m*

be•ing ['biːɪŋ] *existence, creature* ser *m*; **come into ~** surgir, aparecer

be•lat•ed [bɪ'leɪtɪd] *adj* tardío

belch [beltʃ] **I** *n* eructo *m* **II** *v/i* eructar

be•lea•guered [bɪ'liːgərd] *adj* maltrecho, desgraciado

bel•fry ['belfrɪ] campanario *m*

Bel•gian ['beldʒən] **I** *adj* belga **II** *n* belga *m/f*

Bel•gium ['beldʒəm] Bélgica *f*

be•lie [bɪ'laɪ] *v/t* contradecir

be•lief [bɪ'liːf] creencia *f*; **it's my ~ that** creo que

be•liev•a•ble [bɪ'liːvəbl] *adj* creíble, verosímil

be•lieve [bɪ'liːv] *v/t* creer

◆ **believe in** *v/t* creer en

be•liev•er [bɪ'liːvər] REL creyente *m/f*; *fig* partidario(-a) *m(f)* (**in** de)

be•lit•tle [bɪ'lɪtl] *v/t* menospreciar

Be•lize [be'liːz] Belice *m*

Be•liz•e•an [bə'liːzɪən] **I** *adj* beliceño **II** *n* beliceño(-a) *m(f)*

bell [bel] *of bike, door, school* timbre *m*; *of church* campana *f*; **does that ring a ~?** ¿te suena (de algo)?

'bell•boy *Br* botones *m inv*; *for elevator* ascensorista *m*; 'bell cap•tain jefe *m* de botones; 'bell•hop botones *m inv*

bel•li•cose ['belɪkous] *adj* belicoso, agresivo

bel•lig•er•ent [bɪ'lɪdʒərənt] *adj* beligerante

bel•low ['belou] **I** *n* bramido *m* **II** *v/i* bramar

bel•lows ['belouz] *npl* fuelle *m*

'bell pep•per pimiento *m*

'bell push timbre *m*, botón *m*

bel•ly ['belɪ] *of person* estómago *m*, barriga *f*; (*fat stomach*) barriga *f*, tripa *f*; *of animal* panza *f*

'bel•ly•ache *v/i* F refunfuñar; 'bel•ly but•ton F ombligo *m*; 'bel•ly danc•er bailarina *f* de la danza del vientre; 'bel•ly•flop panzada *f*, golpe *m* con la barriga

be•long [bɪ'lɔːŋ] *v/i*: **where does this ~?** ¿dónde va esto?; **I don't ~ here** no encajo aquí

◆ **belong to** *v/t of object, money* pertenecer a; *club* pertenecer a, ser socio de

be•long•ings [bɪ'lɔːŋɪŋz] *npl* pertenencias *fpl*

be•lov•ed [bɪ'lʌvɪd] *adj* querido

be•low [bɪ'lou] **1** *prep* debajo de; *in amount, rate, level* por debajo de **2** *adv* abajo; *in text* más abajo; **see ~** véase más abajo; **10 degrees ~** 10 grados bajo cero

belt [belt] cinturón *m*; **tighten one's ~** *fig* apretarse el cinturón

'belt•way circunvalación *f*, cinturón *m*

be•moan [bɪ'moʊn] *v/t* deplorar, lamentar

be•mused [bɪ'mjuːzd] *adj* aturdido, confundido

bench [bentʃ] **1** *seat* banco *m*; *in soccer* banquillo *m* **2** (*work~*) mesa *f* de trabajo

'bench•mark punto *m* de referencia

'bench test ensayo *m* en banco de pruebas

bend [bend] **I** *n* curva *f* **II** *v/t* (*pret & pp* **bent**) doblar **III** *v/i* (*pret & pp* **bent**) torcer, girar; *of person* flexionarse
◆ **bend down** *v/i* agacharse

bend•er ['bendər] F parranda *f* F; **go on a ~** irse de juerga *or* parranda

bend•y ['bendɪ] *adj* F flexible, blando

be•neath [bɪ'niːθ] **I** *prep* debajo de; **she thinks a job like that is ~ her** cree que un trabajo como ése le supondría rebajarse **II** *adv* abajo; **in the valley ~** en el valle de abajo

ben•e•dic•tion [benɪ'dɪkʃn] REL bendición *f*

ben•e•fac•tor ['benɪfæktər] benefactor(a) *m(f)*

be•nef•i•cence [bɪ'nefɪsns] beneficencia *f*, bondad *f*

be•nef•i•cent [bɪ'nefɪsənt] *adj* benefactor, benévolo

ben•e•fi•cial [benɪ'fɪʃl] *adj* beneficioso

ben•e•fi•ci•a•ry [benɪ'fɪʃərɪ] beneficiario(-a) *m(f)*

ben•e•fit ['benɪfɪt] **I** *n* beneficio *m*; *of product, method, solution* ventaja *f* **II** *v/t* beneficiar **III** *v/i* beneficiarse

'ben•e•fit match partido *m* benéfico

Be•ne•lux coun•tries ['benɪlʌks] países *mpl* del Benelux

be•nev•o•lence [bɪ'nevələns] benevolencia *f*

be•nev•o•lent [bɪ'nevələnt] *adj* benevolente

Ben•ga•li [beŋgɔːlɪ] **I** *adj* bengalí **II** *n* **1** *person* bengalí *m/f* **2** *language* bengalí *m*

be•nign [bɪ'naɪn] *adj* **1** agradable **2** MED benigno

bent [bent] **I** *pret & pp* ☞ **bend II** *adj*: **be ~ on doing sth** estar empeñado en hacer algo

ben•zene ['benziːn] CHEM benceno *m*, benzol *m*

ben•zine ['benziːn] CHEM bencina *f*

be•queath [bɪ'kwiːð] *v/t also fig* legar; **~ sth to s.o.** legar *or* dejar algo a alguien

be•quest [bɪ'kwest] legado *m*

be•rate [bɪ'reɪt] *v/t* reprender, vituperar; **~ s.o. for sth** reprender a alguien por algo

be•reaved [bɪ'riːvd] *npl*: **the ~** los familiares del difunto

be•reave•ment [bɪ'riːvmənt] duelo *m*, luto *m*

be•reft [bɪ'reft] *adj*: **~ of all hope** despojado de toda esperanza

be•ret ['bereɪ] boina *f*

Ber•mu•da [bɜːr'mjuːdə] las Bermudas

Ber•mu•da 'shorts *npl* bermudas *fpl*

Ber•mu•da 'tri•an•gle triángulo *m* de las Bermudas

ber•ry ['berɪ] baya *f*

ber•serk [bər'zɜːrk] *adv*: **go ~** F volverse loco

berth [bɜːrθ] **1** *on ship* litera *f*; *on train* camarote *m* **2** *for ship* amarradero *m*; **give s.o. a wide ~** evitar a alguien; **gain a ~ to the finals** clasificarse para la final, hacerse con un puesto en la final

be•seech [bɪ'siːtʃ] *v/t* (*pret & pp* **-ed** *or* **besought**): **~ s.o. to do sth** suplicar a alguien que haga algo

be•seech•ing [bɪ'siːtʃɪŋ] *adj* suplicante

be•seech•ing•ly [bɪ'siːtʃɪŋlɪ] *adv* de manera suplicante

be•set [bɪ'set] *v/t* (*pret & pp* **-set**): **be ~ with danger** estar rodeado de peligros; **be ~ by problems** estar plagado de problemas

be•side [bɪ'saɪd] *prep* al lado de, junto a; **be ~ o.s.** estar fuera de sí; **that's ~ the point** eso no tiene nada que ver

be•sides [bɪ'saɪdz] **I** *adv* además **II** *prep* (*apart from*) aparte de, además de

be•siege [bɪ'siːdʒ] *v/t fig* asediar, cercar

be•smirch [bɪ'smɜːrtʃ] *v/t reputation* desacreditar, desprestigiar

be•sot•ted [bɪ'sɑːtɪd] *adj*: **be ~ with** *or* **by s.o.** estar encandilado con *or* por alguien

be•sought [bɪ'sɔːt] *pret & pp* ☞ **beseech**

be•spec•ta•cled [bɪ'spektəkld] *adj* con gafas *fpl or L.Am.* anteojos *mpl*

be•spoke [bɪ'spoʊk] *adj Br clothes, furniture* a medida

best [best] **I** *adj* mejor

II *adv* mejor; *which did you like ~?* ¿cuál te gustó más?; *it would be ~ if ...* sería mejor si ...; *I like her ~* ella es la que más me gusta

III *n*: *do one's ~* hacer todo lo posible; *the ~ person, thing* el / la mejor; *we insist on the ~* insistimos en lo mejor; *we'll just have to make the ~ of it* tendremos que arreglárnoslas; *all the ~!* ¡buena suerte!, ¡que te vaya bien!

IV *v/t* derrotar, vencer

best be'fore date fecha *f* de caducidad, fecha *f* límite de consumo

bes•tial ['bestjəl] *adj* bestial, inhumano

bes•ti•al•i•ty [bestɪ'ælətɪ] **1** *cruelty* bestialidad *f*, crueldad *f* **2** *sexual* zoofilia *f*

be•stir [bɪ'stɜːr] *v/t (pret & pp -red)*: *~ o.s. to do sth* ponerse a hacer algo

best man padrino *m* de la boda

be•stow [bɪ'stoʊ] *v/t title, honor* conceder, otorgar *(on* a)

best 'sell•er bestseller *m*, éxito *m* de ventas

'best-sell•ing *adj*: *~ novel* novela *f* que es un éxito de ventas; *~ author* autor(a) *m(f)* de bestsellers

bet [bet] **1** *n* apuesta *f*; *place a ~* hacer una apuesta **2** *v/t & v/i (pret & pp bet) also fig* apostar; *I ~ he doesn't come* apuesto a que no viene; *you ~!* ¡ya lo creo!

be•ta block•er ['biːtəblɑːkər] MED betabloqueante *m*

be•tray [bɪ'treɪ] *v/t* traicionar; *husband, wife* engañar

be•tray•al [bɪ'treɪəl] traición *f*; *of husband, wife* engaño *m*

be•trothed [bɪ'troʊθd] *adj fml* prometido *(to* a)

bet•ter ['betər] **I** *adj* mejor; *get ~ in skills, health* mejorar; *he's ~ in health* está mejor **II** *adv* mejor; *you'd ~ ask permission* sería mejor que pidieras permiso; *I'd really ~ not* mejor no; *all the ~ for us* tanto mejor para nosotros; *I like her ~* me gusta más ella **III** *n*: *the ~* el mejor; *get the ~ of s.o.* tomar la delantera a alguien; *my curiosity got the ~ of me* mi curiosidad se apoderó de mí

bet•ter•ment ['betərmənt] mejora *f*

bet•ter 'off *adj (wealthier)* más rico;

you're ~ without him estás mejor sin él

bet•ting ['betɪŋ] **I** *n* apuestas *fpl*; *what's the ~ that it won't ever happen?* ¿cuántas posibilidades hay de que no ocurra nunca?; *~ office, Br ~ shop* casa *f* de apuestas **II** *adj*: *I'm not a ~ man* no me gustan las apuestas

be•tween [bɪ'twiːn] *prep* entre; *~ you and me* entre tú y yo

bev•el ['bevl] **I** *n* bisel *m* **II** *v/t (pret & pp -ed, Br -led)* biselar

bev•eled, Br bev•elled ['bevld] *adj* biselado

bev•er•age ['bevərɪdʒ] *fml* bebida *f*

bev•y ['bevɪ] *of women* caterva *f*, pelotón *m*

be•wail [bɪ'weɪl] *v/t* maldecir, lamentar

be•ware [bɪ'wer] *v/t*: *~ (of)* tener cuidado con; *~ of the dog* (ten) cuidado con el perro

be•wil•der [bɪ'wɪldər] *v/t* desconcertar

be•wil•der•ing [bɪ'wɪldərɪŋ] *adj* desconcertante, abrumador

be•wil•der•ment [bɪ'wɪldərmənt] desconcierto *m*

be•witch [bɪ'wɪtʃ] *v/t* encantar, hechizar

be•yond [bɪ'jɑːnd] **1** *prep in space* más allá de; *she has changed ~ recognition* ha cambiado tanto que es difícil reconocerla; *it's ~ me (don't understand)* no logro entender; *(can't do it)* me es imposible **2** *adv* más allá

bi•an•nu•al [baɪ'ænʊəl] *adj* bianual

bi•an•nu•al•ly [baɪ'ænʊəlɪ] *adv* dos veces al año

bi•as ['baɪəs] *against* prejuicio *m*; *in favor of* favoritismo *m*

bi•as(s)ed ['baɪəst] *adj* parcial

bib [bɪb] *for baby* babero *m*

Bi•ble ['baɪbl] Biblia *f*

bib•li•cal ['bɪblɪkl] *adj* bíblico

bib•li•o•graph•i•cal [bɪblɪoʊ'græfɪkl] *adj* bibliográfico

bib•li•og•ra•phy [bɪblɪ'ɑːgrəfɪ] bibliografía *f*

bib•li•o•phile ['bɪblɪ'oʊfaɪl] bibliófilo (-a) *m(f)*

bi•carb [baɪ'kɑːrb] F ☞ *bicarbonate of soda*

bi•car•bon•ate [baɪ'kɑːrbəneɪt] CHEM bicarbonato *m*

bi'car•bon•ate of so•da bicarbonato *m* sódico

bi•cen•te•nar•y [baɪsen'tiːnərɪ] *Br* bi-

centenario *m*
bi•cen•ten•ni•al [baɪsen'tenɪəl] bicentenario *m*
bi•ceps ['baɪseps] *npl* bíceps *mpl*
bick•er ['bɪkər] *v/i* reñir, discutir
bick•er•ing ['bɪkərɪŋ] riñas *fpl*
bi•cy•cle ['baɪsɪkl] bicicleta *f*
bid [bɪd] I *n* 1 *at auction* puja *f*; COM oferta *f* 2 (*attempt*) intento *m* II *v/i* (*pret & pp* **bid**) *at auction* pujar (**on, for** por)
bid•der ['bɪdər] postor(a) *m(f)*
bid•ding¹ ['bɪdɪŋ] *at auction* puja *f*
bid•ding² ['bɪdɪŋ]: *do s.o.'s* ~ actuar a la voluntad de alguien
bide [baɪd] *v/t* (*pret* **bided** *or* **bode**): ~ *one's time* esperar a que llegue el momento adecuado
bi•det ['biːdeɪ] bidé *m*
bi•en•ni•al [baɪ'enɪəl] *adj* bienal
bi•fo•cals [baɪ'foʊkəlz] *npl* gafas *fpl or* L.Am. lentes *mpl* bifocales
bi•fur•ca•tion [baɪfər'keɪʃən] bifurcación *f*
big [bɪg] I *adj* grande; *before singular nouns* gran; *my* ~ *brother / sister* mi hermano / hermana mayor; *that's* ~ *of you usu iron* qué generoso *or* espléndido eres II *adv*: *talk* ~ alardear, fanfarronear
big•a•mist ['bɪgəmɪst] bígamo(-a) *m(f)*
big•a•mous ['bɪgəməs] *adj* bígamo
big•a•my ['bɪgəmɪ] bigamia *f*
big 'bang AST big bang *m*; big dip•per ['dɪpər] AST Osa *f* Mayor; big 'end MOT *of connecting rod* cabeza *f* de biela; 'big•head F creído(-a) *m(f)* F; big-'head•ed *adj* F creído F; big-heart•ed ['hɑːrtɪd] *adj* bondadoso; 'big•mouth F bocazas *m/f inv* F; 'big name famoso (-a) *m(f)*
big•ot ['bɪgət] fanático(-a) *m(f)*, intolerante *m/f*
big•ot•ed ['bɪgətɪd] *adj* intolerante
big•ot•ry ['bɪgətrɪ] intolerancia *f*
big 'pic•ture F situación *f* global; 'big screen pantalla *f* grande; 'big shot F pez gordo *m/f* F; 'big time: *make the* ~ F llegar a la cima del éxito; big 'toe dedo *m* gordo del pie; 'big top (*circus tent*) carpa *f*; 'big•wig F pez gordo *m/f* F
bike [baɪk] I *n* F bici *f* F; (*motor*~) moto *f* F II *v/i* ir en bici
bik•er ['baɪkər] 1 motero(-a) *m(f)* 2 F

courier mensajero(-a) *m(f)*
bi•ki•ni [bɪ'kiːnɪ] biquini *m*
bi•lat•er•al [baɪ'lætərəl] *adj* bilateral
bil•ber•ry ['bɪlberɪ] BOT arándano *m*
bile [baɪl] 1 PHYSIO bilis *f* 2 *fig* mal carácter *m*, mal humor *m*
bilge [bɪldʒ] F *nonsense* tonterías *fpl*
bi•lin•gual [baɪ'lɪŋgwəl] *adj* bilingüe
bil•ious ['bɪljəs] *adj* 1 MED mareado, nauseabundo 2 *fig* bilioso, malhumorado
bilk [bɪlk] *v/t* F timar, estafar; ~ *s.o. of sth* timar *or* estafar a alguien con algo
bill [bɪl] I *n* 1 *for phone, electricity* factura *f*, recibo *m* 2 *Br. in hotel, restaurant* cuenta *f* 3 *money* billete *m* 4 POL proyecto *m* de ley 5 (*poster*) cartel *m* II *v/t* (*invoice*) enviar la factura a
'bill•board valla *f* publicitaria
bil•let ['bɪlɪt] MIL I *n* campamento *m* II *v/t* albergar, aposentar (**with, on** con)
'bill•fold cartera *f*, billetera *f*
bil•liards ['bɪljərdz] *nsg* billar *m*
bil•ling ['bɪlɪŋ] 1 COM facturación *f* 2 THEA: *get top* ~ ser cabeza de cartel
bil•lion ['bɪljən] mil millones *mpl*
bill of ex'change FIN letra *f* de cambio; Bill of 'Rights declaración *f* de derechos; bill of 'sale escritura *f* de compraventa
billow [bɪloʊ] *v/i* ondear
'bill•post•er *persona que pone carteles en lugares públicos*
bil•ly (club) ['bɪlɪ] cachiporra *f*, porra *f*
'bil•ly goat cabro *m*, cabrón *m*
bim•bo ['bɪmboʊ] F *mujer guapa y tonta*
bi•month•ly [baɪ'mʌnθlɪ] I *adj* bimestral II *adv* bimestralmente
bin [bɪn] cubo *m*
bi•na•ry ['baɪnərɪ] *adj* binario
bind [baɪnd] I *v/t* (*pret & pp* **bound**) 1 (*connect*) unir; (*tie*) atar; *pages* encuadernar 2 LAW (*oblige*) obligar II *n*: *be in a* ~ F estar entre la espada y la pared
bind•er ['baɪndər] *cover* subcarpeta *f*, funda *f* archivadora
bind•ing ['baɪndɪŋ] I *adj agreement, promise* vinculante II *n of book* tapa *f*
binge [bɪndʒ] I *n* F: *go on a* ~ *when drinking* beber en exceso; *when eating* comer en exceso II *v/i*: ~ *on sth* atiborrarse de algo
bin•go ['bɪŋgoʊ] bingo *m*
bi•noc•u•lars [bɪ'nɑːkjʊlərz] *npl* pris-

máticos *mpl*

bi•o•chem•i•cal [baɪoʊ'kemɪkl] **I** *adj* bioquímico **II** *n* bioquímico *m*

bi•o•chem•ist [baɪoʊ'kemɪst] bioquímico(-a) *m(f)*

bi•o•chem•is•try [baɪoʊ'kemɪstrɪ] bioquímica *f*

bi•o•de•gra•da•ble [baɪoʊdɪ'greɪdəbl] *adj* biodegradable

bi•o•di•ver•si•ty [baɪoʊdaɪ'vɜːrsɪtɪ] biodiversidad *f*

bi•o•dy•nam•ic [baɪoʊdaɪ'næmɪk] *adj* biodinámico

bi•o•en•gi•neer•ing [baɪoʊendʒɪ'nɪərɪŋ] bioingeniería *f*

bi•og•ra•pher [baɪ'ɑːɡrəfər] biógrafo(-a) *m(f)*

bi•o•graph•i•cal [baɪoʊ'ɡræfɪkl] *adj* biográfico

bi•og•ra•phy [baɪ'ɑːɡrəfɪ] biografía *f*

bi•o•haz•ard ['baɪoʊhæzərd] peligro *m* para los seres vivos

bi•o•log•i•cal [baɪoʊ'lɑːdʒɪkl] *adj* biológico; **~ parents** padres *mpl* biológicos; **~ detergent** detergente *m* biológico **~ clock** reloj *m* biológico; **my ~ clock is ticking** se me está pasando el arroz

bi•ol•o•gist [baɪ'ɑːlədʒɪst] biólogo(-a) *m(f)*

bi•ol•o•gy [baɪ'ɑːlədʒɪ] biología *f*

bi•o•pic ['baɪoʊpɪk] *movie* biografía *f*

bi•op•sy ['baɪɑːpsɪ] MED biopsia *f*

bi•o•rythm ['baɪoʊrɪðm] biorritmo *m*

bi•o•sphere ['baɪəsfɪə] biosfera *f*

bi•o•tech•nol•o•gy [baɪoʊtek'nɑːlədʒɪ] biotecnología *f*

bi•par•ti•san [baɪpɑːrtɪ'zæn] *adj* POL bipartidista

birch [bɜːrtʃ] BOT abedul *m*

bird [bɜːrd] ave *f*, pájaro *m*

'bird brain F cabeza *m/f* de chorlito F

'bird•cage jaula *f* para pájaros

bird•ie ['bɜːrdɪ] *in golf* birdie *m*

bird of 'prey ave *f* rapaz; **'bird sanc•tu•a•ry** reserva *f* de aves; **'bird•seed** alpiste *m*

bird's eye 'view vista *f* panorámica; **get a ~ of sth** ver algo a vista de pájaro

'bird's nest nido *m*

bird watch•ing ['bɜːrdwɑːtʃɪŋ] observación *f* de aves; **go ~** ir a observar aves

bi•ro® ['baɪroʊ] *Br* bolígrafo *m*, *Mex* pluma *f*, *Rpl* birome *m*

birth [bɜːrθ] *also fig* nacimiento *m*; (*la-*

bor) parto *m*; **give ~ to** *child* dar a luz; *of animal* parir; **date of ~** fecha *f* de nacimiento; **the land of my ~** mi tierra natal

'birth cer•tif•i•cate partida *f* de nacimiento; **'birth con•trol** control *m* de natalidad; **'birth•day** cumpleaños *m inv*; **happy ~!** ¡feliz cumpleaños!; **'birth•day cake** tarta *f* de cumpleaños; **'birth•mark** marca *f* de nacimiento, antojo *m*; **'birth•place** lugar *m* de nacimiento; **'birth•rate** tasa *f* de natalidad

bis•cuit ['bɪskɪt] **1** bollo *m*, panecillo *m* **2** *Br* galleta *f*

bi•sect [baɪ'sekt] *v/t* MATH bisecar

bi•sex•u•al ['baɪsekʃʊəl] **1** *adj* bisexual **2** *n* bisexual *m/f*

bish•op ['bɪʃəp] obispo *m*

bi•son ['baɪsən] bisonte *m*

bis•tro ['biːstroʊ] *restaurante pequeño e informal*

bit¹ [bɪt] *n* **1** (*piece*) trozo *m*; (*part*) parte *f*; *of puzzle* pieza *f*; **a ~** (*a little*) un poco; **let's sit down for a ~** sentémonos un rato; **you haven't changed a ~** no has cambiado nada; **a ~ of** (*a little*) un poco de; **a ~ of news** una noticia; **a ~ of advice** un consejo; **~ by ~** poco a poco; **I'll be there in a ~** estaré allí dentro de un rato; **I've done my ~** yo ya he cumplido **2** COMPUT bit *m*

bit² [bɪt] *pret ☞ bite*

bitch [bɪtʃ] **I** *n* **1** *dog* perra *f* **2** F *woman* zorra *f* **II** *v/i* F (*complain*) quejarse

bitch•y ['bɪtʃɪ] *adj* F *person* malicioso; *remark* a mala leche F

bite [baɪt] **I** *n* **1** *of dog* mordisco *m*; *of spider, mosquito* picadura *f*; *of snake* mordedura *f*, picadura *f* **2** *of food* bocado *m*; **let's have a ~ (to eat)** vamos a comer algo

II *v/t* (*pret* **bit**, *pp* **bitten**) *of dog* morder; *of mosquito, flea* picar; *of snake* picar, morder; **~ one's nails** morderse las uñas

III *v/i* (*pret* **bit**, *pp* **bitten**) **1** *of dog* morder; *of mosquito, flea* picar; *of snake* morder, picar **2** *of fish* picar

bit•ing ['baɪtɪŋ] *adj* **1** *wind, cold* helador, gélido **2** *remark, sarcasm* incisivo, mordaz

bit-mapped ['bɪtmæpt] *adj* en mapa de bits; **'bit part** papel *m* secundario; **'bit part play•er** actor *m* / actriz *f* de papeles secundarios

bit•ten ['bɪtn] *pp* ☞ *bite*

bit•ter ['bɪtər] *adj taste* amargo; *person* resentido; *weather* helador; *argument* agrio

bit•ter•ly ['bɪtərlɪ] *adv resent* amargamente; *it's ~ cold* hace un frío helador

bit•ter•ness ['bɪtərnɪs] **1** *taste* amargor *m* **2** *resentment* resentimiento *m*, amargura *f*

bit•ty ['bɪtɪ] *adj* F inconexo, incongruente

bi•tu•men ['bɪtjumɪn] MIN bitumen *m*

biv•ou•ac ['bɪvuæk] **I** *n* campamento *m* **II** *v/i* acampar

biz [bɪz] F ☞ *business*

bi•zarre [bɪ'zɑːr] *adj* extraño, peculiar

blab [blæb] *v/i* (*pret & pp -bed*) F irse de la lengua F

blab•ber•mouth ['blæbərmaʊθ] F bocazas *m/f inv* F

black [blæk] **I** *adj* negro; *coffee* solo; *tea* sin leche; *fig* negro; *day* aciago **II** *n* **1** *color* negro *m*; *be in the ~* FIN no estar en números rojos, tener saldo positivo; *in ~ and white* en blanco y negro; *in writing* por escrito **2** *person* negro(-a) *m(f)*

◆ **black out** *v/i* perder el conocimiento

black-and-'white *adj illustration, movie, television* en blanco y negro; **'black•ball** *v/t* **1** votar en contra de **2** (*exclude*) aislar, excluir; **'black•ber•ry** mora *f*; **'black•bird** mirlo *m*; **'black•board** pizarra *f*, encerado *m*; **black 'box** caja *f* negra; **black 'cof•fee** café *m* solo; **'black•cur•rant** BOT grosella *f* negra; **black e'con•o•my** economía *f* sumergida

black•en ['blækn] *v/t fig: person's name* manchar

black 'eye ojo *m* morado; **black-eyed pea** ['blækaɪd] judía *f* carilla *or* de vaca; **'black•head** espinilla *f*, punto *m* negro; **black 'hole** AST agujero *m* negro; **'black ice** *on road* placa *f* de hielo; **watch out for ~** ten cuidado con las placas de hielo

black•ish ['blækɪʃ] *adj* negruzco

'black•jack blackjack *m*; **'black•list I** *n* lista *f* negra **II** *v/t* poner en la lista negra; **black 'mag•ic** magia *f* negra; **'black•mail I** *n* chantaje *m*; *emotional ~* chantaje emocional **II** *v/t* chantajear; **black-**

mail•er ['blækmeɪlər] chantajista *m/f*; **black 'mar•ket** mercado *m* negro; **black mar•ket•eer** [mɑːrkə'tɪr] comerciante *m/f* en el mercado negro

black•ness ['blæknɪs] oscuridad *f*

'black•out 1 ELEC apagón *m* **2** MED desmayo *m*; *have a ~* desmayarse; **black 'pud•ding** *Br* morcilla *f*; **Black 'Sea: the ~** el mar Negro; **black 'sheep** *fig* oveja *f* negra; **'black•smith** herrero *m*; **'black spot** punto *m* negro; **black 'tie: a ~ dinner** una cena de gala; **'black•top** carretera *f* asfaltada

blad•der ['blædər] vejiga *f*

blade [bleɪd] **1** *of knife, sword* hoja *f* **2** *of propeller, turbine* pala *f* **3** *of grass* brizna *f* **4** *of windshield wiper* escobilla *f*

blame [bleɪm] **I** *n* culpa *f*; *I got the ~ for it* me echaron la culpa **II** *v/t* culpar; *~ s.o. for sth* culpar a alguien de algo

blame•less ['bleɪmlɪs] *adj* inocente, sin culpa

blanch [blɑːntʃ] **I** *v/t* GASTR escaldar, hervir **II** *v/i* palidecer

bland [blænd] *adj* **1** *smile* insulso **2** *food* insípido, soso

blank [blæŋk] **I** *adj* **1** (*not written on*) en blanco; *tape* virgen; *leave ~* dejar en blanco **2** *look* inexpresivo **3** *cartridge* de fogueo **II** *n* **1** (*empty space*) espacio *m* en blanco; *my mind's a ~* tengo la mente en blanco **2** *cartridge* cartucho *m* de fogueo

blank 'check, *Br* **blank 'cheque** cheque *m* en blanco

blan•ket ['blæŋkɪt] manta *f*, *L.Am.* frazada *f*; *a ~ of snow* un manto de nieve

blare [bler] *v/i* retumbar

◆ **blare out I** *v/i* retumbar **II** *v/t* emitir a todo volumen

blar•ney ['blɑːrnɪ] coba *f*, lisonja *f*

bla•sé [blɑː'zeɪ] *adj* indiferente

blas•pheme [blæs'fiːm] *v/i* blasfemar

blas•phe•mous ['blæsfəməs] *adj* blasfemo

blas•phe•my ['blæsfəmɪ] blasfemia *f*

blast [blæst] **I** *n* **1** (*explosion*) explosión *f* **2** (*gust*) ráfaga *f* **II** *v/t* **1** *tunnel* abrir (con explosivos); *rock* volar **2**: *~!* F ¡mecachis! F

◆ **blast off** *v/i of rocket* despegar

'blast door puerta *f* blindada

blast•ed ['blæstɪd] *adj* F maldito F, condenado F

'blast fur•nace alto horno *m*; **'blast-off** despegue *m*; **'blast wave** onda *f* expansiva

bla•tant ['bleɪtənt] *adj* descarado

blaze [bleɪz] **1** *n* (*fire*) incendio *m*; **a ~ of color** una explosión de color **2** *v/i of fire* arder

◆ **blaze away** *v/i with gun* disparar sin parar

blaz•er ['bleɪzər] americana *f*

blaz•ing ['bleɪzɪŋ] *adj building* en llamas; **be ~ hot** hacer un calor achicharrante; **a ~ row** una discusión acalorada

bleach [bliːtʃ] **1** *n for clothes* lejía *f*; *for hair* decolorante *m* **2** *v/t hair* aclarar, desteñir

bleach•ers ['bliːtʃərz] *npl SP* gradas *fpl*

bleak [bliːk] *adj countryside* inhóspito; *weather* desapacible; *future* desolador

blear•y-eyed ['blɪriaɪd] *adj* con ojos de sueño

bleat [bliːt] *v/i of sheep* balar

bled [bled] *pret & pp* ☞ **bleed**

bleed [bliːd] **1** *v/i* (*pret & pp bled*) sangrar; **he's ~ing internally** tiene una hemorragia interna; **~ to death** desangrarse **2** *v/t* (*pret & pp bled*) *fig* sangrar; **he's ~ing me dry** me está chupando la sangre

bleed•ing ['bliːdɪŋ] hemorragia *f*

bleep [bliːp] **1** *n* pitido *m* **II** *v/i* pitar **III** *v/t on pager* llamar con el buscapersonas

bleep•er ['bliːpər] *Br* buscapersonas *m inv*, *Span* busca *m*, *Mex* localizador *m*, *RPl* radiomensaje *m*

blem•ish ['blemɪʃ] **I** *n* imperfección *f* **II** *v/t reputation* manchar

blend [blend] **I** *n of coffee etc* mezcla *f*; *fig* combinación *f* **II** *v/t* mezclar

◆ **blend in 1** *v/i of person in environment* pasar desapercibido; *of animal with surroundings etc* confundirse; *of furniture etc* combinar **2** *v/t in cooking* añadir

blend•er ['blendər] *machine* licuadora *f*

bless [bles] *v/t* (*pret & pp -ed or blest*) bendecir; **(God) ~ you!** ¡que Dios te bendiga!; *in response to sneeze* ¡Jesús!; **be ~ed with** tener la suerte de tener

bless•ed ['blesɪd] *adj also euph* bendito, sagrado; **the Blessed Virgin** la bendita Virgen María

bless•ing ['blesɪŋ] *also fig* bendición *f*; **give s.o. / sth one's ~** echar la bendi-

ción a algo / alguien

blest [blest] *pret & pp* ☞ **bless**

blew [bluː] *pret* ☞ **blow**[2]

blight [blaɪt] **I** *n* **1** BOT plaga *f* **2** *fig* maldición *f*, desgracia *f* **II** *v/t* plagar

bli•mey ['blaɪmɪ] *int Br* F ¡vaya! F, ¡toma! F

blimp [blɪmp] zepelín *m*

blind [blaɪnd] **I** *adj* ciego; *corner* sin visibilidad; **go ~** quedarse ciego; **be ~ to sth** *fig* no ver algo; **as ~ as a bat** más ciego que un topo **II** *n* **1** *on window* estor *m*; (*roller ~*) persiana *f* **2** *pl*: **the ~** los ciegos, los invidentes **III** *v/t of sun* cegar; **she was ~ed in an accident** se quedó ciega a raíz de un accidente

blind 'al•ley callejón *m* sin salida

blind 'date cita *f* a ciegas

blind•ers ['blaɪndərz] *npl* antojeras *fpl*

'blind•fold I *n* venda *f* **II** *v/t* vendar los ojos a **III** *adv* con los ojos cerrados

blind•ing ['blaɪndɪŋ] *adj light* cegador; *headache* terrible

blind•ly ['blaɪndlɪ] *adv* a ciegas; *fig* ciegamente

blind•man's 'buff gallinita *f* ciega

blind•ness ['blaɪndnɪs] ceguera *f*

'blind spot 1 *in road* punto *m* sin visibilidad; *in driving mirror* ángulo *m* muerto **2** (*ability that is lacking*) punto *m* flaco

blink [blɪŋk] *v/i* parpadear

blink•ered ['blɪŋkərd] *adj fig* cerrado

blink•ers ['blɪŋkərz] *npl* **1** MOT (luces *fpl*) intermitentes *mpl* **2** *Br: for horse* antojeras *fpl*

blip [blɪp] *on radar screen* señal *f*, luz *f*; **it's just a ~** *fig* es algo momentáneo

bliss [blɪs] felicidad *f*; **it was ~** fue fantástico

bliss•ful ['blɪsful] *adj* estupendo, fantástico

blis•ter ['blɪstər] **I** *n* ampolla *f* **II** *v/i* ampollarse; *of paint* hacer burbujas

'blis•ter pack blister *m*

blithe•ly ['blaɪðlɪ] *adv* alegremente, a la ligera

blitz [blɪts] *air attack* bombardeo *m*

blitzed [blɪtsd] *adj* P *on alcohol, drugs* colgado P

bliz•zard ['blɪzərd] ventisca *f*

bloat•ed ['bloʊtɪd] *adj* hinchado

blob [blɑːb] *of nail varnish, paint etc* goterón *m*

bloc [blɑ:k] POL bloque *m*

block [blɑ:k] I *n* **1** bloque *m*; *buildings* manzana *f*, *L.Am.* cuadra *f*; *of shares* paquete *m*; **~ of seats** grupo *m* de asientos **2** (*blockage*) bloqueo *m* **3** *in basketball* gorro *m*, tapón *m* II *v/t* bloquear; *sink* atascar

◆ **block in** *v/t with vehicle* bloquear el paso a

◆ **block out** *v/t* **1** *light* impedir el paso de **2** *memory* apartar de la mente

◆ **block up** *v/t sink etc* atascar; *I'm feeling all blocked up* tengo la nariz tapada

block•ade [blɑ:'keɪd] I *n* bloqueo *m* II *v/t* bloquear

block•age ['blɑ:kɪdʒ] obstrucción *f*

block and 'tack•le sistema *m* de poleas; **block 'book•ing** reserva *f* en grupo; **block•bust•er** ['blɑ:kbʌstər] gran éxito *m*, exitazo *m*; **'block•bust•er mov•ie** exitazo *m* de película; **block 'cap•i•tals** *npl* (letras *fpl*) mayúsculas *fpl*; **'block•head** F cabeza hueca *or* vacía *m/f* F; **block 'let•ters** *npl* (letras *fpl*) mayúsculas *fpl*

bloke [bloʊk] *Br* F tipo *m* F, *Span* tío *m* F

blond [blɑ:nd] *adj* rubio

blonde [blɑ:nd] *woman* rubia *f*

blood [blʌd] sangre *f*; *in cold ~* a sangre fría

'blood al•co•hol lev•el nivel *m* de alcohol en la sangre; **'blood bank** banco *m* de sangre; **'blood bath** baño *m* de sangre; **'blood clot** MED coágulo *m*; **blood-curdling** ['blʌdkɜ:rdlɪŋ] *adj* espantoso, horripilante; **'blood do•nor** donante *m/f* de sangre; **'blood group** grupo *m* sanguíneo; **'blood•hound** perro *m* sabueso

blood•less ['blʌdlɪs] *adj coup* incruento, pacífico

'blood or•ange naranja *f* de sangre; **'blood poi•son•ing** septicemia *f*; **'blood pres•sure** tensión *f* (arterial), presión *f* sanguínea; **'blood pud•ding** morcilla *f*; **'blood re•la•tion: she's not a ~ of mine** no nos unen lazos de sangre; **'blood sam•ple** muestra *f* de sangre; **blood•shed** ['blʌdʃed] derramamiento *m* de sangre; **'blood•shot** *adj* enrojecido; **'blood sport** deporte en el que se matan animales; **'blood•stain** mancha *f* de sangre; **'blood•stained** *adj* ensangrentado, manchado de sangre; **'blood•stream** flujo *m* sanguíneo; **'blood•suck•er** *also fig* sanguijuela *f*; **blood 'sug•ar lev•el** nivel *m* de azúcar en la sangre; **'blood test** análisis *m inv* de sangre; **'blood•thirst•y** *adj* sanguinario; *movie* macabro; **'blood trans•fu•sion** transfusión *f* sanguínea; **'blood type** grupo *m* sanguíneo; **'blood ves•sel** vaso *m* sanguíneo

blood•y ['blʌdɪ] *adj* **1** *hands etc* ensangrentado; *battle* sangriento **2** *Br* F maldito F, puñetero F

Blood•y 'Mar•y Bloody Mary *m* (*cocktail de vodka y zumo de tomate*)

blood•y-'mind•ed *adj* perverso, retorcido

bloom [blu:m] I *n* flor *f*; *in ~* en flor II *v/i also fig* florecer

bloom•ing ['blu:mɪŋ] *adj Br* F maldito F

blos•som ['blɑ:səm] I *n* flores *fpl* II *v/i also fig* florecer

blot [blɑ:t] **1** *n* mancha *f*, borrón *m*; *be a ~ on the landscape* estropear el paisaje **2** *v/t* (*pret & pp -ted*) (*dry*) secar

blotch [blɑ:tʃ] *on skin* erupción *f*, mancha *f*

blotch•y ['blɑ:tʃɪ] *adj skin* con erupciones

◆ **blot out** *v/t* **1** *sun*, *view* ocultar **2** *memory* borrar

blot•ting pa•per ['blɑ:tɪŋ] papel *m* secante

blot•to ['blɑ:toʊ] *adj* P pedo P, mamado P

blouse [blaʊz] blusa *f*

blow[1] [bloʊ] *n* golpe *m*

blow[2] [bloʊ] I *v/t* (*pret* **blew**, *pp* **blown**) *smoke* exhalar; *whistle* tocar; F (*spend*) fundir F; *opportunity* perder, desaprovechar; *~ one's nose* sonarse (la nariz) II *v/i* (*pret* **blew**, *pp* **blown**) *of wind*, *person* soplar; *of whistle* sonar; *of fuse* fundirse; *of tire* reventarse

◆ **blow away** *v/t* **1** *of wind* llevarse **2** P (*kill*) liquidar F, *Span* cargarse F

◆ **blow in** *v/i* F (*arrive*) aparecer

◆ **blow off** I *v/t* llevarse; *blow off steam* F desahogarse, *Span* desfogarse II *v/i* *of hat etc* salir volando

◆ **blow out** I *v/t candle* apagar; *blow one's brains out* volarse la tapa de los sesos **II** v/i of candle apagarse

◆ **blow over I** v/t derribar, hacer caer **II** v/i **1** because of wind caerse, derrumbarse **2** of storm amainar; of argument calmarse

◆ **blow up I** v/t **1** with explosives volar **2** balloon hinchar **3** photograph ampliar **II** v/i **1** (explode) explotar **2** F (become angry) ponerse furioso

'**blow-dry** v/t (pret & pp **-ied**) secar (con secador)

blow•er ['bloʊər] TECH ventilador m, turbina f

'**blow•fly** ZO moscardón m; '**blow•job** V mamada f V; '**blow•lamp** TECH Br soplete m

blown [bloʊn] pp ☞ **blow²**

'**blow•out** of tire reventón m; F (big meal) comilona f F; **budget** ~ desbordamiento m del presupuesto; '**blow-pipe** cebratana f, canuto m; '**blow-torch** TECH soplete m; '**blow-up** of photo ampliación f

blowz•y ['blaʊzɪ] adj woman dejada, desaliñada

blub•ber¹ ['blʌbər] v/i cry llorar, berrear

blub•ber² ['blʌbər] n of whale cetina f

bludg•eon ['blʌdʒən] v/t golpear, apalear; ~ **s.o. to death** matar a alguien a golpes; ~ **s.o. into doing sth** fig coaccionar or acosar a alguien para que haga algo

blue [bluː] **I** adj **1** azul **2** F movie porno inv F **3**: **be feeling** ~ F sentirse decaído or triste **II** n azul m

'**blue•bell** BOT campanilla f; '**blue•ber-ry** arándano m; '**blue•bird** ZO azulejo m; **blue-blood•ed** ['blʌdɪd] adj de sangre azul; '**blue•bot•tle** ZO mosca f azul; **blue 'chip** adj puntero, de primera fila; **blue-'col•lar work•er** trabajador(a) m(f) manual; '**blue-jacket** agente m/f de policía; '**blue jay** ZO arrendajo m americano; '**blue jeans** npl Span vaqueros mpl, L.Am. jeans mpl, jean m; **blue 'mov•ie** F película f porno F; '**blue•print** plano m; fig proyecto m, plan m; '**blue rinse** reflejos mpl azules

blues [bluːz] npl MUS blues m inv; **have the** ~ estar deprimido

'**blues sing•er** cantante m/f de blues

'**blue•stock•ing** F pej intelectual f

bluff [blʌf] **I** n (deception) farol m **II** v/i ir de farol **III** v/t: **she** ~**ed her way**

through the interview estuvo faroleando durante toda la entrevista

blu•ish ['bluːɪʃ] adj azulado

blun•der ['blʌndər] **1** n error m de bulto, metedura f de pata **2** v/i cometer un error de bulto, meter la pata

blunt [blʌnt] adj **1** pencil sin punta; knife desafilado **2** person franco

blunt•ly ['blʌntlɪ] adv speak francamente

blur [blɜːr] **1** n imagen f desenfocada; **everything is a** ~ todo está desenfocado **2** v/t (pret & pp **-red**) desdibujar

blurb [blɜːrb] on book nota f promocional

blurred [blɜːrd] adj borroso, desenfocado

◆ **blurt out** [blɜːrt] v/t soltar

blush [blʌʃ] **I** n rubor m, sonrojo m **II** v/i ruborizarse, sonrojarse

blush•er ['blʌʃər] cosmetic colorete m

blus•ter ['blʌstər] v/i protestar encolerizadamente

blus•ter•y ['blʌstərɪ] adj tempestuoso

BMI [biːemˈaɪ] abbr (= **body mass in-dex**) IMC (= Índice m de Masa Corporal

'**B-mov•ie** película f de la serie B

BO [biːˈoʊ] abbr (= **body odor**) olor m corporal

bo•a con•strict•or [boʊəkənˈstrɪktər] ZO boa f

boar [bɔːr] ZO jabalí m

board [bɔːrd] **I** n **1** tablón m, tabla f; for game tablero m; for notices tablón m; **across the** ~ de forma general **2**: ~ (**of directors**) consejo m de administración **3**: **on** ~ on plane, boat, train a bordo; **take on** ~ comments etc aceptar, tener en cuenta; (fully realize truth of) asumir **II** v/t airplane etc embarcar; train subir a **III** v/i **1** of passengers embarcar **2**: ~ **with** as lodger hospedarse con

◆ **board up** v/t cubrir con tablas

board•er ['bɔːrdər] huésped m/f

'**board game** juego m de mesa

board•ing card ['bɔːrdɪŋ] tarjeta f de embarque; '**board•ing house** hostal m, pensión f; '**board•ing pass** tarjeta f de embarque; '**board•ing school** internado m

'**board meet•ing** reunión f del consejo de administración; '**board room** sala f de reuniones or juntas; '**board•walk** paseo *m* marítimo con tablas

boast [boʊst] **I** *n* presunción *f*, jactancia *f* **II** *v/i* presumir, alardear (*about* de)

boast•er ['boʊstər] bravucón(-ona) *m(f)*

boast•ful ['boʊstfʊl] *adj* presuntuoso, pretencioso

boat [boʊt] barco *m*; *small, for leisure* barca *f*; *go by* ~ ir en barco

'**boat•house** caseta *f* para barcas; '**boat peo•ple** *npl* refugiados *mpl* en barca; '**boat race** regata *f*

boat•swain ['boʊsn] NAUT contramaestre *m*

bob[1] [baːb] *n haircut* corte *m* a lo chico

bob[2] [baːb] *v/i (pret & pp* -**bed***) of boat etc* mecerse

◆ **bob up** *v/i* aparecer

bob•bin ['baːbɪn] bobina *f*, rollo *m*

bob•by ['baːbɪ] *Br* F agente *m* de policía

'**bob•by pin** pinza *f* de pelo

'**bob cat** ZO lince *m*

'**bob•sled**, '**bob•sleigh** bobsleigh *m*

bode[1] [boʊd] *v/i*: ~ *ill* ser un mal presagio; ~ *well* ser un buen presagio

bode[2] [boʊd] *pret* ☞ **bide**

bod•ice ['baːdɪs] cuerpo *m*

bod•i•ly ['baːdɪlɪ] **I** *adj* corporal; *needs* físico; *function* fisiológico **II** *adv eject* en volandas

bod•y ['baːdɪ] **1** cuerpo *m*; *dead* cadáver *m* **2** *of car* carrocería *f* **3**: ~ *of water* masa *f* de agua

'**bod•y bag** bolsa *f* para cadáveres; '**bod•y build•er** culturista *m/f*; '**bod•y build•ing** culturismo *m*; '**bod•y•check** *v/t* SP blocar; '**bod•y•guard** guardaespaldas *m/f inv*; '**bod•y lan•guage** lenguaje *m* corporal; '**bod•y mass in•dex** índice *m* de masa corporal; '**bod•y o•dor** olor *m* corporal; '**bod•y pierc•ing** piercing *m*, perforaciones *fpl* corporales; '**bod•y search** cacheo *m*; '**bod•y•shop** MOT taller *m* de carrocería; '**bod•y stock•ing** malla *f*; '**bod•y suit** body *m*; '**bod•y•work** MOT carrocería *f*

bog [baːg] pantano *m*, ciénaga *f*

◆ **bog down** *v/i*: *get bogged down also fig* atascarse, atrancarse (*in* en)

bo•gey 1 *worry* ☞ **bogy 2** *Br. in nose* ☞ **booger**

bog•gle ['baːgl] *v/i*: *it* ~*s the mind!* ¡no quiero ni pensarlo!

bog•gy ['baːgɪ] *adj* pantanoso

bo•gus ['boʊgəs] *adj* falso

bo•gy ['boʊgɪ] temor *m*, miedo *m*

boil[1] [bɔɪl] *n swelling* forúnculo

boil[2] [bɔɪl] **I** *v/t liquid* hervir; *egg, vegetables* cocer **II** *v/i* hervir

◆ **boil down to** *v/t* reducirse a

◆ **boil over** *v/i of milk etc* salirse

boiled po•tat•oes [bɔɪldpə'teɪtoʊz] *npl L.Am.* papas *fpl or Span* patatas *fpl* hervidas

boil•er ['bɔɪlər] caldera *f*

'**boil•er suit** *Br* mono *m*, peto *m*

boil•ing point ['bɔɪlɪŋ] *of liquid* punto *m* de ebullición; *reach* ~ *fig* perder la paciencia

bois•ter•ous ['bɔɪstərəs] *adj* escandaloso

bold [boʊld] **I** *adj* **1** valiente, audaz **2** *text* en negrita **II** *n print* negrita *f*; *in* ~ en negrita

Bo•liv•i•a [bə'lɪvɪə] Bolivia *f*

Bo•liv•i•an [bə'lɪvɪən] **I** *adj* boliviano **II** *n* boliviano(-a) *m(f)*

Bo•liv•i•an 'pla•teau El Altiplano

bol•lard ['baːlɑːrd] **1** NAUT bolardo *m* **2** *Br. in road* baliza *f*

bol•locks ['baːləks] *pl Br* V: *a load of* ~ un montón de gilipolleces V

bo•lo•ney [bə'loʊnɪ] F chorrada *f* F, memez *f* F

bo•lo tie ['boʊloʊtaɪ] corbata *f* de cordón con plaquita

bol•ster ['boʊlstər] *v/t confidence* reforzar

bolt [boʊlt] **I** *n* **1** *on door* cerrojo *m*, pestillo *m* **2** *with nut* perno *m* **3** *of lightning* rayo *m*; *like a* ~ *from the blue* de forma inesperada **II** *adv*: ~ *upright* erguido **III** *v/t* **1** *(attach with bolts)* atornillar **2** *close* cerrar con cerrojo *or* pestillo **IV** *v/i (run off)* fugarse, escaparse

◆ **bolt down** *v/t food* engullirse

bomb [baːm] **I** *n* bomba *f* **II** *v/t* MIL bombardear; *of terrorist* poner una bomba en **III** *v/i* F *of play, movie etc* fracasar

bom•bard [baːm'baːrd] *v/t also fig* bombardear

bom•bard•ment [baːm'baːrdmənt] bombardeo *m*

bom•bast ['baːmbæst] grandilocuencia *f*

bom•bas•tic [baːm'bæstɪk] *adj* bombástico, grandilocuente

'bomb at•tack atentado *m* con bomba

'bomb dis•pos•al u•nit comando *m* de desarticulación de explosivos

bombed [bɑːmbd] *adj* P *on alcohol, drugs:* **be ~** ir ciego P

bomb•er ['bɑːmər] **1** *airplane* bombardero *m* **2** *terrorist* terrorista *m/f (que pone bombas)*

'bomb•er jack•et cazadora *f* de aviador

bomb•ing ['bɑːmɪŋ] bombardeo *m*

'bomb•proof *adj* a prueba de bombas; **'bomb scare** amenaza *f* de bomba; **'bomb•shell** *fig: news* bomba *f*; **'bomb threat** amenaza *f* de bomba

bo•na fi•de [boʊnə'fiːdeɪ] *adj* verdadero, genuino

bo•nan•za [bə'nænzə] **I** *n* bonanza *f*, prosperidad *f* **II** *adj* próspero

bond [bɑːnd] **I** *n* **1** *(tie)* unión *f* **2** FIN bono *m* **II** *v/i* **1** *of glue* adherirse **2** *of people* establecer vínculos

bond•age ['bɑːndɪdʒ] **1** *slavery* esclavitud *f* **2** *sexual practice* bondage *m*

bond•ed ware•house ['bɑːndɪd] depósito *m* franco

'bond•hold•er COM tenedor(a) *m(f)* de bonos *or* obligaciones

bond•ing ['bɑːndɪŋ]: **male ~** establecimiento *m* de vínculos *or* lazos entre hombres

bone [boʊn] **I** *n* hueso *m*; *of fish* espina *f* **II** *v/t meat* deshuesar; *fish* quitar las espinas a

◆ **bone up on** *v/t* F *subject* matarse estudiando, *Span* machacar F, *Mex* zambutirse F, *Chi* matearse en F, *Rpl* tragarse F

'bone-dry *adj* completamente seco; **'bone•head** F tonto(-a) *m(f)* F; **'bone-idle** *adj* holgazán, perezoso

bon•fire ['bɑːnfaɪr] hoguera *f*

bonk [bɑːŋk] *v/t* F *hit* golpear suavemente

bonk•ers ['bɑːŋkərz] *adj* P chiflado F; **go ~** volverse majara F

bon•net ['bɑːnɪt] *Br: of car* capó *m*

bo•nus ['boʊnəs] *money* plus *m*, bonificación *f*; *(something extra)* ventaja *f* adicional; **a Christmas ~** un plus por Navidad

bon•y ['boʊnɪ] *adj* **1** *body* huesudo, escuálido **2** *fish* espinoso

boo [buː] **I** *n* abucheo *m* **II** *v/t & v/i* abuchear

boob [buːb] P *(breast)* teta *f* P

boo•boo ['buːbuː] F metedura *f* de pata

boo•by ['buːbɪ] F memo(-a) *m(f)* F

'boo•by hatch P loquería *f* P; **'boo•by prize** premio *m* al perdedor; **'boo•by trap 1** *bomb* bomba *f* lapa **2** *joke* broma *f* pesada

boo•ger ['buːgər] F moco *m*; *he picked a ~ out of his nose* se sacó un moco de la nariz

book [bʊk] **I** *n* **1** libro *m* **2** *of matches* caja *f (de solapa)* **II** *v/t* **1** *(reserve)* reservar **2** *of policeman* multar **III** *v/i (reserve)* reservar, hacer una reserva

'book•bind•er encuadernador(a) *m(f)*; **'book•case** estantería *f*, librería *f*; **'book club** club *m* de lectores

booked up [bʊkt'ʌp] *adj* lleno, completo; *person* ocupado

'book end reposalibros *m inv*

book•ie ['bʊkɪ] *Br* F corredor(a) *m(f)* de apuestas

book•ing ['bʊkɪŋ] *(reservation)* reserva *f*

'book•ing clerk taquillero(-a) *m(f)*; **'book•ing fee** suplemento *m* por reserva; **'book•ing of•fice** taquilla *f*, *L.Am.* boletería *f*

book•ish ['bʊkɪʃ] *adj* estudioso

'book•keep•er tenedor(a) *m(f)* de libros, contable *m/f*

'book•keep•ing contabilidad *f*

book•let ['bʊklɪt] folleto *m*

'book•mak•er corredor(a) *m(f)* de apuestas

'book•mark I *n* **1** marcapáginas *m inv* **2** COMPUT marcador *m*, favorito *m* **II** *v/t* COMPUT añadir a la lista de marcadores *or* favoritos

book•mo•bile ['bʊkmoʊbiːl] biblioteca *f* ambulante

books [bʊks] *npl (accounts)* contabilidad *f*; *do the ~* llevar la contabilidad

'book•sell•er librero(-a) *m(f)*; **'book-shelf** estante *m*; **'book•shop** *Br* librería *f*; **'book•stall** *Br* puesto *m* de venta de libros; **'book•store** librería *f*; **'book to•ken** vale *m* para comprar libros; **'book val•ue** FIN valor *m* contable; **'book•worm** ratón *m* de biblioteca

Bool•e•an ['buːlɪən] *adj* booleano

boom[1] [buːm] **I** *n* boom *m* **II** *v/i of business* desarrollarse, experimentar un boom

boom[2] [buːm] *n noise* estruendo *m*

boom•er•ang ['buːməræŋ] **I** *n* bumerán *m* **II** *v/i fig* salir el tiro por la culata; *it ~ed on him* le salió el tiro por la culata

'**boom mi•cro•phone** jirafa *f*

boon [buːn] bendición *f*

boon•docks ['buːndɑːks], **boon•ies** ['buːnɪz] *npl* F: *they live out in the ~* viven en el quinto pino F

boor [bʊr] basto *m*, grosero *m*

boor•ish ['bʊrɪʃ] *adj* basto, grosero

boost [buːst] **I** *n to sales, economy* impulso *m*; *your confidence needs a ~* necesitas algo que te dé más confianza **II** *v/t production, economy* estimular, impulsar; *morale* levantar

boost•er ['buːstər] **1** MED vacuna *f* de refuerzo **2** (*supporter*) entusiasta *m/f*

'**boost•er ca•bles** *npl* MOT cables *mpl* de arranque; '**boost•er rock•et** cohete *m* propulsor; '**boost•er seat** asiento *m* para niño; '**boost•er shot** MED vacuna *f* de refuerzo

boot [buːt] **1** bota *f* **2** *Br. of car* maletero *m*, *C.Am.*, *Mex* cajuela *f*, *Rpl* baúl *m*

◆ **boot out** *v/t* F echar

◆ **boot up** *v/t & v/i* COMPUT arrancar

'**boot•black** limpiabotas *m inv*; '**boot•camp** F campo *m* de entrenamiento; '**boot disk** COMPUT disco *m* de arranque

boot•ee ['buːtiː] patuco *m*

booth [buːð] *at market, fair* cabina *f*; *at exhibition* puesto *m*, stand *m*; (*in restaurant*) mesa rodeada por bancos fijos

boot•ie ['buːtiː] ☞ *bootee*

'**boot•lace** cordón *m*; '**boot•leg** *adj whiskey* clandestino; *recording, CD* pirata; **boot•lick•er** ['buːtlɪkər] F pelota *m/f* F; '**boot•straps** *npl*: *pull o.s. up by one's ~* arreglárselas uno solo

boo•ty ['buːtɪ] botín *m*

booze [buːz] F bebida *f*, *Span* priva *f* F

bor•der ['bɔːrdər] **I** *n* **1** *between countries* frontera *f* **2** (*edge*) borde *m*; *on clothing* ribete *m* **II** *v/t country* limitar con; *river* bordear

◆ **border on** *v/t* **1** *country* limitar con **2** (*be almost*) rayar en

'**bor•der con•trols** *npl* controles *mpl* fronterizos; '**bor•der cros•sing** paso *m* fronterizo; '**bor•der•guard** guardia *m/f* fronterizo(-a); '**bor•der•land** frontera *f*; '**bor•der•line** *adj*: *a ~ case* un caso dudoso; *it's ~* es algo intermedio

bore[1] [bɔːr] **I** *v/t hole* taladrar; *~ a hole in sth* taladrar algo

bore[2] [bɔːr] **I** *n person* pesado(-a) *m(f)*, pelma *m/f inv* **II** *v/t* aburrir

bore[3] [bɔːr] *pret* ☞ *bear*[2]

bored [bɔːrd] *adj* aburrido; *I'm ~* me aburro, estoy aburrido

bore•dom ['bɔːrdəm] aburrimiento *m*

bor•ing ['bɔːrɪŋ] *adj* aburrido

born [bɔːrn] *adj*: *be ~* nacer; *where were you ~?* ¿dónde naciste?; *be a ~ teacher* haber nacido para ser profesor

'**born-a•gain** *adj*: *~ Christian* persona convertida a un culto evangélico como resultado de una experiencia religiosa

borne [bɔːrn] *pp* ☞ *bear*[2]

bor•ough ['bʌroʊ] municipio *m*

bor•row ['bɑːroʊ] *v/t* tomar prestado (*from* de)

◆ **borrow against** *v/t* avalar con

bor•row•er ['bɑːroʊər] prestatario(-a) *m(f)*

bor•row•ings ['bɑːroʊɪŋz] *npl* préstamos *mpl*

Bos•ni•a ['bɑːznɪə] Bosnia *f*

Bos•ni•a-Her•ze•go•vi•na [bɑːznɪəhɜːrtsə'gɑːvɪnə] Bosnia y Hercegovina *f*

Bos•ni•an ['bɑːznɪən] **I** *adj* bosnio **II** *n person* bosnio(-a) *m(f)*

bos•om ['bʊzm] *of woman* pecho *m*

boss [bɑːs] jefe(-a) *m(f)*

◆ **boss around** *v/t* dar órdenes a

boss•y ['bɑːsɪ] *adj* mandón

Bos•to•ni•an [bɑːs'toʊnjən] **I** *adj* de Boston **II** *n* abitante *m/f* de Boston

bo•tan•ic [bə'tænɪk] botánico

bo•tan•i•cal [bə'tænɪkl] *adj* botánico

bo•tan•i•cal gar•dens *npl* jardín *m* botánico

bot•a•nist ['bɑːtənɪst] botánico(-a) *m(f)*

bot•a•ny ['bɑːtənɪ] botánica *f*

botch [bɑːtʃ] *v/t* arruinar, estropear

both [boʊθ] **I** *adj & pron* ambos, los dos; *I know ~ (of the) brothers* conozco a ambos hermanos, conozco a los dos hermanos; *~ of them* ambos, los dos **II** *adv*: *~ my mother and I* tanto mi madre como yo; *he's ~ handsome and intelligent* es guapo y además inteligente; *is it business or pleasure? - ~* ¿es de negocios o de placer? – las dos cosas

both•er ['bɑːðər] **I** *n* molestias *fpl*; *it's no*

~ no es ninguna molestia **II** *v/t* **1** (*disturb*) molestar **2** (*worry*) preocupar **III** *v/i* preocuparse; **don't ~!** (*you needn't do it*) ¡no te preocupes!; **you needn't have ~ed** no deberías haberte molestado

both•er•some ['bɑːðərsʌm] *adj* molesto

bot•tle ['bɑːtl] **I** *n* botella *f*; *for baby* biberón *m*; **hit the ~** F darse a la bebida F **II** *v/t* embotellar

◆ **bottle up** *v/t feelings* reprimir, contener

'bot•tle bank contenedor *m* de vidrio

bot•tled wa•ter ['bɑːtld] agua *f* embotellada

'bot•tle•neck *in road* embotellamiento *m*, atasco *m*; *in production* cuello *m* de botella

'bot•tle-o•pen•er abrebotellas *m inv*

bot•tom ['bɑːtəm] **I** *adj* inferior, de abajo **II** *n* **1** *of drawer, case, pan* fondo *m*; *of hill, page* pie *m*; *of pile* parte *f* inferior; (*underside*) parte *f* de abajo; *of street* final *m*; *of garden* fondo *m*; **at the ~ of the screen** en la parte inferior de la pantalla; **at the ~ of the page** al pie de la página **2** (*buttocks*) trasero *m*

◆ **bottom out** *v/i* tocar fondo

bot•tom 'gear primera *f*

bot•tom•less ['bɑːtəmlɪs] *adj*: **a ~ pit** *fig* un pozo sin fondo

bot•tom 'line 1 (*financial outcome*) saldo *m* final **2** (*real issue*) realidad *f*

'bot•tom-of-the-range *adj* de gama baja

bot•u•lism ['bɑːtjulɪzm] MED botulismo *m*

bough [baʊ] *lit* rama *f*

bought [bɒːt] *pret & pp* ☞ **buy**

bouil•lon cube ['buːjɑːŋkjuːb] pastilla *f* de caldo

boul•der ['boʊldər] roca *f* redondeada

boul•e•vard ['buːləvɑːrd] bulevar *m*

bounce [baʊns] **I** *v/t ball* botar **II** *v/i of ball* botar, rebotar; *on sofa etc* saltar; *of rain* rebotar; *of check* ser rechazado; **check that ~s** cheque *m* sin fondos **III** *n* bote *m*

bounc•er ['baʊnsər] portero *m*, gorila *m*

bounc•ing ['baʊnsɪŋ] *adj baby* saludable

bounc•y ['baʊnsɪ] *adj ball* que bota bien; *cushion, chair* mullido

bound[1] [baʊnd] *adj*: **be ~ to do sth** (*obliged to*) estar obligado a hacer algo; **she's ~ to call an election soon** (*sure to*) seguro que convoca elecciones pronto

bound[2] [baʊnd] *adj*: **be ~ for** *of ship* llevar destino a

bound[3] [baʊnd] **I** *n* (*jump*) salto *m* **II** *v/i* saltar

bound[4] [baʊnd] *pret & pp* ☞ **bind**

bound•a•ry ['baʊndərɪ] límite *m*; *between countries* frontera *f*

bound•less ['baʊndlɪs] *adj* ilimitado, infinito

boun•ti•ful ['baʊntɪful] *adj* **1** *generous* generoso **2** *plentiful* abundante

boun•ty ['baʊntɪ] **1** *generosity* generosidad *f* **2** *prize* recompensa *f*

'boun•ty hunt•er cazarrecompensas *m/f inv*

bou•quet [buˈkeɪ] **1** *flowers* ramo *m* **2** *of wine* bouquet *m*

bour•bon ['bɜːrbən] bourbon *m*

bour•geois ['buʒwɑː] *adj* burgués

bour•geoi•sie [buʒwɑːˈziː] burguesía *f*

bout [baʊt] **1** MED ataque *m* **2** *in boxing* combate *m*

bou•tique [buːˈtiːk] boutique *f*

bo•vine ['boʊvaɪn] *adj* **1** ZO bovino **2** *stupid* bobo

bow[1] [baʊ] **I** *n as greeting* reverencia *f* **II** *v/i* saludar con la cabeza **III** *v/t head* inclinar

◆ **bow out** *v/i* retirarse

bow[2] [boʊ] *n* **1** (*knot*) lazo *m* **2** MUS, *for archery* arco *m*

bow[3] [baʊ] *n of ship* proa *f*

bowd•ler•ize ['baʊdləraɪz] *v/t text* censurar

bow•els ['baʊəlz] *npl* entrañas *fpl*

bowl[1] [boʊl] *n for rice, cereals etc* cuenco *m*; *for soup* plato *m* sopero; *for salad* ensaladera *f*; *for washing* barreño *m*, palangana *f*

bowl[2] [boʊl] SP **I** *n ball* bola *f* **II** *v/i* lanzar la bola

◆ **bowl over** *v/t fig* (*astonish*) impresionar, maravillar

bow•leg•ged ['boʊlegd] *adj* estevado

bow legs ['boʊlegz] *npl* piernas *fpl* estevadas

bowl•er ['boʊlər] **1** jugador(a) *m(f)* de bolos **2** *Br: in cricket* pitcher *m/f*, lanzador(a) *m(f)*

'bowl•er hat *Br* sombrero *m* de hongo
bowl•ing ['boulɪŋ] bolos *mpl*; ***Friday's his ~ night*** todos los viernes por la noche va a jugar a los bolos
'bowl•ing al•ley bolera *f*
bow•sprit ['bousprɪt] NAUT bauprés *m*
bow tie [bou'taɪ] pajarita *f*
box¹ [bɑːks] *n* **1** *container* caja *f* **2** *on form* casilla *f*; *in soccer* área *f*
◆ **box in** *v/t:* **be boxed in** *of driver, runner* estar encajonado; **feel boxed in** sentirse enjaulado
box² [bɑːks] *v/i* boxear
'box car RAIL vagón *m* de mercancías
box•er ['bɑːksər] boxeador(a) *m(f)*
'box•er shorts *npl* calzoncillos *mpl*, boxers *mpl*
box•ing ['bɑːksɪŋ] boxeo *m*
'Box•ing Day *Br*: el 26 de diciembre, *día festivo*; **'box•ing glove** guante *m* de boxeo; **'box•ing match** combate *m* de boxeo; **'box•ing ring** cuadrilátero *m*, ring *m*
'box lunch *almuerzo comprado en una tienda para llevar al colegio o al trabajo*; **'box num•ber** *at post office* apartado *m* de correos; **'box of•fice** taquilla *f*, *L.Am.* boletería *f*; **box-of•fice 'hit** éxito *m* de taquilla *or L.Am.* boletería
boy [bɔɪ] **1** niño *m*, chico *m* **2** *(son)* hijo *m* **3:** **(oh) ~!** ¡madre mía!
boy•cott ['bɔɪkɑːt] **I** *n* boicot *m* **II** *v/t* boicotear
'boy•friend novio *m*
boy•ish ['bɔɪʃ] *adj* varonil
boy'scout boy scout *m*
bo•zo ['bouzou] F memo(-a) *m(f)* F
bra [brɑː] sujetador *m*, sostén *m*
brace [breɪs] *on teeth* aparato *m*
brace•let ['breɪslɪt] pulsera *f*
bra•cer•o [brə'sərou] *temporero mejicano en EE.UU.*
brac•ing ['breɪsɪŋ] *adj* vigorizador, revitalizador
brack•en ['brækən] BOT helechos *fpl*
brack•et ['brækɪt] **1** *for shelf* escuadra *f*, soporte *m* **2:** **(square) ~** *in text* corchete *m* **3:** **enter the ~s** entrar en el campo de juego
brack•ish ['brækɪʃ] *adj* un poco salado
brag [bræg] *v/i* (*pret & pp* **-ged**) presumir, fanfarronear
braid [breɪd] **1** *in hair* trenza *f* **2** *trimming* trenzado *m*

braille [breɪl] braille *m*
brain [breɪn] cerebro *m*; **use your ~** utiliza la cabeza
'brain•child creación *f*, invento *m*; **'brain dam•age** MED lesiones *fpl* cerebrales; **'brain dead** *adj* MED clínicamente muerto; **'brain death** MED muerte *f* cerebral; **'brain drain** fuga *f* de cerebros
brain•less ['breɪnlɪs] *adj* F estúpido
brains [breɪnz] *npl* (*intelligence*) inteligencia *f*; **the ~ of the operation** el cerebro de la operación; **pick s.o.'s ~** pedir consejo a alguien, preguntar a alguien
'brain•storm idea *f* genial; **brain•storm•ing** ['breɪnstɔːrmɪŋ] tormenta *f* de ideas; **'brain•storm•ing ses•sion** sesión *f* de brainstorming; **'brain sur•geon** neurocirujano(-a) *m(f)*; **'brain sur•ger•y** neurocirugía *f*; **brain•teas•er** ['breɪntiːzər] rompecabezas *m inv*; **'brain trust** panel *m* de expertos; **'brain tu•mor** tumor *m* cerebral; **'brain•wash** *v/t* lavar el cerebro a; **they were ~ed into believing that ...** se les lavó el cerebro y se les hizo creer que ...; **'brain•wash•ing** lavado *m* de cerebro; **'brain•wave** *Br* (*brilliant idea*) idea *f* genial
brain•y ['breɪnɪ] *adj* F: **be ~** tener mucho coco F, ser una lumbrera
braise [breɪz] *v/t* GASTR estofar
brake [breɪk] **I** *n* freno *m*; **put the ~s on public spending** poner el freno al gasto público **II** *v/i* frenar
'brake flu•id MOT líquido *m* de frenos; **'brake light** MOT luz *f* de frenado; **brake 'horse•pow•er** potencia *f* de frenado; **'brake lin•ing** revestimiento *m* del freno; **'brake pad** *f* pastilla del freno; **'brake ped•al** MOT pedal *m* del freno; **'brake shoe** zapata *f* (del freno)
brak•ing dis•tance ['breɪkɪŋ] distancia *f* de frenado
bram•ble ['bræmbl] *Br* BOT zarza *f*
bran [bræn] salvado *m*
branch [bræntʃ] **1** *of tree* rama *f* **2** *of bank, company* sucursal *f*
◆ **branch off** *v/i of road* bifurcarse
◆ **branch out** *v/i* diversificarse; **they've branched out into furniture** han empezado a trabajar también con muebles

'**branch line** RAIL ramal *m*; '**branch man•ag•er** director(a) *m(f)* de sucursal; '**branch of•fice** sucursal *f*; '**branch wa•ter 1** *from stream* agua *m* mineral **2** *from faucet* agua *m* del grifo

brand [brænd] **I** *n* marca *f*; **~ of humor** sentido *m* del humor **II** *v/t* **1** *cattle* marcar **2**: *be ~ed a liar* ser tildado de mentiroso

brand a'ware•ness conocimiento *m* de marca

brand 'im•age imagen *f* de marca

bran•dish ['brændɪʃ] *v/t* blandir

brand 'lead•er marca *f* líder (del mercado); **brand 'loy•al•ty** lealtad *f* a una marca, fidelidad *f* a la marca; '**brand name** marca *f*, nombre *m* comercial; **brand-'new** *adj* nuevo; **brand re•cog'ni•tion** reconocimiento *m* de la marca

bran•dy ['brændɪ] brandy *m*, coñac *m*

'**bran•dy glass** copa *f* de coñac

brash [bræʃ] *adj* arrogante

brass [bræs] **1** *alloy* latón *m* **2** MUS: *the ~* los metales

brass 'band banda *f* de música

brass 'hat F MIL mandamás *m/f* F; *director etc also* jefe(-a) *m(f)*

bras•sière [brə'zɪr] sujetador *m*, sostén *m*

brass 'tacks *npl*: *get down to ~* F ir al grano

bras•sy ['brɑːsɪ] *adj* **1** *sound* estridente **2** F *woman* ordinario

brat [bræt] *pej* niñato(-a) *m(f)*

bra•va•do [brə'vɑːdoʊ] bravuconería *f*

brave [breɪv] *adj* valiente, valeroso; *put on a ~ face* guardar la compostura

brave•ly ['breɪvlɪ] *adv* valientemente, valerosamente

brav•er•y ['breɪvərɪ] valentía *f*, valor *m*

bra•vo ['brɑːvoʊ] **I** *int* bravo **II** *n* bravo *m*

brawl [brɔːl] **I** *n* pelea *f* **II** *v/i* pelearse

brawn [brɔːn] *physical strength* fuerza *f* bruta

brawn•y ['brɔːnɪ] *adj* fuerte, musculoso

bray [breɪ] *v/i* **1** *of donkey* rebuznar **2** *of person* carcajearse

bra•zen ['breɪzn] *adj* descarado

◆ **brazen out** *v/t*: *brazen it out* echarle cara

bra•zen-faced ['breɪznfeɪst] descarado

bra•zier ['breɪzɪər] brasero *m*

Bra•zil [brə'zɪl] Brasil *m*

Bra•zil•i•an [brə'zɪlɪən] **I** *adj* brasileño **II** *n* brasileño(-a) *m(f)*

Bra•zil•i•an 'high•lands Macizo *m* de Brasil

Bra'zil nut coquito *m* del Brasil

breach [briːtʃ] **1** (*violation*) infracción *f*, incumplimiento *m* **2** *in party* ruptura *f*

breach of 'con•tract LAW incumplimiento *m* de contrato

breach of 'trust abuso *m* de confianza

bread [bred] pan *m*; *a loaf of ~*: *I know which side my ~ is buttered on* F sé lo que me conviene

'**bread bas•ket** *fig* granero *m*; '**bread bin** *Br* ☞ *bread box*; '**bread board** tabla *f* para cortar el pan; '**bread box** panera *f*; '**bread•crumbs** *npl for cooking* pan *m* rallado; *for birds* migas *fpl*; '**bread knife** cuchillo *m* del pan; '**bread•line**: *be on the ~* vivir en la pobreza; '**bread roll** panecillo *m*

breadth [bredθ] *of road* ancho *m*; *of knowledge* amplitud *f*

'**bread•win•ner**: *be the ~* ser el que gana el pan

break [breɪk] **I** *n* **1** *in bone etc* fractura *f*, rotura *f* **2** (*rest*) descanso *m*; (*vacation*) vacaciones *fpl*; *take a ~* descansar; *vacation* ir de vacaciones; *without a ~ work, travel* sin descanso **3** *in relationship* separación *f* temporal **4**: *give s.o. a ~* F (*opportunity*) ofrecer una oportunidad a alguien; *give me a ~!* ¡hazme el favor!

II *v/t* (*pret* **broke**, *pp* **broken**) **1** *device* romper, estropear; *stick* romper, partir; *arm, leg* fracturar, romper; *glass, egg* romper **2** *rules, law* violar, incumplir; *promise* romper **3** *news* dar **4** *record* batir **5**: *~ a journey* interrumpir un viaje

III *v/i* (*pret* **broke**, *pp* **broken**) **1** *of device* romperse, estropearse; *of glass, egg* romperse; *of stick* partirse, romperse **2** *of news* saltar; *of storm* estallar, comenzar **3** *of boy's voice* cambiar **4**: *~ with tradition* romper con la tradición

◆ **break away** *v/i* **1** (*escape*) escaparse **2** *from family* separarse; *from organization* escindirse

◆ **break down I** *v/i* **1** *of vehicle* averiarse, estropearse; *of machine* estropearse **2** *of talks* romperse **3** *in tears* romper a llorar; *mentally* venirse abajo **II** *v/t* **1** *door* derribar **2** *figures* detallar, desglo-

sar
◆ **break even** v/i COM cubrir gastos
◆ **break in I** v/i **1** (*interrupt*) interrumpir **2** *of burglar* entrar **II** v/t *horse* domar, amansar; F *person* formar, entrenar
◆ **break into** v/t **1** *house etc* entrar en, *L.Am.* entrar a **2**: **break into a cold sweat** empezar a sentir un sudor frío
◆ **break off I** v/t **1** partir **2** *relationship, negotiations* romper; **they've broken it off** han roto **II** v/i (*stop talking*) interrumpirse
◆ **break out** v/i **1** (*start up*) comenzar **2** *of fighting* estallar; *of disease* desatarse; **he broke out in a rash** le salió un sarpullido **3** *of prisoners* escaparse, darse a la fuga
◆ **break up I** v/t **1** *into component parts* descomponer; *company* dividir **2** *fight* poner fin a **II** v/i *of ice* romperse; *of couple* terminar, separarse; *of band* separarse; *of meeting* terminar

break•a•ble ['breɪkəbl] *adj* rompible, frágil
break•age ['breɪkɪdʒ] rotura *f*
'break•a•way escisión *f* (**from** de); **'break•a•way group** grupo *m* disidente; **'break-dance** v/i bailar breakdance; **'break danc•er** bailarín(-ina) *m(f)* de breakdance; **'break danc•ing** breakdance *m*
'break•down 1 *of vehicle, machine* avería *f* **2** *of talks* ruptura *f* **3** (*nervous ~*) crisis *f inv* nerviosa **4** *of figures* desglose *m*
break•er ['breɪkər] *wave* ola *f* grande
break-'e•ven point punto *m* de equilibrio
break•fast ['brekfəst] desayuno *m*; **have ~** desayunar
'break•fast meet•ing reunión *f* durante el desayuno
'break•fast tel•e•vi•sion televisión *f* matinal
'break-in entrada *f* (*mediante la fuerza*); *robbery* robo *m*; **we've had a ~** han entrado a robar
break•ing and en•ter•ing [breɪkɪŋænd'entərɪŋ] LAW allanamiento *m* de morada; **break•ing 'bulk** COM carga *f* fraccionada; **'break•ing point: reach ~** perder los estribos
'break•neck *adj*: **at ~ speed** a toda velocidad; **'break•out** *from prison* eva-

sión *f*, fuga *f*; **'break•through** *in plan, negotiations* paso *m* adelante; *of science, technology* avance *m* **'break-up** *of marriage, partnership* ruptura *f*, separación *f*; **'break•wat•er** rompeolas *m inv*
breast [brest] **1** *of woman* pecho *m* **2** *of chicken* pechuga *f*
'breast•bone ANAT esternón *m*; **'breast•feed** v/t (*pret & pp -fed*) amamantar; **'breast pock•et** bolsillo *m* interior (*a la altura del pecho*); **'breast•stroke** braza *f*
breath [breθ] respiración *f*, aliento *m*; **get your ~ back first** primero, recobra la respiración *or* el aliento; **be out of ~** estar sin respiración; **she took a deep ~** respiró hondo
breath•a•lyze ['breθəlaɪz] v/t MOT hacer la prueba de la alcoholemia a
Breath•a•lyz•er® ['breθəlaɪzər] MOT alcoholímetro *m*
breathe [briːð] **I** v/i respirar **II** v/t **1** (*inhale*) aspirar, respirar **2** (*exhale*) exhalar, espirar
◆ **breathe in** v/t & v/i aspirar, inspirar
◆ **breathe out** v/t & v/i espirar
breath•er ['briːðər] F respiro *m*; **have** *or* **take a ~** tomarse un respiro
breath•ing ['briːðɪŋ] respiración *f*; **~ space** respiro *m*
breath•less ['breθlɪs] *adj*: **arrive ~** llegar sin respiración, llegar jadeando
breath•less•ness ['breθlɪsnɪs] dificultad *f* para respirar
breath•tak•ing ['breθteɪkɪŋ] *adj* impresionante, sorprendente
'breath test prueba *f* de la alcoholemia
bred [bred] *pret & pp* ☞ **breed**
breed [briːd] **I** *n* raza *f* **II** v/t (*pret & pp bred*) criar; *plants* cultivar; *fig* causar, generar **III** v/i (*pret & pp bred*) *of animals* reproducirse
breed•er ['briːdər] *of animals* criador(a) *m(f)*; *of plants* cultivador(a) *m(f)*
breed•ing ['briːdɪŋ] **1** *of animals* cría *f*, *of plants* cultivo *m* **2** *of person* educación *f*
'breed•ing ground *fig* caldo *m* de cultivo
breeze [briːz] brisa *f*; **shoot the ~** F charlar F; **be a ~** F estar chupado *or* tirado F
◆ **breeze in** v/i F entrar despreocupa-

damente

'**breeze block** *bloque de cemento ligero*
breez•i•ly ['bri:zɪlɪ] *adv fig* jovialmente, tranquilamente
breez•y ['bri:zɪ] *adj* **1** ventoso **2** *fig* jovial, tranquilo
brev•i•ar•y ['bri:vjərɪ] REL breviario *m*
brev•i•ty ['brevətɪ] brevedad *f*
brew [bru:] **I** *v/t* **1** *beer* elaborar **2** *tea* preparar, hacer **II** *v/i of storm* avecinarse; *of trouble* fraguarse
brew•er ['bru:ər] fabricante *m/f* de cerveza
brew•er•y ['bru:ərɪ] fábrica *f* de cerveza
bribe [braɪb] **I** *n* soborno *m*, *Mex* mordida *f*, *S.Am.* coima *f* **II** *v/t* sobornar; **~ s.o. to do sth** sobornar a alguien para que haga algo
brib•er•y ['braɪbərɪ] soborno *m*, *Mex* mordida *f*, *S.Am.* coima *f*
bric-a-brac ['brɪkəbræk] baratijas *fpl*
brick [brɪk] ladrillo *m*
'**brick•bat** revés *m*; '**brick•lay•er** albañil *m/f*; **brick 'wall: but I came up against a ~** F pero me encontré con un obstáculo infranqueable; **it's like talking to a ~!** F ¡es como hablarle a la pared! F; '**brick•work** enladrillado *m*
brid•al suite ['braɪdl] suite *f* nupcial
bride [braɪd] novia *f* (*en boda*)
'**bride•groom** novio *m* (*en boda*)
'**brides•maid** dama *f* de honor
bridge[1] [brɪdʒ] **I** *n* **1** *also* NAUT puente *m*; **burn one's ~s** *fig* quemar las naves; **we'll cross that ~ when we come to it** *fig* cuando llegue el momento abordaremos el problema **2** *of nose* caballete *m* **II** *v/t gap* superar, salvar
bridge[2] [brɪdʒ] *n card game* bridge *m*
'**bridge•head** MIL cabeza *f* de puente
'**bridge loan** COM crédito *m* de puente
bridg•ing loan ['brɪdʒɪŋ] *Br* ☞ **bridge loan**
bri•dle ['braɪdl] **I** *n* brida *f* **II** *v/i*: **~ at sth** indignarse ante algo
brief[1] [bri:f] *adj* breve, corto; **in ~** en breve
brief[2] [bri:f] **I** *n* (*instructions*) misión *f*; *of designer etc* pautas *fpl* **II** *v/t*: **~ s.o. on sth** informar a alguien de algo
'**brief•case** maletín *m*
brief•ing ['bri:fɪŋ] sesión *f* informativa; **give s.o. a ~ on sth** informar a alguien de algo

brief•ly ['bri:flɪ] *adv* **1** (*for a short period of time*) brevemente **2** (*in a few words*) en pocas palabras **3** (*to sum up*) en resumen
brief•ness ['bri:fnɪs] brevedad *f*
briefs [bri:fs] *npl for women* bragas *fpl*; *for men* calzoncillos *mpl*
bri•gade [brɪ'geɪd] MIL brigada *f*
brig•a•dier [brɪgə'dɪər] MIL general *m* de brigada
bri•gand ['brɪgənd] bandito *m*
bright [braɪt] *adj* **1** *color* vivo; *smile* radiante; *future* brillante, prometedor; (*sunny*) soleado, luminoso **2** (*intelligent*) inteligente
◆ **bright•en up** ['braɪtn] **I** *v/t* alegrar **II** *v/i of weather* aclararse; *of face, person* alegrarse, animarse
bright•ly ['braɪtlɪ] *adv shine* intensamente, fuerte; *smile* alegremente
bright•ness ['braɪtnɪs] **1** *of light* brillo *m*; *of weather* luminosidad *f*; *of smile* alegría *f* **2** (*intelligence*) inteligencia *f*
'**bright•ness con•trol** control *m* de la luminosidad
bril•liance ['brɪljəns] **1** *of person* genialidad *f* **2** *of color* resplandor *m*
bril•liant ['brɪljənt] *adj* **1** *sunshine etc* resplandeciente, radiante **2** (*very good*) genial **3** (*very intelligent*) brillante
brim•ful ['brɪmfəl] *adj* rebosante
brim [brɪm] **I** *of container* borde *m*; *of hat* ala *f* **II** *v/i* (*pret & pp* -**med**): **his eyes ~med with tears** tenía los ojos llenos de lágrimas; **be ~ming with confidence** rebosar (de) confianza
brine [braɪn] GASTR salmuera *f*
bring [brɪŋ] *v/t* (*pret & pp* **brought**) traer; **~ it here, will you** tráelo aquí, por favor; **can I ~ a friend?** ¿puedo traer a un amigo?, ¿puedo venir con un amigo?; **~ onto the market** introducir en el mercado; **~ an action against s.o.** interponer una demanda contra alguien
◆ **bring about** *v/t* ocasionar; **bring about peace** traer la paz
◆ **bring around** *v/t* **1** *from a faint* hacer volver en sí **2** (*persuade*) convencer, persuadir
◆ **bring back** *v/t* **1** (*return*) devolver; *memories* traer **2** (*re-introduce*) reinstaurar

◆ **bring down** *v/t* **1** *fence, tree* tirar, echar abajo; *government* derrocar; *bird, airplane* derribar **2** *rates, inflation, price* reducir

◆ **bring forward** *v/t* **1** *in bookkeeping* pasar a cuenta nueva **2** *Br: meeting etc* adelantar

◆ **bring in** *v/t interest, income* generar; *legislation* introducir; *verdict* pronunciar; ***let's bring Bob in on the discussion*** que participe Bob en la discusión

◆ **bring off** *v/t deal* conseguir, lograr

◆ **bring on** *v/t illness* provocar; ***you brought it on yourself*** tú te lo buscaste

◆ **bring out** *v/t* **1** *book, video, new product* sacar **2** *(emphasize, highlight)* realzar, hacer resaltar

◆ **bring to** *v/t from a faint* hacer volver en sí

◆ **bring up** *v/t* **1** *child* criar, educar; ***I was brought up to believe in ...*** desde niño, me enseñaron a creer en ... **2** *subject* mencionar, sacar a colación **3** *(vomit)* vomitar

brink [brɪŋk] borde *m*; ***be on the ~ of doing sth*** *fig* estar a punto de hacer algo

brin•y ['braɪnɪ] *adj* salobre

brisk [brɪsk] *adj person, voice* enérgico; *walk* rápido; *trade* animado

bris•tle ['brɪsl] *v/i: **the streets are bristling with policemen*** las calles están atestadas de policías

brist•les ['brɪslz] *npl on chin* pelos *mpl*; *of brush* cerdas *fpl*

bris•tly ['brɪslɪ] *adj* hirsuto

Brit [brɪt] F británico(-a) *m(f)*

Brit•ain ['brɪtn] Gran Bretaña *f*

Brit•ish ['brɪtɪʃ] **I** *adj* británico **II** *npl:* **the ~** los británicos

Brit•ish•er ['brɪtɪʃər] británico(-a) *m(f)*

Brit•ish 'Isles *npl:* **the ~** las Islas Británicas

Brit•on ['brɪtn] británico(-a) *m(f)*

brit•tle ['brɪtl] *adj* frágil, quebradizo

broach [brəʊtʃ] *v/t subject* sacar a colación

broad [brɔːd] **I** *adj* ancho; *smile* amplio; *(general)* general; ***in ~ daylight*** a plena luz del día **II** *n* F *(woman)* tía *f* F

'broad•cast **I** *n* emisión *f*; **a live ~** una retransmisión en directo **II** *v/t (pret & pp **-cast***) emitir, retransmitir

'broad•cast•er presentador(a) *m(f)*

'broad•cast•ing emisiones *fpl*; *(TV)* televisión *f*; *(radio)* radiodifusión *f*

'broad•casting rights *npl* derechos *mpl* de emisión

broad•en ['brɔːdn] **I** *v/i* ensancharse, ampliarse **II** *v/t* ensanchar; **~ one's horizons** ampliar los horizontes

'broad•jump salto *m* de longitud

'broad jump•er saltador(a) *m(f)* de longitud

broad•ly ['brɔːdlɪ] *adv* en general; **~ speaking** en términos generales

broad'mind•ed *adj* tolerante, abierto

broad•mind•ed•ness [brɔːd'maɪndɪdnɪs] mentalidad *f* abierta

'broad•sheet (news•pa•per) periódico *m* de formato grande

'broad•side NAUT andanada *f; fig* diatriba *f; **fire a ~ at s.o.*** *also fig* acometer contra alguien

bro•cade [brəʊ'keɪd] brocado *m*

broc•co•li ['brɑːkəlɪ] brécol *m*, brócoli *m*

bro•chure ['brəʊʃər] folleto *m*

brogue¹ [brəʊg] *tipo de zapato de piel*

brogue² [brəʊg] *accent* acento *m* irlandés / escocés

broil [brɔɪl] *v/t* asar a la parrilla

broil•er ['brɔɪlər] **1** *on stove* parrilla *f* **2** *chicken* pollo *m* (para asar)

broke [brəʊk] **I** *adj* F: **be ~** *temporarily* estar sin blanca F; *long term* estar arruinado; **go ~** *(go bankrupt)* arruinarse **II** *pret* ☞ **break**

bro•ken ['brəʊkn] **I** *adj* roto; *home* deshecho; **they talk in ~ English** chapurrean el inglés **II** *pp* ☞ **break**

bro•ken-heart•ed ['hɑːrtɪd] *adj* desconsolado, destrozado

bro•ker ['brəʊkər] **I** *n* corredor(a) *m(f)*, agente *m/f* **II** *v/t deal* negociar

bro•ker•age ['brəʊkərədʒ] **1** agencia *f* de bolsa **2** *fee* corretaje *m*

bron•chi•al ['brɑːŋkjəl] *adj* ANAT, MED bronquial

bron•chi•tis [brɑːŋ'kaɪtɪs] bronquitis *f*

Bronx cheer [brɑːŋks'tʃɪr] F pedorreta *f* F

bronze [brɑːnz] bronce *m*

'Bronze Age Edad *f* del Bronce; **'bronze med•al** medalla *f* de bronce; **'bronze med•al•(l)ist** medallista *m/f* de bronce

brooch [brəʊtʃ] broche *m*

brood [bruːd] **I** v/i of person darle vueltas a las cosas; ~ **about sth** darle vueltas a algo **II** n ZO nidada f; F children prole f F

brood•y ['bruːdɪ] adj: **be feeling ~** F estar con ganas de tener hijos

brook[1] [brʊk] n barroyo m

brook[2] [brʊk] v/t: **he will ~ no opposition** no aceptará ninguna oposición

broom [bruːm] escoba f

'**broom•stick** palo m de escoba

broth [brɑːθ] **1** soup sopa f **2** stock caldo m

broth•el ['brɑːθl] burdel m

broth•er ['brʌðər] hermano m

broth•er•hood ['brʌðərhʊd] hermandad f

'**broth•er-in-law** (pl **brothers-in-law**) cuñado m

broth•er•ly ['brʌðərlɪ] adj fraternal

brought [brɔːt] pret & pp ☞ **bring**

brow [braʊ] **1** (forehead) frente f **2** of hill cima f

'**brow•beat** v/t (pret **-beat**, pp **-beaten**) intimidar; **~ s.o. into doing sth** intimidar a alguien para que haga algo

brown [braʊn] **I** n marrón m, L.Am. color m café **II** adj marrón; eyes, hair castaño; (tanned) moreno **III** v/t in cooking dorar **IV** v/i in cooking dorarse

'**brown-bag** v/t (pret & pp **-ged**) F: **~ it** llevar la comida al trabajo

Brown•ie ['braʊnɪ] escultista f

brown•ie ['braʊnɪ] cake pastel m de chocolate y nueces

'**Brown•ie points** npl tantos mpl; **earn ~** anotarse tantos

brown•ish ['braʊnɪʃ] adj parduzco

'**brown-nose** P **I** v/t lamer el culo a P **II** n lameculos m/f P; **brown 'pa•per** papel m de estraza; **brown pa•per 'bag** bolsa f de cartón; **brown 'sug•ar** azúcar m or f moreno(-a)

browse [braʊz] **I** v/i in store echar una ojeada; COMPUT navegar; **~ through a book** hojear un libro **II** v/t the Web navegar por

brows•er ['braʊzər] COMPUT navegador m

bruise [bruːz] **I** n magulladura f, cardenal f; on fruit maca f **II** v/t arm, fruit magullar; (emotionally) herir **III** v/i of person hacerse cardenales; of fruit macarse

bruis•ing ['bruːzɪŋ] adj fig doloroso

brunch [brʌntʃ] combinación de desayuno y almuerzo

bru•nette [bruː'net] morena f

brunt [brʌnt]: **this area bore the ~ of the flooding** esta zona fue la más castigada por la inundación; **we bore the ~ of the layoffs** fuimos los más perjudicados por los despidos

brush [brʌʃ] **I** n **1** cepillo m **2** conflict roce m **II** v/t **1** cepillar **2** (touch lightly) rozar; (move away) quitar

◆ **brush against** v/t rozar

◆ **brush aside** v/t hacer caso omiso a, no hacer caso a

◆ **brush off** v/t sacudir; criticism no hacer caso a

◆ **brush up** v/t repasar

'**brush-off**: **give s.o. the ~** darle calabazas a alguien; **I got the ~** me dieron calabazas

'**brush•work** PAINT pincelada f

brusque [brʊsk] adj brusco

Brus•sels ['brʌslz] Bruselas f

Brus•sels 'sprouts npl coles fpl de Bruselas

bru•tal ['bruːtl] adj brutal

bru•tal•i•ty [bruː'tælətɪ] brutalidad f

bru•tal•ize ['bruːtəlaɪz] v/t **1** dehumanize embrutecer **2** mistreat tratar brutalmente

bru•tal•ly ['bruːtəlɪ] adv brutalmente; **be ~ frank** ser de una sinceridad aplastante

brute [bruːt] bestia m/f

brute 'force fuerza f bruta

B.S. [biː'es] F ☞ **bullshit**

B.Sc. [biːes'siː] abbr (= **Bachelor of Science**) licenciatura f en Ciencias

BSE [biːes'iː] abbr (= **bovine spongiform encephalopathy**) encefalopatía f espongiforme bovina

'**B-side** MUS cara f B

bub•ble ['bʌbl] burbuja f

◆ **bubble over with** v/t: **be bubbling over with enthusiasm** estar desbordante de entusiasmo

'**bub•ble bath** baño m de espuma; '**bub•ble gum** chicle m; '**bub•ble wrap** plástico m para embalar (con burbujas)

bub•bly ['bʌblɪ] **I** n F (champagne) champán m **II** adj personality alegre

buck[1] [bʌk] n F (dollar) dólar m

buck[2] [bʌk] v/i of horse corcovear

buck[3] [bʌk] *n*: **pass the ~** escurrir el bulto

buck[4] [bʌk] *v/t* F (*defy*) desafiar

♦ **buck for** *v/t*: **be bucking for promotion** estar agenciándose un ascenso F

buck•et ['bʌkɪt] cubo *m*

buck•et•ful ['bʌkɪtful] cubo *m* lleno

'**buck•et seat** MOT asiento *m* envolvente

buck•le[1] ['bʌkl] **I** *n* hebilla *f* **II** *v/t belt* abrochar

buck•le[2] ['bʌkl] *v/i of metal* combarse

♦ **buckle down** *v/i* ponerse a trabajar

'**buck•skin** piel *f* de ciervo; '**buck teeth** *npl* dientes *mpl* salidos; '**buck•wheat** BOT alforfón *m*

bud[1] [bʌd] BOT capullo *m*, brote *m*; **nip sth in the ~** *fig* cortar algo de raíz

bud[2] [bʌd] F ☞ **buddy**

Bud•dhism ['budɪzəm] budismo *m*

Bud•dhist ['budɪst] **I** *adj* budista **II** *n* budista *m/f*

bud•ding ['bʌdɪŋ] *adj artist, musician* en ciernes

bud•dy ['bʌdɪ] F amigo(-a) *m(f)*, *Span* colega *m/f* F; *form of address Span* colega *m/f* F, *L.Am.* compadre *m/f* F

budge [bʌdʒ] **I** *v/t* mover; (*make reconsider*) hacer cambiar de opinión **II** *v/i* moverse; (*change one's mind*) cambiar de opinión

bud•ger•i•gar ['bʌdʒərɪgɑːr] periquito *m*

budg•et ['bʌdʒɪt] **I** *n* presupuesto *m*; **be on a ~** tener un presupuesto limitado **II** *v/i* administrarse **III** *adj* **1** (*inexpensive*) económico **2** (*relating to budgets*) presupuestario

♦ **budget for** *v/t* contemplar en el presupuesto; *fig* contar con

budg•et•ar•y ['bʌdʒɪterɪ] *adj* presupuestario

'**budg•et def•i•cit** déficit *m* presupuestario

'**budg•et ho•tel** hotel *m* económico

budg•et•ing ['bʌdʒɪtɪŋ] elaboración *f* del presupuesto

'**budg•et sur•plus** excedente *m* presupuestario

bud•gie ['bʌdʒɪ] F periquito *m*

Bue•nos Ai•res [bweˈnɑːsˈerez] Buenos Aires *m*

buff[1] [bʌf] *adj color* marrón claro

buff[2] [bʌf] *n* aficionado(-a) *m(f)*; **a movie ~** un cinéfilo

buf•fa•lo ['bʌfələu] búfalo *m*

'**buf•fa•lo grass** hierba *f* de búfalo

buff•er ['bʌfər] RAIL tope *m*; COMPUT búfer *m*; *fig* barrera *f*

buf•fet[1] ['bufeɪ] *n meal* bufé *m*

buf•fet[2] ['bʌfɪt] *v/t of wind* sacudir

buf•foon [bəˈfuːn] payaso(-a) *m(f)*

bug [bʌg] **I** *n insect* bicho *m*; *virus* virus *m inv*; (*spying device*) micrófono *m* oculto; COMPUT error *m* **II** *v/t* (*pret & pp* **-ged**) **1** *room* colocar un micrófono en **2** F (*annoy*) fastidiar F, jorobar F

♦ **bug off** *v/i* P largarse F, *Chi, Col* mandarse a cambiar F, *Rpl* mandarse mudar F

'**bug•bear** motivo *m* de preocupación

bug•ger ['bʌgər] *Br* P: **poor ~** pobre cabroncete *m* P; **silly ~** berzotas *m/f inv* F

♦ **bugger off** *v/i Br* P pirárselas; **bugger off!** ¡vete a cascarla!

♦ **bugger up** *v/t Br* P cagar

bug•ging ['bʌgɪŋ] escucha *f or* intervención *f* telefónica

bug•gy ['bʌgɪ] *for baby* cochecito *m or* silla *f* de bebé

'**bug•house** F frenopático *m*

bu•gle ['bjuːgl] corneta *f*, clarín *m*

bu•gler ['bjuːglər] corneta *m/f*, clarín *m/f*

build [bɪld] **I** *n of person* constitución *f*, complexión *f* **II** *v/t* (*pret & pp* **built**) construir, edificar

♦ **build on** *v/t* tomar como base

♦ **build up I** *v/t strength* aumentar; *relationship* fortalecer; *collection* acumular **II** *v/i of dirt* acumularse; *of pressure, excitement* aumentar

'**build•er** ['bɪldər] albañil *m/f*; *company* constructora *f*

'**build•ing** ['bɪldɪŋ] **1** edificio *m* **2** *activity* construcción *f*

'**build•ing blocks** *npl for child* piezas *fpl* de construcción; '**build•ing site** obra *f*; '**build•ing so•ci•e•ty** *Br* caja *f* de ahorros; '**build•ing trade** industria *f* de la construcción

'**build-up 1** (*accumulation*) accumulación *f* **2**: **after all the ~** *publicity* después de tantas expectativas

built [bɪlt] *pret & pp* ☞ **build**

'**built-in** *adj cupboard* empotrado; *flash* incorporado, integrado

built-up '**ar•e•a** zona *f* urbanizada

bulb [bʌlb] **1** BOT bulbo *m* **2** (*light* ~) bombilla *f*, *Mex*, *RPl* foco *m*

bul•bous ['bʌlbəs] *adj nose* en forma de bulbo

Bul•gar•i•a [bʌl'geriə] Bulgaria *f*

Bul•gar•i•an [bʌl'geriən] **I** *adj* búlgaro **II** *n* **1** *person* búlgaro(-a) *m(f)* **2** *language* búlgaro *m*

bulge [bʌldʒ] **I** *n* bulto *m*, abultamiento *m* **II** *v/i of eyes* salirse de las órbitas; *of wall* abombarse

bu•lim•i•a [buˈlɪmɪə] bulimia *f*

bu•lim•ic [buˈlɪmɪk] *adj* bulímico

bulk [bʌlk]: *the* ~ *of* el grueso o la mayor parte de; *in* ~ *merchandise* a granel; *buy* al por mayor

bulk buy•ing ['bʌlkbaɪɪŋ] compra *f* al por mayor; **'bulk•head** NAUT mamparo *m*; **'bulk or•der** pedido *m* al por mayor

bulk•y ['bʌlkɪ] *adj* voluminoso

bull [bʊl] *animal* toro *m*

'bull•dog bulldog *m*

'bull•dog clip pinza *f* sujetapapeles

bull•doze ['bʊldoʊz] *v/t* **1** (*demolish*) demoler, derribar **2**: ~ *s.o. into doing sth* *fig* obligar a alguien a hacer algo

bull•doz•er ['bʊldoʊzər] bulldozer *m*

bul•let ['bʊlɪt] bala *f*; *bite the* ~ apechugar

bul•le•tin ['bʊlɪtɪn] boletín *m*

'bul•le•tin board *on wall* tablón *m* de anuncios; COMPUT tablón *m* de anuncios, BBS *f*

'bul•let-proof *adj* antibalas *inv*

'bull fight corrida *f* de toros; **'bull fight•er** torero(-a) *m(f)*; **'bull fight•ing** tauromaquia *f*, los toros; **'bull•horn** megáfono *m*

bul•lion ['bʊljən]: *gold* ~ oro *m* en lingotes

bull•ish ['bʊlɪʃ] *adj* COM al alza; *be* ~ *about sth fig* ser optimista con respecto a algo

'bull mar•ket FIN mercado *m* al alza

bull•ock ['bʊlək] buey *m*

'bull•pen 1 *in police station* calabozo *m* **2** *in baseball* bullpen *m*; **'bull ring** plaza *f* de toros; **'bull's-eye** diana *f*, blanco *m*; *hit the* ~ dar en el blanco

'bull•shit I *n* V *Span* gilipollez *f* V, *L.Am.* pendejada *f* V **II** *v/i* (*pret & pp -ted*) V decir *Span* gilipolleces V *or L.Am.* pendejadas V

'bull ter•ri•er bulterrier *m*

bul•ly ['bʊlɪ] **I** *n* matón(-ona) *m(f)*; *child* abusón(-ona) *m(f)* **II** *v/t* (*pret & pp -ied*) intimidar

bul•ly•ing ['bʊlɪɪŋ] intimidación *f*

bul•rush ['bʊlrʌʃ] BOT junco *m*

bul•wark ['bʊlwək] *fig* bastión *m*

bum [bʌm] **F I** *n* **1** (*tramp*) vagabundo(-a) *m(f)* **2** (*worthless person*) inútil *m/f* **II** *adj* (*useless*) inútil **III** *v/t* (*pret & pp -med*) *cigarette etc* gorronear

◆ **bum around** *v/i* **F 1** (*travel*) vagabundear (*in* por) **2** (*be lazy*) haraganear, *Span* aguear, *L.Am.* flojear F

bum•ble•bee ['bʌmblbiː] abejorro *m*

bum•bling ['bʌmblɪŋ] *adj*: *a* ~ *fool* un bobo

bum•mer ['bʌmər] F rollo *m* F, lata *f* F

bump [bʌmp] **I** *n* (*swelling*) chichón *m*; *on road* bache *m*; *get a* ~ *on the head* darse un golpe en la cabeza **II** *v/t* golpear

◆ **bump into** *v/t* **1** *table* chocar con **2** (*meet*) encontrarse con

◆ **bump off** *v/t* F (*murder*) liquidar F

◆ **bump up** *v/t* F *prices* aumentar

bump•er ['bʌmpər] **I** *n Br* MOT parachoques *m inv*; *the traffic was* ~ *to* ~ el tráfico estaba colapsado **II** *adj* (*extremely good*) excepcional, extraordinario

'bump•er car auto *m* de choque

'bump•er stick•er adhesivo *m* para el parachoques

bump•kin ['bʌmpkɪn]: *country* ~ paleto(-a) *m(f)*

'bump-start *v/t* **1**: ~ *a car* arrancar un coche empujándolo **2** *fig: economy* reanimar

bump•tious ['bʌmpʃəs] *adj* F presuntuoso

bump•y ['bʌmpɪ] *adj* con baches; *flight* movido

bun [bʌn] **1** *hairstyle* moño *m* **2** *for eating* bollo *m*

bunch [bʌntʃ] *of people* grupo *m*; *of keys* manojo *m*; *of flowers* ramo *m*; *of grapes* racimo *m*; *thanks a* ~ *iron* un millón de gracias

bun•dle ['bʌndl] **I** *n of clothes* fardo *m*; *of wood* haz *m* **II** *v/t*: ~ *sth with sth* COM vender algo con algo

◆ **bundle up** *v/t* **1** liar **2** (*dress warmly*) abrigar

bung [bʌŋ] tapón *m*
◆ **bung up** *v/t* F tapar; *I'm a bit bunged up* tengo la nariz tapada
bun•gee jump•ing ['bʌndʒɪdʒʌmpɪŋ] puenting *m*
bun•gle ['bʌŋgl] *v/t* echar a perder
bun•gler ['bʌŋglər] chapucero(-a) *m(f)*
bun•gling ['bʌŋglɪŋ] *adj* chapucero
bun•ion ['bʌnjən] juanete *m*
bunk¹ [bʌŋk] *bed* litera *f*
bunk² [bʌŋk] F ☞ **bunkum**
'bunk beds *npl* literas *fpl*
bunk•er ['bʌŋkər] MIL, *in golf* búnker *m*
bun•kum ['bʌŋkəm] bobadas *fpl*
bun•ny ['bʌnɪ] conejito *m*
bun•sen burn•er ['bʌnsən] mechero *m* Bunsen
bunt [bʌnt] *in baseball* toque *m*
bun•ting ['bʌntɪŋ] banderines *mpl*
buoy [bɔɪ] NAUT boya *f*
buoy•an•cy ['bɔɪənsɪ] **1** PHYS flotabilidad *f* **2** *cheerfulness* optimismo *m*
buoy•ant ['bɔɪənt] *adj* animado, optimista; *economy* boyante
bur [bɜːr] BOT erizo *m*
bur•ble ['bɜːrbəl] *v/i & v/t* mascullar
bur•den ['bɜːrdn] I *n also fig* carga *f*; *the ~ of proof* LAW la obligación de probar II *v/t*: *~ s.o. with sth fig* cargar a alguien con algo
bur•den•some ['bɜːrdnsəm] *adj* pesado
bu•reau ['bjʊrou] **1** (*chest of drawers*) cómoda *f* **2** (*office*) departamento *m*, oficina *f*; *a translation ~* una agencia de traducción
bu•reauc•ra•cy [bjʊ'rɑːkrəsɪ] burocracia *f*
bu•reau•crat ['bjʊrəkræt] burócrata *m/f*
bu•reau•crat•ic [bjʊrə'krætɪk] *adj* burocrático
bu•reauc•ra•tize [bjʊ'rɑːkrətaɪz] *v/t* burocratizar
bu•reau de change [bjʊroudə'ʃɑːnʒ] oficina *f* de cambio
burg [bɜːrg] P pueblucho *m* F
bur•geon ['bɜːrdʒən] *v/i* crecer
bur•geon•ing ['bɜːrdʒənɪŋ] *adj* creciente
bur•ger ['bɜːrgər] hamburguesa *f*
bur•glar ['bɜːrglər] ladrón(-ona) *m(f)*
'bur•glar a•larm alarma *f* antirrobo
bur•glar•ize ['bɜːrgləraɪz] *v/t* robar
'bur•glar•proof *adj* a prueba de ladrones
bur•glar•y ['bɜːrglərɪ] robo *m*; *we've had a ~* nos han entrado en casa, nos han robado
bur•gle ['bɜːrgl] *v/t Br* robar
bur•i•al ['berɪəl] entierro *m*
bur•lesque [bɜːr'lesk] revista *f*
bur•ly ['bɜːrlɪ] *adj* corpulento, fornido
Bur•ma ['bɜːrmə] Birmania *f*
Bur•mese [bɜːr'miːz] I *adj* birmano II *n* **1**: *the ~* los birmanos **2** *language* birmano *m*
burn [bɜːrn] I *n* quemadura *f* II *v/t* (*pret & pp* **burnt**) quemar; *be ~t to death* morir abrasado III *v/i* (*pret & pp* **burnt**) *of wood, meat, in sun* quemarse
◆ **burn down** I *v/t* incendiar II *v/i* incendiarse
◆ **burn out** *v/t*: *burn o.s. out* quemarse; *a burned-out car* un coche carbonizado
◆ **burn up** I *v/t energy* gastar II *v/i of space shuttle* desintegrarse por el calor
burn•er ['bɜːrnər] *on cooker* placa *f*
burn•ing ['bɜːrnɪŋ] *adj* en llamas; *~ sensation* sensación *f* de quemazón; *take a ~ interest in sth* estar muy interesado en algo
bur•nish ['bɜːrnɪʃ] *v/t* bruñir
'burn•out F (*exhaustion*) agotamiento *m*
burnt [bɜːrnt] *pret & pp* ☞ **burn**
burp [bɜːrp] I *n* eructo *m* II *v/i* eructar III *v/t baby* hacer eructar
burr BOT ☞ **bur**
bur•row ['bɜːrou] I *n* madriguera *f* II *v/i* cavar III *v/t*: *~ a hole in sth* cavar un agujero en algo
burst [bɜːrst] I *n in water pipe* rotura *f*; *of gunfire* ráfaga *f*; *in a ~ of energy* en un arrebato de energía II *adj tire* reventado III *v/t* (*pret & pp* **burst**) *balloon* reventar IV *v/i* (*pret & pp* **burst**) *of balloon, tire* reventar; *~ into a room* irrumpir en una habitación; *~ into tears* echarse a llorar; *~ out laughing* echarse a reír; *be ~ing to do sth* F morirse de ganas de hacer algo
bur•y ['berɪ] *v/t* (*pret & pp* **-ied**) enterrar; *be buried under* (*covered by*) estar sepultado por; *~ o.s. in one's work* meterse de lleno en el trabajo

bus[1] [bʌs] **I** *n local* autobús *m*, *Mex* camión *m*, *Arg* colectivo *m*, *C.Am.* guagua *f*, *long distance* autobús *m*, *Span* autocar **II** *v/t* (*pret & pp* **-sed**) llevar en autobús

bus[2] [bʌs] *n* COMPUT bus *m*

'bus•boy ayudante *m/f* de camarero

'bus driv•er conductor(a) *m(f)* de autobús

bush [buʃ] **1** *plant* arbusto *m* **2** *type of countryside* monte *m*

bushed [buʃt] *adj* F (*tired*) molido F

bush•el ['buʃl] *medida de áridos equivalente a 35,2 litros en Estados Unidos y a 36,3 litros en el Reino Unido*

bush•y ['buʃɪ] *adj beard* espeso

busi•ness ['bɪznɪs] **1** negocios *mpl*; *as subject of study* empresariales *fpl*; **on ~** de negocios; **do ~** hacer negocios; **they've been in ~ for 10 years** la empresa lleva funcionando 10 años; **go out of ~** cerrar el negocio; **~ is ~** los negocios son los negocios **2** (*company*) empresa *f* **3** (*sector*) sector *m* **4** (*affair, matter*) asunto *m*; **that's none of your ~!** ¡no es asunto tuyo!; **mind your own ~!** ¡no te metas en lo que no te importa!

'busi•ness ad•dress dirección *f* comercial; **'busi•ness card** tarjeta *f* de visita; **'busi•ness class** clase *f* ejecutiva; **'busi•ness hours** *npl* horario *m* de oficina; **'busi•ness let•ter** carta *f* comercial; **'busi•ness•like** *adj* eficiente; **'busi•ness lunch** almuerzo *m* de negocios; **'busi•ness•man** hombre *m* de negocios, ejecutivo *m*; **'busi•ness meet•ing** reunión *f* de negocios; **'busi•ness peo•ple** hombres *mpl* de negocios; **'busi•ness plan** plan *m* económico; **'busi•ness re•la•tions** *npl* relaciones *fpl* comerciales; **'busi•ness school** escuela *f* de negocios; **'busi•ness stud•ies** *nsg course* empresariales *mpl*; **'busi•ness suit** traje *m* de ejecutivo; **'busi•ness tra•vel** viajes *mpl* de negocios; **'busi•ness trav•el•er** viajero(-a) *m(f)* de negocios; **'busi•ness trip** viaje *m* de negocios; **'busi•ness•wom•an** mujer *f* de negocios, ejecutiva *f*

busk•er ['bʌskər] *Br* músico(-a) *m(f)* callejero(-a)

'bus lane carril *m* bus; **bus•man's hol•i•day** ['bʌsmənz] *vacaciones que*

se pasan haciendo la misma cosa que se hace profesionalmente; **'bus serv•ice** servicio *m* de autobús; **'bus shel•ter** marquesina *f*; **'bus sta•tion** estación *f* de autobuses; **'bus stop** parada *f* de autobús

bust[1] [bʌst] *n of woman* busto *m*

bust[2] [bʌst] **I** *adj* F **1** (*broken*) escacharrado F **2** **go ~** quebrar **II** *v/t* F escacharrar F

'bus tick•et billete *m or L.Am.* boleto *m* de autobús

◆ **bus•tle around** ['bʌsl] *v/i* trajinar

bus•tling ['bʌslɪŋ] *adj town* animado

'bust-up F corte *m* F

bust•y ['bʌstɪ] *adj* pechugona

bus•y ['bɪzɪ] **I** *adj* **1** *also* TELEC ocupado; **the line was ~** estaba ocupado, *Span* comunicaba; **she leads a very ~ life** lleva una vida muy ajetreada; **be ~ doing sth** estar ocupado *or* atareado haciendo algo **2** *full of people* abarrotado; *restaurant etc*: *making money* ajetreado **II** *v/t* (*pret & pp* **-ied**): **~ o.s. with** entretenerse con

'bus•y•bod•y metomentodo *m/f*, entrometido(-a) *m(f)*

'bus•y sig•nal señal *f* de ocupado *or Span* comunicando

but [bʌt] *unstressed* [bət] **I** *conj* pero; **it's not me ~ my father you want** no me quieres a mí sino a mi padre; **~ then** (*again*) pero

II *prep*: **all ~ him** todos excepto él; **the last ~ one** el penúltimo; **the next ~ one** el próximo no, el otro; **the next page ~ one** la página siguiente a la próxima; **~ for you** si no hubiera sido por ti; **nothing ~ the best** sólo lo mejor

bu•tane ['bjuːteɪn] CHEM butano *m*

butch [butʃ] *adj* F marimacho F

butch•er ['butʃər] **I** *n* **1** carnicero(-a) *m(f)* **2** *murderer* asesino(-a) *m(f)* **II** *v/t kill* asesinar

butch•er•y ['butʃərɪ] *preparation of meat, killing* carnicería *f*

but•ler ['bʌtlər] mayordomo *m*

butt [bʌt] **I** *n* **1** *of cigarette* colilla *f* **2** *of joke* blanco *m* **3** F (*buttocks*) trasero *m* F **II** *v/t* dar un cabezazo a; *of goat, bull* embestir

◆ **butt in** *v/i* inmiscuirse, entrometerse

◆ **butt out** *v/i* F no meterse

but•ter ['bʌtər] **I** *n* mantequilla *f*, *L.Am.*

manteca *f* **II** *v/t* untar de mantequilla

◆ **butter up** *v/t* F hacer la pelota a F

'but•ter•cup BOT botón *m* de oro; 'butter dish mantequera *f*; 'but•ter•fin•gers *nsg* F: **be a ~** ser una manazas; **~!** ¡manazas!, ¡torpe!

'but•ter•fly **1** *insect* mariposa *f*; **have butterflies in one's stomach** F sentir un hormigueo en el estómago **2**: **~ stroke** (estilo *m*) mariposa *f*

'but•ter•milk suero *m* de leche

but•tocks ['bʌtəks] *npl* nalgas *fpl*

but•ton ['bʌtn] **I** *n* **1** *on shirt, machine* botón *m* **2** (*badge*) chapa *f* **II** *v/t* abotonar

◆ **button up** *v/t* abotonar

'but•ton-down col•lar cuello *m* abrochado; but•toned-down [bʌtnd'daʊn] *adj* F convencional; 'but•ton•hole **I** *n in suit* ojal *m* **II** *v/t* acorralar; 'but•ton mush•room champiñón *m* (pequeño)

but•tress ['bʌtrɪs] **I** *n* ARCHI contrafuerte *m* **II** *v/t* respaldar

bux•om ['bʌksəm] *adj* de amplios senos

buy [baɪ] **I** *n* compra *f*, adquisición *f* **II** *v/t* (*pret & pp* **bought**) comprar; **can I ~ you a drink?** ¿quieres tomar algo?; **$5 doesn't ~ much** con 5 dólares no se puede hacer gran cosa; **I don't ~ that** F no me lo trago *or* creo

◆ **buy forward** *v/i* FIN comprar a plazo fijo

◆ **buy off** *v/t* (*bribe*) sobornar

◆ **buy out** *v/t* COM comprar la parte de

◆ **buy up** *v/t* acaparar

'buy•back recompra *f*

buy•er ['baɪr] comprador(a) *m(f)*

'buyer's mar•ket mercado *m* favorable al comprador

'buy•out *by employees* adquisición *f* de la sociedad por los trabajadores; *by management* adquisición *f* de la sociedad por la dirección

buzz [bʌz] **I** *n* **1** *noise* zumbido *m* **2** F: **she gets a real ~ out of it** (*thrill*) le vuelve loca F, le entusiasma **II** *v/i* **1** *of insect* zumbar **2** *with buzzer* llamar por el interfono **III** *v/t with buzzer* lla-

mar por el interfono a

◆ **buzz off** *v/i* F largarse F, *Span* pirarse F, *Rpl* picar F

buz•zard ['bʌzərd] ZO (*turkey ~*) gallinazo *m*, guajalote *m*; (*honey ~*) abejero *m*; (*condor*) cóndor

buzz•er ['bʌzər] timbre *m*

'buzz•word palabra *f* de moda

by [baɪ] **I** *prep* **1** *to show agent* por; *a play ~ ...* una obra de …

2 (*near, next to*) al lado de, junto a; *side ~ side* uno junto al otro

3 (*no later than*) no más tarde de; *~ this time tomorrow* mañana a esta hora; *~ this time next year* el año que viene por estas fechas

4 *mode of transport* en; *~ bus / train* en autobús / tren

5 *past:* **she rushed ~ me** pasó rápidamente por mi lado; *as we drove ~ the church* cuando pasábamos por la iglesia; *go ~*, *pass ~* pasar

6: *~ day / night* de día / noche; *~ the dozen* por docenas; *~ the hour / ton* por hora / por tonelada; *~ my watch* en mi reloj; *~ nature* por naturaleza; *~ o.s. without company* solo; *~ I did it ~ myself* lo hice yo solito; *~ a couple of minutes* por un par de minutos; *2 ~ 4 measurement* 2 por 4

II *adv:* *~ and ~* (*soon*) dentro de poco

bye(-bye) [baɪ] adiós

'by-e•lec•tion *Br: elección parcial para reemplazar a un parlamentario que ha dimitido o ha muerto*

Bye•lo•rus•sian [bɪeloʊ'rʌʃn] **I** *adj* bielorruso **II** *n* bielorruso(-a) *m(f)*

by•gones ['baɪgɑːnz]: *let ~ be ~* lo pasado, pasado está; 'by•law *Br* ordenanza *f* municipal; 'by-line *of article* pie *m* de autor; 'by•pass **I** *n* **1** *road* circunvalación *f* **2** MED bypass *m* **II** *v/t* sortear; 'by-prod•uct subproducto *m*; 'by•road carretera *f* secundaria; by•stand•er ['baɪstændər] transeúnte *m/f*

byte [baɪt] byte *m*

'by•way ☞ byroad

'by•word: *be a ~ for* ser sinónimo de

C

c & f *abbr* (= *cost and freight*) C&F (= costo y flete)

C/A *abbr* (= *checking account*) cc (= cuenta *f* corriente)

cab [kæb] **1** (*taxi*) taxi *m* **2** *of truck* cabina *f*

cab•a•ret ['kæbəreɪ] cabaret *m*

cab•bage ['kæbɪdʒ] col *f*, repollo *m*

cab•bie, cab•by ['kæbɪ] F taxista *m/f*

'cab driv•er taxista *m/f*

cab•in ['kæbɪn] **1** *of plane* cabina *f* **2** *of ship* camarote *m*

'cab•in at•tend•ant auxiliar *m/f* de vuelo; **'cab•in bag•gage** equipaje *m* de mano; **'cab•in crew** personal *m* de a bordo; **'cab•in cruis•er** NAUT yate *m* a motor

cab•i•net ['kæbɪnɪt] **1** armario *m*; *drinks* ~ mueble *m* bar; *medicine* ~ botiquín *m*; *display* ~ vitrina *f* **2** POL gabinete *m*

'cab•i•net mak•er ebanista *m/f*

'cab•in staff *npl* personal *m* de a bordo

'cab•in stew•ard *n* auxiliar *m/f* de vuelo

ca•ble ['keɪbl] cable *m*; ~ (*TV*) televisión *f* por cable

'ca•ble car teleférico *m*; **'ca•ble chan•nel** canal *m* de la televisión por cable; **'ca•ble com•pa•ny** TV cableoperadora *f*; **'ca•ble net•work** red *f* de cable; **'ca•ble tel•e•vi•sion** televisión *f* por cable

ca•bood•le [kə'buːdl]: *the whole* (*kit and*) ~ F todo el tinglado F

'cab rank, 'cab stand parada *f* de taxis

cache [kæʃ] **1** *n* **1** alijo *m* **2** COMPUT caché *m* **II** *v/t* esconder

cack•le ['kækl] **1** *v/i* **1** *of chicken* cacarear **2** (*laugh*) carcajearse **II** *n* (*laughter*) carcajada *f*

cac•tus ['kæktəs] cactus *m inv*

CAD [kæd] *abbr* (= *computer assisted design*) CAD *m*, DAO *m* (= diseño asistido por computadora *or Span* ordenador)

ca•dav•er [kə'dævər] cadáver *m*

ca•dav•er•ous [kə'dævərəs] *adj* cadavérico, demacrado

cad•die ['kædɪ] **1** *n in golf* caddie *m/f* **II** *v/i* hacer de caddie

cad•dy ['kædɪ] *cajita de metal decorativa para guardar té*

ca•dence ['keɪdəns] cadencia *f*

ca•det [kə'det] cadete *m*

cadge [kædʒ] *v/t* F: ~ *sth from s.o.* gorronear algo a alguien

cad•mi•um ['kædmɪəm] CHEM cadmio *m*

cad•re ['kɑːdər] MIL, POL brigada *f*, unidad *f*

Cae•sar•e•an *Br* ☞ **Cesarean**

caf•é ['kæfeɪ] café *m*, cafetería *f*

caf•e•te•ri•a [kæfɪ'tɪrɪə] cafetería *f*, cantina *f*

caf•feine ['kæfiːn] cafeína *f*

cage [keɪdʒ] jaula *f*

ca•gey ['keɪdʒɪ] *adj* cauteloso, reservado; *he's* ~ *about how old he is* es muy reservado con respecto a su edad

ca•goule [kə'gʊl] chubasquero *m* con capucha

ca•hoots [kə'huːts] *npl* F: *be in* ~ *with* estar conchabado con

cairn [kern] montículo *m* de piedras

ca•jole [kə'dʒoʊl] *v/t* engatusar, persuadir; ~ *s.o. into doing sth* engatusar a alguien para que haga algo

cake [keɪk] **1** *n big* tarta *f*; *small* pastel *m*; *be a piece of* ~ F estar chupado F **II** *v/i* endurecerse; *he wants to have his* ~ *and eat it* aspira a tenerlo todo

CAL [kæl] *abbr* (= *computer-aided learning*) enseñanza *f* asistida por computadora *or Span* ordenador

ca•lam•i•tous [kə'læmɪtəs] *adj* penoso, fatal

ca•lam•i•ty [kə'læmətɪ] calamidad *f*

cal•ci•fy ['kælsɪfaɪ] **1** *v/t* calcificar **II** *v/i* calcificarse

cal•ci•um ['kælsɪəm] calcio *m*

cal•cu•la•ble ['kælkjʊləbl] *adj* calculable

cal•cu•late ['kælkjʊleɪt] *v/t* calcular; *it was ~d to impress* se preconcebió para impresionar

cal•cu•lat•ed ['kælkjʊleɪtɪd] *adj crime* premeditado, deliberado; *take a* ~ *risk* correr un riesgo calculado

cal•cu•lat•ing ['kælkjʊleɪtɪŋ] *adj* calculador

cal•cu•la•tion [kælkjʊ'leɪʃn] cálculo *m*

cal•cu•la•tor ['kælkjʊleɪtər] calculadora *f*

cal•cu•lus ['kælkjʊləs] (*pl calculi* ['kælkjʊlaɪ], *calculuses*) MATH cálculo *m*

cal•en•dar ['kælɪndər] calendario *m*

'**cal•en•dar year** año *m* natural

calf[1] [kæf] (*pl calves* [kævz]) (*young of cow*) ternero(-a) *m(f)*, becerro(-a) *m(f)*

calf[2] [kæf] (*pl calves* [kævz]) *of leg* pantorrilla *f*

'**calf•skin** piel *f* de becerro

cal•i•ber ['kælɪbər] *of gun* calibre *m*; *a man of his ~* un hombre de su calibre

cal•i•brate ['kælɪbreɪt] *v/t* TECH calibrar

cal•i•bra•tion [kælɪ'breɪʃn] calibración *f*

cal•i•bre *Br* ☞ **caliber**

Cal•i•for•ni•an [kælɪ'fɔːnɪən] **I** *adj* californiano **II** *n* californiano(-a) *m(f)*

call [kɔːl] **I** *n* **1** TELEC llamada *f*; *there's a ~ for you* tienes una llamada, te llaman; *I'll give you a ~ tomorrow* te llamaré mañana; *make a ~* hacer una llamada; *be on ~* estar de guardia **2** (*shout*) llamada *f*; *a ~ for help* una llamada de socorro **3** (*appeal: to country etc*) llamamiento *m* **4** (*demand, request*) petición *f* (**for** de); *the ~ for a ban* la petición de una prohibición **5** (*need*): *there's no ~ to be aggressive* no hay necesidad *or* motivo de ser agresivo **II** *v/t* **1** *also* TELEC llamar; *he ~ed him a liar* le llamó mentiroso; *what have they ~ed the baby?* ¿qué nombre le han puesto al bebé?; *but we ~ him Tom* pero le llamamos Tom; *~ s.o. names* insultar a alguien; *I ~ed his name* lo llamé; *and you ~ yourself unbiased!* ¡y tú te consideras imparcial!; *what time of night do you ~ this!* ¡(crees que) estas son horas de llegar! **2** *meeting* convocar **III** *v/i* **1** *also* TELEC llamar; *can I tell him who's ~ing?* ¿quién le llama?; *~ for help* pedir ayuda a gritos **2** (*visit*) pasarse

♦ **call at** *v/t* (*stop at*) pasarse por; *of train* hacer parada en

♦ **call away** *v/t*: *he was called away on business* tuvo que marcharse por negocios

♦ **call back I** *v/t* (*phone again*) volver a llamar; (*return call*) devolver la llamada; (*summon*) hacer volver **II** *v/i on phone* volver a llamar; (*make another visit*) volver a pasar

♦ **call for** *v/t* **1** (*collect*) pasar a recoger **2** (*demand*) pedir, exigir; (*require*) requerir; *this calls for a celebration* esto hay que celebrarlo

♦ **call in I** *v/t* (*summon*) llamar; *call in a loan* pedir la devolución de un préstamo **II** *v/i* (*phone*) llamar; *he called in sick* llamó para decir que estaba enfermo

♦ **call off** *v/t* (*cancel*) cancelar; *strike* desconvocar; *let's call the whole thing off!* ¡mejor que nos olvidemos de todo!

♦ **call on** *v/t* **1** (*urge*) instar **2** (*visit*) visitar **3** (*turn to*) recurrir a; *he called on me for help* recurrió a mí para que la ayudara

♦ **call out** *v/t* **1** (*shout*) gritar **2** (*summon*) llamar

♦ **call up** *v/t* **1** *on phone* llamar **2** COMPUT abrir, visualizar

'**call box** *Br* cabina *f* telefónica; '**call cen•ter** centro *m* de atención telefónica; '**call charg•es** *npl* costo *m or Span* coste *m* de llamadas

call•er ['kɔːlər] **1** *on phone* persona *f* que llama **2** (*visitor*) visitante *m/f*

call for 'ten•ders COM convocatoria *f* a la licitación; **call 'for•ward•ing** TELEC desvío *m* de llamada; '**call girl** prostituta *f* (*que concierta sus citas por teléfono*); '**call hold•ing** TELEC llamada *f* en espera

call•ing ['kɔːlɪŋ] (*profession, vocation*) vocación *f*

'**call•ing card** tarjeta *f* de visita

cal•is•then•ics [kælɪs'θenɪks] *nsg* calistenia *f*

cal•lous ['kæləs] *adj* cruel, desalmado

cal•lous•ly ['kæləslɪ] *adv* cruelmente

cal•lous•ness ['kæləsnɪs] crueldad *f*

call 'trans•fer TELEC transferencia *f* de llamada

'**call-up** MIL llamada *f* a filas

cal•lus ['kæləs] callo *m*

calm [kɑːm] **I** *adj sea* tranquilo; *weather* apacible; *person* tranquilo, sosegado; *please keep* ~ por favor mantengan la calma **II** *n* calma *f*; *the* ~ *before the storm also fig* la calma antes de la tormenta

◆ **calm down I** *v/t* calmar, tranquilizar **II** *v/i of sea, weather* calmarse; *of person* calmarse, tranquilizarse

calm•ly [ˈkɑːmlɪ] *adv* con calma, tranquilamente; *you can't just* ~ *ignore it* no puedes ignorarlo así como así

cal•o•rie [ˈkælərɪ] caloría *f*

cal•um•ny [ˈkæləmnɪ] calumnia *f*

calve [kæv] *v/i of cow* parir

calves [kævz] *pl* ☞ *calf¹ & ²*

CAM [kæm] *abbr* (= *computer-aided manufacture*) FAO *f* (= fabricación *f* asistida por ordenador)

cam [kæm] F cámara

cam•ber [ˈkæmbər] bache *f*

Cam•bo•di•a [kæmˈbʊʊdɪə] Camboya *f*

Cam•bo•di•an [kæmˈbʊʊdɪən] **I** *adj* camboyano **II** *n* **1** *person* camboyano(-a) *m(f)* **2** *language* camboyano *m*

cam•cor•der [ˈkæmkɔːrdər] videocámara *f*

came [keɪm] *pret* ☞ *come*

cam•el [ˈkæml] ZO camello *m*

'cam•el-hair *adj* de pelo de camello

cam•e•o [ˈkæmɪʊʊ] *in film* cameo *m*, *breve colaboración f de un artista famoso*; *she had a* ~ *part in* … hizo un cameo en …

cam•e•ra [ˈkæmərə] cámara *f*; *on* ~ delante de las cámaras

'cam•e•ra crew equipo *m* de filmación; **'cam•e•ra•man** cámara *m*, camarógrafo *m*; **'cam•er•a-shy** *adj* tímido ante las cámaras

cam•i•sole [ˈkæmɪsʊʊl] camisola *f*

cam•o•mile [ˈkæməmaɪl] BOT camomila *f*, manzanilla *f*; ~ *tea* infusión *f* de manzanilla

cam•ou•flage [ˈkæməflɑːʒ] **I** *n* camuflaje *m* **II** *v/t* camuflar

camp [kæmp] **I** *n* campamento *m*; *for refugees* campo *m*; *make* ~ acampar **II** *v/i* acampar

◆ **camp out** *v/i* acampar al aire libre

cam•paign [kæmˈpeɪn] **I** *n* campaña *f* **II** *v/i* hacer campaña (*for* a favor de)

cam•paign•er [kæmˈpeɪnər] defensor(a) *m(f)* (*for* de); *a* ~ *against racism* una persona que hace campaña contra el racismo

'camp cot, *Br* **'camp bed** cama *f* plegable

camp•er [ˈkæmpər] **1** *person* campista *m/f* **2** *vehicle* autocaravana *f*

'camp•fire fuego *m*, fogata *f*

cam•phor [ˈkæmfər] CHEM alcanfor *m*

camp•ing [ˈkæmpɪŋ] acampada *f*; *on campsite* camping *m*; *go* ~ ir de acampada *or* camping

'camp•site camping *m*

cam•pus [ˈkæmpəs] campus *m*

cam•shaft [ˈkæmʃæft] TECH árbol *m* de levas

can¹ [kæn] *unstressed* [kən] *v/aux* (*pret could*) **1** (*ability*) poder; ~ *you swim?* ¿sabes nadar?; ~ *you hear me?* ¿me oyes?; *I can't see* no veo; ~ *you speak French?* ¿hablas francés?; ~ *he call me back?* ¿me podría devolver la llamada?; *as fast / well as you* ~ tan rápido / bien como puedas; ~ *I help you?* ¿te puedo ayudar?

2 (*permission*) poder; ~ *I have a beer / coffee?* ¿me pones una cerveza / un café?; *that can't be right* debe haber un error

can² [kæn] **I** *n for drinks etc* lata *f* **II** *v/t* (*pret & pp* **-ned**) enlatar

Can•a•da [ˈkænədə] Canadá *m*

Ca•na•di•an [kəˈneɪdɪən] **I** *adj* canadiense **II** *n* canadiense *m/f*

ca•nal [kəˈnæl] *waterway* canal *m*

ca•nal•ize [ˈkænəlaɪz] *v/t fig* dirigir, concentrar

can•a•pé [kænəˈpeɪ] GASTR canapé *m*, aperitivo *m*

ca•nar•y [kəˈnerɪ] canario *m*

Ca•nar•y Is•lands, **Ca•nar•ies** [kəˈnerɪz] *npl*: *the* ~ las Islas Canarias

can•cel [ˈkænsl] *v/t* (*prep & pp* **-ed**, *Br* **-led**) cancelar; *no*, ~ *that* no, olvídalo

◆ **cancel out** *v/t* neutralizar; *they cancel each other out* se neutralizan

can•cel•la•tion [kænsəˈleɪʃn] cancelación *f*

can•cel•la•tion clause cláusula *f* de rescisión

can•cel•la•tion fee tarifa *f* de cancelación de reserva

Can•cer [ˈkænsər] ASTR Cáncer *m/f inv*, *L.Am.* canceriano(-a) *m(f)*; *be (a)* ~ ser Cáncer, *L.Am.* ser canceriano

can•cer ['kænsər] cáncer *m*; ~ *cells* células *fpl* cancerosas; ~ *research* investigación *f* cancerológica

can•cer•ous ['kænsərəs] *adj* canceroso

can•de•la•bra [kændə'lɑːbrə] candelabro *m*

can•did ['kændɪd] *adj* sincero, franco

can•di•da•cy ['kændɪdəsɪ] candidatura *f*

can•di•date ['kændɪdət] *for position* candidato(-a) *m(f)*; *in exam* candidato(-a) *m(f)*, examinando(-a) *m(f)*

can•di•da•ture ['kændɪdətʃər] *Br* candidatura *f*

can•did•ly ['kændɪdlɪ] *adv* sinceramente, francamente

can•died ['kændiːd] *adj* confitado

can•dle ['kændl] vela *f*; *burn the* ~ *at both ends* trabajar de sol a sol; *not be able to hold a* ~ *to s.o. / sth* no admitir comparación con algo / alguien; *the game is not worth the* ~ no merece la pena

'can•dle•light: *by* ~ a la luz de las velas

'can•dle•lit *adj:* ~ *dinner* cena *f* a la luz de las velas

Can•dle•mas ['kændlməs] REL fiesta *f* de la Candelaria

'can•dle•stick candelero *m*; *short* palmatoria *f*

can•dor, *Br* **can•dour** ['kændər] sinceridad *f*, franqueza *f*

can•dy ['kændɪ] *(sweet)* caramelo *m*; *(sweets)* dulces *mpl*; *a box of* ~ una caja de caramelos *or* dulces

'can•dy•floss *Br* algodón *m* dulce

cane [keɪn] **I** *n* **1** caña *f* **2** *for walking* bastón *m* **II** *v/t* varear

'cane sug•ar azúcar *m* de caña

ca•nine ['keɪnaɪn] **I** *adj* canino **II** *n* ~ *(tooth)* diente *m* canino

can•is•ter ['kænɪstər] bote *m*

can•ker ['kæŋkər] **1** MED llaga *f* bucal **2** BOT cancro *m* **3** *fig* epidemia *f*

can•na•bis ['kænəbɪs] cannabis *m*, hachís *m*

canned [kænd] *adj* **1** *fruit, tomatoes* enlatado, en lata **2** *(recorded)* pregrabado; ~ *music* F música *f* enlatada F **3** P *(drunk)* mamado P

can•ner•y ['kænərɪ] fábrica *f* de conservas

can•ni•bal ['kænɪbl] caníbal *m/f*

can•ni•bal•ism ['kænɪbəlɪzəm] canibalismo *m*

can•ni•bal•ize ['kænɪbəlaɪz] *v/t* canibalizar

can•non ['kænən] *(pl* **-non(s))** MIL cañón *m*

'can•non•ball bala *f* de cañón

'can•non fod•der carne *f* de cañón

can•not ['kænɑːt] ☞ *can*[1]

can•ny ['kænɪ] *adj (astute)* astuto

ca•noe [kə'nuː] canoa *f*, piragua *f*; *paddle one's own* ~ *fig* ser autosuficiente

ca•noe•ing [kə'nuːɪŋ] piragüismo *m*

can•on ['kænən] REL **1** *priest* canónigo *m* **2** *rule* canon *m*

can•on•ize ['kænənaɪz] *v/t* canonizar

can•on 'law derecho *m* canónico

ca•noo•dle [kə'nuːdl] *v/i* F hacer manitas F

'can o•pen•er abrelatas *m inv*

can•o•py ['kænəpɪ] *over bed* dosel *m*; *in front of shop* toldo *m*

can't [kænt] ☞ *can*[1]

cant [kænt] *hypocrisy* hipocresía *f*

can•tan•ker•ous [kæn'tæŋkərəs] *adj* arisco, cascarrabias

can•teen [kæn'tiːn] *in factory* cantina *f*, cafetería *f*

can•ter ['kæntər] **I** *n* medio galope *m* **II** *v/i* ir *or* cabalgar a medio galope

can•ti•le•ver bridge ['kæntɪliːvər] puente *m* cantilever *or* voladizo

can•vas ['kænvəs] *for painting* lienzo *m*; *material* lona *f*

can•vass ['kænvəs] **I** *v/t (seek opinion of)* preguntar **II** *v/i* POL hacer campaña (*for* a favor de)

can•vass•er ['kænvəsər] POL *persona que va de puerta en puerta haciendo campaña en favor de un partido político*

can•yon ['kænjən] cañón *m*

cap[1] [kæp] **I** *n* **1** *hat* gorro *m*; *with peak* gorra *f*; *go* ~ *in hand to s.o.* acudir a alguien con las orejas gachas **2** *of bottle, jar* tapón *m*; *of pen, lens* tapa *f* **3** *for tooth* funda *f* **II** *v/t* **1**: *that* ~*s everything!* ¡eso es el colmo!; *to* ~ *it all* para remate *or* colmo **2**: ~ *a tooth* poner una funda a un diente

cap[2] [kæp] *n capital letter* mayúscula *f*

ca•pa•bil•i•ty [keɪpə'bɪlətɪ] capacidad *f*; *it's beyond my capabilities* no entra dentro de mis posibilidades

ca•pa•ble ['keɪpəbl] *adj (efficient)* capaz, competente; *be* ~ *of* ser capaz de

carbonize

ca•pa•cious [kə'peɪʃəs] *adj* amplio, espacioso

ca•pac•i•tor [kə'pæsətər] ELEC condensador *m* eléctrico

ca•pac•i•ty [kə'pæsətɪ] **1** capacidad *f*; *a ~ crowd* un lleno absoluto; *in my ~ as ...* en mi calidad de ...; *filled to ~* hasta arriba, hasta los topes; *that is beyond his ~* eso va más allá de sus posibilidades **2** *of car engine* cilindrada *f*

cape[1] [keɪp] *clothing* capa *f*

cape[2] [keɪp] GEOG cabo *m*

ca•per[1] ['keɪpər] *n* GASTR alcaparra *f*

ca•per[2] ['keɪpər] **I** *n* F fechoría *f* **II** *v/i* retozar, brincar

cap•il•lar•y [kə'pɪlərɪ] ANAT capilar *m*

cap•i•tal ['kæpɪtl] *n* **1** *of country* capital *f* **2** (*~ letter*) mayúscula *f*; *~ B* B mayúscula **3** *money* capital *m*; *make ~ (out) of* aprovecharse de **4**: *~ crime* crimen con pena de muerte

cap•i•tal 'as•sets *npl* COM activo *m* fijo; **cap•i•tal 'cit•y** (ciudad *f*) capital *f*; **cap•i•tal con•tri•bu•tion** FIN aporte *m* de capital; **cap•i•tal ex'pend•i•ture** inversión *f* en activo fijo; **cap•i•tal 'gain** plusvalía *f*; **cap•i•tal 'gains tax** impuesto *m* sobre las plusvalías; **cap•i•tal 'goods** *npl* bienes *mpl* de capital; **cap•i•tal 'growth** crecimiento *m* del capital; **'cap•i•tal-in•ten•sive** *adj* con alta proporción de capital, con empleo intensivo de capital; **cap•i•tal in'vest•ment** inversión *f* de capital

cap•i•tal•ism ['kæpɪtəlɪzm] capitalismo *m*

'cap•i•tal•ist ['kæpɪtəlɪst] **I** *adj* capitalista **II** *n* capitalista *m/f*

cap•i•tal•ize ['kæpɪtəlaɪz] *v/t* **1** COM capitalizar **2** *word* escribir con (letras) mayúsculas

◆ **capitalize on** *v/t* aprovecharse de

cap•i•tal 'let•ter letra *f* mayúscula

cap•i•tal 'pun•ish•ment pena *f* capital, pena *f* de muerte

Cap•i•tol ['kæpɪtl] POL Capitolio *m*

ca•pit•u•late [kə'pɪtʊleɪt] *v/i* capitular

ca•pit•u•la•tion [kæpɪtʊ'leɪʃn] capitulación *f*

ca•pri•cious [kə'prɪʃəs] *adj* caprichoso, impredecible

Cap•ri•corn ['kæprɪkɔ:rn] ASTR Capricornio *m/f inv*, *L.Am.* capricorniano(-a) *m(f)*; *be* (*a*) *~* ser Capricornio,

L.Am. ser capricorniano

cap•size [kæp'saɪz] **I** *v/i* volcar **II** *v/t* hacer volcar

cap•sule ['kæpsʊl] **1** *of medicine* cápsula *f* **2** (*space ~*) cápsula *f* espacial

cap•tain ['kæptɪn] **I** *n* *of ship, team*, MIL capitán(-ana) *m(f)*; *of aircraft* comandante *m/f*; *~ of industry* líder *m* industrial **II** *v/t ship* capitanear; *team* liderar, capitanear

cap•tion ['kæpʃn] *n* pie *m* de foto

cap•ti•vate ['kæptɪveɪt] *v/t* cautivar, fascinar

cap•tive ['kæptɪv] **I** *adj* prisionero; *hold s.o. ~* retener a alguien en cautiverio; *take s.o. ~* hacer cautivo *or* prisionero a alguien **II** *n* prisionero(-a) *m(f)*

cap•tive 'au•di•ence audiencia *f* captiva

cap•tive 'mar•ket mercado *m* cautivo

cap•tiv•i•ty [kæp'tɪvətɪ] cautividad *f*

cap•ture ['kæptʃər] **I** *n* *of city* toma *f*; *of criminal, animal* captura *f* **II** *v/t* **1** *person, animal* capturar; *city, building* tomar; *market share* ganar **2** (*portray*) captar

car [kɑ:r] **1** coche *m*, *L.Am.* carro *m*, *Rpl* auto *m*; *by ~* en coche **2** *of train* vagón *m*

ca•rafe [kə'ræf] garrafa *f*, jarra *f*

car•a•mel ['kærəmel] **1** *melted sugar* caramelo *m* **2** (*candy*) caramelo a base de mantequilla, azúcar y leche

car•at ['kærət] quilate *m*; *18-~ gold* oro de 18 quilates

car•a•van ['kærəvæn] **1** caravana *f* **II** *Br* MOT caravana *f*; *~ site or park* camping *m* para caravanas

car•a•way ['kærəweɪ] BOT alcaravea *f*; *~ seeds* carvis *mpl*

car•bine ['kɑ:rbaɪn] carabina *f*

car•bo•hy•drate [kɑ:rbou'haɪdreɪt] carbohidrato *m*

'car bomb coche *m* bomba

car•bon ['kɑ:rbən] CHEM carbono *m*

car•bon•ate ['kɑ:rbənɪt] CHEM carbonato *m*

car•bon•at•ed ['kɑ:rbəneɪtɪd] *adj drink* con gas

car•bon 'cop•y copia *f* con papel carbón

car•bon di'ox•ide dióxido *m* de carbono

car•bon•ize ['kɑ:rbənaɪz] *v/t* carbonizar

car•bon mon'ox•ide monóxido *m* de carbono

'car•bon pa•per papel *m* carbón

car•bu•ret•er, car•bu•ret•or [kɑːr-bʊ'retər] carburador *m*

car•cass ['kɑːrkəs] cadáver *m*

'car chase persecución *f* en coche

car•cin•o•gen [kɑːr'sɪnədʒen] agente *m* cancerígeno *or* carcinogéno

car•cin•o•genic [kɑːrsɪnə'dʒenɪk] *adj* cancerígeno, carcinogéno

car•ci•no•ma [kɑːrsɪ'noʊmə] carcinoma *m*

card [kɑːrd] **1** *to mark occasion*, COMPUT, *business* tarjeta *f* **2** (*post~*) (tarjeta *f*) postal *f* **3** (*playing ~*) carta *f*, naipe *m*; **game of ~s** partida *f* de cartas; **have another ~ up one's sleeve** *fig* tener un as escondido en la manga

'card•board cartón *m*; **card•board 'box** caja *f* de cartón; **'card game** juego *m* de cartas; **'card•hold•er** titular *m/f* de una tarjeta de crédito

car•di•ac ['kɑːrdɪæk] *adj* cardíaco

car•di•ac ar'rest paro *m* cardíaco

car•di•gan ['kɑːrdɪgən] cárdigan *m*

car•di•nal ['kɑːrdɪnl] *n* REL cardenal *m*; **~ number** número *m* cardinal; **~ points** puntos *mpl* cardinales

'card in•dex fichero *m*; **'card key** llave *f* tarjeta; **'card phone** teléfono *m* de tarjeta; **'card•sharp** estafador(a) *m(f)* profesional; **'card trick** truco *m* de cartas

care [ker] **I** *n* **1** cuidado *m*; (*medical ~*) asistencia *f* médica; **~ of** *on letter* en el domicilio de; **take ~** (*be cautious*) tener cuidado; **take ~** (*of yourself*)*!* (*goodbye*) ¡cuídate!; **take ~ of** *dog, tool, house, garden* cuidar; *baby* cuidar (de); (*deal with*) ocuparse de; **I'll take ~ of the bill** yo pago la cuenta; (*handle*) **with ~!** *on label* frágil **2** (*worry*) preocupación *f*; **be free from ~(s)** no tener preocupaciones

II *v/i* preocuparse; **I don't ~!** ¡me da igual!; **I couldn't** *or* **could ~ less**, *Br* **I couldn't ~ less** ¡me importa un pimiento!; **if you really ~d ...** si de verdad te importara ...; **a fat lot you ~!** ¡no te importa lo más mínimo!, ¡te importa un pito! F

◆ **care about** *v/t* preocuparse por

◆ **care for** *v/t* **1** (*look after*) cuidar; **he**

doesn't care for me the way he used to ya no le gusto como antes **2** (*like*): **would you care for a drink?** ¿le apetece tomar algo?; **I don't care for that kind of language** desapruebo esa clase de lenguaje

ca•reer¹ [kə'rɪr] *n* carrera *f*; **~ prospects** perspectivas *fpl* profesionales; **make a ~ for o.s.** labrarse una carrera; **~ diplomat** diplomatico(-a) *m(f)*; **~ woman** mujer *f* de carrera

ca•reer² [kə'rɪr] *v/i*: **it went ~ing down the slope** bajó por la pendiente a toda velocidad

ca'reers of•fi•cer asesor(a) *m(f)* de orientación profesional

'care•free *adj* despreocupado

care•ful ['kerfəl] *adj* (*cautious, thorough*) cuidadoso; **be ~** tener cuidado; **(be) ~!** ¡(ten) cuidado!

care•ful•ly ['kerfəlɪ] *adv* (*with caution*) con cuidado; *worded etc* cuidadosamente

care•ful•ness ['kerfəlnɪs] cuidado *m*

care•less ['kerlɪs] *adj* descuidado; **you are so ~!** ¡qué descuidado eres!; **~ driving** conducción *f* temeraria; **a ~ mistake** un error por descuido

care•less•ly ['kerlɪslɪ] *adv* por descuido

care•less•ness ['kerlɪsnɪs] descuido *m*, negligencia *f*

car•er ['kerər] *persona que cuida de un familiar o enfermo*

ca•ress [kə'res] **I** *n* caricia *f* **II** *v/t* acariciar

'care•tak•er conserje *m*; **~ government** gobierno *m* provisional *or* temporal

'care•worn *adj* agobiado

'car fer•ry ferry *m*, transbordador *m*

car•go ['kɑːrgoʊ] (*pl -o(e)s*) cargamento *m*

'car•go plane avión *m* de carga

'car•go ship carguero *m*

'car hire alquiler *m* de coches *or* automóviles

'car•hop *camarero(-a) que sirve a los clientes desde sus coches en un restaurante drive-in*

Car•ib•be•an [kə'rɪbɪən] **I** *adj* caribeño **II** *n*: **the ~** el Caribe

car•i•ca•ture ['kærɪkətʃər] **I** *n* caricatura *f* **II** *v/t* caricaturizar

car•i•ca•tur•ist ['kærɪkətʃʊrɪst] caricaturista *m/f*

carry

car•ies ['keri:z] MED caries *f*

car•ing ['keriŋ] *adj person* afectuoso, bondadoso; *society* solidario

'car in•sur•ance seguro *m* del coche *or* automóvil

'car me•chan•ic mecánico(-a) *m(f)* de coches *or* automóviles

car•mine ['kɑːrmaɪn] carmín *m*

car•nage ['kɑːrnɪdʒ] matanza *f*, carnicería *f*

car•nal ['kɑːrnl] *adj* carnal; **have ~ knowledge of s.o.** *fml, lit* tener relaciones sexuales con alguien

car•na•tion [kɑːr'neɪʃn] clavel *m*

car•ni•val ['kɑːrnɪvl] feria *f*

car•ni•vore ['kɑːrnɪvɔr] ZO carnívoro (-a) *m(f)*

car•niv•o•rous [kɑːr'nɪvərəs] *adj* carnívoro

car•ol ['kærəl] *n* villancico *m*

car•ou•sel [kærə'sel] **1** *at airport* cinta *f* transportadora de equipajes **2** *for slide projector* carro *m* **3** *(merry-go-round)* tiovivo *m*

'car own•er propietario(-a) *m(f)* de coche *or* automóvil

carp¹ [kɑːrp] *n fish* carpa *f*

carp² [kɑːrp] *v/i* refunfuñar, gruñir

'car park *Br* estacionamiento *m*, *Span* aparcamiento *m*

car•pen•ter ['kɑːrpɪntər] carpintero(-a) *m(f)*; **~'s bench** banco *m* (de carpintero)

car•pet ['kɑːrpɪt] *rug* alfombra *f*; *fitted* moqueta *f*; **sweep sth under the ~** *Br fig* echar tierra a algo, tapar algo **II** *v/t* **I** enmoquetar **II** *Br* F reprender, reñir

'car•pet•bag bolsa *f* de viaje

car•pet•ing ['kɑːrpɪtɪŋ] enmoquetado *m*

'car•pet sweep•er limpiador *m* de alfombras *or* moqueta

'car phone teléfono *m* de coche; **'car•pool** *n acuerdo para compartir el vehículo entre varias personas que trabajan en el mismo sitio;* **'car port** estacionamiento *m* con techo; **car 'ra•di•o** autorradio *m*; **'car ren•tal** alquiler *m* de coches *or* automóviles

car•riage ['kærɪdʒ] **1** *vehicle* carruaje *m* **2** *Br* RAIL vagón *m* **3** COM *transportation* flete *m*; **~ free** *or* **paid** gastos de envío gratuitos *or* pagados **4** *of type-* writer carrete *m* **5** *bearing* porte *m*, presencia *f*

car•riage 'free *adv* porte franco; **carriage 'paid** *adv* porte pagado; **carriage re'turn** *at line end* retorno *m*

'car ride: it's just a short ~ away está a poca distancia en coche de aquí

car•ried for•ward [kærɪd'fɔːrwərd] *adj in bookkeeping* suma y sigue

car•ri•er ['kærɪər] **1** *company* transportista *m/f*, empresa *f* de transportes; *airline* línea *f* aérea **2** *of disease* portador(a) *m(f)*

'car•ri•er bag *Br* bolsa *f* de plástico / papel

'car•ri•er pi•geon paloma *f* mensajera

car•ri•on ['kærɪən] carroña *f*

'car•ri•on crow cuervo *m* carroñero

car•rot ['kærət] zanahoria *f*

car•ry ['kærɪ] **I** *v/t (pret & pp **-ied**)* **1** *of person* llevar; *disease* ser portador de; *of ship, plane, bus etc* transportar; **be ~ing a child** *(be pregnant)* estar embarazada; **~ sth in one's head** *fig* tener algo grabado en la cabeza; **~ convic-tion** ser convincente; **~ weight** producir efecto *(with* en); **a loan carrying in-terest of 10%** un préstamo con un interés del 10%; **~ sth too far** *or* **to ex-cess** pasarse (de la raya) con algo; **~ 5** MATH llevarse 5 **2** *proposal* aprobar

II *v/i (pret & pp **-ied**) of sound* oírse

◆ **carry about** *v/t* llevar; **carry sth about with one** llevar algo encima

◆ **carry away** *v/t* arrastrar, llevar; **get carried away** emocionarse, dejarse llevar por la emoción

◆ **carry forward** *v/t* COM pasar a la columna / página siguiente; *to next year* transferir al ejercicio siguiente; **carried forward** suma y sigue

◆ **carry off** *v/t* **1** *take away* quitar, arrebatar; *prize* ganar, llevarse **2** *fig:* **carry sth off well** afrontar algo con aplomo, llevar algo bien *or* con dignidad **3** *of disease* causar la muerte de, llevarse a la tumba

◆ **carry on I** *v/i* **1** *(continue)* seguir, continuar **2** *(make a fuss)* organizar un escándalo **3** *(have an affair)* tener un lío **II** *v/t (conduct)* mantener; *business* efectuar

◆ **carry out** *v/t survey etc* llevar a cabo;

threat llevar a cabo, cumplir; *promise* cumplir
◆ **carry over** *v/t* ☞ *carry forward*
◆ **carry through** *v/t* llevar a cabo
'**car•ry•all** bolsa *f* de viaje; '**car•ry•cot** *Br* moisés *m*; '**car•ry-on** *Br* lío *m*, escándalo *m*; '**car•ry-on bag•gage** AVIA equipaje *m* de mano; '**car•ry•out** ☞ *takeaway*
'**car seat** *for child* asiento *m* para niño; '**car•sick** *adj*: **she gets ~ easily** se marea en el coche con facilidad; '**car sick•ness** mareo *m*; '**car stick•er** pegatina *f* para el coche
cart [kɑːrt] carro *m*; *for shopping* carrito *m*; **put the ~ before the horse** *fig* empezar la casa por el tejado
car•tel [kɑːrˈtel] cartel *m*
car•ti•lage [ˈkɑːrtɪlɪdʒ] ANAT cartílago *m*
car•tog•ra•pher [kɑːrˈtɑːɡrəfər] cartógrafo(-a) *m(f)*
car•tog•ra•phy [kɑːrˈtɑːɡrəfɪ] cartografía *f*
car•ton [ˈkɑːrtn] *for storage, transport* caja *f* de cartón; *for milk etc* cartón *m*, tetrabrik *m* ®; *for eggs, of cigarettes* cartón *m*
car•toon [kɑːrˈtuːn] *in newspaper, magazine* tira *f* cómica; *on TV, movie* dibujos *mpl* animados
car•toon•ist [kɑːrˈtuːnɪst] dibujante *m/f* de chistes
car'toon strip tira *f* cómica
car•tridge [ˈkɑːrtrɪdʒ] *for gun* cartucho *m*
'**car•tridge case** culote *m*
'**cart•wheel**: **turn a ~** dar una voltereta
carve [kɑːrv] *v/t meat* trinchar; *wood* tallar; ~ **sth out of stone** tallar algo en piedra; **she carved her name on a tree** grabó su nombre en un árbol
◆ **carve out** *v/t*: **she carved out a career for herself** se labró un porvenir profesional
carv•ing [ˈkɑːrvɪŋ] *figure* talla *f*; ~ **knife** trinchante *m*
'**car wash** lavado *m* de automóviles
cas•cade [kæˈskeɪd] cascada *f*
case[1] [keɪs] *container* funda *f*; *of scotch, wine* caja *f*; *(suitcase)* maleta *f*
case[2] [keɪs] *instance, criminal*, MED caso *m*; LAW causa *f*, **I think there's a ~ for dismissing him** creo que hay razo-

nes fundadas para despedirlo; **the ~ for the prosecution** (los argumentos jurídicos de) la acusación; **make a ~ for sth** defender algo; **in ~ ...** por si ...; **in ~ of emergency** en caso de emergencia; **in any ~** en cualquier caso; **in that ~** en ese caso; **if that is the ~** si así es; **it's not the ~ that I didn't try** no es que no lo intentara; **as the ~ may be** según sea el caso; **it's a ~ of waiting to see what happens** se trata de esperar y ver lo que pasa
'**case his•to•ry** MED historial *m* médico
'**case•load** número *m* de casos
case•ment [ˈkeɪsmənt]: ~ **window** ventana *f* de hojas
'**case stud•y** estudio *m* de caso
cash [kæʃ] **I** *n* (dinero *m* en) efectivo *m*; **I'm a bit short of ~** no tengo mucho dinero; ~ **down** al contado; **pay (in)** pagar en efectivo; ~ **on delivery** ☞ *COD*; **in ~** en efectivo; ~ **in advance** dinero por adelantado; **be out of ~** F estar sin blanca F **II** *v/t check* hacer efectivo
◆ **cash in** *v/t bonds etc* cobrar
◆ **cash in on** *v/t* F sacar provecho de
cash and 'car•ry tienda *f* al por mayor; '**cash bal•ance** saldo *m* de caja; '**cash cow** fuente *f* de ingresos; '**cash desk** caja *f*; **cash 'dis•count** descuento *m* por pago al contado; '**cash de•pos•it** depósito *m* de efectivo; '**cash dis•pens•er** *Br* cajero *m* automático; '**cash ex•pen•di•ture** gastos *mpl* de caja; '**cash flow** flujo *m* de caja, cash-flow *m*; ~ **problems** problemas *mpl* de liquidez
cash•ier [kæˈʃɪr] *n in store etc* cajero(-a) *m(f)*
cash•ier's 'check cheque *m* de caja
'**cash in hand** efectivo *m* disponible
cash•less [ˈkæʃlɪs] *adj* sin dinero en metálico
'**cash ma•chine** cajero *m* automático
cash•mere [ˈkæʃmɪr] *adj* cachemir *m*
'**cash pay•ment** pago *m* al contado *or* en efectivo; '**cash•point** cajero *m* automático; '**cash price** precio *m* al contado; '**cash pur•chase** compra *f* al contado *or* en efectivo; '**cash re•gis•ter** caja *f* registradora
cas•ing [ˈkeɪsɪŋ] **1** *container* funda *f* **2** *of window, door* marco *m* **3** *of sausage* piel *f*

ca•si•no [kə'si:noʊ] casino *m*

cask [kɑːsk] barrica *f*, tonel *m*

cas•ket ['kæskɪt] (*coffin*) ataúd *m*, féretro *m*

cas•sa•va [kə'sævə] fariña *f S.Am.*

cas•se•role ['kæsəroʊl] *n* **1** *meal* guiso *m* **2** *container* cacerola *f*, cazuela *f*

cas•sette [kə'set] cinta *f*, casete *f*

cas'sette deck platina *f* para casete

cas'sette play•er, cas'sette re•cord•er casete *m*

cas•sock ['kæsək] REL sotana *f*

cast [kæst] **I** *n* **1** *of play* reparto *m* **2** (*mold*) molde *m* **II** *v/t* (*pret & pp* **cast**) **1** *doubt, suspicion* proyectar **2** *metal* fundir **3** *play* seleccionar el reparto de; **they ~ Alan as ...** le dieron a Alan el papel de ...; **she was badly ~** no acertaron dándole el papel **4** *vote* asignar

◆ **cast about for, cast around for** *v/t* rebuscar

◆ **cast aside** *v/t fear, prejudice* alejar, apartar; *friend* rechazar

◆ **cast down** *v/t:* **be ~** estar triste *or* alicaído

◆ **cast off** *v/i of ship* soltar amarras

'cast•a•way naúfrago(-a) *m(f)*

caste [kæst] casta *f*

cast•er ['kæstər] *on chair etc* ruedecita *f*

cas•ti•gate ['kæstɪgeɪt] *v/t* vapulear

Cas•tile [kæs'tiːl] Castilla *f*

Cas•til•i•an [kæs'tɪlɪən] **I** *adj* castellano **II** *n* **1** *person* castellano(-a) *m(f)* **2** *language* castellano *m*

cast•ing ['kæstɪŋ] **1** TECH pieza *f* de fundición **2** *of actors* casting *m*

'cast•ing di•rec•tor director *m* de reparto

cast•ing 'vote voto *m* de calidad

cast 'i•ron hierro *m* fundido

cast-'i•ron *adj* de hierro fundido

cas•tle ['kæsl] castillo *m*

'cast•off *item of clothing* prenda *f* usada

'cast-off *adj clothing* viejo, usado

cast•or ['kæstər] ☞ **caster**

'cast•or oil aceite *m* de ricino

cas•trate [kæ'streɪt] *v/t* castrar

cas•tra•tion [kæ'streɪʃn] castración *f*

cas•u•al ['kæʒʊəl] *adj* (*chance*) casual; (*offhand*) despreocupado; (*not formal*) informal; (*not permanent*) eventual; **it was just a ~ remark** no era más que un comentario hecho de pasada; **he**

was very ~ about the whole thing parecía no darle mucha importancia al asunto; **~ sex** relaciones *fpl* sexuales (con parejas) ocasionales; **~ laborer** temporero(-a) *m(f)*, jornalero(-a) *m(f)*

cas•u•al•ly ['kæʒʊəlɪ] *adv dressed* de manera informal; *say* a la ligera

cas•u•al•ty ['kæʒʊəltɪ] víctima *f*

'cas•u•al•ty de•part•ment *Br* urgencias *fpl*

'cas•u•al wear ropa *f* informal

cat [kæt] gato *m*; **let the ~ out of the bag** descubrir el pastel; **play ~ and mouse with s.o.** jugar al gato y al ratón con alguien; **it's raining ~s and dogs** está lloviendo a cántaros, están cayendo chuzos de punta

cat•a•comb ['kætəku:m] catacumba *f*

Cat•a•lan ['kætəlæn] **I** *adj* catalán **II** *n* **1** *person* catalán(-ana) *m(f)* **2** *language* catalán *m*

cat•a•log, *Br* **cat•a•logue** ['kætəlɑ:g] **I** *n* catálogo *m* **II** *v/t* catalogar

Cat•a•lon•i•a [kætə'loʊnɪə] Cataluña *f*

cat•a•lyst ['kætəlɪst] catalizador *m*

cat•a•lyt•ic con•vert•er [kætəlɪtɪkkən'vɜːrtər] catalizador *m*

cat-and-'dog *adj:* **lead a ~ life** estar siempre como el perro y el gato

cat•a•pult ['kætəpʌlt] **I** *v/t fig to fame, stardom* catapultar, lanzar **II** *n* catapulta *f*; *Br: toy* tirachinas *m inv*

cat•a•ract ['kætərækt] MED catarata *f*

ca•tarrh [kə'tɑːr] MED catarro *m*

ca•tas•tro•phe [kə'tæstrəfɪ] catástrofe *f*

cat•a•stroph•ic [kætə'strɑ:fɪk] *adj* catastrófico

'cat bur•glar *ladrón(ona) que escala para robar en las casas*

'cat•call abucheo *m*

catch [kætʃ] **I** *n* **1** parada *f* (*sin que la pelota toque el suelo*); *in baseball* atrapada *f*, recepción *f*

2 *of fish* captura *f*, pesca *f*

3 (*locking device*) cierre *m*

4 (*problem*) pega *f*; **there has to be a ~** tiene que haber una trampa

II *v/t* (*pret & pp* **caught**) **1** *ball* agarrar, *Span* coger

2 *animal* atrapar; *escaped prisoner* capturar; *fish* pescar; *in order to speak to* alcanzar, pillar; **~ s.o. doing sth** atrapar *or Span* coger a alguien haciendo algo; ~ *s.o. lying* pillar a alguien mintiendo; ~ *it* F (*be punished*) cargársela F; *my fingers got caught in the door* me he pillado los dedos con la puerta; ~ *you later* F nos vemos (luego)

3 *get on: bus, train* tomar, *Span* coger; (*not miss: bus, train*) alcanzar, *Span* coger

4 (*hear*) oír

5 *illness* agarrar, *Span* coger; ~ (*a*) *cold* agarrar *or Span* coger un resfriado, resfriarse

6: ~ *s.o.'s eye of person*, *object* llamar la atención de alguien; ~ *sight of*, ~ *a glimpse of* ver

◆ **catch at** *v/t* tratar de agarrar

◆ **catch on** *v/i* **1** (*become popular*) cuajar, ponerse de moda **2** (*understand*) darse cuenta; *catch on to sth* pillar *or* entender algo

◆ **catch out** *v/t*: *catch s.o. out* pillar *or* pescar a alguien

◆ **catch up** *v/i*: *catch up with s.o.* alcanzar a alguien; *he's having to work hard to catch up* tiene que trabajar muy duro para ponerse al día; *be caught up in sth* estar atrapado en algo

◆ **catch up on** *v/t*: *catch up on one's sleep* recuperar el sueño; *there's a lot of work to catch up on* hay mucho trabajo atrasado

catch-22 [kætʃtwentɪ'tuː]: *it's a ~ situation* es como la pescadilla que se muerde la cola

'**catch-all term** palabra *f* de sentido general

catch•er ['kætʃər] *in baseball* cácher *m*, cátcher *m*, receptor *m*; ~*'s box* cajón *m* del receptor

catch•ing ['kætʃɪŋ] *adj also fig* contagioso

catch•ment ar•e•a ['kætʃmənt] **1** GEOL cuenca *f* fluvial **2** *of hospital, school* zona *f* de cobertura

'**catch•phrase** fórmula *f*; POL eslogan *m*

'**catch•word** eslogan *m*

catch•y ['kætʃɪ] *adj tune* pegadizo

cat•e•chism ['kætəkɪzəm] REL catequismo *m*

cat•e•gor•ic [kætə'gɑːrɪk], **cat•e•gor•i•cal** [kætə'gɑːrɪkl] *adj* categórico, contundente

cat•e•gor•i•cal•ly [kætə'gɑːrɪklɪ] *adv* categóricamente

cat•e•go•rize ['kætəgɑːraɪz] *vt* clasificar

cat•e•go•ry ['kætəgɑːrɪ] categoría *f*

◆ **ca•ter for** ['keɪtər] *v/t* **1** (*meet the needs of*) cubrir las necesidades de **2** (*provide food for*) organizar la comida para

◆ **cater to** *v/t fig* satisfacer, complacer

ca•ter•er ['keɪtərər] hostelero(-a) *m(f)*

ca•ter•ing ['keɪtərɪŋ] catering *m*, hostelería *f*

'**ca•ter•ing com•pa•ny** empresa *f* de catering *or* hostelería

'**ca•ter•ing in•dus•try** sector *m* de la hostelería

ca•ter•pil•lar ['kætərpɪlər] oruga *f*

cat•er•waul ['kætəwɔːl] *v/i* gemir, gañir

'**cat•gut** cuerda *f* de tripas

ca•the•dral [kə'θiːdrl] catedral *f*

cath•e•eter ['kæθɪtər] MED catéter *m*

cath•ode ['kæθoʊd] ELEC cátodo *m*

cath•ode 'ray tube tubo *m* de rayos catódicos

Cath•o•lic ['kæθəlɪk] **I** *adj* católico **II** *n* católico(-a) *m(f)*

Ca•thol•i•cism [kə'θɑːlɪsɪzm] catolicismo *m*

cat•kin ['kætkɪn] BOT amento *m*

'**cat lit•ter** arena *f* para gatos; '**cat•nap**: *have or take a ~* echarse una cabezada; '**cat's eyes** *on road* captafaros *mpl* (*en el centro de la calzada*); '**cat suit** body *m* entero

cat•sup ['kætsʌp] ketchup *m*, catchup *m*

cat•tle ['kætl] *npl* ganado *m*; *ten head of ~* diez cabezas de ganado

'**cat•tle breed•ing** cría *f* de ganado

'**cat tray** *to defecate in* bandeja *f* para gatos

cat•ty ['kætɪ] *adj* malintencionado

'**cat•walk** pasarela *f*

cau•cus ['kɔːkəs] POL congreso *m* de partido

caught [kɔːt] *pret & pp* ☞ **catch**

caul•dron ['kɔːldrən] caldera *f*

cau•li•flow•er ['kɒlɪflaʊər] coliflor *f*

caus•al ['kɔːzl] *adj* causal

cau•sal•i•ty [kɒː'zælətɪ] causalidad *f*

cause [kɒːz] **I** *n* causa *f*; (*grounds*) motivo *m*, razón *f*; ~ *of death* causa de muerte; *have ~ for complaint* tener motivos para quejarse; **make common ~ with** hacer causa común con ‖ v/t causar, provocar

'**cause•way** *over water, marshland* paso *m*

caus•tic ['kɔːstɪk] *adj fig* cáustico

cau•ter•ize ['kɔːtəraɪz] *v/t* MED cauterizar

cau•tion ['kɔːʃn] I *n* (*carefulness*) precaución *f*, prudencia *f* ‖ v/t (*warn*) prevenir (**against** contra); **~ a player** amonestar a un jugador

cau•tious ['kɔːʃəs] *adj* cauto, prudente

cau•tious•ly ['kɔːʃəslɪ] *adv* cautelosamente, con prudencia

cav•a•lier [kævə'lɪər] *adj attitude* despreocupado

cav•al•ry ['kævəlrɪ] caballería *f*

cave [keɪv] cueva *f*

◆ **cave in** *v/i* 1 *of roof* hundirse 2 *of person* ceder, transigir

'**cave•man** cavernícola *m*, troglodita *m*

cav•ern ['kævərn] caverna *f*

cav•i•ar ['kævɪɑːr] caviar *m*

cav•i•ty ['kævɪtɪ] *hole* cavidad *f*; *in tooth* caries *f inv*

ca•vort [kə'vɔːrt] *v/i* F corretear, juguetear

cay•enne pep•per [keɪen'pepər] cayena *f*

CB ra•di•o [siːbiː'reɪdɪoʊ] radio *f* de la BC *or* banda ciudadana

cc[1] [siːˈsiː] I *abbr* (= **carbon copy**) copia *f* ‖ v/t 1 *memo* enviar una copia de 2 *person* enviar una copia a

cc[2] [siːˈsiː] *abbr* 1 (= **cubic centimeters**) cc (= centímetros *mpl* cúbicos) 2 (= **cubic capacity**) MOT cilindrada *f*

CCTV [siːsiːtiːˈviː] *abbr* (= **closed circuit television**) CCTV (= circuito *m* cerrado de televisión)

CD [siːˈdiː] *abbr* (= **compact disc**) CD *m*

C'D play•er (reproductor *m* de) CD *m*;
CD-'ROM [siːdiːˈrɑːm] CD-ROM *m*;
CD-'ROM drive lector *m* de CD-ROM

cease [siːs] I *v/i* cesar ‖ v/t suspender; **~ doing sth** dejar de hacer algo; **~ trading** dejar de operar

'**cease-fire** alto *m* el fuego

cede [siːd] *v/t* ceder, entregar; **he ceded my point** me dió la razón

cei•ling ['siːlɪŋ] *of room* techo *m*; (*limit*) tope *m*, límite *m*; **he hit the ~** F se puso

como una fiera F

cel•e•brate ['selɪbreɪt] I *v/i*: **let's ~ with a bottle of champagne** celebrémoslo con una botella de champán ‖ v/t 1 celebrar, festejar 2 (*observe*) celebrar

cel•e•brat•ed ['selɪbreɪtɪd] *adj* célebre; **be ~ for** ser célebre por

cel•e•bra•tion [selɪ'breɪʃn] celebración *f*

ce•leb•ri•ty [sɪ'lebrətɪ] (*fame*) celebridad *f*

cel•e•ry ['selərɪ] apio *m*

ce•les•tial [sɪ'lestjəl] *adj* celestial; **~ body** cuerpo *m* celeste

cel•i•ba•cy ['selɪbəsɪ] celibato *m*

cel•i•bate ['selɪbət] *adj* célibe

cell [sel] *for prisoner, in spreadsheet* celda *f*; BIO célula *f*

cel•lar ['selər] sótano *m*; *for wine* bodega *f*

'**cell di•vi•sion** BIO división *f* celular

cel•list ['tʃelɪst] violonchelista *m/f*

cel•lo ['tʃeloʊ] violonchelo *m*

cel•lo•phane ['seləfeɪn] celofán *m*

'**cell phone** (teléfono *m*) móvil *m*, *L.Am.* (teléfono *m*) celular *m*; **you can get me on my ~** puedes localizarme en el celular *or Span* el móvil

cel•lu•lar ['seljʊlər] *adj* celular

cel•lu•lar 'phone ☞ **cell phone**

cel•lu•lite ['seljʊlaɪt] celulitis *f*

cel•lu•loid ['seljʊlɔɪd] celuloide *m*; **on ~** *fig* en celuloide

cel•lu•lose ['seljʊloʊs] celulosa *f*

Cel•si•us ['selsɪəs] *adj* centígrado; **10 degrees ~** 10 grados centígrados

Celt [kelt] celta *m/f*

Celt•ic ['keltɪk] *adj* celta

ce•ment [sɪ'ment] I *n* cemento *m* ‖ v/t colocar con cemento; *friendship* consolidar

ce'ment mix•er hormigonera *f*

cem•e•ter•y ['semətrɪ] cementerio *m*

cen•o•taph ['senoʊtæf] cenotafio *m*

cen•sor ['sensər] I *n* censor(a) *m(f)* ‖ v/t censurar

cen•so•ri•ous [sen'sɔːrɪəs] *adj* censurador, crítico; **be ~ of s.o. / sth** ser crítico con alguien / algo

cen•sor•ship ['sensɔːrʃɪp] censura *f*

cen•sure ['senʃər] I *n* censura *f*, condena *f*; **vote of ~** voto *m* de censura ‖ v/t censurar, condenar

cen•sus ['sensəs] censo *m*

cent [sent] céntimo *m*
cen•te•nar•i•an [sentı'nerıən] centenario(-a) *m(f)*
cen•te•na•ry [sen'ti:nərı] centenario *m*
cen•ten•ni•al [sen'tenjəl] I *adj* centenario II *n* centenario *m*
cen•ter ['sentər] I *n* **1** centro *m*; *in the ~ of* en el centro de; *be the ~ of attention* ser el centro de atención **2** *in basketball* pívot *m/f* II *v/t* centrar
◆ **center around, center on** *v/t* centrarse en

'cen•ter•back *in soccer* defensa *m* central; 'cen•ter field *in baseball* exterior *m* central, *L.Am.* jardín *m* central; 'cen•ter field•er *in baseball* exterior *m* centro; cen•ter 'for•ward *in soccer* delantero centro *m*
cen•ter•ing ['sentərıŋ] *of text* centrado *m*
cen•ter of 'grav•i•ty centro *m* de gravedad
cen•ti•grade ['sentıgreıd] *adj* centígrado; *10 degrees ~* 10 grados centígrados
cen•ti•gram(me) ['sentıgræm] centigramo *m*
cen•ti•me•ter, *Br* cen•ti•me•tre ['sentımi:tər] centímetro *m*
cen•tral ['sentrəl] *adj* central; *location, apartment* céntrico; *~ Chicago* el centro de Chicago; *be ~ to sth* ser el eje de algo; *~ bank* banco *m* central
Cen•tral A'mer•i•ca *n* Centroamérica, América *f* Central; Cen•tral A'mer•i•can I *adj* centroamericano, de (la) América Central II *n* centroamericano(-a) *m(f)*; cen•tral 'heat•ing calefacción *f* central
cen•tral•i•za•tion [sentrəlaı'zeıʃn] *n* centralización *f*
cen•tral•ize ['sentrəlaız] *v/t* centralizar
cen•tral 'lock•ing [sentrəl'lɑ:kıŋ] MOT cierre *m* centralizado; cen•tral mid•'field•er *in soccer* interior *m*; cen•tral 'nerv•ous sys•tem PHYSIO sistema *m* nervioso central; cen•tral 'pro•cess•ing u•nit unidad *f* central de proceso; cen•tral 'pur•chas•ing de•part•ment COM central *f* de compras; Cen•tral 'Stan•dard Time hora oficial en el centro de Norteamérica
cen•tre *Br* ☞ center
cen•trif•u•gal [sentrı'fjʊgl] *adj* PHYS centrífugo; *~ force* fuerza *f* centrífuga

cen•tri•fuge ['sentrıfju:dʒ] TECH centrifugadora *f*
cen•tu•ry ['sentʃərı] siglo *m*; *in the 21st ~* en el siglo XXI
CEO [si:i:'oʊ] *abbr* (= *Chief Executive Officer*) consejero(-a) *m(f)* delegado
ce•ram•ic [sı'ræmık] *adj* de cerámica
ce•ram•ics [sı'ræmıks] **1** (*pl: objects*) objetos *mpl* de cerámica **2** (*sing: art*) cerámica *f*
ce•re•al ['sırıəl] (*grain*) cereal *m*; (*breakfast ~*) cereales *mpl*
cer•e•bral ['serıbrəl] *adj* ANAT cerebral
cer•e•bral pal•sy ['pɒ:lzı] parálisis *f* cerebral
cer•e•mo•ni•al [serı'moʊnıəl] I *adj* ceremonial II *n* ceremonial *m*
cer•e•mo•ni•ous [serı'moʊnıəs] *adj* ceremonioso
cer•e•mo•ny ['serımənı] (*event, ritual*) ceremonia *f*
cert [sɜ:rt] *Br* F: *it's a dead ~* es una apuesta segura
cer•tain ['sɜ:rtn] *adj* **1** (*sure*) seguro; *I'm ~* estoy seguro; *make ~* asegurarse (*of* de); *know / say for ~* saber / decir con certeza; *it is ~ to happen* ocurrirá seguro, ocurrirá con toda seguridad **2** (*particular*) cierto; *a ~ Mr. S.* un cierto Sr. S.
cer•tain•ly ['sɜ:rtnlı] *adv* **1** (*definitely*) claramente **2** (*of course*) por supuesto; *~ not!* ¡por supuesto que no!
cer•tain•ty ['sɜ:rtntı] **1** (*confidence*) certeza *f*, certidumbre *f* **2** (*inevitability*) seguridad *f*; *it's a ~* es seguro; *he's a ~ for the gold medal* va a ganar seguro la medalla de oro
cer•tif•i•cate [sər'tıfıkət] (*qualification*) título *m*; (*official paper*) certificado *m*
cer•tif•i•cate of air•worth•i•ness [er'wɜ:rðınıs] certificado *m* de estar en condiciones de navegar
cer•tif•i•cate of 'or•i•gin certificado *m* de origen
cer•ti•fied check ['sɜ:rtıfaıd] cheque *m* certificado; 'cer•ti•fied cop•y copia *f* certificada *or* compulsada; cer•ti•fied pub•lic ac'count•ant censor(a) *m(f)* jurado(-a) de cuentas
cer•ti•fy ['sɜ:rtıfaı] *v/t* (*pret & pp -ied*) certificar; *this is to ~ that* por la presente doy fe de que *or* certifico que
cer•vi•cal can•cer [sɜ:r'vaıkl] MED

cáncer *m* de cuello de útero

cer•vi•cal 'smear MED citología *f*

Ce•sar•e•an (sec•tion) [sɪ'zeriən] cesárea *f*; **be born by ~ (section)** nacer por cesárea

ces•sa•tion [se'seiʃn] cese *m*

cess•pit ['sespit], **cess•pool** ['sespu:l] cloaca *f*

CFC [si:ef'si:] *abbr* (= *chlorofluorocarbon*) CFC *m* (= clorofluorocarbono *m*)

chafe [tʃeif] *v/t rub* rozar

◆ **chafe against, chafe at** *v/t* indignarse por, soliviantarse por

chaff [tʃæf] *of wheat* ahechadura *f*, granza *f*

chain [tʃein] **I** *n also of hotels etc* cadena *f*; **~ of mountains** cordillera *f* **II** *v/t* encadenar; **~ sth / s.o. to sth** encadenar algo / a alguien a algo

◆ **chain up** *v/t* encadenar

chain re'ac•tion reacción *f* en cadena; **'chain•saw** sierra *f* mecánica; **'chain--smoke** *v/i* fumar un cigarrillo tras otro, fumar como un carretero; **'chain--smok•er** *persona que fuma un cigarrillo tras otro*; **'chain store** *store* tienda *f* (de una cadena); *company* cadena *f* de tiendas

chair [tʃer] **I** *n* silla *f*; (*arm~*) sillón *m*; *at university* cátedra *f*; **the ~** (*electric ~*) la silla eléctrica; *at meeting* la presidencia; **take the ~** ocupar la presidencia; **be in the ~** ocupar la silla presidencial, presidir **II** *v/t meeting* presidir

'chair lift telesilla *f*;

'chair•man presidente *m*

chair•man e•mer•i•tus [e'meritəs] presidente *m* emérito

chair•man•ship ['tʃermənʃip] presidencia *f*; **under the ~ of** bajo la presidencia de

'chair•per•son presidente(-a) *m(f)*

'chair•wom•an presidenta *f*

cha•let ['ʃælei] chalet *m*, chalé *m*

chal•ice ['tʃælis] REL cáliz *m*

chalk [tʃɔːk] *for writing* tiza *f*; *in soil* creta *f*; **be as different as ~ and cheese** parecerse como un huevo a una castaña; **not by a long ~** ni muchísimo menos

◆ **chalk up** *v/t victory etc* apuntarse, anotarse

chal•lenge ['tʃælindʒ] **I** *n* **1** (*difficulty*) desafío *m*, reto *m* **2** *in race, competition*

ataque *m* **II** *v/t* **1** desafiar, retar **2** (*call into question*) cuestionar

chal•len•ger ['tʃælindʒər] aspirante *m/f*

chal•len•ging ['tʃælindʒiŋ] *adj job, undertaking* estimulante

cham•ber ['tʃeimbər] TECH, PARL *etc* cámara *f*

'cham•ber•maid camarera *f* (de hotel); **'cham•ber mu•sic** música *f* de cámara; **Cham•ber of 'Com•merce** Cámara *f* de Comercio; **'cham•ber pot** orinal *m*

cha•me•le•on [kə'mi:liən] ZO camaleón *m*

cham•ois (leath•er) ['ʃæmi] ante *m*

champ[1] [tʃæmp] *v/i:* **~ at the bit** *fig* morirse de las ganas

champ[2] [tʃæmp] *n* F campeón(-ona) *m(f)*

cham•pagne [ʃæm'pein] champán *m*

cham•pi•on ['tʃæmpiən] **I** *n* **1** SP campeón(-ona) *m(f)* **2** *of cause* abanderado(-a) *m(f)* **II** *v/t* (*cause*) abanderar

cham•pi•on•ship ['tʃæmpiənʃip] campeonato *m*

chance [tʃæns] **I** *n* **1** (*possibility*) posibilidad *f*; **there's not much ~ of that happening** no es probable que ocurra; **you don't stand a ~** no tienes ninguna posibilidad

2 (*opportunity*) oportunidad *f*

3 (*risk*) riesgo *m*; **take a ~** correr el riesgo; **I'm not taking any ~s** no voy a correr ningún riesgo; **game of ~** juego *m* de azar; **the ~s are that ...** lo más probable es que ...

4 (*luck*) casualidad *f*, suerte *f*; **leave nothing to ~** no dejar nada a la improvisación; **by ~** por casualidad

II *v/i:* **I chanced to meet her** me la encontré de casualidad

III *v/t* arriesgarse a; **I decided to ~ it** F decidí probar fortuna *or* suerte

IV *adj* impensado, casual

◆ **chance on** *v/t* tropezar *or* dar con

chan•cel•lor ['tʃænsələr] POL canciller *m*; **Chancellor of the Exchequer** *Br* Ministro(-a) *m(f)* de Economía

chanc•y ['tʃænsi] *adj* F arriesgado, aventurado

chan•de•lier [ʃændə'lir] araña *f* (de luces)

change [tʃeindʒ] **I** *n* **1** cambio *m*; **a ~ is as good as a rest** a veces cambiar es lo mejor; **that makes a nice ~** eso es una

novedad bienvenida; **for a ~** para variar; **a ~ of clothes** una muda; **~ of life** (*menopause*) cambio *m* de edad, menopausia *f*
2 (*small coins*) suelto *m*; *from purchase* cambio *m*, *Span* vuelta *f*, *L.Am.* vuelto *m*; **can you give me ~ for twenty dollars?** ¿me puedes cambiar veinte dólares?
II *v/t* cambiar; **~ trains** hacer transbordo, cambiar de tren; **~ planes** hacer transbordo, cambiar de avión; **~ one's clothes** cambiarse de ropa; **~ places with s.o.** *fig* cambiarse por alguien; **~ gear** cambiar de marcha
III *v/i* **1** cambiar; **the lights ~d to green** el semáforo se puso verde **2** (*put on different clothes*) cambiarse **3** (*take different train* / *bus*) hacer transbordo
◆ **change down** *v/i* MOT cambiar a una marcha inferior
◆ **change over** *v/i* pasar, cambiar; *to different TV channel* cambiar de canal
◆ **change up** *v/i* MOT cambiar a una marcha superior
change•a•ble ['tʃeɪndʒəbl] *adj* variable, cambiante
'**change•o•ver** transición *f* (**to** a); *in relay race* relevo *m*
chang•ing room ['tʃeɪndʒɪŋ] SP vestuario *m*; *in shop* probador *m*
chan•nel ['tʃænl] *on TV*, *at sea* canal *m*; **switch** *or* **change ~s** cambiar de canal; **through official ~s** por vías oficiales; **~ of distribution** canal de distribución; **~s of communication** canales de comunicación; **go through ~s** seguir los cauces apropiados
'**chan•nel hop•ping** TV zapping *m*
chant [tʃænt] **I** *n* **1** REL canto *m* **2** *of fans* cántico *m*; *of demonstrators* consigna *f* **II** *v/i* gritar **III** *v/t* corear
cha•os ['keɪɑːs] caos *m*; **it was ~ at the airport** el aeropuerto era un caos
cha•ot•ic [keɪ'ɑːtɪk] *adj* caótico
chap [tʃæp] *n Br* F tipo *m* F, *Span* tío *m* F
chap•el ['tʃæpl] capilla *f*
chap•er•on(e) ['ʃæpəroʊn] **I** *n* acompañante *m*/*f*, escolta *m*/*f* **II** *v/t* acompañar *or* escoltar a
chap•lain ['tʃæplɪn] capellán *m*
chapped [tʃæpt] *adj lips* cortado; *hands* agrietado
chap•ter ['tʃæptər] **1** *of book* capítulo *m*

2 *of organization* sección *f*
char [tʃɑːr] *v/i* quemarse, chamuscarse
char•ac•ter ['kærɪktər] *nature, personality, in printing* carácter *m*; *person, in book, play* personaje *m*; **he's a real ~** es todo un personaje; **~ actor** actor *m* de género; **~ assassination** difamación *f*, calumnia *f*
char•ac•ter•is•tic [kærɪktə'rɪstɪk] **I** *n* característica *f* **II** *adj* característico
char•ac•ter•is•ti•cal•ly [kærɪktə'rɪstɪklɪ] *adv* de modo característico; **he was ~ rude** fue grosero como de costumbre
char•ac•ter•ize ['kærɪktəraɪz] *v/t* (*be typical of*) caracterizar; (*describe*) describir, clasificar
cha•rade [ʃə'rɑːd] *fig* farsa *f*; **play ~s** jugar charadas (*acertijo en que se adivinan por medio de la mímica palabras*)
char•broiled ['tʃɑːrbrɔɪld] *adj* a la brasa
char•coal ['tʃɑːrkoʊl] **1** *for barbecue* carbón *m* vegetal **2** *for drawing* carboncillo *m*
charge [tʃɑːrdʒ] **I** *n* **1** (*fee*) tarifa *f*; **free of ~** gratis; **bank ~s** comisiones *fpl* bancarias
2: will that be cash or ~? ¿pagará en efectivo o con tarjeta?
3: the person in ~ la persona responsable *or* encargada; **be in ~** estar a cargo; **be in ~ of sth** estar al cargo de algo, encargarse de algo; **take ~** hacerse cargo; **take ~ of sth** hacerse cargo de algo **4** LAW cargo *m*, acusación *f*; **be on a ~ of murder** estar acusado de asesinato; **arrested on a ~ of ...** arrestado por ...
II *v/t* **1** *sum of money* cobrar **2** (*put on account*) pagar con tarjeta; **~ it to my account** cárguelo a mi cuenta **3** LAW acusar (**with** de) **4** *battery* cargar
III *v/i* (*attack*) cargar
'**charge ac•count** cuenta *f* de crédito
'**charge card** tarjeta *f* de compra
char•gé d'af•faires [ʃɑːrʒeɪdæ'fer] (*pl* **chargés d'affaires** [ʃɑːrʒeɪdæ'fer]) diplomático(-a) *m*(*f*) (*subordinado*)
charg•er ['tʃɑːrdʒər] ELEC cargador *m*
cha•ris•ma [kə'rɪzmə] carisma *m*
char•is•mat•ic [kærɪz'mætɪk] *adj* carismático
char•i•ta•ble ['tʃærɪtəbl] *adj institution, donation* de caridad; *person* caritativo
char•i•ty ['tʃærətɪ] **1** *assistance* caridad *f* **2** *organization* entidad *f* benéfica

char•la•tan [ˈʃɑːrlətən] charlatán(-ana) m(f)

charm [tʃɑːrm] **I** n **1** (appealing quality) encanto m **2** on bracelet etc colgante m **II** v/t (delight) encantar

charm•er [ˈtʃɑːrmər] F: he's a real ~ es encantador

charm•ing [ˈtʃɑːrmɪŋ] adj encantador; well, that's ~! iron ¡vaya, qué detalle!

charred [tʃɑːrd] adj carbonizado

chart [tʃɑːrt] n **1** (diagram) gráfico m; (map) carta f de navegación; the ~s MUS las listas de éxitos **II** v/t hacer mapas de; ~ s.o.'s progress describir el progreso de alguien

char•ter [ˈtʃɑːrtər] **I** n **1** of institution estatutos mpl **2** of airplane etc fletamiento m **II** v/t fletar

char•tered ac•count•ant [tʃɑːrtərd-əˈkaʊntənt] Br censor(a) m(f) jurado(-a) de cuentas

'**char•ter flight** vuelo m chárter

'**char•ter plane** avión m chárter

'**char•wom•an** Br señora f de la limpieza

char•y [ˈtʃerɪ] adj: be ~ of doing sth ser reticente a hacer algo

chase [tʃeɪs] **I** n persecución f; give ~ to perseguir **II** v/t perseguir

◆ **chase after** v/t: chase after s.o. correr detrás de alguien

◆ **chase away** v/t ahuyentar

◆ **chase up** v/t payment, order reclamar; chase s.o. up about sth meter prisa a alguien con algo

chas•er [ˈtʃeɪsər]: whiskey ~ vaso de whisky que se toma después de una cerveza

cha•sm [ˈkæzəm] also fig abismo m

chas•sis [ˈʃæsɪ] of car chasis m inv

chaste [tʃeɪst] adj casto

chas•ten [ˈtʃeɪsn] v/t escarmentar

chas•tise [tʃæˈstaɪz] v/t reprender

chas•ti•ty [ˈtʃæstətɪ] castidad f

chat [tʃæt] **I** n charla f, Mex plática f; have a ~ charlar, Mex platicar **II** v/i (pret & pp -ted) charlar, Mex platicar

'**chat show** Br programa m de entrevistas

chat•tels [ˈtʃætlz] npl LAW bienes mpl muebles

chat•ter [ˈtʃætər] **I** n cháchara f **II** v/i **1** talk parlotear **2** of teeth castañetear

'**chat•ter•box** charlatán(-ana) m(f)

chat•ty [ˈtʃætɪ] adj person hablador

chauf•feur [ˈʃoʊfər] n chófer m, L.Am. chofer m

'**chauf•feur-driv•en** adj con chófer or L.Am. chofer

chau•vin•ism [ˈʃoʊvɪnɪzəm] chovinismo m; male ~ machismo m

chau•vin•ist [ˈʃoʊvɪnɪst] (male ~) machista m

chau•vin•ist•ic [ʃoʊvɪˈnɪstɪk] adj chovinista; (sexist) machista

cheap [tʃiːp] adj (inexpensive) barato; (nasty) chabacano; (mean) tacaño; feel ~ sentirse despreciable **II** adv: it was going ~ estaba tirado; buy sth ~ comprar algo barato; on the ~ en plan barato

cheap•en [ˈtʃiːpən] v/t abaratar; ~ o.s. rebajarse

cheap•ness [ˈtʃiːpnɪs] bajo precio m

cheap•o [ˈtʃiːpoʊ] F **I** adj tirado (de precio) F **II** n baratija f F

'**cheap•skate** F roñoso(-a) m(f)

cheat [tʃiːt] **I** n person tramposo(-a) m(f) **II** v/t engañar; ~ s.o. out of sth estafar algo a alguien **III** v/i in exam copiar; in cards etc hacer trampa; ~ on one's wife engañar a la esposa

Chech•ni•a [ˈtʃetʃnɪə] Chechenia f

check[1] [tʃek] **I** adj shirt a cuadros **II** n cuadro m

check[2] [tʃek] n **1** FIN cheque m; a ~ for $500 un cheque de 500 dólares **2** in restaurant etc cuenta f; ~ please la cuenta, por favor

check[3] [tʃek] **I** n **1** to verify sth comprobación f; keep a ~ on llevar el control de **2**: keep or hold in ~ mantener bajo control; act as a ~ on sth actuar de contrapeso sobre algo **3** checkmark marca f de comprobado, tic m **II** v/t **1** (verify) comprobar; machinery inspeccionar; I'll call to ~ what time we're needed llamaré para informarme or ver a qué hora nos necesitan **2** (restrain, stop) contener, controlar **3** with a ~mark poner un tic en; ~ the appropriate box marque la casilla apropiada **4** coat dejar en el guardarropa; package dejar en consigna **III** v/i comprobar; ~ for comprobar

◆ **check in** v/i at airport facturar; at hotel registrarse **II** v/t person registrar; luggage facturar

◆ **check off** v/t marcar (*como comprobada*)

◆ **check on** v/t vigilar

◆ **check out I** v/i **1** *of hotel* dejar el hotel **2** F *of story etc* (*be true*) ser verdad(ero); (*make sense*) tener sentido **II** v/t (*look into*) investigar, LAm chequear, Mex checar; *club, restaurant etc* probar; *check it out at your nearest store* compruébelo en su tienda más cercana

◆ **check up on** v/t hacer averiguaciones sobre, investigar; *Mom's always checking up on me* mi madre siempre me está vigilando or controlando

◆ **check with** v/t **1** *of person* hablar con **2** (*tally: of information*) concordar con

'**check•book** talonario *m* de cheques, *L.Am.* chequera *f*

checked [tʃekt] *adj* material a cuadros

check•er ['tʃekər] *cashier* cajero(-a) *m(f)*

'**check•er•board** tablero *m* de ajedrez

check•ered ['tʃekərd] *adj* **1** *pattern* a cuadros **2** *career* accidentado

check•ers ['tʃekərz] *nsg* damas *fpl*

'**check-in** facturación *f*

'**check-in clerk** empleado(-a) *m(f)* en el mostrador de facturación

'**check-in desk** mostrador *m* de facturación

check•ing ac•count ['tʃekɪŋ] cuenta *f* corriente

'**check-in time** hora *f* de facturación; '**check•list** lista *f* de verificación; '**check mark** tic *m*; '**check•mate** jaque *m* mate; '**check-out** caja *f*; '**check-out time** *from hotel* hora *f* de salida; '**check•point** control *m*; '**check•room** *for coats* guardarropa *m*; *for baggage* consigna *f*; '**check•up** *medical* chequeo *m* (médico), revisión *f* (médica); *dental* revisión *f* (en el dentista); *have a ~* hacerse un chequeo, (ira) hacerse una revisión

cheek [tʃiːk] **1** ANAT mejilla *f*; *~ by jowl* hombro con hombro **2** *Br* descaro *m*

'**cheek•bone** pómulo *m*

cheep [tʃiːp] **I** v/i & v/t piar **II** *n* piada *f*

cheer [tʃɪr] **I** *n* ovación *f*; *~s!* *toast* ¡salud!; *the ~s of the fans* los vítores de los aficionados; *give three ~s for s.o.* dar tres hurras por alguien **II** v/t ovacionar, vitorear **III** v/i lanzar vítores

◆ **cheer on** v/t animar

◆ **cheer up I** v/i animarse **II** v/t animar

cheer•ful ['tʃɪrfəl] *adj* alegre, contento; *you're a ~ one, aren't you?* iron ¿tu eres muy cuco or pillo, no? F

cheer•ing ['tʃɪrɪŋ] vítores *mpl*

cheer•i•o [tʃɪrɪ'oʊ] *Br* F ¡chao! F

'**cheer•lead•er** animadora *f*

cheer•less ['tʃɪərlɪs] *adj* sombrío

cheer•y ['tʃɪərɪ] *adj* alegre

cheese [tʃiːz] queso *m*; *say ~!* PHOT ¡sonríe!

'**cheese•burg•er** hamburguesa *f* de queso; '**cheese•cake** tarta *f* de queso; **cheese•par•ing** ['tʃiːzperɪŋ] tacañería *f*; **cheese 'spread** queso *m* para untar

chees•y ['tʃiːzɪ] *adj* **I** *flavor* a queso **II** F *fig* cutre F

chee•tah ['tʃiːtə] ZO guepardo *m*

chef [ʃef] chef *m*, jefe *m* de cocina

chem•i•cal ['kemɪkl] **I** *adj* químico **II** *n* producto *m* químico

chem•i•cal 'war•fare guerra *f* química

chem•ist ['kemɪst] **1** *in laboratory* químico(-a) *m(f)* **2** *Br. dispensing* farmacéutico(-a) *m(f)*

chem•is•try ['kemɪstrɪ] química *f*; *fig* sintonía *f*, química *f*

chem•o•ther•a•py [kiːmoʊ'θerəpɪ] quimioterapia *f*

cheque *Br* ☞ **check²**

'**cheque card** *tarjeta bancaria de aval para un cheque*

cheq•uered *Br* ☞ **checkered**

cher•ish ['tʃerɪʃ] v/t *photo etc* apreciar mucho, tener mucho cariño a; *person* querer mucho; *hope* albergar

cher•ry ['tʃerɪ] **1** *fruit* cereza *f* **2** *tree* cerezo *m*

cher•ry 'bran•dy brandy *m* de cereza

cher•ry to'ma•to (*pl -oes*) tomate *m* cereza

cher•ub ['tʃerəb] *in painting, sculpture* querubín *m*

chess [tʃes] ajedrez *m*

'**chess•board** tablero *m* de ajedrez

'**chess•man, 'chess•piece** pieza *f* de ajedrez

chest [tʃest] **1** *of person* pecho *m*; *get sth off one's ~* desahogarse **2** *box* cofre *m*

chest•nut ['tʃesnʌt] **1** castaña *f* **2** *tree* castaño *m*

chest of 'draw•ers cómoda *f*

chest•y ['tʃestɪ] *adj* F *woman* pechugona

chew [tʃuː] *v/t* mascar, masticar; *of dog, rats* mordisquear; **~ one's nails** morderse las uñas

◆ **chew on** *v/t* mordisquear

◆ **chew out** *v/t* F echar una bronca a F

chew•ing gum ['tʃuːɪŋ] chicle *m*

chic [ʃiːk] *adj* chic, elegante

chick [tʃɪk] **1** *young chicken* pollito *m*; *young bird* polluelo *m* **2** F *girl* nena *f* F

chick•en ['tʃɪkɪn] **I** *n* **1** gallina *f*; *food* pollo *m* **2** F (*coward*) gallina *f* F **II** *adj* F (*cowardly*) cobarde; *be ~* ser un(a) gallina F

◆ **chicken out** *v/i* F acobardarse

'**chick•en broth** sopa *f* de pollo; '**chick•en farm•er** avicultor(a) *m(f)*; '**chick•en•feed** F calderilla *f*; '**chick•en pox** MED varicela *f*

'**chick•pea** garbanzo *m*

chic•o•ry ['tʃɪkərɪ] achicoria *f*

chief [tʃiːf] **I** *n* jefe(-a) *m(f)*; *tribal ~* jefe de la tribu **II** *adj* principal

chief ex•ec•u•tive 'of•fi•cer consejero(-a) *m(f)* delegado

chief•ly ['tʃiːflɪ] *adv* principalmente

chif•fon ['ʃɪfɑn] gasa *f*

chil•blain ['tʃɪlbleɪn] sabañón *m*

child [tʃaɪld] (*pl* **children** ['tʃɪldrən]) niño(-a) *m(f)*; *son* hijo *m*; *daughter* hija *f*; *pej* niño(-a) *m(f)*, crío(-a) *m(f)*; *an only ~* un hijo único; *that's ~'s play fig* es un juego de niños

'**child a•buse** malos tratos *mpl* a menores; **child a•bus•er** ['tʃaɪldəbjuːzər] *persona que maltrata a menores*; '**childbirth** parto *m*

child•hood ['tʃaɪldhʊd] infancia *f*; *from ~* desde la infancia

child•ish ['tʃaɪldɪʃ] *adj pej* infantil

child•ish•ly ['tʃaɪldɪʃlɪ] *adv pej* de manera infantil

child•ish•ness ['tʃaɪldɪʃnɪs] *pej* infantilismo *m*

child•less ['tʃaɪldlɪs] *adj* sin hijos

'**child•like** *adj* infantil

'**child•mind•er** niñero(-a) *m(f)*; **child-mind•ing** ['tʃaɪldmaɪndɪŋ]: *do ~* hacer de niñero; **child 'prod•i•gy** niño(-a) *m(f)* prodigio(-a); '**child•proof** *adj* a prueba de niños; **~ lock** MOT cierre *m* a prueba de niños

child•ren ['tʃɪldrən] *pl* ☞ *child*; **~'s TV** programación *f* infantil

Chil•e ['tʃɪlɪ] Chile *m*

Chil•e•an ['tʃɪlɪən] **I** *adj* chileno **II** *n* chileno(-a) *m(f)*

Chil•e-Pe•ru 'Trench Golfo *m* de Arica

chill [tʃɪl] **I** *n* **1** *illness* resfriado *m*; *catch a ~* resfriarse **2**: *there's a ~ in the air* hace bastante fresco; *take the ~ off sth* templar algo **II** *adj* frío **III** *v/t wine* poner a enfriar; *serve ~ed* sírvase frío **IV** *v/i* enfriarse

◆ **chill out** *v/i* P relajarse; (*calm down*) tranquilizarse

chilled [tʃɪld] *adj* frío

chil•(l)i (pep•per) ['tʃɪlɪ] chile *m*, *Span* guindilla *f*

chill•y ['tʃɪlɪ] *adj weather, welcome* fresco; *I'm feeling a bit ~* tengo fresco

chime [tʃaɪm] **I** *v/i* dar campanadas *f* **II** *v/t*: *the clock ~d three* el reloj dio las tres **III** *n* campanada *f*; *~s pl* carillón *m*

◆ **chime in** *v/i* intervenir

chim•ney ['tʃɪmnɪ] chimenea *f*

'**chim•ney sweep** deshollinador(a) *m(f)*

chim•pan•zee [tʃɪm'pænziː] chimpancé *m*

chin [tʃɪn] barbilla *f*; (*keep your*) *~ up!* F ¡levanta esos ánimos!

chi•na ['tʃaɪnə] porcelana *f*

Chi•na ['tʃaɪnə] China *f*

'**Chi•na•town** barrio *m* chino

Chi•nese [tʃaɪ'niːz] **I** *adj* chino **II** *n* **1** *language* chino *m* **2** *person* chino(-a) *m(f)*; *the ~ pl* los chinos

chink [tʃɪŋk] **I** *n* **1** *gap* resquicio *m* **2** *sound* tintineo *m* **II** *v/i* tintinear

chi•nos ['tʃiːnoʊz] *npl* chinos *mpl*

'**chin•wag** F charla *f*

chip[1] [tʃɪp] **I** *n* **1** *of wood* viruta *f*; *of stone* lasca *f*; *damage* mella *f*; *~s fpl* patatas *fpl* fritas *or* L.Am. papas *fpl*; *he's a ~ off the old block* de tal palo, tal astilla; *have a ~ on one's shoulder* F estar acomplejado **2** *in gambling* ficha *f* **II** *v/t* (*pret & pp -ped*) (*damage*) mellar

chip[2] [tʃɪp] *n* COMPUT chip *m*

◆ **chip away** *v/t* desconchar

◆ **chip in** *v/i* **1** (*interrupt*) interrumpir **2** *with money* poner dinero

◆ **chip off** *v/t* desconchar

'**chip•board** madera *f* prensada

chip•munk ['tʃɪpmʌŋk] ardilla *f* listada

chi•ro•prac•tor ['kaɪroʊpræktər] quiropráctico(-a) *m(f)*

chirp [tʃɜːrp] *v/i* piar

chirp•y ['tʃɜːrpɪ] *adj* F alegre

chir•rup ['tʃɪrəp] *v/i* piar

chis•el ['tʃɪzl] **I** *n for stone* cincel *m; for wood* formón *m* **II** *v/t (pret & pp* **-eled**, *Br* **-elled)** tallar

chit [tʃɪt] *note* nota *f*

chit•chat ['tʃɪtʃæt] charla *f*

chiv•al•rous ['ʃɪvlrəs] *adj* caballeroso

chiv•al•ry ['ʃɪvəlrɪ] caballerosidad *f*

chive [tʃaɪv] cebollino *m*

chlo•ric ac•id ['klɔːrɪk] CHEM ácido *m* clórico

chlor•ide ['klɔːraɪd] cloruro *m*

chlo•ri•nate ['klɔːrɪneɪt] *v/t* clorar

chlo•rine ['klɔːriːn] cloro *m*

chlo•ro•flu•o•ro•car•bon [klɔːroʊfluə-roʊ'kɑːrbən] clorofluorocarbono *m*

chlo•ro•form ['klɔːrəfɔːrm] cloroformo *m*

chlo•ro•phyll ['klɔːrəfɪl] BOT clorofila *f*

choc•a•hol•ic [tʃɑːkə'hɑːlɪk] F adicto(-a) *m(f)* al chocolate

chock [tʃɑːk] calzo *m*

chock-a-'block *adj* abarrotado (**with** de)

chock-'full *adj* F de bote en bote F

choc•o•late ['tʃɑːkələt] chocolate *m*; *a* ~ un bombón; *a box of* ~*s* una caja de bombones

'choc•o•late bar chocolatina *f*

'choc•o•late cake pastel *m* de chocolate

choice [tʃɔɪs] **I** *n* elección *f; (selection)* selección *f; you have a* ~ *of rice or potatoes* puedes elegir entre arroz y patatas; *the* ~ *is yours* tú eliges; *I had no* ~ no tuve alternativa; *make a* ~ elegir; *take one's* ~ elegir; *the games software of* ~ el software de los juegos a elegir **II** *adj (top quality)* selecto; *a few* ~ *words* unas lindezas

choir [kwaɪr] coro *m*

'choir•boy niño *m* de coro

choke [tʃoʊk] **I** *n* MOT estárter *m* **II** *v/i* ahogarse; ~ *on sth* atragantarse con algo **III** *v/t* estrangular; *screams* ahogar

◆ **choke back, choke down** *v/t tears, words* contener

◆ **choke off** *v/t supply, discussion* cortar

◆ **choke up** *v/t: get choked up of drain* atascarse

chol•er•a ['kɑːlərə] MED cólera *m*

chol•er•ic ['kɑːlərɪk] *adj* colérico

cho•les•te•rol [kə'lestərɔːl] colesterol *m*

choose [tʃuːz] *v/t & v/i (pret* **chose**, *pp* **chosen)** elegir, escoger; ~ *to do sth* decidir hacer algo; *there are three versions to* ~ *from* puedes elegir entre tres versiones

choos•ey ['tʃuːzɪ] *adj* F exigente

chop [tʃɑːp] **I** *n* **1** *meat* chuleta *f* **2**: *with one* ~ *of the ax* con un hachazo **II** *v/t (pret & pp* **-ped)** *wood* cortar; *meat* trocear; *vegetables* picar **III** *v/i*: ~ *and change* cambiar de idea constantemente

◆ **chop down** *v/t tree* talar

◆ **chop off** *v/t* cortar; *chop s.o.'s head off* cortar la cabeza a alguien

◆ **chop up** *v/t* cortar en trozos, trocear, *L.Am.* trozar

chop•per ['tʃɑːpər] F *(helicopter)* helicóptero *m*

chop•py ['tʃɑːpɪ] *adj* picado

'chop•sticks *npl* palillos *mpl* (chinos)

cho•ral ['kɔːrəl] *adj* coral; ~ *society* coral *f*

chord [kɔːrd] MUS acorde *m; strike the right* ~ estar en el punto justo; *strike a* ~ *with s.o.* calar hondo en alguien

chore [tʃɔːr] tarea *f; do the* ~*s* hacer las tareas

chor•e•o•graph ['kɔːrɪəgræf] *v/t* coreografiar

chor•e•og•ra•pher [kɔːrɪ'ɑːgrəfər] coreógrafo(-a) *m(f)*

chor•e•og•ra•phy [kɔːrɪ'ɑːgrəfɪ] coreografía *f*

chor•is•ter ['kɔːrɪstər] corista *m/f*

cho•rus ['kɔːrəs] **I** *singers* coro *m; of song* estribillo *m*; ~ *of protest* coro de protestas; *in* ~ *fig* a coro **II** *v/t* decir a coro

'cho•rus girl corista *f*

chose [tʃoʊz] *pret* ☞ **choose**

cho•sen ['tʃoʊzn] **I** *adj: the* ~ *few* los elegidos; *the* ~ *people* el pueblo elegido **II** *pp* ☞ **choose**

chow [tʃaʊ] **1** *dog* chow-chow *m* **2** F *food* papeo *m* F

◆ **chow down** *v/i* F comenzar a papear F

chow•der ['tʃaʊdər] GASTR sopa espesa con marisco o pescado y verdura

Christ [kraɪst] Cristo; **~!** ¡Dios mío!; **before ~** antes de Cristo

chris•ten ['krɪsn] v/t bautizar

chris•ten•ing ['krɪsnɪŋ] bautizo m

Chris•tian ['krɪstʃən] **I** n cristiano(-a) m(f) **II** adj cristiano; **~ era** era f cristiana

Chris•ti•an•i•ty [krɪstɪ'ænətɪ] cristianismo m

Chris•tian•ize ['krɪstʃənaɪz] v/t cristianizar

'**Chris•tian name** nombre m de pila

Christ•mas ['krɪsməs] Navidad(es) f(pl); **at ~** en Navidad(es); **Happy or Merry ~!** ¡Feliz Navidad!; **what did you get for ~?** ¿qué te ha traído Papá Noel?

Christ•mas 'bo•nus aguinaldo m; '**Christ•mas card** crismas m inv, tarjeta f de Navidad; '**Christ•mas car•ol** villancico m; **Christ•mas 'Day** día m de Navidad; **Christ•mas 'Eve** Nochebuena f; '**Christ•mas pres•ent** regalo m de Navidad; **Christ•mas 'pud•ding** pudin con ciruelas, pasas y especias; '**Christ•mas•time** Navidad f; '**Christmas tree** árbol m de Navidad

chro•mat•ic [krou'mætɪk] adj PHYS cromático

chrome, chro•mi•um [kroum, 'kroumɪəm] cromo m

chro•mo•some ['krouməsoum] cromosoma m

chron•ic ['krɑːnɪk] adj crónico

chron•i•cle ['krɑːnɪkl] **I** n crónica f **II** v/t relatar

chron•i•cler ['krɑːnɪklər] cronista m/f

chron•o•log•i•cal [krɑːnə'lɑːdʒɪkl] adj cronológico; **in ~ order** en orden cronológico

chron•o•log•i•cal•ly [krɑːnə'lɑːdʒɪklɪ] adv cronológicamente

chro•nol•o•gy [krə'nɑːlədʒɪ] cronología f

chrys•an•the•mum [krɪ'sænθəməm] crisantemo m

chub•by ['tʃʌbɪ] adj rechoncho; **~ cheeks** mofletes mpl

chuck¹ [tʃʌk] v/t **1** F tirar **2: ~ s.o. under the chin** acariciar a alguien en la barbilla

chuck² [tʃʌk] n TECH mandril m

◆ **chuck away** v/t F tirar

◆ **chuck in** F job mandar a paseo F

◆ **chuck out** v/t F object tirar; person echar

◆ **chuck up** v/t F vomit potar F

chuck•le ['tʃʌkl] **I** n risita f **II** v/i reírse por lo bajo

chuffed [tʃʌft] adj Br F: **be ~ about sth** alegrarse un montón de algo

chug [tʃʌg] v/i (pret & pp **-ged**): **~ along** of car, train desplazarse cansinamente; **he's still ~ging along** fig sigue con la misma cosa

chum [tʃʌm] amigo(-a) m(f); **be great ~s** ser grandes amigos; **listen, ~** escucha amigo or compadre

◆ **chum up with** v/t hacerse amigo de

chum•my ['tʃʌmɪ] adj F: **be ~ with** ser amiguete de F

chump [tʃʌmp] F (fool) tarugo m F; **be off one's ~** Br estar pirado F

chunk [tʃʌŋk] trozo m

chunk•y ['tʃʌŋkɪ] adj sweater grueso; person, build cuadrado, fornido

church [tʃɜːrtʃ] iglesia f; **at or in ~** en la iglesia; **go to ~** ir a misa

church•go•er ['tʃɜːrtʃgouər] practicante m/f; **church 'hall** sala parroquial empleada para diferentes actividades; **church 'serv•ice** oficio m religioso; '**church wed•ding** matrimonio m religioso; '**church•yard** cementerio m (al lado de iglesia)

churl•ish ['tʃɜːrlɪʃ] adj maleducado, grosero

churn [tʃɜːrn] **I** n **1** for making butter mantequera f **2** Br. milk-container lechera f **II** v/t milk batir **III** v/i: **her stomach was ~ing** tenía un nudo en el estómago

◆ **churn out** v/t producir como en serie

◆ **churn up** v/t agitar; **be feeling all churned up** tener un nudo en el estómago

chute [ʃuːt] rampa f; for garbage colector m de basura

chut•ney ['tʃʌtnɪ] GASTR salsa fría hecha con frutas, vinagre, azúcar y especias, y que se come con carne o con queso

CIA [siːaɪ'eɪ] abbr (= **Central Intelligence Agency**) CIA f (= Agencia f Central de Inteligencia)

ci•ca•da [sɪ'keɪdə] ZO cigarra f

CID [siːaɪ'diː] Br (= **Criminal Investiga-**

tion Department) cuerpo de detectives de la policía británica

ci•der ['saɪdər] sidra *f*; **hard ~** sidra *f*; **sweet ~** zumo *m* de manzana

CIF [siːaɪ'ef] *abbr* (= *cost, insurance, freight*) CIF (= costo, seguro y flete)

ci•gar [sɪ'gɑːr] (cigarro *m*) puro *m*

ci'gar cut•ter cortadora *f* de puros

cig•a•rette [sɪgə'ret] cigarrillo *m*

cig•a'rette case pitillera *f*; **cig•a'rette end** colilla *f*; **cig•a'rette hold•er** boquilla *f*; **cig•a'rette light•er** encendedor *m*, mechero *m*; **cig•a'rette pa•per** papel *m* de fumar; **cig•a'rette ma•chine** expendedor *m* de tabaco

cig•a•ril•lo [sɪgə'rɪloʊ] purito *m*

ci'gar light•er MOT encendedor *m*

ci•lan•tro [sɪ'læntroʊ] cilantro *m*

cinch [sɪntʃ] **1** *on saddle* cincha *f* **2** F: *it was a ~* estuvo chupado F

cin•der ['sɪndər]: **~s** cenizas *fpl*; **burnt to a ~** carbonizado

'cinder block *bloque de cemento ligero*

Cin•der•el•la [sɪndə'relə] Cenicienta

'cin•der track SP pista *f* de ceniza

cin•e•cam•er•a ['sɪnɪkæmərə] *Br* cámara *f* de cine

cin•e•film ['sɪnɪfɪlm] *Br* película *f*

cin•e•ma ['sɪnɪmə] cine *m*

cin•e•ma•go•er ['sɪnɪməgoʊər] *Br* ☞ *moviegoer*

cin•e•mat•ic [sɪnɪ'mætɪk] *adj* cinematográfico

cin•na•mon ['sɪnəmən] canela *f*

ci•pher ['saɪfər] **1** *code* cifra *f*; *in ~* en clave **2** *fig person* marioneta *f*

cir•cle ['sɜːrkl] **I** *n* **1** *also of friends etc* círculo *m*; *go or run round in ~s* *fig* no avanzar **2** THEA piso *m*, anfiteatro *m* **II** *v/t* (*draw ~ around*) poner un círculo alrededor de; *his name was ~d in red* su nombre tenía un círculo rojo alrededor **III** *v/i of plane, bird* volar en círculo

cir•cuit ['sɜːrkɪt] **1** circuito *m* **2** (*lap*) vuelta *f*; *make a ~ of* hacer un recorrido por

'cir•cuit board COMPUT placa *f or* tarjeta *f* de circuitos

'cir•cuit break•er ELEC cortacircuitos *m inv*

cir•cu•i•tous [sər'kjuːɪtəs] *adj route, reasoning* tortuoso

'cir•cuit train•ing SP: *do ~* hacer circui-

tos de entrenamiento

cir•cu•lar ['sɜːrkjʊlər] **I** *n giving information* circular *f* **II** *adj* circular

cir•cu•lar 'saw TECH sierra *f* circular

cir•cu•late ['sɜːrkjʊleɪt] **I** *v/i* circular **II** *v/t memo* hacer circular

cir•cu•la•tion [sɜːrkjʊ'leɪʃn] circulación *f*; *~ problems* MED problemas de circulación; *be in ~* estar en circulación; *out of ~* *fig* fuera de la circulación; *~ figures* cifras *fpl* de circulación

cir•cu•la•to•ry [sɜːrkjʊ'leɪtərɪ] *adj* MED, PHYSIO circulatorio; *~ system* sistema *m* circulatorio

cir•cum•cise ['sɜːrkəmsaɪz] *v/t* circuncidar

cir•cum•ci•sion [sɜːrkəm'sɪʒn] circuncisión *f*; *female ~* ablación *f* del clítoris

cir•cum•fer•ence [sər'kʌmfərəns] circunferencia *f*

cir•cum•lo•cu•tion [sɜːrkəmlə'kjuːʃn] circunlocución *f*

cir•cum•nav•i•gate [sɜːrkəm'nævɪgeɪt] *v/t* circunnavegar

cir•cum•nav•i•ga•tion [sɜːrkəmnævɪ'geɪʃn] *~ of the globe* circunnavegación *f* del globo

cir•cum•scribe ['sɜːrkəmskraɪb] *v/t delimit*, MATH circunscribir

cir•cum•spect ['sɜːrkəmspekt] *adj* circunspecto

cir•cum•stan•ces ['sɜːrkəmstænsɪs] *npl* circunstancias *fpl*; *financial* situación *f* económica; *under no ~* en ningún caso, de ninguna manera; *under the ~* dadas las circunstancias; *live in easy ~s* llevar una vida fácil

cir•cum•stan•tial ev•i•dence [sɜːrkəm'stænʃl] LAW pruebas *fpl* indiciarias

cir•cus ['sɜːrkəs] circo *m*

cir•rho•sis (of the liv•er) [sɪ'roʊsɪs] cirrosis *f* (hepática)

cis•tern ['sɪstəːrn] cisterna *f*

cit•a•del ['sɪtədəl] MIL ciudadela *f*

ci•ta•tion [saɪ'teɪʃn] **1** *quotation* cita *f* **2** LAW citación *f*

cite [saɪt] *v/t* citar

cit•i•zen ['sɪtɪzn] ciudadano(-a) *m(f)*

cit•i•zen•ship ['sɪtɪznʃɪp] ciudadanía *f*

cit•ric ac•id [sɪtrɪk'æsɪd] CHEM ácido *m* cítrico

cit•rus ['sɪtrəs] *adj* cítrico; *~ fruit* cítrico *m*

cit•y ['sɪtɪ] ciudad *f*; **the City** la City londinense

cit•y 'cen•ter, *Br* **cit•y cen•tre** centro *m* de la ciudad; **cit•y 'fa•thers** *npl* ediles *mpl*; **cit•y 'hall** ayuntamiento *m*; **cit•y 'plan•ning** urbanismo *m*; **cit•y 'state** ciudad *f* estado

civ•ic ['sɪvɪk] *adj* cívico

civ•ics ['sɪvɪks] *nsg* educación *f* cívica

civ•il ['sɪvl] *adj* **1** civil; **~ case** causa *f* civil; **~ marriage** matrimonio *m* civil **2** (*polite*) cortés

Civ•il Aer•o•nau•tics Board [sɪvlerou'nɒːtɪks] *organización reguladora de la aviación civil*; **civ•il avi•a•tion** aviación *f* civil; **civ•il en•gi•neer** ingeniero(-a) *m(f)* civil; **civ•il en•gi•neer•ing** ingeniería *f* civil

ci•vil•ian [sɪ'vɪljən] **l** *n* civil *m/f* **ll** *adj clothes* de civil

ci•vil•i•ty [sɪ'vɪlɪtɪ] cortesía *f*

civ•i•li•za•tion [sɪvəlaɪ'zeɪʃn] civilización *f*

civ•i•lize ['sɪvəlaɪz] *v/t person* civilizar

civ•i•lized ['sɪvəlaɪzd] *adj* civilizado

civ•il 'law derecho *m* civil

civ•il 'rights *npl* derechos *mpl* civiles; **~ activist** activista *m/f* por los derechos civiles; **~ movement** movimiento *m* por los derechos civiles

civ•il 'ser•vant funcionario(-a) *m(f)*; **civ•il 'ser•vice** administración *f* pública; **civ•il 'war** guerra *f* civil

CJD [siːdʒeɪ'diː] (= **Creutzfeld-Jakob disease**) enfermedad *f* de Creutzfeld-Jakob

clad [klæd] *adj*: **~ in blue** vestido de azul

claim [kleɪm] **l** *n* (*request*) reclamación *f* (**for** de); (*right*) derecho *m*; (*assertion*) afirmación *f*; **make a ~** realizar una reclamación (**against** contra); **~ for damages** reclamación por daños y perjuicios **ll** *v/t* (*ask for as a right*) reclamar; (*assert*) afirmar; *lost property* reclamar; **they have ~ed responsibility for the attack** se han atribuido la responsabilidad del ataque; **~ damages** reclamar compensación por daños y perjuicios

♦ **claim back** *v/t* reclamar

claim•ant ['kleɪmənt] reclamante *m/f*

clair•voy•ant [kler'vɔɪənt] clarividente *m/f*, vidente *m/f*

clam [klæm] almeja *f*

♦ **clam up** *v/i* (*pret & pp* **-med**) F callarse

clam•ber ['klæmbər] *v/i* trepar (**over** por)

clam•my ['klæmɪ] *adj* húmedo

clam•or ['klæmər] *noise* griterío *m*; *outcry* clamor *m*

♦ **clamor for** *v/t justice* clamar por; *ice cream* pedir a gritos

clam•or•ous ['klæmərəs] *adj* ruidoso

clam•our *Br* ☞ **clamor**

clamp [klæmp] **l** *n fastener* abrazadera *f*, mordaza *f* **ll** *v/t fasten* sujetar con abrazadera; *car* poner un cepo a

♦ **clamp down** *v/i* actuar contundentemente

♦ **clamp down on** *v/t* actuar contundentemente contra

clan [klæn] clan *m*

clan•des•tine [klæn'destɪn] *adj* clandestino

clang [klæŋ] **l** *n* sonido *m* metálico **ll** *v/i* resonar; **the metal door ~ed shut** la puerta metálica se cerró con gran estrépito

clang•er ['klæŋər]: **drop a ~** *Br* F meter la pata F

clank [klæŋk] **l** *v/i*: **the door ~ed shut** la puerta se cerró con un sonido metálico **ll** *n* sonido *m* metálico

clap[1] [klæp] **l** *v/i* (*pret & pp* **-ped**) (*applaud*) aplaudir **ll** *v/t* (*pret & pp* **-ped**): **one's hands** aplaudir **lll** *n*: **a ~ of thunder** un trueno

clap[2] [klæp] *n* P: **the ~** (*gonorrhea*) la gonorrea

clap•per ['klæpər] *of bell* badajo *m*

clap•trap ['klæptræp] F paridas *fpl* F

clar•et ['klærɪt] *wine* burdeos *m inv*

clar•i•fi•ca•tion [klærɪfɪ'keɪʃn] aclaración *f*

clar•i•fy ['klærɪfaɪ] *v/t* (*pret & pp* **-ied**) aclarar

clar•i•net [klærɪ'net] clarinete *m*

clar•i•net•(t)ist [klærɪ'netɪst] clarinetista *m/f*

clar•i•ty ['klærətɪ] claridad *f*

clash [klæʃ] **l** *n* choque *m*, enfrentamiento *m*; *of personalities* choque *m* **ll** *v/i* chocar, enfrentarse; *of colors* desentonar; *of events* coincidir

clasp [klæsp] **l** *n* broche *m*, cierre *m* **ll** *v/t in hand* estrechar; **~ s.o.'s hand** agarrar a alguien de la mano

'**clasp knife** navaja *f*
class [klæs] **I** *n lesson, students, in society* clase *f*; **in ~** en clase; **attend ~es** acudir a clase; **not be in the same ~ as s.o. / sth** *fig* no poder compararse a alguien / algo; **be in a ~ of one's own** *fig* constituir una clase aparte; **have ~** F tener clase **II** *v/t* clasificar (*as* como); **~ with** clasificar junto con
'**class-ac•tion law•suit** pleito *m* de acción popular, acción *f* popular; **class 'con•flict** conflicto *m* de clases; **class-'con•scious** *adj* clasista
clas•sic ['klæsɪk] **I** *adj* clásico **II** *n* clásico *m*; **~s** EDU clásicas *fpl*
clas•si•cal ['klæsɪkl] *adj music* clásico
clas•si•fi•ca•tion [klæsɪfɪ'keɪʃn] clasificación *f*
clas•si•fied ['klæsɪfaɪd] *adj information* reservado
clas•si•fied ad('**ver•tise•ment**) anuncio *m* por palabras
clas•si•fy ['klæsɪfaɪ] *v/t* (*pret & pp -ied*) clasificar
class•less ['klɑːslɪs] *adj society* sin clases
'**class•mate** compañero(-a) *m(f)* de clase; **class re'un•ion** reunión *f* de clase; '**class•room** clase *f*, aula *f*; **class 'strug•gle, class 'war•fare** lucha *f* de clases
class•y ['klæsɪ] *adj* F con clase
clat•ter ['klætər] **I** *n* estrépito *m* **II** *v/i* hacer ruido
◆ **clatter around** *v/i* moverse haciendo ruido
clause [klɔːz] **1** *in agreement* cláusula *f* **2** GRAM cláusula *f*, oración *f*
claus•tro•pho•bi•a [klɔːstrə'foʊbɪə] claustrofobia *f*
claus•tro•pho•bic [klɔːstrə'foʊbɪk] *adj* claustrofóbico
clav•i•cle ['klævɪkl] ANAT clavícula *f*
claw [klɔː] **I** *n also fig* garra *f*; *of lobster* pinza *f* **II** *v/t* (*scratch*) arañar
clay [kleɪ] arcilla *f*
'**clay court** SP pista *f* de tierra batida
clay•ey ['kleɪɪ] *adj* arcilloso
clay 'pi•geon shoot•ing tiro *m* al plato
clean [kliːn] **I** *adj* limpio; *~ living* vida *f* sana **II** *adv* F (*completely*) completamente; **they got ~ away** escaparon *or* se esfumaron sin dejar rastro **III** *v/t* limpiar; **~ one's teeth** limpiarse los dien-

tes; **I must have my coat ~ed** tengo que llevar el abrigo a la tintorería
◆ **clean out** *v/t* **1** *room, closet* limpiar por completo **2** *fig* desplumar
◆ **clean up I** *v/t also fig* limpiar; *papers* recoger **II** *v/i* **1** limpiar; (*wash*) lavarse **2** *on stock market etc* ganar mucho dinero
clean-'cut *adj* sano
clean•er ['kliːnər] *person* limpiador(a) *m(f)*; (*dry*) ~ tintorería *f*; **take s.o. to the ~s** F desplumar a alguien
clean•ing ['kliːnɪŋ]: **do the ~** hacer la limpieza
'**clean•ing wom•an** señora *f* de la limpieza
clean•li•ness ['klenlɪnɪs] limpieza *f*
clean•ly ['kliːnlɪ] *adv* limpiamente
clean•ness ['kliːnnɪs] limpieza *f*
cleanse [klenz] *v/t skin* limpiar
cleans•er ['klenzər] *for skin* loción *f* limpiadora
clean-'shav•en *adj* bien afeitado
cleans•ing cream ['klenzɪŋ] crema *f* limpiadora
clear [klɪr] **I** *adj* claro; *weather, sky* despejado; *water* transparente; **I'm not ~ about it** no lo tengo claro; **I didn't make myself ~** no me expliqué claramente; **make sth ~** dejar algo claro (*to* a); **for no ~ reason** por ninguna razón aparente; **he doesn't want to, that's ~** él no quiere, eso está claro, está claro que él no quiere; **~ of debt** sin deudas; **have a ~ conscience** tener la conciencia tranquila; **make a ~ profit** tener un beneficio neto; **a ~ win** una victoria clara; **~ soup** GASTR consomé *m*
II *adv*: **stand ~ of the doors** apartarse de las puertas; **steer ~ of** evitar; **get ~ of s.o.** librarse de alguien
III *v/t* **1** *roads etc* despejar; **~ one's throat** carraspear; **the guards ~ed everybody out of the room** los guardias sacaron a todo el mundo de la habitación **2** (*acquit*) absolver **3** (*authorize*) autorizar; **you're ~ed for takeoff** tiene autorización *or* permiso para despegar **4** (*earn*) ganar, sacar **5**: **~ customs** pasar la aduana **6** *the ball* despejar
IV *v/i* **1** *of sky, mist* despejarse; *of face* alegrarse **2** *of check* compensarse

◆ **clear away I** *v/t* quitar **II** *v/i* of fog, *smoke, clouds* disiparse

◆ **clear off** *v/i* F largarse F

◆ **clear out I** *v/t closet* ordenar, limpiar **II** *v/i* marcharse

◆ **clear up I** *v/i* **1** ordenar **2** *of weather* despejarse **3** *of illness, rash* desaparecer **II** *v/t (tidy)* ordenar; *mystery, problem* aclarar

clear•ance ['klɪrəns] **1** *space* espacio *m* **2** *(authorization)* autorización *f* **3** *in sport* despeje *m*, rechace *m*

'clear•ance sale liquidación *f*

clear-'cut *adj* claro

clear-cut log•ging ['klɪrkʌtlɑːgɪŋ] tala *f* indiscriminada

clear-head•ed [klɪr'hedɪd] *adj* lúcido

clear•ing ['klɪrɪŋ] claro *m*

clear•ly ['klɪrlɪ] *adv* claramente; *she is ~ upset* está claro que está disgustada; *~ we have to look at this again* está claro que tenemos que echarle otro vistazo a ésto

clear•ness ['klɪrnɪs] claridad *f*

'clear•way MOT *tramo de carretera o calle en el que está prohibido parar o estacionar*

cleav•age ['kliːvɪdʒ] escote *m*

cleave [kliːv] *v/t (pret clove, pp cloven)*: *~ sth in two* partir algo en dos

cleav•er ['kliːvər] cuchillo *m* de carnicero

clef [klef] MUS clave *f*

cleft [kleft] grieta *f*

cleft 'pal•ate MED fisura *f* de paladar

cleft 'stick: *be (caught) in a ~* estar en un callejón sin salida

clem•en•cy ['klemənsɪ] clemencia *f*

clem•ent ['klemənt] *adj weather* benigno

clem•en•tine ['klemǝntaɪn] BOT clementina *f*

clench [klentʃ] *v/t teeth, fist* apretar

cler•gy ['klɜːrdʒɪ] clero *m*

'cler•gy•man clérigo *m*

cler•i•cal ['klerɪkl] *adj* **1** REL clerical **2** *(administrative: error, work)* administrativo; *~ staff* personal *m* de oficina

clerk [klɜːrk] **1** *administrative* oficinista *m/f* **2** *in store* dependiente(-a) *m/f*

clev•er ['klevər] *adj person, animal* listo; *idea, gadget* ingenioso; *~ dick* Br F listillo(-a) *m(f)* F

clev•er•ly ['klevǝrlɪ] *adv designed* inge-

niosamente

clev•er•ness ['klevǝrnɪs] inteligencia *f*

cli•ché ['kliːʃeɪ] tópico *m*, cliché *m*

cli•chéd ['kliːʃeɪd] *adj* estereotipado

click [klɪk] **I** *n* COMPUT clic *m* **II** *v/i* **1** hacer clic; *~ shut* cerrarse con un clic **2**: *suddenly it ~ed* fig de repente caí en la cuenta **III** *v/t* hacer clic con; *~ one's fingers* chasquear los dedos

◆ **click on** *v/t* COMPUT hacer clic en

cli•ent ['klaɪənt] cliente *m/f*; *~ list* lista *f* de clientes

cli•en•tele [kliːən'tel] clientela *f*

cliff [klɪf] acantilado *m*

'cliff•hang•er: *the movie was a real ~* la película era un suspense continuo

cli•mac•ter•ic [klaɪ'mæktərɪk] PHYSIO menopausia *f*

cli•mate ['klaɪmət] *also fig* clima *m*

'cli•mate change cambio *m* climático

cli•mat•ic [klaɪ'mætɪk] *adj* climático

cli•max ['klaɪmæks] **I** *n* **1** clímax *m*, punto *m* culminante; *reach a ~* llegar a un punto culminante **2** *(orgasm)* orgasmo *m* **II** *v/i* culminar

climb [klaɪm] **I** *n* up mountain ascensión *f*, escalada *f* **II** *v/t hill, ladder* subir; *mountain* subir, escalar; *tree* trepar a **III** *v/i* subir *(into* a); *up mountain* subir, escalar; *of inflation etc* subir

◆ **climb down** *v/i* **1** *from ladder etc* bajar **2** *fig* retractarse. admitir un error

climb•er ['klaɪmər] *person* escalador(a) *m(f)*, alpinista *m/f*, *L.Am.* andinista *m/f*

climb•ing ['klaɪmɪŋ] escalada *f*, alpinismo *m*, *L.Am.* andinismo *m*

'climb•ing boots botas *fpl* de montaña; **'climb•ing frame** *estructura hecha con barras de hierro o metal para que los niños jueguen o se suban a ella*; **'climb-ing wall** rocódromo *m*

clinch [klɪntʃ] *v/t deal* cerrar; *that ~es it* ¡ahora sí que está claro!

cling [klɪŋ] *v/i (pret & pp clung) of clothes* pegarse al cuerpo

◆ **cling to** *v/t person, idea* aferrarse a

◆ **cling together** *v/i* apretarse uno contra otro

'cling•film plástico *m* transparente (para alimentos)

cling•y ['klɪŋɪ] *adj child, boyfriend* pegajoso; *he is so ~* es una lapa

clin•ic ['klɪnɪk] clínica *f*

clin•i•cal ['klınıkl] *adj* clínico

clink[1] [klıŋk] **I** *n noise* tintineo *m* **II** *v/i* tintinear **III** *v/t* hacer tintinear; ~ *glasses* brindar

clink[2] [klıŋk] *n* P: *in the* ~ *prison* en chirona P

clip[1] [klıp] **I** *n fastener* clip *m* **II** *v/t* (*pret & pp* **-ped**): ~ *sth to sth* sujetar algo a algo

clip[2] [klıp] **I** *n extract* fragmento *m* **II** *v/t* (*pret & pp* **-ped**) *hair, grass* cortar; *hedge* podar

'clip•board 1 *for papers* carpeta *f* con sujetapapeles 2 COMPUT portapapeles *m inv*

'clip joint P garito *m* muy caro

clip•pers ['klıpərz] *npl for hair* maquinilla *f*; *for nails* cortaúñas *m inv*; *for gardening* tijeras *fpl* de podar; *pair of* ~ *for nails* cortaúñas *m inv*; *for gardening* tijeras *fpl* de podar

clip•ping ['klıpıŋ] *from newspaper* recorte *m*

clique [kliːk] camarilla *f*

cliqu•ey ['kliːkı] *adj* exclusivista

clit•o•ris ['klıtərıs] ANAT clítoris *m inv*

cloak [kloʊk] **I** *n* capa *f*; *under the* ~ *of darkness / friendship* bajo el manto de la oscuridad / la amistad **II** *v/t*: ~*ed in secrecy* rodeado de secreto

'cloak•room *Br* guardarropa *m*

clob•ber ['klɑːbər] *v/t* F atizar F

clock [klɑːk] reloj *m*; *around the* ~ día y noche; *work off the* ~ trabajar sin contabilizar las horas

◆ clock in *v/i* fichar al entrar

◆ clock out *v/i* fichar al salir

◆ clock up *v/t distance* acumular; *time* hacer

'clock•face esfera *f* del reloj; 'clock ra•di•o radio *m* despertador; clockwise ['klɑːkwaız] *adv* en el sentido de las agujas del reloj; 'clock•work: *it went like* ~ salió a la perfección

clod [klɑːd] **1** *of earth* terrón *m* **2** F *idiot* memo(-a) *m(f)* F

◆ clog up [klɑːg] **I** *v/i* (*pret & pp* **-ged**) bloquearse **II** *v/t* (*pret & pp* **-ged**) bloquear

clois•ter ['klɔɪstər] ARCHI claustro *m*

clone [kloʊn] **I** *n* clon *m* **II** *v/t* clonar

clon•ing ['kloʊnıŋ] clonación *f*

close[1] [kloʊs] **I** *adj family* cercano; *friend* íntimo; *bear a* ~ *resemblance to* parecerse mucho a; *the* ~*st town* la ciudad más cercana; *be* ~ *to s.o. emotionally* estar muy unido a alguien; ~ *to tears* a punto de llorar; ~ *combat* combate cuerpo a cuerpo **II** *adv* cerca; ~ *to the school* cerca del colegio; ~ *at hand* a mano; ~ *by* cerca; *come* ~ *to doing sth* estar a punto de hacer algo

close[2] [kloʊz] **I** *v/t* cerrar **II** *v/i of door, shop* cerrar; *of eyes* cerrarse **III** *n*: *come or draw to a* ~ llegar a su fin

◆ close down *v/t & v/i* cerrar

◆ close in *v/i of fog* echarse encima; *of troops* aproximarse, acercarse

◆ close in on *v/t enemy, prey* cercar, rodear

◆ close up **I** *v/t building* cerrar **II** *v/i* (*move closer*) juntarse

close-cap•tioned ['kloʊzkæpʃnd] *adj* con subtítulos codificados

closed [kloʊzd] *adj store, eyes* cerrado; *behind* ~ *doors* a puerta cerrada

closed 'cir•cuit ELEC circuito *m* cerrado

closed-cir•cuit 'tel•e•vi•sion circuito *m* cerrado de televisión

close-down ['kloʊzdaʊn] cierre *m*

closed 'shop COM centro de trabajo en el que los trabajadores deben estar afiliados a un sindicato en particular

close•fist•ed [kloʊs'fıstıd] *adj* roñoso; close-fit•ting [kloʊs'fıtıŋ] *adj* ajustado; close-knit ['kloʊsnıt] *adj* muy unido

close•ly ['kloʊslı] *adv listen, watch* atentamente; *cooperate* de cerca

close sea•son ['kloʊzsiːzn] *in hunting* veda *f*; *in sport* temporada *f* de descanso

clos•et ['klɑːzıt] armario *m*

'clos•et queen F gay *m* que no ha salido del armario

close-up ['kloʊsʌp] primer plano *m*

clos•ing date ['kloʊzıŋ] fecha *f* límite; 'clos•ing price FIN cotización *f* de cierre; 'clos•ing time hora *f* de cierre

clo•sure ['kloʊʒər] cierre *m*

clot [klɑːt] **I** *n of blood* coágulo *m* **II** *v/i* (*pret & pp* **-ted**) *of blood* coagularse

cloth [klɑːθ] **1** (*fabric*) tela *f*, tejido *m* **2** *for cleaning* trapo *m*

clothe [kloʊð] *v/t* vestir; *fully* ~*d* completamente vestido

clothes [kloʊðz] *npl* ropa *f*; *change*

one's ~ cambiarse de ropa
'clothes bas•ket cesta *f* de la ropa sucia; 'clothes brush cepillo *m* para la ropa; 'clothes hang•er percha *f*; 'clothes•horse tendedero *m* plegable; 'clothes•line cuerda *f* de tender la ropa; 'clothes peg, 'clothes•pin pinza *f* (de la ropa)
cloth•ing ['kloʊðɪŋ] ropa *f*
clo•ture ['kloʊtʃər] POL: *motion for* ~ moción *f* para proceder a una votación inmediata
cloud [klaʊd] l *n* nube *f*; *a* ~ *of dust* una nube de polvo; *have one's head in the* ~*s* fig estar en las nubes; *be on* ~ *nine* F estar más contento que unas castañuelas; *cast a* ~ *on sth* ensombrecer algo ll *v/t*: ~ *the issue* confundir las cosas; *she allowed her feelings to* ~ *her judgment* dejó que sus sentimientos la ofuscaran
◆ cloud over *v/i of sky* nublarse; *fig: of face* ensombrecerse
'cloud•burst chaparrón *m*
cloud-'cuck•oo land: *live in* ~ estar en las nubes
cloud•less ['klaʊdlɪs] *adj sky* despejado
cloud•y ['klaʊdɪ] *adj* nublado
clout [klaʊt] l *n* 1 sopapo *m* 2 *fig (influence)* influencia *f* ll *v/t* dar un sopapo a
clove[1] [kloʊv] *n* 1 *spice* clavo 2: *a* ~ *of garlic* un diente de ajo
clove[2] [kloʊv] *pret* ☞ cleave
clo•ven ['kloʊvən] l *pp* ☞ cleave ll *adj*: ~ *hoof* pezuña *f* hendida
clo•ver ['kloʊvər] BOT trébol *m*; *be or live in* ~ fig vivir como un rey
clown [klaʊn] *also fig* payaso *m*
◆ clown around *v/i* payasear, *Span* hacer el payaso
clown•ish ['klaʊnɪʃ] *adj* de payaso
club [klʌb] *n* 1 *weapon* palo *m*, garrote *m* 2 *in golf* palo *m* 3 *organization* club *m* 4: ~*s in cards* tréboles *mpl*; *Spanish cards* bastos *mpl*
◆ club together *v/i* poner dinero
'club class clase *f* preferente; club'foot MED pie *m* deforme; 'club•house edificio en el que se reúnen los miembros de un club deportivo
cluck [klʌk] *v/i* cacarear
clue [kluː] pista *f*; *I haven't a* ~ F *(don't know)* no tengo idea F; *he hasn't a* ~ F *(is useless)* no tiene ni idea F

◆ clue in *v/t* F poner al tanto F
clued-up [kluːd'ʌp] *adj* F puesto F; *be* ~ *on sth* F estar puesto sobre algo F
clump [klʌmp] *n* 1 *of earth* terrón *m* 2 *of flowers etc* grupo *m*
◆ clump around *v/i* andar ruidosamente
clum•si•ness ['klʌmzɪnɪs] torpeza *f*
clum•sy ['klʌmzɪ] *adj person* torpe
clung [klʌŋ] *pret & pp* ☞ cling
clus•ter ['klʌstər] l *n* grupo *m* ll *v/i of people* apiñarse; *of houses* agruparse
clutch [klʌtʃ] l *n* 1 MOT embrague *m* 2: *fall into s.o.'s* ~*es* caer en las garras de alguien ll *v/t* agarrar
◆ clutch at *v/t*: *clutch at sth* agarrarse a algo
'clutch ped•al (pedal *m* de) embrague *m*
clut•ter ['klʌtər] l *n* desorden *m*; *all the* ~ *on my desk* la cantidad de cosas que hay encima de mi mesa; *in a* ~ patas arriba F ll *v/t (also:* ~ *up)* abarrotar
CNN [siːen'en] *abbr* (= *Cable News Network*) CNN *f*
Co. *abbr* (= *Company*) Cía. (= Compañía *f*)
c/o *abbr* (= *care of*) en el domicilio de
coach [koʊtʃ] l *n* 1 *(trainer)* entrenador(a) *m(f)*; *of singer, actor* profesor(a) *m(f)* 2 *Br (bus)* autobús *m* ll *v/t footballer* entrenar; *singer* preparar; ~ *s.o. in sth* dar tutorías de algo a alguien
coach•ing ['koʊtʃɪŋ] entrenamiento *m*
'coach trip *Br* viaje *m* en autobús
co•ag•u•late [koʊ'ægjʊleɪt] *v/i of blood* coagularse
co•ag•u•la•tion [koʊægjʊ'leɪʃn] coágulo *m*
coal [koʊl] carbón *m*; *haul or drag s.o. over the* ~*s* fig poner de vuelta y media a alguien
co•a•li•tion [koʊə'lɪʃn] coalición *f*; *form a* ~ formar *or* constituir una coalición; ~ *government* gobierno *m* de coalición
'coal•mine mina *f* de carbón
'coal min•er minero(-a) *m(f)* del carbón
coarse [kɔːrs] *adj* 1 áspero; *hair* basto 2 *(vulgar)* basto, grosero
coarse•ly ['kɔːrslɪ] *adv* 1 *(vulgarly)* de manera grosera 2: ~ *ground coffee* café molido grueso
coast [koʊst] *n* costa *f*; *at the* ~ en la cos-

ta; *the ~ is clear fig* no hay moros en la costa, vía libre **II** *v/i in car* ir en puento muerto; *on bicycle* ir sin pedalear

coast•al ['koustl] *adj* costero

coast•er ['koustər] *n* posavasos *m inv*

'**coast•guard** *organization* servicio *m* de guardacostas; *person* guardacostas *m/f inv*

'**coast•line** litoral *m*, costa *f*

coat [kout] **I** *n* **1** chaqueta *f, L.Am.* saco *m*; (*over~*) abrigo *m* **2** *of animal* pelaje *m* **3** *of paint etc* capa *f*, mano *f* **II** *v/t* (*cover*) cubrir (*with* de); *sugar* / *choc-olate-~ed* recubierto de azúcar / chocolate

'**coat•hang•er** percha *f*

'**coat hook** perchero *m*

coat•ing ['koutɪŋ] capa *f*

coat of 'arms escudo *m* de armas

co-au•thor ['kouɔ:θər] **I** *n* coautor(a) *m(f)* **II** *v/t*: *~ a book* escribir un libro conjuntamente

coax [kouks] *v/t* persuadir; *~ sth out of s.o.* sonsacar algo a alguien

cob [ka:b] *corn* mazorca *f*

co•balt ['koubɔ:lt] MIN cobalto *m*; *~ (blue)* (azul) cobalto

cob•ble ['ka:bl] adoquín *m*

◆ **cobble together** *v/t* F improvisar

cob•bled ['ka:bld] *adj* adoquinado

cob•bler ['ka:blər] zapatero(-a) *m(f)*

'**cob•ble•stone** adoquín *m*

co•bra ['koubrə] ZO cobra *f*

cob•web ['ka:bweb] telaraía *f*

co•caine [kə'keɪn] cocaína *f*

cock [ka:k] **I** *n chicken* gallo *m*; (*any male bird*) macho *m* **II** *v/t gun* armar, cargar

cock-and-'bull sto•ry F cuento *m* chino F

cock•a•too [ka:kə'tu:] ORN cacatúa *f*

cock•er span•iel [ka:kər'spænjəl] ZO cocker spaniel *m*

cock•eyed [ka:k'aɪd] *adj F idea etc* ridículo

'**cock•fight** pelea *f* de gallos; '**cock•fight•ing** peleas *fpl* de gallos; '**cock•pit** *of plane* cabina *f*; '**cock•roach** cucaracha *f*; **cock•sure** *adj* engreído, arrogante; '**cock•tail** cóctel *m*; '**cock•tail bar** bar *m* de cócteles; '**cock•tail par•ty** cóctel *m*; '**cock•tail shak•er** coctelera *f*; '**cock-up** *Br* F chapucería *f* F

cock•y ['ka:kɪ] *adj* F creído, chulo

co•coa ['koukou] *drink* cacao *m*

co•co•nut ['koukənʌt] coco *m*

'**co•co•nut palm** cocotero *m*

co•coon [kə'ku:n] ZO capullo *m*

COD [si:ou'di:] *abbr* (= *collect on delivery*) entrega *f* contra reembolso

cod [ka:d] bacalao *m*

cod•dle ['ka:dl] *v/t sick person* cuidar; *pej: child* mimar

code [koud] **I** *n* código *m*; *in ~* cifrado; *~ of honor* código de honor; *~ of conduct* código de conducta **II** *v/t* codificar

'**code•word** contraseña *f*

cod•i•fy ['koudɪfaɪ] *v/t* LAW codificar, compilar

cod•ing ['koudɪŋ]] codificación *f*

cod-liv•er 'oil aceite *m* de hígado de bacalao

co-ed [kou'ed] EDU **F I** *n student* alumno(-a) *m(f)* de un colegio mixto **II** *adj* mixto

co•ed•u•ca•tion•al [kouedu'keɪʃnl] *adj* mixto

co•ef•fi•cient [kouɪ'fɪʃnt] MATH coeficiente *m*

co•erce [kou'ɜ:rs] *v/t* coaccionar

co•er•cion [kou'ɜ:rʃn] coerción *f*, coacción *f*; *by ~* por la fuerza; *under ~* bajo coacción

co•er•cive [kou'ɜ:rsɪv] *adj* coercitivo, coactivo

co•ex•ist [kouɪg'zɪst] *v/i* coexistir

co•ex•ist•ence [kouɪg'zɪstəns] coexistencia *f*

cof•fee ['ka:fɪ] café *m*; *a cup of ~* un café

'**cof•fee bar** *Br* café *m*, cafetería *f*; '**cof•fee bean** grano *m* de café; '**cof•fee break** pausa *f* para el café; '**cof•fee cup** taza *f* de café; '**cof•fee grind•er** molinillo *m* de café; '**cof•fee grounds** *npl* cafetal *m*; '**cof•fee ma•chine** *in kitchen* cafetera *f*; *in cafeteria, hospital etc* máquina *f* del café; '**cof•fee mak•er** cafetera *f* (*para preparar*); '**cof•fee mill** molinillo *m* de café; '**cof•fee pot** cafetera *f* (*para servir*); '**cof•fee shop** café *m*, cafetería *f*; '**cof•fee ta•ble** mesa *f* de centro; '**cof•fee-ta•ble book** libro *m* de gran tamaño con numerosas ilustraciones

cof•fin ['ka:fɪn] féretro *m*, ataúd *m*

cog [ka:g] diente *m*; *be just a ~ in the machine fig* ser un títere

co•gent ['koʊdʒənt] *adj* convincente
cog•i•tate ['kɑːdʒɪteɪt] *fml* I *v/t* meditar, cavilar II *v/i* reflexionar; **~ on** *or* **about** reflexionar sobre
co•gnac ['kɑːnjæk] coñac *m*
cog•ni•tion [kɑːg'nɪʃn] cognición *f*
cog•ni•tive ['kɑːgnətɪv] *adj* cognitivo
cog•ni•zance ['kɑːgnɪzəns] *fml* conocimiento *m*; **take ~ of sth** tomar algo en cuenta
'cog•wheel rueda *f* dentada
co•hab•it [koʊ'hæbɪt] *v/i* cohabitar
co•hab•i•ta•tion [koʊhæbɪ'teɪʃn] convivencia *f*
co•here [koʊ'hɪr] *v/i* ser coherente *or* congruente
co•her•ence, co•her•en•cy [koʊ'hɪrəns, koʊ'hɪrənsɪ] coherencia *f*
co•her•ent [koʊ'hɪrənt] *adj* coherente
co•he•sion [koʊ'hiːʒn] cohesión *f*
co•he•sive [koʊ'hiːsɪv] *adj* cohesivo
coil [kɔɪl] I *n* of rope rollo *m*; of smoke espiral *f*; of snake anillo *m* II *v/t*: **~ (up)** enrollar
coin [kɔɪn] moneda *f*; **the other side of the ~** *fig* la otra cara de la moneda
coin•age ['kɔɪnɪdʒ] **1** *money* moneda *f* **2** *phrase, word* acuñación *f*
co•in•cide [koʊɪn'saɪd] *v/i* coincidir
co•in•ci•dence [koʊ'ɪnsɪdəns] coincidencia *f*; **by sheer ~** por pura casualidad
co•in•ci•den•tal [koʊɪnsɪ'dəntl] *adj* casual, fortuito
coin-op•er•at•ed ['kɔɪnɑːpəreɪtɪd] *adj* a monedas
coke [koʊk] P (*cocaine*) coca *f*
Coke® [koʊk] Coca-Cola® *f*
col•an•der ['kʌləndər] escurridor *m*
cold [koʊld] I *adj also fig* frío; **I'm (feeling) ~** tengo frío; **it's ~** of weather hace frío; **in ~ blood** a sangre fría; **a ~ snap** una ola de frío; **get ~ feet** F echarse para atrás F; **it left me ~** no me dio ni frío ni calor
II *n* **1** frío *m*; **I feel left out in the ~** *fig* siento que se me deja de lado **2** MED resfriado *m*; **I have a ~** estoy resfriado, tengo un resfriado; **catch a ~** pillar un resfriado
cold-blood•ed [koʊld'blʌdɪd] *adj* de sangre fría; *fig*: *murder* a sangre fría
'cold call COM visita *f* sin avisar; *on telephone* llamada *f* sin avisar; **cold 'call-**

ing COM *visitas o llamadas comerciales hechas sin cita previa*; **'cold cuts** *npl* fiambres *mpl*; **'cold drink** bebida *f* fresca; **cold-heart•ed** [koʊld'hɑːrtɪd] *adj* frío
cold•ish ['koʊldɪʃ] *adj* bastante frío
cold•ly ['koʊldlɪ] *adv* fríamente, con frialdad
cold•ness ['koʊldnɪs] frialdad *f*
'cold room cámara *f* frigorífica; **cold 'shoul•der** F: **give s.o. the ~** volver la espalda a alguien F; **'cold sore** calentura *f*; **cold 'start** COMPUT, MOT arranque *m* en frío; **cold 'stor•age** refrigeración *f*; **'cold store** almacén *m* frigorífico
cold 'tur•key P: **go ~** of drug addict limpiarse de la noche a la mañana P; **give up smoking ~** dejar de fumar de la noche a la mañana
cold 'war POL guerra *f* fría
cole•slaw ['koʊlslɔː] *ensalada de col, cebolla, zanahoria y mayonesa*
col•ic ['kɑːlɪk] cólico *m*
col•lab•o•rate [kə'læbəreɪt] *v/i* colaborar (**on** en)
col•lab•o•ra•tion [kələbə'reɪʃn] colaboración *f*; **in ~ with** con la colaboración de
col•lab•o•ra•tor [kə'læbəreɪtər] colaborador(a) *m(f)*; *with enemy* colaboracionista *m/f*
col•lage [kə'lɑːʒ] colage *m*
col•lapse [kə'læps] I *v/i* of roof, building hundirse, desplomarse; of person, the dollar desplomarse II *n* of roof, building derrumbamiento *m*; of the dollar desplome *m*; **nervous ~** ataque *m* de nervios
col•lap•si•ble [kə'læpsəbl] *adj* plegable
col•lar ['kɑːlər] cuello *m*; for dog collar *m*
'col•lar-bone clavícula *f*
col•lat•er•al [kə'lætərəl] aval *m*
col•lat•er•al 'dam•age MIL daños *mpl* colaterales
col•league ['kɑːliːg] colega *m/f*
col•lect [kə'lekt] I *v/t* recoger; *taxes* recaudar; *as hobby* coleccionar II *v/i* **1** (*gather together*) reunirse **2**: **we're collecting for charity** estamos haciendo una colecta para una obra benéfica III *adv*: **call ~** llamar a cobro revertido
col•lect call llamada *f* a cobro revertido

col•lect•ed [kəˈlektɪd] *adj* **1** *works, poems etc* completo **2** *person* sereno

col•lec•tion [kəˈlekʃn] colección *f; in church* colecta *f*

col•lec•tive [kəˈlektɪv] *adj* colectivo; **~ agreement** convenio *m* colectivo

col•lec•tive 'bar•gain•ing negociación *f* colectiva

col•lec•tive•ly [kəˈlektɪvlɪ] *adv* colectivamente, conjuntamente

col•lec•tive 'noun nombre *m* colectivo

col•lec•tor [kəˈlektər] coleccionista *m/f*; **~'s item** pieza *f* de coleccionista

col•lege [ˈkɑːlɪdʒ] universidad *f*

col•le•gi•ate [kəˈliːdʒɪət] *adj* universitario

col•lide [kəˈlaɪd] *v/i* chocar, colisionar (**with** con *or* contra)

col•lie [ˈkɑːlɪ] collie *m*

col•li•sion [kəˈlɪʒn] choque *m*, colisión *f*; **be on a ~ course** *fig* estar en la antesala de un conflicto

col•lo•qui•al [kəˈloʊkwɪəl] *adj* coloquial

col•lo•qui•al•ism [kəˈloʊkwɪəlɪzəm] expresión *f* coloquial

col•lude [kəˈluːd] *v/i* confabularse; **~ with s.o.** colaborar clandestinamente con alguien

col•lu•sion [kəˈluːʒn] confabulación *f*

Co•lom•bi•a [kəˈlʌmbɪə] Colombia *f*

Co•lom•bi•an [kəˈlʌmbɪən] **I** *adj* colombiano **II** *n* colombiano(-a) *m(f)*

co•lon [ˈkoʊlən] **1** *punctuation* dos puntos *mpl* **2** ANAT colon *m* **3** FIN colón *m*

colo•nel [ˈkɜːrnl] coronel *m*

co•lo•ni•al [kəˈloʊnɪəl] *adj* colonial

co•lo•ni•al•ism [kəˈloʊnɪəlɪzəm] POL colonialismo *m*

co•lo•ni•al 'split-lev•el casa *f* de estilo colonial de dos plantas

col•o•nist [ˈkɑːlənɪst] *who lives in a colony* colono(-a) *m(f)*; *who helped found a colony* colonizador(a) *m(f)*

col•o•ni•za•tion [kɑːlənaɪˈzeɪʃn] colonización *f*

col•o•nize [ˈkɑːlənaɪz] *v/t country* colonizar

col•on•nade [kɑːləˈneɪd] ARCHI columnata *f*

co•lo•ny [ˈkɑːlənɪ] colonia *f*

col•or [ˈkʌlər] **I** *n* color *m; in ~ movie etc* en color; **~s** MIL bandera *f; what ~ is ...?* ¿de qué color es ...?; *paint sth*

in glowing ~s fig poner algo de color de rosa; *pass an examination with flying ~s fig* aprobar un exámen con muy buena nota; *show one's true ~s fig* mostrarse tal y como uno es **II** *v/t one's hair* teñir **III** *v/i* (*blush*) ruborizarse

Col•o•rad•o bee•tle [kɑːlərɑːdoʊˈbiːtl] ZO escarabajo *m* de la patata

'col•or bar segregación *f* racial; **'col•or--blind** *adj* daltónico; **'col•or chart** muestrario *m* de colores; **'col•or--cod•ed** [ˈkʌlərkoʊdɪd] *adj* codificado con colores; **'col•or cod•ing** código *m* de colores

col•ored [ˈkʌlərd] *adj person* de color; **~ pencil** lápiz *m* de color, pintura *f*

'col•or fast *adj* que no destiñe

col•or 'film PHOT película *f* en color

col•or•ful [ˈkʌlərfəl] *adj* lleno de colores; *account* colorido

col•or•ing [ˈkʌlərɪŋ] **1** color *m* **2**: **~ book** libro *m* para colorear

col•or•less [ˈkʌlərlɪs] *adj* **1** incoloro **2** *fig* aburrido, insípido

'col•or pho•to•graph fotografía *f* en color; **'col•or print•er** impresora *f* en color; **'col•or print•ing** impresión *f* en color; **'col•or scheme** combinación *f* de colores; **col•or 'sup•ple•ment** revista *f or* suplemento *m* a todo color; **col•or T'V** televisión *f* en color

co•los•sal [kəˈlɑːsl] *adj* colosal

co•los•sus [kəˈlɑːsəs] (*pl* **colossi** [kəˈlɑːsaɪ], **-suses**) gigante *m/f*, coloso *m/f*

col•our *etc Br* ☞ **color** *etc*

colt [koʊlt] potro *m*

Co•lum•bus [kəˈlʌmbəs] Colón *m*

col•umn [ˈkɑːləm] *architectural, of text* columna *f*

col•um•nist [ˈkɑːləmnɪst] columnista *m/f*

co•ma [ˈkoʊmə] coma *m; be in a ~* estar en coma

comb [koʊm] **I** *n* peine *m* **II** *v/t hair, area* peinar; **~ one's hair** peinarse

◆ **comb through** *v/t fig* buscar minuciosamente en

com•bat [ˈkɑːmbæt] **I** *n* combate *m* **II** *v/t* combatir

com•bi•na•tion [kɑːmbɪˈneɪʃn] combinación *f*

com•bi•na•tion lock cierre *m* de combinación

com•bine [kəm'baɪn] **I** v/t combinar; *ingredients* mezclar; **~ business with pleasure** combinar el placer con los negocios **II** v/i combinarse; **everything ~d against him** todo se volvió contra él **III** n ['kɑːmbaɪn] COM complejo *m* industrial

com•bined [kəm'baɪnd] *adj* combinado, coordinado

com•bine har•vest•er [kɑːmbaɪn'hɑːrvɪstər] cosechadora *f*

com•bus•ti•ble [kəm'bʌstɪbl] *adj* combustible

com•bus•tion [kəm'bʌstʃn] combustión *f*

com'bus•tion en•gine motor *m* de combustión

come [kʌm] **I** v/i (*pret* **came**, *pp* **come**) **1** *toward speaker* venir; *toward listener* ir; *of train, bus* llegar, venir; **don't ~ too close** no te acerques demasiado; **he came to see us** nos vino a ver; **~ and go** ir y venir; **~ near to doing sth** estar a punto de hacer algo; **~ what may** pase lo que pase; **generations to ~** las generaciones venideras *or* futuras; **~ to think of it …** ahora que lo pienso …; **~ again?** F ¿que has dicho?, ¿qué?, ¿qué qué?
2: **you'll ~ to like it** llegará a gustarte; **how ~?** F ¿y eso?; **as I came to know him I realized that …** al irlo conociendo me di cuenta de que …; **~ to know sth** descubrir algo; **I have ~ to believe that…** he llegado a la conclusión de que…; **when it ~s to paying** a la hora de pagar; **~ true** cumplirse, hacerse realidad; **it doesn't ~ cheap** no es ninguna ganga; **how ~ you've stopped going to the club?** ¿cómo es que has dejado de ir al club?
II *int*: **~, ~!** ¡venga!

◆ **come about** v/i (*happen*) pasar, suceder

◆ **come across I** v/t (*find*) encontrar **II** v/i: **his humor comes across as …** su humor da la impresión de ser …; **she comes across as …** da la impresión de ser …

◆ **come across with** v/t F *money* aflojar P, *Span* apoquinar F, *CSur* ponerse con P; *information* soltar P

◆ **come along** v/i **1** (*come too*) venir; **why don't you come along?** ¿por qué no te vienes conmigo / con nosotros? **2** (*turn up*) aparecer **3** (*progress*) marchar; **come along!** F ¡venga, vamos! F, ¡hala, hala! F

◆ **come apart** v/i **1** desmontarse **2** (*break*) romperse; *of alibi etc* venirse abajo

◆ **come around** v/i **1** *to s.o.'s home* venir, pasarse **2** (*regain consciousness*) volver en sí **3** *to a person's point of view* convencerse; **I've come around to your way of thinking** me he convencido de que tienes la razón

◆ **come at** v/t **1** *attack* atacar **2** *approach* acercarse a; *problem* abordar

◆ **come away** v/i (*leave*) salir; *of button etc* caerse

◆ **come back** v/i volver; *from losing position* recuperarse; **it came back to me** lo recordé; **come back to sth** retomar algo; *subject* volver a; **can I come back to you on that later?** ¿puedo darte una respuesta más tarde?

◆ **come between** v/t *people* interponerse entre

◆ **come by I** v/i pasarse **II** v/t (*acquire*) conseguir; **how did you come by that bruise?** ¿cómo te has dado ese golpe?

◆ **come down I** v/i bajar; *of rain, snow* caer; **come down in the world** venirse a menos **II** v/t: **he came down the stairs** bajó las escaleras

◆ **come down on** v/t (*reprimand*) reprender; **come down hard on s.o.** ser duro con alguien

◆ **come down to** v/t *factor, person* depender de

◆ **come down with** v/t *disease, illness* pillar

◆ **come for** v/t **1** (*attack*) atacar **2** (*collect thing*) venir a por; (*collect person*) venir a buscar a

◆ **come forward** v/i (*present o.s.*) presentarse

◆ **come from** v/t (*travel from*) venir de; (*originate from*) ser de; **that's what comes from not paying attention** eso es lo que pasa *or* sucede cuando no se presta atención; **I see where you're coming from** ya veo lo que te quieres decir

◆ **come in** v/i entrar; *of train* llegar; *of tide* subir; **come in!** ¡entre!, ¡adelante!; **~ second** quedar en segunda posición;

where do I come in? ¿cuál es mi papel en todo esto?, ¿qué pinto yo en todo esto? F

◆ **come in for** *v/t* recibir; *come in for criticism* recibir críticas

◆ **come in on** *v/t*: *come in on a deal* participar en un negocio

◆ **come into** *v/t* (*inherit*) heredar

◆ **come off I** *v/i* **1** *of handle etc* soltarse, caerse; *of paint etc* quitarse **2** *of plan etc* tener éxito, salir bien **II** *v/t*: *come off it!* F *expressing disbelief* ¡y qué más! F, ¡anda ya! F, *Span* ¡venga ya!; *expressing annoyance* ¡venga hombre! F

◆ **come on** *v/i* **1** (*progress*) marchar, progresar; *come on!* ¡vamos!; *oh come on, you're exaggerating* ¡vamos, hombre!, estás exagerando **2** *in play* aparecer, salir **3** (*start*) empezar, comenzar **4** (*behave*): *come on tough with s.o.* ser duro con algn; *he tries to come on like a ...* quiere dar la impresión de ser ...

◆ **come on to** *v/t* P (*make advances to*) insinuársele a, *Span* tirarle los tejos a P, *CSur* tirarse un lance con P

◆ **come out** *v/i* salir; *of book* publicarse; *of stain* irse, quitarse; *of secret, scandal* salir a la luz, descubrirse; *of gay* declararse homosexual públicamente; ~ *in a rash* salir un sarpullido; ~ *against / for sth* manifestarse *or* declararse en contra / a favor de algo

◆ **come out with** *v/t* F **1** (*say*) salir con, saltar con **2** (*disclose*) decir, soltar

◆ **come over I** *v/i* venir, pasarse; *I came over all faint* de repente me mareé; *she came over very quiet* se quedó muy callada de repente; *he came over as being rather arrogant* dio la impresión de ser bastante arrogante **II** *v/t*: *what's come over you?* ¿qué mosca te ha picado? F

◆ **come round** *v/i* **1** *visit* venir, pasarse **2** (*recover consciousness*) volver en sí **3** (*change opinion*) entrar en razón

◆ **come through I** *v/i arrive* llegar **II** *v/t* (*survive*) sobrevivir a; *test* pasar, aprobar

◆ **come to** *v/t place* llegar a; *of hair, dress, water* llegar hasta; *that comes to $70* eso suma 70 dólares; *it all comes to the same thing* viene a ser lo mismo; *when it comes to math ...*

cuando se trata de las matemáticas ...; *is this what it has all come to?* ¿cómo hemos podido llegar a esto? **II** *v/i* (*regain consciousness*) volver en sí

◆ **come together** *v/i of plan, scheme* tomar forma, *L.Am.* empezar a caminar

◆ **come under** *v/t* **1** (*be classified under*) entrar dentro de **2**: *come under attack* ser atacado

◆ **come up** *v/i* subir; *of sun* salir; *something has come up* ha surgido algo

◆ **come up against** *v/t* enfrentarse a, verse enfrentado a

◆ **come up for** *v/t*: *come up for discussion* sacarse a relucir

◆ **come upon** *v/t* (*find*) encontrar

◆ **come up to** *v/t* **1** (*approach*) acercarse a **2** (*be equal to*) equipararse a **3** (*reach*) llegar a; *it's coming up to three weeks now* ya van a ser tres semanas

◆ **come up with** *v/t solution* encontrar; *John came up with a great idea* a John se le ocurrió una idea estupenda

'**come•back** regreso *m*; *make a* ~ regresar; *of team* remontar, hacer una remontada

co•me•di•an [kə'miːdɪən] humorista *m/f, pej* payaso(-a) *m(f)*

'**come•down** gran decepción *f*

com•e•dy ['kɑːmədɪ] comedia

come•ly ['kʌmlɪ] *adj fml* hermoso, bello

com•er ['kʌmər]: *the competition is open to all* ~*s* la competición está abierta a todos los aspirantes

com•et ['kɑːmɪt] cometa *m*

come•up•pance [kʌm'ʌpəns] F: *he'll get his* ~ tendrá su merecido

com•fort ['kʌmfərt] **I** *n* **1** comodidad *f*, confort *m*; *live in* ~ vivir desahogadamente *or* con holgura **2** (*consolation*) consuelo *m*; *that's cold* ~ eso no es ningún consuelo **II** *v/t* consolar

com•for•ta•ble ['kʌmfərtəbl] *adj chair* cómodo; *house, room* cómodo, confortable; *be* ~ *of person* estar cómodo; *financially* estar en una situación holgada; *make o.s.* ~ ponerse cómodo; *feel* ~ sentirse cómodo *or* a gusto

com•for•ta•bly ['kʌmfərtəblɪ] *adv* cómodamente; *they are* ~ *off* viven holgadamente

com•fort•er ['kʌmfərtər] *bedcover* cubrecama *m*, colcha *f*

com•fort•ing [ˈkʌmfərtɪŋ] *adj* reconfortante

com•fort•less [ˈkʌmfərtlɪs] *adj* sin comodidades, poco confortable

'**com•fort sta•tion** servicios *mpl* públicos

com•fy [ˈkʌmfɪ] F cómodo

com•ic [ˈkɑːmɪk] **I** *n* **1** *to read* cómic *m* **2** (*comedian*) cómico(-a) *m(f)* **II** *adj* cómico

com•i•cal [ˈkɑːmɪkl] *adj* cómico

'**com•ic book** cómic *m*

com•ic 'op•er•a MUS opereta *f*

com•ics [ˈkɑːmɪks] *npl* tiras *fpl* cómicas

'**com•ic strip** tira *f* cómica

com•ing [ˈkʌmɪŋ] **I** *adj week, meeting* próximo, siguiente **II** *n* llegada *f*; **~s and goings** idas y venidas

com•ma [ˈkɑːmə] coma *f*

com•mand [kəˈmænd] **I** *n* orden *f*; COMPUT comando *m*, instrucción *f*; **have ~ of 500 men** estar al cargo *or* frente de 500 soldados; **his ~ of English** sus conocimientos *or* su dominio de inglés; **be in ~** MIL estar al mando; **the men under his ~** los hombres bajo su mando
II *v/t* ordenar, mandar; **~ s.o.'s admiration** despertar la admiración de alguien; **~ respect** imponer respeto

com•man•dant [ˈkɑːməndænt] MIL comandante *m/f*

com•man•deer [kɑːmənˈdɪr] *v/t* requisar

com•mand•er [kəˈmændər] comandante *m/f*

com•mand•er-in-'chief comandante *m/f* en jefe

com•mand•ing of•fi•cer [kəˈmændɪŋ] oficial *m/f* al mando

com•mand•ment [kəˈmændmənt] mandamiento *m*; **the Ten Commandments** REL los Diez Mandamientos

com'mand mod•ule *of spacecraft* módulo *m* de mando

com•man•do [kəˈmændoʊ] (*pl* **-do(e)s**) MIL comando *m*

com•mem•o•rate [kəˈmeməreɪt] *v/t* conmemorar

com•mem•o•ra•tion [kəmeməˈreɪʃn]: **in ~ of** en conmemoración de

com•mem•o•ra•tive [kəˈmemərətɪv] *adj* conmemorativo; **~ plaque** placa *f* conmemorativa

com•mence [kəˈmens] *v/t & v/i* comenzar

com•mence•ment [kəˈmensmənt] comienzo *m*

com•mend [kəˈmend] *v/t* encomiar, elogiar

com•mend•a•ble [kəˈmendəbl] *adj* encomiable

com•men•da•tion [kəmenˈdeɪʃn] *for bravery* mención *f*

com•mend•a•to•ry [kɑːˈmendətɔːrɪ] *adj fml* comendatorio, de recomendación

com•men•su•rate [kəˈmenʃərət] *adj*: **~ with** acorde con

com•ment [ˈkɑːment] **I** *n* comentario *m*; **no ~!** ¡sin comentarios! **II** *v/i* hacer comentarios (**on** sobre)

com•men•ta•ry [ˈkɑːməntərɪ] comentarios *mpl*

'**com•men•ta•ry booth** TV, RAD cabina *f* de comentaristas

com•men•tate [ˈkɑːmənteɪt] *v/i* hacer de comentarista

◆ **commentate on** *v/t* comentar

com•men•ta•tor [ˈkɑːmənteɪtər] comentarista *m/f*

com•merce [ˈkɑːmɜːrs] comercio *m*

com•mer•cial [kəˈmɜːrʃl] **I** *adj* comercial **II** *n* (*advert*) anuncio *m* (publicitario)

com•mer•cial at'taché agregado *m* comercial; **com'mer•cial bank** banco *m* comercial; **com•mer•cial 'break** pausa *f* publicitaria

com•mer•cial•ize [kəˈmɜːrʃlaɪz] *v/t Christmas* comercializar

com•mer•cial 'trav•el•er viajante *m/f* de comercio

com•mie [ˈkɑːmɪ] F *pej* rojo(-a) *m(f)* F

com•mis•er•ate [kəˈmɪzəreɪt] *v/i*: **she ~d with me on my failure to get the job** me dijo cuánto sentía que no hubiera conseguido el trabajo

com•mis•er•a•tion [kəmɪzərˈeɪʃn]: **offer s.o. one's ~s** compadecerse de alguien

com•mis•sion [kəˈmɪʃn] **I** *n* (*payment, committee*) comisión *f*; (*job*) encargo *m*; **paid on a ~ basis** pagado a comisión **II** *v/t*: **she has been commissioned ...** se le ha encargado ...

com•mis•sion•aire [kəmɪʃəˈner] *Br* portero *m*

com•mis•sion•er [kə'mɪʃənər] **1** POL comisario(-a) *m(f)* **2** *police officer* comisario(-a) *m(f)* de policía

com•mis•sion•ing [kə'mɪʃənɪŋ] *of new plant etc* puesta *f* en funcionamiento

com•mit [kə'mɪt] *v/t* (*pret & pp* **-ted**) **1** *crime* cometer **2** *money* comprometer; **~ o.s.** comprometerse; **~ sth to paper** poner algo por escrito

com•mit•ment [kə'mɪtmənt] compromiso *m* (**to** con); **he's afraid of ~** tiene miedo de comprometerse; **without any ~** sin ningún compromiso

com•mit•ted [kə'mɪtɪd] *adj Christian, socialist* comprometido; **be ~ to sth** estar entregado *or* dedicado a algo; **he's ~ to getting the team into shape** se ha comprometido a poner en forma al equipo

com•mit•tee [kə'mɪtɪ] comité *m*; **be or sit on a ~** formar parte de un comité *or* una comisión

com'mit•tee meet•ing reunión *f* del comité

com'mit•tee mem•ber miembro *m* del comité

com•mode [kə'moʊd] **I** *chest of drawers* cómoda *f* **II** *Br toilet* asiento *m* con orinal

com•mo•di•ous [kə'moʊdjəs] *adj fml* espacioso, amplio

com•mod•i•ty [kə'mɑːdətɪ] *raw material* producto *m* básico; *product* bien *m* de consumo; *language skills are a rare ~* el conocimiento de idiomas es un bien escaso

com'mod•i•ty ex•change bolsa *f* de materias primas

com•mon ['kɑːmən] *adj* común; **in ~** al igual (**with** que); **have sth in ~ with s.o.** tener algo en común con alguien; **by ~ consent** por unanimidad; **it is ~ knowledge that …** es de todos sabido que …; **he was a ~ sight in town** se le veía a menudo por la ciudad; **~ or garden** F corriente y moliente F; **the ~ people** la gente corriente

com•mon•er ['kɑːmənər] plebeyo(-a) *m(f)*

com•mon 'law derecho *m* consuetudinario *or* angloamericano; **com•mon-law 'hus•band** esposo *m* de hecho; **com•mon-law 'mar•riage** matrimonio *m* consensual *or* de hecho; **com•mon**

law 'wife esposa *f* de hecho

com•mon•ly ['kɑːmənlɪ] *adv* comúnmente

Com•mon 'Mar•ket Mercado *m* Común Europeo

'com•mon•place *adj* común

'com•mon room *Br* sala *f* de estudiantes / profesores

Com•mons ['kɑːmənz] *pl*: **the ~** PARL *Br* los Comunes

com•mon 'sense sentido *m* común; **it's only ~ to …** es de sentido común …

Com•mon•wealth ['kɑːmənwelθ]: **the ~ (of Nations)** la Comunidad Británica de las Naciones

com•mo•tion [kə'moʊʃn] alboroto *m*

com•mu•nal [kə'mjuːnl] *adj* comunal

com•mu•nal•ly [kəm'juːnəlɪ] *adv* en comunidad

com•mune[1] [kə'mjuːn] *v/i*: **~ with na•ture / God** estar en comunión con la naturaleza / Dios

com•mune[2] ['kɑːmjuːn] *n* comuna *f*

com•mu•ni•ca•ble [kə'mjuːnɪkəbl] *adj* MED contagioso

com•mu•ni•cate [kə'mjuːnɪkeɪt] **I** *v/i* comunicarse **II** *v/t* comunicar

com•mu•ni•ca•tion [kəmjuːnɪ'keɪʃn] comunicación *f*; **be in ~ with s.o.** estar en contacto con alguien; **have good / poor ~ skills** saber / no saber comunicarse

com•mu•ni•ca•tions *npl* comunicaciones *fpl*

com•mu•ni•ca•tions sat•el•lite satélite *m* de telecomunicaciones

com•mu•ni•ca•tive [kə'mjuːnɪkətɪv] *adj person* comunicativo

Com•mu•nion [kə'mjuːnjən] REL comunión *f*; **take ~** pasar a comulgar

com•mu•ni•qué [kə'mjuːnɪkeɪ] comunicado *m*

Com•mu•nism ['kɑːmjʊnɪzəm] comunismo *m*

Com•mu•nist ['kɑːmjʊnɪst] **I** *adj* comunista **II** *n* comunista *m/f*

com•mu•ni•ty [kə'mjuːnətɪ] comunidad *f*; **~ spirit** espíritu *m* de grupo

com'mu•ni•ty cen•ter centro *m* comunitario; **com'mu•ni•ty ra•di•o** radio *f* comunitaria; **com'mu•ni•ty serv•ice** servicios *mpl* a la comunidad (como pena)

com•mu•ta•tion [kɑːmjuː'teɪʃn] LAW

conmutación f

com•mute [kə'mju:t] **I** v/i viajar al trabajo; **~ to work** viajar al trabajo **II** v/t LAW conmutar

com•mut•er [kə'mju:tər] *persona que viaja al trabajo*

com'mut•er 'air•line línea f aérea de cercanías; **com'mut•er belt** *zona desde la que la gente viaja al trabajo*; **com•'mut•er plane** avión m de cercanías; **com'mut•er town** *ciudad f dormitorio*; **com'mut•er traf•fic** *tráfico generado por los que se desplazan al trabajo*; **com'mut•er train** *tren de cercanías que utilizan los que se desplazan al trabajo*

comp [kɑːmp] F indemnización f

com•pact I *adj* [kəm'pækt] compacto **II** *n* ['kɑːmpækt] MOT utilitario m **III** v/t [kəm'pækt] comprimir

com•pact 'disc (disco m) compacto m

com•pact 'disc play•er reproductor m de (discos) compactos

com•pan•ion [kəm'pænjən] compañero(-a) m(f)

com•pan•ion•a•ble [kəm'pænjənəbl] *adj* sociable, simpático

com•pan•ion•ship [kəm'pænjənʃɪp] compañía f

com•pa•ny ['kʌmpənɪ] **1** COM empresa f, compañía f **2** (*companionship, guests*) compañía f; **keep s.o. ~** hacer compañía a alguien; **in ~ with** en compañía de, junto con; **be in good ~** estar en buena compañía; **be good ~** ser buena compañía; **keep bad ~** ir con malas compañías; **part ~ with s.o.** *separate* separarse de alguien; *fig* dejar de estar de acuerdo con alguien; **present ~ excepted!** ¡mejorando lo presente!

com•pa•ny 'car coche m de empresa; **com•pa•ny 'law** derecho m de sociedades; **com•pa•ny 'name** razón f social; **com•pa•ny 'pen•sion** *plan* plan m de jubilación de la empresa; *payment* pensión f de jubilación de la empresa; **com•pa•ny 'pro•file** perfil m de empresa; **com•pa•ny 'sec•ret•ary** secretario(-a) m(f) de la empresa

com•pa•ra•ble ['kɑːmpərəbl] *adj* comparable

com•par•a•tive [kəm'pærətɪv] **I** *adj* (*relative*) relativo; *study* comparado, comparativo; GRAM comparativo; **~ form** GRAM comparativo m **II** *n* GRAM comparativo m

com•par•a•tive•ly [kəm'pærətɪvlɪ] *adv* relativamente

com•pare [kəm'per] **I** v/t comparar; **~d with ...** comparado con ...; **you can't ~ them** no se pueden comparar; **this is not to be ~d with or to** ésto no tiene ni punto de comparación con **II** v/i compararse; **~ favorably with** ser tan bueno como **III** *n*: **beyond ~** sin igual, inigualable

com•pa•ri•son [kəm'pærɪsn] comparación f; **there's no ~** no hay punto de comparación; **by ~** en comparación; **in ~ with** en comparación con

com•part•ment [kəm'pɑːrtmənt] compartimento m

com•pass ['kʌmpəs] **1** brújula f **2** GEOM compás m

com•pas•sion [kəm'pæʃn] compasión f

com•pas•sion•ate [kəm'pæʃənət] *adj* compasivo

com•pas•sion•ate 'leave *permiso laboral por muerte o enfermedad grave de un familiar*

com•pat•i•bil•i•ty [kəmpætə'bɪlɪtɪ] compatibilidad f

com•pat•i•ble [kəm'pætəbl] *adj* compatible; **be ~** ser compatible (**with** con)

com•pa•tri•ot [kəm'peɪtrɪət] compatriota m/f

com•pel [kəm'pel] v/t (*pret & pp -led*) obligar; **be ~led to do sth** ser obligado a hacer algo

com•pel•ling [kəm'pelɪŋ] *adj argument* poderoso; *movie, book* fascinante

com•pen•di•um [kəm'pendɪəm] *book* compendio m

com•pen•sate ['kɑːmpənseɪt] **I** v/t *with money* compensar **II** v/i: **~ for** compensar

com•pen•sa•tion [kɑːmpən'seɪʃn] **1** *money* indemnización f **2** (*reward, comfort*) compensación f; **in ~ for** en compensación por

com•père, com•pere ['kɑːmper] *Br* **I** *n* presentador(a) m(f) **II** v/t presentar

com•pete [kəm'piːt] v/i competir (**for** por, **with** con)

com•pe•tence ['kɑːmpɪtəns] competencia f

com•pe•tent ['kɑːmpɪtənt] *adj* compe-

tente; *I'm not ~ to judge* no estoy capacitado para juzgar

com•pe•tent•ly [ˈkɑːmpɪtəntlɪ] *adv*
competentemente

com•pe•ti•tion [kɑːmpəˈtɪʃn] **1** (*contest*) concurso *m*; SP competición *f* **2**
(*competitors*) competencia *f*; *the government wants to encourage ~* el
gobierno quiere fomentar la competencia; *unfair ~* COM competición desleal

com•pet•i•tive [kəmˈpetətɪv] *adj* competitivo

com•pet•i•tive 'edge ventaja *f* competitiva

com•pet•i•tive•ly [kəmˈpetətɪvlɪ] *adv*
competitivamente: *~ priced* con un
precio muy competitivo

com•pet•i•tive•ness [kəmˈpetɪtɪvnɪs]
1 COM competitividad *f* **2** *of person* espíritu *m* competitivo

com•pet•i•tor [kəmˈpetɪtər] **1** *in contest*
concursante *m/f*; SP competidor(a)
m(f), contrincante *m/f* **2** COM compe-
tidor(a) *m(f)*

com•pi•la•tion [kɑːmpɪˈleɪʃn] MUS re-
copilatorio *m*

com•pile [kəmˈpaɪl] *v/t* compilar

com•pla•cen•cy [kəmˈpleɪsənsɪ] complacencia *f*

com•pla•cent [kəmˈpleɪsənt] *adj* complaciente

com•plain [kəmˈpleɪn] *v/i* **1** quejarse,
protestar; *to shop, manager* quejarse;
~ about sth quejarse de algo **2** MED:
~ of estar aquejado de

com•plaint [kəmˈpleɪnt] **1** queja *f*, protesta *f*; *make or lodge a ~* presentar
una queja, hacer una reclamación; *letter of ~* carta *f* de protesta; *to hotel,
shop, company* carta *f* de reclamación
2 MED dolencia *f*

com•ple•ment [ˈkɑːmplɪmənt] *v/t* complementar; *they ~ each other* se complementan

com•ple•men•ta•ry [kɑːmplɪˈmentərɪ]
adj complementario; *the two are ~*
los dos se complementan; *be ~ to sth*
complementarse con algo

com•plete [kəmˈpliːt] **I** *adj* (*total*) absoluto, total; (*full*) completo; (*finished*)
finalizado, terminado **II** *v/t task, building etc* finalizar, terminar; *course* completar; *form* rellenar

com•plete•ly [kəmˈpliːtlɪ] *adv* completamente

com•plete•ness [kəmˈpliːtnɪs] lo completo

com•ple•tion [kəmˈpliːʃn] finalización
f, terminación *f*; *bring sth to ~* llevar
a término algo; *~ date* fecha *f* de terminación

com•plex [ˈkɑːmpleks] **I** *adj* complejo **II**
n also PSYCH complejo *m*

com•plex•ion [kəmˈplekʃn] *facial* tez *f*;
that puts a different ~ on the matter
eso hace que el asunto tome un cariz
diferente

com•plex•i•ty [kəmˈpleksɪtɪ] complejidad *f*

com•pli•ance [kəmˈplaɪəns] cumplimiento (*with* de); *in ~ with the regulations / the law* de acuerdo a las normas / la ley; *in ~ with my late aunt's
wishes* por voluntad de mi tía difunta

com•pli•ant [kəmˈplaɪənt] *adj* sumiso,
obediente

com•pli•cate [ˈkɑːmplɪkeɪt] *v/t* complicar

com•pli•cat•ed [ˈkɑːmplɪkeɪtɪd] *adj*
complicado

com•pli•ca•tion [kɑːmplɪˈkeɪʃn] complicación *f*; *~s* MED complicaciones *fpl*

com•plic•i•ty [kəmˈplɪsətɪ] complicidad
f

com•pli•ment [ˈkɑːmplɪmənt] **I** *n* cumplido *m*; *pay s.o. a ~* decir un cumplido
a alguien; *by one's actions* hacer un
cumplido a alguien; *with the ~ of*
con saludos de **II** *v/t* hacer un cumplido
a (*on* por)

com•pli•men•ta•ry [kɑːmplɪˈmentərɪ]
adj **1** elogioso **2** (*free*) de regalo, gratis;
~ ticket entrada *f* gratuita

'com•pli•ments slip nota *f* de cortesía

com•ply [kəmˈplaɪ] *v/i* (*pret & pp -ied*)
cumplir; *~ with* cumplir; *~ with the law*
acatar la ley

com•po•nent [kəmˈpoʊnənt] pieza *f*,
componente *m*; *~ part* pieza componente

com•pose [kəmˈpoʊz] *v/t also* MUS
componer; *be ~d of* estar compuesto
de; *~ o.s.* serenarse

com•posed [kəmˈpoʊzd] *adj* (*calm*) sereno

com•pos•er [kəmˈpoʊzər] MUS compo-
sitor(a) *m(f)*

com•pos•ite ['kɑːmpəzɪt] combinación f (**of** de)

com•po•si•tion [kɑːmpə'zɪʃn] **1** also MUS composición f **2** (*essay*) redacción f

com•pos•i•tor [kəm'pɑːzɪtər] (*typesetter*) cajista m/f

com•post ['kɑːmpɑːst] abono m, fertilizante m

'**com•post heap** plantas y estiércol amontonados en el jardín para producir abono

com•po•sure [kəm'pouʒər] compostura f

com•pote ['kɑːmpɑːt] compota f

com•pound[1] ['kɑːmpaʊnd] n CHEM compuesto m

com•pound[2] [kəm'paʊnd] **I** v/t **1** CHEM combinar **2** *problem* empeorar, agravar **II** adj ['kɑːmpaʊnd] *eye, fracture* compuesto

com•pound[3] ['kɑːmpaʊnd] n *enclosure* recinto m cerrado

com•pound in•ter•est ['kɑːmpaʊnd] interés m compuesto or combinado

com•pre•hend [kɑːmprɪ'hend] v/t fml (*understand*) comprender

com•pre•hen•si•ble [kɑːmprɪ'hensɪbl] adj comprensible

com•pre•hen•sion [kɑːmprɪ'henʃn] comprensión f; **beyond** ~ incomprensible or inexplicable

com•pre•hen•sive [kɑːmprɪ'hensɪv] adj detallado

com•pre•hen•sive in•sur•ance seguro m a todo riesgo

com•pre•hen•sive•ly [kɑːmprɪ'hensɪvlɪ] adv **1** (*in detail*) detalladamente **2** *beaten* totalmente

com•press I n ['kɑːmpres] MED compresa f **II** v/t [kəm'pres] *air, gas* comprimir; *information* condensar; ~**ed air** aire m comprimido

com•pres•sion [kəm'preʃn] compresión f

com•pres•sor [kəm'presər] TECH compresor m

com•prise [kəm'praɪz] v/t comprender; **be** ~**d of** constar de

com•pro•mise ['kɑːmprəmaɪz] **I** n solución f negociada; **I've had to make** ~**s all my life** toda mi vida he tenido que hacer concesiones; **reach a** ~ llegar a una solución de mutuo acuerdo; ~ **so-**

lution solución f negociada **II** v/i transigir, efectuar concesiones **III** v/t *principles* traicionar; (*jeopardize*) poner en peligro; ~ **o.s.** ponerse en un compromiso

comp•trol•ler [kən'troʊlər] tesorero(-a) m(f)

com•pul•sion [kəm'pʌlʃn] **1** PSYCH compulsión f **2**: **be under no** ~ **to do sth** no tener la obligación de hacer algo

com•pul•sive [kəm'pʌlsɪv] adj **1** *behavior* compulsivo **2** *reading* absorbente

com•pul•so•ry [kəm'pʌlsərɪ] adj obligatorio

com•pu•ta•tion [kɑːmpjuː'teɪʃn] cómputo m, cálculo m

com•pu•ta•tion•al [kɑːmpjuː'teɪʃnl] adj computacional

com•pute [kəm'pjuːt] v/t fml computar, calcular

com•put•er [kəm'pjuːtər] *Span* ordenador m, *L.Am.* computadora f; **have sth on** ~ tener algo en el *Span* ordenador or *L.Am.* computadora

com'put•er age era f de la informática or *L.Am.* las computadoras; **com•put•er-aid•ed** [kəmpjuːtər'eɪdɪd] adj asistido por *Span* ordenador or *L.Am.* computadora; **com•put•er--aid•ed de'sign** diseño m asistido por *Span* ordenador or *L.Am.* computadora; **com•put•er-aid•ed en•gi-'neer•ing** ingeniería f asistida por *Span* ordenador or *L.Am.* computadora; **com•put•er-aid•ed 'learn•ing** enseñanza f asistida por *Span* ordenador or *L.Am.* computadora; **com•put•er--aid•ed man•u'fac•ture** fabricación f asistida por *Span* ordenador or *L.Am.* computadora; **com•put•er an•i'ma•tion** animación f por *Span* ordenador or *L.Am.* computadora; **com•put•er-as•sist•ed** [kəmpjuːtərə-'sɪstɪd] ☞ **computer-aided**; **com•put•er-con'trolled** adj controlado por *Span* ordenador or *L.Am.* computadora; **com'put•er game** juego m de *Span* ordenador or *L.Am.* computadora; **com'put•er ex•pert** experto(-a) m(f) en informática or *L.Am.* also computadoras; **com•put•er 'graphics** npl infografía f; **com•put•er 'hard•ware** hardware m (informático)

com•put•er•i•za•tion [kəmpjuːtəraɪ-

'zeɪʃn] informatización f, *L.Am. also* computerización f

com•put•er•ize [kəm'pjuːtəraɪz] v/t informatizar, *L.Am. also* computarizar

com'put•er lan•guage lenguaje *m* informático *or* de programación; **com•put•er 'lit•er•a•cy** conocimientos *mpl* de informática *or L.Am. also* computadoras; **com•put•er 'lit•er•ate** *adj* con conocimientos de informática *or L.Am. also* computación; **com•put•er 'net•work** red *f* informática *or L.Am also* de computadoras; **com'put•er op•er•a•tor** operador(a) *m(f)* informático *or L.Am. also* de computadoras; **com•put•er 'print•out** listado *m*; **com'put•er pro•gram** programa *m* informático; **com•put•er 'pro•gram•mer** programador(a) *m(f)* informático; **com•put•er 'sci•ence** informática *f*, *L.Am. also* computación *f*; **com•put•er 'sci•en•tist** informático(-a) *m(f)*; **com•put•er 'sys•tem** sistema *m* informático; **com•put•er 'ter•min•al** terminal *m* de *Span* ordenador *or L.Am.* computadora; **com•put•er 'vi•rus** virus *m* informático

com•put•ing [kəm'pjuːtɪŋ] informática *f, L.Am. also* computación *f*

com•rade ['kɑːmreɪd] *(friend)* compañero(-a) *m(f)*; POL camarada *m/f*

com•rade•ship ['kɑːmreɪdʃɪp] camaradería *f*

con[1] [kɑːn] **F** I *n* timo *m* II *v/t (pret & pp -ned)* timar; **~ s.o. out of sth** soplar *or* birlar a alguien algo **F**; **~ s.o. into doing sth** engañar *or* liar a alguien para que haga algo

con[2] [kɑːn] *n*: **the pros and ~s of sth** los pros y los contras de algo

con•cave ['kɑːnkeɪv] *adj* cóncavo

con•ceal [kən'siːl] *v/t* ocultar

con•ceal•ment [kən'siːlmənt] ocultación *f*

con•cede [kən'siːd] *v/t* **1** *(admit)* admitir, reconocer **2** *goal* encajar; *penalty* cometer

con•ceit [kən'siːt] engreimiento *m*, presunción *f*; **be full of ~** ser un engreído

con•ceit•ed [kən'siːtɪd] *adj* engreído, presuntuoso

con•ceiv•a•ble [kən'siːvəbl] *adj* concebible

con•ceive [kən'siːv] *v/i* **1** *of woman*

concebir **2**: **~ of** *(imagine)* imaginar

con•cen•trate ['kɑːnsəntreɪt] I *v/i* concentrarse II *v/t one's attention, energies* concentrar

con•cen•trat•ed ['kɑːnsəntreɪtɪd] *adj juice etc* concentrado

con•cen•tra•tion [kɑːnsən'treɪʃn] concentración *f*; **power of ~** capacidad *f* de concentración

con•cen'tra•tion camp campo *m* de concentración

con•cen•tric [kən'sentrɪk] *adj* concéntrico

con•cept ['kɑːnsept] concepto *m*

con•cep•tion [kən'sepʃn] *of child* concepción *f*

con•cep•tu•al [kən'septʃʊəl] *adj* conceptual

con•cern [kən'sɜːrn] I *n* **1** *(anxiety, care)* preocupación *f*; *cause ~* preocupar, inquietar; *a matter of national ~* un problema a nivel nacional **2** *(business)* asunto *m*; *it's none of your ~* no es asunto tuyo; *that is no ~ of mine* eso no es asunto mío **3** *(company)* empresa *f* II *v/t* **1** *(involve)* concernir, incumbir; *of story, report* tratar de **2** *(worry)* preocupar, inquietar; *~ o.s. with* preocuparse de

con•cerned [kən'sɜːrnd] *adj* **1** *(anxious)* preocupado, inquieto *(about* por*)* **2** *(caring)* preocupado *(about* por*)* **3** *(involved)* en cuestión; *as far as I'm ~* por lo que a mí respecta

con•cern•ing [kən'sɜːrnɪŋ] *prep* en relación con, sobre

con•cert ['kɑːnsərt] **1** concierto *m* **2**: *in ~ with* en conjunción con

con•cert•ed [kən'sɜːrtɪd] *adj (joint)* concertado, conjunto; *take ~ action* actuar de manera concertada

'con•cert hall auditorio *m*

'con•cert•mas•ter primer violín *m/f*

con•cer•to [kən'tʃertoʊ] concierto *m*; *violin ~* concierto para violín

con•cert 'pi•an•ist pianista *m/f* de concierto

con•ces•sion [kən'seʃn] *(compromise)* concesión *f*

con•ces•sion•aire [kənseʃə'ner] COM concesionario(-a) *m(f)*

conch [kɑːnʃ] ZO concha *f*, caracola *f*

con•cil•i•a•tion [kənsɪlɪ'eɪʃn] conciliación *f*, reconciliación *f*

con•cil•i•a•to•ry [kənsılı'eıtɔːrı] *adj* conciliador

con•cise [kən'saıs] *adj* conciso

con•cise•ness, con•ci•sion [kən'saıs-nıs, kən'sıʒn] concisión *f*, brevedad *f*

con•clude [kən'kluːd] *v/t & v/i* **1** (*deduce*) concluir (*from* de); ~ *that* ir a la conclusión de que **2** (*end*) concluir

con•clud•ing [kən'kluːdıŋ] *adj* conclusivo, final

con•clu•sion [kən'kluːʒn] **1** (*deduction*) conclusión *f*; *come to or arrive at the ~ that* llegar a la conclusión de que; *draw a ~* sacar una conclusión; *jump to ~s* sacar conclusiones antes de tiempo **2** (*end*) conclusión *f*; *bring sth to a ~* concluir algo, poner fin a algo; *in ~* en conclusión

con•clu•sive [kən'kluːsıv] *adj* concluyente

con•coct [kən'kɑːkt] *v/t meal, drink* preparar; *excuse, story* urdir

con•coc•tion [kən'kɑːkʃn] *food* mejunje *m*; *drink* brebaje *m*, pócima *f*

con•cord ['kɑːŋkɔːrd] *fml* concordia *f*

con•course ['kɑːŋkɔːrs] *in station* hall *m*

con•crete ['kɑːŋkriːt] **I** *adj* concreto; ~ *jungle* jungla *f* de asfalto **II** *n* hormigón *m*, *L.Am.* concreto *m*

'con•crete mix•er hormigonera *f*

con•cur [kən'kɜːr] *v/i* (*pret & pp* **-red**) coincidir; ~ *with s.o. that* coincidir con alguien en que

con•cur•rent [kən'kɜːrənt] *adj* concurrente, simultáneo

con•cuss [kən'kʌs] *v/t* conmocionar; *be ~ed* sufrir una conmoción cerebral

con•cus•sion [kən'kʌʃn] conmoción *f* cerebral; *have ~* sufrir una conmoción cerebral

con•demn [kən'dem] *v/t* **1** condenar **2** *building* declarar en ruina

con•dem•na•tion [kɑːndəm'neıʃn] *of action* condena *f*

con•demned cell [kən'demd] celda *f* de los condenados a muerte

con•den•sa•tion [kɑːnden'seıʃn] *on walls, windows* condensación *f*

con•dense [kən'dens] **I** *v/t* (*make shorter*) condensar **II** *v/i of steam* condensarse

con•densed milk [kən'densd] leche *f* condensada

con•dens•er [kən'densər] TECH condensador *m*

con•de•scend [kɑːndı'send] *v/i*: *he ~ed to speak to me* se dignó a hablarme

con•de•scend•ing [kɑːndı'sendıŋ] *adj* (*patronizing*) condescendiente

con•di•ment ['kɑːndımənt] condimento *m*

con•di•tion [kən'dıʃn] **I** *n* **1** (*state*) condiciones *fpl*; *of health* estado *m*; *illness* enfermedad *f*; ~*s* (*circumstances*) condiciones; *you're in no ~ to drive* no estás en condiciones de conducir; *out of ~* en baja forma; *I'm out of ~* no estoy en forma; *living ~s* condiciones de vida; *weather ~s* condiciones atmosféricas

2 (*requirement, term*) condición *f*; *on ~ that …* a condición de que …; *on no ~* bajo ningún concepto, en ningún caso; *make sth a ~* poner algo como condición

II *v/t* PSYCH condicionar

con•di•tion•al [kən'dıʃnl] **I** *adj* *acceptance* condicional; *be ~ on* depender de; *make sth ~ on sth* hacer que algo dependa de algo **II** *n* GRAM condicional *m*

con•di•tion•al clause GRAM oración *f* condicional

con•di•tioned re•sponse, con•di•tioned re•flex [kəndıʃndrı'spɑːns, kəndıʃnd'riːfleks] PSYCH reacción *f* *or* respuesta *f* condicional

con•di•tion•er [kən'dıʃnər] *for hair* suavizante *m*, acondicionador *m*; *for fabric* suavizante *m*

con•di•tion•ing [kən'dıʃnıŋ] PSYCH condicionamiento *m*

con•do ['kɑːndoʊ] F *apartment* apartamento *m*, *Span* piso *m*; *building* bloque *m* de apartamentos

con•do•len•ces [kən'doʊlənsız] *npl* condolencias *fpl*; *please accept my ~* le expreso mi sincera condolencia

con•dom ['kɑːndəm] condón *m*, preservativo *m*

con•do•min•i•um [kɑːndə'mınıəm] ☞ *condo*

con•done [kən'doʊn] *v/t actions* justificar

con•dor ['kɑːndɔːr] ORN cóndor *m*

con•du•cive [kən'duːsıv] *adj*: ~ *to* propicio para

con•duct I *n* [ˈkɑːndʌkt] (*behavior*) conducta *f* **II** *v/t* [kənˈdʌkt] **1** (*carry out*) realizar, hacer **2** ELEC conducir **3** MUS dirigir **4:** **~ o.s.** comportarse

con•duct•ed tour [kənˈdʌktɪd] visita *f* guiada

con•duc•tion [kənˈdʌkʃn] PHYS conducción *f*

con•duc•tor [kənˈdʌktər] **1** MUS director(a) *m(f)* de orquesta **2** *on train* revisor(a) *m(f)* **3** PHYS conductor *m*

con•duit [ˈkɑːndʊɪt] **1** *for water, gas* conducto *m* **2** *fig* vía *f*, canal *m*; *person* contacto *m*

cone [koʊn] **1** GEOM, *on highway* cono *m* **2** *for ice cream* cucurucho *m* **3** *of pine tree* piña *f*

con•fec•tion [kənˈfekʃn] *pastel o tarta minuciosamente decorado*

con•fec•tion•er [kənˈfekʃənər] pastelero(-a) *m(f)*

con•fec•tion•ers' 'sug•ar azúcar *m or f* glas

con•fec•tion•e•ry [kənˈfekʃənərɪ] (*candy*) dulces *mpl*

con•fed•er•a•cy [kənˈfedərəsɪ] confederación *f*

con•fed•er•ate [kənˈfedərət] **I** *adj* confederado **II** cómplice *m/f*

con•fed•er•a•tion [kənfedəˈreɪʃn] confederación *f*

con•fer [kənˈfɜːr] **1** *v/t* (*pret & pp* **-red**): **~ sth on s.o.** (*bestow*) conferir *or* otorgar algo a alguien **2** *v/i* (*pret & pp* **-red**) (*discuss*) deliberar

con•fer•ence [ˈkɑːnfərəns] congreso *m*; *discussion* conferencia *f*; **be in ~** estar reunido

'con•fer•ence room sala *f* de conferencias

con•fess [kənˈfes] **1** *v/t* confesar **2** *v/i* confesar; REL confesarse; **~ to a weakness for sth** confesar una debilidad por algo; **~ to having done sth** confesar haber hecho algo

con•fessed [kənˈfest] *adj* declarado

con•fes•sion [kənˈfeʃn] confesión *f*; **I've a ~ to make** tengo algo que confesar; **make a full ~** LAW realizar una confesión; **go to ~** REL confesarse

con•fes•sion•al [kənˈfeʃnl] REL confesionario *m*

con•fes•sor [kənˈfesər] REL confesor

m

con•fet•ti [kənˈfetɪ] *sg* confeti *m*

con•fi•dant [kɑːnfɪˈdænt] confidente *m*

con•fi•dante [kɑːnfɪˈdænt] confidente *f*

con•fide [kənˈfaɪd] **I** *v/t* confiar (**to** a) **II** *v/i:* **~ in s.o.** confiarse a alguien

con•fi•dence [ˈkɑːnfɪdəns] **1** confianza *f*; **have ~ in s.o.** / **sth** fiarse de alguien / algo; **have ~ in o.s.** tener confianza en sí mismo **2** (*secret*) confidencia *f*; **take s.o. into one's ~** confiarse a alguien; **in ~** en confianza, confidencialmente

'con•fi•dence man estafador *m*; **'con•fi•dence trick** estafa *f*; **'con•fi•dence trick•ster** estafador(a) *m(f)*

con•fi•dent [ˈkɑːnfɪdənt] *adj* **1** (*self-assured*) seguro de sí mismo **2** (*convinced*) seguro

con•fi•den•tial [kɑːnfɪˈdenʃl] *adj* confidencial, secreto

con•fi•den•tial•ly [kɑːnfɪˈdenʃlɪ] *adv* confidencialmente

con•fi•dent•ly [ˈkɑːnfɪdəntlɪ] *adv* con seguridad

con•fig•u•ra•tion [kənfɪgʊˈreɪʃn] COMPUT configuración *f*

con•fig•ure [kənˈfɪgər] *v/t* COMPUT configurar

con•fine [kənˈfaɪn] *v/t* (*imprison*) confinar, recluir; (*restrict*) limitar; **be ~d to one's bed** tener que guardar cama

con•fined [kənˈfaɪnd] *adj space* limitado

con•fine•ment [kənˈfaɪnmənt] **1** (*imprisonment*) reclusión *f* **2** MED parto *m*

con•firm [kənˈfɜːrm] *v/t* confirmar; **be ~ed** REL confirmarse, hacer la confirmación

con•fir•ma•tion [kɑːnfərˈmeɪʃn] *also* REL confirmación *f*

con•firmed [kɑːnˈfɜːrmd] *adj* (*inveterate*) empedernido; **I'm a ~ believer in …** creo firmemente en …; **a ~ bachelor** un soltero empedernido

con•fis•cate [ˈkɑːnfɪskeɪt] *v/t* confiscar

con•fis•ca•tion [kɑːnfɪsˈkeɪʃn] confiscación *f*, embargo *m*

con•fla•gra•tion [kɑːnfləˈɡreɪʃn] *fml* **1** *fire* incendio *m* **2** *conflict* conflicto *m*, lucha *f*

con•flict I *n* [ˈkɑːnflɪkt] conflicto *m*; **come into ~ with** entrar en conflicto con; **~ of interests** choque *m* de intereses II *v/i* [kən'flɪkt] (*clash*) chocar

con•flict•ing [kən'flɪktɪŋ] *adj opinions* discrepante; ~ **loyalties** lealtades *fpl* encontradas

con•form [kən'fɔːrm] *v/i* ser conformista; ~ **to** *standards etc* ajustarse a

con•form•ist [kən'fɔːrmɪst] conformista *m/f*

con•form•i•ty [kən'fɔːrmətɪ] conformidad *f*; **in** ~ **with** en conformidad con, según

con•found [kən'faʊnd] *v/t surprise* sorprender; *overwhelm* confundir, desconcertar; ~ **it!** ¡maldita sea!

con•found•ed [kən'faʊndɪd] *adj* maldito F

con•front [kən'frʌnt] *v/t* (*face*) hacer frente a, enfrentarse; (*tackle*) hacer frente a; **be** ~**ed with a problem** tener que afrontar un problema; ~ **s.o. with sth** poner a alguien frente a frente con algo

con•fron•ta•tion [kɑːnfrən'teɪʃn] confrontación *f*, enfrentamiento *m*

con•fron•ta•tion•al [kɑːnfrən'teɪʃnl] *adj* agresivo

con•fuse [kən'fjuːz] *v/t* confundir; ~ **s.o. with s.o.** confundir a alguien con alguien

con•fused [kən'fjuːzd] *adj person* confundido; *situation, piece of writing* confuso

con•fus•ing [kən'fjuːzɪŋ] *adj* confuso

con•fu•sion [kən'fjuːʒn] (*muddle, chaos*) confusión *f*; **throw sth into** ~ desbaratar *or* desbarajustar algo

con•fute [kən'fjuːt] *v/t fml* refutar, rebatir

con•geal [kən'dʒiːl] *v/i of blood* coagularse; *of fat* solidificarse

con•gen•ial [kən'dʒiːnɪəl] *adj person* simpático, agradable; *occasion, place* agradable; **be** ~ **to sth** ser favorable *or* apropiado para algo

con•gen•i•tal [kən'dʒenɪtl] *adj* MED congénito; ~ **defect** defecto *m* congénito; **a** ~ **liar** un mentiroso incorregible

con•gest•ed [kən'dʒestɪd] *adj roads* congestionado

con•ges•tion [kən'dʒestʃn] *also* MED congestión *f*; **traffic** ~ congestión *f* circulatoria

con•glom•er•ate [kən'glɑːmərət] COM conglomerado *m*

con•glom•er•a•tion [kənglɑːmə'reɪʃn] conglomeración *f*

con•grats [kən'græts] *int Br* F felicidades, enhorabuena

con•grat•u•late [kən'grætʃuleɪt] *v/t* felicitar

con•grat•u•la•tions [kəngrætʃu'leɪʃnz] *npl* felicitaciones *fpl*; ~ **on** ... felicidades por ...; **let me offer my** ~ permita que le dé la enhorabuena

con•grat•u•la•to•ry [kəngrætʃu'leɪtərɪ] *adj* de felicitación

con•gre•gate ['kɑːŋgrɪgeɪt] *v/i* (*gather*) congregarse

con•gre•ga•tion [kɑːŋgrɪ'geɪʃn] REL congregación *f*

con•gress ['kɑːŋgres] (*conference*) congreso *m*

Con•gress ['kɑːŋgres] *in US* Congreso *m*

Con•gres•sion•al [kən'greʃnl] *adj* del Congreso

Con•gress•man ['kɑːŋgresmən] congresista *m*

'Con•gress•wo•man congresista *f*

con•i•cal ['kɑːnɪkl] *adj* cónico

con•i•fer ['kɑːnɪfər] conífera *f*

co•nif•er•ous [kə'nɪfərəs] *adj* conífero

con•jec•ture [kən'dʒektʃər] I *n* (*speculation*) conjetura *f* II *v/t*: ~ **that** ... especular que ...

con•ju•gal ['kɑːndʒʊgl] *adj* conyugal; ~ **bliss** felicidad *f* conyugal

con•ju•gate ['kɑːndʒʊgeɪt] GRAM I *v/t* conjugar II *v/i* conjugarse

con•ju•ga•tion [kɑːndʒʊ'geɪʃn] GRAM conjugación *f*

con•junc•tion [kən'dʒʌŋkʃn] 1 GRAM conjunción *f* 2: **in** ~ **with** junto con

con•junc•ti•vi•tis [kəndʒʌŋktɪ'vaɪtɪs] conjuntivitis *f*

◆ con•jure up ['kʌndʒər] *v/t* 1 (*produce*) hacer aparecer 2 (*evoke*) evocar

con•jur•er, con•jur•or ['kʌndʒərər] (*magician*) prestidigitador(a) *m(f)*

con•jur•ing tricks ['kʌndʒərɪŋ] *npl* juegos *mpl* de manos

conk [kɑːŋk] *Br* P *nose* napias *fpl* P, trompa *f* P

◆ conk out *v/i* P 1 *fall asleep* quedarse frito *or* roque P 2 *stop working* escacharrarse P

'con man F timador *m*

con•nect [kə'nekt] I *v/t* conectar; (*link*)

relacionar, vincular; *to power supply* enchufar **II** *v/i* RAIL, AVIA enlazar, empalmar (**with** con)

con•nect•ed [kə'nektɪd] *adj*: **be well-~** estar bien relacionado; **be ~ with** estar relacionado con; **~ by marriage** emparentado, entroncado

con•nect•ing [kə'nektɪŋ] *adj train, bus* de enlace *or* conexión

con•nect•ing 'door puerta *f* de paso

con•nect•ing 'flight vuelo *m* de conexión

con•nec•tion [kə'nekʃn] conexión *f*; *when traveling* conexión *f*, enlace *m*; (*personal contact*) contacto *m*; *in ~ with* en relación con; *in this ~* al respecto

con•nec•tive tis•sue [kənektɪv'tɪʃuː] ANAT tejido *m* conectivo *or* conjuntivo

con•nec•tor [kə'nektər] COMPUT conector *m*

con•nex•ion *Br* ☞ **connection**

con•nois•seur [kɑːnə'sɜːr] entendido(-a) *m(f)*

con•no•ta•tion [kɑːnoʊ'teɪʃn] connotación *f*

con•note [kə'noʊt] *v/t fml* connotar, denotar

con•quer ['kɑːŋkər] *v/t* conquistar; *fig*: *fear etc* vencer

con•quer•or ['kɑːŋkərər] conquistador(a) *m(f)*

con•quest ['kɑːŋkwest] *of territory* conquista *f*

con•science ['kɑːnʃəns] conciencia *f*; *a guilty ~* un sentimiento de culpa; *it was on my ~* me remordía la conciencia; *have a clear ~* tener la conciencia tranquila

con•sci•en•tious [kɑːnʃɪ'enʃəs] *adj* concienzudo

con•sci•en•tious•ness [kɑːnʃɪ'enʃəsnəs] aplicación *f*

con•sci•en•tious ob'ject•or objetor(a) *m(f)* de conciencia

con•scious ['kɑːnʃəs] *adj* consciente; *be ~ of* ser consciente de

con•scious•ly ['kɑːnʃəslɪ] *adv* conscientemente

con•scious•ness ['kɑːnʃəsnɪs] **1** (*awareness*) conciencia *f* **2** MED con(s)-ciencia *f*; *lose ~* quedar inconsciente; *regain ~* volver en sí

con•script MIL **I** *v/t* [kən'skrɪpt] reclutar **II** *n* ['kɑːnskrɪpt] recluta *m/f*

con•scrip•tion [kən'skrɪpʃn] MIL reclutamiento *m*

con•se•crate ['kɑːnsɪkreɪt] *v/t* REL *building* consagrar; *bishop* ordenar

con•se•cra•tion [kɑːnsɪ'kreɪʃn] REL *of building* consagración *f*; *of bishop* ordenación *f*

con•sec•u•tive [kən'sekjʊtɪv] *adj* consecutivo; *for two ~ days* durante dos días consecutivos

con•sec•u•tive•ly [kən'sekjʊtɪvlɪ] *adv* consecutivamente

con•sen•sus [kən'sensəs] consenso *m*; *the ~ of opinion is that ...* la opinión generalizada es que ...

con•sent [kən'sent] **I** *n* consentimiento *m*; *the age of ~* edad a partir de la cual las relaciones sexuales son legales **II** *v/i* consentir (**to** en)

con•se•quence ['kɑːnsɪkwəns] (*result*) consecuencia *f*; *as a ~ of* como consecuencia de; *in ~* en *or* por consecuencia; *accept the ~s* asumir las consecuencias; *his opinion is of no ~ to me* me da igual su opinión, su opinión me es indiferente

con•se•quent ['kɑːnsɪkwənt] *adj* consiguiente

con•se•quent•ly ['kɑːnsɪkwəntlɪ] *adv* (*therefore*) por consiguiente

con•ser•va•tion [kɑːnsər'veɪʃn] (*preservation*) conservación *f*, protección *f*

con•ser'va•tion a•re•a zona *f* protegida

con•ser•va•tion•ist [kɑːnsər'veɪʃnɪst] ecologista *m/f*

con•ser•va•tive [kən'sɜːrvətɪv] **I** *adj* (*conventional*) conservador; *estimate* prudente; *Br* POL Conservador **II** *n* **1** **Conservative** *Br* POL Conservador(a) *m(f)*, Tory *m/f* **2** (*conventional person*) conservador(a) *m(f)*

con•ser•va•toire [kən'sɜːrvətwɑː] MUS conservatorio *m*

con•ser•va•to•ry [kən'sɜːrvətɔːrɪ] **1** MUS conservatorio *m* **2** *room* cierro de cristales adjunto a la casa usado como sala de estar

con•serve I *n* ['kɑːnsɜːrv] (*jam*) compota *f* **II** *v/t* [kən'sɜːrv] conservar; *~ one's strength* guardarse las fuerzas *or* energías

con•sid•er [kən'sɪdər] **I** *v/t* **1** (*regard*) considerar; *it is ~ed to be ...* se considera que es ...; ~ **sth (to be) a mistake** considerar algo como un error, considerar algo ser un error **2** (*show regard for*) mostrar consideración por **3** (*think about*) considerar; **he wouldn't even ~ our suggestion** ni siquiera tendría en consideración nuestra sugerencia **II** *v/i* considerarse

con•sid•er•a•ble [kən'sɪdrəbl] *adj* considerable

con•sid•er•a•bly [kən'sɪdrəblɪ] *adv* considerablemente

con•sid•er•ate [kən'sɪdərət] *adj* considerado; **be ~ of** ser considerado con

con•sid•er•ate•ly [kən'sɪdərətlɪ] *adv* con consideración

con•sid•er•a•tion [kənsɪdə'reɪʃn] **1** (*thoughtfulness, concern*) consideración *f*; **out of ~ for** por consideración a **2** (*factor*) factor *m*; **money is no ~** el dinero no es problema **3: take sth into ~** tomar algo en consideración; **after much ~** tras muchas deliberaciones; **your proposal is under ~** su propuesta está siendo estudiada; **in ~ of services rendered** *fml* en consideración a los servicios prestados

con•sid•er•ing [kən'sɪdərɪŋ] **I** *prep* teniendo en cuenta, considerando **II** *conj*: **~ that** teniendo en cuenta que, considerando que **III** *adv* F dentro de lo que cabe F

con•sign [kən'saɪn] *v/t* **1** (*entrust*) confiar **2: be ~ed to oblivion** quedar sepultado en el olvido

con•sign•ee [kɒnsaɪ'niː] COM consignatario(-a) *m(f)*

con•sign•ment [kən'saɪnmənt] COM envío *m*

con'sign•ment note nota *f* de envío

con•sign•or [kən'saɪnər] COM expeditor(a) *m(f)*

♦ **con•sist in** [kən'sɪst] *v/t* consistir *or* basarse en

♦ **consist of** *v/t* consistir en

con•sis•ten•cy [kən'sɪstənsɪ] **1** (*texture*) consistencia *f* **2** (*unchangingness*) coherencia *f*, consecuencia *f*; *of player* regularidad *f*, constancia *f*

con•sis•tent [kən'sɪstənt] *adj person* coherente, consecuente; *improvement, change* constante

con•sis•tent•ly [kən'sɪstəntlɪ] *adv perform* con regularidad *or* constancia;

improve continuamente; **he's ~ late** llega tarde sistemáticamente

con•so•la•tion [kɑːnsə'leɪʃn] consuelo *m*; **if it's any ~** si te sirve de consuelo

con•so'la•tion prize premio *m* de consolación

con•sol•a•to•ry [kən'soʊlətɔːrɪ] *adj* consolador, reconfortante

con•sole[1] [kən'soʊl] *v/t* consolar

con•sole[2] ['kɑːnsoʊl] *n control board* panel *m*; *for TV, hi-fi* mueble *m*, módulo *m*; *games* ~ COMPUT consola *f* de videojuegos; **~ table** consola *f*

con•sol•i•date [kən'sɑːlɪdeɪt] *v/t* consolidar

con•sol•i•da•tion [kənsɑːlɪ'deɪʃn] consolidación *f*

con•som•mé [kɑːnsə'meɪ] consomé *m*

con•so•nant ['kɑːnsənənt] GRAM consonante *f*

con•sort ['kɑːnsɔːrt] consorte *m/f*; **prince ~** príncipe *m* consorte

♦ **consort with** [kən'sɔːrtwɪð] *v/t* relacionarse *or* asociarse con

con•sor•ti•um [kən'sɔːrtɪəm] consorcio *m*

con•spic•u•ous [kən'spɪkjʊəs] *adj* llamativo; **he felt very ~** sentía que estaba llamando la atención; **be ~** ser llamativo; **be ~ by one's / its absence** brillar por su ausencia; **make o.s. ~** hacerse notar, llamar la atención; **indulge in ~ consumption** permitirse gastar el dinero de manera ostentosa

con•spi•ra•cy [kən'spɪrəsɪ] conspiración *f*; **~ theory** teoría *f* de la conspiración

con•spi•ra•tor [kən'spɪrətər] conspirador(a) *m(f)*

con•spire [kən'spaɪr] **I** *v/i* conspirar **II** *v/t*: **~ to do sth** conspirar *or* confabularse para hacer algo

con•sta•ble ['kʌnstəbl] *Br* policía *m/f*

con•stab•u•lar•y [kən'stæbjʊlərɪ] *Br* cuerpo *m* de policía

con•stan•cy ['kɑːnstənsɪ] constancia *f*

con•stant ['kɑːnstənt] *adj* (*continuous*) constante

con•stant•ly ['kɑːnstəntlɪ] *adv* constantemente

con•stel•la•tion [kɑːnstə'leɪʃn] AST constelación *f*

con•ster•na•tion [kɑːnstər'neɪʃn] consternación *f*; **...**, **she said in ~** ..., dijo consternada; **to my ~** para mi sorpresa y desgracia

con•sti•pate [ˈkɑːnstɪpeɪt] *v/t* estreñir

con•sti•pat•ed [ˈkɑːnstɪpeɪtɪd] *adj* estreñido

con•sti•pa•tion [kɑːnstɪˈpeɪʃn] estreñimiento *m*

con•stit•u•en•cy [kənˈstɪtjuːənsɪ] POL distrito *m* electoral

con•sti•tu•ent [kənˈstɪtjuənt] **I** *n* (*component*) elemento *m* constitutivo, componente *m* **II** *adj part, member* constitutivo, constituyente

con•sti•tu•ent as'sem•bly POL asamblea *f* constitucional

con•sti•tute [ˈkɑːnstɪtuːt] *v/t* constituir

con•sti•tu•tion [kɑːnstɪˈtuːʃn] constitución *f*

con•sti•tu•tion•al [kɑːnstɪˈtuːʃənl] *adj* POL constitucional

con•sti•tu•tion•al 'mon•ar•chy monarquía *f* constitucional

con•strain [kənˈstreɪn] *v/t* restringir, limitar; **feel ~ed to do sth** sentirse obligado a hacer algo

con•straint [kənˈstreɪnt] **1** (*restriction*) restricción *f*, límite *m* **2**: **under ~** a la fuerza

con•struct [kənˈstrʌkt] *v/t building etc* construir

con•struc•tion [kənˈstrʌkʃn] construcción *f*; **under ~** en construcción

con'struc•tion in•dus•try sector *m* de la construcción; **con'struc•tion site** obra *f*; **con'struc•tion work•er** obrero(-a) *m(f)* de la construcción

con•struc•tive [kənˈstrʌktɪv] *adj* constructivo

con•struc•tor [kənˈstrʌktər] *of cars, aircraft* constructor(a) *m(f)*

con•strue [kənˈstruː] *v/t* entender, interpretar

con•sul [ˈkɑːnsl] cónsul *m/f*

con•su•lar [ˈkɑːnsʊlər] *adj* consular

con•su•late [ˈkɑːnsʊlət] consulado *m*

con•su•late 'gen•er•al consulado *m* general

con•sul 'gen•er•al cónsul *m/f* general

con•sult [kənˈsʌlt] **I** *v/t* (*seek the advice of*) consultar **II** *v/i*: **~ with s.o.** consultarle a alguien

con•sult•an•cy [kənˈsʌltənsɪ] *company* consultoría *f*, asesoría *f*; (*advice*) asesoramiento *m*

con•sult•ant [kənˈsʌltənt] *n* **1** (*adviser*) asesor(a) *m(f)*, consultor(a) *m(f)* **2** *Br* MED médico *m/f* especialista

con•sul•ta•tion [kɑːnslˈteɪʃn] consulta *f*, **have a ~ with** consultar con; **on** or **after ~ with** tras consultar a

con•sult•ing en•gi•neer [kənˈsʌltɪŋ] técnico(-a) *m(f)* asesor(a)

con'sult•ing room *Br* MED consulta *f*

con•sume [kənˈsuːm] *v/t* consumir; **be ~d by fire** ser pasto de las llamas; **be ~d with hatred / jealousy** estar consumido por el odio / la envidia

con•sum•er [kənˈsuːmər] (*purchaser*) consumidor(a) *m(f)*

con•sum•er ad'vice cen•ter centro *m* de asesoramiento al consumidor; **con•sum•er 'con•fi•dence** confianza *f* de los consumidores; **con'sum•er goods** *npl* bienes *mpl* de consumo; **con•sum•er 'price in•dex** índice *m* de precios al consumo; **con•sum•er pro'tec•tion** defensa *f* de los derechos del consumidor; **con•sum•er 're•search** investigación *f* del consumidor; **con•sum•er so'ci•e•ty** sociedad *f* de consumo; **con•sum•er 'sur•vey** encuesta *f* de consumidores

con•sum•mate I *v/t* [ˈkɑːnsəmeɪt] consumar **II** *adj* [ˈkɑːnsʌmət] (*skilled*) consumado; **with ~ ease** con una facilidad pasmosa

con•sump•tion [kənˈsʌmpʃn] consumo *m*; **unfit for human ~** no apto para el consumo humano

con•tact [ˈkɑːntækt] **I** *n* contacto; **keep in ~ with s.o.** mantenerse en contacto con alguien; **come into ~ with s.o.** entrar en contacto con alguien; **make / lose ~ with s.o.** establecer / perder el contacto con alguien; **business ~s** contactos comerciales **II** *v/t* contactar con, ponerse en contacto con

'con•tact lens lentes *fpl* de contacto, *Span* lentillas *fpl*

'con•tact num•ber número *m* de contacto

con•ta•gion [kənˈteɪdʒən] MED contagio *m*

con•ta•gious [kənˈteɪdʒəs] *adj also fig* contagioso

con•tain [kənˈteɪn] *v/t* (*hold, hold back*) contener; **~ o.s.** contenerse; **the bag ~ed all my schoolbooks** en la bolsa llevaba todos mis libros de texto

con•tain•er [kən'teɪnər] **1** (*recipiente*) recipiente *m* **2** COM contenedor *m*

con•tain•er•ize [kən'teɪnəraɪz] *v/t* COM poner en contenedores

con'tain•er ship buque *m* de transporte de contenedores

con•tam•i•nate [kən'tæmɪneɪt] *v/t* contaminar

con•tam•i•na•tion [kəntæmɪ'neɪʃn] contaminación *f*

con•tem•plate ['kɑːntəmpleɪt] *v/t* contemplar

con•tem•pla•tion [kɑːntəm'pleɪʃn] contemplación *f*, reflexión *f*

con•tem•pla•tive [kən'templətɪv] *adj* contemplativo, reflexivo

con•tem•po•ra•ne•ous [kəntempə'reɪnjəs] *adj fml* contemporáneo, coetáneo (**with** de)

con•tem•po•ra•ry [kən'tempərerɪ] **I** *adj* contemporáneo **II** *n* contemporáneo(-a) *m(f)*

con•tempt [kən'tempt] desprecio *m*, desdén *m*; **be beneath ~** ser despreciable; **feel ~ for s.o., hold s.o. in ~** tener desprecio a alguien; **~** (*of court*) LAW desacato *m* (al tribunal)

con•tempt•i•ble [kən'temptəbl] *adj* despreciable

con•temp•tu•ous [kən'temptʃuəs] *adj* despectivo; **be ~ of sth** despreciar *or* menospreciar algo

con•tend [kən'tend] *v/i*: **~ for** competir por; **~ with** enfrentarse a

con•tend•er [kən'tendər] SP, POL contendiente *m/f*; *against champion* aspirante *m/f*

con•tent[1] ['kɑːntent] *n* contenido *m*; **fat ~** contenido graso

con•tent[2] [kən'tent] **I** *adj* satisfecho; **I'm quite ~ to sit here** me contento con sentarme aquí; **be ~ with sth** conformarse con algo, darse por contento con algo; **not ~ with ...** no contento con ... **II** *v/t*: **~ o.s. with** contentarse con

con•tent•ed [kən'tentɪd] *adj* satisfecho

con•ten•tion [kən'tenʃn] (*assertion*) argumento *m*; **be in ~ for** tener posibilidades de ganar; **my ~ is that ...** a mi parecer, ...

con•ten•tious [kən'tenʃəs] *adj* polémico

con•tent•ment [kən'tentmənt] satisfac-

ción *f*

con•tents ['kɑːntents] *npl* **1** *of house, letter, bag etc* contenido *m* **2** *list: in book* tabla *f or* lista *f* de contenidos

'con•tents page índice *m*, contenidos *mpl*

con•test[1] ['kɑːntest] *n* (*competition*) concurso *m*; (*struggle, for power*) lucha *f*

con•test[2] [kən'test] *v/t* **1** *leadership etc* presentarse como candidato a **2** *decision, will* impugnar; **~ s.o.'s right to do sth** cuestionar el derecho de alguien a hacer algo

con•test•ant [kən'testənt] concursante *m/f*; *in competition* competidor(a) *m(f)*

con•text ['kɑːntekst] contexto *m*; **look at sth in ~ / out of ~** examinar algo en contexto / fuera de contexto; **in this ~** bajo estas circunstancias

con•ti•nent ['kɑːntɪnənt] continente *m*

con•ti•nen•tal [kɑːntɪ'nentl] *adj* continental

con•ti•nen•tal 'break•fast desayuno *m* continental

con•ti•nen•tal 'quilt edredón *m*

con•tin•gen•cy [kən'tɪndʒənsɪ] contingencia *f*, eventualidad *f*

con'tin•gen•cy fund fondos *mpl* de imprevistos

con'tin•gen•cy plan plan *m* de emergencia

con•tin•gent [kən'tɪndʒənt] **I** *adj*: **make sth ~ on sth** hacer que algo dependa de algo **II** *n also* MIL contingente *m*

con•tin•u•al [kən'tɪnjuəl] *adj* continuo

con•tin•u•al•ly [kən'tɪnjuəlɪ] *adv* continuamente

con•tin•u•ance [kən'tɪnjuəns] ☞ **continuation**

con•tin•u•a•tion [kəntɪnju'eɪʃn] continuación *f*

con•tin•ue [kən'tɪnjuː] **I** *v/t* continuar; **to be ~d** continuará; **he ~d to drink** continuó bebiendo **II** *v/i* continuar; **~ in office** POL seguir en el poder

con•ti•nu•i•ty [kɑːntɪ'njuːətɪ] continuidad *f*; **~ girl** secretaria *f* de rodaje

con•tin•u•ous [kən'tɪnjuəs] *adj also* GRAM continuo

con•tin•u•ous 'cur•rent ELEC corriente *f* continua

con•tin•u•ous•ly [kən'tɪnjuəslɪ] *adv* continuamente, ininterrumpidamente

con•tort [kən'tɔːrt] *v/t face* contraer; *body* contorsionar; *be ~ed with pain* retorcerse del dolor

con•tor•tion [kən'tɔːrʃn] contorsión *f*; *go through all sorts of ~s fig* hacer piruetas

con•tor•tion•ist [kən'tɔːrʃnɪst] contorsionista *m/f*

con•tour ['kɑːntʊr] contorno *m*

con•tra•band ['kɑːntrəbænd] (artículos *mpl* de) contrabando *m*; *~ tobacco* tabaco *m* de contrabando

con•tra•cep•tion [kɑːntrə'sepʃn] anticoncepción *f*

con•tra•cep•tive [kɑːntrə'septɪv] (*device, pill*) anticonceptivo *m*

con•tract[1] ['kɑːntrækt] **I** *n* contrato *m*; *enter into a ~* contraer obligaciones (*with* con); *by ~* por contrato; *be under ~* estar bajo contrato (*to* con); *~ of employment* contrato laboral, contrato de trabajo; *~ of sale* contrato de compraventa; *~ work* contrato temporal **II** *v/i: I ~ed to do 15 hours a week* me contrataron para trabajar 15 horas a la semana **III** *v/t illness* contraer

con•tract[2] [kən'trækt] **I** *v/i* (*shrink*) contraerse

con•trac•tion [kən'trækʃn] **1** *of material* contracción *f; of market, industry* reducción *f* **2** MED: *have ~s* tener contracciones

'con•tract kil•ler asesino(-a) *m(f)* de alquiler

con•trac•tor [kən'træktər] contratista *m/f*; *building ~* constructora *f*

con•trac•tu•al [kən'træktuəl] *adj* contractual

con•tra•dict [kɑːntrə'dɪkt] *v/t statement* desmentir; *person* contradecir

con•tra•dic•tion [kɑːntrə'dɪkʃn] contradicción *f*; *be in ~ to* contradecirse con; *a ~ in terms* una paradoja

con•tra•dic•to•ry [kɑːntrə'dɪktərɪ] *adj account* contradictorio

con•tra•flow sys•tem ['kɑːntrəfloʊ] MOT *sistema de circulación en sentido contrario*

con•tra•in•di•ca•tion [kɑːntrəɪndɪ'keɪʃn] MED contraindicación *f*

con•tral•to [kən'træltoʊ] MUS contralto *f*

con•trap•tion [kən'træpʃn] F artilugio *m* F

con•trar•y[1] ['kɑːntrerɪ] **I** *adj* contrario; *~ to* al contrario de; *~ to expectations* contra todo pronóstico; *it runs ~ to …* esto va en contra de … **II** *n*: *the ~* lo contrario; *on the ~* al contrario; *in the absence of evidence to the ~* si no se demuestra lo contrario

con•tra•ry[2] [kən'trerɪ] *adj* (*perverse*) difícil

con•trast I *n* ['kɑːntræst] contraste *m*; *by ~* por contraste; *in ~ to or with* a diferencia de **II** *v/t & v/i* [kən'træst] contrastar

con•trast•ing [kən'træstɪŋ] *adj* opuesto

con•tra•vene [kɑːntrə'viːn] *v/t* contravenir

con•tra•ven•tion [kɑːntrə'venʃn] contravención *f*; *in ~ of* en contravención a *or* de

con•trib•ute [kən'trɪbjuːt] **I** *v/i* **1** contribuir (*to* a) **2**: *~ to a newspaper* colaborar con un periódico **II** *v/t money, time, suggestion* contribuir con, aportar

con•tri•bu•tion [kɑːntrɪ'bjuːʃn] **1** *money* contribución *f* (*to* a); *to political party, church* donación *f; of time, effort, to debate* contribución *f*, aportación *f* **2** *to magazine* colaboración *f*

con•trib•u•tor [kən'trɪbjutər] **1** *of money* donante *m/f* **2** *to magazine* colaborador(a) *m(f)*

con•trive [kən'traɪv] *v/t* preparar, tramar; *~ to do sth* arreglárselas para hacer algo

con•trived [kən'traɪvd] *adj* artificial, irreal

con•trol [kən'troʊl] **I** *n* **1** control *m*; *take / lose ~ of* tomar / perder el control de; *lose ~ of o.s.* perder el control; *circumstances beyond our ~* circunstancias ajenas a nuestra voluntad; *be in ~ of* controlar; *we're in ~ of the situation* tenemos la situación controlada *or* bajo control; *get out of ~* descontrolarse; *under ~* bajo control; *bring sth under ~* controlar algo; *be under s.o.'s ~* ser responsable *or* competencia de alguien

2: *~s of aircraft, vehicle* controles *mpl*; *be at the ~s* AVIA estar en los mandos *or* controles

3: *~s* (*restrictions*) controles *mpl*

4 COMPUT (tecla *f* de) control *m*

II *v/t* (*pret & pp* **-led**) (*govern*) controlar, dominar; (*restrict*, *regulate*) controlar; **~ o.s.** controlarse

con'trol cen•ter, *Br* **con'trol cen•tre** centro *m* de control; **con'trol desk** TV panel *m* de mandos; **con'trol freak** F *persona obsesionada con controlar todo*; **con'trol key** COMPUT tecla *f* de control

con•trolled [kən'trould] *adj environment*, *conditions* controlado, supervisado; *voice* controlado, moderado

con•trolled 'sub•stance estupefaciente *m*

con•trol•ling in•ter•est [kəntroulıŋ'ıntrəst] FIN participación *f* mayoritaria, interés *m* mayoritario

con'trol pan•el panel *m* de control; **con'trol room** TV control *m*, sala *f* de realización; **con'trol tow•er** torre *f* de control; **con'trol u•nit** COMPUT unidad *f* de control

con•tro•ver•sial [ka:ntrə'vɜːrʃl] *adj* polémico, controvertido

con•tro•ver•sy ['ka:ntrəvɜːrsɪ] polémica *f*, controversia *f*

con•tu•sion [kən'tuːʒn] MED contusión *f*

co•nun•drum [kə'nʌndrəm] enigma *m*; *guessing game* acertijo *m*

con•ur•ba•tion [ka:nɜːr'beɪʃn] conurbación *f*

con•va•lesce [ka:nvə'les] *v/i* convalecer

con•va•les•cence [ka:nvə'lesns] convalecencia *f*

con•va•les•cent [ka:nvə'lesnt] *adj* convaleciente

con•vec•tor (heat•er) [kən'vektər] estufa *f* de aire caliente

con•vene [kən'viːn] *v/t* convocar

con•ve•ni•ence [kən'viːnɪəns] conveniencia *f*; *at your / my* **~** a su / mi conveniencia; *the* **~** *of the location* la comodidad de la localización; *all* (*modern*) **~s** todas las comodidades; *at your earliest* **~** *fml* tan pronto como le sea posible

con•ve•ni•ence food comida *f* preparada

con•ve•ni•ence store tienda *f* de barrio

con•ve•ni•ent [kən'viːnɪənt] *adj location*, *device* conveniente; *time*, *arrange-*

ment oportuno; *it's very* **~** *living so near the office* vivir cerca de la oficina es muy cómodo; *the apartment is* **~** *for the station* el apartamento está muy cerca de la estación; *I'm afraid Monday isn't* **~** me temo que el lunes no me va bien

con•ve•ni•ent•ly [kən'viːnɪəntlɪ] *adv* convenientemente; **~** *located for theaters* situado cerca de los teatros

con•vent ['ka:nvənt] convento *m*

con•ven•tion [kən'venʃn] **1** (*tradition*) convención *f* **2** (*conference*) congreso *m*

con•ven•tion•al [kən'venʃnl] *adj* convencional

con•ven•tion cen•ter, *Br* **con•vent•ion cen•tre** palacio *m* de congresos

con•ven•tion•eer [kən'venʃnɪr] congresista *m/f*

con•verge [kən'vɜːrdʒ] *v/i* converger
 ◆ **converge on** [kən'vɜːrdʒ] *v/t* converger en

con•ver•gence [kən'vɜːrdʒəns] convergencia *f*

con•ver•sant [kən'vɜːrsənt] *adj*: *be* **~** *with* estar familiarizado con

con•ver•sa•tion [ka:nvər'seɪʃn] conversación *f*; *make* **~** conversar; *have a* **~** mantener una conversación; *in* **~** *with* hablando con; *get into* **~** *with s.o.* entablar una conversación con alguien

con•ver•sa•tion•al [ka:nvər'seɪʃnl] *adj* coloquial; **~** *English* inglés *m* coloquial; *not be in a very* **~** *mood* no tengo muchas ganas de conversación *or* charla

con•verse¹ [kən'vɜːrs] *v/i* conversar; **~** *with s.o. about sth* conversar con alguien acerca de algo

con•verse² ['ka:nvɜːrs] *n* (*opposite*): *the* **~** lo opuesto

con•verse•ly [kən'vɜːrslɪ] *adv* por el contrario

con•ver•sion [kən'vɜːrʃn] conversión *f*

con'ver•sion ta•ble tabla *f* de conversión

con•vert I *n* ['ka:nvɜːrt] converso(-a) *m(f)* (*to* a) **II** *v/t* [kən'vɜːrt] convertir

con•vert•i•ble [kən'vɜːrtəbl] *car* descapotable *m*

con•vex [ka:n'veks] *adj* convexo

con•vey [kən'veɪ] *v/t* **1** (*transmit*) transmitir **2** (*carry*) transportar

con•vey•anc•ing [kən'veɪənsɪŋ] LAW traspaso *m*, cesión *f*

con•vey•or belt [kən'veɪər] cinta *f* transportadora

con•vict **I** *n* ['kɑːnvɪkt] convicto(-a) *m(f)* **II** *v/t* [kən'vɪkt] LAW: ~ **s.o. of sth** declarar a alguien culpable de algo

con•vic•tion [kən'vɪkʃn] **1** LAW condena *f* **2** (*belief*) convicción *f*; **out of** ~ por convicción; **lack** ~ ser poco convincente

con•vince [kən'vɪns] *v/t* convencer: *I'm ~d he's lying* estoy convencido de que miente

con•vinc•ing [kən'vɪnsɪŋ] *adj* convincente

con•viv•i•al [kən'vɪvɪəl] *adj* (*friendly*) agradable

con•vo•lut•ed ['kɑːnvəluːtɪd] *adj* enrevesado, intrincado

con•voy ['kɑːnvɔɪ] *of ships, vehicles* convoy *m*

con•vulse [kən'vʌls] **I** *v/t*: *be ~d with laughter* retorcerse de, descoyuntarse de; *pain* retorcerse de

con•vul•sion [kən'vʌlʃn] MED convulsión *f*

con•vul•sive [kən'vʌlsɪv] *adj* convulsivo

coo [kuː] *v/i* arrullar

cook [kʊk] **I** *n* cocinero(-a) *m(f)*; *I'm a good* ~ soy un buen cocinero, cocino bien **II** *v/t* cocinar; *a ~ed meal* una comida caliente **III** *v/i* cocinar; *what's ~ing?* F ¿qué pasa? F, ¿qué hay de nuevo? F

◆ **cook up** *v/t* F *plan* maquinar

'cook•book libro *m* de cocina

cook•er ['kʊkər] *Br* (*stove*) cocina *f*, fogón *m*

cook•e•ry ['kʊkərɪ] cocina *f*

'cook•e•ry book *Br* libro *m* de cocina

cook•ie ['kʊkɪ] galleta *f*; *he's a tough* ~ F es muy duro; *she's a clever* ~ F esa es más lista que el hambre F

cook•ing ['kʊkɪŋ] *food* cocina *f*; *Italian* ~ la cocina italiana

cool [kuːl] **I** *n*: *keep one's* ~ F mantener la calma; *lose one's* ~ F perder la calma **II** *adj* **1** *weather, breeze* fresco; *drink* frío **2** (*calm*) tranquilo, sereno; *keep* ~ F mantener la calma **3** (*unfriendly*) frío **4** P (*great*) *L.Am.* chévere P, *Mex* pa-

dre P, *Rpl* copante P, *Span* guay P; *a ~ thousand dollars* la friolera de mil dólares F **III** *v/i of food, interest* enfriarse; *of tempers* calmarse **IV** *v/t*: ~ *it* F cálmate

◆ **cool down I** *v/i* enfriarse; *of weather* refrescar; *fig: of tempers* calmarse, tranquilizarse **II** *v/t food* enfriar; *fig* calmar, tranquilizar

'cool bag *Br* bolsa *f* refrigerante; 'cool box *Br* nevera *f* portátil; cool-'head•ed *adj* tranquilo, sosegado

cool•ing ['kuːlɪŋ] *adj* refrescante

cool•ing-'off pe•ri•od fase *f* de reflexión; 'cool•ing sys•tem sistema *m* de refrigeración; 'cool•ing-tow•er torre *f* de refrigeración *or* enfriamiento

cool•ness ['kuːlnɪs] frialdad *f*, frío *m*

◆ **coop up** [kuːp] *v/t*: *be cooped up* estar encerrado

co-op ['kouɑːp] **1** COM cooperativa *f* **2** *apartment building* cooperativa *f* de apartamentos

co•op•e•rate [kou'ɑːpəreɪt] *v/i* cooperar

co•op•e•ra•tion [kouɑːpə'reɪʃn] cooperación *f*

co•op•e•ra•tive [kou'ɑːpərətɪv] **I** *n* COM cooperativa *f* **II** *adj* COM conjunto; (*helpful*) cooperativo; ~ *society* cooperativa *f*

co•or•di•nate **I** *v/t* [kou'ɔːrdɪneɪt] *activities* coordinar **II** *n* [kou'ɔːrdnət] MATH coordinada *f*

co•or•di•na•tion [kouɔːrdɪ'neɪʃn] coordinación *f*

co•or•di•na•tor [kou'ɔːrdɪneɪtər] coordinador(a) *m(f)*

co-own•er [kou'ounər] co-propietario (-a) *m(f)*

co-own•er•ship [kou'ounərʃɪp] co-propiedad *f*

cop [kɑːp] F **I** *n* poli *m/f* F **II** *v/t Br* (*pret & pp* -**ped**): ~ *it* cargársela F

cope [koup] *v/i* arreglárselas; ~ *with* poder con

cop•i•er ['kɑːpɪər] *machine* fotocopiadora *f*

co•pi•lot ['koupaɪlət] copiloto *m/f*

co•pi•ous ['koupɪəs] *adj* copioso

cop•per ['kɑːpər] *metal* cobre *m*

cop•per 'ore MIN mineral *m* de cobre

'cop•per•plate *adj handwriting* de letra redondilla

co•pro•duc•er ['koʊprədu:sər] coproductor(a) *m(f)*

co•pro•duc•tion ['koʊprədʌkʃn] coproducción *f*

'**cop show** TV serie *f* policial

cop•u•late ['kɑːpjʊleɪt] *v/i* copular

cop•u•la•tion [kɑːpjʊ'leɪʃn] copulación *f*

cop•y ['kɑːpɪ] **I** *n* copia *f*; *of book* ejemplar *m*; (*written material*) texto *m*; **make a ~ of a file** COMPUT hacer una copia de un archivo; **fair or clean ~** copia en limpio; **rough ~** borrador *m* **II** *v/t* (*pret & pp* -*ied*) copiar

'**cop•y cat** F copión(-ona) *m(f)* F, copiota *m/f* F; '**cop•y•cat crime** *delito inspirado en otro*; '**cop•y•ed•i•tor** editor(a) *m(f)* de textos; '**cop•y•read•er** editor(a) *m(f)* de textos; '**cop•y•right** **I** *n* copyright *m*, derechos *mpl* de reproducción **II** *v/t* registrar el copyright de **III** *adj* protegido por el copyright; '**cop•y•writ•er** *in advertising* creativo(-a) *m(f)* (*de publicidad*)

cor•al ['kɑːrəl] coral *m*

cord [kɔːrd] (*string*) cuerda *f*, cordel *m*; (*cable*) cable *m*

cor•di•al ['kɔːrdʒəl] **I** *adj* cordial **II** *n liqueur* licor *m*; *Br: soft drink* refresco *m*

cor•di•al•i•ty ['kɔːrdɪ'æləti] cordialidad *f*

cord•less phone ['kɔːrdlɪs] teléfono *m* inalámbrico

cor•do•ba [kɔːr'doʊbə] FIN córdoba *m*

cor•don ['kɔːrdn] cordón *m*

◆ **cordon off** *v/t* acordonar

cords [kɔːrdz] *npl pants* pantalones *mpl* de pana; **a pair of ~s** unos pantalones de pana

cor•du•roy ['kɔːrdərɔɪ] pana *f*

core [kɔːr] **I** *n of fruit* corazón *m*; *of problem* meollo *m*; *of organization, party* núcleo *m*; **to the ~** *fig* hasta la médula **II** *v/t fruit* sacar el corazón a **III** *adj issue, meaning* central

'**core time** horas *fpl* nucleares

co•ri•an•der ['kɑːrɪændər] *Br* cilantro *m*

cork [kɔːrk] **1** *in bottle* (tapón *m* de) corcho *m* **2** *material* corcho *m*

'**cork•screw** sacacorchos *m inv*

corn[1] [kɔːrn] *grain* maíz *m*; *Br* trigo *m*

corn[2] [kɔːrn] MED dureza *f*, callosidad *f*

'**corn bread** pan *m* de maíz

'**corn•cob** mazorca *f* de maíz

cor•ne•a ['kɔːrnɪə] ANAT córnea *f*

corned beef ['kɔːrndbiːf] fiambre *m* de carne de vaca

cor•ner ['kɔːrnər] **I** *n of page, street* esquina *f*; *of room* rincón *m*; (*bend: on road*) curva *f*; *in soccer* córner *m*, saque *m* de esquina; **in the ~** en el rincón; **I'll meet you on the ~** te veré en la esquina; **it's just around the ~** está a la vuelta (de la esquina); **take a ~ in car** tomar una curva; **turn the ~** volver la esquina; *of economy, sick person* sobreponerse, mejorarse; **~ of the mouth** comisura *f* de los labios; **look at s.o. out of the ~ of one's eye** mirar a alguien con el rabillo del ojo; **force s.o. into a ~** poner a alguien en un apuro; **be in a tight ~** estar en un apuro

II *v/t person* arrinconar; **~ a market** monopolizar un mercado

III *v/i of driver, car* girar; **~ well** MOT tomar bien las curvas

cor•ner•ing a•bil•i•ty ['kɔːrnərɪŋ] MOT comportamiento *m* en curvas

'**cor•ner kick** *in soccer* saque *m* de esquina, córner *m*

'**cor•ner•stone 1** ARCHI piedra *f* angular, primera piedra *f* **2** *fig* piedra *f* angular, base *f*

'**corn•field** maizal *m*; *Br* trigal *m*; '**corn•flakes** *npl* copos *mpl* de maíz; '**corn•flow•er** BOT aciano *m*

cor•nice ['kɔːrnɪs] ARCHI cornisa *f*

'**corn pop•py** BOT amapola *f*

'**corn•starch** harina *f* de maíz

corn•y ['kɔːrnɪ] *adj* F **1** (*sentimental*) cursi F **2** *joke* manido F

cor•ol•lar•y ['kɑːrələrɪ] consecuencia *f*, secuela *f*

cor•o•na•ry ['kɑːrənerɪ] **I** *adj* coronario **II** *n* infarto *m* de miocardio

cor•o•na•ry 'heart dis•ease enfermedad *f* cardíaca coronaria

cor•o•na•tion [kɑːrə'neɪʃn] coronamiento *m*

cor•o•ner ['kɑːrənər] *oficial encargado de investigar muertes sospechosas*

cor•po•ral ['kɔːrpərəl] cabo *m/f*

cor•po•ral 'pun•ish•ment castigo *m* corporal

cor•po•rate ['kɔːrpərət] *adj* COM corporativo, de empresa; **~ image** imagen *f* corporativa; **~ loyalty** lealtad *f* a la empresa; ~ *planning* planificación *f* corporativa

cor•po•rate hos•pi'tal•i•ty hospitalidad *f* de empresa

cor•po•rate i'den•ti•ty identidad *f* corporativa

cor•po•ra•tion [kɔːrpəˈreɪʃn] *business* sociedad *f* anónima

cor•po'ra•tion tax impuesto *m* sobre las sociedades

corps [kɔːr] *nsg* cuerpo *m*

corpse [kɔːrps] cadáver *m*

cor•pu•lence [ˈkɔːrpjʊləns] *fml* corpulencia *f*

cor•pu•lent [ˈkɔːrpjʊlənt] *adj* corpulento

cor•pus [ˈkɔːrpəs] corpus *m*

Cor•pus Chris•ti [kɔːrpəsˈkrɪstɪ] REL Corpus *m*, Corpus Christi *m*

cor•pus•cle [ˈkɔːrpʌsl] corpúsculo *m*

cor•ral [kəˈræl] **I** *n* corral *m* **II** *v/t horse, cattle* acorralar; *people* rodear, arrinconar

cor•rect [kəˈrekt] **I** *adj* correcto; *time* exacto; *you are* ~ tiene razón **II** *v/t* corregir; *I stand* ~*ed* le doy la razón

cor•rec•tion [kəˈrekʃn] corrección *f*

cor'rec•tion flu•id corrector *m* líquido, tippex *m*

cor•rec•tive [kəˈrektɪv] *adj* correctivo

cor•rect•ly [kəˈrektlɪ] *adv* correctamente

cor•rect•ness [kəˈrektnɪs] corrección *f*

cor•re•late [ˈkɑːrəleɪt] *v/i* correlacionarse (*with* con)

cor•re•la•tion [kɑːrəˈleɪʃn] correlación *f*

cor•re•spond [kɑːrɪˈspɑːnd] *v/i* (*match*) corresponderse; ~ *to* corresponder a; ~ *with* corresponderse con; (*write letters*) mantener correspondencia con

cor•re•spon•dence [kɑːrɪˈspɑːndəns] **1** (*matching*) correspondencia *f*, relación *f* **2** (*letters*) correspondencia *f*; *be in* ~ mantener correspondencia (*with* con)

cor•re'spon•dence course curso *m* por correspondencia, curso *m* a distancia

cor•re•spon•dence school escuela *f* de estudios por correspondencia, escuela *f* de estudios a distancia

cor•re•spon•dent [kɑːrɪˈspɑːndənt] *n* **1** (*reporter*) corresponsal *m/f*; *foreign* ~ corresponsal internacional **2** (*letter writer*) correspondiente *m/f*

cor•re•spon•ding [kɑːrɪˈspɑːndɪŋ] *adj* (*equivalent*) correspondiente

cor•ri•dor [ˈkɔːrɪdər] *in building* pasillo *m*

cor•rob•o•rate [kəˈrɑːbəreɪt] *v/t* corroborar

cor•rode [kəˈroʊd] **I** *v/t* corroer **II** *v/i* corroerse

cor•ro•sion [kəˈroʊʒn] corrosión *f*

cor•ru•gat•ed card•board [ˈkɑːrəgeɪtɪd] cartón *m* ondulado

cor•ru•gat•ed 'i•ron chapa *f* ondulada

cor•rupt [kəˈrʌpt] **I** *adj* corrupto; COMPUT corrompido **II** *v/t* corromper; (*bribe*) sobornar

cor•rup•tion [kəˈrʌpʃn] corrupción *f*

cor•set [ˈkɔːrsɪt] corsé *m*

cor•ti•sone [ˈkɔːrtɪzoʊn] MED cortisona *f*

'cos [kɒz] F (*because*) porque

cosh [kɑːʃ] *Br* F porra *f*, cachiporra *f*

co•sig•na•to•ry [koʊˈsɪgnətɔːrɪ] firmante *m/f* conjunto(-a)

co•sine [ˈkoʊsaɪn] MATH coseno *m*

co•si•ness [ˈkoʊzɪnɪs] *Br* ☞ **coziness**

cos•met•ic [kɑːzˈmetɪk] *adj* cosmético; *fig* superficial

cos•met•ics [kɑːzˈmetɪks] *npl* cosméticos *mpl*

cos•met•ic 'sur•geon especialista *m/f* en cirugía estética

cos•met•ic 'sur•ger•y cirugía *f* estética

cos•mic [ˈkɑːzmɪk] *adj* cósmico; *of* ~ *proportions* de dimensiones descomunales

cos•mo•naut [ˈkɑːzmənɔːt] cosmonauta *m/f*

cos•mo•pol•i•tan [kɑːzməˈpɑːlɪtən] **I** *adj city* cosmopolita **II** *n* cosmopolita *m/f*

cos•mos [ˈkɑːzmɑːs] cosmos *m*

cost[1] [kɑːst] **I** *n also fig* costo *m*, *Span* coste *m*; *at all* ~*s* cueste lo que cueste; *I've learnt to my* ~ por desgracia he aprendido; *at the* ~ *of her health* a costa de su salud; *at a heavy* ~ a un precio muy alto; *at* ~ (*price*) al costo *or Span* coste; *award* ~*s against s.o.* LAW adjudicar los costos *or Span* costes a alguien; ~ *inflation* COM inflación *f* de costos *or Span* costes

II *v/t* (*pret & pp* **cost**) *money, time* costar; *how much does it* ~? ¿cuánto cuesta?; *it ~ me ten dollars* me costó diez dólares; *it'll ~ you* F te va a salir caro; *it ~ him his life* le costó la vida; *it ~ me a lot of trouble* me ocasionó muchos problemas, me fue muy difícil **III** *v/i (irr)*: *it ~ him dearly fig* le salió caro

cost² [kɑːst] *v/t (pret & pp -ed)* FIN *proposal, project* estimar el costo de

'**cost an•al•y•sis** análisis *m inv* de costos *or Span* costes

cost and 'freight COM costo *or Span* coste y flete

co-star ['koʊstɑːr] **I** *v/t (pret & pp -red)*: *the film ~s Robin Williams* la película está co-protagonizada por Robin Williams **II** *v/i (pret & pp -red)*: *~ with s.o.* actuar con alguien

Cos•ta Ri•ca [kɑːstə'riːkə] Costa Rica *f*

Cos•ta Ri•can [kɑːstə'riːkən] **I** *adj* costarricense **II** *n* costarricense *m/f*

cost-'ben•e•fit an•al•y•sis análisis *m* de costo-beneficio *or Span* coste-beneficio; '**cost-con•scious** *adj* consciente del costo *or Span* coste; '**cost-ef•fec•tive** *adj* rentable; '**cost es•ti•mate** estimación *f* de costos *or Span* costes

cost•ing ['kɑːstɪŋ] *n* cálculo *m* de costos *or Span* costes

'**cost, in•sur•ance, freight** COM costo *or Span* coste, seguro y flete

cost•ly ['kɑːstlɪ] *adj mistake* caro

cost of 'liv•ing costo *m or Span* coste de la vida; **cost-of-'liv•ing al•low•ance** COM complemento *m* por carestía de vida; **cost 'price** precio *m* de costo *or Span* coste

cos•tume ['kɑːstuːm] *for actor* traje *m*

'**cos•tume de•sign•er** diseñador(a) *m(f)* de vestuario; '**cos•tume dra•ma** *movie* película *f* de época; *TV series* serie *f* de época; **cos•tume 'jew•el•ry**, *Br* **cos•tume 'jew•el•lery** bisutería *f*

'**cos•y** *Br* ☞ **cozy**

cot [kɑːt] *(camp-bed)* catre *m*

'**cot death** (síndrome *m* de) muerte *f* súbita del lactante

cot•tage ['kɑːtɪdʒ] casa *f* de campo, casita *f*

cot•tage 'cheese queso *m* fresco

cot•tage 'in•dus•try industria *f* artesanal *or* familiar

cot•ton ['kɑːtn] **I** *n* algodón *m* **II** *adj* de algodón

◆ **cotton on** *v/i* F darse cuenta

◆ **cotton on to** *v/t* F darse cuenta de

◆ **cotton to** *v/t* F: *I never cottoned to her* nunca me cayó bien

'**cot•ton bud** *Br. for ears etc* bastoncillo *m*; **cot•ton 'can•dy** algodón *m* dulce; '**cot•ton•seed oil** aceite *m* de semillas de algodón; '**cot•ton•wood** álamo *m* de Virginia; **cot•ton 'wool** *Br* algodón *m* (hidrófilo)

couch [kaʊtʃ] sofá *m*

cou•chette [kuː'ʃet] litera *f*

'**couch po•ta•to** F teleadicto(-a) *m(f)* F

cough [kɑːf] **I** *n* tos *f*; *to get attention* carraspeo *m*; *have a ~* tener tos **II** *v/i* toser; *to get attention* carraspear

◆ **cough up I** *v/t* **1** *blood etc* toser **2** F *money* soltar, *Span* apoquinar F **II** *v/i* F *(pay)* soltar dinero, *Span* apoquinar F

'**cough drop** pastilla *f* para la tos

cough•ing bout ['kɑːfɪŋ] ataque *m* de tos

'**cough loz•enge** ☞ **cough drop**

'**cough med•i•cine, cough syr•up** jarabe *m* para la tos

could [kʊd] **I** *v/aux*: *~ I have my key?* ¿me podría dar la llave?; *~ you help me?* ¿me podrías ayudar?; *this ~ be our bus* puede que éste sea nuestro autobús; *you ~ be right* puede que tengas razón; *I ~n't say for sure* no sabría decirlo con seguridad; *he ~ have got lost* a lo mejor se ha perdido; *you ~ have warned me!* ¡me podías haber avisado!; *that ~ be right* puede que eso sea cierto

II *pret* ☞ **can**¹

coun•cil ['kaʊnsl] **1** *(assembly)* consejo *m* **2**: *(municipal)* ~ autoridades *fpl* locales

'**coun•cil es•tate** *Br* urbanización *f* de protección oficial; '**coun•cil flat** *Br* piso *m* de protección oficial; '**coun•cil house** *Br* casa *f* de protección oficial; '**coun•cil•man** concejal *m*

coun•cil•or, *Br* **coun•cil•lor** ['kaʊn-sələr] concejal(a) *m(f)*

'**coun•cil tax** *Br* contribución *f* urbana

coun•sel ['kaʊnsl] **I** *n* **1** *(advice)* consejo *m*; *keep one's own ~* ser muy reservado *or* callado **2** *(lawyer)* abogado(-a) *m(f)*; *~ for the defense* abogado(-a) *m(f)* defensor; *~ for the prosecution* acusador(a) *m(f)* ‖ *v/t course of action* aconsejar; *person* ofrecer apoyo psicológico; **~ s.o. to do sth** aconsejar a alguien que haga algo

coun•sel•ing, *Br* **coun•sel•ling** ['kaʊn-slɪŋ] apoyo *m* psicológico

coun•sel•or, *Br* **coun•sel•lor** ['kaʊn-slər] **1** *(adviser)* consejero(-a) *m(f)*; *of student* orientador(a) *m(f)* **2** LAW abogado(-a) *m(f)*

count[1] [kaʊnt] **I** *n (number arrived at)* cuenta *f*; *(action of ~ing)* recuento *m*; *in baseball, boxing* cuenta *f*; **what is your ~?** ¿cuántos has contado?; **keep ~ of** llevar la cuenta de; **lose ~ of** perder la cuenta de; **at the last ~** en el último recuento; **on all ~s** LAW de todos los cargos

II *v/i to ten etc* contar; *(be important)* contar; *(qualify)* contar, valer; **~ing from today** contando desde hoy; **it doesn't ~ for much** no cuenta *or* vale mucho; **doesn't that ~ for anything with you?** ¿es que para ti eso no cuenta para nada?

III *v/t* **1** contar; **not ~ing those present** sin contar a los presentes; **~ing those present** contando a los presentes **2** *(consider)*: **~ o.s. lucky** considerarse afortunado

◆ **count against** *v/t* desfavorecer, perjudicar

◆ **count down** *v/i* contar hacia atrás

◆ **count in** *v/t*: **count me in** cuenta conmigo, *CSur* yo me anoto

◆ **count on** *v/t* contar con

◆ **count out** *v/t* **1** contar; *in boxing* contar hasta diez, contar hasta **2** *(exclude)*: **count me out!** ¡no cuentes conmigo!

◆ **count up** *v/t* contar, recontar; *money* contar

count[2] [kaʊnt] *n nobleman* conde *m*

count•a•ble ['kaʊntəbl] *adj* GRAM contable

'count•down cuenta *f* atrás **~ to the elections** cuenta atrás para las elecciones

coun•te•nance ['kaʊntənəns] *fml* **I** *v/t* tolerar; **~ doing sth** contemplar *or* considerar hacer algo **II** *n face* semblante *m*, rostro *m*

coun•ter[1] ['kaʊntər] *n* **1** *in shop* mostrador *m*; *in café* barra *f*; **under the ~** *fig* por debajo de la mesa **2** *in game* ficha *f*

coun•ter[2] ['kaʊntər] **I** *v/t* contrarrestar **II** *v/i (retaliate)* responder

coun•ter[3] ['kaʊntər] *adv*: **run ~ to** estar en contra de

'coun•ter•act *v/t* contrarrestar

'coun•ter•ar•gu•ment refutación *f*, argumento *m* en contra

'coun•ter•at•tack I *n* contraataque *m* **II** *v/i* contraatacar

'coun•ter•bal•ance I *n* contrapeso *m* **II** *v/t* contrarrestar, contrapesar

'coun•ter•blast *fig* contraataque *m*

'coun•ter•charge LAW recriminación *f*

'coun•ter•claim COM, LAW contrapetición *f*

'coun•ter clerk cajero(-a) *m(f)*

'coun•ter•clock•wise *adv* en sentido contrario al de las agujas del reloj

'coun•ter•dem•on•stra•tion contramanifestación *f*

coun•ter-'es•pi•o•nage contraespionaje *m*

'coun•ter•ex•am•ple contraejemplo *m*

coun•ter•feit ['kaʊntərfɪt] **I** *v/t* falsificar **II** *adj* falso **III** falsificación *f*

coun•ter•feit•er ['kaʊntərfɪtər] falsificador(a) *m(f)*

'coun•ter•foil *Br* matriz *f*

coun•ter-in'tel•li•gence contrainteligencia *f*, contraespionaje *m*

coun•ter•mand ['kaʊntərmɑːnd] *v/t* contramandar

'coun•ter•meas•ure contramedida *f*

'coun•ter•move respuesta *f*

'coun•ter•of•fen•sive MIL contraofensiva *f*

'coun•ter•of•fer contraoferta *f*

coun•ter•pane ['kaʊntərpeɪn] colcha *f*, cubierta *f*

'coun•ter•part *person* homólogo(-a) *m(f)*

'coun•ter•point MUS contrapunto *m*

coun•ter•pro'duc•tive *adj* contraproducente

'coun•ter•pro•pos•al contraproposición *f*

coun•ter•rev•o'lu•tion POL contrarrevolución *f*

'coun•ter•sign *v/t* refrendar

coun•ter-'ter•ror•ism contraterrorismo *m*

'coun•ter•weight contrapeso *m*

coun•tess ['kaʊntes] condesa *f*

count•less ['kauntlɪs] *adj* incontables

coun•try ['kʌntrɪ] *n* **1** (*nation*) país *m*; ~ **of birth** [país de origen; ~ **of origin** país de origen **2** *as opposed to town* campo *m*; **in the** ~ en el campo; **flat / hilly** ~ país *m* llano / con colinas; ~ **life** vida *f* rural; ~ **road** carretera *f* comarcal

coun•try and 'west•ern MUS música *f* country; **coun•try 'house** casa *f* de campo; **'coun•try•man** (*fellow* ~) compatriota *m*; **'coun•try mu•sic** MUS música *f* country; **'coun•try•side** campo *m*; **coun•try-'wide I** *adj* nacional **II** *adv* a nivel nacional; **'coun•try•wom•an** (*fellow* ~) compatriota *f*

coun•ty ['kauntɪ] condado *m*

coup [kuː] POL golpe *m* (de Estado); *fig* golpe *m* de efecto; **pull off a** ~ *fig* dar un golpe maestro

coup d'é•tat [kuːdeɪˈtɑː] (*pl* **coups d'état** [kuːzdeɪˈtɑː]) golpe *m* (de Estado)

cou•pé ['kuːpeɪ] MOT cupé *m*

cou•ple ['kʌpl] **I** *n* pareja *f*; *just a* ~ un par; *a* ~ *of* un par de; *it was all* ~*s at the party* en la fiesta sólo había parejitas **II** *v/t* RAIL empalmar, unir (*to* a)

cou•pon ['kuːpɑːn] cupón *m*

cour•age ['kʌrɪdʒ] valor *m*, coraje *m*; *lose* ~ acobardarse; *pluck up one's* ~ armarse de valor

cou•ra•geous [kəˈreɪdʒəs] *adj* valiente

cou•ra•geous•ly [kəˈreɪdʒəslɪ] *adv* valientemente

cour•gette [kɔːrˈʒet] BOT *Br* calabacín *m*

cou•ri•er ['kʊrɪər] **1** (*messenger*) mensajero(-a) *m(f)* **2** *with tourist party* guía *m/f*

course [kɔːrs] **1** (*series of lessons*) curso *m*; *English* ~ curso de inglés; ~ *of lectures* ciclo *m* de conferencias; ~ *of study* programa *m* de estudios **2** (*part of meal*) plato *m*; *a three-* ~ *meal* una comida con primer plato, segundo plato y postre **3** *of ship, plane* rumbo *m*; *change* ~ cambiar de rumbo **4** *for horse race* circuito *m*; *for golf* campo *m*; *for skiing, marathon* recorrido *m* **5**: *of* ~ (*certainly*) claro, por supuesto; (*naturally*) por supuesto; *of* ~ *not* claro que no; ~ *of action* táctica *f*; ~ *of treat-*

ment tratamiento *m*; *in the* ~ *of …* durante …; *in the* ~ *of time* con el tiempo, a la larga; *the* ~ *of events* el transcurso de los acontecimientos; *take or run its* ~ tomar *or* seguir su curso

court [kɔːrt] **I** *n* **1** LAW tribunal *m*; (*courthouse*) palacio *m* de justicia; *take s.o. to* ~ llevar a alguien a juicio; *in* ~ en los tribunales; *come to* ~ llevarse a los tribunales; *go to* ~ ir a juicio; *settle out of* ~ llegar a un acuerdo fuera de los tribunales **2** SP pista *f*, cancha *f* **3**: *pay* ~ *to s.o.* lisonjear a alguien **II** *v/t* cortejar a **III** *v/i* festejar; ~*ing couple* pareja *f* de novios

'court case proceso *m*, causa *f*

cour•te•ous ['kɜːrtɪəs] *adj* cortés

cour•te•sy ['kɜːrtəsɪ] cortesía *f*; *by* ~ *of* por cortesía de; ~ *visit* visita *f* de cortesía

'cour•te•sy car coche *m* de cortesía

'cour•te•sy light MOT luz *f* interior

'court•house palacio *m* de justicia; **court 'mar•tial I** *n* consejo *m* de guerra **II** *v/t* formar un consejo de guerra a; *he was* ~*ed* compareció ante un consejo de guerra; **'court or•der** orden *f* judicial; **'court•room** sala *f* de juicios

court•ship ['kɔːrtʃɪp] cortejo *m*, noviazgo *m*

'court•yard patio *m*

cous•in ['kʌzn] primo(-a) *m(f)*

cove [kouv] (*small bay*) cala *f*

cov•er ['kʌvər] **I** *n* **1** *protective* funda *f* **2** *of book, magazine* portada *f*; *read sth from* ~ *to* ~ leer algo de cabo a rabo **3** (*shelter*) protección *f*; *we took* ~ *from the rain* nos pusimos a cubierto de la lluvia; *take* ~ cobijarse; *get under* ~ ponerse a cubierto; *under* (*the*) ~ *of night* al abrigo *or* amparo de la noche **4** (*insurance*) cobertura *f* **5**: ~*s for bed* manta y sábanas *fpl* **6**: *send sth under separate* ~ enviar algo por separado; *under plain* ~ en sobre sin membrete **II** *v/t* cubrir

◆ **cover up I** *v/t* cubrir; *scandal* encubrir **II** *v/i* disimular; *cover up for s.o.* encubrir a alguien

cov•er•age ['kʌvərɪdʒ] *by media* cobertura *f* informativa

'cov•er charge cubierto *m*

'cov•er girl chica *f* de portada

cov•er•ing doc•tor ['kʌvrɪŋ] suplente *m/f*

cov•er•ing let•ter *Br* ☞ **cover letter**

'**cov•er let•ter** carta *f*; '**cov•er note** certificado *m* provisional de cobertura; '**cov•er sto•ry** artículo *m* de portada

cov•ert ['kouvɜːrt] *adj* encubierto

'**cov•er-up** encubrimiento *m*

cov•et ['kʌvɪt] *v/t* desear, ansiar

cov•et•ous ['kʌvɪtəs] *adj* codicioso, afanoso

cow [kau] vaca *f*; *wait till the ~s come home* F esperar hasta que las ranas críen pelo F

cow•ard ['kauərd] cobarde *m/f*

cow•ard•ice ['kauərdɪs] cobardía *f*

cow•ard•ly ['kauərdlɪ] *adj* cobarde

'**cow•boy** vaquero *m*

cow•er ['kauər] *v/i* agacharse, amilanarse

'**cow•girl** vaquera *f*

'**cow•hide** piel *f* vacuna

cowl [kaul] (*monk's hood*) capucho *m*

co-work•er ['kouwɜːrkər] compañero (-a) *m(f)* de trabajo, colega *m/f*

'**cow•pat** boñigo *m* de vaca; '**cow•shed** vaquería *f*; '**cow•skin** piel *f* vacuna

cox [kɑːks] *in rowing* timonel m

coy [kɔɪ] *adj* **1** (*evasive*) evasivo **2** (*flirtatious*) coqueto

coy•o•te [kɔɪ'outɪ] coyote *m*

co•zi•ness ['kouzɪnɪs] calidez *f*, comodidad *f*

co•zy ['kouzɪ] *adj room* acogedor; *job* cómodo

CPA [siːpiː'eɪ] *abbr* (= *certified public accountant*) censor(a) *m(f)* jurado (-a) de cuentas

CPU [siːpiː'juː] *abbr* (= *central processing unit*) CPU *f* (= unidad *f* central de proceso)

crab[1] [kræb] cangrejo *m*

crab[2] [kræb] F (*bad-tempered person*) cascarrabias *m/fpl* F, gruñón(-ona) *m(f)* F

crab[3] [kræb] F (*pubic louse*) ladilla *f*

crab•bed ['kræbɪd] *adj* **1** *handwriting* enrevesado **2** (*bad-tempered*) gruñón

crab•by ['kræbɪ] *adj* gruñón

'**crab louse** ZO ladilla *f*

crack [kræk] **I** *n* **1** grieta *f*; *in cup, glass* raja *f*; *at the ~ of dawn* al despuntar el alba; *give s.o. a fair ~ of the whip* F dar a alguien una oportunidad; *the door*

was open a ~ la puerta estaba abierta una rendija **2** (*joke*) chiste *m* (malo): *make ~s about* burlarse *or* mofarse de **3**: *have a ~ at sth* intentar algo

II *v/t* **1** *cup, glass* rajar **2** *nut* cascar **3** *code* descifrar; F (*solve*) resolver **4**: *~ a joke* contar un chiste

III *v/i* **1** rajarse **2**: *get ~ing* F poner manos a la obra F

IV *adj* F (*skilled*): *~ shot* tirador *m* experto; *~ troops* tropas *fpl* de primera

◆ **crack down** *v/i* tomar medidas severas, actuar con dureza

◆ **crack down on** *v/t* tomar medidas severas contra

◆ **crack up** *v/i* **1** (*have breakdown*) sufrir una crisis nerviosa **2** F (*laugh*) desternillarse F

crack•brained ['krækbreɪnd] *adj* F chiflado F

'**crack•down** medidas *fpl* severas

cracked [krækt] *adj* **1** *cup, glass* rajado **2** F (*crazy*) chiflado F

crack•er ['krækər] *to eat* galleta *f* salada

crack•ers ['krækərz] *adj* F chalado, chiflado

crack•le ['krækl] **I** *v/i of fire* crepitar **II** *n* crepitación *f*

crack•ling ['kræklɪŋ] GASTR piel *f* de cerdo asada

crack•ly ['kræklɪ] *adj* chispeante, crujiente

'**crack•pot** F **I** *n* chalado(-a) *m(f)* F **II** *adj* disparatado

'**crack-up** F ataque *m* de nervios

cra•dle ['kreɪdl] **I** *n for baby* cuna *f*; *from the ~ to the grave* durante toda la vida **II** *v/t* acunar, mecer

craft[1] [kræft] NAUT embarcación *f*

craft[2] [kræft] **1** (*skill*) arte *m* **2** (*trade*) oficio *m*

craft•i•ness ['kræftɪnɪs] astucia *f*

crafts•man ['kræftsmən] artesano *m*

crafts•man•ship ['kræftsmənʃɪp] artesanía *f*

crafts•wom•an ['kræftswumən] artesana *f*

craft•y ['kræftɪ] *adj* astuto

crag [kræg] *rock* peñasco *m*, risco *m*

crag•gy ['krægɪ] *adj* **1** *mountain* escarpado **2** *features* anguloso

cram [kræm] (*pret & pp* -**med**) *v/t* embutir

cram-'full *adj* abarrotado

cramp[1] [kræmp] *n* calambre *m*; ***stomach*** ~ retorcijón *m*

cramp[2] [kræmp] *v/t*: ~ *s.o.'s style* cortar a alguien

cramped [kræmpt] *adj room, apartment* pequeño; *we're a bit ~ed in here* aquí estamos un poco apretujados

cram•pon ['kræmpɑːn] crampón *m*

cramps [kræmps] *npl* calambre *m*; ***stomach*** ~ retorcijón *m*

cran•ber•ry ['krænberɪ] arándano *m* agrio

cran•ber•ry 'sauce salsa *f* de arándanos agrios

crane [kreɪn] **I** *n machine* grúa *f* **II** *v/t*: ~ *one's neck* estirar el cuello

◆ **crane forward** *v/i* asomarse

'crane driv•er conductor(a) *m(f)* de grúa

crank[1] [kræŋk] *person* maniático(-a) *m(f)*, persona *f* rara

crank[2] [kræŋk] TECH manivela *f*, manecilla *f*

◆ **crank out** *v/t* F producir en cadena F

◆ **crank up** *v/i* F *volume* subir

'crank•shaft cigüeñal *m*

crank•y ['kræŋkɪ] *adj* (*bad-tempered*) gruñón

cran•ny ['krænɪ] grieta *f*

crap [kræp] P **I** *n* (*excrement*) mierda *f* P; (*nonsense*) *L.Am.* pendejadas *fpl* P, *Rpl* boludeces *fpl* P, *Span* gilipolleces *fpl* P; (*poor quality item*) mierda *f* P **II** *v/i* (*pret & pp* **-ped**) (*defecate*) cagar V

crap•py ['kræpɪ] *adj* P cutre P, de mierda P

crash [kræʃ] **I** *n* **1** *noise* estruendo *m*, estrépito *m*; *a* ~ *of thunder* un trueno *p* **2** *accident* accidente *m* **3** COM quiebra *f*, crac *m* **4** COMPUT bloqueo *m* **II** *v/i* **1** *of car, airplane* estrellarse (*into* con *or* contra) **2** *of thunder* sonar; *the waves ~ed onto the shore* las olas chocaban contra la orilla; *the vase ~ed to the ground* el jarrón se cayó con estruendo **3** COM *of market* hundirse, desplomarse **4** COMPUT bloquearse, colgarse **5** F (*sleep*) dormir, *Span* sobar F **III** *v/t* **1** *car* estrellar **2**: ~ *a party* colarse en una fiesta

◆ **crash out** *v/i* F (*fall asleep*) dormirse, *Span* quedarse sobado F

'crash bar•ri•er quitamiedos *m inv*; **'crash course** curso *m* intensivo; **'crash di•et** dieta *f* drástica; **'crash hel•met** casco *m* protector; **'crash-land** *v/i* realizar un aterrizaje forzoso; **'crash 'land•ing** aterrizaje *m* forzoso; **'crash-test** MOT test *m* de choque

crass [kræs] *adj* **1** *mistake* garrafal **2** *remark* irrespetuoso, grosero

crate [kreɪt] (*packing case*) caja *f*

cra•ter ['kreɪtər] *of volcano* cráter *m*

cra•vat [krə'væt] pañuelo *m* (*metido por el cuello de la camisa*)

crave [kreɪv] *v/t* ansiar

crav•ing ['kreɪvɪŋ] ansia *f*, deseo *m*; *of pregnant woman* antojo *m*; *I have a ~ for ...* me apetece muchísimo ...

craw•fish ['krɔːfɪʃ] **I** *n freshwater* cangrejo *m* de río; *saltwater* langosta *f* **II** *v/i* P (*back out*) echarse atrás

crawl [krɔːl] **I** *n in swimming* crol *m*; *at a* ~ (*very slowly*) muy lentamente **II** *v/i on floor* arrastrarse; *of baby* andar a gatas; (*move slowly*) avanzar lentamente; ~ *to s.o.* fig arrastrarse a los pies de alguien; *the sight made her flesh* ~ lo que vió le revolvió las tripas

◆ **crawl with** *v/t*: *be crawling with* estar abarrotado de

cray•fish ['kreɪfɪʃ] *freshwater* cangrejo *m* de río; *saltwater* langosta *f*

cray•on ['kreɪɑːn] lápiz *m* de color

craze [kreɪz] locura *f* (*for* de); *the latest* ~ la última locura *or* moda

cra•zi•ness ['kreɪzɪnɪs] locura *f*, disparate *m*

cra•zy ['kreɪzɪ] *adj* loco; *be* ~ *about* estar loco por; *drive s.o.* ~ volver loco a alguien

'cra•zy bone húmero *m*

creak [kriːk] **I** *n of hinge, door* chirrido *m*; *of floor, shoes* crujido *m* **II** *v/i of hinge, door* chirriar; *of floor, shoes* crujir

creak•y ['kriːkɪ] *adj hinge, door* que chirria; *floor, shoes* que cruje

cream [kriːm] **I** *n* **1** *for skin* crema *f* **2** *for coffee, cake* nata *f*; *whipped* ~ nata montada **3** (*color*) crema *m* **II** *adj* crema **II** *v/t* **1** (*purée*) hacer puré; *butter and sugar* mezclar **2** F (*defeat*) hacer papilla F

◆ **cream off** *v/t the best* quedarse con, llevarse

cream 'cheese queso *m* blanco para untar

'cream-col•ored, *Br* 'cream-col•oured *adj* de color crema

cream•er ['kri:mər] **1** (*pitcher*) jarra *f* para la nata **2** *for coffee* leche *f* en polvo

cream•y ['kri:mɪ] *adj with lots of cream* cremoso

crease [kri:s] **I** *n accidental* arruga *f*; *deliberate* raya *f* **II** *v/t accidentally* arrugar

'crease-proof *adj* inarrugable

'crease-re•sist•ant *adj* resistente a las arrugas

cre•ate [kri:'eɪt] *v/t & v/i* crear

cre•a•tion [kri:'eɪʃn] creación *f*; *the Creation* REL la Creación

cre•a•tive [kri:'eɪtɪv] *adj* creativo; ~ *writing* creación *f* literaria

cre•a•tiv•i•ty [kri:eɪ'tɪvɪtɪ] creatividad *f*

cre•a•tor [kri:'eɪtər] creador(a) *m(f)*; (*founder*) fundador(a) *m(f)*; *the Creator* REL el Creador

crea•ture ['kri:tʃər] *animal, person* criatura *f*; *be a ~ of habit* ser una persona de costumbres

crea•ture 'com•forts *npl* comodidades *fpl*, pequeños lujos *mpl*

crèche [kreʃ] **1** *for children* guardería *f* (infantil) **2** REL nacimiento *m*, belén *m*

cre•dence ['kri:dəns] *give or attach ~ to* dar *or* conceder crédito a

cre•den•tials [krɪ'denʃlz] *npl* (*abilities*) aptitudes *fpl*; *establish one's ~* demostrar que se vale; *present one's ~* presentar los credenciales

cred•i•bil•i•ty [kredə'bɪlətɪ] credibilidad *f*; ~ *gap* falta *f* de credibilidad

cred•i•ble ['kredəbl] *adj* creíble

cred•it ['kredɪt] **I** *n* **1** FIN, crédito *m*; *be in ~* tener un saldo positivo; *on ~* a crédito; *give s.o. ~ for $1,000* abonar a alguien 1.000 dólares

2 (*honor*) crédito *m*; *get the ~ for sth* recibir reconocimiento por algo; *be a ~ to* dar crédito *or* reputación a; *be to s.o.'s ~* hacer honor a alguien, decir mucho en favor de alguien; *give s.o. ~ for sth* reconocer el mérito a alguien por algo; *to his ~ it has to be said that ...* en su favor hay que decir que ...; ~ *where ~ is due* para ser de justicia

II *v/t* **1** (*believe*) creer **2** FIN: ~ *an amount to an account* abonar una

cantidad en una cuenta **3**: ~ *s.o. with sth* atribuir a alguien algo

cred•it•a•ble ['kredɪtəbl] *adj* estimable, honorable

'cred•it bal•ance haber *m*; 'cred•it card tarjeta *f* de crédito; 'cred•it ceil•ing límite *m* del crédito; 'cred•it con•trol COM control *m* de crédito; 'cred•it lim•it límite *m* de crédito; 'cred•it note COM nota *f* de crédito

cred•i•tor ['kredɪtər] acreedor(a) *m(f)*

'cred•it rat•ing FIN clasificación *f* por grado de solvencia

cred•its ['kredɪts] *TV, movie* títulos *mpl* de crédito, créditos *mpl*

'cred•it squeeze estrechamiento *m* del crédito

'cred•it•wor•thy *adj* solvente

cre•du•li•ty [krɪ'du:lətɪ] credulidad *f*

cred•u•lous ['kredʊləs] *adj* crédulo

creed [kri:d] (*beliefs*) credo *m*

creek [kri:k] (*stream*) arroyo *m*; *be up the ~ (without a paddle)* F estar en un aprieto F

creep [kri:p] **I** *n pej* asqueroso(-a) *m(f)* **II** *v/i* (*pret & pp* crept) moverse sigilosamente; *the sight made her flesh ~* lo que vió le revolvió las tripas

◆ creep in *v/i of errors etc* manifestarse

◆ creep up on *v/t* acercarse sigilosamente

creep•er ['kri:pər] BOT enredadera *f*

creep•ing ['kri:pɪŋ] *adj* gradual, progresivo

creeps [kri:ps] *npl* F: *the house / he gives me the ~* la casa / él me pone la piel de gallina F

creep•y ['kri:pɪ] *adj* F espeluznante F

cre•mate [krɪ'meɪt] *v/t* incinerar

cre•ma•tion [krɪ'meɪʃn] incineración *f*

cre•ma•to•ri•um [kremə'tɔ:rɪəm] crematorio *m*

cre•ma•to•ry ['kri:mətɔ:rɪ] ☞ *crematorium*

crept [krept] *pret & pp* ☞ *creep*

cre•scen•do [krə'ʃendoʊ] MUS crescendo *m*; *rise to or reach a ~ fig* alcanzar el punto culminante

cres•cent ['kresənt] *shape* medialuna *f*; ~ *moon* cuarto *m* creciente

cress [kres] BOT berro *m*

crest [krest] *of hill* cima *f*; *of bird* cresta *f*; *be riding on the ~ of a wave fig* estar en la cresta de la ola

'crest•fal•len adj abatido

Creutz•feldt-Ja•kob dis•ease [krɔɪtsfelt'jæka:b] MED enfermedad f de Creutzfeldt-Jakob

cre•vasse [krɪ'væs] hendidura f

crev•ice ['krevɪs] grieta f

crew [kru:] n 1 of ship, airplane tripulación f 2 of repairmen etc equipo m 3 (crowd, group) grupo m, pandilla f

'crew cut rapado m

'crew neck cuello m redondo

crib [krɪb] for baby cuna f

crick [krɪk]: **have a ~ in the neck** tener tortícolis

crick•et[1] ['krɪkɪt] insect grillo m

crick•et[2] ['krɪkɪt] sport cricket m

crick•et•er ['krɪkɪtər] jugador(a) m(f) de cricket

crime [kraɪm] (offense) delito m; serious, also fig crimen m

'crime•wave ola f de delincuencia

crim•i•nal ['krɪmɪnl] I n delincuente m/f, criminal m/f II adj 1 (relating to crime) criminal; (LAW: not civil) penal; act delictivo 2 (shameful) vergonzoso; it's ~ es un crimen

crim•i•nal 'law ley f penal; **crim•i•nal pro'ceed•ings** npl procedimiento m penal; **crim•i•nal 'rec•ord** antecedentes mpl penales; **have a ~** tener antecedentes penales

crim•i•nol•o•gy [krɪmɪ'na:lədʒɪ] criminología f

crimp [krɪmp] v/t 1 cloth, paper doblar, plegar 2 hair rizar con tenacillas

crim•son ['krɪmzn] adj carmesí

cringe [krɪndʒ] v/i with embarrassment sentir vergüenza

crin•kle ['krɪŋkl] I v/i arrugarse II v/t arrugar III n arruga f

crip•ple ['krɪpl] I n (disabled person) inválido(-a) m(f) II v/t person dejar inválido; fig: country, industry paralizar

cri•sis ['kraɪsɪs] (pl **crises** ['kraɪsi:z]) crisis f inv

crisp [krɪsp] adj weather, air fresco; lettuce, apple, bacon crujiente; new shirt, bills flamante

'crisp•bread pan dietético a base de centeno o trigo

criss•cross ['krɪskra:s] I n cruz f II v/t atravesar, entrecruzar

cri•te•ri•on [kraɪ'tɪrɪən] (pl **criteria** [kraɪ'tɪrɪə]) (standard) criterio m

crit•ic ['krɪtɪk] crítico(-a) m(f)

crit•i•cal ['krɪtɪkl] adj (making criticisms, serious) crítico; moment etc decisivo; **be ~ of s.o. / sth** ser crítico con alguien / algo; **he is in a ~ condition** MED está en un estado crítico

crit•i•cal•ly ['krɪtɪklɪ] adv speak etc en tono de crítica; **~ ill** en estado crítico

crit•i•cism ['krɪtɪsɪzm] crítica f; **be open to ~** ofrecerse a críticas; **above ~** exento de críticas

crit•i•cize ['krɪtɪsaɪz] v/t criticar; **~ s.o. for doing sth** criticar a alguien por hacer algo

cri•tique [krɪ'ti:k] crítica f, análisis m

croak [krouk] I n of frog croar m II v/i of frog croar

Cro•at ['krouæt] 1 person croata m/f 2 language croata m

Cro•a•tia [krou'eɪʃə] Croacia f

Cro•a•tian [krou'eɪʃən] I n 1 person croata m/f 2 language croata m II adj croata

cro•chet ['krouʃeɪ] I n ganchillo m II v/t hacer a ganchillo

crock [kra:k]: **old ~** F vehicle tastarro F m; person carca F m; **that's a ~ of shit** P eso es una chorrada or pijada P

crock•e•ry ['kra:kərɪ] vajilla f

croc•o•dile ['kra:kədaɪl] cocodrilo m

'croc•o•dile tears npl lágrimas fpl de cocodrilo

cro•cus ['kroukəs] azafrán m

cro•ny ['krounɪ] F amiguete m/f F

crook [kruk] 1 ladrón(-ona) m(f); dishonest trader granuja m/f 2: **hold sth in the ~ of one's arm** sostener algo con la parte interior del codo

crook•ed ['krukɪd] adj 1 (not straight) torcido 2 (dishonest) deshonesto

croon [kru:n] v/t & v/i cantar suavemente

croon•er ['kru:nər] cantante m de baladas

crop [kra:p] I n also fig cosecha f; plant grown cultivo m; **~ failure** cosecha pésima II v/t (pret & pp **-ped**) hair cortar; photo recortar

◆ **crop up** v/i salir

crop•per ['kra:pər] Br F: **come a ~** also fig darse un batacazo F

cro•quet ['kroukeɪ] croquet m

cross [kra:s] I adj (angry) enfadado, enojado

II *n* **1** cruz *f*; **the Cross** la Cruz; **make the sign of the ~** hacer la señal de la cruz **2** *in soccer* centro *m*, cruce *m*
III *v/t* **1** (*go across*) cruzar; **~ o.s.** REL santiguarse; **~ one's arms /legs** cruzar los brazos / las piernas; **keep one's fingers ~ed** cruzar los dedos; **it never ~ed my mind** no se me ocurrió; **~ s.o.'s path** *fig* cruzarse en el camino de alguien **2** *en fútbol* centrar
IV *v/i* **1** (*go across*) cruzar **2** *of lines* cruzarse, cortarse **3** *en fútbol* centrar
◆ **cross off, cross out** *v/t* tachar
◆ **cross over** *v/i* **1** POL pasarse (de bando) **2** *on road* cruzar

'**cross•bar** *of goal* larguero *m*; *of bicycle* barra *f*; *in high jump* listón *m*; '**cross•beam** TECH viga *f* transversal; '**cross•breed** BIO **I** *n* híbrido(-a) *m(f)* **II** *v/t* (*pret & pp* ☞ **-bred**) cruzar; **cross-'check I** *n* comprobación *f* **II** *v/t* comprobar; **cross-coun•try** 'ski•ing esquí *m* de fondo; '**cross•cur•rent** contracorriente *f*; **cross-'dress•ing** travestismo *m*

crossed cheque *Br* [krɑːst'tʃek] cheque *m* cruzado

cross-ex•am•i'na•tion LAW interrogatorio *m*; **cross-ex'am•ine** *v/t* LAW interrogar; **cross-eyed** [krɑːs'aɪd] *adj* bizco; '**cross-fire** MIL fuego *m* cruzado; **be caught in the ~** *fig* estar entre dos fuegos

cross•ing ['krɑːsɪŋ] NAUT travesía *f*; **~ point** paso *m*

cross-leg•ged [krɑːs'legɪd] *adv*: **sit ~** sentarse con las piernas cruzadas
'**cross•patch** F refunfuñón(-ona) *m(f)* F; **cross-'pur•pos•es** *npl*: **talk at ~** hablar de dos cosas diferentes; **cross-'ref•er•ence** referencia *f*; '**cross•roads** *nsg also fig* encrucijada *f*; '**cross-sec•tion** *of people* muestra *f* representativa; '**cross•walk** paso *m* de peatones

'**cross•ways, cross•wise** ['krɑːswaɪz] *adv* al cruzado
'**cross•word (puz•zle)** crucigrama *m*
crotch [krɑːtʃ] *of person, pants* entrepierna *f*
crotch•et ['krɑːtʃɪt] *Br* MUS negra *f*
crotch•et•y ['krɑːtʃətɪ] *adj* F renegón F
crouch [kraʊtʃ] *v/i* agacharse
◆ **crouch down** *v/i* enroscarse

croup [kruːp] MED crup *m*
crou•pi•er ['kruːpɪər] crupier *m/f*
crow[1] [krəʊ] *n bird* corneja *f*; **as the ~ flies** en línea recta; **eat ~** F tragarse la soberbia F
crow[2] [krəʊ] *v/i* **1** *of rooster* cacarear **2**: **~ with delight** gorjear de placer; **~ over sth** presumir *or* alardear de algo
'**crow•bar** palanca *f*
crowd [kraʊd] **I** *n* multitud *f*, muchedumbre *f*; *at sports event* público *m*; **~s of people** montones *mpl* de gente; **one of the ~** uno más del montón; **go with the ~** hacer lo mismo que el resto de la gente; **that ~ you hang around with** esa gente con la que te juntas **II** *v/t* abarrotar
◆ **crowd around I** *v/t* apretujarse alrededor de **II** *v/i* arremolinarse alrededor
◆ **crowd into** *v/t* apiñarse en
crowd•ed ['kraʊdɪd] *adj* abarrotado (**with** de)
crown [kraʊn] **I** *n on head, tooth* corona *f*; **the Crown** *Br* LAW la Corona **II** *v/t tooth* poner una corona a; **the ~ed heads of Europe** los monarcas europeos; **to ~ it all** para rematar
crown•ing ['kraʊnɪŋ] *adj achievement* supremo; **the city's ~ glory** la joya de la ciudad
crown 'jew•els *npl* joyas *fpl* de la Corona; **crown 'prince** príncipe *m* heredero; **crown prin'cess** princesa *f* heredera
'**crow's feet** *npl* patas *fpl* de gallo
'**crow's nest** NAUT cofa *f* de vigilancia
CRT [siːɑːr'tiː] *abbr* (= **cathode ray tube**) TRC *m* (= tubo *m* de rayos catódicos)
cru•cial ['kruːʃl] *adj* crucial
cru•ci•ble ['kruːsɪbl] crisol *m*
cru•ci•fix ['kruːsɪfɪks] crucifijo *m*
cru•ci•fix•ion [kruːsɪ'fɪkʃn] crucifixión *f*
cru•ci•fy ['kruːsɪfaɪ] *v/t* (*pret & pp* **-ied**) *also fig* crucificar
crude [kruːd] **I** *adj* **1** (*vulgar*) grosero **2** (*unsophisticated*) primitivo **II** *n*: **~** (*oil*) crudo *m*
crude•ly ['kruːdlɪ] *adv* **1** *speak* groseramente **2** *made* de manera primitiva
crude•ness, cru•di•ty ['kruːdnɪs, 'kruːdɪtɪ] **1** (*vulgarity*) ordinariez *f* **2** (*lack of sophistication*) simplicidad *f*

cru•el ['kruːəl] *adj* cruel (*to* con)
cru•el•ty ['kruːəltɪ] crueldad *f* (*to* con)
cru•et set, cru•et stand ['kruːɪt] vinajera *f*
cruise [kruːz] **I** *n* crucero *m*; **go on a ~** ir de crucero **II** *v/i* **1** *of people* hacer un crucero **2** *of car* ir a velocidad de crucero; *of plane* volar
'cruise lin•er transatlántico *m*
cruise 'mis•sile MIL misil *m* de crucero
cruis•er ['kruːzər] **1** (*battleship*) crucero *m* de combate **2** (*police car*) coche *m* patrulla
cruis•ing speed ['kruːzɪŋ] *of vehicle* velocidad *f* de crucero; *fig: of project etc* ritmo *m* normal
crumb [krʌm] miga *f*; **a few ~s of information** unos cuantos fragmentos de información; **~ of comfort** pizca *f* de consuelo
crum•ble ['krʌmbl] **I** *v/t* desmigajar **II** *v/i of bread* desmigajarse; *of stonework* desmenuzarse; *fig: of opposition etc* desmoronarse
◆ **crumble away** *v/i* desmoronarse
crum•bly ['krʌmblɪ] *adj cookie* que se desmigaja; *stonework* que se desmenuza
crum•my ['krʌmɪ] *adj* F malo, penoso F
crum•ple ['krʌmpl] **I** *v/t* (*crease*) arrugar **II** *v/i* (*collapse*) desplomarse
◆ **crumple up** *v/t* arrugar; *into a ball* arrugar en una bola
crunch [krʌntʃ] **I** *n:* **when it comes to the ~** a la hora de la verdad **II** *v/i of snow, gravel* crujir
crunch•y ['krʌntʃɪ] *adj* crujiente
cru•sade [kruːˈseɪd] **I** *n also fig* cruzada *f* **II** *v/i:* **~ for / against sth** luchar a favor / en contra de algo
cru•sad•er [kruːˈseɪdər] HIST cruzado *m*
crush [krʌʃ] **I** *n* **1** (*crowd*) muchedumbre *f* **2**: **have a ~ on** estar loco por **II** *v/t* aplastar; (*crease*) arrugar; **they were ~ed to death** murieron aplastados **III** *v/i* (*crease*) arrugarse
'crush bar•ri•er *Br* barrera *f* de seguridad
crush•ing ['krʌʃɪŋ] *adj defeat* abrumador, aplastante; **~ blow** *fig* golpe *m* mortal; **~ majority** mayoría *f* aplastante
'crush-re•sist•ant *adj fabric* resistente a las arrugas

crust [krʌst] *on bread* corteza *f*
crust•y ['krʌstɪ] *adj bread* crujiente
crutch [krʌtʃ] *for injured person* muleta *f*
crux [krʌks]: **the ~ of the matter** el quid de la cuestión
cru•zei•ro [kroˈseɪroʊ] FIN cruceiro *m*
cry [kraɪ] **I** *n* (*call*) grito *m*; **have a ~** llorar; **~ for help** *fig* grito de auxilio; **be a far or long ~ from sth** *fig* no tener nada que ver con algo **II** *v/t* (*pret & pp* **-ied**) **1** (*call*) gritar **2**: **~ o.s. to sleep** llorar hasta quedarse dormido **III** *v/i* (*pret & pp* **-ied**) **1** (*weep*) llorar **2**: **~ for help** gritar en busca de ayuda
◆ **cry off** *v/i Br* F arrepentirse, echarse para atrás
◆ **cry out** *v/t & v/i* gritar; **cry out against sth** protestar contra algo
◆ **cry out for** *v/t* (*need*) pedir a gritos
'cry•ba•by llorón(-ona) *m(f)*
cry•ing ['kraɪɪŋ] **I** *n* lloro *m* **II** *adj need* urgente, imperioso; **it's a ~ shame** es una verdadera lástima
crypt [krɪpt] ARCHI cripta *f*
cryp•tic ['krɪptɪk] *adj* críptico
crys•tal ['krɪstl] cristal *m*
crys•tal-'clear *adj water* claro, transparente; *explanation* claro, definido
crys•tal•li•za•tion [krɪstəlaɪˈzeɪʃn] cristalización *f*
crys•tal•lize ['krɪstəlaɪz] **I** *v/t* cristalizar **II** *v/i* cristalizarse
CS gas [siːesˈɡæs] gas *m* lacrimógeno
CST [siːesˈtiː] *abbr* (= **Central Standard Time**) hora oficial en el centro de Norteamérica
cub [kʌb] cachorro *m*; *of bear* osezno *m*
Cu•ba ['kjuːbə] Cuba *f*
Cu•ban ['kjuːbən] **I** *adj* cubano **II** *n* cubano(-a) *m(f)*
cube [kjuːb] *shape* cubo *m*; **~ root** raíz *f* cúbica
cu•bic ['kjuːbɪk] *adj* cúbico; **~ meter** metro *m* cúbico
cu•bic ca'pac•i•ty TECH cilindrada *f*
cu•bi•cle ['kjuːbɪkl] (*changing room*) cubículo *m*
cuck•old ['kʌkoʊld] **I** *n* cornudo *m* **II** *v/t* poner los cuernos a
cuck•oo ['kʊkuː] **I** *n* cuco *m* **II** *adj* F girado F, chalado F
'cuck•oo clock reloj *m* de cuco
cu•cum•ber ['kjuːkʌmbər] pepino *m*;

(as) cool as a ~ F con una pachorra increíble F

cud [kʌd]: **chew the ~** rumiar; *fig* rumiar, cavilar

cud•dle ['kʌdl] **I** *n* abrazo **II** *v/t* abrazar
◆ **cuddle up** *v/i* abrazarse; **cuddle up to s.o.** abrazarse a alguien

cud•dly ['kʌdlɪ] *adj kitten etc* tierno

cudg•el ['kʌdʒəl] **I** *n* garrote *m*, porra *f*; **take up the ~s for s.o.** / **sth** *fig* romper lanzas por alguien / algo **II** *v/t* (*pret & pp* **-ed**, *Br* **-led**) aporrear, apalear

cue [kjuː] **1** *for actor etc* pie *m*, entrada *f*; **take one's ~ from s.o.** *fig* tomar como ejemplo a alguien; **she arrived right on ~** llegó en el momento justo **2** *for pool* taco *m*

'cue ball bola *f* blanca

'cue card TV tarjeta *f* (*con los diálogos*)

cuff [kʌf] **I** *n* **1** *of shirt* puño *m*; *of pants* vuelta *f*; **off the ~** improvisado **2** (*blow*) cachete *m* **II** *v/t* (*hit*) dar un cachete a

'cuff link gemelo *m*

cui•sine [kwɪ'ziːn] cocina *f*

cul-de-sac ['kʌldəsæk] callejón *m* sin salida

cu•li•nar•y ['kʌlɪnerɪ] *adj* culinario

cull [kʌl] *v/t* **1** *animals* sacrificar **2** (*select*): **~ sth from sth** extraer *or* seleccionar algo de algo

cul•mi•nate ['kʌlmɪneɪt] *v/i* culminar (*in* en)

cul•mi•na•tion [kʌlmɪ'neɪʃn] culminación *f*

cu•lottes [kuː'lɑːts] *npl* falda-pantalón *f*

cul•pa•ble ['kʌlpəbl] *adj* culpable

cul•prit ['kʌlprɪt] culpable *m/f*

cult [kʌlt] (*sect*) secta *f*; **~ figure** ídolo *m*

cul•ti•vate ['kʌltɪveɪt] *v/t also fig* cultivar

cul•ti•vat•ed ['kʌltɪveɪtɪd] *adj person* culto

cul•ti•va•tion [kʌltɪ'veɪʃn] *of land* cultivo *m*

cul•ti•va•tor ['kʌltɪveɪtər] motocultor *m*

cul•tu•ral ['kʌltʃərəl] *adj* cultural

cul•tu•ral ex'change intercambio *m* cultural

cul•tu•ral 'her•i•tage patrimonio *m* cultural

cul•ture ['kʌltʃər] *artistic* cultura *f*

cul•tured ['kʌltʃərd] *adj* **1** (*cultivated*) culto **2**: **~ pearl** perla *f* cultivada

'cul•ture shock choque *m* cultural

cum•ber•some ['kʌmbərsəm] *adj* engorroso

cu•mu•la•tive ['kjuːmjʊlətɪv] *adj* acumulativo

cu•mu•lus ['kjuːmjʊləs] (*pl* **cumuli** ['kjuːmjʊlaɪ]) METEO cúmulo *m*

cun•ni•lin•gus [kʌnɪ'lɪŋgəs] cunnilingus *m*

cun•ning ['kʌnɪŋ] **I** *n* astucia *f* **II** *adj* astuto

cunt [kʌnt] V coño *m* V, *L.Am.* concha *f* V

cup [kʌp] **I** *n* taza *f*; *trophy* copa *f*; **that's not my ~ of tea** *Br* F eso no me apasiona *or* gusta especialmente **II** *v/t* (*pret & pp* **-ped**): **~ one's hands** ahuecar las manos (*para sostener algo*)

cup•board ['kʌbərd] armario *m*

'cup fi•nal *Br* final *f* de (la) copa

cup•ful ['kʌpfʊl] taza *f*

cu•po•la ['kjuːpələ] cúpula *f*

cu•ra•ble ['kjʊrəbl] *adj* curable

cu•ra•tor [kjʊ'reɪtər] conservador(a) *m(f)*

curb [kɜːrb] **I** *n* **1** *of street* bordillo *m* **2** *on powers etc* freno *m* **II** *v/t* frenar

'curb•stone bordillo *m*

curd [kɜːrd] cuajada *f*

cur•dle ['kɜːrdl] **I** *v/i of milk* cortarse; **the sight made my blood ~** lo que ví me heló la sangre **II** *v/t milk* cortar

cure [kjʊr] **I** *n* MED cura *f*; **past ~** incurable **II** *v/t* MED, *meat* curar

'cure-all panacea *f* universal

cur•few ['kɜːrfjuː] toque *m* de queda

cu•ri•o ['kjʊriou] curiosidad *f*, rareza *f*

cu•ri•os•i•ty [kjʊri'ɑːsətɪ] (*inquisitiveness*) curiosidad *f*

cu•ri•ous ['kjʊriəs] *adj* (*inquisitive*, *strange*) curioso; **I am ~ to know if** tengo curiosidad por saber si

cu•ri•ous•ly ['kjʊriəslɪ] *adv* **1** (*inquisitively*) con curiosidad **2** (*strangely*) curiosamente

curl [kɜːrl] **I** *n in hair* rizo *m*; *of smoke* voluta *f* **II** *v/t hair* rizar; (*wind*) enroscar **III** *v/i of hair* rizarse; *of leaf, paper etc* ondularse
◆ **curl up** *v/i of person* acurrucarse; *of cat* enroscarse; *of paper* rizarse

curl•er ['kɜːrlər] *for hair* rulo *m*

curl•ing ['kɜːrlɪŋ] SP curling *m*

curl•y ['kɜːrlɪ] *adj hair* rizado; *tail* enroscado

cur•rant ['kʌrənt] *dried fruit* pasa *f* de Corinto

cur•ren•cy ['kʌrənsɪ] **1** *money* moneda *f*; **foreign ~** divisas *fpl*; **~ reform** reforma *f* monetaria **2**: **gain ~** aceptarse, extenderse

cur•rent ['kʌrənt] **I** *n in sea*, ELEC corriente *f*; **swim against the ~** *fig* nadar *or* ir a contracorriente; **~ of air** corriente de aire **II** *adj* (*present*) actual; **~ fiscal year** año *m* fiscal en curso

'**cur•rent ac•count** *Br* cuenta *f* corriente; **cur•rent af'fairs**, **cur•rent e'vents** *npl* la actualidad; **cur•rent af'fairs pro•gram** programa *m* de actualidad; **cur•rent•ly** ['kʌrəntlɪ] *adv* actualmente

cur•ric•u•lum [kə'rɪkjʊləm] plan *m* de estudios

cur•ric•u•lum vi•tae ['viːtaɪ] *Br* currículum *m* vitae

cur•ry[1] ['kʌrɪ] *n* curry *m*

cur•ry[2] ['kʌrɪ] *v/t*: **~ favor with s.o.** congraciarse con alguien

curse [kɜːrs] **I** *n* **1** (*spell*) maldición *f*; **there is a ~ on the family** ha caído una maldición sobre la familia **2** (*swearword*) palabrota *f* **II** *v/t* **1** maldecir; **be ~d with** cargar con la cruz de **2** (*swear at*) insultar **III** *v/i* (*swear*) decir palabrotas

cur•sor ['kɜːrsər] COMPUT cursor *m*

cur•so•ry ['kɜːrsərɪ] *adj* rápido, superficial

curt [kɜːrt] *adj* brusco, seco

cur•tail [kɜːr'teɪl] *v/t* acortar

cur•tain ['kɜːrtn] cortina *f*; THEA telón *m*

◆ **curtain off** *v/t* separar con cortinas

'**cur•tain call** llamada *f* a escena

cur•tain rais•er ['kɜːrtnreɪzər] *fig* preámbulo *m*

curt•s(e)y ['kɜːrtsɪ] **I** *n* reverencia *f* **II** *v/i* hacer una reverencia (**to** a)

curve [kɜːrv] **I** *n* curva *f* **II** *v/i* (*bend*) curvarse

'**curve ball** *in baseball* bola *f* con curva

cush•ion ['kʊʃn] **I** *n for couch etc* cojín *m* **II** *v/t blow*, *fall* amortiguar

cush•y ['kʊʃɪ] *adj* F fácil, descansado

cuss [kʌs] **I** F *v/t* maldecir **II** *v/i* decir palabrotas **III** *n* **1** *swearword* palabrota *f* **2** *person* tipejo(-a) *m(f)*

cus•tard ['kʌstərd] natillas *fpl*

cus•to•di•al [kʌ'stoʊdjəl] *adj* LAW *sentence* de prisión

cus•to•di•an [kʌ'stoʊdjən] vigilante *m/f*, guardián(-ana) *m(f)*

cus•to•dy ['kʌstədɪ] *of children* custodia *f*; *in ~* LAW detenido; *in s.o.'s ~* bajo la custodia de alguien; **take s.o. into ~** detener *or* arrestar a alguien

cus•tom ['kʌstəm] **1** (*tradition*) costumbre *f*; **it's the ~ in France** es costumbre en Francia; **as was his ~** como era costumbre en él **2** COM clientela *f*; **lose s.o.'s ~** perder a alguien como cliente

cus•tom•a•ry ['kʌstəmerɪ] *adj* acostumbrado, de costumbre; **it is ~ to …** es costumbre …

cus•tom-'built *adj* hecho de encargo

cus•tom•er ['kʌstəmər] cliente(-a) *m(f)*

cus•tom•er 'loy•al•ty fidelidad *f* de clientes; **cus•tom•er re'la•tions** *npl* relaciones *fpl* con los clientes; **cus•tom•er sat•is'fac•tion** satisfacción *f* de los clientes; **cus•tom•er 'serv•ice** atención *f* al cliente

cus•tom•ize ['kʌstəmaɪz] *v/t* personalizar

cus•tom-'made *adj* hecho de encargo

cus•toms ['kʌstəmz] **I** *npl* aduana *f* **II** *adj* aduanero

'**cus•toms clear•ance** despacho *m* de aduanas; '**cus•toms dec•la•ra•tion** declaración *f* de aduana; '**cus•toms du•ties** *npl* derechos *mpl* aduaneros; '**cus•toms ex•am•i•na•tion** inspección *f* aduanera; '**cus•toms in•spec•tion** inspección *f* aduanera; '**cus•toms of•fi•cer** funcionario(-a) *m(f)* de aduanas

cut [kʌt] **I** *n with knife etc*, *of garment* corte *m*; (*reduction*) recorte *m* (**in** de); F (*share*) parte *f*; **~ in salary** recorte salarial; **he thinks he's a ~ above the others** se cree superior a los demás **II** *v/t* (*pret & pp* **cut**) **1** cortar; (*reduce*) recortar; *hours* acortar; **get one's hair ~** cortarse el pelo; **I've ~ my finger** me he cortado el dedo; **~ s.o.'s hair** cortar el pelo a alguien; **~ sth to pieces** cortar algo en pedazos; **~ one's teeth** *fig* hincar el diente; **~ s.o. dead** volver la cara a alguien; **~ a deal with** llegar a un acuerdo con **2** F *class*, *lecture* faltar a **III** *v/i*: **that argument ~s both ways** ese argumento es aplicable a las dos partes **IV** *adj* **grass** recién cortada; **~ flowers** flores *fpl* cortadas

◆ **cut back I** *v/i* **in costs** recortar gastos **II** *v/t* **staff numbers** recortar

◆ **cut back on** *v/t* recortar, reducir

◆ **cut down on** *v/t*: **cut down on the cigarettes** fumar menos; **cut down on chocolate** comer menos chocolate

◆ **cut in I** *v/i* **1** (*interrupt*) interrumpir, cortar **2** MOT: **cut in on s.o.** adelantar temerariamente a alguien **II** *v/t* F: **cut s.o. in on a deal** dejar que alguien se lleve una parte de un trato

◆ **cut into** *v/t* **cake etc** cortar; **cut into s.o.'s time** robar el tiempo de alguien; **cut into s.o.'s savings** hacer mella en los ahorros de alguien; **cut into a conversation** interrumpir una conversación

◆ **cut off** *v/t* **1** *with knife, scissors etc* cortar **2** (*isolate*) aislar **3**: **I was cut off** se me ha cortado la comunicación, *L.Am.* se cortó la comunicación; **she had her electricity cut off** le cortaron la luz

◆ **cut out I** *v/t* **1** *with scissors* recortar **2** (*eliminate*) eliminar; **cut that out!** F ¡ya está bien! F **3**: **be cut out for sth** estar hecho para algo **II** *v/i of engine* pararse, *Span* calarse

◆ **cut up** *v/t* **meat etc** trocear

'**cut•back** recorte *m*

cute [kjuːt] *adj* (*pretty*) guapo, lindo; (*sexually attractive*) atractivo; (*smart, clever*) listo; **it looks really ~ on you** eso te queda muy mono

cu•ti•cle ['kjuːtɪkl] cutícula *f*

cut•ler•y ['kʌtlərɪ] cubiertos *mpl*

cut•let ['kʌtlət] chuleta *f*

'**cut-off date** fecha *f* límite; '**cut•out** *shape* silueta *f*; **cut-'price** *adj* **goods** rebajado; *store* de productos rebajados; **cut-'rate** *adj* COM a precio reducido, rebajado; **~ offer** rebaja *f*

cut•ter ['kʌtər] **1** TECH alicates *mpl* **2** NAUT cúter *m*

'**cut-throat** *adj* **competition** despiadado

cut•ting ['kʌtɪŋ] **I** *n from newspaper etc* recorte *m* **II** *adj* **remark** hiriente; **at the ~ edge** a la cabeza; **~ edge technology** tecnología *f* puntera

CV [siː'viː] *abbr Br* (= **curriculum vitae**) C.V. *m* (= currículum *m* vitae)

cy•a•nide ['saɪənaɪd] CHEM cianuro *m*

cy•ber•net•ics [saɪbər'netɪks] *nsg* cibernética *f*

cy•ber•space ['saɪbərspeɪs] ciberespacio *m*

cy•cla•men ['sɪkləmən] BOT ciclamen *m*

cy•cle ['saɪkl] **I** *n* **1** (*bicycle*) bicicleta *f*; **~ race** carrera *f* de bicicletas **2** (*series of events*) ciclo *m* **II** *v/i* ir en bicicleta

'**cy•cle lane**, '**cy•cle path** vía *f* para bicicletas; *part of roadway* carril *m* bici

cy•cler ['saɪklər] ciclista *m/f*

'**cy•cle•way** ☞ **cycle lane**

cy•clic, **cy•cli•cal** ['saɪklɪk(l)] *adj* cíclico

cy•cling ['saɪklɪŋ] ciclismo *m*

cy•clist ['saɪklɪst] ciclista *m/f*

cy•clone ['saɪkloʊn] ciclón *m*

cyl•in•der ['sɪlɪndər] cilindro *m*

cy•lin•dri•cal [sɪ'lɪndrɪkl] *adj* cilíndrico

cyn•ic ['sɪnɪk] escéptico(-a) *m(f)*, suspicaz *m/f*

cyn•i•cal ['sɪnɪkl] *adj* escéptico, suspicaz

cyn•i•cal•ly ['sɪnɪklɪ] *adv* **smile, remark** con escepticismo *or* suspicacia

cyn•i•cism ['sɪnɪsɪzm] escepticismo *m*, suspicacia *f*

cy•press ['saɪprəs] ciprés *m*

Cyp•ri•ot ['sɪprɪət] **I** *n* chipriota *m/f* **II** *adj* chipriota

Cy•prus ['saɪprəs] Chipre *f*

cyst [sɪst] quiste *m*

cys•ti•tis [sɪ'staɪtɪs] MED cistitis *f*

czar [zɑːr] HIST zar *m*

Czech [tʃek] **I** *adj* checo; **the ~ Republic** la República Checa **II** *n* **1** *person* checo(-a) *m(f)* **2** *language* checo *m*

D

DA [di:'eɪ] *abbr* (= **district attorney**) fiscal *m/f* (del distrito)

dab [dæb] **I** *n small amount* pizca *f* **II** *v/t* (*pret & pp -bed*) **1** (*remove*) quitar **2** (*apply*) poner

◆ **dab•ble in** ['dæbl] *v/t* ser aficionado a

dachs•hund ['dækshʊnd] perro(-a) *m(f)* salchicha

dad [dæd] *talking to him* papá *m*; *talking about him* padre *m*

dad•dy ['dædɪ] *talking to him* papi *m*; *talking about him* padre *m*

dad•dy 'long•legs (*pl* **daddy long-legs**) ZO F **1** falangio *m* **2** *Br* típula *f*

daf•fo•dil ['dæfədɪl] narciso *m*

daft [dæft] *adj* F tonto F; *be ~ about sth / s.o.* estar loco por algo / alguien

dag•ger ['dægər] daga *f*; *be at ~s drawn (with s.o.)* estar de uñas (con alguien); *look ~s at s.o.* fulminar alguien con la mirada

da•go ['deɪgoʊ] (*pl* **-go(e)s**) palabra ofensiva para referirse a alguien de España, Italia, Portugal o Suramérica

dahl•ia ['deɪljə] BOT daliadais *f*

dai•ly ['deɪlɪ] **I** *n* (*paper*) diario *m* **II** *adj* diario; *~ newspaper* diario *m*; *be a ~ occurrence* ser el pan nuestro de cada día

dain•ty ['deɪntɪ] *adj* grácil, delicado

dair•y ['derɪ] *on farm* vaquería *f*

'dair•y cat•tle ganado *m* vacuno; **'dair•y pro•duce** productos *mpl* lácteos; **'dair•y prod•ucts** *npl* productos *mpl* lácteos

da•is ['deɪɪs] tarima *f*

dai•sy ['deɪzɪ] margarita *f*; *be pushing up the daisies* P estar criando malvas P

'dai•sy wheel margarita *f*

dal•ly ['dælɪ] *v/i* distraerse

◆ **dally over** *v/t decision* demorar

◆ **dally with** *v/t person, idea* flirtear con

Dal•ma•tian [dæl'meɪʃn] ZO dálmata *m*

dam [dæm] **I** *n for water* presa *f* **II** *v/t* (*pret & pp -med*) *river* embalsar

◆ **dam up** *v/t river* embalsar; *feelings* reprimir, contener

dam•age ['dæmɪdʒ] **I** *n* daños *mpl*; *fig:*

to reputation etc daño *m* **II** *v/t also fig* dañar; *you're damaging your health* estás perjudicando tu salud; *what's the ~?* F ¿cuánto es la broma? F

dam•a•ges ['dæmɪdʒɪz] *npl* LAW daños *mpl* y perjuicios

dam•ag•ing ['dæmɪdʒɪŋ] *adj* perjudicial

dame [deɪm] F (*woman*) mujer *f*, *Span* tía *f* F

damn [dæm] **I** *int* F ¡mecachis! F **II** *n* F: *I don't give a ~!* ¡me importa un pimiento! F; *not be worth a ~* no valer un carajo F

III *adj* F maldito F; *~ fool* imbécil; *a ~ sight better* mil veces mejor

IV *adv* F muy; *a ~ stupid thing* una tontería monumental; *it's ~ cold* hace un frío del demonio; *he ~ well ought to know it* lo debe de saber

V *v/t* (*condemn*) condenar; *~ it!* F ¡maldita sea! F; *I'm ~ed if I ...* F ya lo creo que ...; F; *~ you!* ¡maldito seas!; *I'll be ~ed if I'm going to do that* ya lo creo que voy a hacer eso F

dam•na•tion [dæm'neɪʃn] **I** *n* REL condena *f*, castigo *m* **II** *int* F ¡mecachis! F

damned [dæmd] **I** *adj, adv* ☞ **damn II** *npl* REL: *the ~* los condenados

damn•ing ['dæmɪŋ] *adj evidence* condenatorio; *report* crítico

damp [dæmp] *adj* húmedo

damp•en ['dæmpən] *v/t* humedecer; *~ s.o.'s enthusiasm* echar a perder el entusiasmo de alguien

damp•er ['dæmpər]: *put a ~ on sth* estropear algo; *put a ~ on the celebrations* aguar la fiesta

damp•ness ['dæmpnɪs] humedad *f*

dance [dæns] **I** *n* baile *m* **II** *v/i* bailar; *would you like to ~?* ¿le gustaría bailar?

'dance class clase *f* de baile

'dance floor pista *f* de baile

danc•er ['dænsər] bailarín(-ina) *m(f)*

'dance school academia *f* or escuela *f* de baile

danc•ing ['dænsɪŋ] baile *m*; *~ partner* pareja *f* de baile

dan•de•li•on ['dændɪlaɪən] diente *m* de

león

dan•der ['dændər] F: *get s.o.'s ~ up* poner de mal genio a alguien F, cabrear a alguien F

dan•druff ['dændrʌf] caspa *f*

dan•druff sham'poo champú *m* anticaspa

dan•dy ['dændɪ] **I** *n* dandi *m* **II** *adj* F genial, estupendo

Dane [deɪn] danés(-esa) *m(f)*

dang [dæŋ] ☞ *damn adj, adv*

dan•ger ['deɪndʒər] peligro *m*; *be in ~* estar en peligro; *be out of ~ patient* estar fuera de peligro; *be in no ~* no estar en peligro; *he was in ~ of his life* su vida estaba en peligro

'dan•ger mon•ey *Br* prima *f* de peligrosidad

dan•ger•ous ['deɪndʒərəs] *adj* peligroso

dan•ger•ous 'driv•ing conducción *f* peligrosa *or* temeraria

dan•ger•ous•ly ['deɪndʒərəslɪ] *adv drive* peligrosamente; *~ ill* gravemente enfermo

'dan•ger pay prima *f* de peligrosidad

'dan•ger zone zona *f* peligrosa

dan•gle ['dæŋgl] **I** *v/t* balancear **II** *v/i* colgar; *keep s.o. dangling* F tener a alguien en vilo F; *~ sth in front of s.o. fig* tentar a alguien con algo

Da•nish ['deɪnɪʃ] **I** *adj* danés **II** *n* **1** *language* danés *m* **2** *npl*: *the ~* los daneses

Da•nish 'pas•try pastel *m* de hojaldre (*dulce*)

dank [dæŋk] *adj* húmedo

dap•per ['dæpər] *adj* pulcro, presumido

dare [der] **I** *v/i* atreverse; *~ to do sth* atreverse a hacer algo; *how ~ you!* ¡cómo te atreves! **II** *v/t:* *~ s.o. to do sth* desafiar a alguien para que haga algo; *how ~ you say that?* ¿cómo te atreves a decir eso?; *don't (you) ~ touch it!* ¡no te atrevas a tocarlo!; *Br I ~ say he'll agree* yo diría que estará de acuerdo

dare•dev•il ['derdevɪl] temerario(-a) *m(f)*

dar•ing ['derɪŋ] *adj* atrevido

dark [dɑːrk] **I** *n* oscuridad *f*; *in the ~* en la oscuridad; *after ~* después de anochecer; *be in the ~ fig* no tener la menor idea; *keep s.o. in the ~ about sth fig* no revelar algo a alguien **II** *adj* oscuro; *hair* oscuro, moreno; *~ green / blue*

verde / azul oscuro; *get* oscurecer, hacerse de noche; *the country's ~est hour* las horas bajas del país

'Dark Ag•es *npl* Alta Edad *f* Media; *be in the ~ fig* estar en la edad de piedra

dark•en ['dɑːrkn] *v/i of sky* oscurecerse

dark 'glass•es *npl* gafas *fpl* oscuras, *L.Am.* lentes *fpl* oscuras

dark 'horse POL ganador(a) *m(f)* inesperado(-a)

dark•ness ['dɑːrknɪs] oscuridad *f*; *in ~ house, office* a oscuras

'dark•room PHOT cuarto *m* oscuro

dark•skinned ['dɑːrkskɪnd] *adj* de piel morena *or* oscura

dar•ling ['dɑːrlɪŋ] **I** *n* cielo *m*; *yes my ~* sí cariño **II** *adj* encantador; *~ Ann, how are you?* querida Ann, ¿cómo estás?

darn [dɑːrn] **I** *n mend* zurcido *m* **II** *v/t mend* zurcir

darn², **darned** [dɑːrn, dɑːrnd] ☞ *damn adj, adv*

dart [dɑːrt] **I** *n* **1** *for throwing* dardo *m* **2**: *make a ~ for* correr hacia **II** *v/i* lanzarse, precipitarse **III** *v/t:* *~ a look at s.o.* lanzar una mirada a alguien

darts [dɑːrts] *nsg* dardos *mpl*

'dart(s)•board diana *f*

dash [dæʃ] **I** *n* **1** *punctuation* raya *f* **2** (*small amount*) chorrito *m* **3** (MOT: *~board*) salpicadero *m* **4**: *make a ~ for* correr hacia **II** *v/i* correr; *he ~ed downstairs* bajó las escaleras corriendo **III** *v/t hopes* frustrar, truncar; *be dashed to pieces* hacerse pedazos

◆ **dash off I** *v/i* irse **II** *v/t* (*write quickly*) escribir rápidamente

'dash•board salpicadero *m*

dash•ing ['dæʃɪŋ] *adj* deslumbrante, impactante

da•ta ['deɪtə] datos *mpl*

'da•ta bank banco *m* de datos; **'da•ta•base I** *n* base *f* de datos **II** *v/t* introducir en una base de datos; **da•ta•base 'man•age•ment** gestión *f* de bases de datos; **da•ta 'cap•ture** captura *f* de datos; **'da•ta car•ri•er** soporte *m* de información; **da•ta comms** ['deɪtəkɑːmz] *nsg* transmisión *f* de datos; **da•ta 'pro•cess•ing** proceso *m or* tratamiento *m* de datos; **da•ta pro'tec•tion** protección *f* de datos; **da•ta 'stor•age** almacenamiento *m* de datos; **da•ta trans'mis•sion** transmisión *f* de datos

date[1] [deɪt] *n fruit* dátil *m*

date[2] [deɪt] **I** *n* **1** fecha *f*; **what's the ~ today?** ¿qué fecha es hoy?, ¿a qué fecha estamos?; **out of ~** *clothes* pasado de moda; *passport* caducado; **go out of ~** pasarse de moda; **to ~** hasta ahora, hasta la fecha; **up to ~** al día; **bring sth up to ~** actualizar algo, poner algo al día; **bring s.o. up to ~** poner a alguien al día (**about** acerca de)
2 (*meeting*) cita *f*; (*person*) pareja *f*; **have a ~ with s.o.** tener una cita con alguien; **make a ~** concertar una cita **II** *v/t* **1** *letter, check* fechar; **your letter ~d ...** su carta de ...; **~d this day** a fecha de hoy **2** (*go out with*) salir con **3**: **that ~s you** (*shows your age*) eso demuestra lo viejo que eres

◆ **date back to** *v/t*: **it dates back to the 18th century** se remonta al siglo XVIII

◆ **date from** *v/t*: **date from 1935** proceder de 1935

dat•ed ['deɪtɪd] *adj* anticuado

'**date line** GEOG línea *f* horaria internacional; **date of 'birth** fecha *f* de nacimiento; '**date rape** *delito de violación perpetrado por un conocido de la víctima*; '**date stamp I** *n* sello *m* con la fecha **II** *v/t* fechar

dat•ing a•gen•cy ['deɪtɪŋ] agencia *f* de contactos

daub [dɔːb] *v/t* embadurnar

daugh•ter ['dɔːtər] hija *f*

'**daugh•ter•board** COMPUT placa *f* hija

'**daugh•ter-in-law** (*pl* **daughters-in--law**) nuera *f*

daunt [dɔːnt] *v/t* acobardar, desalentar; **nothing ~ed** con gran determinación *or* valentía

daunt•less ['dɔːntlɪs] *adj* invencible, valeroso

dav•en•port ['dævnpɔːrt] sofá *m*

daw•dle ['dɔːdl] *v/i*: **don't ~!** ¡no te entretengas!; **~ over a job** tomarse mucho tiempo con un trabajo

◆ **dawdle away** *v/t afternoon* desperdiciar

dawn [dɔːn] **I** *n* amanecer *m*, alba *f*; *fig*: *of new age* albores *mpl*; **at ~** al amanecer **II** *v/i* **1** amanecer **2**: **it ~ed on me that ...** me di cuenta de que ...; **has it never ~ed on you that ...?** ¿nunca se te ha ocurrido pensar *or* pasado por la cabeza que ...?

day [deɪ] día *m*; **what ~ is it today?** ¿qué día es hoy?, ¿a qué día estamos?; **~ off** día de vacaciones; **by ~** durante el día; **~ by ~** día tras día; **the ~ after** el día siguiente; **the ~ after tomorrow** pasado mañana; **the ~ before** el día anterior; **the ~ before yesterday** anteayer; **~ in ~ out** un día sí y otro también; **in those ~s** en aquellos tiempos; **one ~** un día; **the other ~** (*recently*) el otro día; **let's call it a ~!** ¡dejémoslo!

'**day•break** amanecer *m*, alba *f*; **at ~** al amanecer; '**day care** servicio *m* de guardería; '**day•dream I** *n* fantasía *f* **II** *v/i* soñar despierto; '**day dream•er** soñador(a) *m(f)*

'**day•light** luz *f* del día; **by** *or* **in ~** a la luz del día, de día; **in broad ~** a plena luz del día; **beat** *or* **knock the living ~s out of s.o.** F sacudir el polvo a alguien F; **that's ~ robbery** F es un robo a mano armada F

day•light 'sav•ing time horario *m* de verano; '**day nurs•er•y** guardería *f* de día; '**day pu•pil** alumno(-a) *m(f)* externo(-a); '**day shift** turno *m* de día; **be** *or* **work on the ~** ir de turno de día; '**day-time**: **in the ~** durante el día; **~ television** programación *f* diurna; '**day trip** excursión *f* en el día

day-to-'day *adj* diario, cotidiano

daze [deɪz]: **in a ~** aturdido

dazed [deɪzd] *adj* aturdido

daz•zle ['dæzl] *v/t also fig* deslumbrar

DBMS [diːbiːem'es] *abbr* (= **database management system**) COMPUT sistema *m* de gestión de bases de datos

DC [diː'siː] *abbr* **1** (= **direct current**) corriente *f* continua **2** (= **District of Columbia**) Distrito *m* de Columbia

'**D-Day** HIST día *m* D; *fig* día *m* clave

dea•con ['diːkən] REL diácono *m*

dead [ded] **I** *adj* **1** *person, plant* muerto; *battery* agotado; *light bulb* fundido; F *place* muerto F; **the phone is ~** no hay línea; **shoot s.o. ~** matar a alguien de un tiro; **~ ball** *in basketball* balón *m* muerto; *in baseball* bola *f* muerta; **she was ~ to the world** F estaba profundamente dormida, no la despertaba ni un terremoto F
2 (*complete*): **~ silence** silencio *m* sepulcral; **~ cert** F apuesta *f* segura; **be a ~ loss** *tool etc* no valer para nada;

meeting etc ser una pérdida de tiempo; *person* ser una causa perdida **II** *adv* **1:** ~ *slow* lentísimo; *be ~ set on sth* estar empeñado en algo; *stop ~ in one's tracks* pararse en seco, pararse de golpe; *be ~ against sth* oponerse rotundamente a algo **2** F (*very*) la mar de F; ~ *beat*, ~ *tired* hecho polvo; *you're ~ right* tienes toda la razón del mundo; ~ *drunk* la mar de borracho, borracho perdido **III** *n*: *the ~* (~ *people*) los muertos; *in the ~ of night* a altas horas de la madrugada; *in the ~ of winter* en puro invierno

dead 'cen•ter, *Br* **dead 'cen•tre:** *hit sth ~* dar a algo de lleno

dead•en ['dedn] *v/t pain*, *sound* amortiguar

dead 'end *street* callejón *m* sin salida; **dead-end 'job** trabajo *m* sin salidas; **dead 'heat** empate *m*; **'dead•line** fecha *f* tope; *for newspaper*, *magazine* hora *f* de cierre; *meet a ~* cumplir un plazo; **'dead•lock** *in talks* punto *m* muerto; **dead•locked** ['dedlɑːkt] *adj* en punto muerto

dead•ly ['dedlɪ] *adj* **1** (*fatal*) mortal; ~ *enemy* enemigo *m* mortal; ~ *sin* pecado *m* mortal **2** F (*boring*) mortal F

dead•ly 'night•shade BOT belladona *f*

'dead pan *adj* F **1** *expression* inexpresivo **2** *humor* con seriedad fingida; **Dead 'Sea** mar *m* Muerto; **'dead weight** peso *m* muerto; **'dead wood** *fig: people* personas *fpl* inservibles; *in text, thesis* material *m* inservible

deaf [def] I *adj* sordo; *go ~* quedarse sordo; *be ~ in one ear* estar sordo de un oído; *as ~ as a post* sordo como una tapia; *be ~ to sth fig* hacerse el sordo ante algo **II** *npl:* *the ~* los sordos

deaf-and-'dumb *adj* sordomudo

deaf•en ['defn] *v/t* ensordecer

deaf•en•ing ['defnɪŋ] *adj* ensordecedor

deaf-'mute I *adj* sordomudo **II** *n* sordomudo(-a) *m(f)*

deaf•ness ['defnɪs] sordera *f*

deal [diːl] I *n* **1** acuerdo *m*; *I thought we had a ~?* creía que habíamos hecho un trato; *make a ~* hacer un trato (*with* con); *it's a ~!* ¡trato hecho! **2:** *a good ~* (*bargain*) una ocasión, un ofertón **3:** *a good ~* (*a lot*) mucho; *a great ~ of* (*lots of*) mucho(s) **4** *in cards: it is*

my ~ me toca repartir a mí **II** *v/t* (*pret & pp dealt*) *cards* repartir; ~ *a blow to* asestar un golpe a

◆ **deal in** *v/t* (*trade in*) comerciar con; *deal in drugs* traficar con drogas

◆ **deal out** *v/t cards* repartir

◆ **deal with** *v/t* **1** (*handle*) tratar; *situation* hacer frente a; *customer, applications* encargarse de **2** (*do business with*) hacer negocios con **3** *of book, movie etc* tratar de

deal•er ['diːlər] **1** (*merchant*) comerciante *m/f* **2** (*drug ~*) traficante *m/f*

deal•er•ship ['diːlərʃɪp] concesión *f*

deal•ing ['diːlɪŋ] (*drug ~*) tráfico *m*

deal•ings ['diːlɪŋz] *npl* (*business*) tratos *mpl*; *have ~ with s.o.* tener tratos con alguien

dealt [delt] *pret & pp* ☞ *deal*

dean [diːn] *of college* decano(-a) *m(f)*

dear [dɪr] I *adj* querido; (*expensive*) caro; *Dear Sir* Muy Sr. Mío; *Dear Richard / Margaret* Querido Richard / Querida Margaret; (*oh*) ~*!*, ~ *me!* ¡oh, cielos!; *run for ~ life* correr para ponerse a salvo **II** *adv*: *it cost him ~* le costó caro **III** *n*: *he's such a ~* es un encanto; *be a ~ and get my slippers* (anda) se bueno *or* amable y tráeme mis zapatillas

dear•ly ['dɪrlɪ] *adv love* muchísimo; *I would ~ like see him try it* me encantaría *or* gustaría muchísimo verle intentarlo

dearth [dɜːrθ] escasez *f*, falta *f*

death [deθ] muerte *f*; *beat s.o. to ~* matar a alguien de una paliza; *put s.o. to ~* dar la muerte a alguien; *scare s.o. to ~* dar a alguien un susto de muerte; *catch one's ~* (*of cold*) agarrar un resfriado de muerte; *be at ~'s door* estar con un pie en el hoyo; *he'll be the ~ of me, that boy!* ¡ese chico va a acabar conmigo!

'death•bed lecho *m* de muerte; *be on one's ~* estar en las últimas; **'death-blow** *fig* golpe *m* mortal; *deal sth a ~* propinar un golpe mortal a algo; **'death cell** celda *f* para los que van a ser ejecutados; **'death cer•tif•i•cate** certificado *m* de defunción; **death knell** ['deθnel]: *sound the ~ for sth* ser el principio del fin de algo

death•less ['deθlɪs] *adj iron* inmortal, inolvidable

death•ly ['deθlɪ] *adj* **1** (*fatal*) mortal **2:**

pallor palidez *f* de muerto; **~ *stillness*** calma *f* sepulcral

'death mask mascarilla *f*; **'death pen•al•ty** pena *f* de muerte; **'death rate** tasa *f* de mortalidad; **death 'row** corredor *m* de la muerte; **'death sen•tence** pena *f* de muerte; **'death's head** calavera *f*; **'death squad** escuadrón *m* de la muerte; **'death threat** amenaza *f* de muerte; **'death throes** *npl* coletazos *mpl*; **the company is in its ~** la compañía está dando los últimos coletazos; **'death toll** saldo *m* de víctimas mortales; **'death trap** peligro *m*; **'death war•rant** orden *f* de ejecución; **sign one's own ~** firmar su propia sentencia de muerte; **'death wish: have a ~** querer morrirse

de•ba•cle [deɪ'bɑːkl] fiasco *m*, fracaso *m*

de•bar [dɪ'bɑːr] *v/t* (*pret & pp* **-red**) prohibir; **~ s.o. from doing sth** impedir que alguien haga algo

de•base [dɪ'beɪs] *v/t* desvalorizar, depreciar; **~ o.s.** rebajarse

de•ba•ta•ble [dɪ'beɪtəbl] *adj* discutible

de•bate [dɪ'beɪt] **I** *n also* POL debate *m* **II** *v/i* debatir; **I ~d with myself whether to go** me debatía entre ir o no ir **III** *v/t* debatir

de•bauched [dɪ'bɔːtʃd] *adj* libertino, degenerado

de•bauch•er•y [dɪ'bɒːtʃərɪ] libertinaje *m*

de•ben•ture [dɪ'bentʃər] COM obligación *f*

de•bil•i•tate [dɪ'bɪlɪteɪt] *v/t* debilitar, resquebrajar

de•bil•i•ta•ting [dɪ'bɪlɪteɪtɪŋ] *adj* debilitante, erosivo

de•bil•i•ty [dɪ'bɪlɪtɪ] debilidad *f*

deb•it ['debɪt] **I** *n* cargo *m*; **~ and credit** débito y crédito; **to the ~ of** a cargo de **II** *v/t account* cargar en; *amount* cargar; **~ $100 from** *or* **to s.o.'s account** cargar 100 dólares a la cuenta de alguien

'deb•it ad•vice nota *f* de cargo *or* adeudo

'deb•it card tarjeta *f* de débito

deb•o•nair [debə'ner] *adj* galán

de•brief [diː'briːf] *v/t* interrogar

de•brief•ing [diː'briːfɪŋ] interrogatorio *m*

deb•ris ['debriː] *of building* escombros *mpl*; *of airplane, car* restos *mpl*

debt [det] deuda *f*; **be in ~** estar endeudado; **be in s.o.'s ~, be in ~ to s.o.** *fig* estar en deuda con alguien; **be out of ~** no tener deudas

'debt col•lec•tion cobro *m* de deudas; **'debt col•lec•tion a•gen•cy** agencia *f* de cobro de deudas; **'debt col•lec•tor** cobrador(a) *m(f)* de deudas

debt•or ['detər] deudor(a) *m(f)*

'debt ser•vic•ing servicio *m* de la deuda

de•bug [diː'bʌg] *v/t* (*pret & pp* **-ged**) **1** *room* limpiar de micrófonos **2** COMPUT depurar

de•bunk [diː'bʌŋk] *v/t* F refutar, rebatir

dé•but ['deɪbjuː] debut *m*; **make one's ~** debutar

deb•u•tante ['deɪbjuːtɑːnt] debutante *f*

Dec. *abbr* (= *December*) diciembre *m*

dec•ade ['dekeɪd] década *f*

dec•a•dence ['dekədəns] decadencia *f*

dec•a•dent ['dekədənt] *adj* decadente

de•caf ['diːkæf] F descafeinado *m*

de•caf•fein•at•ed [dɪ'kæfɪneɪtɪd] *adj* descafeinado

de•cal ['diːkæl] calcomanía *f*

de•camp [dɪ'kæmp] *v/i* F pirarse F, marcharse

de•cant [dɪ'kænt] *v/t* decantar

de•cant•er [dɪ'kæntər] licorera *f*

de•cap•i•tate [dɪ'kæpɪteɪt] *v/t* decapitar

de•cath•lete [dɪ'kæθliːt] atleta *m/f* de decatlón

de•cath•lon [dɪ'kæθlɑːn] decatlón *m*

de•cay [dɪ'keɪ] **I** *n of wood, plant* putrefacción *f*; *of civilization* declive *m*; *in teeth* caries *f inv* **II** *v/i of wood, plant* pudrirse; *of civilization* decaer; *of teeth* cariarse

de•ceased [dɪ'siːst]: **the ~** el difunto / la difunta

de•ceit [dɪ'siːt] engaño *m*, mentira *f*

de•ceit•ful [dɪ'siːtfəl] *adj* mentiroso

de•ceive [dɪ'siːv] *v/t* engañar; **be ~d** dejarse engañar; **~ o.s.** engañarse (a uno mismo)

de•cel•er•ate [diː'seləreɪt] *v/t & v/i* desacelerar

De•cem•ber [dɪ'sembər] diciembre *m*

de•cen•cy ['diːsənsɪ] decencia *f*; **he had the ~ to ...** tuvo la delicadeza de …

de•cent ['diːsənt] *adj* **1** decente **2** (*adequately dressed*) presentable

de•cen•tral•i•za•tion   [diːsentrəlaɪ-

'zeɪʃn] descentralización f
de•cen•tral•ize [diː'sentrəlaɪz] v/t descentralizar

de•cep•tion [dɪ'sepʃn] engaño m

de•cep•tive [dɪ'septɪv] adj engañoso; **be ~** ser engañoso; **appearances can be ~** las apariencias engañan

de•cep•tive•ly [dɪ'septɪvlɪ] adv: **it looks ~ simple** parece muy fácil

dec•i•bel ['desɪbel] decibelio m

'dec•i•bel lev•el nivel m de decibelios

de•cide [dɪ'saɪd] I v/t decidir; **~ s.o. to do sth** llevar or mover a alguien a hacer algo II v/i decidir; **you ~** decide tú; **~ in favor of** decidirse por, elegir; **~ against** descartar; **~ against doing sth** decidir no hacer algo
◆ **decide on** v/t decidirse por

de•cid•ed [dɪ'saɪdɪd] adj (definite) tajante

de•cid•er [dɪ'saɪdər]: **this match will be the ~** este partido será el que decida

de•cid•ing [dɪ'saɪdɪŋ] adj decisivo, crucial

de•cid•u•ous [dɪ'sɪduəs] adj de hoja caduca

dec•i•mal ['desɪml] decimal m

dec•i•mal 'fract•ion fracción f decimal

dec•i•mal•ize ['desɪmlaɪz] v/t convertir al sistema decimal

dec•i•mal 'point coma f (decimal)

dec•i•mal 'sys•tem sistema m decimal

dec•i•mate ['desɪmeɪt] v/t diezmar

de•ci•pher [dɪ'saɪfər] v/t descifrar

de•ci•sion [dɪ'sɪʒn] decisión f; **come to a ~** llegar a una decisión; **make** or **take a ~** tomar una decisión

de'ci•sion-mak•er: **who's the ~ here?** ¿quién toma aquí las decisiones?

de'ci•sion-mak•ing toma f de decisiones

de•ci•sive [dɪ'saɪsɪv] adj 1 decidido 2 (crucial) decisivo

deck [dek] 1 of ship cubierta f; **on ~** en la cubierta; **hit the ~** F tirarse or echarse al suelo; of objects caerse al suelo 2 of cards baraja f
◆ **deck out** v/t adornar, engalanar; **deck o.s. out with sth** arreglarse or acicalarse con algo

'deck•chair tumbona f

dec•la•ra•tion [deklə'reɪʃn] (statement) declaración f; **make a ~** hacer una declaración; **~ of intent** declaración de in-

tenciones; **~ of independence** declaración de independencia; **~ of war** declaración de guerra

de•clare [dɪ'kler] v/t (state) declarar; **~ sth open** inaugurar algo; **~ s.o. the winner** proclamar a alguien ganador; **~ war** declarar la guerra (**on** a); **have you anything to ~?** ¿tiene algo que declarar?

de•clared [dɪ'klerd] adj reconocido, admitido

de•clen•sion [dɪ'klenʃn] LING declinación f

de•cline [dɪ'klaɪn] I n (fall) descenso m; in standards caída f; in health empeoramiento m; **be in ~, be on the ~** estar en declive or decadencia II v/t invitation declinar; **~ to comment** declinar hacer declaraciones III v/i 1 (refuse) rehusar 2 (decrease) declinar; of health empeorar; **~ in value** devaluarse

de•clutch [diː'klʌtʃ] v/i desembragar

de•code [diː'koʊd] v/t descodificar

de•cod•er [diː'koʊdər] descodificador m

de•cod•ing [diː'koʊdɪŋ] descodificación f

de•com•mis•sion [diːkə'mɪʃn] v/t desmantelar

de•com•pose [diːkəm'poʊz] v/i descomponerse

de•com•po•si•tion [diːkɑːmpə'zɪʃn] descomposición f, putrefacción f

de•com•pres•sion cham•ber [diːkəm-'preʃn] cámara f de descompresión

de•con•gest•ant [dɪ'kəndʒestənt] descongestionante m

de•con•struct [diːkən'strʌkt] v/t deconstruir

de•con•tam•i•nate [diːkən'tæmɪneɪt] v/t descontaminar

de•con•tam•i•na•tion [diːkəntæmɪ-'neɪʃn] descontaminación f

dé•cor ['deɪkɔːr] decoración f

dec•o•rate ['dekəreɪt] v/t 1 with paint pintar; with paper empapelar 2 (adorn) decorar 3 soldier condecorar

dec•o•ra•tion [dekə'reɪʃn] 1 paint pintado m; paper empapelado m 2 (ornament) decoración f 3 for soldier condecoración f

dec•o•ra•tive ['dekərətɪv] adj decorativo

dec•o•ra•tor ['dekəreɪtər] 1 (interior ~)

decorador(a) *m(f)* **2** *with paint* pintor(a) *m(f)*; *with wallpaper* empapelador(a) *m(f)*

dec•o•rous ['dekərəs] *adj* decoroso, recatado

de•co•rum [dɪ'kɔːrəm] decoro *m*

de•coy ['diːkɔɪ] señuelo *m*

de•crease I *n* ['diːkriːs] disminución *f*, reducción *f* (*in* de); *be on the ~* estar en decadencia **II** *v/t* [dɪ'kriːs] disminuir, reducir **III** *v/i* [dɪ'kriːs] disminuir, reducirse; *~ in value* devaluarse

de•cree [dɪ'kriː] **I** *n* decreto *m* **II** *v/t* decretar

de•crep•it [dɪ'krepɪt] *adj car, coat, shoes* destartalado; *person* decrépito

de•crim•in•al•ize [diː'krɪmɪnəlaɪz] *v/t* despenalizar

de•cry [dɪ'kraɪ] *v/t* (*pret & pp -ied*) condenar, denunciar

ded•i•cate ['dedɪkeɪt] *v/t book etc* dedicar; *~ o.s. to.* dedicarse a

ded•i•cat•ed ['dedɪkeɪtɪd] *adj* dedicado

ded•i•ca•tion [dedɪ'keɪʃn] **1** *in book* dedicatoria *f* **2** *to cause, work* dedicación *f*

de•duce [dɪ'djuːs] *v/t* deducir

de•duct [dɪ'dʌkt] *v/t* descontar

de•duct•i•ble [dɪ'dʌktəbl] *adj* FIN desgravable

de•duc•tion [dɪ'dʌkʃn] *from salary,* (*conclusion*) deduccción *f*

deed [diːd] **1** (*act*) acción *f*, obra *f* **2** LAW escritura *f*

deed of 'sale escritura *f* de venta

dee•jay ['diːdʒeɪ] F disk jockey *m/f*, *Span* pincha *m/f* F

deem [diːm] *v/t* estimar

deep [diːp] **I** *adj* **1** *water* profundo; *color* intenso; *voice* profundo, grave; *be in ~ trouble* estar metido en serios apuros; *take a ~ breath* respirar hondo; *fall into a ~ sleep* quedarse dormido profundamente; *be in ~ water fig* estar en un terreno pantanoso **2** (*complex*) profundo; *that is too ~ for me* eso es demasiado profundo para mí **II** *adv: people were standing three ~* la gente formó tres filas; *~ into the night* bien entrada la noche; *be ~ in thought* estar absorto **III** *n lit* profundidad *f*; *in the ~ of night* en mitad de la noche; *in the ~ of winter* en puro invierno

deep•en ['diːpn] **I** *v/t* profundizar **II** *v/i*

hacerse más profundo; *of crisis, mystery* agudizarse

'deep end *of swimming pool* parte *f* profunda; *throw s.o. in at the ~ fig* echar a alguien a los leones; **'deep-felt** *adj* sentido, sincero; **deep 'freeze** congelador *m*; **deep 'freeze cab•i•net** cámara *f* de ultracongelados; **deep 'freez•er** congelador *m*; **'deep-froz•en food** comida *f* congelada; **'deep-fry** *v/t* (*pret & pp -ied*) freír (*en mucho aceite*); **deep 'fry•er** freidora *f*

deep•ly ['diːplɪ] *adv* profundamente, enormemente

deep-'root•ed *adj* arraigado; **deep-sea 'div•er** submarinista *m/f*; **deep-sea 'div•ing** buceo *m* de alta mar; **deep--sea 'fish•ing** pesca *f* de altura; **deep--'seat•ed** *adj* arraigado, inveterado; **'deep-set** *adj eyes* hundido; **deep 'South** estados del sur de EE. UU.

deer [dɪr] (*pl deer*) ciervo *m*

de-es•ca•late [diː'eskəleɪt] *v/i* atenuarse

de•face [dɪ'feɪs] *v/t* desfigurar, dañar

de fac•to [deɪ'fæktoʊ] *adj* de hecho

def•a•ma•tion [defə'meɪʃn] difamación *f*

de•fam•a•to•ry [dɪ'fæmətɔːrɪ] *adj* difamatorio

de•fame [dɪ'feɪm] *v/t* difamar

de•fault ['diːfɔːlt] **I** *adj* COMPUT por defecto

II *n* **1** *on payment* incumplimiento *m*; *non-appearance in court* incomparecencia *f*; *be in ~ with payments* estar atrasado en pago **2**: *win by ~* ganar por incomparecencia del contrincante; *be chosen by ~* ser elegido automáticamente **3** COMPUT: *this drive / font is the ~* éste / ésta es el lector / la fuente por defecto

III *v/i* **1** *~ on a payment* incumplir un pago **2** COMPUT: *it ~s to drive C* utiliza la unidad C por defecto

'de•fault drive COMPUT unidad *f* por defecto

'de•fault set•ting COMPUT configuración *f* por defecto

de•feat [dɪ'fiːt] **I** *n* derrota *f* **II** *v/t* derrotar; *of task, problem* derrotar, vencer; *admit ~* darse por vencido

de•feat•ist [dɪ'fiːtɪst] *adj attitude* derrotista

def•e•cate ['defəkeɪt] *v/i* defecar

de•fect[1] ['di:fekt] *n* defecto *m*

defect[2] [dɪ'fekt] *v/i* POL desertar

de•fec•tion [dɪ'fekʃn] defección *f*

de•fec•tive [dɪ'fektɪv] *adj* defectuoso

de•fence *etc Br* ☞ **defense** *etc*

de•fend [dɪ'fend] *v/t* defender; **~ s.o. against sth** proteger a alguien de algo

de•fend•ant [dɪ'fendənt] acusado(-a) *m(f)*; *in civil case* demandado(-a) *m(f)*

de•fend•er [dɪ'fendər] **1** defensor(a) *m(f)* **2** SP defensa *m/f*, zaguero(-a) *m(f)*

de•fense [dɪ'fens] defensa *f*; **come to s.o.'s ~** salir en defensa de alguien; **in ~ of** en defensa de

de'fense budg•et POL presupuesto *m* de defensa; **de'fense coun•sel** abogado(-a) *m(f)* defensor(a); **de'fense law•yer** abogado(-a) *m(f)* defensor(a)

de•fense•less [dɪ'fenslɪs] *adj* indefenso

de'fense•man defensa *m*; **de'fense play•er** SP defensa *m/f*; **De'fense Se•cre•ta•ry** POL ministro(-a) *m(f)* de Defensa; *in USA* secretario(-a) *m(f)* de Defensa; **de'fense wit•ness** LAW testigo *m/f* de la defensa

de•fen•sive [dɪ'fensɪv] **I** *n*: **on the ~** a la defensiva; **go on the ~** ponerse a la defensiva **II** *adj weaponry* defensivo; **stop being so ~!** ¡no hace falta que te pongas tan a la defensiva!; **~ rebound** *in basketball* rebote *m* defensivo

de•fen•sive•ly [dɪ'fensɪvlɪ] *adv* a la defensiva

de•fer[1] [dɪ'fɜ:r] *v/t* (*pret & pp* **-red**) (*postpone*) aplazar, diferir

de•fer[2] [dɪ'fɜ:r] *v/i* (*pret & pp* **-red**): **~ to s.o.** deferirse a alguien

def•er•ence ['defərəns] deferencia *f*; **out of** *or* **in ~ to** por *or* en deferencia a

def•er•en•tial [defə'renʃl] *adj* deferente

de•fer•ment [dɪ'fɜ:rmənt] aplazo *m*, prórroga *f*

de•fi•ance [dɪ'faɪəns] desafío *m*; **in ~ of** desafiando

de•fi•ant [dɪ'faɪənt] *adj* desafiante

de•fi•cien•cy [dɪ'fɪʃənsɪ] **1** (*lack*) deficiencia *f*, carencia *f*; **vitamin ~** deficiencia vitamínica **2** (*weakness*) defecto *m*, debilidad *f*

de•fi•cient [dɪ'fɪʃənt] *adj* deficiente, carente; **be ~ in ...** carecer de ...

def•i•cit ['defɪsɪt] déficit *m*

de•fine [dɪ'faɪn] *v/t* **1** *word, objective* definir **2**: **the building was clearly ~d against the sky** el edificio se distinguía claramente en el cielo

def•i•nite ['defɪnɪt] *adj date, time, answer* definitivo; *improvement* claro; (*certain*) seguro; **nothing ~ has been arranged** no se ha acordado nada de forma definitiva

def•i•nite 'ar•ti•cle GRAM artículo *m* determinado *or* definido

def•i•nite•ly ['defɪnɪtlɪ] *adv* con certeza, sin lugar a dudas

def•i•ni•tion [defɪ'nɪʃn] definición *f*

def•i•ni•tive [dɪ'fɪnətɪv] *adj* definitivo

de•flate [dɪ'fleɪt] **I** *v/t* **1** *tire* desinflar **2** *person* desprestigiar **3** *currency* deflacionar **II** *v/i* desinflarse

de•fla•tion [dɪ'fleɪʃn] deflación *f*

de•fla•tion•ar•y [dɪ'fleɪʃnərɪ] *adj* deflacionario

de•flect [dɪ'flekt] *v/t* desviar; *criticism* distraer; **be ~ed from** desviarse de

de•flec•tion [dɪ'flekʃn] desviación *f*

de•fo•li•ant [di:'foʊlɪənt] defoliante *m*

de•fo•li•ate [di:'foʊlɪeɪt] *v/t* defoliar

de•for•est [di:'fɑ:rɪst] *v/t* deforestar

de•for•es•ta•tion [dɪfɑ:rɪs'teɪʃn] deforestación *f*

de•form [dɪ'fɔ:rm] *v/t* deformar

de•for•ma•tion [di:fɔ:r'meɪʃn] deformación *f*

de•for•mi•ty [dɪ'fɔ:rmɪtɪ] deformidad *f*

de•fraud [dɪ'frɔ:d] *v/t* defraudar; **~ s.o. of sth** robar *or* desfalcar a alguien algo

de•fray [dɪ'freɪ] *v/t costs* sufragar

de•frost [di:'frɔ:st] *v/t food, fridge* descongelar

deft [deft] *adj* hábil, diestro

de•funct [dɪ'fʌŋkt] *adj* extinguido, inexistente

de•fuse [di:'fju:z] *v/t bomb* desactivar; *situation* calmar

de•fy [dɪ'faɪ] *v/t* (*pret & pp* **-ied**) desafiar; **~ description** ser indescriptible; **I ~ you to find a better solution** te reto a que encuentres una solución mejor

de•gen•e•rate [dɪ'dʒenəreɪt] *v/i* degenerar; **~ into** degenerar en

de•gen•er•a•tion [dɪdʒenə'reɪʃn] degeneración *f*

deg•ra•da•tion [degrə'deɪʃn] degradación *f*

de•grade [dɪ'greɪd] *v/t* degradar

de•grad•ing [dɪ'greɪdɪŋ] *adj position, work* degradante

de•gree [dɪ'griː] **1** *from university* título *m*; **get one's ~** graduarse, *L.Am.* egresar; **my brother's doing a ~ in law** mi hermano esta haciendo la licenciatura de derecho, mi hermano está estudiando derecho **2** *of temperature, angle, latitude* grado *m*; **there is a ~ of truth in that** hay algo de verdad en eso; **a ~ of compassion** algo de compasión; **by ~s** gradualmente; **to some** *or* **a certain ~** en cierto modo, de alguna manera

de•hu•man•ize [diː'hjuːmənaɪz] *v/t* deshumanizar

de•hy•drate [diː'haɪdreɪt] *v/t* deshidratar

de•hy•drat•ed [diːhaɪ'dreɪtɪd] *adj* deshidratado; **become ~** deshidratarse

de-ice [diː'aɪs] *v/t* deshelar

de-ic•er [diː'aɪsər] *spray* descongelador *m*, descongelante *m*

de•i•fy ['deɪfaɪ] *v/t* deificar, exaltar

deign [deɪn] *v/i*: **~ to** dignarse a

de•i•ty ['diːɪtɪ] deidad *f*

dé•jà vu [deɪʒɑːˈvuː]: **a feeling of ~** una sensación de déjà vu

de•jec•ted [dɪ'dʒektɪd] *adj* abatido, desanimado; **get** *or* **become ~** abatirse, desanimarse

de•jec•tion [dɪ'dʒekʃn] abatimiento *m*, desánimo *m*

de•lay [dɪ'leɪ] **I** *n* retraso *m*; **without ~** sin demora *or* dilación **II** *v/t* retrasar; **be ~ed** llevar retraso; **be ~ed for two hours** llevar un retraso de dos horas; **~ doing sth** retrasar *or* aplazar hacer algo **III** *v/i* retrasarse

de•lay•ing tac•tics [dɪ'leɪɪŋ] *npl* tácticas *fpl* dilatorias

de•lect•a•ble [dɪ'lektəbl] *adj* deleitable, delicioso

del•e•gate ['delɪɡət] **I** *n* delegado(-a) *m(f)* **II** ['delɪɡeɪt] *v/t task* delegar; *person* delegar en; **~ sth to s.o.** delegar algo en alguien

del•e•ga•tion [delɪ'ɡeɪʃn] delegación *f*

de•lete [dɪ'liːt] *v/t* borrar; (*cross out*) tachar; **~ where not applicable** táchese donde no corresponda; **~ as appropriate** táchese lo que no proceda

de'lete key COMPUT tecla *f* de borrado

de•le•tion [dɪ'liːʃn] *act* borrado *m*; *thing*

deleted supresión *f*

del•i ['delɪ] ☞ **delicatessen**

de•lib•e•rate I *adj* [dɪ'lɪbərət] deliberado, intencionado **II** *v/i* [dɪ'lɪbəreɪt] deliberar (**over** sobre)

de•lib•e•rate•ly [dɪ'lɪbərətlɪ] *adv* deliberadamente, a propósito

de•lib•er•a•tion [dɪlɪbə'reɪʃn] deliberación *f*

del•i•ca•cy ['delɪkəsɪ] **1** delicadeza *f*; *of health* fragilidad *f* **2** *food* exquisitez *f*, manjar *m*

del•i•cate ['delɪkət] *adj fabric, problem* delicado; *health* frágil

del•i•ca•tes•sen [delɪkə'tesn] *tienda de productos alimenticios de calidad*

del•i•cious [dɪ'lɪʃəs] *adj* delicioso

de•light [dɪ'laɪt] placer *m*; **to my ~** para mi agrado; **take ~ in sth** disfrutar con algo

◆ **delight in** *v/t* disfrutar con

de•light•ed [dɪ'laɪtɪd] *adj* encantado; **I'd be ~ to come** me encantaría venir

de•light•ful [dɪ'laɪtfəl] *adj* encantador

de•lim•it [diː'lɪmɪt] *v/t* delimitar

de•lin•e•ate [dɪ'lɪnɪeɪt] *v/t* delinear

de•lin•quen•cy [dɪ'lɪŋkwənsɪ] delincuencia *f*

de•lin•quent [dɪ'lɪŋkwənt] **I** *adj* **1** delincuente **2** FIN *account* moroso **II** *n* delincuente *m/f*

de•lir•i•ous [dɪ'lɪrɪəs] *adj* **1** MED delirante **2** (*ecstatic*) entusiasmado; **she's ~ about the new job** está como loca con el nuevo trabajo; **~ with joy** loco de alegría

de•lir•i•ous•ly [dɪ'lɪrɪəslɪ] *adv*: **~ happy** loco de felicidad

de•lir•i•um [dɪ'lɪrɪəm] (*pl* **-iums, deliria** [dɪ'lɪrɪə]) *also fig* delirio *m*; **~ tremens** ['triːmenz] delirium *m* tremens

de•liv•er [dɪ'lɪvər] *v/t* **1** entregar, repartir; *message* dar **2**: **~ a baby** ayudar a dar a luz **3** *speech* pronunciar **II** *v/i* (*fulfill a promise*) (ser capaz de) cumplir lo prometido

de•liv•er•y [dɪ'lɪvərɪ] **1** *of goods, mail* entrega *f*, reparto *m*; **take ~ of sth** recibir algo; **on ~** en el momento de la entrega **2** *of baby* parto *m*

de'liv•er•y charge gastos *mpl* de envío; **de'liv•er•y date** fecha *f* de entrega; **de'liv•er•y man** repartidor *m*; **de'liv•er•y note** nota *f* de entrega; **de'liv•er•y**

room *for babies* sala *f* de partos, paritorio *m*; **de'liv•er•y serv•ice** servicio *m* de reparto; **de'liv•er•y van** furgoneta *f* de reparto

dell [del] nava *f*

de•louse [diːˈlaʊs] *v/t* despiojar

del•ta [ˈdeltə] GEOG delta *m*

de•lude [dɪˈluːd] *v/t* engañar; **you're deluding yourself** te estás engañando a ti mismo

de•luge [ˈdeljuːdʒ] **I** *n* diluvio *m*; *fig* avalancha *f* **II** *v/t fig* inundar (**with** de)

de•lu•sion [dɪˈluːʒn] engaño *m*; **you're under a ~ if you think ...** te engañas si piensas que ...; **suffer from ~s of grandeur** sufrir delirios de grandeza

de luxe [dəˈluːks] *adj* de lujo

◆ **delve into** [delv] *v/t* rebuscar en

dem•a•gog•ic [deməˈɡɑːɡɪk] *adj* demagógico

dem•a•gogue [ˈdeməɡɑːɡ] demagogo(-a) *m(f)*

dem•a•gog•y [ˈdeməɡɑːɡɪ] demagogia *f*

de•mand [dɪˈmænd] **I** *n* exigencia *f*; *by union* reivindicación *f*, COM demanda *f*; **in ~** solicitado; **on ~** cuando así se requiera; **make ~s on s.o.** exigir mucho de alguien **II** *v/t* **1** exigir **2** (*require*) requerir

de•mand•ing [dɪˈmændɪŋ] *adj job* que exige mucho; *person* exigente

de•mar•cate [ˈdiːmɑːrkeɪt] *v/t* demarcar

de•mar•ca•tion [diːmɑːrˈkeɪʃn] demarcación *f*

de•mar'ca•tion line línea *f* de demarcación

de•mean [dɪˈmiːn] *v/t*: **~ o.s.** rebajarse

de•mean•ing [dɪˈmiːnɪŋ] *adj* degradante

de•mean•or, *Br* **de•mean•our** [dɪˈmiːnər] comportamiento *m*

de•men•ted [dɪˈmentɪd] *adj* demente

de•men•tia [dɪˈmenʃə] MED demencia *f*

dem•e•rar•a sug•ar [deməˈrerə] azúcar *m* moreno

dem•i•god [ˈdemɪɡɑːd] semidiós *m*

dem•i•john [ˈdemɪdʒɑːn] damajuana *f*

de•mil•i•ta•rize [diːˈmɪlɪtəraɪz] *v/t* desmilitarizar

de•mise [dɪˈmaɪz] fallecimiento *m*; *fig* desaparición *f*

de•mist [diːˈmɪst] *v/t Br* desempañar

dem•i•tasse [ˈdemɪtæs] taza *f* de café

dem•o [ˈdemoʊ] F **1** *protest* manifestación *f* **2** *of video etc* maqueta *f*

de•mo•bil•ize [dɪˈmoʊbəlaɪz] *v/t* desmovilizar

de•moc•ra•cy [dɪˈmɑːkrəsɪ] democracia *f*

dem•o•crat [ˈdeməkræt] demócrata *m/f*; **Democrat** POL Demócrata *m/f*

dem•o•crat•ic [deməˈkrætɪk] *adj* democrático

dem•o•crat•ic•al•ly [deməˈkrætɪklɪ] *adv* democráticamente

'dem•o disk disco *m* de demostración

de•mo•graph•ic [demoʊˈɡræfɪk] *adj* demográfico

de•mog•ra•phy [dɪˈmɑːɡrəfɪ] demografía *f*

dem•ol•ish [dɪˈmɑːlɪʃ] *v/t building* demoler; *argument* destruir, echar por tierra

dem•o•li•tion [deməˈlɪʃn] *of building* demolición *f*; *of argument* destrucción *f*

de•mon [ˈdiːmən] demonio *m*

de•mon•ic [dɪˈmɑːnɪk] *adj* demoniaco

de•mon•stra•ble [dɪˈmɑːnstrəbl] *adj* demostrable

de•mon•stra•bly [dɪˈmɑːnstrəblɪ] *adv*: **the situation is ~ better** se puede demostrar que la situación ha mejorado

dem•on•strate [ˈdemənstreɪt] **I** *v/t* demostrar **II** *v/i politically* manifestarse

dem•on•stra•tion [demənˈstreɪʃn] **1** demostración *f*; **~ car** coche *f* de prueba **2** *protest* manifestación *f*

de•mon•stra•tive [dɪˈmɑːnstrətɪv] *adj* **1** *person* extrovertido, efusivo **2** GRAM demostrativo

de•mon•stra•tive 'pro•noun pronombre *m* demostrativo

de•mon•stra•tor [ˈdemənstreɪtər] *protester* manifestante *m/f*

de•mor•al•ize [dɪˈmɔːrəlaɪz] *v/t* desmoralizar

de•mor•al•ized [dɪˈmɔːrəlaɪzd] *adj* desmoralizado; **get** *or* **become ~** desmoralizarse

de•mor•al•iz•ing [dɪˈmɔːrəlaɪzɪŋ] *adj* desmoralizador

de•mote [diːˈmoʊt] *v/t* degradar

de•mo•ti•vate [diːˈmoʊtɪveɪt] *v/t* desmotivar

de•mur [dɪˈmɜːr] *v/i* objetar

de•mure [dɪ'mjʊr] *adj* solemne, recatado

de•myst•i•fy [diː'mɪstɪfaɪ] *v/t* desmistificar

den [den] **1** ZO guarida *f* **2** (*study*) estudio *m* **3**: **~ of vice** antro *m* de perversión

de•na•tion•al•ize [diː'næʃnəlaɪz] *v/t* COM desnacionalizar

de•ni•al [dɪ'naɪəl] *of rumor, accusation* negación *f*; *of request* denegación *f*; *official* desmentido *m*; *issue a ~* emitir un desmentido; *be in ~* negarse a aceptarlo

den•i•grate ['denɪgreɪt] *v/t* menospreciar

den•im ['denɪm] tela *f* vaquera; *~ jacket / skirt* chaqueta / falda (de tela) vaquera

den•ims ['denɪmz] *npl* (*jeans*) vaqueros *mpl*

Den•mark ['denmɑːrk] Dinamarca *f*

de•nom•i•nate [dɪ'nɑːmɪneɪt] *v/t* denominar

de•nom•i•na•tion [dɪnɑːmɪ'neɪʃn] **1** *of money* valor *m* **2** *religious* confesión *f*

de•nom•in•a•tion•al [dɪnɑːmɪ'neɪʃənl] *adj* confesional

de•nom•i•na•tor [dɪ'nɑːmɪneɪtər] MATH denominador *m*

de•note [dɪ'noʊt] *v/t* denotar

dé•noue•ment [deɪ'nuːmãː] desenlace *m*

de•nounce [dɪ'naʊns] *v/t* denunciar

dense [dens] *adj* **1** *smoke, fog* denso; *foliage* espeso; *crowd* compacto **2** F (*stupid*) corto

dense•ly ['denslɪ] *adv*: *~ populated* densamente poblado

den•si•ty ['densɪtɪ] *of population* densidad *f*; *population ~* densidad de población

dent [dent] **I** *n* abolladura *f* **II** *v/t* also *pride* abollar

den•tal ['dentl] *adj* dental; *~ treatment* tratamiento *m* dental

'den•tal floss hilo *m* dental; **den•tal 'hy•giene** higiene *f* dental; **den•tal hy•gien•ist** [haɪ'dziːnɪst] higienista *m/f* dental; **'den•tal nurse** enfermero(-a) *m(f)* de dentista; **'den•tal sur•geon** odontólogo(-a) *m(f)*

den•ted ['dentɪd] *adj* abollado

den•tist ['dentɪst] dentista *m/f*

'den•tist's of•fice dentista *m/f*

den•tist•ry ['dentɪstrɪ] odontología *f*

den•tures ['dentʃərz] *npl* dentadura *f* postiza

de•nude [dɪ'nuːd] *v/t*: *~ sth of sth* despojar algo de algo

de•nun•ci•a•tion [dɪnʌnsɪ'eɪʃn] denuncia *f*

Den•ver boot ['denvər] cepo *m*

de•ny [dɪ'naɪ] *v/t* (*pret & pp -ied*) *charge, rumor* negar; *right, request* denegar; *~ o.s. sth* privarse de algo; *there is no ~ing that ...* no se puede negar que...

de•o•do•rant [diː'oʊdərənt] desodorante *m*

de•o•dor•ize [diː'oʊdəraɪz] *v/t* desodorizar

de•part [dɪ'pɑːrt] *v/i* salir; *~ from* (*deviate from*) desviarse de

de•part•ed [dɪ'pɑːrtɪd] *npl*: *the ~* los difuntos

de•part•ment [dɪ'pɑːrtmənt] departamento *m*; *of government* ministerio *m*

de•part•ment•al [diːpɑːrt'mentl] *adj* de departamento; *~ manager* gerente *m/f* de departamento, jefe(-a) *m(f)* de servicio

De•part•ment of 'De•fense Ministerio *m* de Defensa; **De•part•ment of the In•te•ri•or** Ministerio *m* del Interior; **De•part•ment of 'State** Ministerio *m* de Asuntos Exteriores

de'part•ment store grandes almacenes *mpl*

de•par•ture [dɪ'pɑːrtʃər] salida *f*; *of person from job* marcha *f*; (*deviation*) desviación *f*; *a new ~ for government, organization* una innovación; *for company* un cambio; *for actor, artist, writer* una nueva experiencia

de'par•ture date fecha *f* de salida; **de'par•ture lounge** sala *f* de embarque; **de'par•ture time** hora *f* de salida

de•pend [dɪ'pend] *v/i* depender; *that ~s* depende; *it ~s on the weather* depende del tiempo; *I ~ on you* dependo de ti; *~ing on whether ...* dependiendo de si ...

de•pen•da•ble [dɪ'pendəbl] *adj* fiable

de•pen•dant [dɪ'pendənt] ☞ *dependent*

de•pen•dence, de•pen•den•cy [dɪ'pendəns, dɪ'pendənsɪ] dependencia *f*

de•pen•dent [dɪ'pendənt] **I** *n persona a*

cargo de otra; **how many ~s do you have?** ¿cuántas personas tiene a su cargo? ‖ *adj* dependiente (**on** de)

de•pict [dɪ'pɪkt] *v/t* describir

de•pic•tion [dɪ'pɪkʃn] descripción *f*

de•pil•a•to•ry [dɪ'pɪlətɔːrɪ] depilatorio *m*

de'pil•a•to•ry cream crema *f* depilatoria

de•plane ['diːpleɪn] *v/i* desembarcar del avión

de•plete [dɪ'pliːt] *v/t* agotar, mermar

de•plor•a•ble [dɪ'plɔːrəbl] *adj* deplorable

de•plore [dɪ'plɔːr] *v/t* deplorar

de•ploy [dɪ'plɔɪ] *v/t* **1** (*use*) utilizar **2** (*position*) desplegar

de•ploy•ment [dɪ'plɔɪmənt] despliegue *m*

de•pop•u•la•tion [diːpɑːpjə'leɪʃn] despoblación *f*

de•port [dɪ'pɔːrt] *v/t* deportar

de•por•ta•tion [diːpɔːr'teɪʃn] deportación *f*

de•por'ta•tion or•der orden *f* de deportación

de•port•ment [dɪ'pɔːrtmənt] porte *m*

de•pose [dɪ'pəʊz] *v/t* deponer

de•pos•it [dɪ'pɑːzɪt] **I** *n in bank, of oil* depósito *m*; *of coal* yacimiento *m*; *on purchase* señal *f*, depósito *m*; **make or pay a ~** dar una entrada (**on** para) **II** *v/t* **1** *money* depositar, *Span* ingresar **2** (*put down*) depositar

de'pos•it ac•count *Br* cuenta *f* de ahorro *or* de depósito

dep•o•si•tion [diːpəʊ'zɪʃn] LAW declaración *f*

de•pos•i•tor [dɪ'pɑːzɪtər] *of money* depositante *m/f*

de'pos•it slip comprobante *m* de ingreso

dep•ot ['diːpəʊ] **1** (*train station*) estación *f* de tren; (*bus station*) estación *f* de autobuses **2** *for storage* depósito *m*

de•prave [dɪ'preɪv] *v/t* depravar

de•praved [dɪ'preɪvd] *adj* depravado

de•prav•i•ty [dɪ'prævətɪ] depravación *f*

dep•re•cate ['deprɪkeɪt] *v/t* criticar

dep•re•ca•tion [deprɪ'keɪʃn] crítica *f*

dep•re•ca•to•ry ['deprɪkətɔːrɪ] *adj* crítico

de•pre•ci•ate [dɪ'priːʃɪeɪt] *v/i* FIN depreciarse

de•pre•ci•a•tion [dɪpriːʃɪ'eɪʃn] FIN depreciación *f*

de•pre•ci•a•tion pe•ri•od periodo *m* de amortización

de•pre•ci•a•tion rate coeficiente *m* de amortización

dep•re•da•tion [deprɪ'deɪʃn] estrago *m*

de•press [dɪ'pres] *v/t person* deprimir

de•pres•sant [dɪ'presənt] MED depresor *m*

de•pressed [dɪ'prest] *adj person* deprimido; **get or become ~** deprimirse

de•press•ing [dɪ'presɪŋ] *adj* deprimente

de•pres•sion [dɪ'preʃn] MED, *economic* depresión *f*; *meteorological* borrasca *f*

dep•ri•va•tion [deprɪ'veɪʃn] privación *f*

de•prive [dɪ'praɪv] *v/t* privar; **~ s.o. of sth** privar a alguien de algo

de•prived [dɪ'praɪvd] *adj* desfavorecido

depth [depθ] profundidad *f*; *of color* intensidad *f*; **in ~** (*thoroughly*) en profundidad; **in the ~s of winter** en pleno invierno; **be out of one's ~ in water** no tocar el fondo; *fig: in discussion etc* saber muy poco; **at a ~ of** a una profundidad de; **five meters in ~** cinco metros de profundidad; **with great ~ of feeling** con mucho sentimiento

'depth charge NAUT carga *f* de profundidad

dep•u•ta•tion [depjʊ'teɪʃn] delegación *f*

♦ **dep•u•tize for** ['depjʊtaɪz] *v/t* sustituir

dep•u•ty ['depjʊtɪ] segundo(-a) *m(f)*

dep•u•ty 'head *Br in school* subdirector(a) *m(f)*; **'dep•u•ty lead•er** vicelíder *m/f*; **'dep•u•ty she•riff** ayudante *m/f* del sheriff

de•rail [dɪ'reɪl] *v/t* hacer descarrilar; **be ~ed** *of train* descarrilar

de•ranged [dɪ'reɪndʒd] *adj* perturbado, trastornado

de•range•ment [dɪ'reɪndʒmənt]: (*mental*) **~** trastorno *m* mental

der•by 1 ['dɜːrbɪ] *hat* bombín *m* **2** ['dɑːbɪ] *Br* SP derby *m*, derbi *m*

de•reg•u•late [dɪ'regjʊleɪt] *v/t* liberalizar, desregular

de•reg•u•la•tion [dɪregjʊ'leɪʃn] liberalización *f*, desregulación *f*

der•e•lict ['derəlɪkt] *adj* en ruinas

de•ride [dɪ'raɪd] *v/t* ridiculizar, mofarse

de
de•ri•sion [dɪ'rɪʒn] burla *f*, mofa *f*
de•ri•sive [dɪ'raɪsɪv] *adj* burlón
de•ri•sive•ly [dɪ'raɪsɪvlɪ] *adv* burlonamente
de•ri•so•ry [dɪ'raɪsərɪ] *adj amount, salary* irrisorio
der•i•va•tion [derɪ'veɪʃn] origen *m*
de•riv•a•tive [dɪ'rɪvətɪv] *adj (not original)* poco original
de•rive [dɪ'raɪv] *v/t* obtener, encontrar; *be ~d from of word* derivar(se) de; *~ pleasure from sth* encontrar placer en algo
der•ma•ti•tis [dɜːrmə'taɪtɪs] MED dermatitis *f inv*
der•ma•tol•o•gist [dɜːrmə'tɑːlədʒɪst] dermatólogo(-a) *m(f)*
der•ma•tol•o•gy [dɜːrmə'tɑːlədʒɪ] dermatología *f*
de•rog•a•to•ry [dɪ'rɑːgətɔːrɪ] *adj* despectivo
der•rick ['derɪk] **1** *crane* grúa *f* **2** *above oil well* torre *f* de perforación
de•scend [dɪ'send] **I** *v/t* descender por; *be ~ed from* descender de **II** *v/i* descender; *of mood, darkness* caer; *the country ~ed into civil war* el país se vio sumido en una guerra civil
de•scen•dant [dɪ'sendənt] descendiente *m/f*
de•scent [dɪ'sent] **1** descenso *m* **2** *(ancestry)* ascendencia *f*
de•scribe [dɪ'skraɪb] *v/t* describir; *~ sth as sth* definir a algo como algo
de•scrip•tion [dɪ'skrɪpʃn] descripción *f*
de•scrip•tive [dɪ'skrɪptɪv] *adj* descriptivo
des•e•crate ['desɪkreɪt] *v/t* profanar
des•e•cra•tion [desɪ'kreɪʃn] profanación *f*
de•seg•re•gate [diː'segrəgeɪt] *v/t* acabar con la segregación racial en
de•seg•re•ga•tion [diːsegrə'geɪʃn] fin *m* de la segregación racial
de•sen•si•tize [diː'sensətaɪz] *v/t:* *be•come ~d to sth* insensibilizarse a algo
des•ert[1] ['dezərt] *n also fig* desierto *m*
de•sert[2] [dɪ'zɜːrt] **I** *v/t (abandon)* abandonar **II** *v/i of soldier* desertar
de•sert•ed [dɪ'zɜːrtɪd] *adj* desierto
de•sert•er [dɪ'zɜːrtər] MIL desertor(a) *m(f)*
de•ser•ti•fi•ca•tion [dezɜːrtɪfɪ'keɪʃn]

desertización *f*
de•ser•tion [dɪ'zɜːrʃn] *(abandonment)* abandono *m*; MIL deserción *f*
des•ert 'is•land isla *f* desierta
de•serts [dɪ'zɜːrts] *npl:* *get one's just ~* recibir uno su merecido
de•serve [dɪ'zɜːrv] *v/t* merecer
de•serv•ed•ly [dɪ'zɜːrvɪdlɪ] *adv* merecidamente
de•serv•ing [dɪ'zɜːrvɪŋ] *adj* digno de ayuda; *be ~ of sth* ser merecedor de algo
des•ic•cat•ed ['desɪkeɪtɪd] *adj* desecado
des•ic•cat•ed 'co•co•nut coco *m* rallado
de•sign [dɪ'zaɪn] **I** *n* diseño *m*; *(pattern)* motivo *m*; *by ~* a propósito; *have ~s on sth / s.o.* tener las miras puestas en algo / alguien **II** *v/t* diseñar; *~ed to do sth* diseñado para hacer algo
des•ig•nate ['dezɪgneɪt] *v/t person* designar; *area* declarar; *~d hitter in baseball* bateador(a) *m(f)* designado(-a)
de•sign•er [dɪ'zaɪnər] diseñador(a) *m(f)*
de•sign•er clothes *npl* ropa *f* de diseño
de•sign•er la•bel marca *f* de diseñador conocido
de•sign fault defecto *m* de diseño
de•sign school escuela *f* de diseño
de•sir•a•ble [dɪ'zaɪrəbl] *adj* deseable; *house* apetecible, atractivo
de•sire [dɪ'zaɪr] **I** *n* deseo *m*; *I have no ~ to see him* no me apetece verlo **II** *v/t* desear; *if ~d* si así se desea; *leave much / leave nothing to be ~d* dejar mucho / no dejar nada que desear
de•sir•ous [dɪ'zaɪrəs] *adj fml:* *be ~ of sth* estar deseoso de algo
de•sist [dɪ'zɪst] *v/i* desistir *(from* de)
desk [desk] *in classroom* pupitre *m*; *in home, office* mesa *f*; *in hotel* recepción *f*; *pay at the ~* pagar en caja
'desk clerk recepcionista *m/f*; **'desk di•a•ry** agenda *f*; **'desk•top** *also on screen* escritorio *m*; *computer L.Am.* computadora *f* de escritorio, *Span* ordenador *m* de escritorio; **desk•top 'cal•cu•la•tor** calculadora *f* de escritorio; **desk•top com'pu•ter** *L.Am.* computadora *f* de escritorio, *Span* ordenador *m* de escritorio; **desk•top 'pub•lish•ing** autoedición *f*

des•o•late ['desələt] *adj place* desolado

des•o•la•tion [desə'leɪʃn] desolación *f*

de•spair [dɪ'sper] **I** *n* desesperación *f*; **in ~** desesperado; *a look of ~* una mirada desesperada; *drive s.o. to ~* desesperar a alguien **II** *v/i* desesperarse; *I ~ of finding something to wear* he perdido la esperanza de encontrar algo para ponerme

des•pair•ing [dɪ'sperɪŋ] *adj* desesperado

de•spatch [dɪ'spætʃ] ☞ **dispatch**

des•per•ate ['despərət] *adj* desesperado; *be ~* estar desesperado; *be ~ for a drink / cigarette* necesitar una bebida / un cigarrillo desesperadamente; *get or become ~* desesperarse; *be ~ to do sth* morirse de ganas de hacer algo

des•per•ate•ly ['despərətlɪ] *adv* extremadamente

des•per•a•tion [despə'reɪʃn] desesperación *f*; *an act of ~* un acto desesperado; *out of or in ~* por desesperación; *drive s.o. to ~* desesperar a alguien

des•pic•a•ble [dɪs'pɪkəbl] *adj* despreciable

de•spise [dɪ'spaɪz] *v/t* despreciar

de•spite [dɪ'spaɪt] *prep* a pesar de

de•spon•dent [dɪ'spɑːndənt] *adj* abatido, desanimado; *get or become ~* abatirse, desanimarse

des•pot ['despɑːt] déspota *m/f*

des•pot•ic [des'pɑːtɪk] *adj* despótico

des•sert [dɪ'zɜːrt] postre *m*; *what's for ~?* ¿qué hay de postre?

des'sert•spoon *Br* cuchara *f* de postre

des'sert wine vino *m* dulce

de•sta•bi•lize [diː'steɪbəlaɪz] *v/t* desestabilizar

des•ti•na•tion [destɪ'neɪʃn] destino *m*; *country of ~* país *m* de destino

des•tined ['destɪnd] *adj*: *be ~ for fig* estar destinado a; *be ~ to do sth* estar destinado a hacer algo

des•ti•ny ['destɪnɪ] destino *m*

des•ti•tute ['destɪtuːt] *adj* indigente; *be ~* estar en la miseria; *become ~* caer en la miseria

des•ti•tu•tion [destɪ'tuːʃn] indigencia *f*

de•stroy [dɪ'strɔɪ] *v/t* destruir

de•stroy•er [dɪ'strɔɪr] NAUT destructor *m*

de•struc•tion [dɪ'strʌkʃn] destrucción *f*

de•struc•tive [dɪ'strʌktɪv] *adj* destructivo; *child* revoltoso

de•struc•tive•ness [dɪ'strʌktɪvnɪs] capacidad *f* destructiva

des•ul•to•ry ['desəltɔːrɪ] *adj* sin ganas

de•tach [dɪ'tætʃ] *v/t* separar, soltar; *email attachment* abrir; *become ~ed* soltarse (*from* de)

de•tach•a•ble [dɪ'tætʃəbl] *adj* desmontable, separable

de•tached [dɪ'tætʃt] *adj* **1** (*objective*) distanciado **2**: *~ house* casa *f* individual

de•tach•ment [dɪ'tætʃmənt] (*objectivity*) distancia *f*

de•tail ['diːteɪl] detalle *m*; *in ~* en detalle; *go into ~* entrar en detalles (*about* sobre)

de•tailed ['diːteɪld] *adj* detallado

de•tain [dɪ'teɪn] *v/t* **1** (*hold back*) entretener **2** *as prisoner* detener

de•tain•ee [diːteɪn'iː] detenido(-a) *m(f)*

de•tect [dɪ'tekt] *v/t* percibir; *of device* detectar

de•tec•tion [dɪ'tekʃn] *of criminal, crime* descubrimiento *m*; *of smoke etc* detección *f*

de•tec•tive [dɪ'tektɪv] detective *m/f*

de•tec•tive mov•ie película *f* detectivesca

de•tec•tive nov•el novela *f* policiaca *or* de detectives

de•tec•tor [dɪ'tektər] detector *m*

dé•tente ['deɪtɑːnt] POL distensión *f*

de•ten•tion [dɪ'tenʃn] **1** (*imprisonment*) detención *f* **2** EDU *castigo por el que el alumno se queda en el colegio después de las clases*

de•ter [dɪ'tɜːr] *v/t* (*pret & pp* **-red**) disuadir; *~ s.o. from doing sth* disuadir a alguien de hacer algo

de•ter•gent [dɪ'tɜːrdʒənt] detergente *m*

de•te•ri•o•rate [dɪ'tɪrɪəreɪt] *v/i* deteriorarse; *of weather* empeorar

de•te•ri•o•ra•tion [dɪtɪrɪə'reɪʃn] deterioro *m*; *of weather* empeoramiento *m*

de•ter•mi•na•tion [dɪtɜːrmɪ'neɪʃn] (*resolution*) determinación *f*

de•ter•mine [dɪ'tɜːrmɪn] *v/t* (*establish*) determinar

de•ter•mined [dɪ'tɜːrmɪnd] *adj* resuelto, decidido; *I'm ~ to succeed* estoy decidido a triunfar

de•ter•rence [dɪ'terəns] disuasión *f*

de•ter•rent [dɪ'terənt] elemento *m* disuasorio; ***act as a*** ~ actuar como elemento disuasorio; ***nuclear*** ~ disuasión *f* nuclear

de•test [dɪ'test] *v/t* detestar; ~ *having to do sth* detestar tener que hacer algo

de•test•a•ble [dɪ'testəbl] *adj* detestable

de•tes•ta•tion [di:te'steɪʃn] odio *m* (*of* a)

de•throne [di:'θroʊn] *v/t* destronar

de•to•nate ['detəneɪt] **I** *v/t* hacer detonar *or* explotar **II** *v/i* detonar, explotar

de•to•na•tion [detə'neɪʃn] detonación *f*, explosión *f*

de•to•na•tor ['detəneɪtər] detonador *m*

de•tour ['di:tʊr] rodeo *m*; (*diversion*) desvío *m*; ***make a*** ~ dar un rodeo

de•tox•i•fi•ca•tion [di:tɑːksɪfɪ'keɪʃn] MED desintoxicación *f*

◆ **de•tract from** [dɪ'trækt] *v/t achievement* quitar méritos a; *beauty* quitar atractivo a

de•trac•tor [dɪ'træktər] detractor(a) *m(f)*

de•tri•ment ['detrɪmənt]: ***to the*** ~ *of* en detrimento de

de•tri•men•tal [detrɪ'mentl] *adj* perjudicial (***to*** para)

deuce [du:s] **1** *in tennis* deuce *m* **2**: ***who / what the*** ~ *...* **?** F¿quién / qué rayos ...?

Deutsch•mark ['dɔɪtʃmɑːrk] HIST marco *m* alemán

de•val•u•a•tion [di:vælju'eɪʃn] *of currency* devaluación *f*

de•val•ue [di:'vælju:] *v/t currency* devaluar

dev•a•state ['devəsteɪt] *v/t crops, countryside, city* devastar; *fig: person* asolar; ***we were all*** ~*d to hear that ...* estábamos todos destrozados *or* abatidos al oír que ...

dev•a•stat•ing ['devəsteɪtɪŋ] *adj* devastador

dev•as•ta•tion [devə'steɪʃn] devastación *f*

de•vel•op [dɪ'veləp] **I** *v/t* **1** *film* revelar **2** *land, site* urbanizar; *activity, business* desarrollar **3** (*originate*) desarrollar; (*improve on*) perfeccionar **4** *illness, cold* contraer **II** *v/i* (*grow*) desarrollarse; ~ *into* convertirse en

de•vel•oped coun•try [dɪ'veləpt] país *m* desarrollado

de•vel•op•er [dɪ'veləpər] **1** *of property* promotor(a) *m(f)* inmobiliario(-a) **2**: ***be a late*** ~ desarrollarse tarde

de•vel•op•ing coun•try [dɪ'veləpɪŋ] país *m* en vías de desarrollo

de•vel•op•ment [dɪ'veləpmənt] **1** *of film* revelado *m* **2** *of land, site* urbanización *f*; *of business, country* desarrollo *m* **3** (*event*) acontecimiento *m* **4** (*origination*) desarrollo *m*; (*improving*) perfeccionamiento *m*

de•vel•op•ment aid ayuda *f* al desarrollo

de•vi•ant ['di:vɪənt] **1** *n* persona *f* anormal **2** *adj* desviado

de•vi•ate ['di:vɪeɪt] *v/i* desviarse (***from*** de)

de•vi•a•tion [di:vɪ'eɪʃn] desviación *f*

de•vice [dɪ'vaɪs] *tool* aparato *m*, dispositivo *m*

dev•il ['devl] *also fig* diablo *m*, demonio *m*; ***poor*** ~ pobre diablo; ***be between the*** ~ ***and the deep blue sea*** estar entre la espada y la pared; ***go to the*** ~**!** ¡vete al infierno!; ***talk of the*** ~**!** hablando del rey de Roma; ***like the*** ~ F como un poseso; ***who / what the*** ~ *...* **?** F ¿quién / qué diablos ...?

dev•il•ish ['devlɪʃ] *adj* **1** (*cruel*) diabólico **2** F (*difficult*) endemoniado

dev•il-may-'care *adj* despreocupado

dev•il•ry ['devlrɪ] brujería *f*

de•vi•ous ['di:vɪəs] *adj* **1** (*sly*) retorcido; ***by*** ~ ***means*** por *or* con métodos con engaños **2** *route* tortuoso

de•vise [dɪ'vaɪz] *v/t* idear

de•void [dɪ'vɔɪd] *adj*: ***be*** ~ ***of*** estar desprovisto de

dev•o•lu•tion [di:və'lu:ʃn] POL traspaso *m* de competencias

de•volve [dɪ'vɑːlv] **I** *v/t* transferir (***on*** a) **II** *v/i* recaer (***on*** en)

de•vote [dɪ'voʊt] *v/t* dedicar (***to*** a); ~ *o.s. to sth* dedicarse a algo

de•vot•ed [dɪ'voʊtɪd] *adj son etc* afectuoso; ***be*** ~ ***to s.o.*** tener mucho cariño a alguien

dev•o•tee [dɪvoʊ'ti:] entusiasta *m/f*

de•vo•tion [dɪ'voʊʃn] devoción *f*

de•vour [dɪ'vaʊər] *v/t food, book* devorar

de•vout [dɪ'vaʊt] *adj* devoto

dew [du:] rocío *m*

'dew•drop gota *f* de rocío

dew•y-eyed [duːɪˈaɪd] *adj*: *go all ~ over sth* ponerse sentimental por algo

dex•ter•i•ty [dekˈsterətɪ] destreza *f*

dex•ter•ous [ˈdekstərəs] *adj* habilidoso

dex•trose [ˈdekstrous] dextrosa *f*

dex•trous [ˈdekstrəs] ☞ **dexterous**

di•a•be•tes [daɪəˈbiːtiːz] *nsg* diabetes *f*

di•a•bet•ic [daɪəˈbetɪk] **I** *n* diabético(-a) *m(f)* **II** *adj* diabético; *foods* para diabéticos

di•a•bol•i•cal [daɪəˈbɑːlɪkl] *adj* **1** diabólico **2** *Br* F horrible

di•a•dem [ˈdaɪədem] diadema *f*

di•ag•nose [ˈdaɪəgnouz] *v/t* diagnosticar; *she has been ~d as having cancer* se le ha diagnosticado un cáncer

di•ag•no•sis [daɪəgˈnousɪs] (*pl diagnoses* [daɪəgˈnousiːz]) diagnóstico *m*; *give or make a ~* emitir *or* realizar un diagnóstico

di•ag•nos•tic [daɪəgˈnɑːstɪk] *adj* diagnóstico

di•ag•o•nal [daɪˈægənl] *adj* diagonal

di•ag•o•nal•ly [daɪˈægənlɪ] *adv* diagonalmente, en diagonal; *~ opposite* opuesto diagonalmente

di•a•gram [ˈdaɪəgræm] diagrama *m*

di•al [ˈdaɪl] **I** *n* **1** *of clock* esfera *f*; *of instrument* cuadrante *m* **2** TELEC disco *m* **II** *v/t & v/i* (*pret & pp* **-ed**, *Br* **-led**) TELEC marcar

di•a•lect [ˈdaɪəlekt] dialecto *m*

di•al•ling code [ˈdaɪlɪŋ] *Br* TELEC prefijo *m*

'di•al•ling tone *Br* ☞ **dial tone**

di•a•log, *Br* **di•a•logue** [ˈdaɪəlɑːg] diálogo *m*

'di•a•log box COMPUT ventana *f* de diálogo

'di•al tone tono *m* de marcar

di•al•y•sis [daɪˈæləsɪs] (*pl dialyses* [daɪˈæləsiːz]) MED diálisis *f inv*

di•am•e•ter [daɪˈæmɪtər] diámetro *m*; *a circle 6 cms in ~* un círculo de 6 cms. de diámetro

di•a•met•ri•cal•ly [daɪəˈmetrɪkəlɪ] *adv*: *~ opposed* diametralmente opuesto

di•a•mond [ˈdaɪmənd] *also in cards*, *baseball* diamante *m*; *shape* rombo *m*

di•a•mond 'wed•ding bodas *fpl* de diamante

di•a•per [ˈdaɪpər] pañal *m*

di•a•phragm [ˈdaɪəfræm] ANAT, *contraceptive* diafragma *m*

di•ar•rhe•a, *Br* **di•ar•rhoe•a** [daɪəˈriːə] diarrea *f*

di•a•ry [ˈdaɪrɪ] **1** *for thoughts* diario *m* **2** *for appointments* agenda *f*

di•a•tribe [ˈdaɪətraɪb] diatriba *f*

dice [daɪs] **I** *n* dado *m*; *pl* dados *mpl* **II** *v/t food* cortar en dados **III** *v/i*: *~ with death* jugarse el cuello

dic•ey [ˈdaɪsɪ] *adj* F arriesgado

di•chot•o•my [daɪˈkɑːtəmɪ] dicotomía *f*

dick [dɪk] **1** P (*private detective*) sabueso *m* **2** V (*penis*) polla *f* V

dic•tate [dɪkˈteɪt] **I** *v/t* dictar **II** *v/i*: *~ to s.o.* dar órdenes a alguien

dic•ta•tion [dɪkˈteɪʃn] dictado *m*

dic•ta•tor [dɪkˈteɪtər] POL dictador(a) *m(f)*

dic•ta•to•ri•al [dɪktəˈtɔːrɪəl] *adj* dictatorial

dic•ta•tor•ship [dɪkˈteɪtərʃɪp] dictadura *f*

dic•tion [ˈdɪkʃn] dicción *f*

dic•tion•a•ry [ˈdɪkʃənerɪ] diccionario *m*

did [dɪd] *pret* ☞ **do**

di•dac•tic [dɪˈdæktɪk] *adj* didáctico

did•dle [ˈdɪdl] *v/t* F: *~ s.o. out of sth* timar algo a alguien

didn't [ˈdɪdnt] = **did not**

die[1] [daɪ] *v/i* morir; *~ of cancer / Aids* morir de cáncer / sida; *I'm dying to know / leave* me muero de ganas de saber / marchar; *I was dying for something to drink* me moría por beber algo, me moría de sed; *never say ~!* ¡no tires la toalla!; *I just about ~d f* with embarrassment etc me morí de (la) vergüenza

die[2] [daɪ] *n* (*pl dice* [daɪs]) dado *m*; *the ~ is cast* *fig* la suerte está echada

◆ **die away** *v/i of noise* desaparecer

◆ **die down** *v/i of noise* irse apagando; *of storm* amainar; *of fire* irse extinguiendo; *of excitement* calmarse

◆ **die out** *v/i of custom, species* desaparecer

die•sel [ˈdiːzl] *fuel* gasoil *m*, gasóleo *m*

di•et [ˈdaɪət] **I** *n* **1** (*regular food*) dieta *f* **2** *for losing weight, for health reasons* dieta *f*, régimen *m*; *be on a ~* estar a dieta *or* régimen **II** *v/i to lose weight* hacer dieta *or* régimen

di•e•ti•tian [daɪəˈtɪʃn] experto(-a) *m(f)* en dietética

dif•fer [ˈdɪfər] *v/i* **1** (*be different*) ser distinto; *the male ~s from the female in* … el macho se diferencia de la hembra por … **2** (*disagree*) discrepar

dif•fe•rence ['dɪfrəns] diferencia *f*; *it doesn't make any ~* (*doesn't change anything*) no cambia nada; (*doesn't matter*) da lo mismo; *~ of opinion* diferencia de opiniones; *~ in price, price ~* diferencia de precio; *with a ~* diferente

dif•fe•rent ['dɪfrənt] *adj* diferente, distinto (*from, than* de)

dif•fer•en•tial [dɪfə'renʃl] **I** *adj* diferencial **II** *n* diferencial *m*

dif•fer•en•tial 'cal•cu•lus cálculo *m* diferencial

dif•fe•ren•ti•ate [dɪfə'renʃieɪt] *v/i* **1** (*distinguish*) diferenciar, distinguir (*between* entre) **2**: *~ between* (*treat differently*) establecer diferencias entre

dif•fer•en•ti•a•tion [dɪfərenʃi'eɪʃn] diferenciación *f*

dif•fe•rent•ly ['dɪfrəntlɪ] *adv* de manera diferente

dif•fi•cult ['dɪfɪkəlt] *adj* difícil; *it was quite ~ for me to* … me resultó bastante difícil …

dif•fi•cul•ty ['dɪfɪkəltɪ] dificultad *f*; *with ~* con dificultades; *have ~ doing sth* costar hacer algo; *I had no ~ finding them* no tuve problemas para encontrarlos; *run into ~* tropezar con dificultades; *make difficulties for s.o.* crear dificultades a alguien; *get into difficulties* empezar a tener problemas

dif•fi•dence ['dɪfɪdəns] retraimiento *m*

dif•fi•dent ['dɪfɪdənt] *adj* retraído

dif•fuse[1] [dɪ'fjuːz] **I** *v/t* difundir **II** *v/i* difundirse

dif•fuse[2] [dɪ'fjuːs] *adj* difuso

dig [dɪg] *v/t & v/i* (*pret & pp* **dug**) cavar; *~ s.o. in the ribs* dar un codazo a alguien en las costillas

♦ **dig in** *v/i* F ponerse a comer

♦ **dig into** *v/t* F **1** *food* ponerse a zampar F **2** *person's past etc* indagar

♦ **dig out** *v/t* (*find*) encontrar

♦ **dig up** *v/t* levantar, cavar; *information* desenterrar

di•gest [daɪ'dʒest] *v/t also fig* digerir

di•gest•i•ble [daɪ'dʒestəbl] *adj food* digerible

di•ges•tion [daɪ'dʒestʃn] digestión *f*

di•ges•tive [daɪ'dʒestɪv] *adj* digestivo

di'ges•tive sys•tem aparato *m* digesti-

vo

di•ges•tive 'tract tubo *m* digestivo

dig•it ['dɪdʒɪt] *number* dígito *m*; *a 4 ~ number* un número de 4 dígitos

dig•i•tal ['dɪdʒɪtl] *adj* digital

'di•gi•tal clock reloj *m* digital; **di•gi•tal dis'play** monitor *m* digital; **di•gi•tal 'read•out** lectura *f* digital; **di•gi•tal 'tel•e•vi•sion** televisión *f* digital; **di•gi•tal 'watch** reloj *m* digital

dig•i•tize ['dɪdʒɪtaɪz] *v/t* digitalizar

dig•ni•fied ['dɪgnɪfaɪd] *adj* digno

dig•ni•fy ['dɪgnɪfaɪ] *v/t* dignificar

dig•ni•ta•ry ['dɪgnɪterɪ] dignatario(-a) *m(f)*

dig•ni•ty ['dɪgnɪtɪ] dignidad *f*

di•gress [daɪ'gres] *v/i* divagar, apartarse del tema

di•gres•sion [daɪ'greʃn] digresión *f*

dike[1] [daɪk] *wall* dique *m*

dike[2] [daɪk] P *lesbian* tortillera *f* P

di•lap•i•dat•ed [dɪ'læpɪdeɪtɪd] *adj* destartalado

di•late [daɪ'leɪt] *v/i of pupils* dilatarse

♦ **dilate on** *v/t fml fig* explayarse sobre

dil•a•to•ry ['dɪlətɔːrɪ] *adj* dilatorio; *be ~ in doing sth* tardar mucho en hacer algo

di•lem•ma [dɪ'lemə] dilema *m*; *be in a ~* estar en un dilema; *be on the horns of a ~* estar entre la espada y la pared

dil•et•tante [dɪle'tæntɪ] diletante *m/f*

dil•i•gence ['dɪlɪdʒəns] diligencia *f*

dil•i•gent ['dɪlɪdʒənt] *adj* diligente

dill [dɪl] BOT eneldo *m*

dil•ly•dal•ly ['dɪlɪdælɪ] *v/i* F entretenerse

di•lute [daɪ'luːt] *v/t* diluir

di•lu•tion [daɪ'luːʃn] dilución *f*

dim [dɪm] **I** *adj room* oscuro; *light* tenue; *outline* borroso, confuso; (*stupid*) tonto; *prospects* remoto; *eyesight* borroso; *take a ~ view of sth* desaprobar algo **II** *v/t* (*pret & pp* **-med**) atenuar; *~ the headlights* poner las luces cortas **III** *v/i* (*pret & pp* **-med**) *of lights* atenuarse

dime [daɪm] *moneda de diez centavos*

'dime nov•el novela *f* barata

di•men•sion [daɪ'menʃn] (*measurement*) dimensión *f*

di•min•ish [dɪ'mɪnɪʃ] *v/t & v/i* disminuir; *~ in value* disminuir de valor

dim•i•nu•tion [dɪmɪ'njuːʃn] disminu-

ción *f*

di•min•u•tive [dɪˈmɪnʊtɪv] **I** *n* diminuti- vo *m* **II** *adj* diminuto

dim•ly [ˈdɪmlɪ] *adv*: ~ *lit* con poca luz; *I could ~ see ...* apenas veía ...

dim•mer [ˈdɪmər] potenciómetro *m*, dimmer *m*

dim•ple [ˈdɪmpl] hoyuelo *m*

dim•wit•ted [dɪmˈwɪtɪd] *adj* corto

din [dɪn] **I** *n* estruendo *m*; *make a ~* ar- mar un estruendo **II** *v/t* (*pret & pp* **-ned**): *~ sth into s.o.* intentar conven- cer a alguien de algo

dine [daɪn] *v/i fml* cenar, *L.Am.* comer

◆ **dine in** *v/i* cenar *or L.Am.* comer en casa

◆ **dine on** *v/t* cenar, *L.Am.* comer

◆ **dine out** *v/i* cenar *or L.Am.* comer fuera, *Rpl, Mex* cenar afuera

din•er [ˈdaɪnər] **1** *person* comensal *m/f* **2** *restaurant* restaurante *m* barato

din•ghy [ˈdɪŋɡɪ] (*small yacht*) bote *m* de vela; (*rubber boat*) lancha *f* neumática

din•gy [ˈdɪndʒɪ] *adj* sórdido; (*dirty*) su- cio

din•ing car [ˈdaɪnɪŋ] RAIL vagón *m* res- taurante, coche *m* comedor; **'din•ing room** comedor *m*; **'din•ing ta•ble** mesa *f* de comedor

dink•y [ˈdɪŋkɪ] *adj* F **1** cutre **2** *Br* mono

din•ner [ˈdɪnər] *in the evening* cena *f; at midday* comida *f*; (*formal gathering*) cena *f* de gala; *what's for ~?* ¿qué hay de cena?, ¿ qué hay para cenar?

'din•ner guest invitado(-a) *m(f)* a ce- nar; **'din•ner jack•et** *Br* esmoquin *m*; **'din•ner par•ty** cena *f*; **'din•ner serv- ice, 'din•ner set** vajilla *f*; **'din•ner ta- ble:** *at the ~* en la mesa; **'din•ner time** hora *f* de la cena; *at midday* hora *f* de la comida

di•no•saur [ˈdaɪnəsɔːr] dinosaurio *m*

dint [dɪnt]: *by ~ of* a fuerza de

di•ode [ˈdaɪoʊd] ELEC diodo *m*

di•ox•ide [daɪˈɑːksaɪd] CHEM dióxido *m*

di•ox•in [daɪˈɑːksɪn] CHEM dioxina *f*

dip [dɪp] **I** *n* **1** (*slope*) inclinación *f*, pen- diente *f*; (*depression*) hondonada *f* **2** (*swim*) baño *m*, zambullida *f*; *go for a ~* darse un baño *or* una zambullida **3** *for food* salsa *f* **II** *v/t* (*pret & pp* **-ped**): *~ sth into sth* meter algo en algo; *~ the headlights* poner las luces

cortas **III** *v/i* (*pret & pp* **-ped**) *of road* bajar

◆ **dip into** *v/t* **1** *book* echar un vistazo a **2** *savings* echar mano de

diph•the•ri•a [dɪfˈθɪərɪə] difteria *f*

diph•thong [ˈdɪfθɑːŋ] diptongo *m*

di•plo•ma [dɪˈploʊmə] diploma *m*

di•plo•ma•cy [dɪˈploʊməsɪ] *also fig* di- plomacia *f*

di•plo•mat [ˈdɪpləmæt] diplomático(-a) *m(f)*

di•plo•mat•ic [dɪpləˈmætɪk] *adj also fig* diplomático

dip•lo•mat•i•cal•ly [dɪpləˈmætɪklɪ] *adv* de forma diplomática

di•plo•mat•ic 'bag valija *f* diplomática; **di•plo•mat•ic corps** cuerpo *m* di- plomático; **dip•lo•mat•ic im'mu•ni•ty** inmunidad *f* diplomática

dip•py [ˈdɪpɪ] *adj* F tonto F, chiflado F

dip•so•man•i•ac [dɪpsəˈmeɪnɪæk] *adj* dipsomaníaco

'dip•stick MOT varilla *f* del aceite

dire [daɪr] *adj* terrible; *be in ~ need of sth* necesitar algo acuciantemente

di•rect [daɪˈrekt] **I** *adj* directo; *the ~ op- posite* exactamente lo opuesto (*of* de) **II** *v/t play, movie, attention* dirigir; *can you ~ me to the museum?* ¿me podría indicar cómo se va al museo?; *~ sth to be done* disponer que se haga algo

di•rect 'cur•rent ELEC corriente *f* con- tinua

di•rect 'dis•course LING estilo *m* di- recto

di•rec•tion [dɪˈrekʃn] **1** dirección *f*; *in the ~ of* en dirección a, hacia; *from all ~s* de todas partes; *sense of ~* sen- tido de la orientación **2**: *~s to a place* indicaciones *fpl*; (*instructions*) instruc- ciones *fpl; for medicine* posología *f*; *let's ask for ~s* preguntemos cómo se va; *~s for use* modo *m* de empleo **3** *of movie* dirección *f*

di•rec•tion 'in•di•ca•tor MOT intermi- tente *m*

di•rec•tive [dɪˈrektɪv] directiva *f*

di•rect•ly [dɪˈrektlɪ] **I** *adv* (*straight*) di- rectamente; (*soon*) pronto; (*immedi- ately*) ahora mismo **II** *conj* en cuanto; *~ I've finished this ...* en cuanto *or* tan pronto acabe esto ...

di•rect mail 'ad•ver•tis•ing propagan- da *f* por correo directo

di•rect 'ob•ject LING objeto *m* directo
di•rec•tor [dɪ'rektər] director(a) *m(f)*
di•rec•tor-'gen•e•ral COM director(a) *m(f)* general
di•rec•tor•ship [daɪ'rektərʃɪp] COM dirección *f*; *be given a* ~ ser ascendido a director
di•rec•to•ry [dɪ'rektərɪ] *also* COMPUT directorio *m*; TELEC guía *f* telefónica
di•rec•to•ry en'qui•ries *nsg Br* TELEC servicio *m* de guía telefónica
di•rect 'speech *Br* LING estilo *m* directo
dirt [dɜːrt] suciedad *f*; *treat s.o. like* ~ tratar a alguien como a un pelele *or* pingo
dirt 'cheap *adj* F tirado F; **dirt 'poor** *adj* F pordiosero F, desarrapado F; **'dirt road**, **'dirt track** pista *f* (de tierra), camino *m*
dirt•y ['dɜːrtɪ] **I** *adj* sucio; (*pornographic*) pornográfico, obsceno; *give s.o. a* ~ *look* mirar a alguien con cara de pocos amigos F; *have a* ~ *mind* tener una mente pervertida *or* corrompida; ~ *old man* viejo *m* verde; ~ *word* obscenidad *f*, grosería *f*; *do s.o.'s* ~ *work* fig hacer el trabajo sucio por alguien **II** *v/t* (*pret & pp* -ied) ensuciar; ~ *one's hands* fig pringarse
dirt•y 'trick jugarreta *f*; *play a* ~ *on s.o.* hacer una jugarreta a alguien
dis•a•bil•i•ty [dɪsə'bɪlətɪ] discapacidad *f*, minusvalía *f*
dis•a•ble [dɪs'eɪbl] *v/t* **1** *person* dejar con una minusvalía **2** *machine* invalidar, estropear
dis•a•bled [dɪs'eɪbld] **I** *npl*: *the* ~ los discapacitados *mpl* **II** *adj* discapacitado; ~ *access* acceso *m* para discapacitados
dis•a•buse [dɪsə'bjuːz] *v/t*: ~ *s.o. of an idea* desengañar a alguien de una idea
dis•ad•van•tage [dɪsəd'væntɪdʒ] (*drawback*) desventaja *f*; *be at a* ~ estar en desventaja; *to s.o.'s* ~ en perjuicio de alguien; *put s.o. at a* ~ poner *or* dejar a alguien en desventaja
dis•ad•van•taged [dɪsəd'væntɪdʒd] *adj* desfavorecido
dis•ad•van•ta•geous [dɪsædvæn'teɪdʒəs] *adj* desventajoso, desfavorable
dis•af•fec•ted [dɪsə'fektɪd] *adj* descontento, insatisfecho

dis•a•gree [dɪsə'griː] *v/i of person* no estar de acuerdo, discrepar; *let's agree to* ~ aceptemos que no nos vamos a poner de acuerdo
◆ **disagree with** *v/t* **1** *of person* no estar de acuerdo con, discrepar con **2** *of food* sentar mal; *lobster disagrees with me* la langosta me sienta mal
dis•a•gree•a•ble [dɪsə'griːəbl] *adj* desagradable
dis•a•gree•ment [dɪsə'griːmənt] **1** desacuerdo *m* **2** (*argument*) discusión *f*
dis•al•low [dɪsə'laʊ] *v/t* SP anular, pitar F
dis•ap•pear [dɪsə'pɪr] *v/i* desaparecer; *now where has that boy* ~*ed to!* ¡dónde se ha metido ahora ese chico!
dis•ap•pear•ance [dɪsə'pɪrəns] desaparición *f*
dis•ap•point [dɪsə'pɔɪnt] *v/t* desilusionar, decepcionar
dis•ap•point•ed [dɪsə'pɔɪntɪd] *adj* desilusionado, decepcionado
dis•ap•point•ing [dɪsə'pɔɪntɪŋ] *adj* decepcionante
dis•ap•point•ment [dɪsə'pɔɪntmənt] desilusión *f*, decepción *f*
dis•ap•prov•al [dɪsə'pruːvl] desaprobación *f*
dis•ap•prove [dɪsə'pruːv] *v/i* desaprobar, estar en contra; ~ *of* desaprobar, estar en contra de
dis•ap•prov•ing [dɪsə'pruːvɪŋ] *adj* desaprobatorio, de desaprobación
dis•ap•prov•ing•ly [dɪsə'pruːvɪŋlɪ] *adv* con desaprobación
dis•arm [dɪs'ɑːrm] **I** *v/t* desarmar **II** *v/i* desarmarse
dis•ar•ma•ment [dɪs'ɑːrməmənt] desarme *m*
dis•arm•ing [dɪs'ɑːrmɪŋ] *adj* cautivador
dis•ar•range [dɪsə'reɪndʒ] *v/t* desordenar, revolver
dis•ar•ray [dɪsə'reɪ]: *be in* ~ estar en desorden
dis•as•sem•ble [dɪsə'sembl] *v/t* desmantelar
dis•as•sem•bly [dɪsə'semblɪ] desmantelamiento *m*
dis•as•ter [dɪ'zæstər] desastre *m*
di'sas•ter ar•e•a zona *f* catastrófica; *fig: person* desastre *m*
di•sas•trous [dɪ'zæstrəs] *adj* desastroso

dis•band [dɪsˈbænd] **I** v/t disolver **II** v/i disolverse

dis•be•lief [dɪsbəˈliːf] incredulidad f; **in ~** con incredulidad

dis•be•lieve [dɪsbəˈliːv] v/t descreer, cuestionar

dis•burse [dɪsˈbɜːrs] v/t desembolsar

disc [dɪsk] Br ☞ **disk**

dis•card [dɪˈskɑːrd] v/t desechar; boyfriend deshacerse de

'disc brake freno m de disco

di•scern [dɪˈsɜːrn] v/t distinguir, percibir

di•scern•i•ble [dɪˈsɜːrnəbl] adj perceptible

di•scern•ing [dɪˈsɜːrnɪŋ] adj entendido, exigente

dis•cern•ment [dɪˈsɜːrnmənt] discernimiento m, juicio m

dis•charge I n [ˈdɪstʃɑːrdʒ] **1** from hospital alta f; from army licencia f **2** (pus) emisión f **II** v/t [dɪsˈtʃɑːrdʒ] **1** from hospital dar el alta a; from army licenciar; from job despedir **2** pus emitir

di•sci•ple [dɪˈsaɪpl] religious discípulo m

dis•ci•pli•nar•y [dɪsɪˈplɪnərɪ] adj disciplinario

dis•ci•pline [ˈdɪsɪplɪn] **I** n disciplina f **II** v/t child, dog castigar; employee sancionar

dis•ci•plined [ˈdɪsɪplɪnd] adj disciplinado, ordenado

'disc jock•ey disc jockey m/f, Span pinchadiscos m/f inv

dis•claim [dɪsˈkleɪm] v/t negar

dis•claim•er [dɪsˈkleɪmər] of rights renuncia f; of responsibility descargo m

dis•close [dɪsˈkloʊs] v/t revelar

dis•clo•sure [dɪsˈkloʊʒər] revelación f

dis•co [ˈdɪskoʊ] discoteca f

dis•col•or, Br **dis•col•our** [dɪsˈkʌlər] v/i decolorar

dis•com•fit [dɪsˈkʌmfɪt] v/t avergonzar, turbar

dis•com•fi•ture [dɪsˈkʌmfɪtʃər] vergüenza f, turbación f

dis•com•fort [dɪsˈkʌmfərt] **1** (pain) molestia f **2** (embarrassment) incomodidad f

dis•con•cert [dɪskənˈsɜːrt] v/t desconcertar

dis•con•cert•ed [dɪskənˈsɜːrtɪd] adj desconcertado

dis•con•cert•ing [dɪskənˈsɜːrtɪŋ] adj desconcertante

dis•con•nect [dɪskəˈnekt] v/t desconectar

dis•con•so•late [dɪsˈkɑːnsələt] adj desconsolado

dis•con•tent [dɪskənˈtent] descontento m

dis•con•tent•ed [dɪskənˈtentɪd] adj descontento; grow ~ hartarse, disgustarse

dis•con•tin•ue [dɪskənˈtɪnjuː] v/t product dejar de producir; bus, train service suspender; magazine dejar de publicar; **~d line** COM línea f discontinuada

dis•con•tin•u•ous [dɪskənˈtɪnjuəs] adj discontinuo

dis•cord [ˈdɪskɔːrd] **1** MUS discordancia f **2** in relations discordia f

dis•cord•ant [dɪsˈkɔːrdənt] adj discorde, discordante; **strike a ~ note** fig ser la nota discordante

dis•co•theque [ˈdɪskətek] discoteca f

dis•count I n [ˈdɪskaʊnt] descuento m; **at a ~** a precio rebajado **II** v/t [dɪsˈkaʊnt] **1** goods descontar **2** theory descartar

'dis•count rate tipo m de descuento

'dis•count store tienda f de saldos

dis•cour•age [dɪsˈkʌrɪdʒ] v/t **1** (dissuade) disuadir (from de) **2** (dishearten) desanimar, desalentar

dis•cour•age•ment [dɪsˈkʌrɪdʒmənt] **1** disuasión f **2** (being disheartened) desánimo m, desaliento m

dis•cour•ag•ing [dɪsˈkʌrɪdʒɪŋ] adj desalentador, desmoralizador

dis•course I n [ˈdɪskɔːrs] disquisición f, análisis m **II** v/i [dɪˈskɔːs] disertar, tratar (on sobre)

dis•cour•te•ous [dɪsˈkɜːrtjəs] adj descortés, desconsiderado

dis•cour•te•sy [dɪsˈkɜːrtɪsɪ] descortesía f, desconsideración f

dis•cov•er [dɪˈskʌvər] v/t descubrir

dis•cov•er•er [dɪˈskʌvərər] descubridor(a) m(f)

dis•cov•e•ry [dɪˈskʌvərɪ] descubrimiento m

dis•cred•it [dɪsˈkredɪt] **I** v/t desacreditar **II** n: **bring sth into ~, bring ~ on sth** empañar la fama de algo, desprestigiar algo

di•screet [dɪˈskriːt] adj discreto

di•screet•ly [dɪ'skriːtlɪ] *adv* discretamente
di•screp•an•cy [dɪ'skrepənsɪ] discrepancia *f*
di•scre•tion [dɪ'skreʃn] discreción *f*; *at
your ~* a discreción; *use your ~* usa tu
criterio
di•scrim•i•nate [dɪ'skrɪmɪneɪt] *v/i* discriminar (*against* contra); *~ between*
(*distinguish*) distinguir entre
di•scrim•i•nat•ing [dɪ'skrɪmɪneɪtɪŋ] *adj*
entendido, exigente
di•scrim•i•na•tion [dɪ'skrɪmɪneɪʃn]
sexual, racial etc discriminación *f*
dis•crim•i•na•to•ry [dɪ'skrɪmɪnətɔːrɪ]
adj discriminatorio
di•scur•sive [dɪ'skɜːrsɪv] *adj* divaga-
dor, inconexo
dis•cus ['dɪskəs] SP *object* disco *m*;
event lanzamiento *m* de disco
di•scuss [dɪ'skʌs] *v/t* discutir; *of article*
analizar
di•scus•sion [dɪ'skʌʃn] discusión *f*; *be
under ~* estar bajo consideración
dis'cus•sion pro•gram programa *m*
de debate
'dis•cus throw•er lanzador(a) *m(f)* de
disco
dis•dain [dɪs'deɪn] desdén *m*
dis•dain•ful [dɪs'deɪnfʊl] *adj* desdeñoso; *be ~ of s.o. / sth* menospreciar *or*
despreciar a alguien / algo
dis•ease [dɪ'ziːz] enfermedad *f*
dis•em•bark [dɪsəm'bɑːrk] *v/i* desembarcar
dis•en•chant•ed [dɪsən'tʃæntɪd] *adj*: *~
with* desencantado con; *become ~
with sth* desencantarse con algo
dis•en•fran•chise [dɪsən'fræntʃaɪz] *v/t*
negar el derecho al voto a
dis•en•gage [dɪsən'geɪdʒ] *v/t* soltar
dis•en•tan•gle [dɪsən'tæŋgl] *v/t* desenredar
dis•fa•vo(u)r [dɪs'feɪvər]: *be in / fall
into ~* estar en / caer en desgracia
(*with* de)
dis•fig•ure [dɪs'fɪgər] *v/t* desfigurar
dis•gorge [dɪs'gɔːrdʒ] I *v/t* descargar,
arrojar II *v/i* descargarse, arrojarse
dis•grace [dɪs'greɪs] I *n* vergüenza *f*; *it's
a ~!* ¡qué vergüenza!; *in ~* desacreditado; *bring ~ on* desacreditar *or* deshonrar a II *v/t* deshonrar; *~ o.s.* degradarse

dis•grace•ful [dɪs'greɪsfəl] *adj* beha-
vior, situation vergonzoso, lamentable
dis•grun•tled [dɪs'grʌntld] *adj* descontento
dis•guise [dɪs'gaɪz] I *n* disfraz *m*; *in ~*
disfrazado II *v/t* voice, handwriting
cambiar; *fear, anxiety* disfrazar; *~ o.s.
as* disfrazarse de; *he was ~d as ...*
iba disfrazado de ...
dis•gust [dɪs'gʌst] I *n* asco *m*, repugnancia *f*; *in ~* asqueado II *v/t* dar asco
a, repugnar; *I'm ~ed by or with or at
...* me da asco *or* me repugna ...
dis•gust•ing [dɪs'gʌstɪŋ] *adj* habit,
smell, food asqueroso, repugnante; *it
is ~ that ...* da asco que ..., es repugnante que ...
dish [dɪʃ] **1** (*part of meal, container*) plato *m*; *wash or do the ~es* fregar los platos **2** *for satellite TV* antena *f* parabólica
♦ **dish out** *v/t* F soltar F; *food* repartir
♦ **dish up** *v/t* servir
dis•har•mo•ny [dɪs'hɑːrmənɪ] tensión *f*,
tirantez *f*
'dish•cloth paño *m* de cocina
dis•heart•en [dɪs'hɑːrtn] *v/t* descorazonar, desanimar
dis•heart•ened [dɪs'hɑːrtnd] *adj* desalentado, descorazonado; *get or become ~* descorazonarse, desanimarse
dis•heart•en•ing [dɪs'hɑːrtnɪŋ] *adj* des-
corazonador
di•shev•eled, *Br* **di•shev•elled** [dɪ-
'ʃevld] *adj* hair, clothes desaliñado; *person* despeinado
dis•hon•est [dɪs'ɑːnɪst] *adj* deshonesto
dis•hon•est•y [dɪs'ɑːnɪstɪ] deshonestidad *f*
dis•hon•or [dɪs'ɑːnər] I *n* deshonra *f*;
bring ~ on deshonrar a II *v/t* deshonrar
dis•hon•o•ra•ble [dɪs'ɑːnərəbl] *adj* deshonroso
dis•hon•our *etc Br* ☞ **dishonor** *etc*
'dish tow•el paño *m* de cocina; **'dish-
wash•er** *person* lavaplatos *m/f inv*; *machine* lavavajillas *m inv*, lavaplatos *m
inv*; **'dish•wash•ing liq•uid** lavavajillas
m inv; **'dish•wa•ter** agua *f* de lavar los
platos
dish•y ['dɪʃɪ] *adj Br* F guapetón F, de
buena facha F
dis•il•lu•sion [dɪsɪ'luːʒn] *v/t* desilusionar
dis•il•lu•sioned [dɪsɪ'luːʒnd] *adj* desi-

lusionado, desencantado; **become ~ with sth** desilusionarse con algo

dis•il•lu•sion•ment [dɪsɪ'luːʒnmənt] desilusión f

dis•in•cen•tive [dɪsɪn'sentɪv] inconveniente m, pega f

dis•in•cli•na•tion [dɪsɪnklɪ'neɪʃn] resistencia f

dis•in•clined [dɪsɪn'klaɪnd] adj: **she was ~ to believe him** no estaba inclinada a creerle

dis•in•fect [dɪsɪn'fekt] v/t desinfectar

dis•in•fec•tant [dɪsɪn'fektənt] desinfectante m

dis•in•fec•tion [dɪsɪn'fekʃn] desinfección f

dis•in•for•ma•tion [dɪsɪnfər'meɪʃn] desinformación f

dis•in•gen•u•ous [dɪsɪn'dʒenjuəs] adj deshonesto, ruin

dis•in•her•it [dɪsɪn'herɪt] v/t desheredar

dis•in•te•grate [dɪs'ɪntəgreɪt] v/i desintegrarse; *of marriage* deshacerse

dis•in•te•gra•tion [dɪsɪntə'greɪʃn] desintegración f

dis•in•ter•est•ed [dɪs'ɪntərestɪd] adj (*unbiased*) desinteresado

dis•joint•ed [dɪs'dʒɔɪntɪd] adj deshilvanado

disk [dɪsk] *also* COMPUT disco m; **on ~** en disco

'disk drive COMPUT unidad f de disco

disk•ette [dɪs'ket] disquete m

dis•like [dɪs'laɪk] **I** n antipatía f; **take a ~ to s.o.** tomar manía a alguien **II** v/t: **she ~s being kept waiting** no le gusta que la hagan esperar; **I ~ him** no me gusta; **get o.s. ~d** ganarse la antipatía ajena

dis•lo•cate ['dɪsləkeɪt] v/t *shoulder* dislocar

dis•lo•ca•tion [dɪslou'keɪʃn] MED dislocación f

dis•lodge [dɪs'lɑːdʒ] v/t desplazar, mover de su sitio

dis•loy•al [dɪs'lɔɪəl] adj desleal

dis•loy•al•ty [dɪs'lɔɪəltɪ] deslealtad f

dis•mal ['dɪzməl] adj *weather* horroroso, espantoso; *news, prospect* negro; *person (sad)* triste; *person (negative)* negativo; *failure* estrepitoso

dis•man•tle [dɪs'mæntl] v/t desmantelar

dis•may [dɪs'meɪ] **I** n (*alarm*) consternación f; (*disappointment*) desánimo m;

in ~ con pesar; **I realized to my ~ that** ... me dí cuenta, para mi desgracia, de que ... **II** v/t consternar

dis•mem•ber [dɪs'membər] v/t desmembrar, dividir

dis•miss [dɪs'mɪs] v/t *employee* despedir; *suggestion* rechazar; *idea, possibility* descartar

dis•miss•al [dɪs'mɪsl] *of employee* despido m

dis•mis•sive [dɪs'mɪsɪv] adj: **be ~ of s.o. / sth** mostrar desprecio por alguien / algo

dis•mount [dɪs'maunt] v/i desmontar

dis•o•be•di•ence [dɪsə'biːdɪəns] desobediencia f

dis•o•be•di•ent [dɪsə'biːdɪənt] adj desobediente

dis•o•bey [dɪsə'beɪ] v/t desobedecer

dis•o•blig•ing [dɪsə'blaɪdʒɪŋ] adj ineficiente

dis•or•der [dɪs'ɔːrdər] **1** (*untidiness*) desorden m; *in ~* en desorden; **throw sth into ~** desbarajustar *or* revolucionar algo **2** (*unrest*) desórdenes mpl **3** MED dolencia f; **mental ~** enfermedad mental; **stomach ~** dolencia estomacal

dis•or•dered [dɪs'ɔːrdərd] adj **1** *room, desk* desordenado **2** *mind* perturbado, desequilibrado

dis•or•der•ly [dɪs'ɔːrdərlɪ] adj **1** *room, desk* desordenado **2** *mob* alborotado

dis•or•gan•ize [dɪs'ɔːrgənaɪz] v/t desorganizar

dis•or•gan•ized [dɪs'ɔːrgənaɪzd] adj desorganizado

dis•o•ri•ent, dis•o•ri•en•tate [dɪs'ɔːriənt(eɪt)] v/t desorientar

dis•o•ri•ent•ed [dɪs'ɔːriəntɪd] adj desorientado

dis•own [dɪs'oun] v/t repudiar, renegar de; **if you do that, I'll ~ you** si haces eso yo no te conozco

dis•par•age [dɪ'spærɪdʒ] v/t denigrar

dis•par•age•ment [dɪ'spærɪdʒmənt] desprecio m

dis•par•ag•ing [dɪ'spærɪdʒɪŋ] adj despreciativo

dis•pa•rate ['dɪspərət] adj dispar, diferente

dis•par•i•ty [dɪ'spærətɪ] disparidad f

dis•pas•sion•ate [dɪ'spæʃənət] adj (*objective*) desapasionado

dis•patch [dɪ'spætʃ] v/t (*send*) enviar

di•spatch•er [dɪ'spætʃər] *for taxi firm* coordinador(a) *m(f)* (de centralita de taxis)

dis•pel [dɪ'spel] *v/t (pret & pp -led) doubts, crowd* dispersar

dis•pen•sa•ble [dɪ'spensəbl] *adj* prescindible

dis•pen•sa•ry [dɪ'spensərɪ] *in pharmacy* dispensario *m*

dis•pen•sa•tion [dɪspen'seɪʃn] REL dispensa *f*

dis•pense [dɪ'spens] *v/t medicine* dispensar; *advice* dar; **~ justice** administrar justicia

◆ **dispense with** [dɪ'spens] *v/t* prescindir de

dis•pens•er [dɪ'spensər] máquina *f* expendedora

dis•pens•ing chem•ist [dɪ'spensɪŋ] *Br* farmacéutico(-a) *m(f)*

dis•per•sal [dɪ'spɜːrsl] esparcimiento *m*, difusión *f*

dis•perse [dɪ'spɜːrs] **I** *v/t* dispersar **II** *v/i of crowd* dispersarse; *of mist* disiparse

dis•pir•it•ed [dɪs'pɪrɪtɪd] *adj* desalentado, abatido; *get or become* ~ desalentarse, abatirse

dis•place [dɪs'pleɪs] *v/t (supplant)* sustituir

dis•placed per•son ['dɪspleɪst] refugiado(-a) *m(f)*

dis•place•ment [dɪs'pleɪsmənt] desalojo *m*, evacuación *f*

dis•play [dɪs'pleɪ] **I** *n* muestra *f*; *in store window* objetos *mpl* expuestos; COMPUT pantalla *f*; *be on* ~ estar expuesto **II** *v/t emotion, prices* mostrar; *at exhibition, for sale* exponer; COMPUT visualizar; *a notice will be ~ed* se pondrá un aviso

dis'play cab•i•net *in museum, shop* vitrina *f*; **dis'play case** vitrina *f*; **dis'play stand** expositor *m*; **dis'play unit** *in store* vitrina *f*

dis•please [dɪs'pliːz] *v/t* desagradar, disgustar; *be ~d at or with* estar descontento *or* disgustado con

dis•pleas•ing [dɪs'pliːzɪŋ] *adj* desagradable

dis•plea•sure [dɪs'pleʒər] desagrado *m*, disgusto *m*

dis•po•sa•ble [dɪ'spouzəbl] *adj* desechable; *~ income* ingreso(s) *m(pl)* disponible(s)

dis•pos•al [dɪ'spouzl] eliminación *f*; *I am at your* ~ estoy a su disposición; *put sth at s.o.'s* ~ poner algo a disposición de alguien

dis•pose of [dɪ'spouz] *v/t (get rid of)* deshacerse de

dis•posed [dɪ'spouzd] *adj*: *be or feel* ~ *to do sth (willing)* estar dispuesto a hacer algo; *be well* ~ *toward* estar bien dispuesto hacia

dis•po•si•tion [dɪspə'zɪʃn] *(nature)* carácter *m*

dis•pos•sess [dɪspə'zes] *v/t* deshauciar, desposeer

dis•pro•por•tion•ate [dɪsprə'pɔːrʃənət] *adj* desproporcionado; *be* ~ *to* ser desproporcionado para

dis•prove [dɪs'pruːv] *v/t* refutar

dis•put•a•ble [dɪ'spjuːtəbl] *adj* cuestionable, discutible

dis•pu•ta•tion [dɪspjuː'teɪʃn] debate *m*, controversia *f*

dis•pu•ta•tious [dɪspjuː'teɪʃəs] *adj* discutidor

dis•pute [dɪ'spjuːt] **I** *n* disputa *f*; *industrial* conflicto *m* laboral **II** *v/t* discutir; *(fight over)* disputarse; *I don't* ~ *that* eso no lo discuto

dis•qual•i•fi•ca•tion [dɪskwɑːlɪfɪ'keɪʃn] descalificación *f*

dis•qual•i•fy [dɪs'kwɑːlɪfaɪ] *v/t (pret & pp -ied)* descalificar

dis•qui•et [dɪs'kwaɪət] inquietud *f*, preocupación *f*

dis•qui•et•ing [dɪs'kwaɪətɪŋ] *adj* inquietante, preocupante

dis•re•gard [dɪsrə'gɑːrd] **I** *n* indiferencia *f* **II** *v/t* no tener en cuenta

dis•re•pair [dɪsrə'per]: *in a state of* ~ deteriorado; *fall into* ~ deteriorarse

dis•rep•u•ta•ble [dɪs'repjʊtəbl] *adj* poco respetable; *area* de mala reputación

dis•re•pute [dɪsrɪ'pjuːt]: *bring sth into* ~ desprestigiar algo; *fall into* ~ adquirir mala reputación

dis•re•spect [dɪsrə'spekt] falta *f* de respeto

dis•re•spect•ful [dɪsrə'spektfəl] *adj* irrespetuoso

dis•rupt [dɪs'rʌpt] *v/t* **1** *train service* trastornar, alterar **2** *meeting, class* interrumpir

dis•rup•tion [dɪs'rʌpʃn] **1** *of train service* alteración *f* **2** *of meeting, class* interrupción *f*

dis•rup•tive [dɪs'rʌptɪv] *adj* perjudicial; *he's very ~ in class* causa muchos problemas en clase

dis•sat•is•fac•tion [dɪssætɪs'fækʃn] insatisfacción *f*

dis•sat•is•fac•to•ry [dɪssætɪs'fæktərɪ] *adj* insatisfactorio

dis•sat•is•fied [dɪs'sætɪsfaɪd] *adj* insatisfecho

dis•sect [dɪ'sekt] *v/t* **1** MED diseccionar, disecar **2** *fig* diseccionar, analizar

dis•sec•tion [dɪ'sekʃn] MED disección *f*, disecación *f*

dis•sem•ble [dɪ'sembl] *v/t* ocultar, esconder

dis•sem•i•nate [dɪ'semɪneɪt] *v/t* propagar

dis•sem•in•a•tion [dɪsemɪ'neɪʃn] propagación *f*

dis•sen•sion [dɪ'senʃn] disensión *f*

dis•sent [dɪ'sent] I *n* discrepancia *f* II *v/i*: *~ from* disentir de

dis•sent•er [dɪ'sentər] disidente *m/f*

dis•ser•ta•tion [dɪsər'teɪʃn] EDU tesina *f*

dis•serv•ice [dɪs'sɜːrvɪs]: *do s.o. a ~* hacer un feo *or* desaire a alguien

dis•si•dent ['dɪsɪdənt] disidente *m/f*

dis•sim•i•lar [dɪs'sɪmɪlər] *adj* distinto

dis•sim•i•lar•i•ty [dɪssɪmɪ'lærətɪ] disimilitud *f*, diferencia *f*

dis•si•pate ['dɪsɪpeɪt] I *v/t* desvanecer II *v/i* desvanecerse

dis•si•pat•ed ['dɪsɪpeɪtɪd] *adj* disipado, libertino

dis•si•pa•tion [dɪsɪ'peɪʃn]: *a life of ~* una vida de excesos

dis•so•ci•ate [dɪ'souʃɪeɪt] *v/t* disociar; *~ o.s. from* disociarse de

dis•so•ci•a•tion [dɪsousɪ'eɪʃn] disociación *f*

dis•so•lute ['dɪsəluːt] *adj* disoluto

dis•so•lu•tion ['dɪsəluːʃn] POL, COM disolución *f*

dis•solve [dɪ'zɑːlv] I *v/t substance, company* disolver II *v/i* **1** *of substance* disolverse **2**: *~ into tears* deshacerse en lágrimas

dis•so•nance ['dɪsənəns] **1** MUS disonancia *f* **2** *fig* discordancia *f*

dis•so•nant ['dɪsənənt] *adj* **1** MUS disonante **2** *fig* discordante

dis•suade [dɪ'sweɪd] *v/t* disuadir; *~ s.o.*

from doing sth disuadir a alguien de hacer algo

dis•tance ['dɪstəns] I *n* distancia *f*; *in the ~* en la lejanía; *at a ~* desde *or* de lejos; *from a ~* desde *or* de lejos; *keep one's ~* permanecer alejado; *go the ~ also fig* llegar hasta el final; *at this ~ in time* a estas alturas II *v/t* distanciar; *~ o.s. from* distanciarse de

'dis•tance run•ner SP corredor(a) *m(f)* de fondo

dis•tant ['dɪstənt] *adj place, time, relative* distante, lejano; *fig (aloof)* distante

dis•taste [dɪs'teɪst] desagrado *m*

dis•taste•ful [dɪs'teɪstfəl] *adj* desagradable; *be ~ to s.o.* resultar desagradable *or* ofensivo a alguien

dis•tend [dɪ'stend] I *v/t* distender II *v/i* distenderse

dis•till, *Br* **dis•til** [dɪ'stɪl] *v/t* destilar

dis•til•la•tion [dɪstɪ'leɪʃn] destilación *f*

dis•till•er•y [dɪs'tɪlərɪ] destilería *f*

dis•tinct [dɪ'stɪŋkt] *adj* **1** *(clear)* claro **2** *(different)* distinto; *as ~ from* a diferencia de

dis•tinc•tion [dɪ'stɪŋkʃn] *(differentiation)* distinción *f*; *hotel / product of ~* un hotel / producto destacado; *draw or make a ~ between* distinguir *or* diferenciar entre

dis•tinc•tive [dɪ'stɪŋktɪv] *adj* característico

dis•tinct•ly [dɪ'stɪŋktlɪ] *adv* **1** claramente, con claridad **2** *(decidedly)* verdaderamente

dis•tin•guish [dɪ'stɪŋgwɪʃ] *v/t* **1** distinguir *(from* de; *between* entre*)* **2**: *~ o.s.* destacar, sobresalir

dis•tin•guished [dɪ'stɪŋgwɪʃt] *adj* distinguido

dis•tin•guish•ing mark [dɪ'stɪŋgwɪʃɪŋ] rasgo *m* característico *or* distintivo

dis•tort [dɪ'stɔːrt] *v/t* distorsionar

dis•tor•tion [dɪ'stɔːrʃn] distorsión *f*, deformación *f*

dis•tract [dɪ'strækt] *v/t* distraer; *~ s.o.'s attention* distraer *or* apartar la atención de alguien

dis•tract•ed [dɪ'stræktɪd] *adj* distraído, ensimismado; *get or become ~* distraerse

dis•trac•tion [dɪ'strækʃn] distracción *f*; *drive s.o. to ~* sacar a alguien de quicio

dis•traught [dɪ'strɔːt] *adj* angustiado,

consternado; **become** ~ angustiarse, consternarse

dis•tress [dɪ'stres] **I** n sufrimiento m; **in ~ ship,** aircraft en peligro **II** v/t (upset) angustiar

dis'tress call llamada f de socorro

dis•tressed [dɪ'stresd] adj angustiado; **get** or **become** ~ angustiarse

dis•tress•ing [dɪ'stresɪŋ] adj angustiante

dis'tress sig•nal señal m de socorro

dis•trib•ute [dɪ'strɪbjuːt] v/t distribuir, repartir; COM distribuir

dis•tri•bu•tion [dɪstrɪ'bjuːʃn] distribución f

dis•tri'bu•tion ar•range•ment COM acuerdo m de distribución

dis•tri'bu•tion net•work red f de distribución

dis•trib•u•tor [dɪs'trɪbjuːtər] COM distribuidor(a) m(f)

dis•trict ['dɪstrɪkt] (area) zona f; (neighborhood) barrio m

dis•trict at'tor•ney fiscal m/f del distrito

dis•trict 'man•ag•er gerente m/f regional

dis•trust [dɪs'trʌst] **I** n desconfianza f **II** v/t desconfiar de

dis•trust•ful [dɪs'trʌstfʊl] adj sospechoso, receloso; **be ~ of s.o.** desconfiar de alguien

dis•turb [dɪ'stɜːrb] v/t **1** (interrupt) molestar; **do not ~** no molestar **2** (upset) preocupar

dis•turb•ance [dɪ'stɜːrbəns] (interruption) molestia f; **~s** (civil unrest) disturbios mpl; **cause** or **create a ~** causar or ocasionar molestias

dis•turbed [dɪ'stɜːrbd] adj **1** (concerned, worried) preocupado, inquieto **2** mentally perturbado

dis•turb•ing [dɪ'stɜːrbɪŋ] adj (worrying) inquietante; **you may find some scenes ~** algunas de las escenas pueden herir la sensibilidad del espectador

dis•u•nite [dɪsjuː'naɪt] v/t desunir, dividir

dis•u•ni•ty [dɪs'juːnəti] desunión f, división f

dis•use [dɪs'juːs]: **fall into ~** caer en desuso

dis•used [dɪs'juːzd] adj abandonado

ditch [dɪtʃ] **I** n zanja f **II** v/t F (get rid of)

deshacerse de; boyfriend plantar F; plan abandonar

dith•er ['dɪðər] **I** v/i vacilar **II** n: **be all of a ~, be in a ~** estar hecho un lío, estar en un mar de confusiones

dit•to ['dɪtoʊ] adv ídem

di•ur•nal [daɪ'ɜːrnl] adj diurno

di•van [dɪ'væn] diván m; Br **~ (bed)** cama f turca

dive [daɪv] **I** n **1** salto m de cabeza; underwater inmersión f; of plane descenso m en picado; **make a ~ for sth** lanzarse or tirarse a por algo; **take a ~** F of dollar etc desplomarse **2** F bar etc antro m F **II** v/i (pret also dove) tirarse de cabeza; underwater bucear; of plane descender en picado; **~ for cover** cobijarse, refugiarse

div•er ['daɪvər] off board saltador(a) m(f) de trampolín; underwater buceador(a) m(f)

di•verge [daɪ'vɜːrdʒ] v/i bifurcarse

di•verg•ence [daɪ'vɜːrdʒəns] divergencia f, discrepancia f

di•ver•gent [daɪ'vɜːrdʒənt] adj divergente, discrepante

di•verse [daɪ'vɜːrs] adj diverso

di•ver•si•fi•ca•tion [daɪvɜːrsɪfɪ'keɪʃn] COM diversificación f

di•ver•si•fy [daɪ'vɜːrsɪfaɪ] v/i (pret & pp **-ied**) COM diversificarse (**into** en)

di•ver•sion [daɪ'vɜːrʃn] **1** for traffic desvío m **2** to distract attention distracción f

di•ver•si•ty [daɪ'vɜːrsəti] diversidad f

di•vert [daɪ'vɜːrt] v/t traffic, attention desviar

di•vest [daɪ'vest] v/t: **~ s.o. of sth** despojar a alguien de algo; **~ o.s. of sth** deshacerse de algo

di•vide [dɪ'vaɪd] v/t also fig dividir; **~ 16 by 4** dividir 16 entre 4; **~ into two halves** partir or dividir en dos mitades; **opinion is ~d** hay división de opiniones

di•vid•ed high•way [dɪvaɪdɪd'haɪweɪ] autovía f

div•i•dend ['dɪvɪdend] FIN dividendo m; **pay ~s** fig resultar beneficioso

di•vid•ers [dɪ'vaɪdərz] npl, also **pair of ~** compás m de puntas

di•vid•ing [dɪ'vaɪdɪŋ] adj divisorio

div•i•na•tion [dɪvɪ'neɪʃn] adivinación f, clarividencia f di•vine [dɪ'vaɪn] *adj also* F divino

div•ing ['daɪvɪŋ] *from board* salto *m* de trampolín; (*scuba* ~) buceo *m*, submarinismo *m*

'div•ing bell campana *f* de buzo *or* inmersión; 'div•ing board trampolín *m*; 'div•ing head•er *in soccer* cabezazo *m* en plancha; 'div•ing hel•met gorro *m* de buceo; 'div•ing mask máscara *f* de buceo; 'div•ing suit traje *m* de buceo

di•vin•i•ty [dɪ'vɪnətɪ] **1** REL divinidad *f* **2** UNIV teología *f*

di•vis•i•ble [dɪ'vɪzəbl] *adj* divisible (**by** por)

di•vi•sion [dɪ'vɪʒn] división *f*

di•vorce [dɪ'vɔːrs] **I** *n* divorcio *m*; **get a** ~ divorciarse **II** *v/t* divorciarse de; **get** ~**d** divorciarse **III** *v/i* divorciarse

di•vorced [dɪ'vɔːrst] *adj* divorciado

di•vor•cee [dɪvɔːr'siː] divorciado(-a) *m(f)*

di•vulge [daɪ'vʌldʒ] *v/t* divulgar; ~ **sth to s.o.** desvelar *or* revelar algo a alguien

DIY [diːaɪ'waɪ] *abbr* (= **do it yourself**) bricolaje *m*

DI'Y store tienda *f* de bricolaje

diz•zi•ness ['dɪzɪnɪs] mareo *m*

diz•zy ['dɪzɪ] *adj* mareado; **feel** ~ estar mareado

DJ ['diːdʒeɪ] *abbr* **1** (= **disc jockey**) disc jockey *m/f, Span* pinchadiscos *m/f inv* **2** (= **dinner jacket**) esmoquin *m*

DNA [diːen'eɪ] *abbr* (= **deoxyribonucleic acid**) AND *m* (= ácido desoxirribonucleico)

do¹ [duː] **I** *v/t* (*pret* **did**, *pp* **done**) hacer; *100 mph etc* ir a; ~ **one's hair** peinarse; **what are you** ~**ing tonight?** ¿qué vas a hacer esta noche?; **I don't know what to** ~ no sé qué hacer; ~ **it right now!** hazlo ahora mismo; **have one's hair done** arreglarse el pelo; **well done!** ¡bien hecho!, ¡así se hace!; **have done with sth** acabar con algo, poner fin a algo

II *v/i* (*pret* **did**, *pp* **done**) (*be suitable, enough*): **that'll** ~ **nicely** eso bastará; **that will** ~**!** ¡ya vale!; ~ **well of business** ir bien; **he's** ~**ing well** le van bien las cosas; **how** ~ **you** ~**?** encantado de conocerle

III *v/aux*: ~ **you know him?** ¿lo conoces?; **I don't know** no sé; ~ **you like Des Moines?** – **yes I** ~ ¿te gusta Des Moines? – sí; **he works hard, doesn't he?** trabaja mucho, ¿verdad?; **don't you believe me?** ¿no me crees?; **you** ~ **believe me, don't you?** me crees, ¿verdad?; **you don't know the answer,** ~ **you?** – **no, I don't** no sabes la respuesta, ¿no es así? – no, no la sé

do² [duː] (*pl* **dos, do's**) [duːz] *n*: ~**s and don'ts** F lo que se debe y lo que no se debe hacer

◆ **do about** *v/t*: **what are we going to do about him?** ¿qué vamos a hacer con él?

◆ **do away with** *v/t* (*abolish*) abolir; **do away with o.s.** quitarse la vida

◆ **do down** *v/t* (*belittle*) menospreciar, hablar en términos despectivos de

◆ **do in** *v/t* F (*exhaust*) machacar F; **I'm done in** estoy hecho polvo F

◆ **do out of** *v/t*: **do s.o. out of sth** timar alguien a algo F

◆ **do over** *v/t* (*do again*) rehacer, volver a hacer

◆ **do up I** *v/t* **1** (*renovate*) renovar **2** *buttons, coat* abrocharse; *laces* atarse **II** *v/i of clothes* cerrarse; *with buttons* abrocharse

◆ **do with** *v/t*: **I could do with ...** no me vendría mal ...; **he won't have anything to do with it** (*won't get involved*) no quiere saber nada de ello

◆ **do without I** *v/i*: **you'll have to do without** te las tendrás que arreglar **II** *v/t* pasar sin

do•ber•man ['doʊbərmən] ZO doberman *m*

doc [dɑːk] F ☞ **doctor, thanks** ~ gracias doctor

do•cile ['doʊsəl] *adj* dócil

do•cil•i•ty [doʊ'sɪlətɪ] docilidad *f*

dock¹ [dɑːk] **I** *n* NAUT muelle *m* **II** *v/i of ship* atracar; *of spaceship* acoplarse

dock² [dɑːk] *n* LAW banquillo *m* (de los acusados)

dock³ [dɑːk] *v/t tail* descolar; ~ **$20 off** *or* **from s.o.'s wages** descontar 20 dólares del salario de alguien

dock•er ['dɑːkər] *Br* cargador(a) *m(f)*

'dock•yard *Br* astillero *m*

doc•tor ['dɑːktər] MED médico(-a) *m(f)*; *form of address* doctor(a) *m(f)*; **take one's** ~'**s degree** hacer el doctorado

doc•tor•al the•sis ['dɑːktərəl] tesis *f* doctoral

doc•tor•ate ['dɑːktərət] doctorado *m*

doc•trine ['dɑːktrɪn] doctrina *f*

doc•u•dra•ma ['dɑːkjʊdrɑːmə] docu-drama *m*

doc•u•ment ['dɑːkjʊmənt] **I** *n* documento *m* **II** *v/t* documentar

doc•u•men•ta•ry [dɑːkjʊ'mentərɪ] *program* documental

doc•u•men•ta•tion [dɑːkjʊmen'teɪʃn] documentación *f*

dod•der ['dɑːdər] *v/i* F tambalearse

dod•der•er ['dɑːdərər] F: *the old ~* el viejo chocho F

dod•der•ing ['dɑːdərɪŋ] *adj* F tambaleante

dodge [dɑːdʒ] *v/t blow, person* esquivar; *issue, question* eludir

dodg•em ['dɑːdʒəm] *Br* ☞ **bumper car**

doe [doʊ] *deer* cierva *f*

do•er ['duːər] hacedor(a) *m(f)*

does [dʌz] ☞ **do**[1]

'doe•skin *leather* napa *f*

does•n't ['dʌznt] F = **does not** ☞ **do**[1]

doff [dɑːf] *v/t:* **~ one's hat to s.o.** quitarse el sombrero ante alguien

dog [dɒːg] **I** *n* perro(-a) *m(f)*; **go to the ~s** ir de mal en peor; **lead a ~'s life** llevar una vida de perros; **let sleeping ~s lie** escurrir el bulto; **dirty ~** canalla F; **lucky ~!** ¡vaya suerte!; **make a ~'s breakfast of sth** F dejar algo hecho un desastre, liar un desaguisado **II** *v/t* (*pret & pp* **-ged**) *of bad luck* perseguir

'dog bis•cuit galleta *f* para perros; **'dog catch•er** perrero(-a) *m(f)*; **'dog col•lar 1** *for dog* collar *m* para perros **2** F *for priest* collarín *m*, alzacuello *m*

dog•eared ['dɒːgɪrd] *adj book* sobado, con las esquinas dobladas

dog-eat-'dog *adj* F: *it's a ~ world* éste es un mundo muy competitivo; **'dog-fight** MIL combate *m* aéreo; **'dog-fish** cazón *m*

dog•ged ['dɒːgɪd] *adj* tenaz

dog•ger•el ['dɒːgərəl] *pej* coplillas *fpl*

dog•gie ['dɒːgɪ] *in children's language* perrito *m*

dog•gy ['dɒːgɪ] F perrito *m* F

'dog•gy bag bolsa para las sobras de la comida

'dog•house: *be in the ~* F haber caído en desgracia

dog•ma ['dɒːgmə] dogma *m*

dog•mat•ic [dɒːg'mætɪk] *adj* dogmático

do-good•er ['duːgʊdər] *pej* buen(a) samaritano(-a) *m(f)*

dogs•bod•y ['dɒːgzbɑːdɪ] F: *I'm not your ~* no soy tu esclavo; **'dog tag** MIL chapa *f* de identificación; **'dog-tired** *adj* F hecho polvo F

doi•ly ['dɔɪlɪ] blonda *f*

do•ing ['duːɪŋ]: *it was your ~* lo hiciste tú, fuiste tú; *that will take some ~!* ¡eso será una odisea!

do-it-your•self [duːɪtjər'self] bricolaje *m*

dol•drums ['doʊldrəmz]: *be in the ~ of economy* estar en un bache; *of person* estar deprimido

dole [doʊl] *Br* F: *be on the ~* estar en el paro

◆ **dole out** *v/t* repartir

dole•ful ['doʊlfʊl] *adj* triste, pesaroso

doll [dɑːl] **1** *toy* muñeca *f* **2** F *woman* muñeca *f* F

◆ **doll up** *v/t:* *get dolled up* F emperifollarse F

dol•lar ['dɑːlər] dólar *m*

'dol•lar ar•e•a área *f* del dólar; **'dol•lar di•plo•ma•cy** diplomacia *f* de dólar; **'dol•lar sign** signo *m* del dólar

'doll•house casita *f* de muñecas

dol•lop ['dɑːləp] F cucharada *f*

dol•ly ['dɑːlɪ] **1** *toy* muñeca *f* **2** *in film, TV studio* carro *m*

dol•phin ['dɑːlfɪn] delfín *m*

dolt [doʊlt] idiota *m/f*

do•main [doʊ'meɪn] competencia *f*, responsabilidad *f*

dome [doʊm] *of building* cúpula *f*

do•mes•tic [də'mestɪk] **I** *adj* **1** *chores* doméstico, del hogar **2** *news, policy* nacional **II** *n* empleado(-a) *m(f)* del hogar

do•mes•tic 'an•i•mal animal *m* doméstico

do•mes•tic a'p•pli•ance electrodoméstico *m*

do•mes•ti•cate [də'mestɪkeɪt] *v/t animal* domesticar; *be ~d of person* estar domesticado

do•mes•tic flight vuelo *m* nacional

do•mes•tic 'ser•vant empleado(-a) *m(f)* del hogar

dom•i•cile ['dɑːmɪsaɪl] **1** *n* LAW domicilio *m* **II** *v/t bill* domiciliar

dom•i•ciled ['dɑːmɪsaɪld] *adj*: **be ~ in** *of person* residir en; *of bill* estar domiciliado en

dom•i•nance ['dɑːmɪnəns] dominio *m*, control *m*

dom•i•nant ['dɑːmɪnənt] *adj* dominante

dom•i•nate ['dɑːmɪneɪt] *v/t* dominar

dom•i•na•tion [dɑːmɪ'neɪʃn] dominación *f*

dom•i•neer•ing [dɑːmɪ'nɪrɪŋ] *adj* dominante

Dom•i•ni•can Re•pub•lic [dəmɪnɪkən-rɪ'pʌblɪk] República *f* Dominicana

do•min•ion [də'mɪnjən] autoridad *f*, poder *m*

do•mi•no ['dɑːmɪnoʊ] (*pl -oes*) ficha *f* de dominó; **play ~es** jugar al dominó

don [dɑːn] *v/t* poner

do•nate [doʊ'neɪt] *v/t* donar

do•na•tion [doʊ'neɪʃn] donación *f*, donativo *m*; MED donación *f*

done [dʌn] *pp* ☞ **do**; *it isn't ~, it isn't the ~ thing* es inaceptable, no está bien

don•key ['dɑːŋkɪ] burro *m*

do•nor ['doʊnər] *of money*, MED donante *m/f*

do•nut ['doʊnʌt] dónut *m*

doo•dle ['duːdl] *v/i* garabatear

doom [duːm] **1** (*fate*) destino *m* **2** (*ruin*) fatalidad *f*

doomed [duːmd] *adj project* condenado al fracaso; *we are ~* (*bound to fail*) estamos condenados al fracaso; (*going to die*) vamos a morir

dooms•day ['duːmzdeɪ] día *m* del juicio final

door [dɔːr] puerta *f*; *there's someone at the ~* hay alguien en la puerta; *from ~ to ~* a domicilio; *out of ~s* al aire libre; *shut the ~ on sth fig* cerrar la puerta a algo; *lay sth at s.o.'s ~ fig* acusar a alguien de algo; *show s.o. the ~ fig* poner a alguien de patitas en la calle; *open the ~ for sth fig* abrir las puertas *or* tener las puertas abiertas a algo

'door•bell timbre *m*; *ring the ~* llamar al timbre; **door-bel•ling** ['dɔːrbelɪŋ] visitas *fpl* de puerta en puerta (*haciendo campaña*); **'door han•dle** manilla *f* de la puerta; **'door•knob** pomo *m*; **'door-knock•er** aldaba *f*, llamador *m*; **'door-man** portero *m*; **'door•mat** felpudo *m*; **'door•post** jamba *f*; **'door•step** umbral

m; *on s.o.'s ~ fig* a la vuelta de la esquina; **door-to-door 'sales•man** vendedor *m* a domicilio; **door-to-door 'sel•ling** venta *f* a domicilio; **'door•way** puerta *f*

dope [doʊp] **I** *n* **1** (*drugs*) droga *f* **2** F (*idiot*) lelo(-a) *m(f)* **3** F (*information*) información *f* **II** *v/t* drogar

'dope test SP prueba *f* de dopaje

dop•ey ['doʊpɪ] *adj* F **1** (*stupid*) estúpido F **2** (*slow*) atontado F, alelado F **3** (*not awake*) casi *or* medio dormido, grogui F

dork [dɔːrk] F pardillo *m* F

dorm [dɔːrm] F ☞ **dormitory**

dor•mant ['dɔːrmənt] *adj* **1** *plant* aletargado **2** *volcano* inactivo

dor•mer win•dow ['dɔːrmər] buhardilla *f*

dor•mi•to•ry ['dɔːrmɪtɔːrɪ] **1** dormitorio *m* (colectivo) **2** (*hall of residence*) residencia *f* de estudiantes

'dor•mi•to•ry sub•urb, 'dor•mi•to•ry town ciudad *f* dormitorio

dor•sal fin ['dɔːrsl] aleta *f* dorsal

dos•age ['doʊsɪdʒ] dosis *f inv*

dose [doʊs] dosis *f inv*; *he's ok in small ~s* se le puede soportar en pequeñas dosis

dos•si•er ['dɑːsɪeɪ] dossier *m*

dot [dɑːt] punto *m*; *on the ~* (*exactly*) en punto

dot•age ['doʊtɪdʒ]: *be in one's ~* ser un vejestorio

dot.com (**com•pa•ny**) [dɑːt'kɑːm] empresa *f* punto.com

♦ dote on [doʊt] *v/t* adorar a

dot•ing ['doʊtɪŋ] *adj*: *my ~ aunt* mi tía, que tanto me adora

dot 'ma•trix print•er impresora *f* de punteo, impresora *f* matricial

dot•ted line ['dɑːtɪd] línea *f* de puntos; *sign on the ~* F echar la firma F

dot•ty ['dɑːtɪ] *adj* F tocado F, chalado F

doub•le ['dʌbl] **I** *n* **1** *person* doble *m/f* **2** *room* habitación *f* doble **II** *adj* doble; *inflation is now in ~ figures* la inflación ha superado ya el 10% **III** *adv*: *they offered me ~ what the others did* me ofrecieron el doble que la otra gente; *see ~* ver doble **IV** *v/t* doblar, duplicar **V** *v/i* **1** doblarse, duplicarse **2**: *it ~s as ...* hace también de ...

♦ double back *v/i* (*go back*) volver so-

bre sus pasos
◆ **double up** *v/i* **1** *in pain* doblarse **2** (*share*) compartir habitación
◆ **double up with** *v/t* (*share*) compartir con

doub•le 'a•gent doble agente *m/f*; **doub•le-bar•relled name** [dʌbl-'bærəld] apellido *m* compuesto; **doub•le-bar•relled 'shot•gun** escopeta *f* de doble cañón; **doub•le 'bass** contrabajo *m*; **doub•le 'bed** cama *f* de matrimonio; **doub•le-'book** *v/t* reservar dos veces; **doub•le-breast•ed** [dʌbl-'brestɪd] *adj* cruzado; **doub•le'check** *v/t & v/i* volver a comprobar; **doub•le 'chin** papada *f*; **doub•le 'click** COMPUT **I** *n* doble clic *m* **II** *v/i* hacer doble clic (**on** en); **doub•le-'cross I** *v/t* engañar, traicionar **II** *n* traición *f*, engaño *m*; **doub•le-'deal•ing I** *adj* engañoso, falso **II** *n* duplicidad *f*; **doub•le-deck•er** [dʌbl'dekər] *Br* autobús *m* de dos pisos; **doub•le 'drib•ble** *in basketball* dobles *mpl*; **doub•le-edged** [dʌbl'edʒd] *adj fig* ambiguo; **doub•le en•try 'book-keep•ing** contabilidad *f* por partida doble; **doub•le 'glaz•ing** doble acristalamiento *m*; **doub•le'park** *v/i* aparcar en doble fila; **'doub•le play** *in baseball* doble jugada *f*; **'doub•le pump** *in basketball* rectificación *f*; **'doub•le-quick** *adj*: **in ~ time** muy rápidamente; **'doub•le quotes** *npl* comillas *fpl*; **'doub•le room** habitación *f* doble

doub•les [dʌblz] *in tennis* dobles *mpl*; **a ~ match** un partido de dobles; **men's / women's ~** dobles masculinos / femeninos

doub•le 'take: **do a ~** quedarse de una pieza, quedarse pasmado; **'doub•le team** *in basketball* dos contra uno; **doub•le 'time**: **be paid ~** cobrar el doble; **doub•le 'vi•sion**: **suffer from ~** ver doble

doubt [daʊt] **I** *n* duda *f*; (*uncertainty*) dudas *fpl*; **be in ~** ser incierto; **not be in ~** estar claro; **no ~** (*probably*) sin duda; **cast** *or* **throw ~ on sth** poner algo en duda; **if** *or* **when in ~,** ... ante la duda, ...; **leave no ~s about sth** dejar algo muy claro; **there has to be no room for ~** no puede caber la menor duda **II** *v/t* dudar; **we never ~ed you** nunca dudamos de ti

doubt•er ['daʊtər] escéptico(-a) *m(f)*
doubt•ful ['daʊtfəl] *adj remark, look* dubitativo; **be ~ of person** tener dudas; **it is ~ whether ...** es dudoso que ...
doubt•ful•ly ['daʊtfəlɪ] *adv* lleno de dudas
doubt•less ['daʊtlɪs] *adv* sin duda, indudablemente
dough [doʊ] **1** masa *f* **2** F (*money*) *L.Am.* plata *f* F, *Span* pasta *f* F
dour [dʊər] *adj* severo, serio
dove¹ [dʌv] *n also fig* paloma *f*
dove² [doʊv] *pret* ☞ **dive**
dow•dy ['daʊdɪ] *adj* poco elegante
Dow Jones Av•er•age [daʊ'dʒoʊnz] índice *m* Dow Jones
down¹ [daʊn] *n* (*feathers*) plumón *m*
down² [daʊn] **I** *adv* (*downward*) (hacia) abajo; **pull the shade ~** baja la persiana; **put it ~ on the table** ponlo en la mesa; **when the leaves come ~** cuando se caen las hojas; **cut ~ a tree** cortar un árbol; **she was ~ on her knees** estaba arrodillada; **the plane was shot ~** el avión fue abatido; **~ there** allá abajo; **fall ~** caerse; **die ~** amainar; **$200 ~** (*as deposit*) una entrada de 200 dólares; **~ south** hacia el sur; **be ~ of price, rate** haber bajado; *of numbers, amount* haber descendido; (*not working*) no funcionar; F (*depressed*) estar deprimido *or* con la depre F
II *prep*: **run ~ the stairs** bajar las escaleras corriendo; **the lava rolled ~ the hill** la lava descendía por la colina; **walk ~ the street** andar por la calle; **the store is halfway ~ Baker Street** la tienda está a mitad de Baker Street; **~ the corridor** por el pasillo; **the markings ~ its back** las marcas en la espalda
III *v/t* **1** (*swallow*) tragar **2** (*destroy*) derribar **3**: **~ tools** dejar de trabajar
'down-and-out vagabundo(-a) *m(f)*; **down-at-'heel** *adj* desaliñado, andrajoso; **'down•beat** *adj* F pesimista, negativo; **'down•cast** *adj* (*dejected*) deprimido
down•er ['daʊnər] F *drug* barbitúrico *m*
'down•fall caída *f*; *of person* perdición *f*; **'down•grade** *v/t* degradar; **the hurricane has been ~d to a storm** el huracán ha sido reducido a la categoría de tormenta; **down•heart•ed** [daʊn-'hɑːrtɪd] *adj* abatido; **down'hill** *adv*

cuesta abajo; **go** ~ *fig* ir cuesta abajo; **down•hill** 'ski•ing descenso *m*; 'down•load *v/t* COMPUT descargar, bajar; 'down•mark•et *adj* barato; 'down pay•ment entrada *f*; **make a** ~ **on sth** pagar la entrada de algo; 'down•play *v/t* quitar importancia a; 'down•pour chaparrón *m*, aguacero *m*; 'down•right **I** *adj* lie evidente; *idiot* completo **II** *adv dangerous* extremadamente; *stupid* completamente; 'down•side *(disadvantage)* desventaja *f*, inconveniente *m*; 'down•size **I** *v/t car* reducir el tamaño de; *company* reajustar la plantilla de **II** *v/i of company* reajustar la plantilla

Down's syn•drome ['daʊnzsɪndroʊm] MED síndrome *m* de Down

'down•stairs **I** *adj* del piso de abajo; *my* ~ *neighbors* los vecinos de abajo **II** *adv*: **the kitchen is** ~ la cocina está en el piso de abajo; *I ran* ~ bajé corriendo

down'stream *adv* río abajo; 'down•time tiempo *m* de inactividad; down-to-'earth *adj approach, person* práctico, realista; 'down•town **I** *n* centro *m* **II** *adj* del centro **III** *adv*: *I'm going* ~ voy al centro; *he lives* ~ vive en el centro; down•trod•den ['daʊntrɑːdn] *adj* maltratado, pisoteado; 'down•turn *in economy* bajón *m*; down 'un•der F *Australia y Nueva Zelanda*

'down•ward ['daʊnwərd] **I** *adj* descendente; ~ *trend* tendencia *f* bajista **II** *adv* a la baja

dow•ry ['daʊrɪ] dote *f*

doze [doʊz] **I** *n* cabezada *f*, sueño *m* **II** *v/i* echar una cabezada
◆ **doze off** *v/i* quedarse dormido

doz•en ['dʌzn] docena *f*; ~*s of* F montonadas de F

doz•y ['doʊzɪ] *adj* somnoliento, adormilado

DP [diː'piː] *abbr* (= *data processing*) COMPUT tratamiento *m* de datos

drab [dræb] *adj* gris

Dra•co•ni•an [drə'koʊnjən] *adj* draconiano, severo

draft [dræft] **I** *n* **1** *of air* corriente *f* **2** *of document* borrador *m* **3** MIL reclutamiento *m* **4**: ~ *(beer)*, **beer on** ~ cerveza *f* de barril **II** *v/t* **1** *document* redactar un borrador de **2** MIL reclutar

'draft dodg•er prófugo(-a) *m(f)*

draft•ee [dræft'iː] recluta *m/f*

drafts•man ['dræftsmən] delineante *m/f*

draft•y ['dræftɪ] *adj*: *it's* ~ *here* hace mucha corriente aquí

drag [dræg] **I** *n* **1**: *it's a* ~ *having to* ... F es un latazo tener que ... F; *he's a* ~ F es un peñazo F; *what a* ~*!* F ¡qué lata! F, ¡qué fastidio! F **2**: *the main* ~ F la calle principal **3**: *in* ~ vestido de mujer **II** *v/t* (*pret & pp* **-ged**) **1** (*pull, also with mouse*) arrastrar; ~ *s.o. into sth* (*involve*) meter a alguien en algo; ~ *sth out of s.o.* (*get information from*) arrancar algo de alguien; ~ *one's feet or heels* dar largas (*over* a) **2** (*search*) dragar
III *v/i* (*pret & pp* **-ged**) *of time* pasar despacio; *of show, movie* ser pesado
◆ **drag along** *v/t* arrastrar
◆ **drag away** *v/t*: *drag o.s. away from the TV* despegarse de la TV
◆ **drag in** *v/t into conversation* introducir
◆ **drag on** *v/i* (*last long time*) alargarse
◆ **drag out** *v/t* (*prolong*) alargar
◆ **drag up** *v/t* F (*mention*) sacar a relucir

'drag co•ef•fi•cient MOT coeficiente *m* de resistencia *or* penetración aerodinámica

'drag•net red *f* barredera

drag•on ['drægn] dragón *m*; *fig* bruja *f*

'drag•on•fly libélula *f*

'drag queen drag queen *f*, travesti *m*

drain [dreɪn] **I** *n* pipe sumidero *m*, desagüe *m*; *under street* alcantarilla *f*; *a* ~ *on resources* una sangría en los recursos; *it's money down the* ~ F es tirar el dinero **II** *v/t water, vegetables* escurrir; *land* drenar; *glass, tank, oil* vaciar; *person* agotar **III** *v/i of dishes* escurrir
◆ **drain away** *v/i* **1** *of liquid* desaparecer **2** *of strength, life* desvanecerse; *his strength was draining away* perdía las fuerzas, flaqueaba
◆ **drain off** *v/t water* escurrir

drain•age ['dreɪnɪdʒ] **1** (*drains*) desagües *mpl* **2** *of water from soil* drenaje *m*

drain•ing board ['dreɪnɪŋ] escurridero *m*

'drain•pipe *Br* tubo *m* de desagüe

drake [dreɪk] ORN pato *m*

dram [dræm] F chupito *m* F

DRAM ['diːræm] *abbr* (= **dynamic random access memory**) DRAM *f*, memoria *f* de acceso aleatorio dinámica

dra•ma ['drɑːmə] **1** (*art form*) drama *m*, teatro *m* **2** (*excitement*) dramatismo *m* **3** (*play: on TV*) drama *m*, obra *f* de teatro

'dra•ma school academia *f or* escuela *f* de teatro

'dra•ma se•ries serie *f* dramática

dra•mat•ic [drə'mætɪk] *adj* dramático; *scenery* espectacular

dra•mat•i•cal•ly [drə'mætɪklɪ] *adv* **1** *say* con dramatismo, de manera dramática **2** *decline, rise, change etc* espectacularmente

dram•a•tist ['dræmətɪst] dramaturgo (-a) *m(f)*

dram•a•ti•za•tion [dræmətaɪ'zeɪʃn] (*play*) dramatización *f*

dram•a•tize ['dræmətaɪz] *v/t also fig* dramatizar

drank [dræŋk] *pret* ☞ **drink**

drape [dreɪp] *v/t cloth* cubrir; ~*d in* (*covered with*) cubierto con

drap•er•y ['dreɪpərɪ] ropajes *mpl*

drapes [dreɪps] *npl* cortinas *fpl*

dras•tic ['dræstɪk] *adj* drástico

drat [dræt] *int* ¡mecachis! F, ¡caramba! F

draught *Br* ☞ **draft**

draw [drɔː] **I** *n* **1** *in match, competition* empate *m*; **end in a** ~ acabar en empate **2** *in lottery* sorteo *m* **3** (*attraction*) atracción *f*
II *v/t* (*pret* **drew**, *pp* **drawn**) **1** *picture, map* dibujar
2 *cart* tirar de; *curtain* correr; *in lottery* sortear
3 *gun, knife* sacar
4 (*attract*) *feel* ~*n towards s.o.* sentirse atraído por alguien; ~ *applause* arrancar el aplauso
5 (*lead*) llevar; ~ *s.o. into sth fig* conducir *or* arrastrar a alguien a algo; **she refused to be** ~*n on the matter* ella se negó a hacer comentarios sobre el asunto
6 *from bank account* sacar, retirar
7 (*derive*): ~ *inspiration from sth* inspirarse con algo; **she drew consolation from the fact that ...** le consoló el hecho de que ...
III *v/i* (*pret* **drew**, *pp* **drawn**) **1** dibujar **2** *in match, competition* empatar **3**: ~

near acercarse; ~ *ahead of s.o.* tomar la delantera a alguien

◆ **draw apart** *v/i* distanciarse (**from** de)

◆ **draw aside** *v/t* llevar a un lado

◆ **draw away** *v/i* apartarse, alejarse (**from** de)

◆ **draw back I** *v/i* (*recoil*) echarse atrás **II** *v/t* (*pull back*) retirar

◆ **draw down** *v/t petroleum, water reserves* agotar

◆ **draw in** *v/i of nights* acortarse

◆ **draw on I** *v/i* (*approach*) aproximarse **II** *v/t* (*make use of*) utilizar

◆ **draw out** *v/t wallet, money from bank* sacar; **draw s.o. out** hacer que alguien hable

◆ **draw up I** *v/t* **1** *document* redactar **2** *chair* acercar **II** *v/i* **1** *of vehicle* parar **2**: **draw o.s. up** erguirse

'draw•back desventaja *f*, inconveniente *m*

'draw•bridge puente *m* levadizo

draw•ee [drɔː'iː] COM librado(-a) *m(f)*

draw•er[1] [drɔːr] *of desk etc* cajón *m*

draw•er[2] [drɔːr]: **she's a good** ~ dibuja muy bien

draw•ing ['drɔːɪŋ] dibujo *m*

'draw•ing board tablero *m* de dibujo; **go back to the** ~ *fig* volver a empezar otra vez; **'draw•ing pin** *Br* chincheta *f*; **'draw•ing room** sala *f* de estar, salón *m*

drawl [drɔːl] acento *m* arrastrado

drawn [drɔːn] *pp* ☞ **draw**

'draw•string agujeta *f*, cordón *m*

dread [dred] *v/t* tener pavor a; **I** ~ **him ever finding out** me da pavor pensar que lo pueda llegar a descubrir; **I** ~ **going to the dentist** me da pánico ir al dentista

dread•ed ['dredɪd] *adj* temible

dread•ful ['dredfəl] *adj* horrible, espantoso; **it's a** ~ **pity you won't be there** es una auténtica pena que no vayas a estar ahí

dread•ful•ly ['dredfəlɪ] *adv* F (*extremely*) terriblemente, espantosamente F; *behave* fatal

'dread•locks *npl* rastas *fpl*

dream [driːm] **I** *n* sueño *m*; **have a** ~ **about s.o. / sth** soñar con alguien / algo; **pleasant** *or* **sweet** ~*s!* ¡felices *or* dulces sueños!; **that's beyond my wildest** ~*s* eso ni en mis mejores sueños; **go like a** ~ ir como una seda, ir a la perfec-

ción; *thanks darling, you're a ~* F gracias cariño, eres un cielo *or* encanto
II *adj: win your ~ house!* ¡gane la casa de sus sueños!
III *v/t* (*pret & pp* **-t**) soñar; (*day~*) soñar (despierto)
IV *v/i* (*pret & pp* **-t**) soñar; (*day~*) soñar (despierto); *I ~t about you last night* anoche soñé contigo; *~ of doing sth* soñar con hacer algo; *I must be ~ing!* ¡debo estar soñando!; *I wouldn't ~ of upsetting you* no *or* de ninguna manera se me ocurriría ofenderte; *~ on!* ¡deja de soñar!, ¡baja de las nubes!
◆ **dream away** *v/t* fantasear, soñar
◆ **dream up** *v/t* inventar
dream•er ['dri:mər] (*day~*) soñador(a) *m(f)*
'**dream•like** *adj* irreal, fantástico
dreamt [dremt] *pret & pp* ☞ **dream**
dream•y ['dri:mɪ] *adj* **1** *voice, look* soñador **2** F (*super*) de ensueño
drear•y ['drɪrɪ] *adj* triste, deprimente
dredge[1] [dredʒ] *v/t harbor, canal* dragar
◆ **dredge up** *v/t fig* sacar a relucir
dredge[2] [dredʒ] *v/t* GASTR rebozar
dredg•er ['dredʒər] NAUT draga *f*
dregs [dregz] *npl of coffee* posos *mpl*; *the ~ of society* la escoria de la sociedad
drench [drentʃ] *v/t* empapar; *get ~ed* empaparse
dress [dres] **I** *n* **1** *for woman* vestido *m* **2** (*clothing*) traje *m*; *he has no ~ sense* no sabe vestir(se); *the company has a ~ code* la compañía tiene unas normas sobre la ropa que deben llevar los empleados **II** *v/t* **1** *person* vestir; *get ~ed* vestirse **2** *wound* vendar **III** *v/i* (*get ~ed*) vestirse; *well, in black etc* vestir(se) (*in* de); *~ to kill* ir muy llamativo; *~ well / badly* vestir bien / mal
◆ **dress down** *v/i* vestir de manera informal
◆ **dress up** *v/i* **1** arreglarse, vestirse elegante **2** (*wear a disguise*) disfrazarse (*as* de)
'**dress cir•cle** piso *m* principal
dress•er ['dresər] **1** (*dressing table*) tocador *m*; *Br in kitchen* aparador *m* **2** THEA ayudante *m/f* de camerino
dress•ing ['dresɪŋ] **1** *for salad* aliño *m*, *Span* arreglo *m* **2** *for wound* vendaje *m*
dress•ing 'down regaño *m*; *give s.o. a ~* regañar a alguien
'**dres•sing gown** *Br* bata *f*; '**dress•ing room** *in theater* camerino *m*; '**dress•ing ta•ble** *Br* tocador *m*
'**dress•mak•er** modisto(-a) *m(f)*
'**dress re•hears•al** ensayo *m* general
dress•y ['dresɪ] *adj* F elegante
drew [dru:] *pret* ☞ **draw**
drib•ble ['drɪbl] *v/i* **1** *of person, baby* babear **2** *of water* gotear **3** SP driblar
dribs and drabs [drɪbzən'dræbz] *pl: in ~* F gota a gota F, lentamente
dried [draɪd] *adj fruit etc* seco; *~ milk* leche *f* en polvo
dri•er [draɪr] ☞ **dryer**
drift [drɪft] **I** *n of snow* ventisquero *m* **II** *v/i* **1** *of snow* amontonarse **2** *of ship* ir a la deriva; (*go off course*) desviarse del rumbo; *of person* vagar; *let things ~* dejar que ruede la bola
◆ **drift apart** *v/i of couple* distanciarse
drift•er ['drɪftər] vagabundo(-a) *m(f)*
'**drift ice** hielo *m* a la deriva; '**drift net** traína *f*; '**drift•wood** madera *f* a la deriva
drill [drɪl] **I** *n* **1** *tool* taladro *m* **2** *exercise* simulacro *m*; MIL instrucción *f* **verb ~s** ejercicios *mpl* para practicar los verbos, ejercicios de verbos **II** *v/t* **1** *hole* taladrar, perforar **2**: *~ sth into s.o. fig* inculcar algo a alguien **III** *v/i* **1** *for oil* hacer perforaciones **2** MIL entrenarse
dril•ling rig ['drɪlɪŋ] (*platform*) plataforma *f* petrolífera
dri•ly ['draɪlɪ] *adv remark* secamente, lacónicamente
drink [drɪŋk] **I** *n* bebida *f*; *a ~ of ...* un vaso de ...; *go for a ~* ir a tomar algo; *take to ~* darse a la bebida **II** *v/t* (*pret* **drank**, *pp* **drunk**) beber **III** *v/i* (*pret* **drank**, *pp* **drunk**) beber, *L.Am.* tomar; *I don't ~* no bebo; *~ to s.o.* beber a la salud de alguien
◆ **drink in** *v/t fig* absorber, empaparse de
◆ **drink up I** *v/i* (*finish drink*) acabarse la bebida **II** *v/t* (*drink completely*) beberse todo
drink•a•ble ['drɪŋkəbl] *adj* potable
drink-'driv•er conductor(a) *m(f)* ebrio(-a)
drink 'driv•ing *Br* conducción *f* bajo los efectos del alcohol
drink•er ['drɪŋkər] bebedor(a) *m(f)*

drink•ing ['drɪŋkɪŋ]: *I'm worried about his ~* me preocupa que beba tanto; *a ~ problem* un problema con la bebida

'drink•ing wa•ter agua *f* potable

'drinks ma•chine máquina *f* expendedora de bebidas

drip [drɪp] **I** *n* **1** gota *f* **2** MED gotero *m*, suero *m* **3** F *person* soso(-a) *m(f)*, insulso(-a) *m(f)* **II** *v/i (pret & pp **-ped**)* gotear

'drip•dry *adj* que no necesita planchado

drip•ping ['drɪpɪŋ] *adv*: *~ wet* empapado

drive [draɪv] **I** *n* **1** *outing* vuelta *f*, paseo *m* (en coche); *it's a short ~ from the station* está a poca distancia en coche de la estación; *with left- / right-hand ~* MOT con el volante a la izquierda / a la derecha **2** *(energy)* energía *f* **3** COMPUT unidad *f* **4** *(campaign)* campaña *f* **II** *v/t (pret **drove**, pp **driven**) vehicle* conducir, *L.Am.* manejar; *(own)* tener; *(take in car)* llevar (en coche); TECH impulsar; *that noise / he is driving me mad* ese ruido / él me está volviendo loco **III** *v/i (pret **drove**, pp **driven**)* conducir, *L.Am.* manejar; *don't drink and ~* si bebes, no conduzcas; *I ~ to work* voy al trabajo en coche

◆ **drive at** *v/t*: *what are you driving at?* ¿qué insinúas?

◆ **drive away I** *v/t* **1** llevarse en un coche **2** *(chase off)* ahuyentar **II** *v/i* marcharse

◆ **drive back I** *v/i* volver en el coche, volver conduciendo, *L.Am.* volver manejando **II** *v/t* **1** *in car* llevar en coche **2** *(force to retreat)* hacer retroceder

◆ **drive in** *v/t nail* remachar

◆ **drive off** ☞ **drive away**

◆ **drive out** *v/t (chase away)* ahuyentar

'drive-in *movie theater* autocine *m*; *(restaurant)* restaurante en el que se pide desde el automóvil

drive-in 'mov•ie the•a•ter autocine *m*

drive-in 'res•tau•rant restaurante en el que se pide desde el automóvil

driv•el ['drɪvl] tonterías *fpl*; *talk ~* decir tonterías

driv•en ['drɪvn] *pp* ☞ **drive**

driv•er ['draɪvər] **1** conductor(a) *m(f)*; *be in the ~'s seat* *fig* estar al mando **2** COMPUT controlador *m*

'driv•er's li•cense carné *m* de conducir

drive•thru ['draɪvθruː] *restaurante / banco etc en el que se atiende al cliente sin que salga del coche*

'drive•way camino *m* de entrada

driv•ing ['draɪvɪŋ] **I** *n* conducción *f*; *his ~ is appalling* conduce *or L.Am.* maneja fatal **II** *adj rain* torrencial

driv•ing 'force fuerza *f* motriz; **'driv•ing in•struct•or** profesor(a) *m(f)* de autoescuela; **'driv•ing les•son** clase *f* de conducir; **'driv•ing li•cence** *Br* carné *m* de conducir; **'driv•ing school** autoescuela *f*; **'driv•ing test** examen *m* de conducir *or L.Am.* manejar

driz•zle ['drɪzl] **I** *n* llovizna *f* **II** *v/i* lloviznar

droll [droʊl] *adj* divertido

drom•e•dar•y ['drɑːmədərɪ] ZO dromedario *m*

drone[1] [droʊn] *noise* zumbido *m*

◆ **drone on** *v/i* hablar en tono monótono

drone[2] [droʊn] ZO zángano *m*

drool [druːl] *v/i* babear; *~ over sth* babear con algo

droop [druːp] *v/i of plant* marchitarse; *her shoulders ~ed* se encorvó

drop [drɑːp] **I** *n* **1** gota *f*; *a ~ in the bucket or ocean fig* un granito de arena; *he has had a ~ too much* se ha pasado de beber **2** *in price* caída *f*; *in temperature* caída *f*, descenso *m* **II** *v/t (pret & pp **-ped**)* **1** *object* dejar caer **2** *person from car* dejar; *person from team* excluir; *(stop seeing)* abandonar **3** *charges, demand etc* retirar; *(give up)* dejar; *~ it!* ¡basta ya!, ¡déjalo ya!; *I ~ped everything and went to help her* dejé lo que estaba haciendo y salí en su ayuda **4**: *~ a line to* mandar unas líneas a **III** *v/i (pret & pp **-ped**)* **1** caer, caerse; *~ into a chair* dejarse caer en una silla; *let sth ~ fig* dejar de hablar de algo, dejar algo de lado; *be ready to ~ (with fatigue)* estar a punto de desfallecer; *~ dead* caerse muerto; *~ dead!* ¡vete a paseo! F **2** *(decline)* caer; *of wind* amainar

◆ **drop away** *v/i* disminuir, menguar

◆ **drop back** *v/i* quedarse detrás

◆ **drop behind** *v/i in race* ir a la zaga

◆ **drop in** *v/i (visit)* pasar a visitar

◆ **drop off I** *v/t person from car* dejar; (*deliver*) llevar **II** *v/i* **1** (*fall asleep*) dormirse **2** (*decline*) disminuir

◆ **drop out** *v/i* (*withdraw*) retirarse; **drop out of school** abandonar el colegio

drop•let ['drɑːplɪt] gotita *f*

'drop•out (*from school*) alumno que ha abandonado los estudios; *from society* marginado(-a) *m(f)*

drop•per ['drɑːpər] cuentagotas *m*

drop•pings ['drɑːpɪŋz] *npl* excrementos *mpl*, cagarrutas *fpl*

drops [drɑːps] *npl for eyes* gotas *fpl*

'drop shot dejada *f*

drought [draʊt] sequía *f*

drove¹ [droʊv] *pret* ☞ **drive**

drove² [droʊv] *n* manada *f*, rebaño *m*; *in* **~s** *fig* en manada

drown [draʊn] **I** *v/i* ahogarse **II** *v/t person, sound* ahogar; **be ~ed** ahogarse; **~ one's sorrows** ahogar las penas en alcohol

◆ **drown out** *v/t of sound* tapar, cubrir

drowse [draʊz] *v/i* adormilarse

drow•sy ['draʊzɪ] *adj* soñoliento(-a); **get ~** tener sueño

drudge [drʌdʒ] *person* burro *m* de carga

drudg•e•ry ['drʌdʒərɪ]: *the job is sheer* **~** el trabajo es terriblemente pesado

drug [drʌg] **I** *n* MED, *illegal* droga *f*; *be on* **~s** drogarse; *be off* **~s** haber dejado las drogas; *be a* **~** *on the market* COM no ser rentable **II** *v/t* (*pret & pp* -**ged**) drogar

'drug a•buse consumo *m* de drogas; **'drug ad•dict** drogadicto(-a) *m(f)*; **'drug ad•dic•tion** drogodependencia *f*; **'drug clin•ic** clínica *f* de rehabilitación para drogodependientes; **'drug deal•er** traficante *m/f* (de drogas); **'drug de•pend•ency** drogodependencia *f*

drug•gist ['drʌgɪst] farmacéutico(-a) *m(f)*

'drug•push•er F camello *m/f* F; **'drug scene** mundo *m* de las drogas; **'drug squad** unidad *f* antidrogas de la policía; **'drug•store** tienda en la que se venden medicinas, cosméticos, periódicos y que a veces tiene un bar; **'drug test** SP control *m* antidoping; **'drug traf•fick•ing** tráfico *m* de drogas

drum [drʌm] **1** MUS tambor *m* **2** *contain-er* barril *m*

◆ **drum into** *v/t* (*pret & pp* -**med**): **drum sth into s.o.** meter algo en la cabeza de alguien

◆ **drum up** *v/t*: **drum up support** buscar apoyos

'drum•beat redoble *m* de tambor

'drum•kit batería *f*

drum•mer ['drʌmər] tambor *m*, tamborilero(-a) *m(f)*

'drum•stick 1 MUS baqueta *f* **2** *of poultry* muslo *m*

drunk [drʌŋk] **I** *n* borracho(-a) *m(f)* **II** *adj* borracho; **get ~** emborracharse; (**as**) **~ as a lord** F borracho como una cuba F; **~ with joy** borracho *or* ebrio de alegría **III** *pp* ☞ **drink**

drunk•ard ['drʌŋkəd] alcohólico(-a) *m(f)*

drunk 'driv•ing conducción *f* bajo los efectos del alcohol

drunk•en [drʌŋkn] *voices, laughter* borracho; *party* con mucho alcohol

drunk•en•ness ['drʌŋkənəs] ebriedad *f*, embriaguez *f*

dry [draɪ] **I** *adj* seco; *where alcohol is banned* donde está prohibido el consumo de alcohol; **rub sth ~** secar algo frotando; **as ~ as a bone** F muy seco, como un secadal; (**as**) **~ as dust** F (*boring*) un rollo *or* aburrimiento **II** *v/t & v/i* (*pret & pp* -**ied**) secar; **~ o.s.** secarse; **~ one's hands** secarse las manos

◆ **dry off** *v/i* secarse

◆ **dry out** *v/i* secarse; *of alcoholic* desintoxicarse

◆ **dry up** *v/i* **1** *of river* secarse **2** F (*be quiet*) cerrar el pico F **3** *of actor* quedarse en blanco

'dry bat•ter•y ELEC pila *f* seca; **'dry-clean** *v/t* limpiar en seco; **'dry clean•er** tintorería *f*; **'dry•clean•ing** *clothes*: **would you pick up my ~ for me?** ¿te importaría recogerme la ropa de la tintorería?; **dry 'dock** dique *m* seco

dry•er [draɪr] *machine* secadora *f*

dry 'goods *npl* COM prendas *fpl* textiles

dry 'ice CHEM nieve *f* carbónica

dry•ness ['draɪnɪs] sequedad *f*

dry 'rot carcoma *f*

DTP [diːtiː'piː] *abbr* (= **desk-top publishing**) autoedición *f*

du•al ['duːəl] *adj* doble

du•al 'car•riage•way *Br* MOT autovía *f*

dub[1] [dʌb] *v/t* (*pret & pp* **-bed**) *movie* doblar

dub[2] [dʌb] *v/t* (*pret & pp* **-bed**) (*name*) apodar

du•bi•ous ['du:biəs] *adj* dudoso; (*having doubts*) inseguro; **I'm still ~ about the idea** todavía tengo mis dudas sobre la idea; **~ pleasure** *iron* placer *m* cuestionable

duch•ess ['dʌtʃɪs] duquesa *f*

duch•y ['dʌtʃɪ] ducado *m*

duck [dʌk] **I** *n* pato *m*, pata *f*; **he took to it like a ~ to water** se sentía como el pez en el agua **II** *v/i* agacharse **III** *v/t* **1** *one's head* agachar **2** *question* eludir

◆ **duck out** *v/i*: **duck out of sth** escaquearse de algo

duck•ing ['dʌkɪŋ]: **give s.o. a ~** hacer a alguien una aguadilla

duck•ling ['dʌklɪŋ] patito *m*

duct [dʌkt] **1** TECH conducto *m*, tubo *m* **2** ANAT vaso *m*

duc•tile ['dʌktəl] *adj steel* dúctil

dud [dʌd] F (*false bill*) billete *m* falso

dude [du:d] F tipo *m* F, *Span* tío *m* F

due [du:] **I** *adj* **1** (*proper*) debido; **after ~ consideration** tras la debida deliberación; **in ~ time** dentro del plazo establecido; **in ~ course** en su debido momento

2: **the money ~ me** el dinero que se me debe; **payment is now ~** el pago se debe hacer efectivo ahora; **fall** *or* **become ~** vencer

3 *in time*: **is there a train ~ soon?** ¿va a pasar un tren pronto?; **when is the baby ~?** ¿cuándo está previsto que nazca el bebé?; **he's ~ to meet him next month** tiene previsto reunirse con él el próximo mes; **when ~** cuando venza el plazo

4: **~ to** (*because of*) debido a; **be ~ to** (*be caused by*) ser debido a

II *n*: **give s.o. his ~** ser justo con alguien

'due date fecha *f* de vencimiento

du•el ['du:əl] **I** *n* duelo *m* **II** *v/i* (*pret & pp* **-ed**, *Br* **-led**) enfrentarse en duelo

dues [du:z] *npl* cuota *f*

du•et [du:'et] MUS dúo *m*

duf•fle bag ['dʌflbæg] petate *m*, mochila *f*

duf•fle coat ['dʌflkoʊt] trenca *f*

dug [dʌg] *pret & pp* ☞ **dig**

'dug•out 1 MIL trinchera *f* **2** (*canoe*) canoa *f* **3** *in sport* foso *m*, *Mex* dogaut *m*

duke [du:k] duque *m*

dull [dʌl] *adj* **1** *weather* gris **2** *sound, pain* sordo **3** (*boring*) aburrido, soso

dull•ness ['dʌlnɪs] *of book, movie* sosería *f*, hastío *m*

du•ly ['du:lɪ] *adv* **1** (*as expected*) tal y como se esperaba **2** (*properly*) debidamente

dumb [dʌm] *adj* **1** (*mute*) mudo; **strike s.o. ~** *fig* dejar a alguien de una pieza, dejar a alguien sin palabras **2** F (*stupid*) estúpido; **a pretty ~ thing to do** una tontería; **just act ~** tú hazte el tonto, tú actúa como si no supieses nada

◆ **dumb down** *v/t* F bajar el nivel intelectual de

'dumb•bell 1 SP pesa *f* **2** F tonto(-a) *m(f)* F, idiota *m/f*

dumb'found *v/t* dejar boquiabierto, anonadar

dumb'found•ed [dʌm'faʊndɪd] *adj* boquiabierto

dumb'wait•er montaplatos *m inv*, montacargas *m inv*

dum•found *etc* ☞ **dumbfound** *etc*

dum•my ['dʌmɪ] **I** *n* **1** *model* imitación *f*, copia *f* **2** *in clothes shop* maniquí *m* **3** *Br: for babies* chupete *m* **4** F (*idiot*) idiota *m/f* **5** SP amago *m* **II** *adj* falso **III** *v/i* SP amagar

dump [dʌmp] **I** *n* **1** *for garbage* vertedero *m*, basurero *m* **2** (*unpleasant place*) lugar *m* de mala muerte **II** *v/t* (*deposit*) dejar; (*dispose of*) deshacerse de; *toxic waste, nuclear waste* verter; COM hacer dumping con; COMPUT volcar; **they ~ed the kids with gran and ...** le encasquetaron los niños a la abuela y ... F

◆ **dump on** *v/t* P **with troubles** desahogarse con, descargarse con

dump•ing ['dʌmpɪŋ] **1** *of rubbish* vertido *m* **2** COM dumping *m*

'dump•ing ground *fig* receptáculo *m*, refugio *m*

dump•ling ['dʌmplɪŋ] *bola de masa dulce o salada*

dumps [dʌmps] *npl*: (**down**) **in the ~** F bajo de ánimos F

'dump truck volquete *m*

dump•y ['dʌmpɪ] *adj* rechoncho, achaparrado

dunce [dʌns] zoquete *m/f*

dune [du:n] duna *f*

'dune bug•gy MOT buggy *m*

dung [dʌŋ] estiércol *m*

dun•ga•rees [dʌŋgəˈriːz] *npl* pantalones *mpl* de trabajo

dun•geon [ˈdʌndʒən] calabozo *m*

'dung•hill montaña *f* de estiércol

dunk [dʌŋk] **I** *v/t in coffee etc* mojar **II** *n in basketball* machaque *m*, mate *m*

dun•no [ˈdʌnoʊ] F = **don't know**

du•o [ˈduːoʊ] MUS dúo *m*

du•o•de•num [duːəˈdiːnəm] ANAT duodeno *m*

dupe [duːp] **I** *n* simplón(-ona) *m(f)* **II** *v/t* engañar; ~ *s.o. into doing sth* engatusar *or* confundir a alguien para que haga algo

du•plex (a•part•ment) [ˈduːpleks] dúplex *m*

du•pli•cate **I** *n* [ˈduːplɪkət] duplicado *m*; *in* ~ por duplicado **II** *v/t* [ˈduːplɪkeɪt] **1** *(copy)* duplicar, hacer un duplicado de **2** *(repeat)* repetir

du•pli•cate 'key llave *f* duplicada

du•plic•i•tous [duːˈplɪsɪtəs] *adj* falso, deshonesto

du•plic•i•ty [duːˈplɪsɪtɪ] duplicidad *f*, falsedad *f*

du•ra•bil•i•ty [dʊrəˈbɪlətɪ] durabilidad *f*

du•ra•ble [ˈdʊrəbl] *adj material* duradero, durable; *relationship* duradero; ~ *goods* bienes *mpl* duraderos

du•ra•tion [dʊˈreɪʃn] duración *f*; *for the ~ of her visit* mientras dure su visita

du•ress [dʊˈres]: *under* ~ bajo coacción

Du•rex® [ˈdjuːreks] *Br* condón *m*

dur•ing [ˈdʊrɪŋ] *prep* durante

dusk [dʌsk] crepúsculo *m*, anochecer *m*; *at* ~ al anochecer

dust [dʌst] **I** *n* polvo *m*; *once the* ~ *has settled fig* cuando las aguas vuelvan a su cauce **II** *v/t* **1** quitar el polvo a **2** *(sprinkle)*: ~ *sth with sth* espolvorear algo con algo

'dust•bin *Br* contenedor *m* de basuras

'dust cov•er *of book* sobrecubierta *f*

dust•er [ˈdʌstər] *cloth* trapo *m* del polvo

'dust jack•et *Br of book* sobrecubierta *f*; 'dust•man *Br* basurero(-a) *m(f)*; 'dust•pan recogedor *m*; 'dust storm tormenta *f* de arena; 'dust-up *Br* bronca *f* F, riña *f*

dust•y [ˈdʌstɪ] *adj* polvoriento

Dutch [dʌtʃ] **I** *adj* holandés; *go* ~ F pagar a escote F **II** *n* **1** *pl*: *the* ~ los holandeses **2** *(language)* neerlandés *m*

Dutch 'cour•age F valentía que resulta del consumo de alcohol

'Dutch•man [ˈdʌtʃmən] holandés *m*

'Dutch•wom•an holandesa *f*

du•ti•a•ble [ˈduːtjəbl] *adj* COM imponible, gravable

du•ti•ful [ˈduːtɪfʊl] *adj* obediente

du•ty [ˈduːtɪ] **1** deber *m*; *(task)* obligación *f*, tarea *f*; *be on* ~ estar de servicio; *be off* ~ estar fuera de servicio; *he did his* ~ cumplió con su deber *or* obligación; *do* ~ *for* servir como *or* de **2** *on goods* impuesto *m*

du•ty-'free **I** *adj* libre de impuestos **II** *n* productos *mpl* libres de impuestos; du•ty-'free shop tienda *f* libre de impuestos; 'du•ty of•fi•cer MIL oficial *m/f* de servicio; 'du•ty ros•ter calendario *m* de turnos

du•vet [ˈduːveɪ] *Br* edredón *m*

DVD [diːviːˈdiː] *abbr* (= *digital versatile disk*) DVD *m* (= disco *m* digital polivalente)

dwarf [dwɔːrf] **I** *n* (*pl* **dwarves** [dwɔːrvz]) enano *m* **II** *v/t* empequeñecer

dwarf•ish [ˈdwɔːrfɪʃ] *adj* diminuto, minúsculo

dwarves [dwɔːrvz] *pl* ☞ **dwarf**

◆ dwell on [dwel] *v/t (pret & pp* **dwelt**): *dwell on the past* pensar en el pasado; *don't dwell on what he said* no des demasiada importancia a lo que ha dicho

dwell•ing [ˈdwelɪŋ] alojamiento *m*

'dwell•ing house domicilio *m*, vivienda *f*

dwelt [dwelt] *pret & pp* ☞ **dwell on**

dwin•dle [ˈdwɪndl] *v/i* disminuir, menguar

dye [daɪ] **I** *n* tinte *m* **II** *v/t* teñir; ~ *one's hair* teñirse el pelo

dyed-in-the-wool [daɪdɪnðəˈwʊl] *adj* convencido, obstinado

dy•ing [ˈdaɪɪŋ] *adj person* moribundo; *industry, tradition* en vías de desaparición; *be* ~ estar moribundo; *until my* ~ *day* hasta que me muera; ~ *wish* última voluntad *f*

dyke ☞ **dike**[1 & 2]

dy•nam•ic [daɪˈnæmɪk] *adj person* dinámico

dy•nam•ic 'RAM RAM *f* dinámica

dy•na•mism ['daɪnəmɪzm] dinamismo *m*

dy•na•mite ['daɪnəmaɪt] dinamita *f*

dy•na•mo ['daɪnəmoʊ] TECH dinamo *f*, dínamo *f*

dy•nas•ty ['daɪnəstɪ] dinastía *f*

dys•en•ter•y ['dɪsntrɪ] MED disentería *f*

dys•func•tion [dɪs'fʌŋkʃn] MED disfunción *f*

dys•func•tion•al [dɪs'fʌŋkʃnəl] *adj family* disfuncional

dys•lex•i•a [dɪs'leksɪə] dislexia *f*

dys•lex•ic [dɪs'leksɪk] **I** *adj* disléxico **II** *n* disléxico(-a) *m(f)*

E

each [iːtʃ] **I** *adj* cada **II** *adv*: *he gave us one* ~ nos dio uno a cada uno; *they're $1.50* ~ valen 1.50 dólares cada uno **III** *pron* cada uno; ~ *other* el uno al otro; *we love* ~ *other* nos queremos

ea•ger ['iːgər] *adj* ansioso; *worker, competitor* entusiasta; *she's always* ~ *to help* siempre está deseando ayudar; *they're* ~ *to get started* estan ansiosos por empezar

ea•ger 'bea•ver F entusiasta *m/f*

ea•ger•ly ['iːgərlɪ] *adv* ansiamente; *volunteer* con entusiasmo

ea•ger•ness ['iːgərnɪs] ansia *f*, *of worker, competitor* entusiasmo *m*

ea•gle ['iːgl] águila *f*

ea•gle-eyed [iːgl'aɪd] *adj* con vista de lince

ear¹ [ɪr] *of person, animal* oreja *f*; ~, *nose and throat specialist* otorrinolaringólogo(-a) *m(f)*; *be all* ~**s** F ser todo oídos F; *be up to the or one's* ~**s** *in debt / work* estar hasta las orejas de deudas / trabajo F; *keep one's* ~ *to the ground, keep one's* ~**s** *open* L.Am. parar la(s) oreja(s), *Span* estar al tanto; *it goes in one* ~ *and out the other* F le entra por un oído y le sale por el otro F; *he turned a deaf* ~ hizo oídos sordos; *play sth by* ~ MUS tocar algo de oído; *play it by* ~ *fig* improvisar

ear² [ɪr] *of corn* espiga *f*

'ear•ache dolor *m* de oídos; **'ear•drum** tímpano *m*; **'ear•lobe** lóbulo *m*

ear•ly ['ɜːrlɪ] **I** *adj* **1** (*not late*) temprano; (*ahead of time*) anticipado; *let's have an* ~ *supper* cenemos temprano; *in the* ~ *hours of the morning* a primeras horas de la madrugada; *I'm an* ~ *riser* soy madrugador; *be* ~ (*arrive early*) llegar L.Am. temprano *or Span* pronto, llegar antes de la hora; *it's never too* ~ *to start* cuanto antes se empiece mejor; *it's* ~ *days yet* todavía es pronto; *his* ~ *death* su muerte prematura

2 (*farther back in time*) primero; *music* antiguo; *an* ~ *Picasso* un Picasso de su primera época

3 (*in the near future*) pronto

4 (*at the beginning of*): *in* ~ *October* a principios de octubre

II *adv* (*not late*) pronto, temprano; (*ahead of time*) antes de tiempo; *it's too* ~ *to say* es demasiado pronto como para poder decir nada; *earlier than* antes que; *as* ~ *as May* ya en mayo; *at the (very) earliest* como muy *Span* pronto *or L.Am.* temprano

early a•dopt•er [ɜːrlɪə'dɑːptər] *consumidor que compra rápidamente un producto nuevo*; **'ear•ly bird** madrugador(a) *m(f)*; *the* ~ *catches the worm* al que madruga Dios le ayuda; *you're an* ~ *arriving before the others* llegas muy pronto; **ear•ly re'pay•ment** devolución *f* anticipada; **ear•ly re'tire•ment** jubilación *f* anticipada, prejubilación *f*; *take* ~ jubilarse anticipadamente; **ear•ly 'warn•ing sys•tem** MIL sistema *m* de alerta inmediata *or* aviso inmediato

'ear•mark *v/t* destinar; ~ *sth for sth* destinar algo a algo

ear•muff ['ɪrmʌf] orejera *f*

earn [ɜːrn] *v/t salary* ganar; *interest* devengar; *holiday, drink etc* ganarse; ~ *one's living* ganarse la vida

ear•nest ['ɜːrnɪst] *adj* serio; *in* ~ en serio

ear•nest•ness ['ɜːrnɪstnɪs] *of tone* seriedad *f*; *of belief* sinceridad *f*

earn•ings ['ɜːrnɪŋz] *npl* ganancias *fpl*

'ear•phones *npl* auriculares *mpl*; **'ear•piece** TELEC auricular *m*; **'ear--pierc•ing** *adj* estrepitoso; **'ear•plug** tapón *m* para el oído; **'ear•ring** pendiente *m*; **ear•shot** ['ɪrʃɑːt]: *within ~* al alcance del oído; *out of ~* fuera del alcance del oído; **'ear•split•ting** *adj* estridente

earth [ɜːrθ] **1** (*soil*) tierra *f*; **2** (*world, planet*) Tierra *f*; *where on ~ …?* F ¿dónde diablos …? F; *what / why on ~?* ¿qué / por qué diablos *or* demonios?; *cost the ~* F costar un ojo de la cara F; *it doesn't cost the ~* F no cuesta una fortuna; *come back or down to ~* (*with a bang*) *fig* bajar de las nubes, poner los pies sobre la tierra

earth•en ['ɜːrθn] *adj* **1** *floor* de tierra **2** *pot* de barro

earth•en•ware ['ɜːrθnwer] loza *f*; *an ~ pot* un tarro de loza

earth•ly ['ɜːrθlɪ] *adj* **1** terrenal **2** F *it's no ~ use* no sirve para nada; *there's no ~ reason to think that …* no existe razón alguna para creer que …; *they don't have an ~ chance of winning* no tienen la más mínima posibilidad de ganar

earth-mov•ing e'quip•ment maquinaria *f* (de excavaciones); **'earth•quake** terremoto *m*; **'earth•quake-proof** *adj* a prueba de terremotos; **'earth sci•en•ces** *npl* ciencias *fpl* de la tierra, ciencias *fpl* geológicas; **'earth-shat•ter•ing** *adj* extraordinario; **'earth trem•or** temblor *m* de tierra; **'earth•worm** lombriz *f* (de tierra)

earth•y ['ɜːrθɪ] *adj person, sense of humor* sencillo, directo

'ear•wig tijereta *f*

ease [iːz] **I** *n* **1** facilidad *f*; *with ~* con facilidad **2**: *be at (one's) ~, feel at ~* sentirse cómodo; *feel ill at ~* sentirse incómodo; *live a life of ~* vivir desahogadamente *or* cómodamente; *at ~!* MIL ¡descanse(n)! **II** *v/t* (*relieve*) aliviar; *~ one's mind* tranquilizarse **III** *v/i of pain* disminuir

◆ **ease off** *v/t* (*remove*) quitar con cuidado **II** *v/i* **1** *of pain* disminuir; *of rain* amainar **2** *for health reasons* tomarse las cosas con calma

◆ **ease out** *v/t* (*remove gently*) sacar con cuidado; *employee* hacer dimitir

ea•sel ['iːzl] caballete *m*

eas•i•ly ['iːzəlɪ] *adv* **1** (*with ease*) fácilmente **2** (*by far*) con diferencia; *this is ~ the best* éste es el mejor con diferencia

east [iːst] **I** *n* este *m* **II** *adj* oriental, este; *wind* del este **III** *adv travel* hacia el este

'east•bound *adj* en dirección este

Eas•ter ['iːstər] Pascua *f*; *period* Semana *f* Santa; *at ~* en Semana Santa

Eas•ter 'Day Domingo *m* de Resurrección

'Eas•ter egg huevo *m* de pascua

eas•ter•ly ['iːstərlɪ] *adj* del este

Eas•ter 'Mon•day Lunes *m* Santo

east•ern ['iːstərn] *adj* del este; (*oriental*) oriental

east•er•ner ['iːstərnər] *habitante de la costa oeste estadounidense*

'east•ern•most *adj* más oriental, más al este

Eas•tern 'Stand•ard Time *hora oficial de la costa este estadounidense*

Eas•ter 'Sun•day Domingo *m* de Resurrección

east•ward ['iːstwərd] *adv* hacia el este

eas•y ['iːzɪ] **I** *adj* **1** fácil; *it is ~ for him / you / them to* se dice muy pronto; *be ~ to please* ser fácil de complacer; *money* dinero *m* fácil; *be on ~ street* F darse la gran vida F; *on ~ terms* con facilidades de pago **2** (*relaxed*) tranquilo; *take things ~* (*slow down*) tomarse las cosas con tranquilidad; *take it ~!* (*calm down*) ¡tranquilízate!; *don't rush* ¡no corras! ¡sin prisa!; *don't get worked up* ¡con tranquilidad!

II *adv*: *go ~ on s.o.* *not too demanding* ser poco exigente con alguien; *not too harsh* no ser duro con alguien; *go ~ with or on the sugar* no te pases con el azúcar F; *that's easier said than done* ¡eso se dice muy pronto!; *~ come, ~ go* tal como viene se va

'eas•y chair sillón *m*; **'eas•y•go•ing** *adj* tratable; **eas•y-peas•y** [iːzɪ'piːzɪ] *adj Br* F tirado F, pan comido F

eat [iːt] *v/t & v/i* (*pret ate, pp eaten*) comer; *~ one's words* tragarse las propias palabras; *what's ~ing him?* F ¿qué mosca *or* bicho le ha picado?

◆ **eat away** *v/t of rat* roer, corroer; *of acid* desgastar; *coastline* comerse, destruir

◆ **eat away at** *v/t fig confidence, self--esteem* acabar con

◆ **eat into** *v/t fig: reserves etc* corroer, reducir

◆ **eat out** *v/i* comer fuera

◆ **eat up** *v/t* comerse; *fig: use up* acabar con; ***be eaten up with jealousy*** *fig* consumirse *or* carcomerse de envidia

eat•a•ble ['iːtəbl] *adj* comestible

'eat-by date fecha *f* de caducidad

eat•en ['iːtn] *pp* ☞ **eat**

eat•ing ['iːtɪŋ] **I** *n* el comer **II** *adj*: **~ apple** manzana *f* de mesa; **~ disorder** desorden *m* alimenticio; **~ habits** hábitos *mpl* alimentarios

eau de Co•logne [oʊdəkə'loʊn] agua *f* de colonia

eaves [iːvz] *npl* alero *m*

'eaves•drop *v/i (pret & pp -ped)* escuchar a escondidas (**on s.o.** alguien)

ebb [eb] **I** *v/i of tide* bajar **II** *n*: **be at a low ~** estar de capa caída

◆ **ebb away** *v/i fig: of courage, strength* desvanecerse

'ebb tide marea *f* baja

eb•on•y ['ebənɪ] ébano *m*

e•bul•lience [ɪ'bʌljəns] entusiasmo *m*, animación *f*

e•bul•lient [ɪ'bʌljənt] *adj* entusiasta, animado

e-busi•ness ['iːbɪznɪs] comercio *m* electrónico

ec•cen•tric [ɪk'sentrɪk] **I** *adj* excéntrico **II** *n* excéntrico(-a) *m(f)*

ec•cen•tric•i•ty [ɪksen'trɪsɪtɪ] excentricidad *f*

ec•cle•si•as•ti•cal [ɪkliːzɪ'æstɪkl] *adj* eclesiástico

ECG [iːsiː'dʒiː] *abbr* (= **electrocardiogram**) electrocardiograma *m*

ech•o ['ekoʊ] **I** *n (pl -oes)* eco *m* **II** *v/i* resonar **III** *v/t words* repetir; *views* mostrar acuerdo con

e•clair [ɪ'kleɪr] *pastelito de nata*

ec•lamp•si•a [ɪ'klæmpsɪə] MED eclampsia *f*

ec•lec•tic [ɪ'klektɪk] *adj* ecléctico

e•clipse [ɪ'klɪps] **I** *n* eclipse *m* **II** *v/t fig* eclipsar; **be ~d by s.o. / sth** quedar eclipsado *or* ensombrecido por alguien / algo

e•co•lo•gi•cal [iːkə'lɑːdʒɪkl] *adj* ecológico; **~ balance** equilibrio *m* ecológico

e•co•lo•gi•cal•ly [iːkə'lɑːdʒɪklɪ] *adv* ecológicamente; **~ beneficial / harmful** beneficioso / perjudicial desde el punto de vista ecológico

e•co•lo•gi•cal•ly 'friend•ly *adj* ecológico

e•col•o•gist [iː'kɑːlədʒɪst] ecologista *m/f*

e•col•o•gy [iː'kɑːlədʒɪ] ecología *f*

ec•o•nom•ic [iːkə'nɑːmɪk] *adj* económico; **~ aid** ayuda *f* económica; **~ migrant** *or* **refugee** emigrante *m/f or* refugiado(-a) económico(-a); **~ adviser** asesor(a) *m(f)* económico(-a)

ec•o•nom•i•cal [iːkə'nɑːmɪkl] *adj (cheap)* económico; *(thrifty)* cuidadoso; **the car is very ~ to run** este coche es muy económico; **be ~ with the truth** decir la verdad a medias

ec•o•nom•i•cal•ly [iːkə'nɑːmɪklɪ] *adv* **1** *(in terms of economics)* económicamente **2** *(thriftily)* de manera económica

ec•o•nom•ic 'fore•cast previsiones *fpl* económicas; **ec•o•nom•ic 'growth** crecimiento *m* económico; **ec•o•nom•ic 'in•di•ca•tor** indicador *m* económico; **ec•o•nom•ic 'pol•i•cy** política *f* económica

ec•o•nom•ics [iːkə'nɑːmɪks] **1** *nsg science* economía *f* **2** *npl (financial aspects)* aspecto *m* económico

e•con•o•mies of 'scale economías *fpl* de escala

e•con•o•mist [ɪ'kɑːnəmɪst] economista *m/f*

e•con•o•mize [ɪ'kɑːnəmaɪz] *v/i* economizar, ahorrar

◆ **economize on** *v/t* economizar, ahorrar

e•con•o•my [ɪ'kɑːnəmɪ] **1** *of a country* economía *f* **2** *(saving)* ahorro *m*; **we have to make economies** tenemos que ahorrar *or* economizar

e'con•o•my brand marca *f* económica; **e'con•o•my class** clase *f* turista; **e'con•o•my drive** intento *m* de ahorrar; **e'con•o•my fare** tarifa *f* económica; **e'con•o•my pack** paquete *m* económico; **e'con•o•my price** precio *m* económico; **e'con•o•my size** tamaño *m* económico

e•co•sys•tem ['iːkoʊsɪstm] ecosistema *m*

e•co•tour•ism ['iːkoʊtʊrɪzm] ecoturis-

mo *m*, turismo *m* verde *or* ecológico
e•co•tour•ist ['i:koutʊrɪst] ecoturista *m/f*, turista *m/f* ecológico(-a)
ec•sta•sy ['ekstəsɪ] *also drug* éxtasis *m*; **go into ecstasies over sth** extasiarse *or* embelesarse con algo
ec•sta•tic [ɪk'stætɪk] *adj* muy emocionado, extasiado
ec•top•ic [ek'tɑːpɪk] *adj*: **~ pregnancy** embarazo *m* ectópico
Ec•ua•dor ['ekwədɔːr] Ecuador *m*
Ec•ua•dor•e•an [ekwə'dɔːrən] **I** *adj* ecuatoriano **II** *n* ecuatoriano(-a) *m(f)*
ec•u•men•i•cal [i:kjuːˈmenɪkl] *adj* ecuménico
ec•ze•ma ['eksmə] eczema *m*
ed•dy ['edɪ] remolino *m*
edge [edʒ] **I** *n of knife* filo *m*; *of table, seat, road, cliff* borde *m*; *in voice* irritación *f*; **on~** tenso; **take the ~ off** *knife* mellar; **take the~ off one's hunger** calmar el apetito; **on the ~ of** al borde *or* extremo de; **set s.o.'s teeth on ~ of** *sound, taste* dar dentera a alguien; **have the ~ on s.o.** llevar la delantera a alguien, aventajar a alguien **II** *v/t* ribetear **III** *v/i* (*move slowly*) **~ forward / back** avanzar / retroceder poco a poco
◆ **edge away** *v/i* alejarse poco a poco (*from* de)
edge•wise ['edʒwaɪz] *adv* de lado; **I couldn't get a word in ~** no me dejó decir una palabra
edg•i•ness ['edʒɪnɪs] (estado *m* de) tensión *f*
edg•y ['edʒɪ] *adj* tenso
ed•i•ble ['edɪbl] *adj* comestible
ed•i•fy•ing ['edɪfaɪɪŋ] *adj* edificante
ed•it ['edɪt] *v/t text* corregir; *book* editar; *newspaper* dirigir; *TV program, movie* montar
e•di•tion [ɪ'dɪʃn] *also* SP edición *f*
ed•i•tor ['edɪtər] *of text, book* editor(a) *m(f)*; *of newspaper* director(a) *m(f)*; *of TV program, movie* montador(a) *m(f)*; **sports / political ~** redactor(a) *m(f)* de deportes / política; **~ in chief** director(a) *m(f)* editorial; **~'s note** nota *f* de la redacción
ed•i•to•ri•al [edɪ'tɔːrɪəl] **I** *adj* editorial; **~ department** (departamento *m* de) redacción *f* **II** *n in newspaper* editorial *m/f*

ed•i•to•ri•al di•rec•tor *of paper* jefe(-a) *m(f)* de redacción; *of publisher* director(a) *m(f)* editorial; **ed•i•to•ri•al 'pol•i•cy** política *f* editorial; **ed•i•to•ri•al staff** redacción *f*; **ed•i'to•ri•al writ•er** editorialista *m/f*
EDP [i:di:'pi:] *abbr* (= **electronic data processing**) procesamiento *m* electrónico de datos
ed•u•cate ['edʒəkeɪt] *v/t child* educar; *consumers* concienciar; **he was ~d at ...** estudió en ...
ed•u•cat•ed ['edʒəkeɪtɪd] *adj person* culto; **~ guess** suposición *f* con fundamento
ed•u•ca•tion [edʒəˈkeɪʃn] educación *f*; **the ~ system** el sistema educativo
ed•u•ca•tion•al [edʒəˈkeɪʃnl] *adj* **1** educativo; **~ psychologist** psico-pedagogo(-a) *m(f)* **2** (*informative*) instructivo
ed•u•ca•tion•al•ly [edʒəˈkeɪʃnəlɪ] *adv* educativamente hablando; **~ subnormal** con dificultades de aprendizaje
ed•u•tain•ment [edjuːˈteɪnmənt] *software que entretiene y a la vez educa*
EEG [i:iːˈdʒiː] *abbr* (= **electroencephalogram**) electroencefalograma *m*
eel [i:l] anguila *f*
ee•rie ['ɪrɪ] *adj* escalofriante
ee•ri•ness ['ɪrɪnɪs] lo escalofriante
ef•fect [ɪ'fekt] **I** *n* efecto *m*; **take ~** *of medicine, drug* hacer efecto; **come into ~** *of law* entrar en vigor; **have no ~** producir ningún efecto; **nothing I say has any ~ on him** no hace caso a nada de lo que le digo; **have an ~ on s.o. /** *sth* afectar alguien / algo, hacer mella en alguien / algo; **special ~s** efectos especiales; **a letter to the ~ that ...** una carta informando de que ...; **I will inform him to that ~** *fml* le informaré al respecto *fml*; **or words to that ~** o algo por el estilo; **be in ~** *of law* estar vigente; **with ~ from ... date** a partir de...; **he is, in ~, the leader** él es, de hecho, el líder **II** *v/t* efectuar
ef•fec•tive [ɪ'fektɪv] *adj* **1** (*efficient*) efectivo **2** (*striking*) impresionante **3** (*real, actual*) real; **~ May 1** a partir del 1 de mayo; **become ~** *of law etc* entrar en vigor
ef•fec•tive•ly [ɪ'fektɪvlɪ] *adv* (*in reality*) en definitiva, de hecho

ef•fec•tive•ness [ɪ'fektɪvnɪs] eficacia *f*
ef•fem•i•nate [ɪ'femɪnət] *adj* afeminado
ef•fer•ves•cent [efər'vesnt] *adj* efervescente; *personality* chispeante
ef•fete [ɪ'fiːt] *adj person* amanerado; *nation, institution etc* decadente
ef•fi•cien•cy [ɪ'fɪʃənsɪ] *of person* eficiencia *f; of machine* rendimiento *m; of system* eficacia *f*
ef•fi•cient [ɪ'fɪʃənt] *adj person* eficiente; *machine* de buen rendimiento; *method* eficaz
ef•fi•cient•ly [ɪ'fɪʃəntlɪ] *adv* eficientemente
ef•fi•gy ['efɪdʒɪ] *on coin etc* efigie *f; dummy, model* monigote *m; burn s.o. in* ~ quemar la efigie de alguien
ef•flu•ent ['efluənt] aguas *fpl* residuales
ef•fort ['efərt] (*struggle, attempt*) esfuerzo *m; make an* ~ hacer un esfuerzo, esforzarse; *make every* ~ *to do sth* hacer todo lo posible por hacer algo; *it was quite an* ~ costó mucho; *it was well worth the* ~ mereció la pena hacer el esfuerzo
ef•fort•less ['efərtlɪs] *adj* fácil
ef•fort•less•ly ['efərtlɪslɪ] *adv* fácilmente, sin esfuerzo
ef•fron•te•ry [ɪ'frʌntərɪ] desvergüenza *f*
ef•fu•sive [ɪ'fjuːsɪv] *adj* efusivo
EFL [iːef'el] *abbr* (= *English as a Foreign Language*) inglés *m* para extranjeros
EFTPOS ['eftpɑːs] *abbr* (= *Electronic Funds Transfer at Point of Sale*) T.P.V. *f* (= transferencia *f* de fondos electrónica en el punto de venta)
e.g. [iː'dʒiː] p. ej.
e•gal•i•tar•i•an [ɪgælɪ'terɪən] *adj* igualitario
egg [eg] huevo *m; of woman* óvulo *m; get* ~ *on one's face* F quedar en ridículo; *he had* ~ *all over his face* fig quedó en ridículo
◆ **egg on** *v/t* incitar
'**egg•cup** huevera *f;* '**egg•head** F cerebrito(-a) *m(f)* F; '**egg•plant** berenjena *f;* '**egg•shell** cáscara *f* de huevo; '**egg tim•er** reloj *m* de arena; '**egg whisk** batidor *m* de huevos; '**egg white** clara *f* de huevo; '**egg yolk** yema *f* de huevo
e•go ['iːgou] PSYCH ego *m;* (*self-esteem*) amor *m* propio; *she's all* ~ tiene mucho ego *or* amor propio; *boost s.o.'s* ~,

give s.o. an ~ *boost* alimentar el ego de alguien
e•go•cen•tric [iːgou'sentrɪk] *adj* egocéntrico
e•go•ism ['iːgouɪzm] egoísmo *m*
e•go•ist ['iːgouɪst] egoísta *m/f*
e•go•is•tic [iːgou'ɪstɪk] *adj* egoísta
e•go•tism ['iːgoutɪzəm] egoísmo *m,* egocentrismo *m*
e•go•tist ['iːgoutɪst] egocéntrico(-a) *m(f)*
e•go•tis•tic [iːgou'tɪstɪk] *adj* egocéntrico
'**e•go trip:** *be on an* ~ creerse el centro del universo; *charity work is just a big* ~ *for him* participa en obras benéficas sólo para sentirse superior
E•gypt ['iːdʒɪpt] Egipto *m*
E•gyp•tian [ɪ'dʒɪpʃn] **I** *adj* egipcio **II** *n* egipcio(-a) *m(f)*
ei•der•down ['aɪdərdaun] *quilt* edredón *m*
eight [eɪt] ocho
eigh•teen [eɪ'tiːn] dieciocho
eigh•teenth [eɪ'tiːnθ] *n & adj* decimoctavo
eighteen-'yard box *in soccer* área *f* grande
eighth [eɪtθ] *n & adj* octavo
eigh•ti•eth ['eɪtɪɪθ] *n & adj* octogésimo
eigh•ty ['eɪtɪ] ochenta; *be in one's eighties* tener ochenta y tantos; *in the eighties* en los (años) ochenta
Eir•e ['erə] República *f* de Irlanda
ei•ther ['aɪðər] **I** *adj* cualquiera de los dos; *with negative constructions* ninguno de los dos; (*both*) cada, ambos **II** *pron* cualquiera de los dos; *with negative constructions* ninguno de los dos *he wouldn't accept* ~ *of the proposals* no quería aceptar ninguna de las dos propuestas **III** *adv* tampoco; *I won't go* ~ yo tampoco iré **IV** *conj:* ~ ... *or choice* o ... or; *with negative constructions* ni ... ni
e•jac•u•late [ɪ'dʒækjuleɪt] *v/i* PHYSIO eyacular
e•jac•u•la•tion [ɪdʒækju'leɪʃn] **1** PHYSIO eyaculación *f* **2** *exclamation* exclamación *f*
e•ject [ɪ'dʒekt] **I** *v/t* expulsar **II** *v/i from plane* eyectarse
e•jec•tor seat [ɪ'dʒektər] AVIA asiento

m de eyección

◆ **eke out** [iːk] *v/t* **1** (*make last*) hacer durar **2**: *eke out a living* ganarse la vida a duras penas

e•lab•o•rate I *adj* [ɪˈlæbərət] elaborado **II** *v/t* [ɪˈlæbəreɪt] elaborar **III** *v/i* [ɪˈlæbəreɪt] dar detalles

◆ **elaborate on** *v/t* ampliar, explicar en detalle

e•lab•o•rate•ly [ɪˈlæbəreɪtlɪ] *adv* elaboradamente

e•lapse [ɪˈlæps] *v/i* pasar

e•las•tic [ɪˈlæstɪk] **I** *adj* elástico; **~** *band* goma *f* elástica **II** *n* elástico *m*

e•las•ti•ca•ted [ɪˈlæstɪkeɪtɪd] *adj* elástico

e•las•ti•ci•ty [ɪlæsˈtɪsətɪ] elasticidad *f*

e•las•ti•cized [ɪˈlæstɪsaɪzd] *adj* elástico

e•lat•ed [ɪˈleɪtɪd] *adj* eufórico

el•at•ion [ɪˈleɪʃn] euforia *f*

el•bow [ˈelbou] **I** *n* codo *m* **II** *v/t* dar un codazo a; **~** *out of the way* apartar a codazos; **~** *one's way through the crowd* abrirse paso a codazos entre la multitud

'**el•bow grease** F trabajo *m* duro F

'**el•bow•room** F espacio *m*, sitio *m* para moverse

el•der[1] [ˈeldər] **I** *adj* mayor **II** *n* mayor *m/f*; *she's two years my* **~** es dos años mayor que yo

el•der[2] [ˈeldər] *n* BOT saúco *m*

el•der•ly [ˈeldərlɪ] **I** *adj* mayor **II** *npl*: *the* **~** las personas mayores

el•dest [ˈeldəst] **I** *adj* mayor **II** *n*: *the* **~** el/la mayor

e•lect [ɪˈlekt] *v/t* elegir; **~** *to do sth* decidir hacer algo

e•lect•ed [ɪˈlektɪd] *adj* elegido

e•lec•tion [ɪˈlekʃn] elección *f*; *call an* **~** convocar elecciones; **~** *promises* promesas *fpl* electorales; **~** *results* resultados *mpl* electorales

e'lec•tion cam•paign campaña *f* electoral

e'lec•tion day día *m* de las elecciones

e•lec•tion•eer [ɪlekʃəˈnɪər] *v/i* hacer campaña (electoral)

e•lec•tion•eer•ing [ɪlekʃəˈnɪərɪŋ] campaña *f* electoral; *that's just* **~** eso es sólo hacer campaña electoral

e•lec•tive [ɪˈlektɪv] *adj* opcional; *subject, surgery* optativo

e•lec•tor [ɪˈlektər] elector(a) *m(f)*, vo-

tante *m/f*

e•lec•tor•al [ɪˈlektərəl] *adj* electoral

e•lec•tor•al 'col•lege colegio *m* electoral

e•lec•to•rate [ɪˈlektərət] electorado *m*

e•lec•tric [ɪˈlektrɪk] *adj* eléctrico; *fig atmosphere* electrizado

e•lec•tri•cal [ɪˈlektrɪkl] *adj* eléctrico

e•lec•tri•cal en•gi'neer ingeniero(-a) *m(f)* electrónico(-a)

e•lec•tri•cal en•gi'neer•ing ingeniería *f* electrónica

e•lec•tric 'blan•ket manta *f* or L.Am. cobija *f* eléctrica; **e•lec•tric 'chair** silla *f* eléctrica; **e•lec•tric gui'tar** guitarra *f* eléctrica

e•lec•tri•cian [ɪlekˈtrɪʃn] electricista *m/f*

e•lec•tri•ci•ty [ɪlekˈtrɪsətɪ] electricidad *f*

e•lec•tric 'ra•zor maquinilla *f* eléctrica

e•lec•trics [ɪˈlektrɪks] *npl* MOT electricidad *f*

e•lec•tric 'shock descarga *f* eléctrica; **~** *treatment* MED tratamiento *m* por electrochoque

e•lec•tri•fy [ɪˈlektrɪfaɪ] *v/t* (*pret & pp -ied*) electrificar; *fig* electrizar

e•lec•tri•fy•ing [ɪˈlektrɪfaɪɪŋ] *adj fig* electrizante

e•lec•tro•car•di•o•gram [ɪlektrouˈkɑːrdɪougræm] MED electrocardiograma *m*

e•lec•tro•cute [ɪˈlektrəkjuːt] *v/t* electrocutar

e•lec•tro•cu•tion [ɪlektrəˈkjuːʃn] *form of execution* electrocución *f*

e•lec•trode [ɪˈlektroud] electrodo *m*

e•lec•tro•lyte [ɪˈlektrəlaɪt] electrolito *m*

e•lec•tro•mag•net•ic [ɪlektroumægˈnetɪk] *adj* electromagnético

e•lec•tron [ɪˈlektrɑːn] electrón *m*; **~** *microscope* microscopio *m* electrónico; **~** *beam* haz *m* de electrones

e•lec•tron•ic [ɪlekˈtrɑːnɪk] *adj* electrónico; **~** *banking* banca *f* electrónica *or* informatizada

e•lec•tron•ic da•ta 'pro•ces•sing procesamiento *m* electrónico de datos; **e•lec•tron•ic 'funds trans•fer** transferencia *f* electrónica de fondos; **e•lec•tron•ic 'mail** correo *m* electrónico; **e•lec•tron•ic 'mail•box** buzón *m* electrónico; **e•lec•tron•ic 'me•di•a** medios *mpl* de comunicación electrónicos; **e•lec•tron•ic 'pay•ment** pago *m* electrónico

e•lec'tron•ics [ɪlek'trɑːnɪks] **1** *nsg: subject* electrónica *f* **2** *npl: the advanced ~ of the new car are ...* los modernos componentes electrónicos del coche nuevo son ...

e•lec'tron•ics en•gi•neer ingeniero(-a) *m(f)* electrónico(-a)

e•lec'tron•ic 'trans•fer FIN transferencia *f* electrónica

e•lec•tro•ther•a•py [ɪlektrou'θerəpɪ] MED electroterapia *f*

el•e•gance ['elɪgəns] elegancia *f*

el•e•gant ['elɪgənt] *adj* elegante

el•e•gant•ly ['elɪgəntlɪ] *adv* elegantemente

el•e•ment ['elɪmənt] *also* CHEM elemento *m*; *an ~ of uncertainty* algo de inseguridad; *~ of surprise* factor *m* sorpresa; *~ of risk* factor de riesgo; *be in one's ~* estar en su elemento, estar como pez en el agua F; *be out of one's ~* estar fuera de su elemento

el•e•men•ta•ry [elɪ'mentərɪ] *adj* (*rudimentary*) elemental

el•e•men•ta•ry school escuela *f* primaria

el•e•men•ta•ry teacher maestro(-a) *m(f)*

el•e•phant ['elɪfənt] elefante *m*

el•e•vate ['elɪveɪt] *v/t* elevar

el•e•vat•ed rail•road [elɪvertɪd'reɪlroud] ferrocarril *m* elevado

el•e•va•tion [elɪ'veɪʃn] (*altitude*) altura *f*

el•e•va•tor ['elɪveɪtər] ascensor *m*; *~ shaft* hueco *m* del ascensor

el•e•ven [ɪ'levn] once

el•e•venth [ɪ'levnθ] *n & adj* undécimo; *at the ~ hour* justo en el último minuto

elf [elf] (*pl* **elves** [elvz]) duende *m*, elfo *m*

e•lic•it [ɪ'lɪsɪt] *v/t* **1** *truth* obtener (*from* de) **2** *reaction, applause* suscitar, provocar (*from* de)

el•i•gi•bil•i•ty [elɪdʒə'bɪlətɪ] *of candidate etc* elegibilidad *f*; *there are doubts about their ~ to vote* existen dudas acerca de que tengan derecho para votar

el•i•gi•ble ['elɪdʒəbl] *adj* que reúne los requisitos; *be ~ to vote* tener derecho al voto; *be ~ to do sth* tener derecho

a hacer algo

el•i•gi•ble 'bach•e•lor buen partido *m*

e•lim•i•nate [ɪ'lɪmɪneɪt] *v/t* **1** eliminar; *poverty* acabar con **2** (*rule out*) descartar

e•lim•i•na•tion [ɪ'lɪmɪneɪʃn] eliminación *f*; *by a process of ~* por (un proceso de) eliminación

e•lite [eɪ'liːt] **I** *n* élite *f* **II** *adj* de élite

el•it•ism [eɪ'liːtɪzəm] elitismo *m*

el•it•ist [eɪ'liːtɪst] *adj* elitista

elk [elk] ciervo *m* canadiense

el•lipse [ɪ'lɪps] elipse *f*

elm [elm] olmo *m*

el•o•cu•tion [elə'kjuːʃn] dicción *f*, elocución *f*

e•lon•gate ['iːlɑːŋgeɪt] *v/t* alargar

e•lope [ɪ'loup] *v/i* fugarse con un amante

el•o•quence ['eləkwəns] elocuencia *f*

el•o•quent ['eləkwənt] *adj* elocuente

el•o•quent•ly ['eləkwəntlɪ] *adv* elocuentemente; *very ~ put* dicho de manera elocuente

El Sal•va•dor [el'sælvədɔːr] El Salvador *m*

else [els] *adv*: *anything ~?* ¿algo más?; *if you have nothing ~ to do* si no tienes nada más que hacer; *no one ~* nadie más; *everyone ~ is going* todos (los demás) van, va todo el mundo; *who ~ was there?* ¿quién más estaba allí?; *someone ~* otra persona; *something ~* algo más; *let's go somewhere ~* vamos a otro sitio; *or ~* si no

else•where ['elswer] *adv* en otro sitio

ELT [iːel'tiː] *abbr* (= *English Language Teaching*) enseñanza *f* de inglés

e•lu•ci•date [ɪ'luːsɪdeɪt] *v/t* aclarar, esclarecer

e•lude [ɪ'luːd] *v/t* (*escape from*) escapar de; (*avoid*) evitar; *the name ~s me* no recuerdo el nombre

e•lu•sive [ɪ'luːsɪv] *adj* evasivo

elves [elvz] *pl* ☞ *elf*

el [el] ☞ *elevated railroad*

e•ma•ci•at•ed [ɪ'meɪsɪeɪtɪd] *adj* demacrado

e-mail ['iːmeɪl] **I** *n* correo *m* electrónico, e-mail *m* **II** *v/t person* mandar un correo electrónico a; *~ sth to s.o.* mandar algo por e-mail a alguien

'e-mail ad•dress dirección *f* de correo electrónico *or* de e-mail

em•a•nate ['eməneɪt] *v/i of gas, light* emanar (**from** de); *of reports, rumors* proceder, provenir (**from** de)

e•man•ci•pat•ed [ɪ'mænsɪpeɪtɪd] *adj* emancipado

e•man•ci•pa•tion [ɪmænsɪ'peɪʃn] emancipación *f*

em•balm [ɪm'bɑːm] *v/t* embalsamar

em•bank•ment [ɪm'bæŋkmənt] **1** *of river* dique *m* **2** RAIL terraplén *m*

em•bar•go [em'bɑːrgoʊ] (*pl* **-oes**) embargo *m*; **place** *or* **put an ~ on sth** imponer un embargo sobre algo

em•bar•ka•tion [embɑːr'keɪʃn] embarque *f*

em•bark [ɪm'bɑːrk] *v/i* embarcar
◆ **embark on** *v/t* embarcarse en

em•bar•rass [ɪm'bærəs] *v/t* avergonzar; *he ~ed me in front of everyone* me hizo pasar vergüenza delante de todos

em•bar•rassed [ɪm'bærəst] *adj* avergonzado; *I was ~ to ask* me daba vergüenza preguntar; *don't be ~* no te avergüences

em•bar•rass•ing [ɪm'bærəsɪŋ] *adj* embarazoso

em•bar•rass•ment [ɪm'bærəsmənt] embarazo *m*, apuro *m*; *much to our ~* para vergüenza nuestra; *be an ~ to s.o.* ser un motivo de vergüenza para alguien

em•bas•sy ['embəsɪ] embajada *f*; *~ staff* personal *m* de la embajada

em•bed [ɪm'bed] *v/t* (*pret & pp* **-ded**) insertar, incrustar; *in mind* fijar, grabar; *~ded in concrete* incrustado en

em•bed•ded com•mand [ɪm'bedɪd] COMPUT comando *m* integrado

em•bel•lish [ɪm'belɪʃ] *v/t* adornar; *story* exagerar

em•bel•lish•ment [ɪm'belɪʃmənt] *also of story* adorno *m*

em•bers ['embərz] *npl* ascuas *fpl*

em•bez•zle [ɪm'bezl] *v/t* malversar

em•bez•zle•ment [ɪm'bezlmənt] malversación *f*

em•bez•zler [ɪm'bezlər] malversador(a) *m(f)*

em•bit•ter [ɪm'bɪtər] *v/t* amargar

em•blem ['embləm] emblema *m*

em•bod•i•ment [ɪm'bɑːdɪmənt] personificación *f*

em•bod•y [ɪm'bɑːdɪ] *v/t* (*pret & pp* **-ied**) personificar

em•bo•lism ['embəlɪzm] embolia *f*

em•boss [ɪm'bɑːs] *v/t metal* repujar; *paper* grabar en relieve; *~ed paper* papel *m* gofrado; *wallpaper* papel *m* estampado en relieve

em•brace [ɪm'breɪs] **I** *n* abrazo *m* **II** *v/t* **1** (*hug*) abrazar **2** (*take in*) abarcar **III** *v/i of two people* abrazarse

em•broi•der [ɪm'brɔɪdər] *v/t* bordar; *fig* adornar

em•broi•der•y [ɪm'brɔɪdərɪ] bordado *m*; *~ needle* aguja *f* de bordar; *do ~* bordar

em•broil [ɪm'brɔɪl] *v/t*: *be ~ed in sth* estar envuelto *or* mezclado en algo

em•bry•o ['embrɪoʊ] embrión *m*; *in ~* en embrión

em•bry•on•ic [embrɪ'ɑːnɪk] *adj fig* embrionario

em•cee [em'siː] **F I** *n of show* presentador(a) *m(f)* **II** *v/t* presentar

em•e•rald ['emərəld] esmeralda *f*

e•merge [ɪ'mɜːrdʒ] *v/i* (*appear*) emerger, salir; *of truth* aflorar; *it has ~d that* se ha descubierto que; *what ~s from this is that ...* lo que se desprende de esto es que...

e•mer•gence [ɪ'mɜːrdʒəns] *of truth, new state etc* aparición *f*, surgimiento *m*

e•mer•gen•cy [ɪ'mɜːrdʒənsɪ] emergencia *f*; *in an ~* en caso de emergencia; *declare a state of ~* declarar el estado de emergencia *or* excepción

e•mer•gen•cy call TELEC llamada *f* de emergencia; **e•mer•gen•cy 'ex•it** salida *f* de emergencia; **e•mer•gen•cy land•ing** aterrizaje *m* forzoso; *make an ~* hacer un aterrizaje forzoso; **e•mer•gen•cy light•ing** luz *f* de emergencia; **e•mer•gen•cy 'meet•ing** reunión *f* de emergencia; **e•mer•gen•cy 'num•ber** TELEC número *m* de emergencia; **e•mer•gen•cy op•er•a•tion** MED operación *f* de urgencia; **e•mer•gen•cy 'ra•tions** raciones *fpl* de urgencia; **e•mer•gen•cy serv•i•ces** *npl* servicios *mpl* de urgencia; **e•mer•gen•cy 'stop** MOT parada *f* de emergencia; *make or do an ~* hacer una parada de emergencia; **e•mer•gen•cy tel•e•phone** teléfono *m* de emergencia

e•mer•gent [iː'mɜːrdʒənt] *adj fig nation* emergente, en vías de desarrollo

em•er•y board ['eməri] lima *f* de uñas

e•met•ic [ɪ'metɪk] emético m, vomitivo m

em•i•grant ['emɪgrənt] emigrante m/f

em•i•grate ['emɪgreɪt] v/i emigrar

em•i•gra•tion [emɪ'greɪʃn] emigración f

Em•i•nence ['emɪnəns] REL: *His* ~ Su Eminencia

em•i•nent ['emɪnənt] adj eminente

em•i•nent•ly ['emɪnəntlɪ] adv sumamente

e•mis•sion [ɪ'mɪʃn] *of gases* emisión f

e•mis•sion-'free adj MOT que no emite gases contaminantes

e'mis•sion lim•it MOT límite m de emisiones

e•mit [ɪ'mɪt] v/t (*pret* & *pp* **-ted**) emitir; *heat, odor* desprender

e•mo•tion [ɪ'moʊʃn] emoción f

e•mo•tion•al [ɪ'moʊʃənl] adj **1** *problems, development* sentimental **2** (*full of emotion*) emotivo; *no need to get so ~ about it start crying* no hay que ponerse tan sentimental; *tired and ~ hum* alegre

e•mo•tion•al•ly [ɪ'moʊʃənlɪ] adv **1** emotivamente **2**: *be ~ disturbed* tener trastornos emocionales

e•mo•tive [ɪ'moʊtɪv] adj emotivo; *~ term or word* palabra f afectiva

em•pa•thize ['empəθaɪz] v/i: *~ with* identificarse con

em•pa•thy ['empəθɪ] empatía f

em•per•or ['empərər] emperador m

em•pha•sis ['emfəsɪs] *in word* acento m; *fig* énfasis m; *place or put the ~ on sth* poner énfasis or hacer hincapié en algo; *with ~* con énfasis

em•pha•size ['emfəsaɪz] v/t *syllable* acentuar; *fig* hacer hincapié en

em•phat•ic [ɪm'fætɪk] adj enfático; *the response was an ~ no* la respuesta fue un 'no' rotundo

em•phy•se•ma [emfɪ'siːmə] MED enfisema m

em•pire ['empaɪr] *also fig* imperio m

em•pir•i•cal [em'pɪrɪkl] adj empírico

em•ploy [ɪm'plɔɪ] v/t emplear; *he's ~ed as a ...* trabaja de ...

em•ploy•ee [emplɔɪ'iː] empleado(-a) m(f)

em•ploy•ee 'buy•out adquisición f de una empresa por los empleados

em•ploy•ee con•tri•bu•tions aportaciones fpl or cotizaciones fpl de los empleados

em•ploy•er [em'plɔɪər] empresario(-a) m(f)

em•ploy•er con•tri•bu•tions cuotas fpl patronales

em•ploy•er's li•a•bil•i•ty responsabilidad f patronal

em•ploy•ment [em'plɔɪmənt] empleo m; (*work*) trabajo m; *be looking for ~* buscar trabajo; *be in ~* tener empleo or trabajo; *full ~* pleno empleo; *~ market* mercado m laboral

em'ploy•ment a•gen•cy agencia f de colocaciones; em'ploy•ment law legislación f laboral; em'ploy•ment tax impuesto m sobre el empleo

em•pow•er [ɪm'paʊər] v/t **1** facultar, otorgar poderes a; *~ s.o. to do sth* autorizar a alguien para hacer algo **2** *the people, the user* dar poder a

em•press ['emprɪs] emperatriz f

emp•ti•ness ['emptɪnɪs] vacío m

emp•ty ['emptɪ] **I** adj **1** vacío **2** *promise, threat* vano; *feel ~* sentirse vacío **II** v/t (*pret* & *pp* **-ied**) *drawer, pockets* vaciar; *glass, bottle* acabar; *~ sth into sth* vaciar algo en algo **III** v/i (*pret* & *pp* **-ied**) *of room, street* vaciarse

◆ empty out v/t *drawers, closet* vaciar

emp•ty-hand•ed [emptɪ'hændɪd] adj con las manos vacías; *return ~* volver con las manos vacías

emp•ty-'head•ed adj: *be ~* ser un cabeza hueca

'emp•ty weight COM peso m en vacío

em•u•late ['emjʊleɪt] v/t emular

e•mul•sion [ɪ'mʌlʃn] *paint* emulsión f

en•a•ble [ɪ'neɪbl] v/t permitir; *~ s.o. to do sth* permitir a alguien hacer algo

en•act [ɪ'nækt] v/t **1** *law* promulgar **2** THEA representar

en•act•ment [ɪ'næktmənt] *of law* promulgación f

e•nam•el [ɪ'næml] esmalte m

en•am•or, *Br* en•am•our [ɪ'næmər] v/t: *be ~ed of idea etc* estar entusiasmado con

enc abbr (= *enclosure(s)*) documento(s) m(pl) adjunto(s)

en•case [ɪn'keɪs] v/t: *~d in* revestido or recubierto de

en•chant•ed [ɪn'tʃɑːntɪd] adj **1** *forest etc* encantado **2**: *be ~ed with sth* quedar or estar encantado con algo

en•chant•ing [ɪn'tʃæntɪŋ] *adj* encantador

en•cir•cle [ɪn'sɜːrkl] *v/t* rodear

en•cir•cle•ment [ɪn'sɜːrklmənt] MIL acorralamiento *m*

encl *abbr* (= **enclosure(s)**) documento(s) *m(pl)* adjunto(s)

en•close [ɪn'kloʊz] *v/t* **1** *in letter* adjuntar; *please find ~d ...* remito adjunto ... **2** *area* rodear

en•clo•sure [ɪn'kloʊʒər] *with letter* documento *m* adjunto

en•code [ɪn'koʊd] *v/t text* codificar, cifrar

en•com•pass [ɪn'kʌmpəs] *v/t fig fml* **1** (*include*) abarcar **2** (*surround*) rodear, cercar **3** (*bring about*) ocasionar

en•core ['ɑːŋkɔːr] **I** *n* bis *m* **II** *int* ¡otra!

en•coun•ter [ɪn'kaʊntər] **I** *n* encuentro *m* **II** *v/t person* encontrarse con; *problem, resistance* tropezar con

en•cour•age [ɪn'kʌrɪdʒ] *v/t* animar; *violence* fomentar

en•cour•age•ment [ɪn'kʌrɪdʒmənt] ánimo *m*; *a few words of ~* unas palabras de ánimo *or* aliento

en•cour•ag•ing [ɪn'kʌrɪdʒɪŋ] *adj* alentador; *that's ~* eso es alentador, eso me da ánimos; *it's ~ to see that ...* es alentador ver que ...

◆ **en•croach on** [ɪn'kroʊtʃ] *v/t land* invadir; *rights* usurpar; *time* quitar

en•crust•ed [ɪn'krʌstɪd] *adj*: *~ with* incrustado de

en•crypt [ɪn'krɪpt] *v/t* encriptar, codificar

en•cryp•tion [ɪn'krɪpʃn] encriptación *f*, codificación *f*

en•cy•clo•pe•di•a [ɪnsaɪklə'piːdɪə] enciclopedia *f*

en•cy•clo•pe•dic [ɪnsaɪklə'piːdɪk] *adj* enciclopédico

end [end] **I** *n* **1** (*conclusion*) fin *m*; *of journey, month* final *m*; *come or draw to an ~* acabar, llegar a su fin; *it's not the ~ of the world!* ¡no es el fin del mundo!, ¡no pasa nada!; *in the ~* al final; *at the ~ of July* a finales de julio; *put an ~ to* poner fin a **2** (*extremity*) extremo *m*; *at the other ~ of town* al otro lado de la ciudad; *stand sth on ~* poner de pie algo; *make* (*both*) *~s meet fig* llegar a fin de mes; *placed ~ to ~* colocado uno tras otro;

change ~s SP cambiar de lado; *push it right up to the ~* empújalo hasta el fondo **3** (*purpose*): *the ~ justifies the means* el fin justifica los medios; *to this ~* con *or* para este fin **4**: *for hours on ~* durante horas y horas; *for three weeks on ~* durante tres semanas seguidas **II** *v/t* terminar, finalizar; *the war to ~ all wars* la guerra de las guerras **III** *v/i* terminar; *how does it ~?* ¿cómo acaba?, ¿cuál es el final?; *~ happily* acabar bien; *~ in disaster* acabar mal; *all's well that ~s well* bien está lo que bien acaba

◆ **end up** *v/i* acabar; *we ended up agreeing to it after all* al final acabamos consintiéndolo

en•dan•ger [ɪn'deɪndʒər] *v/t* poner en peligro

en•dan•gered spe•cies [ɪn'deɪndʒərd] especie *f* en peligro de extinción

en•dear•ing [ɪn'dɪrɪŋ] *adj* simpático

en•dear•ment [ɪn'dɪrmənt]: *term of ~* palabra *f* cariñosa

en•deav•or, *Br* **en•deav•our** [ɪn'devər] **I** *n* esfuerzo *m*; *make every ~ to do sth* procurar por todos los medios hacer algo **II** *v/t*: *~to do sth* procurar hacer algo

en•dem•ic [ɪn'demɪk] *adj* endémico

end•ing ['endɪŋ] **1** final *m* **2** GRAM terminación *f*

en•dive ['endaɪv] BOT endibia *f*

end•less ['endlɪs] *adj* interminable

end•less 'loop bucle *m* sin fin

'end line *in basketball* línea *f* de fondo

end-of-year 'bo•nus paga *f* extra de fin de año

en•dorse [ɪn'dɔːrs] *v/t* **1** *check* endosar **2** *candidacy* apoyar; *product* representar

en•dors•ee [ɪndɔːr'siː] FIN endosatario(-a) *m(f)*

en•dorse•ment [ɪn'dɔːrsmənt] **1** *of check* endoso *m* **2** *of candidacy* apoyo *m*; *of product* representación *f*

en•dors•er [ɪn'dɔːrsər] FIN endosante *m/f*

en•dow [ɪn'daʊ] *v/t* **1** *financially* donar **2** *fig* (*equip*) dotar; *be ~ed with ...* estar dotado de ...; *be well ~ed hum* estar muy bien dotado P

en•dow•ment [ɪn'daʊmənt] **1** *financial* dotación *f* **2** *gift endowed* donación *f* **3** *talent* dote *f*, atributo *m*; *because* *of his superior physical* ~ gracias a sus dotes físicas superiores

en•dow•ment mort•gage hipoteca *f* de inversión

end 'prod•uct producto *m* final

end re'sult resultado *m* final

en•dur•a•ble [ɪn'dʊrəbl] *adj* tolerable, soportable

en•dur•ance [ɪn'dʊrəns] resistencia *f*; **be beyond** ~ ser insoportable; ~ **test** prueba *f* de resistencia

en•dure [ɪn'dʊər] **I** *v/t* resistir **II** *v/i* (*last*) durar

en•dur•ing [ɪn'dʊrɪŋ] *adj* duradero

end-'us•er usuario(-a) *m(f)* final

en•e•ma ['enəmə] MED enema *m*

en•e•my ['enəmɪ] enemigo(-a) *m(f)*; **make an** ~ **of s.o.** enemistarse con alguien; **with friends like that, who needs enemies!** F ¡con amigos así, uno ya no necesita enemigos!F

en•er•get•ic [enər'dʒetɪk] *adj* enérgico

en•er•get•ic•al•ly [enər'dʒetɪklɪ] *adv* enérgicamente

en•er•gy ['enərdʒɪ] energía *f*

en•er•gy 'cri•sis crisis *f* energética; **'en•er•gy-ef•fi•cient** *adj* que hace buen uso energético; **'en•er•gy-sav•ing** *adj device* que ahorra energía; **'en•er•gy sup•ply** suministro *m* de energía

en•force [ɪn'fɔːrs] *v/t* hacer cumplir

en•force•ment [ɪn'fɔːrsmənt] *of law* aplicación *f*

en•gage [ɪn'geɪdʒ] **I** *v/t* (*hire*) contratar **II** *v/i* TECH engranar

◆ **engage in** *v/t* dedicarse a

en•gaged [ɪn'geɪdʒd] *adj* **1** *to be married* prometido; **get** ~ prometerse **2**: **be** ~ **in doing sth** *fml* estar ocupado haciendo algo **3** *Br* TELEC ocupado

en•gage•ment [ɪn'geɪdʒmənt] (*appointment, to be married*) compromiso *m*; MIL combate *m*; **have a prior** ~ tener un compromiso previo

en'gage•ment ring anillo *m* de compromiso

en•gag•ing [ɪn'geɪdʒɪŋ] *adj smile, person* atractivo

en•gen•der [ɪn'dʒendər] *v/t hate, envy, emotions etc* engendrar, suscitar

en•gine ['endʒɪn] motor *m*

'en•gine block bloque *m* del motor;

en•gine 'brak•ing MOT frenado *m* con el motor; **'en•gine com•part•ment** compartimento *m* del motor; **'en•gine driv•er** *Br* RAIL maquinista *m/f*

en•gi•neer [endʒɪ'nɪr] **I** *n* ingeniero(-a) *m(f)*; NAUT, RAIL maquinista *m/f* **II** *v/t fig: meeting etc* tramar

en•gi•neer•ing [endʒɪ'nɪrɪŋ] ingeniería *f*

'en•gine im•mo•bi•liz•er MOT inmovilizador *m*

'en•gine oil *for engine* aceite *m* para motor; *in engine* aceite *m* del motor

En•gland ['ɪŋglənd] Inglaterra *f*

En•glish ['ɪŋglɪʃ] **I** *adj* inglés(-esa) **II** *n* **1** *pl*: **the** ~ los ingleses **2** *language* inglés *m*; **in** ~ en inglés; **in plain** ~ en el habla corriente

Eng•lish 'Chan•nel Canal *m* de la Mancha; **En•glish•man** ['ɪŋglɪʃmən] inglés *m*; **'En•glish•wom•an** inglesa *f*

en•grave [ɪn'greɪv] *v/t* grabar; **it is** ~**d on his memory** está grabado en su memoria

en•grav•ing [ɪn'greɪvɪŋ] grabado *m*

en•grossed [ɪn'groʊst] *adj* absorto (**in** en)

en•gross•ing [ɪn'groʊsɪŋ] *adj* absorbente, fascinante

en•gulf [ɪn'gʌlf] *v/t* devorar

en•hance [ɪn'hæns] *v/t* realzar

e•nig•ma [ɪ'nɪgmə] enigma *m*

e•nig•mat•ic [enɪg'mætɪk] *adj* enigmático

en•joy [ɪn'dʒɔɪ] *v/t* disfrutar (de); ~ **o.s.** divertirse; ~ (**your meal!**) ¡que aproveche!; ~ **doing sth** gustar hacer algo, disfrutar haciendo algo; **I don't** ~ **doing this, you know** no me gusta hacer ésto, sabes; **I** ~ **dancing** me gusta bailar; **did you** ~ **the play?** ¿te gustó la obra?; ~ **yourself!** ¡que lo pases bien!; ~ **good health** disfrutar *or* gozar de buena salud

en•joy•a•ble [ɪn'dʒɔɪəbl] *adj* agradable

en•joy•ment [ɪn'dʒɔɪmənt] diversión *f*; **I don't get any** ~ **out of it** no disfruto con ello

en•large [ɪn'lɑːrdʒ] *v/t* ampliar

en•large•ment [ɪn'lɑːrdʒmənt] ampliación *f*

en•light•en [ɪn'laɪtn] *v/t* educar

en•list [ɪn'lɪst] **I** *v/i* MIL alistarse **II** *v/t*: **I** ~**ed his help** conseguí que me ayudara

en•liv•en [ɪn'laɪvn] v/t animar

en•mi•ty ['enmətɪ] enemistad f

e•nor•mi•ty [ɪ'nɔːrmətɪ] magnitud f

e•nor•mous [ɪ'nɔːrməs] adj enorme; *satisfaction, patience* inmenso

e•nor•mous•ly [ɪ'nɔːrməslɪ] adv enormemente

e•nough [ɪ'nʌf] **I** adj & pron suficiente, bastante; *will $50 be ~?* ¿llegará con 50 dólares?; *I've had ~!* ¡estoy harto!; *that's ~, calm down!* ¡ya basta, tranquilízate!; *I have had ~, thank you* he tenido suficiente, gracias; *~ of this foolishness!* ¡basta de tonterías!; *there's more than ~ to go around* hay más que suficiente para todos **II** adv suficientemente, bastante; *the bag isn't big ~* la bolsa no es lo suficientemente or bastante grande; *strangely ~* curiosamente; *would you be good ~ to ...?* fml ¿le importaría...?; *are you man ~ to admit it?* ¿eres lo suficientemente hombre para admitirlo?, ¿eres tan hombre como para admitirlo?; *are you warm ~?* ¿tienes frío?

en•quire [ɪn'kwaɪr] ☞ **inquire**

en•quiry [ɪn'kwaɪrɪ] ☞ **inquiry**

en•raged [ɪn'reɪdʒd] adj enfurecido

en•rich [ɪn'rɪtʃ] v/t enriquecer

en•roll [ɪn'roʊl] v/i matricularse

en•roll•ment [ɪn'roʊlmənt] matrícula f

en•sign ['ensaɪn] NAUT **1** flag enseña f **2** officer alférez m

en•snare [ɪn'sner] v/t **1** atrapar; *become ~d in* quedar atrapado en **2** fig involucrar; *become ~d in* estar involucrado en

en•sue [ɪn'suː] v/i sucederse; *the ensuing years* los años subsiguientes

en suite [ɑːnswiːt] **I** n habitación f con baño incorporado **II** adj: *~ bathroom* baño m incorporado

en•sure [ɪn'ʃʊər] v/t asegurar

ENT [iːen'tiː] abbr (= *ear, nose and throat*) otorrinolaringología f

en•tail [ɪn'teɪl] v/t conllevar

en•tan•gle [ɪn'tæŋɡl] v/t *in rope* enredar; *become ~d in* enredarse en; *become ~d with* in love affair liarse con

en•ter ['entər] **I** v/t **1** room, house entrar en *it never ~ed my mind that ...* jamás se me pasó por la cabeza que... **2** competition participar en; person, horse in race inscribir **3** (write down) escribir; COMPUT introducir **II** v/i **1** entrar; THEA entrar en escena **2** in competition inscribirse **III** n COMPUT intro m

♦ **enter into** v/t agreement llegar a; discussion entrar en; *~ correspondence with* cartearse con; *~ negotiations* entrar en negociaciones

'en•ter key COMPUT intro m, tecla f enter

en•ter•prise ['entərpraɪz] **1** (initiative) iniciativa f **2** (venture) empresa f

en•ter•pris•ing ['entərpraɪzɪŋ] adj con iniciativa; *that's very ~ of you* eso demuestra mucha iniciativa por tu parte

en•ter•tain [entər'teɪn] **I** v/t **1** (amuse) entretener **2** (consider: idea) considerar **II** v/i (have guests): *we ~ a lot* recibimos a mucha gente

en•ter•tain•er [entər'teɪnər] artista m/f

en•ter•tain•ing [entər'teɪnɪŋ] adj entretenido

en•ter•tain•ment [entər'teɪnmənt] entretenimiento m; *much to his ~* para su entretenimiento; *~ industry* industria f del entretenimiento

en•ter'tain•ment al•low•ance gastos mpl de representación

en•thrall [ɪn'θrɒːl] v/t cautivar

en•thrall•ing [ɪn'θrɒːlɪŋ] adj cautivador, embelesador

en•thuse [ɪn'θuːz] v/i entusiasmarse (*about, over* con, por)

en•thu•si•asm [ɪn'θuːzɪæzm] entusiasmo m

en•thu•si•ast [ɪn'θuːzɪæst] entusiasta m/f; *sailing ~* entusiasta de la navegación

en•thu•si•as•tic [ɪnθuːzɪ'æstɪk] adj entusiasta; *be ~ about sth* estar entusiasmado con algo

en•thu•si•as•tic•al•ly [ɪnθuːzɪ'æstɪklɪ] adv con entusiasmo

en•tice [ɪn'taɪs] v/t atraer

♦ **entice away** v/t: *entice s.o. away from sth / s.o.* convencer a alguien para que deje algo / alguien

en•tice•ment [ɪn'taɪsmənt] incentivo m

en•tic•ing [ɪn'taɪsɪŋ] adj tentador, apetecible

en•tire [ɪn'taɪr] adj entero; *the ~ school is going* va a ir todo el colegio

en•tire•ly [ɪn'taɪrlɪ] adv completamente; *that is ~ up to you* como tú quieras; *it's*

made ~ of ... es todo de ...; **I ~ agree with you** estoy completamente de acuerdo contigo
en•tire•ty [ɪn'taɪrətɪ]: **in its ~** en su totalidad
en•ti•tle [ɪn'taɪtl] v/t: **~ s.o. to sth** dar derecho a alguien a algo; **be ~d to vote** tener derecho al voto
en•ti•tled [ɪn'taɪtld] adj book titulado
en•ti•ty ['entətɪ] entidad f; **legal ~** persona f jurídica
en•to•mol•o•gist [entə'mɑːlədʒɪst] entomólogo(-a) m(f)
en•to•mol•o•gy [entə'mɑːlədʒɪ] entomología f
en•tou•rage ['ɑːntʊrɑːʒ] séquito m
en•trance¹ ['entrəns] n entrada f; THEA entrada f en escena; **~ hall** vestíbulo m, hall m; **make one's ~** THEA entrar en escena; **make a dramatic ~** THEA, fig hacer una entrada dramática en escena
en•trance² [ɪn'træns] v/t encantar, hechizar
en•tranced [ɪn'trænst] adj encantado
'en•trance ex•am(•i•na•tion) examen m de acceso
'en•trance fee (cuota f de) entrada f
en•trant ['entrənt] participante m/f
en•trap•ment [ɪn'træpmənt] incitación por parte de los agentes de la ley a cometer un delito
en•treat [ɪn'triːt] v/t suplicar; **~ s.o. to do sth** suplicar a alguien que haga algo
en•treat•y [ɪn'triːtɪ] súplica f, ruego m
en•trée ['ɑːntreɪ] (main dish) plato m principal
en•trenched [ɪn'trentʃt] adj attitudes arraigado
en•tre•pre•neur [ɑːntrəprə'nɜːr] empresario(-a) m(f)
en•tre•pre•neur•i•al [ɑːntrəprə'nɜːrɪəl] adj empresarial
en•tre•pre•neur•ship [ɑːntrəprə'nɜːrʃɪp] espíritu m emprendedor or empresarial
en•trust [ɪn'trʌst] v/t confiar; **~ s.o. with sth, ~ sth to s.o.** confiar algo a alguien
en•try ['entrɪ] **1** entrada f; **no ~** prohibida la entrada; **gain ~ to building** conseguir entrar; **make a forced ~** entrar a la fuerza **2** for competition inscripción f; **the winning ~ was painted by ...** el cuadro ganador fue pintado por ... **3** in diary etc entrada f
'en•try form impreso m de inscripción;
'en•try-lev•el adj computer de gama baja; **'en•try•phone** portero m automático; **'en•try vi•sa** visado m
en•twine [ɪn'twaɪn] v/t enroscar, entrelazar (**around** alrededor de)
e•nu•me•rate [ɪ'nuːməreɪt] v/t enumerar
e•nun•ci•ate [ɪ'nʌnsɪeɪt] **I** v/t **1** words enunciar **2** reasons enumerar **II** v/i speak clearly vocalizar
en•vel•op [ɪn'veləp] v/t cubrir; **~ed in mystery** envuelto en misterio
en•ve•lope ['envəloʊp] sobre m
en•vi•a•ble ['envɪəbl] adj envidiable
en•vi•ous ['envɪəs] adj envidioso; **be ~ of s.o.** tener envidia de alguien
en•vi•ron•ment [ɪn'vaɪrənmənt] **1** (nature) medio m ambiente **2** (surroundings) entorno m, ambiente m; **in an office ~** en un ambiente de oficina
en•vi•ron•men•tal [ɪnvaɪrən'mentl] adj medioambiental; **~ damage** daño m medioambiental; **~ impact** impacto m medioambiental
en•vi•ron•men•tal•ist [ɪnvaɪrən'mentəlɪst] ecologista m/f
en•vi•ron•men•tal•ly friend•ly [ɪnvaɪrənməntəlɪ'frendlɪ] adj ecológico, que no daña el medio ambiente
en•vi•ron•men•tal pol•lu•tion contaminación f medioambiental
en•vi•ron•men•tal pro•tec•tion protección f medioambiental; **~ group** grupo m de protección del medio ambiente
en•vi•rons [ɪn'vaɪrənz] npl alrededores mpl
en•vis•age [ɪn'vɪzɪdʒ] v/t imaginar
en•vi•sion [ɪn'vɪʒn] v/t imaginar
en•voy ['envɔɪ] enviado(-a) m(f)
en•vy ['envɪ] **I** n envidia f; **be the ~ of** ser la envidia de **II** v/t (pret & pp **-ied**) envidiar; **~ s.o. sth** envidiar a alguien por algo; **I don't ~ you having to go out in this weather** no te envidio por tener que salir (a la calle) con este tiempo
en•zyme ['enzaɪm] enzima f
e•phem•er•al [ɪ'femərəl] adj efímero
ep•ic ['epɪk] **I** n epopeya f **II** adj journey épico; **a task of ~ proportions** una tarea monumental
ep•i•cen•ter, Br ep•i•cen•tre ['epɪ-

sentər] epicentro *m*

ep•i•dem•ic [epɪ'demɪk] **I** *n* epidemia *f* **II** *adj*: **the problem has reached ~ proportions** el problema ha alcanzado dimensiones catastróficas

ep•i•du•ral [epɪ'dʊrəl] MED (anestesia *f*) epidural *f*

ep•i•lep•sy ['epɪlepsɪ] epilepsia *f*

ep•i•lep•tic [epɪ'leptɪk] epiléptico(-a) *m(f)*

ep•i•lep•tic 'fit ataque *m* epiléptico

ep•i•log, *Br* **ep•i•logue** ['epɪlɑːg] epílogo *m*

E•piph•a•ny [ɪ'pɪfənɪ] REL la Epifanía del Señor

e•pis•co•pal [ɪ'pɪskəpl] *adj* episcopal

ep•i•sode ['epɪsoud] *of story, soap opera* episodio *m*, capítulo *m*; *(happening)* episodio *m*; **let's forget the whole ~** olvidemos lo sucedido

e•pis•tle [ɪ'pɪsl] REL epístola *f*

ep•i•taph ['epɪtæf] epitafio *m*

ep•i•thet ['epɪθet] *fml* apelativo *m*

e•pit•o•me [ɪ'pɪtəmɪ] paradigma *m*, personificación *f*

e•pit•o•mize [ɪ'pɪtəmaɪz] *v/t* personificar, ser el paradigma de

e•poch ['iːpɑːk] época *f*

'e•poch-mak•ing *adj* que hace época

e•pon•y•mous [ɪ'pɑːnɪməs] *adj* epónimo

e•pox•y res•in [iː'pɑːksɪ] resina *f* epoxídica

eq•ua•ble ['ekwəbl] *adj temperament, climate* estable, sereno

e•qual ['iːkwl] **I** *adj* igual; **be ~ to** *a task* estar capacitado para; **~ opportunities** igualdad *f* de oportunidades; **be an ~ opportunities employer** ser una empresa con una política de igualdad de oportunidades; **~ pay for work** el mismo salario por el mismo trabajo; **~ in size, of ~ size** del mismo tamaño; **all things being ~** si no intervienen otros factores; **be on ~ terms with** estar en igualdad de condiciones con **II** *n* igual *m/f*; **your ~s** tus iguales; **he has no ~, he is without ~** no tiene igual, no hay quien le iguale **III** *v/t* (*pret & pp* -ed, *Br* -led) **1** (*with numbers*) equivaler; **four times twelve ~s 48** cuatro por doce, (igual a) cuarenta y ocho **2** (*be as good as*) igualar

e•qual•i•ty [ɪ'kwɑːlətɪ] igualdad *f*; **~ of**

opportunity igualdad de oportunidades

e•qual•ize ['iːkwəlaɪz] **I** *v/t* igualar **II** *v/i Br* SP empatar, igualar

e•qual•iz•er ['iːkwəlaɪzər] *Br* SP gol *m* del empate; **score** *or* **get the ~** marcar el gol del empate

e•qual•ly ['iːkwəlɪ] *adv* igualmente; *share, divide* en partes iguales; **~, you could say that...** del mismo modo, podría decirse que...

e•qual 'rights *npl* igualdad *f* de derechos

'e•quals sign MATH signo *m* de igual

e•qua•nim•i•ty [ekwə'nɪmətɪ] ecuanimidad *f*

e•quate [ɪ'kweɪt] *v/t* equiparar

e•qua•tion [ɪ'kweɪʒn] MATH ecuación *f*

e•qua•tor [ɪ'kweɪtər] ecuador *m*; **on the ~** en el ecuador

e•qua•to•ri•al [ekwə'tɔːrɪəl] *adj* ecuatorial

e•ques•tri•an [ɪ'kwestrɪən] *adj sports, skills* ecuestre, hípico

e•qui•dis•tant [iːkwɪ'dɪstənt] *adj*: **be ~ from two points** ser equidistante de dos puntos

e•qui•lat•er•al [iːkwɪ'lætərəl] *adj* MATH *triangle* equilátero

e•qui•lib•ri•um [iːkwɪ'lɪbrɪəm] equilibrio *m*

e•qui•nox ['iːkwɪnɑːks] equinoccio *m*

e•quip [ɪ'kwɪp] *v/t* (*pret & pp* -**ped**) equipar; **be intellectually ~ped for** tener las cualidades intelectuales para; **~ students for life** preparar a los estudiantes para la vida

e•quip•ment [ɪ'kwɪpmənt] equipo *m*; **a new piece of ~** un nuevo equipamiento

eq•ui•ta•ble ['ekwɪtəbl] *adj solution* equitativo

eq•ui•ty ['ekwɪtɪ] FIN acciones *fpl* ordinarias

e•quiv•a•lence [ɪ'kwɪvələns] equivalencia *m*

e•quiv•a•lent [ɪ'kwɪvələnt] **I** *adj* equivalente; **be ~ to** equivaler a **II** *n* equivalente *m*

e•quiv•o•cal [ɪ'kwɪvəkl] *adj* equívoco

e•quiv•o•cate [ɪ'kwɪvəkeɪt] *v/i* hablar con evasivas

e•ra ['ɪrə] era *f*

e•rad•i•cate [ɪ'rædɪkeɪt] *v/t* erradicar

e•rad•i•ca•tion [ɪrædɪ'keɪʃn] erradica-

ción *f*

e•ras•a•ble [ɪ'reɪzəbl] *adj CD* regrabable

e•rase [ɪ'reɪz] *v/t* borrar

e'rase head COMPUT cabeza *f* de borrado

e•ras•er [ɪ'reɪzər] *for pencil* goma *f* (de borrar); *for chalk* borrador *m*

e•ras•ure [ɪ'reɪʒər] *on tape* borrado *m*; *on paper* tachadura *f*

e•rect [ɪ'rekt] **I** *adj* erguido **II** *v/t* levantar, erigir

e•rec•tion [ɪ'rekʃn] **1** *of building etc* construcción *f* **2** *of penis* erección *f*; **have an ~** tener una erección

er•go•nom•ic [ɜːrgoʊ'nɑːmɪk] *adj furniture* ergonómico

er•go•nom•i•cal•ly [ɜːrgoʊ'nɑːmɪklɪ] *adv*: **~ designed** de diseño ergonómico

er•go•nom•ics [ɜːrgoʊ'nɑːmɪks] *nsg or npl* ergonomía *f*

e•rode [ɪ'roʊd] *v/t also fig* erosionar

e•rog•e•nous [ɪ'rɑːdʒɪnəs] *adj* PHYSIO erógeno; **~ zone** zona *f* erógena

e•ro•sion [ɪ'roʊʒn] *also fig* erosión *f*

e•rot•ic [ɪ'rɑːtɪk] *adj* erótico

e•rot•i•cism [ɪ'rɑːtɪsɪzm] erotismo *m*

er•o•tism ['erətɪzəm] erotismo *m*

err [ɜːr] *v/i* errar, equivocarse; **to ~ is human** errar es de humanos; **~ on the side of caution** actuar con cautela; **be overcautious** pecar de cauteloso

er•rand ['erənd] recado *m*; **run ~s** hacer recados

'er•rand boy chico *m* de los recados

er•ra•ta [e'rætə] *npl* erratas *fpl*

er•rat•ic [ɪ'rætɪk] *adj* irregular; *course* errático

er•ro•ne•ous [ɪ'roʊnjəs] *adj fml* erróneo; **in the ~ belief that ...** con la idea equivocada de que ...

er•ro•ne•ous•ly [ɪ'roʊnjəslɪ] *adv* erróneamente

er•ror ['erər] error *m*; **be in ~** estar en un error, estar equivocado; **do sth in ~** hacer algo por equivocación; **~ of judgment** equivocación *f*, desacierto *m*; **caused by pilot ~** causado por un fallo del piloto; **see the ~ of one's ways** darse cuenta de sus errores; **~s and omissions excepted** salvo error u omisión

'er•ror mes•sage COMPUT mensaje *m* de error

er•u•dite ['eruːdaɪt] *adj* erudito

er•u•di•tion [eruː'dɪʃn] erudición *f*

e•rupt [ɪ'rʌpt] *v/i of volcano* entrar en erupción; *of violence* brotar; *of person* explotar

e•rup•tion [ɪ'rʌpʃn] *of volcano* erupción *f*; *of violence* brote *m*

es•ca•late ['eskəleɪt] *v/i* intensificarse

es•ca•la•tion [eskə'leɪʃn] intensificación *f*

es•ca•la•tor ['eskəleɪtər] escalera *f* mecánica

es•ca•lope [e'skɑːləp] GASTR escalope *m*, filete *m*

es•ca•pade ['eskəpeɪd] aventura *f*

es•cape [ɪ'skeɪp] **I** *n* **1** *of prisoner, animal* fuga *f*; **have a narrow ~** escaparse por los pelos **2** *of gas* escape *m*, fuga *f* **II** *v/i of prisoner, animal, gas* escaparse; **~ with one's life** salir con vida; **they were all affected, nobody ~d** todos quedaron afectados, nadie se escapó **III** *v/t*: **the word ~s me** no consigo recordar la palabra; **it didn't ~ his attention** no se le pasó, no se le escapó; **there is no escaping the fact that ...** no se puede negar que ...

es'cape chute AVIA tobogán *m* de emergencia

es'cape key COMPUT tecla *f* de escape

es•cap•ism [ɪ'skeɪpɪzəm] escapismo *m*

es•cap•ist [ɪ'skeɪpɪst] *adj* escapista

es•cort I *n* ['eskɔːrt] **1** acompañante *m/f* **2** *guard* escolta *m/f*; **under ~** escoltado; **motorcyle ~** escolta de motocicletas **II** *v/t* [ɪ'skɔːrt] escoltar; *socially* acompañar; **~ s.o. to the door** acompañar *or* llevar a alguien hasta la puerta

'es•cort a•gen•cy agencia *f* de acompañantes

es•crow ac•count [es'kroʊ] FIN cuenta *f* de depósito en garantía

e-sig•na•ture ['iːsɪgnətʃər] firma *f* electrónica

Es•ki•mo ['eskɪmoʊ] esquimal *m/f*

ESL [iːes'el] *abbr* (= **English as a second language**) inglés *m* como segundo idioma

e•soph•a•gus [iː'sɑːfəgəs] esófago *m*

es•o•ter•ic [esoʊ'terɪk] *adj* esotérico

es•pe•cial•ly [ɪ'speʃlɪ] *adv* especialmente

es•pe•cial [ɪ'speʃl] ☞ **special**

es•pi•o•nage ['espɪənɑːʒ] espionaje *m*

es•pouse [ɪˈspaʊz] *v/t fig* apoyar, defender

es•pres•so [esˈpresoʊ] café *m* exprés

es•say [ˈeseɪ] *by author* ensayo *m*; *by student: creative* redacción *f*; *factual* trabajo *m*

es•sence [ˈesns] esencia *f*; *in ~* en esencia

es•sen•tial [ɪˈsenʃl] **I** *adj* esencial; *the ~ thing is …* lo esencial es …; *~ to life* esencial para vivir; *~ oil* aceite *m* esencial
II *n*: *we had only the bare ~s* sólo teníamos lo imprescindible; *the ~s of Spanish grammar* los puntos esenciales de la gramática española

es•sen•tial•ly [ɪˈsenʃlɪ] *adv* esencialmente

EST [iːesˈtiː] *abbr* (= *Eastern Standard Time*) *hora oficial de la costa este estadounidense*

es•tab•lish [ɪˈstæblɪʃ] *v/t* **1** *create* establecer; *company* fundar; *~ o.s. as* establecerse como; *~ one's reputation as …* ganarse la fama de … **2** (*determine*) establecer

es•tab•lished [ɪˈstæblɪʃt] *adj* **1** *business* establecido, consolidado; *method* establecido; *custom* arraigado **2** *fact* probado

es•tab•lish•ment [ɪˈstæblɪʃmənt] *firm, shop etc* establecimiento *m*; *the Establishment* el orden establecido

es•tate [ɪˈsteɪt] (*area of land*) finca *f*; (*possessions of dead person*) patrimonio *m*

es•tate a•gen•cy *Br* agencia *f* inmobiliaria; **es•tate a•gent** *Br* agente *m/f* inmobiliario(-a); **es•tate car** *Br* coche *m* familiar

es•teem [ɪˈstiːm] **I** *v/t fml* valorar, estimar; *we would ~ it an honor to …* lo consideraríamos un honor… **II** *n*: *hold s.o. in* (*high*) *~* tener a alguien en gran estima; *rise / fall in s.o.'s ~* ganar / perder valor ante los ojos de alguien

es•thete [ˈesθiːt] esteta *m/f*

es•thet•ic [esˈθetɪk] *adj* estético

es•ti•mate [ˈestɪmət] **I** *n* estimación *f*; *for job* presupuesto *m*; *rough ~* estimación aproximada; *at a rough ~* aproximadamente
II *v/t* estimar; *~d time of arrival* hora *f* estimada *or* prevista de llegada; *I would ~ the total at …* calculo que el total rondaría …; *~d value* valor aproximado; *an ~d 200 people were killed* se estima que 200 personas murieron

es•ti•ma•tion [estɪˈmeɪʃn] estima *f*; *he has gone up / down in my ~* le tengo en más / menos estima; *in my ~* (*opinion*) a mi parecer

es•tranged [ɪsˈtreɪndʒd] *adj wife, husband* separado

es•tro•gen [ˈestrədʒən] estrógeno *m*

es•tu•a•ry [ˈestʃəwerɪ] estuario *m*

ETA [iːtiːˈeɪ] *abbr* (= *estimated time of arrival*) hora *f* estimada de llegada

etc [etˈsetrə] *abbr* (= *et cetera*) etc (= etcétera)

et cet•er•a [etˈsetrə] *adv* etcétera

etch [etʃ] *v/t also fig* grabar

etch•ing [ˈetʃɪŋ] aguafuerte *m*

e•ter•nal [ɪˈtɜːrnl] *adj* eterno; *~ triangle* triángulo *m* amoroso

e•ter•nal•ly [ɪˈtɜːrnəlɪ] *adv*: *I shall be ~ grateful* estaré eternamente agradecido

e•ter•ni•ty [ɪˈtɜːrnətɪ] eternidad *f*

e•ter•ni•ty ring anillo *m* de brillantes

e•ther [ˈiːθər] CHEM éter *m*

e•the•re•al [ɪˈθɪrrəl] *adj lit* etéreo

eth•i•cal [ˈeθɪkl] *adj* ético; *~ marketing* márketing *m* ético

eth•ics [ˈeθɪks] **1** *nsg* ética *f*; *code of ~* código *m* ético **2** *npl* (*morality*) ética *f*

E•thi•o•pi•a [iːθɪˈoʊpjə] Etiopía *f*

E•thi•o•pi•an [iːθɪˈoʊpjən] **I** *adj* etíope **II** *n* etíope *m/f*

eth•nic [ˈeθnɪk] *adj* étnico

eth•nic 'cleans•ing limpieza *f* étnica; **eth•nic 'group** grupo *m* étnico; **eth•nic mi'nor•i•ty** minoría *f* étnica

e•thos [ˈiːθɑːs] espíritu *m*, escala *f* de valores

e-tick•et [ˈiːtɪkɪt] ticket *m* electrónico

et•i•quette [ˈetɪket] etiqueta *f*, protocolo *m*

et•y•mo•log•i•cal [etɪməˈlɑːdʒɪkl] *adj* etimológico

et•y•mol•o•gy [etɪˈmɑːlədʒɪ] etimología *f*

EU [iːˈjuː] *abbr* (= *European Union*) UE *f* (= Unión *f* Europea)

eu•ca•lyp•tus [juːkəˈlɪptəs] BOT eucalipto *m*

eu•lo•gy ['ju:lədʒɪ] elogio *m*, encomio *m*

eu•nuch ['ju:nək] eunuco *m*

eu•phe•mism ['ju:fəmɪzm] eufemismo *m*

eu•phe•mis•tic [ju:fə'mɪstɪk] *adj* eufemístico

eu•pho•ri•a [ju:'fɔ:rɪə] euforia *f*

eu•phor•ic [ju:'fɑ:rɪk] *adj* eufórico

eu•ro ['jʊrou] FIN euro *m*

Eu•rope ['jʊrəp] Europa *f*

Eu•ro•pe•an [jʊrə'pɪən] I *adj* europeo II *n* europeo(-a) *m(f)*

Eu•ro•pe•an Com'mis•sion Comisión *f* Europea; **Eu•ro•pe•an 'Par•lia•ment** Parlamento *m* Europeo; **Eu•ro'pe•an plan** media pensión *f*; **Eu•ro•pe•an 'Un•ion** Unión *f* Europea

'eu•ro zone zona *f* euro

eu•tha•na•si•a [ju:θə'neɪzɪə] eutanasia *f*

e•vac•u•ate [ɪ'vækjʊeɪt] *v/t* evacuar; *the police ~ed the building* la policía desalojó el edificio

e•vac•u•a•tion [ɪvækjʊ'eɪʃn] evacuación *f*

e•vac•u•ee [ɪvækju'i:] evacuado(-a) *m(f)*

e•vade [ɪ'veɪd] *v/t* evadir; ~ *(answering) a question* evadir una pregunta

e•val•u•ate [ɪ'væljʊeɪt] *v/t* evaluar

e•val•u•a•tion [ɪvæljʊ'eɪʃn] evaluación *f*

e•van•gel•i•cal [i:væn'dʒelɪkl] *adj* evangélico

e•van•ge•lism [ɪ'vændʒəlɪzəm] evangelismo *m*

e•van•gel•ist [ɪ'vændʒəlɪst] evangelista *m/f*

e•van•ge•lize [ɪ'vændʒəlaɪz] I *v/t* evangelizar II *v/i* predicar el Evangelio

e•vap•o•rate [ɪ'væpəreɪt] *v/i* of water evaporarse; of confidence desvanecerse

e•vap•o•rat•ed milk [ɪvæpəreɪtɪd'mɪlk] leche *f* evaporada

e•vap•o•ra•tion [ɪvæpə'reɪʃn] of water evaporación *f*

e•va•sion [ɪ'veɪʒn] evasión *f*

e•va•sive [ɪ'veɪsɪv] *adj* evasivo; *take ~ action* adoptar tácticas evasivas

e•va•sive•ness [ɪ'veɪsɪvnɪs] of person esquivez *f*, carácter *m* evasivo

eve [i:v] víspera *f*; *on the ~ of* en la víspera de

e•ven ['i:vn] I *adj* 1 *(regular)* regular; *(level)* llano; *distribution* igualado; *voice* uniforme 2 *number* par 3: *I'll get ~ with him* me las pagará; *be ~ with s.o.* estar en paz con alguien, estar a mano con alguien

II *adv* incluso; ~ *bigger / better* incluso *or* aún mayor / mejor; ~ *as a child he was …* incluso de niño era …; *not ~* ni siquiera; ~ *so* aun así; ~ *though,* ~ *if* aunque; ~ *I know that* hasta yo sé eso; *not ~ he could do that* ni siquiera él pudo hacerlo; *it's not ~ ten o'clock yet* no son ni las diez todavía

III *v/t*: ~ *the score* empatar, igualar el marcador

◆ **even out** I *v/i* 1 *of ground* allanarse 2 *of prices, of peaks and troughs* nivelarse II *v/t* 1 *surface* nivelar 2 *fluctuations, inequalities* nivelar, compensar

◆ **even up** *v/t*: *… to even things up …* para compensar

e•ven•hand•ed [i:vn'hændɪd] *adj* person, treatment imparcial, equitativo

eve•ning ['i:vnɪŋ] tarde *f*; after dark noche *f*; *in the ~* por la tarde / noche; *this ~* esta tarde / noche; *yesterday ~* anoche *f*; *good ~* buenas noches; *on the ~ of the third of May* en la noche del tres de mayo

'eve•ning class clase *f* nocturna; **'eve•ning dress** for woman traje *m* de noche; for man traje *m* de etiqueta; **eve•ning 'pa•per** periódico *m* de la tarde *or* vespertino; **eve•ning 'star** AST estrella *f* de Venus

e•ven•ly ['i:vnlɪ] *adv* *(regularly)* regularmente

e•ven•ness ['i:vnnɪs] 1 of surface lo llano *or* liso 2 of breathing regularidad *f* 3 of distribution uniformidad *f*

e•vent [ɪ'vent] acontecimiento *m*; SP prueba *f*; *at all ~s* en cualquier caso; *in any ~* en todo caso; *in the ~ of* en caso de; *in that ~* en ese caso; *in the ~ that* en caso de que; *after the ~* a posteriori

e•ven-tem•pered [i:vn'tempərd] *adj* ecuánime, apacible

e•vent•ful [ɪ'ventfəl] *adj* agitado, lleno de incidentes

e'vent man•age•ment organización *f* de espectáculos

e•ven•tu•al [ɪ'ventʃʊəl] *adj* final

e•ven•tu•al•i•ty [ɪventʃʊ'ælətɪ] eventualidad *f*

e•ven•tu•al•ly [ɪ'ventʃʊəlɪ] *adv* finalmente

ev•er ['evər] *adv* 1: *if I ~ hear you …* como te oiga …; *have you ~ been to Colombia?* ¿has estado alguna vez en Colombia?; *for ~* siempre; *~ since* desde entonces; *~ since she found out about it* desde que se enteró de ello; *~ since I've known him* desde que lo conozco; *nothing like this has ~ happened before* nunca antes había ocurrido algo similar; *I will never ~ do it again* no volveré ha hacerlo nunca más

2 F: *it was ~ so silly of me* fue una (completa) tontería por mi parte; *that's ~ so kind of you* es muy amable *or* considerado por tu parte; *am I ~ tired / mad !* estoy cansadísimo / enfadadísimo

'ev•er•green árbol *m* de hoja perenne
ev•er•last•ing ['evrɪbɑːdɪ] *adj love* eterno
ev•er•y ['evrɪ] *adj* cada; *I see him ~ day* lo veo todos los días; *you have ~ reason to …* tienes razones para …; *one in ~ ten* uno de cada diez; *~ other day* cada dos días; *~ now and then* de vez en cuando; *~ few days* cada dos o tres días; *~ one of you* cada uno de vosotros; *he is ~ bit as much a sportsman as his father was* tiene tanto de deportista como su padre; *she's ~ bit as intelligent as her brother* es tan inteligente como su hermano
ev•er•y•bod•y ['evrɪbɑːdɪ] ☞ *everyone*
ev•er•y•day ['evrɪdeɪ] *adj* cotidiano; *~ English* inglés *m* corriente, inglés de uso común
ev•er•y•one ['evrɪwʌn] *pron* todo el mundo; *to ~'s amazement* para sorpresa de todos
ev•er•y•place ['evrɪpleɪs] *adv* ☞ *everywhere*
ev•er•y•thing ['evrɪθɪŋ] *pron* todo; *and ~ F* y todo lo demás F; *money isn't ~* el dinero no lo es todo
ev•er•y•where ['evrɪwer] *adv* 1 en *or* por todos sitios 2 (*wherever*) dondequiera que; *~ he goes* dondequiera que va, allá donde va
e•vict [ɪ'vɪkt] *v/t* desahuciar
e•vic•tion [ɪ'vɪkʃn] deshaucio *m*, desalojo *m*; *~ notice* aviso *m* de deshaucio

or desalojo
ev•i•dence ['evɪdəns] *also* LAW prueba(s) *f* (*pl*); *give ~* prestar declaración; *he / it hasn't been in ~ much* no se le ha visto mucho
ev•i•dent ['evɪdənt] *adj* evidente
ev•i•dent•ly ['evɪdəntlɪ] *adv* 1 (*clearly*) evidentemente 2 (*apparently*) aparentemente, al parecer
e•vil ['iːvl] I *adj* malo II *n* mal *m*; *the lesser of two ~s* el mal menor; *it's a choice of ~s* es una fatídica elección
e•vil-'mind•ed *adj* 1 (*suspicious*) malpensado 2 (*nasty*) malintencionado
e•voc•a•tive [ɪ'vɑːkətɪv] *adj* evocador; *be ~ of* evocar
e•voke [ɪ'voʊk] *v/t image* evocar
ev•o•lu•tion [iːvə'luːʃn] evolución *f*
e•volve [ɪ'vɑːlv] *v/i* evolucionar
ewe [juː] oveja *f*
ex- [eks] *pref* ex-
ex [eks] F (*former wife, husband*) ex *m/f*
F

ex•ac•er•bate [ɪg'zæsərbeɪt] *v/t* 1 *situation, infection* agravar; *pain* exacerbar 2 (*annoy*) irritar
ex•act [ɪg'zækt] I *adj* exacto II *v/t obedience, money etc* exigir (*from* de)
ex•act•ing [ɪg'zæktɪŋ] *adj* exigente; *task* duro
ex•ac•ti•tude [ɪg'zæktɪtjuːd] exactitud *f*
ex•act•ly [ɪg'zæktlɪ] *adv* exactamente; *not ~* no exactamente
ex•act•ness [ɪg'zæktnɪs] exactitud *f*, precisión *f*
ex•ag•ge•rate [ɪg'zædʒəreɪt] *v/t & v/i* exagerar
ex•ag•ge•ra•tion [ɪgzædʒə'reɪʃn] exageración *f*; *it is no ~ to say that …* no es una exageración decir que …
ex•alt•ed [ɪg'zɔːltɪd] *adj rank, ideal* elevado
ex•am [ɪg'zæm] examen *m*; *take an ~* hacer un examen; *pass / fail an ~* aprobar / suspender un examen
ex•am•i•na•tion [ɪgzæmɪ'neɪʃn] 1 (*inspection*) examen *m*; *of patient* reconocimiento *m*; *but on closer ~, …* pero mirándolo más de cerca, …; *be under ~* estar bajo investigación 2 EDU examen *m*; *~ paper* preguntas *fpl* del examen; *~ results* notas *fpl* de los exámenes
ex•am•ine [ɪg'zæmɪn] *v/t* examinar; *pa-*

tient reconocer; ~ *sth for faults* examinar algo en busca de imperfecciones

ex•am•i•nee [ɪgzæmɪˈniː] EDU examinando(-a) *m(f)*

ex•am•in•er [ɪgˈzæmɪnər] EDU examinador(a) *m(f)*

ex•am•ple [ɪgˈzæmpl] ejemplo *m*; *for* ~ por ejemplo; *set a good / bad* ~ dar buen / mal ejemplo; *follow s.o.'s* ~ seguir el ejemplo de alguien; *make an* ~ *of s.o.* dar a alguien un castigo ejemplar; *lead by* ~ dar ejemplo; *this should serve as an* ~ *to you* esto debería servirte de ejemplo

ex•as•per•ate [ɪgˈzæspəreɪt] *v/t* exasperar

ex•as•pe•rat•ed [ɪgˈzæspəreɪtɪd] *adj* exasperado

ex•as•pe•rat•ing [ɪgˈzæspəreɪtɪŋ] *adj* exasperante

ex•as•per•at•ing•ly [ɪgˈzæspəreɪtɪŋlɪ] *adv* que exaspera, que saca de quicio

ex•as•per•a•tion [ɪgzæspəˈreɪʃn] exasperación *f*; *in* ~ con exasperación

ex•ca•vate [ˈekskəveɪt] *v/t* excavar

ex•ca•va•tion [ekskəˈveɪʃn] excavación *f*

ex•ca•va•tor [ˈekskəveɪtər] excavadora *f*

ex•ceed [ɪkˈsiːd] *v/t* (*be more than*) exceder; (*go beyond*) sobrepasar; *it* ~*ed my expectations* superó mis expectativas

ex•ceed•ing•ly [ɪkˈsiːdɪŋlɪ] *adj* sumamente

ex•cel [ɪkˈsel] I *v/i* (*pret & pp* **-led**) sobresalir (*at* en) II *v/t* (*pret & pp* **-led**): ~ *o.s.* superarse a sí mismo

ex•cel•lence [ˈeksələns] excelencia *f*

ex•cel•lent [ˈeksələnt] *adj* excelente

ex•cel•lent•ly [ˈeksələntlɪ] *adv* muy bien, excelentemente

ex•cept [ɪkˈsept] I *prep* excepto; ~ *for* a excepción de; ~ *that* sólo que II *conj* pero, si no fuera porque; ~ *I forgot it was election day* pero se me olvidó que era el día de las elecciones III *v/t*: *present company* ~*ed* con exepción de los presentes

ex•cept•ing [ɪkˈseptɪŋ] *prep* excepto, salvo

ex•cep•tion [ɪkˈsepʃn] excepción *f*; *with the* ~ *of* a excepción de; *take* ~ *to* molestarse por; *by way of* ~ a modo de excepción; *without* ~ sin excepción; *make*

an ~ hacer una excepción (*in s.o.'s case* en el caso de alguien); *the* ~ *proves the rule* la excepción confirma la regla

ex•cep•tion•al [ɪkˈsepʃnl] *adj* excepcional

ex•cep•tion•al•ly [ɪkˈsepʃnlɪ] *adv* excepcionalmente

ex•cerpt [ˈeksɜːrpt] extracto *m* (*from* de)

ex•cess [ɪkˈses] I *n* exceso *m*; *eat / drink to* ~ comer / beber en exceso; *in* ~ *of* superior a II *adj* excedente; ~ *demand* COM exceso *m* de demanda; ~ *postage* franqueo *m* adicional; ~ *profit* beneficio *m* extraordinario

ex•cess 'bag•gage exceso *m* de equipaje

ex•cess 'fare suplemento *m*

ex•ces•sive [ɪkˈsesɪv] *adj* excesivo

ex•change [ɪksˈtʃeɪndʒ] I *n* intercambio *m*; *in* ~ a cambio (*for* de); ~ *of letters* carteo *m*; ~ *of shots* tiroteo *m*; ~ *of views* cambio *m* de impresiones; *be on an* ~ (*visit*) estar de (visita de) intercambio II *v/t* cambiar (*for* por); ~ *blows* propinarse bofetadas; ~ *a few words* intercambiar unas palabras

ex•change•a•ble [ɪksˈtʃeɪndʒəbl] *adj* *goods purchased* cambiable; *commodity* canjeable

ex'change con•trols *npl* FIN control *m* de cambios; **ex'change gain** FIN beneficio *m* de cambio; **ex'change loss** FIN pérdida *f* de cambio; **ex'change rate** FIN tipo *m* de cambio; ~ *fluctuations* fluctuaciones *fpl* del tipo de cambio

ex•ci•ta•ble [ɪkˈsaɪtəbl] *adj* excitable

ex•cite [ɪkˈsaɪt] *v/t* (*make enthusiastic*) entusiasmar

ex•cit•ed [ɪkˈsaɪtɪd] *adj* emocionado, excitado; *sexually* excitado; *get* ~ emocionarse *or* excitarse (*about* con); *the new model is nothing to get* ~ *about* el modelo nuevo no es para tanto F

ex•cite•ment [ɪkˈsaɪtmənt] emoción *f*, excitación *f*; *their* ~ *grew as ...* su entusiasmo crecía a medida que ...; *in the* ~ *of the moment* con la emoción del momento; *sexual* ~ excitación sexual

ex•cit•ing [ɪkˈsaɪtɪŋ] *adj* *news, developments, product* emocionante, excitante; *actor, sportsman etc* interesante

ex•cit•ing•ly [ɪk'saɪtɪŋlɪ] *adv*: ~ *different* apasionantemente diferente

ex•claim [ɪk'skleɪm] *v/t* exclamar

ex•cla•ma•tion [eksklə'meɪʃn] exclamación *f*

ex•cla•ma•tion point signo *m* de admiración

ex•clude [ɪk'sklu:d] *v/t* excluir; *possibility* descartar; *feel ~ed* sentirse excluido

ex•clud•ing [ɪk'sklu:dɪŋ] *prep* excluyendo

ex•clu•sion [ɪk'sklu:ʒn] exclusión *f* (*from* de); *to the ~ of everything else* excluyendo todo lo demás

ex•clu•sive [ɪk'sklu:sɪv] **I** *adj* exclusivo; *~ interview* entrevista *f* exclusiva; *~ of tax* sin incluir impuestos; *be ~ of sth* no incluir algo; *be mutually ~* excluirse mutuamente **II** *n interview, report* exclusiva *f*

ex•clu•sive 'a•gent agente *m* exclusivo; **ex•clu•sive dis•tri•bu•tion** distribución *f* exclusiva; **ex•clu•sive 'li•cense** licencia *f* exclusiva

ex•clu•sive•ly [ɪk'sklu:sɪvlɪ] *adv* exclusivamente

ex•clu•sive 'rights *npl* derechos *mpl* exclusivos

ex•clu•siv•i•ty [ɪksklu:'sɪvɪtɪ] exclusividad *f*; *~ arrangement* acuerdo *m* de exclusividad

ex•com•mu•ni•cate [ekskə'mju:nɪkeɪt] *v/t* REL excomulgar

ex•com•mu•ni•ca•tion [ekskəmju:nɪ'keɪʃn] excomunión *f*

ex•cre•ment ['ekskrɪmənt] excremento *m*

ex•crete [ɪk'skri:t] *v/t* excretar

ex•cre•tion [ɪk'skri:ʃn] excreción *f*

ex•cru•ci•at•ing [ɪk'skru:ʃɪeɪtɪŋ] *adj* **1** *pain* terrible **2** (*very embarrassing*) espantoso

ex•cru•ci•at•ing•ly [ɪk'skru:ʃɪeɪtɪŋlɪ] *adv* **1** *painful* terriblemente **2** *embarrassing* terriblemente, espantosamente

ex•cur•sion [ɪk'skɜ:rʃn] excursión *f*; *go on an ~* ir de excursión

ex•cus•a•ble [ɪk'skju:zəbl] *adj* perdonable, disculpable

ex•cuse I *n* [ɪk'skju:s] excusa *f*; *make an ~* poner una excusa; *he's always making ~s* siempre está poniendo excusas; *stop making ~s for him!* ¡deja de jus-

tificarlo!; *without good ~* sin una buena excusa; *she offered no ~ for being late* no se disculpó por llegar tarde; *there's no ~ for it* eso no admite disculpa alguna

II *v/t* [ɪk'skju:z] **1** (*forgive*) excusar, perdonar; *~ me* to get past, interrupting, indignant perdone; *~ me for being late, ~ my being late* disculpadme *or* perdonadme por llegar tarde; *I do not wish to ~ his conduct* no trato de justificar su conducta; *if you will ~ the expression ...* si me perdonas la expresión ... **2** (*allow to leave*) disculpar **3** (*exempt*): *~ s.o. from sth* dispensar a alguien de algo; *he is ~d heavy work* está exento de trabajos pesados

ex 'div•i•dend ex dividendo, sin derecho a dividendo

ex•e•cut•able file ['eksɪkju:təbl] COMPUT fichero *m* ejecutable

ex•e•cute ['eksɪkju:t] *v/t criminal, plan* ejecutar; *~d on ...* FIN ejecutado el...

'ex•e•cute file COMPUT fichero *m* ejecutable

ex•e•cu•tion [eksɪ'kju:ʃn] *of criminal, plan* ejecución *f*

ex•e•cu•tion•er [eksɪ'kju:ʃnər] verdugo *m*

ex•ec•u•tive [ɪg'zekjʊtɪv] **I** *n* **1** ejecutivo(-a) *m(f)*; *senior ~* alto(-a) ejecutivo(-a) **2** POL poder *m* ejecutivo; **II** *adj*: *~ position* puesto *m* directivo

ex•ec•u•tive 'brief•case maletín *m* de ejecutivo; **ex•ec•u•tive com'mit•tee** comité *m* ejecutivo; **ex•ec•u•tive de•'ci•sion** *hum* decisión *f* de nivel ejecutivo; *make an ~* tomar una decisión de nivel ejecutivo; **ex•ec•u•tive di'rec•tor** director(a) *m(f)* ejecutivo(-a); **ex•ec•u•tive 'jet** jet *m* para ejecutivos; **ex•ec•u•tive pro'duc•er** TV *etc* productor(a) *m(f)* ejecutivo(-a); **ex•ec•u•tive 'sec•re•tar•y** secretario(-a) *m(f)* de dirección; **ex•ec•u•tive 'wash•room** aseo *m* para ejecutivos

ex•ec•u•tor [ɪg'zekjʊtər] LAW testamentario(-a) *m(f)*

ex•em•pla•ry [ɪg'zemplərɪ] *adj* ejemplar

ex•em•pli•fy [ɪg'zemplɪfaɪ] *v/t* ejemplificar, ilustrar

ex•empt [ɪg'zempt] *adj* exento; *be ~ from* estar exento de

ex•emp•tion [ɪg'zempʃn] exención *f* (**from** de); **tax** ~ exención fiscal; ~ **clause** cláusula *f* de exención

ex•er•cise ['eksərsaɪz] **I** *n* ejercicio *m*; **take** ~ hacer ejercicio; **do one's ~s** hacer los ejercicios **II** *v/t* **1** *muscle* ejercitar; *dog* pasear **2** *caution* proceder con; ~ *restraint* controlarse **III** *v/i* hacer ejercicio

'ex•er•cise bike bicicleta *f* estática; **'ex•er•cise book** EDU cuaderno *m* de ejercicios; **'ex•er•cise price** FIN precio *m* de ejercicio

ex•er•cis•er ['eksərsaɪzər] aparato *m* de ejercicios

ex•ert [ɪg'zɜːrt] *v/t* *authority* ejercer; ~ *o.s.* esforzarse

ex•er•tion [ɪg'zɜːrʃn] **1** esfuerzo *m* **2** *of influence* ejercicio *m*

ex gra•ti•a pay•ment [eks'greɪʃiə] pago *m* voluntario

ex•hale [eks'heɪl] *v/t* exhalar

ex•haust [ɪg'zɒːst] **I** *n* **1** *fumes* gases *mpl* de la combustión **2** *pipe* tubo *m* de escape **II** *v/t* **1** (*tire*) cansar **2** (*use up*) agotar

ex•haust•ed [ɪg'zɒːstɪd] *adj* (*tired*) agotado

ex'haust e•mis•sion emisión *f* de gases de combustión; **ex'haust fumes** *npl* gases *mpl* de la combustión; **ex'haust gas** gas *f* de la combustión

ex•haust•ing [ɪg'zɒːstɪŋ] *adj* agotador

ex•haus•tion [ɪg'zɒːstʃn] agotamiento *m*

ex•haus•tive [ɪg'zɒːstɪv] *adj* exhaustivo

ex'haust man•i•fold colector *m* de escape; **ex'haust pipe** tubo *m* de escape; **ex'haust stroke** carrera *f* de escape

ex•hib•it [ɪg'zɪbɪt] **I** *n in exhibition* objeto *m* expuesto **II** *v/t of gallery* exhibir; *of artist* exponer; (*give evidence of*) mostrar

ex•hi•bi•tion [eksɪ'bɪʃn] exposición *f*; *of bad behavior, skill* exhibición *f*; **be on** ~ estar expuesto; **make an** ~ **of o.s.** hacer el ridículo

ex•hi•bi•tion cen•ter, *Br* **ex•hi•bi•tion cen•tre** centro *m* de exposiciones

ex•hi•bi•tion•ist [eksɪ'bɪʃnɪst] exhibicionista *m/f*

ex•hib•i•tor [ɪg'zɪbɪtər] expositor(a) *m(f)*

ex•hil•a•rat•ed [ɪg'zɪləreɪtɪd] *adj* (*hap-*

py) alegre; (*stimulated*) tonificado

ex•hil•a•rat•ing [ɪg'zɪləreɪtɪŋ] *adj* estimulante

ex•hil•a•ra•tion [ɪgzɪlə'reɪʃn] júbilo *m*, excitación *f*

ex•hort [ɪg'zɒːrt] *v/t* exhortar; ~ **s.o. to do sth** exhortar a alguien a que haga algo

ex•hor•ta•tion [egzɔːr'teɪʃn] exhortación *f*

ex•hu•ma•tion [ekshjuː'meɪʃn] exhumación *f*

ex•hume [eks'hjuːm] *v/t body* exhumar

ex•ile ['eksaɪl] **I** *n* exilio *m*; *person* exiliado(-a) *m(f)*; **go into** ~ exiliarse; **live in** ~ vivir en el exilio; **send s.o. into** ~ enviar a alguien al exilio, desterrar a alguien **II** *v/t* exiliar

ex•ist [ɪg'zɪst] *v/i* existir; ~ **on** subsistir a base de

ex•ist•ence [ɪg'zɪstəns] existencia *f*; **be in** ~ existir; **come into** ~ crearse, nacer; **go out of** ~ *species* desaparecer, extinguirse; *regulation, custom* desaparecer

ex•is•ten•tial [egzɪ'stenʃəl] *adj* existencial

ex•is•ten•tial•ism [egzɪ'stenʃəlɪzəm] *philosophy* existencialismo

ex•is•ten•tial•ist [egzɪ'stenʃəlɪst] **I** *adj* existencialista **II** *n* existencialista *m/f*

ex•ist•ing [ɪg'zɪstɪŋ] *adj* existente

ex•it ['eksɪt] **I** *n* **1** salida *f* **2** THEA salida *f*, mutis *m* **II** *v/i* **1** THEA hacer mutis, salir; ~ *stage left* hacer mutis por la parte izquierda del escenario **2** COMPUT salir **III** *v/t highway* salir

ex•o•dus ['eksədəs] éxodo *m*

ex•on•e•rate [ɪg'zɑːnəreɪt] *v/t* exonerar de

ex•on•er•a•tion [ɪg'zɑːnəreɪʃn] exoneración *f*

ex•or•bi•tant [ɪg'zɔːrbɪtənt] *adj* exorbitante

ex•or•cism ['eksɔːrsɪzəm] exorcismo *m*

ex•or•cist ['eksɔːrsɪst] exorcista *m/f*

ex•or•cize ['eksɔːrsaɪz] *v/t* exorcizar

ex•ot•ic [ɪg'zɑːtɪk] *adj* exótico

ex•pand [ɪk'spænd] **I** *v/t* expandir; ~**ed memory** COMPUT memoria *f* expandida **II** *v/i* expandirse; *of metal* dilatarse; ~**ing bracelet** pulsera *f* extensible

◆ **expand on** *v/t* desarrollar

ex•panse [ɪk'spæns] extensión *f*

ex•pan•sion [ɪk'spænʃn] expansión *f*; *of*

metal dilatación *f*

ex•pan•sion card COMPUT tarjeta *f* de expansión; **ex'pan•sion slot** COMPUT ranura *f* de expansión; **ex'pan•sion tank** MOT caja *f* de dilatación; **ex'pan•sion valve** válvula *f* de expansión

ex•pan•sive [ɪk'spænsɪv] *adj person, mood* expansivo, sociable

ex•pat•ri•ate [eks'pætrɪət] **I** *adj* expatriado **II** *n* expatriado(-a) *m(f)*

ex•pect [ɪk'spekt] **I** *v/t* **1** esperar; **they are ~ed to arrive around 3pm** se espera que lleguen sobre las 3.00 de la tarde **2** (*suppose*) suponer, imaginar(se); **am I ~ed to finish this by tomorrow?** ¿se supone que tengo que acabar esto para mañana?; **you are not ~ed to pay for yourselves** no se espera que paguéis lo vuestro **3** (*demand*) exigir; **~ s.o. to do sth** esperar que alguien haga algo; **~ sth of** *or* **from s.o.** esperar algo de alguien **II** *v/i: **be ~ing** (be pregnant) estar en estado; **I ~ so** eso espero, creo que sí

ex•pect•an•cy [ɪk'spektənsɪ] expectación *f*; **the look of ~ on their faces** la mirada expectante que tenían

ex•pec•tant [ɪk'spektənt] *adj crowd* expectante

ex•pec•tant 'moth•er futura madre *f*

ex•pec•ta•tion [ekspek'teɪʃn] expectativa *f*; **it depends what your ~s are** depende del concepto que tengas; **in ~ of** en espera de; **beyond (all) ~(s)** más allá de todo pronóstico; **contrary to ~** contra todo pronóstico; **come up to ~** estar a la altura de las expectativas; **live up to s.o.'s ~s** estar a la altura de lo que alguien se espera

ex•pe•di•ence, ex•pe•di•en•cy [ɪk-'spiːdjəns(ɪ)] **1** *self-interest* conveniencia *f*, interés *m* personal **2** *advisability* conveniencia *f*

ex•pe•di•ent [ɪk'spiːdɪənt] *adj* oportuno, conveniente

ex•pe•dite ['ekspɪdaɪt] *v/t fml* acelerar

ex•pe•di•tion [ekspɪ'dɪʃn] expedición *f*

ex•pel [ɪk'spel] *v/t* (*pret & pp* **-led**) *person* expulsar (**from** de)

ex•pend [ɪk'spend] *v/t energy* gastar

ex•pend•a•ble [ɪk'spendəbl] *adj person* prescindible

ex•pen•di•ture [ɪk'spendɪtʃər] gasto *m*

ex•pense [ɪk'spens] gasto *m*; **at great ~**

gastando mucho dinero; **at the com•pany's ~** a cargo de la empresa; **a joke at my ~** una broma a costa mía; **at the ~ of his health** a costa de su salud; **don't go to any ~** no te metas en muchos gastos F

ex'pense ac•count cuenta *f* de gastos

ex•pen•ses [ɪk'spensɪz] *npl* gastos *mpl*

ex•pen•ses 'claim form formulario *m* para el reembolso de gastos

ex•pen•sive [ɪk'spensɪv] *adj* caro

ex•pe•ri•ence [ɪk'spɪrɪəns] **I** *n* experiencia *f*; **from ~** por experiencia; **in my ~** según mi (propia) experiencia; **gain ~** ganar experiencia; **just put it down to ~** considéralo como una experiencia más; **what an ~!** ¡menuda experiencia!, ¡vaya experiencia! **II** *v/t* experimentar

ex•pe•ri•enced [ɪk'spɪrɪənst] *adj* experimentado

ex•per•i•ment [ɪk'sperɪmənt] **I** *n* experimento *m* **II** *v/i* experimentar; **~ on animals** experimentar con; **~ with** (*try out*) probar; **~ with drugs** experimentar con drogas

ex•per•i•men•tal [ɪksperɪ'mentl] *adj* experimental

ex•per•i•men•ta•tion [ɪksperɪmen'teɪʃn] experimentación *f*

ex•pert ['eksp3ːrt] **I** *adj* experto; **~ ad•vice / opinion** opinión *f* de un experto *or* especialista **II** *n* experto(-a) *m(f)*

ex•pert•ise [eksp3ːr'tiːz] destreza *f*, pericia *f*

ex•pert 'sys•tem COMPUT sistema *m* experto

ex•pert 'wit•ness LAW perito(-a) *m/f*

ex•pi•ate ['ekspɪeɪt] *v/t sins* expiar

ex•pi•a•tion [ekspɪ'eɪʃn] expiación *f*

ex•pi•ra•tion [ɪkspɪ'reɪʃn] *of lease, contract* vencimiento *m*; *of passport, credit card* caducidad *f*; **on the ~ of your passport** cuando venza *or* caduque su pasaporte

ex•pi•ra•tion date *of food, passport, credit card* fecha *f* de caducidad; **be past its ~** haber caducado

ex•pire [ɪk'spaɪr] *v/i of lease, contract* vencer; *of passport, credit card* caducar

ex•pir•y date [ɪk'spaɪrɪ] *Br* fecha *f* de caducidad

ex•plain [ɪk'spleɪn] **I** *v/t* explicar; **~ sth to s.o.** explicarle algo a alguien; **~**

o.s. explicarse, justificarse ‖ *v/i* explicarse

◆ **explain away** *v/t* dar explicaciones convincentes de, justificar

ex•pla•na•tion [eksplə'neɪʃn] explicación *f*

ex•plan•a•tor•y [ɪk'splænətɔːrɪ] *adj* explicativo

ex•ple•tive [ɪk'spliːtɪv] (*swearword*) palabrota *f*

ex•pli•ca•ble [ɪk'splɪkəbl] *adj* explicable

ex•plic•it [ɪk'splɪsɪt] *adj instructions, sex scenes* explícito

ex•plic•it•ly [ɪk'splɪsɪtlɪ] *adv state* explícitamente; *forbid* terminantemente

ex•plode [ɪk'sploʊd] ‖ *v/i of bomb, in anger* explotar ‖ *v/t bomb* hacer explotar

ex•ploit[1] ['eksplɔɪt] *n* hazaña *f*

ex•ploit[2] [ɪk'splɔɪt] *v/t person, resources* explotar

ex•ploi•ta•tion [eksplɔɪ'teɪʃn] *of person* explotación *f*

ex•plo•ra•tion [eksplə'reɪʃn] exploración *f*

ex•plor•a•to•ry [ɪk'splɔːrətɔːrɪ] *adj surgery* exploratorio; **~ talks** conversaciones *fpl* preliminares

ex•plore [ɪk'splɔːr] ‖ *v/t country etc* explorar; *possibility* estudiar ‖ *v/i:* **go exploring** irse explorar

ex•plor•er [ɪk'splɔːrər] explorador(a) *m(f)*

ex•plo•sion [ɪk'sploʊʒn] *of bomb, in population* explosión *f*

ex•plo•sive [ɪk'sploʊsɪv] ‖ *n* explosivo *m* ‖ *adj* **1** *device* explosivo **2** *fig: situation* delicado; *temperament* explosivo

ex•po•nent [ɪk'spoʊnənt] **1** *of theory etc* defensor(a) *m(f)* **2** MATH exponente *m*

ex•po•nen•ti•al [ɪk'spoʊnenʃl] *adj* exponencial

ex•port ['ekspɔːrt] ‖ *n action* exportación *f*; *item* producto *m* de exportación; **~s** *npl* exportaciones *fpl* ‖ *v/t also* COMPUT exportar ‖ *v/i* exportar

'ex•port ban prohibición *f* de exportación; **'ex•port cam•paign** campaña *f* de exportación; **'ex•port com•pa•ny** empresa *f* exportadora; **'ex•port cred•it guar•an•tee** garantía *f* de crédito a la exportación; **'ex•port du•ty** derechos *mpl* de exportación

ex•port•er ['ekspɔːrtər] exportador(a)

m(f)

ex•port•ing coun•try ['ekspɔːrtɪŋ] país *m* exportador

ex•port 'li•cense permiso *m* de exportación; **'ex•port mar•ket** mercado *m* de exportación; **'ex•port re•stric•tions** *npl* restricciones *fpl* a las exportaciones; **'ex•port sales** *npl* exportaciones *fpl*; **'ex•port tax** impuesto *m* sobre la exportación; **'ex•port trade** comercio *m* de exportación

ex•pose [ɪk'spoʊz] *v/t* (*uncover*) exponer; *scandal* sacar a la luz; **he's been ~d as a liar** ha quedado como un mentiroso; **~ s.o. / o.s. to** *fig: the weather, danger, ridicule* exponer a alguien a / exponerse a; **~ o.s.** *indecently* hacer exhibicionismo

ex•po•sé [ekspoʊ'zeɪ] exposición *f*, revelación *f; in newspaper* artículo *m* de denuncia

ex•posed [ek'spoʊzd] *adj also fig* desprotegido, expuesto

ex•po•si•tion [ekspoʊ'zɪʃn] *of theory etc* exposición *f*

ex•po•sure [ɪk'spoʊʒər] exposición *f*; PHOT foto(grafía) *f; die of* **~** morir de frío

ex'po•sure me•ter PHOT exposímetro *m*

ex•pound [ɪk'spaʊnd] *v/t theory* exponer

ex•press[1] [ɪk'spres] ‖ *adj* (*fast*) rápido ‖ *n train* expreso *m; bus* autobús *m* directo ‖ *adv mail* exprés, expreso

ex•press[2] [ɪk'spres] *adj* (*explicit*) expreso

ex•press[3] [ɪk'spres] *v/t* expresar; **~ o.s. well / clearly** expresarse bien / con claridad

ex•press de•liv•er•y envío *m* urgente; **send sth ~** enviar algo por vía urgente; **ex'press el•e•va•tor** *ascensor rápido que sólo para en algunos pisos*; **ex•'press freight** transporte *m* urgente

ex•pres•sion [ɪk'spreʃn] *voiced* muestra *f; phrase, on face* expresión *f; read with* **~** leer con sentimiento; **give ~ to** expresar, dar expresión a

ex•pres•sion•ism [ɪk'spreʃnɪzəm] expresionismo *m*

ex•pres•sion•ist [ɪk'spreʃnɪst] ‖ *n* expresionista *m/f* ‖ *adj* expresionista

ex•pres•sion•less [ɪk'spreʃnləs] *adj*

inexpresivo, sin expresión

ex•pres•sive [ɪk'spresɪv] *adj* expresivo

ex•press•ly [ɪk'spreslɪ] *adv state* expresamente; *forbid* terminantemente

ex'press•way autopista *f*

ex•pro•pri•ate [eks'prouprɪeɪt] *v/t* LAW expropiar

ex•pro•pri•a•tion [eksprouprɪ'eɪʃn] expropiación *f*

ex•pul•sion [ɪk'spʌlʃn] *from school, of diplomat* expulsión *f*

ex•qui•site [ek'skwɪzɪt] *adj (beautiful)* exquisito

ex•tant ['ekstænt] *adj* existente

ex•tem•po•re [ek'stempərɪ] **I** *adj* improvisado **II** *adv* de improviso

ex•tem•po•rize [ek'stempəraɪz] *v/i* improvisar

ex•tend [ɪk'stend] **I** *v/t* **1** *house, investigation* ampliar; *(make wider)* ensanchar; *(make bigger)* agrandar; *runway, path* alargar **2** *contract, visa* prorrogar **3** *thanks, congratulations* extender **II** *v/i of garden etc* llegar

ex•tend•ed war•ran•ty [ɪk'stendɪd] garantía *f* adicional

ex•ten•sion [ɪk'stenʃn] **1** *to house* ampliación *f* **2** *of contract, visa* prórroga *f* **3** TELEC teléfono *m* supletorio; *Br (local)* extensión *f*

ex'ten•sion cord cable *m* de extensión

ex•ten•sive [ɪk'stensɪv] *adj damage* cuantioso; *knowledge* considerable; *search* extenso, amplio

ex•ten•sive•ly [ɪk'stensɪvlɪ] *adv damaged, modified* ampliamente, considerablemente; *travel* mucho

ex•tent [ɪk'stent] alcance *m*; **to such an ~ that** hasta el punto de que; **to a certain ~** hasta cierto punto; **to a large ~** en gran medida *or* parte; **~ of cover** *in insurance* amplitud *f* de la cobertura

ex•ten•u•at•ing cir•cum•stanc•es [ɪk'stenʊeɪtɪŋ] *npl* circunstancias *fpl* atenuantes

ex•te•ri•or [ɪk'stɪrɪər] **I** *adj* exterior **II** *n* exterior *m*

ex•ter•mi•nate [ɪk'stɜːrmɪneɪt] *v/t* exterminar

ex•ter•mi•na•tion [ɪkstɜːrmɪ'neɪʃn] *of pests* exterminación *f*; *of people* exterminio *m*

ex•ter•nal [ɪk'stɜːrnl] *adj (outside)* exterior, externo

ex•ter•nal 'au•di•tor auditor(a) *m(f)* externo(-a)

ex'ter•nal drive COMPUT unidad *f* de disco externa

ex•ter•nal•ly [ɪk'stɜːrnəlɪ] *adv* externamente, exteriormente

ex•tinct [ɪk'stɪŋkt] *adj species* extinguido

ex•tinc•tion [ɪk'stɪŋkʃn] *of species* extinción *f*; **be on the brink of ~** estar en peligro de extinción; **hunted to ~** cazado hasta la extinción

ex•tin•guish [ɪk'stɪŋgwɪʃ] *v/t fire* extinguir, apagar; *cigarette* apagar

ex•tin•guish•er [ɪk'stɪŋgwɪʃər] extintor *m*

ex•tol [ɪk'stoul] *v/t (pret & pp* **-led)** ensalzar, alabar

ex•tort [ɪk'stɔːrt] *v/t* obtener mediante extorsión; **~ money from** extorsionar a

ex•tor•tion [ɪk'stɔːrʃn] extorsión *f*

ex•tor•tion•ate [ɪk'stɔːrʃənət] *adj prices* desorbitado

ex•tra ['ekstrə] **I** *n* extra *m*; *in movie* extra *m/f*; **be an ~** hacer de extra; **no hidden ~s** sin extras escondidos **II** *adj* extra; *meals are* **~** las comidas se pagan aparte; *that's* **$1 ~** cuesta 1 dólar más; *I need an* **~ week** necesito una semana más; **~ pay** paga *f* extraordinaria **III** *adv* super; **~ strong** extrafuerte; **~ special** muy especial; **charge ~ for sth** cobrar algo aparte

ex•tra 'charge recargo *m*

ex•tract¹ ['ekstrækt] *n* extracto *m*

ex•tract² [ɪk'strækt] *v/t* sacar **(from** de); *coal, oil, tooth* extraer **(from** de); *information* sonsacar **(from** a)

ex•trac•tion [ɪk'strækʃn] *of oil, coal, tooth* extracción *f*; *I have to have an* **~** me tienen que sacar un diente

ex•trac•tor fan [ɪk'stræktər] extractor *m* de humos

ex•tra•cur•ric•u•lar [ekstrəkə'rɪkjələr] *adj* EDU extracurricular, extraescolar

ex•tra•dite ['ekstrədaɪt] *v/t* extraditar

ex•tra•di•tion [ekstrə'dɪʃn] extradición *f*

ex•tra•di•tion re•quest petición *f* de extradición

ex•tra•di•tion trea•ty tratado *m* de extradición

ex•tra•mar•i•tal [ekstrə'mærɪtl] *adj* extramarital

ex•tra•ne•ous [ɪk'streɪnjəs] *adj*: **be ~ to** ser extrínseco *or* ajeno a

ex•tra•or•di•nar•i•ly [ekstrɔ:rdɪn'erɪlɪ] *adv* extraordinariamente

ex•tra•or•di•na•ry [ɪk'strɔ:rdɪnerɪ] *adj* extraordinario

ex•tra•sen•so•ry [ekstrə'sensərɪ] *adj*: **~ perception** percepción *f* extrasensorial

ex•tra•ter•res•tri•al [ekstrətə'restrɪəl] **I** *adj* extraterrestre **II** *n* extraterrestre *m/f*

ex•tra 'time *Br* SP prórroga *f*; **the game went into ~** hubo prórroga, jugaron la prórroga

ex•trav•a•gance [ɪk'strævəgəns] **1** *with money* despilfarro *m* **2** *of claim etc* extravagancia *f*

ex•trav•a•gant [ɪk'strævəgənt] *adj* **1** *with money* despilfarrador; **that was rather ~ of you** eso fue un derroche por tu parte **2** *claim* extravagante

ex•treme [ɪk'stri:m] **I** *n* extremo *m*; **in the ~** en extremo; **go to ~s** tomar medidas extremas **II** *adj* extremo; *views* extremista

ex•treme•ly [ɪk'stri:mlɪ] *adv* extremadamente, sumamente

ex•trem•ism [ɪk'stri:mɪzəm] *esp* POL extremismo *m*

ex•trem•ist [ɪk'stri:mɪst] **I** *adj* extremista **II** *n* extremista *m/f*

ex•trem•i•ty [ɪk'stremətɪ] **1** *furthest point* extremo *m* **2**: **I wouldn't go to that ~** no llegaría hasta ese extremo; **such were the extremities to which we were driven** ese fue el extremo hasta el que tuvimos que llegar; **extremities of love and hate** los extremos del amor y el odio

ex•tri•cate ['ekstrɪkeɪt] *v/t* liberar

ex•tro•vert ['ekstrəvɜ:rt] **I** *adj* extrovertido **II** *n* extrovertido(-a) *m(f)*

ex•u•ber•ance [ɪg'zu:bərəns] exuberancia *f*

ex•u•be•rant [ɪg'zu:bərənt] *adj* exuberante

ex•ude [ɪg'zu:d] *v/t* **1** *liquid etc* rezumar, supurar **2** *confidence, charm etc* rebosar, irradiar

ex•ult [ɪg'zʌlt] *v/i* exultar

ex•ult•ant [ɪg'zʌltənt] *adj* eufórico

ex 'ware•house *adv* franco en el almacén

ex 'works *adv* franco fábrica

eye [aɪ] **I** *n of person, needle* ojo *m*; **keep an ~ on** (*look after*) estar pendiente de; (*monitor*) vigilar; **have an ~ for detail** tener buen ojo para los detalles; **they're up to their ~s in work** están hasta los ojos de trabajo, estan hasta arriba de trabajo; **see ~ to ~ with s.o. on sth** estar de acuerdo con alguien en algo

II *v/t* mirar

◆ **eye up** *v/t* F devorar con los ojos F

'eye•ball globo *m* ocular; **be up to the ~s in work** estar hasta arriba de trabajo; **'eye•brow** ceja *f*; **'eye•brow pen•cil** lápiz *m* de cejas; **'eye-catch•ing** *adj* llamativo; **'eye con•tact** contacto *m* visual; **make ~ with s.o.** mirar a los ojos a alguien

eye•ful ['aɪful]: **get an ~** F echar un vistazo F

'eye•glass•es *npl* gafas *fpl*, *L.Am.* anteojos *mpl*, *L.Am.* lentes *mpl*; **'eye•lash** pestaña *f*; **'eye lev•el**: **at ~** a la altura de los ojos; **~ grill** grill *m* alto; **'eye•lid** párpado *m*; **'eye•lin•er** lápiz *m* de ojos; **'eye-o•pen•er**: **be an ~ for s.o.** F ser una revelación para alguien, hacer abrir los ojos a alguien F; **'eye•pen•cil** lápiz *m* de ojos; **'eye•sha•dow** sombra *f* de ojos; **'eye•sight** vista *f*; **'eye•sore** engendro *m*, monstruosidad *f*; **'eye strain** vista *f* cansada; **'eye•wit•ness** testigo *m/f* ocular; **eye•wit•ness ac'count** declaración *f* del testigo ocular

F

F *abbr* (= *Fahrenheit*) F
fab [fæb] *adj* F fabuloso, *L.Am.* chévere
fa•ble ['feɪbl] fábula *f*
fab•ric ['fæbrɪk] (*material*) tejido *m*
fab•ri•cate ['fæbrɪkeɪt] *v/t* **1** fabricar **2** *fig: story* inventar
fab•ri•ca•tion [fæbrɪ'keɪʃn] **1** fabricación *f* **2** *fig: lie* invención *f*
fab•u•lous ['fæbjʊləs] *adj* fabuloso, estupendo
fab•u•lous•ly ['fæbjʊləslɪ] *adv rich* tremendamente; *beautiful* increíblemente
fa•çade [fə'sɑːd] *of building, person* fachada *f*
face [feɪs] **I** *n* **1** cara *f*; ~ **to** ~ cara a cara; *lose* ~ padecer una humillación; *in the* ~ *of* frente a, ante; *say sth to s.o.'s* ~ decir algo a la cara a alguien; *show one's* ~ dejarse ver; *make or pull a* ~ hacer muecas; *put a good* ~ *on it* poner al mal tiempo buena cara; *on the* ~ *of it* a primera *or* simple vista; *save* ~ guardar las apariencias; *do one's* ~ F maquillarse, pintarse **2** *of mountain* cara *f*, pared *f*
II *v/t* **1** (*be opposite*) estar enfrente de **2** (*confront*) enfrentarse a; *let's* ~ *it* ¡reconozcámoslo!, ¡seamos realistas!; ~ *facts* aceptar los hechos; *be* ~*d with* estar frente a; ~ *s.o. with sth* / *s.o.* enfrentar a alguien con algo / alguien
◆ **face down** *v/t critics etc* plantar cara
◆ **face up to** *v/t* hacer frente a, afrontar
'**face card** figura *f*; '**face•cloth** toallita *f*; '**face cream** crema *f* para la cara
face•less ['feɪslɪs] *adj fig* anónimo, sin rostro
'**face•lift**: *have a* ~ hacerse un lifting; *the city's had a* ~ se han hecho mejoras a la ciudad; '**face mask** *for diving* máscara *f*; '**face pack** mascarilla *f* (*facial*)
fac•et ['fæsɪt] **1** *of jewel* faceta *f*, lado *m* **2** *fig* faceta *f*, aspecto *m*
fa•ce•tious [fə'siːʃəs] *adj* ocurrente, gracioso
face 'val•ue: *take sth at* ~ tomarse algo literalmente
fa•cial ['feɪʃl] **I** *adj* facial **II** *n* limpieza *f* de cutis

fa•cil•i•tate [fə'sɪlɪteɪt] *v/t* facilitar
fa•cil•i•ties [fə'sɪlətɪz] *npl* instalaciones *fpl*
fa•cil•i•ty [fə'sɪlətɪ] (*ease, gift*) facilidad *f*
fac•sim•i•le [fæk'sɪmɪlɪ] (*duplicate*) imitación *f* **2** *fml: fax* facsímil(e) *m*
fact [fækt] hecho *m*; *in* ~, *as a matter of* ~ de hecho; *know sth for a* ~ saber algo a ciencia cierta; *tell s.o. the* ~*s of life* decir a alguien los detalles de la reproducción humana; *it's just a* ~ *of life* así es la vida
'**fact-find•ing** ['fæktfaɪndɪŋ] *adj* de investigación, de reconocimiento
fac•tion ['fækʃn] facción *f*
fac•tor ['fæktər] factor *m*
fac•to•ry ['fæktərɪ] fábrica *f*
'**fac•to•ry farm•ing** cría *f* intensiva; '**fac•to•ry hand**, '**fac•to•ry work•er** obrero(-a) *m(f)* industrial; '**fac•to•ry out•let** *tienda que vende artículos de fábrica a precio reducido*; '**fac•to•ry ship** buque *m* factoría
'**fact sheet** hoja *f* informativa, informe *m*
fac•tu•al ['fæktʃʊəl] *adj* objetivo, basado en los hechos
fac•ul•ty ['fækltɪ] (*hearing etc*), *at university* facultad *f*; (*mental*) *faculties pl* facultades mentales
fad [fæd] moda *f*
fad•dy ['fædɪ] *adj* caprichoso
fade [feɪd] *v/i of colors* desteñirse, perder color; *of memories* desvanecerse
◆ **fade away** *v/i* desvanecerse, apagarse gradualmente
◆ **fade in I** *v/t sound, picture* meter con un fundido **II** *v/i of sound, picture* entrar en fundido
◆ **fade out I** *v/t sound, picture* cerrar en fundido, apagar lentamente **II** *v/i of sound, picture* fundirse, apagarse
fad•ed ['feɪdɪd] *adj color, jeans* desteñido, descolorido
fae•ces ['fiːsiːz] *Br* ☞ *feces*
fag[1] [fæg] F (*homosexual*) marica *m* F, maricón *m* F
fag[2] [fæg] *Br* F (*cigarette*) pitillo *m* F
fag•got ['fægət] F (*homosexual*) marica

m F, maricón *m* F

Fahr•en•heit ['færənhaɪt] *adj* Fahrenheit

fail [feɪl] **1** *v/i* fracasar; *of plan* fracasar, fallar; *he ~ed in his attempt* falló en su intento; *if all else ~s* como último recurso; *~ to do sth* no hacer algo; *I ~ to understand why ...* no logro entender porqué ...; *it never ~s to amaze me how ...* nunca deja de sorprenderme cómo ...

II *v/t exam* suspender; *his courage ~ed him* le faltó valor; *words ~ me!* ¡no encuentro palabras!

III *n* **1**: *without ~* sin falta **2**: *I got a ~ in biology* tengo un suspenso en biología

fail•ing ['feɪlɪŋ] **I** *n* fallo *m* **II** *prep* a falta de; *~ that* si no

'**fail-safe** *adj* **1** (*won't fail*) infalible **2** (*safe if it fails*) de seguridad

fail•ure ['feɪljər] fracaso *m*; *in exam* suspenso *m*; *I feel such a ~* me siento un fracasado; *~ to pay* el (hecho de) no pagar

faint [feɪnt] **1** *adj line, smile* tenue; *smell, noise* casi imperceptible; *resemblance* ligero, leve; *I haven't the ~est idea* no tengo ni la menor idea **II** *v/i* desmayarse

faint•heart•ed [feɪnt'hɑːrtɪd] *adj* pusilánime, apocado

faint•ly ['feɪntlɪ] *adv* **1** *smile, smell* levemente **2** (*slightly*) ligeramente

fair[1] [fer] *n* **1** COM feria *f* **2** (*fun~*) parque *m* de atracciones

fair[2] [fer] *adj* **1** *hair* rubio; *complexion* claro **2** (*just*) justo; *be ~ game* ser un blanco justificado; *everything is ~ and square* todo está claro **II** *adv*: *play ~* jugar limpio; *beat a team ~ and square* vencer a un equipo con todas las de la ley; *ok, ~ enough* vale, está bien *or* de acuerdo

'**fair ball** *in baseball* bola *f* buena; '**fairground 1** COM recinto *m* ferial **2** *for fun~* parque *m* de atracciones; **fair--haired** [fer'herd] *adj* rubio

fair•ly ['ferlɪ] *adv* **1** *treat* justamente, con justicia **2** (*quite*) bastante; *the time ~ flew past* el tiempo pasó muy rápidamente

fair-'mind•ed *adj* imparcial, justo

fair•ness ['fernɪs] *of treatment* imparcialidad *f*; *in ~ to him* para ser justo con él

'**fair•way 1** NAUT canalizo *m* **2** *in golf* calle *f*

'**fair-weath•er** *adj*: *~ friend* amigo(-a) *m(f)* en la prosperidad

fair•y ['ferɪ] **1** hada *f* **2** *pej* P *homosexual* maricón *m* F

fair•y 'god•moth•er hada *f* madrina

'**fair•y sto•ry**, '**fair•y tale** cuento *m* de hadas

faith [feɪθ] **1** fe *f*, confianza *f*; *have ~ in sth* / *s. o.* tener fé en algo / alguien; *in good* / *bad ~* de buena / mala fé **2** REL fe *f*

faith•ful ['feɪθfəl] *adj* fiel; *be ~ to one's partner* ser fiel a la pareja

faith•ful•ly ['feɪθfəlɪ] *adv follow instructions* religiosamente; *Yours ~* (le saluda) atentamente

faith heal•er ['feɪθhiːlər] curandero(-a) *m(f)*

'**faith heal•ing** curación *f* por fé

fake [feɪk] **I** *n* falsificación *f*; *in basketball* finta *f*; *person* impostor(a) *m(f)*; *with emotions etc* falso(-a) *m(f)* **II** *adj* falso **III** *v/t* **1** (*forge*) falsificar **2** (*feign*) fingir

fal•con ['fɔːlkən] halcón *m*

Falk•land Is•land•er ['fɔːlklənd] malvinense *m/f*, habitante *m/f* de las Islas Malvinas

'**Falk•land Is•lands** *npl*: *the ~* las Islas Malvinas

fall[1] [fɔːl] *n season* otoño *m*; *in* (*the*) *~* en otoño

fall[2] [fɔːl] **I** *v/i* (*pret fell, pp fallen*) *of person* caerse; *of government, prices, temperature, night* caer; *~ ill* enfermar, caer enfermo; *I fell off the wall* me caí del muro; *he fell to his death* se cayó y se mató; *her face fell* puso cara larga **II** *n* caída *f*; *have a ~* sufrir una caída, caerse; *~ in temperature* descenso *m* de la temperatura

◆ **fall about** *v/i*: *~* (*laughing*) F morirse *or* partirse de risa F

◆ **fall apart** *v/i* F *emotionally* desequilibrarse

◆ **fall away** *v/i* ☞ **fall off**

◆ **fall back** *v/i of troops* replegarse

◆ **fall back on** *v/t* recurrir a

◆ **fall behind** *v/i with work, payments* retrasarse; *in race* quedarse atrás

◆ **fall down** *v/i* caerse; *fall down on the*

job *fig* hacer un mal trabajo; *that's where the proposal falls down* es ahí donde la propuesta fracasa *or* se viene abajo

◆ **fall for** *v/t* **1** *person* enamorarse de **2** (*be deceived by*) dejarse engañar por; *I'm amazed you fell for it* me sorprende mucho que picaras

◆ **fall in** *v/i* **1** *of roof* desplomarse **2** MIL formar filas

◆ **fall into** *v/t* *bad habits* adquirir, incurrir en; *difficulties* entrar en

◆ **fall in with** *v/t* **1** *bad crowd* juntarse con **2** *rules, accepted procedures, what others want* aceptar, adherirse a

◆ **fall off** *v/i* *of business, attendances* decaer, empeorar

◆ **fall on** *v/t* **1** (*attack*) lanzarse sobre **2** (*encounter*): *fall on hard times* entrar en crisis **3**: *his eyes fell on me* dirigió su mirada hacia mí **4**: *it falls on me to make the final decision* me corresponde a mí tomar la última decisión **5**: *it ~s on a Tuesday* cae en martes

◆ **fall out** *v/i* **1** *of hair* caerse **2** (*argue*) pelearse

◆ **fall over I** *v/i* caerse; *fall over backward to do sth* F desvivirse por hacer algo **II** *v/t*: *fall over sth* tropezar con algo; *be falling over o.s. to do sth* F desvivirse por hacer algo

◆ **fall through** *v/i* *of plans* venirse abajo

◆ **fall to** *v/t*: *it fell to him to make the casting vote* le correspondió a él dar el voto decisivo

◆ **fall under** *v/t* *category etc* entrar en

fal·la·cious [fəˈleɪʃəs] *adj* (*incorrect*) erróneo; (*misleading*) engañoso

fal·la·cy [ˈfæləsɪ] falacia *f*

fal·len [ˈfɔːlən] *pp* ☞ **fall²**

'**fall guy** F **1** (*victim*) víctima *f* **2** (*scapegoat*) chivo *m* expiatorio, cabeza *f* de turco; *make s.o. the ~ for sth* convertir a alguien en el chivo expiatorio de algo

fal·li·ble [ˈfæləbl] *adj* falible

fall·ing star [ˈfɔːlɪŋˈstɑːr] estrella *f* fugaz

Fal·lo·pi·an [fəˈloʊpɪən] *adj*: *~ tube* trompa *f* de Falopio

'**fall·out 1** lluvia *f* radiactiva **2** *fig: from scandal, shake-up etc* secuelas *fpl*, repercusión *f*

'**fall·out shel·ter** refugio *m* nuclear *or* atómico

fal·low [ˈfæloʊ] *adj* AGR en barbecho; *lie ~* estar en barbecho

false [fɑːls] *adj* falso; *raise ~ hopes* alimentar falsas esperanzas; *~ bottom* doble fondo *m*

false a'larm falsa alarma *f*

false·hood [ˈfɑːlshʊd] **1** (*lie*) mentira *f* **2** *of statement etc* falsedad *f*

false·ly [ˈfɑːlslɪ] *adv* *argue, claim etc* falsamente, equivocadamente

false 'mod·es·ty falsa modestia *f*

false·ness [ˈfɑːlsnəs] *of statement, theory* falsedad *f*; *of friend* deslealtad *f*

false 'start *in race* salida *f* nula; *get off to a ~* *fig* empezar mal

false 'teeth *npl* dentadura *f* postiza

fal·si·fi·ca·tion [fɑːlsɪfɪˈkeɪʃn] falsificación *f*

fal·si·fy [ˈfɑːlsɪfaɪ] *v/t* (*pret & pp -ied*) falsificar

fal·ter [ˈfɔːltər] *v/i* titubear, vacilar

fame [feɪm] fama *f*; *that team of World Cup 1994 ~* ese equipo, famoso por los Mundiales de 1994

fa·mil·i·ar [fəˈmɪljər] *adj* familiar; *get ~* (*intimate*) tomarse demasiadas confianzas; *be ~ with sth* estar familiarizado con algo; *that looks ~* eso me resulta familiar; *that sounds ~* me suena; *make o.s. ~ with sth*, *get ~ with sth* familiarizarse con algo; *be on ~ terms with s.o.* tener confianza con alguien

fa·mil·i·ar·i·ty [fəmɪlɪˈærɪtɪ] familiaridad *f*

fa·mil·i·ar·ize [fəˈmɪljəraɪz] *v/t*: *~ o.s. with* familiarizarse con

fa·mil·i·ar·ly [fəˈmɪljərlɪ] *adv* *behave* con naturalidad; *address someone* con demasiada confianza; *~ known as* comúnmente conocido como; *more ~ known as* mejor conocido como

fam·i·ly [ˈfæməlɪ] familia *f*; *do you have any ~?* ¿tienes hijos?; *from a good ~* de buena familia; *~ Bible* Biblia *f* familiar; *~ problems* problemas *mpl* familiares

fam·i·ly 'busi·ness negocio *m* familiar; '**fam·i·ly car** *L.Am.* carro *m* familiar, *Span* coche *m* familiar; **fam·i·ly 'doc·tor** médico *m/f* de familia; '**fam·i·ly man** hombre *m* casero; '**fam·i·ly name** apellido *m*; **fam·i·ly 'plan·ning** planificación *f* familiar; **fam·i·ly 'plan·ning clin·ic** clínica *f* de planificación familiar; '**fam·i·ly pro·gram** programa *m* familiar; **'fam•i•ly room** *in hotel* habitación *f* familiar; **'fam•i•ly-run** *adj hotel, restaurant* familiar; **fam•i•ly 'tree** árbol *m* genealógico

fam•ine ['fæmɪn] hambruna *f*

fam•ished ['fæmɪʃt] *adj* F: *I'm ~* estoy muerto de hambre F

fa•mous ['feɪməs] *adj* famoso; *be ~ for* ser famoso por

fa•mous•ly ['feɪməslɪ] *adv: get along ~ with s.o.* llevarse muy bien con alguien

fan[1] [fæn] *n* (*supporter*) seguidor(a) *m(f)*; *of singer, band* admirador(a) *m(f)*, fan *m/f*; *I've always been a big ~ of yours* siempre lo he admirado mucho

fan[2] [fæn] **I** *n electric* ventilador *m*; *handheld* abanico *m*; *the shit will hit the ~* F se irá al carajo F **II** *v/t* (*pret & pp -ned*) abanicar; *~ o.s.* abanicarse
◆ **fan out** *v/i of searchers* desplegarse en abanico

fa•nat•ic [fə'nætɪk] fanático(-a) *m(f)*

fa•nat•i•cal [fə'nætɪkl] *adj* fanático

fa•nat•i•cal•ly [fə'nætɪklɪ] *adv* fanáticamente

fa•nat•i•cism [fə'nætɪsɪzm] fanatismo *m*

'fan belt MOT correa *f* del ventilador

fan•ci•ful ['fænsɪfʊl] *adj* (*unrealistic*) fantasioso, irrealista

'fan club club *m* de fans

fan•cy ['fænsɪ] *adj restaurant, prices* lujoso

fan•cy 'dress disfraz *m*

fan•cy-'dress par•ty fiesta *f* de disfraces

fan•fare ['fænfer] fanfarria *f*

fang [fæŋ] colmillo *m*

'fan heat•er estufa *f* eléctrica de aire caliente

'fan mail cartas *fpl* de los fans

fan•ny ['fænɪ] **P 1** culo *m, CSur* traste *m* **P 2** *Br* coño *m* V, *L.Am.* concha *f* V

'fan•ny pack riñonera *f*

fan•ta•size ['fæntəsaɪz] *v/i* fantasear (*about* sobre)

fan•tas•tic [fæn'tæstɪk] *adj* **1** (*very good*) fantástico, excelente **2** (*very big*) inmenso

fan•tas•tic•al•ly [fæn'tæstɪklɪ] *adv* (*extremely*) sumamente, increíblemente

fan•ta•sy ['fæntəsɪ] fantasía *f*

fan•zine ['fænziːn] fanzine *m*

FAQ [efeɪ'kjuː] *abbr* (= *frequently asked question*) pregunta *f* frecuente

far [fɑːr] **I** *adv* **1** lejos; *~ away* lejos; *how ~ is it to …?* ¿a cuánto está …?; *as ~ as the corner / hotel* hasta la esquina / el hotel; *as ~ as the eye can see* hasta donde alcanza la vista

2 *fig: as ~ as I can see* tal y como lo veo yo; *as ~ as I know* que yo sepa; *you've gone too ~ in behavior* te has pasado; *so ~ so good* por ahora muy bien; *~ from completed* lejos de estar acabado; *~ be it from me to criticize* no es mi intención criticar; *~ into the night* (bien) adentrada la noche

3 (*much*) mucho; *~ bigger / faster* mucho más grande / rápido; *she was by ~ the fastest* fue sin lugar a dudas la más rápida; *you're ~ too young* eres demasiado joven; *by ~, ~ and away* con diferencia

II *adj* del extremo, del *or* al fondo; *at the ~ end* al otro extremo; *from ~ and near or wide* por todos los lados

'far•a•way *adj* **1** *places* lejano **2** *look* ausente, perdido

farce [fɑːrs] farsa *f*

far•ci•cal ['fɑːrsɪkl] *adj attempts, situation* ridículo, absurdo

fare [fer] **I** *n* tarifa *f; actual money* dinero *m; what's the ~?* ¿cuánto vale el billete *or L.Am.* boleto?; *any more ~s please?* ¿más billetes por favor? **II** *v/i esp fml: how did you ~?* ¿cómo te fue?; *he didn't ~ very well* no le fue bien

Far 'East Lejano Oriente *m*

fare•well [fer'wel] despedida *f; make one's ~s* despedirse

fare'well par•ty fiesta *f* de despedida

far•fetched [fɑːr'fetʃt] *adj* inverosímil, exagerado

far-'flung *adj* vasto, amplio

farm [fɑːrm] granja *f*
◆ **farm out** *v/t: farm sth out* mandar hacer algo (*to* a)

farm•er ['fɑːrmər] granjero(-a) *m(f)*, agricultor(a) *m(f)*

'farm•hand trabajador(a) *m(f)* del campo, jornalero(-a) *m(f)*

'farm•house granja *f*, alquería *f*

farm•ing ['fɑːrmɪŋ] agricultura *f*

'farm•land tierra *f* de cultivo; **'farm-work•er** trabajador(a) *m(f)* del campo,

agricultor(a) *m(f)*; 'farm•yard corral
m; ~ *animals* animales *mpl* de corral
far-'off *adj* lejano;far-'out *adj* P 1 (*great*)
sensacional, genial 2 (*wild, eccentric*)
extravagante; far-reach•ing [fɑːr'riːtʃ-
ɪŋ] *adj* trascendente, de magnitud;
far'see•ing *adj fig* precabido, previsor;
far'sight•ed *adj* previsor; *optically* hipermétrope
fart [fɑːrt] F I n 1 pedo *m* F 2 *he's a boring old* ~ es un pesado *or* un plasta F II
v/i tirarse un pedo F
far•ther ['fɑːrðər] *adv* más lejos; ~ *away*
más allá, más lejos
far•thest ['fɑːrðəst] *adv travel etc* más
lejos
fas•ci•nate ['fæsɪneɪt] *v/t* fascinar; *be*
~*d by* estar fascinado por
fas•ci•nat•ing ['fæsɪneɪtɪŋ] *adj* fascinante
fas•ci•na•tion [fæsɪ'neɪʃn] fascinación
f; *have a* ~ *for sth* tener fascinación
por algo; *hold a* ~ *for s.o.* resultar fascinante a alguien
fas•cism ['fæʃɪzm] fascismo *m*
fas•cist ['fæʃɪst] I *n* fascista *m/f* II *adj*
fascista
fash•ion ['fæʃn] 1 moda *f*; *in* ~ de moda;
out of ~ pasado de moda; *come into* ~
ponerse de moda; *go out of* ~ pasarse
de moda 2 (*manner*) modo *m*, manera
f; *after* or *in a* ~ en cierto modo, en cierta manera
fash•ion•a•ble ['fæʃnəbl] *adj* de moda;
be very ~ estar muy de moda
fash•ion•a•bly ['fæʃnəblɪ] *adv dressed* a
la moda
'fash•ion-con•scious *adj* que sigue la
moda; 'fash•ion de•sign•er modis-
to(-a) *m(f)*;'fash•ion ed•i•tor editor(a)
m(f) de la sección de moda; 'fash•ion
mag•a•zine revista *f* de modas; 'fashion mod•el modelo *m/f*; 'fash•ion
show desfile *m* de moda, pase *m* de
modelos; 'fash•ion vic•tim escla-
vo(-a) *m(f)* de la moda, fashion victim
m/f
fast¹ [fæst] I *adj* rápido; *be* ~ *of clock* ir
adelantado; *pull a* ~ *one on s.o.* F ju-
garle una mala pasada a alguien P;
you're a ~ *worker!* ¡ no pierdes el tiempo ! II *adv* 1 rápido 2: *stuck* ~ atascado;
~ *asleep* profundamente dormido
fast² [fæst] *n not eating* ayuno *m*

fast³ [fæst] I *adj*: *make* ~ agarrar fuerte,
amarrar II *adv*: *play* ~ *and loose with
s.o. / s.o.'s feelings* jugar con alguien / los sentimientos de alguien
'fast•back MOT fastback *m*; 'fast ball *in
baseball* bola *f* rápida; fast 'breed•er,
fast-breed•er re'ac•tor PHYS reactor
m reproductor rápido
fas•ten ['fæsn] I *v/t window, lid* cerrar
(*poniendo el cierre*); *dress* abrochar; ~
sth onto sth asegurar algo a algo II ~
v/i of dress etc abrocharse
fas•ten•er ['fæsnər] *for dress, lid* cierre
m
fast 'food comida *f* rápida; fast•food
'res•tau•rant restaurante *m* de comida
rápida; fast 'for•ward I *n on video etc*
avance *m* rápido II *v/i* avanzar
fas•tid•i•ous [fə'stɪdɪəs] *adj* escrupuloso, aprensivo (*about*)
'fast lane *on road* carril *m* rápido; *in the*
~ *fig: of life* con un tren de vida acelerado
'fast train (tren *m*) rápido *m*
fat [fæt] I *adj* gordo; *a* ~ *lot of good that
is!* F ¡eso no sirve para nada!; ~ *chance
you have!* F ¡ni de casualidad! F II *n on
meat, for baking* grasa *f*; *live off the* ~
of the land vivir como un rey *or* señor
fa•tal ['feɪtl] *adj illness* mortal; *error* fatal
fa•tal•ism ['feɪtlɪzəm] fatalismo *m*
fa•ta•list ['feɪtlɪst] fatalista *m/f*
fa•tal•is•tic [feɪtə'lɪstɪk] *adj* fatalista
fa•tal•i•ty [fə'tælətɪ] víctima *f* mortal
fa•tal•ly ['feɪtlɪ] *adv* mortalmente; ~ *injured* herido mortalmente
'fat cat F pez *m* gordo F
fate [feɪt] destino *m*; *he met his* ~ *died*
encontró la muerte; (*as*) *sure as* ~ con
toda seguridad
fat•ed ['feɪtɪd] *adj*: *be* ~ *to do sth* estar
predestinado a hacer algo
fate•ful ['feɪtfʊl] *adj encounter, decision,
day* fatídico, fatal
'fat-free *adj* sin grasas
fa•ther ['fɑːðər] padre *m*; *Father Martin*
REL el Padre Martin; *like* ~ *like son* de
tal palo, tal astilla; *the Holy* ~ REL el
Papa
Fa•ther 'Christ•mas *Br* Papá Nöel *m*;
fa•ther con'fes•sor REL confesor *m*,
guía *m* espiritual; 'fa•ther fig•ure
PSYCH figura *f* paterna

fa•ther•hood ['fɑːðərhʊd] paternidad f

'**fa•ther-in-law** (pl **fathers-in-law**) suegro m

'**fa•ther•land** país m de origen, patria f

fa•ther•less ['fɑːðərlɪs] adj huérfano(-a) m(f) de padre

fa•ther•ly ['fɑːðərlɪ] adj paternal

'**Fa•ther's Day** Día m del Padre

fath•om ['fæðəm] NAUT braza f

◆ **fathom out** v/t fig entender

fa•tigue [fə'tiːg] cansancio m, fatiga f

fat•so ['fætsoʊ] F gordinflón(-ona) m(f) F

fat•ten ['fætn] v/t animal engordar

fat•ten•ing ['fætnɪŋ] adj que engorda

fat•ty ['fætɪ] I adj graso II n F person gordinflón(-ona) m(f) F

fat•u•ous ['fætjʊəs] adj estúpido, tonto

fat•u•ous•ness ['fætjʊəsnəs] estupidez f, necedad f

fau•cet ['fɔːsɪt] L.Am. llave f, Span grifo m

fault [fɔːlt] I n (defect) fallo m; **it's your / my** ~ es culpa tuya / mía; **find** ~ encontrar defectos (**with** a); **you're the one who is at** ~ tú eres el que tiene la culpa; **he's at** ~ **for not making it clear** es su culpa no dejarlo claro II v/t: **I can't** ~ **it** no puedo decir nada en su contra

fault•find•er ['fɔːltfaɪndər] criticón (-ona) m(f) F

fault•find•ing ['fɔːltfaɪndɪŋ] I n critiqueo m F II adj criticón F

fault•less ['fɔːltlɪs] adj impecable

'**fault line** GEOL falla f

fault•y ['fɔːltɪ] adj goods defectuoso

fau•na ['fɔːnə] fauna f

fa•vor ['feɪvər] I n favor m; **ask s.o. a** ~ pedir a alguien un favor; **do s.o. a** ~ hacer un favor a alguien; **do me a** ~! (don't be stupid) ¡haz el favor!; **in** ~ **of** a favor de; **be in** ~ **of** estar a favor de; **in my** ~ a mi favor; **decide in s.o.'s** ~ decidir a favor de alguien; **be in** ~ **with s.o.** contar con la aceptación de alguien; **be out of** ~ **with s.o.** no contar con la aceptación de alguien II v/t (prefer) preferir

fa•vor•a•ble ['feɪvərəbl] adj reply etc favorable

fa•vor•a•bly ['feɪvərəblɪ] adj: **I was** ~ **impressed with her** me hizo una muy buena impresión

fa•vo•rite ['feɪvərɪt] I n favorito(-a)

m(f); food comida f favorita II adj favorito

fa•vor•it•ism ['feɪvrɪtɪzm] favoritismo m

fa•vour etc Br ☞ **favor** etc

fawn[1] [fɔːn] deer cervato m

fawn[2] [fɔːn] adj color pardo, castaño claro

◆ **fawn on** v/t halagar, hacer la pelota a

fawn•ing ['fɔːnɪŋ] adj halagador

fax [fæks] I n fax m; **send sth by** ~ enviar algo por fax II v/t enviar por fax; ~ **sth to s.o.** enviar algo por fax a alguien; **can you** ~ **me?** ¿me puedes enviar un fax?

'**fax ma•chine** fax m, telefax m

'**fax num•ber** número m de fax

faze [feɪz] v/t desconcertar; of physical hardship, danger etc asustar

FBI [efbiː'aɪ] abbr (= **Federal Bureau of Investigation**) FBI m

fear [fɪr] I n miedo m, temor m; **for** ~ **that** ... por miedo a que ...; **for** ~ **of hurting him** por miedo a hacerle daño; ~ **of God** temor de Dios II v/t temer, tener miedo a

◆ **fear for** v/t temer por

fear•ful ['fɪrfʊl] adj 1 (frightening) espantoso, aterrador 2 F (terrible) monumental 3: **be** ~ **that** ... apprehensive tener miedo de que ...

fear•less ['fɪrlɪs] adj valiente, audaz

fear•less•ly ['fɪrlɪslɪ] adv sin miedo

fea•si•bil•i•ty [fiːzə'bɪlətɪ] viabilidad f

fea•si•bil•i•ty stud•y estudio m de viabilidad

fea•si•ble ['fiːzəbl] adj factible, viable

feast [fiːst] I n banquete m, festín m; ~ **for the eyes** regalo m para la vista II v/t: ~ **one's eyes on** recrearse la vista con

'**feast day** REL fiesta f

feat [fiːt] hazaña f, proeza f; **an amazing** ~ **of engineering** un logro impresionante de la ingeniería; **an amazing** ~ **of endurance** un acto de resistencia impresionante

feath•er ['feðər] I n pluma f; **birds of a** ~ **flock together** Dios los cría y ellos se juntan; **they're birds of a** ~ son harina del mismo costal; **that is a** ~ **in his cap** ese es un tanto a su favor II v/t: ~ **one's (own) nest** hacer el agosto

feath•er•brained ['feðərbreɪnd] adj

scheme disparatado; **~ person** cabeza *m/f* hueca

feath•er'dust•er plumero *m*

'feath•er-weight I *n* **1** *category* peso *m* pluma **2** *fig: person* minucia *f* **II** *adj champion etc* peso pluma

fea•ture ['fiːtʃər] **I** *n* **1** *on face* rasgo *m*, facción *f* **2** *of city, building, plan, style* característica *f*; **make a ~ of** destacar **3** *article in paper* reportaje *m* **4** *movie* largometraje *m* **II** *v/t:* **a movie featuring ...** una película en la que aparece ...

'fea•ture ar•ti•cle artículo *m* monográfico; **'fea•ture film** largometraje *m*; **'fea•ture-length mov•ie** largometraje *m*

Feb•ru•a•ry ['februərɪ] febrero *m*

fe•ces ['fiːsiːz] *npl* heces *fpl*

feck•less ['feklɪs] *adj* insensato, irresponsable

fed[1] [fed] *pret & pp* ☞ **feed**

fed[2] [fed] *n* F *(FBI agent)* federal *m/f*

fed•e•ral ['fedərəl] *adj* federal

fed•er•al•ism ['fedərəlɪzəm] federalismo *m*

fed•er•al•ist ['fedərəlɪst] **I** *adj* federalista **II** *n* federalista *m/f*

Fed•e•ral 'Trade Com•mis•sion Comisión *f* de Comercio Federal

fed•e•ra•tion [fedə'reɪʃn] federación *f*

fed 'up *adj* F harto, hasta las narices F; **be ~ with** estar harto *or* hasta las narices de F

fee [fiː] *of lawyer, doctor, consultant* honorarios *mpl*; *for entrance* entrada *f*; *for membership* cuota *f*

fee•ble ['fiːbl] *adj person, laugh* débil; *attempt* flojo; *excuse* pobre

fee•ble•ness ['fiːblnɪs] *of attempt* ineficacia *f*; *of joke, excuse* flojedad *f*, poca contundencia *f*

fee•bly ['fiːblɪ] *adv* débilmente, ineficazmente

feed [fiːd] **I** *v/t* *(pret & pp* **fed)** **1** alimentar, dar de comer a **2** *reservoir* suministrar **3** *imagination* estimular, despertar **II** *v/i of animals* comer **III** *n for animals* pienso *m*; **she gave us a good ~** nos dio bien de comer

◆ **feed in** *v/t tape, wire etc* introducir, insertar

'feed•back reacción *f*; **we'll give you some ~** le daremos nuestra opinión

feed•er road ['fiːdər] ramal *m*

feed•ing bot•tle ['fiːdɪŋ] biberón *m*

'feed•lot AGR planta *f* de engorde de ganado

feel [fiːl] **I** *v/t (pret & pp* **felt)** *(touch)* tocar; *(sense)* sentir; *(think)* creer, pensar; **you can ~ the difference** se nota la diferencia

II *v/i (pret & pp* **felt):** **it ~s like silk / cotton** tiene la textura de la seda / algodón; **your hand ~s hot** tienes la mano caliente; **I ~ hungry** tengo hambre; **I ~ tired** estoy cansado; **how are you ~ing today?** ¿cómo te encuentras hoy?; **how does it ~ to be rich?** ¿qué se siente siendo rico?; **do you ~ like a drink / meal?** ¿te apetece beber / comer algo?; **I ~ like going / staying** me apetece ir / quedarme; **I don't ~ like it** no me apetece; **how do you ~ about his decision?** ¿qué te parece su decisión?

◆ **feel out** *v/t:* **feel s.o. out** tantear a alguien

◆ **feel up** *v/t sexually* manosear

◆ **feel up to** *v/t* sentirse con fuerzas para

feel•er ['fiːlər] *of insect* antena *f*; **put out ~s** *fig* tantear el terreno

'feel-good fac•tor sensación *f* positiva

feel•ing ['fiːlɪŋ] **1** sentimiento *m*; **what are your ~s about it?** ¿qué piensas sobre ello?; **play / sing with ~** tocar / cantar con sentimiento *or* pasión **2** *(sensation)* sensación *f*; **I have this ~ that ...** tengo el presentimiento de que ...

'fee-pay•ing *adj school* de pago

feet [fiːt] *pl* ☞ **foot**

feign [feɪn] **I** *v/t interest, illness etc* fingir **II** *v/i* fingir

feint [feɪnt] SP finta *f*

feist•y ['faɪstɪ] *adj* F luchador, de armas tomar

fe•line ['fiːlaɪn] *adj* felino

fell[1] [fel] *pret* ☞ **fall**[2]

fell[2] [fel] *v/t* **1** *tree* talar, cortar **2** *opponent* tumbar, derribar

fel•low ['feloʊ] *(man)* tipo *m*; **listen ~, if you ...** escucha hombre, si tú ...

fel•low 'cit•i•zen conciudadano(-a) *m(f)*; **fel•low 'coun•try•man** compatriota *m/f*; **fel•low 'man** prójimo *m*; **fel•low 'stu•dent** compañero(-a) *m(f)*

fel•o•ny ['felənɪ] delito *m* grave

felt [felt] I n fieltro m II pret & pp ☞ **feel**

felt 'tip, felt-tip 'pen rotulador m

fe•male ['fiːmeɪl] I adj **1** animal, plant hembra **2** relating to people femenino; **~ executive** ejecutiva f II n **1** of animals, plants hembra f **2** person mujer f

fem•i•nine ['femɪnɪn] I adj also GRAM femenino II n GRAM femenino m

fem•i•nin•i•ty [femɪ'nɪnɪtɪ] feminidad f

fem•i•nism ['femɪnɪzm] feminismo m

fem•i•nist ['femɪnɪst] I n feminista m/f II adj feminista

fe•mur ['fiːmər] ANAT fémur m

fence [fens] **1** around garden etc cerca f, valla f; **sit on the ~** fig nadar entre dos aguas **2** F criminal perista m/f

◆ **fence in** v/t **1** land cercar, vallar **2** with rules limitar, restringir (**with** por)

fenc•er ['fensər] SP esgrimidor(a) m(f), L.Am. esgrimista m/f

fenc•ing ['fensɪŋ] SP esgrima f

fend [fend] v/i: **~ for o.s.** valerse por sí mismo

◆ **fend off** v/t blow, attacker esquivar, evitar

fend•er ['fendər] MOT aleta f

fend•er-bend•er ['fendərbendər] MOT F golpe m

fen•nel ['fenl] BOT hinojo m

fer•ment¹ [fər'ment] v/i of liquid fermentar

fer•ment² ['fɜːrment] n (unrest) agitación f

fer•men•ta•tion [fɜːrmen'teɪʃn] fermentación f

fern [fɜːrn] helecho m

fe•ro•cious [fə'rouʃəs] adj feroz

fe•roc•i•ty [fə'rɑːsɪtɪ] ferocidad f, furia f

fer•ret ['ferɪt] hurón m

◆ **ferret around** v/i hurgonear, rebuscar (**among** entre; **for** por)

◆ **ferret out** v/t truth, secret averiguar, dar con F

fer•rous ['ferəs] adj ferroso

fer•ry ['ferɪ] I n ferry m, transbordador m II v/t transportar

'fer•ry•boat ferry m, transbordador m; **fer•ry•man** ['ferɪmən] barquero m; **'fer•ry serv•ice** servicio m de transporte (de mercancías, pasajeros)

fer•tile ['fɜːrtəl] adj fértil

fer•til•i•ty [fɜːr'tɪlətɪ] fertilidad f

fer•til•i•ty drug medicamento m para el tratamiento de la infertilidad

fer•til•i•za•tion [fɜːrtɪlaɪ'zeɪʃn] of egg fertilización f

fer•ti•lize ['fɜːrtəlaɪz] v/t fertilizar

fer•ti•liz•er ['fɜːrtəlaɪzər] for soil fertilizante m

fer•vent ['fɜːrvənt] adj admirer ferviente

fer•vent•ly ['fɜːrvəntlɪ] adv fervientemente

fer•vor ['fɜːrvər] fervor m, entusiasmo m

fes•ter ['festər] v/i of wound enconarse; of hatred, resentment exacerbarse, enconarse

fes•ti•val ['festɪvl] festival m

fes•tive ['festɪv] adj festivo; **the ~ season** la época navideña, las Navidades

fes•tiv•i•ties [fe'stɪvətɪz] npl celebraciones fpl

fes•toon [fe'stuːn] v/t engalanar

fe•tal ['fiːtl] adj fetal

'fe•tal po•si•tion posición f fetal

fetch [fetʃ] v/t **1** person recoger; thing traer, ir a buscar **2** price alcanzar; **how much did it ~?** ¿qué precio alcanzó?

fetch•ing ['fetʃɪŋ] adj dress, smile cautivador, atractivo

fet•id ['fetɪd] adj fétido

fet•ish ['fetɪʃ] fetiche m

fet•ish•ism ['fetɪʃɪzəm] fetichismo m

fet•ish•ist ['fetɪʃɪst] fetichista m/f

fet•ish•is•tic [fetɪ'ʃɪstɪk] adj fetichista

fet•ters ['fetərz] npl grilletes mpl; fig cadenas fpl, ataduras fpl

fet•tle ['fetl]: **in fine ~** en buena forma

fe•tus ['fiːtəs] feto m

feud [fjuːd] I n enemistad f II v/i estar enemistado

feu•dal ['fjuːdl] adj feudal

feu•dal•ism ['fjuːdəlɪzəm] feudalismo m

fe•ver ['fiːvər] fiebre f; **have a ~** tener fiebre; **they were in a ~ of excitement** les embargaba una emoción febril

fe•ver•ish ['fiːvərɪʃ] adj con fiebre; fig: excitement febril

few [fjuː] I adj (not many) pocos; **a ~ things** unos pocos; **quite a ~, a good ~** (a lot) bastantes II pron (not many) pocos(-as); **a ~** (some) unos pocos; **quite a ~, a good ~** (a lot) bastantes; **~ of them could speak English** de ellos muy pocos hablaban inglés

few•er ['fjuːər] *adj* menos; ~ *than* menos que; *with numbers* menos de

fi•an•cé [fɪ'ɑːnseɪ] prometido *m*, novio *m*

fi•an•cée [fɪ'ɑːnseɪ] prometida *f*, novia *f*

fi•as•co [fɪ'æskoʊ] fiasco *m*

fib [fɪb] F bola *f* F

fi•ber ['faɪbər] fibra *f*

'fi•ber•board fibra *f* vulcanizada; **'fi•ber•glass** I *n* fibra *f* de vidrio II *adj* de fibra de vidrio; **fi•ber•'op•tic** *adj* de fibra óptica; ~ *cable* cable *m* de fibra óptica; **fi•ber 'op•tics** *nsg* tecnología *f* de la fibra óptica

fi•bre *Br* ☞ **fiber**

fib•u•la ['fɪbjʊlə] ANAT peroné *m*

fick•le ['fɪkl] *adj* inconstante, mudable

fic•tion ['fɪkʃn] **1** (*novels*) literatura *f* de ficción **2** (*made-up story*) ficción *f*

fic•tion•al ['fɪkʃnl] *adj* de ficción

fic•ti•tious [fɪk'tɪʃəs] *adj* ficticio

fid•dle ['fɪdl] I *n* (*violin*) violín *m* II *v/i:* ~ *around with* enredar con III *v/t* F *accounts, result* amañar

fid•dler ['fɪdlər] F **1** MUS violinista *m/f* **2** F *cheat* tramposo(-a) *m(f)*, fullero(-a) *m(f)*

fid•dly ['fɪdlɪ] *adj job* complicado, laborioso; *little details* dificultoso

fi•del•i•ty [fɪ'delətɪ] fidelidad *f*

fid•get ['fɪdʒɪt] *v/i* moverse; *stop ~ing!* ¡estáte quieto!

fid•get•y ['fɪdʒɪtɪ] *adj* inquieto

field [fiːld] I *n* **1** *also of research etc* campo *m* **2** *for sport* campo *m*, *L.Am.* cancha *f*; (*competitors in race*) participantes *mpl* II *v/t* & *v/i in baseball* fildear

'field day: have a ~ *be successful* tener un día de suerte; *have fun* disfrutar

field•er ['fiːldər] *in baseball* fildeador(-a) *m(f)*; ~'s *choice* jugada *f* de elección

'field e•vents *npl* pruebas *fpl* de salto y lanzamiento; **'field goal** *in basketball* tiro *m* de campo; **'field hock•ey** hockey *m* sobre hierba; **'field mar•shal** MIL mariscal *m* de campo; **'field•stone** peña *f or* piedra *f* viva; **'field stud•y** estudio *m* de campo; **'field-test** *v/t* probar sobre el terreno; **'field tri•als** *npl* pruebas *fpl* sobre el terreno; **'field trip** viaje *m* de estudio(s); **'field•work** trabajo *m* de campo; *of scientist, market researcher* investigación *f* de campo; **'field**

work•er *for relief organization* trabajador(a) *m(f)* de campo; *for market research etc* investigador(a) *m(f)* de campo

fiend [fiːnd] **1** (*devil*) demonio *m* **2** F: *she's a real fresh-air ~* (*likes the outdoors*) le encanta estar al aire libre; *op•era ~* incondicional *m/f* de la ópera

fiend•ish ['fiːndɪʃ] *adj* **1** *appearance, laugh, cunning* perverso **2** F *complexity, heat* endemoniado

fierce [fɪrs] *adj animal* feroz; *wind, storm* violento

fierce•ly ['fɪrslɪ] *adv* ferozmente

fi•er•y ['faɪrɪ] *adj* fogoso, ardiente

fif•teen [fɪf'tiːn] quince

fif•teenth [fɪf'tiːnθ] *n & adj* decimoquinto

fifth [fɪfθ] *n & adj* quinto

fif•ti•eth ['fɪftɪɪθ] *n & adj* quincuagésimo

fif•ty ['fɪftɪ] cincuenta

fif•ty-'fif•ty *adv* a medias; *go ~ with s.o.* ir a medias con alguien

fig [fɪg] higo *m*

fight [faɪt] I *n* **1** lucha *f*, pelea *f*; *fig: for survival, championship etc* lucha *f* **2** (*argument*) pelea *f*; *have a ~* pelearse **3** *in boxing* combate *m* II *v/t* (*pret & pp fought*) **1** *enemy, person* luchar contra, pelear contra; *in boxing* pelear contra **2** *disease, injustice* luchar contra, combatir III *v/i* (*pret & pp fought*) **1** luchar, pelear **2** (*argue*) pelearse

◆ **fight back** I *v/i* defenderse II *v/t scream, tears etc* contener, ahogar

◆ **fight for** *v/t one's rights, a cause* luchar por

◆ **fight off** *v/t attackers, fans* apartar, quitarse de encima; *infection* vencer

◆ **fight on** *v/i* seguir luchando

fight•er ['faɪtər] **1** combatiente *m/f*; *she's a ~* tiene espíritu combativo **2** *airplane* caza *m* **3** (*boxer*) púgil *m*

fight•ing ['faɪtɪŋ] *physical, verbal* peleas *fpl*; MIL luchas *fpl*, combates *mpl*

fight•ing 'chance: have a ~ tener posibilidades

fight•ing 'fit *adj* en plena forma

fig•ment ['fɪgmənt]: ~ *of the imagination* producto *m* de la imaginación

'fig tree higuera *f*

fig•u•ra•tive ['fɪgjərətɪv] *adj* figurado

fig•ure ['fɪgər] I *n* **1** figura *f*; *have a*

good ~ tener buen tipo **2** (*digit*) cifra *f* ‖ *v/t* F (*think*) imaginarse, pensar

◆ **figure on** *v/t* F (*plan*) pensar; *I was figuring on going to ...* estaba pensando en ir a ...

◆ **figure out** *v/t* (*understand*) entender; *calculation* resolver; *figure it out for yourself* averígualo por tí mismo

'**fig•ure•head 1** NAUT mascarón *m* de proa **2** *fig* monigote *m/f*; '**fig•ure skat•er** patinador(a) *m(f)* artístico(-a); '**fig•ure skat•ing** patinaje *m* artístico

filch [fɪltʃ] *v/t* F mangar, soplar F

file[1] [faɪl] **l** *n* **1** *of documents* expediente *m* **2** COMPUT archivo *m*, fichero *m* ‖ *v/t* **1** *documents* archivar **2** LAW: ~ *a petition in bankruptcy* presentar una declaración de bancarrota

◆ **file away** *v/t documents* archivar

file[2] [faɪl] *n for wood, fingernails* lima *f*

'**file cab•i•net** archivador *m*; '**file clerk** archivero(-a) *m(f)*; '**file man•age•ment** COMPUT gestión *f* de archivos; '**file man•ag•er** COMPUT administrador *m* de archivos; '**file name** COMPUT nombre *m* de archivo

fi•li•al ['fɪlɪəl] *adj* filial

fil•i•bus•ter ['fɪlɪbʌstər] POL **l** *n* **1** *speech* obstruccionismo *m* **2** *person* obstruccionista *m/f* ‖ *v/i* practicar el obstruccionismo

fil•i•bus•ter•er ['fɪlɪbʌstərər] POL obstruccionista *m/f*

fil•i•bus•ter•ing ['fɪlɪbʌstərɪŋ] POL tácticas *fpl* obstruccionistas

fil•i•gree ['fɪlɪɡriː] filigrana *f*

fil•ing cab•i•net ['faɪlɪŋ] *Br* ☞ *file cabinet*

fil•ings ['faɪlɪŋz] *npl* limaduras *fpl*

fill [fɪl] **l** *v/t* **1** llenar **2** *tooth* empastar, *L.Am.* emplomar **3** *prescription* despachar ‖ *n*: *eat one's* ~ hincharse

◆ **fill in** *v/t* **1** *form, hole* rellenar **2**: *fill s.o. in* poner a alguien al tanto; *can you fill me in on what's been happening?* ¿ me podrías poner al tanto de lo que ha pasado?

◆ **fill in for** *v/t* sustituir a

◆ **fill out l** *v/t form* rellenar ‖ *v/i* (*get fatter*) engordar

◆ **fill up l** *v/t* llenar (hasta arriba) ‖ *v/i of stadium, theater* llenarse

fill•er ['fɪlər] *for filling holes* masilla *f*

'**fill•er cap** MOT tapa *f* del depósito

fil•let ['fɪlɪt] filete *m*

fill•ing ['fɪlɪŋ] **l** *n* **1** *in sandwich* relleno *m* **2** *in tooth* empaste *m*, *L.Am.* emplomadura *f* ‖ *adj*: *be* ~ *of food* llenar mucho

'**fill•ing sta•tion** estación *f* de servicio, gasolinera *f*

fil•ly ['fɪlɪ] potra *f*

film [fɪlm] **l** *n* **1** *for camera* carrete *m* **2** (*movie*) película *f* ‖ *v/t person, event* filmar

'**film di•rec•tor** director(a) *m(f)* de cine; '**film fes•ti•val** festival *m* de cine; '**film-mak•er** cineasta *m/f*; '**film star** estrella *f* de cine; '**film stu•di•o** estudio *m* de cine

Fi•lo•fax® ['faɪləfæks] filofax® *m*, agenda *f* de anillas

fil•ter ['fɪltər] **l** *n* filtro *m* ‖ *v/t coffee, liquid* filtrar

◆ **filter through** *v/i of news reports* filtrarse

'**fil•ter pa•per** papel *m* de filtro

'**fil•ter tip** *cigarette* cigarrillo *m* con filtro

filth [fɪlθ] **1** suciedad *f*, mugre *f* **2** *pej*: *people* bazofia *f*; (*pornography*) porquerías *fpl*

filth•y ['fɪlθɪ] *adj* sucio, mugriento; *language, movie etc* obsceno; ~ *weather* tiempo *m* asqueroso F

fin [fɪn] *of fish* aleta *f*

fi•nal ['faɪnl] **l** *adj* (*last*) último; *decision* final, definitivo; ~ *four in basketball* final *f* a cuatro ‖ *n* SP final *f*; *get through to the* ~ llegar a la final

fi•nal ac'cept•ance COM recepción *f* definitiva

fi•nal de'mand FIN demanda *f* final

fi•na•le [fɪ'nælɪ] final *m*

fi•nal e'di•tion *of newspaper* última *f* edición

fi•nal•ist ['faɪnəlɪst] finalista *m/f*

fi•nal•i•ty [faɪ'nælətɪ] *of decision* irreversibilidad *f*; *of tone* rotundidad *f*

fi•nal•ize ['faɪnəlaɪz] *v/t plans, design* ultimar

fi•nal•ly ['faɪnəlɪ] *adv* **1** finalmente, por último **2** (*at last*) finalmente, por fin

fi•nal 'of•fer oferta *f* final

fi•nance ['faɪnæns] **l** *n* finanzas *fpl* ‖ *v/t* financiar

fi•nan•ces ['faɪnænsɪz] *npl* finanzas *fpl*

fi•nan•cial [faɪ'nænʃl] *adj* financiero

fi•nan•cial ad•vis•er asesor(a) *m(f)* financiero(-a)

fi•nan•cial•ly [faɪ'nænʃəlɪ] *adv* económicamente

fi'nan•cial mar•ket mercado *m* financiero; fi'nan•cial pag•es *npl of newspaper* sección *f* de economía; fi•nan•cial 'year *Br* ejercicio *m* económico, año *m* fiscal

fi•nan•cier [faɪ'nænsɪr] financiero(-a) *m(f)*

fi•nanc•ing plan ['faɪnænsɪŋ] plan *m* de financiación

finch [fɪntʃ] pinzón *m*

find [faɪnd] *v/t (pret & pp found)* encontrar, hallar; *if you ~ it too hot / cold* si te parece demasiado caliente / frío; *~ s.o. innocent / guilty* LAW declarar a alguien inocente / culpable; *I ~ it strange that …* me sorprende que …; *how did you ~ the hotel?* ¿qué te pareció el hotel?

◆ find out I *v/t* descubrir, averiguar II *v/i (discover)* descubrir; *can you try to find out?* ¿podrías enterarte?; *what's he like? – you'll find out* ¿cómo es? – ya lo verás

◆ find out about *v/t secret, goings-on* descubrir, enterarse de

find•ings ['faɪndɪŋz] *npl of report* conclusiones *fpl*

fine¹ [faɪn] *adj* 1 *day, weather* bueno; *wine, performance, city* excelente; *how's that? – that's ~* ¿qué tal está? – bien; *that's ~ by me* por mí no hay ningún problema; *how are you? – ~* ¿cómo estás? – bien 2 *distinction, line* fino

fine² [faɪn] I *n* multa *f* II *v/t* multar, poner una multa a; *you'll get ~d* te van a multar

fine 'arts *npl* bellas artes *fpl*

fine•ly ['faɪnlɪ] *adv* 1 *made, crafted* con maestría, elegantemente 2 *sliced* muy fino

fine 'print letra *f* pequeña

fi•nesse [fɪ'nes] *(skill)* delicadeza *f*, tacto *m*

fine-'tooth comb: *go through sth with a ~* revisar algo minuciosamente

fine-'tune *v/t engine, fig* afinar, hacer los últimos ajustes a

fin•ger ['fɪŋgər] I *n* dedo *m*; *I can't quite put my ~ on it fig* no sé exactamente de

qué se trata; *they didn't lift a ~ (to help)* no movieron ni un dedo (para ayudar); *point the ~ at s.o. fig* señalar con el dedo a alguien; *give s.o. the ~ obscene gesture* hacer a alguien un corte de mangas II *v/t* tocar

'fin•ger•board *of guitar* diapasón *m*; 'fin•ger-food *comida para la que no se necesitan cubiertos*; 'fin•ger•mark marca *f* dactilar; 'fin•ger•nail uña *f*; 'fin•ger•print I *n* huella *f* digital *or* dactilar II *v/t* tomar las huellas digitales *or* dactilares a; 'fin•ger•tip punta *f* del dedo; *have sth at one's ~s* saberse algo al dedillo

fin•i•cky ['fɪnɪkɪ] *adj* 1 *person* quisquilloso 2 *design* enrevesado

fin•ish ['fɪnɪʃ] I *v/t* acabar, terminar; *~ doing sth* acabar *or* terminar de hacer algo II *v/i* acabar, terminar III *n* 1 *of product* acabado *m* 2 *of race* final *m*; *he has a strong ~ of runner* siempre remata bien las carreras

◆ finish off *v/t* 1 acabar, terminar 2 *(kill)* acabar con, matar

◆ finish up I *v/t food* acabar, terminar; *he finished up liking it* acabó gustándole II *v/i*: *we finished up at Paula's place* acabamos en casa de Paula

◆ finish with *v/t* 1 *boyfriend etc* cortar con 2: *can I have that when you've finished with it?* ¿me lo puedes dejar cuando hayas acabado?

fin•ished ['fɪnɪʃt] *adj* 1 *goods* terminado, acabado 2: *be ~ of person, job* estar acabado; *of food, beer etc* estar terminado *or* acabado; *he's ~ as a politician* como político está acabado; *it's all ~ between us* todo ha acabado entre nosotros

'fin•ished goods *npl* producto *m* final

'fin•ished pro•duct producto *m* final

fin•ish•ing ['fɪnɪʃɪŋ] *adj*: *put the ~ touches to sth* dar los últimos retoques a algo

'fin•ish•ing line línea *f* de meta

fi•nite ['faɪnaɪt] *adj* limitado, definido

fink [fɪŋk] P 1 *(strikebreaker)* esquirol *m/f* P 2 *(unpleasant person)* cabrón(-ona) *m(f)*

Fin•land ['fɪnlənd] Finlandia *f*

Finn•ish ['fɪnɪʃ] I *adj* finlandés II *n language* finés *m*

Finn [fɪn] finlandés(-esa) *m(f)*

fir [fɜːr] abeto *m*

'**fir cone** piña *f*

fire [faɪr] **I** *n* fuego *m*; *electric, gas* estufa *f*; (*blaze*) incendio *m*; (*bonfire, campfire etc*) hoguera *f*; **be on ~** estar ardiendo; **catch ~** prender; **set sth on ~, set ~ to sth** prender fuego a algo **II** *v/i* (*shoot*) disparar (**on** sobre; **at** a) **III** *v/t* F (*dismiss*) despedir; **you're ~d** estás despedido

◆ **fire away** *v/i with questions*: **fire away!** ¡adelante!, ¡dispara!

'**fire a•larm** alarma *f* contra incendios; '**fire•arm** arma *f* de fuego; '**fire•bug** F pirómano(-a) *m(f)*; '**fire•crack•er** petardo *m*; '**fire de•part•ment** (cuerpo *m* de) bomberos *mpl*; '**fire door** puerta *f* contra incendios; '**fire drill** simulacro *m* de incendio; '**fire en•gine** coche *m* de bomberos; '**fire es•cape** salida *f* de incendios; '**fire ex•tin•guish•er** extintor *m*; '**fire•fight** MIL tiroteo *m*; '**fire fight•er** bombero(-a) *m(f)*; '**fire•guard** pantalla *f*, parachispas *m inv*; '**fire house** estación *f or Span* parque *m* de bomberos; '**fire hy•drant** hidrante *m* de incendios, boca *f* de incendios; '**fire in•sur•ance** seguro *m* contra incendios; '**fire•light** luz *f* de la lumbre; *of camp fire* luz *f* del fuego; '**fire•man** bombero *m*; '**fire•place** chimenea *f*, hogar *m*; '**fire•plug** hidrante *m* de incendios, boca *f* de incendios; '**fire pre•ven•tion** prevención *f* de incendios; '**fire•proof** *adj* ignífugo, resistente al fuego; '**fire•side**: **by the ~** junto al hogar, al calor de la lumbre; '**fire sta•tion** estación *f or Span* parque *m* de bomberos; '**fire truck** coche *m* de bomberos; '**fire•wood** leña *f*; '**fire•work** dis•play** fuegos *mpl* artificiales

'**fire•works** *npl* fuegos *mpl* artificiales; **there'll be ~ if he finds out** F se va a armar una buena si se entera F

fir•ing line ['faɪrɪŋ]: **be in the ~** *fig* estar en la línea de fuego; '**fir•ing par•ty** pelotón *m* de fusilamiento; '**fir•ing range** MIL **1** *for exercises* campo *m* de tiro **2**: **within ~** al alcance de tiro; '**fir•ing squad** pelotón *m* de fusilamiento

firm[1] [fɜːrm] *adj* firme; **a ~ deal** un acuerdo en firme

firm[2] [fɜːrm] *n* COM empresa *f*

firm•ness ['fɜːrmnɪs] firmeza *f*, fortale-za *f*

firm•ware['fɜːrmwer] COMPUT firmware *m*, microprograma *m*

first [fɜːrst] **I** *adj* primero; **who's ~ please?** ¿quién es el primero, por favor? **II** *n* primero(-a) *m(f)* **III** *adv* primero; **~ of all** (*for one reason*) en primer lugar; **at ~** al principio

first 'aid primeros auxilios *mpl*; **first-'aid box, first-'aid kit** botiquín *m* de primeros auxilios; **first aid•er** [fɜːrst-'eɪdər] persona *f* que presta primeros auxilios; '**first base***in baseball* primera base *f*, *player* inicialista *m/f*; '**first base•man** *in baseball* jugador(a) *m(f)* de primera base; '**first•born** *adj* primogénito; '**first class I** *adj* **1** *ticket, seat* de primera (clase) **2** (*very good*) excelente **II** *adv travel* en primera (clase); **first 'cous•in** primo(-a) *m(f)* hermano(-a); **first-de•gree** *adj burns* de primer grado; **first 'floor** planta *f* baja, *Br* primer piso *m*; **first'hand***adj* de primera mano; **First 'La•dy***of US* primera dama *f*

first•ly ['fɜːrstlɪ] *adv* en primer lugar

first 'name nombre *m* (de pila); **first 'night**estreno *m*; **first of'fend•er**delincuente *m/f* sin antecedentes; **first of-'fense** primer delito *m*; **first-'rate** *adj* excelente; **first-time 'buy•er** persona *f* que compra por primera vez

fis•cal ['fɪskl] *adj* fiscal

fis•cal 'pe•ri•od ejercicio *m* fiscal

fis•cal 'year año *m* fiscal

fish [fɪʃ] **I** *n* (*pl* **fish**) pez *m*; *to eat* pescado *m*; **drink like a ~** F beber como un cosaco F; **feel like a ~ out of water** F sentirse fuera de lugar; **they're after the big ~** *fig* están buscando al pez gordo **II** *v/i* pescar; **go ~ing** ir de pesca

◆ **fish for** *v/t compliment, information* ir detrás de, ir buscando

◆ **fish out** *v/t*: **he fished it out of his pocket** lo sacó de su bolsillo; **they fished him out of the water** lo sacaron del agua

'**fish•bone** espina *f* (de pescado); '**fish bowl** pecera *f*; '**fish cake** *pastel individual de pescado*

fish•er•man ['fɪʃərmən] pescador *m*

'**fish farm** piscifactoría *f*

fish 'fin•ger *Br* ☞ **fish stick**

fish•ing ['fɪʃɪŋ] pesca *f*

'**fish•ing boat** (barco *m*) pesquero *m*;
'**fish•ing grounds** *npl* caladero *m*;
'**fish•ing line** sedal *m*; '**fish•ing net**
red *f* de pescar; '**fish•ing rod** caña *f*
de pescar; '**fish•ing tack•le** abalorios
mpl de pesca; '**fish•ing vil•lage** pueblo
m pesquero
fish•mon•ger ['fɪʃmʌŋgər] *esp Br* pescadero(-a) *m(f)*
'**fish stick** croqueta *f or* palito *m* de pescado
'**fish tank** *in home* pecera *f*
fish•y ['fɪʃɪ] *adj* F (*suspicious*) sospechoso
fis•sion ['fɪʃn] fisión *f*
fis•sure ['fɪʃər] fisura *f*
fist [fɪst] puño *m*
fit[1] [fɪt] *n* MED ataque *m*; *a ~ of rage /
jealousy* un arrebato de cólera / un
ataque de celos; *she'll have a ~* F le
va a dar un ataque
fit[2] [fɪt] *adj* **1** *physically* en forma; *are
you ~ to drive?* ¿estás *or* te encuentras
en condiciones de conducir? *keep ~*
mantenerse en forma **2** *morally* adecuado; *he's not ~ to be President* no
es la persona apta para ser Presidente
3: *he was laughing ~ to burst* se desternillaba *or* se moría de risa
fit[3] [fɪt] **I** *v/t* (*pret & pp* **-ted** *or* **fit**) **1** (*attach*) colocar; *the doors are ~ted with
a special alarm* las puertas están equipadas con una alarma especial **2**: *these
pants don't ~ me any more* estos pantalones ya no me entran; *it ~s you perfectly* te queda perfectamente **3** *description etc* ajustarse a, coincidir con
II *v/i* (*pret & pp* **-ted** *or* **fit**) *of clothes*
quedar bien; *of piece of furniture etc* caber
III *n*: *it's a good ~ of coat etc* queda
bien; *of piece of furniture* cabe bien;
it's a tight ~ of coat ect me / te *etc*
queda ajustado; *of furniture* no hay
mucho espacio
◆ **fit in I** *v/i of person in group, with
plans* encajar; *it fits in perfectly with
the color scheme* va a la perfección
con la combinación de colores **II** *v/t*:
fit s.o. in into schedule etc hacer un
hueco a alguien
fit•ful ['fɪtfəl] *adj sleep* intermitente
fit•ness ['fɪtnɪs] *physical* buena forma *f*
'**fit•ness cen•ter**, *Br* '**fit•ness cen•tre**

gimnasio *m*
fit•ted kitch•en [fɪtɪd'kɪtʃɪn] cocina *f* a
medida
fit•ted 'sheet sábana *f* ajustable
fit•ter ['fɪtər] técnico(-a) *m(f)*
fit•ting ['fɪtɪŋ] *adj* apropiado
fit•tings ['fɪtɪŋz] *npl* equipamiento *m*
five [faɪv] cinco
fix [fɪks] **I** *n* **1** (*solution*) solución *f* **2**: *be
in a ~* F estar en un lío F **II** *v/t* **1** (*attach*)
fijar; *~ sth onto sth* fijar algo a algo **2**
(*repair*) arreglar, reparar **3** *arrange:
meeting etc*) organizar **4** *lunch* preparar; *I'll ~ you a drink* te prepararé
una bebida **5** *dishonestly: match etc*
amañar
◆ **fix on** *v/t* **1** (*decide on*) fijar, decidir **2**:
I was fixing on coming out to see you
estaba pensando en ir a verte
◆ **fix up** *v/t meeting* organizar
fix•ate ['fɪk'seɪt] *v/t*: *be ~d on* PSYCH tener fijación por
fix•a•tion [fɪk'seɪʃn] PSYCH fijación *f*
fixed [fɪkst] *adj* fijo
fixed 'as•sets *npl* activos *mpl* fijos;
fixed 'costs *npl* FIN costos *mpl* fijos;
'**fixed-in•ter•est** *adj loan* a interés fijo
fix•ed•ly ['fɪksɪdlɪ] *adv stare* fijamente
fix•er ['fɪksər] F amañador(a) *m(f)*
fix•ings ['fɪkɪŋz] *npl* guarnición *f*; *roast
beef with all the ~* ternera *f* al horno
con guarnición
fix•ture ['fɪkstʃər] (*in room*) parte fija del
mobiliario o la decoración de una habitación
fizz [fɪz] *v/i of champagne etc* burbujear,
hacer burbujas
◆ **fiz•zle out** ['fɪzl] *v/i* F quedarse en
nada
fiz•zy ['fɪzɪ] *adj Br* con burbujas
flab [flæb] *on body* grasa *f*
flab•ber•gast ['flæbərgæst] *v/t* F: *be
~ed* quedarse estupefacto *or Span* alucinado F
flab•by ['flæbɪ] *adj muscles etc* fofo
flac•cid ['flæsɪd] *fml* ☞ **flabby**
flag[1] [flæg] *v/i* (*pret & pp* **-ged**) (*tire*)
desfallecer
flag[2] [flæg] *n* bandera *f*
◆ **flag down** *v/t driver, taxi* parar
◆ **flag up** *v/t* señalar, indicar
flag of con•ve•ni•ence pabellón *m or*
bandera *f* de conveniencia
'**flag•pole** asta *f* (de bandera)

flavor

fla•grant ['fleɪgrənt] *adj* flagrante

'flag•ship *fig* estandarte *m*; **'flag•staff** asta *f* (de bandera); **'flag•stone** losa *f*

flail [fleɪl] **I** *v/i* agitarse **II** *v/t*: ~ *one's arms* agitar los brazos

flair [fler] (*talent*) don *m*; *have a natural* ~ *for* tener dotes para

flake [fleɪk] **1** *of snow* copo *m*; *of skin* escama *f*; *of plaster* desconchón *m* **2** F *person* bicho *m* raro

◆ **flake off** *v/i of skin* descamarse; *of plaster, paint* descoincharse

flak•y ['fleɪkɪ] *adj* **1** *skin* con escamas; *paint* desconchado **2** F *behavior* excéntrico

flak•y 'pas•try hojaldre *m*

flam•boy•ance [flæm'bɔɪəns] *of personality, dress* extravagancia *f*, exuberancia *f*

flam•boy•ant [flæm'bɔɪənt] *adj personality* extravagante

flam•boy•ant•ly [flæm'bɔɪəntlɪ] *adv dressed* extravagantemente

flame [fleɪm] **1** llama *f*; *go up in* ~*s* ser pasto de las llamas **2**: *an old* ~ *of his* un viejo amorío suyo

fla•men•co [fla'meŋkoʊ] flamenco *m*

fla'men•co danc•er bailaor(a) *m(f)*

flam•ma•ble ['flæməbl] *adj* inflamable

flan [flæn] tarta *f*

flange [flændʒ] TECH pestaña *f*, reborde *m*

flank [flæŋk] **I** *n* **1** *of horse etc* costado *m* **2** MIL flanco *m* **II** *v/t* flanquear

flap [flæp] **I** *n* **1** *of envelope, pocket* solapa *f* **2** *of table* hoja *f* **3**: *be in a* ~ F estar histérico F **II** *v/t* (*pret & pp -ped*) *wings* batir **III** *v/i* (*pret & pp -ped*) *of flag etc* ondear

flap•jack ['flæpdʒæk] *galleta a base de avena, mantequilla y azúcar*

flare [fler] **I** *n* **1** (*distress signal*) bengala *f* **2** *in dress* vuelo *m* **II** *v/t*: ~ *one's nostrils* hinchar las narices resoplando

◆ **flare up** *v/i of violence* estallar; *of illness, rash* brotar; *of fire* llamear; (*get very angry*) estallar

flared [flerd] *adj pants, skirt* acampanado

'flare-up *of violence, rash* brote *m*

flash [flæʃ] **I** *n* **1** *of light* destello *m*; PHOT flash *m*; *in a* ~ F en un abrir y cerrar de ojos; *have a* ~ *of inspiration* tener una inspiración repentina; *a* ~ *of*

lightning un relámpago **2** (~*light*) linterna *f* **II** *v/i of light* destellar **III** *v/t*: ~ *one's headlights* echar las luces

'flash•back *in movie* flash-back *m*, escena *f* retrospectiva

'flash bulb PHOT flash *m*

flash•er ['flæʃər] **1** MOT intermitente *m* **2** F exhibicionista *m/f*

'flash-freeze *v/t* congelar ultrarrápidamente

'flash•light 1 linterna *f* **2** PHOT flash *m*

flash•y ['flæʃɪ] *adj pej* ostentoso, chillón

flask [flæsk] **1** (*hip* ~) petaca *f* **2** *in laboratory* matraz *m*

flat¹ [flæt] **I** *adj* **1** *surface, land* llano, plano **2** *beer* sin gas **3** *battery* descargado **4** *tire* desinflado **5** *shoes* bajo **6** MUS bemol **7**: *and that's* ~ F y sanseacabó F **II** *adv* **1** MUS demasiado bajo **2**: ~ *out work, run, drive* a tope **III** *n* (~ *tire*) pinchazo *m*

flat² [flæt] *n Br* apartamento *m*, *Span* piso *m*

'flat•bed truck camión *m* con remolque de plataforma; **flat-chest•ed** [flæt-'tʃestɪd] *adj* plana de pecho; **'flat•foot** P *policeman* madero *m* F

flat•ly ['flætlɪ] *adv refuse, deny* rotundamente

'flat•mate *Br* compañero(-a) *m/f* de apartamento *or Span* piso

flat•ness ['flætnəs] *of ground, surface* lisura *f*, lo llano

'flat rate tarifa *f* única

flat•ten ['flætn] *v/t* **1** *land, road* allanar, aplanar **2** *by bombing, demolition* arrasar

flat•ter ['flætər] *v/t* halagar, adular

flat•ter•er ['flætərər] adulador(a) *m(f)*

flat•ter•ing ['flætərɪŋ] *adj* **1** *comments* halagador **2** *color, clothes* favorecedor

flat•ter•y ['flætərɪ] halagos *mpl*, adulación *f*; ~ *will get you nowhere* no vas a conseguir nada con halagos

flat•u•lence ['flætjʊləns] flatulencia *f*

flat•ware ['flætwer] (*cutlery*) cubertería *f*

flaunt [flɔːnt] *v/t* hacer ostentación de, alardear de

flau•tist ['flɔːtɪst] flautista *m/f*

fla•vor ['fleɪvər] **I** *n* sabor *m*; *what* ~ (*of*) *ice cream do you want?* ¿de qué sabor quieres el helado?; *it gives you the* ~ *of what life was like then* eso te da una idea *or* visión de cómo era la vida antes; **she's not exactly ~ of the month around here** F no es muy popular por aquí que digamos ‖ *v/t food* condimentar

fla•vor•ing ['fleɪvərɪŋ] aromatizante *m*

fla•vor•ist ['fleɪvərɪst] creador(a) *m(f)* de aromatizantes

fla•vour *etc Br* ☞ **flavor** *etc*

flaw [flɔː] defecto *m*, fallo *m*

flawed [flɔːd] *adj* defectuoso, erróneo; *beauty* imperfecto; **the plan was fatally ~** el plan contenía errores mayúsculos

flaw•less ['flɔːlɪs] *adj* impecable

flax•en ['flæksən] *adj hair* rubio claro

flay [fleɪ] *v/t animal* despellejar, desollar

flea [fliː] pulga *f*

'flea mar•ket mercadillo *m*, rastro *m*

fleck [flek] mota *f*

fled [fled] *pret & pp* ☞ **flee**

fledg•ling ['fledʒlɪŋ] **1** *bird* pajarito *m* **2** *fig* principiante *m/f*

flee [fliː] (*pret & pp* **fled**) **I** *v/i* escapar, huir **II** *v/t the country* escapar de, huir de

fleece[1] [fliːs] *v/t* F desplumar F

fleece[2] [fliːs] *n* **1** *of sheep* lana *f* **2** *jacket* forro *m* polar

fleec•y ['fliːsɪ] *adj material, lining* lanoso

fleet [fliːt] NAUT, *of vehicles* flota *f*

fleet•ing ['fliːtɪŋ] *adj visit etc* fugaz; **catch a ~ glimpse of** vislumbrar fugazmente a

flesh [fleʃ] carne *f*; *of fruit* pulpa *f*; **meet / see s.o. in the ~** conocer / ver a alguien en persona

'flesh-col•ored *adj* de color carne, rosado; **flesh-press•er** ['fleʃpresər] relaciones públicas *m/f*; **'flesh wound** herida *f* superficial

flew [fluː] *pret* ☞ **fly**

flex [fleks] *v/t muscles* flexionar

flex•i•bil•i•ty [fleksə'bɪlətɪ] flexibilidad *f*

flex•i•ble ['fleksəbl] *adj* flexible

flex•time ['flekstaɪm] horario *m* flexible

flick [flɪk] *v/t tail* sacudir; **he ~ed a fly off his hand** espantó una mosca que tenía en la mano; **she ~ed her hair out of her eyes** se apartó el pelo de los ojos

◆ **flick through** *v/t book, magazine* hojear

flick•er ['flɪkər] *v/i of light, screen* parpadear

flick•er-'free *adj screen* sin parpadeo

fli•er[1] [flaɪr] **1** (*aviator*) aviador(a) *m(f)* **2**: **rewards for frequent ~s** recompensas para los que más vuelan

fli•er[2] [flaɪr] (*circular*) folleto *m*

flies [flaɪz] *npl Br: on pants* bragueta *f*

flight [flaɪt] **1** *in airplane* vuelo *m*; **not capable of ~** incapaz de volar; **in ~** *in baseball* en vuelo **2** (*fleeing*) huida *f* **3**: **~ of stairs** tramo *m* (de escaleras); **two ~s up** dos tramos de escaleras arriba

'flight at•tend•ant auxiliar *m/f* de vuelo; **'flight bag** bolsa *f* de viaje; **flight con•trol•ler** ['flaɪtkəntroulər] controlador(a) *m(f)* aéreo(-a); **'flight crew** tripulación *f*; **'flight deck** AVIA **1** cabina *f* del piloto **2** *of aircraft carrier* cubierta *f* de despegue / aterrizaje; **'flight en•gi•neer** ingeniero(-a) *m(f)* de vuelo; **'flight num•ber** número *m* de vuelo; **'flight path** ruta *f* de vuelo; **'flight re•cord•er** caja *f* negra; **'flight time 1** *departure* hora *f* del vuelo **2** *duration* duración *f* del vuelo; **'flight sim•u•la•tor** simulador *m* de vuelo

flight•y ['flaɪtɪ] *adj* inconstante

flim•sy ['flɪmzɪ] *adj structure, furniture* endeble; *dress, material* débil; *excuse* pobre

flinch [flɪntʃ] *v/i* encogerse

fling [flɪŋ] **I** *v/t* (*pret & pp* **flung**) arrojar, lanzar; **~ o.s. into a chair** dejarse caer en una silla **II** *n* F (*affair*) aventura *f*; **have a ~ with s.o.** tener una aventura con alguien

◆ **fling back** *v/t one's head* echar para atrás

flint [flɪnt] piedra *f*; GEOL sílex *m*

◆ **flip over** [flɪp] *v/i* (*pret & pp* **-ped**) volcar

◆ **flip through** *v/t magazine* hojear

'flip chart flip chart *m* (*pizarra con hojas de papel que se usa para escribir gráficos, etc en reuniones y conferencias*)

'flip-flops *npl* chancletas *fpl*

flip•pan•cy ['flɪpənsɪ] frivolidad *f*

flip•pant ['flɪpənt] *adj* frívolo, superficial

flip•per ['flɪpər] *for swimming* aleta *f*

'flip side *of record* cara *f* B

flirt [flɜːrt] I v/i flirtear, coquetear II n ligón(-ona) m(f)

flir•ta•tion [flɜːrˈteɪʃn] flirteo m, coqueteo m

flir•ta•tious [flɜːrˈteɪʃəs] adj provocador

flit [flɪt] v/i (pret & pp **-ted**) revolotear

float [floʊt] I v/i also FIN flotar II v/t **1** on stock market sacar a bolsa, comenzar a cotizar **2** currency hacer fluctuar

float•ing vot•er [ˈfloʊtɪŋ] votante m/f indeciso(-a)

flock [flɑːk] I n of sheep rebaño m II v/i acudir en masa

flog [flɑːɡ] v/t (pret & pp **-ged**) (whip) azotar

flood [flʌd] I n inundación f II v/t of river inundar; carburetor, engine ahogar
◆ **flood in** v/i llegar en grandes cantidades

flood•ing [ˈflʌdɪŋ] inundaciones fpl

'**flood•light** foco m; '**flood•lit** adj game con luz artificial; '**flood plain** llanura f alrededor de un río (expuesta a inundaciones); '**flood wa•ters** npl crecida f

floor [flɔːr] **1** suelo m **2** (story) piso m; **on the fifteenth ~** en el piso decimocuarto, Br en el piso decimoquinto

'**floor•board** tabla f del suelo; '**floor cloth** trapo m del suelo;; '**floor ex•er•cis•es** npl ejercicios mpl de suelo

floor•ing [ˈflɔːrɪŋ] material suelo m

'**floor lamp** lámpara f de pie; '**floor lead•er** POL persona dentro de un partido político encargada de organizar las actividades; '**floor plan** plano m de planta; '**floor show** espectáculo m, show m; '**floor wait•er** in hotel camarero(-a) m(f) de planta

floo•zy [ˈfluːzi] pej P fresca f

flop [flɑːp] I v/i (pret & pp **-ped**) **1** dejarse caer **2** F (fail) pinchar F II n F (failure) pinchazo m F

flop•py [ˈflɑːpi] adj **1** ears caído; hat blando **2** (weak) flojo

flop•py 'disk disquete m

flop•py-'disk drive unidad f de disquete

flo•ra [ˈflɔːrə] BOT flora f

flo•ral [ˈflɔːrəl] adj floral; **~ pattern** estampado m floral

flor•id [ˈflɑːrɪd] adj complexion rubicundo

flor•ist [ˈflɔːrɪst] florista m/f

floss [flɑːs] I n for teeth hilo m dental II v/t: **~ one's teeth** limpiarse los dientes con hilo dental

flot•sam [ˈflɑːtsəm] NAUT restos mpl de un naufragio; **the ~ and jetsam** fig la sociedad marginal

flounce [flaʊns] v/i moverse mostrando irritación; **she ~d out of the room** salió de la habitación con aires de indignación

floun•der[1] [ˈflaʊndər] n fish platija

floun•der[2] [ˈflaʊndər] v/i **1** through swamp etc avanzar con dificultad **2** in speech, exam vacilar

flour [flaʊr] harina f

flour•ish [ˈflʌrɪʃ] v/i of plant crecer rápidamente; of business, civilization florecer, prosperar

flour•ish•ing [ˈflʌrɪʃɪŋ] adj business, trade floreciente, próspero

flout [flaʊt] v/t s.o.'s wishes, convention desobedecer; law infringir

flow [floʊ] I v/i fluir II n flujo m

'**flow•chart** diagrama m de flujo

flow•er [flaʊr] I n **1** flor f **2**: **be in ~** estar en flor II v/i florecer

'**flow•er ar•range•ment** decoración f floral; '**flow•er•bed** parterre m; '**flower girl 1** selling chica f de las flores **2** (at wedding) niña que lleva un ramo de flores; '**flow•er•pot** tiesto m, maceta f; '**flow•er pow•er** paz y amor; '**flow•er show** exposición f floral

flow•er•y [ˈflaʊri] adj pattern floreado; style of writing florido

flown [floʊn] pp ☞ **fly**

flu [fluː] gripe f

fluc•tu•ate [ˈflʌktjueɪt] v/i fluctuar

fluc•tu•a•tion [flʌktjuˈeɪʃn] fluctuación f

flu•en•cy [ˈfluːənsɪ] in a language fluidez f

flu•ent [ˈfluːənt] adj: **he speaks ~ Spanish** habla español con soltura

flu•ent•ly [ˈfluːəntlɪ] adv speak, write con soltura

fluff [flʌf] material pelusa f

fluff•y [ˈflʌfɪ] adj esponjoso; **~ toy** juguete m de peluche

fluid [ˈfluːɪd] fluido m

fluke [fluːk] F chiripa f F; **by a ~** de chiripa or casualidad

flung [flʌŋ] pret & pp ☞ **fling**

flunk [flʌŋk] v/t & v/i F suspender, Span

catear F

flu•o•res•cent [fluˈresnt] *adj light* fluorescente

flu•o•ride [ˈfluəraɪd] CHEM fluoruro *m*

flu•o•ride 'tooth•paste pasta *f* dentífrica con flúor

flur•ry [ˈflʌrɪ] *of snow* torbellino *m*

flush [flʌʃ] **I** *v/t*: ~ *the toilet* tirar de la cadena; ~ *sth down the toilet* tirar algo por el retrete **II** *v/i* **1** (*go red in the face*) ruborizarse **2**: *the toilet won't* ~ la cisterna no funciona **III** *adj* (*level*): *be* ~ *with* estar a la misma altura que **IV** *n*: *in the first* ~ *of youth esp lit* en la flor de la vida **V** *adv*: ~ *left* / *right* alineado a la izquierda / derecha

◆ **flush away** *v/t*: *flush sth away* down *toilet* tirar algo por el retrete

◆ **flush out** *v/t rebels etc* hacer salir

flus•ter [ˈflʌstər] *v/t*: *get* ~*ed* ponerse nervioso; *don't* ~ *me!* ¡no me pongas nervioso!

flute [fluːt] **1** MUS flauta *f* **2** *glass* copa *f* de champán

flut•ist [ˈfluːtɪst] flautista *m/f*

flut•ter [ˈflʌtər] *v/i of bird, wings* aletear; *of flag* ondear; *of heart* latir con fuerza

flux [flʌks]: *in* (*a state of*) ~ en continuo estado de cambio

fly¹ [flaɪ] *n insect* mosca *f*

fly² [flaɪ] *n on pants* bragueta *f*

fly³ [flaɪ] **I** *v/i* (*pret flew, pp flown*) **1** *of bird, airplane* volar; *in airplane* volar, ir en avión; **2** *of flag* ondear **3**: ~ *into a rage* enfurecerse; *she flew out of the room* salió a toda prisa de la habitación; *doesn't time* ~*!* ¡el tiempo vuela! **II** *v/t* (*pret flew, pp flown*) *airplane* pilotar; *airline* volar con; (*transport by air*) enviar por avión

◆ **fly away** *v/i of bird* salir volando; *of airplane* alejarse

◆ **fly back** *v/i travel back* volver en avión

◆ **fly in** **I** *v/i of passengers* llegar en avión **II** *v/t supplies etc* transportar en avión

◆ **fly off** *v/i in airplane* volar, irse en avión; *of hat etc* salir volando

◆ **fly out** *v/i* **I** irse (*en avión*); *when do you fly out?* ¿cuándo os vais? **II** *v/t troops, supplies* trasladar en avión

◆ **fly past** *v/i in formation* pasar volando en formación; *of time* volar

'fly ball *in baseball* englobado *m*, fly *m*

fly•er ☞ **flier¹ & ²**

fly•ing [ˈflaɪɪŋ] volar *m*

fly•ing 'sau•cer platillo *m* volante

'fly•ing save *in soccer* estirada *f*

fly-on-the-'wall doc•u•men•ta•ry *documental hiperrealista con una presencia discreta de la cámara*; **'fly•o•ver** *Br* paso *m* elevado; **'fly spray** matamoscas *m*; **'fly•swat•ter** matamoscas *m*; **'fly•weight** **I** *n* peso *m* mosca **II** *adj champion etc* peso mosca

FM [efˈem] *abbr* (= *frequency modulation*) FM *f* (= frecuencia modulada)

FO [efˈoʊ] *abbr Br* (= *Foreign Office*) Ministerio *m* de Asuntos Exteriores, *L.Am.* Ministerio *m* de Relaciones Exteriores

foal [foʊl] potro *m*; *be in* ~ estar preñada

foam [foʊm] **I** *n on liquid* espuma *f* **II** *v/i of liquid* espumar, hacer espuma; ~ *at the mouth* sacar espuma por la boca

'foam bath baño *m* de burbujas

foam 'rub•ber gomaespuma *f*

FOB [efoʊˈbiː] *abbr* (= *free on board*) franco a bordo

fob [fɑːb] *v/t*: ~ *sth off on s.o.* encajar algo a alguien F; ~ *s.o. off with sth* dar largas a alguien con algo

fo•cal [ˈfoʊkl] *adj*: ~ *length* PHOT distancia *f* focal; ~ *point fig* punto *m* focal

fo•cus [ˈfoʊkəs] **I** *n of attention*, PHOT foco *m*; *be in* ~ / *out of* ~ PHOT estar enfocado / desenfocado **II** *v/t*: ~ *one's attention on* concentrar la atención en **III** *v/i* enfocar

◆ **focus on** *v/t problem, issue* concentrarse en; PHOT enfocar

fo•cused [ˈfoʊkəst] *adj person, approach* concentrado, enfocado

'fo•cus group *in marketing* grupo *m* analizado

fod•der [ˈfɑːdər] forraje *m*

foe•tal *Br* ☞ **fetal**

foe•tus *Br* ☞ **fetus**

fog [fɑːg] niebla *f*

◆ **fog up** *v/i* (*pret & pp* **-ged**) empañarse

'fog•bound *adj airport* paralizado por la niebla; *person* atrapado por la niebla

fo•gey [ˈfoʊgɪ]: *old* ~ F viejo *m* testarudo *or* carcamal F

fog•gy [ˈfɑːgɪ] *adj* neblinoso, con niebla; *it's* ~ hay niebla; *I haven't the foggiest* *idea* no tengo la más remota idea

'**fog•horn** sirena *f* de niebla

'**fog lamps**, '**fog lights** *npl* luces *fpl* antiniebla

foi•ble ['fɔɪbl] *n* manía *f*

foil¹ [fɔɪl] *n* papel *m* de aluminio

foil² [fɔɪl] *v/t* (*thwart*) frustrar

fold¹ [fould] **I** *v/t paper etc* doblar; ∼ **one's arms** cruzarse de brazos **II** *v/i* F *of business* quebrar **III** *n in cloth etc* pliegue *m*

◆ **fold up I** *v/t* plegar **II** *v/i of chair, table* plegarse

fold² [fould] *n for sheep etc* redil *m*

'**fold•a•way** *adj chairs etc* plegable

fold•er ['fouldər] *for documents*, COMPUT carpeta *f*

fold•ing ['fouldɪŋ] *adj* plegable; ∼ *chair* silla *f* plegable

fo•li•age ['foulɪdʒ] follaje *m*

folk [fouk] *npl* (*people*) gente *f*; *my* ∼*s* (*family*) mi familia; *evening*, ∼*s* F buenas noches, gente F

'**folk dance** baile *m* popular; '**folk•lore** folklore *m*, cultura *f* popular; '**folk mu•se•um** museo *m* antropológico; '**folk mu•sic** música *f* folk *or* popular; '**folk sing•er** cantante *m/f* de folk; '**folk song** canción *m/f* folk *or* popular

folk•sy ['fouksɪ] *adj* tradicional, artesanal

fol•low ['fɑːlou] **I** *v/t* **1** seguir; ∼ *me* sígueme **2** (*understand*) entender **II** *v/i* **1** seguir; *you go first and I'll* ∼ tú ve primero que yo (te) sigo; *the requirements are as* ∼*s* los requisitos son los siguientes **2** *logically* deducirse; *it* ∼*s from this that ...* de esto se deduce que ...; *that doesn't* ∼ no es así

◆ **follow through** *v/i with tennis shot etc* acompañar (el golpe)

◆ **follow up** *v/t letter, inquiry* hacer el seguimiento de

fol•low•er ['fɑːlouər] seguidor(a) *m(f)*

fol•low•ing ['fɑːlouɪŋ] **I** *adj* siguiente **II** *n people* seguidores(-as) *mpl(fpl)*; *the* ∼ lo siguiente

'**fol•low-up** seguimiento *m*; '**fol•low-up meet•ing** reunión *f* de seguimiento; '**fol•low-up vis•it** *to doctor etc* visita *f* de seguimiento

fol•ly ['fɑːlɪ] **1** (*madness*) locura *f* **2** *architectural* fantasía *f*

fond [fɑːnd] *adj* (*loving*) cariñoso; *mem-ory* entrañable; *he's* ∼ *of travel* / *music* le gusta viajar / la música; *I'm very* ∼ *of him* le tengo mucho cariño

fon•dle ['fɑːndl] *v/t* acariciar

fond•ly ['fɑːndlɪ] *adv look*, *speak*, *remember* cariñosamente, con afectividad

fond•ness ['fɑːndnɪs] *for s.o.* cariño *m* (*for* por); *for wine*, *food* afición *f* (*for* por)

font [fɑːnt] **1** *for printing* tipo *m* **2** *in church* pila *f* bautismal

food [fuːd] comida *f*; *I wouldn't mind some* ∼ no me vendría mal comer algo; *that's* ∼ *for thought* eso es material de reflexión

'**food chain** cadena *f* alimentaria

food•ie ['fuːdɪ] F gourmet *m/f*

'**food mix•er** robot *m* de cocina; '**food poi•son•ing** intoxicación *f* alimentaria; '**food pro•cess•or** robot *m* de cocina; '**food•ser•vice** hostelería *f*; '**food•stuff** producto *m* alimenticio

fool [fuːl] **I** *n* tonto(-a) *m(f)*, idiota *m/f*; *you stupid* ∼*!* ¡estúpido!; *make a* ∼ *of o.s.* ponerse en ridículo; *make a* ∼ *of s.o.* dejar a alguien en mal lugar *or* en ridículo **II** *v/t* engañar; *ha, that* ∼*ed you, didn't it!* te lo has tragado, ¿eh? F, te lo has creído, ¿verdad?

◆ **fool around** *v/i* **1** hacer el tonto **2** *sexually* tener un lío

◆ **fool around with** *v/t* **1** *knife, drill etc* enredar con **2** *sexually* tener un lío con

fool•har•dy ['fuːlhɑːrdɪ] *adj* temerario

fool•ish ['fuːlɪʃ] *adj* tonto

fool•ish•ly ['fuːlɪʃlɪ] *adv*: *I* ∼ *...* cometí la tontería de ...

'**fool•proof** *adj* infalible

foot [fut] (*pl feet* [fiːt]) **I** *n also measurement* pie *m*; *of animal* pata *f*; *on* ∼ a pie, caminando, andando; *I've been on my feet all day* llevo todo el día de pie; *be back on one's feet* estar recuperado; *at the* ∼ *of the page* / *hill* al pie de la página / de la colina; *put one's* ∼ *in it* F meter la pata F; *put one's* ∼ *down* (*be firm*) ponerse firme; (*accelerate*) pisarle (al acelerador); *put one's feet up* descansar; *we'll let him find his feet first* dejaremos que se asiente primero; *fall on one's feet* caer de pie; *not put a* ∼ *wrong of gymnast etc* no cometer errores; *fig* no meter nunca

la pata
II *v/t:* ~ **the bill** correr con *or* pagar la
cuenta
foot•age ['fʊtɪdʒ] secuencias *fpl*, imágenes *fpl*
foot-and-'mouth dis•ease fiebre *f* af-
tosa
'**foot•ball** *Br* (*soccer*) fútbol *m*; *American style* fútbol *m* americano; *ball* balón *m or* pelota *f* (de fútbol)
'**foot•ball boots** *npl* zapatillas *fpl* de
fútbol; '**foot•ball coach** entrenador
m de fútbol; '**foot•ball-cra•zy** *adj* fanático del fútbol
foot•bal•ler ['fʊtbɔːlər] *American style*
jugador(a) *m(f)* de fútbol americano;
Br in soccer jugador(a) *m(f)* de fútbol,
futbolista *m/f*
'**foot•ball game** partido *m* (de fútbol);
'**foot•ball pitch** *Br* campo *m* de fútbol;
'**foot•ball play•er** *American style* juga-
dor(a) *m(f)* de fútbol americano; *Br: in
soccer* jugador(a) *m(f)* de fútbol, futbolista *m/f*; '**foot•ball sta•di•um** estadio *m* de fútbol; '**foot•bridge** puente
m peatonal
foot•er ['fʊtər] *in document* pie *m* de
página
'**foot•fall** paso *m*; '**foot•hills** *npl* estribaciones *fpl*; '**foot•hold** *in climbing* punto
m de apoyo; *gain a* ~ *fig* introducirse
foot•ing ['fʊtɪŋ] (*basis*): *put the business back on a secure* ~ volver a
afianzar la empresa; *lose one's* ~ perder el equilibrio; *be on the same* / *a
different* ~ estar / no estar en igualdad
de condiciones; *be on a friendly* ~ *with*
tener relaciones de amistad con
'**foot•lights** *npl* candilejas *fpl*
foot•tling ['fuːtlɪŋ] *adj* F *little details* insignificante, banal
'**foot•loose** *adj:* ~ *and fancy-free* libre
como el viento; '**foot•mark** pisada *f*;
'**foot•note** nota *f* a pie de página; '**foot
pas•sen•ger** pasajero(-a) *m(f)* de pie;
'**foot•path** sendero *m*; '**foot•print** pisada *f*; *of computer, machine* perfil *m*;
'**foot•rest** reposapiés *m inv*
foot•sie ['fʊtsɪ]: *play* ~ F hacer piececi-
tos F
'**foot•sore** *adj* con dolor de pies; '**footstep** paso *m*; *footprint* pisada *f*; *follow
in s.o.'s* ~*s* seguir los pasos de alguien;
'**foot•stool** escabel *m*; '**foot•wear** cal-

zado *m*; '**foot•work** *in football, boxing
etc* juego *m* de pies
for [fər, fɔːr] **I** *prep* **1** *purpose, destination etc* para; *a train* ~ ... un tren para
or hacia ...; *clothes* ~ *children* ropa
para niños; *it's too big* / *small* ~ *you*
te queda demasiado grande / peque-
ño; *this is* ~ *you* esto es para ti; *what's*
~ *lunch?* ¿qué hay para comer?; *the
steak is* ~ *me* el filete es para mí; *what
is this* ~? ¿para qué sirve esto?; *it's
good* ~ *coughs* es bueno para la tós;
what ~? ¿para qué?
2 *time* durante; ~ *three days* / *two
hours* durante tres días / dos horas;
it lasts ~ *two hours* dura dos horas;
please get it done ~ *Monday* por favor
tenlo listo (para) el lunes; *I've been
waiting* ~ *an hour* llevo una hora esperando
3 *distance:* *I walked* ~ *a mile* caminé
una milla; *it stretches for 100 miles*
se extiende 100 millas
4 (*in favor of*): *I am* ~ *the idea* estoy a
favor de la idea
5 (*instead of, in behalf of*): *let me do
that* ~ *you* déjame que te lo haga; *we
are agents* ~ somos representantes de
6 (*in exchange for*) por; *I bought it* ~
$25 lo compré por 25 dólares: *how
much did you sell it* ~? ¿por cuánto
lo vendiste?
II *conj* porque; ~ *there was no food*
porque no había comida
for•ay ['fɒreɪ] **1** MIL incursión *f* **2** *into
the unknown, new subject area* aproxi-
mación *f*, acercamiento *m*
for•bade [fər'bæd] *pret* ☞ **forbid**
for•bear•ance [fɔːr'berəns] *fml* paciencia *f*, tolerancia *f*
for•bear•ing [fɔːr'berɪŋ] *adj fml* comprensivo, paciente
for•bid [fər'bɪd] *v/t* (*pret* **forbade**, *pp*
forbidden) prohibir; ~ *s.o. to do sth*
prohibir a alguien hacer algo
for•bid•den [fər'bɪdn] **I** *adj* prohibido;
smoking / *parking* ~ prohibido fu-
mar / aparcar **II** *pp* ☞ **forbid**
for•bid•ding [fər'bɪdɪŋ] *adj person,
tone, look* amenazador; *rockface* imponente; *prospect* intimidador
force [fɔːrs] **I** *n* fuerza *f*; *come into* ~ *of
law etc* entrar en vigor; *the* ~*s* MIL las
fuerzas **II** *v/t door, lock* forzar; ~ *s.o. to*

do sth forzar a alguien a hacer algo; ~ *sth open* forzar algo

◆ **force back** *v/t tears* contener

forced [fɔːrst] *adj* forzado

forced 'land•ing aterrizaje *m* forzoso

'force-feed *v/t* hacer comer a la fuerza

force•ful ['fɔːrsfəl] *adj argument* poderoso; *speaker* vigoroso; *character* enérgico

force•ful•ly ['fɔːrsfəlɪ] *adv* de manera convincente

for•ceps ['fɔːrseps] *npl* MED fórceps *m inv*; ~ *delivery* parto *m* con fórceps

for•ci•ble ['fɔːrsəbl] *adj entry* por la fuerza

for•ci•bly ['fɔːrsəblɪ] *adv* por la fuerza

ford [fɔːrd] **I** *n* vado *m* **II** *v/t river* vadear

fore [fɔːr]: **come to the** ~ salir a la palestra; **an idea which is very much to the ~ at present** una idea que está en el candelero actualmente

'fore•arm antebrazo *m*; **fore•bears** ['fɔːrberz] *npl* antepasados *mpl*; **fore•bod•ing** [fɔːr'boudɪŋ] premonición *f*; **'fore•cast I** *n* pronóstico *m*; *of weather* pronóstico *m* (del tiempo) **II** *v/t* (*pret & pp* **forecast**) pronosticar; **fore'clo•sure** FIN ejecución *f*; **'fore•court** (*of garage*) explanada en la parte de delante; **'fore•fa•thers** *npl* ancestros *mpl*; **'fore•fin•ger** (dedo *m*) índice *m*; **'fore•front: be in the ~ of** estar a la vanguardia de; **'fore•gone** *adj*: **that's a ~ conclusion** eso ya se sabe de antemano; **'fore•ground** primer plano *m*; **be in the ~ of** painting etc estar en primer plano; *fig*: **be prominent** resaltar; **'fore•hand** *in tennis* derecha *f*; **'fore•head** frente *f*

for•eign ['fɔːrən] *adj* extranjero; **a ~ holiday** unas vacaciones en el extranjero

for•eign af'fairs *npl* asuntos *mpl* exteriores; **for•eign 'aid** ayuda *f* al exterior; **for•eign 'bod•y** cuerpo *m* extraño; **for•eign cor•re'spon•dent** corresponsal *m/f* en el extranjero; **for•eign 'cur•ren•cy** divisas *fpl* extranjeras

for•eign•er ['fɔːrənər] extranjero(-a) *m(f)*

for•eign ex'change divisas *fpl*; **for•eign ex'change con•trols** *npl* controles *mpl* de cambio de divisas; **for•eign ex'change mar•ket** mercado *m* de divisas; **for•eign 'lan•guage** idioma *m* extranjero; **'For•eign Of•fice** *in UK* Ministerio *m* de Asuntos Exteriores, *L.Am.* Ministerio *m* de Relaciones Exteriores; **for•eign 'pol•i•cy** política *f* exterior; **For•eign 'Sec•re•ta•ry** *in UK* Ministro(-a) *m(f)* de Asuntos Exteriores; **for•eign se'cu•ri•ties** *npl* valores *mpl* extranjeros; **for•eign 'trav•el** viajes *mpl* al extranjero

'fore•man 1 capataz *m* **2** *of jury* presidente *m*

'fore•most I *adj* principal **II** *adv*: **first and ~ we must ...** lo primordial es que ...; **an issue which has been ~ in our minds** un asunto que ha sido nuestra mayor preocupación

fo•ren•sic med•i•cine [fə'rensɪk] medicina *f* forense; **fo•ren•sic 'sci•ence** ciencia *f* forense; **fo•ren•sic 'sci•en•tist** forense *m/f*

'fore•play *sexual* jugueteo *m* erótico; **'fore•run•ner** predecesor(a) *m(f)*; **fore'see** *v/t* (*pret* **-saw**, *pp* **-seen**) prever; **fore•see•a•ble** [fɔːr'siːəbl] *adj* previsible; **in the ~ future** en un futuro próximo; **fore'shad•ow** *v/t* augurar; **'fore•sight** previsión *f*; **have the ~ to do sth** tener la precaución de hacer algo; **'fore•skin** ANAT prepucio *m*

for•est ['fɑːrɪst] bosque *m*

fore•stall [fɔːr'stɔːl] *v/t person, event* anticiparse; *objection* impedir, obstruir

for•est•er ['fɑːrɪstər] guarda *m/f* forestal

for•est•ry ['fɑːrɪstrɪ] silvicultura *f*

'fore•taste anticipo *m*; **a ~ of things to come** un anticipo de lo que sucederá; **fore'tell** *v/t* (*pret & pp* **-told**) predecir; **'fore•thought** premeditación *f*

for•ev•er [fə'revər] *adv* siempre; **I will remember this day ~** no me olvidaré nunca de ese día

fore'warn *v/t* advertir, avisar; **'fore•wom•an** LAW presidenta *f* del jurado; **'fore•word** prólogo *m*

for•feit ['fɔːrfət] *v/t* **1** (*lose*) perder **2** (*give up*) renunciar a

for•fei•ture ['fɔːrfətʃər] pérdida *f*

for•gave [fər'geɪv] *pret* ☞ **forgive**

forge [fɔːrdʒ] *v/t* falsificar

◆ **forge ahead** *v/i* progresar rápidamente; *of runner* tomar la delantera

forg•er ['fɔːrdʒər] falsificador(a) *m(f)*

forg•er•y ['fɔːrdʒərɪ] falsificación *f*

for•get [fər'get] I *v/t* (*pret* **forgot**, *pp* **forgotten**) olvidar; *I forgot his name* se me olvidó su nombre; **~ to do sth** olvidarse de hacer algo; **you can ~ that vacation for a start** te puedes ir olvidando de esas vacaciones, para empezar; **you might as well ~ it** te puedes ir olvidando; **thanks – ~ it, my pleasure** gracias – olvídalo, es un placer II *v/i* (*pret* **forgot**, *pp* **forgotten**) olvidar; *I never ~* nunca me olvido

◆ **forget about** *v/t* olvidarse de

for•get•ful [fər'getfəl] *adj* olvidadizo

for•get-me-not *flower* nomeolvides *m inv*

for•get•ta•ble [fər'getəbl] *adj* **1** que se puede olvidar **2** corriente, normal; *an eminently ~ movie* una película sumamente corriente

for•give [fər'gɪv] *v/t & v/i* (*pret* **forgave**, *pp* **forgiven**) perdonar; *~ s.o. sth* perdonar a alguien algo; *let's ~ and forget* borrón y cuenta nueva; *you could be ~n for thinking that ...* se te podría disculpar por creer que ...

for•giv•en [fər'gɪvn] *pp* ☞ **forgive**

for•give•ness [fər'gɪvnɪs] perdón *m*; *the ~ of sins* REL el perdón de los pecados

for•giv•ing [fər'gɪvɪŋ] *adj toward lover, friend, child* indulgente; *in broader religious sense* piadoso

for•go [fɔːr'goʊ] *v/t* (*pret* **forwent**, *pp* **forgone**) sacrificar, renunciar a

for•got [fər'gɑːt] *pret* ☞ **forget**

for•got•ten [fər'gɑːtn] *pp* ☞ **forget**

fork [fɔːrk] **1** *for eating* tenedor *m* **2** *for garden* horca *f* **3** *in road* bifurcación *f*

◆ **fork out** *v/t & v/i* F (*pay*) apoquinar F

forked [fɔːrkt] *adj tongue* bífido; *stick* bifurcado

fork•lift 'truck carretilla *f* elevadora

for•lorn [fər'lɔːrn] *adj* **1** *deserted: person, place* desolado **2** *desperate: attempt* desesperado; *~ hope* esperanza *f* inútil

form [fɔːrm] **I** *n* **1** *shape* forma *f*; *it's beginning to take ~* está empezando a tomar *or* cobrar forma; *a response in the ~ of an email* una respuesta por email; *recognition in the ~ of a medal* reconocimiento con una medalla **2** (*document*) formulario *m*, impreso *m*

3: *be on / off ~* estar / no estar en forma **4**: *know the ~* conocer las normas, conocer el procedimiento II *v/t in clay etc* moldear; *friendship* establecer; *opinion* formarse; *past tense etc* formar, (*constitute*) formar, constituir III *v/i* (*take shape, develop*) formarse

form•al ['fɔːrml] *adj* formal; *recognition etc* oficial; *dress* de etiqueta

form•al•ism ['fɔːrməlɪzəm] formalismo *m*

for•mal•i•ty [fər'mælətɪ] formalidad *f*; *it's just a ~* es pura formalidad

for•mal•ize ['fɔːrməlaɪz] *v/t agreement etc* formalizar

for•mal•ly ['fɔːrməlɪ] *adv speak, behave* formalmente; *accepted, recognized* oficialmente

for•mat ['fɔːrmæt] **I** *v/t* (*pret & pp* **-ted**) *diskette, document* formatear **II** *n of paper, program etc* formato *m*

for•ma•tion [fɔːr'meɪʃn] formación *f*; *~ flying* vuelo *m* en formación

for•ma•tive ['fɔːrmətɪv] *adj* formativo; *in his ~ years* en sus años de formación

for•mer ['fɔːrmər] *adj* antiguo; *the ~* el primero; *the ~ arrangement* la situación de antes

for•mer•ly ['fɔːrmərlɪ] *adv* antiguamente

For•mi•ca® [fɔːr'maɪkə] formica® *f*

for•mi•da•ble ['fɔːrmɪdəbl] *adj personality* formidable; *opponent, task* terrible

'form let•ter carta *f* estándar

for•mu•la ['fɔːrmjʊlə] MATH, CHEM, *fig* fórmula *f*; *Formula 1 racing* carreras de Fórmula 1

for•mu•late ['fɔːrmjʊleɪt] *v/t* (*express*) formular

for•mu•la•tion [fɔːrmjʊ'leɪʃn] formulación *f*; *of chemical* fórmula *f*

for•ni•cate ['fɔːrnɪkeɪt] *v/i fml* fornicar

for•ni•ca•tion [fɔːrnɪ'keɪʃn] *fml* fornicación *f*

for•sake [fər'seɪk] *v/t* (*pret* **forsook** [fər'sʊk], *pp* **forsaken** [fər'seɪkn]) *lit* **1** *person* abandonar **2** *old ways etc* abandonar, renunciar

fort [fɔːrt] MIL fuerte *m*; *hold the ~* hacerse cargo de la situación

for•te ['fɔːrteɪ] fuerte *m*

forth [fɔːrθ] *adv*: *back and ~* de un lado

para otro; **and so ~** y así sucesivamente; **from that day ~** desde ese día en adelante

forth•com•ing adj **1** (future) próximo **2** personality comunicativo; **'forth•right** adj directo; **forth'with** adv fml inmediatamente

for•ti•eth ['fɔːrtɪɪθ] n & adj cuadragésimo

for•ti•fi•ca•tion [fɔːrtɪfɪ'keɪʃn] MIL fortificación f; **~s** pl fortificaciones fpl

for•ti•fy ['fɔːrtɪfaɪ] v/t MIL fortificar

for•ti•tude ['fɔːrtɪtjuːd] lit fortaleza f, coraje m

fort•night ['fɔːrtnaɪt] Br quincena f

for•tress ['fɔːrtrɪs] MIL fortaleza f

for•tu•i•tous [fɔːr'tjuːɪtəs] adj fortuito

for•tu•nate ['fɔːrtʃnət] adj afortunado

for•tu•nate•ly ['fɔːrtʃnətlɪ] adv afortunadamente; **~ for you ...** afortunadamente or por suerte para tí ...

for•tune ['fɔːrtʃən] (fate, money) fortuna f; (luck) fortuna f, suerte f; **tell s.o.'s ~** decir a alguien la buenaventura

'for•tune hunt•er cazafortunas m/f

'for•tune-tell•er adivino(-a) m(f)

for•ty ['fɔːrtɪ] cuarenta; **have ~ winks** F echarse una siestecilla F

fo•rum ['fɔːrəm] fig foro m; **a discussion ~** un foro de debate

for•ward ['fɔːrwərd] **I** adv hacia delante **II** adj pej: person atrevido **III** n SP delantero(-a) m(f); in basketball ala m/f, alero(-a) m(f) **IV** v/t letter reexpedir

'for•ward buy•ing FIN compra f a plazo

for•ward•er ['fɔːrwərdər] COM transitario(-a) m(f)

for•ward•er and con•sol•i•da•tor [kən'sɑːlɪdeɪtər] COM embarcador(a) m(f) y agrupador(a) m(f)

for•ward•ing ad•dress ['fɔːrwərdɪŋ] dirección a la que reexpedir correspondencia

'for•ward•ing a•gent COM transitario(-a) m(f)

'for•ward rate FIN cambio m a plazo

for•wards ['fɔːrwədz] ☞ **forward I**

for•ward 'slash barra f

fos•sil ['fɑːsəl] fósil m

fos•sil•ized ['fɑːsəlaɪzd] adj fosilizado

fos•ter ['fɑːstər] v/t **1** child acoger, adoptar (temporalmente) **2** attitude, belief fomentar

'fos•ter child niño(-a) m(f) en régimen

de acogida; **'fos•ter home** hogar m de acogida; **'fos•ter par•ents** npl familia f de acogida

fought [fɔːt] pret & pp ☞ **fight**

foul [faʊl] **I** n SP falta f; **commit a ~** hacer una falta **II** adj smell, taste asqueroso; weather terrible **III** v/t SP hacer (una) falta a

'foul ball in baseball foul m; **foul--mouthed** ['faʊlmaʊðd] adj malhablado; **foul-smel•ling** ['faʊlsmelɪŋ] adj maloliente

found[1] [faʊnd] v/t school etc fundar

found[2] [faʊnd] pret & pp ☞ **find**

foun•da•tion [faʊn'deɪʃn] **1** of theory etc fundamento m **2** organization fundación f

foun•da•tions [faʊn'deɪʃnz] npl of building cimientos mpl; **lay the ~ for sth** fig sentar las bases de algo

foun'da•tion stone ARCHIT primera piedra f

found•er ['faʊndər] fundador(a) m(f)

found•ing ['faʊndɪŋ] fundación f

'Founding Fathers Padres mpl Fundadores

foun•dry ['faʊndrɪ] fundición f

foun•tain ['faʊntɪn] fuente f; jet of water manantial m

'foun•tain pen pluma f (estilográfica)

four [fɔːr] cuatro; **on all ~s** a gatas, a cuatro patas

four-'door mod•el MOT cuatro puertas m inv; **four-leaf 'clo•ver** BOT trébol m de cuatro hojas; **four-leg•ged** ['fɔːrlegɪd] adj cuadrúpedo, de cuatro patas; **our ~ friends** nuestros amigos cuadrúpedos; **four-let•ter 'word** palabrota f; **four-post•er 'bed** cama f de dosel; **'four-star** adj hotel etc de cuatro estrellas; **'four-speed gear•box** cambio m de cuatro velocidades; **'four-star ho•tel** hotel m de cuatro estrellas

four•teen [fɔːr'tiːn] catorce

four•teenth [fɔːr'tiːnθ] n & adj decimocuarto

fourth [fɔːrθ] n & adj cuarto

four-wheel 'drive MOT **1** vehicle vehículo m con tracción a las cuatro ruedas **2** type of drive tracción f a las cuatro ruedas

fowl [faʊl] ave f de corral

fox [fɑːks] **I** n zorro m **II** v/t (puzzle) dejar perplejo

'fox cub cachorro *m* (de zorro); **'fox‐glove** BOT dedalera *f*; **'fox‐hole** MIL foso *m* de atrincheramiento; **'fox hunting** caza *f* del zorro; **fox 'ter‐ri‐er** ZO foxterrier *m*; **'fox‐trot** foxtrot *m*

fox•y ['fɑːksɪ] *adj* F *woman* atractiva, sexy F

foy•er ['fɔɪəɪ] vestíbulo *m*

fra•cas ['fræka:] *noise* jaleo *m*; *fuss* riña *f*, contienda *f*

frac•tal ['fræktəl] fractal *f*

frac•tion ['frækʃn] fracción *f*; MATH fracción *f*, quebrado *m*; *just a ~ bigger* sólo una pizca *or* un poco más grande

frac•tion•al ['frækʃnəl] *adj* slight, small muy pequeño, ligero

frac•tion•al•ly ['frækʃnəlɪ] *adv* ligeramente

frac•tious ['frækʃəs] *adj* irritable

frac•ture ['fræktʃər] **I** *n* fractura *f* **II** *v/t* fracturar; *he ~d his arm* se fracturó el brazo

fra•gile ['frædʒəl] *adj* frágil

fra•gil•i•ty [frə'dʒɪlətɪ] fragilidad *f*

frag•ment ['frægmənt] fragmento *m*

frag•men•tar•y [fræg'məntərɪ] *adj* fragmentario

fra•grance ['freɪgrəns] fragancia *f*

fra•grant ['freɪgrənt] *adj* fragante

frail [freɪl] *adj* frágil, delicado

frail•ty ['freɪltɪ] *of health* debilidad *f*, fragilidad *f*; *the frailties of human nature* las debilidades del ser humano

frame [freɪm] **I** *n* *of picture, window* marco *m*; *of eyeglasses* montura *f*; *of bicycle* cuadro *m*; *of film, video* fotograma *m*; *~ of mind* estado *m* de ánimo **II** *v/t* **1** *picture* enmarcar **2** F *person* tender una trampa a

'frame house casa *f* de madera

fram•er ['freɪmər]: *the ~s of constitution* los artífices

'frame-up F trampa *f*

'frame•work estructura *f*; *for agreement* marco *m*

France [fræns] Francia *f*

fran•chise ['fræntʃaɪz] *for business* franquicia *f*

fran•chised ['fræntʃaɪzd] *adj* franquiciado

fran•chi•see [fræntʃaɪ'ziː] franquiciado(-a) *m(f)*, concesionario(-a) *m(f)*

'fran•chise hold•er franquiciado(-a) *m(f)*, concesionario(-a) *m(f)*

fran•chis•ing ['fræntʃaɪzɪŋ] franquicia *f*

fran•chi•sor [fræntʃaɪ'zɔːr] franquiciador(a) *m(f)*

frank [fræŋk] *adj* franco

frank•furt•er ['fræŋkfɜːrtər] salchicha *f* de Fráncfort

frank•ly ['fræŋklɪ] *adv* francamente

frank•ness ['fræŋknɪs] franqueza *f*

fran•tic ['fræntɪk] *adj* frenético

fran•ti•cal•ly ['fræntɪklɪ] *adv* frenéticamente

fra•ter•nal [frə'tɜːrnl] *adj* fraternal

fra•ter•ni•ty [frə'tɜːrnətɪ] **1** *brotherliness* fraternidad *f* **2** EDU hermandad *f* **3**: *the medical / legal ~* los médicos / abogados

frat•er•ni•za•tion [frætərnaɪ'zeɪʃn] fraternización *f*

frat•er•nize ['frætərnaɪz] *v/i* fraternizar (*with* con)

fraud [frɔːd] fraude *m*; *person* impostor(a) *m(f)*; *you're not hurt at all, you big ~* no te has hecho ningún daño, mentiroso *or* farsante

fraud•u•lence ['frɔːdjʊləns] fraudulencia *f*, fraude *m*

fraud•u•lent ['frɔːdjʊlənt] *adj* fraudulento

fraud•u•lent•ly ['frɔːdjʊləntlɪ] *adv* fraudulentamente

frayed [freɪd] *adj* cuffs deshilachado; *~ nerves* pl nervios *mpl* crispados

fraz•zle ['fræzl]: *worn to a ~ exhausted* hecho polvo; *burnt to a ~* chamuscado

freak [friːk] **I** *n* *unusual event* fenómeno *m* anormal; *two-headed person, animal etc* monstruo *m*, monstruosidad *f*; F *strange person* bicho *m* raro F; *a movie / jazz ~* F un fanático del cine / jazz F **II** *adj* wind, storm etc anormal

◆ **freak out** *v/i* P flipar P

freak•y ['friːkɪ] *adj* P raro, freaky P

freck•le ['frekl] peca *f*

free [friː] **I** *adj* **1** libre; *are you ~ this afternoon?* ¿estás libre esta tarde?; *~ and easy* relajado; *I'm not ~ to tell you that* me temo que eso no puedo decírtelo; *~ movement of goods / people* libre circulación *f* de mercancías / personas; *~ of customs duty* franco de aduanas; *~ of tax* libre de impuestos **2** *no cost* gratis, gratuito; *for ~ travel, get sth* gratis **II** *v/t prisoners* liberar

free•bie ['fri:bɪ] F regalo *m*; **as a ~** de regalo

free•dom ['fri:dəm] libertad *f*

'**free•dom fight•er** guerrillero(-a) *m(f)*; **free•dom of 'speech** libertad *f* de expresión; **free•dom of the 'press** libertad *f* de prensa

free 'en•ter•prise empresa *f* libre; '**free fall** AVIA, PHYS caída *f* libre; **the econ•omy is in ~** la economía está en (profunda) crisis; **free 'kick** *in soccer* falta *f*, golpe *m* franco; **free•lance** ['fri:læns] **I** *adj* autónomo, free-lance **II** *adv*: **work~** trabajar como autónomo(-a) *or* free-lance; **free•lanc•er** ['fri:lænsər] autónomo(-a) *m(f)*, free-lance *m/f*; '**free•load** *v/i* F gorronear, *Rpl* garronear; **free•load•er** ['fri:loʊdər] F gorrón (-ona) *m(f)*, *Rpl* garronero(-a) *m(f)*

free•ly ['fri:lɪ] *adv* admit libremente

free mar•ket e'con•o•my economía *f* de libre mercado; '**free•ma•son** masón(-ona) *m(f)*; **free on 'board** COM franco a bordo; **free on 'rail** *adv* COM franco en estación, libre sobre vagón; '**free port** puerto *m* franco; **free-range 'chick•en** pollo *m* de corral; **free-range 'eggs** npl huevos *mpl* de corral; **free 'sam•ple** muestra *f* gratuita; **free 'speech** libertad *f* de expresión; '**free•style** SP **I** *n* estilo *m* libre **II** *adj* events, swimming de estilo libre; '**free throw** SP tiro *m* libre; **~ line** in basketball línea *f* de tiro libre; **free 'trade** libre comercio *m*; **~ agreement** acuerdo *m* de libre comercio; **free-'trade ar•e•a** área *f* de libre comercio, área *f* de libre cambio; '**free•way** autopista *f*; **free'wheel** *v/i* on bicycle ir sin pedalear; **free 'will** free albedrío *m*; **he did it of his own ~** lo hizo por propia iniciativa

freeze [fri:z] **I** *v/t* (*pret froze*, *pp frozen*) food, wages, video congelar; *river* congelar, helar **II** *v/i* (*pret froze*, *pp frozen*) **1** *of water* congelarse, helarse **2** *of computer*, *screen* bloquear, congelar; **~!** (*don't move*) ¡alto!

♦ **freeze out** *v/t* F hacer el vacío a, aislar

♦ **freeze over** *v/i* of river helarse

'**freeze-dried** *adj* liofilizado; '**freeze--dry** *v/t* liofilizar; '**freeze frame** imagen *f* congelada

freez•er ['fri:zər] congelador *m*

'**freez•er com•part•ment** congelador *m*

freez•ing ['fri:zɪŋ] **I** *adj* muy frío; **it's ~ (cold)** *of weather* hace mucho frío; *of water* está muy frío; **I'm ~ (cold)** tengo mucho frío **II** *n*: **10 degrees below ~** diez grados bajo cero

'**freez•ing com•part•ment** congelador *m*

'**freez•ing point** punto *m* de congelación

freight [freɪt] **1** transporte **2** *costs* flete *m*

'**freight car** *on train* vagón *m* de mercancías

freight con•sol•i•da•tor [kən'sɑːlɪdeɪtər] COM agrupador(a) *m(f)*

freight•er ['freɪtər] *ship* carguero *m*; *airplane* avión *m* de carga

freight 'for•ward•er transitario(-a) *m(f)*; '**freight plane** avión *m* de carga; '**freight train** tren *m* de mercancías

French [frentʃ] **I** *adj* francés **II** *n* **1** *language* francés *m* **2**: *pl* **the ~** los franceses

French 'bread pan *m* de barra; **French 'doors** npl puerta *f* cristalera; **French 'dress•ing** vinagreta *f*; '**French fries** npl L.Am. papas *fpl or Span* patatas *fpl* fritas; **French 'kiss** beso *m* con lengua; **French•man** ['frentʃmən] francés *m*; '**French•wom•an** francesa *f*

fre•net•ic [frə'netɪk] *adj* activity, pace, life frenético, loco

fren•zied ['frenzɪd] *adj* attack, activity frenético; *mob* desenfrenado

fren•zy ['frenzɪ] frenesí *m*; **whip s.o. into a ~** poner a alguien frenético

fre•quen•cy ['fri:kwənsɪ] *also* RAD frecuencia *f*

'**fre•quen•cy band** RAD banda *f* de frecuencia

fre•quent[1] ['fri:kwənt] *adj* frecuente; **how ~ are the trains?** ¿con qué frecuencia pasan trenes?

fre•quent[2] [frɪ'kwent] *v/t* bar frecuentar

fre•quent 'fly•er pro•gram programa *m* de fidelización de pasajeros

fre•quent•ly ['fri:kwentlɪ] *adv* con frecuencia

fres•co ['freskoʊ] fresco *m*

fresh [freʃ] *adj* **1** fresco; *start* nuevo **2**

cool fresco **3** (*impertinent*) fresco; *don't you get ~ with your mother!* ¡no seas descarado con tu madre!

fresh 'air aire *m* fresco; *get some ~* tomar *or* respirar aire fresco

fresh•en ['freʃn] *v/i of wind* refrescar
◆ **freshen up I** *v/i* refrescarse **II** *v/t room, paintwork* renovar, revivir

fresh•ly ['freʃlɪ] *adv* (*recently*) recién

'fresh•man estudiante *m/f* de primer año

fresh•ness ['freʃnɪs] frescura *f*

'fresh•wa•ter *adj* de agua dulce

fret [fret] *v/i* (*pret & pp* **-ted**) ponerse nervioso, inquietarse

fret•ful ['fretfʊl] *adj* **1** (*anxious*) nervioso **2** (*irritable*) irritable

Freud•i•an ['frɔɪdɪən] *adj* freudiano; *~ slip* lapsus *m* (linguae)

FRG [efɑːˈdʒiː] *abbr* (= *Federal Republic of Germany*) RFA *f* (= República Federal de Alemania)

fric•a•tive ['frɪkətɪv] LING fricativo(-a) *m*(*f*)

fric•tion ['frɪkʃn] PHYS rozamiento *m*; *between people* fricción *f*

'fric•tion tape cinta *f* aislante

Fri•day ['fraɪdeɪ] viernes *m inv*

fridge [frɪdʒ] nevera *f*, frigorífico *m*

fried egg [fraɪd'eg] huevo *m* frito

fried po'ta•toes *npl L.Am.* papas *fpl or Span* patatas *fpl* fritas

friend [frend] amigo(-a) *m*(*f*); *make ~s of one person* hacer amigos; *of two people* hacerse amigos; *make ~s with s.o.* hacerse amigo de alguien

friend•li•ness ['frendlɪnɪs] simpatía *f*

friend•ly ['frendlɪ] *adj atmosphere* agradable; *person* agradable, simpático; (*easy to use*) fácil de usar; *argument, match, relations* amistoso; *be ~ with s.o.* (*be friends*) ser amigo de alguien; *~ fire* MIL fuego *m* amigo

'friend•ship ['frendʃɪp] amistad *f*

fries [fraɪz] *npl L.Am.* papas *fpl or Span* patatas *fpl* fritas

frieze [friːz] ARCHIT friso *m*

frig•ate ['frɪgət] NAUT fragata *f*

frig•ging ['frɪgɪŋ] P **I** *adj* puto P **II** *adv*: *because it's too ~ hot* porque hace un calor de cojones P; *they're so ~ stupid* joder que tontos que son P

fright [fraɪt] susto *m*; *give s.o. a ~* dar un susto a alguien, asustar a alguien;

scream with ~ gritar asustado

fright•en ['fraɪtn] *v/t* asustar; *be ~ed* estar asustado, tener miedo; *don't be ~ed* no te asustes, no tengas miedo; *be ~ed of* tener miedo de
◆ **frighten away** *v/t* ahuyentar, espantar

fright•en•ing ['fraɪtnɪŋ] *adj noise, person, prospect* aterrador, espantoso

fright•en•ing•ly ['fraɪtnɪŋlɪ] *adv fast, complex* terriblemente, horrorosamente

fright•ful ['fraɪtfʊl] *adj* horroroso, terrible

fright•ful•ly ['fraɪtfʊlɪ] *adv* F (*very*) tremendamente, horrorosamente

fri•gid ['frɪdʒɪd] *adj sexually* frígido

fri•gid•i•ty [frɪˈdʒɪdətɪ] *sexual* frigidez *f*

frill [frɪl] **1** *on dress etc* volante *m* **2** (*fancy extra*) extra *m*

frill•y ['frɪlɪ] *adj* de volantes

fringe [frɪndʒ] **1** *on dress, curtains etc* flecos *mpl* **2** *Br in hair* flequillo *m* **3** (*edge*) margen *m*

'fringe ben•e•fits *npl* ventajas *fpl* adicionales

'fringe group grupo *m* marginal

fris•bee® ['frɪzbiː] frisbee® *m*, disco *m* volador

frisk [frɪsk] *v/t* F (*search*) cachear

frisk•y ['frɪskɪ] *adj puppy etc* juguetón
◆ **frit•ter away** ['frɪtər] *v/t time* desperdiciar; *fortune* despilfarrar

fri•vol•i•ty [frɪˈvɑːlətɪ] frivolidad *f*

friv•o•lous ['frɪvələs] *adj* frívolo

friz•zy ['frɪzɪ] *adj hair* crespo

fro [frou] *adv* ☞ **to**

frog [frɑːg] rana *f*

'frog•man hombre *m* rana

frol•ic ['frɑːlɪk] *v/i* (*pret & pp* **-ked**) jugar, corretear

from [frɑːm] *prep* **1** *in time* desde; *~ 9 to 5* (*o'clock*) de 9 a 5; *~ the 18th century* desde el siglo XVIII; *~ today on* a partir de hoy; *~ next Tuesday* a partir del próximo martes

2 *in space* de, desde; *~ here to there* de *or* desde aquí hasta allí; *we drove here ~ Las Vegas* vinimos en coche desde Las Vegas

3 *origin* de; *a letter ~ Jo* una carta de Jo; *it doesn't say who it's ~* no dice de quién es; *I am ~ New Jersey* soy de Nueva Jersey; *the next flight ~ Cara-*

cas el próximo vuelo (procedente) de Caracas; *made ~ bananas* hecho con plátanos
4 (*because of*): *tired ~ the journey* cansado del viaje; *it's ~ overeating* es por comer demasiado; *he suffers ~ eczema* padece de eczema

front [frʌnt] **I** n **1** *of building, book* portada f **2** (*cover organization*) tapadera f **3** MIL, *of weather* frente m **4**: *in ~* delante; *in a race* en cabeza; *the car in ~* el coche de delante; *in ~ of* delante de; *at the ~ of* en la parte de delante de **II** *adj wheel, seat* delantero **III** v/t *TV program* presentar

front•age ['frʌntɪdʒ] *of building* fachada f

front 'cov•er portada f; **front 'door** puerta f principal; **front 'en•trance** entrada f principal

fron•tier ['frʌntɪr] frontera f; *fig: of knowledge, science* límite m

front 'line MIL línea f del combate; *be in the ~ fig* estar al pie del cañón; **front 'page** *of newspaper* portada f, primera plana f; **front page 'news** *nsg* noticia f de portada *or* de primera plana; **front 'row** primera fila f; **front-'run•ner** *in race, election etc* favorito(-a) m(f); **front-seat 'pas•sen•ger** *in car* pasajero(-a) m(f) de delante; **front-wheel 'drive** tracción f delantera

frost [frɑːst] escarcha f; *there was a ~ last night* anoche cayó una helada

'frost•bite congelación f

'frost•bit•ten *adj* congelado

frost•ed glass ['frɑːstɪd] vidrio m esmerilado

frost•ing ['frɑːstɪŋ] *on cake* glaseado m

frost•y ['frɑːstɪ] *adj weather* gélido; *fig: welcome* glacial

froth [frɑːθ] espuma f

froth•y ['frɑːθɪ] *adj cream etc* espumoso

frown [fraʊn] **I** n: *what's that ~ for?* ¿por qué frunces el ceño? **II** v/i fruncir el ceño

◆ **frown on** v/t rechazar, desaprobar

froze [froʊz] *pret* ☞ **freeze**

fro•zen ['froʊzn] **I** *adj ground* congelado; *wastes* helado; *I'm ~* F estoy helado *or* congelado F **II** *pp* ☞ **freeze**

fro•zen 'food comida f congelada

fru•gal ['fruːɡl] *adj person* comedido, prudente; *meal* frugal

fruit [fruːt] **1** fruta f; *the ~s of our labors* los frutos de nuestros sudores; *bear ~ of tree* dar fruta; *fig: of discussions etc* dar frutos **2** P *homosexual* maricón m P, mariquita m P

'fruit•bowl bol m para la fruta

'fruit cake 1 bizcocho m de frutas **2** P *eccentric* chiflado(-a) m(f) F, locatis m/f P

fruit•ful ['fruːtfəl] *adj discussions etc* fructífero

fru•i•tion [fruːˈɪʃn]: *bring sth to ~* llevar algo a (buen) término; *come to ~* materializarse

'fruit juice *L.Am.* jugo m *or Span* zumo m de fruta

fruit•less ['fruːtlɪs] *adj attempt, search* vano, inútil

'fruit ma•chine *Br* (máquina f) tragaperras f; **fruit 'sal•ad** macedonia f; **'fruit tree** árbol m frutal

fruit•y ['fruːtɪ] *adj* **1** *taste, wine* afrutado **2** *voice* profundo, armonioso **3** P *homosexual* amanerado

frump [frʌmp]: *old ~* vieja f anticuada

frump•ish ['frʌmpɪʃ], **frump•y** ['frʌmpɪ] *adj* a la antigua

frus•trate [frʌˈstreɪt] v/t *person, plans* frustrar

frus•trat•ed [frʌˈstreɪtɪd] *adj* frustrado

frus•trat•ing [frʌˈstreɪtɪŋ] *adj* frustrante

frus•trat•ing•ly [frʌˈstreɪtɪŋlɪ] *adv* que produce frustración, que desespera

frus•tra•tion [frʌˈstreɪʃn] frustración f

fry [fraɪ] **I** v/t (*pret & pp* **-ied**) freír **II** n patata f frita

'fry com•pa•ny fabricante m de patatas fritas

'fry•pan sartén f

f-stop ['efstɑːp] PHOT posición f del número f

FTC [eftiːˈsiː] *abbr* (= *Federal Trade Commission*) Comisión f de Comercio Federal

fuck [fʌk] v/t V *L.Am.* coger V, *Span* follar con V; *~!* ¡joder! V; *~ him!* ¡que se joda! V; *we're ~ed* estamos jodidos V

◆ **fuck around** V **I** v/t putear V **II** v/i enredar F

◆ **fuck off** v/i V: *fuck off!* ¡vete a la mierda! V

◆ **fuck up** V **I** v/t *job, mission etc* echar a perder; *a fucked-up kid* un chaval jodido V ‖ *v/i*: **you've fucked up again** la has vuelto a joder otra vez V

fuck•ing ['fʌkɪŋ] **I** *adj* V puto V ‖ *adv* V: **it's ~ crazy** es una estupidez ¡coño!; **it was ~ brilliant!** ¡estuvo de puta madre! V; **~ hell!** ¡joder! V, ¡coño! V

fud•dy-dud•dy ['fʌdɪdʌdɪ] F carca *m/f* F

fu•el ['fjʊəl] **I** *n* combustible *m* ‖ *v/t* (*pret & pp -ed, Br -led*) **1**: **be ~ed by** of machine, engine utilizar como combustible **2** *fig* avivar

fu•el / 'air mix•ture mezcla *f* de aire / combustible; **'fu•el cell** compartimento *m* de combustible; **'fu•el con•sump•tion** consumo *m* de combustible; **'fu•el ef•fi•cien•cy** eficiencia *f* del combustible; **'fu•el gauge** indicador *m* del nivel de combustible; **fu•el-in•ject•ed en•gine** ['fjʊəlɪndʒektɪd] motor *m* a inyección; **'fu•el in•jec•tion** MOT injección *f* (de combustible); **'fu•el pump** bomba *f* de combustible; **'fu•el tank** of car, airplane tanque *m* del carburante, depósito *m* de combustible

fug [fʌg] atmósfera *f* cargada

fu•gi•tive ['fjuːdʒətɪv] fugitivo(-a) *m(f)*

ful•fill, *Br* **ful•fil** [fʊl'fɪl] *v/t* dream cumplir, realizar; *task* realizar; *contract* cumplir; **feel ~ed** in job, life sentirse realizado

ful•fill•ing [fʊl'fɪlɪŋ] *adj*: **I have a ~ job** mi trabajo me llena

ful•fill•ment, *Br* **ful•fil•ment** [fʊl'fɪlmənt] *of contract etc* cumplimiento *m*; *moral, spiritual* satisfacción *f*

full [fʊl] *adj* lleno; *account, schedule* completo; *life* pleno; **~ of** water etc lleno de; **~ up** hotel etc, with food lleno; **pay ~** pagar al entrar

'full•back in *soccer* defensa *m/f*; **full-blood•ed** [fʊl'blʌdɪd] *adj* onslaught, critique vehemente, enardecido; **full-'blown** *adj* theory, scandal verdadero, genuino; *lawyer, doctor* auténtico; **~ Aids** sida *m* en su última fase; **full-bod•ied** [fʊl'bɑːdɪd] *adj* wine con or de mucho cuerpo; **full-'court press** in basketball presión *f* en toda la cancha; **full 'cov•er•age insurance** seguro *m* a todo riesgo; **full em•ploy•ment** pleno empleo *m*; **full-fledged** [fʊl'fledʒd] *adj* **1** *bird* que puede volar **2** *doctor, architect* auténtico, con todas las de la

ley; **full-front•al** [fʊl'frʌntəl] *adj* nudity integral; *photograph* de cuerpo entero; **'full-grown** *adj* completamente desarrollado; **'full-length** *adj* dress de cuerpo entero; **~ movie** largometraje *m*; **full 'moon** luna *f* llena

full•ness ['fʊlnɪs] *of sound* riqueza *f*, carácter *m*

'full-page *adj* advertisement de una página; **full 'pay•ment** pago *m* completo; **'full price** precio *m* completo; **'full-scale** *adj* **1** *model* a escala natural **2** *attack, redesign etc* decisivo, de magnitud; **full 'stop** *Br* punto *m*; **full 'time 1** *adj* worker, job a tiempo completo **2** *adv* work a tiempo completo

full•y ['fʊlɪ] *adv* completamente; *describe* en detalle

full•y-'fledged *Br* ☞ **full-fledged**

ful•some ['fʊlsəm] *adj* praise desproporcionado, desmesurado

fum•ble ['fʌmbl] *v/t* dejar caer

◆ **fumble around** *v/i* rebuscar

fume [fjuːm] *v/i*: **be fuming** F with anger echar humo F

fumes [fjuːmz] *npl* humos *mpl*

fu•mi•gate ['fjuːmɪgeɪt] *v/t* fumigar

fun [fʌn] diversión *f*; **it was great ~** fue muy divertido; **bye, have ~!** ¡adiós, que lo paséis bien!; **for ~** para divertirse; **make ~ of** burlarse de; **he's good ~** es muy divertido; **you're no ~!** ¡eres un aburrido or soso!; **it's no ~ having to do it all by yourself** no tiene nada de divertido tener que hacerlo solo; **they were just having a bit of ~ with him** sólo estaban de broma con él; **say sth in ~** decir algo de broma; **it takes all the ~ out of it** le quita toda la gracia

func•tion ['fʌŋkʃn] **I** *n* **1** (*purpose*) función *f* **2** (*reception etc*) acto *m* ‖ *v/i* funcionar; **~ as** hacer de

func•tion•al ['fʌŋkʃnl] *adj* funcional

func•tion•ar•y ['fʌŋkʃnrɪ] *esp* POL funcionario(-a) *m(f)*

'func•tion key COMPUT tecla *f* de función

fund [fʌnd] **I** *n* fondo *m* ‖ *v/t* project etc financiar

fun•da•men•tal [fʌndə'mentl] *adj* **1** fundamental (**to** para) **2** (*crucial*) esencial

fun•da•men•tal•ism [fʌndə'mentlızəm] fundamentalismo *m*

fun•da•men•tal•ist [fʌndə'mentlıst] fundamentalista *m/f*

fun•da•men•tal•ly [fʌndə'mentlı] *adv* fundamentalmente

fund•ing ['fʌndıŋ] *money* fondos *mpl*, financiación *f*

fu•ne•ral ['fjuːnərəl] funeral *m*

'**fu•ne•ral di•rec•tor** encargado(-a) *m(f)* de una funeraria

'**fu•ne•ral home** funeraria *f*

'**fun•fair** parque *m* de atracciones, feria *f*

fun•gal ['fʌŋgəl] *adj*: ~ *infection* infección *f* de hongos

fun•gus ['fʌŋgəs] (*pl* **fungi** ['fʌŋgaı]) **1** (*mold*) hongos *mpl* **2** *mushroom etc* hongo *m*

fu•nic•u•lar [fjuːˈnıkjʊlər], **fu•nic•u•lar 'rail•way** funicular *m*

funk•y ['fʌŋkı] *adj* P guay P, *Span* molón

fun•nel ['fʌnl] *of ship* chimenea *f*

fun•nies ['fʌnız] *npl* F sección de humor

fun•ni•ly ['fʌnılı] *adv* **1** (*oddly*) de modo extraño; ~ *enough* curiosamente **2** (*comically*) de forma divertida

fun•ny ['fʌnı] *adj* **1** (*comical*) divertido, gracioso; *that's not* ~ eso no tiene gracia; *are you trying to be* ~, *pal?* ¿te estás haciendo el gracioso, amigo?; *don't get* ~ *with me* no te hagas el gracioso conmigo **2** (*odd*) curioso, raro

'**fun•ny bone** hueso *m* de la risa

fur [fɜːr] **1** piel *f* **2** *on tongue* saburra *f*

fu•ri•ous ['fjʊrıəs] *adj* **1** (*angry*) furioso **2** (*intense*) furioso, feroz; *effort* febril; *at a* ~ *pace* a un ritmo vertiginoso

fur•lough ['fɜːrloʊ] MIL permiso *m*; *be on* ~ estar de permiso

fur•nace ['fɜːrnıs] horno *m*

fur•nish ['fɜːrnıʃ] *v/t* **1** *room* amueblar **2** (*supply*) suministrar

fur•nish•ings ['fɜːrnıʃıŋz] *npl* mobiliario *m*

fur•ni•ture ['fɜːrnıtʃər] mobiliario *m*, muebles *mpl*; *a piece of* ~ un mueble; *she just treats him like part of the* ~ F lo trata con indiferencia *or* desgana

fur•row ['fʌroʊ] *in field* surco *m*

fur•rowed ['fʌroʊd] *esp lit*: *brow* arrugado, fruncido

fur•ry ['fɜːrı] *adj* **1** *animal* peludo **2** *tongue* saburroso

fur•ther ['fɜːrðər] **I** *adj* **1** (*additional*) adicional; *there's been a* ~ *development* ha pasado algo nuevo; *until* ~ *notice* hasta nuevo aviso; *have you anything* ~ *to say?* ¿tiene algo más que añadir? **2** (*more distant*) más lejano **II** *adv* **1** *walk, drive* más lejos **2** (*additionally*): ~, *I want to say* ... además, quiero decir ...; *two miles* ~ (*on*) dos millas más adelante **III** *v/t cause etc* promover

fur•ther•more *adv* es más

fur•ther•most *adj* más lejano, remoto

fur•thest ['fɜːrðıst] **I** *adj*: *the* ~ *point north* el punto más al norte; *the* ~ *stars* las estrellas más lejanas **II** *adv* más lejos; *this is the* ~ *north I've ever been* nunca había estado tan al norte

fur•tive ['fɜːrtıv] *adj glance* furtivo

fur•tive•ly ['fɜːrtıvlı] *adv* furtivamente

fu•ry ['fjʊrı] (*anger*) furia *f*, ira *f*

fuse [fjuːz] ELEC **I** *n* fusible *m* **II** *v/i* fundirse; *the lights have* ~*d* se han fundido los plomos **III** *v/t* fundir

'**fuse•box** caja *f* de fusibles

fu•se•lage ['fjuːzəlɑːʒ] fuselaje *m*

'**fuse wire** fusible *m*

fu•sion ['fjuːʒn] fusión *f*

fuss [fʌs] escándalo *m*; *make a* ~ (*complain, behave in exaggerated way*) armar un escándalo; *make a* ~ *of* (*be very attentive to*) deshacerse en atenciones con

fuss•budg•et ['fʌsbʌdʒıt] F protestón(-ona) *m(f)* F, puntilloso(-a) *m(f)* F

fuss•y ['fʌsı] *adj person* quisquilloso; *design etc* recargado; *be a* ~ *eater* ser un quisquilloso a la hora de comer

fus•ty ['fʌstı] *adj smell* rancio

fu•tile ['fjuːtl] *adj* inútil, vano

fu•til•i•ty [fjuːˈtılətı] inutilidad *f*

fu•ture ['fjuːtʃər] **I** *n also* GRAM futuro *m*; *in* ~ en el futuro **II** *adj* futuro

fu•tures ['fjuːtʃərz] *npl* FIN futuros *mpl*

'**fu•tures mar•ket** FIN mercado *m* de futuros

'**fu•tures trad•ing** FIN compraventa *f* de futuros

fu•tur•is•tic [fjuːtʃəˈrıstık] *adj design* futurista

fu•tur•ol•o•gy [fjuːtʃərɑːlədʒı] futurología *f*

fuze [fjuːz] ☞ *fuse*

fuzz [fʌz] *on chin, fruit* pelusa *f*, pelusi-

lla *f*
fuzz•y ['fʌzɪ] *adj* **1** *hair* crespo **2** (*out of focus*) borroso

fuzz•y 'lo•gic lógica *f* difusa

G

gab [gæb] **F** I *n:* **have the gift of the ~** tener labia **F** II *v/i* (*pret & pp* **-bed**) largar (**about** de)
gab•ar•dine [gæbər'diːn] ☞ **gaberdine**
gab•ble ['gæbl] *v/i* farfullar
gab•by ['gæbɪ] *adj* **F** charlatán
gab•er•dine [gæbər'diːn] *fabric, coat* gabardina *f*
ga•ble ['geɪbl] hastial *m*
ga•ble 'win•dow ventana *f* en el hastial
Ga•bon [gæ'baɪn] Gabón *m*
Ga•bon•ese [gæbə'niːz] I *adj* gabonés II *n* gabonés(-esa) *m(f)*
◆ **gad about, gad around** [gæd] *v/i* (*pret & pp* **-ded**) pendonear
gad•get ['gædʒɪt] artilugio *m*, chisme *m*
gadg•et•ry ['gædʒɪtrɪ] utensilios *mpl*
gaff [gæf] *hook* garfio *m*
gaffe [gæf] metedura *f* de pata
gaf•fer ['gæfər] *Br* **F** jefe *m*
gag [gæg] I *n* **1** *over mouth* mordaza *f* **2** (*joke*) chiste *m* II *v/t* (*pret & pp* **-ged**) *also fig* amordazar
ga•ga ['gɑːgɑː] *adj* **P** chocho; **go ~** comenzar a chochear
gage [geɪdʒ] I *n* indicador *m* II *v/t pressure* medir, calcular; *opinion* estimar, evaluar
gag•gle ['gægl] bandada *f*; **F** horda *f*
'gag writ•er escritor(a) *m(f)* de chistes
gai•e•ty ['geɪətɪ] alegría *f*
gai•ly ['geɪlɪ] *adv* alegremente
gain•ful ['geɪnfʊl] *adj* remunerado
gain [geɪn] *v/t* (*acquire*) ganar; *victory* obtener; **~ speed** cobrar velocidad; **~ 10 pounds** engordar 10 libras; **~ entrance** entrar; **~ weight** ganar peso
◆ **gain on** *v/t* ganar terreno a
gait [geɪt] paso *m*
gal [gæl] **F** moza *f*
ga•la ['gælə] gala *f*
ga•lac•tic [gə'læktɪk] *adj* AST galáctico
gal•ax•y ['gæləksɪ] AST galaxia *f*
gale [geɪl] vendaval *m*
gall [gɔːl] I *n* **1** MED bilis *f inv* **2:** **have the ~ to do sth** tener el valor de hacer

algo II *v/t* enfadar
gal•lant ['gælənt] *adj* galante
gal•lan•try ['gæləntrɪ] valor *m*
'gall blad•der vesícula *f* biliar
gal•le•on ['gælɪən] galeón *m*
gal•le•ry ['gælərɪ] **1** *for art* museo *m* **2** *in theater* galería *f*
gal•ley ['gælɪ] *on ship* cocina *f*
Gal•lic ['gælɪk] *adj* galo
gall•ing ['gɔːlɪŋ] *adj* irritante
◆ **gal•li•vant around** ['gælɪvænt] *v/i* pendonear
gal•lon ['gælən] galón *m* (*en EE.UU. 3,785 litros, en GB 4,546*); **~s of tea** F toneladas de té
gal•lop ['gæləp] I *v/i* galopar II *n:* **at a ~** al galope
gal•lows ['gæləʊz] *npl* horca *f*; **~ humor** humor *m* negro
gall•stone ['gɔːlstəʊn] cálculo *m* biliar
Gal•lup poll® ['gæləppəʊl] encuesta *f* de opinión de Gallup
ga•lore [gə'lɔːr] *adj:* **apples / novels ~** manzanas / novelas a montones
gal•va•nize ['gælvənaɪz] *v/t* TECH galvanizar; **~ s.o. into activity** hacer que alguien se vuelva más activo
gal•van•ized ['gælvənaɪzd] *adj* galvanizado
Gam•bi•a ['gæmbɪə] Gambia *f*
Gam•bi•an ['gæmbɪən] I *n* gambiano(-a) *m(f)* II *adj* gambiano
gam•bit ['gæmbɪt] gambito *m*
gam•ble ['gæmbl] I *v/i* jugar II *n* apuesta *f*; **it was a ~, but it paid off** fue un riesgo pero valió la pena; **I'm taking a ~ here** me voy a arriesgar aquí
gam•bler ['gæmblər] jugador(a) *m(f)*
gam•bling ['gæmblɪŋ] juego *m*
gam•bol ['gæmbl] *v/i* (*pret & pp* **-ed**, *Br* **-led**) retozar
game¹ [geɪm] partido *m*; *children's* juego *m*; *in tennis* juego *m*; COMPUT: **~s console** consola *f* de vídeojuegos
game² [geɪm] *animals* caza *f*
'game•keep•er *Br* guarda *m/f* forestal;

'game park coto *m* de caza; 'game plan estrategia *f*; 'game re•serve coto *m* de caza; 'game show concurso *m*; 'game war•den guarda *m/f* de caza

gam•ing ['geɪmɪŋ] COMPUT juegos *mpl* de ordenador

gam•ma rays ['gæməreɪz] *npl* PHYS rayos *mpl* gamma

gam•ut ['gæmət] gama *f*

gan•der ['gændər] ORN ganso *m*

gang [gæŋ] *of friends* cuadrilla *f*, pandilla *f*; *of criminals* banda *f*

◆ gang up on *v/t* compincharse contra

gan•gling ['gæŋglɪŋ] *adj* larguirucho

gan•gli•on ['gæŋglɪən] MED ganglio *m*

'gang rape I *n* violación *f* colectiva II *v/t* violar colectivamente

gan•grene ['gæŋgriːn] MED gangrena *f*

gang•ster ['gæŋstər] gángster *m*

'gang war•fare lucha *f* entre bandas

'gang•way pasarela *f*

gan•net ['gænɪt] ORN alcatraz *m*

gap [gæp] *in wall* hueco *m*; *for parking, in figures* espacio *m*; *in time* intervalo *m*; *in conversation* interrupción *f*; *between two people's characters* diferencia *f*

gape [geɪp] *v/i of person* mirar boquiabierto

◆ gape at *v/t* mirar boquiabierto a

gap•ing ['geɪpɪŋ] *adj hole* enorme

gar•age [gə'rɑːʒ] *for parking* garaje *m*; *Br. for petrol* gasolinera *f*; *for repairs* taller *m*

gar•bage ['gɑːrbɪdʒ] basura *f*; *fig (nonsense)* tonterías *fpl*; *(poor quality goods)* basura *f*, porquería *f*

'gar•bage bag bolsa *f* de la basura; 'gar•bage can cubo *m* de la basura; *in street* papelera *f*; 'gar•bage chute vertedor *m* de basura; 'gar•bage col•lec•tion recogida *f* de basuras; 'gar•bage col•lec•tor, 'gar•bage man basurero *m*; 'gar•bage time *in basketball* minutos *mpl* de la basura; 'gar•bage truck camión *m* de la basura

gar•ble ['gɑːrbl] *v/t* distorsionar

gar•bled ['gɑːrbld] *adj message* confuso

gar•den ['gɑːrdn] jardín *m*

'gar•den cen•ter, *Br* 'gar•den cen•tre vivero *m*, centro *m* de jardinería

gar•den•er ['gɑːrdnər] aficionado(-a) *m(f)* a la jardinería; *professional* jardinero(-a) *m(f)*

gar•den•ing ['gɑːrdnɪŋ] jardinería *f*

gar•gan•tu•an [gɑːr'gæntjʊən] *adj* pantagruélico

gar•gle ['gɑːrgl] *v/i* hacer gárgaras

gar•goyle ['gɑːrgɔɪl] ARCHI gárgola *f*

gar•ish ['gerɪʃ] *adj color* chillón; *design* estridente

gar•land ['gɑːrlənd] guirnalda *f*

gar•lic ['gɑːrlɪk] ajo *m*

gar•lic 'bread pan *m* con ajo

gar•ment ['gɑːrmənt] prenda *f* (de vestir)

gar•ner ['gɑːrnər] *v/t* recopilar

gar•net ['gɑːrnɪt] MIN granate *m*

gar•nish ['gɑːrnɪʃ] *v/t* guarnecer (*with* con)

gar•ret ['gærət] buhardilla *f*

gar•ri•son ['gærɪsn] *place* plaza *f*; *troops* guarnición *f*

gar•rotte [gə'rɑːt] *v/t* ejecutar con garrote vil a

gar•ru•lous ['gærələs] *adj* charlatán

gar•ter ['gɑːrtər] liga *f*

'gar•ter belt liguero *m*

'gar•ter snake ZO serpiente *f* de jarretera

gas [gæs] gas *m*; (*gasoline*) gasolina *f*, *Rpl* nafta *f*

'gas•bag F parlanchín(-ina) *m(f)* F; 'gas cham•ber cámara *f* de gas; gas chro•mat•o•graph [kroʊ'mætoʊgræf] cromatógrafo *m* de gases; gas 'cook•er cocina *f* de gas

gas•e•ous ['gæsjəs] *adj* gaseoso

gas 'fire estufa *f* de gas; gas-fired cen•tral heat•ing ['gæsfaɪrd] calefacción *f* central a gas; gas guz•zler ['gæsgʌzlər]: *it's a ~* F gasta mucha gasolina

gash [gæʃ] corte *m* profundo

gas•ket ['gæskɪt] junta *f*; *blow a ~ fig* subirse por las paredes

'gas main tubería *f* del gas; 'gas•man empleado *m* de la compañía suministradora del gas; 'gas mask máscara *f* antigás; 'gas me•ter contador *m* del gas

gas•o•line ['gæsəliːn] gasolina *f*, *Rpl* nafta *f*

'gas ov•en horno *m* a gas

gasp [gæsp] I *n* grito *m* apagado II *v/i* lanzar un grito apagado; *~ for breath* luchar por respirar

'gas ped•al acelerador *m*; 'gas pipe•line gasoducto *m*; 'gas pump surtidor *m* (de gasolina); **'gas stove** cocina *f* de gas; **'gas sta•tion** gasolinera *f*, *S.Am.* bomba *f*

gas•sy ['gæsɪ] *adj* con demasiado gas

'gas tank depósito *m* de gasolina

gas•tric ['gæstrɪk] *adj* MED gástrico

gas•tric 'flu MED gripe *f* gastrointestinal; **gas•tric 'juices** *npl* jugos *mpl* gástricos; **gas•tric 'ul•cer** MED úlcera *f* gástrica

gas•tri•tis [gæ'straɪtɪs] MED gastritis *f* *inv*

gas•tro•en•ter•i•tis [gæstrouentə'raɪtɪs] MED gastroenteritis *f inv*

gas•tro•nom•ic [gæstrə'nɑːmɪk] *adj* gastronómico

gas•tron•o•my [gæ'strɑːnəmɪ] gastronomía *f*

gas 'tur•bine turbina *f* de gas; **~ engine** motor *m* de turbina de gas

'gas•works *nsg* fábrica *f* de gas

gate [geɪt] *of house, at airport* puerta *f*; *made of iron* verja *f*

ga•teau ['gætou] tarta *f*

'gate•crash *v/t*: **~ a party** colarse en una fiesta; **gate-crash•er** ['geɪtkræʃər] colón(-ona) *m(f)*; **'gate•house** casa *f* del guarda; **'gate•keep•er** guarda *m/f*; **gate-leg(ged) ta•ble** [geɪtleg(d)'teɪbl] mesa *f* plegable; **'gate mon•ey** recaudación *f*; **'gate•post** poste *m* (de puerta); **'gate•way** *also fig* entrada *f*

gath•er ['gæðər] **I** *v/t facts, information* reunir; **am I to ~ that …?** ¿debo entender que …?; **~ speed** ganar velocidad **II** *v/i of crowd* reunirse

♦ **gather up** *v/t possessions* recoger

gath•er•ing ['gæðərɪŋ] (*group of people*) grupo *m* de personas

GATT [gæt] *abbr* (= *General Agreement on Tariffs and Trade*) GATT *m* (Acuerdo *m* General sobre Aranceles y Comercio)

gauche [gouʃ] *adj* torpe

gau•dy ['gɔːdɪ] *adj* chillón, llamativo

gauge [geɪdʒ] *Br* **I** *n* indicador *m* **II** *v/t pressure* medir, calcular; *opinion* estimar, evaluar

gaunt [gɔːnt] *adj* demacrado

gaunt•let ['gɔːntlɪt] *fig*: **fling or throw down the ~** arrojar el guante (**to** a); **pick** *or* **take up the ~** recoger el guante; **run the ~ of** exponerse a

gauze [gɔːz] gasa *f*

gave [geɪv] *pret* ☞ **give**

gav•el ['gævl] martillo *m*

gawk [gɔːk] *v/i* mirar boquiabierto; **~ at s.o. / sth** mirar boquiabierto a alguien / algo

gaw•ky ['gɔːkɪ] *adj* desgarbado

gawp [gɔːp] *v/i* F mirar boquiabierto; **don't just stand there ~ing!** ¡no te quedes ahí boquiabierto!

gay [geɪ] **I** *n* (*homosexual*) homosexual *m*, gay *m* **II** *adj* homosexual, gay

gaze [geɪz] **I** *n* mirada *f* **II** *v/i* mirar fijamente

ga•zelle [gə'zel] gacela *f*

ga•zette [gə'zet] *Br* boletín *m* oficial

GB [dʒiː'biː] *abbr* **1** (= *Great Britain*) GB (= Gran Bretaña) **2** (= *Gigabyte*) GB (= gigabyte)

GDP [dʒiːdiː'piː] *abbr* (= *gross domestic product*) PIB *m* (= producto *m* interior bruto)

gear [gɪr] **1** *n* (*equipment*) equipo *m* **2** *in vehicles* marcha *f*; **move into second ~** poner la segunda (marcha)

♦ **gear toward** *v/t*: **be geared toward s.o. / sth** estar orientado a alguien / algo

'gear•box MOT caja *f* de cambios

'gear change cambio *m* de marcha

gear•ing ['gɪrɪŋ] FIN apalancamiento *m*, relación *f* endeudamiento-capital propio

'gear le•ver, **'gear shift**, **'gear•stick** MOT palanca *f* de cambios

geck•o ['gekou] ZO geco *m*

gee [dʒiː] *int* F ¡anda!; **~, I'm sorry** oye, lo siento; **~, that's kind of you** oye, muy amable por tu parte

geek [giːk] F colgado(-a) *m(f)* F

geese [giːs] *pl* ☞ **goose**

Gei•ger count•er ['gaɪɡər] contador *m* Geiger

gel [dʒel] **1** *n for hair* gomina *f*; *for shower* gel *m* **2** *v/t* (*prep & pp* **-led**): **~ one's hair** echarse gomina en el pelo

gel•a•tine ['dʒelətiːn] gelatina *f*

gel•ig•nite ['dʒelɪgnaɪt] gelignita *f*

gem [dʒem] gema *f*; *fig*: *book etc* joya *f*; *person* cielo *m*

Gem•i•ni ['dʒemɪnaɪ] ASTR Géminis *m/f inv*; **be (a) ~** ser Géminis

gen•der ['dʒendər] género *m*

'gen•der-bend•er P **1** travestí *m* **2** COMPUT adaptador *m* macho-hembra 'gen•der gap diferencia *f* entre los sexos

gene [dʒiːn] gen *m*; *it's in his ~s* lo lleva en los genes

ge•ne•a•log•i•cal [dʒiːnjəˈlɑːdʒɪkl] *adj* genealógico

ge•ne•al•o•gist [dʒiːnɪˈælədʒɪst] genealogista *m/f*

ge•ne•al•o•gy [dʒiːnɪˈælədʒɪ] genealogía *f*

'gene pool acervo *m* genético

gen•er•a ['dʒenərə] *pl* ☞ *genus*

gen•er•al ['dʒenrəl] **I** *n* MIL general *m*; *in ~* en general, por lo general **II** *adj* general

gen•er•al an•(a)es'thet•ic anestesia *f* general; gen•er•al de'liv•er•y **I** *n* lista *f* de correos; gen•er•al e'lec•tion elecciones *fpl* generales

gen•er•al•i•za•tion [dʒenrəlaɪˈzeɪʃn] generalización *f*; *that's a ~* eso es generalizar

gen•er•al•ize ['dʒenrəlaɪz] *v/i* generalizar

gen•er•al 'know•ledge cultura *f* general

gen•er•al•ly ['dʒenrəlɪ] *adv* generalmente, por lo general; *~ speaking* en términos generales

gen•er•al 'o•ver•head gastos *mpl* generales; gen•er•al prac•ti•tion•er ['dʒenrəlprækˈtɪʃnər] *Br* médico(-a) *m(f)* de familia; gen•er•al 'pub•lic gran público *m*; gen•er•al 'staff MIL estado *m* mayor; gen•er•al 'store tienda *f*; gen•er•al 'strike huelga *f* general

gen•er•ate ['dʒenəreɪt] *v/t* generar; *feeling* provocar

gen•er•a•tion [dʒenəˈreɪʃn] generación *f*

gen•e'ra•tion gap conflicto *m* generacional

gen•er•a•tive ['dʒenərətɪv] *adj* generativo

gen•er•a•tor ['dʒenəreɪtər] generador *m*

ge•ner•ic [dʒəˈnerɪk] *adj* genérico

ge'ner•ic drug MED medicamento *m* genérico

gen•er•os•i•ty [dʒenəˈrɑːsətɪ] generosidad *f*

gen•er•ous ['dʒenərəs] *adj* generoso

gen•e•sis ['dʒenəsɪs] génesis *f inv*

'gene ther•a•py terapia *f* génica

ge•net•ic [dʒɪˈnetɪk] *adj* genético

ge•net•i•cal•ly [dʒɪˈnetɪklɪ] *adv* genéticamente; *~ modified organism* modificado genéticamente; *crops* transgénico; *be ~ modified* estar modificado genéticamente

ge•net•ic 'code código *m* genético; ge•net•ic en•gi'neer•ing ingeniería *f* genética; ge•net•ic 'fin•ger•print identificación *f* genética

ge•net•i•cist [dʒɪˈnetɪsɪst] genetista *m/f*, especialista *m/f* en genética

ge•net•ics [dʒɪˈnetɪks] *nsg* genética *f*

Ge•ne•va [dʒɪˈniːvə] Ginebra *f*

ge•ni•al ['dʒiːnjəl] *adj* afable, cordial

ge•ni•al•i•ty [dʒiːnɪˈælətɪ] afabilidad *f*, cordialidad *f*

ge•nie ['dʒiːnɪ] genio *m*

gen•i•tals ['dʒenɪtlz] *npl* genitales *mpl*

gen•i•tive ['dʒenətɪv] LING genitivo *m*

ge•ni•us ['dʒiːnjəs] genio *m*

gen•o•ci•dal [dʒenəˈsaɪdl] *adj* genocida

gen•o•cide ['dʒenəsaɪd] genocidio *m*

ge•nome ['dʒiːnoum] genoma *m*

gen•o•type ['dʒenoutaɪp] genotipo *m*

gen•re ['ʒɑːnrə] género *m*

gent [dʒent] **1** F caballero *m* **2** *Br*. *~s sg* servicio *m* de caballeros

gen•teel [dʒenˈtiːl] *adj* fino

gen•tile ['dʒentaɪl] REL gentil *m/f*

gen•tle ['dʒentl] *adj* *person* tierno, delicado; *touch, detergent* suave; *breeze* suave, ligero; *slope* poco inclinado; *be ~ with it, it's fragile* ten mucho cuidado con él, es frágil

gen•tle•man ['dʒentlmən] caballero *m*; *he's a real ~* es todo un caballero; *a ~'s agreement* un pacto entre caballeros; *gentlemen, shall we start?* ¿podemos comenzar caballeros o señores?

gen•tle•man•ly ['dʒentlmənlɪ] *adj* caballeroso

gen•tle•ness ['dʒentlnɪs] *of person* ternura *f*, delicadeza *f*; *of touch, detergent, breeze* suavidad *f*; *of slope* poca inclinación *f*

gen•tly ['dʒentlɪ] *adv* *touch, kiss etc* con delicadeza; *slope* poco a poco; *a breeze blew ~* sopla una ligera *or* suave brisa

gen•tri•fi•ca•tion [dʒentrɪfɪˈkeɪʃən] aburguesamiento *m*

gen•try ['dʒentrɪ] *in town* alta burguesía

f; *in country* terratenientes *mpl*

gen•u•ine ['dʒenʊɪn] *adj* **1** *antique etc* genuino, auténtico **2** (*sincere*) sincero

gen•u•ine•ly ['dʒenʊɪnlɪ] *adv* realmente, de verdad

ge•nus ['dʒiːnəs] (*pl* **genera** ['dʒenərə]) BOT, ZO género *m*

ge•og•ra•pher [dʒɪ'ɑːgrəfər] geógrafo(-a) *m(f)*

ge•o•graph•i•cal [dʒɪə'græfɪkl] *adj features* geográfico

ge•og•ra•phy [dʒɪ'ɑːgrəfɪ] geografía *f*

ge•o•log•i•cal [dʒɪə'lɑːdʒɪkl] *adj* geológico

ge•ol•o•gist [dʒɪ'ɑːlədʒɪst] geólogo(-a) *m(f)*

ge•ol•o•gy [dʒɪ'ɑːlədʒɪ] geología *f*

ge•o•met•ric, ge•o•met•ri•cal [dʒɪə-'metrɪk(l)] *adj* geométrico

ge•om•e•try [dʒɪ'ɑːmətrɪ] geometría *f*

ge•o•phys•i•cist [dʒɪoʊ'fɪzɪsɪst] geofísico(-a) *m(f)* .

ge•o•phys•ics [dʒɪoʊ'fɪzɪks] *nsg* geofísica *f*

ge•o•sta•tion•ar•y [dʒɪoʊ'steɪʃənərɪ] *adj*: **in ~ orbit** en órbita geoestacionaria; **~ satellite** satélite *m* geoestacionario

ge•ra•ni•um [dʒə'reɪnɪəm] geranio *m*

ger•bil ['dʒɜːrbɪl] jerbo *m*

ger•i•at•ric [dʒerɪ'ætrɪk] **I** *adj* geriátrico **II** *n* anciano(-a) *m(f)*

germ [dʒɜːrm] *also fig* germen *m*

Ger•man ['dʒɜːrmən] **I** *adj* alemán **II** *n* **1** *person* alemán(-ana) *m(f)* **2** *language* alemán *m*

Ger•man•ic [dʒɜːr'mænɪk] *adj* germánico

Ger•man 'mea•sles *nsg* rubeola *f*

Ger•man 'shep•herd pastor *m* alemán

Ger•man•y ['dʒɜːrmənɪ] Alemania *f*

'germ-free *adj* libre de gérmenes

ger•mi•nate ['dʒɜːrmɪneɪt] *v/i of seed* germinar

germ 'war•fare guerra *f* bacteriológica

ger•on•tol•o•gist [dʒerən'tɑːlədʒɪst] gerontólogo(-a) *m(f)*

ger•on•tol•o•gy [dʒerən'tɑːlədʒɪ] MED gerontología *f*

ger•und ['dʒerənd] LING gerundio *m*

ges•ta•tion [dʒe'steɪʃn] gestación *f*; **~ period** periodo *m* de gestación

ges•tic•u•late [dʒe'stɪkjʊleɪt] *v/i* gesticular

ges•tic•u•la•tion [dʒestɪkjʊ'leɪʃn] gesticulación *f*

ges•ture ['dʒestʃər] *also fig* gesto *m*

get [get] *v/t* (*pret* **got**, *pp* **got** *or* **gotten**) **1** (*obtain*) conseguir; **you can ~ them at the corner store** los puedes comprar en la tienda de la esquina

2 (*fetch*) traer; **can I ~ you something to drink?** ¿quieres tomar algo?

3 (*receive: letter, knowledge, respect*) recibir

4 (*catch: bus, train etc*) tomar, *Span* coger

5 (*understand*) entender

6 (*become*): **~ tired** cansarse; **~ drunk** emborracharse; **I'm ~ting old** me estoy haciendo mayor

7: **~ the TV fixed** hacer que arreglen la televisión; **~ s.o. to do sth** hacer que alguien haga algo; **~ one's hair cut** cortarse el pelo

8: **~ to do sth** (*have opportunity*) llegar a hacer algo; **~ to know** llegar a conocer; **~ sth ready** preparar algo

9: **~ going** (*leave*) marcharse, irse

10: **have got** tener; **he's got a lot of money** tiene mucho dinero; **I have got to study / see him** tengo que estudiar / verlo; **I don't want to, but I've got to** no quiero, pero tengo que hacerlo

◆ **get across I** *v/i over road* cruzar, atravesar **II** *v/t*: **he got his argument across well** se hizo entender muy bien; **get sth across to s.o.** hacer entender algo a alguien

◆ **get along** *v/i* **1** (*come to party etc*) ir **2** *with s.o.* llevarse bien; **how are you getting along at school?** ¿cómo te van las cosas en el colegio?; **the patient is getting along nicely** el paciente está progresando satisfactoriamente

◆ **get around I** *v/i* **1** (*travel*) viajar, ver mundo **2** (*be mobile*) desplazarse **3** *of rumor* circular **4** *socially* hacer vida social **5**: **I just never got around to fixing it** nunca encontré el momento *or* tiempo para arreglarlo; **you really should get around to taking more exercise** deberías (plantearte el) hacer más ejercicio

II *v/t* **1** *obstacle, problem* sortear, evitar; **there's no getting around it** es imposible escaquearse **2** (*get to agree*) camelar

◆ **get at** *v/t* **1** (*reach*) llegar a; **get at the truth** averiguar la verdad **2** (*criticize*) meterse con **3** (*imply, mean*) querer decir **4** P *witness* untar P

◆ **get away I** *v/i* **1** (*escape*) escaparse **2** (*leave*) marcharse, irse **II** *v/t*: **get sth away from s.o.** quitar algo a alguien

◆ **get away with** *v/t of thief* llevarse, escaparse con; **get away with it** salirse con la suya; **she lets him get away with anything** le permite todo; **I'll let you get away with it this time** por esta vez te perdonaré

◆ **get back I** *v/i* **1** (*return*) volver; **I'll get back to you on that tomorrow** le responderé a eso mañana **2** (*move back*) retroceder; **get back!** ¡(échense) atrás! **II** *v/t* (*obtain again*) recuperar

◆ **get by** *v/i* **1** (*pass*) pasar **2** (*cope*) apañarse; *financially* arreglárselas

◆ **get down I** *v/i from ladder etc* bajarse (**from** de); (*duck etc*) agacharse **II** *v/t* **1** *object from a high place* bajar **2** (*depress*) desanimar, deprimir

◆ **get down to** *v/t* (*start: work*) ponerse a; **get down to the facts** ir a los hechos

◆ **get in I** *v/i* **1** (*arrive*) llegar **2** *to car etc* subir(se), meterse; **how did they get in?** *of thieves, mice etc* ¿cómo entraron?; **we couldn't get in** *to disco etc* no pudimos entrar; **he applied for college but didn't get in** mandó la solicitud para la universidad pero no le aceptaron **3** (*be elected*) ganar unas elecciones **II** *v/t to suitcase etc* meter

◆ **get into** *v/t house* entrar en, meterse en; *car* subir(se) a, meterse en; *computer system* introducirse en; *clothes* ponerse; **what's gotten into you?** ¿qué mosca te ha picado?

◆ **get off I** *v/i* **1** *from bus, train etc* bajarse **2** (*finish work*) salir **3** (*not be punished*) librarse **II** *v/t* **1** (*remove*) quitar; *clothes, hat, footgear* quitarse; **get off my bike!** ¡bájate de mi bici!; **get off the grass!** ¡no pises la hierba! **2**: **get s.o. off** *of lawyer* librar a alguien de un castigo

◆ **get off with** *v/t*: **get off with a small fine** tener que pagar sólo una pequeña multa

◆ **get on I** *v/i* **1** *to bike, bus, train* montarse, subirse

2 (*be friendly*) llevarse bien

3 (*advance: of time*) hacerse tarde; (*become old*) hacerse mayor; **it's getting on** *getting late* se está haciendo tarde; **he's getting on** se está haciendo mayor; *Br* **he's getting on for 50** está a punto de cumplir 50

4 (*make progress*) progresar; **how did you get on at school today?** ¿qué tal te ha ido hoy en el colegio?

II *v/t* **1**: **get on the bus / one's bike** montarse en el autobús / la bici **2** *shoes etc* ponerse; *lid etc* poner; **I can't get these pants on** estos pantalones no me entran

◆ **get onto** *v/t* **1** *subject* empezar a hablar de **2** (*contact*) ponerse en contacto con

◆ **get on with** *v/t* **1** (*continue*) seguir con; (*progress*) avanzar con **2**: **I don't get on with him** no me llevo bien con él, no me entiendo con él

◆ **get out I** *v/i of car, prison etc* salir; **get out!** ¡vete!, ¡fuera de aquí!; **let's get out of here** ¡salgamos de aquí!; **how do you get out?** *of this building* ¿por dónde se sale?; **I don't get out much these days** últimamente no salgo mucho; **if word gets out that I ...** si alguien se entera de que ...

II *v/t nail, sth jammed* sacar, extraer; *stain* quitar; *gun, pen* sacar; **get that dog out of here!** ¡llévate *or* saca a ese perro de aquí!

◆ **get out of** *v/t* **1** *the city* salir de **2** *task* librarse de **3**: **I don't see what they get out of it** no sé que sacan *or* ganan con esto **4** *habit* perder, quitarse

◆ **get over** *v/t* **1** *fence etc* franquear **2** *disappointment* superar; *lover etc* olvidar; **he never got over it** nunca lo superó

◆ **get over with** *v/t* terminar con; **let's get it over with** quitémonoslo de encima

◆ **get through** *v/i* **1** *on telephone* conectarse **2**: **get through to s.o.** (*make self understood*) comunicarse con alguien; **obviously I'm just not getting through** está claro que no me estoy haciendo entender **3** (*finish*) acabar

◆ **get to** *v/t* (*annoy*) molestar, ofender; *have emotional effect on* afectar; **these late nights must be getting to you** estas trasnochadas deben estar haciendo mella en tí

◆ **get together I** *v/i of people* reunirse, juntarse **II** *v/t* **1** *objects* reunir, recoger **2**: *he's really got it all together* F lo tiene todo y es feliz

◆ **get up I** *v/i* levantarse **II** *v/t* (*climb*) subir

◆ **get up to** *v/t mischief* hacer; *what have those two been getting up to?* ¿qué han estado haciendo esos dos?; *what are you getting up to these days?* ¿qué haces ahora?

'**get•a•way** *from robbery* fuga *f*, huida *f*; '**get•a•way car** coche *m* utilizado en la fuga; '**get-to•geth•er** reunión *f*; '**get-up** F indumentaria *f*

gey•ser ['gaɪzər] GEOL géiser *m*

ghast•ly ['gæstlɪ] *adj* terrible

gher•kin ['gɜːrkɪn] pepinillo *m*

ghet•to ['getoʊ] (*pl -o(e)s*) gueto *m*

ghost [goʊst] fantasma *m*

ghost•ly ['goʊstlɪ] *adj* fantasmal

'**ghost sto•ry** historia *f* de fantasmas; '**ghost town** ciudad *f* fantasma; '**ghost train** tren *m* fantasma; '**ghost writ•er** negro(-a) *m(f)*

ghoul [guːl] macabro(-a) *m(f)*, morboso(-a) *m(f)*

ghoul•ish ['guːlɪʃ] *adj* macabro, morboso

gi•ant ['dʒaɪənt] **I** *n* gigante *m* **II** *adj* gigantesco, gigante

'**gi•ant kil•lers** *npl* matagigantes *m inv*

gib•ber ['dʒɪbər] *v/i* farfullar

gib•ber•ish ['dʒɪbərɪʃ] F memeces *fpl* F, majaderías *fpl* F; *talk ~* decir memeces

gib•bon ['gɪbən] gibón *m*

gibe [dʒaɪb] pulla *f*

gib•lets ['dʒɪblɪts] *npl* menudillos *mpl*

gid•di•ness ['gɪdɪnɪs] mareo *m*

gid•dy ['gɪdɪ] *adj* mareado; *feel ~* estar mareado; *become ~* marearse

gift [gɪft] regalo *m*; *have a ~ for sth* tener un don para algo

'**gift cer•ti•fi•cate** vale *m* de regalo

gift•ed ['gɪftɪd] *adj* con talento

'**gift shop** tienda *f* de artículos de regalo; '**gift to•ken** vale *m* de regalo; '**gift-wrap I** *n* papel *m* de regalo **II** *v/t* (*pret & pp -ped*) envolver para regalo

gig [gɪg] F concierto *m*, actuación *f*

gi•ga•byte ['gɪgəbaɪt] COMPUT gigabyte *m*

gi•gan•tic [dʒaɪˈgæntɪk] *adj* gigantesco

gig•gle ['gɪgl] **I** *v/i* soltar risitas **II** *n* risita *f*; *get the ~s* tener un ataque de risa

gig•gly ['gɪglɪ] *adj* que suelta risitas

gild [gɪld] *v/t* dorar

gill [gɪl] *of fish* branquia *f*

gilt [gɪlt] dorado *m*; *~s* FIN valores *mpl* del Estado

gilt-edged se•cur•i•ties [gɪltedʒdsɪ'kjuːrɪtɪz] *npl* FIN valores *mpl* a plazo fijo

gim•crack ['dʒɪmkræk] *adj* de tres al cuarto

gim•mick ['gɪmɪk] truco *m*, reclamo *m*

gim•mick•y ['gɪmɪkɪ] *adj* superficial, artificioso

gin [dʒɪn] ginebra *f*; *~ and tonic* gin-tonic *m*

gin•ger ['dʒɪndʒər] *spice* jengibre *m*

gin•ger 'ale ginger ale *m*

'**gin•ger•bread** pan *m* de jengibre

gin•ger•ly ['dʒɪndʒərlɪ] *adv* cuidadosamente, delicadamente

ging•ham ['gɪŋəm] guinga *f*

gin•gi•vi•tis [dʒɪndʒɪ'vaɪtɪs] MED gingivitis *f inv*

gip•sy ['dʒɪpsɪ] *Br* gitano(-a) *m(f)*

gi•raffe [dʒɪ'ræf] jirafa *f*

gir•der ['gɜːrdər] viga *f*

gir•dle ['gɜːrdl] faja *f*

girl [gɜːrl] **1** chica *f*; (*young*) *~* niña *f*, chica *f* **2** *daughter* niña *f*, hija *f*

'**girl•friend** *of boy* novia *f*; *of girl* amiga *f*

girl•hood ['gɜːrlhʊd] niñez *f*

girl•ie mag•a•zine ['gɜːrlɪ] revista *f* porno

girl•ish ['gɜːrlɪʃ] *adj* de niñas

girl 'scout escultista *f*, scout *f*

girth [gɜːrθ] **1** *for tree etc* circunferencia *f* **2** *for horse* cincha *f*

gist [dʒɪst] esencia *f*; *catch the ~ of sth* captar la esencia de algo

give [gɪv] **I** *v/t* (*pret gave, pp given*) dar; *as present* regalar; (*supply: electricity etc*) proporcionar; *talk, lecture* dar, pronunciar; *cry, groan* soltar; *~ her my love* dale recuerdos (de mi parte); *~ s.o. a present* hacer un regalo a alguien; *~n the fact that he ...* dado que; *... don't ~ me that!* F ¡no me vengas con esas!

II *v/i of structure, bridge etc* ceder, remitir

◆ **give away** *v/t* **1** *as present* regalar **2** (*betray*) traicionar; **give o.s. away** descubrirse, delatarse

◆ **give back** *v/t* devolver (**to** a)

◆ **give in I** *v/i* (*surrender*) rendirse **II** *v/t* (*hand in*) entregar

◆ **give off** *v/t smell, fumes* emitir, despedir

◆ **give onto** *v/t* (*open onto*) dar a

◆ **give out I** *v/t* **1** *leaflets etc* repartir **2** *heat* despedir **II** *v/i of supplies, strength* agotarse

◆ **give up I** *v/t smoking etc* dejar de; *hope* perder; **give o.s. up to the police** entregarse a la policía **II** *v/i* (*stop making effort*) rendirse; *I find it hard to give up* me cuesta mucho dejarlo

◆ **give up on** *v/t person* perder la fe en

◆ **give way** *v/i* **1** *of bridge etc* hundirse **2** *esp Br. of traffic* ceder el paso

◆ **give way to** *v/t* dar paso a

give-and-'take toma *m* y daca

'give•a•way **I 1** *n*: **it's a dead ~** salta a la vista **2** COM regalo *m* **II** *adj*: **~ price** precio *m* de ganga

giv•en ['gɪvn] *pp* ☞ **give**

'giv•en name nombre *m* de pila

giv•er ['gɪvər] donante *m/f*

giz•mo ['gɪzmoʊ] F cacharro *m*

giz•zard ['gɪzərd] molleja *f*

gla•cé [glæˈseɪ] *adj* confitado

gla•cial ['gleɪʃəl] *adj also fig* gélido

gla•cier ['gleɪʃər] glaciar *m*

glad [glæd] *adj* contento, alegre; *I was ~ to see you* me alegré de verte

glad•den ['glædn] *v/t* alegrar

glade [gleɪd] claro *m*

glad•i•a•tor ['glædɪeɪtər] gladiador *m*

glad•i•o•lus [glædɪˈoʊləs] (*pl* **gladioli** [glædɪˈoʊlaɪ]) BOT gladiolo *m*

glad•ly ['glædlɪ] *adv* con mucho gusto

glad•ness ['glædnɪs] alegría *f*

glam•or ['glæmər] atractivo *m*, glamour *m*

glam•or•ize ['glæməraɪz] *v/t* hacer atractivo, ensalzar

glam•or•ous ['glæmərəs] *adj* atractivo, glamoroso

glam•our *Br* ☞ **glamor**

glance [glæns] **I** *n* ojeada *f*, vistazo *m*; *I could tell at a ~ that ...* con sólo (echar) un vistazo me di cuenta de que ... **II** *v/i* echar una ojeada *or* vistazo

◆ **glance at** *v/t* echar una ojeada *or* vistazo a

gland [glænd] glándula *f*

glan•du•lar 'fe•ver ['glændʒələr] mononucleosis *f inv* infecciosa

glare [gler] **I** *n of sun, headlights* resplandor *m* **II** *v/i of headlights* resplandecer

◆ **glare at** *v/t person* mirar con furia a

glar•ing ['glerɪŋ] *adj mistake* garrafal

glar•ing•ly ['glerɪŋlɪ] *adv*: **it's ~ obvious** está clarísimo

glass [glæs] **1** *material* vidrio *m* **2** *for drink* vaso *m*

'glass blow•er soplador(a) *m(f)* de vidrio; **glass 'case** vitrina *f*; **glass 'ceiling** *fig* barreras que impiden a la mujer alcanzar altos cargos

glass•es ['glæsɪz] *npl* gafas *fpl*, *L.Am.* lentes *mpl*, *L.Am.* anteojos *mpl*

glass•ful ['glæsfʊl] vaso *m*

'glass•house invernadero *m*

glass•ware ['glæswer] cristalería *f*

glass•y ['glæsɪ] *adj* **1** *surface* cristalino **2** *stare* vidrioso

glau•co•ma [glɒːˈkoʊmə] MED glaucoma *m*

glazed [gleɪzd] *adj expression* vidrioso

glaze [gleɪz] vidriado *m*

◆ **glaze over** *v/i of eyes* vidriarse

gla•zi•er ['gleɪzɪr] cristalero(-a) *m(f)*, vidriero(-a) *m(f)*

glaz•ing ['gleɪzɪŋ] cristales *mpl*, vidrios *mpl*

gleam [gliːm] **I** *n* resplandor *m*, brillo *m* **II** *v/i* resplandecer, brillar

glean [gliːn] *v/t fig* averiguar; **~ from** extraer de

glee [gliː] júbilo *m*, regocijo *m*

glee•ful ['gliːfəl] *adj* jubiloso

glib [glɪb] *adj* fácil

glib•ly ['glɪblɪ] *adv* con labia

glide [glaɪd] *v/i of bird, plane* planear; *of piece of furniture* deslizarse

glid•er ['glaɪdər] planeador *m*

glid•ing ['glaɪdɪŋ] *sport* vuelo *m* sin motor

glim•mer ['glɪmər] **I** *n of light* brillo *m* tenue; **~ of hope** rayo *m* de esperanza **II** *v/i* brillar tenuamente

glimpse [glɪmps] **I** *n* vistazo *m*; **catch a ~ of** vislumbrar **II** *v/t* vislumbrar

glint [glɪnt] **I** *n* destello *m*; *in eyes* centelleo *m* **II** *v/i of light* destellar; *of eyes* centellear

glis•ten ['glɪsn] *v/i* relucir, centellear

glitch [glɪtʃ] *F* fallo *m* técnico

glit•ter ['glɪtər] *v/i* resplandecer, destellar

glit•ter•a•ti [glɪtər'ɑːtɪ] *npl* famosos *mpl*

glit•ter•ing ['glɪtərɪŋ] *adj* **1** resplandeciente **2** *fig* rutilante

glitz [glɪts] *F* glamour *m*

glitz•y ['glɪtsɪ] *adj F* glamoroso

gloat [gloʊt] *v/i* regodearse

◆ **gloat over** *v/t* regodearse de

glo•bal ['gloʊbl] *adj* global

glo•bal e'con•o•my economía *f* global

glob•al•i•za•tion [gloʊbəlaɪ'zeɪʃn] COM globalización *f*

glob•al•ly ['gloʊbəlɪ] *adv* globalmente

glo•bal 'mar•ket mercado *m* global

glo•bal warm•ing ['wɔːrmɪŋ] calentamiento *m* global

globe [gloʊb] **1** (*the earth*) globo *m* **2** (*model of earth*) globo *m* terráqueo

globe•trot•ter ['gloʊbtrɑːtər] trotamundos *m/f inv*

glob•ule ['glɑːbjuːl] gota *f*

gloom [gluːm] **1** (*darkness*) tinieblas *fpl*, oscuridad *f* **2** *mood* abatimiento *m*, melancolía *f*

gloom•i•ly ['gluːmɪlɪ] *adv* con abatimiento, melancólicamente

gloom•y ['gluːmɪ] *adj* **1** *room* tenebroso, oscuro **2** *mood*, *person* abatido, melancólico

glo•ri•fi•ca•tion [glɔːrɪfɪ'keɪʃn] glorificación *f*

glo•ri•fied ['glɔːrɪfaɪd] *adj F* con aires de grandeza

glo•ri•fy ['glɔːrɪfaɪ] *v/t* glorificar

glo•ri•ous ['glɔːrɪəs] *adj weather*, *day* espléndido, maravilloso; *victory* glorioso

glo•ry ['glɔːrɪ] gloria *f*

◆ **glory in** *v/t* deleitarse con

gloss [glɑːs] **1** (*shine*) lustre *m*, brillo *m* **2** (*general explanation*) glosa *f*

◆ **gloss over** *v/t* pasar por alto

glos•sa•ry ['glɑːsərɪ] glosario *m*

'gloss paint pintura *f* brillante

gloss•y ['glɑːsɪ] **I** *adj paper* cuché, satinado **II** *n magazine* revista *f* en color (*en papel cuché or satinado*)

glove [glʌv] guante *m*

'glove box, 'glove com•part•ment *in car* guantera *f*

'glove pup•pet marioneta *f* de guiñol (*de guante*)

glow [gloʊ] **I** *n of light*, *fire* resplandor *m*, brillo *m*; *in cheeks* rubor *m* **II** *v/i of light*, *fire* resplandecer, brillar; *of cheeks* ruborizarse

glow•er [glaʊr] *v/i* fruncir el ceño

glow•ing ['gloʊɪŋ] *adj description* entusiasta

glow•ing•ly ['gloʊɪŋlɪ] *adv*: **speak ~ of s.o. / sth** hablar elogiosamente de alguien / algo

'glow•worm ZO luciérnaga *f*

glu•cose ['gluːkoʊs] glucosa *f*

glue [gluː] **I** *n* pegamento *m*, cola *f* **II** *v/t* pegar, encolar; **~ sth to sth** pegar *or* encolar algo a algo; **be ~d to the radio / TV** *F* estar pegado a la radio / televisión *F*

glue-sniff•ing ['gluːsnɪfɪŋ] inhalación *f* de pegamento

glu•ey ['gluːɪ] *adj* pegajoso

glum [glʌm] *adj* sombrío, triste; **get or become ~** entristecerse

glum•ly ['glʌmlɪ] *adv* con tristeza

glut [glʌt] exceso *m*, superabundancia *f*

glu•ten ['gluːtən] gluten *m*

glu•ti•nous ['gluːtənəs] *adj* glutinoso

glut•ton ['glʌtən] glotón(-ona) *m(f)*; **she's a ~ for punishment** es masoquista

glut•ton•ous ['glʌtənəs] *adj* glotón

glut•ton•y ['glʌtənɪ] gula *f*, glotonería *f*

glyc•er•in(e) ['glɪsəriːn] CHEM glicerina *f*

GMO [dʒiːem'oʊ] *abbr* (= **genetically modified organism**) organismo *m* modificado genéticamente

GMT [dʒiːem'tiː] *abbr* (= **Greenwich Mean Time**) hora *f* del meridiano de Greenwich

gnarled [nɑːrld] *adj* nudoso

gnash [næʃ] *v/t*: **~ one's teeth** rechinar los dientes

gnat [næt] *tipo de mosquito*

gnaw [nɒː] *v/t bone* roer

gnome [noʊm] gnomo *m*

GNP [dʒiːen'piː] *abbr* (= **gross national product**) PNB *m* (= producto *m* nacional bruto)

go [goʊ] **I** *n*: **on the ~** en marcha **II** *v/i* (*pret* **went**, *pp* **gone**) **1** ir (**to** a); (*leave*) irse, marcharse; (*come out: of stain etc*) irse; (*cease: of pain etc*) pasarse; **~ shopping / jogging** ir de compras / a hacer footing; **I must be ~ing**

me tengo que ir; **let's ~!** ¡vamos!; **~ for a walk** ir a pasear *or* a dar un paseo; **~ to bed** ir(se) a la cama; **~ to school** ir al colegio; **hamburger to ~** hamburguesa para llevar; **be all gone** (*finished*) haberse acabado; **where do the knives ~?** ¿dónde van los cuchillos?
2 (*work, function*) funcionar; **how's the work ~ing?** ¿cómo va el trabajo?; **how does the tune ~?** ¿cómo es la música?; **five into three won't ~** (*fit*) tres (dividido) entre cinco no cabe; (*be divisible*) tres no es divisible por cinco
3 (*match: of colors etc*) ir bien, pegar
4: they're ~ing for $50 (*being sold at*) se venden por 50 dólares
5: ~ green ponerse verde
6: be ~ing to do sth ir a hacer algo
◆ **go ahead** *v/i and do sth* seguir adelante; **can I? – sure, go ahead** ¿puedo? – por supuesto, adelante
◆ **go after** *v/t person* perseguir; *job, opportunity* ir detrás de
◆ **go ahead with** *v/t plans etc* seguir adelante con
◆ **go along with** *v/t suggestion* aceptar; (*agree with*) estar de acuerdo con
◆ **go around** *v/i of virus, rumor* circular; **there isn't enough food to go around** no hay comida suficiente para todos
◆ **go at** *v/t* (*attack*) atacar
◆ **go away** *v/i of person* irse, marcharse; *of rain, pain, clouds* desaparecer
◆ **go back** *v/i* **1** (*return*) volver; **go back to sleep** volver a dormirse **2** (*date back*) remontarse; **we go back a long way** nos conocemos desde hace tiempo
◆ **go back on** *v/t one's word* faltar a
◆ **go by** *v/i of car, time* pasar
◆ **go down** *v/i* bajar; *of sun* ponerse; *of ship* hundirse; **go down well / badly** *of suggestion etc* sentar bien / mal
◆ **go for** *v/t* **1** (*attack*) atacar **2** (*like*): **I don't much go for gin** no me va mucho la ginebra **3** (*apply to*): **does that go for me too?** ¿eso también va por mí?
◆ **go in** *v/i* **1** *to room, house* entrar **2** *of sun* ocultarse **3** (*fit: of part etc*) ir, encajar
◆ **go in for** *v/t competition, race* tomar parte en; **I used to go in for badminton quite a lot** antes jugaba mucho al bádminton; **I don't go in for that**

kind of music no me llama ese tipo de música
◆ **go into** *v/t* **1** *room, building* entrar en **2** *profession* meterse en **3** (*discuss*) entrar en
◆ **go off** **I** *v/i* **1** (*leave*) marcharse **2** *of bomb* explotar, estallar; *of gun* dispararse; *of alarm* saltar **3** *of milk etc* echarse a perder **II** *v/t*: **I've gone off whiskey** ya no me gusta el whisky
◆ **go on** *v/i* **1** (*continue*) continuar; **the play goes on for three hours** la obra dura tres horas; **go on, do it!** (*encouraging*) ¡venga, hazlo! **2** (*happen*) ocurrir, pasar; **what's going on?** ¿qué pasa? **3** (*talk, complain*): **I wish you wouldn't go on so** podrías dejarlo ya; **he does go on, doesn't he?** podía dejarlo ya
◆ **go on at** *v/t* (*nag*) meterse con
◆ **go out** **1** *v/i of person* salir; *of tide* bajar; **go out for dinner** ir a cenar fuera **2** *of light, fire* apagarse
◆ **go out with** *v/t romantically* salir con
◆ **go over** **I** *v/t* **1** (*check*) examinar; **I went over and over it again in my mind** le di mil vueltas a la cabeza **2** (*do again*) repasar **3** (*discuss*) hablar de, discutir **II** *v/i*: **go over to s.o.** acercarse a alguien
◆ **go through** **I** *v/t* **1** *illness, hard times* atravesar **2** (*check*) revisar, examinar **3** (*read through*) estudiar **4** (*search*) buscar por, registrar **5: he goes through one pair of socks a week** destroza un par de calcetines cada semana **II** *v/i* **1** (*be accepted*) aprobarse **2: it's gone through at the elbows** está desgastado por los codos
◆ **go through with** *v/t threat* llevar a cabo; **I couldn't go through with it** me eché para atrás
◆ **go together** *v/i of colors etc* combinar, pegar
◆ **go under** *v/i* (*sink*) hundirse; *of company* ir a la quiebra
◆ **go up** *v/i* **1** subir **2** (*explode*) saltar en pedazos
◆ **go without** **I** *v/t food etc* pasar sin **II** *v/i* pasar privaciones

goad [goud] *v/t* pinchar; **~ s.o. into doing sth** pinchar a alguien para que haga algo
'go-a•head I *n* luz *f* verde; **when we get the ~** cuando nos den la luz verde **II** *adj*

(enterprising, dynamic) dinámico
goal [ɡəʊl] **1** *(objective)* objetivo *m*, meta *f* **2** SP *target* portería *f*, *L.Am.* arco *m*; *point* gol *m*; **shot on** ~ tiro *m* a la portería
goal•ie ['ɡəʊlɪ] F portero(-a) *m(f)*, *L.Am.* arquero(-a) *m(f)*
'goal•keep•er portero(-a) *m(f)*, guardameta *m/f*, *L.Am.* arquero(-a) *m(f)*; **'goal kick** saque *m* de puerta *or Rpl* de valla; **'goal line** línea *f* de gol; **'goal•mouth** portería *f*; **'goal•post** poste *m*; **'goal•scor•er** goleador(a) *m(f)*
goat [ɡəʊt] cabra *f*; **it really gets my** ~**!** F ¡me pone del hígado! F
goa•tee [ɡəʊ'tiː] perilla *f*
gob•ble•dy•gook ['ɡɑːbldɪɡuːk] F jerigonza *f* F
gob•ble ['ɡɑːbl] *v/t* engullir
◆ **gobble up** *v/t* engullir
'go-be•tween intermediario(-a) *m(f)*
gob•let ['ɡɑːblət] copa *f*
gob•lin ['ɡɑːblɪn] duende *m*
'go-cart kart *m*
god [ɡɑːd] dios *m*; **thank God!** ¡gracias a Dios!; **oh God!** ¡Dios mío!
'god-aw•ful *adj* F terrible; **'god•child** ahijado(-a) *m(f)*; **'god•dam•mit** [ɡɑːd-'dæmɪt] *int* F ¡maldita sea!; **god•damned** ['ɡɑːddæmd] *adj* F maldito; **'god•daugh•ter** ahijada *f*
god•dess ['ɡɑːdɪs] diosa *f*
'god•fa•ther *also in mafia* padrino *m*; **God-fear•ing** ['ɡɑːdfɪrɪŋ] *adj* temeroso de Dios; **'god•for•sak•en** *adj place* dejado de la mano de Dios
god•less ['ɡɑːdlɪs] *adj* impío
god•like ['ɡɑːdlaɪk] *adj* divino
god•ly ['ɡɑːdlɪ] *adj* piadoso
'god•moth•er madrina *f*; **'god•pa•rent man** padrino *m*; **woman** madrina *f*; **'god•send** regalo *m* del cielo; **'god•son** ahijado *m*
go•fer ['ɡəʊfər] F recadero(-a) *m(f)*
go-get•ter ['ɡəʊɡetər] F ambicioso(-a) *m(f)*
gog•gle ['ɡɑːɡl] *v/i*: ~ **at s.o.** mirar a alguien con los ojos abiertos de par en par
gog•gle-eyed [ɡɑːɡl'aɪd] *adj* F *in amazement* con los ojos desorbitados
gog•gles ['ɡɑːɡlz] *npl* gafas *fpl*
'go-go danc•er gogó *f*
go•ing ['ɡəʊɪŋ] I *adj price etc* vigente; ~

concern empresa *f* en marcha II *n*: **the path was hard** ~ el camino estaba en mal estado; **the book isn't very easy** ~ el libro es bastante pesado
go•ings-on [ɡəʊɪŋz'ɑːn] *npl* actividades *fpl*
goi•ter, *Br* **goi•tre** ['ɡɔɪtər] MED bocio *m*
go-kart ['ɡəʊkɑːrt] *Br* kart *m*
gold [ɡəʊld] I *n* oro *m* II *adj* de oro
'gold dig•ger F cazafortunas *f inv*
'gold dust oro *m* en polvo; **be like** ~ ser difícil de encontrar
gold•en ['ɡəʊldn] *adj sky, hair* dorado; **a** ~ **opportunity** una oportunidad de oro
'gold•en age edad *f* de oro; **gold•en ag•er** ['eɪðʒər] pensionista *m/f*; **gold•en 'ea•gle** águila *f* real; **'gold•en goal** *in soccer* gol *m* de oro; **gold•en 'hand•shake** gratificación entregada tras la marcha de un directivo; **gold•en 'hel•lo** prima *f* de contratación; **gold•en re•'triev•er** retriever *m* dorado; **gold•en 'wed•ding** (an•ni•ver•sa•ry) bodas *fpl* de oro
'gold•field yacimiento *m* de oro; **'gold-fish** pez *m* de colores; **'gold med•al** medalla *f* de oro; **'gold mine** fig mina *f*; **gold-plat•ed** [ɡəʊld'pleɪtɪd] *adj* bañado en oro; **'gold•smith** orfebre *m/f*
golf [ɡɑːlf] golf *m*
'golf ball pelota *f* de golf; **'golf club** *organization* club *m* de golf; *stick* palo *m* de golf; **'golf course** campo *m* de golf
golf•er ['ɡɑːlfər] golfista *m/f*
golf•ing ['ɡɑːlfɪŋ]: **go** ~ jugar a golf
'golf links *npl* campo *m* de golf (*al lado del mar*)
Go•li•ath [ɡə'laɪəθ] fig gigante *m*
go•nad ['ɡəʊnæd] ANAT gónada *f*
gon•do•la ['ɡɑːndələ] **1** *of cable car* (coche *m* de) teleférico *m* **2** *in Italy* góndola *f*
gone [ɡɑːn] **1** *pp* ☞ **go 2** *prep*: **it is** ~ **six (o'clock)** acaban de dar las seis
go•ner ['ɡɑːnər] F: **she's a** ~ tiene un pie en la tumba
gong [ɡɑːŋ] gong *m*
gon•na ['ɡɔːnə] F ☞ **go**
gon•or•rhe•a, *Br* **gon•or•rhoe•a** [ɡɑːn-ə'rɪə] MED gonorrea *f*
goo [ɡuː] F **1** pringue *m* **2** fig sensiblería *f*
good [ɡʊd] *adj* bueno; *food* bueno, rico;

a ~ *many* muchos; *he's* ~ *at chess* se le da muy bien el ajedrez; *be* ~ *for s.o.* ser bueno para alguien; ~ *morning* buenos días; ~ *afternoon* buenas tardes; ~ *evening* buenas tardes / noches; ~ *night* buenas noches; *it was as* ~ *as finished* estaba prácticamente terminado *or* acabado; *it's no* ~ *keeping on asking* no sirve de nada pedir tanto; *that's no* ~, *we can't have that* es inaceptable; *how about tomorrow? – no, that's no* ~ ¿qué tal mañana? no, no me viene bien; *it's no* ~, *I can't do it* imposible, no puedo

good-bye [gʊd'baɪ] adiós *m*, despedida *f*; *say* ~ *to s.o.*, *wish s.o.* ~ decir adiós a alguien, despedirse de alguien

'**good-for-no•thing** inútil *m/f*; **Good 'Fri•day** Viernes *m inv* Santo; **good--heart•ed** [gʊd'hɑːrtɪd] *adj* bondadoso; **good-hu•mored**, *Br* **good-hu•moured** [gʊd'hjuːmərd] *adj* jovial, afable; **good-look•ing** [gʊd'lʊkɪŋ] *adj woman*, *man* guapo; **good-na•tured** [gʊd-'neɪtʃərd] bondadoso

good•ness [gʊdnɪs] *moral* bondad *f*; *of fruit etc* propiedades *fpl*, valor *m* nutritivo; *thank* ~! ¡gracias a Dios!; *for* ~ *sake!* ¡por el amor de Dios!

goods [gʊdz] *npl* COM mercancías *fpl*, productos *mpl*

good-tem•pered [gʊd'tempərd] *adj* afable

good'will buena voluntad *f*

good•y-good•y [ˈgʊdɪgʊdɪ] F: *she's a real* ~ es una buenaza F

goo•ey [ˈguːɪ] *adj* **1** *sticky* pegajoso **2** *sentimental* sentimentaloide

goof [guːf] *v/i* F meter la pata F

♦ **goof off** *v/i* F eludir obligaciones

goon [guːn] F matón *m*

goose [guːs] (*pl* **geese** [giːs]) ganso *m*, oca *f*

goose•ber•ry [ˈgʊzberɪ] grosella *f*; '**goose bumps** *npl* carne *f* de gallina; '**goose pim•ples** *npl* carne *f* de gallina; '**goose step** paso *m* de la oca

go•pher [ˈgoʊfər] ZO taltuza *f*

Gor•di•an [ˈgɔːrdjən] *adj*: *cut the* ~ *knot* cortar el nudo gordiano

gore[1] [gɔːr] *n* sangre *f*; *the movie is full of blood and* ~ la película tiene mucha casquería

gore[2] [gɔːr] *v/t* cornear, dar una corna-

da a

gorge [gɔːrdʒ] I *n* garganta *f*, desfiladero *m* II *v/t*: ~ *o.s. on sth* comer algo hasta hartarse

gor•geous [ˈgɔːrdʒəs] *adj weather* maravilloso; *dress*, *hair* precioso; *woman*, *man* buenísimo; *smell* estupendo

go•ril•la [gəˈrɪlə] gorila *m*

gor•y [ˈgɔːrɪ] *adj* sangriento; *she gave me all the* ~ *details* me contó hasta los detalles más escabrosos

gosh [gɑːʃ] *int* ¡caramba!, ¡vaya!

gos•ling [ˈgɑːzlɪŋ] ORN ansarón *m*

go-'slow huelga *f* de celo

gos•pel [ˈgɑːspl] *in Bible* evangelio *m*; *it's the* ~ *truth* es la pura verdad

gos•sa•mer [ˈgɑːsəmər] *fabric* gasa *f*

gos•sip [ˈgɑːsɪp] I *n* cotilleo *m*; *person* cotilla *m/f* II *v/i* cotillear

'**gos•sip col•umn** ecos *mpl* de sociedad '**gos•sip col•um•nist** escritor(a) *m(f)* de los ecos de sociedad

gos•sip•y [ˈgɑːsɪpɪ] *adj letter* lleno de cotilleos

got [gɑːt] *pret & pp* ☞ **get**

Goth•ic [ˈgɑːθɪk] I *adj* gótico; ~ *novel* novela *f* gótica II *n* ARCHI gótico *m*

got•ta [ˈgɑːtə] = *have* (**got**) *to*

got•ten [ˈgɑːtn] *pp* ☞ **get**

gouge [gaʊdʒ] *v/t* **1** cavar; ~ *s.o.'s eyes out* arrancar los ojos a alguien **2** F *customers* timar

gou•lash [ˈguːlæʃ] GASTR gulasch *m*

gourd [gʊrd] BOT calabaza *f*

gour•met [ˈgʊrmeɪ] gastrónomo(-a) *m(f)*, gourmet *m/f*

gout [gaʊt] MED gota *f*

gov•ern [ˈgʌvərn] *v/t country* gobernar

gov•ern•ing [ˈgʌvərnɪŋ] *adj* gobernante; ~ *body* órgano *m* rector

gov•ern•ment [ˈgʌvərnmənt] gobierno *m*

gov•ern•ment 'spend•ing gasto *m* público

gov•er•nor [ˈgʌvərnər] gobernador(a) *m(f)*

gown [gaʊn] **1** *long dress* vestido *m*; *wedding dress* traje *m* **2** *of academic*, *judge* toga *f* **3** *of surgeon* bata *f*

grab [græb] I *v/t* (*pret & pp* **-bed**) agarrar; *food* tomar; ~ *some sleep* dormir; *it doesn't* ~ *me* F no me emociona II *n*: *make a* ~ *for sth* intentar agarrar algo; *be up for* ~*s* F estar disponible

grace [greɪs] **1** *of dancer etc* gracia *f*, elegancia *f*; *he didn't even have the ~ to say sorry!* ¡no tuvo ni siquiera la delicadeza de pedir perdón! **2** *at meal:* *say ~* bendecir la mesa **3** COM: *period of ~* periodo *m* de gracia

grace•ful ['greɪsfəl] *adj* elegante

grace•ful•ly ['greɪsfəlɪ] *adv move* con gracia *or* elegancia

gra•cious ['greɪʃəs] *adj person* amable; *style, living* elegante; *good ~!* ¡Dios mío!

gra•da•tion [grə'deɪʃn] gradación *f*

grade [greɪd] **I** *n* **1** *quality* grado *m* **2** EDU curso *m*; *(mark)* nota *f* **II** *v/t* clasificar

'grade cross•ing paso *m* a nivel

'grade school escuela *f* primaria

gra•di•ent ['greɪdɪənt] pendiente *f*

grad•u•al ['grædʒʊəl] *adj* gradual

grad•u•al•ly ['grædʒʊəlɪ] *adv* gradualmente, poco a poco

grad•u•ate ['grædʒʊət] **I** *n* licenciado(-a) *m(f)*; *from high school* bachiller *m/f* **II** *v/i from university* licenciarse, *L.Am.* egresarse; *from high school* sacar el bachillerato

'grad•u•ate school escuela *f* de posgrado

grad•u•a•tion [grædʒʊ'eɪʃn] graduación *f*

grad•u•a•tion cer•e•mon•y ceremonia *f* de graduación

graf•fi•ti [grə'fiːtiː] graffiti *m*

graft [græft] **I** *n* **1** BOT, MED injerto *m* **2** F *corruption* corrupción *f* **II** *v/t* BOT, MED injertar

grain [greɪn] **1** grano *m* **2** *in wood* veta *f*; *go against the ~* ir contra la naturaleza de alguien

gram [græm] gramo *m*

gram•mar ['græmər] gramática *f*

gram•mat•i•cal [grə'mætɪkl] *adj* gramatical

gram•mat•i•cal•ly [grə'mætɪklɪ] *adv* gramaticalmente

gran•a•ry ['grænərɪ] granero *m*

grand [grænd] **I** *adj* grandioso; F *(very good)* estupendo, genial **II** *n* F *($1000)* mil dólares

gran•dad *Br* ☞ **granddad**; **Gran 'Canyon** Gran Cañon *m*; **'grand•child** nieto(-a) *m(f)*; **grand•dad** ['grændæd] abuelito *m*; **'grand•daugh•ter** nieta *f*

gran•deur ['grændʒər] grandiosidad *f*; *suffer from delusions of ~* sufrir delirios de grandeza

'grand•fa•ther abuelo *m*

'grand•fa•ther clock reloj *m* de pie

gran•di•ose ['grændɪoʊs] *adj* grandioso

grand 'jur•y jurado *m* de acusación, gran jurado; **'grand•ma** F abuelita *f*, yaya *f* F; **'grand•moth•er** abuela *f*; **'grand•pa** F abuelito *m*, yayo *m* F; **'grand•par•ents** *npl* abuelos *mpl*; **grand pi'an•o** piano *m* de cola; **grand 'slam** gran slam *m*; **'grand•son** nieto *m*; **'grand•stand** tribuna *f*

gran•ite ['grænɪt] granito *m*

gran•ny ['grænɪ] F abuelita *f*, yaya *f* F

grant [grænt] **I** *n money* subvención *f*; EDU beca *f* **II** *v/t* conceder; *take sth for ~ed* dar algo por sentado; *take s.o. for ~ed* no apreciar a alguien lo suficiente

grant-in-'aid subvención *f*

gran•u•lar ['grænjʊlər] *adj* granuloso

gran•u•lat•ed sug•ar ['grænʊleɪtɪd] azúcar *m or f* granulado(-a)

gran•ule ['grænjuːl] gránulo *m*

grape [greɪp] uva *f*

'grape•fruit pomelo *m*, *L.Am.* toronja *f*; **'grape•fruit juice** *L.Am.* jugo *m* de toronja, *Span* zumo *m* de pomelo; **'grape•vine:** *I've heard through the ~ that ...* me ha contado un pajarito que ...

graph [græf] gráfico *m*, gráfica *f*

graph•ic ['græfɪk] **I** *adj (vivid)* gráfico **II** *n* COMPUT gráfico *m*

graph•ic•al•ly ['græfɪklɪ] *adv describe* gráficamente

graph•ic 'art•ist artista *m/f* gráfico(-a); **graph•ic de'sign** diseño *m* gráfico; **graph•ic de'sign•er** diseñador(a) *m(f)* gráfico(-a); **graph•ic 'e•qual•iz•er** equalizador *m* gráfico

'graph•ics card COMPUT tarjeta *f* gráfica

graph•ite ['græfaɪt] MIN grafito *m*

graph•ol•o•gy [græ'fɑːlədʒɪ] grafología *f*

'graph pa•per papel *m* cuadriculado

♦ **grap•ple with** ['græpl] *v/t attacker* forcejear con; *problem etc* enfrentarse a

grasp [græsp] **I** *n* **1** *physical* asimiento *m* **2** *mental* comprensión *f* **II** *v/t* **1** *physi-*

cally agarrar **2** *mentally* comprender
grasp•ing ['grɑːspɪŋ] *adj* codicioso
grass [grɑːs] *also drug* hierba *f*
'grass cloth fibra *f* natural; **grass-hop•per** ['grɑːshɑːpər] saltamontes *m inv*; **grass 'roots** *npl people* bases *fpl*; **'grass snake** ZO culebra *f* de collar; **grass 'wid•ow** mujer cuyo marido está a menudo ausente durante largos periodos de tiempo; **grass 'wid•ow•er** hombre cuya mujer está a menudo ausente durante largos periodos de tiempo
grass•y ['grɑːsɪ] *adj* lleno de hierba
grate[1] [greɪt] *n metal* parrilla *f*, reja *f*
grate[2] [greɪt] **I** *v/t in cooking* rallar **II** *v/i of sound* rechinar
◆ **grate on** *v/t* atacar
grate•ful ['greɪtfəl] *adj* agradecido; **we are ~ for your help** (le) agradecemos su ayuda; **I'm ~ to him** le estoy agradecido
grate•ful•ly ['greɪtfəlɪ] *adv* con agradecimiento
grat•er ['greɪtər] rallador *m*
grat•i•fi•ca•tion [grætɪfɪ'keɪʃn] satisfacción *f*
grat•i•fy ['grætɪfaɪ] *v/t* (*pret & pp* **-ied**) satisfacer, complacer
grat•i•fy•ing ['grætɪfaɪɪŋ] *adj* gratificante
grat•ing ['greɪtɪŋ] **I** *n* reja *f* **II** *adj sound, voice* chirriante
gra•tis ['greɪtɪs] *adv* gratis
grat•i•tude ['grætɪtuːd] gratitud *f*
gra•tu•i•tous [grə'tuːɪtəs] *adj* gratuito
gra•tu•i•ty [grə'tuːətɪ] *fml* propina *f*, gratificación *f*
grave[1] [greɪv] *n* tumba *f*, sepultura *f*
grave[2] [greɪv] *adj* grave
'grave dig•ger sepulturero(-a) *m(f)*
grav•el ['grævl] gravilla *f*
grave•ly ['greɪvlɪ] *adv* gravemente; **be ~ ill** estar gravemente enfermo
'grave•stone lápida *f*
'grave•yard cementerio *m*
◆ **grav•i•tate toward** ['grævɪteɪt] *v/t* verse atraído por
grav•i•ta•tion [grævɪ'teɪʃn] PHYS gravitación *f*
grav•i•ta•tion•al [grævɪ'teɪʃnl] *adj* PHYS gravitatorio
grav•i•ta•tion•al 'field PHYS campo *m* gravitatorio
grav•i•ty ['grævətɪ] PHYS gravedad *f*

gra•vy ['greɪvɪ] jugo *m* (de la carne)
gray [greɪ] *adj* gris; **be going ~** encanecer; **~ hairs** canas *fpl*
'gray area *fig* área *f* poco clara
gray-haired [greɪ'herd] *adj* canoso
gray•ish ['greɪɪʃ] *adj* grisáceo
gray 'mat•ter materia *f* gris
gray 'squir•rel ardilla *f* gris
graze[1] [greɪz] *v/i of cow etc* pastar, pacer
graze[2] [greɪz] **I** *v/t arm etc* rozar, arañar **II** *n* rozadura *f*, arañazo *m*
grease [griːs] **I** *n* grasa *f* **II** *v/t* engrasar
'grease•paint maquillaje *m* de teatro
grease•proof 'pa•per papel *m* de cera *or* parafinado
greas•y ['griːsɪ] *adj food, hands, plate* grasiento; *hair, skin* graso
greas•y 'spoon F restaurante *m* barato
great [greɪt] *adj* **1** grande, *before singular noun* gran **2** F (*very good*) estupendo, genial; **how was it? – ~!** ¿cómo fue? – ¡estupendo *or* genial!; **~ to see you again!** ¡me alegro de volver a verte!
great-'aunt tía *f* abuela; **Great 'Brit•ain** Gran Bretaña *f*; **great-'grand•child** bisnieto(-a) *m(f)*; **great-'grand•daugh•ter** bisnieta *f*; **great-'grand•fa•ther** bisabuelo *m*; **great-'grand•moth•er** bisabuela *f*; **great-'grand•par•ents** *npl* bisabuelos *mpl*; **great-'grandson** bisnieto *m*
great•ly ['greɪtlɪ] *adv* muy
great•ness ['greɪtnɪs] grandeza *f*
great-'un•cle tío *m* abuelo
Greece [griːs] Grecia *f*
greed [griːd] *for money* codicia *f*; *for food* gula *f*, glotonería *f*
greed•i•ly ['griːdɪlɪ] *adv* con codicia; *eat* con gula *or* glotonería
greed•i•ness ['griːdɪnɪs] *for money* codicia *f*; *for food* gula *f*, glotonería *f*
greed•y ['griːdɪ] *adj for food* glotón; *for money* codicioso; **be ~ for power / success** estar ávido de poder / éxito; **can I be ~ and have another?** si no te importa, voy a tomar otro más; **you ~ pig!** F ¡mira que eres glotón *or* tragón!
Greek [griːk] **I** *adj* griego **II** *n* **1** *person* griego(-a) *m(f)* **2** *language* griego *m*; **it's all ~ to me!** F ¡me suena a chino!
green [griːn] **I** *adj* verde; *environmen-*

tally ecologista, verde ‖ *n* **1** *in golf* green *m* **2** P *money* plata *f* F, *Span* pasta *f* F

'green•back F billete *m*, dólar *m*; green 'beans *npl* judías *fpl* verdes, *L.Am.* porotos *mpl* verdes, *Mex* ejotes *mpl*; 'green belt cinturón *m* verde; 'green card (*work permit*) permiso *m* de trabajo; 'green chan•nel *at airport etc* pasillo *m* de nada que declarar

green•er•y ['griːnərɪ] vegetación *f*

'green•field site terreno *m* edificable en el campo; 'green•fly pulgón *m*; green•gro•cer's ['griːngrousərz] *Br* verdulería *f*; 'green•horn F novato(-a) *m(f)* F; 'green•house invernadero *m*; 'green•house ef•fect efecto *m* invernadero; 'green•house gas gas *m* invernadero

green•ish ['griːnɪʃ] *adj* verdoso

Green•land ['griːnlənd] Groenlandia *f*; green 'light luz *f* verde; give sth the ~ dar la luz verde a algo; green 'pep•per pimiento *m* verde

greens [griːnz] *npl* verduras *f*

green 'thumb: have a ~ tener buena mano con la jardinería

Green•wich Mean Time [grenɪdʒ'miːntaɪm] hora *f* del meridiano de Greenwich

greet [griːt] *v/t* saludar

greet•ing ['griːtɪŋ] saludo *m*

'greet•ing card tarjeta *f* de felicitación

gre•gar•i•ous [grɪ'gerɪəs] *adj person* sociable

grem•lin ['gremlɪn] duende *m*

gre•nade [grɪ'neɪd] granada *f*

grew [gruː] *pret* ☞ **grow**

grey *Br* ☞ **gray**

'grey•hound galgo *m*

grid [grɪd] reja *f*, rejilla *f*

grid•dle ['grɪdl] plancha *f*

'grid•i•ron SP *campo de fútbol americano*; 'grid•lock *in traffic* paralización *f* del tráfico; grid•locked ['grɪdlɑːkt] *adj* paralizado

grief [griːf] dolor *m*, aflicción *f*

'grief-strick•en *adj* afligido

griev•ance ['griːvəns] queja *f*; have a ~ against s.o. tener un resentimiento contra alguien

grieve [griːv] *v/i* sufrir; ~ for s.o. llorar por alguien

griev•ous ['griːvəs] *adj* grave

grill [grɪl] I *n on window* reja *f* ‖ *v/t* F (*interrogate*) interrogar

grille [grɪl] reja *f*

gril•ling ['grɪlɪŋ]: give s.o. a ~ F acribillar a alguien a preguntas

'grill•room asador *m*

grim [grɪm] *adj face* severo; *prospects* desolador; *surroundings* lúgubre

gri•mace ['grɪməs] I *n* gesto *m*, mueca *f* ‖ *v/i* hacer una mueca

grime [graɪm] mugre *f*

grim•ly ['grɪmlɪ] *adv speak* en tono grave

grim•y ['graɪmɪ] *adj* mugriento

grin [grɪn] I *n* sonrisa *f* (amplia) ‖ *v/i* (*pret & pp -ned*) sonreír abiertamente

grind [graɪnd] *v/t* (*pret & pp ground*) *coffee* moler; *meat* picar; ~ one's teeth hacer rechinar los dientes

grind•er ['graɪndər] *for coffee, spices* molinillo *m*; *for meat* picadora *f*

grind•ing ['graɪndɪŋ] *adj*: ~ poverty pobreza *f* absoluta

'grind•stone piedra *f* de afilar; keep or have one's nose to the ~ *fig* trabajar como un esclavo

grip [grɪp] I *n*: he lost his ~ on the rope se le escapó la cuerda; be losing one's ~ (*losing one's skills*) estar volviéndose majara F ‖ *v/t* (*pret & pp -ped*) agarrar

gripe [graɪp] F I *n* queja *f* ‖ *v/i* quejarse

grip•ping ['grɪpɪŋ] *adj* apasionante

gris•ly ['grɪzlɪ] *adj* horripilante

grist [grɪst]: it's all ~ to the mill *fig* todo se puede aprovechar

gris•tle ['grɪsl] cartílago *m*

gris•tly ['grɪslɪ] *adj* con muchos cartílagos

grit [grɪt] I *n in dirt* arenilla *f*; *for roads* gravilla *f* ‖ *v/t* (*pret & pp -ted*): ~ one's teeth apretar los dientes

grit•ty ['grɪtɪ] *adj* F *book, movie etc* duro F, descarnado

griz•zle ['grɪzl] *v/i Br* F **1** *cry* lloriquear **2** *complain* refunfuñar

griz•zly bear [grɪzlɪ'ber] ZO oso *m* pardo

groan [groun] I *n* gemido *m* ‖ *v/i* gemir

gro•cer ['grousər] tendero(-a) *m(f)*

gro•cer•ies ['grousərɪz] *npl* comestibles *mpl*

gro•cer•y store ['grousərɪ] tienda *f* de comestibles *or Mex* abarrotes

grog•gy ['grɑːgɪ] *adj* F grogui F

grub

groin [grɔɪn] ANAT ingle *f*

groom [gruːm] I *n* **1** *for bride* novio *m* **2** *for horse* mozo *m* de cuadra II *v/t horse* almohazar; (*train, prepare*) preparar; **well ~ed** *in appearance* bien arreglado

groove [gruːv] ranura *f*

groov•y ['gruːvɪ] *adj* F dabuti

grope [groʊp] I *v/i in the dark* caminar a tientas II *v/t sexually* manosear
◆ **grope for** *v/t door handle, the right word* intentar encontrar

gross [groʊs] *adj* **1** (*coarse, vulgar*) grosero **2** *exaggeration* tremendo; *error* craso; **~ negligence** LAW negligencia *f* grave **3** FIN bruto
◆ **gross out** *v/t* P: **gross s.o. out** asquear a alguien

gross do•mes•tic 'prod•uct producto *m* interior bruto; **gross 'earn•ings** *npl of company* beneficio *m* bruto; **gross 'in•come** ingreso *m* bruto

gross•ly ['groʊslɪ] *adv*: **~ exaggerated** exageradísimo, desmesurado **~ overweight** exageradamente gordo; **~ unfair** sumamente injusto

gross na•tion•al 'prod•uct producto *m* nacional bruto; **gross 'prof•it margin** margen *m* de beneficio bruto; **gross reg•is•ter•ed ton•nage** [groʊsredʒɪstərd'tʌnɪdʒ] *of ship* tonelaje *m* bruto registrado

gro•tesque [groʊ'tesk] *adj* grotesco

grot•to ['grɑːtoʊ] (*pl* **-to(e)s**) gruta *f*

grot•ty ['grɑːtɪ] *adj Br* F cutre

grouch [graʊtʃ] F I *v/i* refunfuñar (**about** sobre) II *n* gruñón(-ona) *m(f)*

grouch•y ['graʊtʃɪ] *adj* F gruñón

ground[1] [graʊnd] I **1** *n* suelo *m*, tierra *f*; **on the ~** en el suelo **2** (*reason*) motivo *m* **3** ELEC tierra *f* II *v/t* ELEC conectar a tierra

ground[2] [graʊnd] *pret & pp* ☞ **grind**

'ground ball *in baseball* roleta *f*, roletazo *m*; **ground 'beef** carne *f* picada; **'ground•break•ing** *adj* innovador; **'ground ca•ble** ELEC cable *m* de toma de tierra; **'ground con•trol** control *m* de tierra; **'ground crew** personal *m* de tierra; **'ground for•ces** *npl* MIL fuerzas *fpl* terrestres; **'ground frost** escarcha *f*; **'ground•hog** ZO marmota *f*

ground•ing ['graʊndɪŋ] *in subject* fundamento *m*; **he's had a good ~ in electronics** tiene buenos fundamentos de electrónica

ground•less ['graʊndlɪs] *adj* infundado

ground 'meat carne *f* picada; **'ground-nut** cacahuete *m*, *L.Am.* maní *m*, *Mex* cacahuate *m*; **'ground plan** plano *m*; **'ground rules** *npl* normas *fpl* básicas; **'ground squir•rel** ZO ardilla *f* terrestre; **'ground staff** SP personal *m* de mantenimiento; *at airport* personal *m* de tierra; **'ground•swell**: **a ~ of opinion** una corriente de opinión; **'ground wa•ter** agua *m* subterránea *or* freática; **'ground-wa•ter lev•el** nivel *m* de agua subterránea *or* freática; **'ground•work** trabajos *mpl* preliminares; **Ground 'Ze•ro** nivel *m* cero

group [gruːp] I *n* grupo *m*; **~ dynamics** *pl* dinámica *f* de grupo II *v/t* agrupar

group•ie ['gruːpɪ] F grupi *m/f* F

group•ing ['gruːpɪŋ] grupo *m*

group 'ther•a•py terapia *f* de grupo

grouse[1] [graʊs] F I *n* queja *f* II *v/i* quejarse, refunfuñar

grouse[2] [graʊs] *n* ORN lagópodo *m*

grove [groʊv] arboleda *f*

grov•el ['grɑːvl] *v/i* (*pret & pp* **-ed**, *Br* **-led**) *fig* arrastrarse

grov•el•er, *Br* **grov•el•ler** ['grɑːvələr] persona *f* servil

grov•el•ing, *Br* **grov•el•ling** ['grɑːvəlɪŋ] *adj* servil

grow [groʊ] I *v/i* (*pret* **grew**, *pp* **grown**) crecer; *of number, amount* crecer, incrementarse; **~ old / tired** envejecer / cansarse II *v/t* (*pret* **grew**, *pp* **grown**) *flowers* cultivar
◆ **grow apart** *v/i* distanciarse
◆ **grow out of** *v/t clothes, shoes* no caber en; *habit, friend etc* dejar atrás
◆ **grow up** *v/i of person, city* crecer; **grow up!** ¡no seas crío!

grow•er ['groʊər] cultivador(a) *m(f)*; **potato ~s** cultivadores de patatas

growl [graʊl] I *n* gruñido *m* II *v/i* gruñir

grown [groʊn] *pp* ☞ **grow**

'grown-up I *n* adulto(-a) *m(f)* II *adj* maduro

growth [groʊθ] *of person, economy* crecimiento *m*; (*increase*) incremento *m*; MED bulto *m*

'growth in•dus•try COM industria *f* en expansión

'growth rate COM tasa *f* de crecimiento

grub [grʌb] *of insect* larva *f*, gusano *m*

◆ **grub around** *v/i* (*pret & pp* **-bed**) rebuscar; **~ for sth** buscar algo

grub•by ['grʌbɪ] *adj* mugriento *m*

grudge [grʌdʒ] **I** *n* rencor *m*; **bear s.o. a ~** guardar rencor a alguien **II** *v/t*: **~ s.o. sth** feel envy envidiar algo a alguien

grudg•ing ['grʌdʒɪŋ] *adj* rencoroso

grudg•ing•ly ['grʌdʒɪŋlɪ] *adv* de mala gana

gru•el ['gruəl] gachas *fpl*

gru•el•ing, *Br* **gru•el•ling** ['gruːəlɪŋ] *adj* agotador

grue•some ['gruːsəm] *adj* espantoso

gruff [grʌf] *adj* seco, brusco

grum•ble ['grʌmbl] *v/i* murmurar, refunfuñar

grum•bler ['grʌmblər] quejica *m/f*

grump•y ['grʌmpɪ] *adj* cascarrabias; **get** *or* **become ~** ponerse de mal humor

grunt [grʌnt] **I** *n* gruñido *m* **II** *v/i* gruñir

GSOH [dʒiːesoʊ'eɪtʃ] *abbr* (= **good sense of humor**) gran sentido *m* del humor

G-string ['dʒiːstrɪŋ] *of dancer* tanga *m*

gua•ra•ní [gwə'rɑːnɪ] FIN guaraní *m*

guar•an•tee [gærən'tiː] **I** *n* garantía *f*; **~ period** periodo *m* de garantía **II** *v/t* garantizar

guar•an•tor [gærən'tɔːr] garante *m/f*

guard [gɑːrd] **I** *n* (*security* **~**) guardia *m/f*, guarda *m/f*, MIL guardia *f*; *in prison* guardián(-ana) *m(f)*; *in basketball* base *m/f*; **be on one's ~ against** estar en guardia contra **II** *v/t* guardar, proteger

◆ **guard against** *v/t* evitar

'guard dog perro *m* guardián

'guard du•ty guardia *f*; **be on ~** estar de guardia

guard•ed ['gɑːrdɪd] *adj* reply cauteloso

'guard house cuartel *m*

guard•i•an ['gɑːrdɪən] LAW tutor(a) *m(f)*

guard•i•an 'an•gel ángel *m* de la guardia

guard•i•an•ship ['gɑːrdɪənʃɪp] LAW custodia *f*

guard of 'hon•or, *Br* **guard of 'hon•our** guardia *f* de honor

'guard•rail barandilla *f*; MOT barrera *f* de protección

guards•man ['gɑːrdzmən] MIL soldado *m* de la Guardia Real; *in National Guard* guardia *m* nacional

Gua•te•ma•la [gwætə'mɑːlə] Guatemala *f*

Gua•te•ma•la 'Cit•y [gwætə'mɑːlə] Ciudad *f* de Guatemala

Gua•te•ma•lan [gwætə'mɑːlən] **I** *adj* guatemalteco **II** *n* guatemalteco(-a) *m(f)*

Guy•a•na [gɪ'ɑːnə] Guyana *f*

Guy•a•nese [gaɪə'niːz] **I** *adj* guyanés **II** *n* guyanés(-esa) *m(f)*

gu•ber•na•tor•i•al [guːbərnə'tɔːrɪəl] *adj* del gobernador; *elections* para gobernador

guer•ril•la [gə'rɪlə] guerrillero(-a) *m(f)*

guer•ril•la 'war•fare guerra *f* de guerrillas

guess [ges] **I** *n* conjetura *f*, suposición *f* **II** *v/t the answer* adivinar **III** *v/i* adivinar; **I ~ so** me imagino *or* supongo que sí; **I ~ not** me imagino *or* supongo que no

guess•ti•mate ['gestɪmət] F cálculo *m* a ojo

'guess•work conjeturas *fpl*; **it was a bit of inspired ~** era una mera conjetura *or* suposición

guest [gest] invitado(-a) *m(f)*; **be my ~** F por supuesto, claro (que sí)

'guest•house casa *f* de huéspedes

'guest•room habitación *f* para invitados

guf•faw [gʌ'fɔː] **I** *n* carcajada *f*, risotada *f* **II** *v/i* carcajearse

Gui•a•na [gɪ'ɑːnə] las Guayanas

guid•ance ['gaɪdəns] orientación *f*, consejo *m*

'guid•ance teach•er orientador(a) *m(f)*

guide [gaɪd] **I** *n* person guía *m/f*; book guía *f* **II** *v/t* guiar

'guide•book guía *f*

guid•ed mis•sile [gaɪdɪd'mɪsəl] misil *m* teledirigido

'guide dog *Br* perro *m* lazarillo

guid•ed 'tour visita *f* guiada

'guide•lines *npl* directrices *fpl*, normas *fpl* generales

guid•ing ['gaɪdɪŋ] *adj*: **~ principle** principio *m* rector

guild [gɪld] gremio *m*

guile [gaɪl] astucia *f*

guile•less ['gaɪlləs] *adj* ingenuo

guil•lo•tine ['gɪlətiːn] **I** *n* guillotina *f* **II** *v/t* guillotinar

guilt [gɪlt] culpa *f*, culpabilidad *f*; LAW

culpabilidad *f*

guilt•i•ly ['gɪltɪlɪ] *adv* con aire culpable

guilt•y ['gɪltɪ] *adj also* LAW culpable; *be ~ of sth* ser culpable de algo; *have a ~ conscience* tener remordimientos de conciencia

guin•ea pig ['gɪnɪ] conejillo *m* de Indias, cobaya *f*; *fig* conejillo *m* de Indias

guise [gaɪz] apariencia *f*; *under the ~ of* bajo la apariencia de

gui•tar [gɪ'tɑːr] guitarra *f*

gui'tar case estuche *m* de guitarra

gui•tar•ist [gɪ'tɑːrɪst] guitarrista *m/f*

gui'tar play•er guitarrista *m/f*

gulch [gʌltʃ] garganta *f*

gulf [gʌlf] golfo *m*; *fig* abismo *m*; *the Gulf* el Golfo

Gulf of Cal•i'for•ni•a Golfo *m* de California, Mar *m* Bermejo

Gulf of 'Mex•i•co Golfo *m* de México

gull [gʌl] ORN gaviota *f*

gul•let ['gʌlɪt] ANAT esófago *m*

gul•li•bil•i•ty [gʌlɪ'bɪlətɪ] credulidad *f*, ingenuidad *f*

gul•li•ble ['gʌlɪbl] *adj* crédulo, ingenuo

gul•ly ['gʌlɪ] barranco *m*

gulp [gʌlp] **I** *n* of water etc trago *m* **II** *v/i* in surprise tragar saliva

◆ **gulp down** *v/t drink* tragar; *food* engullir

gum[1] [gʌm] *in mouth* encía *f*

gum[2] [gʌm] **1** (*glue*) pegamento *m*, cola *f* **2** (*chewing ~*) chicle *m*

'gum•ball chicle *m* de bola

'gum•ball ma•chine máquina *f* de chicles en forma de bola

gum•bo ['gʌmbou]: *chicken ~* sopa espesa a base de kimbombo y pollo

gump•tion ['gʌmpʃn] coraje *m*

'gum•shoe P (*private detective*) detective *m/f* privado

gun [gʌn] *pistol, revolver* pistola *f*; *rifle* rifle *m*; *cannon* cañón *m*; *stick to one's ~s fig* no dar el brazo a torcer

◆ **gun down** *v/t* (*pret & pp -ned*) matar a tiros

'gun•boat cañonera *f*; **'gun•fight** tiroteo *m*; **'gun•fire** disparos *mpl*

gung-ho [gʌŋ'hou] *adj* F belicoso

'gun li•cense licencia *f* de armas; **gun•man** ['gʌnmən] hombre *m* armado; **'gun•point**: *at ~* a punta de pistola; **'gun•pow•der** pólvora *f*; **'gun•run•ner** contrabandista *m/f* de armas; **'gun•run•ning** contrabando *m* de armas; **'gun•shot** disparo *m*, tiro *m*; **'gun•shot wound** herida *f* de bala; **'gun•smith** armero(-a) *m(f)*

gur•gle ['gɜːrgl] *v/i of baby* gorjear; *of drain* gorgotear

gu•ru ['guːruː] *fig* gurú *m*

gush [gʌʃ] *v/i of liquid* manar, salir a chorros

gush•y ['gʌʃɪ] *adj* F (*enthusiastic*) efusivo, exagerado

gus•set ['gʌsɪt] *in garment* escudete *m*

gust [gʌst] ráfaga *f*

gus•to ['gʌstou] entusiasmo *m*

gust•y ['gʌstɪ] *adj weather* ventoso, con viento racheado; *~ wind* viento *m* racheado

gut [gʌt] **I** *n* **1** intestino *m* **2** F (*stomach*) tripa *f* F **II** *v/t* (*pret & pp -ted*) (*destroy*) destruir

gut•less ['gʌtlɪs] *adj* F cobarde

guts [gʌts] *npl* F (*courage*) agallas *fpl* F; *have the ~ to do sth* tener agallas para hacer algo

guts•y ['gʌtsɪ] *adj* F (*brave*) valiente, con muchas agallas F

gut•ter ['gʌtər] *on sidewalk* cuneta *f*; *on roof* canal *m*, canalón *m*

gut•ter•ing ['gʌtərɪŋ] canalones *mpl*

gut•ter 'press prensa *f* amarilla

gut•tur•al ['gʌtərəl] *adj* gutural

guy [gaɪ] F tipo *m* F, *Span* tío *m* F; *hey, you ~s* eh, gente

guz•zle ['gʌzl] *v/t* tragar, engullir

gym [dʒɪm] gimnasio *m*

gym•na•si•um [dʒɪm'neɪzɪəm] gimnasio *m*

gym•nast ['dʒɪmnæst] gimnasta *m/f*

gym•nas•tics [dʒɪm'næstɪks] *nsg* gimnasia *f*; *mental ~* gimnasia mental

'gym shoes *npl* Br zapatillas *fpl* de gimnasia

gy•nae•col•o•gist etc Br ☞ **gynecologist** etc

gy•ne•col•o•gist [gaɪnɪ'kɑːlədʒɪst] ginecólogo(-a) *m(f)*

gy•ne•col•o•gy [gaɪnɪ'kɑːlədʒɪ] ginecología *f*

gyp•sum ['dʒɪpsəm] MIN yeso *m*

gyp•sy ['dʒɪpsɪ] gitano(-a) *m(f)*

gy•rate [dʒaɪ'reɪt] *v/i* girar

gy•ra•tion [dʒaɪ'reɪʃn] giro *m*

H

ha [hɑː] *int* ¡ah!; ~, ~! ¡ja, ja!

ha•be•as cor•pus [heɪbjəsˈkɔːrpəs]:
writ of ~ LAW auto *m* de habeas corpus

hab•er•dash•ery [ˈhæbərdæʃərɪ] **1** boutique *f* para caballeros **2** *Br* mercería *f*

hab•it [ˈhæbɪt] hábito *m*, costumbre *f*;
get into the ~ **of doing sth** adquirir el hábito de hacer algo

hab•it•a•ble [ˈhæbɪtəbl] *adj* habitable

hab•i•tat [ˈhæbɪtæt] hábitat *m*

hab•i•ta•tion [hæbɪˈteɪʃn] habitación *f*;
unfit for human ~ no habitable

hab•it-form•ing [ˈhæbɪtfɔːrmɪŋ] *adj* adictivo

ha•bit•u•al [həˈbɪtʊəl] *adj* habitual

ha•bit•u•al•ly [həˈbɪtjʊəlɪ] *adv*: **be** ~ **late** llegar tarde habitualmente *or* normalmente

ha•bit•u•at•ed [həˈbɪtjʊeɪtɪd] *adj*: **become** ~ **to sth** habituarse a algo

hack[1] [hæk] *n* (*poor writer*) gacetillero(-a) *m(f)*

hack[2] [hæk] **I** *v/t*: ~ **sth to pieces** hacer algo pedazos *or* trizas **II** *v/i*: ~ **at sth** cortar algo a machetazos *or* tajos
◆ **hack into** *v/t* COMPUT piratear

hack•er [ˈhækər] COMPUT pirata *m/f* informático(-a)

hack•le [ˈhækl]: **get s.o.'s** ~ **up** enfurecer a alguien; **his** ~**s rose** frunció el ceño, puso mala cara

hack•neyed [ˈhæknɪd] *adj* manido

'hack•saw *for metal* serreta *f*

had [hæd] *pret & pp* ☞ **have**

had•dock [ˈhædək] eglefino *m*

had•n't [ˈhædnt] = **had not**

haem•a•tol•o•gy *etc Br* ☞ **hematology** *etc*

haem•or•rhage *Br* ☞ **hemorrhage**

haft [hɑːft] mango *m*, puño *m*

hag [hæg] bruja *f*, espantajo *m*

hag•gard [ˈhægərd] *adj* demacrado

hag•gle [ˈhægl] *v/i* regatear; ~ **over sth** regatear algo

hail[1] [heɪl] *n* granizo *m*; **a** ~ **of bullets** una lluvia de balas; **a** ~ **of criticism** una avalancha de críticas

hail[2] [heɪl] *v/t greet* proclamar; ~ **s.o. as sth** proclamar a alguien algo; ~ **sth as**

... proclamar algo ...
◆ **hail from** *v/i* (*originate from*) ser de

'hail•stone piedra *f* de granizo

'hail•storm granizada *f*

hair [her] pelo *m*, cabello *m*; *single* pelo *m*; (*body* ~) vello *m*; **have short** / **long** ~ tener el pelo corto / largo

'hair•band goma *f* de pelo; **'hair•brush** cepillo *m*; **'hair•cut** corte *m* de pelo; **have a** ~ cortarse el pelo; **'hair•do** F peinado *m*; **at the** ~ en la peluquería; **'hair•dress•er** peluquero(-a) *m(f)*; **'hair•dress•ing** peluquería *f*; **'hair•dress•ing sal•on** (salón *m* de) peluquería *f*; **'hair•dri•er, 'hair•dry•er** secador *m* (de pelo); **'hair gel** gomina *f* para el pelo; **'hair grip** pinza *f* para el pelo; **'hair lac•quer** laca *f*

hair•less [ˈherlɪs] *adj* sin pelo

'hair•line 1 nacimiento *m* del pelo **2**: ~ **crack** TECH grieta *f* muy fina; ~ **fracture** MED fractura *f* muy delgada; **'hair•net** redecilla *f*; **'hair•piece** postizo *m*; **'hair•pin** horquilla *f*; **hair•pin 'turn** curva *f* muy cerrada; **hair-raising** [ˈhereɪzɪŋ] *adj* espeluznante; **hair re•mov•er** [rɪˈmuːvər] depilatorio *m*; **hair's breadth** [ˈherz] *fig*: **by a** ~ por un pelo; **'hair slide** *Br* pasador *m*; **'hair-split•ting** sutilezas *fpl*; **'hair spray** laca *f*; **'hair•style** peinado *m*; **'hair•styl•ist** estilista *m/f*, peluquero(-a) *m(f)*

hair•y [ˈherɪ] *adj* **1** *arm, animal* peludo **2** F (*frightening*) espeluznante

hake [heɪk] merluza *f*

hal•cy•on days [ˈhælsɪəndeɪz] *npl*: **the** ~ los días felices

hale [heɪl] *adj*: ~ **and hearty** como una rosa

half [hæf] **I** *n* (*pl* **halves** [hævz]) **1** mitad *f*; ~ **past ten** las diez y media; ~ **after ten** las diez y media; ~ **an hour** media hora; ~ **a pound** media libra; **go halves with s.o. on sth** ir a medias con alguien en algo; ~ **of the class was** *or* **were late** la mitad de la clase llegó tarde **2** SP: **first** / **second** ~ primer / segundo tiempo *m*

II *adj* medio; **at ~ price** a mitad de precio

III *adv* a medias; **~ finished** a medio acabar

half-and-'half *mezcla de nata y leche que se echa en el café;* **half-assed** ['hæfæst] *adj* P *idea, plan* chapucero F, torpe F; **half-'baked** *adj* F mal pensado; **half 'board** *Br* media pensión *f*; **'half-breed** mestizo(-a) *m(f)*; **'half broth•er** hermanastro *m*; **'half-caste** mestizo(-a) *m(f)*; **half 'dol•lar** medio dólar *m*; **half-heart•ed** [hæf'hɑːrtɪd] *adj* desganado; **'half-hour** media hora *f*; **'half-life** PHYS vida *f* media; **'half light** penumbra *f*; **half 'mar•a•thon** media maratón *f*; **'half-mast: fly at ~** ondear a media asta; **half 'meas•ure** remedio *m* ineficaz; **'half-moon** media luna *f*; **'half note** MUS blanca *f*; **half-'price** *adj & adv* a mitad de precio; **'half sis•ter** hermanastra *f*; **'half staff** ☞ **'half-mast;** **half 'term** *Br días de vacaciones a mitad del trimestre escolar;* **half 'time I** *n* SP descanso *m*; **at ~** en el descanso **II** *adj:* **~ score** marcador *m* en el descanso; **'half-truth** verdad *f* a medias; **half'way I** *adj stage, point* intermedio **II** *adv* a mitad de camino; **half•way 'house 1** *for ex-prisoners, drug addicts etc* centro *m* de reinserción social **2** *fig* compromiso amalgama *f*; **'half-wit** lelo(-a) *m(f)*, bobo(-a) *m(f)*; **half-wit•ted** ['hɑːfwɪtɪd] *adj* lerdo, bobo; **half-'year•ly** *adj & adv* semestral

hal•i•but ['hælɪbət] halibut *m*

hal•i•to•sis [hælɪ'toʊsɪs] halitosis *f*

hall [hɔːl] **1** *large room* sala *f* **2** (*hallway in house*) vestíbulo *m*

hal•le•lu•jah [hælɪ'luːjə] *int* aleluya

'hall•mark I *n* **1** *Br* sello *m* de contraste **2** *fig* sello *m* distintivo, característica *f* **II** *v/t Br* sellar, grabar

hal•lo [hə'loʊ] *Br* ☞ **hello**

hal•lowed ['hæloʊd] *adj* venerable, sagrado

Hal•low•e'en [hæloʊ'iːn] *víspera de Todos los Santos*

'hall por•ter *Br* botones *m inv*

hal•lu•ci•nate [hə'luːsɪneɪt] *v/i* alucinar

hal•lu•ci•na•tion [hə'luːsɪneɪʃn] alucinación *f*; **have ~s** tener alucinaciones, alucinar

hal•lu•ci•no•gen•ic [həluːsɪnə'dʒenɪk] *adj* alucinógeno

'hall•way vestíbulo *m*

ha•lo ['heɪloʊ] (*pl* **-o(e)s**) halo *m*

hal•o•gen ['hælədʒen] CHEM halógeno *m*; **~ lamp** lámpara *f* halógena

halt [hɔːlt] **I** *v/i* detenerse **II** *v/t* detener **III** *n* alto *m*; **come to a ~** detenerse

hal•ter ['hɔːltər] ronzal *m*, cabestro *m*

'hal•ter neck *neckline:* **dress / top with a ~** vestido / camiseta sin espalda

halt•ing ['hɔːltɪŋ] *adj speech* titubeante, vacilante; *progress* intermitente

halve [hæv] *v/t input, costs, effort* reducir a la mitad; *apple* partir por la mitad

ham [hæm] jamón *m*

◆ **ham up** *v/t* F: **ham it up** actuar haciendo aspavientos

ham•burg•er ['hæmbɜːrgər] hamburguesa *f*

'ham•burg•er joint F hamburguesería *f*

ham•burg•er 'pat•ty hamburguesa *f* (*antes de freírla*)

ham-fist•ed [hæm'fɪstɪd] *adj Br* F patoso F

ham-hand•ed [hæm'hændɪd] *adj* F torpe, patoso F

ham•let ['hæmlɪt] aldea *f*

ham•mer ['hæmər] **I** *n* martillo *m* **II** *v/i:* **~ at the door** golpear la puerta **III** *v/t* martillar

◆ **hammer home** *v/t nail* clavar hasta adentro; *argument* remachar

◆ **hammer out** *v/t* **1** *dent* desabollar con un martillo **2** *agreement* negociar

ham•mock ['hæmək] hamaca *f*

ham•per[1] ['hæmpər] *n for food* cesta *f*

ham•per[2] ['hæmpər] *v/t* (*obstruct*) estorbar, obstaculizar

ham•ster ['hæmstər] hámster *m*

'ham•string I *n* ANAT ligamento *m* de la corva **II** *v/t* (*pret & pp* **-strung**) *fig* limitar, restringir

hand [hænd] **I 1** *n* mano *f*; **at ~, to ~** a mano; **at first ~** de primera mano, directamente; **by ~** a mano; **on the one ~ ..., on the other ~** por una parte ..., por otra parte; **the work is in ~** el trabajo se está llevando a cabo; **on your right ~** a mano derecha; **~s off!** ¡fuera las manos!; **~s up!** ¡arriba las manos!; **change ~s** cambiar de manos; **give s.o. a ~** echar una mano a alguien **2** *of clock* manecilla *f*

3 (*worker*) brazo *m*

II *v/t* **1**: **~ sth to s.o.** pasarle *or* acercarle algo a alguien **2**: **you've got to ~ it to her** tienes que reconocérselo

◆ **hand back** *v/t* devolver

◆ **hand down** *v/t* **1** *values* transmitir; *clothes* pasar **2** *findings* hacer público

◆ **hand in** *v/t* entregar

◆ **hand on** *v/t* pasar

◆ **hand out** *v/t* repartir

◆ **hand over I** *v/t* entregar; **we now hand you over to ...** TV, RAD ahora pasamos la conexión a ... **II** *v/i of outgoing president, executive etc* ceder el puesto (**to** a)

'**hand•bag** *Br* bolso *m*, *L.Am.* cartera *f*; '**hand bag•gage** equipaje *m* de mano; '**hand•ball** *game* balonmano *m*; '**hand•book** manual *m*; '**hand•brake** *Br* MOT freno *m* de mano; **hand-carved** [hænd'kɑːrvd] *adj* tallado a mano; '**hand cream** crema *f* hidratante de manos; '**hand•cuff** ['hæn(d)kʌf] *v/t* esposar; **hand•cuffs** *npl* esposas *fpl*

hand•ful ['hændful] **1** puñado *m* **2**: **he's a real ~** F es un demonio F *or* terremoto F; **having three daughters is quite a ~** tres hijas dan bastante trabajo

'**hand gre•nade** MIL granada *f* de mano; '**hand gun** pistola *f*; **hand-'held** *adj* portátil

hand•i•cap ['hændɪkæp] desventaja *f*

hand•i•capped ['hændɪkæpt] *adj physically* minusválido, disminuido; **~ by lack of funds** en desventaja por carecer de fondos

hand•i•craft ['hændɪkræft] artesanía *f*

hand•i•work ['hændɪwɜːrk] manualidades *fpl*

hand•ker•chief ['hæŋkərtʃɪf] pañuelo *m*

han•dle ['hændl] **I** *n of door* manilla *f*; *of suitcase* asa *f*; *of pan, knife* mango *m* **II** *v/t goods, difficult person* manejar; *case, deal* llevar, encargarse de; **let me ~ this** deja que me ocupe yo de esto; **~ o.s. well** *in fight, hostile situation* saber defenderse

han•dle•bars ['hændlbɑːrz] *npl* manillar *m*, *L.Am.* manubrio *m*

hand•ling charg•es ['hændlɪŋ] *npl* gastos *mpl* de manipulación; *administrative* gastos *mpl* de administración

'**hand lug•gage** equipaje *m* de mano;

hand•made [hæn(d)'meɪd] *adj* hecho a mano; **hand-o•per•at•ed** [hænd'ɑːpəreɪtɪd] *adj* de manejo manual; '**hand-out 1** *money, food* donativo *m* **2** EDU hoja *f*; '**hand•o•ver** transferencia *f*, traspaso *m*; **hand•picked** [hænd'pɪkt] *adj* selecto, escogido; '**hand•rail** barandilla *f*; **hand•script•ed** ['hændskrɪptɪd] *adj* escrito a a mano; '**hand•set** TELEC auricular *m* (del teléfono); '**hand•shake 1** apretón *m* de manos **2** TELEC diálogo *m* de establecimiento de comunicación; **hands-off** [hændz'ɑːf] *adj* no intervencionista

hand•some ['hænsəm] *adj* guapo, atractivo; **make a ~ profit** sacar buen provecho

hands-on [hændz'ɑːn] *adj* práctico; **he has a ~ style of management** le gusta implicarse en todos los aspectos de la gestión

'**hand•stand** pino *m*; **do a ~** hacer el pino, *L.Am.* pararse de cabeza; **hand-to-'hand** *adj fighting* cuerpo a cuerpo; **hand-to-'mouth** *adj*: **lead a ~ existence** llevar una vida precaria; '**hand tow•el** toalla *f* de tocador; '**hand•writ•ing** caligrafía *f*; '**hand•writ•ten** *adj* escrito a mano

hand•y ['hændɪ] *adj tool, device* práctico; **it might come in ~** nos puede venir muy bien

hand•y•man ['hændɪmæn] manitas *m/f inv* F

hang [hæŋ] **I** *v/t* **1** (*pret & pp* **hung**) *picture* colgar **2** (*pret & pp* **-ed**) *person* colgar, ahorcar; **~ o.s.** ahorcarse, colgarse **II** *v/i* (*pret & pp* **hung**) colgar; *of dress, hair* caer, colgar **III** *n*: **get the ~ of sth** F agarrarle el tranquillo a algo

◆ **hang around** *v/i*: **he's always hanging around on the street corner** siempre está rondando por la esquina

◆ **hang in** *v/i*: **hang in there!** P ¡aguanta un poco más!, ¡resiste!

◆ **hang on I** *v/i* **1** agarrarse; **hang on tight!** ¡agárrate fuerte! **2** (*wait*) esperar **II** *v/t* (*depend on*) depender de

◆ **hang on to** *v/t* **1** (*cling to*) aferrarse a **2** (*keep*) conservar; **do you mind if I hang on to it for a while?** ¿te importa si me lo quedo durante un tiempo?

◆ **hang out** *v/i* P **1** (*be idle*) pasar el rato F **2** (*spend time*): **where does he hang** *out?* ¿por dónde suele estar?

♦ **hang up I** *v/i* TELEC colgar **II** *v/t hat, coat etc* colgar

han•gar ['hæŋər] hangar *m*

hang•er ['hæŋər] *for clothes* percha *f*

'hang glid•er *person* piloto *m* de ala delta; *device* ala *f* delta

'hang glid•ing ala *f* delta

hang•ing ['hæŋɪŋ] *execution* ahorcamiento *m*

hang•ing 'bas•ket maceta *f* colgante

'hang•nail padrastro *m*; **'hang•out** F lugar *m* favorito; **'hang•o•ver** resaca *f*; **'hang-up** F complejo *m*, inhibición *f*; **have a ~ about sth** estar acomplejado *or* inhibido por algo

♦ **han•ker after** ['hæŋkər] *v/t* anhelar

han•ker•ing ['hæŋkərɪŋ]: **have a ~ for sth** tener antojo de algo

han•kie, han•ky ['hæŋkɪ] F pañuelo *m*

han•ky-pan•ky [hæŋkɪ'pæŋkɪ] F **1** *sexual* manitas *fpl* F **2** *corrupt* chanchullo *m* F

hap•haz•ard [hæp'hæzərd] *adj* descuidado

hap•less ['hæplɪs] *adj* desafortunado

hap•pen ['hæpn] *v/i* ocurrir, pasar, suceder; *if you ~ to see him* si por casualidad lo vieras; *what has ~ed to you?* ¿qué te ha pasado?

♦ **happen across** *v/t* encontrar por casualidad

♦ **happen along** *v/i* aparecer por casualidad

hap•pen•ing ['hæpnɪŋ] suceso *m*

hap•pi•ly ['hæpɪlɪ] *adv* alegremente; *~ married* felizmente casado(s) **2** (*luckily*) afortunadamente

hap•pi•ness ['hæpɪnɪs] felicidad *f*

hap•py ['hæpɪ] *adj* **1** feliz, contento **2** *coincidence* afortunado

hap•py-go-'luck•y *adj* despreocupado

'hap•py hour *franja horaria en la que las bebidas se venden más baratas*

ha•rangue [hə'ræŋ] **I** *n* arenga *f*, discurso *m* **II** *v/t* arengar

har•ass [hə'ræs] *v/t* acosar; *enemy* asediar, hostigar

har•assed [hə'ræst] *adj* agobiado

har•ass•ment [hə'ræsmənt] acoso *m*

har•bin•ger ['hɑːrbɪndʒər] auspicio *m*, agüero *m*; *~ of doom* mal agüero

har•bor, *Br* **har•bour** ['hɑːrbər] **I** *n* puerto *m* **II** *v/t criminal* proteger; *grudge* albergar

hard [hɑːrd] *adj* duro; (*difficult*) difícil; *facts, evidence* real; *be ~ of hearing* ser duro de oído

'hard•back libro *m* de tapas duras; **'hard•ball**: *play ~ fig* ir en serio; **'hard•board** panel *m* de madera; **hard-'boiled** *adj egg* duro; **hard 'cash** dinero *m* en efectivo; **'hard cop•y** copia *f* impresa; **'hard core I** *adj fan, supporter* incondicional **II** (*pornography*) porno *m* duro; **'hard•cov•er** ☞ **hardback**; **hard 'cur•ren•cy** divisa *f* fuerte; **hard 'disk** disco *m* duro; **hard drug** droga *f* dura; **hard-earned** [hɑːrd-'ɜːrnd] *adj money* sudado

hard•en ['hɑːrdn] **I** *v/t* endurecer **II** *v/i of glue, attitude* endurecerse

hard•ened ['hɑːrdnd] *adj*: *become ~ to sth* hacerse insensible a algo; *a ~ criminal* un criminal despiadado

'hard hat casco *m*; (*construction worker*) obrero(-a) *m(f)* (de la construcción); **hard•head•ed** *adj* pragmático; **hard•heart•ed** [hɑːrd'hɑːrtɪd] *adj* insensible; **hard-hit•ting** [hɑːrd'hɪtɪŋ] *adj* contundente; **hard 'line** línea *f* dura; *take a ~ on* adoptar una línea dura en cuanto a; **hard'lin•er** partidario(-a) *m(f)* de la línea dura; **hard 'liq•uor** licor *m*, bebida *f* fuerte

hard•ly ['hɑːrdlɪ] *adv* apenas; *did you agree? – ~!* ¿estuviste de acuerdo? – ¡en absoluto!

hard•ness ['hɑːrdnɪs] **1** dureza *f* **2** (*difficulty*) dificultad *f*

hard-nosed [hɑːrd'nouzd] *adj* F realista, práctico; **hard-pressed** [hɑːrd-'presd] *adj* apurado, agobiado; *be ~ to do sth* tener dificultades para hacer algo; **hard 'sell** venta *f* agresiva

hard•ship ['hɑːrdʃɪp] penuria *f*

hard 'shoul•der MOT *Br* arcén *m*; **'hard•top** MOT coche *m* no descapotable; **hard 'up** *adj*: *be ~* andar mal de dinero; **'hard•ware 1** ferretería *f* **2** COMPUT hardware *m*; **'hard•ware store** ferretería *f*; **'hard•wood** madera *f* dura; **hard-'work•ing** *adj* trabajador

har•dy ['hɑːrdɪ] *adj* resistente

hare [her] liebre *f*

'hare•bell BOT campánula *f*; **harebrained** ['herbreɪnd] *adj* alocado; **hare'lip** MED labio *m* partido ha•rem ['hɑːriːm] harén *m*

◆ **hark back to** [hɑːrk] *v/t* **1** (*date back to*) remontarse a **2** *remember* rememorar

harm [hɑːrm] **I** *n* daño *m*; *it wouldn't do any ~ to buy two* por comprar dos no pasa nada **II** *v/t* hacer daño a, dañar; ~ *o.s.* hacerse daño

harm•ful ['hɑːrmfəl] *adj* dañino, perjudicial

harm•less ['hɑːrmlɪs] *adj* inofensivo; *fun* inocente

har•mon•ic [hɑːr'mɑːnɪk] *adj* armónico

har•mon•i•ca [hɑːr'mɑːnɪkə] MUS armónica *f*

har•mo•ni•ous [hɑːr'moʊnɪəs] *adj* armonioso

har•mo•ni•um [hɑːr'moʊnjəm] MUS armonio *m*

har•mo•ni•za•tion [hɑːrmənaɪ'zeɪʃn] armonización *f*

har•mo•nize ['hɑːrmənaɪz] *v/i* armonizar

har•mo•ny ['hɑːrməni] MUS, *fig* armonía *f*; *live in ~* vivir en armonía (*with* con)

har•ness ['hɑːrnɪs] **I** *n* arnés *m*; *die in ~* *fig* morir antes de jubilarse **II** *v/t* *horse* poner los arneses a

harp [hɑːrp] arpa *f*

◆ **harp on about** *v/t* F dar la lata con F

harp•ist ['hɑːrpɪst] arpista *m/f*

har•poon [hɑːr'puːn] arpón *m*

harp•si•chord ['hɑːrpsɪkɔːrd] MUS clavicordio *m*

har•row ['hæroʊ] AGR arado *m*

har•row•ing ['hæroʊɪŋ] *adj* estremecedor

har•ry ['hæri] *v/t* (*pret & pp -ied*) acosar, hostigar

harsh [hɑːrʃ] *adj words* duro, severo; *color* chillón; *light* potente

harsh•ly ['hɑːrʃli] *adv* con dureza *or* severidad

harsh•ness ['hɑːrʃnɪs] dureza *f*, severidad *f*

har•um-scar•um [herəm'skerəm] *adj* alocado, atolondrado

har•vest ['hɑːrvɪst] cosecha *f*

has [hæz] ☞ *have*

'has-been F celebridad *f* del pasado

hash¹ [hæʃ] GASTR *estofado de carne y patatas*; *make a ~ of* F fastidiar

hash² [hæʃ] F (*hashish*) chocolate *m* F

hash browns ['braʊnz] *npl* papas *fpl or Span* patatas *fpl* fritas

hash•ish ['hæʃiːʃ] hachís *m*

'hash mark almohadilla *f*, el signo '#'

has•n't ['hæznt] ☞ *has not*

has•sle ['hæsl] **I** *n* lata *f* F; *it was a real ~* F fue una lata de aquí te espero F; *give s.o. ~* dar la lata a alguien **II** *v/t* dar la lata a

has•sock ['hæsək] escabel *m*, taburete *m*

haste [heɪst] prisa *f*; *more ~, less speed* vísteme despacio, que tengo prisa

has•ten ['heɪsn] *v/i*: ~ *to do sth* apresurarse en hacer algo

hast•i•ly ['heɪstɪli] *adv* precipitadamente

hast•y ['heɪsti] *adj* precipitado

hat [hæt] sombrero *m*

hatch¹ [hætʃ] *n* **1** *for serving food* trampilla *f* **2** *on ship* escotilla *f*

hatch² [hætʃ] **I** *v/t eggs* incubar; ~ *a plan* trazar un plan **II** *v/i of eggs* romperse; *of chicks* salir del cascarón

◆ **hatch out** *v/i of eggs* romperse; *of chicks* salir del cascarón

'hatch•back MOT **1** *vehicle* tres puertas *m inv*; cinco puertas *m inv* **2** *actual door* puerta *f* trasera

hatch•et ['hætʃɪt] hacha *f*; *bury the ~* enterrar el hacha de guerra

hate [heɪt] **I** *n* odio *m* **II** *v/t* odiar

hate•ful ['heɪtful] *adj* odioso, detestable

'hate mail correspondencia *f* intimidatoria

'hat pin aguja *f* de sombrero

ha•tred ['heɪtrɪd] odio *m*

'hat stand perchero *m* para sombreros

hat•ter ['hætər]: (*as*) *mad as a ~* como una cabra F *or* regadera F

'hat trick (*in soccer*) tres goles en el mismo partido; *a ~ of victories* tres victorias consecutivas

haugh•ty ['hɔːti] *adj* altanero

haul [hɔːl] **I** *n* **1** *of fish* captura *f* **2** *from robbery* botín *m* **II** *v/t* (*pull*) arrastrar

haul•age ['hɔːlɪdʒ] transporte *m*

haul•er ['hɔːlər], *Br* haul•i•er ['hɔːljər] transportista *m/f*

haunch [hɔːntʃ] *of person* trasero *m*; *of animal* pierna *f*

haunt [hɔːnt] **I** *v/t*: *this place is ~ed* en este lugar hay fantasmas **II** *n* lugar *m* favorito

haunt•ing ['hɔːntɪŋ] *adj tune* fascinante

Ha•van•a [hə'vænə] La Habana

have [hæv] **I** *v/t* (*pret & pp* **had**) **1** (*own*) tener; *I don't ~ a TV* no tengo televisión **2** *breakfast, lunch* tomar **3**: *can I ~ a coffee?* ¿me da un café?; *can I ~ more time?* ¿me puede dar más tiempo? **4** *must*: ~ (**got**) *to* tener que; *I ~ to do it, I've got to do it* tengo que hacerlo **5** *causative*: *I'll ~ it faxed to you* te lo mandaré por fax; *I'll ~ it repaired* haré que lo arreglen; *I had my hair cut* me corté el pelo **II** *v/aux*: *I ~ eaten* he comido; *~ you seen her?* ¿la has visto?

◆ **have around** *v/t*: *he's a useful person to have around* viene bien tenerlo a mano

◆ **have back** *v/t*: *when can I have it back?* ¿cuándo me lo devolverá?

◆ **have in** *v/t*: *have it in for s.o.* tenerla tomada con alguien

◆ **have on** *v/t* **1** (*wear*) llevar puesto **2**: *do you have anything on for tonight? have planned* ¿tenéis algo planeado para esta noche?

◆ **have out** *v/t*: *have it out with s.o.* decirle cuatro cosas a alguien

ha•ven ['heɪvn] *fig* refugio *m*

have-'nots *npl*: *the ~* los necesitados *or* pobres

have•n't ['hævnt] = *have not*

hav•oc ['hævək] estragos *mpl*; *play ~ with* hacer estragos en

hawk [hɔːk] *also fig* halcón *m*

haw•ser ['hɔːzər] NAUT amarra *f*

haw•thorn ['hɔːθɔːrn] BOT espino *m*

hay [heɪ] heno *m*

'**hay fe•ver** fiebre *f* del heno; '**hay•stack** pajar *m*; '**hay•wire** *adj* F: *the printer went ~* la impresora se volvió loca

haz•ard ['hæzərd] riesgo *m*, peligro *m*

'**haz•ard lights** *npl* MOT luces *fpl* de emergencia

haz•ard•ous ['hæzərdəs] *adj* peligroso, arriesgado; *~ waste* residuos *mpl* peligrosos

haze [heɪz] neblina *f*

ha•zel ['heɪzl] *tree* avellano *m*

'**ha•zel•nut** avellana *f*

haz•y ['heɪzɪ] *adj image, memories* confuso, vago; *I'm a bit ~ about it* no lo tengo muy claro

H-bomb ['eɪtʃbɑːm] MIL bomba *f* de hidrógeno

he [hiː] *pron* él; *~ is French / a doctor* es francés / médico; *you're funny, ~'s not* tú tienes gracia, él no

head [hed] **I** *n* **1** cabeza *f*; *on beer* espuma *f*; *of nail, line* cabeza *f*; *$15 a ~* 15 dólares por cabeza; *~s or tails?* ¿cara o cruz?; *at the ~ of the list* encabezando la lista; *~ over heels fall* rodando; *fall in love* locamente **2** (*boss, leader*) jefe(-a) *m(f)*; *Br*: *of school* director(a) *m(f)* **II** *v/t* **1** (*lead*) estar a la cabeza de **2** *ball* cabecear **III** *v/i*: *where are you ~ing?* ¿hacia dónde vas?, ¿hacia dónde te diriges?; *you should ~ downtown* deberías dirigirte al *or* tirar F para el centro (de la ciudad)

◆ **head for** *v/t* dirigirse *a or* hacia; *she's heading for trouble* se está buscando problemas

◆ **head off** *v/t person* cerrar el paso a

◆ **head up** *v/t committee etc* encabezar

'**head•ache** dolor *m* de cabeza; '**head•band** cinta *f* para la cabeza; '**head•butt** *v/t* topetar; '**head•case** F pirado(-a) *m(f)* F, chiflado(-a) *m(f)* F; '**head•dress** tocado *m*

head•ed note•pa•per ['hedɪd] papel *m* con membrete

head•er ['hedər] **1** *in soccer* cabezazo *m* **2** *in document* encabezamiento *m*

head•first *adv fall* de cabeza; '**head•hunt** *v/t* COM buscar, captar; *she's been headhunted* la descubrió un cazatalentos; '**head•hunt•er** COM cazatalentos *m/f inv*

head•ing ['hedɪŋ] *in list* encabezamiento *m*

'**head•lamp** faro *m*; **head•land** ['hedlənd] GEOG cabo *m*; '**head•light** faro *m*; '**head•line** *in newspaper* titular *m*; *make the ~s* saltar a los titulares; '**head•long** *adv fall* de cabeza; *rush ~ into sth fig* lanzarse a algo; **head•'mas•ter** *Br* director *m*; **head•'mis•tress** *Br* directora *f*; **head 'of•fice** *of company* central *f*; **head of 'state** jefe *m* de Estado; **head-'on I** *adv crash* de frente **II** *adj crash* frontal; '**head•phones** *npl* auriculares *mpl*;

'head-quar•ters *npl of party, organization* sede *f*; *of army* cuartel *m* general; 'head•rest reposacabezas *f inv*; 'head•room *under bridge* gálibo *m*; *in car* altura *f* de la cabeza al techo; 'head-scarf pañuelo *m* (para la cabeza); 'head•set auriculares *mpl*; head-shrink•er ['hedʃrɪŋkər] F loquero(-a) *m(f)* F; head 'start: *have a ~ on s.o.* sacar ventaja a alguien; *give s.o. a ~* dar ventaja a alguien; 'head•stone lápida *f*; 'head•strong *adj* cabezudo, testarudo; head 'teach•er *Br* director(a) *m(f)*; head 'wait•er maître *m*; 'head•way: *make ~* hacer progreso, progresar; 'head•wind viento *m* contrario; 'head•word lema *m*

head•y ['hedɪ] *adj drink, wine etc* que se sube a la cabeza

heal [hiːl] *v/t* curar

◆ heal up *v/i* curarse

heal•ing ['hiːlɪŋ] I *n* curación *f* II *adj* curativo, terapéutico; *~ process* proceso *m* de recuperación

health [helθ] salud *f*; *your~!* ¡a tu salud!; *be in good ~* gozar de buena salud; *~ and safety* sanidad *f*; *~ and safety regulations* normativa *f* de sanidad

'health care asistencia *f* sanitaria; 'health club gimnasio *m* (*con piscina, pista de tenis, sauna etc*); 'health--con•scious *adj* cuidadoso con la salud; 'health farm *complex* balneario *m*; 'health food comida *f* integral; 'health food store tienda *f* de comida integral; 'health in•su•rance seguro *m* de enfermedad; 'health re•sort centro *m* de reposo

health•y ['helθɪ] *adj person* sano; *food, lifestyle, influence, relationship* saludable; *economy* saneado

heap [hiːp] montón *m*

◆ heap up *v/t* amontonar

hear [hɪr] *v/t & v/i* (*pret & pp* heard) oír

◆ hear about *v/t*: *have you heard about Mike?* ¿te has enterado de lo de Mike?; *they're bound to hear about it sooner or later* se van a enterar tarde o temprano

◆ hear from *v/t* (*have news from*) tener noticias de

◆ hear of *v/t*: *have you heard of …?* ¿has oído hablar de …?; *I won't hear of it!* ¡ni hablar!, ¡de ninguna manera!

◆ hear out *v/t* escuchar con atención; *hear me out* atiende

heard [hɜːrd] *pret & pp* ☞ hear

hear•ing ['hɪrɪŋ] 1 *sense* oído *m*; *his ~ is not so good now* ahora ya no oye tan bien; *she was within ~ / out of ~* estaba / no estaba lo suficientemente cerca como para oírlo 2 LAW vista *f*; *give s.o. a fair ~* permitir explicarse a alguien

'hear•ing aid audífono *m*

'hear•say rumores *mpl*; *by ~* de oídas

hearse [hɜːrs] coche *m* fúnebre

heart [hɑːrt] *also fig* corazón *m*; *of problem* meollo *m*; *know sth by ~* saber algo de memoria; *~s in cards* corazones *mpl*; *take sth to ~* tomarse algo a pecho; *lose ~* desanimarse

'heart•ache tristeza *f*, dolor *m*; 'heart at•tack infarto *m*; 'heart•beat latido *m*; 'heart•break•ing *adj* desgarrador; 'heart•brok•en *adj* descorazonado; 'heart•burn acidez *f* (de estómago); 'heart con•di•tion MED condición *f* cardíaca; 'heart dis•ease MED enfermedad *f* cardíaca

heart•en ['hɑːrtn] *v/t* animar, alentar

heart•en•ing ['hɑːrtnɪŋ] *adj* alentador

'heart fail•ure paro *m* cardíaco

'heart•felt *adj sympathy* sincero

hearth [hɑːrθ] chimenea *f*

heart•i•ly ['hɑːrtɪlɪ] *adv* animadamente

heart•less ['hɑːrtlɪs] *adj* despiadado

heart•rend•ing ['hɑːrtrendɪŋ] *adj plea, sight* desgarrador; 'heart throb F rompecorazones *m inv*; heart-to-'heart I *adj* de corazón, sincero II *n* conversación *f* con el corazón en la mano; 'heart trans•plant transplante *m* de corazón

heart•y ['hɑːrtɪ] *adj appetite* voraz; *meal* copioso; *person* cordial, campechano

heat [hiːt] calor *m*

◆ heat up I *v/t* calentar II *v/i* calentarse; *fig: of situation* caldearse

heat•ed ['hiːtɪd] *adj* 1 *swimming pool* climatizado 2 *discussion* acalorado

heat•er ['hiːtər] *in room* estufa *f*; *turn on the ~ in car* enciende la calefacción

heat ex•chang•er ['hiːtɪkstʃeɪndʒər] cambiador *m* de calor

hea•then ['hiːðn] pagano(-a) *m(f)*

heat•ing ['hiːtɪŋ] calefacción *f*

'heat•proof *adj* resistente al calor; 'heat rash MED sarpullido *m*; 'heat-re•sistant *adj* resistente al calor; **'heat-stroke** insolación *f*; **'heat•wave** ola *f* de calor

heave [hi:v] *v/t* (*pret & pp* **-ed** *or* **hove**) **1** (*lift*) subir **2**: **~ a sigh** lanzar un suspiro

heav•en ['hevn] cielo *m*; **good~s!** ¡Dios mío!

heav•en•ly ['hevnlɪ] *adj* F divino F

heav•y ['hevɪ] *adj* pesado; *cold, rain, accent, loss* fuerte; *smoker, drinker* empedernido; *loss of life* grande; *bleeding* abundante; **there's ~ traffic** hay mucho tráfico

heav•y 'cream nata *f* para montar; **heav•y•'du•ty** *adj* resistente; **heav•y 'goods ve•hi•cle** *Br* vehículo *m* pesado; **heav•y-hand•ed** [hevɪ'hændɪd] *adj* **1** (*cruel*) implacable, severo **2** (*tactless*) descortés; **heav•y 'met•al** MUS heavy metal *m*; **'heav•y•weight** *also fig* peso *m* pesado

He•brew ['hi:bru:] *language* hebreo *m*

heck [hek] *int* F: **who / what the ~ ... ?** ¿quién / qué demonios F *or* narices F ...?; **a ~ of a lot** una barbaridad F; **oh ~!** ¡maldita sea!

heck•le ['hekl] *v/t* interrumpir (*molestando*)

heck•ler ['heklər] *persona que interrumpe a un intérprete u orador para molestar*

hec•tic ['hektɪk] *adj* vertiginoso, frenético

hec•to•li•ter, *Br* **hec•to•li•tre** ['hektoʊ-li:tər] hectolitro *m*

he'd [hi:d] F = **he had**; **he would**

hedge [hedʒ] **I** *n* seto *m* **II** *v/t*: **~ one's bets** no jugárselo todo

hedge•hog ['hedʒhɑ:g] erizo *m*

he•don•ism ['hedənɪzm] hedonismo *m*

he•don•ist ['hedənɪst] hedonista *m/f*

he•do•nist•ic [hedə'nɪstɪk] *adj* hedonista

heed [hi:d]: **pay ~ to** hacer caso de

heed•ful ['hi:dfʊl] *adj*: **be ~ of** hacer caso de

heed•less ['hi:dlɪs] *adj*: **be ~ of** hacer caso omiso de

heel [hi:l] *of foot* talón *m*; *of shoe* tacón *m*

'heel bar zapatería *f*

hef•ty ['heftɪ] *adj weight, suitcase* pesado; *person* robusto

he•gem•o•ny ['hedʒemoʊnɪ] POL hegemonía *f*

heif•er ['hefər] ZO vaquilla *f*

height [haɪt] altura *f*; **at the ~ of the season** en plena temporada

height-ad'just•a•ble *adj* de altura regulable

height•en ['haɪtn] *v/t effect, tension* intensificar

hei•nous ['heɪnəs] *adj* atroz, inhumano

heir [er] heredero *m*

heir•ess ['erɪs] heredera *f*

heir•loom ['erlu:m] reliquia *f* familiar

heist [haɪst] F (*robbery*) golpe *m* F

held [held] *pret & pp* ☞ **hold**

hel•i•cop•ter ['helɪkɑ:ptər] helicóptero *m*

hel•i•cop•ter 'gun•ship helicóptero *m* de ataque

hel•i•port ['helɪpɔ:rt] helipuerto *m*

he•li•um ['hi:lɪəm] CHEM helio *m*

hell [hel] infierno *m*; **what the ~ are you doing / do you want?** F ¿qué demonios estás haciendo / quieres? F; **go to ~!** F ¡vete a paseo! F; **a ~ of a lot** F un montonazo F; **one ~ of a nice guy** F un tipo muy simpático *or Span* legal F

he'll [hi:l] F = **he will**

hell'bent *adj* F: **be ~ on (doing) sth** estar empeñado en (hacer) algo

'hell•hole F antro *m* F, cuchitril *m* F

hell•ish ['helɪʃ] *adj* F horrendo, infernal

hel•lo [hə'loʊ] hola; TELEC ¿sí?, *S. Am.* ¿aló?, *Rpl* ¿oigo?, *Mex* ¿bueno?, *Span* ¿diga?; **say ~ to s.o.** saludar a alguien

Hell's 'An•gels los Ángeles del Infierno

hell•uv•a ['heləvə] F = **hell of a**

helm [helm] NAUT timón *m*; **at the ~** *fig* al mando

hel•met ['helmɪt] casco *m*

helms•man ['helmzmən] NAUT timonel *m*

help [help] **I** *n* ayuda *f*; **~!** ¡socorro! **II** *v/t* ayudar; **just ~ yourself** *to food* toma lo que quieras; **I can't ~ it** no puedo evitarlo; **I couldn't ~ laughing** no pude evitar reírme

help•er ['helpər] ayudante *m/f*

help•ful ['helpfəl] *adj advice* útil; *person* servicial

help•ing ['helpɪŋ] *of food* ración *f*

help•less ['helplɪs] *adj* **1** (*unable to*

cope) indefenso **2** (*powerless*) impotente

help•less•ly ['helplɪslɪ] *adv* impotentemente

help•less•ness ['helplɪsnɪs] impotencia *f*

'**help line** TELEC teléfono *m* de información y ayuda; '**help men•u** COMPUT menú *m* de ayuda; '**help screen** COMPUT pantalla *f* de ayuda

hel•ter-skel•ter [heltər'skeltər] **I** *adv* alocadamente, desenfrenadamente **II** *adj* alocado, desenfrenado **III** *n Br* tobogán *m* en espiral

hem [hem] *of dress etc* dobladillo *m*

'**he-man** F machote *m* F

he•ma•tol•o•gy [hi:mə'tɑ:lədʒɪ] MED hematología *f*

hem•i•sphere ['hemɪsfɪr] hemisferio *m*

'**hem•line** bajo *m*

he•mo•glo•bin [hi:mə'gloʊbɪn] PHYSIO hemoglobina *f*

he•mo•phil•i•a [hi:mə'fɪlɪə] MED hemofilia *f*

he•mo•phil•i•ac [hi:mə'fɪlɪæk] MED hemofílico(-a) *m(f)*

hem•or•rhage ['hemərɪdʒ] **I** *n* hemorragia *f* **II** *v/i* sangrar

hem•or•rhoids ['hemərɔɪdz] *pl* MED hemorroides *fpl*

hemp [hemp] cáñamo *m*

hen [hen] gallina *f*

hence [hens] *adv* **1** *therefore* por (lo) tanto **2**: *a week ~* dentro de una semana, de hoy en una semana; *it's still a long time ~* todavía falta mucho tiempo

hence'forth, hence'for•ward(s) *adv* desde ese / este momento en adelante

hench•man ['hentʃmən] *pej* sicario *m*

'**hen par•ty** despedida *f* de soltera

hen•pecked ['henpekt] *adj*: *~ husband* calzonazos *m inv*

hep•a•ti•tis [hepə'taɪtɪs] MED hepatitis *f*

hep•ta•gon ['heptəgɑːn] heptágono *m*

hep•tag•o•nal [hep'tægənl] *adj* heptagonal

hep•tath•lon [hep'tæθlən] SP heptalón *m*

her [hɜːr] **I** *adj* su; *to distinguish* de ella; *~ ticket* su entrada; la entrada de ella; *~ books* sus libros **II** *pron direct object* la; *indirect object* le; *after prep* ella; *I know* *~ la conozco*; *I gave ~ the keys* le di las llaves; *I sold it to ~* se lo vendí; *this is for ~* esto es para ella; *who do you mean? - ~* ¿a quién te refieres? - a ella

her•ald ['herəld] **I** *n* heraldo *m* **II** *v/t* marcar, significar

herb [ɜːrb] hierba *f*

herb•al tea ['ɜːrbəl] infusión *f*

herb•al 'med•i•cine medicina *f* naturista

'**herb gar•den** plantel *m* de hierbas

her•bi•cide ['ɜːrbɪsaɪd] herbicida *m*

her•bi•vore ['ɜːrbɪvɔːr] ZO herbívoro(-a) *m(f)*

her•biv•o•rous [ɜːr'bɪvərəs] *adj* ZO herbívoro

herd [hɜːrd] **I** *n* rebaño *m*; *of elephants* manada *f* **II** *v/t also fig* guiar, conducir

'**herd in•stinct** *fig* instinto *m* gregario

herds•man ['hɜːrdzmən] pastor *m*

here [hɪr] *adv* aquí; *over ~* aquí; *~'s to you!* *as toast* ¡a tu salud!; *~ you are giving sth* ¡aquí tienes!; *~ we are!* *finding sth* ¡aquí está!

here•a'bouts *adv* (por) aquí

here•af•ter **I** *adv in document* de ahora en adelante **II** *n*: *the ~* el más allá

here'by *adv* por el presente (documento)

he•red•i•ta•ry [hə'redɪterɪ] *adj disease* hereditario

he•red•i•ty [hə'redɪtɪ] herencia *f*

here'in *adv fml* incluso, en el presente (documento)

here'of *adv fml* del presente, de esto

her•e•sy ['herəsɪ] herejía *f*

her•e•tic ['herətɪk] hereje *m/f*

he•ret•i•cal [hɪ'retɪkl] *adj* herético

here•up'on *adv* **1** *at this* en este momento **2** *fml agree* en este respecto

here'with *adv fml* con este documento

her•it•a•ble ['herɪtəbl] *adj* hereditable

her•i•tage ['herɪtɪdʒ] patrimonio *m*

her•maph•ro•dite [hɜːr'mæfrədaɪt] BIO hermafrodita *m/f*

her•met•ic [hɜːr'metɪk] *adj* hermético

her•met•i•cal•ly [hɜːr'metɪklɪ] *adv*: *~ sealed* cerrado herméticamente

her•mit ['hɜːrmɪt] ermitaño(-a) *m(f)*

her•mit•age ['hɜːrmɪtɪdʒ] ermita *f*

her•ni•a ['hɜːrnɪə] MED hernia *f*

he•ro ['hɪroʊ] (*pl -o(e)s*) héroe *m*

he•ro•ic [hɪ'roʊɪk] *adj* heroico

he•ro•i•cal•ly [hɪ'roʊɪklɪ] *adv* heroica-

mente
her•o•in ['herouɪn] heroína f
'her•o•in ad•dict heroinómano(-a)
m(f)
her•o•ine ['herouɪn] heroína f
her•o•ism ['herouɪzm] heroísmo m
her•on ['herən] garza f
her•pes ['hɜːrpiːz] MED herpes m
her•ring ['herɪŋ] arenque m
'her•ring•bone (also ~ pattern) espigui-
lla f
hers [hɜːrz] pron el suyo, la suya; ~ are
red los suyos son rojos; that book is ~
ese libro es suyo; a cousin of ~ un primo suyo
her•self [hɜːr'self] pron reflexive se; emphatic ella misma; she hurt ~ se hizo
daño; when she saw ~ in the mirror
cuando se vio en el espejo; she saw
it ~ lo vio ella misma; by ~ (alone) sola;
(without help) ella sola, ella misma
he's [hiːz] F = he is; he has
hes•i•tant ['hezɪtənt] adj indeciso
hes•i•tant•ly ['hezɪtəntlɪ] adv con indecisión
hes•i•tate ['hezɪteɪt] v/i dudar, vacilar; ~
to do sth dudar en hacer algo
hes•i•ta•tion [hezɪ'teɪʃn] vacilación f;
without ~ sin dudarlo (un momento)
het•er•o•ge•ne•ous [hetərou'dʒiːnɪəs]
adj heterogéneo
het•er•o•sex•u•al [hetərou'sekʃʊəl] adj
heterosexual
het up [het'ʌp] adj F: be ~ (about sth)
estar alterado or inquieto (por algo) F;
get ~ about sth alterarse or disgustarse
por algo
hew [hjuː] v/t (pp hewed, hewn) cortar
a tajos
hewn [hjuːn] pp ☞ hew
hex•a•gon ['heksəgən] hexágono m
hex•ag•o•nal [hek'sægənl] adj hexago-
nal
hey [heɪ] int ¡eh!
hey•day ['heɪdeɪ] apogeo m
hi [haɪ] int ¡hola!
hi•ber•nate ['haɪbərneɪt] v/i hibernar
hi•ber•na•tion [haɪbər'neɪʃn] hibernación f; go into ~ hibernar
hi•bis•cus [hɪ'bɪskəs] BOT hibisco m
hic•cough ['hɪkʌp] ☞ hiccup
hic•cup ['hɪkʌp] 1 hipo m; have the ~s
tener hipo 2 (minor problem) tropiezo
m, traspié m

hick [hɪk] pej F palurdo(-a) m(f), pue-
blerino(-a) m(f) F
'hick town pej F ciudad f provinciana
hid [hɪd] pret ☞ hide¹
hid•den ['hɪdn] I adj meaning, treasure
oculto II pp ☞ hide¹
hid•den a'gen•da fig objetivo m secreto
hide¹ [haɪd] I v/t (pret hid, pp hidden)
esconder, ocultar II v/i (pret hid, pp hidden) esconderse, ocultarse
◆ hide out v/i esconderse
hide² n of animal piel f
hide-and-'seek escondite m
'hide•a•way escondite m
'hide•bound adj conservador, cerrado
hid•e•ous ['hɪdɪəs] adj espantoso, horrendo; person repugnante
'hide-out escondite m, refugio m
hid•ing¹ ['haɪdɪŋ] (beating) paliza f
hid•ing² ['haɪdɪŋ]: be in ~ estar escondido; go into ~ esconderse
'hid•ing place escondite m
hi•er•arch•i•cal [haɪər'ɑːrkɪkl] adj
jerárquico
hi•er•ar•chy ['haɪərɑːrkɪ] jerarquía f
hi•er•o•glyph•ic [haɪərou'glɪfɪk] adj
handwriting indescifrable
hi•er•o•glyph•ics [haɪərou'glɪfɪks] npl
jeroglíficos mpl
hi-fi ['haɪfaɪ] equipo m de alta fidelidad
high [haɪ] I adj alto; wind fuerte; F on
drugs colocado P; have a very ~ opinion of tener muy buena opinión de; it
is ~ time you understood ya va siendo
hora de que entiendas
II n 1 MOT directa f 2 in statistics máximo m 3 EDU escuela f secundaria, Span
instituto m
III adv: ~ in the sky en lo alto; that's as
~ as we can go eso es lo máximo que
podemos ofrecer
high 'al•tar altar m mayor; high-'al•ti-
tude adj de altitud; high and 'dry
adj: leave s.o. ~ dejar a alguien tirado
or colgado F; high and 'might•y adj F:
act all ~ darse (muchos) aires; 'high-
ball whisky con soda; 'high beams
MOT luces fpl largas; 'high•brow adj
intelectual; 'high•chair trona f; 'high-
-class adj de categoría; 'high-den•si•ty
disk disquete m de alta densidad; high
'div•ing salto m de trampolín
high•er ed•u•ca•tion [haɪəredjʊ'keɪʃn]

enseñanza f superior or universitaria

high•est bid•der [haɪəst'bɪdər] mejor postor m

high ex'plo•sive explosivo m; **high-'fi'del•i•ty** adj de alta fidelidad; **high'fli•er** promesa m/f, portento m/f; **high-flown** ['haɪfloʊn] adj extravagante, pomposo; **high-'fre•quen•cy** adj de alta frecuencia; **high-'grade** adj de calidad superior; **high-hand•ed** [haɪ'hændɪd] adj despótico; **high-heeled** [haɪ'hiːld] adj de tacón alto; **'high jump** salto m de altura; **he's for the ~** fig F le va caer una buena F; **'high jump•er** saltador(a) m(f) de altura; **'high•lands** npl tierras fpl altas; **high-'lev•el** adj de alto nivel; **~ (programming) language** lenguaje m de alto nivel; **'high life** buena vida f; **'high•light I n 1** (main event) momento m cumbre **2** in hair reflejo m **II** v/t with pen resaltar; COMPUT seleccionar, resaltar; **'high•light•er** pen fluorescente m

high•ly ['haɪlɪ] adv desirable, likely muy; **be ~ paid** estar muy bien pagado; **think ~ of s.o.** tener una buena opinión de alguien

high-necked [haɪ'nekt] adj de cuello alto

High•ness ['haɪnɪs]: **His / Your ~** Su Alteza

high-'oc•tane fu•el combustible m de alto octanaje; **high per'form•ance** adj drill, battery de alto rendimiento; **high-'pitched** adj agudo; **'high point of life, career** punto m culminante; **'high post** in basketball poste m alto; **high-pow•ered** [haɪ'pauərd] adj engine potente; intellectual de alto(s) vuelo(s); salesman enérgico; **high 'pres•sure I n** weather altas presiones fpl **II** adj TECH a gran presión; salesman agresivo; job, lifestyle muy estresante; **high 'priest** sumo sacerdote m; **high-'qual•i•ty** adj de calidad suprema; **high-'rank•ing** adj de alto rango; **high-res•o'lu•tion** adj de alta resolución; **'high-rise** edificio m alto; **'high school** escuela f secundaria, Span instituto m; **high 'seas** npl aguas fpl internacionales; **high 'sea•son** temporada f alta; **high so'ci•e•ty** alta sociedad f; **'high-speed** adj printer etc rápido; **high-speed**

'train tren m de alta velocidad; **high-'spir•it•ed** adj ilusionado, animado; **'high street** Br calle f principal; **high-street bank** banco m comercial; **high-street store** tienda f del centro; **high-'strung** adj muy nervioso; **high tech I** ['haɪtek] n alta f tecnología **II** adj de alta tecnología; **high-tech'nol•o•gy** alta f tecnología; **high-'ten•sion** adj de alta tensión; **high 'tide** marea f alta; **high 'trea•son** alta traición f; **'high val•ue ad•ded** adj de alto valor añadido; **high 'volt•age** alta tensión f, alto voltaje m; **high 'wa•ter: at ~** con la marea alta; **'high•way** autopista f; **'high•way di•vid•er** barrera f de protección; **'high wire** in circus cuerda f floja

hi•jack ['haɪdʒæk] **I** v/t plane, bus secuestrar **II** n of plane, bus secuestro m

hi•jack•er ['haɪdʒækər] of plane, bus secuestrador(a) m(f)

hike¹ [haɪk] n caminata f **II** v/i caminar

hike² [haɪk] F in prices subida f

hik•er ['haɪkər] senderista m/f

hik•ing ['haɪkɪŋ] senderismo m

'hik•ing boots npl botas fpl de senderismo

hi•lar•i•ous [hɪ'lerɪəs] adj divertidísimo, graciosísimo

hi•lar•i•ty [hɪ'lærətɪ] gracia f, risa f

hill [hɪl] **1** colina f **2** (slope) cuesta f

hill•bil•ly ['hɪlbɪlɪ] F rústico montañés

hill•ock ['hɪlək] collado m

'hill•side ladera f; **'hill•top** cumbre f; **'hill•walk•er** senderista m/f, montañero(-a) m(f); **'hill•walk•ing** senderismo m, montañismo m; **go ~** hacer senderismo or montañismo

hill•y ['hɪlɪ] adj con colinas

hilt [hɪlt] puño m

him [hɪm] pron direct object lo; indirect object le; after prep él; **I know ~** lo conozco; **I gave ~ the keys** le di las llaves; **I sold it to ~** se lo vendí; **this is for ~** esto es para él; **who do you mean? – ~** ¿a quién te refieres? – a él

him•self [hɪm'self] pron reflexive se; emphatic él mismo; **he hurt ~** se hizo daño; **when he saw ~ in the mirror** cuando se vio en el espejo; **he saw it ~** lo vio él mismo; **by ~** (alone) solo; (without help) él solo, él mismo

hind [haɪnd] adj trasero

hin•der ['hındər] *v/t* obstaculizar, entorpecer

Hin•di ['hındı] *language* hindi *m*

hind•most ['haındmoʊst] *adj* anterior, trasero

'hind•quart•ers *npl* cuartos *mpl* traseros

hin•drance ['hındrəns] estorbo *m*, obstáculo *m*

'hind•sight: with ~ a posteriori

Hin•du [hın'du:]**I** *n* hindú *m/f* **II** *adj* hindú

Hin•du•ism ['hındu:ızəm] hinduismo *m*

hinge [hındʒ] bisagra *f*

◆ **hinge on** *v/t* depender de

hint [hınt] **1** *n* **1** (*clue*) pista *f* **2** (*advice*) consejo *m* **3** (*implied suggestion*) indirecta *f* **4** *of red, sadness etc* rastro *m* **II** *v/t*: **~ that ...** dar a entender que ...

hin•ter•land ['hıntərlænd] interior *m*

hip[1] [hıp] *n* cadera *f*

hip[2] [hıp] *int*: **~, ~, hooray!** ¡viva!, ¡hip, hip, hurra!

hip[3] [hıp] *adj* F *C.Am* chévere, *Rpl* macanudo, *Span* guay *inv*

'hip•bone ANAT hueso *m* de la cadera; **'hip flask** petaca *f*; **'hip joint** ANAT articulación *f* de la cadera

hip•pie ['hıpı] hippy *m/f*

hip 'pock•et bolsillo *m* trasero

hip•po ['hıpoʊ] F hipopótamo *m*

hip•po•pot•a•mus [hıpə'pɑːtəməs] hipopótamo *m*

hip•py ☞ *hippie*

hire [haır] *v/t* alquilar; **be on ~** estar alquilado; **for ~** se alquila

'hire car *Br* coche *m* de alquiler

hire 'pur•chase *Br* compra *f* a plazos; **buy sth on ~** comprar algo a plazos

his [hız] **I** *adj* su; *to distinguish* de él; **~ ticket** su entrada; la entrada; de él; **~ books** sus libros **II** *pron* el suyo, la suya; **~ are red** los suyos son rojos; **that ticket is ~** esa entrada es suya; **a cousin of ~** un primo suyo

His•pan•ic [hı'spænık] **I** *n* hispano(-a) *m(f)* **II** *adj* hispano, hispánico

hiss [hıs] *v/i of snake, audience* silbar

his•to•gram ['hıstoʊgræm] histograma *m*

his•to•ri•an [hı'stɔːrıən] historiador(a) *m(f)*

his•tor•ic [hı'stɑːrık] *adj* histórico

his•tor•i•cal [hı'stɑːrıkl] *adj* histórico

his•to•ry ['hıstərı] historia *f*

hit [hıt] **I** *v/t* (*pret & pp hit*) golpear; (*collide with*) chocar contra; **he was ~ by a bullet** le alcanzó una bala; **it suddenly ~ me** (*I realized*) de repente me di cuenta; **~ town** (*arrive*) llegar a la ciudad

II *n* **1** (*blow*) golpe *m*; *in baseball* batazo *m*, hit *m* **2** MUS, (*success*) éxito *m*; **the new teacher is a big ~ with most of the school** F el nuevo profesor es muy popular en el colegio

◆ **hit back** *v/i physically* devolver el golpe; *verbally, with actions* responder

◆ **hit off** *v/t*: **hit it off** F hacer buenas migas F

◆ **hit on** *v/t* **1** *idea* dar con **2** (*flirt with*) intentar ligar con

◆ **hit out at** *v/t* (*criticize*) atacar

hit-and-'run *adj*: **~ accident** accidente en el que el vehículo causante se da a la fuga

hitch [hıtʃ] **I** *n* (*problem*) contratiempo *m*; **without a ~** sin ningún contratiempo **II** *v/t* **1** (*fix*) enganchar **2**: **~ a ride** hacer autostop; **can I ~ a ride with you tomorrow?** ¿me puedes llevar en tu coche mañana? **III** *v/i* (*hitchhike*) hacer autostop

◆ **hitch up** *v/t wagon, trailer* enganchar

'hitch•hike *v/i* hacer autostop; **'hitch•hik•er** autostopista *m/f*; **'hitch•hik•ing** autostop *m*

hi-tech **I** ['haıtek] *n* alta tecnología *f* **II** *adj* de alta tecnología

hith•er ['hıðər] *adv* (*hacia*) aquí

hith•er•to *adv* hasta el momento

'hit•list lista *f* de blancos; **'hit•man** asesino *m* a sueldo; **hit-or-'miss** *adj* a la buena ventura; **'hit squad** grupo *m* de intervención especial

HIV [eɪtʃaɪ'viː] *abbr* (= **human immunodeficiency virus**) VIH *m* (= virus *m* *inv* de la inmunodeficiencia humana); **~-positive** seropositivo

hive [haıv] *for bees* colmena *f*

◆ **hive off** *v/t* COM (*separate off*) desprenderse de

hives [haıvz] *npl* MED urticaria *f*

hoard [hɔːrd] **I** *n* reserva *f* **II** *v/t* hacer acopio de; *money* acumular

hoard•er ['hɔːrdər] acaparador(a) *m(f)*

hoar•frost [hɔːr'frɑːst] escarcha *f*

hoarse [hɔːrs] *adj* ronco

hoarse•ness ['hɔːrsnɪs] ronquedad *f*

hoar•y ['hɔːrɪ] *adj*: **a ~ old joke** un chiste viejo viejísimo

hoax [houks] bulo *m*, engaño *m*; **bomb ~** amenaza *f* falsa de bomba

hoax•er ['houksər] farsante *m/f*, gracioso(-a) *m(f)*

hob [hɑːb] *on cooker* fuegos *mpl*, quemadores *mpl*

hob•ble ['hɑːbl] *v/i* cojear

hob•by ['hɑːbɪ] hobby *m*, afición *f*

hob•gob•lin ['hɑːbgɑːblɪn] duende *m*, geniecillo *m*

hob•nob ['hɑːbnɑːb] *v/i*: **~ with s.o.** hacer buenas migas con alguien

ho•bo ['houbou] (*pl* **-o(e)s**) F vagabundo(-a) *m(f)*

Hob•son's choice [hɑːbsnz'tʃɔɪs]: **it was** (*a case of*) **~** no hubo otra alternativa

hock [hɑːk] F: **be in ~ to s.o.** estar endeudado con alguien; **get out of ~** pagar las deudas; **get sth out of ~** desempeñar algo

hock•ey ['hɑːkɪ] hockey *m*; *Br* (*field ~*) hockey sobre hierba

ho•cus-po•cus [houkəs'poukəs] engaño *m*, embrollo *m*

hodge•podge ['hɑːdʒpɑːdʒ] batiburrillo *m* F, revoltijo *m* F

hoe [hou] **I** *n* azada *f* **II** *v/t* entrecavar

hog [hɑːg] (*pig*) cerdo *m*, *L.Am.* chancho *m*

'hog•wash F tonterías *fpl*, sandeces *fpl*

hoi pol•loi [hɔɪpə'lɔɪ]: **the ~** la gente de a pie

hoist [hɔɪst] **I** *n* montacargas *m inv*; *manual* elevador *m* **II** *v/t* (*lift*) levantar, subir; *flag* izar

hoi•ty-toi•ty [hɔɪtɪ'tɔɪtɪ] *adj* F estirado, altanero; **he got all ~** se le subió el humo a las narices

ho•kum ['houkəm] F **1** (*nonsense*) tonterías *fpl* **2** (*sentimental stuff*) cursilería *f*

hold [hould] **I** *v/t* (*pret & pp* **held**) *in hand* llevar; (*support, keep in place*) sostener; *passport, license* tener; *prisoner, suspect* retener; (*contain*) contener; *job, post* ocupar; *course* mantener; *views* tener, mantener; **~ my hand** dame la mano; **~ one's breath** aguantar la respiración; **he can ~ his drink** sabe beber; **~ s.o. responsible** hacer a alguien

responsable; **~ that ...** (*believe, maintain*) mantener que ...; **~ the line, please** TELEC espere, por favor

II *n 1 in ship, plane* bodega *f* **2**: **take ~ of sth** agarrar algo; **lose one's ~ on** *rope* soltar; *reality* perder el contacto con; **wait till I get ~ of him!** ¡espera a que lo pille!, ¡(ya) verás cuando lo pille!

◆ **hold against** *v/t*: **hold sth against s.o.** tener algo contra alguien

◆ **hold back I** *v/t 1 crowds* contener **2** *facts, information* guardar **II** *v/i* (*not tell all*): **I'm sure he's holding back** estoy seguro de que no dice todo lo que sabe

◆ **hold down** *v/t 1 person* reducir **2** *interest rates* rebajar **3** *job* conservar

◆ **hold on** *v/i 1* (*wait*) esperar; **now hold on a minute!** ¡un momento! **2**: **hold on tight!** ¡agárrate *or* sujétate fuerte!

◆ **hold on to** *v/t 1* (*keep*) guardar **2** *belief* aferrarse a

◆ **hold out I** *v/t 1 hand* tender **2** *prospect* ofrecer **II** *v/i 1 of supplies* durar **2** (*survive*) resistir, aguantar

◆ **hold out on** *v/t not tell all* engañar a

◆ **hold up** *v/t 1 hand* levantar; **hold s.o. up as an example** poner a alguien como ejemplo **2** *bank etc* atracar **3** (*make late*) retrasar; **I was held up by the traffic** he llegado tarde por culpa del tráfico

◆ **hold with** *v/t* (*approve of*): **I don't hold with that sort of behavior** no me parece bien ese tipo de comportamiento

'hold-all *Br* bolsa *f* de viaje

hold•er ['houldər] **1** (*container*) receptáculo *m* **2** *of passport, ticket etc* titular *m/f*; *of record* poseedor(a) *m(f)*

hold•ing ['houldɪŋ] COM acción *f*

'hold•ing com•pa•ny holding *m*

'hold•o•ver vestigio *m*

'hold•up 1 (*robbery*) atraco *m* **2** (*delay*) retraso *m*

hole [houl] **1** *in sleeve, wood, bag* agujero *m* **2** *in ground* hoyo *m*; **be half a million dollars in the ~** F tener una deuda *or* agujero de medio millón de dólares

◆ **hole up** *v/i* F esconderse

hol•i•day ['hɑːlədeɪ] **1** *single day* día *m* de fiesta **2** *Br period* vacaciones *fpl*; **take a ~** tomarse vacaciones

'hol•i•day a•part•ment *Br* apartamento *m* de veraneo; 'hol•i•day camp *Br* colonia *f* de verano; 'hol•i•day des•ti•na•tion *Br* destino *m* vacacional; 'hol•i•day home *Br* casa *f* de veraneo; 'hol•i•day-mak•er *Br* veraneante *m/f*, turista *m/f*

Ho•li•ness ['houlinis]: *His* ~ Su Santidad

Hol•land ['halənd] Holanda *f*

hol•ler ['haːlər] F I *v/t* gritar, chillar II *v/i* gritar, chillar (*at* a); ~ *for help* gritar en busca de ayuda

hol•low ['halou] I *adj object* hueco; *cheeks* hundido; *promise* vacío II *n in ground* hoyo *m*

◆ hollow out *v/t tree trunk* vaciar

hol•ly ['haːli] acebo *m*

hol•o•caust ['haːləkɔːst] holocausto *m*

hol•o•gram ['haːləgræm] holograma *m*

hol•ster ['houlstər] pistolera *f*

ho•ly ['houli] *adj* santo

Ho•ly 'Fa•ther Papa *m*; Ho•ly 'Ghost Espíritu *m* Santo; Ho•ly 'Scrip•ture Sagradas Escrituras *fpl*; Ho•ly 'Spir•it Espíritu *m* Santo; ho•ly 'war guerra *f* santa; ho•ly 'wa•ter agua *m* bendita; 'Ho•ly Week Semana *f* Santa

hom•age ['haːmidʒ] homenaje *m*; *do or pay* ~ *to s.o.* dedicar *or* rendir un homenaje a alguien

home [houm] I *n* 1 casa *f*; (*native country*) tierra *f*; *New York is my* ~ Nueva York es mi hogar; *at* ~ *also* SP en casa; (*in country*) en mi / su / nuestra tierra; *make yourself at* ~ ponte cómodo; *at* ~ *and abroad* en el país y en el extranjero; *work from* ~ trabajar desde casa 2 *for old people* residencia *f* 3 *in baseball* meta *f*, home *m*

II *adv* a casa; *go* ~ ir a casa; *to country* ir a mi / tu / su tierra; *to town, part of country* ir a mi / tu / su ciudad

◆ home in on *v/t of missile* apuntar hacia; *mistake* centrarse en

'home ad•dress domicilio *m*; home 'bank•ing telebanca *f*, banca *f* electrónica; 'home•com•ing vuelta *f* a casa; home com'put•er *L.Am.* computadora *f* doméstica, *Span* ordenador *m*; home 'de•liv•er•y entrega *f* a domicilio; home ec•o'nom•ics *nsg* ciencias *fpl* del hogar; 'home game partido *m* en casa; home-'grown *adj vegetables* de cosecha propia, casero; *fig* nacional;

home 'help *Br* asistente *m/f* doméstico; 'home•land país *m* de origen

home•less ['houmlis] I *adj* sin casa II *npl the* ~ los sin casa

'home•lov•ing *adj* hogareño

home•ly ['houmli] *adj* 1 (*homeloving*) hogareño 2 (*not good-looking*) feúcho

home-'made *adj* casero; 'home•mak•er ama *f* de casa; home 'mov•ie película *f* casera; 'Home Of•fice *Br* POL Ministerio *m* del Interior

ho•me•o•path ['houmioupæθ] MED homeópata *m/f*

ho•me•o•path•ic [houmiou'pæθik] *adj* homeopático

ho•me•op•a•thy [houmi'aːpəθi] homeopatía *f*

'home•own•er propietario(-a) *m(f)* de vivienda; home'own•er•ship propiedad *f* de vivienda; 'home page *web site* página *f* personal; *on web site* página *f* inicial; 'home plate *in baseball* goma *f*, plato *m*

hom•er ['houmər], home 'run *in baseball* carrera *f* completa, cuadrangular *m*

'home shop•ping telecompra *f*; 'home•sick *adj* nostálgico; *be* ~ tener morriña; 'home•sick•ness morriña *f*, nostalgia *f*; 'home•stead•er ['houmstedər] colono(-a) *m(f)*; 'home town ciudad *f* natal; home 'truth: *tell s.o. a few* ~*s* decir a alguien cuatro cosas *or* verdades; home 'vid•e•o video *m or Span* vídeo *m* doméstico

home•ward ['houmwərd] *adv to own house* a casa; *to own country* a su país

'home•work EDU deberes *mpl*, tareas *fpl*; *what* ~ *do you have?* ¿qué tienes que hacer de tareas?, ¿qué tareas tienes?; 'home•work•er COM teletrabajador(a) *m(f)*; 'home•work•ing COM teletrabajo *m*

hom•i•cide ['haːmisaid] *crime* homicidio *m*; *police department* brigada *f* de homicidios

hom•i•ly ['haːmili] sermón *m*

ho•mo•ge•ne•ous [houmə'dʒiːniəs] *adj* homogéneo

ho•mog•e•nize [hə'maːdʒənaiz] *v/t* homogeneizar

hom•o•graph ['haːməgræf] homógrafo *m*

ho•mo ['houmou] F marica *m* F

hom•o•nym ['hɑːmənɪm] LING homónimo *m*

ho•mo•phobe ['hoʊməfoʊb] homófobo(-a) *m(f)*

ho•mo•pho•bi•a [hoʊmə'foʊbɪə] homofobia *f*

ho•mo•pho•bic [hoʊmə'foʊbɪk] *adj* homofóbico

hom•o•phone ['hɑːməfoʊn] LING homófono *m*

ho•mo•sex•u•al [hoʊmə'sekʃʊəl] **I** *adj* homosexual **II** *n* homosexual *m/f*

ho•mo•sex•u•al•i•ty [hoʊməsekʃʊ'ælətɪ] homosexualidad *f*

hom•y ['hoʊmɪ] *adj* F acogedor, cálido

Hon•du•ran [hɑːn'dʊrən] **I** *adj* hondureño **II** *n* hondureño(-a) *m(f)*

Hon•du•ras [hɑːn'dʊrəs] Honduras *f*

hone [hoʊn] *v/t sharpen* afilar; *skills* perfeccionar, pulir

hon•est ['ɑːnɪst] *adj* honrado

hon•est•ly ['ɑːnɪstlɪ] *adv* honradamente; *~!* ¡desde luego!

hon•es•ty ['ɑːnɪstɪ] honradez *f*

hon•ey ['hʌnɪ] **1** miel *f* **2** F (*darling*) cariño *m*, vida *f* mía

'hon•ey•bee abeja *f* de panal; **'hon•ey•comb** panal *m*; **hon•ey•dew 'mel•on** melón *de corteza amarilla*; **'hon•ey•moon** luna *f* de miel; **hon•ey•moon•er** ['hʌnɪmuːnər] novio(-a) *m(f)* en luna de miel; **'hon•ey•suck•le** BOT madreselva *f*

honk [hɑːŋk] *v/t horn* tocar

hon•ky ['hɑːŋkɪ] P *pej* blanco(-a) *m(f)*

hon•or ['ɑːnər] **I** *n honor m* **II** *v/t* honrar

hon•or•a•ble ['ɑːnrəbl] *adj* honorable

hon•or•ar•y ['ɑːnərərɪ] *adj* honorario

hon•our *etc Br* ☞ **honor** *etc*

hooch [huːtʃ] F licor *m* de contrabando

hood [hʊd] **1** *over head* capucha *f*; *over cooker* campana *f* extractora; MOT capó *m* **2** F (*gangster*) matón(-ona) *m(f)*

hood•lum ['huːdləm] matón(-ona) *m(f)*

'hood•wink *v/t* engañar; *~ s.o. into doing sth* liar *or* embarullar a alguien para que haga algo

hoo•ey ['huːɪ] P chorrada *f* P

hoof [huːf] (*pl* **hooves**) casco *m*

hook [hʊk] gancho *m*; *to hang clothes on* colgador *m*; *for fishing* anzuelo *m*; *off the ~* TELEC descolgado

hooked [hʊkt] *adj* enganchado (*on* a); *get ~ on sth* engancharse a algo

hook•er ['hʊkər] F fulana *f* F

hook•ey ['hʊkɪ] F: *play ~* hacer novillos, *Mex* irse de pinta, *S.Am.* hacerse la rabona

hoo•li•gan ['huːlɪgən] gamberro(-a) *m(f)*

hoo•li•gan•ism ['huːlɪgənɪzm] gamberrismo *m*

hoop [huːp] aro *m*

hoo•ray [hʊ'reɪ] ☞ **hurray**

hoot [huːt] **I** *v/t horn* tocar **II** *v/i* **1** *of car* dar bocinazos **2** *of owl* ulular **III** *n:* *there were ~s of laughter* hubo carcajadas; *I don't care a ~* F me importa un comino *or* bledo F

hoot•er ['huːtər] *Br* sirena *f*; MOT claxon *m*, bocina *f*

hoo•ver® ['huːvər] **I** *n* aspiradora *f* **II** *v/t* pasar la aspiradora por **III** *v/i* pasar la aspiradora

◆ **hoover up** *v/t Br* limpiar con la aspiradora

hooves [huːvz] *pl* ☞ **hoof**

hop¹ [hɑːp] *n plant* lúpulo *m*

hop² [hɑːp] *v/i* (*pret & pp* **-ped**) saltar

hope [hoʊp] **I** *n* esperanza *f* **II** *v/i* esperar; *~ for sth* esperar algo; *we all ~ for peace* todos ansiamos la paz; *I ~ so* eso espero; *I ~ not* espero que no **III** *v/t: I ~ you like it* espero que te guste

hope•ful ['hoʊpfəl] *adj* prometedor; *I'm ~ that ...* espero que ...

hope•ful•ly ['hoʊpfəlɪ] *adv* **1** *say, wait* esperanzadamente **2:** *~ he hasn't forgotten* esperemos que no se haya olvidado

hope•less ['hoʊplɪs] *adj* **1** *position, prospect* desesperado **2** (*useless: person*) inútil

hop•ping ['hɑːpɪŋ] *adv: be ~ mad* F echar chispas F

horde [hɔːrd] horda *f*

ho•ri•zon [hə'raɪzn] horizonte *m*

hor•i•zon•tal [hɑːrɪ'zɑːntl] *adj* horizontal

hor•mone ['hɔːrmoʊn] hormona *f*

hor•mone re'place•ment ther•a•py terapia *f* de sustitución hormonal

horn [hɔːrn] **1** *of animal* cuerno *m* **2** MOT bocina *f*, claxon *m*

hor•net ['hɔːrnɪt] avispón *m*

horn-rimmed spec•ta•cles ['hɔːrnrɪmd] *npl* gafas *fpl* de concha

horn•y ['hɔːrnɪ] *adj* F *sexually* cachondo

F

hor•o•scope ['hɑːrəskoʊp] horóscopo
m

hor•ren•dous [hɔːˈrendəs] *weather, ac-cident, experience* horroroso, espanto-so; *noise* horroroso, tremendo

hor•ri•ble ['hɑːrɪbl] *adj* horrible; *person* muy antipático

hor•rid ['hɑːrɪd] *adj* horrendo; *person, experience* desagradable, repugnante

hor•rif•ic [hɑːˈrɪfɪk] *adj* horrible, aterra-dor

hor•ri•fy ['hɑːrɪfaɪ] *v/t* (*pret & pp* **-ied**) horrorizar; *I was horrified* me quedé horrorizado

hor•ri•fy•ing ['hɑːrɪfaɪɪŋ] *adj* horroroso

hor•ror ['hɑːrər] horror *m*

'**hor•ror mov•ie** película *f* de terror; '**hor•ror sto•ry** historia *f* de miedo; '**hor•ror-strick•en**, '**hor•ror-struck** *adj* horrorizado, espantado

hors d'oeu•vre [ɔːrˈdɜːrv] entremés *m*

horse [hɔːrs] caballo *m*; **hold your ~s** F un momento, frena (un poco)

'**horse•back on ~** a caballo; **horse 'chest•nut** castaño *m* de Indias; '**horse•fly** tábano *m*; **horse•man** ['hɔːrsmən] jinete *m*; '**horse•pow•er** caballo *m* (de vapor); '**horse race** ca-rrera *f* de caballos; '**horse•rad•ish** BOT rábano *m* picante; '**horse rid•ing** equitación *f*; **go ~** ir a montar a caballo; '**horse sense** F sentido *m* común; '**horse•shoe** herradura *f*; '**horse trad-ing** *esp* POL F regateo *m* F, trapicheo *m* F; '**horse•wom•an** amazona *f*

hor•ti•cul•tur•al [hɔːrtɪˈkʌltʃərəl] *adj* agrícola

hor•ti•cul•ture ['hɔːrtɪkʌltʃər] horticul-tura *f*

hose [hoʊz] *for water* manguera *f*

ho•sier•y ['hoʊʒɪərɪ] medias *fpl*; *in shop* sección *f* de medias

hos•pice ['hɑːspɪs] hospital *m* para en-fermos terminales

hos•pi•ta•ble [hɑːˈspɪtəbl] *adj* hospita-lario

hos•pi•tal ['hɑːspɪtl] hospital *m*; **go into the ~** ir al hospital

hos•pi•tal•i•ty [hɑːspɪˈtælətɪ] hospitali-dad *f*

hos•pi•tal•i•ty in•dus•try sector *m* ho-telero

hos•pi•tal•ize ['hɑːspɪtlaɪz] *v/t* hospita-lizar

host[1] [hoʊst] **I** *n at party, reception* anfi-trión *m*; *of TV program* presentador(a) *m(f)* **II** *v/t TV program* presentar, con-ducir; *website* albergar, hospeder

host[2] [hoʊst] *n* (*vast number*) sinfín *m*, multitud *f*; *a ~ of questions* un montón de preguntas

Host[3] [hoʊst] REL hostia *f* sagrada

hos•tage ['hɑːstɪdʒ] rehén *m/f*; **take s.o. ~** tomar a alguien como rehén

'**hos•tage tak•er** *persona que toma rehenes*

hos•tel ['hɑːstl] **1** *for students* residencia *f* **2** (*youth ~*) albergue *m*

host•ess ['hoʊstɪs] *at party, reception* anfitriona *f*; *on airplane* azafata *f*; *in bar* cabaretera *f*

hos•tile ['hɑːstl] *adj* hostil

hos•til•i•ty [hɑːˈstɪlətɪ] **1** *of attitude* hos-tilidad *f* **2**: *hostilities* hostilidades *fpl*

hot [hɑːt] **1** *adj weather* caluroso; *object, water, food* caliente; *it's ~* *of weather* hace calor; *I'm ~* tengo calor **2** (*spicy*) picante **3**: *she's pretty ~ at math* F (*good*) es una fenómena con las ma-temáticas F

◆ **hot up** *v/i fig* F caldearse

hot 'air F cuento *m* F, charlatanería *f* F; *she talks a lot of ~* tiene mucho cuen-to; '**hot•bed** *fig* núcleo *m*, foco *m*; **hot-blood•ed** [hɑːtˈblʌdɪd] *adj* apasionado, impetuoso; **hot 'choc•o•late** *drink* cho-colate *m* caliente

hotch•potch ['hɑːtʃpɑːtʃ] *Br* batiburri-llo *m* F, revoltijo *m* F

hot 'desk•ing *uso de diferentes termina-les de trabajo*

'**hot dog** perrito *m* caliente

ho•tel [hoʊˈtel] hotel *m*

ho•tel•ier [hoʊˈtelɪər] hotelero(-a) *m(f)*

ho•tel keep•er hotelero(-a) *m(f)*

'**hot•foot** F *v/t*: *~ it* salir volando F *or* pi-tando F; '**hot•head** majadero(-a) *m(f)*; **hot'head•ed** *adj* insensato, alocado; '**hot•house** invernadero *m*; '**hot line** POL teléfono *m* rojo; COM línea *f* tele-fónica

hot•ly ['hɑːtlɪ] *adv* contundentemente, vehementemente

'**hot•plate** placa *f*; **hot po'ta•to** *fig* pata-ta *f* caliente; '**hot spot** *military, political* punto *m* caliente; **hot-'wa•ter bot•tle** bolsa *f* de agua caliente; **hot-'wire** *v/t* *car* hacer un puente a

hound [haʊnd] **I** *n* perro *m* rastrero **II** *v/t* perseguir, acosar

hour [aʊr] hora *f*

hour•ly ['aʊrlɪ] *adj*: **at ~ intervals** a intervalos de una hora; **an ~ bus** un autobús que pasa cada hora

house [haʊs] casa *f*; **at your~** en tu casa; **this one is on the ~** esto corre a cuenta de la casa; **clean ~** hacer la limpieza de la casa

'**house ar•rest** arresto *m* domiciliario; **be under ~** estar bajo arresto domiciliario; '**house•boat** barco-vivienda *f*; '**house•bound** *adj due to illness, bad weather etc* encerrado *or* inmovilizado en casa; '**house•break•ing** allanamiento *m* de morada; '**house•bro•ken** *adj* adiestrado, amaestrado; '**house•fly** mosca *f* común; '**house•hold** hogar *m*; house•hold 'name nombre *m* conocido; '**house-hunt•ing**: **go ~** ir en busca de casa; '**house hus•band** amo *m* de casa; '**house•keep•er** ama *f* de llaves; '**house•keep•ing 1** *activity* tareas *fpl* domésticas **2** *money* dinero *m* para gastos domésticos

house mar•tin ['haʊsmɑːrtɪn] ORN avión *m* común

House of 'Com•mons *Br* Cámara *f* de los Comunes; **House of 'Lords** *Br* Cámara *f* de los Lores; **House of Rep•re'sent•a•tives** *npl* Cámara *f* de Representantes; '**house plant** planta *f* de interior; '**house-proud** *adj* orgulloso del orden y de la limpieza en la casa; house-to-house 'search búsqueda *f* casa por casa; **house-trained** ['haʊstreɪnd] *adj Br* adiestrado, amaestrado; **house•warm•ing (par•ty)** ['haʊswɔːrmɪŋ] fiesta *f* de estreno de una casa; '**house•wife** ama *f* de casa; '**house•work** tareas *fpl* domésticas

hous•ing ['haʊzɪŋ] vivienda *f*; TECH cubierta *f*

'**hous•ing de•vel•op•ment** urbanización *f*; '**hous•ing mar•ket** mercado *m* inmobiliario; '**hous•ing short•age** escasez *f* de viviendas; '**hous•ing con•di•tions** *npl* condiciones *fpl* de la vivienda

hove [hoʊv] *pret & pp* ☞ **heave**

hov•el ['hɑːvl] chabola *f*

hov•er ['hɑːvər] *v/i of bird* cernerse; *of*

helicopter permanecer inmóvil en el aire

'**hov•er•craft** aerodeslizador *m*, hovercraft *m*

how [haʊ] *adv* cómo; **~ are you?** ¿cómo estás?; **~'s your bad leg?** ¿cómo tienes la pierna?; **~ about ...?** ¿qué te parece ...?; **~ about a drink?** ¿te apetece tomar algo?; **~ much?** ¿cuánto?; **~ much is it?** *of cost* ¿cuánto vale *or* cuesta?; **~ many?** ¿cuántos?; **~ often?** ¿con qué frecuencia?; **~ funny / sad!** ¡qué divertido / triste!

how•ev•er *adv* **1** sin embargo **2**: **~ big / rich / small they are** independientemente de lo grandes / ricos / pequeños que sean

howl [haʊl] *of dog* aullido *m*; *of person in pain* alarido *m*; *with laughter* risotada *f*

howl•er ['haʊlər] F gazapo *m* F

howl•ing ['haʊlɪŋ] *adj*: **a ~ gale** un vendaval espantoso; **~ success** F éxito *m* rotundo *or* aplastante

HP [eɪtʃ'piː] *abbr Br* (= **hire purchase**) compra *f* a plazos

HQ [eɪtʃ'kjuː] *abbr* (= **headquarters**) *of party, organization* sede *f*; *of army* cuartel *m* general

HRT [eɪtʃɑːr'tiː] *abbr* (= **hormone replacement therapy**) terapia *f* de sustitución hormonal

hub [hʌb] *of wheel* cubo *m*

hub•bub ['hʌbʌb] algarabía *f*, griterío *m*

'**hub•cap** tapacubos *m inv*

hud•dle ['hʌdl] **1** corrillo *m*; **go into a ~** hacer corrillo **2** *in football* timbac *m*, jol *m*

◆ **huddle together** ['hʌdl] *v/i* apiñarse, acurrucarse

hue [hjuː] tonalidad *f*

huff [hʌf]: **be in a ~** estar enfurruñado

huff•y ['hʌfɪ] *adj* enfurruñado, picado

hug [hʌg] **I** *v/t* (*pret & pp* **-ged**) abrazar **II** *n* abrazo *m*

huge [hjuːdʒ] *adj* enorme

huge•ly ['hjuːdʒlɪ] *adv* enormemente

hulk [hʌlk] *person* grandullón(-ona) *m(f)*; *thing* mole *f*

hulk•ing ['hʌlkɪŋ] *adj person* corpulento, fornido; *thing, animal* grandote

hull [hʌl] *of ship* casco *m*

hul•la•ba•loo [hʌləbə'luː] alboroto *m*

hum [hʌm] **I** *v/t* (*pret & pp* **-med**) *song*,

tune tararear **II** *v/i* (*pret & pp -med*) *of person* tararear; *of machine* zumbar

hu•man ['hjuːmən] **I** *n* humano *m* **II** *adj* humano; ~ **error** error *m or* fallo *m* humano

hu•man 'be•ing ser *m* humano

hu•mane [hjuːˈmeɪn] *adj* humano

hu•man•ism ['hjuːmənɪzəm] humanismo *m*

hu•man•ist ['hjuːmənɪst] humanista *m/f*

hu•man•is•tic ['hjuːmənɪstɪk] *adj* humanístico

hu•man•i•tar•i•an [hjuːmænɪˈterɪən] *adj* humanitario

hu•man•i•ty [hjuːˈmænətɪ] humanidad *f*

hu•man•kind [hjuːmənˈkaɪnd] la humanidad

hu•man•ly ['hjuːmənlɪ] *adv*: **do everything ~ possible** hacer todo lo humanamente posible

hu•man 'na•ture la naturaleza humana; **hu•man 'race** raza *f* humana; **hu•man re'sour•ces** *npl* recursos *mpl* humanos; ~ **management** gestión *f* de recursos humanos; **hu•man 'rights** *npl* derechos *mpl* humanos

hum•ble ['hʌmbl] **I** *adj* humilde **II** *v/t* empequeñecer, achicar

hum•bug ['hʌmbʌg] (*hypocrisy*) teatro *m*, doblez *f*

hum•ding•er [hʌmˈdɪŋər] F preciosidad *f*, encanto *m*

hum•drum ['hʌmdrʌm] *adj* monótono, anodino

hum•er•us ['hjuːmərəs] ANAT húmero *m*

hu•mid ['hjuːmɪd] *adj* húmedo

hu•mid•i•fi•er [hjuːˈmɪdɪfaɪr] humidificador *m*

hu•mid•i•fy [hjuːˈmɪdɪfaɪ] *v/t* (*pret & pp -ied*) humidificar

hu•mid•i•ty [hjuːˈmɪdətɪ] humedad *f*

hu•mil•i•ate [hjuːˈmɪlɪeɪt] *v/t* humillar

hu•mil•i•at•ing [hjuːˈmɪlɪeɪtɪŋ] *adj* humillante

hu•mil•i•a•tion [hjuːmɪlɪˈeɪʃn] humillación *f*

hu•mil•i•ty [hjuːˈmɪlətɪ] humildad *f*

hum•ming•bird ['hʌmɪŋbɜːrd] ORN colibrí *m*

hu•mor ['hjuːmər] humor *m*; **sense of ~** sentido *m* del humor

hu•mor•ist ['hjuːmərɪst] humorista *m/f*

hu•mor•less ['hjuːmərlɪs] serio, severo

hu•mor•ous ['hjuːmərəs] *adj* gracioso

hu•mour *Br* ☞ **humor**

hump [hʌmp] **I** *n of camel, person* joroba *f*; *on road* bache *m* **II** *v/t* F (*carry*) acarrear

hump•back 'whale ballena *f* jorobada

hunch [hʌntʃ] (*idea*) presentimiento *m*, corazonada *f*; **I've got a ~ he'll be back** tengo la corazonada de que volverá

hun•dred ['hʌndrəd] cien *m*; **a ~ dollars** cien dólares; **~s of birds** cientos *or* centenares de aves; **a ~ and one** ciento uno; **two ~** doscientos

hun•dred•fold ['hʌndrədfould] **I** *adj*: **there has been a ~ increase in ...** ...se ha multiplicado por cien **II** *adv*: **increase a ~** multiplicarse cien veces

hun•dredth ['hʌndrədθ] *n & adj* centésimo

'hun•dred•weight *43 kilogramos*

hung [hʌŋ] *pret & pp* ☞ **hang**

Hun•gar•i•an [hʌŋˈgerɪən] **I** *adj* húngaro **II 1** *n person* húngaro(-a) *m(f)* **2** *language* húngaro *m*

Hun•ga•ry ['hʌŋgərɪ] Hungría *f*

hun•ger ['hʌŋgər] hambre *f*

'hun•ger strike huelga *f* de hambre; **go on (a) ~** hacer (una) huelga de hambre

hung-'o•ver *adj*: **be ~** tener resaca

hun•gry ['hʌŋgrɪ] *adj* hambriento; **I'm ~** tengo hambre; **she was getting ~** le estaba entrando hambre, estaba empezando a tener hambre

hunk [hʌŋk] **1** *of bread, cheese* cacho *m*, pedazo *m* **2** F *man* cachas *m inv* F

hun•ky-dor•y [hʌŋkɪˈdɔːrɪ] *adj* F: **everything's ~** todo va de perlas

hunt [hʌnt] **I** *n* caza *f*, búsqueda *f* **II** *v/t animal* cazar

◆ **hunt down** *v/t* (*look for*) buscar; (*find*) encontrar

◆ **hunt for** *v/t* buscar

hunt•er ['hʌntər] *person* cazador(a) *m(f)*

hunt•ing ['hʌntɪŋ] caza *f*

'hunt•ing ground *fig*: **a popular ~ for** un paraíso para

hur•dle ['hɜːrdl] SP valla *f*; *fig* obstáculo *m*

hur•dler ['hɜːrdlər] SP vallista *m/f*

hur•dles *npl* SP vallas *fpl*

hurl [hɜːrl] *v/t* lanzar
hurl•y-burl•y [hɜːrlɪˈbɜːrlɪ] jaleo *m*, barullo *m*
hur•ray [hʊˈreɪ] *int* ¡hurra!
hur•ri•cane [ˈhʌrɪkən] huracán *m*
hur•ried [ˈhʌrɪd] *adj* apresurado
hur•ry [ˈhʌrɪ] **I** *n* prisa *f*; *be in a ~* tener prisa; *there's no ~* no hay prisa **II** *v/i* (*pret & pp* **-ied**) darse prisa
◆ **hurry along** *v/t* meter prisa a; *delivery etc* agilizar, aligerar
◆ **hurry up I** *v/i* darse prisa; *hurry up!* ¡date prisa! **II** *v/t* meter prisa a; *hurry things up* acelerar las cosas
hurt [hɜːrt] **I** *v/i* (*pret & pp* **hurt**) doler; *does it ~?* ¿te duele? **II** *v/t* (*pret & pp* **hurt**) *physically* hacer daño a; *emotionally* herir; *I've ~ my hand* me he hecho daño en la mano; *did he ~ you?* ¿te hizo daño?; *~ o.s.* hacerse daño
hurt•ful [ˈhɜːrtfʊl] *adj* hiriente
hur•tle [ˈhɜːrtl] *v/i* lanzarse, dispararse
hus•band [ˈhʌzbənd] marido *m*
hush [hʌʃ] silencio *m*; *~!* ¡silencio!
◆ **hush up** *v/t scandal etc* acallar
hush-'hush *adj* F confidencial
'hush mon•ey F soborno *m*; *pay s.o. ~* sobornar a alguien
husk [hʌsk] *of peanuts etc* cáscara *f*
husk•y[1] [ˈhʌskɪ] *adj voice* áspero
hus•ky[2] [ˈhʌskɪ] *n* ZO husky *m*
hus•sy [ˈhʌsɪ] mujerzuela *f*, fresca *f*
hus•tle [ˈhʌsl] **I** *n* agitación *f*; *~ and bustle* ajetreo *m* **II** *v/t person* empujar
hus•tler [ˈhʌslər] F timador(-a) *m(f)*
hut [hʌt] cabaña *f*, refugio *m*; *workman's* cobertizo *m*
hutch [hʌtʃ] *for rabbits* jaula *f* para conejos
hy•a•cinth [ˈhaɪəsɪnθ] jacinto *m*
hy•brid [ˈhaɪbrɪd] híbrido *m*
hy•drant [ˈhaɪdrənt] hidrante *m or* boca *f* de incendios
hy•draul•ic [haɪˈdrɔːlɪk] *adj* hidráulico; *~ brake* freno *m* hidráulico
hy•dro•car•bon [haɪdrəˈkɑːrbən] CHEM hidrocarbono *m*
hy•dro•chlo•ric a•cid [haɪdrəklɔːrɪkˈæsɪd] CHEM ácido *m* clorhídrico
hy•dro•e•lec•tric [haɪdrəʊɪˈlektrɪk] *adj* hidroeléctrico
hy•dro•foil [ˈhaɪdrəfɔɪl] *boat* hidroplaneador *m*
hy•dro•gen [ˈhaɪdrədʒən] hidrógeno *m*

'hy•dro•gen bomb bomba *f* de hidrógeno
hy•dro•pho•bi•a [haɪdrəˈfəʊbɪə] hidrofobia *f*, rabia *f*
hy•dro•plane [ˈhaɪdrəpleɪn] AVIA hidroavión *m*
hy•e•na [haɪˈiːnə] ZO hiena *f*
hy•giene [ˈhaɪdʒiːn] higiene *f*
hy•gien•ic [haɪˈdʒiːnɪk] *adj* higiénico
hymn [hɪm] himno *m*
'hymn•book libro *m* de himnos
hype [haɪp] F bombo *m*
◆ **hype up** *v/t* F anunciar a bombo y platillos F
hy•per [ˈhaɪpər] *adj* F alterado F, alborotado F
hy•per'ac•tive *adj* hiperactivo
hy•per•bo•le [haɪˈpɜːrbəlɪ] hipérbole *f*
hy•per'crit•i•cal *adj* hipercrítico
hy•per•in'fla•tion hiperinflación *f*
'hy•per•link COMPUT vínculo *m*
'hy•per•mar•ket *Br* hipermercado *m*
hy•per'sen•si•tive *adj* hipersensible
hy•per'ten•sion hipertensión *f*
'hy•per•text COMPUT hipertexto *m*
hy•per'ven•ti•late *v/i* MED hiperventilar
hy•phen [ˈhaɪfn] guión *m*
hy•phen•ate [ˈhaɪfəneɪt] *v/t* escribir con guión
hyp•no•sis [hɪpˈnəʊsɪs] hipnosis *f*
hyp•no•ther•a•py [hɪpnəʊˈθerəpɪ] hipnoterapia *f*
hyp•not•ic [hɪpˈnɑːtɪk] *adj* hipnótico
hyp•no•tism [ˈhɪpnətɪzm] hipnotismo *m*
hyp•no•tist [ˈhɪpnətɪst] hipnotizador(a) *m(f)*
hyp•no•tize [ˈhɪpnətaɪz] *v/t* hipnotizar
hy•po•chon•dri•a [haɪpəˈkɑːndrɪə] hipocondria *f*
hy•po•chon•dri•ac [haɪpəˈkɑːndrɪæk] hipocondríaco(-a) *m(f)*
hy•poc•ri•sy [hɪˈpɑːkrəsɪ] hipocresía *f*
hyp•o•crite [ˈhɪpəkrɪt] hipócrita *m/f*
hyp•o•crit•i•cal [hɪpəˈkrɪtɪkl] *adj* hipócrita
hy•po•der•mic [haɪpəˈdɜːrmɪk] *adj* MED hipodérmico
hy•po•ther•mi•a [haɪpəʊˈθɜːrmɪə] hipotermia *f*
hy•poth•e•sis [haɪˈpɑːθəsɪs] (*pl* **hypotheses** [haɪˈpɑːθəsiːz]) hipótesis *f inv*

hy•po•thet•i•cal [haɪpə'θetɪkl] *adj* hipotético

hys•ter•ec•to•my [hɪstə'rektəmɪ] histerectomía *f*

hys•te•ri•a [hɪ'stɪrɪə] histeria *f*

hys•ter•i•cal [hɪ'sterɪkl] *adj* **1** *person,* laugh histérico; ***become** ~* ponerse histérico **2** F (*very funny*) tronchante F

hys•ter•ics [hɪ'sterɪks] *npl* **1** ataque *m* de histeria **2** (*laughter*) ataque *m* de risa

I

I[1] [aɪ] *pron* yo; *~ am English / a student* soy inglés / estudiante; *you're crazy, ~'m not* tú estás loco, yo no

I[2] *abbr* (= *interstate*) interestatal *f*

IATA *abbr* (= *International Air Transport Association*) IATA *f*

ice [aɪs] *in drink, on road* hielo *m*; *break the ~ fig* romper el hielo; *be (skating) on thin ~ fig* pisar (un) terreno resbaladizo; *cut no ~ with s.o.* F no impresionar a alguien; *your excuses cut no ~ with me* tus excusas me dejan tal cual; *put on ~ fig* F aplazar, posponer

◆ **ice over** *v/i of river, lake* helarse

◆ **ice up** *v/i of engine, wings* helarse

'Ice Age GEOL edad *f* de hielo, era *f* glaciar; **'ice ax(e)** piqueta *f*; **'ice bag** MED bolsa *f* de hielo; **ice•berg** ['aɪsbɜːrg] iceberg *m*; *the tip of the ~ fig* la punta del iceberg; **'ice•bound** *adj* paralizado por el hielo; **'ice•box** nevera *f*, *Rpl* heladera *f*; **'ice•break•er** *ship* rompehielos *m inv*; **'ice buck•et** cubo *m* de hielo; **ice-'cold** *adj* helado, gélido; **'ice cream** helado *m*; *chocolate ~* helado de chocolate; **'ice cream par•lor** heladería *f*; **'ice cube** cubito *m* de hielo

iced [aɪst] *adj* drink helado

'ice danc•er patinador(a) *m(f)* artístico(-a)

'ice danc•ing baile *m* sobre hielo

iced 'cof•fee café *m* helado

iced 'tea té *m* helado

ice floe ['aɪsfləʊ] témpano *m* de hielo

'ice hock•ey hockey *m* sobre hielo

Ice•land ['aɪslənd] Islandia *f*

Ice•land•er ['aɪsləndər] islandés(-esa) *m(f)*

Ice•lan•dic [aɪs'lændɪk] **I** *adj* islandés **II** *n* islandés *m*

'ice lol•ly *Br* polo *m*; **'ice pack** compresa *f* de hielo; **'ice rink** pista *f* de hielo;

'ice skate patín *m* de cuchilla; **'ice skat•er** patinador(a) *m(f)*; **'ice skat•ing** patinaje *m* sobre hielo; **'ice wa•ter** agua *m* con hielo

i•ci•cle ['aɪsɪkl] carámbano *m*

i•ci•ly ['aɪsɪlɪ] *adv fig* con frialdad

i•ci•ness ['aɪsɪnɪs] **1** *of road* lo hielo **2** *fig* frialdad *f*

ic•ing ['aɪsɪŋ] *Br* GASTR glaseado *m*; *~ sugar* *Br* azúcar *m/f* glasé

i•con ['aɪkɑːn] *also* COMPUT icono *m*

ICU [aɪsiː'juː] *abbr* (= *intensive care unit*) UCI *f* (= unidad *f* de cuidados intensivos), UVI *f* (= unidad *f* de vigilancia intensiva)

i•cy ['aɪsɪ] *adj* road con hielo; *surface* helado; *welcome* frío

ID [aɪ'diː] *abbr* (= *identity*) documentación *f*; *got any ~ on you?* ¿lleva algún tipo de documentación?

I'd [aɪd] F = *I had; I would*

i•de•a [aɪ'diːə] idea *f*; *good ~!* ¡buena idea!; *I have no ~* no tengo ni idea; *it's not a good ~ to ...* no es buena idea ...; *put ~s into s.o.'s head* meter a alguien ideas en la cabeza; *the ~ is ...* la idea es ...; *the ~ never entered my mind* nunca se me ha pasado esa idea por la cabeza; *this will give us some ~ of what is needed* esto nos dará una idea de lo que se necesita; *it's not my ~ of a good night out* no es precisamente lo que yo llamaría una noche divertida; *I have an ~ that* sospecho que; *yeah, that's the general ~* sí, esa es la idea (general); *ok, I get the general ~* vale, ya me hago una idea (general)

i•de•al [aɪ'diːəl] **I** *adj* (*perfect*) ideal **II** *n* ideal *m*

ide•al•ism [aɪ'diːəlɪzəm] idealismo *m*

ide•al•ist [aɪ'diːəlɪst] idealista *m/f*

i•de•al•is•tic [aɪdiːəˈlɪstɪk] adj idealista

ide•al•ize [aɪˈdiːəlaɪz] v/t idealizar

i•de•al•ly [aɪˈdiːəlɪ] adv: ~ **situated** en una posición ideal; ~, **we would do it like this** lo ideal sería que lo hiciéramos así

i•den•ti•cal [aɪˈdentɪkl] adj idéntico; ~ **twins** gemelos(-as) mpl(fpl) idénticos(-as)

i•den•ti•fi•ca•tion [aɪdentɪfɪˈkeɪʃn] identificación f; papers etc documentación f; ~ **papers** documentación f, papeles mpl; ~ **parade** LAW Br rueda f de reconocimiento

i•den•ti•fy [aɪˈdentɪfaɪ] v/t (pret & pp **-ied**) identificar; ~ **o.s.** identificarse

◆ **identify with** v/i identificarse con

i•den•ti•ty [aɪˈdentətɪ] identidad f; ~ **card** carné m de identidad; **prove one's** ~ probar or acreditar la identidad

i'den•ti•ty cri•sis crisis f de identidad

i•de•o•log•i•cal [aɪdɪəˈlɑːdʒɪkl] adj ideológico

i•de•ol•o•gy [aɪdɪˈɑːlədʒɪ] ideología f

i•gua•na [ɪˈgwɑːnə] ZO iguana f

I'll [aɪl] F = **I will**

ill [ɪl] I adj enfermo; **fall** ~, **be taken** ~ caer enfermo, enfermar; **feel** ~ **at ease** no sentirse a gusto, sentirse incómodo II adv mal; **speak** / **think** ~ **of** hablar / pensar mal de

ill-ad'vised [ɪləd'vaɪzd] adj comment desacertado; decision, choice desafortunado; **it was** ~ **of her to tell him** decírselo no fue un acierto

ill-'bred adj maleducado

ill-con•ceived [ɪlkən'siːvd] adj inadecuado, inoportuno

ill-de'fined [ɪldɪ'faɪnd] adj poco definido

ill-dis'posed adj: **be** ~ **toward** tener mala disposición or actitud hacia

il•le•gal [ɪˈliːgl] adj ilegal

il•le•gal•i•ty [ɪlɪˈgælətɪ] ilegalidad f

il•le•gi•ble [ɪˈledʒəbl] adj ilegible

il•le•git•i•ma•cy [ɪlɪˈdʒɪtɪməsɪ] ilegitimidad f

il•le•git•i•mate [ɪlɪˈdʒɪtɪmət] adj child ilegítimo

ill-e•quipped [ɪlɪˈkwɪpt] adj mal equipado; fig **be** ~ **to do sth** estar mal preparado para hacer algo

ill-'fat•ed adj infortunado

il•li•cit [ɪˈlɪsɪt] adj ilícito

i•de•ol•o•gy [aɪdɪˈɑːlədʒɪ] ideología f

i•di•o•cy [ˈɪdɪəsɪ] idiotez f, necedad f

i•di•om [ˈɪdɪəm] saying modismo m

i•di•o•mat•ic [ɪdɪəˈmætɪk] adj English, Spanish etc idiomático

i•di•o•syn•cra•sy [ɪdɪəˈsɪŋkrəsɪ] peculiaridad f, rareza f

i•di•ot [ˈɪdɪət] idiota m/f, estúpido(-a) m/f

i•di•ot•ic [ɪdɪˈɑːtɪk] adj idiota, estúpido

i•dle [ˈaɪdl] I adj not working desocupado; (lazy) vago; threat vano; machinery inactivo; **in an** ~ **moment** en un momento libre; ~ **gossip** cotilleo m sin fundamento II v/i of engine funcionar al ralentí

◆ **idle away** v/t the time etc pasar ociosamente

i•dler [ˈaɪdlər] perezoso(-a) m(f), vago(-a) m(f)

i•dly [ˈaɪdlɪ] adv: **stand** ~ **by** quedarse de brazos cruzados

i•dol [ˈaɪdl] ídolo m

i•dol•a•try [aɪˈdɑːlətrɪ] idolatría f

i•dol•ize [ˈaɪdəlaɪz] v/t idolatrar

i•dyll [ˈɪdɪl] idilio m

i•dyl•lic [ɪˈdɪlɪk] adj idílico

i.e. [aɪˈiː] abbr es decir

if [ɪf] I conj si; ~ **only I hadn't shouted at her** ojalá no le hubiera gritado; **he was asking** ~ **you could help** preguntó que si podrías ayudarle; ~ **I were you** si (yo) fuese tú, yo en tu lugar; **as** ~ como si; ~ **so** en tal caso, si es así; **see** ~ **you can do it** a ver si tú puedes hacerlo II n: **no** ~**s or buts** no hay peros que valgan; **if … and it's a big** ~ si … y recalco esto or y lo recalco

if•fy [ˈɪfɪ] adj F dudoso, incierto

ig•nite [ɪgˈnaɪt] v/t inflamar

ig•ni•tion [ɪgˈnɪʃn] in car encendido m; ~ **key** llave f de contacto

ig•no•min•i•ous [ɪgnəˈmɪnɪəs] adj ignominioso, denigrante

ig•no•ra•mus [ɪgnəˈreɪməs] ignorante m/f, inculto(-a) m(f)

ig•no•rance [ˈɪgnərəns] ignorancia f; **out of** or **through** ~ por ignorancia, por desconocimiento

ig•no•rant [ˈɪgnərənt] adj 1 ignorante; **be** ~ **of sth** desconocer or ignorar algo 2 (rude) maleducado

ig•nore [ɪgˈnɔːr] v/t ignorar; COMPUT omitir

il•lit•er•a•cy [ɪ'lɪtərəsɪ] analfabetismo *m*

il•lit•er•ate [ɪ'lɪtərət] *adj* analfabeto

ill-judged [ɪl'dʒʌdʒd] mal enjuiciado, mal juzgado

ill-man•nered [ɪl'mænərd] *adj* maleducado

ill-matched [ɪl'mætʃd] *adj* incompatible

ill-na•tured [ɪl'neɪtʃərd] *adj* malhumorado

ill•ness ['ɪlnɪs] enfermedad *f*

il•log•i•cal [ɪ'lɑːdʒɪkl] *adj* ilógico

ill-suit•ed [ɪl'suːtɪd] *adj*: be ~ to sth no ser indicado para algo; be ~ to s.o. ser incompatible con alguien

ill-tem•pered [ɪl'tempərd] *adj* malhumorado

ill-timed [ɪl'taɪmd] *adj* inoportuno, improcedente

ill'treat *v/t* maltratar

il•lu•mi•nate [ɪ'luːmɪneɪt] *v/t building etc* iluminar

il•lu•mi•nat•ing [ɪ'luːmɪneɪtɪŋ] *adj remarks etc* iluminador, esclarecedor

il•lu•min•a•tion [ɪluːmɪn'eɪʃn] iluminación *f*

il•lu•sion [ɪ'luːʒn] ilusión *f*; be under the ~ that hacerse ilusiones de que; have no ~s no hacerse ilusiones (about sobre)

il•lu•so•ry [ɪ'luːsərɪ] *adj* ilusorio, engañoso; ~ hopes of peace vanas esperanzas *fpl* de paz

il•lus•trate ['ɪləstreɪt] *v/t* ilustrar

il•lus•tra•tion [ɪlə'streɪʃn] ilustración *f*; by way of ~ a modo de ejemplo, a modo ilustrativo

il•lus•tra•tive ['ɪləstrətɪv] *adj* ilustrativo

il•lus•tra•tor [ɪlə'streɪtər] ilustrador(a) *m(f)*

il•lus•tri•ous [ɪ'lʌstrɪəs] *adj* ilustre, glorioso

ill 'will rencor *m*

I'm [aɪm] F = I am

im•age ['ɪmɪdʒ] imagen *f*; he's the ~ of his father es la viva imagen de su padre

'im•age-con•scious *adj* preocupado por la imagen

i•ma•gi•na•ble [ɪ'mædʒɪnəbl] *adj* imaginable; the smallest size ~ la talla más pequeña que se pueda imaginar

i•ma•gi•na•ry [ɪ'mædʒɪnərɪ] *adj* imaginario

i•ma•gi•na•tion [ɪmædʒɪ'neɪʃn] imaginación *f*; it's all in your ~ son (todo) imaginaciones tuyas

i•ma•gi•na•tive [ɪ'mædʒɪnətɪv] *adj* imaginativo

i•ma•gine [ɪ'mædʒɪn] *v/t* imaginar, imaginarse; I can just ~ it me lo imagino, me lo puedo imaginar; you're imagining things son imaginaciones tuyas; I ~ him as a tall man me lo imagino un hombre alto; don't ~ that ... no te vayas a pensar que ..., no te creas que ... ‖ *v/i*: I ~ so eso creo, creo que sí

im•bal•ance [ɪm'bæləns] desproporción *f*

im•be•cile ['ɪmbəsiːl] imbécil *m/f*

im•bue [ɪm'bjuː] *v/t fig*: ~ s.o. with sth imbuir a alguien de algo

IMF [aɪem'ef] *abbr* (= *International Monetary Fund*) FMI *m* (= Fondo *m* Monetario Internacional)

im•i•tate ['ɪmɪteɪt] *v/t* imitar

im•i•ta•tion [ɪmɪ'teɪʃn] I *n* imitación *f*; learn by ~ aprender imitando ‖ *adj* de imitación

im•i•ta•tor ['ɪmɪteɪtər] imitador(a) *m(f)*

im•mac•u•late [ɪ'mækjʊlət] *adj* inmaculado

im•ma•te•ri•al [ɪmə'tɪrɪəl] *adj* (*not relevant*) irrelevante

im•ma•ture [ɪmə'tʃʊər] *adj* inmaduro

im•ma•tu•ri•ty [ɪmə'tʃʊərətɪ] inmadurez *f*

im•meas•ur•a•ble [ɪ'meʒərəbl] *adj* inconmesurable, incalculable

im•me•di•ate [ɪ'miːdɪət] *adj* inmediato; the ~ family los familiares más cercanos; in the ~ neighborhood en las inmediaciones; in the ~ future en el futuro inmediato

im•me•di•ate•ly [ɪ'miːdɪətlɪ] I *adv* inmediatamente; ~ after the bank / church justo después del banco / la iglesia ‖ *conj*: ~ you said that ... justo cuando dijiste que ...

im•me•mo•ri•al [ɪmə'mɔːrɪəl] *adj*: since time ~ desde tiempos inmemoriables *or* remotos

im•mense [ɪ'mens] *adj* inmenso

im•men•si•ty [ɪ'mensɪtɪ] inmensidad *f*, magnitud *f*

im•merse [ɪ'mɜːrs] *v/t* sumergir; ~ o.s. in sumergirse en; ~d in thought inmerso *or* sumido en sus / mis *etc* pensamientos

im•mer•sion [ɪˈmɜːrʃn] *in liquid, culture* inmersión *f*; ~ *course* curso *m* de inmersión

im'mer•sion heat•er calentador *m* de agua eléctrico

im•mi•grant [ˈɪmɪɡrənt] inmigrante *m/f*

im•mi•grate [ˈɪmɪɡreɪt] *v/i* inmigrar

im•mi•gra•tion [ɪmɪˈɡreɪʃn] inmigración *f*; *Immigration government department* (Departamento *m* de) Inmigración *f*; ~ *officer* oficial *m/f* or agente *m/f* de inmigración

im•mi•nent [ˈɪmɪnənt] *adj* inminente

im•mo•bile [ɪˈmoʊbaɪl] *adj* inmóvil

im•mo•bil•i•ty [ɪməˈbɪlətɪ] inmovilidad *f*

im•mo•bi•lize [ɪˈmoʊbɪlaɪz] *v/t factory* paralizar; *person, car* inmovilizar

im•mo•bi•liz•er [ɪˈmoʊbɪlaɪzər] *on car* inmovilizador *m*

im•mod•e•rate [ɪˈmɑːdərət] *adj* desmedido, exagerado

im•mod•est [ɪˈmɑːdɪst] *adj* inmodesto, presuntuoso

im•mor•al [ɪˈmɔːrəl] *adj* inmoral

im•mor•al•i•ty [ɪmɔːˈrælɪtɪ] inmoralidad *f*

im•mor•tal [ɪˈmɔːrtl] *adj* inmortal

im•mor•tal•i•ty [ɪmɔːrˈtælɪtɪ] inmortalidad *f*

im•mor•tal•ize [ɪˈmɔːrtəlaɪz] *v/t* inmortalizar

im•mov•a•ble [ɪˈmuːvəbl] *adj opposition* inamovible

im•mune [ɪˈmjuːn] *adj to illness, infection* inmune; *from ruling, requirement* con inmunidad

im'mune sys•tem MED sistema *m* inmunológico

im•mu•ni•ty [ɪˈmjuːnətɪ] inmunidad *f*

im•mu•nize [ˈɪmjʊnaɪz] *v/t* inmunizar

im•mu•no•de•fi•cien•cy [ɪmjuːnoʊdɪˈfɪʃənsɪ] immunodeficiencia *f*

im•mu•nol•o•gist [ɪmjʊˈnɑːlədʒɪst] inmunólogo(-a) *m(f)*

im•mu•nol•o•gy [ɪmjʊˈnɑːlədʒɪ] inmunología *f*

imp [ɪmp] *also fig* diablillo *m*

im•pact [ˈɪmpækt] impacto *m*; *the warning had no ~ on him* el aviso no le hizo cambiar lo más mínimo

◆ **impact on** *v/t* impactar en

Im•pair [ɪmˈper] *v/t* dañar

im•paired [ɪmˈperd] *adj: with ~ hear-* *ing / sight* con problemas auditivos / visuales

im•pale [ɪmˈpeɪl] *v/t* atravesar (*on* con)

im•part [ɪmˈpɑːrt] *v/t* transmitir (*to* a)

im•par•tial [ɪmˈpɑːrʃl] *adj* imparcial

im•par•ti•al•i•ty [ɪmpɑːrʃɪˈælətɪ] imparcialidad *f*

im•pass•a•ble [ɪmˈpæsəbl] *adj road* intransitable

im•passe [ˈɪmpæs] *in negotations etc* punto *m* muerto

im•pas•sioned [ɪmˈpæʃnd] *adj speech, plea* apasionado

im•pas•sive [ɪmˈpæsɪv] *adj* impasible

im•pa•tience [ɪmˈpeɪʃəns] impaciencia *f*

im•pa•tient [ɪmˈpeɪʃənt] *adj* impaciente; *be ~ to do sth* estar impaciente por hacer algo

im•pa•tient•ly [ɪmˈpeɪʃəntlɪ] *adv* impacientemente

im•peach [ɪmˈpiːtʃ] *v/t President* iniciar un proceso de destitución contra

im•peach•ment [ɪmˈpiːtʃmənt] proceso *m* de destitución

im•pec•ca•ble [ɪmˈpekəbl] *adj* impecable

im•pec•ca•bly [ɪmˈpekəblɪ] *adv* impecablemente

im•pede [ɪmˈpiːd] *v/t* dificultar

im•ped•i•ment [ɪmˈpedɪmənt] *in speech* defecto *m* del habla

im•pel [ɪmˈpel] *v/t* (*prep & pp -led*) impeler; ~ *s.o. to do sth* arrastrar *or* empujar a alguien a hacer algo

im•pend•ing [ɪmˈpendɪŋ] *adj* inminente

im•pen•e•tra•ble [ɪmˈpenɪtrəbl] *adj* impenetrable

im•per•a•tive [ɪmˈperətɪv] **I** *adj* imprescindible **II** *n* GRAM imperativo *m*

im•per•cep•ti•ble [ɪmpɜːrˈseptɪbl] *adj* imperceptible

im•per•fect [ɪmˈpɜːrfekt] **I** *adj* imperfecto **II** *n* GRAM imperfecto *m*

im•per•fec•tion [ɪmpərˈfekʃn] imperfección *f*

im•pe•ri•al [ɪmˈpɪriəl] *adj* imperial

im•pe•ri•al•ism [ɪmˈpɪriəlɪzəm] POL imperialismo *m*

im•pe•ri•al•ist [ɪmˈpɪriəlɪst] **I** *n* imperialista *m/f* **II** *adj* imperialista

im•per•il [ɪmˈperəl] *v/t* (*prep & pp -led*) hacer peligrar, poner en peligro

im•pe•ri•ous [ɪmˈpɪriəs] *adj* imperioso

im•per•ma•nent [ɪm'pɜːrmənənt] *adj* transitorio, pasajero

im•per•me•a•ble [ɪm'pɜːrmjəbl] *adj* impermeable, aislante

im•per•son•al [ɪm'pɜːrsənl] *adj* impersonal

im•per•son•ate [ɪm'pɜːrsəneɪt] *v/t as a joke* imitar; *illegally* hacerse pasar por

im•per•son•a•tion [ɪmpɜːrsən'eɪʃn] *as a joke* imitación *f*

im•per•son•a•tor [ɪm'pɜːrsəneɪtər] imitador(a) *m(f)*

im•per•ti•nence [ɪm'pɜːrtɪnəns] impertinencia *f*

im•per•ti•nent [ɪm'pɜːrtɪnənt] *adj* impertinente

im•per•tur•ba•ble [ɪmpər'tɜːrbəbl] *adj* imperturbable

im•per•vi•ous [ɪm'pɜːrvɪəs] *adj*: ~ *to* inmune a

im•pe•tu•ous [ɪm'petʃʊəs] *adj* impetuoso

im•pe•tus ['ɪmpɪtəs] *of campaign etc* ímpetu *m*; *give* ~ *to* dar ímpetu a

im•pinge [ɪm'pɪndʒ] *v/i*: ~ *on s.o.'s freedoms / rights* vulnerar las libertades / derechos de alguien

imp•ish ['ɪmpɪʃ] *adj* cuco, pillo

im•pla•ca•ble [ɪm'plækəbl] *adj* implacable

im•plant I *v/t* [ɪm'plænt] **1** MED implantar (*in, into* en) **2** *fig* implantar, establecer (*in, into* en) II *n* ['ɪmplænt] MED implante *m*

im•plau•si•ble [ɪm'plɔːzəbl] *adj* inverosímil, insólito

im•ple•ment I *n* ['ɪmplɪmənt] utensilio *m* II *v/t* ['ɪmplɪment] *measures etc* poner en práctica

im•ple•men•ta•tion [ɪmplɪmen'teɪʃn] implementación *f*, puesta *f* en práctica

im•pli•cate ['ɪmplɪkeɪt] *v/t* implicar; ~ *s.o. in sth* implicar a alguien en algo

im•pli•ca•tion [ɪmplɪ'keɪʃn] consecuencia *f*; *the* ~ *is that ...* implica que ...; *what are the ~s of this for our school?* ¿qué supone esto para nuestra escuela?

im•plic•it [ɪm'plɪsɪt] *adj* implícito; *trust* inquebrantable

im•plic•it•ly [ɪm'plɪsɪtlɪ] *adv* **1** *by implication* implícitamente **2**: *trust s.o.* ~ confiar incondicionalmente *or* plenamente en alguien

im•plied [ɪm'plaɪd] *adj* insinuado, aludido

im•plode [ɪm'ploʊd] *v/i* PHYS implosionar

im•plore [ɪm'plɔːr] *v/t* implorar; ~ *s.o. not to do sth* implorar a alguien que no haga algo

im•ply [ɪm'plaɪ] *v/t* (*pret & pp* **-ied**) implicar; *are you ~ing I lied?* ¿insinúas que mentí?

im•po•lite [ɪmpə'laɪt] *adj* maleducado

im•pon•der•a•ble [ɪm'pɑːndərəbl] *adj* imponderable, inestimable

im•port ['ɪmpɔːrt] I *n* importación *f*; ~ *trade* comercio *m* de importación II *v/t* importar

im•por•tance [ɪm'pɔːrtəns] importancia *f*; *attach* ~ *to* darle importancia a; *be of no* ~ no ser importante (*to* para), no tener importancia (*to* para); *a matter of some* ~ una cuestión de cierta importancia

im•por•tant [ɪm'pɔːrtənt] *adj* importante

im•por•tant•ly [ɪm'pɔːrtəntlɪ] *adv*: *more~, ...* y lo que es (aún) más importante, ...

'im•port du•ty derechos *mpl* de importación

im•por•ter [ɪm'pɔːrtər] importador(a) *m(f)*

im•port-'ex•port importación-exportación *f*

'im•port quo•tas *npl* cuotas *fpl* de importación

'im•port re•stric•tions *npl* restricciones *fpl* a la importación

im•por•tune [ɪmpɔːr'tjuːn] *v/t* importunar, molestar

im•pose [ɪm'poʊz] I *v/t tax* imponer; ~ *o.s. on s.o.* molestar a alguien; ~ *one's will on s.o.* imponer la voluntad sobre alguien II *v/i*: ~ *on s.o.* abusar de alguien

im•pos•ing [ɪm'poʊzɪŋ] *adj* imponente

im•po•si•tion [ɪmpə'zɪʃn] *of punishment, taxes* imposición *f*

im•pos•si•bil•i•ty [ɪmpɑːsɪ'bɪlɪtɪ] imposibilidad *f*

im•pos•si•ble [ɪm'pɑːsɪbəl] *adj* imposible; *it is* ~ *for me to come* me es imposible venir

im•pos•si•bly [ɪm'pɑːsɪblɪ] *adv expensive, beautiful* increíblemente

im•pos•tor [ɪm'pɑːstər] impostor(a) *m(f)*

im•po•tence ['ɪmpətəns] impotencia *f*

im•po•tent ['ɪmpətənt] *adj* impotente

im•pov•er•ished [ɪm'pɑːvərɪʃt] *adj* empobrecido

im•prac•ti•ca•ble [ɪm'præktɪkəbl] *adj* impracticable, irrealizable

im•prac•ti•cal [ɪm'præktɪkəl] *adj* poco práctico

im•preg•nate ['ɪmpregneɪt] *v/t* **1** BIO impregnar **2** *with liquid* impregnar, empapar

im•pre•sa•ri•o [ɪmprə'sɑːrɪoʊ] empresario(-a) *m(f)* teatral

im•press [ɪm'pres] *v/t* impresionar; **be ⁓ed by s.o. / sth** quedar impresionado por alguien / algo; **I'm not ⁓ed** no me parece nada bien; **she ⁓ed me as being quite serious** me dio la impresión de que es bastante seria

im•pres•sion [ɪm'preʃn] **1** impresión *f*; **make a good / bad ⁓ on s.o.** causar a alguien buena / mala impresión; **I get the ⁓ that** me da la impresión de que; **give s.o. the wrong ⁓** dar a alguien una impresión equivocada; **be under the ⁓ that** tener la impresión de que **2** (*impersonation*) imitación *f*

im•pres•sion•a•ble [ɪm'preʃənəbl] *adj* influenciable

im•pres•sion•ism [ɪm'preʃənɪzəm] impresionismo *m*

im•pres•sion•ist [ɪm'preʃənɪst] **I** *n* **1** *artist* impresionista *m/f* **2** *comedian* imitador(a) *m(f)* **II** *adj* impresionista

im•pres•sion•is•tic [ɪmpreʃə'nɪstɪk] *adj* impresionista

im•pres•sive [ɪm'presɪv] *adj* impresionante

im•print **I** *n* ['ɪmprɪnt] *of credit card* impresión *f* **II** *v/t* [ɪm'prɪnt] imprimir, estampar (*on* en); **it was ⁓ed in my memory** se me quedó grabado en la memoria

im•pris•on [ɪm'prɪzn] *v/t* encarcelar

im•pris•on•ment [ɪm'prɪznmənt] encarcelamiento *m*

im•prob•a•bil•i•ty [ɪmprɑːbə'bɪlətɪ] improbabilidad *f*

im•prob•a•ble [ɪm'prɑːbəbəl] *adj* improbable

im•promp•tu [ɪm'prɑːmptjuː] *adj* improvisado

im•prop•er [ɪm'prɑːpər] *adj behavior* incorrecto

im•pro•pri•e•ty [ɪmprə'praɪətɪ] impropiedad *f*

im•prove [ɪm'pruːv] *v/t & v/i* mejorar; **he** *or* **his health is improving** está mejorando, su salud mejora

◆ **improve on** *v/t marks, score* mejorar

im•prove•ment [ɪm'pruːvmənt] mejora *f*, mejoría *f*; **there has been a slight ⁓ in his work / health** su trabajo / salud ha mejorado ligeramente; **that's an ⁓ on what you did last time!** ¡has mejorado desde la última vez que lo hiciste!

im•prov•i•sa•tion [ɪmprəvaɪ'zeɪʃn] improvisación *f*

im•pro•vise ['ɪmprəvaɪz] *v/i* improvisar

im•pru•dence [ɪm'pruːdəns] imprudencia *f*

im•pru•dent [ɪm'pruːdənt] *adj* imprudente

im•pu•dence ['ɪmpjʊdəns] insolencia *f*, desfachatez *f*

im•pu•dent ['ɪmpjʊdənt] *adj* insolente, desvergonzado

im•pulse ['ɪmpʌls] impulso *m*; **do sth on (an) ⁓** hacer algo impulsivamente

'im•pulse buy compra *f* impulsiva

im•pul•sive [ɪm'pʌlsɪv] *adj* impulsivo

im•pu•ni•ty [ɪm'pjuːnətɪ] impunidad *f*; **with ⁓** impunemente

im•pure [ɪm'pjʊr] *adj* impuro

im•pu•ri•ty [ɪm'pjʊrətɪ] impureza *f*

im•pute [ɪm'pjuːt] *v/t:* **⁓ sth to s.o.** imputar algo a alguien

in [ɪn] **I** *prep* **1** *place* en; **⁓ Washington** en Washington; **⁓ the street** en la calle; **put it ⁓ your pocket** métetelo en el bolsillo; **wounded ⁓ the leg / arm** herido en la pierna / el brazo; **⁓ his novel** en su novela; **⁓ Faulkner** en Faulkner **2** *time* en; **⁓ 1999** en 1999; **⁓ two hours from now** dentro de dos horas; **⁓ the morning** por la mañana; **⁓ the summer** en verano; **⁓ August** en agosto **3** *manner* en; **⁓ English / Spanish** en inglés / español; **⁓ a loud voice** en voz alta; **⁓ his style** en su estilo; **⁓ yellow** de amarillo **4**: **⁓ crossing the road** (*while*) al cruzar la calle; **⁓ agreeing to this** (*by virtue of*) al expresar acuerdo con esto **5**: **three ⁓ all** tres en total; **one ⁓ ten** uno de cada diez

II *adv* **1**: *is he ~?* at home ¿está en casa?; *is the express ~ yet?* ¿ha llegado ya el expreso?; *when the diskette is ~* cuando el disquete está dentro; *~ here* aquí dentro **2**: *she was ~ for a surprise / disappointment* se iba a llevar una sorpresa / decepción **3**: *be ~ on a plan / a joke* tomar parte *or* participar en un plan / una broma
III *adj* (*fashionable, popular*) de moda; *the ~ crowd* el grupo de moda
IV *n*: *know the ~s and outs of* conocer los intríngulis de

in•a•bil•i•ty [ɪnə'bɪlɪtɪ] incapacidad *f*
in•ac•ces•si•ble [ɪnək'sesɪbl] *adj* inaccesible
in•ac•cu•ra•cy [ɪn'ækjʊrəsɪ] imprecisión *f*
in•ac•cu•rate [ɪn'ækjʊrət] *adj* inexacto
in•ac•tion [ɪn'ækʃn] inacción *f*, inactividad *f*
in•ac•tive [ɪn'æktɪv] *adj* inactivo
in•ac•tiv•i•ty [ɪnæk'tɪvɪtɪ] inactividad *f*
in•ad•e•quate [ɪn'ædɪkwət] *adj* insuficiente, inadecuado
in•ad•mis•si•ble [ɪnəd'mɪsəbl] *adj* inadmisible
in•ad•vert•ent [ɪnəd'vɜːrtənt] *adj* involuntario, inconsciente
in•ad•vert•ent•ly [ɪnəd'vɜːrtəntlɪ] *adv* inconscientemente
in•ad•vis•a•ble [ɪnəd'vaɪzəbl] *adj* poco aconsejable
in•al•ien•a•ble [ɪn'eɪljənəbl] *adj* inalienable, injenable
in•ane [ɪ'neɪn] *adj* tonto, estúpido
in•an•i•mate [ɪn'ænɪmət] *adj* inanimado
in•ap•pli•ca•ble [ɪnə'plɪkəbl] *adj* inaplicable
in•ap•pro•pri•ate [ɪnə'prʊprɪət] *adj remark, thing to do* inadecuado, improcedente; *choice* inapropiado
in•ar•tic•u•late [ɪnɑːr'tɪkjʊlət] *adj*: *be ~* expresarse mal
in•as•much as [ɪnəz'mʌtʃæz] *conj* puesto que, ya que
in•at•ten•tion [ɪnə'tenʃn] desatención *f*, falta *f* de atención
in•at•ten•tive [ɪnə'tentɪv] *adj* desatento, distraído
in•au•di•ble [ɪn'ɔːdəbl] *adj* inaudible
in•au•gu•ral [ɪ'nɔːgjʊrəl] *adj speech* inaugural

in•au•gu•rate [ɪ'nɔːgjʊreɪt] *v/t* inaugurar
in•au•gu•ra•tion [ɪnɔːgjʊ'reɪʃn] inauguración *f*
In•au•gu'ra•tion Day POL *día en que el presidente de los Estados Unidos toma posesión del cargo*
in•aus•pi•cious [ɪnɔː'spɪʃəs] *adj* poco prometedor, desfavorable
in•board 'mo•tor motor *m* de a bordo
'in•born *adj* innato
in'bred *adj* **1** *innate* innato **2** BIO endogámico
'in•breed•ing endogamia *f*
inc. *abbr* (= *incorporated*) S.A. (= sociedad *f* anónima)
In•ca ['ɪŋkə] inca *m/f*
In•can ['ɪŋkən] **I** *adj* inca, incaico **II** *n* inca, incaico(-a) *m(f)*
in•cal•cu•la•ble [ɪn'kælkjʊləbl] *adj damage* incalculable
in•ca•pa•bil•i•ty [ɪnkeɪpə'bɪlətɪ] incapacidad *f*
in•ca•pa•ble [ɪn'keɪpəbl] *adj* incapaz; *be ~ of doing sth* ser incapaz de hacer algo
in•ca•pac•i•tate [ɪnkə'pæsɪteɪt] *v/t* incapacitar, inhabilitar
in•ca•pac•i•ty [ɪnkə'pæsətɪ] incapacidad *f*
in•car•cer•ate [ɪn'kɑːrsəreɪt] *v/t* encarcelar
in•car•cer•a•tion [ɪnkɑːrsə'reɪʃn] encarcelación *f*
in•car•nate [ɪn'kɑːrnət] *adj* en persona, personificado
in•car•na•tion [ɪnkɑːr'neɪʃn] encarnación *f*
in•cen•di•ar•y [ɪn'sendɪərɪ] *adj* incendiario
in'cen•di•a•ry de•vice artefacto *m* incendiario
in•cense[1] ['ɪnsens] *n* incienso *m*
in•cense[2] [ɪn'sens] *v/t* encolerizar
in•cen•tive [ɪn'sentɪv] incentivo *m*
in'cen•tive scheme plan *m* de incentivos
in'cen•tive trav•el viajes *mpl* como incentivo
in•ces•sant [ɪn'sesnt] *adj* incesante
in•ces•sant•ly [ɪn'sesntlɪ] *adv* incesantemente
in•cest ['ɪnsest] incesto *m*
in•ces•tu•ous [ɪn'sestjʊəs] *adj* inces-

tuoso

inch [ɪntʃ] **I** *n* pulgada *f*; ~ **by** ~ poco a poco; *every* ~ *fig* de pies a cabeza, de arriba abajo; *come within an* ~ *of doing sth* estar a punto de hacer algo **II** *v/i*: ~ *forward* avanzar poco a poco

in•ci•dence [ˈɪnsɪdəns] **1** (*rate*) índice *m*; *the high* ~ *of ...* el alto índice de ... **2** PHYS incidencia *f*

in•ci•dent [ˈɪnsɪdənt] incidente *m*

in•ci•den•tal [ɪnsɪˈdentl] **I** *adj* secundario; ~ *costs* gastos *mpl* imprevistos ~ *expenses* gastos *mpl* varios **II** *npl*: ~**s** gastos *mpl* imprevistos

in•ci•den•tal•ly [ɪnsɪˈdentlɪ] *adv* a propósito

in•ci'den•tal mu•sic música *f* de acompañamiento

in•cin•er•ate [ɪnˈsɪnəreɪt] *v/t* incinerar

in•cin•e•ra•tor [ɪnˈsɪnəreɪtər] incinerador *m*

in•ci•sion [ɪnˈsɪʒn] incisión *f*

in•ci•sive [ɪnˈsaɪsɪv] *adj* incisivo

in•ci•sor [ɪnˈsaɪzər] ANAT incisivo *m*

in•cite [ɪnˈsaɪt] *v/t* incitar; ~ *s.o. to do sth* incitar a alguien a que haga algo

in•cite•ment [ɪnˈsaɪtmənt] LAW incitación *f*, instigación *f* (*to* a)

in•clem•ent [ɪnˈklemənt] *adj* inclemente

in•cli•na•tion [ɪnklɪˈneɪʃn] (*tendency, liking*) inclinación *f*; *I have no* ~ *to sympathize* no tiendo a compadecerme; *he's always had an* ~ *to be lazy* siempre ha tendido a ser vago

in•cline [ɪnˈklaɪn] *v/t*: *be* ~*d to do sth* tender a hacer algo

in•close ☞ *enclose*

in•clos•ure ☞ *enclosure*

in•clude [ɪnˈkluːd] *v/t* incluir; *service* ~*d* servicio incluido

in•clud•ing [ɪnˈkluːdɪŋ] *prep* incluyendo; *not* ~ *me* sin incluirme a mí

in•clu•sion [ɪnˈkluːʒn] inclusión *f*, incorporación *f*

in•clu•sive [ɪnˈkluːsɪv] **I** *adj* price total, global **II** *prep*: ~ *of* incluyendo, incluido; *be* ~ *of sth* incluir algo **III** *adv*: *from Monday to Thursday* ~ de lunes al jueves, ambos inclusive; *it costs $ 1000* ~ cuesta 1.000 dólares todo incluido

in•cog•ni•to [ɪnkɑːgˈniːtoʊ] *adv* de incógnito

in•co•her•ence [ɪnkoʊˈhɪərəns] incohe-

rencia *f*

in•co•her•ent [ɪnkoʊˈhɪərənt] *adj* incoherente

in•come [ˈɪnkəm] ingresos *mpl*

'in•come brack•et, **'in•come group** grupo *m* económico; **in•come sup•'port** *Br* subsidio *m*; *be on* ~ recibir subsidio; **'in•come tax** impuesto *m* sobre la renta; **'in•come tax re•turn** declaración *f* de la renta

'in•com•ing *adj* tide que sube; ~ *flight* vuelo *m* que llega; ~ *mail* correo *m* recibido; ~ *calls* llamadas *fpl* recibidas

in•com•mu•ni•ca•do [ɪnkəmjuːnɪˈkɑːdoʊ] *adj*: *be* ~ F estar incomunicado *or* confinado

in•com•pa•ra•ble [ɪnˈkɑːmpərəbl] *adj* incomparable

in•com•pat•i•bil•i•ty [ɪnkəmpætɪˈbɪlɪtɪ] incompatibilidad *f*

in•com•pat•i•ble [ɪnkəmˈpætɪbl] *adj* incompatible

in•com•pe•tence [ɪnˈkɑːmpɪtəns] incompetencia *f*

in•com•pe•tent [ɪnˈkɑːmpɪtənt] *adj* incompetente

in•com•plete [ɪnkəmˈpliːt] *adj* incompleto

in•com•pre•hen•si•ble [ɪnkɑːmprɪˈhensɪbl] *adj* incomprensible

in•com•pre•hen•si•bly [ɪnkɑːmprɪˈhensɪblɪ] *adv* incomprensiblemente, de manera incomprensible

in•com•pre•hen•sion [ɪnkɑːmprɪˈhenʃn] incomprensión *f*

in•con•cei•va•ble [ɪnkənˈsiːvəbl] *adj* inconcebible; *it is* ~ *to me that* para mí es inconcebible que

in•con•clu•sive [ɪnkənˈkluːsɪv] *adj* no concluyente

in•con•gru•i•ty [ɪnkɑːŋˈgruːətɪ] incongruencia *f*

in•con•gru•ous [ɪnˈkɑːŋgruəs] *adj* incongruente

in•con•se•quen•tial [ɪnkɑːnsɪˈkwənʃəl] *adj* intrascendente, insubstancial

in•con•sid•er•a•ble [ɪnkənˈsɪdərəbl] *adj*: *a not* ~ *amount* una cantidad nada despreciable

in•con•sid•er•ate [ɪnkənˈsɪdərət] *adj* desconsiderado

in•con•sis•ten•cy [ɪnkənˈsɪstənsɪ] inconsistencia *f*

in•con•sis•tent [ɪnkənˈsɪstənt] *adj* ar-

gument, behavior incoherente, inconsecuente; *player* irregular; **be ~ with sth** no ser consecuente con algo

in•con•so•la•ble [ɪnkən'soʊləbl] *adj* inconsolable, desconsolado

in•con•spic•u•ous [ɪnkən'spɪkjʊəs] *adj* discreto

in•con•test•a•ble [ɪnkən'testəbl] *adj* irrebatible, indiscutible

in•con•ti•nence [ɪn'kɑːntɪnəns] MED incontinencia *f*

in•con•ti•nent [ɪn'kɑːntɪnənt] *adj* MED incontinente

in•con•tro•vert•i•ble [ɪnkɑːntrə'vɜːrtəbl] *adj* irrebatible, innegable

in•con•ve•ni•ence [ɪnkən'viːnɪəns] inconveniencia *f*; **put s.o. to ~, be an ~ to s.o.** causar molestias a alguien

in•con•ve•ni•ent [ɪnkən'viːnɪənt] *adj* inconveniente, inoportuno; **at an ~ time** en un momento inoportuno

in•con•ve•ni•ent•ly [ɪnkən'viːnɪəntlɪ] *adv*: **~ located** mal situado

in•cor•po•rate [ɪn'kɔːrpəreɪt] *v/t* incorporar

in•cor•po•rat•ed [ɪn'kɔːrpəreɪtɪd] *adj* COM: **ABC Incorporated** ABC, sociedad *f* anónima; **~ company** sociedad *f* anónima

in•cor•po•ra•tion [ɪnkɔːrpər'eɪʃn] **1** incorporación *f* **2** COM constitución *f* en sociedad

in•cor•rect [ɪnkə'rekt] *adj* incorrecto

in•cor•rect•ly [ɪnkə'rektlɪ] *adv* incorrectamente

in•cor•ri•gi•ble [ɪn'kɑːrɪdʒəbl] *adj* incorregible

in•cor•rupt•i•ble [ɪnkə'rʌptəbl] *adj* incorruptible

in•crease I *v/t & v/i* [ɪn'kriːs] aumentar (**in** de) II *n* ['ɪnkriːs] aumento *m* (**in** de); **be on the ~** estar *or* ir en aumento

in•creas•ing [ɪn'kriːsɪŋ] *adj* creciente

in•creas•ing•ly [ɪn'kriːsɪŋlɪ] *adv* cada vez más; **we're getting ~ concerned** cada vez estamos más preocupados

in•cred•i•ble [ɪn'kredɪbl] *adj* (*amazing, very good*) increíble

in•cred•u•lous [ɪn'kredjʊləs] *adj* incrédulo

in•cre•ment ['ɪnkrɪmənt] COM incremento *m*

in•crim•i•nate [ɪn'krɪmɪneɪt] *v/t* incriminar; **~ o.s.** incriminarse

in•crim•i•nat•ing *adj* [ɪn'krɪmɪneɪtɪŋ] incriminatorio

in•cu•bate ['ɪŋkjubeɪt] *v/t* incubar

in•cu•ba•tion [ɪŋkjʊ'beɪʃn] incubación *f*

in•cu•ba•tion pe•ri•od periodo *m* de incubación

in•cu•ba•tor ['ɪŋkjʊbeɪtər] incubadora *f*

in•cur [ɪn'kɜːr] *v/t* (*pret & pp -red*) *costs* incurrir en; *debts* contraer; *s.o's anger* provocar; *losses* sufrir

in•cu•ra•ble [ɪn'kjʊrəbl] *adj* incurable

in•cur•sion [ɪn'kɜːrʒn] incursión *f* (*into* en)

in•debt•ed [ɪn'detɪd] *adj*: **be ~ to s.o.** estar en deuda con alguien

in•de•cen•cy [ɪn'diːsnsɪ] indecencia *f*; LAW atentado *m* contra la moral pública

in•de•cent [ɪn'diːsnt] *adj* indecente; **~ exposure** exhibicionismo *m*

in•de•ci•pher•a•ble [ɪndɪ'saɪfərəbl] *adj* indescifrable

in•de•ci•sion [ɪndɪ'sɪʒn] indecisión *f*

in•de•ci•sive [ɪndɪ'saɪsɪv] *adj* indeciso

in•de•ci•sive•ness [ɪndɪ'saɪsɪvnɪs] indecisión *f*

in•dec•o•rous [ɪn'dekərəs] *adj* indecoroso

in•deed [ɪn'diːd] *adv* (*in fact*) ciertamente, efectivamente; *yes, agreeing* ciertamente, en efecto; **very much ~** muchísimo; **thank you very much ~** muchísimas gracias; **did you ~?** ¿de veras?, ¿en serio?

in•de•fat•i•ga•ble [ɪndɪ'fætɪgəbl] *adj* infatigable, incansable

in•de•fen•si•ble [ɪndɪ'fensəbl] *adj* inexcusable, injustificable

in•de•fi•na•ble [ɪndɪ'faɪnəbl] *adj* indefinible

in•def•i•nite [ɪn'defɪnɪt] *adj* indefinido; **~ article** GRAM artículo *m* indefinido; **~ pronoun** GRAM pronombre *m* indefinido

in•def•i•nite•ly [ɪn'defɪnɪtlɪ] *adv* indefinidamente

in•del•i•ble [ɪn'deləbl] *adj also fig* imborrable, indeleble

in•del•i•cate [ɪn'delɪkət] *adj* poco delicado, desaprensivo

in•dem•ni•fy [ɪn'demnɪfaɪ] *v/t* (*pret & pp -ied*) **1** (*reimburse*) indemnizar, compensar (*for* por) **2** *insure* asegurar

(*from, against* contra)

in•dem•ni•ty [ɪn'demnɪtɪ] indemnidad *f*

in•dent I *n* ['ɪndent] *in text* sangrado *m* II *v/t* [ɪn'dent] *line* sangrar

in•den•ta•tion [ɪnden'teɪʃn] incisión *f*, hendidura *f*

in•de•pen•dence [ɪndɪ'pendəns] independencia *f*

In•de'pen•dence Day Día *m* de la Independencia

in•de•pen•dent [ɪndɪ'pendənt] *adj* independiente

in•de•pen•dent•ly [ɪndɪ'pendəntlɪ] *adv* deal with por separado; **~ of** al margen de

in-'depth *adj* en profundidad, a fondo

in•de•scri•ba•ble [ɪndɪ'skraɪbəbl] *adj* indescriptible

in•de•scrib•a•bly [ɪndɪ'skraɪbəblɪ] *adv* indescriptiblemente

in•de•struc•ti•ble [ɪndɪ'strʌktəbl] *adj* indestructible

in•de•ter•mi•nate [ɪndɪ'tɜːrmɪnət] *adj* indeterminado

in•dex ['ɪndeks] (*pl indices* ['ɪndɪsiːz]) *for book* índice *m*

'in•dex card ficha *f*; 'in•dex fin•ger (dedo *m*) índice *m*; in•dex-linked [ɪndeks'lɪŋkt] *adj Br* indexado; in•dex-link•ing [ɪndeks'lɪŋkɪŋ] *Br* indexación *f*

In•di•a ['ɪndɪə] (la) India

In•di•an ['ɪndɪən] I *adj* indio II *n* 1 *from India* indio(-a) *m(f)*, hindú *m/f* 2 *American* indio(-a) *m(f)*

In•di•an 'corn maíz *m*; In•di•an 'O•cean (océano *m*) índico *m*; In•di•an 'sum•mer *in northern hemisphere* veranillo *m* de San Martín; *in southern hemisphere* veranillo *m* de San Juan

in•di•cate ['ɪndɪkeɪt] I *v/t* indicar; **this does seem to ~ that** esto parece indicar que; **I think a meeting is ~d** creo que es recomendable celebrar una reunión II *v/i when driving* poner el intermitente

in•di•ca•tion [ɪndɪ'keɪʃn] indicio *m*; **there is every ~ that** todo indica que, todos los indicios apuntan a que

in•dic•a•tive [ɪn'dɪkətɪv] I *adj* 1 LING indicativo 2: **be ~ of** ser indicativo de II *n* LING indicativo *m*

in•di•ca•tor ['ɪndɪkeɪtər] *Br: on car* intermitente *m*

in•dict [ɪn'daɪt] *v/t* acusar

in•dict•ment [ɪn'daɪtmənt] acusación *f*, procesamiento *m*

in•die ['ɪndɪ] MUS F indie *m* F

in•dif•fer•ence [ɪn'dɪfrəns] indiferencia *f*

in•dif•fer•ent [ɪn'dɪfrənt] *adj* 1 indiferente; **are you totally ~ to the way I feel?** ¿no te importa lo más mínimo lo que sienta yo?; **he is ~ to it** le es indiferente 2 (*mediocre*) mediocre

in•dig•e•nous [ɪn'dɪdʒənəs] *adj* 1 indígena, natural (**to** de); BOT, ZO autóctono 2 *qualities* innato, propio (**to** de)

in•di•ges•ti•ble [ɪndɪ'dʒestɪbl] *adj* indigesto

in•di•ges•tion [ɪndɪ'dʒestʃn] indigestión *f*

in•dig•nant [ɪn'dɪgnənt] *adj* indignado; **become ~** indignarse

in•dig•na•tion [ɪndɪg'neɪʃn] indignación *f*; **to my ~** para mi indignación

in•dig•ni•ty [ɪn'dɪgnɪtɪ] indignidad *f*, infamia *f*

in•di•rect [ɪndɪ'rekt] *adj* indirecto; **by ~ means** indirectamente, de modo indirecto; **~ object** LING objeto *m* or complemento *m* indirecto; **~ discourse** LING estilo *m* indirecto

in•di•rect•ly [ɪndɪ'rektlɪ] *adv* indirectamente

in•dis•cern•i•ble [ɪndɪ'sɜːrnəbl] *adj* imperceptible

in•dis•creet [ɪndɪ'skriːt] *adj* indiscreto

in•dis•cre•tion [ɪndɪ'skreʃn] indiscreción *f*

in•dis•crim•i•nate [ɪndɪ'skrɪmɪnət] *adj* indiscriminado

in•dis•pen•sa•ble [ɪndɪ'spensəbl] *adj* indispensable, imprescindible

in•dis•posed [ɪndɪ'spouzd] *adj* 1 (*not well*) indispuesto; **be ~** hallarse indispuesto 2: **be ~ to do sth** no estar dispuesto a hacer algo

in•dis•pu•ta•ble [ɪndɪ'spjuːtəbl] *adj* indiscutible

in•dis•pu•ta•bly [ɪndɪ'spjuːtəblɪ] *adv* indiscutiblemente

in•dis•tinct [ɪndɪ'stɪŋkt] *adj* indistinto, impreciso

in•dis•tin•guish•a•ble [ɪndɪ'stɪŋgwɪʃəbl] *adj* indistinguible

in•di•vid•u•al [ɪndɪ'vɪdʒʊəl] I *n* individuo *m* II *adj* individual

in•di•vid•u•al•ism [ɪndɪ'vɪdʒʊəlɪzəm]

individualismo *m*

in•di•vid•u•al•ist [ɪndɪˈvɪdʒʊəlɪst] *adj* individualista

in•di•vid•u•al•is•tic [ɪndɪvɪdʒʊəlˈɪstɪk] *adj* individualista

in•di•vid•u•al•i•ty [ɪndɪvɪdʒʊˈælətɪ] individualidad *f*

in•di•vid•u•al•ize [ɪndɪˈvɪdʒʊəlaɪz] *v/t* individualizar

in•di•vid•u•al•ly [ɪndɪˈvɪdʒʊəlɪ] *adv* individualmente

in•di•vis•i•ble [ɪndɪˈvɪzɪbl] *adj* indivisible

in•doc•tri•nate [ɪnˈdɑːktrɪneɪt] *v/t* adoctrinar

in•doc•trin•a•tion [ɪndɑːktrɪˈneɪʃn] adoctrinamiento *m*, aleccionamiento *m*

in•do•lence [ˈɪndələns] indolencia *f*

in•do•lent [ˈɪndələnt] *adj* indolente

in•dom•i•ta•ble [ɪnˈdɑːmɪtəbl] *adj* indomable

In•do•ne•sia [ɪndəˈniːʒə] Indonesia *f*

In•do•ne•sian [ɪndəˈniːʒən] I *adj* indonesio II *n person* indonesio(-a) *m(f)*

in•door [ˈɪndɔːr] *adj activities* de interior; *sport* de pista cubierta; *arena, swimming pool* cubierto; *athletics* en pista cubierta

in•doors [ɪnˈdɔːrz] *adv* dentro; *go* adentro

in•dorse ☞ *endorse*

in•du•bi•ta•ble [ɪnˈduːbɪtəbl] *adj* indudable, inequívoco

in•duce [ɪnˈduːs] *v/t* 1: **~ s.o. to do sth** inducir *or* mover a alguien a hacer algo 2 MED *labor* provocar

in•duce•ment [ɪnˈduːsmənt] aliciente *m*, incentivo *m*

in•duc•tion [ɪnˈdʌkʃn] *in job* introducción *f*

in•dulge [ɪnˈdʌldʒ] I *v/t o.s., one's tastes* satisfacer II *v/i*: **~ in a pleasure** entregarse a un placer; **if I might ~ in a little joke** si se me permite contar un chiste

in•dul•gence [ɪnˈdʌldʒəns] 1 (*luxury*) lujo *m* 2 (*permissiveness*) indulgencia *f*

in•dul•gent [ɪnˈdʌldʒənt] *adj* indulgente

in•dus•tri•al [ɪnˈdʌstrɪəl] *adj* industrial; **~ action** acciones *fpl* reivindicativas; **~ accident** accidente *m* laboral; **~ dispute** conflicto *m* laboral; **~ espionage** espionaje *m* industrial; **~ relations** re-

laciones *fpl* laborales; **~ revolution** revolución *f* industrial; **~ waste** residuos *mpl* industriales

in•dus•tri•al•ist [ɪnˈdʌstrɪəlɪst] industrial *m/f*

in•dus•tri•al•i•za•tion [ɪndʌstrɪəlaɪˈzeɪʃn] industrialización *f*

in•dus•tri•al•ize [ɪnˈdʌstrɪəlaɪz] I *v/t* industrializar II *v/i* industrializarse

in•dus•tri•ous [ɪnˈdʌstrɪəs] *adj* trabajador, aplicado

in•dus•try [ˈɪndəstrɪ] industria *f*; *the advertising* **~** la industria de la publicidad; *steel* **~** industria del acero, industria acerera

in•e•bri•at•ed [ɪnˈiːbrɪeɪtɪd] *adj* ebrio, embriagado

in•ed•i•ble [ɪnˈedəbl] *adj* incomestible, indigestible

in•ef•fec•tive [ɪnɪˈfektɪv] *adj* ineficaz

in•ef•fec•tu•al [ɪnɪˈfektʃʊəl] *adj person* inepto, incapaz

in•ef•fi•cient [ɪnɪˈfɪʃənt] *adj* ineficiente

in•el•e•gant [ɪnˈelɪgənt] *adj* poco elegante

in•el•i•gi•ble [ɪnˈelɪdʒɪbl] *adj*: **be ~** no reunir las condiciones

in•ept [ɪˈnept] *adj* inepto

in•ep•ti•tude [ɪnˈeptɪtuːd] ineptitud *f*, incapacidad *f*

in•e•qual•i•ty [ɪnɪˈkwɑːlɪtɪ] desigualdad *f*

in•eq•ui•ta•ble [ɪnˈekwɪtəbl] *adj* no equitativo, desigual

in•ert [ɪˈnɜːrt] *adj* inerte

in•er•ti•a [ɪˈnɜːrʃə] inercia *f*

in•es•ca•pa•ble [ɪnɪˈskeɪpəbl] *adj conclusion* inevitable; *fact* ineludible

in•es•sen•tial [ɪnɪˈsenʃl] *adj* innecesario, superfluo

in•es•ti•ma•ble [ɪnˈestɪməbl] *adj* inestimable

in•ev•i•ta•bil•i•ty [ɪnevɪtəˈbɪlɪtɪ]: **the ~ of the decision** lo inevitable de la decisión

in•ev•i•ta•ble [ɪnˈevɪtəbl] *adj conclusion* inevitable; *fact* ineludible

in•ev•i•ta•bly [ɪnˈevɪtəblɪ] *adv* inevitablemente

in•ex•act [ɪnɪgˈzækt] *adj* inexacto, impreciso

in•ex•cu•sa•ble [ɪnɪkˈskjuːzəbl] *adj* inexcusable, injustificable

in•ex•haus•ti•ble [ɪnɪgˈzɔːstəbl] *adj*

supply inagotable

in•ex•o•ra•ble [ɪn'eksərəbl] *adj* inexorable, implacable

in•ex•pen•sive [ɪnɪk'spensɪv] *adj* barato, económico

in•ex•pe•ri•ence [ɪnɪk'spɪərɪəns] inexperiencia *f*, falta *f* de experiencia

in•ex•pe•ri•enced [ɪnɪk'spɪrɪənst] *adj* inexperto

in•ex•pert [ɪn'ekspɜːrt] *adj* inexperto, poco habilidoso

in•ex•plic•a•ble [ɪnɪk'splɪkəbl] *adj* inexplicable

in•ex•pres•si•ble [ɪnɪk'spresɪbl] *adj joy* indescriptible

in•ex•tri•ca•ble [ɪneks'trɪkəbl] *adj also fig* inseparable (***from*** de)

in•ex•tri•ca•bly [ɪneks'trɪkəblɪ] *adv*: ~ *linked* íntimamente *or* acérrimamente ligado

in•fal•li•bil•i•ty [ɪnfælə'bɪlətɪ] *also* REL infalibilidad *f*

in•fal•li•ble [ɪn'fælɪbl] *adj* infalible

in•fa•mous ['ɪnfəməs] *adj* infame

in•fa•my ['ɪnfəmɪ] infamia *f*

in•fan•cy ['ɪnfənsɪ] infancia *f*; ***be still in its*** ~ *fig* estar todavía en pañales

in•fant ['ɪnfənt] bebé *m*; ~ ***class*** *Br* clase *f* infantil (*para niños de entre cinco y siete años*); ~ ***mortality*** mortalidad *f* infantil; ~ ***prodigy*** niño(-a) *m(f)* prodigio(-a)

in•fan•ti•cide [ɪn'fæntɪsaɪd] infanticidio *m*

in•fan•tile ['ɪnfəntaɪl] *adj pej* infantil, pueril

in•fan•try ['ɪnfəntrɪ] infantería *f*

in•fan•try•man ['ɪnfəntrɪmən] soldado *m* de infantería

'in•fan•try sol•dier soldado *m/f* de infantería, infante *m/f*

'in•fant school *Br* escuela *f* del primer ciclo de primaria (*para niños de entre cinco y siete años*)

in•fat•u•at•ed [ɪn'fætʃʋeɪtɪd] *adj*: ***be*** ~ ***with s.o.*** estar encaprichado de alguien

in•fat•u•a•tion [ɪnfætʃʋ'eɪʃn] infatuación *f*, emperramiento *m*

in•fect [ɪn'fekt] *v/t* infectar; ***he*** ~***ed everyone with his cold*** contagió el resfriado a todo el mundo; ***become*** ~***ed*** *of wound* infectarse; *of person* contagiarse

in•fec•tion [ɪn'fekʃn] infección *f*

in•fec•tious [ɪn'fekʃəs] *adj disease* infeccioso; *laughter* contagioso

in•fe•lic•i•tous [ɪnfɪ'lɪsɪtəs] *adj* infeliz, desdichado

in•fer [ɪn'fɜːr] *v/t* (*pret & pp* -**red**) inferir, deducir (***from*** de)

in•fer•ence ['ɪnfərəns] deducción *f*; ***draw an*** ~ sacar una conclusión

in•fe•ri•or [ɪn'fɪrɪər] *adj* inferior (***to*** a)

in•fe•ri•or•i•ty [ɪnfɪrɪ'ɑːrətɪ] *in quality* inferioridad *f*

in•fe•ri'or•i•ty com•plex complejo *m* de inferioridad

in•fer•nal [ɪn'fɜːrnl] *adj* infernal, maldito

in•fer•no [ɪn'fɜːrnoʊ] infierno *m*

in•fer•tile [ɪn'fɜːrtl] *adj woman, plant* estéril; *soil* estéril, yermo

in•fer•til•i•ty [ɪnfər'tɪlɪtɪ] esterilidad *f*

in•fest [ɪn'fest] *v/t* infestar (***with*** de)

in•fi•del ['ɪnfɪdəl] REL infiel *m/f*

in•fi•del•i•ty [ɪnfɪ'delɪtɪ] infidelidad *f*

'in•fight•ing luchas *fpl* internas

in•fil•trate ['ɪnfɪltreɪt] *v/t* infiltrarse en

in•fil•tra•tion [ɪnfɪl'treɪʃn] infiltración *f*

in•fi•nite ['ɪnfɪnət] *adj* infinito

in•fi•nite•ly ['ɪnfɪnətlɪ] *adv fig* infinitamente

in•fin•i•tes•i•mal [ɪnfɪnɪ'tesɪml] *adj* infinitesimal, mínimo

in•fin•i•tive [ɪn'fɪnətɪv] GRAM infinitivo *m*

in•fin•i•ty [ɪn'fɪnətɪ] infinidad *f*

in•firm [ɪn'fɜːrm] *adj* enfermo, achacoso

in•fir•ma•ry [ɪn'fɜːrmərɪ] enfermería *f*

in•fir•mi•ty [ɪn'fɜːrmətɪ] debilidad *f*

in•flame [ɪn'fleɪm] *v/t* despertar; ***become*** ~***d*** inflamarse; ~***d with rage*** ciego de ira

in•flam•ma•ble [ɪn'flæməbl] *adj* inflamable

in•flam•ma•tion [ɪnflə'meɪʃn] MED inflamación *f*

in•flam•ma•to•ry [ɪn'flæmətɔːrɪ] *adj* **1** MED inflamatorio **2** *fig* incendiario

in•flat•a•ble [ɪn'fleɪtəbl] *adj dinghy* hinchable, inflable

in•flate [ɪn'fleɪt] *v/t* **1** *tire*, *dinghy* hinchar, inflar **2** *economy* inflar **3**: ***he has an*** ~***d opinion of himself*** se cree muy importante

in•fla•tion [ɪn'fleɪʃən] inflación *f*; ***rate of*** ~ tasa *f* de inflación

in•fla•tion•a•ry [ɪn'fleɪʃənərɪ] *adj* inflacionario, inflacionista

in'fla•tion-proof *adj* revisable de acuerdo con la inflación

in•flec•tion [ɪn'flekʃn] inflexión *f*

in•flex•i•ble [ɪn'fleksɪbl] *adj* inflexible

in•flict [ɪn'flɪkt] *v/t* infligir (**on** a); **~ o.s. on s.o.** pegarse *or* acoplarse a alguien F

in•flic•tion [ɪn'flɪkʃn] imposición *f*, coacción *f*

'in-flight *adj:* **~ entertainment** entretenimiento *m* durante el vuelo

in•flu•ence ['ɪnfluəns] **I** *n* influencia *f*; **be a good / bad ~ on s.o.** tener una buena / mala influencia en alguien; **be under s.o.'s ~** estar bajo la influencia de alguien; **under the ~ of alcohol** bajo los efectos del alcohol **II** *v/t* influir en, influenciar

in•flu•en•tial [ɪnflu'enʃl] *adj* influyente

in•flu•en•za [ɪnflu'enzə] gripe *f*

in•flux ['ɪnflʌks] flujo *m*, oleada *f*; **an ~ of visitors / tourists** una afluencia de visitantes / turistas

in•fo ['ɪnfoʊ] F ☞ **information**

in•fo•mer•cial ['ɪnfoʊmɜːrʃl] publirreportaje *m*

in•form [ɪn'fɔːrm] **I** *v/t* informar; **~ s.o. about sth** informar a alguien de algo; **please keep me ~ed** por favor manténme informado; **~ s.o. that** informar a alguien que **II** *v/i:* **~ on s.o.** delatar a alguien

in•for•mal [ɪn'fɔːrməl] *adj* informal

in•for•mal•i•ty [ɪnfɔːr'mælɪtɪ] informalidad *f*

in•for•mal•ly [ɪn'fɔːrməlɪ] *adv* informalmente, de manera informal

in•form•ant [ɪn'fɔːrmənt] confidente *m/f*

in•for•ma•tion [ɪnfər'meɪʃn] información *f*; TELEC servicio *m* de guía telefónica; **a piece of ~** una información; **well, for your ~, I did check first but …** bien, para tu información, que sepas que consulté primero pero…; **for your ~** para tu información, para que lo sepas

in•for'ma•tion desk (ventanilla *f* de) información *f*; **in•for'ma•tion re•triev•al** recuperación *f* de información; **in•for•ma•tion 'sci•ence** informática *f*; **in•for•ma•tion 'sci•en•tist** informáti-

co(-a) *m(f)*; **in•for•ma•tion 'su•per•high•way** COMPUT autopista *f* de la información; **in•for•ma•tion tech'nol•o•gy** tecnologías *fpl* de la información

in•for•ma•tive [ɪn'fɔːrmətɪv] *adj* informativo; **you're not being very ~** no estás dando mucha información

in•formed [ɪn'fɔːrmd] *adj:* **make an ~ decision** tomar una decisión fundada

in•form•er [ɪn'fɔːrmər] confidente *m/f*

in•fra-red [ɪnfrə'red] *adj* infrarrojo

in•fra•struc•ture ['ɪnfrəstrʌktʃər] infraestructura *f*

in•fre•quent [ɪn'friːkwənt] *adj* poco frecuente

in•fringe [ɪn'frɪndʒ] *v/t* LAW infringir; *rights* violar

◆ **infringe on** *v/t* LAW infringir; *rights* violar

in•fringe•ment [ɪn'frɪndʒmənt] LAW infracción *f* (**of** de); *of rights* violación *f* (**of** de)

in•fu•ri•ate [ɪn'fjʊrɪeɪt] *v/t* enfurecer, exasperar

in•fu•ri•at•ing [ɪn'fjʊrɪeɪtɪŋ] *adj* exasperante

in•fuse [ɪn'fjuːz] *v/i of tea* infundir

in•fu•sion [ɪn'fjuːʒn] (*herb tea*) infusión *f*

in•ge•ni•ous [ɪn'dʒiːnɪəs] *adj* ingenioso

in•ge•nu•i•ty [ɪndʒɪ'nuːətɪ] lo ingenioso

in•gen•u•ous [ɪn'dʒenjʊəs] *adj* ingenuo

in•glo•ri•ous [ɪn'glɔːrɪəs] *adj* denigrante, deshonroso

in•got ['ɪŋɡət] lingote *m*

in•grained [ɪn'ɡreɪnd] *adj dirt* incrustado; *habit, belief* arraigado

in•gra•ti•ate [ɪn'ɡreɪʃɪeɪt] *v/t:* **~ o.s. with s.o.** congraciarse con alguien

in•gra•ti•at•ing [ɪn'ɡreɪʃɪeɪtɪŋ] *adj* complaciente, halagador

in•grat•i•tude [ɪn'ɡrætɪtuːd] ingratitud *f*

in•gre•di•ent [ɪn'ɡriːdɪənt] *also fig* ingrediente *m*

in•grown 'toe•nail uñero *m*

in•hab•it [ɪn'hæbɪt] *v/t* habitar

in•hab•it•a•ble [ɪn'hæbɪtəbl] *adj* habitable

in•hab•i•tant [ɪn'hæbɪtənt] habitante *m/f*

in•hab•it•ed [ɪn'hæbɪtɪd] *adj* habitado, poblado

in•hale [ɪn'heɪl] **I** *v/t* inhalar **II** *v/i when*

smoking tragarse el humo

in•hal•er [ɪn'heɪlər] inhalador *m*

in•her•ent [ɪn'hɪərənt] *adj* inherente, intrínseco

in•her•ent•ly [ɪn'hɪərəntlɪ] *adv* intrínsecamente

in•her•it [ɪn'herɪt] *v/t* heredar

in•her•i•tance [ɪn'herɪtəns] herencia *f*; ~ **tax** impuesto *m* sobre la herencia, impuesto *m* sobre sucesiones

in•hib•it [ɪn'hɪbɪt] *v/t growth* impedir; *conversation* inhibir, cohibir

in•hib•it•ed [ɪn'hɪbɪtɪd] *adj* inhibido, cohibido

in•hi•bi•tion [ɪnhɪ'bɪʃn] inhibición *f*

in•hos•pi•ta•ble [ɪnhɑː'spɪtəbl] *adj person* inhospitalario; *city, climate* inhóspito

'in-house I *adj facilities* en el lugar de trabajo; ~ **team** equipo *m* en plantilla; ~ **magazine** revista *f* interna **II** *adv work* en la empresa

in•hu•man [ɪn'hjuːmən] *adj* inhumano

in•hu•mane [ɪnhjuː'meɪn] *adj* inhumano, infrahumano

in•hu•man•i•ty [ɪnhjuː'mænətɪ] inhumanidad *f*, impiedad *f*

i•nim•i•cal [ɪ'nɪmɪkl] *adj climate* hostil; *decision, restrictions etc* contrario (**to** a)

in•im•i•ta•ble [ɪ'nɪmɪtəbl] *adj* inimitable

in•iq•ui•tous [ɪ'nɪkwɪtəs] *adj* inicuo, injusto

in•iq•ui•ty [ɪ'nɪkwɪtɪ] iniquidad *f*, injusticia *f*

i•ni•tial [ɪ'nɪʃl] **I** *adj* inicial **II** *n* inicial *f* **III** *v/t* (*pret & pp* **-ed**, *Br* **-led**) (*write* ~s *on*) poner las iniciales en

i•ni•tial•ly [ɪ'nɪʃlɪ] *adv* inicialmente, al principio

i•ni•ti•ate [ɪ'nɪʃɪeɪt] *v/t* iniciar

i•ni•ti•a•tion [ɪnɪʃɪ'eɪʃn] iniciación *f*; ~ **ceremony** ceremonia *f* de iniciación

i•ni•ti•a•tive [ɪ'nɪʃətɪv] iniciativa *f*; *do sth on one's own* ~ hacer algo por iniciativa propia; *take the* ~ tomar la iniciativa

i•ni•ti•a•tor [ɪ'nɪʃɪeɪtər] iniciador(a) *m(f)*

in•ject [ɪn'dʒekt] *v/t drug, fuel, capital* inyectar; ~ *s.o. with sth* inyectar a alguien algo

in•jec•tion [ɪn'dʒekʃn] *of drug, fuel, capital* inyección *f*; *give s.o. an* ~ poner a

alguien una inyección

'in-joke: *it's an* ~ es un chiste que entendemos nosotros / ellos *etc*

in•junc•tion [ɪn'dʒʌŋkʃn] LAW orden *f* judicial; *take out an* ~ obtener una orden judicial (**against** contra)

in•jure ['ɪndʒər] *v/t* lesionar; *he* ~*d his leg* se lesionó la pierna

in•jured ['ɪndʒərd] **I** *adj leg* lesionado; *feelings* herido **II** *npl: the* ~ los heridos

in•ju•ry ['ɪndʒərɪ] lesión *f*; *wound* herida *f*; ~ *to the head* herida en la cabeza

'in•ju•ry time SP tiempo *m* de descuento

in•jus•tice [ɪn'dʒʌstɪs] injusticia *f*; *do s.o. an* ~ no hacer justicia a alguien, ser injusto con alguien

ink [ɪŋk] tinta *f*

'ink•jet, ink•jet 'print•er impresora *f* de chorro de tinta

ink•ling ['ɪŋklɪŋ]: *have no* ~ *of sth* no tener ni la más remota idea de algo

'ink•pad tampón *m* de tinta

'ink•stain mancha *f* de tinta

in•land ['ɪnlənd] *adj* interior; *mail* nacional

In•land 'Rev•e•nue *Br* Hacienda *f*, *Span* Agencia *f* Tributaria

in-laws ['ɪnlɔːz] *npl* familia *f* política

in•lay I *n* ['ɪnleɪ] incrustación *f* **II** *v/t* [ɪn'leɪ] (*pret & pp* **-laid**) incrustar (**with** de); *inlaid design* incrustaciones *fpl*

in•let ['ɪnlet] **1** *of sea* ensenada *f* **2** *in machine* entrada *f*

in•line skates ['ɪnlaɪnskeɪts] *npl* patines *mpl* en línea

in•mate ['ɪnmeɪt] *of prison* recluso(-a) *m(f)*; *of mental hospital* paciente *m/f*

in•most ['ɪnmoʊst] *adj* más íntimo

inn [ɪn] posada *f*, mesón *m*

in•nards ['ɪnərdz] *npl* F tripas *fpl*

in•nate [ɪ'neɪt] *adj* innato

in•ner ['ɪnər] *adj* interior; *the* ~ *ear* el oído interno

in•ner 'cit•y barrios degradados del centro de la ciudad; ~ **decay** degradación *f* del centro de la ciudad

'in•ner•most *adj feelings* más íntimo; *recess* más recóndito

in•ner 'tube cámara *f* (de aire)

in•ning ['ɪnɪŋ] *in baseball* entrada *f*

'inn•keep•er mesonero(-a) *m(f)*, posadero(-a) *m(f)*

in•no•cence ['ɪnəsəns] inocencia *f*; *lose one's* ~ perder la inocencia

in•no•cent ['ɪnəsənt] *adj* inocente

in•no•cu•ous [ɪ'nɑːkjʊəs] *adj* inocuo

in•no•vate ['ɪnəveɪt] *v/i* innovar

in•no•va•tion [ɪnə'veɪʃn] innovación *f*

in•no•va•tive [ɪnə'veɪtɪv] *adj* innovador

in•no•va•tor ['ɪnəveɪtər] innovador(a) *m(f)*

in•nu•en•do [ɪnjuːˈendoʊ] (*pl -do(e)s*) insinuación *f*, indirecta *f* (**about** sobre, acerca de)

in•nu•me•ra•ble [ɪ'nuːmərəbl] *adj* innumerable

i•noc•u•late [ɪ'nɑːkjʊleɪt] *v/t* inocular; **be ~d against polio** estar vacunado contra la polio

i•noc•u•la•tion [ɪ'nɑːkjʊ'leɪʃn] inoculación *f*

in•of•fen•sive [ɪnə'fensɪv] *adj* inofensivo

in•op•er•a•ble [ɪn'ɑːpərəbl] *adj* MED inoperable

in•op•er•a•tive [ɪn'ɑːpərətɪv] *adj* **1** *machine* no operativo **2** LAW inoperante

in•op•por•tune [ɪnɑːpər'tuːn] *adj* inoportuno

in•or•di•nate [ɪn'ɔːrdɪnət] *adj* desorbitado

in•or•gan•ic [ɪnɔːr'gænɪk] *adj* inorgánico

'in-pa•tient paciente *m/f* interno(-a)

in•put ['ɪnpʊt] **I** *n into project etc* contribución *f*, aportación *f*; COMPUT entrada *f* **II** *v/t* (*pret & pp -ted or input*) *into project* contribuir, aportar; COMPUT introducir

in•quest ['ɪnkwest] investigación *f* (**into** sobre)

in•quire [ɪn'kwaɪr] **I** *v/i* preguntar; **~ into sth** investigar algo; **~ within** razón aquí, infórmese aquí **II** *v/t*: **~ what / when / where** preguntar qué / cuándo / dónde

in•quir•y [ɪn'kwaɪrɪ] **1** consulta *f*, pregunta *f*; **on ~** al preguntar; **make inquiries** hacer preguntas (**about** sobre, acerca de) **2** *into rail crash etc* investigación *f*

in•qui•si•tion [ɪnkwɪ'zɪʃn] **1** inquisición *f*, averiguación *f* **2 Inquisition** REL Inquisición *f*

in•quis•i•tive [ɪn'kwɪzətɪv] *adj* curioso, inquisitivo

in•quis•i•tive•ness [ɪn'kwɪzətɪvnɪs] curiosidad *f*

in•quis•i•tor [ɪn'kwɪzɪtər] *fig* inquisidor(a) *m(f)*, indagador(a) *m(f)*

in•roads ['ɪnroʊdz]: **make ~ into sth** hacer avances en algo

INS [aɪen'es] *abbr* (= ***Immigration and Naturalization Service***) Servicio *m* de Inmigración y Nacionalización

in•sa•lu•bri•ous [ɪnsə'luːbrɪəs] *adj* insalubre

in•sane [ɪn'seɪn] *adj person* loco, demente; *idea* descabellado

in•sane•ly [ɪn'seɪnlɪ] *adv* como loco, rematadamente; **be ~ jealous** estar como loco de celos

in•san•i•ta•ry [ɪn'sænɪterɪ] *adj* antihigiénico

in•san•i•ty [ɪn'sænɪtɪ] locura *f*, demencia *f*

in•sa•ti•a•ble [ɪn'seɪʃəbl] *adj* insaciable

in•scribe [ɪn'skraɪb] *v/t* inscribir (**on** en)

in•scrip•tion [ɪn'skrɪpʃn] inscripción *f*

in•scru•ta•ble [ɪn'skruːtəbl] *adj* inescrutable

in•sect ['ɪnsekt] insecto *m*

in•sec•ti•cide [ɪn'sektɪsaɪd] insecticida *f*

'in•sect re•pel•lent repelente *m* contra insectos

in•se•cure [ɪnsɪ'kjʊr] *adj* inseguro

in•se•cu•ri•ty [ɪnsɪ'kjʊrɪtɪ] inseguridad *f*

in•sem•i•nate [ɪn'semɪneɪt] *v/t* inseminar

in•sem•i•na•tion [ɪnsemɪ'neɪʃn] inseminación *f*

in•sen•si•tive [ɪn'sensɪtɪv] *adj* insensible (**to** a)

in•sen•si•tiv•i•ty [ɪnsensɪ'tɪvɪtɪ] insensibilidad *f*

in•sep•a•ra•ble [ɪn'seprəbl] *adj* inseparable

in•sert I *n* ['ɪnsɜːrt] *in magazine etc* encarte *m* **II** *v/t* [ɪn'sɜːrt] *coin, finger, diskette* introducir, meter; *extra text* insertar

in•ser•tion [ɪn'sɜːrʃn] *act* introducción *f*, inserción *f*; *of text* inserción *f*

in•shore [ɪn'ʃɔːr] *adj* costero

in•side [ɪn'saɪd] **I** *n of house, box* interior *m*; **from the ~** desde dentro; **pass s.o. on the ~** adelantar a alguien por la derecha; *in UK* adelantar a alguien por la izquierda; **somebody on the ~** alguien de dentro; **~ out** del revés; **turn sth ~ out** dar la vuelta a algo (*de dentro* *a fuera*); **know sth ~ out** saber algo al dedillo

II *prep* **1** dentro de; **~ the house** dentro de la casa **2**: **~ of 2 hours** dentro de 2 horas

III *adv* stay, remain dentro; go, carry adentro; **we went ~** entramos

IV *adj*: **~ information** información *f* confidencial; **~ lane** SP calle *f* de dentro; *on road* carril *m* de la derecha; *in UK* carril *m* de la izquierda; **~ pocket** bolsillo *m* interior; **it was an ~ job** F el golpe fue organizado por alguien de dentro

in•sid•er [ɪn'saɪdər] persona con acceso a información confidencial

in•sid•er 'trad•ing FIN uso *m* de información privilegiada

in•sides [ɪn'saɪdz] *npl* tripas *fpl*

in•sid•i•ous [ɪn'sɪdɪəs] *adj* insidioso

in•sight ['ɪnsaɪt]: **this film offers an ~ into local customs** esta película permite hacerse una idea de las costumbres locales; **full of ~** muy perspicaz

in•sig•ni•a [ɪn'sɪgnɪə] *npl* insignias *fpl*

in•sig•nif•i•cant [ɪnsɪg'nɪfɪkənt] *adj* insignificante

in•sin•cere [ɪnsɪn'sɪr] *adj* poco sincero, falso

in•sin•cer•i•ty [ɪnsɪn'serɪtɪ] falta *f* de sinceridad

in•sin•u•ate [ɪn'sɪnʊeɪt] *v/t* (*imply*) insinuar

in•sin•u•a•tion [ɪnsɪnjʊ'eɪʃn] insinuación *f*, **by ~ this meant ...** esto insinuaba que ...

in•sip•id [ɪn'sɪpɪd] *adj* flavor, food insípido; *fig* insulso, soso

in•sist [ɪn'sɪst] *v/i* insistir; **please keep it, I ~** por favor, insisto en que te lo quedes

◆ **insist on** *v/t* insistir en; **he will insist on making the same mistakes** sigue cometiendo los mismos errores

in•sist•ence [ɪn'sɪstəns] insistencia *f*; **at s.o.'s ~** por insistencia de alguien, a petición de alguien

in•sis•tent [ɪn'sɪstənt] *adj* insistente; **she was quite ~** insistió bastante; **be ~ that** insistir en que

in•so•far [ɪnsoʊ'fɑːr] *adv*: **~ as** en la medida en que

in•sole ['ɪnsoʊl] plantilla *f*

in•so•lence ['ɪnsələns] insolencia *f*

in•so•lent ['ɪnsələnt] *adj* insolente

in•sol•u•ble [ɪn'sɑːljʊbl] *adj* **1** *problem* irresoluble **2** *substance* insoluble

in•sol•ven•cy [ɪn'sɑːlvənsɪ] COM insolvencia *f*

in•sol•vent [ɪn'sɑːlvənt] *adj* insolvente

in•som•ni•a [ɪn'sɑːmnɪə] insomnio *m*

in•som•ni•ac [ɪn'sɑːmnɪæk] persona *f* que padece insomnio

in•spect [ɪn'spekt] *v/t* inspeccionar

in•spec•tion [ɪn'spekʃn] inspección *f*; **on ~** tras inspeccionar; **for ~** COM para inspección

in'spec•tion pit *in garage* foso *m*

in•spec•tor [ɪn'spektər] *in factory, of police* inspector(a) *m(f)*; *on buses* revisor(a) *m(f)*

in•spi•ra•tion [ɪnspə'reɪʃn] inspiración *f*; **be s.o.'s ~**, **be an ~ to s.o.** ser la inspiración de alguien, ser una inspiración para alguien; **she should be an ~ to us all** nos debería servir de inspiración a todos

in•spire [ɪn'spaɪr] *v/t* respect etc inspirar; **be ~d by s.o. / sth** estar inspirado por alguien / algo

in•sta•bil•i•ty [ɪnstə'bɪlɪtɪ] of character, economy inestabilidad *f*

in•stall [ɪn'stɔːl] *v/t* instalar

in•stal•la•tion [ɪnstə'leɪʃn] instalación *f*; **military ~** instalación *f* militar

in•stall•ment, *Br* **in•stal•ment** [ɪn'stɔːlmənt] *of story, TV drama etc* episodio *m*; *payment* plazo *m*; **by or in ~s** a plazos; **monthly ~s** plazos *mpl* mensuales, mensualidades *fpl*; **publish sth in ~s** publicar algo en entregas

in'stall•ment plan compra *f* a plazos; **buy on the ~** comprar a plazos

in•stance ['ɪnstəns] (*example*) ejemplo *m*; **for ~** por ejemplo; **in this ~** en esta ocasión; **in the first ~** en primer lugar

in•stant ['ɪnstənt] **I** *adj* instantáneo, inmediato; **~ camera** PHOT cámara *f* (de fotos) instantánea **II** *n* instante *m*; **in an ~** en un instante; **come here this ~!** ¡ven aquí ahora mismo!

in•stan•ta•ne•ous [ɪnstən'teɪnɪəs] *adj* instantáneo

in•stan•ta•ne•ous•ly [ɪnstən'teɪnɪəslɪ] *adv* instantáneamente

in•stant 'cof•fee café *m* instantáneo

in•stant•ly ['ɪnstəntlɪ] *adv* al instante

in•stant 're•play SP repetición *f* (de la

jugada); *in slow motion* repetición *f* a cámara lenta

in•stead [ɪnˈsted] *adv*: *I'll take that one ~* me llevaré mejor ese otro; *would you like coffee ~?* ¿preferiría mejor café?; *I'll have coffee ~ of tea* tomaré café en vez de té; *he went ~ of me* fue en mi lugar; *~ of going* en vez *or* lugar de ir

in•step [ˈɪnstep] empeine *m*

in•sti•gate [ˈɪnstɪɡeɪt] *v/t* instigar

in•sti•ga•tion [ɪnstɪˈɡeɪʃn] instigación *f*; *at s.o.'s ~* a instancias de alguien

in•stil(l) [ɪnˈstɪl] *v/t* inculcar (*into* a)

in•stinct [ˈɪnstɪŋkt] instinto *m*; *by or from ~* por instinto

in•stinc•tive [ɪnˈstɪŋktɪv] *adj* instintivo

in•stinc•tive•ly [ɪnˈstɪŋktɪvlɪ] *adv* instintivamente

in•sti•tute [ˈɪnstɪtuːt] **I** *n* instituto *m*; *for elderly* residencia *f* de ancianos; *for mentally ill* psiquiátrico *m* **II** *v/t new law* establecer; *inquiry* iniciar

in•sti•tu•tion [ɪnstɪˈtuːʃn] **1** institución *f* **2** (*setting up*) iniciación *f*

in•sti•tu•tion•al [ɪnstɪˈtuːʃənl] *adj* institucional

in•sti•tu•tion•al•ize [ɪnstɪˈtuːʃənəlaɪz] *v/t* institucionalizar; *become ~d* pasar a depender de las instituciones

in•struct [ɪnˈstrʌkt] *v/t* **1** (*order*) dar instrucciones a; *~ s.o. to do sth* ordenar a alguien que haga algo; *you should do what you were ~ed to do* deberías hacer lo que se te ordenó que hicieras **2** (*teach*) instruir

in•struc•tion [ɪnˈstrʌkʃn] instrucción *f*; *~s for use* instrucciones *fpl* de uso

in'struc•tion man•u•al manual *m* de instrucciones

in•struc•tive [ɪnˈstrʌktɪv] *adj* instructivo

in•struc•tor [ɪnˈstrʌktər] instructor(a) *m(f)*

in•stru•ment [ˈɪnstrʊmənt] MUS, *tool* instrumento *m*

in•stru•men•tal [ɪnstrʊˈmentl] *adj* **1** MUS instrumental **2**: *be ~ in sth* jugar un papel en algo

'in•stru•ment pan•el panel *m or* tablero *m* de mandos

in•sub•or•di•nate [ɪnsəˈbɔːrdɪnət] *adj* insubordinado

in•sub•or•di•na•tion [ɪnsəbɔːrdɪˈneɪʃn] insubordinación *f*

in•sub•stan•tial [ɪnsəbˈstænʃl] *adj* insubstancial

in•suf•fer•a•ble [ɪnˈsʌfərəbl] *adj* insufrible, intolerable

in•suf•fi•cien•cy [ɪnsəˈfɪʃnsɪ] *also* MED insuficiencia *f*

in•suf•fi•cient [ɪnsəˈfɪʃnt] *adj* insuficiente

in•su•lar [ˈɪnsələr] *adj fig* cerrado

in•su•lar•i•ty [ɪnsəˈlærɪtɪ] *fig* cerrazón *f*, obcecación *f*

in•su•late [ˈɪnsəleɪt] *v/t also* ELEC aislar

in•su•la•tion [ɪnsəˈleɪʃn] ELEC aislamiento *m*; *against cold* aislamiento *m* (térmico)

in•su•lin [ˈɪnsəlɪn] insulina *f*

in•sult I *n* [ˈɪnsʌlt] insulto *m* **II** *v/t* [ɪnˈsʌlt] insultar

in•su•per•a•ble [ɪnˈsuːpərəbl] *adj* insuperable

in•sur•ance [ɪnˈʃʊrəns] seguro *m*

in'sur•ance a•gent agente *m/f* de seguros; **in'sur•ance bro•ker** corredor(a) *m(f)* de seguros; **in'sur•ance claim** reclamación *f* al seguro; **in'sur•ance com•pa•ny** compañía *f* de seguros, aseguradora *f*; **in'sur•ance cov•er** cobertura *f* del seguro; **in'sur•ance num•ber** número *m* de póliza; **in'sur•ance pol•i•cy** póliza *f* de seguros; **in'sur•ance pre•mi•um** prima *f* del (seguro)

in•sure [ɪnˈʃʊr] *v/t* asegurar (*for* por)

in•sured [ɪnˈʃʊrd] **I** *adj* asegurado; *~ value* valor *m* asegurado **II** *n*: *the ~* el asegurado, la asegurada

in•sur•er [ɪnˈʃʊrər] *person* asegurador(a) *m(f)*; *company* compañía *f* de seguros, compañía *f* aseguradora

in•sur•moun•ta•ble [ɪnsərˈmaʊntəbl] *adj* insuperable

in•sur•rec•tion [ɪnsəˈrekʃn] insurrección *f*

in•tact [ɪnˈtækt] *adj* (*not damaged*) intacto

'in•take 1 *of college etc* remesa *f*; *we have an annual ~ of 300 students* cada año admitimos a 300 alumnos **2**: *he re•acted with a sharp ~ of breath* se quedó sin respiración

in•tan•gi•ble [ɪnˈtændʒəbl] *adj fig* intangible

in'tan•gi•ble as•sets *npl* activos *mpl* intangibles

in•te•ger [ˈɪntɪdʒər] MATH (número *m*)

entero *m*

in•te•gral ['ıntıgrəl] *adj* integral; ~ **to sth** vital *or* esencial para algo

in•te•grate ['ıntıgreıt] *v/t* integrar (**into** en) **II** *v/i*: ~ **with sth** integrarse con algo

in•te•grat•ed cir•cuit [ıntıgreıtıd'sɜːr-kıt] circuito *m* integrado

in•te•gra•tion [ıntı'greıʃn] integración *f*

in•teg•ri•ty [ın'tegrətı] (*honesty*) integridad *f*; *a man of* ~ un hombre íntegro

in•tel•lect ['ıntəlekt] intelecto *m*

in•tel•lec•tual [ıntə'lektʃuəl] **I** *adj* intelectual **II** *n* intelectual *m/f*

in•tel•li•gence [ın'telıdʒəns] **1** inteligencia *f* **2** (*information*) información *f* secreta

in•tel•li•gence of•fi•cer agente *m/f* del servicio de inteligencia; **in•tel•li•gence quo•tient** cociente *m* intelectual; **in•tel•li•gence serv•ice** servicio *m* de inteligencia; **in•tel•li•gence test** test *m* de inteligencia

in•tel•li•gent [ın'telıdʒənt] *adj* inteligente

in•tel•li•gent•si•a [ıntelı'dʒentsıə] intelectualidad *f*

in•tel•li•gi•ble [ın'telıdʒəbl] *adj* inteligible

in•tem•per•ate [ın'tempərət] *adj* inmoderado

in•tend [ın'tend] *v/t*: ~ **to do sth** tener la intención de hacer algo; *that's not what I* ~*ed* esa no era mi intención; *was this* ~*ed?* ¿esto fue intencionado *or* a propósito?; *it was* ~*ed for you* iba dirigido a tí; *it was* ~*ed as a compliment* se dijo como un cumplido, fue un cumplido

in•tend•ed [ın'tendıd] *adj* esperado, deseado

in•tense [ın'tens] *adj* sensation, pleasure, heat, pressure intenso; personality serio

in•ten•si•fi•ca•tion [ıntensıfı'keıʃn] intensificación *f*

in•ten•si•fy [ın'tensıfaı] **I** *v/t* (pret & pp -ied) effect, pressure intensificar **II** *v/i* (pret & pp -ied) intensificarse

in•ten•si•ty [ın'tensətı] intensidad *f*

in•ten•sive [ın'tensıv] *adj* study, training, treatment intensivo

in•ten•sive 'care (u•nit) MED (unidad *f* de) cuidados *mpl* intensivos

in•ten•sive 'course *of language study* curso *m* intensivo

in•tent [ın'tent] **I** *adj*: *be* ~ *on doing sth* determined estar decidido a hacer algo; concentrating estar concentrado haciendo algo **II** *n* intención *f*; *with* ~ LAW con premeditación; *with* ~ *to do sth* LAW con intención de hacer algo

in•ten•tion [ın'tenʃn] intención *f*; *I have no* ~ *of …* (*refuse to*) no tengo intención de …; *with the best (of)* ~*s* con la mejor intención

in•ten•tion•al [ın'tenʃənl] *adj* intencionado

in•ten•tion•al•ly [ın'tenʃnlı] *adv* a propósito, adrede

in•ter•act [ıntər'ækt] *v/i* interactuar; ~ *with s.o.* relacionarse con alguien

in•ter•ac•tion [ıntər'ækʃn] interacción *f*

in•ter•ac•tive [ıntər'æktıv] *adj* interactivo

in•ter•ac•tive 'learn•ing aprendizaje *m* interactivo

in•ter•breed [ıntər'briːd] (pret & pp -bred) BIO **I** *v/t* cruzar **II** *v/i* cruzarse

in•ter•cede [ıntər'siːd] *v/i* interceder

in•ter•cept [ıntər'sept] *v/t* interceptar

in•ter•cep•tion [ıntər'sepʃn] intercepción *f*

in•ter•ces•sion [ıntər'seʃn] mediación *f*, intervención *f*

in•ter•change I *n* ['ıntərtʃeındʒ] *of highways* nudo *m* vial **II** *v/t* [ıntər'tʃeındʒ] intercambiar (**with** con)

in•ter•change•a•ble [ıntər'tʃeındʒəbl] *adj* intercambiable

in•ter•com ['ıntərkɑːm] *in office, ship* interfono *m*; *for front door* portero *m* automático

in•ter•com•mu•ni•cate [ıntərkə'mjuː-nıkeıt] *v/i* comunicarse

in•ter•con•ti•nen•tal [ıntərkɑːntı'nentl] *adj* intercontinental; ~ *ballistic missile* misíl *m* balístico intercontinental

in•ter•course ['ıntərkɔːrs] *sexual* coito *m*; *have* ~ tener relaciones sexuales

in•ter•de•nom•in•a•tion•al [ıntərdı-nɑːmı'neıʃənl] *adj* REL interconfesional

in•ter•de•part•men•tal [ıntərdiːpɑːrt-'mentl] *adj* interdepartamental

in•ter•de•pend•ence [ıntər'dıpendəns] interdependencia *f*

in•ter•de•pend•ent [ıntərdı'pendənt] *adj* interdependiente

in•ter•dis•ci•plin•ar•y
[ɪntər'dɪsəplɪnerɪ] *adj* interdisciplinar

in•ter•est ['ɪntrəst] **I** *n also* FIN interés *m*; **take an ~ in sth** interesarse por algo; **is that of any ~ to you?** ¿te interesa?; **be of ~** ser de interés (**to** para); **of great / little ~** de gran / poco interés; **have an ~ in sth** tener interés en algo, estar interesado en algo; **be in s.o.'s ~** ser en *or* por el interés de alguien; **it is not in your ~ to protest** no te conviene protestar; **bear ~** dar un interés (**at 4%** del 4%)
II *v/t* interesar

'in•ter•est-bear•ing *adj* con interés

'in•ter•est charg•es *npl* gastos *mpl* de intereses

in•ter•est•ed ['ɪntrəstɪd] *adj* interesado; **be ~ in sth** estar interesado en algo; **thanks, but I'm not ~** gracias, pero no me interesa; **I'd be ~ to see her reaction** me gustaría ver su reacción

in•ter•est-free 'loan préstamo *m* sin intereses

in•ter•est•ing ['ɪntrəstɪŋ] *adj* interesante

in•ter•est•ing•ly ['ɪntrestɪŋlɪ] *adv*: **~ enough** curiosamente, casualmente

'in•ter•est rate tipo *m* de interés

in•ter•face ['ɪntərfeɪs] **I** *n* interface *m or* *f*, interfaz *m or f*; **the pupil / teacher ~** la relación alumno / profesor **II** *v/i* relacionarse

in•ter•fere [ɪntər'fɪr] *v/i* interferir, entrometerse; **he's an interfering old busybody** es un viejo entrometido

♦ **interfere with** *v/t* afectar a; **the lock had been interfered with** alguien había manipulado la cerradura

in•ter•fer•ence [ɪntər'fɪrəns] intromisión *f*, *on radio, in baseball* interferencia *f*

in•ter•im ['ɪntərɪm] **I** *n*: **in the ~** en el ínterim *or* intervalo **II** *adj* provisional; **~ government** gobierno *m* provisional

in•ter•im 'div•i•dend FIN dividendo *m* a cuenta

in•te•ri•or [ɪn'tɪrɪər] **I** *adj* interior **II** *n* interior *m*; **Department of the Interior** Ministerio *m* del Interior

in•te•ri•or 'dec•o•ra•tor interiorista *m/f*, decorador(a) *m(f)* de interiores; **in•te•ri•or de'sign** interiorismo *m*; **in•te•ri•or de'sign•er** interiorista *m/f*

in•ter•ject [ɪntər'dʒekt] *v/t* interrumpir, objetar

in•ter•jec•tion [ɪntər'dʒekʃn] LING interjección *f*

in•ter•lace [ɪntər'leɪs] *v/t fig* entrelazar (**with** con)

in•ter•lop•er ['ɪntərloʊpər] intruso(-a) *m(f)*

in•ter•lude ['ɪntərluːd] *at theater* entreacto *m*, intermedio *m*; *at concert* intermedio *m*; (*period*) intervalo *m*; **a brief ~ of peace** un intervalo breve de paz

in•ter•mar•riage [ɪntər'mærɪdʒ] matrimonio *m* mixto

in•ter•mar•ry [ɪntər'mærɪ] *v/i* (*pret & pp -ied*) casarse (*con miembros de otra raza, religión o grupo*); **the two tribes intermarried** las dos tribus se casaron entre sí

in•ter•me•di•ar•y [ɪntər'miːdɪərɪ] intermediario *m*

in•ter•me•di•ate [ɪntər'miːdɪət] *adj* intermedio *m*

in•ter•mi•na•ble [ɪn'tɜːrmɪnəbl] *adj* interminable

in•ter•min•gle [ɪntər'mɪŋgl] *v/i* entremezclarse

in•ter•mis•sion [ɪntər'mɪʃn] *in theater* entreacto *m*, intermedio *m*; *in movie theater* intermedio *m*, descanso *m*

in•ter•mit•tent [ɪntər'mɪtənt] *adj* intermitente

in•tern [ɪn'tɜːrn] *v/t* recluir

in•ter•nal [ɪn'tɜːrnl] *adj* interno; **~ injury** herida *f* interna; **~ affairs** asuntos *mpl* internos

in•ter•nal com•bus•tion en•gine motor *m* de combustión interna

in•ter•nal•ize [ɪn'tɜːrnəlaɪz] *v/t* interiorizar

in•ter•nal•ly [ɪn'tɜːrnəlɪ] *adv* internamente; **he was bleeding ~** tenía una hemorragia interna

In•ter•nal 'Rev•e•nue (Serv•ice) Hacienda *f*, *Span* Agencia *f* Tributaria

in•ter•na•tion•al [ɪntər'næʃnl] **I** *adj* internacional; **~ law** derecho *m* internacional **II** *n game* partido *m* internacional; *player* internacional *m/f*

In•ter•na•tion•al Court of 'Jus•tice Tribunal *m* Internacional de Justicia

in•ter•na•tion•al•ize [ɪntər'næʃnəlaɪz] *v/t* internacionalizar

in•ter•na•tion•al•ly [ɪntər'næʃnəlɪ] *adv*

internacionalmente

in•ter•na•tion•al 'Mon•e•tar•y Fund Fondo *m* Monetario Internacional; **In•ter•na•tion•al** 'Stan•dards Or•gan•i•za•tion Organización *f* Internacional de Normalización; **in•ter•na•tion•al** 'wa•ters *npl* aguas *fpl* internacionales

in•ter•ne•cine [ɪntər'niːsaɪn] *adj* fratricidal

in•tern•ee [ɪntɜːr'niː] interno(-a) *m(f)*, prisionero(-a) *m(f)*

In•ter•net ['ɪntərnet] Internet *f*; **on the ~** en Internet

'In•ter•net caf•é cybercafé *m*

'In•ter•net ser•vice pro•vid•er proveedor *m* de (acceso a) Internet

in•ter•nist [ɪn'tɜːrnɪst] internista *m/f*

in•tern•ment [ɪn'tɜːrnmənt] internamiento *m*; **~ camp** campo *m* de internamiento

in•ter•per•son•al [ɪntər'pɜːrsənl] *adj* interpersonal

in•ter•phone ['ɪntərfoʊn] ☞ **intercom**

in•ter•plan•e•tar•y [ɪntər'plænəterɪ] *adj* interplanetario

in•ter•play ['ɪntərpleɪ] interacción *f*

in•ter•pret [ɪn'tɜːrprɪt] *v/t & v/i* interpretar

in•ter•pre•ta•tion [ɪntɜːrprɪ'teɪʃn] interpretación *f*

in•ter•pret•er [ɪn'tɜːrprɪtər] intérprete *m/f*

in•ter•ra•cial [ɪntər'reɪʃl] *adj* interracial

in•ter•re•lat•ed [ɪntərrɪ'leɪtɪd] *adj facts* interrelacionado

in•ter•re•la•tion [ɪntərrɪ'leɪʃn] interrelación *f*

in•ter•ro•gate [ɪn'terəgeɪt] *v/t* interrogar

in•ter•ro•ga•tion [ɪntərə'geɪʃn] **1** interrogatorio *m* **2** GRAM: **~ mark** *or* **point** signo *m* de interrogación

in•ter•rog•a•tive [ɪntər'rɑːgətɪv] GRAM (forma *f*) interrogativa *f*; **~ pronoun** pronombre *m* interrogativo

in•ter•ro•ga•tor [ɪn'terəgeɪtər] interrogador(a) *m(f)*

in•ter•rog•a•to•ry [ɪntər'rɑːgətɔːrɪ] *adj* interrogativo

in•ter•rupt [ɪntər'rʌpt] **I** *v/t speaker* interrumpir **II** *v/i* interrumpir; **stop interrupting** ¡deja de interrumpir!

in•ter•rup•tion [ɪntər'rʌpʃn] interrup-

ción *f*; **without ~** sin interrupción, ininterrumpidamente

in•ter•sect [ɪntər'sekt] **I** *v/t* cruzar **II** *v/i* cruzarse

in•ter•sec•tion ['ɪntərsekʃn] (*crossroads*) intersección *f*

in•ter•sperse [ɪntər'spɜːrs] *v/t* intercalar (**with** con)

in•ter•state ['ɪntərsteɪt] *road* autopista *f* interestatal

in•ter•stice [ɪn'tɜːrstɪs] grieta *f*

in•ter•twine [ɪntər'twaɪn] **I** *v/t* entrecruzar, entrelazar **II** *v/i* entrecruzarse, entrelazarse

in•ter•ur•ban [ɪntər'ɜːrbən] *adj* interurbano

in•ter•val ['ɪntərvl] intervalo *m*; *in theater* entreacto *m*, intermedio *m*; *at concert* intermedio *m*; **there will be sunny intervals** habrá intervalos de sol; **an ~ of peace** un intervalo de paz; **at regular ~s** a intervalos regulares

in•ter•vene [ɪntər'viːn] *v/i of person, police etc* intervenir

in•ter•ven•tion [ɪntər'venʃn] intervención *f*

in•ter•view ['ɪntərvjuː] **I** *n* entrevista *f*; **give s.o. an ~** conceder una entrevista a alguien **II** *v/t* entrevistar

in•ter•view•ee [ɪntərvjuː'iː] *on TV* entrevistado(-a) *m(f)*; *for job* candidato(-a) *m(f)*

in•ter•view•er ['ɪntərvjuːər] entrevistador(a) *m(f)*

in•ter•weave [ɪntər'wiːv] *v/t also fig* (*pret -wove, pp -woven*) combinar, intercalar (**with** con)

in•tes•tate [ɪn'testeɪt] *adj*: **die ~** LAW morir intestado, morir sin dejar testamento

in•tes•tine [ɪn'testɪn] intestino *m*; **~s** intestinos *mpl*; **large / small ~** intestino grueso / delgado

in•ti•ma•cy ['ɪntɪməsɪ] *of friendship* intimidad *f*; *sexual* relaciones *fpl* íntimas

in•ti•mate[1] ['ɪntɪmət] *adj* íntimo; **be on ~ terms** mantener relaciones íntimas (**with** con)

in•ti•mate[2] ['ɪntɪmeɪt] *v/t* insinuar, dar a entender; **~ to s.o. that** insinuar a alguien que

in•ti•mate•ly ['ɪntɪmətlɪ] *adv* íntimamente

in•tim•i•date [ɪn'tɪmɪdeɪt] v/t intimidar; ~ **s.o. into doing sth** intimidar a alguien para que haga algo

in•tim•i•da•tion [ɪntɪmɪ'deɪʃn] intimidación f

in•to ['ɪntʊ] prep **1** en; **he put it** ~ **his suitcase** lo puso en su maleta; **trans•late** ~ **English** traducir al inglés; **6** ~ **12 goes** or **is 2** 12 dividido entre or por 6 es 2; **turn water** ~ **ice** transformar agua en hielo
2 F: **he's** ~ **classical music** (*likes*) le gusta or Span le va mucho la música clásica; **he's** ~ **local politics** (*is involved with*) está muy metido en el mundillo de la política local; **when you're** ~ **the job** cuando te hayas metido en el trabajo

in•tol•er•a•ble [ɪn'tɑːlərəbl] adj intolerable

in•tol•er•ance [ɪn'tɑːlərəns] intolerancia f

in•tol•er•ant [ɪn'tɑːlərənt] adj intolerante; **be** ~ **of sth** ser intolerante con algo

in•to•na•tion [ɪntə'neɪʃn] entonación f

in•tox•i•cant [ɪn'tɑːksɪkənt] estupefaciente m

in•tox•i•cate [ɪn'tɑːksɪkeɪt] v/t intoxicar

in•tox•i•cat•ed [ɪn'tɑːksɪkeɪtɪd] adj ebrio, embriagado

in•tox•i•ca•tion [ɪntɑːksɪ'keɪʃn] intoxicación f

in•trac•ta•ble [ɪn'træktəbl] adj incorregible, incurable

in•tra•net ['ɪntrənet] COMPUT intranet m or f

in•tran•si•gent [ɪn'trænsɪdʒənt] adj intransigente

in•tran•si•tive [ɪn'trænsɪtɪv] adj GRAM intransitivo

in•tra•u•ter•ine de•vice [ɪntrəjuːtərain dɪ'vais] MED dispositivo m intrauterino

in•tra•ve•nous [ɪntrə'viːnəs] adj intravenoso

'in-tray bandeja f de entrada

in•trep•id [ɪn'trepɪd] adj intrépido

in•tri•ca•cy ['ɪntrɪkəsɪ] complejidad f

in•tri•cate ['ɪntrɪkət] adj intrincado, complicado

in•trigue I n ['ɪntriːg] intriga f **II** v/t [ɪn-'triːg] intrigar; **I would be** ~**d to know** tendría curiosidad por saber **II** v/i conspirar (**against** contra)

in•trigu•ing [ɪn'triːgɪŋ] adj intrigante

in•trin•sic [ɪn'trɪnsɪk] adj intrínseco

in•trin•si•cal•ly [ɪn'trɪnsɪklɪ] adv intrínsecamente

in•tro•duce [ɪntrə'duːs] v/t presentar; *new technique etc* introducir; **may I** ~ **...?** permítame presentarle a ...; ~ **s.o. to a new sport** iniciar a alguien en un deporte nuevo

in•tro•duc•tion [ɪntrə'dʌkʃn] *to person* presentación f; *to a new food, sport etc* iniciación f; *in book, of new techniques etc* introducción f

in•tro•duc•to•ry [ɪntrə'dʌktərɪ] adj introductorio; ~ **price** precio m de lanzamiento

in•tro•spec•tion [ɪntrə'spekʃn] introspección f

in•tro•spec•tive [ɪntrə'spektɪv] adj introspectivo

in•tro•vert ['ɪntrəvɜːrt] introvertido(-a) m(f)

in•tro•vert•ed ['ɪntrəvɜːrtɪd] adj PSYCH introvertido, tímido

in•trude [ɪn'truːd] v/i molestar

in•trud•er [ɪn'truːdər] intruso(-a) m(f)

in•tru•sion [ɪn'truːʒn] intromisión f

in•tru•sive [ɪn'truːsɪv] adj entrometido

in•tu•i•tion [ɪntuː'ɪʃn] intuición f

in•tu•i•tive [ɪn'tuːɪtɪv] adj intuitivo

in•un•date ['ɪnʌndeɪt] v/t inundar, saturar (**with** de)

in•ure [ɪ'njʊər] v/t amoldar, acostumbrar (**to** a); **become** ~**d to sth** habituarse a algo

in•vade [ɪn'veɪd] v/t invadir

in•vad•er [ɪn'veɪdər] invasor(a) m(f)

in•val•id[1] [ɪn'vælɪd] adj nulo

in•val•id[2] ['ɪnvəlɪd] n MED minusválido(-a) m(f)

in•val•i•date [ɪn'vælɪdeɪt] v/t *claim, theory* invalidar

in•val•i•da•tion [ɪnvælɪ'deɪʃn] invalidación f

in•va•lid•i•ty pen•sion [ɪnvə'lɪdətɪ] Br pensión f de or por invalidez

in•val•u•a•ble [ɪn'væljʊbl] adj *help, contributor* inestimable; **be** ~ **to s.o.** tener un valor inestimable para alguien

in•var•i•a•ble [ɪn'verɪəbl] adj invariable

in•var•i•a•bly [ɪn'veɪrɪəblɪ] adv (*always*) invariablemente, siempre

in•va•sion [ɪn'veɪʒn] invasión f; **an** ~ **of**

my privacy una invasión de mi intimidad

in•vec•tive [ɪn'vektɪv] injuria f

in•veigh [ɪn'veɪ] v/i embestir, arremeter (**against** contra)

in•vei•gle [ɪn'veɪgl] v/t: ~ **s.o. into doing sth** inducir a alguien a que haga algo

in•vent [ɪn'vent] v/t inventar

in•ven•tion [ɪn'venʃn] **1** action invención f **2** thing invented invento m

in•ven•tive [ɪn'ventɪv] adj inventivo, imaginativo

in•ven•tive•ness [ɪn'ventɪvnɪs] inventiva f

in•ven•tor [ɪn'ventər] inventor(a) m(f)

in•ven•to•ry ['ɪnvəntɔːrɪ] inventario m; **take an ~ of** hacer un inventario de

'in•ven•to•ry con•trol control m de inventario; 'in•ven•to•ry lev•el nivel m de existencias; 'in•ven•to•ry turn•o•ver rotación f de existencias

in•verse [ɪn'vɜːrs] adj order inverso; **in ~ proportion to** en proporción inversa a

in•ver•sion [ɪn'vɜːrʒn] inversión f

in•vert [ɪn'vɜːrt] v/t invertir

in•ver•te•brate [ɪn'vɜːrtɪbrət] **I** n invertebrado m **II** adj invertebrado

in•vert•ed com•mas [ɪnvɜːrtɪd'kɑːməz] npl Br comillas fpl

in•vest [ɪn'vest] **I** v/t invertir **II** v/i invertir (**in** en)

in•ves•ti•gate [ɪn'vestɪgeɪt] v/t investigar

in•ves•ti•ga•tion [ɪnvestɪ'geɪʃn] investigación f; **be under ~** estar bajo investigación

in•ves•ti•ga•tive jour•nal•ism [ɪn'vestɪgətɪv] periodismo m de investigación

in•ves•ti•ga•tive 'jour•nal•ist periodista m/f de investigación

in•ves•ti•ga•tor [ɪn'vestɪgeɪtər] investigador(a) m(f)

in•vest•ment [ɪn'vestmənt] inversión f

in'vest•ment an•a•lyst analista m/f de inversiones; in'vest•ment bank banco m de inversiones; in'vest•ment in•come renta f de inversiones; in'vest•ment trust fondo m de inversiones

in•ves•tor [ɪn'vestər] inversor(a) m(f)

in•vet•er•ate [ɪn'vetərət] adj empedernido

in•vid•i•ous [ɪn'vɪdɪəs] adj odioso, desagradable

in•vig•i•late [ɪn'vɪdʒɪleɪt] v/i Br supervisar un examen

in•vig•or•ate [ɪn'vɪgəreɪt] v/t vigorizar

in•vig•or•at•ing [ɪn'vɪgəreɪtɪŋ] adj climate vigorizante

in•vin•ci•ble [ɪn'vɪnsəbl] adj invencible

in•vis•i•ble [ɪn'vɪzɪbl] adj invisible; ~ **imports** npl importaciones fpl invisibles

in•vi•ta•tion [ɪnvɪ'teɪʃn] invitación f; **at the ~ of** a o por invitación de

in•vite [ɪn'vaɪt] **I** v/t invitar **II** n F ☞ **invitation**

◆ invite in v/t: **invite s.o. in** invitar a alguien a que entre

in•vit•ing [ɪn'vaɪtɪŋ] adj room apetecible; prospect, smile, smell tentador

in vi•tro fer•til•i•za•tion [ɪnviːtroʊfɜːrtɪlaɪ'zeɪʃn] fecundación f in vitro

in•voice ['ɪnvɔɪs] **I** n factura f **II** v/t customer enviar la factura a

'in•voice date fecha f de facturación

'in•voice price precio m facturado

in•voke [ɪn'voʊk] v/t invocar

in•vol•un•ta•ry [ɪn'vɑːlənterɪ] adj involuntario

in•volve [ɪn'vɑːlv] v/t hard work, expense involucrar, entrañar; **it would ~ emigrating** supondría emigrar; **this doesn't ~ you** esto no tiene nada que ver contigo; **what does it ~?** ¿en qué consiste?; **the police didn't want to get ~d** la policía no quería intervenir; **get ~d with s.o.** emotionally, romantically tener una relación sentimental con alguien; **get ~d with sth** involucrarse o meterse en algo; **he got involved with the school play** participó en la obra de teatro del colegio; ~**d in an accident** envuelto o involucrado en un accidente; **the people ~d** las personas involucradas

in•volved [ɪn'vɑːlvd] adj (complex) complicado

in•volve•ment [ɪn'vɑːlvmənt] in a project, crime etc participación f, intervención f

in•vul•ne•ra•ble [ɪn'vʌlnərəbl] adj invulnerable

in•ward ['ɪnwərd] **I** adj feeling, smile interior **II** adv hacia dentro

in•ward•ly ['ɪnwərdlɪ] adv por dentro

in•wards ['ɪnwərdz] adv hacia dentro

i•o•dine ['aɪoʊdiːn] yodo m

i•on ['aɪən] CHEM, PHYS ión *m*

i•o•ta [aɪ'outə] ápice m, pizca f; ***not an ~ of truth*** ni un ápice de verdad

IOU [aɪou' juː] *abbr* (= ***I owe you***) pagaré *m*

IQ [aɪ'kjuː] *abbr* (= ***intelligence quotient***) cociente *m* intelectual

I•ran [ɪ'rɑːn] Irán *m*

I•ra•ni•an [ɪ'reɪnɪən] **I** *adj* iraní **II** *n* iraní *m/f*

I•raq [ɪ'ræːk] Iraq *m*, Irak *m*

I•ra•qi [ɪ'ræːkɪ] **I** *adj* iraquí **II** *n* iraquí *m/f*

i•ras•ci•ble [ɪ'ræsəbl] *adj* irascible

i•rate [aɪ'reɪt] *adj* furioso, colérico

Ire•land ['aɪrlənd] Irlanda *f*

ir•i•des•cent [ɪrɪ'desnt] *adj* iridiscente

i•ris ['aɪrɪs] **1** *of eye* iris *m inv* **2** *flower* lirio *m*

I•rish ['aɪrɪʃ] **I** *adj* irlandés; ***~ coffee*** café *m* irlandés **II** *n* **1** *language* irlandés *m* **2** *pl*: ***the ~*** los irlandeses

I•rish•man ['aɪrɪʃmən] irlandés *m*

I•rish•wom•an irlandesa *f*

irk [ɜːrk] *v/t* molestar, fastidiar

irk•some ['ɜːrksəm] *adj* irritante

i•ron ['aɪərn] **I** *n* **1** *substance* hierro *m*; ***strike while the ~ is hot*** fig aprovechar la oportunidad; ***will of ~*** voluntad *f* de hierro **2** *for clothes* plancha *f* **II** *adj* de hierro; ***~ ore*** MIN mineral *m* de hierro **III** *v/t shirts etc* planchar

◆ **iron out** *v/t* **1** *creases* planchar **2** *problem* resolver

I•ron 'Cur•tain POL telón *m* de acero

i•ron•ic, i•ron•i•cal [aɪ'rɑːnɪk(l)] *adj* irónico

i•ron•ing ['aɪərnɪŋ] planchado *m*; ***do the ~*** planchar

'i•ron•ing board tabla *f* de planchar

i•ron•mon•ger ['aɪərnmʌŋgər] *Br* ferretero(-a) *m(f)*

'i•ron•works fundición *f*

i•ron•y ['aɪrənɪ] ironía *f*; ***the ~ of it all is that ...*** lo irónico del tema es que ...

ir•ra•di•ate [ɪ'reɪdɪeɪt] *v/t* irradiar

ir•ra•di•a•tion [ɪreɪdɪ'eɪʃn] irradiación *f*

ir•ra•tion•al [ɪ'ræʃənl] *adj* irracional

ir•rec•on•ci•la•ble [ɪrekən'saɪləbl] *adj* irreconciliable

ir•re•cov•er•a•ble [ɪrɪ'kʌvərəbl] *adj* irrecuperable

ir•re•deem•a•ble [ɪrɪ'diːməbl] *adj weakness etc* irremediable

ir•ref•u•ta•ble [ɪrɪ'fjuːtəbl] irrefutable *f*

ir•reg•u•lar [ɪ'regjʊlər] *adj* irregular

ir•reg•u•lar•i•ty [ɪregjʊ'lærətɪ] irregularidad *f*

ir•rel•e•vance, ir•rel•e•van•cy [ɪ'reləvəns(ɪ)] irrelevancia *f*

ir•rel•e•vant [ɪ'reləvənt] *adj* irrelevante

ir•re•me•di•a•ble [ɪrɪ'miːdjəbl] *adj* irremediable

ir•rep•a•ra•ble [ɪ'repərəbl] *adj* irreparable

ir•re•place•a•ble [ɪrɪ'pleɪsəbl] *adj object, person* irreemplazable

ir•re•pres•si•ble [ɪrɪ'presəbl] *adj sense of humor* incontenible; *person* irreprimible

ir•re•proach•a•ble [ɪrɪ'proutʃəbl] *adj* irreprochable

ir•re•sis•ti•ble [ɪrɪ'zɪstəbl] *adj* irresistible

ir•res•o•lute [ɪ'rezəluːt] *adj* irresoluto

ir•re•spec•tive [ɪrɪ'spektɪv] *adv*: ***~ of*** independientemente de

ir•re•spon•si•ble [ɪrɪ'spɑːnsəbl] *adj* irresponsable

ir•re•trie•va•ble [ɪrɪ'triːvəbl] *adj* irrecuperable

ir•rev•er•ence [ɪ'revərəns] falta *f* de respeto

ir•rev•er•ent [ɪ'revərənt] *adj* irreverente

ir•re•vers•i•ble [ɪrɪ'vɜːrsəbl] *adj* irreversible, irrevocable

ir•rev•o•ca•ble [ɪ'revəkəbl] *adj* irrevocable

ir•ri•gate ['ɪrɪgeɪt] *v/t* regar

ir•ri•ga•tion [ɪrɪ'geɪʃn] riego *m*

ir•ri•ga•tion ca'nal acequia *f*

ir•ri•ta•bil•i•ty [ɪrɪtə'bɪlɪtɪ] irritabilidad *f*

ir•ri•ta•ble ['ɪrɪtəbl] *adj* irritable

ir•ri•tate ['ɪrɪteɪt] *v/t* irritar; ***be ~d at or with*** irritarse por

ir•ri•tat•ing ['ɪrɪteɪtɪŋ] *adj* irritante

ir•ri•ta•tion [ɪrɪ'teɪʃn] irritación *f*

IRS [aɪɑːr'es] *abbr* (= ***Internal Revenue Service***) Hacienda *f*, *Span* Agencia *f* Tributaria

is [ɪz] ☞ ***be***

ISDN [aɪesdiː'en] *abbr* (= ***Integrated Services Digital Network***) RDSI *f*

Is•lam ['ɪzlɑːm] (el) Islam

Is•lam•ic [ɪz'læmɪk] *adj* islámico; ***~ fundamentalist*** fundamentalista *m/f or* integrista *m/f* islámico(-a)

is•land ['aɪlənd] isla *f*

is•land•er ['aɪləndər] isleño(-a) *m(f)*

ISO [aɪes'ou] *abbr* (= **International Standards Organization**) ISO *f*

i•so•late ['aɪsəleɪt] *v/t* aislar

i•so•lat•ed ['aɪsəleɪtɪd] *adj* aislado; ~ *case* caso *m* aislado

i•so•la•tion [aɪsə'leɪʃn] *of a region* aislamiento *m*; *in* ~ *prisoner, patient* aislado; *consider sth* aisladamente

i•so•la•tion ward pabellón *m* de enfermedades infecciosas

i•so•tope ['aɪsətoup] PHYS isótopo *m*

ISP [aɪes'piː] *abbr* (= **Internet service provider**) proveedor *m* de (acceso a) Internet

Is•ra•el ['ɪzreɪl] Israel *m*

Is•rae•li [ɪz'reɪlɪ] **I** *adj* israelí **II** *n person* israelí *m/f*

is•sue ['ɪʃuː] **I** *n* **1** (*matter*) tema *m*, asunto *m*; *the point at* ~ el tema que se debate; *take* ~ *with s.o. / sth* discrepar de alguien / algo; *your honesty is not at* ~ no se cuestiona tu honestidad **2** *of magazine* número *m* **II** *v/t coins* emitir; *passports, visa* expedir; *warning* dar; ~ *s.o. with sth* entregar algo a alguien

isth•mus ['ɪsməs] istmo *m*

IT [aɪ'tiː] *abbr* (= **information technology**) tecnologías *fpl* de la información; ~ *department* departamento *m* de informática

it [ɪt] *pron as object* lo *m*, la *f*; *what color is* ~*?* – ~ *is red* ¿de qué color es? – es rojo; ~*'s raining* llueve; ~*'s me / him* soy yo / es él; ~*'s Charlie here* TELEC soy Charlie; ~*'s your turn* te toca; *that's* ~*!* (*that's right*) ¡eso es!; (*finished*) ¡ya está!; ~ *is to him that you should turn* es a él a quien deberías dirigirte

I•tal•ian [ɪ'tæljən] **I** *adj* italiano **II** *n* **1** *person* italiano(-a) *m(f)* **2** *language* italia-

no *m*

i•tal•ic [ɪ'tælɪk] *adj* cursiva

i•tal•i•cize [ɪ'tælɪsaɪz] *v/t* poner en cursiva

i•tal•ics [ɪ'tælɪks] *npl* cursiva *f*; *in* ~ en cursiva

I•ta•ly ['ɪtəlɪ] Italia *f*

itch [ɪtʃ] **I** *n* picor *m* **II** *v/i* picar; *be* ~*ing for sth* F estar deseando algo, morirse por algo; *they're* ~*ing to get home* F se mueren por llegar a casa

itch•y ['ɪtʃɪ] *adj* que pica; *have* ~ *feet fig* F tener el gusanillo de viajar

i•tem ['aɪtəm] *in list, accounts*, (*article*) artículo *m*; *on agenda* punto *m*; *of news* noticia *f*; ~ *of clothing* prenda *f* de vestir; *they're an* ~ F *of couple* son pareja

i•tem•ize ['aɪtəmaɪz] *v/t invoice* detallar

i•tin•er•ant [ɪ'tɪnərənt] *adj* itinerante

i•tin•e•ra•ry [aɪ'tɪnərerɪ] itinerario *m*

it'll ['ɪtl] F = *it will*

it's [ɪts] = *it is; it has*

its [ɪts] *poss adj* su; *where is* ~ *box?* ¿dónde está su caja?; *the dog has hurt* ~ *leg* el perro se ha hecho daño en la pata

it•self [ɪt'self] *pron reflexive* se; *the dog hurt* ~ el perro se hizo daño; *the hotel* ~ *is fine* el hotel en sí (mismo) está bien; *by* ~ (*alone*) aislado, solo; (*automatically*) solo

IUD [aɪjuː'diː] *abbr* (= **intrauterine device**) DIU *m* (= dispositivo *m* intrauterino)

I've [aɪv] F ☞ *I have*

IVF [aɪviː'ef] *abbr* (= **in vitro fertilization**) fecundación *f* in vitro, FIV *f*

i•vo•ry ['aɪvərɪ] **I** *n* marfil *m* **II** *adj* de marfil; *live in an* ~ *tower fig* vivir en una torre de marfil

I•vo•ry 'Coast Costa *f* de Marfil

i•vy ['aɪvɪ] hiedra *f*

I•vy 'League grupo de ocho universidades americanas de gran prestigio

J

jab [dʒæb] v/t (pret & pp **-bed**) clavar
jab•ber ['dʒæbər] v/i parlotear
jack [dʒæk] **1** MOT gato m **2** in cards jota f

♦ **jack up** v/t **1** MOT levantar con el gato **2** F prices, salaries subir
jack•al ['dʒækəl] chacal m
jack•ass ['dʒækæs] fig memo(-a) m(f)
jack•daw ['dʒækdɔː] grajilla f
jack•et ['dʒækɪt] **1** (coat) chaqueta f **2** of book sobrecubierta f
jack•et po'ta•to (pl **-o(e)s**) Span patata f or L.Am. papa f asada (con piel)
'jack-in-the-box caja f de sorpresas
'jack-knife v/i derrapar (por la parte del remolque); **jack-of-'all-trades**: **be a ~** of teacher, secretary etc hacer un poco de todo; **'jack plug** ELEC enchufe m de clavija; **'jack•pot** gordo m; **he hit the ~** le tocó el gordo
ja•cuz•zi® [dʒə'kuːzɪ] jacuzzi m
jade [dʒeɪd] jade m
jad•ed ['dʒeɪdɪd] adj harto; appetite hastiado
jag•ged ['dʒægɪd] adj accidentado
jag•u•ar ['dʒægʊər] jaguar m
jail [dʒeɪl] cárcel f; **he's in ~** está en la cárcel; **go to ~** ir a la cárcel; **put s.o. in ~** encarcelar a alguien, meter a alguien en la cárcel
'jail•bird F delincuente m/f habitual
'jail•break F fuga f, evasión f
jail•er ['dʒeɪlər] carcelero(-a) m(f), celador(a) m(f)
ja•lop•y [dʒə'lɑːpɪ] F chatarra f, cacharro m F
jam[1] [dʒæm] n for bread mermelada f
jam[2] [dʒæm] **I** n **1** MOT atasco m **2** F (difficulty) aprieto m; **be in a ~** estar en un aprieto
II v/t (pret & pp **-med**) (ram) meter, embutir; (cause to stick) atascar; broadcast provocar interferencias en; **be ~med** of roads estar colapsado; of door, window estar atascado; **he got his finger ~med in the door** se pilló el dedo en la puerta
III v/i (pret & pp **-med**) **1** of printer, window atascarse **2**: **all ten of us managed to ~ into the car** nos las arreglamos pa-

ra meternos los diez en el coche

♦ **jam in** v/t apretujar; **we were all jammed in** estábamos apretujados
♦ **jam on** v/t: **jam on the brakes** dar un frenazo
Ja•mai•ca [dʒə'meɪkə] Jamaica f
Ja•mai•can [dʒə'meɪkən] **I** adj jamaicano, L.Am. jamaiquino(-a) **II** n person jamaicano(-a) m(f), L.Am. jamaiquino(-a) m(f)
jamb [dʒæm] jamba f
jam•bo•ree [dʒæmbə'riː] **1** F fiesta f, juerga f **2** of Scouts congreso m
jam-'packed adj F abarrotado (**with** de)
jan•gle ['dʒæŋgl] **I** v/i tintinear, sonar **II** v/t hacer tintinear
jan•i•tor ['dʒænɪtər] portero(-a) m(f), conserje m/f
Jan•u•a•ry ['dʒænʊerɪ] enero m
Ja•pan [dʒə'pæn] Japón m
Jap•a•nese [dʒæpə'niːz] **I** adj japonés **II** n **1** person japonés(-esa) m(f); **the ~** los japoneses **2** language japonés m
jar[1] [dʒɑːr] n container tarro m
jar[2] [dʒɑːr] v/i (pret & pp **-red**) of noise rechinar; **~ on** rechinar en
jar•gon ['dʒɑːrgən] jerga f
jas•min(e) ['dʒæzmɪn] BOT jazmín m
jaun•dice ['dʒɒːndɪs] ictericia f
jaun•diced ['dʒɒːndɪst] adj fig resentido
jaunt [dʒɒːnt] excursión f; **go on a ~** ir de excursión
jaunt•y ['dʒɒːntɪ] adj desenfadado
jav•e•lin ['dʒævlɪn] (spear) jabalina f; event (lanzamiento m de) jabalina f
jaw [dʒɒː] mandíbula f
'jaw•bone mandíbula f, maxilar m
jay [dʒeɪ] arrendajo m
'jay•walk•er peatón(-ona) m(f) imprudente
'jay•walk•ing cruzar la calle de manera imprudente
jazz [dʒæz] jazz m; **~ band** banda f de jazz; **and all that ~** F y todo ese rollo
♦ **jazz up** v/t F animar; décor, dress alegrar, dar vida a F
jazz•y ['dʒæzɪ] adj **1** MUS de jazz, jazzístico **2** F colors, design llamativo, visto-

so

jeal•ous ['dʒeləs] *adj* celoso; **be ~ of** *in love* tener celos de; *of riches etc* tener envidia de

jeal•ous•ly ['dʒeləslɪ] *adv* celosamente; *relating to possessions* con envidia

jeal•ous•y ['dʒeləsɪ] celos *mpl*; *of possessions* envidia *f*

jeans [dʒiːnz] *npl* vaqueros *mpl*, jeans *mpl*

jeep [dʒiːp] jeep *m*

jeer [dʒɪr] **I** *n* abucheo *m* **II** *v/i* abuchear; **~ at** burlarse de

jeer•ing ['dʒɪrɪŋ] abucheo *m*

Je•ho•vah's Wit•ness [dʒɪhoʊvəz'wɪtnɪs] REL testigo *m/f* de Jehová

jell [dʒel] *v/i fig of plans* concretarse

Jel•lo® ['dʒeloʊ] gelatina *f*

jel•ly ['dʒelɪ] mermelada *f*

'jel•ly bean gominola *f*

'jel•ly•fish medusa *f*

jem•my ['dʒemɪ] *Br* ☞ *jimmy*

jeop•ar•dize ['dʒepərdaɪz] *v/t* poner en peligro

jeop•ar•dy ['dʒepərdɪ]: **be in ~** estar en peligro

jerk¹ [dʒɜːrk] **I** *n* sacudida *f* **II** *v/t* dar un tirón a

◆ **jerk off** *v/i* P hacerse una paja P

jerk² [dʒɜːrk] *n* F imbécil *m/f*, *Span* gilipollas *m/f inv* F

jerk•y ['dʒɜːrkɪ] *adj movement* brusco

jer•ry-built ['dʒerɪbɪlt] *adj* chapucero, mal construido

jer•sey ['dʒɜːrzɪ] *(sweater)* suéter *m*, *Span* jersey *m*

jest [dʒest] **I** *n* broma *f*; **in ~** en broma **II** *v/i* bromear

jest•er ['dʒəstər] HIST bufón *m*

Jes•u•it ['dʒezjʊɪt] REL jesuita *m*

Je•sus ['dʒiːzəs] Jesús; **~!** F ¡por Dios!, ¡por el amor de Dios!

jet [dʒet] **I** *n* **1** *of water* chorro *m* **2** *(nozzle)* boquilla *f* **3** *(airplane)* reactor *m*, avión *m* a reacción **II** *v/i (pret & pp -ted) travel* viajar en avión

jet-'black *adj* azabache; **'jet en•gine** reactor *m*; **'jet fight•er** AVIA, MIL caza *m* reactor, caza *m*; **'jet lag** desfase *m* horario, jet lag *m*; **jet-lagged** [dʒet'lægd] *adj*: **be ~** tener jet lag *or* desfase horario; **'jet plane** avión *m* reactor; **jet-pro•pelled** [dʒetprə'peld] *adj esp* AVIA a reacción

jet•sam ['dʒetsəm] NAUT ☞ *flotsam*

'jet set jet *f* set

jet•ti•son ['dʒetɪsn] *v/t also fig* tirar por la borda

jet•ty ['dʒetɪ] malecón *m*

Jew [dʒuː] judío(-a) *m(f)*

jew•el ['dʒuːəl] joya *f*, alhaja *f*; *fig: person* joya *f*

'jew•el case *for CD* carcasa *f*

jew•el•er, *Br* **jew•el•ler** ['dʒuːlər] joyero(-a) *m(f)*

jew•el•lery *Br*, **jew•el•ry** ['dʒuːlrɪ] joyas *fpl*, alhajas *fpl*; **piece of ~** joya *f*, alhaja *f*

Jew•ish ['dʒuːɪʃ] *adj* judío

jib [dʒɪb] **1** NAUT foque *m* **2** TECH brazo *m*

◆ **jib at** *v/t (pret & pp -bed)* **1** *fence* plantarse ante **2** *fig expense etc* resistirse a

jif•fy ['dʒɪfɪ] F: **in a ~** en un periquete F

jig•gle ['dʒɪgl] *v/t* sacudir

jig•saw (puz•zle) ['dʒɪgsɔː] rompecabezas *m inv*, puzzle *m*

jilt [dʒɪlt] *v/t* dejar plantado

Jim Crow [dʒɪm'kroʊ] *adj* F racista; *school* para negros

jim•my ['dʒɪmɪ] palanca *f*, palanqueta *f*

jin•gle ['dʒɪŋgl] **I** *n song* melodía *f* publicitaria **II** *v/i of keys, coins* tintinear

jin•go•ism ['dʒɪŋgoʊɪzm] patrioterismo *m*, patriotería *f*

jin•go•is•tic [dʒɪŋgoʊ'ɪstɪk] *adj* jingoísta

jinks [dʒɪŋks] *npl*: **high ~** jarana *f*, parranda *f*; **they were having high ~** estaban de juerga

jinx [dʒɪŋks] gafe *m*; **there's a ~ on this project** este proyecto está gafado

JIT [dʒeɪaɪ'tiː] *abbr (= just in time)* COM justo a tiempo

jit•ters ['dʒɪtərz] *npl* F: **I got the ~** me entró el pánico *or Span* canguelo F

jit•ter•y ['dʒɪtərɪ] *adj* F nervioso

job [dʒɑːb] *(employment)* trabajo *m*, empleo *m*; *(task)* tarea *f*, trabajo *m*; **it's not my ~ to answer the phone** no me corresponde a mí contestar el teléfono; **it's not my ~ to clean up your mess** no es mi obligación recoger tu desorden; **I have a few ~s to do around the house** tengo que hacer unas cuantas cosas en la casa; **out of a ~** sin trabajo *or* empleo; **it's a good ~ you warned me** menos mal que me avisaste; **you'll have a ~** (*it'll be difficult*) te va a costar Dios y ayuda; **it was a real ~ but we managed it** fue una odisea pero al final lo conseguimos; **make a good / bad ~ of sth** hacer algo bien / mal; **on the ~** en el trabajo; **make the best of a bad ~** apechugar y hacer lo que se pueda; **~ interview** entrevista *f* de trabajo

'**job de•scrip•tion** (descripción *f* de las) responsabilidades *fpl* del puesto

'**job hunt** *v/i*: **be ~ing** buscar trabajo

job•less ['dʒɑːblɪs] *adj* desempleado, *Span* parado

job los•ses ['dʒɑːbloːsɪs] *npl* pérdidas *fpl* de puestos de trabajo; '**job of•fer** oferta *f* de trabajo *or* empleo; '**job o•pen•ing** vacante *f*; **job sat•is'fac•tion** satisfacción *f* con el trabajo; '**job se•cu•ri•ty** seguridad *f* profesional; **job seek•er** ['dʒɑːbsiːkər] persona *f* que busca empleo; **job-shar•ing** ['dʒɑːbʃeɪrɪŋ] sistema *m* de trabajo compartido

jock [dʒɑːk] F *sporting type* deportista *m*

jock•ey ['dʒɑːkɪ] jockey *m/f*

◆ **jockey for** *v/t*: **jockey for position** *fig* disputarse el puesto, rivalizar por el puesto

'**jock•strap** vendaje *m* suspensorio, suspendedor *m*

joc•u•lar ['dʒɑːkjʊlər] *adj* jocoso, ocurrente

jog ['dʒɑːg] I *n*: **go for a ~** ir a hacer jogging *or* footing II *v/i* (*pret & pp* **-ged**) *as exercise* hacer jogging *or* footing III *v/t* (*pret & pp* **-ged**): **~ s.o.'s memory** refrescar la memoria de alguien; **somebody ~ged my elbow** alguien me dio en el codo

◆ **jog along** *v/i* F ir tirando F

jog•ger ['dʒɑːgər] *person* persona *f* que hace jogging *or* footing; *shoe* zapatilla *f* de jogging *or* footing; *trousers* pantalones *mpl* de deporte

jog•ging ['dʒɑːgɪŋ] jogging *m*, footing *m*; **go ~** ir a hacer jogging *or* footing

'**jog•ging suit** chándal *m*

jog•gle ['dʒɑːgl] *v/t* sacudir, balancear

john [dʒɑːn] P (*toilet*) baño *m*, váter *m*; **in the ~** en el váter

John Han•cock [dʒɑːn'hænkɑːk] P firma *f*

join [dʒɔɪn] I *n* juntura *f* II *v/i of roads*, *rivers* juntarse; (*become a member*) hacerse socio III *v/t* (*connect*) unir; *person* unirse a; *club* hacerse socio de; (*go to work for*) entrar en; *of road* desembocar en; **I'll ~ you at the theater** me reuniré contigo en el teatro; **~ hands** agarrarse *or* cogerse de la mano

◆ **join in** *v/i* participar

◆ **join up** I *v/i* 1 *of two groups of walkers etc* juntarse 2 *Br* MIL alistarse II *v/t parts etc* unir, juntar

join•er ['dʒɔɪnər] carpintero(-a) *m(f)*

join•er•y ['dʒɔɪnərɪ] carpintería *f*

joint [dʒɔɪnt] I *n* 1 ANAT articulación *f*; *in woodwork* junta *f*; *of meat* pieza *f* 2 F (*place*) garito *m* F 3 F *of cannabis* porro *m* F, canuto *m* F II *adj* (*shared*) conjunto; **take ~ action** actuar conjuntamente

joint ac'count cuenta *f* conjunta

joint and 'sev•er•al *adj guarantor, liability* solidario

joint•ly and sev•er•al•ly [dʒɔɪntlɪənd-'sevrəlɪ] *adv* mancomunada y solidariamente

joint 'ven•ture empresa *f* conjunta

joist [dʒɔɪst] ARCHI viga *f*

joke [dʒoʊk] I *n story* chiste *m*; (*practical ~*) broma *f*; **play a ~ on** gastar una broma a; **it's no ~** no tiene ninguna gracia; **in the end the ~ was on him** al final le salió el tiro por la culata; **it was only a ~, sir** sólo era una broma, señor; **Mr. Stroud can't take a ~** al Sr Stroud no se le puede hacer *or* gastar una broma; **oh come on, take a ~!** ¡venga, que iba en broma!; **our football team is a ~** nuestro equipo de fútbol es un desastre; **they were just having a ~** sólo estaban de broma; **crack a ~** contar un chiste; **for a ~** en *or* de broma II *v/i* bromear; **I'm not joking** no bromeo; **you must be joking!** ¡no hablas en serio!

jok•er ['dʒoʊkər] *person* bromista *m/f*; F *pej* payaso(-a) *m(f)*; *in cards* comodín *m*

jok•ey ['dʒoʊkɪ] *adj movie* ameno; *style* gracioso; *person* guasón

jok•ing ['dʒoʊkɪŋ]: **~ apart** bromas aparte

jok•ing•ly ['dʒoʊkɪŋlɪ] *adv* en broma

jol•ly ['dʒɑːlɪ] *adj* 1 alegre 2 *Br* F (*very*) super- (superinteresante), -ísimo (dificilísimo)

Jol•ly 'Rog•er bandera *f* pirata

jolt [dʒəʊlt] **I** *n* (*jerk*) sacudida *f*; **give s.o. a ~** *fig* dar un susto a alguien **II** *v/t* (*push*): **somebody ~ed my elbow** alguien me dio en el codo; **~ s.o. out of** (*shock*) hacer salir a alguien de

Jor•dan ['dʒɔːrdn] Jordania *f*

Jor•da•ni•an [dʒɔːr'deɪnɪən] **I** *adj* jordano **II** *n* jordano(-na) *m(f)*

josh [dʒɑːʃ] *v/t* F tomarle el pelo a

joss stick ['dʒɑːsstɪk] varilla *f* de incienso

jos•tle ['dʒɑːsl] *v/t* empujar

jot [dʒɑːt] *fig*: **not a ~ of** ni un ápice de, ni pizca de; **it doesn't make a ~ of difference** da exactamente igual

♦ **jot down** [dʒɑːt] *v/t* (*pret & pp* **-ted**) apuntar, anotar

jot•ter ['dʒɑːtər] *Br* bloc *m*

joule [dʒuːl] PHYS julio *m*

jour•nal ['dʒɜːrnl] **1** (*magazine*) revista *f* **2** (*diary*) diario *m*

'jour•nal en•try *in accounts* asiento *m* en el libro diario

jour•nal•ism ['dʒɜːrnəlɪzm] periodismo *m*

jour•nal•ist ['dʒɜːrnəlɪst] periodista *m/f*

jour•ney ['dʒɜːrnɪ] viaje *m*; **the daily ~ to school** el camino diario al colegio; **go on** *or* **make a ~** hacer un viaje

jo•vi•al ['dʒəʊvɪəl] *adj* jovial

jowls [dʒaʊlz] *npl* carrillos *mpl*, papada *f*

joy [dʒɔɪ] alegría *f*, gozo *m*; **for ~** de alegría; **tears of ~** lágrimas *fpl* de alegría; **to s.o.'s ~** para alegría *or* gozo de alguien

joy•ful ['dʒɔɪfʊl] *adj* alegre, contento

joy•less ['dʒɔɪlɪs] *adj* triste, alicaído

joy•ous ['dʒɔɪəs] ☞ **joyful**

'joy rid•er F *persona que roba coches para darse una vuelta y luego los abandona*; **'joy rid•ing** F *robo de un coche para darse una vuelta y luego abandonarlo*; **'joy•stick** COMPUT joystick *m*

ju•bi•lant ['dʒuːbɪlənt] *adj* jubiloso

ju•bi•la•tion [dʒuːbɪ'leɪʃn] júbilo *m*

ju•bi•lee ['dʒuːbɪˈliː] aniversario *m*

judge [dʒʌdʒ] **I** *n* LAW juez *m/f*, jueza *f*; *in competition* juez *m/f*, miembro *m* del jurado; **be a good ~ of wine / people** tener buen ojo para el vino / las personas **II** *v/t* **1** juzgar **2** (*estimate*) calcular **III** *v/i* juzgar; **~ for yourself** júzgalo por ti mismo; **judging by his words** a juzgar por sus palabras

judg(e)•ment ['dʒʌdʒmənt] LAW fallo *m*; (*opinion*) juicio *m*; **an error of ~** una equivocación; **he showed good ~** mostró tener criterio; **against my better ~** a pesar de no estar convencido; **the Last Judgment** REL el Juicio Final; **it shows a lack on ~ on his part** muestra una falta de criterio por su parte; **in my ~** a mi juicio; **form a ~ on sth** formarse una opinión sobre algo; **pass ~ on s.o.** juzgar a alguien, opinar de alguien

judg•men•tal [dʒʌdʒ'mentl] *adj* sentencioso, crítico

'Judg(e)•ment Day Día *m* del Juicio Final

ju•di•cial [dʒuː'dɪʃl] *adj* judicial

ju•di•ci•ar•y [dʒuː'dɪʃərɪ] LAW judicatura *f*

ju•di•cious [dʒuː'dɪʃəs] *adj* juicioso

ju•do ['dʒuːdəʊ] judo *m*

jug [dʒʌɡ] jarra *f*

jug•ger•naut ['dʒʌɡərnɔːt] MOT *Br* camión *m* grande

jug•gle [dʒʌɡl] *v/t also fig* hacer malabarismos con

jug•gler ['dʒʌɡlər] malabarista *m/f*

'jug wine morapio *m*

juice [dʒuːs] *L.Am.* jugo *m*, *Span* zumo *m*; **let s.o. stew in his own ~** F dejar sufrir a alguien

juic•er ['dʒuːsər] exprimidor *m*

juic•y ['dʒuːsɪ] *adj* jugoso; *news, gossip* jugoso, sabroso

ju•jit•su [dʒuː'dʒɪtsuː] SP jiujitsu *m*

juke•box ['dʒuːkbɑːks] máquina *f* de discos

Ju•ly [dʒʊ'laɪ] julio *m*

jum•ble ['dʒʌmbl] revoltijo *m*

♦ **jumble together** *v/t* mezclar

♦ **jumble up** *v/t* revolver

'jum•ble sale *Br*: *mercadillo de beneficencia donde se suelen vender artículos de segunda mano*

jum•bo (jet) ['dʒʌmbəʊ] jumbo *m*

jum•bo, jum•bo-sized [dʒʌmbəʊ-'saɪzd] *adj* gigante

jump [dʒʌmp] **I** *n* salto *m*; (*increase*) incremento *m*, subida *f*; **give a ~ of surprise** dar un salto

II *v/i* saltar; (*increase*) dispararse; **you made me ~!** ¡me diste un susto!; **~ to one's feet** ponerse de pie de un salto;

~ *to conclusions* sacar conclusiones precipitadas; ~ *off bus* bajarse de; *bridge* saltar de; ~ *for joy* saltar de alegría
III *v/t fence etc* saltar; F (*attack*) asaltar; ~ *the lights* saltarse el semáforo, pasarse un semáforo en rojo; ~ *the gun fig* precipitarse, apresurarse; *Br* ~ *the queue* colarse

◆ **jump at** *v/t opportunity* no dejar escapar

◆ **jump on** *v/t* F (*reprimand*) regañar

◆ **jump up** *v/i out of chair* ponerse de pie de un salto

'**jump ball** *in basketball* lucha *f*, salto *m* entre dos
jumped-up [dʒʌmpt'ʌp] *adj Br* F presuntuoso
jump•er[1] ['dʒʌmpər] *dress* pichi *m*
jump•er[2] ['dʒʌmpər] SP saltador(a) *m(f)*; *horse* caballo *m* de saltos
'**jump•er ca•bles** *npl* MOT cables *mpl* de arranque
'**jump leads** *npl Br* ☞ *jumper cables*;
'**jump-rope** comba *f*, cuerda *f* de saltar;
'**jump shot** *in basketball* tiro *m* en suspensión; '**jump-start** *v/t* **1** *car: with cables* hacer un puente a; *by pushing* empujar **2** *fig: economy* impulsar;
'**jump suit** mono *m*
jump•y ['dʒʌmpɪ] *adj* nervioso; *get* ~ ponerse nervioso
junc•tion ['dʒʌŋkʃn] *Br: of roads* cruce *m*
junc•ture ['dʒʌŋktʃər] *fml: at this* ~ en esta coyuntura
June [dʒuːn] junio *m*
jun•gle ['dʒʌŋgl] selva *f*, jungla *f*; *it's a* ~ *out there* es my peligroso ahí fuera
'**jun•gle gym** *estructura hecha con barras de hierro o metal para que los niños jueguen o se suban a ella*
ju•ni•or ['dʒuːnjər] **I** *adj subordinate* de rango inferior; *younger* más joven; ~ *athletics* atletismo *m* junior *or* infantil; ~ *fashions* moda *f* infantil; ~ *partner* COM socio(-a) *m(f)* comanditario(-a) *m(f)*; ~ *school Br* escuela *f* de primaria (*para niños de 7 a 11 años*); *Michael Harrison* ~ Michael Harrison Junior *or* hijo
II *n in rank* subalterno(-a) *m(f)*; *she is ten years my* ~ es diez años menor *or* más joven que yo

ju•ni•or 'high (school) escuela *f* secundaria (*para alumnos de entre 12 y 15 años*)
ju•ni•per ['dʒuːnɪpər] BOT enebro *m*
junk [dʒʌŋk] trastos *mpl*; *don't eat* ~ *like that* no comas porquerías de esas, no comas esa porquería
'**junk bond** bono *m* basura
junk•et ['dʒʌŋkət] *feast etc* banquete *m* con todo pagado; *trip* viaje *m* con todos los gastos pagados
'**junk fax** anuncio *m* por fax
'**junk food** comida *f* basura
junk•ie ['dʒʌŋkɪ] F drogata *m/f* F
'**junk mail** propaganda *f* postal; '**junk shop** cacharrería *f*; '**junk•yard** depósito *m* de chatarra
jun•ta ['dʒʌntə] POL junta *f* militar
ju•ris•dic•tion [dʒʊrɪs'dɪkʃn] LAW jurisdicción *f*; *come or fall under the* ~ *of* estar dentro de la jurisdicción de; *have* ~ *over* tener jurisdicción *or* competencia sobre
ju•ris•pru•dence [dʒʊrɪs'pruːdəns] jurisprudencia *f*
ju•ror ['dʒʊrər] miembro *m* del jurado
ju•ry ['dʒʊrɪ] jurado *m*
'**ju•ry serv•ice**: *do* ~ ser miembro de un jurado
just [dʒʌst] **I** *adj law, cause* justo
II *adv* **1** (*barely*) justo; *it's* ~ *past Gardner Street* está justo al lado de Gardner Street
2 (*exactly*) justo, justamente; ~ *as* (*exactly*) justo cuando, en el preciso momento en que; (*equally*) tan; *that is* ~ *like you* eso es (muy) propio de ti
3 (*only*) sólo, solamente; *have* ~ *done sth* acabar de hacer algo; *I've* ~ *seen her* la acabo de ver; ~ *about* (*almost*) casi; *I was* ~ *about to leave when* ... estaba a punto de salir cuando ...; ~ *like that* (*abruptly*) de repente; ~ *now* (*at the moment*) ahora mismo; *I saw her* ~ *now* (*a few moments ago*) la acabo de ver; ~ *you wait!* ¡ya verás!; ~ *be quiet!* ¡cállate de una vez!; *it was* ~ *too much* fue demasiado
jus•tice ['dʒʌstɪs] justicia *f*; *bring s.o. to* ~ hacer pagar a alguien (por lo que ha hecho); *do* ~ *to* hacer justicia a; *you didn't do yourself* ~ no estuviste a tu altura, no rendiste acorde con tu capacidad

jus•tice of the 'peace juez(a) *m(f)* de paz

jus•ti•fi•a•ble [dʒʌstɪ'faɪəbl] *adj* justificable

jus•ti•fi•a•bly [dʒʌstɪ'faɪəblɪ] *adv* justificadamente

jus•ti•fi•ca•tion [dʒʌstɪfɪ'keɪʃn] justificación *f*; *there's no ~ for behavior like that* ese comportamiento es injustificable *or* no tiene justificación

jus•ti•fy ['dʒʌstɪfaɪ] *v/t* (*pret & pp* **-ied**) *also text* justificar; *be justified in doing sth* tener motivos (justificados) para hacer algo; *left / right justified* justificado a la izquierda / derecha

'just-in-time *adj* COM justo a tiempo

just•ly ['dʒʌstlɪ] *adv* **1** (*fairly*) con justicia **2** (*rightly*) con razón

◆ **jut out** [dʒʌt] *v/i* (*pret & pp* **-ted**) sobresalir

jute [dʒuːt] yute *m*

ju•ve•nile ['dʒuːvənl] **I** *adj* **1** *crime* juvenil; *court* de menores **2** *pej* infantil **II** *n fml* menor *m/f*

ju•ve•nile de•lin•quen•cy delincuencia *f* juvenil

ju•ve•nile de•lin•quent delincuente *m/f* juvenil

jux•ta•pose [dʒʌkstə'pouz] *v/t* yuxtaponer

jux•ta•po•si•tion [dʒʌkstəpə'zɪʃn] yuxtaposición *f*

K

k [keɪ] *abbr* **1** (= *kilobyte*) k (= kilobyte *m*) **2** (= *thousand*) mil

kale [keɪl] BOT col *f* rizada

ka•lei•do•scope [kə'laɪdəskoup] calidoscopio *m*, caleidoscopio *m*

kan•ga•roo [kæŋgə'ruː] canguro *m*

ka•put [kæ'put] *adj* F *kettle, photocopier etc* cascado F

ka•ra•o•ke [kærɪ' oʊkɪ] karaoke *m*

ka•ra•te [kə'rɑːtɪ] kárate *m*

ka'ra•te chop golpe *m* de kárate

kay•ak ['kaɪæk] kayak *m*

KB [keɪ'biː] *abbr* (= *kilobyte*) kb (= kilobyte *m*)

ke•bab [kɪ'bæb] pincho *m*, brocheta *f*

keel [kiːl] NAUT quilla *f*; *be back on an even ~ fig* estabilizarse

◆ **keel over** *v/i of structure* desplomarse; *of person* desmayarse

keen [kiːn] *adj interest* gran; *competition* reñido

keen•ness ['kiːnnɪs] entusiasmo *m*, fervor *m*

keep [kiːp] **I** *n* **1** (*maintenance*) manutención *f* **2**: *for ~s* F para siempre **II** *v/t* (*pret & pp* **kept**) **1** guardar; (*not lose*) conservar; (*detain*) entretener; *you can ~ it* (*it's for you*) te lo puedes quedar; *~ a promise* cumplir una promesa; *~ s.o. company* hacer compañía a alguien; *~ s.o. waiting* hacer esperar a alguien; *he can't ~ anything to him-*

self no sabe guardar un secreto; *~ sth from s.o.* ocultar algo a alguien; *~ s.o. busy* mantener a alguien ocupado; *keep the twins quiet!* ¡haz que se callen los gemelos!; *~ sth a secret from s.o.* ocultar algo a alguien; *can you ~ a secret?* ¿sabes *or* puedes guardar un secreto?; *~ your seats, please* permanezcan sentados por favor, por favor permanezcan en sus asientos **2** *family* mantener; *animals* tener, criar **3**: *~ doing sth* seguir haciendo algo, no parar de hacer algo; *~ trying!* ¡sigue intentándolo!; *don't ~ interrupting!* ¡deja de interrumpirme! **III** *v/i* (*pret & pp* **kept**) **1** *of food, milk* aguantar, conservarse **2**: *~ calm!* ¡tranquilízate!; *~ quiet!* ¡cállate!; *~ still!* ¡estate quieto!

◆ **keep at** *v/t math etc* machacar; *just keep at it until you find a solution* no pares hasta que encuentres una solución; *keep at it!* ¡no te rindas!

◆ **keep away I** *v/i*: *keep away from that building* no te acerques a ese edificio **II** *v/t*: *keep the children away from the stove* no dejes que los niños se acerquen a la cocina

◆ **keep back** *v/t* **1** (*hold in check*) contener **2** *information* ocultar

◆ **keep down** *v/t* **1** *voice* bajar; *costs, inflation etc* reducir; *tell the kids to keep*

the noise down diles a los niños que no hagan tanto ruido **2** *food* retener; *I can't keep anything down* devuelvo todo lo que como
◆ **keep from** *v/t* ocultar, esconder; *we kept the news from him* no le contamos la noticia; *keep s.o. from doing sth of person, noise* no dejar a alguien hacer algo; *I couldn't keep him from leaving* no pude convencerle para que se quedara; *I could hardly ~ from laughing* casi no *or* apenas podía aguantar la risa
◆ **keep in** *v/t in school* castigar (*a quedarse en clase*); *the hospital's keeping her in* la tienen en observación
◆ **keep in with** *v/t* mantener buenas relaciones con
◆ **keep off I** *v/t* (*avoid*) evitar; *keep off the grass!* ¡prohibido pisar el césped!; *just you keep your hands off!* ¡quita las manos de encima! **II** *v/i: if the rain keeps off* si no llueve
◆ **keep on I** *v/i* continuar; *if you keep on interrupting me* si no dejas de interrumpirme; *keep on trying!* ¡sigue intentándolo!; *it keeps on breaking* no para de romperse **II** *v/t: the company kept them on* la empresa los mantuvo en el puesto; *keep your coat on!* ¡no te quites el abrigo!; *keep on (going) until the next traffic light* sigue (conduciendo) hasta el próximo semáforo
◆ **keep on at** *v/t* (*nag*): *my parents keep on at me to get a job* mis padres no dejan de decirme que busque un trabajo
◆ **keep out I** *v/t: it keeps the cold out* protege del frío; *they must be kept out* no pueden entrar **II** *v/i: I told you to keep out!* of a place ¡te dije que no entraras!; *I would keep out of it if I were you of discussion etc* yo en tu lugar no me metería; *keep out as sign* prohibida la entrada, prohibido el paso
◆ **keep to** *v/t path* seguir; *rules* cumplir, respetar; *keep to the left / right* seguir por la izquierda / derecha; *keep sth to a minimum* mantener algo al mínimo; *keep sth to o.s.* guardarse algo; *I kept the news of the accident to myself* no dije nada sobre el accidente
◆ **keep together I** *v/t* mantener unido **II**

v/i no separarse
◆ **keep up I** *v/i when walking, running etc* seguir *or* mantener el ritmo (*with* de); *keep up with s.o.* (*stay in touch with*) mantener contacto con alguien; *~ with the Joneses* F no ser menos que los demás
II *v/t* **1** *pace* seguir, mantener; *payments* estar al corriente de **2** *bridge, pants* sujetar **3** *in good condition* cuidar, atender **4** (*maintain*): *keep up a pretence* seguir fingiendo, mantener la fachada; *~ the good work!* ¡sigue así!

keep•er ['ki:pər] *n in zoo* cuidador(a) *m(f)*, guarda *m/f*; *in museum* conservador(a) *m(f)*
keep-'fit *adj* de mantenimiento
keep•ing ['ki:pɪŋ]: *be in ~ with decor* combinar con; *in ~ with promises* de acuerdo con; *put sth in s.o.'s ~* poner *or* depositar algo al cuidado de alguien
keep•sake ['ki:pseɪk] recuerdo *m*
keg [keg] barril *m*
ken•nel ['kenl] caseta *f* del perro
ken•nels ['kenlz] *npl* residencia *f* canina
Ken•ya ['kenjə] Kenia *f*
Ken•yan ['kenjən] **I** *adj* keniata **II** *n* keniata *m/f*
kept [kept] *pret & pp* ☞ **keep**
kerb [kɜ:rb] *Br of street* bordillo *m*
ker•nel ['kɜ:rnl] almendra *f*
ker•o•sene ['kerəsi:n] queroseno *m*
ketch•up ['ketʃʌp] ketchup *m*
ket•tle ['ketl] hervidor *m*; *that's a different ~ of fish* eso es harina de otro costal, eso es otro cantar *or* baile
'ket•tle•drum MUS timbal *m*
key [ki:] **I** *n* **1** *to door, drawer, fig* llave *f*; *the ~ to success* la clave del éxito **2** *on keyboard, piano* tecla *f*; *of piece of music* clave *f*; *major ~ / minor ~* clave *f* mayor / menor; *off ~* desafinado **3** *on map* leyenda *f* **4** *in basketball* bombilla *f*, botella *f* **II** *adj* (*vital*) clave, crucial **III** *v/t & v/i* COMPUT teclear; *~ to disk* pasar a computadora *or* Span ordenador
◆ **key in** *v/t data* introducir, teclear
◆ **key up** *v/t text* pasar a computadora *or* Span ordenador
'key•board COMPUT, MUS teclado *m*
'key•board•er COMPUT operador(a) *m(f)*, *persona que introduce datos en la computador(a) o el ordenador*, *L.Am.* digitador(a) *m(f)*

'key•board lay•out COMPUT disposición *f* del teclado; **'key•board op•e•ra•tor** COMPUT operador(a) *m(f)*, teclista *m/f*; **'key•card** tarjeta *f* llave, tarjeta-llave *f*

keyed-up [kiːd'ʌp] *adj* nervioso; *psyched-up* mentalizado

'key•hole ojo *m* de la cerradura

key•ing er•ror ['kiːɪŋ] error *m* de teclado

key•note 'speech discurso *m* central; **'key•pad** COMPUT teclado *m*; **'key•ring** llavero *m*; **'key•stone** ARCHI clave *f*; *fig* piedra *f* angular

kha•ki ['kækɪ] *adj* caqui

kick [kɪk] **I** *n* **1** patada *f*; *give s.o. a ~* dar una patada a alguien; **2** *fig* F: *he got a ~ out of watching them suffer* disfrutó viéndoles sufrir; (*just*) *for ~s* por diversión
 II *v/t* **1** dar una patada a; *I could have ~ed myself* me daba cabezazos contra la pared; *~ the bucket* F palmar F, estirar la pata F **2** *habit* dejar
 III *v/i of person* patalear; *of horse, mule* cocear; *he can't ~* no sabe chutar (el balón)
 ◆ **kick around I** *v/t* **1** *ball* dar patadas a; F (*discuss*) comentar **2** F *person: physically* maltratar **II** *v/i* F (*lie about*) estar tirado; *it's kicking around somewhere* está muerto de risa en alguna parte F
 ◆ **kick in** F **I** *v/t money* apoquinar F **II** *v/i of fridge, furnace etc* ponerse en marcha
 ◆ **kick off** *v/i* SP comenzar, sacar de centro; F (*start*) empezar
 ◆ **kick out** *v/t of bar, company* echar; *of country, organization* expulsar
 ◆ **kick over** *v/t* tirar *or* volcar (de una patada)
 ◆ **kick up** *v/t*: *kick up a fuss* montar un numerito

'kick•back F (*bribe*) soborno *m*

'kick•off SP saque *m* inicial; *for a ~* F para empezar

kid [kɪd] F **I** *n* (*child*) crío *m* F, niño *m*; *when I was a ~* cuando era pequeño; *~ brother* hermano *m* pequeño; *~ sister* hermana *f* pequeña; *a bunch of college ~s* un grupo de colegiales **II** *v/t* (*pret & pp -ded*) tomar el pelo a F; *I ~ you not* no estoy de broma, no bro-

meo **III** *v/i* (*pret & pp -ded*) bromear; *I was only ~ding* estaba bromeando; *no kidding!* ¡te lo juro!, ¡no me digas!

kid•der ['kɪdər] F vacilón *m* F

kid 'gloves: *handle s.o. with ~* tratar a alguien con guante de seda

kid•nap ['kɪdnæp] *v/t* (*pret & pp -ped*) secuestrar

kid•nap•(p)er ['kɪdnæpər] secuestrador(a) *m(f)*

'kid•nap•(p)ing ['kɪdnæpɪŋ] secuestro *m*

kid•ney ['kɪdnɪ] ANAT riñón *m*; *in cooking* riñones *mpl*

'kid•ney bean alubia *f* roja de riñón; **'kid•ney ma•chine** MED riñón *m* artificial, máquina *f* de diálisis; **'kid•ney stone** MED cálculo *m* renal; **'kid•ney trans•plant** MED transplante *m* de riñón

kill [kɪl] *v/t* matar; *the drought ~ed all the plants* las plantas murieron como resultado de la sequía; *I had six hours to ~* tenía seis horas sin nada que hacer; *be ~ed in an accident* matarse en un accidente, morirse en un accidente; *be ~ed in action* morir en combate; *~ o.s.* suicidarse; *~ o.s. laughing* F morirse de risa F; *I could ~ him* F le mataba; *~ the ball football* parar el balón; *tennis* matar la pelota; *~ that noise! of CD player etc* ¡apaga esa música!; *if looks could ~* si las miradas matasen; *~ two birds with one stone* *fig* matar dos pájaros de un tiro; *my feet are ~ing me* F los pies me están matando; *dressed to ~* F vestido para deslumbrar
 ◆ **kill off** *v/t* matar, acabar con

kil•ler ['kɪlər] (*murderer*) asesino *m*; *be a ~ of disease, question* ser mortal

'kil•ler whale ZO orca *f*

kil•ling ['kɪlɪŋ] asesinato *m*; *make a ~* F (*lots of money*) forrarse F

kil•ling•ly ['kɪlɪŋlɪ] *adv* F: *~ funny* para morirse de risa

'kill•joy aguafiestas *m/f inv*

kiln [kɪln] horno *m*

ki•lo ['kiːloʊ] kilo *m*

ki•lo•byte ['kɪloʊbaɪt] COMPUT kilobyte *m*

ki•lo•gram ['kɪloʊgræm] kilogramo *m*

ki•lo•me•ter, *Br* **ki•lo•me•tre** [kɪ'lɑːmɪtər] kilómetro *m*

ki•lo•watt ['kɪlouwɑːt] ELEC kilovatio *m*, kilowatio *m*

kilt [kɪlt] falda *f* escocesa

ki•mo•no [kɪ'mounou] kimono *m*, quimono *m*

kin [kɪn] ☞ **kinfolk**

kind[1] [kaɪnd] *adj* agradable, amable; *that's very ~ of you* gracias por tu amabilidad

kind[2] [kaɪnd] *n* (*sort*) tipo *m*; (*make*, *brand*) marca *f*; *all ~s of people* toda clase de personas; *I did nothing of the ~!* ¡no hice nada parecido!; *~ of ... sad, lonely, etc* un poco ...; *did you miss me? - yeah, ~ of* ¿me echaste de menos? - digamos que sí; *I've ~ of promised* de alguna manera lo he prometido; *in ~ repay* de la misma manera, con la misma moneda; *pay* en especie

kind•a ['kaɪndə] F ☞ **kind of**

kin•der•gar•ten ['kɪndərgɑːrtn] guardería *f*, jardín *m* de infancia

kind-heart•ed [kaɪnd'hɑːrtɪd] *adj* agradable, amable

kin•dle ['kɪndl] *v/t fire* encender; *fig: hope* crear, avivar

kin•dling ['kɪndlɪŋ] ramajes *mpl or* astillas *fpl* para encender el fuego

kind•ly ['kaɪndlɪ] **I** *adj* amable, agradable **II** *adv* con amabilidad; *~ don't interrupt* por favor, no me interrumpa; *~ lower your voice* ¿le importaría hablar más bajo?

kind•ness ['kaɪndnɪs] amabilidad *f*

kin•dred ['kɪndrəd] *adj*: *~ spirit* alma *f* gemela

ki•net•ic [kɪ'netɪk] PHYS *adj* cinético

ki•net•ic 'en•er•gy energía *f* cinética

'kin•folk *npl* familia *f*

king [kɪŋ] rey *m*; *~ of hearts in cards* rey de corazones

king•dom ['kɪŋdəm] reino *m*; *animal / mineral / vegetable ~* reino animal / mineral / vegetal

'king•pin F cerebro *m*; **king 'prawn** *Br* ZO langostino *m* tigre; **'king-size** *adj* F *cigarettes* extralargo; *~ bed* cama *f* de matrimonio grande

kink [kɪŋk] *in hose etc* doblez *f*

kink•y ['kɪŋkɪ] *adj* F vicioso

kin•ship ['kɪnʃɪp] parentesco *m*

ki•osk ['kiːɑːsk] quiosco *m*

kip•per ['kɪpər] arenque *m* ahumado

kiss [kɪs] **I** *n* beso *m*; *~ of death fig* golpe *m* de gracia **II** *v/t* besar; *~ s.o. good night* dar a alguien un beso de buenas noches; *~ sth goodbye* F despedirse de algo, decir adiós a algo **III** *v/i* besarse

kiss•er ['kɪsər]: *he's a good ~* besa muy bien

kiss of 'life *Br* boca a boca *m*, respiración *f* artificial; *give s.o. the ~* hacer a alguien el boca a boca

kit [kɪt] **I** *n* (*equipment*) equipo *m*; *tool ~* juego *m* de herramientas **II** *v/t* (*prep & pp -ted*): *~ s.o. out* equipar a alguien (*with* de)

'kit bag MIL petate *m*

kitch•en ['kɪtʃɪn] cocina *f*; *~ knife* cuchillo *m* de cocina; *~ table* mesa *f* de cocina; *~ foil* papel *m* de aluminio, papel *m* albal®

kitch•en•ette [kɪtʃɪ'net] *cocina pequeña*

kitch•en 'sink: *you've got everything but the ~* F llevas la casa a cuestas F

kite [kaɪt] *for flying* cometa *f*

kit•ten ['kɪtn] gatito *m*

kit•ty ['kɪtɪ] *money* fondo *m*

Ki•wi ['kiːwiː] F (*New Zealander*) neozelandés(-esa) *m(f)*

ki•wi ['kiːwiː] ORN, BOT kiwi *m*

'ki•wi fruit kiwi *m*

Klee•nex® ['kliːneks] kleenex® *m*, pañuelo *m* de papel

klep•to•ma•ni•a [kleptə'meɪnɪə] PSYCH cleptomanía *f*

klep•to•ma•ni•ac [kleptə'meɪnɪæk] cleptómano(-a) *m(f)*

klutz [klʌts] F (*clumsy person*) manazas *m/f inv* F

knack [næk] habilidad *f*; *have a ~ of doing sth* arreglárselas siempre para hacer algo, tener la habilidad de hacer algo; *he has a ~ of upsetting people irón* tiene la habilidad de disgustar a la gente; *I soon got the ~ of the new machine* le pillé el truco a la nueva máquina rápidamente; *there's a ~ to it* tiene su truco

knack•ered ['nækərd] *adj Br* F hecho polvo F, reventado F

knap•sack ['næpsæk] mochila *f*

knave [neɪv] *in cards* sota *f*

knead [niːd] *v/t dough* amasar

knee [niː] rodilla *f*; *bring s.o. to his ~s* abatir *or* doblegar a alguien; *go down on one's ~s* ponerse de rodillas, arrodillarse; *fig* suplicar, implorar 'knee•cap rótula f; knee-'deep adj hasta la(s) rodilla(s); knee-jerk re'ac•tion reacción f instintiva, acto m reflejo

kneel [ni:l] v/i (pret & pp knelt) arrodillarse

'knee-length adj hasta la(s) rodilla(s)

'knee•pad rodillera f

knelt [nelt] pret & pp ☞ kneel

knew [nu:] pret ☞ know

knick•ers ['nɪkərz] npl esp Br bragas fpl; get one's ~ in a twist Br F ponerse nervioso, exaltarse

knick-knacks ['nɪknæks] npl F baratijas fpl

knife [naɪf] I n (pl knives [naɪvz]) for food cuchillo m; carried outside navaja f; he's got his ~ into me me la tiene jurada II v/t acuchillar, apuñalar

'knife-edge: be balanced on a ~ fig pender de un hilo

'knife point: I was robbed at ~ me robaron amenazándome con un cuchillo

knight [naɪt] caballero m

knit [nɪt] I v/t (pret & pp -ted) tejer II v/i (pret & pp -ted) tricotar

◆ knit together v/i of broken bone soldarse

knit•ting ['nɪtɪŋ] punto m

'knit•ting nee•dle aguja f para hacer punto

'knit•wear prendas fpl de punto

knives [naɪvz] pl ☞ knife

knob [nɑːb] 1 on door pomo m; on drawer tirador m 2 of butter nuez f, trocito m

knob•bly ['nɑːblɪ] adj huesudo

knock [nɑːk] I n on door, (blow) golpe m; there was a ~ on the door llamaron a la puerta II v/t 1 (hit) golpear; he was ~ed to the ground le tiraron al suelo 2 F (criticize) criticar, meterse con F III v/i on the door llamar; ~ on wood! ¡toca madera!

◆ knock around I v/t F (beat) pegar a II v/i F (travel) viajar; it's knocking around here somewhere tiene que estar por aquí; knock around with ir con

◆ knock back v/t F drink trincarse F

◆ knock down v/t 1 of car atropellar; building tirar; object tirar al suelo 2 F (reduce the price of) rebajar

◆ knock off I v/t 1 (steal) mangar P 2 F: knock it off! ¡déjalo ya!, ¡para ya! II

v/i F (stop work for the day) acabar, Span plegar F

◆ knock out v/t 1 (make unconscious) dejar K.O.; of medicine dejar para el arrastre F 2 power lines etc destruir 3 F (eliminate) eliminar; be knocked out of tournament quedarse fuera or eliminado 4 (exhaust) dejar molido F 5 (delight) dejar flipado P

◆ knock over v/t 1 tirar; of car atropellar 2 P (rob) atracar

◆ knock up v/t 1 assemble improvisar 2 P (make pregnant) preñar a P; get knocked up quedarse embarazada or preñada P

'knock•down adj: at a ~ price tirado

knock•er ['nɑːkər] on door llamador m, aldaba f

knock-kneed [nɑːk'niːd] adj patizambo; knock-'knees npl: have ~ ser patizambo; 'knock•out 1 in boxing K.O. m; win by a ~ ganar por K.O. 2: it's a ~ F fantastic es una maravilla

knot [nɑːt] I n and form; tie a ~ atar un nudo; tie the ~ fig casarse, contraer matrimonio II v/t (pret & pp -ted) anudar

'knot•ty ['nɑːtɪ] adj problem complicado

know [noʊ] I v/t (pret knew, pp known) fact, language, how to do sth saber; person, place conocer; (recognize) reconocer; will you let him ~ that ...? ¿puedes decirle que ...?; ~ how to do sth saber hacer algo

II v/i (pret knew, pp known) saber; I don't ~ no (lo) sé; yes, I ~ sí, lo sé; you never ~ nunca se sabe; it was sort of, you ~, ... digamos que, ya sabes, ...

III n: people in the ~ los enterados; be in the ~ about estar al corriente de

◆ know of v/t place conocer; solution saber; not that I know of no que yo sepa

'know-all Br F sabiondo F

'know•how pericia f

know•ing ['noʊɪŋ] adj cómplice

know•ing•ly ['noʊɪŋlɪ] adv 1 (wittingly) deliberadamente 2 smile etc con complicidad

'know-it-all F sabiondo F

knowl•edge ['nɑːlɪdʒ] conocimiento m; to the best of my ~ por lo que sé; have a good ~ of tener buenos conocimientos de; not to my ~ que yo sepa no; without my ~ sin yo saberlo, sin mi conocimiento

knowl•edge•a•ble ['nɑːlɪdʒəbl] *adj*: **she's very ~ about music** sabe mucho de música

known [nəʊn] **1** *pp* ☞ **know 2** *adj*: **~ to the police** conocido por la policía; **make sth ~** hacer saber algo; **a ~ mili-tant** un militante reconocido

knuck•le ['nʌkl] nudillo *m*

◆ **knuckle down** *v/i* F aplicarse F

◆ **knuckle under** *v/i* F pasar por el aro F

'knuck•le-dust•er nudillera *f* de metal

KO [keɪˈəʊ] (*knockout*) K.O.

ko•a•la (bear) [kəʊˈɑːlə(ber)] ZO koala *m*

kohl [kəʊl] kajal *m*; **~ pencil** lápiz *m* de ojos

kook [kuːk] F chiflado(-a) *m(f)* F

Ko•ran [kəˈræn] Corán *m*

Ko•re•a [kəˈriːə] Corea *f*

Ko•re•an [kəˈriːən] **I** *adj* coreano **II** *n* **1** coreano(-a) *m(f)* **2** *language* coreano *m*

ko•sher ['kəʊʃər] *adj* REL kosher; F legal F

◆ **kow•tow to** ['kaʊtaʊ] *v/t* doblar el espinazo ante

kph [keɪpiːˈeɪtʃ] *abbr* (= *kilometres per hour*) km/h (= kilómetros por hora)

Krem•lin ['kremlɪn] Kremlin *m*

ku•dos ['kjuːdɑːs] reconocimiento *m*, prestigio *m*

Ku•wait [kʊˈweɪt] Kuwait *m*

Ku•wai•ti [kʊˈweɪtɪ] **I** *adj* kuwaití **II** *n* kuwaití *m/f*

L

L.A. [elˈeɪ] *abbr* (= *Los Angeles*)

lab [læb] laboratorio *m*

la•bel ['leɪbl] **I** *n* etiqueta *f*; **you're just paying for the ~** estás pagando la marca **II** *v/t* (*pret & pp* **-ed**, *Br* **-led**) *baggage* etiquetar; **~ s.o. a liar** etiquetar *or* tachar a alguien de mentiroso; **be ~ed a ... become known as** ser etiquetado *or* catalogado de...

la•bi•al ['leɪbɪəl] LING labial *f*

la•bor ['leɪbər] **I** *n* **1** (*work*) trabajo *m*; **a ~ of love** un trabajo hecho con amor **2** *in pregnancy* parto *m*; **be in ~** estar de parto **II** *v/i* (*work*) trabajar; **~ over sth** sudar con algo **III** *v/t*: **~ a point** extenderse demasiado en un punto

la•bor•a•to•ry ['læbərətɔːri] laboratorio *m*

la•bor•a•to•ry tech'ni•cian técnico(-a) *m(f)* de laboratorio

'la•bor camp campo *m* de trabajos forzados

'La•bor Day *primer lunes de septiembre, festivo en el que se celebra el día del trabajador en los Estados Unidos*

la•bored ['leɪbərd] *adj style, speech* elaborado

la•bor•er ['leɪbərər] obrero(-a) *m(f)*

'la•bor-in•ten•sive *adj* que requiere de mucha mano de obra

la•bo•ri•ous [ləˈbɔːrɪəs] *adj* laborioso

la•bo•ri•ous•ly [ləˈbɔːrɪəslɪ] *adv* laboriosamente

'la•bor laws *npl* derecho *m* laboral; **'la•bor mar•ket** mercado *m* de trabajo; **la•bor-sav•ing de'vice** aparato *m or* mecanismo *m* que ahorra esfuerzo; **'la•bor un•ion** sindicato *m*; **'la•bor ward** MED sala *f* de partos

la•bour *etc Br* ☞ **labor** *etc*

lab•ra•dor ['læbrədɔːr] ZO labrador *m*

la•bur•num [ləˈbɜːrnəm] BOT codeso *m*, laburnum *m*

lab•y•rinth ['læbərɪnθ] laberinto *m*

lab•y•rin•thine [læbəˈrɪnθaɪn] *adj* laberíntico

lace [leɪs] **I** *n* **1** *material* encaje *m* **2** *for shoe* cordón *m* **II** *v/t*: **~ s.o.'s drink with sth** añadir algo en la bebida de alguien, aderezar la bebida de alguien con algo

◆ **lace up** *v/t shoes* atar

lac•er•ate ['læsəreɪt] *v/t* desgarrar

lac•er•a•tion [læsəˈreɪʃn] desgarro *m*

lack [læk] **I** *n* falta *f* carencia *f* (*of* de) **II** *v/t* carecer de; **he ~s confidence** le falta confianza **III** *v/i*: **be ~ing** faltar

lack•a•dai•si•cal [lækəˈdeɪzɪkl] *adj* apático

lack•ey ['lækɪ] *fig* lacayo(-a) *m(f)*, sirviente(-a) *m(f)*

lack•ing ['lækɪŋ] *adj Br* F falto, desprovisto; *be found* ~ sucumbir, desplomarse

lack•lus•ter, *Br* **lack•lus•tre** ['læklʌstər] *adj* deficiente, poco brillante

la•con•ic [lə'kɑːnɪk] *adj* lacónico

lac•quer ['lækər] I *n for hair* laca *f* II *v/t:* ~ *one's hair* ponerse *or* echarse laca en el pelo

la•crosse [lə'krɑːs] lacrosse *m*

lad [læd] muchacho *m*, chico *m*

lad•der ['lædər] **1** escalera *f* (de mano) **2** *Br in pantihose* carrera *f*

la•den ['leɪdn] *adj* cargado (**with** de)

la•di•da [lɑːdɪ'dɑː] *adj* F cursi F, repipi F

la•dies' man ['leɪdiːz] mujeriego *m*, faldero *m*

'la•dies' room servicio *m* de señoras

la•dle ['leɪdl] cucharón *m*, cazo *m*

◆ **ladle out** *v/t* servir; *fig: advice* ofrecer a diestro y siniestro

la•dy ['leɪdɪ] señora *f*

'la•dy•boy chica *f* de alterne; **'la•dy•bug** mariquita *f*; **'la•dy•kill•er** F donjuán *m*, seductor *m*; **'la•dy•like** *adj* femenino

lag[1] [læg] *v/t* (*pret & pp* **-ged**) *pipes* revestir con aislante

lag[2] [læg] *n* intervalo *m*

◆ **lag behind** *v/i* (*pret & pp* **-ged**) quedarse atrás

la•ger ['lɑːgər] cerveza *f* rubia

lag•gard ['lægərd] rezagado(-a) *m(f)*, remolón(-ona) *m(f)*

lag•ging ['lægɪŋ] TECH revestimiento *m*

la•goon [lə'guːn] laguna *f*

laid [leɪd] *pret & pp* ☞ **lay**[1]

laid'back *adj* tranquilo, despreocupado

laid-'up *adj:* **be** ~ **with flu** estar en cama con gripe

lain [leɪn] *pp* ☞ **lie**[2]

lair [ler] ZO madriguera *f*, guarida *f*

la•i•ty ['leɪətɪ] laicado *m*

lake [leɪk] lago *m*

lam [læm] *v/i* (*pret & pp* **-med**) F: ~ *into s.o.* arremeter *or* acometer contra alguien

lamb [læm] *animal, meat* cordero *m*

lamb 'chop chuleta *f* de cordero; **'lamb•skin** borreguito *m*; **lamb's wool** ['læmzwʊl] lana *f* de borrego

lame [leɪm] *adj person, horse* cojo; *excuse* pobre; *go* ~ quedarse cojo

lame 'duck F POL lame duck *m*, pato *m* cojo (*para referirse a un presidente a*

punto de ser cedido del cargo)

la•ment [lə'ment] I *n* lamento *m* II *v/t* lamentar

lam•en•ta•ble ['læməntəbl] *adj* lamentable

lam•en•ta•tion [læmen'teɪʃn] lamentación *f*

lam•i•nate ['læmineɪt] *v/t* laminar

lam•i•nat•ed ['læmineɪtɪd] *adj surface* laminado; *paper* plastificado

lamp [læmp] lámpara *f*

'lamp•light luz *f* de lámpara

lam•poon [læm'puːn] I *n* sátira *f* II *v/t* satirizar

'lamp•post farola *f*

'lamp•shade pantalla *f* (*de lámpara*)

LAN [læn] *abbr* COMPUT (= *local area network*) red *f* de área local

lance [lɑːns] I *n* lanza *f* II *v/t* MED sajar

lan•cet ['lɑːnsɪt] MED lanceta *f*

land [lænd] I *n* tierra *f*; *by* ~ por tierra; *on* ~ en tierra; *work on the* ~ *as farmer* trabajar la tierra II *v/t* **1** *airplane* aterrizar **2** F *job* conseguir; *get* ~*ed with a problem* cargar *or* apechugar con un problema **3**: *he* ~*ed him one* F le encajó una III *v/i of airplane* aterrizar; *of capsule on the moon* alunizar; *of ball, sth thrown* caer

◆ **land up** *v/i* ir a parar (*in* a), acabar (*in* en)

land•ed ['lændɪd] *adj* hacendado; ~ *gentry* terratenientes *mpl*

'land•fill site *for waste* vertedero *m* de basuras

'land forc•es *npl* MIL fuerzas *fpl* terrestres *or* de tierra

land•ing ['lændɪŋ] **1** *of airplane* aterrizaje *m*; *on moon* alunizaje *m* **2** *of staircase* rellano *m*

'land•ing field pista *f* de aterrizaje; **'land•ing gear** tren *m* de aterrizaje; **'land•ing strip** pista *f* de aterrizaje

'land•la•dy *of hostel etc* dueña *f*; *of rented room* casera *f*; *Br: of bar* patrona *f*; **land•locked** ['lændlɑːkt] *adj* de interior; **'land•lord** *of hostel etc* dueño *m*; *of rented room* casero *m*; *Br: of bar* patrón *m*; **land•lub•ber** ['lændlʌbər] F marinero *f* de agua dulce; **'land•mark** punto *m* de referencia; *fig* hito *m*; **'land•mine** mina *f* terrestre; **'land own•er** terrateniente *m/f*

land•scape ['lændskeɪp] **I** *n also paint-ing* paisaje *m* **II** *adv print* en formato apaisado

'**land•scape gar•den•er** jardinero(-a) *m(f)* de paisajes

'**land•slide** corrimiento *m* de tierras; ~ *victory* victoria *f* arrolladora

land•ward ['lændwərd] *adv look* hacia *or* a tierra

lane [leɪn] *in country* camino *m*, vereda *f*; (*alley*) callejón *m*; MOT carril *m*; *get in* ~ *on sign* únase al carril

lan•guage ['læŋgwɪdʒ] lenguaje *m*; *of nation* idioma *f*, lengua *f*; (*watch your*) ~*!* ¡no digas palabrotas!

'**lan•guage bar•ri•er** barrera *f* idiomá-tica *or* del idioma; '**lan•guage course** curso *m* de idiomas; '**lan•guage lab** la-boratorio *m* de idiomas; '**lan•guage lab•o•ra•to•ry** laboratorio *m* de idio-mas; '**lan•guage school** academia *f* de idiomas

lan•guid ['læŋgwɪd] *adj* lánguido

lan•guish ['læŋgwɪʃ] *v/i* languidecer, perder vigor

lan•guor ['læŋgər] languidez *f*

lan•guor•ous ['læŋgərəs] *adj* lánguido

lank [læŋk] *adj hair* lacio

lank•y ['læŋkɪ] *adj person* larguirucho

lan•tern ['læntərn] farol *f*

La•os [laus] Laos *m*

La•o•tian ['lauʃɪən] **I** *adj* laosiano **II** *n* **1** *person* laosiano(-a) *m(f)* **2** *language* laosiano *m*

lap[1] [læp] *of track* vuelta *f*

lap[2] [læp] *of person* regazo *m*; *it's in the* ~ *of the gods* está de la mano de Dios, es cosa del azar; *live in the* ~ *of luxury* vivir por todo lo alto, vivir a lo grande

lap[3] [læp] *of water* chapoteo *m*

◆ **lap up** *v/t* (*pret & pp* -*ped*) *drink, milk* beber a lengüetadas; *flattery* de-leitarse con

'**lap dog** perrito *m* faldero

la•pel [lə'pel] solapa *f*

lapse [læps] **I** *n* **1** (*mistake, slip*) desliz *m*; *a* ~ *of attention* un momento de dis-tracción; *a* ~ *of memory* un olvido **2** *of time* lapso *m* **II** *v/i* **1** *of membership* vencer **2**: ~ *into silence / despair* su-mirse en el silencio / la desesperación; *she* ~*d into English* empezó a hablar en inglés

'**lap•top** COMPUT computadora *f* portá-til, *Span* ordenador *m* portátil

lap•wing ['læpwɪŋ] ORN avefría *f*

lar•ce•ny ['lɑːrsənɪ] latrocinio *m*

larch [lɑːrtʃ] BOT alerce *m*

lard [lɑːrd] manteca *f* de cerdo

lar•der ['lɑːrdər] despensa *f*

large [lɑːrdʒ] **I** *adj* **1** grande **2**: *be at* ~ *of criminal, wild animal* andar suelto **II** *adv*: *by and* ~ en general, por lo general

large•ly ['lɑːrdʒlɪ] *adv* (*mainly*) en gran parte, principalmente

'**large-scale** *adj* en *or* a gran escala

'**large-scale in•te•gra•tion** integración *f* a larga escala

lar•gesse [lɑːr'dʒes] generosidad *f*

lark[1] [lɑːrk] ORN alondra *f*; *rise or be up with the* ~ levantarse al alba, levantarse con el canto del gallo

lark[2] [lɑːrk] F: *for a* ~ en *or* de broma

◆ **lark around** *v/i* hacer el tonto *or* gan-so

lar•va ['lɑːrvə] larva *f*

lar•yn•gi•tis [lærɪn'dʒaɪtɪs] laringitis *f*

lar•ynx ['lærɪŋks] laringe *f*

las•civ•i•ous [lə'sɪvɪəs] *adj* lascivo

la•ser ['leɪzər] láser *m*

'**la•ser beam** rayo *m* láser; '**la•ser gun** pistola *f* láser; '**la•ser print•er** impreso-ra *f* láser; '**la•ser sur•ger•y** cirugía *f* con láser

lash[1] [læʃ] *n* (*eye*~) pestaña *f*

lash[2] [læʃ] *v/t with whip* azotar

◆ **lash down** *v/t with rope* amarrar

◆ **lash out** *v/i with fists, words* atacar (*at* a), arremeter (*at* contra)

lash•ing ['læʃɪŋ]: ~*s of cream* Br mon-tones de crema

las•si•tude ['læsɪtuːd] lasitud *f*, desfa-llecimiento *m*

las•so [læ'suː] **I** (*pl* -*so(e)s*) *n* lazo *m* **II** *v/t* enlazar

last[1] [læst] **I** *adj in series* último; (*preced-ing*) anterior; ~ *Friday* el viernes pasa-do; ~ *but one* penúltimo; ~ *night* anoche; ~ *but not least* por último, pe-ro no por ello menos importante **II** *adv*: *at* ~ por fin, al fin

last[2] [læst] **I** *v/i* durar **II** *v/t*: *two kilos should* ~ *us a week* con dos kilos de-beríamos tener para una semana

◆ **last out** *v/i* (*survive*) sobrevivir; *of supplies* durar

'**last-ditch** *adj* desesperado; ~ *attempt*

último intento *m* desesperado

last•ing ['læstɪŋ] *adj* duradero

last•ly ['læstlɪ] *adv* por último, finalmente

last-'min•ute *adj* de último momento; **'last name** apellido *m*; **last 'rites** *npl* extremaunción *f*; **last 'straw** *fig:* **the ~** la gota que colma el vaso

latch [lætʃ] pestillo *m*

◆ **latch onto** *v/t* engancharse, agarrarse

'latch key llave *f* de la casa; **~ child** niño *que permanece solo en casa a la vuelta del colegio dado que sus padres trabajan*

late [leɪt] **I** *adj:* **the bus is ~ again** el autobús vuelve a llegar tarde; **don't be ~!** ¡no llegues tarde! **it's ~** es tarde; **it's getting ~** se está haciendo tarde; **of ~** últimamente, recientemente; **the ~ 19th century** la última parte del siglo XIX; **in the ~ 19th century** a finales del siglo XIX; **your ~ wife** su difunta esposa **II** *adv* arrive, leave tarde

'late•com•er persona *m/f* que llega tarde

late•ly ['leɪtlɪ] *adv* últimamente, recientemente

late•ness ['leɪtnɪs] tardanza *f*

la•tent ['leɪtənt] *adj* latente

late 'pay•ment pen•al•ty indemnización *f* por pago tardío

lat•er ['leɪtər] *adv* más tarde; **see you ~!** ¡hasta luego!; **~ on** más tarde

lat•er•al ['lætərəl] *adj* lateral; **~ thinking** pensamiento *m* lateral

lat•er•al•ly ['lætərəlɪ] *adv* lateralmente

lat•est ['leɪtɪst] *adj* news, girlfriend último

lat•ex ['leɪteks] látex *m*

lathe [leɪð] torno *m*

la•ther ['lɑːðər] *from soap* espuma *f*; **in a ~** (*sweaty*) empapado de sudor

Lat•in ['lætɪn] **I** *adj* latino **II** *n* latín *m*

Lat•in A'mer•i•ca Latinoamérica *f*, América *f* Latina

Lat•in A'mer•i•can I *n* latinoamericano(-a) *m(f)* **II** *adj* latinoamericano

La•ti•no [læ'tiːnoʊ] **I** *adj* latino **II** *n* latino(-a) *m(f)*

lat•i•tude ['lætɪtuːd] **1** *geographical* latitud *f* **2** (*freedom to act*) libertad *f*

la•trine [lə'triːn] letrina *f*

lat•ter ['lætər] **I** *adj* último **II** *n:* **Mr. Brown and Mr. White, of whom the**

~ was ... el Señor Brown y el Señor White, de quien el segundo *or* este último era ...

lat•tice ['lætɪs] enrejado *m*

Lat•vi•a ['lætvɪə] Letonia *f*

Lat•vi•an ['lætvɪən] **I** *adj* letón **II** *n* **1** *person* letón(-ona) *m(f)* **2** *language* letón *m*

laud•a•ble ['lɔːdəbl] *adj* loable, ejemplar

laugh [læf] **I** *n* risa *f*; **it was a ~** F fue genial **II** *v/i* reírse (**about** de)

◆ **laugh at** *v/t* reírse de

◆ **laugh off** *v/t* tomarse a risa

laugh•a•ble ['læfəbl] *adj* de risa, absurdo

laugh•ing gas ['læfɪŋ] CHEM gas *m* hilarante

'laugh•ing stock: make o.s. a ~ ponerse en ridículo; **become a ~** ser el hazmerreír

laugh•ter ['læftər] risas *fpl*

launch [lɔːntʃ] **I** *n* **1** *small boat* lancha *f* **2** *of ship* botadura *f*; *of rocket, new product* lanzamiento *m* **II** *v/t* rocket, new product lanzar; *ship* botar **III** *v/i* of new product lanzarse

'launch cer•e•mo•ny ceremonia *f* de lanzamiento

launch•ing pad ['lɔːntʃɪŋ] ☞ **launch pad**

'launch pad plataforma *f* de lanzamiento; **'launch par•ty** fiesta *f* de presentación *or* lanzamiento; **'launch site** lugar *m* de lanzamiento

laun•der ['lɔːndər] *v/t* **1** *clothes* lavar (y planchar) **2** *money* blanquear

laun•der•ette [lɔːn'dret] *Br* lavandería *f*

laun•dro•mat ['lɔːndrəmæt] lavandería *f*

laun•dry ['lɔːndrɪ] **1** *place* lavadero *m* **2** *dirty clothes* ropa *f* sucia; *clean clothes* ropa *f* lavada; **do the ~** lavar la ropa, *Span* hacer la colada

'laun•dry bas•ket cesta *f or* cesto *m* de la ropa

lau•rel ['lɑːrəl] laurel *m*; **rest on one's ~s** dormirse en los laureles

la•va ['lɑːvə] lava *f*

lav•a•to•ry ['lævətɔːrɪ] **1** *room* cuarto *m* de baño, lavabo *m*; **go to the ~** ir al baño *or* servicio **2** *Br: equipment* retrete *m*

lav•en•der ['lævəndər] espliego *m*, lavanda f

lav•ish ['lævɪʃ] *adj* espléndido

law [lɔː] **1** ley *f*; *be against the ~* estar prohibido, ser ilegal; *be above the ~* estar por encima de la ley; *break the ~* infringir la ley **2** *subject* derecho *m* **3**: *~ and order* orden *m* público

'law-a•bid•ing *adj* respetuoso con la ley; **'law•break•er** infractor(a) *m(f)* de la ley; **'law court** juzgado *m*

law•ful ['lɔːfəl] *adj* legal; *wife* legítimo

law•less ['lɔːlɪs] *adj* sin ley

'law•mak•er político(-a) *m(f)*, legislador(a) *m(f)*

lawn [lɔːn] césped *m*

'lawn chair silla *f* de jardín

'lawn mow•er cortacésped *m*

'law•suit pleito *m*

law•yer ['lɔːjər] abogado(-a) *m(f)*

lax [læks] *adj* poco estricto

lax•a•tive ['læksətɪv] laxante *m*

lax•i•ty ['læksɪtɪ], **lax•ness** ['læksnɪs] relajación *f*

lay¹ [leɪ] *v/t (pret & pp laid)* **1** *(put down)* dejar, poner **2** *eggs* poner **3** V *sexually* tirarse a V; *he wants to get laid* quiere coger V *or Span* follar V

◆ **lay aside** *v/t* **1** dejar a un lado **2** *(keep)* apartar, guardar

◆ **lay down** *v/t* dejar; *~ the law to s.o.* decir a alguien lo que tiene que hacer; *~ one's life* dar la vida

◆ **lay in** *v/t supplies* recoger

◆ **lay into** *v/t (attack)* arremeter contra

◆ **lay off** *v/t* **1** *workers* despedir **2** F: *lay off him, will you!* ¡déjale en paz!; *lay off it!* ¡basta ya!

◆ **lay on** *v/t (provide)* organizar

◆ **lay out** *v/t objects* colocar, disponer; *page* diseñar, maquetar

◆ **lay up** *v/t*: *be laid up with (sick)* guardar cama por

lay² [leɪ] *pret* ☞ *lie*

'lay•a•bout *Br* F vago(-a) *m(f)*, maula *m/f*

'lay-by *Br. on road* área *f* de descanso

lay•er ['leɪər] estrato *m*; *of soil, paint* capa *f*

lay•ette [leɪ'et] canastilla *f* (de bebé)

'lay•man laico *m*; **'lay-off** despido *m*; **'lay-out** diseño *m*; **'lay•o•ver** escala *f*, alto *m*; **'lay-up** *in basketball* bandeja *f*

laze [leɪz] *v/i* hacer el vago, remolonear

◆ **laze around** [leɪz] *v/i* holgazanear; *laze around in the sun* tumbarse al sol sin hacer nada

◆ **laze away** *v/t weekend* desperdiciar, malemplear

la•zi•ness ['leɪzɪnɪs] pereza *f*, holgazanería *f*

la•zy ['leɪzɪ] *adj person* holgazán, perezoso; *day* ocioso

'la•zy•bones *nsg* F holgazán(-ana) *m(f)*, vago(-a) *m(f)*

la•zy Susan ['suːzn] *bandeja giratoria en el centro de la mesa para servirse comida*

lb *abbr (= pound)* libra *f (de peso)*

LCD [elsiː'diː] *abbr (= liquid crystal display)* LCD, pantalla *f* de cristal líquido

lead¹ [liːd] *n for dog* correa *f*

lead² [led] *n substance* plomo *m*

lead³ [liːd] **I** *v/t (pret & pp led)* **1** *procession, race* ir al frente de; *company, team* dirigir **2** *(guide, take)* conducir; *life* llevar

II *v/i (pret & pp led) in race, competition* ir en cabeza; *(provide leadership)* tener el mando; *a street ~ing off the square* una calle que sale de la plaza; *where is this ~ing?* ¿adónde nos lleva esto?

III *n in race* ventaja *f*; *be in the ~* estar en cabeza; *take the ~* ponerse en cabeza; *lose the ~* perder la cabeza

◆ **lead on I** *v/i (go in front)* ir delante **II** *v/t (incite)* provocar, incitar; *she's just leading him on* le está tomando el pelo

◆ **lead up to** *v/t* preceder a; *I wonder what she's leading up to* me pregunto a dónde quiere ir a parar

lead•ed ['ledɪd] *adj gas* con plomo

lead•en ['ledn] *adj sky* plomizo; *conversation, performance* aburrido

lead•er ['liːdər] líder *m*; *he's up with the ~s in a race* va a la cabeza

lead•er•ship ['liːdərʃɪp] *of party etc* liderazgo *m*

'lead•er•ship con•test pugna *f* por el liderazgo

'lead•er writ•er editorialista *m/f*

lead-free ['ledfriː] *adj gas* sin plomo

'lead gui•tar•ist guitarrista *m/f* principal

lead•ing ['liːdɪŋ] *adj runner* en cabeza; *company, product* puntero

lead•ing 'ar•ti•cle artículo *m* de opinión; **'lead•ing-edge** *adj company* en la vanguardia; *technology* de vanguardia; **lead•ing 'la•dy** protagonista *f*, actriz *f* principal; **'lead•ing light** *fig* líder *m/f*; *of stage, movies* estrella *m/f*; **'lead•ing man** protagonista *m*, actor *m* principal; **lead•ing 'ques•tion** *pregunta parafraseada para generar la respuesta deseada*; **'lead•ing strings** *npl* rienda *f*, *fig* riendas *fpl*; **keep s.o. in ~** mantener a alguien a raya

leaf [li:f] (*pl* **leaves** [li:vz]) hoja *f*, **take a ~ out of s.o.'s book** seguir el ejemplo de alguien; **turn over a new ~** pasar página, hacer borrón y cuenta nueva

◆ **leaf through** *v/t* hojear

leaf•let ['li:flət] folleto *m*

leaf•y ['li:fɪ] *adj* frondoso

league [li:g] liga *f*, **be in a different ~** no tener (punto de) comparación, no tener igual

'league game *in soccer* partido *m* ligero

leak [li:k] **I** *n in roof* gotera *f*, *in pipe* agujero *m*; *of air, gas* fuga *f*, escape *m*; *of information* filtración *f* **II** *v/i of boat* hacer agua; *of pipe* tener un agujero; *of liquid, gas* fugarse, escaparse

◆ **leak out** *v/i of air, gas* fugarse, escaparse; *of news* filtrarse

leak•age ['li:kɪdʒ] ☞ **leak**

leak•y ['li:kɪ] *adj pipe* con agujeros; *boat* que hace agua

lean¹ [li:n] **I** *v/i* (*pret & pp* **leant**) (*be at an angle*) estar inclinado; **~ against sth** apoyarse en algo; **I can't work with you ~ing over me** no puedo trabajar contigo aquí encima **II** *v/t* (*pret & pp* **leant**) apoyar

◆ **lean back** *v/i* reclinarse

◆ **lean forward** *v/i* inclinarse, asomarse

◆ **lean on** *v/t* **1** F (*put pressure on*) hacer presión sobre **2** (*depend on*) depender de

◆ **lean toward** *v/t* (*favour, prefer*) inclinarse por

lean² [li:n] *adj meat* magro; *style, prose* pobre, escueto; **~ mixture** MOT mezcla *f* con alta proporción de aire

lean•ing ['li:nɪŋ] tendencia *f*, inclinación *f*

leant [lent] *Br pret & pp* ☞ **lean¹**

lean-to ['li:ntu:] soportal *m*, porche *m*

leap [li:p] **I** *n* salto *m*; **a great ~ forward** un gran salto adelante; **he's coming on by ~s and bounds** viene volando

II *v/i* (*pret & pp* **-ed** *or* **leapt**) saltar; **he ~t over the fence** saltó la valla; **they ~t into the river** se tiraron al río; **~ at an opportunity** no dejar pasar una oportunidad

◆ **leap out** *v/i* **1** *of car* bajarse de un salto **2** (*stand out*) saltar a la vista; **it really leaps out at you** salta a la vista

◆ **leap up** *v/i* **1** *from chair* ponerse en pie de un salto **2** *of prices, temperature* subir bruscamente, dispararse

'leap•frog I *n* salto *m* al potro (*juego infantil*) **II** *v/i* (*pret & pp* **-ged**): **~ over s.o.** *fig* pasar por encima de alguien

leapt [lept] *pret & pp* ☞ **leap**

'leap year año *m* bisiesto

learn [lɜ:rn] **I** *v/t* (*pret & pp* **-ed** *or* **learnt**) aprender; (*hear*) enterarse de; **~ how to do sth** aprender a hacer algo; **~ one's lesson** aprender la lección **II** *v/i* (*pret & pp* **-ed** *or* **learnt**) aprender; **you just never ~, do you!** ¡nunca aprendes!; **you live and ~** se aprende con la experiencia

learn•er ['lɜ:rnər] estudiante *m/f*; **be a quick / slow ~** aprender con rapidez / lentitud

learn•ing ['lɜ:rnɪŋ] **1** (*knowledge*) conocimientos *mpl* **2** *act* aprendizaje *m*

'learn•ing curve curva *f* de aprendizaje; **be on the ~** tener que aprender cosas nuevas; **it's a steep ~** hay mucho que aprender en poco tiempo

'learn•ing dif•fi•cul•ties *npl* dificultades *fpl* de aprendizaje

lease [li:s] **I** *n* (*contrato m de*) arrendamiento *m*; **give s.o. / sth a new ~ of life** insuflar nueva vida a alguien / algo **II** *v/t apartment, equipment* arrendar

◆ **lease out** *v/t apartment, equipment* arrendar

'lease•hold•er inquilino(-a) *m(f)*, arrendatario(-a) *m(f)*

lease 'pur•chase arrendamiento *m* con opción de compra

leash [li:ʃ] *for dog* correa *f*

least [li:st] **I** *adj* (*slightest*) menor; **the ~ amount, money, baggage** menos; **there's not the ~ reason to ...** no hay la más mínima razón para que ... **II** *adv* menos **III** *n* lo menos; **he drank the ~** fue el que menos bebió; **not in the ~ surprised** en absoluto sorprendido; **at ~** por lo menos

leath•er ['leðər] **I** *n* piel *f*, cuero **II** *adj* de piel, de cuero

leath•er 'belt cinturón *m* de piel *or* cuero; **leath•er 'jack•et** chaqueta *f* de piel *or* cuero; **'leath•er neck** MIL P marine *m*

leath•er•y ['leðərɪ] *adj* curtido; *meat* duro

leave [liːv] **I** *n* (*vacation*) permiso *m*; **on ~** de permiso
II *v/t* (*pret & pp* **left**) *city, place* marcharse de, irse de; *person, food, memory,* (*forget*) dejar; **let's ~ things as they are** dejemos las cosas tal y como están; **how did you ~ things with him?** ¿cómo quedaron las cosas con él?; **~ s.o. / sth alone** (*not touch, not interfere with*) dejar a alguien / algo en paz; **be left** quedar; **there is nothing left** no queda nada; **I only have one left** sólo me queda uno
III *v/i* (*pret & pp* **left**) *of person* marcharse, irse; *of plane, train, bus* salir

◆ **leave behind** *v/t intentionally* dejar; (*forget*) dejarse

◆ **leave on** *v/t hat, coat* dejar puesto; *TV, computer* dejar encendido

◆ **leave out** *v/t word, figure* omitir; (*not put away*) no guardar; **leave me out of this** a mí no me metas en esto

leav•er ['liːvər] *in school* joven *m/f* que termina el colegio

leaves [liːvz] *pl* ☞ **leaf**

leav•ing par•ty ['liːvɪŋ] fiesta *f* de despedida

Leb•a•nese [lebə'niːz] **I** *adj* libanés **II** *n* libanés(-esa) *m(f)*

Leb•a•non ['lebənɒn] Líbano *m*

lech•er ['letʃər] lascivo *m*, libidinoso *m*

lech•er•ous ['letʃərəs] *adj* lujurioso, lascivo

lec•tern ['lektərn] atril *m*

lec•ture ['lektʃər] **I** *n* clase *f*; *to general public* conferencia *f* **II** *v/i at university* dar clases (**in** de); *to general public* dar una conferencia

'lec•ture hall sala *f* de conferencias

'lec•tur•er ['lektʃərər] profesor(a) *m(f)*

LED [eliːˈdiː] *abbr* (= **light-emitting diode**) LED *m*, diodo *m* emisor de luz

led [led] *pret & pp* ☞ **lead³**

ledge [ledʒ] *of window* alféizar *f*; *on rock face* saliente *m*

ledg•er ['ledʒər] COM libro *m* mayor

lee [liː] NAUT sotavento *m*

leech [liːtʃ] *also fig* sanguijuela *f*

leek [liːk] puerro *m*

leer [lɪr] **I** *n sexual* mirada *f* impúdica; *evil* mirada *f* maligna **II** *v/i* mirar lascivamente; **~ at s.o.** lanzarle una mirada lasciva a alguien

lees [liːz] *npl* posos *mpl*

lee•ward ['liːwərd] *adv* NAUT a sotavento *m*

'lee•way *fig* margen *m*; **give s.o. some ~** dar margen a alguien

left¹ [left] **I** *adj* izquierdo **II** *n also* POL izquierda *f*; **on the ~** a la izquierda; **to the ~ turn, look** a la izquierda; **take a ~** girar a la izquierda **III** *adv turn, look* a la izquierda

left² [left] *pret & pp* ☞ **leave**

'left-hand *adj* de la izquierda; **on your ~ side** a tu izquierda; **left-hand 'drive:** **this car is ~** este coche tiene el volante a la izquierda; **left-hand•ed** [left-'hændɪd] *adj* zurdo

left•ist ['leftɪst] *adj* POL izquierdista, de izquierdas

left 'lug•gage (of•fice) *Br* consigna *f*; **'left-overs** *npl food* sobras *fpl*; **'left-wing** *adj* POL izquierdista, de izquierdas; **left-'wing•er** POL izquierdista *m/f*, persona *m/f* de izquierdas

leg [leg] **1** *of person* pierna *f*, *of animal* pata *f*; **pull s.o.'s ~** tomar el pelo a alguien **2** SP: **first ~** partido *m* de ida

leg•a•cy ['legəsɪ] legado *m*

le•gal ['liːgl] *adj* legal

le•gal ad•vis•er asesor(a) *m(f)* jurídico(-a)

le•gal 'en•ti•ty persona *f* jurídica

le•gal•i•ty [lɪˈgælətɪ] legalidad *f*

le•gal•i•za•tion [liːgəlarˈzeɪʃn] legalización *f*

le•gal•ize ['liːgəlaɪz] *v/t* legalizar

le•gal•ly ['liːgəlɪ] *adv* legalmente

le•ga•tion [lɪˈgeɪʃn] legación *f*

le•gend ['ledʒənd] leyenda *f*

le•gen•da•ry ['ledʒəndrɪ] *adj* legendario

leg•gings ['legɪnz] *npl* mallas *fpl*

leg•gy ['legɪ] *adj* de piernas largas, zancudo

le•gi•ble ['ledʒəbl] *adj* legible

le•gion ['liːdʒən] legión *f*

le•gion•ar•y ['liːdʒənərɪ] legionario *m*

leg•is•late ['ledʒɪsleɪt] *v/i* legislar

(**against** contra)

leg•is•la•tion [ledʒɪs'leɪʃn] legislación f

leg•is•la•tive ['ledʒɪslətɪv] adj legislativo

leg•is•la•tor ['ledʒɪsleɪtər] legislador(a) m(f)

leg•is•la•ture ['ledʒɪslətʃər] POL legislativo m

le•git•i•ma•cy [lɪ'dʒɪtɪməsɪ] legitimidad f

le•git•i•mate [lɪ'dʒɪtɪmət] adj legítimo

le•git•i•mize [lɪ'dʒɪtəmaɪz] v/t legitimar

'leg room espacio m para las piernas

leg•ume ['legjuːm] BOT legumbre f

leg warm•ers ['legwɔːrmərz] npl calentadores mpl

lei•sure ['liːʒər] ocio m; **I look forward to having more ~** estoy deseando tener más tiempo libre; **do it at your ~** tómate tu tiempo para hacerlo

'lei•sure cen•ter, Br **'lei•sure cen•tre** centro m recreativo

'lei•sure in•dus•try sector m del ocio

lei•sure•ly ['liːʒərlɪ] adj pace, lifestyle tranquilo, relajado

'lei•sure time tiempo m libre

lem•ming ['lemɪŋ] ZO lemming m; **they rushed into it like ~s** se precipitaron como borregos

le•mon ['lemən] limón m

le•mon•ade [lemə'neɪd] limonada f

'le•mon juice zumo m de limón, L.Am. jugo m de limón

le•mon 'tea té m con limón

lem•pi•ra [lem'piːrə] FIN lempira m

lend [lend] v/t (pret & pp **lent**) prestar; **~ s.o. a hand** echar una mano a alguien, ayudar a alguien; **~ support to s.o.** prestar or dar apoyo a alguien

lend•er ['lendər] prestamista m/f; **banks and other ~s** bancos y otras entidades de crédito

lend•ing li•bra•ry ['lendɪŋ] biblioteca f pública (con servicio de préstamo de libros)

length [leŋθ] longitud f; (piece: of material etc) pedazo m; **at ~** describe, explain detalladamente; (finally) finalmente; **go to the ~ of doing sth** llegar al extremo de hacer algo; **go to great ~s to do sth** hacer todo lo posible para conseguir algo

length•en ['leŋθən] v/t alargar

length•ways ['leŋθweɪz], **length•wise** ['lenθwaɪz] adv longitudinalmente, a lo largo

length•y ['leŋθɪ] adj speech, stay largo

le•ni•ence, le•ni•en•cy ['liːnɪəns(ɪ)] indulgencia f; of prison sentence, judge indulto m

le•ni•ent ['liːnɪənt] adj indulgente, poco severo

lens [lenz] of camera objetivo m, lente f; of eyeglasses cristal m; of eye cristalino m; (contact ~) lente m de contacto, Span lentilla f

'lens cov•er of camera tapa f del objetivo

Lent [lent] REL Cuaresma f

lent [lent] pret & pp ☞ **lend**

len•til ['lentl] lenteja f

len•til 'soup sopa f de lentejas

Le•o ['liːoʊ] ASTR Leo m/f inv; **be (a) ~** ser Leo

leop•ard ['lepərd] leopardo m

le•o•tard ['liːoʊtɑːrd] malla f

lep•er ['lepər] leproso(-a) m(f); fig paria m/f

lep•ro•sy ['leprəsɪ] MED lepra f

les•bi•an ['lezbɪən] I n lesbiana f II adj lésbico, lesbiano

le•sion ['liːʒn] lesión f

Le•so•tho [le'soʊθoʊ] Lesoto m

less [les] adv menos; **it costs ~** cuesta menos; **~ than \$200** menos de 200 dólares

les•see [le'siː] inquilino(-a) m(f), arrendatario(-a) m(f)

les•sen ['lesn] I v/t disminuir II v/i reducirse, disminuir

less•er ['lesər] adj menor; **the ~ of two evils** el mal menor

les•son ['lesn] **1** lección f; **~s start at 9.15** las clases empiezan a las 9:15; **teach s.o. a ~** fig darle una lección or un escarmiento a alguien; **I've learnt my lesson** fig he aprendido la lección; **that should be a ~ to them** fig eso debería enseñarles una lección **2** REL lectura f

les•sor [le'sɔːr] arrendador(a) m(f)

lest [lest] conj para que no

let[1] [let] n in tennis red f

let[2] [let] v/t (pret & pp **let**) **1** (allow) dejar, permitir; **~ s.o. do sth** dejar a alguien hacer algo; **~ me go!** ¡déjame!; **~ him come in!** ¡déjale entrar!; **~'s go / stay** vamos / quedémonos; **~'s**

not argue no discutamos; **~ alone** mucho menos; **~ go of** rope, handle etc soltar; **~ go of me!** ¡suéltame! **2**: *room to ~* Br se alquila habitación

◆ **let down** v/t **1** *hair* soltarse; *shades* bajar **2** *dress, pants* alargar **3** (*disappoint*) decepcionar, defraudar **4** *tires* desinflar

◆ **let in** v/t *person, rain* dejar pasar

◆ **let off** v/t **1** (*not punish*) perdonar; *the court let him off with a small fine* el tribunal sólo le impuso una pequeña multa **2** *from car* dejar **3** *smoke, fumes etc* despedir; **~ steam** *fig* desahogarse

◆ **let on** v/i: *don't let on* (*don't tell*) no se lo digas a nadie; *he didn't let on let it show* no se le notó

◆ **let out** v/t **1** *from room, building* dejar salir **2** *jacket etc* agrandar **3** *groan, yell* soltar **4** *from prison* poner en libertad **5** *Br* (*rent*) alquilar, *Mex* rentar

◆ **let up** v/i (*stop*) amainar

'**let•down** decepción f

le•thal ['li:θl] adj letal

le•thar•gic [lɪ'θɑːrdʒɪk] adj aletargado, apático

leth•ar•gy ['leθərdʒɪ] sopor m, apatía f

let's [lets] F = **let us**

let•ter ['letər] **1** *of alphabet* letra f **2** *in mail* carta f

'**let•ter bomb** carta f bomba; '**let•ter•box** *Br* buzón m; '**let•ter•car•ri•er** cartero(-a) m(f); '**let•ter•head** (*heading*) membrete m; (*headed paper*) papel m con membrete; **let•ter of 'cred•it** COM carta f de crédito; '**let•ter o•pen•er** abrecartas m

let•tuce ['letɪs] lechuga f

'**let•up**: *without a ~* sin interrupción

leu•ke•mi•a [luː'kiːmɪə] MED leucemia f

leu•ko•cyte ['luːkousaɪt] MED leucocito m

lev•el ['levl] **I** adj *field, surface* nivelado, llano; *in competition, scores* igualado; *draw ~ with s.o.* in race ponerse a la altura de alguien **II** n *on scale, in hierarchy*, (*amount*) nivel m; *on the ~* F (*honest*) honrado

◆ **level out** v/i (*pret & pp -ed, Br -led*) *of prices, road* nivelarse; *of airplane* enderezarse

lev•el-'head•ed adj ecuánime, sensato

le•ver ['levər] **I** n palanca f **II** v/t: **~ sth open** abrir algo haciendo palanca

lev•er•age ['levrɪdʒ] **1** apalancamiento m **2** (*influence*) influencia f

lev•er•aged buy-out ['levrɪdʒd] COM adquisición f apalancada

lev•i•tate ['levɪteɪt] v/i levitar

lev•y ['levɪ] v/t (*pret & pp -ied*) *taxes* imponer

lewd [luːd] adj obsceno

lewd•ness ['luːdnɪs] lascivia f

lex•i•cog•ra•pher [leksɪ'kɑːgrəfər] lexicógrafo(-a) m(f)

lex•i•cog•ra•phy [leksɪ'kɑːgrəfɪ] lexicografía f

li•a•bil•i•ty [laɪə'bɪlətɪ] **1** (*responsibility*) responsabilidad f **2** (*likeliness*) propensión f (**to** a)

li•a'bil•i•ty in•sur•ance seguro m a terceros

li•a•ble ['laɪəbl] adj **1** (*responsible*) responsable (**for** de) **2**: **be ~ to** (*likely: of person*) ser propenso a; *the computer's ~ to crash if you …* es probable que la computadora se bloquee si …

◆ **li•aise with** [lɪ'eɪz] v/t actuar de enlace con

li•ai•son [lɪ'eɪzɑːn] (*contacts*) contacto m, enlace m

li•ar [laɪr] mentiroso(-a) m(f)

li•bel ['laɪbl] **I** n calumnia f, difamación f **II** v/t (*pret & pp -ed, Br -led*) calumniar, difamar

li•bel•(l)ous ['laɪbələs] adj calumnioso, difamatorio

lib•er•al ['lɪbərəl] adj (*broad-minded*), POL liberal; (*generous: portion etc*) abundante

lib•er•al•ism ['lɪbərəlɪzəm] liberalismo m

lib•er•al•i•ty [lɪbə'rælətɪ] liberalidad f

lib•er•al•ize ['lɪbərəlaɪz] v/t liberalizar

lib•er•ate ['lɪbəreɪt] v/t liberar

lib•er•at•ed ['lɪbəreɪtɪd] adj liberado

lib•er•a•tion [lɪbə'reɪʃn] liberación f

Li•ber•i•a [laɪ'bɪrɪə] Liberia f

Li•ber•i•an [laɪ'bɪrɪən] **I** adj liberiano **II** n liberiano(-a)

lib•er•tar•i•an [lɪbər'terɪən] adj libertario

lib•er•tine ['lɪbərtiːn] libertino(-a) m(f)

lib•er•ty ['lɪbərtɪ] libertad f; *at ~ prisoner etc* en libertad; *be at ~ to do sth* tener libertad para hacer algo

li•bi•do [lɪ'biːdou] líbido f

Li•bra ['liːbrə] ASTR Libra m/f inv,

L.Am. libr(i)ano(-a) *m(f)*; *be (a)* ~ ser Libra, *L.Am.* ser libr(i)ano

li•brar•i•an [laɪˈbrerɪən] bibliotecario(-a) *m(f)*

li•bra•ry [ˈlaɪbrerɪ] biblioteca *f*

li•bret•tist [lɪˈbretɪst] libretista *m/f*

li•bret•to [lɪˈbretou] (*pl* **-tos, libretti** [lɪˈbretɪ]) libreto *m*

Lib•y•a [ˈlɪbɪə] Libia *f*

Lib•y•an [ˈlɪbɪən] I *adj* libio II *n* libio(-a) *m(f)*

lice [laɪs] *pl* ☞ **louse**

li•cence *Br* ☞ **license** *n*

li•cense [ˈlaɪsns] I *n* permiso *m*, licencia *f* II *v/t* autorizar; *be* ~*d* tener permiso *or* licencia

'li•cense a•gree•ment acuerdo *m* de licencia; **'li•cense num•ber** (número *m* de) matrícula *f*; **'li•cense plate** *of car* (placa *f* de) matrícula *f*

li•cen•tious [laɪˈsenʃəs] *adj* licencioso

li•chen [ˈlaɪkən] BOT liquen *m*

lick [lɪk] I *n* lamedura *f* II *v/t* lamer; ~ *one's lips* relamerse; *we've got it* ~*ed* F está bajo control

lick•ing [ˈlɪkɪŋ] F (*defeat*): *we got a* ~ nos dieron una paliza F

li•co•rice [ˈlɪkərɪs] regaliz *m*

lid [lɪd] (*top*) tapa *f*

lie[1] [laɪ] I *n* (*untruth*) mentira *f*; *tell a* ~ decir *or* contar una mentira; *give the* ~ *to sth* desmentir *or* contradecir algo II *v/i* mentir

lie[2] [laɪ] *v/i* (*pret* **lay**, *pp* **lain**) *of person* estar tumbado; *of object* estar; (*be situated*) estar, encontrarse; ~ *on your stomach* túmbate boca abajo

♦ **lie around** *v/i* dejar botado *or Span* tendido

♦ **lie down** *v/i* tumbarse

'lie de•tec•tor detector *m* de mentiras; ~ *test* prueba *f* con el detector de mentiras; **lie-'down**: *have a* ~ echarse un rato (a descansar); **lie-'in** *Br* F: *have a* ~ (*sleep late*) quedarse un rato más en la cama

lieu [luː]: *in* ~ *of* en lugar de

lieu•ten•ant [luˈtenənt] teniente *m/f*

lieu•ten•ant 'colo•nel teniente *m/f* coronel

life [laɪf] (*pl* **lives** [laɪvz]) vida *f*; *of machine* vida *f*, duración *f*; *that's* ~*!* ¡así es la vida!; *all her* ~ durante toda su vida *how many lives were lost?* ¿cuántas

víctimas hubo?; *it put a bit of* ~ *into the party* animó la fiesta un poco; *he's doing* ~ F está condenado a cadena perpetua; *it's not a matter of* ~ *and death* no es una cuestión de vida o muerte; *get a* ~*!* P ¡no seas patético!

life an'nu•i•ty renta *f* vitalicia; **'life as•sur•ance** *Br* seguro *m* de vida; **'life belt** salvavidas *m inv*; **'life•boat** *from ship* bote *m* salvavidas; *from land* lancha *f* de salvamento; **'life cy•cle** ciclo *m* vital; **'life ex•pect•an•cy** esperanza *f* de vida; **'life•guard** socorrista *m/f*; **'life his•to•ry** historia *f* de la vida; **life im'pris•on•ment** cadena *f* perpetua; **'life in•sur•ance** seguro *m* de vida; **'life in•ter•est** renta *f* vitalicia; **'life jack•et** chaleco *m* salvavidas

life•less [ˈlaɪflɪs] *adj* sin vida

'life•like *adj* realista

'life•line: *throw s.o. a* ~ *fig* echar *or* tender una mano a alguien; **'life•long** *adj* de toda la vida; **life 'mem•ber** miembro *m/f* vitalicio; **life 'peer•age** *Br* título *m* (nobiliario) vitalicio; **life pre'serv•er** [ˈlaɪfprɪzɜːrvər] salvavidas *m inv*

lif•er [ˈlaɪfər] LAW F condenado(-a) *m(f)* a cadena perpetua

'life raft NAUT balsa *f* de salvamento; **'life•sav•er 1** socorrista *m/f* **2** *fig* salvación *f*; **'life-sav•ing** *adj medical equipment, drug* que salva vidas; **'life sen•tence** LAW cadena *f* perpetua; **life-sized** [ˈlaɪfsaɪzd] *adj* de tamaño natural; **'life•style** estilo *m* de vida; **life sup'port ma•chine** máquina *f* de respiración artificial; *be on a* ~ estar con una máquina de respiración artificial; **'life-threat•en•ing** *adj* que puede ser mortal; **'life•time** vida *f*; *in my* ~ durante mi vida

lift [lɪft] I *v/t* levantar II *v/i of fog* disiparse III *n* **1** *in car*: *give s.o. a* ~ llevar a alguien (en coche); *thanks for the* ~ gracias por traerme (en coche) **2** (*encouragement*): *it gave us all a* ~ nos levantó el ánimo **3** *Br* (*elevator*) ascensor *m*

♦ **lift off** *v/i of rocket* despegar

'lift-off *of rocket* despegue *m*

lig•a•ment [ˈlɪgəmənt] ligamento *m*

lig•a•ture [ˈlɪgətʃər] TIP, MUS ligadura *f*

light[1] [laɪt] I *n* luz *f*; *in the* ~ *of* a la luz de; *have you got a* ~*?* ¿tienes fuego?;

set ~ *to sth* prender fuego a algo II *v/t* (*pret & pp* **-ed** *or lit*) **1** *fire, cigarette* encender **2** (*illuminate*) iluminar III *adj color, sky* claro; *room* luminoso

◆ **light up** I *v/t* (*illuminate*) iluminar II *v/i* **1** *of face* iluminarse **2** *start to smoke* encender un cigarrillo

light² [laɪt] I *adj* (*not heavy*) ligero II *adv*: *travel* ~ viajar ligero de equipaje

'**light bulb** bombilla *f*

light-e•mit•ting di•ode [laɪtɪmɪtɪŋ'daɪoʊd] diodo *m* emisor de luz

light•en¹ ['laɪtn] *v/t color* aclarar

light•en² ['laɪtn] *v/t load* aligerar

◆ **lighten up** *v/i of person* alegrarse; *come on, lighten up* venga, no te tomes las cosas tan en serio

light•er ['laɪtər] *for cigarettes* encendedor *m, Span* mechero *m*

light-fin•gered [laɪt'fɪŋgərd] *adj* largo *or* suelto de manos; **light-'head•ed** *adj* (*dizzy*) mareado; **light-heart•ed** [laɪt'hɑːrtɪd] *adj* alegre; '**light•house** faro *m*

light•ing ['laɪtɪŋ] iluminación *f*

light•ly ['laɪtlɪ] *adv touch* ligeramente; *get off* ~ salir bien parado; *and I don't say this* ~ y no digo esto a la ligera

light•ness¹ ['laɪtnɪs] *of room, color* claridad *f*

light•ness² ['laɪtnɪs] *in weight* ligereza *f*

light•ning ['laɪtnɪŋ]: *a flash of* ~ un relámpago; *they were struck by* ~ les cayó un rayo

'**light•ning con•duc•tor** pararrayos *m inv*

'**light•ning rod** ELEC pararrayos *mpl*

'**light pen** lápiz *m* óptico; '**light•proof** *adj* resistente a la luz; '**light•ship** NAUT buque *m* faro; '**light•weight** *in boxing* peso *m* ligero; '**light year** año *m* luz; *it's* ~*s away from what we used to have* no tiene absolutamente nada que ver con lo que teníamos antes

lik•a•ble ['laɪkəbl] *adj* agradable, simpático

like¹ [laɪk] I *prep* como; *be* ~ *s.o.* ser como alguien; *what is she* ~*?* ¿cómo es?; *it's not* ~ *him* (*not his character*) no es su estilo; *that's more* ~ *it* ¡eso es otra cosa!; *there's nothing* ~ *a good ...* no hay nada como un buen ... II *conj* F (*as*) como; ~ *I said* como dije

like² [laɪk] *v/t*: *I* ~ *it* / *her* me gusta; *I*

would ~ *...* querría ...; *I would* ~ *to* ~ *...* me gustaría ...; *would you* ~ *...?* ¿querrías ...?; *would you* ~ *to* ~ *...?* ¿querrías ...?; *she* ~*s to swim* le gusta nadar; *if you* ~ si quieres

like•a•ble ['laɪkəbl] *adj* agradable, simpático

like•li•hood ['laɪklɪhʊd] probabilidad *f*; *in all* ~ con toda probabilidad

like•ly ['laɪklɪ] I *adj* (*probable*) probable; *not* ~*!* ¡ni hablar!; *the most* ~ *candidates* los candidatos con más posibilidades; *he's a* ~ *winner* es un posible ganador; *are you* ~ *to see him tomorrow?* ¿crees que le verás mañana?; *I'm not* ~ *to have time* lo más seguro es que no tenga tiempo; *a* ~ *story!* ¡menudo cuento! II *adv* (*probable*) probablemente

like-'mind•ed *adj* afín, semejante

lik•en ['laɪkən] *v/t* comparar (**to** con), equiparar (**to** a)

like•ness ['laɪknɪs] (*resemblance*) parecido *m*

like•wise ['laɪkwaɪz] *adv* igualmente; *pleased to meet you* – ~*!* encantado de conocerle – ¡lo mismo digo!

lik•ing ['laɪkɪŋ] afición *f* (*for* a); *to your* ~ a su gusto; *take a* ~ *to s.o.* tomar cariño a alguien

li•lac ['laɪlək] *flower* lila *f*; *color* lila *m*

lilt [lɪlt] tonillo *m*, sonsonete *m*

li•ly ['lɪlɪ] lirio *m*

li•ly-liv•ered ['lɪlɪlɪvərd] *adj* cobarde, pusilánime

li•ly of the 'val•ley lirio *m* de los valles

limb [lɪm] miembro *m*

lim•ber ['lɪmbər] *adj* flexible, ágil

◆ **limber up** *v/i* entrar en calor, calentarse

lime¹ [laɪm] *fruit, tree* lima *f*

lime² [laɪm] *substance* cal *f*

lime'green *adj* verde lima

'**lime•light**: *be in the* ~ estar en el candelero

lim•er•ick ['lɪmərɪk] quinteto *m* humorístico

'**lime•stone** GEOL caliza *f*

lim•ey ['laɪmɪ] F británico(-a) *m(f)* (*palabra despectiva usada en EE.UU.*)

lim•it ['lɪmɪt] I *n* límite *m*; *within* ~*s* dentro de un límite; *be off* ~*s of place* ser zona prohibida; *that's the* ~*!* F ¡es el colmo! F; ~ *warranty* garantía *f* limitada (**to** a) II *v/t* limitar (**to** a)

lim•i•ta•tion [lɪmɪ'teɪʃn] limitación *f*;
know one's ~s ser consciente de las limitaciones propias

lim•it•ed ['lɪmɪtɪd] *adj* limitado

lim•it•ed 'com•pa•ny *Br* sociedad *f* limitada; lim•it•ed li•a'bil•i•ty responsabilidad *f* limitada; lim•it•ed li•a'bil•i•ty com•pa•ny *Br* sociedad *f* de responsabilidad limitada

lim•o ['lɪmoʊ] F limusina *f*

lim•ou•sine ['lɪməziːn] limusina *f*

limp¹ [lɪmp] *adj* flojo

limp² [lɪmp] **I** *n*: **he has a ~** cojea **II** *v/i* cojear

limp•et ['lɪmpɪt] ZO lapa *f*; **stick to s.o. like a ~** pegarse a alguien como una lapa

lim•pid ['lɪmpɪd] *adj* cristalino

linch•pin ['lɪntʃpɪn] TECH pasador *m* de bloqueo; *fig* base *f*, fundamento *m*

lin•den ['lɪndən] BOT tilo *m*

line¹ [laɪn] *n of text, on road,* TELEC línea *f*; *of trees* fila *f*, hilera *f*; *of people* fila *f*, cola *f*; *of business* especialidad *f*; **what ~ are you in?** ¿a qué te dedicas?; **the ~ is busy** está ocupado, *Span* está comunicando; **hold the ~** no cuelgue; **draw the ~ at sth** no estar dispuesto a hacer algo; **~ of inquiry** línea de investigación; **~ of reasoning** argumentación *f*; **stand in ~** hacer cola; **in ~ with** *(conforming with)* en las mismas líneas que

◆ line up **I** *v/i* hacer cola **II** *v/t (arrange) objects* poner en fila; *interview etc* preparar, organizar

line² [laɪn] *v/t with lining* forrar

lin•e•age ['lɪnɪɪdʒ] linaje *m*

lin•e•al ['lɪnɪəl] *adj* lineal

lin•e•ar ['lɪnɪər] *adj* lineal

'line•back•er *in football* defensa *m/f*

'line drive *in baseball* batazo *m* de línea

lin•en ['lɪnɪn] **1** *material* lino *m* **2** *(sheets etc)* ropa *f* blanca

line of 'cred•it linea *f* de crédito

lin•er ['laɪnər] *ship* transatlántico *m*

lines•man ['laɪnzmən] SP juez *m* de línea, linier *m*

'line•up **1** SP alineación *f* **2** *for police* rueda *f* de reconocimiento **3**: **the ~ for tonight's gig** los componentes del grupo que toca esta noche

lin•ge•rie ['lænʒəriː] lencería *f*

lin•ger•ing ['lɪŋgərɪŋ] *adj feelings* persistente; *sunset* paulatino

lin•ger ['lɪŋgər] *v/i of person* entretenerse; *of pain* persistir

◆ linger on *v/i* perdurar

lin•go ['lɪŋgoʊ] F **1** *jargon* argot *m* **2** *(language)*: **I don't speak the ~** no hablo el idioma

lin•guist ['lɪŋgwɪst] lingüista *m/f*; **she's a good ~** se le dan bien los idiomas

lin•guis•tic [lɪŋ'gwɪstɪk] *adj* lingüístico

lin•i•ment ['lɪnɪmənt] MED linimento *m*

lin•ing ['laɪnɪŋ] *of clothes* forro *m*; *of brakes, pipe* revestimiento *m*

link [lɪŋk] **I** *n (connection)* conexión *f*; *between countries* vínculo *m*; *in chain* eslabón *m* **II** *v/t* conectar; **they're ~ing her with the robbery** la relacionan con el robo

◆ link up *v/i* encontrarse; TV conectar; **~ with sth** enlazarse *or* unirse con algo

links [lɪŋks] *npl* SP campo *m* de golf *(al lado del mar)*

'link•up conexión *f*

li•no•le•um [lɪ'noʊlɪəm] linóleo *m*

lin•seed ['lɪnsiːd] BOT linaza *f*

'lin•seed oil aceite *m* de linaza

lin•tel ['lɪntl] ARCHI lintel *m*

li•on ['laɪən] león *m*

'li•on cub cachorro(-a) *m(f)* de león

li•on•ess ['laɪənes] leona *f*

lip [lɪp] labio *m*

'lip gloss brillo *m* de labios, lip gloss *m*

lip•o•suc•tion ['lɪpoʊsʌkʃn] liposucción *f*

'lip•read *v/i (pret & pp* **-read** [red]) leer los labios; lip salve ['lɪpsælv] bálsamo *m* para labios; 'lip serv•ice: **he was only paying~** sólo lo decía de boquilla; 'lip•stick barra *f* de labios

li•queur [lɪ'kjʊr] licor *m*

liq•uid ['lɪkwɪd] **I** *n* líquido *m* **II** *adj* líquido

liq•ui•date ['lɪkwɪdeɪt] *v/t* **1** *assets* liquidar **2** F *(kill)* cepillarse a F

liq•ui•da•tion [lɪkwɪ'deɪʃn] liquidación *f*; **go into ~** ir a la quiebra

liq•uid crys•tal 'dis•play pantalla *f* de cristal líquido

liq•uid crys•tal 'screen pantalla *f* de cristal líquido

liq•ui•di•ty [lɪ'kwɪdɪtɪ] FIN liquidez *f*

liq•uid•ize ['lɪkwɪdaɪz] *v/t* licuar

liq•uid•iz•er ['lɪkwɪdaɪzər] licuadora *f*

liq•uor ['lɪkər] bebida *f* alcohólica

liq•uo•rice ['lɪkərɪʃ] *esp Br* regaliz *m*

'liq•uor store tienda *f* de bebidas alcohólicas

lisp [lɪsp] **I** *n* ceceo *m* **II** *v/i* cecear

list¹ [lɪst] **I** *n* lista *f*; *is the name on your ~?* ¿aparece el nombre en tu lista? **II** *v/t* enumerar; COMPUT listar

list² [lɪst] *v/i* NAUT escorar

lis•ten•er ['lɪsnər] *to radio* oyente *m/f*; *he's a good ~* sabe escuchar

lis•ten ['lɪsn] *v/i* escuchar; *I tried to persuade him, but he wouldn't ~* intenté convencerle, pero no me hizo ningún caso

◆ **listen in** *v/i* escuchar

◆ **listen to** *v/t radio, person* escuchar

lis•te•ri•a [lɪs'tɪrɪə] listeria *f*

list•ings mag•a•zine ['lɪstɪŋz] guía *f* de espectáculos

list•less ['lɪstlɪs] *adj* apático, lánguido

'list price precio *m* de catálogo

lit [lɪt] *pret & pp* ☞ **light**¹

lit•a•ny ['lɪtənɪ] REL letanía *f*; *a ~ of complaints* una letanía *or* retahíla de quejas

li•ter ['liːtər] litro *m*

lit•er•a•cy ['lɪtərəsɪ] alfabetización *f*

lit•er•al ['lɪtərəl] *adj* literal

lit•er•al•ly ['lɪtərəlɪ] *adv* literalmente

lit•er•a•ry ['lɪtərerɪ] *adj* literario

lit•er•ate ['lɪtərət] *adj* culto; *be ~* saber leer y escribir

lit•er•a•ture ['lɪtrətʃər] literatura *f*; *about a product* folletos *mpl*, prospectos *mpl*

lithe [laɪð] *adj* flexible, ágil

lith•o•graph ['lɪθəgræf] litografía *f*

Lith•u•a•ni•a [lɪθuː'eɪnɪə] Lituania *f*

Lith•u•a•ni•an [lɪθuː'eɪnɪən] **I** *adj* lituano **II** *n* **1** *person* lituano(-a) *m(f)* **2** *language* lituano

lit•i•gant ['lɪtɪgənt] LAW litigante *m/f*, pleiteador(a) *m(f)*

lit•i•gate ['lɪtɪgeɪt] *v/i & v/t* litigar

lit•i•ga•tion [lɪtɪ'geɪʃn] litigación *f*

li•ti•gious [lɪ'tɪdʒəs] *adj* litigioso

lit•mus test ['lɪtməs] *fig* prueba *f* de fuego

li•tre *Br* ☞ **liter**

lit•ter ['lɪtər] **1** basura *f* **2** *of animal* camada *f*

'lit•ter bas•ket *Br* papelera *f*; **'lit•ter bin** cubo *m* de la basura; **'lit•ter bug** F *persona que tira basura en lugares públicos*

lit•tle ['lɪtl] **I** *adj* pequeño; *the ~ ones* los pequeños **II** *n* poco *m*; *the ~ I know* lo poco que sé; *a ~* un poco; *a ~ bread / wine* un poco de pan / vino; *a ~ is better than nothing* más vale poco que nada **III** *adv* poco; *~ by ~* poco a poco; *a ~ better / bigger* un poco mejor / más grande; *a ~ before 6* un poco antes de las 6

lit•ur•gy ['lɪtərdʒɪ] REL liturgia *f*

live¹ [lɪv] *v/i* vivir

◆ **live down** *v/t*: *he's trying to live down his past* intenta que se olvide su pasado

◆ **live for** *v/t* vivir para

◆ **live off** *v/t salary* vivir de; *person* vivir a costa de

◆ **live on I** *v/t rice, bread* sobrevivir a base de **II** *v/i (continue living)* sobrevivir, vivir

◆ **live together** *v/i* vivir juntos

◆ **live through** *v/t (experience)* vivir, pasar por

◆ **live up**: *live it up* pasarlo bien

◆ **live up to** *v/t expectations* responder a; *s.o.'s reputation* estar a la altura de

◆ **live with** *v/t with person* vivir con

live² [laɪv] *adj broadcast* en directo; *ammunition* real; *wire* con corriente; *a real ~ movie star* F una estrella de cine en carne y hueso

live•li•hood ['laɪvlɪhʊd] vida *f*, sustento *m*; *earn one's ~* ganarse la vida

live•li•ness ['laɪvlɪnɪs] *of person, music* vivacidad *f*; *of debate* lo animado

live•ly ['laɪvlɪ] *adj* animado

◆ **liv•en up** ['laɪvn] **I** *v/t* animar **II** *v/i* animarse

liv•er ['lɪvər] MED, *food* hígado *m*

liv•er 'sau•sage *embutido de pate de higado*

'liv•er spot mancha *f* (*por la edad*)

liv•er•wurst ['lɪvərwɜːrst] *embutido de pate de higado*

lives [laɪvz] *pl* ☞ **life**

live•stock ['laɪvstɑːk] ganado *m*

liv•id ['lɪvɪd] *adj (angry)* enfurecido, furioso

liv•ing ['lɪvɪŋ] **I** *adj* vivo **II** *n* vida *f*; *what do you do for a ~?* ¿en qué trabajas?; *earn one's ~* ganarse la vida; *standard of ~* estándar *m* de vida

'liv•ing room sala *f* de estar, salón *m*

liv•ing 'will voluntad *f* anticipada

liz•ard ['lɪzərd] lagarto *m*

lla•ma ['lɑːmə] ZO llama *f*

load [loud] **I** *n also* ELEC carga *f*; *~s of* F montones de F; *you've got~s* F tienes un montón F; *that's a ~ off my mind* eso me quita un peso de encima **II** *v/t car, truck, gun* cargar; *camera* poner el carrete a; COMPUT: *software* cargar (en memoria)

◆ **load up** *v/t car, truck* cargar

load•ed ['loudɪd] *adj* F **1** (*very rich*) forrado F **2** (*drunk*) como una cuba F

load•ing dock ['loudɪŋ] *at factory* plataforma *f* de carga

loaf•er[1] ['loufər] *shoe* mocasín *m*

loaf•er[2] ['loufər] F gandul(a) *m(f)*, manta *m/f* F

loaf [louf] (*pl loaves* [louvz]) pan *m*; *a ~ of bread* una barra de pan, un pan; *use your ~* F usa el coco F

◆ **loaf around** *v/i* F gandulear F

loam [loum] tierra *f* vegetal, limo *m*

loan [loun] **I** *n* préstamo *m*; *on ~* prestado; *~ application* solicitud *f* de préstamo **II** *v/t* prestar; *~ s.o. sth* prestar algo a alguien

'loan shark F usurero(-a) *m(f)* F

'loan•word LING préstamo *m* lingüístico

loath [louθ] *adj*: *be ~ to do sth* ser reacio a hacer algo

loathe [louð] *v/t* detestar, aborrecer; *I ~ having to stay in* detesto *or* odio tenerme que quedar

loath•ing ['louðɪŋ] odio *m*, aborrecimiento *m*

loath•some ['louðsʌm] *adj* detestable, insufrible

loaves [louvz] *pl* ☞ **loaf**

lob [lɑːb] SP **I** *n* lob *m*, globo *m* **II** *v/t* (*pret & pp -bed*) *throw* arrojar por lo alto; *~ a ball in tennis* hacer un lob *or* globo

lob•by ['lɑːbɪ] **I** *n* **1** *in hotel, theater* vestíbulo *m* **2** POL lobby *m*, grupo *m* de presión **II** *v/t* hacer lobby a, presionar; *~ s.o. for sth* ejercer presión sobre alguien para algo

lobe [loub] *of ear* lóbulo *m*

lob•ster ['lɑːbstər] langosta *f*

lo•cal ['loukl] **I** *adj* local; *the ~ people* la gente del lugar; *I'm not~* no soy de aquí **II** *n*: *the ~s* los del lugar; *are you a ~?* ¿eres de aquí?

lo•cal an•es'thet•ic anestesia *f* local;

'**lo•cal ar•e•a net•work** red *f* de área local; '**lo•cal call** TELEC llamada *f* local; **lo•cal e'lec•tions** *npl* elecciones *fpl* municipales; **lo•cal 'gov•ern•ment** administración *f* municipal

lo•cal•i•ty [lou'kælətɪ] localidad *f*

lo•cal•i•za•tion [loukələzeɪʃn] localización *f*

lo•cal•ize ['loukəlaɪz] *v/t* localizar

lo•cal•ly ['loukəlɪ] *adv live, work* cerca, en la zona; *it's well known ~* es muy conocido en la zona; *they are grown ~* son cultivados en la región

lo•cal 'pro•duce productos *mpl* del lugar

'**lo•cal time** hora *f* local

lo•cate [lou'keɪt] *v/t* **1** *new factory etc* emplazar, ubicar **2** (*identify position of*) situar; *be ~d* encontrarse

lo•ca•tion [lou'keɪʃn] **1** (*siting*) emplazamiento *m* **2** (*identifying position of*) localización *f* **3**: *on ~ movie* en exteriores

lock[1] [lɑːk] *n of hair* mechón *m*

lock[2] [lɑːk] **I** *n on door* cerradura *f* **II** *v/t door* cerrar (con llave)

◆ **lock away** *v/t* guardar bajo llave

◆ **lock in** *v/t person* encerrar

◆ **lock onto** *v/t target* seguir

◆ **lock out** *v/t of house* dejar fuera; *I locked myself out* me dejé las llaves dentro

◆ **lock up I** *v/t in prison* encerrar **II** *v/i* cerrar

lock•er ['lɑːkər] taquilla *f*

'**lock•er room** vestuario *m*

lock•et ['lɑːkɪt] guardapelo *m*

'**lock•jaw** MED tétano *m*; '**lock•out** COM lockout *m*, paro *m* forzoso; **lock•smith** ['lɑːksmɪθ] cerrajero(-a) *m(f)*; '**lock•up** calabozo *m*

lo•co ['loukou] P locomotora *f*

lo•co•mo•tion [loukə'mouʃn] locomoción *f*

lo•co•mo•tive [loukə'moutɪv] **I** *adj* locomotriz **II** *n* RAIL locomotora *f*

lo•cum ['loukəm] *Br* suplente *m/f*

lo•cust ['loukəst] langosta *f*

lo•cu•tion [lou'kjuːʃn] locución *f*

lodge [lɑːdʒ] **I** *v/t complaint* presentar **II** *v/i* **1** *of bullet* alojarse **2**: *~ with s.o.* alojarse con alguien

lodg•er ['lɑːdʒər] huésped *m/f*

lodg•ing ['lɑːdʒɪŋ] alojamiento *m*

loft [lɑːft] buhardilla f, desván m
loft•y ['lɑːftɪ] adj heights, ideals elevado
log [lɑːg] **1** wood tronco m **2** written record registro m
◆ **log off** v/i (pret & pp **-ged**) salir
◆ **log on** v/i entrar
◆ **log on to** v/t entrar a
log•a•rithm ['lɑːgərɪðəm] MATH logaritmo m
'**log•book** captain's cuaderno m de bitácora; driver's documentación f del vehículo
log 'cab•in cabaña f
log•ger•heads ['lɑːgərhedz]: **be at ~** estar enfrentado
lo•gic ['lɑːdʒɪk] lógica f
lo•gic•al ['lɑːdʒɪkl] adj lógico
lo•gic•al•ly ['lɑːdʒɪklɪ] adv lógicamente
'**lo•gic cir•cuit** circuito m lógico
'**lo•gic di•a•gram** diagrama m lógico
lo•gis•tics [lə'dʒɪstɪks] npl logística f
lo•go ['loʊgoʊ] logotipo m
'**log•roll•ing** fig apoyo m recíproco
loin [lɔɪn] **1**: **~s** pl ANAT entrañas fpl **2** GASTR lomo m
'**loin•cloth** taparrabos mpl
loi•ter ['lɔɪtər] v/i holgazanear
lol•li•pop ['lɑːlɪpɑːp] piruleta f
loll [lɑːl] **I** v/i repantigarse
◆ **loll around** v/i repantigarse
Lon•don ['lʌndən] Londres m
Lon•don•er ['lʌndənər] londinense m/f
lone [loʊn] adj solitario
lone•li•ness ['loʊnlɪnɪs] of person, place soledad f
lone•ly ['loʊnlɪ] adj person solo; place solitario
lon•er ['loʊnər] solitario(-a) m(f)
lone•some ['loʊnsəm] adj solo
long[1] [lɔːŋ] **I** adj largo; **it's a ~ way** hay un largo camino; **it's two feet ~** mide dos pies de largo; **the movie is three hours ~** la película dura tres horas **II** adv mucho tiempo; **don't be ~** no tardes mucho; **5 weeks is too ~** 5 semanas son mucho tiempo; **will it take ~?** ¿llevará mucho tiempo?; **that was ~ ago** eso fue hace mucho tiempo; **~ before then** mucho antes; **before ~** al poco tiempo; **we can't wait any ~er** no podemos esperar más tiempo; **she no ~er works here** ya no trabaja aquí; **so ~ as** (provided) siempre que; **so ~!** ¡hasta la vista!

long[2] [lɔːŋ] v/i: **~ for** home echar en falta; change etc anhelar, desear; **be ~ing to do sth** anhelar or desear hacer algo
long-a•wait•ed ['lɔːŋəweɪtɪd] adj esperado, deseado; **long-'dis•tance** adj race de fondo; flight de larga distancia; **a ~ phonecall** una llamada de larga distancia, una conferencia interurbana; **long-dis•tance 'run•ner** corredor(a) m(f) de fondo; **long di'vi•sion** MATH división f (por escrito)
lon•gev•i•ty [lɑːn'dʒevɪtɪ] longevidad f
long•haired ['lɔːŋherd] adj con melena, con pelo largo
long•ing ['lɔːŋɪŋ] anhelo m, deseo m
long•ish ['lɔːŋɪʃ] adj bastante largo
lon•gi•tude ['lɑːŋgɪtuːd] longitud f
long johns ['lɔːŋdʒɑːnz] npl F marianos mpl F, calzas fpl; '**long jump** Br salto m de longitud; '**long jump•er** Br saltador(-a) de longitud m(f); **long-life 'milk** leche f uperizada; **long-lived** [lɔːŋ'lɪvd] adj longevo, duradero; **long-play•ing 're•cord** LP m, disco m de larga duración; '**long-range** adj **1** missile de largo alcance **2** forecast a largo plazo; **long•shore•man** ['lɔːŋʃɔːrmən] cargador m; '**long shot**: **it's a ~ but maybe** dudo que funcione pero; **long-'sight•ed** adj hipermétrope; **long-sleeved** [lɔːŋ'sliːvd] adj de manga larga; **long-'stand•ing** adj antiguo; '**long-term** adj a largo plazo; **~ unemployment** desempleo m or Span paro m de larga duración; '**long wave** RAD onda f larga; **long•wind•ed** [lɔːŋ'wɪndɪd] adj prolijo
loo [luː] Br F baño m, servicio m
look [lʊk] **I** n **1** (appearance) aspecto m; **~s** (beauty) atractivo m, guapura f **2** (glance) mirada f; **give s.o. / sth a ~** mirar a alguien / mirar algo; **have a ~ at sth** (examine) echar un vistazo a algo; **can I have a ~?** ¿puedo echarle un vistazo?; **can I have a ~ around?** in store etc ¿puedo echar un vistazo? **II** v/i **1** mirar; **it depends how you ~ at it** depende de cómo lo mires; **I've explained it three times** a ver, te lo expliqué tres veces **2** (search) buscar **3** (seem) parecer; **you ~ tired / different** pareces cansado / diferente; **he ~s about 25** aparenta 25 años; **how do things ~ to you?** ¿qué te parece cómo

están las cosas?; **that ⁓s good** tiene buena pinta

III v/t: **⁓ where you're going!** ¡cuida por dónde vas!; **he couldn't ⁓ me in the face** no me podía mirar a la cara

◆ **look after** v/t *children* cuidar (de); *property, interests* proteger

◆ **look ahead** v/i *fig* mirar hacia el futuro

◆ **look around I** v/i mirar **II** v/t *museum, city* dar una vuelta por

◆ **look at** v/t **1** mirar **2** (*examine*) estudiar; (*consider*) considerar; **it depends how you look at it** depende de cómo lo mires **3** F (*be faced with*) afrontar

◆ **look back** v/i mirar atrás

◆ **look down on** v/t mirar por encima del hombro a

◆ **look for** v/t buscar

◆ **look forward to** v/t estar deseando; **I'm looking forward to the vacation** tengo muchas ganas de empezar las vacaciones

◆ **look in on** v/t (*visit*) hacer una visita a

◆ **look into** v/t (*investigate*) investigar

◆ **look on I** v/i (*watch*) quedarse mirando **II** v/t: **look on s.o. / sth as** (*consider*) considerar a alguien / algo como

◆ **look onto** v/t *garden, street* dar a

◆ **look out** v/i **1** *from window etc* mirar **2** (*pay attention*) tener cuidado; **look out!** ¡cuidado!

◆ **look out for** v/t **1** buscar **2** (*be on guard against*) tener cuidado con **3** (*take care of*) cuidar, proteger

◆ **look out of** v/t *window* mirar por

◆ **look over** v/t *translation* revisar, repasar; *house* inspeccionar

◆ **look through** v/t *magazine, notes* echar un vistazo a, hojear

◆ **look to** v/t (*rely on*): **we look to you for help** acudimos a usted en busca de ayuda

◆ **look up I** v/i **1** *from paper etc* levantar la mirada **2** (*improve*) mejorar **II** v/t **1** *word, phone number* buscar **2** (*visit*) visitar

◆ **look up to** v/t (*respect*) admirar

'look-a•like doble *m/f*

look•er ['lʊkər]: **she's a real ⁓** F es un bombón F

look•er-'on, *pl* **look•ers-'on** mirón (-ona) *m(f)*, curioso(-a) *m(f)*

'look-in F: **I don't get a ⁓** no puedo me-

ter baza F

look•ing glass ['lʊkɪŋ] espejo *m*

'look•out 1 *person* centinela *m*, vigía *m* **2**: **be on the ⁓ for** estar buscando

loom [luːm] telar *m*

◆ **loom up** v/i aparecer (**out of** de entre)

loon•y ['luːnɪ] F **I** *n* chalado(-a) *m(f)* F **II** *adj* chalado F

'loon•y bin P loquería *f* P

loop [luːp] **I** *n* bucle *m* **II** v/t: **⁓ sth around sth** pasar algo alrededor de algo

'loop•hole *in law etc* resquicio *m or* vacío *m* legal

loop•y ['luːpɪ] *adj* F loco, tocado F

loose [luːs] *adj connection, button* suelto; *clothes* suelto, holgado; *morals* disoluto, relajado; *wording* impreciso; **⁓ change** suelto *m*, *L.Am.* sencillo *m*; **⁓ ends** *of problem, discussion* cabos *mpl* sueltos; **be at a ⁓ end** no tener nada que hacer

loose•ly ['luːslɪ] *adv worded* vagamente

loos•en ['luːsn] v/t *collar, knot* aflojar

◆ **loosen up** v/t *muscles, person* relajar, aflojar; *fig* relajar, distender **II** v/i *fig: of person* largar P

loot [luːt] **I** *n* botín *m* **II** v/i saquear

loot•er ['luːtər] saqueador(a) *m(f)*

◆ **lop off** [lɑːp] v/t (*pret & pp* **-ped**) *branch* cortar; podar

lop-sid•ed [lɑːpˈsaɪdɪd] *adj* torcido; *balance of committee* desigual

lo•qua•cious [loʊˈkweɪʃəs] *adj fml* locuaz

lord [lɔːrd] lord *m*, aristócrata *m*

Lord [lɔːrd] (*God*) Señor *m*; **good ⁓!** ¡Dios mío!

Lord's 'Prayer padrenuestro *m*

lore [lɔːr] sabiduría *f* popular

lor•ry ['lɑːrɪ] *Br* camión *m*

lose [luːz] **I** v/t (*pret & pp* **lost**) *object, match* perder; **have nothing to ⁓** no tener nada que perder; **I'm lost** me he perdido; **get lost!** F ¡vete a paseo! F; **you've lost me there** me he perdido **II** v/i (*pret & pp* **lost**) **1** SP perder **2** *of clock* retrasarse

◆ **lose out** v/i salir perdiendo

los•er ['luːzər] perdedor(-a) *m(f)*; F *in life* fracasado(-a) *m(f)*

los•ing ['luːzɪŋ] *adj*: **fight a ⁓ battle** *fig* luchar en vano

loss [lɑːs] pérdida *f*; **make a ~** tener pérdidas; **I'm at a ~ what to say ~** no sé qué decir

loss ad•just•er ['lɑːsədʒʌstər] *in insurance* tasador(a) *m(f)* de pérdidas; **'loss lead•er** COM artículo *m* de reclamo; **loss of 'earn•ings** pérdida *f* de ganancias

lost [lɑːst] **I** *adj* perdido; **be ~ in thought** estar absorto **II** *pret & pp* ☞ **lose**

lost-and-'found, *Br* **lost 'prop•er•ty (of•fice)** oficina *f* de objetos perdidos

lot[1] [lɑːt]: **a ~**, **~s** mucho, *pl* muchos; **a ~ of books**, **~s of books** muchos libros; **a ~ of butter**, **~s of butter** mucha mantequilla; **a ~ better / easier** mucho mejor / más fácil

lot[2] [lɑːt] *n*: **draw ~s** echar a suertes

lo•tion ['loʊʃn] loción *f*

lot•te•ry ['lɑːtəri] lotería *f*

'lot•te•ry tick•et boleto *m or* número *m* de lotería

lo•tus ['loʊtəs] BOT loto *m*; **~ position** postura *f* de loto

loud [laʊd] *adj voice, noise* fuerte; *music* fuerte, alto; *color* chillón

loud hail•er [laʊd'heɪlər] megáfono *m*; **'loud•mouth** F boceras *m/f inv* F, bocazas *m/f inv*; **loud'speak•er** altavoz *m*, *L.Am.* altoparlante *m*

lounge [laʊndʒ] *in house* salón *m*

◆ **lounge around** *v/i* holgazanear

'lounge suit *Br* traje *m* de calle

louse [laʊs] (*pl* **lice** [laɪs]) piojo *m*

◆ **louse up** *v/t* P estropear, echar a perder F

lous•y ['laʊzi] *adj* F asqueroso F; **I feel ~** me siento de pena F

lout [laʊt] gamberro *m*

lout•ish ['laʊtɪʃ] *adj* gamberro, desconsiderado

lov•a•ble ['lʌvəbl] *adj* adorable, encantador

love [lʌv] **I** *n* amor *m*; *in house* amor *m*; *in tennis* nada *f*; **be in ~** estar enamorado (**with** de); **fall in ~** enamorarse (**with** de); **make ~** hacer el amor; **make ~** hacer el amor (**to** con); **yes, my ~** sí, amor **II** *v/t person, country, wine* amar; **she ~s to watch tennis** le encanta ver tenis

'love af•fair aventura *f* amorosa; **'love bite** F muerdo *m* F, chupón *m* F; **love-'hate re•la•tion•ship** relación *f* de amor y odio

love•less ['lʌvlɪs] *adj* desamorado, sin amor

'love let•ter carta *f* de amor

'love•life vida *f* amorosa

love•ly ['lʌvli] *adj face, hair, color, tune* precioso, lindo; *person, character* encantador; *holiday, weather, meal* estupendo; **we had a ~ time** nos lo pasamos de maravilla

'love•mak•ing sexo *m*, vida *f* sexual; **his idea of ~ is ...** su idea de hacer el amor es ...

'love po•em poema *m* de amor

lov•er ['lʌvər] amante *m/f*

'love scene escena *f* de amor; **'love-sick** *adj*: **be ~** tener mal de amores; **'love song** canción *f* de amor; **'love sto•ry** historia *f* de amor, romance *m*

lov•ing ['lʌvɪŋ] *adj* cariñoso

lov•ing•ly ['lʌvɪŋli] *adv* con cariño

low[1] [loʊ] **I** *adj bridge, salary, price, voice, quality* bajo; **be feeling ~** estar deprimido; **we're ~ on gas / tea** nos queda poca gasolina / poco té **II** *n* **1** *in weather* zona *f* de bajas presiones, borrasca *f* **2** *in sales, statistics* mínimo *m*; **be at an all-time ~** estar en su punto más bajo

low[2] [loʊ] *v/i of cows* mugir

'low•brow *adj* poco intelectual, popular; **low-'cal•o•rie** *adj* bajo en calorías; **'low-cost** *adj* de bajo coste; **'low-cut** *adj dress* escotado; **'low•down** F **I** *adj* rastrero, deshonesto **II** *n*: **give s.o. the ~** poner al tanto a alguien (**on** de); **get the ~** quedar al tanto (**on** de); **low-e•mis•sion** *adj* MOT de baja emisión

low•er ['loʊər] *v/t to the ground, hemline, price* bajar; *flag* arriar; *pressure* reducir

Low•er Cal•i•forn•i•a Baja California *f*

'low-fat *adj* de bajo contenido graso; **'low-fly•ing** *adj* volando bajo; **low-'in•come** *adj* de renta baja; **'low•key** *adj* discreto, mesurado; **'low•lands** *npl* tierras *fpl* bajas; **'low post** *in basketball* poste *m* bajo; **low-'pres•sure ar•e•a** zona *f* de bajas presiones, borrasca *f*; **'low sea•son** temporada *f* baja; **low--'ly•ing** *adj* bajo; **low-'spir•it•ed** *adj* desanimado, deprimido; **'low tide** marea *f* baja

lox [lɑːks] salmón *m* ahumado

loy•al ['lɔɪəl] *adj* leal, fiel (**to** a)

loy•al•ist ['lɔɪəlɪst] (*government supporter*) seguidor(a) *m(f)* del régimen; *in Northern Ireland* unionista *m/f*; *in Spanish Civil War* republicano(-a) *m(f)*

loy•al•ly ['lɔɪəlɪ] *adv* lealmente, fielmente

loy•al•ty ['lɔɪəltɪ] lealtad *f* (**to** a)

loz•enge ['lɑːzɪndʒ] **1** *shape* rombo *m* **2** *tablet* pastilla *f*

LP [el'piː] *abbr* (= **long-playing record**) LP *m*, disco *m* de larga duración

L-plate ['elpleɪt] (placa *f* de la) L *f*

LSD [eles'diː] *abbr* (= **lysergic acid diethylamide**) LSD *m*

Ltd *abbr* (= **limited**) S.L. (= sociedad *f* limitada)

LTR [eltiː'ɑːr] *abbr* (= **long-term relationship**) relación *f* sentimental estable

lu•bri•cant ['luːbrɪkənt] lubricante *m*

lu•bri•cate ['luːbrɪkeɪt] *v/t* lubricar

lu•bri•ca•tion [luːbrɪ'keɪʃn] lubricación *f*

lu•cid ['luːsɪd] *adj* (*clear, sane*) lúcido

luck•i•ly ['lʌkɪlɪ] *adv* afortunadamente, por suerte

luck•less ['lʌklɪs] *adj* desafortunado

luck [lʌk] suerte *f*; **bad** ~ mala suerte; **good** ~*!* ¡buena suerte!; **wish s.o.** ~ desear a alguien (buena) suerte; **be in** ~ estar de suerte, tener suerte; **be out of** ~ no tener suerte; **that's just my** ~*!* ¡qué (mala) suerte que tengo!

◆ **luck out** *v/i* F tener mucha suerte

luck•y ['lʌkɪ] *adj person, coincidence* afortunado; *day, number* de la suerte; **you were** ~ tuviste suerte; **she's** ~ **to be alive** tiene suerte de estar con vida; **that's** ~*!* ¡qué suerte!

lu•cra•tive ['luːkrətɪv] *adj* lucrativo

lu•cre ['luːkər]: **filthy** ~ cochino dinero *m*

Lud•dite ['lʌdaɪt] ludita *m/f*

lu•di•crous ['luːdɪkrəs] *adj* ridículo

lug [lʌg] *v/t* (*pret & pp* **-ged**) arrastrar

lug•gage ['lʌgɪdʒ] equipaje *m*

'lug•gage al•low•ance AVIA límite *m* de equipaje; **'lug•gage lock•er** consigna *f* automática; **'lug•gage trol•ley** carro *m* para el equipaje

luke•warm ['luːkwɔːrm] *adj water* tibio, templado; *reception* indiferente

lull [lʌl] **I** *n in storm, fighting* tregua *f*; *in conversation* pausa *f* **II** *v/t*: ~ **s.o. into a false sense of security** dar a alguien una falsa sensación de seguridad; ~ **s.o. to sleep** adormecer a alguien

lul•la•by ['lʌləbaɪ] canción *f* de cuna, nana *f*

lum•ba•go [lʌmbeɪgoʊ] lumbago *m*

lum•ber[1] ['lʌmbər] **I** *n* (*timber*) madera *f* **II** *v/t Br*: **get** ~**ed with sth** F tener que cargar con algo

lum•ber[2] ['lʌmbər] *v/i* moverse torpemente

'lum•ber•jack leñador(a) *m(f)*; **'lum•ber•mill** aserradero *m*; **'lum•ber•room** *Br* trastero *m*

lu•mi•nar•y ['luːmɪnərɪ] lumbrera *m/f*

lu•mi•nos•i•ty [luːmɪ'nɑːsətɪ] luminosidad *f*

lu•mi•nous ['luːmɪnəs] *adj* luminoso

lump [lʌmp] **1** *of sugar, earth* terrón *m* **2** (*swelling*) bulto *m*

◆ **lump together** *v/t* agrupar

lump 'sum pago *m* único

lump•y ['lʌmpɪ] *adj liquid, sauce* grumoso; *mattress* lleno de bultos

lu•na•cy ['luːnəsɪ] locura *f*

lu•nar ['luːnər] *adj* lunar

lu•na•tic ['luːnətɪk] lunático(-a) *m(f)*, loco(-a) *m(f)*

lunch [lʌntʃ] almuerzo *m*, comida *f*; **have** ~ almorzar, comer

'lunch box fiambrera *f*

'lunch break pausa *f* para el almuerzo

lunch•eon meat ['lʌntʃən] fiambre *m* enlatado

'lunch hour hora *f* del almuerzo

'lunch•time hora *f* del almuerzo

lung [lʌŋ] pulmón *m*; **shout at the top of one's** ~**s** gritar a pleno pulmón

'lung can•cer cáncer *m* de pulmón

lunge [lʌndʒ] arremetida *f*; **make a** ~ **for sth** abalanzarse sobre algo

◆ **lunge at** *v/t* arremeter contra

lurch[1] [lɜːrtʃ] *v/i of drunk* tambalearse; *of ship* dar sacudidas

lurch[2] [lɜːrtʃ] *n*: **leave s.o. in the** ~ dejar a alguien tirado

lure [lʊr] **I** *n* atractivo *m* **II** *v/t* atraer; **he was** ~**d into a trap** le hicieron caer en una trampa; **she** ~**d him into her hotel room** lo sedujo para llevarlo a su habitación del hotel

◆ **lure away** v/t *from TV etc* apartar (**from** de); *from another company* hacer salir (**from** de)

lu•rid ['lʊrɪd] *adj color* chillón; *details* espeluznante

lurk [lɜːrk] v/i *of person* estar oculto, estar al acecho

lus•cious ['lʌʃəs] *adj* **1** *fruit, dessert* jugoso, exquisito **2** F *woman, man* cautivador

lush [lʌʃ] *adj vegetation* exuberante

lust [lʌst] lujuria f

◆ **lust after** v/t *person* desear; *object* anhelar

lus•ter ['lʌstər] lustre m; *fig* lustre m, esplendor m

lust•ful ['lʌstfʊl] *adj* lujurioso

lus•tre *Br* ☞ **luster**

lute [luːt] MUS laúd m

Lux•em•bourg ['lʌksəmbɜːrg] Luxemburgo m

Lux•em•bourg•er ['lʌksəmbɜːrgər] luxemburgués(-esa) m(f)

lux•u•ri•ant [lʌg'ʒʊriənt] *adj* exuberante

lux•u•ri•ate [lʌg'ʒʊrieɪt] v/i *in bath, bed* relajarse

lux•u•ri•ous [lʌg'ʒʊriəs] *adj* lujoso

lux•u•ri•ous•ly [lʌg'ʒʊriəsli] *adv* lujosamente

lux•u•ry ['lʌkʃəri] **I** n lujo m **II** adj de lujo

ly•chee [laɪ'tʃi] BOT lichi m

lye [laɪ] CHEM lejía f

ly•ing ['laɪɪŋ] **I** *present participle* ☞ **lie²** **II** *adj* mentiroso

lymph gland ['lɪmfglænd] ganglio m linfático

lymph node ['lɪmfnoʊd] ANAT nódulo m linfático

lynch [lɪntʃ] v/t linchar

lynx [lɪŋks] ZO lince m

lynx-eyed ['lɪŋksaɪd] *adj fig* con ojos de lince

lyr•ic ['lɪrɪk] *adj* lírico

lyr•i•cal ['lɪrɪkl] *adj* **1** lírico **2**: *wax ~ about sth* ensalzar algo

lyr•i•cist ['lɪrɪsɪst] letrista m/f

lyr•ics ['lɪrɪks] *npl* letra f

M

MA [em'eɪ] *abbr* (= **Master of Arts**) Máster m en Humanidades

ma'am [mæm] señora f

mac [mæk] F (*mackintosh*) impermeable m

ma•ca•bre [mə'kɑːbrə] *adj* macabro

mac•a•ro•ni [mækə'roʊni] macarrones mpl

mac•a•ro•ni and 'cheese macarrones mpl con queso

mace [meɪs] *of mayor* maza f

Mach [mæk]: *fly at ~ two* volar a Mach 2

ma•che•te [mə'ʃeti] machete m

ma•chine [mə'ʃiːn] **I** n máquina f **II** v/t *with sewing machine* coser a máquina; TECH trabajar a máquina

ma'chine gun ametralladora f

ma•chine-'read•a•ble *adj* legible por la computadora *or Span* el ordenador

ma•chin•e•ry [mə'ʃiːnəri] *also of government* maquinaria f

ma'chine tool máquina f herramienta; **ma•chine trans'la•tion** traducción f automática; **ma•chine 'wash•a•ble**

adj lavable a máquina

ma•chis•mo [mə'kɪzmoʊ] machismo m

mach•o ['mætʃoʊ] *adj* macho; *stop being so ~* deja de hacerte el macho

mack•er•el ['mækrəl] caballa f

mack•in•tosh ['mækɪntɑːʃ] impermeable m

mac•ro ['mækroʊ] COMPUT macro m

mac•ro•bi•ot•ic [mækroʊbaɪ'ɑːtɪk] *adj* macrobiótico

mac•ro•cosm ['mækroʊkɑːzəm] macrocosmos m inv

macro•ec•o•nom•ics [mækroʊiːkə-'nɑːmɪks] *nsg* macroeconomía f

mad [mæd] *adj* **1** (*insane*) loco; *a ~ idea* una idea disparatada; *be ~ about* F estar loco por; *drive s.o. ~* volver loco a alguien; *go ~* (*become insane, with enthusiasm*) volverse loco; *like ~* F *run, work* como un loco F **2** F (*angry*) enfadado; *Pa got real ~ when I told him* papá se puso hecho una furia cuando se lo conté

'mad•cap *adj* disparatado

mad 'cow dis•ease enfermedad *f or mal m* de las vacas locas

mad•den ['mædən] *v/t (infuriate)* sacar de quicio

mad•den•ing ['mædnɪŋ] *adj* exasperante

mad•den•ing•ly ['mædnɪŋlɪ] *adv* exasperantemente

made [meɪd] *pret & pp* ☞ **make**

made-to-'meas•ure *adj clothes* hecho a medida; **made-to-'or•der** *adj fig* a medida; **'made-up** *adj* **1** *story etc* inventado **2** *with make-up on* maquillado

'mad•house *fig* casa *f* de locos

mad•ly ['mædlɪ] *adv* como loco; **~ in love** locamente enamorado

mad•man ['mædmən] loco *m*

mad•ness ['mædnɪs] locura *f*; **that's sheer ~** eso es una auténtica locura

Ma•don•na [mə'dɑːnə] madona *f*

'mad•wom•an loca *f*

Ma•fi•a ['mɑːfɪə]: **the ~** la mafia

ma•fi•o•so [mɑːfɪ'ousou] *(pl -sos, mafiosi* [mɑːfɪ'ousɪ]) mafioso *m*

mag•a•zine [mægə'ziːn] *printed* revista *f*

mag•a'zine rack revistero *m*

Ma•gel•lan straits [məgelən'streɪts] *npl* Estrecho *m* de Magallanes

ma•gen•ta [mə'dʒentə] *adj* magenta

mag•got ['mægət] gusano *m*

Ma•gi ['meɪdʒaɪ] REL: **the ~** los Reyes Magos

mag•ic ['mædʒɪk] **I** *n* magia *f*; **as if by ~, like ~** como por arte de magia **II** *adj* mágico; **there's nothing ~ about it** no tiene nada de mágico

mag•i•cal ['mædʒɪkl] *adj* mágico

mag•i•cal•ly ['mædʒɪklɪ] *adv* mágicamente

mag•ic 'car•pet alfombra *f* mágica

ma•gi•cian [mə'dʒɪʃn] *performer* mago(-a) *m(f)*

mag•ic 'spell hechizo *m*; **mag•ic 'trick** truco *m* de magia; **mag•ic 'wand** varita *f* mágica

mag•is•trate ['mædʒɪstreɪt] LAW juez *m/f* de primera instancia

mag•na•nim•i•ty [mægnə'nɪmətɪ] magnanimidad *f*

mag•nan•i•mous [mæg'nænɪməs] *adj* magnánimo

mag•nate ['mægneɪt] magnate *m/f*

mag•ne•sia [mæg'niːʃə] CHEM magnesia *f*

mag•ne•si•um [mæg'niːzɪəm] CHEM magnesio *m*

mag•net ['mægnət] imán *m*

mag•net•ic [mæg'netɪk] *adj* magnético; *fig: personality* cautivador

mag•net•ic 'stripe banda *f* magnética

mag•net•ism ['mægnətɪzəm] *of person* magnetismo *m*

mag•net•ize ['mægnətaɪz] *v/t* magnetizar

mag•ni•fi•ca•tion [mægnɪfɪ'keɪʃn] ampliación *f*

mag•nif•i•cence [mæg'nɪfɪsəns] magnificencia *f*

mag•nif•i•cent [mæg'nɪfɪsənt] *adj* magnífico

mag•nif•i•cent•ly [mæg'nɪfɪsəntlɪ] *adv* magníficamente

mag•ni•fy ['mægnɪfaɪ] *v/t (pret & pp -ied)* aumentar; *difficulties* magnificar

mag•ni•fy•ing glass ['mægnɪfaɪɪŋ] lupa *f*

mag•ni•tude ['mægnɪtuːd] magnitud *f*

mag•no•li•a [mæg'noulɪə] BOT magnolia *f*

mag•num ['mægnəm] *botella de un litro y medio*

mag•num 'o•pus obra *f* maestra

mag•pie ['mægpaɪ] urraca *f*

ma•hog•a•ny [mə'hɑːgənɪ] caoba *f*

maid [meɪd] *servant* criada *f*; *in hotel* camarera *f*

maid•en name ['meɪdn] apellido *m* de soltera

maid•en 'voy•age viaje *m* inaugural

mail [meɪl] **I** *n* correo *m*; **put sth in the ~** echar algo al correo **II** *v/t letter* enviar (por correo)

'mail•box *also* COMPUT buzón *m*

'mail car•ri•er cartero(-a) *m(f)*

mail•ing list ['meɪlɪŋlɪst] lista *f* de direcciones

'mail•man cartero *m*; **'mail•merge pro•gram** programa *m* de fusión de correo; **mail-'or•der cat•a•log**, *Br* **mail-'or•der cat•a•logue** catálogo *m* de venta por correo; **mail-'or•der firm** empresa *f* de venta por correo; **'mail•shot** mailing *m*

maim [meɪm] *v/t* mutilar

main [meɪn] *adj* principal; **she's alive, that's the ~ thing** está viva, que es lo principal

'main course plato *m* principal; **main 'en•trance** entrada *f* principal; **'main•frame** computadora *f* central, *Span* ordenador *m* central; **'main•land** tierra *f* firme; **on the ~** en el continente; **'main•line I** *n* RAIL línea *f* principal **II** *adj* tradicional **III** *v/t* P picarse

main•ly ['meɪnlɪ] *adv* principalmente

main 'road carretera *f* general

mains [meɪnz] *for electricity* red *f* eléctrica; *for gas* conducción *f* general; **run a machine off the ~** funcionar una máquina por conexión a la red

'mains a•dapt•er ELEC adaptador *m*

'main•stay *fig* pilar *m*; **'main•stream I** *n*: **the ~** la corriente principal **II** *adj* predominante, convencional; **'main street** calle *f* principal

main•tain [meɪn'teɪn] *v/t* mantener

main•te•nance ['meɪntənəns] **1** *of building, machine* mantenimiento *m* **2** *after divorce* pensión *f* alimenticia

'main•te•nance costs *npl* gastos *mpl* de mantenimiento

'main•te•nance staff personal *m* de mantenimiento

mai•tre d' [meɪtər'diː] maître *m/f*

maize [meɪz] *esp Br* maíz *m*

ma•jes•tic [mə'dʒestɪk] *adj* majestuoso

ma•jes•ty ['mædʒestɪ] majestuosidad *f*; **Her Majesty** Su Majestad

ma•jor ['meɪdʒər] **I** *adj* (*significant*) importante, principal; **in C ~** MUS en C mayor **II** *n* MIL comandante *m*

◆ **major in** *v/t* especializarse en

Ma•jor•ca [mə'jɔːrkə] Mallorca *f*

Ma•jor•can [mə'jɔːrkən] *adj* mallorquín

ma•jor•ette [meɪdʒə'ret] majorette *f*

ma•jor•i•ty [mə'dʒɑːrətɪ] *also* POL mayoría *f*; **be in the ~** ser mayoría

ma•jor•i•ty de'ci•sion decisión *f* por mayoría, decisión *f* mayoritaria

ma'jor•i•ty hold•ing participación *f* mayoritaria

ma•jor-league ['meɪdʒərliːg] *adj* SP de la liga mayor *or* principal; *fig* de primera línea

make [meɪk] **I** *n* (*brand*) marca *f* **II** *v/t* (*pret & pp* **made**) **1** hacer; *cars* fabricar, producir; *movie* rodar; **made in Japan** hecho en Japón; **~ a decision** tomar una decisión; **~ it** (*catch bus, train*) llegar a tiempo; (*come*) ir; (*succeed*) tener éxito; (*survive*) sobrevivir;

Br **what time do you ~ it?** ¿qué hora llevas?; **~ believe** imaginarse; **~ do with** conformarse con; **what do you ~ of it?** ¿qué piensas?; **they were made for each other** estaban hechos el uno para el otro; **you're just made for this job** es el trabajo perfecto para ti; **it made him a hero** lo convirtió en heroe; **he's got it made** F lo tiene todo resuelto **2** *speech* pronunciar **3** (*earn*) ganar **4** MATH hacer; **two and two ~ four** dos y dos son cuatro **5**: **~ s.o. do sth** (*force to*) obligar a alguien a hacer algo; (*cause to*) hacer que alguien haga algo; **you can't ~ me do it!** ¡no puedes obligarme a hacerlo!; **~ s.o. happy** hacer feliz a alguien; **~ s.o. angry** enfadar a alguien

◆ **make for** *v/t* **1** (*go toward*) dirigirse hacia **2**: **it doesn't make for a good working atmosphere** esto no contribuye a crear una buena atmósfera de trabajo

◆ **make off** *v/i* escaparse

◆ **make off with** *v/t* (*steal*) llevarse

◆ **make out** *v/t* **1** *list* hacer, elaborar **2** *check* extender **3** (*see*) distinguir **4** (*imply*) pretender; **you're making me out to be something I'm not** estás dando una imagen de mí que no es cierta **II** *v/i* **1** (*manage*) apañarse, arreglarse **2** P *kiss etc* meterse mano

◆ **make over** *v/t* (*transfer*) ceder (**to** a)

◆ **make up I** *v/i* **1** *of woman, actor* maquillarse **2** *after quarrel* reconciliarse **II** *v/t* **1** *story, excuse* inventar **2** *face* maquillar **3** (*constitute*) suponer, formar; **be made up of** estar compuesto de **4**: **make up one's mind** decidirse; **make it up** *after quarrel* reconciliarse

◆ **make up for** *v/t* compensar por

◆ **make up to** *v/t* (*be nice to*) hacer la pelota a

'make-be•lieve ficción *f*, fantasía *f*

'make•o•ver *of person* transformación *f*; *of building* renovación *f*; **give s.o. a ~** hacer una transformación a alguien; **give sth a ~** renovar algo

mak•er ['meɪkər] (*manufacturer*) fabricante *m*; **go to meet one's ~** *hum* irse al otro barrio; **Our Maker** nuestro Creador, nuestro Dios

make•shift ['meɪkʃɪft] *adj* improvisado;

'make-up (*cosmetics*) maquillaje *m*; **she doesn't use ~** no se maquilla, no se pinta; 'make-up bag bolsa *f* del maquillaje; 'make-up re•mo•ver desmaquillador *m*

mak•ing ['meɪkɪŋ] (*manufacture*) fabricación *f*; (*of movie*) realización *f*, rodaje *m*; **it was twelve years in the ~** llevó doce años hacerlo; **have the ~s of** *of person* tener madera de; **it'll be the ~ of him** eso le acabará de formar como persona; **we're watching history in the ~ here** se está haciendo historia; **these problems are of your own ~** tú mismo te has buscado estos problemas

mal•ad•just•ed [mælə'dʒʌstɪd] *adj* inadaptado

mal•a•prop•ism ['mæləprɑːpɪzəm] gazapo *m*

ma•lar•i•a [mə'leɪrɪə] malaria *f*

mal•con•tent ['mælkəntent] insatisfecho(-a) *m/f*

Mal•dives ['mældiːvz]: **the ~** *pl* las Maldivas

male [meɪl] **I** *adj* (*masculine*) masculino; *animal, bird, fish* macho; **~ bosses** los jefes varones; **a ~ teacher** un profesor **II** *n man* hombre *m*, varón *m*; *animal, bird, fish* macho *m*

male 'chau•vin•ism machismo *m*; male chau•vin•ist 'pig machista *m*; male 'mod•el modelo *m*; male 'nurse enfermero *m*; male 'pros•ti•tute prostituto *m*

ma•lev•o•lence [mə'levələns] malevolencia *f*

ma•lev•o•lent [mə'levələnt] *adj* malévolo

mal•for•ma•tion [mælfɔː'meɪʃn] *esp* MED malformación *f*

mal•func•tion [mæl'fʌŋkʃn] **I** *n* fallo *m* (*in* de) **II** *v/i* fallar

mal•ice ['mælɪs] malicia *f*; **I bear him no ~** no pretendo hacerle daño

ma•li•cious [mə'lɪʃəs] *adj* malicioso

ma•lig•nant [mə'lɪɡnənt] *adj tumor* maligno; *attitude, remark* perjudicial

ma•lin•ger [mə'lɪŋɡər] *v/i* fingir una enfermedad

mall [mɒːl] (*shopping ~*) centro *m* comercial

mal•lard ['mælɑːrd] ánade *m* real

mal•le•a•ble ['mælɪəbl] *adj material*; *personality* maleable

mal•let ['mælɪt] mazo *m*

mal•nour•ished [mæl'nʌrɪʃt] *adj* desnutrido

mal•nu•tri•tion [mælnuː'trɪʃn] desnutrición *f*

mal•prac•tice [mæl'præktɪs] negligencia *f*

malt [mɔːlt] malta *f*

Mal•ta ['mɔːltə] Malta *f*

Mal•tese [mɔːl'tiːz] **I** *adj* maltés **II** *n* maltés(-esa) *m(f)*

mal•treat [mæl'triːt] *v/t* maltratar

mal•treat•ment [mæl'triːtmənt] maltrato *m*

malt 'whis•key whisky *m* de malta

mam•mal ['mæml] mamífero *m*

mam•moth ['mæməθ] **I** *n* ZO mamut *m* **II** *adj* enorme; *building* mastodóntico

man [mæn] **I** *n* (*pl* men [men]) **1** hombre *m*; **be one's own ~** ser dueño de sí mismo; **he took it like a ~** se lo tomó como un hombre; **the ~ of the match** el mejor jugador del partido; **be ~ and wife** ser marido y mujer; **~ about town** hombre socialmente muy activo **2** (*humanity*) el hombre **3** *in checkers* ficha *f* **II** *v/t* (*pret & pp* **-ned**) *telephones, front desk* atender; *spacecraft* tripular **III** *int*: **hey ~, that's fantastic!** ¡eh tío, eso es genial!

man•age ['mænɪdʒ] **I** *v/t* **1** *business* dirigir; *money* gestionar **2** *suitcase, stairs, three eggs* poder con; **~ to do sth** conseguir hacer algo; **could you ~ next week?** ¿puedes la semana que viene? **II** *v/i* (*cope*) arreglárselas

man•age•a•ble ['mænɪdʒəbl] *adj* **1** (*easy to handle*) manejable **2** (*feasible*) factible

man•age•ment ['mænɪdʒmənt] **1** (*managing*) gestión *f*, administración *f* **2** (*managers*) dirección *f*

man•age•ment 'buy•out *compra de una empresa por sus directivos*; man•age•ment by ob'jec•tives administración *f* por objetivos; man•age•ment con'sult•an•cy consultoría *f* en administración de empresas; man•age•ment con'sult•ant consultor(a) *m(f)* en administración de empresas; 'man•age•ment fee tarifa *f* de gestion *or* administración; 'man•age•ment stud•ies *npl* estudios *mpl* de administración de empresas; '**man•age•ment style** estilo *m* de dirección; '**man•age•ment team** equipo *m* directivo; '**man•age•ment tool** herramienta *f* de dirección

man•ag•er ['mænɪdʒər] *of hotel, company* director(a) *m(f)*; *of shop, restaurant* encargado(-a) *m(f)*

man•ag•er•ess [mænɪdʒə'res] *of hotel, company* directora *f*; *of shop, restaurant* encargada *f*

man•a•ge•ri•al [mænɪ'dʒɪrɪəl] *adj* de gestión; *a ~ post* un puesto directivo

man•ag•ing di•rec•tor [mænɪdʒɪŋdaɪ'rektər] director(a) *m(f)* gerente

man•ag•ing 'ed•i•tor director(a) *m(f)* gerente

man•da•rin or•ange [mændərɪn'ɔːrɪndʒ] mandarina *f*

man•date ['mændeɪt] **I** *n (authority)* mandato *m*; *(task)* tarea *f* **II** *v/t*: *be ~d to do sth* recibir el mandato de hacer algo

man•da•to•ry ['mændətɔːrɪ] *adj* obligatorio

mane [meɪn] *of horse* crines *fpl*

man-eat•er ['mæniːtər] *tiger etc* devorador(a) *m(f)* de hombres; **F** *hum: woman* devoradora *f* de hombres

ma•neu•ver [mə'nuːvər] **I** *n* maniobra *f*; *this leaves us no room for ~ fig* esto no nos deja margen de maniobra; *be on ~s* MIL estar de maniobras **II** *v/t* maniobrar; *she ~ed him into giving her the assignment* consiguió convencerle para que le diera el trabajo

man•ful•ly ['mænfəlɪ] *adv* como un hombre

man•ga•nese ['mæŋgəniːz] CHEM manganeso *m*

man•ger ['meɪndʒər] pesebre *m*

mange-tout [mɑːnʒ'tuː] *Br* tirabeque *m*

man•gle ['mæŋgl] *v/t (crush)* destrozar

man•go ['mæŋgoʊ] *(pl -go(e)s* ['mæŋgoʊz]) *fruit, tree* mango *m*

man•grove ['mæŋgroʊv] mangle *m*

man•gy ['meɪndʒɪ] *adj dog etc* sarnoso; *dirty* raído; *hotel* cochambroso

'**man•han•dle** *v/t* mover a la fuerza; *he was ~d into a truck* lo metieron a la fuerza en un camión

'**man•hole** boca *f* de alcantarilla; *~ cov•er* tapa *f* de alcantarilla

man•hood ['mænhʊd] **1** *(maturity)* madurez *f* **2** *(virility)* virilidad *f*

'**man-hour** hora-hombre *f*

'**man•hunt** persecución *f*

ma•ni•a ['meɪnɪə] *(craze)* pasión *f*

ma•ni•ac ['meɪnɪæk] **F** chiflado(-a) *m(f)* **F**

man•ic-de•pres•sive [mænɪkdɪ'presɪv] PSYCH **I** *adj* maniaco-depresivo **II** *n* maniaco(-a)-depresivo(-a) *m(f)*; *be a ~* ser maniaco-depresivo

man•i•cure ['mænɪkjʊr] manicura *f*; *have a ~* hacerse la manicura

man•i•fest ['mænɪfest] **I** *adj* manifiesto **II** *n of airplane, ship* manifiesto *m* **III** *v/t* manifestar; *~ itself* manifestarse

man•i•fes•ta•tion [mænɪfes'teɪʃn] manifestación *f*

man•i•fest•ly ['mænɪfestlɪ] *adv* manifiestamente

man•i•fes•to [mænɪ'festoʊ] *(pl -to(e)s* [mænɪ'festoʊz]) manifiesto *m*

man•i•fold ['mænɪfoʊld] **I** *adj* múltiple **II** *n* TECH colector *m*

ma•nip•u•late [mə'nɪpjəleɪt] *v/t person, bones* manipular

ma•nip•u•la•tion [mənɪpjə'leɪʃn] *of person, bones* manipulación *f*

ma•nip•u•la•tive [mə'nɪpjələtɪv] *adj* manipulador

man'kind la humanidad

man•ly ['mænlɪ] *adj (brave)* de hombres; *(strong)* varonil

'**man-made** *adj fibers, materials* sintético; *crater, structure* artificial

man•ne•quin ['mænɪkɪn] *in store window* maniquí *m*

man•ner ['mænər] *of doing sth* manera *f*, modo *m*; *(attitude)* actitud *f*; *in a ~ of speaking* en cierta manera

man•ner•ism ['mænərɪzəm] *of person* peculiaridad *f*

man•ners ['mænərz] *npl* modales *mpl*; *good / bad ~* buena / mala educación; *have no ~* ser un maleducado

ma•noeu•vre *Br* ☞ **maneuver**

man•or ['mænər] *Br.* *~ (house)* casa *f* solariega

'**man•pow•er** *(workers)* mano *f* de obra; *for other tasks* recursos *mpl* humanos

man•sion ['mænʃn] mansión *f*

'**man•slaugh•ter** *Br* homicidio *m* sin premeditación

man•tel•piece ['mæntlpiːs] repisa *f* de chimenea

man-to-'man *adj talk* de hombre a

hombre; ~ **defense** *in basketball* defensa *f* al hombre

man•u•al ['mænjʊəl] **I** *adj* manual **II** *n* manual *m*

man•u•al•ly ['mænjʊəlɪ] *adv* a mano

man•u•fac•ture [mænjʊ'fæktʃər] **I** *n* fabricación *f* **II** *v/t* *equipment* fabricar

man•u•fac•tur•er [mænjʊ'fæktʃərər] fabricante *m/f*

man•u•fac•tur•ing [mænjʊ'fæktʃərɪŋ] *adj* *industry* manufacturero

man•u•'fac•tur•ing com•pa•ny industria *f*

ma•nure [mə'nʊr] estiércol *m*

man•u•script ['mænjʊskrɪpt] manuscrito *m*

man•y ['menɪ] **I** *adj* muchos; **take as ~ apples as you like** toma todas las manzanas que quieras; **not ~ people / taxis** no mucha gente / muchos taxis; **too ~ problems / beers** demasiados problemas / demasiadas cervezas **II** *pron* muchos; **a great ~, a good ~** muchos; **how ~ do you need?** ¿cuántos necesitas?; **as ~ as 200 are still missing** hay hasta 200 desaparecidos

'man-year año-hombre *m*

man•y-sid•ed [menɪ'saɪdɪd] *adj* *person*, polifacético; *problem* con muchas derivaciones

map [mæp] mapa *m*; **put a town on the ~** *fig* dar a conocer una ciudad

◆ **map out** *v/t* (*pret & pp* **-ped**) proyectar

ma•ple ['meɪpl] arce *m*

ma•ple 'syr•up jarabe *m* de arce

mar [mɑːr] *v/t* (*pret & pp* **-red**) empañar

mar•a•thon ['mærəθɑːn] *race* maratón *m or f*

'mar•a•thon run•ner corredor(a) *m(f)* de maratón

ma•raud•er [mə'rɔːdər] merodeador(a) *m(f)*

mar•ble ['mɑːrbl] **1** *material* mármol *m* **2** *for child's game* canica *f*

March [mɑːrtʃ] marzo *m*

march [mɑːrtʃ] **I** *n* marcha *f* **II** *v/i* marchar

◆ **march off I** *v/i* MIL emprender la marcha; *of person* irse a toda marcha **II** *v/t*: **march s.o. off** llevarse a alguien

march•er ['mɑːrtʃər] manifestante *m/f*

march•ing or•ders ['mɑːrtʃɪŋɔːrdərz]: **get one's ~** *fig* F ser mandado a paseo

Mar•di Gras ['mɑːrdɪgrɑː] martes *m inv* de Carnaval

mare [mer] yegua *f*

mar•ga•rine [mɑːrdʒə'riːn] margarina *f*

mar•gin ['mɑːrdʒɪn] *also* COM margen *m*

mar•gin•al ['mɑːrdʒɪnl] *adj* (*slight*) marginal

mar•gin•al•ize ['mɑːrdʒɪnəlaɪz] *v/t* marginar; **feel ~d** sentirse marginado

mar•gin•al•ly ['mɑːrdʒɪnlɪ] *adv* (*slightly*) ligeramente

mar•i•hua•na, mar•i•jua•na [mærɪ'hwɑːnə] marihuana *f*

ma•ri•na [mə'riːnə] puerto *m* deportivo

mar•i•nade [mærɪ'neɪd] adobo *m*

mar•i•nate ['mærɪneɪt] *v/t* adobar, marinar

ma•rine [mə'riːn] **I** *adj* marino **II** *n* MIL marine *m/f*, infante *m/f* de marina; **tell that to the ~s!** F ¡cuéntaselo a tu abuela!

ma•rine bill of lad•ing ['leɪdɪŋ] conocimiento *m* de embarque marítimo

mar•i•o•nette [mærɪə'net] marioneta *f*

mar•i•tal ['mærɪtl] *adj* marital

mar•i•tal 'sta•tus estado *m* civil

mar•i•time ['mærɪtaɪm] *adj* marítimo

mar•jo•ram ['mɑːrdʒərəm] mejorana *f*

mark¹ [mɑːrk] **I** *n* **1** señal *f*, marca *f*; (*stain*) marca *f*, mancha *f*; (*trace*) señal *f*; **leave one's ~** dejar huella; **be wide of the ~** equivocarse por mucho; **be up to the ~** *meet required standards* estar a la altura; *in health* encontrarse bien; **on your ~s!** SP ¡preparados!, en sus marcas; **be quick / slow off the ~** *starting to do sth* salir rápido / despacio; *understand* ser rápido / despacio **2** (*sign*, *token*) signo *m*, señal *f*; **as a ~ of our appreciation** como muestra de nuestro aprecio **3** EDU *esp Br* nota *f* **II** *v/t* **1** (*stain*) manchar **2** EDU *esp Br* calificar **3** (*indicate*, *commemorate*) marcar **4** *in soccer* marcar **III** *v/i* *of fabric* mancharse

◆ **mark down** *v/t* *goods* rebajar

◆ **mark out** *v/t* *with a line etc* marcar; *fig* (*set apart*) distinguir

◆ **mark up** *v/t* *price* subir; *goods* subir de precio

mark² [mɑːrk] *n* FIN marco *m*

marked [mɑːrkt] *adj* (*definite*) marcado, notable

mark•ed•ly ['mɑːrkədlɪ] *adv* notablemente

mark•er ['mɑːrkər] (*highlighter*) rotulador *m*

mar•ket ['mɑːrkɪt] **I** *n* mercado *m*; (*stock ~*) bolsa *f*; **on the ~** en el mercado; **there's no ~ for …** no hay mercado para…; **bring a product to ~** introducir un producto en el mercado, sacar un producto al mercado; **put one's house on the ~** poner la casa a la venta **II** *v/t* comercializar

mar•ket•a•ble ['mɑːrkɪtəbl] *adj* comercializable

mar•ket 'an•a•lyst analista *m/f* de mercados; **'mar•ket day** día *m* de mercado; **mar•ket e'con•o•my** economía *f* de mercado; **'mar•ket for•ces** *npl* fuerzas *fpl* del mercado

mar•ket•ing ['mɑːrkɪtɪŋ] marketing *m*

'mar•ket•ing cam•paign campaña *f* de marketing; **'mar•ket•ing de•part•ment** departamento *m* de marketing; **'mar•ket•ing mix** marketing mix *m*, el producto, el precio, la distribución y la promoción; **'mar•ket•ing strat•e•gy** estrategia *f* de marketing

mar•ket 'lead•er líder *m* del mercado; **mar•ket 'mak•er** creador(a) *m(f)* de mercado; **'mar•ket•place** in town plaza *f* del mercado; *for commodities* mercado *m*; **mar•ket re'search** investigación *f* de mercado; **mar•ket 're•search com•pa•ny** empresa *f* de estudio de mercados; **mar•ket 'share** cuota *f* de mercado; **mar•ket 'sur•vey** estudio *m* de mercado; **mar•ket 'val•ue** valor *m* de mercado

mark•ing ['mɑːrkɪŋ] **1** EDU *esp Br* corrección *f* **2** *in soccer* marcaje *m*

mark•ings ['mɑːrkɪŋz] *on animal* manchas *fpl*; *on airplane* distintivo *m*

marks•man ['mɑːrksmən] tirador *m*

'mark-up margen *m*

mar•lin ['mɑːrlɪn] aguja *f*

mar•ma•lade ['mɑːrməleɪd] mermelada *f* de naranja

ma•roon [mə'ruːn] *adj* granate *m*

ma•rooned [mə'ruːnd]: **be ~** quedarse aislado

mar•quee [mɑːr'kiː] carpa *f*

mar•riage ['mærɪdʒ] matrimonio *m*; *event* boda *f*

'mar•riage cer•tif•i•cate certificado *m* de matrimonio; **mar•riage 'guid•ance coun•se•lor** consejero(-a) *m(f)* matrimonial; **'mar•riage vows** *pl* votos *mpl* matrimoniales

mar•ried ['mærɪd] *adj* casado; **be ~ to** estar casado con

mar•ried 'cou•ple matrimonio *m*

mar•ried 'life vida *f* matrimonial

mar•row ['mæroʊ] ANAT médula *f*; *Br* **be frozen to the ~** estar helado hasta los tuétanos

mar•ry ['mærɪ] *v/t* (*pret & pp* **-ied**) casarse con; *of priest* casar; **get married** casarse (**to** con); **~ me** cásate conmigo

◆ **marry into** *v/t*: **marry into a rich family** casarse con alguien de una familia adinerada

◆ **marry off** *v/t* casar

marsh [mɑːrʃ] pantano *m*, ciénaga *f*

mar•shal ['mɑːrʃl] *in police* jefe(-a) *m(f)* de policía; *in security service* miembro *m* del servicio de seguridad

'marsh•land zona *f* pantanosa

marsh•mal•low [mɑːrʃ'mæloʊ] *dulce de consistencia blanda*

marsh•y ['mɑːrʃɪ] *adj* pantanoso

mar•su•pi•al [mɑːr'suːpɪəl] marsupial *m*

mar•ten ['mɑːrtɪn] ZO marta *f*

mar•tial arts [mɑːrʃl'ɑːrts] *npl* artes *fpl* marciales

mar•tial 'law ley *f* marcial

Mar•tian ['mɑːrʃn] marciano(-a) *m(f)*

mar•ti•ni [mɑːr'tiːnɪ] martini *m*

mar•tyr ['mɑːrtər] mártir *m/f*; **make a ~ of o.s.** *fig* hacerse el martir

mar•tyr•dom ['mɑːrtərdəm] martirio *m*

mar•tyred ['mɑːrtərd] *adj fig* de mártir

mar•vel ['mɑːrvl] maravilla *f*

◆ **marvel at** *v/t* (*pret & pp* **-ed**, *Br* **-led**) maravillarse de

mar•vel•ous, *Br* **mar•vel•lous** ['mɑːrvələs] *adj* maravilloso

Marx•ism ['mɑːrksɪzm] marxismo *m*

Marx•ist ['mɑːrksɪst] **I** *adj* marxista **II** *n* marxista *m/f*

mar•zi•pan ['mɑːrzɪpæn] mazapán *m*

mas•ca•ra [mæ'skærə] rímel *m*

mas•cot ['mæskət] mascota *f*

mas•cu•line ['mæskjʊlɪn] *adj* masculino

mas•cu•lin•i•ty [mæskjʊ'lɪnətɪ] (*viri-*

lity) masculinidad *f*

mash [mæʃ] *v/t* hacer puré de, majar

mashed po'ta•toes [mæʃt] *npl* puré *m* de patatas *or L.Am.* papas

mask [mæsk] **I** *n* máscara *f*; *to cover mouth, nose* mascarilla *f* **II** *v/t feelings* enmascarar

mask•ing tape ['mæskɪŋ] cinta *f* adhesiva de pintor

mas•o•chism ['mæsəkɪzm] masoquismo *m*

mas•o•chist ['mæsəkɪst] masoquista *m/f*

mas•o•chis•tic [mæsə'kɪstɪk] *adj* masoquista

ma•son ['meɪsn] *craftsman* cantero *m*

ma•son•ic [mə'sɑːnɪk] *adj* masón

ma•son•ry ['meɪsnrɪ] albañilería *f*

mas•que•rade [mæskə'reɪd] **I** *n fig* mascarada *f* **II** *v/i*: **~ as** hacerse pasar por

mass[1] [mæs] **I** *n* (*great amount*) gran cantidad *f*; (*body*) masa *f*; **the ~es** las masas; **~es of** F un montón de F **II** *v/i* concentrarse

mass[2] [mæs] *n* REL misa *f*; **go to ~** ir a misa; **say ~** decir misa

mas•sa•cre ['mæsəkər] **I** *n* masacre *f*, matanza *f*; F *in sport* paliza *f* **II** *v/t* masacrar; F *in sport* dar una paliza a

mas•sage ['mæsɑːʒ] **I** *n* masaje *m* **II** *v/t* dar un masaje en; *figures* maquillar

'mas•sage par•lor, *Br* **'mas•sage par•lour** salón *m* de masajes

mas•seur [mæ'sɜːr] masajista *m*

mas•seuse [mæ'sɜːz] masajista *f*

mas•sive ['mæsɪv] *adj* enorme; *heart attack* muy grave

mas•sive•ly ['mæsɪvlɪ] *adv* enormemente

mass 'mar•ket mercado *m* de masas; **mass 'me•di•a** *npl* medios *mpl* de comunicación; **mass 'mur•der** matanza *f*; **mass 'mur•der•er** asesino(-a) *m(f)* múltiple; **mass-pro'duce** *v/t* fabricar en serie; **mass pro'duc•tion** fabricación *f* en serie; **go into ~** empezar a ser fabricado en serie; **mass 'tran•sit**, **mass-trans•por'ta•tion** transporte *m* público; **mass un•em'ploy•ment** desempleo *m* masivo

mast [mæst] **1** *of ship* mástil *m* **2** *for radio signal* torre *f*

mas•ter ['mæstər] **I** *n of dog* dueño *m*, amo *m*; *of ship* patrón *m*; **be a ~ of** ser

un maestro de; **be one's own ~** ser dueño de sí mismo **II** *v/t skill, language, situation* dominar

'mas•ter bed•room dormitorio *m* principal

'mas•ter cop•y copia *f* maestra

mas•ter•ful ['mɑːstərfʊl] *adj* magistral

'mas•ter fuse ELEC fusible *m* principal

'mas•ter key llave *f* maestra

mas•ter•ly ['mæstərlɪ] *adj* magistral

'mas•ter•mind I *n* cerebro *m* **II** *v/t* dirigir, organizar; **Mas•ter of 'Arts** Máster *m* en Humanidades; **mas•ter of 'cer•e•mo•nies** maestro *m* de ceremonias; **'mas•ter•piece** obra *f* maestra; **'master's (de•gree)** máster *m*; **'mas•ter•stroke** golpe *m* maestro; **'mas•ter•switch** interruptor *m* principal

mas•ter•y ['mæstərɪ] dominio *m*

mas•ti•cate ['mæstɪkeɪt] *v/t* masticar

mas•ti•ca•tion [mæstɪ'keɪʃn] masticación *f*

mas•tiff ['mæstɪf] ZO mastín *m*

mas•tur•bate ['mæstərbeɪt] *v/i* masturbarse

mas•tur•ba•tion [mæstər'beɪʃn] masturbación *f*

mat [mæt] **1** *for floor* estera *f* **2** *for table* salvamanteles *m inv*

match[1] [mætʃ] *n for cigarette* cerilla *f*, fósforo *m*

match[2] [mætʃ] **I** *n* SP partido *m*; *in chess* partida *f*; **be no ~ for s.o.** no estar a la altura de alguien; **meet one's ~** encontrar la horma de su zapato **II** *v/t* (*be the same as*) coincidir con; (*be in harmony with*) hacer juego con; (*equal*) igualar **III** *v/i of colors, patterns* hacer juego

◆ **match up to** estar a la altura de

'match•box caja *f* de cerillas

match•ing ['mætʃɪŋ] *adj* a juego

match•less ['mætʃlɪs] *adj* sin igual

'match•mak•er casamentero(-a) *m(f)*; **match 'point** *in tennis* punto *m* de partido; **'match•stick** cerilla *f*, fósforo *m*

mate[1] [meɪt] ☞ **checkmate**

mate[2] [meɪt] **I** *n* **1** *of animal* pareja *f* **2** NAUT oficial *m/f* **II** *v/i* aparearse; **these birds ~ for life** estas aves viven con la misma pareja toda la vida

ma•te•ri•al [mə'tɪrɪəl] **I** *n* **1** (*fabric*) tejido *m* **2** (*substance*) material *m*; **~s** materiales *mpl* **II** *adj* material

ma•te•ri•al•ism [mə'tɪrɪəlɪzm] materialismo *m*

ma•te•ri•al•ist [mə'tɪrɪəlɪst] materialista *m/f*

ma•te•ri•al•is•tic [mətɪrɪə'lɪstɪk] *adj* materialista

ma•te•ri•al•ize [mə'tɪrɪəlaɪz] *v/i* 1 (*appear*) aparecer 2 (*come into existence*) hacerse realidad

ma•ter•nal [mə'tɜːrnl] *adj* maternal

ma•ter•ni•ty [mə'tɜːrnətɪ] maternidad *f*

ma•ter•ni•ty clothes *npl* ropa *f* premamá; **ma•ter•ni•ty dress** vestido *m* premamá; **ma•ter•ni•ty leave** baja *f* por maternidad; **be on ∼** estar de baja *or* tener la baja por maternidad; **ma•ter•ni•ty ward** pabellón *m* de maternidad

mat•ey ['meɪtɪ] *adj Br* F: **be ∼ with s.o.** ser muy amigo de alguien

math [mæθ] matemáticas *fpl*

math•e•mat•i•cal [mæθə'mætɪkl] *adj* matemático

math•e•ma•ti•cian [mæθmə'tɪʃn] matemático(-a) *m(f)*

math•e•mat•ics [mæθ'mætɪks] *nsg* matemáticas *fpl*

maths *Br* ☞ **math**

mat•i•née ['mætɪneɪ] sesión *f* de tarde

mat•ing ['meɪtɪŋ] ZO apareamiento *m*

'mat•ing rit•u•al ritual *m* de apareamiento

'mat•ing sea•son época *f* de celo

ma•tri•arch ['meɪtrɪɑːrk] matriarca *f*

ma•tri•arch•al [meɪtrɪ'ɑːrkəl] matriarcal

ma•tri•arch•y ['meɪtrɪɑːrkɪ] matriarcado *m*

ma•tri•ces ['meɪtrɪsiːz] *pl* ☞ **matrix**

ma•tric•u•late [mə'trɪkjuleɪt] *v/i* matricularse

ma•tric•u•la•tion [mətrɪkju'leɪʃn] matriculación *f*

mat•ri•mo•ni•al [mætrə'moʊnɪəl] *adj* matrimonial

mat•ri•mo•ny ['mætrəmoʊnɪ] matrimonio *m*

ma•trix ['meɪtrɪks] (*pl* **matrices** ['meɪtrɪsiːz], **matrixes** ['meɪtrɪksəz]) TECH, MATH matriz *f*

ma•tron ['meɪtrən] *Br in hospital* enfermera *f* jefe

ma•tron•ly ['meɪtrənlɪ] *adj* matronil

ma•tron of 'hon•or, *Br* **ma•tron of 'hon•our** dama *f* de honor

matt [mæt] *adj* mate

mat•ter ['mætər] **I** *n* 1 (*affair*) asunto *m*; **you're only making ∼s worse** sólo estás empeorando las cosas; **as a ∼ of course** automáticamente; **as a ∼ of fact** de hecho; **what's the ∼?** ¿qué pasa?; **is there anything the ∼ with that?** ¿hay algo malo en eso?; **no ∼ what she says** diga lo que diga; **no ∼ how hard I try** por mucho que lo intente; **no ∼** no importa; **that's a ∼ of opinion** eso es una cuestión de opinión; **it's just a ∼ of time** es sólo cuestión de tiempo; **I'll raise the ∼ with him** hablaré con él del asunto; **it took a ∼ of seconds** llevó unos pocos segundos; **as ∼s stand** tal y como están las cosas
2 PHYS materia *f*
II *v/i* importar; **it doesn't ∼** no importa

mat•ter-of-'fact *adj* tranquilo

mat•tress ['mætrɪs] colchón *m*

ma•ture [mə'tʃʊr] **I** *adj* maduro **II** *v/i* 1 *of person* madurar 2 *of insurance policy etc* vencer

ma•tu•ri•ty [mə'tʃʊrətɪ] 1 *of person* madurez *f* 2 *of insurance policy etc* vencimiento *m*

ma•tu•ri•ty date FIN fecha *f* de vencimiento

maud•lin ['mɔːdlɪn] *adj person* llorón; *novel* lacrimógeno

maul [mɔːl] *v/t of lion, tiger* atacar; *of critics* destrozar

mau•so•le•um [mɔːsə'lɪəm] mausoleo *m*

mauve [moʊv] *adj* malva

mav•er•ick ['mævərɪk] *person* inconformista *m/f*

max•im ['mæksɪm] máxima *f*

max•i•mi•za•tion [mæksɪmaɪ'zeɪʃn] maximización *f*

max•i•mize ['mæksɪmaɪz] *v/t* maximizar

max•i•mum ['mæksɪməm] **I** *adj* máximo; **it will cost $500 ∼** costará 500 dólares como máximo **II** *n* máximo *m*

may [meɪ] *v/aux* 1 *possibility*: **it ∼ rain** puede que llueva; **you ∼ be right** puede que tengas razón; **it ∼ not happen** puede que no ocurra 2 *permission* poder; **∼ I help / smoke?** ¿puedo ayudar / fumar?

May [meɪ] mayo *m*

Ma•yan ['maɪən] **I** *adj* maya **II** *n* maya *m/f*

may•be ['meɪbi:] *adv* quizás, tal vez; *try some – yes, ~ I will* prueba algunos – sí, puede que los pruebes; *there were 50, ~ 70, people there* había allí 50, puede que 70 personas

'may bee•tle, 'may bug ZO melolonta *f*; **'May Day** el Primero de Mayo; **'may-day** *int* AVIA, NAUT ¡SOS!; **'may•fly** ZO efímera *f*

may•hem ['meɪhem] caos *m inv*; *cause ~* provocar el caos

may•o ['meɪoʊ] F, **may•on•naise** [meɪə'neɪz] mayonesa *f*

may•or [mer] alcalde *m*

maze [meɪz] laberinto *m*

MB *abbr* (= **megabyte**) MB (= megabyte *m*)

MBA [embi:'eɪ] *abbr* (= **Master of Business Administration**) MBA *m* (= Máster *m* en Administración de Empresas)

MBO [embi:'oʊ] *abbr* **1** (= **management buyout**) compra de una empresa por sus directivos **2** (= **management by objectives**) administración *f* por objetivos

MC [em'si:] *abbr* (= **master of ceremonies**) maestro *m* de ceremonias

Mc•Coy [mə'kɔɪ]: *the real ~* el auténtico

MD [em'di:] *abbr* **1** (= **Doctor of Medicine**) Doctor(a) *m(f)* en Medicina **2** (= **managing director**) director(a) *m(f)* gerente

me [mi:] *pron direct & indirect object* me; *after prep* mí; *he knows ~* me conoce; *he gave ~ the keys* me dio las llaves; *he sold it to ~* me lo vendió; *this is for ~* esto es para mí; *who do you mean, ~?* ¿a quién te refieres?, ¿a mí?; *with ~* conmigo; *it's ~* soy yo; *taller than ~* más alto que yo

mead•ow ['medoʊ] prado *m*

mea•ger, *Br* **mea•gre** ['mi:gər] *adj* escaso, exiguo

meal[1] [mi:l] comida *f*; *enjoy your ~!* ¡que aproveche!; *take s.o. out for a ~* invitar a alguien a salir a comer; *did you enjoy your ~?* ¿estaba buena la comida?; *Br don't make a ~ it* no te compliques la vida

meal[2] [mi:l] *grain* harina *f*

'meal•time hora *f* de comer

meal•y-mouthed ['mi:lɪmaʊðd] *adj* evasivo

mean[1] [mi:n] *adj* **1** *with money* tacaño **2** (*nasty*) malo, cruel; *that was a ~ thing to say* ha estado fatal que dijeras eso

mean[2] [mi:n] **I** *v/t* (*pret & pp* **meant**) (*intend to say*) querer decir; (*signify*) querer decir, significar; *you weren't ~t to hear that* no era mi / su *etc* intención que oyeras eso; *you are ~t to have it done for tomorrow* se supone que tienes que tenerlo hecho *or* acabado para mañana; *~ to do sth* tener la intención de hacer algo; *be ~t for* ser para; *of remark* ir dirigido a; *doesn't it ~ anything to you?* (*doesn't it matter?*) ¿no te importa para nada?; *what do you ~ it won't be ready for another two weeks!* ¿qué dices, que no estará listo hasta dentro de otras dos semanas?

II *v/i* (*pret & pp* **meant**): *~ well* tener buena intención

mean[3] [mi:n] *n* (*average*) media *f*

me•an•der [mɪ'ændər] *v/i* serpentear

mean•ing ['mi:nɪŋ] *of word* significado *m*; *what's the ~ of this!* ¿esto qué es?; *do you get my ~?* ¿entiendes lo que digo?

mean•ing•ful ['mi:nɪŋfəl] *adj* (*comprehensible*) con sentido; (*constructive*), *glance* significativo

mean•ing•less ['mi:nɪŋlɪs] *adj* sin sentido

mean•ing•less•ness ['mi:nɪŋlɪsnɪs] falta *f* de sentido

mean•ness ['mi:nnɪs] **1** *with money* tacañería *f* **2** *of behavior* maldad *f*

means [mi:nz] **1** *npl financial* medios *mpl* **2** *nsg* (*way*) medio *m*; *a ~ of transportation* un medio de transporte; *by all ~* (*certainly*) por supuesto; *by all ~ check my figures* comprueba mis cifras, faltaría más; *by no ~ rich / poor* ni mucho menos rico / pobre; *by ~ of* mediante

meant [ment] *pret & pp* ☞ **mean**[2]

mean•time ['mi:ntaɪm] **I** *adv* mientras tanto **II** *n*: *in the ~* mientras tanto

mean•while ['mi:nwaɪl] ☞ **meantime**

mea•sles ['mi:zlz] *nsg* sarampión *m*

meas•ly ['mi:zlɪ] *adj* F rídiculo

meas•ur•a•ble ['meʒərəbl] *adj* medible

meas•ur•a•bly ['meʒərəblɪ] *adv* apreciablemente

meas•ure ['meʒər] **I** *n* (*step*) medida *f*;

we've had a ~ of success (*certain amount*) hemos tenido cierto éxito; **happiness beyond ~** felicidad *f* immesurable **II** *v/t* medir **III** *v/i* medir; **it ~s 7 by 15** mide 7 por 25

◆ **measure out** *v/t area, drink, medicine* medir; *sugar, flour, ingredients* pesar

◆ **measure up** *v/i* estar a la altura (**to** de)

meas•ure•ment ['meʒərmənt] medida *f*; **system of ~** sistema *m* de medidas

meas•ur•ing jug ['meʒərɪŋ] jarra *f* graduada

'**meas•ur•ing tape** cinta *f* métrica

meat [mi:t] carne *f*

'**meat•ball** albóndiga *f*; **meat•eat•er** ['mi:ti:tər] *person* persona *f* que come carne; *animal* carnívoro(-a) *m(f)*; '**meat•loaf** *masa de carne cocinada en forma de barra de pan*; **meat•pack•er** ['mi:tpækər] *firm* empresa *f* de productos cárnicos; '**meat•pack•ing in•dus•try** industria *f* cárnica, industria *f* de productos cárnicos

Mec•ca ['mekə] La Meca

mec•ca ['mekə] *fig* meca *f*

me•chan•ic [mɪ'kænɪk] mecánico(-a) *m(f)*

me•chan•i•cal [mɪ'kænɪkl] *adj also fig* mecánico

me•chan•i•cal en•gi'neer ingeniero(-a) *m(f)* industrial

me•chan•i•cal en•gi'neer•ing ingeniería *f* industrial

me•chan•i•cal•ly [mɪ'kænɪklɪ] *adv also fig* mecánicamente

me•chan•i•cal 'pen•cil portaminas *m inv*

mech•a•nism ['mekənɪzm] mecanismo *m*

mech•a•ni•za•tion [mekənaɪ'zeɪʃn] mecanización *f*

mech•a•nize ['mekənaɪz] *v/t* mecanizar

med•al ['medl] medalla *f*

med•a•list, *Br* **med•al•list** ['medəlɪst] medallista *m/f*

me•dal•lion [mɪ'dælɪən] *around neck* medallón *m*

med•dle ['medl] *v/i* entrometerse; **don't ~ with the TV** no enredes con la televisión

me•di•a ['mi:dɪə] *npl:* **the ~** los medios de comunicación; **a lot of ~ people**

were there había mucha gente del mundo de la comunicación

'**me•di•a cov•er•age** cobertura *f* informativa

me•di•ae•val *Br* ☞ **medieval**

'**me•di•a e•vent** acontecimiento *m* informativo

me•di•a 'hype revuelo *m* informativo

me•di•an strip [mi:dɪən'strɪp] mediana *f*

'**me•d•ia stud•ies** ciencias *fpl* de la información

me•di•ate ['mi:dɪeɪt] *v/i* mediar

me•di•a•tion [mi:dɪ'eɪʃn] mediación *f*

me•di•a•tor ['mi:dɪeɪtər] mediador(a) *m(f)*

med•ic ['medɪk] F médico(-a) *m(f)*

med•i•cal ['medɪkl] **I** *adj* médico **II** *n* reconocimiento *m* médico

'**med•i•cal cer•tif•i•cate** certificado *m* médico; '**med•i•cal ex•am•i•na•tion** reconocimiento *m* médico; '**med•i•cal ex•am•in•er** médico *m/f* forense; '**med•i•cal his•to•ry** historial *m* médico; '**med•i•cal in•sur•ance** seguro *m* médico; '**med•i•cal pro•fes•sion** profesión *f* médica; (*doctors*) médicos *mpl*; '**med•i•cal rec•ord** ficha *f* médica

Med•i•care ['medɪker] *seguro de enfermedad para los ancianos en Estados Unidos*

med•i•cat•ed ['medɪkeɪtɪd] *adj* medicinal; **~ shampoo** champú *m* medicinal

med•i•ca•tion [medɪ'keɪʃn] medicamento *m*, medicina *f*; **are you on any ~?** ¿está tomando algún medicamento?

me•di•ci•nal [mɪ'dɪsɪnl] *adj* medicinal

med•i•cine ['medsən] **1** *science* medicina *f* **2** (*medication*) medicina *f*, medicamento *m*; **give s.o. a taste of his own ~** pagar a alguien con su misma moneda; '**med•i•cine ball** SP balón *m* medicinal; '**med•i•cine cab•i•net** botiquín *m*; '**med•i•cine chest** botiquín *m*; '**med•i•cine man** curandero *m*

me•di•e•val [medɪ'i:vl] *adj* medieval

me•di•o•cre [mi:dɪ'oukər] *adj* mediocre

me•di•oc•ri•ty [mi:dɪ'ɑːkrɪtɪ] *of work etc, person* mediocridad *f*

med•i•tate ['medɪteɪt] *v/i* meditar

med•i•ta•tion [medɪ'teɪʃn] meditación *f*

Med•i•ter•ra•ne•an [medɪtə'reɪnɪən] **I** *adj* mediterráneo **II** *n:* **the ~** el Mediterráneo

me•di•um ['miːdɪəm] **I** *adj* **1** *(average)* medio **2** *steak* a punto **II** *n* **1** *size* talla *f* media **2** *(means)* medio *m* **3** *(spiritualist)* médium *m/f*

me•di•um-priced ['miːdɪəmpraɪst] *adj* de precio medio; **'me•di•um-range** *adj*: **~ missile** MIL misil *m* de alcance medio; **me•di•um-'rare** *adj steak* poco hecho; **me•di•um-sized** ['miːdɪəmsaɪzd] *adj* de tamaño medio; **me•di•um 'term**: **in the ~** a medio plazo; **'me•di•um wave** RAD onda *f* media

med•ley ['medlɪ] *(assortment)* mezcla *f*; **4x100 meters ~** *in swimming* 4x100 metros estilos

meek [miːk] *adj* manso, dócil

meet [miːt] **I** *v/t (pret & pp met)* **1** *by appointment* encontrarse con, reunirse con; *by chance, of eyes* encontrarse con; *(get to know)* conocer; *(collect)* ir a buscar; *in competition* enfrentarse con; **pleased to ~ you** encantado de conocerle; **we could ~ you halfway** *fig* podríamos llegar a una solución de compromiso; **he refused to ~ my gaze** se negó a mirarme a la cara **2** *(satisfy)* satisfacer; **~ a deadline** cumplir un plazo

II *v/i (pret & pp met)* encontrarse; *in competition* enfrentarse; *of committee etc* reunirse; **have you two met?** ¿os conocíais?

III *n* SP reunión *f*

◆ **meet up** *v/i* encontrarse

◆ **meet with** *v/t person, opposition, approval* encontrarse con; **my attempts met with failure** mis intentos fracasaron

meet•ing ['miːtɪŋ] *by chance* encuentro *m*; *of committee, in business* reunión *f*; **he's in a ~** está reunido

'meet•ing place lugar *m* de encuentro

meg•a ['megə] *adj* F *(very)* súper; *(very big)* gigantesco

'meg•a•bucks *npl* F una fortuna

meg•a•byte ['megəbaɪt] COMPUT megabyte *m*

meg•a•lo•ma•ni•a [megəlou'meɪnɪə] megalomanía *f*

meg•a•lo•ma•ni•ac [megəlou'meɪnɪæk] *adj* megalómano *m*

meg•a•phone ['megəfoun] megáfono *m*

mel•an•chol•y ['melənkəlɪ] *adj* melancólico

mel•a•no•ma [melə'noumə] MED melanoma *m*

me•lee ['meleɪ] enjambre *m*

mel•low ['melou] **I** *adj* suave **II** *v/i of person* suavizarse, sosegarse

me•lod•ic [mə'lɑːdɪk] *adj* melódico

me•lo•di•ous [mə'loudɪəs] *adj* melodioso

mel•o•dra•ma ['meloudrɑːmə] melodrama *m*

mel•o•dra•mat•ic [melədrə'mætɪk] *adj* melodramático

mel•o•dy ['melədɪ] melodía *f*

mel•on ['melən] melón *m*

melt [melt] **I** *v/i* fundirse, derretirse **II** *v/t* fundir, derretir

◆ **melt away** *v/i fig* desvanecerse

◆ **melt down** *v/t metal* fundir

'melt•down fusión *f* del núcleo; *fig* colapso *m*

melt•ing point ['meltɪŋpɔɪnt] PHYS punto *m* de fusión

'melt•ing pot *fig* crisol *m*

mem•ber ['membər] miembro *m*

Mem•ber of 'Con•gress diputado(-a) *m(f)*

Mem•ber of 'Par•lia•ment *Br* diputado(-a) *m(f)*

mem•ber•ship ['membərʃɪp] afiliación *f*, *(number of members)* número *m* de miembros; **he applied for ~ in the club** solicitó ser admitido en el club

'mem•ber•ship card tarjeta *f* de socio

'mem•ber•ship fee cuota *f* de socio

mem•brane ['membreɪn] membrana *f*

me•men•to [me'mentou] recuerdo *m*

mem•o ['memou] nota *f*

mem•oirs ['memwɑːrz] *npl* memorias *fpl*

'mem•o pad bloc *m* de notas

mem•o•ra•bil•i•a [memərə'bɪlɪə] *npl* recuerdos *mpl*

mem•o•ra•ble ['memərəbl] *adj* memorable

mem•o•ran•dum [memə'rændəm] *(pl* **memoranda** [memə'rændə], **-dums)** *fml* memorándum *m*

me•mo•ri•al [mɪ'mɔːrɪəl] **I** *adj* conmemorativo **II** *n* monumento *m* conmemorativo

Me'mo•ri•al Day Día *m* de los Caídos

me•mo•ri•al ser•vice funeral *m*; *Catho-*

lic also misa *f* de difuntos

mem•o•rize ['meməraɪz] *v/t* memorizar

mem•o•ry ['memərɪ] (*recollection*) recuerdo *m*; (*power of recollection*), COMPUT memoria *f*; **I have no ~ of the accident** no recuerdo el accidente; **have a good / bad ~** tener buena / mala memoria; **in ~ of** en memoria de; **that brings back memories** eso me trae recuerdos

'mem•o•ry ca•pac•i•ty capacidad *f* de memoria; **'mem•o•ry chip** chip *m* de memoria; **mem•o•ry ex'pan•sion card** tarjeta *f* de expansión de memoria

men [men] *pl* ☞ **man**

men•ace ['menɪs] **I** *n* (*threat*) amenaza *f*; *person* peligro *m* **II** *v/t* amenazar

men•ac•ing ['menɪsɪŋ] *adj* amenazador

mend [mend] **I** *v/t* reparar; *clothes* coser, remendar; *shoes* remendar **II** *n*: **be on the ~** *after illness* estar recuperándose

men•da•cious [men'deɪʃəs] *adj fml* mendaz

'men•folk *npl* hombres *mpl*

me•ni•al ['miːnɪəl] *adj* ingrato, penoso

men•in•gi•tis [menɪn'dʒaɪtɪs] meningitis *f*

men•o•pause ['menəpɔːz] menopausia *f*

'men's room servicio *m* de caballeros

men•stru•ate ['menstrʊeɪt] *v/i* menstruar

men•stru•a•tion [menstrʊ'eɪʃn] menstruación *f*

men•tal ['mentl] *adj* **1** mental **2** F (*crazy*) chiflado F, pirado F

men•tal a'rith•me•tic cálculo *m* mental; **men•tal 'cru•el•ty** crueldad *f* mental; **men•tal 'hand•i•cap** minusvalía *f* psíquica; **'men•tal hos•pi•tal** hospital *m* psiquiátrico; **men•tal 'ill•ness** enfermedad *f* mental

men•tal•i•ty [men'tælətɪ] mentalidad *f*

men•tal•ly ['mentlɪ] *adv* (*inwardly*) mentalmente

men•tal•ly 'hand•i•capped *adj* con minusvalía psíquica

men•tal•ly 'ill *adj*: **be ~** sufrir una enfermedad mental

men•thol ['menθɑːl] CHEM mentol *m*

men•tion ['menʃn] **I** *n* mención *f*; **she made no ~ of it** no lo mencionó, no hizo mención de eso **II** *v/t* mencionar; **don't ~ it** (*you're welcome*) no hay de

qué; **not to ~ ...** por no mencionar...

men•tor ['mentɔːr] mentor(a) *m(f)*

men•u ['menuː] *for food,* COMPUT menú *m*

'men•u bar COMPUT barra *f* de menús

mer•can•tile ['mɜːrkəntaɪl] *adj* mercantil; **~ law** derecho *m* mercantil

mer•ce•na•ry ['mɜːrsɪnərɪ] **I** *adj* mercenario **II** *n* MIL mercenario(-a) *m(f)*

mer•chan•dise ['mɜːrtʃəndaɪz] mercancías *fpl*, *L.Am.* mercadería *f*

mer•chan•dis•ing ['mɜːrtʃəndaɪzɪŋ] merchandising *m*, comercialización *f*

mer•chant ['mɜːrtʃənt] comerciante *m/f*

mer•chant 'bank *Br* banco *m* mercantil

mer•chant 'bank•er *Br* banquero(-a) *m(f)* comercial

mer•ci•ful ['mɜːrsɪfəl] *adj* compasivo, piadoso

mer•ci•ful•ly ['mɜːrsɪfəlɪ] *adv* (*thankfully*) afortunadamente

mer•ci•less ['mɜːrsɪlɪs] *adj* despiadado

mer•ci•less•ly ['mɜːrsɪlɪslɪ] *adv* despiadadamente, sin piedad

Mer•cu•ry ['mɜːrkjʊrɪ] AST, MYTH Mercurio *m*

mer•cu•ry ['mɜːrkjʊrɪ] mercurio *m*

mer•cy ['mɜːrsɪ] clemencia *f*, compasión *f*; **be at s.o.'s ~** estar a merced de alguien

'mer•cy kill•ing eutanasia *f*

mere [mɪr] *adj* mero, simple

mere•ly ['mɪrlɪ] *adv* meramente, simplemente

merge [mɜːrdʒ] *v/i* **1** *of two lines etc* juntarse, unirse **2** *of companies* fusionarse

merg•er ['mɜːrdʒər] COM fusión *f*

me•rid•i•an [mə'rɪdɪən] GEOG meridiano *m*

mer•it ['merɪt] **I** *n* **1** (*worth*) mérito *m*; **she got the job on ~** consiguió el trabajo por méritos propios **2** (*advantage*) ventaja *f* **II** *v/t* merecer

mer•i•toc•ra•cy [merɪ'tɑːkrəsɪ] meritocracia *f*

mer•maid ['mɜːrmeɪd] sirena *f*

mer•ri•ment ['merɪmənt] diversión *f*; **sounds of ~** risas *fpl*; **there was some ~ at this suggestion** esta sugerencia fue recibida con algunas risas

mer•ry ['merɪ] *adj* alegre; **Merry Christmas!** ¡Feliz Navidad!

'mer•ry-go-round tiovivo *m*

mesh [meʃ] malla *f*

mess[1] [mes] (*untidiness*) desorden *m*; (*trouble*) lío *m*; **I'm in a bit of a ~** estoy metido en un lío; *be a ~ of room, desk* estar desordenado; *of hair* estar revuelto; *of situation, s.o.'s life* ser un desastre
◆ **mess around** I *v/i* enredar II *v/t person* jugar con
◆ **mess around with** *v/t* enredar con; *s.o.'s wife* tener un lío con
◆ **mess up** *v/t room, papers* desordenar; *task* convertir en una chapuza; *plans, marriage* estropear, arruinar

mess[2] [mes] MIL comedor *m*; **officers' ~** comedor de oficiales

mes•sage ['mesɪdʒ] *also of movie etc* mensaje *m*; **can I take a ~ for him?** ¿quiere dejarle un recado?; **he got the ~** F lo captó

mes•sen•ger ['mesɪndʒər] (*courier*) mensajero(-a) *m(f)*

Mes•si•ah [mə'saɪə] REL Mesías *m*

'mess-up lío *m*

mess•y ['mesɪ] *adj room, person* desordenado; *job* sucio; *divorce, situation* desagradable

met [met] *pret & pp* ☞ **meet**

met•a•bol•ic [metə'bɑːlɪk] *adj* PHYSIO metabólico

me•tab•o•lism [mə'tæbəlɪzm] metabolismo *m*

met•al ['metl] I *n* metal *m* II *adj* metálico

'met•al de•tec•tor detector *m* de metales

'met•al fa•tigue fatiga *f* del metal

me•tal•lic [mɪ'tælɪk] *adj* metálico

me•tal•lic 'paint pintura *f* metalizada

met•al•lur•gy [met'ælədʒɪ] metalurgia *f*

'met•al•work 1 objetos *mpl* de metal **2** EDU metalistería *f*

met•a•mor•pho•sis [metə'mɔːrfəsɪs] (*pl* **metamorphoses** [metə'mɔːrfəsiːz]) metamorfosis *f inv*

met•a•phor ['metəfər] metáfora *f*

met•a•phor•i•cal [metə'fɑːrɪkl] *adj* metafórico

met•a•phor•i•cal•ly *adv* [metə'fɑːrɪkl] metafóricamente; **~ speaking** metafóricamente hablando

met•a•phys•i•cal [metə'fɪzɪkl] *adj* metafísico

met•a•phys•ics [metə'fɪzɪks] *nsg* metafísica *f*

me•tas•ta•sis [mə'tæstəsɪs] (*pl* **metastases** [mə'tæstəsiːz]) MED metástasis *f*

inv

me•te•or ['miːtɪər] meteoro *m*

me•te•or•ic [miːtɪ'ɑːrɪk] *adj fig* meteórico

me•te•or•ite ['miːtɪəraɪt] meteorito *m*

me•te•or•o•log•i•cal [miːtɪrə'lɑːdʒɪkl] *adj* meteorológico

me•te•or•ol•o•gist [miːtɪə'rɑːlədʒɪst] meteorólogo(-a) *m(f)*

me•te•o•rol•o•gy [miːtɪə'rɑːlədʒɪ] meteorología *f*

me•ter[1] ['miːtər] **1** *for gas, electricity* contador *m* **2** (*parking ~*) parquímetro *m*

me•ter[2] ['miːtər] *unit of length* metro *m*

'me•ter maid F vigilante *f* de aparcamiento; **'me•ter read•er** lector(a) *m(f)* del contador; **'me•ter read•ing** lectura *f* del contador

meth•a•done ['meθədoʊn] MED metadona *f*

meth•ane ['miːθeɪn] metano *m*

meth•od ['meθəd] método *m*

me•thod•i•cal [mɪ'θɑːdɪkl] *adj* metódico

me•thod•i•cal•ly [mɪ'θɑːdɪklɪ] *adv* metódicamente

Meth•od•ist ['meθədɪst] I *adj* metodista II *n* metodista *m/f*

meth•yl ['meθɪl] CHEM metilo *m*

meth•yl•a•ted spir•its ['meθɪleɪtəd] alcohol *m* de quemar

me•tic•u•lous [mə'tɪkjʊləs] *adj* meticuloso, minucioso

me•tic•u•lous•ly [mə'tɪkjʊləslɪ] *adv* meticulosamente

me•tre *Br* ☞ **meter**[2]

met•ric ['metrɪk] *adj* métrico

me•trop•o•lis [mɪ'trɑːpəlɪs] metrópolis *f inv*

met•ro•pol•i•tan [metrə'pɑːlɪtən] *adj* metropolitano

mew [mjuː] ☞ **miaow**

Mex•i•can ['meksɪkən] I *adj* mexicano, mejicano II *n* mexicano(-a) *m(f)*, mejicano(-a) *m(f)*

Mex•i•can 'wave *Br* ola *f* (mexicana)

Mex•i•co ['meksɪkoʊ] México *m*, Méjico *m*

Mex•i•co 'Cit•y Ciudad *f* de México, *Mex* México *m*, *Mex* el Distrito Federal, *Mex* el D.F.

mez•za•nine (floor) ['mezəniːn] entresuelo *m*

mild

MIA [emaɪ'eɪ] *abbr* (= *missing in action*) desaparecido en combate
mi•aow [mɪaʊ] **I** *n* maullido *m* **II** *v/i* maullar
mice [maɪs] *pl* ☞ **mouse**
mick•ey ['mɪkɪ]: *take the ~ out of s.o. esp Br* F cachondearse de alguien
mick•ey 'mouse *adj* P *pej course, qualification* de tres al cuarto P
mi•cro... ['maɪkrəʊ] *pref* micro…
mi•crobe ['maɪkrəʊb] BIO microbio *m*
mi•cro•bi•al ['maɪkrəʊb] *adj* BIO microbiano
mi•cro•bi•ol•o•gy microbiología *f*; '**mi•cro•chip** microchip *m*; '**mi•cro•cli•mate** microclima *m*; '**mi•cro•com•put•er** microcomputador *m*, microcomputadora *f*, *Span* microordenador *m*
mi•cro•cosm ['maɪkrəʊkɑːzm] microcosmos *m inv*
mi•cro•eco'nom•ics *nsg* microeconomía *f*; '**mi•cro•e•lec•tron•ics** *nsg* microelectrónica *f*; **mi•cro•fiche** ['maɪkrəʊfiːʃ] microficha *f*; '**mi•cro•film** microfilm *m*; '**micro•light** *esp Br* ultraligero *m*; '**mi•cro•or•gan•ism** microorganismo *m*; '**mi•cro•phone** micrófono *m*; **mi•cro'pro•ces•sor** microprocesador *m*; '**mi•cro•scope** microscopio *m*; **mi•cro•scop•ic** [maɪkrə'skɑːpɪk] *adj* microscópico; '**mi•cro•sur•ger•y** microcirugía *f*; '**mi•cro•wave** *oven* microondas *m inv*
mid [mɪd]: *a man in his ~ forties* un hombre de unos cuarenta años; *in the ~ 19th century* a mediados del siglo XIX; *he stopped in ~ sentence* se paró a mitad de frase
mid'air [mɪd]: *in ~* en pleno vuelo
mid'day mediodía *m*
mid•dle ['mɪdl] **I** *adj* del medio; *the ~ child of five* el tercero de cinco hermanos **II** *n* medio *m*; *it's the ~ of the night!* ¡estamos en plena noche!; *in the ~ of floor, room* en medio de; *period of time* a mitad *or* mediados de; *in the ~ of winter* en pleno invierno; *be in the ~ of doing sth* estar ocupado haciendo algo; *in this photo, I'm the one in the ~* en esta foto soy el del medio
'**mid•dle-aged** *adj* de mediana edad; '**Mid•dle A•ges** *npl* Edad *f* Media; **mid•dle-age 'spread** F curva *f* de la fe-

licidad; **mid•dle 'class** *adj* de clase media; '**mid•dle class(•es)** clases *fpl* medias; **mid•dle 'dis•tance run•ner** mediofondista *m/f*; **Mid•dle 'East** Oriente *m* Medio; '**mid•dle fin•ger** (dedo *m*) corazón *m*; '**mid•dle•man** intermediario *m*; *cut out the ~* evitar al intermediario; **mid•dle 'man•age•ment** mandos *mpl* intermedios; **middle manager** mando *m* intermedio; **mid•dle 'name** segundo nombre *m*; **mid•dle-of-the--'road** *adj* **1** *politician, views* moderado **2** *music* para el gran público; '**mid•dle•weight** *boxer* peso *m* medio
mid•dling ['mɪdlɪŋ] *adj* regular; *fair to ~* regular
mid'field centro *m* del campo
mid'field•er centrocampista *m/f*
midg•et ['mɪdʒɪt] *adj* en miniatura
'**mid•life cri•sis** PSYCH crisis *f inv* de los cuarenta; '**mid•night** ['mɪdnaɪt] medianoche *f*; *at ~* a medianoche; *burn the ~ oil* quedarse trabajando hasta muy tarde; '**mid•point** punto *m* medio; '**mid•sum•mer** pleno verano *m*; '**mid•way** *adv*: *we'll stop for lunch ~* pararemos para comer a mitad de camino; *~ through the meeting* a mitad de la reunión; '**mid•week** *adv* a mitad de semana; '**Mid•west** Medio Oeste *m* (de Estados Unidos); '**mid•wife** comadrona *f*; '**mid•win•ter** pleno invierno *m*
might[1] [maɪt] *v/aux* poder, ser posible que; *I ~ be late* puede *or* es posible que llegue tarde; *it ~ never happen* puede *or* es posible que no ocurra nunca; *he ~ have left* a lo mejor se ha ido; *you ~ have told me!* ¡me lo podías haber dicho!
might[2] [maɪt] *n* (*power*) poder *m*, fuerza *f*
might•y ['maɪtɪ] **I** *adj* poderoso **II** *adv* F (*extremely*) muy, cantidad de F
mi•graine ['miːgreɪn] migraña *f*
mi•grant ['maɪgrənt] **I** *n* emigrante *m/f* **II** *adj* emigrante
mi•grant 'work•er trabajador(a) *m(f)* itinerante
mi•grate [maɪ'greɪt] *v/i* emigrar
mi•gra•tion [maɪ'greɪʃn] emigración *f*
mi•gra•to•ry ['maɪgrətərɪ] *adj* migratorio: *~ bird* ave *f* migratoria
mike [maɪk] F micro *m* F
mild [maɪld] *adj* *weather, climate* apaci-

ble; *cheese, voice* suave; *chili* no muy picante; *person* afable, apacible

mil•dew ['mɪldu:] moho *m; on plants* añublo *m*

mild•ly ['maɪldlɪ] *adv say sth* con suavidad; *spicy* ligeramente; **to put it ~** por no decir algo peor

mild-man•nered [maɪld'mænərd] *adj* apacible

mild•ness ['maɪldnɪs] *of weather, voice* suavidad *f; of person* afabilidad *f*

mile [maɪl] milla *f;* **be ~s better / easier** F ser mil veces mejor / más fácil F; *I* **was ~s away** F estaba en la inopia; *he was ~s ahead of the others in race, study etc* llevaba la delantera a los otros; *go the extra ~ fig* hacer un esfuerzo adicional

mile•age ['maɪlɪdʒ] millas *fpl* recorridas; *unlimited ~* kilometraje *m* ilimitado

'mile•age al•low•ance dieta *f* de kilometraje

mile 'high club F *personas que han mantenido relaciones sexuales en un vuelo*

mile•om•e•ter [maɪ'lɑ:mɪtər] *Br* MOT cuentakilómetros *m inv*

'mile•stone *fig* hito *m*

mil•i•tant ['mɪlɪtənt] **I** *adj* militante **II** *n* militante *m/f*

mil•i•ta•rism ['mɪlɪtərɪzəm] militarismo *m*

mil•i•ta•rist ['mɪlɪtərɪst] militarista

mil•i•ta•ris•tic [mɪlɪtər'ɪstɪk] *adj* militarista

mil•i•ta•ry ['mɪlɪterɪ] **I** *adj* militar **II** *n:* **the ~** el ejército, las fuerzas armadas

mil•i•ta•ry a'cad•e•my academia *f* militar; **mil•i•ta•ry 'cem•e•ter•y** cementerio *m* militar; **mil•i•ta•ry dic'ta•tor•ship** dictadura *f* militar; **mil•i•ta•ry po'lice** policía *f* militar; **mil•i•ta•ry 'serv•ice** servicio *m* militar

mi•li•tia [mɪ'lɪʃə] milicia *f*

mi•li•tia•man [mɪ'lɪʃəmən] miliciano *m*

milk [mɪlk] **I** *n* leche *f* **II** *v/t* ordeñar

milk 'choc•o•late chocolate *m* con leche; **'milk jug** jarra *f* de leche; **milk of mag'ne•sia** leche *f* de magnesia; **milk•man** ['mɪlkmən] lechero *m;* **'milk•shake** batido *m;* **'milk tooth** diente *m* de leche

milk•y ['mɪlkɪ] *adj with lots of milk* con mucha leche; *made with milk* con leche

Milk•y 'Way Vía *f* Láctea

mill [mɪl] *for grain* molino *m; for textiles* fábrica *f* de tejidos; *put s.o. through the ~* hacérselas pasar canutas a alguien

◆ **mill around** *v/i* pulular

Mil•len•ni•um [mɪ'lenɪəm] milenio *m*

mil•le•pede ☞ *millipede*

mill•er ['mɪlər] molinero(-a) *m(f)*

mil•let ['mɪlɪt] BOT mijo *m*

mil•li•gram, *Br* **mil•li•gramme** ['mɪlɪgræm] miligramo *m*

mil•li•me•ter, *Br* **mil•li•me•tre** ['mɪlɪmi:tər] milímetro *m*

mil•lion ['mɪljən] millón *m; three ~ dollars* tres millones de dólares; *never in a ~ years* F nunca jamás; *feel like a ~ dollars* F sentirse genial; *thanks a ~* F un millón de gracias; *you're one in a ~* F eres uno entre un millón, no hay dos como tú

mil•lion•aire [mɪljə'ner] millonario(-a) *m(f)*

mil•li•pede ['mɪlɪpi:d] ZO milpiés *m inv*

'mill•stone rueda *f* de molino; *be a ~ around s.o.'s neck fig* ser una cruz para alguien

mime [maɪm] **I** *v/t* representar con gestos **II** *v/i of singer* hacer mímica

mim•ic ['mɪmɪk] **I** *n* imitador(a) *m(f)* **II** *v/t (pret & pp* **-ked)** imitar

mim•ic•ry ['mɪmɪkrɪ] **1** imitación *f* **2** ZO mimetismo *m*

mi•mo•sa [mɪ'mouzə] BOT mimosa *f*

min•a•ret [mɪnə'ret] ARCHI minarete *m*

mince [mɪns] *v/t* picar

'mince•meat carne *f* picada; *make~ out of s.o.* F hacer picadillo a alguien

mince 'pie *empanada de carne picada*

minc•er ['mɪnsər] *esp Br* picadora *f*

minc•ing ['mɪnsɪŋ] *adj* afectado

mind [maɪnd] **I** *n* mente *f; it's uppermost in my ~* es lo que más me preocupa; *it's all in your ~* son imaginaciones tuyas; *be out of one's ~* haber perdido el juicio; *bear or keep sth in ~* recordar algo; *I've a good ~ to …* estoy considerando seriamente …; *change one's ~* cambiar de opinión; *it didn't enter my ~* no se me ocurrió; *give s.o. a piece of one's ~* cantarle a alguien las cuarenta; *make up one's ~* decidirse; *have something on one's*

~ tener algo en la cabeza; *what do you have in ~ for the weekend?* ¿qué tienes pensado para el fin de semana?; *keep one's ~ on sth* concentrarse en algo

II *v/t* **1** (*look after*) cuidar (de)

2 (*heed*) prestar atención a; *Br ~ the step!* ¡cuidado con el escalón!; *~ your own business!* ¡métete en tus asuntos!; *~ you, he wasn't always like that* ojo, no siempre ha sido así

3 *object to:* **I don't ~ what we do** no me importa lo que hagamos; *do you ~ if I smoke?, do you ~ my smoking?* ¿le importa que fume?; *would you ~ opening the window?* ¿le importaría abrir la ventana?

III *v/i:* ~*!* ¡ten cuidado!; *never ~!* ¡no importa!; *I don't ~* no me importa, me da igual

mind-bog•gling ['maɪndbɑːglɪŋ] *adj* increíble

mind•ed ['maɪndɪd] *adj:* **I am ~ to ...** estoy considerando ...; *if you are so ~* si eso deseas; *be very independently ~* ser muy independiente

mind•er ['maɪndər] **1** *for child* baby-sitter *f*, *Span* canguro *m/f* **2** *for popstar etc* guardaespaldas *m/f inv*

mind-ex•pand•ing ['maɪndekspændɪŋ] *adj* psicodélico

mind•ful ['maɪndful] *adj:* **be ~ of** tener en cuenta

mind•less ['maɪndlɪs] *adj* *violence* gratuito

'mind read•er adivinador(a) *m(f)* del pensamiento; *I'm not a ~* F no soy adivino

mine[1] [maɪn] *pron* el mío, la mía; *~ are red* los míos son rojos; *that book is ~* eso libro es mío; *a cousin of ~* un primo mío

mine[2] [maɪn] **I** *n for coal etc* mina *f* **II** *v/i:* ~ *for* extraer

mine[3] [maɪn] **I** *n* (*explosive*) mina *f* **II** *v/t* minar

'mine clear•ance limpieza *f* de minas; **'mine de•tec•tor** detector *m* de minas; **'mine•field** MIL campo *m* de minas; *fig* campo *m* minado

min•er ['maɪnər] minero(-a) *m(f)*

min•e•ral ['mɪnərəl] mineral *m*

min•er•al•og•i•cal [mɪnərə'lɑːdʒɪkl] *adj* mineralógico

min•er•al•o•gist [mɪnə'rælədʒɪst] mineralogista *m/f*

min•er•al•o•gy [mɪnə'rælədʒɪ] mineralogía *f*

'min•e•ral rights *npl* derechos *mpl* de explotación

'min•e•ral wa•ter agua *f* mineral

'mine•sweep•er NAUT dragaminas *m inv*

min•gle ['mɪŋgl] *v/i* **1** *of sounds, smells* mezclarse **2** *at party* alternar

min•i ['mɪnɪ] *skirt* minifalda *f*

min•i•a•ture ['mɪnɪtʃər] *adj* en miniatura

min•i•a•tur•i•za•tion [mɪnɪtʃərəɪ'zeɪʃn] miniaturización *f*

min•i•a•tur•ize ['mɪnɪtʃəraɪz] *v/t* miniaturizar

'min•i•bar minibar *m*; **'min•i•bas•ket** SP minibasket *m*; **'min•i•bus** microbús *m*

min•im ['mɪnɪm] *Br* MUS blanca *f*

min•i•ma ['mɪnɪmə] *pl* ☞ **minimum**

min•i•mal ['mɪnɪməl] *adj* mínimo

min•i•mal•ism ['mɪnɪməlɪzm] minimalismo *m*

min•i•mize ['mɪnɪmaɪz] *v/t* **1** *risk, delay* minimizar, reducir al mínimo **2** (*downplay*) minimizar, quitar importancia a

min•i•mum ['mɪnɪməm] **I** *adj* mínimo **II** *n* (*pl* **-ma** ['mɪnɪmə]) mínimo *m*; *keep sth to a ~* mantener algo al mínimo

min•i•mum 'wage salario *m* mínimo

min•ing ['maɪnɪŋ] minería *f*

'min•ing en•gi•neer ingeniero(-a) *m(f)* de minas

min•ion ['mɪnɪən] lacayo *m*

'min•i•se•ries *nsg* TV miniserie *f*

'min•i•skirt minifalda *f*

min•is•ter ['mɪnɪstər] **1** POL ministro(-a) *m(f)* **2** REL ministro(-a) *m(f)*, pastor(a) *m(f)*

min•is•te•ri•al [mɪnɪ'stɪrɪəl] *adj* ministerial

min•is•try ['mɪnɪstrɪ] POL ministerio *m*

'min•i•van furgoneta *f* (pequeña)

mink [mɪŋk] *animal, fur* visón *m*; *coat* abrigo *m* de visón

mi•nor ['maɪnər] **I** *adj* *problem, setback* menor, pequeño; *operation, argument* de poca importancia; *aches and pains* leve; *in D ~* MUS en D menor **II** *n* LAW menor *m/f* de edad

◆ **minor in** *v/t* EDU estudiar como especialidad optativa

Mi•nor•ca [mɪ'nɔːrkə] Menorca *f*
Mi•nor•can [mɪ'nɔːrkən] **I** *adj* menorquín **II** *n* menorquín(-ina) *m(f)*
mi•nor•i•ty [maɪ'nɑːrətɪ] minoría *f*; **be in the** ~ ser minoría
'mi•nor-league *adj* SP de la liga menor; *fig* de segunda
mint [mɪnt] *herb* menta *f*; *chocolate* pastilla *f* de chocolate con sabor a menta; *hard candy* caramelo *m* de menta; **in** ~ **condition** como nuevo
mi•nus ['maɪnəs] **I** *n* (~ *sign*) (signo *m* de) menos *m* **II** *prep* menos; **tempera-tures of** ~ **18** temperaturas de 18 grados bajo cero
mi•nus•cule ['mɪnəskjuːl] *adj* minúsculo
min•ute[1] ['mɪnɪt] **I** *n of time* minuto *m*; **in a** ~ *(soon)* en un momento; **just a** ~ un momento **II** *v/t record in the minutes* hacer constar en acta
mi•nute[2] [maɪ'nuːt] *adj* **1** *(tiny)* diminuto, minúsculo **2** *(detailed)* minucioso; **in** ~ **detail** minuciosamente
min•ute hand ['mɪnɪt] minutero *m*
mi•nute•ly [maɪ'nuːtlɪ] *adv* **1** *in detail* minuciosamente **2** *(very slightly)* mínimamente
min•utes ['mɪnɪts] *npl of meeting* acta(s) *f(pl)*
'min•ute steak filete *m* fino
mir•a•cle ['mɪrəkl] milagro *m*; **we can't work** ~ **s!** ¡no podemos hacer milagros!
mi•rac•u•lous [mɪ'rækjuləs] *adj* milagroso
mi•rac•u•lous•ly [mɪ'rækjuləslɪ] *adv* milagrosamente
mi•rage [mɪ'rɑːʒ] espejismo *m*
mire ['maɪər] lodo *m*; **drag s.o. through the** ~ *fig* poner verde a alguien
mir•ror ['mɪrər] **I** *n* espejo *m*; MOT (espejo *m*) retrovisor *m* **II** *v/t* reflejar
mir•ror 'im•age *exact image* reflejo *m* exacto; *inverse* imagen *f* invertida
mirth [mɜːrθ] regocijo *m*
mirth•less ['mɜːrθlɪs] *adj* frío
mis•ad•ven•ture [mɪsəd'ventʃər]: **death by** ~ muerte *f* accidental
mis•an•throp•ic [mɪsən'θrɑːpɪk] *adj* misantrópico
mis•an•thro•pist [mɪ'sænθrəpɪst] misántropo(-a) *m(f)*
mis•an•thro•py [mɪ'sænθrəpɪ] misantropía *f*

mis•ap•pre•hend [mɪsæprɪ'hend] *v/t fml* malinterpretar
mis•ap•pre•hen•sion [mɪsæprɪ'henʃn]: **be under a** ~ estar equivocado
mis•ap•pro•pri•ate [mɪsə'prouprɪeɪt] *v/t funds* malversar
mis•ap•pro•pri•a•tion [mɪsəprouprɪ-'eɪʃn] *of funds* malversación *f*
mis•be•have [mɪsbə'heɪv] *v/i* portarse mal
mis•be•hav•ior, *Br* **mis•be•hav•iour** [mɪsbə'heɪvɪər] mal comportamiento *m*
mis•cal•cu•late [mɪs'kælkjuleɪt] *v/t & v/i* calcular mal
mis•cal•cu•la•tion [mɪs'kælkjuleɪʃn] error *m* de cálculo
mis•car•riage ['mɪskærɪdʒ] MED aborto *m* (espontáneo); **have a** ~ abortar (espontáneamente); ~ **of justice** error *m* judicial
mis•car•ry ['mɪskærɪ] *v/i* (*pret & pp* -**ied**) **1** *fml: of plan* fracasar **2** *of pregnant woman* abortar (espontáneamente)
mis•cel•la•ne•ous [mɪsə'leɪnɪəs] *adj* diverso; **the file marked** ~ la carpeta de varios
mis•chance [mɪs'tʃæns]: **by** ~ por desgracia
mis•chief ['mɪstʃɪf] *(naughtiness)* travesura *f*, trastada *f*
'mis•chief-mak•er travieso(-a) *m(f)*
mis•chie•vous ['mɪstʃɪvəs] *adj* **1** *(naughty)* travieso **2** *(malicious)* malicioso
mis•chie•vous•ly ['mɪstʃɪvəslɪ] *adv* **1** *(naughtily)* traviesamente **2** *(maliciously)* maliciosamente
mis•con•ceived [mɪskən'siːvd] *adj* mal concebido
mis•con•cep•tion [mɪskən'sepʃn] idea *f* equivocada
mis•con•duct [mɪs'kɑːndʌkt] mala conducta *f*
mis•con•struc•tion [mɪskən'strʌkʃn] *fml* *(misinterpretation)* interpretación *f* errónea
mis•con•strue [mɪskən'struː] *v/t* malinterpretar
mis•count [mɪs'kaunt] *v/t & v/i* contar mal
mis•deal [mɪs'diːl] *v/t & v/i* (*pret & pp* -**dealt**): ~ **(the cards)** repartir mal (las

cartas)

mis•deed [mɪs'diːd] *v/t* fechoría *f*

mis•de•mea•nor, *Br* **mis•de•mea•nour** [mɪsdə'miːnər] falta *f*, delito *m* menor

mis•di•ag•nose [mɪsdaɪəg'noʊs] *v/t* diagnosticar erróneamente

mis•di•rect [mɪs'daɪrekt] *v/t* **1** *letter etc* enviar a una dirección equivocada **2** *jury* dar instrucciones erróneas a **3** (*give false directions to*) indicar mal la dirección a

mi•ser ['maɪzər] avaro(-a) *m(f)*

mis•er•a•ble ['mɪzrəbl] *adj* **1** (*unhappy*) triste, infeliz **2** *weather, performance* horroroso

mis•er•a•bly ['mɪzrəblɪ] *adv* miserablemente; *look, say* con tristeza

mi•ser•ly ['maɪzərlɪ] *adj person* avaro; *a ~ $150* 150 míseros dólares

mis•e•ry ['mɪzərɪ] **1** (*unhappiness*) tristeza *f*, infelicidad *f* **2** (*wretchedness*) miseria *f*

mis•fire [mɪs'faɪr] *v/i* **1** *of joke, scheme* salir mal **2** *of engine* fallar

mis•fit ['mɪsfɪt] *in society* inadaptado (-a) *m(f)*

mis•for•tune [mɪs'fɔːrtʃən] desgracia *f*

mis•giv•ings [mɪs'gɪvɪŋz] *npl* recelo *m*, duda *f*

mis•gov•ern [mɪs'gʌvərn] *v/t* gobernar mal

mis•guid•ed [mɪs'gaɪdɪd] *adj person* equivocado; *attempt, plan* desacertado

mis•han•dle [mɪs'hændl] *v/t situation* llevar mal

mis•hap ['mɪshæp] contratiempo *m*

mis•hear [mɪs'hɪr] (*pret & pp -heard*) *v/t & v/i* entender mal

mis•hit I *v/t* [mɪs'hɪt] (*pret & pp -hit*) dar mal a **II** *n* ['mɪshɪt] error *m*

mish•mash ['mɪʃmæʃ] batiburrillo *m*

mis•in•form [mɪsɪn'fɔːrm] *v/t* informar mal

mis•in•for•ma•tion [mɪsɪnfər'meɪʃn] información *f* errónea

mis•in•ter•pret [mɪsɪn'tɜːrprɪt] *v/t* malinterpretar

mis•in•ter•pre•ta•tion [mɪsɪntɜːrprɪ'teɪʃn] mala interpretación *f*

mis•judge [mɪs'dʒʌdʒ] *v/t person, situation* juzgar mal

mis•lay [mɪs'leɪ] *v/t* (*pret & pp -laid*) perder

mis•lead [mɪs'liːd] *v/t* (*pret & pp -led*) engañar

mis•lead•ing [mɪs'liːdɪŋ] *adj* engañoso

mis•man•age [mɪs'mænɪdʒ] *v/t* gestionar mal

mis•man•age•ment [mɪs'mænɪdʒmənt] mala gestión *f*

mis•match ['mɪsmætʃ]: *there's a ~ between the two sets of figures* los dos grupos de cifras no se corresponden

mis•no•mer [mɪs'noʊmər] impropriedad *f*; *it's a ~ to call it a ...* ... no es el término correcto

mi•sog•y•nist [mɪ'saːdʒɪnɪst] misógino(-a) *m(f)*

mi•sog•y•ny [mɪ'saːdʒɪnɪ] misoginia *f*

mis•place [mɪs'pleɪs] *v/t* (*lose*) perder

mis•placed ['mɪspleɪst] *adj loyalty* inmerecido; *enthusiasm* inoportuno

mis•print ['mɪsprɪnt] errata *f*

mis•pro•nounce [mɪsprə'naʊns] *v/t* pronunciar mal

mis•pro•nun•ci•a•tion [mɪsprənʌnsɪ'eɪʃn] pronunciación *f* incorrecta

mis•quo•ta•tion [mɪskwoʊ'teɪʃn] cita *f* errónea

mis•quote [mɪs'kwoʊt] *v/t* citar erróneamente

mis•read [mɪs'riːd] *v/t* (*pret & pp -read* [red]) *word, figures* leer mal; *situation* malinterpretar

mis•rep•re•sent [mɪsreprɪ'zent] *v/t* deformar, tergiversar

mis•rep•re•sen•ta•tion [mɪsreprɪzen'teɪʃn] deformación *f*, distorsión *f*

mis•rule [mɪs'ruːl] *n:* desgobierno *m*

miss¹ [mɪs] *n: Miss Smith* la señorita Smith; *~!* ¡señorita!

miss² [mɪs] **I** *n* **SP** fallo *m*; *give sth a ~ meeting, party etc* no ir a algo **II** *v/t* **1** *target* no dar en; *I ducked and he ~ed me* me agaché y no me dio **2** *emotionally* echar de menos; *I ~ you so much* te echo tanto de menos **3** *bus, train, airplane* perder; *you just ~ed her* (*she's just left*) se acaba de marchar **4** (*not notice*) pasar por alto; *we must have ~ed the turnoff* nos hemos debido pasar el desvío; *you don't ~ much!* ¡no se te escapa una!; *sorry, am I ~ing something?* ¿(es que) me he perdido algo?; *I ~ed what he said* no me enteré de lo que dijo

5 (*not be present at*) perderse; **~ a class** faltar a una clase **III** *v/i* fallar

◆ **miss out I** *v/t* dejarse, saltarse F **II** *v/i* F: **oh, you really missed out** vaya la que te has perdido F

◆ **miss out on** *v/t* F perderse F

mis•shap•en [mɪs'ʃeɪpən] *adj* deforme

mis•sile ['mɪsəl] misil *m*; (*sth thrown*) arma *f* arrojadiza

mis•sile launch•er ['mɪsəlɔ:ntʃər] lanzadera *f* de misiles, lanzamisiles *m inv*

miss•ing ['mɪsɪŋ] *adj* desaparecido; **be ~ of person, plane** haber desaparecido; **go ~ of objects** perderse; *of climbers* desaparecer; **the ~ money** el dinero que falta; **~ in action** MIL desaparecido en combate

miss•ing 'link *in human evolution* eslabón *m* perdido

miss•ing 'per•sons *npl* desaparecidos(-as) *mpl* (*fpl*)

mis•sion ['mɪʃn] *task* misión *f*; *people* delegación *f*

mis•sion•a•ry ['mɪʃənerɪ] REL misionero(-a) *m(f)*

'mis•sion•a•ry po•si•tion *hum* postura *f* del misionero

mis•sion con'trol centro *m* de control

'mis•sion state•ment declaración *f* de la misión

mis•spell [mɪs'spel] *v/t* escribir incorrectamente

mis•spell•ing [mɪs'spelɪŋ] falta *f* de ortografía

mis•spent ['mɪsspent] *adj*: **~ youth** juventud *f* malgastada

mis•state [mɪs'steɪt] *v/t* tergiversar

mis•state•ment [mɪs'steɪtmənt] tergiversación *f*

mist [mɪst] neblina *f*

◆ **mist over** *v/i of eyes* empañarse

◆ **mist up** *v/i of mirror, window* empañarse

mis•take [mɪ'steɪk] **I** *n* error *m*, equivocación *f*; **make a ~** cometer un error *or* una equivocación, equivocarse; **by ~** por error *or* equivocación **II** *v/t* (*pret* **mistook**, *pp* **mistaken**) confundir; **~ X for Y** confundir X con Y

mis•tak•en [mɪ'steɪkən] **I** *adj* erróneo, equivocado; **be ~** estar equivocado; **unless I am very much ~** a no ser que esté muy equivocado; **a case of ~ identity**

un caso de identificación errónea **II** *pp* ☞ **mistake**

mis•tak•en•ly [mɪ'steɪkənlɪ] *adv* erróneamente

mis•ter ['mɪstər] ☞ **Mr.**

mis•time [mɪs'taɪm] *v/t* hacer a destiempo

mis•took [mɪ'stʊk] *pret* ☞ **mistake**

mis•trans•late [mɪstrænz'leɪt] *v/t* traducir erróneamente

mis•trans•la•tion [mɪstrænz'leɪʃn] error *m* de traducción

mis•treat [mɪs'tri:t] *v/t* maltratar

mis•treat•ment [mɪs'tri:tmənt] malos *mpl* tratos

mis•tress ['mɪstrɪs] **1** *lover* amante *f*, querida *f* **2** *of servant* ama *f*; *of dog* dueña *f*, ama *f*

mis•tri•al ['mɪstraɪəl] juicio *m* nulo; **declare a ~** declarar el juicio nulo

mis•trust [mɪs'trʌst] **I** *n* desconfianza *f* (**of** en) **II** *v/t* desconfiar de

mis•trust•ful [mɪs'trʌstfʊl] *adj* desconfiado (**of** de)

mist•y ['mɪstɪ] *adj weather* neblinoso; *eyes* empañado; *color* borroso

mis•un•der•stand [mɪsʌndər'stænd] *v/t* (*pret & pp* **-stood**) entender mal; **don't ~ me** no me malinterpretes

mis•un•der•stand•ing [mɪsʌndər'stændɪŋ] **1** (*mistake*) malentendido *m*; **let there be no ~** que no haya malentendidos **2** (*argument*) desacuerdo *m*

mis•use I *n* [mɪs'ju:s] uso *m* indebido **II** *v/t* [mɪs'ju:z] usar indebidamente

mite¹ [maɪt] *n* ZO ácaro *m*

mite² [maɪt] **I** *n* (*little child*) criatura *f* **II** *adv*: **a ~** F un poquitín

mit•i•gate ['mɪtɪgeɪt] *v/t punishment, seriousness of offense* mitigar, atenuar

mit•i•gat•ing cir•cum•stan•ces [mɪtɪgeɪtɪŋ'sɜ:rkəmstænsɪs] *npl* circunstancias *fpl* atenuantes

mit•i•ga•tion [mɪtɪ'geɪʃn] atenuación *f*; **say sth in ~ of sth** decir algo como atenuante de algo

mitt [mɪt] *in baseball* guante *m* de béisbol

mit•ten ['mɪtən] mitón *m*

mix [mɪks] **I** *n* (*mixture*) mezcla *f*; *cooking: ready to use* preparado *m* **II** *v/t* mezclar; *cement* preparar; **~ the flour in**

well mezclar la harina bien **III** *v/i socially* relacionarse

◆ **mix up** *v/t* (*confuse*) confundir (**with** con); (*put in wrong order*) revolver, desordenar; **be mixed up** *emotionally* tener problemas emocionales; *of figures* estar confundido; *of papers* estar revuelto *or* desordenado; **be mixed up in** estar metido en; **get mixed up with** verse liado con

◆ **mix with** *v/t* (*associate with*) relacionarse con

mixed [mɪkst] *adj feelings* contradictorio; *reactions, reviews* variado

mixed 'bag: *the budget is something of a ~* el presupuesto contiene un poco de todo; **mixed 'bless•ing:** *it's a ~* tiene sus ventajas y sus inconvenientes; **mixed 'dou•bles** *nsg in tennis* dobles *mpl* mixtos; *a ~* (*match*) un partido de dobles mixtos; **mixed e'con•o•my** economía *f* mixta; **mixed 'mar•riage** matrimonio *m* mixto

mix•er ['mɪksər] **1** *for food* batidora *f* **2** *drink* refresco *m* (*para mezclar con bebida alcohólica*) **3:** *she's a good ~* es muy sociable

mix•ing bowl ['mɪksɪŋboʊl] cuenco *m*

mix•ture ['mɪkstʃər] mezcla *f; medicine* preparado *m*

mix-up ['mɪksʌp] confusión *f*

mne•mon•ic [niː'mɑːnɪk] recurso *m* mnemotécnico

MO [em'oʊ] *abbr* **1** (= *medical officer*) médico(-a) *m(f)* militar **2** F (= *modus operandi*) modus *m inv* operandi

mo [moʊ] F segundo *m*

moan [moʊn] **I** *n of pain* gemido *m* **II** *v/i in pain* gemir

moat [moʊt] foso *m*

mob [mɑːb] **I** *n* muchedumbre *f* **II** *v/t* (*pret & pp* **-bed**) asediar, acosar

mo•bile ['moʊbəl] **I** *adj person* con movilidad; (*that can be moved*) móvil; *she's a lot less ~ now* ahora tiene mucha menos movilidad; *when will I be ~ again?* ¿cuándo podré volver a moverme? **II** *n* **1** *Br* TELEC móvil *m* **2** *in art* movible *m*

mo•bile 'home casa *f* caravana

mo•bile 'phone *Br* teléfono *m* móvil, *L.Am.* celular *m*

mo•bil•i•ty [mə'bɪlətɪ] movilidad *f*

mo•bi•li•za•tion [moʊbɪlaɪ'zeɪʃn] *of*

help, resources, MIL movilización *f*

mo•bi•lize ['moʊbɪlaɪz] **I** *v/t help, resources,* MIL movilizar **II** *v/i* MIL movilizarse

mob•ster ['mɑːbstər] gángster *m*

moc•ca•sin ['mɑːkəsɪn] mocasín *m*

mo•cha ['moʊkə] moca *f*

mock [mɑːk] **I** *adj* fingido, simulado; *~ exams / elections* exámenes *mpl* / elecciones *fpl* de prueba **II** *v/t* burlarse de

mock•er•y ['mɑːkərɪ] **1** (*derision*) burlas *fpl* **2** (*travesty*) farsa *f*

mock•ing ['mɑːkɪŋ] *adj* burlón

'mock•ing bird sinsonte *m*

mock•ing•ly ['mɑːkɪŋlɪ] *adv* burlonamente

mock-up ['mɑːkʌp] (*model*) maqueta *f,* modelo *m*

mod•al ['moʊdl]: *~* (*auxiliary*) (auxiliar *m*) modal *m*

mo•dal•i•ty [moʊ'dælətɪ] modalidad *f*

mod cons [mɑːd'kɑːnz] *abbr pl* (= *modern conveniences*): *all ~* todas las comodidades

mode [moʊd] (*form*), COMPUT modo *m*; *~ of transportation* medio *m* de transporte

mod•el ['mɑːdl] **I** *adj employee, husband* modélico, modelo; *~ boat / plane* maqueta *f* de un barco / avión

II *n* **1** *miniature* maqueta *f,* modelo *m* **2** (*pattern*) modelo *m* **3** (*fashion ~*) modelo *m/f; male ~* modelo *m*

III *v/t* **1:** *~ clothes* trabajar de modelo; *she ~s swimsuits* trabaja de modelo de bañadores **2:** *~ o.s. on s.o.* tomar a alguien como modelo; *a building ~ed on …* un edificio que imita a …

IV *v/i for designer* trabajar de modelo; *for artist, photographer* posar

mod•el•(l)ing ['mɑːdəlɪŋ] **1** *making models* modelismo *m* **2** *of clothes, for artist, photographer* trabajo *m* de modelo; *do some ~* hacer de modelo

'mod•el•(l)ing a•gen•cy agencia *f* de modelos

mo•dem ['moʊdem] módem *m*

mod•e•rate I *adj* ['mɑːdərət] moderado **II** *n* ['mɑːdərət] POL moderado(-a) *m(f)* **III** *v/t* ['mɑːdəreɪt] moderar

mod•e•rate•ly ['mɑːdərətlɪ] *adv* medianamente, razonablemente

mod•e•ra•tion [mɑːdə'reɪʃn] (*restraint*)

moderación *f*; **in ~** con moderación; **show a degree of ~** mostrar moderación

mod•er•a•tor ['mɑ:dəreɪtər] *of discussion* moderador(a) *m(f)*

mod•ern ['mɑ:dərn] *adj* moderno; **in the ~ world** en el mundo contemporáneo

'mod•ern-day *adj* de hoy en día

mod•ern 'his•to•ry historia *f* contemporánea

mod•ern•is•tic [mɑ:dərn'ɪstɪk] *adj* modernista

mo•der•ni•ty [mɑ:'dɜ:rnɪtɪ] modernidad *f*

mod•ern•i•za•tion [mɑ:dənaɪ'zeɪʃn] modernización *f*

mod•ern•ize ['mɑ:dənaɪz] **I** *v/t* modernizar **II** *v/i of business, country* modernizarse

mod•ern 'lan•gua•ges *npl* lenguas *fpl* modernas

mod•est ['mɑ:dɪst] *adj* modesto

mod•es•ty ['mɑ:dɪstɪ] modestia *f*

mod•i•cum ['mɑ:dɪkəm]: **a ~ of sense** un mínimo de sentido común

mod•i•fi•a•ble ['mɑ:dɪfaɪəbl] *adj* modificable

mod•i•fi•ca•tion [mɑ:dɪfɪ'keɪʃn] modificación *f*

mod•i•fy ['mɑ:dɪfaɪ] *v/t* (*pret & pp* **-ied**) modificar

mod•u•lar ['mɑ:dʒələr] *adj furniture* por módulos

mod•u•late ['mɑ:dʒəleɪt] *v/t & v/i* MUS *etc* modular

mod•u•la•tion [mɑ:dʒə'leɪʃn] MUS modulación *f*

mod•ule ['mɑ:dʒʊl] módulo *m*

mo•dus o•pe•ran•di [moʊdəsɑ:pə'rændaɪ] modus *m inv* operandi

mog•gy ['mɑ:gɪ] F *cat* minino *m*

mo•gul ['moʊgəl] magnate *m*; **movie ~** magnate del cine

mo•hair ['moʊher] mohair *m*

mo•hi•can [moʊ'hi:kən] *hairstyle* cresta *f*

moist [mɔɪst] *adj* húmedo

moist•en ['mɔɪsn] *v/t* humedecer

mois•ture ['mɔɪstʃər] humedad *f*

mois•tur•iz•er ['mɔɪstʃəraɪzər] *for skin* crema *f* hidratante

mo•lar ['moʊlər] muela *f*, molar *m*

mo•las•ses [mə'læsɪz] *nsg* melaza *f*; **as**

slow as ~ más lento que una tortuga

mold¹ [moʊld] *n on food* moho *m*

mold² [moʊld] **I** *n* molde *m* **II** *v/t clay, character* moldear

mold•y ['moʊldɪ] *adj food* mohoso

mole¹ [moʊl] *on skin* lunar *m*

mole² [moʊl] *animal, spy* topo *m*

mole³ [moʊl] (*breakwater*) espigón *m*

mo•lec•u•lar [mə'lekjʊlər] *adj* molecular

mol•e•cule ['mɑ:lɪkju:l] molécula *f*

'mole•hill topera *f*; **make a mountain out of a ~** hacer una montaña de un grano de arena

mo•lest [mə'lest] *v/t child, woman* abusar sexualmente de

moll [mɑ:l] P chica *f* (*de un gángster*)

mol•li•fy ['mɑ:lɪfaɪ] *v/t* apaciguar

mol•lusc, mol•lusk ['mɑ:ləsk] ZO molusco *m*

mol•ly•cod•dle ['mɑ:lɪkɑ:dl] *v/t* F mimar, consentir

Mol•o•tov cock•tail [mɑ:lətɔ:f'kɑ:kteɪl] cóctel *m* molotov

molt [moʊlt] *v/i* mudar el pelo

mol•ten ['moʊltən] *adj* fundido

mom [mɑ:m] F mamá *f*

mom-and-'pop store F tienda *f* familiar

mo•ment ['moʊmənt] momento *m*; **at the ~** en estos momentos, ahora mismo; **for the ~** por el momento, por ahora; **live for the ~** vivir el momento *or* presente; **he could arrive at any ~** podría llegar en cualquier momento; **now hold on a ~!** ¡espera un momento!; **and not a ~ too soon!** ¡ya iba siendo hora!

mo•men•tar•i•ly [moʊmən'terɪlɪ] *adv* **1** (*for a moment*) momentáneamente **2** (*in a moment*) de un momento a otro

mo•men•ta•ry ['moʊmənterɪ] *adj* momentáneo

mo•men•tous [mə'mentəs] *adj* trascendental, muy importante

mo•men•tum [mə'mentəm] impulso *m*

Mo•na•co ['mɑ:nəkoʊ] Monaco *m*

mon•arch ['mɑ:nərk] monarca *m/f*

mo•nar•chic [mə'nɑ:rkɪk] *adj* monárquico

mon•ar•chist ['mɑ:nərkɪst] monárquico(-a) *m(f)*

mon•ar•chy ['mɑ:nərkɪ] monarquía *f*

mon•as•tery ['mɑ:nəsterɪ] monasterio *m*

mo•nas•tic [məˈnæstɪk] *adj* monástico

Mon•day [ˈmʌndeɪ] lunes *m inv*

mon•e•tar•ism [ˈmɑːnɪtərɪzəm] monetarismo *m*

mon•e•tar•ist [ˈmɑːnɪtərɪst] *adj* monetarista

mon•e•ta•ry [ˈmɑːnɪterɪ] *adj* monetario

mon•ey [ˈmʌnɪ] dinero *m*; **be in the ~** estar forrado; *I'm not made of ~* F a mí también me cuesta ganar el dinero; *~ talks* poderoso caballero es don dinero; *I don't feel I got my ~'s worth* lo que he comprado no vale lo que he pagado; *we like the customer to feel that he has got his ~'s worth* nos gusta que el cliente sienta que ha empleado bien su dinero; *he should put his ~ where his mouth is* F debería transformar en dinero sus promesas; *~ isn't everything* el dinero no lo es todo

'**mon•ey•bags** *nsg* F ricachón(-ona) *m(f)*; '**mon•ey belt** faltriquera *f*; '**mon•ey box** hucha *f*; **mon•ey-chang•er** [ˈmʌnɪtʃeɪndʒər] *person* cambista *m/f*; *machine* máquina *f* de cambio

mon•eyed [ˈmʌnɪd] *adj* adinerado

'**mon•ey•lend•er** prestamista *m/f*; '**mon•ey•mak•er**: *it's a ~ scheme etc* es muy rentable; '**mon•ey mar•ket** mercado *m* monetario; '**mon•ey or•der** giro *m* postal; '**mon•ey prob•lems** problemas *mpl* de dinero; **mon•ey-spin•ner** [ˈmʌnɪspɪnər] F *Br* ☞ **money-maker**

mon•gol•ism [ˈmɑːŋɡəlɪzəm] MED mongolismo *m*

mon•gol•oid [ˈmɑːŋɡələɪd] *adj* MED mongoloide

mon•grel [ˈmʌŋɡrəl] perro *m* cruzado

mon•i•tor [ˈmɑːnɪtər] I *n* COMPUT monitor *m* II *v/t* controlar

monk [mʌŋk] monje *m*

mon•key [ˈmʌŋkɪ] mono *m*; F *child* diablillo *m* F; *don't make a ~ out of me* F no me tomes el pelo; *I don't give a ~'s* P me importa un rábano *or* un pito F

◆ **monkey around with** *v/t* F enredar con

'**mon•key busi•ness** F **1** (*fooling around*) barrabasadas *fpl* **2** (*cheating*) trucos *mpl*; '**mon•key nut** cacahuete *m*; '**mon•key wrench** llave *f* inglesa

monk•fish [ˈmʌŋkfɪʃ] rape *m*

mon•o [ˈmɑːnoʊ] **1** *not stereo* mono **2** *not color* monocromo

mon•o•chrome [ˈmɑːnəkroʊm] *adj* monocromo

mon•o•cle [ˈmɑːnəkl] monóculo *m*

mo•nog•a•mous [məˈnɑːɡəməs] *adj* monógamo

mo•nog•a•my [məˈnɑːɡəmɪ] monogamia *f*

mon•o•gram [ˈmɑːnəɡræm] monograma *m*

mon•o•grammed [ˈmɑːnəɡræmd] *adj* con monograma

mon•o•lith [ˈmɑːnəlɪθ] monolito *m*

mon•o•lith•ic [mɑːnəˈlɪθɪk] *adj* monolítico

mon•o•log, *Br* **mon•o•logue** [ˈmɑːnəlɑːɡ] monólogo *m*

mon•o•nu•cle•o•sis [mɑːnoʊnuːklɪˈoʊsɪs] mononucleosis *f inv*

mo•nop•o•lis•tic [mənɑːpəˈlɪstɪk] *adj* monopolístico

mo•nop•o•lize [məˈnɑːpəlaɪz] *v/t* monopolizar

mo•nop•o•ly [məˈnɑːpəlɪ] monopolio *m*

mon•o•rail [ˈmɑːnoʊreɪl] monorraíl *m*

mon•o•so•di•um glu•ta•mate [mɑːnoʊsoʊdɪəmˈɡluːtəmeɪt] glutamato *m* monosódico

mon•o•syl•lab•ic [mɑːnoʊsɪˈlæbɪk] *adj* LING monosilábico; *he was rather ~* era muy lacónico

mon•o•the•is•tic [mɑːnoʊθeɪˈɪstɪk] *adj* monoteísta

mo•not•o•nous [məˈnɑːtənəs] *adj* monótono

mo•not•o•ny [məˈnɑːtənɪ] monotonía *f*

mon•ox•ide [məˈnɑːksaɪd] CHEM monóxido *m*

mon•soon [mɑːnˈsuːn] monzón *m*

mon•ster [ˈmɑːnstər] monstruo *m*

mon•stros•i•ty [mɑːnˈstrɑːsətɪ] monstruosidad *f*

mon•strous [ˈmɑːnstrəs] *adj* (*frightening, huge*) monstruoso; (*shocking*) escandaloso

mon•strous•ly [ˈmɑːnstrəslɪ] *adv* monstruosamente, terriblemente

mon•tage [mɑːnˈtɑːʒ] montaje *m*

month [mʌnθ] mes *m*; *how much do you pay a ~?* ¿cuánto pagas al mes?; *you'll never do it, not in a ~ of Sun-*

days F no lo conseguirás, ni aunque vivas cien años

month•ly ['mʌnθlɪ] **I** *adj* mensual **II** *adv* mensualmente **III** *n magazine* revista *f* mensual

mon•u•ment ['mɑːnʊmənt] monumento *m*

mon•u•ment•al [mɑːnʊ'mentl] *adj fig* monumental

moo [muː] **I** *v/i* mugir **II** *n* mugido *m*

mood[1] [muːd] *(frame of mind)* humor *m*; *(bad ~)* mal humor *m*; *of meeting, country* atmósfera *f*; ***be in a good / bad ~*** estar de buen / mal humor; ***I'm in the ~ for a pizza*** me apetece una pizza; ***I'm not in the ~*** no estoy de humor; ***she's in one of her ~s again*** vuelve a estar de mal humor; ***~ swings*** cambios *mpl* de humor

mood[2] [muːd] LING modo *m*

mood•i•ly ['muːdɪlɪ] *adv* malhumoradamente

mood•y ['muːdɪ] *adj* temperamental; *(bad-tempered)* malhumorado

moon [muːn] luna *f*; ***once in a blue ~*** de Pascuas a Ramos

◆ **moon around** *v/i* F estar pensando en las musarañas

'**moon•beam** rayo *m* de luna; '**moon land•ing** alunizaje *m*; '**moon•light I** *n* luz *f* de luna **II** *v/i* F estar pluriempleado irregularmente; ***he's ~ing as a barman*** tiene un segundo empleo de camarero; '**moon•light•er** F pluriempleado(-a) *m(f)* (irregularmente); '**moon light•ing** F pluriempleo *m* (irregular)

'**moon•lit** *adj* iluminado por la luna; '**moon•shine 1** luz *f* de luna **2** F *nonsense* paridas *fpl* **3** F *illegal liquor*: bebida destilada ilegalmente

moor [mʊr] *v/t boat* atracar

moor•ing ['mʊrɪŋ] atracadero *m*

moose [muːs] alce *m* americano

moot [muːt] *adj*: ***it's a ~ point*** es algo discutible

mop [mɑːp] **I** *n for floor* fregona *f*; *for dishes* estropajo *m* (*con mango*); ***his ~ of ginger hair*** su mata de pelo pelirrojo **II** *v/t* (*pret & pp -ped*) *floor* fregar; *eyes, face* limpiar

◆ **mop up** *v/t* limpiar; MIL acabar con

mope [moʊp] *v/i* estar abatido

mo•ped ['moʊped] *Br* ciclomotor *m*

mo•raine [mə'reɪn] GEOL morrena *f*

mor•al ['mɔːrəl] **I** *adj* moral; *person, behavior* moralista; ***take the ~ high ground*** aparecer como moralmente superior **II** *n* **1** *of story* moraleja *f*; **2** *pl*: ***~s*** moral *f*, moralidad *f*

mo•rale [mə'ræl] moral *f*

mor•al•ist ['mɔːrəlɪst] moralista *m/f*

mor•al•is•tic [mɔːrə'lɪstɪk] *adj* moralista

mo•ral•i•ty [mə'rælətɪ] moralidad *f*

mor•al•ize ['mɔːrəlaɪz] *v/i* moralizar (***about*** sobre)

mor•al•ly ['mɔːrəlɪ] *adv* moralmente

mor•a•to•ri•um [mɔːrə'tɔːrɪəm] (*pl* **moratoria** [mɔːrə'tɔːrɪə] *or* **-riums**) COM, POL moratoria *f*; ***have a ~ on sth*** tener moratoria en algo

mor•bid ['mɔːrbɪd] *adj* morboso

mor•bid•i•ty [mɔːr'bɪdɪtɪ] morbosidad *f*

mor•dant ['mɔːrdənt] *adj fig* mordaz

more [mɔːr] **I** *adj* más; ***there are no eggs*** no quedan huevos; ***some ~ tea?*** ¿más té?; ***one ~ glass, please*** una *or* otra (copa más) por favor; ***and ~ students / time*** cada vez más estudiantes / tiempo

II *adv* más; ***~ important*** más importante; ***~ often*** más a menudo; ***~ and ~*** cada vez más; ***~ or less*** más o menos; ***once ~*** una vez más; ***he paid ~ than $ 100 for it*** pagó más de 100 dólares por él; ***he earns ~ than I do*** gana más que yo; ***I don't live there any ~*** ya no vivo allí **III** *pron* más; ***do you want some ~?*** ¿quieres más?; ***a little ~*** un poco más

more•ish ['mɔːrɪʃ] *adj* delicioso, cautivador

mo•rel•lo [mə'reloʊ]: ***~ (cherry)*** BOT guinda *f*

more•o•ver [mɔː'roʊvər] *adv* además, lo que es más

morgue [mɔːrg] depósito *m* de cadáveres

Mor•mon ['mɔːrmən] mormón(-ona) *m(f)*

morn•ing ['mɔːrnɪŋ] mañana *f*; ***in the ~*** por la mañana; ***this ~*** esta mañana; ***to-morrow ~*** mañana por la mañana; ***good ~*** buenos días; ***it's four o'clock in the ~!*** ¡son las cuatro de la mañana!; ***I'm not at my best in the ~*** la mañana no es mi mejor momento del día

morn•ing-'af•ter pill píldora *f* del día siguiente

motionless

'morn•ing sick•ness náuseas *fpl* matutinas (*típicas del embarazo*)
Mo•roc•can [məˈrɑːkən] **I** *adj* marroquí **II** *n* marroquí *m/f*
Mo•roc•co [məˈrɑːkoʊ] Marruecos *m*
mo•ron ['mɔːrɑːn] F imbécil *m/f* F, subnormal *m/f* F
mo•ron•ic [məˈrɑːnɪk] *adj* imbécil
mo•rose [məˈroʊs] *adj* hosco, malhumorado
mor•pheme [ˈmɔːrfiːm] LING morfema *m*
mor•phine [ˈmɔːrfiːn] morfina *f*
mor•pho•log•i•cal [mɔːrfəˈlɑːdʒɪkl] *adj* morfológico
mor•phol•o•gy [mɔːrˈfɑːlədʒɪ] morfología *f*
Morse code [mɔːrsˈkoʊd] código *m* morse
mor•sel [ˈmɔːrsl] pedacito *m*
mor•tal [ˈmɔːrtl] **I** *adj* mortal **II** *n* mortal *m/f*
mor•tal 'com•bat combate *m* a muerte; mor•tal 'dan•ger peligro *m* de muerte; mor•tal 'en•e•my enemigo *m* mortal
mor•tal•i•ty [mɔːrˈtælɪtɪ] mortalidad *f*
mor'tal•i•ty rate índice *m* de mortalidad
mor•tal•ly [ˈmɔːrtəlɪ] *adv wounded etc* de muerte; *be ~ offended* sentirse ultrajado
mor•tal 'sin pecado *m* mortal
mor•tar¹ [ˈmɔːrtər] MIL mortero *m*
mor•tar² [ˈmɔːrtər] (*cement*) mortero *m*, argamasa *f*
mort•gage [ˈmɔːrgɪdʒ] **I** *n* hipoteca *f*, préstamo *m* hipotecario **II** *v/t* hipotecar
mor•ti•cian [mɔːrˈtɪʃn] encargado(-a) *m(f)* de una funeraria
mor•ti•fi•ca•tion [mɔːrtɪfɪˈkeɪʃn]: *to my ~* para bochorno mío
mor•ti•fy [ˈmɔːrtɪfaɪ] *v/t: ~ the flesh* mortificar el cuerpo; *I was mortified to hear that ...* me sentí abochornado cuando oí que...
mor•tu•a•ry [ˈmɔːrtʊerɪ] depósito *m* de cadáveres
mo•sa•ic [moʊˈzeɪɪk] mosaico *m*
Mos•cow [ˈmɑːskaʊ] Moscú *m*
Mos•lem [ˈmʊzlɪm] **I** *adj* musulmán **II** *n* musulmán(-ana) *m(f)*
mosque [mɑːsk] mezquita *f*
mos•qui•to [mɑːsˈkiːtoʊ] (*pl -o(e)s*) mosquito *m*

mos'qui•to net mosquitera *f*
moss [mɑːs] musgo *m*
moss•y [ˈmɑːsɪ] *adj* cubierto de musgo
most [moʊst] **I** *adj* la mayoría de **II** *adv* (*very*) muy, sumamente; *the ~ beautiful / interesting* el más hermoso / interesante; *that's the one I like ~* ése es el que más me gusta; *~ of all* sobre todo **III** *pron* la mayoría de; *~ of her novels / friends* la mayoría de sus novelas / amigos; *~ of his time / money* la mayor parte de su tiempo / dinero; *at (the) ~* como mucho; *make the ~ of* aprovechar al máximo
most•ly [ˈmoʊstlɪ] *adv* principalmente, sobre todo
MOT [emoʊˈtiː] *Br* (*test*): inspección anual de vehículos, *Span* ITV *f*, (*certificate*): certificado de haber pasado la inspección anual, *Span* ITV *f*
mo•tel [moʊˈtel] motel *m*
moth [mɑːθ] mariposa *f* nocturna; (*clothes ~*) polilla *f*
'moth•ball bola *f* de naftalina
'moth-eat•en *adj* apolillado
moth•er [ˈmʌðər] **I** *n* madre *f* **II** *v/t* mimar
'moth•er•board COMPUT placa *f* madre
moth•er•hood [ˈmʌðərhʊd] maternidad *f*
Moth•er•ing Sun•day [mʌðərɪŋˈsʌndeɪ] ☞ *Mother's Day*
'moth•er-in-law (*pl mothers-in-law*) suegra *f*
'moth•er•land tierrra *f* natal
moth•er•less [ˈmʌðərlɪs] *adj* huérfano (*de madre*)
moth•er•ly [ˈmʌðərlɪ] *adj* maternal
Moth•er 'Na•ture la madre naturaleza; moth•er-of-'pearl nácar *m*; 'Moth•er's Day Día *m* de la Madre; moth•er-to--'be (*pl mothers-to-be*) futura madre *f*; 'moth•er tongue lengua *f* materna
mo•tif [moʊˈtiːf] motivo *m*
mo•tion [ˈmoʊʃn] **I** *n* **1** (*movement*) movimiento *m*; *put or set things in ~* poner las cosas en marcha; *he's just going through the ~s* está haciendo las cosas mecánicamente **2** (*proposal*) moción *f* **II** *v/t: he ~ed me forward* me indicó con un gesto que avanzara
'mo•tion de•tect•or detector *m* de movimientos
mo•tion•less [ˈmoʊʃnlɪs] *adj* inmóvil

mo•tion 'pic•ture película *f*

mo•ti•vate ['moʊtɪveɪt] *v/t person* motivar

mo•ti•va•tion [moʊtɪ'veɪʃn] motivación *f*

mo•tive ['moʊtɪv] motivo *m*

mo•tive•less ['moʊtɪvlɪs] *adj crime* sin motivo

mot•ley ['mɑːtlɪ] *adj* heterogéneo

mo•tor ['moʊtər] motor *m*

'mo•tor•bike moto *f*; **'mo•tor•boat** lancha *f* motora; **mo•tor•cade** ['moʊtərkeɪd] caravana *f*, desfile *m* de coches; **'mo•tor•cy•cle** motocicleta *f*; **'mo•tor•cy•clist** motociclista *m/f*; **'mo•tor home** autocaravana *f*; **'mo•tor in•dus•try** *Br* industria *f* automovilística

mo•tor•ing ['moʊtərɪŋ] automovilismo *m*

mo•tor•ist ['moʊtərɪst] conductor(a) *m(f)*, automovilista *m/f*

'mo•tor me•chan•ic mecánico(-a) *m(f)* (de automóviles); **'mo•tor•mouth** F charlatán(-ana) *m(f)*; **mo•tor 'neu•rone dis•ease** enfermedad *f* neurona motora; **'mo•tor rac•ing** carreras *fpl* de coches; **'mo•tor•scoot•er** vespa® *f*; **'mo•tor ve•hi•cle** vehículo *m* de motor; **'mo•tor•way** *Br* autopista *f*

mot•tled ['mɑːtld] *adj* moteado

mot•to ['mɑːtoʊ] (*pl* **-o(e)s**) lema *m*

mould *etc Br* ☞ **mold**[1&2]

moult *Br* ☞ **molt**

mound [maʊnd] *also baseball* montículo *m*

mount [maʊnt] **I** *n* **1** (*mountain*) monte *m*; **Mount McKinley** el Monte McKinley **2** (*horse*) montura *f* **II** *v/t* **1** *steps* subir; *horse, bicycle* montar en **2** *campaign, photo* montar **III** *v/i* aumentar, crecer

◆ **mount up** *v/i* **1** *of bills etc* acumularse **2** *get on horse* montar

moun•tain ['maʊntɪn] montaña *f*

'moun•tain bike bicicleta *f* de montaña

'moun•tain chain cadena *f* montañosa

moun•tain•eer [maʊntɪ'nɪr] montañero(-a) *m(f)*, alpinista *m/f*, *L.Am.* andinista *m/f*

moun•tain•eer•ing [maʊntɪ'nɪrɪŋ] montañismo *m*, alpinismo *m*, *L.Am.* andinismo *m*

'moun•tain goat cabra *f* montés

'moun•tain li•on puma *m*

moun•tain•ous ['maʊntɪnəs] *adj* montañoso

'moun•tain range cordillera *f*, cadena *f* montañosa

'moun•tain•side ladera *f*

mount•ed ['maʊntɪd] *adj* montado

mount•ed po'lice policía *f* montada

Moun•tie ['maʊntɪ] (*in Canada*): agente *de la policía montada*

mount•ing ['maʊntɪŋ] *adj* creciente

mourn [mɔːrn] **I** *v/t* llorar **II** *v/i*: **~ for s.o.** llorar la muerte de alguien

mourn•er ['mɔːrnər] doliente *m/f*

mourn•ful ['mɔːrnfəl] *adj voice, face* triste

mourn•ing ['mɔːrnɪŋ] luto *m*, duelo *m*; **be in ~** estar de luto; **wear ~** vestir de luto

mouse [maʊs] (*pl* **mice** [maɪs]) *also* COMPUT ratón *m*

'mouse•hole ratonera *f*; **'mouse mat** COMPUT alfombrilla *f*; **'mouse•trap** cepo *m*

mousse [muːs] **1** *to eat* mousse *m* **2**: (*styling*) ~ espuma *f*

mous•tache *Br* ☞ **mustache**

mous•y ['maʊsɪ] *adj color, hair* pardo

mouth[1] [maʊθ] *n of person* boca *f*; *of river* desembocadura *f*; **be down in the ~** F estar con la depre F; **you took the words right out of my ~** me lo has quitado de la punta de la lengua; **you keep your ~ shut!** F ¡cierra el pico!

mouth[2] [maʊð] *v/t* decir moviendo los labios

◆ **mouth off** *v/i* P **1** (*be fresh*) rebotarse P, contestar F **2** (*be indiscreet*) irse de la boca P **3** (*boast*) farolear P, fardar P

mouth•ful ['maʊθfəl] *of food* bocado *m*; *of drink* trago *m*

'mouth•or•gan armónica *f*; **'mouth•piece 1** *of instrument* boquilla *f* **2** (*spokesperson*) portavoz *m/f*; **mouth--to-mouth re•sus•ci•ta•tion** respiración *f* boca a boca; **'mouth•wash** enjuague *m* bucal, elixir *m* bucal; **'mouth•wa•ter•ing** *adj* apetitoso

move [muːv] **I** *n* **1** *in chess, checkers* movimiento *m*; *in soccer* jugada *f*; **make the first ~** dar el primer paso; **get a ~ on!** F ¡espabílate! F; **don't make a ~!** ¡ni te muevas!; **it's your ~** *in chess, fig* te toca **2** (*step, action*) paso *m* **3** (*change of house*) mudanza *f*

II *v/t* **1** *object* mover; **~ those papers out of your way** aparta esos papeles **2** *(transfer)* trasladar; **~ house** mudarse de casa **3** *emotionally* conmover
III *v/i* **1** moverse **2** *(transfer)* trasladarse; *(~ house)* mudarse

♦ **move along** *v/i:* **move along there please!** ¡muévanse!, ¡apártense!; **it's time to be moving along** ya va siendo hora de marcharse

♦ **move around** *v/i* in room andar; *from place to place* trasladarse, mudarse

♦ **move away** *v/i* **1** alejarse, apartarse **2** *(move house)* mudarse

♦ **move in** *v/i* to house, neighborhood mudarse; *to office* trasladarse

♦ **move in on** *v/t* MIL avanzar sobre

♦ **move in with** *v/t* irse a vivir con

♦ **move on** *v/i* to another town mudarse; *to another job* cambiarse; *to another subject* pasar a hablar de

♦ **move out** *v/i* of house mudarse; *of area* marcharse

♦ **move over** *v/i* *(make room)* correrse

♦ **move up I** *v/i* **1** *in league* ascender, subir **2** *(make room)* correrse **II** *v/t* meeting, trip anticipar

move•ment ['muːvmənt] also organization, MUS movimiento *m*

mov•ers ['muːvərz] *npl* firm empresa *f* de mudanzas; *men* empleados *mpl* de una empresa de mudanzas

mov•ie ['muːvɪ] película *f*; **go to a ~ or the ~s** ir al cine; **be in the ~s** trabajar en el cine

'**mov•ie cam•er•a** cámara *f* de cine; **mov•ie•go•er** ['muːvɪɡoʊər] aficionado(-a) *m/f* al cine; '**mov•ie star** estrella *f* de cine; '**mov•ie thea•ter** cine *m*, sala *f* de cine

mov•ing ['muːvɪŋ] *adj* **1** *(that can move)* movible **2** *emotionally* conmovedor

mow [moʊ] *v/t* grass cortar

♦ **mow down** *v/t* segar la vida de

mow•er ['moʊər] cortacésped *m*

MP [em'piː] *abbr* **1** (= **Member of Parliament**) Br diputado(-a) *m(f)* **2** (= **Military Policeman**) policía *m* militar

mpg [empiː'dʒiː] *abbr* (= **miles per gallon**) millas por galón *(medición del consumo de un coche)*

mph [empiː'eɪtʃ] *abbr* (= **miles per hour**) millas *fpl* por hora

MPV [empiː'viː] *abbr* (= **multi-purpose vehicle**) vehículo *m* polivalente, monovolúmen *m*

Mr. ['mɪstər] Sr.

Mrs ['mɪsɪz] Sra.

Ms [mɪz] Sra. *(casada o no casada)*

much [mʌtʃ] **I** *adj* mucho; **so ~ money** tanto dinero; **as ~ ... as ...** tanto ... como

II *adv* mucho; **I don't like him ~** no me gusta mucho; **he's ~ more intelligent than ...** es mucho más inteligente que ...; **the house is ~ too large for one person** la casa es demasiado grande para una sola persona; **~ admired** muy admirado; **very ~** mucho; **thank you very ~** muchas gracias; **I love you very ~** te quiero muchísimo; **too ~** demasiado

III *pron* mucho; **what did she say? – nothing ~** ¿qué dijo? – no demasiado; **as ~ as ...** tanto como ...; **it may cost as ~ as half a million dollars** puede que haya malversado hasta medio millón de dólares; **I thought as ~** eso es lo que pensaba; **I'm not ~ of a dancer** no se me da muy bien bailar; **he's not ~ of a party-goer** no es muy dado a ir de fiesta, no le gusta mucho salir de fiesta; **there's not ~ of a difference** no hay mucha diferencia; **~ as I would like to** a pesar de lo que me gustaría

muck [mʌk] *(dirt)* suciedad *f*

♦ **muck around** *v/i* F enredar

♦ **muck around with** *v/t* F enredar con

'**muck•rake** *v/i* desenterrar escándalos

muck•y ['mʌkɪ] *adj* F mugriento

mu•cous ['mjuːkəs] *adj* mucoso; **~ membrane** ANAT mucosa *f*

mu•cus ['mjuːkəs] mocos *mpl*, mucosidad *f*

mud [mʌd] barro *m*

'**mud•bath** baño *m* de barro

mud•dle ['mʌdl] **I** *n* lío *m*; **get into a ~ with sth** armarse *or* montarse un lío con algo **II** *v/t* person liar; **you've gotten the story all ~d** te has hecho un lío con la historia

♦ **muddle through** *v/i* arreglárselas

♦ **muddle up** *v/t* desordenar; *(confuse)* liar

mud•dy ['mʌdɪ] *adj* embarrado

'**mud•flap** guardabarros *m inv*; '**mud•flat** marisma *f*; '**mud•guard** guardabarros *m inv*; **'mud pack** mascarilla *f* de barro; **mud•sling•ing** ['mʌdslɪŋɪŋ] descalificaciones *fpl*

mues•li ['mju:zlɪ] muesli *m*

muf•fin ['mʌfɪn] magdalena *f*

muf•fle ['mʌfl] *v/t* ahogar, amortiguar

◆ **muffle up** *v/i* abrigarse

muf•fler ['mʌflər] **1** MOT silenciador *m* **2** *thick scarf* bufanda *f*

muf•ti ['mʌftɪ] F: *in ~* de paisano

mug[1] [mʌg] **1** *for tea, coffee* taza *f* **2** F *(face)* jeta *f* F *Span* careto *m* F **3** F *(fool)* tonto(-a) *m(f)*

mug[2] [mʌg] *v/t (pret & pp -ged) (attack)* atracar

mug•ger ['mʌgər] atracador(a) *m(f)*

mug•ging ['mʌgɪŋ] atraco *m*

mug•gy ['mʌgɪ] *adj* bochornoso

'mug•shot P foto *f (para ficha policial)*

mule [mju:l] **1** *animal* mulo(-a) *m(f)*; *as stubborn as a ~* terco como una mula **2** *slipper* pantufla *f*

◆ **mull over** [mʌl] *v/t* reflexionar sobre

mulled [mʌld] *adj*: *~ wine* vino con especias que se bebe caliente

mul•ti... ['mʌltɪ] multi...

mul•ti•col•ored *adj* multicolor

mul•ti•cul•tur•al *adj* multicultural

mul•ti•fac•et•ed [mʌltɪ'fæsɪtɪd] *adj personality, issue* múltiple

mul•ti•far•i•ous [mʌltɪ'ferɪəs] *adj* múltiple

mul•ti•func•tion•al *adj* multifuncional

mul•ti•lat•e•ral [mʌltɪ'lætərəl] *adj* POL multilateral

mul•ti•lin•gual [mʌltɪ'lɪŋgwəl] *adj* multilingüe

mul•ti•me•di•a **1** *n* multimedia *f* **II** *adj* multimedia

mul•ti•mil•lion'aire multimillonario (-a) *m(f)*

mul•ti•na•tion•al **I** *adj* multinacional **II** *n* COM multinacional *f*

mul•ti•ple ['mʌltɪpl] *adj* múltiple

mul•ti•ple 'choice ques•tion pregunta *f* tipo test

mul•ti•ple scle•ro•sis [skle'rousɪs] esclerosis *f* múltiple

mul•ti•plex ['mʌltɪpleks] *movie theater (cine m)* multisalas *m inv*, multicines *mpl*

mul•ti•pli•ca•tion [mʌltɪplɪ'keɪʃn] multiplicación *f*

mul•ti•pli•ca•tion sign signo *m* de multiplicar

mul•ti•plic•i•ty [mʌltɪ'plɪsətɪ] multiplicidad *f*

mul•ti•pli•er ['mʌltɪplaɪər] MATH multiplicador *m*

mul•ti•ply ['mʌltɪplaɪ] **I** *v/t (pret & pp -ied)* multiplicar **II** *v/i (pret & pp -ied)* multiplicarse

mul•ti'pur•pose *adj* multiuso

mul•ti•ra•cial *adj* multirracial

mul•ti•ra•cial•ism carácter *m* multirracial

mul•ti-screen 'mov•ie the•a•ter multicine *m*

mul•ti-sto•rey 'car park *Br* aparcamiento *m* de varias plantas

mul•ti-task•ing ['mʌltɪtæskɪŋ] multitarea *f*

mul•ti•tude ['mʌltɪtjuːd] multitud *f*; *for a ~ of reasons* por numerosas razones

mul•ti-'us•er *adj system* multiusuario

mum[1] [mʌm]: *~'s the word* no diré ni mu; *keep ~ about sth* no decir ni mu sobre algo

mum[2] [mʌm] *esp Br* F mamá *f*

mum•ble ['mʌmbl] **I** *n* murmullo *m* **II** *v/t* farfullar **III** *v/i* hablar entre dientes

mum•bo jum•bo [mʌmbou'dʒʌmbou] palabrería *f*; *the usual management ~* las galimatías típicas de los directivos

mum•mi•fy ['mʌmɪfaɪ] *v/t* momificar

mum•my ['mʌmɪ] *Br* mamá *f*

mumps [mʌmps] *nsg* paperas *fpl*

munch [mʌntʃ] *v/t & v/i* mascar

mun•dane [mʌn'deɪn] *adj (everyday)* rutinario

mu•ni•ci•pal [mju:'nɪsɪpl] *adj* municipal

mu•ni•ci•pal•i•ty [mju:nɪsɪ'pælətɪ] municipio *m*

mu•ni•tions [mju:'nɪʃənz] *npl* municiones *mpl*

mu•ral ['mjʊrəl] mural *m*

mur•der ['mɜːrdər] **I** *n* asesinato *m*; *she lets him get away with ~* F le consiente todo; *scream blue ~* poner el grito en el cielo; *the traffic was ~* P el tráfico era criminal **II** *v/t* **1** *person* asesinar, matar **2** F *song* destrozar

mur•der•er ['mɜːrdərər] asesino(-a) *m(f)*

mur•der•ess ['mɜːrdəres] asesina *f*

mur•der•ous ['mɜːrdrəs] *adj rage, look* asesino

'**mur•der weap•on** arma *f* homicida
murk•y ['mɜːrkɪ] *adj water* turbio, oscuro; *fig: past* turbio
mur•mur ['mɜːrmər] I *n* murmullo *m*; ... *he said in a ~* ... murmulló; *accept without a ~* aceptar sin rechistar II *v/t* murmurar
Mur•phy bed ['mɜːrfɪ] mueble *m* cama
mus•cle ['mʌsl] músculo *m*
◆ **muscle in** *v/i* F meterse a la fuerza
◆ **muscle in on** *v/t* F meterse a la fuerza en
mus•cle•man ['mʌslmæn] forzudo *m*
mus•cu•lar ['mʌskjʊlər] *adj* **1** *pain, strain* muscular **2** *person* musculoso
mus•cu•lar dys•tro•phy [mʌskjʊlər'dɪstrəfɪ] MED distrofia *f* muscular
muse [mjuːz] *v/i* meditar, reflexionar
mu•se•um [mjuːˈzɪəm] museo *m*
mush [mʌʃ] puré *m*
mush•room ['mʌʃrʊm] I *n* seta *f*, hongo *m*; (*button ~*) champiñón *m* II *v/i* crecer rápidamente
'**mush•room cloud** hongo *m* atómico
mush•y ['mʌʃɪ] *adj* blando; F *too sentimental* sentimentaloide
mu•sic ['mjuːzɪk] música *f*; *in written form* partitura *f*; *set sth to ~* poner música a algo; *that's ~ to my ears* F me suena a música celestial, eso es música para mis oídos
mu•sic•al ['mjuːzɪkl] I *adj* **1** musical **2** *person* con talento para la música II *n* musical *m*
'**mu•sic•al box** caja *f* de música
mu•sic•al 'in•stru•ment instrumento *m* musical
mu•si•cian [mjuːˈzɪʃn] músico(-a) *m(f)*
mu•si•col•o•gy [mjuːzɪˈkɑːlədʒɪ] musicología *f*
'**mu•sic stand** atril *m*
'**mu•sic stool** taburete *m* (*para un músico*)
musk [mʌsk] *cosmetic* almizcle *m*
Mus•lim ['mʊzlɪm] ☞ **Moslem**
◆ **muss up** [mʌsˈʌp] *v/t* F revolver
mus•sel ['mʌsl] mejillón *m*
must [mʌst] I *v/aux* **1** *necessity* tener que, deber; *I ~ be on time* tengo que *or* debo llegar a la hora; *do you have to leave now? – yes, I ~* ¿tienes que marcharte ahora? – sí, debo marcharme; *I ~n't be late* no tengo que llegar tarde, no debo llegar tarde

2 *probability* deber de; *it ~ be about 6 o'clock* deben de ser las seis; *they ~ have arrived by now* ya deben de haber llegado
II *n*: *be a ~ proper clothing, clean water etc* ser imprescindible; *the Grand Canyon is a ~* el Gran Cañón es una visita obligada
mus•tache [məˈstæʃ] bigote *m*
mus•tard ['mʌstərd] mostaza *f*
'**mus•tard gas** gas *m* mostaza
mus•ter ['mʌstər] I *v/t troops, resources* reunir II *n*: *pass ~* ser pasable
◆ **muster up** *v/t courage* armarse de
mustn't ['mʌsnt] = **must not**
must•y ['mʌstɪ] *adj room* que huele a humedad; *smell* a humedad
mu•tant [mjuːˈtənt] I *adj* mutante II *n* mutante *m/f*
mu•tate [mjuːˈteɪt] *v/i* mutar (*into* en)
mu•ta•tion [mjuːˈteɪʃn] mutación *f*
mute [mjuːt] I *adj animal* mudo II *n* MUS sordina *f*
mut•ed ['mjuːtɪd] *adj color* apagado; *criticism* débil
mu•ti•late ['mjuːtɪleɪt] *v/t* mutilar
mu•ti•la•tion [mjuːtɪˈleɪʃn] mutilación *f*
mu•ti•neer [mjuːtɪˈnɪər] I *n* amotinado(-a) *m(f)* II *v/i* amotinarse
mu•ti•nous ['mjuːtɪnəs] *adj* rebelde
mu•ti•ny ['mjuːtɪnɪ] I *n* motín *m* II *v/i* (*pret & pp -ied*) amotinarse
mut•ter ['mʌtər] *v/t & v/i* murmurar
mut•ton ['mʌtn] carnero *m*
mu•tu•al ['mjuːtʃʊəl] *adj* mutuo; *the feeling's ~* el sentimiento es mutuo
mu•tu•al•ly ['mjuːtʃʊəlɪ] *adv* mutuamente; *the two are ~ exclusive* se excluyen mutuamente
mu•zak® ['mjuːzæk] música *f* ambiental
muz•zle ['mʌzl] I *n* **1** *of animal* hocico *m* **2** *for dog* bozal *m* **3** *of rifle* boca *f* II *v/t* poner un bozal a; *~ the press* amordazar a la prensa
my [maɪ] *adj* mi; *~ house* mi casa; *~ parents* mis padres
my•o•pi•a [maɪˈoʊpɪə] MED, *fig* miopía *f*
my•op•ic [maɪˈɑːpɪk] *adj* miope
myr•i•ad ['mɪrɪəd]: *a ~* ... miles de...
myrrh [mɜːr] BOT mirra *f*
myr•tle ['mɜːrtl] BOT mirto *m*
my•self [maɪˈself] *pron reflexive* me; *emphatic* yo mismo(-a); *when I saw*

~ in the mirror cuando me vi en el espejo; **I saw it ~** lo vi yo mismo; **by ~** (*alone*) solo; (*without help*) yo solo, yo mismo

mys•te•ri•ous [mɪˈstɪrɪəs] *adj* misterioso

mys•te•ri•ous•ly [mɪˈstɪrɪəslɪ] *adv* misteriosamente

mys•te•ry [ˈmɪstərɪ] misterio *m*; **~** (*story*) relato *m* de misterio; **tonight's ~ guest is …** nuestro invitado sorpresa de esta noche es …

mys•tic [ˈmɪstɪk] **I** *adj* místico **II** *n* místico(-a) *m(f)*

mys•ti•cism [ˈmɪstɪsɪzəm] misticismo *m*

mys•ti•fy [ˈmɪstɪfaɪ] *v/t* (*pret & pp* **-ied**) dejar perplejo

mys•ti•fy•ing [ˈmɪstɪfaɪɪŋ] *adj* desconcertante

mys•tique [mɪˈstiːk] aureola *f* de misterio

myth [mɪθ] *also fig* mito *m*

myth•i•cal [ˈmɪθɪkl] *adj* mítico

myth•o•log•i•cal [mɪθəˈlɑːdʒɪkl] *adj* mitológico

my•thol•o•gy [mɪˈθɑːlədʒɪ] mitología *f*

N

n/a [enˈeɪ] *abbr* (= **not applicable**) no corresponde

nab [næb] *v/t* (*pret & pp* **-bed**) F (*take for o.s.*) pescar F, agarrar

na•dir [ˈneɪdɪr] AST nadir *m*; *fig* punto *m* más bajo

naff [næf] *adj Br* F hortera

NAFTA [ˈnæftə] *abbr* (= **North American Free Trade Agreement**) ALCA *m* (= Acuerdo *m* de Libre Comercio de las Américas)

nag [næg] **I** *v/i* (*pret & pp* **-ged**) *of person* dar la lata **II** *v/t* (*pret & pp* **-ged**): **~ s.o. to do sth** dar la lata a alguien para que haga algo **III** *n* (*person*) pesado(-a) *m(f)*

nag•ger [ˈnægər] pesado(-a) *m(f)*

nag•ging [ˈnægɪŋ] *adj person* quejica; *doubt* persistente; *pain* continuo

nail [neɪl] **I** *n for wood* clavo *m*; **as hard as ~s** muy duro **2** *on finger, toe* uña *f* **II** *v/t*: **~ sth to sth** clavar algo a algo;

♦ **nail down** *v/t lid etc* cerrar con clavos; *fig* **nail s.o. down to a decision / price etc** hacer que alguien tome una decisión / se comprometa a un precio

ˈ**nail-bit•ing** *adj suspense etc* de infarto

ˈ**nail brush** cepillo *m* de uñas; ˈ**nail clip•pers** *npl* cortaúñas *m inv*; ˈ**nail file** lima *f* de uñas; ˈ**nail pol•ish** esmalte *m* de uñas; ˈ**nail pol•ish re•mov•er** quitaesmaltes *m inv*; ˈ**nail scis•sors** *npl* tijeras *fpl* de manicura; ˈ**nail var•nish** esmalte *m* de uñas

na•ive [naɪˈiːv] *adj* ingenuo

na•ive•ty [naɪˈiːvtɪ] ingenuidad *f*

na•ked [ˈneɪkɪd] *adj* desnudo; **to the ~ eye** a simple vista

name [neɪm] **I** *n* nombre *m*; **what's your ~?** ¿cómo te llamas?; **call s.o. ~s** insultar a alguien; **make a ~ for o.s.** hacerse un nombre; **have a bad ~** tener mala fama; **you'll get yourself a bad ~** te ganarás mala fama; **Forsyth by ~** de nombre Forsyth; **he's the leader in ~ only** es el líder sólo de nombre; **the house is in my wife's ~** la casa está a nombre de mi esposa; **put one's ~ down for sth** apuntarse a algo; **in the ~ of peace / of progress** en el nombre de la paz / del progreso; **one of the big ~s in …** una de las figuras de …

II *v/t*: **they ~d him Ben** le llamaron Ben; **~d** llamado

♦ **name for** *v/t*: **name s.o. for s.o.** poner a alguien con el nombre de alguien

ˈ**name day** santo *m*

name-drop•per [ˈneɪmdrɑːpər] F: **he's a terrible ~** le encanta presumir de conocer a mucha gente famosa

name•ly [ˈneɪmlɪ] *adv* a saber

ˈ**name plate** placa *f* con el nombre; **name•sake** [ˈneɪmseɪk] tocayo(-a) *m(f)*, homónimo(-a) *m(f)*; ˈ**name•tag** *on clothing etc* etiqueta *f*

nan•ny [ˈnænɪ] niñera *f*

ˈ**nan•ny goat** cabra *f*

nap [næp] **I** *n* cabezada *f*; **have a ~** echar una cabezada **II** *v/i* (*pret & pp* **-ped**):

naturally

catch s.o. ~*ping fig* sorprender a alguien desprevenido

na•palm ['neɪpɑːm] napalm *m*

nape [neɪp]: ~ *of the neck* nuca *f*

nap•kin ['næpkɪn] **1** (*table* ~) servilleta *f* **2** (*sanitary* ~) compresa *f*

nap•py ['næpɪ] *Br* pañal *m*

nar•cis•sism ['nɑːrsɪsɪzəm] PSYCH narcisismo *m*

nar•cis•sus [nɑːr'sɪsəs] (*pl* **-uses** [nɑːr'sɪsəsəs], **narcissi** [nɑːr'sɪsaɪ]) BOT narciso *m*

nar•cot•ic [nɑːr'kɑːtɪk] narcótico *m*, estupefaciente *m*

nar•cot•ics a•gent agente *m/f* de la brigada de estupefacientes

nar•rate [nə'reɪt] *v/t* narrar

nar•ra•tion [nə'reɪʃn] (*telling*) narración *f*

nar•ra•tive ['nærətɪv] **I** *n* (*story*) narración *f* **II** *adj poem, style* narrativo

nar•ra•tor [nə'reɪtər] narrador(a) *m(f)*

nar•row ['nærəʊ] **I** *adj street, bed, victory* estrecho; *views, mind* cerrado; *in the* ~*est sense of the word* en el sentido más estricto de la palabra; *by a* ~ *margin* por un estrecho margen **II** *v/i of river, road* estrecharse

◆ **narrow down I** *v/t fig* reducir (*to* a) **II** *v/i* reducirse

nar•row•ly ['nærəʊlɪ] *adv win* por poco; ~ *escape sth* escapar por poco de algo

nar•row-'mind•ed *adj* cerrado

NASA ['næsə] *abbr* (= *National Aeronautics and Space Administration*) NASA *f*

na•sal ['neɪzl] *adj voice* nasal

nas•ty ['næstɪ] *adj person, smell* desagradable, asqueroso; *thing to say* malintencionado; *weather* horrible; *cut, wound* feo; *disease* serio; *turn* ~ *of person* ponerse agresivo; *of situation* ponerse feo

na•tion ['neɪʃn] nación *f*

na•tion•al ['næʃənl] **I** *adj* nacional; ~ *costume* traje *m* típico; ~ *dish* plato *m* nacional; ~ *service* servicio *m* militar; ~ *team* equipo *m* nacional **II** *n* ciudadano(-a) *m(f)*

na•tion•al 'an•them himno *m* nacional; **na•tion•al 'coach** *in soccer* seleccionador *m* (nacional); **na•tion•al 'debt** deuda *f* pública; **Na•tion•al 'Guard** Guardia *f* Nacional; **Na•tion•al 'Health Serv•ice** *in UK sistema público de salud británico*

na•tion•al•ism ['næʃənəlɪzm] nacionalismo *m*

na•tion•al•is•tic [næʃənə'lɪstɪk] *adj* nacionalista

na•tion•al•i•ty [næʃə'nælətɪ] nacionalidad *f*; *what* ~ *is she?* ¿de qué nacionalidad es?

na•tion•al•i•za•tion [næʃənəlaɪ'zeɪʃn] nacionalización *f*

na•tion•al•ize ['næʃənəlaɪz] *v/t industry etc* nacionalizar

na•tion•al 'park parque *m* nacional

'na•tion•wide *adj* de todo el país **II** *adv* por todo el país

na•tive ['neɪtɪv] **I** *adj* nativo; ~ *language* lengua *f* materna **II** *n* **1** nativo(-a) *m(f)*, natural *m/f*; *he's a* ~ *of New York* es natural de Nueva York **2** *tribesman* nativo(-a) *m(f)*, indígena *m/f*

'Na•tive A•mer•i•can indio(-a) *m(f)* americano(-a); **na•tive 'coun•try** país *m* natal; **na•tive 'speak•er** hablante *m/f* nativo(-a)

Na•tiv•i•ty [nə'tɪvətɪ] Natividad *f*; ~ *play* auto *m* navideño

NATO ['neɪtəʊ] *abbr* (= *North Atlantic Treaty Organization*) OTAN *f* (= Organización *f* del Tratado del Atlántico Norte)

nat•ty ['nætɪ] *adj* **F 1** (*stylish*) elegante **2** (*clever and useful*) ingenioso

nat•u•ral ['nætʃrəl] **I** *adj* natural; *conclusion, thing to think* natural, lógico; *a* ~ *yoghurt* un yogur de sabor natural; *a* ~ *blonde* una rubia natural; *die a* ~ *death* morir de muerte natural **II** *n*: *she's a* ~ tiene talento natural

nat•u•ral di'sas•ter desastre *m* natural; **nat•u•ral 'gas** gas *m* natural; **nat•u•ral 'his•to•ry** historia *f* natural

nat•u•ral•ist ['nætʃrəlɪst] naturalista *m/f*

nat•u•ral•is•tic [nætʃrə'lɪstɪk] *adj* naturalista

nat•u•ral•i•za•tion [nætʃrəlaɪ'zeɪʃn] naturalización *f*

nat•u•ral•ize ['nætʃrəlaɪz] *v/t*: *become* ~*d* naturalizarse, nacionalizarse

nat•u•ral•ly ['nætʃərəlɪ] *adv* (*of course*) naturalmente; *behave, speak* con naturalidad; (*by nature*) por naturaleza; *substances which occur* ~ sustancias que se encuentran en la naturaleza; *it*

doesn't come ~ to him no tiene un don natural, no le sale por naturaleza

nat•u•ral re'sour•ces *npl* recursos *mpl* naturales; **nat•u•ral 'sci•ence** ciencias *fpl* naturales; **nat•u•ral 'sci•en•tist** experto(-a) *m(f)* en ciencias naturales; **nat•u•ral 'wast•age** reducción *f* de plantilla por jubilación

na•ture ['neɪtʃər] naturaleza *f*; **by ~** por naturaleza; **it is (in) her ~** es característico suyo; **it's not in her ~ to be ...** no es de las que ...; **of a serious ~** de naturaleza seria

na•ture re'serve reserva *f* natural

'na•ture trail sendero *m* natural

na•tur•ism ['neɪtʃərɪzm] *Br* naturismo *m*

naugh•ty ['nɔːtɪ] *adj* travieso, malo; *photograph, word etc* picante; **you ~ little boy!** ¡malo!, ¡pillo!; **that was a very ~ thing to do** eso estuvo mal

nau•se•a ['nɔːzɪə] náusea *f*

nau•se•ate ['nɔːzɪeɪt] *v/t* (*disgust*) dar náuseas a

nau•se•at•ing ['nɔːzɪeɪtɪŋ] *adj smell, taste* nauseabundo; *person* repugnante

nau•seous ['nɔːʃəs] *adj* nauseabundo; **feel ~** tener náuseas

nau•ti•cal ['nɔːtɪkl] *adj* náutico

'nau•ti•cal mile milla *f* náutica

na•val ['neɪvl] *adj* naval; **~ officer** oficial *m/f* de marina; **~ battle** batalla *f* naval

'na•val base base *f* naval

nave [neɪv] ARCHI nave *f* central

na•vel ['neɪvl] ombligo *m*

nav•i•ga•ble ['nævɪɡəbl] *adj river* navegable

nav•i•gate ['nævɪɡeɪt] *v/i in ship, airplane*, COMPUT navegar; *in car* hacer de copiloto

nav•i•ga•tion [nævɪ'ɡeɪʃn] navegación *f*; *in car* direcciónes *fpl*; **thanks to her brilliant ~** gracias a lo bien que indicaba direcciones

nav•i•ga•tor ['nævɪɡeɪtər] *on ship* oficial *m/f* de derrota; *in airplane* navegante *m/f*; *in car* copiloto *m/f*

na•vy ['neɪvɪ] armada *f*, marina *f* (de guerra)

na•vy 'blue I *n* azul *m* marino II *adj* azul marino

nay [neɪ] PARL no *m*; **the ~s have it** ganan los noes

Na•zi ['nɑːtsɪ] I *adj* nazi II *n* nazi *m/f*

Na•zism ['nɑːtsɪzəm] nazismo *m*

NBA [enbiː'eɪ] *abbr* (= *National Basketball Association*) NBA *f* (= Asociación Nacional de Baloncesto)

near [nɪr] I *adv* 1 cerca; **come a bit ~er** acércate un poco más; **Christmas is getting ~er** se acerca la Navidad; **she came ~ to tears** casi lloró 2 (*almost*) casi; **~ impossible** casi imposible

II *prep* cerca de; **~ the bank** cerca del banco

III *adj* cercano, próximo; *relative* cercano; **the ~est bus stop** la parada de autobús más cercana *or* próxima; **in the ~ future** en un futuro próximo; **~ miss** AVIA incidente *m* en el que casi se produce una colisión; **that was a ~ miss** *or* **thing** F le faltó muy poco

IV *v/t* acercarse a; **be ~ing completion** estar próximo a acabarse

near•by [nɪr'baɪ] *adv live* cerca

near•ly ['nɪrlɪ] *adv* casi; **not ~ as good / fast** ni de lejos tan bueno / rápido; **that's not ~ enough** eso no es ni con mucho suficiente; **very ~** casi; **I very ~ changed my mind** me faltó poco para cambiar de idea

near'sight•ed *adj* miope

near•sight•ed•ness [nɪr'saɪtɪdnɪs] miopía *f*

neat [niːt] *adj* 1 ordenado; *handwriting* claro 2 *whiskey* solo, seco 3 *solution* ingenioso 4 F (*terrific*) genial F, estupendo F

ne•ces•sar•i•ly ['nesəserəlɪ] *adv* necesariamente

ne•ces•sar•y ['nesəserɪ] *adj* necesario, preciso; **it is ~ to ...** es necesario ..., hay que ...; **a ~ evil** un mal necesario; **if ~** si fuera necesario

ne•ces•si•tate [nɪ'sesɪteɪt] *v/t* exigir, hacer necesario

ne•ces•si•ty [nɪ'sesɪtɪ] 1 (*being necessary*) necesidad *f*; **of ~** por fuerza; **~ is the mother of invention** *proverb* la necesidad agudiza el ingenio 2 (*something necessary*) necesidad *f*, requisito *m* imprescindible; **necessities pl of life** necesidades *fpl*; **be a ~ of life** ser algo muy necesario

neck [nek] I *n* cuello *m*; **be ~ and ~** ir igualadísimo; **be up to one's ~ in debt** estar hasta el cuello de deudas; **risk one's ~** jugarse el pellejo; **save one's**

~ salvar el pellejo; **stick one's ~ out** arriesgarse; **get it in the ~** F recibir un buen rapapolvo F **II** *v/i* meterse mano

neck•lace ['neklɪs] collar *m*; '**neck•line** *of dress* escote *m*; '**neck•tie** corbata *f*

nec•tar ['nektər] BOT néctar *m*

nec•tar•ine ['nektəri:n] BOT nectarina *f*

née [neɪ] *adj* de soltera

need [ni:d] **I** *n* necesidad *f*; **if ~ be** si fuera necesario; **in ~ of sth** necesitar algo; **those in ~** los (más) necesitados; **there's no ~ to be rude / upset** no hace falta ser grosero / que te enfades

II *v/t* necesitar

III *v/aux*: **you'll ~ to buy one** tendrás que comprar uno; **you don't ~ to wait** no hace falta que esperes; **I ~ to talk to you** tengo que *or* necesito hablar contigo; **~ I say more?** ¿hace falta que añada algo?; **you ~ not have come** no hacía falta que vinieras

nee•dle ['ni:dl] **I** *n for sewing, injection, on dial* aguja *f*; **a ~ in a haystack** *fig* una aguja en un pajar **II** *v/t* F (*annoy*) pinchar F

need•less ['ni:dlɪs] *adj* innecesario; **~ to say** ni que decir tiene

need•less•ly ['ni:dlɪslɪ] *adv* innecesariamente

'**nee•dle•work** costura *f*

need•y ['ni:dɪ] **I** *adj* necesitado **II** *npl*: **the ~** los necesitados

neg [neg] PHOT F negativo *m*

ne•gate [nɪ'geɪt] *v/t* **1** GRAM *sentence etc* poner en la negativa **2** *effect etc* invalidar

ne•ga•tion [nɪ'geɪʃn] **1** GRAM *of sentence etc* anulación *f* **2** *of effect etc* invalidación *f*

neg•a•tive ['negətɪv] *adj* negativo; **answer in the ~** dar una respuesta negativa

neg•a•tive 'eq•ui•ty patrimonio *m* negativo neto

ne•glect [nɪ'glekt] **I** *n* abandono *m*, descuido *m*; **be in a state of ~** estar abandonado; **~ of duty** incumplimiento *m* del deber **II** *v/t* **1** *garden, one's health* descuidar, desatender **2**: **~ to do sth** no hacer algo

ne•glect•ed [nɪ'glektɪd] *adj garden* abandonado, descuidado; *author* olvi-

dado; **feel ~** sentirse abandonado

ne•glect•ful [nɪ'glektfʊl] ☞ **negligent**

neg•li•gee ['neglɪʒeɪ] salto *m* de cama

neg•li•gence ['neglɪdʒəns] negligencia *f*

neg•li•gent ['neglɪdʒənt] *adj* negligente

neg•li•gi•ble ['neglɪdʒəbl] *adj quantity, amount* insignificante

ne•go•ti•a•ble [nɪ'gouʃəbl] *adj salary, contract* negociable

ne•go•ti•a•ble pa•per FIN efecto *m* negociable

ne•go•ti•ate [nɪ'gouʃɪeɪt] **I** *v/i* negociar; **negotiating skills** *pl* habilidades *fpl* para negociar; **negotiating table** mesa *f* de negociaciones **II** *v/t deal, settlement* negociar; *obstacles* franquear, salvar; *bend in road* tomar

ne•go•ti•a•tion [nɪgouʃɪ'eɪʃn] negociación *f*; **be under ~** estar siendo negociado; **be in ~s with** estar en negociaciones con

ne•go•ti•a•tor [nɪ'gouʃɪeɪtər] negociador(a) *m(f)*

Ne•gro ['ni:grou] negro(-a) *m(f)*

neigh [neɪ] *v/i* relinchar

neigh•bor ['neɪbər] vecino(-a) *m(f)*; **next-door ~** vecino de al lado

neigh•bor•hood ['neɪbərhʊd] *in town* vecindario *m*, barrio *m*; **in the ~ of** ... *fig* alrededor de ...

neigh•bor•ing ['neɪbərɪŋ] *adj house, state* vecino, colindante

neigh•bor•ly ['neɪbərlɪ] *adj* amable

neigh•bour *etc Br* ☞ **neighbor** *etc*

nei•ther ['ni:ðər] **I** *adj* ninguno; **~ applicant was any good** ninguno de los candidatos era bueno **II** *pron* ninguno(-a) *m(f)* **III** *adv*: **~ ... nor ...** ni ... ni ... **IV** *conj*: **~ do I** yo tampoco; **~ can I** yo tampoco

ne•o•clas•si•cal [ni:ou'klæsɪkəl] *adj* neoclásico

ne•o•lith•ic [ni:ə'lɪθɪk] *adj* neolítico

ne•ol•o•gism [ni:'ɑːlədʒɪzəm] LING neologismo *m*

ne•o•na•zi [ni:ou'nɑːtsɪ] **I** *adj* neonazi **II** *n* neonazi *m/f*

ne•on light [ni:ɑːn'laɪt] luz *f* de neón

Ne•pal [nə'pɔːl] Nepal *m*

Nep•a•lese [nepə'li:z] **I** *adj* nepalés, nepalí **II** *n* nepalés(-esa) *m(f)*, nepalí *m/f*

neph•ew ['nefjuː] sobrino *m*

nerd [nɜːrd] F petardo(-a) *m(f)* F; **he's a**

real computer ~ está obsesionado con las computadoras *or Span* ordenadores
nerve [nɜːrv] nervio *m*; *(courage)* valor *m*; *(impudence)* descaro *m*, cara *f*; *it's bad for my ~s* me pone de los nervios; *get on s.o.'s ~s* sacar de quicio a alguien; *he's got a ~* F ¡qué cara tiene!; *have ~s of steel* tener nervios de acero; *a bag or bundle of ~s* F un manojo de nervios; *be suffering from ~s* estar muy nervioso; *have the ~ to do sth* tener el valor / descaro de hacer algo; *have lost one's ~ of racing driver etc* tener miedo; *hit a ~* poner el dedo en la llaga
'nerve cell neurona *f*; 'nerve cen•ter, *Br* nerve cen•tre *fig* centro *m* neurálgico; 'nerve gas gas *m* nervioso; nerve-rack•ing ['nɜːrvrækɪŋ] *adj* angustioso, exasperante
ner•vous ['nɜːrvəs] *adj person* nervioso, inquieto; *twitch* nervioso; *I'm ~ about meeting them* la reunión con ellos me pone muy nervioso
ner•vous 'break•down crisis *f inv* nerviosa
ner•vous 'en•er•gy energía *f*
ner•vous•ly ['nɜːrvəslɪ] *adv* nerviosamente
ner•vous•ness ['nɜːrvəsnɪs] nerviosismo *m*
ner•vous 'wreck manojo *m* de nervios
nerv•y ['nɜːrvɪ] *adj (fresh)* descarado
nest [nest] I *n* nido *m* II *v/i* anidar
'nest egg *fig* ahorros *mpl*
nes•tle ['nesl] *v/i* acomodarse; *a village nestling in the hills* un pueblecito enclavado en las montañas
◆ nestle up to *v/t* recostarse en
Net [net] COMPUT: *the ~* la Red; *on the ~* en Internet
net¹ [net] *n for fishing, tennis etc* red *f*
net² [net] I *adj price, weight* neto II *v/t (pret & pp -ted) profit, salary* embolsarse
net as•sets *npl* FIN activos *mpl* netos
net 'cur•tain visillo *m*
Neth•er•lands ['neðərləndz] *npl* Países *mpl* Bajos
net•i•quette ['netɪket] COMPUT netiqueta *f*
'net play *in tennis* juego *m* en la red; net 'pro•fit beneficio *m* neto; net re'turn beneficio *m* neto; 'Net surf•er inter-

nauta *m/f*
net•tle ['netl] ortiga *f*; *grasp the ~ fig* coger el toro por los cuernos
'net•work I *n of contacts, cells,* COMPUT red *f* II *v/t computers* conectar en red; 'net•work driv•er COMPUT controlador *m* de red; 'net•work•ing *(building contacts)* establecimiento *m* de contactos; net 'worth activo *m* neto
neu•ral ['nʊrəl] *adj* neural
neu•ral•gi•a [nʊˈrældʒə] MED neuralgia *f*
neu•ral•gic [nʊrˈældʒɪk] *adj* neurálgico
neu•ro•log•i•cal [nʊrəˈlɑːdʒɪkl] *adj* MED neurológico
neu•rol•o•gist [nʊˈrɑːlədʒɪst] neurólogo(-a) *m(f)*
neu•rol•o•gy [nʊˈrɑːlədʒɪ] neurología *f*
neu•ron(e) ['nʊrɑːn] neurona *f*
neu•ro•sis [nʊˈroʊsɪs] *(pl neuroses* [nʊˈroʊsiːz]) neurosis *f inv*
neu•ro•sur•geon ['nʊroʊsɜːrdʒən] neurocirujano(-a) *m(f)*
neu•rot•ic [nʊˈrɑːtɪk] *adj* neurótico
neu•ter ['nuːtər] *v/t animal* castrar
neu•tral ['nuːtrl] I *adj country* neutral; *color* neutro II *n gear* punto *m* muerto; *in ~* en punto muerto
neu•tral•i•ty [nʊˈtrælətɪ] neutralidad *f*
neu•tral•ize ['nʊtrəlaɪz] *v/t* neutralizar; *~ each other* neutralizarse
neu•tron ['nuːtrɑːn] PHYS neutrón *m*; *~ bomb* bomba *f* de neutrones
nev•er ['nevər] *adv* nunca; *you're ~ going to believe this* no te vas a creer esto; *you ~ promised, did you?* no lo llegaste a prometer, ¿verdad?; *I have ~ ever seen ...* nunca jamás había visto...; *~ again will I trust them* no volveré a confiar en ellos nunca más
nev•er-'end•ing *adj* interminable
nev•er•the•less [nevərðəˈles] *adv* sin embargo, no obstante
new [nuː] *adj* nuevo; *this system is still ~ to me* todavía no me he hecho con este sistema; *I'm ~ to the job* soy nuevo en el trabajo; *that's nothing ~* no es nada nuevo; *feel a ~ man* sentirse como nuevo; *the ~ boys and girls* los nuevos
'new•born *adj* recién nacido
'new•com•er recién llegado(-a) *m(f)*; *I'm a ~ to this sort of approach* este enfoque me resulta nuevo
new•fan•gled ['nuːfæŋgld] *adj pej* mo-

derno
new'found *adj* nuevo; **New•found-**
land ['nu:fəʊndlænd] Terranova *f*;
New Guin•ea [nu:'gını] Nueva Guinea
f; **New Jer•sey** Nueva Jersey *f*
new•ly ['nu:lı] *adv* (*recently*) recientemente, recién
new•ly-weds ['nu:lıwedz] *npl* recién
casados *mpl*
new 'moon luna *f* nueva
news [nu:z] *nsg* noticias *fpl*; *on TV* noticias *fpl*, telediario *m*; *on radio* noticias *fpl*; *that's ~ to me* no sabía eso;
this is good / bad ~ son buenas / malas noticias; *a bit* or *piece of ~* una noticia; *is there any ~ ?* ¿ha habido alguna noticia?; *is there any ~ of Jim ?*
¿hay noticias de Jim?; *break the ~ to*
s.o. dar la noticia a alguien; *have ~*
from s.o. recibir noticias de alguien;
I heard it on the ~ lo escuché en las noticias; *he's always in the ~* siempre sale
en las noticias; *the good / bad ~ is ...*
la buena / mala noticia es …
'news a•gen•cy agencia *f* de noticias;
'news•a•gent *Br* vendedor(a) *m(f)*
de periódicos; **'news black•out** prohibición *f* de informar; *impose a ~* imponer censura informativa; **'news•cast**
TV noticias *fpl*, telediario *m*; *on radio*
noticias *fpl*; **'news•cast•er** TV presen-
tador(a) *m(f)* de informativos; **'news•**
deal•er quiosquero(-a) *m(f)*; **'news**
flash flash *m* informativo, noticia *f*
de última hora; **'news chan•nel** canal
m de noticias; **'news•let•ter** hoja *f* informativa; **'news•pa•per** periódico *m*;
'news•read•er TV *etc* presentador(a)
m(f) de informativos; **'news re•lease**
comunicado *m* de prensa; **'news re•**
port reportaje *m*; **'news•sheet** hoja *f*
informativa; **'news•stand** quiosco *m*;
'news•vend•or vendedor(a) *m(f)* de
periódicos; **'news•wor•thy** *adj* de interés informativo
newt [nu:t] ZO tritón *m*; *as drunk as a ~*
borracho como una cuba
New 'Tes•ta•ment Nuevo Testamento
m; **New 'World** Nuevo Mundo *m*;
'New Year año *m* nuevo; *Happy New*
Year! ¡Feliz Año Nuevo!; **New Year's**
'Day Día *m* de Año Nuevo; **New**
Year's 'Eve Nochevieja *f*; **New 'York**
[jɔːrk] **I** *adj* neoyorquino **II** *n:* ~ (*City*)

Nueva York *f*; **New York•er** ['jɔːrkər]
neoyorquino(-a) *m(f)*; **New Zea•land**
['zi:lənd] Nueva Zelanda *f*; **New Zea-**
land•er ['zi:ləndər] neozelandés(-esa)
m(f), neocelandés(-esa) *m(f)*
next [nekst] **I** *adj in time* próximo, siguiente; *in space* siguiente, de al lado;
~ week la próxima semana, la semana
que viene; *the ~ week he came back*
again volvió a la semana siguiente;
who's ~? ¿quién es el siguiente?
II *adv* luego, después; *~, we're going to*
study ... a continuación, vamos a estudiar …; *~ to* (*beside*) al lado de; (*in*
comparison with) en comparación
con; *wearing ~ to nothing* llevando
apenas nada (de ropa)
next 'door I *adj neighbor* de al lado **II**
adv live al lado
next of 'kin pariente *m* más cercano
NHS [eneıtʃ'es] *abbr* (= *National Health*
Service) *Br sistema público de salud*
británico
nib•ble ['nıbl] *v/t* mordisquear
Nic•a•ra•gua [nıkə'rɑ:gwə] Nicaragua *f*
Nic•a•ra•guan [nıkə'rɑ:gwən] **I** *adj* nicaragüense **II** *n* nicaragüense *m/f*
nice [naıs] *adj trip, house, hair* bonito,
L.Am. lindo; *person* agradable, simpático; *weather* bueno, agradable; *meal,*
food bueno, rico; *be ~ to your sister!*
¡trata bien a tu hermana!; *that's very*
~ of you es muy amable de tu parte
nice•ly ['naıslı] *adv written, presented*
bien; (*pleasantly*) amablemente; *that*
will do ~ eso me viene perfecto; *she*
is doing ~ le va muy bien
ni•ce•ties ['naısətız] *npl* sutilezas *fpl*,
refinamientos *mpl*; *social ~* cumplidos
mpl
niche [ni:ʃ] **1** *in market* hueco *m*, nicho
m **2** (*special position*) hueco *m*
'niche mar•ket nicho *m*; **'niche mar-**
ket•ing márketing *m* de nichos; **'niche**
prod•uct producto *m* con un nicho
nick [nık] **I** *n* (*cut*) muesca *f*, mella *f*; *in*
the ~ of time justo a tiempo **II** *v/t* F: ~
s.o. for $ 100 estafar 100 dólares a al-
guien
nick•el ['nıkl] **1** *metal* níquel *m* **2** *coin:*
moneda de cinco centavos
'nick•el-plate *v/t* niquelar
'nick•name apodo *m*, mote *m*
nic•o•tine ['nıkəti:n] nicotina *f*

'nic•o•tine poi•son•ing nicotinismo *m*

niece [niːs] sobrina *f*

niff [nɪf] *Br* F (*stink*) peste *f*

nif•ty ['nɪftɪ] *adj* F *gadget, idea* ingenioso

Ni•ger•i•a [naɪ'dʒɪrɪə] Nigeria *f*

Ni•ger•i•an [naɪ'dʒɪrɪən] I *adj* nigeriano II *n* nigeriano(-a) *m(f)*

nig•gard•ly ['nɪɡərdlɪ] *adj amount, person* mísero

nig•gle ['nɪɡl] I *v/i* quejarse (**about, over** de) II *v/t* (*worry*) preocupar

nig•gling ['nɪɡlɪŋ] *adj doubt* inquietante; *ache* molesto; **all the ~ little details** todos los detalles insignificantes

night [naɪt] noche *f*; **tomorrow ~** mañana por la noche; **11 o'clock at ~** las 11 de la noche; **travel by ~** viajar de noche; **during the ~** por la noche; **last ~** ayer por la noche; **the ~ before last** anteanoche; **on the ~ of May 5th** en la noche del 5 de mayo; **stay the ~** quedarse a dormir; **work ~s** trabajar de noche; **good ~** buenas noches; **~ and day** noche y día; **have a good / bad ~** pasar una buena / mala noche; **have a ~ out** salir por la noche

'night bird ave *f* nocturna; *fig* trasnochador(a) *m(f)*; 'night blind•ness MED ceguera *f* nocturna; 'night•cap *drink* copa *f* (*tomada antes de ir a dormir*); 'night•club club *m* nocturno, discoteca *f*; 'night•dress camisón *m*; 'night•fall: **at ~** al anochecer; **after ~** después del anochecer; 'night flight vuelo *m* nocturno; 'night•gown camisón *m*

night•ie ['naɪtɪ] F camisón *m*

night•in•gale ['naɪtɪŋɡeɪl] ruiseñor *m*

'night•life vida *f* nocturna

night•ly ['naɪtlɪ] I *adj*: **a ~ event** algo que sucede todas las noches II *adv* todas las noches

night•mare ['naɪtmer] *also fig* pesadilla *f*

night•mar•ish ['naɪtmerɪʃ] *adj* de pesadilla

'night nurse enfermero(-a) *m(f)* de noche; 'night owl F trasnochador(a) *m(f)*; 'night por•ter portero *m* de noche; 'night school escuela *f* nocturna; 'night shift turno *m* de noche; 'night-shirt camisa *f* de dormir; 'night-spot local *m* nocturno; 'night•stick porra

f; 'night•time: **at ~, in the ~** por la noche; **night 'watch•man** vigilante *m* nocturno

ni•hil•ism ['naɪɪlɪzəm] nihilismo *m*

ni•hil•ist ['naɪɪlɪst] nihilista *m/f*

ni•hil•is•tic [naɪɪ'lɪstɪk] *adj* nihilista

nil [nɪl] *Br* cero

Nile [naɪl] Nilo *m*

nim•ble ['nɪmbl] *adj person, mind* ágil

nim•by ['nɪmbɪ] *adj* F que apoya un proyecto etc mientras no le afecte directamente

nin•com•poop ['nɪŋkəmpuːp] tarugo(-a) *m(f)*

nine [naɪn] nueve; **~ times out of ten** *fig* nueve de cada diez veces; **~ of hearts** nueve de corazones; **be dressed up to the ~s** F ir de punta en blanco

nine•teen [naɪn'tiːn] diecinueve

nine•teenth [naɪn'tiːnθ] *n & adj* decimonoveno

nine•ti•eth ['naɪntɪɪθ] *n & adj* nonagésimo

nine-to-'five I *adj*: **a ~ job** un trabajo de oficina II *adv*: **work ~** trabajar en una oficina

nine•ty ['naɪntɪ] noventa; **be in one's nineties** tener noventa y tantos años; **in the nineties** en los noventa

nin•ny ['nɪnɪ] F bobo(-a) *m(f)*, besugo(-a) *m(f)*

ninth [naɪnθ] *n & adj* noveno

nip¹ [nɪp] I *n* (*pinch*) pellizco *m*; (*bite*) mordisco *m*; **there's a ~ in the air today** hoy hace bastante fresco II *v/t* (*pret & pp -ped*) (*pinch*) pellizcar; **~ sth in the bud** cortar algo de raíz

◆ nip in *v/i Br* F *to house, shop etc* entrar un momento

◆ nip out *v/i Br* F *of house, office etc* salir un momento

nip² [nɪp] *n of whiskey etc* copita *f*

nip•ple ['nɪpl] pezón *m*; *on valve etc* engrasador *m*

nip•py ['nɪpɪ] *adj* F 1 (*cold*) fresco 2 *Br* (*fast*) rápido

nit [nɪt] *in hair* piojo *m*

nit-pick•er ['nɪtpɪkər] F quisquilloso(-a) *m(f)*

nit-pick•ing *adj* ['nɪtpɪkɪŋ] F quisquilloso

ni•trate ['naɪtreɪt] CHEM nitrato *m*

ni•tric ac•id [naɪtrɪk'æsɪd] CHEM ácido *m* nítrico

ni•tro•gen ['naɪtrədʒn] nitrógeno *m*
ni•tro•glyc•er•in(e) [naɪtrou'glɪsəri:n]
CHEM nitroglicerina *f*
nit•ty-grit•ty [nɪtɪ'grɪtɪ]: *get down to the* ~ F ir al grano
nit•wit ['nɪtwɪt] F bobo(-a) *m(f)*, perce-be *m/f*
no [nou] **I** *adv* no; *they* ~ *longer live here* ya no viven aquí **II** *adj*: *there's* ~ *coffee / tea left* no queda café / té; *I have* ~ *family / money* no tengo familia / dinero; *I'm* ~ *linguist / expert* no soy un lingüista / experto; ~ *smoking / parking* prohibido fumar / aparcar; *in* ~ *time* en un abrir y cerrar de ojos **III** *int* no; *say* ~ *to* decir no a **IV** *n* (*pl noes*): *a clear* ~ un claro no
No•bel 'peace prize premio *m* Nobel de la Paz; **No•bel 'prize** premio *m* Nobel; **No•bel 'prize win•ner** premio *m/f* Nobel
no•bil•i•ty [nou'bɪlətɪ] nobleza *f*
no•ble ['noubl] *adj* noble
no•bod•y ['noubədɪ] *pron* nadie; ~ *knows* nadie lo sabe; *there was* ~ *at home* no había nadie en casa
no-claims bo•nus [nou'kleɪmzbounəs] descuento *m* por no haber sufrido ningún siniestro
noc•tur•nal [nɑːk'tɜːrnl] *adj* nocturno
nod [nɑːd] **I** *n* movimiento *m* de la cabeza; *give a* ~ *in agreement* asentir con la cabeza **II** *v/i* (*pret & pp -ded*) asentir con la cabeza; ~ *to s.o.* hacer un gesto de asentimiento a alguien; *greeting* saludar a alguien con la cabeza; *have a* ~*ding acquaintance with s.o.* conocer un poco a alguien **III** *v/t* (*pret & pp -ded*): ~ *one's head* asentir con la cabeza
◆ **nod off** *v/i* (*fall asleep*) quedarse dormido
nod•ule ['nɑːdjuːl] BOT, MED nódulo *m*
no-'fault in•sur•ance seguro *m* a todo riesgo; **no-'go ar•e•a** zona *f* prohibida; **no-hop•er** [nou'houpər] F inútil *m/f* F
noise [nɔɪz] ruido *m*
noise•less ['nɔɪzlɪs] *adj* silencioso
nois•y ['nɔɪzɪ] *adj* ruidoso
no•mad ['noumæd] nómada *m/f*
no•mad•ic [nou'mædɪk] *adj* nómada
no man's land ['noumænzlænd] tierra *f* de nadie
no•men•cla•ture [nə'menklətʃər] *name*

nombre *m*; *system of naming* nomenclatura *f*
nom•i•nal ['nɑːmɪnl] *adj amount* simbólico; *leader* nominal; ~ *income* ingreso *m* nominal; ~ *value* FIN valor *m* nominal
nom•i•nate ['nɑːmɪneɪt] *v/t* (*appoint*) nombrar; ~ *s.o. for a post* (*propose*) proponer a alguien para un puesto
nom•i•na•tion [nɑːmɪ'neɪʃn] (*appointment*) nombramiento *m*; (*proposal*) nominación *f*; *who was your* ~? ¿a quién propusiste?
nom•i•nee [nɑːmɪ'niː] candidato(-a) *m(f)*
non … [nɑːn] no …
non•ac'cept•ance rechazo *m*
non•ag'gres•sion pact POL pacto *m* de no agresión
non•al•co•hol•ic *adj* sin alcohol
non•a'ligned *adj* no alineado
non•ap'pear•ance incomparecencia *f*
non•be'liev•er no creyente *m/f*
non•cha•lance ['nɑːnʃələns] indiferencia *f*
non•cha•lant ['nɑːnʃəlɑːnt] *adj* despreocupado
non•com•mis•sioned 'of•fi•cer suboficial *m/f*
non•com'mit•tal *adj person, response* evasivo; *be* ~ responder con evasivas
non•com'pli•ance incumplimiento *m* (*with* de)
non•con'form•ist **I** *n* inconformista *m/f* **II** *adj* inconformista
non•co•op•er•a'tion falta *f* de cooperación
non'core *adj activities, business* secundario, periférico
non•de•script ['nɑːndɪskrɪpt] *adj* anodino
none [nʌn] *pron*: ~ *of the students* ninguno de los estudiantes; ~ *of the water* nada de agua; *there are* ~ *left* no queda ninguno; *there is* ~ *left* no queda nada; ~ *too soon* justo a tiempo
non•en•ti•ty nulidad *f*
non•es'sen•tial *adj* prescindible (*to* para)
none•the•less [nʌnðə'les] *adv* sin embargo, no obstante
non•e'vent chasco *m*
non•ex'ist•ence inexistencia *f*
non•ex'ist•ent *adj* inexistente

non•fic•tion no ficción *f*

non•ful'fil•ment, *Br* **non•ful'fil•ment** incumplimiento *m*

non(•in)'flam•ma•ble *adj* incombustible, no inflamable

non•in•ter'fer•ence, **non•in•ter'ven•tion** no intervención *f*

non-'i•ron *adj shirt* que no necesita plancha

'non•mem•ber no socio(-a) *m(f)*

'no-no: *that's a* ~ F de eso nada; *lying in the sun all day is a definite* ~ ni hablar de estar todo el día tumbados al sol

non•ob'serv•ance incumplimiento *m*

no-'non•sense *adj approach* directo

non•par•ti'san *adj* imparcial

non'pay•ment impago *m*

non'plussed [nɑːn'plʌst] *adj* desconcertado

non•pol•lut•ing [nɑːnpə'luːtɪŋ] *adj* que no contamina

non'prof•it altruista, sin ánimo de lucro

non'prof•it-mak•ing *adj* sin ánimo de lucro

non•pro•lif•er'a•tion POL no proliferación *f*; ~ *treaty* tratado *m* de no proliferación

non'res•i•dent no residente *m/f*

non•re•turn•a•ble [nɑːnrɪ'tɜːrnəbl] *adj* no retornable

non•sense ['nɑːnsəns] disparate *m*, tontería *f*; *don't talk* ~ no digas disparates *or* tonterías; ~, *it's easy!* tonterías, ¡es fácil!; *make (a)* ~ *of* echar por tierra; *stand no* ~ no tolerar tonterías

non•sen•si•cal [nɑːn'sensɪkl] *adj* absurdo

non'skid *adj tires* antideslizante

non'slip *adj surface* antideslizante

non'smok•er *person* no fumador(a) *m(f)*

non'smok•ing *adj* de no fumadores; ~ *car* RAIL vagón *m* de no fumadores

non'stand•ard *adj* no estándar

non'start•er: *be a* ~ *of idea*, *project etc* ser inviable; *he's a* ~ no se le puede tomar en consideración

non'stick *adj pans* antiadherente

non'stop I *adj flight*, *train* directo, sin escalas; *chatter* ininterrumpido II *adv fly*, *travel* directamente; *chatter*, *argue* sin parar

non'swim•mer: *be a* ~ no saber nadar

non'tox•ic *adj* no tóxico

non'u•nion *adj* no sindicado

non'vi•o•lence no violencia *f*

non'vi•o•lent *adj* no violento

noo•dles ['nuːdlz] *npl* tallarines *mpl* (chinos)

nook [nʊk] rincón *m*; *search for sth in every* ~ *and cranny* buscar algo por todos los recovecos

noo•kie ['nʊkɪ] P polvo *m* P; *no* ~ *for two weeks* nada de polvos durante dos semanas P

noon [nuːn] mediodía *m*; *at* ~ al mediodía

'no one ☞ *nobody*

noose [nuːs] lazo *m* corredizo

nope [noʊp] *int* F no

nor [nɔːr] *conj* ni; ~ *do I* yo tampoco, ni yo

norm [nɔːrm] norma *f*

nor•mal ['nɔːrml] *adj* normal; *be back to* ~ volver a la normalidad; *go back or return to* ~ volver a la normalidad; *be above / below* ~ estar por encima / debajo de lo normal

nor•mal•i•ty [nɔːr'mælətɪ] normalidad *f*

nor•mal•ize ['nɔːrməlaɪz] *v/t relationships* normalizar

nor•mal•ly ['nɔːrməlɪ] *adv* 1 (*usually*) normalmente 2 (*in a normal way*) normalmente, con normalidad

'nor•mal time *in soccer* tiempo *m* reglamentario

north [nɔːrθ] I *n* norte *m*; *to the* ~ *of* al norte de II *adj* norte III *adv travel* al norte; ~ *of* al norte de

North A'mer•i•ca América *f* del Norte, Norteamérica *f*; **North A'mer•i•can** I *n* norteamericano(-a) *m(f)* II *adj* norteamericano; **north'east** nordeste *m*, noreste *m*; **'north•bound** *adj* en dirección norte

north•er•ly ['nɔːrðərlɪ] *adj* norte, del norte

north•ern ['nɔːrðərn] norteño, del norte

north•ern•er ['nɔːrðərnər] norteño(-a) *m(f)*

North•ern 'Ire•land Irlanda *f* del Norte

north•ern•most ['nɔːrðərnmoʊst] *adj* más al norte

North Ko're•a Corea *f* del Norte; **North Ko're•an** I *adj* norcoreano II *n* norcoreano(-a) *m(f)*; **North 'Pole** Polo *m* Norte; **North 'Sea** Mar *m* del Norte;

North 'Star Estrella *f* Polar
north•ward ['nɔːrǒwərd] *adv travel* hacia el norte
north•west [nɔːrǒ'west] noroeste *m*
Nor•way ['nɔːrweɪ] Noruega *f*
Nor•we•gian [nɔːr'wiːdʒn] I *adj* noruego II *n* 1 *person* noruego(-a) *m(f)* 2 *language* noruego *m*
nose [noʊz] nariz *m*; *of animal* hocico *m*; *it was right under my ~!* ¡lo tenía delante de mis narices!; *cut off one's ~ to spite one's face* tirar piedras contra su propio tejado; *follow one's ~* (*go straight ahead*) seguir todo recto; *lead s.o. by the ~* manejar a alguien con facilidad; *look down one's ~ at s.o.* mirar a alguien por encima del hombro; *poke or stick one's ~ into sth* meter las narices en algo; *put s.o.'s ~ out of joint* hacer que alguien se moleste *or* se ofenda
◆ **nose around** *v/i* F husmear
'nose•bleed *I have a ~* me sangra la nariz, sangro por la nariz; **'nose dive** AVIA picado *m*; **'nose-dive** *v/i of airplane* descender en picado; F *of prices etc* caer en picado; **'nose drops** *npl* MED gotas *fpl* para la nariz
no-'smok•ing *adj* ☞ **nonsmoking**
nos•tal•gia [nɑː'stældʒə] nostalgia *f*
nos•tal•gic [nɑː'stældʒɪk] *adj* nostálgico
nos•tril ['nɑːstrəl] ventana *f* de la nariz
nos•y ['noʊzɪ] *adj* F entrometido
nos•y par•ker [noʊzɪ'pɑːrkər] F cotilla *m/f*
not [nɑːt] *adv* no; *~ this one, that one* éste no, ése; *~ now* ahora no; *~ there* no allí; *~ like that* así no; *~ before Tuesday / next week* no antes del martes / de la próxima semana; *~ for me, thanks* para mí no, gracias; *~ a lot* no mucho; *it's ~ ready / allowed* no está listo / permitido; *I don't know* no lo sé; *he didn't help* no ayudó; *there was ~ a shop in sight* no se veía ninguna tienda; *~ that I have to do it* no es que yo tenga que hacerlo; *she's so beautiful … ~* es guapísima … ¡qué va!
no•ta•ble ['noʊtəbl] *adj* notable
no•ta•bly ['noʊtəblɪ] *adv* notablemente
no•ta•ry ['noʊtərɪ] notario(-a) *m(f)*
notch [nɑːtʃ] muesca *f*, mella *f*; *be a ~ above the others* estar por encima de los demás
◆ **notch up** *v/t* F *victory etc* hacerse con
note [noʊt] I *n written*, MUS nota *f*; *take ~s* tomar notas; *take ~ of sth* prestar atención a algo; *make a ~ of sth* apuntar algo; *I made a mental ~ to speak to him* traté de acordarme de hablar con él; *speak without ~s* hablar sin utilizar notas; *strike the right ~ fig* acertar con el tono II *v/t* (*observe*) notar; (*pay special attention to*) tomar nota de
◆ **note down** *v/t* anotar
'note•book 1 cuaderno *m*, libreta *f* 2 COMPUT *L.Am.* computadora *f* portátil, *Span* ordenador *m* portátil
not•ed ['noʊtɪd] *adj* destacado; *be ~ for sth* destacar por algo
'note•pad bloc *m* de notas; **'note•pa•per** papel *m* de carta; **'note•wor•thy** *adj* digno de mención
not-for-'prof•it *adj* sin ánimo de lucro
noth•ing ['nʌθɪŋ] *pron* nada; *~ but* sólo; *~ much* no mucho; *for ~* (*for free*) gratis; (*for no reason*) por nada; *I'd like ~ better* me encantaría
noth•ing•ness ['nʌθɪŋnɪs] nada *f*
no•tice ['noʊtɪs] I *n* 1 *on bulletin board, in street* cartel *m*, letrero *m*; *in newspaper* anuncio *m*

2 (*advance warning*) aviso *m*; *four weeks' ~* cuatro semanas de preaviso; *at short ~* con poca antelación; *until further ~* hasta nuevo aviso; *give s.o. his / her ~ to quit job* despedir a alguien; *to leave house* comunicar a alguien que tiene que abandonar la casa; *hand in one's ~ to employer* presentar la dimisión

3: *escape ~* pasar desapercibido; *escape s.o.'s ~* pasar desapercibido a alguien; *it escaped her ~* se le pasó; *take ~ of sth* observar algo, prestar atención a algo; *take no ~ of s.o. / sth* no hacer caso de alguien / algo

II *v/t road sign etc* ver, advertir; *change, difference* notar, fijarse en; *~ s.o. doing sth* ver a alguien hacer algo; *did you ~ anyone talking to him?* ¿viste si alguien hablaba con él?; *what do you ~ about this new design?* ¿qué es lo que te llama la atención de este nuevo diseño?; *I didn't ~ what he was wearing* no me fijé en lo que llevaba

no•tice•a•ble ['noʊtɪsəbl] *adj* apreciable, evidente; *the stain is still very ~* todavía se nota mucho la mancha

no•tice•a•bly ['noʊtɪsəblɪ] *adv* apreciablemente, claramente

'no•tice board *Br* tablón *m* de anuncios

no•ti•fi•ca•ble ['noʊtɪfaɪəbl] *adj disease* notificable

no•ti•fi•ca•tion [noʊtɪfɪ'keɪʃn] notificación *f*

no•ti•fy ['noʊtɪfaɪ] *v/t* (*pret & pp -ied*) notificar, informar

no•tion ['noʊʃn] noción *f*, idea *f*

no•tion•al ['noʊʃənl] *adj* hipotético

no•tions ['noʊʃnz] *npl* artículos *mpl* de costura

no•to•ri•e•ty [noʊtə'raɪətɪ] mala fama *f*

no•to•ri•ous [noʊ'tɔːrɪəs] *adj* de mala fama

no•to•ri•ous•ly [noʊ'tɔːrɪəslɪ] *adv*: *be ~ unreliable* ser muy poco fiable

not•with•stand•ing [nɑːtwɪθ'stændɪŋ] **I** *prep* a pesar de **II** *adv* no obstante

nou•gat ['nuːgət] *especie de turrón*

nought [nɔːt] *Br* cero *m*

noun [naʊn] nombre *m*, sustantivo *m*

nour•ish ['nʌrɪʃ] *v/t person* nutrir, alimentar

nour•ish•ing ['nʌrɪʃɪŋ] *adj* nutritivo

nour•ish•ment ['nʌrɪʃmənt] alimento *m*, alimentación *f*

nou•veau riche [nuːvoʊ'riːʃ] (*pl nouveaux riches* [nuːvoʊ'riːʃ]) nuevo(-a) rico(-a) *m(f)*

nov•el ['nɑːvl] **I** *n* novela **II** *adj* novedoso

nov•el•ist ['nɑːvlɪst] novelista *m/f*

nov•el•ty ['nɑːvəltɪ] **1** (*being new*) lo novedoso **2** (*something new*) novedad *f*

No•vem•ber [noʊ'vembər] noviembre *m*

nov•ice ['nɑːvɪs] principiante *m/f*

no•vi•ci•ate *Br*, **no•vi•ti•ate** [nɑː'vɪsɪət] REL noviciado *m*

now [naʊ] *adv* ahora; *~ and again, ~ and then* de vez en cuando; *by ~* ya; *from ~ on* de ahora en adelante; *right ~* ahora mismo; *just ~* (*at this moment*) en este momento; (*a little while ago*) hace un momento; *~, ~!* ¡vamos!, ¡venga!; *~, where did I put it?* ¿y ahora dónde lo he puesto?; *up to ~* hasta ahora; *~ that* ahora que; *it's ~ or never* (es) ahora o nunca

now•a•days ['naʊədeɪz] *adv* hoy en día

no•where ['noʊwer] *adv* en ningún lugar; *it's ~ near finished* no está acabado ni mucho menos; *he was ~ to be seen* no se le veía en ninguna parte; *get ~ (fast)* no ir a ninguna parte; *this is getting us ~ (fast)* con esto no vamos a ninguna parte

no-win sit•u•a•tion callejón *m* sin salida

nox•ious ['nɑːkʃəs] *adj* nocivo; *~ substance* sustancia *f* nociva

noz•zle ['nɑːzl] boquilla *f*

nu•ance ['nuːɑːns] matiz *m*

nu•bile ['nuːbaɪl] *adj attractive* bien parecido

nu•cle•ar ['nuːklɪər] *adj* nuclear

nu•cle•ar 'en•er•gy energía *f* nuclear; **nu•cle•ar 'fis•sion** fisión *f* nuclear; **'nu•cle•ar-free** *adj* desnuclearizado; **nu•cle•ar 'phys•ics** *nsg* física *f* nuclear; **nu•cle•ar 'pow•er** energía *f* nuclear; POL potencia *f* nuclear; **nu•cle•ar--pow•ered** ['nuːklɪərpaʊərd] *adj* nuclear; **nu•cle•ar 'pow•er sta•tion** central *f* nuclear; **nu•cle•ar re'ac•tor** reactor *m* nuclear; **nu•cle•ar 'sci•en•tist** científico(-a) *m(f)* en energía nuclear; **nu•cle•ar 'sub•ma•rine** submarino *m* nuclear; **nu•cle•ar 'test** prueba *f* nuclear; **nu•cle•ar 'war(•fare)** guerra *f* nuclear; **nu•cle•ar 'war•head** cabeza *f* nuclear; **nu•cle•ar 'waste** residuos *mpl* nucleares; **nu•cle•ar 'weap•on** arma *f* nuclear; **nu•cle•ar 'win•ter** invierno *m* nuclear

nu•cle•us ['nuːklɪəs] (*pl nuclei* ['nuːklɪaɪ]) *also fig* núcleo *m*

nude [nuːd] **I** *adj* desnudo **II** *n* **1** *painting* desnudo *m* **2**: *in the ~* desnudo

nudge [nʌdʒ] *v/t* dar un toque con el codo a

nud•ism ['nuːdɪzəm] nudismo *m*

nud•ist ['nuːdɪst] nudista *m/f*; *~ beach* playa *f* nudista

nu•di•ty ['nuːdɪtɪ] desnudez *f*

nug•get ['nʌgət] *of gold etc* pepita *f*; *these ~s of information* estos datos valiosos

nui•sance ['nuːsns] incordio *m*, molestia *f*; *make a ~ of o.s.* dar la lata; *what a ~!* ¡qué incordio!; *public ~* LAW alteración *f* del orden público; *cause a public ~* LAW alterar el orden público

oasis

nuke [nuːk] *v/t* F atacar con armas nucleares

null and 'void [nʌl] *adj* nulo y sin efecto

nul•li•fy ['nʌlɪfaɪ] *v/t esp* LAW anular

numb [nʌm] *adj* entumecido; *emotionally* insensible; *go* ~ *physically* entumecerse; *emotionally* paralizarse

num•ber ['nʌmbər] **I** *n* número *m*; *look after* ~ *one* F cuidar de uno mismo; *it's not a* ~*s game* F no es una lotería; *five in* ~ cinco; *a* ~ *of times* unas cuantas veces; *a* ~ *of people* un cierto número de personas; *in large* ~*s* en grandes cantidades; *there are quite a* ~ *of things wrong* hay bastantes cosas que están mal *or* que son erróneas; *I still have a fair* ~ *of questions* todavía tengo un buen número de preguntas *or* bastantes preguntas; *I've tried any* ~ *of different methods* he intentado varios métodos diferentes **II** *v/t* **1** (*put a* ~ *on*) numerar **2**: *his days are* ~*ed* tiene los días contados; ~ *s.o. among one's friends* contar a alguien entre los amigos de uno

num•ber•ing ['nʌmbərɪŋ] numeración *f*

'num•ber•ing sys•tem sistema *m* de numeración

'num•ber•plate MOT *Br* placa *f* de la matrícula

numb•ness ['nʌmnɪs] entumecimiento *m*; *emotional* parálisis *f inv*

numb•skull ['nʌmskʌl] F percebe *m/f*

nu•mer•a•cy ['nuːmərəsɪ] conocimientos *m* de aritmética

nu•mer•al ['nuːmərəl] número *m*

nu•mer•ate ['nuːmərət] *adj* que sabe sumar y restar

nu•mer•i•cal [nuː'merɪkl] *adj system, superiority* numérico

nu•mer•ic key•pad [njuː'merɪk] teclado *m* numérico

nu•mer•ous ['nuːmərəs] *adj* numeroso; *on* ~ *occasions* en numerosas ocasiones

nun [nʌn] monja *f*

nup•tial ['nʌpʃl] *adj* nupcial

nurse [nɜːrs] **I** *n* enfermero(-a) *m(f)* **II** *v/t* **1** *baby* amamantar **2** *patient* cuidar; ~ *s.o. back to health* cuidar a alguien hasta que se cura

nur•se•ry ['nɜːrsərɪ] **1** *for children* guardería *f* **2** *for plants* vivero *m*

'nur•se•ry rhyme canción *f* infantil;

'nur•se•ry school parvulario *m*, jardín *m* de infancia; **'nur•se•ry school teach•er** profesor(a) *m(f)* de parvulario

nurs•ing ['nɜːrsɪŋ] enfermería *f*

'nurs•ing bot•tle biberón *m*

'nurs•ing home *for old people* residencia *f*

nut [nʌt] **1** nuez *f*; ~*s* F (*testicles*) pelotas *fpl* F **2** *for bolt* tuerca *f*

nut•crack•ers ['nʌtkrækərz] *npl* cascanueces *m inv*

nut•meg ['nʌtmeg] BOT nuez *f* moscada

nu•tri•ent ['nuːtrɪənt] nutriente *m*

nu•tri•tion [nuː'trɪʃn] nutrición *f*

nu•tri•tion•al [nuː'trɪʃnl] *adj* nutritivo; ~ *value* valor *m* nutritivo

nu•tri•tion•ist [nuː'trɪʃnɪst] nutricionista *m/f*

nu•tri•tious [nuː'trɪʃəs] *adj* nutritivo

nuts [nʌts] *adj* F (*crazy*) chalado F, pirado F; *be* ~ *about s.o.* estar coladito por alguien F

'nut•shell: *in a* ~ en una palabra

nut•ter ['nʌtər] *Br* F pirado(-a) *m(f)* F

nut•ty ['nʌtɪ] **1** *adj taste* a nuez **2** F (*crazy*) chalado F, pirado F

ny•lon ['naɪlɑːn] **I** *n* nylon *m* **II** *adj* de nylon

nymph [nɪmf] ninfa *f*

nym•pho•ma•ni•ac [nɪmfə'meɪnɪæk] ninfómana *f*

O

oaf [oʊf] zopenco *m*

oaf•ish ['oʊfɪʃ] *adj* bruto

oak [oʊk] *tree, wood* roble *m*

OAP [oʊeɪ'piː] *abbr Br* (= *old age pensioner*) pensionista *m/f*, jubilado(-a) *m(f)*

oar [ɔːr] remo *m*; *put or stick one's* ~*s in* F meter las narices

oars•man ['ɔːrzmən] remero *m*

o•a•sis [oʊ'eɪsɪs] (*pl oases* [oʊ'eɪsiːz])

also fig oasis *m inv*

oath [oʊθ] LAW, (*swearword*) juramento *m*; **on ~** bajo juramento; **~ of office** juramento de toma de posesión; **swear or take an ~** jurar (**to** a, ante)

'oat•meal harina *f* de avena

oats [oʊts] *npl* copos *mpl* de avena

ob•du•ra•cy ['ɑːbdərəsɪ] obstinación *f*

ob•du•rate ['ɑːbdərət] *adj* obstinado

o•be•di•ence [oʊ'biːdɪəns] obediencia *f*

o•be•di•ent [oʊ'biːdɪənt] *adj* obediente

o•be•di•ent•ly [oʊ'biːdɪəntlɪ] *adv* obedientemente

ob•e•lisk ['ɑːbəlɪsk] obelisco *m*

o•bese [oʊ'biːs] *adj* obeso

o•bes•i•ty [oʊ'biːsɪtɪ] obesidad *f*

o•bey [oʊ'beɪ] *v/t* obedecer

o•bit•u•a•ry [ə'bɪtʊerɪ] necrología *f*, obituario *m*

ob•ject[1] ['ɑːbdʒɪkt] *n* **1** (*thing*) objeto *m* **2** (*aim*) objetivo *m* **3** GRAM objeto *m* **4**: **money is no ~** el dinero no es ningún inconveniente

ob•ject[2] [əb'dʒekt] *v/i* oponerse

♦ **object to** *v/t* oponerse a

ob•jec•tion [əb'dʒekʃn] objeción *f*; **if you have no ~s** si no tienes ninguna objeción; **I have no ~ to him** no tengo nada que objetar con respecto a él

ob•jec•tion•a•ble [əb'dʒekʃnəbl] *adj* (*unpleasant*) desagradable

ob•jec•tive [əb'dʒektɪv] **I** *adj* objetivo **II** *n* objetivo *m*

ob•jec•tive•ly [əb'dʒektɪvlɪ] *adv* objetivamente

ob•jec•tiv•i•ty [əbdʒek'tɪvətɪ] objetividad *f*

ob•jec•tor [əb'dʒektər] objetor(a) *m(f)*, opositor(a) *m(f)*

ob•li•gate ['ɑːblɪgeɪt] *v/t*: **feel ~d to do sth** sentirse obligado a hacer algo

ob•li•ga•tion [ɑːblɪ'geɪʃn] obligación *f*; **be under an ~ to s.o.** tener una obligación para con alguien; **be under an ~ to do sth** estar obligado a hacer algo; **meet one's ~s** hacer frente a sus obligaciones; **with no ~ to buy** sin obligación de compra; **without ~** sin obligación

ob•lig•a•to•ry [ə'blɪgətɔːrɪ] *adj* obligatorio

o•blige [ə'blaɪdʒ] *v/t* obligar; **much ~d!** muy agradecido; **be ~d to do sth** estar obligado a hacer algo; **feel ~d to do sth**

sentirse obligado a hacer algo

o•blig•ing [ə'blaɪdʒɪŋ] *adj* atento, servicial

o•blig•ing•ly [ə'blaɪdʒɪŋlɪ] *adv* amablemente

o•blique [ə'bliːk] **I** *adj reference* indirecto **II** *n in punctuation* barra *f* inclinada

ob•lit•er•ate [ə'blɪtəreɪt] *v/t city* destruir, arrasar; *memory* borrar

ob•lit•er•a•tion [əblɪtər'eɪʃn] eliminación *f*

o•bliv•i•on [ə'blɪvɪən] olvido *m*; **fall into ~** caer en el olvido

o•bliv•i•ous [ə'blɪvɪəs] *adj*: **be ~ of sth** no ser consciente de algo

ob•long ['ɑːblɒːŋ] *adj* rectangular

ob•nox•ious [əb'nɑːkʃəs] *adj person* detestable, odioso; *smell* repugnante

o•boe ['oʊboʊ] MUS oboe *m*

o•bo•ist ['oʊboʊɪst] oboe *m/f*

ob•scene [ɑːb'siːn] *adj* obsceno; *salary, poverty* escandaloso

ob•scen•i•ty [əb'senətɪ] obscenidad *f*

ob•scure [əb'skjʊr] **I** *adj* oscuro; **for some ~ reason** por alguna razón incomprensible **II** *v/t intentions* ocultar; *view* oscurecer; **~ the issue** complicar las cosas

ob•scu•ri•ty [əb'skjʊrətɪ] oscuridad *f*

ob•se•qui•ous [əb'siːkwɪəs] *adj* servil

ob•se•qui•ous•ness [əb'siːkwɪəsnɪs] servilismo *m*

ob•serv•a•ble [əb'zɜːrvəbl] *adj* apreciable

ob•serv•ance [əb'zɜːrvns] *of festival* práctica *f*

ob•serv•ant [əb'zɜːrvnt] *adj* observador

ob•ser•va•tion [ɑːbzə'veɪʃn] **1** *of nature, stars* observación *f*; **keep s.o. under ~** tener a alguien bajo *or* en observación **2** (*comment*) observación *f*, comentario *m*

ob•ser•va•to•ry [əb'zɜːrvətɔːrɪ] observatorio *m*

ob•serve [əb'zɜːrv] *v/t* observar

ob•serv•er [əb'zɜːrvər] observador(a) *m(f)*

ob•sess [ɑːb'ses] **I** *v/t* obsesionar; **be ~ed by/with** estar obsesionado con/por **II** *v/i*: **~ about sth** obsesionarse con algo

ob•ses•sion [ɑːb'seʃn] obsesión *f*

ob•ses•sive [ɑːb'sesɪv] *adj* obsesivo

ob•so•les•cence [ɑːbsə'lesəns] obso-
lescencia *f*

ob•so•les•cent [ɑːbsə'lesnt] *adj*: **be ~**
quedarse obsoleto

ob•so•lete ['ɑːbsəliːt] *adj* obsoleto

ob•sta•cle ['ɑːbstəkl] obstáculo *m*; **be
an ~ to sth** ser un obstáculo para algo;
put ~s in s.o.'s way poner obstáculos
en el camino de alguien

'ob•sta•cle course carrera *f* de
obstáculos

ob•ste•tri•cian [ɑːbstə'trɪʃn] obstetra
m/f, tocólogo(-a) *m(f)*

ob•stet•rics [ɑːb'stetrɪks] *nsg* obstetricia *f*, tocología *f*

ob•sti•na•cy ['ɑːbstɪnəsɪ] obstinación *f*

ob•sti•nate ['ɑːbstɪnət] *adj* obstinado

ob•sti•nate•ly ['ɑːbstɪnətlɪ] *adv* obsti-
nadamente

ob•strep•er•ous [əb'strepərəs] *adj* alborotado

ob•struct [ɑːb'strʌkt] *v/t road* obstruir;
investigation, police obstaculizar

ob•struc•tion [əb'strʌkʃn] *on road etc*
obstrucción *f*; **you're causing an ~,
please move your car** mueva su coche
por favor, está obstruyendo el paso

ob•struc•tion•ism [əb'strʌkʃənɪzəm]
POL obstruccionismo *m*

ob•struc•tive [əb'strʌktɪv] *adj behavior, tactics* obstruccionista

ob•tain [əb'teɪn] **I** *v/t* obtener, lograr **II**
*v/i fml: of conditions, circumstances,
rules* prevalecer

ob•tain•a•ble [əb'teɪnəbl] *adj products*
disponible

ob•tru•sive [əb'truːsɪv] *adj* molesto; **the
plastic chairs are rather ~** las sillas de
plástico desentonan por completo

ob•tuse [əb'tuːs] *adj fig* duro de mollera

ob•vi•ate ['ɑːbvɪeɪt] *v/t fml* evitar; **~ the
need for** evitar la necesidad de

ob•vi•ous ['ɑːbvɪəs] *adj* obvio, evidente; *lacking subtlety* poco sutil; **that's
stating the ~** eso es decir lo evidente;
it was the ~ thing to do era evidente
que era eso lo que había que hacer;
he was the ~ choice for the job era
el candidato más obvio; **am I being
too ~?** ¿se me está notando demasiado?

ob•vi•ous•ly ['ɑːbvɪəslɪ] *adv* obviamen-
te; **~!** ¡por supuesto!

oc•ca•sion [ə'keɪʒn] ocasión *f*; **on this ~**

en esta ocasión; **on the ~ of** con ocasión
de; **rise to the ~** estar a la altura de las
circunstancias; **have ~ to do sth** *fml* tener la necesidad de hacer algo

oc•ca•sion•al [ə'keɪʒənl] *adj* ocasional,
esporádico; **I like the ~ Scotch** me gusta tomarme un whisky de vez en cuando

oc•ca•sion•al•ly [ə'keɪʒnlɪ] *adv* ocasio-
nalmente, de vez en cuando

oc•ci•den•tal [ɑːksɪ'dentl] *adj* occidental

oc•cult [ə'kʌlt] **I** *adj* oculto **II** *n*: **the ~** lo
oculto

oc•cu•pant ['ɑːkjəpənt] ocupante *m/f*

oc•cu•pa•tion [ɑːkjʊ'peɪʃn] ocupación
f

oc•cu•pa•tion•al [ɑːkjʊ'peɪʃənl] *adj*
profesional

oc•cu•pa•tion•al dis'ease enfermedad *f* profesional; **oc•cu•pa•tion•al
'haz•ard** gaje *m* del oficio; **oc•cu•pa-
tion•al health and 'safe•ty** salud *f* y seguridad laboral; **oc•cu•pa•tion•al
'ther•a•pist** terapeuta *m/f* ocupacional;
oc•cu•pa•tion•al 'ther•a•py terapia *f*
ocupacional

oc•cu•pi•er ['ɑːkjʊpaɪər] ☞ **occupant**

oc•cu•py ['ɑːkjʊpaɪ] *v/t* (*pret & pp* **-ied**)
ocupar; **the building is no longer occupied** el edificio está deshabitado *or*
abandonado; **keep the kids occupied**
mantener ocupados a los niños

oc•cur [ə'kɜːr] *v/i* (*pret & pp* **-red**) ocurrir, suceder; **it ~red to me that ...** se
me ocurrió que ...

oc•cur•rence [ə'kʌrəns] acontecimiento *m*; **be an everyday ~** ser cosa de todos los días

o•cean ['əʊʃn] océano *m*; **~s of** F montones de F

o•cean 'floor fondo *m* oceánico;
'o•cean•go•ing *adj* transatlántico;
o•cean 'lin•er transatlántico *m*

o•ce•an•og•ra•phy [əʊʃn'ɑːgrəfɪ]
oceanografía *f*

o•cher, *Br* **o•chre** ['əʊkər] **I** *n* MIN ocre
m **II** *adj* ocre

o'clock [ə'klɑːk]: **at five / six ~** a las cinco / seis

OCR [əʊsiː'ɑːr] (= **optical character recognition**) OCR *m*

oc•ta•gon ['ɑːktəgən] octógono *m*

oc•tag•o•nal [ɑːk'tægənl] *adj* octagonal

oc•tane ['ɑːkteɪn] CHEM octano *m*; **~ number** *or* **rating** octanaje *m*

oc•tave ['ɑːktɪv] MUS octava *f*

Oc•to•ber [ɑːk'toʊbər] octubre *m*

oc•to•ge•nar•i•an [ɑːktoʊdʒə'nerɪən] octogenario(-a) *m(f)*

oc•to•pus ['ɑːktəpəs] pulpo *m*

oc•u•lar ['ɑːkjʊlər] *adj* ocular

oc•u•list ['ɑːkjʊlɪst] oculista *m/f*

OD [oʊ'diː] (= **overdose**) **I** *v/i* F: **~ on drug** tomar una sobredosis de **II** *n* sobredosis *f inv*

odd [ɑːd] *adj* **1** (*strange*) raro, extraño **2** (*not even*) impar; **the ~ one out** el bicho raro; **50 ~** cerca de 50

'odd•ball F bicho *m* raro F

odd•i•ty ['ɑːdɪtɪ] *thing* rareza *f*, *person* bicho *m* raro

odd-'job man manitas *m inv*

odd•ly ['ɑːdlɪ] *adv* extrañamente; **~ enough** aunque parezca raro

odds [ɑːdz] *npl*: **be at ~ with sth** no concordar con algo; **be at ~ with s.o.** estar peleado con alguien; **the ~ are 10 to one** las apuestas están en 10 a 1; **the ~ are that …** lo más probable es que …; **against all the ~** contra lo que se esperaba; **the ~ are in our favor / against us** tenemos a favor / en contra

odds and 'ends *npl objects* cacharros *mpl*; *things to do* cosillas *fpl*

'odds-on *adj favorite* indiscutible; **it's ~ that he'll come** es bastante seguro que venga

o•di•ous ['oʊdɪəs] *adj* odioso

o•dom•e•ter [oʊ'dɑːmətər] cuentakilómetros *m inv*

o•dor, *Br* **o•dour** ['oʊdər] olor *m*

od•ys•sey ['ɑːdɪsɪ] odisea *f*

Oed•i•pus com•plex ['iːdɪpəs] PSYCH complejo *m* de Edipo

OEM [oʊiː'em] *abbr* (= **own equipment manufacturer**) COMPUT fabricante *m* de su proprio equipo

oe•soph•a•gus ☞ **esophagus**

oes•tro•gen ☞ **estrogen**

of [ɑːv] *unstressed* [əv] *prep* de; **the name ~ the street / the hotel** el nombre de la calle / del hotel; **the color ~ the car** el color del coche; **five / ten (minutes) ~ twelve** las doce menos cinco / diez, *L.Am.* cinco / diez para las doce; **die ~ cancer** morir de cáncer;

love ~ money / adventure amor por el dinero / la aventura; **~ the three this is …** de los tres éste es …

off [ɑːf] **I** *prep*: **~ the main road** (*away from*) apartado de la carretera principal; (*leading off*) saliendo de la carretera principal; **$20 ~ the price** una rebaja en el precio de 20 dólares; **he's ~ his food** no come nada, está desganado

II *adv*: **be ~** *of light, TV, machine* estar apagado; *of brake, lid, top* no estar puesto; *not at work* faltar; *on vacation* estar de vacaciones; (*canceled*) estar cancelado; **we're ~ tomorrow** (*leaving*) nos vamos mañana; **I'm ~ to New York** me voy a Nueva York; **with his pants / hat ~** sin los pantalones / el sombrero; **take a day ~** tomarse un día de fiesta *or* un día libre; **it's 3 miles ~** está a tres millas de distancia; **it's a long way ~** *in distance* está muy lejos; *in future* todavía queda mucho tiempo; **he got into his car and drove ~** se subió al coche y se marchó; **~ and on** de vez en cuando

III *adj*: **the ~ switch** el interruptor de apagado

'off•beat *adj* F original

off-'cen•ter, *Br* **off-'cen•tre** *adj* descentrado; *definition* descabellado

off-'col•o(u)r *adj* **1** *unwell* indispuesto **2** *comments, joke* fuera de tono

of•fence *Br* ☞ **offense**

of•fend [ə'fend] *v/t* (*insult*) ofender; *sense of justice etc* delinquir

of•fend•er [ə'fendər] LAW delincuente *m/f*

of•fend•ing [ə'fendɪŋ] *adj* (*causing the problem*) problemático

of•fense [ə'fens] **1** LAW delito *m* **2**: **take ~ at sth** ofenderse por algo; **give** *or* **cause ~** ofender (**to** a); **be quick to take ~** ofenderse fácilmente; **no ~ (meant** *or* **intended)** no quería ofender **3** SP ataque *m*; **~ is the best defense** el ataque es la mejor defensa; **~ foul** falta *f* en ataque

of•fen•sive [ə'fensɪv] **I** *adj behavior, remark, also* SP ofensivo; *smell* repugnante; **there's no need to get ~** no hace falta ofender; **find sth ~** encontrar algo ofensivo; **~ weapon** arma *f* ofensiva **II** *n* (*attack*) ofensiva *f*; **go on(to) the ~** pasar a la ofensiva

of•fer ['ɑːfər] **I** *n* oferta *f*; **make s.o. an ~ of sth** ofrecer algo a alguien; **on ~** de oferta; **a contract extension was not on ~ for them** no podían aspirar a una extensión del contrato; **$100 or nearest ~** 100 dólares negociables; **our house is under ~** nos han hecho una oferta
II *v/t* ofrecer; **~ s.o. sth** ofrecer algo a alguien; **he ~ed to help** se ofreció a ayudar
III *v/i*: **if the opportunity ~s** si surge la oportunidad; **you need more people to lift that – are you ~ing?** hace falta más gente para levantar eso – ¿te estás ofreciendo para ayudar?

off•hand *adj*: **... he replied in an ~ way** ... respondió mostrando falta de interés

of•fice ['ɑːfɪs] **1** *building* oficina *f* **2** *room* oficina *f*, despacho *m* **3** *position* cargo *m*

of•fice au•to•ma•tion ofimática *f*; **'of•fice block** bloque *m* de oficinas; **'of•fice boy** chico *m* de los recados; **'of•fice girl** chica *f* de los recados; **'of•fice-hold•er** alto cargo *m*; **'of•fice hours** *npl* horas *fpl* de oficina; **'of•fice job** trabajo *m* de oficina *or* despacho; **of•fice 'jun•ior** *Br* auxiliar *m/f* de oficina

of•fi•cer ['ɑːfɪsər] MIL oficial *m/f*; *in police* agente *m/f*; **excuse me, ~** perdone, (señor) agente

'of•fice sup•plies *npl* material *m* de oficina

'of•fice work•er oficinista *m/f*

of•fi•cial [ə'fɪʃl] **I** *adj* oficial **II** *n* **1** *civil servant* funcionario(-a) *m(f)* **2** *at sports event* organizador(a) *m(f)*; *referee, umpire* juez *m*, árbitro *m*

of•fi•cial•dom [ə'fɪʃldəm] la administración

of•fi•cial•ese [əfɪʃə'liːz] jerga *f* administrativa

of•fi•cial•ly [ə'fɪʃlɪ] *adv* oficialmente

of•fi•ci•ate [ə'fɪʃɪeɪt] *v/i*: **with X officiating** con X celebrando la ceremonia

of•fi•cious [ə'fɪʃəs] *adj* entrometido

off•ing ['ɑːfɪŋ]: **be in the ~** ser inminente

'off-li•cence *Br* tienda *f* de bebidas alcohólicas

off-'line *adv* *work* fuera de línea; **be ~ of** *printer etc* estar desconectado; **go ~** desconectarse

off-'peak *adj* *rates* en horas valle, fuera de las horas punta; **~ ticket** billete *m* en hora valle

off-put•ting ['ɑːfpʌtɪŋ] *adj* *Br* F desagradable

'off•ramp *from highway* carril *m* or vía *f* de salida

off-road 've•hi•cle MOT vehículo *m* todoterreno

'off-sea•son I *adj* *rates, vacation* de temporada baja **II** *n* temporada *f* baja

'off•set *v/t* (*pret & pp* **-set**) *losses, disadvantage* compensar

'off•shoot *fig* filial *f*

'off•shore I *adj* *drilling rig* cercano a la costa; *investment* en el exterior **II** *adv* cerca de la costa

'off•side I *adj* **1** *wheel etc* del lado del conductor **2** SP: **be ~** estar fuera de juego; **~ trap** trampa *f* del fuera de juego **II** *adv* SP fuera de juego

'off•spring *of person* vástagos *mpl*, hijos *mpl*; *of animal* crías *fpl*

off-street 'park•ing aparcamiento *m* fuera de las calles

off-the-'cuff *adj* espontáneo

off-the-'rec•ord *adj* confidencial

off-the-'wall *adj* F *sense of humor* estrafalario

'off-white *adj* blancuzco

of•ten ['ɑːfn] *adv* a menudo, frecuentemente; **how ~ did it happen?** ¿cada cuánto ocurría?; **not so ~** no, con tanta frecuencia no; **it's not ~ you get a chance like this** no se encuentran oportunidades así muy a menudo; **he annoyed her once too ~** la enfadó demasiadas veces; **more ~ than not they would disagree** muchas veces no estaban de acuerdo; **sometimes as ~ as three times a day** a veces hasta tres veces al día; **as ~ as not** la mitad de las veces

o•gle ['oʊgl] *v/t* comerse con los ojos

o•gre ['oʊgr] ogro *m*

oh [oʊ] *int* ¡oh!

oil [ɔɪl] **I** *n* **1** *for machine, food, skin* aceite *m*; *painted in* **~s** al óleo **2** *petroleum* petróleo *m*; **strike ~** descubrir petróleo **II** *v/t* *hinges, bearings* engrasar; **~ the wheels** *fig* allanar el terreno '**oil can** lata *f* de aceite; '**oil change** cambio *m* del aceite; '**oil com•pa•ny** compañía *f* petrolera; '**oil cri•sis** crisis *f inv* del petróleo; '**oil•field** yacimiento *m* petrolífero; '**oil-fired** *adj central heating* de gasóleo *or* fuel; '**oil lamp** lámpara *f* de aceite; '**oil lev•el** MOT nivel *m* del aceite; '**oil paint** pintura *f* al óleo; '**oil paint•ing** óleo *m*; '**oil pipe•line** oleoducto *m*; **oil-pro•duc•ing country** [ɔɪlprəduːsɪŋ'kʌntrɪ] país *m* productor de petróleo; '**oil re•fin•e•ry** refinería *f* de petróleo; '**oil rig** plataforma *f* petrolífera; **oil•seed 'rape** colza *f*; '**oil sheik(h)** jeque *m* del petróleo; '**oil•skins** *npl* ropa *f* impermeable; '**oil slick** marea *f* negra; '**oil sump** cárter *m* de aceite; '**oil tank•er** petrolero *m*; '**oil well** pozo *m* petrolífero

oil•y ['ɔɪlɪ] *adj* grasiento

oint•ment ['ɔɪntmənt] ungüento *m*, pomada *f*

ok [oʊ'keɪ] **I** *adj & adv* F: *can I?* – **~** ¿puedo? - de acuerdo *or* Span vale; *is it ~ with you if …?* ¿te parece bien si …?; *that's ~ by me* por mí, ningún problema; *are you ~?* (*well, not hurt*) ¿estás bien?; *are you ~ for Friday?* ¿te va bien el viernes?; *he's ~* (*is a good guy*) es buena persona; *does that look ~?* ¿queda bien?; *is this bus ~ for …?* ¿este autobús va a …?; *I can afford it~, I'm just not interested* es que no me lo pueda permitir, es que no me interesa; *he'll come back ~, don't worry* volverá bien, no te preocupes; **~, ~, don't get angry!** ¡vale, vale, no te enfades!; **~, it was a difficult task but …** sí, fue difícil, pero…; **~, it's not the best ever, but still …** de acuerdo *or* es cierto que no es lo mejor pero todavía …

II *n* aprobación *f*

old [oʊld] **I** *adj* **1** viejo; *an ~ man / woman* un anciano / una anciana, un viejo / una vieja; *how ~ are you / is he?* ¿cuántos años tienes / tiene?; *he's getting ~* está haciéndose mayor **2** (*previous*) anterior, antiguo; *in the ~ days* antiguamente **3**: *any ~ disk* cualquier disquete; *he is not just any ~ designer* no es un diseñador cualquiera **II** *npl*: *the ~* los ancianos

old 'age vejez *f*; *in one's ~* en la vejez;

die of or from ~ morirse de viejo

old-age 'pen•sion *Br* pensión *f* de jubilación; **old-age 'pen•sion•er** *Br* pensionista *m/f*, jubilado(-a) *m(f)*; **old-'fash•ioned** *adj clothes, style, ideas* anticuado, pasado de moda; *word* anticuado; *old 'flame* viejo amor *m*; **old 'guard** vieja guardia *f*; **old 'hand** experto(-a) *m(f)*

old•ie ['oʊldɪ] *person* viejo(-a) *m(f)*; *joke* chiste *m* viejo; *song* canción *f* antigua

old 'maid vieja *f* solterona; **old 'mas•ter** *painter* clasico *m*; **Old 'Test•a•ment** Antiguo Testamento *m*; **old 'wives' tale** cuento *m* de viejas

ol•fac•to•ry [ɑːl'fæktɔːrɪ] *adj* olfativo

ol•i•gar•chy ['ɑːlɪgɑːrkɪ] oligarquía *f*

ol•ive ['ɑːlɪv] aceituna *f*, oliva *f*; *hold out an ~ branch fig* hacer un gesto de paz

'**ol•ive oil** aceite *m* de oliva

O•lym•pi•ad [ə'lɪmpɪæd] Olimpiada *f*

O•lym•pic [ə'lɪmpɪk] *adj* olímpico; **~ champion** campeón(-ona) *m(f)* olímpico(-a)

O•lym•pic 'Games *npl* Juegos *mpl* Olímpicos

O•lym•pics [ə'lɪmpɪks] *npl* Juegos *mpl* Olímpicos

OMB [oʊem'biː] *abbr* (= *Office of Management and Budget*) Ministerio *m* de Economía

om•buds•man ['ɑːmbʊdzmən] POL defensor *m* del pueblo

om•e•let, *Br* **om•e•lette** ['ɑːmlɪt] tortilla *f* (francesa)

om•i•nous ['ɑːmɪnəs] *adj* siniestro

om•i•nous•ly ['ɑːmɪnəslɪ] *adv* siniestramente

o•mis•sion [oʊ'mɪʃn] omisión *f*

o•mit [ə'mɪt] *v/t* (*pret & pp* **-ted**) omitir; **~ to do sth** no hacer algo

om•nip•o•tence [ɑːm'nɪpətəns] omnipotencia *f*

om•nip•o•tent [ɑːm'nɪpətənt] *adj* omnipotente

om•nis•ci•ence [ɑːm'nɪsɪəns] omnisciencia *f*

om•nis•ci•ent [ɑːm'nɪsɪənt] *adj* omnisciente

on [ɑːn] **I** *prep* en; **~ the table / wall** en la mesa / la pared; **~ the bus / train** en el autobús / el tren; **~ TV / the radio** en la televisión / la radio; **~ Sunday** el domingo; **~ the 1st of ...** el uno de ...; **this is ~ me** (*I'm paying*) invito yo; **have you any money ~ you?** ¿llevas dinero encima?; **what's he ~!** ¿se ha metido algo? F; **~ his arrival / departure** cuando llegue / se marche; **~ hearing this** al escuchar esto

II *adv*: **be ~** *of light, TV, computer etc* estar encendido *or* L.Am. prendido; *of brake, lid, top* estar puesto; *of meeting etc*: **be scheduled to happen** haber sido acordado; **it's ~ at 5am** *of TV program* lo dan *or* Span ponen a las cinco; **what's ~ tonight?** *on TV etc* ¿qué dan *or* Span ponen esta noche?; (*what's planned?*) ¿qué planes hay para esta noche?; **with his hat ~** con el sombrero puesto; **you're ~** (*I accept your offer etc*) trato hecho; **~ you go** (*go ahead*) adelante; **walk / talk ~** seguir caminando / hablando; **and so ~** etcétera; **~ and ~ talk** *etc* sin parar

III *adj*: **the ~ switch** el interruptor de encendido

once [wʌns] **I** *adv* (*one time, formerly*) una vez; **~ again, ~ more** una vez más; **at ~** (*immediately*) de inmediato, inmediatamente; **all at ~** (*suddenly*) de repente; (*all*) **at ~** (*together*) al mismo tiempo; **~ upon a time there was ...** érase una vez ...; **~ in a while** de vez en cuando; **~ and for all** de una vez por todas; **for ~** por una vez; **~ or twice** una o dos veces; **not ~** ni una sola vez; **this ~** por esta vez

II *conj* una vez que; **~ you have finished** una vez que hayas acabado

'once-o•ver: **give sth a ~** *look at, check* examinar algo de arriba a abajo; *clean* dar un repaso a algo

'on•com•ing *adj*: **~ traffic** tráfico que viene de frente

one [wʌn] **I** *n number* uno *m* **II** *adj* un(a); **~ day** un día; **he's ~ good runner** es un corredor fenómeno **III** *pron* uno(-a); **which ~?** ¿cuál?; **~ by ~** *enter, deal with* uno por uno; **we help ~ another** nos ayudamos mutuamente; **what can ~ say?** ¿qué puede uno decir / hacer?; **the little ~s** los pequeños; **I for ~** yo personalmente

one-and-'one *in basketball* uno más uno *m*

one-eyed [wʌn'aɪd] *adj* tuerto; **one-**

-horse 'town F ciudad *f* de mala muerte; **one-leg•ged** [wʌn'legɪd] *adj* cojo; **one-man 'band** hombre *m* orquesta; *fig*: *business* empresa *f* de una sola persona; **one-man 'show** espectáculo *m* en solitario

one•ness ['wʌnnɪs] (*concord, union*) unidad *f*

one-night 'stand 1 THEA representación *f* única **2** F *sexual relationship* relación *f* de una noche; **one-'off 1** (*unique event, person*) hecho *m* aislado **2** (*exception*) excepción *f*; **one-on-'one I** *adj* de uno a uno **II** *n in basketball* uno contra uno *m*; **one-par•ent 'fam•i•ly** familia *f* monoparental

on•er•ous ['ɑːnərəs] *adj* oneroso (**to** para)

one'self *pron* uno(-a) mismo(-a) *m(f)*; **do sth by ~** hacer algo sin ayuda; **look after ~** cuidarse; **be by ~** estar solo

one-sid•ed [wʌn'saɪdɪd] *adj discussion, fight* desigual; **'one•time** *adj* antiguo; **one-to-'one** *adj correspondence* de uno a uno; **one-track 'mind** *hum*: **have a ~** ser un obseso; **one-'two** *in soccer* pared *f*; **'one-way street** calle *f* de sentido único; **'one-way tick•et** billete *m* de ida

'on•go•ing *adj* en curso

on•ion ['ʌnjən] cebolla *f*

'on-line *adv* en línea; **go ~ to** conectarse a

'on-line serv•ice COMPUT servicio *m* en línea

'on•look•er espectador(a) *m(f)*, curioso(-a) *m(f)*

on•ly ['oʊnlɪ] **I** *adv* sólo, solamente; **he was here ~ yesterday** estuvo aquí ayer mismo; **not ~ ... but also ...** no sólo *or* solamente ... sino también ...; **~ just** por poco; **I've ~ just arrived** acabo de llegar ahora mismo; **it ~ just fitted** entró justísimo **II** *adj* único; **~ son** hijo *m* único

o.n.o. *abbr* (= *or nearest offer*): **$50 ~** 50 dólares negociables

'on-ramp *to highway* carril *m* de aceleración

'on-screen *adj instructions etc* en pantalla

'on•set comienzo *m*

'on•shore *adj* en tierra firme

'on•side *adv* SP en posición reglamentaria

on•slaught ['ɑːnslɔːt] acometida *f*

on-the-job 'train•ing formación *f* continua

on•to ['ɑːntuː] *prep* **1**: *put sth ~ sth on top of* poner algo encima de algo **2**: *the police are ~ him* la policía le sigue la pista; *the tenants have been ~ him about getting the pipe fixed* los inquilinos han estado persiguiéndole para que les arregle la tubería; *how did we get ~ that subject?* ¿cómo hemos llegado a este tema?; *they are already ~ the next chapter* ya van por el capítulo siguiente

o•nus ['oʊnəs]: *the ~ is on you to prove it* te incumbe a ti probarlo

on•ward ['ɑːnwərd] *adv* hacia adelante; *from ... ~* de ... en adelante

oo•dles ['uːdlz] *npl* F montonadas *fpl* (*of* de)

oomph [ʊmf] F (*dynamism*) garra *f*

ooze [uːz] **I** *v/i of liquid, mud* rezumar **II** *v/t* rezumar; *he ~s charm* rezuma *or* rebosa encanto

◆ **ooze out** *v/i of liquid* rezumar

o•pal ['oʊpəl] ópalo *m*

o•paque [oʊ'peɪk] *adj glass* opaco; *fig: style, prose* oscuro

OPEC ['oʊpek] *abbr* (= *Organization of Petroleum Exporting Countries*) OPEP *f* (= Organización *f* de Países Exportadores de Petróleo)

o•pen ['oʊpən] **I** *adj* abierto; (*honest*) abierto, franco; *in the ~ air* al aire libre; *hold the door ~ for s.o.* abrir la puerta a alguien; *keep one's eyes ~ fig* mantener los ojos abiertos; *keep an ~ mind about sth* no tener prejuicios con respecto a algo; *~ to the public* abierto al público; *we're ~ to suggestions* estamos abiertos a sugerencias; *on the ~ market* en el mercado libre; *~ to question* cuestionable; *that is ~ to argument* eso es discutible

II *v/t* abrir

III *v/i of door, shop* abrir; *of flower* abrirse; *we ~ at the City Lights on Monday* THEA estrenamos la obra en el City Lights el lunes

IV *n* **1** *in golf, tennis* open *m*, abierto *m* **2**: *in the ~* (*in the ~ air*) al aire libre; *bring sth into the ~ fig* sacar algo a la luz; *come out into the ~ about*

sth fig revelar algo, hacer público algo

◆ **open out I** *v/t map etc* desplegar **II** *v/i of countryside* abrirse

◆ **open up** *v/i of person, market* abrirse; *of artillery* abrir fuego; *of new business, storekeeper* abrir

o•pen-'air *adj meeting, concert* al aire libre; *pool* descubierto; **o•pen'cast** *adj* a cielo abierto; **'o•pen day** *Br* jornada *f* de puertas abiertas; **o•pen-'end•ed** *adj contract etc* abierto

o•pen•er ['oʊpnər] **1** *for cans* abrelatas *m inv* **2** (*opening number*) primer número *m*

o•pen-eyed [oʊpən'aɪd] *adj* con los ojos abiertos; *look at s.o. in ~ amazement* mirar a alguien con los ojos abiertos de asombro; **o•pen•hand•ed** [oʊpən'hændɪd] *adj* generoso; **o•pen-heart 'sur•ger•y** cirugía *f* a corazón abierto; **o•pen 'house 1** jornada *f* de puertas abiertas **2**: *it's ~ here* aquí la puerta está abierta a todo el mundo

o•pen•ing ['oʊpnɪŋ] **1** *in wall etc* abertura *f* **2** (*beginning: of film, novel etc*) comienzo *m* **3** (*job*) puesto *m* vacante

'o•pen•ing hours *npl* horario *m* de apertura

o•pen 'let•ter carta *f* abierta

o•pen•ly ['oʊpənlɪ] *adv* (*honestly, frankly*) abiertamente

o•pen-'mind•ed *adj* de mentalidad abierta; **o•pen-mouthed** [oʊpən'maʊðd] *adj* boquiabierto; **o•pen-necked** [oʊpən'nekt] *adj shirt* desabrochada

o•pen•ness ['oʊpənnɪs] *of countryside, layout* lo abierto; *frankness* franqueza *f*; *her ~ to new ideas* lo abierta que es a nuevas ideas

o•pen 'plan of•fice oficina *f* de planta abierta; **'o•pen sea•son** temporada *f* de caza; **o•pen 'se•cret** secreto *m* a voces; **'o•pen tick•et** billete *m* abierto; **'o•pen tour•na•ment** (torneo *m*) abierto *m*; **O•pen U•ni'ver•si•ty** *Br universidad a distancia británica*

op•e•ra ['ɑːpərə] ópera *f*

op•er•a•ble ['ɑːpərəbl] *adj* MED operable

'op•e•ra glass•es *npl* gemelos *mpl*, prismáticos *mpl*; **'op•e•ra house** (teatro *m* de la) ópera *f*; **'op•e•ra sing•er** cantante *m/f* de ópera

op•er•ate ['ɑːpəreɪt] **I** v/i of company operar, actuar; of airline, bus service, MED operar; of machine funcionar (**on** con) **II** v/t machine manejar

◆ **operate on** v/t MED operar; **they operated on his leg** le operaron de la pierna

op•er•at•ic [ɑːpəˈrætɪk] adj MUS operístico

op•er•at•ing costs ['ɑːpəreɪtɪŋ] pl costos mpl or Span costes mpl de explotación; '**op•er•at•ing in•struc•tions** npl instrucciones fpl de funcionamiento; '**op•er•at•ing mar•gin** margen m de explotación; '**op•er•at•ing prof•it** beneficio m de explotación; '**op•er•at•ing room** MED quirófano m; '**op•er•at•ing sys•tem** COMPUT sistema m operativo; '**op•er•at•ing ta•ble** mesa f de operaciones; '**op•er•at•ing the•a•tre** Br quirófano m

op•er•a•tion [ɑːpəˈreɪʃn] MED operación f; of machine manejo m; **~s** of company operaciones fpl, actividades fpl; **have an ~** MED ser operado; **I have to have an ~ on my hip** me tienen que operar de la cadera

op•er•a•tion•al [ɑːpərˈeɪʃənl] adj: **be ~** estar operativo

op•er•a•tive ['ɑːpərətɪv] adj vigente; **become ~** esp LAW entrar en vigor; **the ~ word** la palabra clave

op•er•a•tor ['ɑːpəreɪtər] TELEC operador(a) m(f); of machine operario(-a) m(f); (tour ~) operador m turístico; **he's a clever** or **smooth ~** F consigue lo que quiere

op•er•et•ta [ɑːpəˈretə] MUS opereta f

oph•thal•mic [ɑːfˈθælmɪk] adj oftálmico

oph•thal•mol•o•gist [ɑːfθælˈmɑːlə-dʒɪst] oftalmólogo(-a) m(f)

o•pin•ion [əˈpɪnjən] opinión f; **in my ~** en mi opinión; **have a high / low ~ of s.o.** tener buena / mala opinión de alguien, tener un mal / buen concepto de alguien

o•pin•ion•at•ed [əˈpɪnjəneɪtɪd] adj dogmático

o'pin•ion poll encuesta f de opinión

o'pin•ion poll•ster encuestador(a) m(f)

o•pi•um ['oʊpjəm] opio m

o•pos•sum [əˈpɑːsəm] ZO zarigüeya f

op•po•nent [əˈpoʊnənt] oponente m/f, adversario(-a) m(f)

op•por•tune ['ɑːpərtuːn] adj fml oportuno

op•por•tun•ism [ɑːpərˈtuːnɪzəm] oportunismo m

op•por•tun•ist [ɑːpərˈtuːnɪst] oportunista m/f

op•por•tun•is•tic [ɑːpərtuːnˈɪstɪk] adj oportunista

op•por•tu•ni•ty [ɑːpərˈtuːnətɪ] oportunidad f; **take the ~ to do sth** aprovechar la oportunidad para hacer algo

op•pose [əˈpoʊz] v/t oponerse a; **be ~d to** estar en contra de; **John, as ~d to George ...** John, al contrario que George ...

op•pos•ing [əˈpoʊzɪŋ] adj team, views contrario

op•po•site ['ɑːpəzɪt] **I** adj contrario; views, characters, meaning opuesto; **the ~ side of town / end of the road** el otro lado de la ciudad / extremo de la calle; **the ~ sex** el sexo opuesto **II** n: **the ~ of** lo contrario de; **they are complete ~s** son dos polos opuestos **III** prep enfrente de; **they live ~ me** viven enfrente mío **IV** adv enfrente

op•po•site 'num•ber homólogo(-a) m(f)

op•po•si•tion [ɑːpəˈzɪʃn] to plan, POL oposición f

op•po'si•tion par•ty partido m de la oposición

op•press [əˈpres] v/t the people oprimir

op•pres•sion [əˈpreʃn] opresión f

op•pres•sive [əˈpresɪv] adj **1** rule, dictator opresor **2** weather agobiante

op•pres•sor [əˈpresər] opresor(a) m(f)

opt [ɑːpt] v/t: **~ to do sth** optar por hacer algo

op•tic ['ɑːptɪk] adj óptico

op•ti•cal ['ɑːptɪkl] adj óptico

op•ti•cal 'char•ac•ter re•cog•ni•tion reconocimiento m óptico de caracteres; **op•ti•cal 'fi•ber**, Br **op•ti•cal fi•bre** fibra f óptica; **op•ti•cal il'lu•sion** ilusión f óptica

op•tic 'fi•ber ca•ble cable m de fibra óptica

op•ti•cian [ɑːpˈtɪʃn] óptico(-a) m(f)

op•tics ['ɑːptɪks] nsg óptica f

op•ti•mal ['ɑːptɪml] adj óptimo

op•ti•mism ['ɑːptɪmɪzəm] optimismo m

op•ti•mist ['ɑːptɪmɪst] optimista *m/f*

op•ti•mist•ic [ɑːptɪ'mɪstɪk] *adj* optimista

op•ti•mist•ic•al•ly [ɑːptɪ'mɪstɪklɪ] *adv* con optimismo

op•ti•mize ['ɑːptɪmaɪz] *v/t* optimizar

op•ti•mum ['ɑːptɪməm] **I** *adj* óptimo **II** *n*: **the ~** lo ideal

op•tion ['ɑːpʃn] opción *f*; *at university* optativa *f*; **keep one's ~s open** tener abiertas varias opciones; **I had no ~ but to ...** no tuve otra opción que...; **~ to buy** opción de compra

op•tion•al ['ɑːpʃnl] *adj* optativo

op•tion•al 'ex•tras *npl* accesorios *mpl* opcionales

op•tions mar•ket ['ɑːpʃnz] mercado *m* de opciones

op•u•lence ['ɑːpjʊləns] opulencia *f*

op•u•lent ['ɑːpjʊlənt] *adj* opulento

o•pus ['oʊpəs] *esp* MUS opus *m inv*

or [ɔːr] *conj* or; *before a word beginning with the letter o* u

or•a•cle ['ɑːrəkl] oráculo *m*

o•rac•u•lar [əˈrækjʊlər] *adj* del oráculo

o•ral ['ɔːrəl] **I** *adj exam, sex* oral; *hygiene* bucal **II** *n exam* examen *m* oral

o•ral•ly ['ɔːrəlɪ] *adv* **1** *examine student* oralmente **2** *take medicine* por vía oral

or•ange ['ɔːrɪndʒ] **I** *adj color* naranja **II** *n* **1** *fruit* naranja *f* **2** *color* naranja *m*

or•ange•ade ['ɔːrɪndʒeɪd] naranjada *f*

'or•ange juice *Span* zumo *m or L.Am.* jugo *m* de naranja

o•rang-u•tan [ɔːˈræŋuːtæn] ZO orangután *m*

o•ra•tion [ɔːˈreɪʃn] discurso *m*

or•a•tor ['ɔːrətər] orador(a) *m(f)*

or•a•tor•i•cal [ɔːrəˈtɔːrɪkl] *adj* oratorio

or•a•to•ri•o [ɔːrəˈtɔːrɪoʊ] MUS oratorio *m*

or•bit ['ɔːrbɪt] **I** *n of earth* órbita *f*; **put sth into ~** poner algo en órbita **II** *v/t the earth* girar alrededor de

or•chard ['ɔːrtʃərd] huerta *f* (de frutales)

or•ches•tra ['ɔːrkɪstrə] **1** MUS orquesta *f* **2** THEA platea *f*

or•ches•tral [ɔːrˈkestrəl] *adj* orquestal

'or•ches•tra pit foso *m* de la orquesta

or•ches•trate ['ɔːrkɪstreɪt] *v/t* orquestar

or•chid ['ɔːrkɪd] orquídea *f*

or•dain [ɔːrˈdeɪn] *v/t* ordenar

or•deal [ɔːrˈdiːl] calvario *m*, experiencia *f* penosa

or•der ['ɔːrdər] **I** *n* **1** (*command*) orden *f*; **by ~ of the city council** por orden del ayuntamiento; **be under ~s to do sth** tener órdenes de hacer algo; **take ~s** aceptar órdenes; **that's a tall ~** va ser dificilísimo

2 (*sequence, being well arranged*) orden *m*; **in ~ of importance** en orden de importancia; **in ~** (*in the right ~*) en orden; **out of ~** (*not in sequence*) desordenado **3** *for goods* pedido *m*; **take s.o.'s ~ in** *restaurant* preguntar a alguien lo que va a tomar; **an ~ of French fries** unas patatas fritas

4: **out of ~** (*not functioning*) estropeado; **in good working ~** en buen estado de funcionamiento

5: **in ~ to** para

6: **on the ~ of** (*approximately*) del orden de

7: **is it in ~ for me to leave now?** *permissible* ¿me podría ir ahora?

8 REL orden *f*

II *v/t* **1** (*put in sequence, proper layout*) ordenar **2** *goods* pedir, encargar; *meal* pedir **3**: **~ s.o. to do sth** ordenar a alguien hacer algo *or* que haga algo **III** *v/i in restaurant* pedir

◆ **order around** *v/t* dar órdenes continuamente a

'or•der book libro *m* de pedidos; **the ~s are full** el libro de pedidos está lleno

'or•der form hoja *f* de pedido

or•der•ly ['ɔːrdərlɪ] **I** *adj lifestyle* ordenado, metódico **II** *n in hospital* celador(a) *m(f)*

or•di•nal num•ber ['ɔːrdɪnl] (número *m*) ordinal *m*

or•di•nar•i•ly [ɔːrdɪˈnerɪlɪ] *adv* (*as a rule*) normalmente

or•di•nar•y ['ɔːrdɪnerɪ] **1** *adj* común, normal **II** *n*: **out of the ~** extraordinario; **nothing out of the ~** nada extraordinario

ore [ɔːr] mineral *m*, mena *f*

or•gan ['ɔːrgən] ANAT, MUS órgano *m*

'or•gan grind•er organillero(-a) *m(f)*

or•gan•ic [ɔːrˈgænɪk] *adj* **1** *food* ecológico, biológico **2** *fertilizer* orgánico; **~ chemistry** química *f* orgánica

or•gan•i•cal•ly [ɔːrˈgænɪklɪ] *adv grown* ecológicamente, biológicamente

or•gan•ism ['ɔːrgənɪzm] organismo *m*

or•gan•ist ['ɔːrgənɪst] MUS organista *m/f*

f

or•gan•i•za•tion [ɔːrgənaɪ'zeɪʃn] organización *f*

or•gan•i'za•tion chart organigrama *m*

or•gan•ize ['ɔːrgənaɪz] *v/t* organizar; *essay etc* estructurar

or•gan•ized 'crime crimen *m* organizado

or•gan•iz•er ['ɔːrgənaɪzər] *person* organizador(a) *m(f)*; *electronic* organizador *m*, agenda *f* electrónica

or•gas•m ['ɔːrgæzm] orgasmo *m*; **have an ~** tener un orgasmo; **he was having ~s** P estaba muy exaltado *or* emocionado

or•gy ['ɔːrdʒɪ] orgía *f*; **an ~ of color** un festival de color

O•ri•ent ['ɔːrɪənt] Oriente *m*

o•ri•ent ['ɔːrɪənt] *v/t (direct)* orientar; **~ o.s.** *(get bearings)* orientarse

O•ri•en•tal [ɔːrɪ'entl] **I** *adj* oriental **II** *n* oriental *m/f*

o•ri•en•tate ['ɔːrɪenteɪt] ☞ **orient**

o•ri•en•ta•tion [ɔːrɪen'teɪʃn] orientación *f*; **political / sexual ~** orientación política / sexual

or•i•fice ['ɑːrɪfɪs] orificio *m*

or•i•gin ['ɑːrɪdʒɪn] origen *m*; **country of ~** país *m* de origen

o•rig•i•nal [ə'rɪdʒənl] **I** *adj (not copied, first)* original **II** *n painting etc* original *m*; **she can read it in the ~** puede leerlo en el idioma original

o•rig•i•nal•i•ty [ərɪdʒən'ælətɪ] originalidad *f*

o•rig•i•nal•ly [ə'rɪdʒənəlɪ] *adv* originalmente; *(at first)* originalmente, en un principio

o•rig•i•nal 'sin pecado *m* original

o•rig•i•nate [ə'rɪdʒɪneɪt] **I** *v/t scheme, idea* crear **II** *v/i of idea, belief* originarse; *of family* proceder

o•rig•i•na•tor [ə'rɪdʒɪneɪtər] *of scheme etc* creador(a) *m(f)*; **he's not an ~** no es un creador nato

Ork•neys ['ɔːrknɪz] *npl* Orcadas *fpl*

or•na•ment ['ɔːrnəmənt] adorno *m*

or•na•men•tal [ɔːrnə'mentl] *adj* ornamental

or•na•men•ta•tion [ɔːrnəmen'teɪʃn] ornamentación *f*

or•nate [ɔːr'neɪt] *adj style, architecture* recargado

or•ni•thol•o•gist [ɔːrnɪ'θɑːlədʒɪst] or-

nitólogo(-a) *m(f)*

or•ni•thol•o•gy [ɔːrnɪ'θɑːlədʒɪ] ornitología *f*

or•phan ['ɔːrfn] **I** *n* huérfano(-a) *m(f)* **II** *v/t:* **be ~ed** quedar huérfano

or•phan•age ['ɔːrfənɪdʒ] orfanato *m*

or•tho•don•tist [ɔːrθə'dɑːntɪst] ortodontista *m/f*

or•tho•dox ['ɔːrθədɑːks] *adj* REL, *fig* ortodoxo

or•tho•pe•dic [ɔːrθə'piːdɪk] *adj* ortopédico

or•tho•pe•dics [ɔːrθə'piːdɪks] *nsg* ortopedia *f*

or•tho•pe•dist [ɔːrθə'piːdɪst] ortopeda *m/f*

os•cil•late ['ɑːsɪleɪt] *v/i* PHYS, *fig* oscilar *(between* entre)

os•cil•la•tion [ɑːsɪ'leɪʃn] *esp* PHYS oscilación *f*

OSHA ['oʊʃə] *abbr (= Occupational Safety and Health Administration)* Sanidad *f* y Seguridad Laboral

os•mo•sis [ɑːz'moʊsɪs] ósmosis *f inv*

os•ten•si•ble [ɑː'stensəbl] *adj* aparente

os•ten•si•bly [ɑː'stensəblɪ] *adv* aparentemente

os•ten•ta•tion [ɑːsten'teɪʃn] ostentación *f*

os•ten•ta•tious [ɑːsten'teɪʃəs] *adj* ostentoso

os•ten•ta•tious•ly [ɑːsten'teɪʃəslɪ] *adv* de forma ostentosa

os•te•o•ar•thri•tis [ɑːstɪoʊɑːr'θraɪtɪs] osteoartritis *f inv*

os•te•o•path ['ɑːstɪəpæθ] osteópata *m/f*

os•te•op•a•thy [ɑːstɪ'ɑːpəθɪ] osteopatía *f*

os•te•o•po•ro•sis [ɑːstɪoʊpə'roʊsɪs] osteoporosis *f inv*

os•tra•cism ['ɑːstrəsɪzəm] ostracismo *m*

os•tra•cize ['ɑːstrəsaɪz] *v/t* condenar al ostracismo

os•trich ['ɑːstrɪtʃ] ORN avestruz *f*

oth•er ['ʌðər] **I** *adj* **1** otro; **~ people might not agree** puede que otros no estén de acuerdo; **the ~ day** *(recently)* el otro día; **every ~ day / person** cada dos días / personas

2: ~ than aparte de; **do you have anything ~ than these red ones?** ¿tiene otros además de los rojos?; **I'd do anything ~ than go back there again** haría

cualquier otra cosa antes de volver ahí otra vez; *it was none ~ than the president himself who ...* fue nada más y nada menos que el propio presidente quien ...
II *n*: *the ~* el otro; *the ~s* los otros
oth•er•wise [ˈʌðərwaɪz] **I** *conj* de lo contrario, si no **II** *adv* (*differently*) de manera diferente; *be ~ engaged fml* tener otros asuntos que abordar; *think ~* pensar de otra manera; *X, ~ known as Y* X, conocido también como Y
ot•ter [ˈɑːtər] nutria *f*
ouch [aʊtʃ] ¡ay!
ought [ɔːt] *v/aux*: *I / you ~ to know* debo / debes saberlo; *you ~ to have done it* deberías haberlo hecho
ounce [aʊns] onza *f*
our [aʊr] *adj* nuestro *m*, nuestra *f*; *~ brother* nuestro hermano; *~ books* nuestros libros
ours [aʊrz] *pron* el nuestro, la nuestra; *~ are red* los nuestros son rojos; *that book is ~* ese libro es nuestro; *a friend of ~* un amigo nuestro
our•selves [aʊrˈselvz] *pron reflexive* nos; *emphatic* nosotros mismos *mpl*, nosotras mismas *fpl*; *we hurt ~* nos hicimos daño; *when we saw ~ in the mirror* cuando nos vimos en el espejo; *we saw it ~* lo vimos nosotros mismos; *by ~* (*alone*) solos; (*without help*) nosotros solos, nosotros mismos
oust [aʊst] *v/t from office* derrocar
out [aʊt] **I** *adv*: *be ~ of light, fire* estar apagado; *of flower* estar en flor; (*not at home, not in building*), *of sun* haber salido; *of calculations* estar equivocado; (*be published*) haber sido publicado; (*no longer in competition*) estar eliminado; (*no longer in fashion*) estar pasado de moda; *the secret is ~* el secreto ha sido revelado; *~ here in Dallas* aquí en Dallas; *he's ~ in the garden* está en el jardín; (*get*) *~!* ¡vete!; *that's ~!* (*~ of the question*) ¡eso es imposible!; *he's ~ to win* (*fully intends to*) va a por la victoria
II *v/t homosexual* revelar la homosexualidad de
out-and-ˈout *adj lie* como una casa; *liar* redomado; *disgrace* total
out'bid *v/t* (*pret & pp* **-bid**) hacer mejor oferta que

out•board 'mo•tor motor *m* de fuera-borda
'out•break *of violence, war* estallido *m*
'out•build•ing edificio *m* anexo
'out•burst *emotional* arrebato *m*, arranque *m*
'out•cast paria *m/f*
out'class *v/t* superar con creces
'out•come resultado *m*
'out•cry protesta *f*
out'dat•ed *adj* anticuado
out'dis•tance *v/t* dejar atrás
out'do *v/t* (*pret* **-did**, *pp* **-done**) superar
out'door *adj toilet, activities, life* al aire libre; *~ shoes pl* zapatos *mpl* para el aire libre; *~ shot* PHOT foto *f* en exteriores
out'doors *adv* fuera; *go ~* afuera
out•er [ˈaʊtər] *adj wall etc* exterior; *~ garments pl* prendas *fpl* exteriores
out•er 'space espacio *m* exterior
'out•field *in baseball* jardín *m* exterior
'out•field•er *in baseball* jardinero(-a) *m(f)*
'out•fit 1 *clothes* traje *m*, conjunto *m* **2** *company, organization* grupo *m*
'out•flow salida *f*
out'fox *v/t* aventajar en astucia
'out•go•ing I *adj* **1** *flight, mail* saliente **2** *personality* extrovertido **II** *npl* FIN gastos *mpl*
out'grow *v/t* (*pret* **-grew**, *pp* **-grown**) *old ideas* dejar atrás; *he's outgrown his pants* se le han quedado pequeños los pantalones
'out•house dependencia *f*
out•ing [ˈaʊtɪŋ] **1** (*trip*) excursión *f* **2** *of homosexual* revelación *f* de la homosexualidad
out•land•ish [aʊtˈlændɪʃ] *adj* estrafalario
out'last *v/t* durar más que
'out•law I *n* proscrito(-a) *m(f)* **II** *v/t activity* prohibir; *person* declarar fuera de la ley
'out•lay desembolso *m* (*on* en; *for* para)
'out•let 1 *of pipe* desagüe *m* **2** *for sales* punto *m* de venta **3** ELEC enchufe *m*
'out•line I *n* **1** *of person, building etc* perfil *m*, contorno *m* **2** *of plan, novel* resumen *m* **II** *v/t plans etc* resumir
out'live *v/t* sobrevivir a
'out•look (*prospects*) perspectivas *fpl*
'out•ly•ing *adj areas* periférico

out•ma'neu•ver, *Br* **out•ma'noeu•vre**
v/t MIL, *fig* superar estratégicamente
out•mod•ed [aʊt'moʊdɪd] *adj* anticuado
'out•most: at the ~ como mucho
out'num•ber *v/t* superar en número; **we
were ~ed** nos superaban en número
out of *prep* **1** *motion* fuera de; **(get) ~
my room!** ¡fuera de mi habitación!;
run ~ the house salir corriendo de la
casa; **it fell ~ the window** se cayó por
la ventana
2 *position:* **20 miles ~ Detroit** a 20 millas de Detroit
3 *cause* por; **~ jealousy / curiosity** por
celos / curiosidad
4 *without:* **we're ~ gas / beer** no nos
queda gasolina / cerveza
5 *from a group* de cada; **5 ~ 10** 5 de cada
10
out-of-'date *adj* anticuado, desfasado
out-of-the-'way *adj* apartado
'out•pa•tient paciente *m/f* externo(-a)
'out•pa•tients **(clin•ic)** clínica *f* ambu-
latoria
'out•per•form *v/t* superar a
out'play *v/t* jugar mejor que
'out•post enclave *m; fig* reducto *m*
out•pour•ing ['aʊtpɔːrɪŋ] manifestación *f* desbordada
'out•put I *n* **1** *of factory* producción *f* **2**
COMPUT salida *f* **II** *v/t* (*pret & pp* **-ted** *or*
-put) (*produce*) producir
'out•put de•vice COMPUT periférico *m*
de salida
'out•rage I *n* **1** *feeling* indignación *f* **2** *act*
ultraje *m,* atrocidad *f* **II** *v/t* indignar, ultrajar; **I was ~d to hear that ...** me in-
dignó escuchar que …
out•ra•geous [aʊt'reɪdʒəs] *adj acts*
atroz; *prices* escandaloso
out'rank *v/t* superar en rango a
'out•right I *adj* **1** *winner* absoluto **2** *lie,
disaster* total, absoluto; *nonsense* ro-
tundo, claro **II** *adv* **1** *win* completamente **2** *kill, buy sth* en el acto
out'run *v/t* (*pret* **-ran**, *pp* **-run**) correr
más que
out'sell *v/t* (*pret & pp* **-sold**) vender más
que
'out•set principio *m,* comienzo *m; from
the ~* desde el principio *or* comienzo
out'shine *v/t* (*pret & pp* **-shone**) eclipsar

'out•side I *adj surface, wall* exterior;
lane de fuera; **~ chance** posibilidad *f*
remota **II** *adv sit, go* fuera **III** *prep* **1** fuera de **2** (*apart from*) aparte de **IV** *n* **1** *of
building, case etc* exterior *m* **2: at the ~**
a lo sumo
out•side 'broad•cast emisión *f* desde
exteriores
out•side 'left *in soccer* extremo(-a)
m(f) izquierdo(-a)
out•sid•er [aʊt'saɪdər] *in life* forastero
(-a) *m(f); be an ~ in election, race* no
ser uno de los favoritos
out•side 'right *in soccer* extremo(-a)
m(f) derecho(-a)
'out•size *adj clothing* de talla especial
'out•skirts *npl* afueras *fpl*
out'smart ☞ **outwit**
'out•source *v/t* subcontratar
out'spo•ken *adj* abierto
out'stand•ing *adj* **1** *success, quality* destacado, sobresaliente; *writer, athlete* excepcional **2** FIN: *invoice, sums* pendiente
out'stay *v/t:* **~ one's welcome** quedarse
alguien más tiempo del debido
out•stretched ['aʊtstretʃt] *adj hands*
extendido
out'strip *v/t* (*pret & pp* **-ped**) superar
'out-tray bandeja *f* de salida
out'vote *v/t:* **be ~d** perder la votación
out•ward ['aʊtwərd] *adj* **1** *appearance*
externo **2: ~ journey** viaje *m* de ida
out•ward•ly ['aʊtwərdlɪ] *adv* aparentemente
out'weigh *v/t* pesar más que
out'wit *v/t* (*pret & pp* **-ted**) mostrarse
más listo que
o•va ['oʊvə] *pl* ☞ **ovum**
o•val ['oʊvl] *adj* oval, ovalado
o•var•i•an [oʊ'veriən] *adj* ovárico
o•va•ry ['oʊvərɪ] ovario *m*
o•va•tion [oʊ'veɪʃn] ovación *f; give s.o.
a standing ~* aplaudir a alguien de pie
ov•en ['ʌvn] horno *m*
'ov•en glove, 'ov•en mitt manopla *f*
para el horno; **'ov•en•proof** *adj* refractario; **'ov•en-read•y** *adj* listo para el
horno
o•ver ['oʊvər] **I** *prep* **1** (*above*) sobre, encima de **2** (*across*) al otro lado de; **she
walked ~ the street** cruzó la calle; **travel all ~ Brazil** viajar por todo Brasil **3**
(*more than*) más de; **~ and above**

además de **4** (*during*) durante; *let's talk ~ a drink / meal* hablemos mientras tomamos una bebida / comemos **5:** *we're ~ the worst* lo peor ya ha pasado

II *adv:* **be ~** (*finished*) haber acabado; *there were just 6 ~* sólo quedaban seis; **~ to you** (*your turn*) te toca a ti; **~ in Japan** allá en Japón; **~ here / there** por aquí / allá; *it hurts all ~* me duele por todas partes; *painted white all ~* pintado todo de blanco; *it's all ~* se ha acabado; *~ and ~ again* una y otra vez; *do sth ~* (*again*) volver a hacer algo

o•ver'act *v/i* sobreactuar

o•ver•all ['oʊvərɔːl] **I** *adj length* total **II** *adv* (*in general*) en general; *it measures six feet ~* mide en total seis pies

o•ver•alls ['oʊvərɔːlz] *npl* overol *m*, *Span* mono *m*

o•ver'anx•ious *adj* excesivamente ansioso

o•ver'awe *v/t* intimidar; *be ~d by s.o. / sth* sentirse intimidado por alguien / algo

o•ver'bal•ance *v/i* perder el equilibrio

o•ver'bear•ing *adj* dominante, despótico

'o•ver•board *adv* por la borda; *man ~!* ¡hombre al agua!; *go ~ for s.o. / sth* entusiasmarse muchísimo con alguien / algo

o•ver'book *v/t: the flight is ~ed* el vuelo tiene overbooking

'o•ver•cast *adj day* nublado; *sky* cubierto

o•ver'charge *v/t customer* cobrar de más a

'o•ver•coat abrigo *m*

o•ver'come *v/t* (*pret -came, pp -come*) *difficulties, shyness* superar, vencer; *be ~ by emotion* estar embargado por la emoción

o•ver'cook *v/t* cocinar demasiado

o•ver'crowd•ed *adj train* atestado; *city* superpoblado

o•ver'do *v/t* (*pret -did, pp -done*) **1** (*exaggerate*) exagerar **2** *in cooking* recocer, cocinar demasiado; *you're ~ing things* te estás excediendo

o•ver'done *adj meat* demasiado hecho

'o•ver•dose sobredosis *f inv*

'o•ver•draft descubierto *m*; *have an ~* tener un descubierto

'o•ver•draft fa•cil•i•ty facilidad *f* de descubierto

o•ver'draw *v/t* (*pret -drew, pp -drawn*) *account* dejar al descubierto; *be $800 ~n* tener un descubierto de 800 dólares

o•ver'dressed *adj* demasiado trajeado

'o•ver•drive MOT superdirecta *f*; *go into ~ fig* alcanzar un buen ritmo, F agilizarse

o•ver'due *adj*: *his apology was long ~* se debía haber disculpado hace tiempo

o•ver'eat *v/i* (*pret -ate, pp -eaten*) comer demasiado

o•ver'es•ti•mate *v/t abilities, value* sobreestimar

o•ver'ex•cit•ed *adj* sobreexcitado; *get ~* sobreexcitarse

o•ver'ex•pose *v/t photograph* sobreexponer

'o•ver•fish•ing sobrepesca *f*

'o•ver•flow[1] *n pipe* desagüe *m*, rebosadero *m*; *~ valve* válvula *f* de desagüe

o•ver'flow[2] *v/i of water* desbordarse

o•ver'grown *adj garden* abandonado, cubierto de vegetación; *he's an ~ baby* es como un niño

'o•ver•hang *on rock face* saliente *m*

o•ver'haul *v/t engine, plans* revisar

'o•ver•head **I** *adj lights, railroad* elevado **II** *n* FIN gastos *mpl* generales; *travel ~* gastos de viaje **III** *adv* en lo alto

'o•ver•head kick *in soccer* chilena *f*

'o•ver•head pro•jec•tor retroproyector *m*

o•ver'hear *v/t* (*pret & pp -heard*) oír por casualidad

o•ver'heat *v/i* TECH, *of economy* recalentarse

o•ver'heat•ed *adj* recalentado

o•ver•in'dulge **I** *v/t person* consentir; *own preferences* dejarse arrastrar por **II** *v/i in food, drink* empacharse

o•ver'joyed [oʊvər'dʒɔɪd] *adj* contentísimo, encantado

'o•ver•kill: *that's ~* eso es exagerar

'o•ver•land **I** *adj route* terrestre **II** *adv travel* por tierra

o•ver'lap *v/i* (*pret & pp -ped*) *of tiles etc* solaparse; *of periods of time* coincidir; *of theories* tener puntos en común

o•ver'leaf *adv*: *see ~* véase al dorso

o•ver'load *v/t vehicle,* ELEC sobrecargar

o•ver'look *v/t* **1** *of tall building etc* dominar **2** (*not see*) pasar por alto

o•ver•ly ['oʊvərlɪ] *adv* excesivamente, demasiado

o•ver'much *adv* excesivamente

'o•ver•night *adv* travel por la noche; *stay* ~ quedarse a pasar la noche

o•ver'night 'bag bolso *m* de viaje

o•ver'paid *adj*: *be* ~ cobrar demasiado

'o•ver•pass paso *m* elevado

o•ver•pop•u•lat•ed [oʊvə'pɑːpjuleɪtɪd] *adj* superpoblado

o•ver'pow•er *v/t physically* dominar

o•ver•pow•er•ing [oʊvər'paʊrɪŋ] *adj smell* fortísimo; *sense of guilt* insoportable

o•ver'priced [oʊvər'praɪst] *adj* demasiado caro

o•ver'pro•duc•tion superproducción *f*

o•ver•rat•ed [oʊvə'reɪtɪd] *adj* sobrevalorado

o•ver'reach *v/t*: ~ *o.s.* extralimitarse

o•ver•re'act *v/i* reaccionar exageradamente (*to* ante)

o•ver•re'ac•tion reacción *f* exagerada (*to* ante)

o•ver'ride *v/t* (*pret* **-rode**, *pp* **-ridden**) anular

o•ver'rid•ing *adj concern* primordial

o•ver'rule *v/t decision* anular

o•ver'run *v/t* (*pret* **-ran**, *pp* **-run**) **1** *country* invadir; *be* ~ *with* estar plagado de **2** *time* superar

o•ver'seas I *adv live, work* en el extranjero; *go* al extranjero **II** *adj* extranjero

o•ver'see *v/t* (*pret* **-saw**, *pp* **-seen**) supervisar

o•ver'sexed [oʊvər'sekst] *adj* libidinoso

o•ver'shad•ow *v/t fig* eclipsar

o•ver'shoot *v/t* (*pret* & *pp* **-shot**) **1** *runway* salirse de **2** *production target* pasarse de

'o•ver•sight descuido *m*

o•ver•sim•pli•fi'ca•tion simplificación *f* excesiva

o•ver'sim•pli•fy *v/t* (*pret* & *pp* **-ied**) simplificar en exceso

o•ver•size(d) ['oʊvərsaɪz(d)] *adj* enorme

o•ver'sleep *v/i* (*pret* & *pp* **-slept**) quedarse dormido

o•ver'spend *v/i* (*pret* & *pp* **-spent**) gastar de más

o•ver'staffed [oʊvər'stæft] *adj* con demasiado personal

o•ver'state *v/t* exagerar

o•ver'state•ment exageración *f*

o•ver'stay *v/t*: ~ *one's welcome* quedarse alguien más tiempo del debido

o•ver'step *v/t* (*pret* & *pp* **-ped**) *fig* traspasar; ~ *the mark* propasarse, pasarse de la raya

o•vert [oʊ'vərt] *adj* ostensible, claro

o•ver'take *v/t* (*pret* **-took**, *pp* **-taken**) *in work, development* adelantarse a; *Br* MOT adelantar

o•ver'tax *v/t* **1** FIN cobrar más impuestos de los debidos a **2** *patience, strength etc* poner a prueba

o•ver'throw¹ *v/t* (*pret* **-threw**, *pp* **-thrown**) derrocar

'o•ver•throw² *n* derrocamiento *m*

'o•ver•time I *n* **1** SP: *in* ~ en la prórroga; *the game went into* ~ hubo que jugar una prórroga **2** *at work* horas *fpl* extra **II** *adv*: *work* ~ hacer horas extras; *my imagination was working* ~ mi imaginación se disparó

o•ver'tone *npl* tono *m*; *there were* ~ *of disbelief in his remark* su comentario tenía un tono de incredulidad

o•ver'ture ['oʊvərtʃʊr] MUS obertura *f*; *make* ~*s to* establecer contactos con

o•ver'turn I *v/t* **1** *vehicle* volcar; *object* dar la vuelta a **2** *government* derribar **II** *v/i of vehicle* volcar

o•ver•use I *v/t* [oʊvər'juːz] abusar de **II** *n* [oʊvər'juːs] abuso *m*

'o•ver•view visión *f* general

o•ver'weight *adj* con sobrepeso; *be* ~ estar demasiado gordo

o•ver'whelm [oʊvər'welm] *v/t with work* abrumar, inundar; *with emotion* abrumar; *be* ~*ed by response* estar abrumado por

o•ver'whelm•ing [oʊvər'welmɪŋ] *adj feeling* abrumador; *majority* aplastante

o•ver'whelm•ing•ly [oʊvər'welmɪŋlɪ] *adv vote* en su (inmensa) mayoría

o•ver'work I *n* exceso *m* de trabajo **II** *v/i* trabajar en exceso **III** *v/t* hacer trabajar en exceso

o•ver'write *v/t* (*pret* **-wrote**, *pp* **-written**) COMPUT sobreescribir

ov•u•late ['ɑːvjʊleɪt] *v/i* ovular

ov•u•la•tion [ɑːvjʊ'leɪʃn] ovulación *f*

o•vum ['oʊvəm] (*pl* **ovums** *or* **ova** ['oʊvə]) BIO óvulo *m*

owe [oʊ] *v/t* deber; **~ s.o. $500** deber a alguien 500 dólares; *how much do I ~ you?* ¿cuánto te debo?

ow•ing to ['oʊɪŋ] *prep* debido a

owl [aʊl] búho *m*

own[1] [oʊn] *v/t* poseer; *who ~s the restaurant?* ¿de quién es el restaurante?, ¿quién es el propietario del restaurante?

own[2] [oʊn] **I** *adj* propio **II** *pron*: *a car / an apartment of my ~* mi propio coche / apartamento; *on my / his ~* yo / él solo **III** *n*: *come into one's ~* demostrar lo que vale uno

◆ **own up** *v/i* confesar

own 'brand marca *f* propia

own•er ['oʊnər] dueño(-a) *m(f)*, propietario(-a) *m(f)*

own•er-'oc•cu•pi•er *Br* ocupante *m/f* propietario(-a)

own•er•ship ['oʊnərʃɪp] propiedad *f*

own 'goal gol *m* en propia meta *or* puerta, autogol *m*; *score an ~* marcar en propia meta; *fig* tirar piedras contra su propio tejado

ox [ɑːks] (*pl* **oxen** ['ɑːksn]) buey *m*

Ox•bridge ['ɑːksbrɪdʒ] *universidades de Oxford y Cambridge*

ox•en ['ɑːksn] *pl* ☞ **ox**

ox•ide ['ɑːksaɪd] óxido *m*

ox•i•dize ['ɑːksɪdaɪz] **I** *v/t* oxidar **II** *v/i* oxidarse

ox•y•gen ['ɑːksɪdʒən] oxígeno *m*

'ox•y•gen mask MED mascarilla *f* de oxígeno

'ox•y•gen tent MED tienda *f* de oxígeno

oys•ter ['ɔɪstər] ostra *f*; *the world's your ~* el mundo es tuyo, tienes el mundo a tus pies

'oys•ter bed criadero *m* de ostras

oz *abbr* (= **ounce(s)**) onza(s) *f(pl)*

o•zone ['oʊzoʊn] ozono *m*

'o•zone lay•er capa *f* de ozono

P

PA [piː'eɪ] *abbr* (= **personal assistant**) secretario(-a) *m(f)* personal

pace [peɪs] **I** *n* **1** (*step*) paso *m* **2** (*speed*) ritmo *m* **II** *v/i*: *~ up and down* pasear de un lado a otro

'pace•mak•er 1 MED marcapasos *m inv* **2** SP liebre *f*

Pa•cif•ic [pə'sɪfɪk]: *the ~* (*Ocean*) el (Océano) Pacífico

pac•i•fi•er ['pæsɪfaɪər] chupete *m*

pac•i•fism ['pæsɪfɪzm] pacifismo *m*

pac•i•fist ['pæsɪfɪst] pacifista *m/f*

pac•i•fy ['pæsɪfaɪ] *v/t* (*pret & pp* **-ied**) tranquilizar; *country* pacificar

pack [pæk] **I** *n* **1** (*back~*) mochila *f* **2** *of cereal, food, cigarettes* paquete *m* **3** *of cards* baraja *f* **II** *v/t item of clothing etc* meter en la maleta; *goods* empaquetar; *groceries* meter en una bolsa; *~ one's bag / suitcase* hacer la bolsa / la maleta **III** *v/i* hacer la maleta

◆ **pack in** *v/t* F *job, girlfriend* dejar; *pack it in, will you! stop that* ¡para ya! *or* ¡ya vale!(, ¿no?)

◆ **pack off** *v/t to bed, school etc* mandar

◆ **pack up** *v/i* hacer las maletas

pack•age ['pækɪdʒ] **I** *n* paquete *m* **II** *v/t* **1** *in packs* embalar **2** *idea, project* presentar

'pack•age deal *for holiday* paquete *m*; **'pack•age hol•i•day** *Br* viaje *m* organizado; **'pack•age store** tienda *f* de bebidas alcohólicas; **'pack•age tour** viaje *m* organizado

pack•ag•ing ['pækɪdʒɪŋ] **1** *of product* embalaje *m* **2** *of idea, project* presentación *f*; *it's all ~ fig* es sólo imagen

'pack an•i•mal bestia *f* de carga

packed [pækt] *adj* (*crowded*) abarrotado

packed lunch [pækt'lʌntʃ] *Br* almuerzo *m* para llevar

pack•et ['pækɪt] paquete *m*; *it'll cost you a ~ Br* F te va a costar un dineral *or* una fortuna

pack•et switch•ing ['pækɪtswɪtʃɪŋ] TELEC conmutación *f* de paquetes

'pack horse caballo *m* de carga

'pack ice banco *m* de hielo

pack•ing ['pækɪŋ] **1** *act* empaquetado

m; **do one's ~** hacer el equipaje **2** *material* embalaje *m*

'**pack•ing case** cajón *m* para embalar

pact [pækt] pacto *m*

pad[1] [pæd] **I** *n* **1** *for protection* almohadilla *f* **2** *for absorbing liquid* compresa *f* **3** *for writing* bloc *m* **II** *v/t* (*pret & pp* **-ded**) **1** *with material* acolchar **2** *speech, report* meter paja en

◆ **pad out** *v/t essay* rellenar, meter paja en F

pad[2] *v/i* (*pret & pp* **-ded**) (*move quietly*) caminar silenciosamente

pad•ded shoul•ders ['pædɪd] hombreras *fpl*

pad•ding ['pædɪŋ] **1** *material* relleno *m* **2** *in speech etc* paja *f*

pad•dle ['pædəl] **I** *n for canoe* canalete *m*, remo *m* **II** *v/i* **1** *in canoe* remar **2** *in water* chapotear

'**pad•dle steam•er** barco *m* de vapor de ruedas

pad•dling pool ['pædlɪŋpuːl] *Br* piscina *f* hinchable

pad•dock ['pædək] potrero *m*

pad•dy ['pædɪ] *for rice* arrozal *m*

'**pad•dy wag•on** F furgón *m* policial

pad•lock ['pædlɑːk] **I** *n* candado *m* **II** *v/t gate* cerrar con candado; **I ~ed my bike to the railings** até mi bicicleta a la verja con candado

pa•gan ['peɪgən] **I** *n* pagano(-a) *m(f)* **II** *adj* pagano

pa•gan•ism ['peɪgənɪzəm] paganismo *m*

page[1] [peɪdʒ] *n of book etc* página *f*; **~ number** número *m* de página

page[2] [peɪdʒ] *v/t* (*call*) llamar; *by PA* llamar por megafonía; *by beeper* llamar por el buscapersonas *or Span* busca

'**page•boy 1** paje *m* **2** *haircut* corte *m* estilo paje

'**page proof** prueba *f*

pag•er ['peɪdʒər] buscapersonas *m inv*, *Span* busca *m*

pag•i•nate ['pædʒɪneɪt] *v/t* paginar

pag•i•na•tion [pædʒɪ'neɪʃn] paginación *f*

paid [peɪd] *pret & pp* ☞ **pay**

paid em'ploy•ment empleo *m* remunerado

paid-up 'share cap•i•tal capital *m* descubierto desembolsado

pail [peɪl] cubo *m*

pain [peɪn] dolor *m*; **be in ~** sentir dolor; **take ~s to do sth** tomarse muchas molestias por hacer algo; **a ~** (**in the neck**) F *person* un(-a) pesado(-a) F; *thing, situation* una lata F; **he's a ~ in the butt** P es un coñazo V

pain•ful ['peɪnfəl] *adj* **1** dolorido; *blow, condition, subject* doloroso; **my arm is still very ~** me sigue doliendo mucho el brazo **2** (*laborious*) difícil

pain•ful•ly ['peɪnfəlɪ] *adv* (*extremely, acutely*) extremadamente

pain•kill•er ['peɪnkɪlər] analgésico *m*

pain•less ['peɪnlɪs] *adj* indoloro; **be completely ~** doler nada

pains•tak•ing ['peɪnzteɪkɪŋ] *adj* meticuloso

pains•tak•ing•ly ['peɪnzteɪkɪŋlɪ] *adv* meticulosamente

paint [peɪnt] **I** *n* pintura *f* **II** *v/t* pintar

'**paint•box** caja *f* de acuarelas

'**paint•brush** brocha *f*; *small* pincel *m*

paint•er ['peɪntər] **1** *decorator* pintor(a) *m(f)* (de brocha gorda) **2** *artist* pintor(a) *m(f)*

'**pain thresh•old** umbral *m* del dolor

paint•ing ['peɪntɪŋ] **1** *activity* pintura *f* **2** *picture* cuadro *m*

'**paint strip•per** decapante *m*

'**paint•work** pintura *f*

pair [per] *of shoes, gloves, objects* par *m*; *of people, animals* pareja *f*

◆ **pair off** *v/i* emparejarse

pa•ja•ma jack•et [pədʒɑːməˈdʒækɪt] camisa *f* de pijama

pa•ja•ma 'pants *npl* pantalón *m* de pijama

pa•ja•mas [pəˈdʒɑːməz] *npl* pijama *m*

Pa•ki•stan [pɑːkɪˈstɑːn] Paquistán *m*, Pakistán *m*

Pa•ki•sta•ni [pɑːkɪˈstɑːnɪ] **I** *n* paquistaní *m/f*, pakistaní *m/f* **II** *adj* paquistaní, pakistaní

pal [pæl] F (*friend*) amigo(-a) *m(f)*, *Span* colega *m/f* F; **hey ~, got a light?** oye amigo *or Span* tío, ¿tienes fuego?

pal•ace ['pælɪs] palacio *m*

pal•at•a•ble ['pælətəbl] *adj food* apetitoso; *proposal etc* aceptable; **make sth ~ to s.o.** hacer algo más aceptable para alguien

pal•a•tal ['pælətl] LING **I** *n* sonido *m* palatal **II** *adj* palatal

pal•ate ['pælət] paladar *m*

pa•la•tial [pə'leɪʃl] *adj* palaciego

pa•lav•er [pə'lɑːvər] F follón *m*

pale [peɪl] *adj person* pálido; **she went ~** palideció; **~ pink / blue** rosa / azul claro

pale•ness ['peɪlnɪs] palidez *f*

pa•le•o•lith•ic [pælɪoʊ'lɪθɪk] *adj* paleolítico

pa•le•on•tol•o•gy [pælɪɑːn'tɑːlədʒɪst] paleontología *f*

Pal•e•stine ['pæləstaɪn] Palestina *f*

Pal•e•stin•i•an [pælə'stɪnɪən] **I** *n* palestino(-a) *m(f)* **II** *adj* palestino

pall[1] [pɔːl] *n on coffin* paño *m* mortuorio; **a ~ of smoke** una cortina de humo

pall[2] [pɔːl] *v/i* desvanecerse

'pall•bear•er portador(a) *m(f)* del féretro

pal•let ['pælɪt] palé *m*

'pal•let truck carretilla *f* elevadora

pal•li•a•tive ['pælɪətɪv] MED paliativo *m*

pal•lid ['pælɪd] *adj* pálido

pal•lor ['pælər] palidez *f*

pal•ly ['pælɪ] *adj* F: **they are very ~** se han hecho muy amigos; **get ~ with s.o.** hacerse amigo de alguien

palm [pɑːm] **1** *of hand* palma *f* **2** *tree* palmera *f*

◆ **palm off** *v/t*: **palm sth off on s.o.** endosar algo a alguien

palm•ist ['pɑːmɪst] quiromántico(-a) *m(f)*

palm•is•try ['pɑːmɪstrɪ] quiromancia *f*

Palm 'Sun•day REL Domingo *m* de Ramos

'palm tree BOT palmera *f*

'palm•top computadora *f* de mano, *Span* ordenador *m* de mano

pa•lo•mi•no [pælə'miːnoʊ] alazán *m* de crin blanca

pal•pa•ble ['pælpəbl] *adj fig*: *clear, obvious* claro

pal•pa•bly ['pælpəblɪ] *adv* (*manifestly*) claramente

pal•pi•tate ['pælpɪteɪt] *v/i* palpitar

pal•pi•ta•tions [pælpɪ'teɪʃnz] *npl* MED palpitaciones *fpl*

pal•try ['pɒːltrɪ] *adj* miserable

pam•pas ['pæmpəs] *npl* pampa *f*

'pam•pas grass hierba *f* de las pampas

pam•per ['pæmpər] *v/t* mimar

pam•phlet ['pæmflɪt] *for information* folleto *m*; *political* panfleto *m*

pan[1] [pæn] **I** *n for cooking* cacerola *f*; *for frying* sartén *f*; **have s.o. on the ~** F poner a alguien de vuelta y media F **II** *v/t* (*pret & pp -ned*) F (*criticize*) poner por los suelos F

◆ **pan out** *v/i* F (*develop*) salir

pan[2] [pæn] **I** *n in filming* plano *m* general **II** *v/i* hacer un plano general

pan•a•ce•a [pænə'sɪə] panacea *f*

pa•nache [pə'næʃ] gracia *f*, salero *m*

Pan•a•ma ['pænəmɑː] Panamá *m*

Pan•a•ma Ca'nal the ~ el Canal de Panamá

Pan•a•ma 'Cit•y Ciudad *f* de Panamá

Pan•a•ma•ni•an [pænə'meɪnɪən] **I** *adj* panameño **II** *n* panameño(-a) *m(f)*

Pan-A'mer•i•can *adj* panamericano

pan•a•tel•la [pænə'telə] panatela *f*

'pan•cake crepe *m*, *L.Am.* panqueque *m*

pan•cre•as ['pæŋkrɪəs] ANAT páncreas *m inv*

pan•da ['pændə] (*oso m*) panda *m*

pan•de•mo•ni•um [pændɪ'moʊnɪəm] pandemónium *m*, pandemonio *m*

◆ **pan•der to** ['pændər] *v/t* complacer

pane [peɪn] *of glass* hoja *f*

pan•el ['pænl] **1** panel *m* **2** *people* grupo *m*, panel *m*

pan•el•ist, *Br* **pan•el•list** ['pænəlɪst] miembro *m* de un panel

pan•el•ing ['pænəlɪŋ] paneles *mpl*; *of ceiling* artesonado *m*

pang [pæŋ]: **~s of hunger** retortijones *mpl*; **~s of remorse** remordimientos *mpl*

'pan•han•dle *v/i* F mendigar

pan•ic ['pænɪk] **I** *n* pánico *m*; **I was in a real ~** me entró el pánico **II** *v/i* (*pret & pp -ked*) ser preso del pánico; **get agitated** perder la calma; **don't ~!** ¡tranquilo! **III** *v/t* (*pret & pp -ked*) entrarle el pánico a alguien; **don't let them ~ you in making a decision** no dejes que te hagan tomar una decisión precipitada

pan•ic buy•ing ['pænɪkbaɪɪŋ] FIN compra *f* provocada por el pánico

pan•ick•y ['pænɪkɪ] *adj* F de pánico; **he got ~** le entró el pánico

'pan•ic sel•ling FIN venta *f* provocada por el pánico

'pan•ic sta•tions *it was ~ all around* F

cundió el pánico

'pan•ic-strick•en *adj* preso del pánico

pan•nier ['pænɪər] alforja *f*

pan•o•ra•ma [pænə'rɑːmə] panorama *m*

pa•no•ra•mic [pænə'ræmɪk] *adj* view panorámico

pan•sy ['pænzɪ] *flower* pensamiento *m*

pant [pænt] *v/i* jadear

pan•the•is•tic [pænθɪ'ɪstɪk] *adj* panteísta *m/f*

pan•ther ['pænθər] ZO pantera *f*

pan•ties ['pæntɪz] *npl Span* bragas *fpl*, *L.Am.* calzones *mpl*

pan•ti•hose ☞ **pantyhose**

pan•to•mime ['pæntəmaɪm] **1** pantomima *f* **2** *Br. comedia musical navideña basada en los cuentos de hada*

pan•try ['pæntrɪ] despensa *f*

pants [pænts] *npl* pantalones *mpl*

'pant•suit traje *m* pantalón

pant•y•hose ['pæntɪhouz] *npl* medias *fpl*, pantis *mpl*

'pant•y lin•er protege-slip *m*, salva-slip *m*

pap [pæp] papilla *f*

pa•pa•cy ['peɪpəsɪ] papado *m*

pa•pal ['peɪpəl] *adj* papal

pa•pa•ya [pə'paɪə] BOT papaya *f*

pa•per ['peɪpər] **I** *n* **1** papel *m*; *a piece of* ~ un trozo de papel **2** *(news~)* periódico *m* **3** *academic* estudio *m*; *at conference* ponencia *f*; *(examination* ~*)* examen *m* **4:** ~**s** *(documents)* documentos *mpl*; *of vehicle, (identity* ~*s)* papeles *mpl*, documentación *f* **II** *adj* de papel **III** *v/t* room, walls empapelar

◆ **paper over** *v/t fig* tapar, camuflar

'pa•per•back libro *m* en rústica; **pa•per 'bag** bolsa *f* de papel; **'pa•per boy** repartidor *m* de periódicos; **'pa•per clip** clip *m*; **pa•per 'cup** vaso *m* de papel; **'pa•per feed** alimentador *m* de papel; **pa•per 'hand•ker•chief** pañuelo *m* de papel; **pa•per 'mon•ey** papel *m* moneda; **pa•per 'plate** plato *m* de papel; **'pa•per prof•it** ganancias *fpl* por realizar; **'pa•per round** ronda *f* de reparto a domicilio del periódico; **'pa•per-thin** *adj* finísimo; **pa•per 'tis•sue** pañuelo *m* de papel; **'pa•per•weight** pisapapeles *m inv*; **'pa•per•work** papeleo *m*

pa•pier-mâ•ché [pæpjeɪ'mæʃeɪ] cartón *m* piedra

pa•pri•ka ['pæprɪkə] pimentón *m*

par [pɑːr] *in golf* par *m*; *be on a* ~ *with* ser comparable a; *feel below* ~ sentirse en baja forma

para ['pærə] MIL paracaidista *m/f*

par•a•ble ['pærəbl] parábola *f*

pa•rab•o•la [pə'ræbələ] MATH parábola *f*

par•a•bol•ic [pærə'bɑːlɪk] *adj* MATH parabólico

par•a•cet•a•mol [pærə'siːtəmɑːl] paracetamol *m*

par•a•chute ['pærəʃuːt] **I** *n* paracaídas *m inv* **II** *v/i* saltar en paracaídas **III** *v/t* troops, *supplies* lanzar en paracaídas

par•a•chut•ist ['pærəʃuːtɪst] paracaidista *m/f*

pa•rade [pə'reɪd] **I** *n procession* desfile *m* **II** *v/i* **1** desfilar **2** *(walk about)* pasearse **III** *v/t knowledge, new car* hacer ostentación de

pa'rade ground MIL patio *m* de armas

par•a•digm ['pærədaɪm] paradigma *m*

par•a•dise ['pærədaɪs] paraíso *m*

par•a•dox ['pærədɑːks] paradoja *f*

par•a•dox•i•cal [pærə'dɑːksɪkl] *adj* paradójico

par•a•dox•i•cal•ly [pærə'dɑːksɪklɪ] *adv* paradójicamente

par•af•fin ['pærəfɪn] **1** *wax* parafina **2** *Br* queroseno *m*

pa•ra•glid•ing ['pærəglaɪdɪŋ] parapente *m*

par•a•gon ['pærəgɑːn]: ~ *of virtue* dechado *m* de virtudes

par•a•graph ['pærəgræf] párrafo *m*

Par•a•guay ['pærəgwaɪ] Paraguay *m*

Par•a•guay•an [pærə'gwaɪən] **I** *adj* paraguayo **II** *n* paraguayo(-a) *m(f)*

par•a•keet ['pærəkiːt] periquito *m*

par•al•lel ['pærəlel] **I** *n* GEOM paralela *f*; GEOG paralelo *m*; *fig* paralelismo *m*; *draw a* ~ establecer un paralelismo; *do two things in* ~ hacer dos cosas al mismo tiempo; *an event without* ~ un acontecimiento sin paralelo *or* comparación **II** *adj also fig* paralelo **III** *v/t (match)* equipararse a

par•al•lel 'bars *npl* barras *fpl* paralelas *fpl*

par•al•lel•ism ['pærəlelɪzəm] paralelismo *m*

par•al•lel•o•gram [pærəl'eləgræm] MATH paralelogramo *m*

par•al•lel 'port COMPUT puerto *m* paralelo

Par•a•lym•pics [pærə'lɪmpɪks] *npl* juegos *mpl* paraolímpicos

pa•ral•y•sis [pə'ræləsɪs] (*pl* **paralyses** [pə'ræləsiːz]) parálisis *f*

par•a•lyt•ic [pærə'lɪtɪk] *adj* **1** MED paralítico **2** *Br* F (*drunk*) pedo, mamado

par•a•lyze ['pærəlaɪz] *v/t also fig* paralizar

par•a•med•ic [pærə'medɪk] auxiliar *m/f* sanitario(-a)

pa•ram•e•ter [pə'ræmɪtər] parámetro *m*

par•a•mil•i•tar•y [pærə'mɪlɪteri] **I** *adj* paramilitar **II** *n* paramilitar *m/f*

par•a•mount ['pærəmaunt] *adj* supremo, extremo; **be ~** ser de importancia capital

par•a•noi•a [pærə'nɔɪə] paranoia *f*

par•a•noid ['pærənɔɪd] *adj* paranoico

par•a•nor•mal [pærə'nɔːrməl] *adj* paranormal

par•a•pet ['pærəpet] parapeto *m*

par•a•pher•na•li•a [pærəfər'neɪlɪə] parafernalia *f*

par•a•phrase ['pærəfreɪz] *v/t* parafrasear

par•a•ple•gi•a [pærə'pliːdʒə] MED paraplejia *f*

par•a•ple•gic [pærə'pliːdʒɪk] parapléjico(-a) *m(f)*

par•a•psy•chol•o•gy [pærəsaɪ'kɑːlədʒɪ] parapsicología *f*

par•as•cend•ing ['pærəsendɪŋ] parapente *m* con lancha motora

par•a•site ['pærəsaɪt] *also fig* parásito *m*

par•a•sit•ic [pærə'sɪtɪk] *adj* parásito

par•a•sol ['pærəsɑːl] sombrilla *f*

par•a•troop•er ['pærətruːpər] paracaidista *m/f* (*militar*)

par•a•troops ['pærətruːps] *npl* tropas *fpl* paracaidistas

par•boil ['pɑːrbɔɪl] *v/t* cocer a medias

par•cel ['pɑːrsl] paquete *m*

◆ **parcel up** *v/t* empaquetar

'par•cel bomb paquete *m* bomba

'par•cel post servicio *m* de paquete postal

parch [pɑːrʧ] *v/t* secar; **be ~ed** F *of person* estar muerto de sed F

parch•ment ['pɑːrʧmənt] pergamino *m*

par•don ['pɑːrdn] **I** *n* **1** LAW indulto *m* **2**: *I beg your ~?* (*what did you say?*) ¿cómo ha dicho?; *I beg your ~* (*I'm sorry*) discúlpeme **II** *v/t* **1** perdonar; *~ me?* ¿perdón?, ¿qué?; *~ me for saying so, but ...* perdóneme pero ..., permítame que le diga que ... **2** LAW indultar

par•don•a•ble ['pɑːrdnəbl] *adj* perdonable

pare [per] *v/t* (*peel*) pelar

◆ **pare down** *v/t* recortar

par•ent ['perənt] *father* padre *m*; *mother* madre *f*; *my ~s* mis padres; *each ~ must ...* todos los padres deben...

par•ent•age ['perəntɪdʒ] origen *m*

pa•ren•tal [pə'rentl] *adj* de los padres

'par•ent com•pa•ny empresa *f* matriz

pa•ren•the•sis [pə'renθəsɪs] (*pl* **parentheses** [pə'renθəsiːz]) paréntesis *m inv*; *in ~* entre paréntesis

par•ent•hood ['perənthʊd] paternidad *f*

par•ent•ing ['perəntɪŋ]: *what can they learn about ~?* ¿qué pueden aprender sobre cómo ser buenos padres?; *their ~ skills* su capacidad para ser padres

par•ent•less ['perəntlɪs] *adj* sin padres

'par•ents' eve•ning reunión *f* de padres

'par•ents-in-law *npl* padres *mpl* políticos

par•ent-'teach•er as•so•ci•a•tion asociación *f* de padres de alumnos

Par•is ['pærɪs] París *m*

par•ish ['pærɪʃ] parroquia *f*

pa•rish•ion•er [pə'rɪʃənər] REL feligrés (-esa) *m(f)*

par•i•ty ['pærətɪ] igualdad *f* (*with* con)

park¹ [pɑːrk] *n* parque *m*

park² [pɑːrk] *v/t & v/i* MOT estacionar, *Span* aparcar

par•ka ['pɑːrkə] parka *f*

park•ing ['pɑːrkɪŋ] MOT estacionamiento *m*, *Span* aparcamiento *m*; *no ~* prohibido aparcar; *there's plenty of ~ around here* hay muchos sitios para aparcar por aquí

'park•ing brake freno *m* de mano; **'park•ing disc** disco *m* de estacionamiento *or Span* aparcamiento; **'park•ing fee** tarifa *f* del párking; **'park•ing ga•rage** párking *m*, *Span* aparcamiento *m*; **'park•ing lot** estacionamiento *m*, *Span* aparcamiento *m* (*al aire libre*); **'park•ing me•ter** parquímetro *m*; **park•ing of'fense** estacionamiento *m* indebido; **'park•ing place, park•ing**

space (plaza *f* de) estacionamiento *m or Span* aparcamiento *m*, sitio *m* para estacionar *or Span* aparcar; **'par•king tick•et** multa *f* de estacionamiento

Par•kin•son's dis•ease ['pɑːrkɪnsnz] MED enfermedad *f* de Parkinson

'park•keep•er guarda *m/f* del parque

par•lance ['pɑːrləns]: *in common* ~ en el habla común; *in legal* ~ en la jerga legal

par•lia•ment ['pɑːrləmənt] parlamento *m*

par•lia•men•tar•i•an [pɑːrləmen'teriən] parlamentario(-a) *m(f)*

par•lia•men•ta•ry [pɑːrlə'mentəri] *adj* parlamentario

par•lor, *Br* **par•lour** ['pɑːrlər] **1** *in house* salón *m* **2** (*beauty* ~) salón de belleza **3** (*ice-cream* ~) heladería *f*

'par•lor game juego *m* de salón

Par•me•san [pɑːrməzæn] parmesano *m*

pa•ro•chi•al [pə'roʊkjəl] *adj* parroquial; *fig* provinciano

par•o•dy ['pærədɪ] **I** *n* parodia *f* (*of* de) **II** *v/t* parodiar

pa•role [pə'roʊl] **I** *n* libertad *f* condicional; *be on* ~ estar en libertad condicional **II** *v/t* poner en libertad condicional; *be* ~*d* salir en libertad condicional

par•quet ['pɑːrkeɪ] **1** parqué *m* **2** THEA platea *f*

par•quet 'floor suelo *m* de parqué

par•rot ['pærət] **I** *n* loro *m* **II** *v/t* repetir como un loro

'par•rot-fash•ion *adv* learn, repeat como un loro

par•ry ['pærɪ] *v/t* (*pret & pp* **-ied**) *blow* desviar; *question* esquivar

par•si•mo•ni•ous [pɑːrsɪ'moʊnjəs] *adj* mezquino

par•si•mo•ny ['pɑːrsəmoʊnɪ] mezquindad *f*

pars•ley ['pɑːrslɪ] perejil *m*

pars•nip ['pɑːrsnɪp] BOT pastinaca *f*

par•son ['pɑːrsn] párroco *m*

part [pɑːrt] **I** *n* **1** (*portion, area*) parte *f* **2** (*episode*) parte *f*, episodio *m* **3** *of machine* pieza *f* (de repuesto) **4** *in play, film* papel *m* **5** *in hair* raya *f* **6**: *take* ~ *in* tomar parte en **II** *adv* (*partly*) en parte; ~ *American*, ~ *Spanish* medio americano medio español; ~ *fact*, ~ *fiction* con una parte

de realidad y una parte de ficción **III** *v/i* separarse; *we* ~*ed good friends* quedamos como amigos **IV** *v/t*: ~ *one's hair* hacerse la raya

◆ **part with** *v/t* desprenderse de

'part ex•change: *take sth in* ~ llevarse algo como parte del pago

par•tial ['pɑːrʃl] *adj* **1** (*incomplete*) parcial **2**: *be* ~ *to* tener debilidad por

par•ti•al•i•ty [pɑːrʃɪ'ælətɪ] **1** (*bias*) parcialidad *f* **2** (*liking*) afición *f* (*for* por)

par•tial•ly ['pɑːrʃəlɪ] *adv* parcialmente

par•ti•ci•pant [pɑːr'tɪsɪpənt] participante *m/f*

par•ti•ci•pate [pɑːr'tɪsɪpeɪt] *v/i* participar

par•ti•ci•pa•tion [pɑːrtɪsɪ'peɪʃn] participación *f*

par•ti•ci•ple ['pɑːrtɪsɪpl] GRAM participio *m*

par•ti•cle ['pɑːrtɪkl] **1** PHYS partícula *f* **2** (*small amount*) pizca *f*

par•tic•u•lar [pər'tɪkjələr] *adj* **1** (*specific*) particular, concreto; *this* ~ *morning* precisamente esta mañana; *in* ~ en particular; *it's a* ~ *favorite of mine* es uno de mis preferidos **2** (*demanding*) exigente; *about friends, employees* selectivo; *pej* especial, quisiquilloso; *you know how* ~ *she is* ya sabes lo especial que es

par•tic•u•lar•ly [pər'tɪkjələrlɪ] *adv* particularmente, especialmente

par•tic•u•late e•mis•sions [pɑːrtɪkjʊlətɪ'mɪʃnz] *npl* emisión *f* de partículas

part•ing ['pɑːrtɪŋ] **I** **1** partida *f* **2** *Br: in hair* raya *f* **II** *adj*: ~ *kiss* beso *m* de despedida

'part•ing shot *remark* comentario *m* desagradable

par•ti•san ['pɑːrtɪzæn] **I** *n* **1** partidario(-a) *m(f)* **2** MIL partisano(-a) *m(f)* **II** *adj* **1** parcial **2** MIL partisano

par•ti•tion [pɑːr'tɪʃn] **I** *n* **1** (*screen*) tabique *m* **2** *of country* partición *f*, división *f* **II** *v/t country* dividir

◆ **partition off** *v/t* dividir con tabiques

part•ly ['pɑːrtlɪ] *adv* en parte

part•ner ['pɑːrtnər] COM socio(-a) *m(f)*; *in relationship* compañero(-a) *m(f)*; *in tennis, dancing* pareja *f*

part•ner•ship ['pɑːrtnərʃɪp] COM sociedad *f*; *in particular activity* colabora-

ción *f*

part of 'speech (*pl* **parts of speech**) parte *f* de la oración

'**part own•er** copropietario(-a) *m(f)*

par•tridge ['pɑːrtrɪdʒ] perdiz *f*

'**part-time I** *adj* a tiempo parcial **II** *adv* **work** a tiempo parcial

part-'tim•er: **be a ~** trabajar a tiempo parcial

par•ty ['pɑːrtɪ] **I** *n* **1** (*celebration*) fiesta *f*; **have** *or* **give a ~** hacer *or* dar una fiesta; **I met her at a ~** la conocí en una fiesta **2** POL partido *m* **3** (*group of people*) grupo *m* **4**: **be a ~ to** tomar parte en **II** *v/i* (*pret & pp* **-ied**) F salir de marcha F

par•ty 'line LÍNEA *f* del partido; **par•ty poop•er** ['pɑːrtɪpuːpər] F aguafiestas *m/f inv*; **par•ty 'wall** pared *f* medianera

pass [pæs] **I** *n* **1** *for entry*, SP pase *m* **2** *in mountains* desfiladero *m* **3**: **make a ~ at** tirarle los tejos a

II *v/t* **1** (*hand*) pasar **2** (*go past*) pasar por delante de; (*go beyond*) sobrepasar **3** (*overtake*) adelantar **4** (*approve*) aprobar **5**: **~ an exam** aprobar un examen; **~ sentence** LAW dictar sentencia; **~ the time** pasar el tiempo

III *v/i* **1** *of time*, SP pasar; **I'll just mention in ~ing that ...** sólo mencionaré de pasada que ... **2** *in exam* aprobar **3** (*go away*) pasarse

◆ **pass around** *v/t* repartir

◆ **pass away** *v/i euph* fallecer, pasar a mejor vida

◆ **pass by I** *v/t* (*go past*) pasar por **II** *v/i* (*go past*) pasarse

◆ **pass for** *v/t*: **he could pass for 40** podría pasar por alguien de 40 años

◆ **pass off I** *v/t* hacer pasar, colar (**as** como) **II** *v/i* (*take place*) tener lugar

◆ **pass on I** *v/t information, book* pasar; **~ the savings to ...** *of supermarket etc* revertir el ahorro en ... **II** *v/i* (*euph*: *die*) fallecer, pasar a mejor vida

◆ **pass out I** *v/i* **1** (*faint*) desmayarse **2** *from police or military academy* graduarse **II** *v/t* (*distribute*) pasar

◆ **pass over** *v/t person* pasar por encima

◆ **pass through** *v/t town* pasar por

◆ **pass up** *v/t* F *opportunity* dejar pasar

pass•a•ble ['pæsəbl] *adj* **1** *road* transitable **2** (*acceptable*) aceptable

pas•sage ['pæsɪdʒ] **1** (*corridor*) pasillo *m* **2** *from poem, book* pasaje *m* **3** *of time* paso *m*

'**pas•sage•way** pasillo *m*

pas•sen•ger ['pæsɪndʒər] pasajero(-a) *m(f)*

'**pas•sen•ger seat** asiento *m* de pasajero

'**pas•sen•ger train** tren *m* de pasajeros

pas•ser-by [pæsər'baɪ] (*pl* **passers-by**) transeúnte *m/f*

pass•ing ['pæsɪŋ] **I** *n of an era* paso *m*; (*death*) fallecimiento *m*; **with the ~ of time** con el paso del tiempo; **in ~** de pasada **II** *adj thought, glance* de pasada

pas•sion ['pæʃn] pasión *f*; **a crime of ~** un crimen pasional

pas•sion•ate ['pæʃnət] *adj* **1** *lover* apasionado **2** (*fervent*) fervoroso

pas•sion•ate•ly ['pæʃnətlɪ] *adv* apasionadamente

'**pas•sion fruit** BOT fruta *f* de la pasión, maracuyá *f*

pas•sive ['pæsɪv] **I** *adj* pasivo **II** *n* GRAM (*voz f*) pasiva *f*; **in the ~** en pasiva

'**pas•sive smok•ing** (el) fumar pasivamente

pas•siv•i•ty [pæs'ɪvətɪ] pasividad *f*

'**pass•key** llave *f* maestra; '**pass mark** EDU nota *f* mínima para aprobar; '**Pass•o•ver** REL Pascua *f* de los hebreos; **pass•port** ['pæspɔːrt] pasaporte *m*; '**pass•port con•trol** control *m* de pasaportes; '**pass•word** contraseña *f*

past [pæst] **I** *adj* (*former*) pasado; **his ~ life** su pasado; **the ~ few days** los últimos días; **that's all ~ now** todo eso es agua pasada

II *n* pasado; **in the ~** antiguamente

III *prep in position* después de; **it's half ~ two** son las dos y media; **it's ~ seven o'clock** pasan de las siete; **it's ~ your bedtime** hace rato que tenías que haberte ido a la cama

IV *adv*: **run / walk ~** pasar

pas•ta ['pæstə] pasta *f*

paste [peɪst] **I** *n* (*adhesive*) cola *f* **II** *v/t* (*stick*) pegar

pas•tel ['pæstl] **I** *n color* pastel *m* **II** *adj* pastel

pas•teur•ize ['pɑːstʃəraɪz] *v/t* pasteurizar

pas•tille [pæ'stiːl] pastilla *f*

pas•time ['pæstaɪm] pasatiempo *m*

pas•tor ['pæstər] vicario *m*
pas•to•ral ['pæstərəl] *adj* **1** pastoril **2** REL pastoral
past par'ti•ci•ple GRAM participio *m* pasado
pas•tra•mi [pæ'strɑːmɪ] pastrami *m, carne de vaca ahumada con especias*
pas•try ['peɪstrɪ] **1** *for pie* masa *f* **2** *small cake* pastel *m*
'past tense GRAM (tiempo *m*) pasado *m*
pas•ture ['pæstʃər] pasto *m*
pas•ty ['peɪstɪ] *adj complexion* pálido
pat¹ [pæt] **I** *n* palmadita *f*; *give s.o. a ~ on the back fig* dar una palmadita a alguien en la espalda **II** *v/t* (*pret & pp -ted*) dar palmaditas a
pat² [pæt] *adv*: *have or know sth off ~* saber algo de memoria
Pat•a•gon•i•a [pætə'gouniə] Patagonia *f*
Pat•a•gon•i•an [pætə'gouniən] *adj* patagónico
patch [pætʃ] **I** *n* **1** *on clothing* parche *m*; *not be a ~ on fig* no tener ni punto de comparación con **2** (*area*) mancha *f*; *a bad ~* (*period of time*) un mal momento, una mala racha; *~es of fog* zonas *fpl* de niebla **II** *v/t clothing* remendar
♦ **patch up** *v/t* (*repair temporarily*) hacer un remiendo a, arreglar a medias; *quarrel* solucionar
patch•work ['pætʃwɜːrk] **I** *n needlework* labor *f* de retazo **II** *adj* hecho de remiendos
patch•y ['pætʃɪ] *quality* desigual; *work, performance* irregular
pâ•té [pɑː'teɪ] paté *m*
pa•tent ['peɪtnt] **I** *adj* patente, evidente **II** *n for invention* patente *f* **III** *v/t invention* patentar
pa•tent 'leath•er charol *m*
pa•tent•ly ['peɪtntlɪ] (*clearly*) evidentemente, claramente
pa•ter•nal [pə'tɜːrnl] *relative* paterno; *pride, love* paternal
pa•ter•nal•ism [pə'tɜːrnlɪzm] paternalismo *m*
pa•ter•nal•is•tic [pətɜːrnl'ɪstɪk] *adj* paternalista
pa•ter•ni•ty [pə'tɜːrnɪtɪ] paternidad *f*
pa'ter•ni•ty leave baja *f* por paternidad; *be on ~* estar de baja *or* tener la baja por paternidad

pa'ter•ni•ty suit LAW litigio *m or* querella *f* por paternidad
path [pæθ] *also fig* camino *m*
pa•thet•ic [pə'θetɪk] *adj* **1** *invoking pity* patético; **2** F (*very bad*) lamentable F
path•o•gen ['pæθədʒən] patógeno *m*
path•o•log•i•cal [pæθə'lɑːdʒɪkl] *adj* patológico
pa•thol•o•gist [pə'θɑːlədʒɪst] patólogo(-a) *m(f)*
pa•thol•o•gy [pə'θɑːlədʒɪ] patología *f*
pa•thos ['peɪθɑːs] patetismo *m*
path•way ['pæθweɪ] camino *m*
pa•tience ['peɪʃns] paciencia *f*
pa•tient ['peɪʃnt] **I** *n* paciente *m/f* **II** *adj* paciente; *just be ~!* ¡ten paciencia!
pa•tient•ly ['peɪʃntlɪ] *adv* pacientemente
pat•i•na ['pætɪnə] pátina *f*
pat•i•o ['pætɪoʊ] patio *m*
pa•tri•arch ['peɪtrɪɑːrk] patriarca *m*
pa•tri•ar•chal [peɪtrɪ'ɑːrkl] *adj* patriarcal
pa•tri•ot ['peɪtrɪət] patriota *m/f*
pa•tri•ot•ic [peɪtrɪ'ɑːtɪk] *adj* patriótico
pa•tri•ot•ism ['peɪtrɪətɪzm] patriotismo *m*
pa•trol [pə'troʊl] **I** *n* patrulla *f*; *be on ~* estar de patrulla **II** *v/t* (*pret & pp -led*) *streets, border* patrullar
pa'trol car coche *m* patrulla; **pa'trol•man** policía *m*, patrullero *m*; **pa'trol wag•on** furgón *m* policial
pa•tron ['peɪtrən] **1** *of store, movie theater* cliente *m/f* **2** *of artist, charity etc* patrocinador(a) *m(f)*
pa•tron•age ['pætrənɪdʒ] *support* patronazgo *m*; *of artist etc* patrocinio *m*; *under the ~ of* bajo el patronazgo de
pa•tron•ize ['pætrənaɪz] *v/t person* tratar con condescendencia *or* como a un niño
pa•tron•iz•ing ['pætrənaɪzɪŋ] condescendiente
pa•tron 'saint santo(-a) *m(f)* patrón(-ona), patrón(-ona) *m(f)*
pat•ter ['pætər] **I** *n* **1** *of rain etc* repiqueteo *m*; *of feet* golpeteo *m*; *soon there'll be the ~ of tiny feet hum* pronto habrá pasitos de niño **2** F *of salesman* parloteo *m* F **II** *v/i* repiquetear
pat•tern ['pætərn] **I** *n* **1** *on wallpaper, fabric* estampado *m* **2** *for knitting, sewing* diseño *m*; (*model*) modelo *m* **3** *in*

behavior, events pauta *f* II *v/t:* ~ *sth on sth* hacer algo tomando como modelo algo
pat•terned ['pætərnd] *adj* estampado
pat•ty ['pætɪ] empanadilla *f*
paunch [pɒːntʃ] barriga *f*
pau•per ['pɔːpər] pobre *m/f*
pause [pɒːz] I *n* pausa *f* II *v/i* parar; *when speaking* hacer una pausa III *v/t tape* poner en pausa
'pause but•ton (botón *m* de) pausa *f*
pave [peɪv] *with concrete* pavimentar; *with slabs* adoquinar; ~ *the way for fig* preparar el terreno para
pave•ment ['peɪvmənt] **1** (*roadway*) calzada *f* **2** *Br* (*sidewalk*) acera *f*
pav•ing stone ['peɪvɪŋ] losa *f*
paw [pɒː] I *n of animal* pata *f*; F (*hand*) pezuña *f* F; *keep your ~s off, you!* F ¡oye tú, mantén lejos tus manazas *or* zarpas! II *v/t* F sobar F
pawn[1] [pɒːn] *n in chess* peón *m*; *fig* títere *m*
pawn[2] [pɒːn] *v/t* empeñar
'pawn•bro•ker prestamista *m/f*
'pawn•shop casa *f* de empeños
pay [peɪ] I *n* paga *f*, sueldo *m*; *in the ~ of* a sueldo de II *v/t* (*pret & pp paid*) *employee, sum, bill* pagar; ~ *attention* prestar atención; ~ *s.o. a compliment* hacer un cumplido a alguien III *v/i* (*pret & pp paid*) **1** pagar; ~ *for purchase* pagar; *you'll ~ for this! fig* ¡me las pagarás! **2** (*be profitable*) ser rentable; *it doesn't ~ to ...* no conviene ...
♦ **pay back** *v/t person* devolver el dinero a; *loan* devolver
♦ **pay in** *v/t to bank* ingresar
♦ **pay off** I *v/t* **1** *debt* liquidar **2** (*bribe*) sobornar **3** *employee* despedir II *v/i* (*be profitable*) valer la pena
♦ **pay up** *v/i* pagar
pay•a•ble ['peɪəbl] *adj* pagadero
'pay check cheque *m* del sueldo; **'pay-day** día *m* de paga; **'pay•dirt: hit ~** F encontrar un chollo, tocar la lotería
pay•ee [peɪ'iː] beneficiario(-a) *m(f)*
'pay en•ve•lope sobre *m* con la paga
pay•er ['peɪər] pagador(a) *m(f)*; *they are good ~s* pagan puntualmente
pay•ing ['peɪɪŋ] *adj* **1** (*profitable*) rentable **2:** ~ *guest* huésped *m/f* de pago
pay-'in slip resguardo *m* de ingreso
pay•load ['peɪloʊd] carga *f* útil

pay•ment ['peɪmənt] pago *m*
'pay•ment ad•vice aviso *m* de pago
'pay•off 1 (*bribe*) soborno *m* **2** (*final outcome*) desenlace *m* **3** *of joke* desenlace *m*; **'pay•out** pago *m*; **'pay pack•et** *Br* sobre *m* con la paga; **pay-per-view T'V** televisión *f* de pago por visión; **'pay phone** teléfono *m* público; **'pay rise** *Br* subida *f* de sueldo; **'pay•roll** *money* salarios *mpl*; *employees* nómina *f*; *be on the ~* estar en nómina; **'pay•slip** nómina *f* (*papel*); **'pay sta•tion** TELEC teléfono *m* de monedas; **pay T'V** televisión *f* de pago
PC [piː'siː] *abbr* **1** (= *personal computer*) PC *m*, *Span* ordenador *m* or *L.Am.* computadora *f* personal **2** (= *politically correct*) políticamente correcto
PCB *abbr* (= *printed circuit board*) placa *f* impresa
pda [piːdiː'eɪ] *abbr* (= *personal digital assistant*) pda *m*, organizador *m* personal
PE [piː'iː] *abbr* (= *physical education*) educación *f* física
pea [piː] arveja *f*, *Mex* chícharo *m*, *Span* guisante *m*
peace [piːs] **1** paz *f* **2** (*quietness*) tranquilidad; *can we have a bit of ~!* ¡silencio, por favor!
peace•a•ble ['piːsəbl] *adj person* pacífico
'Peace Corps organización *f* gubernamental estadounidense de ayuda al desarrollo
peace•ful ['piːsfəl] *adj* tranquilo; *demonstration* pacífico
peace•ful•ly ['piːsfəlɪ] *adv* pacíficamente
'peace•keep•ing *adj:* ~ *force* fuerza *f* de pacificación; **'peace-lov•ing** *adj* pacifista; **'peace•time** tiempo *m* de paz
peach [piːtʃ] *fruit* melocotón *m*, *L.Am.* durazno *m*; *tree* melocotonero *m*, *L.Am.* duraznero *m*
pea•cock ['piːkɑːk] pavo *m* real
peak [piːk] I *n of mountain* cima *f*; *mountain* pico *m*; *fig* clímax *m*; *when the crisis was at its ~* cuando la crisis estaba en su punto culminante *or* álgido II *v/i* alcanzar el máximo; *it has ~ed* lo peor ya ha pasado
peaked [piːkt] *adj:* ~ *cap* gorra *f* con vi-

sera

'peak hours *npl* horas *fpl* punta

peal [piːl]: **~ of bells** repique *m* de campanas; **~ of thunder** trueno *m*; **~ of laughter** carcajadas *fpl*

pea•nut ['piːnʌt] cacahuete *m*, *L.Am.* maní *m*, *Mex* cacahuate *m*; **get paid ~s** F cobrar una miseria F; **that's ~s to him** F eso es calderilla para él F

pea•nut 'but•ter crema *f* de cacahuete

pear [per] pera *f*

pearl [pɜːrl] perla *f*; **~s of wisdom** perlas de sabiduría

pearl 'bar•ley cebada *f* perlada

'pearl div•er pescador(a) *m(f)* de perlas

pearl•y 'gates ['pɜːrlɪ] *npl* F puertas *fpl* del cielo

pear-shaped ['perʃeɪpt] *adj*: **go ~** F salir mal, torcerse

peas•ant ['peznt] campesino(-a) *m(f)*

peat [piːt] turba *f*

peb•ble ['pebl] guijarro *m*

pe•can ['piːkən] pacana *f*

pe•can 'pie tarta *f* de pacana

pec•ca•dil•lo [pekə'dɪloʊ] (*pl -lo(e)s* [pekə'dɪloʊz]) desliz *m*

peck [pek] **I** *n* **1** *bite* picotazo *m* **2** *kiss* besito *m* **II** *v/t* **1** *bite* picotear **2** *kiss* dar un besito a

◆ **peck at** *v/t*: **peck at one's food** picotear la comida

pec•to•ral ['pektərəl] *adj* pectoral

pe•cu•liar [pɪ'kjuːljər] *adj* **1** (*strange*) raro **2**: **~ to** (*special*) característico de

pe•cu•li•ar•i•ty [pɪkjuːlɪ'ærətɪ] **1** (*strangeness*) rareza *f* **2** (*special feature*) peculiaridad *f*, característica *f*

pe•cu•li•ar•ly [pɪ'kjuːljərlɪ] *adv* (*especially*) particularmente

pe•cu•ni•ar•y [pɪ'kjuːnjərɪ] *adj* pecuniario; **~ difficulties** dificultades *fpl* económicas

ped•a•gog•i•cal [pedə'gɑːdʒɪkl] *adj* pedagógico

ped•al ['pedl] **I** *n* of bike pedal *m* **II** *v/i* **1** (*pret & pp -ed*, *Br -led*) (*turn ~s*) pedalear **2** (*cycle*) recorrer en bicicleta

'ped•al bin cubo *m* de basura con pedal

ped•ant ['pedənt] puntilloso(-a) *m(f)*

pe•dan•tic [pɪ'dæntɪk] *adj* puntilloso

ped•ant•ry ['pedəntrɪ] meticulosidad *f*

ped•dle ['pedl] *v/t drugs* traficar *or* trapichear con

ped•er•ast ['pedəræst] pederasta *m/f*

ped•es•tal ['pedəstl] *for statue* pedestal *m*

pe•des•tri•an [pɪ'destrɪən] **I** *n* peatón (-ona) *m(f)* **II** *adj* pedestre

pe•des•tri•an 'cros•sing *Br* paso *m* de peatones

pe•des•tri•a•nize [pɪ'destrɪənaɪz] *v/t* hacer peatonal

pe•des•tri•an 'pre•cinct zona *f* peatonal

pe•di•at•ric [piːdɪ'ætrɪk] *adj* pediátrico

pe•di•a•tri•cian [piːdɪə'trɪʃn] pediatra *m/f*

pe•di•at•rics [piːdɪ'ætrɪks] *nsg* pediatría *f*

ped•i•cure ['pedɪkjʊr] pedicura *f*

ped•i•gree ['pedɪgriː] **I** *n* pedigrí *m*; *of person* linaje *m* **II** *adj* con pedigrí

pe•do•phile ['piːdəfaɪl] pedófilo(-a) *m(f)*, pederasta *m/f*

pe•do•phil•i•a [piːdə'fɪlɪə] pedofilia *f*, pederastia *f*

pee [piː] *v/i* F hacer pis F, mear F

peek [piːk] **I** *n* ojeada *f*, vistazo *m* **II** *v/i* echar una ojeada *or* vistazo

peel [piːl] **I** *n* piel *f* **II** *v/t fruit, vegetables* pelar **III** *v/i of nose, shoulders* pelarse; *of paint* levantarse

◆ **peel off** *v/t wrapper etc* quitar; *jacket etc* quitarse **II** *v/i of wrapper* quitarse

peel•er ['piːlər] *for potatoes* pelapatatas *m inv*

peel•ings ['piːlɪŋz] *npl* peladuras *fpl*

peep [piːp] ☞ **peek**

peep•ers ['piːpərz] *npl* F (*eyes*) ojos *mpl*

peep•hole ['piːphoʊl] mirilla *f*

Peep•ing Tom [piːpɪŋ'tɑːm] mirón (-ona) *m(f)*

'peep show peepshow *m*, espectáculo *m* pornográfico

peer[1] [pɪr] *n* (*equal*) igual *m*

peer[2] [pɪr] *v/i* mirar; **~ through the mist** buscar con la mirada entre la niebla; **~ at** forzar la mirada para ver

peer•age ['pɪrɪdʒ] *Br* título *m* de par; **be raised to the ~** obtener el título de par

'peer group grupo *m* paritario

peer•less ['pɪrlɪs] *adj* sin igual

'peer pres•sure la influencia de las compañías

peeved [piːvd] F mosqueado F

pee•vish ['piːvɪʃ] *adj* malhumorado

peg [peg] *for hat, coat* percha *f*; *for tent* clavija *f*; **off the ~** de confección

pe•jo•ra•tive [prɪ'dʒɑːrətɪv] *adj* peyorativo

pe•kin•ese [piːkə'niːz] (*pl* **pekinese**) pequinés *m*

pel•i•can ['pelɪkən] pelícano *m*

pel•let ['pelɪt] **1** pelotita *f* **2** (*bullet*) perdigón *m*

pelt[1] [pelt] I *v/t:* ~ **s.o. with sth** tirar algo a alguien II *v/i:* **they ~ed along the road** F fueron a toda mecha por la carretera F; **it's ~ing down** F está diluviando F

pelt[2] [pelt] *n* piel *f*

pel•vic ['pelvɪk] *adj* ANAT, MED pélvico

pel•vis ['pelvɪs] pelvis *f*

pen[1] [pen] (*ballpoint* ~) bolígrafo *m*; (*fountain* ~) pluma *f* (estilográfica)

pen[2] [pen] (*enclosure*) corral *m*

pen[3] [pen] ☞ **penitentiary**

pe•nal ['piːnl] *adj* penal; ~ **reform** reforma *f* penal

'pe•nal code código *m* penal

pe•nal•ize ['piːnəlaɪz] *v/t* penalizar

pen•al•ty ['penəltɪ] sanción *f*; SP penalti *m*; **take the** ~ *in soccer* lanzar el penalti; **award** *or* **give a** ~ SP señalar *or* pitar penalti; **score a** ~ marcar de penalti; **win on penalties** ganar por penalties

'pen•al•ty ar•e•a SP área *f* de castigo; **'pen•al•ty clause** LAW cláusula *f* de penalización; **'pen•al•ty kick** SP (lanzamiento *m* de) penalti *m*; **pen•al•ty 'shoot-out** SP tanda *f* de penaltis; **'pen•al•ty spot** SP punto *m* de penalti, punto *m* fatídico

pen•ance ['penəns] REL penitencia *f*; **do** ~ **for sth** hacer penitencia por algo

pen-and-'ink draw•ing dibujo *m* a pluma

pence [pens] *pl* ☞ **penny**

pen•chant ['penʃənt] inclinación *f* (**for** a, por)

pen•cil ['pensɪl] lápiz *m*
◆ **pencil in** *v/t* apuntar provisionalmente

'pen•cil case estuche *m*, plumier *m*

'pen•cil sharp•en•er sacapuntas *m inv*

pen•dant ['pendənt] *necklace* colgante *m*

pend•ing ['pendɪŋ] I *prep* en espera de II *adj* pendiente; **be** ~ *awaiting a decision* estar pendiente; *about to happen* ser inminente

pen•du•lum ['pendjʊləm] péndulo *m*

pen•e•trate ['penɪtreɪt] *v/t* (*pierce*) penetrar; *market* penetrar en

pen•e•trat•ing ['penɪtreɪtɪŋ] *adj stare*, *scream* penetrante; *analysis* exhaustivo

pen•e•tra•tion [penɪ'treɪʃn] penetración *f*; *of defenses* incursión *f*; *of market* entrada *f*

'pen friend amigo(-a) *m(f)* por correspondencia

pen•guin ['peŋgwɪn] pingüino *m*

pen•i•cil•lin [penɪ'sɪlɪn] penicilina *f*

pe•nin•su•la [pə'nɪnsʊlə] península *f*

pe•nin•su•lar [pə'nɪnsʊlər] *adj* peninsular

pe•nis ['piːnɪs] pene *m*

pen•i•tence ['penɪtəns] (*remorse*) arrepentimiento *m*

pen•i•tent ['penɪtənt] *adj* arrepentido

pen•i•tent•ia•ry [penɪ'tenʃərɪ] prisión *f*, cárcel *f*

'pen name seudónimo *m*

pen•nant ['penənt] banderín *f*

pen•ni•less ['penɪlɪs] *adj* sin un centavo

pen•ny ['penɪ] (*pl* **-ies**, **pence** [pens]) penique *m*; **at last the** ~ **has dropped** F al final se dio cuenta / me di cuenta *etc*; **a** ~ **for your thoughts** F ¿en qué estabas pensando?

pen•ny-pinch•ing ['penɪpɪntʃɪŋ] *adj* F rácano

'pen pal amigo(-a) *m(f)* por correspondencia

'pen push•er *pej* chupatintas *m/f inv*

pen•sion ['penʃn] pensión *f*
◆ **pension off** *v/t* jubilar

pen•sion•a•ble ['penʃənəbl] *adj:* **of** ~ **age** en edad de jubilación

pen•sion•er ['penʃənər] pensionista *m/f*, jubilado(-a) *m(f)*

'pen•sion fund fondo *m* de pensiones

'pen•sion scheme plan *m* de jubilación

pen•sive ['pensɪv] *adj* pensativo

Pen•ta•gon ['pentəgɑːn]: **the** ~ el Pentágono

pen•tag•o•nal [pen'tægənl] *adj* pentagonal

pen•tath•lete [pen'tæθliːt] pentatleta *m/f*

pen•tath•lon [pen'tæθlən] pentatlón *m*

Pen•te•cost ['pentɪkɑːst] Pentecostés *m*

pent•house ['penthaʊs] ático *m* (*de lujo*)

pent-up ['pentʌp] *adj* reprimido
pe•nul•ti•mate [pe'nʌltɪmət] *adj* penúltimo
pe•o•ny ['pɪənɪ] BOT peonía *f*
peo•ple ['piːpl] **1** *npl* gente *f*; (*individuals*) personas *fpl*; **the** ~ (*citizens*) el pueblo, los ciudadanos; **a lot of** ~ **think** ... muchos piensan que ...; ~ **say** ... se dice que ..., dicen que ... **2** *nsg* (*race, tribe*) pueblo *m*; **the Spanish** ~ los españoles
pep [pep] F energía *f*
◆ **pep up** *v/t* (*pret & pp* **-ped**) F *person* animar; *food* alegrar; **pep things up** animar las cosas
pep•per ['pepər] **1** *spice* pimienta *f* **2** *vegetable* pimiento *m*
'**pep•per•corn** grano *m* de pimienta; **pep•per•corn 'rent** alquiler *m* simbólico; '**pep•per•mill** molinillo *m* de pimienta; '**pep•per•mint** *candy* caramelo *m* de menta
pep•per•o•ni ['pepəroʊnɪ] pepperoni *m*
'**pep•per pot** pimentero *m*
pep•per•y ['pepərɪ] *adj taste* a pimienta
'**pep pill** F estimulante *m*
'**pep talk** *give a* ~ decir unas palabras de aliento
pep•tic ['peptɪk] *adj*: ~ *ulcer* MED úlcera *f* péptica
per [pɜːr] *prep* por; ~ *annum* al año, por año
per cap•i•ta [pər'kæpɪtə] *adj & adv* per cápita
per•ceive [pər'siːv] *v/t* **1** *with senses* percibir **2** (*view, interpret*) interpretar; **how do you** ~ **your role in this?** ¿cuál consideras que es tu papel en esto?
per•cent [pər'sent] *adv* por ciento; **a 5** ~ **increase** un incremento del 5 por ciento
per•cen•tage [pər'sentɪdʒ] porcentaje *m*, tanto *m* por ciento
per•cep•ti•ble [pər'septəbl] *adj* perceptible
per•cep•ti•bly [pər'septəblɪ] *adv* visiblemente
per•cep•tion [pər'sepʃn] **1** *through senses, of situation etc* percepción *f* **2** (*insight*) perspicacia *f*
per•cep•tive [pər'septɪv] *adj* perceptivo
perch [pɜːrtʃ] **1** *n for bird* percha *f* **II** *v/i of bird* posarse; *of person* sentarse
perch [pɜːrtʃ] *n fish* perca *f*

per•co•late ['pɜːrkəleɪt] *v/i of coffee* filtrarse
per•co•la•tor ['pɜːrkəleɪtər] cafetera *f* de filtro
per•cus•sion [pər'kʌʃn] percusión *f*
per'cus•sion in•stru•ment instrumento *m* de percusión
per•cus•sion•ist [pər'kʌʃnɪst] percusionista *m/f*
per'cus•sion sec•tion sección *f* de percusión
per•emp•to•ry [pə'remptərɪ] *adj person* autoritario; *tone of voice, command* perentorio
per•en•ni•al [pə'renɪəl] **I** *n* BOT árbol *m* de hoja perenne **II** *adj* **1** BOT perenne **2** (*endless*) eterno
per•fect I *n* ['pɜːrfɪkt] GRAM pretérito *m* perfecto **II** *adj* perfecto; **I was a** ~ **stranger to them** era un completo extraño para ellos **III** *v/t* [pər'fekt] perfeccionar
per•fec•tion [pər'fekʃn] perfección *f*; **do sth to** ~ hacer algo a la perfección
per•fec•tion•ism [pər'fekʃnɪzəm] perfeccionismo *m*
per•fec•tion•ist [pər'fekʃnɪst] perfeccionista *m/f*
per•fect•ly ['pɜːrfɪktlɪ] **1** perfectamente **2** (*totally*) completamente
per•fid•i•ous [pər'fɪdɪəs] *adj* pérfido
per•fi•dy ['pɜːrfɪdɪ] perfidia *f*
per•fo•rate ['pɜːrfəreɪt] *v/t* perforar
per•fo•rat•ed ['pɜːrfəreɪtɪd] *adj line* perforado
per•fo•ra•tions [pɜːrfə'reɪʃnz] *npl* perforaciones *fpl*
per•form [pər'fɔːrm] **I** *v/t* **1** (*carry out*) realizar, llevar a cabo **2** *of actor, musician etc* interpretar, representar **II** *v/i of actor, musician, dancer* actuar; *of machine* funcionar
per•form•ance [pər'fɔːrməns] *by actor, musician etc* actuación *f*, interpretación *f*; *of play* representación *f*; *of employee* rendimiento *m*; *of official, company, in sport* actuación *f*; *of machine* rendimiento *m*
per'form•ance car coche *m* de gran rendimiento
per•form•er [pər'fɔːrmər] intérprete *m/f*
per•form•ing arts [pərfɔːrmɪŋ'ɑːrts] *npl* artes *fpl* escénicas *or* interpretati-

vas

per•fume ['pɜːrfjuːm] perfume *m*

per•func•to•ry [pər'fʌŋktərɪ] *adj* superficial

per•haps [pər'hæps] *adv* quizá(s), tal vez; **~ it's not too late** puede que no sea demasiado tarde

per•il ['perəl] peligro *m*

per•il•ous ['perələs] *adj* peligroso

pe•rim•e•ter [pə'rɪmɪtər] perímetro *m*

pe'rim•e•ter fence cerca *f*

pe•ri•od ['pɪrɪəd] **1** periodo *m*, período *m*; **~ of grace** periodo de gracia **2** (*menstruation*) periodo *m*, regla *f*; **have one's ~** tener el periodo; **~ pains** dolores *mpl* menstruales **3** *punctuation mark* punto *m*; **I don't want to, ~!** F ¡no me da la gana y punto! F

pe•ri•od•ic [pɪrɪ'ɑːdɪk] *adj* periódico

pe•ri•od•i•cal [pɪrɪ'ɑːdɪkl] publicación *f* periódica

pe•ri•od•i•cal•ly [pɪrɪ'ɑːdɪklɪ] *adv* periódicamente, con periodicidad

pe•riph•e•ral [pə'rɪfərəl] **I** *adj* (*not crucial*) secundario **II** *n* COMPUT periférico *m*

pe•riph•e•ry [pə'rɪfərɪ] periferia *f*

pe•ri•scope ['perɪskoʊp] periscopio *m*

per•ish ['perɪʃ] *v/i* **1** *of rubber* estropearse, picarse **2** *of person* perecer

per•ish•a•ble ['perɪʃəbl] *adj food* perecedero

per•i•to•ni•tis [perɪtə'naɪtɪs] MED peritonitis *f inv*

per•jure ['pɜːrdʒər] *v/t*: **~ o.s.** perjurar

per•ju•ry ['pɜːrdʒərɪ] perjurio *m*

perk [pɜːrk] *of job* ventaja *f*

♦ **perk up** F **I** *v/t* animar **II** *v/i* animarse

perk•y ['pɜːrkɪ] F (*cheerful*) animado

perm [pɜːrm] **I** *n* permanente *f* **II** *v/t* hacer la permanente; **she had her hair ~ed** se hizo la permanente

per•ma•nence ['pɜːrmənəns] permanencia *f*

per•ma•nent ['pɜːrmənənt] *adj* permanente; **~ contract** contrato *m* fijo *or* indefinido

per•ma•nent•ly ['pɜːrmənəntlɪ] *adv* permanentemente

per•me•a•ble ['pɜːrmɪəbl] *adj* permeable

per•me•ate ['pɜːrmɪeɪt] *v/t* impregnar

per•mis•si•ble [pər'mɪsəbl] *adj* permisible

per•mis•sion [pər'mɪʃn] permiso *m*; **ask s.o.'s ~ to do sth** pedir permiso a alguien para hacer algo; **give s.o. ~ to do sth** dar a alguien permiso para que haga algo

per•mis•sive [pər'mɪsɪv] *adj* permisivo

per•mit ['pɜːrmɪt] **I** *n* licencia *f* **II** *v/t* (*pret & pp* **-ted**) [pər'mɪt] permitir; **~ s.o. to do sth** permitir a alguien que haga algo

per•ni•cious [pər'nɪʃəs] *adj* pernicioso

per•nick•et•y [pər'nɪkətɪ] *adj* F quisquilloso

per•pen•dic•u•lar [pɜːrpən'dɪkjʊlər] *adj* perpendicular

per•pe•trate ['pɜːrpətreɪt] *v/t crime* perpetrar

per•pe•tra•tor ['pɜːrpətreɪtər] autor(a) *m(f)*

per•pet•u•al [pər'petʃʊəl] *adj* perpetuo; *interruptions* continuo

per•pet•u•al•ly [pər'petʃʊəlɪ] *adv* constantemente

per•pet•u•ate [pər'petʃʊeɪt] *v/t* perpetuar

per•pe•tu•i•ty [pɜːrpə'tjuːətɪ]: **in ~** a perpetuidad

per•plex [pər'pleks] *v/t* dejar perplejo

per•plexed [pər'plekst] *adj* perplejo

per•plex•i•ty [pər'pleksɪtɪ] perplejidad *f*

per•se•cute ['pɜːrsɪkjuːt] *v/t* perseguir; (*hound*) acosar

per•se•cu•tion [pɜːrsɪ'kjuːʃn] persecución *f*; (*harassment*) acoso *m*

per•se•cu•tor [pɜːrsɪ'kjuːtər] perseguidor(a) *m(f)*

per•se•ver•ance [pɜːrsɪ'vɪrəns] perseverancia *f*

per•se•vere [pɜːrsɪ'vɪr] *v/i* perseverar

Per•sian Gulf ['pɜːrʃən] Golfo *m* Pérsico

per•sist [pər'sɪst] *v/i* persistir; **~ in** persistir en; **if you will ~ in doing it that way** si insistes en hacerlo así *or* de esa forma

per•sis•tence [pər'sɪstəns] **1** (*perseverance*) perseverancia *f* **2** (*continuation*) persistencia *f*

per•sis•tent [pər'sɪstənt] *adj* **1** *person, questions* perseverante **2** *rain, unemployment etc* persistente

per•sis•tent•ly [pər'sɪstəntlɪ] *adv* (*continually*) constantemente

per•son ['pɜːrsn] persona *f*; **in ~** en persona

per•son•a•ble ['pɜːrsənəbl] *adj* agradable

per•son•age ['pɜːrsənɪdʒ] personaje *m*

per•son•al ['pɜːrsənl] *adj* (*private*) personal; *life* privado; ***don't make ~ remarks*** no hagas comentarios personales

per•son•al ap'pear•ance: *make a ~* aparecer en persona; **per•son•al as•'sist•ant** secretario(-a) *m(f)* personal; **'per•son•al col•umn** sección *f* de anuncios personales; **per•son•al com'put•er** *Span* ordenador *m* personal, *L.Am.* computadora *f* personal; **'per•son•al foul** *in basketball* falta *f* personal, personal *f*; **per•son•al 'hy•giene** higiene *f* personal

per•son•al•i•ty [pɜːrsə'næləti] **1** personalidad *f* **2** (*celebrity*) personalidad *f*, personaje *m*

per•son•al•ize ['pɜːrsənəlaız] *v/t* personalizar

per•son•al 'loan préstamo *m* personal

per•son•al•ly ['pɜːrsənəlı] *adv* **1** (*for my part*) personalmente **2** (*in person*) en persona **3**: ***don't take it ~*** no te lo tomes como algo personal

per•son•al 'or•gan•iz•er organizador *m* personal; **per•son•al 'pro•noun** pronombre *m* personal; **per•son•al 'ster•e•o** walkman *m* ®

per•son•i•fi•ca•tion [pərsɑːnıfı'keıʃn] personificación *f*

per•son•i•fy [pɜːr'sɑːnıfaı] *v/t* (*pret & pp* **-ied**) *of person* personificar

per•son•nel [pɜːrsə'nel] *employees, department* personal *m*

per•son'nel man•a•ger director(a) *m(f)* de personal

per•spec•tive [pər'spektıv] PAINT perspectiva *f*; ***get sth into ~*** poner algo en perspectiva; ***try to keep things in ~*** trata de no sacar las cosas de su contexto

per•spi•ra•tion [pɜːrspı'reıʃn] sudor *m*, transpiración *f*

per•spire [pɜːr'spaır] *v/i* sudar, transpirar

per•suade [pər'sweıd] *v/t person* persuadir; ***~ s.o. to do sth*** persuadir a alguien para que haga algo; ***he didn't need much persuading*** no hubo que insistirle mucho

per•sua•sion [pər'sweıʒn] persuasión *f*

per•sua•sive [pər'sweısıv] persuasivo

pert [pɜːrt] *adj* coqueto

per•tain [pər'teın] *v/i fml*: **~ to sth** pertenecer a algo

per•ti•nent ['pɜːrtınənt] *adj fml* pertinente

per•turb [pər'tɜːrb] *v/t* perturbar

per•turb•ing [pər'tɜːrbıŋ] *adj* perturbador

Pe•ru [pə'ruː] Perú *m*

pe•ruse [pə'ruːz] *v/t fml* leer atentamente

Pe•ru•vi•an [pə'ruːvıən] **I** *adj* peruano **II** *n* peruano(-a) *m(f)*

per•vade [pər'veıd] *v/t* impregnar

per•va•sive [pər'veısıv] *adj influence, ideas* dominante

per•verse [pər'vɜːrs] *adj* (*awkward*) terco; *sense of humor* retorcido; ***just to be ~*** sólo para llevar la contraria

per•ver•sion [pər'vɜːrʃn] *sexual* perversión *f*

per•vert I *n* ['pɜːrvɜːrt] *sexual* pervertido(-a) *m(f)* **II** *v/t* [pər'vɜːrt] **1** (*deprave*) pervertir **2** (*distort*) distorsionar; ***~ the course of justice*** obstaculizar el curso de la justicia

pe•se•ta [pe'seıtə] peseta *f*

pes•ky ['peskı] *adj* F pesado

pe•so ['peısoʊ] FIN peso *m*

pes•sa•ry ['pesərı] MED pesario *m*

pes•si•mism ['pesımızm] pesimismo *m*

pes•si•mist ['pesımıst] pesimista *m/f*

pes•si•mist•ic [pesı'mıstık] *adj* pesimista

pest [pest] plaga *f*; F *person* tostón *m* F

pes•ter ['pestər] *v/t* acosar; **~ s.o. to do sth** molestar *or* dar la lata a alguien para que haga algo

'pes•ter pow•er *in advertising* táctica *f* del machaqueo

pes•ti•cide ['pestısaıd] pesticida *f*

pet [pet] **I** *n* **1** *animal* animal *m* doméstico *or* de compañía **2** (*favorite*) preferido(-a) *m(f)*; ***teacher's ~*** el ojito derecho de la maestra **II** *adj* preferido, favorito **III** *v/t* (*pret & pp* **-ted**) *animal* acariciar **IV** *v/i* (*pret & pp* **-ted**) *of couple* magrearse F

pet•al ['petl] pétalo *m*

◆ **pe•ter out** ['piːtər] *v/i of rain* amainar; *of rebellion* irse extinguiendo; *of path* ir desapareciendo

'pet food comida *f* para mascotas

pet 'hate: ***it's one of his ~s*** es una de las

cosas que más odia

pe•tite [pə'ti:t] *adj* chiquito; *size* menudo

pe•ti•tion [pə'tɪʃn] petición *f*

pe•ti•tion in 'bank•rupt•cy notificación *f* de bancarrota

'pet name nombre *m* cariñoso

pet•ri•fied ['petrɪfaɪd] *adj person* petrificado; *scream, voice* aterrorizado

pet•ri•fy ['petrɪfaɪ] *v/t (pret & pp -ied)* dejar petrificado

pet•ro•chem•i•cal [petrou'kemɪkl] *adj* petroquímico

pet•rol ['petrl] *Br* gasolina *f*, *Rpl* nafta *f*

'pet•rol bomb cóctel *m* Molotov

pe•tro•le•um [pɪ'trouliəm] petróleo *m*

'pet•rol sta•tion *Br* gasolinera *f*

'pet shop pajarería *f*, tienda *f* de animales

pet•ti•coat ['petɪkout] enaguas *fpl*

pet•ting ['petɪŋ] magreo *m* F

pet•ty ['petɪ] *adj* **1** *person, behavior* mezquino **2** *details, problem* sin importancia

pet•ty 'cash dinero *m* para gastos menores

pet•u•lant ['petʃələnt] *adj* caprichoso

pe•tu•ni•a [pə'tu:niə] BOT petunia *f*

pew [pju:] banco *m* (*de iglesia*)

pew•ter ['pju:tər] peltre *m*

pha•lanx ['fælæŋks] *(pl -lanxes* ['fælæŋksɪs], *-langes* [fæ'lændʒi:z]) ANAT, MIL falange *f*

phal•li ['fælaɪ] *pl* ☞ **phallus**

phal•lic ['fælɪk] *adj* fálico; **~ symbol** símbolo *m* fálico

phal•lus ['fæləs] (*pl phalli* ['fælaɪ]) falo *m*

phan•tom ['fæntəm] fantasma *m*; **~ pain** dolor *m* fantasma; **~ pregnancy** embarazo *m* psicológico; **~ withdrawal** *from bank account* reintegro *m* ficticio

phar•i•see ['færɪsi:] fariseo(-a) *m(f)*

phar•ma•ceu•ti•cal [fɑ:rmə'su:tɪkl] *adj* farmacéutico

phar•ma•ceu•ti•cals [fɑ:rmə'su:tɪklz] *npl* fármacos *mpl*

phar•ma•cist ['fɑ:rməsɪst] *in store* farmacéutico(-a) *m(f)*

phar•ma•cy ['fɑ:rməsɪ] *store* farmacia *f*

phar•yn•gi•tis [færɪn'dʒaɪtɪs] MED faringitis *f inv*

phase [feɪz] fase *f*; **go through a difficult ~** atravesar una mala etapa

◆ **phase in** *v/t* introducir gradualmente

◆ **phase out** *v/t* eliminar gradualmente

pH-bal•anced [pi:eɪtʃ'bælənsd] *adj* con el pH neutro

PhD [pi:eɪtʃ'di:] *abbr (= Doctor of Philosophy)* doctorado *m*

pheas•ant ['feznt] ORN faisán *m*

phe•nom•e•na [fɪ'nɑ:mɪnə] *pl* ☞ **phenomenon**

phe•nom•e•nal [fɪ'nɑ:mɪnl] *adj* fenomenal

phe•nom•e•nal•ly [fɪ'nɑ:mɪnlɪ] *adv* extraordinariamente; *stupid* increíblemente

phe•nom•e•non [fɪ'nɑ:mɪnɑ:n] (*pl phenomena*) fenómeno *m*

phew [fju:] *int* uf

pH fac•tor [pi:eɪtʃ'fæktər] pH *m*

phi•al ['faɪəl] vial *m*

Phi Be•ta Kap•pa [faɪbi:tə'kæpə] *sociedad de universitarios estadounidenses distinguidos*

phi•lan•der•er [fɪ'lændərər] mujeriego *m*

phi•lan•throp•ic [fɪlən'θrɑ:pɪk] *adj* filantrópico

phi•lan•thro•pist [fɪ'lænθrəpɪst] filántropo(-a) *m(f)*

phi•lan•thro•py [fɪ'lænθrəpɪ] filantropía *f*

phi•lat•e•list [fɪ'lætəlɪst] filatélico(-a) *m(f)*

phi•lat•e•ly [fɪ'lætəlɪ] filatelia *f*

Phil•ip•pines ['fɪlɪpi:nz] *npl:* **the ~** las Filipinas

phil•is•tine ['fɪlɪstaɪn] **I** *n* filisteo(-a) *m(f)* **II** *adj* filisteo

Phil•lips screw ['fɪlɪps] tornillo *m* de cruz

'Phil•lips screw•driv•er destornillador *m* de cruz

phil•o•log•i•cal [fɪlə'lɑ:dʒɪkl] *adj* filológico

phi•lol•o•gist [fɪ'lɑ:lədʒɪst] filólogo(-a) *m(f)*

phi•lol•o•gy [fɪ'lɑ:lədʒɪ] filología *f*

phi•los•o•pher [fɪ'lɑ:səfər] filósofo(-a) *m(f)*

phil•o•soph•i•cal [fɪlə'sɑ:fɪkl] *adj* filosófico

phi•los•o•phize [fɪ'lɑ:səfaɪz] *v/i* filosofar (*about, on* sobre)

phi•los•o•phy [fɪ'lɑ:səfɪ] filosofía *f*

phlegm [flem] PHYSIO, *fig* flema *f*

phleg•mat•ic [fleg'mætɪk] *adj* flemáti-co

pho•bi•a ['foʊbɪə] fobia *f*; **have a ~ about sth** tener fobia a algo

phone [foʊn] **I** *n* teléfono *m*; **be on the ~ have a ~** tener teléfono; *be talking* estar hablando por teléfono **II** *v/t* llamar (por teléfono) a **III** *v/i* llamar (por teléfono)

'**phone book** guía *f* (de teléfonos); '**phone booth** cabina *f* (de teléfonos); '**phone call** llamada *f* (telefónica); '**phone card** *Br* tarjeta *f* telefónica; '**phone-in** *Br* programa *m* con llamadas

pho•neme ['foʊniːm] LING fonema *m*

'**phone num•ber** número *m* de teléfono

pho•net•ic [fə'netɪk] *adj* fonético

pho•net•ics [fə'netɪks] *nsg* fonética *f*

pho•n(e)y ['foʊnɪ] F **I** *adj* falso **II** *n person* farsante *m/f*; *thing* falsificación *f*

phos•phate ['fɑːsfeɪt] CHEM fosfato *m*

phos•pho•res•cent [fɑːsfə'resnt] *adj* fosforescente

phos•pho•rus ['fɑːsfərəs] CHEM fósforo *m*

pho•to ['foʊtoʊ] foto *f*

'**pho•to al•bum** álbum *m* de fotos; '**pho•to•cell** ELEC célula *f* fotoeléctrica; '**pho•to•cop•i•er** fotocopiadora *f*; '**pho•to•cop•y I** *n* fotocopia *f* **II** *v/t* (*pret & pp* **-ied**) fotocopiar; **pho•to 'fin•ish** SP fotofinish *f*; '**Pho•to-fit**® retrato *m* robot

pho•to•gen•ic [foʊtoʊ'dʒenɪk] *adj* fotogénico

pho•to•graph ['foʊtəgræf] **I** *n* fotografía *f* **II** *v/t* fotografiar

pho•tog•ra•pher [fə'tɑːgrəfər] fotógrafo(-a) *m(f)*

pho•to•graph•ic [foʊtə'græfɪk] *adj* fotográfico; **~ studio** estudio *m* fotográfico

pho•tog•ra•phy [fə'tɑːgrəfɪ] fotografía *f*

pho•to'jour•nal•ist reportero(-a) *m/f* gráfico(-a)

pho•to•mon•tage fotomontaje *m*

pho•ton ['foʊtɑːn] PHYS fotón *m*

pho•to'sen•si•tive *adj* fotosensible; '**pho•to•shoot** sesión *f* de fotografías; **pho•to'syn•the•sis** BIO fotosíntesis *f inv*

phras•al ['freɪzl] *adj*: **~ verb** LING verbo *m* con partícula

phrase [freɪz] **I** *n* frase *f* **II** *v/t* expresar

'**phrase•book** guía *f* de conversación

phra•se•ol•o•gy [freɪzɪ'ɑːlədʒɪ] fraseología *f*

phys•i•cal ['fɪzɪkl] **I** *adj* físico **II** *n* MED reconocimiento *m* médico

phys•i•cal ed•u•ca•tion educación *f* física; **phys•i•cal 'hand•i•cap** minusvalía *f* física; '**phys•i•cal in•ven•to•ry** inventario *m* físico

phys•i•cal•ly ['fɪzɪklɪ] *adv* físicamente; **~ impossible** físicamente imposible

phys•i•cal•ly 'hand•i•cap•ped *npl*: **the ~** los disminuídos físicos

phy•si•cian [fɪ'zɪʃn] médico(-a) *m(f)*

phys•i•cist ['fɪzɪsɪst] físico(-a) *m(f)*

phys•ics ['fɪzɪks] *nsg* física *f*

phys•i•og•no•my [fɪzɪ'ɑːnəmɪ] fisonomía *f*, fisionomía *f*

phys•i•o•log•i•cal [fɪzɪə'lɑːdʒɪkl] *adj* fisiológico

phys•i•ol•o•gy [fɪzɪ'ɑːlədʒɪ] fisiología *f*

phys•i•o•ther•a•pist [fɪzɪoʊ'θerəpɪst] fisioterapeuta *m/f*

phys•i•o•ther•a•py [fɪzɪoʊ'θerəpɪ] fisioterapia *f*

phy•sique [fɪ'ziːk] físico *m*

pi•a•nist ['pɪənɪst] pianista *m/f*

pi•an•o [pɪ'ænoʊ] piano *m*

pi•an•o ac'cor•de•on acordeón *m*

pi'an•o play•er pianista *m/f*

pi'an•o stool taburete *m* (para el piano)

pick [pɪk] **I** *n*: **take your ~** elige el que prefieras **II** *v/t* **1** (*choose*) escoger, elegir **2** *flowers, fruit* recoger; **~ one's nose** meterse el dedo en la nariz **III** *v/i*: **~ and choose** ser muy exigente

♦ **pick at** *v/t*: **pick at one's food** comer como un pajarito

♦ **pick on** *v/t* **1** (*treat unfairly*) meterse con **2** (*select*) elegir

♦ **pick out** *v/t* **1** (*identify*) identificar **2** *tune* tocar de oído

♦ **pick over** *v/t* triar

♦ **pick up I** *v/t* **1** *object* recoger, *Span* coger; *telephone* descolgar; **pick up the tab** F pagar **2** *illness* contraer, *Span* coger **3** *habit* adquirir, *Span* coger; *language, skill* aprender **4** *in car, from ground, from airport etc* recoger **5** (*buy*) comprar **6** *criminal* detener **7**: **pick s.o. up** *sexually* ligar con alguien **8** RAD sintonizar; *hear* entender, pillar F

‖ v/i (*improve*) mejorar

◆ **pick up on** v/t **1** *details, what s.o. said etc* darse cuenta de **2**: *pick s.o. up on sth* corregir algo a alguien

pick•a•back ['pɪkəbæk] **I** *adv*: *carry s.o. ~* llevar a alguien a cuestas **II** *n*: *give s.o. a ~* llevar a alguien a cuestas

'**pick•ax(e)** pico *m*

pick•er ['pɪkər] recolector(a) *m(f)*

pick•et ['pɪkɪt] **I** *n of strikers* piquete *m* **II** v/t hacer piquete delante de

'**pick•et fence** valla *f* de estacas

'**pick•et line** piquete *m*

pick•ings ['pɪkɪŋz] *npl*: *there are easy ~ in this job* en este trabajo es muy fácil obtener beneficios

pick•le ['pɪkl] v/t encurtir; *fish* poner en escabeche; *meat* poner en adobo

pick•led ['pɪkld] *adj* **1** en vinagre **2** F (*drunk*) bolinga

pick•les ['pɪklz] *npl* (*dill ~*) encurtidos *mpl*

'**pick-me-up** F reconstituyente *m*; '**pick•pock•et** carterista *m/f*; '**pick•up of car** aceleración *f*; '**pick•up (truck)** camioneta *f*

'**pick-up game** juego *m* callejero

pick•y ['pɪkɪ] *adj* F tiquismiquis F

pic•nic ['pɪknɪk] **I** *n* picnic *m* **II** v/i (*pret & pp* -**ked**) ir de picnic

pic•to•gram ['pɪktəgræm] pictograma *m*

pic•to•ri•al [pɪk'tɔːrɪəl] *adj* gráfico

pic•ture ['pɪktʃər] **I** *n* **1** (*photo*) fotografía *f*; (*painting*) cuadro *m*; (*illustration*) dibujo *m* **2** (*movie*) película *f* **3** *on TV* imagen *f* **4**: *keep s.o. in the ~* mantener a alguien al día; *be in the ~ know what's going on* estar al tanto de lo que pasa; *ok, I get the ~* vale, ya me doy cuenta, vale, ya lo capto; *her face was a ~!* ¡vaya cara que puso!; *he's not exactly the ~ of health* no es exactamente la viva imagen de la salud **II** v/t imaginar; *I can just ~ it* me lo puedo imaginar perfectamente

'**pic•ture book** libro *m* ilustrado; '**picture frame** marco *m*; '**pic•ture gal•ler•y** pinacoteca *f*; **pic•ture 'post•card** postal *f*

pic•tur•esque [pɪktʃəˈresk] *adj* pintoresco

'**pic•ture win•dow** ventanal *m*

pid•dle ['pɪdl] v/i F hacer pis

pid•dling ['pɪdlɪŋ] *adj* F mísero

pidg•in Eng•lish ['pɪdʒɪn] inglés mezclado con un dialecto local

pie [paɪ] pastel *m*

piece [piːs] (*fragment*) fragmento *m*; *component, in board game* pieza *f*; *a ~ of pie / bread* un trozo de pastel / una rebanada de pan; *a ~ of advice* un consejo; *go to ~s* derrumbarse; *take to ~s* desmontar

◆ **piece together** v/t *broken plate* recomponer; *facts, evidence* reconstruir

piece•meal ['piːsmiːl] *adv* poco a poco

'**piece•work** trabajo *m* a destajo

'**pie chart** gráfico *m* circular *or* de sectores

pied-a-terre [pjeɪdɑːˈter] *segunda vivienda en la ciudad*

pie-eyed [paɪˈaɪd] *adj* F (*drunk*) ciego

pier [pɪr] *at seaside* malecón *m*

pierce [pɪrs] v/t **1** (*penetrate*) perforar **2** *ears* agujerear

pierc•ing ['pɪrsɪŋ] **1** *adj scream* desgarrador; *gaze* penetrante; *wind* cortante **II** *n of lips, nose etc* piercing *m*

pi•e•ty ['paɪətɪ] piedad *f*

pif•fle ['pɪfl] F bobadas *fpl*

pig [pɪg] *also fig* cerdo *m*; *make a ~ of o.s.* ponerse como un cerdo

◆ **pig out** v/i ponerse como un cerdo

◆ **pig out on** v/t ponerse como un cerdo comiendo

pi•geon ['pɪdʒɪn] paloma *f*

'**pi•geon•hole I** *n* casillero *m* **II** v/t **1** *person* encasillar **2** *proposal* archivar

pi•geon-toed [pɪdʒɪnˈtoʊd] *adv*: *walk ~* caminar con las puntas de los pies hacia dentro

pig•gish ['pɪgɪʃ] *adj* cerdo

pig•gy•back ['pɪgɪbæk] ☞ **pickaback**

pig•gy•bank ['pɪgɪbæŋk] hucha *f*

pig'head•ed *adj* F cabezota F

'**pig i•ron** arrabio *m*

pig•let ['pɪglɪt] cerdito *m*

pig•ment ['pɪgmənt] pigmento *m*

pig•my ☞ **pygmy**

'**pig•pen** *also fig* pocilga *f*; '**pig•skin** piel *f* de cerdo; '**pig swill** bazofia *f*; '**pig•tail** coleta *f*

pike¹ [paɪk] *fish* lucio *m*

pike² [paɪk] ☞ **turnpike**

pil•chard ['pɪltʃərd] sardina *f*

pile¹ [paɪl] montón *m*, pila *f*; *a ~ of work* F un montón de trabajo F

◆ **pile up I** *v/i of work, bills* acumularse **II** *v/t* amontonar

pile[2] [paɪl] *stake, in ground* estaca *f*

pile[3] [paɪl] *of carpet* pelo *m*

'**pile driv•er** martinete *m*

piles [paɪlz] *nsg* MED hemorroides *fpl*

'**pile-up** MOT choque *m* múltiple

pil•fer ['pɪlfər] *v/t & v/i* hurtar

pil•fer•ing ['pɪlfərɪŋ] hurtos *mpl*

pil•grim ['pɪlgrɪm] peregrino(-a) *m(f)*

pil•grim•age ['pɪlgrɪmɪdʒ] peregrinación *f*

pill [pɪl] pastilla *f*; *contraceptive* píldora *f*; **be on the ~** tomar la píldora

pil•lage ['pɪlɪdʒ] **I** *v/t & v/i* saquear **II** *n* saqueo *m*, pillaje *m*

pil•lar ['pɪlər] pilar *m*; **a ~ of society** uno de los pilares de la sociedad

pil•lion ['pɪljən] *of motor bike* asiento *m* trasero; **ride ~** ir de paquete

pil•lo•ry ['pɪlərɪ] **I** *n* HIST picota *f* **II** *v/t fig* vituperar

pil•low ['pɪloʊ] almohada *f*

'**pil•low•case**, '**pil•low•slip** funda *f* de almohada; '**pil•low fight** pelea *f* de almohadas; '**pil•low talk** secretos *mpl* de alcoba

pi•lot ['paɪlət] **I** *n of airplane* piloto *m/f*; *for ship* práctico *m* **II** *v/t airplane* pilotar

'**pi•lot light** piloto *m*; '**pi•lot plant** planta *f* piloto; '**pi•lot scheme** plan *m* piloto; '**pi•lot stud•y** estudio *m* piloto

pi•men•to [pɪ'mentoʊ] pimiento *m* morrón

pimp [pɪmp] proxeneta *m*, *Span* chulo *m* F

pim•ple ['pɪmpl] grano *m*

pim•ply ['pɪmplɪ] *adj* con muchos granos

PIN [pɪn] (= ***personal identification number***) PIN *m*, número *m* de identificación personal

pin [pɪn] **I** *n* **1** *for sewing* alfiler *m* **2** *in bowling* bolo *m* **3** *badge* pin *m* **4** ELEC clavija *f* **II** *v/t* (*pret & pp* **-ned**) **1** (*hold down*) mantener **2** (*attach*) sujetar

◆ **pin down** *v/t reason, exact nature of sth* precisar; ***pin s.o. down to a date*** forzar a alguien a concretar una fecha; **be pinned down** *trapped* estar atrapado

◆ **pin up** *v/t notice* sujetar con chinchetas

pin•a•fore ['pɪnəfɔːr] **1** delantal *m* **2** *Br.*

~ (***dress***) pichi *m*

'**pin•ball** flíper *m*; **play ~** jugar al flíper

'**pin•ball ma•chine** flíper *m*

'**pin•cer move•ment** *also fig* movimiento *m* de tenaza

pin•cers ['pɪnsərz] *npl of crab* pinzas *fpl*; *tool* tenazas *fpl*; **a pair of ~** unas tenazas

pinch [pɪntʃ] **I** *n* pellizco *m*; *of salt, sugar etc* pizca *f*; **at a ~** si no queda otro remedio; *with numbers* como máximo **II** *v/t* pellizcar **III** *v/i of shoes* apretar

'**pin•cush•ion** acerico *m*

pine[1] [paɪn] *n tree* pino *m*; *wood* (madera *f* de) pino *m*

pine[2] [paɪn] *v/i*: **~ for** echar de menos

'**pine•ap•ple** piña *f*, *L.Am.* ananá(s) *f*

'**pine mar•ten** marta *f*; '**pine nee•dle** aguja *f* de pino; '**pine tree** pino *m*

ping [pɪŋ] **I** *n* sonido *m* metálico **II** *v/i* hacer un sonido metálico

ping-pong ['pɪŋpɑːŋ] pimpón *m*, pingpong *m*

pin•ion ['pɪnjən] TECH piñón *m*

pink [pɪŋk] **I** *adj* rosa **II** *v/i of engine* atascarse

'**pin•kie** ['pɪŋkɪ] F meñique *m*

'**pin•kie ring** anillo *m* para el meñique

'**pin mon•ey** dinero *m* extra

pin•na•cle ['pɪnəkl] *fig* cima *f*

'**pin•point I** *v/t* determinar **II** *adj*: **with ~ accuracy** con precisión milimétrica

pins and 'nee•dles *npl* hormigueo *m*

'**pin•stripe** *adj* a rayas

pint [paɪnt] pinta *f*, *medida equivalente a 0,473 litros en Estados Unidos o a 0,568 litros en Gran Bretaña*

'**pin ta•ble** flíper *m*

'**pin-up** modelo *m/f* de revista

pi•o•neer [paɪə'nɪr] **I** *n fig* pionero(-a) *m(f)* **II** *v/t* ser pionero en

pi•o•neer•ing [paɪə'nɪrɪŋ] *adj work* pionero

pi•ous ['paɪəs] piadoso

pip [pɪp] *of fruit* pepita *f*

pipe [paɪp] **I** *n* **1** *for smoking* pipa *f* **2** *for water, gas, sewage* tubería *f* **II** *v/t* conducir por tuberías

◆ **pipe down** *v/i* F cerrar el pico F

◆ **pipe up** *v/t* F *of person* soltar

'**pipe clean•er** desatascador *m*

piped mu•sic [paɪpt'mjuːzɪk] hilo *m* musical

'**pipe dream** sueño *m* imposible

'pipe•line *for oil* oleoducto *m*; *for gas* gasoducto *m*; **in the ~** *fig* en trámite

pip•er ['paɪpər] gaitero(-a) *m(f)*

'pipe smok•er fumador(a) *m(f)* en pipa

pip•ing hot [paɪpɪŋ'hɑːt] *adj* muy caliente

pi•quant ['piːkənt] *adj* picante

pique [piːk] **I** *v/t* molestar; **be ~d** estar molesto (**at** por) **II** *n:* **in a fit of ~** en una rabieta

pi•ra•cy ['paɪrəsɪ] *also of software etc* piratería *f*

pi•rate ['paɪrət] **I** *n* pirata *m/f* **II** *v/t software* piratear

'pi•rate cop•y copia *f* pirata

pi•rat•ed cop•y ['paɪrətɪdkɑːpɪ] copia *f* pirata

'pi•rate e•di•tion edición *f* pirata; **pi•rate 'rad•i•o sta•tion** radio *f* pirata; **'pi•rate ship** barco *m* pirata

pir•ou•ette [pɪru'et] pirueta *f*; **do a ~** hacer una pirueta

Pis•ces ['paɪsiːz] ASTR Piscis *m/f inv*; **be (a) ~** ser Piscis

piss [pɪs] **I** *v/i* P (*urinate*) mear **P II** *n* P (*urine*) meada *f* P; **take the ~ out of s.o.** *Br* P tomar el pelo a alguien

◆ **piss off** P **I** *v/t* (*annoy*) cabrear **II** *v/i Br* largarse

piss•ant [pɪsænt] P **I** *adj* maldito, puñetero F **II** *n* canalla *m/f* F

pissed [pɪst] *adj* P **1** (*annoyed*) cabreado P **2** *Br* (*drunk*) borracho, pedo F

piss•poor ['pɪspʊr] *adj* P chapucero

pis•tach•i•o [pɪ'stɑːʃɪoʊ] BOT pistacho *m*

piste [piːst] pista *f*

pis•til ['pɪstɪl] BOT pistilo *m*

pis•tol ['pɪstl] pistola *f*

'pis•tol-whip *v/t* (*pret & pp* **-ped**) golpear con una pistola a

pis•ton ['pɪstən] pistón *m*

'pis•ton ring anillo *m* de pistón

'pis•ton rod biela *f* del pistón

pit [pɪt] **1** (*hole*) hoyo *m* **2** (*coal mine*) mina *f* **3** *in fruit* hueso *m*

pit•bull 'ter•ri•er pitbull *m* terrier

pitch[1] [pɪtʃ] *n* **1** MUS tono *m* **2** *of roof* pendiente *f* **3** (*throw*) lanzamiento *m* **4** SP *field* campo *m* **5**: **the tension had reached such a ~ that …** la tensión había crecido tanto que… **6** *when trying to sell sth etc* charla *f*, discurso *m*

pitch[2] [pɪtʃ] **I** *v/i in baseball* lanzar la pelota **II** *v/t* **1** *tent* montar **2** *ball* lanzar

◆ **pitch in** *v/i* echar una mano

'pitch-black *adj* negro como el carbón

'pitch-dark *adj* oscuro como boca de lobo

pitched bat•tle [pɪtʃt'bætl] batalla *f* campal

pitch•er[1] ['pɪtʃər] *baseball player* lanzador(a) *m(f)*, pí(t)cher *m/f*

pitch•er[2] ['pɪtʃər] *container* jarra *f*

'pitch•fork I *n* horca *f* **II** *v/t hay etc* aventar; **be ~ed into sth** *fig* verse metido de repente en algo

pit•e•ous ['pɪtɪəs] *adj* patético

'pit•fall dificultad *f*, peligro *m*

pith [pɪθ] *of citrus fruit* piel *f* blanca

pith•y ['pɪθɪ] *adj remark* sucinto

pit•i•a•ble ['pɪtɪəbl] ☞ **pitiful**

pit•i•ful ['pɪtɪfəl] *adj sight* lastimoso; *excuse, attempt* lamentable

pit•i•ful•ly ['pɪtɪflɪ] *adv* lastimosamente

pit•i•less ['pɪtɪləs] *adj* despiadado

pit•i•less•ly ['pɪtɪləslɪ] *adv* despiadadamente

pits [pɪts] *npl* **1** *in motor racing* boxes *mpl* **2**: **this is the ~** P esto es de pena *or* de lo peor

'pit stop *in motor racing* parada *f* en boxes

pit•ta bread ['pɪtə] pan *m* pitta

pit•tance ['pɪtns] miseria *f*

pi•tu•i•tar•y (gland) [pɪ'tjuːɪterɪ] ANAT glándula *f* pituitaria

pit•y ['pɪtɪ] **I** *n* pena *f*, lástima *f*; **it's a ~ that** es una pena *or* lástima que; **what a ~!** ¡qué pena!; **take ~ on** compadecerse de **II** *v/t* (*pret & pp* **-ied**) *person* compadecerse de

pit•y•ing ['pɪtɪɪŋ] *adj* compasivo

piv•ot ['pɪvət] *v/i* pivotar

piv•ot•al ['pɪvətl] *adj role etc* central

'piv•ot foot *in baseball* pie *m* de pivote

pix•el ['pɪksl] TYP, COMPUT píxel *m*

pix•ie, pix•y ['pɪksɪ] duende *m*

piz•za ['piːtsə] pizza *f*

piz•ze•ri•a [piːtsə'riːə] pizzería *f*

plac•ard ['plækɑːrd] pancarta *f*

pla•cate [plə'keɪt] *v/t* aplacar

place [pleɪs] **I** *n* sitio *m*, lugar *m*; *in race, competition* puesto *m*; (*seat*) sitio *m*, asiento *m*; **I've lost my ~** *in book* no sé por dónde iba; **at my / his ~** en mi / su casa; **in ~ of** en lugar de; **feel out of ~** sentirse fuera de lugar; **take**

~ tener lugar, llevarse a cabo; *in the first* ~ (*firstly*) en primer lugar; (*in the beginning*) en principio; *I know my* ~ sé cuál es mi sitio; *he needs putting in his* ~ necesita que alguien lo ponga en su sitio

II *v/t* (*put*) poner, colocar; *I know you but I can't quite* ~ *you* te conozco pero no recuerdo de qué; ~ *an order* hacer un pedido

pla•ce•bo [plə'siːbou] (*pl -bo(e)s* [plə-'siːbouz]) MED placebo *m*

'place card tarjeta *f* con el nombre

'place mat mantel *m* individual

place•ment ['pleɪsmənt] *for training* colocación *f* en prácticas

'place name topónimo *m*

pla•cen•ta [plə'sentə] placenta *f*

plac•id ['plæsɪd] *adj* apacible

pla•gia•rism ['pleɪdʒərɪzm] plagio *m*

pla•gia•rist ['pleɪdʒərɪst] plagiario(-a) *m(f)*

pla•gia•rize ['pleɪdʒəraɪz] *v/t* plagiar

plague [pleɪg] **I** *n* plaga *f* **II** *v/t* (*bother*) molestar

plaice [pleɪs] (*pl plaice*) platija *f*

plaid [plæd] tela *f* escocesa

plain ¹ [pleɪn] *n* llanura *f*

plain ² [pleɪn] **I** *adj* **1** (*clear, obvious*) claro **2** (*not elaborate*) simple; (*not patterned*) liso; ~ *chocolate* chocolate *m* amargo; *it's all* ~ *sailing from here on* a partir de ahora todo va a ser pan comido **3** (*not pretty*) feíllo **4** (*blunt*) directo **II** *adv* verdaderamente; *it's* ~ *crazy* es una verdadera locura

'plain-clothes: *in* ~ de paisano; ~ *policeman* policía *m/f* de paisano

plain•ly ['pleɪnlɪ] *adv* **1** (*clearly*) evidentemente; *he's* ~ *upset* está claro que está enfadado **2** (*simply*) con sencillez **3** (*bluntly*) directamente

plain•ness ['pleɪnnɪs] **1** (*obviousness*) claridad *f* **2** (*simplicity*) sencillez *f* **3** (*unattractiveness*) falta *f* de atractivo

plain 'spo•ken *adj* directo

plain•tiff ['pleɪntɪf] demandante *m/f*

plain•tive ['pleɪntɪv] *adj* quejumbroso

plait [plæt] **I** *n* trenza *f* **II** *v/t* trenzar

plan [plæn] **I** *n* (*project, intention*) plan *m*; (*drawing*) plano *m*; *what are your* ~*s for the future?* ¿qué planes tienes para el futuro?; *wedding* ~*s* preparaciones *fpl* para la boda; *there are no* ~*s to change anything* no está previsto cambiar nada

II *v/t* (*pret & pp -ned*) (*prepare*) planear; (*design*) hacer los planos de; ~ *to do sth,* ~ *on doing sth* planear hacer algo

III *v/i* (*pret & pp -ned*) hacer planes

plane ¹ [pleɪn] AVIA avión *m*; *we went by* ~ fuimos en avión

plane ² [pleɪn] *tool* cepillo *m*

plan•et ['plænɪt] planeta *f*

plan•e•tar•i•um [plænɪ'terɪəm] (*pl -iums, planetaria* [plænɪ'terɪə]) planetario *m*

plan•e•tar•y ['plænɪterɪ] *adj* planetario

plank [plæŋk] *of wood* tablón *m*; *fig: of policy* punto *m*

plank•ing ['plæŋkɪŋ] tablas *fpl*

plank•ton ['plæŋktən] ZO plancton *m*

plan•ner ['plænər] responsable *m/f* de la planificación

plan•ning ['plænɪŋ] planificación *f*; *at the* ~ *stage* en fase de estudio

'plan•ning per•mis•sion licencia *f* de obras

plant ¹ [plænt] BOT **I** *n* planta *f* **II** *v/t* plantar

plant ² [plænt] *n* **1** (*factory*) fábrica *f*, planta *f* **2** (*equipment*) maquinaria *f*

plan•ta•tion [plæn'teɪʃn] plantación *f*; *sugar* cañaveral *m*; ~ *worker* sugar cañero(-a) *m(f)* L.Am.

plant•er ['plɑːntər] **1** *machine* sembradora *f* **2** *pot* maceta *f*

plaque [plæk] *on wall, teeth* placa *f*

plas•ma ['plæzmə] plasma *m*

plas•ter ['plæstər] **I** *n* *on wall, ceiling* yeso *m* **II** *v/t wall, ceiling* enyesar; *be* ~*ed with* estar recubierto de

'plas•ter works *sg* yesera *f*

'plas•ter cast escayola *f*

plas•tered ['plæstərd] *adj* F ciego; *get* ~ ponerse ciego

plas•tic ['plæstɪk] **I** *n* **1** plástico *m* **2** F (*credit card*) tarjeta *f* **II** *adj* (*made of* ~) de plástico

plas•tic 'bag bolsa *f* de plástico; **plastic 'bul•let** bala *f* de plástico; **plas•tic ex•plo•sive** explosivo *m* plástico; **'plas•tic mon•ey** plástico *m*, tarjetas *fpl* de pago

'plas•tics in•dus•try industria *f* del plástico

plas•tic 'sur•geon cirujano(-a) *m(f)*

plástico(-a)

plas•tic 'sur•ge•ry cirugía *f* estética

plate [pleɪt] **1** *for food* plato *m*; *have a lot on one's ~* F llevar un montón de cosas entre manos; *he had it handed to him on a ~* F se lo puso en bandeja **2** (*sheet of metal*) chapa *f* **3** PHOT placa *f*

pla•teau ['plætou] meseta *f*

'plate rack escurreplatos *m inv*

plat•form ['plætfɔːrm] **1** (*stage*) plataforma *f*; *fig: political* programa *m* **2** *of railroad station* andén *m*

plat•i•num ['plætɪnəm] **I** *n* platino *m* **II** *adj* de platino

plat•i•num 'blonde rubia *f* platino

plat•i•tude ['plætɪtuːd] tópico *m*

pla•ton•ic [plə'tɑːnɪk] *adj relationship* platónico

pla•toon [plə'tuːn] *of soldiers* sección *f*

plat•ter ['plætər] *for meat, fish* fuente *f*

plau•si•ble ['plɔːzəbl] *adj* plausible

play [pleɪ] **I** *n* **1** *in theater, on TV* obra *f* (de teatro) **2** *of children, in match* juego *m*; **3** TECH juego *m* **4**: *the different forces at ~ here* las diferentes fuerzas que intervienen aquí; *that's where your idea comes into ~* ahí es dónde tu idea entra en juego

II *v/i* **1** jugar **2** *of musician* tocar

III *v/t* **1** *musical instrument* tocar; *piece of music* interpretar, tocar **2** *game* jugar; *tennis, football* jugar a; *opponent* jugar contra; *~ a joke on* gastar una broma a; *the game on Sunday is being ~ed at home* el partido del domingo se juega en casa **3** (*perform: Macbeth etc*) representar; *particular role* interpretar, hacer el papel de

◆ **play along I** *v/i* seguir la corriente **II** *v/t* (*deceive*) tomar el pelo

◆ **play around** *v/i* F (*be unfaithful*) acostarse con otras personas

◆ **play at** *v/t* jugar a; *what do you think you're playing at?* F ¿a qué juegas?

◆ **play back** *v/t tape etc* volver a poner

◆ **play down** *v/t* quitar importancia a

◆ **play off** *v/t: play one person off against another* enfrentar a dos personas

◆ **play on** *v/i* continuar el juego, seguir *or* continuar jugando

◆ **play up** *v/i of machine* dar problemas; *of child* dar guerra

◆ **play up to** *v/t* hacer la pelota a

play•a•ble ['pleɪəbl] *adj* SP en condiciones de ser jugado

'play•act *v/i* (*pretend*) fingir; **'play•back** playback *m*; **'play•boy** playboy *m*

play•er ['pleɪr] **1** SP jugador(a) *m(f)* **2** (*musician*) intérprete *m/f* **3** (*actor*) actor *m*, actriz *f*

play•ful ['pleɪfəl] *adj punch etc* de broma

'play•ground zona *f* de juegos; **'play•group** guardería *f*; **'play•house** *for children* casita *f* de juguete

play•ing card ['pleɪɪŋkɑːrd] carta *f*

'play•ing field campo *m* de deportes

'play•mak•er SP base *m/f*; **'play•mate** compañero(-a) *m(f)* de juego; **'play--off** SP play-off *m*, eliminatoria *f*; **'play-pen** parque *m*; **'play•room** cuarto *m* de juegos; **'play•school** guardería *f*; **'play•thing** *also fig* juguete *m*; **'play-time** *Br* EDU recreo *m*; *at ~* en el recreo, en la hora del recreo; **play•wright** ['pleɪraɪt] autor(a) *m(f)*

pla•za ['plɑːzə] *for shopping* centro *m* comercial

plc [piːel'siː] *abbr Br* (= *public limited company*) S.A. *f* (= sociedad *f* anónima)

plea [pliː] súplica *f*; *make a ~ for help* suplicar *or* implorar ayuda

plead [pliːd] *v/i* (*pret & pp* **-ed, pled**): *~ for mercy* pedir clemencia; *~ guilty / not guilty* declararse culpable / inocente; *she ~ed with me not to go* me suplicó que no fuera

pleas•ant ['pleznt] *adj* agradable

please [pliːz] **I** *adv* por favor; *more tea? – yes, ~* ¿más té? - sí, por favor; *~ do* claro que sí, por supuesto **II** *v/t* complacer; *~ yourself!* ¡haz lo que quieras!; *there's no pleasing him* es imposible complacerle; *he's easy to ~* se contenta con cualquier cosa **III** *v/i* **1** agradar **2**: *and then, if you ~, they demand ...* y después, para que veas, piden que ...

pleased [pliːzd] *adj* contento; (*satisfied*) satisfecho; *~ to meet you* encantado de conocerle; *I'm very ~ to be here* estoy muy contento de estar aquí

pleas•ing ['pliːzɪŋ] *adj* agradable

pleas•ur•a•ble ['pleʒərəbl] *adj* agradable

pleas•ure ['pleʒər] (*happiness, satisfac-*

tion, delight) satisfacción *f*; *as opposed to work* placer *m*; *it's a ~* (*you're welcome*) no hay de qué; *with ~* faltaría más

'pleas•ure boat barco *m* de recreo; **'pleas•ure prin•ci•ple** PSYCH principio *m* del placer; **'pleas•ure trip** viaje *m* de placer

pleat [pliːt] *in skirt* tabla *f*

pleat•ed skirt ['pliːtɪd] falda *f* de tablas

pleb [pleb] F ordinario(-a) *m(f)*

ple•be•ian [plə'biːən] **I** *adj* plebeyo **II** *n* plebeyo(-a) *m(f)*

pleb•i•scite ['plebɪsɪt] plebiscito *m*

plec•trum ['plektrəm] púa *f*

pled [pled] *pret & pp* ☞ **plead**

pledge [pledʒ] **I** *n* **1** (*promise*) promesa *f*; **Pledge of Allegiance** juramento de lealtad a la bandera estadounidense **2** (*guarantee*) compromiso *m* **3** (*money*) donación *f* **II** *v/t* **1** (*promise*) prometer **2** (*guarantee*) comprometerse **3** *money* donar

ple•na•ry ['pliːnərɪ] *adj*: **~ session** sesión *f* plenaria; **~ powers** plenos poderes *mpl*

plen•ti•ful ['plentɪfəl] *adj* abundante

plen•ty ['plentɪ] **1** (*abundance*) abundancia *f*; *that's ~* es suficiente; *there's ~ for everyone* hay (suficiente) para todos **2**: **~ of books / food** muchos libros / mucha comida; *we have ~ of room* tenemos espacio más que suficiente

pleth•o•ra ['pleθərə]: *a ~ of* una plétora de

pleu•ri•sy ['plʊrəsɪ] MED pleuresía *f*

pli•a•ble ['plaɪəbl] *adj* flexible

pli•ers ['plaɪərz] *npl* alicates *mpl*; *a pair of ~* unos alicates

plight [plaɪt] situación *f* difícil

plinth [plɪnθ] pedestal *m*

plod [plɑːd] *v/i* (*pret & pp* **-ded**) (*walk*) arrastrarse

◆ **plod on** *v/i with a job* avanzar laboriosamente

plod•der ['plɑːdər] *at work, school*: persona no especialmente lista pero muy trabajadora

plonk¹ [plɑːŋk] *v/t* ☞ **plunk**

plonk² [plɑːŋk] *n Br* F vino *m* peleón

plot¹ [plɑːt] *n land* terreno *m*

plot² [plɑːt] **I** *n* (*conspiracy*) complot *m*; *of novel* argumento *m*; *lose the ~* F *fig*

perder el hilo **II** *v/t* (*pret & pp* **-ted**) tramar **III** *v/i* (*pret & pp* **-ted**) conspirar

plot•ter ['plɑːtər] **1** conspirador(a) *m(f)* **2** COMPUT plóter *m*

plow, *Br* **plough** [plaʊ] **I** *n* arado *m* **II** *v/t & v/i* arar

◆ **plow back** *v/t profits* reinvertir

ploy [plɔɪ] estratagema *f*

pluck [plʌk] *v/t eyebrows* depilar; *chicken* desplumar

◆ **pluck up** *v/t*: *pluck up courage to do sth* reunir el valor para hacer algo

pluck•y ['plʌkɪ] *adj* valiente

plug [plʌg] **I** *n* **1** *for sink, bath* tapón *m* **2** *electrical* enchufe *m* **3** (*spark ~*) bujía *f* **4**: *give a book a ~* dar publicidad a un libro **II** *v/t* (*pret & pp* **-ged**) **1** *hole* tapar **2** *new book etc* hacer publicidad de

◆ **plug away at** *v/t* F trabajar con esfuerzo en

◆ **plug in** *v/t* enchufar

'plug•hole desagüe *m*

plum [plʌm] **I** *n fruit* ciruela *f*; *tree* ciruelo *m* **II** *adj* F: *a ~ job* un chollo de trabajo

plum•age ['pluːmɪdʒ] plumaje *m*

plumb [plʌm] *adj* vertical

◆ **plumb in** *v/t washing machine* conectar a la red del agua

plumb•er ['plʌmər] *Span* fontanero(-a) *m(f)*, *L.Am.* plomero(-a) *m(f)*

plumb•ing ['plʌmɪŋ] *pipes* tuberías *fpl*

'plumb line plomada *f*

plume [pluːm] *n* (*feather*) pluma *f*; *of smoke* nube *f*

plum•met ['plʌmɪt] *v/i of airplane, prices* caer en picado

plump [plʌmp] *adj* rellenito

◆ **plump for** *v/t* F decidirse por

◆ **plump up** *v/t cushions* ahuecar

plum 'pud•ding pudin *m* de pasas

plun•der ['plʌndər] *v/t* saquear

plun•der•er ['plʌndərər] saqueador(a) *m(f)*

plunge [plʌndʒ] **I** *n salto m*; *in prices* caída *f*; *take the ~* dar el paso **II** *v/i* precipitarse; *of prices* caer en picado **III** *v/t* hundir; *into water* sumergir; *the city was ~d into darkness* la ciudad quedó inmersa en la oscuridad; *the news ~d him into despair* la noticia lo hundió en la desesperación

plung•er ['plʌndʒər] *for drains* desatascador *m*

plung•ing ['plʌndʒɪŋ] *adj neckline* escotado

plunk [plʌŋk] F *v/t* poner; *she ~ed herself right in front of the TV* se apalancó *or* apoltronó delante de la tele

◆ **plunk down** *v/t* F dejar de golpe

plu•per•fect ['plu:pɜːrfɪkt] GRAM pluscuamperfecto *m*

plu•ral ['plʊrəl] **I** *n* plural *m*; *in the ~* en plural **II** *adj* plural

plu•ral•ism ['plʊrəlɪzəm] pluralismo *m*

plu•ral•is•tic [plʊrəl'ɪstɪk] *adj* pluralista

plus [plʌs] **I** *prep* más; *I want John ~ two other volunteers* quiero a John y a otros dos voluntarios **II** *adj* más de; *$500 ~* más de 500 dólares **III** *n* **1** *symbol* signo *m* más **2** *(advantage)* ventaja *f* **IV** *conj (moreover, in addition)* además

plush [plʌʃ] *adj* F lujoso

'plus sign signo *m* más

plu•to•ni•um [plu:'təʊnɪəm] CHEM plutonio *m*

ply [plaɪ] **I** *v/i (pret & pp -ied)* of ship, ferry realizar la ruta *(between* entre*)* **II** *v/t (pret & pp -ied)*: *~ s.o. with drink* ofrecer bebida constantemente a alguien

ply•wood ['plaɪwʊd] madera *f* contrachapada

PM [pi:'em] *abbr Br (= Prime Minister)* Primer(a) *m(f)* Ministro(-a)

p.m. [pi:'em] *abbr (= post meridiem)* p.m.; *at 3 ~* a las 3 de la tarde; *at 11 ~* a las 11 de la noche

pneu•mat•ic [nu:'mætɪk] *adj* neumático

pneu•mat•ic 'drill martillo *m* neumático

pneu•mo•ni•a [nu:'məʊnɪə] pulmonía *f*, neumonía *f*

poach¹ [pəʊtʃ] *v/t (cook)* hervir

poach² [pəʊtʃ] *v/t & v/i (hunt)* cazar furtivamente; *fish* pescar furtivamente

poached egg [pəʊtʃt'eg] huevo *m* escalfado

poach•er ['pəʊtʃər] *of game* cazador(a) *m(f)* furtivo(-a); *of fish* pescador(a) *m(f)* furtivo(-a)

P.O. Box [pi:'əʊbɑːks] apartado *m* de correos

pock•et ['pɑːkɪt] **I** *n* bolsillo *m*; *line one's own ~s* llenarse los bolsillos; *be $10 out of ~* salir perdiendo 10 dólares; *a ~ of resistance* un foco de re-

sistencia **II** *adj* radio, dictionary de bolsillo **III** *v/t* meter en el bolsillo

'pock•et•book 1 *(purse)* bolso *m*; *(billfold)* cartera *f* **2** *book* libro *m* de bolsillo; **pock•et 'cal•cu•la•tor** calculadora *f* de bolsillo; **'pock•et•knife** navaja *f*; **'pock•et mon•ey** Br: for kids paga *f*; **'pock•et ve•to** veto por la falta de la firma presidencial para la aprobación de una ley antes de la disolución del Congreso

pock•mark ['pɑːkmɑːrk] marca *f* de viruela

pock•marked ['pɑːkmɑːrkd] *adj* con marcas de viruela

pod [pɑːd] **1** BOT vaina *f* **2** AVIA *for fuel* tanque *m*

po•di•um ['pəʊdɪəm] podio *m*

po•em ['pəʊɪm] poema *m*

po•et ['pəʊɪt] poeta *m/f*, poetisa *f*

po•et•ic [pəʊ'etɪk] *adj* poético

po•et•ic 'jus•tice justicia *f* divina

po•et•ic 'li•cense licencia *f* poética

po•et•ry ['pəʊɪtrɪ] poesía *f*

poign•ant ['pɔɪnjənt] *adj* conmovedor

poin•set•ti•a [pɔɪn'setɪə] BOT flor *f* de Pascua

point [pɔɪnt] **I** *n* **1** *of pencil, knife* punta *f* **2** *in competition, argument* punto *m*; *the ~ I'm trying to make ...* lo que estoy intentando decir ...; *that's beside the ~* eso no viene a cuento; *I take your ~* entiendo lo que quieres decir; *get to the ~* ir al grano; *the ~ is ...* la cuestión es que ...

3 *(purpose)* objetivo *m*; *what's the ~ of telling him?* ¿qué se consigue diciéndoselo?; *there's no ~ in waiting / trying* no vale la pena esperar / intentarlo; *make a ~ of doing sth* considerar importante hacer algo

4 *(moment)* momento *m*; *at one ~* en un momento dado

5 *in decimals* coma *f*

6: *be on the ~ of* estar a punto de **II** *v/i* señalar con el dedo **III** *v/t*: *he ~ed the gun at me* me apuntó con la pistola

◆ **point out** *v/t sights* indicar; *advantages etc* destacar

◆ **point to** *v/t with finger* señalar con el dedo; *fig (indicate)* indicar

'point-blank I *adj refusal, denial* categórico; *at ~ range* a quemarropa **II** *adv* re-

fuse, deny categóricamente

point•ed ['pɔɪntɪd] *adj remark* mordaz

point•er ['pɔɪntər] **1** *for teacher* puntero *m* **2** (*hint*) consejo *m* **3** (*sign, indication*) indicador *m*

point•less ['pɔɪntləs] *adj* inútil; **it's ~ trying** no sirve de nada intentarlo

'point of sale 1 *place* punto *m* de venta **2** *promotional material* material *m* promocional; **'point-of-sale dis•play** expositor *m* en el punto de venta; **'point-of-sale pro•mo•tion** promoción *f* en el punto de venta; **'point of view** punto *m* de vista

poise [pɔɪz] confianza *f*

poised [pɔɪzd] *adj person* con aplomo

poi•son ['pɔɪzn] **I** *n* veneno *m* **II** *v/t* envenenar

poi•son 'gas gas *m* tóxico

poi•son•ing ['pɔɪzənɪŋ] envenenamiento *m*, intoxicación *f*

poi•son 'i•vy zumaque *m* venenoso

poi•son•ous ['pɔɪznəs] *adj* venenoso

poke [poʊk] **I** *n* empujón *m* **II** *v/t* (*prod*) empujar; (*stick*) clavar; **he ~d his head out of the window** asomó la cabeza por la ventana; **~ fun at** reírse de; **~ one's nose into** F meter las narices en F

◆ **poke around** *v/i* F husmear

pok•er[1] ['poʊkər] *card game* póquer *m*

pok•er[2] ['poʊkər] *for fire* atizador *m*

pok•er-faced ['poʊkərfeɪst] *adj* con cara de póquer

pok•y ['poʊkɪ] *adj* F (*cramped*) enano, minúsculo

Po•land ['poʊlənd] Polonia *f*

po•lar ['poʊlər] *adj* polar

po•lar 'bear oso *m* polar *or* blanco

po•lar•i•za•tion [poʊləraɪ'ʒeɪʃn] polarización *f*

po•lar•ize ['poʊləraɪz] *v/t* polarizar

pole[1] [poʊl] *for support* poste *m*; *for tent, pushing things* palo *m*

pole[2] [poʊl] *of earth* polo *m*; **they're ~s apart** están en polos opuestos

Pole [poʊl] polaco(-a) *m(f)*

'pole•cat ZO turón *m*

po•lem•ic [pə'lemɪk] *adj* polémico

'pole po•si•tion pole-position *f*; **'pole star** estrella *f* polar; **'pole•vault** salto *m* con pértiga; **'pole-vault•er** saltador(a) *m(f)* de pértiga

po•lice [pə'liːs] **I** *n* policía *f* **II** *v/t area* vi-

gilar, patrullar; *measures* supervisar

po•'lice car coche *m* de policía; **po•'lice dog** perro *m* de policía; **po•'lice force** cuerpo *m* de policía; **po•'lice•man** policía *m*; **po•'lice of•fi•cer** agente *m/f* de policía; **po•lice pro•'tec•tion** protección *f* policial; **po•'lice rec•ord** ficha *f* policial; **po•'lice state** estado *m* policial; **po•'lice sta•tion** comisaría *f* (de policía); **po•'lice•wo•man** (mujer *f*) policía *f*

pol•i•cy[1] ['paːlɪsɪ] política *f*; **you should make it a ~ always to check** deberías acostumbrarte a comprobar

pol•i•cy[2] ['paːlɪsɪ] (*insurance ~*) póliza *f*

'pol•i•cy hold•er asegurado(-a) *m(f)*

po•li•o ['poʊlɪoʊ] polio *f*

po•li•o•my•e•li•tis [poʊlɪoʊmaɪə'laɪtɪs] MED poliomelitis *f inv*

Pol•ish ['poʊlɪʃ] **I** *adj* polaco **II** *n* polaco *m*

pol•ish ['paːlɪʃ] **I** *n* abrillantador *m*; (*nail ~*) esmalte *m* de uñas **II** *v/t* dar brillo a; *speech* pulir

◆ **polish off** *v/t food* acabar, comerse

◆ **polish up** *v/t skill* perfeccionar

pol•ished ['paːlɪʃt] *adj performance* brillante

po•lite [pə'laɪt] *adj* educado

po•lite•ly [pə'laɪtlɪ] *adv* educadamente

po•lite•ness [pə'laɪtnɪs] educación *f*

po•lit•i•cal [pə'lɪtɪkl] *adj* político

po•lit•i•cal a'sy•lum asilo *m* político; **ask for ~** pedir asilo político

po•lit•i•cal e'con•o•my economía *f* política

po•lit•i•cal•ly cor•rect [pəlɪtɪklɪkə'rekt] políticamente correcto

po•lit•i•cal 'pris•on•er preso(-a) *m(f)* político(-a); **po•lit•i•cal 'sci•ence** ciencias *fpl* políticas; **po•lit•i•cal 'sci•en•tist** politólogo(-a) *m(f)*

po•li•ti•cian [paːlɪ'tɪʃn] político(-a) *m(f)*

po•lit•i•cize [pə'lɪtɪsaɪz] *v/t* politizar

po•lit•i•co [pə'lɪtɪkoʊ] F politicastro(-a) *m(f)*

pol•i•tics ['paːlətɪks] **1** *nsg* política *f*; **I'm not interested in ~s** no me interesa la política **2** *npl*: **what are his ~?** ¿cuáles son sus ideas políticas?

pol•ka ['paːlkə] MUS polka *f*

'pol•ka-dot *adj* con lunares

poll [poʊl] **I** *n* **1** (*survey*) encuesta *f*, sondeo *m* 2: **the ~s** (*election*) las elecciones; **go to the ~s** (*vote*) acudir a las urnas **II** *v/t* **1** *people* sondear **2** *votes* obtener

pol•len ['pɑːlən] polen *m*

'pol•len count concentración *f* de polen en el aire

pol•li•nate ['pɑːləneɪt] *v/t* polinizar

poll•ing booth ['poʊlɪŋ] cabina *f* electoral; 'poll•ing day día *m* de las elecciones; 'poll•ing place colegio *m* electoral

poll•ster ['pɑːlstər] encuestador(a) *m(f)*

pol•lu•tant [pəˈluːtənt] contaminante *m*

pol•lute [pəˈluːt] *v/t* contaminar

pol•lut•er [pəˈluːtər] contaminador(a) *m(f)*

pol•lu•tion [pəˈluːʃn] contaminación *f*

po•lo ['poʊloʊ] SP polo *m*

'po•lo neck *sweater* suéter *m* de cuello alto

'po•lo shirt polo *m*

pol•y•es•ter [pɑːlɪˈestər] poliéster *m*

pol•y•eth•yl•ene [pɑːlɪˈeθɪliːn] polietileno *m*

po•lyg•a•mous [pəˈlɪgəməs] *adj* polígamo

po•lyg•a•my [pəˈlɪgəmɪ] poligamia *f*

pol•y•glot ['pɑːlɪglɑːt] *adj* políglota

pol•y•gon ['pɑːlɪgɑːn] MATH polígono *m*

pol•y•graph ['pɑːlɪgræf] detector *m* de mentiras; **~ test** prueba *f* con un detector de mentiras

pol•y•mer ['pɑːlɪmər] polímero *m*

Pol•y•ne•sia [pɑːlɪˈniːʒə] Polinesia *f*

pol•yp ['pɑːlɪp] MED, ZO pólipo *m*

pol•y•sty•rene [pɑːlɪˈstaɪriːn] poliestireno *m*

pol•y•syl•lab•ic [pɑːlɪsɪˈlæbɪk] *adj* LING polisílabo

pol•y•tech•nic [pɑːlɪˈteknɪk] *Br* escuela *f* politécnica

pol•y•thene ['pɑːlɪθiːn] *Br* polietileno *m*; **~ bag** bolsa *f* de plástico

pol•y•un•sat•u•rat•ed [pɑːlɪʌnˈsætʃəreɪtɪd] *adj* poliinsaturado

pol•y•u•re•thane [pɑːlɪˈjʊrəθeɪn] poliuterano *m*

pol•y•va•lent [pɑːlɪˈveɪlənt] *adj* CHEM polivalente

po•made [pəˈmeɪd] pomada *f*

po•me•gran•ate ['pɑːmɪgrænɪt] BOT granada *f*

pomp [pɑːmp] pompa *f*

pom•pous ['pɑːmpəs] *adj* pomposo

pond [pɑːnd] estanque *m*

pon•der ['pɑːndər] *v/i* reflexionar

pon•der•o•sa (*pine*) [pɑːndərˈoʊsə] pino *m* ponderosa

pon•der•ous ['pɑːndərəs] *adj* **1** *prose* pesado **2** *decision-making* lento

pone [poʊn] pan *m* de maíz

pong [pɑːŋ] *Br* F peste *f*

pon•tiff ['pɑːntɪf] pontífice *m*

pon•toon [pɑːnˈtuːn] pontón *m*

pon•toon 'bridge puente *m* de pontones

pon•y ['poʊnɪ] poni *m*

'pon•y•tail coleta *f*

poo•dle ['puːdl] caniche *m*

poof, poof•ter [pʊf, pʊftər] *Br pej* maricón *m*

pooh [puː] *int* puaj

pooh-'pooh *v/t* burlarse de

pool[1] [puːl] *n* **1** (*swimming ~*) piscina *f*, *L.Am.* pileta *f*, *Mex* alberca *f* **2** *of water, blood* charco *m*

pool[2] [puːl] *n game* billar *m* americano

pool[3] [puːl] **I** *n* (*common fund*) bote *m*, fondo *m* común **II** *v/t resources* juntar

'pool hall sala *f* de billares

'pool table mesa *f* de billar americano

poop [puːp] F **I** *n* caca *f* **II** *v/i* hacer caca

'poop deck NAUT toldilla *f*

poop•ed [puːpt] *adj* F hecho polvo F

poop•er-scoop•er ['puːpərskuːpər] F utensilio para recoger los excrementos de los perros

poor [pʊr] **I** *adj* pobre; (*not good*) malo; **be in ~ health** estar enfermo; **~ old Tony!** ¡pobre(cito) Tony! **II** *npl*: **the ~** los pobres

poor•ly ['pʊlɪ] **I** *adv* mal **II** *adj* (*unwell*): **feel ~** encontrarse mal

pop[1] [pɑːp] **I** *n noise* pequeño ruido *m* **II** *v/i* (*pret & pp* **-ped**) *of balloon etc* estallar **III** *v/t* (*pret & pp* **-ped**) *cork* hacer saltar; *balloon* pinchar

pop[2] [pɑːp] **I** *n* MUS pop *m* **II** *adj* pop

pop[3] [pɑːp] *n* F (*father*) papá *m* F

pop[4] [pɑːp] *v/t* (*pret & pp* **-ped**) F (*put*) meter; **he finally ~ed the question** finalmente le pidió que se casara con él

♦ **pop up** *v/i* F (*appear suddenly*) aparecer

'pop con•cert concierto *m* (de música) pop

'pop•corn palomitas *fpl* de maíz
Pope [poʊp] papa *m*
Pope•mo•bile ['poʊpməbi:l] papamóvil *m*
'pop group grupo *m* (de música) pop
'pop•gun pistola *f* de juguete con corchos
pop•py ['pɑːpɪ] amapola *f*
Pop•sicle® ['pɑːpsɪkl] polo *m* (*helado*)
'pop sing•er cantante *m/f* pop; **'pop song** canción *f* pop; **'pop star** estrella *f* del pop; **'pop tune** canción *f* pop
pop•u•lar ['pɑːpjʊlər] *adj* popular; **contrary to ~ belief** contrariamente a lo que se piensa
pop•u•lar 'front frente *m* popular
pop•u•lar•i•ty [pɑːpjʊ'lærətɪ] popularidad *f*
pop•u•lar•ize ['pɑːpjʊləraɪz] *v/t* **1** popularizar **2** (*make understandable*) divulgar
pop•u•lar•iz•er ['pɑːpjʊləraɪzər] divulgador(a) *m(f)*
pop•u•lar•ly ['pɑːpjʊlərlɪ] *adv* (*generally*) popularmente
pop•u•lar 'mu•sic música *f* popular
pop•u•lar 'press prensa *f* de masas
pop•u•late ['pɑːpjʊleɪt] *v/t* poblar
pop•u•la•tion [pɑːpjʊ'leɪʃn] población *f*
pop•u•list ['pɑːpjʊlɪst] populista *m/f*
pop•u•lous ['pɑːpjʊləs] *adj* populoso
porce•lain ['pɔːrsəlɪn] **I** *n* porcelana *f* **II** *adj* de porcelana
porch [pɔːrtʃ] porche *m*
por•cu•pine ['pɔːrkjʊpaɪn] puercoespín *m*
pore [pɔːr] *of skin* poro *m*
◆ pore over *v/t* estudiar detenidamente
pork [pɔːrk] cerdo *m*
pork 'chop chuleta *f* de cerdo; **pork 'cut•let** chuleta *f* de cerdo; **pork 'pie** empanada *f* de cerdo; **pork 'rinds** *npl* cortezas *fpl* de cerdo
porn [pɔːrn] **F I** *adj* porno **F II** *n* porno **F**
por•no ['pɔːrnoʊ] *adj* **F** porno **F**
por•no•graph•ic [pɔːrnə'græfɪk] *adj* pornográfico
porn•og•ra•phy [pɔːr'nɑːgrəfɪ] pornografía *f*
po•rous ['pɔːrəs] *adj* poroso
por•poise ['pɔːrpəs] ZO marsopa *f*
por•ridge ['pɔːrɪdʒ] gachas *fpl* de avena

port¹ [pɔːrt] *n town, area* puerto *m*
port² [pɔːrt] *adj* (*left-hand*) a babor
port³ [pɔːrt] *n wine* oporto *m*
port⁴ [pɔːrt] *n* COMPUT puerto *m*
port•a•ble ['pɔːrtəbl] **I** *adj* portátil **II** *n* COMPUT portátil *m*; *TV* televisión *f* portátil
por•tal ['pɔːrtl] **1** *gate* pórtico *m* **2** COMPUT portal *m*
por•tent ['pɔːrtənt] augurio *m*
por•ter ['pɔːrtər] *for luggage* mozo(-a) *m(f)*
port•fo•li•o [pɔːrt'foʊlɪoʊ] **1** (*briefcase*) cartera *f* **2** *of artist, designer* carpeta *f* **3**: *investment ~* cartera *f* de inversiones; *~ of shares* cartera de valores
port'fo•li•o man•age•ment administración *f* de carteras
port•hole ['pɔːrthoʊl] NAUT portilla *f*
por•ti•co ['pɔːrtɪkoʊ] (*pl* **-co(e)s** ['pɔːrtɪkoʊz]) pórtico *m*
por•tion ['pɔːrʃn] parte *f*; *of food* ración *f*
◆ portion out *v/t* racionar
port•ly ['pɔːrtlɪ] *adj* corpulento
por•trait ['pɔːrtreɪt] **I** *n* retrato *m* **II** *adv print* en formato vertical
por•trait•ist ['pɔːrtreɪtɪst] retratista *m/f*
por•trai•ture ['pɔːrtrətʃər] retrato *m*
por•tray [pɔːr'treɪ] *of artist, photographer* retratar; *of actor* interpretar; *of author* describir
por•tray•al [pɔːr'treɪəl] *by actor* interpretación *f*, representación *f*; *by author* descripción *f*
Por•tu•gal ['pɔːrtʃʊgl] Portugal *m*
Por•tu•guese [pɔːrtʃʊ'giːz] **I** *adj* portugués **II** *n* **1** *person* portugués(-esa) *m(f)* **2** *language* portugués *m*
pose [poʊz] **I** *n* (*pretense*) pose *f*; *it's all a ~* no es más que una pose **II** *v/i for artist, photographer* posar; *~ as* hacerse pasar por **III** *v/t*: *~ a problem / a threat* representar un problema / una amenaza
pos•er ['poʊzər] **F** *pej: person* presumido(-a) *m(f)*
posh [pɑːʃ] *adj Br* **F** elegante; *pej* pijo
po•si•tion [pə'zɪʃn] **I** *n* **1** posición *f*; (*stance, point of view*) postura *f*; (*status*) posición *f* (social); *what would you have done in my ~?* ¿qué hubieses hecho tú en mi situación *or* lugar? **2** (*job*) puesto *m*, empleo *m* **II** *v/t* situar, colocar

pos•i•tive ['pɑːzətɪv] *adj* positivo; *test ~ for drugs / Aids* dar positivo en una prueba antidopaje / del sida; *be ~ (sure)* estar seguro; *it was a ~ disaster* fue un auténtico *or* verdadero desastre

pos•i•tive•ly ['pɑːzətɪvlɪ] *adv* **1** (*decidedly*) verdaderamente, sin lugar a dudas **2** (*definitely*) claramente

pos•sess [pə'zes] *v/t* poseer

pos•ses•sion [pə'zeʃn] posesión *f*; *~s* posesiones *fpl*; *be in ~ of sth* tener algo; *be in full ~ of one's faculties* estar en posesión de sus facultades; *take ~ of sth* tomar posesión de algo

pos•ses•sive [pə'zesɪv] *adj person*, GRAM posesivo

pos•si•bil•i•ty [pɑːsə'bɪlətɪ] posibilidad *f*; *there is a ~ that ...* cabe la posibilidad de que ...; *as a proposal, it has possibilities* como propuesta, tiene potencial

pos•si•ble ['pɑːsəbl] *adj* posible; *the shortest / quickest route ~* la ruta más corta / rápida posible; *the best ~ ...* el mejor ...

possibly ['pɑːsəblɪ] *adv* (*perhaps*) puede ser, quizás; *that can't ~ be right* no puede ser; *they're doing everything they ~ can* están haciendo todo lo que pueden; *could you ~ tell me ...?* ¿tendría la amabilidad de decirme ...?

pos•sum ['pɑːsəm] F ☞ *opossum*; *play ~* (*pretend to be dead*) hacerse el muerto

post[1] [poʊst] **I** *n of wood, metal* poste *m* **II** *v/t* pegar; *on notice board* poner; *profits* presentar; *keep s.o. ~ed* mantener a alguien al corriente

post[2] [poʊst] **I** *n* (*place of duty*) puesto *m* **II** *v/t* **1** *soldier, employee* destinar **2** *guards* apostar

post[3] [poʊst] *Br* **I** *n* (*mail*) correo *m* **II** *v/t letter* echar al correo

post•age ['poʊstɪdʒ] franqueo *m*

'post•age stamp *fml* sello *m*, *L.Am.* estampilla *f*, *Mex* timbre *m*

post•al ['poʊstl] *adj* postal

'post•box *Br* buzón *m*; **'post•card** (tarjeta *f*) postal *f*; **'post•code** *Br* código *m* postal; **'post•date** *v/t* posfechar

post•er ['poʊstər] póster *m*, *L.Am.* afiche *m*

poste res•tante [poʊstres'tɑːnt] *Br* **I** *n* lista *f* de correos **II** *adv send* para la lista

de correos

pos•te•ri•or [pɑː'stɪrɪər] (*hum: buttocks*) trasero *m*

pos•ter•i•ty [pɑː'sterətɪ] posteridad *f*; *for ~* para la posteridad

post•grad•u•ate ['poʊstgrædʒuət] **I** *n* posgraduado(-a) *m(f)* **II** *adj* de posgrado

post•hu•mous ['pɑːstuməs] *adj* póstumo

post•hu•mous•ly ['pɑːstuməslɪ] *adv* póstumamente

post•ing ['poʊstɪŋ] (*assignment*) destino *m*

post•man ['poʊstmən] *Br* cartero *m*

'post•mark matasellos *m inv*

post•mod•ern•ism [poʊst'mɑːdərnɪzəm] posmodernismo *m*

post•mod•ern•ist [poʊst'mɑːdərnɪst] **I** *adj* posmoderno **II** *n* posmoderno(-a) *m(f)*

post-mor•tem [poʊst'mɔːrtəm] autopsia *f*; *fig* análisis *m*

post•na•tal [poʊst'neɪtl] *adj* posparto; *~ depression* depresión *f* posparto

'post of•fice oficina *f* de correos

post•pone [poʊst'poʊn] *v/t* posponer, aplazar

post•pone•ment [poʊst'poʊnmənt] aplazamiento *m*

post•script ['poʊstskrɪpt] posdata *f*; *to a speech* epílogo *m*

post•struc•tur•al•ism [poʊst'strʌktʃərəlɪzəm] posestructuralismo *m*

post•struc•tur•al•ist [poʊst'strʌktʃərəlɪst] **I** *adj* posestructuralista **II** *n* posestructuralista *m/f*

pos•tu•late **I** *v/t* ['pɑːstjuleɪt] postular **II** *n* ['pɑːstjulət] postulado *m*

pos•ture ['pɑːstʃər] postura *f*

'post-war *adj* de posguerra

pot[1] [pɑːt] **1** *for cooking* olla *f* **2** *for coffee* cafetera *f*; *for tea* tetera *f* **3** *for plant* maceta *f*

pot[2] [pɑːt] F (*marijuana*) maría *f* F

po•tas•si•um [pə'tæsɪəm] CHEM potasio *m*

po•ta•to [pə'teɪtoʊ] (*pl -oes*) *Span* patata *f*, *L.Am.* papa *f*

po'ta•to bee•tle, **po'ta•to bug** ZO escarabajo *m* de la patata; **po'ta•to chips**, *Br* **po•ta•to 'crisps** *npl Span* patatas *fpl* fritas, *L.Am.* papas *fpl* fritas; **po'ta•to peel•er** *Span* pelapatatas *f inv*,

L.Am. pelapapas *f inv*; **po•ta•to** 'sal•ad ensalada *f* de *Span* patatas *or L.Am.* papas

pot•bel•ly ['pɑːtbelɪ] barriga *f*

po•ten•cy ['poʊtənsɪ] potencia *f*; PHYSIO fuerza *f*

po•tent ['poʊtənt] *adj* potente

po•ten•tate ['poʊtənteɪt] soberano *m* absoluto

po•ten•tial [pə'tenʃl] **I** *adj* potencial **II** *n* potencial *m*

po•ten•tial•ly [pə'tenʃəlɪ] *adv* potencialmente

'**pot•hole 1** *in road* bache *m* **2** *underground* sima *f*; **pot•hol•er** ['pɑːthoʊlər] espeleólogo(-a) *m(f)*; **pot•hol•ing** ['pɑːthoʊlɪŋ] espeleología *f*

po•tion ['poʊʃn] poción *f*

pot'luck: **take ~** aceptar lo que haya; '**pot plant** planta *f* de interior; '**pot•roast** estofado *m* de carne; '**pot shot**: **take a ~ at** disparar al azar contra

pot•ted plant [pɑːtɪd'plænt] planta *f* en una maceta

pot•ter[1] ['pɑːtər] *v/i* entretenerse

◆ **potter around** *v/i* entretenerse

pot•ter[2] ['pɑːtər] *n* alfarero(-a) *m(f)*

pot•ter•y ['pɑːtərɪ] alfarería *f*

pot•ty[1] ['pɑːtɪ] *adj esp Br F* majareta

pot•ty[2] ['pɑːtɪ] *n for baby* orinal *m*

pot•ty-trained ['pɑːtɪtreɪnd] *adj* que ya no necesita pañales

pouch [paʊtʃ] *bag* bolsa *f*; *for tobacco* petaca *f*; *for amunition* cartuchera *f*; *for mail* saca *f*

poul•tice ['poʊltɪs] MED cataplasma *f*

poul•try ['poʊltrɪ] *birds* aves *fpl* de corral; *meat* carne *f* de ave

pounce [paʊns] *v/i of animal* saltar; *fig* echarse encima

pound[1] [paʊnd] *n weight* libra *f* (*453,6 gr*)

pound[2] [paʊnd] *n for strays* perrera *f*; *for cars* depósito *m*

pound[3] [paʊnd] *v/i of heart* palpitar con fuerza; **~ on** (*hammer on*) golpear en

pound•ing ['paʊndɪŋ]: **the ~ of the waves** el embate de la mar; **the ship took a ~** el barco sufrió el embate de la mar; **the dollar took a ~** el dólar sufrió un fuerte descenso

pound 'ster•ling libra *f* esterlina

pour [pɔːr] **I** *v/t into a container* verter; *spill* derramar; **~ s.o. some coffee** ser-

vir café a alguien; **~ yourself a drink** sírvete *or* ponte algo de beber **II** *v/i*: **it's ~ing (with rain)** está lloviendo a cántaros

◆ **pour out** *v/t liquid* servir; *troubles* contar

pout [paʊt] *v/i* hacer un mohín

pov•er•ty ['pɑːvərtɪ] pobreza *f*

'**pov•er•ty line** umbral *f* de la pobreza

'**pov•er•ty-strick•en** depauperado

POW [piːoʊ'dʌbljuː] *abbr* (= *prisoner of war*) prisionero(-a) *m(f)* de guerra

pow•der ['paʊdər] **I** *n* polvo *m*; *for face* polvos *mpl*, colorete *m*; *snow* nieve *f* en polvo **II** *v/t face* empolvarse

'**pow•der keg** *fig* polvorín *m*; '**pow•der puff** borla *f*; '**pow•der room** servicio *m* de señoras

pow•der•y ['paʊdərɪ] *adj* arenoso; *snow* en polvo

pow•er ['paʊər] **I** *n* (*strength*) fuerza *f*; *of engine* potencia *f*; (*authority*) poder *m*; **in ~** POL en el poder; **fall from ~** POL perder el poder; **he did everything within his ~ to help us** hizo todo lo que estuvo en su mano para ayudarnos; **it is beyond our ~s of imagination** rebasa los límites de nuestra imaginación **2** (*energy*) energía *f*; (*electricity*) electricidad *f*

II *v/t*: **be ~ed by** estar impulsado por

'**pow•er-as•sist•ed steer•ing** dirección *f* asistida; '**pow•er cut** apagón *m*; '**pow•er fail•ure** apagón *m*; '**pow•er•boat** lancha *f* motora; '**pow•er dress•ing** *estilo de vestir que comunica profesionalidad y seguridad*; '**pow•er for•ward** *in basketball* ala *m/f* pívot

pow•er•ful ['paʊərfəl] *adj* poderoso; *car* potente; *drug* fuerte

pow•er•less ['paʊərlɪs] *adj* impotente; **be ~ to do sth** ser incapaz de hacer algo

'**pow•er line** línea *f* de conducción eléctrica; **pow•er of at'tor•ney** poder *m* (*notarial*); '**pow•er out•age** ['paʊəraʊtɪdʒ] apagón *m*; '**pow•er pack 1** ELEC transformador *m* **2** *engine* motor *m*; '**pow•er plant** central *f* eléctrica; '**pow•er point** *Br* ELEC toma *f* de corriente; **pow•er 'serve** *in tennis* servicio *m* potente; '**pow•er show•er** ducha *f* de hidromasaje; '**pow•er sta•tion** central *f* eléctrica; '**pow•er steer•ing** dirección *f* asistida; 'pow•er tool herramienta *f* eléctrica; 'pow•er u•nit fuente *f* de alimentación; 'pow•er walk•ing marcha *f* atlética

pow•wow ['pauwau] F asamblea *f*; *chat* charla *f*

pox [paːks] MED (*syphillis*) sífilis *f inv*

PR [piːˈɑːr] *abbr* (= *public relations*) relaciones *fpl* públicas

prac•ti•ca•ble ['præktɪkəbl] *adj* viable

prac•ti•cal ['præktɪkl] *adj* práctico; *lay-out* funcional

prac•ti•cal 'joke broma *f* (*que se gasta*)

prac•tic•al•ly ['præktɪklɪ] *adv* 1 *behave, think* de manera práctica 2 (*almost*) prácticamente, casi

prac•tice ['præktɪs] I *n* práctica *f*; (*rehearsal*) ensayo *m*; (*custom*) costumbre *f*; **in** ~ (*in reality*) en la práctica; **be out of** ~ estar desentrenado; ~ **makes perfect** la práctica hace al maestro II *v/i* practicar; *of musician* ensayar; *of footballer* entrenarse III *v/t* practicar; *law, medicine* ejercer

prac•ticed ['præktɪsd] *adj* experto

prac•tise *Br* ☞ **practice** *v/i* & *v/t*

prac•tised *Br* ☞ **practiced**

prag•mat•ic [præg'mætɪk] *adj* pragmático

prag•ma•tism ['prægmətɪzm] pragmatismo *m*

prag•ma•tist ['prægmətɪst] pragmático(-a) *m(f)*

Prague [prɑːg] Praga *f*

prai•rie ['prerɪ] pradera *f*

'prai•rie dog perro *m* de las praderas

'prai•rie schoon•er carromato *m*

praise [preɪz] I *n* elogio *m*, alabanza *f* II *v/t* elogiar

'praise•wor•thy *adj* elogiable

prance [præns] *v/i* (*walk proudly*) caminar dando saltitos; (*jump*) dar saltos

prank [præŋk] travesura *f*

prat•tle ['prætl] *v/i* F parlotear F

prawn [prɔːn] ZO gamba *f*

pray [preɪ] *v/i* rezar

prayer [prer] oración *f*; *not have a* ~ *fig* F no tener ninguna posibilidad (de tener éxito)

'prayer book devocionario *m*

pray•ing man•tis [preɪɪŋ'mæntɪs] mantis *f inv* religiosa

preach [priːtʃ] I *v/i in church* predicar; (*moralize*) sermonear II *v/t sermon* predicar

preach•er ['priːtʃər] predicador(a) *m(f)*

pre•am•ble [priːˈæmbl] preámbulo *m*

pre•ar•range [priːəˈreɪndʒ] *v/t* acordar de antemano

pre•car•i•ous [prɪˈkerɪəs] *adj* precario

pre•car•i•ous•ly [prɪˈkerɪəslɪ] *adv* precariamente

pre•cau•tion [prɪˈkɒːʃn] precaución *f*; *as a* ~ como precaución

pre•cau•tion•a•ry [prɪˈkɒːʃnrɪ] *adj measure* preventivo

pre•cede [prɪˈsiːd] *v/t* 1 *in time* preceder 2 (*walk in front of*) ir delante de

prec•e•dence ['presɪdəns] prioridad *f*; *take* ~ *over s.o.* / *sth* tener prioridad sobre alguien / algo

prec•e•dent ['presɪdənt] precedente *m*

pre•ced•ing [prɪˈsiːdɪŋ] *adj week, chapter* anterior

pre•cinct ['priːsɪŋkt] (*district*) distrito *m*

pre•cious ['preʃəs] *adj* preciado; *gem* precioso

prec•i•pice ['presɪpɪs] precipicio *m*

pre•cip•i•tate [prɪˈsɪpɪteɪt] *v/t crisis* precipitar

pre•cip•i•ta•tion [prəsɪpɪˈteɪʃn] *rainfall etc* precipitación *f*

pre•cip•i•tous [prəˈsɪpɪtəs] *adj* 1 *cliffs* empinado 2 *action* precipitado

pré•cis ['preɪsiː] resumen *m*

pre•cise [prɪˈsaɪs] *adj* preciso

pre•cise•ly [prɪˈsaɪslɪ] *adv* exactamente

pre•ci•sion [prɪˈsɪʒn] precisión *f*

pre•clude [prɪˈkluːd] *v/t* excluir; ~ *s.o. from doing sth* impedir a alguien que haga algo

pre•co•cious [prɪˈkouʃəs] *adj child* precoz

pre•co•cious•ness [prɪˈkouʃəsnɪs] precocidad *f*

pre•con•ceived ['priːkənsiːvd] *adj idea* preconcebido

pre•con•cep•tion [priːkənˈsepʃn] idea *f* preconcebida

pre•con•di•tion [priːkənˈdɪʃn] condición *f* previa

pre•cook [priːˈkuk] *v/t* precocinar

pre•cur•sor [priːˈkɜːrsər] precursor(a) *m(f)*

pre•date [priːˈdeɪt] *v/t* anteceder a

pred•a•tor ['predətər] *animal* depredador(a) *m(f)*

pred•a•to•ry ['predətɔːrɪ] *adj* depredador

pre•de•ces•sor ['pri:dɪsesər] *in job* predecesor(a) *m(f)*; *of machine* modelo *m* anterior

pre•des•ti•na•tion [pri:destɪ'neɪʃn] predestinación *f*

pre•des•tined [pri:'destɪnd] *adj*: *be ~ to* estar predestinado a

pre•dic•a•ment [prɪ'dɪkəmənt] apuro *m*

pred•i•cate ['predɪkət] LING predicado *m*

pred•i•ca•tive [prɪ'dɪkətɪv] *adj* predicativo

pre•dict [prɪ'dɪkt] *v/t* predecir, pronosticar

pre•dict•a•ble [prɪ'dɪktəbl] *adj* predecible

pre•dic•tion [prɪ'dɪkʃn] predicción *f*, pronóstico *m*

pre•di•gest [pri:daɪ'dʒest] *v/t food* digerir de antemano; *information* simplificar

pred•i•lec•tion [pri:dɪ'lekʃn] predilección *f* (*for* por)

pre•dis•pose [pri:dɪ'spoʊz] *v/t* predisponer (*in favor of* a favor de)

pre•dis•po•si•tion [pri:dɪspə'zɪʃn] predisposición *f* (*to* a)

pre•dom•i•nance [prɪ'dɑ:mɪnəns] predominio *m*

pre•dom•i•nant [prɪ'dɑ:mɪnənt] *adj* predominante

pre•dom•i•nant•ly [prɪ'dɑ:mɪnəntlɪ] *adv* predominantemente

pre•dom•i•nate [prɪ'dɑ:mɪneɪt] *v/i* predominar

pre•em•i•nent [pri:'emɪnənt] *adj* preeminente

pre•empt [pri:'empt] *v/t* adelantarse a

pre•emp•tive [pri:'emptɪv] *adj*: *~ strike* MIL ataque *m* preventivo

preen [pri:n] *v/t*: *~ o.s. of bird* arreglarse las plumas; *of person* acicalarse

pre•fab•ri•cat•ed [pri:'fæbrɪkeɪtɪd] *adj* prefabricado

pref•ace ['prefɪs] **I** *n* prólogo *m*, prefacio *m* **II** *v/t speech etc* comenzar

pre•fer [prɪ'fɜ:r] *v/t* (*pret & pp -red*) preferir; *~ X to Y* preferir X a Y; *~ to do* preferir hacer

pref•e•ra•ble ['prefərəbl] *adj* preferible; *anywhere is ~ to this* cualquier sitio es mejor que éste

pref•e•ra•bly ['prefərəblɪ] *adv* preferentemente

pref•e•rence ['prefərəns] preferencia *f*; *I'll take this one in ~ to that one* prefiero este antes que ese otro

pref•e•ren•tial [prefə'renʃl] *adj* preferencial; *get ~ treatment* recibir tratamiento preferencial; *~ rate* tasa *f* preferencial

pre•ferred cred•i•tor [prɪ'fɜ:rdkredɪtər] FIN acreedor(a) *m(f)* privilegiado(-a)

pre•fix ['pri:fɪks] prefijo *m*

preg•nan•cy ['pregnənsɪ] embarazo *m*

preg•nant ['pregnənt] *adj woman* embarazada; *animal* preñada; *make s.o. ~* dejar a alguien embarazada *or* preñada F

pre•heat ['pri:hi:t] *v/t oven* precalentar

pre•his•tor•ic [pri:hɪs'tɑ:rɪk] *adj* prehistórico

pre•in•stalled [pri:ɪn'stɔ:ld] *adj software* preinstalado

pre•judge [pri:'dʒʌdʒ] *v/t* prejuzgar, juzgar de antemano

prej•u•dice ['predʒʊdɪs] **I** *n* prejuicio *m* **II** *v/t person* predisponer, influir; *chances* perjudicar

prej•u•diced ['predʒʊdɪst] *adj* parcial, predispuesto

prej•u•di•cial [predʒʊ'dɪʃl] *adj* perjudicial; *be ~ to sth* ser perjudicial para algo

pre•lim•i•na•ry [prɪ'lɪmɪnerɪ] *adj* preliminar

prel•ude ['prelju:d] MUS, *fig* preludio *m* (*to* a)

pre•mar•i•tal [pri:'mærɪtl] *adj* prematrimonial

pre•ma•ture ['pri:mətʊr] *adj* prematuro

pre•ma•ture 'ba•by bebé *m* prematuro

pre•ma•ture•ly [pri:mə'tʊrlɪ] *adv* prematuramente

pre•med•i•tat•ed [pri:'medɪteɪtɪd] *adj* premeditado

pre•men•stru•al ten•sion [pri:menstrʊəl'tenʃn] tensión *f* premenstrual

prem•i•er ['premɪr] (*prime minister*) primer(a) ministro(-a) *m(f)*

prem•i•ère ['premɪer] estreno *m*

prem•ise ['premɪs] *of an argument* premisa *f*

prem•is•es ['premɪsɪz] *npl* local *m*

pre•mi•um ['pri:mɪəm] *in insurance* prima *f*; **be at a ~** escasear; **put a ~ on sth** conceder mucho valor a algo

pre•mo•ni•tion [premə'nɪʃn] premonición *f*, presentimiento *m*

pre•na•tal [priː'neɪtl] *adj* prenatal

pre•oc•cu•pa•tion [priːɑːkjʊ'peɪʃn] preocupación *f* (**with** con)

pre•oc•cu•pied [prɪ'ɑːkjʊpaɪd] *adj* preocupado

pre•or•dain [priːɔːr'deɪn] *v/t* predestinar

pre-owned ['priːoʊnd] *adj euph* usado, de segunda mano

pre•paid [priː'peɪd] *adj*: **~ envelope** sobre *m* franqueado

prep•a•ra•tion [prepə'reɪʃn] preparación *f*; **in ~ for** como preparación a; **~s** preparativos *mpl*

pre•par•a•to•ry [prɪ'pærətɔːrɪ] *adj* preparatorio; **~ to** en preparación para; **~ to doing sth** antes de hacer algo

pre'par•a•to•ry school *colegio privado de secundaria*; *Br. colegio privado para niños de entre 7 y 12 años*

pre•pare [prɪ'per] **I** *v/t* preparar; **be ~d to do sth** (*willing*) estar dispuesto a hacer algo; **be ~d for sth** (*be expecting, ready*) estar preparado para algo; **~ yourself for a shock** prepárate **II** *v/i* prepararse

pre•pon•der•ance [prɪ'pɑːndərəns] preponderancia *f*

prep•o•si•tion [prepə'zɪʃn] preposición *f*

pre•pos•sess•ing [priːpə'zesɪŋ] *adj* atractivo

pre•pos•ter•ous [prɪ'pɑːstərəs] *adj* ridículo, absurdo

pre•pro•gram [priː'proʊgræm] *v/t* (*pret & pp -med*) preprogramar; **be ~med to do sth** estar programado para hacer algo

prep school ['prepskuːl] F ☞ **preparatory school**

pre•re•cord•ed [priːrɪ'kɔːrdɪd] *adj* pregrabado

pre•req•ui•site [priː'rekwɪzɪt] requisito *m* previo

pre•rog•a•tive [prɪ'rɑːgətɪv] prerrogativa *f*; **that's your ~** está en su derecho

Pres•by•te•ri•an [prezbɪ'tɪrɪən] **I** *adj* presbiteriano **II** *n* presbiteriano(-a) *m(f)*

pre•school ['priːskuːl] **I** *adj* preescolar; **of ~ age** en edad preescolar **II** *n* prees-

colar *m*

pre•scribe [prɪ'skraɪb] *v/t of doctor* recetar

pre•scrip•tion [prɪ'skrɪpʃn] MED receta *f*

pres•ence ['prezns] presencia *f*; **in the ~ of** en presencia de, delante de

pres•ence of 'mind presencia *f* de ánimo

pres•ent[1] ['preznt] **I** *adj* (*current*) actual; **be ~** estar presente **II** *n*: **the ~** *also* GRAM el presente; **at ~** en este momento

pres•ent[2] ['preznt] *n* (*gift*) regalo *m*

pre•sent[3] [prɪ'zent] *v/t also* TV, RAD presentar; *award* entregar; **~ s.o. with sth, ~ sth to s.o.** entregar algo a alguien

pre•sent•a•ble [prɪ'zentəbl] *adj* presentable; **make o.s. ~** ponerse presentable

pre•sen•ta•tion [prezn'teɪʃn] *to audience* presentación *f*; *of prizes* entrega *f*

pres•ent-day [preznt'deɪ] *adj* actual

pre•sent•er [prɪ'zentər] presentador(a) *m(f)*

pre•sen•ti•ment [prɪ'zentɪmənt] presentimiento *m*

pres•ent•ly ['prezntlɪ] *adv* **1** (*at the moment*) actualmente **2** (*soon*) pronto

'pres•ent tense tiempo *m* presente

pres•er•va•tion [prezər'veɪʃn] conservación *f*; *of standards, peace* mantenimiento *m*

pre•ser•va•tive [prɪ'zɜːrvətɪv] conservante *m*

pre•serve [prɪ'zɜːrv] **I** *n* **1** (*domain*) dominio *m* **2** *to eat* conserva *f* **II** *v/t* **1** *standards, peace etc* mantener **2** *food, wood* conservar

pre•side [prɪ'zaɪd] *v/i at meeting* presidir; **~ over meeting** presidir

pres•i•den•cy ['prezɪdənsɪ] presidencia *f*

pres•i•dent ['prezɪdnt] POL, *of company* presidente(-a) *m(f)*; **yes, Mr President** sí, señor presidente

pres•i•den•tial [prezɪ'denʃl] *adj* presidencial

press [pres] **I** *n* **1**: **the ~** la prensa **2** *in basketball* presión *f* **II** *v/t* **1** *button* pulsar, presionar **2** (*urge*), *in basketball* presionar **3** (*squeeze*) apretar **4** *clothes* planchar **III** *v/i* presionar; **~ for** presionar para obtener

◆ **press on** *v/i* proseguir

'**press a•gen•cy** agencia *f* de prensa; '**press box** tribuna *f* de prensa; '**press card** carnet *m* de prensa; '**press clip•ping** recorte *m* de prensa; '**press con•fer•ence** rueda *f or* conferencia *f* de prensa

press•ing ['presɪŋ] *adj* urgente

'**press of•fice** oficina *f* de prensa; '**press of•fi•cer** jefe(-a) *m(f)* de prensa; '**press pho•tog•ra•pher** reportero(-a) *m(f)* gráfico(-a); '**press re•lease** nota *f* de prensa; '**press-up** *Br* flexión *f* (de brazos)

pres•sure ['preʃər] **I** *n* presión *f*; **be un•der ~** estar sometido a presión; **he is under~ to resign** lo están presionando para que dimita **II** *v/t* presionar; **~ s.o. into doing sth** presionar a alguien para que haga algo

'**pres•sure cook•er** olla *f* a presión; **pres•sure gauge** manómetro *m*; **pres•sure group** POL grupo *m* de presión; '**pres•sure-sen•si•tive** *adj* MED *etc* sensible a la presión; '**pres•sure suit** traje *m* presurizado

pres•sur•ize ['preʃəraɪz] *v/t* **1** *fig esp Br* presionar (*to do sth* para hacer algo) **2**: **~d cabin** AVIA cabina *f* presurizada

pres•tige [pre'stiːʒ] prestigio *m*

pres•ti•gious [pre'stɪdʒəs] *adj* prestigioso

pres•to ['prestoʊ] *adv*: **hey ~** y ya está

pre•sum•a•ble [prɪ'zjuːməbl] *adj* presumible

pre•sum•a•bly [prɪ'zuːməblɪ] *adv* presumiblemente, probablemente

pre•sume [prɪ'zuːm] *v/t* **1** suponer; **they were ~d dead** los dieron por muertos **2**: **~ to do sth** *fml* tomarse la libertad de hacer algo

pre•sump•tion [prɪ'zʌmpʃn] *of innocence, guilt* presunción *f*

pre•sump•tu•ous [prɪ'zʌmptuəs] *adj* presuntuoso

pre•sup•pose [priːsə'poʊs] *v/t* presuponer

pre•sup•po•si•tion [priːsʌpə'zɪʃn] suposición *f*

pre-tax ['priːtæks] *adj* antes de impuestos

pre•tence *Br* ☞ **pretense**

pre•tend [prɪ'tend] **I** *v/t* **1** fingir, hacer como si; **~ to be s.o.** hacerse pasar por alguien; **the children are ~ing to be spacemen** los niños están jugando a que son astronautas **2** *claim* pretender **II** *v/i* fingir

pre•tense [prɪ'tens] farsa *f*

pre•ten•tious [prɪ'tenʃəs] *adj* pretencioso

pre•ten•tious•ness [prɪ'tenʃəsnɪs] pretenciosidad *f*

pret•er•ite ['pretərət] LING pretérito *m*

pre•text ['priːtekst] pretexto *m*; **under the ~ of being ill** con el pretexto de estar enfermo

pret•ty ['prɪtɪ] **I** *adj village, house, fabric etc* bonito, lindo; *child, woman* guapo, lindo **II** *adv* (*quite*) bastante; **it's ~ much finished** está prácticamente acabado; **are they the same? – yeah, ~ much** ¿son lo mismo? – sí, casi, casi

pre•vail [prɪ'veɪl] *v/i* (*triumph*) prevalecer (**over** sobre)

pre•vail•ing [prɪ'veɪlɪŋ] *adj* predominante

prev•a•lence ['prevələns] predominio *m*

prev•a•lent ['prevələnt] *adj* frecuente

pre•var•i•cate [prɪ'værɪkeɪt] *v/i* dar rodeos

pre•var•i•ca•tion [prɪværɪ'keɪʃn] rodeos *mpl*

pre•var•i•ca•tor [prɪ'værɪkeɪtər]: **he's a terrible ~** siempre se anda con rodeos

pre•vent [prɪ'vent] *v/t* impedir, evitar; **~ s.o. (from) doing sth** impedir que alguien haga algo

pre•vent•a•tive [prɪ'ventətɪv] *adj* ☞ **preventive**

pre•ven•tion [prɪ'venʃn] prevención *f*

pre•ven•tive [prɪ'ventɪv] *adj* preventivo

pre•view ['priːvjuː] **I** *n of movie, exhibition* preestreno *m* **II** *v/t* hacer la presentación previa de

pre•vi•ous ['priːvɪəs] *adj* anterior, previo; **have a ~ engagement** tener un compromiso previo

pre•vi•ous•ly ['priːvɪəslɪ] *adv* anteriormente, antes

pre-war ['priːwɔːr] *adj* de preguerra, de antes de la guerra

prey [preɪ] presa *f*; **~ to** presa de

◆ **prey on** *v/t* atacar; *fig: of con man etc* aprovecharse de; **it is preying on my mind** me preocupa, no paro de darle vueltas F

prez•zie ['prezɪ] F regalo *m*

price [praɪs] **I** *n* precio *m*; ***go up / down in* ~** subir / bajar de precio; ***that's the ~ you have to pay*** *fig* ése es el precio que hay que pagar; ***he achieved his ambition, but at a ~*** consiguió su ambición, pero pagó un precio muy caro **II** *v/t* COM poner precio a; ***it was ~d at $9.99*** valía $9.99

'price-con•scious *adj* ahorrador; **'price cut** bajada *f* de precios; **price / 'earn•ings ra•tio** FIN proporción *f* precio-beneficio; **price fix•ing** ['praɪsfɪksɪŋ] fijación *f* de precios; **'price freeze** congelación *f* de precios; **'price in•fla•tion** inflación *f* de precios

price•less ['praɪslɪs] *adj* **1** que no tiene precio **2** F *amusing* divertidísimo

'price list lista *f* de precios; **'price range** escala *f* de precios; ***that's out of my ~*** se sale de mi presupuesto; **'price tag** etiqueta *f* del precio; **'price tick•et** etiqueta *f* del precio; **'price war** guerra *f* de precios

price•y ['praɪsɪ] *adj* F carillo F

prick¹ [prɪk] **I** *n pain* punzada *f* **II** *v/t* (*jab*) pinchar

prick² [prɪk] *n* V **1** (*penis*) polla *f* V, carajo *m* V **2** *person Span* gilipollas *m inv* P, *L.Am.* pendejo *m* V

◆ **prick up** *v/t*: ***prick up one's ears*** *of dog* aguzar las orejas; *of person* prestar atención

prick•le ['prɪkl] *on plant* espina *f*

prick•ly ['prɪklɪ] *adj* **1** *beard, plant* que pincha **2** (*irritable*) irritable

'pri•cy ☞ **pricey**

pride [praɪd] **I** *n* **1** *in person, achievement* orgullo *m* **2** (*self-respect*) amor *m* propio **II** *v/t*: ***~ o.s. on*** enorgullecerse de

priest [priːst] sacerdote *m*; (*parish ~*) cura *m*

priest•ess ['priːstes] sacerdotisa *f*

priest•hood ['priːsthʊd] sacerdocio *m*

prig [prɪg] puritano(-a) *m(f)*

prig•gish ['prɪgɪʃ] *adj* puritano

prim [prɪm] *adj*: **~** (***and proper***) remilgado

pri•ma•cy ['praɪməsɪ] **1** primacía *f* (***over*** sobre) **2** REL primado *m*

pri•ma don•na [priːmə'dɑːnə] diva *f*; *fig* persona *f* quisquillosa

pri•mae•val [praɪm'iːvl] *esp Br* ☞ **primeval**

pri•ma fa•cie [praɪmə'feɪʃɪ] *adv* a primera vista

pri•mal ['praɪml] *adj* primario

pri•ma•ri•ly [praɪ'merɪlɪ] *adv* principalmente

pri•ma•ry ['praɪmerɪ] **I** *adj* (*main*) principal **II** *n* POL elecciones *fpl* primarias

'pri•ma•ry col•or color *m* primario

'pri•ma•ry school *Br* escuela *f* primaria

prime [praɪm] **I** *n*: ***be in one's ~*** estar en la flor de la vida **II** *adj example, reason* primordial; ***of ~ importance*** de suprema importancia

prime 'min•is•ter primer(a) ministro(-a) *m(f)*

prime 'num•ber número *m* primo

prim•er ['praɪmər] **1** *paint* tapaporos *m inv* **2** *for explosive* cebo *m*

prime 'sus•pect principal sospechoso(-a) *m(f)*

'prime time TV horario *m* de mayor audiencia

pri•me•val [praɪ'miːvl] *adj* primigenio

prim•i•tive ['prɪmɪtɪv] *adj* primitivo

pri•mor•di•al [praɪ'mɔːrdɪəl] *adj* primigenio

prim•rose ['prɪmroʊs] BOT primavera *f*

prim•u•la ['prɪmjʊlə] BOT prímula *f*

prince [prɪns] príncipe *m*

prince•ly ['prɪnslɪ] *adj* magnífico; ***the ~ sum of ...*** la bonita suma de…

prin•cess [prɪn'ses] princesa *f*

prin•ci•pal ['prɪnsəpl] **I** *adj* principal **II** *n of school* director(a) *m(f)*; *of university* rector(a) *m(f)*

prin•ci•pal•i•ty [prɪnsɪ'pælətɪ] principado *m*

prin•ci•pal•ly ['prɪnsəplɪ] *adv* principalmente

prin•ci•ple ['prɪnsəpl] principio *m*; ***on ~*** por principios; ***in ~*** en principio

print [prɪnt] **I** *n* **1** *in book, newspaper etc* letra *f*; ***out of ~*** agotado **2** (*photograph*) grabado *m* **3** *of painting* lámina *f* **II** *v/t* **1** imprimir **2** *use block capitals* escribir en mayúsculas

◆ **print out** *v/t* imprimir

print•ed cir•cuit board [prɪntɪd'sɜːrkɪtbɔːrd] placa *f* impresa

'print•ed mat•ter impresos *mpl*

print•er ['prɪntər] *person* impresor(a) *m(f)*; *machine* impresora *f*; *company* imprenta *f*

print•ing press ['prɪntɪŋpres] imprenta *f*

'print•ing works imprenta *f*

'print•out copia *f* impresa; **'print run** tirada *f*; **'print•shop** imprenta *f*

pri•or [praɪr] **I** *adj* previo **II** *prep:* ~ **to** antes de

pri•or•i•tize [praɪˈɔːrətaɪz] *v/t* **1** (*put in order of priority*) ordenar atendiendo a las prioridades **2** (*give priority to*) dar prioridad a

pri•or•i•ty [praɪˈɑːrətɪ] prioridad *f*; **have** ~ tener prioridad

prism ['prɪzəm] MATH, PHYS *etc* prisma *m*

pris•on ['prɪzn] prisión *f*, cárcel *f*

'pris•on camp campo *m* de prisioneros

'pris•on cell celda *f*

pris•on•er ['prɪznər] prisionero(-a) *m(f)*; **take s.o.** ~ hacer prisionero a alguien

pris•on•er of 'war prisionero(-a) *m(f)* de guerra

pris•on 'guard carcelero(-a) *m(f)*

'pris•on sen•tence pena *f* de prisión

pris•sy ['prɪsɪ] *adj* F remilgado

pris•tine ['prɪstiːn] *adj:* **be in** ~ **condition** estar en un estado inmaculado

priv•a•cy ['prɪvəsɪ] intimidad *f*

pri•vate ['praɪvət] **I** *adj* privado **II** *n* **1** MIL soldado *m/f* raso **2:** *in* ~ en privado

pri•vate 'en•ter•prise empresa *f* privada

'pri•vate life vida *f* privada

pri•vate•ly ['praɪvətlɪ] *adv* (*in private*) en privado; *with one other* a solas; (*inwardly*) para sí; ~ *owned* en manos privadas

'pri•vate sec•tor sector *m* privado

pri•va•tion [praɪˈveɪʃn] privación *f*

pri•va•ti•za•tion [praɪvətaɪzˈeɪʃn] privatización *f*

pri•va•tize ['praɪvətaɪz] *v/t* privatizar

priv•i•lege ['prɪvəlɪdʒ] **1** (*special treatment*) privilegio *m* **2** (*honor*) honor *m*; **it's a** ~ **to be invited** es un honor haber sido invitado

priv•i•leged ['prɪvəlɪdʒd] *adj* privilegiado

priv•y ['prɪvɪ] *adj:* **be** ~ **to sth** estar enterado de algo

prize [praɪz] **I** *n* premio *m* **II** *v/t* apreciar, valorar

◆ **prize off** *v/t lid* arrancar

◆ **prize open** *v/t* forzar

'prize•fight•er boxeador *m* profesional; **'prize•fight•ing** boxeo *m* profesional; **prize•giv•ing** ['praɪzgɪvɪŋ] *Br* entrega *f* de premios; **'prize mon•ey** premio *m* (*dinero*); **'prize•win•ner** premiado(-a) *m(f)*; **'prize•win•ning** *adj* premiado

pro[1] [prəʊ] *n:* **the** ~**s and cons** los pros y los contras

pro[2] [prəʊ] ☞ **professional**

pro[3] [prəʊ] *prep:* **be** ~ **...** estar a favor de; **the** ~ **Clinton Democrats** los demócratas partidarios de Clinton

pro•ac•tive [prəʊˈæktɪv] *adj* proactivo

pro-am [prəʊˈæm] *adj golf* de profesionales y aficionados

prob•a•bil•i•ty [prɑːbəˈbɪlətɪ] probabilidad *f*; **in all** ~ con toda probabilidad

prob•a•ble ['prɑːbəbl] *adj* probable

prob•a•bly ['prɑːbəblɪ] *adv* probablemente

pro•ba•tion [prəˈbeɪʃn] **1** *in job* periodo *m* de prueba **2** LAW libertad *f* condicional; **be given** ~ ser puesto en libertad condicional

pro•ba•tion•ar•y [prəˈbeɪʃnrɪ] *adj:* ~ **period** *in job* periodo *m* de prueba

pro•ba•tion•er [prəˈbeɪʃnər] persona *f* en periodo de prueba; LAW condenado(-a) *m(f)* en libertad provisional

pro•ba•tion of•fi•cer oficial encargado de la vigilancia de los que están en libertad condicional

pro•ba•tion pe•ri•od *in job* periodo *m* de prueba

probe [prəʊb] **I** *n* (*investigation*) investigación *f*; *scientific* sonda *f* **II** *v/t* examinar; (*investigate*) investigar **III** *v/i:* **you should** ~ **a little deeper** escarba un un poco más; ~ **into a person's past** hurgar en el pasado de alguien

prob•ing ['prəʊbɪŋ] *adj question* perspicaz; *gaze* escrutador

pro•bi•ty ['prəʊbɪtɪ] probidad *f*

prob•lem ['prɑːbləm] problema *m*; **no** ~**!** ¡claro!; **I'll fix it, that's no** ~ lo arreglaré, por supuesto; **I have no** ~ **with that** (*don't object*) para mí eso no es ningún problema; **have a drink** ~ tener un problema de alcoholismo

prob•lem•at•ic [prɑːbləˈmætɪk] *adj* problemático

pro•ce•dur•al [prəˈsiːdʒərəl] *adj* de procedimiento; LAW procesal

pro•ce•dure [prə'siːdʒər] procedimiento *m*

pro•ceed [prə'siːd] *v/i* (*go: of people*) dirigirse; *of work etc* proseguir, avanzar; **~ to do sth** pasar a hacer algo

pro•ceed•ings [prə'siːdɪŋz] *npl* (*events*) actos *mpl*

pro•ceeds ['prɑːsiːdz] *npl* recaudación *f*

pro•cess ['prɑːses] **I** *n* proceso *m*; **in the ~** (*while doing it*) al hacerlo **II** *v/t food* tratar; *raw materials, data* procesar; *application* tramitar

pro•cess•ing ['prɑːsesɪŋ] procesado *m*; **~ industry** industria *f* de procesado

pro•ces•sion [prə'seʃn] desfile *m*; *religious* procesión *f*

pro•ces•sor ['prɑːsesər] procesador *m*

pro-choice [prouˈtʃɔɪs] *adj* con derecho a decidir (*sobre el embarazo*)

pro•claim [prə'kleɪm] *v/t* declarar, proclamar

proc•la•ma•tion [prɑːklə'meɪʃn] proclamación *f*

pro•cliv•i•ty [prə'klɪvətɪ] propensión *f*

pro•cras•ti•nate [prou'kræstɪneɪt] *v/i* andarse con dilaciones

pro•cras•ti•na•tion [prouːkræstɪ'neɪʃn] dilaciones *fpl*

pro•cre•ate ['prɑːkrɪeɪt] *v/i* procear

pro•cre•a•tion [prɑːkrɪ'eɪʃn] procreación *f*

pro•cure [prə'kjur] *v/t* conseguir

pro•cure•ment [prə'kjurmənt] *of supplies etc* obtención *f*

prod [prɑːd] **I** *n* empujoncito *m*; **he needs a little ~ now and again** necesita que lo espoleen de vez en cuando **II** *v/t* (*pret & pp* **-ded**) dar un empujoncito a; *with elbow* dar un codazo a

prod•i•gal son [prɑːdɪgl'sʌn] hijo *m* pródigo

pro•di•gious [prə'dɪdʒəs] *adj* prodigioso

prod•i•gy ['prɑːdɪdʒɪ]: (*infant*) **~** niño(-a) *m(f)* prodigio(-a)

prod•uce[1] ['prɑːduːs] *n* productos *mpl* del campo

pro•duce[2] [prə'duːs] *v/t* **1** producir; (*manufacture*) fabricar **2** (*take out*) sacar

pro•duc•er [prə'duːsər] productor(a) *m(f)*; (*manufacturer*) fabricante *m/f*

prod•uct ['prɑːdʌkt] producto *m*

pro•duc•tion [prə'dʌkʃn] producción *f*

pro•duc•tion ca•pac•i•ty capacidad *f* de producción; **pro'duc•tion costs** *npl* costos *mpl* de producción; **pro'duc•tion di•rect•or** director(a) *m(f)* de producción; **pro'duc•tion line** cadena *f* de producción; **pro'duc•tion man•ag•er** jefe(-a) *m(f)* de producción

pro•duc•tive [prə'dʌktɪv] *adj* productivo

pro•duc•tiv•i•ty [prɑːdʌk'tɪvətɪ] productividad *f*

'prod•uct man•ag•er jefe(-a) *m(f)* de producto; **'prod•uct mix** combinación *f* de estrategias de productos; **'product range** gama *f* de productos

prof [prɑːf] F ☞ **professor**

pro•fane [prə'feɪn] *adj language* profano

pro•fan•i•ty [prə'fænətɪ] grosería *f*

pro•fess [prə'fes] *v/t* manifestar

pro•fessed [prə'fesd] *adj* declarado

pro•fes•sion [prə'feʃn] profesión *f*; **what's your ~?** ¿a qué se dedica?

pro•fes•sion•al [prə'feʃnl] **I** *adj* profesional; **turn ~** hacerse profesional **II** *n* profesional *m/f*

pro•fes•sion•al•ism [prə'feʃənəlɪzəm] profesionalismo *m*

pro•fes•sion•al•ly [prə'feʃnlɪ] *adv* **1** *play sport* profesionalmente **2** (*well, skillfully*) con profesionalidad

pro•fes•sor [prə'fesər] catedrático(-a) *m(f)*

pro•fes•sor•ship [prə'fesərʃɪp] cátedra *f*

prof•fer ['prɑːfər] *v/t fml*: **~ sth to s.o.** ofrecer algo a alguien

pro•fi•cien•cy [prə'fɪʃnsɪ] competencia *f*

pro•fi•cient [prə'fɪʃnt] competente; (*skillful*) hábil

pro•file ['proufaɪl] **I** *n* **1** *of face* perfil *m*; **see sth in ~** ver algo de perfil **2** *biographical* reseña *f* **II** *v/t in newspaper article etc* hacer un monográfico sobre

prof•it ['prɑːfɪt] **I** *n* beneficio *m*; **make a ~** obtener beneficios (**on** con); **sell sth at a ~** vender algo con beneficios **II** *v/i*: **~ by, ~ from** beneficiarse de

prof•it•a•bil•i•ty [prɑːfɪtə'bɪlətɪ] rentabilidad *f*; **~ ratio** proporción *f* de rentabilidad

prof•i•ta•ble ['prɑ:fɪtəbl] *adj* rentable
prof•it and 'loss state•ment cuenta *f* de resultados
'prof•it cen•ter centro *m* de beneficios
prof•it•eer•ing [prɑ:fɪt'ɪrɪŋ] especulación *f*
'prof•it mar•gin margen *m* de beneficios
prof•it shar•ing ['prɑ:fɪtʃerɪŋ] participación *f* en los beneficios
prof•li•gate ['prɑ:flɪgət] *adj* derrochador
pro for•ma (in•voice) [prou'fɔ:rmə] factura *f* proforma
pro•found [prə'faund] *adj* profundo
pro•found•ly [prə'faundlɪ] *adv* profundamente, enormemente
pro•fuse [prə'fju:s] *adj* profuso; *apologies* efusivo
pro•fuse•ly [prə'fju:slɪ] *adv bleed* profusamente; *thank, apologize* efusivamente
pro•fu•sion [prə'fju:ʒn] profusión *f (of* de)
prog•no•sis [prɑ:g'nousɪs] pronóstico *m*
pro•gram ['prougræm] **I** *n* programa *m* **II** *v/t (pret & pp* **-med)** COMPUT programar; *be ⁓med to do sth* estar programado para hacer algo
pro•gram•er, pro•gram•ing ☞ *programmer, programming*
pro•gramme *Br* ☞ *program*
pro•gram•mer ['prougræmər] COMPUT programador(a) *m(f)*
pro•gram•ming ['prougræmɪŋ] programación *f*
'pro•gram•ming lang•uage lenguaje *m* de programación
pro•gress I *n* ['prɑ:gres] progreso *m*; *make ⁓* hacer progresos; *in ⁓* en curso **II** *v/i* [prə'gres] *(advance in time)* avanzar; *(move on)* pasar; *(make ⁓)* progresar; *how is the work ⁓ing?* ¿cómo avanza el trabajo?
pro•gres•sion [prə'greʃn] evolución *f*; MATH progresión *f*
pro•gres•sive [prə'gresɪv] *adj* **1** *(enlightened)* progresista **2** *(which progresses)* progresivo
pro•gres•sive•ly [prə'gresɪvlɪ] *adv* progresivamente
pro•hib•it [prə'hɪbɪt] *v/t* prohibir
pro•hi•bi•tion [prouhɪ'bɪʃn] prohibi-

ción *f*; *during Prohibition* durante la ley seca
pro•hib•i•tive [prə'hɪbɪtɪv] *adj prices* prohibitivo
proj•ect[1] ['prɑ:dʒekt] *n* **1** *(plan, undertaking)* proyecto *m* **2** EDU trabajo *m* **3** *housing area* barriada *f* de viviendas sociales
pro•ject[2] [prə'dʒekt] **I** *v/t* **1** *movie* proyectar **2** *figures, sales* prever, estimar; *⁓ed sales revenue* ingresos *mpl* por ventas previstos **II** *v/i (stick out)* sobresalir
pro•jec•tile [prə'dʒektəl] proyectil *m*
pro•jec•tion [prə'dʒekʃn] *(forecast)* previsión *f*
pro•jec•tion•ist [prə'dʒekʃnɪst] proyeccionista *m/f*
pro•ject 'lead•er director(a) *m(f)* de proyecto; **pro•ject 'man•age•ment** dirección *f* de proyecto; **proj•ect 'man•ag•er** director(a) *m(f)* de proyecto
pro•jec•tor [prə'dʒektər] *for slides* proyector *m*
pro•le•tar•i•an [proulə'terɪən] **I** *adj* proletario **II** *n* proletario(-a) *m(f)*
pro•le•tar•i•at [proulə'terɪət] proletariado *m*
pro-'life *adj* pro vida
pro•lif•er•ate [prə'lɪfəreɪt] *v/i* proliferar
pro•lif•er•a•tion [prəlɪfər'eɪʃn] proliferación *f*
pro•lif•ic [prə'lɪfɪk] *adj writer, artist* prolífico
pro•log, *Br* **pro•logue**['proulɑ:g] prólogo *m*
pro•long [prə'lɒ:ŋ] *v/t* prolongar
prom [prɑ:m] *(school dance)* baile de fin de curso
prom•e•nade deck [prɑ:me'neɪddek] NAUT cubierta *f* de paseo
prom•i•nence ['prɑ:mɪnəns] *also hill* prominencia *f*; *come to ⁓* empezar a destacar
prom•i•nent ['prɑ:mɪnənt] *adj* **1** *nose, chin* prominente **2** *(significant)* destacado; *play a ⁓ part in sth* desempeñar un papel destacado en algo
prom•i•nent•ly ['prɑ:mɪnəntlɪ] *adv positioned* en un lugar prominente
prom•is•cu•i•ty [prɑ:mɪ'skju:ətɪ] promiscuidad *f*
pro•mis•cu•ous [prə'mɪskjuəs] *adj* promiscuo

promise

prom•ise ['prɑːmɪs] **I** *n* promesa *f*; *it's a ~* lo prometo; *~s!*, *~s!* F ¡promesas, promesas! **II** *v/t* prometer; *she ~d to help* prometió ayudar; *~ sth to s.o.* prometer algo a alguien **III** *v/i*: *do you ~?* ¿lo prometes?

prom•is•ing ['prɑːmɪsɪŋ] *adj* prometedor

prom•is•so•ry note ['prɑːmɪsɔːrɪ] COM pagaré *m*

prom•on•to•ry ['prɑːmantɔːrɪ] promontorio *m*

pro•mote [prə'moʊt] *v/t* **1** *employee* ascender **2** (*encourage, foster*) promover; COM promocionar

pro•mot•er [prə'moʊtər] *of sports event* promotor(a) *m(f)*

pro•mo•tion [prə'moʊʃn] **1** *of employee* ascenso *m*; *~ prospects* perspectivas *fpl* de ascenso **2** *of scheme, idea,* COM promoción *f*

pro•mo•tion•al [prə'moʊʃənl] *adj* promocional

prompt [prɑːmpt] **I** *adj* **1** (*on time*) puntual **2** (*speedy*) rápido **II** *adv*: *at two o'clock ~* a las dos en punto **III** *v/t* **1** (*cause*) provocar **2** *actor* apuntar **IV** *n* COMPUT mensaje *m*; *go to the c ~* ir a c:\

prompt•er ['prɑːmptər] THEA apuntador(a) *m(f)*

prompt•ly ['prɑːmptlɪ] *adv* **1** (*on time*) puntualmente **2** (*immediately*) inmediatamente

prone [proʊn] *adj*: *be ~ to* ser propenso a

prong [prɑːŋ] diente *m*; *three-~ed* con tres dientes

pro•noun ['proʊnaʊn] pronombre *m*

pro•nounce [prə'naʊns] *v/t* **1** *word* pronunciar **2** (*declare*) declarar

pro•nounced [prə'naʊnst] *adj accent* marcado; *views* fuerte

pro•nounce•ment [prə'naʊnsmənt] declaración *f*

pron•to ['prɑːntoʊ] *adv* F ya, en seguida

pro•nun•ci•a•tion [prənʌnsɪ'eɪʃn] pronunciación *f*

proof [pruːf] **1** prueba(s) *f(pl)*; *~ of identity* documento *m* de identidad; *~ of purchase* justificante *m* de compra **2** *of book* prueba *f* **3**: *8% ~ alcohol* de 8 grados

'proof•read•er corrector(a) *m(f)* de pruebas

prop [prɑːp] **I** *v/t* (*pret & pp -ped*) apoyar **II** *n* THEA accesorio *m*

♦ **prop up** *v/t* apoyar

prop•a•gan•da [prɑːpə'gændə] propaganda *f*

prop•a•gate ['prɑːpəgeɪt] *v/t species, views etc* propagar

prop•a•ga•tion [prɑːpə'geɪʃn] propagación *f*

pro•pane ['proʊpeɪn] CHEM propano *m*

pro•pel [prə'pel] *v/t* (*pret & pp -led*) propulsar

pro•pel•lant [prə'pelənt] *in aerosol* propelente *m*

pro•pel•ler [prə'pelər] *of boat* hélice *f*

pro•pen•si•ty [prə'pensətɪ] propensión (*for* a); *have a ~ for doing sth* tener propensión a hacer algo

prop•er ['prɑːpər] *adj* **1** (*real*) de verdad; *he's not a ~ doctor* no es un doctor de verdad; *put it back in its ~ place* vuelve a ponerlo en su sitio; *that's not the ~ cover for this* esta no es la tapa adecuada; *in Mexico City ~* en la Ciudad de México propiamente dicha **2** (*fitting*) adecuado; *it's not ~* no está bien; *it's the ~ thing to do* es lo que se hace en estos casos

prop•er•ly ['prɑːpərlɪ] *adv* **1** (*correctly*) bien **2** (*fittingly*) adecuadamente

prop•er•ty ['prɑːpərtɪ] **1** propiedad *f* **2** (*land*) propiedad(es) *f(pl)*

'prop•er•ty de•vel•op•er promotor(a) *m(f)* inmobiliario(-a); **'prop•er•ty mar•ket** mercado *m* inmobiliario; **'prop•er•ty tax** impuesto *m* sobre la propiedad

proph•e•cy ['prɑːfəsɪ] profecía *f*

proph•e•sy ['prɑːfəsaɪ] *v/t* (*pret & pp -ied*) profetizar

proph•et ['prɑːfɪt] profeta *m*; *~ of doom* agorero *m*

pro•phet•ic [prə'fetɪk] *adj* profético

pro•phy•lac•tic [prɑːfɪ'læktɪk] **I** *adj esp* MED profiláctico **II** *n* MED, *condom* profiláctico *m*

pro•po•nent [prə'poʊnənt] partidario(-a) *m(f)* (*of* de)

pro•por•tion [prə'pɔːrʃn] proporción *f*; *a large ~ of North Americans* gran parte de los norteamericanos; *~s* (*dimensions*) proporciones; *the reaction was out of all ~* la reacción fue despropor-

cionada
pro•por•tion•al [prə'pɔːrʃnl] *adj* proporcional
pro•por•tion•al rep•re•sen'ta•tion POL representación *f* proporcional
pro•por•tion•ate [prə'pɔːrʃnət] *adj* proporcional (**to** a)
pro•pos•al [prə'pouzl] **1** (*suggestion*) propuesta *f* **2** *of marriage* proposición *f*
pro•pose [prə'pouz] **I** *v/t* **1** (*suggest*) sugerir, proponer **2** (*plan*) proponerse **II** *v/i* (*make offer of marriage*) pedir la mano (**to** a)
prop•o•si•tion [prɑːpə'zɪʃn] **I** *n* propuesta *f*; *I've got a ~ to put to you* quiero proponerte algo **II** *v/t woman* hacer proposiciones a
pro•pri•e•tar•y [prə'praɪəterɪ] *adj brand, goods* registrado, de marca registrada
pro•pri•e•tor [prə'praɪətər] propietario(-a) *m(f)*
pro•pri•e•tress [prə'praɪətrɪs] propietaria *f*
pro•pri•e•ty [prə'praɪətɪ] decoro *m*; *the proprieties pl* las convenciones
pro•pul•sion [prə'pʌlʃn] TECH propulsión *f*
pro ra•ta [prou'rɑːtə] **I** *adj* prorrateado **II** *adv* de forma prorrateada
pro•rogue [prou'roug] *v/t* posponer
pro•sa•ic [prou'zeɪɪk] *adj* prosaico
pro•scribe [prə'skraɪb] *v/t* (*forbid, exile*) proscribir
pro•scrip•tion [prə'skrɪpʃn] proscripción *f*
prose [prouz] prosa *f*
pros•e•cute ['prɑːsɪkjuːt] *v/t* LAW procesar
pros•e•cu•tion [prɑːsɪ'kjuːʃn] LAW procesamiento *m*; *lawyers* acusación *f*; *he's facing ~* lo van a procesar
pros•e•cu•tor ☞ *public prosecutor*
pros•pect ['prɑːspekt] **I** *n* **1** (*chance, likelihood*) probabilidad *f* **2** (*thought of something in the future*) perspectiva *f*; *~s* perspectivas (de futuro) **II** *v/i*: *~ for gold* buscar
pro•spec•tive [prə'spektɪv] *adj* potencial
pros•pec•tor ['prɑːspektər] buscador(a) *m(f)*
pros•per ['prɑːspər] *v/i* prosperar

pros•per•i•ty [prɑː'sperətɪ] prosperidad *f*
pros•per•ous ['prɑːspərəs] *adj* próspero
pros•tate (gland) ['prɑːsteɪt] ANAT próstata *f*
pros•the•sis [prɑːs'θiːsɪs] prótesis *f inv*
pros•ti•tute ['prɑːstɪtuːt] prostituta *f*; *male ~* prostituto *m*
pros•ti•tu•tion [prɑːstɪ'tuːʃn] prostitución *f*
pros•trate ['prɑːstreɪt] *adj* postrado; *be ~ with grief* estar postrado por el dolor
pro•tag•o•nist [prə'tægənɪst] THEA *etc* protagonista *m/f*
pro•tect [prə'tekt] *v/t* proteger
pro•tec•tion [prə'tekʃn] protección *f*
pro•tec•tion•ism [prə'tekʃnɪzəm] proteccionismo *m*
pro'tec•tion mon•ey *dinero pagado a delincuentes a cambio de obtener protección*; *paid to terrorists* impuesto *m* revolucionario
pro'tec•tion rack•et red *f* de extorsión
pro•tec•tive [prə'tektɪv] *adj* protector
pro•tec•tive 'cloth•ing ropa *f* protectora
pro•tec•tive 'cus•to•dy prisión *f* preventiva
pro•tec•tor [prə'tektər] protector(a) *m(f)*
pro•tec•tor•ate [prə'tektərət] POL protectorado *m*
pro•té•gé(e) ['prɑːtəʒeɪ] protegido(-a) *m(f)*
pro•tein ['proutiːn] proteína *f*
pro•test I *n* ['proutest] protesta *f*; *in ~ at these changes* en (señal de) protesta por estos cambios **II** *v/t* [prə'test] protestar, quejarse de; (*object to*) protestar contra **III** *v/i* [prə'test] protestar
Prot•es•tant ['prɑːtɪstənt] **I** *n* protestante *m/f* **II** *adj* protestante
Prot•es•tant•ism ['prɑːtɪstəntɪzəm] protestantismo *m*
prot•es•ta•tion [prɑːtes'teɪʃn] proclamación *f*; *~s pl of innocence* declaración *f* de inocencia
pro•test•er [prə'testər] manifestante *m/f*
pro•to•col ['proutəkɑːl] protocolo *m*
pro•ton ['proutɑːn] PHYS protón *m*
pro•to•type ['proutətaɪp] prototipo *m*

pro•tract [prəˈtrækt] *v/t* prolongar

pro•tract•ed [prəˈtræktɪd] *adj* prolongado, largo

pro•trac•tor [prəˈtræktər] MATH transportador *m*

pro•trude [prəˈtruːd] *v/i* sobresalir

pro•trud•ing [prəˈtruːdɪŋ] *adj* saliente; *ears, teeth* prominente

pro•tru•sion [prəˈtruːʒn] protuberancia *f*

pro•tu•ber•ance [prouˈtuːbərəns] protuberancia *f*

pro•tu•ber•ant [prouˈtuːbərənt] *adj* protuberante

proud [praud] *adj* orgulloso; **be ~ of** estar orgulloso de

proud•ly [ˈpraudlɪ] *adv* con orgullo, orgullosamente; **we ~ present** tenemos el orgullo de presentar

prov•a•ble [ˈpruːvəbl] *adj* que se puede probar

prove [pruːv] *v/t* demostrar, probar

prov•en [ˈpruːvn] **I** *pp* ☞ **prove II** *adj* probado

prov•erb [ˈprɑːvɜːrb] proverbio *m*, refrán *m*

pro•ver•bi•al [prəˈvɜːrbɪəl] *adj* proverbial

pro•vide [prəˈvaɪd] *v/t* proporcionar; **~ sth to s.o., ~ s.o. with sth** proporcionar algo a alguien

◆ **provide for** *v/t* **1** *family* mantener **2** *of law etc* prever

pro•vid•ed (that) [prəˈvaɪdɪd] *conj (on condition that)* con la condición de que, siempre que

prov•i•dence [ˈprɑːvɪdəns] providencia *f*

prov•i•den•tial [prɑːvɪˈdenʃl] *adj* providencial

pro•vid•er [prəˈvaɪdər] proveedor(a) *m(f)*; *(Internet service ~)* proveedor *m*

pro•vid•ing [prəˈvaɪdɪŋ] *conj* siempre que

prov•ince [ˈprɑːvɪns] provincia *f*

pro•vin•cial [prəˈvɪnʃl] *adj city* provincial; *pej: attitude* de pueblo, provinciano

pro•vi•sion [prəˈvɪʒn] **1** *(supply)* suministro *m* **2** *of law, contract* disposición *f*

pro•vi•sion•al [prəˈvɪʒnl] *adj* provisional

pro•vi•sion•al•ly [prəˈvɪʒənlɪ] *adv* provisionalmente

pro•vi•so [prəˈvaɪzou] condición *f*

prov•o•ca•tion [prɑːvəˈkeɪʃn] provocación *f*

pro•voc•a•tive [prəˈvɑːkətɪv] *adj* provocador; *sexually* provocativo

pro•voke [prəˈvouk] *v/t (cause, annoy)* provocar

prow [prau] NAUT proa *f*

prow•ess [ˈprauɪs] proezas *fpl*

prowl [praul] *v/i of tiger, burglar* merodear

'**prowl car** coche *m* patrulla

prowl•er [ˈpraulər] merodeador(a) *m(f)*

prox•im•i•ty [prɑːkˈsɪmətɪ] proximidad *f*

prox•y [ˈprɑːksɪ] *authority* poder *m*; *person* apoderado(-a) *m(f)*

prude [pruːd] mojigato(-a) *m(f)*

pru•dence [ˈpruːdns] prudencia *f*

pru•dent [ˈpruːdnt] *adj* prudente

pru•dent•ly [ˈpruːdntlɪ] *adv* prudentemente

prud•er•y [ˈpruːdərɪ] mojigatería *f*

prud•ish [ˈpruːdɪʃ] *adj* mojigato

prune[1] [pruːn] *n* ciruela *f* pasa

prune[2] [pruːn] *v/t plant* podar; *fig* reducir

pru•ri•ence [ˈprurɪəns] lascivia *f*

pru•ri•ent [ˈprurɪənt] *adj* lascivo

prus•sic ac•id [prʌsɪkˈæsɪd] CHEM ácido *m* prúsico

pry[1] [praɪ] *v/i (pret & pp -ied)* entrometerse

◆ **pry into** *v/t* entrometerse en

pry[2] [praɪ] *v/t (pret & pp -ied)* ☞ **prize**

pry•ing [ˈpraɪɪŋ] *adj* fisgón

PS [ˈpiːes] *abbr (= postscript)* PD (= posdata *f*)

psalm [sɑːm] salmo *m*

pseud [suːd] F pretencioso(-a) *m(f)*

pseu•do•nym [ˈsuːdənɪm] pseudónimo *m*

pso•ri•a•sis [səˈraɪəsɪs] soriasis *f*

◆ **psych out** *v/t* F poner nervioso

◆ **psych up** *v/t* F mentalizar

psy•che [ˈsaɪkɪ] psique *f*

psy•che•del•ic [saɪkəˈdelɪk] *adj drug, color* psicodélico

psy•chi•at•ric [saɪkɪˈætrɪk] *adj* psiquiátrico

psy•chi•a•trist [saɪˈkaɪətrɪst] psiquiatra *m/f*

psy•chi•a•try [saɪˈkaɪətrɪ] psiquiatría *f*

psy•chic ['saɪkɪk] adj research paranormal; I'm not ~ no soy vidente
psy•cho•a•nal•y•sis [saɪkoʊən'æləsɪs]
psicoanálisis m
psy•cho•an•a•lyst [saɪkoʊ'ænəlɪst]
psicoanalista m/f
psy•cho•an•a•lyze [saɪkoʊ'ænəlaɪz] v/t
psicoanalizar
psy•cho•bab•ble ['saɪkoʊbæbl] F charla fpl pseudopsicológica
psy•cho•log•i•cal [saɪkə'lɑːdʒɪkl] adj
psicológico
psy•cho•log•i•cal•ly [saɪkə'lɑːdʒɪklɪ]
adv psicológicamente
psy•chol•o•gist [saɪ'kɑːlədʒɪst] psicó-
logo(-a) m(f)
psy•chol•o•gy [saɪ'kɑːlədʒɪ] psicología
f
psy•cho•met•ric [saɪkə'metrɪk] adj: ~
testing pruebas fpl psicométricas
psy•cho•path ['saɪkoʊpæθ] psicópata
m/f
psy•cho•sis [saɪ'koʊsɪs] (pl psy-
choses [saɪ-'koʊsiːz]) MED psicosis f
inv
psy•cho•so•mat•ic [saɪkoʊsə'mætɪk]
adj psicosomático
psy•cho•ther•a•pist [saɪkoʊ'θerəpɪst]
psicoterapeuta m/f
psy•cho•ther•a•py [saɪkoʊ'θerəpɪ] psicoterapia f
psy•chot•ic [saɪ'kɑːtɪk] adj psicótico
PTA [piːtiː'eɪ] abbr (= parent-teacher
association) APA f (= asociación f
de padres de alumnos)
PTO [piːtiː'oʊ] abbr (= please turn
over) véase al dorso
pub [pʌb] Br bar m
'pub crawl go on a ~ Br F salir de copas
pu•ber•ty ['pjuːbərtɪ] pubertad f
pu•bic ['pjuːbɪk] adj ANAT púbico
'pu•bic hair vello m púbico
pub•lic ['pʌblɪk] I adj público II n: the ~
el público; in ~ en público
pub•lic-ad'dress sys•tem sistema m
de megafonía
pub•li•ca•tion [pʌblɪ'keɪʃn] publicación f
pub•lic ex'pen•di•ture gasto m público
pub•lic 'hol•i•day día m festivo
pub•li•cist ['pʌblɪsɪst] publicista m/f
pub•lic•i•ty [pʌb'lɪsətɪ] publicidad f
pub'lic•i•ty cam•paign campaña f pu-

blicitaria; pub'lic•i•ty de•part•ment
departamento m de publicidad; pub-
'lic•i•ty ma•te•ri•al material m publicitario; pub'lic•i•ty of•fi•cer publicista
m/f, publicitario(-a) m(f); pub'lic•i•ty
stunt truco m publicitario
pub•li•cize ['pʌblɪsaɪz] v/t (make
known) publicar, hacer público; COM
dar publicidad a
pub•lic li•a'bil•i•ty in•sur•ance seguro
m de responsabilidad civil; pub•lic 'li-
bra•ry biblioteca f pública; pub•lic
lim•it•ed 'com•pa•ny Br sociedad f
anónima
pub•lic•ly ['pʌblɪklɪ] adv públicamente
pub•lic o'pin•ion opinión f pública;
pub•lic 'pros•e•cu•tor fiscal m/f; public re'la•tions npl relaciones fpl públicas; 'pub•lic school 1 colegio m público 2 Br colegio m privado; 'pub•lic
sec•tor sector m público; pub•lic-
-'spir•it•ed adj cívico; pub•lic 'transport Br transporte m público; pub•lic
u'til•i•ty empresa f de servicios públicos
pub•lish ['pʌblɪʃ] v/t publicar
pub•lish•er ['pʌblɪʃər] person editor(a)
m(f); company editorial f
pub•lish•ing ['pʌblɪʃɪŋ] industria f editorial
'pub•lish•ing com•pa•ny editorial f
puce [pjuːs] adj morado oscuro
puck [pʌk] in ice hockey disco m
puck•er ['pʌkər] v/t lips fruncir
pud•ding ['pʊdɪŋ] 1 budín m 2 Br postre m
pud•dle ['pʌdl] charco m
pu•er•ile ['pjuːrɪl] adj pueril
Puer•to Ri•can [pwertoʊ'riːkən] I adj
portorriqueño, puertorriqueño II n por-
torriqueño(-a) m(f), puertorrique-
ño(-a) m(f)
Puer•to Ri•co [pwertoʊ'riːkoʊ] Puerto
Rico m
puff [pʌf] I n 1 of wind racha f 2 from
cigarette calada f 3 of smoke bocanada
f II v/i 1 (pant) resoplar 2: ~ on a cigarette dar una calada a un cigarrillo
puffed [pʌft] adj F (out of breath) sin
aliento
puf•fin ['pʌfɪn] frailecillo m
puff 'paste, puff 'pas•try Br hojaldre
m
puff•y ['pʌfɪ] adj eyes, face hinchado

pug [pʌg] *dog* dogo *m*

pug•na•cious [pʌgˈneɪʃəs] *adj* combativo

pug•nac•i•ty [pʌgˈnæsətɪ] combatividad *f*

puke [pjuːk] P **I** *n substance* vomitona *f* P **II** *v/i* echar la pota P

pull [pʊl] **I** *n on rope etc* tirón *m*; **she gave the door a good ~** dió un buen portazo **2** F (*appeal*) gancho *m* F **3** F (*influence*) enchufe *m* F
II *v/t* **1** (*drag*) arrastrar **2** (*tug*) tirar de; *tooth* sacar; **~ a muscle** sufrir un tirón en un músculo **3**: **~ a face** hacer una mueca; **not ~ one's punches**, **~ no punches** no andarse con chiquitas **III** *v/i* tirar

◆ **pull ahead** *v/i in race, competition* adelantarse

◆ **pull apart** *v/t* **1** (*separate*) separar **2** (*criticize*) hacer trizas

◆ **pull away I** *v/i* apartar **II** *v/i of vehicle* apartarse; *in race* escaparse (**from** de)

◆ **pull down** *v/t* **1** (*lower*) bajar **2** (*demolish*) derribar

◆ **pull for** *v/t* (*cheer on*) animar a

◆ **pull in** *v/i of bus, train* llegar

◆ **pull off** *v/t* **1** quitar; *item of clothing* quitarse **2** F conseguir; **he finally pulled it off** al final lo consiguió

◆ **pull on** *v/t item of clothing* ponerse

◆ **pull out I** *v/t* sacar; *troops* retirar **II** *v/i* retirarse; *of ship* salir

◆ **pull over** *v/i* parar en el arcén

◆ **pull through** *v/i from an illness* recuperarse

◆ **pull together I** *v/i* (*cooperate*) cooperar **II** *v/t*: **pull o.s. together** tranquilizarse

◆ **pull up I** *v/t* (*raise*) subir; *item of clothing* subirse; *plant, weeds* arrancar **II** *v/i of car etc* parar

pul•ley [ˈpʊlɪ] polea *f*

pull•o•ver [ˈpʊloʊvər] suéter *m*, *Span* jersey *m*

'pull-up flexión *f* (*en barra*)

pul•mo•nar•y [ˈpʌlmənerɪ] *adj* ANAT, MED pulmonar

pulp [pʌlp] *of fruit* pulpa *f*; *for papermaking* pasta *f*; **beat s.o. to a ~** hacer papilla a alguien

'pulp fic•tion literatura *f* barata

pul•pit [ˈpʊlpɪt] púlpito *m*

'pulp nov•el novela *f* barata

pul•sate [pʌlˈseɪt] *v/i of heart, blood* palpitar; *of music* vibrar

pulse [pʌls] pulso *m*

pul•ver•ize [ˈpʌlvəraɪz] *v/t* pulverizar

pu•ma [ˈpjuːmə] ZO puma *m*

pum•ice [ˈpʌmɪs]: **~ stone** piedra *f* pómez

pum•mel [ˈpʌml] *v/t* (*pret & pp* **-ed**, *Br* **-led**) aporrear

pump [pʌmp] **I** *n* bomba *f*; (*gas* ~) surtidor *m* **II** *v/t* bombear; **~ money into** *fig* inyectar dinero en; **~ s.o.'s stomach** MED hacer a alguien un lavado de estómago; **~ s.o. for information** F tratar de sonsacar *or* sacar información a alguien

◆ **pump up** *v/t* inflar

pump•kin [ˈpʌmpkɪn] calabaza *f*

pun [pʌn] juego *m* de palabras

punch¹ [pʌntʃ] **I** *n* **1** *blow* puñetazo *m* **2** *implement* perforadora *f* **II** *v/t* **1** *with fist* dar un puñetazo a **2** *ticket* agujerear; **~ a hole in sth** agujerear algo

punch² [pʌntʃ] *n drink* ponche *m*

'punch•bag saco *m* de boxeo; **'punch card** tarjeta *f* perforada; **'punch line** golpe *m*, punto *m* culminante; **'punch-up** *Br* F pelea *f*

punc•til•i•ous [pʌŋkˈtɪlɪəs] *adj* puntilloso

punc•tu•al [ˈpʌŋktʃʊəl] *adj* puntual

punc•tu•al•i•ty [pʌŋktʃʊˈælətɪ] puntualidad *f*

punc•tu•al•ly [ˈpʌŋktʃʊəlɪ] *adv* puntualmente

punc•tu•ate [ˈpʌŋktʃʊeɪt] *v/t* puntuar

punc•tu•a•tion [pʌŋktʃʊˈeɪʃn] puntuación *f*

punc•tu•a•tion mark signo *m* de puntuación

punc•ture [ˈpʌŋktʃər] **I** *n* perforación *f* **II** *v/t* perforar

pun•dit [ˈpʌndɪt] experto(-a) *m(f)*

pun•gen•cy [ˈpʌndʒənsɪ] fuerza *f*

pun•gent [ˈpʌndʒənt] *adj* fuerte

pun•ish [ˈpʌnɪʃ] *v/t person* castigar

pun•ish•a•ble [ˈpʌnɪʃəbl] *adj* punible; **~ offense** delito *m* punible; **murder is ~ by death** el asesinato está castigado con la pena de muerte

pun•ish•ing [ˈpʌnɪʃɪŋ] *adj schedule* exigente; *pace* fuerte

pun•ish•ment [ˈpʌnɪʃmənt] castigo *m*

pu•ni•tive [ˈpjuːnətɪv] *adj* punitivo; **~**

damages daños *mpl* punitivos

punk ['pʌŋk], **'punk rock** MUS (música *f*) punk *m*

punk 'rock•er MUS punki *m/f*

pun•ster ['pʌnstər] *persona a la que gusta hacer juegos de palabras*

punt [pʌnt] *boat* batea *f*

pu•ny ['pjuːnɪ] *adj person* enclenque

pup [pʌp] cachorro *m*

pu•pil[1] ['pjuːpl] *of eye* pupila *f*

pu•pil[2] ['pjuːpl] (*student*) alumno(-a) *m(f)*

pup•pet ['pʌpɪt] *also fig* marioneta *f*

pup•pet•eer [pʌpɪ'tɪr] marionetista *m/f*

'pup•pet gov•ern•ment gobierno *m* títere

'pup•pet show espectáculo *m* de guiñol

pup•py ['pʌpɪ] cachorro *m*

'pup•py love F amor *m* de adolescente

pur•chas•a•ble ['pɜːrtʃəsəbl] *adj* adquirible

pur•chase[1] ['pɜːrtʃəs] **I** *n* adquisición *f*, compra *f* **II** *v/t* adquirir, comprar

pur•chase[2] ['pɜːrtʃəs] *n* (*grip*) agarre *m*; ***I can't get any ~ on it*** no consigo agarrarme a ello

'pur•chase in•voice factura *f* de compra; **'pur•chase ledg•er** libro *m* mayor de cuentas; **'pur•chase or•der** orden *f* de compra; **'pur•chase price** precio *m* de compra

pur•chas•er ['pɜːrtʃəsər] comprador(a) *m(f)*

pur•chas•ing (de•part•ment) ['pɜːrtʃəsɪŋ] departamento *m* de compras

'pur•chas•ing power COM poder *m* de compra

pure [pjʊr] *adj* puro; **~ *new wool*** pura lana *f* virgen

'pure•bred I *adj* purasangre **II** *n* purasangre *m*

pu•ree ['pjʊreɪ] **I** *n* puré *m* **II** *v/t* hacer puré

pure•ly ['pjʊrlɪ] *adv* puramente

pur•ga•to•ry ['pɜːrgətɔːrɪ] purgatorio *m*

purge [pɜːrdʒ] **I** *n of political party* purga *f* **II** *v/t* purgar *f*

pu•ri•fi•ca•tion [pjʊrɪfɪ'keɪʃn] purificación *f*

pu•ri•fy ['pjʊrɪfaɪ] *v/t* (*pret & pp* **-ied**) *water* depurar

pur•ism ['pjʊrɪzəm] purismo *m*

pur•ist ['pjʊrɪst] purista *m/f*

Pu•ri•tan ['pjʊrɪtən] **I** *adj* puritano **II** *n* puritano(-a) *m(f)*

pu•ri•tan ['pjʊrɪtən] puritano(-a) *m(f)*

pu•ri•tan•i•cal [pjʊrɪ'tænɪkl] *adj* puritano

Pu•ri•tan•ism ['pjʊrɪtənɪzəm] puritanismo *m*

pu•ri•ty ['pjʊrɪtɪ] pureza *f*

pur•loin [pɜːr'lɔɪn] *v/t* sustraer

pur•ple ['pɜːrpl] *adj* morado; ***he went ~ with embarrassment*** se puso rojo; ***with anger*** se puso encendido

Pur•ple 'Heart MIL *medalla concedida a los soldados heridos en combate*

pur•port [pɜːr'pɔːrt] *v/t*: **~ *to be*** pretender ser

pur•port•ed•ly [pɜːr'pɔːrtɪdlɪ] *adv* supuestamente

pur•pose ['pɜːrpəs] (*aim, object*) propósito *m*, objeto *m*; **on ~** a propósito; ***what is the ~ of your visit?*** ¿cuál es el objeto de su visita?

pur•pose•ful ['pɜːrpəsfəl] *adj* decidido

pur•pose•ly ['pɜːrpəslɪ] *adv* decididamente

purr [pɜːr] *v/i of cat* ronronear; *of engine* zumbar

purse [pɜːrs] **1** (*pocketbook*) bolso *m* **2** *Br for money* monedero *m*

purs•er ['pɜːrsər] NAUT, AVIA sobrecargo *m*

pur•su•ance [pər'suːəns]: ***in (the) ~ of one's duty*** en el cumplimiento del deber

pur•sue [pər'suː] *v/t person* perseguir; *career* ejercer; *course of action* proseguir

pur•su•er [pər'suːər] perseguidor(a) *m(f)*

pur•suit [pər'suːt] **1** (*chase*) persecución *f*; *of happiness etc* búsqueda *f*; ***those in ~*** los perseguidores **2** (*activity*) actividad *f*

pus [pʌs] pus *m*

push [pʊʃ] **I** *n* (*shove*) empujón *m*; ***at the ~ of a button*** apretando un botón; ***give s.o. a ~*** dar un empujón a alguien; *in car* empujar el coche de alguien; ***she got the ~*** *Br F from job, in relationship* la pusieron / la puso de patitas en la calle; ***when it comes to the ~*** F, ***when ~ comes to shove*** F cuando las cosas se ponen feas; ***at a ~*** F apurando **II** *v/t* **1** (*shove*) empujar; *button* apretar, pulsar; *the reporter ~ed a microphone into his face* el periodista le metió un micrófono en la cara; *~ one's way through* abrirse paso a empujones **2** (*pressurize*) presionar; *he was ~ed into it* into job etc le hicieron hacerlo; *~ s.o. to do sth* presionar a alguien para que haga que **3** F *drugs* pasar F, mercadear con **4**: *be ~ed for cash* F estar pelado F, estar sin un centavo; *be ~ed for time* F ir mal de tiempo F; *be ~ing 40* F rondar los 40 **III** *v/i* empujar

♦ **push ahead** *v/i* seguir adelante
♦ **push along** *v/t car etc* empujar
♦ **push around** *v/t* F (*boss around*) abusar de, mangonear a
♦ **push away** *v/t* apartar
♦ **push for** *v/t* (*try to get*) insistir en
♦ **push in** *v/i* colarse
♦ **push off I** *v/t lid* destapar **II** *v/i* largarse; *push off!* ¡lárgate!
♦ **push on** *v/i* (*continue*) continuar
♦ **push past** *v/t*: *push past s.o.* adelantar a alguien a empujones
♦ **push up** *v/t prices* hacer subir

'push but•ton botón *m*
'push-but•ton *adj* de botones; *~ telephone* teléfono *m* de botones
'push•cart carro *m*
push•er ['puʃər] F *of drugs* camello *m* F
'push•o•ver F: *it was a ~* era pan comido F; *I'm a ~ for ...* no sé decir que no a...; 'push-start *v/t* arrancar empujando; 'push-up flexión *f* (de brazos)
push•y ['puʃɪ] *adj* F avasallador, agresivo

puss, pus•sy (cat) [pus, 'pusɪ] F minino *m* F
♦ pus•sy•foot around ['pusɪfut] *v/i* F andarse con rodeos

put [put] **I** *v/t* (*pret & pp put*) **1** poner; *~ the cost at ...* estimar el costo en ...; *stay ~* no moverse; *~ sth before sth* fig poner algo antes que algo; *~ a tax on sth* poner un impuesto sobre algo **2** (*say*) poner, decir; *question* hacer; *let me ~ it this way* pongámoslo así; *and that's ~ting it mildly* y eso por decirlo suavemente; *~ it to s.o. that ...* proponer a alguien que ... **II** *v/i*: *~ to sea* NAUT zarpar

♦ **put about** *v/i* NAUT cambiar de rumbo
♦ **put across** *v/t idea etc* hacer llegar
♦ **put ahead** *v/t in competition* poner por delante
♦ **put aside** *v/t money* apartar, ahorrar; *work* dejar a un lado
♦ **put away** *v/t* **1** *in closet etc* guardar; *in institution* encerrar; F (*consume*) consumir, cepillarse F; *money* apartar, ahorrar **2** *animal* sacrificar
♦ **put back** *v/t* **1** (*replace*) volver a poner **2** *clocks* retrasar, atrasar
♦ **put by** *v/t money* apartar, ahorrar
♦ **put down** *v/t* **1** dejar; *deposit* entregar; *put one's foot down in car* apretar el acelerador; (*be firm*) plantarse; *put one's name down for sth* apuntarse a algo **2** F (*belittle*) dejar en mal lugar **3** *rebellion* reprimir **4**: *put down in writing* poner por escrito **5** (*attribute*): *put sth down to sth* atribuir algo a algo
♦ **put forward** *v/t idea etc* proponer, presentar
♦ **put in** *v/t meter; time* dedicar; *request, claim* presentar
♦ **put in for** *v/t* (*apply for*) solicitar
♦ **put off** *v/t* **1** *light, radio, TV* apagar **2** (*postpone*) posponer, aplazar **3** (*deter*) desalentar **4** (*repel*) desagradar; *I was put off by the smell* el olor me quitó las ganas; *that put me off shellfish for life* me quitó las ganas de volver a comer marisco
♦ **put on** *v/t* **1** *light, radio, TV* encender, *L.Am.* prender; *tape, music* poner; *put on make-up* maquillarse; *put on the brake* frenar; *put on weight* engordar **2** *jacket, shoes, eye glasses* ponerse **3** (*perform*) representar **4** (*assume*) fingir; *she's just putting it on* está fingiendo
♦ **put out** *v/t* **1** *hand* extender **2** *fire, light* apagar **3**: *don't put yourself out on my account* por mí no te molestes, no te tomes ninguna molestia por mí
♦ **put over** ☞ *put across*
♦ **put past** *v/t*: *I wouldn't put it past him* sería muy capaz de hacerlo
♦ **put through** *v/t*: *put s.o. through to s.o.* on phone poner a alguien con alguien; *I'll put you through* le paso
♦ **put together** *v/t* (*assemble, organize*)

montar
◆ **put up** *v/t* **1** *hand, fence, building* levantar; *put your hands up!* ¡arriba las manos! **2** *person* alojar **3** (*erect*) levantar **4** *prices* subir **5** *poster, notice* colocar **6** *money* aportar **7**: *put up for sale* poner en venta
◆ **put up with** *v/t* (*tolerate*) aguantar
pu•ta•tive ['pjuːtətɪv] *adj fml* presunto
'put-down F comentario *m* (*para dejar en ridículo*)
'put-on F fingimiento *m*
put-'out *adj* molesto, contrariado
pu•tre•fy ['pjuːtrɪfaɪ] *v/i* pudrirse
pu•trid ['pjuːtrɪd] *adj* putrefacto; F horrible
putsch [pʊʧ] POL pronunciamiento *m*
putt [pʌt] SP **I** *v/i* golpear con el putter **II** *n* putt *m*
putt•er ['pʌtər] *in golf* putter *m*
◆ **put•ter around** *v/i* entretenerse
put•ty ['pʌtɪ] masilla *f*; *she is* (*like*) ~ *in his hands* es una marioneta en sus manos
'put-up job F apaño *m*

'put-up•on *adj*: *feel* ~ sentirse utilizado
puz•zle ['pʌzl] **I** *n* (*mystery*) enigma *m*; *game* pasatiempos *mpl*; (*jigsaw* ~) puzzle *m*; (*crossword* ~) crucigrama *m* **II** *v/t* desconcertar; *one thing* ~*s me* hay algo que no acabo de entender
◆ **puzzle out** *v/t* averiguar
puz•zler ['pʌzlər] F *problem* enigma *m*
puz•zling ['pʌzlɪŋ] *adj* desconcertante
PVC [piːviːˈsiː] *abbr* (= *polyvinyl chloride*) PVC *m* (= cloruro *m* de polivinilo)
pyg•my ['pɪgmɪ] pigmeo(-a) *m(f)*
py•ja•mas *Br* ☞ **pajamas**
py•lon ['paɪlən] torre *f* de alta tensión
pyr•a•mid ['pɪrəmɪd] pirámide *f*
'pyr•a•mid sell•ing ventas *fpl* piramidales
pyre ['paɪər] pira *f*
py•ro•ma•ni•ac [paɪroʊˈmeɪnɪæk] pirómano(-a) *m(f)*
py•ro•tech•nics [paɪroʊˈtekniks] *npl* pirotecnia *f*
Pyr•rhic vic•to•ry [pɪrɪkˈvɪktərɪ] victoria *f* pírrica
py•thon ['paɪθaːn] pitón *f*

Q

quack[1] [kwæk] **I** *n of duck* graznido *m* **II** *v/i* graznar
quack[2] [kwæk] *n* F (*bad doctor*) medicucho(-a) *m(f)* F; *hum* (*doctor*) matasanos *m/f inv* F
quad•ran•gle ['kwɑːdræŋgl] **1** *figure* cuadrángulo *m* **2** *courtyard* patio *m*
quad•ran•gu•lar [kwɑːdˈræŋgjʊlər] *adj* cuadrangular
quad•rat•ic e•qua•tion [kwɑːdrætɪkɪˈkweɪʃn] ecuación *f* de segundo grado
quad•ru•ped ['kwɑːdrʊped] cuadrúpedo *m*
quad•ru•ple ['kwɑːdrʊpl] *v/i* cuadruplicarse
quad•ru•plets ['kwɑːdrʊplɪts] *npl* cuatrillizos(-as) *mpl(fpl)*
quads [kwɑːdz] *npl* F cuatrillizos(-as) *mpl(fpl)*
quag•mire ['kwɑːgmaɪr] *fig* atolladero *m*
quail [kweɪl] *v/i* temblar (*at* ante)
quaint [kweɪnt] *adj* **1** *cottage* pintoresco

2 (*slightly eccentric: ideas etc*) extraño
quake [kweɪk] **I** *n* (*earth*~) terremoto *m* **II** *v/i of earth, with fear* temblar
Quak•er ['kweɪkər] REL cuáquero(-a) *m(f)*
qual•i•fi•ca•tion [kwɑːlɪfɪˈkeɪʃn] **1** *from university etc* título *m*; *have the right* ~*s for a job* estar bien cualificado para un trabajo **2**: *I'd like to add one* ~ *to that remark* me gustaría matizar ese comentario
qual•i•fied ['kwɑːlɪfaɪd] *adj* **1** *doctor, engineer, plumber etc* titulado; *I am not* ~ *to judge* no estoy en condiciones de poder juzgar **2** (*restricted*) limitado
qual•i•fi•er ['kwɑːlɪfaɪər] SP **1** eliminatoria *f* **2** *person, team* clasificado(-a) *m(f)*
qual•i•fy ['kwɑːlɪfaɪ] **I** *v/t* (*pret & pp -ied*) **1** *of degree, course etc* habilitar **2** *remark etc* matizar **II** *v/i* (*pret & pp -ied*) **1** (*get degree etc*) titularse, *L.Am.* egresar; *in competition* calificar-

se **2**: *that doesn't ~ as ...* eso no cuenta como ...

qual•i•ta•tive ['kwɑːlɪtətɪv] *adj* cualitativo

qual•i•ty ['kwɑːlətɪ] **1** calidad *f*; *~ of life* calidad de vida; *~ wine* vino de calidad **2** (*characteristic*) cualidad *f*

'qual•i•ty as•sur•ance garantía *f* de calidad; **qual•i•ty con'trol** control *m* de calidad; **'qual•i•ty goods** *pl* productos *mpl* de calidad; **'qual•i•ty news•pa•per** periódico *m* no sensacionalista; **'qual•i•ty time** *tiempo de disfrute de familia, amigos etc*

qualm [kwɑːm]: *have no ~s about doing sth* no tener reparos en hacer algo

quan•da•ry ['kwɑːndərɪ] dilema *m*; *be in a ~ about what to do* estar en un dilema sobre qué hacer

quan•go ['kwæŋgoʊ] *Br* organismo público independiente del gobierno

quan•ti•fy ['kwɑːntɪfaɪ] *v/t* (*pret & pp -ied*) cuantificar

quan•ti•ta•tive ['kwɑːntɪtətɪv] *adj* cuantitativo

quan•ti•ty ['kwɑːntətɪ] cantidad *f*; *in small quantities* en pequeñas cantidades

quan•tum leap [kwɑːntəm'liːp] paso *m* gigante

quan•tum 'phys•ics *nsg* física *f* cuántica

quar•an•tine ['kwɑːrəntiːn] cuarentena *f*; *put in ~* poner en cuarentena

quark [kwɑːrk] PHYS quark *m*

quar•rel ['kwɑːrəl] **I** *n* pelea *f*; *have no ~ with sth* no tener nada en contra de algo **II** *v/i* (*pret & pp -ed*, *Br -led*) pelearse (*with* con)

quar•rel•some ['kwɑːrəlsʌm] *adj* peleón

quar•ry[1] ['kwɑːrɪ] *in hunt* presa *f*

quar•ry[2] ['kwɑːrɪ] *for mining* cantera *f*

quart [kwɔːrt] cuarto *m* de galón; *you can't put a ~ into a pint pot* F no pidas peras al olmo

quar•ter ['kwɔːrtər] **1** cuarto *m*; (*25 cents*) cuarto *m* de dólar; *a ~ of an hour* un cuarto de hora; *a ~ of 5* las cinco menos cuarto, *L.Am.* un cuarto para las cinco; *a ~ after 5* las cinco y cuarto **2** (*part of town*) barrio *m*; *from all ~s* de todas partes; *from official ~s* de

fuentes oficiales

'quar•ter•back SP quarterback *m*, *en fútbol americano, jugador que dirige el juego de ataque*; **'quar•ter•deck** NAUT cubierta *f* de popa; **quar•ter-'final** cuarto *m* de final; **quar•ter-'final•ist** cuartofinalista *m/f*

quar•ter•ly ['kwɔːrtərlɪ] **I** *adj* trimestral **II** *adv* trimestralmente

'quar•ter•note MUS negra *f*

quar•ters ['kwɔːrtərz] *npl* MIL alojamiento *m*

quar•tet [kwɔːr'tet] MUS cuarteto *m*

quar•tile ['kwɔːrtaɪl] cuartil *m*

quartz [kwɔːrts] cuarzo *m*

quartz 'clock reloj *m* de cuarzo

quash [kwɑːʃ] *v/t rebellion* aplastar, sofocar; *court decision* revocar

qua•ver ['kweɪvər] **I** *n* **1** *in voice* temblor *m* **2** *Br* MUS corchea *f* **II** *v/i* *of voice* temblar

quay [kiː] NAUT muelle *m*

quea•sy ['kwiːzɪ] *adj* mareado; *get ~* marearse; *I feel ~* estoy mareado

queen [kwiːn] **1** reina *f*; *~ of hearts* reina de corazones **2** F *homosexual* loca *f*

queen 'bee abeja *f* reina

queen•ly ['kwiːnlɪ] *adj* de reina

queen 'moth•er reina *f* madre

queer [kwɪr] *adj* (*peculiar*) raro, extraño

queer•ly ['kwɪrlɪ] *adv* de manera extraña

quell [kwel] *v/t protest, crowd* acallar; *riot* aplastar, sofocar

quench [kwentʃ] *v/t thirst* apagar, saciar; *flames* apagar

que•ry ['kwɪrɪ] **I** *n* duda *f*, pregunta *f* **II** *v/t* (*pret & pp -ied*) (*express doubt about*) cuestionar; (*check*) comprobar; *~ sth with s.o.* preguntar algo a alguien

quest [kwest] busca *f* (*for* de)

ques•tion ['kwestʃn] **I** *n* **1** pregunta *f*; *raise a ~* plantear una pregunta **2** (*matter*) cuestión *f*, asunto *m*; *in ~* (*being talked about*) en cuestión; (*in doubt*) en duda; *it's a ~ of money / time* es una cuestión de dinero / tiempo; *that's out of the ~* eso es imposible; *that's not the point in ~* no se trata de eso; *there is no ~ that ..., it is beyond ~ that ...* no hay duda que...; *without ~* sin duda; *call into ~* poner en duda **II** *v/t person* preguntar a; LAW interro-

gar; (*doubt*) cuestionar, poner en duda
ques•tion•a•ble ['kwestʃnəbl] *adj* cuestionable, dudoso
ques•tion•er ['kwestʃənər] interrogador(a) *m(f)*
ques•tion•ing ['kwestʃnɪŋ] **I** *adj* look, tone inquisitivo **II** *n* interrogatorio *m*
'ques•tion mark signo *m* de interrogación; *there's a big ~ over the future of the organization* el futuro de la organización está en el aire
ques•tion•naire [kwestʃə'ner] cuestionario *m*
quet•zal ['ketzəl] FIN quetzal *m*
queue [kjuː] *Br* **I** *n* cola *f*; *there was a big ~ for tickets* había mucha cola or fila para los billetes **II** *v/i* hacer cola
♦ **queue up for** *v/t Br* hacer cola para
quib•ble ['kwɪbl] *v/i* discutir (*por algo insignificante*); *now you're just quibbling* ahora estás discutiendo por discutir
quick [kwɪk] **I** *adj* rápido; *be ~!* ¡date prisa!; *let's have a ~ drink* vamos a tomarnos algo rápidamente; *can I have a ~ look?* ¿me dejas echarle un vistazo?; *that was ~!* ¡qué rápido!; *how about a ~ swim?* ¿qué tal si nos damos una chapuzón?; *be ~ to learn* aprender rápidamente **II** *n*: *cut s.o. to the ~* herir a alguien en donde más duele
'quick-act•ing *adj* de efecto rápido
quick•en ['kwɪkən] *v/i* acelerarse
'quick-fire *adj* questions rápido
quick•ie ['kwɪkɪ] F drink copa *f* rápida; sex polvo *m* rápido; question pregunta *f* rápida
quick•ly ['kwɪklɪ] *adv* rápidamente, rápido, deprisa
'quick•sand arenas *fpl* movedizas; **'quick•sil•ver** azogue *m*; **quick-tempered** [kwɪk'tempərd] *adj* irascible; **quick-wit•ted** [kwɪk'wɪtɪd] *adj* agudo
quid [kwɪd] *Br* F libra *f*
qui•et ['kwaɪət] *adj* tranquilo; engine silencioso; *keep ~ about sth* guardar silencio sobre algo; *~!* ¡silencio!; *on the ~* F a escondidas
♦ **qui•et•en down** ['kwaɪətn] **I** *v/t* children, class tranquilizar, hacer callar **II** *v/i* of children tranquilizarse, callarse; of political situation calmarse
qui•et•ly ['kwaɪətlɪ] *adv* (*not loudly*) silenciosamente; (*without fuss*) discreta-

mente; (*peacefully*) tranquilamente; *speak ~* hablar en voz baja
quiet•ness ['kwaɪətnɪs] of voice suavidad *f*; of night, street silencio *m*, calma *f*
quilt [kwɪlt] on bed edredón *m*
quilt•ed ['kwɪltɪd] *adj* acolchado
quince [kwɪns] BOT membrillo *m*
quin•ine ['kwɪniːn] quinina *f*
quint•es•sen•tial [kwɪntɪ'senʃəl] *adj* prototípico
quin•tet [kwɪn'tet] MUS quinteto *m*
quin•tu•plets ['kwɪntjuplɪts] quintillizos(-as) *mpl(fpl)*
quip [kwɪp] **I** *n* joke broma *f*; remark salida *f* **II** *v/i* (*pret & pp -ped*) bromear
quirk [kwɜːrk] peculiaridad *f*, rareza *f*; *by some ~ of fate* por un capricho del destino
quirk•y ['kwɜːrkɪ] *adj* peculiar, raro
quit [kwɪt] **I** *v/t* (*pret & pp quit*) job dejar, abandonar; *~ doing sth* dejar de hacer algo **II** *v/i* (*pret & pp quit*) (*leave job*) dimitir; COMPUT salir
quite [kwaɪt] *adv* **1** (*fairly*) bastante; *that's ~ nice* está bastante bien; *it was only ~ hot* hacía calor pero no demasiado; *I ~ like it* me gusta algo
2 (*completely*) completamente; *you're ~ right* tienes toda la razón; *these two are ~ different* estas dos son totalmente diferentes; *not ~ ready* no listo del todo; *not ~ the same* no exactamente lo mismo; *I didn't ~ understand* no entendí bien; *you haven't ~ understood* no lo acabas de entender; *is that right? – not ~* ¿es verdad? – no exactamente; *are you ready? – not ~* ¿estás listo? – no del todo; *~ !* ¡exactamente!
3: *~ a lot* bastante; *~ a few* bastantes; *it was ~ a surprise* fue toda una sorpresa; *$500 is ~ a lot to pay* 500 dólares son muchos dólares; *it was ~ a sight* era todo un espectáculo; *she's ~ a girl* es toda una niña; *she looks ~ the New York socialite* es todo un personaje de la vida neoyorquina
quits [kwɪts] *adj*: *be ~ with s.o.* estar en paz con alguien; *let's call it ~* quedemos en paz
quit•ter ['kwɪtər] F: *he's no ~* no es de los que abandona
quiv•er[1] ['kwɪvər] *v/i* estremecerse
quiv•er[2] ['kwɪvər] *n* for arrows carcaj *m*

quix•ot•ic [kwɪk'sɑːtɪk] *adj* quijotesco
quiz [kwɪz] **I** *n* concurso *m* (*de preguntas y respuestas*) **II** *v/t* (*pret & pp* **-zed**) interrogar (*about* sobre)
'**quiz mas•ter** presentador *m* (*de un concurso de preguntas y respuestas*)
'**quiz pro•gram**, *Br* '**quiz pro•gramme** programa *m* concurso (*de preguntas y respuestas*)
quiz•zi•cal ['kwɪzɪkl] *adj* dubitativo
quo•rum ['kwɔːrəm] quórum *m inv*; **have a ~** haber quórum
quo•ta ['kwoʊtə] cuota *f*
quo•ta•ble ['kwoʊtəbl] *adj remark* reproducible
quo•ta•tion [kwoʊ'teɪʃn] **1** *from author* cita *f* **2** (*price*) presupuesto *m*
quo'ta•tion marks *npl* comillas *fpl*

quote [kwoʊt] **I** *n* **1** *from author* cita *f* **2** (*quotation mark*) comilla *f*; **in ~s** entre comillas **3** (*price*) presupuesto *m*
II *v/t* **1** *text* citar; **he was ~d as saying that** se le atribuye haber dicho que; **don't ~ me on this, but …** no me hagas mucho caso, pero … **2** *price* dar **3** FIN: **be ~d on the stock market** cotizar en bolsa; **be ~d at** cotizar a
III *v/i*: **~ from an author** citar de un autor; **he is ~ … unquote** es … entre comillas; **it was described as, and I ~, …** lo describieron como, y cito textualmente,… **2**: **~ for a job** dar un presupuesto para un trabajo
'**quote marks** *npl* comillas *fpl*; **put sth in ~** poner algo entre comillas
quo•tient ['kwoʊʃnt] MATH cociente *m*

R

rab•bi ['ræbaɪ] rabino *m*
rab•bit ['ræbɪt] conejo *m*
'**rab•bit punch** colleja *f*
rab•ble ['ræbl] chusma *f*, multitud *f*
rab•ble-rous•er ['ræblraʊzər] agitador(a) *m(f)*
'**rab•ble-rous•ing** *adj* inflamatorio
rab•id ['ræbɪd] *adj* (*fanatical*) furibundo
ra•bies ['reɪbiːz] *nsg* rabia *f*
rac•coon [rə'kuːn] mapache *m*
race¹ [reɪs] *n of people* raza *f*
race² [reɪs] **I** *n* SP carrera *f*; **the ~s horses** las carreras; **take your time, it's not a ~** tómate el tiempo que necesites, ésto no es una carrera a contrarreloj **II** *v/i* (*run fast*) correr; **he ~d through his meal / work** acabó su comida / trabajo a toda velocidad **III** *v/t* correr contra; **I'll ~ you** te echo una carrera
'**race•course** *Br* hipódromo *m*; '**race-horse** caballo *m* de carreras; '**race meet•ing** *Br* carreras *fpl* de caballos
rac•er ['reɪsər] *horse* caballo *m* de carreras; *car* coche *m* de carreras; *bicycle* bicicleta *f* de carreras; *motorbike* moto *f* de carreras; *runner* corredor(a) *m(f)*
'**race ri•ot** disturbios *mpl* raciales
'**race•track** circuito *m*; *for horses* hipódromo *m*
ra•cial ['reɪʃl] *adj* racial

ra•cial dis•crim•i•na•tion discriminación *f* racial
ra•cial e'qual•i•ty igualdad *f* racial
ra•cial•ism ['reɪʃəlɪzəm] racismo *m*
ra•cial seg•re•ga•tion segregación *f* racial
rac•ing ['reɪsɪŋ] carreras *fpl*
'**rac•ing bi•cy•cle** bicicleta *f* de carreras; '**rac•ing car** coche *m* de carreras; '**rac•ing driv•er** piloto *m* de carreras
rac•ism ['reɪsɪzm] racismo *m*
ra•cist ['reɪsɪst] **I** *n* racista *m/f* **II** *adj* racista
rack¹ [ræk] **I** *n for bikes*: barras para aparcar bicicletas; *for bags on train* portaequipajes *m inv*; *for CDs* mueble *m*
II *v/t*: **~ one's brains** devanarse los sesos
rack² [ræk] *n*: **go to ~ and ruin** arruinarse
rack•et¹ ['rækɪt] SP raqueta *f*
rack•et² ['rækɪt] **1** (*noise*) jaleo *m*; **make a ~** armar mucho jaleo **2** *criminal activity* negocio *m* sucio
rack•et•eer [rækə'tɪr] extorsionista *m/f*, mafioso(-a) *m/f*
rack•et•eer•ing [rækə'tɪrɪŋ] extorsión *f*
'**rack rate** *in hotel* tarifa *f* oficial
ra•coon [rə'kuːn] ZO mapache *m*
rac•y ['reɪsɪ] *adj* atrevido

ra•dar ['reɪdɑːr] radar *m*

'ra•dar screen pantalla *f* de radar; **radar 'speed check** control *m* de velocidad por radar; **'ra•dar trap** control *m* de velocidad por radar

ra•di•al ['reɪdɪəl] neumático *m* radial

ra•di•al 'tire, *Br* **ra•di•al 'tyre** neumático *m* radial

ra•di•ance ['reɪdɪəns] esplendor *m*, brillantez *f*

ra•di•ant ['reɪdɪənt] *adj smile, appearance* resplandeciente, brillante

ra•di•ate ['reɪdɪeɪt] *v/i of heat, light* irradiar

ra•di•a•tion [reɪdɪ'eɪʃn] PHYS radiación *f*

ra•di•a•tor ['reɪdɪeɪtər] *in room, car* radiador *m*

'ra•di•a•tor core núcleo *m* del radiador

rad•i•cal ['rædɪkl] **I** *adj* radical **II** *n* POL radical *m/f*

rad•i•cal•ism ['rædɪkəlɪzm] POL radicalismo *m*

rad•i•cal•ize ['rædɪklaɪz] *v/t* radicalizar

rad•i•cal•ly ['rædɪklɪ] *adv* radicalmente

ra•di•i ['reɪdɪaɪ] *pl* ☞ **radius**

ra•di•o ['reɪdɪou] radio *f*; **on the ~** en la radio; **by ~** por radio

ra•di•o•'ac•tive *adj* radiactivo; **ra•di•o•ac•tive 'waste** residuos *mpl* radiactivos; **ra•di•o•ac'tiv•i•ty** radiactividad *f*; **ra•di•o a'larm** radiodespertador *m*; **'ra•di•o bul•le•tin** boletín *m* radiofónico; **'ra•di•o cab** radiotaxi *m*; **ra•di•o 'cas•sette play•er** radiocasete *m*; **'ra•di•o con•tact** contacto *m* por radio; **be in ~ with** estar en contacto por radio con; **lose ~ with** perder el contacto por radio con; **ra•di•o-controlled** [reɪdɪoukən'trould] *adj* teledirigido; **'ra•di•o dra•ma** drama *m* radiofónico

ra•di•og•ra•pher [reɪdɪ'ɑːɡrəfər] técnico(-a) *m(f)* de rayos X

ra•di•og•ra•phy [reɪdɪ'ɑːɡrəfɪ] radiografía *f*

'ra•di•o ham radioaficionado(-a) *m(f)*

'ra•di•o link enlace *m* por radio

ra•di•ol•o•gist [reɪdɪ'ɑːlədʒɪst] radiólogo(-a) *m(f)*

ra•di•ol•o•gy [reɪdɪ'ɑːlədʒɪ] radiología *f*

'ra•di•o mes•sage mensaje *m* por radio; **'ra•di•o op•er•a•tor** operador(a) *m(f)* de radio; **'ra•di•o pro•duc•er** productor(a) *m(f)* de radio; **'ra•di•o pro-**

gram, *Br* **'ra•di•o pro•gramme** programa *m* de radio; **'ra•di•o re•port•er** periodista *m/f* radiofónico(-a); **'ra•di•o sat•el•lite** satélite *m* radiofónico; **'ra•di•o sig•nal** señal *f* de radio; **'ra•di•o sta•tion** emisora *f* de radio; **'ra•di•o tax•i** radiotaxi *m*; **ra•di•o-'ther•a•py** radioterapia *f*; **ra•di•o 'tel•e•phone** radioteléfono *m*; **'ra•di•o traf•fic** tráfico *m* radiofónico; **'ra•di•o wave** onda *f* de radio

rad•ish ['rædɪʃ] rábano *m*

ra•di•us ['reɪdɪəs] (*pl* **radii**) radio *m*

raf•fle ['ræfl] rifa *f*

raft [ræft] **1** balsa *f* **2** F: *a whole ~ of ...* una colección *or* caterva de ...

raf•ter ['ræftər] viga *f*

rag [ræg] *for cleaning etc* trapo *m*; *in ~s* con harapos

rag•bag ['ræɡbæɡ] F batiburrillo *m*

rage [reɪdʒ] **I** *n* ira *f*, cólera *f*; **be in a ~** estar encolerizado; **be all the ~** F estar arrasando F **II** *v/i of storm* bramar

rag•ged ['ræɡɪd] *adj* andrajoso

raid [reɪd] **I** *n* **1** *by troops* incursión *f*; *by police* redada *f* **2** *by robbers* atraco *m* **3** FIN ataque *m*, incursión *f* **II** *v/t* **1** *of troops* realizar una incursión en; *of police* realizar una redada en **2** *of robbers* atracar; *fridge, orchard* saquear

raid•er ['reɪdər] *on bank etc* atracador(a) *m(f)*; *corporate ~* tiburón *m* de bolsa

rail[1] [reɪl] *n* **1** *on track* riel *m*, carril *m*; **by ~** en tren **2** (*hand~*) pasamanos *m inv*, baranda *f* **3** *for towel* barra *f*

rail[2] [reɪl] *v/i* protestar airadamente (*against, at* contra)

'rail•freight: *send sth ~* enviar algo por vía férrea

rail•ings ['reɪlɪŋz] *npl around park etc* verja *f*

'rail pass abono *m* de tren; **rail•road** ['reɪlroud] ferrocarril *m*; **'rail•road sta•tion** estación *f* de ferrocarril *or* de tren; **rail•way** ['reɪlweɪ] *Br* ferrocarril *m*

rain [reɪn] **I** *n* lluvia *f*; *in the ~* bajo la lluvia; *the ~s pl* las lluvias; *come ~ or shine* pase lo que pase **II** *v/i* llover; *it's ~ing* llueve **III** *v/t*: *~ blows on s.o* hacer llover golpes sobre alguien

◆ **rain down on** *v/t of blows* llover sobre

◆ **rain off** *v/t*: *Br*: *be rained off* suspenderse por la lluvia

◆ **rain out** v/t: **be rained out** suspenderse por la lluvia

'**rain•bow** arco m iris; '**rain•check: can I take a ~ on that?** F ¿lo podríamos aplazar para algún otro momento?; '**rain•coat** impermeable m; '**rain•drop** gota f de lluvia; '**rain•fall** pluviosidad f, precipitaciones fpl; '**rain for•est** selva f; '**rain•proof** adj fabric impermeable; '**rain•storm** tormenta f, aguacero m; '**rain•wa•ter** agua f de lluvia

rain•y ['reɪnɪ] adj lluvioso; **it's ~** llueve mucho

'**rain•y sea•son** estación f de las lluvias

raise [reɪz] **I** n in salary aumento m de sueldo **II** v/t **1** shelf etc levantar **2** offer incrementar **3** children criar **4** question plantear **5** money reunir

rai•sin ['reɪzn] pasa f

rake [reɪk] for garden rastrillo m

◆ **rake in** v/t F huge profits amasar; **he's raking it in** se está forrando

◆ **rake up** v/t leaves rastrillar; fig sacar a la luz

'**rake-off** F tajada f

rak•ish ['reɪkɪʃ] adj behavior, grin licencioso

ral•ly ['rælɪ] **1** (meeting, reunion) concentración f; political mitin m **2** MOT rally m **3** in tennis peloteo m

◆ **rally round** **I** v/i (pret & pp -ied) acudir a ayudar **II** v/t (pret & pp -ied): **rally round s.o.** acudir a ayudar a alguien

RAM [ræm] abbr (= **random access memory**) COMPUT RAM f (= memoria f de acceso aleatorio)

ram [ræm] **I** n carnero m **II** v/t (pret & pp -med) ship, car embestir

ram•ble ['ræmbl] **I** n walk caminata f, excursión f **II** v/i **1** walk caminar **2** in speaking divagar; of sick person delirar

ram•bler ['ræmblər] walker senderista m/f, excursionista m/f

ram•bling ['ræmblɪŋ] **I** n **1** walking senderismo m **2** in speech divagaciones fpl **II** adj speech inconexo

ram•i•fi•ca•tion [ræmɪfɪ'keɪʃn] ramificación f

ram•i•fy ['ræmɪfaɪ] v/i ramificarse

ramp [ræmp] rampa f; for raising vehicle elevador m

ram•page ['ræmpeɪdʒ] **I** v/i pasar arrasando con todo **II** n: **go on the ~** pasar arrasando con todo

ramp•ant ['ræmpənt] adj inflation galopante

ram•part ['ræmpɑːrt] muralla f

'**ram raid** irrupción de un vehículo en una tienda para cometer un robo

ram•shack•le ['ræmʃækl] adj destartalado, desvencijado

ran [ræn] pret ☞ **run**

ranch [ræntʃ] rancho m

ranch•er ['ræntʃər] ranchero(-a) m(f)

'**ranch•lands** npl dehesa f

ran•cid ['rænsɪd] adj rancio

ran•cor ['ræŋkər] rencor m

ran•cor•ous ['ræŋkərəs] adj rencoroso

R & D [ɑːrən'diː] abbr (= **research and development**) I+D f (= investigación f y desarrollo)

ran•dom ['rændəm] **I** adj al azar; **~ sample** muestra f aleatoria **II** n: **at ~** al azar

ran•dom ac•cess 'mem•o•ry memoria f de acceso aleatorio

ran•dy ['rændɪ] adj Br F cachondo F; **it makes me ~** me pone cachondo

rang [ræŋ] pret ☞ **ring[2]**

range [reɪndʒ] **I** n **1** of products gama f **2** of gun, airplane alcance m; of voice registro m; **at close~** de cerca **3** of mountains cordillera f **II** v/i: **~ from X to Y** ir desde X a Y

range find•er ['reɪndʒfaɪndər] PHOT etc telémetro m

rang•er ['reɪndʒər] guardabosques m/f inv

rank[1] [ræŋk] **I** n MIL, in society rango m; **the ~s** MIL la tropa; **the ~ and file** MIL la tropa; fig: of political party las bases; **close ~s** also fig cerrar filas; **break ~s** also fig romper filas; **top ~** fig: hotel, player, company de primera línea or clase; **join the ~s of the unemployed** engrosar las filas del paro; **pull ~ on s.o.** F aprovecharse de alguien (por estar en un puesto superior); **rise from the ~s** pasar de soldado raso a oficial **II** v/t clasificar **III** v/i clasificarse

◆ **rank among** v/t figurar entre

rank[2] [ræŋk] adj **1** (foul-smelling) pestilente **2** outsider, beginner, nonsense total

rank•ing ['ræŋkɪŋ] adj officer de mayor rango

rank•ings ['ræŋkɪŋz] npl SP clasificación f

ran•kle ['ræŋkl] v/i doler; *it still ~s (with him)* todavía le duele

ran•sack ['rænsæk] v/t saquear

ran•som ['rænsəm] rescate m; *hold s.o. to ~* pedir un rescate por alguien

'ran•som mon•ey (dinero m del) rescate m

rant [rænt] v/i: *~ and rave* despotricar

rap¹ [ræp] I n 1 *at door etc* golpe m; *give s.o. a ~ over the knuckles* fig echar un rapapolvo a alguien 2 MUS rap m II v/t (*pret & pp* -ped) table etc golpear

◆ **rap at** v/t *window etc* golpear

rap² [ræp] n P: *take the ~ for sth* cargar con las culpas por algo; *I had to take the ~ for him* yo tuve que cargar con las culpas

rap³ [ræp] n: *I don't care a ~* me importa un pimiento

rape¹ [reɪp] I n violación f II v/t violar

rape² [reɪp] n BOT colza f

'rape•seed oil aceite m de colza

'rape vic•tim víctima m/f de una violación

rap•id ['ræpɪd] adj rápido

'rap•id-fire adj MIL, fig: *questioning* rápido

ra•pid•i•ty [rə'pɪdətɪ] rapidez f

rap•id•ly ['ræpɪdlɪ] adv rápidamente

rap•ids ['ræpɪdz] npl rápidos mpl

rap•ist ['reɪpɪst] violador(a) m(f)

rap•port [ræ'pɔːr] relación f; *we have a good ~* nos entendemos muy bien

rap•proche•ment [ræprəʃ'mɑːn] POL acercamiento m (*between* entre)

rapt [ræpt] adj: *with ~ attention* absorto

rap•ture ['ræptʃər]: *go into ~s over* extasiarse con

rap•tur•ous ['ræptʃərəs] adj clamoroso

rare [rer] adj 1 (*not common*) raro 2 *steak* poco hecho

rar•e•fied ['rerəfaɪd] adj also fig enrarecido

rare•ly ['rerlɪ] adv raramente, raras veces

rar•ing ['rerɪŋ] adj: *be ~ to do s.th.* F estar muerto de ganas de hacer algo; *we're all ~ to go* F nos morimos por empezar

rar•i•ty ['rerətɪ] rareza f

ras•cal ['ræskl] pícaro(-a) m(f)

rash¹ [ræʃ] n MED sarpullido m, erupción f cutánea

rash² [ræʃ] adj *action, behavior* precipitado

rash•er ['ræʃər] Br loncha f

rash•ly ['ræʃlɪ] adv precipitadamente

rasp [rɑːsp] *noise* chirrido m

rasp•ber•ry ['ræzberɪ] frambuesa f

rasp•ing ['rɑːspɪŋ] adj *noise, voice* áspero

Ras•ta•far•i•an [ræstə'ferɪən] rastafari m/f

rat [ræt] rata f; *smell a ~* fig intuir *or* olerse algo sospechoso

◆ **rat on** v/t (*pret & pp* -ted) F chivarse de

rate [reɪt] I n 1 *of exchange* tipo m; *of pay* tarifa f; *~ of interest* FIN tipo m de interés 2 (*price*) tarifa f, precio m 3 (*speed*) ritmo m; *at this ~* (*at this speed*) a este ritmo; (*if we carry on like this*) si seguimos así 4: *at any ~* (*anyway*) en todo caso; (*at least*) por lo menos

II v/t: *~ s.o. as ...* considerar a alguien (como) ...; *~ s.o. highly* tener buena opinión de alguien

rate of re'turn tasa f de rentabilidad

rather ['ræðər] adv 1 (*fairly, quite*) bastante 2: *I would ~ stay here* preferiría quedarme aquí; *or would you ~ ...?* ¿o preferiría ...?; *I'd do anything ~ than stay home* haría cualquier cosa antes que quedarme en casa

rat•i•fi•ca•tion [rætɪfɪ'keɪʃn] ratificación f

rat•i•fy ['rætɪfaɪ] v/t (*pret & pp* -ied) ratificar

rat•ings ['reɪtɪŋz] npl índice m de audiencia

'rat•ings war guerra f de audiencia

ra•tio ['reɪʃɪoʊ] proporción f

ra•tion ['ræʃn] I n ración f II v/t *supplies* racionar

ra•tion•al ['ræʃnl] adj racional

ra•tion•ale [ræʃə'nɑːl] lógica f (*for, behind* de)

ra•tion•al•ism ['ræʃnəlɪzəm] racionalismo m

ra•tion•al•ist ['ræʃnəlɪst] I n racionalista m/f II adj racionalista

ra•tion•al•i•ty [ræʃə'nælɪtɪ] racionalidad f

ra•tion•al•i•za•tion [ræʃənəlaɪ'zeɪʃn] racionalización f

ra•tion•al•ize ['ræʃənəlaɪz] I v/t racionalizar **II** *v/i* buscar una explicación racional

ra•tion•al•ly ['ræʃənlɪ] *adv* racionalmente

'**rat poi•son** matarratas *m inv*

'**rat race** *vida frenética y competitiva*

rat•tle ['rætl] **I** *n* **1** *noise* traqueteo *m*, golpeteo *m* **2** *toy* sonajero *m* **II** *v/t* **1** *chains etc* entrechocar **2** *person* inquietar; **he looks a bit ~d** parece un poco inquieto **III** *v/i of chains etc* entrechocarse; *of crates* traquetear

◆ **rattle off** *v/t poem, list of names* decir rápidamente

◆ **rattle on** *v/i* parlotear

◆ **rattle through** *v/t* hacer rápidamente

'**rat•tle•snake** serpiente *f* de cascabel

'**rat•trap** *also fig* ratonera *f*

rat•ty ['rætɪ] *adj* **F 1** *(irritable)* susceptible; *(annoyed)* mosqueado **2** *sweater etc* sobado, gastado

rau•cous ['rɔːkəs] *adj laughter, party* estridente

raun•chy ['rɔːntʃɪ] *adj novel, style* picante; *person, laugh* provocativo

rav•age ['rævɪdʒ] **I** *n:* **the ~s of time** los estragos del tiempo **II** *v/t* arrasar; **~d by war** arrasado por la guerra

rave [reɪv] **I** *v/i (talk deliriously)* delirar; *(talk wildly)* desvariar; **~ about sth** *(be very enthusiastic)* estar muy entusiasmado con algo **II** *n party* fiesta *f* tecno

ra•ven ['reɪvn] cuervo *m*

rav•e•nous ['rævənəs] *adj (very hungry)* famélico; **have a ~ appetite** tener un hambre canina

rav•e•nous•ly ['rævənəslɪ] *adv* con voracidad

rave re'view crítica *f* muy entusiasta

ra•vine [rə'viːn] barranco *m*

rav•ing ['reɪvɪŋ] *adv:* **~ mad** chalado

ra•vi•o•li [rævɪ'oulɪ] ravioli *m*

rav•ish ['rævɪʃ] *v/t (rape)* forzar

rav•ish•ing ['rævɪʃɪŋ] *adj* encantador, cautivador

raw [rɔː] *adj meat, vegetable* crudo; *sugar* sin refinar; *iron* sin tratar; **get a ~ deal** **F** no ser tratado con justicia

raw ma'te•ri•als *npl* materias *fpl* primas

ray[1] [reɪ] *of sun, light etc* rayo *m*; **a ~ of hope** un rayo de esperanza

ray[2] [reɪ] *fish* raya *f*

ray•on ['reɪɑːn] rayón *m*

raze [reɪz] *v/t:* **~ to the ground** arrasar *or* asolar por completo

ra•zor ['reɪzər] maquinilla *f* de afeitar

'**ra•zor blade** cuchilla *f* de afeitar; '**razor edge: be on a ~** *fig* pender de un hilo; '**ra•zor-sharp** *adj blade* afilado; *mind* agudo

raz•zle ['ræzl]: **go on the ~** **F** salir de marcha

razz•ma•tazz [ræzmə'tæz] **F** parafernalia *f*

re [riː] *prep* COM con referencia a

reach [riːtʃ] **I** *n:* **within ~** al alcance; **out of ~** fuera del alcance **II** *v/t* llegar a; *decision, agreement, conclusion* alcanzar, llegar a; **can you ~ it?** ¿alcanzas?, ¿llegas?

◆ **reach out** *v/i* extender el brazo

re•act [rɪ'ækt] *v/i* reaccionar

re•ac•tion [rɪ'ækʃn] reacción *f*

re•ac•tion•ar•y [rɪ'ækʃnrɪ] **I** *n* POL reaccionario(-a) *m(f)* **II** *adj* POL reaccionario

re•ac•ti•vate [rɪ'æktɪveɪt] *v/t* reactivar

re•ac•tive [rɪ'æktɪv] *adj* CHEM reactivo

re•ac•tor [rɪ'æktər] *nuclear* reactor *m*

read[1] [riːd] **I** *v/t (pret & pp* **read** [red]*) also* COMPUT leer **II** *v/i (pret & pp* **read** [red]*)* leer; **~ to s.o.** leer a alguien; **your essay ~s well** tu trabajo está bien escrito

◆ **read into** *v/t:* **read sth into sth** interpretar algo a partir de algo

◆ **read out** *v/t aloud* leer en voz alta

◆ **read through** *v/t* leer

◆ **read up on** *v/t* leer mucho sobre, estudiar

read[2] [red] *pret & pp ☞* **read**[1]

rea•da•ble ['riːdəbl] *adj* **1** *handwriting* legible **2** *book* ameno

read•er ['riːdər] *person* lector(a) *m(f)*

'**read er•ror** COMPUT error *m* de lectura

read•er•ship ['riːdərʃɪp] lectores *mpl*

'**read head** COMPUT cabeza *f* lectora

read•i•ly ['redɪlɪ] *adv admit, agree* de buena gana

read•i•ness ['redɪnɪs]: **in a state of ~** preparado par actuar; **their ~ to help** la facilidad con la que ayudaron

read•ing ['riːdɪŋ] *activity* lectura *f*; **take a ~ from the meter** leer el contador

'**read•ing glass•es** gafas *fpl* para leer; '**read•ing lamp** lámpara *f* para leer; '**read•ing mat•ter** lectura *f*; '**read•ing**

reasonable

room sala *f* de lectura
re•ad•just [riːəˈdʒʌst] **I** *v/t equipment, controls* reajustar **II** *v/i to conditions* volver a adaptarse
re•ad•just•ment [riːəˈdʒʌstmənt] reajuste *m*
'read-me doc•u•ment COMPUT documento *m* léeme; **read-'on•ly file** COMPUT archivo *m* sólo de lectura; **read-'on•ly mem•o•ry** COMPUT memoria *f* sólo de lectura; **'read-out** COMPUT visualización *f*; **'read-through** *of script* lectura *f*; **read-'write head** COMPUT cabeza *f* lectora-grabadora
read•y [ˈredɪ] *adj* **1** (*prepared*) listo, preparado; **get** (*o.s.*) **~** prepararse; **get sth ready** preparar algo **2** (*willing*) dispuesto
read•y 'cash dinero *m* contante y sonante; **read•y-cooked** [redɪˈkʊkt] *adj* precocinado; **read•y-made** *adj stew etc* precocinado; *solution* ya hecho; **read•y-to-'wear** *adj* de confección
re•af•firm [riːəˈfɜːrm] *v/t* reafirmar
re•af•fir•ma•tion [riːæfərˈmeɪʃn] reafirmación *f*
re•af•for•est [riːəˈfɑːrɪst] *v/t* reforestar
re•af•for•est•a•tion [riːəfɑːrɪsˈteɪʃn] reforestación *f*
re•a•gent [riːˈeɪdʒənt] CHEM reactivo *m*
real [riːl] **I** *adj real; surprise, genius* auténtico; **he's a ~ idiot** es un auténtico idiota; **get ~!** F ¡abre los ojos!, ¡baja de las nubes! **II** *adv* **F 1** muy; **I'm ~ sorry** lo siento muchísimo **2**: **this time it's for ~** esta vez va en serio or es de verdad
'real es•tate bienes *mpl* inmuebles
'real es•tate a•gent agente *m/f* inmobiliario(-a)
re•al•ism [ˈrɪəlɪzəm] realismo *m*
re•al•ist [ˈrɪəlɪst] realista *m/f*
re•al•is•tic [rɪəˈlɪstɪk] *adj* realista
re•al•is•tic•al•ly [rɪəˈlɪstɪklɪ] *adv* realísticamente
re•al•i•ty [rɪˈælətɪ] realidad *f*
're•al•i•ty show reality show *m*
re•al•i•za•tion [rɪəlaɪˈzeɪʃn]: **the ~ dawned on me that ...** me di cuenta de que ...
re•al•ize [ˈrɪəlaɪz] *v/t* **1** darse cuenta de; **I ~ now that ...** ahora me doy cuenta de que ... **2** FIN (*yield*) producir; (*sell*) realizar, liquidar
real-'life *adj story etc* de la vida real

real•ly [ˈrɪəlɪ] *adv* **1** *in truth* de verdad; **I am ~ ~ sorry** lo siento en el alma; **~ ?** ¿de verdad?; **not ~** *as reply* la verdad es que no **2** *big, small* muy
realm [relm] *of monarch* reino *m*; *fig* ámbito *m*; **be within the ~s of possibility** entrar dentro de lo posible
'real time COMPUT tiempo *m* real
'real-time *adj* COMPUT en tiempo real
re•al•tor [ˈriːltər] agente *m/f* inmobiliario(-a)
re•al•ty [ˈriːltɪ] bienes *mpl* inmuebles
reap [riːp] *v/t* cosechar; **~ the benefits of sth** cosechar los beneficios de algo
re•ap•pear [riːəˈpɪr] *v/i* reaparecer
re•ap•pear•ance [riːəˈpɪrəns] reaparición *f*
re•ap•prais•al [riːəˈpreɪzl] revaluación *f*
re•ap•praise [riːəˈpreɪz] *v/t* reconsiderar
rear¹ [rɪr] **I** *n* parte *f* de atrás **II** *adj legs* de atrás; *seats, wheels, lights* trasero
rear² [rɪr] *v/t* **1** *children, animals* criar **2** *head* levantar; **~ its ugly head** *fig* aparecer
♦ **rear up** *v/i of horse* encabritarse
rear 'ax•le eje *m* trasero; **rear 'end I** *n* F *of person* trasero *m* **II** *v/t* MOT F dar un golpe por atrás a; **rear 'ex•it** salida *f* trasera; **'rear•guard** MIL retaguardia *f*; **fight a ~ action** MIL luchar en la retaguardia; *fig* hacer un último esfuerzo desesperado; **rear 'light** *of car* luz *f* trasera
re•arm [riːˈɑːrm] **I** *v/t* rearmar **II** *v/i* rearmarse
re•ar•ma•ment [rɪˈɑːrməmənt] rearme *m*
'rear•most *adj* último
rear-mount•ed 'en•gine motor *m* trasero
re•ar•range [riːəˈreɪndʒ] *v/t flowers* volver a colocar; *furniture* reordenar; *schedule, meetings* cambiar
rear-view 'mir•ror espejo *m* retrovisor
rear•ward [ˈrɪrwərd] **I** *adj* trasero **II** *adv* hacia atrás
rear-wheel 'drive tracción *f* trasera
rea•son [ˈriːzn] **I** *n* **1** *faculty* razón *f*; **see / listen to ~** atender a razones **2** (*cause*) razón *f*, motivo *m*; **I don't know the ~ why** desconozco el porqué **II** *v/i*: **~ with s.o.** razonar con alguien
rea•son•a•ble [ˈriːznəbl] *adj* **1** *person*

razonable 2: *a ~ number of people* un buen número de personas

rea•son•a•bly ['riːznəblɪ] *adv* 1 *act, behave* razonablemente 2 (*quite*) bastante

rea•son•ing ['riːznɪŋ] razonamiento *m*

re•as•sem•ble [riːə'sembl] *v/t* TECH volver a montar

re•as•sur•ance [riːə'ʃɔːrəns] garantía *f*

re•as•sure [riːə'ʃʊr] *v/t* tranquilizar; *she ~d us of her continued support* nos aseguró que continuábamos contando con su apoyo

re•as•sur•ing [riːə'ʃʊrɪŋ] *adj* tranquilizador

re•bate ['riːbeɪt] *money back* reembolso *m*

reb•el[1] ['rebl] *n* rebelde *m/f*; *~ troops* tropas *fpl* rebeldes

re•bel[2] [rɪ'bel] *v/i* (*pret & pp* -**led**) rebelarse

reb•el•lion [rɪ'beljən] rebelión *f*

reb•el•lious [rɪ'beljəs] *adj* rebelde

reb•el•lious•ly [rɪ'beljəslɪ] *adv* con rebeldía

reb•el•lious•ness [rɪ'beljəsnɪs] rebeldía *f*

re•birth [riː'bɜːrθ] resurgimiento *m*

re•boot [riː'buːt] **I** *v/t & v/i* reinicializar **II** *n* reinicio *m*

re•bound [rɪ'baʊnd] **I** *v/i* of ball etc rebotar **II** *n* rebote *m*

re•bound•er [rɪ'baʊndər] *in basketball* reboteador(a) *m(f)*

re•buff [rɪ'bʌf] **1** *n* desaire *m*, rechazo *m* **II** *v/t* rechazar

re•build ['riːbɪld] *v/t* (*pret & pp* -**built**) reconstruir

re•buke [rɪ'bjuːk] *v/t* reprender

re•but [rɪ'bʌt] *v/t* (*pret & pp* -**ted**) refutar

re•but•tal [rɪ'bʌtl] refutación *f*

re•cal•ci•trant [rɪ'kælsɪtrənt] *adj fml* recalcitrante

re•call [rɪ'kɒl] *v/t* **1** *goods* retirar del mercado **2** (*remember*) recordar

re•cap ['riːkæp] *v/i* (*pret & pp* -**ped**) recapitular

re•ca•pit•u•late [riːkə'pɪtjʊleɪt] *v/t & v/i* recapitular

re•ca•pit•u•la•tion [riːkəpɪtjʊ'leɪʃn] recapitulación *f*

re•cap•ture [riː'kæptʃər] *v/t* **1** MIL reconquistar; *criminal* volver a detener

2 *mood, atmosphere* recobrar, recuperar

re•cast [riː'kɑːst] *v/t* (*pret & pp* -**cast**) **1** (*restructure*) reestructurar **2** THEA volver a realizar el reparto de

re•cede [rɪ'siːd] *v/i* of flood waters retroceder

re•ced•ing [rɪ'siːdɪŋ] *adj* forehead, chin hundido; *have a ~ hairline* tener entradas

re•ceipt [rɪ'siːt] **1** *for purchase* recibo *m*; *acknowledge~ of sth* acusar recibo de algo **2**: *~s* FIN ingresos *mpl*

re•ceive [rɪ'siːv] *v/t* recibir

re•ceiv•er[1] [rɪ'siːvər] **1** *of letter* destinatario(-a) *m(f)* **2** TELEC auricular *m*; *for radio* receptor *m*

re•ceiv•er[2] [rɪ'siːvər] FIN administrador(a) *m(f)* judicial

re•ceiv•er•ship [rɪ'siːvərʃɪp]: *be in ~* estar en suspensión de pagos

re•ceiv•ing [rɪ'siːvɪŋ] **1** *of stolen goods* receptación *f* **2**: *be on the ~ end of sth* F ser víctima de algo

re•cent ['riːsnt] *adj* reciente

re•cent•ly ['riːsntlɪ] *adv* recientemente

re•cep•ta•cle [rɪ'septəkl] receptáculo *m*

re•cep•tion [rɪ'sepʃn] recepción *f*; (*welcome*) recibimiento *m*

re'cep•tion desk recepción *f*

re•cep•tion•ist [rɪ'sepʃnɪst] recepcionista *m/f*

re•cep•tive [rɪ'septɪv] *adj*: *be ~ to sth* ser receptivo a algo

re•cess ['riːses] **1** *in wall etc* hueco *m* **2** EDU recreo *m*; *of legislature* periodo *m* vacacional

re•ces•sion [rɪ'seʃn] *economic* recesión *f*

re•charge [riː'tʃɑːrdʒ] *v/t battery* recargar; *~ one's batteries fig* recargar las pilas

re•charge•a•ble [riː'tʃɑːrdʒəbl] *adj* recargable

re•cid•i•vist [rɪ'sɪdɪvɪst] reincidente *m/f*

re•ci•pe ['resəpɪ] receta *f*

're•ci•pe book libro *m* de cocina, recetario *m*

re•cip•i•ent [rɪ'sɪpɪənt] *of parcel etc* destinatario(-a) *m(f)*; *of payment* receptor(a) *m(f)*

re•cip•ro•cal [rɪ'sɪprəkl] *adj* recíproco

re•cip•ro•cate [rɪ'sɪprəkeɪt] **I** *v/t* invita-

tion, affections corresponder a **‖** *v/i* corresponder

re•cip•ro•ca•tion [rɪsɪprə'keɪʃn] correspondencia *f*

re•cit•al [rɪ'saɪtl] MUS recital *m*

rec•i•ta•tion [resɪ'teɪʃn] recitación *f*

rec•i•ta•tive [resɪtə'tiːv] MUS recitativo *m*

re•cite [rɪ'saɪt] *v/t* **1** *poem* recitar **2** *details, facts* enumerar

reck•less ['reklɪs] *adj* imprudente; *driving* temerario

reck•less•ly ['reklɪslɪ] *adv* con imprudencia; *drive* con temeridad

reck•less•ness ['reklɪsnɪs] imprudencia *f*; *of driving* temeridad *f*

reck•on ['rekən] *v/t (think, consider)* estimar, considerar; *I ~ it won't happen* creo que no va a pasar

◆ **reckon on** *v/t* contar con

◆ **reckon with** *v/t*: *have s.o. / sth to reckon with* tener que vérselas con alguien / algo

reck•on•ing ['rekənɪŋ] estimaciones *fpl*, cálculos *mpl*; *by my ~* según mis cálculos

re•claim [rɪ'kleɪm] *v/t* **1** *land from sea* ganar, recuperar **2** *lost property, rights* reclamar

rec•la•ma•tion [reklə'meɪʃn] recuperación *f*

re•cline [rɪ'klaɪn] *v/i* reclinarse

re•clin•er [rɪ'klaɪnər] *chair* sillón *m* reclinable

re•cluse [rɪ'kluːs] solitario(-a) *m(f)*

re•clu•sive [rɪ'kluːsɪv] *adj* solitario

rec•og•ni•tion [rekəg'nɪʃn] *of state, s.o.'s achievements* reconocimiento *m*; *in ~ of* en reconocimiento a; *be changed beyond ~* estar irreconocible

rec•og•niz•a•ble [rekəg'naɪzəbl] *adj* reconocible

rec•og•nize ['rekəgnaɪz] *v/t* reconocer; *it can be ~d by ...* se le reconoce por ...

re•coil [rɪ'kɔɪl] *v/i* echarse atrás, retroceder

rec•ol•lect [rekə'lekt] *v/t* recordar

rec•ol•lec•tion [rekə'lekʃn] recuerdo *m*; *I have no ~ of the accident* no me acuerdo del accidente

rec•om•mend [rekə'mend] *v/t* recomendar

rec•om•mend•a•ble [rekə'mendəbl] *adj* recomendable

rec•om•men•da•tion [rekəmen'deɪʃn] recomendación *f*

rec•om•mend•ed re•tail price [rekəmendɪd'riːteɪlpraɪs] precio *m* de venta al público recomendado

rec•om•pense ['rekəmpens] **I** *n* recompensa *f* **‖** *v/t*: *~ s.o. for sth* recompensar a alguien por algo

rec•on•cile ['rekənsaɪl] *v/t people* reconciliar; *differences, facts* conciliar; *~ o.s. to ...* hacerse a la idea de ...; *be ~d of two people* haberse reconciliado

rec•on•cil•i•a•tion [rekənsɪlɪ'eɪʃn] *of people* reconciliación *f*; *of differences, facts* conciliación *f*

rec•on•dite ['rekəndaɪt] *adj* abstruso

re•con•di•tion [riːkən'dɪʃn] *v/t* reacondicionar

re•con•di•tioned en•gine [riːkəndɪʃnd'endʒɪn] MOT motor *m* reacondicionado

re•con•nais•sance [rɪ'kɑːnɪsns] MIL reconocimiento *m*

re•con•nais•sance flight vuelo *m* de reconocimiento

re•con•nais•sance plane avión *m* de reconocimiento

rec•on•noi•ter, *Br* **rec•on•noi•tre** [rekə'nɔɪtər] *v/t* MIL reconocer

re•con•quer [riː'kɑːŋkər] *v/t* reconquistar

re•con•quest [riː'kɑːŋkwest] reconquista *f*

re•con•sid•er [riːkən'sɪdər] **I** *v/t offer, one's position* reconsiderar **‖** *v/i: won't you please ~?* ¿por qué no lo reconsideras, por favor?

re•con•sid•er•a•tion [riːkənsɪdər'eɪʃn] reconsideración *f*

re•con•struct [riːkən'strʌkt] *v/t* reconstruir

re•con•struc•tion [riːkən'strʌkʃn] reconstrucción *f*; *~ of a crime* reconstrucción de un crimen

rec•ord[1] ['rekɔːrd] *n* **1** MUS disco *m* **2** SP *etc* récord *m* **3** *written document etc* registro *m*, documento *m*; *in database* registro *m*; *~s* archivos *mpl*; *say sth off the ~* decir algo oficiosamente; *have a criminal ~* tener antecedentes penales; *have a good ~ for sth* tener un buen historial en materia de algo

re•cord[2] [rɪ'kɔːrd] *v/t electronically* grabar; *in writing* anotar

'rec•ord-break•ing *adj* récord

re•cord•ed high•lights [rɪkɔ:rdɪd 'haɪlaɪts] *npl* TV momentos *mpl* más destacados

re•cor•der [rɪ'kɔ:rdər] MUS flauta *f* dulce

'rec•ord hold•er plusmarquista *m/f*

re•cord•ing [rɪ'kɔ:rdɪŋ] grabación *f*

re'cord•ing en•gi•neer ingeniero(-a) *m(f)* de grabación; re'cord•ing head cabeza *f* grabadora; re'cord•ing stu•di•o estudio *m* de grabación

'rec•ord play•er tocadiscos *m inv*

re•count [rɪ'kaʊnt] *v/t (tell)* relatar

re-count ['ri:kaʊnt] I *n of votes* segundo recuento *m* II *v/t (count again)* volver a contar

re•coup [rɪ'ku:p] *v/t financial losses* resarcirse de

re•course [rɪ'kɔ:rs] *have* ~ *to* recurrir a

re•cov•er [rɪ'kʌvər] I *v/t sth lost, stolen goods* recuperar; *composure* recobrar II *v/i from illness* recuperarse

re•cov•er•y [rɪ'kʌvərɪ] recuperación *f*; *he has made a good* ~ se ha recuperado muy bien

rec•re•a•tion [rekrɪ'eɪʃn] ocio *m*

rec•re•a•tion•al [rekrɪ'eɪʃnl] *adj done for pleasure* recreativo; ~ *drug* droga *f* recreativa

re•crim•i•na•tion [rɪkrɪmɪn'eɪʃn] recriminación *f*

re•cruit [rɪ'kru:t] I *n* MIL recluta *m/f*; *to company* nuevo(-a) trabajador(a) II *v/t new staff* contratar

re•cruit•ment [rɪ'kru:tmənt] MIL reclutamiento *m*; *to company* contratación *f*

re'cruit•ment drive MIL campaña *f* de reclutamiento; *to company* campaña *f* de contratación

rec•tan•gle ['rektæŋgl] rectángulo *m*

rec•tan•gu•lar [rek'tæŋgjʊlər] *adj* rectangular

rec•ti•fi•ca•tion [rektɪfɪ'keɪʃn] rectificación *f*

rec•ti•fy ['rektɪfaɪ] *v/t (pret & pp -ied)* rectificar

rec•ti•lin•e•ar [rektɪ'lɪnɪər] *adj* rectilíneo

rec•ti•tude ['rektɪtju:d] rectitud *f*

rec•tor ['rektər] 1 REL párroco *m* 2 *of school* rector(a) *m(f)*

rec•to•ry ['rektərɪ] rectoría *f*

rec•tum ['rektəm] ANAT recto *m*

re•cu•pe•rate [rɪ'ku:pəreɪt] *v/i* recuperarse

re•cur [rɪ'kɜ:r] *v/i (pret & pp -red) of error, event* repetirse; *of symptoms* reaparecer

re•cur•rence [rɪ'kʌrəns] *of error, event* repetición *f*; *of symptoms* reaparición *f*

re•cur•rent [rɪ'kʌrənt] *adj* recurrente

re•cy•cla•ble [ri:'saɪkləbl] *adj* reciclable

re•cy•cle [ri:'saɪkl] *v/t* reciclar

re•cy•cling [ri:'saɪklɪŋ] reciclado *m*

re'cy•cling plant planta *f* de reciclado

red [red] I *adj* rojo; ~ *alert* alerta *f* roja; *go* ~ ponerse rojo, ruborizarse II *n* rojo *m*; *in the* ~ FIN en números rojos; *see* ~ ponerse furioso

red 'card tarjeta *f* roja; *he got a* ~ le sacaron la tarjeta roja; red 'car•pet: *give s.o. the* ~ *treatment* tratar a alguien a cuerpo de rey; Red 'Cross Cruz *f* Roja; red'cur•rant BOT grosella *f* roja

red•den ['redn] *v/i (blush)* ponerse colorado

red•dish ['redɪʃ] *adj* rojizo

re•dec•o•rate [ri:'dekəreɪt] *v/t with paint* volver a pintar; *with paper* volver a empapelar

re•deem [rɪ'di:m] *v/t* 1 *debt* amortizar 2 REL redimir

Re•deem•er [rɪ'di:mər] REL Redentor *m*

re•deem•ing fea•ture [rɪdi:mɪŋ'fi:tʃər]: *his one* ~ *is that ...* lo único que lo salva es que ...

re•de•fine [ri:dɪ'faɪn] redefinir

re•demp•tion [rɪ'dempʃn] REL redención *f*

re•de•ploy [ri:dɪ'plɔɪ] *v/t* redistribuir

re•de•ploy•ment [ri:dɪ'plɔɪmənt] redistribución *f*

re•de•sign [ri:dɪ'zaɪn] *v/t* rediseñar

re•de•vel•op [ri:dɪ'veləp] *v/t part of town* reedificar

re•de•vel•op•ment [ri:dɪ'veləpmənt] *of part of town* reconversión *f*

'red eye PHOT ojos *mpl* rojos; 'red-eye (flight) F vuelo *m* nocturno; red-hand•ed [red'hændɪd] *adj*: *catch s.o.* ~ coger a alguien con las manos en la masa; 'red•head pelirrojo(-a) *m(f)*; 'red-head•ed *adj* pelirrojo; red 'her•ring *fig* señuelo *m*; 'red-hot *adj* 1 al rojo vivo 2: *be* ~ *at sth* F ser un(a) fiera en algo

re•di•al [riː'daɪəl] *v/t & v/i* volver a marcar

re•di•rect [riːdɪ'rekt] *v/t letter* reexpedir; *phone call* desviar

re•dis•cov•er [riːdɪ'skʌvər] *v/t* redescubrir

re•dis•cov•er•y [riːdɪ'skʌvərɪ] redescubrimiento *m*

re•dis•trib•ute [riːdɪ'strɪbjuːt] *v/t* redistribuir

re•dis•trib•u•tion [riːdɪstrɪ'bjuːʃn] redistribución *f*

red-'let•ter day día *m* señalado; **red 'light** *at traffic light* semáforo *m* (en) rojo; **red 'light dis•trict** zona *f* de prostitución; **red 'meat** carne *f* roja; **'red-neck** F *individuo racista y reaccionario, normalmente de clase trabajadora*

red•ness ['rednɪs] rojez *f*

re•do [riː'duː] *v/t (pret* **-did**, *pp* **-done)** volver a hacer

re•dou•ble [riː'dʌbl] *v/t:* **~ one's efforts** redoblar los esfuerzos

re•doubt•a•ble [rɪ'daʊtəbəl] *adj* formidable

red 'pep•per *vegetable* pimiento *m* rojo

red 'tape F burocracia *f*, papeleo *m*

re•duce [rɪ'duːs] *v/t* reducir; *price* rebajar

re•duced-e•mis•sion [rɪdu:sdɪ'mɪʃn] *adj* MOT de emisión reducida

re•duc•tion [rɪ'dʌkʃn] reducción *f*; *in price* rebaja *f*

re•dun•dan•cy [rɪ'dʌndənsɪ] **1** redundancia *f* **2** *Br: at work* despido *m* *(por falto de trabajo)*

re•dun•dant [rɪ'dʌndənt] *adj* **1** *(unnecessary)* innecesario **2** *Br:* **be made ~ at work** ser despedido

re•du•pli•cate [rɪ'duːplɪkeɪt] *v/t* repetir

red 'wine vino *m* tinto

re-ech•o [riː'ekoʊ] *v/i* resonar *(with* con)

reed [riːd] **1** BOT junco *m* **2** MUS lengüeta *f*

re-ed•u•cate [riː'edʒʊkeɪt] *v/t* reeducar

reed•y ['riːdɪ] *adj voice, note* agudo

reef [riːf] *in sea* arrecife *m*

'reef knot *Br* nudo *m* de rizos, nudo *m* marinero

reek [riːk] *v/i* apestar *(of* a)

reel¹ [riːl] *n of film* rollo *m; of thread* carrete *m*

◆ **reel off** *v/t* soltar

reel² [riːl] *v/i: my head ~ed* me daba vueltas la cabeza; *the room ~ed before my eyes* la habitación me daba vueltas

re-e•lect [riːɪ'lekt] *v/t* reelegir

re-e•lec•tion [riːɪ'lekʃn] reelección *f*

reel-to-reel 'tape re•cord•er casete *m* de carretes

re-en•ter [riː'entər] *v/t building, earth's atmosphere* volver a entrar en

re-en•try [riː'entrɪ] *of spacecraft* reentrada *f*

ref [ref] F árbitro(-a) *m(f)*, trencilla *m* F

ref. [ref] *abbr (= in or with reference to)* ref.

re•fec•to•ry [rɪ'fektərɪ] EDU comedor *m*

re•fer [rɪ'fɜːr] *v/t (pret & pp* **-red**): **~ a decision / problem to s.o.** remitir una decisión / un problema a alguien

◆ **refer to** *v/t* **1** *(allude to)* referirse a **2** *dictionary etc* consultar

ref•er•ee [refə'riː] **1** *n* **1** SP árbitro(-a) *m(f)*, *L.Am.* referí *m* **2** *(for job)* persona que pueda dar referencias **II** *v/t* SP arbitrar

ref•er•ee•ing [refə'riːɪŋ] SP arbitraje *m*

ref•er•ence ['refərəns] referencia *f*; *with ~ to* con referencia a

'ref•er•ence book libro *m* de consulta; **'ref•er•ence li•bra•ry** biblioteca *f* de consulta; **'ref•er•ence num•ber** número *m* de referencia

ref•e•ren•dum [refə'rendəm] *(pl* **referenda** [mɔːrə'tɔːrɪə] *or* **-dums)** referéndum *m*

re•fill ['riːfɪl] *v/t tank, glass* volver a llenar

're•fill pack paquete *m* de recambio

re•fi•nance [riː'faɪæns] *v/t* refinanciar

re•fine [rɪ'faɪn] *v/t* **1** *oil, sugar* refinar **2** *technique* perfeccionar

re•fined [rɪ'faɪnd] *adj manners, language* refinado

re•fine•ment [rɪ'faɪnmənt] *to process, machine* mejora *f*

re•fin•e•ry [rɪ'faɪnərɪ] refinería *f*

re•fla•tion [riː'fleɪʃn] reflación *f*

re•flect [rɪ'flekt] **1** *v/t light* reflejar; *be ~ed in* reflajarse en **II** *v/i (think)* reflexionar

re•flec•tion [rɪ'flekʃn] **1** *in water, glass etc* reflejo *m* **2** *(consideration)* reflexión *f*

re•flec•tive [rɪ'flektɪv] *adj surface* reflectante

re•flec•tor [rɪ'flektər] reflectante *m*

re•flex ['riːfleks] *in body* reflejo *m*

're•flex ac•tion acto *m* reflejo

're•flex cam•er•a cámara *f* réflex

re•flex•ive [rɪ'fleksɪv] *adj* GRAM reflexivo; ~ **pronoun** pronombre *m* reflexivo; ~ **verb** verbo *m* reflexivo

re•flex•ol•o•gy [riːflek'sɑːlədʒɪ] MED reflexología *f*

re•flex re'ac•tion acto *m* reflejo

re•for•est [riː'fɑːrɪst] ☞ **reafforest**

re•for•est•a•tion [riːfɑːrɪs'teɪʃn] ☞ **reafforestation**

re•form [rɪ'fɔːrm] **I** *n* reforma *f* **II** *v/t* reformar

re•for•mat [riː'fɔːrmæt] *v/t* (*pret & pp* **-ted**) *disk* volver a formatear; *page* volver a diseñar; *TV program* cambiar el formato de

ref•or•ma•tion [refər'meɪʃn] reforma *f*; **the Reformation** REL la Reforma

re•form•er [rɪ'fɔːrmər] reformador(a) *m(f)*

re•fract [rɪ'frækt] *v/t* PHYS refractar

re•frac•tion [rɪ'frækʃn] PHYS refracción *f*

re•frac•to•ry [rɪ'fræktɔːrɪ] *adj* (*stubborn*) obstinado

re•frain¹ [rɪ'freɪn] *v/i fml* abstenerse; **please ~ from smoking** se ruega no fumar

re•frain² [rɪ'freɪn] *n in song, poem* estribillo *m*

re•fresh [rɪ'freʃ] *v/t person* refrescar; **feel ~ed** sentirse fresco

re•fresh•er course [rɪ'freʃər] curso *m* de actualización *or* reciclaje

re•fresh•ing [rɪ'freʃɪŋ] *adj* **1** *drink* refrescante **2** *experience* reconfortante

re•fresh•ing•ly [rɪ'freʃɪŋlɪ] *adv*: ~ **honest** con una honestidad que da gusto

re•fresh•ments [rɪ'freʃmənts] *npl* refrigerio *m*

re'fresh rate COMPUT velocidad *f* de refresco

re•frig•er•ate [rɪ'frɪdʒəreɪt] *v/t* refrigerar; **keep ~d** conservar refrigerado

re•frig•er•a•tion [rɪfrɪdʒər'eɪʃn] refrigeración *f*

re•frig•er•a•tor [rɪ'frɪdʒəreɪtər] frigorífico *m*, refrigerador *m*

re•fu•el [riːf'juəl] **I** *v/t* (*pret & pp* **-led**) *airplane* reabastecer de combustible a **II** *v/i* (*pret & pp* **-led**) *of airplane* repostar

ref•uge ['refjuːdʒ] refugio *m*; **take ~ from storm etc** refugiarse

ref•u•gee [refjʊ'dʒiː] refugiado(-a) *m(f)*

ref•u•gee camp campo *m* de refugiados

re•fund I *n* ['riːfʌnd] reembolso *m*; **give s.o. a ~** devolver el dinero a alguien **II** *v/t* [rɪ'fʌnd] reembolsar

re•fur•bish [riː'fɜːrbɪʃ] *v/t* renovar

re•fur•bish•ment [riː'fɜːrbɪʃmənt] renovación *f*

re•fus•al [rɪ'fjuːzl] negativa *f*

re•fuse¹ [rɪ'fjuːz] *v/i* negarse **II** *v/t help, food* rechazar; ~ **s.o. sth** negar algo a alguien; ~ **to do sth** negarse a hacer algo

ref•use² ['refjuːs] *n* basura *f*

ref•use dump ['refjuːsdʌmp] vertedero *m*

ref•use skip ['refjuːsskɪp] *Br* contenedor *m* de basuras

re•fut•a•ble [rɪ'fjuːtəbl] *adj* refutable

ref•u•ta•tion [refjʊ'teɪʃn] refutación *f*

re•fute [rɪ'fjuːt] *v/t* **1** refutar **2** (*deny*) negar

re•gain [rɪ'geɪn] *v/t* recuperar

re•gal ['riːgl] *adj* regio

re•ga•li•a [rɪ'gɑːliə] *npl* galas *fpl*

re•gard [rɪ'gɑːrd] **I** *n*: **have great ~ for s.o.** sentir gran estima por alguien; **in this ~** en este sentido; **with ~ to** con respecto a; (*kind*) ~**s** saludos; **give my ~s to Paula** dale saludos *or* recuerdos a Paula de mi parte; **with no ~ for** sin tener en cuenta **II** *v/t*: ~ **sth / s.o. as sth** considerar algo / a alguien como algo; **I ~ it as an honor** para mí es un honor; **as ~s** con respecto a

re•gard•ing [rɪ'gɑːrdɪŋ] *prep* con respecto a

re•gard•less [rɪ'gɑːrdlɪs] *adv* a pesar de todo; ~ **of** sin tener en cuenta; **they just carried on ~** a pesar de todo, siguieron adelante

re•gat•ta [rɪ'gætə] SP regata *f*

re•gen•cy ['riːdʒənsɪ] regencia *f*

re•gen•er•ate [rɪ'dʒenəreɪt] *v/t* regenerar

re•gen•er•a•tion [rɪdʒenər'eɪʃn] regeneración *f*

re•gent ['riːdʒənt] regente *m/f*

reg•gae ['regeɪ] MUS reggae *m*

re•gime [reɪ'ʒiːm] (*government*) régimen *m*

re•gi•ment ['redʒɪmənt] **I** *n* regimiento *m* **II** *v/t* controlar estrictamente

reg•i•men•tal [redʒɪ'mentl] *adj* MIL de regimiento

reg•i•men•ta•tion [redʒɪmen'teɪʃn] control *m* estricto

re•gion ['riːdʒən] región *f*; *in the ~ of* del orden de

re•gion•al ['riːdʒənl] *adj* regional

reg•is•ter ['redʒɪstər] **I** *n* registro *m*; *at school* lista *f* **II** *v/t* **1** *birth, death* registrar; *vehicle* matricular; *letter* certificar; *send a letter ~ed* enviar una carta por correo certificado **2** *emotion* mostrar **III** *v/i at university, for a course* matricularse; *with police* registrarse

reg•is•tered let•ter [redʒɪstərd'letər] carta *f* certificada; **reg•is•tered 'of•fice** domicilio *m* social; **reg•is•tered 'trade•mark** marca *f* registrada

reg•is•trar [redʒɪ'strɑːr] *Br* doctor(a) *m(f)*

re•gis•tra•tion [redʒɪ'streɪʃn] registro *m*; *at university, for course* matriculación *f*

re•gis'tra•tion num•ber *Br* MOT (número *m* de) matrícula *f*

reg•is•try ['redʒɪstrɪ] registro *m*

'reg•is•try of•fice *Br* registro *m* civil; **get married at a ~** casarse por lo civil

re•gress [rɪ'gres] *v/i* involucionar

re•gres•sion [rɪ'greʃn] regresión *f*

re•gres•sive [rɪ'gresɪv] *adj* regresivo

re•gret [rɪ'gret] **I** *v/t* (*pret & pp* **-ted**) lamentar, sentir **II** *n* arrepentimiento *m*, pesar *m*

re•gret•ful [rɪ'gretfəl] *adj* arrepentido

re•gret•ful•ly [rɪ'gretfəlɪ] *adv* lamentablemente

re•gret•ta•ble [rɪ'gretəbl] *adj* lamentable

re•gret•ta•bly [rɪ'gretəblɪ] *adv* lamentablemente

re•group [riː'gruːp] *v/i* reagruparse

reg•u•lar ['regjʊlər] **I** *adj* **1** regular; **be in ~ employment** tener un trabajo regular **2** (*normal, ordinary*) normal **II** *n at bar etc* habitual *m/f*

reg•u•lar 'cus•tom•er cliente *m/f* habitual

reg•u•lar 'gas•o•line gasolina *f* súper

reg•u•lar•i•ty [regjʊ'lærətɪ] regularidad *f*

reg•u•lar•ize ['regjʊləraɪz] *v/t* regularizar

reg•u•lar•ly ['regjʊlərlɪ] *adv* regularmente

reg•u•late ['regjʊleɪt] *v/t* regular

reg•u•la•tion [regjʊ'leɪʃn] (*rule*) regla *f*, norma *f*

reg•u•la•tor ['regjʊleɪtər] TECH, FIN regulador *m*

reg•u•la•to•ry [regjʊ'leɪtərɪ] *adj* regulador

re•hab ['riːhæb] F rehabilitación *f*

re•ha•bil•i•tate [riːhə'bɪlɪteɪt] *v/t* ex-*criminal* rehabilitar

re•ha•bil•i•ta•tion [riːhəbɪlɪ'teɪʃn] rehabilitación *f*; **~ center** centro *m* de rehabilitación

re•hash I *v/t* [riː'hæʃ] *old data etc* reutilizar **II** *n* ['riːhæʃ] refrito *m* F

re•hears•al [rɪ'hɜːrsl] ensayo *m*

re•hearse [rɪ'hɜːrs] *v/t & v/i* ensayar

reign [reɪn] **I** *n* reinado *m* **II** *v/i* reinar

re•im•burse [riːɪm'bɜːrs] *v/t* reembolsar

re•im•burse•ment [riːɪm'bɜːrsmənt] reembolso *m*

rein [reɪn] rienda *f*; **keep a tight ~ on** *fig* controlar de cerca; **take the ~s** *fig* tomar las riendas; **give free ~ to one's imagination** *fig* dar rienda suelta a la imaginación

◆ **rein in** *v/t horse* frenar; *emotions* controlar; *budget deficit* tirar las riendas de

re•in•car•nate [riː'ɪnkɑːrneɪt] *v/t*: **be ~ed** reencarnarse

re•in•car•na•tion [riːɪnkɑːr'neɪʃn] reencarnación *f*

rein•deer ['reɪndɪr] (*pl* **reindeer**) ZO reno *m*

re•in•force [riːɪn'fɔːrs] *v/t structure* reforzar; *belief* reafirmar

re•in•forced con•crete [riːɪn'fɔːrst] hormigón *m* armado

re•in•force•ments [riːɪn'fɔːrsmənts] *npl* MIL refuerzos *mpl*

re•in•state [riːɪn'steɪt] *v/t person in office* reincorporar; *paragraph in text* volver a colocar

re•in•sur•ance [riːɪn'ʃʊrəns] COM reaseguro *m*

re•in•sure [riːɪn'ʃʊr] *v/t* reasegurar

re•in•vent [riːɪn'vent] *v/t*: **~ o.s.** reinventarse

re•is•sue [riː'ɪʃuː] v/t *recording* reeditar; *stamps etc* volver a emitir; *warning* volver a lanzar

re•it•er•ate [riː'ɪtəreɪt] v/t *fml* reiterar

re•ject [rɪ'dʒekt] v/t rechazar

re•jec•tion [rɪ'dʒekʃn] rechazo *m*; **he felt a sense of ~** se sintió rechazado

're•ject shop tienda *f* de productos defectuosos

re•joice [rɪ'dʒɔɪs] v/i alegrarse (**at, over** de); **~!** REL ¡alegría!

re•joic•ing [rɪ'dʒɔɪsɪŋ] alegría *f*

re•join [riː'dʒɔɪn] v/t volver a unirse a; *regiment* reincorporarse a

re•join•der [riː'dʒɔɪndər] réplica *f*

re•ju•ve•nate [rɪ'dʒuːvəneɪt] v/t rejuvenecer

re•ju•ve•na•tion [rɪdʒuːvə'neɪʃn] rejuvenecimiento *m*

re•key v/t *text* volver a escribir

re•kin•dle [riː'kɪndl] v/t *fig passions, interest etc* reavivar

re•lapse ['riːlæps] MED recaída *f*; **have a ~** sufrir una recaída

re•late [rɪ'leɪt] **I** v/t **1** *story* relatar, narrar **2** *connect*: **~ sth to sth** relacionar algo con algo **II** v/i: **~ to** be *connected with* estar relacionado con; **he doesn't ~ to people** no se relaciona fácilmente con la gente

re•lat•ed [rɪ'leɪtɪd] adj *by family* emparentado; *events, ideas etc* relacionado; **are you two ~?** ¿sois parientes?

re•la•tion [rɪ'leɪʃn] *in family* pariente *m/f*; (*connection*) relación *f*; **business / diplomatic ~s** relaciones *fpl* comerciales / diplomáticas

re•la•tion•al da•ta•base [rɪ'leɪʃnl] base *f* de datos relacional

re•la•tion•ship [rɪ'leɪʃnʃɪp] relación *f*; **have a good ~ with** tener una buena relación con

rel•a•tive ['relətɪv] **I** *n* pariente *m/f* **II** adj **1** (*comparative*) relativo **2**: **X is ~ to Y** X está relacionado con Y

rel•a•tive•ly ['relətɪvlɪ] adv relativamente

rel•a•tiv•i•ty [relə'tɪvɪtɪ] relatividad *f*; **theory of ~** PHYS teoría *f* de la relatividad

re•launch ['riːlɔːntʃ] **I** v/t *product* relanzar **II** *n* relanzamiento *m*

re•lax [rɪ'læks] **I** v/i relajarse; **~!, don't get angry** ¡tranquilízate!, no te enfades

II v/t *muscle, pace* relajar

re•lax•a•tion [riːlæk'seɪʃn] relajación *f*; **what do you do for ~?** ¿qué haces para relajarte?

re•laxed [rɪ'lækst] adj relajado

re•lax•ing [rɪ'læksɪŋ] adj relajante

re•lay ['riːleɪ] **I** v/t *message* pasar; *radio, TV signals* retransmitir **II** *n*: **~ (race)** carrera *f* de relevos

re-lay [riː'leɪ] v/t (*pret & pp* -*laid*) *cable, carpet* volver a colocar

re•lease [rɪ'liːs] **I** *n* **1** *from prison* liberación *f*, puesta *f* en libertad **2** *of CD etc* lanzamiento *m*; *CD, record* trabajo *m*; **be on general ~** *of movie* estar en cartelera

II v/t **1** *prisoner* liberar, poner en libertad; **~ s.o. from a contract** librar a alguien de las obligaciones de un contrato **2** *parking brake* soltar **3** *information* hacer público; *CD etc* sacar

rel•e•gate ['relɪgeɪt] v/t relegar; **be ~d** *Br* SP descender

rel•e•ga•tion [relɪ'geɪʃn] *Br* SP descenso *m*

re•lent [rɪ'lent] v/i ablandarse, ceder

re•lent•less [rɪ'lentlɪs] adj (*determined*) implacable; *rain etc* que no cesa

re•lent•less•ly [rɪ'lentlɪslɪ] adv implacablemente; *rain* sin cesar

rel•e•vance ['reləvəns] pertinencia *f*

rel•e•vant ['reləvənt] adj pertinente

re•li•a•bil•i•ty [rɪlaɪə'bɪlətɪ] fiabilidad *f*

re•li•a•ble [rɪ'laɪəbl] adj fiable; *information* fiable, fidedigna

re•li•a•bly [rɪ'laɪəblɪ] adv: **I am ~ informed that** sé de buena fuente que

re•li•ance [rɪ'laɪəns] confianza *f*, dependencia *f*, **~ on s.o. / sth** confianza en alguien / algo, dependencia de alguien / algo

re•li•ant [rɪ'laɪənt] adj: **be ~ on** depender de

rel•ic ['relɪk] reliquia *f*

re•lief [rɪ'liːf] **1** alivio *m*; **pain ~** alivio del dolor; **that's a ~** qué alivio; **to my great ~** para alivio mío **2**: **in ~** *in art* en relieve

re'lief bus autobús *m* de apoyo; re'lief fund fondo *m* de ayuda; re'lief map mapa *m* de relieve; re'lief road carretera *f* auxiliar; re'lief staff personal *m* de apoyo; re'lief train tren *m* de apoyo

re•lieve [rɪ'liːv] v/t **1** *pressure, pain* aliviar; **be ~d** *at news etc* sentirse aliviado

2 (*take over from*) relevar

re•li•gion [rɪˈlɪdʒən] religión *f*

re•li•gious [rɪˈlɪdʒəs] *adj* religioso

re•li•gious•ly [rɪˈlɪdʒəslɪ] *adv* (*conscientiously*) religiosamente

re•lin•quish [rɪˈlɪŋkwɪʃ] *v/t* renunciar a

rel•ish [ˈrelɪʃ] **I** *n* **1** *sauce* salsa *f* **2** (*enjoyment*) goce *m* **II** *v/t* idea, prospect gozar con; *I don't ~ the idea* la idea no me entusiasma

re•live [riːˈlɪv] *v/t the past, an event* revivir

re•load [riːˈloʊd] **I** *v/t* gun, camera recargar **II** *v/i* recargarse

re•lo•cate [riːləˈkeɪt] *v/i of business, employee* trasladarse

re•lo•ca•tion [riːləˈkeɪʃn] *of business, employee* traslado *m*

re•lo•ca•tion al•low•ance subsidio *m* por traslado

re•luc•tance [rɪˈlʌktəns] reticencia *f*; *because of his ~ to change his mind* ya que era reacio a cambiar de opinión

re•luc•tant [rɪˈlʌktənt] *adj* reticente, reacio; *be ~ to do sth* ser reacio a hacer algo

re•luc•tant•ly [rɪˈlʌktəntlɪ] *adv* con reticencia; *he finally ~ accepted* al final, aceptó a regañadientes

♦ **re•ly on** [rɪˈlaɪ] *v/t* (*pret & pp -ied*) depender de; *rely on s.o. to do sth* contar con alguien para hacer algo

re•main [rɪˈmeɪn] *v/i* **1** (*be left*) quedar **2** (*stay*) permanecer

re•main•der [rɪˈmeɪndər] **I** *n* also MATH resto *m* **II** *v/t* vender como saldo

re•main•ing [rɪˈmeɪnɪŋ] *adj* restante

re•mains [rɪˈmeɪnz] *npl of body* restos *mpl* (mortales)

re•make [ˈriːmeɪk] *of movie* nueva versión *f*

re•mand [rɪˈmænd] **I** *v/t*: *~ s.o. in custody* poner a alguien en prisión preventiva **II** *n*: *be on ~ in prison* estar en prisión preventiva; *on bail* estar en libertad bajo fianza

re•mark [rɪˈmɑːrk] **I** *n* comentario *m*, observación *f* **II** *v/t* comentar, observar

re•mark•a•ble [rɪˈmɑːrkəbl] *adj* notable, extraordinario

re•mark•a•bly [rɪˈmɑːrkəblɪ] *adv* extraordinariamente

re•mar•ket [rɪˈmɑːrkɪt] *v/t* lanzar de nuevo

re•mar•riage [riːˈmærɪdʒ] nuevo *m* matrimonio

re•mar•ry [riːˈmærɪ] *v/i* (*pret & pp -ied*) volver a casarse

re•mas•ter [riːˈmæstər] *v/t recording* remasterizar

re•me•di•al [rɪˈmiːdɪəl] *adj* corrector; *~ classes pl* clases *fpl* especiales; *~ exercises pl* ejercicios *mpl* de rehabilitación

rem•e•dy [ˈremədɪ] MED, *fig* remedio *m*

re•mem•ber [rɪˈmembər] **I** *v/t s.o., sth* recordar, acordarse de; *~ doing sth* acordarse de hacer algo; *~ to lock the door* acuérdate de cerrar la puerta; *~ me to her* dale recuerdos de mi parte; *~, I'll be watching* no te olvides de que te estoy vigilando **II** *v/i* recordar, acordarse; *I don't ~* no recuerdo, no me acuerdo

re•mem•brance [rɪˈmembrəns] recuerdo *m* (*of* de); *in ~ of* en recuerdo de; *Remembrance Day or Sunday Br* domingo de homenaje a los caídos en las guerras mundiales

re•mind [rɪˈmaɪnd] *v/t*: *~ s.o. of sth* recordar algo a alguien; *~ s.o. of s.o.* recordar alguien a alguien; *you ~ me of your father* me recuerdas a tu padre; *that ~s me, I have to ...* eso me recuerda que tengo que…

re•mind•er [rɪˈmaɪndər] recordatorio *m*; *for payment* recordatorio *m* de pago

rem•i•nisce [remɪˈnɪs] *v/i* contar recuerdos

rem•i•nis•cence [remɪˈnɪsns] recuerdo *m*

rem•i•nis•cent [remɪˈnɪsənt] *adj*: *be ~ of sth* recordar a algo, tener reminiscencias de algo

re•miss [rɪˈmɪs] *adj fml* negligente, descuidado

re•mis•sion [rɪˈmɪʃn] remisión *f*; *go into ~* MED remitir

re•mit [rɪˈmɪt] *v/t* (*pret & pp -ted*) **1** *sins* perdonar **2** COM (*pay*) remitir (*to* a)

re•mit•tance [rɪˈmɪtəns] COM pago *m*

re'mit•tance ad•vice COM notificación *f* de pago

rem•nant [ˈremnənt] resto *m*

re•mod•el [riːˈmɑːdl] *v/t* (*pret & pp -eled, Br -elled*) remodelar; *~ sth on sth* rediseñar algo tomando como modelo algo

re•mon•strance [rɪˈmɑːnstrəns] queja *f*

re•mon•strate ['remənstreɪt] v/i discutir (**with** con)

re•morse [rɪ'mɔːrs] remordimientos *mpl*

re•morse•ful [rɪ'mɔːrsful] *adj* lleno de remordimientos

re•morse•less [rɪ'mɔːrsləs] *adj person* despiadado; *pace, demands* implacable

re•morse•less•ly [rɪ'mɔːrsləslɪ] *adv* implacablemente

re•mote [rɪ'moʊt] *adj* **1** *village, possibility* remoto; *ancestor* lejano **2** (*aloof*) distante

re•mote 'ac•cess COMPUT acceso *m* remoto; re•mote con'trol control *m* remoto; *for TV* mando *m* a distancia; re•mote-con'trolled *adj* teledirigido; re'mote da•ta en•try COMPUT introducción *f* remota de datos

re•mote•ly [rɪ'moʊtlɪ] *adv related, connected* remotamente; *it's just ~ possible* es una posibilidad muy remota

re•mote•ness [rɪ'moʊtnəs]: *the ~ of the house* la lejanía *or* lo aislado de la casa

re•mount [riː'maʊnt] v/t *horse, bike* volver a montarse en

re•mov•a•ble [rɪ'muːvəbl] *adj* de quita y pon

re•mov•al [rɪ'muːvl] eliminación *f*

re•move [rɪ'muːv] v/t eliminar; *top, lid* quitar; *coat etc* quitarse; *doubt, suspicion* despejar; *growth, organ* extirpar

re•mu•ner•ate [rɪ'mjuːnəreɪt] v/t remunerar

re•mu•ner•a•tion [rɪmjuːnə'reɪʃn] remuneración *f*

re•mu•ner•a•tive [rɪ'mjuːnərətɪv] *adj* bien remunerado

Ren•ais•sance [rə'neɪsəns] Renacimiento *m*

Ren•ais•sance 'man renacentista *m*

re•nal ['riːnl] *adj* ANAT renal; *~ failure* MED insuficiencia *f* renal

re•name [riː'neɪm] v/t cambiar el nombre a

ren•der ['rendər] v/t **1** *service* prestar **2**: *~ s.o. helpless / unconscious* dejar a alguien indefenso / inconsciente **3** *wall* enyesar

ren•der•ing ['rendərɪŋ] *of piece of music* interpretación *f*

ren•dez-vous ['rɑːndeɪvuː] *romantic* cita *f*; MIL encuentro *m*

ren•di•tion [ren'dɪʃn] interpretación *f*

ren•e•gade ['renɪɡeɪd] **I** *n* renegado(-a) *m(f)* **II** *adj* renegado

re•nege [rɪ'neɪɡ] v/i: *~ on sth* incumplir algo

re•new [rɪ'nuː] v/t *contract, license* renovar; *discussions* reanudar; *feel ~ed* sentirse como nuevo

re•new•a•ble [rɪ'nuːəbl] *adj* renovable; *~ resources* recursos *mpl* renovables

re•new•al [rɪ'nuːəl] *of contract etc* renovación *f*; *of discussions* reanudación *f*

re•new•al clause cláusula *f* de renovación

re•nounce [rɪ'naʊns] v/t *title, rights* renunciar a

ren•o•vate ['renəveɪt] v/t renovar

ren•o•va•tion [renə'veɪʃn] renovación *f*

re•nown [rɪ'naʊn] renombre *m*

re•nowned [rɪ'naʊnd] *adj* renombrado; *be ~ for sth* ser célebre por algo

rent [rent] **I** *n* alquiler *m*; *for ~* se alquila **II** v/t *apartment, car, equipment* alquilar, *Mex* rentar

'rent-a-car (serv•ice) alquiler *m* de coches

rent•al ['rentl] *for apartment, TV* alquiler *m*, *Mex* renta *f*

'rent•al a•gree•ment acuerdo *m* de alquiler; 'rent•al a•part•ment apartmento *or Span* piso arrendado; 'rent•al car coche *m* de alquiler

rent•er ['rentər] arrendatario(-a) *m(f)*

rent-'free *adv* sin pagar alquiler

re•nun•ci•a•tion [rɪnʌnsɪ'eɪʃn] renuncia *f*

re•o•pen [riː'oʊpn] **I** v/t reabrir; *negotiations* reanudar **II** v/i *of theater etc* volver a abrir

re•or•gan•i•za•tion [riːɔːrɡənaɪ'zeɪʃn] reorganización *f*

re•or•gan•ize [riː'ɔːrɡənaɪz] v/t reorganizar

rep[1] [rep] COM representante *m/f*, comercial *m/f*

rep[2] [rep] *fabric* canalé *m*; *~ tie* corbata *f* de canalé

re•pack•age ['riːpækɪdʒ] v/t *product* reempaquetar

re•paint [riː'peɪnt] v/t repintar

re•pair [rɪ'per] **I** v/t *fence, TV* reparar; *shoes* arreglar **II** *n to fence, TV* reparación *f*; *of shoes* arreglo *m*; *in a good / bad state of ~* en buen / mal estado

re'pair•man técnico *m*

rep•a•ra•tion [repər'eɪʃn] compensación *f*; *make ~s for sth* compensar por algo

rep•ar•tee [repɑːr'tiː] respuestas *fpl* ingeniosas

re•pa•tri•ate [riː'pætrɪeɪt] *v/t* repatriar

re•pa•tri•a•tion [riː'pætrɪ'eɪʃn] repatriación *f*

re•pay [riː'peɪ] *v/t* (*pret & pp* **-paid**) *money* devolver; *person* pagar

re•pay•a•ble [riː'peɪəbl] *adj* pagadero

re•pay•ment [riː'peɪmənt] **1** *of money* devolución *f* **2** *installment* plazo *m*

re•peal [rɪ'piːl] *v/t law* revocar

re•peat [rɪ'piːt] **I** *v/t* repetir; *am I ~ing myself?* ¿me estoy repitiendo? **II** *n TV program etc* repetición *f*

re'peat busi•ness COM negocio *m* que se repite

re•peat•ed [rɪ'piːtɪd] *adj* repetido

re•peat•ed•ly [rɪ'piːtɪdlɪ] *adv* repetidamente, repetidas veces

re•peat 'or•der COM pedido *m* repetido

re•peat pur•chase compra *f* persistente

re•pel [rɪ'pel] *v/t* (*pret & pp* **-led**) **1** *invaders, attack* rechazar; *insects* repeler, ahuyentar **2** (*disgust*) repeler, repugnar

re•pel•lent [rɪ'pelənt] **I** *n* (*insect ~*) repelente *m* **II** *adj* repelente, repugnante

re•pent [rɪ'pent] *v/i* arrepentirse

re•per•cus•sions [riːpər'kʌʃnz] *npl* repercusiones *fpl*

rep•er•toire ['repərtwɑːr] repertorio *m*

rep•e•ti•tion [repɪ'tɪʃn] repetición *f*

re•pet•i•tive [rɪ'petɪtɪv] *adj* repetitivo

re•pet•i•tive 'strain in•ju•ry lesión *f* por movimiento repetitivo

re•phrase [rɪ'freɪz] *v/t* reformular; *sorry, I'll ~ that* perdón, lo diré de otra manera

re•place [rɪ'pleɪs] *v/t* **1** (*put back*) volver a poner **2** (*take the place of*) reemplazar, sustituir

re•place•ment [rɪ'pleɪsmənt] *person* sustituto(-a) *m(f)*; *thing* recambio *m*, reemplazo *m*

re•place•ment 'part (pieza *f* de) recambio *m*

re'place•ment val•ue in•sur•ance seguro *m* por el valor de reposición

re•plant [riː'plænt] *v/t* replantar

re•play ['riːpleɪ] **I** *n* **1** *recording* repetición *f* (de la jugada) **2** *match* repetición *f* (del partido) **II** *v/t match* repetir

re•plen•ish [rɪ'plenɪʃ] *v/t container* rellenar; *supplies* reaprovisionar

re•plete [rɪ'pliːt] *adj* **1** *after eating* repleto **2**: *~ with fml* repleto de

rep•li•ca ['replɪkə] réplica *f*

re•ply [rɪ'plaɪ] **I** *n* respuesta *f*, contestación *f* **II** *v/t & v/i* (*pret & pp* **-ied**) responder, contestar

re•ply-'paid en•ve•lope sobre *m* con el franqueo pagado

re•port [rɪ'pɔːrt] **I** *n* (*account*) informe *m*; *by journalist* reportaje *m*

II *v/t* **1** *facts* informar; *~ one's findings to s.o* dar a conocer a alguien los hallazgos de algo; *he is ~ed to be in Washington* se dice que está en Washington **2** *to authorities* informar de, dar parte de; *~ s.o. to the police* denunciar a alguien a la policía

III *v/i* **1** *of journalist* informar **2** (*present o.s.*) presentarse (*to* ante)

◆ **report to** *v/t in business* trabajar a las órdenes de

re'port card boletín *m* de evaluación

re•port•er [rɪ'pɔːrtər] reportero(-a) *m(f)*

re'port form COMPUT informe *m*

re•pose [rɪ'pouz] *lit* **I** *n* reposo *m* **II** *v/i* reposar

re•pos•sess [riːpə'zes] *v/t* COM embargar

rep•re•hen•si•ble [reprɪ'hensəbl] *adj* recriminable

rep•re•sent [reprɪ'zent] *v/t* representar

re-pres•ent [riːprɪ'zent] *v/t* FIN *check* volver a presentar

rep•re•sen•ta•tion [reprɪzen'teɪʃn] **1** representación *f* **2**: *make ~s to fml* presentar una protesta a (*about* por)

rep•re•sen•ta•tion•al [reprɪzen'teɪʃənl] *adj art* figurativo

rep•re•sen•ta•tive [reprɪ'zentətɪv] **I** *n* representante *m/f*; POL representante *m/f*, diputado(-a) *m(f)* **II** *adj* (*typical*) representativo

re•press [rɪ'pres] *v/t revolt* reprimir; *feelings, laughter* reprimir, controlar

re•pres•sion [rɪ'preʃn] POL represión *f*

re•pres•sive [rɪ'presɪv] *adj* POL represivo

re•prieve [rɪ'priːv] **I** *n* LAW indulto *m*; *fig* aplazamiento *m* **II** *v/t prisoner* indultar

rep•ri•mand ['reprɪmænd] *v/t* reprender
re•print ['ri:prɪnt] **I** *n* reimpresión *f* **II** *v/t* reimprimir
re•pri•sal [rɪ'praɪzl] represalia *f*; *take ~s* tomar represalias; *in ~ for* en represalia por
re•proach [rɪ'prəʊtʃ] **I** *n* reproche *m*; *be beyond ~* ser irreprochable **II** *v/t: ~ s.o. for sth* reprochar algo a alguien
re•proach•ful [rɪ'prəʊtʃfəl] *adj* de reproche
re•proach•ful•ly [rɪ'prəʊtʃfəlɪ] *adv look* con una mirada de reproche; *say* con tono de reproche
re•proc•ess [ri:'prəʊses] *v/t* reprocesar
re•proc•ess•ing plant [ri:'prəʊsesɪnplænt] planta *f* de reprocesado
re•pro•duce [ri:prə'dju:s] **I** *v/t atmosphere, mood* reproducir **II** *v/i* BIO reproducirse
re•pro•duc•tion [ri:prə'dʌkʃn] reproducción *f*
re•pro•duc•tion 'fur•ni•ture reproducciones *mpl* de muebles antiguos
re•pro•duc•tive [ri:prə'dʌktɪv] *adj* reproductivo
re•pro•gram *v/t* (*pret & pp* **-med**) reprogramar
re•prove [rɪ'pru:v] *v/t* reprobar (*for* por)
rep•tile ['reptaɪl] reptil *m*
re•pub•lic [rɪ'pʌblɪk] república *f*
re•pub•li•can [rɪ'pʌblɪkn] **I** *n* republicano(-a) *m(f)*; *Republican* POL Republicano(-a) *m(f)* **II** *adj* republicano
re•pu•di•ate [rɪ'pju:dɪeɪt] *v/t* (*deny*) rechazar
re•pug•nance [rɪ'pʌgnəns] repugnancia *f*
re•pug•nant [rɪ'pʌgnənt] *adj* repugnante
re•pulse [rɪ'pʌls] *v/t fml: attack, enemy* rechazar
re•pul•sion [rɪ'pʌlʃn] repulsión *f*
re•pul•sive [rɪ'pʌlsɪv] *adj* repulsivo
re•pur•chase [ri:'pɜ:tʃəs] **I** *v/t* recomprar **II** *n* recompra *f*
rep•u•ta•ble ['repjʊtəbl] *adj* reputado, acreditado
rep•u•ta•tion [repjʊ'teɪʃn] reputación *f*; *have a good / bad ~* tener una buena / mala reputación; *she has a ~ for being rather difficult* tiene fama de ser una persona bastante difícil
re•pute [rɪ'pju:t]: *of ~* de prestigio; *be held in high ~* estar muy bien considerado
re•put•ed [rep'jʊtəd] *adj: be ~ to be* tener fama de ser
re•put•ed•ly [rep'jʊtədlɪ] *adv* según se dice
re•quest [rɪ'kwest] **I** *n* petición *f*, solicitud *f*; *on ~* por encargo **II** *v/t* pedir, solicitar
re'quest pro•gram, *Br* **re'quest programme** programa de petición de canciones, música etc
re•quiem ['rekwɪəm] MUS réquiem *m*
re•quire [rɪ'kwaɪr] *v/t* (*need*) requerir, necesitar; *it ~s great care* se requiere mucho cuidado; *as ~d by law* como estipula la ley; *guests are ~d to ...* se ruega a los invitados que ...; *~ s.o. to do sth* requerir a alguien que haga halgo
re•quired [rɪ'kwaɪrd] *adj* (*necessary*) necesario; *if ~d* si fuera necesario
re•quired 'read•ing lectura *f* obligatoria
re•quire•ment [rɪ'kwaɪrmənt] (*need*) necesidad *f*; (*condition*) requisito *m*
req•ui•site ['rekwɪzɪt] **I** *adj* necesario (*for* para) **II** *usu pl* requisito *m*
req•ui•si•tion [rekwɪ'zɪʃn] *v/t* requisar
re-route [ri:'ru:t] *v/t airplane etc* desviar
re•run ['ri:rʌn] **I** *n of TV program* reposición *f* **II** *v/t* (*pret* **-ran**, *pp* **-run**) *tape* volver a poner
re•sale ['ri:seɪl]: *not for ~* prohibida su venta
're•sale val•ue valor *m* de reventa
re•sched•ule [ri:'ʃedu:l] *v/t* volver a programar
re•scind [rɪ'sɪnd] *v/t* LAW derogar
res•cue ['reskju:] **I** *n* rescate *m*; *come to s.o.'s ~* acudir al rescate de alguien **II** *v/t* rescatar
'res•cue op•er•a•tion FIN operación *f* de rescate; **'res•cue pack•age** FIN paquete *m* de rescate; **'res•cue par•ty** equipo *m* de rescate
res•cu•er ['reskjʊər] salvador(a) *m(f)*
re•search [rɪ'sɜ:tʃ] **I** *n* investigación *f* **II** *v/t* investigar; *a well ~ed thesis* una tesis bien documentada
♦ **research into** *v/t* investigar
re•search and de'vel•op•ment investigación *f* y desarrollo
re'search as•sis•tant ayudante *m/f* de investigación

re•search•er [rɪ'sɜːrtʃər] investigador(a) *m(f)*

re'search proj•ect proyecto *m* de investigación

re•sem•blance [rɪ'zembləns] parecido *m*, semejanza *f*

re•sem•ble [rɪ'zembl] *v/t* parecerse a

re•sent [rɪ'zent] *v/t* estar molesto por; *I ~ the implication* me molesta *or* ofende la implicancia; *I ~ that remark* me ofende ese comentario

re•sent•ful [rɪ'zentfəl] *adj* resentido

re•sent•ful•ly [rɪ'zentfəlɪ] *adv* con resentimiento

re•sent•ment [rɪ'zentmənt] resentimiento *m*

res•er•va•tion [rezər'veɪʃn] reserva *f*; *I have a ~ in hotel, restaurant* tengo una reserva

re•serve [rɪ'zɜːrv] **I** *n* reserva *f*; SP reserva *m/f*; *~s* FIN reservas *fpl*; *keep sth in ~* tener algo en la reserva **II** *v/t seat, table* reservar; *judgment* reservarse

re'serve cur•ren•cy moneda *f* de reserva

re•served [rɪ'zɜːrvd] *adj table, manner* reservado

re•serv•ist [rɪ'zɜːrvɪst] MIL reservista *m/f*

res•er•voir ['rezərvwɑːr] *for water* embalse *m*, pantano *m*

re•set [riː'set] *v/t (pret & pp -set)* **1** *jewel* volver a engastar **2** *clock* ajustar; *counter etc* poner a cero **3** *(re-typeset)* volver a componer

re•set•tle•ment [riː'setlmənt] *of refugees etc* reasentamiento *m*

re•shuf•fle ['riːʃʌfl] POL **I** *n* remodelación *f* **II** *v/t* remodelar

re•side [rɪ'zaɪd] *v/i fml* residir

res•i•dence ['rezɪdəns] **1** *(fml: house etc)* residencia *f* **2** *(stay)* estancia *f*

'res•i•dence per•mit permiso *m* de residencia

'res•i•dent ['rezɪdənt] **I** *n* residente *m/f* **II** *adj (living in a building)* residente

res•i•den•tial [rezɪ'denʃl] *adj district* residencial

re•sid•u•al [rɪ'zɪdjuəl] *adj* residual

res•i•due ['rezɪduː] residuo *m*

re•sign [rɪ'zaɪn] **I** *v/t* **1** *position* dimitir de **2**: *~ o.s. to* resignarse a **II** *v/i from job* dimitir

res•ig•na•tion [rezɪg'neɪʃn] **1** *n from*

job dimisión *f* **2** *mental* resignación *f*

re•signed [rɪ'zaɪnd] *adj* resignado; *we have become ~ to the fact that ...* nos hemos resignado a aceptar que ...

re•sil•i•ence [rɪ'zɪlɪəns] *of personality* fortaleza *f*; *of material* resistencia *f*

re•sil•i•ent [rɪ'zɪlɪənt] *adj personality* fuerte; *material* resistente

res•in ['rezɪn] resina *f*

res•in•ous ['rezɪnəs] *adj* resinoso

re•sist [rɪ'zɪst] **I** *v/t* resistir; *new measures* oponer resistencia a **II** *v/i* resistir

re•sist•ance [rɪ'zɪstəns] resistencia *f*

re•sis•tant [rɪ'zɪstənt] *adj material* resistente; *~ to heat / rust* resistente al calor / a la oxidación

re•sis•tor [rɪ'zɪstər] ELEC resistencia *f*

re•sit *Br* EDU **I** *v/t (pret & pp -sat)* [riː'sɪt] *exam* presentarse de nuevo a **II** *n* ['riːsɪt] repesca *f*, exámen *m* de recuperación

re•sole [riː'soʊl] *v/t* poner suela a

res•o•lute ['rezəluːt] *adj* resuelto

res•o•lu•tion [rezə'luːʃn] **1** resolución *f* **2** *made at New Year etc* propósito *m*

re•solve [rɪ'zɑːlv] *v/t* **1** *problem, mystery* resolver **2**: *~ to do sth* resolver hacer algo

res•o•nance ['rezənəns] resonancia *f*

res•o•nant ['rezənənt] *adj* **1** PHYS, *voice, sound* resonante **2**: *be ~ of sth lit* recordar a algo

re•sort [rɪ'zɔːrt] **1** *place* centro *m* turístico **2**: *as a last ~* como último recurso

◆ **resort to** *v/t violence, threats* recurrir a

◆ **re•sound with** [rɪ'zaʊnd] *v/t* resonar con

re•sound•ing [rɪ'zaʊndɪŋ] *adj success, victory* clamoroso

re•source [rɪ'sɔːrs] recurso *m*

re•source•ful [rɪ'sɔːrsfəl] *adj person* lleno de recursos; *attitude, approach* ingenioso

re•spect [rɪ'spekt] **I** *n* **1** respeto *m*; *show ~ to* mostrar respeto hacia; *have ~ for* respetar; *have no ~ for* no respetar en absoluto; *out of ~ for* por respeto hacia; *pay one's last ~s to s.o.* decir el último adiós a alguien

2: *with ~ to* con respecto a; *in this / that ~* en cuanto a esto / eso, en este / ese respecto; *in some / many ~s* en algunos / muchos aspectos

II *v/t* respetar

re•spect•a•bil•i•ty [rɪspektə'bɪlətɪ] respetabilidad *f*

re•spect•a•ble [rɪ'spektəbl] *adj* respetable

re•spect•a•bly [rɪ'spektəblɪ] *adv* respetablemente

re•spect•ful [rɪ'spektfəl] *adj* respetuoso

re•spect•ful•ly [rɪ'spektfəlɪ] *adv* respetuosamente, con respeto

re•spec•tive [rɪ'spektɪv] *adj* respectivo

re•spec•tive•ly [rɪ'spektɪvlɪ] *adv* respectivamente

res•pi•ra•tion [respɪ'reɪʃn] respiración *f*

res•pi•ra•tor [respɪ'reɪtər] MED respirador *m*

res•pi•ra•to•ry [rɪ'spɪrətɔːrɪ] *adj* respiratorio; **~ tract** ANAT vía *f* respiratoria; **~ failure** MED insuficiencia *f* respiratoria

res'pi•ra•to•ry sys•tem aparato *m* respiratorio

re•spite ['respaɪt] respiro *m*; **without ~** sin respiro

re•splend•ent [rɪ'splendənt] *adj* resplandeciente

re•spond [rɪ'spɑːnd] *v/i* responder

re•spond•ent [rɪ'spɑːndənt] **1** LAW demandado(-a) *m(f)* **2** *to questionnaire* encuestado(-a) *m(f)*

re•sponse [rɪ'spɑːns] respuesta *f*; **in ~ to your letter of** en respuesta a su carta de

re•spon•si•bil•i•ty [rɪspɑːnsɪ'bɪlətɪ] responsabilidad *f*; **accept ~ for** aceptar responsabilidad de; **a job with more ~** un trabajo con más responsabilidad

re•spon•si•ble [rɪ'spɑːnsəbl] *adj* responsable (**for** de); *job* de responsabilidad

re•spon•sive [rɪ'spɑːnsɪv] *adj* brakes que responde bien; **a ~ audience** una audiencia que muestra interés

re•spray [riː'spreɪ] *v/t* volver a pintar

rest¹ [rest] **I** *n* descanso *m*; **he needs a ~** necesita descansar; **set s.o.'s mind at ~** tranquilizar a alguien **II** *v/i* descansar; **~ on** *of theory, box* apoyarse en **2**: **it all ~s with him** todo depende de él **III** *v/t* (*lean, balance*) apoyar

rest² [rest] *n*: **the ~** el resto

re•start [riː'stɑːrt] **I** *v/t* computer, talks reiniciar; *engine* volver a arrancar **II** *v/i* reiniciarse; *of engine* volver a arrancar

res•tau•rant ['restrɑːnt] restaurante *m*

'res•tau•rant car vagón *m or* coche *m* restaurante

res•tau•ra•teur [restɔːræ'tɜːr] hostelero(-a) *m(f)*

'rest cure cura *f* de reposo *or* descanso

rest•ful ['restfəl] *adj* tranquilo, relajante

'rest home residencia *f* de ancianos

rest•ing place ['restɪŋ]: (*last*) **~** última morada *f*

res•ti•tu•tion [restɪ'tjuːʃn] restitución *f*

res•tive ['restɪv] *adj* inquieto

res•tive•ness ['restɪvnɪs] inquietud *f*

rest•less ['restlɪs] *adj* inquieto; **have a ~ night** pasar una mala noche

rest•less•ly ['restlɪslɪ] *adv* sin descanso

re•stock [riː'stɑːk] *v/t farm* llenar de reservas; *shelves, store* reabastecer

res•to•ra•tion [restə'reɪʃn] restauración *f*

re•store [rɪ'stɔːr] *v/t* **1** *building etc* restaurar **2** (*bring back*) devolver

re•stor•er [rɪ'stɔːrər] **1** *of painting, building* restaurador(a) *m(f)* **2** *for hair* regenerador *m*

re•strain [rɪ'streɪn] *v/t* contener; **~ o.s.** contenerse

re•strained [rɪ'streɪnd] *adj behavior* comedido; *color* sobrio

re•straint [rɪ'streɪnt] (*moderation*) moderación *f*, comedimiento *m*

re•strict [rɪ'strɪkt] *v/t* restringir, limitar; **I'll ~ myself to …** me limitaré a …

re•strict•ed [rɪ'strɪktɪd] *adj view* limitado

re•strict•ed 'ar•e•a MIL zona *f* de acceso restringido

re•stric•tion [rɪ'strɪkʃn] restricción *f*, limitación *f*; **place ~s on s.o.** imponer restricciones *or* limitaciones a alguien

re•stric•tive [rɪ'strɪktɪv] *adj* restrictivo

'rest room aseo *m*, servicios *mpl*

re•struc•ture [riː'strʌktʃər] *v/t* reestructurar

re•struc•tur•ing [riː'strʌktʃərɪŋ] reestructuración *f*

re•sult [rɪ'zʌlt] *n* **1** resultado *m*; **as a ~ of this** como resultado de esto **2** *in exam* nota *f*; **she got good ~s** ha sacado buenas notas

◆ **result from** *v/t* resultar de

◆ **result in** *v/t* tener como resultado

re•sume [rɪ'zuːm] **I** *v/t* reanudar **II** *v/i* continuar

ré•su•mé ['rezʊmeɪ] currículum *m* (vi-tae)

re•sump•tion [rɪ'zʌmpʃn] reanudación *f*

re•sur•face [riː'sɜːrfɪs] I *v/t roads* volver a asfaltar II *v/i (reappear)* reaparecer

re•sur•gence [rɪ'sɜːrdʒəns] resurgi-miento *m*

re•sur•gent [rɪ'sɜːrdʒənt] *adj* resurgen-te

res•ur•rect [rezə'rekt] *v/t custom, old problem etc* resucitar

res•ur•rec•tion [rezə'rekʃn] REL resu-rrección *f*

re•sus•ci•tate [rɪ'sʌsɪteɪt] *v/t* resucitar, revivir

re•sus•ci•ta•tion [rɪsʌsɪ'teɪʃn] resuci-tación *f*

re•tail ['riːteɪl] I *adv:* **sell sth ~** vender algo al por menor II *v/i:* **it retails at** ... su precio de venta al público es de ...

re•tail•er ['riːteɪlər] minorista *m/f*

're•tail out•let punto *m* de venta; **'re•tail park** *Br* centro *m* comercial; **'re•tail price** precio *m* de venta al público; **re•tail 'price in•dex** índice *m* de precios al consumo

re•tain [rɪ'teɪn] *v/t* conservar; *heat* rete-ner

re•tain•er [rɪ'teɪnər] FIN anticipo *m*

re•take [riː'teɪk] I *v/t (pret* **-took***, pp* **-taken***)* 1 MIL recuperar 2 *TV etc: scene etc* volver a filmar 3 EDU: *exam* volver a presentarse a II *n of scene* toma *f* nueva

re•tal•i•ate [rɪ'tælɪeɪt] *v/i* tomar repre-salias

re•tal•i•a•tion [rɪtælɪ'eɪʃn] represalias *fpl;* **in ~ for** como represalia por

re•tal•i•a•to•ry [rɪ'tælɪətɔːrɪ] *adj* en re-presalia

re•tard•ed [rɪ'tɑːrdɪd] *adj mentally* re-trasado mental

retch [retʃ] *v/i* tener arcadas

re•ten•tion [rɪ'tenʃn] *(keeping)* conser-vación *f; of information, body fluids* re-tención *f;* **powers** *pl* **of ~** poder *m* de retención

re•ten•tive [rɪ'tentɪv] *adj memory* re-tentivo

re•think [riː'θɪŋk] *v/t (pret & pp* **-thought***)* replantear

re•ti•cence ['retɪsns] reserva *f*

re•ti•cent ['retɪsnt] *adj* reservado

ret•i•na ['retɪnə] ANAT retina *f*

ret•i•nue ['retɪnjuː] comitiva *f*

re•tire [rɪ'taɪr] *v/i* 1 *from work, with pen-sion* jubilarse; *of soldier, admiral, sportsman, from politics* retirarse 2 *from race* retirarse 3 *fml: to bed* retirar-se

re•tired [rɪ'taɪrd] *adj with pension* jubi-lado; *soldier, sportsman etc* retirado

re•ti•ree [rɪtaɪ'riː] jubilado(-a) *m(f),* pensionista *m/f*

re•tire•ment [rɪ'taɪrmənt] *with pension* jubilación *f; of soldier, admiral etc* reti-ro *m; of sportsman, from politics etc* re-tirada *f*

re'tire•ment age edad *f* de jubilación

re•tir•ing [rɪ'taɪrɪŋ] *adj* retraído, reser-vado

re•tort¹ [rɪ'tɔːrt] I *n* réplica *f* II *v/t* repli-car

re•tort² [rɪ'tɔːrt] *n* CHEM retorta *f*

re•touch [riː'tʌtʃ] *v/t* PHOT retocar

re•trace [rɪ'treɪs] *v/t:* **they ~d their foot-steps** volvieron sobre sus pasos

re•tract [rɪ'trækt] *v/t* 1 *claws* retraer; *un-dercarriage* replegar 2 *statement* retirar

re•tract•a•ble [rɪ'træktəbl] *adj under-carriage* replegable

re•trac•tion [rɪ'trækʃn] 1 *of claws* re-tracción *f; of undercarriage* repliegue *m* 2 *of statement* retractación *f*

re•train [riː'treɪn] *v/i* reciclarse

re•train•ing [riː'treɪnɪŋ] reciclaje *m; ~ course* curso *m* de reciclaje

re•tread ['riːtred] neumático *m* recau-chutado

re•treat [rɪ'triːt] I *v/i* retirarse II *n* 1 MIL retirada *f* 2 *place* retiro *m*

re•trench [rɪ'trentʃ] *v/i* recortar gastos

re•tri•al ['riːtraɪəl] LAW nuevo juicio *m*

ret•ri•bu•tion [retrɪ'bjuːʃn] represalias *fpl*

re•triev•al [rɪ'triːvl] recuperación *f;* **be-yond ~** *situation, work* irreparable

re•trieve [rɪ'triːv] *v/t* recuperar

re•triev•er [rɪ'triːvər] *dog* perro *m* co-brador

ret•ro•ac•tive [retroʊ'æktɪv] *adj law etc* retroactivo

ret•ro•ac•tive•ly [retroʊ'æktɪvlɪ] *adv* con retroactividad

ret•ro•grade ['retrəgreɪd] *adj move, de-cision* retrógrado

ret•ro•gres•sive [retrə'gresɪv] *adj* retrógrado

ret•ro•spect ['retrəspekt]: *in ~* en retrospectiva

ret•ro•spec•tive [retrə'spektɪv] **I** *n* retrospectiva *f* **II** *adj* retrospectivo

ret•ro•spec•tive•ly [retrə'spektɪvlɪ] *adv* retrospectivamente

ret•ro•vi•rus ['retrouvaɪrəs] MED retrovirus *m inv*

re•try [riːˈtraɪ] **I** *v/t* LAW volver a juzgar **II** *v/i* COMPUT intentar de nuevo

re•turn [rɪˈtɜːrn] **I** *n* **1** *to a place* vuelta *f*, regreso *m*; *on his ~* a su vuelta
2 (*giving back*) devolución *f*; *in ~ for* a cambio de; *by ~ (of post)* a vuelta de correo
3 COMPUT retorno *m*
4 *in tennis* resto *m*
5 (*profit*) rendimiento *m*; *~ on capital / on investment* rendimiento del capital / de la inversión
6 *Br ticket* billete *m or L.Am.* boleto *m* de ida y vuelta
7: *many happy ~s (of the day)* feliz cumpleaños
II *v/t* devolver; (*put back*) volver a colocar; *~ to sender* devolver al remitente
III *v/i* (*go back, come back*) volver, regresar; *of good times, doubts etc* volver

re•turn•a•ble [rɪˈtɜːrnəbl] *adj: the books are ~ within …* hay que devolver los libros en …

re•turn 'flight vuelo *m* de vuelta; **return 'jour•ney** viaje *m* de vuelta; **re•'turn key** COMPUT tecla *f* (de) retorno

re•u•ni•fi•ca•tion [riːjuːnɪfɪˈkeɪʃn] reunificación *f*

re•u•ni•fy [riːˈjuːnɪfaɪ] *v/t* (*pret & pp -ied*) reunificar

re•u•nion [riːˈjuːnjən] reunión *f*

re•u•nite [riːjuːˈnaɪt] *v/t* reunir

re•us•a•ble [riːˈjuːzəbl] *adj* reutilizable

re•use [riːˈjuːz] *v/t* reutilizar

rev [rev] revolución *f*; *~s per minute* revoluciones por minuto
♦ **rev up** *v/t* (*pret & pp -ved*) *engine* revolucionar

re•val•u•a•tion [riːvæljuˈeɪʃn] revaluación *f*

re•vamp ['riːvæmp] *v/t* renovar

re•veal [rɪˈviːl] *v/t* (*make visible*) revelar; (*make known*) revelar, desvelar

re•veal•ing [rɪˈviːlɪŋ] *adj remark* revela-

dor; *dress* insinuante, atrevido
♦ **rev•el in** ['revl] *v/t* (*pret & pp -ed, Br -led*) deleitarse con; *like it?, he revels in it* ¿que si le gusta?, le encanta

rev•e•la•tion [revə'leɪʃn] revelación *f*

rev•el•er ['revələr] juerguista *m/f*

rev•el•ry ['revlrɪ] jolgorio *m*

re•venge [rɪ'vendʒ] venganza *f*; *take one's ~* vengarse; *in ~ for* como venganza por

re•venge•ful [rɪ'vendʒfʊl] *adj* vengativo

rev•e•nue ['revənuː] ingresos *mpl*

re•ver•ber•ate [rɪ'vɜːrbəreɪt] *v/i of sound* reverberar

re•ver•ber•a•tion [rɪvɜːrbəˈreɪʃn] reverberación *f*

re•vere [rɪ'vɪr] *v/t* reverenciar

rev•er•ence ['revərəns] reverencia *f*

Rev•er•end ['revərənd] REL Reverendo *m*

rev•er•ent ['revərənt] *adj* reverente

rev•er•en•tial [revə'renʃl] *adj* reverente

rev•er•ie ['revərɪ] ensoñación *f*

re•ver•sal [rɪ'vɜːrsl] *of decision* revocación *f*; *of sequence* inversión *f*; *suffer a ~* sufrir un revés

re•verse [rɪ'vɜːrs] **I** *adj sequence* inverso; *in ~ order* en orden inverso **II** *n* **1** (*back*) dorso *m* **2** MOT marcha *f* atrás
3: *the ~ (the opposite)* lo contrario **III** *v/t* **1** *sequence* invertir **2**: *~ a vehicle* hacer marcha atrás con un vehículo **IV** *v/i* MOT hacer marcha atrás
♦ **reverse out** *v/t in printing* invertir

re•vers•i•ble [rɪ'vɜːrsəbl] *adj* **1** *n garment* reversible **2** *decision* revocable

re•vert [rɪ'vɜːrt] *v/i*: *~ to* volver a

re•view [rɪ'vjuː] **I** *n* **1** *of book, movie* reseña *f*, crítica *f* **2** *of troops* revista *f* **3** *of situation etc* revisión *f* **II** *v/t* **1** *book, movie* reseñar, hacer una crítica de **2** *troops* pasar revista a **3** *situation etc* revisar; EDU repasar

re•view•er [rɪ'vjuːər] *of book, movie* crítico(-a) *m(f)*

re•vise [rɪ'vaɪz] *v/t opinion, text* revisar

re•vi•sion [rɪ'vɪʒn] *of opinion, text* revisión *f*

re•vi•tal•ize [riː'vaɪtəlaɪz] *v/t* revitalizar

re•viv•al [rɪ'vaɪvl] **1** *of custom, old style etc* resurgimiento *m* **2** *of patient* reanimación *f*

re•vive [rɪ'vaɪv] **I** *v/t* **1** *custom, old style etc* hacer resurgir **2** *patient* reanimar **II**

v/i of business, exchange rate etc reactivarse

rev•o•ca•ble let•ter of cred•it [rɪ'voukəbəl] carta *f* de crédito revocable

re•voice [riː'vɔɪs] *v/t movie* doblar

re•voke [rɪ'vouk] *v/t law* derogar; *license* revocar

re•volt [rɪ'voult] **I** *n* rebelión *f* **II** *v/i* rebelarse

re•volt•ing [rɪ'voultɪŋ] *adj* (*disgusting*) repugnante

rev•o•lu•tion [revə'luːʃn] **1** POL revolución *f* **2** (*turn*) vuelta *f*, revolución *f*

rev•o•lu•tion•ar•y [revə'luːʃnerɪ] **I** *n* POL revolucionario(-a) *m(f)* **II** *adj* revolucionario

rev•o•lu•tion•ize [revə'luːʃnaɪz] *v/t* revolucionar

re•volve [rɪ'vɑːlv] *v/i* girar (*around* en torno a)

re•volv•er [rɪ'vɑːlvər] revólver *m*

re•volv•ing door [rɪ'vɑːlvɪŋ] puerta *f* giratoria

re•volv•ing let•ter of cred•it carta *f* de crédito renovable

re•vue [rɪ'vjuː] THEA revista *f*

re•vul•sion [rɪ'vʌlʃn] repugnancia *f*

re•ward [rɪ'wɔːrd] **I** *n* recompensa *f* **II** *v/t financially* recompensar

re•ward•ing [rɪ'wɔːrdɪŋ] *adj experience* gratificante

re•wind [riː'waɪnd] *v/t* (*pret & pp* **-wound**) *film, tape* rebobinar

re•wire [riː'waɪər] *v/t* cambiar la instalación eléctrica de

re•word [riː'wɜːrd] *v/t* reformular

re•write [riː'raɪt] *v/t* (*pret* **-wrote**, *pp* **-written**) reescribir, volver a escribir

re•write•a•ble [riː'raɪtəbl] *adj CD etc* regrabable

rhap•so•dy ['ræpsədɪ] MUS rapsodia *f*; **go into rhapsodies** *fig* deshacerse en elogios (*about, over* sobre)

rhe•sus fac•tor ['riːsəs] MED factor *m* Rh

rhe•to•ric ['retərɪk] retórica *f*

rhe•tor•ic•al ques•tion [rɪ'tɑːrɪkl] pregunta *f* retórica

rheu•mat•ic [ruː'mætɪk] *adj* reumático; **~ fever** fiebre *f* reumática

rheu•ma•tism ['ruːmətɪzm] reumatismo *m*

rhi•no ['raɪnou] rinoceronte *m*

rhi•no•ce•ros [raɪ'nɑːsərəs] rinoceron-

te *m*

rhi•no•plas•ty ['raɪnouplæstɪ] rinoplastia *f*

rho•do•den•dron [roudə'dendrən] BOT rododendro *m*

rhom•bus ['rɑːmbəs] (*pl* **-buses, rhombi** ['rɑːmbaɪ]) MATH rombo *m*

rhu•barb ['ruːbɑːrb] ruibarbo *m*

rhyme [raɪm] **I** *n* rima *f*; **do sth without ~ or reason** hacer algo sin venir a cuento; **there's no ~ or reason to it** no tiene ni pies ni cabeza **II** *v/i* rimar

rhythm ['rɪðm] ritmo *m*; **~ and blues** MUS rhythm and blues

rhyth•mic, rhyth•mi•cal ['rɪðmɪk(l)] *adj* rítmico

rib [rɪb] ANAT costilla *f*

rib•bon ['rɪbən] cinta *f*

'rib cage ANAT caja *f* torácica

rice [raɪs] arroz *m*

'rice pad•dy arrozal *m*; **'rice pa•per** papel *m* de arroz; **rice 'pud•ding** *Br* arroz *m* con leche

rich [rɪtʃ] **I** *adj* **1** (*wealthy*) rico **2** *food*: con mucha grasa o azúcar; **it's too ~** es muy pesado **3**: **~ in vitamin C** rico en vitamina C **4** F: **that's ~!** ¡genial!; **it's ~ that they are now ...** tiene gracia que ahora sean ellos los que ... **II** *npl*: **the ~** los ricos

rich•es ['rɪtʃɪz] *npl* riquezas *fpl*

rich•ly ['rɪtʃlɪ] *adv*: **be ~ deserved** ser muy merecido

rich•ness ['rɪtʃnɪs] (*wealth*) riqueza *f*

rick•ets ['rɪkɪts] *nsg* MED raquitismo *m*

rick•et•y ['rɪkətɪ] *adj* desvencijado

ric•o•chet ['rɪkəʃeɪ] *v/i* rebotar

rid [rɪd]: **get ~ of** deshacerse de

rid•dance ['rɪdns] F: **good ~ to her!** ¡espero no volver a verla nunca!

rid•den ['rɪdn] *pp* ☞ **ride**

rid•dle ['rɪdl] **I** *n* acertijo *m* **II** *v/t*: **be ~d with** estar lleno de

ride [raɪd] **I** *n on horse, in vehicle* paseo *m*, vuelta *f*; (*journey*) viaje *m*; **do you want a ~ into town?** ¿quieres que te lleve al centro?; **take s.o. for a ~** F tomar el pelo a alguien

II *v/t* (*pret* **rode**, *pp* **ridden**) *horse* montar a; *bike* montar en

III *v/i* (*pret* **rode**, *pp* **ridden**) **1** *on horse* montar; **can you ~?** ¿sabes montar?; **those who were riding at the back of the bus** los que iban en la parte de atrás del autobús 2: *let sth* ~ dejar algo estar; *there's a lot riding on this* hay muchas cosas que dependen de ello

◆ **ride up** *v/i of skirt etc* subirse

rid•er ['raɪdər] *on horse* jinete *m*, amazona *f*; *on bicycle* ciclista *m/f*; *on motorbike* motorista *m/f*

ridge [rɪdʒ] *raised strip* borde *m*; *of mountain* cresta *f*; *of roof* caballete *m*

rid•i•cule ['rɪdɪkjuːl] **I** *n* burlas *fpl* **II** *v/t* ridiculizar, poner en ridículo

ri•dic•u•lous [rɪ'dɪkjʊləs] *adj* ridículo

ri•dic•u•lous•ly [rɪ'dɪkjʊləslɪ] *adv* expensive, difficult terriblemente; *it's ~ easy* es facilísimo

rid•ing ['raɪdɪŋ] *on horseback* equitación *f*

'**rid•ing boots** *npl* botas *fpl* de montar; **rid•ing breech•es** ['raɪdɪŋbrɪtʃəs] *npl* pantalones *mpl* de montar; '**rid•ing school** escuela *f* de equitación

rife [raɪf] *adj*: ~ *with disease, corruption, in-fighting* plagado de; *crime is* ~ impera el crimen

riff [rɪf] MUS riff *m*

riff•raff ['rɪfræf] gentuza *f*

ri•fle ['raɪfl] rifle *m*

◆ **rifle through** *v/t* rebuscar en

'**ri•fle range** campo *m* de tiro

rift [rɪft] **1** *in earth* grieta *f* **2** *in party etc* escisión *f*

rig [rɪg] **I** *n* **1** (*oil* ~) plataforma *f* petrolífera **2** (*truck*) camión *m* **II** *v/t* (*pret & pp* **-ged**) *elections* amañar

◆ **rig up** *v/t* montar

rig•ging ['rɪgɪŋ] NAUT cordaje *m*

right [raɪt] **I** *adj* **1** (*correct*) correcto; *it's not* ~ *to treat people like that* no está bien tratar así a la gente; *it's the* ~ *thing to do* es lo que hay que hacer; *be* ~ *of answer* estar correcto; *of person* tener razón; *of clock* ir bien; *put things* ~ arreglar las cosas; *that's* ~! ¡eso es! **2** (*suitable*) adecuado, apropiado **3** (*not left*) derecho **4**: *that's all* ~ *doesn't matter* no te preocupes; *when s.o. says thank you* de nada; *is quite good* está bastante bien; *I'm all* ~ *not hurt* estoy bien; *have got enough* no, gracias; *all* ~, *that's enough!* ¡ahora sí que ya está bien! ☞ **alright** **II** *adv* **1** (*directly*) justo; ~ *now* ahora

mismo; *they arrived* ~ *after me* llegaron justo después de mí; *I'll be* ~ *back* vuelvo ahora mismo; *it broke* ~ *down the middle* se rompió justo por la mitad

2 (*correctly*) correctamente

3 (*not left*) a la derecha

4 (*completely*) completamente; *he broke it* ~ *off* lo rompió por completo; *it goes* ~ *around the house* va alrededor de toda la casa; ~ *back in 1982* allá en 1982; ~*!, that does it!* ¡hasta aquí hemos llegado!

III *n* **1** *civil, legal etc* derecho *m* **2** *not left*, POL derecha *f*; *on the* ~ *also* POL a la derecha; *turn to the* ~, *take a* ~ gira a la derecha **3**: *be in the* ~ tener razón; *know* ~ *from wrong* distinguir lo que está bien de lo que está mal

right-'an•gle ángulo *m* recto; *at* ~ *s to* en *or* formando ángulo recto con

right-an•gled ['raɪtæŋgld] *adj* rectángulo

◆ **right-click on** *v/t* cliquear con el botón derecho en

right•eous ['raɪtʃəs] *adj* **1** *person* honrado **2** *anger* justificado

right•ful ['raɪtfəl] *adj heir, owner etc* legítimo

'**right-hand** *adj*: *on the* ~ *side* a mano derecha; **right-hand 'drive** MOT vehículo *m* con el volante a la derecha; **right-hand•ed** [raɪt'hændɪd] *adj person* diestro; **right-hand•er** [raɪt'hændər] diestro(-a) *m(f)*; **right-hand 'man** mano *f* derecha

right•ly ['raɪtlɪ] *adv* (*correctly*) correctamente; (*justifiably*) justificadamente; *accuse, complain* con (toda la) razón; *assume* con toda seguridad; ~ *or wrongly* para bien o para mal; *I don't* ~ *know* F no sé muy bien; *I can't* ~ *say* F no puedo decir

right of 'way *in traffic* preferencia *f*; *across land* derecho *m* de paso

'**rights is•sue** FIN emisión *f* con derechos para los accionistas

right 'wing POL derecha *f*; SP banda *f* derecha; **right-'wing** *adj* POL de derechas; **right-'wing•er** POL derechista *m/f*; **right-wing ex'trem•ism** POL extremismo *m* de derechas

rig•id ['rɪdʒɪd] *adj* rígido

ri•gid•i•ty [rɪ'dʒɪdɪtɪ] rigidez *f*

rig•ma•role ['rɪgməroʊl] F engorro *m*

rig•or ['rɪgər] *of discipline* rigor *m*; **the ~s of the winter** los rigores del invierno

rig•or mor•tis [rɪgər'mɔːrtɪs] MED rigor *m* mortis

rig•or•ous ['rɪgərəs] *adj* riguroso

rig•or•ous•ly ['rɪgərəslɪ] *adv* check, examine rigurosamente

rig•our Br ☞ **rigor**

rile [raɪl] *v/t* F fastidiar, *Span* mosquear F

rim [rɪm] *of wheel* llanta *f*; *of cup* borde *m*; *of eye glasses* montura *f*

rind [raɪnd] *on bacon, cheese* corteza *f*

ring[1] [rɪŋ] *n* **1** (*circle*) círculo *m* **2** *on finger* anillo *m* **3** *in boxing* cuadrilátero *m*, ring *m*; *at circus* pista *f*

ring[2] [rɪŋ] I *n of bell* timbrazo *m*; *of voice* tono *m*; **give s.o. a ~** Br TELEC dar un telefonazo a alguien; **that has a familiar ~ to it** me suena; **have a hollow ~** no sonar muy convincente

II *v/t* (*pret* **rang**, *pp* **rung**) *bell* hacer sonar, tocar; *doorbell* tocar

III *v/i* (*pret* **rang**, *pp* **rung**) *of bell* sonar; **please ~ for attention** toque el timbre para que lo atiendan; **~ing tone** TELEC tono *m* de llamada

◆ **ring back** *v/t & v/i* Br llamar más tarde, volver a llamar

◆ **ring in** *v/i* Br llamar

◆ **ring off** *v/i* Br colgar

◆ **ring out** *v/i of bell, voice* resonar

◆ **ring up** *v/t & v/i* Br llamar (por teléfono)

'ring bind•er bloc *m* de anillas; **'ring-fence** *v/t fig: make secure* proteger; **'ring fin•ger** dedo *m* anular; **'ring-lead•er** cabecilla *m/f*; **'ring-pull** anilla *f*; **'ring road** Br carretera *f* de circunvalación; **'ring•side: at the ~** *in boxing* en primera fila; **~ seat** asiento *m* de primera fila

rink [rɪŋk] pista *f* de patinaje

rinse [rɪns] I *n for hair color* reflejo *m* II *v/t* aclarar

ri•ot ['raɪət] I *n* disturbio *m*; **read s.o. the ~ act** cantar a alguien las cuarenta; **run ~** *of kids, the imagination* desbocarse II *v/i* causar disturbios

ri•ot•er ['raɪətər] alborotador(a) *m(f)*

ri•ot•ous ['raɪətəs] *adj* **1** *behavior, crowd* descontrolado **2**: **we had a ~**

time nos lo pasamos de maravilla

ri•ot•ous•ly ['raɪətəslɪ] *adv*: **it was ~ funny** era desternillante

'ri•ot po•lice policía *f* antidisturbios

rip [rɪp] I *n in cloth etc* rasgadura *f* II *v/t* (*pret & pp* **-ped**) *cloth etc* rasgar; **~ sth open** romper algo rasgándolo

◆ **rip apart** *v/t also fig* destrozar

◆ **rip off** *v/t* F *customers* robar F, clavar F; (*cheat*) timar

◆ **rip up** *v/t letter, sheet* hacer pedazos

'rip cord cordón *m* de apertura

ripe [raɪp] *adj fruit* maduro

rip•en ['raɪpn] *v/i of fruit* madurar

ripe•ness ['raɪpnɪs] *of fruit* madurez *f*

'rip-off F **1** *n* robo *m* F; **the concert was a ~** el concierto fue un timo II *adj*: **~ prices** precios *mpl* escandalosos

rip•ple ['rɪpl] *on water* onda *f*

rise [raɪz] I *v/i* (*pret* **rose**, *pp* **risen**) **1** *from chair etc* levantarse **2** *of sun* salir; *of rocket* ascender, subir **3** *of price, temperature, water* subir II *n* **1** *in price, temperature* subida *f*, aumento *m*; *in water level* subida *f*; *Br. in salary* aumento *m* **2**: **give ~ to** dar pie a

ris•en ['rɪzn] *pp* ☞ **rise**

ris•er ['raɪzər]: **be an early ~** ser un madrugador; **be a late ~** levantarse tarde

ris•ing ['raɪzɪŋ] I *n* (*rebellion*) revuelta *f* II *adj* **1** *generation* venidera **2** *politician etc* en alza; **a ~ star in the company** un valor en alza en la empresa

risk [rɪsk] I *n* riesgo *m*, peligro *m*; **take a ~** arriesgarse; **put sth at ~** poner algo en peligro; **run the ~ of doing sth** correr el riesgo de hacer algo II *v/t* arriesgar; **let's ~ it** arriesguémonos

'risk a•nal•y•sis análisis *m inv* de riesgos; **'risk man•age•ment** gestión *f* de riesgos; **'risk-tak•er: he's a ~** le gusta tomar riesgos

risk•y ['rɪskɪ] *adj* arriesgado

ri•sot•to [rɪ'zɒtoʊ] risotto *m*

ris•qué [rɪ'skeɪ] *adj* subido de tono

ris•sole ['rɪsoʊl] GASTR bola frita de carne o pescado

rite [raɪt] rito *m*; **perform the last ~s over s.o.** REL administrar la extrema unción a alguien

rit•u•al ['rɪtʃʊəl] I *n* ritual *m* II *adj* ritual

rit•u•al•ist•ic [rɪtʃʊə'lɪstɪk] *adj* ritualista

ritz•y ['rɪtsɪ] *adj* F lujoso

ri•val ['raɪvl] I *n* rival *m/f* II *v/t* (*pret & pp*

-ed, Br **-led)** rivalizar con; **I can't ~ that** no puedo rivalizar con eso

ri•val•ry ['raɪvlrɪ] rivalidad f

riv•er ['rɪvər] río m

'riv•er•bank ribera f; **'riv•er•bed** lecho m; **Riv•er 'Plate: the ~** el Río de la Plata; **'riv•er•side I** adj a la orilla del río **II** n ribera f, orilla f del río

riv•et ['rɪvɪt] **I** n remache m **II** v/t remachar; **~ sth to sth** unir algo a algo con remaches

riv•et•ing ['rɪvɪtɪŋ] adj fascinante

RNA [ɑːren'eɪ] abbr (= **ribonucleic acid**) ARN m (= ácido m ribonucleico)

roach [roʊtʃ] F insect cucaracha f

road [roʊd] in country carretera f; in city calle f; **it's just down the ~** está muy cerca; **be on the ~** traveling estar de viaje; of theater group estar de gira; **when we get our car back on the ~** cuando el coche vuelva a funcionar; **the car's been off the ~ for a year** hace un año que no conducimos el coche; **let's get this project on the ~** F pongamos este proyecto en marcha; **on the ~ to recovery** en vías de recuperación; **and one more for the ~** F y la penúltima (copa); **be on the right ~** fig ir por el buen camino; **hit the ~** F largarse

'road ac•ci•dent accidente m de carretera; **'road•block** control m de carretera; **'road hog** conductor(a) temerario(-a); **'road-hold•ing** of vehicle adherencia f, agarre m; **'road•house** taberna f (al lado de la carretera); **'road map** mapa m de carreteras; **'road noise** MOT ruido m de la carretera; **'road rage** Br cólera f al volante, agresividad f en la carretera; **'road re•pairs** npl obras fpl; **road 'safe•ty** seguridad f vial; **'road•show** exhibición f itinerante; **'road•side: at the ~** al borde de la carretera; **'road•sign** señal f de tráfico; **'road tax** impuesto m de circulación; **'road test** MOT prueba f en carretera; **'road-test** v/t car probar en carretera; **'road toll** peaje m; **road 'traf•fic ac•ci•dent** accidente m de tráfico por carretera; **'road us•er** usuario(-a) m(f) de las carreteras; **'road•way** calzada f; **'road•wor•thy** adj en condiciones de circular

roam [roʊm] v/i vagar

roar [rɔːr] **I** n of traffic, engine estruendo m; of lion rugido m; of person grito m, bramido m **II** v/i of engine, lion rugir; of person gritar, bramar; **~ with laughter** reírse a carcajadas

roar•ing ['rɔːrɪŋ] adj: **~ success** F éxito m clamoroso; **~ drunk** F borracho como una cuba F

roast [roʊst] **I** n of beef etc asado m **II** v/t asar **III** v/i of food asarse; **we're ~ing** nos estamos asando

roast 'beef rosbif m

roast•ing ['roʊstɪŋ] adj F day, weather abrasador; **I'm ~** me estoy asando

'roast•ing dish plato m para asar

roast 'pork cerdo m asado

rob [rɑːb] v/t (pret & pp **-bed**) person robar a; bank atracar, robar; **I've been ~bed** me han robado

rob•ber ['rɑːbər] atracador(a) m(f)

rob•ber•y ['rɑːbərɪ] atraco m, robo m

robe [roʊb] **1** of judge toga f; of priest sotana f **2** (bath~) bata f

rob•in ['rɑːbɪn] petirrojo m

ro•bot ['roʊbɑːt] robot m

ro•bust [roʊ'bʌst] adj person, structure robusto; material resistente; defense sólido; attitude firme; **be in ~ health** tener una salud de hierro

rock [rɑːk] **I** n **1** roca f; **on the ~s** of drink con hielo; **their marriage is on the ~s** su matrimonio está en crisis **2** MUS rock m **II** v/t **1** baby acunar; cradle mecer **2** (surprise) sorprender, impactar **III** v/i on chair mecerse; of boat balancearse

rock-and-'roll MUS rock and roll m; **'rock band** grupo m de rock; **rock 'bot•tom: reach ~** tocar fondo; **'rock-bot•tom** adj prices mínimo; **'rock climb•er** escalador(a) m(f); **'rock climb•ing** escalada f (en roca)

rock•er ['rɑːkər] **1** (rocking chair) mecedora f **2** Br. person roquero(-a) m(f) **3**: **off one's ~** F pirado F

'rock•er arm MOT balancín m

rock•er•y ['rɑːkərɪ] jardín m de rocalla

rock•et ['rɑːkɪt] **I** n cohete m; **give s.o. a ~** F echar la bronca a alguien **II** v/i of prices etc dispararse

'rock•et sci•ence F: **it's hardly ~!** ¡no hace falta ser un genio!

'rock•et sci•en•tist F listillo(-a) m(f), sabiondo(-a) m(f) '**rock face** pared *f*; '**rock•fall** caída *f* de rocas; '**rock gar•den** jardín *m* de rocalla; '**rock-hard** *adj* duro como una piedra

rock•ing chair ['rɑːkɪŋ] mecedora *f*
'**rock•ing horse** caballito *m* de juguete
'**rock mu•sic** música *f* rock; **rock 'n' roll** [rɑːkn'roʊl] rock and roll *m*; '**rock salt** sal *f* gema; **rock-'sol•id** *adj structure*, *fig*: *support* etc sólido como una piedra; '**rock star** estrella *f* del rock

rock•y[1] ['rɑːkɪ] *adj beach, path* pedregoso
rock•y[2] ['rɑːkɪ] *adj (unsteady)* inestable
ro•co•co [rə'koʊkoʊ] rococó *m*
rod [rɑːd] **1** vara *f* **2** *for fishing* caña *f*
rode [roʊd] *pret* ☞ **ride**
ro•dent ['roʊdnt] roedor *m*
ro•de•o ['roʊdıoʊ] rodeo *m*
roe[1] [roʊ] *of fish* huevas *fpl*
roe[2] [roʊ] *deer* corzo *m*
'**roe•buck** corzo *m*
'**roe deer** corzo *m*
rog•er ['rɑːdʒər] *int* RAD recibido
rogue [roʊg] granuja *m/f*, bribón(-ona) *m(f)*
ROI *abbr (= return on investment)* rendimiento *m* de la inversión
role [roʊl] papel *m*
'**role mod•el** ejemplo *m*; **be a ~ for** ser un modelo a seguir para; '**role play** juego *m* de roles; **role re•ver•sal** cambio *m* de papeles; **role-swap•ping** ['roʊl-swɑːpɪŋ] intercambio *m* de papeles
roll [roʊl] **I** *n* **1** *(bread ~)* panecillo *m* **2** *of film* rollo *m* **3** *of thunder* retumbo *m* **4** *(list, register)* lista *f* **II** *v/i* **1** *of ball etc* rodar **2** *of boat* balancearse **III** *v/t* **1**: **~ sth into a ball** hacer una bola con algo **2**: **~ sth along the ground** hacer rodar algo por el suelo **3**: **~ one's own** liarse los cigarrillos
◆ **roll around** *v/i*: **they were rolling around laughing** F se desternillaban de risa
◆ **roll back** *v/t carpet etc* enrollar; **if we could roll back the years** si pudiéramos retroceder en el tiempo
◆ **roll down** *v/t shades* bajar
◆ **roll in** *v/i of contributions, letters* llover; F *of person* llegar
◆ **roll out** *v/t* **1** *pastry* extender **2** *new product* introducir
◆ **roll over I** *v/i* darse la vuelta **II** *v/t* **1**

person, object dar la vuelta a **2** *(renew)* renovar; *(extend)* refinanciar
◆ **roll up I** *v/t sleeves* remangar **II** *v/i* F *(arrive)* llegar

'**roll bar** MOT barra *f* antivuelco
'**roll call** lista *f*; **have a ~** pasar lista
roll•er ['roʊlər] *for hair* rulo *m*
'**roll•er blade**® patín *m* en línea; '**roll•er blind** *Br* persiana *f*; '**roll•er coast•er** montaña *f* rusa; '**roll•er skate** patín *m* (de ruedas); '**roll•er-skate** *v/i* patinar *(sobre ruedas)*; '**roll•er skat•er** patinador(a) *m(f) (sobre ruedas)*; '**roll•er-skat•ing** patinaje *m* sobre ruedas; '**roll•er tow•el** toalla *f* de rodillo
roll•ing mill ['roʊlɪŋ] TECH laminadora *f*, laminador *m*; '**roll•ing pin** rodillo *m* de cocina; '**roll•ing stock** RAIL material *m* rodante
ROM [rɑːm] *abbr (= read only memory)* COMPUT ROM *f (= memoria f de sólo lectura)*
Ro•man ['roʊmən] **I** *adj* romano **II** *n* romano(-a) *m(f)*
Ro•man 'Cath•o•lic I *n* REL católico(-a) *m(f)* romano(-a) *m(f)* **II** *adj* católico romano
ro•mance[1] [rə'mæns] *n* **1** *(affair)* aventura *f* (amorosa) **2** *novel* novela *f* rosa; *movie* película *f* romántica
Ro•mance[2] [rə'mæns] *adj language* romance, románico
Ro•man•esque [roʊmə'nesk] *adj* románico
Ro•ma•ni•a [ruː'meɪnɪə] Rumanía *f*
Ro•ma•ni•an [ruː'meɪnjən] **I** *adj* rumano **II** *n* **1** rumano(-a) *m(f)* **2** *language* rumano *m*
ro•man•tic [roʊ'mæntɪk] *adj* romántico
ro•man•tic•al•ly [roʊ'mæntɪklɪ] *adv*: **be ~ involved with s.o.** tener un romance con alguien
ro•man•ti•cism [roʊ'mæntɪsɪzəm] romanticismo *m*
ro•man•ti•cize [roʊ'mæntɪsaɪz] *v/t* idealizar
Rom•a•ny ['roʊmənɪ] **1** *(gypsy)* romaní *m/f* **2** *language* romaní *m*
Rome [roʊm] Roma *f*; **~ was not built in a day** Zamora no se ganó en una hora; **all roads lead to ~** todos los caminos llevan a Roma; **when in ~ (do as the Romans do)** allá donde fueres, haz lo que vieres

romp [rɑːmp] **I** *v/i* juguetear; *~ around* juguetear; *~ through* F *exam etc* pasar con mucha facilidad **II** *n*: *have a ~* juguetear

roof [ruːf] *techo m*, tejado *m*; *have a ~ over one's head* tener un techo donde dormir

'**roof box** caja *f* portaequipajes para baca; '**roof gar•den** azotea *f* con jardín; '**roof-rack** MOT baca *f*; '**roof•top** tejado *m*; *scream or shout sth from the ~s fig* proclamar algo a los cuatro vientos

rook[1] [rʊk] *v/t* F (*cheat*) camelar F

rook[2] [rʊk] *n in chess* torre *f*

rook•ie ['rʊkɪ] F novato(-a) *m(f)*

room [ruːm] **1** habitación *f* **2** (*space*) espacio *m*, sitio *m*; *there's no ~ for ...* no hay sitio para ..., no cabe ...; *leave little ~ for doubt as to ...* no dejar lugar a dudas de que ...

'**room clerk** recepcionista *m/f*
room•er ['ruːmər] huésped *m/f*
room•ing house ['ruːmɪŋ] pensión *f*
'**room•mate** *sharing room* compañero(-a) *m(f)* de habitación; *sharing apartment* compañero(-a) *m(f)* de apartamento; '**room ser•vice** servicio *m* de habitaciones; **room 'tem•per•a•ture** temperatura *f* ambiente

room•y ['ruːmɪ] *adj house, car etc* espacioso; *clothes* holgado

roost [ruːst] **I** *n* percha *f* **II** *v/i of bird* posarse; *his mistakes have come home to ~* ahora está pagando sus errores

roost•er ['ruːstər] gallo *m*

root [ruːt] *n* raíz *f*; *~s of person* raíces *fpl*
◆ **root around** *v/i* rebuscar
◆ **root for** *v/t* F apoyar
◆ **root out** *v/t* **1** (*get rid of*) cortar de raíz **2** (*find*) encontrar

'**root beer** bebida efervescente no alcohólica hecha a partir de hierbas y especias; '**root crop** tubérculo *m*; '**root di•rec•to•ry** COMPUT directorio *m* raíz

root•ed ['ruːtɪd] *adj*: *be ~ in fig* tener raíces en; *stand or be ~ to the spot* quedarse de una pieza

rope [roʊp] cuerda *f*; *thick* soga *f*; *show s.o. the ~s* F poner a alguien al tanto; *he doesn't know the ~s yet* F todavía no está al tanto; *jump ~* saltar a la combapara; *give s.o. plenty of ~ fig* dar libertad de acción a alguien
◆ **rope off** *v/t* acordonar

'**rope lad•der** escalera *f* de cuerda
rop•(e)y ['roʊpɪ] *adj* Br F flojo; *I'm still feeling a bit ~* estoy pachucho

ro•sa•ry ['roʊzərɪ] REL rosario *m*

rose[1] [roʊz] *n* BOT rosa *f*

rose[2] [roʊz] *pret* ☞ **rise**

ro•sé [roʊ'zeɪ] rosado *m*

'**rose•bud** BOT capullo *m*; '**rose•bush** BOT rosal *m*; **rose-col•ored**, Br **rose-col•oured** ['roʊzkʌlərd] *adj* rosado; *see things through ~ glasses fig* ver las cosas de color de rosa; '**rose•hip** BOT escaramujo *m*; **rose•ma•ry** ['roʊzmerɪ] romero *m*

ro•sette [roʊ'zet] *worn* escarapela *f*

ros•in ['rɑːzɪn] colofonia *f*

ros•ter ['rɑːstər] lista *f*

ros•trum ['rɑːstrəm] estrado *m*

ros•trum cam•er•a•man TV cámara *m* de primeros planos

ros•y ['roʊzɪ] *adj cheeks* sonrosado; *future* de color de rosa

rot [rɑːt] **I** *n in wood* putrefacción *f* **II** *v/i* (*pret & pp* **-ted**) *of food, wood* pudrirse; *of teeth* cariarse

ro•ta ['roʊtə] turnos *mpl*; *actual document* calendario *m* con los turnos

ro•ta•ry ['roʊtərɪ] **I** *adj* rotatorio **II** *n* MOT rotonda *f*

ro•tate [roʊ'teɪt] **I** *v/i of blades, earth* girar **II** *v/t* **1** hacer girar **2** *crops* rotar

ro•ta•tion [roʊ'teɪʃn] *around the sun etc* rotación *f*; *do sth in ~* hacer algo por turnos rotatorios

rote [roʊt]: *learn sth by ~* aprender algo de memoria

ro•tor ['roʊtər] TECH, ELEC rotor *m*

'**ro•tor blade** pala *f* del rotor

rot•ten ['rɑːtn] *adj food, wood etc* podrido; F *weather, luck* horrible; F *that was a ~ trick* ¡qué mala idea!

rott•weil•er ['rɑːtwaɪlər] rottweiler *m*

ro•tund [roʊ'tʌnd] *adj* rollizo

rouge [ruːʒ] colorete *m*

rough [rʌf] **I** *adj* **1** *surface, ground* accidentado; *hands, skin* áspero; *voice* ronco

2 (*violent*) bruto; *crossing* movido; *seas* bravo; *be ~ with s.o.* ser duro con alguien

3 (*approximate*) aproximado; *~ draft* borrador *m*; *~ estimate* cálculo *m* aproximado; *at a ~ guess* a ojo; *I have a ~ idea where it is* tengo una vaga idea de dónde está

II *adv*: **sleep** ~ dormir a la intemperie; **play (it)** ~ SP jugar duro

III *n* **1** *in golf* rough *m* **2**: **take the** ~ **with the smooth** estar a las duras y a las maduras

IV *v/t*: ~ **it** apañárselas

◆ **rough up** *v/t* F dar una paliza a

rough•age ['rʌfɪdʒ] *in food* fibra *f*

rough-and-'read•y *adj estimate*, *method*, *repair job* rudimentario; **rough--and-'tum•ble** rifirrafe *m*; **have a** ~ tener un rifirrafe; **'rough•cast** ARCHI mortero *m* grueso; **rough 'di•a•mond: be a** ~ ser buena persona aunque se tengan malos modales

rough•ly ['rʌflɪ] *adv* **1** (*approximately*) aproximadamente **2** (*harshly*) brutalmente

'rough•neck F matón(-ona) *m(f)*

rough•shod ['rʌfʃɑːd] *adv*: **ride** ~ **over sth / s.o.** pisotear algo / a alguien

rou•lette [ruːˈlet] ruleta *f*

round [raʊnd] **I** *adj* redondo; **in** ~ **figures** en números redondos

II *n* **1** *of mailman, doctor, drinks, competition* ronda *f*; *in championship* jornada *f*; *in boxing match* round *m*, asalto *m*; **go the** ~**s** *of rumor, illness* correr; **the daily** ~ *fig* las tareas cotidianas; **it's my** ~ me toca pagar a mí **2** *of toast* rebanada *f*

III *v/t corner* doblar

IV *adv, prep* ☞ **around**

◆ **round down** *v/t sum* redondear a la baja

◆ **round off** *v/t* **1** *edges* redondear **2** *meeting, night out* concluir

◆ **round up** *v/t* **1** *figure* redondear (hacia la cifra más alta) **2** *suspects, criminals* detener

round•a•bout ['raʊndəbaʊt] **I** *adj route, way of saying sth* indirecto; **in a** ~ **way** *fig* dando muchos rodeos **II** *n Br. on road* rotonda *f*, *Span* glorieta *f*

round•ly ['raʊndlɪ] *adv criticize, condemn* rotundamente

'round-ta•ble *adj*: ~ **discussion** mesa *f* redonda; **'round-the-clock** *adj & adv* 24 horas al día; **'round-the-world** *adj* alrededor del mundo; **round 'trip** viaje *m* de ida y vuelta; **round trip 'tick•et** billete *m or L.Am.* boleto *m* de ida y vuelta; **'round-up 1** *of cattle* rodeo

m; *of suspects, criminals* redada *f* **2** *of news* resumen *m*

rouse [raʊz] *v/t* **1** *from sleep* despertar **2** *interest, emotions* excitar, provocar

rous•ing ['raʊzɪŋ] *adj speech, finale* emocionante

rout [raʊt] MIL **I** *n* debacle *f* **II** *v/t* aplastar

route [raʊt] ruta *f*, recorrido *m*; **is this his normal** ~ **home?** ¿es éste el camino que toma normalmente para ir a casa?

rou•tine [ruːˈtiːn] **I** *adj* habitual **II** *n* rutina *f*; **as a matter of** ~ como rutina

rou•tine•ly [ruːˈtiːnlɪ] *adv* habitualmente

row[1] [roʊ] *n* (*line*) hilera *f*; **5 days in a** ~ 5 días seguidos

row[2] [roʊ] **I** *v/t boat* llevar remando **II** *v/i* remar

row[3] [raʊ] F *Br* **I** *n* **1** *noise* follón *m* **2** (*quarrel*) bronca *f* **II** *v/i* (*quarrel*) pelearse

RoW [ɑːroʊˈdʌbljuː] *abbr* (= **Rest of World**) resto *m* del mundo

row•boat ['roʊboʊt] bote *m* de remos

row•dy ['raʊdɪ] *adj* alborotador, *Span* follonero

row house ['roʊhaʊs] casa *f* adosada

roy•al ['rɔɪəl] *adj* real

roy•al•ist ['rɔɪəlɪst] **I** *adj* monárquico **II** *n* monárquico(-a) *m(f)*

roy•al•ty ['rɔɪəltɪ] **1** *royal persons* realeza *f* **2** *on book, recording* derechos *mpl* de autor

RSI [ɑːresˈaɪ] *abbr* (= **repetitive strain injury**) lesión *f* por movimiento repetitivo

RSVP [ɑːresviːˈpiː] *abbr* (= **répondez s'il vous plaît**) se ruega contestación

RTA [ɑːrtiːˈeɪ] *abbr* (= **road traffic accident**) accidente *m* de tráfico por carretera

rub [rʌb] *v/t* (*pret & pp* **-bed**) frotar; ~ **sth dry** secar algo (frotándolo); ~ **one's hands** (**together**) frotarse las manos; ~ **one's hands with glee** frotarse las manos; ~ **s.o.'s nose in sth** F restregarle a alguien algo por las narices; ~ **shoulders with** F codearse con

◆ **rub down** *v/t to clean* lijar

◆ **rub in** *v/t cream, ointment* extender, frotar; **don't rub it in!** *fig* ¡no me lo restriegues por las narices!

◆ **rub off I** *v/t dirt* limpiar frotando; *paint etc* borrar **II** *v/i*: **it rubs off on**

you se te contagia

◆ **rub up** *v/t:* **rub s.o. up the wrong way** F caer mal a alguien

rub•ber ['rʌbər] **I** *n* **1** *material* goma *f*, caucho *m* **2** P *(condom)* goma *f* P **II** *adj* de goma *or* caucho

rub•ber 'band goma *f* elástica; **rub•ber 'bul•let** bala *f* de goma; **rub•ber 'din•ghy** lancha *f* neumática; **rub•ber gloves** [rʌbər'glʌvz] *npl* guantes *mpl* de goma; **'rub•ber•neck F I** *n* curioso(-a) *m(f)* **II** *v/i* curiosear; **'rub•ber plant** BOT ficus *m inv*; **rub•ber 'stamp** sello *m* de caucho; **rub•ber-'stamp** *v/t* sellar; *fig* F dar el visto bueno a

rub•ber•y ['rʌbərɪ] *adj* correoso

rub•bish ['rʌbɪʃ] Br **1** *garbage, poor quality* basura *f* **2** *(nonsense)* tonterías *fpl*

rub•ble ['rʌbl] escombros *mpl*

ru•bel•la [rʊ'belə] MED rubeola *f*

ru•by ['ru:bɪ] *jewel* rubí *m*

ruck•sack ['rʌksæk] mochila *f*

ruck•us ['rʌkəs] F trifulca *f*

ruc•tions ['rʌkʃnz] *npl* F jaleo *m*

rud•der ['rʌdər] timón *m*

rud•dy ['rʌdɪ] *adj complexion* rubicundo

rude [ru:d] *adj person, behavior* maleducado, grosero; *language* grosero; **it is ~ to ...** es de mala educación ...; **I didn't mean to be ~** no pretendía faltar al respeto; **~ awakening** sorpresa *f* desagradable

rude•ly ['ru:dlɪ] *adv (impolitely)* groseramente

rude•ness ['ru:dnɪs] mala *f* educación, grosería *f*

ru•di•men•ta•ry [ru:dɪ'mentərɪ] *adj* rudimentario

ru•di•ments ['ru:dɪmənts] *npl* rudimentos *mpl*

rue [ru:] *v/t:* **~ the day ...** *lit* lamentar el día ...

rue•ful ['ru:fəl] *adj* arrepentido, compungido

rue•ful•ly ['ru:fəlɪ] *adv* con arrepentimiento

ruff [rʌf] golilla *f*

ruf•fi•an ['rʌfɪən] rufián *m*

ruf•fle ['rʌfl] **I** *n on dress* volante *m* **II** *v/t* **1** *hair* despeinar; *clothes* arrugar **2** *person* alterar, enfadar; **get ~d** alterarse

rug [rʌg] **1** alfombra *f*; **pull the ~ (out)**

from under s.o. *fig* ponerle la zancadilla a alguien; **sweep sth under the ~** *fig* ocultar algo **2** *(blanket)* manta *f* (de viaje)

rug•by ['rʌgbɪ] rugby *m*

'rug•by match partido *m* de rugby; **'rug•by play•er** jugador(a) *m(f)* de rugby; **'rug•by-tack•le** *v/t* hacer un placaje a

rug•ged ['rʌgɪd] *adj* **1** *scenery, cliffs* escabroso, accidentado **2** *face* de rasgos duros; *resistance* decidido; *build, equipment* resistente

ru•in ['ru:ɪn] **I** *n* ruina *f*; **~s** ruinas *fpl*; **in ~s** *city, building* en ruinas; *plans, marriage* arruinado; **fall into ~** quedarse en ruinas **II** *v/t* arruinar; **be ~ed** *financially* estar arruinado *or* en la ruina; **~ one's eyesight** arruinarse la vista

ru•in•a•tion [ru:ɪn'eɪʃn]: **be the ~ of s.o.** ser la ruina de alguien

ru•in•ous ['ru:ɪnəs] *adj* ruinoso

ru•in•ous•ly ['ru:ɪnəslɪ] *adv:* **~ expensive** increíblemente caro

rule [ru:l] **I** *n* **1** *of club, game* regla *f*, norma *f*; **as a ~** por regla general; **make it a ~ to do sth** tener por norma hacer algo; **against the ~s** contra las normas; **work to ~** *esp Br* hacer huelga de celo **2** *of monarch* reinado *m* **3** *for measuring* regla *f*; **as a ~ of thumb** por regla general **II** *v/t* **1** *country* gobernar; **he's ~d by self-interest** se deja llevar por su propio interés **2**: **the judge ~d that ...** el juez dictaminó que ... **3**: **~ the roost** *fig* ser el amo del cottaro **III** *v/i of monarch* reinar

◆ **rule out** *v/t* descartar; **I wouldn't rule it out** no lo descartaría

rul•er ['ru:lər] **1** *for measuring* regla *f* **2** *of state* gobernante *m/f*

rul•ing ['ru:lɪŋ] **I** *n* fallo *m*, decisión *f* **II** *adj party* gobernante, en el poder

rum [rʌm] *drink* ron *m*

Ru•ma•ni•a *etc* ☞ **Romania**

rum•ble ['rʌmbl] *v/i of stomach* gruñir; *of train in tunnel* retumbar

'rum•ble strip MOT banda *f* sonora

rum•bus•tious [rʌm'bʌstʃəs] *adj* bullicioso

ru•mi•nant ['ru:mɪnənt] ZO rumiante *m*

ru•mi•nate ['ru:mɪneɪt] *v/i of animal* rumiar; **~ over sth** *fig* rumiar algo

◆ **rum•mage around** [ˈrʌmɪdʒ] *v/i* buscar revolviendo

ˈrum•mage sale rastrillo *m* benéfico

ru•mor [ˈruːmər] **I** *n* rumor *m* **II** *v/t*: **it is ~ed that ...**, **~ has it that ...** se rumorea que ...

ru•mor•mon•ger [ˈruːmərmʌŋgər]: **he's a ~** le gusta hacer correr rumores

ru•mor•mon•ger•ing [ˈruːmərmʌŋgərɪŋ] rumorología *f*

rump [rʌmp] *of animal* cuartos *mpl* traseros

rum•ple [ˈrʌmpl] *v/t clothes, paper* arrugar

rump ˈsteak filete *m* de lomo

run [rʌn] **I** *n* **1** *on foot, in baseball* carrera *f*; *in car* viaje *m*; **go for a ~** ir a correr; **go for a ~ in the car** ir a dar una vuelta en el coche; **at a ~** corriendo; **make a ~ for it** salir corriendo; **a criminal on the ~** un criminal fugado; **have the ~ of a place** moverse libremente por un sitio **2** *in pantihose* carrera *f*

3 THEA: *of play* temporada *f*; **it has had a three year ~ of play** lleva tres años en cartel; **~ of good / bad luck** racha *f* de buena / mala suerte

4: **in the short / long ~** a corto / largo plazo

5: **a ~ on the dollar** un movimiento especulativo contra el dólar

6: **have the ~s** *Br* F tener cagalera

II *v/i* (*pret* **ran**, *pp* **run**) **1** *of person, animal* correr

2 *of river* correr, discurrir; **don't leave the water ~ning** no dejes el grifo abierto; **his nose is ~ning** le moquea la nariz; **her eyes are ~ning** le lloran los ojos

3 *of paint, make-up* correrse

4 *of play* estar en cartel

5 *of engine, machine, software* funcionar; **with the engine ~ning** con el motor en marcha; **the trains ~ every ten minutes** pasan trenes cada diez minutos; **this train doesn't ~ on Saturdays** no hay servicio de este tren los sábados; **it runs on electricity** va con electricidad

6 *in election* presentarse; **~ for President** presentarse a las elecciones presidenciales

7: **it ~s in the family** *fig* es cosa de familia, viene de familia

III *v/t* (*pret* **ran**, *pp* **run**) **1** *race* correr

2 *business, hotel, project etc* dirigir

3 *software* usar; (*start*) ejecutar

4 *car* tener; (*use*) usar

5: **can I ~ you to the station?** ¿te puedo llevar hasta la estación?; **he ran his eye down the page** echó una ojeada a la página

6: **~ an errand** hacer un recado; **~ a temperature** tener fiebre; **~ s.o. a bath** preparar un baño a alguien

◆ **run across** *v/t* (*meet*) encontrarse con; (*find*) encontrar

◆ **run after** *v/t* **1** correr detrás de **2** *look after a lot* ir detrás de; **you won't have me to run after you all the time** F no me vas a tener pendiente de tí todo el tiempo

◆ **run against** *v/t* POL enfrentarse contra

◆ **run along** *v/i*: **run along!** ¡marchaos!

◆ **run around with** *v/t* andar con

◆ **run away** *v/i* salir corriendo, huir; *from home* escaparse

◆ **run away with** *v/t*: **don't run away with the idea that ...** no te pienses que...

◆ **run back I** *v/i* volver corriendo **II** *v/t tape, film* rebobinar

◆ **run down I** *v/t* **1** (*knock down*) atropellar **2** (*criticize*) criticar **3** *stocks* reducir **II** *v/i of battery* agotarse

◆ **run for** *v/t*: **run for it!** ¡corre!; **run for one's life** poner pies en polvorosa

◆ **run into** *v/t* (*meet*) encontrarse con; *difficulties* tropezar con

◆ **run off I** *v/i* salir corriendo **II** *v/t* **1** (*print off*) tirar **2**: **run another car off the road** sacar a un coche de la carretera

◆ **run out** *v/i of contract* vencer; *of supplies* agotarse; **time has run out** se ha acabado el tiempo

◆ **run out of** *v/t time, supplies* quedarse sin; **I ran out of gas** me quedé sin gasolina; **I'm running out of patience** se me está acabando la paciencia

◆ **run over I** *v/t* **1** (*knock down*) atropellar **2**: **can we run over the details again?** ¿podríamos repasar los detalles otra vez? **II** *v/i of water etc* desbordarse

◆ **run through** *v/t* **1** (*rehearse, go over*) repasar **2**: **run through s.o.'s mind** pasar por la cabeza de alguien

◆ **run up** v/t **1** *debts, large bill* acumular **2** *clothes* coser

'run•a•bout MOT coche *m* pequeño; 'run•a•round: *give s.o. the* ~ F tomar el pelo a alguien, jugar con alguien; 'run•a•way **I** *n persona que se ha fugado de casa* **II** *adj*: ~ *child* niño *m* fugado; ~ *inflation* COM inflación *f* galopante; run-'down *adj person* débil, apagado; *part of town, building* ruinoso; 'run-down *in baseball* corre-corre *m*

rung[1] [rʌŋ] *n of ladder* peldaño *m*

rung[2] [rʌŋ] *pp* ☞ *ring[2]*

'run-in: *have a* ~ *with s.o.* F tener un encontronazo con alguien

run•ner ['rʌnər] *athlete* corredor(a) *m(f)*

run•ner 'beans *npl* judías *fpl* verdes, *L.Am.* porotos *mpl* verdes, *Mex* ejotes *mpl*

run•ner-'up subcampeón(-ona) *m(f)*

run•ning ['rʌnɪŋ] **I** *n* **1** SP el correr; (*jogging*) footing *m*; *make the* ~ SP, *fig* ir en primera posición; *be out of the* ~ *fig* no tener posibilidades de ganar; *be still in the* ~ *fig* tener todavía posibilidades de ganar **2** *of business* gestión *f* **II** *adj*: *for two days* ~ durante dos días seguidos

run•ning 'bat•tle: *be fighting a* ~ *against disease / inflation* mantener una lucha incesante contra la enfermedad / inflación; 'run•ning costs *npl* gastos *mpl* de mantenimiento; run•ning 'head *on page* folio *m*; 'run•ning mate candidato(-a) *m(f)* a la vicepresidencia; 'run•ning shoes *npl* zapatillas *fpl* de deporte; run•ning 'wa•ter agua *f* corriente

run•ny ['rʌnɪ] *adj* **1** *mixture* fluido, líquido **2** *nose* que moquea

'run-off *n* eliminatoria *f*

run-of-the-'mil *adj usu pej* corriente; 'run-up SP carrerilla *f*; *in the* ~ *to* en el periodo previo a; 'run•way **1** AVIA pista *f* (de aterrizaje / despegue) **2** *for models* pasarela *f*

rup•ture ['rʌptʃər] **I** *n* ruptura *f* **II** *v/i of pipe etc* romperse

ru•ral ['rʊrəl] *adj* rural; ~ *population* población *f* rural; ~ *exodus* éxodo *m* rural

ruse [ruːz] *n* artimaña *f*

rush[1] [rʌʃ] **I** *n* prisa *f*; *do sth in a* ~ hacer algo con prisas; *be in a* ~ tener prisa; *what's the big* ~? ¿qué prisa tenemos?

II *v/t person* meter prisa a; *meal* comer a toda prisa; ~ *s.o. to the hospital* llevar a alguien al hospital a toda prisa; *be* ~*ed off one's feet* no parar ni un instante **III** *v/i* darse prisa; ~ *into sth fig* precipitarse a algo

◆ **rush at** v/t **1** *job, task* precipitarse en **2** (*attack*) *person* atacar

◆ **rush through** v/t: *rush a bill through* aprobar un proyecto de ley a toda prisa

rush[2] [rʌʃ] *n* BOT junco *m*

rush•es ['rʌʃɪz] *npl of movie* primeras pruebas *fpl*

'rush hour hora *f* punta; ~ *traffic* tráfico *m* de hora punta

rusk [rʌsk] *galleta seca y crujiente*

Rus•sia ['rʌʃə] Rusia *f*

Rus•sian ['rʌʃən] **I** *adj* ruso **II** *n* ruso(-a) *m(f)*; *language* ruso *m*

Rus•sian rou'lette ruleta *f* rusa

rust [rʌst] **I** *n* óxido *m* **II** *v/i* oxidarse

rus•tic ['rʌstɪk] **I** *adj* rústico; ~ *furniture* mobiliario *m* rústico **II** *n* campesino(-a) *m(f)*

rus•tle ['rʌsl] **I** *n of silk, leaves* susurro *m* **II** *v/i of silk, leaves* susurrar **III** *v/t cattle* robar

◆ **rustle up** v/t F *meal* improvisar

rus•tler ['rʌslər] ladrón(-ona) *m(f)* de ganado

'rust-proof *adj* inoxidable

rust re•mov•er ['rʌstrɪmuːvər] desoxidante *m*

rust•y ['rʌstɪ] *adj* oxidado; *my French is pretty* ~ tengo el francés muy abandonado; *I'm a little* ~ estoy un poco falto de forma

rut[1] [rʌt] *n in road* rodada *f*; *be in a* ~ *fig* estar estancado; *get into a* ~ apalancarse

rut[2] [rʌt] ZO **I** *n* celo *m* **II** *v/i* estar en celo

ru•ta•ba•ga [ruːtə'beɪɡə] nabo *m* sueco

ruth•less ['ruːθlɪs] *adj* implacable, despiadado

ruth•less•ly ['ruːθlɪslɪ] *adv* sin compasión, despiadadamente

ruth•less•ness ['ruːθlɪsnɪs] falta *f* de compasión

RV [ɑːr'viː] *abbr* (= *recreational vehicle*) autocaravana *f*

rye [raɪ] centeno *m*

'rye bread pan *m* de centeno; 'rye grass centeno *m*; rye 'whis•key whisky *m* de centeno

S

Sab•bath ['sæbəθ] REL *Jewish* sábado *m*; *Christian* domingo *m*

sab•bat•i•cal [sə'bætɪkl] *year* año *m* sabático; *a 6 month ~* 6 meses de excedencia; *be on ~* estar en excedencia

sa•ber ['seɪbər] sable *m*

sab•o•tage ['sæbətɑːʒ] **I** *n* sabotaje *m* **II** *v/t* sabotear

sab•o•teur [sæbə'tɜːr] saboteador(a) *m(f)*

sa•bre *Br* ☞ **saber**

sac•cha•rin ['sækərɪn] sacarina *f*

sa•chet [sæ'ʃeɪ] *of shampoo, cream etc* sobrecito *m*

sack[1] [sæk] **I** *n bag* saco *m*; *for groceries* bolsa *f*; *hit the ~* F irse a la piltra, irse a planchar la oreja; *he got the ~ Br* F le echaron F **II** *v/t Br* F echar

sack[2] [sæk] *v/t city* saquear

sac•ra•ment ['sækrəmənt] REL sacramento *m*

sa•cred ['seɪkrɪd] *adj* sagrado; *be a ~ cow fig* ser sagrado

sac•ri•fice ['sækrɪfaɪs] **I** *n* sacrificio *m*; *make ~s fig* hacer sacrificios **II** *v/t* sacrificar

'sac•ri•fice hit *in baseball* batazo *m* de sacrificio

sac•ri•fi•cial [sækrɪ'fɪʃl] *adj* expiatorio; *~ lamb fig* chivo *m* expiatorio

sac•ri•lege ['sækrɪlɪdʒ] sacrilegio *m*

sac•ri•le•gious [sækrɪ'lɪdʒəs] *adj* sacrílego

sac•ris•ty ['sækrɪstɪ] REL sacristía *f*

sad [sæd] *adj person, face, song* triste; *state of affairs* lamentable, desgraciado; *~ to say* lamentablemente, desgraciadamente; *you ~ man* F que patético, eres patético

sad•den ['sædn] *v/t* entristecer; *we were all ~ed to hear of the death of ...* estábamos todos apenados al enterarnos de la muerte de ...

sad•dle ['sædl] **I** *n* silla *f* de montar; *be in the ~ fig* estar al mando **II** *v/t horse* ensillar; *~ s.o. with sth fig* endilgar algo a alguien; *be ~d with sth fig* tener que apechugar *or* cargar con algo

♦ **saddle up I** *v/t* ensillar **II** *v/i* ensillar el caballo

'sad•dle bag *on bike, horse* alforja *f*

'sad•dle soap grasa *f* de caballo

sa•dism ['seɪdɪzm] sadismo *m*

sa•dist ['seɪdɪst] sádico(-a) *m(f)*

sa•dis•tic [sə'dɪstɪk] *adj* sádico

sad•ly ['sædlɪ] *adv* **1** *look, say etc* con tristeza **2** (*regrettably*) lamentablemente; *be ~ mistaken* estar muy equivocado

sad•ness ['sædnɪs] tristeza *f*

sad•o•mas•o•chism [seɪdoʊ'mæsəkɪzəm] sadomasoquismo *m*

sad•o•mas•o•chis•tic [seɪdoʊmæsə'kɪstɪk] *adj* sadomasoquista

s.a.e. [eseɪ'iː] *abbr* (= *stamped addressed envelope*) sobre *m* franqueado a nombre del destinatario

sa•fa•ri [sə'fɑːrɪ] safari *m*; *go on ~* ir de safari, hacer un safari

sa•fa•ri park safari-park *m*

safe [seɪf] **I** *adj* seguro; *driver* prudente; (*not in danger*) a salvo; *is it ~ to walk here?* ¿se puede andar por aquí sin peligro?; *be in ~ hands* estar en buenas manos; *~ sex* sexo *m* seguro; *to be on the ~ side, just to be ~* para mayor seguridad, por si acaso; *it is ~ to say that ...* se puede decir con toda seguridad que ...; *keep sth in a ~ place* guardar algo en (un) lugar seguro

II *n* caja *f* fuerte

'safe•break•er, 'safe•crack•er ladrón(-ona) *m(f)* de cajas fuertes; **safe-de•pos•it box** *in bank, hotel* caja *f* de seguridad; **'safe•guard I** *n* garantía *f*; *as a ~ against* como garantía contra **II** *v/t* salvaguardar; **safe 'ha•ven** lugar *m* seguro, cobijo *m*; **'safe•keep•ing:** *give sth to s.o. for ~* dar algo a alguien para que lo custodie

safe•ly ['seɪflɪ] *adv arrive* sin percances; (*successfully*) sin problemas; *drive* prudentemente; *assume* con certeza

safe•ty ['seɪftɪ] seguridad *f*; *jump / swim to ~* saltar / nadar para salvarse *or* ponerse a salvo; *there's ~ in numbers* es más seguro en grupo

'safe•ty belt cinturón *m* de seguridad;

'safe•ty catch *on gun* seguro *m*; 'safe•ty-con•scious *adj*: *be* ~ tener en cuenta la seguridad; 'safe•ty cur•tain *in theater* telón *m* de seguridad; safe•ty 'first prevención *f* de accidentes; 'safe•ty glass cristal *m or* vidrio *m* de seguridad; 'safe•ty is•land *on road* isla *f*; 'safe•ty lock cierre *m* de seguridad; 'safe•ty mar•gin margen *m* de seguridad; 'safe•ty meas•ure medida *f* de seguridad, medida *f* preventiva; 'safe•ty net *at circus* red *f* de seguridad; 'safe•ty pin imperdible *m*; 'safe•ty pre•cau•tion precaución *f* de seguridad; 'safe•ty ra•zor maquinilla *f* (de afeitar); 'safe•ty valve 1 TECH válvula *f* de seguridad 2 *fig* válvula *f* de escape

saf•fron ['sæfrən] azafrán *m*

sag [sæg] I *n in ceiling etc* combadura *f* II *v/i* (*pret & pp -ged*) *of ceiling* combarse; *of rope* destensarse; *of tempo* disminuir; *of spirits* decaer, flaquear

sa•ga ['sɑːgə] saga *f*

sage [seɪdʒ] *herb* salvia *f*

'sage•brush artemisa *f*

Sa•git•tar•i•us [sædʒɪ'terɪəs] ASTR Sagitario *m/f inv*, *L.Am.* sagitariano(-a) *m(f)*; *be (a)* ~ ser Sagitario, *L.Am.* ser sagitariano

Sa•ha•ra [sə'hɑːrə]: *the* ~ el Sáhara

said [sed] *pret & pp* ☞ *say*

sail [seɪl] I *n* 1 *of boat* vela *f* 2 *trip* viaje *m* (en barco); *go for a* ~ salir a navegar II *v/t yacht* manejar III *v/i* 1 navegar 2 *depart* zarpar, hacerse a la mar 3 *fig*: *she ~ed into the room* entró en la habitación con mucha seguridad; ~ *through an examination* aprobar un examen fácilmente; *my cigar went ~ing out the window* mi cigarro salió volando por la ventana

'sail•board I *n* tabla *f* de windsurf II *v/i* hacer windsurf; 'sail•board•er windsurfista *m/f*; 'sail•board•ing windsurf *m*; 'sail•boat barco *m* de vela, velero *m*

sail•ing ['seɪlɪŋ] 1 SP vela *f*; *go* ~ ir *or* salir a navegar; *everything was plain* ~ *fig* fue todo muy fácil, (todo) fue pan comido 2 *departure* salida *f*; *when is the next* ~ *to ...?* ¿cuándo sale el próximo barco para ...?

'sail•ing boat *Br* barco *m* de vela, velero *m*

'sail•ing ship buque *m* de vela

sail•or ['seɪlər] *in the navy* marino *m/f*; *in the merchant navy*, SP marinero(-a) *m(f)*; *I'm a good / bad* ~ no me mareo / me mareo con facilidad

'sail•or's knot nudo *m* marinero

'sail•plane planeador *m*

saint [seɪnt] santo *m*; *he has the patience of a* ~ tiene más paciencia que un santo

saint•ly ['seɪntlɪ] *adj* angelical, cándido

'saint's day REL (día *m* del) santo *m*

sake [seɪk]: *for my* ~ por mí; *for the* ~ *of peace* por la paz; *for God's or heaven's* ~ F ¡por (el amor) de Dios!; *for the* ~ *of simplicity* para simplificar las cosas

sal•a•ble ['seɪləbl] *adj* vendible

sal•ad ['sæləd] ensalada *f*; *ham / cheese* ~ ensalada *f* de jamón / queso

'sal•ad cream *aliño para ensalada muy parecido a la mayonesa pero con un sabor más avinagrado*

'sal•ad dress•ing aliño *m or* aderezo *m* para ensalada

sal•a•man•der ['sæləmændər] salamandra *f*

sa•la•mi [sə'lɑːmɪ] salami *m*

sal•a•ried ['sælərɪd] *adj*: ~ *employee* trabajador(a) *m(f)* asalariado(-a)

sal•a•ry ['sælərɪ] sueldo *m*, salario *m*

'sal•a•ry scale escala *f* salarial

sale [seɪl] venta *f*; *reduced prices* rebajas *fpl*; *be on* ~ estar a la venta; *at reduced prices* estar de rebajas; *for* ~ *sign* se vende; *is this for* ~? ¿está a la venta?; *it's not for* ~ no está a la venta; *be up for* ~ estar en venta; ~ *price reduced* precio *m* rebajado *or* de rebaja

'sale•a•ble ['seɪləbl] *adj* ☞ *salable*

'sale a•gree•ment acuerdo *m* de venta

sales [seɪlz] *npl also department* ventas *fpl*

'sales clerk *in store* vendedor(a) *m(f)*, dependiente(-a) *m(f)*; 'sales en•gi•neer ingeniero(-a) *m(f)* de ventas; 'sales fig•ures *npl* cifras *fpl* de ventas; 'sales force plantilla *f or* personal *m* de ventas; 'sales•girl dependienta *f*; 'sales•man vendedor *m*; 'sales man•ag•er jefe(-a) *m(f)* de ventas

sales•man•ship ['seɪlzmənʃɪp] habilidad *f* para la venta

'sales meet•ing reunión *f* del departamento de ventas; 'sales pitch F charla *f*, discurso *m*; '**sales pro•mo•tion** promoción *f* de ventas; '**sales rep•re•sent•a•tive** representante *m/f* de ventas; '**sales slip** *from store* tique *m* (de compra); '**sales tax** impuesto *m* de ventas; '**sales team** equipo *m* de ventas; '**sales tech•ni•cian** vendedor(a) *m(f)* técnico(-a)-comercial; '**saleswo•man** vendedora *f*

sa•lient ['seɪliənt] *adj* sobresaliente, destacado

sa•line ['seɪliːn] *adj* salino; **~ solution** solución *f* salina

sa•li•va [sə'laɪvə] saliva *f*

sal•i•var•y ['sæləverɪ] *adj*: **~ gland** glándula *f* salivar

sal•i•vate ['sælɪveɪt] *v/i* salivar; *at sight of food* hacerse la boca agua; *at sight of pretty girl etc* babear

sal•low ['sæloʊ] *adj complexion* amarillento, pajizo

salm•on ['sæmən] (*pl salmon*) salmón *m*

sal•mo•nel•la [sælmə'nelə] MED salmonela *f*, salmonelosis *f*

sal•on ['sæluːn] *of hairdresser, beautician etc* salón *m* de belleza

sa•loon [sə'luːn] **1** (*bar*) bar *m* **2** *Br* MOT turismo *m*

sal•sa ['sælsə] MUS, GASTR salsa *f*

salt [sɔːlt] **I** *n sal f*; **take sth with a pinch of ~** *fig* no tomarse algo al pie de la letra; **no composer worth his ~ ...** ningún compositor que se precie ... **II** *v/t food* salar

◆ **salt away** *v/t* F *money* guardar, poner a buen recaudo

'**salt•cel•lar** salero *m*;

'**salt-free** sin sal; '**salt•shak•er** salero *m*; **salt 'wa•ter** agua *f* salada; '**salt-wa•ter fish** pez *m* de agua salada

salt•y ['sɔːltɪ] *adj* salado

sa•lu•bri•ous [sə'luːbrɪəs] *adj district, neighborhood* salubre

sal•u•tar•y ['sæljʊterɪ] *adj experience* beneficioso

sal•u•ta•tion [sælju'teɪʃn] *also in letter* saludo *m*

sa•lute [sə'luːt] **I** *n* MIL saludo; **take the ~** presidir un desfile; **a 21-gun ~** una salva de 21 cañonazos **II** *v/t* saludar; *fig* (*hail*) elogiar **III** *v/i* MIL saludar

Sal•va•dor(e)•an [sælvə'dɔːrən] **I** *adj* salvadoreño **II** *n* salvadoreño(-a) *m(f)*

sal•vage ['sælvɪdʒ] *v/t from wreck* rescatar

'**sal•vage ves•sel** barco *m* de salvamento

sal•va•tion [sæl'veɪʃn] *also fig* salvación *f*

Sal•va•tion 'Ar•my Ejército *m* de Salvación

sal•ver ['sælvər] bandeja *f*, *C.Am.*, *Mex* charola *f*

sal•vo ['sælvoʊ] salva *f*, saludo *m*

Sa•mar•i•tan [sə'mærɪtən]: **good ~** buen(a) *m(f)* samaritano(-a)

sam•ba ['sæmbə] **I** *n* samba *f* **II** *v/i* bailar la samba

same [seɪm] **I** *adj* mismo; **amount or come to the ~ thing** venir a ser lo mismo

II *pron*: **the ~** lo mismo; **Happy New Year – the ~ to you** Feliz Año Nuevo – igualmente; **he's not the ~ any more** ya no es el mismo; **life isn't the ~ without you** la vida es distinta sin ti; **all the ~** (*even so*) aun así; **men are all the ~** todos los hombres son iguales; **it's all the ~ to me** me da lo mismo, me da igual; (**the**) **~ again, please** lo mismo por favor

III *adv*: **the ~** igual; **~ as** F lo mismo que, igual que

'**same-day de•liv•er•y** entrega *f* en el mismo día

same•y ['seɪmɪ] *adj Br* F muy parecido

sam•ple ['sæmpl] **I** *n* muestra *f*; **~ bottle** frasco *m* de muestra **II** *v/t* probar, degustar; *fig* descubrir

sam•pling ['sæmplɪŋ] muestreo *m*

sanc•ti•mo•ni•ous [sæŋktɪ'moʊnɪəs] *adj* mojigato

sanc•tion ['sæŋkʃn] **I** *n* **1** (*approval*) consentimiento *m*, aprobación *f* **2** (*penalty*) sanción *f*; **impose ~s on a country** imponer sanciones a un país **II** *v/t* (*approve*) sancionar

sanc•ti•ty ['sæŋktətɪ] carácter *m* sagrado

sanc•tu•a•ry ['sæŋktʃʊerɪ] santuario *m*

sand [sænd] **I** *n* arena *f* **II** *v/t with ~paper* lijar

◆ **sand down** *v/t* lijar, pulimentar

san•dal ['sændl] sandalia *f*

'**sand•bag** saco *m* de arena; '**sand•bank** banco *m* de arena; '**sand•blast** *v/t* arenar; '**sand box** caja *f* de arena;

'sand•cas•tle castillo *m* de arena; 'sand dune duna *f*
sand•er ['sændər] *tool* lijadora *f*
'sand•pa•per I *n* lija *f* II *v/t* lijar; 'sand•stone arenisca *f*; 'sand storm tormenta *f* de arena
sand•wich ['sænwɪtʃ] I *n Span* bocadillo *m*, *L.Am.* sandwich *m* II *v/t*: **be ~ed between two ...** estar encajonado entre dos ...
sand•y ['sændɪ] *adj* 1 *soil* arenoso; *feet, towel etc* lleno de arena; **~ beach** playa *f* de arena 2 *hair* rubio oscuro
sane [seɪn] *adj* cuerdo
sang [sæŋ] *pret* ☞ **sing**
san•gri•a [sæŋ'griːə] sangría *f*
san•guine ['sæŋgwɪn] *adj fml* optimista
san•i•tar•i•um [sænɪ'terɪəm] sanatorio *m*
san•i•ta•ry ['sænɪterɪ] *adj conditions* salubre, higiénico; **~ installations** instalaciones *fpl* sanitarias
'san•i•ta•ry nap•kin compresa *f*, *L.Am.* toalla *f* femenina
san•i•ta•tion [sænɪ'teɪʃn] (*sanitary installations*) instalaciones *fpl* sanitarias; (*removal of waste*) saneamiento *m*
san•i'ta•tion de•part•ment servicio *m* de limpieza
san•i•tize ['sænɪtaɪz] *v/t* 1 *make hygienic* higienizar 2 *make less offensive* expurgar
san•i•ty ['sænɪtɪ] razón *f*, juicio *m*; **he started to doubt his own ~** comenzó a tener dudas sobre su propia cordura
sank [sæŋk] *pret* ☞ **sink**
San•ta Claus ['sæntəklɔːz] Papá Noel *m*, Santa Claus *m*
sap [sæp] I *n in tree* savia *f* II *v/t* (*pret & pp -ped*) *s.o.'s energy* consumir
sap•ling ['sæplɪŋ] BOT árbol *m* joven
sap•phire ['sæfaɪr] *jewel* zafiro *m*
sar•cas•m ['sɑːrkæzm] sarcasmo *m*
sar•cas•tic [sɑːr'kæstɪk] *adj* sarcástico
sar•cas•tic•al•ly [sɑːr'kæstɪklɪ] *adv* sarcásticamente
sar•coph•a•gus [sɑːr'kɑːfəgəs] (*pl sarcophagi* [sɑːr'kɑːfəgaɪ], *-guses* [sɑːr-'kɑːfəgəsəz]) sarcófago *m*
sar•dine [sɑːr'diːn] sardina *f*; **be packed in like ~s** F estar (apiñados) como sardinas en lata
Sar•din•i•a [sɑːr'dɪnɪə] Cerdeña *f*
Sar•din•i•an [sɑːr'dɪnɪən] I *adj* sardo II *n*

sardo(-a) *m(f)*
sar•don•ic [sɑːr'dɑːnɪk] *adj* sardónico
sar•don•ic•al•ly [sɑːr'dɑːnɪklɪ] *adv* sardónicamente
sark•y ['sɑːrkɪ] *Br* F ☞ **sarcastic**
sash [sæʃ] *on dress* faja *f*; *on uniform* fajín *m*
sash 'win•dow ventana *f* corredera *or* de guillotina
sass•y ['sæsɪ] *adj* F *person* atrevido, insolente; *dress* atrevido
sat [sæt] *pret & pp* ☞ **sit**
SAT [eseɪ'tiː] *abbr* (= *scholastic aptitude test*) test *m* de aptitud escolar
Sa•tan ['seɪtn] Satán, Satanás
sa•tan•ic [sə'tænɪk] *adj* satánico
satch•el ['sætʃəl] cartera *f* (de colegio)
sat•el•lite ['sætəlaɪt] satélite *m*
'sat•el•lite dish antena *f* parabólica; 'sat•el•lite state estado *m* satélite; 'sat•el•lite T'V televisión *f* por satélite
sa•ti•ate ['seɪʃɪeɪt] *v/t fml* saciar
sat•in ['sætɪn] I *adj* satinado II *n* satín *m*
sat•ire ['sætaɪr] sátira *f*
sa•tir•i•cal [sə'tɪrɪkl] *adj* satírico
sat•i•rist ['sætərɪst] escritor(a) *m(f)* de sátiras
sat•i•rize ['sætəraɪz] *v/t* satirizar
sat•is•fac•tion [sætɪs'fækʃn] satisfacción *f*; **to s.o.'s ~** para satisfacción de alguien; **is everything to your ~, sir?** *fml* ¿está todo a su gusto señor?; **I get great ~ out of listening to this music** disfruto mucho escuchando esta música
sat•is•fac•to•ry [sætɪs'fæktərɪ] *adj* 1 satisfactorio 2 (*just good enough*) suficiente
sat•is•fy ['sætɪsfaɪ] *v/t* (*pret & pp -ied*) satisfacer; *conditions* cumplir; **I am satisfied** (*had enough to eat*) estoy lleno; **be satisfied with sth** estar satisfecho con algo; **I am satisfied that ...** (*convinced*) estoy convencido *or* satisfecho de que ...; **I hope you're satisfied!** ¡estarás contento!; **a satisfied smile** una sonrisa de satisfacción
sat•su•ma [sæt'suːmə] (naranja *f*) mandarina *f*
sat•u•rate ['sætʃəreɪt] *v/t* 1 saturar (*with* con); **be absolutely ~d** *soaking wet* estar calado hasta los huesos 2 *fig*: **~ o.s. in a subject** empaparse *or* imbuirse de un tema

sat•u•ra•tion [sætʃə'reɪʃn] *also fig* saturación *f*; **reach ~ point** alcanzar el punto de saturación

Sat•ur•day ['sætərdeɪ] sábado *m*; **on ~** el sábado; **on ~s** los sábados

Sat•urn ['sætərn] ASTR Saturno *m*

sauce [sɔːs] salsa *f*

'sauce•pan cacerola *f*

sau•cer ['sɔːsər] plato *m* (*de taza*)

sauc•y ['sɔːsɪ] *adj person, dress* descarado

Sa•u•di A•ra•bi•a [saʊdɪə'reɪbɪə] Arabia *f* Saudí *or* Saudita

Sa•u•di A•ra•bi•an [saʊdɪə'reɪbɪən] **I** *adj* saudita, saudí **II** *n* saudita *m/f*, saudí *m/f*

sau•na ['sɔːnə] sauna *f*; **have a ~** tomar una sauna

saun•ter ['sɔːntər] *v/i* andar sin prisas; **she ~ed up to me** se acercó tranquilamente hacia mí, se me acercó tranquilamente

saus•age ['sɔːsɪdʒ] salchicha *f*; **~ roll** rollito de hojaldre con una salchicha dentro

sau•té [soʊ'teɪ] *v/t* saltear; **~d potatoes** patatas *fpl* salteadas

sav•age ['sævɪdʒ] **I** *adj animal, attack* salvaje; *criticism* feroz **II** *n* salvaje *m/f* **III** *v/t of lion etc* atacar ferozmente *or* salvajemente

sav•age•ry ['sævɪdʒrɪ] crueldad *f*

save [seɪv] **I** *v/t* **1** (*rescue*) rescatar, salvar; REL salvar; **~ s.o.'s life** salvarle la vida a alguien
2 *money, time, effort* ahorrar; **~ sth for s.o.** guardale algo a alguien; **~ s.o. doing sth** evitar a alguien (tener que) hacer algo; **~ one's strength** guardar las fuerzas; **you can ~ your excuses** puedes guardarte tus excusas
3 (*collect*) guardar
4 COMPUT guardar
5 *goal* parar
II *v/i* **1** (*put money aside*) ahorrar **2** SP hacer una parada
III *n* SP parada *f*
♦ **save on** *v/t electricity, gas etc* ahorrar, economizar
♦ **save up for** *v/t* ahorrar para

sav•er ['seɪvər] *person* ahorrador(a) *m(f)*; **be a real time ~** ser un verdadero ahorro de tiempo

savi•ng ['seɪvɪŋ] *amount saved, activity*

ahorro *m*

sav•ing 'grace: **his only ~** lo único que le salva

sav•ings ['seɪvɪŋz] *npl* ahorros *mpl*

'sav•ings ac•count cuenta *f* de ahorros; **sav•ings and 'loan** caja *f* de ahorros; **'sav•ings bank** caja *f* de ahorros

sa•vior, *Br* **sa•viour** ['seɪvjər] REL salvador *m*

sa•vor ['seɪvər] *v/t* saborear

sa•vor•y ['seɪvərɪ] *adj not sweet* salado

sa•vour *etc Br* ☞ **savor** *etc*

sav•vy ['sævɪ] P **I** *n* cabeza *f* F, sentido *f* comun **II** *adj* astuto **III** *v/t & v/i* entender

saw[1] [sɔː] **I** *n tool* serrucho *m*, sierra *f* **II** *v/t* (*pret* **-ed**, *pp* **sawn**) aserrar
♦ **saw off** *v/t* cortar (con un serrucho)

saw[2] [sɔː] *pret* ☞ **see**

'saw•dust serrín *m*, aserrín *m*

'saw•mill aserradero *m*, serrería *f*

sawn [sɔːn] *pp* ☞ **saw**[1]

sax [sæks] F saxo *m* F

sax•o•phone ['sæksəfoʊn] saxofón *m*

sax•o•phon•ist ['sæksɑːfənɪst] saxofonista *m/f*

say [seɪ] **I** *v/t* (*pret & pp* **said**) decir; *poem* recitar; **that is to ~** es decir; **what do you ~ to that?** ¿qué opinas de eso?; **what does the note ~?** ¿qué dice la nota?, ¿qué pone en la nota?; **they ~ he is rich, he is said to be rich** dicen que es rico, se dice que es rico; **what does your watch ~?** ¿qué hora tienes tú?; **you can ~ that again!** ¡y que lo digas!; **~, isn't that Carlos?** F oye, ¿no es ése Carlos?; (*let's*) **~ this happens** digamos *or* supongamos que ocurre esto; **a sum of, ~, $500** una suma de, digamos *or* vamos a suponer, 500 dólares **II** *v/i* (*tell*) decir; **it's hard to ~** es difícil de decir; **I can't ~** no lo sé; **I couldn't ~** no sabría decir; **you don't ~!** ¡no me digas!, ¡qué me dices!; **it goes without ~ing** ni que decir tiene
III *n*: **have one's ~** expresar una opinión; **they have no ~ in the matter** no tienen nada que decir *or* opinar sobre este asunto; **have a ~ in sth** tener voz y voto en algo

say•ing ['seɪɪŋ] dicho *m*; **as the ~ goes** como dice *or* reza el dicho

'say-so F: **just on his ~** sólo porque él lo dice *or* diga; **on his ~ with his permission** con su permiso *or* aprobación

scab [skæb] *on skin* costra *f*

sca•bies ['skeɪbiːz] MED sarna *f*

scaf•fold•ing ['skæfəldɪŋ] *on building* andamiaje *m*

scal•a•wag ['skæləwæg] F (*rascal*) granuja *m/f*

scald [skɒld] *v/t* escaldar

scald•ing ['skɒːldɪŋ] *adj* ardiendo, hirviendo

scale[1] [skeɪl] *n on fish, reptile* escama *f*

scale[2] [skeɪl] *n* (*size*) escala *f*, tamaño *m*; *on thermometer, map*, MUS escala *f*; **on a larger ~** a gran escala; **on a smaller ~** a pequeña escala; **drawn to ~** (hecho) a escala ‖ *v/t cliffs etc* escalar

◆ **scale down** *v/t* disminuir, reducir

scale 'draw•ing dibujo *m* a escala

scale 'mo•del maqueta *f* a escala

scales [skeɪlz] *npl for weighing* báscula *f*, peso *m*; **pair of ~** báscula *f*, peso *m*

scal•lion ['skæliən] cebollino *m*

scal•lop ['skæləp] *shellfish* vieira *f*

scal•ly•wag ['skælɪwæg] *Br* F granuja *m/f*

scalp [skælp] **I** *n* cuero *m* cabelludo **II** *v/t* arrancar la cabellera a

scal•pel ['skælpl] bisturí *m*

scalp•er ['skælpər] *for tickets etc* revendedor(a) *m(f)*

scam [skæm] F chanchullo *m* F

scamp [skæmp] granuja *m/f*, pilluelo(-a) *m(f)*

scam•per ['skæmpər] *v/i of children, mice* corretear

scam•pi ['skæmpɪ] gambas *fpl* rebozadas

scan [skæn] **I** *v/t* (*pret & pp* **-ned**) *horizon* otear; *page* ojear; COMPUT escanear **II** *n of brain* escáner *m*; *of fetus* ecografía *f*; **have a ~** *when pregnant* hacerse una ecografía; **have a quick ~ of the newspapers** echar un vistazo a los periódicos

◆ **scan in** *v/t* COMPUT escanear

scan•dal ['skændl] escándalo *m*

scan•dal•ize ['skændəlaɪz] *v/t* escandalizar; **he was ~d to hear ...** se escandalizó al oír ...

scan•dal•mon•ger ['skændlmʌŋgər] cotilla *m/f*, chismoso(-a) *m(f)*

scan•dal•ous ['skændələs] *adj affair, prices* escandaloso

Scan•di•na•vi•a [skændɪ'neɪvɪə] Escandinavia *f*

Scan•di•na•vi•an [skændɪ'neɪvɪən] **I** *n* escandinavo(-a) *m(f)* **II** *adj* escandinavo

scan•ner ['skænər] MED, COMPUT escáner *m*; *for fetus* ecógrafo *m*

scant [skænt] *adj* escaso

scant•i•ly ['skæntɪlɪ] *adv*: **be ~ clad** andar ligero de ropa

scant•y ['skæntɪ] *adj skirt* cortísimo; *bikini* mínimo

scape•goat ['skeɪpgoʊt] cabeza *f* de turco, chivo *m* expiatorio

scar [skɑːr] **I** *n* cicatriz *f* **II** *v/t* (*pret & pp* **-red**) cicatrizar; **he was ~red for life by the experience** esta experiencia le dejó cicatrices de por vida

scarce [skers] *adj in short supply* escaso; **make o.s. ~** desaparecer

scarce•ly ['skerslɪ] *adv*: **he had ~ said it when ...** apenas lo había dicho cuando ...; **there was ~ anything left** no quedaba casi nada; **I ~ know her** apenas la conozco

scarce•ness ['skersnɪs] escasez *f*

scar•ci•ty ['skersətɪ] escasez *f*

scare [sker] **I** *v/t* asustar, atemorizar; **be ~d of** tener miedo de **II** *v/i*: **he doesn't ~ easily** no se asusta fácilmente *or* con facilidad **III** *n* (*panic, alarm*) miedo *m*, temor *m*; **give s.o. a ~** dar a alguien un susto; **you gave me such a ~** me diste un buen susto; **new typhoid ~ headline** nuevo temor de una fiebre tifoidea

◆ **scare away** *v/t* ahuyentar

'scare•crow espantapájaros *m inv*

scare•mon•ger ['skermʌŋgər] alarmista *m/f*

scarf [skɑːrf] (*pl* **scarves**) *around neck, over head* pañuelo *m*; *woollen* bufanda *f*

scar•let ['skɑːrlət] *adj* escarlata

scar•let 'fe•ver escarlatina *f*

scarred [skɑːrd] *adj* con cicatrices

scarves [skɑːvz] *pl* ☞ **scarf**

scar•y ['skerɪ] *adj sight* espeluznante; **~ music / movie** música *f* / película *f* de miedo

scath•ing ['skeɪðɪŋ] *adj* feroz; **they were ~ in their comments** fueron muy mordaces *in or* con sus comentarios

scat•ter ['skætər] **I** *v/t leaflets* esparcir; *seeds* diseminar; **be ~ed all over the room** estar esparcido por toda la habi-

tación **II** v/i of people dispersarse
'scat•ter•brain F despistado(-a) m(f), cabeza m/f de chorlito F
scat•ter•brained ['skætərbreɪnd] adj despistado
scat•tered ['skætərd] adj showers, family, villages disperso
scat•ter•ing ['skætərɪŋ]: a ~ of houses unas cuantas casas dispersas
scav•enge ['skævɪndʒ] v/i rebuscar; ~ for sth rebuscar en busca de algo
scav•eng•er ['skævɪndʒər] animal, bird carroñero m; (person) persona que busca comida entre la basura
sce•na•ri•o [sɪ'nɑːrɪoʊ] situación f
scene [siːn] **1** escena f; of accident, crime etc lugar m; ~s THEA decorados mpl; change of ~ cambio m de decorado; fig cambio m de aires; behind the ~s entre bastidores; be on the ~ llegar al lugar de los hechos; come on the ~ aparecer, entrar en escena; a ~ of destruction met our eyes ante nuestros ojos se hallaba una escena de destrucción; jazz / rock ~ mundo m del jazz / rock; ... isn't my ~ F ... no es lo mío **2** (argument) escena f, número m; make a ~ hacer una escena, montar un número
sce•ne•ry ['siːnərɪ] THEA escenario m
sce•nic ['siːnɪk] adj countryside pintoresco; ~ route ruta f pintoresca
scent [sent] olor m; (perfume) perfume m, fragancia f; be on the ~ of fig seguir la pista a
scep•ter ['septər] cetro m
scep•tic etc Br ☞ skeptic etc
scep•tre Br ☞ scepter
sched•ule ['skedʒuːl] **I** n of events, work programa m; of exams calendario m; for train, work, of lessons horario m; be on ~ of work ir según lo previsto; of train ir a la hora prevista; be behind ~ of work, train etc ir con retraso; be three months ahead of ~ of builders, project llevar tres meses de adelanto **II** v/t (put on ~) programar; it's ~d for completion next month está previsto que se complete el próximo mes; ~d departure hora f de salida prevista
sched•uled flight ['skedʒuːld] vuelo m regular
sche•mat•ic [skɪ'mætɪk] adj esquemático

scheme [skiːm] **I** n (plan) plan m, proyecto m; (plot) confabulación f **II** v/i (plot) confabularse
schem•er ['skiːmər] maquinador(a) m(f)
schem•ing ['skiːmɪŋ] adj maquinador
schiz•oid ['skɪtsɔɪd] adj esquizoide
schiz•o•phre•ni•a [skɪtsə'friːnɪə] esquizofrenia f
schiz•o•phren•ic [skɪtsə'frenɪk] **I** n esquizofrénico(-a) m(f) **II** adj esquizofrénico
schlep [ʃlep] v/t (pret & pp -ped) F llevar a rastras
schmal(t)z [ʃmɑːlts] F sentimentalismo m, sensiblería f
schmal(t)z•y ['ʃmɑːltsɪ] adj F sentimental, sensiblón
schmooze [ʃmuːz] v/i F charlotear, cotorrear
schmuck [ʃmʊk] P subnormal m/f F, gilipollas m/f inv P
schnit•zel ['ʃnɪtsl] GASTR escalope m, L.Am. escalopa f
schnoz•zle ['ʃnɑːzl] P (nose) tocha f P, napia f
schol•ar ['skɑːlər] erudito(-a) m(f)
schol•ar•ly ['skɑːlərlɪ] adj erudito
schol•ar•ship ['skɑːlərʃɪp] **1** scholarly work estudios mpl **2** financial award beca f
school[1] [skuːl] **I** n escuela f, colegio m; (university) universidad f; in ~ en la escuela / universidad; go to ~ ir a la escuela / universidad; there is no ~ today hoy no hay escuela **II** v/t person formar, instruir (in en)
school[2] [skuːl] n of dolphins etc grupo m, banco m
'school age edad f escolar; be of ~ estar en edad escolar; 'school-age adj de or en edad escolar; 'school bag (satchel) cartera f; 'school•boy escolar m; 'school bus autobús m escolar; 'school•chil•dren npl escolares mpl; 'school days npl: do you remember your ~? ¿te acuerdas de cuándo ibas al colegio?; 'school dis•trict distrito m escolar; 'school friend amigo(-a) m(f) del colegio; 'school•girl escolar f
school•ing ['skuːlɪŋ] educación f escolar
'school kid colegial(a) m(f); 'school-mate Br compañero m de colegio;

'**school•teach•er** maestro(-a) *m(f)*, profesor(a) *m(f)*; '**school•work** trabajo *m* escolar; '**school yard** patio *m* del colegio, recreo *m*

schoon•er [ˈskuːnər] NAUT goleta *f*

sci•at•i•ca [saɪˈætɪkə] ciática *f*

sci•ence [ˈsaɪəns] ciencia *f*

sci•ence 'fic•tion ciencia *f* ficción

'**sci•ence park** parque *m* tecnológico, parque *m* científico

sci•en•tif•ic [saɪənˈtɪfɪk] *adj* científico

sci•en•tist [ˈsaɪəntɪst] científico(-a) *m(f)*

sci-fi [ˈsaɪfaɪ] F ciencia *f* ficción

scin•til•lat•ing [ˈsɪntɪleɪtɪŋ] *adj* wit, conversation chisposo, brillante

scis•sors [ˈsɪzərz] *npl* tijeras *fpl*; *a pair of ~* unas tijeras

'**scis•sors kick** *in soccer* chilena *f*

scle•ro•sis [skləˈroʊsɪs] MED esclerosis *f*

scoff[1] [skɑːf] *v/t* F (*eat fast*) zamparse F

scoff[2] [skɑːf] *v/i* (*mock*) burlarse, mofarse

◆ **scoff at** *v/t* burlarse de, mofarse de

scold [skoʊld] *v/t* child, husband regañar

scold•ing [ˈskoʊldɪŋ] regañina *f*, sermoneo *m*; *give s.o. a ~* echar a alguien un rapapolvo F

scone [skɑːn] *bollito pequeño, a veces con frutas secas, que se suele comer untado con mantequilla o mermelada*

scoop [skuːp] **I** *n* **1** *implement* cuchara *f*; *for mud* pala *f* **2** (*story*) exclusiva *f* **II** *v/t*: *~ sth into sth* recoger algo para meterlo en algo

◆ **scoop up** *v/t* recoger

scoot [skuːt] *v/i* F largarse, salir zumbando

scoot•er [ˈskuːtər] **1** *with motor* escúter *m* **2** *child's* patinete *m*

scope [skoʊp] alcance *m*; (*freedom, opportunity*) oportunidad *f*; *of enquiry* límites *mpl*; *he wants more ~ to do his own thing* quiere más libertad para hacer lo que quiere; *be within / beyond the ~ of issue etc* estar dentro / más allá del alcance de

scorch [skɔːrtʃ] *v/t* quemar

scorch•er [ˈskɔːrtʃər] F día *m* abrasador

scorch•ing [ˈskɔːrtʃɪŋ] *adj* abrasador

score [skɔːr] **I** *n* **1** SP resultado *m*; *in competition* puntuación *f*; *what's the ~?* SP ¿cómo van?; *keep (the)* ~ llevar el tanteo; *the ~ was 2-1 when ...* iban 2 a 1 cuando ...; *the final* ~ el resultado final

2 *matter*: *on that* ~ a ese respecto, en ese sentido; *have a ~ to settle with s.o.* tener una cuenta pendiente con alguien

3 (*written music*) partitura *f*; *of movie etc* banda *f* sonora, música *f*

4 *twenty* veintena *f*; *~s of ...* montones de ...

II *v/t* **1** *goal* marcar; *point* anotar; *in basketball* encestar **2** (*cut: line*) marcar

III *v/i* **1** SP marcar; *in basketball* encestar; *~ from a free kick* marcar de falta **2** (*keep the ~*) llevar el tanteo **3**: *that's where he ~s* ése es su punto fuerte; *~ with a girl* ligarse a una chica F

◆ **score off** *v/t* **1** *from list* borrar (*from* de) **2**: *score points off s.o.* poner por los suelos a alguien

◆ **score out** *v/t* tachar

'**score•board** marcador *m*

'**score•line** resultado *m* final

scor•er [ˈskɔːrər] **1** *of goal* goleador(a) *m(f)*; *of point* marcador(a) *m(f)*; *in basketball* encestador(a) *m(f)* **2** (*official score-keeper*) encargado del marcador

scorn [skɔːrn] **I** *n* desprecio *m*; *pour ~ on sth* despreciar algo, menospreciar algo **II** *v/t* idea, suggestion despreciar

scorn•ful [ˈskɔːrnfəl] *adj* despreciativo

scorn•ful•ly [ˈskɔːrnfəlɪ] *adv* con desprecio

Scor•pi•o [ˈskɔːrpɪoʊ] ASTR Escorpio *m/f inv*; *be (a)* ~ ser Escorpio

scor•pi•on [ˈskɔːrpɪən] escorpión *m*

Scot [skɑːt] escocés(-esa) *m(f)*

Scotch [skɑːtʃ] (*whiskey*) whisky *m* (escocés)

Scotch 'tape® celo *m*, *L.Am.* Durex® *m*

scot-'free *adv*: *get off* ~ salir impune

Scot•land [ˈskɑːtlənd] Escocia *f*

Scots•man [ˈskɑːtsmən] escocés *m*

Scots•wom•an [ˈskɑːtswʊmən] escocesa *f*

Scot•tish [ˈskɑːtɪʃ] *adj* escocés

scoun•drel [ˈskaʊndrəl] canalla *m/f*

scour[1] [ˈskaʊər] *v/t* (*search*) rastrear, peinar

scour[2] [ˈskaʊər] *v/t* pans fregar

screen

scourge [skɜːrdʒ] *fig* tormento *m*, martirio *m*

scout [skaʊt] **1** (*boy* ~) boy-scout *m* **2** *for talent* ojeador(a) *m(f)*

◆ **scout around** *v/i* hacer un reconocimiento

◆ **scout around for** *v/t* buscar, rebuscar

scowl [skaʊl] **I** *n* ceño *m* **II** *v/i* fruncir el ceño

◆ **scowl at** *v/t* mirar con el ceño fruncido

scrab•ble ['skræbl]*v/i* hurgar, escarbar

scrag•gy ['skrægɪ] *adj* escuálido, raquítico

scram [skræm] *v/i* (*pret & pp* **-med**) F largarse F; ~! ¡largo!

scram•ble ['skræmbl] **I** *n* (*rush*) prisa *f*; **in the ~ to sell off stocks** en el barullo para liquidar existencias **II** *v/t message* cifrar, codificar **III** *v/i* (*climb*) trepar; **he ~d to his feet** se levantó de un salto

scram•bled eggs [skræmbld'egz] *npl* huevos *mpl* revueltos

scram•bler ['skræmblər] *for messages* aleatorizador *m*, mezclador *m*

scrap[1] [skræp] **I** *n* **1** *metal* chatarra *f*; **sell sth for** ~ vender algo a la chatarra **2** *of food* trocito *m*; *of common sense* pizca *f*; **there is not a** ~ **of evidence** no existe el más mínimo indicio; **there is not a** ~ **of truth in it** no hay ni un ápice de verdad en esto **II** *v/t* (*pret & pp* **-ped**) *plan, project* abandonar; *paragraph* borrar

scrap[2] [skræp] *n* F *fight* pelea *f*

'scrap•book álbum *m* de recortes

scrape [skreɪp] **I** *n on paintwork etc* arañazo *m*; **be in a** ~ F estar en un lío **II** *v/t paintwork* rayar; ~ **a living** apañarse, ir tirando **III** *v/i* rozar (**against** con, contra); ~ **along the ground** arrastrarse por el suelo

◆ **scrape along, scrape by** *v/i fig* arreglárselas, subsistir

◆ **scrape off** *v/t* raspar

◆ **scrape through** *v/i in exam* aprobar por los pelos

◆ **scrape together** *v/t money* juntar (con dificultad)

scrap•er ['skreɪpər] espátula *f*, raspador *m*

'scrap heap: be good for the ~ *of person* estar para el arrastre; *of object* estar para tirar; **scrap 'met•al** chatarra *f*; **scrap 'pa•per** papel *m* usado

scrap•py ['skræpɪ] *adj work, writing* desorganizado

'scrap val•ue precio *m* como chatarra

'scrap•yard desguace *m*, chatarrería *f*

'scratch pad bloc *m* de notas

'scratch pa•per papel *m* de *or* para borrador

scratch [skrætʃ] **I** *n mark* marca *f*; **have a** ~ *to stop itching* rascarse; **start from** ~ empezar desde cero; **your work isn't up to** ~ tu trabajo es insuficiente **II** *v/t* (*mark: skin*) arañar; (*mark: paint*) rayar; *because of itch* rascarse; ~ **one's arm on a nail** arañarse el brazo con un clavo; ~ **one's head** *because of itch* rascarse la cabeza; *in puzzlement* comerse la cabeza; *of cat etc* arañar; *because of itch* rascarse

◆ **scratch off** *v/t* rascar

scratch•y ['skrætʃɪ] *adj* **1** *noise* chirriante; *old record* rayado **2** *wool* que pica

scrawl [skrɔːl] **I** *n* garabato *m* **II** *v/t* garabatear

scraw•ny ['skrɔːnɪ] *adj* escuálido

scream [skriːm] **I** *n* grito *m*; ~**s of laughter** carcajadas *fpl*; **be a** ~ F ser graciosísimo(-a), ser un punto F **II** *v/i* gritar; *of jet plane* rugir; ~ **with laughter** reírse a carcajadas, reírse a mandíbula batiente

◆ **scream down** *v/t*: **scream the place down** F chillar *or* gritar hasta desgañitarse

◆ **scream out** *v/t orders etc* vocear

scree [skriː] peñascal *m*

screech [skriːtʃ] **I** *n of tires* chirrido *m*; (*scream*) chillido *m* **II** *v/i of tires* chirriar; (*scream*) chillar; ~ **to a halt** parar en seco con un chirrido

screed [skriːd] rollo *m*; **she writes** ~**s and** ~**s** escribe hojas y hojas

screen [skriːn] **I** *n* **1** *in room, hospital* mampara *f*; *protective* cortina *f*; *in basketball* bloqueo *m* **2** *in movie theater* pantalla *f*; COMPUT monitor *m*, pantalla *f*; **adapt a novel for the** ~ adaptar una novela para la gran pantalla **II** *v/t* **1** (*protect, hide*) ocultar; *in basketball* bloquear **2** *movie* proyectar **3** *for security reasons* investigar

◆ **screen off** *v/t part of room* separar, dividir

'screen dis•play COMPUT pantalla *f*;
'screen i•dol ídolo *m* de la pantalla;
'screen•play guión *m*; 'screen sav•er
COMPUT salvapantallas *m inv*; 'screen
test *for movie* prueba *f*; 'screen-
writ•er guionista *m/f*

screw [skru:] I *n* 1 tornillo *m*; **he has a ~
loose** F le falta un tornillo F; **put the
~s on s.o.** *fig* apretarle las tuercas a alguien 2 V (*sex*) polvo *m* V II *v/t* 1: ~ **sth
to sth** atornillar algo a algo 2 V (*have
sex with*) echar un polvo con V 3 F
(*cheat*) timar F III *v/i* V echar un polvo
◆ screw up I *v/t* 1 *eyes* cerrar 2 *piece of
paper* arrugar 3 F (*make a mess of*) fastidiar F II *v/i* F (*make a bad mistake*)
meter la pata F

'screw•ball 1 F excéntrico(-a) *m(f)*, chi-
flado(-a) *m(f)* F 2 *in baseball* tirabuzón
m

'screw•driv•er destornillador *m*
screwed up [skru:d'ʌp] *adj* F *psycholo-
gically* acomplejado
'screw top *on bottle* tapón *m* de rosca
screw•y ['skru:ɪ] *adj* F chiflado F; *idea,
film* descabellado F

scrib•ble ['skrɪbl] I *n* garabato *m* II *v/t* &
v/i garabatear
scrib•bler ['skrɪblər] *hum, pej* escritor-
zuelo(-a) *m(f)*
scrim•mage ['skrɪmɪdʒ] *in football* melé *f*
scrimp [skrɪmp] *v/i*: ~ **and scrape** pasar
apuros, pasar estrecheces
scrip [skrɪp] *representing stock* bono *m*
social
script [skrɪpt] 1 *for movie, play* guión *m*,
L.Am. libreto *m* 2 *form of writing* caligrafía *f*
'script girl *in the movies* chica *f* del
guión
scrip•ture ['skrɪptʃər] escritura *f*; **the
(Holy) Scriptures** las Sagradas Escrituras
'script•writ•er guionista *m/f*, *L.Am.* libretista *m/f*
scroll [skroʊl] (*manuscript*) manuscrito
m
◆ scroll down *v/i* COMPUT avanzar
◆ scroll up *v/i* COMPUT retroceder
'scroll bar COMPUT barra *f* de desplazamiento
scrooge [skru:dʒ] F agarrado(-a) *m(f)*,
tacaño(-a) *m(f)*

scro•tum ['skroʊtəm] (*pl -tums, scrota*
['skroʊtə]) ANAT escroto *m*
scrounge [skraʊndʒ] *v/t* gorronear
(**from** de)
scroung•er ['skraʊndʒər] gorrón(-ona)
m(f)
scrub¹ [skrʌb] *n type of countryside* matorral *m*
scrub² [skrʌb] I *v/t* (*pret & pp -bed*)
floors fregar; *hands* frotar II *n:* **give
sth a ~** dar un fregado a algo
scrub•bing brush ['skrʌbɪŋ] cepillo *m*
para fregar
scrub•by ['skrʌbɪ] *adj countryside* de
matorrales, cubierto de maleza
scruff [skrʌf]: **grab s.o. by the ~ of the
neck** agarrar a alguien del pescuezo
scruff•y ['skrʌfɪ] *adj* andrajoso, desaliñado
scrum [skrʌm] *in rugby* melé *f*
scrump•tious ['skrʌmpʃəs] *adj* F de
muerte *or* rechupete F
◆ scrunch up [skrʌntʃ] *v/t plastic cup
etc* estrujar
scru•ples ['skru:plz] *npl* escrúpulos
mpl; **have no ~s about doing sth** no
tener escrúpulos a la hora de hacer algo
scru•pu•lous ['skru:pjələs] *adj* 1 *with
moral principles* escrupuloso 2 (*thorough*) meticuloso; *attention to detail*
minucioso
scru•pu•lous•ly ['skru:pjələslɪ] *adv*
(*meticulously*) minuciosamente
scru•ti•nize ['skru:tɪnaɪz] *v/t* (*examine
closely*) estudiar, examinar
scru•ti•ny ['skru:tɪnɪ] escrutinio *m*;
come under ~ ser objeto de investigación
scu•ba div•er ['sku:bə] submarinista
m/f
'scu•ba div•ing submarinismo *m*
scuff [skʌf] *v/t shoes, paintwork* raspar,
arañar
scuf•fle ['skʌfl] riña *f*
sculpt [skʌlpt] *v/t* esculpir
sculp•tor ['skʌlptər] escultor(a) *m(f)*
sculp•ture ['skʌlptʃər] escultura *f*
scum [skʌm] 1 *on liquid* película *f* de
suciedad 2 (*pej: people*) escoria *f*; **the
~ of the earth** la escoria del mundo
scur•ri•lous ['skʌrələs] *adj* (*defamatory*) difamatorio
scur•ry ['skʌrɪ] *v/i of mice* corretear; *of*

people salir corriendo, apresurarse

scythe [saɪð] guadaña *f*

scyth•ing tack•le ['saɪðɪŋ] *in soccer* segada *f*

sea [siː] mar *m or f*; **by the ~** junto al mar; **at ~** en el mar; **be all at ~** *fig* estar totalmente desorientado *or* perdido; **by ~** en barco; **go to ~** *of person* hacerse marinero; **put to ~** hacerse a la mar; **a ~ of faces** un mar de caras

'sea an•i•mal animal *m* marino; **'sea•bed** fondo *m* marino; **'sea•bird** ave *f* marina; **'sea•board** costa *f*, ensenada *f*; **'sea breeze** brisa *f* marina; **sea•far•ing** ['siːferɪŋ] *adj nation* marinero; **'sea•food** marisco *m*; **'sea•front** paseo *m* marítimo; **'sea•go•ing** *adj vessel* de altura; **'sea•gull** gaviota *f*; **'sea horse** caballito *m* de mar

seal[1] [siːl] *n animal* foca *f*

seal[2] [siːl] **I** *n on document* sello *m*; TECH junta *f*, sello *m*; **~ of approval** *fig* aprobación *f*, visto *m* bueno **II** *v/t container* sellar; **~ed envelope** sobre *m* sellado; **~ed bid** COM oferta *f* en sobre cerrado; **my lips are ~ed** mis labios están sellados, no diré nada; **~ s.o.'s fate** decidir irrevocablemente el futuro de alguien

◆ **seal off** *v/t area* aislar

seal•ant ['siːlənt] material *m* de sellado, pasta *f* para sellar

'sea lev•el: above ~ sobre el nivel del mar; **below ~** bajo el nivel del mar

'sea li•on león *m* marino

seam [siːm] **1** *on garment* costura *f*; **be bursting at the ~s** *fig* estar a reventar, estar hasta los topes **2** *of ore* filón *m*

sea•man ['siːmən] marinero *m*

seam•stress ['siːmstrɪs] modista *f*

seam•y ['siːmɪ] *adj area, bar* sórdido, sucio; **the ~ side of life** el lado sórdido de la vida, la cara miserable de la vida

'sea•plane hidroavión *m*; **'sea•port** puerto *m* marítimo; **'sea pow•er** *nation* potencia *f* marítima

search [sɜːrtʃ] **I** *n* búsqueda *f*; **be in ~ of** estar en busca de; **do a ~** COMPUT hacer una búsqueda, buscar; **do a ~ and replace** COMPUT buscar y sustituir **II** *v/t baggage, person* registrar; **~ a place for s.o.** buscar a alguien en un lugar; **~ me!** F ¡(y) yo qué sé!, ¡(y) a mí que me cuentas!

◆ **search for** *v/t* buscar

◆ **search through** *v/t desk, papers, files* buscar entre

search•ing ['sɜːrtʃɪŋ] *adj look* escrutador; *question* difícil

'search•light reflector *m*; **'search par•ty** grupo *m* de rescate; **'search war•rant** orden *f* de registro

'sea•shore orilla *f*; **'sea•sick** *adj* mareado; **get ~** marearse; **'sea•sick•ness** mareo *m*; **'sea•side** costa *f*, playa *f*; **at** *or* **by the ~** en la costa *or* playa; **go to the ~** ir a la costa *or* playa; **~ re•sort** centro *m* de veraneo costero

sea•son ['siːzn] **I** *n* (*winter, spring etc*) estación *f*; *for tourism etc* temporada *f*; **plums aren't in ~ at the moment** ahora no es temporada de ciruelas; **Season's Greetings!** ¡Felices Pascuas!, ¡Felices Fiestas! **II** *v/t food* condimentar **2** *wood* curar

sea•son•al ['siːznl] *adj fruit, vegetables* del tiempo; *employment* temporal

sea•soned ['siːznd] *adj* **1** *wood* seco **2** *traveler, campaigner* experimentado

sea•son•ing ['siːznɪŋ] condimento *m*

'sea•son tick•et abono *m*

seat [siːt] **I** *n in room, bus, airplane* asiento *m*; *in theater* butaca *f*, *of pants* culera *f*; POL escaño *m*, *Mex* curul *m*; **please take a ~** por favor, siéntese; **do sth by the ~ of one's pants** F hacer algo sobre la marcha **II** *v/t* **1** (*have seating for*): **the hall can ~ 200 people** la sala tiene capacidad para 200 personas **2**: **please remain ~ed** *fml* por favor, permanezcan sentados; **please be ~ed** *fml* por favor tome asiento

'seat belt cinturón *m* de seguridad; **fasten one's ~** abrocharse el cinturón de seguridad

seat•ing ['siːtɪŋ] **I** *n* aforo *m* **II** *adj*: **a ~ capacity of 200** un aforo de 200 personas

'sea ur•chin erizo *m* de mar; **sea 'wall** espigón *m*, escollera *f*; **'sea•weed** alga(s) *f(pl)*; **'sea•wor•thy** *adj* en condiciones para navegar

sec [sek] F ☞ **second**[1] **1 1**

SEC [esiːˈsiː] *abbr* (= **Securities and Exchange Commission**) Comisión *f* de Valores y Bolsas

sec•a•teurs [sekəˈtɜːrz] *npl Br* tijeras

fpl de podar

se•cede [sɪ'siːd] *v/i* POL separarse (*from* de)

se•ces•sion [sɪ'seʃn] POL secesión *f* (*from* de)

se•clud•ed [sɪ'kluːdɪd] *adj* apartado

se•clu•sion [sɪ'kluːʒn] aislamiento *m*

sec•ond[1] ['sekənd] **I** *n* **1** *of time* segundo *m*; *just a* ~ un segundo; *I won't be a* ~ no tardaré nada, no tardaré ni un segundo; *do you have a* ~? ¿tienes un segundo? **2** *in sequence* segundo(-a) *m(f)* **3**: ~*s out! in boxing* ¡segundos fuera!

II *adj* segundo; *he's going through a* ~ *childhood* está pasando por una segunda infancia; ~ *home* segunda vivienda *f*; *it has become a* ~ *home to me* es como mi segunda casa; *it has become* ~ *nature for him* se ha convertido en una costumbre para él; *a* ~ *Lorca* otro Lorca; *be* ~ *to none* ser insuperable *or* inigualable

III *adv* come in en segundo lugar

IV *v/t motion* apoyar

se•cond[2] [sɪ'kɑːnd] *v/t: be* ~*ed to* ser asignado a

sec•ond•a•ry ['sekəndərɪ] *adj* secundario; *of* ~ *importance* de menor importancia

sec•ond•a•ry ed•u•ca•tion educación *f* secundaria

'**sec•ond base** segunda base *f*; '**sec•ond base•man** segunda base *m/f*, jugador(a) *m(f)* de segunda base; **sec•ond 'best** *adj: be* ~ ser el segundo mejor; *inferior* ser un segundón; *come off* ~ quedar segundo; **sec•ond 'big•gest** *adj: it is the* ~ *company in the area* es la segunda empresa más grande de la zona; **sec•ond-'class** *adj ticket* de segunda clase; **sec•ond 'cous•in** primo(-a) *m(f)* segundo(-a); **sec•ond-de'gree** *adj burns* de segundo grado; **sec•ond 'floor** primer piso *m*, *Br* segundo piso *m*; **sec•ond-'guess** *v/t* adelantar, anticipar; '**sec•ond hand** *on clock* segundero *m*; **sec•ond-'hand I** *adj* de segunda mano; ~ *bookstore* tienda *f* de libros usados *or* libros de segunda mano **II** *adv buy* de segunda mano

sec•ond•ly ['sekəndlɪ] *adv* en segundo lugar

sec•ond-'rate *adj* inferior

sec•ond 'thoughts: *I've had* ~ he cambiado de idea; *on* ~ ... pensándolo mejor ...

se•cre•cy ['siːkrəsɪ] secretismo *m*; *in or amid great* ~ entre *or* en medio de un gran secretismo; ~ *of the confessional* REL secreto *m* de confesión

se•cret ['siːkrət] **I** *n* secreto *m*; *in* ~ en secreto; *have no* ~*s from s.o.* no tener secretos con alguien; *make no* ~ *of sth* no guardar algo en secreto **II** *adj* secreto; *keep sth* ~ mantener *or* guardar algo en secreto; *keep sth* ~ *from s.o.* ocultar algo a alguien

se•cret 'a•gent agente *m/f* secreto(-a)

sec•re•tar•i•al [sekrə'terɪəl] *adj tasks, job* de secretario

sec•re•tar•y ['sekrəterɪ] **1** secretario(-a) *m(f)* **2** POL ministro(-a) *m(f)*

sec•re•tar•y-'gen•er•al secretario(-a) *m(f)* general

Sec•re•tar•y of 'State *in USA* Secretario(-a) *m(f)* de Estado

se•crete [sɪ'kriːt] *v/t* **1** (*give off*) segregar **2** (*hide away*) esconder

se•cre•tion [sɪ'kriːʃn] secreción *f*

se•cre•tive ['siːkrətɪv] *adj* reservado (*about* acerca de)

se•cret•ly ['siːkrətlɪ] *adv* en secreto

se•cret po'lice policía *f* secreta

se•cret 'ser•vice servicio *m* secreto

sect [sekt] secta *f*

sec•tar•i•an [sek'terɪən] *adj fighting, violence, attitudes* sectario

sec•tion ['sekʃn] *of book, company, text* sección *f*; *of building* zona *f*; *of apple* parte *f*

sec•tor ['sektər] sector *m*

sec•u•lar ['sekjələr] *adj* laico

sec•u•lar•ize ['sekjələraɪz] *v/t* secularizar

se•cure [sɪ'kjʊr] **I** *adj shelf etc* seguro; *job, contract* fijo; *financially* ~ seguro económicamente **II** *v/t* **1** *shelf etc* asegurar **2** *s.o.'s help* conseguir

se•cured cred•i•tor acreedor(a) *m(f)* asegurado(-a); **se•cured debt** deuda *f* garantizada; **se•cured loan** préstamo *m* garantizado

se•cu•ri•ties mar•ket FIN mercado *m* de valores

se•cu•ri•ty [sɪ'kjʊrətɪ] **1** seguridad *f*; *go through* ~ *at airport etc* pasar por seguridad; **will you call ~?** ¿va a llamar a seguridad?; **for ~ reasons** por razones de seguridad **2** *for investment* garantía *f*

se'cu•ri•ty a•lert alerta *f;* **se'cu•ri•ty check** control *m* de seguridad; **se•cu•ri•ty-con•scious** *adj* consciente de la seguridad; **Se'cu•ri•ty Coun•cil** *of UN* Consejo *m* de Seguridad; **se•cu•ri•ty forces** *npl* fuerzas *fpl* de seguridad; **se'cu•ri•ty guard** guardia *m/f* de seguridad; **se'cu•ri•ty risk** *person* peligro *m* (para la seguridad)

se•dan [sɪˈdæn] MOT turismo *m*

se•date[1] [sɪˈdeɪt] *v/t* sedar

se•date[2] [sɪˈdeɪt] *adj person, tempo* tranquilo, pausado

se•da•tion [sɪˈdeɪʃn]: **be under ~** estar sedado; **put s.o. under ~** sedar a alguien, dar un sedante a alguien

sed•a•tive [ˈsedətɪv] sedante *m*

sed•en•ta•ry [ˈsedənteri] *adj job* sedentario

sed•i•ment [ˈsedɪmənt] sedimento *m*

se•duce [sɪˈduːs] *v/t* seducir

se•duc•tion [sɪˈdʌkʃn] seducción *f*

se•duc•tive [sɪˈdʌktɪv] *adj dress* seductor; *offer* tentador

see [siː] **I** *v/t* (*pret* **saw**, *pp* **seen**) ver; (*understand*) entender, ver; *romantically* ver, salir con; **can I ~ the manager?** ¿puedo ver al encargado?; **you should ~ a doctor** deberías ir a que te viera un médico; **~ s.o. home** acompañar a alguien a casa; **~ you!** F ¡hasta la vista!, ¡chao! F; **I don't ~ that working** no veo que eso vaya a funcionar; **what do you ~ in him?** ¿qué es lo que ves en él?; **I saw him arrive** *or* **arriving** lo ví llegar; **as I ~ it** tal y como yo lo veo *or* entiendo

II *v/i* ver; **you'll ~** (ya) verás; **you ~** ves, sabes; **I ~** ya veo; **let me ~** déjame ver; **we'll ~** ya veremos; **~!, I told you it wouldn't work** ¡ves!, te dije que no funcionaría

◆ **see about** *v/t* (*look into*): **I'll see about getting it repaired** me encargaré de que lo arreglen; **we'll see about that!** F ¡eso ya lo veremos! F

◆ **see in** *v/i to room etc* ver (dentro)

◆ **see off** *v/t* **1** *at airport etc* despedir **2** (*chase away*) espantar

◆ **see out** *v/t:* **see s.o. out** acompañar a alguien a la puerta; **I'll see myself out**

no hace falta que me acompañes

◆ **see over** *v/t new house* visitar, echar un vistazo a

◆ **see through** *v/t* **1** *person* conocer **2**: **see s.o. through a difficult time** ayudar *or* apoyar a alguien en un momento difícil

◆ **see to** *v/t:* **see to sth** ocuparse de algo; **see to it that something gets done** asegurarse de que algo se haga

seed [siːd] **1** semilla *f;* **go to ~** *of person* descuidarse; *of district* empeorarse **2** *in tennis* cabeza *f* de serie

seed•ed [ˈsiːdɪd] *adj player* cabeza de serie; **he is ~ 15th in the world** ocupa el puesto decimoquinto a nivel mundial

seed•less [ˈsiːdlɪs] *adj* sin semillas *or* pipas

seed•ling [ˈsiːdlɪŋ] planta *f* de semillero

seed•y [ˈsiːdɪ] *adj bar, district* de mala calaña

see•ing (that) [ˈsiːɪŋ] *conj* dado que, ya que

see•ing 'eye dog perro *m* lazarillo

seek [siːk] *v/t* (*pret & pp* **sought**) buscar

seem [siːm] *v/i* parecer; **it ~s that ...** parece que ...; **it ~s as if** *or* **though** parece como si; **strange as it may ~** por extraño que parezca *or* pueda parecer; **it seems like it** eso (es lo que) parece; **how does she ~ to you?** ¿cómo la encuentras?, ¿cómo la vés?

seem•ing [ˈsiːmɪŋ] *adj* aparente

seem•ing•ly [ˈsiːmɪŋlɪ] *adv* aparentemente

seen [siːn] *pp* ☞ **see**

seep [siːp] *v/i of liquid* filtrarse

◆ **seep out** *v/i of liquid* filtrarse

see•saw [ˈsiːsɔː] subibaja *m,* balancín *m*

seethe [siːð] *v/i:* **be seething with anger** estar a punto de estallar (de cólera)

'see-through *adj dress, material* transparente

seg•ment [ˈsegmənt] segmento *m*

seg•ment•ed [segˈməntɪd] *adj* segmentado, dividido

seg•re•gate [ˈsegrɪgeɪt] *v/t* segregar

seg•re•ga•tion [segrɪˈgeɪʃn] segregación *f*

seis•mic [ˈsaɪzmɪk] *adj* **1** sísmico **2** *fig: consequences, significance* colosal, cuantioso

seis•mo•graph ['saɪzməgrɑːf] sismógrafo *m*

seis•mol•o•gy [saɪz'mɑːlədʒɪ] sismología *f*

seize [siːz] *v/t s.o., s.o.'s arm* agarrar; *opportunity* aprovechar; *of Customs, police etc* incautarse de

◆ **seize on** *v/t idea, opportunity* aferrarse a, aprovecharse de

◆ **seize up** *v/i of engine* atascarse

sei•zure ['siːʒər] **1** MED ataque *m* **2** *of drugs etc* incautación *f*; *amount seized* alijo *m*

sel•dom ['seldəm] *adv* raramente, casi nunca; *~, if ever, has there been ...* pocas veces, si es que alguna vez ha habido ...

se•lect [sɪ'lekt] **I** *v/t* seleccionar **II** *adj* (*exclusive*) selecto

se•lec•tion [sɪ'lekʃn] selección *f*; (*choosing*) elección *f*

se'lec•tion pro•cess proceso *m* de selección

se•lec•tive [sɪ'lektɪv] *adj* selectivo

self [self] (*pl selves* [selvz]) ego *m*; *my other ~* mi otro yo; *his / my true ~* su / mi verdadero yo; *he's back to his old ~ again* ya ha vuelto a ser el de antes

self-ad•dressed en•ve•lope [selfədrest'envələʊp]: *send us a ~* envíenos un sobre con sus datos; **self-ad'he•sive** *adj stamps* autoadhesivo; **self-ap•point•ed** [selfə'pɔɪntɪd] *adj* autoproclamado, autoerigido; **self-as'sur•ance** confianza *f* en sí mismo; **self-as'sured** *adj* seguro de sí mismo; **self'ca•ter•ing a•part•ment** *Br* apartamento *m or Span* piso *m* sin servicio de comidas; **self'cen•tered**, *Br* **self-'cen•tred** [self'sentərd] *adj* egoísta; **self'clean•ing** *adj oven* con autolimpieza; **self-con'fessed** *adj*: *he's a ~ megalomaniac* se confiesa megalómano; **self-'con•fi•dence** confianza *f* en sí mismo; **self-'con•fi•dent** *adj* seguro de sí mismo; **self-'con•scious** *adj* tímido; **self-'con•scious•ness** timidez *f*; **self-con•tained** [selfkən'teɪnd] *adj apartment* independiente; **self con'trol** autocontrol *m*; **self-'crit•i•cal** *adj* autocrítico; **self-'crit•i•cism** autocrítica *f*; **self-de'fense**, *Br* **self-de'fence** autodefensa *f*; *in ~* en defensa propia; **self-de•struct** [selfdɪ'strʌkt] *v/i* auto-

destruirse, destruirse automáticamente; **self-de•ter•mi'na•tion** POL autodeterminación *f*; **self-'dis•ci•pline** autodisciplina *f*; **self-'doubt** inseguridad *f*; **self-'ed•u•cat•ed** *adj*: *~ person* persona *f* autodidacta; **self-ef•fac•ing** [selfɪ'feɪsɪŋ] *adj* recatado, modesto; **self-em•ployed** [selfɪm'plɔɪd] *adj* autónomo, *L.Am.* cuentapropista; **self-es'teem** autoestima *f*; **self-'ev•i•dent** *adj* obvio, evidente; **self-ex'pres•sion** autoexpresión *f*; **self-ex'tract•ing ar•chive** COMPUT archivo *m* autoextraíble; **self-'gov•ern•ment** autogobierno *m*; **self-'help** autoayuda *f*; **self-im'por•tance** soberbia *f*, humos *mpl*; **self-im'por•tant** *adj* soberbio, engreído; **self-in'dul•gent** *adj* excesivo, sin moderación; **self-'in•terest** interés *m* propio

self•ish ['selfɪʃ] *adj* egoísta

self•less ['selflɪs] *adj* desinteresado

self-made 'man hombre *m* hecho a sí mismo; **self-'pit•y** autocompasión *f*; **self-'por•trait** autorretrato *m*; **self-pos•sessed** [selfpə'zest] *adj* sereno; **self-pres•er'va•tion** supervivencia *f*; **self-pro•claimed** [selfprə'kleɪmd] *adj* autoproclamado; **self-re'li•ant** *adj* autosuficiente; **self-re'spect** amor *m* propio; **self-re•spect•ing** [selfrɪ'spektɪŋ] *adj*: *no ~ businessman ...* ningún hombre de negocios con amor propio ...; **self-'right•eous** *adj pej* santurrón, intolerante; **self-'ris•ing** *adj flour* con levadura; **self-'rule** POL autogobierno *m*; **self-'sac•ri•fice** autosacrificio *m*; *in a spirit of ~* haciendo un autosacrificio, como autosacrificio; **self-sat•is•fied** [self'sætɪsfaɪd] *adj pej* pagado de sí mismo; **self-seal•ing** [self'siːlɪŋ] *adj envelope* con auto-pegado, autoadhesivo; **self-'ser•vice** *adj* de autoservicio; **self-ser•vice 'res•tau•rant** (restaurante *m*) autoservicio *m*; **self-suf'fi•cient** *adj* autosuficiente, independiente; *be ~ in oil* autoabastecerse de petróleo; **self-sup'port•ing** *adj* **1** FIN independiente, autónomo **2** *structure* independiente, aparte; **self-'taught** *adj* autodidacta

sell [sel] (*pret & pp sold*) **I** *v/t* vender; *~ o.s.* venderse (a sí mismo); *you'll never manage to ~ them that idea* nunca conseguirás venderles esa idea; **be completely sold on sth** enthusiastic *about* estar completamente entusiasmado *or* emocionado con algo

II v/i (*pret & pp* **sold**) vender; *of goods* venderse; **~ by ... on label** vender antes de ...; **they are ~ing at $5 each** se venden a 5 dólares cada uno

◆ **sell off** v/t liquidar, deshacerse de

◆ **sell out** v/i **1** *of product* agotarse; **we've** *or* **we are sold out** se nos ha(n) agotado **2** *of idealist* venderse

◆ **sell out of** v/t agotar las existencias de

◆ **sell up I** v/i vender todo **II** v/t *business etc* vender, liquidar

'**sell-by date** fecha *f* límite de venta; **be past its ~** haber pasado la fecha límite de venta; **she's well past her ~** F hace tiempo que se le pasó el arroz

sell•er ['selər] *person* vendedor(a) *m(f)*; **it's a ~'s market** es un mercado favorable para el vendedor; **be a good ~** *of product* venderse muy bien

sell•ing ['selɪŋ] COM ventas *fpl*

'**sell•ing point** COM ventaja *f*

Sel•lo•tape® ['seləteɪp] *Br* celo *m*, *L.Am.* Durex® *m*

'**sell•out** *success* éxito *m* de taquilla

selves [selvz] *pl* ☞ **self**

se•man•tic [sɪ'mæntɪk] *adj* semántico

se•man•tics [sɪ'mæntɪks] *nsg: subject* semántica *f*; **that's just ~** eso es pura palabrería

sem•blance ['semblans] indicio *m*, atisbo *m*; **without the slightest ~ of fear** sin el mínimo indicio de miedo

se•men ['si:mən] semen *m*

se•mes•ter [sɪ'mestər] semestre *m*

sem•i ['semɪ] *truck* camión *m* semirremolque

sem•i•breve ['semɪbri:v] *Br* MUS semibreve *f*; '**sem•i•cir•cle** semicírculo *m*; **sem•i'cir•cu•lar** *adj* semicircular; **sem•i•'co•lon** punto *m* y coma; **sem•i•con•duc•tor** ELEC semiconductor *m*; **sem•i•de•tached 'house** casa unida a la casa contigua por un mismo muro; **sem•i'fi•nal** semifinal *f*; **sem•i•'fi•nal•ist** semifinalista *m/f*; **sem•i•man•u•'fac•tured prod•uct** producto *m* semimanufacturado

sem•i•nar ['semɪnɑ:r] seminario *m*

sem•i•nar•y ['semɪnerɪ] REL seminario

m (conciliar)

sem•i•of'fi•cial *adj* semioficial; **sem•i•pre•cious 'stone** piedra *f* semipreciosa; **sem•i'skilled** *adj* semicualificado; **sem•i•skimmed 'milk** *Br* leche *f* semidesnatada

'**sem•i•tone** MUS semitono *m*

'**sem•i•trail•er** MOT semitráiler *m*

sem•o•li•na [semə'li:nə] sémola *f*

Sem•tex® ['semteks] Semtex *m*

sen•ate ['senət] senado *m*

sen•a•tor ['senətər] senador(a) *m(f)*; **Senator George Schwarz** el Senador George Schwarz

sen•a•to•ri•al [senə'tɔ:rɪəl] *adj* senatorial

send [send] v/t (*pret & pp* **sent**) **1** enviar, mandar; **~ her my best wishes** dale recuerdos de mi parte; **~ s.o. after s.o.** mandar a alguien en busca de alguien **2**: **~ s.o. mad** volver a alguien loco; **the news sent him into fits of laughter** las noticias le hicieron partirse de la risa; **the explosion sent the car flying through the air** la explosión hizo volar el coche por los aires

◆ **send away** v/t **1** *person* despedir, echar **2** *letter etc* enviar, mandar

◆ **send away for** v/t: **send away for sth** escribir solicitando algo

◆ **send back** v/t devolver

◆ **send down** v/t **1** *prices, stock values* hacer bajar **2** *Br* EDU expulsar (**from** de)

◆ **send for** v/t mandar buscar

◆ **send in** v/t *troops, application* enviar, mandar; *next interviewee* hacer pasar

◆ **send off** v/t **1** *letter, fax etc* enviar, mandar **2** *Br* SP expulsar

◆ **send on** v/t **1** *baggage in advance* enviar con antelación **2** *letter* reenviar, reexpedir

◆ **send out I** v/t **1** *invitations, application forms* mandar, echar **2** *heat etc* despedir, echar **3** *person: to a place, country* mandar, enviar **II** v/i: **send out for a pizza** pedir una pizza (por teléfono)

◆ **send up** v/t **1** *rocket* lanzar **2** *prices, temperature* hacer subir **3** *Br* F (*satirize*) caricaturizar

send•er ['sendər] *of letter* remitente *m/f*

send•ing-off [sendɪŋ'ɑ:f] *Br: in soccer* expulsión *f*

'**send-off** despedida *f*; **give s.o. a good**

~ dar a alguien una buena despedida

se•nile ['si:naɪl] *adj* senil

se•nil•i•ty [sɪ'nɪlətɪ] senilidad *f*

se•ni•or ['si:njər] **I** *adj* (*older*) mayor; *in rank* superior; ~ *partner* COM socio(-a) *m(f)* principal; ~ *high* (*school*) instituto *m* de bachillerato **II** *n* **1** (*older person*) persona *f* más mayor; *he is my ~ by two years, he is two years my ~* me lleva dos años, es dos años más mayor que yo **2** *at school* estudiante *m/f* de último año

se•ni•or 'cit•i•zen persona *f* de la tercera edad

se•ni•or•i•ty [si:nj'ɑ:rətɪ] *in job* antigüedad *f*

sen•sa•tion [sen'seɪʃn] sensación *f*; *a burning ~* una sensación de calor; *cause or create a ~* causar *or* producir una sensación

sen•sa•tion•al [sen'seɪʃnl] *adj* sensacional

sen•sa•tion•al•ism [sen'seɪʃnəlɪzəm] *of press, reports* sensacionalismo *m*

sen•sa•tion•al•ize [sen'seɪʃnəlaɪz] *v/t* tratar con sensacionalismo

sense [sens] **I** *n* **1** (*hearing etc*) sentido *m*; ~ *of hearing / smell* sentido del oído / olfato; ~ *of direction* sentido de la orientación; ~ *of duty / of humor* sentido de la obligación / del humor; *come to one's ~s* entrar en razón; *bring s.o. to his ~s* hacer que entre alguien en razón

2 (*meaning, point etc*) sentido *m*; *it doesn't make ~* no tiene sentido; *there's no ~ in waiting* no tiene sentido que esperemos; *in a ~* en cierto sentido

3 (*feeling*) sentimiento *m*; ~ *of security* sensación *f* de seguridad

4 (*common sense*) sentido *m* común, sensatez *f*; *talk ~, man!* ¡no digas tonterías!; *have the ~ to do sth* tener cabeza para hacer algo; *I couldn't make any ~ of it* no hubo manera de entenderlo; *where's the ~ in that?* ¿qué sentido tiene eso?; *it makes good economic ~* es aconsejable desde el punto de vista económico

II *v/t s.o.'s presence* sentir, notar; *I could ~ that something was wrong* tenía la sensación de que algo no iba bien

sense•less ['senslɪs] *adj* (*pointless*) ab-

surdo

'sense or•gan órgano *m* sensorial

sen•si•bil•i•ty [sensɪ'bɪlətɪ] sensibilidad *f*

sen•si•ble ['sensəbl] *adj* sensato; *clothes, shoes* práctico, apropiado

sen•si•bly ['sensəblɪ] *adv* con sensatez; *she wasn't ~ dressed* no llevaba ropa apropiada

sen•si•tive ['sensətɪv] *adj* skin, person sensible; *be ~ to the cold / to criticism* ser sensible al frío / a las críticas; *heat- / light-~* sensible al calor / a la luz; *it's a rather ~ issue at the moment* es un asunto bastante delicado en estos momentos

sen•si•tiv•i•ty [sensə'tɪvətɪ] *of skin, person* sensibilidad *f* (*to* a); ~ *to heat / light* sensibilidad al calor / a la luz

sen•si•tize ['sensɪtaɪz] *v/t material, person* sensibilizar

sen•sor ['sensər] sensor *m*

sen•so•ry ['sensəns] *adj* sensorial

sen•su•al ['senʃuəl] *adj* sensual

sen•su•al•i•ty [senʃu'ælətɪ] sensualidad *f*

sen•su•al•ly ['senʃuəlɪ] *adv* sensualmente

sen•su•ous ['senʃuəs] *adj* sensual

sent [sent] *pret & pp* ☞ *send*

sen•tence ['sentəns] **I** *n* **1** GRAM oración *f* **2** LAW sentencia *f*; *pass ~* pronunciar sentencia (*on* a) **II** *v/t* LAW sentenciar, condenar; *he was ~d to 6 months / to death* se le condenó a 6 meses / a pena de muerte

sen•ten•tious [sen'tenʃəs] *adj* sentencioso

sen•ti•ment ['sentɪmənt] **1** (*sentimentality*) sentimentalismo *m* **2** (*opinion*) opinión *f*

sen•ti•ment•al [sentɪ'mentl] *adj* sentimental; ~ *value* valor *m* sentimental

sen•ti•men•tal•i•ty [sentɪmen'tælətɪ] sentimentalismo *m*

sen•try ['sentrɪ] centinela *m*

'sen•try box puesto *m* de vigilancia

'sen•try du•ty servicio *m* de vigilancia; *be on ~* estar de servicio *or* guardia

sep•a•rate[1] ['sepərət] *adj* separado; *keep sth ~ from sth* guardar algo separado de algo

separate[2] ['sepəreɪt] **I** *v/t* separar; ~ *sth*

from sth separar algo de algo ‖ *v/i of couple* separarse

sep•a•rat•ed ['sepəreɪtɪd] *adj couple* separado

sep•a•rate•ly ['sepərətlɪ] *adv pay, treat* por separado

sep•a•ra•tion [sepə'reɪʃn] separación *f*

sep•a•ra•tism ['sepərətɪzəm] POL separatismo *m*

sep•a•ra•tist ['sepərətɪst] POL **I** *n* separatista *m/f* **II** *adj* separatista

Sep•tem•ber [sep'tembər] septiembre *m*

sep•tic ['septɪk] *adj* séptico; *go ~ of wound* infectarse

'sep•tic tank, pozo *m* séptico *or* negro

se•quel ['siːkwəl] continuación *f*

se•quence ['siːkwəns] secuencia *f*; *in ~* en orden; *out of ~* en desorden; *the ~ of events* la secuencia de hechos

se•quen•tial [sɪ'kwenʃl] *adj* secuencial

se•quen•tial•ly [sɪ'kwenʃəlɪ] *adv* secuencialmente

se•quin ['siːkwɪn] lentejuela *f*

se•quoi•a [sɪ'kwɔɪə] BOT secuoya *f*, secoya *f*

Serb [sɜːrb] serbio(-a) *m(f)*

Ser•bi•a ['sɜːrbɪə] Serbia *f*

Ser•bi•an ['sɜːrbɪən] **I** *adj* serbio **II** *n* serbio(-a) *m(f)*

ser•e•nade [serə'neɪd] **I** *n* serenata *f* ‖ *v/t person* dar una serenata a

se•rene [sɪ'riːn] *adj* sereno

se•ren•i•ty [sə'renɪtɪ] serenidad *f*, tranquilidad *f*

ser•geant ['sɑːrdʒənt] sargento *m/f*

se•ri•al ['sɪrɪəl] *on TV, radio* serie *f*, serial *m*; *in magazine* novela *f* por entregas

'se•ri•al in•ter•face COMPUT interfaz *m* de serie

se•ri•al•ize ['sɪrɪəlaɪz] *v/t novel on TV* emitir en forma de serie; *in newspaper* publicar por entregas

'se•ri•al kill•er asesino(-a) *m(f)* en serie; **'se•ri•al num•ber** *of product* número *m* de serie; **'se•ri•al port** COMPUT puerto *m* (en) serie; **'se•ri•al print•er** impresora *f* en serie

se•ries ['sɪriːz] *nsg* serie *f*

se•ri•ous ['sɪrɪəs] *adj* **1** *situation, damage, illness* grave **2** (*earnest: person, company*) serio; *I'm ~* lo digo en serio; *we'd better take a ~ look at it* deberíа-

mos examinarlo seriamente; *be ~ about doing sth* hablar en serio de hacer algo; *you can't be ~!* ¿estás de broma?

se•ri•ous•ly ['sɪrɪəslɪ] *adv* **1** *injured* gravemente; *~ ill* enfermo de gravedad **2**: *~ intend to ...* tener intenciones firmes de ...; *~?* ¿en serio?; *take s.o. ~* tomar a alguien en serio

se•ri•ous•ness ['sɪrɪəsnɪs] **1** *of person* seriedad *f*; *in all ~* en serio, de verdad **2** *of situation* seriedad *f*, gravedad *f*; *of illness* gravedad *f*

ser•mon ['sɜːrmən] sermón *m*

ser•rat•ed [sə'reɪtɪd] *adj edge, knife* serrado, dentellado

se•rum ['sɪrəm] suero *m*

ser•vant ['sɜːrvənt] sirviente(-a) *m(f)*

serve [sɜːrv] **I** *n in tennis* servicio *m*, saque *m* ‖ *v/t food, meal* servir; *customer in shop* atender; *one's country, the people* servir a; *it ~s you right* ¡te lo mereces!; *are you being ~d?* *in store* ¿le atienden? **III** *v/i* servir; *in tennis* servir, sacar; *~ on a committee* servir en un comité; *the crate ~d as a table* la caja sirvió *or* hizo de mesa; *that simply ~s to prove that ...* eso sólo sirve para demostrar que ...

◆ **serve up** *v/t meal* servir

serv•er ['sɜːrvər] **1** *in tennis* jugador(a) *m(f)* al servicio **2** COMPUT servidor *m* **3**: *salad ~s pl* paletas *fpl* para servir ensalada

ser•vice ['sɜːrvɪs] **I** *n* **1** *to customers, community* servicio *m*; *can I be of ~ to you? fml* ¿te puedo ayudar en algo?; *do s.o. a ~* hacer un favor a alguien; *have given good ~ of machine* haber sido de mucho provecho; *the elevator is out of ~* el ascensor no funciona **2** *for vehicle, machine* revisión *f*; *put one's car in for a ~* hacer una revisión *or* puesta a punto al coche **3** *in tennis* servicio *m*, saque *m* **4**: *~s pl* (*~ sector*) el sector servicios; *the ~s* MIL las fuerzas armadas ‖ *v/t vehicle, machine* revisar; *my car is being ~d* me están revisando el coche

ser•vice•a•ble ['sɜːrvɪsəbl] *adj* (*usable*) servible

'ser•vice ar•e•a área *f* de servicio; **'ser•vice charge** *in restaurant* servicio *m* (*tarifa*); **'ser•vice con•tract** contrato *m* de mantenimiento; **'ser•vice en•gi•neer** *m/f(-a)* de mantenimiento; **'ser•vice in•dus•try** industria *f* de servicios; **'ser•vice•man** MIL militar *m*; **'ser•vice man•u•al** manual *m* de mantenimiento; **'ser•vice pro•vid•er** COMPUT proveedor *m* de servicios; **'ser•vice sec•tor** sector *m* servicios; **'ser•vice sta•tion** estación *f* de servicio

ser•vi•ette [sɜːrvɪ'et] *esp Br* servilleta *f*

ser•vile ['sɜːrvəl] *adj pej* servil

serv•ing ['sɜːrvɪŋ] *of food* ración *f*

ser•vo-brake ['sɜːrvoʊbreɪk] servofreno *m*

ses•a•me ['sesəmɪ] sésamo *m*; **~ seeds** semillas *fpl* de sésamo

ses•sion ['seʃn] sesión *f*; **be in ~** *of committee etc* estar reunido (en sesión); *I had a three-hour ~ on the Net* estuve metido en Internet tres horas

set [set] **I** *n* **1** *of tools* juego *m*; *of books* colección *f*; (*group of people*) grupo *m*; MATH conjunto *m*; **a ~ of dishes** una vajilla; **a ~ of glasses** una cristalería **2** (THEA: *scenery*) decorado *m*; *where a movie is made* plató *m* **3** *in tennis* set *m* **4**: *television ~* televisor *m*, televisión *f*
II *adj* **1** *views, ideas* fijo; **be very ~ in one's ways** ser de ideas fijas; **~ meal** menú *m* (del día); **~ books** EDU libros *mpl* de texto obligatorios **2** (*ready*) preparado; **we were all ~ to leave** estábamos todos listos para irnos **3**: **be dead ~ on doing sth** estar empeñado en hacer algo; **be dead ~ against sth** oponerse rotundamente a algo
III *v/t* (*pret & pp* **set**) **1** (*place*) colocar; *movie, novel etc* ambientar **2** *date, time, limit* fijar **3** *mechanism, alarm* poner; *clock* poner en hora; *broken limb* recomponer; **~ the table** poner la mesa **4** *jewel* engastar **5** (*type~*) componer **6**: **~ s.o. free** liberar a alguien, dejar libre a alguien; **~ sth in motion** poner algo en marcha; **~ s.o. thinking** hacer pensar a alguien, dar a alguien que pensar
IV *v/i* (*pret & pp* **set**) **1** *of sun* ponerse **2** *of glue* solidificarse

◆ **set about** *v/t task* empezar; **~ doing sth** empezar a hacer algo

◆ **set against** *v/t*: **set s.o. against s.o.** enemistar a alguien con alguien; **set two countries against each other** enemistar a dos países

◆ **set apart** *v/t* distinguir

◆ **set aside** *v/t material, food* apartar; *money* ahorrar

◆ **set back** *v/t* **1** *in plans etc* retrasar **2**: *it set me back $400* me salió por 400 dólares

◆ **set down** *v/t* **1** *load, bags* colocar, dejar en el suelo **2** *of cab driver* dejar, parar **3** *in writing* redactar, poner por escrito

◆ **set forth** *v/t* exponer

◆ **set in** *v/i of winter* establecerse, afincarse

◆ **set off I** *v/i on journey* salir **II** *v/t explosion* provocar; *bomb* hacer explotar; *chain reaction* desencadenar; *alarm* activar

◆ **set out I** *v/i on journey* salir (**for** hacia) **II** *v/t* **1** *ideas, goods* exponer **2**: **set out to do sth** (*intend*) tener la intención de hacer algo

◆ **set to** *v/i* (*start on a task*) empezar a trabajar

◆ **set up I** *v/t* **1** *new company* establecer; *equipment, machine* instalar; *market stall* montar; **set o.s. up in business as ...** montarse un negocio de ... **2** *meeting* organizar **3** F (*frame*) tender una trampa a; *I've been set up* F se me ha tendido una trampa **II** *v/i in business* emprender un negocio

'set•back contratiempo *m*; **'set de•sign•er** THEA escenógrafo(-a) *m(f)*; **set 'piece** SP jugada *f* a balón parado; **set 'point** *in tennis* punto *m* de set; **'set square** escuadra *f*

set•tee [se'tiː] (*couch, sofa*) sofá *m*

'set the•o•ry MATH teoría *f* de los conjuntos

set•ting ['setɪŋ] *of novel etc* escenario *m*; *of house* ubicación *f*

set•tle ['setl] **I** *v/i of bird, dust* posarse; *of building* hundirse; *to live* establecerse **II** *v/t dispute, uncertainty* resolver, solucionar; *debts* saldar; *nerves, stomach* calmar; *that ~s it!* ¡está decidido!

◆ **settle back** *v/i* sentarse, repantingarse

◆ **settle down I** *v/i* (*stop being noisy*) tranquilizarse; (*stop wild living*) sentar

la cabeza; *in an area* establecerse ‖ *v/t*
settle o.s. down (*calm down*) tranquilizarse, calmarse
◆ **settle for** *v/t* (*take, accept*) conformarse con; **we'll settle for nothing
less** no nos conformaremos con menos
◆ **settle in** *v/i* *to new apartment, new
area* adaptarse, acostumbrarse
◆ **settle on** *v/t* (*decide on*) ponerse de
acuerdo en
◆ **settle up** *v/i* (*pay*) pagar; **settle up
with** sacar cuentas con
set•tled ['setld] *adj weather, life* estable
set•tle•ment ['setlmənt] **1** *of claim* resolución *f*; *of debt* liquidación *f*; *of dispute* acuerdo *m*; **reach a ~** alcanzar un
acuerdo **2** (*payment*) suma *f* **3** *of building* hundimiento *m* **4** *village etc* asentamiento *m*
set•tler ['setlər] *in new country* colo-
no(-a) *m(f)*
'**set-to** F *argument, fight* pelea *f*, riña *f*
'**set-up 1** (*structure*) estructura *f*; (*relationship*) relación *f* **2** F (*frameup*) trampa *f*
sev•en ['sevn] siete
sev•en•teen [sevn'tiːn] diecisiete
sev•en•teenth [sevn'tiːnθ] *n & adj* dé-
cimoséptimo
sev•enth ['sevnθ] *n & adj* séptimo
sev•en•ti•eth ['sevntɪɪθ] *n & adj* septuagésimo
sev•en•ty ['sevntɪ] setenta
sev•er ['sevər] *v/t* cortar; *relations*
romper
sev•er•al ['sevrl] **I** *adj* varios ‖ *pron* va-
rios(-as) *mpl(fpl)*; **~ of you** varios de
vosotros
sev•er•ance ['sevərəns] *of relations*
ruptura *f*
'**sev•er•ance pay** indemnización *f* por
despido
se•vere [sɪ'vɪr] *adj illness* grave; *penalty,
winter, weather* severo; *teacher* estricto
se•vere•ly [sɪ'vɪrlɪ] *adv punish, speak*
con severidad; *injured, disrupted* gravemente
se•ver•i•ty [sɪ'verətɪ] severidad *f*; *of illness* gravedad *f*
Se•ville [sə'vɪl] Sevilla *f*
sew [soʊ] *v/t & v/i* (*pret* **-ed**, *pp* **sewn**)
coser
◆ **sew on** *v/t button* coser
◆ **sew up** *v/t* **1** *hem etc* remendar, coser

2 *fig* F: **we've got it all sewn up** lo tenemos en el bote
sew•age ['suːɪdʒ] aguas *fpl* residuales
'**sew•age plant** planta *f* de tratamiento
de aguas residuales, depuradora *f*
sew•er ['suːər] alcantarilla *f*, cloaca *f*
sew•er•age ['suːərɪdʒ] *system* (sistema
m de) alcantarillado *m*
sew•ing ['soʊɪŋ] *skill* costura *f*; *that
being sewn* labor *f*
'**sew•ing ma•chine** máquina *f* de coser
sewn [soʊn] *pp* ☞ **sew**
sex [seks] (*act, gender*) sexo *m*; **have ~
with** tener relaciones sexuales con,
acostarse con; **the opposite ~** el sexo
opuesto
'**sex ap•peal** atractivo *m*, sex appeal *m*;
'**sex change** cambio *m* de sexo; '**sex
change op•er•a•tion** operación *f* de
cambio de sexo; '**sex crime** delito *m* sexual; **sex ed•u'ca•tion** educación *f* sexual
sex•ism ['seksɪzəm] sexismo *m*
sex•ist ['seksɪst] **I** *adj* sexista ‖ *n* sexista
m/f
'**sex life** vida *f* sexual; '**sex ma•ni•ac** ma-
níaco(-a) *m(f)* sexual; '**sex ob•ject** objeto *m* sexual; '**sex of•fend•er** delincuente *m/f or* agresor(a) *m(f)* sexual;
'**sex or•gan** órgano *m* sexual; '**sex
shop** sex shop *f*; '**sex sym•bol** sex
symbol *m/f*
sex•tant ['sekstənt] NAUT sextante *m*
'**sex tour•ism** turismo *m* sexual
sex•tu•plet [seks'tuːplət] sextillizo(-a)
m(f)
sex•u•al ['sekʃʊəl] *adj* sexual
sex•u•al as'sault agresión *f* sexual;
sex•u•al ha'rass•ment acoso *m* sexual;
sex•u•al 'in•ter•course relaciones *fpl*
sexuales
sex•u•al•i•ty [sekʃʊ'ælətɪ] sexualidad *f*
sex•u•al•ly ['sekʃʊlɪ] *adv* sexualmente;
~ transmitted disease enfermedad *f*
de transmisión sexual
sex•y ['seksɪ] *adj* sexy *inv*
SF [es'ef] *abbr* (= **science fiction**) ciencia *f* ficción
shab•bi•ly ['ʃæbɪlɪ] *adv* **1** *dressed* con
desaliño **2** *treat* muy mal, de manera
muy injusta
shab•by ['ʃæbɪ] *adj* **1** *coat etc* desgastado, raído **2** *treatment* malo, muy injusto

shack [ʃæk] choza *f*
◆ **shack up** *v/i* F: *they shacked up together* se arrejuntaron F
◆ **shack up with** *v/t* F arrejuntarse con F

shack•les ['ʃæklz] *pl chains* cadenas *fpl*, grillos *mpl*; *fig* cadenas *fpl*, ataduras *fpl*

shade [ʃeɪd] **I** *n* **1** *for lamp* pantalla *f*; *on window* persiana *f* **2** *of color* tonalidad *f*; ~ *of meaning* matiz *m*; *a* ~ *lower / higher* un poco más arriba / abajo **3**: *in the* ~ a la sombra; *put s.o. / sth in the* ~ *fig* hacer sombra a alguien / algo **II** *v/t from sun, light* proteger de la luz

shad•ow ['ʃædoʊ] **I** *n* sombra *f*; *be only a* ~ *of one's former self* ser sólo la sombra de lo que se era; *cast a* ~ *over sth fig* estropear *or* deslustrar algo; *there isn't a* ~ *of doubt about it* no existe ni la menor duda sobre eso **II** *v/t person* seguir, rastrear

shad•ow 'cab•i•net *Br* POL gabinete *m* fantasma

shad•ow•y ['ʃædoʊɪ] *adj* **1** *spot* oscuro, tenebroso **2** *blurred: outline* borroso **3** *character* triste, lánguido

shad•y ['ʃeɪdɪ] *adj* **1** *spot* umbrío **2** *character, dealings* sospechoso

shaft [ʃæft] TECH eje *m*, árbol *m*; *of mine* pozo *m*

shag•gy ['ʃægɪ] *adj hair, dog* greñudo

shake [ʃeɪk] **I** *n* sacudida *f*; *give sth a good* ~ agitar algo bien; *he declined with a* ~ *of his head* dijo que no moviendo la cabeza; *he's got the* ~*s* F le dan temblores F, tiene temblores **II** *v/t* (*pret* **shook**, *pp* **shaken**) agitar; *emotionally* conmocionar; *he shook his head* negó con la cabeza; ~ *hands* estrechar *or* darse la mano; ~ *hands with s.o.* estrechar *or* dar la mano a alguien; ~ *one's fist at s.o.* levantar el puño a alguien **III** *v/i* (*pret* **shook**, *pp* **shaken**) *of voice, building, person* temblar; ~ *with fear* temblar del miedo **2**: *let's* ~ *on it* zanjémoslo con un apretón de manos
◆ **shake down** F **I** *v/i of people, new system* arreglárselas **II** *v/t* **1** (*rip off*) sacar, limpiar **2** *search, frisk* cachear, registrar
◆ **shake off** *v/t dust* sacudir; *pursuers* escapar, librarse de; *cold, fever* curar, librarse de
◆ **shake out** *v/t rug, blankets etc* sacudir
◆ **shake up** *v/t* **1** *bottle etc* agitar **2** *upset* conmover, impresionar **3** *jolt out of complacency* despabilar, despertar

shake² [ʃeɪk] *n wood for building* tablilla *f* de madera

'shake•down F **1** *bed, place to sleep* piltra *f*, catre *m* **2** (*rip-off, extortion*) robo *m*, timo *m* **3** *search* rastreo *m*

shak•en ['ʃeɪkən] **I** *adj emotionally* conmocionado **II** *pp* ☞ **shake¹**

'shake•out *in company, department* reestructuración *f*

shak•er ['ʃeɪkər] *for drinks* coctelera *f*

'shake-up 1 *in company, department* reestructuración *f* **2**: *it gave her a bit of a* ~ le produjo una cierta impresión

shak•y ['ʃeɪkɪ] *adj table etc* inestable; *after illness* débil; *after shock* conmocionado; *grasp of sth, grammar etc* flojo; *voice, hand* tembloroso

shale [ʃeɪl] GEOL esquisto *m*

shall [ʃæl] *v/aux* **1** *future*: *I* ~ *do my best* haré todo lo que pueda **2** *suggesting*: ~ *we go?* ¿nos vamos?

shal•low ['ʃæloʊ] **I** *adj water* poco profundo; *person* superficial **II** *npl*: ~*s* aguas *fpl* poco profundas, banco *m*

sham [ʃæm] **I** *n* (*pretense*) farsa *f*, patraña *f*; *person* farsante *m/f*, hipócrita *m/f* **II** *adj emotions* fingido, falso; *jewels* falso

sham•bles ['ʃæmblz] *nsg* caos *m*; *the room was (in) a* ~ la habitación era un caos

shame [ʃeɪm] **I** *n* vergüenza *f*, *Col, Mex, Ven* pena *f*; *bring* ~ *on* avergonzar, *Col, Mex, Ven* apenar; ~ *on you!* ¡debería darte vergüenza!; *have you no* ~? ¿no tienes vergüenza?; *put s.o. to* ~ poner a alguien en evidencia; *what a* ~*!* ¡qué pena *or* lástima!; *it's a* ~ *you can't make it tomorrow* es una pena que no puedas mañana
II *v/t* avergonzar, *Col, Mex, Ven* apenar; ~ *s.o. into doing sth* avergonzar a alguien para que haga algo

shame•faced ['ʃeɪmfeɪst] *adj* avergonzado

shame•ful ['ʃeɪmfəl] *adj* vergonzoso

shame•ful•ly ['ʃeɪmfəlɪ] *adv* vergonzosamente

shame•less ['ʃeɪmlɪs] *adj* desvergonzado

shame•less•ly ['ʃeɪmlɪslɪ] *adv* descaradamente, tranquilamente

sham•poo [ʃæm'puː] I *n* champú *m* II *v/t customer* lavar la cabeza a; *hair* lavar

shan•dy gaff ['ʃændɪgæf] cerveza *f* con limón

shan't [ʃɑːnt] ☞ **shall not**

shan•ty town ['ʃæntɪ] *Span* barrio *m* de chabolas, *L.Am.* barriada *f*, *Arg* villa *f* miseria, *Chi* callampa *f*, *Mex* ciudad *f* perdida, *Urug* cantegril *m*

shape [ʃeɪp] I *n* forma *f*; *in the ~ of* consistente en; *triangular in ~* con forma triangular; *out of ~ object* deforme; *person: not fit* en baja forma; *take ~ fig: of new play, plan etc* concretarse, tomar forma; *be in good / bad ~ of person, boxer etc* estar en forma / baja forma; *of building, machine* estar en buenas / malas condiciones, estar en buen / mal estado
II *v/t clay* modelar; *person's life, character* determinar; *the future* dar forma a; *~d like a …* con forma de …
◆ **shape up** *v/i* F: *how's the new guy shaping up?* ¿cómo va el nuevo?; *he's shaping up well* va bien; *if you don't shape up* como no espabiles; *things are shaping up nicely* las cosas marchan bien

shape•less ['ʃeɪplɪs] *adj dress etc* amorfo

shape•ly ['ʃeɪplɪ] *adv figure* esbelto

share [ʃer] I *n* **1** parte *f*; *I did my ~ of the work* hice la parte del trabajo que me correspondía **2** FIN acción *f* II *v/t feelings, opinions* compartir; *they ~d second place* compartieron el segundo puesto III *v/i* compartir
◆ **share out** *v/t* repartir

'share cap•i•tal capital *m* en acciones; **'share cer•tif•i•cate** bono *m* social; **'share•crop•per** aparcero(-a) *m(f)*, colono(-a) *m(f)*

shared [ʃerd] *adj kitchen, shower etc* comunitario

'share•hold•er accionista *m/f*; *~s' equity* capital *m* contable; **'share is•sue** emisión *f* de acciones; **'share-out** reparto *m*; **'share own•er•ship** accionariado *m*; **'share price in•dex** índice *m* de cotización; **'share•ware** COMPUT

shareware *m*, programa *m* compartido

shark [ʃɑːrk] **1** *fish* tiburón *m* **2** F *crook* ladrón(-a) *m/f*, timador(a) *m/f*

sharp [ʃɑːrp] I *adj* **1** *knife* afilado **2** *mind* vivo; *that was pretty ~ of him* eso fue muy perspicaz por su parte **3** *pain, tone of voice* agudo; *taste* ácido **4** *curve* pronunciado, acentuado II *adv* **1** MUS demasiado alto **2**: *at 3 o'clock ~* a las tres en punto **3**: *look ~* F darse prisa

sharp•en ['ʃɑːrpn] *v/t* **1** *knife* afilar; *pencil* sacar punta a **2** *skills* perfeccionar

sharp•en•er ['ʃɑːrpnər] afilador *m*, sacapuntas *mpl*

sharp•ly ['ʃɑːrplɪ] *adv* **1** *say* tajantemente, de manera arisca **2** *brake* bruscamente; *curve: of road* acentuadamente

sharp•ness ['ʃɑːrpnɪs] **1** *of knife* agudeza *f* **2** *of mind* perspicacia *f* **3** *of taste* acidez *f*, intensidad *f*; *of tone of voice* agudeza *f* **4** *of curve in road* lo pronunciado, brusquedad *f*

sharp 'prac•tice triquiñuelas *fpl*, tejemanejes *mpl*

sharp•shoot•er ['ʃɑːrpʃuːtər] tirador(a) *m(f)* de primera

shat [ʃæt] *pret & pp* ☞ **shit**

shat•ter ['ʃætər] I *v/t glass* hacer añicos; *illusions* destrozar; *silence* romper II *v/i of glass* hacerse añicos

shat•tered ['ʃætərd] *adj* F (*exhausted*) destrozado F, hecho polvo F; (*very upset*) destrozado F

shat•ter•ing ['ʃætərɪŋ] *adj news, experience* demoledor, sorprendente

'shat•ter•proof *adj* irrompible

shave [ʃeɪv] I *v/t* afeitar II *v/i* afeitarse III *n* afeitado *m*; *have a ~* afeitarse; *that was a close ~* ¡le faltó un pelo!
◆ **shave off** *v/t beard* afeitar; *from piece of wood* rebajar

shav•en ['ʃeɪvn] *adj head* afeitado

shav•er ['ʃeɪvər] *electric* máquinilla *f* de afeitar (eléctrica)

'shav•ing brush ['ʃeɪvɪŋ] brocha *f* de afeitar; **'shav•ing foam** espuma *f* de afeitar; **'shav•ing soap** jabón *m* de afeitar

shawl [ʃɔːl] chal *m*

she [ʃiː] *pron* ella; *~ is German / a student* es alemana / estudiante; *you're funny, ~'s not* tú tienes gracia, ella no

sheaf [ʃiːf] (*pl* **sheaves** [ʃiːvz]) **1** AGR paca *f* **2** *of paper* fajo *m*

shear [ʃɪr] *v/t* (*pret* **-ed**, *pp* **shorn**) *sheep* esquilar

◆ **shear off** *v/i* (*break off*) ceder, romperse

shears [ʃɪrz] *npl for gardening* tijeras *fpl* (de podar); *for sewing* tijeras *fpl* (*grandes*)

sheath [ʃiːθ] **1** *for knife* funda *f* **2** *contraceptive* condón *m*

'sheath knife cuchillo *m* de monte

sheaves [ʃiːvz] *pl* ☞ **sheaf**

she•bang [ʃɪˈbæŋ]: **the whole ~** F todo el asunto *m*, todo el tinglado F

'she-bear osa *f*

shed¹ [ʃed] *v/t* (*pret & pp* **shed**) *blood, tears* derramar; *leaves* perder; *~* **light on** *fig* arrojar luz sobre; *~* **its skin** mudar su piel; *~* **a few pounds** perder unos kilos

shed² [ʃed] *n* cobertizo *m*

she'd [ʃiːd] = **she had**; **she would**

sheen [ʃiːn] brillo *m*

sheep [ʃiːp] (*pl* **sheep**) oveja *f*

'sheep•dog perro *m* pastor

sheep-herd•er [ʃiːpˈhɜːrdər] pastor *m*

sheep•ish [ʃiːpɪʃ] *adj* avergonzado

'sheep•skin *adj lining* (de piel) de borrego

sheer [ʃɪr] *adj* **1** *madness, luxury* puro, verdadero; *hell* verdadero; **by ~ coincidence** de pura casualidad **2** *drop, cliffs* escarpado

sheet [ʃiːt] **1** *for bed* sábana *f*; (**as**) **white as a ~** (tan) blanco como el papel **2** *of paper* hoja *f*; *of metal* chapa *f*, plancha *f*; *of glass* hoja *f*, lámina *f*; **the rain was coming down in ~s** llovía a raudales, cayó una sábana de agua

'sheet light•ning relámpago *m* difuso

'sheet mu•sic partitura *f*

sheik(h) [ʃeɪk] jeque *m*

'sheik(h)•dom [ʃeɪkdəm] *tierra gobernada por un jeque*

shelf [ʃelf] (*pl* **shelves** [ʃelvz]) estante *m*; **shelves** estanterías *fpl*; **she has been left on the ~** *fig* F se ha quedado para vestir santos F; **buy sth off the ~** comprar algo en el acto

'shelf life (*of food product*) duración de un producto perecedero

shell [ʃel] **I** *n* **1** *of mussel etc* concha *f*; *of egg* cáscara *f*; *of tortoise* caparazón *m*; **come out of one's ~** *fig* salir del caparazón **2** *MIL* proyectil *m* **II** *v/t* **1** *peas* pelar **2** *MIL* bombardear (*con artillería*)

◆ **shell out** F **I** *v/t* soltar F, enterar *Mex* **II** *v/i* soltar F, enterar *Mex*

she'll [ʃiːl] = **she will**

'shell•fire fuego *m* de artillería; **come under ~** sufrir un bombardeo; **'shellfish** marisco *m*; **'shell suit** *Span* chándal *m*, *Arg* buzo *m*, *Mex* pants *mpl*

shel•ter [ʃeltər] **I** *n* refugio *m*; (*bus ~*) marquesina *f*; **provide ~ for** dar cobijo a; **run for ~** ir en busca de refugio; **take ~** refugiarse **II** *v/i from rain, bombing etc* refugiarse **III** *v/t* (*protect*) proteger

shel•tered [ʃeltərd] *adj place* resguardado; **lead a ~ life** llevar una vida protegida

shelve [ʃelv] *v/t fig* posponer

shelves [ʃelvz] *pl* ☞ **shelf**

shelv•ing [ʃelvɪŋ] estanterías *fpl*

she•nan•i•gans [ʃɪˈnænɪɡənz] *npl* F artimañas *fpl*, triquiñuelas *fpl* F

shep•herd [ʃepərd] **I** *n* pastor *m* **II** *v/t people* guiar, acompañar

sher•iff [ʃerɪf] sheriff *m/f*

sher•ry [ʃeri] jerez *m*

shield [ʃiːld] **I** *n* escudo *m*; *sports trophy* trofeo *m* (*en forma de escudo*); *TECH* placa *f* protectora; *of policeman* placa *f* **II** *v/t* (*protect*) proteger

shift [ʃɪft] **I** *n* **1** cambio *m* **2** *period of work* turno *m*; **be on night ~** trabajar en el turno de noche **II** *v/t* (*move*) mover; *stains etc* eliminar **III** *v/i* (*move*) moverse; (*change*) trasladarse, desplazarse; *of wind* cambiar; **he was ~ing!** F iba a toda mecha F

'shift key *COMPUT* tecla *f* de mayúsculas; **'shift work** trabajo *m* por turnos; **'shift work•er** trabajador(a) *m(f)* por turnos

shift•y [ʃɪfti] *adj pej* sospechoso

shil•ly-shal•ly [ʃɪliʃæli] *v/i* vacilar

shim•mer [ʃɪmər] *v/i* brillar; *of roads in heat* reverberar

shin [ʃɪn] espinilla *f*

◆ **shin up** *v/t* (*pret & pp* **-ned**) *tree etc* trepar

'shin•bone tibia *f*

shine [ʃaɪn] **I** *v/i* (*pret & pp* **shone**) brillar; *fig: of student etc* destacar (**at** en) **II** *v/t* (*pret & pp* **shone**): **could you ~ a light in here?** ¿podrías alumbrar aquí?; **the cop shone a flashlight in my face** el policía me deslumbró con una linterna en la cara **III** *n* **1** *on shoes etc* brillo *m*; **give one's shoes a ~** limpiarse los zapatos **2**: **the kids took a ~ to her** F a los niños les cayó bien

shin•gle[1] ['ʃɪŋgl] *on beach* guijarros *mpl*; **~ beach** playa *f* de guijarros *or* piedras

shin•gle[2] ['ʃɪŋgl] **1** *for roof etc* lámina *f* de madera **2** (*sign*) placa *f*; **he put up his ~** (*as a dentist*) abrió una consulta (de dentista)

shin•gles ['ʃɪŋglz] *nsg* MED herpes *m*

shin•gly ['ʃɪŋglɪ] *adj beach* de guijarros *or* piedras

'shin pad espinillera *f*

shin•y ['ʃaɪnɪ] *adj surface* brillante

ship [ʃɪp] **I** *n* barco *m*, buque *m*; **by ~** en barco **II** *v/t* (*pret & pp* **-ped**) (*send*) enviar; *by sea* enviar por barco **III** *v/i of product* distribuirse

'ship•build•er (*shipyard*) astillero *m*; *person* constructor(a) *m(f)* de barcos

'ship•build•ing industria *f* astillera

ship•ment ['ʃɪpmənt] (*consignment*) envío *m*

'ship•own•er naviero(-a) *m(f)*, armador(a) *m(f)*

ship•per ['ʃɪpər] COM consignador *m*

ship•ping ['ʃɪpɪŋ] **1** (*sea traffic*) navíos *mpl*, buques *mpl* **2** (*sending*) envío *m*; (*sending by sea*) envío *m* por barco

'ship•ping a•gent agente *m/f* marítimo; **'ship•ping com•pa•ny** (compañía *f*) naviera *f*; **'ship•ping costs** *npl* gastos *mpl* de envío; **'ship•ping fore•cast** parte *m* de navegación; **'ship•ping lane** ruta *f* de navegación

ship'shape *adj* ordenado, organizado; **'ship•wreck I** *n* naufragio *m* **II** *v/t*: **be ~ed** naufragar; **'ship•yard** astillero *m*

shirk [ʃɜːrk] *v/t* eludir

shirk•er ['ʃɜːrkər] vago(-a) *m(f)*

shirt [ʃɜːrt] camisa *f*; **in his ~ sleeves** en mangas de camisa; **keep your ~ on!** F ¡tranquilo, hombre!, ¡no te piques!

shirt•y ['ʃɜːrtɪ] *adj Br* F: **get ~ with s.o.** enfadarse con alguien

shish ke•bab ['ʃɪʃkəbæb] pincho de carne con verduras asado en el grill

shit [ʃɪt] P **I** *n* **1** mierda *f* P; **I need a ~** tengo que cagar P; **be in the ~** *fig* estar jodido; **talk a load of ~** decir muchas gilipolleces F; **don't give me that ~!** ¡sí hombre! F, ¡y una mierda! V; **piece**

of ~ *person* hijo(-a) *m(f)* de puta V, *Mex* hijo(-a) *m(f)* de la chingada V **2**: **he's a real ~** es un mierda V **II** *int* mierda P **III** *v/i* (*pret & pp* **shat**) cagar P **IV** *v/t* (*pret & pp* **shat**): **~ o.s.** cagarse encima P; **they were ~ting themselves with fear** se estaban cagando de miedo P

shit•ty ['ʃɪtɪ] *adj* F asqueroso F; **I feel ~** me encuentro de pena F

shiv•er ['ʃɪvər] **I** *v/i* tiritar **II** *n* escalofrío *m*; **the sight sent ~s down my spine** lo que ví me dio escalofríos

shoal[1] [ʃoʊl] *of fish* banco *m*

shoal[2] [ʃoʊl] *shallow water* banco *m*

shock[1] [ʃɑːk] **I** *n* shock *m*, impresión *f*; ELEC descarga *f*; **be in ~** MED estar en estado de shock; **come as a ~ to s.o.** impresionar a alguien, dejar sin respiración a alguien **II** *v/t* impresionar, dejar boquiabierto; **I was ~ed by the news** la noticia me impresionó *or* dejó boquiabierto; **an artist who tries to ~ his public** un artista que intenta escandalizar a su público

shock[2] [ʃɑːk] *n*: **~ of hair** mata *f* de pelo

shock ab•sorb•er ['ʃɑːbsɔːrbər] MOT amortiguador *m*

shock•ing ['ʃɑːkɪŋ] *adj behavior, poverty* impresionante, escandaloso; F *prices* escandaloso; F *weather, spelling* terrible

shock•ing•ly ['ʃɑːkɪŋlɪ] *adv behave* escandalosamente

'shock•proof *adj* resistente, a prueba de golpes

'shock wave *from explosion* onda *f* expansiva; *fig* impacto *m*, consecuencia *f*; **send ~s through** *fig* impactar, conmocionar

shod [ʃɑːd] *pret & pp* ☞ **shoe**

shod•dy ['ʃɑːdɪ] *adj goods* de mala calidad; *behavior* vergonzoso

shoe [ʃuː] **I** *n* zapato *m*; **I wouldn't like to be in your ~s** no me gustaría estar en tu pellejo *or* situación **II** *v/t* (*pret & pp* **shod**) *horse* herrar

'shoe•box caja *f* de zapatos; **'shoe•horn** calzador *m*; **'shoe-lace** cordón *m*; **'shoe•mak•er** zapatero(-a) *m(f)*; **shoe mend•er** ['ʃuːmendər] zapatero(-a) *m(f)*, remendón(-ona) *m(f)*; **'shoeshine boy** (chico *m*) limpiabotas *m* *inv*; 'shoe•store zapatería *f*; 'shoe-string: *do sth on a ~* hacer algo con cuatro duros; 'shoe•tree horma *f* de zapatos

shone [ʃɑːn] *pret & pp* ☞ shine

◆ shoo away [ʃuː] *v/t* espantar

shook [ʃuk] *pret* ☞ shake¹

shoot [ʃuːt] I *n* BOT brote *m*

II *v/t* (*pret & pp* shot) 1 disparar; *and kill* matar de un tiro; *~ s.o. in the leg* disparar a alguien en la pierna; *~ s.o. dead* matar a alguien de un disparo *or* tiro, matar a alguien a disparos *or* tiros; *~ o.s. deliberately* pegarse un tiro; *he accidentally shot himself* se le disparó la pistola accidentalmente
2 *movie* rodar
3: *~ a glance at s.o.* lanzar una mirada a alguien; *~ questions at s.o.* bombardear con preguntas a alguien
III *v/i* 1 *with gun* disparar 2 *in soccer* chutar, rematar; *~ at goal* SP tirar *or* rematar a puerta 3 *go quickly* dispararse; *~ to fame* saltar a la fama

◆ shoot down *v/t airplane* derribar; *fig: suggestion* echar por tierra

◆ shoot off I *v/i* (*rush off*) irse deprisa II *v/t* F: *shoot one's mouth off* irse de la boca F

◆ shoot up *v/i* 1 *of prices* dispararse; *of children* crecer mucho; *of new suburbs, buildings etc* aparecer de repente 2 F *of drug addict* chutarse F

shoot•ing ['ʃuːtɪŋ] 1 disparos *mpl* 2 *murder* tiroteo *m* 3 *of movie* rodaje *m*
'shoot•ing gal•ler•y *for guns* galería *f* de tiro; 'shoot•ing guard *in basketball* escolta *m/f*; 'shoot•ing match: *the whole ~* F todo el asunto *m*, todo el tenderete F; 'shoot•ing range campo *m* de tiro; shoot•ing 'star estrella *f* fugaz

'shoot-out 1 tiroteo *m* 2 *in soccer* tiro *m* de penalti

shop [ʃɑːp] I *n* tienda *f*; *talk ~* hablar del trabajo; *shut up ~* F cerrar II *v/i* (*pret & pp* -ped) comprar; *go ~ping* ir de compras III *v/t esp Br* P delatar

◆ shop around *v/i* buscar y comparar

◆ shop around for *v/t* tantear, indagar
'shop as•sist•ant *Br* dependiente(-a) *m(f)*; shop 'floor *workers* trabajadores *mpl*; *the reaction on the ~* la reacción de los trabajadores; 'shop•keep•er tendero(-a) *m(f)*; shop•lift•er ['ʃɑːplɪftər] ladrón(-ona) *m(f)* (*en tienda*); shop•lift•ing ['ʃɑːplɪftɪŋ] hurtos *mpl* (*en tiendas*)

shop•per ['ʃɑːpər] *person* comprador(a) *m(f)*

shop•ping ['ʃɑːpɪŋ] *items* compra *f*; *I hate ~* odio hacer la compra; *do one's ~* hacer la compra
'shop•ping bag bolsa *f* de la compra; 'shop•ping bas•ket cesta *f* de la compra; 'shop•ping cart carro *m* de la compra; 'shop•ping cen•ter, *Br* 'shop•ping cen•tre centro *m* comercial; 'shop•ping list lista *f* de la compra; 'shop•ping mall centro *m* comercial; shop 'stew•ard representante *m/f* sindical; shop 'win•dow escaparate *m*; 'shop•worn manoseado

shore [ʃɔːr] orilla *f*; *on ~* (*not at sea*) en tierra; *~ leave* permiso *m* para bajar a tierra

◆ shore up *v/t building* apuntalar; *fig: economy, currency* fortalecer, reanimar

shorn [ʃɔːrn] *pp* ☞ shear

short [ʃɔːrt] I *adj* 1 corto; *it's just a ~ walk away* está a poca distancia a pie; *time is ~* hay poco tiempo; *a ~ time ago* no hace mucho tiempo; *well that was ~ and sweet* F lo bueno si breve, dos veces bueno F; *Jo is ~ for ...* Jo es la forma corta de ...; *be in ~ supply* COM escasear
2 *in height* bajo
3: *we're ~ of fuel* nos queda poco combustible; *he's not ~ of ideas* no le faltan ideas

II *adv* 1: *cut ~ vacation, meeting* interrumpir; *stop a person ~* hacer pararse a una persona; *in ~* en resumen; *sell s.o. ~* no hacer justicia a alguien; *run ~ of commodity* escasear, agotarse; *he is called Brin for ~* le llaman Brin para abreviar
2: *go ~ of* pasar sin; *stop ~ of doing sth* no llegar a hacer algo; *fall ~ of the target of shell* quedarse corto; *of production* quedarse por debajo del objetivo; *three miles ~ of the airport* a tres millas del aeropuerto; *we are running ~ of bread* nos estamos quedando sin pan; *we are running ~ of ideas* se nos agotan las ideas; *~ of selling up I don't know what to do* aparte de ven-

derlo todo, no sé qué hacer
III *v/t* ELEC F producir un cortocircuito
short•age ['ʃɔːrtɪdʒ] escasez *f*, falta *f*;
he has no ~ of ideas no le faltan ideas
'**short•bread** *galleta a base de harina, azúcar y mucha mantequilla*; **short-** **-'change** *v/t in store* sisar; **short 'cir-** **cuit I** *n* cortocircuito *m* **II** *v/t* **1** ELEC producir un cortocircuito **2** *fig: bypass* eludir, evadir **III** *v/i* ELEC producirse un cortocircuito; **short•com•ing** ['ʃɔːrt-** kʌmɪŋ] defecto *m*; '**short•cut** atajo *m*; *take a ~* tomar un atajo; COMPUT utilizar un shortcut *or* un acceso directo; '**short-dat•ed bill** COM letra *f* a corto plazo
short•en ['ʃɔːrtn] *v/t dress, hair, vacation* acortar; *chapter, article* abreviar; *work day* reducir
short•en•ing ['ʃɔːrtnɪŋ] *grasa utilizada para hacer masa de pastelería*
'**short•fall** déficit *m*; **short-haired** ['ʃɔːrtherd] *adj* de pelo corto; '**short-** **hand** taquigrafía *f*; *take sth down in ~* escribir algo taquigráficamente; **short-hand•ed** [ʃɔːrt'hændɪd] *adj* falto de personal
short•ie ['ʃɔːrtɪ] F *person* persona *f* bajita; *hey, ~!* ¡tú enano! F
'**short list** *Br* lista *f* de preseleccionados; *be on the ~* estar en la lista de preseleccionados
short-lived ['ʃɔːrtlɪvd] *adj* efímero
short•ly ['ʃɔːrtlɪ] *adv (soon)* pronto; *~ before / after* justo antes / después
short 'mes•sage sys•tem COMPUT servicio *m* de mensajes cortos
short•ness ['ʃɔːrtnɪs] **1** *of visit* brevedad *f* **2** *in height* baja *f* estatura
'**short or•der cook** *cocinero(-a) de platos sencillos*
'**short-range** *adj* **1** MIL, AVIA de corto alcance **2** *forecast* a corto plazo
shorts [ʃɔːrts] *npl* **1** pantalones *mpl* cortos, shorts *mpl*; *a pair of ~* un par de pantalones cortos **2** *underwear* calzoncillos *mpl*
short'sight•ed *adj* miope; *fig* corto de miras; **short-sleeved** ['ʃɔːrtsliːvd] *adj* de manga corta; **short-staffed** [ʃɔːrt-** 'stæft] *adj* falto de personal; '**short-** **stop** *in baseball* shortstop *m*; **short** '**sto•ry** relato *m* *or* cuento corto; **short-tem•pered** [ʃɔːrt'tempərd] *adj*

irascible; '**short-term** *adj* a corto plazo; '**short time**: *be on ~ of workers* trabajar a jornada reducida; '**short wave** onda *f* corta
shot¹ [ʃɑːt] *n* **1** *from gun* disparo *m*; *he accepted like a ~* aceptó al instante; *he ran off like a ~* se fue como una bala; *it was just a ~ in the dark* *fig* solo fue una suposición; *call the ~s* F llevar la voz cantante F, mangonear F **2** *(photograph)* fotografía *f* **3** *(injection)* inyección *f* **4**: *be a good / poor ~* tirar bien / mal **5** SP tiro *m*; *~s on goal* disparos *mpl* a puerta **6** *(attempt)* intento *m*; *at the first ~* en el primer intento; *it's my ~* me toca a mí; *I'll have a ~ at it* lo probaré *or* intentaré
shot² [ʃɑːt] **I** *pret & pp* ☞ **shoot II** *adj Br: be / get ~ of s.o. / sth* F librarse de alguien / algo, quitarse de encima a alguien / algo
'**shot•gun** escopeta *f*; '**shot•gun wed-** **ding** F boda *f* de penalti; '**shot put** *sports event* lanzamiento *m* de peso; '**shot-put•ter** ['ʃɑːtpʊtər] lanzador(a) *m(f)* de peso
should [ʃʊd] *v/aux*: *what ~ I do?* ¿qué debería hacer?; *you ~n't do that* no deberías hacer eso; *that ~ be long en-* **ough** debería ser lo suficientemente largo; *you ~ have heard him!* ¡tendrías que haberle oído!; *he ~ be home by then* debería estar en casa para entonces; *I ~ think so!* ¡espero *or* creo que sí!
shoul•der ['ʃoʊldər] **I** *n* ANAT hombro *m*; *a ~ to cry on* un paño de lágrimas; *give s.o. the cold ~* volver a alguien la espalda; *put one's ~ to the wheel* *fig* arrimar el hombro **II** *v/t fig costs, responsibility* asumir
'**shoul•der bag** bolso *m* (de bandolera); '**shoul•der blade** omóplato *m*, omoplato *m*; '**shoul•der-length** *adj hair* por los hombros; '**shoul•der pad** hombrera *f*; '**shoul•der strap** *of brassiere, dress* tirante *m*; *of bag* correa *f*
should•n't ['ʃʊdnt] = **should not**
shout [ʃaʊt] **I** *n* grito *m*; *give me a ~ when we get there* avísame cuando lleguemos **II** *v/t & v/i* gritar; *~ o.s. hoarse* gritar hasta quedarse ronco; *if you want anything, just ~* F si quieres algo, lo dices
◆ **shout at** *v/t* gritar a

◆ **shout down** *v/t speaker* callar, arrumbar

shout•ing [ˈʃaʊtɪŋ] I *n* griterío *m*; **it's all over bar the ~** *Br* F está decidido

shove [ʃʌv] I *n* empujón *m* II *v/t & v/i* empujar; **when push comes to ~** cuando las cosas se ponen feas

◆ **shove in** *v/i in line* meterse empujando

◆ **shove off** *v/i* F (*go away*) largarse F

shov•el [ˈʃʌvl] I *n* pala *f* II *v/t* (*pret & pp -ed, Br -led*): **~ snow off the path** retirar a paladas la nieve del camino; **~ food into one's mouth** atiborrarse de comida

show [ʃoʊ] I *n* 1 THEA espectáculo *m*; TV programa *m*; **steal the ~** robar el protagonismo (*from* a); **run the ~** *be the boss* dirigir el cotarro F, mandar; **put up a poor ~** no desenvolverse bien 2 *of emotion* muestra *f*; **on ~** *at exhibition* expuesto, en exposición; **on a ~ of hands** por votación a mano alzada; **make a ~ of being interested** fingir interés

II *v/t* (*pret* **-ed**, *pp* **shown**) *passport etc* enseñar, mostrar; *interest, emotion* mostrar; *at exhibition* exponer; *movie* proyectar; **~ s.o. sth**, **~ sth to s.o.** enseñar *or* mostrar algo a alguien; **~ s.o. how to do sth** enseñar a alguien a hacer algo; **I'll ~ him!** ¡se va a enterar!; **I'll show him who's the boss!** ¡se va a enterar quién manda!; **~ o.s. to be sth** demostrar que se es algo

III *v/i* (*pret* **-ed**, *pp* **shown**) 1 (*be visible*) verse 2: **what's ~ing at ...?** *at movie theater* qué ponen en el ...?

◆ **show around** *v/t* enseñar; **he showed us around** nos enseñó la casa / el edificio *etc*

◆ **show in** *v/t* hacer pasar

◆ **show off** I *v/t skills* mostrar II *v/i pej* presumir, alardear

◆ **show out** *v/t visitor etc* acompañar a la salida

◆ **show up** I *v/i shortcomings etc* poner de manifiesto; **don't show me up in public** (*embarrass*) no me avergüences en público II *v/i* 1 (*be visible*) verse 2 F (*arrive, turn up*) aparecer

show biz [ˈʃoʊbɪz] F el mundo del espectáculo; **'show busi•ness** el mundo del espectáculo; **'show•case** vitrina *f*; *fig* escaparate *m*; **'show•down** enfrentamiento *m*

show•er [ˈʃaʊər] I *n* 1 *of rain* chaparrón *m*, chubasco *m* 2 *to wash* ducha *f*, *Mex* regadera *f*; **take a ~** ducharse 3 (*party*) fiesta con motivo de un bautizo, una boda etc., en la que los invitados llevan obsequios II *v/i* ducharse III *v/t*: **~ s.o. with compliments / praise** colmar a alguien de cumplidos / alabanzas

'show•er cap gorro *m* de baño; **'show•er cur•tain** cortina *f* de ducha; **'show•er gel** gel *m* de ducha; **'show•er•proof** *adj* impermeable

'show•girl cabaretera *f*; **'show jump•er** *person, horse* jinete *m/f* de saltos; **show•jump•ing** [ˈʃoʊdʒʌmpɪŋ] concurso *m* de saltos; **show•man** [ˈʃoʊmən] 1 *who puts on shows* representante *m*, empresario *m* 2 *who does things for effect* entretenedor *m*, showman *m*

show•man•ship [ˈʃoʊmənʃɪp] 1 *of person, act* espectáculo *m*, entretenimiento *m* 2 *fig pej*: **it's all ~** es puro teatro

shown [ʃoʊn] *pp* ☞ **show**

'show-off *pej* fanfarrón(-ona) *m(f)*; **'show•piece** modelo *m*, tesoro *m*; **'show•room** sala *f* de exposición *f*; **in ~ condition** como nuevo

show•y [ˈʃoʊɪ] *adj jacket, behavior* llamativo

shrank [ʃræŋk] *pret* ☞ **shrink**[1]

shrap•nel [ˈʃræpnəl] metralla *f*; **~ wound** herida *f* de metralla

shred [ʃred] I *n of paper etc* trozo *m*; *of fabric* jirón *m*; **there isn't a ~ of evidence** no hay prueba alguna; **there's not a ~ of truth in the story** la historia no tiene nada de verdadera; **be in ~s** estar malogrado; *fig: of reputation, theory* estar por los suelos; **tear to ~s** *fig*: *argument* poner por los suelos

II *v/t* (*pret & pp* **-ded**) *paper* hacer trizas; *in cooking* cortar en tiras

shred•der [ˈʃredər] *for documents* trituradora *f* (de documentos)

shrewd [ʃruːd] *adj person* astuto; *judgement, investment* inteligente

shrewd•ness [ˈʃruːdnɪs] *of person* astucia *f*; *of decision* inteligencia *f*

shriek [ʃriːk] I *n* alarido *m*, chillido *m*; **~ of terror** grito *m* de terror; **~s pl of laughter** carcajadas *fpl* de risa II *v/i* chillar; **~ with laughter** reírse a carcajadas

shrift [ʃrɪft]: **give s.o. short ~** no hacer caso a alguien

shrill [ʃrɪl] *adj* estridente, agudo

shrimp [ʃrɪmp] **1** gamba *f*; *larger: Span* langostino *m*, *L.Am.* camarón *m* **2** F *little person* enano(-a) *m(f)*

shrine [ʃraɪn] santuario *m*

shrink[1] [ʃrɪŋk] *v/i* (*pret* **shrank**, *pp* **shrunk**) **1** *of material* encoger(se); *of level of support etc* reducirse **2**: **~ from doing sth** acobardarse de hacer algo

shrink[2] [ʃrɪŋk] *n* F (*psychiatrist*) psiquiatra *m/f*

shrink•age [ˈʃrɪŋkɪdʒ] COM *through pilferage* merma *f*

shrink•ing [ˈʃrɪŋkɪŋ] *adj*: **be a ~ violet** F ser poquita cosa F *or* un infeliz F

'**shrink-wrap** *v/t* (*pret & pp* **-ped**) envolver en plástico adherente

'**shrink-wrap•ping** *material plástico adherente para envolver*

shriv•el [ˈʃrɪvl] *v/i* (*pret & pp* **-ed**, *Br* **-led**) *of skin* arrugarse; *of leaves* marchitarse

shroud [ʃraʊd] **I** *n for corpse* sudario *m* **II** *v/t*: **be ~ed in mist** estar cubierto de neblina; **be ~ed in mystery / secrecy** estar envuelto en el misterio / secretismo

shrub [ʃrʌb] arbusto *m*

shrub•ber•y [ˈʃrʌbəri] arbustos *mpl*

shrug [ʃrʌg] **I** *n*: **... he said with a ~ ...** dijo encogiendo los hombros **II** *v/i* (*pret & pp* **-ged**) encoger los hombros **III** *v/t* (*pret & pp* **-ged**): **~ one's shoulders** encoger los hombros

◆ **shrug off** *v/t fig* ignorar, restar importancia a

shrunk [ʃrʌŋk] *pp* ☞ **shrink**[1]

shuck [ʃʌk] **I** *n of peas, corn etc* vaina *f*, cáscara *f* **II** *v/t peas, corn* pelar, descascarar

shucks [ʃʌks] F *mild annoyance* ¡caramba!F; **~, it was nothing** ¡huy!, no era nada

shud•der [ˈʃʌdər] **I** *n of fear, disgust* escalofrío *m*; *of earth, building* temblor *m* **II** *v/i with fear, disgust* estremecerse; *of earth, building* temblar; **I ~ to think what ...** me entran escalofríos sólo de pensar que ...

shuf•fle [ˈʃʌfl] **I** *v/t cards* barajar **II** *v/i in walking* arrastrar los pies

shun [ʃʌn] *v/t* (*pret & pp* **-ned**) rechazar

shut [ʃʌt] *v/t & v/i* (*pret & pp* **shut**) cerrar

◆ **shut away** *v/t in closet etc* encerrar, guardar; **shut o.s. away** encerrarse, secluirse

◆ **shut down I** *v/t business* cerrar; *computer* apagar **II** *v/i of business* cerrarse; *of computer* apagarse

◆ **shut off** *v/t* cortar

◆ **shut out** *v/t light, sunshine, view: of trees, clouds* bloquear, tapar; *thoughts* apartar, ahuyentar; **it will help to shut out the noise / the light** ayudará a no dejar pasar el ruido / la luz

◆ **shut up** *v/i* F (*be quiet*) callarse; **shut up!** ¡cállate!

'**shut•down** *of factory, mine* cierre *m*; *of computer* apagamiento *m*

'**shut-eye** F sueñecito *m* F; **get some ~** echarse un sueñecito F

shut•ter [ˈʃʌtər] **1** *on window* contraventana *f* **2** PHOT obturador *m*

'**shut•ter speed** PHOT tiempo *m* de exposición

shut•tle [ˈʃʌtl] *v/i*: **~ between** *of bus* conectar; *of airplane* hacer el puente aéreo entre

'**shut•tle•bus** *at airport* autobús *m* de conexión; '**shut•tle•cock** SP volante *m*; '**shut•tle ser•vice** servicio *m* de conexión

shy [ʃaɪ] **1** *adj* tímido **2**: **fight ~ of sth** evitar algo; **fight ~ of doing sth** evitar hacer algo

◆ **shy away** *v/i* (*pret & pp* **shied**) *fig* evadir, eludir; **~ from doing sth** evadir hacer algo

shy•ness [ˈʃaɪnɪs] timidez *f*

shy•ster [ˈʃaɪstər] F *crook* ladrón(-ona) *m(f)*, sinvergüenza *m/f*; *crooked lawyer* granuja *m/f*

Si•a•mese twins [saɪəmiːzˈtwɪnz] *npl* siameses *mpl* (*fpl*)

Si•ber•i•a [saɪˈbɪrɪə] Siberia *f*

Si•ber•i•an [saɪˈbɪrɪən] *adj* siberiano

sib•ling [ˈsɪblɪŋ] *esp fml* hermano(-a) *m(f)*

Si•cil•i•an [sɪˈsɪlɪən] **I** *adj* siciliano **II** *n* siciliano(-a) *m(f)*

Sic•i•ly [ˈsɪsɪlɪ] Sicilia *f*

sick [sɪk] **I** *adj* **1** enfermo; **be off ~** estar de baja; **call in ~** telefonear al trabajo para avisar de que se está enfermo; **be**

worried ~ estar preocupadísimo **2** *Br:* *be* ~ (*vomit*) vomitar **3** F *sense of humor* morboso, macabro; *society* enfermo **4:** *be* ~ *of* (*fed up with*) estar harto de; *it makes me* ~ F me pone enfermo *or* malo **II** *npl:* *the* ~ los enfermos *mpl*

'**sick bag** *in airplane* bolsa *f* para el mareo

'**sick bay** MIL, NAUT enfermería *f*

sick•en ['sɪkn] **I** *v/t* **1** (*disgust*) poner enfermo **2** (*make ill*) hacer enfermar, hacer caer enfermo **II** *v/i:* *be* ~*ing for sth* estar incubando algo

sick•en•ing ['sɪknɪŋ] *adj stench* nauseabundo; *behavior, crime* repugnante

sick•le ['sɪkl] AGR hoz *f*

'**sick leave** baja *f* (por enfermedad); *be on* ~ estar de baja

sick•ly ['sɪklɪ] *adj person* enfermizo; *color* pálido

sick•ness ['sɪknɪs] **1** enfermedad *f* **2** (*vomiting*) vómitos *mpl*

'**sick pay** subsidio *m* por enfermedad

side [saɪd] **1** *of box, house, field* lado *m*; *of mountain* ladera *f*, vertiente *f*; *of person* costado *m*; *at the* ~ *of the road* al lado de la carretera; *at or by s.o.'s* ~ al lado de alguien, con alguien; ~ *by* ~ juntos, uno al lado del otro; *on the* ~ *earn extra money* aparte; *have an affair* en secreto; *his* ~ *of the story* su versión de la historia; *there are two* ~*s to every story* siempre hay dos versiones de una misma historia; *be on the wrong* ~ *of 50* tener más de 50 años; *put to one* ~ *money* apartar, reservar; *take s.o. to one* ~ llevar a alguien a un lado

2 SP equipo *m*; *take* ~*s* (*favor one* ~) tomar partido (*with* por); *I'm on your* ~ estoy de parte tuya

3: *on the big / small* ~ un poco grande / pequeño

♦ **side with** *v/t* tomar partido por

'**side•board** aparador *m*; '**side•burns** *npl* patillas *fpl*; '**side•car** sidecar *m*; '**side dish** plato *m* de acompañamiento; '**side door** puerta *f* secundaria; '**side ef•fect** efecto *m* secundario; '**side im•pact pro•tec•tion** MOT protección *f* lateral; '**side is•sue** asunto *m* secundario; '**side•light** MOT luz *f* de posición; '**side•line I** *n* actividad *f* complementaria **II** *v/t:* *feel* ~*d* sentirse marginado;

'**side•long** *adj:* ~ *glance* mirada *f* de reojo; *take a* ~ *glance at s.o. / sth* mirar de reojo a alguien / algo; '**side road** carretera *f* secundaria; '**side•sad•dle I** *n* silla *f* de amazona *or* mujer **II** *adv ride* a la amazona, a mujeriegas; '**side show** barracón *m* de feria, atracción *f*; **side--split•ting** ['saɪdsplɪtɪŋ] *adj* desternillante, gracioso; '**side•step I** *v/t* (*pret & pp* -*ped*) SP regatear; *fig* evadir **II** *n* regate *m*; '**side street** bocacalle *f*; '**side•swipe I** *n:* *take a* ~ *at* F meterse de pasada con F **II** *v/t* MOT arañar; '**side•track** *v/t* distraer; *get* ~*ed* distraerse; '**side•walk** acera *f*, *Rpl* vereda *f*, *Mex* banqueta *f*; **side•walk 'caf•é** terraza *f*

'**side•ways** *adv* de lado

sid•ing ['saɪdɪŋ] **1** RAIL vía *f* muerta **2** TECH revestimiento *m*

♦ **si•dle up** ['saɪdl] *v/i:* *sidle up to s.o.* abordar discretamente a alguien

SIDS [esaɪdi:'es] *abbr* (= *sudden infant death syndrome*) síndrome *m* de muerte súbita del lactante

siege [si:dʒ] sitio *m*; *lay* ~ *to* sitiar

si•es•ta [sɪ'estə] siesta *f*; *have or take a* ~ echarse una siesta

sieve [sɪv] **I** *n* tamiz *m*; *he has a memory like a* ~ F es flaco de memoria F **II** *v/t flour* tamizar

sift [sɪft] *v/t flour* tamizar; *data* examinar a fondo

♦ **sift out** *v/t fig* seleccionar (*from* de)

♦ **sift through** *v/t details*, *data* pasar por el tamiz

sigh [saɪ] **I** *n* suspiro *m*; *heave a* ~ *of relief* suspirar de alivio **II** *v/i* suspirar

sight [saɪt] **I** *n* **1** vista *f*; (*power of seeing*) vista *f*, visión *f*; ~*s of city* lugares *mpl* de interés; *he can't stand the* ~ *of blood* no aguanta ver sangre; *I caught* ~ *of him just as ...* lo vi justo cuando ...; *know by* ~ conocer de vista; *be* (*with*)*in* ~ estar a la vista; *within* ~ *of* a la vista de; *come into* ~ aparecer, dejarse ver; *lose* ~ *of objective etc* olvidarse de; *at the* ~ *of* al ver a; *at first* ~ a primera vista; *what a* ~ *you look!* ¡qué pintas llevas!; *you're a* ~ *for sore eyes* F dichosos los ojos que te ven F; *hate the* ~ *of sth / s.o.* odiar algo / a alguien a muerte; *buy sth* ~ *unseen* COM comprar algo sin verlo antes; *there wasn't* *a soul in* ~ no había ni un alma; *I disliked her on* ~ me cayó mal desde el primer momento en que la vi; *keep out of* ~*!* ¡escóndete!; *let s.o. out of one's* ~ perder a alguien de vista; *be out of* ~ F (*unattainable*) ser un imposible; *once we're out of his* ~ cuando ya no pueda vernos; *as soon as the car was out of* ~ en cuanto se dejó de ver el coche; *get out of my* ~*!* ¡fuera de mi vista!

2 *of gun, also* ~*s* mirilla *f*; *set one's* ~*s on sth fig* marcarse algo como meta **II** *v/t submarine, rhinoceros, missing child etc* ver

'**sight bill** COM efecto *m* a la vista
sight•ed ['saɪtɪd] *adj* vidente
sight•ing ['saɪtɪŋ] avistamiento *m*
'**sight-read** MUS *v/t & v/i* (*pret & pp* -*read* [red]) repentizar; '**sight•see•ing**: *we like* ~ nos gusta hacer turismo; *go* ~ hacer turismo; '**sight•see•ing bus** bus *m* turístico; '**sight•see•ing tour** visita *f* turística
sight•seer ['saɪtsiːər] turista *m/f*
sign [saɪn] **I** *n* señal *f*; *outside shop, on building* cartel *m*, letrero *m*; *it's a* ~ *of the times* es un signo de los tiempos que corren; ~*s of the zodiac* signos *mpl* del zodíaco; *all the* ~*s are that ...* todo indica que ...; *there was no* ~ *of him* no había rastro de él; *be showing* ~*s of sth* presentar indicios de algo; *at midnight they were still showing no* ~*s of leaving* a medianoche aún no parecían tener ninguna prisa por irse

II *v/t* firmar

III *v/i* **1** firmar **2** (*use sign language*) emplear el lenguaje de signos

◆ **sign away** *v/t rights, inheritance* renunciar a
◆ **sign for** *v/t*: *I signed for it* firmé yo
◆ **sign in** *v/i* registrarse
◆ **sign off** *v/i* **1** RAD hacer el cierre **2** *in letter writing* despedirse
◆ **sign over** *v/t possessions* ceder (*to* a)
◆ **sign up** **I** *v/i* (*join the army*) alistarse **II** *v/t player* fichar

sig•nal ['sɪgnl] **I** *n* señal *f*; *send out all the wrong* ~*s* dar a una impresión equivocada **II** *v/i* (*pret & pp* -*ed*, *Br* -*led*) **1** *of car driver* poner el intermitente **2**: ~ *to s.o. to do sth* hacer señas

a alguien para que haga algo **III** *v/t* (*pret & pp* -*ed*, *Br* -*led*) *of driver: intentions* señalar, indicar; *readiness* avisar
sig•na•to•ry ['sɪgnətɔːrɪ] signatario(-a) *m(f)*, firmante *m/f*; *the signatories to the treaty* los firmantes del tratado
sig•na•ture ['sɪgnətʃər] firma *f*
sig•na•ture 'tune sintonía *f*
sig•net ring ['sɪgnɪt] sello *m* (*anillo*)
sig•nif•i•cance [sɪg'nɪfɪkəns] importancia *f*, relevancia *f*; *be of great* ~ *to* ser de suma importancia para
sig•nif•i•cant [sɪg'nɪfɪkənt] *adj* **1** *event etc* importante, relevante **2** (*quite large*) considerable
sig•nif•i•cant•ly [sɪg'nɪfɪkəntlɪ] *adv larger, more expensive* considerablemente
sig•ni•fy ['sɪgnɪfaɪ] *v/t* (*pret & pp* -*ied*) significar, suponer
sign•ing ['saɪnɪŋ] *for soccer team etc* fichaje *m*
'**sign lan•guage** lenguaje *m* por señas
'**sign•post** señal *f*
si•lence ['saɪləns] **I** *n* silencio *m*; *in* ~ *work, march* en silencio; *observe a one-minute* ~ guardar un minuto de silencio; *buy s.o.'s* ~ comprar el silencio de alguien **II** *v/t* hacer callar
si•lenc•er ['saɪlənsər] *on gun, Br: on car* silenciador *m*
si•lent ['saɪlənt] *adj* silencioso; *movie* mudo; *stay* ~ (*not comment*) permanecer callado; *the* ~ *majority* la mayoría que no expresa sus opiniones públicamente; *they watched in* ~ *admiration as ...* miraban pasmados con gran admiración cómo ...
si•lent 'part•ner COM socio(-a) *m(f)* capitalista
sil•hou•ette [sɪluː'et] **I** *n* silueta *f* **II** *v/t*: *be* ~*d against* perfilarse *or* recortarse sobre
sil•i•con ['sɪlɪkən] silicio *m*
sil•i•con 'chip chip *m* de silicio
sil•i•cone ['sɪlɪkoun] silicona *f*; ~ *breast implants* implantes *mpl* de silicona para pechos
Sil•i•con 'Val•ley Silicon Valley *m*
sil•i•co•sis [sɪlɪ'kousɪs] MED silicosis *f*
silk [sɪlk] **I** *n* seda *f* **II** *adj shirt etc* de seda
'**silk•worm** ZO gusano *m* de seda
silk•y ['sɪlkɪ] *adj hair, texture* sedoso
sill [sɪl] **1** *of window* repisa *f* **2** *of car chassis* umbral *m* de la puerta

sil•li•ness ['sɪlɪnɪs] tontería *f*, estupidez *f*

sil•ly ['sɪlɪ] *adj* tonto, estúpido

si•lo ['saɪloʊ] *for grain, missiles* silo *m*

silt [sɪlt] cieno *m*

◆ **silt up** *v/i* encenagarse

sil•ver ['sɪlvər] **I** *n metal, medal* plata *f*, (~ *objects*) (objetos *mpl* de) plata *f* **II** *adj* **1** *ring* de plata; **be born with a ~ spoon in one's mouth** ser de familia rica **2** *hair* canoso

sil•ver 'foil papel *m* de plata; **sil•ver--haired** ['sɪlvərherd] *adj* canoso; **sil•ver 'ju•bi•lee** vigésimoquinto aniversario *m*; **sil•ver 'med•al** medalla *f* de plata; **sil•ver 'med•a•list**, *Br* **sil•ver 'med•al•list** medallista *m/f* de plata; **'sil•ver mine** mina *f* de plata; **sil•ver 'pa•per** papel *m* plateado; **sil•ver--plat•ed** [sɪlvər'pleɪtɪd] *adj* plateado; **sil•ver 'screen** séptimo arte *m*; *actual screen* pantalla *f* grande; **'sil•ver smith** platero(-a) *m(f)*; **sil•ver•ware** ['sɪlvərwer] plata *f*; **sil•ver 'wed•ding** bodas *fpl* de plata

Sim card ['sɪmkɑːrd] tarjeta *f* Sim

sim•i•lar ['sɪmɪlər] *adj* parecido, similar; **be ~ to** ser parecido a, parecerse a

sim•i•lar•i•ty [sɪmɪ'lærətɪ] parecido *m*, similitud *f*; **there are similarities between the two cases** los dos casos presentan analogías

sim•i•lar•ly ['sɪmɪlərlɪ] *adv* de la misma manera

sim•i•le ['sɪmɪlɪ] símil *m*

sim•mer ['sɪmər] *v/i* **1** *in cooking* cocer a fuego lento **2**: **be ~ing (with rage)** estar a punto de explotar

◆ **simmer down** *v/i* tranquilizarse

sim•per ['sɪmpər] *v/i* soltar risitas

sim•ple ['sɪmpl] *adj* (*easy, not elaborate*) sencillo; *person* simple; **for the ~ rea•son that ...** simplemente porque ...; **wouldn't it be ~r to start again?** ¿no sería más fácil empezar de nuevo?

sim•ple-'mind•ed *adj pej* simplón

sim•pli•ci•ty [sɪm'plɪsətɪ] *of task, design* sencillez *f*, simplicidad *f*; **it's ~ it•self** es facilísimo

sim•pli•fi•ca•tion [sɪmplɪfɪ'keɪʃn] simplificación *f*

sim•pli•fy ['sɪmplɪfaɪ] *v/t* (*pret & pp -ied*) simplificar

sim•plis•tic [sɪm'plɪstɪk] *adj* simplista

sim•ply ['sɪmplɪ] *adv* sencillamente; **it is ~ the best** es sin lugar a dudas el mejor; **to put it ~** en un lenguaje más sencillo; **I was ~ trying to help** sólo trataba de ayudar

sim•u•late ['sɪmjʊleɪt] *v/t* simular

sim•u•la•tion [sɪmjʊ'leɪʃn] simulación *f*

sim•u•la•tor ['sɪmjʊleɪtər] TECH simulador *m*

si•mul•cast ['saɪmlkæst] **I** *n* retransmisión *f* simultánea por radio y televisión **II** *v/t* (*pret & pp* **-cast**) retransmitir por radio y televisión simultáneamente

sim•ul•ta•ne•ous [saɪml'teɪnɪəs] *adj* simultáneo; **~ translator** intérprete *m/f* simultáneo

sim•ul•ta•ne•ous•ly [saɪml'teɪnɪəslɪ] *adv* simultáneamente

sin [sɪn] **I** *n* pecado *m*; **live in ~** *hum* vivir en pecado; **as ugly as ~** más feo que Picio **II** *v/i* (*pret & pp* **-ned**) pecar

'sin bin *n* banquillo *m* **II** *v/t* (*pret & pp* **-ned**) mandar al banquillo

since [sɪns] **I** *prep* desde; **~ last week** desde la semana pasada **II** *adv* desde entonces; **I haven't seen him ~** no lo he visto desde entonces **III** *conj* **1** *in expressions of time* desde que; **~ you left** desde que te marchaste; **~ I have been living here** desde que vivo acquí **2** (*seeing that*) ya que, dado que; **~ you don't like it** ya que *or* dado que no te gusta

sin•cere [sɪn'sɪr] *adj* sincero

sin•cere•ly [sɪn'sɪrlɪ] *adv* sinceramente; **I ~ hope he appreciates it** espero de verdad que lo aprecie; **Sincerely yours**, *Br* **Yours ~** atentamente

sin•cer•i•ty [sɪn'serətɪ] sinceridad *f*; **in all ~** con el corazón en la mano

sine [saɪn] MATH seno *m*

si•ne qua non [sɪneɪkwɑː'noʊn] *fml* condición *f* sine qua non

sin•ew ['sɪnjuː] ANAT tendón *m*

'sin•ew•y *adj* (*strong, muscular*) fibroso

sin•ful ['sɪnfəl] *adj person* pecador; *things* pecaminoso; **it is ~ to ...** es pecado ...

sing [sɪŋ] *v/t & v/i* (*pret* **sang**, *pp* **sung**) cantar; **~ s.o. sth** cantar algo a alguien; **~ a baby to sleep** acunar *or* mecer a un bebé; **~ s.o.'s praises** elogiar a alguien

◆ **sing along** *v/i* cantar (**with** con)

Sin•ga•pore ['sɪŋəpɔːr] Singapur *m*

singe [sɪndʒ] *v/t* chamuscar

sing•er ['sɪŋər] cantante *m/f*

sing•er-'song•writ•er cantautor(a) *m(f)*

sing•ing ['sɪŋɪŋ] **I** *n* canto *m*; **we could hear ~ coming from ...** oímos a gente cantando en ... **II** *adj*: **~ lesson** clase *f* de canto; **~ voice** voz *f* para cantar

sin•gle ['sɪŋgl] **I** *adj* **1** (*sole*) único, solo; **there wasn't a ~ mistake** no había ni un solo error; **every ~ day** absolutamente todos los días; **~ currency** moneda única **2** (*not double*) único; **in ~ file** en fila india **3** (*not married*) soltero *m*

II *n* **1** MUS sencillo *m* **2** (*~ room*) habitación *f* individual **3** *person* soltero(-a) *m(f)*; **holidays for ~s** vacaciones *fpl* para gente sin pareja **4** *Br: ticket* billete *m or L.Am.* boleto *m* de ida **5**: **~s in tennis** individuales *mpl*; **a ~s match** un partido de individuales; **men's ~s** individuales *mpl* masculinos

◆ **single out** *v/t* **1** (*choose*) seleccionar **2** (*distinguish*) distinguir

sin•gle-breast•ed [sɪŋgl'brestɪd] *adj* recto, con una fila de botones; **sin•gle 'file: in ~** en fila india; **sin•gle-'hand•ed** [sɪŋgl'hændɪd] *adj & adv* en solitario; **sin•gle-'mind•ed** *adj* determinado, resuelto; **Sin•gle 'Mar•ket in Europe** Mercado *m* Único; **sin•gle 'moth•er** madre *f* soltera; **sin•gle 'pa•rent** padre *m* / madre *f* soltero(-a); **sin•gle pa•rent 'fam•i•ly** familia *f* monoparental; **sin•gle 'room** habitación *f* individual

'sin•gles bar bar para los que buscan pareja

sin•gu•lar ['sɪŋgjʊlər] GRAM **I** *adj* singular **II** *n* singular *m*; **in the ~** en singular

sin•gu•lar•ly ['sɪŋgjʊlərlɪ] *adv* extraordinariamente

sin•is•ter ['sɪnɪstər] *adj* siniestro; *sky* amenazador

sink [sɪŋk] **I** *n in kitchen* fregadero *m*; *in bathroom* lavabo *m*

II *v/i* (*pret* **sank**, *pp* **sunk**) *of ship, object* hundirse; *of sun* ponerse; *of interest rates, pressure etc* descender, bajar; **he sank onto the bed** se tiró a la cama; **leave s.o. to ~ or swim** *fig* dejar que alguien se las arregle como pueda; **how could you ~ so low as to ...?** *also*

iron ¿cómo pudiste caer tan bajo como para ...?; **my heart sank** me dio un vuelco el corazón

III *v/t* (*pret* **sank**, *pp* **sunk**) **1** *ship* hundir; **we're sunk!** F ¡nos vamos a pique! **2** *funds* invertir **3** SP *golfball, snooker ball* meter **4**: **one's teeth into sth** hincar los dientes en algo

◆ **sink in** *v/i* **1** *of liquid* penetrar **2**: **it gradually sank in that ...** *I realized* me di cuenta de que ...; **it still hasn't really sunk in** *of realization* todavía no lo he asumido

sink•ing ['sɪŋkɪŋ] *adj*: **I got that ~ feeling when ...** F se me puso mal cuerpo cuando ...

sin•ner ['sɪnər] pecador(a) *m(f)*

si•nus ['saɪnəs] seno *m* (*nasal*)

si•nus•i•tis [saɪnə'saɪtɪs] MED sinusitis *f*

sip [sɪp] **I** *n* sorbo *m*; **take a ~ of wine** tomar un sorbo de vino **II** *v/t* (*pret & pp* **-ped**) sorber

◆ **sip at** *v/t* beber a sorbos; **he ~ped at his wine** tomó un sorbo de vino

si•phon ['saɪfn] *also soda ~* sifón *m*

◆ **siphon off** *v/t liquid* extraer a presión; *fig: profits, personnel* desviar furtivamente

sir [sɜːr] **1** señor *m*; **excuse me, ~** perdone, caballero; *to teacher* perdone, profesor **2**: **Sir** *Br* Caballero Británico, Sir

si•ren ['saɪrən] sirena *f*

sir•loin ['sɜːrlɔɪn] solomillo *m*

sis [sɪs] F tata *f*, F, hermana *f*

sis•sy ['sɪsɪ] F llorica *m* F

sis•ter ['sɪstər] **1** hermana *f* **2** *in movement* compañera *f*, camarada *f* **3** REL: **Sister Mary** la Hermana María, Sor María **II** *adj* gemelo; **~ company** compañía *f* afiliada; **~ ship** buque *m* gemelo

sis•ter•hood ['sɪstərhʊd] **1** *togetherness of women* fraternidad *f* **2** *other women* hermandad *f*, sociedad *f*

'sis•ter-in-law (*pl* **sisters-in-law**) cuñada *f*

sis•ter•ly ['sɪstərlɪ] *adj* fraternal

sit [sɪt] *v/i* (*pret & pp* **sat**) **1** estar sentado **2** (*~ down*) sentarse

◆ **sit around** *v/i* estar sentado sin hacer nada

◆ **sit back** *v/i* **1** sentarse **2** *fig*: **now we**

can all sit back and relax ahora ya podemos sentarnos y relajarnos; **you can't just sit back and do nothing!** ¡no te puedes quedar ahí de brazos cruzados!

◆ **sit by** v/i: **I am not going to ~ while …** no me voy a quedar de brazos cruzados mientras …

◆ **sit down I** v/i sentarse; **eat sitting down** comer sentado; **they won't take that sitting down** fig opondrán resistencia a eso; **sit down and discuss sth** sentarse y hablar algo **II** v/t: **sit s.o. down** invitar a alguien sentarse

◆ **sit for** v/t painter posar para; **sit for one's portrait** posar para hacerse un retrato

◆ **sit in for** v/t hacer de suplente de

◆ **sit in on** v/t acudir de oyente a

◆ **sit on** v/t **1** fig (not deal with) documents etc evitar despachar **2** (suppress) facts, idea etc reprimir; person hacer callar **3**: **sit on a committee** ser miembro de un comité

◆ **sit out** v/t **1** dance no bailar **2** crisis etc esperar el fin de

◆ **sit up I** v/i **1** in bed incorporarse **2** (straighten back) sentarse derecho; **make s.o. sit up (and take notice)** F llamar la atención de alguien; **sit up at table** sentarse a la mesa **3** (wait up at night) esperar levantado **II** v/t patient in bed incorporar

sit•com ['sɪtkɑ:m] telecomedia f, comedia f de situación

'sit-down 1: **~** (**protest**) sentada f **2**: **have a ~** sentarse para descansar

site [saɪt] **I** n emplazamiento m; of battle lugar m **II** v/t new offices etc situar; **be ~d** estar emplazado or colocado

sit•ter ['sɪtər] (baby **~**) **1** Span canguro m/f, L.Am. babysitter m/f **2** for painter modelo m/f

sit•ting ['sɪtɪŋ] of committee, court, for artist sesión f; for meals turno m; **read sth at a single ~** leer algo de una sentada

sit•ting 'duck fig blanco m fácil

'sit•ting room sala f de estar, salón m

sit•u•at•ed ['sɪtʊeɪtɪd] adj situado; **be well ~ to do sth** estar en buena situación para hacer algo

sit•u•a•tion [sɪtʊ'eɪʃn] situación f

sit•u•a•tion 'com•e•dy ☞ **sitcom**

sit-ups ['sɪtʌps] abdominales fpl

six [sɪks] seis; **be all at ~es and sevens** F of person estar confundido; of place estar patas arriba F

'six-pack of beer pack m de seis

six•teen [sɪks'ti:n] dieciséis

six•teenth [sɪks'ti:nθ] n & adj decimosexto

sixth [sɪksθ] n & adj sexto; **~ sense** fig sexto sentido m; **the ~ of May, May the ~** el seis de mayo

six•ti•eth ['sɪkstɪɪθ] n & adj sexagésimo

six•ty ['sɪkstɪ] sesenta; **be in one's sixties** tener sesenta y tantos; **in the sixties** en los (años) sesenta

six-'yard box in soccer área f pequeña

size [saɪz] tamaño m; of loan importe m; of jacket, dress, shirt etc talla f; of shoes número m; **what ~ is your room?** ¿cómo es de grande tu habitación?; **what ~ do you take?** ¿qué talla / número llevas?; **I'll cut him down to ~** F le voy a parar los pies F; **that's about the ~ of it** fig eso parece; **the only building of any ~** el único edificio de un tamaño considerable

◆ **size up** v/t evaluar, examinar

size•a•ble ['saɪzəbl] adj house, order considerable; meal copioso

siz•zle ['sɪzl] v/i chisporrotear

skate [skeɪt] **I** n patín m; **get your ~s on!** F ¡ponte las pilas! F, ¡date prisa! F **II** v/i patinar

◆ **skate around, skate over** v/t fig evitar, esquivar

'skate•board monopatín m; **'skate•board•er** skater m/f; **'skate•board•ing** patinaje m en monopatín

skat•er ['skeɪtər] patinador(a) m(f)

skat•ing ['skeɪtɪŋ] patinaje m

'skat•ing rink pista f de patinaje

ske•dad•dle [skɪ'dædl] v/i F pirarse F, abrirse F

skeet shoot•ing ['ski:tʃu:tɪŋ] tiro m al plato

skel•e•tal ['skelətl] adj (emaciated) esquelético, raquítico

skel•e•ton ['skelɪtn] esqueleto m; **have a ~ in the closet** fig tener algo que ocultar; **~ service / crew** servicio m / personal m mínimo

'skel•e•ton key llave f maestra

skep•tic ['skeptɪk] escéptico(-a) m(f)

skep•ti•cal ['skeptɪkl] adj escéptico; **be**

~ **about sth** ser escéptico acerca de algo

skep•ti•cism ['skeptɪsɪzm] escepticismo *m*

sketch [sketʃ] **I** *n* **1** boceto *m*, esbozo *m* **2** THEA sketch *m* **II** *v/t* bosquejar

◆ **sketch in** *v/t fig* añadir, adjuntar

◆ **sketch out** *v/t fig* bosquejar

'**sketch•book** cuaderno *m* de dibujo

'**sketch pad** cuaderno *m* de dibujo

sketch•y ['sketʃɪ] *adj knowledge etc* básico, superficial; *description, memory etc* incompleto, fragmentario

skew [skjuː] *v/t* torcer; *fig: data, facts* desvirtuar, manipular

skew•er ['skjʊər] **I** *n* brocheta *f* **II** *v/t fish* espetar

ski [skiː] **I** *n* esquí *m* **II** *v/i* esquiar; *we ~ed down to the chalet* bajamos esquiando hasta la cabaña

'**ski boots** *npl* botas *fpl* de esquí

skid [skɪd] **I** *n of car* patinazo *m*; *of person* resbalón *m*; ~ **marks** *pl* MOT marcas *fpl* de patinazo; *he's on the ~s* F va de mal en peor **II** *v/i* (*pret & pp -ded*) *of car* patinar; *of person* resbalar

ski•doo® [skɪ'duː] ☞ **snowmobile**

skid 'row [skɪd'rou] calles *fpl* de mala muerte; *finish up on ~* acabar en la miseria

ski•er ['skiːər] esquiador(a) *m(f)*

skiff [skɪf] NAUT esquife *m*

ski gog•gles ['skiːgɑːglz] *npl* gafas *fpl* de esquiar

ski•ing ['skiːɪŋ] esquí *m*

'**ski in•struc•tor** monitor(a) *m(f)* de esquí

'**ski jump** salto *m*; *structure* pista *f* de salto

skil•ful *etc Br* ☞ **skillful** *etc*

'**ski lift** remonte *m*

skill [skɪl] destreza *f*, habilidad *f*; *game of ~* juego *m* de destreza; *learn a new ~* aprender una habilidad nueva

skilled [skɪld] *adj* capacitado, preparado; *worker* cualificado; *work* especializado

skilled 'work•er trabajador(a) *m(f)* cualificado

skil•let ['skɪlɪt] sartén *f*

'**skill•ful** ['skɪlfəl] *adj* hábil, habilidoso

skill•ful•ly ['skɪlfəlɪ] *adv* con habilidad *or* destreza

skim [skɪm] *v/t* (*pret & pp -med*) **1** sur-

face rozar; *document* leer por encima **2** *milk* desnatar, descremar

◆ **skim off** *v/t the best* escoger

◆ **skim through** *v/t text* leer por encima

'**ski mask** pasamontañas *mpl*

'**skim milk**, '**skimmed milk** [skɪmd] leche *f* desnatada *or* descremada

◆ **skimp on** [skɪmp] *v/t* escatimar

skimp•y ['skɪmpɪ] *adj account etc* superficial; *dress* cortísimo; *bikini* mínimo

skin [skɪn] **I** *n* piel *f*; *by the ~ of one's teeth* F por los pelos F; *be all ~ and bone(s)* estar en los huesos; *it's no ~ off my nose* F no es de mi incumbencia; *be drenched or soaked to the ~* estar calado hasta los huesos; *get under s.o.'s ~* F (*annoy*) sacar a alguien de quicio F; (*fascinate*) hechizar a alguien; *save one's ~* F salvar el pellejo F

II *v/t* (*pret & pp -ned*) despellejar, desollar; *keep one's eyes ~ned* F estar con cien ojos F

'**skin can•cer** cáncer *m* de piel; '**skin care** cuidado *m* de la piel; **skin-'deep** *adj fig* superficial, fútil; '**skin div•er** buceador(a) *m(f)* en bañador; '**skin div•ing** buceo *m* (en bañador); '**skin flick** F peli *f* porno F

skin•flint ['skɪnflɪnt] F agarrado(-a) *m(f)*, roñoso(-a) *m(f)*

skin•ful ['skɪnful]: *he's had a ~* F lleva una buena castaña F

'**skin game** F engañifa *f* F, timo *m*; '**skin graft** injerto *m* de piel; '**skin•head** skinhead *m/f*, cabeza rapada *m/f*

skin•ny ['skɪnɪ] **I** *adj* escuálido **II** *n* canijo(-a) *m(f)*

skin•ny-dip•ping ['skɪnɪdɪpɪŋ] F: *go ~* bañarse en pelotas F

'**skin test** prueba *f* del parche, prueba *f* epicutánea

'**skin-tight** *adj* ajustado

skip [skɪp] **I** *n* (*little jump*) brinco *m*, saltito *m* **II** *v/i* (*pret & pp -ped*) brincar **III** *v/t* (*pret & pp -ped*) (*omit*) pasar por alto; *lunch, lecture etc* saltarse; ~ *it!* ¡pasa nada!, ¡no importa!

◆ **skip off** *v/i* F largarse F, pirarse F

'**ski pants** *npl* mallas *fpl* de esquiar

'**ski pole** bastón *m* de esquí

skip•per ['skɪpər] NAUT patrón(-ona) *m(f)*, capitán(-ana) *m(f)*; *of team* capitán(-ana) *m(f)*

skip•ping rope ['skɪpɪŋ] *Br* comba *f*

'ski re•sort estación *f* de esquí

skir•mish ['skɜːrmɪʃ] MIL contienda *f*

skirt [skɜːrt] **I** *n* falda *f* **II** *v/t* **1** (*border*) bordear, rodear **2** *in order to avoid* esquivar

♦ **skirt around** *v/t fig* esquivar, evitar

'skirt•ing board *Br* rodapié *m*

'ski run pista *f* de esquí

skit [skɪt] sketch *m* (cómico); **do a ~ on** hacer un sketch (cómico) de

'ski tow telesquí *m*

♦ **skive off** [skaɪv] *v/t Br* F: **skive off school** hacer novillos F *or* pellas F

skiv•vies ['skɪvɪz] *npl* F calzoncillos *mpl*

skul•dug•ger•y [skʌl'dʌgərɪ] F chanchullo *m*, trapicheo *m*

skulk [skʌlk] *v/i* esconderse, rondar

♦ **skulk off** *v/i* esconderse

skull [skʌl] cráneo *m*; **the ~ and cross-bones** las dos tibias y la calavera; **can't you get it into that thick ~ of yours that ...?** F ¿no te entra en esa cabezota que ...? F

skunk [skʌŋk] mofeta *f*

sky [skaɪ] cielo *m*; **in the ~** en el cielo; **the ~'s the limit** F no hay límites, no hay nada imposible

sky-'blue *adj* azul cielo; **'sky•cap** mozo(-a) *m(f)* de equipajes; **'sky•div•er** paracaidista *m/f*; **'sky•div•ing** paracaidismo *m/f*; **sky-'high** *adv*: **blow ~** *building* volar por los aires; *theory, argument* echar por tierra; **'sky•light** claraboya *f*; **'sky•line** horizonte *m*; **the New York ~** la silueta de los edificios de Nueva York en el horizonte; **'sky•scrap•er** rascacielos *m inv*

slab [slæb] *of stone* losa *f*; *of cake etc* trozo *m* grande

slack [slæk] *adj rope* flojo; *work* descuidado; *period* tranquilo; **discipline is very ~** no hay disciplina

slack•en ['slækn] *v/t rope, pace* aflojar

♦ **slacken off** *v/i of trading, pace* disminuir

slack•er ['slækər] holgazán(-ana) *m(f)*, vago(-a) *m(f)*

slacks [slæks] *npl* pantalones *mpl*

slag [slæg] *in furnace* escoria *f*

♦ **slag off** *v/t* (*pret & pp* **-ged**) *Br* F meterse con F, echar pestes de F

slain [sleɪn] *pp* ☞ **slay**

slake [sleɪk] *v/t*: **~ one's thirst** apagar la sed

sla•lom ['slɑːləm] slalom *m*, carrera *f* de obstáculos

slam [slæm] **I** *v/t* (*pret & pp* **-med**) **1** *door* cerrar de un golpe **2** F *criticize* triturar, vapulear **II** *v/i* (*pret & pp* **-med**) *of door* cerrarse de golpe

♦ **slam down** *v/t* estampar; *phone* colgar de golpe

♦ **slam on** *v/t*: **slam on the brakes** frenar bruscamente

'slam-dunk *v/t* rematar

slam•mer ['slæmər] P trena *f* P

slan•der ['slændər] **I** *n* difamación *f* **II** *v/t* difamar

slan•der•ous ['slændərəs] *adj* difamatorio

slang [slæŋ] argot *m*, jerga *f*; *of a specific group* jerga *f*

'slang•ing match: **they had a ~** *Br* F se tiraron los trastos a la cabeza F

slant [slænt] **I** *v/i* inclinarse **II** *v/t* **1** *line, post* torcer **2** *story, report* desvirtuar; **be ~ed toward sth** ser parcial acerca de algo **III** *n* **1** inclinación *f* **2** *given to a story* enfoque *m*

slant•ing ['slæntɪŋ] *adj* **1** *roof* inclinado **2** *eyes* rasgado

slap [slæp] **I** *n* (*blow*) bofetada *f*, cachete *m*; **a ~ in the face** una bofetada en la cara; *fig* una bofetada, un golpe; **a ~ on the wrist** *fig* un toque de atención **II** *v/t* (*pret & pp* **-ped**) dar una bofetada *or* un cachete a; **~ s.o. in the face** dar una bofetada a alguien; **just ~ a bit of paint on it!** ¡dale un poco de pintura a eso!; **the company was ~ped with a fine / a lawsuit** a la empresa le encasquetaron una multa / un pleito **III** *adv* F de plano F, de sopetón F; **I walked ~ into him** me di de sopetón con él

♦ **slap around** *v/t* F zurrar a F

slap-'bang *adv Br* F de plano F, de sopetón F

'slap•dash *adj* chapucero

'slap•stick comedia *de humor básico consistente en caídas, bofetadas, etc*

slash [slæʃ] **I** *n* **1** *cut* corte *m*, raja *f* **2** *in punctuation* barra *f* **II** *v/t* **1** *skin etc* cortar; **~ one's wrists** cortarse las venas **2** *prices, costs* recortar drásticamente

slat [slæt] *in blinds* tablilla *f*

slate [sleɪt] **I** *n* **1** pizarra *f*; **put sth on the ~** *Br F fig* poner algo en cuenta; **wipe the ~ clean** *fig* hacer borrón y cuenta nueva **2** POL (*list of candidates*) lista *f* de candidatos **II** *v/t* **1** (*designate*) designar *or* elegir como candidato **2** (*schedule*) programar **3** *Br F* (*criticize*) poner verde *F*

slaugh•ter ['slɔːtər] **I** *n of animals* sacrificio *m*; *of people, troops* matanza *f* **II** *v/t animals* sacrificar; *people, troops* masacrar

'slaugh•ter•house *for animals* matadero *m*

Slav [slɑːv] *adj* eslavo

slave [sleɪv] esclavo(-a) *m(f)*

◆ **slave away** *v/i* sudar sangre

◆ **slave away at** *v/t* sudar sangre con

'slave-driv•er *F* negrero(-a) *m(f) F*

slave 'la•bor *also fig* **1** esclavos *mpl* **2** *work* explotación *f*

slav•er•y ['sleɪvərɪ] esclavitud *f*; **be sold into ~** ser vendido como esclavo

'slave trade, 'slave traf•fic tráfico *m* de esclavos

slav•ish ['sleɪvɪʃ] *adj* exacto, al pie de la letra

Sla•von•ic [slə'vɑːnɪk] *adj* eslavo

slaw [slɔː] ensalada de col, cebolla, zanahoria y mayonesa

slay [sleɪ] *v/t* (*pret slew, pp slain*) asesinar

slay•er ['sleɪər] asesino(-a) *m(f)*

slay•ing ['sleɪɪŋ] (*murder*) asesinato *m*

sleaze [sliːz] POL corrupción *f*

slea•zy ['sliːzɪ] *adj bar* sórdido; *person* de mala calaña

sled, sledge [sled, sledʒ] trineo *m*

'sledge ham•mer mazo *m*

sleek [sliːk] *adj* **1** *lines, profile* elegante, armonioso **2** *hair, animal's coat* lustroso

sleep [sliːp] **I** *n* sueño *m*; **go to ~** dormirse; **I need a good ~** necesito dormir bien; **I couldn't get to ~** no pude dormirme; **in one's ~** mientras se duerme; **I wouldn't lose any ~ over it if I were you** si yo fuera tú no dejaría que eso me quitara el sueño; **put an animal to ~** sacrificar a un animal; **my leg has gone to ~** se me ha dormido la pierna

II *v/i* (*pret & pp slept*) dormir; **~ late** dormir hasta tarde; **~ like a log** dormir como un lirón *or* tronco

III *v/t* (*pret & pp slept*): **this tent ~s four** en esta tienda de campaña pueden dormir cuatro

◆ **sleep around** *v/i F* acostarse con otras personas *F*

◆ **sleep in** *v/i Br* (*sleep late*) dormir hasta tarde

◆ **sleep off** *v/t*: **sleep it off** dormirla

◆ **sleep on** *v/t*: **sleep on sth** *decision* consultar algo con la almohada

◆ **sleep over** *v/i* quedarse a dormir

◆ **sleep through** *v/t* dormir sin enterarse de

◆ **sleep together** *v/i* acostarse

◆ **sleep with** *v/t* (*have sex with*) acostarse con

sleep•er ['sliːpər] **1** *Br* RAIL *on track* traviesa *f* **2** *Br* RAIL (*sleeping car*) coche *m* cama **3**: **be a light / heavy ~** tener el sueño ligero / pesado

sleep•i•ly ['sliːpɪlɪ] *adv*: **say sth ~** decir algo medio dormido

sleep•ing bag ['sliːpɪŋ] saco *m* de dormir; **'sleep•ing car** RAIL coche *m* cama; **'sleep•ing part•ner** *Br* COM socio(-a) *m(f)* capitalista; **'sleep•ing pill** somnífero *m*, pastilla *f* para dormir; **'sleep•ing sick•ness** MED enfermedad *f* del sueño

sleep•less ['sliːpləs] *adj*: **have a ~ night** pasar la noche en blanco

'sleep•o•ver: **have a ~ at s.o.'s house** quedarse a dormir en casa de alguien; **'sleep•walk** *v/i* andar sonámbulo; **'sleep•walk•er** sonámbulo(-a) *m(f)*; **'sleep walk•ing** sonambulismo *m*

sleep•y ['sliːpɪ] *adj* adormilado, somnoliento; *town* tranquilo; **I'm ~** tengo sueño

'sleep•y•head *F* dormilón(-ona) *m(f) F*

sleet [sliːt] aguanieve *f*

sleeve [sliːv] *of jacket etc* manga *f*; **have sth up one's ~** *fig* tener algo planeado en secreto

sleeve•less ['sliːvlɪs] *adj* sin mangas

sleigh [sleɪ] trineo *m*

sleight of 'hand [slaɪt] juegos *mpl* de manos

slen•der ['slendər] *adj figure, arms* esbelto; *income, margin* escaso; *chance* remoto

slept [slept] *pret & pp* ☞ *sleep*

sleuth [sluːθ] F *detective m/f*

slew[1] [sluː] *pret* ☞ *slay*

slew[2] [sluː] *n*: **a (*whole*) ~ of** F un montón de F, una caterva de F

slice [slaɪs] **I** *n of bread* rebanada *f*; *of cake* trozo *m*; *of salami, cheese* loncha *f*; *fig: of profits etc* parte *f* **II** *v/t loaf etc* cortar (en rebanadas)

◆ **slice off** *v/t* cortar

◆ **slice up** *v/t* cortar (en rebanadas, trozos, lonchas etc)

sliced bread [slaɪstˈbred] pan *m* de molde en rebanadas; ***it's not exactly the greatest thing since ~*** F no es la octava maravilla F

slick [slɪk] **I** *adj performance* muy logrado; (*pej: cunning*) con mucha labia **II** *n of oil* marea *f* negra

slick•er [ˈslɪkər] *coat* chaquetón *m* impermeable

slid [slɪd] *pret & pp* ☞ *slide*

slide [slaɪd] **I** *n* **1** *for kids* tobogán *m* **2** PHOT diapositiva *f* **II** *v/i* (*pret & pp* **slid**) deslizarse; *of exchange rate etc* descender; ***let things ~*** *fig* dejar que las cosas vayan a la deriva **III** *v/t* (*pret & pp* **slid**) deslizar

'slide pro•jec•tor proyector *m* de diapositivas

slid•ing door [slaɪdɪŋˈdɔːr] puerta *f* corredera; **slid•ing 'scale** escala *f* móvil; **'slid•ing tack•le** *in soccer* entrada *f* en plancha

slight [slaɪt] **I** *adj* **1** *person, figure* menudo **2** (*small*) pequeño; *accent* ligero; **I have a ~ headache** me duele un poco la cabeza; ***no, not in the ~est*** no, en absoluto; ***I haven't the ~est idea*** no tengo ni la más remota idea **II** *n* desaire *m* **III** *v/t* desestimar; ***feel ~ed*** sentirse menospreciado

slight•ly [ˈslaɪtlɪ] *adv* un poco

slim [slɪm] **I** *adj* delgado; *chance* remoto **II** *v/i* (*pret & pp* **-med**): ***I'm ~ming*** estoy a dieta

◆ **slim down I** *v/t fig: administration, bureaucracy etc* reducir, recortar **II** *v/i of person* adelgazar

slime [slaɪm] (*mud*) lodo *m*; *of slug etc* baba *f*

'slime•ball *pej* P granuja *m/f* P, bribón(-ona) *m(f)* P

slim•ming [ˈslɪmɪŋ] **I** *n* adelgazamiento

m **II** *adj*: ***that dress is very ~*** ese vestido estiliza mucho

slim•y [ˈslaɪmɪ] *adj* **1** *liquid* viscoso; *river bed* lleno de lodo **2** *pej* F *person*, grinpillo F

sling [slɪŋ] **I** *n for arm* cabestrillo *m*; *for baby* canguro *m* **II** *v/t* (*pret & pp* **slung**) F (*throw*) tirar

◆ **sling out** *v/t garbage* arrojar, lanzar; *drunk from bar* echar a patadas

'sling•backs *npl* zapatos con el talón abierto y con tira

slink [slɪŋk] *v/i* (*pret & pp* **slunk**) moverse a hurtadillas

slink•y [ˈslɪŋkɪ] *adj little dress* ceñido

slip [slɪp] **I** *n* **1** *on ice etc* resbalón *m*; **2** (*mistake*) desliz *m*; **a ~ of the tongue** un lapsus **3**: **a ~ of paper** un trozo de pape **4**: **give s.o. the ~** dar esquinazo a alguien **5** *woman's undergarment* combinación *f*

II *v/i* (*pret & pp* **-ped**) **1** *on ice etc* resbalar; MOT *of clutch* patinar; **let an opportunity ~ (through one's fingers)** dejar escapar una oportunidad **2** *of quality etc* empeorar **3**: ***he ~ped out of the room*** se fue de la habitación sigilosamente **4**: ***he let ~ that ...*** *fig* dejó caer que...

III *v/t* (*pret & pp* **-ped**) **1** (*put*): ***he ~ped it into his briefcase*** lo metió en su maletín sigilosamente; **~ s.o. $10** dar a alguien 10 dólares con disimulo **2**: ***it ~ped my mind*** se me olvidó; ***it may have ~ped your attention, but ...*** puede que no te hayas dado cuenta, pero ... **3**: ***he has ~ped a disk*** MED tiene una hernia discal

◆ **slip away** *v/i* **1** *of time* pasar; *of opportunity* esfumarse **2** (*die quietly*) morir tranquilamente

◆ **slip by** *v/i of time* pasar volando

◆ **slip in** *v/i to a room* entrar (sigilosamente)

◆ **slip off** *v/t jacket etc* quitarse

◆ **slip on** *v/t jacket etc* ponerse

◆ **slip out** *v/i* **1** (*go out*) salir (sigilosamente) **2**: ***it just slipped out*** me ha salido sin pensarlo

◆ **slip up** *v/i* (*make mistake*) equivocarse

'slip•cov•er funda *f*

slip-ons [ˈslɪpɑːnz] *npl shoes* zapatos *mpl* or zapatillas *fpl* sin cordones

slip•page ['slɪpɪdʒ] atraso *m*

slipped disc [slɪpt'dɪsk] hernia *f* discal

slip•per ['slɪpər] zapatilla *f* (*de estar por casa*)

slip•per•y ['slɪpərɪ] *adj surface, road* resbaladizo; *fish* escurridizo; **be a ~ customer** ser muy escurridizo; **you're on a ~ slope** *fig* estás perdido

'slip road *Br* vía *f* de acceso; *exit* salida *f*

'slip•shod *adj* chapucero

'slip•stream I *n of runner, vehicle* estela *f*, rastro *m* **II** *v/t* pisar los talones a

'slip-up (*mistake*) error *m*

slit [slɪt] **I** *n* (*tear*) raja *f*; (*hole*) rendija *f*; *in skirt* corte *m* **II** *v/t* (*pret & pp* **slit**) abrir; **~ s.o.'s throat** degollar a alguien

slith•er ['slɪðər] *v/i* deslizarse

sliv•er ['slɪvər] *of soap, garlic* trocito *m*; *of wood, glass* astilla *f*

slob [slɑːb] *pej* dejado(-a) *m(f)*, guarro(-a) *m(f)*

slob•ber ['slɑːbər] *v/i* babear

slog [slɑːg] **1** *effort, hard work* paliza *f* **2** *walk*: **the long ~ back to town** la larga caminata de vuelta a la ciudad

◆ **slog away at** *v/t* (*pret & pp* **-ged**) sudar la gota gorda con

slo•gan ['sloʊgən] eslogan *m*

slop [slɑːp] *v/t* (*pret & pp* **-ped**) derramar

slope [sloʊp] **I** *n of roof, handwriting* inclinación *f*; *of mountain* ladera *f*; **built on a ~** construido en una pendiente **II** *v/i* inclinarse; **the road ~s down to the sea** la carretera baja hasta el mar

slop•py ['slɑːpɪ] *adj* **1** descuidado **2** *too sentimental* sensiblero

sloshed [slɑːʃt] *adj Br* F borracho, pedo F

slot [slɑːt] ranura *f*; *in schedule* hueco *m*

◆ **slot in I** *v/t* (*pret & pp* **-ted**) introducir; **I can slot you in at 2pm** te puedo dar cita a las 2 de la tarde **II** *v/i* (*pret & pp* **-ted**) encajar

'slot ma•chine 1 *for cigarettes, food* máquina *f* expendedora **2** *for gambling* máquina *f* tragaperras

slouch [slaʊtʃ] *v/i*: **don't ~** ponte derecho

◆ **slough off** [slʌf] *v/t skin* mudar

Slo•vak ['sloʊvæk] **I** *adj* eslovaco **II** *n* eslovaco(-a) *m(f)*

Slo•va•ki•a [sləˈvækɪə] Eslovaquia *f*

Slo•vene ['sloʊviːn] ☞ **Slovenian**

Slo•ve•ni•a [sləˈviːnɪə] Eslovenia *f*

Slo•ve•ni•an [sləˈviːnɪən] **I** *adj* esloveno **II** *n* **1** *person* esloveno(-a) *m(f)* **2** *language* esloveno *m*

slov•en•ly ['slʌvnlɪ] *adj* descuidado

slow [sloʊ] *adj* lento; **be ~** *of clock* ir retrasado; *mentally* ser torpe; **be five minutes ~** ir cinco minutos retrasado; **be ~ to do sth** tardar mucho tiempo en hacer algo; **he wasn't ~ to accept** aceptó en seguida; **business is very ~ at the moment** en estos momentos hay muy poca actividad en el negocio; **I was doing a ~ burn** se me estaba encendiendo la sangre

◆ **slow down** *v/t work, progress* restrasar; *traffic, production* ralentizar **II** *v/i in walking, driving* reducir la velocidad; *of production etc* relantizarse; **you need to slow down** *in lifestyle* tienes que tomarte las cosas con calma; **she's slowed down a lot** *because of age, illness* se ha entorpecido bastante

'slow•coach *Br* F tortuga *f* F; **'slow-down** *in production* ralentización *f*; **'slow lane** MOT carril *m* lento

slow•ly ['sloʊlɪ] *adv* despacio, lentamente; **~ but surely** sin prisa pero sin pausa

slow 'mo•tion: in ~ a cámara lenta; **slow-mo•tion 're•play** repetición *f* en cámara lenta; **'slow-mov•ing** *adj traffic, movie* lento

slow•ness ['sloʊnɪs] lentitud *f*

'slow•poke F tortuga *f* F

sludge [slʌdʒ] (*mud*) limo *m*

slug [slʌg] *n animal* babosa *f*

slug² [slʌg] F **1** (*bullet*) bala *f* **2** *of whiskey etc* lingotazo *m* F, trago *m*; **he took another ~ from the bottle** se echó otro trago de la botella

slug³ [slʌg] **I** *v/t* (*pret & pp* **-ged**) *hit* dar un puñetazo a **II** *n punch* puñetazo *m*

◆ **slug out** *v/t*: **slug it out** pelearse, enzarzarse

slug•gish ['slʌgɪʃ] *adj* lento

sluice [sluːs] canal *m*

◆ **sluice down** *v/t* lavar con agua

◆ **sluice out** *v/t* lavar con abundante agua

'sluice gate compuerta *f*

slum [slʌm] *area* suburbio *m*, arrabal *m*; *house* cuchitril *m*

slum•ber par•ty ['slʌmbər] *fiesta en la*

que los invitados acaban pasando la noche el la casa del anfitrión

slump [slʌmp] **I** *n in trade* desplome *m*; ~ **in prices** caída *f* de los precios **II** *v/i* **1** *economically* desplomarse, hundirse **2** (*collapse: of person*) desplomarse; *he ~ed into a chair* se dejó caer en una silla; *he sat ~ed over the keyboard* estaba postrado sobre el teclado

slung [slʌŋ] *pret & pp* ☞ **sling**

slunk [slʌŋk] *pret & pp* ☞ **slink**

slur [slɜːr] **I** *n on s.o.'s character* difamación *f* **II** *v/t* (*pret & pp* **-red**) *words* arrastrar

slurp [slɜːrp] *v/t* sorber

slurred [slɜːrd] *adj*: *his speech was ~* habló arrastrando las palabras

slush [slʌʃ] **1** nieve *f* derretida **2** (*pej: sentimental stuff*) sensiblería *f*

'slush fund fondo *m* para corruptelas

slush•y ['slʌʃɪ] *adj* **1** *snow* derretido **2** *movie, novel* sensiblero

slut [slʌt] *pej* fulana *f*

sly [slaɪ] **I** *adj* ladino; *you're a ~ one!* ¡estás hecho un zorro! **II** *n*: *on the ~* a escondidas

smack¹ [smæk] **I** *n*: *a ~ on the bottom* un azote; *a ~ in the face* una bofetada **II** *v/t child* pegar; *bottom* dar un azote en; *~ one's lips* lamerse los labios **III** *adv* F justamente, justo; *the ball landed ~ on top of the ...* la pelota cayó justo encima de ...

♦ **smack of** *v/t fig* oler a

smack² [smæk] *n* P *heroin* caballo *m* P

smack•er ['smækər] F **1** *big kiss* besazo *m* **2** *dollar* pavo *m* F

smack•ing ['smækɪŋ] *Br* azotaina *f*; *get a ~* llevarse una azotaina

small [smɒːl] **I** *adj* pequeño, *L.Am.* chico; *feel ~ of person* sentirse insignificante *or* poca cosa **II** *n*: *~ of the back* riñones *mpl*

'small arms *pl* armas *fpl* ligeras; **small 'bus•i•ness** pequeño negocio *m*; **small 'caps** *npl in printing* letra *f* versalita; **small 'change** cambio *m*, suelto *m*, *L.Am.* sencillo *m*; **small 'hours** *npl* madrugada *f*; *in the ~* a altas horas de la madrugada; **small-'mind•ed** *adj narrow, petty* cerrado, mezquino; **'small•pox** viruela *f*; **'small print** letra *f* pequeña; **'small talk: make ~** hablar de banalidades *or* trivialidades;

'small-time *adj crook* de poca monta; *operation, outfit* de poca importancia;

'small-town *adj* provincial

smarm•y ['smɑːrmɪ] *adj Br pej* F halagador, zalamero

smart¹ [smɑːrt] *adj* (*elegant*) elegante; (*intelligent*) inteligente; *pace* rápido; *get ~ with* hacerse el listillo con

smart² [smɑːrt] *v/i* (*hurt*) escocer

smart al•eck [smɑːrt'ælɪk] F, **'smart ass** F sabelotodo *m/f* F; **'smart bomb** bomba *f* inteligente; **'smart card** tarjeta *f* inteligente

♦ **smart•en up** ['smɑːrtn] *v/t appearance* mejorar; *room* arreglar

smart•ly ['smɑːrtlɪ] *adv dressed* con elegancia

smash [smæʃ] **I** *n* **1** *noise* estruendo *m* **2** (*car crash*) choque *m* **3** *in tennis* smash *m*, mate *m* **II** *v/t break* hacer pedazos *or* añicos; *he ~ed the toys against the wall* estrelló los juguetes contra la pared; *~ sth to pieces* hacer algo añicos **III** *v/i* **1** *break* romperse **2**: *the driver ~ed into ...* el conductor se estrelló contra ...

♦ **smash down** *v/t door* echar abajo; *fig: barriers* derribar

♦ **smash up** *v/t place* destrozar

smashed [smæʃt] *adj* F ciego F, pedo F; *get ~ on sth* ponerse ciego con algo F

smash 'hit F exitazo *m* F; *be a ~ with s.o.* ser todo un éxito con alguien

smash•ing ['smæʃɪŋ] *adj esp Br* F genial F, estupendo

smat•ter•ing ['smætərɪŋ]: *have a ~ of English* saber muy poco de inglés

smear [smɪr] **I** *n* **1** *of ink* borrón *m*; *of paint, on window, glass* mancha *f* **2** MED citología *f* **3** *on character* difamación *f* **II** *v/t* **1** *character* difamar **2**: *~ X over Y* untar *or* embadurnar Y de X; *~ed with blood* manchado de sangre

'smear cam•paign campaña *f* de difamación

'smear test MED citología *f*, *L.Am.* papanicolau *m*

smell [smel] **I** *n* olor *m*; *it has no ~* no huele a nada; *sense of ~* sentido *m* del olfato; *there's a ~ of gas* huele a gas; *there's a ~ of garlic in here* aquí huele a ajo; *have a ~ of sth* oler a algo; *sniff at* oler algo

II *v/t* (*pret & pp* **-ed** *or* **smelt**) oler; *~*

trouble olerse *or* barruntar problemas
III *v/i* (*pret & pp* **-ed** *or* **smelt**) 1 **have a**
smell oler; **you ~ of beer** hueles a cerveza; **it ~s good** huele bien; **his breath**
~s le huele el aliento 2 (*sniff*) olfatear
smell•y ['smelɪ] *adj* apestoso; **she had ~**
feet le olían los pies
smelt[1] [smelt] *pret & pp* ☞ **smell**
smelt[2] [smelt] *v/t* ore fundir
smile [smaɪl] **I** *n* sonrisa *f*; **give a ~** sonreír; **give s.o. a ~** sonreír a alguien;
they're all ~s again todos estan de buenas otra vez **II** *v/i* sonreír
◆ **smile at** *v/t* sonreír a
smirk [smɜːrk] **I** *n* sonrisa *f* maligna **II** *v/i*
sonreír malignamente
smith [smɪθ] ☞ **blacksmith**
smith•er•eens [smɪðə'riːnz] *npl*:
smash sth to ~ hacer algo añicos
smith•y ['smɪðɪ] herrería *f*
smit•ten ['smɪtn]: **she has been ~ with**
flu le ha aquejado la gripe; **be ~ with**
s.o. estar perdidamente enamorado
de alguien
smog [smɑːg] niebla *f* tóxica
smoke [smoʊk] **I** *n* 1 humo *m*; **go up in ~**
of building, objects quedar reducido a
cenizas; **all our plans have gone up in**
~ todos nuestros planes se han quedado en agua de borrajas 2: **have a ~** fumarse un cigarrillo **II** *v/t* 1 *cigarettes* fumar 2 *bacon* ahumar **III** *v/i* *of person*
fumar
◆ **smoke out** *v/t* person in hiding hacer
aparecer
'smoke a•larm detector *m* de humo
smoked [smoʊkt] *adj* 1 *meat* ahumado
2: **~ glass** cristal *m* esmerilado
'smoke de•tec•tor ☞ **smoke alarm**;
smoke-'free *adj* zone de no fumadores; **'smoke gre•nade** granada *f* de humo; **'smoke jump•er** bombero *m/f* paracaidista
smok•er ['smoʊkər] *person* fumador(a)
m(f); **~'s cough** tos *f* de fumador
'smoke•screen *fig* tapadera *f*
'smoke•stack chimenea *f*; **~ industries**
industria *f* pesada
smok•ing ['smoʊkɪŋ]: **~ is bad for you**
fumar es malo; **no ~** sign prohibido fumar
'smok•ing com•part•ment RAIL compartimento *m* de fumadores
smok•ing 'gun *fig* pruebas *fpl* conclu-

yentes
smok•y ['smoʊkɪ] *adj* room, air lleno de
humo
smol•der ['smoʊldər] *v/i* 1 *of fire* arder
(*sin llama*); **the fire was still ~ing** todavía ardían los rescoldos 2 *fig*: *with anger* arder de rabia; *with desire* arder en
deseos
smooch [smuːtʃ] *v/i* F besuquearse F
smooth [smuːð] **I** *adj* surface, skin liso,
suave; *sea* en calma; (*peaceful*) tranquilo; *ride, drive* sin vibraciones; *transition*
sin problemas; *pej*: *person* meloso **II** *v/t*
hair alisar
◆ **smooth down** *v/t* with sandpaper etc
alisar
◆ **smooth out** *v/t* paper, cloth alisar
◆ **smooth over** *v/t*: **smooth things**
over suavizar las cosas
smooth•ie ['smuːðɪ] *pej* F hombre elegantemente vestido y con mucha labia
smooth•ly ['smuːðlɪ] *adv* without any
problems sin incidentes
'smooth-talk•ing *adj* con mucha labia
smoth•er ['smʌðər] *v/t* flames apagar,
sofocar; *person* asfixiar; *opposition,
dissent* acallar, contener; **be ~ed in**
sth estar cubierto *or* inundado de algo;
~ s.o. with kisses comerse a alguien a
besos
smoul•der *v/i* Br ☞ **smolder**
SMS [esem'es] *abbr* (= **short message**
system) SMS *m*
smudge [smʌdʒ] **I** *n* of paint mancha *f*;
of ink borrón *m* **II** *v/t* ink emborronar;
paint difuminar
smug [smʌg] *adj* engreído
smug•gle ['smʌgl] *v/t* pasar de contrabando; **the kids had ~d a rabbit into**
class los niños habían metido un conejo en la clase a escondidas; **they ~d him**
out of the country le sacaron clandestinamente del país
smug•gler ['smʌglər] contrabandista
m/f
smug•gling ['smʌglɪŋ] contrabando *m*
smug•ly ['smʌglɪ] *adv* con engreimiento *or* suficiencia
smut [smʌt] *fig* obscenidades *fpl*
smut•ty ['smʌtɪ] *adj* joke, sense of humor obsceno
snack [snæk] tentempié *m*, aperitivo *m*;
have a ~ tomar un tentempié
'snack bar cafetería *f*

sna•fu ['snæfuː] F *mess* chapuza *f*

snag [snæg] **I** *n* (*problem*) inconveniente *m*, pega *f* **II** *v/t* (*pret & pp* **-ged**) *sweater, pantyhose* enganchar

snail [sneɪl] caracol *m*; **at a ~'s pace** a paso de tortuga

'snail mail F: **send sth by ~** enviar algo por correo tradicional *or* por snail-mail

snake [sneɪk] **I** *n* serpiente *f*; **~ in the grass** *fig* traidor(a) *m(f)* **II** *v/t*: **~ its way through the jungle** avanzar haciendo eses por la selva

'snake•bite mordedura *f* de serpiente; **'snake charm•er** encantador(a) *m(f)* de serpientes; **'snake•skin** piel *f* de serpiente

snap [snæp] **I** *n* **1** chasquido *m* **2** PHOT foto *f*
II *v/t* (*pret & pp* **-ped**) **1** *break* romper **2**: **none of your business, she ~ped** no es asunto tuyo, saltó **3**: **~ one's fingers** dar un chasquido con los dedos
III *v/i* (*pret & pp* **-ped**) **1** *break* romperse; F *crack up* perder los papeles F; **my patience ~ped** se me acabó la paciencia **2**: **~ at s.o.** chillar a alguien, hablar bruscamente a alguien **3**: **~ shut** cerrarse de golpe; **~ out of it!** F ¡anímate! F; **the guards ~ped to attention** los guardias se cuadraron
IV *adj decision, judgement* rápido, súbito

◆ **snap off** *v/t twig etc* arrancar; **snap s.o.'s head off** F echar un rapapolvo a alguien

◆ **snap up** *v/t bargains* llevarse

'snap fast•en•er automático *m*, corchete *m*

snap•py ['snæpɪ] *adj* **1** *person, mood* irascible **2** *decision, response* rápido; **make it ~!** F ¡acelera! F, ¡los he visto más rápidos! F **3** (*elegant*) elegante; *title, phrase* ingenioso, con chispa

'snap•shot foto *f*

snare [sner] cepo *m*, lazo *m*; *fig* trampa *f*

snarl¹ [snɑːrl] **I** *n of dog* gruñido *m* **II** *v/i* gruñir; **~ at s.o.** renegar a alguien

snarl² [snɑːrl] **I** *n in hair, wool* enredo *m* **II** *v/t hair, wool* enredar

◆ **snarl up** *v/t*: **the traffic was completely snarled up** el tráfico estaba totalmente inmovilizado

'snarl-up embotellamiento *m*, congestión *f*

snatch [snætʃ] **I** *v/t* **1** arrebatar; **~ sth from s.o.** arrebatar algo a alguien **2** (*steal*) robar; (*kidnap*) secuestrar **II** *v/i*: **don't ~** no lo agarres **III** *n* **1**: **make a ~ at sth** intentar arrebatar algo **2**: **~es of conversation** trozos *mpl* de conversación **3** F *kidnap* secuestro *m* **4** P *female genitals* coño *m* P

◆ **snatch at** *v/t* intentar agarrar

snaz•zy ['snæzɪ] *adj* F vistoso, *Span* chulo F

sneak [sniːk] (*pret & pp* **-ed** *or* F **snuck**) **I** *v/t* (*remove, steal*) llevarse; **~ a glance at** mirar con disimulo **II** *v/i*: **~ into the room** entrar disimuladamente en la habitación; **I snuck out the back way** salí sigilosamente por detrás

◆ **sneak up on** *v/t* pillar por sorpresa a

sneak•ers ['sniːkərz] *npl* zapatillas *fpl* de deporte

sneak•ing ['sniːkɪŋ] *adj*: **have a ~ suspicion that ...** sospechar que ...; **have a ~ admiration for s.o.** admirar con reticencia a alguien

sneak 'pre•view *of film, exhibition* preestreno *m*; *of TV, radio program* adelanto *m*; **have a ~ of sth** tener un avance *or* anticipo de algo

sneak•y ['sniːkɪ] *adj* F (*crafty*) ladino, cuco F

sneer [snɪr] **I** *n* mueca *f* desdeñosa **II** *v/i* burlarse (*at* de)

sneeze [sniːz] **I** *n* estornudo *m* **II** *v/i* estornudar; **it's not to be ~d at** F no es moco de pavo F

snick•er ['snɪkər] **I** *n* risita *f* **II** *v/i* reírse (*en voz baja*)

snide [snaɪd] *adj comments* malicioso, rebuscado

sniff [snɪf] **I** *v/i* **1** *to clear nose* sorberse los mocos **2** *of dog* olfatear **II** *v/t* (*smell*) oler; *of dog* olfatear

snif•fer dog ['snɪfər] perro *m* policía

snif•fle ['snɪfl] F *light cold* resfriado *m* leve; **he's got a ~** *or* **the ~s** tiene un catarro

snif•fy ['snɪfɪ] *adj* F despectivo, desdeñoso

snif•ter ['snɪftər] copa *f* de coñac

snig•ger ['snɪgər] ☞ **snicker**

snip [snɪp] *Br* F (*bargain*) ganga *f*

◆ **snip off** *v/t* (*pret & pp* **-ped**) tijeretear

◆ **snipe at** [snaɪp] *v/t* MIL disparar (*desde un lugar escondido*)

snip•er ['snaɪpər] francotirador(a) *m(f)*

snip•pet ['snɪpɪt]: ~ *of conversation* fragmento *m* de conversación

snip•py ['snɪpɪ] *adj* F (*rude*) borde F, grosero

snitch [snɪtʃ] F **I** *n* (*telltale*) chivato(-a) *m(f)* **II** *v/i* chivarse

sniv•el ['snɪvl] *v/i* (*pret & pp* **-ed**, *Br* **-led**) gimotear

snob [snɑ:b] presuntuoso(-a) *m(f)*

snob•ber•y ['snɑ:bərɪ] presuntuosidad *f*

snob•bish ['snɑ:bɪʃ] *adj* presuntuoso

snog [snɑ:g] *Br* F **I** *v/i* (*pret & pp* **-ged**) besuquearse F **II** *v/t* (*pret & pp* **-ged**) besuquear F, *Span* liarse con F

snook•er ['snu:kər] **I** *n* billar *m* inglés **II** *v/t* F (*deceive, cheat*) timar; *Br* **be ~ed** *in a difficult situation* estar en un aprieto F

snoop [snu:p] *person* fisgón(-ona) *m(f)*
◆ **snoop around** *v/i* fisgonear

snoot•y ['snu:tɪ] *adj* presuntuoso

snooze [snu:z] **I** *n* cabezada *f*; **have a ~** echar una cabezada **II** *v/i* echar una cabezada

snore [snɔːr] *v/i* roncar

snor•ing ['snɔːrɪŋ] ronquidos *mpl*

snor•kel ['snɔːrkl] snorkel *m*, tubo *m* para buceo

snor•kel•ing, *Br* **snor•kel•ling** ['snɔːrklɪŋ] buceo *m* con snorkel; **go ~** hacer buceo con snorkel

snort [snɔːrt] **I** *v/i of bull, person* bufar, resoplar **II** *v/t* F *cocaine* esnifar **III** *n* F *of whiskey* trago *m*

snot [snɑːt] F mocos *mpl*

snot•ty ['snɑːtɪ] *adj* F **1** *nose, handkerchief* mocoso **2** (*stuck-up*) estirado

snot•ty-nosed ['snɑːtɪnoʊzd] *adj*: **~ kid** *also fig* mocoso(-a) *m(f)*, crío(-a) *m(f)*

snout [snaʊt] *of pig, dog* hocico *m*

snow [snoʊ] **I** *n* nieve *f* **II** *v/i* nevar
◆ **snow in** *v/t*: **be snowed in** estar aislado por la nieve
◆ **snow under** *v/t*: **be snowed under** estar desbordado

'**snow•ball** **I** bola *f* de nieve **II** *v/i fig* agrandarse, intensificarse; '**snow•ball fight** pelea *f or* lucha *f* de bolas de nieve; '**Snow Belt** *área de Estados Unidos desde la frontera con Canadá hasta el Medio Oeste*; '**snow•bird** F *persona del norte que pasa los inviernos en zonas cálidas*; **snow blow•er** ['snoʊblouər] máquina *f* quitanieves; '**snow•board** snowboard *m*; '**snow•board•er** *persona que hace snowboard*; '**snow•bound** *adj* aislado por la nieve; **snow-capped** ['snoʊkæpt] *adj* coronado de nieve; '**snow chains** *npl* MOT cadenas *fpl* para la nieve; '**snow•drift** nevero *m*; '**snow•drop** campanilla *f* de invierno; '**snow•fall**: **the average ~ in April** la media de nieve en abril; **a heavy ~** una buena nevada; '**snow•flake** copo *m* de nieve; '**snow job** F tomadura *f* de pelo; '**snow line** límite *m* de las nieves perpetuas; '**snow•man** muñeco *m* de nieve; **snow•mo•bile** ['snoʊməbiːl] moto *f* de nieve; '**snow•plow**, *Br* '**snow•plough** quitanieves *f inv*; '**snow•shoe** raqueta *f* de nieve; '**snow•storm** tormenta *f* de nieve; '**snow tires** *npl* ruedas *fpl* antideslizantes; '**Snow White** Blancanieves *f*

snow•y ['snoʊɪ] *adj weather* de nieve; *roads, hills* nevado

snub [snʌb] **I** *n* desaire **II** *v/t* (*pret & pp* **-bed**) desairar

snub-nosed ['snʌbnoʊzd] *adj person* con la nariz respingona

snuck [snʌk] F *pret & pp* ☞ **sneak**

snuff [snʌf] *v/t candle* apagar; **~ it** *Br* P diñarla P

'**snuff mov•ie** película *f* snuff (*película porno en la que se asesina a alguien*)

snug [snʌg] *adj* **1** (*tight-fitting*) ajustado; **be a ~ fit** ajustarse *or* adaptarse al cuerpo; *too tight* ser demasiado ceñido **2**: **we are nice and ~ in here** aquí se está muy a gusto
◆ **snug•gle down** ['snʌgl] *v/i* acurrucarse
◆ **snuggle up to** *v/t* acurrucarse contra

so [soʊ] **I** *adv* **1** tan; *it was ~ easy* fue tan fácil; *I'm ~ cold* tengo tanto frío; *that was ~ kind of you* fue muy amable de tu parte; *not ~ much* no tanto; *~ much easier* mucho más fácil; *you shouldn't eat / drink ~ much* no deberías comer / beber tanto; *I miss you ~* te echo tanto de menos
2: *~ am / do I* yo también; *~ is she / does she* ella también
3 *like this* así, de esta manera; *and ~ on* etcétera
4: *~ what?* F ¿y qué? F; *is that ~?* ¿y qué? F

II *pron:* **I hope / think ~** eso espero / creo; **you didn't tell me – I did ~** no me lo dijiste – sí que lo hice; **50 or ~** unos 50; **a mile or ~** una milla más o menos

III *conj* **1** *for that reason* así que; **I got up late and ~ I missed the train** me levanté tarde así que perdí el tren **2** *in order that* para que; **~ (that) I could come too** para que yo también pudiera venir; **I did it ~ as to make things easier for you** lo hice para facilitar las cosas

soak [soʊk] **I** *v/t (steep)* poner en remojo; *of water, rain* empapar **II** *v/i:* **~ in the tub** darse un baño

◆ **soak up** *v/t liquid* absorber; *atmosphere* empaparse de; **soak up the sun** tostarse al sol

soaked [soʊkt] *adj* empapado; **be ~ to the skin** estar calado hasta los huesos

soak•ing (wet) ['soʊkɪŋ] *adj* empapado

so-and-so ['soʊənsoʊ] F *(unknown person)* fulanito *m*; *(euph: annoying person)* canalla *m/f*

soap [soʊp] **1** *for washing* jabón *m* **2** *(~ opera)* telenovela *f*

'soap dish jabonera *f*; **'soap op•e•ra** telenovela *f*; **'soap pow•der** detergente *m* para la ropa; **'soap•suds** *npl* espuma *f* de jabón

soap•y ['soʊpɪ] *adj water* jabonoso

soar [sɔːr] *v/i of rocket etc* elevarse; *of prices* dispararse

sob [sɑːb] **I** *n* sollozo *m* **II** *v/i (pret & pp -bed)* sollozar

sob, SOB [esoʊ'biː] *abbr* F (= **son of a bitch**) hijo *m* de puta V, *Mex* hijo *m* de la chingada V

so•ber ['soʊbər] *adj* **1** *(not drunk)* sobrio **2** *(serious)* serio

◆ **sober up** **I** *v/i:* **he sobered up** se le pasó la borrachera **II** *v/t* despejar, espabilar

so•ber•ing ['soʊbərɪŋ] *adj:* **have a ~ effect on s.o.** *fig* hacer reflexionar a alguien, impactar a alguien

'sob sto•ry F desgracias *fpl*, tragedia *f*

so-'called *adj (referred to as)* así llamado; *(incorrectly referred to as)* mal llamado

soc•cer ['sɑːkər] fútbol *m*

'soc•cer hoo•li•gan hincha *m* violento

so•cia•ble ['soʊʃəbl] *adj* sociable

so•cial ['soʊʃl] *adj* social; **be a ~ drinker** beber (alcohol) sólo en ocasiones especiales

so•cial 'climb•er arribista *m/f*

so•cial 'dem•o•crat socialdemócrata *m/f*

so•cial•ism ['soʊʃəlɪzm] socialismo *m*

so•cial•ist ['soʊʃəlɪst] **I** *adj* socialista **II** *n* socialista *m/f*

so•cial•ite ['soʊʃəlaɪt] *persona de la alta sociedad*

so•cial•i•za•tion [soʊʃəlaɪ'zeɪʃn] *of children* socialización *f*

so•cial•ize ['soʊʃəlaɪz] **I** *v/i* socializar (**with** con); **I don't ~ much** no hago mucha vida social **II** *v/t child* socializar

'so•cial life *f* social; **have a busy ~** tener una gran vida social

so•cial 'sci•ence ciencia *f* social; **so•cial se'cur•i•ty** *Br* seguridad *f* social; **so•cial ser•vi•ces** *pl* asistencia *f* social; **'so•cial work** trabajo *m* social; **'so•cial work•er** asistente(-a) *m(f)* social

so•ci•e•ty [sə'saɪətɪ] sociedad *f*

so•ci•o•e•co•nom•ic [soʊsjoʊiːkə'nɑːmɪk] *adj* socioeconómico

so•ci•o•log•i•cal [soʊsɪə'lɑːdʒɪkl] *adj* sociológico

so•ci•ol•o•gist [soʊsɪ'ɑːlədʒɪst] sociólogo(-a) *m(f)*

so•ci•ol•o•gy [soʊsɪ'ɑːlədʒɪ] sociología *f*

sock[1] [sɑːk] *n for wearing* calcetín *m*; **pull one's ~s up** *Br* F espabilarse F, esforzarse; **put a ~ in it!** *Br* P ¡cierra el pico! F

sock[2] [sɑːk] **I** *n (punch)* puñetazo *m* **II** *v/t (punch)* dar un puñetazo a; **~ s.o. on the jaw** dar un puñetazo a alguien en la mandíbula; **~ it to him!** F ¡déjaselo todo bien clarito!

sock•et ['sɑːkɪt] **1** *for light bulb* casquillo *m* **2** *of arm* cavidad *f*; *of eye* cuenca *f* **3** *Br* ELEC enchufe *m*

sod [sɑːd] *Br* P **I** *n (bastard)* cabrón (-ona) *m(f)* P; **poor ~** pobre infeliz *m/f* **II** *v/t:* **~ it!** ¡mierda! P

so•da ['soʊdə] **1** (**~ water**) soda *f*; **two whiskey ~s** dos whiskies con soda **2** *(soft drink)* refresco *m*; *(ice-cream ~)* refresco con helado

'so•da foun•tain mostrador de refrescos y helados; **'so•da jerk** persona que tra-

baja en una 'soda fountain'; **'so•da wa•ter** soda *f*

sod•den ['sɑːdn] *adj* empapado

so•di•um ['soʊdɪəm] CHEM sodio *m*

so•do•my ['sɑːdəmɪ] sodomía *f*

so•fa ['soʊfə] sofá *m*

'so•fa-bed sofá cama *m*

soft [sɑːft] *adj voice, light, color, skin* suave; *pillow, attitude, water* blando; **have a ~ spot for** tener una debilidad por; **be ~ in the head** F ser un memo F; **be a ~ touch** ser un blando; **get ~ of** *fruit etc* reblandecerse; **be ~ on** *crime, terrorism etc* no tener mano dura con; **be ~ on s.o.** (*be lenient with*) ser poco severo con alguien; (*have a crush on*) estar loco por alguien

'soft•ball *game* softball *m* (*tipo de béisbol que se juega en campo más pequeño y con pelota más blanda*); **soft-boiled** ['sɑːftbɔɪld] *adj egg* pasado por agua; **'soft cur•ren•cy** divisa *f* débil; **'soft drink** refresco *m*; **'soft drug** droga *f* blanda

soft•en ['sɑːfn] I *v/t* **1** *position* ablandar **2** *impact, blow* amortiguar II *v/i* of *butter, ice cream* ablandarse, reblandecerse

◆ **soften up** *v/t* F ablandar

soft•en•er ['sɑːfnər] *for fabrics* suavizante *m*

soft•heart•ed ['sɑːfthɑːrtɪd] *adj* sensible

soft•ie ['sɑːftɪ] F **1** (*crybaby*) quejica *m/f* F **2** (*softhearted person*) blanducho(-a) *m(f)*

'soft loan préstamo *m* a interés reducido

soft•ly ['sɑːftlɪ] **1** *adv* suavemente II *adj*: **a ~ ~ approach** *in a hostage taking incident etc* una aproximación con tiento

'soft-ped•al *v/t* (*pret & pp* **-ed**, *Br* **-led**) F quitar importancia a; **'soft porn** porno *m* blando; **'soft porn mov•ie** película *f* erótica; **'soft sell** venta *f* no agresiva; **'soft-soap** *v/t* F hacer la pelota a F; **'soft-spo•ken** *adj* de voz suave; **soft 'toy** peluche *m*; **soft•ware** ['sɑːftwer] software *m*; **'soft•ware pack•age** paquete *m* de software; **'soft wood** madera *f* blanda

soft•y F ☞ **softie**

sog•gy ['sɑːgɪ] *adj* empapado

SOH [esoʊ'eɪtʃ] *abbr* (= **sense of hu-**

mor) sentido *m* del humor

soil [sɔɪl] I *n* (*earth*) tierra *f* II *v/t* ensuciar

sol [sɑːl] FIN sol *m*

sol•ace ['sɑːləs] consuelo *m*

so•lar cell [soʊlər'sel] placa *f* solar; **so•lar e'clipse** eclipse *m* de sol; **so•lar 'en•er•gy** energía *f* solar

so•lar•i•um [sə'lerɪəm] (*pl* **solaria** [sə'lerɪə], **-iums**) solarium *m*

'so•lar pan•el panel *m* solar; **so•lar plex•us** [soʊlər'pleksəs] ANAT plexo *m* solar; **'so•lar sys•tem** sistema *m* solar

sold [soʊld] *pret & pp* ☞ **sell**

sol•der ['sɑːldər] *v/t* soldar

sol•dier ['soʊldʒər] soldado *m*

◆ **soldier on** *v/i* seguir adelante; **we'll have to soldier on without her** nos las tendremos que arreglar sin ella

sole¹ [soʊl] *n of foot* planta *f*; *of shoe* suela *f*

sole² [soʊl] *adj* único

sole³ [soʊl] *n fish* lenguado *m*

'sole a•gen•cy representación *f* exclusiva

'sole a•gent agente *m/f* exclusivo(-a)

sole•ly ['soʊllɪ] *adv* únicamente

sol•emn ['sɑːləm] *adj* solemne; **I give you my ~ word that** te doy mi palabra de honor de que

so•lem•ni•ty [sə'lemnətɪ] solemnidad *f*

sol•emn•ly ['sɑːləmlɪ] *adv* solemnemente

so•lic•it [sə'lɪsɪt] I *v/i of prostitute* abordar clientes II *v/t help* solicitar

so•lic•i•tor [sə'lɪsɪtər] *Br* abogado(-a) *m(f)* (*que no aparece en tribunales*)

so•lic•i•tous [sə'lɪsɪtəs] *adj* solícito, atento

sol•id ['sɑːlɪd] I *adj* sólido; (*without holes*) compacto; *gold, silver, oak* macizo; **a ~ hour** una hora seguida; **a ~ gold watch** un reloj de oro macizo II *n* **1** MATH cuerpo *m* sólido **2**: **~s** *pl* comida *f* sólida

sol•i•dar•i•ty [sɑːlɪ'dærətɪ] solidaridad *f*; **in ~ with** en solidaridad con

so•lid•i•fy [sə'lɪdɪfaɪ] *v/i* (*pret & pp* **-ied**) solidificarse

sol•id•ly ['sɑːlɪdlɪ] *adv* **1** *built* sólidamente **2** *in favor of sth* unánimemente

so•lil•o•quy [sə'lɪləkwɪ] soliloquio *m*

sol•i•taire [sɑːlɪ'ter] *card game* solitario *m*; **play ~** jugar al solitario

sol·i·ta·ry ['sɑːlɪterɪ] *adj* **1** *life, activity* solitario **2** (*single*) único

sol·i·ta·ry con'fine·ment prisión *f* incomunicada

sol·i·tude ['sɑːlɪtuːd] soledad *f*

so·lo ['soʊloʊ] **I** *n* MUS solo *m* **II** *adj* *flight, voyage* en solitario **III** *adv* MUS, *fly, sail* en solitario

so·lo·ist ['soʊloʊɪst] solista *m/f*

sol·stice ['sɑːlstɪs] AST solsticio *m*

sol·u·ble ['sɑːljʊbl] *adj substance, problem* soluble

so·lu·tion [sə'luːʃn] *also mixture* solución *f*

solv·a·ble ['sɑːlvəbl] *adj problem* resoluble

solve [sɑːlv] *v/t problem* solucionar, resolver; *mystery* resolver; *crossword* resolver, sacar

sol·ven·cy ['sɑːlvənsɪ] COM solvencia *f*

sol·vent ['sɑːlvənt] **I** *adj financially* solvente **II** *n* CHEM disolvente *m*; **~ abuse** adicción *f* a los disolventes

som·ber, *Br* **som·bre** ['sɑːmbər] *adj* **1** (*dark*) oscuro **2** (*serious*) sombrío

som·bre·ro [sɑːm'breroʊ] sombrero *m* mejicano

some [sʌm] **I** *adj*: **would you like ~ water / cookies?** ¿quieres agua / galletas?; **~ countries** algunos países; **I gave him ~ money** le di (algo de) dinero; **~ people say that …** hay quien dice …; **have ~ more** toma (un poco) más; **would you like ~ more cake?** ¿quieres más tarta?; **~ more coffee?** ¿más café? **II** *pron*: **~ of the group** parte del grupo; **would you like ~?** ¿quieres?; **milk? – no thanks, I already have ~** ¿leche? – gracias, ya tengo **III** *adv* (*a bit*): **we'll have to wait ~** tendremos que esperar algo or un poco; **~ 30 people** alrededor de 30 personas

some·bod·y ['sʌmbədɪ] *pron* **1** alguien **2**: **be ~** ser alguien importante or destacable

'some·day *adv* algún día

'some·how *adv* **1** (*by one means or another*) de alguna manera **2** (*for some unknown reason*) por alguna razón; **I've never liked him ~** por alguna razón u otra nunca me cayó bien

'some·one *pron* ☞ **somebody**

'some·place *adv* ☞ **somewhere**

som·er·sault ['sʌmərsɒlt] **I** *n* voltereta

f; *in the air* salto *m* mortal; **do a ~** dar una voltereta / un salto mortal **II** *v/i* dar una voltereta; *in the air* dar un salto mortal; *of vehicle* dar una vuelta de campana

'some·thing I *pron* algo; **would you like ~ to drink / eat?** ¿te gustaría beber / comer algo?; **is ~ wrong?** ¿pasa algo?; **~ funny / sad** algo divertido / triste; **or ~** F o algo así F; **he really thinks he's ~** se cree que es alguien (especial); **that was really ~!** eso estuvo muy bien or genial; **the price of gas in Europe is ~ else** F el precio de la gasolina en Europa está por las nubes F; **your brother is ~ else** F tu hermano es de lo que no hay F **II** *adv*: **~ like $5,000 / six months** algo así como 5.000 dólares / seis meses; **look ~ like** parecerse algo a; **~ over $200** poco más de 200 dólares; **be ~ of a pianist** tener bastante talento como pianista; **it was ~ of a shock** fue un shock de alguna manera; **he's ~ of a local hero here** aquí se le considera or es considerado un héroe **III** *n*: **a little ~** una chuchería or tontería; **a certain ~** no sé qué

'some·time *adv*: **let's have lunch ~** quedemos para comer un día de éstos; **~ last year** en algún momento del año pasado

'some·times ['sʌmtaɪmz] *adv* a veces

'some·way *adv* de alguna manera

'some·what *adv* un tanto; **it was ~ of a shock** fue un shock en cierto modo

'some·where I *adv* en alguna parte or algún lugar; **~ between 30 and 40 people** entre 30 y 40 personas; **we're finally getting ~!** ¡por fin parece que avanzamos!; **~ in the region of $100 dollars** alrededor de los 100 dólares **II** *pron*: **let's go ~ quiet** vamos a algún sitio tranquilo; **I was looking for ~ to park** buscaba un sitio donde aparcar

son [sʌn] hijo *m*

so·nar ['soʊnɑːr] NAUT sonar *m*

so·na·ta [sə'nɑːtə] MUS sonata *f*

song [sɒŋ] canción *f*; **I got it for a ~** F me ha salido tirado de precio F; **make a ~ and dance about sth** F armar un follón or pitote por algo F

'song·bird pájaro *m* cantor

'song·writ·er cantautor(a) *m(f)*

son•ic ['sɑːnɪk] *adj* PHYS sonoro; **~ bang** *or* **boom** AVIA bang *m or* estampido *m* supersónico

'son-in-law (*pl* **sons-in-law**) yerno *m*

'son•net ['sɑːnɪt] soneto *m*

son of a 'bitch V hijo *m* de puta V, *Mex* hijo *m* de la chingada V

son of a 'gun F sinvergüenza *m/f* F, granuja *m/f* F

so•no•rous ['sɑːnərəs] *adj lit* sonoro, resonante

soon [suːn] *adv* pronto; **how ~ can you be ready to leave?** ¿cuándo estarás listo para salir?; **he left ~ after I arrived** se marchó al poco de llegar yo; **can't you get here any ~er?** ¿no podrías llegar antes?; **as ~ as** tan pronto como; **as ~ as possible** lo antes posible; **~er or later** tarde o temprano; **the ~er the better** cuanto antes mejor; **I don't want to speak too ~** no quiero adelantarme a los acontecimientos; **I wouldn't speak too ~ if I was you** yo que tú no estaría tan seguro; **no ~er had he mentioned her name than she appeared** antes le llega a nombrar y antes aparece; **no ~er said than done** dicho y hecho; **I would ~er go to the movies than ...** antes iba al cine que ...

soot [sʊt] hollín *m*

soothe [suːð] *v/t* calmar

soot•y ['sʊtɪ] *adj ceiling, walls* cubierto de hollín

sop [sɑːp]: **as a ~ to** para apaciguar *or* tranquilizar

so•phis•ti•cat•ed [sə'fɪstɪkeɪtɪd] *adj* sofisticado

so•phis•ti•ca•tion [sə'fɪstɪkeɪʃn] sofisticación *f*

soph•o•more ['sɑːfəmɔːr] estudiante *m/f* de segundo año

sop•o•rif•ic [sɑːpə'rɪfɪk] *adj*: **the ~ effect of ...** el efecto soporífero de ...

sop•ping ['sɑːpɪŋ] *adj or adv*: **~ (wet)** F ensopado, empapado

sop•py ['sɑːpɪ] *adj* F sensiblero

so•pra•no [sə'prænoʊ] *singer* soprano *m/f*, *voice* voz *f* de soprano

sor•bet ['sɔːrbeɪ] sorbete *m*

sor•cer•er ['sɔːrsərə] brujo *m*

sor•cer•y ['sɔːrsərɪ] brujería *f*

sor•did ['sɔːrdɪd] *adj affair, business* sórdido

sore [sɔːr] I *adj* **1** (*painful*) dolorido; **is it**

~? ¿duele?; **I'm ~ all over** me duele todo el cuerpo; **my legs are ~** tengo las piernas cansadas; **I have a ~ stomach** me duele estómago; **stick out like a ~ thumb** F destacar mucho, *Span* dar el cante F; **it's a ~ point with him** eso es ponerle el dedo en la llaga **2** F (*angry*) enojado, *Span* mosqueado F II *n* llaga *f*

sore•ly ['sɔːrlɪ] *adv*: **you'll be ~ missed** se te echará muchísimo de menos; **you're ~ needed** se te necesita desesperadamente

so•ror•i•ty [sə'rɑːrətɪ] *in college* fraternidad *f* femenina

sor•row ['sɑːroʊ] pena *f*

sor•row•ful ['sɑːroʊfʊl] *adj* apenado, consternado

sor•ry ['sɑːrɪ] *adj* **1** *day* triste; **be a ~ sight** ofrecer un espectáculo lamentable; **I was so ~ to hear of her death** me dio mucha pena oír lo de su muerte; **I won't be ~ to leave here** no me arrepentiré de irme de aquí; **you'll be ~** te arrepentirás; **I feel ~ for her** siento pena *or* lástima por ella; **I am ~ to say that he is neglecting his work** siento tener que decir que está descuidando su trabajo

2: (*I'm*) **~!** *apologizing* ¡lo siento!; **I'm ~ (that) I didn't tell you sooner** lamento no habértelo dicho antes; (*I'm*) **~ but I can't help** lo siento pero no puedo ayudar; **say ~** pedir perdón, disculparse

sort [sɔːrt] I *n* **1** clase *f*, tipo *m*; **all ~s of things** muchas cosas; **some ~ of virus** una especie de virus; **I said nothing of the ~** no dije nada por el estilo; **what ~ of (a) man is he?** ¿qué clase de hombre es?; **he's my ~ of drummer** es la clase de batería que me gusta; **make a ~ of (a) feeling that** presentí como que

2: **be out of ~s** F estar para pocas fiestas F; **he's a poet of ~s** es un poeta de poca monta; **make a curtain of ~s** confeccionar una especie de cortina

3 COMPUT: **do a ~** ordenar

II *adv*: **~ of** F un poco, algo; **is it finished? – ~ of** F ¿está acabado? – más o menos; **I ~ of expected it** F más bien me lo esperaba F; **I feel ~ of lonely** me siento algo solo

III *v/t* ordenar, clasificar; COMPUT ordenar

◆ **sort out** *v/t papers* ordenar, clasificar;

problem resolver, arreglar; **sort one-self out** organizarse; **I'll sort him out!** *Br* F ¡ya lo arreglo yo!

◆ **sort through** *v/t* organizar, ordenar

sort•a ['sɔːrtə] F = **sort of**

sor•tie ['sɔːrtiː] MIL incursión *f*, AVIA combate *m* aéreo

SOS [esou'es] SOS *m*; *fig* llamada *f* de auxilio; ~ **message** mensaje *m* de socorro

so-'so *adv* F así así F

souf•flé ['suːfleɪ] suflé *m*

sought [sɔːt] *pret & pp* ☞ **seek**

'sought-af•ter *adj* solicitado

soul [soul] REL, *fig: of a nation etc* alma *f*, *character* personalidad *f*; **the poor** ~ el pobrecillo; **I didn't see a** ~ no vi ni un alma; **be the** ~ **of kindness** ser la amabilidad en persona

soul-de•stroy•ing ['souldɪstrɔɪɪŋ] *adj* tedioso, pesado

soul•less ['soulləs] *adj* deprimente

'soul mate alma *f* gemela; **'soul mu•sic** soul *m*, música *f* soul; **'soul-search•ing** reflexión *f*, meditación *f*

sound¹ [saund] **I** *adj* **1** (*sensible*) sensato **2** (*healthy*) sano **3** *sleep* profundo **II** *adv*: **be** ~ **asleep** estar profundamente dormido

sound² [saund] **I** *n* sonido *m*; (*noise*) ruido *m*; **I don't like the** ~ **of it** *fig* no me gusta ni un pelo; **by the** ~ **of things** *fig* por lo visto **II** *v/t* **1** (*pronounce*) pronunciar **2** MED auscultar **3**: ~ **one's horn** tocar la bocina; ~ **a warning** dar un aviso **III** *v/i* parecer; **that** ~**s interesting** parece interesante

◆ **sound off** *v/i* F (*complain*) protestar (**about** por)

◆ **sound out** *v/t*: **I sounded her out about the idea** sondeé a ver qué le parecía la idea

'sound bar•ri•er PHYS barrera *f* del sonido; **'sound bite** *frase breve pero expresiva extraída de un discurso político*; **'sound card** COMPUT tarjeta *f* de sonido; **'sound ef•fects** *npl* efectos *mpl* sonoros

sound•ing board ['saundɪŋ]: **use s.o. as a** ~ pedir consejo *or* asesoramiento a alguien

sound•ly ['saundlɪ] *adv* **1** *sleep* profundamente **2** *beaten* rotundamente

sound•ness ['saundnɪs] sensatez *f*

'sound•proof I *adj* insonorizado **II** *v/t* insonorizar; **sound•proof•ing** ['saundpruːfɪŋ] insonorización *f*; **'sound sys•tem** equipo *m or* sistema *m* de sonido; **'sound•track** banda *f* sonora

soup [suːp] sopa *f*; **be in the** ~ F estar en un lío F

◆ **soup up** *v/t* F trucar F

'soup bowl cuenco *m*

souped-up ['suːptʌp] *adj* F trucado

'soup kitch•en comedor *m* de la caridad; **'soup plate** plato *m* sopero; **'soup spoon** cuchara *f* sopera

sour [saur] *adj* *apple, orange* ácido, agrio; *milk* cortado; *comment* agrio; **go** ~ *of milk* cortarse; *fig* echarse a perder

source [sɔːrs] **I** *n* fuente *f*; *of river* nacimiento *m*; *fig* ~ **de una fuente veraz II** *v/t* (*obtain*) obtener

'source file COMPUT archivo *m* fuente

'source lan•guage LING lengua *f* de origen

sour 'cream, *Br* **soured 'cream** nata *f* agria; **sour 'grapes** *npl*: **that's just** ~ las uvas están verdes: **it's just** ~ **on his part** está disimulando que se muere de la envidia; **'sour•puss** F cascarrabias *m/f* F

south [sauθ] **I** *adj* sur, del sur **II** *n* sur *m*; **to the** ~ **of** al sur de; **in the** ~ **of** en el sur de; **the South** *of the US* el Sur **III** *adv* al sur; ~ **of** al sur de

South 'Af•ric•a Sudáfrica *f*; **South 'Af•ri•can I** *adj* sudafricano **II** *n* sudafricano(-a) *m(f)*; **South A'mer•i•ca** Sudamérica *f*, América *f* del Sur; **South A'mer•i•can I** *adj* sudamericano **II** *n* sudamericano(-a) *m(f)*; **'south•bound** *adj* hacia el sur, en dirección al sur; **south'east I** *n* sudeste *m*, sureste *m* **II** *adj* sudeste, sureste **III** *adv* al sudeste *or* sureste; ~ **of** al sudeste *or* sureste de; **South•east 'A•sia** sudeste *m* de Asia; **south'east•ern** *adj* del sudeste *or* sureste

south•er•ly ['sʌðərlɪ] *adj* *wind* sur, del sur; *direction* sur

south•ern ['sʌðərn] *adj* sureño

south•ern•er ['sʌðərnər] sureño(-a) *m(f)*

South•ern 'Hem•i•sphere hemisferio *m* sur

'south•ern•most *adj* más al sur

'south•paw F zurdo(-a) *m(f)*

South 'Pole Polo *m* Sur

south•ward ['saʊθwərd] *adv* hacia el sur

south'west I *n* sudoeste *m*, suroeste *m* II *adj* sudoeste, suroeste III *adv* al sudoeste *or* suroeste; ~ **of** al sudoeste *or* suroeste de

south'west•ern *adj* del sudoeste *or* suroeste

sou•ve•nir [su:və'nɪr] recuerdo *m*

sov•er•eign ['sɑ:vrɪn] *adj state* soberano

sov•er•eign•ty ['sɑ:vrɪntɪ] *of state* soberanía *f*

So•vi•et ['soʊviət] HIST I *adj* soviético II *npl*: **the ~s** los soviéticos

So•vi•et 'U•nion HIST Unión *f* Soviética

sow[1] [saʊ] *n (female pig)* cerda *f*, puerca *f*

sow[2] [soʊ] *v/t (pret* **sowed**, *pp* **sown)** *seeds* sembrar; *suspicion* infundir; ~ **doubt in s.o.'s mind** *fig* sembrar la duda en alguien; ~ **the seeds of sth** *fig* sembrar algo

sown [soʊn] *pp* ☞ **sow**[2]

'soy bean [sɔɪ] semilla *f* de soja

'soy sauce salsa *f* de soja

soz•zled ['sɑ:zəld] *adj* F bebido F, mamado F

spa [spɑ:] *in hotel* balneario *m*

space [speɪs] I *n* espacio *m*; **stare into ~** tener la mirada perdida II *v/t* espaciar, separar; ~ **the chairs two feet apart** separar las sillas dos pies las unas de las otras

◆ space out *v/t* espaciar

'space age I *n* futuro *m* II *adj* futurista; 'space bar COMPUT barra *f* espaciadora; 'space ca•det F colgado(-a) *m(f)* F; 'space cap•sule cápsula *f* espacial; 'space•craft nave *f* espacial

spaced-out [speɪst'aʊt] *adj* F colgado F; **look ~** parecer un zombi

'space•flight vuelo *m* espacial; 'space heat•er estufa *f* eléctrica; 'space•lab laboratorio *m* espacial; space•man ['speɪsmæn] astronauta *m*; 'space probe sonda *f* espacial; 'space•ship nave *f* espacial; 'space shut•tle transbordador *m* espacial; 'space sta•tion estación *f* espacial; 'space•suit traje *m* espacial; 'space trav•el viajes *mpl* espaciales; 'space•walk paseo *m* espacial

spac•ing ['speɪsɪŋ] espacio *m*

spa•cious ['speɪʃəs] *adj* espacioso

spade [speɪd] *for digging* pala *f*; **~s** *in card game* picas *fpl*; **call a ~ a ~** *fig* llamar al pan, pan, y al vino, vino; **in ~s** F de sobra F, para dar y vender F

'spade•work *fig* trabajo *m* preliminar

spa•ghet•ti [spə'getɪ] *nsg* espaguetis *mpl*

spa•ghet•ti 'west•ern spaghetti western *m*

Spain [speɪn] España *f*

spam [spæm] COMPUT propaganda *f* electrónica

span [spæn] I *v/t (pret & pp* **-ned)** abarcar; *of bridge* cruzar II *n* 1 AVIA, ORN envergadura *f* 2 *of time* periodo *m*

span•gle ['spæŋgl] I *v/t* recamar con lentejuelas; **be ~d with stars** estar plagado de estrellas II *n* lentejuela *f*

Spang•lish ['spæŋglɪʃ] F espanglés *m*

Span•iard ['spænɪərd] español(a) *m(f)*

span•iel ['spænɪəl] ZO spaniel *m*

Span•ish ['spænɪʃ] I *adj* español II *n* 1 *language* español *m* 2 *npl*: **the ~** los españoles

spank [spæŋk] *v/t* azotar

spank•ing ['spæŋkɪŋ] I *n* azotaina *f* II *adj pace* rápido, veloz III *adv* F: ~ **clean** como los chorros del oro F, como una patena F; ~ **new** completamente nuevo

span•ner ['spænər] *Br* llave *f*

spar [spɑ:r] I *v/i (pret & pp* **-red)** SP entrenarse (**with** con); *fig* pelearse (**with** con) II *n of wood* poste *m*

spare [sper] I *v/t* 1: **can you ~ me $50?** ¿me podrías dejar 50 dólares?; **we can't ~ a single employee** no podemos prescindir ni de un solo trabajador; **can you ~ the time?** ¿tienes tiempo?; **I have time to ~** me sobra el tiempo; **there were five to ~** sobraban cinco; **can you ~ me a cigarette / 10 minutes?** ¿me das un cigarrillo / 10 minutos?; ~ **s.o. sth** evitarle *or* ahorrarle a alguien algo; ~ **me the details** ahórrate (contarme) los detalles

2: ~ **s.o.'s life** perdonar la vida a alguien

II *adj pair of glasses, set of keys* de repuesto; **do you have any ~ cash?** ¿no te sobrará algo de dinero?

III *n* recambio *m*, repuesto *m*

spare 'part pieza *f* de recambio *or* repuesto; **spare 'ribs** *npl* costillas *fpl* de cerdo; **spare 'room** habitación *f* de invitados; **spare 'time** tiempo *m* libre; **spare 'tire**, *Br* **spare 'tyre** MOT rueda *f* de recambio *or* repuesto

spar•ing ['sperɪŋ] *adj* moderado; **be ~ with** no derrochar

spar•ing•ly ['sperɪŋlɪ] *adv* con moderación

spark [spɑːrk] **I** *n* chispa *f*; **the ~s fly** *fig* saltan chispas **II** *v/i* resplandecer **III** *v/t* despertar

◆ **spark off** *v/t* desatar, desencadenar

spar•kle ['spɑːrkl] **I** *v/i* destellar; *fig* brillar, sobresalir **II** *n* brillo *m*; *fig* gracia *f*, duende *m*

spar•kler ['spɑːrklər] **1** *firework* bengala *f* **2** **~s** *pl* F (*diamonds*) pedruscos *mpl* F

spar•kling ['spɑːrklɪŋ] *adj* **1** resplandeciente **2** *fig* brillante, sobresaliente

spar•kling 'wine vino *m* espumoso

'spark plug bujía *f*

spar•ring ['spɑːrɪŋ] *adj*: **~ partner** SP compañero(-a) *m(f)* de entrenamiento; *fig* adversario(-a) *m(f)*

spar•row ['spærəʊ] gorrión *m*

sparse [spɑːrs] *adj vegetation* escaso

sparse•ly ['spɑːrslɪ] *adv*: **~ populated** poco poblado

spar•tan ['spɑːrtn] *adj room* espartano

spasm ['spæzəm] MED espasmo *m*

spas•mod•ic [spæz'mɑːdɪk] *adj* intermitente

spat[1] [spæt] *pret & pp* ☞ **spit**[1]

spat[2] [spæt] *n* F *argument* rebote *m* F

spate [speɪt] *fig* oleada *f*

spa•tial ['speɪʃl] *adj* espacial

spat•ter ['spætər] *v/t*: **the car ~ed mud all over me** el coche me salpicó de barro

spat•u•la ['spætjʊlə] espátula *f*, paleta *f*

spawn [spɔːn] **I** *n* ZO huevos *mpl* **II** *v/i* ZO desovar **III** *v/t fig* engendrar

spay [speɪ] *v/t* extirpar los ovarios a

speak [spiːk] **I** *v/i* (*pret* **spoke**, *pp* **spoken**) hablar (**to, with** con); (*make a speech*) dar una charla; **we're not ~ing** (**to each other**) (*we've quarreled*) no nos hablamos; **~ing** TELEC al habla; **so to ~** digamos, (por decirlo) de alguna manera; **no-one / nothing to ~ of** nadie / nada que merezca la pena des-

tacar

II *v/t* (*pret* **spoke**, *pp* **spoken**) *foreign language* hablar; **she spoke her mind** dijo lo que pensaba

◆ **speak for** *v/t on behalf of* hablar en nombre de; **speak for yourself!** ¡habla por ti!; **it speaks for itself** habla por sí solo, lo dice todo

◆ **speak out** *v/i*: **speak out against injustice** denunciar la injusticia

◆ **speak up** *v/i* (*speak louder*) hablar más alto

◆ **speak up for** *v/t* defender

'speak-eas•y F *lugar donde se podía comprar alcohol ilegalmente durante los años 20 y 30 en EE.UU.*

speak•er ['spiːkər] **1** *at conference* conferenciante *m/f* **2** *of language* hablante *m/f*; **an English ~** un anglohablante **3** (*orator*) orador(a) *m(f)* **4** *of sound system* altavoz *m*, *L.Am.* altoparlante *m*

speak•ing ['spiːkɪŋ] *adj*: **we are not on ~ terms** no nos hablamos; **~ tour** gira *f* de conferencias

spear [spɪr] **I** *n* **1** *weapon* lanza *f* **2** *of asparagus* punta *f* **II** *v/t piece of food* pinchar

spear•head ['spɪrhed] *v/t also fig* ir al frente de, encabezar

spear•mint ['spɪrmɪnt] hierbabuena *f*

spec [spek]: **on ~** F a la aventura F

spe•cial ['speʃl] *adj* especial; **~ offer** COM oferta *f* especial; **be on ~ offer** estar de oferta

special ef'fects *npl* efectos *mpl* especiales

spe•cial•ist ['speʃlɪst] especialista *m/f*

spe•ci•al•i•ty [speʃɪ'æləti] *Br* ☞ **specialty**

spe•cial•i•za•tion [speʃəlaɪ'zeɪʃn] *subject* especialidad *f*

spe•cial•ize ['speʃəlaɪz] *v/i* especializarse (**in** en)

spe•cial•ly ['speʃlɪ] *adv* ☞ **especially**

spe•cial•ty ['speʃəltɪ] especialidad *f*; **the house ~** la especialidad de la casa

spe•cies ['spiːʃiːz] *nsg* especie *f*

spe•cif•ic [spə'sɪfɪk] **I** *adj* específico; **~ gravity** gravedad *f* específica **II** *npl*: **the ~s** las particularidades

spe•cif•i•cal•ly [spə'sɪfɪklɪ] *adv* específicamente

spec•i•fi•ca•tions [spesɪfɪ'keɪʃnz] *npl of machine etc* especificaciones *fpl*

spe•ci•fy ['spesɪfaɪ] *v/t* (*pret & pp* **-ied**) especificar

spe•ci•men ['spesɪmən] muestra *f*

'spe•ci•men sig•na•ture muestra *f* de firma

spe•cious ['spi:ʃəs] *adj* especioso, engañoso; *argument* capcioso

speck [spek] *of dust, soot* mota *f*

speck•led ['spekld] *adj egg* moteado

specs [speks] *npl* F **1** *Br* (*spectacles*) gafas *fpl*, *L.Am.* lentes *mpl* **2** (*specifications*) especificaciones *fpl*

spec•ta•cle ['spektəkl] **1** (*sight*) espectáculo *m*; *make a* ~ *of o.s.* dar el espectáculo **2**: (*a pair of*) ~*s* unas gafas, *L.Am.* unos lentes

spec•tac•u•lar [spek'tækjʊlər] **I** *adj* espectacular **II** *n movie* megaproducción *f*; *on TV* gala *f*

spec•ta•tor [spek'teɪtər] espectador(a) *m(f)*

spec•ta•tor sport deporte *m* espectáculo

spec•ter ['spektər] *tb fig* espectro *m*, fantasma *m*

spec•tral ['spektrəl] *adj* **1** *figure* espectral **2** PHYS espectral

spec•tre *Br* ☞ **specter**

spec•trum ['spektrəm] PHYS, *fig* espectro *m*; *a broad* ~ *of opinion* una amplia gama de opiniones

spec•u•late ['spekjʊleɪt] *v/i also* FIN especular

spec•u•la•tion [spekjʊ'leɪʃn] *also* FIN especulación *f*; *idle* ~ conjeturas *fpl*

spec•u•la•tive ['spekjʊlətɪv] *adj* **1** FIN especulativo **2** *look* reflexivo

spec•u•la•tor ['spekjʊleɪtər] FIN especulador(a) *m(f)*

sped [sped] *pret & pp* ☞ **speed**

speech [spi:tʃ] **1** (*address*) discurso *m*; *in play* parlamento *m*; *give a* ~ dar un discurso (*to* a) **2** (*ability to speak*) habla *f*, dicción *f*; (*way of speaking*) forma *f* de hablar

'speech de•fect, **'speech im•ped•i•ment** defecto *m* del habla

speech•less ['spi:tʃlɪs] *adj with shock, surprise* sin habla; *I was left* ~ me quedé sin habla

'speech rec•og•ni•tion reconocimiento *m* del habla; **'speech syn•the•siz•er** sintetizador *m* de voz; **'speech ther•a•pist** logopeda *m/f*; **'speech ther•a•py**

logopedia *f*, **'speech writ•er** redactor(a) *m(f)* de discursos

speed [spi:d] **I** *n* **1** velocidad *f*; (*promptness*) rapidez *f*; *at a* ~ *of 150 mph* a una velocidad de 150 millas por hora; *at full or top speed* a toda velocidad; *five-~ gearbox* caja *f* de cambios de cinco velocidades **2** F *drug* speed *m*

II *v/i* (*pret & pp* **sped**) **1** *run* correr; *we were ~ing along* íbamos a toda velocidad **2** *drive too quickly* sobrepasar el límite de velocidad

◆ **speed by** *v/i* pasar a toda velocidad

◆ **speed up I** *v/i of car, driver* acelerar; *when working* apresurarse **II** *v/t process* acelerar

'speed•boat motora *f*, planeadora *f*

'speed bump resalto *m* (*para reducir la velocidad del tráfico*), *Arg* despertador *m*, *Mex* tope *m*

speed•i•ly ['spi:dɪlɪ] *adv* con rapidez

speed•ing ['spi:dɪŋ]: *fined for* ~ multado por exceso de velocidad

'speed•ing fine multa *f* por exceso de velocidad

'speed lim•it *on roads* límite *m* de velocidad

speed•om•e•ter [spi:'dɑ:mɪtər] velocímetro *m*

'speed trap control *m* de velocidad por radar

speed•y ['spi:dɪ] *adj* rápido

speed•y Gon•za•lez [gɑ:n'zɑ:lez] F: *he's a real* ~ es (como) una bala F

spe•le•ol•o•gy [spi:lɪ'ɑ:lədʒɪ] espeleología *f*

spell[1] [spel] **I** *v/t word* deletrear; *how do you* ~ ...? ¿cómo se escribe ... ? **II** *v/i* deletrear

◆ **spell out** *v/t*: **spell sth out** explicar algo con pelos y señales (*for s.o.* a alguien)

spell[2] [spel] *n* (*period of time*) periodo *m*, temporada *f*; *I'll take a* ~ *at the wheel* te relevaré un rato al volante; *I'll wait a* ~ esperaré un ratito F; *cold* ~ METEO periodo de frío

spell[3] [spel] *n* encantamiento *m*, hechizo *m*; *fig* hechizo *m*, embrujo *m*; *be under s.o.'s* ~ *fig* estar bajo el hechizo de alguien; *cast a* ~ *on s.o.* hechizar *or* encantar a alguien; *fig* cautivar a alguien

'spell•bind•ing *adj* cautivador

'spell•bound *adj* hechizado; *hold s.o.* ~

embelesar a alguien; **'spell•check** COMPUT: **do a ~ on** pasar el corrector ortográfico a; **'spell•check•er** COMPUT corrector *m* ortográfico

spell•er ['spelər]: **be a good / bad ~** ser bueno / malo en ortografía

spell•ing ['spelɪŋ] ortografía *f*; **~ mistake** falta *f* de ortografía

spend [spend] *v/t* (*pret & pp* **spent**) *money* gastar; *time* pasar; **~ an hour doing sth** pasar *or* estar una hora haciendo algo

spend•er ['spendər]: **he's a big ~** es un gastador

spend•ing ['spendɪŋ] gastos *mpl*; **public ~** gasto *m* público; **~ cut** recorte *m* de gastos

'spend•ing mon•ey dinero *m* para gastos personales

'spend•thrift *pej* derrochador(a) *m(f)*

spent [spent] *pret & pp* ☞ **spend**

sperm [spɜːrm] espermatozoide *m*; (*semen*) esperma *f*

'sperm bank banco *m* de esperma; **'sperm count** recuento *m* espermático; **'sperm whale** cachalote *m*

spew [spjuː] *v/i* P (*vomit*) potar P

◆ **spew out** I *v/t* arrojar, expulsar II *v/i* salir violentamente (**from** de)

sphere [sfɪr] *also fig* esfera *f*; **~ of influence** ámbito *m* de influencia; **in the ~ of** en el campo de

spher•i•cal ['sferɪkl] *adj* esférico, redondo

sphinc•ter ['sfɪŋktər] ANAT esfínter *m*

spice [spaɪs] (*seasoning*) especia *f*

◆ **spice up** *v/t food* especiar; *fig: story, speech* aderezar

'spice rack especiero *m*

spick-and-span [spɪkən'spæn] *adj* como los chorros del oro

spic•y ['spaɪsɪ] *adj food* con especias; (*hot*) picante

spi•der ['spaɪdər] araña *f*

'spi•der•web telaraña *f*, tela *f* de araña

spiel [ʃpiːl] F sermón *m* F, parrafada *f* F

spike [spaɪk] I *n* pincho *m*; *on running shoe* clavo *m* II *v/t*: **~ s.o.'s drink** adulterar la bebida de alguien

'spike heel tacón *m* de aguja; **~s shoes** zapatos *mpl* de tacón de aguja

spikes [spaɪks] *npl* zapatillas *fpl* de correr

spik•y ['spaɪkɪ] *adj* **1** pinchudo **2** *Br* F

irritable

spill [spɪl] I *v/t* derramar; **I've ~ed coffee over my pants** me he tirado café por los pantalones II *v/i* derramarse III *n* **1** *of oil* derrame *m* **2**: **have a ~** sufrir una caída

◆ **spill out** *v/i of liquid* derramarse

◆ **spill over** *v/i of liquid* desparramarse; **spill over into** *of war* extenderse *or* propagarse hasta

'spill•way *of dam* canal *m* desagüe

spin¹ [spɪn] I *n* **1** (*turn*) giro *m*; **put ~ on a ball** SP hacer girar una pelota **2** *given by ~ doctor* enfoque *m* arbitrario; **put a different ~ on sth** darle la vuelta a algo II *v/t* (*pret & pp* **spun**) **1** *turn* hacer girar **2**: **~ s.o. a yarn** tomar el pelo a alguien III *v/i* (*pret & pp* **spun**) *of wheel* girar, dar vueltas; **my head is ~ning** me da vueltas la cabeza

◆ **spin around** *v/i of person, car* darse la vuelta

spin² [spɪn] *v/t wool, cotton* hilar; *web* tejer

◆ **spin out** *v/t* alargar

spin•ach ['spɪnɪdʒ] espinacas *fpl*

spin•al ['spaɪnl] *adj* de la columna vertebral

spin•al 'col•umn columna *f* vertebral

spin•al 'cord médula *f* espinal

spin•dle ['spɪndl] TECH eje *m*

spin•dly ['spɪndlɪ] *adj person, legs, tree* escuálido; *chair* endeble

'spin doc•tor F *asesor encargado de dar la mejor prensa posible a un político o asunto*; **'spin-dry** *v/t* centrifugar; **spin-'dry•er** centrifugadora *f*

spine [spaɪn] **1** *of person, animal* columna *f* vertebral; *of book* lomo *m* **2** *on plant, hedgehog* espina *f*

spine-chill•ing ['spaɪntʃɪlɪŋ] *adj* espeluznante

spine•less ['spaɪnlɪs] *adj* (*cowardly*) débil

spin•na•ker ['spɪnəkər] NAUT spinnaker *m*

spin•ning wheel ['spɪnɪŋwiːl] rueca *f*

'spin-off producto *m* derivado

spin•ster ['spɪnstər] solterona *f*

spin•ster•ish ['spɪnstərɪʃ] *adj* melindroso

spin•y ['spaɪnɪ] *adj* espinoso

spi•ral ['spaɪrəl] I *n* espiral II *v/i* (*rise quickly*) subir vertiginosamente; **and**

inflation ~*s out of control again* y la inflacción se dispara de nuevo desmesuradamente

spi•ral 'stair•case escalera *f* de caracol

spire [spaɪr] aguja *f*

spir•it ['spɪrɪt] espíritu *m*; (*courage*) valor *m*; *in a* ~ *of cooperation* con espíritu de cooperación; *I'll be with you in* ~ estaré contigo en mis pensamientos; *get into the* ~ *of things* ambientarse
◆ **spirit away** *v/t* retirar disimuladamente

spir•it•ed ['spɪrɪtɪd] *adj* (*energetic*) enérgico

'spir•it lev•el nivel *m* de burbuja

spir•its [spɪrɪts] *pl* (*morale*) la moral; *be in good* or *high / poor* ~ tener la moral alta / baja; *lift* or *raise s.o.'s* ~ levantar los ánimos a alguien, animarse a alguien

spir•it•u•al ['spɪrɪtʃʊəl] **I** *adj* espiritual **II** *n* MUS espiritual *m*

spir•it•u•al•ism ['spɪrɪtʃəlɪzm] espiritismo *m*

spir•it•u•al•ist ['spɪrɪtʃəlɪst] espiritista *m/f*

spit¹ [spɪt] **I** *v/i* (*pret & pp* **spat**) *of person* escupir; *it's* ~*ting with rain* está chispeando; ~ *at s.o.* escupir a alguien; *"get out!" she spat at him* "¡fuera!" le gritó enfurecida **II** *v/t* escupir
◆ **spit out** *v/t food, liquid* escupir; *spit it out! fig* ¡suéltalo! F

spit² [spɪt] *n* **1** *for meat* pincho *m*, brocheta *f* **2** GEOG lengua *f*

spite [spaɪt] *n* **1** rencor *m*; *out of pure* ~ por pura malicia **2**: *in* ~ *of* a pesar de **II** *v/t* fastidiar

spite•ful ['spaɪtfəl] *adj* malo, malicioso

spite•ful•ly ['spaɪtfəlɪ] *adv* con maldad or malicia

'spit•fire furia *f*

spit•ting ['spɪtɪŋ] *adj*: *be within* ~ *distance* F estar a un paso F

spit•ting 'im•age *be the* ~ *of s.o.* ser el vivo retrato de alguien

spit•tle ['spɪtl] babas *fpl*

splash [splæʃ] **I** *n small amount of liquid* chorrito *m*; *of color* mancha *f*; *make* (*quite*) *a* ~ F causar sensación F **II** *v/t person* salpicar; ~ *cold water over one's face* refrescarse la cara con agua fría; *it was* ~*ed all over the newspapers fig* fue noticia de primera plana

en todos los periódicos **III** *v/i* chapotear; *of water* salpicar
◆ **splash about** *v/t*: *splash one's money about* Br F malgastar el dinero F
◆ **splash down** *v/i of spacecraft* amerizar
◆ **splash out** *v/i Br* F: *in spending* gastarse una fortuna
◆ **splash out on** *v/t* Br F derrochar en F

'splash•down amerizaje *m*

splat [splæt] *adv*: *go* ~ hacer chof

splat•ter ['splætər] ☞ **spatter**

splay [spleɪ] *v/t* abrir, extender
◆ **splay out** *v/t* ☞ **splay**

spleen [spliːn] ANAT bazo *m*

splen•did ['splendɪd] *adj* espléndido

splen•dor, Br **splen•dour** ['splendər] esplendor *m*

splice [splaɪs] *v/t* **1** empalmar **2** F: *get* ~*d* casarse

spliff [splɪf] *cannabis joint* porro *m*

splint [splɪnt] MED tablilla *f*

splin•ter ['splɪntər] **I** *n* astilla *f* **II** *v/i* astillarse

'splin•ter group grupo *m* escindido

split [splɪt] **I** *n* **1** *damage* raja *f* **2** (*disagreement*) escisión *f* **3** (*division, share*) reparto *m* **4**: *do the* ~*s* hacer el spagat **II** *v/t* (*pret & pp* **split**) **1** *damage* rajar; *logs* partir en dos; ~ *one's sides* F partirse de risa F **2** (*cause disagreement in*) escindir; *be* ~ *fig* discrepar (*on* sobre) **3** (*share*) repartir; ~ *sth three ways* dividir algo para tres; ~ *the difference* partir la diferencia **III** *v/i* (*pret & pp* **split**) **1** (*tear*) rajarse **2** (*disagree*) escindirse **3** F (*leave*) largarse F
◆ **split up I** *v/i of couple* separarse **II** *v/t* (*divide*) dividir

split 'ends *npl* puntas *fpl* abiertas; **split--'lev•el** casa *f* de dos plantas; **split--lev•el co•lo•ni•al** casa *f* de estilo colonial de dos plantas; **split per•son•al•i•ty** PSYCH doble personalidad *f*; **split 'screen** COMPUT pantalla *f* dividida; **split 'sec•ond** F instante *m*

split•ting ['splɪtɪŋ] *adj*: ~ *headache* dolor *m* de cabeza atroz

splodge [splɒdʒ] *esp Br*, **splotch** [splɒtʃ] pegote *m*, mancha *f*

splurge [splɜːrdʒ] F **I** *n*: *have a* ~ tirar la

casa por la ventana (**on** en) F **II** v/i despilfarrar (**on** en)

splut•ter ['splʌtər] v/i farfullar

spoil [spɔɪl] **I** v/t (pret & pp **spoiled** or **spoilt**) **1** estropear, arruinar **2** child consentir, mimar **II** v/i **1** echarse a perder **2**: **be ~ing for a fight** estar buscando bronca **III** npl: **the ~s (of war)** el botín de guerra

spoil•er ['spɔɪlər] MOT alerón m

'**spoil•sport** F aguafiestas m/f inv F

spoilt [spɔɪlt] **I** adj child consentido, mimado; **be ~ for choice** tener mucho donde elegir; **~ ballot** (paper) POL papeleta f inválida **II** pret & pp ☞ **spoil**

spoke[1] [spouk] n of wheel radio m; **put a ~ in s.o.'s wheel** fig poner la zancadilla a alguien

spoke[2] [spouk] pret ☞ **speak**

spo•ken ['spoukən] **I** pp ☞ **speak II** adj: **in ~ English** en inglés hablado

spokes•man ['spouksmən] portavoz m

spokes•per•son ['spouksp3ːrsən] portavoz m/f

spokes•wom•an ['spoukswumən] portavoz f

sponge [spʌndʒ] esponja f; **throw in the ~** fig tirar la toalla

◆ **sponge down** v/t humedecer

◆ **sponge off**, **sponge on** v/t F vivir a costa de

'**sponge cake** bizcocho m

spong•er ['spʌndʒər] F gorrón(-ona) m(f) F

spong•y ['spʌndʒɪ] adj **1** (waterlogged) anegado **2** in texture esponjoso; pej: bread etc abizcochado

spon•sor ['spɑːnsər] **I** n patrocinador(a) m(f) **II** v/t patrocinar

spon•sor•ship ['spɑːnsərʃɪp] patrocinio m

spon•ta•ne•i•ty [spɑːntə'neɪətɪ] espontaneidad f

spon•ta•ne•ous [spɑːn'teɪnɪəs] adj espontáneo

spon•ta•ne•ous•ly [spɑːn'teɪnɪəslɪ] adv espontáneamente

spoof [spuːf] F parodia f (**of** de; **on** sobre)

spook [spuːk] F **I** n **1** (ghost) fantasma m **2** (spy) espía m/f **II** v/t asustar

spook•y ['spuːkɪ] adj F espeluznante, terrorífico

spool [spuːl] carrete m

spoon [spuːn] cuchara f

'**spoon•feed** v/t (pret & pp **-fed**) fig dar todo mascado a

spoon•ful ['spuːnful] cucharada f

spo•rad•ic [spə'rædɪk] adj esporádico

spo•rad•i•cal•ly [spə'rædɪklɪ] adv esporádicamente

spore [spɔːr] BIO espora f

sport [spɔːrt] **1** deporte m **2**: **be a good ~** F ser buena gente F; **be a ~ and let me borrow your car** no seas aguafiestas y déjame el coche

sport•ing ['spɔːrtɪŋ] adj deportivo; **a ~ gesture** un gesto deportivo; **give s.o. a ~ chance** dar ventaja a alguien

'**sports car** [spɔːrts] (coche m) deportivo m; '**sports•cast** noticias fpl deportivas; '**sports cen•ter**, Br '**sports cen•tre** polideportivo m; '**sports•coat**, Br '**sports jack•et** chaqueta f de sport; **sports 'jour•nal•ist** periodista m/f deportivo(-a); '**sports•man** deportista m

sports•man•like ['spɔːrtsmənlaɪk] adj deportivo, correcto

sports•man•ship ['spɔːrtsmənʃɪp] deportividad f

'**sports med•i•cine** medicina f deportiva; '**sports news** nsg noticias fpl deportivas; '**sports page** página f de deportes; '**sports•wear** ropa f de deporte; '**sports•wom•an** deportista f

sport•y ['spɔːrtɪ] adj person deportista; clothes deportivo

spot[1] [spɑːt] n (pimple etc) grano m; (part of pattern) lunar m; **a ~ of ...** (a little) algo de ..., un poco de ...

spot[2] [spɑːt] n (place) lugar m, sitio m; **on the ~** (in the place in question) en el lugar; (immediately) en ese momento; **put s.o. on the ~** F poner a alguien en un aprieto F; **be in a ~** F estar en un apuro or aprieto F; **that hit the ~!** ¡era justo lo que necesitaba!; **earn a ~ on the team** hacerse con un puesto en el equipo

spot[3] [spɑːt] v/t (pret & pp **-ted**) (notice) ver; (identify) ver, darse cuenta de

'**spot buy•ing** FIN compra f al contado

spot 'check control m al azar; **carry out ~s** llevar a cabo controles al azar

spot•less ['spɑːtlɪs] adj inmaculado, impecable

'**spot•light** foco m; **be in the ~** fig estar en el candelero; **spot•'on** adj Br: **he**

was ~ dio en el clavo; **'spot price** FIN precio m al contado

spot•ted ['spɑːtɪd] adj fabric de lunares

spot•ty ['spɑːtɪ] adj with pimples con granos

spouse [spaʊs] fml cónyuge m/f

spout [spaʊt] **I** n pitorro m; **be up the** ~ Br F machine estar en las últimas; person, company estar en la cuerda floja F; **she's up the** ~ Br P (pregnant) está preñada P **II** v/i of liquid chorrear **III** v/t F soltar F

sprain [spreɪn] **I** n esguince m **II** v/t hacerse un esguince en

sprang [spræŋ] pret ☞ **spring²**

sprawl [sprɔːl] v/i despatarrarse; of city expandirse; **send s.o.** ~**ing** with punch derribar alguien de un golpe

sprawl•ing ['sprɔːlɪŋ] adj city extendido

spray [spreɪ] **I** n of sea water, from fountain rociada f; for hair spray m; container aerosol m, spray m **II** v/t rociar; crops fumigar; ~ **sth with sth** rociar algo de algo

'spray can aerosol m

'spray•gun pistola f pulverizadora

spread [spred] **I** n **1** of disease, religion etc propagación f **2** F (big meal) comilona f F **II** v/t (pret & pp **spread**) **1** (lay) extender; butter, jelly untar **2** news, rumor difundir; disease propagar **3** arms, legs extender **III** v/i (pret & pp **spread**) **1** of disease, fire propagarse; of rumor, news difundirse **2** of butter extenderse, untarse

◆ **spread around** v/t news etc extender; **don't spread this around, but …** no lo cuentes por ahí, pero …

◆ **spread out I** v/t abrir, extender **II** v/i of people distribuirse, separarse

spread-ea•gled [spred'iːgld] adj con las manos y las piernas abiertas

'spread•sheet COMPUT hoja f de cálculo

spree [spriː] F: **go (out) on a** ~ ir de juerga; **go on a shopping** ~ salir a comprar a lo loco

sprig [sprɪg] ramita f

spright•ly ['spraɪtlɪ] adj lleno de energía

spring¹ [sprɪŋ] **I** n season primavera f; **in (the)** ~ en (la) primavera **II** adj de primavera

spring² [sprɪŋ] n device muelle m

spring³ [sprɪŋ] **I** n **1** (jump) brinco m, salto m **2** (stream) manantial m
II v/i (pret **sprang**, pp **sprung**) brincar, saltar; ~ **from** proceder de; **he sprang to his feet** se levantó de un salto; ~ **into action** ponerse manos a la obra de inmediato; ~ **open** of lid etc abrirse de golpe
III v/t (pret **sprang**, pp **sprung**) **1**: ~ **sth on s.o.** F soltar algo a alguien de buenas a primeras F **2**: ~ **a leak** agrietarse **3**: ~ **s.o. (from prison)** F sacar a alguien de la cárcel

◆ **spring from** v/t originarse en; **where did you spring from?** ¿de dónde sales?

◆ **spring up** v/i of wind levantarse; of coffee shops, new houses etc multiplicarse

'spring•board also fig trampolín m; **spring 'chick•en** hum: **she's no** ~ no es ninguna niña; **spring-'clean** v/t & v/i limpiar a fondo; **spring-'clean•ing** limpieza f a fondo; **spring 'on•ion** Br cebollino m; **spring 'roll** GASTR rollito m de primavera; **spring 'tide** marea f viva; **'spring•time** primavera f

spring•y ['sprɪŋɪ] adj mattress, ground mullido; walk ligero; piece of elastic elástico

sprin•kle ['sprɪŋkl] v/t espolvorear; ~ **sth with sth** espolvorear algo con algo

sprin•kler ['sprɪŋklər] for garden aspersor m; in ceiling rociador m contra incendios

sprin•kling ['sprɪŋklɪŋ] **a** ~ **of** un poco de; people un puñado de

sprint [sprɪnt] **I** n esprint m; SP carrera f de velocidad **II** v/i (run fast) correr a toda velocidad; of runner esprintar

sprint•er ['sprɪntər] SP esprínter m/f, velocista m/f

spritz [sprɪts] v/t (spray) rociar

spritz•er ['sprɪtsər] vino blanco con soda

sprog [sprɑːg] Br F pequeño(-a) m(f) F

sprout [spraʊt] **I** v/i of seed brotar **II** n: **(Brussels)** ~**s** coles fpl de Bruselas **III** v/t: ~ **a beard** dejarse barba

◆ **sprout up** v/i surgir

spruce¹ [spruːs] adj pulcro

◆ **spruce up** v/t house etc dejar como una patena; **spruce o.s. up** F recomponerse F, arreglarse F

spruce[2] [spruːs] *n* BOT picea *f*

sprung [sprʌŋ] *pp* ☞ **spring**[2]

spry [spraɪ] *adj* lleno *m* de energía

spud [spʌd] F patata *f*

spun [spʌn] *pret & pp* ☞ **spin**[1]**III**

spunk [spʌŋk] F (*courage*) valor *m*

spunk•y ['spʌŋkɪ] *adj* F valiente

spur [spɜːr] **I** *n* espuela *f*; *fig* incentivo; **on the ~ of the moment** sin pararse a pensar **II** *v/t* (*pret & pp* **-red**): **~ s.o. into action** empujar a alguien a actuar

◆ **spur on** *v/t* (*encourage*) espolear

spu•ri•ous ['spjʊrɪəs] *adj emotion* fingido; *argument* falaz

spurn [spɜːrn] *v/t* rechazar; **a ~ed lover** un amante repudiado

spur-of-the-'mo•ment *adj* repentino

spurt [spɜːrt] **I** *n in race* arrancada *f*; **put on a ~** acelerar **II** *v/i of liquid* chorrear

sput•ter ['spʌtər] *v/i of engine* chisporrotear

spy [spaɪ] **I** *n* espía *m/f* **II** *v/i* (*pret & pp* **-ied**) espiar **III** *v/t* (*pret & pp* **-ied**) (*see*) ver

◆ **spy on** *v/t* espiar

'spy mov•ie película *f* de espías

squab•ble ['skwɑbl] **I** *n* riña *f* **II** *v/i* reñir

squad [skwɑd] **1** MIL pelotón *m* **2** *in police* brigada *f*; **the vice ~** la brigada antivicio **3** SP plantilla *f*

'squad car coche *m* patrulla

squad•ron ['skwɑːdrən] MIL, AVIA escuadrón *m*; NAUT escuadra *f*

squal•id ['skwɒlɪd] *adj* inmundo, miserable

squall[1] [skwɔːl] **I** *v/i* berrear **II** *n* berreo *m*

squall[2] [skwɔːl] *n* ráfaga *f*

squall•y ['skwɔːlɪ] *adj day, weather* ventoso

squal•or ['skwɒlər] inmundicia *f*; **live in ~** vivir en la inmundicia *or* miseria

squan•der ['skwɒndər] *v/t money* despilfarrar

square [skwer] **I** *adj* **1** *in shape* cuadrado; **~ miles** millas *fpl* cuadradas **2**: **be (all) ~** F estar en paz F

II *n* **1** *also* MATH cuadrado *m* **2** *in town* plaza *f*; *in board game* casilla *f*; **we're back to ~ one** volvemos al punto de partida

III *v/t* **1** *number* elevar al cuadrado; **4 ~d** 4 al cuadrado **2** F: **~ sth with one's conscience** no tener cargo de concien-

cia por algo; **I'll need to ~ it with the boss first** necesitaré primero el visto bueno del jefe

◆ **square up** *v/i* (*pay*) hacer cuentas

◆ **square up to** *v/t opponent* plantar cara a; *problem* hacer frente a

'square dance baile *m* típico estadounidense en grupos de cuatro parejas

squared 'pa•per [skwerd] papel *m* cuadriculado

square•ly ['skwerlɪ] *adv*: **face a problem ~** afrontar un problema directamente

square 'meal comida *f* substanciosa

square 'root raíz *f* cuadrada

squash[1] [skwɑʃ] *n vegetable* calabacera *f*

squash[2] [skwɑʃ] *n game* squash *m*

squash[3] [skwɑʃ] *v/t* (*crush*) aplastar; **~ flat** chafar

'squash court pista *f* de squash

'squash rack•et raqueta *f* de squash

squash•y ['skwɑʃɪ] *adj* blando, maduro

squat [skwɑːt] **I** *adj person, build* chaparro; *figure, buildings* bajo **II** *v/i* (*pret & pp* **-ted**) *sit* agacharse; **~ in a building** ocupar ilegalmente un edificio **III** *n building* casa *f* okupa *Span* F

◆ **squat down** *v/i* acuclillarse

squat•ter ['skwɑːtər] ocupante *m/f* ilegal, *Span* okupa *m/f* F

squaw [skwɔː] nativa *f* norteamericana

squawk [skwɔːk] *v/i* F refunfuñar F (*about* por)

squeak [skwiːk] **I** *n of mouse* chillido *m*; *of hinge* chirrido *m*; **I don't want to hear a ~ from you guys** no quiero oíros ni respirar; **that was a narrow ~!** F ¡por los pelos! F **II** *v/i of mouse* chillar; *of hinge* chirriar; *of shoes* crujir

◆ **squeak through** *v/i* F aprobar por los pelos

squeak•y ['skwiːkɪ] *adj hinge* chirriante; *shoes* que crujen; *voice* chillón

'squeak•y clean *adj* F *hair* bien limpio; *fig: politician* honesto

squeal [skwiːl] **I** *n* chillido *m*; **there was a ~ of brakes** se oyó una frenada estruendosa **II** *v/i* **1** chillar; *of brakes* armar un estruendo **2** F *of informant* chivarse F; **~ on s.o.** F delatar a alguien

squeam•ish ['skwiːmɪʃ] *adj* aprensivo

squee•gee ['skwiːdʒiː] limpiacristales

m de goma

squeeze [skwiːz] **I** *n of hand, shoulder* apretón *m*; **give sth a ~** apretujar algo; **put the ~ on s.o.** F apretarle los tornillos a alguien F **II** *v/t* **1** (*press*) apretar **2** (*remove juice from*) exprimir

♦ **squeeze in I** *v/i to a car etc* meterse a duras penas **II** *v/t* hacer hueco para

♦ **squeeze out** *v/t* exprimir

♦ **squeeze up** *v/i to make space* apretarse

squelch [skweltʃ] *v/i* chapotear

squib [skwɪb] petardo *m*

squid [skwɪd] calamar *m*

squig•gle ['skwɪgl] (*scribble*) garabato *m*

squint [skwɪnt]: **she has a ~** es estrábica, tiene estrabismo

squirm [skwɜːrm] *v/i* retorcerse

squir•rel ['skwɪrl] ardilla *f*

squir•rel•ly ['skwɪrəli] *adj* F majareta F

squirt [skwɜːrt] **I** *v/t* lanzar un chorro de **II** *n* F *pej* canijo(-a) *m(f)* F, mequetrefe *m/f* F

Sri Lan•ka [sriː'læŋkə] Sri Lanka *m*

St *abbr* **1** (= *saint*) *male* Sto; *female* Sta (= santo *m*; santa *f*) **2** (= *street*) c / (= calle *f*)

stab [stæb] **I** *n* **1** puñalada *f*; **~ wound** puñalada *f*; **~ in the back** *fig* puñalada por la espalda; **feel a ~ of pain / remorse** sufrir un ataque de dolor / remordimientos **2** F intento *m*; **have a ~ at sth** intentar algo

II *v/t* (*pret & pp* **-bed**) *person* apuñalar; **he was ~bed in the stomach** recibió una puñalada en el estómago; **~ s.o. in the back** *fig* clavar a alguien un puñal por la espalda

stab•bing ['stæbɪŋ] **I** *adj pain* punzante **II** *n* puñalada *f*

sta•bil•i•ty [stə'bɪlətɪ] estabilidad *f*

sta•bi•li•za•tion [steɪbəlaɪ'zeɪʃn] estabilización *f*

sta•bi•lize ['steɪbəlaɪz] **I** *v/t prices, boat* estabilizar **II** *v/i of prices etc* estabilizarse

sta•bi•liz•er ['steɪbəlaɪzər] TECH estabilizador *m*

sta•ble[1] ['steɪbl] *n for horses* establo *m*

sta•ble[2] ['steɪbl] *adj* estable; *patient's condition* estacionario

stack [stæk] **I** *n* **1** (*pile*) pila *f*; **be in the ~** *of airplane* estar en espera de recibir

permiso para aterrizar; **~s of** F montones de F **2** (*smoke~*) chimenea *f* **3** *for CDs* estantería *f* **II** *v/t* apilar; **the odds are ~ed against us** el viento no sopla a nuestro favor

♦ **stack up** *v/t* ☞ **stack II**

♦ **stack up against** *v/t* F comparar con

sta•di•um ['steɪdɪəm] (*pl* **stadia** ['steɪdɪə], **-ums**) estadio *m*

staff [stæf] *npl* (*employees*) personal *m*; (*teachers*) profesorado *m*; **~ are not allowed to ...** los empleados no tienen permiso ...; **be on the ~** formar parte de la plantilla **II** *v/t* proporcionar personal a

staf•fer ['stæfər] empleado(-a) *m(f)*

'staff of•fi•cer MIL oficial *m* del Estado Mayor

'staff•room *in school* sala *f* de profesores

stag [stæg] ciervo *m*

stage[1] [steɪdʒ] *n in life, project etc* etapa *f*; **in (easy) ~s** por partes; **at a later ~** posteriormente

stage[2] [steɪdʒ] **I** *n* THEA escenario *m*; **go on ~** salir a escena; **go on the ~** *become an actor* hacerse actor / actriz; **set the ~ for** ultimar los preparativos para **II** *v/t* **1** *play* escenificar, llevar a escena **2** *demonstration* llevar a cabo; **it was all specially ~d** *not spontaneous* no fue algo espontáneo

'stage di•rec•tion acotación *f*; **stage 'door** entrada *f* de artistas; **'stage fright** miedo *m* escénico; **'stage hand** tramoyista *m/f*; **'stage-man•age** *v/t* organizar entre bastidores; **stage 'man•ag•er** director(a) *m(f)* de escena; **'stage name** nombre *m* artístico; **'stage-struck** *adj* apasionado de la interpretación

stage•y ['steɪdʒɪ] *adj gesture* teatral, exagerado

stag•ger ['stægər] **I** *v/i* tambalearse **II** *v/t* **1** (*amaze*) dejar anonadado; **I was ~ed to see so many people** me quedé estupefacto al ver a tanta gente **2** *coffee breaks etc* escalonar

stag•ger•ing ['stægərɪŋ] *adj* asombroso

stag•nant ['stægnənt] *adj also fig* estancado

stag•nate [stæg'neɪt] *v/i fig* estancarse

stag•na•tion [stæg'neɪʃn] estancamiento *m*

'stag par•ty despedida *f* de soltero

staid [steɪd] *adj* aburrido, soso

stain [steɪn] **I** *n* **1** (*dirty mark*) mancha *f* **2** *for wood* tinte *m* **II** *v/t* **1** (*dirty*) manchar **2** *wood* teñir **III** *v/i* **1** *of wine etc* manchar, dejar mancha **2** *of fabric* mancharse

stained-glass 'win•dow [steɪnd] vidriera *f*

stain•less steel ['steɪnlɪssti:l] acero *m* inoxidable

stain re•mov•er ['steɪnrɪmu:vər] quitamanchas *m inv*

stair [ster] escalón *m*; *the ~s* la(s) escalera(s); *two flights of ~s* dos tramos de escalera

'stair car•pet alfombra *f* para escaleras

'stair•case, 'stair•way escalera(s) *f*(*pl*)

stake [steɪk] **I** *n* **1** *of wood* estaca *f* **2** *when gambling* apuesta *f*; *be at ~* estar en juego; *play for high ~s* jugarse mucho **3** (*investment*) participación *f*; *have a ~ in sth* tener intereses en algo **II** *v/t* **1** *tree* arrodrigar **2** *money* apostar; *reputation* jugarse **3** *person* ayudar (*económicamente*) **4**: *~ a* or *one's claim to sth* *fig* reclamar el derecho sobre algo

◆ stake out *v/t* F vigilar

'stake•out F vigilancia *f*

sta•lac•tite ['stæləktaɪt] GEOL estalactita *f*

sta•lag•mite ['stæləgmaɪt] GEOL estalagmita *f*

stale [steɪl] *adj bread* rancio; *air* viciado; *fig*: *news* viejo

'stale•mate *in chess* tablas *fpl* (*por rey ahogado*); *fig* punto *m* muerto; *end in ~* quedar tablas

stalk[1] [stɔːk] *n of fruit, plant* tallo *m*

stalk[2] [stɔːk] *v/t* (*follow*) acechar; *person* seguir

stalk•er ['stɔːkər] *persona que sigue a otra obsesivamente*

stall[1] [stɔːl] *n* **1** *at market* puesto *m* **2** *for cow, horse* casilla *f*

stall[2] [stɔːl] **I** *v/i* **1** *of vehicle, engine* calarse; *of plane* entrar en pérdida **2** (*play for time*) intentar ganar tiempo **II** *v/t* **1** *engine* calar **2** *person* retener

stal•li•on ['stæljən] semental *m*

stalls [stɔːlz] *npl* THEA patio *m* de butacas

stal•wart ['stɔːlwərt] *adj support, sup-*

porter incondicional

stam•i•na ['stæmɪnə] resistencia *f*

stam•mer ['stæmər] **I** *n* tartamudeo *m*; *have a ~, speak with a ~* tartamudear **II** *v/i* tartamudear

◆ stammer out *v/t* mascullar

stam•mer•er ['stæmərər] tartamudo(-a) *m*(*f*)

stamp[1] [stæmp] **I** *n* **1** *for letter* sello *m*, *L.Am.* estampilla *f*, *Mex* timbre *m* **2** *device* tampón *m*; *mark made with device* sello *m* **II** *v/t* sellar; *~ed addressed envelope* sobre *m* franqueado con la dirección

stamp[2] [stæmp] *v/t*: *~ one's feet* patear

◆ stamp out *v/t* (*eradicate*) terminar con

'stamp al•bum álbum *m* filatélico; 'stamp col•lect•ing filatelia *f*; 'stamp col•lec•tion collección *f* de sellos *or L.Am.* estampillas *or Mex* timbres; 'stamp col•lec•tor coleccionista *m*/*f* de sellos *or L.Am.* estampillas *or Mex* timbres

stam•pede [stæm'pi:d] **I** *n of cattle etc* estampida *f*; *of people* desbandada *f* **II** *v/i of cattle etc* salir de estampida; *of people* salir en desbandada **III** *v/t cattle, horses* hacer salir de estampida; *~ s.o. into doing sth* presionar a alguien para que haga algo

stamp•ing ground ['stæmpɪŋ] *fig* F lugar *m* favorito

stance [stæns] (*position*) postura *f*

stand [stænd] **I** *n* **1** *at exhibition* puesto *m*, stand *m* **2** (*witness ~*) estrado *m*; *take the ~* subir al estrado **3** (*support, base*) soporte *m* **4**: *~s pl* SP graderío *m* **5**: *make* or *take a ~* adoptar una postura **6** MIL resistencia *f* **II** *v/i* (*pret & pp stood*) **1** *as opposed to sit* estar de pie; (*rise*) ponerse de pie **2** *of building* encontrarse, hallarse; *there was a large box ~ing in the middle of the floor* había una caja muy grande en mitad del suelo; *the house ~s at the corner of ...* la casa se encuentra en la esquina de ...; *~ still of person* quedarse quieto; *don't just ~ there, do something!* ¡no te quedes ahí parado *or* quieto, haz algo! **3**: *where do you ~ with Liz?* ¿cuál es tu situación con Liz?; *where do you ~ on this?* ¿de qué lado estás?; *at least I*

know now where I ~ al menos sé a que
atenerme; *as things* ~ tal y como están
las cosas; *my offer still* ~*s* mi oferta todavía está en pie; *it* ~*s at 5%* asciende
al 5%
4 *for election etc* presentarse
III *v/t* (*pret & pp* **stood**) **1** (*put*) colocar
2 (*tolerate*) aguantar, soportar **3**: *you
don't* ~ *a chance* no tienes ninguna posibilidad; ~ *one's ground* mantenerse
firme; ~ *s.o. a drink* F invitar a alguien
a tomar algo F
◆ **stand around** *v/i*: *just standing
around on the corner* rondando por
la esquina
◆ **stand back** *v/i* echarse atrás
◆ **stand by I** *v/i* **1** (*not take action*) quedarse sin hacer nada; *stand idly by*
quedarse de brazos cruzados **2** (*be
ready*) estar preparado **II** *v/t person*
apoyar; *decision* atenerse a
◆ **stand down** *v/i* (*withdraw*), LAW retirarse
◆ **stand for** *v/t* **1** (*tolerate*) aguantar **2**
(*represent*) significar **3**: *stand for election Br* presentarse como candidato a
unas elecciones
◆ **stand in for** *v/t* sustituir
◆ **stand on** *v/t* **1** subirse a; *stand on
one's hands / head L.Am.* pararse
de cabeza, *Span* hacer el pino con las
manos / la cabeza; *be able to do sth
standing on one's head* F poder hacer
algo con los ojos cerrados F
◆ **stand out** *v/i* destacar
◆ **stand out against** *v/t* **1** (*resist*) oponerse a **2** (*be silhouetted against*) resaltar sobre
◆ **stand over** *v/t* estar encima de
◆ **stand up I** *v/i* **1** levantarse **2** *fig: of
argument, claim* estimarse **II** *v/t* F
plantar F
◆ **stand up for** *v/t* defender; *stand up
for yourself!* ¡defiéndete!
◆ **stand up to** *v/t* hacer frente a; *use,
pressure* aguantar
'**stand•a•lone** *adj computer, workstation* independiente
stan•dard¹ ['stændərd] **I** *adj* **1** *size etc*
estándar; *it is* ~ *for applicants to …*
por norma los solicitantes deben …
2 (*usual*) habitual
II *n* (*level of excellence*) nivel *m*; TECH
estándar *m*; *be up to* ~ cumplir el nivel

exigido; *not be up to* ~ estar por debajo
del nivel exigido; *my parents set very
high* ~*s* mis padres exigen mucho; *by
present-day* ~*s* según los criterios de
hoy en día
stan•dard² ['stændərd] *n flag* estandarte *m*
stan•dard de•vi•a•tion desviación *f* típica
stan•dard•i•za•tion [stændərdaɪ'zeɪʃn]
estandarización *f*
stan•dard•ize ['stændərdaɪz] *v/t* normalizar
◆ **standardize on** *v/t* estandarizar
'**stan•dard lamp** *Br* lámpara *f* de pie
stan•dard of 'liv•ing nivel *m* de vida
'**stand•by I** *n* **1** AVIA *ticket* billete *m*
stand-by; *be on* ~ estar en stand-by
or en lista de espera **2**: *be on* ~ *to deal
with crisis* estar en alerta **3**: *canned tomatoes are a useful* ~ los tomates en
lata son un recurso muy socorrido **II**
adv fly con un billete stand-by
'**stand•by pas•sen•ger** pasajero(-a)
m(f) en stand-by *or* en lista de espera
'**stand-in** sustituto(-a) *m(f)*
stand•ing ['stændɪŋ] *in society etc* posición *f*; (*repute*) reputación *f*; *a musician / politician of some* ~ un reputado músico / político; *a relationship
of long* ~ una relación establecida hace
mucho tiempo
'**stand•ing com•mit•tee** comisión *f*
permanente; **stand•ing 'or•der** *Br*
FIN orden *f* de pago; '**stand•ing room**:
~ *only* no quedan asientos
'**stan•dings** *npl* SP tabla *f* de clasificación, clasificación *f*
'**stand•off** punto *m* muerto
stand-off•ish [stænd'ɑːfɪʃ] *adj* distante
'**stand•point** punto *m* de vista; '**standstill**: *be at a* ~ estar paralizado; *bring
to a* ~ paralizar; **stand-up 'com•ic** có-
mico(-a) *m(f)*; **stand-up 'fight** pelea *f*
en toda regla
stank [stæŋk] *pret* ☞ **stink**
stan•za ['stænzə] estrofa *f*
sta•ple¹ ['steɪpl] *n foodstuff* alimento *m*
básico
sta•ple² ['steɪpl] **I** *n fastener* grapa *f* **II** *v/t*
grapar
sta•ple 'di•et dieta *f* básica
'**sta•ple gun** grapadora *f* industrial
sta•pler ['steɪplər] grapadora *f*

star [stɑːr] **I** *n also person* estrella *f*; *see* **~s** ver las estrellas; **thank one's lucky ~s** F dar las gracias a la providencia; **the ~ of the show** la estrella del espectáculo
II *adj player etc* estrella
III *v/t* (*pret & pp* **-red**) *of movie* estar protagonizado por
IV *v/i* (*pret & pp* **-red**) *in movie*: **Tom Hanks ~red in …** Tom Hanks protagonizó …

'**star•board** *adj* de estribor

starch [stɑːrʧ] *in foodstuff* fécula *f*

starch•y ['stɑːrʧɪ] *adj* **1** *foodstuff* feculento **2** *fig* F rígido, recto

star•dom ['stɑːrdəm] estrellato *m*

stare [ster] **I** *n* mirada *f* fija **II** *v/i* mirar fijamente; **~ at** mirar fijamente **II** *v/t*: **it's staring you in the face!** *fig*: *object* ¡lo tienes justo delante!; *situation* ¡está más claro que el agua!

'**star•fish** estrella *f* de mar

stark [stɑːrk] **I** *adj landscape* desolado; *reminder, picture etc* desolador; **in ~ contrast to** en marcado contraste con **II** *adv*: **~ naked** completamente desnudo; **be ~ staring** *or* **raving mad** estar como una cabra F

star•let ['stɑːrlət] *pej* actriz *f* de cine principiante

'**star•light** luz *f* de las estrellas

star•ling ['stɑːrlɪŋ] estornino *m*

'**star•lit** *adj* iluminado por las estrellas

star•ry ['stɑːrɪ] *adj night* estrellado

star•ry-eyed [stɑːrɪ'aɪd]] *adj person* cándido, ingenuo

Stars and 'Stripes *la bandera estadounidense*; '**star•sign** signo *m* del zodiaco; **Star-Span•gled Ban•ner** [stɑːr-spæŋgld'bænər] **1** *song* himno *m* nacional estadounidense **2** *flag* bandera *f* estadounidense

start[1] [stɑːrt] **I** *n* (*beginning*) comienzo *m*, principio *m*; *of race* salida *f*; **get off to a good** / **bad ~** empezar bien / mal; **well, it's a ~!** bueno, ¡algo es algo!; **it's a good ~** es un buen comienzo; **at the ~** al principio; *of race* a la salida; **for a ~** para empezar; **from the ~** desde el principio; **from ~ to finish** de principio a fin; **we want to make an early ~** queremos salir temprano *or* pronto; **make a fresh ~** (*in life*) empezar desde cero; **make a ~ on sth** emprender algo

II *v/i* empezar, comenzar; *of engine, car* arrancar; **if you ~ from city hall and head …** si sales del ayuntamiento y te diriges a …; **~ing from tomorrow** a partir de mañana; **don't you ~!** ¡no empieces!; **to ~ with** (*for a start*) en primer lugar; (*in the beginning*) al principio; **~ back for home** volver para casa
III *v/t* empezar, comenzar; *engine, car* arrancar; *business* montar; **~ to do sth, ~doing sth** empezar *or* comenzar a hacer algo; **he ~ed to cry, he ~ed crying** se puso a llorar
◆ **start in on** *v/t* meterse con F
◆ **start off I** *v/i* **1** empezar, comenzar **2** *on journey* salir (**for** hacia) **II** *v/t* **1** *proceedings* empezar, iniciar **2**: **don't start him off again!** ¡no le des cuerda otra vez!
◆ **start out** *v/i* partir, salir
◆ **start up I** *v/t engine, machine* arrancar; *business* montar, abrir **II** *v/i of storm* empezar, comenzar; *of business* poner en marcha, montar

start[2] [stɑːrt] *n of fright, surprise* sobresalto *m*; **wake up with a ~** despertarse dando un bote

start•er ['stɑːrtər] **1** *part of meal* entrada *f*, entrante *m*; **and that's just for ~s** F y eso es sólo para empezar **2** *of car* motor *m* de arranque **3** *of race* juez *m/f* de salida

start•ing blocks ['stɑːrtɪŋblɑːks] *npl* SP tacos *mpl* de salida; '**start•ing gate** parrilla *f* de salida; '**start•ing line** línea *f* de salida; '**start•ing point** punto *m* de partida; '**start•ing sal•a•ry** sueldo *m* inicial

start•le ['stɑːrtl] *v/t* sobresaltar

start•ling ['stɑːrtlɪŋ] *adj* sorprendente, asombroso

'**start-up cap•i•tal** capital *m* inicial

'**start-up costs** *npl of company* costes *mpl or Span* costos *mpl* de puesta en marcha

star•va•tion [stɑːr'veɪʃn] inanición *f*, hambre *f*; **die of ~** morir de inanición; **~ diet** dieta *f* deficiente y escasa; **~ wage** sueldo *m* ínfimo

starve [stɑːrv] *v/i* pasar hambre; **~ to death** morir de inanición *or* hambre; **I'm starving** F me muero de hambre F **II** *v/t* hacer pasar hambre; **~ s.o. to death** hacer morir de hambre a alguien; **she ~d herself to death** se mataba de hambre; **be ~d of** *fig* estar necesitado de; **~ the enemy into surrender** hacer pasar hambre al enemigo hasta que se rinda

'**Star Wars** MIL F la Guerra *f* de las Galaxias

stash [stæʃ] **I** *n* reserva *f* secreta **II** *v/t* ocultar, esconder

◆ **stash away** *v/t* ☞ **stash**

state[1] [steɪt] **I** *n* (*condition, country*) estado *m*; **the States** (los) Estados Unidos; **~ of affairs** situación *f*, coyuntura *f*; **~ of mind** estado *m* de ánimo; **be in a ~ of war with ...** estar en guerra abierta con ...; **get in(to) a ~** F perder los estribos; **turn ~'s evidence** testificar en contra de los otros reos **II** *adj capital etc* estatal, del estado; *banquet etc* de estado

state[2] [steɪt] *v/t* declarar; **on the ~d date** en la fecha establecida

'**State De•part•ment** Departamento *m* de Estado, *Ministerio de Asuntos Exteriores*

state•less ['steɪtlɪs] *adj* POL sin patria

state•ly ['steɪtlɪ] *adj* armonioso, elegante; **~ home** Br palacio *m*, mansión *f*

state•ment ['steɪtmənt] **1** declaración *f*; **make a ~** hacer una declaración (**to** ante) **2** (*bank ~*) extracto *m*

state•ment of ac'count extracto *m* de cuenta

Stat•en Is•land [stætn'aɪlənd] la Isla Staten

state of e'mer•gen•cy estado *m* de emergencia; **state-of-'play re•port** informe *m* de la situación; **state-of--the-'art** *adj* modernísimo; **state-of--the-art tech'no•lo•gy** tecnología *f* punta; **State of the 'Un•ion Mes•sage** discurso *m* al Congreso sobre el estado de la nación; '**state•side** *adv* F *go, travel* a Estados Unidos

states•man ['steɪtsmən] hombre *m* de estado

states•man•like ['steɪtsmənlaɪk] *adj* de hombre de estado

state 'troop•er policía *m/f* estatal

state 'vis•it visita *f* de estado

stat•ic ['stætɪk] **I** *adj* **1** PHYS estático **2** *fig: image* fijo; *amount* invariable **II** *n* **1** ELEC electricidad *f* estática **2**: **take a lot of ~ about sth** F recibir duras críticas por algo F

stat•ic e•lec'tric•i•ty electricidad *f* estática

sta•tion ['steɪʃn] **I** *n* **1** RAIL estación *f* **2** RAD emisora *f*; TV canal *m* **II** *v/t guard etc* apostar; **be ~ed in** *of soldier* estar destinado en

sta•tion•a•ry ['steɪʃnerɪ] *adj* parado

sta•tion•er ['steɪʃənər] papelería *f*

sta•tion•er•y ['steɪʃənerɪ] artículos *mpl* de papelería

'**sta•tion house** *for policemen* comisaría *f* de policía; *for firefighters* parque *m* de bomberos; **sta•tion 'man•ag•er**, '**sta•tion mas•ter** RAIL jefe *m* de estación; '**sta•tion wag•on** ranchera *f*

sta•tis•tic [stə'tɪstɪk]: **we're just another ~ to them** para ellos sólo somos otro número más

sta•tis•ti•cal [stə'tɪstɪkl] *adj* estadístico

sta•tis•ti•cal•ly [stə'tɪstɪklɪ] *adv* estadísticamente

sta•tis•ti•cian [stætɪs'tɪʃn] estadístico(-a) *m(f)*

sta•tis•tics [stə'tɪstɪks] **1** *nsg science* estadística *f* **2** *npl: figures* estadísticas *fpl*

stat•ue ['stætʃuː] estatua *f*

Stat•ue of 'Lib•er•ty Estatua *f* de la Libertad

stat•ure ['stætʃər] **1** *physical* estatura *f* **2** *fig* prestigio *m*, mérito *m*

sta•tus ['steɪtəs] categoría *f*, posición *f*; **women want equal ~ with men** las mujeres quieren igualdad con los hombres

'**sta•tus bar** COMPUT barra *f* de estado; **sta•tus quo** [steɪtəs'kwoʊ] statu quo *m*; '**sta•tus re•port** informe *m* de la situación; '**sta•tus sym•bol** símbolo *m* de estatus

stat•ute ['stætuːt] estatuto *m*; **~ of lim•itations** ley *f* de prescripción

'**stat•ute book** código *m* fundamental

stat•u•to•ry ['stætjutɔːrɪ] *adj* **1** (*fixed by statute*) establecido por la ley, estatutario **2** *offense* normalizado

stat•u•to•ry re'serves reservas *fpl* estatutarias

stat•u•to•ry 'rights *npl* derechos *mpl* estatutarios

staunch [stɔːntʃ] *adj supporter* incondicional; *friend* fiel

◆ **stave off** [steɪv] *v/t* evitar, esquivar

stay [steɪ] **I** *n* estancia *f*, *L.Am.* estadía *f*; **~ in the hospital** estancia en el hospi-

tal; *he was given* or *granted a ~ of execution* se suspendió su ejecución
II *v/i in a place* quedarse; *in a condition* permanecer; *~ in a hotel* alojarse en un hotel; *~ right there!* ¡quédate ahí!; *~ put* no moverse; *~ for* or *to lunch* quedarse a comer; *~ home* (*not go out*) quedarse en casa; *of wife, mother* dedicarse a sus labores
III *v/t:* *~ the course* SP, *fig* aguantar hasta el final

♦ **stay away** *v/i:* *tell the children to stay away* diles a los niños que no se acerquen

♦ **stay away from** *v/t* no acercarse a

♦ **stay behind** *v/i* quedarse

♦ **stay down** *v/i in school* repetir (curso)

♦ **stay in** *v/i at home* quedarse en casa

♦ **stay on** *v/i:* *stay on as chairman* seguir de presidente; *stay on for another year* at school quedarse un año más

♦ **stay out** *v/i at night* salir

♦ **stay out of** *v/t argument etc* mantenerse al margen de; *you stay out of this!* ¡no te metas en esto! F, ¡mantente al margen!

♦ **stay up** *v/i* (*not go to bed*) quedarse levantado

'**stay-at-home** casero, hogareño
stay•ing pow•er ['steɪɪŋ] resistencia *f*
STD [estiːˈdiː] *abbr* (= *sexually transmitted disease*) ETS *f* (= enfermedad *f* de transmisión sexual)
stead [sted]: *in s.o.'s ~* en lugar de alguien
stead•fast ['stedfæst] *adj* tenaz, perseverante
stead•i•ly ['stedɪlɪ] *adv improve etc* constantemente
stead•y ['stedɪ] **I** *adj* **1** (*not shaking*) firme **2** (*continuous*) continuo; *beat* regular; *boyfriend* estable **II** *adv:* *they've been going ~ for two years* llevan saliendo dos años; *~ on!* ¡un momento! **III** *v/t* (*pret & pp -ied*) afianzar; *voice* calmar
steak [steɪk] filete *m*
'**steak•house** asador *m*
'**steak knife** cuchillo *m* de sierra
steal [stiːl] **I** *v/t* (*pret stole, pp stolen*) **1** *money etc* robar; *in basketball* recuperar; *~ s.o.'s girlfriend* quitarle la novia a alguien **2**: *~ a glance at s.o.* echar

una mirada furtiva a alguien **II** *v/i* (*pret stole, pp stolen*) **1** (*be a thief*) robar **2**: *he stole into the bedroom* entró sigilosamente en la habitación **III** *n in basketball* recuperación *f*
stealth [stelθ] sigilo *m*; *by ~* a escondidas
'**stealth bomb•er** bombardero *m* invisible
stealth•y ['stelθɪ] *adj* sigiloso
steam [stiːm] **I** *n* vapor *m*; *full ~ ahead!* NAUT ¡a toda máquina!; *under one's own ~ fig* por sí mismo, por medios propios; *let off ~ fig* desahogarse; *by taking exercise etc* desfogarse; *run out of ~ fig* quedarse sin gas **II** *v/t food* cocinar al vapor; *~ open letter* abrir con vapor

♦ **steam up** *v/i of window* empañarse
steamed up [stiːmd'ʌp] *adj* F (*angry*) enojado, *Span* mosqueado F
'**steam en•gine** máquina *f* de vapor
steam•er ['stiːmər] *for cooking* olla *f* para cocinar al vapor
'**steam i•ron** plancha *f* de vapor
'**steam roll•er** *v/t:* *~ s.o. into doing sth fig* forzar a alguien a que haga algo; *~ a bill through* conseguir que se apruebe un proyecto de ley a la fuerza
'**steam ship** barco *m* de vapor
steam•y ['stiːmɪ] *adj fig* F tórrido
steel [stiːl] **I** *n* acero *m* **II** *adj* (*made of ~*) de acero **III** *v/t:* *~ o.s. for* armarse de coraje para
steel 'band *banda de instrumentos de percusión del Caribe*; **steel 'wool** estropajo *m* de acero; '**steel•work•er** trabajador(a) *m(f)* del acero; '**steel•works** *nsg* acería *f*
steel•y ['stiːlɪ] *adj* **1** *blue, gray* acero **2** *look* duro; *refusal, determination* acerado, firme
steep[1] [stiːp] *adj* **1** *hill etc* empinado **2** F: *prices* caro
steep[2] [stiːp] *v/t* (*soak*) poner en remojo; *~ed in history* rebosante de historia
stee•ple ['stiːpl] torre *f*
'**stee•ple•chase** *in athletics* carrera *f* de obstáculos
'**stee•ple•jack** *persona encargada del mantenimiento de torres, chimeneas, etc.*
steep•ly ['stiːplɪ] *adv:* *climb ~ of path* subir pronunciadamente; *of prices* dis-

pararse

steer[1] [stɪr] *n animal* buey *m*

steer[2] [stɪr] *v/t car* conducir, *L.Am.* manejar; *boat* gobernar; *person* guiar; *conversation* llevar

steer•age ['stɪrɪdʒ] HIST: *travel ~* viajar en tercera clase

steer•ing ['stɪrɪŋ] MOT dirección *f*

'steer•ing col•umn MOT columna *f* de dirección

'steer•ing wheel volante *m*, *S.Am.* timón *m*

stel•lar ['stelər] *adj fig (excellent)* estelar, magnífico

stem[1] [stem] *n* **1** *of plant* tallo *m* **2** *of glass* pie *m*; *of pipe* tubo *m* **3** *of word* raíz *f*

◆ **stem from** *v/t (pret & pp* **-med***)* derivarse de

stem[2] [stem] *v/t (pret & pp* **-med***)* *(block)* contener

'stem•ware ['stemwer] cristalería *f*

stench [stentʃ] peste *f*, hedor *m*

sten•cil ['stensɪl] **I** *n* plantilla *f* **II** *v/t (pret & pp* **-ed***, Br* **-led***) pattern* estarcir

ste•nog•ra•pher [stə'nɑːɡrəfər] taquígrafo(-a) *m(f)*

step [step] **I** *n* **1** *(pace)*, *of dance* paso *m*; *~ by ~* paso a paso; *take a ~* dar un paso; *be one ~ ahead of s.o. fig* adelantarse a alguien; *fight s.o. / sth every ~ of the way* oponerse a alguien / algo infatigablemente; *a ~ in the right direction* un paso adelante; *watch one's ~* tener cuidado de dónde se pisa; *fig* andarse con cuidado; *be in / out of ~* MIL seguir / no seguir el paso; *of chorus dancer* seguir / no seguir el ritmo; *be out of ~ with fig* no armonizar con **2** *(stair)* escalón *m*; *~s Br pl*, *pair of ~s* ☞ **stepladder**

3 *(measure)* medida *f*; *take ~s to do sth* tomar medidas para hacer algo **II** *v/i (pret & pp* **-ped***)*: *~ on sth* pisar algo; *~ into a puddle* pisar un charco; *I ~ped back* di un paso atrás; *~ forward* dar un paso adelante; *~ on it* MOT F meterle (gas) F

◆ **step aside** *v/i* **1** apartarse **2** *fig* renunciar (*in favor of* en favor de)

◆ **step down** *v/i from post etc* dimitir

◆ **step forward** *v/i fig: of witness etc* ofrecerse voluntario

◆ **step in** *v/i fig* intervenir

◆ **step out** *v/i (go out for a short time)* salir un momento

◆ **step up** *v/t (increase)* incrementar; *step up the pace* acelerar el paso

'step•broth•er hermanastro *m*; **'step•chil•dren** *pl* hijastros *mpl*; **'step•daugh•ter** hijastra *f*; **'step•fa•ther** padrastro *m*; **'step•lad•der** escalera *f* de tijera; **'step•moth•er** madrastra *f*

step•ping stone ['stepɪŋ] pasadera *f*; *fig* trampolín *m*

'step•sis•ter hermanastra *f*

'step•son hijastro *m*

ster•e•o ['steriou] **I** *n (sound system)* equipo *m* de música; *in ~* en estéreo **II** *adj* estéreo; *~ unit* equipo *m* de música

ster•e•o•type ['sterioutaip] estereotipo *m*

ster•e•o•typed ['sterioutaipt], **ster•e•o•typ•i•cal** [steriou'tɪpɪkl] *adj* estereotipado

ster•ile ['sterəl] *adj* estéril

ster•il•i•ty [stə'rɪləti] esterilidad *f*

ster•il•i•za•tion [sterəlaɪ'zeɪʃn] MED esterilización *f*

ster•il•ize ['sterəlaɪz] *v/t woman, equipment* esterilizar

ster•ling ['stɜːrlɪŋ] **I** *n* FIN libra *f* esterlina **II** *adj* formidable

ster•ling 'sil•ver plata *f* de ley

stern[1] [stɜːrn] *adj* severo

stern[2] [stɜːrn] *n* NAUT popa *f*

stern•ly ['stɜːrnli] *adv* con severidad

ster•num ['stɜːrnəm] ANAT esternón *m*

ster•oids ['sterɔɪdz] *npl* esteroides *mpl*

steth•o•scope ['steθəskoup] fonendoscopio *m*, estetoscopio *m*

Stet•son® ['stetsn] sombrero *m* de vaquero

ste•ve•dore ['stiːvədɔːr] estibador *m*

stew [stuː] **I** *n* guiso *m* **II** *v/t meat* guisar; *fruit* confitar **III** *v/i of meat* guisar; *of fruit* confitar; *let s.o. ~ in their own juice* dejar que alguien se saque las castañas del fuego

stew•ard ['stuːərd] *on plane* auxiliar *m* de vuelo; *on ship* camarero *m*; *at demonstration, meeting* miembro *m* de la organización

stew•ard•ess [stuːər'des] *on plane* auxiliar *f* de vuelo; *on ship* camarera *f*

stew•ard•ship ['stuːərdʃɪp] intendencia *f*, gobierno *m*

stewed [stuːd] *adj apples, plums* en compota

stick[1] [stɪk] *n* **1** palo *m*; *of policeman* porra *f*; (*walking ~*) bastón *m*; **get hold of the wrong end of the ~** F entender al revés **2** *of celery, rhubarb* tallo *m*; *of dynamite* cartucho *m*; **~ of butter** barra de mantequilla de dos onzas de peso; **~ of furniture** F trasto *m* F **3**: **live out in the ~s** F vivir en el quinto pino F, vivir en el campo

stick[2] [stɪk] **I** *v/t* (*pret & pp* **stuck**) **1** *with adhesive* pegar **2** F (*put*) meter **II** *v/i* (*pret & pp* **stuck**) **1** (*jam*) atascarse **2** (*adhere*) pegarse; **~ in s.o.'s mind** *fig* quedarse grabado en la memoria de alguien

◆ **stick at** *v/t* **1**: **stick at nothing** hacer cualquier cosa **2** (*persevere*): **stick at sth** persistir en algo

◆ **stick around** *v/i* F quedarse

◆ **stick by** *v/t* F apoyar, no abandonar

◆ **stick out** *v/i* (*protrude*) sobresalir; (*be noticeable*) destacar; **his ears stick out** tiene las orejas salidas **II** *v/t* **1**: **stick one's tongue out** sacar la lengua (**at** a); **stick one's head out of the window** sacar la cabeza por la ventana **2**: **stick sth out** *until the end* aguantar *or* sobrellevar algo

◆ **stick out for** *v/t* insistir en

◆ **stick to** *v/t* **1** *of sth sticky* pegarse a **2** F *plan etc* seguir; (*trail, follow*) pegarse a F

◆ **stick together** *v/i* mantenerse unidos; *when lost* seguir juntos

◆ **stick up** *v/t poster, leaflet* pegar; **stick 'em up!** F ¡manos arriba! F

◆ **stick up for** *v/t* F defender

◆ **stick with** *v/t* F quedarse *or* seguir con

stick•er ['stɪkər] *label* pegatina *f*

'**stick•er price** precio *m* de venta recomendado

stick•ing plas•ter ['stɪkɪŋ] *Span* tirita *f*, *L.Am.* curita *f*

'**stick•ing point** *fig* inconveniente *m*, traba *f*

'**stick-in-the-mud** F aburrido(-a) *m(f)* F, soso(-a) *m(f)*

stick•ler ['stɪklər]: **be a ~ for** estar obsesionado con

'**stick-on** *adj*: **~ label** etiqueta *f* adhesiva; '**stick•pin** *for man* pisacorbatas *m*

inv; *for woman* prendedor *m*; '**stick shift** MOT palanca *f* de cambios

stick-to-it-ness [stɪk'tuːɪtnɪs] F persistencia *f*, empeño *m*

'**stick•up** F atraco *m* a mano armada

stick•y ['stɪkɪ] *adj hands, surface, weather* pegajoso; *label* adhesivo; **have ~ fingers** F tener las manos largas F; **he'll come to a ~ end** acabará mal

stiff [stɪf] **I** *adj* **1** *cardboard, manner* rígido; *brush* duro; *muscle, body* agarrotado; *mixture, paste* consistente; **beat until ~** batir a punto de nieve; **have a ~ neck** tener tortícolis **2** *competition, penalty* duro **3** *drink* cargado **II** *adv*: **be scared ~** F estar muerto de miedo; **be bored ~** F aburrirse como una ostra; **be frozen ~** F estar helado **III** *n* P *corpse* fiambre *m* P; **a working ~** F un(a) trabajador(a) **IV** *v/t* P tomar el pelo a F

stiff•en ['stɪfn] *v/i of person* agarrotarse

◆ **stiffen up** *v/i of muscle* agarrotarse

stiff•ly ['stɪflɪ] *adv* con rigidez; *fig* forzadamente

stiff•ness ['stɪfnəs] *of muscles* agarrotamiento *m*; *fig: of manner* rigidez *f*

sti•fle ['staɪfl] *v/t yawn, laugh* reprimir, contener; *criticism, debate* reprimir

sti•fling ['staɪflɪŋ] *adj* sofocante; **it's ~ in here** hace un calor sofocante aquí dentro

stig•ma ['stɪɡmə] estigma *m*

stig•ma•ta [stɪɡ'mɑːtə] REL estigmas *mpl*

stig•ma•tize ['stɪɡmətaɪz] *v/t fig*: **they were ~d as ...** los tacharon *or* tildaron de ...

sti•let•to heel [stɪletoʊ'hiːl] *Br* tacón *m* de aguja

sti•let•tos [stɪ'letoʊz] *npl Br shoes* zapatos *mpl* de tacón de aguja

still[1] [stɪl] **I** *adj* (*not moving*) quieto; *with no wind* sin viento; **it was very ~** *no wind* no soplaba nada de viento **II** *adv*: **keep ~!** ¡estáte quieto!; **stand ~!** ¡no te muevas!

still[2] [stɪl] *adv* **1** (*yet*) todavía, aún; **do you ~ want it?** ¿todavía *or* aún lo quieres?; **she ~ hasn't finished** todavía *or* aún no ha acabado; **I ~ don't understand** sigo sin entenderlo; **she might ~ come** puede que aún venga; **~ more** (*even more*) todavía más **2** (*neverthe-*

less) de todas formas; **they are ~ my parents** siguen siendo mis padres
still[3] [stɪl] *n* CHEM alambique *m*
'**still•birth** *nacimiento de un bebé muerto*; '**still•born** *adj*: **be ~** nacer muerto; still 'life *naturaleza f muerta, bodegón m*
stilt•ed ['stɪltɪd] *adj* forzado
stilts [stɪlts] *npl* **1** zancos *mpl* **2** ARCHI pilotes *mpl*
stim•u•lant ['stɪmjʊlənt] *estimulante m*
stim•u•late ['stɪmjʊleɪt] *v/t person* estimular; *growth, demand* estimular, provocar
stim•u•lat•ing ['stɪmjʊleɪtɪŋ] *adj* estimulante
stim•u•la•tion [stɪmjʊ'leɪʃn] estimulación *f*
stim•u•lus ['stɪmjʊləs] (*pl* **stimuli** ['stɪmjʊlaɪ], **-uses**) (*incentive*) estímulo *m*
sting [stɪŋ] **I** *n from bee, jellyfish* picadura *f*; **take the ~ out of sth** *fig* quitar hierro a algo; **have a ~ in the tail** tener un final insospechado **II** *v/t* (*pret & pp* **stung**) **1** *of bee, jellyfish* picar **2**: **they stung me for $95** F me clavaron *or* sangraron 95 dólares F **III** *v/i* (*pret & pp* **stung**) *of eyes, scratch* escocer
sting•ing ['stɪŋɪŋ] *adj remark, criticism* punzante
sting•y ['stɪndʒɪ] *adj* F agarrado F, rácano F; **be ~ with sth** racanear con algo
stink [stɪŋk] **I** *n* **1** (*bad smell*) peste *f*, hedor *m*; **there's a ~ of garlic in here** aquí apesta a ajo **2** F (*fuss*) escándalo F; **make a ~** F armar un escándalo F **II** *v/i* (*pret* **stank**, *pp* **stunk**) **1** (*smell bad*) apestar; **~ to high heaven** oler a rayos **2** F (*be very bad*) dar asco
◆ **stink up** *v/t* F room apestar
stink•ing ['stɪŋkɪŋ] **I** *adj* F espantoso, apestoso F **II** *adv*: **~ rich** F asquerosamente rico F
stint [stɪnt] *temporada f*; **do a ~ in the army** pasar una temporada en el ejército
◆ **stint on** *v/t* F racanear en
stip•u•late ['stɪpjʊleɪt] *v/t* estipular
stip•u•la•tion [stɪpjʊ'leɪʃn] estipulación *f*
stir [stɜːr] **I** *n*: **give the soup a ~** darle vueltas a la sopa; **cause a ~** causar revuelo **II** *v/t* (*pret & pp* **-red**) remover,

dar vueltas a **III** *v/i* (*pret & pp* **-red**) *of sleeping person* moverse; **don't ~ from this spot** no te muevas de aquí
◆ **stir up** *v/t* **1** *crowd* agitar **2** *bad memories* traer a la memoria
stir-'cra•zy *adj* F majareta F
'**stir-fry** *v/t* (*pret & pp* **-ied**) freír rápidamente y dando vueltas
stir•ring ['stɜːrɪŋ] *adj music, speech* conmovedor
stir•rup ['stɪrəp] estribo *m*
stitch [stɪtʃ] **I** *n* **1** *in sewing* puntada *f*; *in knitting* punto *m*; **~es** MED puntos *mpl*; **be in ~es** *laughing* partirse de risa; **he had his ~es out** le quitaron los puntos; **drop a ~** perder un punto; **he hadn't got a ~ on** F iba en cueros F **2** *in the side*: **have a ~** tener flato **II** *v/t sew* coser
◆ **stitch up** *v/t wound* coser, suturar
stitch•ing ['stɪtʃɪŋ] (*stitches*) cosido *m*
stock [stɑːk] **I** *n* **1** (*reserves*) reservas *fpl*; COM *of store* existencias *fpl*; *animals* ganado *m*; **in ~** en existencias; **out of ~** agotado; **have sth in ~** tener algo en existencias; **take ~** hacer balance **2** FIN acciones *fpl* **3** *for soup etc* caldo *m* **II** *v/t* COM (*have*) tener en existencias; (*sell*) vender; **be well ~ed with** *fish, game* estar lleno de; *goods, preserves* estar bien provisto de
◆ **stock up on** *v/t* aprovisionarse de
'**stock•breed•er** ganadero(-a) *m(f)*; '**stock•breed•ing** ganadería *f*; '**stock•brok•er** corredor(a) *m(f)* de bolsa; '**stock car** *coche reforzado para carreras de choque*; '**stock cer•tif•i•cate** COM título *m* de acciones; '**stock com•pa•ny** COM sociedad *f* anónima; '**stock con•trol** control *m* de inventario; '**stock cube** *Br* pastilla *f* de caldo concentrado; '**stock ex•change** bolsa *f* (de valores); '**stock•hold•er** accionista *m/f*
stock•ing ['stɑːkɪŋ] media *f*
'**stock•ing cap** gorro *m* con pompón
'**stock•ing mask** media *f* de ladrón
stock in 'trade: **be part of s.o.'s ~** *fig* ser típico de alguien
stock•ist ['stɑːkɪst] distribuidor(a) *m(f)*
'**stock mar•ket** mercado *m* de valores; '**stock•mar•ket crash** crack *m* bursátil; '**stock•mar•ket trans•ac•tion** *opera-*

ción f bursátil; **stock•mar•ket 'val•ue** valor m en bolsa; **stock out•age** ['stɑːkaʊtɪdʒ] agotamiento m de existencias; **'stock•pile I** n of food, weapons reservas fpl **II** v/t acumular; **'stockroom** almacén m; **'stock shrink•age** pérdida f de existencias; **stock-'still** adv: **stand ~** quedarse inmóvil; **stocktak•ing** ['stɑːkteɪkɪŋ] inventario m

'stock•y ['stɑːkɪ] adj bajo y robusto

stodg•y ['stɑːdʒɪ] adj food pesado

sto•i•cal ['stoʊɪkl] adj estoico

sto•i•cism ['stoʊɪsɪzm] estoicismo m

stoke [stoʊk] v/t ☞ **stoke up**

◆ **stoke up** v/t fire avivar; fig encender, estimular

stole [stoʊl] pret ☞ **steal**

stole [stoʊl] n piel m

stol•en ['stoʊlən] pp ☞ **steal**

stol•en base in baseball base f robada

stol•id ['stɑːlɪd] adj apático, desapasionado

stom•ach ['stʌmək] **I** n estómago m, tripa f; **on an empty ~** con el estómago vacío; **turn s.o.'s ~** revolver el estómago a alguien **II** v/t (tolerate) soportar

'stom•ach-ache dolor m de estómago

◆ **stomp on** [stɑːmp] v/t pisotear

◆ **stomp off** v/t F salir violentamente

stone [stoʊn] **I** n **1** piedra f, **it's only a ~'s throw (away) from ...** está a tiro de piedra de ...; **have a heart of ~** no tener corazón; **leave no ~ unturned** fig remover el cielo y la tierra; **throw ~s at** apedrear **2** Br unidad de peso (= 6,35kg) **II** v/t: **~ (to death)** matar a pedradas

'Stone Age Edad f de Piedra; **stone-'broke** F sin blanca F; **stone-'cold I** adj helado **II** adv: **~ sober** F completamente sereno

stoned [stoʊnd] adj F (on drugs) colocado F

stone-'deaf adj: **be ~** estar más sordo que una tapia; **'stone•ma•son** picapedrero(-a) m(f), cantero(-a) m(f); **'stone•wall** v/i F andarse con evasivas; **'stone•work** estructura f de piedra

ston•y ['stoʊnɪ] adj ground, path pedregoso

ston•y-'broke adj Br F ☞ **stone-broke**

stood [stuːd] pret & pp ☞ **stand**

stooge [stuːdʒ] F **1** (of comedian) personaje cómico del que los otros se ríen en el escenario **2** pej (underling) monigote m/f

stool [stuːl] seat taburete m

stool•ie ['stuːlɪ] F, **'stool pi•geon** F soplón(-ona) m(f) F

stoop [stuːp] **I** n: **have a ~** estar encorvado **II** v/i (bend down) agacharse

◆ **stoop down** v/i ☞ **stoop**

◆ **stoop to** v/t fig rebajarse or degradarse a; **stoop to doing sth** rebajarse a hacer algo

stoop [stuːp] n (porch) porche m

stop [stɑːp] **I** n **1** for train, bus parada f, **come to a ~** detenerse; **put a ~ to** poner fin a **2** on organ registro m; **pull out all the ~s** fig tocar todos los registros **3** in soccer parada f

II v/t (pret & pp **-ped**) (put an end to) poner fin a; (prevent) impedir; (cease) parar; person in street parar; car, bus, train, etc: of driver detener; check bloquear; **~ doing sth** dejar de hacer algo; **it has ~ped raining** ha parado or dejado de llover; **I ~ped her from leaving** impedí que se fuera

III v/i (pret & pp **-ped**) (come to a halt) pararse, detenerse; in a particular place: of bus, train parar; **~ at nothing** hacer cualquier cosa (**to do sth** por hacer algo)

◆ **stop by** v/i (visit) pasarse

◆ **stop off** v/i hacer una parada

◆ **stop over** v/i hacer escala

◆ **stop up** v/t sink atascar

'stop•cock TECH llave f de paso; **'stopgap** solución f intermedia; **'stop•light** (traffic light) semáforo m; (brake light) luz f de freno; **'stop•o•ver** parada f, in air travel escala f

stop•page ['stɑːpɪdʒ] **1** (strike) paro m **2** TECH (blockage) obstrucción f

stop•per ['stɑːpər] for bath, bottle tapón m

stop•ping ['stɑːpɪŋ]: **no ~ sign** prohibido estacionar

'stop sign (señal f de) stop m

'stop•watch cronómetro m

stor•age ['stɔːrɪdʒ] almacenamiento m; **put sth in ~** almacenar algo; **be in ~** estar almacenado

'stor•age ca•pac•i•ty COMPUT capacidad f de almacenamiento; **'stor•age heat•er** estufa f de acumulación; **'stor•age space** espacio m para guardar cosas

store [stɔːr] **I** *n* **1** tienda *f* **2** (*stock*) reserva *f*; *there was a shock in ~ for us* nos esperaba una buena sorpresa; *have a surprise in ~ for s.o.* tener preparada una sorpresa a alguien **3** (*~house*) almacén *m* **4**: *set great ~ by fig* dar valor a **II** *v/t* almacenar; COMPUT guardar

◆ **store up** *v/t* acumular

'**store•card** tarjeta *f* de compra; '**store de•tec•tive** vigilante *m/f* de seguridad; '**store•front** fachada *f* de tienda; '**store•house** almacén *m*; '**store-keep•er** tendero(-a) *m(f)*; '**store•room** almacén *m*; **store 'win•dow** escaparate *m*, *L.Am.* vidriera *f*, *Mex* aparador *m*

sto•rey *Br* ☞ **story²**

stork [stɔːrk] cigüeña *f*

storm [stɔːrm] **I** *n* **1** tormenta *f*; *a ~ of protest* un aluvión de quejas; *a ~ in a teapot or Br a teacup fig* una tempestad en un vaso de agua **2**: *take by ~* MIL asaltar; *fig* conquistar **II** *v/t* MIL tomar **III** *v/i* **1** *speak* bramar **2**: *~ into / out of a room* entrar / salir violentamente de una habitación

'**storm cloud** nubarrón *m*; *the ~s are gathering fig* se está preparando una tormenta; '**storm drain** canal *m* de desagüe; '**storm warn•ing** aviso *m* de tormenta; '**storm win•dow** contraventana *f*

storm•y ['stɔːrmɪ] *adj weather, relationship* tormentoso

sto•ry¹ ['stɔːrɪ] (*tale*) cuento *m*; (*account*) historia *f*; (*newspaper article*) artículo *m*; F (*lie*) cuento *m*; *it's the same old ~* es la historia de siempre; *to cut a long ~ short* en resumidas cuentas; *tell s.o. a ~* contar un cuento / una historia a alguien; *it's a long ~* es una larga historia; *a hard-luck ~* una tragedia

sto•ry² ['stɔːrɪ] *of building* piso *m*, planta *f*; *a six-~ building* un edificio de seis pisos

'**sto•ry book I** *n* libro *m* de cuentos **II** *adj* de cuento de hadas

'**sto•ry line** argumento *m*

stout [staʊt] *adj person* relleno, corpulento; *boots* resistente; *defender* valiente

stove [stoʊv] *for cooking* cocina *f*, *Col*, *Mex*, *Ven* estufa *f*; *for heating* estufa *f*

stow [stoʊ] *v/t* guardar

◆ **stow away** *v/i* viajar de polizón

'**stow•a•way** polizón *m/f*

strad•dle ['strædl] *v/t river, wall* cruzar, extenderse por; *chair* sentarse a horcajadas en; *fig* abarcar

strag•gle ['strægl] *v/i*: *~ in* llegar poco a poco

strag•gler ['stræglər] rezagado(-a) *m(f)*

strag•gly ['strægli] *adj hair* despeinado

straight [streɪt] **I** *adj* **1** *line, back* recto; *hair* liso; *keep a ~ face* contener la risa; *let's get this ~* a ver si nos aclaramos; *set or put s.o. ~ about sth fig* dejar algo claro a alguien

2 (*honest, direct*) franco

3 *whiskey* solo

4 (*tidy*) en orden

5 (*conservative*) serio

6 (*not homosexual*) heterosexual

7: *be a ~ A student* sacar sobresaliente en todas las asignaturas; *win / lose in ~ sets tennis* ganar / perder los dos / tres sets seguidos; *his third ~ win* su tercera victoria consecutiva

II *adv* **1** (*in a straight line*) recto; *stand up ~!* ¡ponte recto!; *go ~* F *of criminal* reformarse; *give it to me ~* F dímelo sin rodeos; *~ ahead* be situated todo derecho; *walk, drive* todo recto; *look* hacia delante; *carry ~ on* of driver etc seguir recto

2 (*directly, immediately*) directamente; *look s.o. ~ in the eye* mirar a los ojos de alguien; *~ away or off* en seguida; *~ out* directamente

3 (*clearly*) con claridad

4: *~ up* without ice solo

III *n* **1** SP recta *f* **2**: *keep to the ~ and narrow* ir por el buen camino

straight•en ['streɪtn] *v/t* enderezar; *hair* alisar

◆ **straighten out I** *v/t situation* resolver; F *person* poner por el buen camino **II** *v/i* of road hacerse recto

◆ **straighten up** *v/i* ponerse derecho

straight'for•ward *adj* **1** (*honest, direct*) franco **2** (*simple*) simple

'**straight•line de•pre•ci•a•tion** FIN amortización *f* constante

'**straight man** personaje del que el cómico principal se burla

strain¹ [streɪn] **I** *n* on rope tensión *f*; on engine, heart esfuerzo *m*; on person agobio *m*; *take the ~* on rope aguantar

el peso; *put a great ~ on s.o.* someter a
alguien a gran estrés emocional; *be under a lot of ~* soportar mucha tensión
‖ *v/t fig: finances, budget* crear presión
en; *~ one's back* hacerse daño en la espalda; *~ one's eyes* forzar la vista; *~
one's ears* aguzar las orejas; *~ a muscle* distenderse un músculo
◆ **strain at** *v/t: strain at the leash to do
sth fig* no ver la hora de hacer algo
strain² [streɪn] *v/t vegetables* escurrir;
oil, fat etc colar
strain³ [streɪn] *n of virus* cepa *f*
strained [streɪnd] *adj relations* tirante;
look ~ parecer tenso *or* estresado
strain•er ['streɪnər] *for vegetables etc*
colador *m*
strait [streɪt] GEOG estrecho *m*; *be in
dire ~s fig: financially* andar apurado
'strait•jack•et camisa *f* de fuerza
strait•laced [streɪt'leɪst] *adj* mojigato
strand¹ [strænd] *n of wool, thread* hebra
f; *a ~ of hair* un pelo
strand² [strænd] *v/t* abandonar; *be ~ed*
quedarse atrapado *or* tirado
strange [streɪndʒ] *adj* **1** (*odd, curious*)
extraño, raro **2** (*unknown, foreign*) extraño
strange•ly ['streɪndʒlɪ] *adv* (*oddly*) de
manera extraña; *~ enough* aunque parezca extraño
strang•er ['streɪndʒər] **1** (*person you
don't know*) extraño(-a) *m(f)*, desco-
nocido(-a) *m(f)* **2**: *I'm a ~ here myself*
yo tampoco soy de aquí; *be no ~ to fig*
estar hecho a
stran•gle ['stræŋgl] *v/t person* estrangular
'stran•gle•hold agarrón *m* por el cuello; *have a ~ on sth fig* tener control
absoluto sobre algo
stran•gu•la•tion [stræŋgjʊ'leɪʃn] es-
trangulamiento *m*
strap [stræp] *of purse, watch* correa *f*; *of
brassiere, dress* tirante *m*; *of shoe* tira *f*
◆ **strap in** *v/t* (*pret & pp -ped*) poner el
cinturón de seguridad
◆ **strap on** *v/t* ponerse
◆ **strap up** *v/t Br ankle etc* vendar
'strap•hang•er F *usuario del transporte
público que permanece de pie*
strap•less ['stræplɪs] *adj* sin tirantes
strapped [stræpt] *adj* F: *~ (for cash)* escaso de dinero

stra•ta ['strɑːtə] *pl* ☞ **stratum**
strat•a•gem ['strætədʒəm] estratagema
f
stra•te•gic [strə'tiːdʒɪk] *adj* estratégico
strat•e•gist ['strætədʒɪst] estratego(-a)
m(f)
strat•e•gy ['strætədʒɪ] estrategia *f*
strat•i•fied ['strætɪfaɪd] *adj society* es-
tratificado
strat•o•sphere ['strætəsfɪr] METEO estratosfera *f*
stra•tum ['streɪtəm] (*pl strata* ['streɪ-
tə]) estrato *m*
straw¹ [strɔː] *material* paja *f*; *that's the
last ~!* ¡es la gota que colma el vaso!;
clutch at ~s fig forjarse ilusiones en vano
straw² [strɔː] *for drink* pajita *f*
straw•ber•ry ['strɔːberɪ] *fruit* fresa *f*,
S.Am. frutilla *f*
'straw•ber•ry mark marca *f* de nacimiento
straw 'hat sombrero *m* de paja; **'straw
man** *of little importance* don nadie
m; **straw 'poll** POL sondeo *m* informal
stray [streɪ] **I** *adj animal* callejero; *bullet*
perdido **II** *n dog* perro *m* callejero; *cat*
gato *m* callejero **III** *v/i of animal, child*
extraviarse, perderse; *fig: of eyes,
thoughts* desviarse
streak [striːk] **I** *n of dirt, paint* raya *f*; *in
hair* mechón *m*; *fig: of nastiness etc* ve-
na *f*; *like a ~ of lightning* como un rayo;
be on a winning / losing ~ estar de
buena / mala racha; *be on a lucky ~*
estar de suerte **II** *v/i move quickly* pasar
disparado
streak•er ['striːkər] *persona que corre
desnuda en actos públicos*
streak•y ['striːkɪ] *adj* veteado
stream [striːm] **I** *n* riachuelo *m*; *fig: of
people, complaints* oleada *f*; *come on
~* entrar en funcionamiento **II** *v/i: there
were tears ~ing down my face* me ba-
jaban ríos de lágrimas por la cara; *people ~ed out of the building* la gente salía en masa; *his face was ~ing with
sweat* el sudor corría a chorros por
su cara
stream•er ['striːmər] serpentina *f*
stream•ing ['striːmɪŋ] *adj: he's got a ~
cold* tiene un buen catarro
'stream•line *v/t fig* racionalizar
'stream•lined *adj car, plane* aerodiná-

mico; *fig: organization* racionalizado
street [striːt] calle *f*; **on the ~**, *Br* **in the ~**
en la calle; **be right up s.o.'s ~** *fig* venir
como anillo al dedo a alguien; *I'm* **~s**
ahead of him F le doy mil vueltas F;
walk the **~s** vagar por las calles; *live
on the* **~s** vivir en la calle
'**street•car** tranvía *f*; **street cred**
['striːtkred] F *buena imágen de acuerdo a la cultura urbana*; '**street kid** niño
m / niña *f* de la calle; '**street lamp**,
'**street light** farola *f*; '**street light•ing**
alumbrado *m* público; '**street map** plano *m*; '**street mu•si•cian** músico(-a)
m(f) callejero(-a); '**street peo•ple** *npl*
los sin techo; '**street val•ue** *of drugs* valor *m* en la calle; '**street vend•or** ven-
dedor(a) *m(f)* callejero(-a); '**street-
walk•er** prostituta *f*; '**street•wise**
adj espabilado
strength [streŋθ] **1** fuerza *f*; *of friendship etc* solidez *f*; *of emotion* intensidad
f; *of currency* fortaleza *f*; **~ of character**
entereza *f*; **on the ~ of** en virtud de; **go
from ~ to ~** ir viento en popa; **show of ~**
alarde *m* de poder; **in ~ be present** a
raudales; **be at full ~** contar con todo
el personal; **be below ~** no disponer
de todo el personal **2** *fig (strong point)*
punto *m* fuerte
strength•en ['streŋθn] **I** *v/t muscles, currency* fortalecer; *bridge* reforzar; *country, ties, relationship* consolidar; **~ s.o.'s
resolve** afianzar la decisión de alguien
II *v/i of bonds, ties* consolidarse; *of currency* fortalecerse
stren•u•ous ['strenjʊəs] *adj* agotador
stren•u•ous•ly ['strenjʊəslɪ] *adv deny*
tajantemente
strep throat [strep'θrəʊt] F infección *f*
de garganta
stress [stres] **I** *n* **1** *(emphasis)* énfasis *m*;
on syllable acento *m*; **put the ~ on** *fig*
hacer hincapié en **2** *(tension)* estrés *m*;
be under ~ estar estresado; **the ~es
and strains of modern life** el estrés
y la tensión de la vida moderna; **~-re-
lated illnesses** enfermedades *fpl* rela-
cionadas con el estrés **II** *v/t (emphasize:
syllable)* acentuar; *importance etc* hacer hincapié en; *I must~ that ...* quiero
hacer hincapié en que ...
stressed [strest], **stressed out** [strest-
'aʊt] *adj* F estresado

'**stress-free** *adj* relajado, sin estrés
stress•ful ['stresfəl] *adj* estresante
stretch [stretʃ] **I** *n* **1** *of land, water* extensión *f*; *of road* tramo *m*; **at a ~** *(non-
stop)* de un tirón; **do a three-year ~**
F *in prison* estar tres años entre rejas
2: **have a ~** estirarse; **be at full ~** *fig*
estar saturado (de trabajo); **not by
any ~ of the imagination** de ninguna
de las maneras
II *adj fabric* elástico
III *v/t material, income* estirar; F *rules*
ser flexible con; **my job ~es me** mi trabajo me obliga a esforzarme; **be fully
~ed** *fig* unable to take on more work
estar saturado (de trabajo)
IV *v/i* **1** *to relax muscles, reach sth* estirarse **2** *(spread)* extenderse **3** *of fabric*
estirarse, dar de sí
◆ **stretch out I** *v/i* **1** *to reach something*
estirarse **2** *(lie down)* tumbarse **II** *v/t
hand etc* estirar
stretch•er ['stretʃər] camilla *f*
'**stretch lim•o** F limusina *f* grande
'**stretch marks** *npl* estrías *fpl*
stretch•y ['stretʃɪ] *adj* elástico
strick•en ['strɪkən] *adj parents, face* desolado; *country, city* asolado; **~ with**
arrasado por
strict [strɪkt] *adj* estricto; **in ~ confidence** en total confianza
strict•ly ['strɪktlɪ] *adv* con rigor; **it is ~
forbidden** está terminantemente
prohibido; **~ speaking** propiamente
hablando
strid•den ['strɪdn] *pp* ☞ **stride**
stride [straɪd] **I** *n* zancada *f*; **take sth in
one's ~** *fig* tomarse algo con tranquilidad; **make great ~s** *fig* avanzar a pasos
agigantados; **get into one's ~**, **hit one's
~** *fig* coger la marcha **II** *v/i (pret strode,
pp stridden)* caminar dando zancadas
stri•dent ['straɪdnt] *adj also fig* estridente
strife [straɪf] conflicto *m*, polémica *f*
strike [straɪk] **I** *n* **1** *of workers* huelga *f*;
be on ~ estar en huelga; **go on ~** ir a la
huelga **2** *in baseball* strike *m*, *L.Am.*
ponche *m* **3** *of oil* descubrimiento *m*
II *v/i (pret & pp struck)* **1** *of workers*
hacer huelga **2** *(attack)* atacar; *of disaster* sobrevenir **3** *of clock* dar las horas;
the clock struck three el reloj dio las
tres

III *v/t* (*pret & pp* **struck**) **1** (*hit*) golpear **2** *fig*: *of disaster* sacudir **3** *match* encender **4** *oil* descubrir **5**: *didn't it ever ~ you that ...?* ¿no se te ocurrió que ...?; *she struck me as being ...* me dio la impresión de ser ...; *I was struck by ...* me impactó ...; *how does the house ~ you?* ¿qué te parece la casa?

◆ **strike back** *v/i* contraatacar

◆ **strike down** *v/t fig* golpear, sacudir

◆ **strike off** *v/t Br* suspender

◆ **strike out I** *v/t* **1** (*delete*) tachar **2** *in baseball* eliminar, *L.Am.* ponchar; *be struck out* estroquear *L.Am.* **II** *v/i* **1** *in baseball* quedar eliminado, *L.Am.* poncharse **2** F (*fail*) fracasar **3**: *strike out on one's own fig* irse por libre; *strike out in a new direction* tomar otro rumbo

◆ **strike through** *v/t* tachar

◆ **strike up I** *v/t* **1** entablar (*with* con) **2** MUS empezar a tocar **II** *v/i* MUS empezar a tocar

'**strike bal•lot** *votación por la que un sindicato convoca una huelga*; '**strike-bound** *adj* cerrado (*por acciones reivindicativas*); '**strike•break•er** esquirol(a) *m(f)*; '**strike•out** *in baseball* strikeout *m*; '**strike pay** subsidio *m* de huelga

strik•er ['straɪkər] **1** (*person on strike*) huelguista *m/f* **2** *in soccer* delantero(-a) *m(f)*

'**strike zone** *in baseball* zona *f* de strike

strik•ing ['straɪkɪŋ] *adj* **1** (*marked*) sorprendente, llamativo; (*eye-catching*) deslumbrante **2**: *be within ~ distance of fig* estar muy cerca de

string [strɪŋ] **I** *n* also *of violin, racket etc* cuerda *f*; *the ~s musicians* la sección de cuerda; *pull ~s* mover hilos; *pull the ~s fig* tirar de la manta; *a ~ of* (*series*) una serie de; *with no ~s attached fig* sin compromiso alguno; *he has more than one ~ to his bow fig* es muy polifacético; *with girlfriends* tiene muchas novias

II *adj* MUS de cuerda

III *v/t* (*pret & pp* **strung**) **1** *beads* engarzar **2** *tennis racket* encordar

◆ **string along I** *v/i* F apuntarse F **II** *v/t* F: *string s.o. along* dar falsas esperanzas a alguien

◆ **string out** *v/t* **1** *make last longer* alargar **2**: *the crowd was strung out the whole length of the course* el público se extendía a lo largo de todo el circuito

◆ **string together** *v/t* articular

◆ **string up** *v/t* F colgar

string 'bean BOT judía *f* verde, *L.Am.* poroto *m* verde, *Mex* ejote *m*

stringed in•stru•ment [strɪŋd'ɪnstrʊmənt] instrumento *m* de cuerda

strin•gent ['strɪndʒənt] *adj* riguroso

'**string play•er** instrumentista *m/f* de cuerda

string•y ['strɪŋɪ] *adj* hebroso, fibroso

strip [strɪp] **I** *n of land* franja *f*; *of cloth* tira *f* **2** (*comic ~*) tira *f* cómica **3**: *do a ~* hacer un striptease **II** *v/t* (*pret & pp* **-ped**) **1** (*remove*) quitar; *~ s.o. of sth* despojar a alguien de algo **2** (*undress*) desnudar **III** *v/i* (*pret & pp* **-ped**) (*undress*) desnudarse; *of stripper* hacer striptease; *~ to the waist* quitarse la parte de arriba

◆ **strip down** *v/t* desmontar

◆ **strip off** *v/i* desvestirse, desnudarse

strip car'toon *Br* tira *f* cómica

'**strip club** club *m* de striptease

stripe [straɪp] **1** raya *f* **2** *indicating rank* galón *m*

striped [straɪpt] *adj* a rayas

'**strip joint** F ☞ **strip club**; '**strip lighting** fluorescentes *mpl*; '**strip mall** *calle comercial a las afueras de la ciudad*; '**strip min•ing** explotación *f* a cielo abierto

strip•per ['strɪpər] artista *m/f* de striptease

strip 'pok•er strip poker *m*; '**strip-search** *v/t* registrar sin ropa; '**strip show** espectáculo *m* de striptease; **strip'tease** striptease *m*

strive [straɪv] *v/i* (*pret* **strove**, *pp* **striven**) esforzarse; *~ to do sth* esforzarse por hacer algo; *~ for* luchar por

striv•en ['strɪvn] *pp* ☞ **strive**

strobe [stroʊb], '**strobe light** luz *f* estroboscópica

strode [stroʊd] *pret* ☞ **stride**

stroke [stroʊk] **I** *n* **1** MED derrame *m* cerebral

2 *in writing* trazo *m*; *in painting* pincelada *f*; *with a ~ of the pen* de un plumazo

3 (*style of swimming*) estilo *m*

4: ~ *of luck* golpe de suerte; *she never does a ~ (of work)* no pega ni golpe; *a ~ of genius fig* un momento de inspiración; *at a (single)* ~ *fig* de (un) golpe; *on the* ~ *of ten* a las diez en punto; *put s.o. off their* ~ desconcentrar a alguien **II** *v/t cat etc* acariciar

stroll [strəʊl] **I** *n* paseo *m*; *go for a* ~, *take a* ~ ir a dar un paseo, dar un paseo **II** *v/i* caminar

stroll•er ['strəʊlər] *for baby* silla *f* de paseo

strong [strɒŋ] **I** *adj* **1** fuerte; *structure* resistente; *candidate* claro, con muchos posibilidades; *support, supporter, views, objection* firme; *tea, coffee* cargado, fuerte **2**: ~ *language* lenguaje *m* enérgico; *(swearing)* palabrotas *fpl* **3**: *a twenty-~ expedition* una expedición de veinte miembros; *an 8,000-~ community* una comunidad de 8.000 personas
II *adv*: *be still going* ~ seguir en buen estado; *of person* seguir en buena forma

'**strong•box** caja *f* fuerte
'**strong•hold** *fig* baluarte *m*
'**strong•ly** ['strɒŋlɪ] *adv* fuertemente, rotundamente; *I* ~ *advised him against it* se lo desaconsejé contundentemente

strong-'mind•ed *adj* decidido; '**strong point** (punto *m*) fuerte *m*; '**strong-room** cámara *f* acorazada; **strong--willed** [strɒŋ'wɪld] *adj* tenaz

stron•ti•um ['strɑːntɪəm] CHEM estroncio *m*

strop•py ['strɒpɪ] *adj Br* F: *get* ~ ponerse impertinente F

strove [strəʊv] *pret* ☞ **strive**

struck [strʌk] *pret & pp* ☞ **strike**

struc•tur•al ['strʌktʃərl] *adj* estructural

struc•tur•al•ly ['strʌktʃərəlɪ] *adv* estructuralmente; *be* ~ *sound* tener una estructura sólida

struc•ture ['strʌktʃər] **I** *n* *(something built)* construcción *f*; *of novel, society etc* estructura *f* **II** *v/t* estructurar

strug•gle ['strʌgl] **I** *n* lucha *f*; ~ *for survival* lucha por la supervivencia **II** *v/i with a person* forcejear; *(have a hard time)* luchar; *he was struggling with the door* tenía problemas con la puerta; ~ *to do sth* luchar por hacer algo; *he*

was struggling for words le costó expresarse; ~ *to one's feet* ponerse en pie con mucho esfuerzo

◆ **struggle on** *v/i* proseguir con dificultad

strum [strʌm] *v/t (pret & pp* -**med**) *guitar* rasguear

strung [strʌŋ] *pret & pp* ☞ **string**

strung 'out *adj* P **1** *through drugs* colgado P **2** *exhausted* reventado P **3** *nervous* alterado P

strut[1] [strʌt] **I** *v/i (pret & pp* -**ted**) pavonearse **II** *v/t (pret & pp* -**ted**) F: ~ *one's stuff* lucirse F

strut[2] [strʌt] *n* TECH montante *m*

strych•nine ['strɪkniːn] CHEM, PHARM estricnina *f*

stub [stʌb] **I** *n* **1** *of cigarette* colilla *f* **2** *of check* matriz *f*; *of ticket* resguardo *m* **II** *v/t (pret & pp* -**bed**): ~ *one's toe* darse un golpe en el dedo (del pie)

◆ **stub out** *v/t* apagar (apretando)

stub•ble ['stʌbl] *on man's face* barba *f* incipiente

stub•bly ['stʌblɪ] *adj* con barba incipiente

stub•born ['stʌbərn] *adj person* testarudo, terco; *defense, refusal, denial* tenaz, pertinaz

stub•by ['stʌbɪ] *adj* regordete

stuc•co ['stʌkəʊ] ARCHI estuco *m*

stuck [stʌk] **I** *pret & pp* ☞ **stick**[2]
II *adj*: *be* ~ *of door, drawer* estar atrancado; *of person in elevator etc* estar atrapado; *fig* F estar atascado F; *be* ~ *on s.o.* F estar colado por alguien F; *get* ~ *in elevator etc* quedarse atrapado; *fig* F atascarse F; *be* ~ *with not be able to get away from* F no poderse librar de; *get* ~ *into Br* F *task* ponerse (las pilas) con F

stuck-'up *adj* F engreído

stud[1] [stʌd] **I** *n* **1** *metal knob* tachuela *f* **2** *earring etc* pendiente *m* de bolita **3** *on boot* taco *m* **II** *v/t (pret & pp* -**ded**): *be* ~*ded with* estar cubierto de

stud[2] [stʌd] *n* **1** *for horses* cuadra *f* **2** F *man* semental *m* F

stu•dent ['stjuːdnt] estudiante *m/f*; *at high school* alumno(-a) *m(f)*

stu•dent 'driv•er *persona que está aprendiendo a conducir*; **stu•dent 'loan** préstamo *m* para estudiantes; **stu•dent 'nurse** estudiante *m/f* de enfermería;

stu•dent 'teach•er profesor(a) *m(f)* en prácticas

'stud farm cuadra *f*

stud•ied ['stʌdɪd] *adj* estudiado, artificial

stu•di•o ['stu:dɪoʊ] **1** *of artist, sculptor* estudio *m*; (*film ~, TV ~*) estudio *m*, plató *m* **2** ☞ *studio apartment*

'stu•di•o apart•ment estudio *m*; **stu•di•o 'au•di•ence** público *m* en el plató; **'stu•di•o couch** sofá cama *m*; **'stu•di•o flat** *Br* estudio *m*

stu•di•ous ['stu:dɪəs] *adj* estudioso

stud•y ['stʌdɪ] **I** *n* **1** estudio *m*; **make or carry out a ~ of** realizar un estudio sobre **2** (*room*) despacho *m* **3**: **she's a quick ~** es capaz de aprender de memoria rápidamente **II** *v/t & v/i* (*pret & pp -ied*) estudiar; **~ to be a doctor** estudiar medicina

'stud•y hall sala *f* de estudio; *period* hora *f* de estudio

stuff [stʌf] **I** *n* (*things*) cosas *fpl*; **be good ~** ser de calidad; **once you've done your ~** cuando hayas hecho la parte que a ti te corresponde; **know one's ~** saber lo que se hace / dice; **I have to get ready and ~** P me tengo que preparar y tal P **II** *v/t turkey* rellenar; **~ sth into sth** meter algo dentro de algo; **~ed full of** repleto de; **~ o.s.** F atiborrarse F; **get ~ed!** *Br* P ¡piérdete! P, ¡vete a paseo! P

◆ **stuff up** *v/t hole* rellenar; **I'm ~ed up** tengo la nariz tapada

stuffed [stʌft] *adj*: **~ shirt** F persona *f* pomposa F

stuffed 'toy muñeco *m* de peluche

stuff•ing ['stʌfɪŋ] relleno *m*; **knock the ~ out of s.o.** F dejar hecho polvo a alguien F

stuff•y ['stʌfɪ] *adj* **1** *room* cargado **2** *person* anticuado, estirado

stum•ble ['stʌmbl] *v/i* tropezar

◆ **stumble across** *v/t* toparse con

◆ **stumble over** *v/t* tropezar con; *words* trastrabillarse con

◆ **stumble through** *v/t* hacer a trompicones F

stum•bling-block ['stʌmblɪŋ] escollo *m*

stump [stʌmp] **I** *n* **1** *of tree* tocón *m* **2** POL F: **be on the ~** hacer campaña **II**

v/t of question, questioner dejar perplejo; **I'm ~ed, you've got me ~ed** no sé que responder, me has dejado sin respuesta

◆ **stump up** *v/t* F aflojar, *Span* apoquinar F

stump•y ['stʌmpɪ] *adj* achaparrado, rechoncho

stun [stʌn] *v/t* (*pret & pp -ned*) *of blow* dejar sin sentido; *of news* dejar atonito *or* de piedra; **there was a ~ned silence** hubo un silencio total por el shock

stung [stʌŋ] *pret & pp* ☞ **sting**

'stun gun pistola *f* paralizante

stunk [stʌŋk] *pp* ☞ **stink**

stun•ner ['stʌnər]: **be a real ~** ser una verdadera preciosidad *or* belleza

stun•ning ['stʌnɪŋ] *adj* **1** (*amazing*) increíble, sorprendente **2** (*very beautiful*) imponente

stunt[1] [stʌnt] *n for publicity* truco *m*; *in movie* escena *f* peligrosa; **pull a ~** hacer una estupidez

stunt[2] [stʌnt] *v/t* ralentizar el crecimiento de; **~ed** desmirriado

stunt•man ['stʌntmæn] *in movie* doble *m*, especialista *m*

'stunt wom•an *in movie* doble *f*, especialista *f*

stu•pe•fy ['stu:pɪfaɪ] *v/t* (*pret & pp -ied*) dejar perplejo

stu•pen•dous [stu:'pendəs] *adj* extraordinario

stu•pid ['stu:pɪd] *adj* estúpido; **what a ~ thing to say / do!** ¡qué estupidez!

stu•pid•i•ty [stu:'pɪdətɪ] estupidez *f*

stu•por ['stu:pər] aturdimiento *m*; **in a drunken ~** en estado de estupor a causa del alcohol

stur•dy ['stɜ:rdɪ] *adj person* robusto; *table, plant* resistente

stut•ter ['stʌtər] **I** *v/i* tartamudear **II** *v/t* tartamudear **III** *n* tartamudeo *m*

stut•ter•er ['stʌtərər] tartamudo(-a) *m(f)*

sty [staɪ] *for pig* pocilga *f*

style [staɪl] **I** *n* estilo *m*; (*fashion*) moda *f*; **go out of ~** pasarse de moda; **~ of leadership** tipo *m or* forma *f* de liderazgo; **in ~** a lo grande; **that's not my ~** F eso no va conmigo F; **she has ~** tiene estilo; **cramp s.o.'s ~** cohibir a alguien **II** *v/t hair* peinar

styl•ing mousse ['staɪlɪŋ] espuma *f* moldeadora

styl•ish ['staɪlɪʃ] *adj* elegante

styl•ist ['staɪlɪst] (*hair ~*) estilista *m/f*

sty•lis•tic [staɪ'lɪstɪk] *adj* estilístico

styl•ize ['staɪlaɪz] *v/t* estilizar

sty•lus ['staɪləs] aguja *f*

sty•mie ['staɪmɪ] *v/t* F frustrar

Sty•ro•foam® ['staɪrəfoʊm] poliestireno *m*

suave [swɑːv] *adj person* cortés, sofisticado; *pej* zalamero

sub [sʌb] F **1** (*submarine*) submarino *m* **2** (*subscription*) suscripción *f* **3** SP suplente *m/f* **II** *v/i* ☞ **substitute III**

sub•a•tom•ic [sʌbə'tɑːmɪk] *adj* subatómico

sub•com•mit•tee ['sʌbkəmɪtɪ] subcomité *m*

sub•com•pact (car) [sʌb'kɑːmpækt] *utilitario de pequeño tamaño*

sub•con•scious [sʌb'kɑːnʃəs] *adj* subconsciente; *the ~* (*mind*) el subconsciente

sub•con•scious•ly [sʌb'kɑːnʃəslɪ] *adv* inconscientemente

sub•con•ti•nent [sʌb'kɑːntɪnənt] subcontinente *m*

sub•con•tract [sʌbkɑːn'trækt] *v/t* subcontratar

sub•con•trac•tor [sʌbkɑːn'træktər] subcontratista *m/f*

sub•cul•ture ['sʌbkʌltʃər] subcultura *f*

sub•cu•ta•ne•ous [sʌbkjuː'teɪnɪəs] *adj* subcutáneo

sub•di•vide [sʌbdɪ'vaɪd] *v/t* subdividir

sub•di•vi•sion ['sʌbdɪvɪʒn] subdivisión *f*

sub•due [səb'duː] *v/t rebellion, mob* someter, contener

sub•dued [səb'duːd] *adj* apagado

sub•ed•i•tor ['sʌbedɪtər] *Br* redactor(a) *m(f)*

sub•head•ing ['sʌbhedɪŋ] subtítulo *m*

sub•hu•man [sʌb'hjuːmən] *adj* inhumano

sub•ject I *n* ['sʌbdʒɪkt] **1** (*topic*) tema *m*; (*branch of learning*) asignatura *f*, materia *f*; *change the ~* cambiar de tema; *on the ~ of* (*about*) sobre; *be the ~ of* ser objeto de; *that's a ~ for the specialists* eso es materia de especialista **2** GRAM sujeto *m* **3** *of monarch* súbdito(-a) *m(f)*

II *adj* ['sʌbdʒɪkt]: *be ~ to have tendency to* ser propenso a; *be regulated by* estar sujeto a; *~ to availability goods* promoción válida hasta fin de existencias; *prices ~ to change* precios con tendencia al cambio

III *v/t* [səb'dʒekt] someter (*to* a)

sub•jec•tion [səb'dʒekʃn] **1** (*subjugation*) subyugación *f*, sometimiento *m* **2**: *~ to* (*exposure to*) exposición *f* a

sub•jec•tive [səb'dʒektɪv] *adj* subjetivo

'sub•ject mat•ter tema *m*

sub•ju•gate ['sʌbdʒugeɪt] *v/t* subyugar, someter

sub•junc•tive [səb'dʒʌŋktɪv] GRAM subjuntivo *m*

sub•lease [sʌb'liːs] *v/t to s.o.* realquilar (*to* a); *from s.o.* realquilar (*from* de)

sub•let [sʌb'let] *v/t* (*pret & pp -let*) ☞ *sublease*

sub•lime [sə'blaɪm] *adj iron: disregard, ignorance* sumo, supremo

sub•lim•i•nal [sʌb'lɪmɪnl] *adj* PSYCH subliminal

sub•ma•chine gun [sʌbmə'ʃiːngʌn] metralleta *f*

sub•ma•rine ['sʌbməriːn] **I** *n* submarino *m* **II** *adj world, life* submarino

sub•ma•rin•er [sʌb'mærɪnər] submarinista *m/f*

sub•merge [səb'mɜːrdʒ] **I** *v/t* sumergir **II** *v/i of submarine* sumergirse

sub•mis•sion [səb'mɪʃn] **1** (*surrender*) sumisión *f* **2** *to committee etc* propuesta *f*

sub•mis•sive [səb'mɪsɪv] *adj* sumiso

sub•mit [səb'mɪt] **I** *v/t* (*pret & pp -ted*) *plan, proposal* presentar; *I ~ that ...* sostengo *or* mantengo que ... **II** *v/i* (*pret & pp -ted*) someterse

sub•nor•mal [sʌb'nɔːrml] *adj* subnormal

sub•or•di•nate [sə'bɔːrdɪneɪt] **I** *adj employee, position* subordinado (*to* a); *~ clause* LING oración *f* subordinada **II** *n* subordinado(-a) *m(f)*

sub•plot ['sʌbplɑːt] trama *f* secundaria

sub•poe•na [sə'piːnə] **I** *n* citación *f* **II** *v/t person* citar

sub•rou•tine ['sʌbruːtiːn] COMPUT subrutina *f*

◆ **sub•scríbe to** [səb'skraɪb] *v/t* **1** *magazine etc* suscribirse a **2** *theory* suscribir

sub•scribed cap•i•tal [səb'skraɪbd] capital *m* suscrito

sub•scrib•er [səb'skraɪbər] *to magazine* suscriptor(a) *m(f)*

sub•scrip•tion [səb'skrɪpʃn] suscripción *f*; *take out a ~ to* suscribirse a

sub•sec•tion ['sʌbsekʃn] subapartado *m*

sub•se•quent ['sʌbsɪkwənt] *adj* posterior

sub•se•quent•ly ['sʌbsɪkwəntlɪ] *adv* posteriormente

sub•ser•vi•ence [səb'sɜːrvɪəns] servilismo *m*

sub•ser•vi•ent [səb'sɜːrvɪənt] *adj* 1 *person* servil 2: *be ~ to* (*less important than*) estar por debajo de

sub•side [səb'saɪd] *v/i* 1 *of flood waters* bajar; *of high winds* amainar; *of fears, panic* calmarse 2 *of building* hundirse

sub•sid•ence ['sʌbsaɪdəns] hundimiento *m*

sub•sid•i•a•ry [səb'sɪdɪerɪ] filial *f*; *~ company* empresa *f* filial

sub•si•dize ['sʌbsɪdaɪz] *v/t* subvencionar

sub•si•dy ['sʌbsɪdɪ] subvención *f*

◆ **sub•sist on** [sʌb'sɪst] *v/t* subsistir a base de

sub•sist•ence [səb'sɪstəns] subsistencia *f*

sub•sist•ence farm•er agricultor(a) *m(f)* de subsistencia; **sub'sist•ence farm•ing** agricultura *f* de autoabastecimiento; **sub'sist•ence lev•el** nivel *m* mínimo de subsistencia

sub•spe•cies ['sʌbspiːʃiːz] *nsg* subespecie *f*

sub•stance ['sʌbstəns] (*matter*) sustancia *f*; *in ~* en esencia

sub•stan•dard [sʌb'stændərd] *adj performance* deficiente; *shoes, clothes* con tara

sub•stan•tial [səb'stænʃl] *adj* sustancial, considerable

sub•stan•tial•ly [səb'stænʃlɪ] *adv* 1 (*considerably*) considerablemente 2 (*in essence*) sustancialmente, esencialmente

sub•stan•ti•ate [səb'stænʃɪeɪt] *v/t* probar

sub•stan•tive [səb'stæntɪv] *adj* significativo

sub•sti•tute ['sʌbstɪtuːt] I *n for person* sustituto(-a) *m(f)*; SP suplente *m/f*; *for commodity* sustituto *m*; *there's no ~ for ...* no hay nada como ...; *~s' bench* SP banquillo *m* II *v/t* sustituir, reemplazar; *~ X for Y* sustituir Y por X III *v/i*: *~ for s.o.* sustituir a alguien

sub•sti•tu•tion [sʌbstɪ'tuːʃn] (*act*) sustitución *f*; *make a ~* SP hacer un cambio *or* una sustitución

sub•struc•ture ['sʌbstrʌktʃər] ARCHI infraestructura *f*

sub•ten•ant [sʌb'tenənt] subarrendatario(-a) *m(f)*

sub•ter•fuge ['sʌbtərfjuːdʒ] subterfugio *m*, escapatoria *f*

sub•ter•ra•ne•an [sʌbtə'reɪnɪən] *adj* subterráneo

sub•ti•tle ['sʌbtaɪtl] subtítulo *m*

sub•tle ['sʌtl] *adj* sutil

sub•tle•ty ['sʌtltɪ] sutileza *f*

sub•to•tal ['sʌbtoʊtl] subtotal *m*

sub•tract [səb'trækt] *v/t number* restar

sub•trac•tion [səb'trækʃn] sustracción *f*, resta *f*

sub•trop•i•cal [sʌb'trɑːpɪkl] *adj* subtropical

sub•urb ['sʌbɜːrb] zona *f* residencial de la periferia; *live in the ~s* vivir en las afueras

sub•ur•ban [sə'bɜːrbən] *adj housing* de la periferia; *attitudes, lifestyle* aburguesado

sub•ur•bi•a [sə'bɜːrbɪə] (*suburbs*) zona *f* residencial de la periferia

sub•ver•sion [səb'vɜːrʃn] POL subversión *f*

sub•ver•sive [səb'vɜːrsɪv] I *adj* subversivo II *n* subversivo(-a) *m(f)*

sub•way ['sʌbweɪ] metro *m*

sub 'ze•ro [sʌb'zɪroʊ] *adj* bajo cero

suc•ceed [sək'siːd] I *v/i* 1 (*be successful*) tener éxito; *~ in doing sth* conseguir hacer algo 2 *to throne* suceder en el trono; *~ to a position* suceder en un puesto II *v/t* (*come after*) suceder; *~ s.o. as* suceder a alguien como

suc•ceed•ing [sək'siːdɪŋ] *adj* siguiente

suc•cess [sək'ses] éxito *m*; *be a ~ of book, play, idea* ser un éxito; *of person* tener éxito; *without ~* sin éxito, en vano

suc•cess•ful [sək'sesfəl] *adj person* con éxito; *be ~ in business* tener éxito en los negocios; *be ~ in doing sth* lograr hacer algo

suc•cess•ful•ly [sək'sesfəlɪ] *adv* con éxito

suc•ces•sion [sək'seʃn] sucesión *f*; **three days in ~** tres días seguidos; **in quick ~** uno detrás de otro, sin parar

suc•ces•sive [sək'sesɪv] *adj* sucesivo; **on three ~ days** en tres días consecutivos

suc•ces•sor [sək'sesər] sucesor(a) *m(f)*

suc'cess sto•ry éxito *m*, triunfo *m*

suc•cinct [sək'sɪŋkt] *adj* sucinto

suc•cu•lent ['sʌkjʊlənt] *meat, fruit* suculento

suc•cumb [sə'kʌm] *v/i* (*give in*) sucumbir

such [sʌtʃ] **I** *adj* **1** (*of that kind*) tal; **~ men are dangerous** los hombres así son peligrosos; **I know of many ~ cases** conozco muchos casos así
2: **don't make ~ a fuss** no armes tanto alboroto; **I never thought it would be ~ a success** nunca imaginé que sería un éxito tal
3: **~ as** como; **there is no ~ word as …** no existe la palabra …; **there is no ~ thing as …** … no existe
II *adv* tan; **as ~** como tal; **~ a nice day** un día tan bueno; **~ a long time** tanto tiempo
III *pron* tal; **~ is life** así es la vida

'such•like I *adj* parecido, por el estilo **II** *pron* cosas por el estilo

suck [sʌk] **I** *v/t candy etc* chupar; **~ one's thumb** chuparse el dedo **II** *v/i* P: **it ~s** (*is awful*) es una mierda P
◆ **suck under** *v/t* absorber
◆ **suck up I** *v/t* absorber **II** *v/i* F: **suck up to s.o.** hacer la pelota a alguien

suck•er ['sʌkər] F **1** *person* primo(-a) *m(f)* F, ingenuo(-a) *m(f)*; **be a ~ for** tener debilidad por **2** *candy* piruleta *f*

suck•le ['sʌkl] *v/t young* dar de mamar a

suck•ling pig [sʌklɪŋ'pɪg] lechón *m*

su•cre ['suːkreɪ] FIN sucre *m*

suc•tion ['sʌkʃn] succión *f*

'suc•tion pump TECH bomba *f* aspirante

Su•dan [suː'dɑːn]: **the ~** el Sudán

sud•den ['sʌdn] *adj* repentino; **all of a ~** de repente; **be very ~** ser muy súbito

sud•den death 'play-off desempate *m*

sud•den in•fant 'death syn•drome síndrome *m* de muerte súbita del lactante

sud•den•ly ['sʌdnlɪ] *adv* de repente

suds [sʌdz] *npl* (*soap ~*) espuma *f*

sue [suː] *v/t & v/i* demandar (**for** por)

suede [sweɪd] ante *m*; **~ shoes / jacket** zapatos *mpl* / chaqueta *f* de ante

Su•ez Ca•nal [suːezkə'næl]: **the ~** el canal de Suez

suf•fer ['sʌfər] **I** *v/i* (*be in great pain*) sufrir; (*deteriorate*) deteriorarse; **be ~ing from** sufrir **II** *v/t loss, setback, heart attack* sufrir

suf•fer•er ['sʌfərər]: **migraine / rheumatism ~s** aquellos que padecen de migraña / reumatismo

suf•fer•ing ['sʌfərɪŋ] sufrimiento *m*

suf•fice [sə'faɪs] **I** *v/i* ser suficiente (**for** para) **II** *v/t*: **~ it to say that…** basta con decir que …

suf•fi•cient [sə'fɪʃnt] *adj* suficiente

suf•fi•cient•ly [sə'fɪʃntlɪ] *adv* suficientemente

suf•fix ['sʌfɪks] LING sufijo *m*

suf•fo•cate ['sʌfəkeɪt] **I** *v/i* asfixiarse **II** *v/t* asfixiar

suf•fo•ca•tion [sʌfə'keɪʃn] asfixia *f*

suf•frage ['sʌfrɪdʒ] POL sufragio *m*

suf•fuse [sə'fjuːz] *v/t*: **be ~d with** estar bañado en *or* teñido de

sug•ar ['ʃʊgər] **I** *n* azúcar *m or f*; **how many ~s?** ¿cuántas cucharadas de azúcar? **II** *v/t* echar azúcar a; **is it ~ed?** ¿lleva azúcar? **III** *int euph* cariño, cielo

'sug•ar bowl azucarero *m*; **'sug•ar cane** caña *f* de azúcar; **'sug•ar cube** terrón *m* de azúcar; **'sug•ar dad•dy** F hombre rico que mantiene a una amante más joven; **'sug•ar plan•ta•tion** cañaveral *m*

sug•ar•y ['ʃʊgərɪ] *adj* **1** *drink, breakfast cereal* dulce **2** *fig*: *person, smile* sentimental, dulzón

sug•gest [sə'dʒest] *v/t* sugerir; **I ~ going home, I suggest that we go home** propongo ir a casa, sugiero que vayamos a casa; **~ that** *of evidence, event, situation* dar a entender que; **I'm not ~ing that you're to blame** no estoy insinuando que la culpa sea tuya

sug•gest•i•ble [sə'dʒestəbl] *adj* influenciable

sug•ges•tion [sə'dʒestʃən] sugerencia *f*; **at José's ~** a sugerencia de José; **make a ~** hacer una sugerencia; **be open to**

~s admitir sugerencias

sug•ges•tive [sə'dʒestɪv] *adj* **1** *remark* provocativo **2**: *be ~ of* sugerir

su•i•ci•dal [suɪ'saɪdl] *adj* suicida, temerario; *be feeling ~* pensar en el suicidio

su•i•cide ['suɪsaɪd] suicidio *m*; *commit ~* suicidarse; *~ attempt* intento *m* de suicidio

'su•i•cide bomb•er terrorista *m/f* suicida

'su•i•cide pact *pacto de suicidio colectivo entre dos o más personas*

suit [suːt] **I** *n* **1** traje *m* **2** *in cards* palo *m*; *follow ~* fig hacer lo mismo, hacer otro tanto **II** *v/t of clothes, color* sentar bien a; *~ yourself!* F ¡haz lo que quieras!; *be ~ed for or to sth* estar hecho para algo; *that ~s me fine* eso me viene bien; *they are well ~ed (to each other)* están hechos el uno para el otro

suit•a•ble ['suːtəbl] *adj partner, words, clothing* apropiado, adecuado; *time* apropiado

suit•a•bly ['suːtəblɪ] *adv* apropiadamente, adecuadamente

'suit•case maleta *f*, *L.Am.* valija *f*

suite [swiːt] *of rooms*, MUS suite *f*; *furniture* tresillo *m*

sul•fate ['sʌlfeɪt] sulfato *m*

sul•fide ['sʌlfaɪd] sulfuro *m*

sul•fur ['sʌlfər] azufre *m*

sul•fur di•ox•ide dióxido *m* de azufre

sul•fu•ric ac•id [sʌlfjuːrɪk'æsɪd] ácido *m* sulfúrico

sul•fu•rous ['sʌlfərəs] *adj* sulfuroso, sulfúreo

sulk [sʌlk] **I** *v/i* enfurruñarse; *be ~ing* estar enfurruñado **II** *npl*: *have the ~s* estar de morros

sulk•y ['sʌlkɪ] *adj* enfurruñado

sul•len ['sʌlən] *adj* malhumorado, huraño

sul•phate, sul•phide, sul•phur *Br* ☞ *sulfate etc*

sul•try ['sʌltrɪ] *adj* **1** *climate* sofocante, bochornoso **2** *sexually* sensual

sum [sʌm] **1** (*total*) total *m*, suma *f*; *the ~ total of his efforts* la suma de sus esfuerzos **2** (*amount*) cantidad *f*; *a large ~ of money* una gran cantidad de dinero; *~ insured* suma *f* asegurada **3** *in arithmetic* suma *f*; *do ~s* sumar, hacer sumas

◆ **sum up I** *v/t* (*pret & pp -med*) **1** (*summarize*) resumir **2** (*assess*) catalogar **II**

v/i (*pret & pp -med*) LAW recapitular

sum•mar•ize ['sʌmaraɪz] *v/t* resumir

sum•ma•ry ['sʌmarɪ] **I** *n* resumen *m* **II** *adj justice* sumario

sum•mer ['sʌmar] **I** *n* verano *m*; *in (the) ~* en (el) verano **II** *adj* estival, veraniego

'sum•mer camp campamento *m* de verano; **sum•mer 'hol•i•days** *npl Br* ☞ **summer vacation**; **'sum•mer house** cenador *m*; **'sum•mer school** curso *m* de verano; **'sum•mer•time** *season* (estación *f* de) verano *m*; *in (the) ~* en (el) verano; **sum•mer va'ca•tion** vacaciones *fpl* de verano

sum•mer•y ['sʌmarɪ] *adj* veraniego

sum•ming-up [sʌmɪŋ'ʌp] *by judge* sumario *m*

sum•mit ['sʌmɪt] **1** *of mountain* cumbre *f*, cima *f* **2** POL cumbre *f*

'sum•mit meet•ing cumbre *f*

sum•mon ['sʌmən] *v/t staff, ministers* llamar; *meeting* convocar

◆ **summon up** *v/t*: *he summoned up his strength* hizo acopio de fuerzas; *summon up the courage to do sth* armarse de valor para hacer algo

sum•mons ['sʌmənz] *nsg* LAW citación *f*

sump [sʌmp] *for oil* cárter *m*

sump•tu•ous ['sʌmptʃuəs] *adj* espléndido, suntuoso

sun [sʌn] sol *m*; *in the ~* al sol; *out of the ~* a la sombra; *he has had too much ~* le ha dado demasiado el sol **II** *v/t*: *~ o.s.* tomar el sol

'sun•bathe *v/i* tomar el sol; **'sun•bed** cama *f* de rayos UVA; **'Sun Belt** *estados del sur y suroeste de EE.UU.*; **'sun•block** crema *f* solar de alta protección; **'sun•burn** quemadura *f* (del sol); **'sun•burnt** *adj* quemado (por el sol); **'sun•cream** crema *f* bronceadora

sun•dae ['sʌndeɪ] helado *m* en copa (*con frutas, jarabe, etc.*)

Sun•day ['sʌndeɪ] domingo *m*; *on ~* el domingo; *on ~s* los domingos

Sun•day 'best: *I was dressed in my ~* llevaba puestas mis mejores galas

'Sun•day school *catequismo dominical para niños*

'sun•dial reloj *m* de sol; **'sun•down** ☞ **sunset**; **'sun•dried** *adj* secado al sol

sun•dries ['sʌndrɪz] *npl* varios *mpl*

sun•dry ['sʌndrɪ] *adj*: *all and ~* todo el

mundo

'**sun•flow•er** BOT girasol *m*

sung [sʌŋ] *pp* ☞ **sing**

'**sun•glass•es** *npl* anteojos *mpl or Span* gafas *fpl* de sol; *a pair of* ~ unos anteojos *or Span* gafas de sol; '**sun god** dios *m* solar; '**sun hat** sombrero *m* para el sol

sunk [sʌŋk] *pp* ☞ **sink**

sunk•en ['sʌŋkn] *adj ship, cheeks* hundido

'**sun•lamp** lámpara *f* de rayos UVA; '**sun•light** luz *f* solar; '**sun•lit** *adj* iluminado por el sol

sun•ny ['sʌnɪ] *adj* **1** *day* soleado; *it is* ~ hace sol; ~ *side up* frito sólo por un lado **2** *disposition* alegre, optimista

'**sun•rise** amanecer *m*; *at* ~ al amanecer; '**sun•roof** MOT techo *m* solar *or* correrizo; '**sun•screen** pantalla *f* solar; '**sun•set** atardecer *m*, puesta *f* de sol; *at* ~ al atardecer; '**sun•shade** sombrilla *f*; '**sun•shine** sol *m*; '**sun•spot** AST mancha *f* solar; '**sun•stroke** insolación *f*; '**sun•tan** bronceado *m*; *get a* ~ broncearse; '**sun•tan lo•tion** bronceador *m*; '**sun•tanned** *adj* bronceado, moreno; '**sun•tan oil** aceite *m* bronceador; '**sun•trap** *sitio resguardado donde da el sol de lleno*; '**sun•up** ☞ **sunrise**; '**sun vi•sor** MOT visera *f* antideslumbrante

su•per ['suːpər] **I** *adj* F genial F, estupendo F **II** *n* (*janitor*) portero(-a) *m(f)*

su•per•a'bun•dant *adj* superabundante

su•perb [sʊ'pɜːrb] *adj* excelente

'**su•per•bug** F súper virus *m*

su•per•cil•i•ous [suːpər'sɪlɪəs] *adj* altivo, soberbio

su•per•con'duc•tor superconductor *m*

su•per•fi•cial [suːpər'fɪʃl] *adj* superficial

su•per•fi•ci•al•i•ty [suːpərfɪʃɪ'ælətɪ] superficialidad *f*

su•per•fine 'sug•ar azúcar *m* extrafino

su•per•flu•ous [sʊ'pɜːrfluəs] *adj* superfluo

'**su•per•glue**® superglue *m*

su•per'hu•man *adj efforts* sobrehumano

su•per•im'pose *v/t* superponer (*on* sobre)

su•per•in•tend•ent [suːpərɪn'tendənt]

of apartment block portero(-a) *m(f)*

su•pe•ri•or [suː'pɪrɪər] **I** *adj* (*better, greater*) superior; *pej: attitude* arrogante; *be* ~ *to* ser superior a **II** *n in organization* superior *m*

su•pe•ri•or•i•ty [suːpɪrɪ'ɑːrətɪ] **1** superioridad *f*; *numerical* ~ superioridad en número **2** *pej* superioridad *f*, arrogancia *f*

su•per•la•tive [suː'pɜːrlətɪv] **I** *adj* superb excelente **II** *n* GRAM superlativo *m*

'**su•per•man** supermán *m*, superhombre *m*

'**su•per•mar•ket** supermercado *m*; ~ *trolley Br* carrito *m*

'**su•per•mod•el** supermodelo *m/f*

su•per'nat•u•ral I *adj powers* sobrenatural **II** *n: the* ~ lo sobrenatural

'**su•per•pow•er** POL superpotencia *f*

su•per•sede [suːpər'siːd] *v/t* reemplazar

su•per•son•ic [suːpər'sɑːnɪk] *adj flight, aircraft* supersónico

'**su•per•star** superestrella *f*

su•per•sti•tion [suːpər'stɪʃn] superstición *f*

su•per•sti•tious [suːpər'stɪʃəs] *adj person* supersticioso

'**su•per•struc•ture** ARCHI, NAUT superestructura *f*

'**su•per•tank•er** NAUT superpetrolero *m*

su•per•vise ['suːpərvaɪz] *v/t class* vigilar; *workers* supervisar; *activities* dirigir

su•per•vi•sion [suːpər'vɪʒn] supervisión *f*, vigilancia *f*; *under s.o.'s* ~ bajo la supervisión de alguien

su•per•vi•sor ['suːpərvaɪzər] *at work* supervisor(a) *m(f)*

su•per•vi•so•ry [suːpər'vaɪzərɪ] *adj* de supervisión

sup•per ['sʌpər] cena *f*, *L.Am.* comida *f*; *have* ~ cenar, *L.Am.* comer

sup•plant [sə'plɑːnt] *v/t* reemplazar, sustituir

sup•ple ['sʌpl] *adj person* ágil; *limbs, material* flexible

sup•ple•ment I *n* ['sʌplɪmənt] (*extra payment*), *in newspaper* suplemento *m* **II** *v/t* ['sʌplɪment] *income* complementar (*with* con)

sup•ple•men•ta•ry [sʌplɪ'mentərɪ] *adj* adicional, complementario

sup•pli•er [sə'plaɪər] COM proveedor(a) *m(f)*

sup•ply [sə'plaɪ] **I** *n* suministro *m*, abastecimiento *m*; ~ **and demand** la oferta y la demanda; **supplies** *of food* provisiones *fpl*; **office supplies** material *f* de oficina **II** *v/t* (*pret & pp* **-ied**) *goods* suministrar; ~ **s.o. with sth** suministrar algo a alguien; **be supplied with** venir con

sup'ply teach•er *Br* profesor(a) *m(f)* suplente

sup'ply volt•age tensión *f* de alimentación

sup•port [sə'pɔːrt] **I** *n* **1** *for structure* soporte *m* **2** (*backing*) apoyo *m*; *in* ~ *of* en apoyo *or* defensa de **II** *v/t* **1** *building, structure* soportar, sostener **2** *financially* mantener **3** (*back*) apoyar; *soccer team* ser de

sup•port•er [sə'pɔːrtər] partidario(-a) *m(f)*; *of football team etc* seguidor(a) *m(f)*

sup'port group asociación *f*, grupo *m* de apoyo (**for** de)

sup•port•ing [sə'pɔːrtɪŋ] *adj* **1**: ~ **actor** actor *m* secundario ; ~ **actress** actriz *f* secundaria; ~ **role** papel *m* secundario **2**: ~ **wall** pared *f* maestra

sup•port•ive [sə'pɔːrtɪv] *adj* comprensivo; **be** ~ apoyar (**toward, of** a)

sup'port ser•vi•ces *npl* servicios *mpl* de apoyo

sup'port staff personal *m* de apoyo

sup•pose [sə'pouz] *v/t* **1** (*imagine*) suponer; *I* ~ **so** supongo (que sí); *I* ~ *I must have fallen asleep* supongo que me he quedado dormido **2**: *you are not* ~*d to ...* (*not allowed to*) no deberías ...; *it is* ~*d to be delivered today* (*is meant to be*) se supone que lo van a entregar hoy; *aren't you* ~*d to be at work?* ¿no tendrías que estar trabajando?; *it's* ~*d to be very beautiful* (*is said to be*) se supone que es hermosísimo; *what's that* ~*d to mean?* ¿qué se supone que quiere decir eso? **II** *conj*: ~ *we went home?* ¿y si nos vamos a casa?

sup•posed [sə'pouzd] *adj* supuesto, presunto

sup•pos•ed•ly [sə'pouzɪdlɪ] *adv* supuestamente

sup•pos•ing [sə'pouzɪŋ] *conj* ☞ **sup-**

pose II

sup•po•si•tion [sʌpə'zɪʃn] suposición *f*, presunción *f*

sup•pos•i•to•ry [sə'pɑːzɪtɔːrɪ] MED supositorio *m*

sup•press [sə'pres] *v/t rebellion etc* reprimir, sofocar

sup•pres•sion [sə'preʃn] represión *f*

su•prem•a•cy [suː'preməsɪ] supremacía *f*

su•preme [suː'priːm] *adj* supremo

Su'preme Court Tribunal *m* Supremo, *L.Am.* Corte *f* Suprema

su•preme•ly [suː'priːmlɪ] *adv* extremadamente

sur•charge ['sɜːrtʃɑːrdʒ] recargo *m*

sure [ʃʊr] **I** *adj* seguro; *I'm not* ~ no estoy seguro; **be** ~ **about sth** estar seguro de algo; **make** ~ **that ...** asegurarse de que ...; **make** ~ **of sth** asegurarse de algo; ~ **of o.s.** seguro de sí mismo; ~ **thing!** F ¡claro! F; **be a** ~ **thing** estar asegurado *or* garantizado; **you're** ~ **to like this play** seguro que te gusta esta obra; **be** ~ **to lock the door!** ¡asegúrate de cerrar bien la puerta!; *I can't say for* ~ no lo puedo decir con seguridad; **one thing's for** ~ una cosa es segura; **and to be** ~, **he ...** y, por supuesto, ... **II** *adv*: ~ **enough** efectivamente; *it* ~ *is hot today* F vaya calor que hace F; ~! F ¡claro!

'sure-fire *adj* F seguro, infalible

sure-foot•ed [ʃʊr'fʊtɪd] *adj* con los pies firmes

sure•ly ['ʃʊrlɪ] *adv* **1** (*gladly*) claro que sí **2**: ~ **you don't mean that!** ¡ no lo dirás en serio!; ~ **somebody knows** alguien tiene que saberlo

sure•e•ty ['ʃʊrətɪ] *for loan* aval *m*, fianza *f*; **stand** ~ **for s.o.** avalar a alguien

surf [sɜːrf] **I** *n on sea* surf *m* **II** *v/t*: ~ **the Net** navegar por Internet **III** *v/i on sea* hacer surf

sur•face ['sɜːrfɪs] **I** *n of table, object, water* superficie *f*; **on the** ~ *fig* a primera vista; ~ **tension** PHYS tensión *f* de superficie **II** *v/i* **1** *of swimmer, submarine* salir a la superficie **2** (*appear*) aparecer **III** *v/t roads* revestir

'sur•face mail correo *m* terrestre; **sur•face-to-'air** *adj* tierra-aire; **sur•face--to-'sur•face** *adj* tierra-tierra; **'sur•face trans•port** transporte *m* por superficie

sur•fac•tant [sɜːrˈfæktənt] CHEM tensioactivo *m*

'surf•board tabla *f* de surf

sur•feit [ˈsɜːrfɪt] exceso (*of* de)

surf•er [ˈsɜːrfər] *on sea* surfista *m/f*

surf•ing [ˈsɜːrfɪŋ] surf *m*; *go ~* ir a hacer surf

surge [sɜːrdʒ] **I** *n in electric current* sobrecarga *f*; *in demand etc* incremento *m* repentino; *there was a sudden ~ forward* la gente se abalanzó de repente **II** *v/i: the mob ~d toward the palace* la muchedumbre se precipitó hacia el palacio

◆ **surge forward** *v/i of crowd* avanzar atropelladamente

◆ **surge up** *v/i: anger surged up in her* la rabia se adueñó de ella

sur•geon [ˈsɜːrdʒən] cirujano(-a) *m(f)*

Sur•geon 'Gen•e•ral (*in government*) *máximo responsable de la sanidad pública*

sur•ge•ry [ˈsɜːrdʒərɪ] **1** cirugía *f*; *undergo ~* ser intervenido quirúrgicamente; *he needs ~* requiere una operación **2** *Br. doctor's office* consulta *f*; *~ hours pl* horas *fpl* de consulta

sur•gi•cal [ˈsɜːrdʒɪkl] *adj* quirúrgico; *~ stocking* media *f* ortopédica

sur•gi•cal•ly [ˈsɜːrdʒɪklɪ] *adv* quirúrgicamente

Su•ri•name [ˈsʊrɪnæm] Suriname *m*

Su•ri•nam•ese [sʊrɪnæmˈiːz] **I** *adj* surinamés **II** *n* surinamés(-esa) *m(f)*

sur•ly [ˈsɜːrlɪ] *adj* arisco, hosco

sur•mise [sɜːrˈmaɪz] *v/t* inferir, deducir

sur•mount [sərˈmaʊnt] *v/t difficulties* superar

sur•mount•a•ble [sərˈmaʊntəbl] *adj* superable

sur•name [ˈsɜːrneɪm] apellido *m*

sur•pass [sərˈpæs] *v/t* superar

sur•plus [ˈsɜːrpləs] **I** *n* excedente *m* **II** *adj* excedente; *be ~ to requirements* ser superfluo *or* prescincible

sur•prise [sərˈpraɪz] **I** *n* sorpresa *f*; *it came as no ~* no me sorprendió; *in ~* sorprendido; *take s.o. by ~* pillar a alguien por sorpresa **II** *v/t* sorprender; *be / look ~d* quedarse / parecer sorprendido (*at* ante; *by* por); *I wouldn't be ~d if* no me sorprendería si

sur•prise 'par•ty fiesta *f* sorpresa

sur•pris•ing [sərˈpraɪzɪŋ] *adj* sorprendente; *it's not ~ that …* no me sorprende que …

sur•pris•ing•ly [sərˈpraɪzɪŋlɪ] *adv* sorprendentemente; *~ (enough)* sorprendentemente, aunque parezca sorprendente

sur•re•al• [səˈriːəl] *adj* surrealista, extraño

sur•re•al•ism [səˈriːəlɪzəm] *in art* surrealismo *m*

sur•re•al•ist [səˈriːəlɪst] **I** *adj* surrealista **II** *n* surrealista *m/f*

sur•re•al•is•tic [səriːəlˈɪstɪk] *adj* surrealista

sur•ren•der [səˈrendər] **I** *v/i of army* rendirse; *to police* entregarse **II** *v/t weapons, passport etc* entregar **III** *n* **1** rendición *f* **2** (*handing in*) entrega *f*

sur•rep•ti•tious [sʌrəpˈtɪʃəs] *adj* furtivo, disimulado

sur•rep•ti•tious•ly [sʌrəpˈtɪʃəslɪ] *adv* furtivamente, disimuladamente

sur•ro•ga•cy [ˈsʌrəgəsɪ] *embarazo por encargo de terceros*

sur•ro•gate moth•er [ˈsʌrəgətˈmʌðər] madre *f* de alquiler

sur•round [səˈraʊnd] **I** *v/t* rodear; *~ed by* rodeado de *or* por **II** *n of picture etc* marco *m*

sur•round•ing [səˈraʊndɪŋ] *adj* circundante

sur•round•ings [səˈraʊndɪŋz] *npl* **1** *of village* alrededores *mpl* **2** (*environment*) entorno *m*

sur'round sound sonido *m* surround

sur•veil•lance [sɜːrˈveɪləns] vigilancia *f*; *be / keep under ~ person, premises* estar / mantener bajo vigilancia

sur•vey [ˈsɜːrveɪ] **I** *n* [ˈsɜːrveɪ] **1** *of modern literature etc* estudio *m* **2** *of building* tasación *f*, peritaje **3** (*poll*) encuesta *f* **II** *v/t* [sərˈveɪ] **1** (*look at*) contemplar **2** *building* tasar, peritar

sur•vey•or [sɜːrˈveɪr] tasador(a) *m(f)* *or* perito(-a) *m(f)* de la propiedad

sur•viv•al [sərˈvaɪvl] supervivencia *f*; *~ of the fittest* la ley del más fuerte; *~ suit* traje *m* de supervivencia; *~ training course* curso *m* de supervivencia

sur•vive [sərˈvaɪv] **I** *v/i* sobrevivir; *how are you? – I'm surviving* ¿cómo estás? – voy tirando; *his two surviving daughters* las dos hijas que aún viven **II** *v/t accident, operation* sobrevivir a;

(*outlive*) sobrevivir; **he is ~d by his second wife** le survive su segunda esposa

sur•vi•vor [sər'vaɪvər] superviviente *m/f*; **he's a ~** *fig* es incombustible

sus•cep•ti•ble [sə'septəbl] *adj* emotionally sensible, susceptible; **be ~ to the cold / heat** ser sensible al frío / calor

su•shi ['suːʃɪ] sushi *m*

sus•pect **I** *n* ['sʌspekt] sospechoso(-a) *m(f)* **II** *v/t* [sə'spekt] **1** *person* sospechar de; **~ s.o. of doing sth** sospechar que alguien ha hecho algo; **be ~ed of sth / doing sth** ser sospechoso de algo / haber hecho algo **2** (*suppose*) sospechar **III** *adj* ['sʌspekt] dudoso; **a ~ package** un paquete sospechoso; **his motives are ~** sus motivos son sospechosos

sus•pect•ed [sə'spektɪd] *adj* murderer presunto; *cause, heart attack etc* supuesto

sus•pend [sə'spend] *v/t* **1** (*hang*) colgar **2** *from office, duties* suspender; **he was given a two-year ~ed sentence** recibió una condena condicional de dos años; **~ed animation** animación *f* suspendida

sus•pend•er belt [sə'spendər] *Br* liguero *m*

sus•pend•ers [sə'spendərz] *npl* **1** *for pants* tirantes *mpl*, *S.Am.* suspensores *mpl* **2** *Br: for stockings* ligas *fpl*

sus•pense [sə'spens] *Span* suspense *m*, *L.Am.* suspenso *m*; **keep s.o. in ~** dejar a alguien en vilo

sus'pense ac•count cuenta *f* provisional

sus•pen•sion [sə'spenʃn] MOT, *from duty* suspensión *f*; **he received a two-game ~** le han penalizado con dos partidos sin jugar

sus'pen•sion bridge puente *m* colgante

sus•pi•cion [sə'spɪʃn] sospecha *f*; **be above ~** estar libre de toda sospecha; **be under ~ of murder** ser sospechoso de asesinato; **with ~** con desconfianza

sus•pi•cious [sə'spɪʃəs] *adj* **1** (*causing suspicion*) sospechoso **2** (*feeling suspicion*) receloso, desconfiado; **be ~ of** sospechar de

sus•pi•cious•ly [sə'spɪʃəslɪ] *adv* **1** *behave* de manera sospechosa **2** *ask* con recelo *or* desconfianza

sus•tain [sə'steɪn] *v/t* sostener

sus•tain•a•ble [sə'steɪnəbl] *adj* sostenible

sus•tain•a•ble de'vel•op•ment desarrollo *m* sostenible

sus•tained [sə'steɪnd] *adj* sostenido

sus•te•nance ['sʌstənəns] sustento *m*

su•ture ['suːtʃər] MED **I** *n* sutura *f* **II** *v/t* *wound* suturar

SUV [esjuː'viː] *abbr* (= **sport utility vehicle**) SUV *m*, todoterreno *m* ligero

svelte [svelt] *adj* elegante, estiloso

SVGA [esviːdʒiː'eɪ] *abbr* (= **Super Video Graphics Array**) SVGA *m*, super adaptador *m* de gráficos de vídeo

swab [swɑːb] **1** *n material* torunda *f* **2** *test* muestra *f*; **take a ~** extraer una muestra (**from** de) **II** *v/t* (*pret & pp* **-bed**) *wound* limpiar

swag•ger ['swæɡər] **I** *n*: **walk with a ~** caminar pavoneándose **II** *v/i* caminar pavoneándose

swal•low¹ ['swɑːloʊ] **I** *v/t* **1** *liquid, food* tragar, tragarse; **~ one's words** desdecirse **2** *F story, lie* tragar, tragarse F; **find sth hard to ~** F no tragarse algo F **II** *v/i* tragar **III** *n* trago *m*
♦ **swallow up** *v/t* absorber; (*engulf*) devorar

swal•low² ['swɑːloʊ] *n bird* golondrina *f*

swam [swæm] *pret* ☞ **swim**

swamp [swɑːmp] **I** *n* pantano *m* **II** *v/t*: **be ~ed with** estar inundado de

swamp•y ['swɑːmpɪ] *adj* pantanoso

swan [swɑːn] cisne *m*

swank•y ['swæŋkɪ] *adj* F pijo F

'swan song *fig* canto *m* del cisne

swap [swɑːp] **I** *v/t* (*pret & pp* **-ped**) cambiar (de); **~ sth for sth** cambiar algo por algo; **~ places** cambiarse el sitio; **~ places with s.o.** cambiarse por alguien **II** *v/i* (*pret & pp* **-ped**) hacer un cambio **III** *n* intercambio *m*; **do a ~** cambiar
♦ **swap around, swap over** *v/i* (*exchange seats*) cambiar

'swap meet *feria en la que se intercambian objetos*

swarm [swɔːrm] **I** *n of bees* enjambre *m* **II** *v/i*: **the town was ~ing with ...** la ciudad estaba abarrotada de ...

swar•thy ['swɔːrðɪ] *adj* face, complexion moreno

swash•buck•ling ['swɑːʃbʌklɪŋ] *adj* hero, movie de capa y espada

swat [swɑːt] *v/t (pret & pp* -**ted**) *insect, fly* aplastar, matar

swatch [swɑːtʃ] muestra *f* de tela

swat•ter ['swɑːtər] *(fly-)* matamoscas *m inv*

sway [sweɪ] **I** *n (influence, power)* dominio *m* **II** *v/i* tambalearse

swear [swer] **I** *v/i (pret* **swore***, pp* **sworn**) **1** *(use -word or tacos;* ~ **at s.o.** insultar a alguien **2** LAW, *fig* jurar; *I* ~ lo juro; *I couldn't* ~ *to it* no estoy seguro del todo **II** *v/t (pret* **swore***, pp* **sworn**) *(promise)*, LAW jurar; ~ *sth to s.o.* jurar a alguien algo; *I was sworn to secrecy* se me hizo prometer que no diría nada

◆ **swear by** *v/t fig* F tener mucha fe en

◆ **swear in** *v/t witnesses etc* tomar juramento a

◆ **swear off** *v/t* prometerse dejar

'swear•word palabrota *f*, taco *m*

sweat [swet] **I** *n* sudor *m*; *covered in* ~ empapado de sudor; *break out in a cold* ~ dar sudores fríos; *no* ~! F ¡nada hombre! F, ¡no importa! F; *I can do that, no* ~ F puedo hacerlo, no te preocupes; *get in(to) a* ~ *fig* F estar agobiado (*about* por) F **II** *v/i* sudar; *let them* ~ *for a bit* F déjales que sufran un poco **III** *v/t*: ~ *blood* F sudar sangre F

◆ **sweat out** *v/t*: *sweat it out* F esperar, aguantar

'sweat•band banda *f* (en la frente); *on wrist* muñequera *f*

sweat•er ['swetər] suéter *m*, *Span* jersey *m*

'sweat gland ANAT glándula *f* sudorípara

sweats [swets] *npl* chándal *m*

'sweat•shirt sudadera *f*

'sweat•shop *taller donde se explota a los trabajadores*

sweat•y ['swetɪ] *adj hands* sudoroso

Swede [swiːd] sueco(-a) *m(f)*

Swe•den ['swiːdn] Suecia *f*

Swe•dish ['swiːdɪʃ] **I** *adj* sueco **II** *n* sueco *m*

sweep [swiːp] **I** *v/t (pret & pp* **swept**) *floor, leaves* barrer; ~ *the board in competition* arrasar; ~ *a woman off her feet fig* hacer perder la cabeza a

una mujer; *be swept to power* llegar al poder por un margen de votos amplio

II *v/i (pret & pp* **swept**) **1** barrer **2**: ~ *past s.o. of person* pasar por delante de alguien con aires de grandeza

III *n* **1** barrida *f*; *give the floor a* ~ dar una barrida al suelo **2** *(long curve)* curva *f* **3**: *make a clean* ~ *in competition* arrasar

◆ **sweep along** *v/t of wind, tide* arrastrar

◆ **sweep aside** *v/t objections* desoír, ignorar

◆ **sweep away** *v/t* **1** *boat, swimmer* arrastrar; *be swept away by fig* ser arrastrado por **2** *obstacles, restrictions* eliminar

◆ **sweep up** *v/t mess, crumbs* barrer

sweep•er ['swiːpər] **1** *person* barrendero(-a) *m(f)* **2** *machine* cepillo *m* (mecánico) **3** *in soccer* líbero *m/f*

sweep•ing ['swiːpɪŋ] *adj statement* demasiado generalizado; *changes* radical

sweet [swiːt] *adj taste, tea, smile* dulce; *whisper* ~ *nothings to each other* decirse cosas románticas al oído; *revenge is* ~ la venganza es dulce; *have a* ~ *tooth* ser laminero *or* goloso; *keep s.o.* ~ F tener a alguien contento F **2** F *(kind)* amable **3** F *(cute)* mono **II** *n Br* **1** *(piece of candy)* caramelo *m* **2** *(dessert)* postre *m*

sweet and 'sour *adj* agridulce

'sweet•corn maíz *m*, *S.Am.* choclo *m*

sweet•en•er ['swiːtnər] *for drink* edulcorante *m*; *fig (incentive)* soborno *m*, incentivo *m*

sweet•en ['swiːtn] *v/t drink, food* endulzar

◆ **sweeten up** *v/t* F *person* camelar F

'sweet•heart **1** novio(-a) *m(f)* **2**: *hi,* ~*!* ¡hola cielo!; *be a* ~ *and get me a beer* anda cariño, traeme una cerveza

sweet•ie ['swiːtɪ] F **1** ☞ **sweetheart 2** *Br* caramelo *m*

sweet•ly ['swiːtlɪ] *adv smile* dulcemente

sweet 'pea arvejo *m*, *CSur* arveja *f*; **sweet po'ta•to** BOT boniato *m*, *Andes, C.Am., Mex* camote *m*; **'sweet talk** halagos *mpl*, adulación *f*; **'sweet-talk** *v/t* F: ~ *s.o. into doing sth* pelotear *or* embelesar a alguien para que haga algo

swell [swel] **I** *v/i (pret* -**ed***, pp* **swollen**)

of wound, limb hincharse **II** *v/t* (*pret
-ed, pp **swollen**) *numbers* aumentar
III *adj* F (*good*) genial F, fenomenal
F **IV** *n of the sea* oleaje *m*; **a heavy ~**
una marejada

◆ **swell up** *v/i* MED hincharse

swell•ing ['swelɪŋ] MED hinchazón *f*

swel•ter ['sweltər] *v/i* asarse de calor

swel•ter•ing ['sweltərɪŋ] *adj heat, day*
sofocante

swept [swept] *pret & pp* ☞ **sweep**

swerve [swɜːrv] **I** *v/i of car, person walking* girar *or* apartarse bruscamente; *of
driver* dar un volantazo; *of football
player* regatear **II** *n of car, person walking* giro *m* brusco; *of driver* volantazo
m; *of football player* regateo *m*

swift[1] [swɪft] *adj* rápido; **be ~ to do sth**
no tardar en hacer algo

swift[2] [swɪft] *n bird* vencejo *m* común

swift•ly ['swɪftlɪ] *adv* rápidamente

swift•ness ['swɪftnɪs] rapidez *f*

swig [swɪg] F **I** *v/t* (*pret & pp* **-ged**) *drink*
beber a tragos **II** *n*: **take a ~ from the
bottle** echarse un trago de la botella

swill [swɪl] *v/t pej: drink* pimplar F,
L.Am. tomar

swim [swɪm] **I** *v/i* (*pret* **swam**, *pp* **swum**)
nadar; **go ~ming** ir a nadar; **my head is
~ming** me da vueltas la cabeza **II** *n* baño *m*; **go for a ~** ir a darse un baño

swim•mer ['swɪmər] nadador(a) *m(f)*

swim•ming ['swɪmɪŋ] natación *f*

'**swim•ming cap** gorro *m* de natación;
'**swim•ming hole** *lugar apto para el baño en un río*; '**swim•ming pool** piscina
f, Mex alberca *f, Rpl* pileta *f*; '**swim•
ming trunks** *npl esp Br* bañador *m*
(*para caballero*)

'**swim•suit** traje *m* de baño, bañador *m*

'**swim•wear** trajes *mpl* de baño, bañadores *mpl*

swin•dle ['swɪndl] **I** *n* timo *m*, estafa *f* **II**
v/t timar, estafar; **~ s.o. out of sth** estafar algo a alguien

swin•dler ['swɪndlər] timador(a) *m(f)*,
estafador(a) *m(f)*

swine [swaɪn] F *person* cerdo(-a) *m(f)* F

swing [swɪŋ] **I** *n* **1** oscilación *f* **2** *for child*
columpio *m* **3**: **~ to the Democrats** giro
m favorable a los Demócratas **4**: **be in
full ~** estar en pleno apogeo; **get into
the ~ of things** coger el ritmo *or* la
marcha

II *v/t* (*pret & pp* **swung**) balancear; *hips*
menear

III *v/i* (*pret & pp* **swung**) **1** balancearse;
~ shut cerrarse **2** (*turn*) girar; *of public
opinion etc* cambiar

◆ **swing around** *v/i* girarse de golpe

swing-'door puerta *f* basculante *or* de
vaivén

swing•ing ['swɪŋɪŋ] *adj* F **1** *party, city*
animado **2** *having casual sex* que va
de flor en flor

swipe [swaɪp] F **I** *n physical* golpe *m*;
verbal crítica *f*; **take a ~ at** *physically*
dar un golpe a; *verbally* criticar F **II**
v/t **1** *credit card* pasar por el lector **2**
F (*steal*) robar **III** *v/i of credit card* pasar
por el lector

◆ **swipe at** *v/t physically* dar un golpe a;
verbally criticar F

swirl [swɜːrl] **I** *v/i* hacer remolinos **II** *n*
remolino *m*; *of cream* espiral *f*

swish [swɪʃ] **I** *v/i of silk* crujir; *of tires*
rechinar **II** *v/t tail* agitar, menear **III** *n
of silk* crujido *m*; *of tires* rechinamiento
m; *of curtains* roce *m* **IV** *adj esp Br* F
elegante, fino F

Swiss [swɪs] **I** *adj* suizo **II** *n person* sui-
zo(-a) *m(f)*; **the ~** los suizos

switch [swɪtʃ] **I** *n* **1** *for light* interruptor
m **2** (*change*) cambio *m* **II** *v/t* (*change*)
cambiar (de); **~ places with s.o.** cambiarse por alguien **III** *v/i* (*change*) cambiar

◆ **switch around** *v/t* cambiar de sitio

◆ **switch off** **I** *v/t lights, engine, PC, TV*
apagar **II** *v/i F of engine* desconectar

◆ **switch on** *v/t lights, engine, PC, TV*
encender, *L.Am.* prender

◆ **switch over** *v/i* cambiarse (**to** a)

'**switch•blade** navaja *f* automática;
'**switch•board** centralita *f, L.Am.* conmutador; **~ operator** telefonista *m/f*;
'**switch•o•ver** *to new system* cambio
m (**to** a)

Swit•zer•land ['swɪtsərlənd] Suiza *f*

swiv•el ['swɪvl] *v/i* (*pret & pp* **-ed**, *Br*
-led) *of chair, monitor* girar

◆ **swivel around** *v/i* girar

'**swiv•el chair** silla *f* giratoria

swol•len ['swoulən] **I** *pp* ☞ **swell II** *adj*
hinchado

swol•len-head•ed [swoulən'hedɪd] *adj
fig* engreído

swoon [swuːn] *v/i* perder el sentido

(*over* por)

swoop [swu:p] *v/i of bird* volar en picado

◆ **swoop down on** *v/t prey* caer en picado sobre

◆ **swoop on** *v/t of police etc* hacer una redada contra

swop ☞ *swap*

sword [sɔːrd] espada *f*; ***cross ~s*** *fig* ponerse a mal (*with* con)

'sword•fish pez *f* espada

swore [swɔːr] *pret* ☞ *swear*

sworn [swɔːrn] **I** *pp* ☞ *swear* **II** *adj* **1**: ~ **enemies** *pl* enemigos *mpl* encarnizados **2** LAW jurado

swot [swɑːt] *Br* **F I** *v/i* (*pret & pp* **-ted**) empollar **F II** *n* empollón(-ona) *m(f)* F

swum [swʌm] *pp* ☞ *swim*

swung [swʌŋ] *pret & pp* ☞ *swing*

syc•a•more ['sɪkəmɔːr] plátano *m*

syc•o•phan•tic [sɪkə'fæntɪk] *adj* halagador

syl•la•ble ['sɪləbl] sílaba *f*

syl•la•bus ['sɪləbəs] plan *m* de estudios

sym•bi•o•sis [sɪmbaɪ'ousɪs] BIO simbiosis *f*

sym•bi•ot•ic [sɪmbaɪ'ɑːtɪk] *adj* BIO simbiótico

sym•bol ['sɪmbəl] símbolo *m*

sym•bol•ic [sɪm'bɑːlɪk] *adj* simbólico; ***be ~ of sth*** ser el símbolo de algo, simbolizar algo

sym•bol•i•cal•ly [sɪm'bɑːlɪklɪ] *adv* simbólicamente

sym•bol•ism ['sɪmbəlɪzm] simbolismo *m*

sym•bol•ist ['sɪmbəlɪst] simbolista *m/f*

sym•bol•ize ['sɪmbəlaɪz] *v/t* simbolizar

sym•met•ric, sym•met•ri•cal [sɪ'metrɪk(l)] *adj* simétrico

sym•me•try ['sɪmətrɪ] simetría *f*

sym•pa•thet•ic [sɪmpə'θetɪk] *adj* (*showing pity*) compasivo; (*understanding*) comprensivo; ***be ~ toward a person / an idea*** simpatizar con una persona / idea

◆ **sym•pa•thize with** ['sɪmpəθaɪz] *v/t person, views* comprender

sym•pa•thiz•er ['sɪmpəθaɪzər] POL simpatizante *m/f*

sym•pa•thy ['sɪmpəθɪ] **1** (*pity*) compasión *f*; ***in ~*** mis condolencias; ***go on strike*** en solidaridad; ***I have no ~ for him*** no me da ninguna pena; ***don't ex-*** **pect any ~ from me** no esperes que te compadezca **2** (*understanding*) comprensión *f*; ***be in ~ with*** simpatizar con **3**: ***my sympathies lie with*** mis simpatías están con

'sym•pa•thy strike huelga *f* por solidaridad

sym•phon•ic [sɪm'fɑːnɪk] *adj* MUS sinfónico

sym•pho•ny ['sɪmfənɪ] sinfonía *f*

'sym•pho•ny or•ches•tra orquesta *f* sinfónica

sym•po•si•um [sɪm'pouzɪəm] (*pl* **-siums, symposia** [sɪm'pouzɪə]) *conference* simposio *m*, congreso *m*

symp•tom ['sɪmptəm] *also fig* síntoma *f*

symp•to•mat•ic [sɪmptə'mætɪk] *adj*: ***be ~ of*** *fig* ser sintomático de

syn•a•gogue ['sɪnəgɑːg] sinagoga *f*

syn•chro•nize ['sɪŋkrənaɪz] *v/t* sincronizar

syn•chro•nized swim•ming [sɪŋkrə-naɪzd'swɪmɪŋ] natación *f* sincronizada

syn•di•cate ['sɪndɪkət] COM corporación *f*, consorcio *m*

syn•drome ['sɪndroum] MED síndrome *m*

syn•er•gy ['sɪnərdʒɪ] sinergia *f*

syn•o•nym ['sɪnənɪm] sinónimo *m*

sy•non•y•mous [sɪ'nɑːnɪməs] *adj* sinónimo; ***be ~ with*** *fig* ser sinónimo de

syn•op•sis [sɪ'nɑːpsɪs] (*pl* **synopses** [sɪ-'nɑːpsiːz]) sinopsis *f*

syn•tac•tic [sɪn'tæktɪk] *adj* LING sintáctico

syn•tax ['sɪntæks] sintaxis *f inv*

syn•the•sis ['sɪnθəsɪs] (*pl* **syntheses** ['sɪnθəsiːz]) síntesis *f*

syn•the•size ['sɪnθəsaɪz] *v/t* CHEM sintetizar

syn•the•siz•er ['sɪnθəsaɪzər] MUS sintetizador *m*

syn•thet•ic [sɪn'θetɪk] *adj* sintético

syph•i•lis ['sɪfɪlɪs] *nsg* sífilis *f*

sy•phon ☞ *siphon*

Syr•i•a ['sɪrɪə] Siria *f*

Syr•i•an ['sɪrɪən] **I** *adj* sirio **II** *n* sirio(-a) *m(f)*

sy•ringe [sɪ'rɪndʒ] jeringuilla *f*

syr•up ['sɪrəp] almíbar *m*

syr•up•y ['sɪrəpɪ] *adj* **1** almibarado **2** *fig* empalagoso

sys•tem ['sɪstəm] *also* COMPUT sistema *m*; ***the braking ~*** el sistema de frenado;

the digestive ~ el aparato digestivo; ~ *of government* sistema de gobierno; ~ *crash* COMPUT bloqueo *m* del sistema; ~ *error* COMPUT error *m* del sistema; ~ *failure* fracaso *m* del sistema; *~s engineer* ingeniero(-a) *m(f)* de sistemas; *get sth out of one's* ~ *fig* sacarse una espina

sys•tem•at•ic [sɪstə'mætɪk] *adj* sistemático

sys•tem•at•i•cal•ly [sɪstə'mætɪklɪ] *adv* sistemáticamente

sys•tem•a•tize ['sɪstəmətaɪz] *v/t* sistematizar

sys•tems 'an•a•lyst COMPUT analista *m/f* de sistemas

T

T [tiː]: *that's him to a* ~ F ése es justamente él

tab [tæb] **1** *for pulling* lengüeta *f* **2** *in text* tabulador *m* **3** *bill* cuenta *f*; *pick up the* ~ pagar (la cuenta) **4**: *keep ~s on s.o.* F seguir la pista a alguien

'tab key tecla *f* de tabulación

ta•ble ['teɪbl] **I** *n* **1** mesa *f*; *at the* ~ a la mesa; *put sth on the* ~ *fig* poner algo sobre el tapete; *set the* ~ poner la mesa; *turn the ~s on s.o.* *fig* volver las tornas a alguien; *drink s.o. under the* ~ aguantar bebiendo mucho más que alguien **2** *of figures* cuadro *m* **II** *v/t* **1** *bill, amendment* posponer, aplazar **2** *Br: bill, amendment* presentar

'ta•ble•cloth mantel *m*; 'ta•ble lamp lámpara *f* de mesa; 'ta•ble man•ners *npl* modales *mpl*; 'ta•ble•mat salvamanteles *m inv*; ta•ble of 'con•tents índice *m* (de contenidos); 'ta•ble•spoon *object* cuchara *f* grande; *quantity* cucharada *f* grande

tab•let ['tæblɪt] MED pastilla *f*

'ta•ble ten•nis tenis *m* de mesa

ta•ble•ware ['teɪblwer] vajilla *f*

'ta•ble wine vino *m* de mesa

tab•loid ['tæblɔɪd] *newspaper* periódico *m* sensacionalista (*de tamaño tabloide*)

tab•loid 'press prensa *f* sensacionalista

ta•boo [tə'buː] **I** *adj* tabú *inv* **II** *n* tabú *m*

tab•u•lar ['tæbjʊlər] *adj* tabular; *in* ~ *form* en forma tabular

tab•u•late ['tæbjʊleɪt] *v/t* tabular

tach•o•graph ['tækəgræf] MOT tacógrafo *m*

ta•chom•e•ter [tæk'ɑːmɪtər] MOT tacómetro *m*

tac•it ['tæsɪt] *adj* tácito

tac•i•turn ['tæsɪtɜːrn] *adj* taciturno

tack [tæk] **I** *n* **1** (*nail*) tachuela *f* **2**: *change* ~ *fig* cambiar de táctica **II** *v/t* (*sew*) hilvanar **III** *v/i of yacht* dar bordadas

◆ tack on *v/t* añadir posteriormente (*to* a)

tack•le ['tækl] **I** *n* **1** (*equipment*) equipo *m*; *fishing* ~ aparejos *mpl* de pesca **2** SP entrada *f*, placaje *m*; *make a* ~ *on s.o.* hacer una entrada a alguien **II** *v/t* SP entrar a, placar; *problem* abordar; *intruder* hacer frente a

tack•y ['tækɪ] *adj* **1** *paint, glue* pegajoso **2** F (*cheap, poor quality*) chabacano, *Span* hortera F; *behavior* impresentable

tact [tækt] tacto *m*

tact•ful ['tæktfəl] *adj* diplomático

tact•ful•ly ['tæktfəlɪ] *adv* diplomáticamente

tac•ti•cal ['tæktɪkl] *adj* táctico

tac•ti•cian [tæk'tɪʃn] táctico(-a) *m(f)*

tac•tics ['tæktɪks] *npl* táctica *f*

tact•less ['tæktlɪs] *adj* indiscreto

tad•pole ['tædpoʊl] renacuajo *m*

taf•fe•ta ['tæfɪtə] tafetán *m*

taf•fy ['tæfɪ] caramelo *m* de melaza

tag¹ [tæg] **I** *n* (*label*) etiqueta *f* **II** *v/t* (*pret & pp* -ged) (*label*), COMPUT etiquetar

◆ tag along *v/i* pegarse; *tag along behind s.o.* pegarse a alguien

◆ tag on *v/t* añadir posteriormente (*to* a)

tag² [tæg] *n*: *play* ~ jugar al corre que te pillo

ta•glia•tel•le [tæljə'telɪ] tallarines *mpl*

tail [teɪl] **I** *n* **1** *of bird, fish* cola *f*; *of mammal* cola *f*, rabo *m* **2**: *put a* ~ *on s.o.* F hacer seguir a alguien de cerca **II** *v/t* F (*follow*) seguir por todas partes

◆ **tail back** *v/i* MOT *esp Br:* **traffic was tailed back all the way to the bridge** el tapón de tráfico llegaba hasta el puente
◆ **tail off** *v/i* disminuir
'tail•back MOT *esp Br* caravana *f;* 'tail coat *frac m;* 'tail end final *m;* 'tail•gate MOT **I** *n* puerta *f* trasera **II** *v/t* conducir pegado a; 'tail light luz *f* trasera
tai•lor ['teɪlər] **I** *n* sastre *m* **II** *v/t fig* adaptar (**to** a)
tai•lor-'made *adj suit, solution* hecho a medida
'tail•pipe *of car* tubo *m* de escape
'tail•wind viento *m* de cola
taint•ed ['teɪntɪd] *adj food* contaminado; *reputation* empañado
Tai•wan [taɪ'wɑːn] Taiwán *m*
Tai•wan•ese [taɪwɑːn'iːz] **I** *adj* taiwanés **II 1** taiwanés(-esa) *m(f)* **2** *dialect* taiwanés *m*
take [teɪk] **I** *v/t (pret* took, *pp* taken) **1** llevarse, *Span* coger; **I'll ~ it** *when shopping* me lo llevo; **~ s.o. by the arm** agarrar *or Span* coger a alguien del brazo; **be ~n** *of seat, table* estar ocupado **2** *(steal)* llevarse **3** *(transport, accompany)* llevar **4** *(accept: money, gift, credit cards)* aceptar; **you can ~ it from me that** ... hazme caso cuando te digo que... **5** *(study: maths, French)* hacer, estudiar **6** *photograph, photocopy* hacer, sacar; *exam, degree* hacer; *shower* darse; *stroll* dar **7** *medicine, s.o.'s temperature, taxi* tomar **8** *(endure)* aguantar **9** *with expressions of time:* **it took him two hours to do it** le costó *or* llevó dos horas hacerlo; **how long does it ~?** ¿cuánto tiempo lleva? **10** *(require)* requerir; **it ~s a lot of courage** se requiere *or* necesita mucho valor; **he's got what it ~s** F tiene lo que hay que tener **11: be ~n by** *or* **with** quedarse encantado con **II** *n in movies* toma *f*
◆ **take after** *v/t* parecerse a
◆ **take along** *v/t* llevar
◆ **take apart** *v/t* **1** *(dismantle)* desmontar **2** F *(criticize)* hacer pedazos; F *(reprimand)* echar una bronca a F **3** F *in physical fight* machacar F

◆ **take aside** *v/t* llevar a un lado
◆ **take away** *v/t* **1** *pain* hacer desaparecer; *(remove: object)* quitar; **take sth away from s.o.** quitar algo a alguien; **... to take away** *Br* ... para llevar **2** MATH restar *(from* a); **15 take away 5** 15 menos 5
◆ **take back** *v/t* **1** *(return: object)* devolver; *person* llevar de vuelta **2** *(accept back: husband etc)* dejar volver **3** *in time:* **that takes me back** *of music, thought etc* me trae recuerdos
◆ **take down** *v/t* **1** *from shelf* bajar; *scaffolding* desmontar; *trousers* bajarse **2** *(write down)* anotar, apuntar
◆ **take in** *v/t* **1** *(take indoors)* recoger; *(give accommodation to)* acoger **2** *(make narrower)* meter **3** *(deceive)* engañar; **be ~n in by** ser engañado por **4** *(include)* incluir
◆ **take for** *v/t:* **what do you take me for?** ¿por quién me tomas?
◆ **take off I** *v/t* **1** *clothes, hat* quitarse; *10% etc* descontar **2** *(mimic)* imitar **3** *(cut off)* cortar **4: take a day / week off** tomarse un día / una semana de vacaciones **II** *v/i* **1** *of airplane* despegar, *L.Am.* decolar **2** *(become popular)* empezar a cuajar
◆ **take on** *v/t job* aceptar; *staff* contratar
◆ **take out** *v/t* **1** *from bag, pocket, money from bank* sacar; *tooth* sacar, extraer; *word from text* quitar, borrar; **he took her out to dinner** la llevó a cenar; **take the dog out** sacar al perro a pasear; **take the kids out to the park** llevar a los niños al parque; **take s.o. out of himself** animar a alguien **2** *insurance policy* suscribir **3: don't take it out on me!** ¡no la pagues conmigo!
◆ **take over I** *v/t company etc* absorber, adquirir; **tourists took over the town** los turistas invadieron la ciudad **II** *v/i of new management etc* asumir el cargo; *of new government* asumir el poder; *(do sth in s.o.'s place)* tomar el relevo
◆ **take to** *v/t* **1** *(like):* **how did they take to the new idea?** ¿qué les pareció la nueva idea?; **I took to him immediately** me cayó bien de inmediato **2: he has taken to getting up early** le ha dado por levantarse temprano; **she took to drink** se dio a la bebida; **take to one's bed** meterse en la

cama

◆ **take up** v/t **1** *carpet etc* levantar; (*carry up*) subir **2** (*shorten: dress etc*) acortar **3** *hobby* empezar a hacer; *subject* empezar a estudiar **4** *offer* aceptar; *new job* comenzar; *I'll take you up on your offer* aceptaré tu oferta **5** *space, time* ocupar

◆ **take up with** v/t entablar amistad con

'**take•a•way** *Br* ☞ **takeout**; '**take-home pay** salario *m* neto; '**take•off 1** *of airplane* despegue *m*, *L.Am.* decolaje *m* **2** (*impersonation*) imitación *f*;

tak•en ['teɪkən] *pp* ☞ **take**

'**take•out 1** *restaurant* restaurante *m* de comida para llevar **2** *meal* comida *f* para llevar; '**take•o•ver** COM absorción *f*, adquisición *f*; '**take•o•ver bid** oferta pública de adquisición, OPA *f*

tak•er ['teɪkər]: *there weren't many ~s* no había mucha gente interesada

'**take•up** *of offer, share issue etc* nivel *m* de aceptación

tak•ings ['teɪkɪŋz] *npl* recaudación *f*

talc [tælk] ☞ **talcum powder**

tal•cum pow•der ['tælkəmpaʊdər] polvos *mpl* de talco

tale [teɪl] cuento *m*, historia *f*; *tell ~s* (*lie*) contar mentiras

tal•ent ['tælənt] talento *m*; *have a great ~ for music* tener mucho talento para la música

tal•ent•ed ['tæləntɪd] *adj* con talento; *she's very ~* tiene mucho talento

'**tal•ent scout** cazatalentos *m/f inv*

talk [tɔːk] **I** v/i hablar; *can I talk to …?* ¿podría hablar con …?; *I'll ~ to him about it* hablaré del tema con él; *~ about sth* hablar de algo; *you're getting yourself ~ed about* estás haciendo que la gente hable de ti; *~ing of …* hablando de…; *you can ~!, look who's ~ing!, you're a fine one to ~!* F ¡quién fue a hablar!; *now you're ~ing* así se habla

II v/t *English etc* hablar; *~ business / politics* hablar de negocios / de política; *~ s.o. into sth* persuadir a alguien para que haga algo; *~ s.o. out of sth* persuadir a alguien para que no haga algo; *~ one's way out of sth* salir con palabras de algo; *and we're ~ing big money here* y hablamos *or* estamos hablando aquí de mucho dinero

III *n* **1** (*conversation*) charla *f*, *C.Am.*, *Mex* plática *f*; *I had a long ~ with him about it* hablé con él un buen rato sobre ello **2** (*lecture*) conferencia *f*; *give a ~ on sth* dar una conferencia sobre algo **3**: *~s pl* negociaciones *fpl* **4**: *there has been a lot of ~ about it* se ha hablado mucho de eso; *he's all ~ pej* habla mucho y no hace nada; *be the ~ of the town* ser la comidilla local

◆ **talk back** v/i responder, contestar

◆ **talk down** v/t *airplane* dar instrucciones para el aterrizaje

◆ **talk down to** v/t hablar con aires de superioridad a

◆ **talk over** v/t hablar de, discutir

◆ **talk around** v/t persuadir (*to* para)

◆ **talk through** v/t *problem etc* discutir (*with* con); *talk me through it* enséñamelo

talk•a•tive ['tɔːkətɪv] *adj* hablador

talk•er ['tɔːkər]: *be a good ~* ser un buen conversador

talk•ing ['tɔːkɪŋ] **I** *n: let me do the ~* déjame hablar a mí **II** *adj: ~ doll* muñeca *f* habladora

'**talk•ing point** tema *m* de conversación

'**talk•ing-to** sermón *m*, rapapolvo *m*; *give s.o. a good ~* echar a alguien un buen sermón *or* rapapolvo

'**talk show** programa *m* de entrevistas

tall [tɔːl] *adj* alto; *it is ten meters ~* mide diez metros de alto

tall 'or•der: *that's a ~* eso es muy difícil

tal•low ['tæloʊ] sebo *m*

tall 'sto•ry cuento *m* chino

tal•ly ['tælɪ] **I** *n* cuenta; *keep a ~ of* llevar la cuenta de **II** v/i (*pret & pp -ied*) cuadrar, encajar

◆ **tally with** v/t cuadrar con, encajar con

tal•on ['tælən] ORN garra *f*

tam•bou•rine [tæmbəˈriːn] MUS pandereta *f*

tame [teɪm] **I** *adj* **1** *animal* manso, domesticado **2** *joke etc* soso **II** v/t *animal* domesticar

◆ **tam•per with** ['tæmpər] v/t *lock* intentar forzar; *brakes* tocar

'**tam•per-proof** *adj lock etc* imposible de manipular

tam•pon ['tæmpɑːn] tampón *m*

tan [tæn] **I** *n* **1** *from sun* bronceado *m*; *get a ~* ponerse moreno **2** *color* marrón claro **II** v/i (*pret & pp -ned*) *in sun* broncearse **III** v/t (*pret & pp* **-ned**) *leather* curtir

tan•dem ['tændəm] **1** *bike* tándem *m* **2**: **in ~ with** conjuntamente con

tang [tæŋ] *taste* sabor *m* fuerte

tan•gent ['tændʒənt] MATH tangente *f*; **go off at a ~** *fig* irse por las ramas

tan•ge•rine [tændʒə'ri:n] mandarina *f*

tan•gi•ble ['tændʒɪbl] *adj* tangible

'tan•gi•ble as•sets *npl* activos *mpl* materiales

tan•gle ['tæŋgl] lío *m*, maraña *f*

◆ **tangle up**: **get tangled up** *of string etc* quedarse enredado

◆ **tangle with** v/t F meterse en líos con

tan•go ['tæŋgoʊ] **I** *n* tango *m* **II** v/i bailar el tango; **it takes two to ~** *fig* es cosa de dos

tank [tæŋk] *for water* depósito *m*, tanque *m*; *for fish* pecera *f*; MOT depósito *m*; MIL, *for skin diver* tanque *m*

tank•er ['tæŋkər] *truck* camión *m* cisterna; *ship* buque *m* cisterna; *for oil* petrolero *m*

'tank top camiseta *f* sin mangas

tan•ned [tænd] *adj* moreno, bronceado

Tan•noy® ['tænɔɪ] megafonía *f*

tan•ta•liz•ing ['tæntəlaɪzɪŋ] *adj* sugerente

tan•ta•mount ['tæntəmaʊnt] *adj*: **be ~ to** equivaler a

tan•trum ['tæntrəm] rabieta *f*; **have or throw a ~** coger una rabieta

Tan•za•nia [tænzə'nɪə] Tanzania *f*

Tan•za•ni•an [tænzə'nɪən] **I** *adj* tanzano **II** *n* tanzano(-a) *m(f)*

tap [tæp] **I** *n* (*faucet*) grifo *m*, *L.Am.* llave; **have sth on ~** *fig* tener algo disponible **II** v/t (*pret & pp* **-ped**) **1** (*knock*) dar un golpecito en; **~ s.o. on the shoulder** dar un toque en el hombro a alguien **2** *phone* intervenir

◆ **tap into** v/t *resources* explotar

'tap dance claqué *m*

'tap-danc•ing claqué *m*

tape [teɪp] **I** *n* cinta **II** v/t **1** *conversation etc* grabar **2** *with sticky tape* pegar con cinta adhesiva

◆ **tape up** v/t *ankle, knee* vendar

'tape deck pletina *f*; **'tape drive** COMPUT unidad *f* de cinta; **'tape meas•ure** cinta *f* métrica

ta•per ['teɪpər] v/i estrecharse

◆ **taper off** v/i *of production, figures*

disminuir

'tape-re•cord v/t grabar en cinta; **'tape re•cor•der** magnetófon *m*, *L.Am.* grabador *m*; **'tape re•cord•ing** grabación *f* (magnetofónica)

ta•pes•try ['tæpɪstrɪ] **1** *cloth* tapiz *m* **2** *art* tapicería *f*

'tape•worm tenia *f*, solitaria *f*

'tap wa•ter agua *f* del grifo

tar [tɑːr] alquitrán *m*

ta•ran•tu•la [tə'ræntjʊlə] ZO tarántula *f*

tar•dy ['tɑːrdɪ] *adj* tardío

tare [ter] COM tara *f*

tar•get ['tɑːrgɪt] **I** *n in shooting* blanco *m*; *for sales, production* objetivo *m*; **set o.s. a ~ of doing sth** proponerse como objetivo hacer algo; **meet a ~** alcanzar un objetivo **II** v/t *market* apuntar a; **be ~ed at** *fig* estar dirigido a

tar•get 'au•di•ence audiencia *f* a la que está orientado el programa; **'tar•get date** fecha *f* fijada; **tar•get 'fig•ure** cifra *f* objetivo; **'tar•get group** COM grupo *m* estratégico; **'tar•get lan•guage** lengua *f* de destino; **'tar•get mar•ket** mercado *m* objetivo

tar•iff ['tærɪf] **1** *price* tarifa *f* **2** *tax* arancel *m*

'tar•iff bar•ri•er barrera *f* arancelaria

tar•mac ['tɑːrmæk] **1** *for road surface* asfalto *m* **2** *at airport* pista *f*

tar•nish ['tɑːrnɪʃ] **I** v/t *metal* deslucir, deslustrar; *reputation* empañar **II** v/i *metal* empañarse

ta•rot ['tɑːroʊ] tarot *m*

tar•pau•lin [tɑːr'pɔːlɪn] lona *f* (*impermeable*)

tar•ra•gon ['tærəgɑːn] BOT estragón *m*

tar•ry ['tærɪ] v/i *lit* demorarse

tart¹ [tɑːrt] *n* tarta *f*, pastel *m*

tart² [tɑːrt] *adj fig* agrio

◆ **tart up** v/t *Br* F remodelar

tar•tan ['tɑːrtn] tartán *m*

tar•tar ['tɑːrtər] CHEM sarro *m*

tar•tar(e) sauce [tɑːrtər'sɔːs] GASTR salsa *f* tártara

task [tæsk] **1** tarea *f* **2**: **take s.o. to ~** *fig* reprender a alguien (**for** por)

'task force *for a special job* equipo *m* de trabajo; MIL destacamento *m*

'task mas•ter: **be a hard ~** ser muy exigente

tas•sel ['tæsl] borla *f*

taste [teɪst] **I** *n* **1** gusto *m*; **he has no ~**

tiene mal gusto; **be in bad** or **poor ~** ser de mal gusto **2** *of food etc* sabor *m*; **it has no ~** no sabe a nada; **leave a bad ~ in s.o.'s mouth** *fig* dejar un mal sabor de boca; **would you like to have a ~ of ...?** ¿quieres probar un poco de ...?; **a ~ of her temper** una muestra de su mal genio; **a ~ of things to come** un anticipo de lo que va a pasar

II *v/t also fig* probar

III *v/i* saber

◆ **taste of** *v/t* saber a

'taste buds *npl* papilas *fpl* gustativas

taste•ful ['teɪstfəl] *adj* de buen gusto

taste•ful•ly ['teɪstfəlɪ] *adv* con buen gusto

taste•less ['teɪstlɪs] *adj* **1** *food* insípido **2** *remark* de mal gusto

tast•ing ['teɪstɪŋ] *of wine* cata *f*, degustación *f*

tast•y ['teɪstɪ] *adj* sabroso, rico

ta-ta [tæ'tɑː] *int Br* F chao F, hasta luego

tat•tered ['tætərd] *adj clothes* andrajoso; *book* destrozado

tat•ters ['tætərz]: **in ~** *clothes* hecho jirones; *reputation, career* arruinado

tat•too [tə'tuː] *tatuaje m*

tat•ty ['tætɪ] *adj Br* F sobado, gastado

taught [tɔːt] *pret & pp* ☞ **teach**

taunt [tɔːnt] **I** *n* pulla **II** *v/t* mofarse de

Tau•rus ['tɔːrəs] ASTR Tauro *m/f inv*, *L.Am.* taurino(-a) *m(f)*; **be (a) ~** ser Tauro, ser taurino

taut [tɔːt] *adj* tenso

taut•en ['tɔːtn] **I** *v/t* tensar **II** *v/i* tensarse

taw•dry ['tɔːdrɪ] *adj* barato, cursi

taw•ny ['tɔːnɪ] *adj* leonado

tax [tæks] **I** *n* impuesto *m*; **before / after ~** sin descontar / descontando impuestos **II** *v/t people* cobrar impuestos a; *product* gravar

tax•a•ble 'in•come ingresos *mpl* gravables

'tax al•low•ance desgravación *f* fiscal

'tax as•sess•ment determinación *f* del impuesto

tax•a•tion [tæk'seɪʃn] **1** (*act of taxing*) imposición de impuestos **2** (*taxes*) fiscalidad *f*, impuestos *mpl*

'tax au•thor•i•ties *npl* administración *f* fiscal; **'tax a•void•ance** elusión *f* legal de impuestos; **'tax ben•e•fit** beneficio *m* fiscal; **'tax brack•et** banda *f* impositiva; **'tax break** ventaja *f* fiscal; **'tax**

bur•den carga *f* fiscal; **'tax col•lec•tion** recaudación *f* de impuestos; **'tax consult•ant** asesor(a) *m(f)* fiscal; **'tax deduct•i•ble** *adj* desgravable; **'tax disc** *Br* justificante *m* del impuesto de circulación; **'tax eva•sion** evasión *f* fiscal; **'tax ex•empt** *adj* libre de impuestos; **'tax ex•ile** exiliado(-a) *m(f)* fiscal; **'tax expert** experto(-a) *m(f)* fiscal; **'tax-free** *adj* libre de impuestos; **'tax haven** paraíso *m* fiscal

tax•i ['tæksɪ] **I** *n* taxi **II** *v/i of airplane* rodar

'tax•i driv•er taxista *m/f*

tax•ing ['tæksɪŋ] *adj* difícil, arduo

'tax in•spect•or inspector(a) *m(f)* de Hacienda

'tax•i rank, 'tax•i stand parada *f* de taxis

'tax law derecho *m* fiscal; **'tax loop•hole** vacío *m* fiscal; **tax•man** ['tæksmæn] F Hacienda *f*; **'tax pay•er** contribuyente *m/f*; **'tax re•bate** devolución *f* de impuestos; **'tax re•duc•tion** reducción *f* fiscal; **'tax re•fund** devolución *f* de impuestos; **'tax re•lief** desgravación *f* fiscal; **'tax re•turn** *form* declaración *f* de la renta; **'tax rev•e•nue** ingresos *mpl* fiscales; **'tax year** año *m* fiscal

TB [tiː'biː] *abbr* (= **tuberculosis**) tuberculosis *f*

T-bone steak [tiːboʊn'steɪk] chuletón *f* (*en forma de T*)

tea [tiː] **1** *drink* té *m* **2** *meal* merienda *f*

'tea•bag bolsita *f* de té

teach [tiːtʃ] **I** *v/t* (*pret & pp* **taught**) *person, subject* enseñar; **~ s.o. to do sth** enseñar a alguien a hacer algo; **~ s.o. a lesson** *fig* dar una lección a alguien; **that'll ~ him!** ¡eso le enseñará!, ¡así aprenderá!; **that'll ~you to be so aggressive** eso te enseñará a no ser tan agresivo

II *v/i* (*pret & pp* **taught**): **I taught at that school** di clases en ese colegio; **he always wanted to ~** siempre quiso ser profesor

teach•er ['tiːtʃər] *at elementary school* maestro(-a) *m(f)*; *at secondary school, university* profesor(a) *m(f)*

teach•er 'train•ing formación *f* pedagógica, magisterio *m*

teach•ing ['tiːtʃɪŋ] *profession* enseñanza *f*, docencia *f*

'teach•ing aid material *m* didáctico

'tea•cloth paño *m* de cocina; 'tea•co•zy, *Br* 'tea• co•sy cubretetera *m*; 'tea•cup taza *f* de té; 'tea drink•er bebedor(a) *m(f)* de té

teak [ti:k] teca *f*

'tea leaf hoja *f* de té

team [ti:m] equipo *m*

◆ team up *v/i* unirse (**with** a)

team 'ef•fort trabajo *m* de equipo; 'team game juego *m* de equipo; 'team•mate compañero(-a) *m(f)* de equipo; team 'spirit espíritu *m* de equipo

team•ster ['ti:mstər] camionero(-a) *m(f)*

'team•work trabajo *m* en equipo

'tea par•ty *Br* té *m* (*de media tarde*)

'tea•pot tetera *f*

tear¹ [ter] I *n in cloth etc* desgarrón *m*, rotura *f* II *v/t* (*pret* tore, *pp* torn) *paper, cloth* rasgar; **be torn between two alternatives** debatirse entre dos alternativas; **~ a muscle** desgarrarse un músculo III *v/i* (*pret* tore, *pp* torn) (*run fast, drive fast*) ir a toda velocidad

◆ tear away *v/t* arrancar (**from** de)

◆ tear down *v/t poster* arrancar; *building* derribar

◆ tear into *v/t* F (*verbally*) arremeter contra

◆ tear off *v/t* arrancar

◆ tear out *v/t* arrancar

◆ tear up *v/t paper* romper, rasgar; *agreement* romper

tear² [tɪr] *n in eye* lágrima *f*; **burst into ~s** echarse a llorar; **be in ~s** estar llorando; **~s of joy** lágrimas de alegría

tear•a•way ['terəweɪ] *Br* F alborotador(a) *m(f)*

tear•drop ['tɪrdrɑːp] lágrima *f*

tear•ful ['tɪrfəl] *adj* lloroso

'tear gas gas *m* lacrimógeno

tear•ing ['terɪŋ] *adj*: **be in a ~ hurry** F tener muchísima prisa

tear-jerk•er ['tɪrdʒɜːrkər] F dramón *m*

tear•off ['terɑːf] *adj*: **~ calendar** calendario *m* de taco

'tea•room salón *m* de té

tease [ti:z] I *v/t person* tomar el pelo a, burlarse de; *animal* hacer rabiar II *v/i*: **he is only teasing** está bromeando III *n* bromista *m/f*

'tea ser•vice, 'tea set servicio *m* de té

'tea•spoon 1 *object* cucharilla *f* 2 *quantity* cucharadita *f*

teat [ti:t] teta *f*

'tea•tow•el *Br* paño *m* de cocina

'tea trol•ley *Br*, 'tea wag•on carrito *m*

tech•ie ['tekɪ] F COMPUT entendido(-a) *m/f* en informática; *technical expert* técnico(-a) *m(f)*

tech•ni•cal ['teknɪkl] *adj* técnico; **he got too ~ for me** hablaba con demasiados tecnicismos (para yo entenderlo); **~ foul** *in basketball* falta *f* técnica, técnica *f*; **~ knockout** *in boxing* K.O. *m* técnico; **~ term** término *m* técnico

tech•ni•cal•i•ty [teknɪˈkælətɪ] 1 (*technical nature*) tecnicismo *m* 2 LAW detalle *m* técnico

tech•ni•cal•ly ['teknɪklɪ] *adv* técnicamente

tech•ni•cian [tekˈnɪʃn] técnico(-a) *m(f)*

tech•nique [tekˈniːk] técnica *f*

tech•no ['teknoʊ] MUS tecno *m*

tech•no•crat ['teknəkræt] tecnócrata *m/f*

tech•no•log•i•cal [teknəˈlɑːdʒɪkl] *adj* tecnológico

tech•no•lo•gy [tekˈnɑːlədʒɪ] tecnología *f*

tech'no•lo•gy park parque *m* tecnológico

tech'no•lo•gy trans•fer transferencia *f* de tecnología

tech•no•phobe ['teknəfoʊb]: **he's a ~** rechaza la tecnología

tech•no'phob•i•a rechazo *m* de las nuevas tecnologías

ted•dy bear ['tedɪber] osito *m* de peluche

te•di•ous ['tiːdɪəs] *adj* tedioso

te•di•um ['tiːdɪəm] tedio *m*

tee [tiː] *in golf* tee *m*

◆ tee off *v/i* salir del primer tee

teem [tiːm] *v/i*: **be ~ing with rain** llover a cántaros; **be ~ing with tourists / ants** estar abarrotado de turistas / lleno de hormigas

teen•age ['tiːneɪdʒ] *adj fashions* adolescente, juvenil; **a ~ boy / girl** un adolescente / una adolescente

teen•ag•er ['tiːneɪdʒər] adolescente *m/f*

teens [tiːnz] *npl* adolescencia *f*; **be in one's ~** ser un adolescente; **reach one's ~** alcanzar la adolescencia

tee•ny ['ti:nɪ] *adj* F chiquitín F

tee•ny-bop•per ['ti:nɪbɑːpər] niña *f* en la edad del pavo

tee•ny-wee•ny [ti:nɪ'wi:nɪ] *adj* F pequeñín

'tee shirt camiseta *f*

tee•ter ['ti:tər] *v/i* tambalearse

'tee•ter-tot•ter balancín *m*

teeth [ti:θ] *pl* ☞ **tooth**

teethe [ti:ð] *v/i* echar los dientes

teeth•ing prob•lems ['ti:ðɪŋ] *npl* problemas *mpl* iniciales

tee•to•tal•er, *Br* **tee•to•tal•ler** [ti:-'toʊtlər] abstemio(-a) *m (f)*

tel•e•cast ['telɪkɑːst] emisión *f* televisiva

tel•e•com•mu•ni•ca•tions [telɪkəmju:nɪ'keɪʃnz] telecomunicaciones *fpl*

tel•e•com•mu•ni•ca•tions link enlace *m* de telecomunicaciones

tel•e•com•mu•ni•ca•tions sat•el•lite satélite *m* de telecomunicaciones

tel•e•com•mute ['telɪkəmju:t] *v/i* teletrabajar

tel•e•com•mut•er ['telɪkəmju:tər] teletrabajador(a) *m(f)*

tel•e•com•mut•ing ['telɪkəmju:tɪŋ] teletrabajo *m*

tel•e•gram ['telɪgræm] telegrama *m*

tel•e•graph pole ['telɪgræf] poste *m* telegráfico

tel•e•path•ic [telɪ'pæθɪk] *adj* telepático; *you must be ~!* ¡debes tener telepatía!

te•lep•a•thy [tɪ'lepəθɪ] telepatía *f*

tel•e•phone ['telɪfoʊn] **I** *n* teléfono *m*; *be on the ~* (*be speaking*) estar hablando por teléfono; (*possess a phone*) tener teléfono; *by ~* por teléfono **II** *v/t person* telefonear, llamar por teléfono **III** *v/i* telefonear, llamar por teléfono

'tel•e•phone bank•ing banca *f* telefónica; **'tel•e•phone bill** factura *f* del teléfono; **'tel•e•phone book** guía *f* telefónica, listín *m* telefónico; **'tel•e•phone booth** cabina *f* telefónica; **'tel•e•phone call** llamada *f* telefónica; **'tel•e•phone con•ver•sa•tion** conversación *f* por teléfono *or* telefónica; **'tel•e•phone di•rec•to•ry** guía *f* telefónica, listín *m* telefónico; **'tel•e•phone ex•change** central *f* telefónica, centralita *f*; **'tel•e•phone mes•sage** mensaje *m* telefónico; **'tel•e•phone num•ber** número *m* de teléfono; **'tel•e•phone sell•ing** venta *f* por teléfono

tel•e•phon•ist [tə'lefənɪst] *Br* telefonista *m/f*

te•leph•o•ny [tə'lefənɪ] telefonía *f*

tel•e•pho•to lens [telɪ'foʊtoʊ] teleobjetivo *m*

tel•e•pro•cess•ing [telɪ'prousesɪŋ] COMPUT teleprocesado *m*

tel•e•sales ['telɪseɪlz] televentas *fpl*

tel•e•scope ['telɪskoʊp] telescopio *m*

tel•e•scop•ic [telɪ'skɑːpɪk] *adj* telescópico

tel•e•scop•ic an•ten•na antena *f* telescópica; **tel•e•scop•ic 'sight** mira *f* telescópica; **tel•e•scop•ic um'brel•la** paraguas *m inv* telescópico

tel•e•shop•ping ['telɪʃɑːpɪŋ] telecompra *f*

tel•e•text ['telɪtekst] teletexto *m*

tel•e•thon ['telɪθɑːn] maratón *m* benéfico televisivo

tel•e•vise ['telɪvaɪz] *v/t* televisar

tel•e•vi•sion ['telɪvɪʒn] televisión *f*; *set* televisión *f*, televisor *m*; *on ~* en *or* por (la) televisión; *what's on ~ tonight?* ¿qué hay *or* ponen esta noche en la televisión?; *watch ~* ver la televisión; *work in ~* trabajar en la televisión

'tel•e•vi•sion au•di•ence audiencia *f* televisiva; **'tel•e•vi•sion mov•ie** telefilm *m*; **'tel•e•vi•sion net•work** red *f* televisiva; **'tel•e•vi•sion news** *nsg* noticiario *m* televisivo, telediario *m*; **'tel•e•vi•sion pro•gram** programa *m* televisivo; **'tel•e•vi•sion set** televisión *f*, televisor *m*; **'tel•e•vi•sion stu•di•o** estudio *m* de televisión

tel•e•work•er ['telɪwɜːrkər] teletrabajador(a) *m(f)*

tel•e•work•ing ['telɪwɜːrkɪŋ] teletrabajo *m*

tel•ex ['teleks] télex *m inv*

tell [tel] **I** *v/t* (*pret & pp* **told**) **1**: *story* contar; *lie* decir, contar; *~ s.o. sth* decir algo a alguien; *don't ~ Mom* no se lo digas a mamá; *could you ~ me the way to ... ?* ¿me podría decir por dónde se va a ...?; *you're ~ing me!* F ¡a mí me lo vas a contar!; *I can't ~ you how relieved ...* no te puedes imaginar el alivio...; *I told you so* te lo dije; *to ~ you the truth* para decirte la verdad **2**: *I can't ~ the difference* no veo la diferencia; *I can't ~ one from the other, I*

can't ~ them apart no los distingo; *be able to ~ the time* saber *or* ser capaz de decir la hora; *it's hard to ~ what will happen* es difícil decir que pasará **3**: *~ s.o. to do sth* decir a alguien que haga algo
II *v/i* (*pret & pp* **told**) **1**: *who can ~?* ¿quién sabe?; *you can never ~, you never can ~* nunca se sabe **2** (*have effect*) hacerse notar; *time will ~* el tiempo lo dirá; *~ against* perjudicar

◆ **tell off** *v/t* F echar la bronca F (*for* por)

◆ **tell on** *v/t* **1** *to teacher etc* chivarse de **2**: *the heat is ~ing on him* el calor está empezando a afectarle

tell•er ['telər] *in bank* cajero(-a) *m(f)*
tell•ing ['telɪŋ] *adj* contundente
tell•ing-'off F regañina *f* F; *give s.o. a* (*good*) *~* F echar una bronca a alguien (*for* por) F
tell•tale ['telteɪl] **I** *adj signs* revelador **II** chivato(-a) *m(f)*
tel•ly ['telɪ] *Br* F tele *f*
te•mer•i•ty [tə'merətɪ] osadía *f*; *he had the ~ to ...* tuvo la osadía de...
temp [temp] **I** *n employee* trabajador(a) *m(f)* temporal **II** *v/i* hacer trabajo temporal
tem•per ['tempər] **1** (*bad ~*) mal humor *m*; *be in a ~* estar de mal humor; *lose one's ~* perder los estribos; *have a quick or terrible ~* tener mal genio; *fly into a ~* ponerse hecho una furia; *~, ~!* F ¡cálmate!, ¡no te sulfures! **2**: *keep one's ~* mantener la calma **II** *v/t* TECH *steel* templar
tem•per•a•ment ['temprəmənt] temperamento *m*
tem•per•a•men•tal [temprə'mentl] *adj* (*moody*) temperamental
tem•per•a•men•tal•ly [temprə'mentəlɪ] *adv* temperamentalmente; *be ~ unsuited to the job* no tener el temperamento adecuado para el trabajo
tem•per•ate ['tempərət] *adj* templado
tem•per•a•ture ['temprətʃər] **1** temperatura *f*; *take s.o.'s ~* tomar la temperatura a alguien **2** (*fever*) fiebre *f*; *have a ~* tener fiebre
'tem•per•a•ture gauge calibrador *m* de temperatura
tem•pest ['tempɪst] tempestad *f*; *a ~ in a teapot* una tormenta en un vaso de agua
tem•pes•tu•ous [tem'pestjʊəs] *adj fig* tempestuoso
tem•pi ['tempɪ] *pl* ☞ **tempo**
tem•plate ['templeɪt] COMPUT, TECH plantilla *f*
tem•ple[1] ['templ] REL templo *m*
tem•ple[2] ['templ] ANAT sien *f*
tem•po ['tempoʊ] tempo *m*
tem•po•ral[1] ['tempərəl] *adj of this world* temporal
tem•po•ral[2] ['tempərəl] *adj* ANAT temporal
tem•po•rar•i•ly [tempə'rerɪlɪ] *adv* temporalmente
tem•po•ra•ry ['tempərerɪ] *adj* temporal; *~ replacement* suplencia *f*
tempt [tempt] *v/t* tentar; *be ~ed to do sth* sentirse tentado de hacer algo; *~ s.o. into doing sth* tentar a alguien para que haga algo; *~ fate* tentar a la suerte
temp•ta•tion [temp'teɪʃn] tentación *f*
tempt•er ['temptər] tentador *m*
tempt•ing ['temptɪŋ] *adj* tentador
tempt•ress ['temptrɪs] seductora *f*
ten [ten] diez; *~s of thousands* decenas *fpl* de miles
ten•a•ble ['tenəbl] *adj* sostenible
te•na•cious [tɪ'neɪʃəs] *adj* tenaz
te•nac•i•ty [tɪ'næsɪtɪ] tenacidad *f*
ten•an•cy ['tenənsɪ] tenencia *f*
ten•ant ['tenənt] *of building* inquilino(-a) *m(f)*; *of farm, land* arrendatario(-a) *m(f)*
tend[1] [tend] *v/t* (*look after*) cuidar (de)
tend[2] [tend] *v/i*: *~ to do sth* soler hacer algo; *~ toward sth* tender hacia algo
ten•den•cy ['tendənsɪ] tendencia *f*; *have a ~ to or toward sth* ser propenso a algo; *have a ~ to do sth* tener tendencia a hacer algo
ten•den•tious [ten'denʃəs] *adj* tendencioso
ten•der[1] ['tendər] *adj* **1** (*sore*) sensible, delicado **2** (*affectionate*) cariñoso, tierno **3** *steak* tierno
ten•der[2] ['tendər] **I** *n* COM oferta *f* **II** *v/i* COM hacer una oferta (*for* para) **III** *v/t*: *~ one's resignation* presentar la dimisión
'ten•der doc•u•ments *npl* documentos *mpl* de oferta
ten•der•er ['tendərər] licitador(a) *m(f)*; *success-*

ful ~ adjudicatario(-a) *m(f)*

'ten•der•foot F novato(-a) *m(f)*

ten•der•heart•ed [tendər'hɑːrtɪd] *adj* bondadoso

ten•der•ize ['tendəraɪz] *v/t meat* ablandar

'ten•der•loin solomillo *m*

ten•der•ness ['tendərnɪs] **1** (*soreness*) dolor *m* **2** *of kiss* cariño *m*, ternura *f*

ten•don ['tendən] tendón *m*

ten•dril ['tendrəl] BOT zarcillo *m*

ten•e•ment ['tenəmənt] bloque *m* de viviendas

ten•fold ['tenfoʊld] **I** *adj* multiplicado por diez **II** *adv increase* diez veces

ten-foot 'pole: I wouldn't touch him / it with a ~! F *if I were you* yo lo dejaría estar

'ten-gallon hat sombrero *m* jarano *or* de cowboy

ten•ner ['tenər] F *Br* diez libras

ten•nis ['tenɪs] tenis *m*

'ten•nis ball pelota *f* de tenis; **'ten•nis court** pista *f* de tenis, cancha *f* de tenis; **ten•nis 'el•bow** MED codo *m* de tenista; **'ten•nis play•er** tenista *m/f*; **'ten•nis rack•et** raqueta *f* de tenis; **'ten•nis shoe** zapatilla *f* de tenis

ten•or ['tenər] MUS tenor *m*

ten•pin 'bowl•ing *Br* bolos *mpl*

tense[1] [tens] *n* GRAM tiempo *m*

tense[2] [tens] *adj muscle, moment* tenso; *voice, person* tenso, nervioso

◆ **tense up** *v/i* ponerse tenso

ten•sile ['tensəl] *adj*: ~ **strength** resistencia *f* a la tracción

ten•sion ['tenʃn] **1** *of rope* tensión *f* **2** *fig: in atmosphere, voice* tensión *f*, tirantez *f*; *in film, novel* tensión *f*

tent [tent] tienda *f*

ten•ta•cle ['tentəkl] tentáculo *m*

ten•ta•tive ['tentətɪv] *adj move, offer* provisional

ten•ta•tive•ly ['tentətɪvlɪ] *adv suggest etc* con precaución, cautelosamente; **he ~ put his hand on ...** puso la mano encima ... para probar

ten•ter•hooks ['tentərhʊks]: **be on ~** estar sobre ascuas; **keep s.o. on ~** tener a alguien sobre ascuas

tenth [tenθ] **I** *adj* décimo **II** *n* décimo *m*, décima parte *f*; *of second, degree* décima *f*; **the ~ of May** el diez de mayo

'tent•peg clavija *f*

'tent•pole mástil *m*

ten•u•ous ['tenjʊəs] *adj* **1** *thread etc* delgado **2** *fig: connection* tenue; *proof etc* poco sólido, poco convincente

ten•ure ['tenjər] *of office* ocupación *f*; **during his ~ of president** durante su presidencia

tep•id ['tepɪd] *adj water, reaction* tibio

term [tɜːrm] **I** *n* **1** *in office etc* mandato *m*; ~ **of imprisonment** LAW periodo *m* de reclusión; ~ **of office** mandato *m*; **in the long / short ~** a largo / corto plazo **2** *Br* EDU trimestre *m*

3 (*condition*) término *m*, condición *f*; ~**s of payment** COM condiciones *fpl* de pago; **I accept the offer, but on my own ~s** acepto la oferta, pero pongo yo las condiciones; **be on good / bad ~s with s.o.** llevarse bien / mal con alguien; **come to ~s with sth** llegar a aceptar algo

4 (*word*) término *m*; ~ **of abuse** insulto *m*; **in no uncertain ~s** en términos claros

5: **in ~s of** en lo referente a; **a good movie in ~s of storyline** una buena película en cuanto al argumento se refiere

II *v/t* (*describe as*) llamar

'term de•pos•it FIN depósito *m* a plazo

ter•mi•nal ['tɜːrmɪnl] **I** *n* **1** *at airport, for buses, for containers* terminal *f* **2** ELEC, COMPUT terminal *m*; *of battery* polo *m* **II** *adj illness* terminal

ter•mi•nal•ly ['tɜːrmɪnəlɪ] *adv*: ~ **ill** en la fase terminal de una enfermedad

ter•mi•nate ['tɜːrmɪneɪt] **I** *v/t contract* rescindir; *pregnancy* interrumpir **II** *v/i* finalizar; **this train ~s here** éste es el final del recorrido de este tren

ter•mi•na•tion [tɜːrmɪ'neɪʃn] *of contract* rescisión *f*; *of pregnancy* interrupción *f*

ter•mi•na•tion clause cláusula *f* de rescisión

ter•mi•nol•o•gy [tɜːrmɪ'nɑːlədʒɪ] terminología *f*

ter•mi•nus ['tɜːrmɪnəs] *for buses* final *m* de trayecto; *for trains* estación *f* terminal

ter•mite ['tɜːrmaɪt] ZO termita *f*

ter•race ['terəs] terraza *f*

ter•raced house ['terəsd] *Br* casa *f* adosada

ter•ra cot•ta [terə'kɑːtə] *adj* de terracota

ter•ra fir•ma [terə'fɜːrmə] tierra *f* firme

ter•rain [te'reɪn] terreno *m*

ter•ra•pin ['terəpɪn] tortuga *f* acuática

ter•res•tri•al [te'restrɪəl] **I** *n* terrestre *m/f* **II** *adj* television por vía terrestre; **~ broadcasting** emisión *f* por vía terrestre

ter•ri•ble ['terəbl] *adj* terrible, horrible

ter•ri•bly ['terəblɪ] *adv* (*very*) tremendamente

ter•ri•er ['terɪər] ZO terrier *m*

ter•rif•ic [tə'rɪfɪk] *adj* estupendo

ter•rif•i•cal•ly [tə'rɪfɪklɪ] *adv* (*very*) tremendamente

ter•ri•fy ['terɪfaɪ] *v/t* (*pret & pp -ied*) aterrorizar; **be terrified** estar aterrorizado; **spiders ~ me, I'm terrified of spiders** me dan terror las arañas

ter•ri•fy•ing ['terɪfaɪɪŋ] *adj* aterrador

ter•rine [tə'riːn] terrina *f*

ter•ri•to•ri•al [terɪ'tɔːrɪəl] *adj* territorial; **~ claims** reivindicaciones *fpl* territoriales

ter•ri•to•ri•al•i•ty [terɪtɔːrɪ'ælɪtɪ] territorialidad *f*

ter•ri•to•ri•al 'wa•ters *npl* aguas *fpl* territoriales

ter•ri•to•ry ['terɪtɔːrɪ] territorio *m*; *fig* ámbito *m*, territorio *m*

ter•ror ['terər] terror *m*; **I have a ~ of ...** ... me da terror; **she's a little ~** F es un pequeño diablo, es un diablillo

ter•ror•ism ['terərɪzm] terrorismo *m*

ter•ror•ist ['terərɪst] terrorista *m/f*

'ter•ror•ist at•tack atentado *m* terrorista

'ter•ror•ist or•gan•i•za•tion organización *f* terrorista

ter•ror•ize ['terəraɪz] *v/t* aterrorizar

ter•ry (cloth) ['terɪ(klɑːθ)] toalla *f* de rizo

terse [tɜːrs] *adj* tajante, seco

ter•ti•ar•y sec•tor ['tɜːrʃerɪ] sector *m* terciario

test [test] **I** *n* prueba *f*; *academic, for driving* examen *m*; **take a ~** hacer una prueba; **put sth / s.o. to the ~** poner algo / a alguien a prueba; **stand the ~ of time** resistir la prueba del tiempo; **pass / fail a ~** superar / no superar una prueba; **carry out ~s on sth** efec-

tuar pruebas en algo **II** *v/t* probar, poner a prueba (**on** con)

tes•ta•ment ['testəmənt] *to s.o.'s life etc* testimonio *m*; **Old / New Testament** REL Viejo / Nuevo Testamento *m*

'test case LAW juicio *m* que sienta jurisprudencia

'test-drive I *v/t* (*pret -drove, pp -driven*) *car* probar en carretera **II** *n* prueba *f* de conducción; **go for a ~** ir a hacer una prueba de conducción

tes•ti•cle ['testɪkl] testículo *m*

tes•ti•fy ['testɪfaɪ] *v/i* (*pret & pp -ied*) LAW testificar, prestar declaración; **~ to** atestiguar **II** *v/t*: **~ that** LAW, *fig* testificar que

tes•ti•mo•ni•al [testɪ'moʊnɪəl] **1** referencias *fpl* **2** *for sportsman etc* partido *m* de homenaje

tes•ti•mo•ny ['testɪmənɪ] LAW testimonio *m*; **be ~ of** *fig* ser testimonio de

test•ing ['testɪŋ] *adj*: **~ times** tiempos *mpl* difíciles

'test pi•lot AVIA piloto *m/f* de pruebas;

'test tube tubo *m* de ensayo, probeta *f*; **'test-tube ba•by** niño(-a) *m(f)* probeta

tes•ty ['testɪ] *adj* irritable

te•ta•nus ['tetənəs] tétanos *m*

tetch•y ['tetʃɪ] *adj* irritable

teth•er ['teðər] **I** *v/t horse* atar **II** *n* correa *f*; **be at the end of one's ~** estar al punto de perder la paciencia

Teu•ton•ic [tjuː'tɑːnɪk] *adj* teutón

text [tekst] **I** *n* **1** texto *m* **2** (*~ message*) mensaje *m* **II** *v/t* mandar un mensaje a

'text•book I *n* libro de texto **II** *adj*: **~ example** ejemplo *m* de libro

tex•tile ['tekstəl] **I** *n* textil *m*; **~s** industria *f* textil **II** *adj* textil

'text mes•sage mensaje *m* de texto

text mes•sag•ing ['tekstmesədʒɪŋ] envío *m* de mensajes de texto

tex•tu•al ['tekstjʊəl] *adj* textual

tex•tu•al an'al•y•sis LING comentario *m* de texto

tex•ture ['tekstʃər] textura *f*

Thai [taɪ] **I** *adj* tailandés **II 1** *person* tailandés(-esa) *m(f)* **2** *language* tailandés *m*

Thai•land ['taɪlænd] Tailandia *f*

tha•lid•o•mide [θə'lɪdəmaɪd] PHARM talidomida *f*

Thames [temz]: **the ~** el Támesis

than [ðæn] *adv* que; *bigger / faster ~ me* más grande / más rápido que yo; *more than 50* más de 50

thank [θæŋk] *v/t* dar las gracias a; *~ you* gracias; *no, ~ you* no, gracias; *he's only got himself to ~* es culpa suya

thank•ful ['θæŋkfəl] *adj* agradecido; *we have to be ~ that ...* tenemos que dar gracias de que ...

thank•ful•ly ['θæŋkfəlı] *adv* (*luckily*) afortunadamente

thank•less ['θæŋklıs] *adj task* ingrato

thanks [θæŋks] *npl* gracias *fpl*; *~!* ¡gracias!; *~ to* gracias a; *many ~, ~ very much* muchas gracias; *no, ~* no, gracias; *with ~* con agradecimiento

Thanks•giv•ing (**Day**) [θæŋks'gıvıŋ] Día *m* de Acción de Gracias

'thank-you gracias

'thank-you let•ter carta *f* de agradecimiento

that [ðæt] **I** *adj* ese *m*, esa *f*; *more remote* aquel *m*, aquella *f*; *~ one* ése

II *pron* ése *m*, ésa *f*; *more remote* aquél *m*, aquella *f*; *what is ~?* ¿qué es eso?; *who is ~?* ¿quién es ése?; *~'s mine* ése es mío; *~'s tea* es té; *~'s very kind* qué amable; *~ is* (*to say*) es decir; *at ~* además; *just let it go at ~* F déjalo estar F; *and ~'s ~* ¡y ya está!

III *rel pron* que; *the person / car ~ you see* la persona / el coche que ves

IV *adv* (*so*) tan; *~ big / expensive* tan grande / caro

V *conj* que; *I think ~ ...* creo que ...

thatch [θætʃ] paja *f*; *a ~ of red hair* una mata de pelo rojizo

thatched [θætʃt] *adj cottage* con techo de paja; *roof* de paja

thaw [θɔː] **I** *v/i of snow* derretirse, fundirse; *of frozen food* descongelarse **II** *n also fig* deshielo *m*

the [ðə] *stressed* [ðiː] el *m*, la *f*; *plural* los *m*, las *f*; *~ sooner ~ better* cuanto antes, mejor; *it's ~ place to go* es el sitio de moda

the•a•ter ['θıətər] **1** teatro *m*; *be in the ~* trabajar en el teatro **2**: *~ of war* escenario *m* de guerra

'the•a•ter-go•er ['θıətərgoʊər] aficionado(-a) *m(f)* al teatro

the•a•tre *etc Br* ☞ **theater** *etc*

the•at•ri•cal [θı'ætrıkl] *adj also fig* tea-

tral

theft [θeft] robo *m*

their [ðer] *adj* su; (*his or her*) su; *~ brother* su hermano; *~ books* sus libros

theirs [ðerz] *pron* el suyo *m*, la suya *f*; *~ are red* los suyos son rojos; *that book is ~* ese libro es suyo; *a friend of ~* un amigo suyo

them [ðem] *pron direct object* los *mpl*, las *fpl*; *indirect object* les; *after prep* ellos *mpl*, ellas *fpl*; *I know ~* los / las conozco; *I gave ~ the keys* les di las llaves; *I sold it to ~* se lo vendí; *he lives with ~* vive con ellos / ellas; *they looked behind ~* miraron detrás suyo; *we are younger than ~* somos más jóvenes que ellos; *if a person asks for help, you should help ~* him / her si una persona pide ayuda, hay que ayudarla

theme [θiːm] tema *m*

'theme mu•sic tema *m* musical; **'theme park** parque *m* temático; **'theme song** tema *m* musical; **'theme tune** tema *m* musical

them•selves [ðem'selvz] *pron reflexive* se; *emphatic* ellos mismos *mpl*, ellas mismas *fpl*; *they hurt ~* se hicieron daño; *when they saw ~ in the mirror* cuando se vieron en el espejo; *they saw it ~* lo vieron ellos mismos; *by ~* (*alone*) solos; (*without help*) ellos solos, ellas mismos

then [ðen] *adv* **1** (*at that time*) entonces; *by ~* para entonces; *from ~ on* desde entonces **2** (*after that*) luego, después **3** *deducing* entonces **4**: *but ~, you did promise* pero tú lo prometiste

the•o•lo•gi•an [θıə'loʊdʒıən] teólogo *m*

the•o•log•i•cal [θıə'lɑːdʒıkl] *adj* teológico; *~ college* facultad *f* de teología

the•ol•o•gy [θı'ɑːlədʒı] teología *f*

the•o•rem ['θıərəm] MATH teorema *m*

the•o•ret•i•cal [θıə'retıkl] *adj* teórico

the•o•ret•i•cal•ly [θıə'retıklı] *adv* en teoría

the•o•rist ['θıərıst] teórico(-a) *m(f)*

the•o•rize ['θıəraız] *v/i* teorizar (*about, on* sobre)

the•o•ry ['θırı] teoría *f*; *in ~* en teoría

ther•a•peu•tic [θerə'pjuːtık] *adj* terapéutico

ther•a•pist ['θerəpıst] terapeuta *m/f*

ther•a•py ['θerəpı] terapia *f*; *be in ~*

estar recibiendo tratamiento terapéutico

there [ðer] *adv* allí, ahí, allá; *over ~* allí, ahí, allá; *down ~* allí *or* ahí *or* allá abajo; *~ is / are ...* hay ...; *~ is / are not ...* no hay ...; *~ you are giving sth* aquí tienes; *finding sth* aquí está; *completing sth* ya está; *~ and back* ida y vuelta; *it's 5 miles ~ and back* entre ida y vuelta hay cinco millas; *~ he is!* ¡ahí está!; *~*, *~!* ¡venga!; *~ and then* en el acto; *~ you go!* F *that's for you* ¡aquí tienes!; *see what I mean* ¡ya te lo decía yo!; *~ you go again!* F ¡otra vez!; *you'll get ~ one day* F *succeed* al final lo conseguirás; *~'s a good boy!* ¡bien hecho!; *we've all been ~* F todos hemos pasado por eso

there•a•bouts [ðerə'baʊts] *adv* aproximadamente; *fifty dollars or ~* cincuenta dólares, más o menos

there•af•ter [ðer'æftər] *adv* en lo sucesivo

there•by [ðer'baɪ] *adv* así

there•fore ['ðerfɔːr] *adv* por (lo) tanto

there•up•on [ðerə'pɑːn] *adv* acto seguido

ther•mal ['θɜːrml] I *n* corriente *f* térmica II *adj* térmico

ther•mal in•su•la•tion aislamiento *m* térmico; **ther•mal 'pa•per** papel *m* térmico; **ther•mal 'print•er** impresora *f* térmica; **ther•mal 'spring** fuente *f* termal; **ther•mal 'un•der•wear** ropa *f* interior térmica

ther•mom•e•ter [θər'mɑːmɪtər] termómetro *m*

ther•mo•nu•cle•ar [θɜːrmoʊ'nuːklɪər] *adj:* *~ device* dispositivo *m* termonuclear

ther•mos flask ['θɜːrməs] termo *m*

ther•mo•stat ['θɜːrməstæt] termostato *m*

these [ðiːz] I *adj* estos(-as) II *pron* éstos *mpl*, éstas *fpl*

the•sis ['θiːsɪs] (*pl* **theses** ['θiːsiːz]) tesis *f inv*

they [ðeɪ] *pron* ellos *mpl*, ellas *fpl*; *~ are Mexican* son mexicanos; *~'re going, but we're not* ellos van, pero nosotros no; *if anyone looks at this, ~ will see that ...* si alguien mira esto, verá que ...; *~ say that ...* dicen que ...; *~ are going to change the law* van a cambiar la ley

they'd [ðeɪd] F = **they had**; **they would**

they'll [ðeɪl] F = **they will**

they're [ðer] F = **they are**

they've [ðeɪv] F = **they have**

thick [θɪk] I *adj* **1** *soup* espeso; *fog* denso; *wall, book* grueso; *hair* poblado; *crowd* compacto; *it's 3 cm ~* tiene 3 cm de grosor; *give s.o. a ~ ear* Br F dar un sopapo a alguien; *~ with smoke* lleno de humo; *the furniture was ~ with dust* los muebles estaban llenos de polvo; *they're ~ on the ground* F hay muchos; *they're (as) thick as thieves* F son uña y carne; *that's a bit ~!* Br F ¡eso es una pasada!

2 F (*stupid*) corto

II *adv:* *lay it on ~* F cargar las tintas; *come ~ and fast* llover

III *n: in the ~ of ...* en pleno ...; *in the ~ of the fight* en primera línea de batalla; *through ~ and thin* contra viento y marea

thick•en ['θɪkən] I *v/t sauce* espesar II *v/i* espesarse

thick•et ['θɪkɪt] matorral *m*

thick•head•ed [θɪk'hedɪd] *adj* F zoquete

thick•ie ['θɪkɪ], **thick•o** Br P torpe *m(f)*, zoquete *m(f)*

thick•ness ['θɪknɪs] **1** grosor *m* **2** F (*stupidity*) estupidez *f*

thick•set ['θɪkset] *adj* fornido

thick•skinned [θɪk'skɪnd] *adj fig* insensible

thief [θiːf] (*pl* **thieves** [θiːvz]) ladrón(-ona) *m(f)*

thigh [θaɪ] muslo *m*

thim•ble ['θɪmbl] dedal *m*

thin [θɪn] I *adj person* delgado; *hair* ralo, escaso; *soup* claro; *coat, line* fino; *disappear into ~ air fig* desaparecer como por arte de magia; *produce sth out of ~ air fig* crear algo por arte de magia; *this is just the ~ end of the wedge fig pej* esto es sólo el principio; *be ~ on the ground* F ser escaso; *he's getting ~ on top* se está quedando calvo II *v/t* (*pret & pp -ned*) *sauce etc* aclarar III *v/i* (*pret & pp -ned*) *of mist* despejarse; *his hair is starting to ~* está empezando quedarse sin pelo

thing [θɪŋ] cosa *f*; *~s* (*belongings*) cosas *fpl*; *how are ~s?* ¿cómo te va?; *it's a* *good* ~ *you told me* menos mal que me lo dijiste; *what a* ~ *to do / say!* ¡qué barbaridad!; *I couldn't see a* ~ no veía nada; *an amusing* ~ algo divertido; *the* ~ *is that …* lo que pasa es que …; *first* ~ *tomorrow* mañana a primera hora; *for one* ~ …, *and for another* para empezar…, y para continuar; *be on to a good* ~ estar en una buena situación; *know a* ~ *or two about* saber bastante sobre; *just the* ~ *for …* justo lo que hace falta para…

thing•um•a•jig ['θɪŋʌmədʒɪg] F *object* chisme *m*; *person* fulanito *m*

think [θɪŋk] **I** *v/t & v/i* (*pret & pp* **thought**) *hold an opinion* pensar; creer; *I* ~ *so* creo que sí; *I don't* ~ *so* creo que no; *I* ~ *so too* pienso lo mismo; *what do you* ~? ¿qué piensas *or* crees?; *what do you* ~ *of it?* ¿qué te parece?; *I can't* ~ *of anything more* no se me ocurre nada más; *I can't* ~ *of his name* no me sale su nombre; *she doesn't* ~ *that's funny* no cree *or* piensa que sea divertido; ~ *hard!* ¡piensa más!; *I'll* ~ *about it* me lo pensaré; *I'm* ~*ing about emigrating* estoy pensando en emigrar; *he* ~*s he's clever* se cree muy listo; *I can't* ~ *why …* no veo por qué…; *try to* ~ *where …* intenta recordar dónde…; *come to* ~ *of it …* ahora que lo pienso …; *it makes you* ~ te da que pensar **II** *n* F: *have a* ~ *about sth* pensarse algo; *he's got another* ~ *coming* está muy equivocado

◆ **think back** *v/i* recordar (*to sth* algo)
◆ **think out** *v/t* reflexionar
◆ **think over** *v/t* reflexionar sobre
◆ **think through** *v/t* reflexionar
◆ **think up** *v/t plan* idear

think•er ['θɪŋkər] pensador(a) *m(f)*

think•ing ['θɪŋkɪŋ] **I** *adj*: *a newspaper for* ~ *people* un periódico para la gente que piensa **II** *n*: *do some* ~ pensar; *to my way of* ~ en mi opinión

'**think tank** grupo *m* de expertos

thin•ner ['θɪnər] disolvente *m*

thin-skinned [θɪn'skɪnd] *adj fig* sensible

third [θɜːrd] **I** *adj* tercero; ~ *time lucky* a la tercera va la vencida **II** tercero(-a) *m(f)*; *fraction* tercio *m*, tercera parte *f*; *the* ~ *of May* el tres de mayo

'**third base** tercera base *f*; '**third base•man** tercera base *f*, jugador(a) *m(f)* de tercera base; '**third-class** *adj* de tercera; '**third-de•gree** *adj burns* de tercer grado; **third de'gree**: *give s.o. the* ~ interrogar a alguien con dureza

third•ly ['θɜːrdlɪ] *adv* en tercer lugar

third 'par•ty tercero *m*; **third-par•ty in-'sur•ance** seguro *m* a terceros; **third 'per•son** GRAM tercera persona *f*; '**third-rate** *adj* de tercera, de pacotilla F; **Third 'World** Tercer Mundo *m*

thirst [θɜːrst] sed *f*; ~ *for knowledge fig* sed de conocimientos

thirst-quench•ing ['θɜːrstkwenʃɪŋ] *adj* que quita la sed

thirst•y ['θɜːrstɪ] *adj* sediento; *be* ~ tener sed; *gardening is* ~ *work* la jardinería da mucha sed

thir•teen [θɜːr'tiːn] trece

thir•teenth [θɜːr'tiːnθ] *n & adj* decimotercero

thir•ti•eth ['θɜːrtɪɪθ] *n & adj* trigésimo

thir•ty ['θɜːrtɪ] treinta; *be in one's thir-ties* tener treinta y tantos años; *in the thirties* en los (años) treinta

'**thir•ty-some•thing** *adj* treinta y tantos

this [ðɪs] **I** *adj* este *m*, esta *f*; ~ *one* éste **II** *pron* esto *m*, esta *f*; ~ *is good* esto es bueno; ~ *is …* *introducing s.o.* éste / ésta es …; TELEC soy …; *like* ~ así; ~ *is what I expected* es lo que esperaba; *after* ~ después de esto; *before* ~ antes de esto **III** *adv*: ~ *big / high* así de grande / de alto

this•tle ['θɪsl] BOT cardo *m*

thong [θɑːŋ] **1** *on whip* tralla *f*; *on cloth-ing* correa *f* **2** *underwear, bikini bottom* tanga *m* **3** *sandal* chancla *f*

tho•rax ['θɔːræks] ANAT tórax *m inv*

thorn [θɔːrn] espina *f*; *be a* ~ *in s.o.'s side fig* no dejar en paz a alguien

thorn•y ['θɔːrnɪ] *adj also fig* espinoso

thor•ough ['θɜːrou] *adj search* minucioso; *knowledge* profundo; *person* concienzudo

'**thor•ough•bred** *horse* purasangre *m*

thor•ough•fare ['θɜːroufer] vía *f* pública; *no* ~ camino *m* privado; *(dead end)* sin salida

thor•ough•ly ['θɜːroulɪ] *adv* completamente; *clean up* a fondo; *search* minuciosamente; *I'm* ~ *ashamed* estoy avergonzadísimo; **I ~ enjoyed it** lo disfruté muchísimo

those [ðoʊz] **I** *adj* esos *mpl*, esas *fpl*; *more remote* aquellos *mpl*, aquellas *fpl* **II** *pron* ésos *mpl*, ésas *fpl*; *more remote* aquéllos *mpl*, aquéllas *mpl*

though [ðoʊ] **I** *conj* (*although*) aunque; **as ~** como si **II** *adv* sin embargo; **it's not finished ~** pero no está acabado

thought[1] [θɒːt] *n single* idea *f*; *collective* pensamiento *m*; **that's a ~!** *worth bearing in mind* no hay que olvidarse de eso; **on second ~** *or Br* **~s** ahora que lo pienso otra vez; **with no ~ for** sin pensar en

thought[2] [θɒːt] *pret & pp* ☞ **think**

thought•ful [ˈθɒːtfəl] *adj* **1** pensativo; *book* serio **2** (*considerate*) atento

thought•less [ˈθɒːtlɪs] *adj* desconsiderado

thou•sand [ˈθaʊznd] mil *m*; **~s of** miles de; **a ~ and ten** mil diez

thou•sandth [ˈθaʊzndθ] *n & adj* milésimo

thrash [θræʃ] *v/t* golpear, dar una paliza a; SP dar una paliza a
◆ **thrash around** *v/i with arms etc* revolverse
◆ **thrash out** *v/t solution* alcanzar

thrash•ing [ˈθræʃɪŋ] *also* SP paliza *f*; **give s.o. a ~** dar una paliza a alguien

thread [θred] **I** *n* hilo *m*; *of screw* rosca; **lose the ~** (*of the conversation*) perder el hilo de la conversación **II** *v/t needle* enhebrar; *beads* ensartar; **~ one's way through** abrirse paso por

thread•bare [ˈθredber] *adj* raído

threat [θret] amenaza *f*; **under ~ of** bajo amenaza de; **death ~s** amenazas *fpl* de muerte

threat•en [ˈθretn] *v/t* amenazar; **~ s.o. with sth** amenazar a alguien con algo; **~ to do sth** amenazar con hacer algo; **be ~ed with extinction** estar en peligro de extinción

threat•en•ing [ˈθretnɪŋ] *adj* amenazador; **~ letter** carta *f* con amenazas

three [θriː] tres; **~ of hearts** tres de corazones

three-di•men•sion•al [θriːdaɪˈmenʃnəl] *adj fig* tridimensional

'three•fold I *adj* triple **II** *adv* tres veces; **increase ~** triplicarse

three-piece 'suit terno *m*; **three-piece**

'suite tresillo *m*; **three-'point•er** *in basketball* canasta *f or* lanzamiento *m* de tres puntos; **'three-point line** *in basketball* línea *f* de seis veinticinco; **three-'quart•ers** [θriːˈkwɔːrtərz] tres cuartos *mpl*; **three-se•conds vi•o•la•tion** *in basketball* tres segundos *m*, zona *f*

thresh [θreʃ] *v/t corn* trillar

thresh•ing ma•chine [ˈθreʃɪŋ] trilladora *f*

thresh•old [ˈθreʃhoʊld] *of house, new age* umbral *m*; **on the ~ of** en el umbral de, en puertas de; **pain ~** tolerancia *f* del dolor

threw [θruː] *pret* ☞ **throw**

thrift [θrɪft] ahorro *m*

thrift•y [ˈθrɪftɪ] *adj* ahorrativo

thrill [θrɪl] **I** *n* emoción *f*, estremecimiento *m*; **it was such a ~ for us all to visit you again** nos hizo mucha ilusión volver a visitarte; **he gets some sort of ~ out of annoying people** disfruta *or* goza de alguna manera molestando a la gente **II** *v/t* **be ~ed** estar entusiasmado

thrill•er [ˈθrɪlər] *movie* película de *Span* suspense *or L.Am.* suspenso; *novel* novela de *Span* suspense *or L.Am.* suspenso

thrill•ing [ˈθrɪlɪŋ] *adj* emocionante

thrive [θraɪv] *v/i* (*pret* **throve** *or* **thrived**, *pp* **thrived**) *of plant* medrar, crecer bien; *of business, economy* prosperar
◆ **thrive on** *v/t adversity* crecerse ante

throat [θroʊt] garganta *f*; **force sth down s.o.'s ~** *fig* hacer tragar algo a alguien

'throat loz•enge pastilla *f* para la garganta

throat•y [ˈθroʊtɪ] *adj voice* ronco

throb [θrɑːb] **I** *n of heart* latido *m*; *of music* zumbido *m* **II** *v/i* (*pret & pp* **-bed**) *of heart* latir; *of music* zumbar; **my head is still ~bing** todavía siento que me va a estallar la cabeza

throes [θroʊz] *npl*: **be in the ~ of** (*doing*) **sth** estar luchando con algo; **the company was in the ~ of reorganization** la empresa estaba en medio de una compleja reorganización

throm•bo•sis [θrɑːmˈboʊsɪs] trombosis *f*

throne [θroʊn] trono *m*; **come to the ~** acceder al trono

throng [θrɑːŋ] muchedumbre *f*

throt•tle ['θrɑːtl] **I** *n on motorbike* acelerador *m*; *on boat* palanca *f* del gas; *on motorbike* mango *m* del gas **II** *v/t* (*strangle*) estrangular

◆ **throttle back** *v/i* desacelerar

through [θruː] **I** *prep* **1** (*across*) a través de; *go ~ the city* atraversar la ciudad **2** (*during*) durante; *~ the winter / summer* durante el invierno / verano; *Monday ~ Friday* de lunes a viernes **3** (*by means of*) a través de, por medio de; *arranged ~ him* acordado por él **II** *adv*: *wet ~* completamente mojado; *watch a film ~* ver una película de principio a fin; *read a book ~* leerse un libro de principio a fin; *~ and ~* de los pies a la cabeza **III** *adj*: *be ~ of couple* haber terminado; (*have arrived: of news etc*) haber llegado; *you're ~* TELEC ya puede hablar; *I'm ~ with …* (*finished with*) he terminado con …

'**through bill** COM conocimiento *m* de embarque **'through flight** vuelo *m* directo

through'out I *prep* durante, a lo largo de; *~ the night* durante toda la noche; *~ the country* por todo el país **II** *adv* (*in all parts*) en su totalidad

'**through route** vía *f* de paso; '**through traf•fic** tráfico *m* de paso; '**through train** *Br* tren *m* directo; '**through•way** autopista *f*

throw [θrou] **I** *v/t* (*pret* **threw**, *pp* **thrown**) **1** tirar; *of horse* tirar, desmontar; *~ s.o. sth* tirar algo a alguien; *~ open door etc* echar abajo; *~ o.s. at s.o.* *fig: in romantic sense* echarse en brazos de alguien; *~ o.s. into sth* tirarse a algo; *fig* entregarse a algo, meterse de lleno en algo **2** (*disconcert*) desconcertar **3** *party* dar **II** *n* lanzamiento *m*; *it's your ~* te toca tirar

◆ **throw about, throw around** *v/t*: *throw one's money about* derrochar el dinero

◆ **throw away** *v/t* tirar, *L.Am.* botar

◆ **throw back** *v/t* devolver

◆ **throw down** *v/t* tirar al suelo; *throw down a challenge to s.o.* lanzar un desafío a alguien, desafiar *or* retar a alguien

◆ **throw in** *v/t* tirar; *throw the ball in in*

soccer sacar de banda; *throw sth in* (*for free*) añadir algo (de regalo)

◆ **throw off** *v/t jacket etc* quitarse rápidamente; *cold etc* deshacerse de

◆ **throw on** *v/t clothes* ponerse rápidamente

◆ **throw out** *v/t old things* tirar, *L.Am.* botar; *from bar, job, home* echar; *from country* expulsar; *plan* rechazar

◆ **throw over** *v/t friend etc* dejar colgado F (*for* por)

◆ **throw together** *v/t* **1** *make in a rough and ready way* pergeñar **2**: *a group of people thrown together by fate* un grupo de gente a los que había unido el destino

◆ **throw up I** *v/t* **1** *ball* lanzar hacia arriba; *throw up one's hands* echarse las manos a la cabeza **2** (*vomit*) vomitar **II** *v/i* (*vomit*) vomitar

'**throw-a•way** *adj* **1** *remark* insustancial, pasajero **2** (*disposable*) desechable

throw•er ['θrouər]: *be a good ~* ser un buen lanzador

'**throw-in** SP saque *m* de banda

thrown [θroun] *pp* ☞ **throw**

thru [θruː] ☞ **through**

thrush[1] [θrʌʃ] *bird* zorzal *m*

thrush[2] [θrʌʃ] MED candidiasis *f inv*

thrust [θrʌst] **I** *v/t* (*pret & pp* **thrust**) (*push hard*) empujar; *knife* hundir; *~ sth into s.o.'s hands* poner algo en las manos de alguien; *~ one's way through the crowd* abrirse paso a empujones entre la multitud **II** *n with knife etc* cuchillada *f*; MIL ofensiva *f*; PHYS, *of rocket* empuje *m*

'**thru•way** F ☞ **throughway**

thud [θʌd] golpe *m* sordo

thug [θʌg] matón *m*

thumb [θʌm] **I** *n* pulgar *m*; *be all ~s* F ser un torpe; *give sth the ~s up / down* dar / no dar el visto bueno a algo; *stick out like a sore ~* F llamar la atención, cantar **II** *v/t*: *~ a ride* hacer autoestop

'**thumb in•dex** uñero *m*; **thumb•nail** '**sketch** reseña *f*; '**thumb•screw 1** TECH palomilla *f* **2** *for torture* empulguera *f*; '**thumb•tack** chincheta *f*

thump [θʌmp] **I** *n* **1** *blow* porrazo *m* **2** *noise* golpe *m* sordo **II** *v/t person* dar un porrazo a; *~ one's fist on the table* pegar un puñetazo en la mesa **III** *v/i of heart* latir con fuerza; *~ on the door* aporrear la puerta

◆ **thump out** v/t *tune on the piano* aporrear

thump•ing ['θʌmpɪŋ] **I** *adj headache* horrible **II** *adv*: ~ **great** F supergrande

thun•der ['θʌndər] **I** *n* truenos *mpl*; **steal s.o.'s** ~ *fig* quitar el protagonismo a alguien **II** v/i *also fig* tronar **III** v/t vociferar

'**thun•der•bolt** rayo *m*; '**thun•der•clap** trueno *m*; '**thunder•cloud** nubarrón *m* de tormenta

thun•der•ous ['θʌndərəs] *adj applause* ensordecedor

'**thun•der•storm** tormenta *f* (*con truenos*)

'**thun•der•struck** *adj* atónito

thun•der•y ['θʌndərɪ] *adj weather* tormentoso

Thurs•day ['θɜːrzdeɪ] jueves *inv*; **on** ~ el jueves; **on** ~**s** los jueves

thus [ðʌs] *adv* **1** (*in this way*) así **2**: ~ **far** hasta el momento

thwart [θwɔːrt] v/t *person, plans* frustrar

thyme [taɪm] tomillo *m*

thy•roid gland ['θaɪrɔɪd] (glándula *f*) tiroides *m inv*

ti•ar•a [tɪ'ɑːrə] diadema *f*

Ti•bet [tɪ'bet] Tíbet *m*

Ti•bet•an [tɪ'betən] **I** *adj* tibetano **II** *n* tibetano(-a) *m(f)*

tic [tɪk] MED tic *m*

tick[1] [tɪk] **I** *n* **1** *of clock* tictac *m* **2** (*checkmark*) señal *m* de visto bueno **3** *Br* F: **in a** ~ en un santiamén F **II** v/i **1** *of clock* hacer tictac **2**: **what makes him** ~? ¿qué es lo que le va?

◆ **tick away** v/i pasar

◆ **tick off** v/t **1** *entry in list etc* marcar **2** *Br* F (*tell off*) echar una bronca a

◆ **tick over** v/i MOT estar al ralentí

tick[2] [tɪk] *n* ZO garrapata *f*

tick•er ['tɪkər] F (*heart*) corazón *m*

tick•et ['tɪkɪt] **1** *for bus, train, lottery* billete *m*, *L.Am.* boleto *m*; *for airplane* billete *m*; *L.Am.* pasaje *m*; *for theater, concert, museum* entrada *f*, *L.Am.* boleto *m* **2** *for speeding etc* multa *f*; **he got a speeding** ~ le multaron por exceso de velocidad

'**tick•et col•lec•tor** revisor(a) *m(f)*

tick•et•ing ['tɪkɪtɪŋ] billetaje *m*

'**tick•et in•spec•tor** revisor(a) *m(f)*; '**tick•et ma•chine** máquina *f* expende-

dora de billetes; '**tick•et of•fice** *at station* mostrador *m* de venta de billetes; THEA taquilla *f*, *L.Am.* boletería *f*

'**tick•et tout** *Br* revendedor(-a) *m(f)*

tick•ing ['tɪkɪŋ] *noise* tictac *m*

tick•ing 'off *Br* F bronca *f* F; **give s.o. a** ~ echar una bronca a alguien F

tick•le ['tɪkl] **I** v/t *person* hacer cosquillas a **II** v/i *of material* hacer cosquillas; **stop that, you're tickling!** ¡para ya, me haces cosquillas!

tickl•ish ['tɪklɪʃ] *adj*: **be** ~ *person* tener cosquillas

tid•al ['taɪdl] *adj sea* con mareas

'**tid•al wave** maremoto *m*

tid•dly•winks ['tɪdlɪwɪŋks] *nsg juego consistente en introducir fichas en un contenedor*

tide [taɪd] marea *f*; **high** ~ marea alta; **low** ~ marea baja; **the** ~ **is in / out** la marea está alta / baja; **against the** ~ *also fig* a contra corriente; **go with the tide** *fig* dejarse llevar por la corriente

◆ **tide over** v/t: **20 dollars will tide me over** 20 dólares me bastarán

ti•di•ness ['taɪdɪnɪs] orden *m*

ti•dy ['taɪdɪ] *adj* ordenado; **that's a** ~ **sum** F es una cantidad considerable

◆ **tidy away** v/t (*pret & pp -ied*) guardar

◆ **tidy up I** v/t *room, shelves* ordenar; **tidy o.s. up** arreglarse **II** v/i recoger

tie [taɪ] **I** *n* **1** (*neck~*) corbata *f* **2** SP (*even result*) empate *m*; **end in a** ~ acabar en empate **3**: **he doesn't have any** ~**s** no está atado a nada

II v/t **1** *knot* hacer, atar; *hands* atar; ~ **two ropes together** atar dos cuerdas; **my hands are tied** *fig* tengo las manos atadas; **be** ~**d to sth** *fig* estar relacionado con algo **2**: **the game was** ~**d** iban iguales

III v/i SP empatar; **they** ~**d for second place** empataron y compartieron el segundo puesto

◆ **tie down** v/t *also fig* atar

◆ **tie in with** v/t encajar con

◆ **tie up** v/t *person, laces* atar; *boat* amarrar; *hair* recoger; **I'm tied up tomorrow** (*busy*) mañana estaré muy ocupado; **I got tied up at the office** me demoré *or* entretuve en la oficina; **be tied up** *of capital etc* estar inmobilizado 'tie•break, 'tie•break•er *in tennis* tiebreak *m*, muerte *f* súbita

'tie•pin alfiler *m* de corbata

tier [tɪr] **1** *of hierarchy* nivel *m* **2** *in stadium* grada *f*

'tie-up conexión *f* (**between** entre)

tiff [tɪf] riña *f*

ti•ger ['taɪgər] tigre *m*

tight [taɪt] **I** *adj* **1** *clothes* ajustado, estrecho **2** *security* estricto **3** (*hard to move*) apretado; (*properly shut*) cerrado **4** (*not leaving much time*) justo de tiempo **5** F (*drunk*) como una cuba F **II** *adv* *hold* fuerte; *shut* bien; *sit ~ fig* esperar; *sleep ~!* ¡que duermas bien!

tight•en ['taɪtn] *v/t screw* apretar; *control* endurecer; *security* intensificar; *~ one's grip on sth on rope etc* asir algo con más fuerza; *on power etc* incrementar el control sobre algo; *~ one's belt fig* apretarse el cinturón

♦ tighten up *v/i in discipline, security* ser más estricto

tight•fist•ed [taɪt'fɪstɪd] *adj* agarrado; tight'fit•ting *adj* ajustado; tight'knit *adj community* unido; tight-lipped [taɪt'lɪpt] *adj*: *be ~ about sth* no decir ni mu sobre algo

tight•ly ['taɪtlɪ] *adv* ☞ **tight**

'tight•rope cuerda *f* floja; *walk a ~ fig* estar en la cuerda floja

'tight•rope walk•er funambulista *m/f*

tights [taɪts] *npl Br* medias *fpl*, pantis *mpl*

'tight•wad F rácano(-a) *m(f)*, roñoso(-a) *m(f)*

ti•gress ['taɪgrɪs] tigresa *f*

tile [taɪl] **I** *n on floor* baldosa *f*; *on wall* azulejo *m*; *on roof* teja *f*; *have a night on the ~s* F ir de parranda F **II** *v/t floor* embaldosar; *wall* alicatar; *roof* tejar

'til•er *of wall* alicatador(-a) *m(f)*; *of floor / roof:* albañil que pone el suelo / el tejado

till[1] [tɪl] ☞ **until**

till[2] [tɪl] *n* (*for cash*) caja *f* (registradora)

till[3] [tɪl] *v/t soil* labrar

tilt [tɪlt] **I** *v/t* inclinar **II** *v/i* inclinarse **III** *n*: *at full ~* F a toda pastilla F

tim•ber ['tɪmbər] madera *f* (de construcción)

'tim•ber yard almacén *m* de madera

time [taɪm] **I** *n* **1** tiempo *m*; *~ is up* se acabó (el tiempo); *for the ~ being*

por ahora, por el momento; *have a good ~* pasarlo bien; *have a good ~!* ¡que lo paséis bien!; *all the ~* todo el rato; *two / three at a ~* de dos en dos / de tres en tres; *at the same ~ speak, reply etc* a la vez; (*however*) al mismo tiempo; *in ~* con tiempo; *on ~* puntual; *in no ~* en un santiamén; *some ~ ago* hace algún tiempo; *at the ~* en ese momento; *by the ~ you receive this* para cuando recibas esto; *for a ~* durante un tiempo; *from ~ to ~* de vez en cuando; *in two years' ~* dentro de dos años; *all in good ~* todo a su tiempo; *be ahead of one's ~* ser un adelantado; *be behind the ~s* no andar con los tiempos; *keep up with the ~s* estar al día; *do ~* F *in jail* estar en la sombra F (*for* por); *take your ~* tómate el tiempo; *there's no ~ to lose* no hay tiempo que perder; *I don't have much ~ for him* no me cae muy bien

2 (*occasion*) vez *f*; *the first ~* la primera vez; *four ~s* cuatro veces; *~ and again* una y otra vez; *~ after ~* una y otra vez; *every ~ I …* cada vez que …; *how many ~s?* ¿cuántas veces?; *next ~ (I …)* la próxima vez (que …); *this ~* esta vez; *at ~s* a veces

3 *of clock:* *what's the ~?, do you have the ~?* ¿qué hora es?; *what ~?* ¿a qué hora?; *this ~ tomorrow* mañana a esta hora

4 MUS: *in ~ march, play* al ritmo (*with* de), al compás (*with* de); *beat ~* llevar el compás; *keep ~* ir al ritmo; *in 3 / 4 ~* en tiempo 3 / 4

5 MATH: *three ~s four equals* or *is twelve* tres por cuatro (igual a) doce **II** *v/t* **1** *runner* cronometrar; *worker* controlar el tiempo de; *he was ~d at 20 seconds* hizo un tiempo de 20 segundos **2** *event* programar; *~ sth well* hacer algo en el momento exacto

'time bomb bomba *f* de relojería; 'time cap•sule cápsula *f* del tiempo; 'time-card tarjeta *f*; 'time clock *in factory* reloj *m* registrador; 'time-con•sum•ing *adj* que lleva mucho tiempo; 'time dif•fer•ence diferencia *f* horaria; time-hon•ored, *Br* time-hon•oured ['taɪmɑːnərd] *adj* ancestral; 'time-keep•er *in sport* cronometrador(a) *m(f)*; *be a good ~ of watch* ser preciso;

'time-lag intervalo m; time-lapse pho'tog•ra•phy fotografía f en intervalos

time•less ['taɪmlɪs] adj eterno

'time lim•it plazo m

time•ly ['taɪmlɪ] adj oportuno

'time ma•chine máquina f del tiempo

'time•out SP tiempo m muerto; take ~ hacer un descanso

tim•er ['taɪmər] 1 device temporizador m 2 person cronometrador(a) m(f)

'time•sav•ing ahorro m de tiempo; 'time•scale of project plazo m (de tiempo); 'time share apartment apartamento m en multipropiedad; time shar•ing ['taɪmʃerɪŋ] multipropiedad f; 'time sig•nal señal f horaria; 'time sig•na•ture MUS llave f de tiempo; 'time switch temporizador m; 'time•ta•ble for train etc horario m; EDU Br horario m; for events programa m; 'time warp salto m en el tiempo; 'time zone huso m horario

tim•id ['tɪmɪd] adj tímido

tim•ing ['taɪmɪŋ] of dancer sincronización f; of actor utilización f de las pausas y del ritmo; the ~ of the announcement was perfect el anuncio fue realizado en el momento perfecto

tin [tɪn] 1 metal estaño m 2 Br (can) lata f

tin•foil ['tɪnfɔɪl] papel m de aluminio

tinge [tɪndʒ] 1 n of color, sadness matiz m II v/t: be ~d with fig estar teñido de

tin•gle ['tɪŋgl] I n hormigueo II v/i estremecerse (with de)

tin 'hat MIL F casco m

◆ tin•ker with ['tɪŋkər] v/t enredar con

tin•kle ['tɪŋkl] I n of bell tintineo m II v/i tintinear

tinned [tɪnd] adj Br enlatado, en conserva

tin•ni•tus [tɪ'naɪtəs] zumbido m

tin•ny ['tɪnɪ] adj sound metálico

'tin o•pen•er Br abrelatas m inv

tin•sel ['tɪnsl] espumillón m

tint [tɪnt] I n of color matiz m; in hair tinte m; have a ~ of red tener un matiz rojo II v/t hair teñir

tint•ed ['tɪntɪd] glasses con un tinte; paper coloreado

ti•ny ['taɪnɪ] adj diminuto, minúsculo

tip¹ [tɪp] n 1 of stick, finger punta f; of mountain cumbre f; it's on the ~ of my tongue fig lo tengo en la punta de la

lengua 2 of cigarette filtro m

tip² [tɪp] I n 1 advice consejo m; take a ~ from me and ... hazme caso or sigue mi consejo y... 2 money propina f II v/t (pret & pp -ped) waiter etc dar propina a

◆ tip in v/t in basketball palmear

◆ tip off v/t F avisar

◆ tip over I v/t jug volcar; liquid derramar; he tipped water all over me derramó agua encima mío II v/i volcarse

'tip-in in basketball palmeo m

'tip-off 1 F soplo m 2 in basketball salto m inicial

tipped [tɪpt] adj cigarettes con filtro

Tip•pex® ['tɪpeks] Br Tipp-Ex m

tip•ple ['tɪpl] F alcoholic bebida f alcohólica

tip•py-toe ['tɪpɪtoʊ]: on ~ de puntillas

tip•sy ['tɪpsɪ] adj achispado

'tip•top adj F perfecto

ti•rade [taɪ'reɪd] diatriba f (against contra)

tire¹ [taɪr] n neumático m, L.Am. llanta f

tire² [taɪr] I v/t cansar, fatigar II v/i cansarse, fatigarse; he never ~s of telling the story nunca se cansa de contar la historia

◆ tire out v/t agotar, cansar

tired [taɪrd] adj cansado, fatigado; be ~ of s.o. / sth estar cansado de alguien / algo; ~ out agotado

tired•ness ['taɪrdnɪs] cansancio m, fatiga f

tire•less ['taɪrlɪs] adj efforts incansable, infatigable

tire•some ['taɪrsəm] adj (annoying) pesado

tir•ing ['taɪrɪŋ] adj agotador

ti•ro ☞ tyro

tis•sue ['tɪʃuː] 1 ANAT tejido m 2 handkerchief pañuelo m de papel, Kleenex® m

'tis•sue pa•per papel m de seda

tit¹ [tɪt] bird herrerillo m

tit² [tɪt]: give s.o. ~ for tat pagar a alguien con la misma moneda

tit³ [tɪt] V (breast) teta f V; get on s.o.'s ~s P cabrear a alguien F

ti•tan•ic [taɪ'tænɪk] adj titánico

ti•tan•i•um [taɪ'teɪnɪəm] titanio m

titch [tɪtʃ] Br F renacuajo(-a) m(f)

tit•il•late ['tɪtɪleɪt] v/t excitar

ti•tle ['taɪtl] **1** *of novel, person etc* título *m* **2** LAW título *m* de propiedad

'ti•tle deed LAW escritura *f* de propiedad; **'ti•tle fight** combate *m* por el título; **'ti•tle•hold•er** SP campeón(-ona) *m(f)*; **'ti•tle page** portada *f*; **'ti•tle role** personaje que da título a una obra

tit•ter ['tɪtər] *v/i* reírse tontamente

tit•tle-tat•tle ['tɪtltætl] F chismorreos *mpl*

tiz•zy ['tɪzɪ] F: **be in a ~** ponerse histérico

tlc [tiːel'siː] *abbr* (= **tender loving care**) cariño *m* y cuidados

to [tuː] *unstressed* [tə] **I** *prep* a; **~ Japan / Chicago** a Japón / Chicago; **let's go ~ my place** vamos a mi casa; **walk ~ the station** caminar a la estación; **~ the north / south of ...** al norte / sur de ...; **give sth ~ s.o.** dar algo a alguien; **from Monday ~ Wednesday** de lunes a miércoles; **from 10 ~ 15 people** de 10 a 15 personas

II *with verbs*: **~ speak, ~ shout** hablar, chillar; **learn ~ swim** aprender a nadar; **~ be honest with you ...** para ser sincero ...; **nice ~ eat** sabroso; **too heavy ~ carry** demasiado pesado para llevarlo; **~ be able to do that you will need ...** para poder hacer eso necesitarás ...; **easy ~ understand** fácil de entender; **he only does it ~ earn money** lo hace únicamente por dinero; **he was the first ~ arrive** él llegó primero, fue el primero en llegar; **~ hear her talk** escuchándola hablar

III *adv*: **~ and fro** de un lado para otro

toad [toʊd] ZO sapo *m*

'toad•stool seta *f* venenosa

toad•y ['toʊdɪ] *pej* **I** *n* adulador(a) *m(f)* **II** *v/i* (*pret & pp* -**ied**): **~ to s.o.** adular a alguien

toast [toʊst] **I** *n* **1** pan *m* tostado; **a piece of ~** una tostada **2** *drinking* brindis *m inv*; **propose a ~ to s.o.** proponer un brindis en honor de alguien **II** *v/t* **1** *bread* tostar **2** *drinking* brindar por

toast•er ['toʊstər] tostador(a) *m(f)*

to•bac•co [tə'bækoʊ] tabaco *m*

to•bac•co•nist [tə'bækənɪst] *Br* estanquero(-a) *m(f)*

to•bog•gan [tə'bɑːgən] tobogán *m*

tod [tɑːd]: **on one's ~** *Br* F más solo que la una

to•day [tə'deɪ] *adv* hoy; **a week ~, ~ week** de hoy en ocho; **~'s paper** el periódico de hoy

tod•dle ['tɑːdl] *v/i of child* dar los primeros pasos

tod•dler ['tɑːdlər] niño(-a) *m(f)* pequeño(-a)

tod•dy ['tɑːdɪ] *una bebida alcohólica, agua, azúcar, especias y zumo*

to-do [tə'duː] F revuelo *m*

toe [toʊ] **I** *n* dedo del pie; *of shoe* puntera; **be on one's ~s** *fig* estar alerta; **keep s.o. on his ~s** *fig* no dejar en paz a alguien; **tread on s.o.'s ~s** *fig* meterse en el terreno de alguien **II** *v/t*: **~ the line** acatar la disciplina

'toe•nail uña *f* del pie

tof•fee ['tɑːfɪ] *Br* tofe *m*

'tof•fee ap•ple manzana *f* de caramelo

tof•fee-nosed ['tɑːfɪnoʊzd] *adj Br* F presumido

to•fu ['tɑːfuː] tofu *m*

to•geth•er [tə'geðər] *adv* juntos(-as); **mix two drinks ~** mezclar dos bebidas; **don't all talk ~** no hablen todos a la vez

to•geth•er•ness [tə'geðərnɪs] unión *f*

tog•gle ['tɑːgl] *fastener* botón *m* de trenca

♦ **toggle between** *v/t* COMPUT pasar de entre

'tog•gle key COMPUT *tecla que activa o desactiva una función*

'tog•gle switch ELEC tecla *f* de conmutación

toil [tɔɪl] **I** *n* esfuerzo *m* **II** *v/i* esforzarse (**at** en)

toi•let ['tɔɪlɪt] *place* cuarto de baño, servicio *m*; *equipment* retrete *m*; **go to the ~** ir al baño

'toi•let bag *Br*, **'toi•let kit** bolsa *f* de aseo

'toi•let pa•per papel *m* higiénico

toi•let•ries ['tɔɪlɪtrɪz] *npl* artículos *mpl* de tocador

'toi•let roll rollo *m* de papel higiénico

to•ken ['toʊkən] **I** *n* **1** (*sign*) muestra *f*; **as a ~ of** como muestra de **2** *for gambling* ficha *f* **3** (*gift ~*) vale *m* **II** *adj* simbólico

'to•ken strike huelga *f* de advertencia

told [toʊld] *pret & pp* ☞ **tell**

tol•er•a•ble ['tɑːlərəbl] *adj* **1** *pain etc* soportable **2** (*quite good*) aceptable

tol•er•a•bly ['tɑːlərəblɪ] *adv* aceptablemente

tol•er•ance ['tɑːlərəns] tolerancia *f*

tol•er•ant ['tɑːlərənt] *adj* tolerante

tol•er•ate ['tɑːləreɪt] *v/t noise, person* tolerar; *I won't ~ it!* ¡no lo toleraré!

toll[1] [toʊl] *v/i of bell* tañer

toll[2] [toʊl] *n (deaths)* mortandad *f*, número *m* de víctimas

toll[3] [toʊl] *n for bridge, road* peaje *m*; TELEC tarifa *f*; *take its ~ on fig* haber hecho estragos en

'**toll booth** cabina *f* de peaje; '**toll bridge** puente *m* de peaje; '**toll-free** *adj* TELEC gratuito; '**toll-free num•ber** teléfono *m* gratuito, *Span* número *m* 900; '**toll road** carretera *f* de peaje

tom [tɑːm] ZO gato *m*

to•ma•to [təˈmeɪtoʊ] *(pl -oes)* tomate *m*, *Mex* jitomate *m*

to'ma•to juice zumo *m* de tomate; **to•ma•to 'ketch•up** ketchup *m*; **to•ma•to 'sauce** *for pasta etc* salsa *f* de tomate

tomb [tuːm] tumba *f*

'**tom•boy** niña *f* poco femenina

'**tomb•stone** lápida *f*

'**tom•cat** gato *m*

tome [toʊm] tomo *m*

tom•fool•er•y [tɑːmˈfuːlərɪ] tonterías *fpl*

to•mog•ra•phy [təˈmɑːɡrəfɪ] MED tomografía *f*

to•mor•row [təˈmɔːroʊ] **I** *adv* mañana; *the day after ~* pasado mañana; *~ morning / night* mañana por la mañana / noche; *a week ~, ~ week* de mañana en ocho **II** *n: ~'s paper* el periódico de mañana; *he's spending money like there's no ~* está gastando dinero como si se fuera a acabar el mundo

ton [tʌn] tonelada *(907 kg)*; *~s of* F montones de

tone [toʊn] *of color, conversation* tono *m*; *of musical instrument* timbre *m*; *of neighborhood* nivel *m*; *~ of voice* tono de voz

◆ **tone down** *v/t demands, criticism* bajar el tono de

◆ **tone up** *v/t* tonificar

ton•er ['toʊnər] tóner *m*

'**ton•er cart•ridge** cartucho *m* de tóner

tongs [tɑːŋz] *npl* tenazas *fpl*; *for hair* tenacillas *fpl* de rizar

tongue [tʌŋ] lengua *f*; *~ in cheek* en broma; *bite one's ~ also fig* morderse la lengua; *hold one's ~* cerrar la boca; *stick one's ~ out at s.o.* sacar la lengua a alguien

'**tongue twist•er** trabalenguas *m inv*

ton•ic ['tɑːnɪk] MED tónico *m*; *be a real ~* ser realmente tonificante; *a gin and ~* un gin-tonic

'**ton•ic (wa•ter)** (agua *f*) tónica *f*

to•night [təˈnaɪt] **I** *adv* esta noche **II** *n: ~'s television programs* los programas de televisión para esta noche

ton•sil ['tɑːnsl] amígdala *f*

ton•sil•li•tis [tɑːnsəˈlaɪtɪs] amigdalitis *f*

too [tuː] *adv* **1** *(also)* también; *me ~* yo también **2** *(excessively)* demasiado; *~ big / hot* demasiado grande / caliente; *~ much rice* demasiado arroz; *eat ~ much* comer demasiado

took [tʊk] *pret* ☞ **take**

tool [tuːl] herramienta *f*; *the ~s of the trade fig* las herramientas de trabajo

'**tool•bag** bolsa *f* de herramientas; '**tool•bar** COMPUT barra *f* de herramientas; '**tool•box** caja *f* de herramientas; '**tool•kit** juego *m* de herramientas; '**tool•shed** cobertizo *m* para las herramientas

toot [tuːt] F **I** *v/t* tocar **II** *v/i* tocar la bocina **III** *n: a ~ on the horn* un bocinazo

tooth [tuːθ] *(pl teeth* [tiːθ]) diente *m*; *(back ~)* muela *f*; *in the teeth of fig* a pesar de; *fight ~ and nail* luchar con uñas y dientes; *get one's teeth into sth* hincarle el diente a algo

'**tooth•ache** dolor *m* de muelas

'**tooth•brush** cepillo *m* de dientes

tooth•less ['tuːθlɪs] *adj* desdentado

'**tooth•paste** pasta *f* de dientes, dentífrico *m*

'**tooth•pick** palillo *m*

toot•sie, toot•sy ['tʊtsɪ] *children's language* dedito *m* del pie

top [tɑːp] **I** *n* **1** *of mountain* cima *f*; *of tree* copa *f*; *of wall, screen, page* parte *f* superior; *at the ~ of the page* en la parte superior de la página; *at the ~ of the mountain* en la cumbre; *at the ~ of one's voice* a grito pelado; *be ~ of the class / league person, team* ser el primero de la clase / de la liga; *get to the ~ of company, mountain* llegar a la cumbre; *from ~ to toe* de la cabeza a los pies; *from ~ to bottom* de arriba abajo

2 *(lid: of bottle etc)* tapón *m*; *of pen* capucha *f*

3 *clothing* camiseta *f*, top *m*
4 (MOT: *gear*) directa *f*
5: **on ~** arriba, en la parte de arriba; **on ~ of** encima de, sobre; **on ~ of each other** uno encima del otro; **on ~ of that** *fig* además de eso; **are things getting on ~ of you?** F ¿te estás agobiando demasiado? F; **come out on ~** resultar victorioso; **be over the ~** (*exaggerated*) ser una exageración

II *adj branches* superior; *floor* de arriba, último; *management, official* alto; *player* mejor; *speed, note* máximo; **~ scorer** pichichi *m*; **the ~ dog** F el mandamás; **~ gear** directa *f*; **at ~ speed** a toda velocidad

III *v/t* (*pret & pp* **-ped**): **~ped with ... of** *cake etc* con una capa de ... por encima; **and to ~ it all ...** y para colmo ...; **~ the bill** encabezar el cartel

◆ **top off** *v/t evening etc* rematar (**with** con)

◆ **top up** *v/t Br glass, tank* llenar

'**top cop•y** *not photocopy* original *m*;
'**top•flight** *adj* F de altos vuelos F;
top 'hat sombrero *m* de copa; **top 'heav•y** *adj* sobrecargado en la parte superior

top•ic ['tɑːpɪk] tema *m*
top•i•cal ['tɑːpɪkl] *adj* de actualidad
top•less ['tɑːplɪs] *adj* en topless
top-'lev•el *adj* de alto nivel
'**top•most** *adj branches, floor* superior
top-'notch *adj* F de primera F
to•pog•ra•phy [tə'pɑːgrəfɪ] topografía *f*

top•ping ['tɑːpɪŋ] *on pizza* ingrediente *m*; **with a ~ of whipped cream** y con nata montada encima

top•ple ['tɑːpl] **I** *v/i* derrumbarse **II** *v/t government* derrocar

◆ **topple over** *v/i* venirse abajo

top-'qual•i•ty *adj* de primera; **top 'se•cret** *adj* altamente confidencial; '**top•soil** capa *f* superficial del suelo; '**top•spin** *in tennis etc*: efecto resultado de golpear la pelota por arriba

top•sy-tur•vy [tɑːpsɪ'tɜːrvɪ] *adj* (*in disorder*) desordenado; *world* al revés

'**top-up card** *Br. for cell phone* tarjeta *f* de recarga

torch [tɔːtʃ] **1** *with flame* antorcha *f* **2** *Br* (*flashlight*) linterna *f*

'**torch•light**: **by ~** con luz de antorchas;

~ procession procesión *f* de antorchas
tore [tɔːr] *pret* ☞ **tear¹**
tor•ment I ['tɔːrment] *I n* tormento **II** *v/t* [tɔːr'ment] *person, animal* atormentar; **~ed by doubt** atormentado por la duda

torn [tɔːrn] *pp* ☞ **tear¹**
tor•na•do [tɔːr'neɪdoʊ] tornado *m*
tor•pe•do [tɔːr'piːdoʊ] **I** *n* (*pl* **-oes**) torpedo **II** *v/t also fig* torpedear
tor'pe•do boat torpedero *m*
tor•por ['tɔːrpər] letargo *m*
torque [tɔːrk] PHYS par *m* de torsión
tor•rent ['tɑːrənt] *also fig* torrente *m*; *of lava* colada *f*
tor•ren•tial [tə'renʃl] *adj rain* torrencial
tor•rid ['tɑːrɪd] *adj heat* tórrido; *passion* apasionado
tor•sion ['tɔːrʃn] PHYS torsión *f*
tor•so ['tɔːrsoʊ] torso *m*
tor•toise ['tɔːrtəs] tortuga *f*
'**tor•toise•shell** carey *m*
tor•tu•ous ['tɔːrtʃʊəs] *adj route, procedures* tortuoso
tor•ture ['tɔːrtʃər] **I** *n* tortura; **it was ~ not knowing** fue un suplicio estar sin saber nada **II** *v/t* torturar
'**tor•ture cham•ber** cámara *f* de torturas
To•ry ['tɔːrɪ] *Br* POL **I** *n* tory *m/f*, conservador(a) *m(f)* **II** *adj* tory, conservador
toss [tɑːs] **I** *v/t ball* lanzar, echar; *rider* desmontar; *salad* remover; **~ a coin** echar a cara o cruz; **~ s.o. for sth** echar algo a cara o cruz con alguien **II** *v/i* **1**: **~ and turn** dar vueltas **2**: **~ for sth** echarse algo a cara o cruz **III** *n*: **win the ~** SP ganar el sorteo inicial; **I don't give a ~ about it** *Br* F me importa un pimiento
tot [tɑːt] F **1** *child* crío(-a) *m(f)* **2** *of brandy etc* dedal *m*

◆ **tot up** *v/t* F sumar

to•tal ['toʊtl] **I** *n* total; **in ~** en total **II** *adj sum, amount* total; *disaster* rotundo, completo; *idiot* de tomo y lomo; *stranger* completo **III** *v/t* (*pret & pp* **-ed**, *Br* **-led**) **1**: **~ing 500 ...** sumando 500... **2** F *car* cargarse F; **the truck was ~ed** el camión quedó destrozado
to•tal•i•tar•i•an [toʊtælɪ'terɪən] *adj* totalitario
to•tal•ly ['toʊtəlɪ] *adv* totalmente
tote [toʊt] F *in betting* totalizador *m*
'**tote bag** bolsa *f* grande
to•tem pole ['toʊtəmpoʊl] tótem *m*

tot•ter ['tɑːtər] *v/i of person* tambalearse

tot•ter•y ['tɑːtərɪ] *adj* tambaleante

touch [tʌtʃ] **I** *n* **1** toque *m; sense* tacto *m*; **be soft to the ~** ser blando al tacto; **at the ~ of a button** apretando un botón; **put the finishing ~es to** dar los últimos toques a; **a personal ~** un toque personal

2: get in ~ with s.o. ponerse en contacto con alguien; **lose ~ with s.o.** perder el contacto con alguien; **keep in ~ with s.o.** mantenerse en contacto con alguien; **we kept in ~** seguimos en contacto; **be out of ~** no estar al corriente; **the leader was out of ~ with the people** el líder estaba desconectado de lo que pensaba la gente

3 SP: **in ~** fuera

4: a ~ of flu una gripe ligera

II *v/t* **1** tocar; **~ wood!** ¡toca madera! **2** *emotionally* conmover

III *v/i* tocar; *of two lines etc* tocarse

◆ **touch down** *v/i* **1** *of airplane* aterrizar **2** SP marcar un ensayo

◆ **touch off** *v/t crisis etc* desencadenar

◆ **touch on** *v/t* (*mention*) tocar, mencionar

◆ **touch up** *v/t* **1** *photo* retocar **2** *Br: sexually* manosear

touch-and-'go *adj*: **it was ~ whether** no era seguro si

touch•down ['tʌtʃdaʊn] **1** *of airplane* aterrizaje *m* **2** SP touchdown *m*, ensayo *m*

tou•ché ['tuːʃeɪ] *int* ¡touché!

touched [tʌtʃt] *adj* **1** (*moved*) conmovido **2** F (*crazy*) tocado del ala

touch•ing ['tʌtʃɪŋ] *adj* conmovedor

'touch•line SP línea *f* de banda; 'touch screen pantalla *f* táctil; 'touch-•sen•si•tive *adj* screen táctil; 'touch•stone piedra *f* de toque (**of** de); touch-tone 'tel•e•phone teléfono *m* de tonos; 'touch-type *v/i* escribir a máquina al tacto

touch•y ['tʌtʃɪ] *adj person* susceptible

tough [tʌf] *adj* **1** *person, meat, punishment, competition* duro; **get ~ with s.o.** ponerse duro con alguien; **that's ~ on them** eso es injusto para con ellos; **well, that's ~, I can't help it** mala suerte, no puedo evitarlo **2** *question, exam* difícil **3** *material* resistente, fuerte

tough•en ['tʌfn] *v/t material, person* endurecer

◆ **toughen up** *v/t person* hacer más fuerte

'tough guy F tipo *m* duro F

tou•pee [tuːˈpeɪ] bisoñé *m*

tour [tʊr] **I** *n of museum etc* recorrido *m*; *of area* viaje *m* (**of** por); *of band etc* gira *f*; **give s.o. a ~ of sth** hacer con alguien un recorrido de algo; **be on ~** estar de gira (**in** por) **II** *v/t area* recorrer **III** *v/i of band etc* estar de gira

◆ **tour around** *v/i* hacer turismo

'tour group grupo *m* de turistas

'tour guide guía *m/f* turístico(-a)

tour•ism ['tʊrɪzm] turismo *m*

tour•ist ['tʊrɪst] turista *m/f*

'tour•ist at•trac•tion atracción turística; 'tour•ist board oficina *f* de turismo; 'tour•ist class AVIA, NAUT clase *f* turista; 'tour•ist in•dus•try industria *f* turística; tour•ist in•for•ma•tion of•fice oficina *f* de turismo; 'tour•ist sea•son temporada *f* turística; 'tour•ist trade sector *m* turístico

tour•ist•y ['tʊrɪstɪ] *adj* turístico

tour•na•ment ['tʊrnəmənt] torneo *m*

'tour op•er•a•tor operador(a) *m(f)* turístico(-a)

tou•sled ['taʊzld] *adj hair* revuelto

tout [taʊt] **I** *v/i*: **~ for business** intentar hacerse con negocio **II** *n Br* revendedor(a) *m(f)*

tow [toʊ] **I** *v/t car, boat* remolcar **II** *n*: **give s.o. a ~** remolcar a alguien; **with his children in ~** F con sus niños a cuestas

◆ **tow away** *v/t car* llevarse

to•ward [tɔːrd] *prep* hacia; **we are working ~ a solution** estamos intentando encontrar una solución; **they gave me something ~ it** me dieron una ayuda; **a contribution ~ sth** una contribución para algo

'tow•bar barra *f* de remolque

tow•el ['taʊəl] toalla *f*; **throw in the ~** *also fig* tirar la toalla

'tow•el rail toallero *m*

tow•er ['taʊər] torre *m*

'tow•er block *Br* bloque *m* (*de pisos, oficinas etc*)

◆ **tower over** *v/t of building* elevarse por encima de; *of person* ser mucho más alto que

tow•er•ing ['taʊərɪŋ] *adj fig* imponente;

be in a ~ rage estar enfadadísimo

town [taʊn] ciudad *f*; *small* pueblo *m*; *go to ~* ir al centro; *really go to ~ on sth* F dejarse la piel en algo F; *be out on the ~* F estar de parranda F

town 'cen•ter, *Br* **town cen•tre** centro *m* de la ciudad / del pueblo; **town 'coun•cil** ayuntamiento *m*; **town 'hall** ayuntamiento *m*; **'town house** casa *f* adosada; **town plan•ning** [taʊn'plænɪŋ] urbanismo *m*

towns•folk ['taʊnzfoʊk] *npl* ciudadanos *mpl*

town•ship ['taʊnʃɪp] municipio *m*

towns•peo•ple ['taʊnzpiːpl] *npl* ciudadanos *mpl*

'tow•rope cuerda *f* para remolcar

'tow truck grúa *f*

tox•ic ['tɑːksɪk] *adj* tóxico

tox•ic 'waste residuos *mpl* tóxicos

tox•in ['tɑːksɪn] BIO toxina *f*

toy [tɔɪ] juguete *m*

◆ **toy with** *v/t object* juguetear con; *idea* darle vueltas a

'toy store juguetería *f*, tienda *f* de juguetes

trace [treɪs] I *n of substance* resto *m*; *without (a) ~* sin dejar rastro II *v/t* 1 *(find)* localizar; *he was ~d to ...* se le localizó en ...; *~ a call* localizar una llamada 2 *(follow: footsteps of)* seguir el rastro a 3 *(draw)* trazar

◆ **trace back** *v/t*: *we can trace our family back to ...* nuestra familia se remonta a ...; *trace the origins / the cause of sth back to sth* encontrar los orígenes / la causa de algo en algo

'trace el•e•ment CHEM oligoelemento *m*

tra•che•a ['treɪkɪə] ANAT tráquea *f*

trac•ing pa•per ['treɪsɪŋ] papel *m* de calco

track [træk] 1 *(path)* senda *f*, camino *m*; *be on the wrong ~* ir por el mal camino; *be on ~ for ...* ir bien encaminado para ... 2 *for horses* hipódromo *m*; *for dogs* canódromo *m*; *for cars* circuito *m*; *for athletics* pista *f* 3 *on CD* canción *f*, corte *m* 4 RAIL vía *f*; *~ 10* vía 10 5 *of animal etc* rastro *m*; *keep ~ of sth* llevar la cuenta de algo; *lose ~ of* perder la cuenta de; *it's time we were*

making ~s es hora de largarse

◆ **track down** *v/t* localizar

track-and-'field e•vents *npl* atletismo *m*

'track•ball COMPUT trackball *m*, ratón *m* de bola

tracked [trækt] *adj*: *~ vehicle* vehículo *m* oruga

track•er dog ['trækər] perro *m* rastreador

'track e•vents *npl* atletismo *m* en pista

track•ing sta•tion ['trækɪŋ] estación *f* de seguimiento

track 'rec•ord *fig* historial *m*; *have a good ~* tener un buen historial; *what's her ~ like?* ¿qué historial tiene?

'track•suit *Br* chándal *m*

tract[1] [trækt] 1 *of land* tramo *m* 2 ANAT: *digestive ~* tubo *m* digestivo; *respiratory ~* vías *fpl* respiratorias

tract[2] [trækt] *written* panfleto *m*

trac•ta•ble ['træktəbl] *adj* dócil

trac•tion ['trækʃn] 1 MOT tracción *f* 2: *his leg is in ~* MED tiene la pierna en alto

trac•tor ['træktər] tractor *m*

trade [treɪd] I *n* 1 *(commerce)* comercio *m* 2 *(profession, craft)* oficio *m*; *be a plumber by ~* ser un fontanero de profesión II *v/i (do business)* comerciar; *~ in sth* comerciar en algo III *v/t (exchange)* intercambiar *(for* por)

◆ **trade in** *v/t when buying* entregar como parte del pago

◆ **trade on** *v/t pej* aprovecharse de

'trade a•gree•ment acuerdo *m* comercial; **'trade as•so•ci•a•tion** asociación *f* profesional; **'trade bar•ri•er** barrera *f* comercial; **'trade def•i•cit** déficit *m* comercial; **'trade di•rec•to•ry** directorio *m* comercial; **'trade dis•count** descuento *m* comercial; **'trade ex•hi•bi•tion** feria *f* de muestras; **'trade fair** feria *f* de muestras; **'trade jour•nal** revista *f* profesional; **'trade•mark** marca *f* registrada; **'trade mis•sion** misión *f* comercial; **'trade name** nombre *m* comercial; **'trade-off**: *there's always a ~ between speed and quality* más rapidez siempre significa peor calidad; **'trade price** precio *m* al por mayor

trad•er ['treɪdər] comerciante *m/f*

trade 'se•cret secreto *m* de la casa, secreto *m* comercial

trades•man ['treɪdzmən] (*plumber etc*) *electricista, fontanero* / *plomero etc*

trade 'un•ion *Br* sindicato *m*; **trade 'un•ion•ist** *Br* sindicalista *m/f*; **'trade wind** viento *m* alisio

trad•ing part•ner ['treɪdɪŋ] socio(-a) *m(f)* comercial

tra•di•tion [trə'dɪʃn] tradición *f*

tra•di•tion•al [trə'dɪʃnl] *adj* tradicional

tra•di•tion•al•ly [trə'dɪʃnlɪ] *adv* tradicionalmente

traf•fic ['træfɪk] *on roads, in drugs* tráfico *m*

◆ **traffic in** *v/t* (*pret & pp* **-ked**) *drugs* traficar con

'traf•fic calm•ing medidas *fpl* viales para reducir la velocidad del tráfico; **'traf•fic cha•os** caos *m inv* circulatorio; **'traf•fic cir•cle** rotonda *f*, *Span* glorieta *f*; **'traf•fic cone** cono *m* de señalización; **'traf•fic cop** F poli *m/f* de tráfico F; **'traf•fic is•land** isleta *f*; **'traf•fic jam** atasco *m*

traf•fick•er ['træfɪkər] *esp in drugs* traficante *m/f*

'traf•fic light semáforo *m*; **'traf•fic po•lice** policía *f* de tráfico; **'traf•fic sign** señal *m* de tráfico; **'traf•fic vi•o•la•tion** infracción *f* de tráfico; **'traf•fic war•den** *Br.* agente que pone multas por aparcamiento indebido

trag•e•dy ['trædʒədɪ] tragedia *f*

trag•ic ['trædʒɪk] *adj* trágico

trag•i•cal•ly ['trædʒɪklɪ] *adv* trágicamente

trag•i•com•e•dy [trædʒɪ'kɑːmədɪ] tragicomedia *f*

trag•i•com•ic *adj* tragicómico

trail [treɪl] **I** *n* **1** (*path*) camino *m*, senda *f* **2** *of blood, dust, destruction* rastro *m*; **be hot on s.o.'s ~** estar tras la pista de alguien **II** *v/t* **1** (*follow*) seguir la pista de **2** (*tow*) arrastrar **III** *v/i* (*lag behind*) ir a la zaga

trail•er ['treɪlər] **1** *pulled by vehicle* remolque *m* **2** (*mobile home*) caravana *f* **3** *of movie* avance *m*, tráiler *m*

train¹ [treɪn] *n* **1** tren *m*; **go by ~** ir en tren; **on the ~** en el tren; **~ set** tren *m* de juguete **2**: **~ of thought** pensamientos *mpl*

train² [treɪn] **I** *v/t team, athlete* entrenar; *employee* formar; *dog* adiestrar **II** *v/i of team, athlete* entrenarse; *of teacher etc* formarse

train•ee [treɪ'niː] aprendiz(a) *m(f)*

train•er ['treɪnər] SP entrenador(a) *m(f)*, preparador(a) *m(f)* físico(-a); *of dog* adiestrador(a) *m(f)*

train•ers ['treɪnərz] *npl Br shoes* zapatillas *fpl* de deporte

train•ing [treɪnɪŋ] *of new staff* formación *f*; SP entrenamiento *m*; **be in ~** SP estar entrenándose; **be out of ~** SP estar desentrenado

'train•ing course cursillo *m* de formación; **'train•ing pe•ri•od** periodo *m* de formación; **'train•ing pro•gram** programa *m* de formación; **'train•ing scheme** plan *m* de formación

'train sta•tion estación *f* de tren

traipse [treɪps] *v/i* F dar vueltas

trait [treɪt] rasgo *m*

trai•tor ['treɪtər] traidor(a) *m(f)*

tra•jec•to•ry [trə'dʒektɔːrɪ] trayectoria *f*

tramp [træmp] **I** *v/i* marchar **II** *n* **1** *pej: loose woman* fulana *f* **2** *Br* (*hobo*) vagabundo(-a) *m(f)*

tram•ple ['træmpl] *v/t* pisotear; **be ~d to death** morir pisoteado; **be ~d underfoot** ser pisoteado

◆ **trample on** *v/t person, object* pisotear

tram•po•line ['træmpəliːn] cama *f* elástica

trance [træns] trance *m*; **go into a ~** entrar en trance

tran•quil ['træŋkwɪl] *adj* tranquilo

tran•quil•i•ty [træŋ'kwɪlətɪ] tranquilidad *f*

tran•quil•iz•er ['træŋkwɪlaɪzər] tranquilizante *m*

trans•act [træn'zækt] *v/t deal* negociar

trans•ac•tion [træn'zækʃn] **1** *action* transacción *f* **2** *deal* negociación *f*

trans•ceiv•er [træn'siːvər] transceptor *m*

tran•scen•den•tal [trænsen'dentl] *adj* trascendental

trans•con•ti•nen•tal [trænzkɑːntɪ'nentl] *adj* transcontinental

tran•scribe [træn'skraɪb] *v/t* transcribir

tran•script ['trænskrɪpt] transcripción *f*

tran•scrip•tion [træn'skrɪpʃn] transcripción *f*

tran•sept ['trænsept] ARCHI transepto

m, crucero m

trans•fer I v/t [træns'fɜːr] (pret & pp **-red**) transferir **II** v/i [træns'fɜːr] (pret & pp **-red**) in traveling hacer transbordo; from one language to another pasar **III** n ['trænsfɜːr] transferencia f; in travel transbordo m

trans•fer•a•ble [træns'fɜːrəbl] adj ticket transferible

'**trans•fer ad•vice** FIN comunicación f de transferencia; '**trans•fer fee** for football player traspaso m; '**trans•fer or•der** FIN orden f de transferencia

trans•fig•ure [træns'fɪgər] v/t transfigurar

trans•fix [træns'fɪks] v/t paralizar (**with** con)

trans•form [træns'fɔːrm] v/t transformar

trans•form•a•tion [trænsfər'meɪʃn] transformación f

trans•form•er [træns'fɔːrmər] ELEC transformador m

trans•fu•sion [træns'fjuːʒn] transfusión f

tran•si•ent ['trænzɪənt] **I** adj pasajero **II** n transeúnte m/f

tran•sis•tor [træn'zɪstər] transistor m; (radio) transistor m, radio f transistor

trans•it ['trænzɪt]: **in ~** en tránsito

'**trans•it bill** COM certificado m de paso

tran•si•tion [træn'sɪʒn] transición f

tran•si•tion•al [træn'sɪʒnl] adj de transición

tran•si•tive ['trænsətɪv] adj LING transitivo

'**trans•it lounge** at airport sala f de tránsito

tran•si•to•ry ['trænsɪtɔːrɪ] adj ☞ **transient**

'**trans•it pas•sen•ger** pasajero(-a) m(f) en tránsito

trans•lat•a•ble [træns'leɪtəbl] adj traducible

trans•late [træns'leɪt] **I** v/t traducir **2**: ~ **words into action** convertir palabras en hechos **II** v/i traducir

trans•la•tion [træns'leɪʃn] traducción f

trans'la•tion com•pa•ny agencia f de traducciones

trans'la•tion soft•ware software m de traducción

trans•la•tor [træns'leɪtər] traductor(a) m(f)

trans•mis•sion [trænz'mɪʃn] **1** of news, program emisión f; of disease transmisión f **2** MOT transmisión f

trans•mit [trænz'mɪt] v/t (pret & pp **-ted**) news, program emitir; disease transmitir

trans•mit•ter [trænz'mɪtər] RAD, TV emisora f

trans•par•en•cy [træns'pærənsɪ] PHOT diapositiva f

trans•par•ent [træns'pærənt] adj **1** transparente **2** (obvious) obvio

tran•spire [træns'paɪər] v/i **1** (emerge) saberse **2** (happen) ocurrir

trans•plant MED **I** v/t [træns'plænt] transplantar **II** ['trænsplænt] transplante m

trans•pond•er [træns'pɑːndər] transponedor m

trans•port I v/t [træns'pɔːrt] goods, people transportar **II** n ['trænspɔːrt] of goods, people transporte m

'**trans•port air•craft** avión m de transporte

trans•por•ta•tion [trænspɔːr'teɪʃn] of goods, people transporte m; **means of ~** medio m de transporte; **public ~** transporte m público; **Department of Transportation** Ministerio m de Transporte

trans•port•er [træns'pɔːrtər] MOT camión m de transporte; aircraft avión m de transporte

trans•pose [træns'poʊz] v/t **1** invertir **2** MUS transportar

trans•sex•u•al [træns'sekʃʊəl] transexual m/f

trans•ship•ment ['trænsʃɪpmənt] COM transbordo m

trans•verse ['trænsvɜːrs] adj transversal

trans•verse•ly ['trænsvɜːrslɪ] adv transversalmente

trans•ves•tite [træns'vestaɪt] travestí m, travestido m

trap [træp] **I** n **1** trampa f; **set a ~ for s.o.** tender una trampa a alguien **2**: **keep one's ~ shut** P mantener cerrado el pico **II** v/t (pret & pp **-ped**) atrapar; **be ~ped** by enemy, flames, landslide etc quedar atrapado; **~ s.o. into doing sth** engañar a alguien para que haga algo

'**trap•door** trampilla f

tra•peze [trəˈpiːz] trapecio *m*

tra'peze ar•tist trapecista *m/f*

trap•per [ˈtræpər] trampero(-a) *m(f)*

trap•pings [ˈtræpɪŋz] *npl of power* parafernalia *f*

trash [træʃ] **I** *n* (*garbage*) basura *f*; (*poor product*) bazofia *f*; (*despicable person*) escoria *f* **II** *v/t* (*destroy*) destrozar; *by criticism* poner por los suelos

'trash•can cubo *m* de la basura

'trash i•con COMPUT icono *m* de la papelera

trash•y [ˈtræʃɪ] *adj goods, novel* barato

trau•ma [ˈtrɔːmə] PSYCH trauma *f*

trau•mat•ic [trəˈmætɪk] *adj* traumático

trau•ma•tize [ˈtraumətaɪz] *v/t* traumatizar

trav•el [ˈtrævl] **I** *n* viajes *mpl*; *do you like ~?* ¿te gusta viajar?; *on my ~s* en mis viajes **II** *v/i* (*pret & pp -ed, Br -led*) **1** viajar; *be really ~ing* F ir a toda pastilla F **2** *in basketball* hacer pasos **III** *v/t miles* viajar, recorrer

'trav•el a•gen•cy agencia *f* de viajes; **'trav•el a•gent** agente *m/f* de viajes; **'trav•el al•low•ance** dietas *fpl* de desplazamiento; **'trav•el bag** bolsa *f* de viaje

trav•el•er, *Br* **trav•el•ler** [ˈtrævələr] viajero(-a) *m(f)*

'trav•el•er's check, *Br* **'trav•el•ler's cheque** cheque *m* de viaje

'trav•el ex•pen•ses *npl* gastos *mpl* de viaje

trav•el•ing, *Br* **trav•el•ling** [ˈtrævlɪŋ] **1** viajes *mpl* **2** *in basketball* pasos *mpl*

trav•el•ing 'sales•man, *Br* **trav•el•ling 'sales•man** viajante *m*

'trav•el in•sur•ance seguro *m* de asistencia en viaje

trav•el•og, log, *Br* **trav•el•logue** [ˈtrævələːg] documental *m* sobre viajes

'trav•el pro•gram, *Br* **'trav•el pro•gramme** *on TV etc* programa *m* de viajes

'trav•el•sick *adj* mareado

'trav•el•sick•ness mareo *m*

trav•erse [ˈtrævərs] *v/t* atravesar

trav•es•ty [ˈtrævəstɪ] parodia *f*; *a ~ of justice* una parodia de la justicia

trav•o•la•tor [ˈtrævəleɪtər] pasillo *m* móvil

trawl [trɔːl] **I** *v/i* **1** NAUT hacer pesca de arrastre **2**: *~ for information* rastrear en

busca de información; *~ through documents* rastrear documentos

trawl•er [ˈtrɔːlər] (*barco m*) arrastrero *m*

tray [treɪ] bandeja *f*

treach•er•ous [ˈtretʃərəs] *adj* traicionero

treach•er•y [ˈtretʃərɪ] traición *f*

trea•cle [ˈtriːkl] *Br* melaza *f*

tread [tred] **I** *n* **1** pasos *mpl* **2** *of staircase* huella *f* (del peldaño) **3** *of tire* dibujo *m* **II** *v/i* (*pret* **trod**, *pp* **trodden**) andar; *mind where you ~* cuida dónde pisas; *~ carefully* andar con cuidado; *fig* andar con pies de plomo

◆ **tread on** *v/t s.o.'s foot* pisar

trea•son [ˈtriːzn] traición *f*

trea•sure [ˈtreʒər] **I** *n also fig* tesoro *m* **II** *v/t gift etc* apreciar mucho

trea•sur•er [ˈtreʒərər] tesorero(-a) *m(f)*

Trea•sur•y De•part•ment [ˈtreʒərɪ] Ministerio *m* de Hacienda

treat [triːt] **I** *n* placer *m*; *it was a real ~* fue un auténtico placer; *I have a ~ for you* tengo una sorpresa agradable para ti; *it's my ~* (*I'm paying*) yo invito **II** *v/t* **1** tratar; *he's being ~ed for arthritis* MED le están tratando la artrosis **2**: *~ s.o. to sth* invitar a alguien a algo; *~ o.s. to sth* darse el capricho de algo

trea•tise [ˈtriːtɪs] tratado *m* (*on* sobre)

treat•ment [ˈtriːtmənt] tratamiento *m*

treat•y [ˈtriːtɪ] tratado *m*

tre•ble¹ [ˈtrebl] *n* MUS soprano *m*

tre•ble² [ˈtrebl] **I** *adv*: *~ the price* el triple del precio **II** *v/i* triplicarse

tree [triː] árbol *m*

'tree line límite *m* del bosque; **tree-lined** [triːˈlaɪnd] *adj* bordeado de árboles; **'tree sur•geon** arboricultor(a) *m(f)*; **'tree trunk** tronco *m* de árbol

trek [trek] **I** *v/i* (*pret & pp -ked*): *we ~ked all the way out to his ranch* recorrimos un camino largo y penoso hasta su rancho **II** *n* caminata *f*

trel•lis [ˈtrelɪs] *for plants* espaldar *m*

trem•ble [ˈtrembl] *v/i* temblar

tre•men•dous [trɪˈmendəs] *adj* **1** (*very good*) estupendo **2** (*enormous*) enorme

tre•men•dous•ly [trɪˈmendəslɪ] *adv* **1** (*very*) tremendamente **2** (*a lot*) enormemente

trem•or [ˈtremər] *of earth* temblor *m*

trench [trentʃ] trinchera *f*

'**trench coat** trinchera *f*

trend [trend] tendencia *f*; (*fashion*) moda *f*

trend•set•ter ['trendsetər] pionero(-a) *m(f)*

trend•y ['trendɪ] *adj* de moda; *views* moderno

tres•pass ['trespæs] *v/i* entrar sin autorización; *no ~ing* prohibido el paso

◆ **trespass on** *v/t land* entrar sin autorización en; *privacy* entrometerse en

tres•pass•er ['trespæsər] intruso(-a) *m(f)*; *~s will be prosecuted* prohibido el paso

tri•al ['traɪəl] **1** LAW juicio *m*; *be on ~* estar siendo juzgado; *~ by jury* juicio con jurado; *stand ~* ser procesado (*for* por) **2** *of equipment* prueba *f*; *have sth on ~ equipment* tener algo a prueba; *by ~ and error* por ensayo y error

'**tri•al bal•ance** FIN balance *m* de comprobación; '**tri•al of•fer** oferta *f* de prueba; **tri•al 'pe•ri•od** periodo *m* de prueba; **tri•al 'run** TECH, MOT ensayo *m*; **tri•al sep•a'ra•tion** separación *f* de prueba

tri•an•gle ['traɪæŋgl] triángulo *m*; *the eternal ~* el triángulo amoroso

tri•an•gu•lar [traɪ'æŋgjulər] *adj* triangular

tri•ath•lon [traɪ'æθlən] SP triatlón *m*

trib•al ['traɪbl] *adj* tribal

tribe [traɪb] tribu *f*

tribes•man ['traɪbzmən] miembro *m* de una tribu

trib•u•la•tion [trɪbjʊ'leɪʃn]: *trials and ~s* tribulaciones *fpl*

tri•bu•nal [traɪ'bjuːnl] tribunal *m*

trib•u•ta•ry ['trɪbjətərɪ] *of river* afluente *m*

trib•ute ['trɪbjuːt]: *be a ~ to* ser motivo de orgullo para; *pay ~ to* rendir tributo a

trice [traɪs]: *in a ~* F en un periquete

tri•ceps ['traɪseps] *npl* tríceps *mpl*

trick [trɪk] **I** *n* **1** (*to deceive, knack*) truco *m*; (*practical joke*) broma *f*; *play a ~ on s.o.* gastar una broma a alguien; *how's ~s?* F ¿qué tal va todo?; *dirty ~* jugarreta *f*; *be up to one's old ~s* volver a las andadas; *that should do the ~* F con eso debería servir **2**: *take or win a ~ in cards* ganar una baza

II *v/t* engañar; *~ s.o. into doing sth* en-

gañar a alguien para que haga algo

trick•er•y ['trɪkərɪ] engaños *mpl*; *by ~* con engaños

trick•le ['trɪkl] **I** *n* hilo *m*, reguero *m*; *fig: of money* goteo *m* **II** *v/i* gotear, escurrir

trick 'ques•tion pregunta *f* con trampa

trick•ster ['trɪkstər] embaucador(a) *m(f)*

trick•y ['trɪkɪ] *adj* (*difficult*) difícil

tri•cy•cle ['traɪsɪkl] triciclo *m*

tri•fle ['traɪfl] **1** (*triviality*) nadería *f* **2** *Br: postre con gelatina de frutas, bizcocho y nata*

◆ **trifle with** *v/t fig* jugar con; *he is not to be trifled with* hay que tenerle mucho respeto

tri•fling ['traɪflɪŋ] *adj* insignificante

trig•ger ['trɪgər] *on gun* gatillo *m*; *on camcorder* disparador *m*; *pull the ~* apretar el gatillo

◆ **trigger off** *v/t* desencadenar

'**trig•ger-hap•py** *adj* de gatillo ligero

trig•o•nom•e•try [trɪgə'nɑːmətrɪ] MATH trigonometría *f*

trike [traɪk] F triciclo *m*

tril•by ['trɪlbɪ] sombrero *m* de fieltro

tril•lion ['trɪlɪən] billón *m*; *Br* trillón *m*

tril•o•gy ['trɪlədʒɪ] trilogía *f*

tri•ma•ran ['traɪməræn] NAUT trimarán *m*

trim•ming ['trɪmɪŋ] *on clothes* adorno *m*; *with all the ~s dish* con la guarnición clásica; *car* con todos los extras

trim [trɪm] **I** *adj* (*neat*) muy cuidado; *figure* delgado **II** *v/t* (*pret & pp -med*) *hair, hedge* recortar; *budget, costs* recortar, reducir; (*decorate: dress*) adornar **III** *n* **1** (*light cut*) recorte *m*; *just a ~, please to hairdresser* corte sólo las puntas, por favor **2**: *in good ~* en buenas condiciones

◆ **trim off** *v/t* recortar

Trin•i•ty ['trɪnɪtɪ]: *the Holy ~* la Santísima Trinidad

trin•ket ['trɪŋkɪt] baratija *f*

tri•o ['triːoʊ] MUS trío *m*

trip [trɪp] **I** *n* (*journey*) viaje *m*; *he's away on a ~* está de viaje **II** *v/i* (*pret & pp -ped*) (*stumble*) tropezar **III** *v/t* (*pret & pp -ped*) **1** (*make fall*) poner la zancadilla a **2** TECH hacer saltar

◆ **trip up I** *v/t* **1** (*make fall*) poner la zancadilla a **2** (*cause to go wrong*) confundir **II** *v/i* **1** (*stumble*) tropezar **2** (*make a* *mistake*) equivocarse

tripe [traɪp] *to eat* mondongo *m*, *Span* callos *mpl*

trip•le ['trɪpl] ☞ **treble**[2]

'**trip•le jump** triple salto *m*

'**trip•le jump•er** saltador(-a) *m(f)* de triple salto

trip•lets ['trɪplɪts] *npl* trillizos *mpl*

trip•li•cate ['trɪplɪkət]: *in* ~ por triplicado

tri•pod ['traɪpɑːd] PHOT trípode *m*

'**trip•wire** *cable para hacer tropezar a alguien*

trite [traɪt] *adj* manido

tri•umph ['traɪʌmf] triunfo *m*

tri•um•phal [traɪ'ʌmfl] *adj* triunfal

tri•um•phant [traɪ'ʌmfənt] *adj* triunfante; *be* ~ salir triunfante

triv•i•al ['trɪvɪəl] *adj* trivial

triv•i•al•i•ty [trɪvɪ'ælətɪ] trivialidad *f*

trod [trɑːd] *pret* ☞ **tread**

trod•den ['trɑːdn] *pp* ☞ **tread**

trol•ley ['trɑːlɪ] (*streetcar*) tranvía *m*

trom•bone [trɑːm'boʊn] trombón *m*

trom•bon•ist [trɑːm'boʊnɪst] trombonista *m/f*

'**troop carr•i•er** AVIA, NAUT transporte *m* de tropas

troop•er ['truːpər] MIL soldado *m*; (*policeman*) policía *m/f*; *swear like a* ~ jurar como un carretero

troops [truːps] *npl* tropas *fpl*

tro•phy ['troʊfɪ] trofeo *m*

trop•ic ['trɑːpɪk] trópico *m*

trop•i•cal ['trɑːpɪkl] *adj* tropical

trop•i•cal 'for•est bosque *m* tropical

trop•i•cal 'rain•for•est selva *f* tropical

trop•ics ['trɑːpɪks] *npl* trópicos *mpl*

trot [trɑːt] **I** *v/i* (*pret & pp* **-ted**) trotar **II** *n* trote *m*; *on the* ~ F uno tras otro

◆ **trot out** *v/t* F salir con

trou•ble ['trʌbl] **I** *n* 1 (*difficulties*) problema *m*, problemas *mpl*; *get into* ~ meterse en líos; *be in* ~ estar en un lío; *make* ~ causar problemas; *there'll be* ~ va a haber problemas; *run into* ~ tropezar con problemas; *have* ~ *with* tener problemas con; *have* ~ *doing sth* tener problemas haciendo algo
2 (*inconvenience*) molestia *f*; *go to a lot of* ~ *to do sth* complicarse mucho la vida para hacer algo; *no* ~! no es molestia; *put s.o. to* ~ causar problemas a alguien; *take the* ~ *to do sth* molestarse

en hacer algo
3 (*disturbance*) conflicto *m*, desorden *m*

II *v/t* 1 (*worry*) preocupar, inquietar 2 (*bother, disturb*) molestar

'**trou•ble-free** *adj* sin complicaciones; '**trou•ble•mak•er** alborotador(a) *m(f)*; **trou•ble•shoot•er** ['trʌblʃuːtər] (*mediator*) *persona encargada de resolver problemas*; '**trou•ble•shoot•ing** resolución *f* de problemas

trou•ble•some ['trʌblsəm] *adj* problemático

'**trou•ble spot** POL zona *f* conflictiva

trough [trɑːf] 1 *for animals* abrevadero *m* 2 *atmospheric* frente *m* de bajas presiones

trounce [traʊns] *v/t* SP machacar

troupe [truːp] THEA compañía *f*

trou•sers ['traʊzərz] *npl Br* pantalones *mpl*

'**trou•ser suit** *Br* traje *m* de chaqueta y pantalón

trous•seau ['truːsoʊ] (*pl* **-seaux** ['truːsoʊ], **-seaus** ['truːsoʊz]) ajuar *m*

trout [traʊt] (*pl* **trout**) trucha *f*

trow•el ['traʊəl] paleta *f*

tru•ant ['truːənt]: *be* ~, *Br play* ~ hacer novillos, *Mex* irse de pinta, *S.Am.* hacerse la rabona

truce [truːs] tregua *f*

truck[1] [trʌk] camión *m*

truck[2] [trʌk]: *have no* ~ *with* no querer nada que ver con

'**truck driv•er** camionero(-a) *m(f)*

truck•er ['trʌkər] camionero(-a) *m(f)*

'**truck farm** huerta *f*

'**truck farm•er** horticultor(a) *m(f)*

truck•ing ['trʌkɪŋ] transporte *m* por carretera

'**truck stop** restaurante *m* de carretera

truc•u•lent ['trʌkjʊlənt] *adj* agresivo

trudge [trʌdʒ] **I** *v/i* caminar fatigosamente **II** *n* caminata *f*

true [truː] *adj* 1 verdadero, cierto; *come* ~ *of hopes, dream* hacerse realidad; *be* ~ ser verdad 2 *friend, American* auténtico; ~ *love* amor *m* verdadero; *stay* ~ *to one's principles* ser fiel a los principios de uno; ~ *to life* fiel a la realidad

'**true cop•y** copia *f* conforme

truf•fle ['trʌfl] BOT trufa *f*

tru•ism ['truːɪzəm] perogrullada *f*

tru•ly ['truːlɪ] *adv* verdaderamente, realmente; **Yours ~** le saluda muy atentamente

trump [trʌmp] **I** *n* triunfo *m*; **play one's ~ card** *fig* jugar la mejor baza de uno **II** *v/t* ganar con un triunfo

◆ **trump up** *v/t pej* falsificar

trum•pet ['trʌmpɪt] trompeta *f*

trum•pet•er ['trʌmpɪtər] trompetista *m/f*

trun•cate [trʌŋ'keɪt] *v/t also fig* truncar

trun•cheon ['trʌntʃən] *Br* porra *f*

trun•dle ['trʌndl] *v/t cart* empujar lentamente

trunk [trʌŋk] **1** *of tree, body* tronco *m* **2** *of elephant* trompa *f* **3** *(large case)* baúl *m* **4** *of car* maletero *m*, *C.Am., Mex* cajuela *f*, *Rpl* baúl *m* **5**: **pair of ~s** *Br* bañador *m*

'**trunk road** *Br* carretera *f* troncal

truss [trʌs] MED braguero *m*

◆ **truss up** *v/t* atar

trust [trʌst] **I** *n* **1** confianza *f*; **place or put one's ~ in** depositar la confianza de uno en; **take sth on ~** dar algo por cierto; **position of ~** puesto *m* de confianza **2** FIN fondo *m* de inversión; **hold sth in ~** tener algo en fideicomiso **(for** para) **II** *v/t* confiar en; **~ s.o. to do sth** confiar en que alguien haga algo; **~ him!** *that's typical of him* ¡típico de él!

◆ **trust in** *v/t* tener confianza en

◆ **trust to** *v/t* confiar en

'**trust com•pa•ny** compañía *f* fiduciaria

trusted ['trʌstɪd] *adj* de confianza

trust•ee [trʌs'tiː] fideicomisario(-a) *m(f)*

trust•ful ['trʌstful] *adj* confiado

'**trust fund** fondo *m* fiduciario

trust•ing ['trʌstɪŋ] *adj* confiado

'**trust•wor•thy** *adj* de confianza

truth [truːθ] verdad *f*; **there is some / no ~ in it** hay algo / no hay nada de verdad en ello; **to tell (you) the ~** a decir verdad

truth•ful ['truːθfəl] *adj person* sincero; *account* verdadero

try [traɪ] **I** *v/t (pret & pp -ied)* **1** probar; **~ to do sth** intentar hacer algo, tratar de hacer algo; **~ not to be stupid!** ¡no seas tonto! **2** LAW juzgar **II** *v/i (pret & pp -ied)*: **he didn't even ~** ni siquiera lo intentó; **you must ~ harder** debes esforzarte más **III** *n* intento *m*; **can I have a ~?** *of food* ¿puedo probar?; *at doing sth*

¿puedo intentarlo?

◆ **try for** *v/t* intentar conseguir

◆ **try on** *v/t clothes* probar; **try it on** *F* poner a prueba *F*

◆ **try out** *v/t new machine, new method* probar

◆ **try out for** *v/t team* competir por una posición en

try•ing ['traɪɪŋ] *adj (annoying)* molesto, duro

'**try•out**: **give sth a ~** probar algo

T-shirt ['tiːʃɜːrt] camiseta *f*

tub [tʌb] **1** *(bath)* bañera *f*, *L.Am.* tina *f* **2** *for liquid* cuba *f*, *for yoghurt, ice cream* envase *m*

tub•by ['tʌbɪ] *adj* rechoncho

tube [tuːb] **1** tubo *m* **2** *Br (subway)* metro *m*, *Rpl* subte *m*

tube•less ['tuːblɪs] *adj tire* sin cámara de aire

tu•ber ['tuːbər] BOT tubérculo *m*

tu•ber•cu•lo•sis [tuːbɜːrkjə'loʊsɪs] tuberculosis *f*

tu•bu•lar ['tuːbjələr] *adj* tubular

tuck [tʌk] **I** *n in dress* pinza **II** *v/t (put)* meter

◆ **tuck away** *v/t (put away)* guardar; *F (eat quickly)* zamparse *F*; **be tucked away** *of house etc* estar escondido

◆ **tuck in I** *v/t children* arropar; *sheets* remeter **II** *v/i (start eating)* ponerse a comer

◆ **tuck into** *v/t esp Br F* papear

◆ **tuck up** *v/t* **1** *sleeves etc* remangar **2**: **tuck s.o. up in bed** meter a alguien en la cama

Tues•day ['tuːzdeɪ] martes *inv*; **on ~** el martes; **on ~s** los martes

tuft [tʌft] *of hair* mechón *m*; *of grass* mata *f*

tug [tʌg] **I** *n* **1** *(pull)* tirón *m* **2** NAUT remolcador *m* **II** *v/t (pret & pp -ged) (pull)* tirar de **III** *v/i (pret & pp -ged)* tirar

tug of 'war juego en el que dos bandos tiran de una soga

tu•i•tion [tuː'ɪʃn] clases *fpl*

tu•lip ['tuːlɪp] tulipán *m*

tum•ble ['tʌmbl] *v/i* caer, caerse

◆ **tumble to** *v/t F (realize)* darse cuenta de

'**tum•ble•down** *adj* destartalado

'**tum•ble-dry•er** secadora *f*

tum•bler ['tʌmblər] **1** *for drink* vaso *m* **2**

in circus acróbata *m/f*

'tum•ble•weed bledo *m* blanco

tum•my ['tʌmɪ] F tripa F, barriga F

'tum•my ache dolor *m* de tripa *or* barriga

tu•mor ['tuːmər] tumor *m*

tu•mult ['tuːmʌlt] tumulto *m*

tu•mul•tu•ous [tuːˈmʌltʃʊəs] *adj* tumultuoso

tu•na ['tuːnə] atún *m*

tune [tuːn] **I** *n* melodía *f*; **be in ~** *of instrument* estar afinado; **sing in ~** cantar sin desafinar; **be out of ~** *of singer* desafinar; *of instrument* estar desafinado; **to the ~ of $6000** F por valor de 6.000 dólares **II** *v/t instrument* afinar

◆ tune in *v/i* RAD, TV sintonizar

◆ tune in to *v/t* RAD, TV sintonizar (con)

◆ tune up **I** *v/i of orchestra, players* afinar **II** *v/t engine* poner a punto

tune•ful ['tuːnfəl] *adj* melodioso

tune•less ['tuːnlɪs] *adj* sin melodía

tun•er ['tuːnər] *hi-fi* sintonizador *m*

'tune-up *of engine* puesta *f* a punto

tun•ing fork ['tuːnɪŋfɔːrk] diapasón *m*

Tu•ni•si•a [tuːˈnɪzɪə] Túnez *m*

Tu•ni•si•an [tuːˈnɪzɪən] **I** *adj* tunecino **II** *n* tunecino(-a) *m (f)*

tun•nel ['tʌnl] túnel *m*; SP túnel *m* de vestuarios

◆ tunnel through *v/t (pret & pp -ed, Br -led)* abrir un túnel por

tun•ny ['tʌnɪ] ☞ tuna

tur•bine ['tɜːrbaɪn] turbina *f*

tur•bo ['tɜːrbou] turbo *m*

tur•bo•charged ['tɜːrboutʃɑːrdʒd] *adj*: ~ engine motor *m* turbo

'tur•bo•charg•er MOT turbo *m*; 'tur•bo•jet turborreactor *m*; 'tur•bo•prop turbopropulsor *m*

tur•bot ['tɜːrbət] rodaballo *m*

tur•bu•lence ['tɜːrbjələns] *in air travel* turbulencia *f*

tur•bu•lent ['tɜːrbjələnt] *adj* turbulento

turd [tɜːrd] P **1** cagada P *f* **2** *person* gilipollas P *m/f inv*

tu•reen [təˈriːn] sopera *f*

turf [tɜːrf] *(pl turves* [tɜːrvz]*)* césped *m*; *piece* tepe *m*

◆ turf out *v/t Br* F echar

tur•gid ['tɜːrdʒɪd] *adj* **1** MED hinchado **2** *style, language* ampuloso

Turk [tɜːrk] turco(-a) *m(f)*

Tur•key ['tɜːrkɪ] Turquía *f*

tur•key ['tɜːrkɪ] pavo *m*

Turk•ish ['tɜːrkɪʃ] **I** *adj* turco **II** *language* turco *m*

Turk•ish 'bath baño *m* turco

Turk•ish de'light delicia *f* turca

tur•mer•ic ['tɜːrmərɪk] GASTR cúrcuma *f*

tur•moil ['tɜːrmɔɪl] desorden *m*, agitación *f*

turn [tɜːrn] **I** *n* **1** *(rotation)* vuelta *f* **2** *in road* curva *f*; *junction* giro *m*; **make a right ~** girar *or* torcer a la derecha **3** *in vaudeville* número *m* **4**: **take ~s doing sth** turnarse para hacer algo; **it's my ~** me toca a mí; **it's not your ~ yet** no te toca todavía; **miss a ~** *in game* perder un turno; **take a ~ at the wheel** turnarse para conducir *or* L.Am. manejar; **in ~** a su vez; **and he, in his ~, …** y él, a su vez,… **5**: **do s.o. a good ~** hacer un favor a alguien **6**: **at the ~ of the century** a principios de siglo; **take a ~ for the better / worse** cambiar a mejor / peor

II *v/t* **1** *wheel* girar; **~ one's back on s.o.** dar la espalda a alguien **2** *corner* dar la vuelta a

III *v/i* **1** *of driver, car, wheel* girar; *of person: turn around* volverse; **~ left / right here** gira aquí a la izquierda / a la derecha

2 *(become)* volverse, ponerse; **it has ~ed sour / cold** se ha cortado / enfriado; **it ~ed blue** se volvió *or* puso azul; **he has ~ed 40** ha cumplido cuarenta años; **he ~ed violent** se puso violento; **~ professional** hacerse profesional

3: **~ to s.o.** *fig: for help* acudir a alguien; **not know where to ~** no saber que rumbo tomar

◆ turn against *v/t person* volverse contra; **turn s.o. against s.o.** volver a alguien contra alguien

◆ turn around **I** *v/t* **1** *object, car* dar la vuelta a **2** *company* dar un vuelco a **3** *(COM: deal with)* procesar, preparar **II** *v/i of person* volverse, darse la vuelta; *of driver* dar la vuelta

◆ turn away **I** *v/t (send away)* rechazar; **the doorman turned us away** el portero no nos dejó entrar **II** *v/i* **1** *(walk away)* marcharse **2** *(look away)* desviar la mirada

◆ **turn back I** v/t *edges, sheets* doblar; **turn back the clock** retrasar el reloj; *fig* cambiar el pasado **II** v/i *of walkers etc* volver; *in course of action* echarse atrás

◆ **turn down** v/t **1** *offer, invitation* rechazar **2** *volume, TV, heating* bajar **3** *edge, collar* doblar; **turn down the bed** abrir la cama

◆ **turn in I** v/i (*go to bed*) irse a dormir **II** v/t *to police* entregar; **turn oneself in** entregarse

◆ **turn off I** v/t *TV, engine* apagar; *faucet* cerrar; *heater* apagar; **it turns me off** F *sexually* me quita las ganas F **II** v/i *of car, driver* doblar

◆ **turn on I** v/t *TV, engine, heating* encender, *L.Am.* prender; *faucet* abrir; F *sexually* excitar **II** v/i *of machine* encenderse, *L.Am.* prenderse

◆ **turn out I** v/t *lights* apagar **II** v/i: **it turned out well** salió bien; **as it turned out** al final; **he turned out to be ...** resultó ser ...

◆ **turn over I** v/i *in bed* darse la vuelta; *of vehicle* volcar, dar una vuelta de campana; **please ~** dese la vuelta, por favor **II** v/t **1** (*put upside down*) dar la vuelta a **2** *page* pasar **3** FIN facturar **4**: **turn sth over in one's mind** dar vueltas a algo

◆ **turn up I** v/t **1** *collar* subirse **2** *volume, heating* subir **II** v/i (*arrive*) aparecer

'**turn•a•bout,** '**turn•a•round** vuelco m

'**turn•coat** chaquetero(-a) m(f)

turn•ing ['tɜːrnɪŋ] giro m

'**turn•ing cir•cle** MOT giro m

'**turn•ing point** punto m de inflexión

tur•nip ['tɜːrnɪp] nabo m

'**turn•key plant** fábrica f llave en mano; '**turn•off 1** *from road* salida f **2**: **it / he is a real ~** es lo menos excitante del mundo; '**turn•on** F *sexual or non-sexual*: **it / he is a real ~** me excita enormemente; '**turn•out** *of people* asistencia f, '**turn•o•ver 1** FIN facturación f; **staff ~** rotación f de personal **2** *in basketball* pérdida f; '**turn•pike** autopista f de peaje; '**turn sig•nal** *on car* intermitente m; '**turn•stile** torniquete m (*de entrada*); '**turn•ta•ble** *of record player* plato m

tur•pen•tine ['tɜːrpəntaɪn] CHEM trementina f

tur•quoise ['tɜːrkwɔɪz] *adj* turquesa

tur•ret ['tʌrɪt] **1** *of castle* torrecilla f **2** *of tank* torreta f

tur•tle ['tɜːrtl] tortuga f (marina); **turn ~** NAUT volcar

tur•tle•neck 'sweat•er suéter m de cuello alto

turves [tɜːrvz] *pl* ☞ **turf**

tusk [tʌsk] colmillo m

tus•sle ['tʌsl] pelea f

tu•tor ['tuːtər] *at university* tutor m; (*private*) ~ profesor(a) m(f) particular

tux [tʌks] F ☞ **tuxedo**

tux•e•do [tʌk'siːdoʊ] esmoquin m

TV [tiː'viː] tele f, televisión f; **on ~** en la tele; **watch ~** ver la tele

T'V din•ner menú m precocinado; **T'V guide** guía f televisiva; **T'V mov•ie** telefilm m; **T'V pro•gram** programa m de televisión

twad•dle ['twɑːdl] F tonterías *fpl*

twang [twæŋ] **I** n *in voice* entonación f nasal **II** v/t *guitar string* puntear

tweak [twiːk] v/t **1** *pull* pellizcar **2** *make fine adjustment to* ajustar, retocar

tweed [twiːd] *material* tweed m

tweet [twiːt] v/t piar

tweet•er ['twiːtər] tweeter m

tweez•ers ['twiːzərz] *npl* pinzas *fpl*

twelfth [twelfθ] *n & adj* duodécimo

twelve [twelv] doce

twen•ti•eth ['twentɪɪθ] *n & adj* vigésimo

twen•ty ['twentɪ] veinte; **be in one's twenties** tener veintitantos años; **in the twenties** en los (años) veinte

twerp [twɜːrp] F besugo(-a) m(f)

twice [twaɪs] *adv* dos veces; **~ as much** el doble; **~ the amount** el doble; **you should think ~ before ...** piénsatelo dos veces antes de ...

twid•dle ['twɪdl] v/t dar vueltas a; **~ one's thumbs** holgazanear

twig[1] [twɪg] *n* ramita f

twig[2] [twɪg] *Br* F **I** v/t (*pret & pp* **-ged**) darse cuenta de **II** v/i (*pret & pp* **-ged**) *understand* caer

twi•light ['twaɪlaɪt] crepúsculo m

twin [twɪn] *n* gemelo m; **~ brother / sister** hermano gemelo / hermana gemela **II** v/t: **be ~ned with** estar hermanado con

'**twin beds** *npl* camas *fpl* gemelas

twine [twaɪn] **I** n cordel m **II** v/i enroscarse (**around** alrededor de)

twin-en•gined ['twɪnendʒɪnd] *adj*
AVIAT bimotor

twinge [twɪndʒ] *of pain* punzada *f*; *a ~
of conscience* un remordimiento de
conciencia

twin•kle ['twɪŋkl] **I** *v/i of stars* parpadeo
m; *of eyes* brillo *m* **II** *n*: *with a ~ in one's
eye* con un brillo en los ojos

twin•kling ['twɪŋklɪŋ]: *in the ~ of an eye*
en un abrir y cerrar de ojos

twin•ning ['twɪnɪŋ] emparejamiento *m*

twin 'room habitación *f* con camas gemelas

'twin town ciudad *f* hermana

twirl [twɜːrl] **I** *v/t* hacer girar **II** *of cream
etc* voluta *f*

twist [twɪst] **I** *v/t* retorcer; *~ one's ankle*
torcerse el tobillo; *his face was ~ed
with pain* tenía el rostro retorcido de
dolor; *be able to ~ s.o. around one's
little finger* fig tener totalmente domi-
nado a alguien **II** *v/i of road, river* serpentear **II** *in rope, road* vuelta *f*; *in plot,
story* giro *m* inesperado

◆ **twist off** *v/t lid* desenroscar y quitar

twist•er ['twɪstər] F (*tornado*) tornado
m

twist•y ['twɪsti] *adj road* serpenteante

twit [twɪt] *Br* F memo(-a) *m(f)* F

twitch [twɪtʃ] **I** *n nervous* tic *m* **II** *v/i (jerk)*
moverse (ligeramente)

twit•ter ['twɪtər] *v/i of birds* gorjear

two [tuː] dos; *the ~ of them* los dos, ambos; *in a day or ~* en un día o dos;
break / cut sth in ~ partir / cortar algo
por en dos; *~ of hearts* dos de corazones; *in ~s* en pares; *put ~ and ~ together* atar cabos

'two-bit *adj* F de tres al cuarto

two-faced ['tuːfeɪst] *adj* falso

'two•fold **I** *adj* doble **II** *adv* dos veces

two-hand•ed [tuː'hændɪd] *adj* con las
dos manos; **two•pence** ['tʌpəns] *Br*
moneda *f* de dos peniques; **'two-piece**

(*woman's suit*) traje *m*; **'two-point•er**
in basketball canasta *f or* lanzamiento
m de dos puntos, tiro *m* de dos; **two-
-seat•er** ['tuːsiːtər] AVIA, MOT biplaza
m; **'two-stroke** *adj engine* de dos tiempos; **'two-time** *v/t F girlfriend etc* pegársela a (**with** con); **two-way 'traf•fic**
tráfico *m* en dos direcciones

ty•coon [taɪ'kuːn] magnate *m*

tym•pa•num ['tɪmpənəm] ANAT tímpano *m*

type [taɪp] **I** *n (sort)* tipo *m*, clase *f*; *what
~ of ...?* ¿qué tipo *or* clase de ...?;
she's not my ~ F no es mi tipo **II** *v/i
(use a keyboard)* escribir a máquina
III *v/t with a typewriter* mecanografiar,
escribir a máquina

'type•cast *v/t (pret & pp -cast)* encasillar; **'type•face** tipo *m*; **'type•script** copia *f* mecanografiada; **'type•set** *v/t*
componer; **'type•set•ter** ['taɪpsetər] ti-
pógrafo(-a) *m(f)*; **'type•writ•er** máquina *f* de escribir; **'type•writ•ten** *adj* escrito a máquina

ty•phoid ['taɪfɔɪd] fiebre *f* tifoidea

ty•phoon [taɪ'fuːn] tifón *m*

ty•phus ['taɪfəs] tifus *m*

typ•i•cal ['tɪpɪkl] *adj* típico; *that's ~ of
you / him!* ¡típico tuyo / de él!

typ•i•cal•ly ['tɪpɪkli] *adv* típicamente; *~
American* típicamente americano

typ•i•fy ['tɪpɪfaɪ] *v/t* tipificar

typ•ing ['taɪpɪŋ] mecanografía *f*

'typ•ing er•ror error *m* mecanográfico

typ•ist ['taɪpɪst] mecanógrafo(-a) *m(f)*

ty•po•graph•ic [taɪpə'græfɪk] *adj* tipográfico

ty•pog•ra•phy [taɪ'pɑːgrəfɪ] tipografía
f

ty•ran•ni•cal [tɪ'rænɪkl] *adj* tiránico

ty•ran•nize ['tɪrənaɪz] *v/t* tiranizar

ty•ran•ny ['tɪrəni] tiranía *f*

ty•rant ['taɪrənt] tirano(-a) *m(f)*

tyre *Br* ☞ *tire¹*

ty•ro ['taɪrou] principiante *m/f*

U

u•biq•ui•tous [juːˈbɪkwɪtəs] *adj* ubicuo

ud•der [ˈʌdər] ZO ubre *f*

UEFA [juːˈeɪfə] *abbr* (= *Union of European Football Associations*) UEFA *f* (= Unión *f* Europea de Fútbol Asociación); ~ *Cup* Copa *f* de la UEFA

UFO [juːefˈoʊ, ˈjuːfoʊ] *abbr* (= *unidentified flying object*) ovni *m* (= objeto *m* volante no identificado)

ugh [ʌx] *int* ¡uf!, ¡uh!

ug•li•ness [ˈʌglɪnɪs] fealdad *f*

ug•ly [ˈʌglɪ] *adj* feo

UHT [juːeɪtˈtiː] *abbr* (= *ultra-heat-treated*): ~ *milk* leche *f* uperizada

UK [juːˈkeɪ] *abbr* (= *United Kingdom*) RU *m* (= Reino *m* Unido)

U•kraine [juːˈkreɪn]: *the* ~ Ucrania *f*

ul•cer [ˈʌlsər] úlcera *f*; *in mouth* llaga *f*

ul•te•ri•or [ʌlˈtɪrɪər] *adj*: ~ *motive* móvil *m* oculto

ul•ti•mate [ˈʌltɪmət] *adj* (*final*) final; (*basic*) esencial; *the* ~ *car* (*best, definitive*) lo último en coches

ul•ti•mate•ly [ˈʌltɪmətlɪ] *adv* (*in the end*) en última instancia

ul•ti•ma•tum [ʌltɪˈmeɪtəm] ultimátum *m*; *give s.o. an* ~ dar un ultimátum a alguien

ul•tra•high [ʌltrəˈhaɪ] *adj*: ~ *frequency* ELEC alta frecuencia *f*

ul•tra•light [ˈʌltrəlaɪt] *aircraft* ultraligero *m*

ul•tra•son•ic [ʌltrəˈsɑːnɪk] *adj* ultrasónico

ul•tra•sound [ˈʌltrəsaʊnd] MED ultrasonido *m*; (*scan*) ecografía *f*

ul•tra•vi•o•let [ʌltrəˈvaɪələt] *adj* ultravioleta

um•bil•i•cal cord [ʌmˈbɪlɪkl] cordón *m* umbilical

um•brage [ˈʌmbrɪdʒ]: *take* ~ *at* disgustarse *or* ofenderse por

um•brel•la [ʌmˈbrelə] paraguas *m inv*

um'brel•la or•gan•iza•tion organización que reúne a varios grupos

um'brel•la stand paragüero *m*

um•pire [ˈʌmpaɪr] árbitro *m*; *in tennis* juez *m/f* de silla

ump•teen [ʌmpˈtiːn] *adj* F miles de F

ump•teenth [ʌmpˈtiːnθ] *adj*: *for the* ~ *time* F por enésima vez F

UN [juːˈen] *abbr* (= *United Nations*) ONU *f* (= Organización *f* de las Naciones Unidas)

un•a•bashed [ʌnəˈbæʃt] *adj* desvergonzado

un•a•bat•ed [ʌnəˈbeɪtəd] *adv*: *continue* ~ continuar con todas sus fuerzas

un•a•ble [ʌnˈeɪbl] *adj*: *be* ~ *to do sth* (*not know how to*) no saber hacer algo; (*not be in a position to*) no poder hacer algo

un•a•bridged [ʌnəˈbrɪdʒd] *adj* íntegro

un•ac•cept•a•ble [ʌnəkˈseptəbl] *adj* inaceptable; *it is* ~ *that* es inaceptable que

un•ac•com•pa•nied [ʌnəˈkʌmpənɪd] *adj* solo

un•ac•count•a•ble [ʌnəˈkaʊntəbl] *adj* inexplicable

un•ac•count•ed [ʌnəˈkaʊntɪd] *adj*: *be* ~ *for* estar en paradero desconocido

un•ac•cus•tomed [ʌnəˈkʌstəmd] *adj*: *be* ~ *to sth* no estar acostumbrado a algo

un•ac•knowl•edged [ʌnəkˈnɑːlɪdʒd] *adj* negado, no reconocido

un•ac•quaint•ed [ʌnəˈkweɪntɪd] *adj*: *be* ~ *with* desconocer

un•a•dul•ter•at•ed [ʌnəˈdʌltəreɪtɪd] *adj fig* (*absolute*) absoluto

un•af•fect•ed [ʌnəˈfektɪd] *adj* 1 (*natural*) llano, sencillo 2: *be* ~ *by* no ser afectado por

un•a•fraid [ʌnəˈfreɪd] *adj* impávido; *be* ~ *of sth* no tener miedo a algo

un•aid•ed [ʌnˈeɪdɪd] *adj*: *do sth* ~ hacer algo sin ayuda

un•al•tered [ʌnˈɒːltərd] *adj*: *his will remained* ~ *until 1984* su testamento no sufrió cambio alguno hasta 1984

un•am•big•u•ous [ʌnæmˈbɪgjʊəs] *adj* inequívoco

un•am•bi•tious [ʌnæmˈbɪʃəs] *adj* conformado

un-A•mer•i•can [ʌnəˈmerɪkən] *adj* poco americano; *activities* antiamericano

u•na•nim•i•ty [juːnəˈnɪmɪtɪ] unanimidad *f*

u•nan•i•mous [juːˈnænɪməs] *adj verdict*
unánime; **be ~ on** ser unánime respecto a

u•nan•i•mous•ly [juːˈnænɪməslɪ] *adv*
vote, decide unánimemente

un•an•nounced [ʌnəˈnaʊnst] **I** *adj* inesperado **II** *adv* de manera inesperada

un•an•swer•a•ble [ʌnˈænsərəbl] *adj* **1**
question sin respuesta **2** *argument* irrefutable

un•an•swered [ʌnˈænsərd] *adj* sin respuesta

un•ap•peal•ing [ʌnəˈpiːlɪŋ] *adj* poco
atractivo

un•ap•pe•tiz•ing [ʌnˈæpɪtaɪzɪŋ] *adj* poco apetitoso

un•ap•proach•a•ble [ʌnəˈproʊtʃəbl]
adj person inaccesible

un•armed [ʌnˈɑːrmd] *adj person* desarmado; **~ combat** combate *m* sin armas

un•asked [ʌnˈɑːskt] *adj question* no for-
mulado

un•as•sist•ed [ʌnəˈsɪstɪd] *adv* sin ayuda, independientemente

un•as•sum•ing [ʌnəˈsuːmɪŋ] *adj* sin
pretensiones

un•at•tached [ʌnəˈtætʃt] *adj* (*without a
partner*) sin compromiso, sin pareja

un•at•tain•a•ble [ʌnəˈteɪnəbl] *adj* inalcanzable

un•at•tend•ed [ʌnəˈtendɪd] *adj* desa-
tendido; **leave sth ~** dejar algo desa-
tendido

un•at•trac•tive [ʌnəˈtræktɪv] *adj* poco
interestante

un•au•thor•ized [ʌnˈɒːθəraɪzd] *adj* no
autorizado

un•a•vail•a•ble [ʌnəˈveɪləbl] *adj* no disponible

un•a•void•a•ble [ʌnəˈvɔɪdəbl] *adj* inevitable

un•a•void•a•bly [ʌnəˈvɔɪdəblɪ] *adv:* **be
~ detained** entretenerse sin poder evitarlo

un•a•ware [ʌnəˈwer] *adj:* **be ~ of** no ser
consciente de

un•a•wares [ʌnəˈwerz] *adv* desespreveni-
do; **catch s.o. ~** agarrar *or Span* coger a
alguien desprevenido

un•bal•anced [ʌnˈbælənst] *adj also*
PSYCH desequilibrado

un•bear•a•ble [ʌnˈberəbl] *adj* insoportable

un•beat•a•ble [ʌnˈbiːtəbl] *adj team* invencible; *quality* insuperable

un•beat•en [ʌnˈbiːtn] *adj team* invicto

un•be•com•ing [ʌnbɪˈkʌmɪŋ] *adj* poco
favorecedor

un•be•known(st) [ʌnbɪˈnoʊn(st)] *adv:* **~
to her** sin que ella lo supiera

un•be•liev•a•ble [ʌnbɪˈliːvəbl] *adj also*
F increíble; **he's ~** F (*very good /
bad*) es increíble

un•be•liev•a•bly [ʌnbɪˈliːvəblɪ] *adv* increíblemente

un•bend [ʌnˈbend] (*pret & pp* **-bent**) *v/i
fig* distenderse

un•bend•ing [ʌnˈbendɪŋ] *adj* intransigente

un•bi•as(s)ed [ʌnˈbaɪəst] *adj* imparcial

un•blem•ished [ʌnˈblemɪʃt] *adj* impecable

un•block [ʌnˈblɑːk] *v/t pipe* desatascar

un•born [ʌnˈbɔːrn] *adj* no nacido

un•break•a•ble [ʌnˈbreɪkəbl] *adj plates*
irrompible; *world record* inalcanzable

un•bri•dled [ʌnˈbraɪdld] *adj* irrefrenable

un•bro•ken [ʌnˈbroʊkən] *adj* intacto;
fig: silence ininterrumpido; *world record* no superado

un•buck•le [ʌnˈbʌkl] *v/t* desabrochar

un•bur•den [ʌnˈbɜːrdn] *v/t:* **~ o.s. to s.o.**
explayarse con alguien

un•but•ton [ʌnˈbʌtn] *v/t* desabotonar

un•called-for [ʌnˈkɒːldfɔːr] *adj:* **be ~**
estar fuera de lugar

un•can•ny [ʌnˈkænɪ] *adj resemblance*
increíble, asombroso; *skill* inexplicable; (*worrying: feeling*) extraño, raro

un•ceas•ing [ʌnˈsiːsɪŋ] *adj* incesante

un•cer•e•mo•ni•ous•ly [ʌnserɪˈmoʊnɪ-
əslɪ] *adv* sin miramientos, rudamente

un•cer•tain [ʌnˈsɜːrtn] *adj future, origins* incierto; **be ~ about sth** no estar
seguro de algo; **what will happen? –
it's ~** ¿qué ocurrirá? – no se sabe

un•cer•tain•ty [ʌnˈsɜːrtntɪ] incertidumbre *f;* **there is still ~ about his health**
todavía hay incertidumbre en torno a
su estado de salud

un•chain [ʌnˈtʃeɪn] *v/t* desencadenar,
desatar

un•changed [ʌnˈtʃeɪndʒd] *adj:* **even
after all these years the village was
~** incluso después de tantos años el
pueblo seguía igual

un•chang•ing [ʌnˈtʃeɪndʒɪŋ] *adj* invariable

un•char•ac•ter•is•tic [ʌnkærɪktəˈrɪstɪk] *adj* impropio

un•char•i•ta•ble [ʌnˈtʃærɪtəbl] *adj* ingrato, desconsiderado

un•checked [ʌnˈtʃekt] *adj*: **let sth go ~** no controlar algo

un•chris•tian [ʌnˈkrɪstʃən] *adj* poco cristiano

un•civ•il [ʌnˈsɪvl] *adj* grosero

un•civ•i•lized [ʌnˈsɪvɪlaɪzd] *adj* incivilizado

un•claimed [ʌnˈkleɪmd] *adj* no reclamado

un•cle [ˈʌŋkl] tío *m*

un•clear [ʌnˈklɪr] *adj* impreciso, confuso; *I'm still ~ about what I have to do* no acabo de entender qué es lo que tengo que hacer

Un•cle Sam [ʌŋklˈsæm] tío Sam

un•com•for•ta•ble [ʌnˈkʌmftəbl] *adj* chair incómodo; **feel ~ about sth** about decision etc sentirse incómodo con algo; *I feel ~ with him* me siento incómodo con él

un•com•mit•ted [ʌnkəˈmɪtɪd] *adj* no comprometido

un•com•mon [ʌnˈkɑːmən] *adj* poco corriente, raro; *it's not ~* no es raro *or* extraño

un•com•mu•ni•ca•tive [ʌnkəˈmjuːnɪkətɪv] *adj* reservado

un•com•plain•ing [ʌnkəmˈpleɪnɪŋ] *adj* sumiso

un•com•plain•ing•ly [ʌnkəmˈpleɪnɪŋlɪ] *adv* sumisamente

un•com•pli•cat•ed [ʌnˈkɑːmplɪkeɪtɪd] *adj* sencillo

un•com•pro•mis•ing [ʌnˈkɑːmprəmaɪzɪŋ] *adj* inflexible

un•con•cerned [ʌnkənˈsɜːrnd] *adj* indiferente; **be ~ about s.o. / sth** no preocuparse por alguien / algo

un•con•di•tion•al [ʌnkənˈdɪʃnl] *adj* incondicional

un•con•firmed [ʌnkənˈfɜːrmd] *adj* sin confirmar

un•con•scious [ʌnˈkɑːnʃəs] *adj* MED, PSYCH inconsciente; **knock ~** dejar inconsciente; **be ~ of sth** (*not aware*) no ser consciente de algo

un•con•sti•tu•tion•al [ʌnkɑːnstəˈtuːʃnl] *adj* inconstitucional

un•con•trol•la•ble [ʌnkənˈtroʊləbl] *adj* anger, children incontrolable; *desire* incontrolable, irresistible

un•con•trolled [ʌnkənˈtroʊld] *adj* descontrolado

un•con•ven•tion•al [ʌnkənˈvenʃnl] *adj* poco convencional

un•con•vinced [ʌnkənˈvɪnst] *adj*: **be ~** tener dudas (*about* acerca de)

un•con•vinc•ing [ʌnkənˈvɪnsɪŋ] *adj* dudoso, poco convincente

un•cooked [ʌnˈkʊkt] *adj* no cocinado

un'cool *adj* F *L.Am.* no chévere F, *Span* no guay F

un•co•op•er•a•tive [ʌnkoʊˈɑːpərətɪv] *adj*: **be ~** no estar dispuesto a colaborar

un•cork [ʌnˈkɔːrk] *v/t* bottle descorchar

un•count•a•ble [ʌnˈkaʊntəbl] *adj* LING no contable

un•couth [ʌnˈkuːθ] *adj* burdo

un•cov•er [ʌnˈkʌvər] *v/t* (*remove cover from*) destapar; *plot, ancient remains* descubrir

un•crit•i•cal [ʌnˈkrɪtɪkl] *adj* person con poca capacidad crítica

unc•tion [ˈʌŋkʃn] REL unción *f*; **extreme ~** extrema unción

un•cut [ʌnˈkʌt] *adj* 1 *grass* sin cortar 2 *movie* íntegro 3 *diamond* en bruto

un•dam•aged [ʌnˈdæmɪdʒd] *adj* intacto

un•dat•ed [ʌnˈdeɪtɪd] *adj* sin fecha

un•daunt•ed [ʌnˈdɔːntɪd] *adj* impertérrito; *carry on ~* seguir impertérrito

un•de•cid•ed [ʌndɪˈsaɪdɪd] *adj* question sin resolver; **be ~ about s.o. / sth** estar indeciso sobre alguien / algo

un•de•mand•ing [ʌndɪˈmændɪŋ] *adj* job que requiere poco esfuerzo; *person* poco exigente

un•dem•o•crat•ic [ʌndeməˈkrætɪk] *adj* antidemocrático

un•de•ni•a•ble [ʌndɪˈnaɪəbl] *adj* innegable

un•de•ni•a•bly [ʌndɪˈnaɪəblɪ] *adv* innegablemente

un•der [ˈʌndər] I *prep* (*beneath*) debajo de, bajo; (*less than*) menos de; **~ the water** bajo el agua; *it is ~ review / investigation* está siendo revisado / investigado II *adv* (*anesthetized*) anestesiado

un•der•age *adj*: **~ drinking** el consumo de alcohol por menores de edad

'un•der•arm *adv*: *throw a ball ~* lanzar

una pelota soltándola por debajo de la altura del hombro

'un•der•brush ☞ **undergrowth**

un•der•cap•i•tal•ized [ʌndər'kæpɪtlaɪzd] *adj* sin suficiente capital

'un•der•car•riage tren *m* de aterrizaje

un•der'charge *v/t person* cobrar de menos a; **~ s.o. by $ 10** cobrar a alguien 10 dólares de menos

'un•der•class clase *f* marginal

'un•der•class•man *estudiante de primer o segundo año de educación secundaria*

'un•der•clothes *npl* ☞ **underwear**

'un•der•coat primera mano *f*

'un•der•cov•er *adj agent* secreto

'un•der•cur•rent *fig* sentimiento *m* subyacente

un•der'cut *v/t* (*pret & pp* -cut) COM vender más barato que

un•der•devel•oped [ʌndərdɪ'veləpt] *adj* subdesarrollado

'un•der•dog: **support the ~** apoyar al más débil

un•der'done *adj meat* poco hecho

un•der'es•ti•mate *v/t* subestimar

un•der•ex'pose *v/t* PHOT subexponer

un•der•ex•posed [ʌndərɪk'spouzd] *adj* PHOT subexpuesto

un•der'fed *adj* malnutrido

'un•der•floor *adj*: **~ heating** calefacción *f* subterránea

un•der'foot *adv*: **the grass was wet ~** la hierba del suelo estaba mojada; **be trampled ~** ser pisoteado

un•der'go *v/t* (*pret* -went, *pp* -gone) *surgery, treatment* ser sometido a; *experiences* sufrir; **the hotel is ~ing refurbishment** se están efectuando renovaciones en el hotel

un•der•grad ['ʌndərgræd] F, un•der•'grad•u•ate estudiante *m/f* universitario(-a) (*todavía no licenciado(a)*)

'un•der•ground **I** *adj passages etc* subterráneo; POL *resistance, newspaper etc* clandestino **II** *adv work* bajo tierra; **go ~** POL pasar a la clandestinidad

'un•der•growth maleza *f*

un•der'hand *adj* (*devious*) poco honrado

un•der'lie *v/t* (*pret* -lay, *pp* -lain) (*form basis of*) sostener

un•der'line *v/t text* subrayar

un•der•ling ['ʌndərlɪŋ] subordinado(-a)

m(f)

un•der•ly•ing [ʌndər'laɪɪŋ] *adj causes, problems* subyacente

un•der•manned [ʌndər'mænd] *adj* sin suficiente personal

un•der•men•tioned [ʌndər'menʃnd] *adj Br* susodicho

un•der'mine *v/t s.o.'s position, theory* minar, socavar

un•der•neath [ʌndər'ni:θ] **I** *prep* debajo de, bajo **II** *adv* debajo

un•der•nour•ished [ʌndər'nʌrɪʃd] *adj* desnutrido

un•der'paid *adj* mal pagado

'un•der•pants *npl* calzoncillos *mpl*

'un•der•pass *for pedestrians* paso *m* subterráneo

un•der'pay *v/t* (*pret & pp* -paid) pagar mal

un•der'play *v/t fig* quitar importancia a

un•der•priv•i•leged [ʌndər'prɪvɪlɪdʒd] *adj* desfavorecido

un•der'rate *v/t* subestimar, infravalorar

un•der•rep•re•sent•ed [ʌndərepri'zentɪd] *adj* sin suficiente representación; **women are ~ in Congress** las mujeres no están suficientemente representadas en el Congreso

un•der'score *v/t fig* poner de relieve

'un•dersea ☞ **underwater I**

un•der•sec•re•tar•y **1** POL subsecretario(-a) *m(f)* **2** *Br. civil servant* funcionario(-a) *m(f)*

un•der'sell *v/t* (*pret & pp* -sold) ☞ **undercut**

'un•der•shirt camiseta *f*

'un•der•shorts ☞ **underpants**

'un•der•side base *f*

un•der•signed [ʌndər'saɪnd]: **I, the ~,** ... yo, el abajo firmante, ...

un•der•sized [ʌndər'saɪzd] *adj* demasiado pequeño

'un•der•skirt enaguas *fpl*

un•der•staffed [ʌndər'stæft] *adj* sin suficiente personal

un•der•stand [ʌndər'stænd] **I** *v/t* (*pret & pp* -stood) entender, comprender; *language* entender; **I ~ that you ...** tengo entendido que ...; **they are understood to be in Canada** se cree que están en Canadá **II** *v/i* (*pret & pp* -stood) entender, comprender

un•der•stand•able [ʌndər'stændəbl] *adj* comprensible

un•der•stand•a•bly [ʌndər'stændəblɪ]
adv comprensiblemente

un•der•stand•ing [ʌndər'stændɪŋ] **I** *adj*
person comprensivo **II** *n* **1** *of problem,*
situation interpretación *f* **2** *(agreement)*
acuerdo *m*; **on the ~ that ...** *(condition)*
a condición de que ...

un•der•state *v/t production etc figures,*
costs recortar; **~ the extent of the pro-**
blem atenuar la magnitud del problema

un•der•stat•ed [ʌndər'steɪtɪd] *adj* moderado, comedido

'un•der•state•ment: that's an ~! ¡y te
quedas corto!

'un•der•stud•y THEA **I** *n* suplente *m/f* **II**
v/t ser el suplente de

un•der•take *v/t (pret -took, pp -taken)*
task emprender; **~ to do sth** *(agree*
to) encargarse de hacer algo

un•der•tak•er ['ʌndər'teɪkər] *Br* encargado *m* de una funeraria

'un•der•tak•ing 1 *(enterprise)* proyecto
m, empresa *f* **2: give an ~ to do sth**
comprometerse a hacer algo

un•der-the-'count•er *adj* F ilegal

'un•der•tone 1 tono *m* **2: in an ~** (en un
tono) muy bajo

un•der'val•ue *v/t* infravalorar

un•der'wa•ter I *adj* subacuático **II** *adv*
bajo el agua

un•der'way *adj* en curso; **get ~** comenzar

'un•der•wear ropa *f* interior

'un•der•weight *adj*: **be ~** pesar menos de
lo normal

'un•der•world 1 *criminal* hampa *f* **2**
MYTH Hades *m*

un•der'write *v/t (pret -wrote, pp -writ-*
ten) FIN asegurar, garantizar

un•de•served [ʌndɪ'zɜːrvd] *adj* inmerecido

un•de•serv•ed•ly [ʌndɪ'zɜːrvɪdlɪ] *adv*
injustamente

un•de•sir•a•ble [ʌndɪ'zaɪrəbl] *adj fea-*
tures, changes no deseado; *person* indeseable; **~ element** *person* persona *f* pro-
blemática

un•dies ['ʌndɪz] *npl* F ropa *f* interior

un•dig•ni•fied [ʌn'dɪgnɪfaɪd] *adj* indigno

un•dis•ci•plined [ʌn'dɪsɪplɪnd] *adj* indisciplinado

un•dis•cov•ered [ʌndɪ'skʌvərd] *adj* sin

descubrir

un•dis•guised [ʌndɪs'gaɪzd] *adj* evidente, abierto

un•dis•put•ed [ʌndɪ'spjuːtɪd] *adj*
champion, leader indiscutible

un•dis•turbed [ʌndɪs'tɜːrbd] *adj* **1** intacto **2: be ~ by** no inquietarse *or* sobresaltarse por

un•di•vid•ed [ʌndɪ'vaɪdɪd] *adj*: **give**
s.o. / sth one's ~ attention prestar a
alguien / algo total atención

un•do [ʌn'duː] *v/t (pret -did, pp -done)*
parcel, wrapping abrir; *buttons, shirt*
desabrochar; *shoelaces* desatar; *s.o.*
else's work deshacer

un•done [ʌn'dʌn] *adj*: **leave sth ~** dejar
algo sin hacer; **come ~** desatarse

un•doubt•ed [ʌn'daʊtɪd] *adj* indudable

un•doubt•ed•ly [ʌn'daʊtɪdlɪ] *adv* indudablemente

un•dreamt-of [ʌn'dremtəv] *adj riches*
inimaginable

un•dress [ʌn'dres] **I** *v/t* desvestir, desnudar; **get ~ed** desvestirse, desnudarse **II**
v/i desvestirse, desnudarse

un•due [ʌn'duː] *adj (excessive)* excesivo

un•du•lat•ing ['ʌndjʊleɪtɪŋ] *adj hills,*
countryside ondulante

un•du•ly [ʌn'duːlɪ] *adv* **1** *punished,*
blamed injustamente **2** *(excessively)* excesivamente

un•dy•ing [ʌn'daɪɪŋ] *adj* eterno

un•earth [ʌn'ɜːrθ] *v/t* descubrir; *ancient*
remains desenterrar

un•earth•ly [ʌn'ɜːrθlɪ] *adv*: **at this ~**
hour a esta hora intempestiva

un•eas•i•ness [ʌn'iːzɪnɪs] inquietud *f*,
intranquilidad *f*

un•eas•y [ʌn'iːzɪ] *adj relationship, peace*
tenso; **feel ~ about** estar inquieto por

un•eat•a•ble [ʌn'iːtəbl] *adj* incomible

un•e•co•nom•ic [ʌniːkə'nɑːmɪk] *adj*
antieconómico, no rentable

un•ed•u•cat•ed [ʌn'edʒəkeɪtɪd] *adj* inculto, sin educación

un•e•mo•tion•al [ʌnɪ'mouʃənl] *adj* frío,
indiferente

un•em•ploy•a•ble [ʌnɪm'plɔɪəbl] *adj*
no apto para trabajar

un•em•ployed [ʌnɪm'plɔɪd] **I** *adj* desempleado, *Span* parado **II** *npl*: **the ~**
los desempleados

un•em•ploy•ment [ʌnɪm'plɔɪmənt]
desempleo *m, Span* paro *m*

un•end•ing [ʌn'endɪŋ] *adj* interminable

un•en•dur•a•ble [ʌnɪn'dʊrəbl] *adj* insoportable

un•en•vi•a•ble [ʌn'enviəbl] *adj:* **have the ~ task of doing sth** tener (ante sí) la indeseable tarea de hacer algo

un•e•qual [ʌn'iːkwəl] *adj* desigual; **be ~ to the task** no estar a la altura de lo que requiere el trabajo

un•e•qualed, *Br* un•e•qualled *adj* [ʌn'iːkwəld] inigualable, sin igual

un•e•quiv•o•cal [ʌnɪ'kwɪvəkl] *adj* inequívoco

un•er•ring [ʌn'erɪŋ] *adj judgement, instinct* infalible

un•eth•i•cal [ʌn'eθɪkl] *adj* poco ético

un•e•ven [ʌn'iːvn] *adj quality* desigual; *surface, ground* irregular

un•e•ven•ly [ʌn'iːvnlɪ] *adv distributed, applied* de forma desigual; **be ~ matched** *of two contestants* no estar en igualdad de condiciones

un•e•vent•ful [ʌnɪ'ventfəl] *adj day, journey* sin incidentes

un•ex•pec•ted [ʌnɪk'spektɪd] *adj* inesperado

un•ex•pec•ted•ly [ʌnɪk'spektɪdlɪ] *adv* inesperadamente, de forma inesperada

un•ex•plained [ʌnɪk'spleɪnd] *adj* inexplicado

un•ex•plored [ʌnɪk'splɔːrd] *adj* por descubrir *or* explorar

un•ex•posed [ʌnɪk'spoʊzd] *adj* PHOT sin revelar

un•fail•ing [ʌn'feɪlɪŋ] *adj* inquebrantable; *support* firme

un•fair [ʌn'fer] *adj* injusto; **that's ~** eso no es justo; **~ competition** competencia *f* desleal

un•fair•ness [ʌn'fernɪs] injusticia *f*

un•faith•ful [ʌn'feɪθfəl] *adj husband, wife* infiel; **be ~ to s.o.** ser infiel a alguien

un•fal•ter•ing [ʌn'fɔːltərɪŋ] *adj loyalty, love etc* constante

un•fa•mil•i•ar [ʌnfə'mɪljər] *adj* desconocido, extraño; **be ~ with sth** desconocer algo

un•fash•ion•a•ble [ʌn'fæʃnəbl] *adj area* impopular; *idea* pasado (de moda), obsoleto

un•fas•ten [ʌn'fæsn] *v/t belt* desabrochar

un•fa•vo•ra•ble, *Br* un•fa•vou•ra•ble [ʌn'feɪvərəbl] *adj* desfavorable

un•feel•ing [ʌn'fiːlɪŋ] *adj person* insensible

un•fin•ished [ʌn'fɪnɪʃt] *adj* inacabado; **leave sth ~** dejar algo sin acabar

un•fit [ʌn'fɪt] *adj:* **be ~** *physically* estar en baja forma; **be ~ to eat** no ser apto para el consumo; **be ~ to drink** no ser potable; **he's ~ to be a parent** no tiene lo que se necesita para ser padre

un•fix [ʌn'fɪks] *v/t part* soltar, desmontar

un•flag•ging [ʌn'flægɪŋ] *adj* invariable, absoluto

un•flap•pa•ble [ʌn'flæpəbl] *adj* impasible

un•flat•ter•ing [ʌn'flætərɪŋ] *adj* poco favorecedor

un•fold [ʌn'foʊld] **I** *v/t sheets, letter* desdoblar; *one's arms* descruzar **II** *v/i of story etc* desarrollarse; *of view* abrirse

un•fore•seen [ʌnfɔːr'siːn] *adj* imprevisto

un•for•get•ta•ble [ʌnfər'getəbl] *adj* inolvidable

un•for•giv•a•ble [ʌnfər'gɪvəbl] *adj* imperdonable; **that was ~ of you** eso ha sido imperdonable

un•for•tu•nate [ʌn'fɔːrtʃənət] *adj people* desafortunado; *event* desgraciado; *choice of words* desafortunado, desacertado; **that's ~ for you** has tenido muy mala suerte

un•for•tu•nate•ly [ʌn'fɔːrtʃənətlɪ] *adv* desgraciadamente

un•found•ed [ʌn'faʊndɪd] *adj* infundado

un•friend•ly [ʌn'frendlɪ] *adj person* antipático; *place* desagradable; *welcome* hostil; *software* de difícil manejo

un•ful•filled [ʌnful'fɪld] *adj election promises* incumplido; *potential* desaprovechado; **she feels ~** no se siente realizada

un•funk•y *adj* P *L.Am.* no chévere F, *Span* no guay F

un•furl [ʌn'fɜːrl] *v/t flag* desenrollar; *sails* desplegar

un•fur•nished [ʌn'fɜːrnɪʃt] *adj* sin amueblar

un•gain•ly [ʌn'geɪnlɪ] *adj* torpe

un•gen•tle•man•like [ʌn'dʒentlmənlaɪk], un•gen•tle•man•ly [ʌn'dʒentlmənlɪ] *adj* poco caballeroso un•god•ly [ʌnˈɡɑːdlɪ] *adj*: *at this ~ hour* a esta hora intempestiva

un•gov•ern•a•ble [ʌnˈɡʌvərnəbl] *adj* ingobernable

un•grate•ful [ʌnˈɡreɪtfəl] *adj* desagradecido

un•guard•ed [ʌnˈɡɑːrdɪd] *adj* 1 *building, prisoner* sin vigilancia 2 *fig*: *in an ~ moment* en un momento de descuido

un•hap•pi•ness [ʌnˈhæpɪnɪs] infelicidad *f*

un•hap•py [ʌnˈhæpɪ] *adj person, look* infeliz; *day* triste; *customer etc* descontento

un•harmed [ʌnˈhɑːrmd] *adj* ileso; *be ~* salir ileso

un•health•y [ʌnˈhelθɪ] *adj person* enfermizo; *conditions, food, economy* poco saludable; *it's an ~ sign* es una mala señal

un•heard [ʌnˈhɜːrd] *adj*: *go ~* ser desoído *or* desestimado

un•heard-of [ʌnˈhɜːrdəv] *adj* inaudito

un•help•ful [ʌnˈhelpfl] *adj person* poco cooperativo; *comment* inservible

un•hes•i•tat•ing [ʌnˈhezɪteɪtɪŋ] *adj* decidido

un•hinge [ʌnˈhɪndʒ] *v/t*: *~ s.o. or ~ s.o.'s mind* *fig* perturbar (mentalmente) a alguien

un•ho•ly [ʌnˈhoʊlɪ] *adj* F maldito F

un•hurt [ʌnˈhɜːrt] *adj*: *be ~* salir ileso

un•hy•gi•en•ic [ʌnhaɪˈdʒiːnɪk] *adj* antihigiénico

u•ni [ˈjuːnɪ] *Br* F ☞ *university*

un•i•den•ti•fied [ʌnaɪˈdentɪfaɪd] *adj* no identificado; *caller* anónimo

un•i•den•ti•fied fly•ing 'ob•ject objeto *m* volante no identificado

u•ni•fi•ca•tion [juːnɪfɪˈkeɪʃn] unificación *f*

u•ni•form [ˈjuːnɪfɔːrm] I *n* uniforme *m* II *adj* uniforme

u•ni•formed [ˈjuːnɪfɔːrmd] *adj* uniformado

u•ni•form•i•ty [juːnɪˈfɔːrmətɪ] uniformidad *f*

u•ni•fy [ˈjuːnɪfaɪ] *v/t* (*pret & pp* -ied) unificar

u•ni•lat•e•ral [juːnɪˈlætərəl] *adj* unilateral

un•i•ma•gi•na•ble [ʌnɪˈmædʒɪnəbl] *adj* inimaginable

un•i•ma•gi•na•tive [ʌnɪˈmædʒɪnətɪv] *adj* sin imaginación

un•im•por•tant [ʌnɪmˈpɔːrtənt] *adj* poco importante

un•im•pressed [ʌnɪmˈprest] *adj* poco impresionado (*by* por); *I was ~ by his performance* su actuación no me dejó boquiabierto; *be ~ by threats* no ser intimidado por las amenazas

un•in•hab•i•ta•ble [ʌnɪnˈhæbɪtəbl] *adj* inhabitable

un•in•hab•it•ed [ʌnɪnˈhæbɪtɪd] *adj building* deshabitado; *region* desierto

un•in•hib•it•ed [ʌnɪnˈhɪbɪtɪd] *adj* desinhibido

un•in•jured [ʌnˈɪndʒərd] *adj*: *be ~* salir ileso

un•in•spir•ing [ʌnɪnˈspaɪrɪŋ] *adj view, performance* sin nada de particular

un•in•sured [ʌnɪnˈʃʊrd] *adj* sin asegurar

un•in•tel•li•gi•ble [ʌnɪnˈtelɪdʒəbl] *adj* ininteligible

un•in•tend•ed [ʌnɪnˈtendɪd] *adj insult* impensado; *outcome* imprevisto

un•in•ten•tion•al [ʌnɪnˈtenʃnl] *adj* no intencionado; *sorry, that was ~* lo siento, ha sido sin querer

un•in•ten•tion•al•ly [ʌnɪnˈtenʃnlɪ] *adv* sin querer

un•in•ter•est•ed [ʌnˈɪntrəstɪd] *adj* indiferente (*in* a)

un•in•te•rest•ing [ʌnˈɪntrəstɪŋ] *adj* sin interés

un•in•ter•rupt•ed [ʌnɪntəˈrʌptɪd] *adj sleep, two hours' work* ininterrumpido

un•in•vit•ed [ʌnɪnˈvaɪtɪd] *adj*: *he asked the ~ guests to leave* pidió a los invitados que no tenían invitación que se fueran

un•ion [ˈjuːnjən] 1 unión *f* 2 (*labor ~*) sindicato *m*

un•ion•ist [ˈjuːnjənɪst] sindicalista *m/f*

un•ion•ize [ˈjuːnjənaɪz] I *v/t* sindicar II *v/i* sindicarse

u•nique [juːˈniːk] *adj* único

u•ni•sex [ˈjuːnɪseks] *adj* unisex

u•ni•son [ˈjuːnɪsn]: *in ~* al unísono

u•nit [ˈjuːnɪt] unidad *f*; *~ of measurement* unidad *f* de medida; *power ~* fuente *f* de alimentación

u•nit 'cost COM costo *m* or *Span* coste *m* unitario *or* por unidad

u•nite [juːˈnaɪt] I *v/t* unir II *v/i* unirse

u•nit•ed [juːˈnaɪtɪd] *adj* unido

U•nit•ed 'King•dom Reino *m* Unido; **U•nit•ed 'Na•tions** Naciones *fpl* Unidas; **U•nit•ed 'States (of A'mer•i•ca)** Estados *mpl* Unidos (de América)

u•nit 'price precio *m* unitario

u•nit 'trust sociedad *f* de inversión de capital variable

u•ni•ty ['ju:nətɪ] unidad *f*

u•ni•ver•sal [ju:nɪ'vɜ:rsl] *adj* universal

u•ni•ver•sal 'bar code COM código *m* de barras universal

u•ni•ver•sal•ly [ju:nɪ'vɜ:rsəlɪ] *adv* universalmente

u•ni•verse ['ju:nɪvɜ:rs] universo *m*

u•ni•ver•si•ty [ju:nɪ'vɜ:rsətɪ] **I** *n* universidad *f*; *he is at ~* está en la universidad **II** *adj* universitario; *if you have a ~ education* si has cursado estudios universitarios

un•just [ʌn'dʒʌst] *adj* injusto

un•jus•ti•fi•a•ble [ʌndʒʌstɪ'faɪəbl] *adj cost, price increase etc* inexcusable, imperdonable

un•kempt [ʌn'kempt] *adj appearance* descuidado; *hair* revuelto

un•kind [ʌn'kaɪnd] *adj* desgradable, cruel; *don't be so ~ to her* no la trates tan mal

un•known [ʌn'nəʊn] **I** *adj* desconocido; *she's an ~ quantity* es una incógnita **II** *n* **1**: *a journey into the ~* un viaje hacia lo desconocido **2** MATH incógnita *f*

un•la•dy•like [ʌn'leɪdɪlaɪk] *adj* poco femenino

un•law•ful [ʌn'lɔːfʊl] *adj* ilegal

un•lead•ed [ʌn'ledɪd] *adj* sin plomo

un•learn [ʌn'lɜːrn] *v/t* (*pret & pp* **-ed** *or* **-learnt**) *old habits* desaprender

un•leash [ʌn'liːʃ] *v/t* **1** *dog* desatar **2** *fig anger, violence* descargar (**on** contra)

un•less [ən'les] *conj* a menos que, a no ser que; *don't say anything ~ you're sure* no digas nada a menos que *or* a no ser que estés seguro

un•like [ʌn'laɪk] *prep* (*not similar to*) diferente de; *it's ~ him to drink so much* él no suele beber tanto; *that photograph is so ~ you* has salido completamente diferente en esa fotografía

un•like•ly [ʌn'laɪklɪ] *adj* (*improbable*) improbable; *explanation* inverosímil; *he is ~ to win* es improbable *or* poco probable que gane

un•lim•it•ed [ʌn'lɪmɪtɪd] *adj* ilimitado

un•list•ed [ʌn'lɪstɪd] *adj*: *be ~* no aparecer en la guía telefónica

un•list•ed mar•ket FIN mercado *m* sin cotización oficial

un•lit [ʌn'lɪt] *adj street* a oscuras

un•load [ʌn'ləʊd] *v/t* descargar

un•lock [ʌn'lɑːk] *v/t* abrir

un•looked-for [ʌn'lʊktfɔːr] *adj* inesperado

un•loved [ʌn'lʌvd] *adj* no querido *or* amado

un•luck•i•ly [ʌn'lʌkɪlɪ] *adv* desgraciadamente, por desgracia

un•luck•y [ʌn'lʌkɪ] *adj day, choice* aciago, funesto; *person* sin suerte; *that was so ~ for you!* ¡qué mala suerte tuviste!

un•made [ʌn'meɪd] *adj bed* sin hacer

un•man•age•a•ble [ʌn'mænɪdʒəbl] *adj* indomable, rebelde

un•man•ly [ʌn'mænlɪ] *adj* poco masculino

un•manned [ʌn'mænd] *adj spacecraft* no tripulado; *reception desk* sin personal

un•marked [ʌn'mɑːrkt] *adj* **1** *face* indemne; *police car* de incógnito **2** SP desmarcado

un•mar•ried [ʌn'mærɪd] *adj* soltero

un•mask [ʌn'mɑːsk] *v/t fig* desenmascarar

un•matched [ʌn'mætʃt] *adj* inigualable, extraordinario; *be ~* no tener igual

un•men•tion•a•ble [ʌn'menʃnəbl] *adj* innombrable; *be ~* ser tabú

un•mer•ci•ful•ly [ʌn'mɜːrsɪfʊlɪ] *adv tease* despiadadamente, sin compasión

un•mis•tak•a•ble [ʌnmɪ'steɪkəbl] *adj* inconfundible

un•mit•i•gat•ed [ʌn'mɪtɪgeɪtɪd] *adj*: *be an ~ disaster* ser un desastre total y absoluto

un•moved [ʌn'muːvd] *adj*: *he was ~ by her tears* sus lágrimas no lo conmovieron

un•mu•si•cal [ʌn'mjuːzɪkl] *adj person* sin talento musical; *sounds* estridente

un•named [ʌn'neɪmd] *adj* no identificado

un•nat•u•ral [ʌn'nætʃrəl] *adj* anormal; *it's not ~ to be annoyed* es normal estar enfadado

un•ne•ces•sa•ry [ʌn'nesəserɪ] *adj* innecesario

un•nerve [ʌn'nɜːrv] *v/t* aturdir, desconcertar

un•nerv•ing [ʌnˈnɜːrvɪŋ] *adj* desconcertante

un•no•ticed [ʌnˈnoʊtɪst] *adj*: *it went ~* pasó desapercibido

un•num•bered [ʌnˈnʌmbərd] *adj page, check* sin numerar

un•ob•tain•a•ble [ʌnəbˈteɪnəbl] *adj goods* no disponible; TELEC desconectado

un•ob•tru•sive [ʌnəbˈtruːsɪv] *adj* discreto

un•oc•cu•pied [ʌnˈɑːkjʊpaɪd] *adj building, house* desocupado; *post* vacante

un•of•fi•cial [ʌnəˈfɪʃl] *adj* no oficial; *this is still ~ but ...* esto todavía no es oficial, pero ...

un•of•fi•cial•ly [ʌnəˈfɪʃli] *adv* extraoficialmente

un•o•pened [ʌnˈoʊpənd] *adj packet of cereal, jar of coffee etc* sin abrir *or* empezar; *envelope* sin abrir

un•or•tho•dox [ʌnˈɔːrθədɑːks] *adj* poco ortodoxo

un•pack [ʌnˈpæk] **I** *v/t* deshacer **II** *v/i* deshacer el equipaje

un•paid [ʌnˈpeɪd] *adj work* no remunerado; *~ leave* baja *f* sin sueldo

un•pal•at•a•ble [ʌnˈpælətəbl] *adj food* incomible; *fig: truth* amargo, duro

un•par•al•leled [ʌnˈpærəleld] *adj* inigualable

un•par•don•a•ble [ʌnˈpɑːrdnəbl] *adj* imperdonable

un•per•turbed [ʌnpərˈtɜːrbd] *adj* impasible

un•play•a•ble [ʌnˈpleɪəbl] *adj* SP *ball, shot etc* imposible (*de devolver, chutar etc*); *the field is ~* es imposible jugar en este campo

un•pleas•ant [ʌnˈpleznt] *adj* desagradable; *he was very ~ to her* fue muy desagradable con ella

un•pleas•ant•ness [ʌnˈplezntnɪs] (*arguments*) disputas *fpl*

un•plug [ʌnˈplʌg] *v/t* (*pret & pp* **-ged**) TV, *computer* desenchufar

un•pol•lut•ed [ʌnpəˈluːtɪd] *adj* no contaminado, limpio

un•pop•u•lar [ʌnˈpɑːpjələr] *adj* poco popular; *this decision was very ~ with the school* esta decisión no fue bien recibida *or* acogida en el colegio

un•prac•ti•cal [ʌnˈpræktɪkl] *adj* poco práctico

un•pre•ce•den•ted [ʌnˈpresɪdentɪd] *adj* sin precedentes; *it was ~ for a woman to ...* no tenía precedentes que una mujer ...

un•pre•dict•a•ble [ʌnprɪˈdɪktəbl] *adj person, weather* imprevisible, impredecible

un•prej•u•diced [ʌnˈpredʒʊdɪst] *adj* imparcial

un•pre•pared [ʌnprɪˈperd] *adj*: *be ~ for sth* no estar preparado para algo

un•pre•ten•tious [ʌnprɪˈtenʃəs] *adj person, style, hotel* modesto, sin pretensiones

un•prin•ci•pled [ʌnˈprɪnsɪpld] *adj* sin principios

un•print•a•ble [ʌnˈprɪntəbl] *adj* impublicable; *language* vergonzoso, escandaloso

un•pro•duc•tive [ʌnprəˈdʌktɪv] *adj meeting, discussion* infructuoso; *soil* improductivo

un•pro•fes•sion•al [ʌnprəˈfeʃnl] *adj* poco profesional

un•prof•it•a•ble [ʌnˈprɑːfɪtəbl] *adj* no rentable

un•prompt•ed [ʌnˈprɑːmptɪd] *adj* voluntario, espontáneo

un•pro•nounce•a•ble [ʌnprəˈnaʊnsəbl] *adj* impronunciable

un•pro•tect•ed [ʌnprəˈtektɪd] *adj borders* desprotegido, sin protección; *~ sex* sexo *m* sin preservativos

un•pro•vid•ed [ʌnprəˈvaɪdɪd] *adj*: *leave s.o. ~-for* dejar a alguien sin medios para mantenerse

un•pro•voked [ʌnprəˈvoʊkt] *adj attack* no provocado

un•pub•lished [ʌnˈpʌblɪʃt] *adj* no publicado

un•pun•ished [ʌnˈpʌnɪʃt] *adj* impune; *go ~* quedar impune

un•put•down•a•ble [ʌnpʊtˈdaʊnəbl] *adj* F: *be ~ of book* enganchar

un•qual•i•fied [ʌnˈkwɑːlɪfaɪd] *adj worker, doctor etc* sin titulación

un•ques•tion•a•bly [ʌnˈkwestʃnəbli] *adv* (*without doubt*) indiscutiblemente

un•ques•tion•ing [ʌnˈkwestʃnɪŋ] *adj attitude, loyalty* incondicional

un•rav•el [ʌnˈrævl] *v/t* (*pret & pp* **-ed**, Br **-led**) *string, knitting* desenredar;

mystery, complexities desentrañar

un•read [ʌn'red] adj sin leer

un•read•a•ble [ʌn'ri:dəbl] adj book ilegible

un•re•al [ʌn'rɪəl] adj irreal; **this is ~!** F ¡esto es increíble! F

un•re•al•is•tic [ʌnrɪə'lɪstɪk] adj poco realista

un•rea•son•a•ble [ʌn'ri:znəbl] adj person poco razonable, irrazonable; demand, expectation excesivo, irrazonable; **you're being ~** no estás siendo razonable

un•rec•og•niz•a•ble [ʌn'rekəgnaɪzəbl] adj irreconocible

un•re•cov•ered debt [ʌnrɪ'kʌvərd] adj: **~ debt** deuda f impagada

un•re•fined [ʌnrɪ'faɪnd] adj sugar sin refinar

un•re•lat•ed [ʌnrɪ'leɪtɪd] adj issues no relacionado; people no emparentado

un•re•lent•ing [ʌnrɪ'lentɪŋ] adj implacable

un•rel•i•a•ble [ʌnrɪ'laɪəbl] adj car, machine poco fiable; person informal

un•re•lieved [ʌnrɪ'li:vd] adj incesante

un•re•mit•ting [ʌnrɪ'mɪtɪŋ] adj ininterrumpido

un•rep•re•sent•a•tive [ʌnreprɪ'zentətɪv] adj poco representativo, atípico

un•re•quit•ed [ʌnrɪ'kwaɪtɪd] adj love no correspondido

un•re•served [ʌnrɪ'zɜ:rvd] adj seat, table no reservado

un•re•serv•ed•ly [ʌnrɪ'zɜ:rvɪdlɪ] adv sin reservas

un•rest [ʌn'rest] malestar m; (rioting) disturbios mpl

un•re•strained [ʌnrɪ'streɪnd] adj emotions incontrolado

un•re•strict•ed [ʌnrɪ'strɪktɪd] adj ilimitado

un•re•ward•ing [ʌnrɪ'wɔ:rdɪŋ] adj poco gratificante

un•ripe [ʌn'raɪp] adj fruit verde

un•ri•val•ed, Br un•ri•val•led [ʌn'raɪvld] adj inigualable, único

un•road•wor•thy [ʌn'roʊdwɜ:rðɪ] adj que no está en condiciones de circular

un•roll [ʌn'roʊl] v/t carpet, scroll desenrollar

un•ruf•fled [ʌn'rʌfld] adj person tranquilo, calmado

un•ru•ly [ʌn'ru:lɪ] adj revoltoso; hair indomable

un•sad•dle [ʌn'sædl] v/t horse desensillar

un•safe [ʌn'seɪf] adj peligroso; **it's ~ to drink / eat** no se puede beber / comer

un•said [ʌn'sed] adj: **leave sth ~** dejar algo en el tintero; **be left ~** callarse, omitirse; **some things are better left ~** algunas cosas es mejor callarlas or no decirlas

un•sal(e)•a•ble [ʌn'seɪləbl] adj invendible

un•salt•ed [ʌn'sɔ:ltɪd] adj sin sal

un•san•i•tar•y [ʌn'sænɪterɪ] adj conditions, drains insalubre

un•sat•is•fac•to•ry [ʌnsætɪs'fæktərɪ] adj insatisfactorio

un•sat•is•fied [ʌn'sætɪsfaɪd] adj insatisfecho (**with** con)

un•sat•is•fy•ing [ʌn'sætɪsfaɪɪŋ] ☞ **unsatisfactory**

un•sa•vo•ry [ʌn'seɪvərɪ] adj person, reputation indeseable; district desagradable

un•scathed [ʌn'skeɪðd] adj (not injured) ileso; (not damaged) intacto

un•sci•en•tif•ic [ʌnsaɪən'tɪfɪk] adj poco científico

un•screw [ʌn'skru:] v/t top desenroscar; shelves, hooks desatornillar

un•script•ed [ʌn'skrɪptɪd] adj improvisado

un•scru•pu•lous [ʌn'skru:pjələs] adj sin escrúpulos

un•sea•son•a•ble [ʌn'si:znəbl] adj weather inusual

un•seat [ʌn'si:t] v/t POL destituir a

un•se•cured cred•i•tor [ʌnsɪ'kjʊrd] FIN acreedor(a) m(f) no asegurado(-a)

un•se'cured loan préstamo m sin garantía

un•seed•ed [ʌn'si:dɪd] adj SP que no es cabeza de serie

un•seem•ly [ʌn'si:mlɪ] adj impropio

un•seen [ʌn'si:n] adj 1 not visible invisible; **do sth ~** hacer algo sin ser visto 2 translation a la vista

un•self•ish [ʌn'selfɪʃ] adj generoso

un•sen•ti•men•tal [ʌnsentɪ'mentl] adj poco sentimental

un•set•tle [ʌn'setl] v/t agitar, excitar

un•set•tled [ʌn'setld] adj issue sin decidir; weather, stock market, lifestyle inestable; bills sin pagar un•shak(e)•a•ble [ʌn'ʃeɪkəbl] *adj* total, absoluto

un•shav•en [ʌn'ʃeɪvn] *adj* sin afeitar

un•sight•ly [ʌn'saɪtlɪ] *adj* horrible, feo

un•signed [ʌn'saɪnd] *adj* sin firmar

un•skill•ful, *Br* un•skil•ful [ʌn'skɪlfʊl] *adj* torpe, desmañado

un•skilled [ʌn'skɪld] *adj* no cualificado

un•so•cia•ble [ʌn'soʊʃəbl] *adj* insociable

un•so•cial [ʌn'soʊʃl] *adj*: work ~ hours *Br* trabajar fuera del horario habitual

un•sold [ʌn'soʊld] *adj* no vendido

un•so•lic•it•ed [ʌnsə'lɪsɪtɪd] *adj* que no ha sido pedido

un•solved [ʌn'sɑːlvd] *adj* sin resolver

un•so•phis•ti•cat•ed [ʌnsə'fɪstɪkeɪtɪd] *adj person, beliefs* sencillo; *equipment* simple

un•sound [ʌn'saʊnd] *adj fig advice* poco sensato; *argument* poco sólido

un•spar•ing [ʌn'sperɪŋ] *adj*: be ~ in one's efforts no escatimar esfuerzos (to do sth a la hora de hacer algo)

un•speak•a•ble [ʌn'spiːkəbl] *adj* vergonzoso, incalificable

un•spec•i•fied [ʌn'spesɪfaɪd] *adj* indeterminado, desconocido

un•spoiled [ʌn'spɔɪld], un•spoilt [ʌn'spɔɪlt] *adj* intacto

un•spo•ken [ʌn'spoʊkən] *adj* no expresado (oralmente)

un•sport•ing [ʌn'spɔːrtɪŋ], un•sports•man•like [ʌn'spɔːrtsmənlaɪk] *adj* poco deportivo; ~ foul falta *f* antideportiva

un•sta•ble [ʌn'steɪbl] *adj* inestable

un•stead•y [ʌn'stedɪ] *adj hand* tembloroso; *ladder* inestable; be ~ on one's feet tambalearse

un•stint•ing [ʌn'stɪntɪŋ] *adj* generoso; be ~ in one's efforts / generosity no escatimar esfuerzos / generosidad

un•stop [ʌn'stɑːp] *v/t (pret & pp -ped) blocked pipe, sink* desatascar

un•stop•pa•ble [ʌn'stɑːpəbl] *adj* imparable

un•stressed [ʌn'strest] *adj* LING inacentuado

un•stuck [ʌn'stʌk] *adj*: come ~ of sticky label despegarse; *fig: of person* fracasar; *of plan* frustrarse

un•suc•cess•ful [ʌnsək'sesfəl] *adj writer etc* fracasado; *candidate* perdedor; *party, attempt* fallido; he tried but was ~ lo intentó sin éxito

un•suc•cess•ful•ly [ʌnsək'sesfəlɪ] *adv try, apply* sin éxito

un•suit•a•ble [ʌn'suːtəbl] *adj partner, film, clothing* inadecuado; *thing to say* inoportuno

un•suit•a•bly [ʌn'suːtəblɪ] *adv dressed* de manera inadecuada

un•sure [ʌn'ʃɔːr] *adj*: be ~ of sth no estar muy seguro acerca de algo; be ~ of o.s. carecer de seguridad en uno mismo

un•sur•passed [ʌnsər'pæst] *adj* incomparable, único

un•sus•pect•ed [ʌnsə'spektɪd] *adj talent, difficulties* insospechado, inesperado; he remained ~ for years of spy, terrorist no levantó sospechas durante años

un•sus•pect•ing [ʌnsəs'pektɪŋ] *adj* confiado

un•sweet•ened [ʌn'swiːtnd] *adj without sweeteners* sin endulcorantes; *without sugar* sin azúcar

un•swerv•ing [ʌn'swɜːrvɪŋ] *adj loyalty, devotion* inquebrantable

un•sym•pa•thet•ic [ʌnsɪmpə'θetɪk] *person* insensible, poco compasivo; *character in book etc* desagradable; be ~ to sth oponerse a algo

un•tan•gle [ʌn'tæŋgl] *v/t* desenredar

un•tapped [ʌn'tæpt] *adj resources* sin explotar

un•teach•a•ble [ʌn'tiːtʃəbl] *adj child* incapaz de aprender; *subject* imposible de enseñar

un•ten•a•ble [ʌn'tenəbl] *adj* insostenible, indefendible

un•think•a•ble [ʌn'θɪŋkəbl] *adj* impensable

un•think•ing•ly [ʌn'θɪŋkɪŋlɪ] *adv* inconscientemente

un•ti•dy [ʌn'taɪdɪ] *adj room, desk* desordenado; *hair* revuelto

un•tie [ʌn'taɪ] *v/t knot, laces, prisoner* desatar

un•til [ən'tɪl] **I** *prep* hasta; from Monday ~ Friday desde el lunes hasta el viernes; I can wait ~ tomorrow puedo esperar hasta mañana; not ~ Friday no antes del viernes; it won't be finished ~ July no estará acabado hasta julio **II** *conj* hasta que; can you wait ~ I'm ready? ¿puedes esperar hasta que esté listo?;

they won't do anything ~ you say so no harán nada hasta que (no) se lo digas

un•time•ly [ʌnˈtaɪmlɪ] *adj death* prematuro

un•tir•ing [ʌnˈtaɪrɪŋ] *adj efforts* incansable

un•told [ʌnˈtoʊld] *adj suffering* indecible; *riches* inconmensurable; *story* nunca contado

un•touched [ʌnˈtʌʃt] *adj* **1** *by hand* sin tocar; *building* intacto; *leave a meal ~* dejar una comida en el plato **2** *emotionally* indiferente, impasible (*by* ante)

un•to•ward [ʌntəˈwɔːrd] *adj: nothing ~ happened* no hubo ningún contratiempo

un•trans•lat•a•ble [ʌntrænsˈleɪtəbl] *adj* intraducible

un•treat•ed [ʌnˈtriːtɪd] *adj* **1** *illness, injury* sin recibir tratamiento **2** *effluent* sin depurar *or* tratar

un•trou•bled [ʌnˈtrʌbld] *adj: be ~ by* no preocuparse por; *by war, natural catastrophe etc* no quedar afectado por

un•true [ʌnˈtruː] *adj* falso

un•trust•wor•thy [ʌnˈtrʌstwɜːrðɪ] *adj* de poca confianza

un•used[1] [ʌnˈjuːzd] *adj goods* sin usar

un•used[2] [ʌnˈjuːst] *adj: be ~ to sth* no estar acostumbrado a algo; *be ~ to doing sth* no estar acostumbrado a hacer algo

un•u•su•al [ʌnˈjuːʒl] *adj* poco corriente; *it is ~ ...* es raro *or* extraño ...

un•u•su•al•ly [ʌnˈjuːʒəlɪ] *adv* inusitadamente; *the weather's ~ cold* hace un frío inusual

un•var•nished [ʌnˈvɑːrnɪʃt] *adj surface* sin barnizar; *fig: truth* sin tapujos

un•var•y•ing [ʌnˈverɪɪŋ] *adj* invariable

un•veil [ʌnˈveɪl] *v/t memorial, statue etc* desvelar

un•versed [ʌnˈvɜːrst] *adj* no versado (*in* en)

un•voiced [ʌnˈvɔɪst] *adj* LING sordo

un•want•ed [ʌnˈwɑːntɪd] *adj* no querido *or* deseado

un•war•rant•ed [ʌnˈwɑːrəntɪd] *adj* injustificado

un•wa•ver•ing [ʌnˈweɪvərɪŋ] *adj stare* fijo; *loyalty* constante; *belief* firme

un•wel•come [ʌnˈwelkəm] *adj* mal recibido

un•well [ʌnˈwel] *adj* indispuesto, mal; *be ~* sentirse indispuesto *or* mal

un•whole•some [ʌnˈhoʊlsəm] *adj company, influence* poco saludable; *diet* insano, nocivo

un•wield•y [ʌnˈwiːldɪ] *adj* difícil de manejar

un•will•ing [ʌnˈwɪlɪŋ] *adj* poco dispuesto, reacio; *be ~ to do sth* no estar dispuesto a hacer algo, ser reacio a hacer algo

un•will•ing•ly [ʌnˈwɪlɪŋlɪ] *adv* de mala gana, a regañadientes

un•wind [ʌnˈwaɪnd] **I** *v/t* (*pret & pp -wound*) *tape* desenrollar **II** *v/i* (*pret & pp -wound*) **1** *of tape* desenrollarse; *of story* irse desarrollando **2** (*relax*) relajarse

un•wise [ʌnˈwaɪz] *adj* imprudente

un•wit•ting [ʌnˈwɪtɪŋ] *adj* inintencionado

un•wit•ting•ly [ʌnˈwɪtɪŋlɪ] *adv* inintencionadamente, sin darse cuenta

un•wont•ed [ʌnˈwoʊntɪd] *adj* inusitado

un•work•a•ble [ʌnˈwɜːrkəbl] *adj* inviable

un•wor•thy [ʌnˈwɜːrðɪ] *adj: be ~ of sth* no ser digno de algo

un•wrap [ʌnˈræp] *v/t* (*pret & pp -ped*) *gift* desenvolver

un•writ•ten [ʌnˈrɪtn] *adj law, rule* no escrito

un•yield•ing [ʌnˈjiːldɪŋ] *adj resistance* firme, inexorable

un•zip [ʌnˈzɪp] *v/t* (*pret & pp -ped*) **1** *dress etc* abrir la cremallera de **2** COMPUT descomprimir

up [ʌp] **I** *adv position* arriba; *movement* hacia arriba; *~ in the sky / on the roof* (arriba) en el cielo / en el tejado; *~ here / there* aquí / allí arriba; *be ~* (*out of bed*) estar levantado; *of sun* haber salido; (*be built*) haber sido construido; *of shelves* estar acabado; *of shelves* estar montado; *of prices, temperature* haber subido; (*have expired*) haberse acabado; *what's ~?* F ¿qué pasa?; *~ to the year 1989* hasta el año 1989; *he came ~ to me* se me acercó; *what are you ~ to these days?* ¿qué es de tu vida?; *what are those kids ~ to?* ¿qué están tramando esos niños?; *be ~ to something* (*bad*) estar tramando algo; *I don't feel*

~ *to it* no me siento en condiciones de hacerlo; *it's ~ to you* tú decides; *it is ~ to them to solve it* (*their duty*) les corresponde a ellos resolverlo; *be ~ and about after illness* estar recuperado

II *prep*: *further ~ the mountain* más arriba de la montaña; *he climbed ~ a tree* se subió a un árbol; *they ran ~ the street* corrieron por la calle; *the water goes ~ this pipe* el agua sube por esta tubería; *we traveled ~ to Chicago* subimos hasta Chicago

III *n*: *~s and downs* altibajos *mpl*

up-and-com•ing [ʌpən'kʌmɪŋ] *adj* prometedor

'up•beat *adj* F positivo, optimista

up•bring•ing ['ʌpbrɪŋɪŋ] educación *f*

up•com•ing ['ʌpkʌmɪŋ] *adj* (*forthcoming*) próximo

up'date[1] *v/t file, records* actualizar; *~ s.o. on sth* poner a alguien al corriente de algo

'up•date[2] *n* actualización *f*; *can you give me an ~ on the situation?* ¿me puedes poner al corriente de la situación?

up'end *v/t* (*stand on end*) poner derecho; (*turn upside down: desk, sofa etc*) poner boca arriba; *drawer, purse etc* poner boca abajo

up'front **I** *adj* **1** (*honest*) franco **2** *payment* por adelantado **II** *adv* por adelantado; *be paid* ~ cobrar por adelantado

up'grade[1] *v/t computers etc* actualizar; (*replace with new versions*), *product* modernizar; *~ s.o. to business class* cambiar a alguien a clase ejecutiva

'up•grade[2] *n to software package* actualización *f*

up•heav•al [ʌp'hiːvl] *emotional* conmoción *f*; *physical* trastorno *m*; *political, social* sacudida *f*

up•hill **I** *adv* [ʌp'hɪl] *walk* cuesta arriba **II** *adj* ['ʌphɪl] *struggle* arduo, difícil

up'hold *v/t* (*pret & pp* **-held**) **1** *traditions, rights* defender, conservar **2** (*vindicate*) confirmar

up•hol•stered [ʌp'hoʊlstərd] *adj* tapizado

up•hol•ster•y [ʌp'hoʊlstərɪ] (*coverings of chairs*) tapicería *f*; (*padding of chairs*) relleno *m*

'up•keep *of buildings, parks etc* mantenimiento *m*

up•lift•ing [ʌp'lɪftɪŋ] *adj experience, sermon* edificante

'up•load *v/t* COMPUT cargar

up'mar•ket *adj restaurant, hotel* de categoría

up•on [ə'pɑːn] *prep* ☞ **on**

up•per ['ʌpər] *adj part of sth* superior; *stretches of a river* alto; *deck* superior, de arriba

'up•per•case *adj*: ~ *B* B mayúscula

up•per-'class *adj accent, family* de clase alta

up•per 'clas•ses *npl* clases *fpl* altas

'up•per•cut *punch* gancho *m* (hacia arriba)

'up•per•most **I** *adj* superior, de arriba; (*facing upward*) hacia arriba; *be ~ in a pile* estar arriba; (*face upward*) estar hacia arriba; *be ~ in s.o.'s mind fig* ser lo que más preocupa a alguien **II** *adv* arriba; (*facing upward*) hacia arriba

'up•pi•ty ['ʌpətɪ] *adj* F creído F

'up•right **I** *adj citizen* honrado **II** *adv sit* derecho **III** *n* piano *m* vertical

up•right pi'an•o piano *m* vertical

'up•ris•ing levantamiento *m*

'up•roar (*loud noise*) alboroto *m*; (*protest*) tumulto *m*

up'root *v/t also fig* desarraigar

UPS [juːpiː'es] *abbr* (= *uninterruptible power supply*) SAI *m* (= sistema *m* de alimentación ininterrumpible)

'up•scale *adj restaurant etc* de categoría

up'set **I** *v/t* (*pret & pp* **-set**) **1** *drink, glass* tirar **2** *emotionally* disgustar **II** *adj emotionally* disgustado; *get ~ about sth* disgustarse por algo; *have an ~ stomach* tener el estómago mal

'up•shot F (*result, outcome*) resultado *m*

up•side 'down *adv* boca abajo; *turn sth ~ box etc* poner algo al revés *or* boca abajo

up'stairs **I** *adv* arriba **II** *adj room* de arriba

'up•start advenedizo(-a) *m(f)*

up'stream *adv* río arriba

'up•surge *brote m; of enthusiasm, interest etc* oleada *f*

'up•swing subida *f*

'up•take **1** FIN respuesta *f* (*of* a) **2**: *be quick / slow on the ~* F ser / no ser muy espabilado F

up'tight *adj* F (*nervous*) tenso; (*inhibited*) estrecho

up-to-'date *adj information* actualizado; *fashions* moderno

up-to-the-'min•ute *adj news* de última hora

'up•town I *adv away from the center:* *walk* hacia las afueras de la ciudad; *live* en las afueras de la ciudad; *toward the center: walk* hacia el centro de la ciudad; *live* en el centro de la ciudad II *adj* de las afueras de la ciudad; *in* ~ *New York* en las afueras de Nueva York

'up•turn *in economy* mejora *f*

up•turned [ʌp't3:rnd] *adj* **1** (*upside down*) boca arriba **2**: ~ *nose* nariz *f* respingona

up•ward ['ʌpwərd] *adv fly, move* hacia arriba; ~ *of 10,000* más de 10.000

u•ra•ni•um [jʊ'reɪnɪəm] uranio *m*

ur•ban ['3:rbən] *adj* urbano

ur•bane [3:r'beɪn] *adj* refinado, sofisticado

ur•ban•i•za•tion [3:rbənaɪ'zeɪʃn] urbanización *f*

ur•chin ['3:rtʃɪn] golfillo(-a) *m(f)*

urge [3:rdʒ] I *n* impulso *m*; *I felt an* ~ *to hit her* me entraron ganas de pegarle; *I have an* ~ *to do something new* siento la necesidad de hacer algo nuevo II *v/t:* ~ *s.o. to do sth* rogar a alguien que haga algo

◆ **urge on** *v/t* (*encourage*) animar

ur•gen•cy ['3:rdʒənsɪ] *of situation* urgencia *f*

ur•gent ['3:rdʒənt] *adj job, letter* urgente; *be in* ~ *need of sth* necesitar algo urgentemente; *is it* ~*?* ¿es urgente?

u•ri•nal ['jʊrənl] **1** *fitting* urinario *m* **2** *place* servicios *mpl*

u•ri•nar•y ['jʊrənərɪ] *adj* urinario

u•ri•nate ['jʊrəneɪt] *v/i* orinar

u•rine ['jʊrɪn] orina *f*

URL [juːɑːr'el] *abbr* (= *uniform resource locator*) COMPUT URL *f*

urn [3:rn] urna *f*

u•rol•o•gist [jʊ'rɑːlədʒɪst] MED urólogo(-a) *m(f)*

U•ru•guay ['jʊrəgwaɪ] Uruguay *m*

U•ru•guay•an [jʊrə'gwaɪən] I *adj* uruguayo II *n* uruguayo(-a) *m(f)*

us [ʌs] *pron* nos; *after prep* nosotros(-as); *they love* ~ nos quieren; *she*

gave ~ *the keys* nos dio las llaves; *he sold it to* ~ nos lo vendió; *that's for* ~ eso es para nosotros; *who's that? – it's* ~ ¿quién es? – ¡somos nosotros!; *all of* ~ *agree* todos (nosotros) estamos de acuerdo

US [juː'es] *abbr* (= *United States*) EE.UU. (= Estados Unidos)

USA [juːes'eɪ] *abbr* (= *United States of America*) EE.UU. (= Estados Unidos)

us•a•ble ['juːzəbl] *adj* utilizable; *it's not* ~ no se puede utilizar

us•age ['juːzɪdʒ] uso *m*

USDA [juːesdiː'eɪ] *abbr* (= *United States Department of Agriculture*) Ministerio *m* de Agricultura

use I *v/t* [juːz] *tool, word* utilizar, usar; *skills, knowledge, car* usar; *a lot of gas* consumir; *pej: person* utilizar; *I could* ~ *a drink* F no me vendría mal una copa

II *n* [juːs] uso *m*, utilización *f*; *be of great* ~ *to s.o.* ser de gran utilidad para alguien; *it's of no* ~ *to me* no me sirve; *is that of any* ~*?* ¿eso sirve para algo?; *it's no* ~ no sirve de nada; *it's no* ~ *trying / waiting* no sirve de nada intentarlo / esperar

◆ **use up** *v/t* agotar

used[1] [juːzd] *adj car etc* de segunda mano

used[2] [juːst] *adj: be* ~ *to s.o. / sth* estar acostumbrado a alguien / algo; *get* ~ *to s.o. / sth* acostumbrarse a alguien / algo; *be* ~ *to doing sth* estar acostumbrado a hacer algo; *get* ~ *to doing sth* acostumbrarse a hacer algo

used[3] [juːst] *v/aux: I* ~ *to like him* antes me gustaba; *they* ~ *to meet every Saturday* solían verse todos los sábados

use•ful ['juːsfəl] *adj* útil; ~ *life* vida *f* útil

use•ful•ness ['juːsfʊlnɪs] utilidad *f*

use•less ['juːslɪs] *adj* inútil; *machine, computer* inservible; *be* ~ F *person* ser un inútil F; *it's* ~ *trying* (*there's no point*) no vale la pena intentarlo

use•less•ness ['juːslɪsnɪs] inutilidad *f*

us•er ['juːzər] *of product* usuario(-a) *m(f)*

us•er-'friend•ly *adj* de fácil manejo

ush•er ['ʌʃər] (*at wedding*) persona que se encarga de indicar a los asistentes dónde se deben sentar

◆ **usher in** v/t *new era* anunciar

ush•er•ette [ʌʃəˈret] *Br* acomodadora f

USSR [juːesesˈɑːr] *abbr* (= *Union of Soviet Socialist Republics*) URSS f (= Unión f de las Repúblicas Socialistas Soviéticas)

u•su•al [ˈjuːʒl] *adj* habitual, acostumbrado; *as* ~ como de costumbre; *the* ~, *please* lo de siempre, por favor

u•su•al•ly [ˈjuːʒəlɪ] *adv* normalmente; *I* ~ *start at 9* suelo empezar a las 9

u•surp [juːˈzɜːrp] v/t *power, throne* usurpar

u•su•ry [ˈjuːʒʊrɪ] usura f

u•ten•sil [juːˈtensl] utensilio m

u•te•rus [ˈjuːtərəs] útero m

u•til•i•tar•i•an [juːtɪlɪˈterɪən] *adj* (*functional*) funcional, práctico

u•til•i•ty [juːˈtɪlɪtɪ] **1** (*usefulness*) utilidad f **2**: *public utilities* servicios mpl públicos

u'til•i•ty pole poste m telegráfico

u•til•ize [ˈjuːtɪlaɪz] v/t utilizar

ut•most [ˈʌtmoʊst] **I** *adj* sumo **II** *n*: *do one's* ~ hacer todo lo posible

ut•ter [ˈʌtər] **I** *adj* completo, total **II** v/t *sound* decir, pronunciar

ut•ter•ly [ˈʌtərlɪ] *adv* completamente, totalmente

U-turn [ˈjuːtɜːrn] cambio m de sentido; *do a* ~ *fig*: *in policy etc* dar un giro de 180 grados

V

V [ˈviː] *abbr* (= *volts*) V (= voltios *mpl*)

va•can•cy [ˈveɪkənsɪ] *esp Br* **1** *job* vacante f; *fill a* ~ llenar una vacante **2**: *in hotel vacancies* habitaciones disponibles; *'no vacancies'* 'completo'

va•cant [ˈveɪkənt] *adj building* vacío; *position* vacante; *look, expression* vago, distraído; ~ *on toilet door* libre; *situations* ~ *Br* ofertas fpl de empleo, colocaciones fpl

va•cant•ly [ˈveɪkəntlɪ] *adv look etc* distraídamente

va•cate [veɪˈkeɪt] v/t *room* desalojar

va•ca•tion [veɪˈkeɪʃn] **I** *n* vacaciones fpl; *be on* ~ estar de vacaciones; *go to* ~ *on* ~ ir de vacaciones a …; *take a* ~ tomarse vacaciones **II** v/i ir de vacaciones

va•ca•tion•er [veɪˈkeɪʃənər] turista m/f; *in summer* veraneante m/f

vac•cin•ate [ˈvæksɪneɪt] v/t vacunar; *be* ~*d against* … estar vacunado contra …

vac•cin•a•tion [væksɪˈneɪʃn] *action* vacunación f; (*vaccine*) vacuna f

vac•cine [ˈvæksiːn] vacuna f

vac•il•late [ˈvæsɪleɪt] v/i vacilar, dudar (*between* entre)

vac•il•la•tion [væsɪˈleɪʃn] vacilación f, titubeo m

vac•u•ous [ˈvækjʊəs] *adj* vacuo, vacío

vac•u•um [ˈvækjʊəm] **I** *n* PHYS, *fig* vacío m **II** v/t *floors* pasar el aspirador por, aspirar

'vac•u•um bot•tle termo m; **'vac•u•um clean•er** aspirador m, aspiradora f; **'vac•u•um flask** *Br* termo m; **'vac•u•um-'packed** *adj* envasado al vacío

vag•a•bond [ˈvægəbɑːnd] vagabundo(-a) m(f)

va•gar•ies [ˈveɪɡəriːz] *npl of weather* antojos mpl (*of* de); *of financial markets* altibajos mpl (*of* de)

va•gi•na [vəˈdʒaɪnə] vagina f

va•gi•nal [ˈvædʒɪnl] *adj* vaginal

va•gran•cy [ˈveɪɡrənsɪ] LAW vagancia f

va•grant [ˈveɪɡrənt] vagabundo(-a) m(f)

vague [veɪɡ] *adj* vago; *he was very* ~ *about it* no fue muy preciso

vague•ly [ˈveɪɡlɪ] *adv answer*, (*slightly*) vagamente; *possible* muy poco

vain [veɪn] **I** *adj* **1** *person* vanidoso **2** *hope* vano **II** *n*: *in* ~ en vano; *their efforts were in* ~ sus esfuerzos fueron en vano

va•lence [ˈveɪləns] CHEM, LING valencia f

va•len•cy [ˈveɪlənsɪ] *Br* ☞ *valence*

val•en•tine [ˈvæləntaɪn] *card* tarjeta f del día de San Valentín; *Valentine's Day* día m de San Valentín *or* de los enamorados

val•et I *n* [ˈvæleɪ] *person* mozo m **II** v/t [ˈvælət] *car* lavar y limpiar

'val•et park•ing servicio m de aparcacoches

'val•et ser•vice *for clothes* servicio *m* de planchado; *for cars* servicio *m* de lavado y limpiado

val•iant ['væljənt] *adj* valiente, valeroso

val•iant•ly ['væljəntlı] *adv* valientemente, valerosamente

val•id ['vælɪd] *adj* válido

val•i•date ['vælɪdeɪt] *v/t with official stamp* sellar; *s.o.'s alibi* dar validez a

va•lid•i•ty [və'lɪdətı] validez *f*

Val•i•um® ['vælɪəm] Valium *m*

val•ley ['vælɪ] valle *m*

val•or ['vælər] valentía *f*, coraje *m*

val•our *Br* ☞ *valor*

val•u•a•ble ['væljʊbl] **I** *adj* valioso **II** *n*: ~**s** objetos *mpl* de valor

val•u•a•tion [væljʊ'eɪʃn] tasación *f*, valoración *f*

val•ue ['vælju:] **I** *n* valor *m*; *be good* ~ ofrecer buena relación calidad-precio; *get* ~ *for money* recibir una buena relación calidad-precio; *rise / fall in* ~ aumentar / disminuir de valor **II** *v/t s.o.'s friendship, one's freedom* valorar; *I* ~ *your advice* valoro tus consejos; *have an object* ~*d* pedir la valoración *or* tasación de un objeto

val•ue-'ad•ded tax *Br* impuesto *m* sobre el valor añadido

val•ued ['vælju:d] *adj* valorado, apreciado

'val•ue judg(e)•ment juicio *m* de valor

val•ue•less ['væljʊlɪs] *adj* carente de valor

val•u•er ['væljʊər] tasador(a) *m(f)*

valve [vælv] válvula *f*

vamp [væmp] vampiresa *f*, mujer *f* fatal

vam•pire ['væmpaɪr] vampiro *m*

'vam•pire bat vampiro *m* del Uruguay

van [væn] camioneta *f*, furgoneta *f*

van•dal ['vændl] vándalo *m*, gamberro(-a) *m(f)*

van•dal•ism ['vændəlɪzm] vandalismo *m*

van•dal•ize ['vændəlaɪz] *v/t* destrozar (*intencionadamente*)

vane [veɪn] *of propeller* aspa *f*, paleta *f*

van•guard ['vænɡɑːrd] vanguardia *f*; *be in the* ~ *of fig* estar a la vanguardia de

va•nil•la [və'nɪlə] **I** *n* vainilla *f* **II** *adj* de vainilla

van•ish ['vænɪʃ] *v/i* desaparecer

van•i•ty ['vænətı] *of person* vanidad *f*

'van•i•ty case neceser *m*; **'van•i•ty pub•lish•ing** publicación de una obra financiada por el propio autor; **'van•i•ty ta•ble** tocador *m*

van•quish ['væŋkwɪʃ] *v/t* conquistar, derrotar

van•tage point ['væntɪdʒ] *on hill etc* posición *f* aventajada

va•por ['veɪpər] vapor *m*

va•por•ize ['veɪpəraɪz] *v/t of atomic bomb, explosion* vaporizar

'va•por trail *of airplane* estela *f*

va•pour *Br* ☞ *vapor*

var•i•a•ble ['verıəbl] **I** *adj* variable **II** *n* MATH, COMPUT variable *f*

var•i•ance ['verıəns]: *be at* ~ *with* estar en desacuerdo con

var•i•ant ['verıənt] variante *f*

var•i•a•tion [verı'eɪʃn] variación *f*

var•i•cose vein [værıkous'veın] variz *f*

var•ied ['verıd] *adj* variado

var•i•e•gat•ed ['verıəɡeɪtıd] *adj* variopinto

va•ri•e•ty [və'raɪətı] (*variedness, type*) variedad *f*; *a* ~ *of things to do* (*range, mixture*) muchas cosas para hacer; ~ *is the spice of life* en la variedad está el gusto

va•ri•fo•cal ['verıfoukl] *adj lens* progresivo

var•i•ous ['verıəs] *adj* **1** (*several*) varios **2** (*different*) diversos

var•nish ['vɑːrnıʃ] **I** *n* **1** *for wood* barniz *m* **2** *for fingernails* esmalte *m* **II** *v/t* **1** *wood* barnizar **2** *fingernails* poner esmalte a, pintar

var•y ['verı] **I** *v/i* (*pret & pp* **-ied**) variar; *it varies* depende **II** *v/t* (*pret & pp* **-ied**) variar

vase [veɪz] jarrón *m*

vas•ec•to•my [və'sektəmı] vasectomía *f*

Vas•e•line® ['væsəli:n] vaselina *f*

vast [væst] *adj desert, knowledge* vasto; *number, improvement* enorme; *the* ~ *majority* la gran mayoría

vast•ly ['væstlı] *adv* enormemente; *different* totalmente; *superior* infinitamente

VAT [vi:eɪ'ti:, væt] *abbr Br* (= *value--added tax*) IVA *m* (= impuesto *m* sobre el valor añadido)

vat [væt] barril *m*, tanque *m*

Vat•i•can ['vætıkən]: *the* ~ el Vaticano

V
W
X

vau•de•ville ['vɒːdvɪl] vodevil *m*

vault[1] [vɒːlt] *n* **1** *in roof* bóveda *f* **2:** ~**s** (*cellar*) sótano *m*; *of bank* cámara *f* acorazada

vault[2] [vɒːlt] **l** *n* SP salto *m* **ll** *v/t beam etc* saltar

vault•ed ['vɒːltɪd] *adj* convexo, abombado

vault•ing horse ['vɒːltɪŋ] potro *m*

vCJD [viːsiːdʒeɪˈdiː] *abbr* (= **new variant Creutzfeldt-Jakob Disease**) nueva variante *f* de la enfermedad de Creutzfeldt-Jakob

VCR [viːsiːˈɑːr] *abbr* (= **video cassette recorder**) aparato *m* de *Span* vídeo *or* L.Am. video

VD [viːˈdiː] *abbr* (= **venereal disease**) enfermedad *f* venérea

VDU [viːdiːˈjuː] *abbr* (= **visual display unit**) monitor *m*

veal [viːl] ternera *f*

vec•tor ['vektər] MATH vector *m*

veer [vɪr] *v/i* girar, torcer; ~ **to the right** POL dar un giro a la derecha

◆ veer off *v/i* girar, torcer

ve•gan ['viːgn] **l** *n* vegetariano(-a) *m(f)* estricto (-a) (*que no come ningún producto de origen animal*) **ll** *adj* vegetariano estricto

veg•e•burg•er® ['vedʒɪbɜːrgər] hamburguesa *f* vegetariana

veg•e•ta•ble ['vedʒtəbl] hortaliza *f*; ~**s** *pl* verduras *fpl*

veg•e•tar•i•an [vedʒɪ'terɪən] **l** *n* vegetariano(-a) *m(f)* **ll** *adj* vegetariano

veg•e•tar•i•an•ism [vedʒɪ'terɪənɪzm] vegetarianismo *m*

veg•e•tate ['vedʒɪteɪt] *v/i* vegetar

veg•e•ta•tion [vedʒɪ'teɪʃn] vegetación *f*

veg•gie•bur•ger ['vedʒɪbɜːrgər] hamburguesa *f* vegetariana

ve•he•mence ['viːəməns] vehemencia *f*

ve•he•ment ['viːəmənt] *adj* vehemente

ve•he•ment•ly ['viːəməntlɪ] *adv* vehementemente

ve•hi•cle ['viːɪkl] *also fig* vehículo *m*

veil [veɪl] **l** *n* velo *m*; **draw a** ~ **over sth** *fig* correr un tupido velo sobre algo **ll** *v/t* cubrir con un velo; ~**ed in secrecy** envuelto en secretismo

vein [veɪn] ANAT vena *f*; **in this** ~ *fig* en este tono

Vel•cro® ['velkroʊ] velcro *m*

ve•loc•i•ty [vɪ'lɑːsətɪ] velocidad *f*

vel•vet ['velvɪt] terciopelo *m*

vel•vet•y ['velvɪtɪ] *adj* aterciopelado

vend•er ☞ **vendor**

ven•det•ta [ven'detə] vendetta *f*

vend•ing ma•chine ['vendɪŋ] máquina *f* expendedora

vend•or ['vendər] LAW parte *f* vendedora

ve•neer [və'nɪr] *on wood* chapa *f*; *fig: of politeness etc* apariencia *f*, fachada *f*

ven•er•a•ble ['venərəbl] *adj* venerable

ven•er•ate ['venəreɪt] *v/t* venerar

ven•er•a•tion [venə'reɪʃn] veneración *f*

ve•ne•re•al dis•ease [vɪ'nɪrɪəl] enfermedad *f* venérea

ve•ne•tian 'blind persiana *f* veneciana

Ven•e•zue•la [veniz'weɪlə] Venezuela *f*

Ven•e•zue•lan [veniz'weɪlən] **l** *adj* venezolano **ll** *n* venezolano(-a) *m(f)*

ven•geance ['vendʒəns] venganza *f*; **with a** ~ con ganas

venge•ful ['vendʒfʊl] *adj* vengativo

ven•i•son ['venɪsn] venado *m*

ven•om ['venəm] *also fig* veneno *m*

ven•om•ous ['venəməs] *adj snake* venenoso; *fig* envenenado

vent [vent] **l** *n for air* respiradero *m*; **give ~ to** *feelings* dar rienda suelta a **ll** *v/t*: ~ **one's anger on s.o.** descargarse con alguien

ven•ti•late ['ventɪleɪt] *v/t* ventilar

ven•ti•la•tion [ventɪ'leɪʃn] ventilación *f*

ven•ti•la•tion shaft pozo *m* de ventilación

ven•ti•la•tor ['ventɪleɪtər] ventilador *m*; MED respirador *m*

ven•tri•cle ['ventrɪkl] ventrículo *m*

ven•tril•o•quism [ven'trɪləkwɪzəm] ventriloquia *f*

ven•tril•o•quist [ven'trɪləkwɪst] ventrílocuo(-a) *m(f)*

ven•ture ['ventʃər] **l** *n* (*undertaking*) iniciativa *f*; COM empresa *f* **ll** *v/i* aventurarse **lll** *v/t*: ~ **to do sth** aventurarse a hacer algo; ~ **an opinion** aventurar una opinión (**on** sobre)

'ven•ture cap•i•tal capital *m* de riesgo

'ven•ture cap•i•tal•ist capitalista *m/f* de riesgo

ven•ue ['venjuː] *for meeting* lugar *m*; *for concert* local *m*, sala *f*

Ve•nus ['viːnəs] ASTR Venus *m*

ve•ran•da [və'rændə] porche *m*

verb [vɜːrb] verbo *m*

ver•bal ['vɜːrbl] *adj* (*spoken*) verbal
ver•bal•ize ['vɜːrbəlaɪz] *v/t* expresar, exteriorizar con palabras
ver•bal•ly ['vɜːrbəlɪ] *adv* de palabra
ver•ba•tim [vɜːr'beɪtɪm] *adv* literalmente
ver•bi•age ['vɜːrbɪɪdʒ] verbosidad *f*, verborragia *f*
ver•bose [vɜːr'boʊs] *adj* verboso, recargado
ver•dict ['vɜːrdɪkt] LAW veredicto *m*; **what's your ~?** ¿qué te parece?, ¿qué opinas?
ver•di•gris ['vɜːrdɪgrɪ] verdete *m*
verge [vɜːrdʒ] *of road* arcén *m*; **be on the ~ of** *of ruin* estar al borde de; *tears* estar a punto de
◆ **verge on** *v/t* rayar en
ver•i•fi•a•ble [verɪ'faɪəbl] *adj* demostrable, comprobable
ver•i•fi•ca•tion [verɪfɪ'keɪʃn] **1** (*checking*) verificación *f* **2** (*confirmation*) confirmación *f*
ver•i•fy ['verɪfaɪ] *v/t* (*pret & pp* **-ied**) **1** (*check*) verificar **2** (*confirm*) confirmar
ver•i•ta•ble ['verɪtəbl] *adj* auténtico, verdadero; **a ~ labyrinth** un verdadero laberinto
ver•mi•cel•li [vɜːrmɪ'tʃelɪ] *nsg* fideos *mpl*
ver•mil•ion [vər'mɪlɪən] *adj* bermellón
ver•min ['vɜːrmɪn] *npl* bichos *mpl*
ver•min•ous ['vɜːrmɪnəs] *adj* sarnoso, cochambroso
ver•mouth [vɜːr'muːθ] vermut *m*
ver•nac•u•lar [vər'nækjələr] lenguaje *m* de la calle
ver•sa•tile ['vɜːrsətəl] *adj* polifacético, versátil
ver•sa•til•i•ty [vɜːrsə'tɪlətɪ] polivalencia *f*, versatilidad *f*
verse [vɜːrs] verso *m*
versed [vɜːrst] *adj*: **be well ~ in a subject** estar muy versado en una materia
ver•sion ['vɜːrʃn] versión *f*
ver•sus ['vɜːrsəs] *prep* SP, LAW contra
ver•te•bra ['vɜːrtɪbrə] vértebra *f*
ver•te•brate ['vɜːrtɪbreɪt] vertebrado (-a) *m(f)*
ver•tex ['vɜːrteks] (*pl* **-tices** ['vɜːrtɪsiːz], **-texes**) vértice *m*
ver•ti•cal ['vɜːrtɪkl] *adj* vertical
ver•ti•go ['vɜːrtɪgoʊ] vértigo *m*
verve [vɜːrv] entusiasmo *m*, garbo *m*

ver•y ['verɪ] **I** *adv* muy; *was it cold? – not ~* ¿hizo frío? – no mucho; **the ~ best** el mejor de todos **II** *adj*: **at that ~ moment** en ese mismo momento; **that's the ~ thing I need** (*exact*) eso es precisamente lo que necesito; **the ~ thought** (*mere*) sólo de pensar en; **right at the ~ top / bottom** arriba / al fondo del todo
ver•y large-scale in•te•gra•tion integración *f* a gran escala
ves•i•cle ['vesɪkl] vesícula *f*
ves•sel ['vesl] **1** NAUT buque *m* **2** *dish* vasija *f*, cuenco *m*
vest [vest] **1** chaleco *m* **2** *Br* camiseta *f* interior
vest•ed in•ter•est [vestɪd'ɪntrəst] **1**: **the ~s** *pl* los intereses establecidos *or* creados **2**: **have a ~ in sth** tener verdadero interés en algo
ves•ti•bule ['vestɪbjuːl] vestíbulo *m*
ves•tige ['vestɪdʒ] vestigio *m*
ves•try ['vestrɪ] REL sacristía *f*
vet[1] [vet] *n* (*veterinary surgeon*) veterinario(-a) *m(f)*
vet[2] [vet] *v/t* (*pret & pp* **-ted**) *applicants etc* examinar, investigar
vet[3] [vet] *n* MIL veterano(-a) *m(f)*
vet•e•ran ['vetərən] **I** *n* veterano(-a) *m(f)* **II** *adj* veterano
vet•e•ri•nar•i•an [vetərə'nerɪən] veterinario(-a) *m(f)*
vet•er•i•nar•y ['vetərɪnerɪ] *adj* veterinario
'vet•er•i•nar•y med•i•cine veterinaria *f*
'vet•er•i•nar•y sur•geon *Br* veterinario(-a) *m(f)*
ve•to ['viːtoʊ] **I** *n* (*pl* **-oes**) veto *m* **II** *v/t* vetar
vex [veks] *v/t* (*concern, worry*) molestar, irritar
vexed [vekst] **1** *adj* (*worried*) molesto, irritado **2**: **the ~ question of** la polémica cuestión de
VHF [viːeɪtʃ'ef] *abbr* (= **Very High Frequency**) VHF *m* (= frecuencia *f* muy alta)
vi•a ['vaɪə] *prep* vía
vi•a•ble ['vaɪəbl] *adj* viable
vi•a•duct ['vaɪədʌkt] viaducto *m*
vi•al ['vaɪəl] frasco *m*
vibes [vaɪbz] *npl* F **1** *vibraphone* vibráfono *m* **2** *fig* vibraciones *fpl*; *I was getting positive ~ from her* (ella) me dio

buenas vibraciones

vi•brant ['vaɪbrənt] *adj* **1** *color, voice* penetrante, vivo **2** *personality* dinámico, entusiasta

vi•bra•phone ['vaɪbrəfoʊn] MUS vibráfono *m*

vi•brate [vaɪ'breɪt] *v/i* vibrar

vi•bra•tion [vaɪ'breɪʃn] vibración *f*

vi•bra•tor [vaɪ'breɪtər] vibrador *m*

vic•ar ['vɪkər] *Br* REL vicario *m*

vic•ar•age ['vɪkərɪdʒ] *Br* REL vicaría *f*

vi•car•i•ous [vaɪ'keriəs] *adj* indirecto

vice[1] [vaɪs] vicio *m*; *the problem of* ~ el problema del vicio

vice[2] *Br* ☞ *vise*

vice 'pres•i•dent vicepresidente(-a) *m(f)*

'vice squad brigada *f* antivicio

vi•ce ver•sa [vaɪs'vɜːrsə] *adv* viceversa

vi•cin•i•ty [vɪ'sɪnətɪ] zona *f*; *in the* ~ *of ... the church etc* en las cercanías de ...; *$500 etc* rondando ...

vi•cious ['vɪʃəs] *adj dog* fiero; *attack, temper, criticism* feroz

vi•cious 'cir•cle círculo *m* vicioso

vi•cious•ly ['vɪʃəslɪ] *adv* con brutalidad

vi•cis•si•tudes [vɪ'sɪsɪtuːdz] *npl fml* vicisitudes *fpl*

vic•tim ['vɪktɪm] víctima *f*

vic•tim•ize ['vɪktɪmaɪz] *v/t* tratar injustamente

vic•tor ['vɪktər] vencedor(a) *m(f)*

Vic•to•ri•an [vɪk'tɔːrɪən] *adj* HIST victoriano

vic•to•ri•ous [vɪk'tɔːrɪəs] *adj* victorioso

vic•to•ry ['vɪktərɪ] victoria *f*; *win a* ~ *over ...* obtener una victoria sobre ...

vid•e•o ['vɪdɪoʊ] **I** *n Span* vídeo *m*, *L.Am.* video *m*; *have X on* ~ tener a X en *Span* vídeo *or L.Am.* video **II** *v/t* grabar en *Span* vídeo *or L.Am.* video

'vid•e•o ar•cade salón *m* de juegos recreativos; **'vid•e•o cam•e•ra** videocámara *f*; **vid•e•o•cas'sette** videocasete *m*; **vid•e•o•cas'sette re•cord•er** aparato *m* de video *or Span* vídeo; **'vid•e•o clip** videoclip *m*, vídeo *m* musical; **'vid•e•o con•fer•ence** TELEC videoconferencia *f*; **'vid•e•o•disk** videodisco *m*, video disk *m*; **'vid•e•o game** videojuego *m*; **vid•e•o 'nas•ty** *Br*: película de contenido violento o pornográfico; **'vid•e•o•phone** videoteléfono *m*; **'vid-**

e•o re•cord•er aparato *m* de *Span* vídeo *or L.Am.* video; **'vid•e•o re•cord•ing** grabación *f* en *Span* vídeo *or L.Am.* video; **'vid•e•o screen** *of TV* pantalla *f* del televisor; **'vid•e•o sig•nal** señal *f* de *Span* vídeo *or L.Am.* video; **'vid•e•o•tape I** *n* cinta *f* de video *or Span* vídeo **II** *v/t* grabar en video *or Span* vídeo

vie [vaɪ] *v/i* competir

Vi•et•nam [vɪet'nɑːm] Vietnam *m*

Vi•et•nam•ese [vɪetnə'miːz] **I** *adj* vietnamita **II** *n* **1** *person* vietnamita *m/f* **2** *language* vietnamita *m*

view [vjuː] **I** *n* **1** vista *f*; *in* ~ *of* teniendo en cuenta; *be on* ~ *of paintings* estar expuesto al público; *be hidden from* ~ estar oculto *or* escondido; *in full* ~ *of the crowd* a la vista de todos; *you're blocking my* ~ no me dejas ver **2** *of situation* opinión *f*; *with a* ~ *to* con vistas a **II** *v/t events, situation* ver, considerar; *TV program, house* ver **III** *v/i* (*watch TV*) ver la televisión

view•er ['vjuːər] TV telespectador(a) *m(f)*

'view•find•er PHOT visor *m*

view•ing fig•ures ['vjuːɪŋ] *npl* índice *m* de audiencia

'view•point punto *m* de vista

vig•il ['vɪdʒɪl] vigilia *f*; *keep* ~ velar (*by* por)

vig•i•lance ['vɪdʒɪləns] vigilancia *f*

vig•i•lant ['vɪdʒɪlənt] *adj* vigilante, en alerta

vig•i•lan•te [vɪdʒɪ'læntɪ] vigilante *m/f*

vig•or ['vɪgər] (*energy*) vigor *m*

vig•or•ous ['vɪgərəs] *adj shake* vigoroso; *person* enérgico; *denial* rotundo

vig•or•ous•ly ['vɪgərəslɪ] *adv shake* con vigor; *deny, defend* rotundamente

vig•our *Br* ☞ *vigor*

Vi•king ['vaɪkɪŋ] **I** *n* vikingo(-a) *m(f)* **II** *adj* vikingo

vile [vaɪl] *adj smell* asqueroso; *thing to do* vil

vil•i•fy ['vɪlɪfaɪ] *v/t* difamar, desacreditar

vil•la ['vɪlə] chalet *m*; *in the country* villa *f*

vil•lage ['vɪlɪdʒ] pueblo *m*

vil•lag•er ['vɪlɪdʒər] aldeano(-a) *m(f)*

vil•lain ['vɪlən] malo(-a) *m(f)*

vin•ai•grette [vɪnɪ'gret] GASTR vinagreta *f*

vin•di•cate ['vɪndɪkeɪt] *v/t* (*show to be correct*) dar la razón a; (*show to be innocent*) vindicar; **I feel ~d** los hechos me dan ahora la razón

vin•dic•tive [vɪn'dɪktɪv] *adj* vengativo

vin•dic•tive•ly [vɪn'dɪktɪvlɪ] *adv* vengativamente

vine [vaɪn] *n* vid *f*

vin•e•gar ['vɪnɪgər] vinagre *m*

vine•yard ['vɪnjɑːrd] viñedo *m*

vi•no ['viːnoʊ] F vino *m*

vin•tage ['vɪntɪdʒ] **I** *n of wine* cosecha *f* **II** *adj* (*classic*) clásico *m*

vint•ner ['vɪntnər] **1** (*wine merchant*) vinatero(-a) *m(f)* **2** (*wine maker*) vinicultor(a) *m(f)*

vi•nyl ['vaɪnl] vinilo *m*

vi•o•la [vɪ'oʊlə] MUS viola *f*

vi•o•late ['vaɪəleɪt] *v/t* violar

vi•o•la•tion [vaɪə'leɪʃn] violación *f*; (*traffic ~*) infracción *f*

vi•o•lence ['vaɪələns] violencia *f*; **outbreak of ~** estallido *m* de violencia

vi•o•lent ['vaɪələnt] *adj* violento; **have a ~ temper** tener muy mal genio

vi•o•lent•ly ['vaɪələntlɪ] *adv react* violentamente; *object* rotundamente; **fall ~ in love with s.o.** enamorarse perdidamente de alguien; **he was ~ ill** vomitó mucho

vi•o•let ['vaɪələt] **1** *color* violeta *m* **2** *plant* violeta *f*

vi•o•lin [vaɪə'lɪn] violín *m*

vi•o•lin•ist [vaɪə'lɪnɪst] violinista *m/f*

VIP [viːaɪ'piː] *abbr* (= **very important person**) VIP *m*

vi•per ['vaɪpər] *snake* víbora *f*

vi•ral ['vaɪrəl] *adj infection* vírico, viral

Vir•gin ['vɜːrdʒɪn]: **the ~ (Mary)** la Virgen (María)

vir•gin ['vɜːrdʒɪn] virgen *m/f*

vir•gin•i•ty [vɜːr'dʒɪnətɪ] virginidad *f*; **lose one's ~** perder la virginidad

Vir•go ['vɜːrgoʊ] ASTR Virgo *m/f inv*; **be (a) ~** ser Virgo

vir•ile ['vɪrəl] *adj man* viril; *prose* vigoroso

vi•ril•i•ty [vɪ'rɪlətɪ] virilidad *f*

vi•rol•o•gy [vaɪ'rɑːlədʒɪ] virología *f*

vir•tu•al ['vɜːrtʃʊəl] *adj* virtual

vir•tu•al•ly ['vɜːrtʃʊəlɪ] *adv* (*almost*) virtualmente, casi

vir•tu•al re'al•i•ty realidad *f* virtual

vir•tue ['vɜːrtʃuː] virtud *f*; **in ~ of** en vir-

tud de; **make a ~ of necessity** hacer de la necesidad virtud

vir•tu•o•so [vɜːrtʃuː'oʊzoʊ] MUS virtuoso(-a) *m(f)*

vir•tu•ous ['vɜːrtʃəs] *adj* virtuoso

vir•u•lent ['vɪrʊlənt] *adj* virulento

vi•rus ['vaɪrəs] MED, COMPUT virus *m inv*

'vi•rus de•tec•tion pro•gram programa *m* detector de virus; **'vi•rus e•lim•i•na•tion pro•gram** programa *m* antivirus; **'vi•rus pro•tec•tion** COMPUT antivirus *m*; **'vi•rus scan•ner** COMPUT scanner *m* antivirus

vi•sa ['viːzə] visa *f*, visado *m*

vis-à-vis [viːzɑː'viː] *prep* contra, de cara a

vis•cer•a ['vɪsərə] *npl* ANAT vísceras *fpl*

vis•cer•al ['vɪsərəl] *adj* visceral

vis•cos•i•ty [vɪs'kɑːsətɪ] viscosidad *f*

vis•cous ['vɪskəs] viscoso, glutinoso

vise [vaɪs] torno *m* de banco

vis•i•bil•i•ty [vɪzə'bɪlətɪ] visibilidad *f*

vis•i•ble ['vɪzəbl] *adj object, difference* visible; *anger* evidente; **not be ~ to the naked eye** no ser visible a simple vista

vis•i•bly ['vɪzəblɪ] *adv different* visiblemente; **he was ~ moved** estaba visiblemente conmovido

vi•sion ['vɪʒn] *also* REL visión *f*; **I had ~s of having to rekey the whole thing** ya me veía teniendo que teclear todo otra vez

vi•sion•ar•y ['vɪʒnerɪ] **I** *adj* (*far-sighted*) previsor, precavido **II** *n* **1** (*far-sighted person*) previsor(a) *m(f)*, precavido(-a) *m(f)* **2** REL visionario(-a) *m(f)*

vis•it ['vɪzɪt] **I** *n* visita *f*; **pay a ~ to the doctor / dentist** visitar al doctor / dentista; **pay s.o. a ~** hacer una visita a alguien **II** *v/t* visitar

◆ **visit with** *v/t* **1** (*visit*) visitar **2** (*chat to*) platicar *or Span* conversar con

vis•it•a•tion [vɪzɪ'teɪʃn] **1** REL aparición *f* **2** *hum* (*visit*) visita *f*

vis•it•ing card ['vɪzɪtɪŋ] tarjeta *f* de visita

'vis•it•ing hours *npl at hospital* horas *fpl* de visita

vis•i•tor ['vɪzɪtər] (*guest*) visita *f*; (*tourist*), *to museum etc* visitante *m/f*

'vis•i•tors' book libro *m* de visitas

vi•sor ['vaɪzər] visera *f*

vis•ta ['vɪstə] vista *f* (*of* de)
vis•u•al ['vɪʒʊəl] *adj* visual
vis•u•al 'aid medio *m* visuale; **'vis•u•al arts** *npl* artes *fpl* plásticas; **vis•u•al dis'play u•nit** monitor *m*
vis•u•al•ize ['vɪʒʊəlaɪz] *v/t* visualizar; (*foresee*) prever
vis•u•al•ly ['vɪʒʊlɪ] *adv* visualmente
vis•u•al•ly im'paired *adj* con discapacidad visual
vi•tal ['vaɪtl] *adj* (*essential*) essencial, fundamental; *piece of evidence, clue* clave; *it's absolutely ~ that ...* es imprescindible que ...; *of ~ importance* de vital importancia
vi•tal•i•ty [vaɪ'tælətɪ] *of person, city etc* vitalidad *f*
vi•tal•ly ['vaɪtəlɪ] *adv*: *~ important* de importancia vital
vi•tal 'or•gans *npl* órganos *mpl* vitales
vi•tal sta•tis•tics *npl of woman* medidas *fpl*
vit•a•min ['vaɪtəmɪn] vitamina *f*
'vit•a•min pill pastilla *f* vitamínica
vit•ri•ol•ic [vɪtrɪ'ɑːlɪk] *adj* virulento
vi•va•cious [vɪ'veɪʃəs] *adj* vivaz
vi•vac•i•ty [vɪ'væsətɪ] vivacidad *f*
viv•id ['vɪvɪd] *adj color* vivo; *memory, imagination* vívido
viv•id•ly ['vɪvɪdlɪ] *adv* **1** (*brightly*) vivamente **2** (*clearly*) vívidamente
viv•i•sec•tion [vɪvɪ'sekʃn] BIO vivisección *f*
vix•en ['vɪksən] ZO zorra *f*
VLSI [viːeleseˈaɪ] *abbr* (= *very large--scale integration*) integración *f* a gran escala
V-neck ['viːnek] cuello *m* de pico
vo•cab ['voʊkæb] F ☞ *vocabulary*
vo•cab•u•la•ry [voʊ'kæbjʊlerɪ] vocabulario *m*
vo•cal ['voʊkl] *adj* **1** *to do with the voice* vocal **2** *expressing opinions* ruidoso; *a ~ opponent* un declarado adversario
'vo•cal cords *npl* cuerdas *fpl* vocales
'vo•cal group MUS grupo *m* vocal
vo•cal•ist ['voʊkəlɪst] MUS vocalista *m/f*
vo•ca•tion [və'keɪʃn] (*calling*) vocación *f*; (*profession*) profesión *f*
vo•ca•tion•al [və'keɪʃnl] *adj guidance* profesional
vo•cif•er•ous [və'sɪfərəs] *adj* vociferante, vehemente

vod•ka ['vɑːdkə] vodka *m*
vogue [voʊg] moda *f*; *be in ~* estar en boga
voice [vɔɪs] **I** *n* voz *f* **II** *v/t opinions* expresar
voice-ac•ti•vat•ed ['vɔɪsæktɪveɪtɪd] *adj* activado por voz
'voice box ANAT laringe *f*
voiced [vɔɪst] *adj* LING sonoro
voice•less ['vɔɪslɪs] *adj* LING sordo
'voice mail correo *m* de voz; **'voice--o•ver** voz *f* en off; **'voice rec•og•ni•tion** reconocimiento *m* de voz; **'voice vote** voto *m* oral
void [vɔɪd] **I** *n* vacío *m* **II** *adj*: *~ of* carente de
vol•a•tile ['vɑːlətəl] *adj personality, moods* cambiante; *markets* inestable
vol-au-vent ['vɑːloʊvɑːn] GASTR vol--au-vent *m*, tartaleta *f*
vol•can•ic [vɑːl'kænɪk] *adj* volcánico
vol•ca•no [vɑːl'keɪnoʊ] (*pl -o(e)s*) volcán *m*
vole [voʊl] ZO ratón *m* de campo
vo•li•tion [və'lɪʃn]: *of one's own ~* por decisión *or* elección propia
vol•ley ['vɑːlɪ] **I** *n* **1** *of shots* ráfaga *f* **2** *in tennis, soccer* volea *f* **II** *v/t* volear, golpear en el aire
'vol•ley•ball voleibol *m*, balonvolea *m*
volt [voʊlt] voltio *m*
volt•age ['voʊltɪdʒ] voltaje *m*
vol•u•ble ['vɑːljʊbl] *adj* elocuente, expresivo
vol•ume ['vɑːljəm] **1** *of sound* volumen *m* **2** *of container* capacidad *f* **3** *of book* volumen *m*, tomo *m*; *speak ~s about s.o.* decir mucho de alguien; *her silence spoke volumes* su silencio lo dijo todo
vol•ume con'trol control *m* del volumen
vo•lu•mi•nous [və'luːmɪnəs] *adj* **1** *item of clothing* amplio, voluminoso **2** *writing* profuso, detallado
vol•un•tar•i•ly [vɑːlən'terɪlɪ] *adv* voluntariamente
vol•un•ta•ry ['vɑːlənterɪ] *adj* voluntario; *on a ~ basis* como voluntario
vol•un•teer [vɑːlən'tɪr] **I** *n* voluntario(-a) *m(f)* **II** *v/i* ofrecerse voluntariamente
vo•lup•tu•ous [və'lʌptʃʊəs] *adj woman, figure* voluptuoso

wagon

vom•it ['vɑːmət] **I** *n* vómito *m* **II** *v/i* vomitar

♦ **vomit up** *v/t* vomitar

voo•doo ['vuːduː] vudú *m*

vo•ra•cious [vəˈreɪʃəs] *adj appetite* voraz

vo•ra•cious•ly [vəˈreɪʃəslɪ] *adv also fig* vorazmente

vor•tex ['vɔːrteks] (*pl* **vortexes** ['vɔːrteksɪs], **vortices** ['vɔːrtɪsiːz]) METEO vórtice *m*; *fig* torbellino *m*, espiral *f*

vote [voʊt] **I** *n* voto *m*; **have the ~** (*be entitled to vote*) tener el derecho al voto **II** *v/i* POL votar; **~ for / against** votar a favor / en contra **III** *v/t*: **they ~d him President** lo votaron presidente; **they ~d to stay behind** votaron (a favor de) quedarse atrás

♦ **vote in** *v/t new member* elegir en votación

♦ **vote on** *v/t issue* someter a votación

♦ **vote out** *v/t of office* rechazar en votación

vot•er ['voʊtər] POL votante *m/f*

vot•ing ['voʊtɪŋ] POL votación *f*

'vot•ing booth cabina *f* electoral

♦ **vouch for** [vaʊtʃ] *v/t truth of sth* dar fe de; *person* responder por

vouch•er ['vaʊtʃər] vale *m*

vow [vaʊ] **I** *n* voto *m* **II** *v/t*: **~ to do sth** prometer hacer algo

vow•el ['vaʊl] vocal *f*

voy•age ['vɔɪɪdʒ] viaje *m*

voy•eur [vɔɪˈɜːr] voyeur *m/f*, mirón (-ona) *m(f)*

VP [viːˈpiː] *abbr* (= **Vice President**) vicepresidente(-a) *m(f)*

vul•can•ized rub•ber ['vʌlkənaɪzd] goma *f* vulcanizada

vul•gar ['vʌlgər] *adj person, language* vulgar, grosero

vul•gar•i•ty [vʌlˈgærətɪ] vulgaridad *f*, ordinariez *f*

vul•ner•a•bil•i•ty [vʌlnərəˈbɪlətɪ] vulnerabilidad *f*

vul•ne•ra•ble ['vʌlnərəbl] *adj to attack, criticism* vulnerable

vul•ture ['vʌltʃər] buitre *m*

W

wack•o ['wækoʊ] F majareta *m/f*, grillado(-a) *m/f*

wack•y ['wækɪ] *adj* F estrambótico

wad [wɑːd] *of paper, absorbent cotton etc* bola *f*; **a ~ of $100 bills** un fajo de billetes de 100 dólares

wad•ding ['wɑːdɪŋ] relleno *m*

wad•dle ['wɑːdl] *v/i of duck* caminar; *of person* anadear

wade [weɪd] *v/i* caminar en el agua

♦ **wade in** *v/i Br* F *to conversation* entrometerse

♦ **wade through** *v/t book, documents* leerse

wad•er[1] [weɪdər] ORN zancuda *f*

wad•er[2] [weɪdər] *boot* bota *f* de agua

wad•ing pool ['weɪdɪŋpuːl] piscina *f* hinchable

wa•fer ['weɪfər] **1** *cookie* barquillo *m* **2** REL hostia *f*

'wa•fer-thin *adj* muy fino

waf•fle[1] ['wɑːfl] *n to eat* gofre *m*

waf•fle[2] ['wɑːfl] *v/i* F andarse con rodeos

waft [wɑːft] **I** *v/i of smell* flotar; **the sound of a guitar ~ed in from ...** una música agradable de guitarra venía de ... **II** *v/t* llevar

wag[1] [wæg] **I** *v/t* (*pret & pp* **-ged**) *tail, finger* menear **II** *v/i* (*pret & pp* **-ged**) *of tail* menearse

wag[2] [wæg] *n* payaso *m*

wage[1] [weɪdʒ] *v/t*: **~ war** hacer la guerra

wage[2] [weɪdʒ] *n* salario *m*, sueldo *m*; **~s** salario *m*, sueldo *m*

'wage claim, **'wage de•mand** reivindicación *f* salarial; **'wage earn•er** asalariado(-a) *m(f)*; **'wage freeze** congelación *f* salarial; **'wage ne•go•ti•a•tions** *npl* negociación *f* salarial; **'wage pack•et** *fig* salario *m*, sueldo *m*

wa•ger ['weɪdʒər] **I** *n* apuesta *f*; **have a ~ on sth** apostar por algo **II** *v/t*: **I'll ~ that ...** apuesto a que...

wag•gle ['wægl] *v/t hips* menear; *ears, loose screw etc* mover

wag•on, *Br* **wag•gon** ['wægən] **1** *horse-drawn* carro *m*; *covered* carromato *m* **2**

Br RAIL vagón *m* **3**: *be on the ~* F haber dejado la bebida

waif [weɪf] *n* niño(-a) *m/f* desamparado(-a); *~s and strays* niños desamparados

wail [weɪl] **I** *n of person, baby* gemido *m*; *of siren* sonido *m*, aullido *m* **II** *v/i of person, baby* gemir; *of siren* sonar, aullar

wain•scot•ting ['weɪnskɑ:tɪŋ] revestimiento *m*

waist [weɪst] cintura *f*

'waist•band cinturilla *f*; **'waist•coat** *Br* chaleco *m*; **waist-'deep** *adj*: *the water was ~* el agua cubría hasta la cintura; **waist-'high** *adj*: *the grass was ~* la hierba llegaba hasta la cintura; **'waist-line** cintura *f*; *watch one's ~* F cuidar la línea

wait [weɪt] **I** *n* espera *f*; *I had a long ~ for a train* esperé mucho rato el tren; *it was worth the ~* mereció la pena esperar; *lie in ~ for s.o.* acechar a alguien **II** *v/i* esperar; *have you been ~ing long?* ¿llevan mucho rato esperando? **III** *v/t*: *don't ~ supper for me* no me esperéis a cenar; *~ table* trabajar de camarero(-a)

◆ **wait for** *v/t* esperar; *wait for me!* ¡esperame!

◆ **wait on** *v/t* **1** (*serve*) servir **2** (*wait for*) esperar

◆ **wait up** *v/i* esperar levantado

wait•er ['weɪtər] camarero *m*

wait•ing ['weɪtɪŋ] espera *f*; *no ~ sign* señal *f* de prohibido estacionar

'wait•ing list lista *f* de espera

'wait•ing room sala *f* de espera

wait•ress ['weɪtrɪs] camarera *f*

waive [weɪv] *v/t right* renunciar; *requirement* no aplicar

waiv•er ['weɪvər] LAW renuncia *f*

wake[1] [weɪk] **I** *v/i* (*pret woke, pp woken*): *~ (up)* despertarse **II** *v/t* (*pret woke, pp woken*): *~ (up)* despertar

◆ **wake up I** *v/i* **1** *from sleep* despertarse **2** *fig* espabilarse **II** *v/t* **1** *from sleep* despertar **2** *fig* espabilar

wake[2] [weɪk] *n of ship* estela *f*; *in the ~ of fig* tras; *missionaries followed in the ~ of the explorers* los exploradores siguieron los misioneros

wake•ful ['weɪkfʊl] *adj* (*unable to sleep*) desvelado; *she spent a ~ night* pasó la noche en vela

wak•en ['weɪkən] *v/t* despertar

'wake-up call: *could I have a ~ at 6.30?* ¿me podrían despertar a las 6.30?

wak•ing ['weɪkɪŋ] *adj*: *he spends all his ~ hours studying* pasa todas las horas que está despierto estudiando

Wales [weɪlz] Gales *m*

walk [wɔːk] **I** *n* **1** paseo *m*; *longer* caminata *f*; *it's a long / short ~ to the office* hay una caminata / un paseo hasta la oficina; *go for a ~* salir a dar un paseo, salir de paseo; *it's a five-minute ~* está a cinco minutos a pie **2** (*path*) camino *m* **3**: *from all ~s of life* de toda condición **4** *in baseball* base *f* por bolas **II** *v/i* caminar, andar; *as opposed to driving* ir a pie *she ~ed over to the window* se acercó a la ventana; *I ~ed over to her place* fui a su casa **III** *v/t* **1** *dog* sacar a pasear **2**: *~ the streets* (*walk around*) caminar por las calles **3** *in baseball*: *he was ~ed* hizo una base por bolas

◆ **walk in** *v/i* entrar

◆ **walk into** *v/t* **1** *room* entrar **2** (*collide with*) chocarse con

◆ **walk off I** *v/i* marcharse, irse **II** *v/t headache* ir a dar un paseo para librarse de

◆ **walk off with** *v/t prize* hacerse con

◆ **walk out** *v/i of spouse* marcharse; *from theater etc* salir; (*go on strike*) declararse en huelga

◆ **walk out on** *v/t*: *walk out on s.o.* abandonar a alguien

◆ **walk over** *v/t*: *walk all over s.o.* F (*defeat*) derrotar *or* aplastar alguien (*treat badly*) pisotear a alguien F

'walk•a•bout *Br* F: *go on a ~ of politician* dar un paseo entre la multitud; *go ~* (*disappear*) desaparecer

'walk•a•way F (*easy win*) paseo *m*

walk•er ['wɔːkər] **1** (*hiker*) excursionista *m/f* **2** *for baby, old person* andador *m* **3**: *be a slow / fast ~* caminar *or* andar despacio / rápido

walk•ie-'talk•ie [wɔːkɪ'tɔːkɪ] walkie-talkie *m*

walk-in 'clos•et vestidor *m*, armario *m* empotrado

walk•ing ['wɔːkɪŋ] (*hiking*) excursionismo *m*; *~ is one of the best forms of exercise* caminar es uno de los mejores ejercicios; *it's within ~ distance* se

puede ir caminando *or* andando
'walk•ing stick bastón *m*
'walk•ing tour visita *f* a pie
'Walk•man® walkman *m*; 'walk-on part papel *m* de figurante; 'walk•out (*strike*) huelga *f*; 'walk•o•ver (*easy win*) paseo *m*; 'walk-up *apartamento en un edificio sin ascensor*; 'walk•way pasarela *f*
wall [wɒːl] *external, fig* muro *m*; *of room* pared *f*; *in soccer* barrera *f*; **go to the ~** *of company* quebrar; **drive s.o. up the ~** F hacer que alguien se suba por las paredes
wal•la•by ['wɒːləbɪ] wallaby *m*
'wall•chart gráfico *m* mural
wal•let ['wɒːlɪt] (*billfold*) cartera *f*
wall•eyed ['wɒːlaɪd] *adj* bizco
'wall•flow•er *fig* F: **she was tired of being a ~** estaba harta de no tener con quién bailar
wal•lop ['wɒːləp] I *n* F *blow* tortazo *m* F, galletazo *m* F II *v/t* F dar un golpetazo a F; *opponent* dar una paliza a F
wal•lop•ing ['wɒːləpɪŋ] *adj & adv*: **a ~** (**great**) **hole** F un agujero enorme F
wal•low ['wɒːloʊ] *v/i*: **~ in mud** revolcarse en; **~ in luxury** nadar en la abundancia; **~ in self-pity** recrearse en la autocompasión
'wall paint•ing pintura *f* mural; 'wallpa•per I *n* papel *m* pintado II *v/t* empapelar; 'Wall Street Wall Street *m*, la bolsa de Nueva York; wall-to-wall 'car•pet *Span* moqueta *f*, *L.Am.* alfombra *f*
wal•nut ['wɒːlnʌt] nuez *f*; *tree, wood* nogal *m*
wal•rus ['wɒːlrəs] ZO morsa *f*
wal•rus 'mus•tache, *Br* wal•rus 'mous•tache bigote *m* largo
waltz [wɒːlts] I *n* vals *m* II *v/i* bailar un vals
wan [wɒːn] *adj face* pálido *m*
wan•der ['wɒːndər] *v/i* (*roam*) vagar, deambular; (*stray*) extraviarse; **my attention began to ~** empecé a distraerme
◆ **wander around** *v/i* deambular, pasear
wan•der•ings ['wɒːndərɪŋz] *npl* andanzas *fpl*; **she's off on her ~ again** está otra vez viajando
'wan•der•lust pasión *f* por viajar
wane [weɪn] I *v/i of interest, enthusiasm*

decaer, menguar; *of moon* menguar II *n*: **be on the ~** estar decayendo
wan•gle ['wæŋgl] *v/t* F agenciarse F
wan•na ['wɒːnə] F = **want to**; **want a**
wan•na•be ['wɒːnəbɪ] F I *adj* **a ~ actor / writer** un aprendiz de actor / escritor II *n*: **an Oprah ~** una persona que aspira a ser como Oprah
want [wɒːnt] I *n*: **for ~ of** por falta de II *v/t* querer; (*need*) necesitar; **~ to do sth** querer hacer algo; **I ~ to stay here** quiero quedarme aquí; **do you ~ to come too? – no, I don't ~ to** ¿quieres venir tú también? – no, no quiero; **you can have whatever you ~** toma lo que quieras; **it's not what I ~ed** no es lo que quería; **she ~s you to go back** quiere que vuelvas; **he ~s a haircut** necesita un corte de pelo
III *v/i*: **he ~s for nothing** no le falta nada
'want ad anuncio *m* por palabras (*buscando algo*)
want•ed ['wɒːntɪd] *adj by police* buscado por la policía
want•ing ['wɒːntɪŋ] *adj*: **the team is ~ing in experience** al equipo le falta experiencia
wan•ton ['wɒːntən] *adj* gratuito
WAP phone ['wæpfoʊn] teléfono *m* WAP
war [wɔːr] *also fig* guerra *f*; **be at ~** estar en guerra; **go to ~ with s.o.** entrar en guerra con alguien
war•ble ['wɔːrbl] *v/i of bird* trinar
'war chest POL fondos *mpl*; 'war crime crimen *m* de guerra; 'war crim•i•nal criminal *m/f* de guerra; 'war cry *also fig* grito *m* de guerra
ward [wɔːrd] 1 *in hospital* sala *f* 2 *child* pupilo(-a) *m(f)* 3 *of city* circunscripción *f* electoral
◆ **ward off** *v/t blow* parar; *attacker* rechazar; *cold* evitar
war•den ['wɔːrdn] *of prison* director(-a) *m(f)*, alcaide(sa) *m(f)*; *Br of hostel* vigilante *m/f*
'ward•robe *for clothes* armario *m*; (*clothes*) guardarropa *m*
ware•house ['werhaʊs] almacén *m*
wares [werz] *npl* mercancías *fpl*
'war•fare guerra *f*; 'war film película *f* bélica; 'war•head ojiva *f*
war•i•ly ['werɪlɪ] *adv* cautelosamente

'war•like *adj* belicoso

'war•lord señor *m* de la guerra

warm [wɔːrm] *adj* 1 *hands, room, water* caliente; *weather, welcome* cálido; **it's ~er than yesterday** hace más calor que ayer; **get ~** calentarse; **you're getting ~ in game** caliente, caliente 2 *coat* de abrigo

◆ warm over *v/t* calentar

◆ warm up I *v/t* calentar II *v/i* calentarse; *of athlete etc* calentar

warm•blood•ed [wɔːrm'blʌdɪd] *adj* ZO de sangre caliente

warmed-o•ver [wɔːrmd'oʊvər] *adj* recalentado; *fig* manido

'war me•mo•ri•al monumento *m* a los caídos en la guerra

warm•heart•ed ['wɔːrmhɑːrtɪd] *adj* cariñoso, simpático

warm•ly ['wɔːrmlɪ] *adv welcome, smile* calurosamente; **~ dressed** abrigado

war•mon•ger ['wɔːrmʌŋgər] belicista *m/f*

'war mov•ie película *f* bélica

warmth [wɔːrmθ] calor *m*; *of welcome, smile* calor *m*, calidez *m*

'warm-up SP calentamiento *m*

warn [wɔːrn] *v/t* advertir, avisar; **~ s.o. against doing sth** advertir a alguien para que no haga algo

◆ warn off *v/t* advertir, prevenir

warn•ing ['wɔːrnɪŋ] advertencia *f*, aviso *m*; SP amonestación *f*; **without ~** sin previo aviso

War of In•de'pen•dence HIST Guerra *f* de la Independencia (Americana)

war of 'nerves guerra *f* de nervios

warp [wɔːrp] I *v/t wood* combar; *character* corromper II *v/i of wood* combarse

'war paint *of warrior* pintura *f* de guerra; **she's putting on her ~** *hum* se está pintando

'war•path: **be on the ~** estar en pie de guerra

warped [wɔːrpt] *adj fig* retorcido

'war•plane avión *m* de guerra

war•rant ['wɔːrənt] I *n* orden *f* judicial II *v/t (deserve, call for)* justificar

war•ran•ty ['wɔːrəntɪ] *(guarantee)* garantía *f*; **be under ~** estar en garantía

'war•ran•ty cer•tif•i•cate certificado *m* de garantía

war•ren ['wɔːrən] madriguera *f*; *fig* laberinto *m*

war•ri•or ['wɔːrɪər] guerrero(-a) *m(f)*

'war•ship buque *m* de guerra

wart [wɔːrt] verruga *f*; **~s and all** F con todas las imperfecciones

'war•time tiempos *mpl* de guerra

war•y ['werɪ] *adj* cauto, precavido; **be ~ of** desconfiar de

was [wʌz] *pret* ☞ **be**

wash [wɑːʃ] I *n* lavado *m*; **have a ~** lavarse; **that shirt needs a ~** hay que lavar esa camisa; **my blue shirt is in the ~** mi camiseta azul está con la ropa sucia II *v/t* lavar III *v/i* lavarse

◆ wash down *v/t* 1 *clean* lavar con abundante agua 2 *medicine, meal* bajar

◆ wash up *v/i* 1 *(wash one's hands and face)* lavarse 2 Br *(wash dishes)* lavar los platos

wash•a•ble ['wɑːʃəbl] *adj* lavable

'wash•bag Br neceser *m*; 'wash•ba•sin, 'wash•bowl lavabo *m*; 'wash•cloth toallita *f*; 'wash•day día *m* de hacer la colada

washed-out [wɑːʃt'aʊt] *adj* agotado

washed-up [wɑːʃt'ʌp] *adj* F *actor, artist* acabado

wash•er ['wɑːʃər] 1 *for faucet etc* arandela *f* 2 ☞ **washing machine**

wash•ing ['wɑːʃɪŋ] *(clothes washed)* ropa *f* limpia; *(dirty clothes)* ropa *f* sucia; **do the ~** lavar la ropa, hacer la colada

'wash•ing line cuerda *f* para tender

'wash•ing ma•chine lavadora *f*

'wash•out F *disaster* fracaso *m*

'wash•room lavabo *m*, aseo *m*

was•n't ['wɑːznt] = **was not**

WASP [wɑːsp] *abbr* (= **White Anglo-Saxon Protestant**) blanco, anglosajón y protestante

wasp [wɑːsp] *insect* avispa *f*

wasp•ish ['wɑːspɪʃ] *adj remark, comment* mordaz

waste [weɪst] I *n* desperdicio *m*; *from industrial process* desechos *mpl*; **it's a ~ of time / money** es una pérdida de tiempo / dinero II *adj* residual; **~ land** erial *m* III *v/t* derrochar; *money* gastar; *time* perder

◆ waste away *v/i* consumirse

'waste•bas•ket papelera *f*

wast•ed ['weɪstɪd] *adj* P como una cuba F

'waste dis•pos•al (unit) trituradora *f* de basuras

waste•ful ['weɪstfəl] *adj* despilfarrador, derrochador

'**waste•land** erial *m*; **waste'pa•per** papel *m* usado; **waste•pa•per 'bas•ket** papelera *f*; '**waste pipe** tubería *f* de desagüe; '**waste prod•uct** desecho *m*

wast•er ['weɪstər] F inútil *m/f*

watch [wɑːtʃ] **I** *n timepiece* reloj *m*; *keep* ~ hacer la guardia, vigilar **II** *v/t* mirar; *film, TV* ver; (*look after*) vigilar; ~ *me!* ¡mírame!; ~ *s.o. doing sth* mirar a alguien hacer algo *or* cómo hace algo; ~ *it* ten cuidado; *you want to* ~ *it with him* ten cuidado con él **III** *v/i* mirar, observar

◆ **watch for** *v/t* esperar

◆ **watch out** *v/i* (*be careful*) tener cuidado; *watch out!* ¡cuidado!

◆ **watch out for** *v/t* (*be wary of*) tener cuidado con

'**watch•band** correa *f* de reloj

'**watch•dog 1** *dog* perro *m* guardián **2** *fig* organismo *m* regulador

watch•ful ['wɑːtʃfəl] *adj* vigilante

'**watch•mak•er** relojero(-a) *m(f)*; **watch•man** ['wɑːtʃmən] vigilante *m*; '**watch•strap** *Br* correa *f* de reloj; '**watch•tow•er** atalaya *f*; '**watch•word** consigna *f*

wa•ter ['wɒːtər] **I** *n* agua *f*; ~*s NAUT* aguas *fpl* **II** *v/t plant* regar **III** *v/i*: *my eyes are* ~*ing* me lloran los ojos; *my mouth is* ~*ing* se me hace la boca agua

◆ **water down** *v/t drink* aguar, diluir

'**wa•ter bed** cama *f* de agua; '**wa•ter bird** ave *f* acuática; '**wa•ter bot•tle** *for drinking water* cantimplora *f*; '**wa•ter can•non** cañón *m* de agua; '**wa•ter•col•or**, *Br* '**wa•ter•col•our** acuarela *f*; '**wa•ter cool•er** dispensador *m* de agua; '**wa•ter•course** curso *m* de agua; '**wa•ter•cress** berro *m*

wa•tered-down [wɒːtərd'daʊn] *adj fig* dulcificado

'**wa•ter•fall** cascada *f*, catarata *f*; '**wa•ter•front**: *a hotel on the* ~ un hotel en primera línea de mar; *walk along the* ~ pasear por la orilla; '**wa•ter hole** abrevadero *m*; '**wa•ter ice** *Br* sorbete *m*

wa•ter•ing can ['wɒːtərɪŋ] regadera *f*; '**wa•ter•ing hole** *hum* bar *m*; '**wa•ter•ing pot** regadera *f*

'**wa•ter jump** *SP* foso *m* de agua; '**wa•ter lev•el** nivel *m* del agua; '**wa•ter lil•y** ne-

núfar *m*; '**wa•ter•line** línea *f* de flotación; **wa•ter•logged** ['wɒːtərlɑːgd] *adj earth, field* anegado; *boat* lleno de agua; '**wa•ter main** tubería *f* principal; '**wa•ter•mark** filigrana *f*; '**wa•ter•mel•on** sandía *f*; '**wa•ter me•ter** contador *m* del agua; '**wa•ter pipe 1** *for water supply* cañería *f* de agua **2** *for smoking* pipa *f* de agua; '**wa•ter pis•tol** pistola *f* de agua; '**wa•ter pol•lu•tion** contaminación *f* del agua; '**wa•ter po•lo** waterpolo *m*; '**wa•ter•proof** *adj* impermeable; '**wa•ter•shed** *fig* momento *m* clave; '**wa•ter short•age** escasez *f* de agua; '**wa•ter•side** orilla *f*; *at the* ~ en la orilla; '**wa•ter-ski** *v/i* hacer esquí acuático; '**wa•ter-ski•ing** esquí *m* acuático; '**wa•ter sup•ply** suministro *m* de agua; '**wa•ter ta•ble** capa *f* freática; '**wa•ter•tight** *adj compartment* estanco; *fig* irrefutable; '**wa•ter•way** curso *m* de agua navegable; '**wa•ter wheel** noria *f*; '**wa•ter•wings** *npl* flotadores *mpl* (*para los brazos*); '**wa•ter•works** depuradora *f*; *turn on the* ~ F ponerse a llorar como una magdalena F

wa•ter•y ['wɒːtərɪ] *adj* aguado

watt [wɑːt] vatio *m*

wave[1] [weɪv] *n in sea* ola *f*; *don't make* ~*s! fig* ¡no montes un cirio! F

wave[2] [weɪv] **I** *n* **1** *of hand* saludo *m* **2** *at sports etc event* ola *f* (mexicana) **II** *v/i with hand* saludar con la mano; ~ *to s.o.* saludar con la mano a alguien **III** *v/t flag etc* agitar

'**wave band** *RAD* banda *f* de frecuencia

'**wave•length** *RAD* longitud *f* de onda; *be on the same* ~ *fig* estar en la misma onda

wa•ver ['weɪvər] *v/i* vacilar, titubear

wav•y ['weɪvɪ] *adj hair, line* ondulado

wax[1] [wæks] **I** *n for floor, furniture* cera *f*; *in ear* cera *f*, cerumen *m*; *for legs* cera *f* depilatoria **II** *v/t legs* depilar (con cera)

wax[2] [wæks] *v/i* crecer; ~ *lyrical about sth* hablar poéticamente de algo

'**wax bean** frijolillo *m*

waxed pa•per [wækst'peɪpər] papel *m* encerado

wax•en ['wæksən] *adj fig* céreo

'**wax mu•se•um** museo *m* de cera

'**wax•work 1** *model* figura *f* de cera **2**: ~*s sg o pl museum* museo *m* de cera

wax•y ['wæksɪ] *adj* céreo

way [weɪ] **I** *n* **1** (*method*) manera *f*, forma *f*; (*manner*) manera *f*, modo *m*; **I don't like the ~ he behaves** no me gusta cómo se comporta; **it's just the ~ you said it** es la manera en que lo dijiste; **this ~** (*like this*) así; **in a ~** (*in certain respects*) en cierto sentido; **have one's (own) ~** salirse con la suya; **OK, we'll do it your ~** de acuerdo, lo haremos a tu manera; **OK, have it your ~** de acuerdo, haz lo que digas *or* quieras **2** (*route*) camino *m*; **can you tell me the ~ to ...?** ¿me podría decir cómo se va a ...?; **this ~** (*in this direction*) por aquí; **lead the ~** abrir (el) camino; *fig* marcar la pauta; **lose one's ~** perderse; **be in the ~** (*be an obstruction*) estar en medio; **it's on the ~ to the station** está camino de la estación; **I was on my ~ to the station** iba camino de la estación; **on my ~ to school I met ...** de camino al colegio me encontré con...; **which ~ did you come?** ¿por dónde viniste?; **Easter's still a long ~ off** todavía falta mucho para Semana Santa; **it's a long ~ to Rochester** Rochester queda muy lejos; **I went the wrong ~** tomé el camino equivocado; **3**: **by the ~** (*incidentally*) por cierto, a propósito; **by ~ of** (*via*) por; (*in the form of*) a modo de; **be under ~** haber comenzado, estar en marcha; **give ~** *Br* MOT ceder el paso; (*collapse*) ceder; **give ~ to** (*be replaced by*) ser reemplazado por; **no ~!** ¡ni hablar!, ¡de ninguna manera!; **there's no ~ he can do it** es imposible que lo haga **II** *adv* F (*much*): **it's ~ too soon to decide** es demasiado pronto como para decidir; **they are ~ behind with their work** van atrasadísimos en el trabajo

'way•bill COM conocimiento *m* de embarque; **way 'in** entrada *f*; **way•lay** *v/t* (*pret & pp* **-laid**) **1** *attack* asaltar **2** *fig* abordar; **way of 'life** modo *m* de vida; **way 'out** *also fig* salida *f*; **'way-out** *adj* P estrambótico F; **way•side**: **fall by the ~** ser abandonado

way•ward ['weɪwərd] *adj* rebelde

WC [dʌblju:'si:] *abbr Br* (= **water closet**) váter *m*

we [wi:] *pron* nosotros *mpl*, nosotras *fpl*; **~ are the best** somos los mejores;

they're going, but ~'re not ellos van, pero nosotros no

weak [wi:k] *adj* **1** débil; **get *or* become ~** debilitarse **2** *tea, coffee* poco cargado

weak•en ['wi:kn] **I** *v/t* debilitar **II** *v/i* debilitarse

weak-kneed [wi:k'ni:d] *adj* F gallina

weak•ling ['wi:klɪŋ] *morally* cobarde *m/f*; *physically* enclenque *m/f*

weak•ly ['wi:klɪ] *adv* débilmente

weak•ness ['wi:knɪs] debilidad *f*; **have a ~ for sth** (*liking*) sentir debilidad por algo

weal [wi:l] *mark* señal *f*

wealth [welθ] riqueza *f*; **a ~ of** abundancia de; **'wealth tax** FIN impuesto *m* sobre el patrimonio

wealth•y ['welθɪ] *adj* rico

wean [wi:n] *v/t* destetar; **~ s.o. off sth** desenganchar a alguien de algo

weap•on ['wepən] arma *f*

weap•on•ry ['wepənrɪ] armamento *m*

'weap•ons of mass de•struc•tion *npl* armas *fpl* de destrucción masiva

wear [wer] **I** *n* **1**: **~ (and tear)** desgaste *m* **2**: **clothes for everyday / evening ~** ropa *f* de diario / de noche **II** *v/t* (*pret* **wore**, *pp* **worn**) **1** (*have on*) llevar **2** (*damage*) desgastar **III** *v/i* (*pret* **wore**, *pp* **worn**) **1** (**~ out**) desgastarse **2** (*last*) durar

◆ **wear away** **I** *v/i* desgastarse **II** *v/t* desgastar

◆ **wear down** *v/t* agotar

◆ **wear off** *v/i of effect, feeling* pasar

◆ **wear on** *v/i of time* pasar

◆ **wear out** **I** *v/t* **1** (*tire*) agotar **2** *shoes* desgastar **II** *v/i of shoes, carpet* desgastarse

wea•ri•ly ['wɪrɪlɪ] *adv* cansinamente

wear•ing ['werɪŋ] *adj* (*tiring*) agotador

wea•ri•some ['wɪrɪsəm] *adj* (*tiring*) fatigoso; (*boring*) aburrido; (*annoying*) pesado

wear•y ['wɪrɪ] **I** *adj* cansado; **get *or* become ~** cansarse **II** *v/t* cansar **III** *v/i*: **~ of (doing) sth** cansarse de (hacer) algo

wea•sel ['wi:zl] **1** ZO comadreja *f* **2** *fig* raposo(-a) *m(f)*

◆ **weasel out of** *v/t* F *task* escaquearse de

weath•er ['weðər] **I** *n* tiempo *m*; **what's the ~ like?** ¿qué tiempo hace?; **not in this ~!** ¡no con este tiempo!; **be feeling**

under the ~ estar pachucho **II** *v/t crisis* capear, superar

'**weath•er-beat•en** *adj* curtido; '**weath•er chart** mapa *m* del tiempo; '**weath•er-bound** *adj*: *the planes / ships were* ~ los aviones / barcos no pudieron salir por culpa del mal tiempo; '**weath•er cock** veleta *f* (*en forma de gallo*); '**weath•er eye**: *keep a* ~ *open for sth* estar atento a algo; '**weath•er fore•cast** pronóstico *m* del tiempo; '**weath•er man** hombre *m* del tiempo; '**weath•er map** mapa *m* del tiempo; '**weath•er proof I** *adj* impermeable **II** *v/t* impermeabilizar; '**weath•er sat•el•lite** satélite *m* meteorológico; '**weath•er sta•tion** estación *f* meteorológica; '**weath•er vane** veleta *f*

weave [wiːv] **I** *v/t* (*pret wove, pp woven*) tejer **II** *v/i* (*pret wove, pp woven*) *move* zigzaguear

weav•er ['wiːvər] tejedor(a) *m(f)*

web [web] **1** *of spider* tela *f* **2**: *the Web* COMPUT la Web

webbed 'feet [webd] *npl* patas *fpl* palmeadas

'**web•mas•ter** webmaster *m/f*; '**web page** página *f* web; '**web site** sitio *m* web

wed [wed] *v/t* (*pret & pp wed or wedded*) casarse con; *they were* ~ *in 1921* se casaron en 1921; *be* ~*ded to an idea / a principle* estar aferrado a una idea / un principio

we'd [wiːd] F = *we had*; *we would*

wed•ding ['wedɪŋ] boda *f*

'**wed•ding an•ni•ver•sa•ry** aniversario *m* de boda; '**wed•ding cake** pastel *m* or tarta *f* de boda; '**wed•ding day** día *m* de la boda; '**wed•ding dress** vestido *m* de boda *or* novia; '**wed•ding ring** anillo *m* de boda

wedge [wedʒ] **I** *n* **1** *to hold sth in place* cuña *f* **2** *of cheese etc* trozo *m* **II** *v/t*: ~ *a door open* calzar una puerta para que se quede abierta

wed•lock ['wedlɑːk] matrimonio *m*; *be born out of* ~ nacer fuera del matrimonio

Wed•nes•day ['wenzdeɪ] miércoles *m inv*

wee¹ [wiː] *adj* F pequeñín; *a* ~ *bit* un poquito; *the* ~ (*small*) *hours* la madrugada

wee² [wiː] F **I** *v/i* hacer pipí F **II** *n*: *do or have a* ~ hacer pipí F

weed [wiːd] **I** *n* mala hierba **II** *v/t* escardar

◆ **weed out** *v/t* (*remove*) eliminar; *candidates* descartar

'**weed-kill•er** herbicida *m*

weed•y ['wiːdɪ] *adj* F esmirriado, enclenque

week [wiːk] semana *f*; *a* ~ *Tuesday* del martes en ocho

'**week•day** día *m* de la semana; **week 'end** fin *m* de semana; *on the* ~ el fin de semana; '**week•long** *adj* que dura una semana; **week•ly** ['wiːklɪ] **I** *adj* semanal **II** *n magazine* semanario *m* **III** *adv* semanalmente

'**week•night** noche *f* de entre semana

wee•ny ['wiːnɪ] *adj* F pequeñín F

weep [wiːp] *v/i* (*pret & pp wept*) llorar

'**weep•ing wil•low** sauce *m* llorón

weep•y ['wiːpɪ] *adj*: *be* ~ estar lloroso

wee•vil ['wiːvl] gorgojo *m*

'**wee-wee** F **I** *n* pipí *m* F; *do a* ~ hacer pipí F **II** *v/i* hacer pipí F

weft [weft] trama *f*

weigh¹ [weɪ] **I** *v/t* pesar **II** *v/i* pesar; *how much do you* ~? ¿cuánto pesas?

◆ **weigh down** *v/t* cargar; *be weighed down with bags* ir cargado con; *worries* estar abrumado por

◆ **weigh in** *v/i* **1** *of jockey, boxer* pesarse **2** *at airport* facturar el equipaje

◆ **weigh on** *v/t* preocupar

◆ **weigh up** *v/t* (*assess*) sopesar

weigh² [weɪ] *v/t*: ~ *anchor* levar anclas

weight [weɪt] **I** *n* peso *m*; *put on* ~ engordar, ganar peso; *lose* ~ adelgazar, perder peso **II** *v/t figures etc* ponderar; ~*ed average* media *f* ponderada

◆ **weight down** *v/t* sujetar (*con pesos*)

'**weight cat•e•go•ry**, '**weight di•vi•sion** SP peso *m*

'**weight•less** ['weɪtləs] *adj* ingrávido

'**weight•less•ness** ['weɪtləsnəs] ingravidez *f*

'**weight•lift•er** levantador(a) *m(f)* de pesas; '**weight•lift•ing** halterofilia *f*, levantamiento *m* de pesas; '**weight train•ing** levantamiento *m* de pesas

weight•y ['weɪtɪ] *adj fig* (*important*) serio

weir [wɪr] presa *f* (*rebasadero*)

weird [wɪrd] *adj* extraño, raro

weird•ly ['wɪrdlɪ] *adv* extrañamente

weird•o ['wɪrdoʊ] F bicho *m* raro F

wel•come ['welkəm] **I** *adj* bienvenido; *you're ~!* ¡de nada!; *you're ~ to try some* prueba algunos, por favor **II** *n* bienvenida *f* **III** *v/t guests etc* dar la bienvenida a; *fig: decision etc* acoger positivamente

weld [weld] *v/t* soldar

weld•er ['weldər] soldador(a) *m(f)*

wel•fare ['welfer] **1** bienestar *m* **2** *financial assistance* subsidio *m* estatal; *be on ~* estar recibiendo subsidios del Estado; **'wel•fare check** *cheque con el importe del subsidio estatal*; **wel•fare 'state** estado *m* del bienestar; **'wel•fare work** trabajo *m* social; **'wel•fare work•er** asistente *m/f* social

we'll [wiːl] = *we will*

well[1] [wel] *n for water, oil* pozo *m*

well[2] **I** *adv* bien; *as ~ (too)* también; *as ~ as (in addition to)* así como; *it's just as ~ you told me* menos mal que me lo dijiste; *how ~ is she doing in English?* ¿qué tal le va en inglés?; *very ~* muy bien; *I couldn't very ~ change my mind* me era imposible cambiar de opinión; *it's all very ~ for you to laugh but* ... te puedes reír todo lo que quieras pero ...; *~, ~ ! surprise* ¡caramba!; *~ ... uncertainty, thinking* bueno ...; *you might as ~ spend the night here* ya puestos quédate a pasar la noche aquí; *you might as ~ throw it out* yo de ti lo tiraría **II** *adj: be ~* estar bien; *how are you? – I'm very ~* ¿cómo estás? - muy bien; *feel ~* sentirse bien; *get ~ soon!* ¡ponte bueno!, ¡que te mejores!

well-ad'vised *adj* sensato; **well-ap-'point•ed** *adj* bien acondicionado; **well-'bal•anced** *adj person, diet* equilibrado; **well-be'haved** *adj* educado; **well-'be•ing** bienestar *m*; **well-'born** *adj* de buena familia; **well-'built** *adj also euph* fornido; **well-dis'posed** *adj: be ~ toward s.o.* tener buena disposición hacia alguien; **well-'done** *adj meat* muy hecho; **well-'dressed** *adj* bien vestido; **well-'earned** *adj* merecido; **well-'found•ed** *adj* fundado; **well-'groomed** *adj* arreglado; **well-'heeled** *adj* F adinerado, *Span* con pasta F; **well-in'formed** *adj* bien informado; **well-in'-**

ten•tioned bienintencionado; **well-'kept** *adj* **1** *garden, building* cuidado **2** *secret* bien guardado; **well-'known** *adj fact* conocido; *person* conocido, famoso; **well-'made** *adj* bien hecho; **well-'man•nered** *adj* educado; **well-'mean•ing** *adj* bienintencionado; **well-'meant** *adj* bienintencionado; **well-nigh** ['welnaɪ] *adv* casi; *~ impossible* prácticamente imposible; **well-'off** *adj* acomodado; **well-'paid** *adj* bien pagado; **well-pro'por•tioned** *adj* proporcionado; **well-'read** *adj: be ~* haber leído mucho; **well-'thought-of** *adj* prestigioso; *be ~* tener prestigio; **well-'timed** *adj* oportuno; **well-to-'do** *adj* acomodado; **well-'versed** *adj: be ~ in sth* estar versado en algo; **'well-wish•er** admirador(a) *m(f)*; **well-'worn** *adj* gastado

Welsh [welʃ] **I** *adj* galés **II** *n* **1** *language* galés **2** *npl: the ~* los galeses

◆ **welsh on** *v/t* F **1** *debt* no pagar **2** *(betray)* traicionar

Welsh•man ['welʃmən] galés *m*

'Welsh•wom•an galesa *f*

welt [welt] señal *f*

wel•ter•weight ['weltərweɪt] SP peso *m* welter

went [went] *pret* ☞ *go*

wept [wept] *pret & pp* ☞ *weep*

were [wer] *pret* ☞ *be*

we're [wɪr] = *we are*

weren't [wɜːrnt] = *were not*

were•wolf ['werwʊlf] hombre *m* lobo

west [west] **I** *n* oeste *m*; *the West (Western nations)* el Occidente *m*; *(western part of a country)* el oeste **II** *adj* del oeste; *West Africa* África occidental **III** *adv travel* hacia el oeste; *~ of* al oeste de

'west•bound *adj* en dirección oeste

West 'Coast *of USA* Costa *f* Oeste

west•er•ly ['westərlɪ] *adj wind* del oeste; *direction* hacia el oeste

west•ern ['westərn] **I** *adj* occidental; *Western* occidental **II** *n movie* western *m*, película *f* del oeste

West•ern•er ['westərnər] occidental *m/f*

west•ern•ized ['westərnaɪzd] *adj* occidentalizado

'west•ern•most *adj* más occidental

West 'In•di•an I *adj* antillano **II** *n* antillano(-a) *m(f)*

West In•dies ['ɪndiːz] *npl: the ~* las

Antillas

west•ward ['westwərd] *adv* hacia el oeste

wet [wet] *adj* mojado; (*damp*) húmedo; (*rainy*) lluvioso; **get** *or* **become** ~ mojarse; ~ **paint** *as sign* recién pintado; **be ~ through** estar empapado

'wet•back mojado(-a) *m(f) Mex*

'wet•back la•bor mano *f* de obra espaldamojada

wet 'blan•ket F aguafiestas *m/f inv*

'wet suit *for diving* traje *m* de neopreno

we've [wi:v] = **we have**

whack [wæk] F I *n* **1** (*blow*) porrazo *m* F **2** (*share*) parte *f* II *v/t* dar un porrazo a F

whacked [wækt] *adj* F hecho polvo F

whack•ing ['wækɪŋ] F *adj & adv*: **a ~ (great) hole** un agujero enorme F

whack•y ['wækɪ] *adj* F estrambótico

whale [weɪl] **1** ballena *f* **2**: **have a ~ of a time** F pasarlo bomba

whal•er ['weɪlər] *boat* ballenero *m*

whal•ing ['weɪlɪŋ] caza *f* de ballenas

wharf [wɔ:rf] (*pl* **wharves** [wɔ:rvz]) embarcadero *m*

what [wɑ:t] I *pron* qué; ~ **is that?** ¿qué es eso?; ~ **is it?** (*what do you want*) ¿qué quieres?; ~? (*what do you say*) ¿qué?, ¿cómo?; *astonishment* ¿qué?; ~ **about some dinner?** ¿os apetece cenar?; ~ **about heading home?** ¿y si nos fuéramos a casa?; ~ **for?** (*why*) ¿para qué?; **so ~?** ¿y qué?; ~ **is the book about?** ¿de qué trata el libro?; ~ **gave you that idea?** ¿quién te ha dado esa idea?; **take ~ you need** toma lo que te haga falta

II *adj* qué; ~ **university are you at?** ¿en qué universidad estás?; ~ **color is the car?** ¿de qué color es el coche?; ~ **a house!** ¡vaya casa!; ~ **a big ...!** ¡qué ... tan grande!

what•ev•er [wɑ:t'evər] I *pron*: **I'll do ~ you want** haré lo que quieras; ~ **gave you that idea?** ¿se puede saber qué te ha dado esa idea?; ~ **the season** en cualquier estación; ~ **people say** diga lo que diga la gente II *adj* cualquier; **you have no reason ~ to worry** no tienes por qué preocuparte en absoluto

whats•it ['wɑ:tsɪt] F chisme *m*

what•so•ev•er [wɑ:tsou'evər] ☞ **whatever** II

wheat [wi:t] trigo *m*

'wheat germ germen *m* de trigo

whee•dle ['wi:dl] *v/t*: ~ **sth out of s.o.** camelar algo a alguien

wheel [wi:l] I *n* rueda *f*; (*steering ~*) volante *m* II *v/t bicycle* empujar III *v/i of birds* volar en círculo

◆ **wheel around** *v/i* darse la vuelta

'wheel•bar•row carretilla *f*; **'wheel-base** MOT empate *m*; **'wheel brace** MOT llave *f* de cruz; **'wheel•chair** silla *f* de ruedas; **'wheel clamp** cepo *m*

wheeled [wi:ld] *adj*: **two / four-~** de dos / cuatro ruedas

wheel•er-deal•er [wi:lər'di:lər] F chanchullero(-a) *m(f)* F

wheel•ie ['wi:lɪ] F: **do a ~** hacer un caballito F

wheel•ing and deal•ing [wi:lɪŋən-'di:lɪŋ] F chanchullos *mpl* F

wheeze [wi:z] I *n sound* resoplido *m* II *v/i* resoplar

whelk [welk] buccino *m*

when [wen] I *adv* cuándo; ~ **do you open?** ¿a qué hora abren?; **say ~** ya dirás basta *or* cuándo II *conj* cuando; ~ **I was a child** cuando era niño

whence [wens] *adv* de dónde

when•ev•er [wen'evər] *adv* (*each time*) cada vez que; **call me ~ you like** llámame cuando quieras; **I go to Paris ~ I can afford it** voy a París siempre que me lo puedo permitir

where [wer] I *adv* dónde; ~ **from?** ¿de dónde?; ~ **to?** ¿a dónde? II *conj* donde; **this is ~ I used to live** aquí es donde vivía antes

where•a•bouts [werə'bauts] I *adv* dónde II *npl*: **nothing is known of his ~** está en paradero desconocido

where'as *conj* mientras que

where'by *adv* a través del cual

where•up'on *conj* tras lo cual

wher•ev•er [wer'evər] I *conj* dondequiera que; **sit ~ you like** siéntate donde prefieras II *adv* dónde

where•with•al ['werwɪðɔ:l] medios *mpl*

whet [wet] *v/t* (*pret & pp* **-ted**) *appetite* abrir

wheth•er ['weðər] *conj* si; **I don't know ~ to tell him or not** no sé si decírselo o no; ~ **you approve or not** te parezca bien o no

whey [weɪ] suero *m*

which [wɪtʃ] **I** *adj* qué; **~ one is yours?** ¿cuál es tuyo? **II** *pron* **1** *interrogative* cuál; **take one, it doesn't matter** ~ toma uno, no importa cuál **2** *relative* que; **an idea ~ is ...** una idea que está ...

which•ev•er [wɪtʃ'evər] **I** *adj*: **~ color you choose** elijas el color que elijas **II** *pron*: **~ you like** el que quieras; **use ~ of the methods you prefer** utiliza el método que prefieras

whiff [wɪf] (*smell*) olorcillo *m*

while [waɪl] **I** *conj* **1** mientras **2** (*although*) si bien **II** *n* rato *m*; **a long ~** un rato largo; **for a ~** durante un tiempo; **I lived in Tokyo for a ~** viví en Tokio una temporada; **I'll wait a ~ longer** esperaré un rato más

◆ **while away** *v/t* pasar

whilst [waɪlst] ☞ **while I 1**

whim [wɪm] capricho *m*; **do sth on a ~** hacer algo por capricho

whim•per ['wɪmpər] **I** *n* gimoteo *m* **II** *v/i* gimotear

whim•si•cal ['wɪmzɪkl] *adj* curioso

whim•sy ['wɪmzɪ] capricho *m*

whine [waɪn] *v/i* **1** *of dog* gimotear **2** F (*complain*) quejarse

whin•er ['waɪnər] quejica *m/f*

whinge [wɪndʒ] *v/i* *Br* F quejarse (*about* de)

whin•ny ['wɪnɪ] **I** *v/i* relinchar **II** *n* relincho *m*

whip [wɪp] **I** *n* látigo *m* **II** *v/t* (*pret & pp -ped*) **1** (*beat*) azotar; *cream* batir, montar **2** F (*defeat*) dar una paliza a F

◆ **whip away** *v/t* retirar rápidamente

◆ **whip up** *v/t* (*arouse*) agitar

'whip•cord cuerda *f* de látigo

'whip•lash MED esguince *m* cervical

'whipped cream [wɪpt] nata *f* montada

whip•pet ['wɪpɪt] lebrel *m*

whip•ping ['wɪpɪŋ] **1** (*beating*) azotes *mpl* **2** (*defeat*) paliza *f* F

'whip•ping boy cabeza *m/f* de turco

'whip•ping cream nata *f* para montar

'whip•round F colecta *f*; **have a ~** hacer una colecta

whir [wɜːr] *v/i* (*pret & pp -red*) zumbar

whirl [wɜːrl] **I** *n*: **my mind is in a ~** me da vueltas la cabeza **II** *v/i* dar vueltas

'whirl•pool 1 *in river* remolino *m* **2** *for relaxation* bañera *f* de hidromasaje

'whirl•wind I *n* torbellino *m* **II** *adj*: **a ~ romance** un romance arrasador

whirr *Br* ☞ **whir**

whisk [wɪsk] **I** *n kitchen implement* batidora *f* **II** *v/t eggs* batir

◆ **whisk away** *v/t* retirar rápidamente; **he was whisked away to the airport** se lo llevaron rápidamente al aeropuerto

whis•kers ['wɪskərz] *npl of man* patillas *fpl*; *of animal* bigotes *mpl*

whis•key ['wɪskɪ] whisky *m*

whis•per ['wɪspər] **I** *n* **1** susurro *m*; **say sth in a ~** susurrar algo, decir algo en voz baja **2** (*rumor*) rumor *m* **II** *v/t & v/i* susurrar

whis•per•ing cam•paign ['wɪspərɪŋ] campaña *f* de difamación

whist [wɪst] whist *m*

whis•tle ['wɪsl] **I** *n sound* silbido *m*; SP pitido *m*; *device* silbato *m*, pito *m* **II** *v/t & v/i* silbar

whis•tle-blow•er ['wɪslblouər] denunciante *m/f*

whis•tle-stop 'tour gira *f* relámpago

white [waɪt] **I** *n* **1** *color* blanco *m* **2** *of egg* clara *f* **3** *person* blanco(-a) *m(f)* **II** *adj* blanco; **her face went ~** se puso blanca

'white•bait pescadito *m*; **'white•board** pizarra *f* blanca; **white 'Christ•mas** Navidades *fpl* blancas; **white 'cof•fee** *Br* café *m* con leche; **white-col•lar 'crime** delito *m* de guante blanco; **white-col•lar 'work•er** persona que trabaja en una oficina; **white 'el•e•phant** mamotreto *m*; **'white flag** bandera *f* blanca; **'white•goods** *npl* electrodomésticos *mpl*; **white-'hot** *adj* candente; **'White House** Casa *f* Blanca; **white 'knight** COM caballero *m* blanco; **white 'lie** mentira *f* piadosa; **white 'meat** carne *f* blanca

whit•en ['waɪtn] *v/t* blanquear

'white•out *for text* Tipp-Ex® *m*; **white 'sauce** besamel *f*; **white 'spir•it** *Br* aguarrás *m inv*; **white su•prem•a•cist** [waɪtsu:'preməsɪst] defensor(a) *m(f)* de la supremacía blanca; **white 'trash** F chusma *f* blanca; **'white•wash I** *n* cal *f*; *fig* encubrimiento *m* **II** *v/t* encalar; **white-wa•ter ca•noe•ing** [waɪtwɑːtərkə'nuːɪŋ] descenso *m* de aguas bravas en canoa; **white-wa•ter raft•ing** [waɪtwɑːtə'ræftɪŋ] descenso *m* de aguas bravas en bote; **white 'wed•ding** boda *f* de blanco; **white 'wine** vino *m* blanco; **whi•ther** ['wɪðər] *adv* adónde

whit•ing ['waɪtɪŋ] pescadilla f
whit•ish ['waɪtɪʃ] *adj* blanquecino
Whit•sun ['wɪtsn], **Whit Sun•day**
[wɪt'sʌndeɪ] Pentecostés m
whit•tle ['wɪtl] *v/t wood* tallar
◆ **whittle down** *v/t* reducir
whiz(z) [wɪz]: *be a ~ at* F ser un genio de
◆ **whizz past** *v/i of car* pasar zumbando
'whizz•kid F prodigio *m/f*; *a computer~*
un prodigio *or* as en computadoras
who [huː] *pron* **1** *interrogative* ¿quién?; *~
do you want to speak to?* ¿con quién
quieres hablar?; *I don't know ~ to believe* no sé a quién creer **2** *relative* que;
an artist ~ tries to … un artista que intenta …
who'd [huːd] = *who had*; *who would*
who•dun•(n)it [huː'dʌnɪt] *libro o película centrados en la resolución de un
caso*
who•ev•er [huː'evər] *pron* quienquiera;
*~ can that be calling at this time of
night?* ¿pero quién llama a estas horas
de la noche?
whole [hoʊl] **I** *adj* entero; *the ~ town /
country* toda la ciudad / todo el país;
it's a ~ lot easier / better es mucho
más fácil / mucho mejor **II** *n* totalidad
f; *the ~ of the USA* la totalidad de los
Estados Unidos; *on the ~* en general
'whole•food alimentos *mpl* integrales;
whole-heart•ed [hoʊl'hɑːrtɪd] *adj* incondicional; **whole-heart•ed•ly** [hoʊl-
'hɑːrtɪdlɪ] *adv* incondicionalmente;
whole•meal 'bread *Br* pan *m* integral;
'whole note MUS semibreve f; **'wholesale I** *adj* **1** al por mayor; *~ price* precio
m al por mayor **2** *fig* indiscriminado **II**
adv al por mayor; **whole•sal•er** ['hoʊl-
seɪlər] mayorista *m/f*; **whole•some**
['hoʊlsəm] *adj* saludable, sano;
'whole-wheat *adj* integral
who'll [huːl] = *who will*
whol•ly ['hoʊlɪ] *adv* completamente
whol•ly owned sub•sid•i•ar•y subsi-
diaria f en propiedad absoluta
whom [huːm] *pron fml* quién; *~ did you
see?* ¿a quién vio?; *the person to ~ I
was speaking* la persona con la que estaba hablando
whoop [wuːp] **I** *n* grito *m* **II** *v/i* gritar
whoop•ing cough ['huːpɪŋ] tos f ferina
whoops [wʊps] *int* huy

whoosh [wʊʃ] **I** *n* zumbido *m* **II** *v/i* pasar
zumbando
whop•per ['wɑːpər] F **1** *something big*: *I
caught a real ~ the other day* el otro
día pesqué una pieza de campeonato;
the neighbors' cat is a real ~ el gato
de los vecinos es una pasada de grande
2 *lie* trola f
whop•ping ['wɑːpɪŋ] *adj* F enorme
whore [hɔːr] prostituta f
'whore•house prostíbulo *m*
whorl [wɜːrl] espiral f
who's [huːz] = *who is*; *who has*
whose [huːz] **I** *pron* **1** *interrogative* de
quién; *~ is this?* ¿de quién es esto? **2**
relative cuyo(-a); *a country ~ economy
is booming* un país cuya economía
está experimentando un boom **II** *adj*
de quién; *~ bike is that?* ¿de quién
es esa bici?
whup [wʌp] *v/t* (*pret & pp -ped*) F dar
un repaso a F
why [waɪ] *adv* por qué; *that's ~* por eso;
~ not? ¿por qué no?
wick [wɪk] pabilo *m*
wick•ed ['wɪkɪd] *adj* **1** malvado, perverso **2** P (*brilliant*) dabuten P, *L.Am.* chévere F
wick•er ['wɪkər] *adj* de mimbre
wick•er 'bas•ket cesta f de mimbre;
wick•er 'chair silla f de mimbre;
'wick•er•work cestería f
wick•et ['wɪkɪt] **1** *in station, bank etc*
ventanilla f **2** *Br* SP palos *mpl*
wide [waɪd] *adj* ancho; *experience, range*
amplio; *be 12 feet ~* tener 12 pies de
ancho
wide-an•gle 'lens PHOT gran angular
m; **wide a'wake** *adj* completamente
despierto; **wide-eyed** [waɪd'aɪd] *adj* **1**
con los ojos abiertos de par en par **2**
fig ingenuo
wide•ly ['waɪdlɪ] *adv* used, known ampliamente; *~ read* muy leído
wid•en ['waɪdn] **I** *v/t* ensanchar **II** *v/i* ensancharse
wide-'o•pen *adj* abierto de par en par;
wide-'rang•ing *adj* amplio; **'wide
screen** pantalla f panorámica; **'widespread** *adj* extendido, muy difundido
wid•ow ['wɪdoʊ] **I** *n* viuda f **II** *v/t*: *be ~ed
by sth* quedarse viudo como resultado
de algo
wid•ow•er ['wɪdoʊər] viudo *m*

width [wɪdθ] anchura *f*, ancho *m*

wield [wiːld] *v/t weapon* empuñar; *power* detentar

wife [waɪf] (*pl* **wives** [waɪvz]) mujer *f*, esposa *f*

wig [wɪg] peluca *f*

wig•gle ['wɪgl] *v/t* menear

wig•wam ['wɪgwæm] tipi *m*

wild [waɪld] **I** *adj animal* salvaje; *flower* silvestre; *teenager, party* descontrolado; (*crazy: scheme*) descabellado; *applause* arrebatado; **be ~ about sth** (*enthusiastic*) estar loco por algo; **go ~** (*express enthusiasm*) volverse loco; (*become angry*) ponerse hecho una furia; **run ~** *of children* desahogarse **II** *npl:* **the ~s** los parajes remotos

wild 'boar jabalí *m*; **'wild card** comodín *m*; COMPUT wildcard *m*, comodín *m*; **'wild•cat I** *n* gato *m* montés **II** *adj:* **~ strike** huelga *f* salvaje

wil•de•beest ['wɪldəbiːst] ñu *m*

wil•der•ness ['wɪldərnɪs] desierto *m*, yermo *m*

'wild•fire: spread like ~ extenderse como un reguero de pólvora; **wild-'goose chase** búsqueda *f* infructuosa; **'wildlife** flora *f* y fauna; **~ program** TV documental *f* sobre la naturaleza

wild•ly ['waɪldlɪ] *adv applaud* enfervorizadamente; **I'm not ~ enthusiastic about the idea** la idea no me emociona demasiado

'wild pitch *in baseball* lanzamiento *m* malo

wil•ful *Br* ☞ **willful**

will[1] [wɪl] *n* LAW testamento *m*; **write or make one's ~** escribir *or* hacer el testamento

will[2] [wɪl] *n* (*willpower*) voluntad *f*; **the ~ to win** la voluntad para ganar; **where there's a ~ there's a way** querer es poder

will[3] [wɪl] *v/aux:* **I ~ let you know tomorrow** te lo diré mañana; **~ you be there?** ¿estarás allí?; **I won't be back until late** volveré tarde; **you ~ call me, won't you?** me llamarás, ¿verdad?; **I'll pay for this – no you won't** esto lo pago yo - no, ni hablar; **the car won't start** el coche no arranca; **~ you tell her that ...?** ¿le quieres decir que …?; **~ you have some more tea?** ¿quiere más té?; **~ you stop that!** ¡basta ya!

will•ful ['wɪlfəl] *adj person* tozudo, obstinado; *action* deliberado, intencionado

wil•lies ['wɪlɪz] *npl:* **give s.o. the ~** F dar canguelo a alguien F

will•ing ['wɪlɪŋ] *adj* dispuesto; **be ~ to do sth** estar dispuesto a hacer algo

will•ing•ly ['wɪlɪŋlɪ] *adv* gustosamente

will•ing•ness ['wɪlɪŋnɪs] buena disposición *f*

wil•low ['wɪloʊ] BOT sauce *m*

wil•low•y ['wɪloʊɪ] *adj* esbelto

'will•pow•er fuerza *f* de voluntad

wil•ly-nil•ly [wɪlɪ'nɪlɪ] *adv* (*at random*) a la buena de Dios

wilt [wɪlt] *v/i of plant* marchitarse

wi•ly ['waɪlɪ] *adj* astuto

wimp [wɪmp] F enclenque *m/f* F, blandengue *m/f* F

wimp•ish ['wɪmpɪʃ] *adj* F blandengue F

win [wɪn] **I** *n* victoria *f*, triunfo *m* **II** *v/t & v/i* (*pret & pp* **won**) ganar

◆ **win back** *v/t* recuperar

wince [wɪns] *v/i* hacer una mueca de dolor

winch [wɪntʃ] **I** *n* torno *m*, cabestrante *m* **II** *v/t* elevar con cabestrante

wind[1] [wɪnd] **I** *n* viento *m*; (*flatulence*) gases *mpl*; **get ~ of sth** enterarse de algo **II** *v/t:* **be ~ed** quedarse sin respiración; **he was ~ed by the ball** se quedó sin aliento *or* respiración cuando le golpeó la pelota

wind[2] [waɪnd] **I** *v/i* (*pret & pp* **wound**) zigzaguear, serpentear; **~ around** enrollarse en **II** *v/t* (*pret & pp* **wound**) enrollar

◆ **wind down I** *v/i of party etc* ir finalizando **II** *v/t* **1** *car window* bajar, abrir **2** *business* ir reduciendo

◆ **wind up I** *v/t* **1** *clock* dar cuerda a **2** *car window* subir, cerrar **3** *speech, presentation* finalizar; *business, affairs* concluir; *company* cerrar **4** *Br* F: *tease* tomar el pelo a **II** *v/i* (*finish*) concluir; **wind up in hospital** acabar en el hospital; **I wound up agreeing with him** terminé *or* acabé dándole la razón

'wind-bag F cotorra *f* F; **'wind•break** parapeto *m* (*contra el viento*); **'wind-fall** *fig* dinero *m* inesperado; **'wind farm** parque *m* de energía eólica

wind•ing ['waɪndɪŋ] *adj* zigzagueante, serpenteante

'wind in•stru•ment instrumento *m* de viento

wind•lass ['wɪndləs] TECH torno *m*

wind•less ['wɪndlɪs] *adj* sin viento

'wind•mill molino *m* de viento

win•dow ['wɪndoʊ] *also* COMPUT ventana *f*; *of car* ventana *f*, ventanilla *f*; *in the* ~ *of store* en el escaparate *or* L.Am. la vidriera

'win•dow box jardinera *f*; 'win•dow clean•er *person* limpiacristales *m/f inv*; 'win•dow dress•ing 1 escaparatismo *m* 2 *fig* cortina *f* de humo; 'window en•ve•lope sobre *m* con ventana; 'win•dow•pane cristal *f* (*de una ventana*); 'win•dow seat *on plane, train* asiento *m* de ventana; 'win•dow shade persiana *f*; 'win•dow-shop *v/i* (*pret & pp -ped*): *go* ~*ping* ir de escaparates *or* L.Am. vidrieras; 'win•dow•sill alféizar *m*

'wind•pipe tráquea *f*; 'wind pow•er energía *f* eólica; 'wind pump bomba *f* eólica; 'wind•screen *Br*, 'wind•shield parabrisas *m inv*; 'wind•shield wip•er limpiaparabrisas *m inv*; 'wind•sock manga *f* catavientos; 'wind•surf•er *person* windsurfista *m/f*; *board* tabla *f* de windsurf; 'wind•surf•ing el windsurf; wind-swept ['wɪndswept] *adj* golpeado por el viento; 'wind tun•nel túnel *m* de viento; 'wind tur•bine turbina *f* eólica

wind•up ['waɪndʌp] *Br* tomadura *f* de pelo

wind•ward ['wɪndwərd] NAUT *adv* hacia barlovento

wind•y ['wɪndɪ] *adj* ventoso; *a* ~ *day* un día de mucho viento; *it's very* ~ *today* hoy hace mucho viento; *it's getting* ~ está empezando a soplar el viento

wine [waɪn] I *n* vino *m* II *v/t*: ~ *and dine s.o.* agasajar a alguien

'wine bar *Br bar especializado en vinos*; 'wine bot•tle botella *f* de vino; 'wine cel•lar bodega *f*; 'wine glass copa *f* de vino; 'wine list lista *f* de vinos; 'wine mak•er viticultor(a) *m(f)*; 'wine mer•chant comerciante *m/f* de vinos

win•er•y ['waɪnərɪ] bodega *f* vinícola

wing [wɪŋ] 1 ala *f* 2 SP *position* ala *f*; *player* extremo *m/f*

wing•er ['wɪŋər] SP extremo *m/f*

'wing mir•ror retrovisor *m* lateral *or* exterior; 'wing nut TECH palomilla *f*; 'wing•span envergadura *f*

wink [wɪŋk] I *n* guiño *m*; *I didn't sleep a* ~ F no pegué ojo II *v/i of person* guiñar, hacer un guiño; ~ *at s.o.* guiñar *or* hacer un guiño a alguien

win•kle ['wɪŋkl] bígaro *m*

◆ winkle out *v/t*: *winkle sth out of s.o.* sonsacar algo a alguien

win•ner ['wɪnər] ganador(a) *m(f)*, vencedor(a) *m(f)*; *of lottery* acertante *m/f*

win•ning ['wɪnɪŋ] *adj* ganador

'win•ning post meta *f*

win•nings ['wɪnɪŋz] *npl* ganancias *fpl*

◆ win•now out *v/t weaker teams etc* apartar

win•o ['waɪnoʊ] F borrachín(-ina) *m(f)* F

win•ter ['wɪntər] I *n* invierno *m* II *v/i* pasar el invierno

win•ter•ize ['wɪntəraɪz] *v/t* MOT preparar para el invierno

win•ter sports [wɪntər'spɔːrts] *npl* deportes *mpl* de invierno

'win•ter•time invierno *m*; *in (the)* ~ en invierno

win•try ['wɪntrɪ] *adj* invernal

wipe [waɪp] *v/t* limpiar; *tape* borrar

◆ wipe out *v/t* (*kill, destroy*) eliminar; *debt* saldar

wip•er ['waɪpər] ☞ *windshield wiper*

wire [waɪr] I *n* alambre *m*; ELEC cable *m*; *get one's* ~*s crossed fig* confundirse II *v/t* ELEC cablear

'wire cut•ters *npl* cizallas *fpl*

wire•less ['waɪrlɪs] radio *f*

wire 'net•ting tela *f* metálica; 'wire•tap escucha *f* telefónica; wire 'wool estropajo *m* de aluminio

wir•ing ['waɪrɪŋ] ELEC cableado *m*

'wir•ing di•a•gram diagrama *m* de la instalación eléctrica *or* de conexiones

wir•y ['waɪrɪ] *adj person* fibroso

wis•dom ['wɪzdəm] *of person* sabiduría *f*; *of action* prudencia *f*, sensatez *f*

'wis•dom tooth muela *f* del juicio

wise [waɪz] *adj* sabio; *action, decision* prudente, sensato

◆ wise up *v/i* F abrir los ojos; *wise up to sth* F darse cuenta de algo

'wise•crack F chiste *m*, comentario *m* gracioso

'wise guy *pej* F sabelotodo *m*

wise•ly ['waɪzlɪ] *adv act* prudentemente, sensatamente

wish [wɪʃ] **I** *n* deseo *m*; *best ~es* un saludo cordial; *make a~* pedir un deseo **II** *v/t* desear; *~ s.o. well* desear a alguien lo mejor; *I ~ed him good luck* le deseé buena suerte; *I ~ that you could stay* ojalá te pudieras quedar **III** *v/i*: *~ for* desear

'**wish•bone** espoleta *f*

wish•ful 'think•ing ['wɪʃfəl] ilusiones *fpl*; *that's ~ on her part* que no se haga ilusiones

wish•y-wash•y ['wɪʃɪwɑːʃɪ] *adj person* anodino; *color* pálido

wisp [wɪsp] *of hair* mechón *m*; *of smoke* voluta *f*

wist•ful ['wɪstfəl] *adj* nostálgico

wist•ful•ly ['wɪstfəlɪ] *adv* con nostalgia

wit [wɪt] **1** (*humor*) ingenio *m*; *person* ingenioso(-a) *m(f)* **2**: *be at one's ~s' end* estar desesperado; *keep one's ~s about one* mantener la calma; *be scared out of one's ~s* estar aterrorizado

witch [wɪtʃ] bruja *f*

'**witch•craft** brujería *f*; '**witch doc•tor** hechicero *m*; '**witch•hunt** *fig* caza *f* de brujas

with [wɪð] *prep* con; *shivering ~ fear* temblando de miedo; *a girl ~ brown eyes* una chica de ojos castaños; *are you ~ me?* (*do you understand*) ¿me sigues?; *~ no money* sin dinero

with•draw [wɪð'drɔː] **I** *v/t* (*pret -drew*, *pp -drawn*) *complaint, money, troops* retirar **II** *v/i* (*pret -drew*, *pp -drawn*) *of competitor, troops* retirarse

with•draw•al [wɪð'drɔːəl] *of complaint, application, troops* retirada *f*; *of money* reintegro *m*

with'draw•al symp•toms *npl* síndrome *m* de abstinencia

with•drawn [wɪð'drɔːn] *adj person* retraído

with•er ['wɪðər] *v/i* marchitarse

with•er•ing ['wɪðərɪŋ] *adj fig* fulminante

with'hold *v/t* (*pret & pp -held*) *information* ocultar; *payment* retener; *but his parents withheld their consent* pero sus padres no le dieron el consentimiento

with'in *prep* (*inside*) dentro de; *in expressions of time* en menos de; *~ five miles of home* a cinco millas de casa; *we kept ~ the budget* no superamos el presupuesto; *it is well ~ your capabilities* lo puedes conseguir perfectamente; *~ reach* al alcance de la mano

with'out *prep* sin; *~ looking / asking* sin mirar / preguntar; *~ an umbrella* sin paraguas

with'stand *v/t* (*pret & pp -stood*) resistir, soportar

wit•less ['wɪtlɪs] *adj* estúpido; *scare s.o. ~* dar un susto morrocotudo a alguien

wit•ness ['wɪtnɪs] **I** *n* testigo *m/f* **II** *v/t accident, crime* ser testigo de; *I ~ed his signature* firmé en calidad de testigo

'**wit•ness stand** estrado *m* del testigo

wit•ti•cism ['wɪtɪsɪzm] comentario *m* gracioso *or* agudo

wit•ty ['wɪtɪ] *adj* ingenioso, agudo

wives [waɪvz] *pl* ☞ *wife*

wiz•ard ['wɪzərd] **1** mago *m* **2** *fig* genio *m*; *financial ~* genio de las finanzas

wiz•ened ['wɪznd] *adj* arrugado

WLTM [dʌbljuːeltiː'em] *abbr* (= *would like to meet*) me gustaría conocer

WMD [dʌbljuːem'diː] *abbr* (= *weapons of mass destruction*) armas *fpl* de destrucción masiva

wob•ble ['wɑːbl] *v/i* tambalearse

wob•bly ['wɑːblɪ] *adj* tambaleante

woe [woʊ] desgracia *f*; *~ betide you if you're late* ay de ti si llegas tarde; *his tale of ~ hum* sus desgracias

woe•ful ['woʊfʊl] *adj* espantoso

wok [wɑːk] wok *m*, sartén *f* típica de la cocina china

woke [woʊk] *pret* ☞ *wake*[1]

wok•en ['woʊkn] *pp* ☞ *wake*[1]

wolf [wʊlf] **I** *n* (*pl wolves* [wʊlvz]) *animal* lobo *m*; *fig* (*womanizer*) don juan *m* **II** *v/t*: *~ (down)* engullir

'**wolf whis•tle** silbido *m*

'**wolf-whis•tle** *v/i*: *~ at s.o.* silbar a alguien (*como piropo*)

wolves [wʊlvz] ☞ *wolf*

wom•an ['wʊmən] (*pl women* ['wɪmɪn]) mujer *f*

wom•an 'doc•tor médica *f*; **wom•an 'driv•er** conductora *f*; **wom•an hat•er** ['wʊmənheɪtər] misógino *m*

wom•an•hood ['wʊmənhʊd] feminidad *f*

wom•an•ize ['wʊmənaɪz] *v/i* ir detrás de mujeres

wom•an•iz•er ['wʊmənaɪzər] mujeriego(-a) *m(f)*

wom•an•kind [wʊmən'kaɪnd] las mujeres

wom•an•ly ['wʊmənlɪ] *adj* femenino

wom•an 'priest mujer *f* sacerdote

womb [wuːm] matriz *f*, útero *m*

wom•en [wɪmɪn] *pl* ☞ **woman**

wom•en's lib [wɪmɪnz'lɪb] la liberación de la mujer; **wom•en's lib•ber** [wɪmɪnz'lɪbər] partidario(-a) *m(f)* de la liberación de la mujer; **wom•en's room** ['wɪmɪnzruːm] baño *m* de mujeres

won [wʌn] *pret & pp* ☞ **win**

won•der ['wʌndər] **I** *n* (*amazement*) asombro *m*; **no ~!** ¡no me sorprende!; **it's a ~ that ...** es increíble que ... **II** *v/i* preguntarse; **I've often ~ed about that** me he preguntado eso a menudo **III** *v/t* preguntarse; **I ~ if you could help** ¿le importaría ayudarme?

won•der•ful ['wʌndərfəl] *adj* maravilloso

won•der•ful•ly ['wʌndərfəlɪ] *adv* (*extremely*) maravillosamente

'won•der•land paraíso *m*

won•ky ['wɑːŋkɪ] *adj Br F* cojo

wont [woʊnt] *esp lit* **I** *adj*: **be ~ to do sth** acostumbrar a hacer algo **II** *n*: **as was his ~** como era costumbre suya

won't [woʊnt] ☞ **will³**

woo [wuː] *v/t woman* cortejar; *supporters* atraer

wood [wʊd] **1** madera *f*; *for fire* leña *f* **2** (*forest*) bosque *m*

'wood•cock ORN chocha *f* perdiz

'wood•cut grabado *m* sobre madera

'wood•cut•ter leñador(a) *m(f)*

wood•ed ['wʊdɪd] *adj* arbolado

wood•en ['wʊdn] *adj* **1** (*made of wood*) de madera **2** *performance, tone* acartonado

wood•land ['wʊdlənd] bosque *m*; **'wood•louse** cochinilla *f*; **wood•peck•er** ['wʊdpekər] pájaro *m* carpintero; **'wood•pile** montón *m* de leña; **'wood•shed** leñera *f*; **'wood•wind** MUS sección *f* de viento de madera; **'wood•work** carpintería *f*; **'wood•worm** ZO carcoma *f*

wood•y ['wʊdɪ] *adj hillside* boscoso; *plant* leñoso

woof [wʊf] *int* guau

woof•er ['wʊfər] woofer *m*

wool [wʊl] lana *f*

wool•en, *Br* **wool•len** ['wʊlən] **I** *adj* de lana **II** *n* prenda *f* de lana

wool•y, *Br* **wool•ly** ['wʊlɪ] *adj* **1** de lana **2** (*vague*) vago

woo•zy ['wuːzɪ] *adj* F atontado

word [wɜːrd] **I** *n* palabra *f*; **I didn't understand a ~ of what she said** no entendí nada de lo que dijo; **is there any ~ from ...?** ¿se sabe algo de ...?; **I've had ~ from my daughter** (*news*) he recibido noticias de mi hija; **you have my ~** tienes mi palabra; **have ~s** (*argue*) discutir; **have a ~ with s.o.** hablar con alguien; **the ~s** *of song* la letra **II** *v/t article, letter* redactar

word•ing ['wɜːrdɪŋ]: **the ~ of a letter** la redacción de una carta

'word•play juegos *mpl* de palabras; **word 'pro•cess•ing** procesamiento *m* de textos; **word 'pro•ces•sor** *software* procesador *m* de textos

word•y ['wɜːrdɪ] *adj* verboso

wore [wɔːr] *pret* ☞ **wear**

work [wɜːrk] **I** *n* (*job*) trabajo *m*; (*employment*) trabajo *m*, empleo *m*; **out of ~** desempleado, *Span* en el paro; **be at ~** estar en el trabajo; **I go to ~ by bus** voy al trabajo en autobús **II** *v/i of person* trabajar; *of machine*, (*succeed*) funcionar; **how does it ~?** *of device* ¿cómo funciona? **III** *v/t* **1** *employee* hacer trabajar **2** *machine* hacer funcionar, utilizar **3**: **you'll have to ~ your way back to fitness** tendrás que trabajar duro para volver a estar en forma

◆ **work off** *v/t bad mood, anger* desahogarse de; *flab* perder haciendo ejercicio

◆ **work out I** *v/t problem, puzzle* resolver; *solution* encontrar, hallar **II** *v/i* **1** *at gym* hacer ejercicios **2** *of relationship etc* funcionar, ir bien

◆ **work out to** *v/t* (*add up to*) sumar

◆ **work up** *v/t appetite* abrir; **work up enthusiasm** entusiasmarse; **work up a sweat** sudar; **get worked up** (*get angry*) alterarse; (*get nervous*) ponerse nervioso

◆ **work up to** *v/t*: **have you told her yet? – I'm working up to it** ¿se lo has dicho ya? - estoy en ello

work•a•ble ['wɜːrkəbl] *adj solution* viable

work•a•day ['wɜːrkədeɪ] *adj* de todos los días

work•a•hol•ic [wɜːrkə'hɑːlɪk] F *persona obsesionada con el trabajo*

'**work•bench** TECH banco *m* de carpintero;'**work•book** EDU libro *m* de ejercicios;'**work camp** campo *m* de trabajo;'**work•day** (*hours of work*) jornada *f* laboral; (*not a holiday*) día *m* de trabajo

work•er ['wɜːrkər] trabajador(a) *m(f)*; *she's a good* ~ trabaja bien

work•ers' '**comp** subsidio *m* de enfermedad

'**work•force** trabajadores *mpl*

'**work hours** *npl* horas *fpl* de trabajo

work•ing ['wɜːrkɪŋ] funcionamiento *m*

'**work•ing cap•i•tal** capital *m* circulante;'**work•ing class** clase *f* trabajadora; '**work•ing-class** *adj* de clase trabajadora;'**work•ing con•di•tions** *npl* condiciones *fpl* de trabajo; **work•ing** '**day** ☞ **workday**;'**work•ing hours** ☞ **work hours**; work•ing 'knowledge conocimientos *mpl* básicos;'**work•ing lunch** almuerzo *m* de trabajo; work•ing 'moth•er madre *f* que trabaja; 'work•ing pop•u•la•tion población *f* activa

'**work•load** cantidad *f* de trabajo; '**work•man** obrero *m*;'**work•man•like** *adj* competente; '**work•man•ship** factura *f*, confección *f*;'**work•mate** compañero(-a) *m(f)* de trabajo; **work of** '**art** obra *f* de arte; '**work•out** sesión *f* de ejercicios; '**work per•mit** permiso *m* de trabajo; '**work•place** lugar *m* de trabajo; '**work•room** taller *m*; '**work sheet** hoja *f* de ejercicios;'**work•shop** *also seminar* taller *m*; '**work•shy** *adj* perezoso; '**work•sta•tion** estación *f* de trabajo; '**work sur•face** encimera *f*;'**work•top** encimera *f*; work-to-'rule *Br* huelga *f* de celo

world [wɜːrld] mundo *m*; *the* ~ *of computers* / *of the theater* el mundo de la informática / del teatro; *out of this* ~ F sensacional

world-'class *adj* de categoría mundial; **World** '**Cup** Mundial *m*, Copa *f* del Mundo; **world-'fa•mous** *adj* mundialmente famoso

world•ly ['wɜːrldlɪ] *adj* mundano

world '**pow•er** potencia *f* mundial; **world** '**re•cord** récord *m* mundial *or* del mundo; **World** '**Se•ries** *nsg in baseball* Serie *f* Mundial;**world** '**war** guerra *f* mundial;'**world•wide I** *adj* mundial **II** *adv* en todo el mundo; '**world(•wide) rights** *npl* derechos *mpl* de explotación mundiales

worm [wɜːrm] gusano *m*

'**worm-eat•en** *adj* carcomido

'**worm•hole 1** agujero *m* de gusano **2** *in space* picadura *f* de gusano

worn [wɔːrn] *pp* ☞ **wear**

worn-'out *adj shoes, carpet, part* gastado; *person* agotado

wor•ried ['wʌrɪd] *adj* preocupado

wor•ried•ly ['wʌrɪdlɪ] *adv* con preocupación

wor•ri•some ['wʌrɪsəm] *adj* preocupante

wor•ry ['wʌrɪ] **I** *n* preocupación *f* **II** *v/t* (*pret & pp* -**ied**) preocupar **III** *v/i* (*pret & pp* -**ied**) preocuparse; *don't* ~, *I'll get it!* ¡no te molestes, ya respondo yo!

wor•ry•ing ['wʌrɪɪŋ] *adj* preocupante

worse [wɜːrs] **I** *adj* peor; *get* ~ empeorar; *and to make things* ~ ... y por si fuera poco... **II** *adv* peor

wors•en ['wɜːrsn] *v/i* empeorar

wor•ship ['wɜːrʃɪp] **I** *n* culto *m* **II** *v/t* (*pret & pp* -**ped**) adorar, rendir culto a; *fig* adorar

wor•ship•(p)er ['wɜːrʃɪpər] fiel *m*

worst [wɜːrst] **I** *adj & adv* peor **II** *n: the* ~ lo peor; *if (the)* ~ *comes to (the)* ~ en el peor de los casos

worst-case scen'a•ri•o el peor de los casos

worth [wɜːrθ] *adj*: *$20* ~ *of gas* 20 dólares de gasolina; *be* ~ ... *in monetary terms* valer ...; *the book's* ~ *reading* valer la pena leer el libro; *be* ~ *it* valer la pena

worth•less ['wɜːrθlɪs] *adj person* inútil; *be* ~ *of object* no valer nada

worth'while *adj* que vale la pena; *be* ~ valer la pena

wor•thy ['wɜːrðɪ] *adj* digno; *cause* justo; *be* ~ *of* (*deserve*) merecer

would [wʊd] *v/aux*: *I* ~ *help if I could* te ayudaría si pudiera; *I said that I* ~ *go* dije que iría; *I told him I* ~ *not leave unless ....* le dije que no me iría a no ser que ...; ~ *you like to go to* *the movies?* ¿te gustaría ir al cine?; ~ *you mind if I smoked?* ¿le importa si fumo?; ~ *you tell her that …?* ¿le podrías decir que …?; ~ *you close the door?* ¿podrías cerrar la puerta?; *I ~ have told you but …* te lo habría dicho pero …; *I ~ not have been so angry if …* no me habría enfadado tanto si …

'**would-be** *adj*: ~ *authors* los aspirantes a escritores

would•n't ['wʊdnt] = *would not*

wound[1] [wuːnd] **I** *n* herida *f* **II** *v/t with weapon, remark* herir

wound[2] [waʊnd] *pret & pp* ☞ *wind*[2]

wound•ed ['wuːndɪd] *adj* herido

wove [wəʊv] *pret* ☞ *weave*

wo•ven ['wəʊvn] *pp* ☞ *weave*

wow [waʊ] **I** *int* ¡hala! **II** *v/t* F *impress* deslumbrar

wran•gle ['ræŋgl] **I** *v/i* discutir, pelear (*with* con; *over* por) **II** *n* discusión *f*, pelea *f*

wrap [ræp] *v/t* (*pret & pp* **-ped**) *parcel, gift* envolver; *he ~ped a scarf around his neck* se puso una bufanda al cuello

◆ **wrap up** *v/i against the cold* abrigarse

wrap•per ['ræpər] *for candy etc* envoltorio *m*

wrap•ping ['ræpɪŋ] envoltorio *m*

'**wrap•ping pa•per** papel *m* de envolver

'**wrap-up** *summary* resumen *m*

wrath [ræθ] ira *f*

wreak [riːk] *v/t*: ~ *havoc* hacer estragos; ~ *revenge* vengarse

wreath [riːθ] corona *f* de flores

wreathe [riːð] *v/t*: ~*d in mist / smoke* envuelto en niebla / humo

wreck [rek] **I** *n* restos *mpl*; *be a nervous* ~ ser un manojo de nervios **II** *v/t ship* hundir; *car* destrozar; *plans, marriage* arruinar

wreck•age ['rekɪdʒ] *of car, plane* restos *mpl*; *of marriage, career* ruina *f*

wreck•er ['rekər] grúa *f*

wreck•ing com•pa•ny ['rekɪŋ] empresa *f* de auxilio en carretera

wren [ren] ORN chochín *m*

wrench [rentʃ] **I** *n tool* llave *f* **II** *v/t* (*pull*) arrebatar; ~ *one's wrist* hacerse un esguince en la muñeca

wrest [rest] *v/t*: ~ *sth from s.o.* arrebatar algo a alguien

wres•tle ['resl] *v/i* luchar

◆ **wrestle with** *v/t problems* combatir

wres•tler ['reslər] luchador(a) *m(f)* (de lucha libre)

wres•tling ['reslɪŋ] lucha *f* libre

'**wres•tling con•test** combate *m* de lucha libre

wretch [retʃ]: *poor* ~ pobre desgraciado(-a) *m(f)*

wretch•ed ['retʃɪd] *adj* **1** (*unhappy*) desdichado **2** *headache, weather* horrible

wrig•gle ['rɪgl] *v/i* (*squirm*) menearse; *along the ground* arrastrarse; *into small space* escurrirse

◆ **wriggle out of** *v/t* librarse de

◆ **wring out** [rɪŋ] *v/t* (*pret & pp* **wrung**) *cloth* escurrir

wring•ing ['rɪŋɪŋ] *adv*: ~ *wet* empapado

wrin•kle ['rɪŋkl] **I** *n* arruga *f* **II** *v/t clothes* arrugar **III** *v/i of clothes* arrugarse

wrin•kly ['rɪŋklɪ] F viejarrón(-ona) *m(f)* F

wrist [rɪst] muñeca *f*

'**wrist•band** muñequera *f*

'**wrist•watch** reloj *m* de pulsera

writ [rɪt] LAW mandato *m* judicial

write [raɪt] **I** *v/t* (*pret* **wrote**, *pp* **written**) escribir; *check* extender **II** *v/i* (*pret* **wrote**, *pp* **written**) escribir

◆ **write away for** *v/t* solicitar por escrito

◆ **write down** *v/t* escribir, tomar nota de

◆ **write off** *v/t* **1** *debt* cancelar, anular **2** *Br* F *car* destrozar **3** (*regard as unimportant: person*) tener a menos

◆ **write out** *v/t* **1** *name etc* escribir; *check, receipt* hacer **2** (*make a clean copy of*) pasar a limpio **3**: *he was written out of the series* suprimieron el papel que tenía en la serie

◆ **write up** *report* redactar

'**write-down** FIN depreciación *f*

'**write-off 1** COM condonación *f* **2** *Br* F siniestro *m* total

writ•er ['raɪtər] escritor(a) *m(f)*; *of book, song* autor(a) *m(f)*; *he's a neat* ~ su letra es muy clara

'**write-up** reseña *f*

writhe [raɪð] *v/i* retorcerse

writ•ing ['raɪtɪŋ] **1** *words, text* escritura *f*; *I like his* ~ me gusta cómo escribe; *in* ~ por escrito; *that's a good piece of* ~ está muy bien escrito **2** (*hand~*) letra *f*

'**writ•ing desk** escritorio *m*

'**writ•ing pa•per** papel *m* de escribir

writ•ings ['raɪtɪŋz] *npl* obra *f*
writ•ten ['rɪtn] *pp* ☞ **write**
wrong [rɒːŋ] **I** *adj answer, information* equivocado; *decision, choice* erróneo; **be ~** *of person* estar equivocado; *of answer* ser incorrecto; *morally* ser injusto; **what's ~?** ¿qué pasa?; **there is something ~ with the car** al coche le pasa algo; **you have the ~ number** TELEC se ha equivocado
II *adv* mal; **go ~** *of person* equivocarse; *of marriage, plan etc* fallar
III *n* mal *m*; **right a ~** deshacer un entuerto; **he knows right from ~** sabe distinguir entre el bien y el mal; **be in the ~** tener la culpa

'wrong•do•er malhechor(a) *m(f)*; **wrong•do•ing** ['rɒːŋduːɪŋ] fechoría *f*; **wrong'foot** *v/t* sorprender
wrong•ful ['rɒːŋfəl] *adj* ilegal
wrong•ly ['rɒːŋlɪ] *adv* erróneamente
wrote [rout] *pret* ☞ **write**
wrought i•ron [rɔːt'aɪərn] hierro *m* forjado
wrought-'i•ron *adj* de hierro forjado
wrung [rʌŋ] *pret & pp* ☞ **wring out**
wry [raɪ] *adj* socarrón
WWW ['dʌblju:dʌblju:dʌblju:] *abbr* (= *World-Wide Web*) WWW *f*
WYSIWYG ['wɪzɪwɪg] *abbr* (= *What You See Is What You Get*) WYSIWYG, *se imprime lo que ves*

X

xen•o•pho•bi•a [zenoʊ'foʊbɪə] xenofobia *f*
xen•o•pho•bic [zenə'foʊbɪk] *adj* xenófobo
X•mas ['eksməs, 'krɪsməs] F ☞ **Christmas**

X-rat•ed ['eksreɪtɪd] *adj* no recomendable a menores de 18 años
X-ray ['eksreɪ] **I** *n* rayo *m* X; *picture* radiografía *f* **II** *v/t* radiografiar, sacar un radiografía de
xy•lo•phone [zaɪlə'foʊn] xilofón *m*

Y

Y [waɪ] *abbr* F ☞ **YMCA, YWCA**
yacht [jɑːt] yate *m*
yacht•ing ['jɑːtɪŋ] vela *f*
yachts•man ['jɑːtsmən] navegante *m* (*en embarcación de vela*)
yachts•wom•an ['jɑːtswʊmən] navegante *f* (*en embarcación de vela*)
yak [jæk] *v/i* (*pret & pp* **-ked**) F parlotear F
yam•mer ['jæmər] *v/i* F (*yell*) gritar; (*nag*) dar la lata F
Yank [jæŋk] F yanqui *m/f*
yank [jæŋk] *v/t* tirar de
Yan•kee ['jæŋkɪ] F yanqui *m/f*
yap [jæp] *v/i* (*pret & pp* **-ped**) **1** *of small dog* ladrar (*con ladridos agudos*) F **2** F (*talk a lot*) parlotear F, largar F
yard¹ [jɑːrd] **1** *of prison, institution etc* patio *m*; *behind house* jardín *m* **2** *for storage* almacén *m* (*al aire libre*)

yard² [jɑːrd] *measurement* yarda *f*
yard•man ['jɑːrdmən] RAIL obrero *m* ferroviario; **'yard•sale** *chamarileo en el jardín de un particular*; **'yard•stick** patrón *m*
yarn [jɑːrn] **1** (*thread*) hilo *m* **2** F (*story*) batallita *f* F
yawn [jɒːn] **I** *n* **1** bostezo *m* **2**: **be one big ~** F ser un aburrimiento F **II** *v/i* bostezar
yawn•ing ['jɒːnɪŋ] *adj*: **a ~ gap** un abismo
yeah [je] *int* F sí
year [jɪr] *año m*; **I've known her for ~s** la conozco desde hace años; **we were in the same ~** *Br*: *at school* éramos del mismo curso; **be six ~s old** tener seis años (de edad); **~ in, ~ out** todos los años, año tras año; **~ after ~** todos los años, año tras año; **all ~ round** du-

rante todo el año

'year•book EDU anuario *m* escolar; **'year-end ac•counts** *npl* cuentas *fpl* de fin de ejercicio; **'year•long** *adj* de un año

year•ly ['jɪrlɪ] **I** *adj* anual **II** *adv* anualmente

yearn [jɜːrn] *v/i* anhelar

◆ **yearn for** *v/t* ansiar

yearn•ing ['jɜːrnɪŋ] anhelo *m*

yeast [jiːst] levadura *f*

yell [jel] **I** *n* grito *m* **II** *v/i & v/t* gritar

yel•low ['jeloʊ] **I** *n* amarillo *m* **II** *adj* amarillo; F (*cowardly*) cobarde

yel•low 'card tarjeta *f* amarilla; *show s.o. the ~* sacarle la tarjeta amarilla a alguien; **yel•low 'fe•ver** fiebre *f* amarilla; **yel•low 'pag•es** *npl* páginas *fpl* amarillas

yelp [jelp] **I** *n* aullido *m* **II** *v/i* aullar

yep [jep] *int* F si

yes [jes] **I** *int* sí; *she said ~* dijo que sí **II** *n* sí *m*; *is that a ~ or a no?* ¿eso es que sí o que no?

'yes•man *pej* pelotillero *m*

yes•ter•day ['jestərdeɪ] **I** *adv* ayer; *the day before ~* anteayer; *~ afternoon* ayer por la tarde; *I wasn't born ~* no nací ayer **II** *n* ayer *m*

yet [jet] **I** *adv* todavía, aún; *as ~* aún, todavía; *have you finished ~?* ¿has acabado ya?; *he hasn't arrived ~* todavía *or* aún no ha llegado; *is he here ~? - not ~* ¿ha llegado ya? - todavía *or* aún no; *~ bigger / longer* aún más grande / largo; *the fastest one ~* el más rápido hasta el momento; *he has ~ to win a major title* todavía le queda por ganar un título importante **II** *conj* sin embargo; *~ I'm not sure* sin embargo no estoy seguro

yew [juː] BOT tejo *m*

Y-fronts ['waɪfrʌnts] *npl Br* calzoncillos *mpl*

Yid•dish ['jɪdɪʃ] LING yídish *m*

yield [jiːld] **I** *n from fields etc* cosecha *f*; *from investment* rendimiento *m* **II** *v/t fruit, good harvest* proporcionar; *interest* rendir, devengar **III** *v/i* (*give way*) ceder; *of driver* ceder el paso

yip•pee [jɪ'piː] *int* yupi

YMCA [waɪemsiː'eɪ] *abbr* (= *Young Men's Christian Association*) YMCA *f* (= Asociación *f* de Jóvenes Cristia-

nos)

yob [jɑːb] *Br* gamberro *m*

yo•ga ['joʊɡə] yoga *m*

yog•hurt ['joʊɡərt] yogur *m*

yolk [joʊk] yema *f*

you [juː] *pron singular* tú, *L.Am.* usted, *Rpl, C.Am.* vos; *formal* usted; *plural: Span* vosotros, vosotras, *L.Am.* ustedes; *formal* ustedes; *~ are clever* eres / es inteligente; *do ~ know him?* ¿lo conoces / conoce?; *~ go, I'll stay* tú ve / usted vaya, yo me quedo; *~ never know* nunca se sabe; *~ have to pay* hay que pagar; *exercise is good for ~* es bueno hacer ejercicio

young [jʌŋ] **I** *adj* joven **II** *npl: the ~* los jóvenes, la juventud

young•ish ['jʌnɪʃ] *adj* bastante joven

young•ster ['jʌŋstər] joven *m/f*

your [jʊr] *adj singular* tu, *L.Am.* su; *formal* su; *plural: Span* vuestro, *L.Am.* su; *formal* su; *~ house* tu / su casa; *~ books* tus / sus libros

you're [jʊr] F = *you are*

yours [jʊrz] *pron singular* el tuyo, la tuya, *L.Am.* el suyo, la suya; *formal* el suyo, la suya; *plural* el vuestro, la vuestra, *L.Am.* el suyo, la suya; *formal* el suyo, la suya; *a friend of ~* un amigo mío / suyo / vuestro; *~ ... at end of letter* un saludo

your•self [jʊr'self] *pron reflexive* te, *L.Am.* se; *formal* se; *emphatic* tú mismo *m*, tú misma *f*, *L.Am.* usted mismo *m*, usted misma *f*; *Rpl, C.Am.* vos mismo *m*, vos misma *f*; *formal* usted mismo *m*, usted misma *f*; *did you hurt ~?* ¿te hiciste / se hizo daño?; *when you see ~ in the mirror* cuando te ves / se ve en el espejo; *by ~* (*alone*) solo; (*without help*) tú solo, tú mismo, *Rpl, C.Am.* vos solo, vos mismo, *L.Am.* usted solo, usted mismo; *formal* usted solo, usted mismo

your•selves [jʊr'selvz] *pron reflexive* os, *L.Am.* se; *formal* se; *emphatic* vosotros mismos *mpl*, vosotras mismas *fpl*, *L.Am.* ustedes mismos *mpl*, ustedes mismas *fpl*; *formal* ustedes mismos *mpl*, ustedes mismas *fpl*; *did you hurt ~?* ¿os hicisteis / se hicieron daño?; *when you see ~ in the mirror* cuando os veis / se ven en el espejo; *by ~* (*alone*) solos; (*without help*) vosotros

solos, *L.Am.* ustedes solos, ustedes mismos; *formal* ustedes solos, ustedes mismos
youth [ju:θ] **1** juventud *f* **2** (*young man*) joven *m*
'youth club club *m* juvenil
youth•ful ['ju:θfəl] *adj* joven; *fashion, idealism* juvenil
'youth hos•tel albergue *m* juvenil
you've [ju:v] F = **you have**
yo-yo ['joujou] yoyó *m*
yuck [jʌk] *int* F buaj F
yuck•y ['jʌkɪ] *adj* F asqueroso

Yu•go•slav [ju:gou'slɑːv] HIST **I** *adj* yugoslavo **II** *n* yugoslavo(-a) *m(f)*
Yu•go•slav•i•a [ju:gə'slɑːvɪə] HIST Yugoslavia *f*
Yule•tide ['ju:ltaɪd] Navidad(es) *f(pl)*
yum•my ['jʌmɪ] *adj* F rico F, delicioso; **he's so ~** es un encanto
yup [jʌp] F sí
yup•pie ['jʌpɪ] F yupi *m/f* F
YWCA [waɪdʌblju:si:'eɪ] (= *Young Women's Christian Association*) YWCA *f* (= Asociación *f* de Jóvenes Cristianas)

Z

Zam•bi•a ['zæmbɪə] Zambia *f*
za•ny ['zeɪnɪ] *adj* loco, excéntrico
zap [zæp] F *v/t* (*pret & pp* **-ped**) **1** (COMPUT: *delete*) borrar **2** (*kill*) liquidar F **3** (*hit*) golpear **4** (*send*) mandar rápidamente **5** *Br:* **~ channels** hacer zapping, cambiar de canal **6: ~ sth in the microwave** meter algo en el microondas **II** *v/i:* **~ along the motorway** ir a toda velocidad por la autopista
◆ **zap along** *v/i* F (*move fast*) volar F
◆ **zap up** *v/t* animar, alegrar
zapped [zæpt] *adj* F (*exhausted*) hecho polvo F
zap•per ['zæpər] *Br. for TV channels* telemando *m*, mando *m* a distancia
zap•py ['zæpɪ] *adj* F *car, pace* rápido; (*lively, energetic*) vivo
zeal [zi:l] celo *m*
zeal•ous ['zeləs] *adj* ferviente, entusiasta
ze•bra ['zebrə] cebra *f*
ze•bra 'cross•ing *Br* paso *m* de cebra
ze•ro ['zɪrou] (*pl* **-o(e)s**) cero *m*; **10 degrees below ~** 10 bajo cero
◆ **zero in on** *v/t* (*identify*) centrarse en
ze•ro-e'mis•sion *adj* que no emite gases contaminantes; **ze•ro 'growth** crecimiento *m* cero; **ze•ro-'tol•er•ance** tolerancia *f* cero
zest [zest] entusiasmo *m*
zig•zag ['zɪgzæg] **I** *n* zigzag *m* **II** *v/i* (*pret & pp* **-ged**) zigzaguear
zilch [zɪltʃ] F nada de nada
zil•lion ['zɪlɪən] F: **I've a ~ things to do**

tengo tropecientas cosas que hacer F
zinc [zɪŋk] cinc *m*
zip [zɪp] *Br* cremallera *f*
◆ **zip up** *v/t* (*pret & pp* **-ped**) **1** *dress, jacket* cerrar la cremallera de **2** COMPUT compactar
'zip code código *m* postal
'zip fas•ten•er *Br* cremallera *f*
zip•per ['zɪpər] cremallera *f*
zit [zɪt] F *on face* grano *m*, espinilla *f*
zo•di•ac ['zoudɪæk] zodiaco *m*; **signs of the ~** signos *mpl* del zodiaco
zom•bie ['zɑːmbɪ] F (*idiot*) estúpido(-a) *m(f)* F; **feel like a ~** (*exhausted*) sentirse como un zombi
zone [zoun] **I** *n* zona *f* **II** *v/t area* destinar; **be ~d for** destinarse a
'zone de•fense *in basketball* defensa *f* en zona
zon•ing re•stric•tions ['zounɪŋrɪstrɪkʃnz] *npl* reglamentación *f* urbanística
zonked [zɑːŋkt] *adj* P (*exhausted*) molido P
zoo [zu:] zoo *m*
zo•o•log•i•cal [zu:ə'lɑːdʒɪkl] *adj* zoológico
zo•ol•o•gist [zu:'ɑːlədʒɪst] zoólogo(-a) *m(f)*
zo•ol•o•gy [zu:'ɑːlədʒɪ] zoología *f*
zoom [zu:m] *v/i* F (*move fast*) ir zumbando F
◆ **zoom in on** *v/t* PHOT hacer un zoom sobre
'zoom lens zoom *m*
zuc•chi•ni [zu:'ki:nɪ] calabacín *m*

Spanish verb conjugations

In the following conjugation patterns verb stems are shown in normal type and verb endings in *italic* type. Irregular forms are indicated by **bold** type.

Notes on the formation of tenses.

The following stems can be used to generate derived forms.

Stem forms	Derived forms

Stem forms

I. From the **Present indicative**, *3rd pers sg* (mand*a*, vend*e*, recib*e*)

II. From the **Present subjunctive**, *2nd* and *3rd pers sg* and all plural forms (mand*es*, mand*e*, mand*emos*, mand*éis*, mand*en* – vend*as*, vend*a*, vend*amos*, vend*áis*, vend*an* – recib*as*, recib*a*, recib*amos*, recib*áis*, recib*an*)

III. From the **Preterite**, *3rd pers pl* (mand*aron*, vend*ieron*, recib*ieron*)

IV. From the **Infinitive** (mand*ar*, vend*er*, recib*ir*)

V. From the **Past participle** (mand*ado*, vend*ido*, recib*ido*)

Derived forms

Imperative *2nd pers sg* (¡mand*a*! ¡vend*e*! ¡recib*e*!)

Imperative *1st pers pl*, *3rd pers sg* and *pl* as well as the negative imperative of the *2nd pers sg* and *pl* (no mand*es*, mand*e* Vd., mand*emos*, no mand*éis*, mand*en* Vds. – no vend*as*, vend*a* Vd., vend*amos*, no vend*áis*, vend*an* Vds. – no recib*as* etc)

a) **Imperfect Subjunctive I** by changing …ron to …*ra* (mand*ara*, vend*iera*, recib*iera*)
b) **Imperfect Subjunctive II** by changing …ron to …*se* (mand*ase*, vend*iese*, recib*iese*)
c) **Future Subjunctive** by changing …ron to …*re* (mand*are*, vend*iere*, recib*iere*)

a) **Imperative** *2nd pers pl* by changing …r to …*d* (mand*ad*, vend*ed*, recib*id*)
b) **Present participle** by changing …ar to …*ando*, …er and …ir to …*iendo* (or sometimes …*yendo*) (mand*ando*, vend*iendo*, recib*iendo*)
c) **Future** by adding the *Present* tense endings of **haber** (mand*aré*, vend*eré*, recib*iré*)
d) **Conditional** by adding the *Imperfect* endings of **haber** (mand*aría*, vend*ería*, recib*iría*)

all **compound tenses** by placing a form of **haber** or **ser** in front of the participle.

First Conjugation

⟨1a⟩ **mandar.** No change to the written or spoken form of the stem.

Simple tenses

Indicative

	Present	Imperfect	Preterite
sg	mando	mandaba	mandé
	mandas	mandabas	mandaste
	manda	mandaba	mandó
pl	mandamos	mandábamos	mandamos
	mandáis	mandabais	mandasteis
	mandan	mandaban	mandaron

	Future	Conditional
sg	mandaré	mandaría
	mandarás	mandarías
	mandará	mandaría
pl	mandaremos	mandaríamos
	mandaréis	mandaríais
	mandarán	mandarían

Subjunctive

	Present	Imperfect I	Imperfect II
sg	mande	mandara	mandase
	mandes	mandaras	mandases
	mande	mandara	mandase
pl	mandemos	mandáramos	mandásemos
	mandéis	mandarais	mandaseis
	manden	mandaran	mandasen

	Future	Imperative
sg	mandare	—
	mandares	manda (no mandes)
	mandare	mande Vd.
pl	mandáremos	mandemos
	mandareis	mandad (no mandéis)
	mandaren	manden Vds.

Infinitive: mandar
Present participle: mandando
Past participle: mandado

Compound tenses

1. **Active forms**: the conjugated form of **haber** is placed before the *Past participle* (which does not change):

Indicative

Perfect	*he* mand*ado*	**Future perfect**	*habré* mand*ado*
Pluperfect	*había* mand*ado*	**Past conditional**	*habría* mand*ado*
Past anterior	*hube* mand*ado*		
Past infinitive	*haber* mand*ado*	**Past gerundive**	*habiendo* mand*ado*

Subjunctive

Perfect	*haya* mand*ado*	**Future perfect**	*hubiere* mand*ado*
Pluperfect	*hubiera* mand*ado*		
	hubiese mand*ado*		

2. **Passive forms**: the conjugated form of **ser** (or **haber**) is placed before the *Past participle* (which does not change):

Indicative

Present	*soy* mand*ado*	**Past anterior**	*hube sido* mand*ado*
Imperfect	*era* mand*ado*	**Future**	*seré* mand*ado*
Preterite	*fui* mand*ado*	**Future perfect**	*habré sido* mand*ado*
Perfect	*he sido* mand*ado*	**Conditional**	*sería* mand*ado*
Pluperfect	*había sido* mand*ado*	**Past conditional**	*habría sido* mand*ado*

Infinitive		Gerundive	
Present	*ser* mand*ado* etc	**Present**	*siendo* mand*ado*
Past	*haber sido* mand*ado*	**Past**	*habiendo sido* mand*ado*

Subjunctive

Present	*sea* mand*ado*	**Pluperfect**	*hubiera sido* mand*ado*
			hubiese sido mand*ado*
Imperfect	*fuera* mand*ado*		
	fuese mand*ado*		
Future	*fuere* mand*ado*	**Future perfect**	*hubiere sido* mand*ado*
Past	*haya sido* mand*ado*		

Infinitive	Present Indicative	Present Subjunctive	Preterite

⟨**1b**⟩ **cambiar.** Model for all *...iar* verbs, unless formed like *variar* ⟨1c⟩.

camb*io*	camb*ie*	camb*ié*
camb*ias*	camb*ies*	camb*iaste*
camb*ia*	camb*ie*	camb*ió*
camb*iamos*	camb*iemos*	camb*iamos*
camb*iáis*	camb*iéis*	camb*iasteis*
camb*ian*	camb*ien*	camb*iaron*

	Infinitive	Present Indicative	Present Subjunctive	Preterite

⟨1c⟩ **variar.** *i* becomes *í* when the stem is stressed.

varí*o*	varí*e*	varié
varí*as*	varí*es*	varí*aste*
varí*a*	varí*e*	varió
vari*amos*	vari*emos*	vari*amos*
vari*áis*	vari*éis*	vari*asteis*
varí*an*	varí*en*	vari*aron*

⟨1d⟩ **evacuar.** Model for all ...*uar* verbs, unless formed like *acentuar* ⟨1e⟩.

evacu*o*	evacu*e*	evacué
evacu*as*	evacu*es*	evacu*aste*
evacu*a*	evacu*e*	evacuó
evacu*amos*	evacu*emos*	evacu*amos*
evacu*áis*	evacu*éis*	evacu*asteis*
evacu*an*	evacu*en*	evacu*aron*

⟨1e⟩ **acentuar.** *u* becomes *ú* when the stem is stressed.

acentú*o*	acentú*e*	acentué
acentú*as*	acentú*es*	acentu*aste*
acentú*a*	acentú*e*	acentuó
acentu*amos*	acentu*emos*	acentu*amos*
acentu*áis*	acentu*éis*	acentu*asteis*
acentú*an*	acentú*en*	acentu*aron*

⟨1f⟩ **cruzar.** Final *z* in the stem becomes *c* before *e*. Model for all ...*zar* verbs.

cruz*o*	cru**c***e*	crucé
cruz*as*	cru**c***es*	cruz*aste*
cruz*a*	cru**c***e*	cruzó
cruz*amos*	cru**c***emos*	cruz*amos*
cruz*áis*	cru**c***éis*	cruz*asteis*
cruz*an*	cru**c***en*	cruz*aron*

⟨1g⟩ **tocar.** Final *c* in the stem becomes *qu* before *e*. Model for all ...*car* verbs.

toc*o*	to**qu***e*	toqué
toc*as*	to**qu***es*	toc*aste*
toc*a*	to**qu***e*	tocó
toc*amos*	to**qu***emos*	toc*amos*
toc*áis*	to**qu***éis*	toc*asteis*
toc*an*	to**qu***en*	toc*aron*

Infinitive	Present Indicative	Present Subjunctive	Preterite

⟨1h⟩ **pagar.** Final *g* in the stem becomes *gu* (*u* is silent) before *e*. Model for all ...*gar* verbs.

pago	pague	pagué
pagas	pagues	pagaste
paga	pague	pagó
pagamos	paguemos	pagamos
pagáis	paguéis	pagasteis
pagan	paguen	pagaron

⟨1i⟩ **fraguar.** Final *gu* in the stem becomes *gü* before *e* (*u* with dieresis is pronounced). Model for all ...*guar* verbs.

fraguo	fragüe	fragüé
fraguas	fragües	fraguaste
fragua	fragüe	fraguó
fraguamos	fragüemos	fraguamos
fraguáis	fragüéis	fraguasteis
fraguan	fragüen	fraguaron

⟨1k⟩ **pensar.** Stressed *e* in the stem becomes *ie*.

pienso	piense	pensé
piensas	pienses	pensaste
piensa	piense	pensó
pensamos	pensemos	pensamos
pensáis	penséis	pensasteis
piensan	piensen	pensaron

⟨1l⟩ **errar.** Stressed *e* in the stem becomes *ye* (because it comes at the beginning of the word).

yerro	yerre	erré
yerras	yerres	erraste
yerra	yerre	erró
erramos	erremos	erramos
erráis	erréis	errasteis
yerran	yerren	erraron

⟨1m⟩ **contar.** Stressed *o* of the stem becomes *ue* (*u* is pronounced).

cuento	cuente	conté
cuentas	cuentes	contaste
cuenta	cuente	contó
contamos	contemos	contamos
contáis	contéis	contasteis
cuentan	cuenten	contaron

Infinitive	Present Indicative	Present Subjunctive	Preterite

⟨1n⟩ **agorar.** Stressed *o* of the stem becomes *üe* (*u* with dieresis is pronounced).

ag**üe**ro	ag**üe**re	agoré
ag**üe**ras	ag**üe**res	agoraste
ag**üe**ra	ag**üe**re	agoró
agoramos	agoremos	agoramos
agoráis	agoréis	agorasteis
ag**üe**ran	ag**üe**ren	agoraron

⟨1o⟩ **jugar.** Stressed *u* in the stem becomes *ue*; final *g* of the stem becomes *gu* before *e* (*see* ⟨1h⟩); *conjugar, enjugar* and *enjugarse* are regular.

j**ue**go	j**ue**gue	jugué
j**ue**gas	j**ue**gues	jugaste
j**ue**ga	j**ue**gue	jugó
jugamos	jug**ue**mos	jugamos
jugáis	jug**ué**is	jugasteis
j**ue**gan	j**ue**guen	jugaron

⟨1p⟩ **estar.** *Present indicative 1st pers sg* in *...oy*, otherwise regular, but note the stressed *a*; the *Present subjunctive* has a stress on the *e* in the endings (apart from *1st pers pl*); *Preterite etc* as ⟨21⟩. Otherwise regular.

estoy	est**é**	est**uve**
est**á**s	est**é**s	est**uviste**
est**á**	est**é**	est**uvo**
estamos	estemos	est**uvi**mos
est**á**is	est**é**is	est**uviste**is
est**á**n	est**é**n	est**uvie**ron

⟨1q⟩ **andar.** *Preterite* and derived forms like *estar* as in ⟨21⟩. Otherwise regular.

ando	ande	and**uve**
andas	andes	and**uviste**
anda	ande	and**uvo**
andamos	andemos	and**uvi**mos
andáis	andéis	and**uviste**is
andan	anden	and**uvie**ron

⟨1r⟩ **dar.** *Present indicative 1st pers sg* in *...oy*, otherwise regular. *Present subjunctive 1st* and *3rd pers sg* takes an accent. *Preterite etc* follow the regular second conjugation. Otherwise regular.

do**y**	d**é**	di
das	des	diste
da	d**é**	dio
damos	demos	dimos
dáis	deis	disteis
dan	den	dieron

Second Conjugation

⟨2a⟩ **vender.** No change to the written or spoken form of the stem.

Simple tenses

Indicative

	Present	**Imperfect**	**Preterite**
sg	vendo	vendía	vendí
	vendes	vendías	vendiste
	vende	vendía	vendió
pl	vendemos	vendíamos	vendimos
	vendéis	vendíais	vendisteis
	venden	vendían	vendieron

	Future	**Conditional**
sg	venderé	vendería
	venderás	venderías
	venderá	vendería
pl	venderemos	venderíamos
	venderéis	venderíais
	venderán	venderían

Subjunctive

	Present	**Imperfect I**	**Imperfect II**
sg	venda	vendiera	vendiese
	vendas	vendieras	vendieses
	venda	vendiera	vendiese
pl	vendamos	vendiéramos	vendiésemos
	vendáis	vendierais	vendieseis
	vendan	vendieran	vendiesen

	Future	**Imperative**
sg	vendiere	—
	vendieres	vende (no vendas)
	vendiere	venda Vd.
pl	vendiéremos	vendamos
	vendiereis	vended (no vendáis)
	vendieren	vendan Vds.

Infinitive: vender
Present participle: vendiendo
Past participle: vendido

Compound tenses

Formed with the *Past participle* together with **haber** and **ser**, see ⟨1a⟩.

	Infinitive	Present Indicative	Present Subjunctive	Preterite

⟨**2b**⟩ **vencer.** Final *c* of the stem becomes *z* before *a* and *o*. Model for all ...*cer* verbs where the ...*cer* is preceded by a consonant.

	Present Indicative	Present Subjunctive	Preterite
	venzo	venza	vencí
	vences	venzas	venciste
	vence	venza	venció
	vencemos	venzamos	vencimos
	vencéis	venzáis	vencisteis
	vencen	venzan	vencieron

⟨**2c**⟩ **coger.** Final *g* of the stem becomes *j* before *a* and *o*. Model for all ...*ger* verbs.

	Present Indicative	Present Subjunctive	Preterite
	cojo	coja	cogí
	coges	cojas	cogiste
	coge	coja	cogió
	cogemos	cojamos	cogimos
	cogéis	cojáis	cogisteis
	cogen	cojan	cogieron

⟨**2d**⟩ **merecer.** Final *c* of the stem becomes *zc* before *a* and *o*.

	Present Indicative	Present Subjunctive	Preterite
	merezco	merezca	merecí
	mereces	merezcas	mereciste
	merece	merezca	mereció
	merecemos	merezcamos	merecimos
	merecéis	merezcáis	merecisteis
	merecen	merezcan	merecieron

⟨**2e**⟩ **creer.** Unstressed *i* between two vowels becomes *y*. Past participle: *creído*. Present participle: *creyendo*.

	Present Indicative	Present Subjunctive	Preterite
	creo	crea	creí
	crees	creas	creíste
	cree	crea	creyó
	creemos	creamos	creímos
	creéis	creáis	creísteis
	creen	crean	creyeron

⟨**2f**⟩ **tañer.** Unstressed *i* is omitted after *ñ* and *ll*; compare ⟨3h⟩. Present participle: *tañendo*.

	Present Indicative	Present Subjunctive	Preterite
	taño	taña	tañí
	tañes	tañas	tañiste
	tañe	taña	tañó
	tañemos	tañamos	tañimos
	tañéis	tañáis	tañisteis
	tañen	tañan	tañeron

Infinitive	Present Indicative	Present Subjunctive	Preterite

⟨2g⟩ **perder.** Stressed *e* in the stem becomes *ie*; model for many other verbs.

pierdo	pierda	perdí
pierdes	pierdas	perdiste
pierde	pierda	perdió
perdemos	perdamos	perdimos
perdéis	perdáis	perdisteis
pierden	pierdan	perdieron

⟨2h⟩ **mover.** Stressed *o* in the stem becomes *ue*. ...*olver* verbs form their *Past participle* with ...*uelto*.

muevo	mueva	moví
mueves	muevas	moviste
mueve	mueva	movió
movemos	movamos	movimos
movéis	mováis	movisteis
mueven	muevan	movieron

⟨2i⟩ **oler.** Stressed *o* in the stem becomes *hue*... (when it comes at the beginning of the word).

huelo	**huela**	olí
hueles	**huelas**	oliste
huele	**huela**	olió
olemos	olamos	olimos
oléis	oláis	olisteis
huelen	**huelan**	olieron

⟨2k⟩ **haber.** Many irregular forms. In the *Future* and *Conditional* the *e* after the stem *hab*... is dropped. Future: *habré*. Imperative *2nd pers sg*: *he*.

he	haya	hube
has	hayas	hubiste
ha	haya	hubo
hemos	hayamos	hubimos
habéis	hayáis	hubisteis
han	hayan	hubieron

⟨2l⟩ **tener.** Irregular in most forms. In the *Future* and *Conditional* the *e* coming after the stem is dropped and a *d* is inserted. Future: *tendré*. Imperative *2nd pers sg*: *ten*.

tengo	tenga	tuve
tienes	tengas	tuviste
tiene	tenga	tuvo
tenemos	tengamos	tuvimos
tenéis	tengáis	tuvisteis
tienen	tengan	tuvieron

Infinitive	Present Indicative	Present Subjunctive	Preterite

⟨**2m**⟩ **caber.** Irregular in many forms. In the *Future* and *Conditional* the *e* coming after the stem is dropped. Future: *cabré*.

	quep*o*	quep*a*	c*u*pe
cab*es*	quep*as*	c*u*p*iste*
cab*e*	quep*a*	c*u*po
cab*emos*	quep*amos*	c*u*p*imos*
cab*éis*	quep*áis*	c*u*p*isteis*
cab*en*	quep*an*	c*u*p*ieron*

⟨**2n**⟩ **saber.** Irregular in many forms. In the *Future* and *Conditional* the *e* coming after the stem is dropped. Future: *sabré*.

sé	sep*a*	s*u*pe
sab*es*	sep*as*	s*u*p*iste*
sab*e*	sep*a*	s*u*po
sab*emos*	sep*amos*	s*u*p*imos*
sab*éis*	sep*áis*	s*u*p*isteis*
sab*en*	sep*an*	s*u*p*ieron*

⟨**2o**⟩ **caer.** In the *Present* ...*ig*... is inserted after the stem. Unstressed *i* between vowels changes to *y* as with ⟨2e⟩. Past participle: *caído*. Present participle: *cayendo*.

ca**ig**o	ca**ig**a	caí
ca*es*	ca**ig**as	caíste
ca*e*	ca**ig**a	ca*y*ó
ca*emos*	ca**ig**amos	caímos
ca*éis*	ca**ig**áis	caísteis
ca*en*	ca**ig**an	ca*y*eron

⟨**2p**⟩ **traer.** In the *Present* ...*ig*... is inserted after the stem. The *Preterite* ends in ...*je*. In the *Present participle i* changes to *y*. Past participle: *traído*. Present participle: *trayendo*.

tra**ig**o	tra**ig**a	tra*je*
tra*es*	tra**ig**as	tra*j*iste
tra*e*	tra**ig**a	tra*j*o
tra*emos*	tra**ig**amos	tra*j*imos
tra*éis*	tra**ig**áis	tra*j*isteis
tra*en*	tra**ig**an	tra*j*eron

⟨**2q**⟩ **valer.** In the *Present* ...*g*... is inserted after the stem. In the *Future* and *Conditional* the *e* coming after the stem is dropped and a ...*d*... inserted. Future: *valdré*.

val**g**o	val**g**a	valí
val*es*	val**g**as	valiste
val*e*	val**g**a	valió
val*emos*	val**g**amos	val*imos*
val*éis*	val**g**áis	val*isteis*
val*en*	val**g**an	val*ieron*

Infinitive	Present Indicative	Present Subjunctive	Preterite

⟨2r⟩ **poner.** ...*g*... is inserted in the *Present*. Irregular in the *Preterite* and *Past participle*. In the *Future* and *Conditional* the *e* coming after the stem is dropped and a ...*d*... inserted. Future: *pondré*. Past participle: *puesto*. Imperative *2nd pers sg: pon*.

pon*go*	pon*ga*	**pu***se*
pon*es*	pon*gas*	**pu***siste*
pon*e*	pon*ga*	**pu***so*
pon*emos*	pon*gamos*	**pu***simos*
pon*éis*	pon*gáis*	**pu***sisteis*
pon*en*	pon*gan*	**pu***sieron*

⟨2s⟩ **hacer.** In the *1st* person of the *Present Indicative* and *Subjunctive g* replaces *c*. Irregular in the *Preterite* and *Past participle*. In the *Future* and *Conditional* the *ce* is dropped. In the *Imperative sg* just the stem is used with ...*c* changing to ...*z*. Future: *haré*. Imperative *2nd pers sg: haz*. Past participle: *hecho*.

ha*go*	ha*ga*	**hi***ce*
hac*es*	ha*gas*	**hi***ciste*
hac*e*	ha*ga*	**hi***zo*
hac*emos*	ha*gamos*	**hi***cimos*
hac*éis*	ha*gáis*	**hi***cisteis*
hac*en*	ha*gan*	**hi***cieron*

⟨2t⟩ **poder.** Stressed *o* in the stem changes to ...*ue*... in the *Present* and the *Imperative*. Irregular in the *Preterite* and *Present participle*. In the *Future* and *Conditional* the *e* coming after the stem is dropped. Future: *podré*. Present participle: *pudiendo*.

pu*edo*	pu*eda*	**pu***de*
pu*edes*	pu*edas*	**pu***diste*
pu*ede*	pu*eda*	**pu***do*
pod*emos*	pod*amos*	**pu***dimos*
pod*éis*	pod*áis*	**pu***disteis*
pu*eden*	pu*edan*	**pu***dieron*

⟨2u⟩ **querer.** Stressed *e* in the stem changes to *ie* in the *Present* and *Imperative*. Irregular in the *Preterite*. In the *Future* and *Conditional* the *e* coming after the stem is dropped. Future: *querré*.

qui*ero*	qui*era*	**qui***se*
qui*eres*	qui*eras*	**qui***siste*
qui*ere*	qui*era*	**qui***so*
quer*emos*	quer*amos*	**qui***simos*
quer*éis*	quer*áis*	**qui***sisteis*
qui*eren*	qui*eran*	**qui***sieron*

Infinitive	Present Indicative	Present Subjunctive	Preterite

⟨2v⟩ **ver.** *Present indicative 1st pers sg, Present subjunctive* and *Imperfect* are formed on the stem *ve...*, otherwise formation is regular using the shortened stem *v...* Irregular in the *Past participle*. Past participle: *visto*.

ve*o*	ve*a*	vi
ve*s*	ve*as*	vi*ste*
ve	ve*a*	vi*o*
ve*mos*	ve*amos*	vi*mos*
ve*is*	ve*áis*	vi*steis*
ve*n*	ve*an*	vi*eron*

Infinitive	Present Indicative	Present Subjunctive	Imperfect Indicative	Preterite

⟨2w⟩ **ser.** Totally irregular with several different stems being used. Past participle: *sido*. Imperative *2nd pers sg: sé. 2nd pers pl: sed*.

so*y*	se*a*	er*a*	fu*i*
er*es*	se*as*	er*as*	fu*iste*
es	se*a*	er*a*	fue
so*mos*	se*amos*	ér*amos*	fu*imos*
so*is*	se*áis*	er*ais*	fu*isteis*
so*n*	se*an*	er*an*	fu*eron*

⟨2x⟩ **placer.** Used almost exclusively in the *3rd pers sg*. Irregular forms: *Present subjunctive* pl**e**ga and pl**egue** as well as pla**zc**a; *Preterite* pl**ugo** (or pl*ació*), pl**uguieron** (or pl*acieron*); *Imperfect subjunctive* pl**uguiera**, pl**uguiese** (or pl*aciera*, pl*aciese*); *Future subjunctive* pl**uguiere** (or pl*aciere*).

⟨2y⟩ **yacer.** Used mainly on gravestones and so used primarily in the *3rd pers*. The *Present indicative 1st pers sg* and *Present subjunctive* have three forms. The *Imperative* is regular; just the stem with *c* changing to *z*. *Present indicative*: ya**zc**o, ya**zg**o, ya**g**o, ya**c**es etc; *Present subjunctive*: ya**zc**a, ya**zg**a, ya**g**a etc; *Imperative* ya**c**e and ya**z**.

⟨2z⟩ **raer.** The regular forms of the *Present indicative 1st pers sg* and *Present subjunctive* are less common than the forms with inserted *...ig...* as in ⟨2o⟩: ra**ig**o, ra**ig**a; but also ra**y**o, ra**y**a (less common). Otherwise regular.

⟨2za⟩ **roer.** As well as their regular forms the *Present indicative 1st pers sg* and *Present subjunctive* have the less common forms: ro**ig**o, ro**ig**a, ro**y**o, ro**y**a.

Third Conjugation

⟨**3a**⟩ **recibir.** No change to the written or spoken form of the stem.

Simple tenses

Indicative

	Present	**Imperfect**	**Preterite**
sg	recib*o*	recib*ía*	recib*í*
	recib*es*	recib*ías*	recib*iste*
	recib*e*	recib*ía*	recib*ió*
pl	recib*imos*	recib*íamos*	recib*imos*
	recib*ís*	recib*íais*	recib*isteis*
	recib*en*	recib*ían*	recib*ieron*

	Future	**Conditional**
sg	recibir*é*	recibir*ía*
	recibir*ás*	recibir*ías*
	recibir*á*	recibir*ía*
pl	recibir*emos*	recibir*íamos*
	recibir*éis*	recibir*íais*
	recibir*án*	recibir*ían*

Subjunctive

	Present	**Imperfect I**	**Imperfect II**
sg	recib*a*	recib*iera*	recib*iese*
	recib*as*	recib*ieras*	recib*ieses*
	recib*a*	recib*iera*	recib*iese*
pl	recib*amos*	recib*iéramos*	recib*iésemos*
	recib*áis*	recib*ierais*	recib*ieseis*
	recib*an*	recib*ieran*	recib*iesen*

	Future	**Imperative**
sg	recib*iere*	—
	recib*ieres*	recib*e* (no recib*as*)
	recib*iere*	recib*a* Vd.
pl	recib*iéremos*	recib*amos*
	recib*iereis*	recib*id* (no recib*áis*)
	recib*ieren*	recib*an* Vds.

Infinitive: recib*ir*
Present participle: recib*iendo*
Past participle: recib*ido*

Compound tenses

Formed with the *Past participle* together with **haber** and **ser**, see ⟨1a⟩.

	Infinitive	Present Indicative	Present Subjunctive	Preterite

⟨3b⟩ **esparcir.** Final *c* of the stem becomes *z* before *a* and *o*.

		esparzo	esparza	esparcí
		esparces	esparzas	esparciste
		esparce	esparza	esparció
		esparcimos	esparzamos	esparcimos
		esparcís	esparzáis	esparcisteis
		esparcen	esparzan	esparcieron

⟨3c⟩ **dirigir.** Final *g* of the stem becomes *j* before *a* and *o*.

		dirijo	dirija	dirigí
		diriges	dirijas	dirigiste
		dirige	dirija	dirigió
		dirigimos	dirijamos	dirigimos
		dirigís	dirijáis	dirigisteis
		dirigen	dirijan	dirigieron

⟨3d⟩ **distinguir.** Final *gu* of the stem becomes *g* before *a* and *o*.

		distingo	distinga	distinguí
		distingues	distingas	distinguiste
		distingue	distinga	distinguió
		distinguimos	distingamos	distinguimos
		distinguís	distingáis	distinguisteis
		distinguen	distingan	distinguieron

⟨3e⟩ **delinquir.** Final *qu* of the stem becomes *c* before *a* and *o*.

		delinco	delinca	delinquí
		delinques	delincas	delinquiste
		delinque	delinca	delinquió
		delinquimos	delincamos	delinquimos
		delinquís	delincáis	delinquisteis
		delinquen	delincan	delinquieron

⟨3f⟩ **lucir.** Final *c* of the stem becomes *zc* before *a* and *o*.

		luzco	luzca	lucí
		luces	luzcas	luciste
		luce	luzca	lució
		lucimos	luzcamos	lucimos
		lucís	luzcáis	lucisteis
		lucen	luzcan	lucieron

⟨3g⟩ **concluir.** A *y* is inserted after the stem unless the ending begins with *i*. Past participle: *concluido*. Present participle: *concluyendo*.

		concluyo	concluya	concluí
		concluyes	concluyas	concluiste
		concluye	concluya	concluyó
		concluimos	concluyamos	concluimos
		concluís	concluyáis	concluisteis
		concluyen	concluyan	concluyeron

Infinitive	Present Indicative	Present Subjunctive	Preterite

⟨3h⟩ **gruñir.** Unstressed *i* is dropped after *ñ*, *ll* and *ch*. Likewise *mullir*: *mulló*, *mulleron*, *mullendo*; *henchir*: *hinchó*, *hincheron*, *hinchendo* Present participle: *gruñendo*.

gruño	gruña	gruñí
gruñes	gruñas	gruñiste
gruñe	gruña	gruñó
gruñimos	gruñamos	gruñimos
gruñís	gruñáis	gruñisteis
gruñen	gruñan	gruñeron

⟨3i⟩ **sentir.** Stressed *e* of the stem becomes *ie*; unstressed *e* remains unchanged before endings starting with *i*, but before other endings it changes to ...*i*...; likewise *adquirir*: stressed *i* of the stem becomes *ie*; unstressed *i* remains unchanged in all forms. Present participle: *sintiendo*.

siento	sienta	sentí
sientes	sientas	sentiste
siente	sienta	sintió
sentimos	sintamos	sentimos
sentís	sintáis	sentisteis
sienten	sientan	sintieron

⟨3k⟩ **dormir.** Stressed *o* of the stem becomes *ue*; unstressed *o* is unchanged when the ending starts with *i*; otherwise it changes to ...*u*... Present participle: *durmiendo*.

duermo	duerma	dormí
duermes	duermas	dormiste
duerme	duerma	durmió
dormimos	durmamos	dormimos
dormís	durmáis	dormisteis
duermen	duerman	durmieron

⟨3l⟩ **medir.** The *e* of the stem is kept if the ending contains an *i*. Otherwise it changes to ...*i*... whether stressed or unstressed. Present participle: *midiendo*.

mido	mida	medí
mides	midas	mediste
mide	mida	midió
medimos	midamos	medimos
medís	midáis	medisteis
miden	midan	midieron

Infinitive	Present Indicative	Present Subjunctive	Preterite

⟨3m⟩ **reír.** As *medir* ⟨3l⟩; when *e* changes to *i* any second *i* belonging to the ending is dropped. Past participle: *reído*. Present participle: *riendo*.

río	ría	reí
ríes	rías	reíste
ríe	ría	rió
reímos	riamos	reímos
reís	riáis	reísteis
ríen	rían	rieron

⟨3n⟩ **erguir.** As *medir* in the *Present indicative*, *Subjunctive* and *Imperative*. Other forms follow *sentir* with initial *ie*... changing to *ye*... Present participle: *irguiendo*. Imperative: *irgue, yergue*.

irgo, yergo	irga, yerga	erguí
irgues, yergues	irgas, yergas	erguiste
irgue, yergue	irga, yerga	irguió
erguimos	irgamos, yergamos	erguimos
erguís	irgáis, yergáis	erguisteis
irguen, yerguen	irgan, yergan	irguieron

⟨3o⟩ **conducir.** Final *c* of the stem, as with *lucir* ⟨3f⟩, becomes *zc* before *a* and *o*. Preterite is irregular with ...*je*.

conduzco	conduzca	conduje
conduces	conduzcas	condujiste
conduce	conduzca	condujo
conducimos	conduzcamos	condujimos
conducís	conduzcáis	condujisteis
conducen	conduzcan	condujeron

⟨3p⟩ **decir.** In the *Present* and *Imperative* *e* and *i* are changed, as with *medir*; in the *Present indicative 1st pers sg* and in the *Present subjunctive c* becomes *g*. Irregular *Future* and *Conditional* based on a shortened *Infinitive*. *Preterite* has *je*. Future: *diré*. Past participle: *dicho*. Present participle: *diciendo*. Imperative *2nd pers sg*: *di*.

digo	diga	dije
dices	digas	dijiste
dice	diga	dijo
decimos	digamos	dijimos
decís	digáis	dijisteis
dicen	digan	dijeron

Infinitive	Present Indicative	Present Subjunctive	Preterite

⟨3q⟩ **oír.** In the *Present indicative 1st pers sg* and *Present subjunctive* ...*ig*... is inserted after the *o*... of the stem. Unstressed ...*i*... changes to ...*y*... when coming between two vowels. Past participle: *oído*. Present participle: *oyendo*.

o**ig**o	o**ig**a	oí
o**y**es	o**ig**as	oíste
o**y**e	o**ig**a	o**y**ó
oímos	o**ig**amos	oímos
oís	o**ig**áis	oísteis
o**y**en	o**ig**an	o**y**eron

⟨3r⟩ **salir.** In the *Present indicative 1st pers sg* and the *Present subjunctive* a ...*g*... is inserted after the stem. In the *Future* and *Conditional* the *i* is replaced by *d*. Future: *saldré*. Imperative: *2nd pers sg*: *sal*.

sal**g**o	sal**g**a	salí
sal**e**s	sal**g**as	saliste
sal**e**	sal**g**a	salió
sal**i**mos	sal**g**amos	salimos
sal**í**s	sal**g**áis	salisteis
sal**e**n	sal**g**an	salieron

Infinitive	Present Indicative	Present Subjunctive	Imperfect Indicative	Preterite

⟨3s⟩ **venir.** In the *Present* two changes: either a ...*g*... is inserted after the stem or *e*, *ie* and *i* follow the same changes as *sentir*. In the *Future* and *Conditional* the *i* is dropped and replaced by *d*. Future: *vendré*. Present participle: *viniendo*. Imperative *2nd pers sg*: *ven*.

ven**g**o	ven**g**a	venía	vine
vi**e**nes	ven**g**as	venías	viniste
vi**e**ne	ven**g**a	venía	vino
ven**i**mos	ven**g**amos	veníamos	vinimos
ven**í**s	ven**g**áis	veníais	vinisteis
vi**e**nen	ven**g**an	venían	vinieron

⟨3t⟩ **ir.** Totally irregular with several different stems being used. Present participle: *yendo*

vo**y**	va**y**a	ib**a**	**fu**i
va**s**	va**y**as	ib**as**	**fu**iste
va	va**y**a	ib**a**	**fu**e
va**mos**	va**y**amos	íb**amos**	**fu**imos
va**is**	va**y**áis	ibais	**fu**isteis
va**n**	va**y**an	iban	**fu**eron

Imperative: **ve** (no **vay**as), **vay**a Vd, **va**mos, *id* (no **vay**áis), **vay**an Vds.

Notas sobre el verbo inglés

a) Conjugación

1. **El tiempo presente** tiene la misma forma que el infinitivo en todas las personas menos la **3ª** del singular; en ésta, se añade una *-s* al infinitivo, p.ej. *he brings*, o se añade *-es* si el infinitivo termina en sibilante (ch, sh, ss, zz), p.ej. *he passes*. Esta *s* tiene dos pronunciaciones distintas: tras consonante sorda se pronuncia sorda, p.ej. *he paints* [peɪnts]; tras consonante sonora se pronuncia sonora, *he sends* [sendz]; *-es* se pronuncia también sonora, sea la *e* parte de la desinencia o letra final del infinitivo, p.ej. *he washes* ['wɑːʃɪz], *he urges* ['ɜːrdʒɪz]. Los verbos que terminan en *-y* la cambian en *-ies* en la tercera persona, p.ej. *he worries, he tries*, pero son regulares los verbos que en el infinitivo tienen una vocal delante de la *-y*, p.ej. *he plays*. El verbo *to be* es irregular en todas las personas: *I am, you are, he is, we are, you are, they are*. Tres verbos más tienen forma especial para la tercera persona del singular: *do-he does, go-he goes, have-he has*.

En los demás tiempos, todas las personas son iguales. **El pretérito** y **el participio del pasado** se forman añadiendo *-ed* al infinitivo, p.ej. *I passed, passed*, o añadiendo *-d* a los infinitivos que terminan en *-e*, p.ej. *I faced, faced*. (Hay muchos verbos irregulares: v. abajo). Esta *-(e)d* se pronuncia generalmente como [t]: *passed* [pæst], *faced* [feɪst]; pero cuando se añade a un infinitivo que termina en consonante sonora o en sonido consonántico sonoro o en *r*, se pronuncia como [d]: *warmed* [wɔːrmd], *moved* [muːvd], *feared* [fɪrd]. Si el infinitivo termina en *-d* o *-t*, la desinencia *-ed* se pronuncia [ɪd]. Si el infinitivo termina en *-y*, ésta se cambia en *-ie*, antes de añadirse la *-d*: *try-tried* [traɪd], *pity-pitied* ['pɪtiːd]. **Los tiempos compuestos del pasado** se forman con el verbo auxiliar *have* y el participio del pasado, como en español: **perfecto** *I have faced*, **pluscuamperfecto** *I had faced*. Con el verbo auxiliar *will* (*shall*) y el infinitivo se forma **el futuro**, p.ej. *I shall face*; y con el verbo auxiliar *would* (*should*) y el infinitivo se forma **el condicional**, p.ej. *I should face*. En cada tiempo existe además una forma continua que se forma con el verbo *be* (= estar) y el participio del presente (v. abajo): *I am going, I was writing, I had been staying, I shall be waiting*, etc.

2. **El subjuntivo** ha dejado casi de existir en inglés, salvo en algún caso especial (*if I were you, so be it, it is proposed that a vote be taken*, etc.). En el presente, tiene en todas las personas la misma forma que el infinitivo, *that I go, that he go*, etc.

3. **El participio del presente** y **el gerundio** tienen la misma forma en inglés, añadiéndose al infinitivo la desinencia *-ing*: *painting, sending*. Pero **1)** Los verbos cuyo infinitivo termina en *-e* muda la pierden al añadir *-ing*, p.ej. *love-loving, write-writing* (excepciones que conservan la *-e*: *dye-dyeing, singe-singeing*); **2)** El participio del presente de los verbos *die, lie, vie*, etc. se escribe *dying, lying, vying*, etc.

4. Existe una clase de verbos ligeramente irregulares, que terminan en consonante simple precedida de vocal simple acentuada; en éstos, antes de añadir la desinencia *-ing* o *-ed*, se dobla la consonante:

lob	lob*bed*	lob*bing*	compel	compel*led*	compel*ling*
wed	wed*ded*	wed*ding*	control	control*led*	control*ling*
beg	beg*ged*	beg*ging*	bar	bar*red*	bar*ring*
step	step*ped*	step*ping*	stir	stir*red*	stir*ring*
quit	quit*ted*	quit*ting*			

Los verbos que terminan en *-l*, *-p*, aunque precedida de vocal átona, tienen doblada la consonante en los dos participios en el inglés escrito en Gran Bretaña, aunque no en el de Estados Unidos:

travel	traveled,	travel*ing*,
	Br travel*led*,	*Br* travel*led*

Los verbos que terminan en *-c* la cambian en *-ck* al añadirse las desinencias *-ed*, *-ing*:

traffic	traffi*cked*	traffi*cking*

5. **La voz pasiva** se forma exactamente como en español, con el verbo *be* y el participio del pasado: *I am obliged, he was fined, they will be moved*, etc.

6. Cuando se dirige uno directamente a otra(s) persona(s) en inglés se emplea únicamente el pronombre *you*. *You* se traduce por el *tú*, *vosotros*, *usted* y *ustedes* del español.

b) Los verbos irregulares ingleses

Se citan las tres partes principales de cada verbo: infinitivo, pretérito, participio del pasado.

alight - alighted, alit - alighted, alit
arise - arose - arisen
awake - awoke - awoken, awaked
be (am, is, are) - was (were) - been
bear - bore - borne
beat - beat - beaten
become - became - become
begin - began - begun
behold - beheld - beheld
bend - bent - bent
beseech - besought, beseeched - besought, beseeched
bet - bet, betted - bet, betted
bid - bid - bid
bind - bound - bound
bite - bit - bitten
bleed - bled - bled

blow - blew - blown
break - broke - broken
breed - bred - bred
bring - brought - brought
broadcast - broadcast - broadcast
build - built - built
burn - burnt, burned - burnt, burned
burst - burst - burst
bust - bust(ed) - bust(ed)
buy - bought - bought
cast - cast - cast
catch - caught - caught
choose - chose - chosen
cleave (*cut*) - clove, cleft - cloven, cleft
cleave (*adhere*) - cleaved - cleaved

cling - clung - clung
come - came - come
cost (*v/i*) - cost - cost
creep - crept - crept
crow - crowed, crew - crowed
cut - cut - cut
deal - dealt - dealt
dig - dug - dug
do - did - done
draw - drew - drawn
dream - dreamt, dreamed - dreamt, dreamed
drink - drank - drunk
drive - drove - driven
dwell - dwelt, dwelled - dwelt, dwelled
eat - ate - eaten
fall - fell - fallen
feed - fed - fed
feel - felt - felt
fight - fought - fought
find - found - found
fit - fitted, fit - fitted, fit
flee - fled - fled
fling - flung - flung
fly - flew - flown
forbear - forbore - forborne
forbid - forbad(e) - forbidden
forecast - forecast(ed) - forecast(ed)
forget - forgot - forgotten
forgive - forgave - forgiven
forsake - forsook - forsaken
freeze - froze - frozen
get - got - got, gotten
give - gave - given
go - went - gone
grind - ground - ground
grow - grew - grown
hang - hung, (*v/t*) hanged - hung, (*v/t*) hanged
have - had - had
hear - heard - heard
heave - heaved, NAUT hove - heaved, NAUT hove
hew - hewed - hewed, hewn
hide - hid - hidden
hit - hit - hit
hold - held - held
hurt - hurt - hurt

keep - kept - kept
kneel - knelt, kneeled - knelt, kneeled
know - knew - known
lay - laid - laid
lead - led - led
lean - leaned, leant - leaned, leant
leap - leaped, leapt - leaped, leapt
learn - learned, learnt - learned, learnt
leave - left - left
lend - lent - lent
let - let - let
lie - lay - lain
light - lighted, lit - lighted, lit
lose - lost - lost
make - made - made
mean - meant - meant
meet - met - met
mow - mowed - mowed, mown
pay - paid - paid
plead - pleaded, pled - pleaded, pled
prove - proved - proved, proven
put - put - put
quit - quit(ted) - quit(ted)
read - read [red] - read [red]
rend - rent - rent
rid - rid - rid
ride - rode - ridden
ring - rang - rung
rise - rose - risen
run - ran - run
saw - sawed - sawn, sawed
say - said - said
see - saw - seen
seek - sought - sought
sell - sold - sold
send - sent - sent
set - set - set
sew - sewed - sewed, sewn
shake - shook - shaken
shear - sheared - sheared, shorn
shed - shed - shed
shine - shone - shone
shit - shat, shitted - shat, shitted
shoe - shod - shod
shoot - shot - shot
show - showed - shown
shrink - shrank - shrunk

shut - shut - shut
sing - sang - sung
sink - sank - sunk
sit - sat - sat
slay - slew - slain
sleep - slept - slept
slide - slid - slid
sling - slung - slung
slink - slunk - slunk
slit - slit - slit
smell - smelt, smelled - smelt, smelled
smite - smote - smitten
sneak - sneaked, snuck - sneaked, snuck
sow - sowed - sown, sowed
speak - spoke - spoken
speed - sped, speeded - sped, speeded
spell - spelt, spelled - spelt, spelled
spend - spent - spent
spill - spilt, spilled - spilt, spilled
spin - spun, span - spun
spit - spat - spat
split - split - split
spoil - spoiled, spoilt - spoiled, spoilt
spread - spread - spread
spring - sprang, sprung - sprung
stand - stood - stood
stave - staved, stove - staved, stove
steal - stole - stolen
stick - stuck - stuck

sting - stung - stung
stink - stunk, stank - stunk
strew - strewed - strewed, strewn
stride - strode - stridden
strike - struck - struck
string - strung - strung
strive - strove - striven
swear - swore - sworn
sweep - swept - swept
swell - swelled - swollen
swim - swam - swum
swing - swung - swung
take - took - taken
teach - taught - taught
tear - tore - torn
tell - told - told
think - thought - thought
thrive - throve, thrived - thrived
throw - threw - thrown
thrust - thrust - thrust
tread - trod - trodden
understand - understood - understood
wake - woke, waked - woken, waked
wear - wore - worn
weave - wove - woven
wed - wed(ded) - wed(ded)
weep - wept - wept
wet - wet(ted) - wet(ted)
win - won - won
wind - wound - wound
wring - wrung - wrung
write - wrote - written

Currículum vitae

JULIE DELGADO

201-331-1289
c/ Garrison 19, Oakland, Nueva Jersey 07436
juliedelgado@yahoo.com

EXPERIENCIA LABORAL

Escritora y correctora freelance: septiembre de 2001-actualmente
Clientes destacados:
Scholarly Books Inc., Nueva York, Nueva York.
FotoTravels, Little Falls, Nueva Jersey.
Children of Bellevue, Bellevue Hospital, Nueva York, Nueva York.

Profesora de inglés: septiembre de 2000-marzo de 2001
The English Language School, Tczew, Polonia.
Benedict-Schule, Hamm, Alemania.
Enseñanza de inglés para nivel principiante, intermedio y avanzado.
Preparación de clases atractivas y dinámicas, con actividades en el aula.

Correctora de producción: octubre de 1999-septiembre de 2000
The Tipps Company, Nueva York, Nueva York.
Corrección de tarjetones de deportes y espectáculos, y del empaquetado.
Aprobación de elementos de texto y diseño de los productos de la empresa.

Editora y redactora publicitaria: marzo de 1998-junio de 1999
Americana Book Clubs, Mahwah, Nueva Jersey.
Escritura de ejemplar de catálogo y de notas de ventas para clubs de lectura
americanos y canadienses.
Redacción mensual de las hojas informativas de las publicaciones *Girl
Connection* y *Ready to Read*.
Corrección y edición de todas las páginas del catálogo.

Asistente creativa: 1997-1998
New Entertainment Inc., Nueva York, NuevaYork.
Redacción de borradores para campañas publicitarias de espectáculos.
Asistencia creativa y administrativa del presidente y director creativo.

FORMACIÓN

Brooklyn College, Brooklyn, Nueva York.
Master de Escritura Creativa, Poesía.

Fairleigh Dickinson University, Teaneck, Nueva Jersey.
Licenciada en Filología Inglesa, especialización en Escritura.

INFORMÁTICA

Excelente dominio de Microsoft Word, WordPerfect, QuarkXPress,
FilemakerPro.
Nociones generales de Excel.

Résumé

JULIE DELGADO

201-331-1289
19 Garrison Street, Oakland, New Jersey 07436
juliedelgado@yahoo.com

EXPERIENCE

Freelance Writer and Proofreader: *September 2001-Present*
Clients include:
Scholarly Books Inc., New York, New York
FotoTravels, Little Falls, New Jersey
Children of Bellevue, Bellevue Hospital, New York, New York

English Language Instructor: *September 2000-March 2001*
The English Language School, Tczew, Poland
Benedict-Schule, Hamm, Germany
Taught beginner-, intermediate- and advanced-level English language classes
Created dynamic and engaging lesson plans and classroom activities

Production Proofreader: *October 1999-September 2000*
The Tipps Company, New York, New York
Proofread sports and entertainment cards and packaging
Approved text and design elements on company products

Editor and Copywriter: *March 1998-June 1999*
Americana Book Clubs, Mahwah, New Jersey
Wrote catalog copy and sales pieces for American and Canadian Book Clubs
Authored monthly *Girl Connection* and *Ready to Read* newsletters
Proofread and edited all catalog pages

Creative Assistant: *1997-1998*
New Entertainment Inc., New York, New York
Drafted copy for entertainment advertising campaigns
Provided creative and administrative assistance for President and Creative Director

EDUCATION

Brooklyn College, Brooklyn, New York
Master of Fine Arts in Creative Writing, Poetry

Fairleigh Dickinson University, Teaneck, New Jersey
Bachelor of Arts in English, Writing Concentration

COMPUTER SKILLS

Proficient in Microsoft Word, WordPerfect, QuarkXPress, FilemakerPro
Familiarity with Excel

Numerals – Numerales

Cardinal Numbers – Números cardinales

0	cero *zero, Br tb nought*	50	cincuenta *fifty*
1	uno, una *one*	60	sesenta *sixty*
2	dos *two*	70	setenta *seventy*
3	tres *three*	80	ochenta *eighty*
4	cuatro *four*	90	noventa *ninety*
5	cinco *five*	100	cien(to) *a hundred, one hundred*
6	seis *six*		
7	siete *seven*	101	ciento uno *a hundred and one*
8	ocho *eight*	110	ciento diez *a hundred and ten*
9	nueve *nine*	200	doscientos, -as *two hundred*
10	diez *ten*	300	trescientos, -as *three hundred*
11	once *eleven*	400	cuatrocientos, -as *four hundred*
12	doce *twelve*		
13	trece *thirteen*	500	quinientos, -as *five hundred*
14	catorce *fourteen*	600	seiscientos, -as *six hundred*
15	quince *fifteen*	700	setecientos, -as *seven hundred*
16	dieciséis *sixteen*	800	ochocientos, -as *eight hundred*
17	diecisiete *seventeen*	900	novecientos, -as *nine hundred*
18	dieciocho *eighteen*	1000	mil *a thousand, one thousand*
19	diecinueve *nineteen*	1959	mil novecientos cincuenta y nueve *one thousand nine hundred and fifty-nine*
20	veinte *twenty*		
21	veintiuno *twenty-one*		
22	veintidós *twenty-two*	2000	dos mil *two thousand*
30	treinta *thirty*	1 000 000	un millón *a million, one million*
31	treinta y uno *thirty-one*		
40	cuarenta *forty*	2 000 000	dos millones *two million*

Notes:

i) In Spanish numbers a comma is used for decimals:

1,25 **one point two five** uno coma veinticinco

ii) A period is used where, in English, we would use a comma:

1.000.000 = 1,000,000

Numbers like this can also be written using a space instead of a comma:

1 000 000 = 1,000,000

Ordinal Numbers – Números ordinales

1°	primero	**1st**	*first*
2°	segundo	**2nd**	*second*
3°	tercero	**3rd**	*third*
4°	cuarto	**4th**	*fourth*
5°	quinto	**5th**	*fifth*
6°	sexto	**6th**	*sixth*
7°	séptimo	**7th**	*seventh*
8°	octavo	**8th**	*eighth*
9°	noveno, nono	**9th**	*ninth*
10°	décimo	**10th**	*tenth*
11°	undécimo	**11th**	*eleventh*
12°	duodécimo	**12th**	*twelfth*
13°	decimotercero	**13th**	*thirteenth*
14°	decimocuarto	**14th**	*fourteenth*
15°	decimoquinto	**15th**	*fifteenth*
16°	decimosexto	**16th**	*sixteenth*
17°	decimoséptimo	**17th**	*seventeenth*
18°	decimoctavo	**18th**	*eighteenth*
19°	decimonoveno, decimonono	**19th**	*nineteenth*
20°	vigésimo	**20th**	*twentieth*
21°	vigésimo prim(er)o	**21st**	*twenty-first*
22°	vigésimo segundo	**22nd**	*twenty-second*
30°	trigésimo	**30th**	*thirtieth*
31°	trigésimo prim(er)o	**31st**	*thirty-first*
40°	cuadragésimo	**40th**	*fortieth*
50°	quincuagésimo	**50th**	*fiftieth*
60°	sexagésimo	**60th**	*sixtieth*
70°	septuagésimo	**70th**	*seventieth*
80°	octogésimo	**80th**	*eightieth*
90°	nonagésimo	**90th**	*ninetieth*
100°	centésimo	**100th**	*hundredth*
101°	centésimo primero	**101st**	*hundred and first*
110°	centésimo décimo	**110th**	*hundred and tenth*
200°	ducentésimo	**200th**	*two hundredth*
300°	trecentésimo	**300th**	*three hundredth*
400°	cuadringentésimo	**400th**	*four hundredth*
500°	quingentésimo	**500th**	*five hundredth*
600°	sexcentésimo	**600th**	*six hundredth*
700°	septingentésimo	**700th**	*seven hundredth*
800°	octingentésimo	**800th**	*eight hundredth*
900°	noningentésimo	**900th**	*nine hundredth*
1000°	milésimo	**1000th**	*thousandth*
2000°	dos milésimo	**2000th**	*two thousandth*
1 000 000°	millonésimo	**1,000,000th**	*millionth*
2 000 000°	dos millonésimo	**2,000,000th**	*two millionth*

Note:

Spanish ordinal numbers are ordinary adjectives and consequently must agree:

her 13th granddaughter
su decimotercera nieta

Fractions and other Numerals –
Números quebrados y otros

¹/₂	medio, media	*one half, a half*
1¹/₂	uno y medio	*one and a half*
2¹/₂	dos y medio	*two and a half*
¹/₃	un tercio, la tercera parte	*one third, a third*
²/₃	dos tercios, las dos terceras partes	*two thirds*
¹/₄	un cuarto, la cuarta parte	*one quarter, a quarter*
³/₄	tres cuartos, las tres cuartas partes	*three quarters*
¹/₅	un quinto	*one fifth, a fifth*
3⁴/₅	tres y cuatro quintos	*three and four fifths*
¹/₁₁	un onzavo	*one eleventh, an eleventh*
⁵/₁₂	cinco dozavos	*five twelfths*
¹/₁₀₀₀	un milésimo	*one thousandth, a thousandth*
	siete veces más grande	*seven times as big, seven times bigger*
	doce veces más	*twelve times more*
	en primer lugar	*first(ly)*
	en segundo lugar	*second(ly)*
7 + 8 = 15	siete y (or más) ocho son quince	*seven and (or plus) eight are (or is) fifteen*
10 – 3 = 7	diez menos tres resta siete, de tres a diez van siete	*ten minus three is seven, three from ten leaves seven*
2 x 3 = 6	dos por tres son seis	*two times three is six*
20 ÷ 4 = 5	veinte dividido por cuatro es cinco	*twenty divided by four is five*

Dates – Fechas

1996	mil novecientos noventa y seis	*nineteen ninety-six*
2005	dos mil cinco	*two thousand (and) five*

el diez de noviembre, el 10 de noviembre
(on) the 10th of November, (on) November 10

el uno de marzo, *L.Am.* **el primero de marzo, el 1° de marzo**
(on) the 1st of March, (on) March 1